Jürgen Kesting

DIE GROSSEN SÄNGER DES 20. JAHRHUNDERTS

Jürgen Kesting

DIE GROSSEN SÄNGER DES 20. JAHRHUNDERTS

Cormoran

Redaktion und editorische Betreuung:
Klaus Ulrich Spiegel

Sonderausgabe für Cormoran Verlag
in der Verlagshaus Goethestraße GmbH & Co KG, München

Gesetzt aus der Sabon der Fa. Berthold
Satz: Dörlemann-Satz, Lemförde
Papier: Papierfabrik Schleipen GmbH, Bad Dürkheim
Druck und Bindearbeiten: Bercker Graph. Betrieb, Kevelaer
Printed in Germany
ISBN 3-517-07987-1

Inhalt

Zur Neuausgabe XIII

Vorwort XV

EINLEITUNG

Eine Stimme zur rechten Zeit

Vorspiel auf dem Theater 3
Dialog mit der Ewigkeit 5
Sänger und Schallplatte 6
Von verlorener und wiedergefundener Zeit 9
Von Treue und Untreue 10
Von den Perspektiven der Zeit 12

I. KAPITEL

Der ferne Klang oder: Die alte Schule

Belcanto 17

Nachtigall: Adelina Patti 18 · Grandeur: Lilli Lehmann 25 · The Ideal Voice of Song: Nellie Melba 32 · »Ich habe gelernt, nie zu schreien«: Ernestine Schumann-Heink 42 · Die einzigartige Stimme der Welt: Francesco Tamagno 46

Tenor-Virtuose: Fernando de Lucia 50 · La Gloria d'Italia: Mattia Battistini 57 · Der vollkommene Sänger: Pol Plançon 62

II. KAPITEL

Zeitenwende oder: Die Wandlungen des Singens

Vollendung und Ende des Belcanto 69
Wer hat DICH geschickt? Gott? Enrico Caruso 71
Im Schatten Carusos 83

Esultate: Giovanni Zenatello 84 · Tenore di grazia: Alessandro Bonci 86 · Femme fatale: Emma Calvé 90 · Eines von drei Wundern: Rosa Ponselle 95 · Der singende Löwe: Titta Ruffo 103

Goldenes Zeitalter der Baritone 108

Sänger-Schauspieler: Antonio Scotti 109 · Energie und Stimmpracht: Pasquale Amato 111 · Flexibilität und Phrasierungskunst: Giuseppe de Luca 114

Dämon der Darstellung: 119

Der Mephisto von Kasan: Fedor Schaljapin 119

III. KAPITEL

Italien: Die Geburt des Verismo

Arturo Toscanini und die Folgen 131
Italienische Diven 137

Memento an den Belcanto: Giannina Russ 138

Zwei große Primadonnen 139

Mischung aus Samt und Stahl: Hina Spani 139 · Exquisites Legato. Anrührendes Pathos: Lucrezia Bori 142

Kanarienvögel und Nachtigallen: Koloratur 147

Canto di bravura: Luisa Tetrazzini 148 · Zauber des Timbres: Amelita Galli-Curci 153

Cri du Cœur: Die Diven des Verismo 159

Diva dolorosa: Claudia Muzio 161

Dramatische und Spinto-Soprane 166

Lyrische Intensität: Giannina Arangi-Lombardi 166 · Vokale Pracht: Rosa Raisa 169 · Camp-Singen: Magda Olivero 172 · O che muso: Conchita Supervia 176 · Stimmwunder: Ebe Stignani 182

Tenöre in der Ära nach Caruso 184

Der Rattenfänger von Recanati: Benjamino Gigli 185 · »Sogno soave e casto«: Tito Schipa 193 · Il Tenore di Toscanini: Aureliano Pertile 198 · Ecco il Leone: Giovanni Martinelli 202 · Voce isolata: Giacomo Lauri-Volpi 209

Zwei Jahrhundertbässe 216

Basso cantante supremo: Ezio Pinza 217 · Der Heifetz der Stimme: Alexander Kipnis 225

IV. KAPITEL

Richard Wagner:

Die menschliche Stimme ist die Grundlage aller Musik

Das innerste Wesen der menschlichen Gebärde 233
Erfüllte Augenblicke: Wagner-Gesang von 1900–1950 239

Klangwogen: Lillian Nordica 240 · Magnetismus: Olive Fremstad 242 · Schmerzlicher Ausdruck: Melanie Kurt 244 · Wagner-Virtuosa: Johanna Gadski 246 ·

Belcanto-Heldentenor: Jacques Urlus 250 · Mühelosigkeit und Intensität: Heinrich Knote 254

Pathos ohne Pose: Frida Leider 256 · Opernwunder: Lotte Lehmann 261 · Reichtum und Autorität: Kristen Flagstad 266 · Der große Däne: Lauritz Melchior 271

Wagner-Tenöre im Schatten Melchior 277

Gralsbote: Franz Völker 278

Ein Fach für Riesen: Richard Wagners Heldenbaritone 281

Meistersinger und Poet: Friedrich Schorr 282 · Schallkraft und Phrasierung: Rudolf Bockelmann 288 · Götter-Bariton: Hans Hermann Nissen 289 · Samt für Wagner: Herbert Janssen 292 · Vulkanischer Expressionist: Michael Bohnen 295

V. KAPITEL

Deutsche Sänger von 1900 bis 1950

In jeder Aufführung muß das Werk neu geboren werden 303
Sänger aus Gustav Mahlers Wiener Ensemble 307

Der endlose Triller: Selma Kurz 307 · Virtuose und Clown: Leo Slezak 311 · Baß-Gewalt: Wilhelm Hesch 315 · Der brillante Komödiant: Richard Mayr 317

Deutsche Soprane 319

Holder Flötenton: Frieda Hempel 319 · Eine deutsche Melba: Claire Dux 322 · Intensität und Klanggefühl: Helene Wildbrunn 323 · Schöne Momente: Maria Müller 325

Spezialisierung: Deutsche Koloratursängerinnen 327

Zaubrische Lyrik: Lotte Schöne 327 · Raffinierte Arabesken: Maria Ivogün 329

Dramatische Mezzos und Altistinnen 332

Pastose Klangfülle: Ottilie Metzger 332 · Kraft und Eloquenz: Margarete Arndt-Ober 334 · Mezzo-Virtuosa: Sigrid Onegin 336

Die Ensembletheater in Berlin, Dresden und München 339

Umfassende Musikerin: Elisabeth Rethberg 339 · Stimme mit Träne: Meta Seinemeyer 346 · Piano-Lemnitz 350 · Affektive Gebärden: Maria Cebotari 353 · Die virtuose Kantorenstimme: Hermann Jadlowker 356 · Bravado: Helge Rosvaenge 359

Lyrische Tenöre 364

Dolce-Töne: Koloman von Pataky 364 · Finessen und Sentiment: Richard Tauber 366 · In die Tiefe des Herzens: Julius Patzak 372

Deutsche Baritone ... 377

Stimme aus Samt: Joseph Schwarz 377 · Timbre und Klanginstinkt: Heinrich Schlusnus 381 · Liedmeister: Gerhard Hüsch 385

VI. KAPITEL

Ein internationaler Streifzug

Sänger aus Frankreich, England, Amerika und Osteuropa

Frankreich: Das Ideal des Schönen ... 391

Lyrische Tragödin: Mary Garden 392 · Eleganz: Ninon Vallin 395 · Wagner-Diva: Germaine Lubin 397

Zwei dramatische Tenöre ... 400

Tönende Leuchtspuren: Léon Escalais 400 · Konzentrierte Emphase: Paul Franz 402

Zwei lyrische Tenöre ... 405

Ziseleur des Singens: Edmond Clément 405 · Elégance et Clarté: Georges Thill 406

Französische Baritone: Die Klassizisten ... 411

Aristokrat: Maurice Renaud 412 · Klangausdruck: Arthur Endrèze 413 · Maîtres de la mélodie: Pierre Bernac und Charles Panzéra 414 · Roter Edelstein: Marcel Journet 418

Sänger aus England und den USA ... 421

Universalistin: Florence Easton 422 · Getrübte Leuchtkraft: Florence Austral 427 · Die Exquisite: Maggie Teyte 429 · Mit einer silbernen Trompete: Eva Turner 432

Englische Tenöre ... 436

Sound an alarm: Dan Beddoe 436 · Kontrollierte Intensität: Evan Williams 437 · Heldentenorale Brillanz: Walter Widdopp 439 · Englands bester Lyriker: Heddle Nash 440 · Wohllaut als Selbstzweck: Alfred Piccaver 441 · Il mio tesoro: John McCormack 444

Voice of America: Lawrence Tibbett ... 453
Sänger aus Osteuropa ... 459

Die beste »Italienerin«: Salomea Kruszeniski 463 · Intensität und Leuchtkraft: Elena Ruszkowska 466 · Anmut und Eleganz: Antonina Neshdanowa 468 · Brillanz mit Bitterwürze: Maria Kouznetsowa 470

Drei russische Tenöre 473

Der Tenor-Lyriker: Leonid Sobinow 474 · Der Manierist: Dimitri Smirnow 477 · Tenorissimo: Iwan Kozlowsky 481 · Bezwingende Klanglichkeit: Pavel Lisitsian 482 · Dramatische Imagination: Mark Reizen 484

VII. KAPITEL

Das Wiener Ensemble – Bayreuth – Deutsche Skizzen

Herbert von Karajan und die Folgen 487
Das Wiener Mozart-Ensemble 496

Die Zeit ist ein sonderbar' Ding: Elisabeth Schwarzkopf 501 · Kühle Eleganz: Lisa della Casa 513 · Schöne Seele: Irmgard Seefried 516 · Liebe und Tod: Ljuba Welitsch 519 · Con amore: Sena Jurinac 521 · Sinnenzauber: Christa Ludwig 526 · Elegie: Anton Dermota 531

Wiener Baritone und Bässe 535
Von Neu-Bayreuth zur Wagner-Werkstatt 538

Genuines Pathos: Martha Mödl 540 · Assoluta des Wagner-Gesangs: Birgit Nilsson 543 · Wagner und Strauss: Leonie Rysanek 549 · Passion vor Stil: Hildegard Behrens 552 · Expression: Waltraud Meier 556

Wagner-Tenöre 558

Espressivo-Emphase: Max Lorenz 559 · Darstellerische Energie: Ludwig Suthaus 561 · Vokale Disposition: Wolfgang Windgassen 563

Abgesang: Wälse, Wälse, wo ist dein Schwert? 567
Dramatische Baritone 571

Singdarstellerische Autorität: Hans Hotter 571 · Bleicher Schmerzensmann: Hermann Uhde 575 · Prägnanz und Präsenz: George London 576 · Harmonischer Ton: Franz Crass 578

Zwei bedeutende Bässe 579

Tiefschwarze Farbe: Gottlob Frick 579 · Klang-Konzentration: Karl Ridderbusch 582

Deutsche Skizzen 584
Koloratur-Spezialistinnen 584

Zauberhaft glockiger Ton: Erna Berger 584 · Rokoko-Figur: Rita Streich 587 · Frioritura ohne Expression: Erika Köth 590

Lyrische Soprane 593

Schöne Seele: Elisabeth Grümmer 593 · Exsultate: Maria Stader 598 · Leichter Flötenton: Elly Ameling 600 · Somnambule Schönheit: Gundula Janowitz 606 · Professionalität: Anneliese Rothenberger 610 · Nützlichkeit und Eloquenz: Edith Mathis 610 · Kalkül und Können: Lucia Popp 612 · Ausdrucksenergie: Julia Varady 616 · Musico: Brigitte Fassbaender 618

Deutsche Tenöre der Nachkriegszeit 622

Kumpel im Frack: Rudolf Schock 623 · Eindringliches Musizieren: Ernst Haefliger 624 · Zauberton: Fritz Wunderlich 627 · Anima candida: Peter Schreier 632

Deutsche Baritone 636

Zwei deutsche Italiener: Josef Metternich und Marcel Cordes 636 · Der Monolith: Dietrich Fischer-Dieskau 638 · Im Schatten Fischer-Dieskaus 648 · Virtuose und Klangdramaturg: Kurt Moll 649

VIII. KAPITEL

Die Ära der Callas – Memento an die Metropolitan Opera

Die Ära von Maria Callas 655

Die Assoluta und ihre Partner 655 · Der Partner: Giuseppe di Stefano 676 · Der Gegenspieler: Tito Gobbi 681 · Charaktersänger: Giuseppe Taddei 685 · Me voici: Boris Christoff 689 · ... bis zum Schrei: Renata Scotto 695 · Engelsstimme: Renata Tebaldi 705 · Cantare con forza: Mario del Monaco 710

Voce Verdiana: Carlo Bergonzi 715

Spanische Madonna: Victoria de los Angeles 721 · O soave fanciulla: Mirella Freni 726

Mezzos und Altistinnen 730

Vielseitigkeit: Giulietta Simionato 730 · Härtetests: Fiorenza Cossotto 735

Zwei wichtige Baritone 740

Naturalist: Piero Cappuccilli 740 · Belcantist: Renato Bruson 742

Italienische Bässe 745

Don: Cesare Siepi 745 · Basso nobile aus Bulgarien: Nicolai Ghiaurov 748 · Ein italienischer Schaljapin 750

Memento an die Metropolitan Opera 751

Außenseiterin: Eileen Farrell 751

Diven der Met 753

Pianissimo: Zinka Milanov 753 · A Pearl of Great Price: Leontyne Price 758 · Unerfüllte Hoffnungen: Martina Arroyo 766

Zwei große Mezzos 768

Marmorne Schönheit: Shirley Verrett 768 · Schwarze Venus mit Schäden: Grace Bumbry 771

Der Tenor des Nordens: Jussi Björling 773 · Amerikas größter Tenor: Richard Tucker 781 · Tragiker: Jon Vickers 789 · Tenor-Machismo: Franco Corelli 793

Tibbetts Erben: Amerikanische Baritone 796

Ausdruck als Ausbruch: Leonard Warren 796 · Klanginstinkt: Robert Merrill 800 · Acúti e Sforzati: Sherrill Milnes 804

IX. KAPITEL

Europäische Streifzüge

Auf dem Fundament der Tradition: Britische Sänger 811

Lyrismus: Margaret Price 811 · Stimme des Leids: Kathleen Ferrier 814 · Von tiefen Gefühlen: Janet Baker 818 · Orpheus Britannicus: Peter Pears 826 · Geschmeidigkeit und Resonanz: Thomas Allen 832

Aus dem französischen Sprachraum 834

Internationale Diva: Régine Crespin 834 · Lyrischer Zauber: Léopold Simoneau 838 · Retter des Ideals: José van Dam 840

Vier große Skandinavier 844

Kunstvoll Naive: Elisabeth Söderström 844 · Aperite mihi portas justitiae: Aksel Schiøtz 848 · Ecoutez l'histoire: Nicolai Gedda 851 · Profondo: Martti Talvela 860

X. KAPITEL

... Vinceró oder: Internationaler Starbetrieb

Vom Ruhm und von der Berühmtheit 867

Glanz und Glätte: Montserrat Caballé 868 · Grenzen der Schönheit: Kiri Te Kanawa 875 · Schwarze Göttin: Jessye Norman 882 · Herausforderung: Cheryl

Studer 889 · Grenzgang: Agnes Baltsa 894 · Marathon-Mann der Oper: Placido Domingo 898 · Das singende Erotikon: Luciano Pavarotti 906 · Belcanto-Grandseigneur: Alfredo Kraus 914 · Ambizioso Spirito: José Carreras 919 · Jedermanns Wotan: James Morris 927 · Liebst du um Schönheit: Thomas Hampson 929

XI. KAPITEL

Zurück in die Zukunft

Das Neue im Alten 935

Nachtigall: Joan Sutherland 939 · Die größte Sängerin der Welt: Marilyn Home 943 · Perlen von der Märchenfee: Teresa Berganza 951 · Koloratur-Baß: Samuel Ramey 955

Finem lauda 962

Diskographie 969

Register der Sänger 1145

Zur Neuausgabe

Eine Auswahl zu treffen aus einem Buch, das vor sieben Jahren abgeschlossen wurde, geschieht nicht ohne Befangenheit. Schon als ich 1986 meinen Versuch über »Die großen Sänger« beendete, war mir bewußt, daß er niemals abzuschließen sein würde, daß den Stoff – die durch die Schallplatte dokumentierte Geschichte des Singens – zu erfassen unmöglich ist. Dies liegt längst nicht mehr an den Schwierigkeiten des Zugriffs auf historische Aufnahmen. Im Gegenteil: Seit der Einführung der CD, angekündigt als Tonträger des aufnahmetechnischen Fortschritts, wird der tiefe Brunnen der Vergangenheit systematischer ausgeschöpft denn je und der Markt mit vielen wichtigen, aber auch mit nur vermeintlich historischen Veröffentlichungen überflutet. Bei deren Dacapo geht es oftmals weniger um eine sinnvolle Auswahl von »Great Recordings of the Century« als um die systematische Exploitation einstiger Berühmtheiten – mithin um die Befriedigung von Fans, die sich womöglich einschüchtern lassen von der »Klassizität« eines berühmten Namens. Es ist kaum noch möglich, bei den Veröffentlichungen von Mitschnitten, Rundfunkübertragungen und Festivalaufführungen *à jour* zu bleiben.

Nicht geringer die Schwierigkeit, auf die geradezu entfesselte aktuelle Produktion zu reagieren: Aus dem Schallplatten-Business ist ein Busy-ness geworden. Es bedient, wie Klaus Umbach mit einer klugen Analogie zu Charlie Chaplins Freßmaschine aus den »Modern Times« anmerkte, ein zyklopisches Grammophon, das sich einfach nicht mehr ausschalten läßt und nur noch vor sich hinspielt. Oder anders: Jede neue – und jede neue alte – Platte verlangt Zeit; und längst mag es, gerade für den Sammler wie für den Historiker, mehr Zeit sein, als an Lebenszeit bleibt.

Vielleicht aber liegt gerade darin die Legitimation für eine Auswahl – sowohl bei den historischen Aufnahmen als auch bei den Sängern unserer Zeit, die in diese Anthologie aufgenommen worden sind. Natürlich ist es dem Verfasser nicht leichtgefallen, Sängerinnen und Sänger wie Marcella Sembrich und Emma Eames, Emmy Destinn und Maria Jeritza, Giuseppe Borgatti und Bernardo de Muro, Riccardo Stracciari und Gino Bechi, Astrid Varnay und Caterina Ligendza und viele, viele andere zu exkludieren und nicht umfassend auf die jüngste Sänger-Generation eingehen zu können; doch geht es in diesem Kompendium um Sängerinnen und Sänger, die, wenn das große Wort erlaubt ist, Epochenfiguren waren und sind. Um Künstler also, deren Rang darin liegt, daß sie eine Richtung gewiesen haben.

Die Maßstäbe, die bei der kritischen Beurteilung angelegt wurden, sollten sich also durchaus übertragen lassen auf all diejenigen, die in diesem Band nicht oder nur kursorisch behandelt werden. Die systematische Beschäftigung mit den Wandlungen des Singens unserer Zeit, die im Schlußkapitel angedeutet sind, ist ein Projekt des Verfassers in den nächsten Jahren.

Daß ich in den aus der ersten Ausgabe übernommenen und teilweise leicht gekürzten Kapiteln etliche Errata tilgen konnte, verdanke ich der akribischen Lektüre einiger Leser, voran Kurt Malisch und Klaus Ulrich Spiegel, die schon kurz nach der Veröffentlichung mit der produktiven Kritik intimer Sachkenner reagierten. Sie haben mich nicht nur auf kuriose Fehlleistungen wie die aufmerksam gemacht, daß es nicht Isolde ist, die »Hojotoho« singt, sondern mannigfache andere Fehler – was etwa Schreibweisen, Daten, Besetzungen, Rollen angeht – aufgelistet. Die Mühe, die Klaus Ulrich Spiegel auf sich genommen hat, das Manuskript noch einmal kritisch zu lesen und zu korrigieren, kann nur abschätzen, wer sich mit den Tücken des Stoffes auskennt. Auch der neue diskographische Anhang, notwendig geworden durch die Marktumstellung von der LP auf die CD, stammt von ihm.

Ich danke ihm dafür herzlich.

Im August 1993 *Jürgen Kesting*

Vorwort

Wenn wir also nicht mitgehen, kann nichts länger singen.
Ernst Bloch, ›Philosophie der Musik‹

»Entsinne Dich, wie ich Dich in Deiner besonderen Kunst schon früher glücklich pries«, schreibt Richard Wagner in einem Brief vom 20. Juli 1850 an Franz Liszt, »eben weil Du unmittelbar Künstler, wirklich gegenwärtiger – in diesem Augenblicke sinnfällig gebender Künstler warest. Ich wollte Dir somit keinesweges schmeicheln, sondern ich sprach – halb noch unbewußt – mein Wissen davon aus – daß nur der *Darsteller* der eigentliche wahre Künstler sei. Unser ganzes Dichter- und Komponisten-Schaffen ist nur Wollen, nicht aber das *Können*: erst die Darstellung ist das Können – die *Kunst*. Glaub mir, daß ich zehnmal glücklicher, wenn ich *dramatischer Darsteller* statt dramatischer Dichter und Komponist wäre.«

Selbst wenn diese Apotheose des dramatischen *Darstellers* durchaus nicht zweckfrei war; selbst also wenn es dem egomanischen Genie *nur* um die Aufführung seines *Lohengrin* ging, die von Franz Liszt in Weimar vorbereitet wurde, so verrät dieser Brief, daß Richard Wagners Musikdramen reformistisch sind nicht nur nach Idee und Form, sondern auch in ihren praktischen Anforderungen an die *Darsteller*, als die der Komponist, nach der Ästhetik des Musikdramas, die *Sänger* grundsätzlich zu bezeichnen pflegte. Wenige Fragen der Theater- und Aufführungspraxis haben ihn intensiver beschäftigt als die Suche nach geeigneten Sängern.

Wie hoch, ja: wie maßlos die Anforderungen, die er stellte, verrät ein weiterer Brief vom 21. Februar 1861 an einen »großen Künstler der allerseltensten Art«, an den eben dreißigjährigen Tenor Albert Niemann, den Richard Wagner selber für die Pariser Erstaufführung des *Tannhäuser* ausgewählt hatte. Es geht darin *auch* um Probleme des Durchhaltens, *auch* um diese oder jene Stelle, welche die »Stimme fatigiert«, vor allem aber um die *Ermutigung*, nicht um die *Stimme* besorgt zu sein, sondern sich »mit Leib und Seele« in das Finale des zweiten Aktes zu werfen, »als ob Sie nach diesem Finale nicht eine Note mehr zu singen hätten. Der Gewinn ist dann ein sicherer: im entscheidendsten Punkt der Oper, da – wo alles aufs äußerste gesteigert ist und der geringste Laut mit atemloser Spannung aufgenommen wird, da – hier ist es, wo die Entscheidung des *ganzen Abends* fällt! Glauben Sie *mir*, und vertrauen Sie nur dies *eine* Mal noch auf mich! Sie sollen in Ihrem Leben nie wieder von mir hören!! – Haben Sie das ›pitié pour moi!‹ so herausgebracht, wie Sie es können, nämlich so, daß einem die Haare zu

Berge stehen und allen das Herz erbebt, so ist *alles, alles* gewonnen, die unmittelbare Wirkung unermeßlich, und alles, was folgt ist – Kinderspiel.«

Dieser lange, leidenschaftliche und *fordernde* Brief stellt nicht allein eine brillante Abhandlung über die Interpretation der Tannhäuser-Partie dar, sondern er umkreist auch die Voraussetzungen für sängerische Größe. Damit ein Ereignis Größe habe, schrieb Friedrich Nietzsche über *Richard Wagner in Bayreuth*, mußten zwei Dinge zusammenkommen: der große Sinn derer, die es vollbringen, und der große Sinn derer, die es miterleben. Wie aber soll dieser Sinn entstehen ohne jene *Anforderungen*, die Richard Wagner – und nicht anders sein Zeitgenosse Giuseppe Verdi – seinen Darstellern ebenso auferlegte wie seinem Publikum? So wie sich sängerischer *Stil* stets nur aus einer Symbiose der *Technik* mit dem *Repertoire* zu entwickeln vermag, kann sängerische *Größe* allein auch die Auseinandersetzung mit neuer Musik entstehen. Das Operntheater ist längst nicht mehr Ort einer solchen Herausforderung. Die letzten Gesangsopern wurden vor sieben oder acht Jahrzehnten geschrieben: von Giacomo Puccini und Richard Strauss. Kurz nach 1900 gaben Werke wie *Otello,* Tristan und Isolde, Pelléas et Mélisande, Boris Godunow, La Bohème oder die Verismo-Zwillinge *Cavalleria Rusticana* und *I Pagliacci* jeweils eine eigene Richtung an – und dank dieser Werke konnten »große Künstler der allerseltensten Art« auch dem *Singen* eine neue Richtung geben: Wurde Gemma Bellincioni zur Duse des Verismo; prägte Caruso ganz und gar neue Vorstellungen vom Klang der Tenorstimme; emanzipierte Fedor Schaljapin den Sänger-Darsteller. Sie alle sangen die Musik ihrer Epoche, sie alle mußten neue Formen der Darstellung, neue Mittel des vokalen Ausdrucks finden.

In Werken wie Ferruccio Busonis *Doktor Faust*, Alban Bergs *Wozzeck* und *Lulu* oder Bernd Alois Zimmermanns *Die Soldaten* ist mit dem Primat des Singens gebrochen. Schon kurz nach dem Ersten Weltkrieg bezeichnete Paul Bekker die Oper, die fortan immer stärker vom *Repertoire* abhängig wurde, als Museum.

Welch seltsame Fügung, daß das Ende der Oper, zumindest der Gesangsoper, zusammenfällt mit der Erfindung der Schallplatte. Sie ist zum Museum der Oper geworden, zum Pantheon des Singens. Es war Caruso, der sie groß gemacht hat, und sie hat den Neapolitaner unsterblich werden lassen. Die Schallplatte hat die Stimmen Tausender von Sängerinnen und Sänger für eine virtuelle Ewigkeit konserviert. Jenen Dialog jedoch, den der Erfinder der Schallplatte, Emil Berliner, beschwor, den Dialog mit den Hörern *neuer Generationen*, führen nur wenige. Caruso ist nicht nur als Name, sondern als *Klang* fast jedem Opernfreund bekannt – aber wer kennt auch nur den Namen Fernando de Lucia, der zwischen 1890 und 1910 als »gloria d'Italia« berühmt war und beim Begräbnis Carusos »Pietà Signore« sang? Mythisch wie der Name Carusos ist auch der des russischen Bassisten Fedor Schaljapin – aber wer erinnert sich des französischen Bassisten Pol Plançon, der vielleicht als einziger die traurige Einsicht widerlegt hat, daß es niemals einen *vollkommenen* Sänger gegeben habe?

Was also macht sängerische Größe aus? Was sichert Ruhm und Nachruhm? Beide fallen nur jenen zu, die eine innere *Gleichzeitigkeit* herzustellen verstehen zwischen dem Werk und dessen Hörern – selbst in einem Zeitabstand, der bald, im Falle Enrico Carusos, ein Jahrhundert beträgt oder, im Falle von Maria Callas, ein halbes Jahrhundert. Wenn man sie hört, ist die Zeit aufgehoben. Wir spüren, mit den Worten von Ingeborg Bachmann: »Sie war immer die Kunst, ach die Kunst . . . Es ist sehr schwer oder sehr leicht, Größe anzuerkennen. Die Callas – ja, wann hat sie gelebt, wann wird sie sterben?«

Mit einem Wort: Der Rang von Enrico Caruso und Fedor Schaljapin, von Lotte Lehmann und Frida Leider, von Conchita Supervia und Maria Callas, von Dietrich Fischer-Dieskau oder Marilyn Horne beruht nicht allein auf den natürlichen und technischen Qualitäten ihrer Stimmen, sondern – um es in ein Paradox zu fassen – in der Fähigkeit, ja: im *Genie*, selbst das oft Gehörte zum *Un-Erhörten* werden zu lassen: die Zeit aufzuheben, Vergangenheit in Gegenwart zu verwandeln, die Ahnung des Unendlichen zu geben.

Ob eine Stimme schön oder häßlich ist, mag, wie die Kontroversen unter den Melomanen zeigen, durchaus *auch* eine Frage des subjektiven Geschmacks sein. Das Singen ist die Sprache der Leidenschaft – und es wird gehört voller Leidenschaft. Es kann den empfindsamen Hörer, mit einem Wort Stendhals, »zu den Engeln schicken«, ihm aber auch den Zugang zu einem Werk versperren. »Eines der furchterregenden Hindernisse auf dem Weg zum Werk Wagners«, schreibt der unvergleichliche amerikanische Gesangskenner William James Henderson, »war die gräßliche Manier, in der er gesungen wurde. Auf dem Wege sah ich mich einem Löwen gegenüber – einem bösartigen, brüllenden Löwen, dem einer bösen Tradition, fett gefüttert auf den Weiden Wahnfrieds.«

Nicht jede Stimme spricht zu jedem Hörer; den Geschmack für manch eine muß man erwerben, sich zuweilen wohl auch erkämpfen. Doch ob ein Sänger technisch korrekt singt und ausdrucksvoll musiziert, läßt sich *objektiv*, also sachbezogen, feststellen. Nicht selten, daß Künstler mit berauschend schönen Stimmen häßlich singen und andere, die des sprichwörtlichen Goldes in der Kehle entbehren, das Ohr und den Geist berücken. Wie jede ausübende Kunst setzt auch das Singen die Beherrschung technischer Regeln voraus: Die Kunst beginnt erst, wo die Technik endet.

»Tief ist der Brunnen der Vergangenheit«, heißt es zu Beginn von Thomas Manns *Joseph und seine Brüder*, »sollte man ihn nicht unergründlich nennen?« In dem vorliegenden Buch, das sich auf meine dreibändige Arbeit *Die großen Sänger* (1986) stützt und nun Entwicklungen aufzeigt, geht es nicht um eine systematische Darstellung des Singens in diesem Jahrhundert, so weit es von der Schallplatte dokumentiert worden ist. Was ich versuche, ist eine exemplarische Auswahl, sind Portraits jener *Großen*, die eine Richtung gewiesen haben – was vielleicht *eine* Definition von *Größe* sein mag. Wichtig ist mir dabei, ein breites Spektrum sängerischer und stilistischer Möglichkeiten aufzuzeigen, die Vielfalt von – oft national bedingten – vokalen Klangcharakteren zu beschreiben.

Die durch kurze historische Zusammenfassungen eingeleiteten Einzelportraits bestehen aus zwei Elementen: aus einem biographischen Abriß mit den wichtigsten Stationen und Rollen und einer Beurteilung der Stimme anhand von Platten. Daß mir diese *Vokalogramme* durchaus mehr am Herzen liegen als die biographischen Informationen bedeutet keineswegs, daß ich die Leistung all dieser Künstler reduzieren will auf das, was die Schallplatte von ihnen konserviert hat – es wäre eine *reductio ad absurdum* gerade bei den Sängern aus der Gründerzeit des Mediums, die nur wenige Platten besungen haben und dies oftmals zu einem Zeitpunkt, da ihre Zeit längst abgelaufen war; da sie, wie Adelina Patti, Lilli Lehmann oder Francesco Tamagno, nur noch über die Reste ihrer Stimmen verfügten.

Selbst bei Sängern unserer Zeit, die durch das Medium eine Art von zweiter künstlerischer Existenz aufgebaut haben, kann die Platte nur Momentaufnahmen aus einem künstlerischen Lebenswerk bieten. Dies haben etwa Dietrich Fischer-Dieskau wie Placido Domingo betont, die sie, wie wenige andere, genutzt haben für einen künstlerischen Totalanspruch in zweifacher Hinsicht: ihre Stimmen in ein Medium zu verwandeln für ein Repertoire von grenzenloser Weite. Es wäre mithin absurd, der kritischen Auseinandersetzung mit dem von der Bühnendarstellung losgelösten Singen – wenn es denn nicht, nach Theodor Adorno, ein vom »Mummenschanz der Bühne« befreites Musizieren ist – die Mißachtung oder Spaltung einer künstlerischen Persönlichkeit vorzuhalten.

Es mag sein, daß die Platte nichts vom *Bühneneindruck* eines suggestiven Darstellers wiedergibt; doch vermittelt sie auf jeden Fall gerade die *darstellerischen* Qualitäten seines *Singens*. Wenn es beim Singen, wie Richard Wagner es formuliert, um den Ausdruck des innersten Wesens der menschlichen Gebärde geht, so muß dieser Ausdruck vom *Auge des Ohrs* wahrgenommen werden. Sind nicht die *Aufnahmen* einer Maria Callas in einem szenischen Sinne dramatischer als die *Auftritte* einer Montserrat Caballé? Mit einem Wort: Daß es Sängerinnen und Sänger gibt, die auf der Bühne erlebt zu haben unvergeßlich ist, bedeutet mitnichten ein vergleichbar intensives oder unvergeßliches Erlebnis beim Hören ihrer Aufnahmen. Und sobald es um die Geschichte des Singens geht, sind die Aufnahmen zuverlässigere Dokumente als persönliche Erinnerungen. Welcher Fan Luciano Pavarottis würde des Verfassers *Erinnerung* glauben, daß er sich zu Beginn der sechziger Jahre im höchsten Rang der Wiener

Staatsoper vom C des Tenors Gianni Raimondi wie von einem Geschoß gestreift fühlte – ein sinnlicher Eindruck, der sich bei Big P. nie einstellte? Beim Hören der Aufnahmen konkretisieren sich diese Erinnerungen. Außerdem: Die Zeit ist ein sonderbar' Ding. Nur die Schallplatte belohnt die Suche nach der *verlorenen Zeit* – der Zeit, die *vor* den eigenen Erinnerungen liegt – mit dem Glück jener Erfahrungen, für welche die Zeit keine Rolle spielt.

Von William James Henderson, der seit 1887 fast fünf Jahrzehnte hindurch in New York alle Großen gehört hat, stammt der Satz: »Einen vollkommenen Sänger hat es nie gegeben.« Dieser traurigen Einsicht läßt sich nur mit der Frage begegnen: »Könnte es sein, daß es die unvollkommene Schönheit ist, welche sich als die vollkommenste erweist?«

Jürgen Kesting

EINLEITUNG

Eine Stimme zur rechten Zeit

Vorspiel auf dem Theater

Wißt Ihr nicht, daß der Tenor kein Wesen von dieser Welt ist.
Er ist eine Welt in sich.
Hector Berlioz

Geschichte beginnt manchmal mit scheinbar beiläufigen Geschichten. Diese begab sich am 17. Februar 1901 im Mailänder Teatro alla Scala, am Morgen vor der Premiere von Gaetano Donizettis komischer Oper *L'Elisir d'Amore*. Der Dirigent Arturo Toscanini erhielt von einem Melomanen einen Brief voll heftiger Vorwürfe: »Wie kann ein Maestro, der in dem Rufe steht, die höchsten Ansprüche zu stellen, einen so unmöglichen Künstler wie Garbonetti für die Scala annehmen, einen Sänger, der noch vor wenigen Wochen, wie der Schreiber dieses Briefes erlebt hat, von der Bühne eines Provinztheaters gepfiffen wurde?«

Giulio Gatti-Casazza, Intendant der Scala und Chronist dieser Episode, versuchte vergeblich, den Dirigenten zu beruhigen. Toscanini spürte, daß er im Begriff war, sich und das Theater lächerlich zu machen. Die Vorzeichen waren frostig. Nemorinos »Quanto è bella« wärmte die Stimmung des Publikums ebenso wenig wie Adinas traurig-süße Geschichte von Tristan und Isolde, von der polnischen Sopranistin Regina Pinkert betörend gesungen. Doch dann das Duett aus dem zweiten Akt. Adina trägt ihre Phrasen »voller Anmut vor«, der Sänger des Nemorino nimmt sie auf: »Chiedi, al rio perchè gemente«. Singt sie »mit einem Gefühl, einer Kunst, die mit keinem Wort angemessen beschrieben werden können«. So frenetisch war der Beifall, daß Toscanini, trotz der Aversion gegen Zugeständnisse an das Publikum, das Duett wiederholen ließ. Während der Pause schwärmten Mailands Melomanen vom Nachfolger eines Mario, eines Giulini, eines Gayarré. Die Romanze des zweiten Aktes schließlich, »Una furtiva lagrima«, wurde »Phrase für Phrase von Ausrufen der Bewunderung unterbrochen«, mußte wiederholt und, als der Beifall kein Ende nahm, zum dritten Mal gesungen werden. Toscanini ging nach der Aufführung vor den Vorhang, umarmte den Tenor und sagte zu Gatti-Casazza: »Per Dio! Se questo Napoletano continua à cantare così, farà parlare di se il mondo intero!« (Bei Gott! Wenn dieser Neapolitaner weiter so singt, wird die ganze Welt über ihn reden!)

Ein Jahr später, am 11. März 1902, saßen zwei junge Männer im Auditorium der Mailänder Scala und erlebten, daß der junge Tenor bei der Uraufführung von *Germania* des Barons Franchetti mit »Studenti! Udite« nicht nur Aufruhr auf der Bühne – es handelt von der Rebellion gegen Napoleon – entfachte. Die beiden –

Alfred Michelis und Fred Gaisberg – waren Agenten der Gramophone Company und auf der Suche nach Sängern für eine Maschine, die als unfertiges Experiment belächelt wurde. Fred Gaisberg, damals eben neunundzwanzig Jahre alt, war sicher, *den* Sänger gefunden zu haben. »Versuche einmal herauszufinden«, sagte er zu Michelis, »welches Honorar er für zehn Lieder haben will.« Michelis bat den Pianisten Salvatore Cottonoe um diese Anfrage. Für einhundert englische Pfund, so erfuhr Cottone, würde der Tenor zehn Mal vor den Trichter treten. Gaisberg, der die Aufnahmen dringend empfohlen hatte, erhielt nach einer telegraphischen Rückversicherung aus London die Antwort: »Fee exorbitant forbid you to record.«

Gaisberg mißachtete das Verbot und erteilte Michelis den Auftrag. Als der Tenor darauf bestand, vor der Aufnahme erst die geplanten Vorstellungen von *Germania* zu singen, reiste Gaisberg in der Hoffnung nach Rom, die Stimme des Papstes aufzunehmen. Doch der fast neunzigjährige Leo XIII. verweigerte den irdischen Dialog mit der Ewigkeit; statt dessen brachte Gaisberg ein »Domine salvum fac« mit, das der letzte Kastrat der »Capella Sistina«, Professor Alessandro Moreschi, gesungen hatte. In der Zwischenzeit hatte Michelis in Mailand im Grand Hotel einen Ankleide-Salon gemietet und hinter einem Vorhang die Aufnahme-Apparatur aufgebaut. Gegenüber stand auf Kisten ein Flügel vor einem glockenförmigen Metallhorn.

Am Nachmittag des 11. April – einige Quellen geben den 18. März an – kam der neapolitanische Sänger, »wie ein Dandy gekleidet und ein Stöckchen schwingend«, die Via Manzoni herunter, betrat das Grand Hotel und goß, nachdem sein Gefolge von Bewunderern verscheucht worden war, »das flüssige Gold seiner schönen Stimme« auf die Wachsmatrizen, die Gaisberg kaum so rasch wechseln konnte, wie der Sänger singen wollte. »Wir zahlten ihm die versprochenen einhundert Pfund. Ich war verblüfft über die Möglichkeit, wie einer so schnell so viel Geld verdienen konnte.«

Gaisberg war sich seines Hasardspiels bewußt und schaffte die Aufnahmen, die Stück für Stück zweitausend Mal zur Deckung der Kosten verkauft werden mußten, nach London, wo sie rechtzeitig zum Debüt des Tenors an der Royal Opera Covent Garden veröffentlicht wurden. Später berichtete er, daß seine Gesellschaft mit diesen Aufnahmen binnen weniger Monate einen Gewinn von 13 000 Pfund gemacht habe. Von dem Sänger aber, den er als »die Erfüllung der Träume eines Aufnahmemannes« bezeichnete, sagte er: »He made the gramophone«. Mit seinen Platten, es sollten insgesamt 265 werden, hat der Tenor bis zu seinem Tod nicht nur zwei Millionen Dollar an Tantiemen verdient, sondern dem Grammophon die Würde eines Instruments ersungen: Enrico Caruso.

Dialog mit der Ewigkeit

Die Kultur kann nicht neben der Apparatur konserviert, sie kann nur in sie hineingerettet werden.
Arnold Gehlen, ›Die Seele im technischen Zeitalter‹

Am 18. Juli 1877, ein Vierteljahrhundert vor Enrico Carusos Gastspiel im Mailänder Hotel, war dem amerikanischen Erfinder Thomas Alva Edison zum ersten Mal die Aufzeichnung der menschlichen Stimme gelungen: Er hatte die Schallschwingungen senkrecht auf die über eine Walze gespannte Membran geritzt. Zehn Jahre später erfand der aus Hannover in die USA ausgewanderte Emil Berliner die Schallplatte. Als er sie am 16. Mai 1898 einer Gruppe von Gelehrten im Franklin Institute, Philadelphia, vorführte, rief er emphatisch aus: »Wer wird den Nutzen für die Zivilisation leugnen, wenn man ... die strahlenden Lieder einer Patti oder die dramatische Stimme einer Sarah Bernhardt wieder hören kann? ... Wird dies nicht sein wie ein Dialog mit der Ewigkeit?«

In Emil Berliners Ahnung war ein wissenschaftliches und ästhetisches Problem der Jahrhundertwende ausgesprochen: die Suche nach einer vierten Dimension – nach der verlorenen Zeit. Einige der berühmtesten Komponisten und Musiker im letzten Jahrzehnt des 19. Jahrhunderts müssen wohl an ihre Unsterblichkeit gedacht haben: Das zwölfjährige Klavierwunderkind Josef Hofmann bespielte einige Zylinder; Hans von Bülow, Pianist und Chefdirigent des Berliner Philharmonischen Orchesters, nahm eine Mazurka von Frédéric Chopin auf und fiel, wenn's denn wahr, beim Abhören in Ohnmacht; die United States Marine Band schmetterte, unter Leitung von John Philip Sousa, Märsche und Polkas. Zwischen 1896 und 1912 brachte Edisons Speaking Phonograph Company 12 000 Titel auf Wachszylindern mit einer Spielzeit von zwei Minuten heraus. Seit Mitte der neunziger Jahre gründeten musikbegeisterte Entrepreneurs überall in Europa ständig neue Grammophongesellschaften.

Nach dem überwältigenden Erfolg Enrico Carusos fanden es viele andere große Sänger, auch die aus der Generation davor, an der Zeit, sich ihren Nachruhm zu sichern. Die Gramophone Company hatte den Dirigenten und Begleiter Landon Ronald engagiert, der im Frühjahr 1902 die Sopranistinnen Suzanne Adams und Emma Calvé, die Baritone Antonio Scotti und Maurice Renaud und den französischen Bassisten Pol Plançon ins Studio lockte. 1903 entstanden in Warschau die ersten Platten des Baritons Mattia Battistini, der ebenso den Ehrentitel »gloria d'Italia« trug wie der Tenor Fernando de Lucia, der in Mailand aufzunehmen begann. Als veritabler Coup galt das Engagement von Francesco Tamagno, der bei der Uraufführung von Giuseppe Verdis *Otello* die Titelpartie gesungen hatte. Tamagno, der sich wegen einer Herzerkrankung schon von der Bühne zurückgezogen hatte, erhielt zweitausend Pfund Vorschuß und nahm Anfang 1903 insgesamt 35 Titel auf, von denen er neunzehn freigab. Nellie Melba endlich bestand darauf, ein eigenes, mauve-farbenes Label zu erhalten. Ihre Platten wurden für eine Guinea verkauft – ein Shilling mehr als das Pfund, für das eine Tamagno-Platte zu haben war. Alsbald erklärte sich selbst Adelina Patti, die schon lange nicht mehr aktiv war, zu Aufnahmen bereit. Ihre Platten bekamen ein pinkfarbenes Label. Fortan war es ein leichtes, Sänger für die Schallplatte zu gewinnen: Keiner, der nicht begriffen hätte, daß ihm das Medium »une totale et minutieuse immortalitée« (Claude Debussy) sicherte.

Sänger und Schallplatte

> Der Klangkörper erlitt eine perspektivische Minderung; es war, wenn es erlaubt ist, für den Gehörsfall ein Gleiches aus dem Gebiete des Gesichtes einzusetzen, als ob man ein Gemälde durch ein umgekehrtes Opernglas betrachtete, so daß es entrückt und verkleinert erschien, ohne an der Schärfe der Zeichnung, der Leuchtkraft seiner Farben etwas einzubüßen.
>
> *Thomas Mann, ›Der Zauberberg‹*

Der Rückblick auf die Geschichte der Gesangskunst, wie sie sich im Medium der Schallplatte spiegelt, muß technisch bedingten perspektivischen Minderungen Rechnung tragen. Viele der alten Klangbilder sind entstellt. Dem Ohr schmeicheln sie nicht. Es gehören Liebe und Leidenschaft dazu, die fahlen, harschen Klänge durch den Filter der akustischen Einbildungskraft laufen zu lassen, und es bedarf langer Erfahrung im Umgang mit alten Platten, um technische Fehler von musikalischen zu unterscheiden. Die Aufnahmen vor allem aus dem ersten Jahrzehnt der akustischen Ära – von 1898 bis 1925 – erlauben wegen des begrenzten Frequenzspektrums kein schlüssiges Urteil über die Klangqualität hoher Stimmen. Bei den Platten so bedeutender Sängerinnen wie Lillian Nordica, Nellie Melba, Emma Eames oder Marcella Sembrich spürt man förmlich die *Unverträglichkeit* von Stimmen und Apparatur. Wie der Klang eines Instruments ist auch der einer Stimme abhängig von der Wiedergabe der Obertöne. Klanganalytische Untersuchungen raumfüllender Stimmen haben gezeigt, daß der Obertonbereich zwischen 2500 und 3000 Hertz besonders energiereich ist. Erst in den zwanziger Jahren aber wurde, wie Fred Gaisberg berichtete, ein Umfang vom E (164 Hz) bis zum C (2088 Hz) erreicht. Damit lag der tonliche Ambitus deutlich *über* dem tiefen D (70 Hz), das etwa Mozarts Osmin zu singen hat, und *unter* dem ersten Formant-Bereich der Sopranstimme, die beim C''' rund 1035mal schwingt. Das Timbre und die Farbe einer Stimme aber werden geprägt von den Obertönen; mit deren Coupierung wurden hohe Stimmen nicht nur ihrer Brillanz beraubt, sondern auch des *harmonischen* Reichtums. Das wirkt sich besonders kraß bei Ensembleaufnahmen aus. Zeigen beispielsweise Carusos Platten mit Baritonpartnern eine perfekte klangliche Balance, so wirken die Stimmen seiner Partnerinnen durchweg körperlos und farbarm. Thomas Mann spricht in einem Kapitel des *Zauberberg* – »Fülle des Wohllauts« – von einem »glashell-süßen, kleinen Sopran« im Duett mit der »weltberühmten Tenorstimme« und beschreibt damit Nellie Melba, die nach allen zeitgenössischen Berichten eine unvergleichlich leuchtende und durchdringend brillante Stimme besaß.

Womöglich noch größer sind die Probleme, die durch falsche Überspielungen entstanden. Viele LP-Transfers haben, weil zur Verminderung des Rauschens die Höhen weggefiltert wurden, wenig von der Klangqualität alter 78er-Platten gerettet – ganz abgesehen davon, daß durchaus nicht *jede* alte Platte eine *78er* war. Es gab keine Normbindung für die Umdrehungszahl. Je älter die Aufnahmen, desto größer können die Abweichungen sein. Keine einzige der knapp 240 Aufnahmen Enrico Carusos ist mit der vermeintlich korrekten Geschwindigkeit gemacht worden; die Abweichungen liegen zwischen 68,18 und 88,23 Umdrehungen.

Die Auswirkung auf den Klangcharakter hört man etwa in Alessandro Boncis »A te o cara« aus Vincenzo Bellinis *I Puritani.* Die Bewunderer dieses hervorragenden Tenore di grazia nahmen als selbstverständlich an, daß Bonci das Stück korrekt in D-Dur gesungen und die Zielnote, ein Cis, mühelos attackiert habe. Doch klingt dieses Cis seltsam eng und gepreßt. Transponiert man die Aufnahme durch die Reduktion der Abspielgeschwindigkeit nach Des, ertönt die Stimme unversehens natürlicher, harmonischer, schmelzender. Der Einwand, solche Fehler ließen sich durch die Überprüfung der Tonarten vermeiden, hält nicht stand. Es war seinerzeit durchaus noch, wie im 19. Jahrhundert, üblich, daß Sänger in unbequemer Tessitura liegende Arien transponierten. Ob es sich also bei Abweichungen von der originalen Tonart um eine Transposition handelt oder um einen Überspielungsfehler, ist selbst für versierte Produzenten und Sammler nicht leicht auszumachen. Schwer zu entscheiden ist auch, ob Mattia Battistini das »Largo al factotum« von Rossinis *Figaro* immer prestissimo gesungen hat oder zu Hochgeschwindigkeitstempo durch die nach 186 Sekunden auslaufende Wachsmatrize gezwungen wurde.

Noch schwerer zu beurteilen sind die klanglichen Dimensionen alter Stimmen. Nach einem Bericht der Sopranistin Emma Eames hatten die Sänger präzis ins Zentrum des Aufnahmetrichters zu singen, und wer, wie sie, eine brillante, vibrierende Stimme besaß, mußte gewärtig sein, daß sich dort eine Art von heulendem Wirbelsturm bildete. Zuweilen wurden die Besitzer solch ausladender Stimmen mit sanfter Gewalt zurückgezogen, und prompt verwandelte sich ein strahlend gesungener Ton auf der Platte in ein sanftes Säuseln.

Nicht zuletzt ist auf ein perspektivisches Problem besonderer Art, wiederum eines der Zeit, einzugehen: Daß nämlich die Schallplatte in ihrer ersten Dekade die Gleichzeitigkeit des Ungleichzeitigen bewahrt hat. Als Caruso am 11. April 1902 seine ersten Aufnahmen – und damit die Platte als Medium – machte, war er 29 Jahre alt und stand am *Beginn* seiner Karriere. Der »glashell-süße, kleine Sopran«, mit dem Caruso 1907 das Liebesduett aus *La Bohème* anstimmte, gehörte der 47jährigen Nellie Melba (1861–1931), die erst mit 43 Jahren, mithin *nach* ihrer Glanzzeit, ins Studio gegangen war. Francesco Tamagno (1850 bis 1905) war zum Zeitpunkt seiner ersten Aufnahmen 52 Jahre alt, hatte über vierhundert Aufführungen des *Otello* gesungen und gebot, weil herzkrank, nicht mehr über jene Kräfte, die ihn einst befähigt hatten, seine hohen Töne »mit der Wucht achtzölliger Granaten durch den Raum zu schießen« (W. J. Henderson). Sein französischer Kollege Victor Maurel, der erste Sänger des Jago, produzierte, 1903 die Traumerzählung »Era la notte« singend, nur noch ein magisches Wispern – er war 55 Jahre alt. Adelina Patti (1843 bis 1919), die zwischen 1890 und 1900 nach guter Primadonnen-Manier letzte, allerletzte und endgültig allerletzte Konzerte gegeben hatte und immer wieder mal ein Comeback nur für Freunde, lebte als Baronin Cederstroem auf ihrem walisischen Schloß in Craig-y-Nos, als sie 1905, nach den Worten ihres Biographen Herman Klein, für die Nachwelt nur noch »les beaux restes« ihrer Stimme bewahrte – dazu gehört allerdings der schönste, weichste, *musikalischste* Triller, den man überhaupt bewundern kann.

Die Gleichzeitigkeit des Ungleichzeitigen – damit ist nicht allein gemeint, daß Enrico Caruso seine Platten im Frühling seiner Karriere machen konnte und Adelina Patti die ihren im Nachsommer. Viel wichtiger, daß diese *gleichzeitig* entstandenen Aufnahmen eine andere *Ungleichzeitigkeit* offenbaren: Unterschiede der Technik, des Stils, der sängerischen Manier. Mögen auch Enrico Carusos und Fernando de Lucias Aufnahmen von »Amor ti vieta« oder »Questa o quella« gleichzeitig entstanden sein, so stammen die *Interpretationen* aus zwei ganz und gar unterschiedlichen Epochen – und gerade diese Unterschiede bescheren uns das, was Thomas Mann als »den heiteren und seelenschweren Genuß« beschrieben hat, den uns das strömende Füllhorn schenken kann.

Von verlorener und wiedergefundener Zeit

Die Mißachtung bedeutender Vokalaufnahmen aus der Vergangenheit ist sonderbar, zumal der Niedergang des Singens, erkennbar schon in den frühen Tagen des Grammophons, heute so evident ist, daß man ihn im Maßstab meßbarer Fakten nachweisen kann ... Ohne jeden Zweifel hätte ein angehender Sänger, wie es Reynaldo Hahn in einem Essay seiner *Thèmes Variés* überzeugend und eindringlich dargelegt hat, die großen Dokumente des klassischen Stils mit höchster Aufmerksamkeit zu studieren. Es ist ein typisches Paradox unserer Zeit, daß wir gleichsam einen Kompaß zum Stil haben, wie ihn keine Epoche zuvor besaß, aber so wenig Gebrauch davon machen.
Desmond Shawe-Taylor in ›Grove's Dictionary of Music and Musicians‹

Sydney Homer, der Mann der Altistin Louise Homer, die einige Duette mit Caruso aufgenommen hat, schrieb: »Bevor Caruso kam, hatte ich niemals eine Tenorstimme gehört, die der seinen auch nur entfernt ähnelte. Nachdem er sich durchgesetzt hatte, habe ich Stimme um Stimme gehört – große und kleine Stimmen, hoch- und tiefliegende –, die sich der seinen, und sei es gewaltsam, angeglichen haben.« Luciano Pavarotti bestätigte dies, als er sagte, daß sich »alle italienischen Tenöre dieses Jahrhunderts an Caruso ausgerichtet haben«. Daß Nachahmer nichts so sehr lockt wie das Unnachahmliche, ist allzu bekannt; prekär an diesem Sachverhalt ist allerdings, daß diese Nachahmung einen Rückschritt zu einem bloßen sängerischen Eklektizismus gezeitigt hat, eine Restverwertung von Ausdrucksmitteln und vokalen Formeln, die bei Caruso eine unmittelbare Reaktion, eine Symbiose von Technik und Ausdruck, auf das aktuelle Repertoire gewesen waren.

Kein Zweifel, daß sich der vom musikalischen Verismo geprägte Epochenstil durch die Schallplatte auf Jahrzehnte hin fortsetzte; daß er förmlich in der Imitation erstarrte und daß andere, ältere Formen des Singens, geborgen in Aufnahmen von Adelina Patti, Lilli Lehmann, Mattia Battistini, Fernando de Lucia und vieler anderer, auf den tiefen Grund des Brunnens der Vergangenheit sanken. Ja, die virtuosen Fertigkeiten des Canto fiorito, des verzierten Singens, gerieten als bloße »Kehlfertigkeiten« in Verruf. Zur Verwerfung des Belcanto – worunter wiederum die *Symbiose sängerischer Technik* mit verzierter Musik zu verstehen ist und nicht, ein unscharfer Begriff, der »schöne Gesang« – bediente man sich der ästhetischen Theoreme des Musikdramas; und da Jünger meist fanatischer sind als die Propheten selber, galt etwa Gioacchino Rossini, der Vollender des Belcanto, fortan nur noch als heilloser Hallodri, als »Verfertiger amüsanter Gaukeleien« (Richard Wagner) oder als »Großmeister musikalischen Geschwafels« (George Bernard Shaw).

Abgesehen von *Il Barbiere di Siviglia*, der zur effektvollen Posse verharmlost ward, verschwanden Rossinis Opern weitgehend von den Bühnen. Nicht anders erging es den Werken Vincenzo Bellinis und Gaetano Donizettis: Nur *Norma, Lucia di Lammermoor, Don Pasquale* und *L'Elisir d'Amore* konnten sich, allerdings eher als Randwerke des Repertoires, behaupten. Die Schallplattenaufnahmen dieser Opern zeigen, wie weit sich die Sänger der Jahrzehnte zwischen 1920 und 1950 stilistisch von der Formensprache des Canto fiorito entfernt hatten.

Der stärkste Impuls zu dessen Renaissance ging von Maria Callas aus, die in *Armida, Norma, I Puritani, Lucia di Lammermoor, Anna Bolena* und auch Giuseppe Verdis *Il Trovatore* den Typus des dramatischen Soprano d'agilità wiederauferstehen ließ. Sie bahnte den Weg zunächst für Sängerinnen wie Joan Sutherland, Marilyn Horne, Teresa Berganza, Montserrat Caballé und die vielen Vokalisten unserer Zeit, die in Opern mit verzierter Musik brillieren. Daß die Schallplatte in den letzten Jahrzehnten, als das imaginäre Museum der Oper, diese Entwicklung, also die systematische Suche nach dem Neuen im Alten, begünstigt hat, steht außer Frage.

Von Treue und Untreue

> Als ich anfing, die Musikwelt mit meinen Sünden zu skandalieren, gab es noch das Unglück des Rondos für die Primadonna – heute gibt es die Tyrannis des Dirigenten. Ein großes Übel! Das erstere war jedoch weniger schlimm.
> *Giuseppe Verdi*

Ebenfalls von Giuseppe Verdi stammt der Satz, man möge zum Alten zurückkehren – und es werde ein Fortschritt sein. Mit der Suche des Neuen im Alten mußte ein Grundgesetz der musikalischen Interpretation in Frage gestellt werden: die sogenannte Werktreue, die den Interpreten unerbittlich auf den gedruckten Notentext vereidigt. Die bedeutendsten Anwälte dieses Gesetzes waren zwei Dirigenten: Arturo Toscanini und Gustav Mahler, die sich auf die Forderungen Richard Wagners wie des späteren Giuseppe Verdi berufen konnten. Der Italiener wie der Böhme waren die ersten Dirigenten, die in Mailand und Wien ein *Repertoire-Theater* aufzubauen versuchten. Sie verstanden sich als Sachwalter sowohl der aktuellen Produktion als auch der *Meisterwerke* der Tradition. Gustav Mahler begriff, ein berühmtes Diktum, Tradition als »Schlamperei«, und er wandte sich damit, wie auch Arturo Toscanini, gegen Abweichungen vom gedruckten Notentext, die fortan als Willkür galten. Wie begründet diese Notentreue bei Werken von Komponisten des ausgehenden 19. Jahrhunderts sein mag, so problematisch war deren Rückwendung auf die vor 1850 geschriebene Vokalmusik. Sie führte nicht nur zu einer Erstarrung der älteren Musik, sondern zu einer interpretatorischen Hilflosigkeit gegenüber der Belcanto-Oper des 18. Jahrhunderts und der romantischen Oper des frühen 19. Jahrhunderts.

Es ist symptomatisch, daß Toscanini anno 1899 eine Aufführung von Vincenzo Bellinis *Norma* an der Mailänder Scala nach der Generalprobe absetzte. Er begründete dies mit der Feststellung, daß ihn die Aufführung nicht befriedigte – und daß er niemals eine befriedigende Aufführung des Werks erlebt habe. Schlechthin *undenkbar*, daß er es sich nicht zutraute, die selbst von Richard Wagner bewunderte Oper zu *dirigieren; denkbar* vielleicht, daß er Ines de Frate nicht als geeignete Sängerin für die Titelpartie ansah; am *wahrscheinlichsten*, daß ihm die Formensprache des Werks zutiefst fremd war – auch wenn *Norma* kein Werk für sängerische Eigenwilligkeiten, für willkürliche Verzierungen ist.

In einer Untersuchung über die Aufführungspraxis der Musik des 18. Jahrhunderts schreibt Heinz Pringsheim: »Werktreue, Grundbedingung jeder Darstellung eines musikalischen Kunstwerks, ist nicht unbedingt identisch mit notengetreuer Wiedergabe. Ja, Unkenntnis der Notierungsgepflogenheiten früherer Zeiten kann sogar Werk-Untreue zur Folge haben, wie wir sie in fast jeder Aufführung einer Passion von J. S. Bach oder einer Oper von Mozart erleben. Spielen und Singen, wie es dasteht, ist durchaus nicht immer korrekt.« Komponierte Verzierungen und Auszierungen, welche die Komponisten von ihren Sängern *erwarteten* – etwa bei Kadenzen, bei Reprisen oder strophischen Wiederholungen –, waren *Ausdrucksmittel* einer Musik, die sich *symbolischer* oder *repräsentativer Formeln* bediente. Wie paradox es klingen mag: Verzierung und Auszierung sind Elemente der musikalischen Charakterisierung.

Von den Perspektiven der Zeit

> Jeder weiß, daß die Zeit auf verschiedene Weise abläuft, je nach der inneren Disposition des Subjekts und nach den Ereignissen, die sein Bewußtsein affizieren . . . Diese Veränderungen der psychologischen Zeit sind nur wahrzunehmen durch die Beziehung auf das (bewußte oder unbewußte) Grundgefühl der wirklichen Zeit.
> *Igor Strawinsky, ›Musikalische Poetik‹*

Weshalb verweigern sich, wie nicht allein Desmond Shawe-Taylor bedauernd feststellte, viele Sänger unserer Zeit der Auseinandersetzung mit den Dokumenten der Aufführungsgeschichte – dies oftmals mit dem Scheinargument, daß sie zunächst ihre »eigene Persönlichkeit« entfalten wollen? Es gibt dafür offenbar andere als nur subjektive Gründe. Was die italienische Gesangskunst angeht, so haben Caruso und einige andere Sänger seiner Generation einen tiefen und nachhaltigen Schatten über die Platten ihrer Vorgänger geworfen – aber nicht, weil sie die *besseren* Sänger gewesen wären. Caruso hat zumindest teilweise an der alten Technik – zumindest an der Tonbildung auf dem Atem, am Legato, am Gebrauch des Portamento – festgehalten, nicht aber an der Manier des Canto fiorito, der schon vom mittleren Verdi aufgegeben, nicht aber überwunden worden war. Überwunden – das würde ja bedeuten, daß künstlerische Entwicklungen gleichgesetzt würden mit künstlerischem Fortschritt. Wohl aber waltet ein geheimer Zusammenhang zwischen dem *technischen Fortschritt*, der zum ersten Mal ein nur in der Zeit spielendes Kunstwerk reproduzieren konnte, und der musikalischen Ästhetik des ausgehenden 19. Jahrhunderts. Die Musik des späten Verdi mit ihrem verdichteten Wort-Ton-Gefüge und vollends die der Veristen ist unmittelbar, ist evokativ, ist Ausdruckskunst und nicht, wie die frühere italienische Opernmusik, eine deskriptive, formelhafte Kunst. Die Formeln des Belcanto – dies wird im Abschnitt über den Ziergesang am Ende des Buches näher ausgeführt – bedurften einer völlig anderen als einer rhythmisch-streng fixierten Strukturierung der Zeit, nämlich des Tempo rubato. Wörtlich heißt dies: »Gestohlene Zeit«, im modernen Sinn Zeit für eine freiere Phrasierung auf der Grundlage eines übergeordneten rhythmischen Rahmens. Im 19. Jahrhundert allerdings bedeutete Tempo rubato, wie Manuel Garcia d. J. schrieb, »die Verlängerung eines Wertes, die man einer oder mehreren Noten hinzufügt zum Nachteil der anderen. Der Sänger, der also berechtigt ist, Teilwerte wechselweise zu verlängern oder zu verkürzen, kann damit bestimmten Phrasen eine ganz neue Bedeutung geben.«

Wenn es richtig ist, daß hinter künstlerischen Entwicklungen und technischem Fortschritt dieselbe menschliche Produktivkraft wirksam ist, muß es eine Entsprechung geben zwischen der Zeitstruktur der Musik und der Reproduktionsapparatur. In vielen Aufnahmen des jungen Caruso – etwa in seiner herrlichen Aufnahme von »Una furtiva lagrima« von 1904 – ist noch das klassische Tempo rubato zu erleben. Seit 1906, seit den ersten Orchesteraufnahmen, folgt er, wie es Arturo Toscanini tat, dem Chronos der Realzeit. Dies erlaubt den Rückschluß, daß die Reproduktionstechnik eine andere Empfindung für den musikalischen Ablauf zeitigte; oder auch, daß die Opernmusik des ausgehenden 19. Jahrhunderts dieses Zeitgefühl erwirkte. Daraus wiederum ließe sich die These ableiten, daß die Schallplatte so spät kam, daß sie nur die letzten Früchte eines versinkenden Zeitalters ernten konnte, und daß dieses Zeitalter nicht andauern konnte, weil die Schallplatte kam – und mit ihr eine neue Epoche mit einem veränderten Bewußtsein von der Zeit, das Zeitalter einer Geschwindigkeit, das sich nicht zuletzt in den Aufnahmen Arturo Toscaninis manifestiert.

I. KAPITEL

Der ferne Klang oder: Die alte Schule

Belcanto

In früheren Epochen wurde von Gesangsstars, von Kastraten und Primadonnen, zumindest technische Virtuosität verlangt. Heute wird das Material als solches, bar jeder Funktion gefeiert. Nach der musikalischen Darstellungsfähigkeit braucht man erst gar nicht zu fragen. Selbst die mechanische Verfügung über die Mittel wird eigentlich nicht mehr erwartet.
Theodor W. Adorno, ›Über den Fetischcharakter in der Musik und die Regression des Hörens‹

Der Begriff Belcanto scheint eindeutig. Doch ist die wörtliche Übersetzung – »schöner Gesang« – unergiebig. Nach dem Verfall ästhetischer Kategorien in die Beliebigkeit eines Geschmackspluralismus darf jeder sich unter dem Schönen das vorstellen, was ihm selber gefällt. So strolcht denn auch der zum Etikett verkommene Begriff »Belcantist« durch die Werbetexte über Sänger, die weniger Erben als Konkursverwalter der klassischen Gesangskunst waren. Historisch gesehen war Belcanto ein defensiver Begriff, ein Epitaph: Er wurde in der zweiten Hälfte des 19. Jahrhunderts geprägt, als es nach dem Abgang der Kastraten von der Opernbühne, wie Gioacchino Rossini sagte, »mit dem Belcanto unseres Vaterlandes zu Ende« ging, als es galt, die zerfallende alte Gesangskunst in einen bewahrenden Begriff zu retten. Angewandt wurde er, wie der englische Kritiker Michael Scott schrieb, »in Verbindung mit der Kunst Adelina Pattis«, aber auch in der Diskussion zwischen den Proselyten Richard Wagners und den Parteigängern des verzierten Gesangs.

Daraus erhellt, daß Belcanto nur formgeschichtlich definiert werden kann: als die Gesangssprache der verzierten Musik oder auch als eine Technik für einen Stil. Zu dieser Technik gehören vier entscheidende Elemente: die Reinheit und Feinheit des Tons, der gleichmäßig strömende Fuß des Legato, die dynamische Flexibilität (Messa di Voce) und die Agilität für die Ausführung von Verzierungen. Was die Anwendung dieser Technik angeht, so wurde der makellos gebildete Ton gehalten, verstärkt bis zum schallenden Forte und zurückgenommen bis zum schwebenden, gleichwohl vollen Pianissimo – er war schön in sich und deshalb ein Mittel des Ausdrucks. Die Legato-Linie wurde nicht allein mit fein abgewogenem rhythmischen Puls gebildet, sondern auch mit dem Kunstgriff des schwingenden Portamento, weil eine nur durch Metrum und Tonhöhe definierte Phrase zweidimensional gewirkt hätte – das Portamento gibt der Phrase eine skulpturale Dimension. Flüssig und spontan gebildete, in den Fluß der Phrase eingebundene Verzierungen gaben dem Singen Finesse und Finish.

All diese Elemente sind in den über fünfhundert Aufnahmen bewahrt, die von den »glorreichen Zwillingen Italiens« (John Steane in seinem Buch *The Grand Tradition*) überliefert sind: Mattia Battistini und Fernando de Lucia. Doch zeigen auch die Aufnahmen einiger anderer Sänger, daß diese Elemente zu einer weitgehend kanonisierten Formensprache des Singens im ausgehenden 19. Jahrhundert gehörten.

Nachtigall: Adelina Patti

> Was ihre Stimme angeht, so hat es nie wieder etwas Vergleichbares gegeben. Man könnte sie mit einer Kette schimmernder Perlen vergleichen, vollkommen gleichmäßig, jede makellos und vollkommen, identisch in Form und Farbe.
> *Emma Calvé über Adelina Patti in ›My Life‹*

Mit ihrem Urteil über die Stimme Adelina Pattis steht Emma Calvé nicht allein. Henderson bezeichnete sie als »probably the most faultless deliverer of tones that ever trod the stage«, pries ihre luxurierende Sopranstimme und die samtartige Tonqualität, den Reichtum an Farben und die Vollendung des Stils. Nellie Melba rühmte »the most golden voice to which I have ever listened«. Und selbst George Bernard Shaw, der als glühender Parteigänger Richard Wagners ihr Repertoire ebenso wenig schätzte wie ihre Allüren eines »verhätschelten und vergnügten Kindes«, bewunderte »Patti, die große Sängerin: Patti mit der schönen, eloquenten Stimme, die so perfekt produziert und kontrolliert wird, daß sie mit dem feinsten Pianissimo noch den Hörer in der letzten Reihe der Albert Hall erreicht; Patti mit dem untrüglichen Ohr, mit ihren magischen Rouladen, die zu himmlischen Höhen aufsteigen; Patti mit dem reinen, starken Ton . . .«

Doch da es nie einen fehler- oder makellosen Sänger gegeben hat, gab es auch Kritik. Die Summe der kritischen Stimmen hat der Kritiker der New Yorker *Evening Post*, Henry T. Finck, in *My Adventures in the Golden Age of Music* gezogen – mit einem ätzenden Lob: »Sie war unendlich mehr daran interessiert, ihre schöne Stimme vorzuführen als die Musik, die sie sang. Der Komponist war für sie nicht mehr als der Halt, an dem sie ihre Triller und Tricks aufhängen konnte . . . Aber als Sängerin war sie so glorios, so unvergleichlich, daß die Hörer, verhext vom Zauber ihrer Kunst, alles andere vergaßen und sich der ekstatischen Wonne hingaben.« Als Finck später an die »süßeste und weichste Stimme, die die Welt gehört hat«, zurückdachte, milderte er seine Ansichten: »Es

Adelina Patti
(Foto: © Kesting)

war wie das Singen der Nachtigallen, die mich im Berliner Tiergarten verzauberten. Patti war eine Nachtigall, warum mehr von ihr verlangen? Auf ihre Weise war sie ganz und gar vollkommen ...«

Adelina Patti war die Tochter des Sänger-Ehepaares Caterina Barili Patti und Salvatore Patti. Am 9. Februar 1843, einen Tag vor ihrer Geburt, sang ihre Mutter die Norma (Pollione war ihr Ehemann) und mußte kurz vor Ende der Aufführung die Bühne verlassen. Adelina war das achte Kind der Mutter, das vierte des Vaters. Um 1845 emigrierte die Familie aus Spanien nach New York, wo die berühmtesten Sänger der Epoche – Jenny Lind, Henriette Sontag, Mario, Giuditta Grisi und Marietta Alboni – auftraten. Patti wuchs mit ihnen auf; sie erlebte sie fast täglich bei den Proben. Mit sieben Jahren sang sie fehler- und makellos die Norma-Arie »Casta diva« – aus dem Gedächtnis. Sie galt als Wunderkind, studierte aber intensiv bei ihrem Halbbruder Ettore Barili die Grammatik des Belcanto: Solfeggi, Triller und Skalen. Aber sie hatte das, was Bruno Walter mit dem Paradox der »angeborenen Technik« beschrieb. 1859 debütierte die sechzehnjährige als Lucia in der Academy of Music in New York und ließ in derselben Saison dreizehn Rollen folgen: in *La Sonnambula, Il*

Barbiere di Siviglia, I Puritani, L'Elisir d'Amore, Don Pasquale, Don Giovanni, La Traviata, Il Trovatore, Rigoletto, Ernani, Linda di Chamounix, Mosè in Egitto und *Martha*. Schon zwei Jahre später sang sie eine Falcon-Partie: Valentine in Meyerbeers *Les Huguenots*. Im selben Jahr ging sie nach England und wurde vom Colonel Mapleson (dem Onkel des Mannes, der später die berühmten Zylinder-Aufnahmen machen sollte), Manager am Her Majesty's Theatre, umworben. Doch war Frederick Gye schneller, und so gab sie ihr Debüt an der Royal Italian Opera Covent Garden: Am 14. Mai 1861 sang sie Amina in *Sonnambula*, wenig später Violetta (wohl die jüngste Sängerin, die je diese Partie gewagt hat).

Ihre Ägide als »Queen of Song« dauerte so lange wie die Regentschaft der englischen Königin Victoria. Im Jahre 1864 sang sie zum ersten Mal Gounods Margarethe und, 1867, die Juliette neben dem berühmten Mario als Roméo und wechselte, nachdem 1867 das Majesty's Theatre abgebrannt war und Mapleson die königliche Oper Covent Garden gemietet hatte, zur Truppe des legendären Impresario und Dirigenten Luigi Arditi. Es bedeutete zugleich den Schritt in eine Weltkarriere. Für eine Aufführung von *Semiramide* schrieb Rossini drei Patti-Kadenzen. Die Wintersaison 1868/69 verbrachte Patti in Rußland und wurde als »Hofsängerin« märchenhaft bezahlt und mit Diamanten geschmückt, 1876 wagte sie sich an die Aida – ihr Partner war der französische Tenor Ernest Nicolini – und überzeugte alle Skeptiker, die ihre Stimme für zu fragil gehalten hatten. Durch Colonel Mapleson kam sie zurück in die USA (1883) und erntete neue Triumphe. Den ersten Rückschlag erlitt sie als Carmen 1885 am Covent Garden; es war nicht ihre Rolle. Nach der Scheidung von ihrem ersten Mann heiratete sie 1886 ihren Partner Nicolini und kaufte sich das Schloß Craig-y-Nos in Wales, wo es alsbald Patti-Concerts zu hören gab, bei denen, unter anderen, Edward Lloyd und Sir Charles Santley gastierten. 1887 gab sie ihre »Farewell«-Aufführungen an der Met: *Semiramide, Faust, Martha, Lucia, Traviata* und, wieder ohne Erfolg, *Carmen*. Henderson kommentierte später: »Sie hatte keine Talente für dramatische Rollen ... Carmen ist eine Katze, Patti machte ein Kätzchen aus ihr.«

H. E. Krehbiel bemerkte zu den Abschiedsaufführungen, daß mancher Connaisseur zu seufzen hatte ob der Schäden, welche die Stimme in einem Vierteljahrhundert genommen hatte: Abschied »in süßem Schmerz«. In England sang sie für Colonel Mapleson noch einmal *La Traviata*. Nach Vorstellungen in Paris (Konzert in der Opéra Comique) und Lissabon (*Traviata* und *Rigoletto*) reiste sie nach Buenos Aires und wurde für 24 Aufführungen jeweils mit 1400 Pfund bezahlt; weitere acht Aufführungen in Montevideo brachten ihr 20 000 Pfund. Nach dem Bericht von Herman Klein hat sie in achtzehn Monaten von 1888 auf 1889 annähernd 100 000 Pfund erhalten – nach heutigem Geldwert ein Millionenvermögen. Unter Charles Gounod und neben Jean de Reszke, dem neuen Tenoridol, sang sie am 28. November 1888 Juliette (in französischer Sprache). Es folgte der Abgesang: Konzerte in England und durch Europa und, 1893–94, auch in den USA noch einmal Gastspiele an der Met, im Januar 1893 auch an der Scala (mit *Traviata*). In der Royal Albert Hall sang sie 1894 Wagners »Träume« und Elisabeths Gebet (sonst hat sie sich an Wagner nicht herangewagt, wohl aber enthusiastisch sich über ihn geäußert). 1895 kehrte sie als Violetta (neben de Lucia und Mario Ancona), als Rosina (neben Ancona) und als Zerlina (neben Maurel) an die Covent Garden Opera zurück. Nach dem Tode ihres Mannes – Ernest Nicolini – heiratete sie den beträchtlich jüngeren Baron Rolf Cederström. Nachdem sie 1903 noch einmal Konzerte in den USA gesungen hatte, mußte sie – vielleicht zum ersten Mal – resignierte Kritiken lesen. Aldrich schrieb: »Ihre aufrichtigsten Bewunderer müssen mit Bedauern feststellen, daß sie noch einmal gekommen ist, um auf dem Konzertpodium ... vorzuführen, was einmal die perfekteste, die schönste aller Stimmen war.« (New York Times, 3. 11. 1903).

Ihr Londoner Abschiedskonzert gab sie 1906, in der Provinz war sie noch 1907 und in London, zum allerletzten Male (fürs Rote Kreuz), 1914 zu hören. Ihre letzte Opernaufführung gab sie in Paris, im privaten Theater von Jean de Reszke: In Rossinis *Barbiere* neben Anselmi, Ancona, Pini-Corsi und Edouard de Reszke. Bis dahin hatte sie 42 Rollen gesungen, ein Beweis dafür, daß sie mitnichten nur einer der typischen Kanarienvögel gewesen war. Darunter waren auch die Spinto-Partien Verdis (Leonora, Traviata, Luisa Miller, Elvira und Aida) und die Falcon-Rollen Meyerbeers (Dinorah, Valentine, Selika).

Auch wenn die Zeit sie, wie G. B. Shaw spöttisch formulierte, »um eine kleine Terz nach unten transponierte«, blieb die Stimme lang erhalten. Dazu hat auch beigetragen, daß die Primadonna zeitweise nicht einmal die Mühen von Bühnenproben auf sich nehmen mußte. Die amerikanische Sopranistin Clara Louise Kellog erinnert sich in ihren *Memoirs of an American Prima Donna*: »Man spricht viel und oft darüber, wie wundervoll die Stimme der Patti erhalten ist. Sie ist in der Tat wundervoll erhalten. Wie könnte es anders sein, wenn man der Sorgfalt gedenkt, mit der Patti auf sich achtete? Solch ein Leben! Alles ausgerichtet auf eine einzige Maxime: So viel zu essen, so weit zu gehen, so lang zu schlafen, nur dies und das und nichts anderes tun. Und sie hat sich, dies vor allem, nur wenige Emotionen erlaubt. Sänger wissen, daß es die Emotionen sind, welche eine Stimme erschöpfen und verletzen. Sie spielte nie; und nie, *nie* erlaubte sie sich Gefühle!«

Vorschnell urteilen – oder verurteilen – würde derjenige, der diese erstaunliche, sogar bestürzende Beobachtung als Votum *gegen* Adelina Patti verstehen würde. Es ist ein alter Streitgegenstand, ob ein Künstler von den Gefühlen, die er darstellen soll, selber ergriffen sein muß oder ob er nicht an seinen Bewegungen und Worten ziehen muß wie an den Drähten einer Marionette: ob er der *Beobachter* seiner Gefühle und Empfindungen bleiben muß. Diesen Gegensatz hat der französische Enzyklopädist Denis Diderot 1778 in seinem *Paradoxe sur le comédien* scharf herausgearbeitet: »Es ist die übertriebene Empfindsamkeit (sensibilité), die den mittelmäßigen Schauspieler schafft, und es ist die mediokre Empfindung, die die meisten schlechten Schauspieler ausmacht; und es ist der absolute Mangel an Empfindung, der den wahrhaft großen Schauspieler entstehen läßt. Die Tränen des Schauspielers (comédien) rinnen aus seinem Gehirn ...«

Wenn Singen »die Interpretation eines Textes durch musikalische Töne, die von der menschlichen Stimme produziert werden«, ist und wenn ein *musikalischer* Ton definiert ist durch seine Schönheit – dann ist, in der Tat, bei der Produktion des Tons jede Emotion auszuschalten; dann hätte die langsam, sanft und tief eingeatmete Luft in einem vollkommen gleichmäßigen Fluß zu entweichen und die Stimmbänder ebenso gleichmäßig zum Schwingen zu bringen; dann würde jedes Gefühl von Erregung, jede Akzentuierung, jede Ausdrucksabsicht, kurz: jede *Interpretation* den *reinen* Klang beeinträchtigen. Mag dies auch kein in der *Praxis* immer realisierbarer Lehrsatz sein, so ist er als Gedanke unangreifbar. Yehudi Menuhin variierte ihn so: »Interpretation ist der größte Feind der Technik.« Diesen Feind hat die Patti, nach vielen literarischen Zeugnissen, zeitlebens bekämpft. Nur Giuseppe Verdi hörte und empfand sie anders. Er schrieb von seinem Landsitz Sant'Agata am 6. Oktober 1877 an seinen Freund und Verleger Giulio Ricordi: »Patti war damals, was sie heute noch ist: vollkommen organisiert. Perfektes Gleichmaß von Sängerin und Darstellerin, eine geborene Künstlerin in jedem Sinne des Wortes.« In Giuseppe Verdis Brief klingt an, daß bei der Patti das Darstellen im Singen *aufging* – und wenn dies bei ihren Platten nicht immer nachzuvollziehen ist, so liegt es daran, daß sie in der Tat nur noch mit »les beaux restes« ihrer Stimme musizieren konnte. Als sie im Dezember 1905 dem hartnäckigen Werben ihrer beharrlichsten Verfolger – Fred und Will Gaisbergs sowie Landon Ronalds – nachgab, war sie 62 Jahre alt. Und es war nicht nur die Nervosität vor den ersten Aufnahmen, die ihr buchstäblich den Atem raubte, sondern auch das eng geschnürte Korsett, in welchem sie, die Baronin Cederström, dem Aufnahmeteam meinte entgegentreten zu müssen.

Als flüchtiger Hörer der gut zwei Dutzend Platten vom Dezember 1905 und Juni 1906 mag man den Eindruck gewinnen, daß bei der einstigen »Queen of Song« die Technik zum Feind der Interpretation geworden ist. Auffällig ist vor allem die Kurzatmigkeit, sodann die Kürze der Stimme in der Höhe. Töne oberhalb des Systems bereiten ihr Mühe und werden, bezogen auf die sonst sorgsam begrenzte Dynamik, überlaut attackiert wie in Thomas Moores »The Last Rose of Summer«. Nicht auszuschließen ist allerdings, daß die bis zum F perfekt zentrierten Töne im Aufnahmehorn für die von Emma Eames beschriebenen Turbulenzen sorgten und nur in der Reproduktion übermäßig laut klingen. Eindeutig aber, daß die Sängerin in Normas »Casta Diva«, diesem Teststück für weichflutendes Legato-Singen, schon die erste Phrase nach dem Wort »casta« unterbrechen und auch im Verlauf des Stückes die Verzierungen buchstäblich verkürzen muß, um die Kontur der Phrase nicht zu entstellen. Allein, die Tonbildung ist in der mittleren Lage von einer halkyonischen Schönheit, der Vortrag eloquent, nicht zuletzt dank der subtil angebrachten Mordenten. Den zweiten Vers (»Tempra, o Diva«) trägt Patti mit Auszierungen und einer großangelegten Kadenz – laut Scott in der Version der Giuditta Pasta, Bellinis erster Norma – vor. Ursprünglich steht die Arie in G, die Cabaletta in F. Die Transposition der Arie nach F ist üblich (Joan Sutherland hält sich an die originale Tonart, Maria Callas an die tiefere), Patti singt offenbar in E-Dur. Gleicht diese groß und virtuos konzipierte Interpretation einem schönen Bild mit Schäden, so sind die beiden Mozart-Aufnahmen umstritten. »Voi che sapete«, Cherubinos Kanzone aus dem zweiten Akt und die erste Platte der Patti überhaupt, bringt einen Registerwechsel in die tiefe Brustlage bei »l'alma avvampar«, anschließend eine Tempobeschleunigung für »sospiro è gemo« und schließlich ein Fast-Einhalten bei »ma pur mi piace«. Auffällig der Gebrauch von Portamenti, besonders vor dem zweiten Vers, problematisch die Veränderung von Notenwerten und Tonhöhen – das interpolierte hohe G am Ende, dynamisch einmal mehr aus der Linie herausfallend, muß Puristen ein Ärgernis sein.

»Ärgerlich« mag auch das Urteil lauten angesichts der nur vagen Annäherung an den Sechs-Achtel-Teil von »Batti, batti« aus dem *Don Giovanni*, zumal das Tempo den Puls der Sängerin bis zur Atemlosigkeit hochtreibt. John Steane registrierte nur »verrührte und verfehlte Noten«, während Michael Scott die Tempowahl auf eine über Strakosch und Pasta zu Mozart zurückgehende Tradition verteidigt. Trotz beträchtlicher Mängel in der Exekution aber überzeugen diese Interpretationen durch Spontaneität, Eloquenz und Lebendigkeit des Ausdrucks – daß Patti nach dem Wort ihres Tenor-Kollegen Jean de Reszke »die Zerlina nicht sang, sondern Zerlina *war*«, klingt in dieser unvollkommenen und doch anmutigen Aufnahme nach.

Auch »Ah! non credea«, aufgenommen 1906, ist um einen Ton nach unten transponiert, leidet unter durch Atemnot bedingten Brüchen in der Phrasierung und einer nur approximativ ausgeführten Kadenz – wobei ergänzt werden sollte, daß die meisten lyrischen Soprane unserer Zeit völlig phantasie- und damit hilflos vor Kadenzen stehen. Nicht »die Korrektheit der Ausführung, sondern die Kunst der Konzeption« (Richard Fairman) hebt diese Bellini-Interpretation auf die Höhe des Modellhaften. Verzierungen und Triller sind in den Fluß der Melodie eingebunden; sie wirken nie angehängt oder aufgesetzt, nie wie bloße Zutat oder wie überflüssiger Effekt. Vielmehr steigern sie die Eloquenz des Ausdrucks, fangen die elegische Anmut der Musik ein.

Was ein Triller und eine Zierfigur *bedeuten* können, ist zu Beginn der sogenannten »Juwelenarie« zu erleben, zu bewundern: Das ist nicht nur spontan und makellos gesungen, sondern jene Kunst (der zweiten Natur), die Kunst vollkommen verschwinden läßt. Und so wie große Musik durch eine schlechte Aufführung kompromittiert werden kann, läßt sich – wie Patti beweist – so manche Pièce aus dem musikalischen Souterrain durch vollkommenen Vortrag nicht nur retten, sondern magisch verwandeln: in kunstvolle Preziosen. Pattis vielgerühmter Triller, nicht nur ein vollkommenes Ausschwingen der Stimme, sondern ein Beben der Seele, ist in Antonio Lottis »Pur dicesti« zu bewundern; Paolo Tostis »La Serenata« und Luigi Arditis Walzer »Il bacio« bezaubern durch ungestüme Lebenslust, die die eines jungen Mädchens ist. Die englischen Balladen, deren größte Meisterin Patti nach Ansicht von George Bernard Shaw war, schlingern ständig an der Grenze zwischen Süße und Sentimentalität, die von Patti nie überschritten wird. Daß Belcanto und feinste Diktion sich nicht widersprechen, sondern untrennbar zusammengehören, wird in einem sonst meist sirup-süß klingenden Stück wahrhaft zum Klang-Ereignis: »Connais-tu le pays«. Die Phrase ». . . où fleurit l'oranger« verströmt förmlich den Duft der Orangen unter leuchtend blauem Himmel (». . . dans un ciel toujours bleu«): Solche Farbe habe ich nie wieder gehört. Und was immer gegen die rhythmischen Freizügigkeiten und Alterationen in Cherubinos »Voi che sapete« einzuwenden ist, wer nach der Patti hat das »languir cosi«, wer *dieses Sehnen* derart schwärmerisch in Klang verwandelt? Dabei wird der Klang nie durch ein unbeherrschtes Rubato korrumpiert oder »ausdrucksvoll« veräußerlicht. Es ist die in der Anmut und Süße des Klangs und der perfekt ausgeführten Verzierungen sich manifestierende Eloquenz, die Pattis Platten zu Preziosen der Gesangskunst macht. Die Vormachtstellung der Primadonna Adelina Patti – die als Künstlerin durchaus ebenbürtige, als Virtuosa auch überlegene Kolleginnen hatte – wurde immer wieder angegriffen, aber kaum wirklich aufgehoben. Zwar hat Christine Nilsson, nach Ansicht von William James Henderson, mit mehr »Sanftheit«, Etelka Gerster mit tieferem »inneren Gefühl«, Ilma di Murska mit »größerer Agilität« gesungen, doch läßt sich das nicht auf Platten überprüfen. Auch die 1847, vier Jahre nach der Patti, geborene amerikanische Sopranistin Emma Albani, hat nur wenige Aufnahmen hinterlassen, die außerdem an der Unverträglichkeit der kristallklaren, von emotionellen Belanglosigkeiten freien Stimme mit der Aufnahme-Apparatur leiden. Scotts »Record of Singing« enthält die Aufnahme des Liedes »L'été« (Chaminade) – trotz einiger schöner Verzierungen und vortrefflicher Triller nur ein mattes Echo einstiger Glanzzeiten, über die Shaw, Hanslick und Herman Klein berichten.

Grandeur: Lilli Lehmann

Es ist leichter, alle drei Brünnhilden als eine einzige Norma zu singen.
Lilli Lehmann gegenüber dem Kritiker Henry E. Krehbiel

Lehmann war keineswegs der erste große Wagner-Sopran. Terese Vogel, Rosa Sucher, Katerina Klafsky, Therese Malten und Amelie Materna waren alle in den beiden letzten Jahrzehnten des neunzehnten Jahrhunderts aktiv, aber Lehmanns Hingabe, Vielseitigkeit und Durchstehvermögen – wie Tietjens vor ihr sang sie zeitweise eine Woche hindurch allabendlich eine andere Oper – stachen alle ihre Zeitgenossinnen aus. Mehr durch Willenskraft als durch irgend etwas anderes wurde aus einer mit bescheidenen Gaben bedachten Sängerin, die fast zwei Jahrzehnte ihrer Karriere in Deutschland und Österreich verbracht hatte . . ., in den späten achtziger Jahren die führende Wagner-Interpretin der Welt. So groß und autoritativ war ihre Persönlichkeit, daß sie ihren recht eigentlich provinziellen Stil zur herrschenden Mode machte. Es blieb der anerkannte »Wagner-Stil« bis ins zwanzigste Jahrhundert.
Michael Scott, ›The Record of Singing‹

Mme. Lehmanns Stimme war ein volltönender dramatischer Sopran von immensem Volumen, größter Resonanz und üppiger Qualität. Der Umfang betrug drei Oktaven, obwohl sie in ihrem dramatischen Repertoire mit der Zwei-Oktaven-Skala zwischen C und C auskam. Sie erreichte aber immer das hohe F und tat dies auch in der Praxis . . . Ihre Attacke war nicht fehlerlos vor allem in ihren tragischen Rollen, in denen sie sie deklamatorischen Effekten opferte. Aber ihre Tonproduktion war die einer vollendeten Sängerin.
William James Henderson, ›The Art of Singing‹

Als deutsche *Sänger* unter dem Einfluß Richard Wagners und, stärker noch, unter dem seiner Parteigänger, *deutsche* Sänger wurden, änderte sich mit der Grammatik des Stils auch die Technik des Singens. Die Ausführung zielte auf instrumentale Phrasierung ohne die vokal konzipierten Portamenti der Belcanto-Schule und eine vibrato-arme Tonbildung. Doch die Behinderung einer frei flutenden Tongebung ließ, wie Michael Scott schreibt, Stimmen entstehen, die weiß, neutral und unsinnlich klangen und mit unvollkommenem Legato sangen. Scotts ernüchternde Diagnose: »Kurzfristig waren die deutschen Sänger des späten neunzehnten Jahrhunderts dadurch, daß sie den Klang gleichsam bremsten, in der Lage, eine Vielzahl von Rollen und unterschiedlichsten Stilen zu singen, heikle Lagen zu bewältigen und unvokale Intervalle klar auszuführen, dazu Koloraturen mit bemerkenswerter Flüssigkeit und scheinbarer Leichtigkeit zu bilden. Doch der Effekt war, obwohl manchmal verblüffend, kaum je erfreulich oder musikalisch. Es war keine Kunst, welche die Kunstfertigkeit verbirgt; der mechanische Vorgang war zu deutlich wahrzunehmen. Wie immer schön der natürliche Klang eines Sängers war, er war zu eng, als daß er expressiv hätte sein können. Schlimmer noch, es war fast unmöglich, tongenau zu singen. Der Griff auf den Kehlkopf hinderte die Stimmbänder am freien und vollen Schwingen, Kopftöne wurden dünn und flach. Und ohne die tieferen Harmonien zur tonlichen Abrundung war die Tonhöhe stets leicht scharf.«

Lilli Lehmann (1848–1929) wurde deshalb nicht zum Opfer dieses unfreien, klanglich nicht aus sich herausgehenden Singens, weil sie sich nie auf eine fachliche Spezialisierung eingelassen, sondern den vokalen Apparat ständig mit der Musik Mozarts und der Belcanto-Komponisten flexibel gehalten hat. Außerdem beschäftigte sie sich systematisch mit den Problemen der Stimmproduktion und schrieb eine wichtige Studie über *Meine Gesangskunst* (1922).

Lehmann war nur sechs Jahre jünger als Adelina Patti und konnte ihre ersten Platten erst im Spätherbst ihrer Laufbahn machen, genau 41 Jahre nach ihrem Debüt im Jahre 1865. Höslinger gibt im Text zur Preiser-Edition aller Lehmann-Platten das Jahr 1867 an, Scott 1869. Als Lehmann nach 18 Monaten das damalige Prager Nationaltheater, wo sie am 20. Oktober 1865 den ersten Knaben in der *Zauberflöte* gesungen hatte, verließ, hatte sie 41 Rollen in ihrem Repertoire. Mit ihrem Wechsel nach Danzig (1868/69) begann eine Karriere, die einzigartig ist in der Geschichte der Gesangskunst. Lehmann debütierte in Danzig als Valentine in *Les Huguenots* und übernahm in einer einzigen Saison 28 neue Rollen, darunter Elvira, Frau Fluth, Zerlina (*Fra Diavolo*), Undine, Adalgisa, Lady Harriet (*Martha*), Marie (*Zar und Zimmermann*), Dinorah, Susanne, Königin der Nacht, Rosina, Gilda und Leonora in *Trovatore*. Mit 21 Jahren hatte die Tochter eines Sängers – ihre Mutter Maria Theresa Loew war eine gute Freundin Wagners, ihr Vater Karl August ein Tenor am Theater von Würzburg – 69 Partien im Repertoire. Für die Saison 1869/70 wechselte sie nach Leipzig und lernte, wiederum binnen einer Saison, 22 neue Rollen, darunter Mozarts Zerlina und Blondchen, Webers Ännchen und Beethovens Marzelline. Der Berliner Intendant von Hülsen hörte von ihren Erfolgen und engagierte sie an die Hofoper, wo sie am 12. Oktober 1869 als Königin in *Les Huguenots* als Gastsängerin debütierte. Nach Rosina (*Barbiere*) bot von Hülsen ihr einen Vertrag als erste Koloratursängerin der Hofoper an, wo sie nach dem Abschied von Pauline Lucca eine Fülle von jugendlichen Partien übertragen bekam.

Als Richard Wagners Bayreuther Festspiele am 13. August 1876 mit dem *Ring des Nibelungen* eröffnet wurde, war Lehmann als Woglinde dabei. Sie sang in allen vier *Ring*-Opern (Woglinde, Helmwige, Waldvogel und wieder Woglinde) unter Hans Richter und verzichtete auf ihre Gagen. Mit Wagners erstem Wotan, Franz Betz, unternahm sie 1878/79 eine Tournee durch Schweden, wo sie Marguérite, Violetta, Elsa, Elisabeth, Elvira (*Ernani*), Mathilde (*Guillaume Tell*), Donna Elvira, Rosina und in Hellstroms *Isaura* sang. In Schweden hörte sie zum ersten Mal Bizets *Carmen* (gerade drei Jahre nach der Uraufführung noch ein Revolutions-Stück) und begann sofort mit dem Studium der Partie. Zwischen 1878 und 1885 war Lehmann fest an der Berliner Hofoper unter Vertrag. Neben Albert Niemann sang sie zum ersten Mal Venus, Carmen (1884), Lucrezia Borgia neben ihrem späteren Mann, dem Tenor Paul Kalisch, Anna in *La Dame Blanche* und, seit 1884, die großen dramatischen Partien: Fidelio, Donna Anna und Norma, dazu auch Brünnhilde in *Walküre*.

1886 überwarf sie sich mit der Hofoper (an der sie dennoch für weitere fünfzehn Jahre singen sollte), weil sie ein Gastspiel in den USA zu lang ausdehnte. Sie begründete dies mit dem Hinweis, daß sie in den USA Talente entfalten konnte, die in Berlin brach lagen. Es kostete sie eine Konventionalstrafe in Höhe von 13 000 Mark und ein Auftrittsverbot bis 1890.

Zwischen 1870 und 1885 ergänzte Lehmann ihr Repertoire um 54 Rollen: Lucia, Euridice, Sulamith (*Königin von Saba*), Katharina (*Der Widerspenstigen Zähmung* von Goetz), Bertha (*Prophète*), Konstanze, Oscar (*Ballo*), Violetta, Irene (*Rienzi*), Fricka, Brünnhilde, Agathe u. a. Schon 1882 war sie an die Wiener Hofoper gekommen, wo sie unter Wilhelm Jahn, Gustav Mahler und Felix Weingartner bis 1910 tätig blieb und auch den Wechsel ins hochdramatische Fach vollzog. Ihr Debüt gab sie einmal mehr als Königin in *Les Huguenots* am 17. April 1882. Es folgten – welch ein Kontrast – Katharina, Frau Fluth, Isabella (*Robert le Diable*), Donna Elvira, Adalgisa, Venus und Marzelline. Drei Jahre später sang sie zwischen dem 21. Januar 1885 und dem 15. Februar 1885 Fidelio, Donna Anna, Norma, Konstanze, Isolde und erneut Norma. Eduard Hanslick rühmte an der Bellini-Heroine die schönen Portamenti, die sichere Intonation, die korrekt anschwellenden hohen Noten und die reinen Koloraturen in den verzierten Abschnitten. Da sie aber, nach seiner Beobachtung, keine Stimme von durchdringender Kraft und üppigem Volumen besaß – die notwendige Voraussetzung für eine leidenschaftliche Kommunikation mit dem Publikum –, warnte er sie vor stimm-mörderischen Partien wie der Isolde. Das durch den Berliner Vertragsbruch erlassene Auftrittsverbot erstreckte sich auch auf Wien. Lehmann kam erst 1891 zurück und wiederholte mit Donna Anna, Isolde und Fidelio die Rollen von 1885. Sie ergänzte sie mit der *Götterdämmerung*-Brünnhilde. Bis 1910 kehrte sie, mit wenigen Unterbrechungen, an die Hofoper zurück (Norma, Fidelio, Anna, Gräfin, Aida, Isolde, Brünnhilde, Violetta, Konstanze).

Es war Walter Damrosch, der sie 1885 zum ersten Mal an die Met engagierte, wo sie von 1885 bis 1892 und 1898/99 sang. Sie debütierte am 25. November 1885 als Carmen (neben Max Alvary). Hendersons Urteil lautete: »Die neue Sängerin besitzt eine kraftvolle und strahlende Stimme. Nur die tieferen Noten sind von viel schlechterer Qualität ... Ihre Phrasierung und Ausführung sind höchst bewunderungswürdig.«

Sie übernahm die Hauptrollen in *Walküre, Die Königin von Saba* und *Rienzi*; ein Jahr später setzte sie sich als Isolde endgültig durch. 1887/88 sang sie wiederum Isolde in der »opening night« (neben Albert Niemann als Tristan, Emil Fischer als Marke und Marianne Brandt als Brangäne), wenig später die amerikanischen Erstaufführungen von *Siegfried* und *Götterdämmerung*. Als die Met 1890 das Management wechselte und Maurice Grau vom deutschen aufs italienische Repertoire umschwenkte, konnte Lehmann ihre Versatilität und Sprachsicherheit beweisen: Sie sang Leonora (*Trovatore*) sogleich in italienischer Sprache. 1898/99 sang sie ihre letzten Met-Aufführungen und verabschiedete sich mit der Valentine. Ihre Partner in dieser Spielzeit waren: Maurel, die Gebrüder de Reszke, Pol Plançon und Marcella Sembrich. Sie hatte in ihrer Zeit an der Met 205 Aufführungen – dazu 53 bei Tourneen mit dem Ensemble des Hauses – in 23 Opern gesungen. Zu ergänzen ist, daß sie 1890 auch am Harlem Opera House – Manager: Oscar Hammerstein – und 1896/97 für die Damrosch Opera Company gesungen hat. Hochinteressant eine Anmerkung im *Boston Evening Transcription* nach einer *Fidelio*-Aufführung am 9. Februar 1897: »Mme Lehmann litt unter einer heftigen Erkältung, die ihrer wundervollen Stimme ein *Sordino* aufsetzte und ihr das Atmen erschwerte. Aber wie sie die Partie sang, spielte und aussah! Das war Leonore wirklich, in Fleisch und Blut ... und jedes Wort und jedes Note trafen ins Mark. Wenn es je eine Aufführung der großen Partie gab – hier war eine.«

In London hat Lehmann 1880 bis 1882 und 1887 am Her Majesty's Theatre und 1884 und 1899 am Covent Garden gesungen. Der Komponist Luigi Arditi, ein bedeutender Dirigent und genauer Kenner des Belcanto, beschrieb in seiner Autobiographie *My Reminiscences* bewundernd ihre Eleganz und Meisterschaft, konnte sich aber des Gefühls nicht erwehren, daß sie mit Violetta oder Philine ungeeignete Partien übernahm, diese »zu dramatisch« anlegte und damit die Rollen contre cœur gestaltete – ein Eindruck, den der Verfasser hinsichtlich der Verdi-Partie durchaus teilt. Bei den Aufführungen in ihrer letzten Saison sang sie in Ensembles, von denen man als Melomane nur träumen kann: In *Walküre* am 6. Juni 1899 waren Ernest van Dyck als Siegmund, David Bispham als Wotan, Lehmann als Brünnhilde, Lillian Nordica als Sieglinde und Rosa Olitzka als Fricka zu hören. Carl Muck dirigierte. In *Don Giovanni* sangen Antonio Scotti, Edouard de Reszke als Leporello, Thomas Salignac als Ottavio, Charles Gilibert als Masetto, Marcel Journet als Commendatore, Lehmann als Anna, Nordica als Elvira und Zelie de Lussan als Zerlina. Isolde sang sie neben den Gebrüdern de Reszke und Bispham als Kurwenal unter Muck.

In ihrer langen Karriere, die 1910 in Wien zu Ende ging, hat Lilli Lehmann 170 Rollen gesungen. Das geht über alle Vorstellungskraft hinaus, zumal wenn man die rätselhafte Überwindung jedweder Fachgrenzen in Betracht zieht und überdies berücksichtigt, daß sie eine extensive Karriere als Liedersängerin und Oratorien-Interpretin (dreißig Messen und Oratorien) gemacht hat. Nicht genug damit, sie betätigte sich als Autorin (*Mein Weg*, 1913, und *Meine Gesangskunst*, 1922), unterrichtete, studierte fünf Sprachen für ihr Liederrepertoire, schrieb Aufsätze über *Tristan* und *Fidelio*, wurde von Mahler als Beraterin geschätzt und war maßgeblich an der Gründung der Salzburger Festspiele beteiligt. Lehmanns Aufnahmen – 33 Opernarien und Lieder – bedürfen nicht des entschuldigenden Hinweises auf das Alter der Sängerin, um akzeptiert zu werden. Die Stimme der bei den ersten Aufnahmen 58jährigen ist, trotz unüberhörbarer Schwachstellen, in erstaunlich gutem Zustand. Sie bewältigt Koloraturen flüssig und genau, erreicht das hohe C und hat die Spannung für eine große dynamische Variabilität.

Auffällig sind zwei Besonderheiten oder Eigenwilligkeiten der Stimmproduktion. Lilli Lehmann zwingt die Stimme mit Hilfe eines eigenartigen Quetschvorgangs in die höchste Lage, wo einzelne Töne gerade und schwingungsarm klingen, steif und straff gespannt, sogar überspannt. Nach Hendersons Ausführungen über »Atmen und Attacke« (in *The Art of Singing*) war Lehmann von Natur aus kurzatmig und spannte, um diese Schwäche zu überwinden, die Atemmuskulatur so an, daß sie die freie Entfaltung des Tons behinderten. Dadurch war auch ihre Attacke nicht immer sicher und frei: Sie aspirierte viele hohe Töne, die auf einem offenen Vokal genommen werden mußten. Als Alterserscheinung sind Qualitätsunterschiede in der Klangqualität der Register anzusehen. Die hohen Töne sind rein, haben aber keine harmonische Rundung und kaum Vibrato. Die mittlere Lage, durch die vielen dramatischen Partien strapaziert, klingt am wenigsten resonant. Es gibt Übergänge, z. B. in Donna Annas Rache-Arie, bei denen die Register auseinanderzufallen drohen und nur durch eine immense Willensanstrengung versammelt werden können. Auch die leise Attacke einer Note, die dann langsam crescendiert wird, klingt nach altersbedingter Vorsicht oder, so Steane, nach individueller Manier.

Lehmanns Platten haben die Gewalt des Fremden, ja des Verstörenden. Wer Sängerinnen vom Schlage der Jugendlich-Naiven im Ohr hat, die seit geraumer Zeit Konstanze, Gräfin, Donna Anna oder Norma imitieren oder fingieren dürfen, muß auf Lehmanns Pathos und Grandeur mit Irritation reagieren. Lehmann stutzt das hohe Pathos nicht zum Gefühl zurecht, verkleinert eine Heroine nicht zum empfindsamen Mädchen, die große Gebärde nicht zu kleiner Geste. Selbst wenn ihr in den heroisch-aristokratischen Gesten des Donna-Anna-Rezitativs die Stimme zeitweilig die Gefolgschaft versagt und in der Arie die imperiale Geste gegenüber Ottavio – »Or sai chi l'onore« – nur intentional in Klang umgesetzt werden kann: Erst durch Lehmann begreift man, was Donna Anna, diese liebende und leidende, expressive und labile, in Affekte und Hysterie sich steigernde, zeremonielle und heftige Frau eigentlich umtreibt, nachdem Don Giovanni sie – in welchem Sinne auch immer – berührt hat (Joachim Kaiser hat die Psychologie der Figur aus der Ambivalenz des Wortes »berühren« faszinierend entwickelt). Das Rezitativ (»Don Ottavio, son morta«) rettet sie, um es paradoxal zu formulieren, in die dramatische Übertreibung, in den heftigen, wild-archaischen Ton. Sie führt jede Appoggiatur aus und setzt damit Phrase für Phrase dringliche musikalische Akzente. Der Continuo-Spieler (am Klavier) wartet behutsam ab, bis die jeweilige Phrase ausgeführt, ausgeformt, ausgegossen ist. Und wie problematisch die oft (zu) harte Glottis-Attacke ist – selbst solche Verletzungen der Regeln dienen nur dem Ausdruck. Die Arie singt sie mit ungeheurem Feuer. Die von fast allen Sängerinnen nicht abgewendete Gefahr, daß der archaische Tonfall der Arie zu edler Noblesse und blutleerer Empfindsamkeit wird, ist nie zu spüren – hier tobt der Aufruhr antikisch-großer Gefühle. Donna Annas zweite Arie – »Non mi dir« – bringt zwar wieder die spezifischen Stimmbildungs-Eigenheiten Lilli Lehmanns, doch die von kaum einer Sopranistin exakt, geschweige denn mit generöser Brillanz gesungenen Koloraturen werden bei ihr zu großer Ausdrucksmusik.

Welch ein Ausdruck auch schon in der ersten Phrase von »Ach ich liebte, war so glücklich« durch die Intensität des *musikalischen* Akzents: die Appogiatura bei »Glücklich« mit der emphatischen Betonung des sinn- und gefühlsgebenden Wortteils »glück«. Keine »schöne« Platte, weil die Stimme zu oft an ihre Grenzen gelangt, aber eine *große*, weil sie voller Spontaneität diese Grenzen ignoriert und, wenn auch angestrengt, siegt. Und welch ein Furioso in der Martern-Arie, gesungen wieder mit einer erschöpften Stimme, die von der Energie zu noch mehr Tempo, noch mehr Risiko vorangepeitscht wird bis zu dem heute so gut wie nie mehr gesungenen, hier mit Unbedingtheit attackierten hohen C. Offenbar ein traditioneller Schluß, den auch Hempel und Bosetti wählen.

Ruhiger im Ausdruck, versammelter in der Tongebung die zwei Aufnahmen aus *Le Nozze di Figaro*; das Duett zwischen Gräfin und Susanne mit Lehmanns Nichte Hedwig Helbig als Partnerin und »Porgi amor«, mit flutender Tongebung und einem warm-weich getönten Klang und expressiven Verzierungen. Blochs Metapher – »Nie brannten wir genauer« – über Klemperers *Fidelio* sei zurückgewendet auf Lehmanns »Abscheulicher ... Komm, Hoffnung«. Die einzige Schwäche, nämlich der angestrengte Schlußteil mit forcierten Tönen, hat gewiß mit dem Alter zu tun (Lehmann war 59 Jahre). Vollendung aber in der Konzentriertheit, mit der sie »Ab-scheulicher« ohne den abscheulichen Zischlaut singt, der, beispielsweise, Hildegard Behrens' Aufnahme schon nach drei Sekunden deklassiert. Welch ein ausdrucksvolles Legato in »Komm, Hoffnung« mit dem souveränen Koloratur-Aufstieg auf das hohe H, und wenn es heißt, »die Liebe wird's erreichen«, bekommt das Wort »Liebe« durch die Appoggiatur wiederum eine Intensität und Innigkeit, die den meisten Rollennachfolgerinnen unerreichbar und fremd ist.

Mozart-Singen haben William James Henderson wie Lehmann selber als die Voraussetzung für die verschleißlose Bewältigung der schweren dramatischen Partien angesehen. Nach Hendersons Ansicht war Lehmann – zusammen mit Lillian Nordica – die beste Leonora (*Il Trovatore*) und eine »bewunderungswürdige Violetta«. »Ah, fors' è lui ... Sempre libera« gehört zu den großen Lehmann-Platten, vor allem die klavierbegleitete Aufnahme von 1906. Die Stimme glüht vor Erregung, das Passagenwerk wird nicht nur sauber, sondern lebendig ausgeführt, und die Kadenz am Ende von »Ah, fors'è lui« ist mehr als die belanglos-virtuose Floskel der flötenden Koloratur-Soprane, sondern eine energische Ausdrucksgeste.

»Lehmann kann uns«, schreibt Andrew Porter, »den Spaß an anderen berühmten Normas nehmen.« Sie hat sowohl »Casta Diva« als auch, wiederum mit Helbig, »Ah! sì, fa core« aufgenommen. Das Gebet an die keusche Göttin singt sie in der üblichen Transposition (F statt G), mit makellosem Legato und zwei sorgsam geformten, gleichmäßig ausschwingenden Trillern nach den hohen C's im zweiten Melisma (bei »senza vel«). Befremdlich – aber für sie typisch – das gleichsam gequetschte Hineingleiten in die repetierten hohen A's mit dem folgenden B. In der Kadenz singt sie mit einer frappant-virtuosen Geste eine aufsteigende Skala bis zum hohen Des (das seltsam weiß und körperlos klingt, vielleicht ein Fehler des Aufnahmeapparats). »Ah! sì, fa core« ist eine großartige

Platte. Durch instrumentales Singen mischen sich die Stimmen bis zur Ununterscheidbarkeit. Die Koloraturen werden mit einer bis zur Kongruenz der Linie und des Klangs gehenden Genauigkeit ausgeführt. Nur vor der Kadenz ist ein Bruch, eine Dissonanz zu hören, weil eine Sängerin unter dem Ton landet. Aber wer singt den tieferen Part in der Kadenz? Offenbar übernimmt Lehmann hier den Part der Adalgisa, weil ihre Stimme mehr Resonanz in der tiefen Lage hat. Leider hat Lehmann nur eine Wagner-Aufnahme hinterlassen, »Du bist der Lenz« aus *Walküre.* Offenbar hatte sie in der Zeit der Aufnahmen die Wagner-Partien aufgegeben, weil sie vor allem in der mittleren Lage nicht mehr über das Orchester hinwegkam. Besonders bedauerlich, weil sie nach Einschätzung Hendersons die beste Brünnhilde und Isolde – »bewegend in den geschmeidigen Linien der köstlichen Kantilene« – war, die je an der Met sang. Knapp die Hälfte ihrer Platten sind Liedaufnahmen. Der Vortrag von Schumanns »Intermezzo« und »Mondnacht«, Schuberts »Du bist die Ruh'« und »Heidenröslein« ist irritierend: Schöne Phrasen mit fein geformten hohen Tönen, dann wieder mit heftiger Glottis-Attacke genommene. Die beste Aufnahme – vielleicht eine der zwei oder drei besten Lehmann-Platten überhaupt – ist die von Schuberts »Erlkönig« mit eindringlicher Klangcharakteristik der drei agierenden Figuren.

The Ideal Voice of Song: Nellie Melba

> La nature vous a donné d'une voix d'or, positivement la plus belle de votre temps.
> *Jean de Reszke zu Nellie Melba*

Mapleson sei Dank. Er hat »die einzigartige Stimme dieser Welt«, wie William James Henderson die Melba, ein Wort Victor Maurels über den italienischen Tenor Francesco Tamagno paraphrasierend, nannte, schon 1902, zwei Jahre vor den ersten Londoner Aufnahmen, live in der Metropolitan Opera aufgenommen, während einer Nacht der »seven stars«, die in Giacomo Meyerbeers *Les Huguenots* auftraten: mit Jean de Reszke, Pol Plançon und Nellie Melba als Marguérite. Abgesehen von drei Worten ist die Cabaletta der Marguérite de Valois auf die Walze des Met-Bibliothekars gelangt. Wie ein Laserstrahl durchdingt die Stimme das Accompagnato des Rauschens und Kratzens: Zu hören ist, zweimal, ein wundervoll ebenmäßig ausschwingender Triller und

Nellie Melba
(Foto: © Rubini-Records, Hove, Sussex)

dann ein mit voller Stimme tollkühn attackiertes hohes Cis, das den Raum zu durchfluten scheint. Desmond Shawe-Taylor schwärmte über die akustische Reliquie: »Nicht ein einziges Sechzehntel ist, selbst bei den schnellsten aufsteigenden Arpeggien, außer Kontrolle ... Die Stimme flammt mit gleißender Brillanz auf ... Es gibt Kaskaden verzierten Singens, die in einer Manier hingelegt werden, die man leichtsinnig nennen könnte.«

Diese Passage wird von Michael Scott affirmativ zitiert, von John Steane – »an einigen Stellen sitzen die Sechzehntel nicht« – in Frage gestellt, obwohl er sich bewundernd über die »kühnen Marcato A's und B's« und den superben Triller äußert. Francis Robinson, lange Zeit der Assistant Manager der Metroplitan Opera, wird in einer australischen Victor-Kassette, die diesen Mitschnitt enthält, ebenfalls mit einer enthusiastischen Hommage – »dies ist der Schauer, den nur ein Champion hervorrufen kann« – zitiert.

So hören wir Melba also so, wie William James Henderson sie und ihr Singen beschrieben hat: »Die Qualität des musikalischen Tons kann nicht angemessen beschrieben werden. Es gibt nicht die Worte, die dem Musikliebhaber eine Vorstellung von den Klängen vermitteln könnten, mit denen die Melba unser aller Ohren verzauberte. Maurel pflegte von der Stimme Tamagnos zu sagen: ›C'est la voix unique du monde.‹ Von der Stimme der Melba ließe sich mit dem selben Recht sagen: ›Das ist die einzigartige Stimme dieser Welt.‹ Dieser Autor hat nie eine auch nur vergleichbare gehört. Ihre Schönheit, ihre Kraft, ihre trompetenhaft durchdringende Intensität heben sie ab von den flötenhaften Tönen der Patti. Es war keine bessere, nur eine andere Stimme. Sie ist als silbrig bezeichnet worden, doch was besagt das schon? Sie besaß eine Qualität, die selbst von denen begriffen werden kann, die sie nie hörten: Sie besaß Glanz [splendour]. Die Töne glühten mit der Brillanz von Sternen. Sie brannten mit einer weißen Flamme. Und sie besaßen eine bemerkenswerte Kraft, welche von der Sängerin jedoch stets beherrscht eingesetzt wurde. Sie vermittelte immer den Eindruck, innerhalb ihrer Grenzen zu singen.«

Alle, der fabelhafte Triller, die kühne Attacke des hohen Cis, die brillanten Arpeggien rechtfertigen nicht die hohe Wertschätzung der Melba, sondern daß die ebenfalls aus der École Marchesi gekommene Suzanne Adams (1872–1953) allgemein unterschätzt wird – denn *sie* war die Sängerin der berühmten und der gerühmten Melba-Walze. Wieder ein Beispiel dafür, wie heikel und tückisch der Umgang mit den akustischen Antiquitäten ist. Die falsche Zuschreibung bedeutet allerdings nicht, daß die Beschreibung der Aufnahme selber auch ungenau wäre – diese alte Walze hält einen der größten Momente eloquenten und dramatischen Singens fest.

Selbst wenn wir im Fall der Melba einmal mehr, Leidmotiv, perspektivische

Minderungen in Betracht ziehen müssen – sie machte ihre ersten Platten 1904 mit 42 Jahren und somit in einem Alter, in dem gerade hohe und fein lasierte Sopranstimmen ihren Schimmer zu verlieren pflegen –, so bleibt gerade die klangliche Reinheit ihrer Stimme und die Mühelosigkeit der Tonproduktion ein Wunder. Was W. J. Henderson über die Patti schrieb, daß sie nämlich »die perfekteste Überbringerin von Tönen« (deliverer of notes) gewesen sei, läßt sich im Fall der Melba tatsächlich mit rund 130 Titeln beweisen: Das Gros ihrer Aufnahmen ist in zwei Kassetten – herausgegeben von der Londoner EMI und der australischen RCA – zugänglich. Die zwischen 1904 und 1926 entstandenen Platten zeigen, daß keine Sängerin des Jahrhunderts eine größere Zahl von makellos reinen Tönen hat verewigen können. Es sind Töne, die die Grenzen der menschlichen Stimme versetzen, Triller, die so ebenmäßig schwingen wie eine Sinuskurve, und Skalen, die aus Perlen gereiht sind. Henderson hat ihre Stimme genau beschrieben: »Sie umspannte einen Umfang vom B unter dem Schlüssel bis zum hohen F. Ihre Skala war durchgehend vollkommen ausgeglichen, und es gab, von der Tiefe bis in die Höhe, nicht die geringste Veränderung der Klangqualität. Alle Töne saßen vorn; es gab nie auch nur den geringsten Anflug von Kehligkeit. Die volle, flutende und leichte Emission der Töne ist von keinem Sänger unserer Zeit erreicht, geschweige denn übertroffen worden. Die Intonation war überragend in ihrer Genauigkeit; die Sängerin wich kaum je von der korrekten Tonhöhe ab.«

Den Eindruck ungetrübter klanglicher Reinheit erweckte Nellie Melba durch die Makellosigkeit der Attacke. Ein normal ausgesprochenes »aber« beginnt mit einem sogenannten Glottis-Schlag, bildlich gesprochen: mit dem Zusammenschlagen der Stimmbänder. Werden diese vom »Motor des Tons, der Luftsäule«, geöffnet, gibt es ein klickendes Geräusch. Es verrät eine schlechte Attacke. Nicht besser ist die Aspirierung des Tons: Dabei entweicht Luft vor der eigentlichen Tonbildung, und aus dem »Ah, sì ben mio« des Manrico wird »Hah, sì ben mio«. Ein korrekt gebildeter Ton entsteht dann, wenn die Stimmbänder erst zu schwingen beginnen, sobald die Luftsäule sie erreicht. Nach Henderson war die Attacke der Melba mirakulös: »Der technische Terminus scheint geradezu unpassend zur Beschreibung der Art und Weise, wie sie einen Ton begann. Es war überhaupt keine Attacke erkennbar. Sie öffnete lediglich den Mund, und die Töne fielen nieder wie die Perlen aus dem Mund der Märchenfee.«

Dennoch sind sowohl die Stimme der Melba als auch ihre Musikalität und ihre Ausdruckskraft Gegenstand heftiger Kontroversen gewesen und geblieben. John Hetherington bringt dies in seiner gründlichen Melba-Biographie auf den Punkt: »Diejenigen, die (ihre Stimme) ablehnten, fanden sie kalt, neutral, leidenschaftslos; für andere besaß sie die unirdische Schönheit winterlichen Mondlichtes.«

Schönheit des Tons ist Conditio sine qua non großen Singens – und Melba hat dies nie vergessen. Sie hat die Tonbildung über alles gestellt, so daß der Kritiker Philip Hale aus Boston mit einem erleuchteten Gedanken feststellte: »Noch heute [er schrieb dies im Jahre 1907] ist die Stimme brillant bei verzierten Passagen; noch immer besitzt sie die Frische, die mädchenhafte Klangqualität, die sie immer ausgezeichnet und von der anderer singender Damen unterschieden hat; aber nun besitzt sie auch eine Fülle, einen Reichtum und eine Üppigkeit von unvergleichlicher Schönheit. Die Stimme von Madame Melba würde auf den Hörer einen ganz besonderen Zauber ausüben auch ohne die Musikalität ... Das vielleicht verblüffendste Kennzeichen dieser Stimme ist ihre *unpersönliche Natur* [Kursivierung von mir]. Es ist nicht so sehr die Stimme einer perfekten Sängerin, sondern die ideale Stimme des Gesangs [ideal voice of song]. Als Hörer schwelgt man in ihrer Tonschönheit.«

Wer diese Stimme geformt hat, ist umstritten. John Hetherington vertritt in seiner Biographie von 1967 die Ansicht, daß die am 19. Mai 1861 in Melbourne geborene Tochter eines schottischen Baumeisters – dem eine schöne Baßstimme nachgesagt wird – ihre entscheidenden Lektionen seit 1880 durch den Tenor Pietro Cecchi erhielt (nachdem sie kurzfristig schon bei der englischen Altistin Ellen Christian, einer Garcia-Schülerin, studiert hatte). Bei Marchesi bekam sie, nach Hetherington, seit dem Sommer des Jahres 1886 den letzten Schliff. Am 13. Oktober 1887 gab sie in Brüssel ihr Debüt als Gilda in Verdis *Rigoletto*. Knapp vier Wochen später, am 7. November, folgte Violetta in *La Traviata*, bald darauf Lucia. Ihre ersten französischen Rollen – Lakmé und Ophélie (*Hamlet*) – studierte sie noch mit den Komponisten ein, Léo Delibes und Ambroise Thomas. Am 24. Mai 1888 gab sie ihr Debüt am Covent Garden. Sie hatte Gilda singen wollen und mußte, da diese Partie im »Besitz« der Albani war, Lucia übernehmen. In der Saison 1888/89 debütierte sie, diesmal mit sensationellem Erfolg, als Ophélie (*Hamlet*) in Paris. Am 6. Juni 1889 konnte sie in London, neben Jean Lassalle als Rigoletto, die Gilda singen, bald darauf, neben Jean de Reszke, die Juliette. Mit Gounod und Sarah Bernhardt studierte sie Marguérite in Gounods *Faust* 1892 sang sie in London Wagners Elsa, Gounods Marguérite und Juliette und Verdis Desdemona und Aida. Die Vorbereitungen für die Uraufführung von Verdis *Falstaff* verzögerten das für den 1. Januar 1893 geplante Debüt an der Mailänder Scala, wo sie schließlich am 15. März Lucia sang. Wenig später lernte sie Verdi kennen und arbeitete mit ihm an Gilda, Aida und Desdemona. Mit Leoncavallo studierte sie Nedda, die sie wenig später in London bei der ersten englischen Aufführung von *Pagliacci* sang – neben Fernando de Lucia. Am 4. Dezember 1893 debütierte sie an der Metropolitan Opera als Lucia, von Henry E. Krehbiel gefeiert als die beste

Vokalistin seit dem Debüt von Marcella Sembrich. Zwei Tage später sang sie Ophélie in *Hamlet*, am 11. Dezember in der ersten Met-Produktion von *Pagliacci* Nedda, wieder neben Fernando de Lucia als Canio. Ihre nächsten Partien waren Gilda, Semiramide, Elisabeth (*Tannhäuser*), Elsa (*Lohengrin*), Marguérite – und zwei Jahre später berichtete der *New York Globe*, daß New York von »Melba rage« besessen sei. Die Australierin war die erste Primadonna der Welt und konnte mit der Konservierung ihres Ruhms beginnen. Sie sang nur noch ihre Parade-Rollen in New York, London und Mailand und erweiterte ihr Repertoire um wenige Partien: Rosina in Rossinis *Il Barbiere*, L'Infante in Massenets *Le Cid*, Maguérite in Berlioz' *La Damnation de Faust*, Hélène in der gleichnamigen und für sie komponierten Oper von Saint-Saëns.

Den Fehler der Fachüberschreitung leistete sie sich nur einmal: Am 30. Dezember 1896 wagte sie sich in New York an Wagners Brünnhilde in *Siegfried*. Obwohl sie nach dem Urteil des Kritikers des *New York Herald* all die »beträchtlichen Schwierigkeiten der Partie mühelos überwand«, wandte Henderson ein, daß »die Qualität ihrer Stimme und der Stil ihres Singens nicht geeignet« waren »für eine vollkommene Verkörperung der Brünnhilde«, und auch Krehbiel warnte vor dem Schaden, den die Stimme durch die zu schwere Partie erleiden würde. Doch war Melba schon vor Krehbiel von ihrem zuverlässigsten Kritiker gewarnt worden: von sich selber. Gleich nach der Aufführung rief sie ihren Manager und trug ihm auf: »Sag den Kritikern, daß ich das nie wieder machen werde. Es geht über meine Kräfte hinaus. Ich war eine Närrin.«

Dafür eignete sie sich mit einer fast schon seltsam anmutenden Leidenschaft die Partie der Mimi in *La Bohème* an, die sie 1898 mit dem Komponisten studierte und am 29. Dezember des Jahres mit einer eigenen Operntruppe nach Philadelphia brachte – mit beispiellosem Erfolg. Um die Oper auch in London durchzusetzen, »bereicherte« die Sängerin – nicht nur mit Zustimmung des Managements, sondern auf dessen Wunsch – die Partie um wechselnde Glanzstücke ihres Repertoires. Ihre erste Mimi sang sie am 1. Juli 1899; ihre Partner waren de Lucia, Mario Ancona, Charles Gilibert und Marcel Journet. Und bis zum 8. Juni 1926 blieb die Rolle im (Londoner) Besitz der Australierin, als sie sich mit 65 Jahren von der Bühne verabschiedete.

Ausschnitte aus dem Farewell sind erhalten. Sie sang den zweiten Akt aus *Roméo et Juliette* (nicht aufgenommen, weil ihr Tenor-Partner Charles Hackett nicht bei The Gramophone Company unter Vertrag war), setzte das Programm, eine Tour de force, mit der Szene der Desdemona aus dem vierten Akt des *Otello* fort und beendete es mit dem dritten und vierten Akt von *La Bohème* – und mit weit mehr als nur schönen Resten ihrer Stimme. Der Klang der Stimme besitzt die alte Schönheit, seine Oberfläche ist nicht aufgerauht und rissig, der Ton strahlt noch immer, aber wie mit winterlichem Licht. Beeinträchtigt ist allenfalls die Phrasierung. Die hat, weil die Stützkraft des Atems fehlt, nicht die Spannung, Bindung und Architektur von früher. Anspannung zeigt sich, etwa in der Szene der Desdemona, im Hochtreiben der Brusttöne bis zum Fis und in der Verspanntheit der Spitzentöne, denen das einstige Dolce fehlt. Um so schöner klingen die hohen B's im Duett mit Rodolfo (dem trefflichen, strahlenden, aber nicht distinkten Browning Mummery). Im Quartett aus dem dritten Akt ist der alte Zauber des sanften Sostenuto-Singens wieder da: Ein Addio, das auch bei kritischem Hören den Ruhm der Sängerin nicht mindert.

Sechs Monate nach ihrem Bühnenabschied ging die Melba noch einmal in Fred Gaisbergs Studio und sang neben drei Liedern das *Traviata*-Duett »Dite alla giovine« mit dem damals 26jährigen John Brownlee, der zehn Jahre später unter Fritz Busch einen prachtvollen Don Giovanni singen sollte. Die Stimme ist in der tiefen Lage leicht ausgebleicht, aber wenn sie in der zweiten Strophe sotto voce einsetzt und die hoch liegenden Phrasen mit schwebendem Klang singt, ist die gewohnte Meisterschaft der jüngeren Sängerin wieder da.

Meisterschaft meint nicht Vollkommenheit. Melba besaß zwar eine klanglich vollkommene Stimme, die jeden Ton der Skala kristallklar attackieren und, nicht minder wichtig, ebenso sauber beenden, förmlich in der Luft abschneiden konnte, doch gibt es, wie Michael Aspinall in seinem Kommentar zur Edition der EMI – in einer wahren Vivisektion der Stimme – ausgeführt hat, zwei Fehler bei der Produktion der Stimme.

Zum einen ist die Stimme im Kopf »plaziert« und erhält ihre Resonanz vom harten Gaumen, während ihre Herausforderin um den Thron der Primadonna – die Italienerin Luisa Tetrazzini – das Singen »in der Maske« bevorzugt, das »Appoggiarsi in testa« oder das Lehnen des Klangs in die vorderen Schädelpartien. Dies gibt dem Klang, so Franziska Martienssen-Lohmann, »den strahlenden, metallischen Charakter«, womit die Tetrazzini Sensation machte. Was die Italienerin an schierer Brillanz, Agilität und metallischer Resonanz voraus hatte, machte Melba wett durch die Nobilität des Tons. Doch seit 1913 ist dieser Ton, so Aspinall, beeinträchtigt durch gelegentliche Unstetigkeit. Diese ist zurückzuführen auf eine Überanstrengung der Muskeln im Kehlkopf nach Jahren des Singens mit zu heftiger Resonanzerzeugung am harten Gaumen und durch den »Mißbrauch des Brust-Registers«. Nach den Lehrsätzen der Marchesi unterteilte Melba die Stimme in »drei deutlich erkennbare Register« und gab vor, sich an die Regel zu halten, mit der Bruststimme nur bis zum E über dem mittleren C zu singen. Nur selten singe sie das F mit der Bruststimme – eine gefährliche, für schwere Stimmen unter Umständen ruinöse Praxis. Die klassische italienische Methode verlangt die nahtlose Verblendung und Verschmelzung der Register mit gemischten Tönen bei E und F, um den Wechsel der Gänge zu verbergen. Tatsächlich riskiert Melba nicht nur, und dies recht oft, das F mit der Bruststimme, sondern auch das Fis, selbst das G und sogar – in der Juwelen-Arie aus dem *Faust* – das Gis.

Melba wäre nicht Melba gewesen, wenn sie ihre eigenen Platten nicht zur Selbstkontrolle genutzt hätte. Aspinall weist darauf hin, daß sie bei den Remakes der Arie (1907 und 1910 für Victor) mit der Bruststimme behutsamer umgeht. Jedenfalls war der Registerübergang – oder der Wechsel – auf dem F oder Fis immer ein Problem für die Sängerin; Aspinall schreibt: »Die frühen Aufnahmen zeigen, daß sie eine ihrer goldenen Regeln furchtlos mißachtete, aber im Jahre 1910 zeigt sie sich weit umsichtiger. Die einleitende Note von ›Pleurez mes yeux‹ flattert und bricht beinahe, doch hält sie die Fis in der Mitte der Stimme und läßt sich nicht dazu hinreißen, sie mit der Bruststimme auszuposaunen. 1921 transponiert sie ›Home sweet home‹ um einen Halbton nach oben, nach Ges, um den Fallgruben so vieler F's zu entgehen.« Obwohl das zweite F oder das Fis bei Melba »meist glänzend« klangen, gibt es in den Aufnahmen von 1907 einige zaghafte und »ein wenig flache F's«, Indiz für einen angestrengten Übergang ins Kopfregister – ein Fehler, den Melba später ausgemerzt hat.

Den zweiten Fehler in der Technik der Melba entdeckt Aspinall bei der Ausführung von Läufen in verzierten Passagen. Obwohl die Diva chromatische Skalen rhythmisch genau und phantastisch klangschön sang, hatte sie, nach eigener Beschreibung, dabei das Gefühl, als würden in ihrer Kehle die Klappen einer Flöte gedrückt. Sie selbst aber hatte gesagt: »Wer beim Singen in seinem Kehlkopf ein Gefühl der Anstrengung verspürt, so heißt dies, daß es dort unnötige Anspannungen gibt, die die Stimme unvermeidlich beschädigen werden.«

Das seltsame Gefühl ist ein Indiz für die Verlagerung der Tonproduktion zur Kehle hin, auch wenn es von der Melba keine einzige Aufnahme mit häßlich kehligen Tönen gibt. Eine leichte Beeinträchtigung der Agilität ist zurückzuführen auf einen natürlichen Entwicklungsprozeß. Nellie Melba begann als Koloratursopran und wandelte sich zu einem lyrischen Sopran mit reichem Klang und durchdringender Kraft. Daß sie in Städten, wo Tetrazzini Lucia di Lammermoor gesungen hatte, auf die Donizetti-Heroine verzichtete, zeugt von Einsicht und Klugheit. Die korrekte Methode der Koloraturbildung in der Maske wurde, nachdem Soprani leggieri wie Amelita Galli-Curci und Lily Pons die problematische der Melba übernommen hatte, erst wieder von Maria Callas befolgt. Man muß nur die abfallenden Skalen der Melba und der Callas in »Sempre libera« hören, um den Unterschied – und die Vorzüge des Singens in der Maske – zu begreifen. Wundervoll bei Melba hingegen die skrupulöse Unterscheidung von Staccato- und Marcato-Vorschriften in »Ah! fors' è lui«. Das deklamatorische Pathos des Anfangs dürfte kaum je dringlicher mit rein vokalen Mitteln ausgedrückt worden sein. Und der kurze Ausschnitt aus der Wahnsinnsszene der Lucia – die Kadenz, eine Marchesi-Melba-Gemeinschaftsproduktion – ist eine Tour de force. Überwältigend sind nicht nur die Spontaneität der Wiedergabe und der Reichtum des Tons, sondern auch der Triller, den sie endlos hält und berückend klangschön bildet.

Wie der Triller der Patti war auch der von Nellie Melba mehr als eine angehängte Zierfigur. Er entwickelte sich vollkommen natürlich aus einer musikalischen Linie und schloß diese anmutig ab: »Der perfekteste und vollendet schönste ist der sehr lange Triller auf dem oberen E am Ende von Bizets ›Pastorale‹. Der Triller wird in meisterhafter Form angesetzt, gehalten und beendet, und dann geht sie auf demselben Atem weiter auf das tonische F – eine ihrer besten Aufnahmen mit einem Ton abschließend, der ein Wunder ist, ein leuchtender Stern.« Ebenso vollkommen waren ihre perfekt angeschlagenen und klanglich blitzschnell entfalteten, daher weich-klangvollen Staccati und sauber gebildeten Arpeggien. Keine Note fällt aus der schimmernden Perlenschnur, besonders schön zu hören in »Se saran rose« (sowohl in der EMI-Aufnahme von 1904 als auch auf der Victor-Platte von 1910). Ihr Legato war fundiert, nach klassischem Vorbild, auf dem Portamento des Atems, dem die Worte gleichsam zugefügt wurde, was vor allem beispielhafte Wortdeutlichkeit sichert. Selbst eine deklamatorische Phrase wie die letzte der Mimi-Arie aus *La Bohème* (»Altro di me non le saprei narrare: sono la sua vicina che la vien fuori d'ora a importunare«) perlt, kristallklar und rasch artikuliert, auf einem Legato-Strom dahin.

Der Gesangsvortrag der Melba ist oft als kühl bezeichnet worden. Gewiß trug sie beim Singen nicht, wie die italienischen Verismo-Diven, Herz und Emotionen auf der Zunge. Ihre Expressivität liegt in den Farben, den dynamischen Nuancen des Klangs. Der verschattete, samtartige Ton auf »misterioso« in der *Traviata*-Arie ist ein Beispiel dafür, daß sich im Klang das »innerste Wesen der menschlichen Gebärde« (Richard Wagner) ausdrücken kann. Die Vollkommenheit des Klangs beruht zum einen auf der Reinheit der Vokalbildung, zum anderen auf der Einbindung der Konsonanten, die nie den Luftstrom hemmen. Ihre Nasale und vor allem die Liquide (r und l) haben, obwohl sauber artikuliert, eine beinahe vokalhafte Qualität, wie in der ersten Phrase von »Mattinata« – »Mary, tremando l'ultima stella nel vasto azzurro fra poco vanirà« – zu hören ist. Der klangliche Reichtum der zuweilen wie ein Laserstrahl hochfahrenden Stimme macht aus den viktorianischen Balladen und den Liedern, die Zeitgenossen wie Tosti, Bemberg, Delibes, Gounod und andere für sie schrieben, kleine Juwelen – sie singt sie wie große Musik mit einem untrüglichen Gespür für musikalische Architektur, das man später nur wieder bei Maria Callas erlebt hat. Von unbeschreiblicher Pracht sind die über dem System liegenden Töne. Sie werden aus der Luft genommen, wirken bei aller Intensität der klanglichen Ausladung nie forciert und schwingen sauber und ohne stößige Atemgeräusche aus. Selbst wenn ihre Aufnahme der Gilda-Arie »Caro nome« klanglich nicht befriedigend ist – das jungfräuliche Mädchen klingt recht altjüngferlich –, so ist die Plazierung der hohen Töne und vor allem des Trillers exemplarisch. Als Mary Garden Melba und Caruso im Duett »O soave fanciulla« – von Thomas Mann im *Zauberberg* beschrieben – hörte, geriet die aus Schottland stammende Sängerin außer sich: »Die Art und Weise, wie Melba das hohe C [am Ende des Duetts] sang, ist das Seltsamste und Wunderbarste, was ich je in meinem Leben erlebt habe. Die Note kam segelnd über das Auditorium der Covent Garden Opera ... Ich habe so etwas von keinem anderen Sänger je wieder erlebt.«

Ein Lehrstück sind die Aufnahmen der Gräfinnen-Arie »Porgi amor« aus *Le Nozze di Figaro* und Elsas Traum aus *Lohengrin.* Jene bringt nicht nur, mit Gewinn für den dramatischen Ausdruck, alle Appoggiaturen, sondern auch eine strömend-breite Phrasierung und einen glühenden Ton; diese erfüllt, bei pointiert deutlicher Wortartikulation (freilich in italienischer Sprache) Wagners Forderung nach gesanglichem Wohllaut. Die Puccini-Arien der Mimi und Tosca sang sie derart kontrolliert, daß Erkrankungen an – wie Henderson es formulierte – »Toscalitis« kaum zu befürchten waren. Selbst expansive Phrasen in hoher Tessitura liegen perfekt auf dem Atem. Bemerkenswert, daß die für ihre von Henderson wie von G. B. Shaw gerühmte Intonationssicherheit bekannte Diva in der zweiten EMI-Version von »Vissi d'arte« (beide Fassungen stammen von 1910) Probleme mit der Intonation hat.

Die Interpretation des Quartetts aus *Rigoletto* ist zwar interessant, aber nicht befriedigend. Melba ist, wie später Zinka Milanov unter Toscanini, keine puppenhafte Gilda, sondern eine dramatische; leider auch eine ungewohnt heftig akzentuierende. Anpassung an die Umgebung: John McCormack hat wenige so wenig charmante Platten hinterlassen, Mario Sammarco singt mit mehr Wucht als Finessen. Triumphal ist Melba in der Finalszene aus Gounods *Faust.* Ihre Stimme schießt förmlich in die grausam exponierten Höhen des Terzetts. Wundervoll die Portamento-Bindung des Vortrags. Ihre Partner, erneut McCormack und Sammarco, halten die Schlußnote länger aus – nach Aspinalls Annahme der Grund dafür, daß beide Versionen des Terzetts damals unveröffentlicht blieben.

Zu den schwarzen Perlen des Melba-Erbes gehören zwei Szenen aus französischen Opern: »Pleurez mes yeux« aus Massenets *Le Cid* und »Depuis le jour« aus Charpentiers *Louise* sind Wunder an klanglicher Intensität, sauberer Intonation und im Klang liegender Expressivität. Hört man spätere Interpretinnen wie Grace Bumbry und Ileana Cotrubas, die Chimène und Louise in Gesamtaufnahmen gesungen haben, ist der Niveauunterschied erschreckend. Weder nach den Maßstäben von Technik und Klang noch nach denen gestalterischer Expressivität kommen die Jüngeren an Melba heran: an die letzte »ideal voice of song«.

»Ich habe gelernt, nie zu schreien«: Ernestine Schumann-Heink

Sie steht nun am Vorabend ihres 50jährigen Bühnenjubiläums. Wenn die große Ernestine einen Ton bildet, sollten die Jungen lauschen und sich Gedanken darüber machen, was Atemstütze und Technik zu einer Karriere von fünf Jahrzehnten beitragen. Auch gestern klang ihre Stimme erregend durch ihre Sonorität und Farbigkeit. Jedes Wort kam wie ein Schwertstoß, ihre Autorität war gewaltig. Mit dem ersten »Weiche, Wotan, weiche!« streifte sie die Fesseln des Alters ab ... Die Worte der Mutter Erda gab sie mit Aeschylos-Großartigkeit, und es war kein Wunder, daß selbst Wotan achtgab und gehorchte.

Pitts Sanburn 1926 über Ernestine Schumann-Heink

Zwischen der echten Altstimme und der eines Mezzo-Soprans wird kaum noch unterschieden, obwohl der sogenannte Kontra-Alt mit der Reichweite bis zum tiefen D vor allem im oratorischen Repertoire sehr gesucht ist. So wichtig wie Klang und Resonanz in der tiefen Lage sind Leichtigkeit, Agilität und mühelose Höhenbildung ohne die dramatische Anspannung, wie sie die Verdi-Partien oder auch Wagners Ortrud und Venus verlangen – von Sängerinnen oft als »Killer-Partien« bezeichnet.

Ernestine Schumann-Heink (1861–1936) stammte aus Lieben bei Prag, war Tochter eines Leutnants und der Altistin Charlotte Goldmann-Rössler, studierte seit ihrem fünfzehnten Lebensjahr bei Marietta von Leclair, debütierte wenig später in Graz als Sopran-Solistin in Beethovens Neunter Symphonie, erhielt weiteren Unterricht von Franz Wüllner und G. B. Lamperti dem Jüngeren und debütierte am 15. Oktober 1878, mit eben 17 Jahren, als Azucena in Dresden. Dort sang sie vier Jahre lang kleine Partien wie Marthe in *Faust*, Puck in *Oberon*, Mercedes in *Carmen*, Phenize in *Armida* und in den Eintagswerken jener Zeit. Sie wurde entlassen, weil sie ohne Zustimmung der Theaterleitung den Sekretär der Oper, Ernst Heink, geheiratet hatte. Im Herbst 1883 kam sie nach Hamburg und wurde vom Impresario Bernhard Pohl, der sich Pollini nannte, als Comédienne unter Vertrag genommen. 1887 lud der Ex-Kutscher Heinrich Bötel, der als Postillon von Lonjumeau ein sicheres hohes D zu bieten hatte, sie ein, neben ihm die Azucena an der Berliner Kroll-Oper zu singen. Auch Hans von Bülow, der sie Brahms' *Alt-Rhapsodie* singen ließ, erkannte ihre bedeutenden Talente. Aber erst als Marie Götze in Primadonnen-Laune eine Aufführung von *Carmen* gefährdete, bekam Schumann-Heink ihre erste große Chance.

In den folgenden acht Jahren sang Schumann-Heink in Hamburg zeitweise bis zu zwanzig Aufführungen pro Monat, weil sich Pollini ein großes Ensemble nicht leisten konnte. Nach Gastspielen an der Berliner Hofoper und in Skandinavien kam sie 1892 an die Londoner Covent Garden Opera und sang unter Gustav Mahler Erda, Fricka und Brangäne. Herman Klein schrieb über »eine Stimme . . ., verzaubernd in ihrer feierlichen, mystischen Schönheit, ihrer Fülle, Festigkeit und ihrem Umfang«. Bruno Walter, der 1894 als Kapellmeister nach

Ernestine Schumann-Heink
(Foto: © Rubini-Records, Hove, Sussex)

Hamburg kam, schätzte die – inzwischen zum zweitenmal mit dem Regisseur Paul Schumann verheiratete – Sängerin sehr. 1896 sang sie in fünf Bayreuther *Ring*-Zyklen die Göttin und wurde für Cosima »meine liebe Erda«.

Nach Pollinis Tod im November 1897 verpflichtete Grau sie an die Metropolitan Opera. Sie war schwanger, als sie die Überreise antrat (Schumann-Heink hat sieben Kinder geboren). Am 7. November 1898 debütierte sie mit dem Met-Ensemble als Ortrud in Chicago. Nach dem zweiten Akt bekam sie vierzehn Vorhänge, und Manager Grau soll enthusiastisch gerufen haben: »Heink-e, your are a wonder! Baby or no baby, Heink-e, you are a wonder.«

Am 9. Januar 1899, wenige Wochen nach der Geburt des (siebten) Kindes, debütierte sie neben Nordica, den de Reszke-Brüdern und Bispham als Ortrud an der Met, und Henry Krehbiel pries das Publikum, »das später einmal [um sie] beneidet werden wird«. Sie sang weitere drei Spielzeiten an der Met, später überwiegend als Gast (bis 1932). Daneben hatte sie eine erfolgreiche Karriere als Konzert- und Recital-Sängerin. Bei ihrer ersten Tournee legte sie im Winter 1903/04 über 60 000 Kilometer zurück und bestritt 102 Konzerte. 1906/07 waren es 68 000 Kilometer und 110 Konzerte in aller Welt. Schon 1904 unternahm sie einen Abstecher ins Unterhaltungsfach und sang in Julian Edwards Komödie *Love's Lottery*, wodurch sie, ökonomisch gesehen, einen Hauptgewinn zog. Und wie Caruso durch seine neapolitanischen Lieder die Einwanderer aus Italien gewann, unterhielt Schumann-Heink ihr Publikum mit Stücken wie Carl Millöckers »I und mei Bua«, »Stille Nacht« oder Silchers »Loreley«. Ihre Popularität war so groß, daß 1912 zu einem Konzert in Denver, Colorado, 15 000 Menschen eine riesige Halle füllten; 25 000 weitere mußten nach Hause gehen. 1926 war das Jahr ihrer Abschieds-Tournee – eine 20 000-Meilen-Reise um die Welt. Nach dem New Yorker Konzert gab's im Hotel Astor, am 14. Dezember 1926, ein Gala-Dinner für 1000 Gäste, unter ihnen Rachmaninow, Gatti, Sembrich, Farrar, Alda, Scotti, Gluck und Efrem Zimbalist. Nach vielen letzten Vorstellungen sang sie ihre allerletzte an der Met am 11. März 1932 als Erda in *Siegfried* (neben Göta Ljungberg, Melchior, Bohnen) und »projizierte Text und Musik«, so Olin Downes, »mit einer Eloquenz, die uns den Atem raubte«.

An der Met hat »Mother Schumann-Heink«, wie sie genannt wurde, vorwiegend Wagner-Partien gesungen, seltener Fidès, Azucena, Hexe (*Hänsel und Gretel*) oder Orsini (*Lucrezia Borgia*), obwohl sie gerade in der Donizetti-Partie ihre verblüffende Koloraturgewandtheit entfalten konnte. Die Stimme war außergewöhnlich durch ihren Umfang vom tiefen D (in Schuberts »Der Tod und das Mädchen«) bis zum hohen B, durch die reiche Sammetfarbe des tiefen

Altregisters und die vor allem in jüngeren Jahren mühelose Höhe. Die Übergänge wurden sauber und klangschön verblendet, die Höhe mit feiner Verschlankung gebildet, obwohl der Ton dort instrumental und farbärmer klingt. Ihr Triller, mit voller, reicher und mühelos schwingender Stimme gebildet, weist sie als eminente Virtuosa aus, während die harte, manchmal heftige Attacke und gleitende Intervallverbindungen typisch deutsche Schönheitsfehler sind.

Sie beeinträchtigen – wenn auch nur geringfügig – ihre Aufnahmen von Orpheus' Lamento aus Glucks Oper (sowohl die deutsche als auch die italienische Version), und doch haben beide Platten unnachahmliche Grandeur. Sextus' »Parto, parto«-Arie aus *La Clemenza di Tito* mit ihren stilvollen Verzierungen und den stillosen Kürzungen, mit leichter, flexibler Tongebung und sehr animiert gesungen, gehört zu den schönsten Mozart-Aufnahmen der akustischen Ära. Orsinis »Il segreto per essere felice« aus Donizettis *Lucrezia Borgia* ist ein vokales Jeu d'esprit und war einst unverzichtbar im Repertoire koloraturgewandter Altistinnen, wie die Platten von Schumann-Heink (drei Aufnahmen), Marianne Brandt, Guerrina Fabbri, Eugenia Mantelli, Clara Butt, Sophie Braslau, Rosa Olitzka, Margarethe Matzenauer, Sigrid Onégin und Blanche Thebom zeigen. Erstklassige moderne Aufnahmen sind selten, wenn man von Marilyn Hornes Beitrag zu *The Age of Bel Canto* absieht und Shirley Verretts Version in der Gesamtaufnahme des Werks unter Jonel Perlea. Doch wie sauber, sicher und korrekt die beiden modernen Mezzo-Sopranistinnen das Stück auch vortragen, es fehlt ihnen eine Virtuosität, die von Feuer und Temperament durchglüht wird. Dies hatte Schumann-Heink, auch wenn, wie Scott hellhörig anmerkt, die Koloraturen nicht mit voller Resonanz gesungen werden, sondern mit »leichter Mittel- oder Kopfstimme«. Dennoch hat die Aufnahme mit ihren langen Haltenoten und dem feinen Triller gelöste Verve und Lebendigkeit, an die allein Sigrid Onégin, Eugenia Mantelli und Rosa Olitzka herankommen.

Erdas Warnung »Weiche, Wotan, weiche!«, mit mächtigem, tiefdunklem Klang gesungen (Partner ist Herbert Witherspoon), ist ein Locus classicus des Wagner-Gesangs durch die genaue Balance von Wort und Ton. »Ai nostri monti« aus Verdis *Trovatore* ist nie klangreicher – auch in der dynamischen Abstimmung – gesungen worden, nie lebendiger, expressiver, bewegter bei konsequent lyrischer Tongebung. Wenn sie schließlich »Ach, mein Sohn« (»Ah, mon fils«) aus Meyerbeers *Le Prophète* sang, drang aus ihrem Vortrag »das Klagen aller Mütter dieser Welt« (Henderson). Sentimentalische Musik wie Dalilas »Der Frühling erwachte« und »Sieh, mein Herz erschließet sich« oder Saphos »Ô ma lyre immortelle«, mit noblem Pathos vorgetragen, sang sie mit überzeugter Innigkeit und überzeugender Ehrlichkeit.

Ihre Aufnahme von Schuberts »Erlkönig« hat Wolf Rosenberg als die unglaublichste vokale Tour de force seiner Kenntnis bezeichnet. In der Tat sind die kontrastierenden Farben der drei eingesetzten Stimmen, ist die Wortmalerei bei »mit Krone und Schweif«, ist die tückische Färbung bei »ich liebe dich« von einzigartiger Dichte im Ausdruck. Welche Kontraste dann in Schuberts »Forelle« oder in Schumanns »Mondnacht«, linear schön und mit feinster Klanggebung gesungen. Welch ein Charme endlich in Millöckers »I und mei Bua« oder in Arditis virtuosem Kür-Stück »Leggero invisibile« mit seinen Koloraturen, Auszierungen und Trillern – von John Steane zur Pflicht für alle Fach-Aspirantinnen erklärt.

Die einzigartige Stimme der Welt: Francesco Tamagno

... magnificent screaming.
G. B. Shaw über Francesco Tamagno

La voix unique du monde.
Victor Maurel über Francesco Tamagno

Nichts ist hartnäckiger als ein Vorurteil. Das Vorurteil über den Tenor Francesco Tamagno (1850–1905) erzählt von einem Tenore di forza, dessen Stimmgewalt den Kronleuchter der Royal Opera Covent Garden ins Schwingen brachte und der sich vor nichts fürchtete in der Welt außer dem kleinen Buchstaben »p« für piano. Es gibt Ankläger mit größter Autorität: »[Tamagno] muß immer mit voller Stimme aussingen, andernfalls wird sein Ton häßlich und gerät seine Intonation außer Kontrolle«, schrieb Verdi besorgt zwei Jahre vor der *Otello*-Premiere an seinen Verleger Giulio Ricordi und kam dennoch nicht umhin, die »einzigartige Stimme der Welt« für die Uraufführung seiner vorletzten Oper zu wählen. Damals, im Jahre 1887, hatte der Tenor schon vierzehn Bühnenjahre mit den schwierigsten Rollen hinter sich, zehn Jahre danach seine Glanzpartie in 400 Aufführungen gesungen. Daß Tamagno 1903 nach seinem durch eine Herzerkrankung erzwungenen Abschied von der Bühne je drei Fassungen dreier Szenen aus dem *Otello* aufgenommen hat, ist nicht nur von großem historischen Interesse, sondern es läßt sich mit diesen und einem guten Dutzend weiterer Platten überzeugend gegen jenes Vorurteil argumentieren. Tamagno war gewiß keine menschliche Trompete, auch wenn er seine B's und C's mit der Wucht achtzölliger Granaten durch den Raum geschossen hat.

Der erste Otello: Francesco Tamagno
(Foto: © Rubini-Records, Hove, Sussex)

Vielmehr war er ein viel differenzierterer Sänger als Mario del Monaco zum Beispiel, der ihn nur hinsichtlich der Zahl der *Otello*-Aufführungen überboten hat. Man höre allein Tamagnos Messa-di-voce-Abtönung auf »te-*ma*« in Otellos finalem Monolog »Niun mi tema« – das ist orphisches Singen.

Tamagno wurde in Turin als Sohn armer Leute geboren, begann seine musikalische Laufbahn als Chorsänger im Teatro Regio und machte sein Solo-Debüt als Nearco, der zweiten Tenor-Rolle von Donizettis *Poliuto*. Er sang den Primo uomo des Abends aber derart aus, daß der Dirigent und Komponist Carlo Pedrotti ihm Unterricht anbot. 1873 (nach Scott 1874) debütierte er in Palermo als Riccardo in *Un Ballo in Maschera* und hetzte dann von einem Engagement zum anderen um die Welt. Er sang in Venedig und Barcelona, in Mailand und, im Sommer, in Buenos Aires, erntete in Moskau Ruhm und Rubel, galt den meisten Kritikern jedoch bis in seine erste Scala-Saison (1877) als zuwenig verfeinert. Erstaunlich genug, daß er, obwohl international mehr und mehr gefragt, sich technisch und stilistisch zu verbessern verstand. Nachdem er an der Scala die revidierte Version von Verdis *Don Carlo*, den Alim in Massenets *Le Roi de Lahore* und Fabiano in der Uraufführung von Gomes' *Maria Tudor*, schließlich auch Azaele in Ponchiellis *Il Figliuol Prodigo* (1880) gesungen hatte, brachte ihm Otello am 5. Februar 1887 einen Jahrhunderterfolg – binnen eines Jahrzehnts sang er die riesige Rolle in Rom und Neapel, Venedig und Genua, Palermo und Nizza, Lissabon und Madrid, Moskau und Buenos Aires, London und New York.

Als Tamagno in der Saison 1894/95 an die Metropolitan Opera kam und mit den letzten Phrasen des Radames aus dem Nilakt – »Sacerdote, io resto a te« – Begeisterungsstürme entfachte, besaß er auch nach Ansicht von Henderson die »unique voice of all the world«: »Es war ein prachtvoller Tenore robusto, der in der Höhe das Cis erreichte, mit einer durchdringenden Qualität, die den Hörer vielleicht nicht bewegen mochte, auf jeden Fall aber überwältigte. Tamagno war der erste Otello in Verdis Oper, und seine Interpretation des eifersüchtigen Mohren gehörte zu den Meisterstücken der modernen Bühne. Allein Salvini konnte sich messen mit seinem Ausdruck stechender Verzweiflung oder übermächtiger Leidenschaft.«

Selbst ein Jahr nach seinem Bühnenabschied, als der Tenor in seiner Villa für eine märchenhafte Gage seine ersten Platten machte, war seine Stimme noch flexibel und modulationsfähig. Nichts ist zu spüren von der fast unausweichlichen psychischen Ermüdung durch unzählige Aufführungen. Das Pathos des Otello in der halb gesungenen, halb geschluchzten Phrase »E tu, come sei pallida! es stanca, e muta, e bella« mit ihren auftaktigen Akzenten und der skrupulös beachteten pp-Vorschrift (bei »e muta«) und den fahlen Schreien »Desdemona, Desdemona, Ah morta, morta, morta« klingt nicht, wie so oft, floskelhaft-routiniert, sondern bestürzend expressiv.

Da steht das Wort: Pathos. Der Begriff ist seit den Zeitaltern neuer und neuester Sachlichkeiten verdächtig; ist ein Synonym für die pompösen Posen von gestern geworden. Dabei bedeutet das Wort nichts anderes als »Leiden«. Pathetische Darstellung heißt Leidensdarstellung: Gesangsausdruck ist oftmals Leidensausdruck. Nach Franziska Martienssen-Lohmann ist »die Frage des Pathos ganz der Mode, der Generation, der Zeitlichkeit entrückt. Ein Sarastro ohne das Klangliche des feierlichen Ernstes, ein Orpheus ohne das Pathos des tragischen Schmerzes sind undenkbar.«

Tamagnos Otello hat, das verraten die kurzen und technisch unvollkommenen Auszüge, die Würde des echten Pathos. Schon der Auftritt bringt nicht nur strahlende hohe A's und die perfekt bewältigte Acciaccatura auf dem hohen H (bei »l'uragano«), sondern im Klang der Stimme das Aufscheinen einer überlebensgroßen Gestalt. »Ora per sempre addio« nimmt Tamagno sehr langsam, mit breit-expansiver Phrasierung und etlichen Rallentandos. Sein Tempo liegt unter der Vorschrift für das »Allegro assai ritenuto«: Viertel = 88 steht im Klavierauszug von Ricordi, während Tamagno bei 65 liegt. Toscanini läßt seinen Otello – Ramon Vinay – etwa Viertel = 100 singen, was zu schnell ist und dem Sänger jede Möglichkeit zur Klangentfaltung nimmt.

Aber kein Sänger hat Verdis Vorstellung von »Klängen fast ohne Tonart« eindringlicher umgesetzt als Tamagno bei den drei »morta«-Deklamationen, keiner die letzte Phrase geschmeidiger gebildet – auch wenn der letzte Seufzer, ein Atemfassen tief in der Kehle, leicht übertrieben wirken mag.

Tamagnos Verbindung von »Stärke und Sanftheit, Einfachheit und Phantasie« klingt noch eindringlicher aus seiner Aufnahme von Arnoldos »O muto asil ... Corriam« aus Rossinis *Wilhelm Tell.* In der wahrscheinlich um einen Halbton transponierten Stretta singt der Tenor die heiklen G's und A's unmittelbar über dem Registerwechsel mit unbeschreiblicher Fülle und Intensität, und seine Spitzentöne, mühelos gehalten, entziehen sich jeder Beschreibung. Noch wunderbarer aber, mit welcher Feinheit und Subtilität der 53jährige die einleitenden Phrasen vorträgt, mit welch einem Piano dolce er das offene G anschlägt. Weder der junge Giovanni Martinelli noch Nicolai Gedda und Pavarotti haben diese Phrasen so klangschön und ausdrucksvoll gesungen.

In der Stretta des Manrico hält Tamagno wieder das Tempo zurück, bildet dafür aber alle Gruppetti mit virtuoser Geschmeidigkeit. »Deserto sulla terra« indes leidet unter der leicht nasalen, greinenden Klanggebung. Wundervoll wiederum »Re del cielo e dei beati« aus Meyerbeers *Le Prophète* mit der emphatischen Kadenz. Und vergleicht man die rhetorisch zugespitzte Martinelli-Aufnahme von Samsons »Arrêtez, o mes frères« mit der von innen glühenden, aber kontrastreicheren Tamagnos, wird aus der Bewunderung für »la voix unique« die für einen Meistersänger und Musiker.

Tenor-Virtuose: Fernando de Lucia

De Lucias delikate Kunst war hier [in einer Aufführung von *Pagliacci*] am besten und vollkommensten zu erleben. In seinen großen Szenen tobte und raste er nicht, sondern war überwältigt von Kummer und Schmerz; sein Singen verlor nie die silbrige Qualität oder die perfekte melodische Linie. Die ganz besonderen, durch und durch persönlichen stimmlichen Qualitäten sind mit ihm gestorben.
P. G. Hurst, ›The Age of Jean de Reszke‹

Als Enrico Caruso auf Anordnung des italienischen Königs mit einer feierlichen Messe in der Königlichen Basilika San Francesco di Paola beigesetzt wurde, erklang Stradellas »Pietà, Signore«. Der Sänger war der dreizehn Jahre vor Caruso geborene Neapolitaner Fernando de Lucia (1860 bis 1925). Wie Mattia Battistini, Jahrgang 1856, trug er den Ehrentitel »Gloria d'Italia«. Unter angelsächsischen Melomanen trägt er den Titel noch heute (zum deutlichen Mißvergnügen von Michael Scott); hierzulande werden seine Aufnahmen bestenfalls – der Verfasser hat es in vielen Nächten mit »The Glory of the Human Voice« erlebt – mit Erstaunen hingenommen, meist aber als manieriert, artifiziell oder selbstgefällig abgelehnt. Die Zahl von über vierhundert Platten – neben den wenigen (und spätsommerlichen) der Patti und denen Battistinis die bedeutendsten Zeugnisse des alten Belcanto-Stils – zeigt, wie hoch er einst geschätzt wurde. Er hat fast den ganzen *Barbiere* von Rossini aufgenommen – ein einzigartiges Dokument und darüber hinaus ein nie wieder erreichtes Rollenporträt des Almaviva.

Dabei war de Lucia keineswegs einseitig. Er hat in zahlreichen Ur- und Erstaufführungen gesungen und Auszüge aus *I Pagliacci, La Bohème* und *Manon Lescaut* und sogar aus Richard Wagners *Lohengrin* hinterlassen – Aufnahmen, die mehr als nur den Zauber des Fremd-Faszinierenden haben, sondern an das längst verhallte *süße* Lied erinnern.

Mit der Dolcezza des klassischen Belcanto wurde Fernando de Lucia durch den Pädagogen und Dirigenten Vincenzo Lombardi (der auch Pasquale Amato und Cesare Formichi unterrichtete) vertraut gemacht. Im Teatro San Carlo konnte er Juan Gayarré, Angelo Masini und Roberto Stagno – Meister der alten Schule – erleben. Bei seinen ersten Aufführungen im Jahre 1884 – sein Lehrer führte Boitos *Mefistofele* in seinem Haus auf – soll de Lucia ein brillantes Do di petto besessen haben. Später aber mußte er in seinen Aufnahmen durchweg und teilweise beträchtlich transponieren. Am 5. Februar 1885 debütierte er als Faust am San Carlo, an das er erst nach vier Jahren wieder verpflichtet wurde. In Bologna sang er neben der von Verdi hochgeschätzten Gemma Bellincioni in *La Traviata*, eröffnete im Herbst 1885 als Wilhelm Meister die Saison in Florenz, ging 1886 nach Argentinien und sang dort neben dem klassischen Belcanto-Repertoire (*La Favorita, Lucrezia Borgia*) erneut Faust. Bei einem Dacapo von »Salve, dimora« (original: »Salut, demeure«) brach ihm beim C die Stimme. 1887 debütierte er am Drury Lane Theatre in London als Almaviva und wurde heftig kritisiert, nach Ansicht von Michael E. Henstock wegen seines ausgeprägten Vibratos und der vielen Auszierungen.

In den ersten fünf Jahren seiner Karriere war de Lucia, wie Henstock in seiner Studie zur Edition von de Lucias G&T-Platten ausgeführt hat, ein treuer Erbverwalter des erwähnten Triumvirats Gayarré, Masini und Stagno. Von Gayarré übernahm er die schmelzende Mezzavoce und die feinen Schattierungen, deren Echo etwa in dem Duett aus *Les Pêcheurs de Perles* zu erkennen ist. Die Parallele zu Stagno liegt in der vibrierenden Produktion der hohen Töne, und wenn Gemma Bellincioni (Partnerin von Stagno wie von de Lucia) die Stimme des Älteren beschreibt, so hört man förmlich die von de Lucia: »Die Stimme Stagnos war nicht so schön timbriert wie die seiner Rivalen, doch geboten diese nicht über die vibrierende Kraft seiner Spitzentöne, die wie eine silberne Glocke schallten, während er sie mit wunderbarer Atemkontrolle aushielt und die stimmlichen Qualitäten abrundete durch seine Kunstfertigkeit und eine Eleganz, die ihn zum vollkommensten und aristokratischsten Sänger auf der Bühne machten.«

Von Angelo Masini endlich übernahm er die Freizügigkeiten im Umgang mit dem Notentext – wie jener ließ er sich vom eigenen Feuer mit- und oft genug auch aus dem Rhythmus reißen. Und wie Masini verblüffte und blendete er das Publikum, wenn er »La donna è mobile« viermal, und jedesmal in anderer Form und mit veränderten Verzierungen und Kadenzen, anbot.

Emma Carelli, die große dramatische Sopranistin aus Neapel, beschrieb die Kunst ihres Kollegen mit enthusiastischen Worten, charakterisierte die Stimme aber nur als Vocetta, als Stimmchen. Immerhin setzte sich de Lucia mit dem

Fernando de Lucia
(Foto: © Rubini-Records, Hove, Sussex)

Stimmchen seit 1890 auch im veristischen Repertoire, das nach dem Sensationserfolg von *Cavalleria Rusticana* die Bühnen der Welt überschwemmte, durch. Im Januar 1891 kehrte de Lucia als Turiddu ans San Carlo zurück, und in den folgenden Jahren sang er vier Mascagni-Erstaufführungen (*L'Amico Fritz, I Rantzau, Silvano* und *Iris*). Und da seine Stimme in der Höhe kurz geworden war, ersetzte er schon bald das Belcanto-Repertoire durch Rollen wie Canio, Lohengrin, Rodolfo und Loris (*Fedora*). Hohe Töne bildete er, wie später in fast allen seinen Aufnahmen, mit schwebender Kopfstimme. Lag eine Partie zu hoch wie in Mascagnis *Le Maschere*, so überließ er die Ehre selbst einer Uraufführung einem Kollegen – dem Sizilianer Giuseppe Anselmi.

Ebenso sorgsam vermied er Fachüberschreitungen. Obwohl am San Carlo unter Vertrag, lehnte er es ab, 1891 die Uraufführung von Niccolo Van Westerhouts Oper *Cimbellino* zu singen, weil die Tessitura der dramatischen Partie für ihn zu hoch lag. Zu Beginn der neunziger Jahre, nach dem Erfolg von *Cavalleria Rusticana* und *I Pagliacci*, erarbeitete er sich ein neues Repertoire, und der Canio wurde zu seinem »Besitz« – als ein Rollenporträt, das dem Roméo des legendären Jean de Reszke und der Isolde von Milka Ternina an die Seite gestellt wurde. Erst Carusos dramatisch-expressive Interpretation mit ihren Tonströmen aus

Lava verdrängte die des Älteren. Daß Fernando de Lucia vor allem als Belcantist in Erinnerung geblieben ist, verdankt er seiner Interpretation der Almaviva-Partie aus Rossinis *Il Barbiere*. Rund ein Zehntel seiner 400 Platten hat er mit der Musik aus Rossinis Buffa gefüllt. Nachdem er schon zwischen 1902 und 1910 für G&T 69 Aufnahmen – darunter auch Arien des Almaviva – und zwischen 1910 und 1917 fünfzehn doppelseitig bespielte Platten für Fonotipia gemacht hatte, begann er nach 1917 mit einer extensiven Aufnahmeserie für die in Neapel ansässige Phonotype Gesellschaft, die sich neben de Lucia vor allem auf die Baritone Paquale Amato und Benvenuto Franci und die spanische Sopranistin Angeles Otein stützte. Für Phonotype entstand neben einem vollständigen *Barbiere* auch eine komplette Aufnahme des *Rigoletto*. Die Technik des fast sechzigjährigen funktionierte vollständig, die Stimme fast vollständig – de Lucia mußte gelegentlich nur transponieren. Nicht einmal die heikelsten Koloraturen bereiteten ihm Schwierigkeiten, und auch der Klang der Stimme besaß die alte Frische und silbrige Feinheit.

Gerade der Klang der Stimme aber hat dem Neapolitaner auch Kritik eingetragen. Er wird beeinträchtigt durch ein ausgeprägtes, enges und rasches Vibrato, das auf einigen Platten wie ein Tremolo oder, mit dem bösen Wort von Michael Scott, wie ein Triller klingt, weil die von de Lucia transponierten Stücke bei den Überspielungen in die originale Tonart gebracht und die Stimme damit aufgehellt wurde. Vor einigen Jahren erst haben Michael E. Henstock, Vivian A. Liff und Desmond Shawe-Taylor für Rubini eine Fünf-Platten-Kassette mit korrekten Überspielungen – teilweise um eine kleine oder gar eine große Terz unter der originalen Tonart! – vorgelegt und damit das richtige Bild von der Stimme restauriert, die immer noch sehr stark, manchmal befremdlich vibriert. Scott sieht darin »Dekadenz von Technik und Stil« und führt dies auf eine ungenügende Atemkontrolle zurück: »Dafür gibt es in de Lucias Aufnahmen auch andere Anzeichen: Die Register sind nicht korrekt verblendet, die Skala ist nicht ganz ausgeglichen, und er folgt zwei unterschiedlichen Methoden – einer, wenn er piano singt, der anderen, wenn er forte singen muß. Beim Piano ist die Qualität der Stimme in der Mittellage attraktiv, aber in der Höhe setzt sich die Kopfstimme ab in der Art eines Crooners. Beim Forte reicht die Stütze nicht aus, die Stimme über das B zu tragen, obwohl der Sänger exzessiven Gebrauch vom langen »ee«-Vokal macht, um den Ton zu fokussieren und die Stimme nach vorn zu bringen (dadurch bekam sein Ton jene ›grelle Qualität‹, deretwegen er so oft kritisiert wurde).«

Scott greift hier offenbar auf den Vorwurf des Tenors Giacomo Lauri-Volpi in seinem Buch *Voci Parallele* zurück. De Lucia pflegte die letzte Phrase von »Recondita armonia« aus *Tosca* so zu beenden: »Il mio sol pensier sei *tu*, Tosca sei *te*[*eee*].« Generell ist zu beobachten, daß der Sänger die »vocali acuti« extrem weit nach vorn bringt, oft an die Grenze der klanglichen Grellheit. Anders gesagt: Wenn das alte italienische Gebot, daß in jedem Vokal ein /A/ enthalten sein müsse, Gültigkeit besitzt, so hat de Lucia dagegen verstoßen. Die Extremisierung des »Vordersitzes« zwecks klanglicher Brillanz ist übrigens später auch bei Helge Rosvaenge zu beobachten.

Trotz aller Einwände – der Neapolitaner war das, was man im heutigen Showgeschäft »very special« nennen würde. John Steane bringt dies auf den Punkt mit der Feststellung, daß er beispielsweise manche gute Aufführung von Rossinis *Il Barbiere di Siviglia* gehört habe, aber keiner in seliger Erinnerung nachhänge. Meist seien die Aufführungen erst mit dem Auftritt des Basilio zum Leben erwacht, während die Musik der anderen Protagonisten kaum je das Netz magischen Zaubers über das Auditorium geworfen habe, und ähnlich stehe es mit den Aufnahmen. In der Tat: Als Almaviva hat der Verfasser weder Dino Borgioli noch Luigi Infantino, Giuseppe di Stefano oder Luigi Alva, Nicola Monti oder Ugo Benelli, Paolo Barbacini oder Cesare Valletti vor dem Ohr der akustischen Einbildungskraft, sondern nur mehr oder minder mühsam durch die Serpentinen oder über die Hürden der Partie sich quälende Tenorini ohne charakteristischen Klang und persönlichen Ausdruck.

Fernando de Lucia hat hingegen aus einer von allen anderen Interpreten schematisierten Figur einen anmutig-eleganten Rokoko-Kavalier gemacht – was so vollkommen nicht einmal Tito Schipa gelungen ist. Er hat es verstanden, Ornamente und Kunstfiguren mit Charme, Leben und zärtlichem Werben zu erfüllen, und es spricht für mehr als nur Technik und Kunstfertigkeit, daß die Fiorituren und Gruppetti bei ihm nicht mechanisch und floskelhaft, sondern spontan und lebendig klingen. Die »Herrlichkeit spontaner Improvisation«, der Rossini selber zum Kummer von Stendhal durch seine ausgeschriebenen Partituren ein Ende setzte, werden im Vortrag de Lucias noch einmal, und leider zum letzten Mal, evoziert. Wie unwiderstehlich kosend singt de Lucia, Steane hat darauf hingewiesen, die Wiederholung der Phrase »che a nome vichiamo« in »Se il mio nome«, mit welch einer Agilität formt er die Verzierungen im zweiten Teil des Ständchens, vor allem das fallende Glissando, wie zauberisch taucht er Phrasen in das Licht und die Schatten der Klangfarben. Nur der jüdische Kantor Hermann Jadlowker hat »Ecco ridente« so brillant – oder sogar noch virtuoser – gesungen als de Lucia, aber nicht mit der chevalresken Eleganz und Selbstverständlichkeit des Neapolitaners. Shawe-Taylor weist in seinem Essay *A Vanished Style* auf eine zauberische Nuance in der Interpretation des Duetts »Obbligato, obbligato« aus *L'Elisir d'Amore*, auf die kleine Fermate bei dem Wort »beato« hin: »Das absolut ebenmäßige Singen in Terzen und das lange Rubato mit dem

Diminuendo, wenn die Stimmen strömend auf G und E liegen, wobei der Ton zu einem Faden wird, zeigt das traditionelle Buffo-Singen in musikalischer Vollkommenheit.«

Fast überflüssig zu sagen, daß dieser Moment – der in der Erinnerung zurückkehrt als Augenblick ewiger Schönheit – in der Wiedergabe späterer Interpreten, handle es sich nun um di Stefano und Corena, Pavarotti und Spiro Malas, Domingo und Sir Geraint Evans, unbemerkt vorübereilt.

Die Musik Giuseppe Verdis hat allerdings einen anderen Pulsschlag. De Lucias Neigung, dem Rhythmus Spannung und Kontur zu nehmen, verwandelt den Herzog in *Rigoletto* in ein windiges Bürschchen, in einen Don Ottavio am Hofe von Mantua, der seine Hand nicht auf das Herz des Mädchens, sondern auf sein eigenes legt und dazu »ohimè« haucht. In seiner Phonotype-Aufnahme von »Questa o quella« singt er die beiden Verse zwar mit unnachahmlichem Charme und köstlichen Nuancen, hängt am Ende aber Verzierungen und kokett klingende Tremolandi an, die jeden Adepten Toscaninis zur Weißglut treiben müssen, weil sie quer zum vorwärtstreibenden Duktus des Stückes stehen. Um so wirkungsvoller sind de Lucias Rubati und Ritenuti bei elegisch gefärbten Stücken: Alfredos »De' miei bollenti spiriti« ist in seiner Wiedergabe, nicht zuletzt durch eine ausziselierte sprachliche und musikalische Artikulation, ebenso unvergeßlich wie »Un di felice« oder des Herzogs »E il sol dell'anima« aus *Rigoletto*. Die Schleife auf dem letzten Wort von »Un di felice eterea, mi balenasti *innante*« treibt er förmlich in ein klangliches Relief: Die Vokale werden farbecht gebildet, die Nasale klangvoll geformt – eine vollkommene Balance von Artikulation, von Phrasierung. Unwiderstehlich der in einer kleinen Verzierung zur Klangfigur werdende Gestus zu Beginn von Ernestos Romanze »Com' è gentil« aus *Don Pasquale*, von elegischem Zauber die Phrasierung von »Prendi l'anel ti dono« und vor allem von »Son geloso« aus *La Sonnambula* (mit Maria Galvany als Partnerin), weil er die Verzierungen als Teil und nicht als Zutat der Phrase singt – selbst ein Tito Schipa hat dort nur Noten gesungen, und allein Cesare Valletti zeigte sich 1955 neben Maria Callas und unter Leonard Bernstein als vom Belcanto inspirierter Elvino. Die Soli aus *Lohengrin* – »Atmest du nicht« und »Mein lieber Schwan« von 1905, »Das süße Lied verhallt« und »Mein Held, mein Retter . . . Nie sollst du mich befragen« von 1907 – würde man heute wohl als »umstritten« charakterisieren; unbestreitbar aber zaubern des Sängers Rubati, seine schmachtende Phrasierung und artikulatorischen Nuancen längst vergessene Schönheiten aus dieser Musik hervor.

Ein ganz spezifischer Kunstgriff des Sängers waren seine Rinforzamenti, seine Klangsteigerungen. De Lucia konnte sich nicht mit Stimmgewalt in dramatischer Musik behaupten, sondern nur durch eine Dramaturgie der Dynamik. Während sich spätere Tenöre wie Mario del Monaco oder Franco Corelli buchstäblich con forza durch die Partie des Canio kämpften – mit ermüdendem Dauerforte –, legte de Lucia jeden Ton, jede Phrase auf ein dynamisches Wechselspiel an. Seine Aufnahmen zeigen, daß ein Messa di voce vom Piano zum Mezzo-Forte dramatischer (sogar dynamischer) wirkt als ein Forte, dem keine Steigerung mehr folgen kann. Steane hebt hervor, daß bei der Wiedergabe von Canios »Vesti la giubba« die Demonstration von Kraftentfaltung keinen Verlust an Finessen, an klanglichen Schattierungen bringt.

Es ist diese Kunst der Nuancierung, der spontanen Verzierung, der überwältigenden Eloquenz, mit welcher de Lucia neapolitanische Lieder oder die »Songs« von Tosti, Denza und Co. in Meisterstücke verwandelte. Doch die Bewunderung muß einen nicht taub machen für Manieriertheiten und Fehler. De Lucias exzentrische Tempi können Stücke wie »Il mio tesoro« nicht nur ihrer Form berauben, sondern – da die Rubati einhergehen mit artifiziellen klanglichen Beleuchtungen – zur Unkenntlichkeit entstellen. Aber es hat nur wenige Sänger gegeben, die wie der Italiener nur mit dem Licht- und Schattenspiel der Stimme, den Finessen der Phrasierung und der Fiorituren Musik zum Leben zu bringen vermochte. Selbst wer den Vortrag Fernando de Lucias für historisch bedingt hält – aber ist der von Toscanini durchgesetzte Vortrag etwa nicht historisch bedingt? –, kommt nicht umhin, die sängerische Kunst zu registrieren. Sie liegt beileibe nicht in einer selbstgenügsamen oder abstrakten Virtuosität (deren gute Sänger meist von schlechten bezichtigt werden). De Lucia hat, wie Patti, Szenen aus *Mignon* durch die Anmut des Vortrags und geradezu opalisierendes Farbsingen errettet.

Deutsche Kritiker – Wolf Rosenberg und Ulrich Schreiber – haben die Ansicht vertreten, daß der Stil des Canto fiorito obsolet geworden sei. Nur die Technik des Belcanto (und des Stile fiorito) müsse als Grundlage des Singens erhalten werden. Dem ist entgegenzuhalten, daß Stil und Technik immer untrennbar miteinander verwoben waren. Die von Rosenberg als erstem deutschen Kritiker beschriebene *Krise der Gesangskunst* geht auf den Dirigenten zurück, der die Unarten des modernen Singens geduldet hat und doch als Heiliger der Operninterpretation verherrlicht wird: auf Arturo Toscanini. Zwar hat der Italiener mit vielen Unarten gebrochen – auch denen, die an de Lucia beschrieben wurden –, aber er hat neue und andere geduldet.

La Gloria d'Italia: Mattia Battistini

Er war der größte Sänger, den ich je gehört habe.
Frances Alda über Mattia Battistini

Die Bariton-Stimme ist eine Entwicklung des frühen 19. Jahrhunderts. Rossinis Figaro, der gehaltene Noten auf dem G bilden muß (ausführlich von Henry Pleasants diskutiert), gilt als die erste moderne Bariton-Partie, während der Figaro in Mozarts Oper, der das F (in »Se vuol ballare«) antippen muß, von einem hohen Baß gesungen werden kann. Wolf Rosenberg sieht den Bariton als »das Resultat einer Art von Höhenfieber«. Bellini und Donizetti setzten ihre Charakter- und Intrigantenrollen für Bässe, ohne die Kontralage auszunutzen; dafür verlangten sie ihnen vehemente Spitzentöne ab. Verdi schrieb beispielsweise für den Silva in *Ernani* nach Rezitativ und Cavatina einen Stretta-Schluß, der nicht nur das Publikum, sondern oft auch den Interpreten überwältigt.

Dies hatte Rossini, trotz der G's des Figaro, nie gewagt: Er achtete nach klassischem Vorbild – wie etwa Händel und Mozart – darauf, daß sich die Stimme überwiegend in der Mittellage bewegen konnte. Erst Verdi begann mit dem ebenso effekt- wie gefahrvollen Hochtreiben, das George Bernard Shaw heftig kritisierte. Denn die Überspannung der Stimmen führte bei vielen Sängern zu Dauerschäden. Das rohe Liften der Bruststimme in die Höhe bei heftigem Atemdruck verursachte, oft schon nach kurzer Zeit, einen tremolierenden Klang. Nur wenn auch der Bariton die gefährlichen Töne über dem E mit einer Beimischung der Kopfstimme singt, kann er auf Dauer die hohen Töne gefahrlos und, was noch schwieriger, die hoch liegenden Mezzavoce-Phrasen, mit denen gerade die Verdi-Partien überborden, klangvoll bilden. Man braucht nur die beiden *Rigoletto*-Aufnahmen mit dem amerikanischen Bariton Cornell MacNeil von 1961 (unter Nino Sanzogno) und von 1967 (unter F. Molinari-Pradelli) miteinander zu vergleichen, um den Verfall einer sehr klangschönen, aber rücksichtslos gebrauchten Stimme binnen eines halben Jahrzehnts zu erleben.

Ein halbes Jahrhundert Singen hat der Stimme des am 27. Februar 1856 (oder 1857) geborenen Römers Mattia Battistini nichts anhaben können. Er war 68 Jahre alt, als er im Februar 1924 in Mailand Don Carlos' »Urna fatale« mit einem Bariton sang, der nicht nur unversehrt war, sondern auch die Spannung einer jungen Stimme behalten hatte. Desmond Shawe-Taylor: »Die Geschmeidigkeit, Leichtigkeit und Fülle lassen uns an einen edlen Wein denken, der mit den Jahren milder geworden ist, nicht aber seine Kraft und seinen Körper verloren hat.«

Der Professorensohn sollte nach dem Wunsch seines Vaters, der an der Universität einen Lehrstuhl für Anatomie hielt, Mediziner werden. Doch seine musikalischen Talente waren so überwältigend – er sang schon als Kind ganz vorzüglich und mit großem histrionischen Talent –, daß er bei Venceslao Persichini Unterricht nehmen durfte. Seine Laufbahn begann wie in einem Roman: Der Bariton für eine Aufführung von Donizettis *La Favorita* am Teatro Argentina fühlte sich indisponiert, der Student durfte der Primadonna Isabella Galletti »O tanto amor« vorsingen und war sofort nach der Aufführung vom 11. Dezember 1878 der große Battistini – der Sänger eines »fast schon monotonen Erfolges« (Shawe-Taylor). Sein goldenes Bühnenjubiläum, das er 1928 in derselben Partie begehen wollte, war ihm nicht mehr vergönnt: Battistini starb am 7. November 1928 nach einem schweren Asthma-Anfall.

Seine Karriere hat Battistini strikt auf Europa begrenzt. Nachdem er als junger Sänger einmal den Atlantik überquert hatte, um in Südamerika zu singen, verspürte er keinerlei Neigung, sich diese Strapazen noch einmal zuzumuten; auch an der Metropolitan Opera ist er nie aufgetreten, und selbst nach England ist er nur selten gereist, zum erstenmal 1883 und 1887, dann erst wieder 1905 und 1906, um am Covent Garden Rigoletto, Don Giovanni, Germont Père, Amonasro und Eugen Onegin zu singen. Zwischen 1922 und 1924 hat er noch Konzerte in der Queen's Hall gegeben und mit der jugendlichen Frische seiner Stimme, so Shawe-Taylor, »eine Sensation hervorgerufen«. In seinem Heimatland als »la gloria d'Italia« gefeiert und in Spanien und Österreich geliebt, krönte der Römer seine Laufbahn in Moskau und St. Petersburg: »Die russische Aristokratie und die kaiserliche Familie behandelten ihn als einen der Ihren; der Zar überhäufte ihn mit Ehrungen.« Mehr als zwei Jahrzehnte lang, zwischen 1888 und 1914, sang Battistini an den Kaiserlichen Opernhäusern, aber auch in Warschau, wo er 1903 auch die berühmt gewordenen roten G&T-Platten sang. Sein Repertoire umfaßte über 80 Opernpartien.

Zum Glück hat Battistini insgesamt 111 Platten hinterlassen, und es ist ein noch größeres Glück, daß es kaum – wenn man einmal von ein paar überhetzten Tempi wegen der knappen Spielzeit der Wachsmatrizen absieht – perspektivische Minderungen zu beklagen gibt. Die Stimme blieb intakt, sie vertrug sich offenbar sehr gut mit dem Trichter, und außerdem hatte der Sänger große Freude am Aufnehmen. Auch wenn die primitiven Aufnahme-Apparaturen kaum den ganzen Reichtum und das spezifische Aroma seines Stimmklangs eingefangen haben können, ist das Klang-Bild der Stimme nicht von Patina überzogen. Wir hören eine von allen kehligen Einfärbungen freie, hoch liegende, manchmal fast tenoral eingefärbte und mühelos auf dem Atem geführte Stimme, bei der nur die Tiefe schwächer entwickelt ist – sie klingt vergleichsweise farbarm, während die Stimme in der Mittellage und der Höhe eine faszinierende Palette von Farben zur Verfügung hatte. Der Ton, zwar nicht übermäßig voluminös, besaß vibrierende Intensität, die in dem gipfelte, was Shawe-Taylor »splendid snarl« genannt hat (mit »glänzendes Knurren« zwar korrekt, aber nicht animalisch genug übersetzt). Es ist ein zu Klang gewordener schwarz-böser Blick, eine drohende, glühende Geste. Auf der anderen Seite konnte Battistini eine Phrase mit unendlich zärtlicher Anmut und Süße ausklingen lassen – die Ornamente am Ende von Renatos »Eri tu« aus *Un Ballo in Maschera* oder die schwebenden End-Filaturen, die Petronius in *Quo Vadis?* (Nouguès) zu singen hat, bestätigen die Hymne, die Albert Spalding über den Mittsechziger zu Beginn der zwanziger Jahre schrieb: »Die Bariton-Rolle des Christus (in Lorenzo Perosis Oratorium *Resurrezione di Cristo*) wurde von dem Veteran Battistini gesungen ... Das Vergehen der Jahre hat die mühelose Produktion goldenen Tons nicht beeinträchtigt; er ergoß sich mit einer verblüffenden Opulenz; er phrasierte wie ein Instrumentalist; das Atmen geriet zu einer expressiven Hervorhebung statt zu einer physischen Notwendigkeit; und er gebot über ein

Mattia Battistini
(Foto: © Rubini-Records, Hove, Sussex)

gehaltenes Legato von schier unerträglicher Schönheit ... Er war, so denke ich, der größte Vokalist, den ich je gehört habe.«

Es kann nicht oft genug betont werden, daß eine derartige Formung der Stimme, eine solche Bildung von schönen Klängen ein musikalisch-interpretatorischer Vorgang – und auf keinen Fall ein natürlicher – ist: Singen ist, Dacapo für Henderson, die Interpretation eines Textes durch musikalische, also schöne, Töne. Schön blieben sie bei Battistini selbst im raschesten Passagenwerk; er besaß eine phantastische Agilität, die es ihm erlaubte, jedes Ornament in der Phrase aufgehen zu lassen. Sein sängerischer Gestus besaß Grandeur und die theatralische Flamboyance des 19. Jahrhunderts. Die wirkt, um wieder einmal rasch mit den Einwänden fertig zu werden, bei klassischer Musik des 18. Jahrhunderts befremdlich. Shawe-Taylor wirft ihm wegen der Ignorierung punktierter Noten – ein Manko auch der Patti – »einen defekten rhythmischen Sinn« vor, zu hören sowohl in Figaros »Non più andrai« als auch in der Serenade des Don Giovanni. Daß Battistini sie kadenzierend mit einem hohen Fis abschließt, mag Puristen verärgern; wer aber die Mozart-Aufnahmen anderer Sänger aus dieser Epoche hört, kann nur zu dem Schluß kommen, daß die Interpolation traditionell war, vielleicht sogar aus der Zeit des Komponisten stammt. Hingegen ist »Finch'han dal vino« überhetzt.

Wegen seiner wundervollen Interpretationen der romantischen Belcanto-Opern von Bellini, Donizetti und des jungen Verdi wird sein Vortrag pauschal als Exemplum classicum des alten Stils bezeichnet – so etwa von Clemens Höslinger in seinem Kommentar zu den Platten der Preiser-Reihe *Court Opera Classics*. Wenn dies auch nicht falsch ist, greift die Charakterisierung doch, wie Steane dargelegt hat, zu kurz: »Baritone, die nach meiner Ansicht die Forderungen des Belcanto erfüllen, sind Mario Ancona, Giuseppe de Luca und, unter den modernen Sängern, Robert Merrill. Aber Battistinis Kunst war völlig anders. Selten hört man ihn eine Passage singen, in der nicht eine Note oder eine Folge von Noten herausgehoben werden durch eine emphatische Behandlung; nur selten ermöglicht er dem Hörer jenes easy listening, das de Luca oder Merrill bieten können.« Ein Negativbeispiel ist für Steane das Duett Nedda–Silvio (mit Maria Mokrzycka), aufgenommen im Jahre 1912, mit seinen ständig akzentuierten Phrasen und zugespitzten Wortbetonungen. Man kann die Szene so hören, gewiß; aber kaum je war dieses Duett gestischer und lebendiger erlebbar als von Battistini, der mit der Stimme Klang-Figuren malt und, wie immer emphatisch er Akzente setzt, die Reinheit der Tongebung nie beeinträchtigt. Für seine Zeit war er ein moderner Sänger, weil er Ausdrucksmittel der damals neuen Musik auch bei der Wiedergabe des romantischen Repertoires einsetzte. Es gibt jähe, klanglich erregende Sforzandi und dann wieder, vor allem an Phrasen- und Arienenden, schwebende und verklingende Filaturen, die seine klassische Portamento-Kunst zeigen. Die weit ausspannenden Phrasen leuchten wie ein Diamant je nach dem Einfall des Lichts. Überwältigend die Wiedergabe von Posas »Io morrò« aus Verdis *Don Carlo* dank der farblichen und dynamischen Schattierungen, unvergleichlich die schwebende und dennoch klangvolle, ja reiche und üppige Mezzavoce zu Beginn von »Vieni meco« aus *Ernani* mit in ein Klang-Relief getriebenen Gruppetti. Für Puristen vielleicht nicht annehmbar die Transposition der in g-Moll stehenden Arie »O, del mio dolce ardor« aus Glucks *Paride ed Elena* nach e-Moll und das changierende Farbsingen Battistinis, der zudem einige tiefe Töne ausläßt, und doch ist dies imaginatives Singen.

Auch in Figaros »Largo al factotum«, trotz des aberwitzigen Tempos eine technisch akzeptable Interpretation, gibt es wundervolle Inflektionen, etwa das nur aus dem Klang kommende Lachen bei »colla donneta«, und trotz überhetztem Stretto-Abschnitt bleibt die Platte verblüffend. Nicht minder gilt dies für »Ah! per sempre ... Bel sogno beato« aus Bellinis *I Puritani.* Mit der Bildung der Cantilena von »Bel sogno« deklassiert Battistini nicht nur Nachkriegssänger wie Piero Cappuccilli (ungelenk) oder Louis Quilico (grob) – bei keinem gibt es einen vergleichbaren Legato-Fluß, und wenn Battistini auch einige der Koloraturen mit mehr Verve als Genauigkeit singt (die meisten anderen singen da überhaupt nicht, sondern holzen), so hat die Wiedergabe Leben und Spannung. Die Intensivierung des Klangs – und wundervoll gebildete Spitzentöne – sind in Enricos »Cruda funesta smania« aus *Lucia di Lammermoor* zu erleben. Exemplarisch Germonts »Di Provenza« mit der Einbindung aller Verzierungen. Sie nehmen dem Stück die Monotonie, die es in den linearen Interpretationen bekommt. Kaum ein großer Verdianer, der nicht Renatos »Eri tu« aufgenommen hätte, und keiner, der den Schlußabschnitt mit seinen *komponierten* Verzierungen, die etwa bei Dietrich Fischer-Dieskau wie Karikaturen des alten Stils wirken, so makel- und mühelos gesungen hätte wie Battistini, und doch, so scheint mir, ist die Wiedergabe Pasquale Amatos, eine ideale Synthese von Lyrismus und dramatischem Espressivo, noch vollkommener gelungen. Ein edlerer Blasé als der Eugen Onegin des Italieners ist kaum vorstellbar: Er singt die Arie des ersten Aktes mit elegischer Tongebung und einem brillanten hohen F am Schluß. Scott weist mit Nachdruck auf die wundervollen Meyerbeer-Interpretationen hin: Neluskos »Figlia di Regi« und »Averla tanto amata« aus *L'Africaine.*

Verblüffend und bewunderungswürdig in Battistinis Vortrag ist die Einheit von lyrischer Verinnerung und großer Manier. Sein »O tanto amor« aus *La Favorita* beginnt mit der großen Geste, mit einer »Passion, die durch gefletschte Zähne gesungen wird« (Steane); aber dann die Rückwendung in den lyrischen Innenraum bei »mai del don si pentirà«. Dieser Reichtum an Kontrasten erfüllt den Vortrag mit Leben, gibt ihm mimische Spannung. Und diese über technische Meisterschaft hinausgehende Ausdrucksqualität ist es, mit der Battistini – wie neben ihm nur Patti oder Melba – einfache Lieder von Gounod, Tosti, Rotoli und Denza wenn schon nicht zu Kunstwerken macht, so doch zu Bewährungsproben für die Kunst des Singens. Auch in diesen Liedern zeigt sich die eminente Kraft dieser Stimme, aber es ist nicht die Kraft eines großen Volumens, sondern der intensiven Ton-Emission, nicht die Kraft dröhnender Spitzentöne, sondern endlos gespannter Phrasen und müheloser Attacke – die Kraft einer Kunst, die Kunst verbirgt.

Der vollkommene Sänger: Pol Plançon

Der Teufel dieses Abends war ein Gentleman.
W. J. Henderson über den Mephisto von Pol Plançon

Von Yehudi Menuhin stammt der bereits im Abschnitt über Patti zitierte Satz, daß Interpretation der größte Feind der Technik sei. Wie sehr er damit recht hat, wird einmal mehr durch die Kunst Pol Plançons (1854–1914) bestätigt, die in einem ganz spezifischen Sinn über die schon erwähnten technischen Fertigkeiten dieses Virtuosen in excelsis hinausgeht: Um keinen Preis ließ der Schüler von Duprez und Sbriglia irgendwelche »emotional irrelevancies« (Sir Michael Tippett) im Klang der Stimme durchschlagen. Der Klang wurde nicht durch Affekte getrübt oder beeinträchtigt, nicht durch Vibrationen »dramatisiert«, nicht durch lautmalerische Effekte entmusikalisiert. Plançon verstand Singen im Sinne Hendersons als Interpretation eines Textes durch musikalische – also schöne – Töne. Aber er war, weiß Gott, keineswegs nur ein »deliverer of notes« (Hendersons kaltes Kompliment für Patti). Vielmehr arbeitete er mit feinsten impressionistischen Tönungen. Ein klassisches Beispiel für makellose Phrasierung mit behutsamen Inflektionen der Kolorierung und Wortakzentuierung ist Rodolfos »Vi ravviso« aus Bellinis *La Sonnambula*. Der Klang hat nicht nur die Sonorität eines Cellos in tiefer Lage, sondern auch die Konsistenz eines dunklen Fagott-Tones.

Der aus Fumay (Ardennes) stammende Plançon debütierte 1877 als St. Bris

(*Les Huguenots*) an der Oper von Lyon und kam, nachdem er an zahlreichen Provinzbühnen gesungen hatte, 1883 für zehn Jahre an die Grand Opéra von Paris (Antrittsrolle: Méphistophélès). Dort sang er in den Uraufführungen von Massenets *Le Cid* (Don Gormas) und von Camille Saint-Saëns' *Ascanio* (König Franz I.). In London war er 1894 an der Uraufführung von Massenets *La Navarraise* beteiligt. Zwischen 1893 und 1908 sang er als erster Baß der Metropolitan Opera, trotz der Konkurrenz von Edouard de Reszke. Von der Kritik wurde er einhellig gelobt. Klein beschreibt ihn als »superben basse-chantant . . ., elegant und makellos«, Henry Krehbiel rühmte nach seinen Debüt an der Metropolitan Opera – Plançon sang den Jupiter in Charles Gounods *Philémon et Baucis* – »seine sonore Stimme« und seinen »lieblichen, vollendeten Stil«. Henderson hob rückblickend hervor, daß Plançon das Kunststück fertiggebracht habe, die modifizierten französischen Vokale ohne Verlust an klanglicher Sonorität zu bilden.

Sonorität muß nichts mit dröhnender Klangausladung zu tun haben. Hört man Plançon mit der Arie des Philipp aus *Don Carlo*, französisch gesungen und leider erst ab »Où je suis?«, mit einem Schnitt am Ende der Arie, erlebt man tatsächlich einen *inneren* Monolog. Der große Musiker verzichtet weitgehend auf die lachrymose Pose, auf die große Gebärde und die dramatische Klangentfaltung. Ihm gelingt eine Aufführung, in welcher der Sänger nicht vor dem und für das Publikum singt, sondern nur bei sich ist. Obwohl der Klang immer beherrscht und von samtweicher Schönheit ist, wird das Drama in jeder Wortnuance, in jeder Phrase spürbar.

Im Vergleich dazu sind die Aufnahmen des Bulgaren Boris Christoff – die erste unter Herbert von Karajan, die zweite und dritte aus den Gesamtaufnahmen unter Santini (1954 bzw. 1961) – bei aller Meisterschaft klangfärberischen Singens äußerlicher; in der Platte unter Herbert von Karajan vom 28. April 1950 erlaubt sich der Sänger sogar einige Seufzer und Schluchzer, die den (gemeinten) Affekt an den (gewollten) Effekt verraten. Nur die italienischen Bässe Ezio Pinza in seiner – ebenfalls gekürzten, mit »Dormiro sol« beginnenden – Aufnahme von 1927 und Tancredi Pasero erreichten die Höhe Plançons.

Die Beherrschtheit Plançons hat nichts zu tun mit Kühle. Sinnlichkeit drückt sich schließlich nicht allein in emphatischen Gebärden aus. Wenn Plançon, beispielsweise, das Lied an den Porter aus Flotows *Martha* vorträgt, klingt aus den ersten Phrasen und dem mirakulös gebildeten Triller ein amüsiertes Lachen – das Als-ob des Liedchens wird nur im Klang erfaßt, in einem Lächeln der Stimme. Von seinem Mephisto in *La Damnation* darf man grelle Effekte – etwa das teuflische Lachen – nicht erwarten, dafür wundervoll changierendes Legato-Singen in »Voici des roses« und eine ebenso wundervolle, ja geradezu athletische

Pol Plançon
(Foto: © Rubini-Records, Hove, Sussex)

Agilität im (zuweilen um Schwebungen zu hoch gesungenen) Flohlied. Wie meisterhaft Plançon hier mit der Stimme agiert, begreift man erst beim Vergleich mit so vorzüglichen Sängern wie Martial Singher (Gesamtaufnahme unter Charles Münch) oder Gérard Souzay (unter Cluytens), die weder die tänzerische Leichtigkeit noch die energische Verve für das Flohlied noch das Farbenspiel für »Voici des roses« aufbringen.

Auch als Méphistophélès in Gounods Oper macht Plançon keine Anstalten, die Musik dynamisch-martialisch zu beladen. Das Rondo trägt er vor, lebt es nicht aus; nichts von der Tour de force fast aller Sänger nach Schaljapin, statt dessen eine skrupulöse rhythmische Genauigkeit. Mag sein, daß dies nur eine Suggestion diabolique ist, eben die eines Gentleman-Schurken, aber durch Plançon lernt man wieder, auf Nuancen der Diktion, der Klangfarben, der Dynamik zu hören. Diese Nuancierung erinnert uns ferner daran, daß Gounods Oper eine *lyrische* Tragödie ist: Und wie immer effektvoll die Dynamisierung und Dramatisierung der vokalen Formen sein mögen, sie sind stilistisch problematisch und berauben die Musik ihres eigenen Ausdrucks. Plançon brilliert vor allem in der Serenade: Nuancierung der Diktion, Opalisieren der Klangfarben, Balance von sprachlicher Diktion und musikalischer Artikulation.

Plançons bei weitem berühmteste Interpretation ist die Arie des Tambour-Majors aus Ambroise Thomas' *Le Caid.* Laut Steane hat er das Stück – fast schon ein Virtuosen-Konzert für einen Kehlkopf – viermal aufgenommen. Ohne je demonstrativ zu wirken, gibt der Franzose eine Demonstration einer fast schon transzendentalen Virtuosität. Mit dem sogenannten Ausdruckssingen ist dem Stückchen schlechthin nicht beizukommen: Sein Ausdruck liegt allein in spielerischen Arabesken, in Trillern und Verzierungen. John Steane schrieb über die Wiedergabe von 1907 (die eines immerhin 53jährigen Sängers): »Ihn in dieser Musik – und in so mancher anderer, die er sang – zu hören, ist so, als fasse man mit der Hand über eine Platte feingemaserten und glänzend polierten Mahagoni-Holzes. Auf einmal und wunderbarer Weise beginnt die Stimme zu glühen und zu funkeln, wenn der schnelle Teil Skalen, Rouladen und Triller bringt.«

Dieses Zierwerk macht in Plançons Wiedergabe nie einen etüdenhaften oder mechanischen Eindruck: Er gibt den Formeln Form, den Posen Ausdruck, den Arabesken Witz. Diese Kunst des Franzosen erregt uns nicht mit dem »Naturlaut« der sich ausladenden Stimme. Ich kenne jedenfalls keinen Sänger auf der Schallplatte, welcher der Vollendung so nahe gekommen wäre wie Pol Plançon. Zwanzig Jahre nach Plançon hat Ezio Pinza die Arie des Tambour-Majors (elektrisch) aufgenommen. Der damals 35jährige Römer besaß die schönste und reichste Baß-Stimme, glänzend fokussiert, dunkel gefärbt, makellos geführt. Und er singt das Stückchen mit imponierender Geschmeidigkeit, Tonschönheit und Eleganz. Aber erst wenn man Plançon hört, sind die Gruppetti in die fein schattierte – bei Pinza offene – Gesangslinie eingebettet, sind die Koloraturen Bestandteil der Linie – bei Pinza nur Zutat –, kommt der Triller – den Pinza erst gar nicht versucht – als graziöse Arabeske. Kurz: Bei Pinza bleibt das Stück formelhaft. Ein halbes Jahrhundert nach Pinza hat sich der junge amerikanische Baß Samuel Ramey in einem Recital an der Arie versucht. Kennte man Plançon und Pinza nicht – die Aufführung wäre, nach heutigen Standards, bemerkenswert. Im Vergleich fällt sie zurück ins Mittelmaß: Wo Plançon und auch Pinza im ersten Teil die Linie schattieren und kolorieren, bildet Ramey sie, um der dynamischen Wirkung, offen. Er führt nicht dem Atem die Worte zu, sondern deklamiert selbst beim Legato-Singen und nimmt dadurch dem Vortrag die Bindung. Er ist ausdrucksvoll – aber nicht singend, sondern durch die Deklamation. Und der rasche Teil klingt so, als müsse der Sänger die Hürden einer Etüde meistern: Man hört die Schwierigkeiten, die eigentlich in der technischen Bewältigung verschwinden und sich in Musik verwandeln müßten.

II. KAPITEL

Zeitenwende oder: Die Wandlungen des Singens

Vollendung und Ende des Belcanto

In meinem Leben habe ich drei Gesangswunder erlebt: Enrico Caruso, Titta Ruffo und Rosa Ponselle. Und danach einige wundervolle Sänger.
Der Dirigent Tullio Serafin gegenüber dem Produzenten Walter Legge

Wenn ein Musiker wie Tullio Serafin, unter allen Dirigenten womöglich der genaueste Kenner der menschlichen Stimme und der Architekt vieler Sängerkarrieren von Rosa Ponselle bis zu Maria Callas, von einem Gesangs*wunder* sprach, so hatte dies mit dem Kult um die sogenannte goldene Stimme wenig zu tun. Seine Bewunderung galt der von Musikalität veredelten natürlichen Klangschönheit von Ausnahmestimmen – dem raren Phänomen einer *zweiten*, einer *idealischen*, einer *Kunstnatur*. Alle drei Sänger sind, als Wunder der Natur, einzigartig. Nicht weniger bedeutsam für die Geschichte der Gesangskunst sind jene Interpreten, deren Größe darin liegt, eine Richtung gewiesen zu haben.

Die Gesangskunst des 17. und 18. Jahrhunderts wurde von den Kastraten geprägt (darüber mehr am Ende des Buches). Sie wirkt selbst in das Werk Wolfgang Amadeus Mozarts hinein. Die für unser Jahrhundert relevanten Entwicklungen fingen an mit dem Beginn der Laufbahn Gioacchino Rossinis im Jahre 1810, für den die technisch und expressiven Fähigkeiten der Evirati selbstverständlich waren. Das Ausdrucksmittel des Vibrato wurde selten eingesetzt. Tenöre sangen Töne über dem A weitgehend ohne Brustresonanz; sie bedienten sich der Voce mista (gemischte Stimme). Unter Rossinis Ägide am Teatro San Carlo von Neapel übernahmen Giacomo und Giovanni David (Vater und Sohn) sowie Andrea Nozzari die Rolle des Primo Uomo (des führenden Sängers) von den Kastraten: Sie emanzipierten den Tenor. Der Umfang ihrer Stimmen betrug, wie Rossinis Partituren verraten, etwa drei Oktaven – bis hin zum A über dem C. Für Giovanni-Battista Rubini, den Schüler Nozzaris, schrieb Vincenzo Bellini in der Schlußszene von *I Puritani*, ein hohes F.

Drei Jahrzehnte später war es vorbei mit der Kastratenherrlichkeit, mit transzendental-virtuoser Verzierungskunst. Rossinis hochvirtuose Opera seria verschwand, weil kaum noch aufführbar, aus den Spielplänen. Die Tenöre begannen, dem Vorbild Rubinis folgend, mit dem emphatischen Vibratogesang – dessen Nachklang sich etwa in den Aufnahmen Fernando de Lucias findet. Der erste moderne Tenore robusto mit einer dunklen Stimme (Baritenore) war

Domenico Donzelli, für den Bellini die Partie des Pollione in *Norma* schrieb. Der Franzose Gilbert-Louis Duprez führte, zum Entsetzen Rossinis, 1837 als Sänger des Arnolde in *Guillaume Tell*, das »ut de poitrine« – das mit der Bruststimme gesungene hohe C (ital.: »Do di petto«). Für Rossinis Ohren glich der Ton dem »Schrei eines Kapauns, dem die Kehle durchgeschnitten wird«. Doch wirkte er wie ein »seismischer Schock« (Stefan Zucker), der das gesamte Gebäude der traditionellen Gesangskunst zum Einsturz brachte.

Die Epochenfigur unter den schwerlich einem Fach zuzuordnenden Sängerinnen war Giuditta Pasta, aus der sich – kennzeichnenderweise – Rossini nichts machte. Sie war keine so brillante, fehlerlose Virtuose wie Angelica Catalani oder die von Mozart bewunderte Lucrezia Agujari, sondern ein Ausdrucksphänomen. Liest man die Charakteristik Stendhals (in: *La Vie de Rossini*), vermeint man, Maria Callas zu hören. Ihre Stimme war nicht »aus identischem Metall« (Stendhal) geformt, besaß aber jene reiche Palette an Farben, die für den romantischen Espressivo-Gesang, für das vokale Agieren, entscheidend war. Fortan wurden dramatische Ausdrucksfähigkeiten wichtiger als vokale Perfektion: Donizetti akzeptierte Duprez trotz seiner nicht ausreichenden Agilität und seiner Intonationsprobleme – wegen seines romantischen Feuers. Verdi wählte Gemma Bellincioni und Francesco Tamagno wegen ihrer Intensität und Spontaneität, wie Richard Wagner die sängerisch nicht makellose Wilhelmine Schröder-Devrient bevorzugte, weil sie ihm »das Wesen des Mimus« offenbart hatte. Henriette Sontag und Fanny Persiani (Tacchinardi-Persiani) waren die Vorläuferinnen des modernen Soprano leggero wie Amelita Galli-Curci und Lily Pons. Urbild des modernen Baritons war Giorgio Ronconi.

Enrico Caruso war nicht der erste Tenor des Verismo, aber er wurde – durch die Schallplatte – zu dessen Archetyp. Selbst der als Vokalathlet bezeichnete Francesco Tamagno sang mit größerer dynamischer Flexibilität, mit behutsamer Attacke in der Region des Passaggio (Übergang von der Bruststimme in die Höhe) und mit feinen Diminuendi. Caruso hingegen sang seit etwa 1906, seit der Zeit seiner ersten Orchesterplatten, fast immer mit voller Stimme. Sein Jahrgangsgenosse Fedor Schaljapin emanzipierte, als »Dämon der Darstellung«, die Baßstimme. Titta Ruffo endlich übersteigerte, dank der vielleicht reichsten und voluminösesten Stimme der dokumentierten Gesangsgeschichte, das Cantare con forza. Die zwanziger und dreißiger Jahre brachten, insonderheit durch Benjamino Gigli und Richard Tauber, die Popularisierung und Trivialisierung der Oper zur Massen- und Schlagerkunst.

Obwohl kein Stimmwunder, war Maria Callas wegweisend für die emphatische Aktualisierung der romantischen Oper. Anders als Caruso sang sie kein neues Repertoire; doch erfüllte sie eine *vergessene* Musik mit neuem Leben, erlöste die Sopranpartien Rossinis, Bellinis und Donizettis von der Verkleinerung durch den Soprano leggero und faszinierte durch vokales Agieren: durch Ausdrucksgenie. Sie bahnte damit den Weg für Joan Sutherland & Co – für die Wiedergeburt des Canto fiorito.

Wer hat DICH geschickt? Gott? *Enrico Caruso*

Die Stimme gleicht dem Gold auf dem Grunde des Tiber; es verlohnt die Bergung nicht.
Carusos Lehrer Guglielmo Vergine über seinen Schüler im Jahre 1893

Welch eine wunderbare, welch ganz und gar außergewöhnliche Stimme. Ich habe selten eine so schöne Stimme gehört. Sie ist ein Wunder.
Emma Calvé im Jahre 1896

Er wird größer sein als wir alle.
Francesco Tamagno über Caruso 1897

Er singt wie ein Engel.
Arturo Toscanini über Caruso im Jahr 1900

Wenn ich mit ihm sang, fühlte ich, wie unsere Stimmen ganz und gar eins wurden.
Nellie Melba über Caruso 1902

Meine Stimme klingt nicht so matt wie auf diesen Platten.
Caruso zu Reportern vor seinem Met-Debüt im Jahre 1903

Er besitzt eine Tenorstimme von vortrefflicher Qualität, ausreichendem Umfang und genügend Kraft. Es ist eine geschmeidige und sanft-weiche Stimme ohne Anflug des typisch italienischen Blökens (bleat). Mr. Caruso gebietet über eine natürliche und freie Tonemission, und seine Stimme trägt ohne jegliches Forcieren.
William James Henderson über Carusos Met-Debüt am 23. November 1903

Der Klang seiner Stimme ist so, als sinke man in einen tiefen, weichen, sanften Sessel aus Samt ... Carusos Singen war so

perfekt, so himmlisch. Es ist ein Wunder, daß ein Mann solch eine göttliche Stimme besitzt.
Frieda Hempel über Caruso 1907

Ich habe nie in meinem Leben eine schönere Stimme gehört... Du singst wie ein Gott. Du bist ein Darsteller und ein aufrichtiger Künstler. Vor allem bist Du bescheiden und ohne Übertreibungen... Du hast Herz, Gefühl, Poesie, Aufrichtigkeit, und damit wirst Du die Welt überwältigen.
Edouard de Reszke in einem Brief an Caruso am 16. 7. 1907

Er war überaus respektvoll gegenüber der Partitur und ganz und gar nicht eigenwillig. Ich wußte, daß er der höchstbezahlte lyrische Künstler der Welt war. Man kann sich mein Erstaunen vorstellen, daß er während der ersten Probenstunde jeden Takt seiner Musik rhythmisch absolut genau im Takt sang. Ich schlug ab und sagte: ›Ich bitte Sie, entspannen Sie, nehmen Sie sich Zeit und singen Sie, wie es Ihnen bequem ist. Sie müssen jetzt nicht so peinlich genau sein.‹ Er atmete erleichtert auf und sagte: ›Wenn ich unter einem neuen Maestro singe, singe ich genau nach Takt, bis er mir mehr Freiheit läßt.‹
Pierre Monteux über Caruso 1918

Ohne Zweifel der überwältigendste künstlerische Triumph seiner Karriere.
Irving Kolodin über ›La Juive‹

Ein Sänger braucht einen breiten Brustkorb, ein großes Maul, neunzig Prozent Gedächtnis, zehn Prozent Intelligenz, harte Arbeit und ein wenig im Herzen.
Caruso in den späten Jahren seiner Karriere

Ich weiß natürlich, daß die Erinnerung den Blick verklärt... Dennoch glaube ich, daß wir beim Singen von den alten Standards abgekommen sind. Wir haben heute feine Sänger; Flagstad ist großartig, Rethberg, Melchior, Tauber, Pinza, John Charles Thomas und Lawrence Tibbett. Aber wo sind die Melbas, die Terninas, die Schumann-Heinks? Wer könnte Caruso, Plançon, Battistini oder Jean de Reszke an die Seite gestellt werden? Zum Teufel noch einmal, es gibt da keinen Vergleich... Er [Caruso] war einzigartig und glorios.
John McCormack um 1940

> Seine Unsterblichkeit ist gewährleistet. Denn Tag für Tag wird irgendwo irgendwer seine Stimme zum erstenmal hören und sagen: ›Das war ein Sänger.‹
> *Sir Compton Mackenzie über Caruso*

Nach dem 1942 erschienenen Buch von Frank Thiess wäre die Geschichte Carusos der »Roman einer Stimme«. Wäre die Stimme ein Mythos, in dem es nicht um die Wirklichkeit einer historischen Gestalt geht, sondern um die Wahrheit einer »magischen Begnadung«. Im Roman des neapolitanischen Tenors, nicht nur in dem vor Rührung tremolierenden von Thiess, haben sich Legenden und Realitäten dergestalt vermischt, daß Caruso als Individualität und als Musiker zur Schattengestalt verwischt worden ist. Der Ruhm hat sich von seinem Träger gelöst und ist eingegangen in die Mythologie des Alltags: Caruso ist kein Name mehr, sondern ein Etikett für Nachfolger, für Filme und Schallplatten – mal spielte Mario Lanza, mal sang Placido Domingo den großen Caruso. Derart in eine Chiffre verwandelt, ist Caruso der Name für das Mißverständnis über den italienischen Operngesang.

Sein Leben begann wie eine Legende. Caruso wurde als achtzehntes von einundzwanzig Kindern armer Eltern am 25. Februar 1873 in Neapel geboren und blieb als erstes Kind am Leben. In der Schule fiel er durch seinen schönen Knabenalt auf. Er sang in Kirchen und Cafés, wurde von einem Freund bei Guglielmo Vergine eingeführt und angenommen, obwohl die Stimme »dem Wind glich, der durch ein Fenster pfiff«. Vergine ließ sich vertraglich für die ersten fünf Sängerjahre Carusos 25 Prozent aller Gagen zusichern – für vier Jahre Unterricht, in denen er Caruso vor allem beibrachte, seiner lyrischen Stimme nicht zu viel Volumen abzupressen. Anfang 1895 sollte Caruso in Thomas' *Mignon* debütieren, doch beim ersten Vorsingen vor dem Dirigenten Giovanni Zuccani versagten die Nerven. Er vergaß seine Einsätze, sang falsch und starrte gebannt-angstvoll auf den Dirigenten. Seine zweite Chance nützte er: Am 15. März 1895 sang er in der Uraufführung von *L'Amico Francesco*, dessen Komponist Mario Morelli nur deshalb noch bekannt ist, weil Caruso in seiner Oper debütierte. Wenig später ging der junge Tenor mit der Truppe des Impresario Adolfo Bracale nach Ägypten. Er beeindruckte das Publikum ebenso wie 1896 die schon weltberühmte Sopranistin Emma Calvé, die ihn im Teatro Mercadante in Neapel hörte. 1896 übernahm er in Salerno, obwohl seine Stimme in der Höhe kurz war, Arturo in *I Puritani* – aber erst nach einem gründlichen weiteren Studium bei Vincenzo Lombardi (der auch mit Calvé gearbeitet hatte).

Im Jahre 1898 sollte die Saison des Mailänder Teatro Lirico mit einer neuen Oper von Umberto Giordano eröffnet werden: *Fedora*. Für die Uraufführung

Caruso als Canio

Caruso als Herzog

Caruso als Julien
(Fotos: © EMI Classics)

waren die Sopranistin Gemma Bellincioni, die Duse des lyrischen Theaters, und ihr Tenor-Gatte Roberto Stagno verpflichtet worden. Stagno starb. Der Komponist und sein Verleger Sanzogno bemühten sich um Fernando de Lucia – damals schon gefeiert als »la gloria d'Italia« –, doch der war unabkömmlich. Sanzogno schlug Caruso vor, und Giordano akzeptierte, nachdem Bellincioni den jungen Kollegen in Livorno in einer Aufführung von *Pagliacci* gehört hatte. Mit der Arie »Amor ti vieta« unterbrach Caruso am 17. November 1898 die Aufführung. Er mußte das kurze Stück abermals wiederholen – und auch hier ist es so, daß über diese Oper lange nur als über Carusos Durchbruch zum Ruhm gesprochen wurde. Ein Jahr später hörte man den Tenor in Rußland, neben Sigrid Arnoldson, der jungen Luisa Tetrazzini, dem Bariton Mattia Battistini und dem Bassisten Vittorio Arimondi. Am 26. Dezember 1900 mißlang dem kranken, indisponierten Sänger sein Debüt am Mailänder Teatro alla Scala. Doch am 17. Januar 1901 rettete er Pietro Mascagnis neue Oper *Le Maschere* vor dem vollständigen Reinfall, zehn Tage später sang er beim Gedächtniskonzert für den verstorbenen Giuseppe Verdi unter Toscanini das Quartett aus *Rigoletto* – sang so, daß es wiederholt werden mußte. Und dann kam der 17. Februar 1901, kam die Aufführung von *L'Elisir d'Amore* und mit ihr der Beginn seines Weltruhms. 1902 triumphierte er am Covent Garden in London, wo seine Platten bereits im Umlauf waren, und am 23. November 1903 sang er als Herzog in *Rigoletto* die erste von 607 Aufführungen an der Met, von der er sich am 26. Dezember 1920 mit Eléazar in *La Juive* als todkranker Sänger verabschiedete. Seine Sonderstellung am damals führenden Opernhaus hatte er sich mühsam erkämpfen müssen. Zwar hatte er sich nach den ersten Aufführungen trotz einer heftigen Erkältung – die zweite, *La Bohème*, mußte er ausfallen lassen – mit seiner überwältigenden klangschönen Stimme beim Publikum rasch durchgesetzt, aber erst 1905 gelang es ihm, den legendären Jean de Reszke aus der Erinnerung der Kritiker zu verdrängen. Es ist mehr als eine Floskel, wenn man seine Karriere als Kette von Triumphen bezeichnet. Daß er für seine ersten Aufführungen französischer Opern (*Faust* und *Carmen*) wegen stilistischer Mängel kritisiert wurde, daß er zeitweise in Alessandro Bonci einen gefährlichen Rivalen fand, ändert daran nichts – die zu Beginn dieses Abschnitts zitierten Aussagen über Caruso bezeugen die Einhelligkeit in der Beurteilung des Sängers, der nach allen Berichten im Lauf der Jahre auch ein intensiver und kommunikativer Darsteller wurde.

Die heroisch-verklärende Geschichtsschreibung berichtet von den Schattenseiten des Ruhms nicht: von schweren Erschöpfungszuständen, Zusammenbrüchen des Kreislaufs, Ohnmachtsanfällen und rasenden Kopfschmerzen im letzten Viertel seiner Karriere. Der junge Caruso war mit seiner Kraft und Energie verschwenderisch umgegangen. Längst ein Weltstar, sang er zu Beginn der

Saison 1908/09 in der ersten Woche sechs Aufführungen (und dies nach einem anstrengenden Gastspielsommer): Am 14. November 1908 begann er mit *Faust* in einer Saison-Voraufführung, die »opening night« bestritt er am 16. als Radames unter dem an der Met debütierenden Arturo Toscanini; am nächsten Abend sang er mit dem Met-Ensemble in Philadelphia *La Bohème*; zwei Abende später folgte in New York *Madama Butterfly*, tags darauf sprang er für Bonci in *La Traviata* ein, und die Tour de force krönte er am nächsten Tag mit einer Matinée-Aufführung von *Tosca*. Wenige Jahre später sagte er: »Hätte ich den Preis des Ruhms gekannt, wäre ich gern Mitglied des Chores geworden. Seit drei Jahren leide ich unter Kopfschmerzen ... und ich weiß nicht mehr, was ich tun soll, weil ich mir selber nicht mehr gehöre.«

Jahr für Jahr verstärkte sich die Angst vor dem eigenen Ruhm – und den früher gesetzten Maßstäben. Am Ende seiner Karriere litt er schwer unter der schrecklichsten »Krankheit« des Musikers: der mentalen Erschöpfung, die die Spontaneität des Ausdrucks lähmt. Um so erstaunlicher und bewundernswerter, daß sich der physisch wie psychisch erschöpfte Musiker mit seiner letzten Rolle den größten Triumph seiner Laufbahn erkämpfte, mit Eléazar, seiner 37. Rolle an der Met.

Bei seinem Tod am 2. August 1921 hinterließ Caruso ein Vermögen von rund neun Millionen Dollar. Von der Victor Company, für die er seit 1904 Platten besang, hatte er schon zu Lebzeiten zwei Millionen Dollar bekommen. Seither sind über 60 Millionen Caruso-Platten verkauft worden – eine imponierende Zahl auch im Zeitalter von Michael Jackson, Prince oder Boy George. Der Neapolitaner hat insgesamt 266 Titel aufgenommen, einige davon blieben unveröffentlicht – darunter das Duett »Enzo Grimaldo« aus *La Gioconda*, bei dem Titta Ruffo sein Partner war.

»Weit besser hätt' ich doch mein Weniges verpraßt, als mit dem Wenigen belastet hier zu schwitzen! Was du ererbt von deinen Vätern hast, erwirb es, um es zu besitzen!« In diesen Versen aus dem zweiten großen Monolog des alten Faust, als der mit einer Phiole Gift seinen Selbstmord plant, wird ein Fluch ausgesprochen auf alles Wissen und alle Überlieferung – auf das Erbe. Nach Goethe darf ein Erbe, das ist der Sinn dieser Verse, nicht als Besitz behandelt werden. Wird es so behandelt, hat man es schon verspielt. Erbschaft ist nur möglich als Auseinandersetzung mit dem Überlieferten – und als Kampf gegen dessen Zerstörung. Was hat Caruso vererbt?

Für die Beurteilung der menschlichen Stimme, die wie kein anderes Instrument Kultobjekt eines aggressiven »Vulgärmaterialismus« (Theodor W. Adorno) geworden ist, gibt es verbindliche natürliche und technische Parameter. Jene beziehen sich auf den Umfang und das Timbre, diese auf Geschmeidigkeiten, Flexibilität, Agilität und die Beherrschung der Farbskala, die als musikalisches

Analogon zur Farben-Palette des Malers zu verstehen wäre. Die natürlichen Stimmqualitäten des jungen Caruso waren, nachdem die Stimme durch härteste Arbeit einmal gebildet war, außergewöhnlich. Eine ihrer genauesten Kennerinnen, Aida Favia-Artsay, schwärmte: »Diese seine Stimme! Sie war von unvergleichlicher Schönheit, ein überwältigender Rausch, von himmlischer Harmonie und verführerischer Sinnlichkeit.«

Nüchterner gesagt: Caruso besaß eine der raren lyrischen Stimmen mit üppigem Volumen, großer Geschmeidigkeit, schillernder Farbpracht und gutem Umfang vom A unter dem Schlüssel bis zum H. Das C machte ihm zu Beginn seiner Karriere Schwierigkeiten, gegen Ende war es für ihn unerreichbar. Trotz aller Sonorität war die Stimme, perfekt auf dem Atem geführt, nie schwer. Erst als er, nach 1910, dramatische Partien wie Jean (*Le Prophète*), Samson und Alvaro zu singen begann, entwickelte er das kraftvolle, dunkel getönte mittlere Register, das er »für brillante deklamatorische Effekte« (William James Henderson) einsetzen konnte; dies jedoch kostete ihn die leicht schwebenden und klangreinen Töne der hohen Lage. Aber er verlor nie die durchdringende Brillanz von hohen Forte-Tönen. Dabei wahrte er stets eine feine Balance zwischen muskulärer Energie, technischer Leichtigkeit und Freiheit des Singens. Noch am Ende seiner Laufbahn sang er den Nemorino – die Partie für einen leichten Tenor – mit vollkommener Mühelosigkeit. Bis zum Schluß konnte Caruso in jeder Lage rasch attackieren, Grundvoraussetzung für die rhythmisch korrekte Bildung einer Phrase. Seine vermeintlichen Nachfolger hingegen orientierten sich vorab am dunklen Klang seiner Stimme und erhoben das baritonale Klanggepräge zum Selbstzweck. Durch das rohe Heraufpressen der Bruststimme in die Höhe nahmen Tenöre wie del Monaco, di Stefano, Corelli oder Domingo ihren Stimmen die Leichtigkeit und Geschmeidigkeit: Sie haben das Erbe »verpraßt«.

Carusos Entwicklung als Sänger läßt sich an seinen Platten genau verfolgen. Dabei ist nicht nur ein beeindruckender persönlich-individueller Werdegang zu beobachten, sondern auch die Ausstrahlung auf die Sänger seiner Zeit. Die Platten Carusos sind ein Spiegel für den Wandel der sängerischen Ausdrucksgebung, und darin drückt sich wiederum eine seismographisch-sensible Reaktion auf die Vokalmusik der Jahrzehnte zwischen 1890 und 1920 aus. Weil Caruso aber der erste reproduzierende Musiker war, der jenen zweiten Zustand des künstlerischen Erfolges erreichte, den man als Ruhm aus der Konserve bezeichnen könnte, machte sein Beispiel Epoche: Seine Mittel, aber auch seine Manierismen wurden reproduziert und dabei, von Epoche zu Epoche stärker, veräußerlicht, schließlich veräußert.

Als Enrico Caruso zu singen begann, herrschte an den großen Bühnen in Italien, England, Rußland und Amerika der traditionelle Belcanto (von dem später noch ausführlicher die Rede sein wird), eine aus der verzierten Vokalmusik entwikkelte Vortragskunst, die nicht nur die »bella voce« verlangte, sondern eine komplizierte sängerische Grammatik darstellte. Die kompositorischen Neuerungen Verdis, seine »shakespearehafte Unmittelbarkeit« (Wilfrid Mellers) und seine »Psychologisierung des Belcanto« waren von den Sängern längst noch nicht vollständig erfaßt worden. Im Gegenteil, sie durchsetzten die »rhythmische Rhetorik« (Mellers) mit den Formeln des alten Stils, mit den konventionellen Verzierungen. Schon der romantische Kunstgeist hatte aber für die Oper das musikalische Charakter-Porträt gezeitigt: Dessen Ausdruck legten Bellini (*Norma*) und Donizetti (*Lucia*) in die »matte Feinheit der Kantilene« (Mellers), Verdi in die Verve und Schlagkraft einer rhythmischen Rhetorik. Die Entwicklung geht einher mit dem zunehmenden Verzicht auf vokale Stilisierungen. Verdi etwa hat nur für Heroinen seiner frühen und mittleren Opern – bis zu *La Traviata* – verzierte Musik geschrieben und schon früh die Koloratur weniger als artistische Formel eingesetzt denn als Mittel dramatischer Charakterisierung. Bereits in seinen mittleren Opern sind die Arie und das immer öfter gebrauchte Arioso weniger kunstvolle Vignetten als Ausdrucksstücke, als gesungene Handlung. Bei Verdis Nachfolgern entäußerte sich das Ausdrucksstück zur unvermittelten Explosion des Gefühls – zur Aria d'urlo (Arie mit dem Schrei). Soziologisch gesehen zeigt sich in dieser Entwicklung eine Veränderung in der Funktion der Oper: Sie bleibt nicht mehr das feudale Diletto gehobener Stände, sondern wird Massenunterhaltung oder, dank Puccini, romantische Kunst für den Konsum, wobei dem Sänger weniger die Aufgabe zufällt, der Form zu genügen, als die Gefühlsbedürfnisse des Publikums zu befriedigen.

Unter Carusos frühen Aufnahmen aus den Jahren 1900 (drei mißglückte Platten für Pathé) und 1902 (sieben technisch mäßige Zonophone-Platten und die bahnbrechenden G&T-Titel) findet sich nur ein einziges typisches Belcanto-Stück: »Una furtiva lagrima« (aber auch dieses ist nicht eigentlich verzierte Musik). Dennoch singt Caruso grundsätzlich mit der Technik des Belcantisten. Er gebrauchte die Stimme ohne »allzu starken Druck auf den Kehlkopf und fast ohne Stützung vom Zwerchfell her« (Celletti). Statt dessen diente ihm das Zwerchfell gleichsam als Wippe für eine bis zum Scheitel des Kopfes aufsteigende Atemsäule. Die Hohlräume des Kopfes nutzte der Sänger als klangverstärkende Resonatoren. Die mit dieser Technik gebildeten Töne trugen selbst in großen Häusern bis in die höchsten Ränge. Die frühen Platten sind vor allem für Sammler, Historiker und Caruso-Fans von besonderem Interesse. Unter den Mailänder G&T-Aufnahmen ragt die Traumerzählung des Des Grieux aus Massenets *Manon* heraus. »Una furtiva« zeigt einen kleinen Klangbruch in der schwierigen, langen Übergangsphrase auf »vedo«. In »E lucevan le stelle« aus *Tosca* beginnt Caruso drei Takte zu früh (zudem auf B statt auf Fis) – Sänger und Pianist finden sich erst bei der Phrase »e un passo sfiorava la rena«. Die erste Aufnahme (von fünf) von »Celeste Aida«, sehr ausdrucksstark und klangschön gesungen, endet mit einem hohen Piano-B, das verdächtig nach einen Falsetto klingt. Der berückend schöne, schwebende Klang der jungen Stimme ist am besten wohl in einigen der ersten amerikanischen Aufnahmen für Victor – vom 1. Februar 1904 – zu erleben. Hier stehen die Topoi des klassischen alten Stils neben den neuen dramatischen Gesten des Verismo.

Diese Aufnahmen sind fast unbekannt geblieben (vielleicht deshalb, weil es sich noch um klavierbegleitete Titel handelt). Das ist um so erstaunlicher, als sie eine Stimme von wahrhaft unbeschreiblicher Klangpracht dokumentieren. Die Phrase mit dem hohen A auf »discogliea dai veli« aus Cavaradossis zweiter Arie ist ein Wunder an Klang und sängerischer Kontrolle. Die Portamenti in der Radames-Romanze mit dem Piano-B verraten die vollkommene Beherrschung des Instruments. Und »Una furtiva lagrima« – Teil I auf einer Zehn-Zoll-Platte, Teil II auf einer Zwölf-Zoll-Scheibe aufgenommen – verlohnt einen kleinen Exkurs. Zum erstenmal konnte Caruso das Stück dank der längeren Aufnahmezeit mit allen Nuancen der klassischen Belcanto-Kunst phrasieren. Der Tonanschlag auf »una« – in der heiklen Bruchlage – kommt, trotz halber Stimme, mit der Festigkeit eines Glockenschlages. Das Tempo wirkt zunächst langsam, fast überdehnt: Aber Caruso hält die Spannung durch die klangliche Intensivierung der Phrasenenden, die immer perfekt *auf* dem Atem, nie mit einem Zwerchfell-Stoß ausklingen. Glänzenden und – im Wortsinne – atemberaubenden Effekt macht die Übergangsphrase »io vo? M'ama, si, m'ama« mit dem gewaltigen Crescendo und dem noch feineren Diminuendo. Alle Kraft und Herrlichkeit der Stimme entfaltet sich bei der langen Messa di voce auf »ah cielo« mit dem zusätzlichen Tremolando-Effekt, der aus der Kunst- »eine Ausdrucksfigur macht. In der Kadenz ist die wundervolle Agilität der Stimme zu hören; die Koloraturkette reiht die Töne wie schimmernde Perlen aneinander. Mit der letzten Phrase geht Caruso, ohne die technische Basis des klassischen Singens auf dem Atem zu verlassen, über den Belcanto hinaus. Er singt die Worte »Si può morire, si può morir d'amor« nicht, wie ein Tenore di grazia, auf einem Fil di voce, sondern mit einem gewaltigen Crescendo, wobei sich der Fluß des Klanges in einen reißenden Strom verwandelt. Dabei läßt Caruso die Stimme zunächst ganz langsam anschwellen und gibt dann ein rasches, aber beherrschtes Vibrato hinzu: das jähe Auflodern eines Feuers durch einen heftigen Windstoß. Das elegisch-feine Stück verwandelt sich in ein dramatisches Affektbild.

Zwei Jahre später entstanden in New York – am 11. Februar 1906 – die ersten Orchesterplatten, und in einer von ihnen zeigt sich noch deutlicher die Vollendung des Belcanto: in »Spirto gentil« aus Donizettis *La Favorita.* Caruso singt die ersten drei Phrasen auf einem Atem – was für seine Kontrolle, seine Kraft, seine Beherrschtheit spricht. Aber es ist der Klang, der uns, mit der emphatischen Metapher des gesangsverliebten Stendhal zu reden, »zu den Engeln schickt«. Caruso singt diese drei Phrasen mit einer geradezu honigsüßen Mezzavoce. Die Worte liegen auf dem Atem. Aber diese Worte sind Klage – Klang-Klage über eine untreue Frau. Nach den ersten Versen, dem hymnischen Anruf an die Geliebte, erfolgt ein Umschlag: »Donna sleale in tanto amore«. Es ist keine elegische, sondern eine erregte Phrase, nicht Klage, sondern Anklage. Caruso ändert den Klang, artikuliert schärfer, knapper, vehementer. Die topische Floskel »ohimè« bringt den typischen Caruso-Schluchzer, den man erst wahrnimmt, wenn er nicht mehr wahrnehmbar. Die Floskel verwandelt sich in eine Klagefigur. In der zweiten Strophe schwingt sich die Kantilene auf das C, das Caruso ansatzlos aus der Luft nimmt – mit perfektem Mezzavoce-Anschlag. Die letzte Phrase singt Caruso einmal mehr nicht mit einem Diminuendo, sondern mit einem Crescendo und zusätzlichem Vibrato: Er verwandelt so eine Belcanto-Preziose in ein erregendes Ausdrucksstück. Diese Platte hat interpretationsgeschichtlichen Rang, weil sie die klassische Technik in den Dienst expressiver Darstellung stellt. In derselben Aufnahmesitzung sang Caruso die Stretta aus *Il Trovatore*, zwar transponiert, aber mit wundervoller Genauigkeit bei der Ausführung der sonst meist verhudelten Gruppetti und einer einzigartigen Ausdrucksnuance bei »madre infelice«: Bei der Ligatur der beiden Worte bringt er, wieder kaum und erst im Nachklingen spürbar, einen winzigen Schluchzer an. Aus der martialischen Tenor-Fanfare ist ein Ausdrucksstück geworden.

Ein Jahr später, am 20. Februar 1907, zeichnete Caruso die Arie des Vasco aus *L'Africaine* von Meyerbeer auf, eine exemplarische Interpretation insofern, als die souveräne Gesangstechnik und eine Stimme von berauschender Klangpracht ineinander aufgehen. Die einleitende Phrase »Mi batte il cor« (Mir klopft das Herz) klingt wie ein Beben der Seele. Den Anruf an das neue Land, »O paradiso«, singt er mit hymnischem Ton und steigert dann den stolzen, siegessicheren Ausruf »tu m'appartieni« zu einem emphatischen Cri du cœur. Das Crescendo auf »tu« entfaltet sich mit einer schier weißglühenden Brillanz. Am 17. März 1907 entstand Carusos berühmteste und folgenreichste Platte. Es ist das Lamento des Canio aus *Pagliacci* mit dem unnachahmlichen Schluchzer und dem verzweifelten Lachen nach der Phrase »bah, sì tu forse un uom«. Die lange, mit großem Klang zu entfaltende Phrase »sul tuo amore infranto« bildet Caruso, hörbar fortgetragen von dem, was er singt und singend erleidet, auf einem Atem und einer gewaltigen, ja ekstatischen Phonation. Aus diesem Singen klingt, wie

Alexander Berrsche empfand, »das schluchzende Leid«. Es ist ein Ausdruck, der erschütternd ist und vollkommen einzig.

Dennoch wurde nichts öfter nachgeahmt als die Wiedergabe dieser Arie. Carusos Ausdrucksmittel wurden kopiert, und was bei ihm Affekt gewesen war, gerann zum Effekt. Benjamino Gigli, Miguel Fleta, Mario del Monaco, der unselige Mario Lanza und auch Placido Domingo schluchzten sich später durch das Stück, als gelte es, Rückstände des Verismo unterm Etikett romantischen Feuers zu verhökern. Und da zum Effekt immer auch die Übersteigerung gehört, füllten sie auch noch das Nachspiel der Arie mit einem Klagegeheul, verhunzten Pathos zur Pose, Gefühl zur Gefühlsduselei. Carusos Schluchzer hat alle Schleusen geöffnet – ein trauriges Mißverständnis.

Während derselben Aufnahmesitzung im März 1907 nahm Caruso auch »Un di all'azzurro spazio« des Andrea Chenier auf, von den meisten seiner Nachfolger so heftig-rhetorisch deklamiert, als handelte es sich um Canios Lamento. Caruso singt die flammende Freiheitsrede des Revolutions-Poeten mit lyrischer Tongebung in den beiden A-Teilen, makellosen und fein gebundenen Aufschwüngen auf das hohe B und einem sorgsam abgesetzten, deklamierten Innenteil. Und immer entsteht der Ausdruck durch die Gestalt des Klangs.

In den besten Aufnahmen seiner jungen Jahre hat der Neapolitaner mit makelloser, lyrischer Tongebung gesungen; er hat in Duett- und Ensemble-Aufnahmen seine Stimme verschmelzen lassen mit Partnern wie Mario Ancona (berückend die Aufnahme des Duetts aus *Les Pêcheurs de Perles*), Giuseppe de Luca, Pasquale Amato und Titta Ruffo. In der Mitte seiner Karriere hat er mit unwiderstehlicher Verve und Kraft musiziert wie zum Beispiel in dem beinahe unerträglich vehementen Schwurduett aus Verdis *Otello* mit Ruffo als Partner. In seinen größten Momenten aber war er Orpheus selber, Sänger des schluchzenden Leids: Der Ausruf »O figli, o figli miei« in *Macbeth*, als Macduff über die ermordeten Kinder klagt, der Tränenton in der Romanze »Core 'ngrato«, der Klagegesang des Oronte im Terzett »Qual voluttà trascorrere« aus *I Lombardi* bringen den Umschlag von Gesang in Leidensausdruck und sind nur mit der spekulativen Kategorie des Orphischen zu umschreiben. Greifbar nur ist auch hier die technische Perfektion des Singens. Der Ton, wie ein Strom von Lava, liegt auf dem Atem, so daß selbst die heftigen, jähen, vehementen, krassen Effekte diszipliniert werden durch Kontrolle. Es ist unnachahmlich, wie Caruso – nach dem Vorbild der klassischen Tradition – das kurze Solo »Bella figlia, dell'amore« auf dem Wort »consolar« mit einem brillanten Gruppetto abschließt, mit einer Klangfigur, die zur sichtbaren Geste wird und die Doppelbödigkeit der Situation, das erotische Werben eines »Macho«, kongenial erfaßt:

Caruso schafft es, mit emphatischem Klang zu singen – um Maddalena zu verführen – und zugleich die Emphase als gespielt, als erotische Floskel zu entlarven.

Das setzt Kunstverstand voraus, Fleiß und »ein wenig Herz«, nicht zuletzt die souveräne Beherrschung der Mittel. Über sie verfügte noch der ältere Sänger: Als er 1920 »Ombra mai fu« aus Händels *Xerxes* sang – sehr opernhaft, sehr dramatisiert, sehr emphatisch –, flutete die Stimme immer noch wie ein Cello-Sostenuto, und der Triller auf »amabile« ist wie ein Wunder. Zugleich ist diese Aufnahme, sind fast alle seine Aufnahmen ein Abgesang.

Es ist mehr als nur eine Koinzidenz, daß nach Carusos Tod – von Puccinis *Turandot* abgesehen – keine Gesangsoper von Rang mehr entstand. Carusos Singen bedeutete, der Entwicklung der Opernkunst entsprechend, Vollendung des Belcanto und zugleich dessen Ende. Caruso konnte das Gegensätzliche – sängerische Formkunst hier und musikalische Ausdruckskunst dort – versöhnen. Ein paar Jahre später, und die Oper war keine aktuelle Kunstform mehr, sondern eine historische; sie mußte durch eine heroische Anstrengung belebt werden, die Toscanini in Mailand und Fritz Busch in Dresden versuchten. Das Erbe aber wurde weitergereicht durch die Schallplatte, die ein Museum der Oper wurde.

Die Schallplatte hat aber nicht nur das Ende der Gesangsoper und ihre *lebendige* Darbietung in den Aufnahmen Carusos verklärend eingefangen. Sie hat offenbar unsere Wahrnehmung und unser Verhältnis zur Zeit verändert. Es ist eine Sache der Erfahrung, daß man als Hörer im Konzertsaal oder im Opernhaus durchaus bereit ist, über einem schönen Rubato, einem fein ziselierten Ornament, einer effektvollen Corona die Zeit – im Sinne des musikalischen Metrums – zu vergessen. Man wird eins mit der dargestellten Empfindung und verliebt sich – gleich dem sich verjüngenden Faust – in den Augenblick: Verweile doch, du bist so schön! Die Wiedergabe auf der Schallplatte depotenziert den schönen Augenblick als einen scheinhaften: Man kann sich der schönen Empfindung erinnern, sie aber nicht reproduzieren. Die Suggestion der aufgehobenen Zeit wird bei der Reproduktion der Zeit sistiert. Es ist auffällig, daß in der Frühzeit der Schallplatte ein entscheidender Wandel in der Behandlung der musikalischen Zeit statthatte: Das romantische Rubato-Musizieren wurde alsbald abgelöst durch ein streng metrisches. Toscanini, der schon früh Musik für die Platte und, vor allem, für das Radio machte, folgte dem »Chronos der realen Zeit« (Igor Strawinsky). Auch in der Entwicklung Carusos ist ein solcher Prozeß zu beobachten: Dem Sänger geht es nicht um Vermittlung, sondern um Unmittelbarkeit, nicht um Formen-, sondern um Ausdruckssprache. Die Kühnheit, mit welcher er Ausdruckseffekte auf ältere Volksmusik übertrug, hat der italienische Kritiker Rodolfo Celletti als genialische Frechheit bewundert. Es sind Effekte, die den schönen Schein des Singens brechen und zu den Ausdrucksmitteln der Oper wurden im Moment ihres geschichtlichen Verschwindens. Damit steht Carusos Wirkung in einer merkwürdigen Spannung: Sie ist Vollendung und Ende zugleich und Weiterleben in der technischen Apparatur.

Der Neapolitaner konnte aber nur so dauerhaft wirken, weil ihm nicht allein die Überführung des schönen in den ausdrucksvollen Gesang glückte, sondern weil sich in seinen Platten wenigstens der Abglanz von individueller Aura perpetuierte. Sie sind der Maßstab geworden und geblieben, nach dem nicht nur seine Nachfolger zu beurteilen sind, sondern das Singen selber – wenn je, so hat in ihm sich der orphische Mythos verwirklicht.

Sämtliche erhaltenen Aufnahmen Carusos sind in zwei vortrefflichen Editionen wiederveröffentlicht worden: von RCA, seit 1904 Firma des Sängers, und von dem kleinen englischen Label Pearl. Die RCA-Aufnahme ist akustisch »gereinigt« worden, für den mit historischen Aufnahmen weniger Vertrauten zunächst angenehm. Insgesamt aber ist der Pearl-Edition der Vorzug zu geben, weil sie den Klang der Stimme am besten wiedergibt.

Im Schatten Carusos

> Es ist für heutige Sammler nicht leicht, den Reichtum an sängerischen Talenten, der sich in jenen Tagen allabendlich vor dem englischen und amerikanischen Publikum ausbreitete, richtig einzuschätzen.
> *G. P. Hurst, ›The Golden Age Recorded‹*

Schon zu Ende des 19. Jahrhunderts hatte sich die Welt der Tenöre in zwei Fächer geteilt. Die lyrischen Sänger eiferten Rubini nach oder dem eleganten Mario, dessen Gesang »eine Seele im Fegefeuer trösten konnte« (Henderson). Die anderen folgten dem heroischen Modell von Gilbert-Louis Duprez oder des von Richard Wagner wie Giuseppe Verdi geschätzten Joseph Tichatschek. Fernando de Lucia, Alessandro Bonci und Giuseppe Anselmi, später Aristodemo Giorgini, Benjamino Gigli, Dino Borgioli und Tito Schipa vertraten das lyrische Fach. Der brillanteste Exponent des dramatischen war Francesco Tamagno, doch behaupteten sich neben ihm einige außerordentliche Sänger wie die beiden bedeutenden Otello-Interpreten Giovanni de Negri und Antonio Paoli, der höhen-brillante Spanier Francesco Vignas und der beste italienische Wagner-Tenor der Epoche: Giuseppe Borgatti.

Esultate: Giovanni Zenatello

Opernbesucher, die zu jung sind, um Zenatellos durchdringend reines und doch wohlgerundetes ›Esultate‹ mit dem Glanz der Ziernote gehört zu haben, gesungen mit erregender Vollkommenheit, können keine Vorstellung haben von dem, was diese Musik meint.
Victor Gollancz über Zenatellos Otello

Als der Impresario Oscar Hammerstein seinen Star Alessandro Bonci an die Metropolitan Opera verloren hatte, engagierte er, auf Rat von Nellie Melba, den von Maestro Zanoni ausgebildeten Veroneser Giovanni Zenatello (1876–1949), der schon bald als Otello Sensation machte. Henderson schrieb: »Er hat genau den richtigen Stimmcharakter für die Rolle, einen harten, brillanten, schmetternden Tenor mit weit tragenden hohen Tönen . . . Herr Zenatello wurde den Anforderungen leicht, mit jugendlichem Feuer und Magnetismus gerecht.«

Giovanni Zenatello
(Foto: © Rubini-Records, Hove, Sussex)

Zenatello hat 1898 in Mailand als Bariton, in der Rolle des Silvio in *Pagliacci*, debütiert. Er wechselte schon bald an das Teatro Fondo, dann an das Teatro Bellini in Neapel und blieb in Comprimario-Rollen ohne Erfolg. Den hatte er erst, als er für einen erkrankten Tenor als Canio einspringen konnte. Er sang alsbald Manrico, Faust und Edgardo und wurde 1902 nach einem Probesingen von Toscanini an die Scala geholt: für Faust in Berlioz' *La Damnation de Faust*. Er war der Pinkerton in der katastrophalen Uraufführung von Puccinis *Madama Butterfly* und der erfolgreichen Neuaufführung in Brescia, 1905 kam er an die Covent Garden Opera, wo er nach Andrea Chenier, Radames, Faust, Pinkerton, Canio und Raoul am 1. Juli 1908 zum erstenmal Otello sang. An der Manhattan Opera stellte er sich als Enzo (*La Gioconda*) vor. 1909 vertrat er den indisponierten Caruso während der Sommer-Tournee der Met, aber vor dem Goldenen Hufeisen ist er, vielleicht wegen der Eifersucht Carusos, nie aufgetreten. 1913 initiierte er, beeindruckt durch Aufführungen im Amphitheater von Orange, die Festspiele in der Arena von Verona, die er als Radames eröffnete. Kurz vor seinem Tod brachte er Maria Callas in die Arena und verhalf ihr damit zu Ruhm. Seine Karriere dauerte bis in die zwanziger Jahre, und noch am 17. Juni 1926 trat er an der Covent Garden Opera als Otello auf; Desdemona war Lotte Lehmann. Nach über 400 Aufführungen der anspruchsvollsten dramatischen Rolle im italienischen Fach war die Stimme zwar nicht mehr frisch und auch nicht länger sicher fokussiert, und doch bot er eine dramatisch fesselnde, in Einzelmomenten auch stimmlich imponierende Aufführung. Die hohen Noten, die er nicht mehr mit der einstigen Kraft abstützen kann, verschlankt er dergestalt, daß sie sauber klingen. Daß der Klang nicht mehr wohlgerundet ist und auch kaum noch Farbe hat, ist nicht verwunderlich nach einer so strapaziösen Karriere.

Zu Beginn seiner Laufbahn besaß Zenatello, wie weniger seine technisch unbefriedigenden G&T- als seine zwischen 1905 und 1910 aufgenommenen Fonotipia-Platten zeigen, einen hellbrillanten Tenor von hartem Klanggepräge. Nur gelegentlich versuchte er, den Klang weicher und den Ton runder zu machen, was ihm in zwei Szenen aus *Andrea Chenier* – im Improvviso wie in »Credo in una possanza« – ebenso gelingt wie in Fausts »Salve dimora« und in einigen Puccini-Aufnahmen. Durch gut kontrolliertes, rasches Vibrato konnte Zenatello seiner Stimme »ein hartes Glitzern« (Scott) geben, was er vor allem in seinen Otello-Aufnahmen nutzte. Für Otello hatte er eine ideale Stimme. Sie besaß die schneidende Intensität, um sich im zweiten Akt oder im Concertato durchzusetzen, und vor allem eine heroische Autorität. Die gefürchtete Acciaccatura auf dem hohen B mit dem schwierigen Übergang auf das A von »l'uragano« packte er mit überrumpelnder Energie. Auch »Ora per sempre addio« sang er mit konzentriert-verdichtetem Ton (Fonotipia, 1908), während er in der Londoner Aufführung expressiver, verzweifelter klingt. Wie falsch das Clichée ist, das den Sängern von damals die großen Stimmen und den heutigen die differenzierte Musikalität zuspricht, erweist sich im Vergleich mehrerer Aufnahmen von Otellos »Dio, mi potevi scagliar«. Der mit einer Voce soffocata, einer hohl-erstickten Stimme, auf dem As zu deklamierende Beginn dieses Monologs hat Jon Vickers pathetisch, James McCracken auf lächerliche Weise weinerlich und Placido Domingo hilflos gemacht. Den archaisch-antikisierenden Ton der Klage trifft Zenatello wie sonst nur Giovanni Martinelli, während er im Schlußmonolog übertrieben lachrymos ist – das erstickte Röcheln am Ende ist nicht frei von ungewollter Komik. Sehr effektvoll ist »Ora per sempre addio« (glänzend das A'); das Schwurduett bringt er leider ohne die »Sangue«-Rufe, die er 1926 live nur noch deklamieren, aber nicht mehr kernhaft anschlagen konnte. Mit der von Scott wohlwollend beurteilten Interpretation von Alfredos »De' miei bollenti spiriti« kann der Verfasser nichts anfangen; zu hart und farblos ist der Klang der Stimme, zu wenig elegant die Manier des Vortrags. Hörenswert hingegen das hitzig gesungene Liebesduett aus dem zweiten Akt von *Ballo* mit Eugenia Burzio, obwohl es keineswegs sauber vokalisiert ist.

Tenore di grazia: Alessandro Bonci

> Versuche nie, deinen Ton zu ›halten‹. Spinne ihn aus. Halte deinen Atem.
> *Giovanni Battista Lamperti in den Maximen zur ›Vokalen Weisheit‹*

Für die Saison-Premiere der Manhattan Opera 1906 wählte Hammerstein, ehrgeizig, der Met einmal mehr die Show zu stehlen, den italienischen Tenor Alessandro Bonci (1870–1940), dessen Ruf in Europa dem Carusos nicht nachstand. Bonci sang, mit der polnischen Sopranistin Regina Pinkert als Partnerin, Arturo in *I Puritani*, erhielt nach jeder Aufführung 800 Golddollar und konnte sich das Repertoire für fünfzig vertraglich vereinbarte Aufführungen selber aussuchen. Bonci brauchte nur an einer einzigen Klavierprobe – aber nie am Tage der Aufführung – teilzunehmen. Er war eben ein Star und nutzte dessen (damalige) Rechte.

Hammerstein berief sich auf die seinen, als er in der Garderobe Boncis einen Kontrakt des Tenors mit dem Rivalen Heinrich Conried von der Met sah. Er ließ den kleinwüchsigen Tenor, dessen Belcanto-Rollen damals bei weitem nicht so zogen wie Carusos »moderne« Partien, an die Met wechseln. Nach dem Debüt

Alessandro Bonci
(Foto: © Rubini-Records, Hove, Sussex)

Boncis am 22. November 1907 – er sang den Herzog in *Rigoletto* neben Marcella Sembrich – schrieb William James Henderson als Verteidiger der klassischen Tradition eine instruktive und einmal mehr kategoriale Kritik: »Mit seinen ersten Phrasen beantwortete er aufs Schönste die Frage, wie seine Stimme in einem großen Auditorium klingen würde. Seine Töne waren durchaus ausreichend. Natürlich war ihre leichte Qualität unverkennbar, aber die Kunst des Sängers, der seine Stimme zu fokussieren und auf einer stetigen Luftsäule zu stützen versteht, sorgte dafür, daß jeder Ton mühelos durch den großen Raum flutete. Hinzu kam, als beträchtliche Hilfe, Mr. Boncis exquisite Diktion, die jeden Vokal zu einem Klangfaktor und jeden Konsonanten zum Bindeglied eines ungebrochenen Legatos machte. Dieser Tenor ist ein Künstler von solcher Verfeinerung und Geschicklichkeit, daß es ein Vergnügen ist, ihm zu lauschen. Doch verdoppelt sich dieses Vergnügen, wenn er in Gesellschaft eines Soprans wie Marcella Sembrich ist. Der beiden Duett im zweiten Akt gehört zu den vollendetsten und am perfektesten balancierten gesanglichen Darbietungen, die je in der Metropolitan Opera zu hören waren.«

Nicht überraschend also, daß der aus Cesana stammende, zunächst in Pesaro von Felice Coen und später von Enrico delle Sedie in Paris ausgebildete lyrische Tenor nach seinem Debüt als Fenton (1896 am Teatro Regio in Parma) eine außergewöhnliche Karriere machte. Schon mit seinem Debüt als Arturo an der Scala (1897) eroberte er sich eine Sonderstellung. 1899 gastierte er in Lissabon, Madrid, Wien, Berlin und schließlich, für märchenhafte Gagen, in St. Petersburg. Am 21. Mai desselben Jahres debütierte er, neben Nellie Melba, Charles Gilibert und Marcel Journet, am Royal Opera House Covent Garden und mußte als Rodolfo »Che gelida manina« wiederholen. Er sang dort mehrere Spielzeiten Edgardo, Nadir, Almaviva und, enthusiastisch gefeiert, den Herzog von Mantua. Bis 1909 war er an der Met, nach dem Ersten Weltkrieg absolvierte er noch Gastspiele mit dem Ensemble der Oper von Chicago, mehrmals als Partner der am Beginn ihrer Karriere stehenden Amelita Galli-Curci. Nach zwei Jahren als Gesangslehrer in New York kehrte er 1925 nach Italien zurück.

Vor allem die frühen Fonotipia-Platten – 31 entstanden allein im Jahre 1905, 13 folgten im Jahre 1906 – vermitteln den Eindruck eines starken, rasch-engen Vibratos, das, seltsam genug, in späteren Columbia-Aufnahmen kaum wahrzunehmen ist. Clifford Williams als Kommentator der (leider vom Plattenmarkt verschwundenen) Rubini-Edition vertritt die Ansicht, daß dies auf den ausgeprägten Vordersitz der Stimme mit einer Klangbildung, die sich mit dem Aufnahmehorn nicht vertrug, zurückzuführen ist. Tatsächlich finden sich in den Kritiken von Henderson, Aldrich, Krehbiel und Parker keine Hinweise auf das von Scott monierte Tremolieren, auf Grund dessen der manchmal allzu kritische

Brite den Sänger als »nicht immer befriedigenden Schallplatten-Interpreten« klassifiziert. Ähnlich urteilt aber auch Rodolfo Celletti in seinem Buch *Le Grandi Voci*, der von »im allgemeinen unbefriedigenden« Aufnahmen spricht. Er kritisiert die Neigung zum Verschleppen (nicht zu verwechseln mit der Rubato-Kunst de Lucias), die angestrengte Registrierung zwischen mittlerer und hoher Lage und die artifizielle Diktion. Durch das Vibrato entsteht zudem der Eindruck einer nicht immer genügenden Atemstütze, so daß die von Bonci freigebig gebotenen Filaturen nicht korrekt auf dem Atem liegen, sondern eher verspannt wirken und auch die Intonation beeinträchtigen.

Doch gibt es »trotz schwarzer Flecken viele Lichtblicke« (Steane), die Bonci den Rang eines zentralen Sängers sichern, vielleicht gar den des »feinsten lyrischen Tenors des Jahrhunderts« (Steane). Die Ansicht wird von Giacomo Lauri-Volpi gestützt, der über Bonci schrieb, daß er zwar nicht die Stentorstimme eines Tamagno, nicht den schwebenden Mischklang eines Angelo Masini, nicht die strahlende Heftigkeit eines Marconi, nicht die leidenschaftliche Intensität eines Caruso besessen, alle Rivalen aber überboten habe durch die Kontinuität der Tonemission. »Spirto gentil« aus *La Favorita* habe er nicht, wie Caruso, wie eine Cello-Kantilene gebildet, sondern mit einem leicht-schwebenden Oboenklang, luftig und doch substanzvoll. In »Sogno soave e casto« (*Don Pasquale*) und »Una furtiva lagrima« (*L'Elisir d'Amore*) sieht Lauri-Volpi »Lektionen exemplarischen Singens«. Die berühmteste Aufnahme Boncis ist die von »A te o cara« aus *I Puritani*, einst das Glanzstück Giambattista Rubinis, der in der Uraufführung den Arturo gesungen hat und auf Grund eines Lesefehlers im Finale statt des Cis ein F" gesungen hat. Selbst wenn das Stück transponiert wird, bleibt seine Tessitura quälend hoch. Es war Steane, der darauf aufmerksam machte, daß Boncis Wiedergabe, wenn in D abgespielt, durch ein heftiges Vibrato beeinträchtigt wird und die Stimme »wie eine Parodie ihrer selbst klingt«, während sie in Des natürlich und frei dahinströmt. Die Interpretation ist, kein Zweifel, ein Locus classicus. Die Phrasierung mit den feinsten koloristischen Gradierungen ist exemplarisch, das Diminuendo am Ende von »fra la gioia l'esultar« berückend. Das hohe C (statt des Cis) attackiert Bonci mit perfektem Tonanschlag ohne die geringste Vorbereitung.

Obwohl klein von Volumen, hatte die Stimme Boncis überraschend viel Strahl. In der Arie des Werther gleitet sie nicht nur mühelos durch die hohe Tessitura, sondern setzt sich auch in den akzentuierten Passagen (»della tristezza«) kraftvoll durch. Die Brillanz der leichten und unverspannten Höhe ist auch in Almavivas »Se il mio nome« zu bewundern, allerdings nach einigem Staunen über Intonationsprobleme und rhythmische Nachlässigkeiten. Unvergleichlich sind Boncis Koloraturen und Verzierungen im Duett »All'idea« mit Corradetti als Partner – eine der größten Virtuosen-Aufnahmen auf Schallplatte überhaupt. Wundervoll das mit Regina Pinkert aufgenommene Duett aus *Don Pasquale*, voller Grazie die Wiedergaben der Herzog-Arien aus dem ersten und letzten Akt von *Rigoletto*, während »Parmi veder le lagrime« von Schipa überboten wird. »De' miei bollenti spiriti« gehört neben den Versionen von de Lucia und McCormack zu den besten, und die Eigenwilligkeit des Koloraturschlusses hat Charme und Überzeugungskraft. Legendär sind Boncis Ausschnitte aus *Un ballo in maschera*, vor allem das mit Lachen – freilich mit gesungenem Lachen! – durchschossene »È scherzo od è follia«, ein grandioses Stück gestischen Singens. Anhand von »Mai più, Zazà« aus Leoncavallos Oper legt Steane dar, daß die dramatisch-gespannte Musik des Verismo von einer klanglich-entspannten Wiedergabe wie der Boncis ungemein profitiert – und überhört nicht, daß Bonci zum Schluß eine hohe Note interpoliert und damit den Zauber aufhebt.

Femme fatale: Emma Calvé

> Madame Calvé ist nicht nur die Besitzerin einer Stimme und die einer Technik, sondern sie ist, wie sie es seit jeher war, eine Interpretin von außerordentlicher Meisterschaft und emotioneller Intensität ... Das verblüffendste Singen, das man in New York seit langem gehört hat, bescherten zwei Veteranen der Veteranen, Emma Calvé und Ernestine Schumann-Heink ... Man bewerte das, wie man will, aber die Jungen sollen achtgeben ... Hier ist eine Frau, die nach vierzig Jahren Karriere heute noch Alt, Mezzosopran, dramatischen Sopran, lyrischen Sopran und Kanarienvogel-Koloraturen singen kann. Kurz: Sie kann singen ...
>
> *Pitts Sanborn im ›Globe‹ über Emma Calvé im Jahre 1922*

Wenn Eleganz, Noblesse und intellektuelle Distanziertheit die wesentlichen und typischen Tugenden französischer Sänger sind, so hat Pol Plançon sie auf die Höhe der Vollendung gebracht. Was freilich die Wirkung angeht, den großen Erfolg beim Publikum, wurde Plançon übertroffen, ja in den Schatten gestellt durch die aus dem Departement von Aveyron in Südfrankreich stammende Emma Calvé (1858–1942), die größte Carmen ihrer Zeit und einst so berühmt, so berüchtigt, so bewundert, so gefürchtet wie vor dreißig Jahren

Maria Callas. Sie wurde von zahlreichen zeitgenössischen Kritikern als singende Schauspielerin bezeichnet. Doch dies hat wenig mit dem Begriff des »Sänger-Schauspielers« im modernen Sinne zu tun. Denn dieser Begriff ist euphemistisch insofern, als er vorgibt, daß lebendiges theatralisches Agieren während des Vorgangs des Singens möglich sei. Ich rede hier nicht der Statue auf der Bühne, gepudert und mit weißer Perücke, aus der schöne Töne strömen, das Wort; aber die Bewegung der Musik, das Atmen, die dafür notwendige Entspannung des Körpers machen theatralische Bewegungen, Mimik, Gestik praktisch unmöglich. Der Darsteller kann seinen Ausdruck, seine Bewegungen, seine Gesten arrangieren, der Sänger muß sie komponieren. Er muß, wenn er nicht ausgeprochene Sänger-Partien – wie etwa Faust, Raoul, Roméo, Elvino, Almaviva, Edgardo – darzubieten hat, die dramatische Charakterisierung durch die Lebendigkeit der musikalischen Darstellung bewerkstelligen; dies kann er ergänzen durch das, was Henderson als »forcefully pictorial accessory« bezeichnete: durch bildhaftes Beiwerk. Dies hat nichts zu tun mit darstellerischem Realismus oder Naturalismus, sondern mit der Aufgabe, den Sinn des gesungenen Wortes zu unterstreichen, szenisch zu versinnlichen. Theatralische Mittel aber, die den musikalischen Ausdruck stören oder gar unmöglich machen, sind der lyrischen Bühne nicht dienlich, sondern machen die Widersprüchlichkeit der Oper nur um so sinnfälliger. Henderson hat, beispielsweise, Schaljapins Darstellung des Boris Godunow als »imponierende und pointierte Darstellung, bei der es flüchtige Momente akzeptablen Singens« gegeben habe, bezeichnet. Noch einmal: Dies ist kein Plädoyer für die stereotypen »Kadenzbewegungen« (Wieland Wagner) der italienischen Gesangsoper oder die pathetischen Gesten der Meininger. Nur müßte die von Wieland Wagner beschworene, »mit choreographischen Mitteln und Erkenntnissen arbeitende, den Sänger schauspielerischen Gesten unterwerfende Wagner-Regie, die die Möglichkeiten der Beleuchtung als dramaturgisches Hilfsmittel einsetzt und Stilelemente der zeitgenössischen Kunst – visionäre Zeichen, geometrische Abstraktionen, Symbolfarben und -formen – zur Raumgestaltung benutzt«, kompatibel sein mit der Bildung und dem Agieren der Stimme. Im Fall der Calvé hat Henderson sich bemüßigt gefühlt, die schauspielernde *Sängerin* zu verteidigen (heute steht's auf oftmals unselige Weise anders): »Daß sie die größte Carmen ist, die je auf die Bühne kam, ist unbestreitbar. Ihr dramatisches Talent ist überwältigend, ihr Ausdruck schön und eloquent. Doch erinnern wir uns, daß Mme. Calvé nicht einfach eine lyrische Schauspielerin ist. Sie ist eine Sängerin und überdies in ihrem Bereich eine große. Ihre Stimme gehört nicht zu den denkwürdigen in der Geschichte der Oper, aber es ist eine sehr gute Stimme. Sie besitzt Lieblichkeit und distinkte musikalische Individualität. Gerade die Qualität ihrer Stimme ist der Ausdruck, die Verkörperung ihrer warmen und magnetischen Personality. Und Mme.

Calvé besitzt in höchstem Maße die Fähigkeit, ihre Töne dergestalt zu färben, daß sie der Emotion der Worte entsprechen.« So einzigartig war diese Verbindung von singendem Agieren und bildhaftem Beiwerk, daß die einst berühmte New Yorker Schauspielerin Minnie Maddern Fiske sagte: »Es gibt in unserer Zeit zwei große Schauspielerinnen, nicht Duse und Bernhardt, wie die Presse es gern hätte, sondern Duse und Calvé.«

Während ihrer Schulzeit in einer Klosterschule entdeckte Calvé die magnetische Kraft ihrer Stimme: Sie brachte die anderen Kinder zum Weinen. Und als der Bischof von Rodez sie »Les Hirondelles« von Félicien David und »Le Lac« von Lamartine singen hörte, rief er: »Wie wunderschön. Was für eine schöne Stimme, was für eine ungewöhnliche Stimme. Und ihr Gesicht ist außerordentlich ausdrucksvoll. Sie ist eine Künstlerin.«

Sie ging nach Paris und fand in Jules Pudget, einem Veteranen der Grand Opéra, einen Lehrer, der ihr »die Prinzipien des italienischen Belcanto« (Calvé) beibrachte. Nach drei Jahren debütierte die Sängerin mit der umfangreichen Stimme – sie umspannte den Bereich vom tiefen A bis zum E in alto – an der Oper von Brüssel als Marguérite in *Faust*. Sie wurde nicht wieder engagiert und ging zurück nach Paris, diesmal zu Mathilde Marchesi, die eine »völlig ermüdete und überarbeitete Stimme« erlebte. In ihrem Buch geht Calvé auf die sechs Monate bei Marchesi nur mit zwei, drei Halbsätzen ein. Durch Victor Maurel, dem sie »unschätzbaren Rat« und »Lektionen in lyrischer Deklamation« verdankte, wurde sie an das Théâtre des Italiens für Théodore Dubois' *Aben-Hamet* verpflichtet. Als sie 1887 an der Mailänder Scala in der Uraufführung von Samaras *Flora Mirabilis* mitwirkte, erlebte sie ein Desaster. Sie ging erneut nach Paris zurück und studierte bei Rosine Laborde, die mit Patti und Alboni gesungen hatte. Am San Carlo von Neapel gab sie ihr drittes Debüt: als Ophélie neben dem Hamlet von Victor Maurel und als Leila in *Les Pêcheurs de Perles* neben de Lucia, mit dem sie später die Uraufführung von *L'Amico Fritz* (Mascagni) singen sollte. Dann kehrte sie an die Scala zurück und eroberte das Haus als Ophélie (Hamlet sang Battistini). Darüber berichtete sie selbstbewußt in ihrer Autobiographie: »Ich begann [die Wahnsinns-Szene] mit vollkommener Gelöstheit, mit tragischem Feuer. Die erste Phrase wurde enthusiastisch bejubelt! Entschlossen, einen uneingeschränkten Triumph zu erringen, nahm ich eine Kadenz, die ich noch nie gesungen hatte, in Angriff. Es war ein extrem schweres Stück Vokalisierung, vom tiefen A bis zum F über dem hohen C reichend. Einmal auf diesem Gipfel, fühlte ich mich wie ein Kind auf der Leiter und hatte Angst, mich zu bewegen oder herunterzusteigen. Der Dirigent war entsetzt. Ich hielt die Note so lange, wie ich konnte; doch als mir der Atem ausging, mußte ich eine abfallende chromatische Skala singen. Ich tat das mit einem solchen Brio, solcher Perfektion, daß das Publikum in donnernden Applaus ausbrach.«

1891 sang sie die vorerwähnte Mascagni-Uraufführung in Rom, wo sie dem Kastraten Mustafà begegnete, durch den sie ihre »vierte Stimme« mit den schwebenden Klängen zu bilden lernte. 1896 sorgte sie in Paris an der Opéra Comique als Carmen und Santuzza für Sensation. Mit diesen beiden Rollen eroberte sie auch die New Yorker Metropolitan Opera: *Carmen* mit Jean de Reszke, Nellie Melba (Micaëla) und Pol Plançon (Escamillo) muß zu den Sternstunden des Operntheaters gehört haben. Als sie die Zigeunerin – »angenehm nur im Bett und auf dem Totenbett« (Merimée) – zum erstenmal sang (mit de Reszke, Lassalle und Eames als Partnern), sprach Henderson von einer »idealen Besetzung«. Nicht weniger enthusiastisch wurde ihr Santuzza, »ein dramatischer Sopran ersten Ranges«, beurteilt.

Was ist ein dramatischer Sopran? Wie unabdingbar Volumen, Tragfähigkeit und Durchschlagskraft auch sein mögen, sind sie doch nicht per se schon dramatisch: Dramatik ist nicht eine Sache natürlicher Stimmanlagen, sondern des Ausdrucks, der emphatischen Phonation. Calvés Dramatik lag im konzentrier-

Emma Calvé
(Foto: © Rubini-Records, Hove, Sussex)

ten Agieren der Stimme selber, in den Finessen der Diktion und der Expressivität des Kolorierens. Als Carmen brauchte sie nicht die vulgär eingefärbten Töne der Bruststimme, um verführerisch zu klingen: Wenn sie Don José (Charles Dalmorès) dazu veranlaßt, mit ihr in die Berge zu gehen und sich den Banditen anzuschließen, macht sie aus der (stark verlangsamten) Phrase ab »Là-bas dans la montagne« eine lockende Klangfigur. Die Habanera hat sie viermal (1902, 1907, 1916 und 1919) aufgenommen. In der ersten Aufnahme gibt es einen Fehlstart, die zweite ist klanglich und stimmlich am ausgewogensten, die dritte (in Scotts Anthologie, Vol. I) ist überhetzt, die vierte leidet unter rhythmischen Freiheiten. Doch trotz solcher Fehler sind alle vier Platten hinreißend auf Grund der klugen Verbindung von Witz und Allüre, von Klangfarben und plastischer Artikulation. Selbst in der (sehr raschen) dritten Version hat die 58jährige (!) keinerlei Mühe mit den Verzierungen.

Calvé sang ein riesiges Repertoire, darunter zahlreiche moderne Rollen und Uraufführungen: *La Navarraise* (Massenet) und *La Carmélite* (Reynaldo Hahn) wurden für sie geschrieben. Davids *Lalla Roukh*, Ambroise Thomas' *Songe d'une Nuit d'Été*, Lalos *Le Roi d'Ys*, *Hérodiade* von Massenet, Boitos *Mefistofele* (mit Margherite und Elena als Partien) gehörten ebenso dazu wie Cherubino, Susanna und Contessa in Mozarts *Le Nozze di Figaro* oder Ophélie (*Hamlet*), Lucia di Lammermoor, Amina (*La Sonnambula*) und Lakmé.

Wie lebendig und plastisch das Bild Emma Calvés auch aus den literarischen Zeugnissen tritt, das tönende leidet unter perspektivischen Minderungen. Die Französin besaß, wie Melba oder Eames, eine ausgesprochen »gerade« Stimme, welche durch die Coupierung der Formanten förmlich ausgedorrt wird. Über den Stimm-Klang kommt man an Calvé nicht heran, wohl aber über die technischen Fertigkeiten und die Finessen des Ausdrucks. Diese wirken manieriert in Cherubinos »Voi che sapete«, von Calvé langsam, mit extremen Portamenti und Textveränderung (letzte Phrase) gesungen. Auch »Casta diva« aus Bellinis *Norma*, ohne die anschließende Cabaletta aufgenommen, ist mißglückt – doch muß man berücksichtigen, daß es sich um die Aufnahme einer 61jährigen handelt. Doch gibt es unter den Pathé-Platten, 1919 in Paris aufgenommen, einige Perlen: Reynaldo Hahns »L'Heure exquise« endet mit einem exquisit schwebenden Ton. In der zärtlich gesungenen Szene der Sappho (»Depuis un an je fus ta femme«) hört man, als Echo-Effekt, die ätherischen Töne ihrer »vierten Stimme«, die vermutlich mit geschlossenem Mund gesungen wurden. »Charmant oiseau« aus Davids *La Perle du Brésil*, 1908 für Victor aufgenommen, bringt zwar nicht ganz die Koloratur-Kaskaden, die Tetrazzini oder Selma Kurz zauberten, aber daß eine dramatische Sängerin so leicht, so graziös singen kann (auch hier mit Tönen der »vierten Stimme«), reicht an ein Wunder.

Eines von drei Wundern: Rosa Ponselle

Wenn irgendein aggressiver Sozialist mir sagt: ›Alle Menschen sind gleich‹, möchte ich instinktiv antworten: ›Bringen Sie mir eine andere Ponselle, einen zweiten Caruso, einen weiteren Melchior.‹
Walter Legge

Wenn man Sänger diskutieren will, muß man zwei erst einmal beiseite nehmen. Einer ist Caruso, die andere ist Ponselle. Dann kann man beginnen.
Geraldine Farrar

Sie war die Tochter italienischer Einwanderer und sang in Vaudevilles am Broadway, als der Komponist, Gesangslehrer und Sänger-Coach Romano Romani sie hörte. Er verschaffte der jungen Rosa Ponzillo – die unter dem Namen Rosa Ponselle (1897–1981) weltberühmt werden sollte – ein Probesingen vor dem New Yorker Manager William Thorner. Doch der lobte nicht sie, sondern ihre Schwester Carmela (eine gute Altistin). Ein anderer Beobachter, der französische Bariton Victor Maurel, aber sagte: »Aber hören Sie denn nicht den Unterschied? Es ist die andere, der das Lächeln der Götter gegolten hat.« Doch brachte dies die junge, unerfahrene Sängerin nicht voran. Im Frühjahr 1918 erfuhr Thorner durch Carusos Sekretär Bruno Zirato, daß der Tenor »die Antwort auf ein Problem« suchte. Verschiedene Soprane hatten die Met verlassen, Gatti-Casazza und Caruso suchten eine Sopranistin für die für den Herbst angesetzte Premiere von *La Forza del Destino*. Nach langem Suchen war Caruso, wie Ponselle in ihrem Lebensbericht *A Singer's Life* berichtet, »in der Stimmung, sich jede anzuhören«. Beim Probesingen wählte die 21jährige die »Pace«-Arie aus *Forza*. Am Schluß erklärte der Tenor: »Du wirst mit mir singen, du wirst es sehen.« Zwei Tage später erhielt Manager Thorner die Einladung zu einem richtigen Probesingen in der Met, zu dem sich neben Caruso auch Martinelli, Hempel, Matzenauer, Didur und Amato einfanden. Sie sang »Tacea la notte« und »D'amor sull' ali rosee« aus *Trovatore*, »Suicidio« aus *Gioconda*, »Un bel dì« aus *Butterfly*, »Voi lo sapete« aus *Cavalleria* und schließlich die beiden Arien aus *Aida*. Gatti verlangte von Romani, daß er mit der jungen Sängerin »Casta diva« einstudieren solle. Bei der nächsten Probe versagte sie. Drei Takte vor dem Ende der Arie mußte sie aussteigen. Gleichwohl aber erhielt sie von Gatti-Casazza den Vertrag für die auf den 15. November 1918 angesetzte Premiere der Verdi-

Rosa Ponselle
(Foto: © Rubini-Records, Hove, Sussex)

Oper. Im Juli des Jahres erhielt Rosa Ponzillo den Künstlernamen Rosa Ponselle. Sie hat berichtet, daß sie mit dem Komponisten und Lehrer Romani ihre Partie Note für Note, Takt für Takt, Phrase für Phrase ausfeilte. Daß sie es lernte, die zu offen gebildeten Spitzentöne durch die Plazierung an den weichen Gaumen zu »decken«, um die flutenden Pianissimi zu bilden. Bei der Aufführung überstand sie den ersten Akt, ging im zweiten durch »eine 55minütige Verdische Hölle« und triumphierte im vierten mit »Pace, pace, mio Dio«. Selten ist eine junge Sängerin bei ihrem Debüt so schwer gefordert worden – aber keine hat so triumphal gesiegt. James G. Huneker schrieb: »Sie ist jung, sie ist ansehnlich, sie ist groß und solide gebaut . . . Über ihre persönliche Attraktivität hinaus besitzt sie eine Stimme von natürlicher Schönheit, die eine Goldmine zu werden verspricht. Es ist vokales Gold, dunkel, reich und flüssig; brillant und flexibel im hohen Register.« Das Urteil von William James Henderson lautete: »Die Oper hat in Rosa Ponselle einen dramatischen Sopran von glänzenden Gaben. Es ist eine der üppigsten dramatischen Stimmen, die ich gehört habe.« Und da er Amalie Materna, Emmy Fursch-Madi, Lillian Nordica, Olive Fremstad und Lilli Lehmann gehört hatte, schloß er eine ätzende Nachbemerkung an: »Sicher wird sie eines Tages auch noch lernen, wie man singt.« Nach der Erinnerung des amerikanischen Kritiker-Veteranen Max de Schauensee muß die junge Rosa Ponselle in ihren frühen Jahren Spitzentöne von einer Leuchtkraft besessen haben, die man in natura hören mußte, um zu erfahren, welche Klänge aus einem menschlichen Körper kommen können. Ihren Abglanz hört man in den acht Aufnahmen, die sie gleich für Columbia machte (Victor hatte versäumt, die junge Diva zu engagieren und Duett-Aufnahmen mit Caruso zu machen). Gut vier Wochen später, am 28. Dezember 1918, sang sie in einem Revival von Webers *Oberon* Rezia (neben Martinelli als Hüon). Diesmal erhielt sie eher beifällige Kritiken; Henderson bemängelte ihre noch nicht perfekte Technik, obgleich er einräumte, daß sie »die Stimme, das Gefühl und den dramatischen Instinkt« habe, »eine der größten Sängerinnen unserer Zeit« zu werden. In ihrer zweiten Saison sang sie in der Uraufführung von Joseph Breils *The Legend* und Rachel in der Wiederaufnahme von *La Juive.* 1920 war sie Elisabetta in der ersten Met-Aufführung von Verdis *Don Carlo*, 1921 Elvira im Revival von *Ernani* (neben Martinelli). Es folgten Margared in *Le Roi d'Ys*, Mathilde im Revival von *Guillaume Tell*, Maddalena in *Andrea Chenier*, Selika in der Wiederaufnahme von *L'Africaine*, Leonora in *Trovatore*, Aida, Giocondo, Giulia in der Met-Premiere von Spontinis *La Vestale*, Fiora in *L'Amore dei Tre Re* und endlich, nach einer Vorbereitung von zwei Jahren, Norma: Sie wollte, wie sie erklärte, daß sich die Partie in der Stimme einnistete. Denn sie benügte sich nie damit, eine Rolle nur zu memorieren. Henderson schrieb eine enthusiastische Kritik, eine der überschwenglichsten, die je aus seiner Feder geflossen ist, während er Lauri-

Volpi als stillos tadelte. (Die Aufführung fiel auf den 16. November 1927). Zwei Jahre später sang Ponselle Luisa in Verdis Schiller-Oper, 1930 Donna Anna, wobei sie, wie Rasponi berichtet, die zweite Arie transponieren mußte, weil die Stimme in der Höhe kurz geworden war. 1931 folgte Traviata – seit langem zum erstenmal wieder ein dramatischer Sopran in dieser Partie. Tullio Serafin betonte damals, daß die Unterscheidung zwischen lyrischem, Spinto-, dramatischem und Koloratur-Sopran nichts als eine »Übereinkunft des 20. Jahrhunderts« sei. Auch Ernest Newman zeigte sich zunächst überrascht über die Wahl eines dramatischen Soprans für Violetta; doch nachdem er Ponselle am Covent Garden gehört hatte, schrieb er: »Wir erfuhren, daß Miß Ponselle die Violetta zum erstenmal auf der Bühne singen wollte; man mochte dies nicht glauben. Nichts Besseres war in dieser Saison auf der Bühne der Covent Garden Opera zu sehen und zu hören ... Madame Ponselle beweist einmal mehr, daß das feinste Singen – eine gute Stimme vorausgesetzt – durch das konstante Spiel eines klugen Kopfes auf dem inneren Sinn der Musik entsteht; ihre Violetta ist so exquisit gesungen, weil sie so subtil imaginiert ist. Selbst Koloraturen hören, wenn sie singt, auf, Zwitscherwerk zu sein, sondern werden zum Ausdruck eines Charakters.«

Erfolge können, man weiß es, Niederlagen sein. Der Tenor Lauri-Volpi vertrat die Ansicht, daß Ponselle sich mit Violetta wenn schon nicht überfordert, so doch vergriffen habe. Er führte ihren stimmlichen Niedergang auf diese Partie zurück, die Francis Toye und Walter Legge »nie in ihrem Leben auch nur annähernd so vollkommen gehört haben« (Legge). Im Jahre 1936 sang Ponselle Carmen und beging damit den größten Fehler ihrer Laufbahn. Die Debatte über diese Aufführung am 27. Dezember 1935 dauerte noch nach vier Jahrzehnten an. In ihrer Autobiographie zitiert Ponselle – die zugab, daß sie alle Kritiken las und das Glück einer Saison im Lob Hendersons fand – etliche Kritiken, eine zurückhaltende von Lawrence Gilman, eine kritisch-reservierte von B. H. Haggin, eine irritierte von Samuel Chotzinoff, eine negative von Pitts Sanburn. Olin Downes von der *New York Times* aber, durchweg ein nüchtern-abwägender Mann, tauchte seine Feder in Vitriol: »Noch nie haben wir Miß Ponselle so schlecht singen hören, und selten haben wir die Rolle so gekünstelt und wenig überzeugend dargestellt gesehen.« Wenige Monate später beendete sie die Karriere an der Met. Kolodin erzählt von einem Abschied, der »nicht mehr Emotionen weckte als die Ungewißheit, ob es nicht doch noch ein Dacapo geben würde«. Es gab keines. Ponselle sang nur noch für sich und für Freunde, die – natürlich – berichteten, daß sie so schön sang wie eh und je (was durch einige späte Platten fast bestätigt wird). Man hat es Olin Downers, der ihre Stimme in *Norma* als »die schönste Sopranstimme ihrer Epoche« bezeichnet hatte, nie verziehen, daß er der großen Künstlerin buchstäblich den Antrieb genommen hatte, weiter zu singen – einer der furchtbaren Beweise für Stendhals Satz, daß großes Singen nichts ist als eine Sache der Nerven.

Es mag vielen Hörern historischer Sopran-Aufnahmen aus der akustischen Ära ergangen sein wie Walter Legge, der auf Bildern Damen sah, die er – das ist nicht übersetzbar – als »buxom-balconied« beschrieb, von denen er aber nur dünne, weiße, körperlose Pfeiftöne hörte. Bei Ponselle erlebte er zum erstenmal eine »gramophonogenic voice«. Den frühen Platten Ponselles erkannte er »einzigartige Qualitäten« zu. Das ist eine jener hilflosen Beschreibungen, mit denen gerade der Connaisseur vor dem Vollendeten steht – selbst Serafin, der größte aller Sänger-Dirigenten, griff zum Wort vom Wunder. Ponselles Stimme war ein reicher, voluminöser, vibrierend intensiver, in der Höhe leuchtender, ja rotglühender Sopran. Der Klang floß, wie nur bei Caruso oder Ruffo, gleich einem reißenden Strom. Trotz aller Fülle war die Stimme versammelt, konzentriert, rund, weich anspringend in jeder Lage. In jungen Jahren erreichte die Stimme, wie Szenen aus *Trovatore* zeigen, nicht nur das C, sondern selbst das Des. Die hohe Lage bekam wunderbaren, weich-samtigen Schimmer durch den Reichtum der lichten Obertöne. Selbst bei weitgespannten Phrasen hat man immer den Eindruck von Klang- und Kraftreserven. Ihre Agilität war, zumal angesichts der Fülle ihrer Stimme, phänomenal. Es gibt eine, wegen der Spielzeit der Platte, sehr schnell gesungene Aufnahme des Bolero aus *Vespri Siciliani*, wo sie, bildhaft gesprochen, eine Hürdenstrecke im Hochgeschwindigkeitstempo nimmt, ohne die Hindernisse auch nur zu touchieren. Doch sang sie nur dramatische Koloratur-Partien, nicht die Musik des Canto fiorito. Norma muß, nach vielen Zeugnissen, eine ihrer großen Rollen gewesen sein. Kurz nachdem sie das Stück einstudiert hatte und beim Probesingen vor Gatti in Ohnmacht gefallen war, hat sie »Casta Diva« für Columbia aufgenommen. Es ist keine »expressive« Interpretation, wie wir sie von Callas kennen. Aber der Fluß des Singens, die helle Leuchtkraft der Stimme, die Geschmeidigkeit der Melismen sind von berauschender Schönheit. Sie singt die Cavatina gekürzt und nur einen Vers der Cabaletta. Die zweite Aufnahme von 1925 ist noch reicher und klangschöner, aber weniger sicher in der Cabaletta, wo sie eine Passage (auf »diede«) zerlegt. Überwältigend ist die Aufnahme von »Mira, o Norma« mit Marion Telva, perfekt in der Engführung der beiden Stimmen, die förmlich auf der Musik tanzen mit einem fabelhaften Gespür für das Timing.

Was die Fülle und den Reichtum des Klangs angeht, ist Ponselles Stimme einmalig gewesen und geblieben. Sie war vollkommen ausgeglichen und makellos verblendet, rund und weich in der Textur. Man empfindet einen Klang aber nur dann als schön, wenn jeder Ton harmonisch (also absolut korrekt intoniert wird) und die musikalische Linie flexibel ist; wenn eine Verzierung, wie z. B. ein Triller, in den Duktus der Linie eingebettet werden kann. In Elviras Arie aus *Ernani* geht der Triller über in eine auftaktige Phrase mit einem Sprung auf das B. Es ist eine Phrase, bei der nur technische Vollkommenheit einen fließenden, mühelosen musikalischen Ablauf sichert. Suchen wir nach dem Maßstab wieder durch den Vergleich – nicht durch den mit leichten Stimmen wie Sembrich oder Kurz, sondern mit lyrisch-dramatischen Sopranen wie Zinka Milanov, Victoria de los Angeles, Maria Callas, Anita Cerquetti, Leontyne Price, Sylvia Sass oder Joan Sutherland. Zinka Milanov, die Elvira 1956 an der Met gesungen hat (neben del Monaco, unter Dimitri Mitropoulos), brauchte langsame und aufsteigende Musik, um ihre flutenden Pianissimi zu entfalten. Doch bei bewegter Musik war sie nicht in der Lage, kurze Noten präzis und klangvoll anzuschlagen (im Nil-Duett aus *Aida* singt sie eine vollständige Phrase auf einem einzigen Vokal). Die großen Bögen der Elvira-Arie phrasiert sie gut, aber der Triller ist nur im Ansatz erkennbar, der Übergang in den Auftakt ausgesprochen ungelenk. Cerquetti läßt die ganze Cabaletta aus, und dies sicher nicht, weil sie ein Glanzstück ihres Repertoires gewesen wäre. Victoria de los Angeles, auch eine kurze, aber ungemein klangschöne Stimme, singt das Stück vortrefflich, aber ohne die Kraftreserven der Amerikanerin, dünner und spannungsloser in der Höhe und mit einem angestrengten Triller. Maria Callas' Aufnahme ist superb, klanglich aber unstet. Der Triller in der Cabaletta ist eine Hürde für die Griechin: Zwar wagt sie sogar ein Abschwellen des Klangs, aber in den Auftakt stolpert sie förmlich hinein. Der Klang selber aber ist durch ein gefährlich sich dem Tremolo annäherndes Vibrato unharmonisch. Joan Sutherland hat das Stück mühelos bewältigt, mit makellosem Klang und perfekten Trillern. Aber sie gibt den Phrasen keine Dringlichkeit, keine Kontur, singt ein Konzertstück und kein Drama. Leontyne Price fällt bei diesem Vergleich weit zurück. Die großen Bögen der Cavatina klingen auf Grund des tremolösen Tons angestrengt und forciert, die Emission bei der Messa die voce-Passage (»Un eden«) ist unsicher und ungestützt, so daß der Ton zu flackern beginnt. Der Abgang von dem Triller in der Cabaletta (dieser Triller ist miserabel-eckig) vollzieht sich mit einer schier verzweifelten, fast keifenden Anstrengung. Sylvia Sass endlich singt das ganze Stück mit einem denaturierten Klang, mit verfärbten Vokalen und technisch unsicher.

Man muß zu Ponselle zurückgehen, um die alte Wahrheit bestätigt zu befinden, daß Interpretation erst nach der technischen Bewältigung der Musik beginnen kann. Sie beherrscht die Musik, und dieses technische Surplus verwandelt sich in Ausdruck. Das gleiche gilt für die Aufnahmen aus *Il Trovatore*: In der Cabaletta nach »Tacea la notte« singt sie ein unglaubliches Piano-Des, in der Arie aus dem vierten Akt schwingen die Phrasen in herrlichen Trillern aus. Leider ist die Aufnahme des Duetts Leonora–Luna mit Riccardo Stracciari gekürzt: Allein Gadski und Amato haben die Szene so lodernd gesungen.

Ihre Violetta ist in einer Gesamtaufnahme – dem Rundfunk-Mitschnitt einer New Yorker Aufführung unter Ettore Panizza – zu hören. Die Aufnahme widerlegt alles Gerede für den Zuwachs an Ensemble-Kultur oder musikalischer Sorgfalt in den letzten Jahrzehnten. Es ist eine dramatische Aufführung, aber sie ist nicht vokal ausgemergelt wie die Toscanini-Interpretation. Denn Ettore Panizza, alles andere als ein willfähriger Begleit-Dirigent, gibt seinen Sängern die Zeit zum Atmen, zum Phrasieren. Zwar hören wir Ponselle im Jahre 1935 nicht mehr at her best – sie muß »Sempre libera« transponieren –, und doch ist sie die erregendste Violetta aller Gesamtaufnahmen (nur wenn ich Callas höre, kann und will ich das vergessen). Das Brindisi singt sie mit jener süchtigen Intensität, die für die Lebensgier der (schwindsüchtigen) Moribunden sprichwörtlich ist. Der ungläubig-fragende Ton von »È strano« wird allein durch den changierenden Klang erzeugt. Unvergeßlich die Tönung von »Un serio amore« und die expressive Akzentuierung von »Ah, fors' è lui«. Welche Bögen und welche Klangentfaltung bei »Ah! quell' amore«! Welche jubelnder Liebes-Wahnsinn in den »Follie«-Rufen! Ein wenig störend vielleicht das grelle (sogar ordinäre) Lachen vor der Cabaletta, die von Ponselle nicht bravourös, sondern erregt, hitzig, wahnwitzig gesungen wird. Versteht sich, daß sie zum Schluß kein hohes Es riskiert. Im zweiten Akt zeigt sich, daß die Partie mit einem agilen dramatischen Sopran besetzt werden *muß*. Allein Callas hat die Passage ab »Morrò, morrò« so verzehrend-leidenschaftlich gesungen, ihr »Amami, Alfredo« so glühend ausgestoßen. Im dritten Akt ist sie zu extravertiert. Ihre Entsetzensschreie, fortgesetzt in Alfredos (Frederick Jagel) Solo, wirken aufgesetzt. Im vierten Akt ist sie indessen wieder überwältigend. Zwar ist der Klangunterschied zwischen der rezitierenden Stimme, die den Brief liest, und der Singstimme zu groß, aber man wird fortgetragen vom Klang dieser Stimme. Ein kleiner Mangel nur das hohe A am Ende des »Addio del passato«. Ponselle bildet nicht, wie Verdi verlangt, ein Fil di voce, sondern singt den Ton mezzoforte, läßt ihn zudem aber explosiv in einen Schluchzer übergehen.

Wirklich in einer Klasse für sich – im Sinne von Geraldine Farrar – ist Ponselle als Leonora in *Forza*. »La Vergine degli angeli« hat man nie engelhafter gehört, und das Ostinato dazu bildet der berauschende Cello-Klang von Ezio Pinzas Baß-Stimme in ihrer Glanzzeit. Was von der Aufnahme der *Ernani*-Arie gesagt wurde, läßt sich bei der »Pace«-Arie aus *Forza del Destino* wiederholen: Man hört Cerquetti – eine reiche, aber keine geschmeidige Stimme; man hört Birgit Nilsson – eine stählerne, aber keine expressive Stimme; man hört Grace Bumbry – und leidet unter Forciertheiten; man hört Monserrat Caballé – und ist verstört über die Selbstgenügsamkeit schöner Tonbildung; man hört Seinemeyer – und meint, die Erfüllung zu erleben. Bis man endlich Ponselle begegnet und wirklich zu den Engeln geschickt wird. Sie singt mit üppigstem Ton, aber dessen Schönheit ist eine schmerzliche. Und auch im Schlußterzett ist die Einheit von Drama, expressiver Phrasierung und vokaler Schönheit nie vollendeter hergestellt worden als in der Aufnahme mit Ponselle, Martinelli und Pinza. In den beiden Aida-Arien erfüllt Ponselle nicht die höchsten Erwartungen: »Ritorna vincitor« ist zu schnell, in »O patria mia« wirkt das C zaghaft. Aber im Schlußduett, auf drei Platten aufgenommen, ist sie wieder einzigartig. Die heiklen Staccati bei »Vedi? di morte l'angelo« hat keine Sängerin mit so präzisem Anschlag und rundem Piano-Ton gesungen wie sie, und der Aufschwung auf das B zeugt von reinster Meisterschaft. »O terra addio«, vom Tenor und Sopran in Engführung zu singen, verrät die Intonationssicherheit beider Sänger (mit Martinelli).

In den zwanziger und dreißiger Jahren wurde das veristische Repertoire, vor allem von den italienischen Sängerinnen, überaus extravertiert gesungen, oft in den schrillen Schrei getrieben. Ponselle verwandelt Santuzzas Klage oder Giocondas »Suicidio« in Musik zurück. Als Santuzza läßt sie keine Tränen fließen, sondern singt mit einem inneren Beben im weichen, verhangenen, umflorten Ton. Dem »Suicidio« hat Steane eine kleine Analyse gewidmet, aus der hervorgeht, daß Ponselle in dieser Musik selbst Callas distanziert oder auch Zinka Milanov, die Gioconda zu ihren Glanzrollen zählte. Es gibt da auf dem Wort »volevan« einen Oktavsprung, den Milanov für eines ihrer feinen Pianissimi nutzt; doch die danach folgende Achtel-Figur führt sie ungelenk aus. Ponselle ergeht sich nicht in Pianissimo-Artistik, aber sie singt das Intervall makellos und die Achtel-Figur so souverän, daß man gar nicht merkt, wie schwierig diese Passage ist.

Im Jahre 1954 gab Ponselle eine Party in ihrem Hause. Freunde baten sie, zu singen. Da kein Begleiter zur Hand war, setzte sie sich ans Klavier und begleitete sich selber. Einer ihrer Freunde, der Aufnahme-Ingenieur Lloyd Garrison, baute rasch einen Recorder auf. Die Aufnahmen, die Ponselle nicht freigeben wollte – »es gibt zu viele Fehler, vokal wie pianistisch, ich habe doch vom Blatt musiziert« –, kamen auf Drängen der Freunde doch heraus. Die Aufnahme von »Senza Mamma« aus *Suor Angelica* ist unglaublich. John Steane bestaunte die Kraft der Stimme, zu wachsen und zu schimmern, zu diminuieren und nach Belieben sich zu verdunkeln, mühelos zu fluten bis auf ein gehaltenes hohes A am Ende der Arie. Man bekommt durch die Aufnahme zumindest eine Ahnung, daß diese Stimme einmal geleuchtet haben muß wie ein Rubin im Licht. Natürlich gibt es kleine Brüche in diesen Altersaufnahmen der 58jährigen, Unstetigkeiten in der Atemführung, Unsicherheiten bei der Verblendung der Register. Schiere Magie aber, wie mühelos Ponselle in Schuberts »Der Tod und das Mädchen« ein tiefes D singt – einen Ton aus dem Vokal-Reservoire der Clara Butt. Max de Schauensee schreibt in seinem Nachruf: »Das Phänomen Ponselle ist etwas, was geschieht und sich nicht wiederholt. Rosas Stimme wird weiterleben als eine der außerordentlichsten Manifestationen der Natur.«

Der singende Löwe: Titta Ruffo

> Er hat ein glänzendes Lungenpaar und erstaunliche Atemstütze. Aber er hat gelernt, die natürliche Veranlagung zu entwickeln. Seine Kontrolle – das heißt das sorgsam kontrollierte Verströmen der aufgenommenen Luft – ist perfekt. Wenn er forte singt, nimmt er nur so viel Luft, wie er für die Bildung des Tons braucht, und nicht mehr. Er weiß, wie er die alte italienische Regel befolgt, filar il tuono: wie man den Ton ausspinnt. Jeder lebende Sänger kann lernen, wenn er beobachtet, wie dieser Mann mit seinem Atem umgeht.
> *William James Henderson über Titta Ruffo 1912*

In seiner Ausbildung an der Accademia di Santa Cecilia wurde Titta Ruffo (1877–1953) von seinem Lehrer Venceslao Persichini durch ein Fegefeuer geschickt. Der Lehrer mochte den Sohn eines Metallarbeiters, der das Handwerk eines Metallschmiedes gelernt hatte, nicht; er zog ihm den musikalisch flexibleren Giuseppe de Luca vor, der schon fünf Jahre zuvor mit der Ausbildung begonnen hatte. Als Persichini darauf bestand, daß Ruffos Stimme ein Baß sei, wechselte der den Lehrer. Für kurze Zeit studierte er bei Senatore Sparapani und Lelio Casini; der letztere war ein bekannter Bariton in Mailand und machte mit seiner Begeisterung für Ruffos Stimme dem jungen Sänger Mut. 1898 debütierte Ruffo, weitgehend ein Autodidakt, am Römischen Costanzi-Theater als Heerrufer im Lohengrin. Seine ersten wichtigen Engagements führten ihn 1900 an das Teatro Carlo Felice von Genua (Germont, Rigoletto) und ans Regio von Parma (Luna). 1902 gastierte er als Luna, Amonasro und Cascard am Colón von Buenos Aires. 1903 sollte er am Covent Garden Figaro, Enrico und Rigoletto singen. Melba lehnte ihn – »er ist zu jung, um auf der Bühne mein Vater zu sein« – ab; er zahlte es ihr später heim: »Sie ist zu alt, um meine Tochter zu sein.« Als Rigoletto debütierte er im Herbst 1904 an der Scala. Ein Jahr später gastierte er in St. Petersburg und Paris. 1907 hatte er als Hamlet von Thomas so ungewöhnlichen Erfolg, daß er die Rolle am Teatro Lirico von Mailand wiederholte. Im selben Jahr sang er Figaro in Berlin. Zwischen 1908 und 1912 gastierte er in Italien, Spanien und Südamerika und hatte in *Rigoletto, Amleto, Barbiere, Africana* und *Pagliacci* wenig Konkurrenz. Zu seinem Repertoire gehörten *Ballo in Maschera, Trovatore, Don Carlo, La Gioconda* und die Titelpartie in Franchettis *Cristofero Colombo*. Als Hamlet debütierte er 1912 in Chicago. Mit dem Ensemble gastierte er auch in New York und wurde enthusiastisch gefeiert. Hendersons oben zitierte Analyse von Ruffos Klang bezog sich auf diese Aufführung; zugleich aber warnte er vor der Anstrengung, den Ton mit zu großem Volumen zu bilden. Während des Krieges wurde Ruffo zum Militärdienst eingezogen. 1919 ging er nach Chicago zurück und sang dort bis 1921. Erst im Januar 1922 debütierte er an der Met. Es heißt, daß Caruso, der in Ruffo einen zu starken Konkurrenten um die Gunst des Publikums sah, ein früheres Debüt verhindert habe. Ruffo stellte sich als Figaro vor, sang die Rezitative »mit großer Elastizität, Leichtigkeit, Kraft und Farbigkeit«, hatte aber bereits Schwierigkeiten »mit den verzierten Passagen«. Er blieb bis 1927/28 an der Met und sang seine letzte Opernaufführung 1931 am Teatro Colón. In Italien hatte er zum letztenmal 1925 gesungen, später mochte er dort nicht mehr auftreten. Er war

Titta Ruffo
(Foto: © BMG Classics, München)

Ruffo als Hamlet
(Foto: © EMI Classics)

Anti-Faschist und Schwager des sozialistischen Politikers Giacomo Matteotti, der von den Faschisten ermordet wurde.

Als Titta Ruffo seine ersten großen Erfolge in Italien ersang, erinnerte er, wie Rodolfo Celletti schreibt, ältere Cognoscenti wie den neapolitanischen Lehrer Beniamino Carelli an Colletti, den großen Verdi-Bariton zwischen 1840 und 1860. Der Musikwissenschaftler Giovanni Borelli verglich ihn mit dem nicht weniger berühmten Gottardo Aldighieri. Den Bariton aber, der *uns* an Ruffo erinnern könnte, hat es nicht mehr gegeben. Der von John Steane dafür ins Gespräch gebrachte Gian-Giacomo Guelfi hat vielleicht eine ähnlich gewaltige Raumstimme gehabt, aber nie so kontrolliert – noch einmal: Kontrolle ist die beherrschte Ton-Emission – gesungen wie Ruffo. Die »nella volta palatina« – unter die Kuppel des harten Gaumens – plazierten Töne, die typisch für Ruffo sind, kann man am ehesten in einigen Aufnahmen des jungen Gino Bechi hören. Aber die Klangsättigung von Ruffos Stimme in allen Resonatoren des Körpers, vor allem aber unter seinem extrem hochgewölbten harten Gaumen, in der Maske der breiten Backenknochen und den großen Hohlräumen des Schädels, ist einzigartig. Man hört einen riesigen Körper im Klang vibrieren. Außergewöhnlich wie das gewaltige Volumen war der Umfang der Stimme, die leicht bis zum As aufsteigen und, mit tenoraler Beimischung, wahre Klang-Quader auftürmen konnte. Die Mittellage war reich und bassig dunkel gefärbt, während die Tiefe wegen der großen Spannung nicht die gleiche Resonanz besaß (ohne deshalb so schwach zu sein wie die Battistinis). Die Intensität der Tongebung veranlaßte Celletti zu dem Vergleich des Tons mit einer »bronzenen Säule«. Ruffo konnte den Ton auf vielfältige Weise modulieren und hat selber von seinem »Regenbogen« gesprochen: »Ich bemühte mich, mit meiner besonderen Technik eine wirkliche Farbpalette aufzubauen. Mit überlegten Abweichungen [von der normalen Stimmproduktion] bildete ich eine weiße Stimme, dann eine dunkle und intensivere, die ich meine blaue Stimme nannte. Durch die Vergrößerung und Rundung desselben Klangs empfand ich sie als rot. Dann die schwarze – das Maximum an Dunkelheit ... Welch ein Vergnügen, wenn ich bemerkte, daß ich meine Stimme vollkommen kontrollierte und die schwierigsten Farben bildete – die weiße mit der blauen, diese mit der roten und schwarzen mischend zu einer harmonischen Klangeinheit.«

Dies ermöglichte ihm seine fabelhaften Ciaroscuro-Effekte, Ausleuchtungen einer Phase mit den Mitteln des Klangs. Mit dieser Dominanz des Klanglichen gab er, wie Caruso, der Entwicklung des Singens eine neue Richtung und veränderte zugleich den Geschmack. Sein Singen war ein vehementes, oft lautes Agieren mit der Stimme, kraftvoll in der Phrasierung und heftig in der Akzentuierung, zugespitzt in der ausladenden Entfaltung hoher Töne und tosender

Tremolandi. Er besaß nicht die Nobilität Kaschmanns und Renauds, nicht die elegante Eloquenz Victor Maurels, nicht die feine Kantabilität Mario Anconas – war kein Vertreter der baritonalen Belle époque, sondern ein Naturalist mit »der Stimme des Teufels«, wie Giuseppe Cavallaro (einer seiner ersten Impresarios) sagte. Celletti schreibt zusammenfassend: »In den ersten Dekaden dieses Jahrhunderts brachte Ruffo einen intensiven, passionierten, oft gewalttätigen Stil auf die Opernbühne; aber die Gewalt war erfüllt mit Grandeur.«

John Steane äußerte die zwiespältige Empfindung, daß drei oder vier Ruffo-Aufnahmen ihn erschöpften, die Stimme ihm aber sofort Appetit auf neues Hören mache. Das bringt den »singenden Löwen«, wie Ruffo gern genannt wurde, in die Ecke des Stimmprotzes. Zwar war er kein so eleganter Vokalist wie Battistini, aber auf jeden Fall ein differenzierter Interpret. Auf einer berühmten Platte der EMI-Reihe *Great Recordings of the Century* singt Ruffo (mit Maria Galvany und Giuseppina Finzi-Magrini als Partnerinnen) alle großen Szenen aus *Rigoletto*, und man erlebt nicht nur eine eherne Stimme, die sich bei dramatischen Höhepunkten wie »un vindice avrai« und vor »Si, vendetta« zur Schmelzglut erhitzen kann, sondern ein nuanciert-expressives Rollen-Porträt. Es ist nicht das Porträt eines empfindsamen Vaters, sondern einer »verdammten Seele« (Celletti), die nicht nur Opfer ist, sondern auch Racheengel. »Pari siamo« erklingt mit brütender Intensität, »Deh non parlare al misero« (1912 mit Finzi-Magrini) klingt verhalten und verhangen durch die Abschattierung der Stimme, weniger durch die Reduzierung der Dynamik. Auch »Piangi, fanciulla« singt Ruffo mit voller, nicht aber lauter Stimme, die bei »Cortigiani« förmlich explodiert. Die kontrastierende Episode ab »Miei signori perdono, pietade« tönt Ruffo mit schmerzlichem Pathos ab, doch die Phrase »Tutto al mondo è tal figlia per me« und »Ridate a me la figlia« tönen nicht nur das klagende Leid des Vaters, sondern die Härte der Rachedrohung. Nur wenige Sänger haben die gespielte Sorglosigkeit des »La rà, la rà« vor der großen Invektive so vielsagend gesungen wie Ruffo. De Luca wählt, als Prototyp des empfindsamen Rigoletto, einen umflorten Tränenton, während Amato gleichsam auf dem Farbenklavier spielt und die Passagen stets neu tönt. Später hat nur noch Gobbi diese Stelle ähnlich gestaltenreich gesungen. »Si, vendetta« ist für den Bariton der Moment der lauten Wahrheit wie die Stretta für Manrico. »Vindice avrai« ist in der Partitur auf C-C notiert. Doch schon bei der Uraufführung ging der Bariton Varesi auf das Es und hielt dies endlos an. Mit dem letzten Rest des Atems ging er dann, mit quasi-erstickter Stimme, in die Cabaletta hinein. An derselben Stelle sang Victor Maurel, auch auf dem Es, mit Messa di voce. Ruffo singt das Es voll aus, diminuiert und geht mit leise-vibrierender Stimme über in »Si, vendetta«. Der Effekt ist großartig (zumal »avrai« nicht, wie bei vielen anderen später, sinnlos überdehnt wird), und bei der Phrase »Come un fulmine scagliato da Dio« erlebt man den Ausbruch eines Vulkans.

Nicht minder berühmt ist Ruffos Hamlet oder, da er ihn in italienischer Sprache singt, Amleto. Die Aufnahmen erklären den großen Erfolg, den Thomas' Shakespeare-Vertonung damals hatte: Es war eine ideale Sänger-Oper. Anders als die besten französischen Baritone ist Ruffos Interpretation zeittypisch durch einige (veristisch-)histrionische Effekte. Aber sie wirken spontan, sogar eloquent, zumals sie aufgehen in der Farbigkeit der in einzelnen Momenten rauschhaften Klangentladungen. Jede Szene bekommt durch subtilste Klangschattierung ihr eigenes Relief. Im Duett »Nega, se puoi la luce« setzt Ruffo bei der Phrase »No, non dubitar giammai di questo amor« auf den Kontrast der vollen, schnell vibrierenden und der leisen Stimme. Den »Spettro infernal« besingt er mit zitterndem Akzent, »Spettro santo« gibt er mit breiter Phrasierung und massiv strömender Vollstimme bei perfekter Konzentration des Klangs. »Essere o non essere«, den berühmten Monolog, könnte der beste englische Hamlet nicht gestaltenreicher vortragen, mal, so Celletti, parlato, mal declamato, dann geflüstert und schließlich mit wildem Schrei: darstellendes Singen von einzigartiger Intensität, vokaler Phantasie und tiefer Empfindung. Die Wiedergabe des Trinklieds »O vin, discaccia la tristezza« aber ist ein Wunder. Ruffo beginnt mit dem Tonfall gespielter Sorglosigkeit. Dann läßt er einen Schatten auf die Stimme fallen. Der Teil ab »La vita è breve, la morte vien« wird unter dem Atem gesungen, mit fahler, doch fokussierter, mit erstickter und zugleich kernhafter Stimme. Dann folgt nach der Dur-Modulation ab »via da noi« die Kadenz – von Ruffo auf einem einzigen Atem bei ständiger Klangsteigerung mit einer wilden, rasenden Geste hingelegt. Schließlich, mit flammender Intensität, die Reprise von »o vin ...« Ruffo ist hier allen Kollegen – und wer hätte Hamlet damals nicht gesungen? – in jedem Betracht überlegen.

Ecco il Figaro. Es gibt eine Reihe guter Aufnahmen der Cavatine, drei oder vier vorzügliche (von Battistini trotz der Tempo-Überspitzung, Stracciari, Amato, Domgraf-Fassbaender, Tibbett und dem jungen Tito Gobbi 1948). Aber kein Sänger ist mit einem so federnd-rasanten Rhythmus-Temperament in und durch das Stück gegangen wie Ruffo. Und trotzdem findet er immer ausreichend *Zeit* für Phrasen »unter der Stimme« und mit Farben, die Figaros Phrasen förmlich lachen, zwinkern, sie keck und amüsiert spielen. Die Klangsteigerungen bei »Uno alla volta« und die rasend-rasche, aber perfekt angeschlagene silbische Artikulation ab »Ah, bravo Figaro ... fortunatissimo per verità« bleiben unerreicht. Mit Galvany hat Ruffo das Duett zwischen Figaro und Rosina »Dunque io son« (leider gekürzt) aufgenommen, eine akustische Mise en scène, die dem Begriff des singenden Darstellers musikalischen Sinn gibt. Wenn Ruffo das »Donne, donne, eterni dei« bei der Wiederholung mit einer Prestissimo-Kadenzierung singt (bei »qui vi arriva«), bleibt nur das fassungslose Staunen über einen sängerischen Schwung, der mehr ist als erlernte Agilität. Der Prolog aus *Pagliacci* ist erwähnenswert wegen der feinen Abtönung ab »Un nido di memorie« und des gewaltigen As bei »al pari di voi«, dem zum Schuß ein brillantes G folgt. Die berühmtesten Tonströme aus Lava sind im Solo aus *L'Africana* – »All'erta, marinar« – zu hören oder auch in Nabuccos »Tremin gli insani del mio furore«. Im Rezitativ singt Ruffo sowohl den Nabucco als auch den Hohepriester Zaccaria, dann folgt die Kantilene des singenden Löwen. »Urna fatale« aus *Forza* beginnt prachtvoll – und kollabiert nach einem Gedächtnisfehler des Sängers in der Mitte der Arie. So grandios wie eine Skulptur des Michelangelo ist der Klang in »Tu sola a me rimani, o poesia« aus *Chatterton* von Leoncavallo (ursprünglich eine Tenor-Arie!). »Vien Leonara« aus *La Favorita* zeigt die Grenzen des Sängers: Er kann eine anmutige Kantilene nicht so fein ziehen und ziselieren wie Battistini oder Ancona. Nicht zuletzt zwei der überragenden Ruffo-Aufnahmen: Jagos Credo und »Si pel ciel« mit dem Otello von Enrico Caruso. Es scheint, als wollten sich beide Sänger gegenseitig aussingen, so gewaltig ist die Glut der Tonausbrüsche. Bis in die zwanziger Jahre hielt Ruffos Stimme ihre Kraft und Spannung. Das zeigen Aufnahmen von »Pari siamo«, die »Adamastor«-Szene aus *L'Africana*, Gérards »Nemico della patria«, »O casto fior« und vor allem »Pauvre martyr« aus *Patrie* (Paladilhe). Vielleicht noch eindringlicher als die frühe Aufnahme des Hamlet-Trinkliedes ist die zweite Version von 1920. Die Traumerzählung des Jago und Falstaffs »L'Onore« sind wieder Meisterstücke des Farbensingens. Die späten, elektrischen Aufnahmen, darunter Duette mit Gigli, sind nur noch ein Abgesang. Ruffo selber sagte wenig später: »Der Löwe schweigt.«

Goldenes Zeitalter der Baritone

Keine andere Epoche hat so viele exzellente italienische Baritone erlebt wie die drei Jahrzehnte zwischen 1890 und 1920: wundervolle Belcantisten wie die beiden im italienischen Fach versierten Franzosen Victor Maurel und Maurice Renaud, Mattia Battistini, Antonio Magini-Coletti, Giuseppe Pacini und Mario Ancona und Sänger wie Antonio Scotti, Pasquale Amato, Giuseppe de Luca und Riccardo Stracciari, deren Vortrag noch weitgehend frei war von den rauhen Manieren des Verismo.

Sänger-Schauspieler: Antonio Scotti

Als Jean de Reszke die Stadt verließ, sagte er voraus, daß Scotti noch in fünfzehn Jahren an der Met aktiv sein würde. Mr. de Reszke kannte seinen Mann ... Er nahm die Stadt nicht im Sturm. Er war nie eine Sensation. Er gab sein Debüt 1899 als Don Giovanni, lenkte die Aufmerksamkeit des Publikums auf sich durch seine frische, sonore, aber nicht robuste Stimme, sein Finish des Stils, die Eleganz seiner Darstellung, die Anmut seiner Manier und sein attraktives Aussehen ... Und der sichere Beweis seiner künstlerischen Ausdruckskraft zeigt sich darin, daß man sein Auge nicht von ihm nimmt, solange er auf der Bühne ist ... Daß er nach fünfundzwanzig Jahren immer noch in der ersten Reihe steht, spricht für die Bewahrung seiner stimmlichen Mittel. Er hatte nie eine große Stimme. Er versuchte nie, sie groß zu machen.
William James Henderson über Antonio Scotti

Hört man etwa nach der lyrisch-feinen Wiedergabe Mario Anconas »Un nido di memorie«, die lyrische Episode aus dem Prolog zu *Pagliacci*, von dem sechs Jahre jüngeren, in Neapel geborenen Antonio Scotti (1866–1936), so bewahrheitet sich die schon von Stendhal formulierte Einsicht, daß eine glänzende Stimme viel sein kann, aber nicht genug sein muß. Obwohl Scotti, der 1898 an der Mailänder Scala unter Toscanini den Sachs verkörperte und seit 1899 für drei Jahrzehnte eine führende Stellung an der Met hielt, eine nach damaligen Maßstäben nicht einmal schöne Stimme hatte – in der Höhe fehlten ihr Glanz und vibrierende Intensität –, wußte er auf ihr, und dies ist nicht metaphorisch gemeint, zu spielen. Wenn er singt, sieht man auf der Klangbühne der Schallplatte lebendige Figuren lieben und leiden, agieren und intrigieren. Um so merkwürdiger, daß ausgerechnet sein vielgerühmter Scarpia, laut Henderson eine »brillant energische und aggressive Interpretation mit vollständiger Erfassung des Charakters«, blaß bleibt und, noch überraschender, unsicher in der Intonation. Daß eine Susanna (Geraldine Farrar, unstet singend) dem Werben dieses Grafen – im Duett »Crudel, perche finora« – widerstanden haben soll, spricht für ihre Standfestigkeit. Mit derselben gestischen Suggestivität trägt Scotti, wundervoll die Balance haltend zwischen belcantischem Ton und buffonesker Deklamation, den Auftritt des Belcore in *L'Elisir* vor: »Compe paride vezzose«, und ein Glanzstück seiner umfänglichen Diskographie ist das Intrigen-

Antonio Scotti
(Foto: © Ullstein Bilderdienst)

Duett »Ma brava! ... Vado corro« (mit Marzella Sembrich), darin Malatesta seine Schwester Norina für das böse Spiel mit Pasquale einübt. Scottis erste Phrasen sind förmlich mit einem böse-abgefeimten Lachen durchschossen, und sein Passagenwerk ist fast so brillant wie das der unvergleichlichen Marcella Sembrich. Überhaupt ist Scotti in Duett- oder Ensemble-Aufnahmen at his best zu hören. Dort, wo es nicht allein auf die Entfaltung der Stimme ankam, sondern auf die Abstimmung der Tempi, das Austasten der Phrasierung, wirkte er Wunder. Mit Caruso hat er das Freundschaftsduett (»Solenne in quest' ora«) aus *La Forza del Destino* gesungen – vollendet in der Linienführung und der samtartig-weichen Klanggebung; dann, kaum weniger vollkommen, das Duett Carlo–Posa aus Verdis Schiller-Oper, Rodolfos und Marcellos »O Mimi« aus *La Bohème* und die Pinkerton-Sharpless-Szene aus *Madama Butterfly*.

Scotti sang stets innerhalb seiner Mittel und bediente sich der Stimme als eines expressiven Instruments. Melbas Satz, daß man erst zu lernen beginnt, wenn man schon vor dem Publikum steht, hätte auch von ihm stammen können. Als er auf dem Höhepunkt seiner Karriere war, begann er schon, die Ernte des Künstlers einzufahren – er konnte von ihr leben, als die Stimme längst ausgetrocknet war. 1933 verabschiedete er sich in Leonis *L'Oracolo* in der Rolle des chinesischen Schurken Chim-Fen von der Bühne. Er kehrte nach Neapel zurück und starb kaum drei Jahre nach dem Abschied von der Oper.

Energie und Stimmpracht: Pasquale Amato

... was Stimme und Erscheinung angeht, der begabteste aller Opern-Baritone. Er hat eine Naturstimme von ungewöhnlicher Schönheit, reich, sonor, gut ausgeglichen und von besonders gwinnender Qualität. Sein Umfang reicht bis zum hohen As, ein Ton, der von einem Bariton in der Praxis kaum benötigt wird. Seine Stimmproduktion ist durch und durch vortrefflich ... Er phrasiert gut, behandelt die Melodie mit Blick auf ihren musikalischen Charakter und schattiert sehr geschickt. Er kann leise singen und die Stimmproduktion dabei intakt halten ...

William James Henderson 1910 im ›Ladies' Home Journal‹ über Pasquale Amato

Im Jahre 1912 gastierte das Ensemble der Lyric Opera von Chicago in New York und führte, mit Titta Ruffo in der Titelpartie, Thomas' *Hamlet* auf. Mit seiner riesigen Stimme beeindruckte Ruffo seine Rivalen noch mehr als das Publikum. Einen Abend nach dem triumphalen Erfolg des »singenden Löwen« stand *Pagliacci* auf dem Programm der Met. Der aus Neapel stammende Pasquale Amato (1878–1942) sang Tonio, und Henderson berichtete in *The Sun* am 21. November 1912: »Im Prolog demonstrierte er, daß lange Phrasierungsbögen und hohe Töne nicht aus Chicago importiert werden müssen.«

Auch der Kritiker des *Evening Telegram* berichtete, daß Amato den Prolog mit »ungewöhnlicher Heftigkeit« gesungen habe und einige hohe Töne »verlängerte, als wolle er zeigen, daß er dem großen Bariton ebenbürtig ist«. Und schon bald wurde das »Sich-Übersingen«, ursprünglich eine kleine Unart in einer starken Technik, zur schlechten und schädlichen Gewohnheit. Bereits 1918/19, Amato war eben vierzig Jahre alt, ließ die Stimme nach.

Amato, Sproß einer reichen sizilianischen Familie, studierte drei Jahre am Konservatorium San Pietro a Majella in Neapel, zunächst unter Benjamino Carelli (dem Vater der Sopranistin Emma Carelli), danach unter Vincenzo Lombardi (Lehrer von Fernando de Lucia). 1899 debütierte er, eben 21jährig, als Germont am Teatro Bellini. In derselben Saison folgten Amonasro, Escamillo, Renato, Valentin und, neben Giovanni Zenatello, die Hauptrolle in Gianettis *Violinnaio di Cremona*. In den folgenden Jahren sang er an verschiedenen italienischen Provinzbühnen. 1901 war er in Lecce Partner Gemma Bellincionis in *La Traviata*, 1902 am Mailänder Dal Verme der Gérard einer *Chenier*-

Aufführung neben Giuseppe Borgatti, der 1897 in der Uraufführung mitgewirkt hatte. 1903 gastierte er in Rußland und in der Tschechoslowakei, 1904 in Südamerika (unter Toscanini) und in Deutschland. Im Herbst 1904 wurde er zum erstenmal an die Covent Garden Opera verpflichtet, wo er Escamillo, Amonasro, Rigoletto und Marcello sang. Später erklärte Emilio de Gogorza – Victors künstlerischer Direktor –, daß Amatos Stimme zu diesem Zeitpunkt die schönste war, die er je gehört hatte. Toscanini holte ihn im Januar 1907 an die Mailänder Scala, wo er neben Burzio und Zenatello in *La Gioconda* debütierte. Seine zweite Rolle war Kurwenal in einer von Toscanini betreuten *Tristan*-Aufführung mit Kruszeniski und Borgatti in den Hauptrollen. Er war der erste Golaud in Debussys *Pelléas* an der Scala (unter Toscanini) und sang ferner Don Carlo, Scarpia, Gellner in *La Wally* (Catalani), Cristoforo Colombo (Franchetti) und in *Gloria* (Cilea).

Als Gatti-Casazza das Management der Metropolitan Opera übernahm, brachte er Amato mit. Am 20. November 1908 debütierte der Bariton neben Sembrich in *La Traviata*; Alfredo sang, statt des indisponierten Alessandro Bonci, Enrico Caruso. In den folgenden zwölf Spielzeiten übernahm Amato

Pasquale Amato
(Foto: © Rubini-Records, Hove, Sussex)

neben dem Standard-Repertoire (Verdi, Puccini, Mascagni, Leoncavallo, Giordano) Partien wie Guglielmo Wulf in Puccinis *Le Villi*, Hidraot in Glucks *Armide*, Cascard in Leoncavallos *Zazà*, den Fürsten Igor, Manfredo in Montemezzis *L'Amore dei Tre Re*, Giovanni in Zandonais *Francesca da Rimini* und Athanaël in Massenets *Thaïs*. In der Uraufführung von Puccinis *La Fanciulla del West* sang er neben Destinn und Caruso den Sheriff Rance und Napoleon in Giordanos *Madame Sans-Gêne*. Aus Kolodins Chronik der Met geht hervor, daß er nicht nur die schwersten veristischen Rollen wagte, sondern sie vor allem zu oft sang und sich damit ebenso überforderte wie durch den unnötigen Wettbewerb mit Ruffo. In den Jahren zwischen 1908 und 1920 brachte er es auf 471 Aufführungen. Die Kritiken, die er in den zwanziger Jahren erhielt, dokumentieren den Niedergang der Stimme, von der auf Fonotipia (ab 1907), Victor (ab 1911 bis 1916), Homocord (1924) und Vitaphone (nur zwei Titel für einen Film) knapp 120 Aufnahmen erhalten sind. Die mit Abstand besten sind die Fonotipia- und Victor-Platten aus den Jahren zwischen 1907 und 1916. Amatos Stimme war nicht nur sehr umfangreich – er schlug das Marcato-A in Jagos Trinklied so leicht und resonant an wie eine Glocke –, sondern auch außergewöhnlich schön timbriert. Es war eine dunkle Stimme mit raschem, beherrschtem Vibrato und ehern-fester Höhe. Die Register waren glatt verbunden. Bei der Vokalbildung neigte der Sänger zu einer leichten Abdunkelung der hellen Vokale. Seine Agilität war, wie eine superbe Aufnahme von Figaros »Largo al factotum« beweist, außerordentlich. In dieser Aufnahme von 1911 sang er mit rauschendem rhythmischem Schwung, oft sotto voce und mit feinen Farben, die dem Text die geforderten komischen Inflektionen abgewinnen. Die Tongebung ist leicht und flexibel und nicht, wie bei Ruffo, kraftvoll-ausladend. Überragend sind seine (Victor-)Aufnahmen aus *Rigoletto*: Das Duett »Figlia! Mio Padre« mit Frieda Hempel und vor allem »Cortigiani« dürften die besten Aufnahmen überhaupt sein. Amato verfügte nicht nur über die Kraft für die heftigen Akzente und Ausbrüche, sondern auch über das strömende Cantabile für »Miei signori«. Den Crescendo-Decrescendo-Wechsel bei »ridonarla a voi nulla ora costa« mit der pathetischen Wiederholung von »a voi nulla ora costa« – die wie ein gebrochenes Echo klingen muß – hat allenfalls Giuseppe de Luca so subtil (aber nicht ganz so klangvoll) vorgetragen wie Amato. Den Reichtum der energischen, vibrierenden Stimme entfalten die beiden Szenen aus *I Due Foscari*: »O vecchio cor« und vor allem »Questa dunque è l'iniqua mercede«, wo die Kantilene wie bei Ruffo zu einer bronzenen Ton-Säule wird. Als Luna ist er ein idealer Partner sowohl für Armida Parsi-Pettinella als auch für Johanna Gadski: »Mira d'acerbe« singt er mit einer fast schon aggressiven Intensität, wobei seine gerollten /r/ an Martinelli erinnern, mit dem er 1914 in der Toscanini-Aufführung von *Trovatore* sang.

Phrasierung und Schattierung rühmt John Steane an Renatos »Eri tu« aus *Ballo in Maschera.* Amato hat den zugleich dramatischen und elegischen Gesang zweimal aufgenommen, 1909 für Fonotipia und 1914 für Victor. In der früheren Aufnahme läßt er das tiefe A aus, wie es vor ihm auch Battistini aus ersichtlichen Gründen tat. Amato geht mühelos durch die heikel-hohe Tessitura und färbt dabei die halbe Stimme mit schmerzlicher Morbidezza ein, die man weder bei Stracciari noch bei de Luca, weder bei Tibbett noch bei Gobbi, schon gar nicht bei Cappuccilli oder bei Bruson findet, weil die meisten mit der Bewältigung der hohen Lage so beschäftigt sind, daß sie an spezifische Kolorierungen gar nicht denken können. Trinklied und Credo des Jago aus *Otello* sang er mit kaum je wieder erreichter Verve und Intensität, dazu mit feiner Wortnuancierung. Mit makellosem Legato und behutsamster Mezzavoce formte er den Binnenteil (ab »Un nido di memorie«) des Prologs zu *Pagliacci*, und daß er eine klassische Belcanto-Schulung erhalten hatte, ist in jeder Phrase von Germonts »Di provenza« mit seinen eleganten Verzierungen zu hören. Das ist nicht nur exemplarische Vokalkunst, sondern ein unvergleichlich imaginatives Musizieren mit allen Farben der Stimme und allen Formeln der klassischen Grammatik, dazu eine eindrucksvolle Widerlegung von Ester Mazzolenis Satz, daß Amato kein großer Verdi-Bariton gewesen sei, weil ihm »die Wärme« gefehlt habe.

Flexibilität und Phrasierungskunst: Giuseppe de Luca

> De Lucas Stimme ist ein echter Bariton von nicht übermäßigem Volumen, aber auf Grund der perfekten Plazierung von außerordentlicher Tragkraft. Er hat eine zuverlässige Skala über zwei Oktaven vom tiefen bis zum hohen A, solide Bassi und freie, resonante Acuti. Samtig in ihrer Qualität, flexibel und üppig, glänzt die Stimme in der Höhe. Seine Intonation ist fehlerlos. Weil er alle Resonanzräume zu nutzen versteht – die Brust, den Gaumen, die Nasen- und die Kopfräume –, gibt er seinen Tönen Leben, Farbe und Körper.
> *Aida Favia-Artsay über Giuseppe de Luca*

Kann man einen Sänger, der sein letztes Konzert am 7. November 1947 gesungen hat – nicht irgendwo in der Provinz und bei der Resteverwertung einstigen Ruhms, sondern in der New Yorker Town Hall –, der mit Giovanni

Martinelli vor Energie schier explodierende Verdi-Aufnahmen gemacht hat, den Exponenten des alten Stils zuordnen? Der Römer Giuseppe de Luca (1876–1950), zehn Jahre jünger als Scotti und drei als Caruso, wie Battistini und Ruffo ausgebildet bei dem bedeutenden Venceslao Persichini, läßt sich schwer einordnen, weil er zwei Zeitaltern des Singens angehört. Seine Leistung liegt nicht zuletzt darin, daß er die geschmeidige Tonproduktion der alten Schule in das neue Zeitalter hinübergerettet hat. Vielleicht auch deshalb, weil er mit seinen stimmlichen Mitteln gegen seinen größten Rivalen am römischen Konservatorium und später auf den Bühnen der Welt – gegen Titta Ruffo – nie hätte bestehen können. Aber er sang noch, als »der Löwe«, wie Ruffo sich nannte, längst nicht mehr brüllen konnte.

De Luca debütierte 1897 in Piacenza (als Valentin in *Faust*), kam nach sechs Jahren an die Mailänder Scala und mußte sich gegen Scotti (der bald in die USA ging), Ruffo, Sammarco und Pacini, stimmlich durchweg überlegene Sänger, behaupten, was ihm trotz einer – wie Scott schreibt – »guten, aber nicht erstklassigen Stimme« gelang. Am 10. Dezember 1903 debütierte er unter Campanini als Wagners Alberich. 1904 sang er Sharpless in der tumultuösen Uraufführung von *Madama Butterfly*. Zwischen 1907 und 1911 gastierte er in drei Spielzeiten an der Covent Garden Opera und, wie alle ganz Großen, in den osteuropäischen Metropolen, bevor er ab 1915 an der Met für drei Jahrzehnte sein künstlerisches Zuhause fand.

Giuseppe de Luca als Figaro
(Foto: © Rubini-Records, Hove, Sussex)

Auch wenn er nicht den machtvollen Klang eines Ruffo, nicht den kernhaft fokussierten von Pasquale Amato, nicht die Eleganz eines Mattia Battistini, nicht die klanggestische Lebendigkeit eines Antonio Scotti besaß – er hatte von allem so viel, um sich in die Annalen als der zuverlässigste und beste Bariton der Jahrzehnte zwischen 1910 und 1935 einzuschreiben. Diese Charakteristik ist kein höflicher Euphemismus für einen großen Künstler mit einer mittelprächtigen Stimme. De Lucas Bariton war von reiner Textur, weichem, aber schimmerndem Piano-Klang und tenoraler Einfärbung in der Höhe. Im Gegensatz zu Kollegen wie Titta Ruffo und Riccardo Stracciari verzichtete er fast ganz auf die vibrierende Tonausladung, auch wenn er beispielsweise im Duett »Invano Alvaro . . . Le minaccie« sein »Finalmente« mit so emphatischer Phonation herausschleudert, daß die meisten Baritone unserer Zeit blaß werden müßten vor Neid. Aber dabei bleibt der Ton kontrolliert und beherrscht; er würde, auf einem Oszillographen abgebildet, einen Kreis ohne Auszackungen bilden. Als er 1915 an die Met kam und neben Frieda Hempel und Adamo Didur den Figaro sang, bescheinigte Henderson ihm »eine Stimme von ausgezeichneter Qualität« und »übersprudelnde Lebendigkeit des Spiels«. Robert Tuggle zitiert einen anderen Kritiker, der im *New York Herald* schrieb: »Er gewann das Auditorium mit einer einzigen Arie, seinem ›Largo al factotum‹ . . . Er hat die agilste Stimme, die seit Jahren hier in der Oper zu hören war. Sie ist von schöner Klangqualität. Die tiefen Töne sind voll und wohlgerundet, die hohen besitzen eine beinahe tenorale Klarheit. Seine Atemkontrolle ist wundervoll, denn er sang die schwungvolle Arie in einem Tempo, das die Hörer des Atems beraubte, nicht aber ihn selber.«

In zweiundzwanzig Spielzeiten sang de Luca an der Met zweiundfünfzig Rollen. Neben Rossinis Figaro waren Verdis leidende Väter und tragische Helden seine Glanzrollen. Nur wenige Sänger des Rigoletto können sich neben ihm behaupten, vor allem in den lyrischen Abschnitten der Partie. Den Beginn von »Piangi, fanciulla« singt er, wie Steane zu Recht anmerkt, mit einer wundervoll gerundeten und doch gespannten Mezzavoce, aber der Klang hat nicht ganz die unbeschreibliche Morbidezza wie bei Pasquale Amato. Den Beginn von »Cortigiani, vil razza« singen sowohl Ruffo als auch Amato mit einer größeren, wütigen Energie, aber der Schlußabschnitt ab »Miei signori«, breit und mit Tränen in der Stimme phrasiert, gehört zu den großen, erfüllten Augenblicken von ästhetisch makellosem und zugleich expressiv bewegendem Singen. Was um so sinnfälliger wird, wenn man Nachkriegsbaritone mit einem ähnlichen lyrischen Klanggepräge heranzieht: Robert Merrill, Ettore Bastianini oder Rolando Panerai. Sie sind de Luca nicht nur hinsichtlich Atemkontrolle, Legato (teilweise mit Aspiration) und Phrasierung unterlegen, sondern auch hinsichtlich der klanglichen Imagination.

Ein rascher Durchgang durch das große Repertoire ergibt als Summe Vortrefflichkeit. Eine frühe Fonotipia-Aufnahme von 1907 holt einen alerten, stimmlich zuweilen körnigen Figaro mit »Se vuol ballare« auf die Bühne, mit mühelosen und resonanten Spitzentönen. Kostbarkeiten sind seine Aufnahmen aus *Don Pasquale*. Malatestas »Bella siccome un angelo« hält aristokratische Eleganz der Phrasierung und pointierte Artikulation in perfekter Balance; das kleine Ritardando auf der sauber plazierten Zielnote von »che v'innamora« und die Weiterführung der Phrase haben Modellcharakter. Das mit streng vokalen Mitteln frei aus*gespielte* Duett »Cheti, cheti« mit dem trefflichen Ferruccio Corradetti gehört zu den Sternstunden des Singens auf der Schallplatte. Im Duett mit Norina als Partner der exzellenten Lucrezia Bori – von wenigen Schnitten abgesehen fast vollständig, im Gegensatz zu Sembrich/Scotti – führt er erneut das abgefeimte Spiel mit Klang-Figuren vor. Im Vergleich dazu wirken Sills/Titus (unter Sarah Caldwell) und Sciutti/Krause (unter István Kertész) ausgesprochen steifleinern, Popp/Weikl (unter Wallberg) Lichtjahre vom Stil der Buffa entfernt. Allerdings gibt es eine exzellente Version des Duetts mit Lotte Schöne und dem fabelhaften, nur bei den Koloraturen zuweilen fingierenden Willi Domgraf-Fassbaender.

Zurück zu de Luca und Verdi. Nach dem Wortspiel eines englischen Kritikers hat Verdis Luna »famous and infamous baritones« (das Wortspiel ist schwer übersetzbar: berühmt/berüchtigt oder famos/infam) angezogen. »Il balen« hat de Luca schon 1906 für Fonotipia aufgenommen (dem Verfasser unbekannt), und diese Version soll noch besser sein als die vortrefflichen Aufnahmen, die er 1917 und 1929 für Victor machte. Interessant wäre ein Punkt-um-Punkt-Vergleich mit dem fabelhaften deutschen Bariton Joseph Schwarz, der die Verzierungen mit einer an Battistini gemahnenden Leichtigkeit einbindet und die mit gelöster Verve hingelegte Kadenz auf einem brillanten hohen F krönt. Wie man schmerzlichstes Espressivo in eine makellos gebundene, dunkel schattierte Kantilene legen kann, demonstriert de Luca in »Per me giunto è il di supremo« und »O Carlo ascolta« aus *Don Carlo* (wo *er* auf »a me porgi *la* man« seinerseits ein wundervolles Es – einen schönen Schmerzensschrei – interpoliert). Wolframs Lied an den Abendstern gibt er, bei genau bemessener Diktion, ein Höchstmaß an Kantabilität, »O Monumento« aus *La Gioconda* krönt er mit einem monumentalen hohen G von tenoraler Brillanz. Exzellent die Ausschnitte aus *La Dannazione di Faust*: mit gefletschten Zähnen das Gelächter im Flohlied, mit brillanten Portamenti und einlullendem Klang »Su queste Rose« (darin ein superb bewältigter Oktavsprung bei »di parole«), ein wenig derb der Schluß. Nichts aber geht über die Duett- und Ensemble-Aufnahmen dieses herausragenden Baritons. Daß er sich neben Caruso in dem (gekürzten) Duett »Sleale! il segreto fu dunque violato« behauptet, ist mehr als nur ein Kompliment: Denn der Tenor singt hier seine Legato-Bögen mit einem Timing und einer schmerzlichen Schönheit und das abschließende H mit einer Explosivkraft, die unbeschreiblich sind. Die große Szene, in der Carlo den im Kloster lebenden Alvaro zum Duell fordert (»Invano Alvaro«) ist von glänzenden Sängern – Caruso/Amato, Taccani/Amato, Pertile/Franci, Merli/Molinari und Stimmgiganten wie Lauri-Volpi/Bechi und Corelli/Guelfi – gesungen und gedröhnt worden, aber in keiner lodert die Erregung so flammend hoch wie bei Martinelli und de Luca, die den Stretta-Schluß in einen klanglichen Amoklauf treiben – daneben bleiben Nachgeborene wie Bergonzi/Cappuccilli, Del Monaco/Bastianini und auch Tucker/Tagliabue bei aller Anstrengung zahm oder ausdrucksarm. Was de Luca selbst dann nicht ist, wenn er sich im Ausdruck zurückhält wie bei der Aufnahme des Duetts von Aida und Amonasro, das er 1930 mit Elisabeth Rethberg aufgenommen hat. Zwar setzen beide Sänger durchaus auch ihre deklamatorischen Akzente, aber der Gesangsausdruck wird dominiert von der Reinheit und Schönheit der Linienbildung, von subtilen Inflektionen – man höre nur de Lucas »Corragio, ei giunge (sotto voce, lautmalerisch gedehnt), »là tutto udrò« (dunkel schattiert). Das ist später nur von Maria Callas und Tito Gobbi dramatisch übertroffen worden. Muß zum Ruhm seiner Verdi-Aufnahmen eigentlich nicht mehr viel gesagt werden, so ist auf einige weniger bekannte Glanzstücke seines Repertoires besonders nachdrücklich hinzuweisen. Eines ist »Combien de fois – De l'art splendeur immortelle« aus *Benvenuto Cellini* von Diaz. Das lange Tenuto auf dem B und die Überleitung in die Hauptphrase ab »De l'art . . .« singt er auf einem Atem, und zwar so, daß dem Hörer der Atem wegbleibt. »Sei vendicata assai« aus Meyerbeers *Dinorah* hat eine klangliche Opulenz – weniger Fülle als Intensität –, die schwerlich zu überbieten ist. Er singt einen sauberen Triller in »Per me giunto« aus *Don Carlo* (auf »fedel«) und gibt in Donizetti-Arien – so in »A tanto amor« aus *La Favorita* – vollkommene Legato-Studien.

Giuseppe de Lucas Karriere dauerte 54 Jahre. Noch nach seinem glänzenden Abschiedskonzert in London (1946) hat er acht klassische Arien aufgenommen – das Repertoire, an dem Gigli schauerlich scheiterte. De Lucas Stimme hat nicht mehr ihre einstige Frische, aber es ist immer noch eine klangvolle, vor allem in der prachtvoll versammelten Höhe leuchtende Stimme. Welch ein Triller im zweiten Teil von »Pur dicesti«, welch feines Sostenuto-Singen in »Amarilli« von Caccini. Bei seinem Abschiedskonzert sagte der Sänger – gutgelaunt, weil er immer noch mit Laune singen konnte – seinem Publikum: »Ich werde nie zu singen aufhören. Das ist mein Leben.«

Dämon der Darstellung

Der Ruhm Schaljapins hat den fast aller russischer Sänger der Jahrhundertwende überstrahlt. Dabei haben zumindest Lew Sibiriakow (1869–1942) und Wladimir Kastorsky (1871–1949) Baß-Stimmen von vergleichbarer Qualität besessen.

Der Mephisto von Kasan: Fedor Schaljapin

> Schaljapin war hier. Dieser Mensch ist, gelinde gesagt, ein Genie ... Das ist etwas Ungeheuerliches, das sich mit einer erschreckenden, teuflischen Gewalt die Menge untertan macht.
> *Maxim Gorki über den 26*jährigen Fedor Schaljapin

> Als er das Lied beendete – das letzte war sein teuflisches Lachen –, saß das Publikum im Theater wie vor den Kopf geschlagen. Minutenlang – ich übertreibe nicht – saßen alle stumm und unbeweglich da, als habe man eine zähe, feste, schwere Flüssigkeit über sie gegossen, die auf ihnen lastete und sie erstickte. Die Kleinbürger hatten bleiche, angstverzerrte Gesichter bekommen.
> *Maxim Gorki in ›Mein Freund Fedor‹*
> *über Schaljapins Darstellung von Mussorgskys ›Flohlied‹*

Was Maxim Gorki hier beschreibt, ist ein theatralischer oder ästhetischer Vorgang, den der englische Theatertheoretiker Edward Gordon Craig als »physiologische Ansteckung« bezeichnet hat, gleichsam eine Infektion des Publikums durch eine die musikalische Interpretation unterstützende, zuweilen wohl auch überwuchernde gestische Expressivität, die, weil sie die Grenze zum Unfreiwillig-Komischen streifen kann, unter den pejorativen Begriff des »Histrionischen« subsumiert wird. Histrionische Darstellung in der Oper, noch heute von vielen Stars vor allem in der italienischen Oper gedankenlos praktiziert, ist umstritten und gilt, wie das Pathos Schillers, als unzeitgemäß. Doch gründet diese Idiosynkrasie weniger auf ästhetischer Distanz als auf bloßer

Schaljapin als Mephisto *Als Don Quichotte*
(Fotos: © Bildarchiv Preußischer Kulturbesitz)

Als Igor
(Foto: © Kesting)

Ranküne, die sich – unter Berufung auf einen höchst ambivalenten Begriff von Werktreue – gegen alles verwahrt, was der mimetischen Energie des Singens und Darstellens entspringt. Fedor Schaljapin, in einschlägigen Schallplattenkommentaren, Nachrufen und Features als ein von dämonischem Ausdruckswillen getriebener Akteur zwischen Naturalismus, Expressionismus und Naturburschentum gezeichnet, als Person charakterisiert mit Klischees aus dem anscheinend unerschöpflichen Depot »russische Seele«, ist, wie Caruso, zu einer Chiffre geworden. Zu einem Gebrauchs-Mythos, der heute herhalten muß für jene Sorte von Folklore, die unter der Hausmarke »Russisch« oder »Rebroff« firmiert. Von Schaljapins Platten – nach der Liste des *Record Collector* insgesamt 181 – sind hauptsächlich einige Spätaufnahmen bekannt, die für die sängerische Physiognomie zwar nicht untypisch sind, gleichsam aber nur einen einzigen mimischen Moment festhalten. Der *Don-Quichotte*-Film von 1934 – von Sergej Eisenstein als tieftrauriger Anachronismus bezeichnet – tat ein übriges, den Sänger als einen exzentrisch-phantastischen Komödianten in Erinnerung zu halten oder, nach dem impertinenten Wort von Gerald Moore, als »liebenswürdiges Baby«.

Noch die alten Bilder des Künstlers – Manifestationen einer Kunst der Pose – bewahren die schier magnetische Aura des Sängers und Darstellers. Wir sehen ihn als Mefistofele in Boitos Oper. Das in natura runde, breite Gesicht mit dem schweren Kinn und der großen, fleischigen Nase ist scharf gefurcht. Zwei tiefe, dunkle Falten, die von der Nase bis zu den Winkeln des Mundes laufen. Die Augenbrauen sind nach oben und weit nach außen gezogen. Der Kopf ist grotesk nach oben gereckt. Die sehnigen Arme mit den gigantischen Bizeps sind abgewinkelt und dergestalt hochgehalten, daß die rechte Hand über die linke Schulter zeigt – Mephisto, »me voici«. Wir sehen ihn als Don Basilio neben Lily Pons in Rossinis *Il Barbiere di Siviglia*, mit spitziger Nasenmaske und einem monströsen Kinn – eine groteske Figur aus der Commedia dell'arte, aber aus deren Nachtwelt. Wir sehen ihn als Don Quichotte in der von Massenet für ihn geschriebenen Oper – mit Spitzbart und tragisch-blödem Blick, Verkörperung des Stolz-Traurig-Unzeitgemäßen. Wir sehen ihn als Gounods Méphistophélès – sitzend, den rechten Arm durchgedrückt und angespannt, den linken angewinkelt, einen Degen fassend. Die gewaltigen Beine sind nackt. Der Blick von bohrender Intensität – die Inkarnation der zynischen Spottgeburt.

All diese Bilder zeigen einen Überlebensgroßen – einen Dämon der Darstellung mit der wilden Lust an der phantastischen, illusionistischen Maske. Das Bild, das der Maler und Zeichner P. Buchkin von seinem Warlaam aus Mussorgskys *Boris* gemacht hat, bewahrt das Wunder einer mimischen Verwandlung: Schaljapin ist hier der Typus des dreist-verschmitzt schlauen Säufers mit listig funkelnden Augen, riesigem Schnauzbart und wildwirrer Haarmähne. Das Gesicht, eigentlich ohne distinkte Kontur, muß phantastisch beweglich gewesen sein, und auch sein Körper besaß die expressive Flexibilität eines Tänzers – ohne das hätte er nicht all seine unterschiedlichen Rollen darstellen können. Töricht zu glauben, daß dies alles die Leistung einer Naturbegabung gewesen wäre. Schaljapin mag in seiner Vitalität und aufbrausenden Unbeherrschtheit ein Primitiver gewesen sein, aber er war auf geniale Weise lern- und ausdrucksfähig. Die Voraussetzung für Ausdrucksfähigkeit aber ist nicht zuletzt Leidensfähigkeit.

Fedor Schaljapin, am 11. Februar 1873 – vierzehn Tage vor Caruso – in der Nähe der tatarischen Hauptstadt Kasan geboren, durchlebte und durchlitt eine von Maxim Gorki als symbolisch bezeichnete Jugend, die »von der gewaltigen Kraft unserer Heimat zeugt«. Das Milieu könnte aus einem Roman von Charles Dickens genommen sein, doch zieht durch die Jugend eine lebendige Einbildungskraft und eine mimetische Phantasie, die Kindern in industrialisierten Ländern verwehrt bleibt. Schaljapin erduldete Hunger, erlebte einen ständig betrunkenen Vater und litt mit der gequälten Mutter. Er fand seine ganze Seligkeit in einem Kirchenchor, in dem er Musik vom Blatt zu lesen lernte. Ein Theaterbesuch geriet gleichsam zu einem Beben seiner Empfindungswelt. »Der Vorhang fiel«, so schrieb er später, »aber ich befand mich wie in einem Traum, der wirklich werden sollte, mußte. Das Theater brachte mich fast um meinen Verstand, ich stand buchstäblich neben mir.« Nach einem Opernbesuch versuchte er, Sprechen und Singen zu einer Symbiose zu bringen und begann, »das tägliche Leben selber in Oper zu verwandeln«.

Mit sechzehn Jahren verließ er sein jämmerliches Zuhause und zog im Chor einer Operettentruppe durchs Land. Es war ein Hungerleben ohne die Romantik des Grünen Wagens, und es trieb ihn bis zum Versuch des Selbstmords. Freunde retteten ihn, und wenig später traf er auf Dmitri Usatow, der sein Gesangslehrer wurde. Usatow war ein versierter Kenner des Belcanto, somit ein exzellenter Stimmbildner, aber er war auch ein engagierter Parteigänger Mussorgskys und legte größten Wert auf dramatische Darstellung, auf jene Verschmelzung von Singen und Darstellen, die bei Schaljapin vollkommener aufgegangen ist als bei irgendeinem anderen Vokalisten dieses Jahrhunderts. Regisseure und Theatertheoretiker wie Stanislawsky und Meyerhold betonten, daß sie der mimetischen Energie Schaljapins unendlich viel für ihr Konzept verdankten.

Nach der Ausbildung bei Usatow in Tiflis, wo Schaljapin auch an der Oper sang, ging er nach St. Petersburg. Dort sang er an der Tbilissi-Oper und am Panaew-Theater, dann auch am Maryinsky. 1896 hörte ihn der Impresario Savva Mamontow, der in Moskau eine Theatertruppe unterhielt. Schaljapin studierte in der Zeit, da er für Mamontow sang, all seine großen russischen Partien: Boris, Susanin in *Ein Leben für den Zaren*, Rubinsteins Dämon, den Müller in *Rusalka*, Iwan den Schrecklichen in Rimskys *Das Mädchen von Pskow* (hier öfter unter dem Titel *Iwan der Schreckliche* geführt), Salieri in *Mozart und Salieri*, Dosifei in Mussorgskys *Chowantschina*. Es waren weniger vokal als dramatisch-darstellerisch konzipierte Partien, deren Studium Schaljapins Phantasie stark beeinflußte. Er sah, beispielsweise, Verdi als einen rein lyrischen Komponisten an, Mussorgsky als einen realistischen. Von den Partien des italienischen und französischen Fachs interessierten ihn König Philipp, Basilio, Leporello und die beiden Mefistofeles von Boito und Gounod.

Nach einem Satz von Arnold Schönberg versteht von Musik nichts, wer nur etwas von Musik versteht. Schaljapins Arbeitsweise war die Erfüllung des von Schönberg gestellten Anspruchs. Schon in seiner Petersburger Zeit gab sich der Sänger größte Mühe, seine lückenhafte Erziehung und Ausbildung auszugleichen. Er las viel, beschäftigte sich mit Malerei und vor allem mit der Bildhauerei – viele seiner »bedeutenden Posen« haben eine gleichsam skulpturale Spannung – und studierte Sprachen. Der Tenor Angelo Masini soll gesagt haben, daß Schaljapins Italienisch wundervoll war: »Seine Aussprache ist so rein wie die Dantes.«

Wann immer er nicht selber auf der Bühne stand, ging er ins Theater. Was ihn am meisten interessierte, war die Frage, wie man mit der Stimme eine Geste ausführen könnte. Er selber nannte dies »die Intonation und die Färbung der Stimme« zum Zweck des Gefühls- und Affektausdrucks. Beim Versuch, stereotype Gesten zu vermeiden, riskierte er so neue, kühne Gebärden, Gesten und Bewegungen, daß er auf die Zuschauer befremdlich und exzentrisch wirkte. Er arbeitete unermüdlich weiter und berichtet in seinen Memoiren, daß er in die Schule einer Reihe von Musikern, Malern, Schauspielern und Regisseuren gegangen sei. Es fallen die Namen von Stassow, Gorki, Serow, Korowin, Glasunow und Rachmaninow, deren Anregungen er verschmelzen wollte zu einem »wundervollen, majestätischen Akkord der Künste«. Wenn durch den Hinweis auf seine exzentrischen Auftritte hier und da der Eindruck entstanden sein sollte, Schaljapin sei auf der Bühne oder auf dem Podium lediglich seinen Instinkten gefolgt – Moores böses Bild vom »liebenswürdigen Baby« geht in diese Richtung –, so ist diese Vorstellung falsch. Schaljapin selber hat geschrieben, daß er nie allein auf der Bühne sei: »Da sind immer zwei Schaljapins. Einer spielt, der andere beobachtet.«

Dies entspricht dem zu Beginn dieses Buches zitierten Satz von Denis Diderot über die Paradoxie des Schauspielers: Daß dessen Tränen aus dem Verstande rinnen. Schaljapin hat dies schon als ganz junger Mann erfühlt und begriffen. Während der Arbeit in Mamontows Truppe und nachdem ihm aufgegangen war, daß »in der Farbe des Wortes und der Phrase alle Stärke des Singens liegt«, begann er, seit 1899 an der Kaiserlichen Hofoper engagiert, die Kunst der Maske zu entwickeln. Und wieder ist es typisch, daß er sich die Anregungen aus der zeitgenössischen Malerei holte. Nach einem Bericht von Victor Borowsky, publiziert in *Opera*, stellten Kritiker schon 1901 fest, daß Schaljapin »die Musik nie um irgendwelcher Bühnenaktion unterbricht« und daß »all seine Bewegungen der Musik so genau entsprechen, als ob die Musik einer vom Geschehen der Bühne diktierten Aktion oder Position entfließe« – großartiger kann man nicht loben.

Nach Borowsky begnügte Schaljapin sich nicht damit, einen Charakter aus seiner eigenen Persönlichkeit zu entwickeln, wie dies heute Usus sein mag. Borowsky: »Man kann endlos darüber diskutieren, wie genau man das Denken und Fühlen einer anderen Person darstellen kann, indem man sich ausmalt, wie man sich wohl an der Stelle dieser anderen Person verhalten hätte. Doch ist es vollkommen offenbar, daß die Darstellung eines Charakters aus *der inneren Welt des Darstellers* nicht das künstlerische Ziel eines Schauspielers sein kann. Schaljapin dachte nie darüber nach, wie er dem Charakter ähnelte oder wie er sich verhalten hätte, wäre er an Stelle dieses Charakters gewesen; statt dessen dachte er nach über die objektive Existenz und Essenz der dargestellten Figur. Diese Fähigkeit, menschliche Charaktere zu verkörpern und ihre komplexen mentalen Zustände bis ins kleinste Detail zu verlebendigen, ist es, was den wahren Darsteller unterscheidet vom bloßen Bühnenhandwerker.«

Daß Borowskys Ausführungen nicht Projektionen seines eigenen Intellekts sind, der von der Expressivität des Sängers fasziniert ist, verraten Beobachtungen, die Schaljapin selber nach einer Aufführung von *Pagliacci* machte. Der Tenor war auch nach der Aufführung nicht in der Lage, seine Tränen zurückzuhalten – so sehr hatte er sich mit der Rolle identifiziert. Schaljapin sagte dazu: »Es tat mir leid um den armen Clown. Ich sah, wo das Problem lag. Ein nicht untalentierter Sänger ruinierte seine Rolle, weil er nicht nur die Tränen des Clowns weinte, sondern auch noch seine eigenen Tränen des Mit-Leidens. Dies rief einen eher komischen Effekt hervor, weil niemand an den Tränen des Tenors auch nur im geringsten interessiert war.«

Dieser Satz gehört nicht nur ins Handbuch der Kritik, sondern sollte eines der unverrückbaren zehn Gebote kritischer Darstellung werden, weil er das ad nauseam wiederholte Gerede über die Empfindung des Darstellers für einen Charakter und die Identifikation mit einer dargestellten Figur ad absurdum führt. Schaljapin begriff also, so Borowsky weiter, den Darsteller nicht als subjektiv-sympathetische Person, sondern als Creator (um das religiös besetzte Wort »Schöpfer« zu vermeiden). Dabei ging er davon aus, daß eine solche Charakter-Darstellung im Sinne einer Inkarnation wesentlich abhängig war von der Beziehung der Figur zu den anderen Figuren auf der Bühne. Als er Boris sang, studierte er folglich nicht nur seine Partie, sondern auch alle anderen Rollen. Über Schuisky, den Zeugen von Boris' Verbrechen und damit über den Dämon für den Zaren, sagte er: »Wenn ein so peinigend intrigierender Mann wie Schuisky spricht, so wurde mir klar, mußte ich, Boris, zuhören, wie man einem ausgekochten Intriganten lauscht, nicht wie einem unverstellten Höfling, der Rapport erstattet.«

Während der Arbeit riß es den Künstler derart hin, daß er den *anderen* Darstellern *deren* Charaktere vorspielte. Der brillante Tenor Iwan Erschow berichtete, daß Schaljapin, die Rolle der Marfa in *Chowantschina* vorspielend, sich blitzartig verwandelte: »Sein Gesicht wird absolut weiblich, seine Gestalt sogleich kleiner, seine Gesten und seine Haltung wirken weiblich . . . Er wechselt zu Dosifei – und plötzlich, direkt unter unseren Augen, wird er dünn, seine Augen sinken ein, seine Stimme verändert sich; es singt ein ganz anderer.«

1901 kam der Star des Kaiserlichen Hofoperntheaters, der bis zur Revolution ein Jahresgehalt von 60 000 Rubel bezahlt bekam, an die Mailänder Scala. Unter Toscanini und neben Caruso sang er Boitos Mefistofele. Der Erfolg war überwältigend. Toscanini indes akzeptierte nicht die Freizügigkeiten des Sängers im Umgang mit dem Notentext. Schaljapin begriff sich, wie Irakli Andronikow in einem Kommentar zu einer Edition mit acht Platten des Sängers ausgeführt hat, als »Schöpfer des Komponisten« und sagte: »Noten sind nur eine einfache Aufzeichnung, man muß sie zur Musik machen, so wie der Komponist es wollte.«

Nach triumphalen Gastspielen überall in Europa kam er am 20. November 1907 an die Met. Er sang Mefistofele, bekam viel Lob für »unermüdliche Energie, Konsistenz und Bündigkeit seines Spiels« und für seine »exzeptionelle« Gesangstechnik; Krehbiel aber störte sich an der »disgusting frankness« einiger Aktionen, die Henderson gar als »cheap claptrap«, als »billige Schaumschlägerei«, bezeichnete. Auf Aldrich machte er »tiefen Eindruck, nicht immer einen angenehmen«. Zwanzig Jahre später revidierte Henderson, inzwischen auch an neue Formen der schauspielerischen Darstellung gewöhnt, sein Urteil über den Sänger.

Mit der Revolution zerfiel Schaljapins Welt. Zum letztenmal trat er 1921 in seinem Vaterland auf; er sang zur Eröffnung der Dritten Internationale vor achthundert Delegierten und Tausenden von Bolschewiken. Wenig später verließ er das Land, nach Michael Scott mit acht unermeßlich wertvollen Gobelins im Gepäck, die er vor einem ahnungslosen Zollbeamten als Dekorationsstoffe für seinen Boris deklarierte. Als er wieder an der Met sang, feierte man ihn als »russischen Macbeth« (in der Rolle des Boris). Zehn Jahre lang gelangen ihm noch großartige Opernaufführungen, darunter die Errettung eines recht eigentlich unrettbaren Werks: Massenets *Don Quichotte*. Zum Schluß führte er das Reiseleben des Stars. Er sang Konzerte, aber ohne festgelegte Programme. In den Programmheften kündigte er viele Lieder an und entschied sich erst im allerletzten Moment für diejenigen, die er singen wollte. Nur eine Marotte? Er starb 1938 in Paris als ein Unzeitgemäßer, der zugleich einer der großen Anreger des modernen Musiktheaters gewesen war.

Über die darstellerischen Fähigkeiten des Sängers hätte nicht so ausführlich berichtet werden müssen, wären sie nicht auch in seinen Aufnahmen manifest geblieben. Manifest zunächst einmal, um auch die Irritation nicht zu unterschlagen, in histrionischen Übertreibungen und musikalischen Willkürlichkeiten, die ihresgleichen suchen. In den Szenen aus *Boris Godunow*, vor allem in der Krönungs- und in der Sterbeszene (1928 live in der Covent Garden Opera unter Vincenzo Bellezza aufgenommen), nimmt er sich »atemberaubende Freiheiten – es ist praktisch eine neue Vokallinie mit eingeschobenem Zusatztext aus Puschkins Stück« (David Hamilton in *Opera on Record*). Ähnliche Gesten und histrionische Effekte sind in nicht wenigen seiner italienischen Aufnahmen zu erleben. In Rodolfos »Vi ravviso« aus *La Sonnambula* singt er bei weitem nicht so schmiegsam wie der in dieser Beziehung unübertreffliche Pol Plançon, doch bebt sein Vortrag vor Intensität. Wie so oft ist die Frühaufnahme von 1912 den späteren Versionen (1922 und 1927) bei weitem vorzuziehen, weil in den späteren die Eigenheiten sich zu Manierismen intensivieren. Andrew Porter hat die Aufnahme von »Ite sul colle« aus *Norma* (1912) als »sehr rauh« bezeichnet. Der Sänger – offenbar bemüht, primär kantable Musik dramatisch zu beleben – übertreibt die Deklamation. Basilios »La Calunnia«, ein Kür-Stück seines Repertoires, hat Schaljapin mehrfach aufgenommen. Am besten ist die HMV-Platte von 1912 (052 354 – Mtr. Nr. 614 m), dies nicht trotz, sondern ob einiger histrionischer Gesten, die dem Stück seine grell-grimassierende Bösartigkeit geben. Schaljapin begnügt sich nicht mit beherrschtem Singen, sondern treibt die Stimme in heftige, scharfe, lautmalerische, grelle Gesten hinein. Dennoch wahrt er auf mirakulöse Weise einen klangvollen Gesangston. Er selber hat dazu gesagt: »In der Oper muß man singen, als ob man spräche. Später merkte ich, daß die Sänger, die mich nachzuahmen versuchten, mich nicht verstanden hatten. Sie sangen nicht, als ob sie sprächen, sondern sie sprachen, als ob sie sängen.« Das Singen selber war nicht nur dramatisch-plausibel und expressiv, sondern auch von berauschender Schönheit.

Schaljapins Stimme entzieht sich einfacher Fach-Kategorisierung. Es war kein profunder Baß vom Don-Kosaken-Typus wie Sibiriakow, sondern eher ein hoher Basse chantant mit müheloser Extension in die tiefe wie in die hohe (und höchste) Lage. Überwältigend die dynamische Skala: Sie reichte von einem wundervoll weichen, immer körperhaften Pianissimo zu einem resonanten, glockenhaft festen Forte. Michael Scott weist darauf hin, daß diese dynamischen Grenzwerte ihre Nachdrücklichkeit gewannen durch die Intensität der Phonation. Deren Grundlage war eine vollkommen sichere Atemstütze. Sie erlaubte ihm das Ausspinnen von Phrasen buchstäblich bis zum atemlosen Staunen des

Hörers. Dabei begnügte er sich niemals mit dem Verströmen des Tons. Er akzentuierte und belebte die Linie durch Betonungen und Kolorierungen. Anfechtbar allerdings seine seltsame Bildung einiger verzierter Figuren. Bei Koloraturen und der Bildung von Gruppetti oder Mordenten ist ein labialer Gleitlaut – dem /w/ verwandt – zu hören. Scott verteidigt ihn als den Versuch, »neues Gefühl in eine alte Form« zu geben (auch Dogmatiker lassen sich durch einen Stilbruch, ist er nur überzeugend, von ihren Prinzipien abbringen). Wie perfekt die Stimme funktionierte, wie gut sie anschlug, wie klangvoll sie sich selbst im rasanten Parlando behauptete, zeigt das Rondo des Farlaf aus *Ruslan und Ludmilla.* Es ist gleichsam eine Variante der Figaro-Cavatina, zu singen mit sich überstürzender Verve. Schaljapin verwandelt das Stück in reine Bewegung bei perfektem Timing – es ist reinster Artismus, der sich in Ausdruck verwandelt. Welch ein Kontrast, ihn in der Sterbeszene des Boris zu hören. Hier hört und spürt man den sterbenden Mann, der gleichsam mit dem letzten Hauch sich auszudrücken versucht. Dieses Singen mit der Ausdrucksgewalt eines Seelenbebens ist auch im Monolog des Philipp aus Verdis *Don Carlo* zu erfahren. Schaljapin hat den Monolog zweimal – ohne Rezitativ – aufgenommen, also ab »Dormirò sol«. Er setzt ein mit ganz leise-verhaltener Tongebung und sanfter Phrasierung. Der Ton ist gleichsam inwendig, ebenmäßig wie eine Cello-Kantilene. Die Intensität seines Tonanschlages zeigt sich in den Phrasen ab »Ah! se il serto regal«. In der Parlato-Passage – »Se dorme il prence, veglia il traditore« – greift er zu einer erregt-zitternden Deklamation, und auch in der Coda treibt er das Singen in eine verzweifelte Angst-Gebärde (»No! quel cor chiuso è a me«). Freilich gibt es auch einige Ungenauigkeiten wie Nichtbeachtung von Notenwerten.

Die Aufnahmen aus Gounods *Faust* sind ebenso genialisch wie exzentrisch, und sie sind imitiert worden wie Carusos Lachen und Schluchzen als Canio. Unter dem Gesichtspunkt ihrer Wirkung kann man sie als prekär bezeichnen, weil sie von den Nachahmern korrumpiert wurden zum Mummenschanz. Dennoch sind sie einzigartig als Erfindungen einer theatralischen Ausdruckskraft, die magisch war. Maxim Gorkis Begeisterung für die Aufführung des »Flohlieds« von Mussorgsky wird verständlich durch die Aufnahme, eine akustische Mise en scène vom Format einer Großaufnahme. Wo spätere Sänger in der Lachpassage vokal grimassieren, legt Schaljapin eine makaber-sardonische Gebärde hin. Welch ein Kontrast wieder, wenn man das Piano-Singen in russischen Volks- und in Liebesliedern hört. Scott erwähnt, daß nach Ansicht Rachmaninows kein anderer Sänger ein Liebeslied singen konnte wie Schaljapin. Auch hier ist der szenische Horizont des Sängers unermeßlich: Sein Singen gerät zur Evokation von Szenen und Empfindungen, von Leidenschaft und Liebe, von Glück und Betroffenheit.

III. KAPITEL

Italien:
Die Geburt des Verismo

Arturo Toscanini und die Folgen

Seine Ankunft ist der Wegweiser für den Beginn einer neuen Ära in der Geschichte der Oper ... Selbst die Stars, die ihre Rollen hier schon gesungen hatten, unterwarfen sich einem zentralen Konzept.
William James Henderson über Arturo Toscanini nach dessen Debüt an der Met im Jahre 1908

Es war eine für die italienische Operntradition völlig neue Arbeitsweise, weil er eine bestimmte Ordnung, eine bestimmte Methode ... einführte ... Vor Toscanini hat es sicher auch große Aufführungen, große Dirigenten, große Sänger gegeben, aber eben keine Methode zur umfassenden Realisierung von einem ästhetischen oder sogar moralischen Standpunkte aus ... Das Publikum wurde in der Ära Toscanini dazu erzogen, das Theater nicht als Amüsierbetrieb anzusehen, sondern als Institution mit ästhetischer und moralischer Funktion, als eine Einrichtung, die ins Leben der Gesellschaft und der Kultur eingreift.
Gianandrea Gavazzeni über Toscanini

Mit der Feststellung, daß Arturo Toscanini die Geschichte des Dirigierens in den letzten einhundert Jahren stärker als jeder andere beeinflußt habe, bringt Harold C. Schonberg einen komplexen und durchaus widersprüchlichen Sachverhalt auf die Formel einer Binsenwahrheit. Die Intensität seiner Wirkung – George Szell: »Ohne ihn wäre keiner von uns, was er ist.« – wird für deren Qualität genommen. Die wiederum wird bestätigt durch die Zeugnisse von Musikern, die sich als Erben des Maestro begreifen. Nach den Ausführungen von Toscaninis einstigem Mitarbeiter Gianandrea Gavazzeni liegt die Meisterschaft des Maestro gar in einer Transsubstantiation ästhetischer in moralische Qualitäten. Moralische Integrität eines Dirigenten wird seit Toscanini gleichgesetzt mit der sogenannten Werktreue. Deren Voraussetzung war, wie Theodor W. Adorno in einem Rundfunkvortrag über *Die Meisterschaft des Maestro* sagte, ein neuer Standard orchestraler Genauigkeit. Toscanini war der Architekt des modernen orchestralen Perfektionismus. Die von ihm trainierten Ensembles – vor allem das Orchester der NBC – vermochten jede Stelle eines noch so komplizierten Werks mit der geforderten, selbst extremen, Geschwindigkeit, rhythmischen Präzision, klanglichen Transparenz und dynamischen

Spannweite zu spielen. Abweichung vom Notentext aus technischen oder gefühlsmäßigen Gründen galt ihm als Sünde gegen die im wörtlichen wie ideellen Sinne sakrosankte Partitur. Adorno charakterisierte den Italiener als »Gegenpapst zu Furtwängler«, als »Settembrini der Musik« und als Anwalt einer von Langeweile und Askese freien Sachlichkeit: »Seine Aufführungen blitzten und funkelten, als wären sie verchromt; lückenlos fügten sich die Rädchen des Spielapparates ineinander.« Toscaninis Dirigieren war, wie Adorno weiter ausführt, nicht nur eine Absage an die Verzerrungen durch »die spätromantische Darstellungsweise«, sondern Indiz für eine »Allergie gegen den Ausdruck« und schlug schließlich um in »das bloße Funktionieren nach dem Modell von Organisation und Verwaltung ... Toscanini ... ist die Apotheose, die äußerste Vervollkommnung eines im Grunde vorgeistigen, ja vorkünstlerischen Typus: der Theaterdirigent, der einmal im Kampf mit der Maschine nicht ermüdet und unterliegt, sondern sie sich zu Willen macht, um den Preis, ihr selber dabei ähnlich zu werden.«

Doch was wissen wir von Toscanini? Welche Quellen und Dokumente fundieren unser Bild des in einem doppelten Sinne legendären Dirigenten? Es gibt zum einen die vorwiegend aus der Perspektive kritikloser Bewunderung geschriebenen Hagiographien, zum anderen die technisch zwar nicht guten, aber zuverlässigen und aufschlußreichen Tondokumente. Die jedoch vermitteln nur, weil aus der Spätzeit des Dirigenten stammend, ein einseitiges Bild. Zu erinnern ist daran, daß der Italiener kein Musiker des Medienzeitalters war, sondern nur in den letzten anderthalb Jahrzehnten seines Lebens *Aufführungen* übertragen ließ – die Zahl seiner Studio-*Produktionen* im modernen Sinne, mit Takes und Schnitten, ist denkbar klein. Als er geboren wurde – am 25. März 1867 –, waren Verdi und Wagner 54 Jahre alt, *Aida, Otello, Falstaff* und *Parsifal* noch nicht geschrieben. Puccini ging zur Schule. Caruso war noch nicht geboren und das Grammophon noch nicht erfunden. Als er zu Beginn der zwanziger Jahre seine ersten Platten im Trinity Church Studio der Victor Talking Machine Company machte, war er 53 Jahre alt. Die Aufnahmetechnik, vor allem für Orchesteraufnahmen, steckte noch in den Kinderschuhen. Erst zwischen 1936 und 1939 entstanden in New York und in London bei der BBC einige Platten, die eine Ahnung von Toscaninis Musizieren vermitteln. Es sind Aufnahmen eines 70jährigen, und sie haben noch nicht die gleichsam holzschnittartige Härte der Spätaufnahmen aus der Zeit nach 1945, die das Bild Toscaninis entscheidend geprägt haben. Es sind die Aufnahmen der Beethoven- und Brahms-Symphonien, der Verdi-Opern *La Traviata, Un Ballo in Maschera, Aida, Otello* und *Falstaff*, der *Messa da Requiem*, von Puccinis *La Bohème* und von vielen, auch niederen, symphonischen oder orchestralen Werken: von Alterswildheit, auch Altersstarrheit beherrschte Interpretationen von grandioser und zugleich bestürzender Einseitigkeit, zugespitzt in den Gradierungen der Dynamik wie der Tempi.

Die Unerbittlichkeit beim Vollzug einer Aufführung ist gemeinhin als moralische Haltung begriffen worden. Diese Moralität, die sich in der Praxis nicht selten als nackter Terror gegenüber den Musikern austobte, kommt aus einer neuen Beziehung des Interpreten zum Kunstwerk. Es ist die des nicht mehr komponierenden, sondern nur noch ausführenden Musikers, der an einem Meisterwerk gleichsam ein Hochamt vollzieht. Der Begriff »Meisterwerk« setzt zum einen den zeitlichen Abstand, zum anderen den moralisch-ästhetischen Blick des Dienenden voraus. Selbst wo er sich zum Halbgott auf dem Pulte aufwirft, versteht sich der Dirigent als Diener und Interpret eines Schöpferwillens. Die dafür unabdingbare Werktreue bedingte das Funktionieren des Apparats, und dem Apparat-Aspekt des Musizierens hat schwerlich ein zweiter Dirigent eine größere, nach Adorno sogar »tickhafte« Aufmerksamkeit gewidmet als der Italiener. Er hat alle Klagen der Komponisten über die Unzulänglichkeit der Orchester und der Sänger gegenstandslos zu machen versucht und auf seine Weise Wagners Traum von der Oper als Festspiel verwirklicht. Toscanini kämpfte um Aufführungen gleichsam aus der Zentralperspektive dessen, der das Werk des »Schöpfers« vertrat. Er folgte damit nicht nur den Ideen des späten Verdi, sondern vor allem denen Richard Wagners, dessen italienischer Prophet er war. 1895 führte er im Turiner Teatro Regio zum erstenmal mit einem italienischen Ensemble *Götterdämmerung* auf, 1897 brachte er dort *Tristan* heraus, als Leiter des Teatro alla Scala stellte er sich 1898 mit *Die Meistersinger* vor, und ein Jahr später dirigierte er dort *Siegfried*. Seine Arbeitsweise, wie von Gavazzeni beschrieben, war ein Novum. Unter den technischen und ökonomischen Bedingungen der Theater im 19. Jahrhundert wäre sie nicht durchzusetzen gewesen. Nur in wenigen, vor allem den feudal beherrschten Städten gab es stehende und ausreichend groß besetzte Orchester. Meist aber wurden die Musiker, zudem zweitklassige, von Saison zu Saison oder gar nur von Stück zu Stück verpflichtet und mußten nicht einmal ein Probespiel absolvieren. Die Beherrschung eines Grundrepertoires konnte nicht vorausgesetzt werden. Entsprechend war die Einstudierung einer großen Oper von Verdi, erst recht eines Wagnerschen Musikdramas eine gewaltige Herausforderung. Toscanini ist, wie Gustav Mahler, eine Schlüsselfigur des modernen Dirigierens und vor allem der modernen Theaterführung, weil er sich der Herausforderung mit quälendem Rigorismus, aber auch mit selbstquälerischer Hingabe gestellt hat.

Es gilt gemeinhin als großes Verdienst Toscaninis, daß er mit dem Primat der Vokalstars gebrochen hat, nicht zuletzt wohl nach den Erfahrungen seiner dirigentischen Galeerenjahre. Bevor er 1898, mit 31 Jahren, zum Leiter der Scala ernannt wurde, hatter er in zwölf Jahren 113 Inszenierungen von 58 Opern geleitet und rund 1500 Aufführungen betreut, dazu in zweieinhalb Jahren 150 symphonische Werke memoriert. Modest Mussorgskys *Boris Godunow*, den er 1913 in den USA mit Adamo Didur herausbrachte, kannte er schon, als die Oper in Westeuropa noch nicht gespielt worden war, und daß er auch die italienischen Premieren von *Eugen Onegin, Euryanthe* und *Pelléas et Mélisande* verantwortete, weist ihn als den progressivsten Operndirigenten seiner Epoche aus. Gerade auf Grund seiner Beschäftigung mit der damaligen Avantgarde – Verdi war wie Wagner allein schon durch seine Ansprüche an das Theater ein Revolutionär – mußte Toscanini sich mit der traditionellen Aufführungspraxis überwerfen. Er organisierte nicht nur den perfekten Apparat, sondern sistierte praktisch alle interpretatorischen Freizügigkeiten, die mit dem neuen Werktreuebegriff nicht vereinbar schienen. Leider gibt es keinerlei Tondokumente über seine frühe Opernarbeit. In der akustischen Ära wurden die Sänger weniger von einem Orchester als von einer kleinen »Band« mit allerlei seltsam veränderten Instrumenten begleitet, und als um 1930 die ersten Gesamtaufnahmen gemacht wurden, hatte Toscanini sich von der Oper eben zurückgezogen. »Seine« Sänger – Toti dal Monte, Aureliano Pertile, Giovanni Martinelli, Carlo Galeffi, Pasquale Amato, Ezio Pinza und viele andere – sangen in Einzel- und Gesamtaufnahmen unter Carlo Sabajno, Lorenzo Molajoli oder Umberto Berrettoni. Erst in den dreißiger Jahren entstanden Konzertmitschnitte mit Aufnahmen einzelner Sänger (Melchior, Milanov, Peerce).

Die Modernität seiner Verdi-Interpretation liegt, so Ulrich Schreiber, darin, daß Toscanini den mittleren Verdi mit dem Bewußtsein von dessen Spätwerk darstellte. Schreiber folgt damit dem von Adorno und zuvor von Arnold Schoenberg entwickelten Gedanken, daß ältere Werke aus der Perspektive des aktuellen kompositorischen Standes zu interpretieren seien. Über diese Arbeit, durch die viele Sänger buchstäblich umlernen mußten, hat der Tenor Giovanni Martinelli 1963 in *Musical America* berichtet. »Toscanini war entschlossen, *Il Trovatore* so aufzuführen, wie Verdi ihn sich vorgestellt haben mochte. Das Ergebnis war eine rechte Revolution für diese Oper. Die ersten Proben waren für Oktober 1914 angesetzt. Wir hatten mindestens fünfzig Proben von jeweils zwei Stunden und mehr ... Zu unserem Ensemble gehörten Emmy Destinn, Margarethe Ober, Pasquale Amato, Léon Rothier und ich selber ... Er selber inszenierte die Oper, da er sichergehen wollte, daß der Ablauf auf der Bühne seiner musikalischen Leitung an keiner Stelle zuwiderlief und sein Taktstock für die Sänger stets sichtbar blieb. Manche Striche wurden aufgemacht – so etwa Leonoras »Tu vedrai che amore in terra« –, andere Arien wurden fallengelassen. Toscanini erlaubte mir, am Ende von »Deserto sulla terra« und ebenso in »Ah, sì ben mio« das B einzufügen. Er legte dar, daß die beiden Verse von »Ah, sè ben mio« identisch sind und deshalb das B selbst von Verdi bewilligt worden sei. Ebenso ließ er zweimal das C in der Stretta zu. Toscanini betonte nachdrücklich die Bedeutung der Worte für das Verständis der Handlung.«

Martinellis Erinnerungen bestätigten die Annahme, daß es Toscanini um die Erlösung der Gesangsoper aus dem Geist des Musiktheaters, des Musikdramas ging. Wie einleuchtend dies auch nach der Wagnerschen Kunst-Revolution sein mochte, so war dieser Versuch bei der italienischen Oper gleichwohl ambivalent. Verdis *Trovatore* ist von des Komponisten Vorstellung der »parola scenica« noch weit entfernt, ist weniger ein dramaturgisch geformtes Gebilde als eine stürmische und a-logische Affektenfolge. Was Toscanini bei seinem Versuch der dramatischen »Reinigung« über Bord warf, waren die traditionellen Formeln des Singens – die Verzierungen, die Tempi rubati, die Vorhalte. Er vereinfachte die Grammatik des Singens und ersetzte die alten Formen durch zugespitzte Diktion, scharfe Akzentuierung, ausladende Klanggebung, insgesamt durch einen rhetorisch-emphatischen Vortrag, der durch expressive Dringlichkeit und Spannung den Hörer förmlich ansteckte.

Diese Art des Musizierens hat Epoche gemacht. Dirigenten wie Riccardo Muti, Carlos Kleiber und James Levine dirigierten Verdi aus dem Geiste Toscaninis, und die Kopien offenbaren und verstärkten wenn schon nicht Fehler, so doch Eigenwilligkeiten des Originals. Daß Toscaninis Wirken dem Singen keineswegs nur gefrommt hat, haben einige angelsächsische Kritiker schon früher angedeutet; Michael Scott aber versuchte einen Denkmalssturz. Er vertritt die Ansicht, daß die »glühend-intensive Vortragsweise«, die für den *Otello* angemessen ist, sich nicht für die virtuos-brillante Musik von *Luisa Miller, Ernani* oder *Il Trovatore* eigne. Der junge und auch der mittlere Verdi habe den Ausdruck des Gefühls in die Kantilene gelegt. Zur Bildung einer ausdrucksvollen Kantilene gehören aber, wie auch Paul H. Lang betont, Ausschmückungen, spontane Veränderungen, subjektive Akzentuierungen. Demnach wäre der durch Toscanini kanonisierte Verdi-Stil historisch nicht authentisch. Platten einiger gerade vom Komponisten geschätzter Sänger – Patti, Bellincioni, Battistini, Maurel – bewiesen, so Scott, daß auch Verdi an einen ausgefeilteren und kunstvolleren Vortragsstil gewohnt war. Scotts Folgerung: »Verdis Musik kann aber nicht von der Manier seiner Zeit abgelöst werden. An der Scala wie der Met unternahm Toscanini jedoch den Versuch, die Tradition zu kappen. Obwohl er nichts als den Buchstaben der Partitur zu realisieren vorgab, waren seine Vorstellungen nicht nur nicht wünschenswert, sondern undurchführbar. Der bloße Buchstabe ist keine gute Grundlage für eine Aufführung. Wo einst die Tradition den Sängern die Orientierung gab, das Grundgerüst der Partitur auszufüllen, setzte Toscanini seinen persönlichen Ausdruckswillen ein. Wie seine Aufnahmen zeigen, war er, was Striche oder Rubati angeht, so eigenwillig wie nur ein Sänger.«

In dieser Diskussion taucht mit leitmotivischer Hartnäckigkeit Verdis berühmter Brief über die Interpretation der Lady Macbeth auf, sein Hinweis, daß er keine schöne, sondern eine harsche und hohle Stimme wolle, und eine Wiedergabe, die weniger gesungen als gespielt sei. Mit diesem Satz (noch einmal diskutiert im Abschnitt über Fiorenza Cossotto und Shirley Verrett) werden Schönheit des Tons und dramatische Wahrhaftigkeit, technische Finessen und Ausdruck polarisiert. Julian Budden hat in seiner *Macbeth*-Studie Verdis Verdikt als Argumentum ad feminam erläutert. Will Crutchfield hat in einer kleinen Studie *Authenticity in Verdi: The Recorded Legacy* einen anderen Brief Verdis an den Bariton Felice Varesi mit dem Hinweis, er müsse das Adagio in D-Dur cantabile ed affettuoso kolorieren, zum Anlaß genommen, neben den literarischen auch die akustischen Quellen zu überprüfen: die Aufnahmen also der Sänger, die noch zu Verdis Lebzeiten aktiv waren. Crutchfield führt aus: »Die Masse der Schallplatten-Belege ist reicher, als viele glauben mögen. Roberto Bauers *Historical Records* 1898–1908/09 listet 1633 Verdi-Aufnahmen von 469 Sängern auf. Hunderte von Platten wurden von Bauer damals nicht erfaßt oder wurden erst später überhaupt bekannt; vielleicht wurden sogar ebenso viele von denselben Sängern in den noch verbleibenden Jahren der aktustischen Ära [also bis 1925] gemacht.«

Nach dem Studium von über 1500 dieser Platten hat Crutchfield ähnliche Folgerungen gezogen wie Scott. Er wies nach, daß sich die vermeintlichen Manierismen von Sängern wie de Lucia oder Battistini auch in den Aufnahmen anderer Sänger finden. Darunter waren nicht nur eine von Verdi bewunderte Violetta (Bellincioni), sondern neun Interpreten, die in vom Komponisten überwachten Aufführungen sangen. Crutchfield: »Die von ihnen hinterlassenen Platten machen zum Beispiel klar, daß Verdis zahlreiche Pianissimi durchaus nicht übertriebene Bitten waren, von einem endlosen Forte abzulassen, wie Toscanini behauptete (woran er sich selber paradoxerweise nicht hielt); sie waren vielmehr die Forderungen nach einem Mittel des italienischen Singens, welches damals so üblich war, wie es heute (jedenfalls unter männlichen Sängern) rar ist. Wieder und wieder ist man beeindruckt von einem Piano-Ton, der nicht einfach ein verdumpftes Forte ist, sondern ein intensiv projizierter, vibrierender Klang selbst bei sanftester und delikatester Textur. Selbst der große alte Schreihals [the great old roarer] Francesco Tamagno [der erste Otello], bei dem Bernard Shaw nur ›magnificent screaming‹ hörte und Verdi die Mezzavoce als ›cosa impossibile‹ ansah, fand es möglich, die hohen C's seiner Arie aus *Guglielmo Tell* mit einer Sanftheit zu singen, die seither von Tenören seines Kalibers für unmöglich gehalten wird . . . Für die meisten Tenöre war die Fähigkeit, ein hohes A oder ein B von einem Forte zu einem Wispern zu diminuieren, beinahe eine Ehrensache.«

Die alten Aufnahmen verraten, so Crutchfield, auch ein anderes Konzept des Legato, fundiert auf generösem Portamento und auf dem strikten Meiden eingeschobener Aspirierungen. Pausen wurden als Non-Legato verstanden und nicht als »eine Serie fixierter Ruhepunkte, die Worte und Phrasen unterbrechen«. Irritierend für unseren Geschmack ist die rhythmische Freiheit vieler dieser frühen Aufführungen. Crutchfield zitiert in diesem Zusammenhang eine Anmerkung von Andrew Porter, der von den Verdi-Aufführungen James Levines und Riccardo Mutis sagte, sie steckten in den Fallen der Taktstriche, und er empfiehlt, diese Beobachtung zu verifizieren durch ein paar Stunden mit den Aufnahmen de Lucias und Battistinis. Diese zeigten, daß man zu Verdis Zeit das Tempo nicht strukturiert habe nach einem rigiden Pulsschlag mit gelegentlichen Modifikationen, sondern als fließendes Kontinuum. Dabei konnte der Sänger in jedem Augenblick verhalten oder voreilen.

Dieses freie Spiel des Tempos kann sich als dramatisch triftiger erweisen als der übliche Gebrauch des Tempo rubato, bei dem die gestohlene Zeit gewissermaßen rückerstattet werden muß. Antonio Pini-Corsi, der in der Uraufführung von *Falstaff* Ford sang, machte eine Platte von »Quand'ero paggio« und praktiziert dort dieses Spiel des Eilens und Verweilens im beschriebenen Sinne. Fernando de Lucia nimmt sich für die Ausformung bestimmter Passagen in »De'miei bollenti spiriti« oder »E il sol nell'anima« fast doppelt so viel Zeit wie Toscaninis Jan Peerce, der – wie verträgt sich dies mit Toscaninis Werktreue? – jede Piano- und Pianissimo-Vorschrift ignoriert? Crutchfield berichtet, daß Toscanini eine Platte de Lucias bis ins Alter aufbewahrt habe – um über sie lachen zu können, daß hingegen alle Kommentatoren diese Platte bewunderten. So schrieb Shawe-Taylor über die Aufnahme von Alfredos Arie, sie sei »so sanft und zärtlich, daß sie die Erinnerung an jede andere Aufnahme auslösche«, und auch John Steane bemerkte, daß »die dramatische Realität von Alfredos Gefühlen« in keiner anderen Aufnahme »so lebendig [werde] wie in de Lucias sehr persönlicher Darstellung des Lieds«.

Italienische Diven

Mit Ausnahme von Luisa Tetrazzini waren die meisten italienischen Soprane, die zwischen 1855 und 1880 geboren wurden, provinzielle Sängerinnen.
Michael Scott, ›The Record of Singing‹

Das Jahr 1850 brachte am römischen Teatro Costanzi eine Revoltuion, die etwas über siebzig Minuten dauerte: die Uraufführung von Pietro Mascagnis *Cavalleria Rusticana*. Bannerträgerin dieser Revolution war Gemma Bellincioni – die Duse des Verismo. Sie war eine der, wenn nicht die erste, welche die *Qualität* des Tons hintanstellte zugunsten von Quantität, dramatischer Attacke und klanglichem Realismus. Das forcierte Singen, insbesondere das Hochtreiben der Bruststimme, beraubte die Stimmen nicht nur ihrer klanglichen Schönheit und Reinheit; in den drei Jahrzehnten nach 1920 gab es für die *dramatischen* Partien des verzierten Fachs – etwa Norma, Elvira, Lucia, Leonora in *Il Trovatore* und Violetta – in Italien kaum mehr technisch adäquat geschulte Sängerinnen mehr.

Memento an den Belcanto: Giannina Russ

> Lebte sie heute, sie würde eine Caballé weit hinter sich lassen!... Giannina Russ war vor allem Sängerin. Sie hatte eine stupende Technik und einen wunderbaren Stimmklang ... Nie hätte sie sich ausleben können in den exzessiven Schluchzern und Seufzern einer Burzio.
> *Leo Riemens über Giannina Russ*

Bei seiner heftigen Invektive gegen Boninsegna – im letzten Abschnitt auszugsweise zitiert – nannte Roberto Bauer die in Lodi geborene Giannina Russ (1873–1951) eine »wirklich große Sängerin«. Die in Mailand bei Alberto Leoni ausgebildete Diva, als Aida anzusehen wie eine »Kreuzung einer Squaw aus Alaska mit einem hölzernen Totempfahl« (so eine Kritik in New York), debütierte 1903 in Bologna. Mit drei der heikelsten Partien – Semiramide, Abigaille (*Nabucco*) und Elena (*I Vespri Siciliani*) – machte sie 1904 in Lissabon Sensation. Im selben Jahr kam sie an die Covent Garden Opera, wo sie mit Caruso in *Un Ballo in Maschera* und, alternierend mit Emmy Destinn, in *Aida* auftrat. Ihr Erfolg war mäßig. 1905 sang sie an der Scala (Aida, *Figaro*-Gräfin, Elisabeth in *Tannhäuser*), 1906 schloß sie sich Hammersteins Manhattan Opera an. Bei ihrem Debüt sang sie Donna Anna neben Ancona als Don und Bonci als Ottavio, bald darauf Aida (neben Bassi und De Cisneros), Leonora (neben Dalmorès und De Cisneros), Elvira in *Ernani* (neben Carlo Albani), Amelia,

Santuzza und Valentine. Sie sang bis in die zwanziger Jahre und wurde dann Pädagogin in Mailand.

Im Gegensatz zu Boninsegna hat Russ ihre Stimme, weicher in der Textur, aber nicht so durchschlagend intensiv, gut ausgeglichen. Störend nur das ausgeprägte und in der ohnehin zu gewaltsam ausgesungenen Höhe zunehmende Vibrato, ein rasches Flattern, durch das zuweilen das Ebenmaß der Linie gefährdet wird. In der Norma-Arie ist ein wundervoller – und ungemein expressiver – Kunstgriff des klassischen Belcanto zu hören: Bei den wiederholten hohen A's attackiert sie, wie Manuel Garcia es vorschrieb, mit einer Acciaccatura und gibt dadurch den repetierten Noten eine Intensität, wie man sie selten erleben kann. Sutherland singt die Phrase genauso, aber – wie ursprünglich von Bellini vorgeschrieben – in der hohen Tonart, G statt F. Mit Virginia Guerrini – die in der Uraufführung des *Falstaff* Meg gesungen hatte und von der es sonst keine Platten gibt – hat Russ die Duette aus *Norma* gesungen, und »Mira o Norma« ist glänzend nicht nur wegen der technischen Virtuosität, sondern der konzentrierten Passion des Ausdrucks (Ester Mazzoleni hingegen fand Russ als Norma »ein wenig kalt« und Boninsegna »zu süß«). Als eine der wenigen frühen Sängerinnen hat Russ Elisabeths »Tu che le vanità« aus *Don Carlo* aufgenommen, stimmlich imponierend, aber überhetzt wegen der zu kurzen Spielzeit der (Fonotipia-) Platte. Trotz der Klavierbegleitung ist »Ritorna vincitor« (von 1905) hervorragend gelungen und »O cieli azzurri«, vier Jahre später mit Orchester, sehr akzeptabel: zwar ein Atemfassen vor dem vorsichtig gesungenen C, aber sehr schön geflutet das A am Ende. Die Schönheit des Timbres und das bruchlose Einregister machen schönsten Effekt in Puccinis »In quelle trine morbide« (trotz einiger Kurzatmigkeiten) und »Sì, mi chiamano Mimi«. Riemens feiert die Sängerin als Belcanto-Wunder. Das greift sicher zu hoch. Doch in einer Zeit, da die Vergröberung des Singens einsetzte, blieb Russ eine Sängerin, die sich an alten Regeln orientierte – ohne alle Standards erfüllen zu können.

Zwei große Primadonnen

Mischung aus Samt und Stahl: Hina Spani

Meine liebsten Rollen? ... Kunst-Lieder! Ich ziehe das Lied der Oper vor. Mit einem Lied lassen sich eine expressive Gewalt, ein Gefühl und eine Intimität entfalten, die man

selten in einer Opernszene findet ... Unter meinen siebzig Rollen war Cio-Cio-San meine Favoritin.
Hina Spani

Schönheit des Tons, Sanftheit der Emission, feine Gradierungen der Dynamik, Stetigkeit des Singens und Eloquenz der Phrasierung – das sind nicht die Tugenden, die man vom Gros der italienischen Sopranistinnen in den zwanziger und dreißiger Jahren erwarten kann. Eine der besten Italienerinnen kam aus dem argentinischen Puán aus der Provinz Buenos Aires: Hina Spani (1896–1969), die schon 1915, mit 19 Jahren, an der Mailänder Scala debütierte und lange Zeit zu den führenden Sängerinnen des Hauses gehörte. Sie erhielt ihren ersten Unterricht mit acht Jahren, sang mit zwölf in der Öffentlichkeit und wurde von Alberto Williams – den man den argentinischen Walter Damrosch genannt hat – in Obhut genommen. Sie erhielt gründlichen Unterricht bei Amanda Campodónico und ging danach zur Fortsetzung des Studiums nach Italien (1914) zu Vittorio Moratti, einem Schüler Lampertis, der jahrelang in Salzburg Leider, Lehmann und Schumann bei ihren Liederabenden begleitete. Daß Spani, außergewöhnlich für eine nicht-deutsche Operndiva jener Jahre, eine exzellente Liedersängerin wurde, verdankte sie nicht zuletzt der Arbeit mit Moratti.

Nach dem Scala-Debüt am 13. März 1915 als Anna in Catalanis *Loreley* (neben Eugenia Burzio und Edward Johnson, der sich damals noch Edoardo di Giovanni nannte) bekam sie sogleich einen Vertrag vom Teatro Colón, wo sie, neben Raisa, in *Francesca da Rimini* debütierte. Dann folgten Nedda (neben Caruso, Ruffo und Lazaro) und Micaëla in *Carmen* (neben Vix, de Muro und Cirino). Wegen des Krieges war ihr eine Rückkehr nach Europa unmöglich. Die kurze Opernsaison zwang sie dazu, Konzerte zu geben und Lieder zu studieren. Am Colón sang sie 1918 Micaëla (neben Besanzoni, Pertile und Journet), Donna Elvira (neben Montesanto, Raisa, Hackett, Vallin, unter Serafin) und in der Uraufführung von Felipe Boeros *Tucuman*; 1919 folgten Anna in *Loreley*, Margherita und Elena in *Mefistofele* (mit Gigli), Lauretta (neben dem großen Franzosen Vanni Marcoux) und Marguérite in *La Damnation*. Dann ging sie nach Europa. Am Regio von Turin sang sie als erste Wagner-Partie Elsa unter Serafin. Am Mailänder Dal Verme folgten Marguérite, Margherita und Elisabeth in *Tannhäuser*. 1921 und 1922 sang sie vorwiegend in Mailand am Dal Verme: Maddalena, in Donaudys *Ramuntcho*, Arrigo Pedrollas *L'Uomo che Ride* (Uraufführung), Elsa, Lattuadas *La Tempesta*. 1922 eröffnete sie in Neapel die Saison als Sieglinde und sang dann Mimi, Marina und Santuzza.

Mit Aida übernahm sie 1924 in Prato ihre erste große dramatische Rolle. In Cremona folgte Amelia, in der Arena von Verona Maddalena in *Chenier*. Nach dem Tod Puccinis bat Toscanini die Sängerin, in den Gedächtniskonzerten zu singen. Dann, am 26. Dezember 1924, kehrte sie an die Scala zurück. Unter Panizza sang sie Margherita in *Mefistofele*. Die Aufgaben des Jahres 1925: Maddalena in *Chenier*, Mathilda, La Wally, Santuzza, Aida am Römischen Costanzi. Mit der Scala ging sie auf eine Tournee nach Paris. 1926 sang sie in Rom Wagners *Wesendonck*-Lieder und Vittorio Guis Zyklus *Cantico dei Cantici*. Fortan konzentrierte sie sich stärker auf den Lied- und Konzertgesang. Ende der zwanziger Jahre übernahm sie zum erstenmal hochdramatische Rollen. Während einer Australien-Tournee wagte sie Turandot, die sie 1929 auch am Colón sang. Dann kam Lady Macbeth (eine umfassende Auflistung ihrer Opern- und Konzertauftritte findet sich im *Record Collector*). Bis Ende der dreißiger Jahre hat sie ihre großen Partien in Italien und in Südamerika gesungen; Konzerte und Recitals hat sie bis 1946 gegeben.

W. R. Moran und Ricardo Turró zitieren die Sängerin mit einigen Hinweisen auf ihre besten Platten. Sie favorisiert »D'amor sull ali rosee« und zitiert Toscanini, der ihren Vortrag als »perfektes Beispiel für Belcanto« gelobt habe. Die Schallplatte löst dies nicht ganz ein. Der Vortrag ist zwar nicht angestrengt, aber auch nicht ganz frei, und mit den elegischen Trillern (unverzichtbar hier) kann sie wenig anfangen. Stimm-Fans werden sich allerdings an einem stupendem Des in alto begeistern. Um so brillanter ist sie in der ersten Arie, in breiten Bögen phrasiert, die von einem sicheren Atemfundament gestützt sind. Der Vortrag hat Dringlichkeit, der Klang wird in einer ekstatischen Phonation gebildet.

Die Stimme ist danach ein lyrisch-dramatischer Sopran von dunkler (und zuweilen spanisch-gutturaler) Farbe in der Tiefe, von feiner Textur im mittleren Register und einer Mischung aus Samt und Stahl in der reichen Höhe, die sicher bis zum Des geht. Sie ist superb in Amelias »Ma dall'arido stelo divulsa« (leider ist die Arie gekürzt), klanglich so reich wie nur irgendeine Sopranistin, ausdrucksvoller als die meisten, vor allem in der dramatisch-deklamatorischen Passage ab »mezza notte«, wo das Beben der Seele ohne Zittern der Stimme gesungen wird. Daß in der Vokalisation die expressive Spannung des Singens liegt, wird hier zum Ereignis, aber nicht nur in den dramatischen Ausbrüchen, sondern vor allem auch in den beherrscht gesungenen Piano-Phrasen (wie »Deh, mi reggi . . .«). Spani hat sich kritisch gegenüber Sängerinnen geäußert, die die Butterfly – ihre Lieblingspartie – nur mit Kraft singen: »Die Partie braucht dramatischen Ausdruck, nicht aber explosive vokale Kraft.« Was sie meint, verdeutlicht ihre Aufnahme von »Tu! tu! piccolo Iddio! – schluchzendes Leid in einem Gesangsvortrag von großer Beherrschtheit und versammelter Tongebung. Auch in Toscas »Vissi d'arte« hört man nicht die heftig flackernden Töne der meisten italienischen Kolleginnen, und von den beiden Szenen der Elsa aus

Lohengrin, italienisch gesungen, könnten die meisten heutigen Sängerinnen der Partie etwas über ausdrucksvollen Sostenuto-Gesang lernen. Eine der besten Sopranistinnen ihrer Epoche.

Exquisites Legato. Anrührendes Pathos: Lucrezia Bori

> Boris ureigene Provinz war das Repertoire, das Charme und Musikalität, Anmut und Aufrichtigkeit verlangt. Sie war Manon und Violetta, Mimi, Juliette, Mignon und Mélisande.
> *Robert Tuggle*

La donna più bella del mondo«, wie Lina Cavalieri sich gern nannte, hatte wieder einmal Rolle und Realität verwechselt: Statt Puccinis Manon zu singen, sicherte sie sich einen reichen Ehemann, und die Met, in Paris gastierend (1910), hatte ihr feinstes Engagement neu zu vergeben. Kurz vor der Aufführung absolvierte die völlig unbekannte Lucrezia Bori (recte Lucrezia Borja, 1887 bis 1960), eine Schülerin des großen Melchiorre Vidal (der auch Valero, Pareto, Vignas und Storchio ausbildete), ein Probesingen in der Mailänder Scala: vor Toscanini, Gatti-Casazza und Puccini. Die Met hatte einen neuen Star.

Jedoch nur für die wenigen Wochen des Gastspiels am Pariser Théâtre du Chalet. Denn die junge Sängerin wollte erst Erfahrungen sammeln und verbrachte zwei Spielzeiten in Mailand, wo sie in der lokalen Premiere des *Rosenkavalier* Octavian sang, ferner in *Il Matrimonio Segreto* und in *Roméo et Juliette.* Nach einem Gastspiel in Buenos Aires sang sie 1911/12 in Mailand: Frau Fluth in Nicolais *Die lustigen Weiber*, in der Premiere von *Die Königskinder* (unter Serafin) und in *Bohème.* Den Sommer hindurch gastierte sie wieder, verschiedentlich unter Toscanini, in Buenos Aires (Gilda, Norina, Nannetta, Margherita). In der Saison 1912/13 kam sie an die Met. In der Opening night sollten *Les Huguenots* gegeben werden – mit Frieda Hempel. Die deutsche Diva erkrankte, und statt der Meyerbeer-Oper wurde Puccinis *Manon Lescaut* aufs Programm gesetzt. Ihr Met-Debüt gab Bori am 11. November 1912, neben Caruso. Nach einem nervösen ersten Akt entzückte sie das Publikum im zweiten, nach dem Bericht Krehbiels, »durch ihren exquisiten Legato-Gesang, durch ihre feine Diktion, makellose Intonation und ihr anrührendes Pathos«. Sie sang mit großem Erfolg Nedda und Antonia, mit noch größerem Mimi und mit schier triumphalem Norina. Henderson schrieb: »Eine Darstellung, die Brillanz des Stils besaß . . ., Verständnis . . . und kommunikatives Temperament.«

Sie war längst ein Liebling des Publikums, als sie 1914 Fiora in Montemezzis *L'Amore dei tre Re* sang – neben dem debütierenden Ferrari-Fontana und unter Toscanini. Richard Aldrich druckte in der *Times* eine Hymne: »Es war die größte Gelegenheit, die diese junge Sängerin bekam, seit sie in der vergangenen Saison Mitglied der Met wurde; sie nahm diese Chance in einer Weise wahr, daß sie in der künstlerischen Hierarchie sogleich höher stieg und von unterscheidungsfähigen Musikfreunden mehr und mehr bewundert wurde. Es war zudem kein Zufall und kein Glück, daß sie auch mit ihrer Darstellung der schwermütigen Fiora aus Sam Benellis Tragödie tiefen Eindruck machte. Denn es war ein bewunderungswürdig durchdachtes Stück dramatischer Darstellung, fein und geschickt gefügt in seiner Entwicklung . . . Was ihre Stimme angeht, so hat diese Bewunderung erregt seit der Eröffnungsnacht in der letzten Saison: dank ihrer Reinheit, ihrer klaren Frische und Brillanz; es ist eine Stimme von großer und makelloser Schönheit. Es schien eine lyrische Stimme zu sein, ohne große Kraft und anfällig gegen jedes Forcieren. Doch in dieser Aufführung bewies sie ausreichende Kraft, wurde aber nie über ihre Grenzen hinaus beansprucht. Sie hatte die intensive Farbe und Expression, welche die wundervolle Szene des zweiten Aktes verlangt . . . Miß Bori hat ihre bisherigen Erfolge in Partien gehabt, die weniger anspruchsvoll waren. In *L'Amore dei tre Re* hat sie bewiesen, daß sie auch höheren Ansprüchen gerecht werden kann.«

Auf die Partie der Fiora folgten Micaëla, Iris und Ah-Yoe in Leonis *L'Oracolo* (mit Scotti als Chim-Fen) – und dann konnte sie auf einmal gar nicht mehr singen. Es hatten sich Knötchen auf den Stimmbändern gebildet, die operativ entfernt werden mußten. Der Eingriff war nicht erfolgreich, so daß die für 1916 geplanten Aufführungen abgesagt werden mußten. Bori unterzog sich in Mailand einer zweiten Operation bei dem Arzt, der schon Caruso von Knötchen befreit hatte. Sie hat Lanfranco Rasponi erzählt, daß sie ein volles Jahr kein Wort sprach; sie lebte in der Einsamkeit einer spanischen Gebirgslandschaft. Nach der langen Zwangspause stellte sie sich 1919 dem »Gottesgericht«. In der Oper von Monte Carlo – »ich wollte ein kleines Theater, um meine Mittel zu überprüfen« – sang sie, vorsichtig auch in der Rollenwahl, Zerlina. Gatti hatte ihr Comeback aus der Ferne sorgsam beobachtet, hörte sie sich 1920 in Mailand selber an und engagierte sie wieder an die Met. Er avisierte eine Neugeborene, deren Stimme vielleicht an Volumen verloren habe, aber »die Stimmqualität ist noch schöner und ausgeglichener geworden«. 1921 sang Bori an der Met Mimi. Die Aufführung bescherte ihr und ihrem Partner Gigli einen brillanten Erfolg. Sie sang sechzehn Spielzeiten an der Met: Violetta, Manon, Juliette, Suzel in *L'Amico Fritz*, Mélisande, Alice Ford, Giulietta in *Hoffmann*, Concepcion in

Lucrezia Bori
(Foto: © Rubini-Records, Hove, Sussex)

L'Heure Espagnole, Salud in *La Vida Breve*, Mignon, Magda in *La Rondine*, Despina, die Herzogin in Dreems Taylors *Peter Ibbetson*. Dann, nach ihrem Rückzug, wurde sie Mitglied des »Board of Directors« und sorgte sich um die »Funds«, ohne die die Met nicht existieren konnte.

Bori war eine der wenigen, wenn nicht die einzige, die Henderson neben den Primadonnen seines »goldenen Zeitalters« bestehen ließ. Anders als die Diven des Verismo folgte sie, was die Konzeption des Tons, des Legato und des Ausdrucks angeht, der alten Schule. Sie hätte anders auch gar nicht reüssieren können. Denn die Stimme war klein und zart, dabei aber von jener zähen Kraft, die sich selbst im Ringen mit einem großen Orchester behauptet. Es war eine lyrische, warm getönte und fein lasierte Stimme mit makellos verblendeten Registern bis zum hohen C. In der Regel war der Ton flüssig, nur zeitweilig bekam er ein wenig Schärfe. William James Henderson schrieb 1926 im Magazin *Singing*: »Die Qualität ihrer Stimme ist nicht so samtig wie die Rethbergs. Der Ton ist schärfer, manchmal sogar ätzend. Doch ist er besser geeignet, starke Emotionen auszudrücken.«

Lauri-Volpi stellte eine Diskrepanz zwischen ihren »noblen Zielen« und den »tyrannischen Grenzen« der Stimme fest. Diese Grenzen lagen zum einen im

Klanglichen und im Umfang der Stimme, zum anderen in der technischen Virtuosität. Sie war keine Virtuosa wie Sembrich, Melba oder Tetrazzini. Aber sie sang immer innerhalb ihrer Mittel. Bei der Wahl ihrer Rollen hat sie sich, vor allem nach den schmerzlichen Erfahrungen der frühen Jahre, so gut wie nie vertan. Und wenn sie – beispielsweise mit Mimi – in den Grenzbereich ihrer Stimme ging, verzichtete sie gleichermaßen auf erregte Deklamation wie auf heftige Tongebung; statt dessen musizierte sie mit feinen klanglichen Inflektionen und poetischen Ausdrucksmitteln. Der erste Klangeindruck von Boris Stimme ist der einer »little girl voice«; man sieht die Gestalt einer Tänzerin vor sich, wie Degas sie gemalt hat. Doch ist dies ein oberflächlicher Eindruck. Vergleicht man ihre Aufnahme von Violettas »Addio del passato« mit der Platte Muzios – zwischen den Aufnahmen liegen genau zwei Jahrzehnte –, so gewinnt ihre verhaltene, verinnerlichte, von einem leisezarten Pathos erfüllte Interpretation mit jedem Hören gegenüber dem hochdramatischen, tränengetränkten Vortrag der Kollegin. Muzio ist so deklamatorisch, ja rhetorisch, daß sie die Linie wie deren Dynamik aufreißt, während Bori mit feinem Legato singt und das von Muzio mit einem schluchzenden Schrei infizierte hohe A glockenklar bildet. In der schwebenden Schattierung liegt mehr Ausdruck, mehr Leid als in der zwar nicht aufgetragenen, aber plakativen Geste der Muzio. Ähnlichkeit gilt für ihre Interpretation der Violetta-Arie aus dem ersten Akt. Melba, Tetrazzini oder Galli-Curci haben sowohl die Arie und vor allem »Sempre libera« brillanter gesungen, reicher verziert, mit effektvolleren Spitzentönen; die repetierten Staccato-C's, die einst Tetrazzini und später Sutherland gesungen haben, sind ebenso Boris Möglichkeiten wie ein Abschluß auf dem Es in alto. Aber wie bei nur wenigen ist bei ihr die Arie Drama, ein erregter innerer Monolog, in welchem jede Phrase ihre emotionelle Farbe bekommt. Das Timing der frei rhythmisierten ersten Phrasen ist perfekt. In der fast gesprochenen, repetierten Phrase »É strano« gibt sie dem Vokal /a/ ein zartes Vibrieren. Zauberisch die Klanggestalt des verwunderten »Saria per me sventura«, jäh die dramatische Erregtheit bei »Null'uomo ancora t'accendeva«, verzweifelt der Ausdruck von Leidenschaft in »o gioia« (mit einem sicheren Tenuto auf dem hohen B). Phrase um Phrase wechselt die Stimme von Gefühl zu Gefühl. Dann der erste Teil der Arie: Bori beginnt fahl, verhangen, träumerisch und gleichsam wie erstarrt, so als müßte sich ein puppenhaftes Wesen aus den Verlarvungen (der frühen Existenz) lösen. Dennoch ist der Klang der Stimme kristallklar. Die von Verdi geschriebenen Ziernoten führt sie präzise aus. Wiederum findet sie für die Phrasen »solinga ne'tumulti« und »de suoi colori occulti« ein wundervoll freies Timing. Die vom C aufs As" führenden Portamenti und das Pianissimo-Tenuto sind stilistisch makellos und klanglich berückend, weil der Vokal /i/ in genauer Farbe erklingt, leicht, weich, schwebend. Dann, in einem behutsam wachsenden

Crescendo, »Lui, che modesto e vigile« und die folgenden Phrasen. Anders als einige dramatische Soprane geht sie nicht von der Fermate auf »amor« direkt über in »Ah, quell'amor«. Vielmehr intensiviert sie den Ausdruck auf »amor« (dem E), faßt dann neuen Atem und setzt, mit noch einmal verstärkter Intensität, auf dem F (Ah, quell'amor) ein. Die Wiederholung von »quell'amor« singt sie dann Pianissimo, aber mit einem leidenschaftlichen, von innen vibrierenden Ton. Selten hat man das federleichte Staccato auf »misterioso« schöner, prägnanter gehört. Die Kadenz ist einfach, vielleicht zu einfach. Das schneidende »Follie« singt sie mit grandioser Gestik, aber dem Allegro brillante des »Sempre libera« wird sie nicht vollkommen gerecht, offenbar weil ihr die Tessitura unbequem liegt: Die hohen C's, die raschen dynamischen Wechsel, die quicken Laufpassagen bedürften eines größeren Maßes an virtuoser Verve und tonlicher Brillanz. Es spricht einiges dafür, daß ihr die Platte – ich beziehe mich auf die Victor-Aufnahme von 1928 – aber nicht ganz gerecht wird.

Wie muß dann »Parigi o cara« geklungen haben, wenn sie es mit John McCormack im Theater gesungen hat? Die Aufnahme muß in Superlativen beschrieben werden. Welche Feinabstimmung in der Dynamik, welch unendlich großbögige Phrasierung, welche Nuancierungen und Kolorierungen des Tons! Überhaupt, die Duett-Aufnahmen. Mit dem superben Giuseppe de Luca hat sie »Vado corro« aus *Don Pasquale* aufgenommen. Hier verziert sie üppiger und brillanter, technisch immer auf der Höhe der (selbstgestellten) Forderungen. Sie erweist sich als prächtige Comédienne durch die witzigen Wort- und Klangnuancierungen. Daß sie das hohe C am Ende der aufsteigenden Laufpassage auf »pieno al core« ein wenig sauer werden läßt, ist nur ein winziger Makel – einer der Stimme, nicht der Musikerin. Auch ihre Aufnahme von »Quel guardo« aus *Don Pasquale* ist hervorragend – keine virtuose Kür, sondern ein pointiert komisch-empfindsames Charakterstück mit subtil gewirkten Wortnuancierungen.

Puccinis Mimi und in einem viel größeren Maß Butterfly können für lyrische Soprane gefährlich sein. Vor allem Cio-Cio-San ist von den Diven, die sie oft gesungen haben, als »voice-killer« – ein Leid-Motiv vieler Diven in Rasponis Buch – bezeichnet worden. Bori behauptet sich in beiden Rollen nicht nur durch technischen Kunstverstand, sondern verzaubert durch lyrisches Espressivo. Die Phrase »Ma quando vien lo angelo«, mit einem Portamento von »in cielo« aus erreicht, wird keiner vergessen, der sie je bewußt gehört und begriffen hat. Es gibt viele opulentere Aufnahmen – etwa von Tebaldi oder de los Angeles –, schwerlich eine ausdrucksvollere. Der gleiche lyrische Zauber in den beiden Arien der Suzel aus *L'Amico Fritz* (wo Freni vergleichsweise prosaischer, eindimensionaler singt), während das Kirschenduett unter den dramatisierenden Effekten Fletas leidet. Das Duett »O soave fanciulla« mit John McCormack hingegen ist hervorragend, doch besitzt die Aufnahme mit Melba/Caruso das sinnliche Surplus noch reicherer Stimmen. Hinzuweisen ist auf die delikat getönte, empfindsame Wiedergabe von »Elle a fui, la tourterelle« aus *Hoffmann*, die melancholisch-feine von Louises »Depuis le jour« (ohne den vokalen Reichtum Melbas), die wehmütige von »Adieu notre petite table«, die atmosphärisch schöne von von »Connais-tu le pays?« (ohne Pattis Farbenreichtum). Die Mozart-Aufnahmen mögen ungewohnt wirken, zu italienisch mit ihren Rubati und Portamenti, aber sie haben Spannung, Verve, Anmut. John Steane beschließt sein Kapitel über »Gute Taten in einer bösen Welt« mit Blick auf Bori, indem er Shakespeares Porzia zitiert: »So shines a good deed in a naughty world.«

Boris Leistung lag darin, daß sie den Nuancen, den Feinheiten, dem Lyrismus des Singens vertraute in einer Epoche, in welcher die meisten Diven den lauten, grellen und groben Effekten erlagen. Eine viel zuwenig bekannte, viel zu gering geschätzte, große und zentrale Sängerin.

Kanarienvögel und Nachtigallen: Koloratur

Welch unendlichen Reichtum an Wandelbarkeit die kurze Überschrift ›Koloratur‹ birgt, ist vielleicht nicht ohne weiteres jedem Musikfreund klar. Von der rein ornamentalen Koloratur des siebzehnten Jahrhunderts, die oft nur in kürzeren Fiorituren einen stilisierten Instrumentalcharakter in die Gesangsmelodie hineinträgt, geht der Weg auf der einen Seite zu der typisch vokalen, brillant virtuosen Koloratur mit Rouladen, Sprüngen, Chromatik, Trillern, staccati, flautati und so fort, die von dem Text wie von der eigentlichen Struktur der musikalischen Linie oft fast nichts mehr übriglassen. Auf der anderen Seite führt er zu der Affektkoloratur des Barock, und diese wiederum zu dem späteren Espressivo der Koloratur, das eine nie gekannte psychologische Vertiefung, eindrucksvolle Steigerung und elementare dramatische Gefühlsgeladenheit bringt ... Verdis Genialität trug die ›psychologische‹ Koloratur mit ihrem Espressivocharakter auf die Höhe ...
Franziska Martienssen-Lohmann

Der Begriff »Koloratur« ist auf den Hund gekommen. Für das breite Publikum ist Koloratur-Fähigkeit der Ausweis von »Technik«, für viele Kritiker hingegen gilt diese Technik als eine Art von selbstgefälligem Firlefanz.

Koloraturfähigkeit wird eigentlich nur noch von Soprani leggieri verlangt, die das Es, das E und das F, vielleicht sogar das G in alto erreichen. Wort und Begriff aber stammen ab von »kolorieren«, was sowohl das Verzieren als auch das Färben meint. Es sollte sich von selbst verstehen, daß auch tiefe Stimmen verzieren können müssen – Mezzosopranistin und Altistin ebenso wie Bariton und Baß: Erinnert sei an Ebolis Schleierlied oder Osmins »Laffen«-Arie, von Rossinis Bravour-Arien nicht zu reden. Ebenso sollte es evident sein, daß die Koloratur nur Mittel des Ausdrucks sein kann und darf, nicht aber Zweck.

Die Tatsache, daß sich kurz nach der Jahrhundertwende ein »Koloratur-Fach« herausbildete, ist ein Indiz für Degeneration. Bei Patti, Sembrich, Arnoldson und noch bei Tetrazzini war Koloratur-Virtuosität Bestandteil umfassenden technischen Rüstzeugs. Später machten Soprane wie Galli-Curci, Ivogün, Hempel, Pacini, Kurz, Galvany, Huguet, Pareto, de Hidalgo, Capsir, Pons und Pagliughi eine Spezialität aus der Koloratur – sozusagen Petits fours des Singens, süße und raffinierte Köstlichkeiten. Sie lassen sich leicht genießen, oft aber nur schwer verdauen. Nach der vokalen Revolution, deren Bannerträgerin Gemma Bellincioni als Santuzza gewesen war, widmeten sich die meisten italienischen Soprane dem neuen Repertoire. Die Nachtigallenweis' kam in Verruf. Linda und Lucia, Norma und Elvira, Amina und Semiramide galten als antiquierte Figuren. Es ist signifikant, daß zwei der bedeutendsten italienischen Sopranistinnen – Luisa Tetrazzini und Amelita Galli-Curci – Karriere nicht in Italien machten, sondern in England und in den USA.

Canto di bravura: Luisa Tetrazzini

> Ich war dabei, als Tetrazzini an der Covent Garden Opera ihr Debüt als Traviata gab. Ihr Erfolg war überwältigend. Melba war ebenfalls anwesend. Einige Tage später war Melba bei einer Cocktail-Party, wo es überschwengliches Lob für Tetrazzinis Aufführung gab. Man hörte, wie Melba sagte: ›Ja, eine wundervolle Technik, aber bittet sie doch, für mich einmal eine tiefe Skala zu singen.‹ Doch nur Sänger und Bläser werden wissen, was damit eigentlich gesagt ist.
>
> *Maggie Teyte in ›The Pursuit of Perfection‹*

Die letzte italienische Primadonna mit den Tugenden des klassischen Stils war die zwei Jahre vor Caruso geborene und von Maestro Ceccherini am Florentiner Instituto musicale ausgebildete Luisa Tetrazzini (1871–1940). Sie debütierte im Herbst 1890 am Teatro Pagliano von Florenz als Ines in *L'Africaine* und benötigte siebzehn Jahre, um berühmt zu werden. In ihrer Jugend sang sie das damals altmodische Repertoire der Patti, aber auch Leonora in *Forza*, Ophélie, Mathilde, Philine, Oscar, Musetta und selbst Aida, wobei sie am Ende des Triumph-Aktes ein hohes Es interpolierte – ein Stunt, den ein halbes Jahrhundert später Maria Callas in ihren mexikanischen Aufführungen neben Kurt Baum und Mario del Monaco wiederholte. Gastspielreisen führten sie um die Welt: Sie gastierte 1898 am Teatro de la Opera (dem späteren Teatro Colón) in Buenos Aires, wo sie in *Guillaume Tell* neben Tamagno und Sammarco Mathilde und Königin in *Gli Ugonotti* sang; wie Battistini und Caruso reiste sie nach Rußland und war in der Premiere von *La Bohème* (neben Arnoldson, Caruso und Arimondi) ferner als Ofelia, Gilda, Lucia, Filina, Oscar, Lakmé, Leila und Donna Elvira in *Giovanni* zu hören. Mit den als anachronistisch geltenden Koloratur-Partien hatte sie nur an den italienisch dominierten Bühnen – in Neapel, Madrid, Warschau und Lissabon – Erfolg. An die Pariser Opéra, die Covent Garden und Metropolitan Opera wurde sie nicht eingeladen. Dort war ein durchaus anderes Repertoire als das ihre en vogue – und damit auch ein anderer Stil.

Sie war schon 36 Jahre alt, als sie in der Herbstsaison 1907 an der Londoner Covent Garden Opera debütierte. Sie sang Violetta. Der Kartenverkauf war so schleppend, daß Manager Harry Higgins aus dem Vertrag aussteigen wollte. Doch die Sängerin bestand darauf zu singen. Sie demonstrierte eine in langen Jahren trainierte verzierte Technik und eine wundervolle Tonemission, vor allem aber eine bestechende Musikalität bei der Applikation von Verzierungen. Die Aufführung ging mit einer Standing Ovation für eine neue Diva zu Ende. Ein Jahr später führte Oscar Hammerstein die Sängerin in den USA ein; sie sang wiederum Violetta. Am Ende von »Sempre libera« sang sie, nach einem achtfachen Staccato-C in alto, das Es. Sie machte, so ein zeitgenössischer Bericht, eine Schau daraus: »Diese großartige Note singend, beugte Tetrazzini sich nieder, um die lange Schleppe ihres Kleides aufzunehmen und von der Bühne zu gehen. Dabei hielt sie die ganze Zeit das phänomenale Es, bis sie endlich von der Bildfläche verschwunden war. Diese Tour de force überwältigte das Haus.«

Nicht ganz so begeistert wie das Publikum war William James Henderson, der schon über »die dummen und extravaganten Vorschußlorbeeren« verärgert war. Henderson konstatierte nicht nur den wilden Beifall nach dem ersten Akt, sondern auch »eine höchst ominöse Stille nach dem Duett mit Germont im zweiten Akt«, wo eine nicht verzierte Musik mit Gleichmaß, Fluß, Finish und

Luisa Tetrazzini
(Foto: © Ullstein Bilderdienst)

Pathos vorgetragen werden muß. Und dann folgt ein Kabinettstück an Stimm-Darstellung, ein »Vokalogramm« von bestechender Präzision: »Mme. Tetrazzini hat eine frische, klare Stimme von reiner Sopranqualität und ausreichendem Umfang, obwohl erst andere Rollen die weitesten Flügel über das System hinaus ans Licht bringen können. Der vollkommen unverbrauchte Zustand und das jugendliche Timbre der Stimme üben den größten Zauber aus; hinzugerechnet werden muß ein glänzender Reichtum in der hohen Lage. Der beste Teil der Stimme, wie wir sie gestern gehört haben, lag zwischen dem G über dem System bis zum C. Das B in ›Sempre libera‹ war ein Ton, auf den jede Sängerin stolz sein müßte. Das hohe D in derselben Nummer war keineswegs so gut, und das hohe Es, mit dem die Sängerin die Szene beendete, war ein Kopfton von dünner Qualität. Er weigerte sich, auf der korrekten Höhe zu bleiben.

Bei Koloraturen bestätigte Mme. Tetrazzini viel von dem, was über sie geschrieben worden ist. Sie sang staccato mit vollständiger Leichtigkeit, freilich nicht mit der anerkannten Methode des Atmens. Ihre Methode besteht darin, den Fluß lediglich anzuhalten, statt jede Note leicht und einzeln zu attackieren. Aber der von ihr erzeugte Effekt eines Detaché statt eines wirklichen Staccato ist zauberhaft. Von ihrem Triller kann das kaum gesagt werden. Er war weder klar in der Emission, noch war er stetig, und das Intervall selber war zumindest fragwürdig.

Abfallende Skalen sang sie schön, mit perfekter Geschmeidigkeit und sauberer Artikulation. Ihre Umwandlung der einfachen Skala in der eröffnenden Kadenz von ›Sempre libera‹ in eine chromatische Skala war, wenn auch gleich eine Abweichung von der Partitur, keine Geschmacksverletzung, und in ihrer Ausführung lag ihre Berechtigung. Die aufsteigenden Skalen in derselben Nummer wurden in einer Weise gesungen, die ein renommierter Lehrer nicht einmal von einem Schüler mit einjähriger Ausbildung hätte tolerieren können. Sie begannen mit einer tremolösen und kehligen Voce bianca und endeten mit dem Schwung in eine volle Stimme. Dabei wurde die Brust-Resonanz in widernatürliche Höhen hinaufgetrieben.

Der auffälligste Mangel von Mme. Tetrazzinis Singen, so wie wir es in der letzten Nacht hörten, war ihre ungewöhnliche Emission ihrer tiefen Mittelstimmen-Töne. Sie wurden mit einer gequetschten [›pinched‹] Glottis-Attacke gebildet und mit einer so fahlen Farbe und einem so ausgeprägten Tremolo, daß sie oft auf eine gar nicht mal schlechte Imitation eines Kinderweinens hinausliefen ... In der Cantilena fiel der neue Sopran am tiefsten unter die Anforderungen supremer Vokalkunst. Ihr Cantabile war uneben in der Tonqualität. Die Brüche zwischen der mittleren und der hohen Lage traten unangenehm hervor, und ihr Trick, in kurzen und spasmodischen Gruppen zu phrasieren, wobei leichtfertig und ohne Nachdenken über die Musik geatmet wurde, war ein ernsthafter Flecken in ihrer Wiedergabe. Zum Beispiel bildete sie zu Anfang von ›Ah, fors' è lui‹ eine Phrase bis zum /u/, nahm leicht Atem und sang das /i/ so, als gehörte es zum nächsten Wort.

Der fortgesetzte Gebrauch kalter Farben beim Cantabile nahm jede Möglichkeit von Pathos bei ›Non sapete‹, alldieweil eine mitleidslose Beschreibung ihrer infantilen Wiedergabe von ›Dite alle giovine‹ sich lesen würde wie eine Grausamkeit.«

Alle Einwände der Kritik prallten am Publikum ab. Tetrazzinis kühne Verzierungen, vorgetragen mit unwiderstehlichem Elan und entwaffnender Anmut, ihre Bravour und ihre Natürlichkeit versetzten die meisten Hörer in Frenesie. Sie wirkte, selbst wenn sie nicht immer ganz genau sang, wie eine Virtuosa in excelsis, weil ihr Vortrag immer spontan war. Wenn sie in der Kadenz von »Saper vorreste« aus *Ballo* eine Staccato-Kette auf dem D in alto reihte, erlebte man nicht einen einfachen Effekt, sondern vokale Exuberanz – ein Jeu d'esprit. Dies wurde abgesichert durch die perfekt gesicherte hohe Lage der Stimme. In der Region um B und C, in der die Stimmen der meisten italienischen Soprane aus dem verzierten Fach flach werden oder klanglich ausdünnen, blieb die Emission sicher, die Tonformung rund. Die hohen Töne besaßen die blühende Pracht von

Klarinetten-Tönen (nur die tiefe Lage war schwächer ausgebildet, so daß die Tongebung fahler, weißer wirkte). Bei Tetrazzini lag der Ton perfekt auf dem Atem und strahlte mit der Brillanz einer »Bachtrompete« (John Steane). In der Höhe war er nicht, wie bei den meisten Koloratur-Spezialistinnen, leicht und flötig, sondern kraftvoll. Er wurde mit der Vehemenz eines heftigen Glockenschlages angeschlagen und kam, das verraten selbst die Platten, auf den Hörer zu wie eine Leuchtspur. John Steane vergleicht die Intensität der Höhe mit der Birgit Nilssons. Ein seltsamer Vergleich, aber ein Hinweis auf die diamantene Härte des Tons und auf das Glitzern der Koloratur-Ketten und des Trillers, der freilich keineswegs so harmonisch klang wie der Melbas. Das Objet de vertu unter ihren Schmuck-Figuren waren ihre Staccati. Sie sang sie ebenso kühn wie präzis, mit blitzschnellem und federleichtem Anschlag, nach Art des Detaché und nicht mit heftiger Akzentuierung. Die Repetition des Staccato-C in Violettas »Sempre libera« – von Joan Sutherland in der Gesamtaufnahme unter Richard Bonynge wiederholt – ist eine jener brillanten Gesten, die nur vorführen darf, wer sie mühelos beherrscht – es ist die Ausführung, die die Aufführung legitimiert. Kein Wunder, daß Toscanini sie als Soprano pirotecnico bestaunte und an der Met jede Aufführung mit ihr ablehnte – der Divo mochte keine Diva. Scott wertet ihre Aufnahme von Violettas Szene (erste Version von 1908) als »Schulbeispiel für Stil« und »vielleicht die am schönsten gesungene Version dieser Musik«. In der Tat ist diese Aufnahme ein Glanzstück imaginativen Singens: Es bekommt seine Gliederung und sein Timing durch perfekte Portamenti, seine expressiven Nuancen durch die Kunst der dynamischen Nuancierungen, seine Eloquenz durch die Anwendung von Ziernoten wie Gruppetti und Vorhalte. Ihre Aufnahmen aus dem verzierten Fach – und dazu gehören Kürstücke wie die Variationen von Proch, Benedicts »Carnevale di Venezia« (die Melodie von »Mein Hut, der hat drei Ecken«) oder Strauß' »Voce di primavera« – zeichnen sich aus durch funkelnde Brillanz. Ein weiteres großes Beispiel dafür ist Rosinas »Una voce poco fà«, in der korrekten tieferen Tonart (E) gesungen, aber luxuriös ornamentiert. Diese Ornamente sind keineswegs bloß aufgesetzte Effekte wie bei vielen Sopranen (vor allem der deutschen Schule), sondern Hochflüge sängerischer Phantasie und Spontaneität, ein im eigentlichen Sinne *witziges* Spiel mit Arabesken: Ihr »ma« schnappt förmlich zu, ihre Ausformungen von »amorosa« oder von »e cento trapole« führen die hintersinnige Formel-Sprache der Opera buffa mit genialischer Musikalität vor. Vielleicht ist es schwer, nach Maria Callas noch eine virtuose Lucia zu tolerieren; doch gibt es in Tetrazzinis vokal hyper-brillanten Aufnahmen so viele Nuancen und expressive Schattierungen, daß man dem Zauber nur erliegen kann. Das gilt in einem noch höheren Maße für »Ah! non giunge» aus *Sonnambula* oder »Vien diletto« aus *Puritani*, für »O luce di quest'anima« aus *Linda in Chamounix* oder »Io son

Titania« aus *Mignon*. Darf man ihr vorwerfen, daß sie »Tacea la notte« aus Verdis *Trovatore* mit zu schlankem Ton und einer gleichsam gestückelten Kurz-Phrasierung vorträgt? Dafür singt sie »Di tale amor« mit gewohnter Brillanz und einem schier explodierenden Es in alto. Gleichwohl, der Verfasser zieht selbst in dieser Cabaletta eine ausladendere Stimme mit guter Beweglichkeit vor. Die Arie aus dem vierten Akt (»D'amor sull'ali«) liegt ihr besser, doch evoziert Tetrazzini nicht den Ausdruck von Melancholie und Schwermut wie Callas. Dabei konnte sie, wie Scott schreibt, »larmes dans la voix« haben. Ofelias Arie aus *Hamlet* hat nicht nur den verzweifelten »éclat de rire«, sondern auch die sentimentalischen Untertöne, die wehmütig abschattierten Koloraturen, das irr-sinnige Delirieren. Den höheren Jux, von dem gerade die Connaisseurs, die Kunststrengen sich verzaubern lassen, erleben wir bei Lakmés Glöckchen-Arie, Venzanos »O che assorta« und etlichen Stückchen aus dem Nachtigallen-Repertoire.

1912 verließ Tetrazzini die Opernbühne. Sie hatte schon in jüngeren Jahren nie das Bild einer schwindsüchtigen Violetta abgegeben; jetzt war sie so dick, daß ihr die Bewegungen auf der Bühne schwer wurden. Sie sang fortan Konzerte und häufte ein Vermögen von rund fünf Millionen Dollar auf. Weniger geschickt war sie bei der Auswahl ihrer Männer. Von zwei Ehemännern hatte sie sich getrennt. Der dritte, er hätte ihr Sohn sein können, brachte den größten Teil ihres Vermögens durch, so daß sie nach dem Krieg wieder singen mußte. In den dreißiger Jahren verdingte die Diva sich an Variétés. Dann zog sie sich zurück und begann zu unterrichten. Eine ihrer Schülerinnen war Lina Pagliughi. Es wird berichtet, daß Tetrazzini auf frotzelnde Fragen, ob sie noch singen könne, ans Klavier ging und ein Arpeggio bis zum C sang. Dazu rief sie: »Sono vecchia, sono grassa, ma sono sempre la Tetrazzini – Ich bin alt, ich bin fett, aber ich bin immer die Tetrazzini.«

Zauber des Timbres: Amelita Galli-Curci

Es ist, als habe Verdi diese Partie [die der Gilda] nur für sie geschrieben. Kristallklar und zugleich mit einer Ausdrucksintensität, die uns erschauern macht.
Giacomo Lauri-Volpi über Amelita Galli-Curci

Aus einer Zeit, in der Legenden noch mit der Hoffnung auf Gläubige erzählt wurden, stammt die Mär, daß Amelita Galli-Curci (nach Kutsch/Riemens und Scott 1882 geboren, nach ihrer eigenen Darstellung 1888, nach Aida Favia-Artsay 1889 – das Todesjahr 1963 ist verbürgt) dadurch singen lernte, daß sie einer Nachtigall lauschte. Eine andere Geschichte berichtet, daß sie Plattenaufnahmen machte, sich selber zuhörte und Fehler ausmerzte. Erstaunlich genug, daß sie niemals geregelten Unterricht erhalten und dennoch eine der glänzendsten Opern-Karrieren der Jahrzehnte zwischen 1910 und 1930 gemacht hat. Die Tochter hochmusikalischer italienisch-spanischer Vorfahren – ihr Großvater war Dirigent, ihre Großmutter Carlotta Rota-Galli eine bekannte Primadonna – erhielt mit fünf Jahren Klavierunterricht, besuchte vom siebten Lebensjahr an das Konservatorium von Mailand und studierte bei Vincenzo Appiani. Nach dem Bericht von Favia-Artsay in *Record Collector* soll sie mit 16 Jahren preisgekrönt das Konservatorium verlassen und wenig später Pietro Mascagni mit ihren pianistischen Fertigkeiten verblüfft, mit ihren vokalen aber verzaubert haben – daher seine im Motto zitierte Empfehlung. »Se non è vero ...«

Nachdem ein Impresario, der eine Operntruppe zusammenstellte, sie mit Gildas »Caro nome« gehört hatte, wurde sie 1906 (sie selber gibt 1912 an,

Amelita Galli-Curci als Chimène
(Foto: © Rubini-Records, Hove, Sussex)

obwohl sie schon 1910 in Südamerika sang) in das kleine Städtchen Trani engagiert. Kurz nach ihrem Debüt als Gila am 26. 12. 1906 heiratete sie Luigi Curci, einen Vertreter des süditalienischen Landadels. Als Marchesa di Simeri gab sie ihr Debüt am römischen Costanzi-Theater und ging von dort, durch Vermittlung des bekannten Impresario Adolfo Bracale, für sechs *Rigoletto*-Aufführungen nach Ägypten. Im Sommer 1910 beteiligte sie sich am alljährlichen Exodus italienischer Opernstars nach Südamerika. In Italien war sie nicht weiter als an das Römische Costanzi-Theater und an das Mailänder Dal Verme gekommen. In Le Massenas hagiographischer Biographie ist zu lesen, daß sie an der Scala beim Revival von *La Sonnambula* gern Amina gesungen hätte; doch war die Rolle von Intendant Mingardi schon an Rosina Storchio vergeben worden. Als er ihr die kleine Partie der Lisa anbot, soll sie gesagt haben: »Lieber Mingardi, vergessen Sie das nie in Ihrem Leben – ich werde nie wieder den Fuß in dieses Theater setzen.« Gegenüber Rasponi erinnerte sie sich freilich einer jener schlagfertigen Antworten, die selbst den Wortgewandten erst 24 Stunden später einfallen: »Entweder Amina oder gar nichts. Amelita kommt nie durch die Tür der Dienstboten.« Wieder eine der Legenden aus dem Heldenleben des Stars. Galli-Curci hat nie an der Scala gesungen, weil sie vor dem Krieg für das erste italienische Haus noch nicht reif war und weil es dort eine Lucrezia Bori gab. Immerhin sang sie 1913 am Dal Verme Amina neben Tito Schipa, 1914 in Carcano Rosina neben Titta Ruffo und 1915 in Buenos Aires Lucia neben Caruso. Der berühmte Tenor bezeichnete sie gegenüber Gatti-Casazza als mittelmäßig. Wegen des Krieges, und aus Furcht vor deutschen U-Booten, sang sie bis 1916 in Südamerika. Dann gingen die Curcis nach New York, wo sie nach einem Vorsingen von Cleofonte Campanini, dem musikalischen Leiter der Chicago Grand Opera Company, engagiert wurde. Daß der Dirigent sich seiner Wahl nicht ganz sicher war, verrät die mäßige Gage von 300 Dollar für die Vorstellung. Nach der Darstellung Le Massenas hat sie nie vor Gatti-Casazza vorgesungen. Hingegen berichtet Irving Kolodin in seiner Chronik der Met, gehört zu haben, daß sie nach einem Vorsingen abgelehnt wurde, weil sie ständig zu tief gesungen habe. Daß Gatti sie nicht wollte, geht eindeutig aus einer von Robert Tuggle zitierten Erklärung gegenüber Otto Kahn – dem Mäzen der Met – hervor, der mit Frieda Hempel und der Spanierin Maria Barrientos die besseren Sängerinnen im Ensemble zu haben glaubte. Die klügeren Ohren hatte Calvin Child von RCA Victor, der die junge Diva für Testaufnahmen engagierte, die schon bald sehr einträglich wurden. Während der Proben zu *Rigoletto* merkte auch Campanini, wen er auf der Bühne hatte. Nach »Caro nome« ging er in die Garderobe der Sängerin und bot ihr 1000 Dollar für jede Vorstellung bis zum Ende der Saison. Eine weise Entscheidung, denn die Matinee vom 18. November 1916 versetzte das Publikum in schiere Raserei. Edward Moore berichtete in seinem Buch über

Forty Years of Opera in Chicago von einer Aufführung, die als routinierte Repertoire-Vorstellung begann; doch dann »erschien eine Gestalt vor der Tür zum Garten auf der linken Bühnenseite, mit einem ovalen, mittelalterlichen Gesicht, einer langen Nase, einem perlmuttenen Schimmer und einer Kehle, aus der die zaubrischsten Töne drangen, die man je gehört hatte. Das Publikum wurde wach, es rief, es schrie, es stampfte mit den Füßen, stand buchstäblich kopf und führte sich auf, wie sich ein gesetztes Publikum an einem Samstagnachmittag in der Oper nie aufführt.« Im *American* schrieb Herman Devries nicht weniger enthusiasmiert: »In dreißig Jahren habe ich, ein Opern-Veteran, noch nie solch eine unvergleichliche, makellose Schönheit des Tons, solch ein seidiges Timbre, solch ein angeborenes und gottgegebenes Talent, solch ein delikat schönes Phrasieren und solch ein Gefühl für Belcanto erlebt.«

Drei Tage später sang sie, vor einem ausverkauften und hysterisch jauchzenden Haus, Lucia di Lammermoor, bald danach auch Rosina, Violetta und Juliette. Victor brachte sogleich eine Aufnahme von »Caro nome«, aufgenommen im November 1916, heraus, die jedoch, weil technisch nicht einwandfrei, durch eine Version vom Februar 1917 ersetzt wurde (unter identischer Katalog-Nummer). Nach der Saison in Chicago ging sie sofort ins Studio und nahm, u. a. mit Caruso als Partner, das Quartett aus *Rigoletto* und das Sextett aus *Lucia di Lammermoor* auf. Nachdem sie in Chicago auch Dinorah, Lakmé, Linda, Mimi, Amina, Norina, Butterfly und Manon gesungen hatte, gastierte sie mit dem Ensemble der Chicago Opera in New York im Lexington Theatre als Dinorah (Januar 1918). William James Henderson war, nach vielen Erfahrungen mit Sängerinnen mit falscher Ton-Konzeption (vgl. Geraldine Farrar), hingerissen: »Sie ist eine Künstlerin mit brillanten Fähigkeiten. Ihre Stimme ist ungewöhnlich geschmeidig, dunkel gefärbt und flexibel. Es ist eine reine Flöten-Stimme, die großer Wärme und zärtlichen Ausdrucks fähig ist.«

Sie sang in ihrer ersten New Yorker Saison noch Gilda (»dramatisch enttäuschend«), Rosina und Violetta – für die letztere Partie erhielt sie vierzig Vorhänge, und das Publikum ging erst besänftigt-beseligt nach Hause, nachdem ein Klavier auf die Bühne geschoben worden war und Galli-Curci sich bei »Home sweet home« selber begleitet hatte. Als sie ein Jahr später zurückkehrte und Donizettis Linda di Chamounix sang, bewältigte sie zwar die Fiorituren leicht und sicher, doch der Klang der Stimme war auf Grund ständigen Singens matter geworden, und als sie 1920 die Amina sang, »kam sie der Vokalistin, die sie zwei Jahre zuvor gewesen war, nicht nahe« (Kolodin). Dennoch engagierte Gatti, der eine Nachfolgerin für Hempel und Barrientos suchte, sie für die Saison 1921/22. Dies erwies sich, nach dem Tod Carusos im August 1921, als Segen; Galli-Curci behauptete sich, trotz der kühler werdenden Kritiker, als Kassen-Magnet, obwohl sie nur kurze Zeit während der Saison an der Met sang (was ihr freie Zeit für lukrative Konzertreisen gab). Kritiker wie Aldrich und Henderson konstatierten ungeachtet der Bewunderung für ihre Künstlerschaft den »Mangel an wirklicher Brillanz« und »das geringe Volumen des Tons«. Galli-Curci sang bis 1930 an der Met (der Vertrag sollte bis 1931 dauern), wich dann aber der nicht kompromißwilligen New Yorker Kritik aus. Es heißt, daß zunehmende Intonations-Probleme durch die Bildung einer kropfartigen Geschwulst verursacht wurden, die 1935 operativ entfernt werden mußten. Ihr Versuch, 1936 in Chicago – wo man sie liebte – mit der Partie der Mimi ein Comeback zu feiern, scheiterte; die Stimmbänder, lange Zeit nicht mehr richtig gebraucht, gewannen ihre ursprüngliche Flexibilität nie zurück. Galli-Curci zog sich mit ihrem zweiten Mann, dem Begleiter Homer A. Samuels, den sie 1921 nach der Trennung von ihrem ersten Mann geheiratet hatte, nach Kalifornien zurück.

Galli-Curci ist lange Zeit als »Nachfolgerin der Patti und damit als Königin des Koloraturgesanges unseres Jahrhunderts«, so der Wiener Sammler Roland Teuchtler (in *Opernwelt*), verklärt worden: »Die Stimme der Galli-Curci war ein lyrischer Sopran von ungewöhnlicher Schönheit, rein und kristallklar vom tiefen As bis zum hohen E. Mag sie an Stimmkraft von der Tetrazzini, im Triller von der Patti und der Kurz übertroffen worden sein, die schwebende Leichtigkeit der Tongebung, ihre vollkommen mühelose Art des Singens ist von keiner ihrer Rivalinnen auch nur annähernd erreicht worden.«

Edward Moore hat vor einem halben Jahrhundert kritischer hingehört. Nie in ihrem Leben sei Galli-Curci auch nur »within bowing distance« gewesen zu Tetrazzinis sorglosen, überwältigenden vokalen Gesten. Galli-Curci besaß in ihrer Jugend eine fein ausgeglichene, wohlverblendete, flötengleiche Stimme, brillant in der Höhe und mit ausreichender Kraft, flexibel und dynamisch gut gestuft. Ihr Legato war vorzüglich, die Bildung eines Cantabile erstklassig, »das einer wirklichen Künstlerin« (Henderson). Aber bei der Sichtung des vokalen Inventars entdeckt man auch Mängel, vor allem im Vergleich zu Patti, Sembrich, Melba und Tetrazzini. Ihr Triller ist, wenn er kommt, eher ein Zufallstreffer; er schwingt vor allem in der unteren Amplituden-Kurve nicht sauber aus. Akzeptabel ist er in der akustischen Aufnahme von Dinorahs »Ombra leggiera« (1917), auch in der Polonaise aus *Mignon*. Aber in der Wahnsinns-Szene aus *Lucia* (Cabaletta) läßt sie, offenbar wegen der hohen Tessitura, die Triller ganz aus. Das bestätigt Scotts Diagnose, daß die Stimme, weil nicht kräftig genug gestützt, rasch ermüdete und den Sitz auf dem Atem verlor. Auch ihre Fiorituren haben bei weitem nicht die Sicherheit, die Verve, die tonliche Definition, wie wir sie von Tetrazzini kennen. Teuchtlers Hinweise auf den enormen Umfang der Stimme sind problematisch. Die hohen Töne wurden schon in den zwanziger Jahren nur mit Mühe erreicht. Es geht sogar die Vermutung, daß Galli-Curci aus Chicago wegging, um nicht die Lakmé mit ihren hohen E's singen zu müssen. Effekt machte sie vor allem dank ihrer schönen, glockenhaften Staccati, aber gebundene Passagen oder triolische Figuren bildete sie wenn nicht unsauber, so doch ohne die Formung rhythmischer Spannung.

Trotz aller Webfehler – Galli-Curci war eine Art von Opernwunder. In einem gewohnt kritischen und ungewohnt liebevollen »Adieu to Galli-Curci« schrieb Henderson am 8. Februar 1930: »Sie besaß eine Stimme von außerordentlicher Qualität, weich und reich, obwohl zart in ihrer Textur, und sie sang mit großer Leichtigkeit. Die sogenannte Koloraturstimme [soprano leggiero] ist gewöhnlich nicht reich an Farben oder dazu geeignet, tragische Leidenschaften auszudrücken. Aber sie kann, mit bezaubernder Wirkung, gebraucht werden, um Schalkhaftigkeit, Verspieltheit, Fröhlichkeit, Raffiniertheit und kapriziöse Gereiztheit auszudrücken. Mme. Galli-Curcis Rosina in *Il Barbiere di Siviglia* war nicht nur ein Exemplum hübschen Scherzando-Singens. Es war eine wohl konzipierte Impersonation . . .«

Die schönen, glockenhaften Staccati Galli-Curcis kann man in Lakmés Glöckchen-Arie ebenso hören wie in Dinorahs Schatten-Arie (obwohl das Ende unüberhörbare Schwierigkeiten bringt). »Charmant oiseau« aus *La Perle du Brésil* (David) hat Anmut und Charme, bei weitem aber nicht Tetrazzinis kühne Brillanz. Am überzeugendsten ist sie dann, wenn sie mädchenhafte Naivität, Verletzlichkeit oder Koketterie auszudrücken hat: Trotz des zu raschen Tempos ist Cherubinos »Non so più« ein Exemplum anmutigen Singens (das B am Ende entspricht der Tradition); ungeachtet der vielen Auszierungen ist »Una voce« ein Beispiel für Spontaneität im Verein mit klug kalkulierter Brillanz. Der »éclat de rire« aus Aubers *Manon Lescaut* wird als elegante vokale Geste geboten – ein Beispiel dafür, daß ein Lachen *als* Singen und Singen lachend dargeboten werden kann. Callas mußte ihre »Klein-Mädchen-Stimme« einsetzen, um Aminas »Come per me sereno« glaubhaft zu machen – Galli-Curci *hatte* diese jungfräuliche Stimme. Natürlich besaß sie nicht die tiefe, dunkle und tragische Farbe, um »Qui la voce« aus *I Puritani* zu tönen wie Callas. Anders bei *Lucia di Lammermoor*: Hier kommt das feine, perlmuttene Timbre der Galli-Curci ideal zur Geltung. Vor allem das Duett »Verranno a te« mit Tito Schipa ist ein Locus classicus des Donizetti-Gesangs. Das feine Legato der Sängerin ist in Adinas »Quel guardo – Son anch'io la virtù magica« aus *Don Pasquale* zu bewundern. Unvergleichlich auch das Duett aus dem 3. Akt (wieder mit Schipa), vor allem in der frühen akustischen Version. Sehr schön, wenn auch übermäßig dekoriert (in der Coda) die Aufnahmen von »Caro nome« und der Duette mit dem Rigoletto von Giuseppe de Luca. Leonora und Violetta forderten die Sängerin bis an die Grenzen und zuweilen über sie hinaus. In »Ah, fors' è lui . . . Sempre libera« hilft sich die Sängerin mit zu vielen Staccati, hingegen singt sie, neben Schipa, elegisch-schön in »Parigi, o cara«.

Cri du Cœur: Die Diven des Verismo

Don Josés ›crime passione‹ im vierten Akt von *Carmen* war der Ausgangspunkt für all die Szenen, darin erstochen und erwürgt wird, für Hinrichtung, Selbstmord oder versuchte Vergewaltigung. Man findet sie in den realistischen Opern der folgenden Epoche. Mit solchen Données im Libretto war es unausweichlich, daß die Musik sich in einen Zustand ständiger Erregtheit und Agitation begab. Kurze, aufgebrochene Deklamation wechselt mit scharf-gezackten melodischen Fragmenten, und der naturalistische Schrei findet seinen Weg in die Arie, die nunmehr Aria d'urlo genannt wird. [›urlo‹ heißt Schrei.]
Mosco Carner in ›Puccini‹

Doch ach! aus dem Verismo ist ein schlechter Witz geworden. Heute denken sie, daß sie ihre Effekte mit Seufzern und Schwulst machen können. Ich habe all die fabelhaften Diven des Verismo gehört, und ich denke, daß ich weiß, wovon ich rede. Cobelli, Pampanini (mit ihrem unbeschreiblich schönen Instrument), Pederzini, Oltrabella, Cervi Caroli, Bruna Rasa, Maria Farneti . . . Ich könnte weiter und weiter gehen. Sie alle wußten genau, wie man Saft für jede Charakterisierung aus einer Rolle preßte. Man verließ das Theater – erschüttert von der Intensität der Darstellung.
Iris Adami Corradetti

Schon in den frühen Opern Puccinis, selbst in Verdis Otello, findet sich der naturalistische Cri du cœur, und ihm entspricht, im Orchester, die Neigung zu heftigen Tremoli und Blechbläser-Ausbrüchen, die beispielsweise in *Tosca* immer wieder con tutta forza hereinbrechen. Dadurch wurden die Stimmen nicht nur zum Forcieren gezwungen, sondern zu einer insgesamt heftigen, grellen, weniger vokalen als rhetorischen Ausdrucksgestik. Die Identifikation mit dem neuen Repertoire zeitigte nicht nur das, was man naturalistisches oder realistisches Singen genannt hat (und nennt), sondern führte zu einer Rückwendung des Affektstils auf die Musik Verdis, der Romantiker und, so im Fall von Ester Mazzoleni, auf die Spontinis, Cherubinis und Meyerbeers. Habituell wurde der emphatische Einsatz der (fast immer derb und ordinär klingenden) Bruststimme, die extrem weit in die Höhe getrieben wurde, während die Höhe selber auf Grund extremer muskulärer Anspannung in der Regel heftig flakkerte; das romantische Beben der Sinne verwandelte sich in ein Zittern der Stimme. Doch selbst die ärgsten Sünden wider das Singen und lächerlichsten histrionischen Effekte werden, weil sie, wie vordergründig auch immer, Ausdruck vortäuschen, verteidigt, vor allem gegenüber dem angeblichen »bloßen Schöngesang«. Dabei werden »schöner Gesang« und »realistischer Vortrag« gegeneinander ausgespielt – als ob Vorgang und Wirkung des Singens überhaupt mit einem Begriff wie Verismo oder Realismus erfaßt werden könnten. Die Platten von Augusta Oltrabella, Maria Carbone, Iris Adami Corradetti, Elena Ruszkowska, Maria Labia, Adelina Agostonelli, Ester Mazzoleni, Carmen Melis, Tina Poli-Randaccio, Juanita Caracciolo, Gilda dalla Rizza, Lina Bruna Rasa, Bianca Scacciati, Mafalda Salvatini, Maria Farneti, Ersilde Cervi Caroli und Sara Scuderi wirken auf die meisten Hörer – dies eine Erfahrung des Verfassers – gerade wegen der Heftigkeit des Ausdrucks befremdlich. Und da sie nur ganz selten durch die Schönheit des Singens verzaubern, sind sie praktisch vergessen. Konsumierbar sind sie nur für Hörer, die sich an die scharfe Kost der theatralischen Marktschreierei gewöhnt haben. Freilich, dies ist metaphorisch zu verstehen, als Irritation über eine sängerische Ausdruckshaltung, nicht als eine Beschreibung des Singvorgangs selber. Kennzeichnend ist eine Äußerung der Sopranistin Augusta Oltrabella im Interview mit Lanfranco Rasponi über ihre Kollegin Renata Scotto: »Ich stamme aus Savona, der Stadt, die heute durch Renata Scotto berühmt gemacht wird. Haben Sie sie in der neuen Aufnahme von *Nabucco* schreien hören? Sie findet Leute, die sie dafür bezahlen, daß sie schreit, so daß sie das Geld rasch nehmen sollte, solange sie es nämlich noch kann. Im Leben eines Sängers ist morgen kein Tag wie jeder andere.«

Gewiß keine schöne Bemerkung, aber auch keine häßliche – weil die Wahrheit nicht häßlich, sondern nur schmerzlich ist. Wenn man die Platten von Scotto und Oltrabella hört, erkennt man den Unterschied zwischen Schreien und einem Singen, das stählerne Stimmbänder schwingen läßt. Jenes ist unerträglich, dieses vielleicht nicht schön, aber beeindruckend. Und eindringlich, auch bewegend ist die Intensität, mit der sich fast alle diese Sängerinnen auf eine Opernkunst eingelassen haben, die ein Rückzugsgefecht war – die Werke von Cilea, Alfano, Mascagni, Giordano, Refice, Wolf-Ferrari und Montemezzi. Man muß auf die Aufnahmen all der Verismo-Diven zurückgreifen, um diese Musik zu hören – eine sentimentalische und manchmal auch larmoyante, eine erregte und zugleich innige, eine raffinierte und doch auch banale Musik, deren Effekte mit denen des Kinos wetteifern.

Diva dolorosa: Claudia Muzio

Sie war stets bemüht, die vokale Entfaltung zugunsten der Färbung der Worte zurückzustellen, um den dramatischen Wert einer musikalischen Phrase zu entfalten.
Richard Aldrich in der ›Times‹ am 5. Dezember 1916

Es war Claudia Muzios außerordentliche Errungenschaft, daß sie bei den betont anti-romantischen und gegen Primadonnen eingestellten Kritikern und Hörern Empfindungen weckte, die dermaleinst von Malibran, Pasta, Frezzolini und Grisi in den Kritikern und den Hörern der romantischen Ära erweckt worden waren.
Rodolfo Celletti

Sie sang, wie Giacomo Lauri-Volpi in seinem Buch *L'Equivoco* schrieb, »mit der ihr allein eigenen Stimme, gemischt aus Tränen und Seufzern und aus einem verhaltenen inneren Feuer«, mit einer Stimme, die von Leid und Schmerzen eingefärbt war; sang mit einer Stimme, der zwar nicht die Brillanz, die Agilität, die Kunstfertigkeit einer Patti, einer Sembrich, einer Melba zu Gebote standen, dafür aber eine Ausdruckskraft, welche die dargestellten Figuren aus dem Prokrustes-Bett der Opern-Konvention befreite. Ihre Schönheit unterstützte ihre darstellerischen Talente, und diese machten die Defizite der Vokalistin vergessen. Hier halte ich ein mit dem Gefühl, den beharrlich verteidigten Maßstäben untreu zu werden: daß die Beherrschung der Formeln erst die Form sichert, daß Kunst erst beginnt, wo die Technik aufhört, daß Interpretation der größte Feind der Technik ist. Nein, Muzio hatte die Formeln längst nicht mehr in Kopf und Kehle, konnte sich auf die Technik nicht mehr verlassen – und doch war sie eine der größten Interpretinnen von Rollen, die größte Sängerinnen verlangen. Nicht grundlos wurde sie als »Duse of Song« bezeichnet – obwohl mir ein Vergleich mit der Garbo angemessener erscheint: mit einer Schauspielerin, die ohne die *Mittel* des Spiels ausdrucksvoll wirkte, einer Frau, welche die Aura der rätsellosen Sphinx ausstrahlte. Muzios Singen hat die Intensität und Intimität einer kinematographischen Großaufnahme, bei welcher die Imago des Stars obsiegt, nicht die gestische Virtuosität des Ausdrucks. Insofern entsprach sie den Forderungen der modernen Zeiten, in denen die kunstvolle *Formen*sprache der Oper an eine vermeintlich realistische – oder abbildende – *Ausdrucks*sprache verraten ward. Diese Ausdruckssprache hat Muzio mit einer ausdrucksvollsüßen, schön-schmerzlichen, melancholisch-verschatteten Stimme zum Klingen gebracht: in einem Singen, das Darstellen ist, und in einem Darstellen, das direkt in die Emotion übergeht. Rodolfo Celletti hat darauf aufmerksam gemacht, daß Muzio in einer Zeit berühmt wurde, da man mit der Oper eigentlich nicht mehr berühmt wurde, als der Operngesang verworfen wurde mit dem Hinweis auf seine Künstlichkeit und als der »crooner« zur Stimme der Zeit wurde. Muzio habe, so Celletti, dem modernen Geschmack entsprochen, weil sie einen subtileren melodischen Stil bevorzugte und mit sanft-süßen Tönen und verschleierten Klängen eine gefühlshaft-intime Vokalsprache entwickelte. Deren Dekadenz in der Klanggestalt von gleichsam zerkauten Vokalen und ungenau artikulierten Konsonanten hat Michael Scott kompromißlos analysiert. Dennoch wirken diese zu expressiven Zwecken eingesetzten Effekte nicht kalkuliert, sondern spontan und überzeugend.

Claudia Muzio (1889–1936), geboren in Pavia nahe Mailand, war ein Theaterkind. Ihr Vater war Stage Manager am Covent Garden und an der Met, ihre Mutter eine Chorsängerin. Sie lernte dadurch nicht nur die Bühnentechnik und die Produktionsarbeit kennen, sondern erlebte auch zahlreiche große Sänger. Nach ihrer Jugendzeit in London erhielt sie in Italien ihren ersten Gesangsunterricht bei Annetta Casaloni (in der Uraufführung des *Rigoletto* 1851 die Sängerin der Maddalena). Dann wechselte sie zu E. Callery-Viviani in Mailand. 1910 debütierte sie als Massenets Manon in Arezzo. Wenig später sang sie in Messina neben Tito Schipas Herzog Gilda, dann auch Violetta in *La Traviata.* Schon in ihren ersten Aufführungen erfüllte sie ihre Rollen, wie diverse Kritiken belegen (zitiert im *Record Collector*), mit »magischem Zauber«. 1911 sang sie in Turin Leonora in *Trovatore*, 1912 brillierte sie am Dal Verme als Marguérite in Gounods *Faust*, im Herbst desselben Jahres auch als Puccinis Manon mit Martinelli als Des Grieux. Schon in der Saison 1913/14, vier Jahre nach ihrem Debüt, wurde sie an die Scala eingeladen. Sie stellte sich als Desdemona vor, nahm an der Uraufführung von Smeraglias *L'Abisso* teil und sang in einigen Aufführungen von Montemezzis *L'Amore dei Tre Re.* Letztere brachten ihr einen Platz in der ersten Reihe der Scala-Stars ein. Dennoch gelang es ihr nicht, das Publikum zu entflammen, und es dauerte bis 1925, daß sie als Leonora zurückkehrte. Sie sang auch 1927 und 1930 zweimal an Italiens erster Bühne, wurde aber nie – wie Storchio, Burzio oder später Callas – die Primadonna des Hauses. Über Paris, wo sie bei einem Kurzgastspiel neben Ferrari-Fontana und Ancona als Nedda zu hören war, ging sie im Mai 1914 nach London und stellte dort, so die *Times* am 7. Mai, »eine Manon dar, die in vieler Hinsicht sehr interessant war«. Ihrer Stimme sprach man »beträchtlichen Reichtum« zu, doch wurde ihr Porträt als wenig spontan und charmant bezeichnet. Größeren Effekt machte sie, die erkrankte Marie-Louise Edvina ersetzend, als Tosca (neben Caruso). Die *Times* rühmte ihre »klare Diktion und ihren leichten Stil des Singens«. Sie übernahm von Nellie Melba die Partie der Desdemona neben dem superben Otello des französischen Tenors Paul Franz, sang mit Rosa Raisa in *Mefistofele* (Partie der Margherita) und schließlich Alice in *Falstaff* mit Scotti in der Titelpartie. In den folgenden zwei Jahren war sie vorwiegend in Italien zu hören – als Sieglinde, Nedda (neben dem am Dal Verme gastierenden Caruso) –, dann auch in Südamerika. Einer langwierigen Erkrankung Lucrezia Boris verdankte sie ihre Einladung an die Met, wo sie am 4. Dezember 1916 für ihre erste Tosca – neben Caruso und Scotti – durchweg gelobt wurde (vgl. die als Motti zitierten Kritiken). Auffällig, daß ihr zwar »eine gute lyrische Sopranstimme, voll und von vibrierender Qualität« (Henderson) zugesprochen wurde, ihr Agieren aber die größte Aufmerksamkeit erregte. Für Aida erhielt sie das Prädikat »brillant«. Ihr erster Radames war Martinelli, der zweite Caruso, mit dem sie am 12. November 1917 – wieder als Aida – die Saison eröffnete. In sechs Spielzeiten sang sie Fiora, Tatiana, Manon Lescaut, Mimi, Santuzza, Berthe in *Le Prophète*, Maddalena in der ersten Aufführung von *Andrea Chenier* an der Met neben dem jungen Gigli, der die für Caruso vorgesehene Rolle übernahm (7. März 1921). Drei Jahre zuvor hatte sie in der Uraufführung von Puccinis *Trittico* Giorgetta in *Il Tabarro* gesungen. Ihre Karriere an der Met endete mit der Saison 1921/22, obwohl sie bis 1934 noch einige Gastspiele gab. Sie hat in New York 177 Aufführungen gesungen: Aida (36), Nedda (27), Leonora (20), Fiora in *L'Amore dei Tre Re* (17), Berthe (15), Giorgetta (11), Maddalena (10), Tosca (10), Tatiana (8), Manon Lescaut (7), Loreley (6), Santuzza (5), Mimi (3), Traviata (2, beide im Jahre 1934). Aus Kolodins Met-Chronik geht hervor, daß sie immer anregend, oft aufregend war, aber weder die Bewunderung der Kritiker noch die Liebe des Publikums gewinnen konnte wie Bori (die Diva der Cognoscenti) oder wie Farrar (der Darling des Publikums). Ihre Stellung wurde nicht leichter nach dem Aufstieg von Ponselle und der Verpflichtung von Easton, und auch das glänzende Comeback Boris und das spektakuläre Debüt von Maria Jeritza verleideten ihr die Met. Eine halbe Stunde vor einer Abfahrt nach Europa unterzeichnete sie auf dem Schiff einen Vertrag mit der Oper von Chicago. Schon 1918 hat sie in Ravina Park – dem Sommerfestival von Chicago – gesungen, ein Jahr später in Südamerika, wo sie unter Tullio Serafin sogar die Marschallin im *Rosenkavalier* wagte. Vermutlich wurden damals in Argentinien die höchsten Gagen bezahlt: Muzio soll im Sommer 1920 für 27 Aufführungen 100 000 Dollar erhalten haben.

In Chicago sang sie von 1922/23 bis 1931/32 mit Ausnahme der Saison 1928/29. In den kurzen Spielzeiten wurden 90 bis 100 Aufführungen von dreißig und mehr Opern gegeben. Dafür wurden Stars aus aller Welt engagiert und hoch bezahlt. Muzio sang dort ihr Met-Repertoire, dazu in *La Cena delle Beffe, Forza, Monna Vanna, Otello* und *Mefistofele*. In der Hierarchie des Hauses hielt sie, gemeinsam mit Rosa Raisa, den zweiten Platz nach Mary Garden. Norma, die sie in Buenos Aires zu singen riskiert hatte (sie besaß nicht die Technik für die

Claudia Muzio
(Foto: © Rubini-Records, Hove, Sussex)

Rolle), überließ sie in Chicago Rosa Raisa. Größten Eindruck machte sie als Violetta: Frida Leider berichtet in ihrer Autobiographie, daß sie den letzen Akt »nie wieder so ausdrucksvoll« erlebt habe. Ebenso enthusiastisch äußerte sich die Wagner-Sängerin über Muzios Darstellung der Nedda. In Chicago hat Muzio insgesamt 149 Aufführungen gesungen – darunter Violetta (32), Leonora (22), Aida (18), Tosca (15) und Santuzza (10). Am Colón von Buenos Aires ist Muzio in elf Spielzeiten, in 23 Rollen und rund 250 Aufführungen aufgetreten (alle drei Zahlen sind größer als die vergleichbaren aus New York und Chicago). Sie war ein Idol der Argentinier. In seinem Buch *L'Equivoco* schreibt Giacomo Lauri-Volpi, der dort wie Martinelli, O'Sullivan und Pertile mit ihr in *Trovatore* sang: »Ich hatte das außerordentliche Glück, mit der süßesten aller Leonoras zu singen, mit Claudia Muzio. Sie besaß das Genie für exquisite Änderungen der tonlichen Plazierung, des Portamento und des Klangs. Die Arie ›D'amor sull' ali rosee‹ hat nie eine schwereloser schwebende Stimme gefunden als ihre, im Wechsel schmerzerfüllt, sanft und glühend.« Ihre Violetta wurde von Historikern als »unvergleichbare Darstellung« gerühmt, von Eva Turner als »einfach unvergeßlich« bezeichnet: »Muzio war Traviata in wahrstem Sinne des Wortes.« Aber sie hat, Indiz für technische Probleme, nur die Arie aus dem letzten Akt, nicht aber die virtuose Szene aus dem ersten mit dem Koloraturschluß aufgenommen. Nach dem Weggang aus Chicago sang Muzio vorwiegend in Italien, vor allem an der Römischen Oper, von Zeit zu Zeit auch in Südamerika und Philadelphia. 1935 erlitt sie zum erstenmal eine Herzattacke – noch kurz zuvor hatte sie für Columbia achtundzwanzig Aufnahmen gemacht. Am 24. 3. 1936 starb sie in Rom, und wahrscheinlich starb auch sie, wie Werner Schroeter über Maria Callas sagte, an gebrochenem Herzen.

Nach übereinstimmender Ansicht verschiedener – und unterschiedlicher – Kritiker war Muzio die bedeutendste Diva des Verismo, dessen Übertreibungen sie, vielleicht wegen ihrer eigentlich lyrischen und nicht allzu voluminösen Stimme, nicht übernahm. Ihre Emission war vergleichsweise leicht und beherrscht (auch wenn Phrasenenden – wie von »Addio del passato« – zuweilen unbeherrscht, fast gellend abreißen), der Ton rund und sanft, dazu charakteristisch gefärbt und ungemein modulationsfähig. Ihre Phrasierung war, trotz eines nicht immer sicher tragenden Atems, vortrefflich: nicht nur musikalisch, sondern sprechend und ausdrucksvoll. Sie war keine Virtuosa im klassischen Sinne, besaß zum Beispiel keinen Triller und isolierte zuweilen ihre Pianissimi zum vokalen Effekt. Arien wie Aminas »Ah! non credea« und Normas »Casta diva« (signifikanterweise ohne Cabaletta, die sie sich auch in etlichen Verdi-Arien schenkt, schenken muß) überfordern ihre Koloratur- und Legato-Technik. Die unendlichen Melodien, die nicht durch Akzent und Deklamation zu beleben sind, sondern durch Nuancierungen des Klangs und durch Finessen der Verzierungen, rückt sie in die Nähe pathetischen Sprechens. Es ist nicht zu überhören, daß ihr auch für die großen Verdi-Bögen Kraft fehlt: Sie ist nicht in der Lage, eine Phrase expansiv in die Höhe zu tragen, kompensiert dies aber mit bewunderungswürdiger Geschicklichkeit – nicht zuletzt durch die schmerzlich-schöne Färbung des Tons. Weithin berühmt ist ihre Aufnahme von Violettas »Addio del passato« – die dennoch höchst kontrovers beurteilt wird. Wolf Rosenberg rühmt die Darstellung als grandioses Beispiel dramatischer Ausdruckskunst. Michael Scott hingegen sieht darin, daß sie den Brief in einem tiefen Parlando spricht – spricht wie die tragische Königin einer Sprechbühne – und dann mit dem Einsatz der Musik die Gänge wechselt, eine zur Tugend gemachte Not. In der Arie verwandelt sie erneut Schwächen – ihr fehlten Atem und Kraft – in Ausdruck, aber weniger in einen musikalischen als einen erregten und quasisüchtigen. Das wird verstärkt durch harte Attacken, oft mit Glottis, sehrende Pianissimi und eine emphatische Aussprache. Kurz, man erlebt keinen genuin musikalischen, sondern einen dramatisch exaltierten Vortrag.

Und dennoch, trotz aller Fehler und Unvollkommenheiten, kehrt man bereitwillig zu den Aufnahmen dieser Diva dolorosa zurück. Aus ihnen sprechen Intensität, Exuberanz und schmerzliche Innigkeit, die ganz ihr eigen sind. Sie war ein singender Charakter, strahlte die tragische Würde des Pathos-Ausdrucks aus: Wie nur wenige sang sie mit der Stimme des Leidens, selbst wenn das Stück, das sie sang, zu lächeln schien wie Mimis »Si, mi chiamano Mimi«. Sie taucht die Arie in die tiefen Schatten der Melancholie – das ist Agieren mit und in der Stimme, die gleichsam das Gesicht, den (Klang-)Körper der dargestellten Figur annimmt. Muzio darf man, kann man nicht nur nach technischen Parametern hören: Vergleicht man sie mit den virtuosen Primadonnen der alten Schule, so kommt sie nicht gut weg. Ihre Stimme und ihr Ausdruck sind zu erfühlen: der Klang von Melancholie und Passion, von Kummer und Sentiment, von Angst und Trauer. Ihr Singen hatte, wie Celletti zusammenfassend sagt, eine Qualität, die nur wenige Sängerinnen hatten und noch weniger heute haben: Poesie.

Dramatische und Spinto-Soprane

Die technischen und ästhetischen Wandlungen des Singens werden vor allem in den Aufnahmen – darunter zahlreiche Gesamteinspielungen von Opern – manifest. Unter den Sopranen für das dramatische Fach findet sich keine einzige wirkliche Virtuosa mehr. Gina Cigna, die eine riesige Stimme mit stählerner Kraft besaß und auf der Bühne etwa als Turandot großen Effekt machte, verwandelt die Norma in eine Schwester der Santuzza. Interessante und dramatische, allerdings nicht exemplarisch vokalisierte Aufnahmen gibt es von Maria Caniglia und Dusolina Giannini. Herausragend aber waren zwei Sängerinnen: Giannina Arangi-Lombardi und Rosa Raisa.

Lyrische Intensität: Giannina Arangi-Lombardi

Ein feiner Mezzo, der sich in eine spektakuläre Sopranistin verwandelte, war Giannina Arangi-Lombardi, die eines der schönsten hohen C's ihrer Zeit besaß.
Lanfranco Rasponi

Der Test heißt: »Non ti vedrò mai più« – die Phrase aus Aidas »O cieli azzurri«, die auf das hohe C führt, das piano attackiert und dann mit perfekter Messa die voce entfaltet werden muß. Die Neapolitanerin Giannina Arangi-Lombardi (1890–1951) sang in der Gesamtaufnahme unter Lorenzo Molajoli (1930) dieses C so schimmernd schön wie das von Verdi gemalte Mondlicht über den Wassern des Nils – schwebend, verhalten leuchtend, nicht aber mit dem gleichsam entkörperlichten Klang wie später Montserrat Caballé. Dabei war die von Beniamino Carelli ausgebildete Sängerin, die erst mit 30 Jahren am Teatro Costanzi als Lola debütierte, ein dramatischer Sopran. Vor dem Wechsel in die höhere Lage hatte sie Amneris, Brangäne, La Cieca und Venus gesungen. Dann erst begann sie mit der Umschulung bei Adelina Stehle (Verdis erster Nannetta). Ihr zweites Debüt gab sie wieder am Costanzi und in derselben Oper: als Santuzza in *Cavalleria.* 1925 kam sie an die Scala und sang Aida. 1927 folgten Santuzza und Gioconda unter Toscanini und 1928 Leonora (*Il Trovatore*) unter Panizza. 1929 war sie als Aida unter Toscanini so erfolg-

Giannina Arangi-Lombardi
(Foto: © Rubini-Records, Hove, Sussex)

reich, daß sie die Partie auch in Berlin beim Scala-Gastspiel singen durfte; sie war dort neben Lauri-Volpi auch in *Il Trovatore* zu hören. 1929/30 eröffnete sie die Scala-Saison als Donna Anna, die sie auch 1935 in Salzburg unter Bruno Walter sang.

Die Mezzosopranistin Ebe Stignani, seit 1926 an der Scala tätig, hat Bianca Scacciati, Gina Cigna und Arangi-Lombardi als die drei großen dramatischen Soprane ihrer Epoche bezeichnet (die vorwiegend in Chicago aktive Rosa Raisa erwähnt sie nicht). Von diesen drei Sängerinnen war Arangi-Lombardi die mit beträchtlichem Vorsprung vollständigste: technisch besser geschult als Cigna, klanglich ausgeglichener als die hart, oft auch spröde klingende Scacciati. An ihrer Technik hat sie offenbar auch noch gefeilt, als sie längst ein Star geworden war. Leo Riemens berichtet, daß sie in einer akustischen Aufnahme der Leonoren-Arie aus *Trovatore* keinen Triller sang, während sie ihn in der elektrischen immerhin versucht, ohne ihn sauber auszuformen.

Die Stimme ist ein voluminöser, lyrisch-dramatischer Sopran von tiefdunkler Klanggrundierung. Die Register sind gut ausgeglichen und schön verblendet, die Höhe kommt mit eminenter Leuchtkraft. Zuweilen nimmt der Ton eine gewisse Schärfe und Kantigkeit an, ohne jemals so aufdringlich-grell zu werden wie bei vielen Sängerinnen des Verismo. Sie ist nicht gerade brillant, aber versiert in verzierter Musik (*Trovatore*), trefflich aber in Lirico-spinto-Partien. Amelias »Ma dall' arride stelo divulsa« singt sie mit großer dramatischer Intensität, doch hat sie Probleme mit der Fokussierung tiefer Töne und mit der sauberen Intervallbildung. Ihre Santuzza bringt, nach all dem Gekeife ihrer Kolleginnen, Balsam für die Ohren. Für Mimi mag man sich eine leichtere Stimme vorstellen – Arangi-Lombardi aber singt leicht trotz einer großen Stimme, und auch die klimaktische Phrase in Toscas »Vissi d'arte« ist ein Beweis für ihre beherrschte Kunst der Messa di voce: Sie geht ohne Zäsur auf einem Atem vom B in die Schlußphrase. Sie hat in Gesamtaufnahmen von *Aida* (mit Lindi als Radames), *La Gioconda, Cavalleria Rusticana* mitgewirkt – modellhafte Leistungen. Vor allem in den veristischen Partien – Santuzza dosierte Gebrauch der Bruststimme und die ohne Sprezzatura (Klangverdickung) gebildete Höhe. Alan Blyth vergleicht ihr Singen mit dem Fahren eines Drei-Liter-Wagens, bei dem man immer das Gefühl von Leistungsreserve hat.

Vokale Pracht: Rosa Raisa

Sie war einfach magisch ...
Toti dal Monte über Rosa Raisa

Andere mögen mehr Feinheit des Gefühls, mehr Finish in der Phrasierung gehabt haben, doch von den Opern-Sopranen in den beiden Dekaden zwischen 1910 und 1930 kam keine an die schiere vokale Pracht von Rosa Raisa heran.
Robert Tuggle

Als Gioacchino Rossini nach den wichtigsten Qualitäten eines Sängers gefragt wurde, hat er die drei essentiellen aufgezählt: »Stimme, Stimme und Stimme.« Es hat einige wenige Sängerinnen und Sänger gegeben, die ihr Publikum, auch die Cognoscenti, durch die Schönheit des Timbres, den Reichtum des Klangs, die Fülle des tiefen und die Brillanz des hohen Registers überwältigt haben. »Aber das war keine Stimme, sondern ein Wunder«, sagte Giuseppe de Luca von Titta Ruffo. Die Mischung aus Samt und Stahl im Sopran von Rosa Ponselle, die reißend-strömende Kantilene Carusos, die orgelnde Sonorität Ezio Pinzas, die gleißende Brillanz Eva Turners, die durchdringende Kraft Tamagnos – es gehen davon Wirkungen aus, die sich mit ästhetischen Kriterien allein nicht erfassen lassen. Es gibt, selten zwar, Intoxikationen durch die sinnliche Schönheit und Gewalt einer Stimme, und nach vielen zeitgenössischen Berichten muß auch Rosa Raisa (1893–1963), geboren in Galizien, ausgebildet in Italien, zum Star arriviert vor allem in den USA, solch eine Stimme besessen haben. Wenn man sie in Italien oder in Chicago, wo sie 23 Jahre lang gemeinsam mit Claudia Muzio das italienische Fach beherrschte, auf das Ton-Volumen ansprach, das sie erzeugen konnte, erwiderte sie: »Sie müßten mich in Südamerika hören, wo man lautes Singen wirklich liebt.« Ihre Schallplatten verkleinern diese Klangwogen: Raisa hat, metaphorisch gesprochen, in keinen Trichter gepaßt. Erst die (leider nicht mehr greifbare) Rubini-Edition all ihrer Aufnahmen, überspielt mit einem nicht nivellierenden und nicht weichzeichnenden Equalizer, gibt mehr als nur den Abglanz von der Schönheit und Fülle dieser Stimme.

1907 hatte die Vierzehnjährige ihre Heimat, vor einem Pogrom fliehend, verlassen. Sie lebte eine Zeitlang bei Verwandten in Capri und begann ihre Ausbildung am Konservatorium von Neapel bei Barbara Marchisio, die in denkwürdigen Aufführungen von *Norma* und *Semiramide* mit ihrer Schwester Carlotta an der Scala gesungen hatte und für die Rossini – so glänzend war der Erfolg – eine revidierte Partitur für eine Aufführung in Paris besorgte. Marchisio, auch Lehrerin von Toti dal Monte, brachte es fertig, der riesigen Stimme

Rosa Raisa als Turandot
(Foto: © Rubini-Records, Hove, Sussex)

ausreichend Agilità für Partien wie Norma und Leonora beizubringen. 1912 sang Raisa ihr erstes öffentliches Konzert in Rom: Cavalieris *Rappresentazione di Anima e di Corpo* und Auszüge aus Claudio Monteverdis *Orfeo*. 1913 gab sie ihr Operndebüt am Teatro Regio: Zur Zentenarfeier Verdis sang sie Leonora in *Oberto*. Zwei Monate später brachte der Dirigent Cleofonte Pampanini sie an die Oper von Chicago, nachdem sie in Baltimore, mit Martinelli als Partner, ihr US-Debüt in *La Bohème* gegeben hatte. In Chicago stellt sie sich als Aida vor, dann sang sie Isabella in Franchettis *Christofero Colombo* (mit Bassi und Ruffo), Mimi (neben Giorgini) und ein Blumenmädchen in *Parsifal*. Der Manager der Covent Garden Opera, Harry Higgins, brachte sie nach London, wo sie wiederum als Aida debütierte und, so die *Times*, mit dem weichen Schluß der großen Arie »einen der schönsten Momente der Aufführung schuf – obwohl Signor Caruso und Madame Kirkby Lunn Teil dieser Aufführung waren« (20. Mai 1914). In Rom sang sie, im Dezember 1914, Zandonais Francesca da Rimini, mit der sie sich auch am Colón vorstellte (1915), wo sie weiter in *Aida*, *Cavalleria* und *Rosenkavalier* (mit dalla Rizza und Galli-Curci) zu hören war. 1916 sang sie am Colón Lida in einem Revival von Verdis *La Battaglia di Legnano*, ferner Amelia, Valentine und Alice in *Falstaff*. An der Scala debütierte sie im Januar 1916 als Lida und übernahm danach in der Premiere von *Francesca da Rimini* die Titelpartie – ihre Partner waren dal Monte, Pertile und Danise. 1924 sang sie an der Scala die langerwartete und von Toscanini betriebene Premiere von Boitos *Nerone*, zwei Jahre später die noch gespannter erwartete Uraufführung von Puccinis *Turandot*. Als eine der ganz wenigen bewältigte Raisa nicht nur die extreme Tessitura der Partie, sondern war auch in der Lage, dabei plastisch zu artikulieren. Es ist ein Jammer, daß die Versuche der EMI, eine der späteren Aufführungen unter Ettore Panizza – Toscanini selber dirigierte nur die ersten drei – mitzuschneiden, scheiterte; Raisa hat im Studio nichts aus *Turandot* aufgenommen. Nach dem Ersten Weltkrieg setzte sie ihre Karriere in Südamerika fort: zunächst mit Donna Anna und Norma, dann a capella mit »El Guitarricio«, woran eine zauberhaft-abenteuerliche Geschichte hängt. Als sie 1919 von einem Gastspiel in Mexiko heimfuhr, wurde ihr Zug angehalten. Sie hörte Schüsse, und plötzlich drangen Rebellen, angeführt von dem Revolutionär Pancho Villa in ihr Abteil. Sie wies sich als Sängerin mit dem erwähnten Lied aus und durfte zum Lohn einen Schluck Pulque aus der Flasche des Freischärlers nehmen.

Zentrum ihres Wirkens wurde die Oper von Chicago, weil Ponselle in New York wie eine Königin herrschte. Zwar hat sie seit 1918 einige Male in New York gesungen, doch waren die Reaktionen unterschiedlich. Sie bekam viel Beifall für ihre Aufführung von *I Gioielli della Madonna*, aber nach ihrer Norma schieden sich die Geister. Henry T. Finck bezeichnete sie als den größten Opernsänger nach Caruso; Parker fand ihre Wiedergabe von »Casta diva« nicht gut, schätzte aber ihre Aufführung insgesamt als einen »Triumph der Stimme, des Singens, noblen Ausdrucks und dramatischer Eloquenz«. Henderson hingegen schrieb, daß sie »dieselbe glänzende Stimme und dieselbe Ignoranz des Stils« entfaltete (wie in früheren Jahren): »Ihre Phrasierung von ›Casta diva‹ bedeckte die Bühne mit den disjecta membra vokaler Kunst.« Um so leichter hatte sie es in Chicago, wo sie Aida, Santuzza, Maddalena, Alice, Francesca, Isabeau, Valentine, Malielle, Tosca, die beiden Leonoras, Gioconda, Norma, Suor Angelica, Turandot, Desdemona, Elisabeth (*Tannhäuser*), Minnie, Rachel, Selika, Marschallin, Amelia, Butterfly, Donna Anna, Rosalinde (*Fledermaus*) und Silvana in Respighis *La Fiamma* sang, dazu einige längst vergessene zeitgenössische Opern.

Raisas Diskographie ist quantitativ nicht reich. Sie hat zuerst einige wenige Platten für die amerikanische Pathé gemacht, dann ein knappes Dutzend für Vocalion, schließlich drei elektrische Brunswicks und zwei für HMV – rätselhaft wenig bei einer Sängerin, die zumindest in Chicago für die Größte überhaupt gehalten wurde und ein Fach sang, das auch damals, trotz Ponselle, Austral und Easton, nicht eben übersetzt war. Die Aufnahmen bestätigen die Hymnen über die schiere Pracht der Stimme. Wir hören eine erstklassige, gut zentrierte und vor allem über dem System brillant sich entfaltende Stimme, die mühelos das Des in alto erreichte (interpoliert im »Miserere« aus *Trovatore*). Der Klang der Stimme ist freilich nicht so farbreich wie bei Rosa Ponselle, und auch die Register sind nicht gleichmäßig verbunden. Vor allem das mittlere Register hat, nach dem Platteneindruck, nicht die Klangsättigung des hohen. In einer Pathé-Aufnahme der Norma-Arie stehen die Klänge der Bruststimme und des hohen Registers blockartig nebeneinander, doch hat Raisa diese Schwächen durch Studien bei Marcella Sembrich korrigieren können.

Raisa war nicht eigentlich eine Virtuosa – obwohl sie in Margheritas »L'altra notte« saubere Koloraturen und einen feinen Triller sing –, sondern eine Spinto-Sängerin. Ihre Tonemission ist sauber und schön, und sie beherrscht auch die Messa di voce, obwohl sie davon seltsamerweise zu Beginn der »Pace«-Arie keinen Gebrauch macht. Wohl aber in der Nil-Arie aus *Aida*, insgesamt eine perfekte Wiedergabe von vollkommener Mühelosigkeit und Beherrschtheit. Das von Scott bemängelte »dünne und enttäuschende hohe C« geht wohl doch zu Lasten der Aufnahmetechnik – anzunehmen, daß Raisa den Trichter nicht den Klangwogen eines ausgesungenen C's aussetzen durfte. Daß sie technisch überdurchschnittlich gut geschult war, verrät die Aufnahme »Mira d'acerbe lagrime« mit dem Bariton Giacomo Rimini (ihrem Ehemann). Sie singt makellos – leider aber wenig animiert, wenig dramatisch. Damit kommen wir zu ihren Schwächen, die von der Platte in dem Maße vergrößert wurden, wie die Stärke der Stimme verkleinert wird. Raisas Vortrag ist selten wirklich eloquent oder dramatisch. Der Unterschied der beiden Aida-Arien – die erste ist deklamatorisch-dramatisch, zum Schluß erst lyrisch-verinnerlicht, die zweite atmosphärisch und zum Schluß lyrisch-emphatisch – wirkt in ihren Wiedergaben aufgehoben. Hört man die »Pace«-Arie von Raisa und dann von Ponselle oder Price, so spürt man schmerzlich den Mangel an tonlicher Schattierung. Hingegen ist sie in den lyrischen Phrasen des Schlußduettes aus *Aida* ebenso überzeugend wie in der fein abschattierten Margherita-Arie aus *Mefistofele*.

Camp-Singen: Magda Olivero

Die Primadonna, die das Publikum in einen Zustand von Frenesie versetzt.
Peter G. Davis über Magda Olivero

Am 4. Dezember 1977 erinnerte der amerikanische Kritiker Peter G. Davis in der »New York Times« an Nächte in der Oper, die durch bloße Präsenz von Maria Callas, Renata Tebaldi oder Zinka Milanov erregende waren. Er berichtete, daß sich ein junger Mann wegen einiger kritischer Anmerkungen über Tebaldi Stockschläge von einer erbosten alten Dame eingehandelt habe. Und stellte die Frage, ob man sich auch um Montserrat Caballé schlagen würde. Es war die rhetorische Einleitung zu einer Hymne auf eine »operatic personality«, die auch solche Devotion und fieberhafte Frenesie auslöste: Magda Olivero. Damals war die Diva aus Saluzzo 65 Jahre alt, und ihr Debüt als Tosca an der Metropolitan Opera lag eben zwei Jahre zurück. Nach der Aufführung war, dem Bericht Harold C. Schonbergs zufolge, ein »Pandämonium« ausgebrochen. Das Publikum drängte sich vorn am Orchestergraben, um die Diva sehen und spüren zu können – eines der erstaunlichsten Comebacks der Operngeschichte. Ihm ist eine nicht weniger erstaunliche Karriere vorausgegangen. Magda Olivero, geboren 1912, studierte am Konservatorium von Turin Gesang, Klavier und Theorie, erhielt weiteren Unterricht in der Solistenklasse des italienischen Rundfunks und debütierte 1933 als Lauretta (*Gianni Schicchi*) am Theater von Turin. Noch im selben Jahr kam sie an die Mailänder Scala, wo sie als Anna in Verdis *Nabucco* debütierte. 1938 war sie in der ersten Aufnahme von Puccinis *Turandot* neben Gina Cigna die Liù. In dieser Zeit sang sie, veranlaßt durch Tullio Serafin, die romantischen Leggiero-Rollen: Lucia, Norina, Gilda und Rosina. Ihr Temperament trieb sie in andere Partien. Giordano wählte sie für eine Aufführung von *Marcella* (neben Tito Schipa) aus. Cilèa zog sie als Adriana Lecouvreur allen anderen Sängerinnnen vor, in der Rolle, mit der sie sich 1941 für ein Jahrzehnt von der Bühne verabschiedete. Der Grund war ihre Heirat mit einem Industriellen. Erst 1951, als der schwer erkrankte Cilèa sie noch einmal als Adriana hören wollte, gab sie nach und sang die Partie in Brescia. Schon bald darauf sang sie in Italien Violetta und Margherita, Iris und die beiden Manons, Butterfly, Minnie und Tosca. 1959 war sie die Partnerin del Monacos in einer Scala-Aufführung von *Francesca da Rimini*. Abgesehen von einer *Adriana*-Produktion in Paris und Edinburgh, einer Tosca in Wien und einigen Gastspielen in Holland blieb Olivero in Italien. Sie lehnte es strikt ab, sich »managen« zu lassen oder einen PR-Mann zu engagieren. Es waren Lawrence Kelly, der Dirigent Nicola Rescigno und der Kritiker John Ardoin – alle aus Dallas, alle glühende Callas-Fans –, die Olivero für eine *Medea*-Aufführung nach Texas holten. Dort wurde sie von Marilyn Horne in einer Aufführung von *Tosca* gehört – und ausgerechnet Horne, die Virtuosa in excelsis, war von dem tief-emotionalen und pathetischen Stil der Verismo-Diva tief beeindruckt. Sie riet Schuyler Chapin, die Italienerin nach New York zu holen. Als diese am 2. November 1972 ihr erstes Konzert in der Philharmonic Hall gab, saßen Milanov, Jennie Tourel, Licia Albanese, Rose

Bampton, Wilfred Pelletier, Patricia Brooks und Adriana Maliponte im Auditorium. Olivero sang »Donde lieta usci«, zwei Arien aus *Adriana Lecouvreur* und, als Encore, »In quelle trine«, wartete mit feinsten Fil di voce auf, mit in einem Schluchzer mündenden hohen C's und einem bebenden Pathos. Nach der Pause sang sie Poulencs *La Voix Humaine*. Der Beifall glich dem, den Sutherland für *I Puritani* bekommen hatte und Horowitz für sein Comeback. Am nächsten Tag war die Stadt gespalten. Die Puristen bemängelten ihre rhythmischen Freizügigkeiten (Folge der Fil-di-voce-Effekte), ihre geschmacklosen Übertreibungen, ihre exzessiven Seufzer und Schluchzer, die in Schreien mündenden Spitzentöne – das Wort Verismo wurde in Anführungsstriche gestellt wie four letter words. Die anderen erklärten, jahrelang keine so erregende Sängerin mehr gehört zu haben. Olivero hat die Ansicht vertreten, daß »Stimme nur vierzig Prozent einer Opernaufführung ausmacht, die übrigen sechzig setzen sich zusammen aus zahllosen Winzigkeiten«. Auf der Bühne, so hat sie weiter ausgeführt, denke sie nicht an Stimme, sondern an Darstellung und Charakter. Auf keinen Fall aber dürfe man an die Schwierigkeit der nächsten hohen Note denken. Alle Technik dürfe nur im Dienst der Charakter-Darstellung stehen.

Demnach wären Oliveros Platten wenig zuverlässige Manifestationen ihrer Kunst. Doch dem ist nicht so. Sie verraten zunächst eine von glänzender Atemkontrolle getragene Technik, eine raffinierte Kunst der Messa di voce und eine nicht nur prägnante, sondern von Pathos erfüllte Deklamation. Ihre Technik dient einer von den Verismo-Diven – Bellincioni, Muzio, Favero – übernommenen Ausdruckskunst in freilich modifizierter und verfeinerter Form. Zwar setzt Olivero zuweilen histrionische Gesten ein – am Ende von Liùs »Signore, ascolta« läßt sie das fein gesponnene und korrekt in der oberen Resonanz gesungene B in einen geschluchzten Schrei übergehen –, doch ist ihr Singen insgesamt in einem pathetischen Lyrismus fundiert, in Klanggesten von verletzbarer und verletzter Weiblichkeit. Wenige Aufnahmen von Mimis »Si, chiamano« haben mehr changierende Farben, mehr Licht und Schatten, mehr Gestik. Peter Davis berichtet von der schon erwähnten Aufführung von Zandonais *Francesca da Rimini* 1959 in der Mailänder Scala: »Die Pantomime im ersten Akt, in der Francesca eine Rose pflückt und sie Paolo darreicht während der ersten stummen Begegnung, wurde mit ausgefeilten Slow-motion-Gesten gespielt. Sie begleitete dies mit zitternden, sensuellen Gesten und Gesichtsbewegungen, alle haargenau auf die Musik abgestimmt. Das ließ keinen Zweifel an der physischen Verbindung, die sich später in der Oper ereignet.«

Eine aufschlußreiche Beschreibung einer Kunst, die nach einem von Susan Sontag eingeführten, unübersehbaren Begriff »campy« ist: eine Zelebrierung des zugleich Naiven und Manierierten, des Zitierten und Sich-selbst-Parodierenden. Olivero betreibt im Singen eine Theatralisierung des Erfahrenen. Steane deutet

Magda Olivero
(Foto: © Kesting)

dies an, wenn er schreibt, daß ihr Singen »Muzios Gefühlstiefe, Boris fragilen Charme und Callas' dramatische Meisterschaft« verbinde. Es ist ein Singen von einer kontinuierlichen Intensität. Wie schon bei Muzio fühle ich mich an die fast geisterhafte Leere erinnert, die von der unirdischen Schönheit und gestischen Exaltiertheit der Garbo ausgeht – die in einigen Filmen ähnliche Pantomimen aufgeführt hat wie die von Peter Davis beschriebenen. Oliveros Singen ist eines in Anführungsstrichen. Es sublimiert die (verbrauchten) Ausdrucks-Figuren des Verismo und nimmt die dramatische Intensität der Callas auf: Es hat die Wirkung eines schweren Parfüms, eines ästhetischen Aromas. Nie unternimmt es den Versuch, die schwierigste aller Posen einzunehmen, die der Natürlichkeit. Es ist – auf ernste, bebende Weise – gewollt. Wie aller Camp-Kunst wohnt dem Singen Oliveros das Moment der Übertreibung inne. Wenn sie »Poveri fiori«

oder »Io son l'umile ancella« aus *Adriana Lecouvreur* singt – zwei der betörendsten Orchideen aus dem Strauß ihrer Jugendstil-Blumen –, so sind die Zielnoten, mit Messa di voce gesungen, keine Gebärden mehr, sondern Affekt-Posen wie bei einer den sterbenden Schwan tanzenden Ballerina. Ähnlich in »L'altra notte« aus *Mefistofele*, wo die gehaltenen Noten raffinierte Posen sind, während Zierfiguren wie der Triller nur angedeutet werden. Kategorien wie »gut« oder »schlecht« werden hier obsolet, statt dessen zählen die Erlebensweisen, ein bis zum Hedonismus gehender Genuß. Vielleicht ist Oliveros Singen *eine* Antwort darauf, wie man der Diktatur der Werktreue, des Dirigenten, des Regisseurs entgehen und Diva sein kann – Diva in dem emphatischen Sinne wie in dem Film von Jean-Jacques Beineix, in dem ein junger Mann verzweifelt der Idee eine Diva nachläuft. Der Film war ein typischer »Camp«- oder auch Kult-Film und bediente sich charakteristischerweise der Musik aus *La Wally*. Daß Olivero aber auch eine treffliche virtuose Technik besaß, verrät eine Aufnahme von Violettas »E strano … Follie«, nach dem Krieg nur von Maria Callas überboten.

O che muso: Conchita Supervia

Da war die adorable Conchita Supervia – die Perfektion selber als Rosina, als Isabella in *L'Italiana in Algeri* und als Cenerentola. Sie strahlte all den Charme und den Humor aus, die für diese Rollen entscheidend sind, und hatte eine brillante Technik trotz einer kleinen Stimme.
Ebe Stignani über Conchita Supervia

Sie hatte einen Mezzosopran von glänzender Farbe und großem Umfang und vor allem eine unübertreffliche kommunikative Kraft. Keine andere Sängerin hat eine so infektiöse Freude am bloßen Akt des Singens entfaltet.
Ivor Newton über Conchita Supervia

O che muso – man sieht Isabellas Schäkern beim Hören. »Sarò una vipera, sarò« – man spürt das Zuschnappen. »Ai capricci della sorte« – man erlebt Isabella, die dem Liebhaber die Leviten liest. »Non più mesta accanto il fuoco« – man erlebt das Kinderglück, wenn Aschenbrödel über die bösen Schwestern triumphiert und Prinzessin wird. Was man von der spanischen Mezzo-Sopranistin Conchita Supervia, 1895 in Barcelona geboren und schon mit 41 Jahren in London gestorben, erlebt, sind vokale Gesten einer »acting voice« (so Walter Legges Metapher für das Singen Tito Gobbis). Wie wenige andere Sänger in der Geschichte der Schallplatte hat Supervia für das Auge gesungen. Wie Mattia Battistinis »splendid snarl« (Desmond Shawe-Taylor), wie Schaljapins dramatisch-objektivierende Ausdrucksgebärden, wie Carusos Gesten »schluchzenden Leids«, wie Welitschs Salome-Ekstasen, wie Maria Callas' flammend-entfesselte antikische Ausdrucksgebärden prägen sich ihre »vocal gestures« so unvergeßlich ein wie die dramatischen Gebärden auf den Bildern Tiepolos. Ihr Singen war musikalische *Rede* von größter Eloquenz und Intensität. Wenn sie als Isabella gegenüber Taddeo sagt, daß ein törichter Liebhaber eine Qual ist (»Sciocco amante è un gran supplizio«) und daß sie lieber einen Türken wolle als einen Tölpel (»Meglio un turco che un briccone«), so sieht man die tragikomische Szene vor sich mit den Händen und dem ganzen Körper und Erregung des Tonfalls. Anders als die besten Rossini-Sängerinnen unserer Zeit – Horne, Berganza, von Stade, Baltsa, Ewing, Berbié, Valentini-Terrani – führt sie Musik nicht nur *aus*, sondern *auf*. Sie erreicht mit den Mitteln der Stimme, vor allem des Kolorierens und des rhythmischen Spielens und der verbalen Inflektionen, was heute durch szenische Aktion erreicht werden soll. Richard Osborne zitiert den italienischen Kritiker Radiociotti, daß ein von Vittorio Gui im Jahre 1925 in Turin betreutes Revival von Rossinis *L'Italiana in Algeri* – der Komponist war jahrelang während der Hochblüte des Verismo so etwas wie ein Aschenputtel des Repertoires gewesen, selbst in Italien – Richard Strauss »vor Entzücken verrückt« machte; dank Supervia. Allein Maria Callas und die phänomenale russische Mezzosopranistin Zara Doluchanowa haben später in *L'Italiana* (die Russin) und *Il Turco in Italia* ähnlich souverän-improvisatorisch mit dieser Musik umgehen können. Es wäre überaus interessant zu erfahren, wie heutige Dirigenten (Abbado, Muti, Chailly) mit dieser Art einer freien, genialischen Vokal-Interpretation umgehen würden. Wahrscheinlich ist, daß sie Supervia (oder auch Callas) in die Zwangsjacke strikten Metrums stecken und für diese Purifizierung des Komponisten auch noch den Beifall derer bekommen würden, denen es verdächtig ist, daß der Komponist nichts als »sinnliches Vergnügen« (Stendhal nach der Uraufführung von *L'Italiana*) für seine Hörer im Kopf gehabt haben könnte.

Supervia hat in den zwanziger Jahren für die Wiederentdeckung Rossinis Impulse gegeben, wie sie später von Maria Callas für das Revival der italienischen Romantiker ausgingen. Die zu Beginn dieses Abschnitts genannten Werke waren, mit Ausnahme von *Il Barbiere di Siviglia*, vergessen. Sir Thomas Beecham soll sogar auf den Vorschlag, *La Cenerentola* aufzuführen, gesagt haben: »Klingt nach schrecklicher Langeweile. Ich glaube nicht, daß es sich lohnt, die

Partitur aus dem Regal zu nehmen und den Staub abzupusten. Seit Jahren hat sich niemand dafür interessiert.«

Supervia besuchte seit ihrem zwölften Lebensjahr das Konservatorium von Barcelona und debütierte, nicht einmal fünfzehn Jahre alt, am Teatro Colón, wo eine spanische Truppe unter der Ägide des Tenors Francisco Vignas Stiattesis *Blanca de Beaulieu* aufführte; sie gab eine Mutter-Rolle. Sie gab auch die Partie der Zulima in Bretóns *Los Amantes de Teruel* (von Kutsch/Riemens als Debüt-Partie angegeben) und die der Lola in *Cavalleria Rusticana.* Sie ging nach Europa zurück, sang in Tito Schipas Geburtsstadt Lecce neben Bernado de Muro in Marchettis *Ruy Blas*, vermutlich auch zum erstenmal in *Carmen.* Bei der ersten Aufführung des *Rosenkavalier* in Rom (1911) sang sie Octavian neben der Marschallin von Hariclea Darclée und der Sophie von Ines Maria Ferraris, mit der sie 1928 »Mir ist die Ehre widerfahren«, »Ist ein Traum« und die Duette aus »Hänsel und Gretel« aufgenommen hat. In den Vorkriegsjahren gastierte Supervia in Rußland und den USA, sang Carmen und Dalila in Barcelona (wieder neben de Muro). Mit einer Operntruppe, zu der Maria Barrientos und Rosalia Chalia Herrera gehörten, gastierte sie 1914 am Politeama Grande in Havanna als Leonora in *La Favorita*, Carmen, Mignon, Maddalena in *Rigoletto* und Lola in *Cavalleria.* In Barcelona sang sie zum erstenmal Rosina in *Il Barbiere.* Am 8. November 1915 debütierte sie als Charlotte (*Werther*) in Chicago neben Muratore in der Titelpartie und Hector Dufranne als Albert. Weitere Rollen waren Mignon und, am 12. Januar 1916, Carmen (neben Dalmorès und Dufranne). Bizets Zigeunerin sang sie wenig später in Brescia und am Carlo Fenice in Genua. H. M. Barnes und Victor Girard nehmen an, daß sie 1920 zum erstenmal in Pesaro und Rom Rossinis Cenerentola gesungen hat. In der Saison 1922/23 war sie die Marguérite einer Aufführung von Berlioz' *La Damnation* am Teatro Donizetti in Bergamo, 1924 folgten *Carmen*-Aufführungen in Genua unter Franco Capuana. Am 7. Februar 1925 debütierte sie als Hänsel an der Mailänder Scala (neben Ines Maria Ferraris, Elvira Casazza als Hexe und Carlo Morelli als Peter) unter Ettore Panizza. Der *Corriere della Sera* schrieb am 8. Februar: »Die Darstellung von Humperdincks Märchenoper findet in Conchita Supervia und Ines Maria Ferraris zwei Künstlerinnen, die förmlich dazu geschaffen zu sein scheinen, die zauberhafte Welt ingeniöser Poesie und jugendlicher Anmut zu verkörpern ... Ihre Diktion ist klar und echt, ihre Ausstrahlung lausbübisch und ihr Spiel ... lebendig.«

Am 26. November 1925 sang sie zur Inauguration des Teatro di Torino ihre erste Isabella in *L'Italiana* unter Vittorio Gui, am 25. Mai 1926 bei einer konzertanten Aufführung in der Scala die italienische Premiere von de Fallas *El Amor Brujo.* In den letzten Dezember-Tagen des Jahres 1926 folgten weitere *L'Italiana*-Aufführungen in Rom am Teatro Argentina (mit Tino Folgar und dem Baß

Conchita Supervia
(Foto: © EMI Classics)

Vincenzo Bettoni als Mustafa, auch ihr Platten-Partner). Unter Panizza folgte am 3. März 1927 Octavian in *Rosenkavalier*; bei der Aufnahme der Produktion im Jahre 1928 sang sie dieselbe Partie unter Leitung des Komponisten, für den sie auch Cherubino war (neben Stabile als Figaro, Llopart als Gräfin). Alle ihre Platten entstanden zwischen 1927 und 1933. Am 19. Februar 1929 sang sie Concepción in der Premiere von Ravels *L'Heure Espagnole*. Sie sang in Aufführungen von *Cenerentola* und *L'Italiana* in Turin und ab 21. Mai 1929 auch im Théâtre des Champs-Élysées in Paris (neben den Bässen Carlo Scattola und Vincenzo Bettoni), wo Tullio Serafin dirigierte. 1930 hörte man sie an der Opéra Comique als Carmen, in der Opéra als Isabella und Rosina. Barnes und Girard zitieren eine Kritik von Pierre Maudru aus *Comoedia* vom 10. Januar 1930, die ungewöhnlich perzeptiv ist: »Nicht das Volumen und das exzeptionelle Timbre der Stimme von Mme. Conchita Supervia sind es, auf denen ihr wohlverdienter Ruhm gründet, sondern auf der außergewöhnlichen Plastizität ihres musikalischen und dramatischen Talents. Das Interesse liegt allein in der Konzeption des Charakters und der Sicherheit der Mittel, durch die sie ihn uns vermittelt. Wir sind weit entfernt von der Femme fatale, der sinnlich lüsternen Dirne, als die einige Interpretinnen – und gewiß nicht die unbedeutendsten – uns Carmen vorgeführt haben. Für Mme. Supervia ist Carmen ein lachendes kleines spanisches Mädchen mit großen, dunklen und lebendigen Augen, zerzaustem Haar und blitzend-weißen Zähnen. Sie ist sich anscheinend des Dramas, dessen Ursache sie ist, überhaupt nicht bewußt, nicht der Eifersucht, die sie provoziert, nicht der Begierden, die sie entfesselt. Dieses Zigarettenmädchen ist ein Quälgeist, eine Verlockung. Von José rüde behandelt, revoltiert sie wie ein ungebärdiges, kaprizöses Kind, voller Phantasie, eher Subjekt der Wut als des Hasses. Bis zum letzten Augenblick glaubt sie nicht, daß José den Mut haben könnte, sie zu töten: Ihr Todesschrei ist ihr erster und letzter Ausruf von Angst.« 1931 kam Supervia zum erstenmal nach England, war Gast eines Londoner Promenaden-Konzerts und reiste dann über die Insel. Nach ihrer Heirat machte sie London zu ihrem Wohnsitz. Im Januar 1932 gastierte sie wieder als Carmen in Chicago (neben René Maison und John Charles Thomas oder Antonio Cortis und Cesare Formichi). 1933 sang sie an der Pariser Opéra Comique in der Erstaufführung von Lehárs *Frasquita*. In Florenz folgten Aufführungen von *La Cenerentola* (neben Borgioli und Scattola) unter Serafin. Cenerentola und Carmen sang sie auch im Juni 1934 an der Covent Garden Opera. 1936 sollte sie wieder in London gastieren, aber kurz nach der Geburt eines (stummen) Kindes starb sie am 30. März 1936.

Supervias umfangreicher Mezzosopran war keine im herkömmlichen Sinne schöne, stetige Stimme. »Ice in a glass or dice in a box« – das sind die Metaphern von John Steane und Philippe Hope-Wallace für das ausgeprägte, rasche Vibrato, das freilich nichts gemein hat mit dem Tremolo von schlecht gestützen und unsicher fokussierten Stimmen. Es gehörte vielmehr zum natürlichen Klangcharakter – gleichsam zum Mienenspiel – der Stimme und wurde – vor allem in spanischer Musik – zu expressiven Zwecken eingesetzt, kaum je vehementer als in »Polo«, dem letzten der *Sieben populären Lieder* de Fallas, bei dem »Fluch der Liebe« (»Malhaya el amor, malhaya«) und dem Fluch auf den, der die Singende das Lieben lehrte (»Y quien me lo dió á entender!«). Hingegen ist in dem Schlaflied »Nana« die Tongebung sehr genau kontrolliert, wohl auch auf Grund der geringeren Dynamik der Musik. Obwohl die Register gut verbunden waren, fällt die Bruststimme *klanglich* aus der Skala leicht heraus: Sie setzte das Brustregister mit ungewöhnlicher Intensität ein – wieder ist »Polo« ein Beispiel für eine Tongebung, bei der die Stimme vor dunkler Erregung flackert und lodert, und man spürt, daß sich hier ein heftiges Temperament mit vulkanischer Energie ausdrückt. Im Vergleich dazu sind die Aufnahmen von Victoria de los Angeles und Teresa Berganza liebevoll domestiziert, behutsamer in der Darstellung der Ausdrucks-Charaktere. Steane hat geschrieben, daß man für die Phrase »la esencia, presencia y potencia que uste vera vera en mi« aus dem Lied »Clavelitos« bei Supervia keine Übersetzung brauche, um das Zittern der Lust zu verstehen – ein Ausdruck, der von de los Angeles damenhaft zurückgenommen wird.

Ähnliche Ausdruckswelten liegen zwischen der Carmen der beiden Sängerinnen, selbst wenn de los Angeles – wie auch Callas – einige Nuancen Supervias übernommen hat. Supervia hat Habanera und Séguedille in spanischer Sprache aufgenommen, sodann 1930 alle großen Solo-Szenen für Odeon unter Gustav Cloez, mit Gaston Micheletti und Endrèze als Partnern, in französischer Sprache. Wie bestimmte Schaljapin- oder Callas-Platten sind auch diese umstritten. Scott rühmt Supervias Carmen als »perfekte Repräsentation des (authentischen) Stils der Opéra-comique«, Steane eine Aufführung »auf großer Ausdrucksskala«, neben der die Darstellung der meisten anderen »blaß und unterentwickelt« wirken; Rodney Milnes (in *Opera on Record*) hingegen stört sich an »extravaganten Portamenti und dem üppigen Gebrauch der Bruststimme« und findet die Interpretation »self-consciously primadonna-ish«, außerdem das Vibrato irritierend. Die »Séguedille« sei so unverhohlen »tigerhaft«, daß ein sensibler Don José vor Schrecken eine Meile fortrennen müßte.

Ganz gewiß würde ihr heute kein Dirigent zum »Chanson Bohème« die Kastagnetten erlauben und die folkloristischen »olé's«. Und doch bekenne ich, daß mich die Verve und das Tempo des Singens – Tempo als Ausdruck erregten Temperaments und heftiger Körpersprache – fasziniert haben. Es gibt schwerlich eloquentere, lebendigere Aufnahmen der Habanera, keine lockendere und verlockendere der Séguedille, keine dunkler getönte der Kartenszene – und wenn man Carmens Phrasen als *Gesten* von Stolz und Drohung, von Liebe und Lust, von Temperament und Fatalität in Erinnerung behält, so von ihr.

Supervia wird gemeinhin das Verdienst zugeschrieben, in den zwanziger Jahren ein Rossini-Revival bewirkt zu haben. Bekannt aus dessen Werk war damals – dies spiegelt sich in Dutzenden von Aufnahmen von »Largo al factotum« oder »Una voce« – lediglich *Il Barbiere di Siviglia*, und daß in den neunziger Jahren des vergangen Jahrhunderts dann und wann auch einmal *La Cenerentola* gespielt wurde, war wohl nur ein Zugeständnis an Guerrina Fabbri. Doch an der Mailänder Scala hatte Rossini, vor allem während der beiden Ägiden Toscaninis, relativ wenig Chancen. Erst 1921 wurde *La Cenerentola* in Pesaro wieder gespielt, zunächst mit Fanny Anitua und dann, 1922, unter Serafin mit Supervia. Ende der zwanziger Jahre reiste Supervia mit einer eigenen Truppe durch Europa und führte *La Cenerentola, L'Italiana in Algeri* und *Barbiere* auf; beteiligt waren die Tenöre Dino Borgioli und Nino Ederle, der Bariton Ernesto Badini und die Buffo-Bässe Vincenzo Bettoni und Carlo Scattola; Dirigent war meist Tullio Serafin. 1927 und 1928 hat sie diverse Szenen aus diesen drei Opern aufgenommen.

Es sind hinreißende Aufführungen mit charakteristischen technisch-stilistischen Eigenheiten (nicht nur Eigenwilligkeiten). Verglichen mit Berganza, Horne oder manchen anderen modernen Rossini-Sängerinnen ist Supervia ungenau bei der Ausführung der Koloratur: Sie hat »wenig klassische Anmut, Akkuratesse und Perfektion der Ausführung« (Scott), sondern setzt auf Vehemenz des Ausdrucks, die Scott zurückführt auf das »Flamenco«-Singen. Dies ist ein Stil, der als »Cante hondo« bezeichnet wird. Supervia besaß nicht einmal einen Triller, oder sie sah nicht die Notwendigkeit, ihn anzuwenden. In der Tat hat man bei keiner von allen großen Rossini-Interpretinnen so wenig wie bei ihr den Eindruck, daß sie Wert auf die Ausführung von raffinierten Formeln des Singens legte. Sie übersetzte sie in plastische Rede, und man spürt kaum die Leichtigkeit, mit der sie »Come un baleno rapido« aus Cenerentolas Schlußszene singt. Richard Osborne hat ihr Singen in *L'Italiana* verglichen mit der Spontaneität von Schnabels Schubert-Spiel. Wolle man den »komischen Genius« aus *L'Italiana* destillieren, müsse man das Duett mit Taddeo (Carlo Scattola) hören – eines der wenigen Stücke *genialen* Buffo-Singens in der Geschichte der Schallplatte. Auch die Palme für die pointierteste Interpretation von »Una voce« geht an die unnachahmliche Spanierin (mit scharfer Konkurrenz von Callas). Bezaubernd trotz des italienischen Textes »Suse, liebe Suse« und »Brüderchen, komm tanz mit mir« aus *Hänsel und Gretel* mit köstlichen onomatopoetischen Effekten. Vor allem: Supervia wie Ferraris singen, ohne in einen neckischen Tonfall überzugehen, mit kindlichen Stimmen, während die meisten deutschen Sopranistinnen Kindlichkeit mit artifiziellen Mitteln herstellen (was, wie Schwarzkopf und Grümmer zeigen, seinen eigenen Reiz haben kann, der aber von Kindern – die Erfahrung hat der Verfasser mehrfach gemacht – als unnatürlich empfunden wird).

Stimmwunder: Ebe Stignani

> Natürlich war die Stimme der Stignani ein Wunder für sich – das Timbre, die Intonation, die Perfektion der drei Register. Aber sie besaß nicht das Temperament der beiden anderen [gemeint sind die Spanierin Aurora Buades und Irene Minghini-Cattaneo].
>
> *Eva Turner im Gespräch mit Rasponi über Ebe Stignani*

Die Neapolitanerin Ebe Stignani (1904–1974) sang nicht mit dem aristokratischen Pathos Minghini-Cattaneos und nicht mit dem (oft ungezügelten) Feuer Cloë Elmos, aber sie besaß die mit Abstand reichste und schönste Mezzo-

Stimme in den dreißiger und vierziger Jahren. Amneris, die sie 1925 bei ihrem Debüt am San Carlo von Neapel gegeben hatte, sang sie auch noch in der ersten Aida, die Renata Tebaldi 1952 unter Erede herausbrachte. Ihre Stimmkräfte waren, sieht man von einer leichten Lockerung des Vibrato (neben der Norma von Maria Callas weniger auffällig) ab, ungemindert. Sie hat sich selber als »uninteressante Frau« und, in einem medialen Sinne, als Priesterin gefühlt. Vor der Gesangsausbildung studierte sie am Konservatorium San Pietro di Maiella fünf Jahre lang Klavier. Ihr Lehrer Agostino Roche hielt sie davon ab, ins Sopranfach zu gehen – die hohen Töne hätte sie gehabt. Ihre Stimme reichte vom tiefen F bis zum C in alto. Schon bald nach ihrem Debüt wurde sie von Toscanini – »er hatte Spione überall im Land« – an die Mailänder Scala engagiert. Sie sang Meg in seiner berühmten *Falstaff*-Produktion. 1926/27 debütierte sie als Eboli an der Scala und sang dann in *La Gioconda, Freischütz* (Ännchen!) und *Götterdämmerung*. In den 27 Jahren an der Scala sang sie neben dem Donizetti- und Verdi-Repertoire (Rossini rührte sie nicht an, es gab Conchita Supervia) sehr viel Wagner, vor allem Ortrud und Brangäne, aber auch Adalgisa, Fidalma in *Il Matrimonio Segreto*, Marina in *Boris*, die Hexe in *Hänsel und Gretel*, Dalila, Laura und die Priesterin in *La Vestale* neben Rosa Ponselle, deren Stimme sie mit

Ebe Stignani
(Foto: © Ullstein Bilderdienst)

dem »Samt der Renaissance« verglich, während Cigna »ganz und gar Feuer war«. Ihre brillantesten Partien waren Leonora in *La Favorita* und Eboli in *Don Carlo*, deren zum Teil exorbitante Schwierigkeiten sie müheloser bewältigt hat als (fast) alle Kolleginnen der letzten vierzig Jahre.

Stignani besaß eine voluminöse, perfekt gerundete Stimme mit einer leuchtenden Sopranhöhe und einer kraftvollen, aber nie vulgären (oder vulgär geöffneten) Bruststimme. Die Register waren in ihrer Jugend gut miteinander verbunden, doch in späteren Aufnahmen ist die Verblendung unvollkommen; in der Mittellage zeigen sich flachere Töne. Gravierender aber als geringe technische Defizite ist eine gewisse Monotonie des Ausdrucks. Stignanis Figuren treten kaum je aus dem Rahmen, kennen nicht den Schrei der Passion, den sowohl Glucks Orpheus als auch Verdis Azucena oder Eboli brauchen. Der letzteren »O don fatale« legt sie mit einer Leichtigkeit und Mühelosigkeit hin, die frappant sind, der Musik aber zugleich etwas von ihrer dramatischen Wucht nehmen. Aber ihre stimmliche Souveränität und ihre virtuose Versiertheit haben ihre eigene Expressivität, die noch ihre Adalgisa (1954 neben Callas) über den Durchschnitt hebt. Das offenbar unsingbare »Rataplan« aus Verdis *Forza* macht sie ausgesprochen kantabel. Sie ist hervorragend als Ulrica in *Ballo* und überragend als Eboli in *Don Carlo*, flexibel im maurischen Lied mit den tiefen Skalen, mühelos in »O don fatale« (trotz der oben gemachten Einwände), selbst noch in der späten Cetra-Aufnahme von 1951. Und welch ein Reichtum im vierten Akt von *Aida*, wo sie den Hörer mit der mühelosen Fülle und Wärme der Stimme schier überflutet – wenn sie nur nicht in einem so zweitklassigen Ensemble (Mancini, Filippeschi) sänge. Steane merkt an, daß Stignani noch nicht gelernt hatte, für die Schallplatte zu singen und im Singen zu agieren. Der Verfasser glaubt eher, daß schiere stimmliche Opulenz einen Sänger veranlaßt, sich allein auf gesanglichen Wohllaut zu verlassen. Dies ist nicht abschätzig gemeint (eher umgekehrt), sondern beschreibt Grenzen von einer anderen Seite.

Tenöre in der Ära nach Caruso

> Plaziere deine Stimme ohne Heftigkeit. Die Energie des Tons und die Energie des Atems müssen in Balance gehalten werden.
> *Giovanni Battista Lamperti, ›Vokale Weisheit‹*

An die Maxime des bedeutenden Gesangspädagogen haben sich die Tenöre der Ära nach Caruso immer weniger gehalten. Sie fügten sich eher jenem Diktat, das Pietro Mascagni anläßlich seiner Oper *Il Piccolo Marat* formuliert hatte: »Die Stimme schreit, schreit, schreit.« Wieder einmal ergab sich aus der Symbiose mit dem damals aktuellen Repertoire ein Stil, der, rückgewandt auf die Musik des 19. Jahrhunderts, zu einem *Stil der Stillosigkeit* wurde. Er hat das Singen eines Tenors beeinträchtigt, der eine der herrlichsten Stimmen des Jahrhunderts besaß.

Der Rattenfänger von Recanati: Benjamino Gigli

Alter: 24. Aussehen: Gut. Intensität der Stimme: stark, ein Tenor, lirico-spinto. Timbre: ansprechend, warm. Intonation: optimal. Interpretation: warm, expressiv, sehr effektvoll ... Zusatz: Endlich haben wir *den Tenor* gefunden.
Die Jury des Gesangswettbewerbs des Konservatoriums von Parma im Juli 1914 über Benjamino Gigli

Nun lassen Sie mich ein wenig biestig sein. Trotz der Pracht seines Instruments, der wundervollen Sicherheit und der Perfektion seiner Technik hatte Gigli nicht das Piano eines Schipa oder eines Pertile. Er sang im Falsett, gut camoufliert zwar, aber dennoch Falsett.
Maria Caniglia

Die Prognose des Jury-Mitgliedes Alessandro Bonci – »endlich haben wir *den Tenor* gefunden« – hat der in Recanati geborene, von Antonio Cotogni und später von Enrico Rosati ausgebildete Benjamino Gigli (1890–1957) glänzend gerechtfertigt. Mehr als vier Jahrzehnte hat er in der Öffentlichkeit gesungen, fast ebenso lange Aufnahmen gemacht: rund 350 Einzelplatten mit Arien, Duetten und Ensembles (überwiegend für HMV, aber auch etwa 80 Titel für RCA-Victor), dazu neun Opern-Gesamtaufnahmen und das Verdi-*Requiem*. Das ergibt insgesamt über 50 Langspielplatten.

Nur ganz wenige Sänger aus der Zeit vor der LP-Ära sind durch die Schallplatte genauer porträtiert worden als der Tenor mit der, so die Formel von Alan Blyth für die Opinio communis fast aller italienischer und vieler englischer Kritiker, »vielleicht goldensten Stimme des 20. Jahrhunderts«. Zugleich spiegeln

Giglis Platten, klarer und unverstellter als die von Schipa, Pertile, Stabile, dalla Rizza oder Giannini, den Wandel des musikalischen Geschmacks und der sängerischen Technik, und nicht zuletzt sind sie ein Barometer des ästhetischen und politischen Klimas, das aus dem endlich gefundenen Tenor den Sänger des Volkes machte.

Als »voll entwickelter und ausgereifter Künstler« debütierte Gigli am 15. Oktober 1914 als Enzo in *La Gioconda* am Teatro Sociale von Rovigo. Im Dezember sang er, auf Einladung von Tullio Serafin, Des Grieux in Massenets *Manon* am Teatro Carlo Felice in Genua. 1915 folgten dort Cavaradossi und Faust (*Mefistofele*), dann Fernando (*La Favorita*) am Teatro Bellini in Neapel, wo er auch, unter Mascagni (wie später in einer Gesamtaufnahme), Turiddu sang. 1916 debütierte er als Faust (*Mefistofele*) in Rom, und in derselben Rolle stellte er sich unter Toscanini auch an der Mailänder Scala vor (1918). Kurz zuvor hatte er Fred Gaisberg und Carlo Sabajno – den Leiter der italienischen HMV-Gesellschaft – kennengelernt und nach einer Probeaufnahme seine ersten zehn Platten aufgenommen, die zu den schönsten Tenoraufnahmen des Jahrhunderts zählen. Im Frühjahr 1919 gastierte er zum ersten Mal in Monte Carlo: In *La Bohème* sang er Rodolfo neben Lucrezia Bori. Dann folgte *La Traviata* (mit Bori und Battistini). Im Mai reiste er für ein fünfmonatiges Gastspiel an das Teatro Colón in Buenos Aires. Ein Jahr später sang er in Rio de Janeiro (Teatro Municipal) Lohengrin und endlich am 26. November 1920 an der Met Boitos Faust (neben Frances Alda und Adamo Didur). Alan Blyth zitiert eine Kritik von Max Smith, in der Giglis lyrischer Tenor wegen seiner »besonderen Wärme und Weichheit im mittleren Register, des bemerkenswert schönen Timbres und seiner Elastizität, exquisiten Mezzavoce und der üppigen Klangentladung« gepriesen wird. Kolodin hingegen weist in seiner *Story of the Metropolitan Opera* darauf hin, daß Giglis Aufstieg sich, begünstigt durch den Tod Carusos, allzu rasch vollzog. Er zitiert zudem Kritiken, die Giglis »Singen für die Galerie« (Aldrich) und den »darstellerischen Provinzialismus« (Krehbiel) monierten. Dennoch war Gigli schon bald einer der beiden führenden Tenöre der Met, die sich das Erbe Carusos teilten: Er sang das lyrische Fach in *Bohème* (neben Alda), *Tosca* (neben Destinn) und *Lucia* (neben Mabel Garrison), während Giovanni Martinelli die schwereren Rollen übernahm. Gigli blieb bis 1932 an der Met, sang dort 375 Aufführungen in 29 Opern und ging nur, weil die Met gezwungen war, die Gagen zu kürzen. Celletti hebt hervor, daß Giglis Stimme nach fast zwei Jahrzehnten – im Gegensatz zu der von Martinelli oder Bernardo de Muro, die fast gleichzeitig und auch in den USA begonnen hatten – völlig intakt war; sie besaß nicht nur die ursprüngliche Schönheit des Timbres, sondern auch die Elastizität. Ja, Gigli erreichte inzwischen auch das Do di petto, das in den ersten Jahren seiner Karriere nicht zu seinem vokalen Rüstzeug gehört hatte.

Doch setzte Gigli seine Laufbahn keineswegs als Opernsänger fort, sondern begann seine Karriere im extensiven Sinne. Wie in den USA suchte auch in Europa die Filmindustrie, voran die Ufa, nach photogenen Stars. In den USA traten, nach Geraldine Farrar, auch Gladys Swarthout, Lily Pons und Grace Moore vor die Kamera, letztere mit *One Night of Love* und *New Moon* geradezu phantastisch erfolgreich. In Europa drehten Jarmila Novotna und Richard Tauber, Jan Kiepura und Joseph Schmidt, Gino Bechi und Margherita Carosio, Michael Bohnen und Maria Cebotari Musikfilme. Gigli hat zwischen 1935 und 1943 allein in Deutschland elf Filme gedreht. Die Titel bekamen sie durch Schlager, die wiederum durch diese Filme zu Schlagern gemacht wurden: *Vergiß mein nicht* (1935, mit Magda Schneider), *Ave Maria* (1936, mit Erna Berger, M. Bohnen, Lil Dagover), *Mutterlied* (1937, mit Cebotari und Bohnen), *Mutter* (1941, mit der dazugehörigen Schnulze »Mamma«). Auch in Italien drehte Gigli zwischen 1937 und 1941 einige Filme.

Die dadurch erreichte Popularität nutzte Gigli für Star-Konzerte. Schon 1932 sang er vor 12 000 Zuschauern im Berliner Sportpalast und entzündete eine Stimmung, wie man sie von anderen okkulten Begebenheiten an derselben Stelle in unseliger Erinnerung hat. Gigli hat in seiner Autobiographie ein aufschlußreiches Bekenntnis abgelegt: »Am glücklichsten war ich dann, wenn sich mein Konzert zu einer Art Familienfest entwickelte, bei dem die Zuhörer aus sich herausgingen, in eine gelöste Hochstimmung gerieten und unter Zurufen nach ihren Lieblingsstücken verlangten.«

Nach dem Krieg hat »der Sänger des Volkes« bis 1955, zwei Jahre vor seinem Tod, gesungen, darunter zahlreiche Konzerte mit seiner Tochter Rina. Selbst als seine Stimme nachgelassen hatte, hielt er sein Publikum – schwerlich ein unterscheidungsfähiges – mit rattenfängerischem Gespür für die verkaufstüchtige Musik der Seele in seinem Bann. Dabei nutzte er die längst zu Floskeln gewordenen Seufzer und Schluchzer der veristischen Schule und, allerdings in einer merkwürdig-larmoyanten Verbiegung, die Morendi und Smorzandi des Tenore di grazia, die er mit honigsüßer Mezzavoce auftrug.

Die halbe Stimme war (fast) das ganze Kapital seiner frühen Sängerjahre. Sie war von unbeschreiblichem Klangzauber, von sonniger Wärme und Brillanz, großer Elastizität und hervorragender Tragfähigkeit. Das Volumen war allenfalls von mittlerer Größe, und dies nicht einmal über die ganze Skala hinweg. Recht entfalten konnte sich die Stimme nur jenseits der Schaltstelle (fis') in die hohe Lage und auf den offenen Vokalen. In der mittleren und in der tiefen Lage war die Stimme klein, verlor jedoch nicht an Tragfähigkeit: Ihr Klang stand gleichsam markant über dem des Orchesters. Dieser Klang zeichnete sich aus durch die Harmonie seiner Farben. Auf der Grundlage einer gleichsam samtigen Textur bekamen sowohl die offenen als auch die engen Vokale (e, i) ihre korrekte

Farbe ohne grelle Überbelichtungen einerseits oder stumpfe Verdunkelungen andererseits. Die sogenannte Vollhöhe bildete Gigli aus einem sehr weiten »Ansatzrohr« mit zwar relativ offenen, aber konzentrierten und fokussierten Tönen. Auffällig aber, daß das hohe C – bei Gigli ein Produkt der Anstrengung und Arbeit, nicht der Natur – so gaumig (oder rückwärtig) gebildet wurde, daß es an Glanz und Leuchtkraft deutlich einbüßte.

Das ist um so verwunderlicher, als die Stimme bis zum H einen verführerischen, hellen, klaren Schimmer besitzt. Sie ist zunächst einmal – deutlichstes Charakteristikum ihres Erscheinungsbildes – eher weich als strahlend. Die typischen Merkmale der Bruststimme wie Sonorität, Wucht, Energie und Akzentuiertheit wirken wie weggeschmirgelt durch die Sanftheit der Mezzavoce. Handelt es sich dabei auch nicht um eine weichliche »Fistel«-Bildung (Martienssen-Lohmann), so gleicht diese sanfte Stimme der des Wolfes, der Kreide gefressen hat. Will sagen, daß diese Stimme nicht naturweich, sondern eher fingiert klingt und zuweilen auch, vor allem, wenn über den hohen Übergang des fis' hinaufgetrieben, verschleiert klingen kann. Doch sobald die Höhe über dem fis' auf solider Stütze gebildet wird, zeichnet sie sich durch Brillanz, Schallkraft und Tragfähigkeit aus.

Daß der junge Gigli ein exzellenter Sänger war, bewies er durch den Geschmack und die Beherrschtheit beim Einsatz seiner Stimme. Er verzichtete vor allem auf den (heute von fast allen Tenören schamlos eingesetzten) Effekt, durch breit-offene Bildung der weiten Vokale ein Volumen vorzutäuschen, das die Stimme eigentlich nicht hatte. Vielmehr bemühte er sich um feine Balance von hellen (engen) und dunklen (offenen) Vokalen und beherzigte dabei die klassische Regel, daß in jedem Vokal das Dunkel des /a/ sein muß. Für das klangliche Erscheinungsbild bedeutet das die Unterbindung von grellen oder quetschigen Klängen. Zum Vergleich: Von heutigen Tenören mißbraucht der Spanier José Carreras die offene Tonbildung, so daß er die breite Mittellage nicht mehr mit sauber konzentrierten Tönen der Vollhöhe übergipfeln kann; Luciano Pavarotti verzichtet auf die breiten Bomben der Mittelstimme, kann aber aufgrund von Stauung und Überstützung die klanglichen Ecken und Spitzen nicht verrunden.

In seinem Essay *Gigli and the Opera* zu der 26 Schallplatten umfassenden Gigli-Edition der italienischen EMI (ideal zu ergänzen durch die fünf Platten umfassende Sammlung der »Victor Recordings 1921–1930«, veröffentlicht von der englischen Firma Pearl) hat Rodolfo Celletti die Wirkung des jungen Gigli zurückgeführt auf gewisse Ähnlichkeiten mit der Stimme des jungen Caruso. Durch Gigli erfahren wir wieder, was uns die (italienischen) Tenorstimmen seit dreißig Jahren kaum noch vermitteln können: nämlich wie eine gesunde Stimme klingen kann. Das rechtfertigt freilich nicht, wie Celletti weiter ausführt, die Einordnung Giglis unter die Belcantisten. Gigli hat vor 1850 geschriebene Musik nicht gesungen oder in ihr versagt – »Dalla sua pace« und »Il mio tesoro« aus *Don Giovanni* oder die Sammlung von »Arie antiche« haben glänzende Chancen für Spitzenplätze bei der Wahl der schlechtesten Tenorplatten. Sein Geschmack wurde vielmehr zum einen von der Opera verista und zum anderen von der Tragédie lyrique gebildet. Musik des Stile fiorito hat er nicht gesungen: Rossini fehlt in seinem Repertoire ebenso wie Bellini, und von Donizetti hat er mit Nemorino, Fernando und Edgardo auch nur Partien gesungen, die aufgrund ihrer »melodischen Melancholie« (Celletti) seinem schlicht-empfindsamen Temperament entsprachen.

Als er im Oktober und November 1918 und dann im Dezember 1919 seine ersten Platten – insgesamt 21 – machte, entfaltete er eine manchmal geradezu berauschende Kunst der dynamischen Kontrastierungen und der farblichen Chiaroscuro-Effekte. Celletti hat auf einige Finessen hingewiesen, die durchaus nicht Effekthascherei verraten, sondern technische Meisterschaft: den Pianodolce-Beginn von »Dai campi, dai prati« aus Boitos *Mefistofele*; das schwebende und in ein wundervolles Sfumato gehüllte hohe G auf »O sogni d'or« in Enzos »Cielo è mar«; die mit klangvoller Mezzavoce gebildete Phrase »Vedrem fra poco tramontar la luna«, die in der Region des hohen Übergangs liegt und, beispiels-

Benjamino Gigli als Cavaradossi
(Foto: © Ullstein Bilderdienst)

weise, Luciano Pavarotti in der Gesamtaufnahme von *La Gioconda* in die Enge (des Stimmklangs) treibt; das perfekt konzentrierte hohe Ais in der Phrase »Colle vele al vento« (in »Deh non tremar« aus *La Gioconda*); die chevalreske Eleganz von »Apri la tua finestra« aus *Iris*, wiederum ein glänzend bestandener Test klangvollen Singens in der unbequemen Übergangslage. In diesen Belangen ist Gigli, nach Ansicht Cellettis, selbst Caruso überlegen.

Ganz ohrenfällig ist aber, daß er die Linie von »Spirto gentil« aus *La Favorita* oder auch von »Dal tempio limitar« (aus *Les Pêcheurs de Perles*, mit Adolfo Pacini als Partner, nicht zu verwechseln mit dem Bariton Giuseppe Pacini) nicht so perfekt auf dem Atem bildet wie Caruso und auch nicht die Worte dem Atem so leicht zuführt wie sein Vorgänger; die Fernando-Arie, um einen halben Ton transponiert, zeigt auch das Fehlen des C, das er am Ende des Duetts »O soave fanciulla« mit Maria Zamboni zwar singt, aber nur mit einem Falsetton (Celletti).

Weniger deutlich, beim genauen Hören aber wahrnehmbar, sind erste Anzeichen von stilistischem Verfall. Gigli attackiert nicht genau in das Zentrum eines Tons hinein, sondern gleitet mit einem Portamento nicht nur durch die Intervalle, sondern auch in eine Phrase hinein: zu hören bei »Dai campi« wie bei »Apri la tua finestra« oder »Tutto tace« im Duett aus *L'Amico Fritz*. Dabei entsteht kein ebenmäßig-gerader Tonstrom, sondern eine gleichsam bogenförmig sich ergießende Tonfontäne. Dieser typische Crooner-Effekt wird dadurch verstärkt, daß Gigli gleichsam die Backen aufbläst für die schon bemängelten Schluchzer und Seufzer, die später notorisch wurden. Celletti verteidigt auch den »in gewisse Formeln eingefrorenen« Gigli, der beim »Singen mit Gefühl« auf den Sandbänken der Sentimentalität strandete, mit dem Hinweis auf seine exemplarische Phonation. Nun denn: Der »Vino« hat Giglis Turiddu im Jahre 1919 so weinerlich gemacht, daß er den Abschied von der »Mamma« heftig schluchzt, aber selbst bei den Schluchzern bleibt er zumindest ton-*technisch* korrekt.

Schon zwei Monate nach seinem Debüt an der Met (26. November 1920) nahm Gigli, im Januar 1921, seine ersten Platten für Victor auf, vor allem Titel aus *Mefistofele* und *Tosca*, wenig später auch aus *Andrea Chenier*, worin er 1921 wahrhaft Sensation gemacht hatte. Steane bezeichnet die Aufnahme von »Un di all'azzurro spazio« als »superb«. Gewiß ist die Steigerung vom raffinierten Mezzavoce-Beginn über die emphathische Deklamations-Passage bis hin zur Bindung in der Wiederholung des A-Teils ungemein effektvoll; und doch erreicht Gigli weder den zugleich natürlichen und glühenden Lyrismus Carusos noch die gespannte und im besten Sinne rhetorische Dramatik Giovanni Martinellis. Fast immer setzt er den eher gefühligen als dramatischen Schluchzer, und sei es in Form des seufzenden Atemfassens, ein. Er korrumpiert damit beispielsweise seine ansonsten eindrucksvolle Interpretation der Schlußszene aus *Lucia*: »Tombe degl'avi miei« durch das mit Schluchzern durchsetzte »Tu che a dio spiegasti l'ali«. Noch ärger treibt er es im Terzett »Or non più dinanzi ... Qual voluttà trascorrere« aus *I Lombardi.* Schon Caruso hatte die Phrasen hier nicht weich ausklingen, sondern mit einem unterdrückten Seufzer abreißen lassen und den Tonstrom unter Hochdruck gesetzt. Nach dieser überwältigenden, fast schmerzlich schönen Aufnahme streift Giglis Versuch, Ausdruck durch Gesten, Posen und Seufzer zu erzeugen, die Gemessenheit, mit der seine Partner – Elisabeth Rethberg und Ezio Pinza – phrasieren. Welch ein Verfall der musikalischen Mittel in nicht einmal zwei Jahrzehnten!

Für Victor nahm Gigli drei Duette mit Titta Ruffo auf (1926), oft angeführt als eine der legendären »Konstellationen«. Es gibt in ihnen nicht eine einzige Phrase von wirklich feiner Klangabstimmung. Ruffo war längst über seinen Zenit hinaus, die ohnehin bassige Stimme schwer und rauh geworden, eine Mischung mit der hellen Giglis kaum mehr möglich. Spätestens in dieser Zeit aber wurde auch Giglis Technik von seinen Effekten affiziert. Gewiß hat unter den Schluchzern und Seufzern nicht die Phonation gelitten, wohl aber die Linienbildung, oft auch die Diktion. Bei seinen ersten Mailänder Aufnahmen hatte er »Cielo e mar« fließend, klangschön, balanciert in der Dynamik und exemplarisch gebunden gesungen, mit durchgeformter Phrasierung und gut aufgebauten Steigerungen. Die Victor-Platte von 1929 bringt durch Aspirierungen verunstaltete Melismen: »O sohogni, o sohohoho-hooo-gni d'or«. Nicht weniger irritierend ist – für den Autor – die Extremisierung des Leisen. Seine Aufnahmen von »Mi par udir« (aus *Les Pêcheurs de Perles*) oder der Traumerzählung des Des Grieux verströmen zunächst verführerischen, bald aber fauligen Zauber. Denn die Mezzavoce bleibt nicht länger Mittel, sondern wird Zweck eines Singens, das nicht weniger äußerlich und sentimental ist als sein forciert-deklamatorischer Stil vor allem im veristischen Repertoire, etwa in den Gesamtaufnahmen von *Pagliacci, Andrea Chenier* oder *Cavalleria Rusticana.* Ins Nachspiel der Canio-Arie schluchzt er mit grellem Heldenjammerton das Wort »infamia« hinein, und nach Des Grieux' »Guardate, pazzo son« aus Puccinis Oper bricht er in ein schreckliches Weinen aus. Selbst Celletti, in den Kommentaren zu der EMI-Edition ein beredter Apologet Giglis, spricht in diesem Zusammenhang von einem »demagogischen Vortrag«.

Da steht das Wort. Gigli hat sich in den dreißiger und noch ausgeprägter in den vierziger Jahren auf eine rattenfängerische Anbiederung an das Publikum eingelassen. Er selbst hat dazu gesagt: »Mein ganzes Leben lang habe ich es gefühlt, wenn eine Arie, eine Phrase, eine einzige gut gesungene Note meine Zuhörerschaft ergriffen hat und mich mit ihr eins werden ließ. Es ist das Gefühl, daß ein tiefwurzelndes Bedürfnis Anerkennung findet – das Bedürfnis des Sängers nach Beifall, nach Anerkennung, aber auch nach Verbundenheit mit seinen Hörern.«

In aller Ahnungslosigkeit feiert Gigli hier den Rückschlag der künstlerischen Vermittlung in das Ritual, dem sie entsprungen sein mag. So schilderte er einen Abend, an dem er Don José in *Carmen* (»keiner Rolle habe ich mich so hingegeben«) sang: »An jenem Abend hat mich die Begeisterung so mitgerissen, daß ich mich ganz in der Rolle vergaß. Alles, was auf der Bühne geschah, wurde zur Wirklichkeit ... Ich liebte wirklich, wurde von Eifersucht gequält, verzehrte mich in Sehnsucht nach Carmen ... Ich war Don José. Liebe und Verzweiflung benahmen mir den Atem. Ich hatte Tränen in den Augen ... Ich zitterte am ganzen Körper. Dann brach ich zusammen. Meine Gefühlsregung war zu heftig gewesen, ich konnte nicht mehr weitersingen. Freunde bemühten sich hinter der Bühne um mich, flößten mir Cognac ein und erzählten mir später, daß alle, die mich hörten, geweint hätten.«

Das ist überdeutlich. Singen war für Gigli ein ritueller Vorgang und wurde inszeniert im Sinne einer Wirkungsdramaturgie. Nicht, daß etwas einzuwenden wäre gegen Ausdruck, gegen Engagement, gegen sängerisches Temperament, die heute den »Plastik-Tenören« (Celletti) fehlen. Aber Giglis Ausbrüche waren längst nicht mehr die Bekenntnisse einer schönen Seele, sondern eines Demagogen, der weniger Gefühle ausdrücken als Affekte auslösen wollte. Sein Gesang, in einem theatralischen Sinne durchaus wirkungsvoll und als materielle Verschwendung einer Stimme oft sogar überwältigend, nahm etwas Überredendes und Anzügliches, ja die Dimension des Gauklerischen und Massenhypnotischen an – und ich stehe nicht an, in der Übertragung einer persönlichen Hysterie, ob die sich nun aussang in Don Josés Ausbrüchen oder ausschluchzte in Liedern wie »Mamma« (erster Preis für Weinerlichkeit), auf den Fanatismus der Hörer einen Vorgang zu sehen, der den politischen Vorgängen der dreißiger Jahre entspricht.

Gigli hatte nach seinem Weggang von der Met einen Vertrag mit der italienischen Regierung abgeschlossen. Der verpflichtete ihn zu jährlich 80 Aufführungen auf Bühnen seiner Wahl. Auch wenn er kein zielbewußter Verführer war, ließ er sich zum Troubadour der Verführung her, und in seinem Lebensbericht bekennt er sich zu seiner Haltung. Über Toscanini, der sich vor Mussolini die Faschisten-Hymne zu spielen geweigert hatte, sagte er: »Ich teilte seine politischen Ansichten nicht, und ich habe es auch nie verstanden, daß er sein Leben in einem solchen Maße davon beeinflussen ließ. Für mich war Italien eben Italien, mochte das Regime sein, wie es wollte.«

Muß man sagen, daß dies nicht die ahnungslose Selbstverteidigung des Ahnungslosen, sondern die beflissene Rechtfertigung des Überzeugungstäters ist? Und der hat seine Mittel in die systemkonforme Unterhaltung investiert, in die weniger heiligen als scheinheiligen religiösen Gesänge, in die Schön-ist-die-Welt-Schnulzen, in tümelnde Volkslieder. EMIs zweite Kassette, immerhin elf

Platten mit derlei übersüßen Desserts, läßt sich nur unter höchster Gefährdung von Magen und Nerven konsumieren.

Immerhin hat Gigli auch neun Opern und Verdis *Requiem* aufgenommen. Verdis Totenmesse (unter Serafin) ist ein Glanzstück der Verdi-Diskographie, nicht unbedingt eines in Giglis Erbe, weil er wieder einmal entscheidende Phrasen durch Aspirierungen zerhackt (um so besser ist der Baß Ezio Pinza). Verdis *Un Ballo in Maschera* zeigt ihn, Phrasen zerreißend und Schluchzer einsetzend, vor allem aber den Rhythmus aufweichend, nicht als kompetenten Anwalt des Komponisten; ähnliche Lässigkeiten stören schon das nur im Ausdrucksgestus erfaßte »La donna è mobile« (unrhythmisch und ungelenk in der Kadenz) oder die Stretta aus *Il Trovatore* (übermäßig dynamisiert), das Duett aus *Forza* mit de Luca (weinerlich) und die Gesamtaufnahme von *Aida*, eine glatte Überforderung der Stimme. Eine *Carmen*-Aufnahme von 1949 (mit Ebe Stignani in der Titelpartie und Bellezza am Pult) gehörte zu den Tiefpunkten in Giglis Karriere, während die Aufnahmen von *La Bohème, Tosca* und *Andrea Chenier* aus den späten dreißiger und frühen vierziger Jahren viel von der Präsenz, auch vom Charme des Sängers verraten, der für manche Entgleisung entschädigt. Um Gigli hat sich eine Legende gebildet. Seine Intensität hat, selbst wo sie in die Niederung des Kitsches steuerte, viele Hörer (kaum je die Connaisseurs) verhext. Er versuchte, die Oper mit einem rhetorisch-suggestiven Anstekkungsverfahren an die Masse zu bringen. Es war der zweite Tod der Gesangsoper – der ihrer adäquaten Vermittlung. Giglis Legende verklärt das Sterben einer entzauberten Gattung. In seinem Singen, dem Absinken von sängerischer Kunst in hypnotisierende vokale Rhetorik, spiegelt sich zugleich der Beginn der Auswertung von Musik für die Kultur-Industrie.

›Sogno soave e casto‹: Tito Schipa

Obwohl viele vortreffliche Tenöre seit dem Tode Carusos sangen, die ein größeres Stimmpotential besessen haben als Tito Schipa, so haben wir uns doch alle vor seiner Größe beugen müssen.
Benjamino Gigli über Tito Schipa

Wer diese beiden Aufnahmen nicht kennt, weiß nicht, was Belcanto ist!
Ulrich Schreiber über Schipas Interpretationen der Almaviva-Arien

Die meisten Referenz-Bücher und Cover-Texte bewerten ihn als Meister des Belcanto. Sicherlich macht die Führung seiner Stimme auf vielen seiner Platten einen schönen Effekt, doch wenn der Begriff nicht bis zur Untauglichkeit mißbraucht werden soll, darf man ihn nicht als Belcanto-Sänger bezeichnen, nicht einmal zu Beginn seiner Karriere.
Michael Scott in ›The Record of Singing‹

Sei pur bella« singt er im Kirschen-Duett aus Mascagnis *L'Amico Fritz* – und nie wird man ihren Klang vergessen, einen feinen, kostbar-leisen, schwebenden Klang, der nicht von dieser Welt ist. »Sogno soave e casto« singt er als liebeskranker Ernesto, und es ist der Klang, der den süßen und reinen Traum beschwört. »Pesca d'amore« singt er, und beim Erklingen der letzten Phrase wird man schwören, noch nie ein so süßes und vollkommenes Fil di voce gehört zu haben. Obwohl der im süditalienischen Lecce geborene Tito Schipa (1889–1965) weder eine große noch eine umfangreiche, nicht einmal eine besonders klangschöne Stimme besaß, sind viele seiner Aufnahmen Sammlerstücke geworden. Und da die Bewunderung das Kind mit dem Bade noch rascher ausschüttet als die Kritik, ist Schipa nicht nur zum letzten, sondern auch zum größten und »bedeutendsten Belcanto-Tenor unseres Jahrhunderts« (Ulrich Schreiber) stilisiert worden. Vermutlich ist dies zurückzuführen auf die Eleganz und Noblesse, mit der er sich absetzte von den histrionischen (und teilweise auch vulgären) Effekten, deren Benjamino Gigli sich bediente, oder von der rhetorisch-emphatischen Deklamation, mit der Aureliano Pertile arbeitete. Allein John Steane, obwohl ein Bewunderer Schipas, und Michael Scott haben in Schipa nicht nur den besten Erbverwalter des Belcanto gesehen, sondern auch das Opfer des musikalischen Lebens in Italien nach dem Ersten Weltkrieg.

Schipa hatte zunächst in Lecce bei Alceste Gerunda studiert (neben Gesang auch Klavier und Komposition), war dann in Mailand in die Obhut von Emilio Piccoli gekommen und hatte 1910 als Alfredo in *La Traviata* in Vercelli debütiert. Drei Jahre lang sang er an kleinen und mittleren Theatern: in *La Sonnambula, La Traviata, Rigoletto, Mignon, La Bohème, La Favorita, Fra Diavolo, Zazà, Cavalleria Rusticana, Adriana Lecouvreur* und *Tosca*. 1912 kam er ans Mailänder Teatro dal Verme, 1913 debütierte er am Teatro Colón in Buenos Aires, 1915 an der Scala – seltsamerweise als Vladimir in *Fürst Igor*. Mit Gilda dalla Rizza, einer der bedeutenden Exponentinnen des Verismo, brachte er 1917 Puccinis *La*

Rondine zur Uraufführung. Mit dem Ensemble der Oper von Chicago, wo er 1919 zum ersten Mal gesungen hatte, gastierte er 1920 in New York im Lexington Theater als Elvino in *La Sonnambula.* Henderson hörte eine Stimme mit »Kraft und Resonanz, ein wenig bläserhaft (reedy), aber von sehr angenehmer Klangqualität«.

Als Schipa am 23. November 1932 als Nemorino an der Met debütierte, sang er »Una furtiva lagrima« so, »wie das Stück nur selten in diesem Hause gesungen worden ist«, und auch seinen Don Ottavio wertete Henderson als »ein Vergnügen für den Kenner« und als den besten Mozart-Gesang, den man seit Bonci gehört hatte. Im März 1941 hat Schipa Ottavio an der Met noch unter Bruno Walter gesungen – den Don gab Pinza.

Schipas kleine und relativ kurze Stimme war, wie die aller wirklich großen Sänger, unverkennbar durch ihr verhangenes Timbre und einen Unterton von Trauer. Sie hatte nicht das strahlende Blau des südlichen Himmels, sondern schimmerte wie die Sonne durch einen Hochnebel. Nur in der Höhe, beim Gangwechsel über dem Fis, wurde sie heller und klarer, schärfer fokussiert und dadurch durchdringend. Typologisch wird Schipa zur Gruppe der Tenori di grazia gerechnet, deren Stimmproduktion Rodolfo Celletti beschrieben hat: »Eine Eigenart dieser Stimmen ist ihre durchdringende Tragfähigkeit, die selbst in großen Opernhäusern noch die höchsten Ränge erreicht. Dies ist das Resultat einer Technik, die das Produkt der klassischen Methode der Gesangsschulung ist. Bei dieser konzentrierte sich der Sänger nicht auf die Kehle und trachtete auch nicht danach, ein Höchstmaß an Volumen zu erzeugen; statt dessen widmete er seine volle Aufmerksamkeit dem Atem. Das Zwerchfell stützt eine bis zum Scheitel des Kopfes hochsteigende Luftsäule; die Hohlräume des Kopfes werden gewissermaßen als Klangverstärker genutzt, so daß ein Ton von vergleichsweise geringem Volumen so klar und schallend klingt, als dringe er aus einem Lautsprecher.«

Mit diesen zwar kleinen, aber durch die Bildung am harten Gaumen intensivschallenden hohen Tönen konnte Schipa unerwartet dramatische Effekte machen. Es war freilich nicht die Dramatik der ausladenden Tongebung – die ekstatische Phonation des dramatischen Tenors überstieg seine Möglichkeiten bei weitem –, sondern der Klangsteigerung, des Rinforzamento. Seine Aufnahme von »Ah! non mi ridestar« aus Massenets *Werther* (um einen halben Ton transponiert) bringt ein raffiniertes Spiel mit dynamischen Nuancierungen, wobei die unmerklichste Verstärkung der Dynamik dramatischer wirkt als die lauten Anstrengungen lyrischer Tenöre, die ihre Mittel und Möglichkeiten überschätzen. In der Werther-Arie läßt Schipa die Phrasenenden auf dem Soupçon eines Tons verklingen und gibt ihnen so einen verhangen-elegischen Ausdruck; zugleich verrät diese Schattierung die wundervolle Beherrschtheit des

Singens – ein klingendes Piano erfordert ja mehr Kraft und Stützung als manches Forte. Aber auch Schipa hebt Hendersons Satz, daß es nie einen perfekten Sänger gegeben hat, nicht auf. Scarlattis »Le Violette« oder die beiden Arien des Don Ottavio singt er weder ausdrucksvoll noch technisch souverän, in den Koloraturketten von »Il mio tesoro« sogar steif und angestrengt, ohne jenes klassische Ebenmaß, wie wir es von McCormack, Heddle Nash oder Aksel Schiøtz kennen. Hingegen erfüllt er die Orpheus-Arie (italienische Fassung von 1772, statt in F in E gesungen) durch feine koloristische Nuancen und eine gleichsam psalmodierend-klagende Akzentuierung. Der Effekt ist bezaubernd – aber es ist, wie Michael Scott zu Recht feststellt, ein von der Wortnuancierung kommender Zauber, nicht einer der Tongebung oder der vokalen Phantasie. Die fehlt auch in seiner Aufnahme von »Ecco ridente« – von Ulrich Schreiber vielleicht deshalb so hoch geschätzt, weil er die Aufnahme mit denen der Rollennachfolger verglichen hat, nicht aber mit denen von Sobinow, Anselmi,

Tito Schipa
(Foto: © Klaus Ulrich Spiegel)

Jadlowker oder de Lucia. Schipa riskiert kein spontanes Ornament und fällt auch klanglich hinter die erwähnten Sänger zurück, selbst hinter Ferruccio Tagliavini und seinen Schüler Cesare Valletti. Um so mehr Charme und Gesicht hat seine Aufnahme von »Una furtiva lagrima«. Er kann die elegische Romanze aufgrund seiner geringeren Mittel nicht so spannungsvoll-dramatisch singen wie Caruso 1911, dafür trägt er sie mit unendlich nuancierter Diktion und ebenso nuanciert-zärtlicher Klanggebung vor. Wundervoll der weiche, aber konzentrierte Anschlag auf »Una«, ziseliert die Überleitungsphrase »Che più cercando io vo'! M'ama lo vedo«. Aber der Sänger hat nicht den Atem und die Kraft, diese Phrase in einem Bogen zusammenzufassen. In der Kadenz ist er zurückhaltend, und dadurch klingt sie floskelhaft statt erregt. Und da sich Maßstäbe durch den Vergleich ergeben: Schipas Interpretation kann sich mit den Aufnahmen von John McCormack, von Ferruccio Tagliavini oder Dimitri Smirnow messen, nicht aber mit der zugleich gestaltenreicheren und expressiveren Carusos von 1904, in der Balance von Wort und Musik auch technisch besser gesungen als von Schipa. Mit Amelita Galli-Curci hat Schipa eine Reihe von Duetten aufgenommen, und wenn man »Veranno a te« aus *Lucia di Lammermoor* hört, stellen sich erhebliche Zweifel ein, ob Toscaninis Zugriff – wenn er sich denn in der Aufnahme von Anna Rosza und Aureliano Pertile von 1930 spiegelt – der Musik Donizettis gemäß war. Die hier aufgebrachte Kantabilität greift bei Bellinis »Prendi, l'anel ti dono'« (aus *La Sonnambula*) zu kurz. Klanglich mag die Aufnahme schön sein, aber sie enträt der vokalen Phantasie (die Valletti als Partner der Callas unter Bernstein aufbringt). Hört man spätere Tenöre mit Alfredos »Un di felice eterea, mi balenasti innante« (*Traviata*) und speziell mit dem Gruppetto (A, Gis, A, B und A) auf »innante«, so ist Scotts Kritik an Schipas Ausführung scheinbar beckmesserisch; aber wenn man Fernando de Lucia hört, der die vokale Kurve wie mit einem feinen Stichel graphisch klar zieht, erlebt man den Unterschied – es ist in der Tat einer ums Ganze. Schipas elegante Manier bewährt sich bei Verdi und den Veristen überzeugender als im eigentlichen Belcanto-Repertoire, trotz seines wundervollen Ernesto in der Gesamtaufnahme von *Don Pasquale* unter Carlo Sabajno mit dem vortrefflichen Ernesto Badini, dem zuverlässigen Afro Poli als Malatesta und der animiert, aber scharf und grell singenden Adelaide Saraceni als Norina. Wie nur wenige singt Schipa des Herzogs »Questa o quella« wirklich con eleganza, aber der Canzone fehlt es an Verve und Energie. Szene und Arie aus dem zweiten Akt hat er zweimal mit bezaubernder Linienführung gesungen, expressiv auch im präzis deklamierten Rezitativ (wo Lauri-Volpi und Pertile mehr Biß haben). Und wenn eine südliche Sommernacht je den Klang einer Tenorstimme angenommen hat, dann in Schipas »Dal labbro« aus *Falstaff*; das schöne Echo hat später Ferruccio Tagliavini gesungen. Zu den schönsten Schipa-Aufnahmen gehören die Szenen aus *Ma-*

non und *Werther*, das in reinsten Klangzauber verwandelte Ständchen aus *Cavalleria Rusticana* und, ein Wunder an Klanginstinkt, das Ständchen des Beppe aus *Pagliacci* – der Anruf »O Colombina« hat die Innigkeit einer Hymne. Die Romanze des Federico aus Cileas *Arlesiana* und das Kirschen-Duett aus *L'Amico Fritz* (mit Mafalda Favero) sind weitere Glanzlichter seines Repertoires. Schlechthin unnachahmlich sind seine Eleganz, seine Spontaneität und seine Anmut in neapolitanischen Liedern – seine Aufnahmen allein kommen an die Carusos heran: »Marechiare« wird in seiner Wiedergabe zu einer Apotheose der wunderlich zwischen Gassenhauer und Kunstlied schillernden Gesänge.

Il Tenore di Toscanini: Aureliano Pertile

Cantare – cantare come canta Pertile!
Arturo Toscanini zu den Streichern des Orchesters der Mailänder Scala

Pertile war der größte von allen. Ein unauffälliger Mann außerhalb der Bühne, der das Genie besaß, der Charakter zu werden, den er darstellte. Es war wie Osmose. Er konnte vom Walther in den ›Meistersingern‹ zum Otello gehen.
Iva Pacetti über Aureliano Pertile

Schon 1920 mußte Met-Manager Giulio Gatti-Casazza mit dem Verlust Carusos rechnen. Dr. Antonio Stella hatte ihn darüber aufgeklärt, daß Carusos Stimme unter der Brustfellentzündung nicht notwendigerweise würde leiden müssen, wohl aber die Kraft der Atemstütze. Der schon verpflichtete polnische Tenor Josef Mann starb am 5. September 1921 während einer Berliner *Aida*-Aufführung. Ab November 1921 traten verschiedene Tenöre in den Wettbewerb um die Nachfolge. Gigli sang neben der debütierenden Amelita Galli-Curci in *La Traviata*. Der hochtalentierte Orville Harold fügte seiner prachtvollen lyrischen Stimme irreparablen Schaden zu, als er Paul in Korngolds *Die tote Stadt* (neben Jeritza) übernahm. Giovanni Martinelli, der bei Giglis Debüt seine Karriere »aus dem Fenster fliegen« sah, brillierte als Ernani. Zu hören waren ferner Giulio Crimi, Manuel Salazar, Mario Chamlee und Tito Schipa. »Fast unbemerkt«, so berichtet Kolodins Chronik der Met, verlief das Debüt eines hochangesehenen italienischen Tenors, der wie Giovanni Martinelli 1885 in Montagnana geboren wurde: Aureliano Pertile (gest. 1951). Wie vertraglich vereinbart, sang er in fünfzehn Aufführungen von *Manon Lescaut, Cavalleria Rusticana, Pagliacci, Aida, Boris Godunow* und *Louise* und ging dann nach Italien zurück. Er wurde der Primo uomo der Mailänder Scala und Lieblingssänger Arturo Toscaninis (später, in den vierziger Jahren, wurde er darin von Jan Peerce abgelöst). In Südamerika, wo er in fünf Spielzeiten (1918, 1923/25/26/29) gastierte, holte er sich zwar die Anerkennung der Kenner, wurde aber kein Publikumsliebling wie Gigli, Lauri-Volpi oder Fleta. Denn er besaß einfach nicht die Stimme, von der sich Fans entzücken lassen. Es war eine große, brillante, in der Höhe metallische und in der tiefen Lage kompakte Stimme von leicht grellem Klanggepräge und intensiv flackerndem Vibrato. Es war das Vibrieren einer ständigen Erregung. Pertile hat das veristische Repertoire mit geradezu extravagantem Hochdruck gesungen und das traditionelle – zwischen Donizetti und Verdi – mit jener angespannten Intensität, die ebenso wirkungsvoll wie grobschlächtig ist. Pertiles Stimme entfaltet kaum je die Schönheit eines wohlgerundet und sanft auf dem Atem sich entfaltenden Klangs. Die Linie wird nicht gezogen, sondern durch Akzente, Sforzati und Aspirierungen unterbrochen. Bei der Attacke wird der Ton nicht einfach angeschlagen, sondern er zuckt wie ein Körper bei einem Stromstoß. Die Dynamik wird extremisiert, der Ausdruck nicht aus der Musik abgeleitet, sondern durch Seufzer und Schluchzer aufgesetzt. Gehaltene Töne, vor allem an Phrasenenden, klingen nicht aus, sondern reißen unter heftigem Nachstoßen des Atems ab. Durch die grelle Tongebung werden die Vokale, vor allem die in der Mitte des Vokaldreiecks liegenden ›e‹ und ›o‹, verfärbt. Selbst seine Bewunderer haben ihm ihren Beifall nur unter Vorbehalt gespendet. So erklärte der englische Tenor Tom Burke, der »Lancashire Caruso«, gegenüber dem Kritiker Paul Morby: »Ich habe die Stimme nie geliebt. Er bemühte sich um Ton und Kantilene wie Caruso ... oder all wir anderen, die sich da abmühen. Ich hatte das Gefühl, daß er das Publikum hypnotisierte und auf die Plätze nagelte ... Nein, geliebt habe ich diese Stimme nie, aber neben Schaljapin war er der größte Schauspieler-in-der-Stimme, den ich jemals gehört habe.«

Ein Fall also wie Maria Callas? Ein Tenor, der trotz vokaler Mängel triumphiert durch die Intensität der Darstellung und der Musikalität? Wie sagt König Philipp zum Großinquisitor?: »In dubbio io son!«

Pertile studierte in Venedig bei Maestro Orefice (Lehrer auch von Edoardo Garbin) und später in Mailand bei Maestro Bavagnoli. Nach dem Debüt in Vicenza (als Lionel in *Martha*, 1911) sang er vier Jahre an verschiedenen italienischen und südamerikanischen Bühnen, kam 1916 an die Scala (in Zandonais *Francesca da Rimini*) und sang dort unter der Ägide Toscaninis 35 Rollen in

Aufführungen, die angekündigt wurden als »Pertile-Abende« und so »sensationell« waren wie später Callas-Soireen. Er war, zumindest in Europa, der repräsentative Tenor der beiden Jahrzehnte zwischen 1920 und 1940 – so wie de Reszke und Caruso die repräsentativen Tenöre ihrer Epoche gewesen waren. Und es gibt nicht wenige Kritiker, die ihn gleichsetzen mit dem Polen und dem Neapolitaner. Paul Morby begeisterte sich beispielsweise für die Schlußszene des Edgardo aus *Lucia*: »Jede Phrase, jedes Wort, jeder Vokal und jede Silbe werden moduliert und liebkost von einem Meister der vokalen Farbe und Emphase.«

Und Wolf Rosenberg wählte in seiner Studie über *Die Krise der Gesangskunst* Pertiles Interpretation von »Quando le sere al placido« als Schulbeispiel für musikalischen und expressiven Verdi-Gesang. Noch einmal: »In dubbio io son.« Rosenberg bezieht sich auf eine Aufnahme von 1930, die nur noch wenig von den einstigen Möglichkeiten des Sängers bewahrt. Der Autor kann sie wegen der klanglichen Unausgeglichenheit, der veristischen Manieriertheiten und der emphatischen Akzentuierungen nur schwer ertragen. Die Aufnahme ist eher ein Beleg für die Krise der Gesangskunst als die zwar monotone, aber mit solidem Klang und gutem Legato gesungene Version von del Monaco, die Rosenberg heftig kritisiert. Ein saures Amt ist auch die Beschäftigung mit den Gesamtaufnahmen aus den späten zwanziger und dreißiger Jahren. In Verdis *Trovatore* hat der Sänger neben grandiosen Momenten auch groteske. Wo Verdi eine schlichtgebundene und verhalten expressive Melodie geschrieben hat – »Mal reggendo«, »Ah, sì ben mio« oder »Ai nostri monti« –, meint Pertile, den Ausdruck des Gefühls gleichsam draufsetzen zu müssen. Dabei zerreißt er die Linie, zieht er das Wort in die unkontrollierte Affektäußerung hinein. Zugleich verblüfft und überwältigt er durch expressive Nuancierungen, durch gestische Lebendigkeit. Das gleiche gilt für seinen Radames in der Gesamtaufnahme von 1930 mit der bemerkenswerten Dusolina Giannini. Aber in den Aufnahmen nach etwa 1928 bis 1930 ist er nicht mehr at his best zu hören. Das Duett aus *Lucia* mit Anna Rosza, die Romanzen des Fernando aus *La Favorita*, Alvaros »O tu che in seno« oder die Arien und Szenen aus *Manon Lescaut* sind nicht nur schlecht in vokaler Hinsicht, sondern gleichen hysterischen Volksreden, und wie sonst nur Gigli leistet er sich in veristischer Musik Ausbrüche, die den Affekt an den Effekt verraten. Leider sind diese Platten bekannter geworden als die erst in den letzten Jahren neu edierten Fonotipia-Platten aus der Zeit zwischen 1920 und 1927, wo nicht nur die Stimme mehr Schmelz zeigt, sondern auch die emphatische Manier erträglich ist durch Temperament und Spontaneität.

Von Beginn an war die Stimme zu hart und grell, um schön zu sein, die Tongebung zu überladen, um flüssiges Phrasieren zu erlauben, war die Diktion zu übertrieben, als daß sie natürlich und selbstverständlich gewirkt hätte. Und doch gibt es vor allem in den frühesten Platten von 1920 Momente großer Klangschönheit und noch größerer Intensität: drei überwältigend ausdrucksvolle Szenen aus Wagners *Lohengrin* (»Deh! non ti incantan«, »Da voi lontan« und »S'ei torna alfin«) oder einige Soli aus *Cavalleria, Pagliacci* und *Manon Lescaut.* Auch die Szene des Edgardo »Fra poco a me« und »Tu che a dio« singt er nicht nur, sondern lebt sie als Klanggebärde aus, aber die Linienführung ist unstet, die Tongebung allzu offen und grell, gebundene Intervalle werden aspiriert, der Mezzavoce fehlt die rechte Atemstütze. Mit prachtvollem Schwung und rhythmisch sehr genau singt er die drei Szenen des Herzogs aus *Rigoletto*, mit flammender Energie die Stretta des Manrico, sicher eine der eindrucksvollsten Versionen des Schaustücks trotz manchmal greller Tongebung und harter Attacke. Mehr Feuer als Finessen in einigen Aufnahmen aus *Un Ballo in Maschera*: »La rivedra« bringt Pertile mit makellosem rhythmischem Fluß, »E scherzo« – trotz schwacher Ensemble-Kollegen – mit viel Gusto. In Alvaros Romanze (»O tu che in seno agli angeli«) wird die Linie wieder einmal überwuchert von der Emotion, und auch im Duett mit Benvenuto Franci (»Invano Alvaro«) dominieren die rauheren vokalen Sitten und die musikalische Hoch-, ja Überspannung. Die schlägt ins Übertrieben-Melodramatische um in der Aufnahme von *Carmen* (mit der Mezzosopranistin Aurora Buades), in der vor allem Pertile sich gebärdet wie ein zweitklassiger Matador. Alle Batterien mit der Munition des Verismo schießt Pertile auch als Canio ab: Schluchzer und melodramatisch verzerrte Phrasen, wobei die Linie verlorengeht und die Tongebung flackert. Bei dem Versuch, die Phrase »Vesti la giubba« mit der Mezzavoce zu bilden, geht der Ton aus dem Fokus.

Als »Tenore di Toscanini« war Pertile der repräsentative Tenor seiner Zeit, vielleicht gemeinsam mit Giovanni Martinelli und Benjamino Gigli. Er steht für einen Stil, bei dem die Form und die Kunst des Singens hintangestellt werden zugunsten von Intensität und Rhetorik. Es ist ein Stil, der den Sänger wie seine Hörer erregt und zugleich verbraucht und beide wie ausgebrannt hinterläßt. Ernest Newman schrieb in den dreißiger Jahren, in denen er Pertile oft erlebt, öfter erlitten hatte: »Italien war, so heißt es, das Land des Belcanto; heute ist es das Land der mal-aria.«

Ecco il Leone: Giovanni Martinelli

Warum wird dieser Martinelli eigentlich so hoch geschätzt?
Frage eines anonymen jungen Tenors bei einer Party
Giuseppe de Lucas, der folgende Antwort gab:
Ich habe seit 1914 mit Giovanni gesungen. Lassen Sie sich sagen: In seiner Glanzzeit hatte seine Stimme ein Timbre, das so einmalig war wie das Carusos. Es war golden in seiner Färbung und so einschmeichelnd in seiner Wärme, daß es das Ohr verzauberte – und das ist bemerkenswert für einen Spinto. Martinellis Diktion, seine Phrasierung und vor allem seine Atemkontrolle waren einzigartig. Ich habe keinen einzigen Sänger erlebt, der den enormen Atem und die Linie wie Martinelli besaß. Er pflegte Phrase um Phrase mit flüssigstem Legato zu singen – und der Hörer rang nach Atem. Sein hohes Register war großartig und erregend. Die Stimme war, zunächst einmal, riesig und besaß eine Tragfähigkeit, die den Ton vergrößerte, je weiter er durch den Raum drang. Martinelli erreichte das C und selbst das D mühelos und konnte diese Töne mit einer Brillanz halten, die sich jeder Beschreibung entzieht. Vor allem aber war er ein Künstler in allem, was er sang ... In seinen jungen Jahren war er ein durchschnittlicher Schauspieler, aber seit etwa 1930 war er superb. *Otello, Pagliacci, Samson und Dalila, Juive* wären großartige Darstellungen gewesen, selbst wenn er sie nur gespielt hätte. Ich zähle Giovanni Martinelli zu den größten drei Tenören, mit denen ich gesungen habe.

In ihren Erinnerungen *A Singer's Life* zitiert Rosa Ponselle einen Kollegen, der, nach seiner Einschätzung Carusos gefragt, erwiderte: »Steckt man die Stimmen und die Talente von Gigli, Pertile, Martinelli, Lauri-Volpi, Schipa und all der anderen in eine Person, dann darf dieses Wesen Caruso allenfalls die Füße küssen.«

Das sagte Giovanni Martinelli, der auf dem Höhepunkt von Carusos Ruhm an die Met kam und nach dem Tod des Neapolitaners vor allem das dramatische Repertoire übernahm: Manrico, Alvaro, Radames und später auch Otello, dazu Arnoldo, Dick Johnson, Andrea Chenier und Jean (*Le Prophète*). Zwischen November 1913, da er als Rodolfo debütierte, und März 1946 hat Martinelli, wie Aureliano Pertile 1885 in Montagnana geboren, in jeder Spielzeit an der Met gesungen: über 650 Vorstellungen in 36 Rollen. Hinzu kommen über 350 Aufführungen während der Gastspiele des Met-Ensembles in den USA. In seiner gesamten Laufbahn soll der physisch außergewöhnlich robuste und athletische Tenor 4500 Vorstellungen gegeben haben – er muß unerschöpfliche Energie und Stimmbänder aus Stahl besessen haben. Deren Vibrationen fallen durchaus nicht immer angenehm ins Ohr. Martinellis Singen hatte, vor allem in den späteren Jahren seiner Karriere, eine derart insistente Intensität, seine Stimme eine solch gleißende Brillanz, daß oft die Schmerzschwelle der Gehörnerven überschritten wurde. Der Ton wurde unter gewaltiger Atemspannung gebildet, so daß die Emission der Öffnung eines Ventils unter Überdruck glich. Michael Scott hat zum Entsetzen vieler Kritiker-Kollegen geschrieben, daß Martinelli den Ton aus der Kehle preßte wie Zahnpasta aus einer Tube. Das gilt allerdings nicht für die meisten akustischen Aufnahmen. Zwar war die Stimme immer ungemein konzentriert und definiert – sie zog die musikalische Linie nicht mit breitem Pinsel, sondern mit einem feinen Stahlstichel –, aber sie hatte durchaus Rundung und eine jünglingshafte Anmut.

Die Stimme wurde entdeckt, als der Tischlersohn während des Militärdienstes in der Regimentskapelle Klarinette spielte und zuweilen sang. Man riet ihm, sich ausbilden zu lassen. Er studierte in Mailand bei Maestro Mandolini und debütierte, nach seiner eigenen Erzählung, 1908 als Bote in *Aida*. Dokumentiert ist sein erstes Konzert am 10. Dezember 1910, bei dem er in Mailand in Rossinis *Stabat Mater* sang. Am 29. Dezember sang er am Teatro dal Verme in Mailand Ernani und erwies sich für sein »Management« als Goldesel. Mittellose junge Sänger willigten damals in Verträge ein, die sie zwangen, den Lohn für die Ausbildung – oder auch die Vermittlung – nicht direkt zu bezahlen, sondern durch eine Beteiligung des Lehrers oder des Impresarios an den Einnahmen. Martinelli sicherte der Firma Suvini Zerboni, die seine Stunden bezahlte, 20 Prozent der Einnahmen für mehrere Jahre zu. Es sollte ihn nicht weniger als eine Million Dollar kosten. Natürlich läßt sich daran auch ablesen, wie erfolgreich er war. Nach seinem Debüt wurde er nach Ancona, Rom, Brescia, Genua, Turin, Neapel, Monte Carlo, Budapest und Brüssel verpflichtet. Schon 1912 gastierte er als Cavaradossi am Covent Garden. Herman Klein schrieb in der *Musical Times*: »Er hat jene rare Gabe: eine wirkliche Tenorstimme. Es ist die feinste Tenorstimme, die in England seit Jahren zu hören war. Ihre Qualität ist üppig, strahlend, musikalisch und angenehm zu hören. Schon nach dem ersten Ton von Bedeutung war das Haus ihm zugetan. Später in *Aida* bestätigte und verbesserte er den Eindruck. Unzulänglichkeiten als Darsteller und seine Neigung, in unwichtigen Momenten seine Stimme voll auszugeben, sind seine derzeitigen Mängel; aber sie beeinträchtigen seine Stimme nicht.«

Am 13. November 1912 kreierte Martinelli die Rolle des Marzio in Zandonais *Melenis* an der Mailänder Scala, wo er auch Dick Johnson in Puccinis *Fanciulla* unter Serafin sang. Am 20. November hörte die Met seine »glänzende, klare, schallkräftige Stimme« (Krehbiel). Martinelli sang fortan ständig an der Met, und seine »Record of Singing« spricht für sich: *Aida* (90), *Carmen* (56), *Pagliacci* (45), *Trovatore* (44), *Faust* (42), *Butterfly* (28), *Tosca* (28), *Bohème* (26), *La Juive* (26), *Otello* (19), *Forza* (19), *Lucia* (16), *Lakmé* (15), *Madame Sans-Gène* (14), *Samson* (14), *Simon Boccanegra* (13), *Ernani* (12), *L'Amore dei Tre Re* (12), *Manon Lescaut* (11), *Gioelli della Madonna* (11), *Don Carlo* (10), *Francesca da Rimini* (9), *Oberon* (9), *Guglielmo Tell* (9), *Fedora* (9), *Fanciulla* (9), *La Gioconda* (9), *Zazà* (8), *Eugen Onegin* (7), *La Campana Sommersa* (7), *Andrea Chenier* (6), *Norma* (6), *Goyescas* (5), *Prophète* (4), *Ballo in Maschera* (4), *L'Africana* (2). Bei Tourneen war er auch als Raoul und selbst als Parsifal und Tristan (neben Flagstad) zu hören.

In Italien sang er nur noch selten, dafür aber in Monte Carlo, London und den USA. Nach dem Tod Carusos avancierte er gemeinsam mit Gigli zum Primo uomo der Met, und weder Pertile, Lauri-Volpi, Crimi oder Chamlee und Johnson konnten ihm den Rang ablaufen. Als 1918 zum ersten Mal Webers *Oberon* an der Met gespielt wurde, sang er Hüon (neben der Rezia Rosa Ponselles), und bei der Met-Premiere von Verdis *Don Carlo* übernahm er die Titelpartie. Er war beteiligt an den Revivals von *Ernani* (1921 bis 1924 und 1928/29, mit Ponselle, Ruffo/de Luca/Danise), *Lakmé* (1916 mit Maria Barrientos und später in den dreißiger Jahren mit Lily Pons), *Guglielmo Tell* (mit Ponselle/Rethberg/Peralta, Danise, Didur und Mardones, 1922–1924), *La Juive* (1924–1932), *Le Prophète* (1927/28) mit Matzenauer oder Branzell), *La Fanciulla del West* (1929–1932 mit Jeritza und Tibbett/Danise) und *Otello* (1937–1942, u. a. mit Rethberg, Roman und Tibbett). Anfang der dreißiger Jahre mußte er eine stimmliche Krise überstehen, später scheint er dann seine wichtigsten Partien neu studiert zu haben. Jedenfalls bekam er als Darsteller wie als Sänger wieder enthusiastische Kritiken: »Was ist nur mit Martinelli geschehen? Er singt besser als seit Jahren ... Martinelli sang mit unglaublicher Schönheit der Stimme.«

1937 sang er wieder in London: *Tosca, Aida, Otello* und, neben Eva Turner und unter John Barbirolli, *Turandot.* Richard Capell, der bedeutende Schubert-Forscher, rühmte seinen »leichten, nervösen, aristokratischen Otello«, obwohl ihm für die Rolle die »elementare Kraft« fehlte. Nachdem sein Vertrag mit der Met ausgelaufen war, sang er an anderen amerikanischen Bühnen weiterhin seine schwersten Rollen: Manrico, Pollione, Samson, Canio, Otello, und noch 1967 hat er in Seattle in einer *Turandot*-Produktion den alten Kaiser Altoum in drei Aufführungen gesungen. 1969 starb er nach einem Herzanfall.

Martinellis Diskographie ist riesig. William J. Collins listet 234 Titel auf, darunter zahlreiche Mitschnitte oder Broadcasts vollständiger Opern: *Aida*

(1937 und 1941 unter Panizza, 1943 unter Pelletier), *Ballo* (1942 unter Panizza), *Gioconda* (1939 unter Panizza), *Norma* (1937 unter Panizza), mehrmals *Otello* (meist unter Panizza, seit 1937), *Pagliacci* (unter Papi).

In seinen jungen Jahren war Martinelli ein glänzender Lirico-spinto. Er sang mit leichter, schlanker, konzentrierter Tongebung. Die Stimme erreichte mühelos das C (Ponselle: »Ich habe selten erlebt, daß er damit Schwierigkeiten hatte«) und selbst das Des". Doch gab er der Neigung nach, die Stimme gleichsam zu treiben. Das war ungemein effektvoll in raschen, dramatischen und pulsierenden Arien, weniger bei langsamen und sanften Legato-Stücken. Er war dann so sehr mit seiner Technik und Tonbildung beschäftigt, daß er, so hat Ponselle es erlebt, »heftig schwitzte und übermäßigen Speichelfluß bekämpfen mußte«. Unverkennbar war schon früh die Tendenz zum Forcieren, zu einer ausladenden und sehr gespannten Tongebung, was eine gewisse Steifheit des Singens nach sich zog. Verstärkt wurde diese Tendenz durch den Versuch des alternden Sängers, die Stimme stets versammelt und konzentriert zu halten. Nur ganz selten hört man von ihm rauhe oder ausgefranste Töne, oft allerdings steife und schwingungsarme.

Giovanni Martinelli
(Foto: © Archiv für Kunst und Geschichte, Berlin)

Martinelli war einer der wenigen wirklich dramatischen Sänger; dies nicht dank der Fülle der Stimme, sondern der Fähigkeit, einen Ausruf, eine Phrase im Feuer des Klangs zu entzünden. Wer ihn je im Duett »Invano Alvaro ... Le minaccie, i fieri accenti« (mit de Luca als Carlo di Varga) mit dem emphatischen Ausruf »Codardo! tale asserto« und der Ton-Explosion bei »*Ah*, seguasti la tua sorte!« gehört hat, wird diesen »Schrei eines verwundeten Tieres« (Desmond Shawe-Taylor) nie vergessen. Und kein Sänger hat das Leiden Otellos an seinen enttäuschten Empfindungen suggestiver, mit einer derart erschütternden Betroffenheit, gesungen wie Martinelli: Sein »Dio mi potevi« hätte Verdi sicher als Erfüllung seiner Vorstellung von der »Parola scenica« bewundert. Selbst einem vergleichsweise konventionellen Bravourstück wie Ernanis »Come ruggiada al cespite« mit seinen Gruppetti auf »fiore« oder »voce« und dem bravourösen Des in alto gibt er durch die Intensität der Deklamation und die Prägnanz der Diktion dramatische Hochspannung, all das, was weder Carlo Bergonzi noch Placido Domingo später gelingen wollte.

Schon die frühen Victor-Platten seit 1913 sind technisch hervorragend gelungen: Das Horn mochte Martinellis Stimme. Selbst damals aber entfaltete sie ihre Ausdrucksmöglichkeiten weniger in lyrisch-anmutiger als in dramatisch-erregter Musik. »La donna è mobile« fehlt es an Verve und Farbe, Riccardos »Di tu se fedele« zwar nicht an Verve, wohl aber an Leichtigkeit und Grazie. Dem »eiskalten Händchen« gab er eher einen höflichen Handkuß als kosende Wärme, und auch Cavaradossis Sternenarie und Enzos Hymne an »Cielo e mar« fehlt es an Poesie, Wärme und Innigkeit. Unvergeßlich hingegen sind die Szenen aus *Guglielmo Tell*: »Ah Mathilde! Io t'amo« singt Martinelli mit größter Verve und mühelos attackierten Spitzentönen bis zum C, unterstützt von dem großartigen Marcel Journet. Sechs Jahre nach dieser Platte von 1917 zeichnete Martinelli »O muto asil« und das Terzett »Troncar suoi di qual'empi« auf (mit Giuseppe de Luca und José Mardones). Der Klang der Stimme ist härter geworden, die von Tamagno mit schöner Mezzavoce ausgeführten Sprünge auf »pianto« nimmt Martinelli gespannter. Dennoch hat sein Vortrag durch die Intensität der Deklamation, die prägnante Diktion, die spontane Attacke selbst in hoher Tessitura eine schwerlich überbietbare Spannung. Und die Klangmischung der drei Prachtstimmen im Terzett beweist, daß die Kunst des Ensemblegesangs einst höher entwickelt war als heute – was ein Vergleich mit den Gesamtaufnahmen unter Gardelli oder unter Chailly rasch beweist. Sehr gut auch die Szenen des Manrico: mit schöner Bindung und Tongebung »Ah si, ben mio«, mit müheloser Attacke und feiner Definition der Staccati die Stretta, gelöst und fließend das Miserere (mit Destinn). »O paradiso« aus Meyerbeers *L'Africana* kommt nicht an die überragende Caruso-Aufnahme heran, während die Ernani-Arie zu den besten Verdi-Aufnahmen des Jahrhunderts zählt. Die Charakteristika seines Verdi-

Vortrags liegen in brillant-energischer Attacke, feuriger Deklamation, feiner Phrasierung und einer Diktion, bei der die mittönenden Konsonanten nicht allein zur klingenden Verbindung der Vokale eingesetzt wurden, sondern als rhetorisch-klangmalerische Mittel. Besonders starken Gebrauch machte er vom hellen, gerollten /r/. In einer lyrischen Phrase wie Radames' »Morir si pura e bella« sicherte dies sowohl die Wortverständlichkeit als auch die Intensität des Klangs, im Improvviso des Andrea Chenier die deklamatorische Emphase des Innenteils, den schwerlich ein anderer Tenor so passioniert gesungen hat wie Martinelli, während Caruso die ariosen Passagen noch freier und reicher singt als sein jüngerer Kollege. Es kann kein Zweifel daran bestehen, daß Martinellis Diktion – von Michael Scott als »Aussprache-Lektion« be- und verurteilt – inspiriert ist durch Toscanini, mit dem Martinelli in der denkwürdigen Wiederaufnahme von *Il Trovatore* 1914 zusammengearbeitet hatte. Zum einen erfüllte sie die Forderung nach Wortdeutlichkeit, zum anderen wirkte sie dramatisch, intensiv und hitzig. Scotts Einwand, daß Martinellis Diktion die Schönheit, die Reinheit und Rundung des Tons beeinträchtigte, ist nicht abzuweisen; doch machte er dies wett durch sein glänzend konzipiertes Legato.

Es war kein vollkommen frei vom Portamento des Atems getragenes Legato. Martinelli füllte die Atemluft gleichsam in einen Stauraum, in ein Depot; doch die Emission vollzog sich unter Anspannung, so daß die endlos langen Phrasen – die dem mitatmenden Hörer buchstäblich den Atem nehmen können – tonlich etwas dünner werden. Gleichwohl: Martinelli hat mit unvergleichlichen Atembögen gesungen. Wie kein anderer hat er die Leichtigkeit und Kraft, um Turiddus Siziliana mit leichter, schlanker Tongebung zu singen und das sechsmal wiederholte hohe As markant zu deklamieren. In »Ai nostri monti« bindet er den jeweiligen Einsatz Manricos auf einem Atem, wo andere Sänger zwei- und dreimal Luft fassen müssen. Andere Beispiele sind »Celeste Aida«, »Amor ti vieta« aus *Fedora* und vor allem die Schlußszene des Canio, wo die schier endlose Bindung der Phrase »e fidente credeva più che in Dio stesso« und das heftige Atemfassen bei »in te« den Eindruck erwecken, als verströme der Sänger sein Leben und ringe wie ein kurz vor dem Ertrinken Auftauchender nach Luft – eine wundervolle, expressive und überzeugend-aufrichtige Interpretation.

Daß Radames eine Glanzrolle war, bestätigen die verschiedenen Einzelaufnahmen. Die elektrische Aufnahme von »Celeste Aida« stellt einen heroischen Radames auf die Klangbühne. Es ist eine mit breiter Phrasierung und größter Intensität gesungene Romanze, aber die Schattierungen fehlen nicht. Unvergeßlich jedoch ist die Tempelszene mit dem Ramphis des großen Ezio Pinza, der sein »Mortal diletto ai Numi« mit orgelnder Pracht betet. Martinelli beginnt seine Phrase »Nume, custode e vindici« mit betont heller, eng auf den Stimmkern fokussierter Tongebung und durchschneidet zum Schluß bei »immenso Fthá«

Chor und Orchester mit beispielloser Energie. Das Schlußduett, von Martinelli mit ausdrucksvoller Deklamation begonnen, zählt, nicht zuletzt wegen der himmlisch singenden Aida von Rosa Ponselle, zu den Sternstunden des Verdi-Gesangs. Und hat es je einen besseren Manrico gegeben als den jungen Martinelli und je einen expressiveren als Martinelli in den späten zwanziger Jahren? »Ah sì, ben mio« und »Di quella pira« von 1915 zeigten die schlechthin ideale Manrico-Stimme, wäre da nicht der unterschlagene Triller. Die elektrischen Aufnahmen von 1927 unter Giulio Setti sind nicht frei von unsteten Momenten – das C am Ende von »o teco almeno« klingt nicht ganz sauber aus, und auch das nach Martinellis Bericht von Toscanini erlaubte hohe B in »Ah sì, ben mio« klingt sehr gespannt –, nur mit der Phrase »amor, sublime amor« im Duettino mit der Leonora von Grace Anthony wäre Martinelli ein Anwärter für den Parnaß der Verdi-Interpreten. Er ist dies auch mit seinem Alvaro. Die Romanze musiziert er mit beispielhafter Genauigkeit und Intensität, ohne immer mit dem idealen Klang zu singen, aber den höchsten Standard setzt er mit dem Duett »Invano Alvaro ... Le minaccie« (mit de Luca) und im Schlußterzett mit Rosa Ponselle und Ezio Pinza. Im Duett steigert sich der Vortrag zu einem vokalen Thriller, ohne daß die Tongebung so flackrig würde wie bei Francesco Merli, Aureliano Pertile und Franco Corelli oder so monoton-dröhnend wie bei del Monaco. Das Freundschaftsduett aus *Don Carlo* (mit de Luca) besteht den Vergleich mit der Aufnahme von Caruso/Scotti. Umstritten hingegen ist der Rang von Martinellis *Otello*-Aufnahmen (3. und 9. Mai 1939) in einem leider überhalligen Studio. Es kennzeichnet den Zustand von Martinellis Stimme, daß das »Esultate« ausgelassen ist: Dem Sänger stand offenbar nicht ausreichend Squillo für die Attacke und die Acciaccatura auf »l'uragano« zur Verfügung. Auch im Schwurduett fehlt es dem (an den Aufnahmetagen heiseren) Sänger an Kraft und Resonanz. Und doch: Daß die Phrase »E il fazzoletto ch'io le diedi, pegno primo d'amor« Otellos Beschwörung verlorenen Glücks ist, hat kein Tenor erfühlter und erfüllter gesungen als Martinelli. Und mit dem Monolog »Dio! mi potevi scagliar« bricht er dem empfindsamen Hörer das Herz. Durch seine gerollten /r/ gab er Worten wie »vergogna« oder »miseria« eine pathetische Spannung, die kein anderer Otello je wieder erreicht hat. Inzwischen hat die Firma Music & Arts den Mitschnitt der Aufführung vom 12. Januar 1938 wiederveröffentlicht. Dirigent ist Ettore Panizza, der das Werk mit einem schier Toscaninischen Drive dirigiert. Martinellis Partner sind die ausgezeichnet singende Elisabeth Rethberg und der überragende Lawrence Tibbett, der sein Meisterstück mit der mirakulös phrasierten und subtil bis in feinste Pianissimo dynamisierten Traumerzählung »Era la notte« bietet. Martinelli, der sich lange auf die Partie vorbereitet hatte – auch durch Gespräche mit Arrigo Boito und Victor Maurel, den ersten Jago – befand sich in Hochform; das Jahr 1938 war das letzte seiner Glanzzeit. Das feste, intensive Timbre war noch vollkommen intakt, die Resonanz grandios, die Energie für expansive Phrasierungen unverbraucht, musikalische Artikulation und sprachliche Diktion in perfekter Harmonie. Mit einem Wort: Es ist das gesanglich eindringlichste und stimmdarstellerisch reichste vollständigste *Otello*-Portrait, das auf Platten vorliegt (der Klang des Mitschnitts ist akzeptabel). Eine ähnlich skulpturale Spannung ist im Rezitativ zu Alvaros Arie zu erleben: unvergeßlich die Phrase »Siviglia! ... Leonora! ... Oh rimembranza«. Martinelli erfaßt die Architektur solcher Phrasen, wie es später nur Maria Callas gelang.

Es ist diese Eindringlichkeit, die Martinellis Singen spannend machte noch in einer Zeit, da die Spannkraft der Stimme nachgelassen hatte und die dramatischen Akzente und die gehaltene Vollhöhe erkämpft werden mußten. Das ist in den späten Live-Aufnahmen zu erleben. 1937 sang Martinelli unter Sir John Barbirolli am Covent Garden neben Eva Turner Kalaf in *Turandot*. Es sind verschiedene Mitschnitte im Umlauf. In dem vom 10. Mai (Legendary Performances LR 110) singt Martinelli in der Engführung mit einer Energie, die zwar keine schönen Töne produziert, aber erregende. Selbst als er 1962, mit 77 Jahren, Dick Johnsons »Or son sei mesi« aus *La Fanciulla del West* mit einer blaß und brüchig gewordenen Stimme aufnahm, schwelte in seinem Vortrag noch der Rest der alten Glut.

Voce isolata: Giacomo Lauri-Volpi

Zugunsten des quecksilbrigen Giacomo Lauri-Volpi läßt sich sagen, daß seine Stimme – oder zumindest seine hohen Töne – nicht ihresgleichen hatte in seiner Zeit. Es war keine einzigartig schöne Stimme, obwohl sein Mezzavoce-Singen hinreißend sein konnte ... Zeitweilig behandelte er eine Partitur mehr als eine athletische denn eine musikalische Aufgabe. Dennoch: Seine hohen Noten waren phänomenal. Das C war nichts für ihn. Im Studio konnte er ein schallendes Es über dem C singen. Und obwohl seine Stimme lyrisch klang, wenn er sie entsprechend bildete, konnte sie durch ein Orchester und einen Chor hindurchschneiden aufgrund ihres durchdringenden Timbres.
Rosa Ponselle über Giacomo Lauri-Volpi

In seinem Buch über die *Voci Parallele* hat der aus Lanuvio bei Rom stammende Giacomo Lauri-Volpi (1892–1979) seinen hell-strahlenden, metallischen Tenor als »voce isolata« bezeichnet, als eine jeder Rubrizierung sich entziehende Stimme. Zwar nicht eigentlich klangschön, war es eine unverkennbar timbrierte, zugleich feste und flexible, kalt glänzende und schmelzende, überdies eine herausfordernd, manchmal arrogant sich in Szene setzende Stimme. Er war – dies ist nicht eine Sache der Stimme, sondern eines durch die Stimme genährten Selbstgefühls – »Il Tenore«, dem nachgesagt wurde, daß »seine Stimme über das ganze Mittelmeer schallte« (Alex Natan) und seine C's bei gutem Winde in London zu hören waren. Wenn ein Tenor, so war er der sich im Glanz seines Singens sonnende Narziß.

Lauri-Volpi hatte bereits Rechtswissenschaften studiert und die Anwalts-Lizenz erworben, als er an der Accademia di Santa Cecilia mit dem Studium bei Antonio Cotogni begann. Cotogni war 83 Jahre alt und hatte schon Jean de Reszke, Mattia Battistini, Carlo Galeffi, Dinh Gilly, Virgilio Lazzari und Benjamino Gigli unterrichtet. Als der greise Maestro sich 1914 zur Ruhe setzte, kam Lauri-Volpi in die Klasse von Enrico Rosati (Lehrer Giglis und später Mario Lanzas). Nach dem Bericht von Edgar Herbert-Caesari (selber Cotogni-Schüler) hielt Lauri-Volpi den Neuen nur einige Monate aus und studierte auf eigene Faust weiter. Wenn ein Tenor, so hat er bewiesen, daß die intensiven Vibrationen der hohen Männerstimme durchaus nicht, wie Toscanini ketzerte, die Gehirnfunktion durcheinanderbringen müssen. Lauri-Volpi war ein hochintelligenter, gebildeter Mann mit einem scharfen Intellekt und analytischen Verstand. Er schrieb nicht nur drei berühmt gwordene Bücher über seine Erfahrungen mit dem Singen (*Voci parallele, L'Equivoco* und *A Viso Aperto*), sondern auch Erzählungen (*La Prode Terra*), Studien über Literatur und Malerei (*Incontri e Scontri* und *Parlando a Maria*) und vor allem *La Voce di Cristo*, eine umfassende theologische Untersuchung über *Die Worte des Herrn*. Im Mai 1919 sang Lauri-Volpi der Sopranistin Emma Carelli – die 1910 die Leitung des römischen Teatro Costanzi übernommen hatte – vor, erhielt einen Vertrag für den Januar 1920 und dazu den Rat, sich Bühnenerfahrung zu verschaffen. Durch einen Mitstudenten, den Cotogni-Schüler Mario Basiola – ein unterschätzter Bariton –, konnte er am 2. September 1919 am Teatro Santa Rosa von Viterbo in *I Puritani* debütieren. Er gab sich den Namen Giacomo Rubini – nicht nur, um das mögliche Scheitern durch ein Pseudonym aufzufangen, sondern auch um seine Hoffnungen anzudeuten: Er wollte der Rubini des 20. Jahrhunderts werden. Weil erfolgreich, sang er den Herzog in *Rigoletto* unter seinem eigenen Namen. Am 3. Januar 1920 debütierte er als Des Grieux in Massenets *Manon* in Rom (neben Storchio, Pacini und Pinza), wo er in derselben Saison Rinuccio (*Gianni Schicchi*) und Graf Almaviva übernahm. Seine frühen Aufnahmen aus der Zeit zwischen 1920 und

1922 verraten den Einfluß der De-Lucia-Bonci-Schule, vor allem durch das ausgeprägte Vibrato und einen gleichsam glitzernden Klang. Mit dem Ensemble des Costanzi reiste er im Mai 1920 nach Rio, wo er als Des Grieux, Almaviva und Herzog nicht mehr als einen Achtungserfolg erntete; er war indisponiert angetreten. Um so besser erging es ihm in Buenos Aires. Sein Erfolg als Des Grieux und Herzog verschaffte ihm das erste Platten-Angebot von Fonotipia. Als ihm die vorzeitige Rückkehr nach Italien für die Aufnahmen untersagt wurde, brach er seinen Vertrag und reiste nach Mailand.

Er wurde an das Politeama von Triest engagiert, wo er neben Battistini in *Rigoletto* sang, an das Politeama von Genua und schließlich an das Teatro dal Verme in Mailand. Am Teatro Reale von Madrid erschien er als Rodolfo, Cavaradossi und Arturo (*Puritani*), Fernando (*La Favorita*) und Faust, an der Opéra von Monte Carlo als Cavaradossi und Pinkerton neben Gilda dalla Rizza. 1922 eröffnete er die Saison des Teatro Colón in Buenos Aires und studierte auf Wunsch Mascagnis, der ihn dort hörte, den Turiddu. Während der Arbeit rief der Komponist begeistert: »Mein Sohn, nur Roberto Stagno [der Turiddu der Uraufführung] hat so für mich gesungen, wie du heute gesungen hast – du wirst der Stagno der neuen Generation werden.«

Als Turiddu, neben Besanzoni und unter Mascagni, restaurierte er seinen Ruf in Rio de Janeiro. Nach Italien zurückgekehrt, konnte er endlich als Herzog an der Scala debütieren, neben Toti dal Monte und Carlo Galeffi. Während der Proben untersagte Toscanini die Kadenz in »La donne è mobile«. Die fünfte Vorstellung sagte er ab, angeblich weil er heiser war – seine Feinde behaupteten, heiser vor Wut auf den Dirigenten. Am 26. Januar 1923 hörte Henderson bei Lauri-Volpis Met-Debüt eine Stimme »von exzellenter Qualität« – obwohl der Tenor indisponiert war. Lauri-Volpi sang Alfredo, Cavaradossi, Almaviva, studierte dann für Ravina Park (bei Chicago) Nemorino, Fra Diavolo und Radames, ein Jahr später auch Andrea Chenier und Alim (*Le Roi de Lahore*). 1925 war er zum ersten Mal am Covent Garden als Andrea Chenier zu hören (unter Mugnone, neben Sheridan und Franci). In der Spielzeit 1925/26 übernahm er an der Met Rinuccio, Edgardo, Vasco, Faust und Enzo. 1926 sang er am Teatro Colón seinen ersten Manrico (neben Muzio) und Canio, dazu an der Met den »unbekannten Prinzen« Kalaf in *Turandot* bei der amerikanischen Premiere. Puccini hat, wie es heißt, den Kalaf mit dem Klang von Lauri-Volpis Stimme im Ohr komponiert. Doch Toscanini setzte nach dem alten Streit mit dem selbstbewußten Tenor den Spanier Miguel Fleta bei der Uraufführung ein. Lauri-Volpi legte auf dem H in der Kalaf-Arie »Nessun dorma« als erster eine Fermate ein. In der Saison 1926/27 sang er neben Rosa Ponselle in Spontinis *La Vestale* »mit einer Stimme, die zeitweilig so scharf und schneidend klang wie das römische Schwert, das er trug«. 1927/28 folgten Pollione in *Norma* und Manrico (»der beste seit den legendären Tagen Carusos«). Mit seinem Rivalen Benjamino Gigli focht er erbitterte und komische Kämpfe um die Vormachtstellung unter den Primi uomini aus. Als sein Vertrag zur erneuten Verlängerung anstand, bestand er auf einer höheren Gage als der Rivale, und es wurden 10 Cent auf die 1500 Dollar zugegeben. Als das Teatro Reale in Rom eröffnet wurde, sang Lauri-Volpi in Boitos *Nerone* die Titelpartie. Die Freistellung an der Met hatte Mussolini erwirkt, der auch dafür sorgte, daß Lauri-Volpi beim Scala-Gastspiel in Berlin den Herzog, Manrico und Radames singen konnte, obwohl Toscanini am Pult stand. 1933 verließ Lauri-Volpi die Met, wie Gigli aufgrund der unabwendbaren Gagen-Kürzungen. Wenig später sang er beim Maggio Musicale Fiorentino seine Rubini-Rolle. Desmond Shawe-Taylor schrieb über seinen Arturo: »Es gab vokale Kompensationen [für die szenische Einrichtung] durch den glänzenden Baß von Ezio Pinza, der noch nie besser gesungen hat, und den wahrhaft superben Tenor von Lauri-Volpi, [der] einen Charme der Mezzavoce und eine Distinktion der Phrasierung verbindet, die an de Lucia selber erinnern ... Dazu ein robustes Singen, das zum Besten seit Caruso gehört. Nach einem exzellenten Cis in ›A te o cara‹ elektrisierte er ein ohnehin schon vor Begeisterung wildes Publikum dadurch, daß er im dritten Akt zweimal das D nahm und hielt.«

Giacomo Lauri-Volpi
(Foto: © Rubini-Records, Hove, Sussex)

In der Arena von Verona sang er 1933 in *Gli Ugonotti* (neben Raisa, Rimini und Pasero, unter Antonino Votto), in Rom den Herzog von Mantua. Der Kritiker James Robertson schwärmte: »... Lauri-Volpi, einer der glänzendsten in der langen Reihe der italienischen Tenöre – ein echter Nachfahre von Mario, von Rubini. Seit deren Zeit hat es keine Stimme von solch phänomenaler Flexibilität gegeben. Die reine Schönheit seiner Mezzavoce und der ›Thrill‹ seiner hohen Töne – die vollkommensten, deren man sich erinnern kann – sichern ihm einen Spitzenplatz unter den heutigen Sänger-Attraktionen. Anders als Gigli ist er nicht nur ein Virtuose; er ist vielmehr ein umfassender Künstler ... Welches Mädchen hätte der geradezu unirdischen Schönheit seiner Stimme in ›E il sol nell'anima‹ widerstehen können? Das war ein Stück Singen, das ich zeitlebens im Ohr behalten werde.«

1936 gastierte er wieder am Covent Garden (*Rigoletto, Aida, Tosca*) und glich die »wenigen Zoll, die ihm zum Feldherrn fehlten« (so der Times-Kritiker), durch die Höhe seiner Stimme aus. Auszüge aus dem zweiten Akt mit Rethberg, Wettergren und Brownlee sind auf einen Rethberg-Recital zu hören: Im Concertato schneidet Lauri-Volpis Stimme nur durch die Intensivierung des lyrischen Klangs leicht und mühelos durch Chor und Orchester. In den Kriegsjahren sang Lauri-Volpi vorwiegend in Italien und Spanien, wo er seit 1943 lebte. Nach dem Krieg ging er nach Italien zurück und sang an der römischen Oper das Revival von *Guglielmo Tell* (28. März 1946). Obwohl er eine Zeitlang nicht in bester Verfassung war, überragte er die meisten Rivalen. Mit großer Generosität setzte er sich für jüngere Sängerinnen ein: Als Maria Callas 1951 in Neapel in einer Aufführung von *Il Trovatore* vom Publikum nicht angenommen wurde, gab Lauri-Volpi eine vehemente öffentliche Erklärung ab für »eine Sängerin, die eine große neue Epoche des Singens« einleiten werde. 1952 sang der 60jährige Tenor mit der halb so alten Diva in Rom *I Puritani* und verblüffte durch die Mühelosigkeit in höchster Tessitura. Weniger gut als seine Spitzentöne hielt sich seine Fähigkeit, lange Legato-Bögen auf dem Atem zu singen. Doch noch 1955 sang er in den Thermen des Caracalla Poliuto – einst eine der Paradepartien Tamagnos. Das Ende seiner Karriere hielt ihn nicht ab von gelegentlichen spektakulären Auftritten. Im 80. Lebensjahr bewältigte er bei einer Gala im Gran Teatro Liceo von Barcelona die »terribile romanza« des Kalaf, zwei Jahre später sang er ein großes Recital (auf Platte zu hören), und als er 1975 in Busseto einen Ehrenpreis der »Gesellschaft der Freunde Verdis« erhielt, bedankte er sich, obwohl unter hohem Fieber leidend, mit stupenden Gesangseinlagen. Am 4. Juni 1977 servierte er im Teatro Reale von Madrid noch einmal »La donna è mobile«.

Um den Rang Lauri-Volpis hat es heftige Kontroversen gegeben. Die Stimme war außerordentlich, aber manch einer hätte sie »am liebsten von der anderen Seite der Westminster-Brücke gehört«. Es war eine kristallklare lyrische Stimme mit einer einzigartigen Fähigkeit zur Intensivierung und Verdichtung des Klangs. Sie konnte vor allem in der Mittellage mit Dolcezza erwärmt und mit Morbidezza abgetönt werden. Die Höhe war klar und offen, silbrig strahlend wie eine Trompete. Vor allem in jungen Jahren war das Vibrato sehr ausgeprägt. Es ist auch noch, freilich kontrollierter, in seinen frühen elektrischen Aufnahmen zu erleben, kaum noch in seinen späten, wo die Stimme steifer geworden ist und die Linie selber gleichsam wellenförmig werden kann, wenn der Sänger lange Phrasen auf einem Atem bilden muß. Im Theater blieb dieses Vibrato – eigentlich die Voraussetzung für die strahlende Resonanz und klangliche Intensität einer gesunden Stimme – unbemerkt; selbst Henderson erwähnt es nicht. Nur in einigen Aufnahmen wird es, wie bei Alessandro Bonci oder auch bei de Lucia, nicht nur deutlich, sondern zuweilen auch aufdringlich, jedenfalls für den derzeitigen Geschmack, der, Folge der Klangerziehung durch den Lautsprecher, die geraden, vibratoarmen Stimmen bevorzugt – nur wenige realisieren, daß diese Stimmen im großen Raum flacher, unlebendiger klingen. Der Sänger und Pädagoge Edgar Herbert-Caesari, wie Lauri-Volpi ein Schüler Cotognis, hat die »Methode« des großen Lehrers in zwei Büchern, *The Science and Sensations of Vocal Tone* (1936) und *The Voice of the Mind* (1951), beschrieben. Danach hat jeder auf einem Vokal gebildete Ton eine durch die jeweilige Höhe bedingte Resonanz- und Fokussierungs-Position, überraschenderweise weit zurück bei hohen Tönen. Der Sänger mußte, nach Cotognis Methode, so Herbert Caesari, den Ton erst im Sinn bilden und dann im Kehlkopf die notwendigen Justierungen vornehmen. Beim Übergang in die hohe Lage – also über Fis – mußte der Ton abgerundet werden, ein dunkles, offens A hin zum O. Die Konsonanten sollten besonders leicht gesungen werden, um auf der rechten Ton*höhe* zu bleiben und klanglich nicht aus der Linie zu fallen. Lauri-Volpi hat, wie zur akustischen Illustrierung dieser Theorie, in der Höhe schlanker, ja »kleiner« gesungen als in der Mittellage, dies aber durch intensive Fokussierung und Verdichtung ausgeglichen. Diese Konzentration gibt seiner hohen Lage ihren unvergleichlichen Glanz und ihre Festigkeit. Zugleich ist, zumindest in frühen Aufnahmen, eine Tendenz zur Tonattacke von oben zu spüren; einzelne Töne bekommen, weil um eine Schwebung zu hoch gesungen, jene Schärfe, die an die Nerven gehen kann. Zu hören ist dies in der Odeon-Aufnahme »A te o cara«, wo Lauri-Volpi das C auf »te« gleitend – und damit tonlich unsauber – nimmt und den Vokal eindunkelt. Nach dem Einschwingen aber bekommt das C allen Glanz, und auch die abfallende Phrase auf »cara il palpitar« wird vorbildlich vokalisiert. Überstrahlt wird diese herrlich phrasierte und expressiv modulierte Aufnahme von der elektrischen Version von 1928, einer der glänzendsten Demonstrationen modernen Belcantos. Lauri-Volpi zieht nicht nur die Linie mit untrüglichem Gefühl für das Timing Bellinis, sondern taucht sie, den Inflektionen der Worte folgend, in Licht und Schatten. Sein Vortrag hat nicht den Charme und kennt nicht die Finessen de Lucias, Boncis oder Giorginis, überzeugt aber durch seine dramatische Intensität bei makelloser Tongebung.

Wie kunstvoll und sicher Lauri-Volpi jeden Ton bildet und plaziert, ist etwa in der Kadenz von »La donna è mobile« zu hören, auch in dem mit aller Verve gesungenen Brindisi aus *Cavalleria.* Doch sind das B, das H, das C nicht vom Klang der Stimme in der mittleren Lage abgespalten. Die wahre Qualität – nicht der Glanz! – einer Tenorstimme zeigt sich bei der Bewältigung der Übergangsnoten F, Fis, G, die bei *allen* Vokalen sauber und kraftvoll klingen müssen. Beim Lagenwechsel kennt Lauri-Volpi keine Probleme, die Stimme gleitet geschmeidig durch die gesamte Skala, schlägt auch die heikelsten Töne in »Una furtiva lagrima« oder »Parmi veder le lagrime« glockenklar und mit einer Mezzavoce an, die nicht so süß schmeckt wie die Giglis, dafür aber klarer und kernhafter: Vino secco.

Wie schätzenswert auch die frühen Aufnahmen sind, seine besten Platten hat Lauri-Volpi zwischen 1928 und 1941 für Victor, Brunswick und HMV gemacht. Die beste Aufnahme von Polliones »Meco all'altar« aus *Norma,* die beste von »A te o cara«, eine exzellente von »Ella mi fu rapita – Parmi veder le lagrime« (trotz mancher Freizügigkeiten) und eine nicht minder exzellente von »O paradiso« mit wundervoll-weich angeschlagenen Mezzavoce-Tönen. Von quecksilbriger Energie das Improvviso aus *Andrea Chenier,* zwar nicht immer so effektvoll gebunden wie von Caruso oder Martinelli, aber sehr nuanciert und artikuliert im deklamatorischen Innenteil. Im Nil-Duett singt er das B auf »amori« zwar nicht leise und süß, aber er trägt die pulsierende, erregte Musik wie kaum ein anderer Tenor auf der Platte con slancio vor. Und wenn er im Vater Aidas den König der Äthiopier erkennt, bekommt seine Deklamation die fahlen Farben des Entsetzens. Die letzte Phrase »Sacerdote, io resto a te« bildet er mühelos auf einem Atembogen und die Akzente ohne heftige Zwerchfellstöße. Wieder ist zu hören, daß er die Vokale (vom Volumen und der Rundung her) klein singt, aber mit äußerster Verdichtung. 1941 hat er mit dem Orchester der Mailänder Scala unter Gino Marinuzzi sechs Szenen des Otello gesungen: »Esultate«, Liebesduett, »Ora e per sempre«, Schwurduett, »Dio! mio potevi« und »Niun mi tema«, zuweilen mit unorthodoxer Phrasierung im Liebesduett, wo die Phrasen unterbrochen werden und die ausgefeilte Diktion nicht immer klanglich gestützt wird (Desdemona: Maria Caniglia). Aber die Ausschnitte beweisen, daß Lauri-Volpi einer der wenigen vollständigen Sänger für Otello war: Er konnte die Acciaccatura des Entées mit schneidender Energie bilden, das Liebesduett mit lyrischer Innigkeit singen, mit emphatischer Phonation »Ora e per sempre« und das Rache- oder Schwurduett gellen, die auf dem As liegenden Phrasen von »Dio! mi potevi« mit strengem Pathos darbieten und den finalen Monolog als tragisches

Lamento. Er war, gerade im Ausbruch, ein singender Otello (kein brüllender). Die »Sangue«-Schreie bleiben auf dem Gesangston (wenngleich nicht ganz so konzentriert wie bei Björling oder Caruso). Die Altersaufnahmen sind so faszinierend wie irritierend. Irritierend durch die Ausstellung (manchmal steifer) hoher Töne, durch Schwankungen der Linie, durch gleitend genommene Intervalle und Aspirierungen – aber noch immer hört man, so Steane mit einer treffenden Beschreibung, »anderthalb Stimmen«. Im Theater muß das viel Wirkung gemacht haben; aber die Schallplatte vergrößert Fehler wie Intonationsschwankungen oder Registerbrüche noch mehr als die strahlendsten Effekte. Die vielen Cetra-Aufnahmen und Mitschnitte (darunter *Il Trovatore* mit Callas oder *Gli Ugonotti*) lassen eine Stimme ohne die rechte dynamische Mitte hören: Entweder gebraucht Lauri-Volpi eine fast schon manierierte Mezzavoce oder schneidend-scharfe Forte-Tongebung. Die Stimme wird mit rascher, lebhaft zu phrasierender Musik besser fertig als z. B. mit dem lyrisch-gebundenen »Spirto gentil« aus *La Favorita*. Vom 27. Oktober 1973 stammt der oft zitternde, insgesamt aber strahlende Abgesang dieses außergewöhnlichen Mannes. »La mia letizia infondere« geht immer noch mit viel Verve, aber die Legato-Linie von »Amor ti vieta« führt tonlich ins Nichts. Die Übergangsnoten von »Ch'ella mi creda«, einst ohne die geringsten Hakeleien geschaltet, bereiten Schwierigkeiten, hohe Töne werden energisch genommen und nicht sicher gehalten. Erstaunlich aber, daß die Schönheit des Timbres immer noch aufscheint, die Höhe immer noch korrekt gebildet – natürlich nicht mehr sicher gestützt – wird, die innere Spannung des Singens zu spüren ist. Die Stimme ist, obwohl bresthaft und brüchig, immer noch eine faszinierende, ausdrucksvolle und gute Stimme. Sie rechtfertigt den Titel der Platte: »Il Miracolo di Una Voce«.

Zwei Jahrhundertbässe

> ... die übervibrierende Methode, die typisch ist für Sänger, die Toscanini in den zwanziger Jahren an der Scala bevorzugte.
>
> *Lord Harewood über Benvenuti Franci in ›Opera on record‹*

Von den italienischen Baritonen, die seit den zwanziger Jahren unter der Ägide Toscaninis an der Scala sangen, kam keiner als Gesangskünstler an die Generation der Amato, de Luca und Stracciari heran. Cesare Formichi, Carlo Galeffi, Apollo Granforte, Benvenuto Franci, Giovanni Inghilleri, Armando

Borgioli und Domenico Viglione-Borghese besaßen teilweise imponierende Stimmen, doch opferte sie die Feinheit der Tongebung und des Klangs, Legato und dynamische Flexibilität der Manier des Verismo. Feinere Stilisten waren nur der viel zuwenig bekannte Giuseppe Danise und der jüngere Carlo Tagliabue – in dem viele Experten den letzten bedeutenden Verdi-Bariton seit mehr als vier Jahrzehnten sehen.

In ihren Memoiren hat die Sopranistin Rosa Ponselle von dem überwältigenden Eindruck berichtet, den während ihres Debüts an der Metropolitan Opera die Stimme des aus dem Baskenland stammenden Basses José Mardones (1869 bis 1932) auf sie machte. Sie beschrieb ihn als einen unvergleichlichen »Suonatore« – als ein Stimmwunder wie Caruso und Ruffo, und es spricht für sich, daß der große Ezio Pinza es in seinen ersten Jahren an der Met schwer hatte, ihn zu ersetzen. Zwei ähnlich fulminante Bässe waren zwei Italiener: der Römer Nazzareno de Angelis (1881–1962) und der aus Turin gebürtige Tancredi Pasero (1893–1983), der eine der ausgefeiltesten Aufnahmen des Königs-Monologs aus Giuseppe Verdis *Don Carlo* hinterlassen hat. Beide sind zentrale Sänger, doch wird ihr Ruhm überschattet von dem eines Sängers, der wohl auch in die kleine Gruppe der Klang- und Gesangswunder gehört.

Basso cantante supremo: Ezio Pinza

Seit einigen Jahren haben Sie mich, wieder und wieder, gefragt, wann wir an der Met ein gutes Revival von Mozarts *Don Giovanni* geben würden. Bisher konnte ich Ihnen nur negative Antworten geben, weil ich nicht das Ensemble zur Verfügung hatte, das eine diesem Meisterwerk würdige Aufführung hätte garantieren können. Doch nachdem ich heute dieses Problem lösen konnte, kann ich Ihnen verbindlich zusagen, daß wir im November oder Dezember dieses Revival mit der folgenden Besetzung geben werden:

Donna Anna	Rosa Ponselle
Donna Elvira	Elisabeth Rethberg
Zerlina	Editha Fleischer
Don Giovanni	Ezio Pinza
Don Ottavio	Benjamino Gigli

Leporello	Pavel Ludikar
Commendatore	Léon Rothier
Masetto	Louis D'Angelo
Dirigent	Tullio Serafin

Die Gründe, die mich Ezio Pinza, der ein Basso cantante ist und kein Bariton, die Rolle zu übertragen veranlaßten, sind die folgenden:
1. Wenn es auch richtig ist, daß die Partie des Don Giovanni traditonellerweise von einem Bariton gesungen wird, so steht es doch so, daß Mozart in der Partitur einen Basso cantante vorschreibt und nicht einen Bariton und die Partie so geschrieben hat, daß sie den stimmlichen Mitteln eines Basso cantante genau entspricht . . .
2. Keiner der Baritone unseres Ensembles verfügt über dic geeigneten Qualitäten. Bohnen hätte es nie geschafft, die Partie in italienischer Sprache zu studieren. Zudem ist seine Stimme schwer und fügt sich schwerlich den Forderungen des Belcanto. Auch Tibbett hat eine Stimme, die nicht zum Belcanto paßt, und es kommt hinzu, daß er sich, statt voranzukommen, eher zurückentwickelt hat. De Luca, ein exzellenter Sänger mit einer guten Deklamation, hat nicht die Physique du rôle.
Nun ist es unerläßlich, und dies aus offensichtlichen Gründen, daß Don Giovanni ein attraktiver Mann sein muß. Dies ist eine Forderung, die nicht außer Betracht bleiben darf. Was Pinza angeht, so läßt sich nur ein Einwand machen: Die Farbe seiner Stimme ist die eines Basso. Doch das ist schwerlich ein Hindernis, da er auf der Bühne ein sehr gut aussehender Mann ist, ein intelligenter und guter Darsteller von natürlicher Eleganz. Er hat überdies die Sympathie des Publikums und der Kritiker für sich. Weiter singt er derzeit den Escamillo, eine Baritonrolle, und dies mit großem Erfolg. Pinza hat den Giovanni bereits mit Maestro Serafin studiert. Ich hatte Gelegenheit, ihn mit den wichtigsten Teilen der Partie zu hören und bin der Ansicht, daß wir die Gelegenheit wahrnehmen sollten, ihm die Partie zu übertragen.
Met-Manager Giulio Gatti-Casazza am 15. Januar 1929 an den Mäzen Otto Kahn

Wurde früher wirklich sorgloser, unbefangener und naiver Operntheater gemacht? Der Brief, den Gatti-Casazza vor dem *Don Giovanni*-Revival vom 29. November 1929 (bei dem Ponselle wegen Grippe fehlte) an den großen Met-Mäzen Otto Kahn schrieb, verrät eine Sorgfalt und Strategie bei der

Zusammenstellung des Ensembles, die heute undenkbar geworden sind. Eine Oper wurde damals an den großen Häusern erst dann gegeben, wenn sie adäquat besetzt und dazu richtig geprobt werden konnte – was deshalb langwierig war, weil sowohl Gigli als auch der Sänger der Titelpartie »die Musik nicht lesen konnten« (Rosa Ponselle). Jedenfalls blieb das von Serafin sorgsam einstudierte Ensemble für die Aufführungen des Werks zusammen, und später berichtete der Dirigent, daß die Mischung der Stimmen im sogenannten Masken-Terzett zu den schönsten Klangerfahrungen seines Lebens gehörte.

Der Römer Ezio Pinza (1892–1957), zwischen 1934 und 1939 der Giovanni der Salzburger Festspiele (vor allem unter Bruno Walter), wuchs als Sohn eines Zimmermanns in ärmlichen Verhältnissen auf. Er mußte als Botenjunge arbeiten und versuchte, als Radrennfahrer sein Glück zu machen. Nach seinem ersten Rennerfolg schritt sein Vater ein: Er glaubte an die Stimme seines Sohnes und brachte ihn zu Alessandro Vezzani an das Konservatorium von Bologna. Pinza sang die Baß-Arie aus *Ernani*, die er in Cafés gehört hatte. Vezzani entschied: »Die Stimme ist weiß. Der Junge hat keine Stimme.« Ein anderer Lehrer, Maestro Ruzza, merkte, daß der junge Ezio Fortunato seine Stimme nur überstrapaziert hatte, und gab ihm zweimal wöchentlich Stunden. Nach einer schweren Erkrankung Ruzzas sang Pinza wiederum Vezzani (der ihn nicht wiedererkannte) vor und wurde als Schüler akzeptiert. Vezzani verschaffte dem armen Jungen sogar ein bescheidenes Stipendium. Trotz guten Gedächtnisses und natürlichen Gespürs für saubere Intonation lernte Pinza nie, Noten vom Blatt zu lesen. 1914 debütierte der 22jährige in Soncino als Oroveso in *Norma*. Dann zerstörte der Krieg zunächst alle Hoffnungen. 1916 bekam er die Gelegenheit, am Dal Verme in *Poliuto* und *Forza* zu singen, doch waren dies die einzigen Aufführungen in über vier Jahren. Erst am 18. November 1919 durfte er am Teatro Verdi von Florenz als Roucher in *Andrea Chenier* wieder auf die Bühne. Im Frühjahr 1920 wurde er ans Teatro Costanzi in Rom engagiert. Er sang in *Manon* neben Storchio und Lauri-Volpi, *Forza del Destino* neben Battistini und in verschiedenen kleinen Rollen. Berühmt wurde er durch eine *Tristan*-Aufführung im Costanzi am 21. Dezember 1920 unter Felix Weingartner. Dort folgten Ramfis, Pimen und Comprimario-Rollen. 1921 traf er am Teatro Regio von Turin auf Tullio Serafin, der sich sofort daranmachte, den Rohdiamanten in Schliff zu bringen. Schon bald wurde er als »großartiger Sänger« (*La Stampa*) erkannt und von Toscanini, der für die Scala Wagners *Die Meistersinger von Nürnberg* plante, als Pogner engagiert (1921/22). Unter Toscanini hat Pinza an der Scala in *Lucia, Aida, Tristan, Louise, Debora e Jaäle* (Pizzetti), *Nerone, Meistersinger* und *Boris Godunow* gesungen. Für die Aufführung von Boitos nachgelassener Oper *Nerone* nahm sich der Dirigent ein Jahr Vorbereitungszeit. 1924 löste Pinza seinen

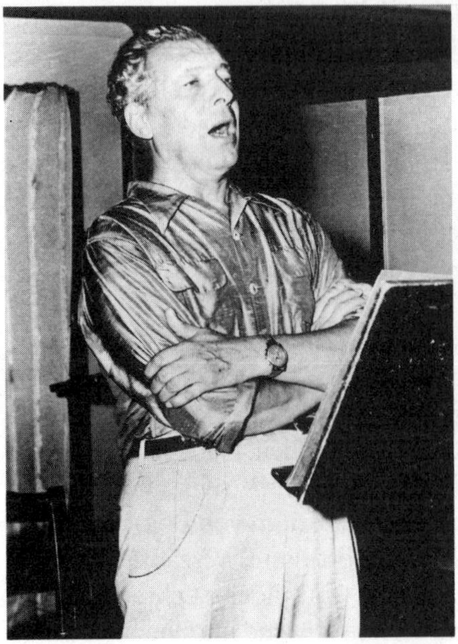

Ezio Pinza
(Foto: © BMG Classics, München)

Als Don Giovanni
(Foto: © Rubini-Records, Hove, Sussex)

Vertrag mit der Scala, angeblich weil er nicht Hans Sachs – den ihm Toscanini versprochen hatte – singen durfte (er wollte in dieser Partie mit dem hochverehrten Marcel Journet konkurrieren). Ein anderer Grund für den Bruch mit der Scala lag in seinem Ehrgeiz nach einer internationalen Karriere. 1923 und 1924 hatte er seine ersten Platten für HMV gemacht, und seitdem kamen die großen Angebote. Am 3. Juli 1925 debütierte er am Colón als Gurnemanz in *Parsifal*, wo er wenig später in Gounods *Roméo et Juliette*, Pizzettis *Fedra* und Catalanis *Loreley* sang. In der Zeit, da er am Colón in der Uraufführung von Constantino Gaitos *Ollontai* und der Erstaufführung von Boitos *Nerone* mitwirkte, handelte er einen Vertrag mit der Met aus, die dringend einen Nachfolger für José Mardones brauchte (Schaljapin war als Weltstar nur selten in New York zu hören, und Didurs Karriere neigte sich dem Ende zu). Am 1. November 1926 war Pinza der Partner Rosa Ponselles in Spontinis *La Vestale* (unter Serafin, mit Lauri-Volpi, Matzenauer und de Luca in weiteren Hauptrollen). Er wurde als brauchbares neues Ensemble-Mitglied begrüßt, konnte aber die Erinnerungen an Plançon, Schaljapin, Didur und Mardones nicht auslöschen, obwohl er mit Ramfis, Raimondo (*Lucia*), Alvise (*La Gioconda*), Padre Guardiano, Basilio, Kardinal (*La Juive*) und Pimen einige seiner besten Rollen singen konnte.

In seiner zweiten Saison (1927/28) erging es ihm besser. Er sang in *Forza Norma, Le Prophète* und bot als Basilio für Henderson »eine der besten Darstellungen der Rolle seit Edouard de Reszke«. Im Februar 1928 brillierte er als Dodon in Rimsky-Korsakows *Der Goldene Hahn* und als Escamillo neben der als »pittoresk« beschriebenen Carmen von Maria Jeritza. In 22 aufeinander folgenden Spielzeiten sang Pinza an der Met rund fünfzig Rollen. Wie hoch er alsbald eingeschätzt wurde, zeigt die Feststellung, daß er beim *Ernani*-Revival von 1928 seine Kollegen Ponselle, Martinelli und Ruffo »deutlich aussang«. Als Don Giovanni erhielt er zunächst nicht den Segen aller New Yorker Kritiker; erst seine Salzburger Aufführungen gaben seiner Rollen-Darstellung mehr Impetus, mehr Relief, mehr Tiefenschärfe. In den dreißiger Jahren behauptete sich der Römer in einem weitgespannten Repertoire an der Met; oft sang er fünfzehn bis zwanzig verschiedene Opern pro Saison, darunter auch Rollen wie Dulcamara, Walter Fürst (*Guglielmo Tell*), Rodolfo, Golaud (*Pelléas*), Präfekt (*Linda di Chamounix*), Don Pasquale, Méphistophélès, Escamillo, Pogner, Landgraf, Marke (die letzten drei Rollen in deutscher Sprache), dazu zahlreiche französische Partien, deren Erarbeitung ihm jedoch schwerer fiel als die des deutschen Repertoires. Konnte er seine Wagner-Rollen mit deutschen Sängern studieren, so war die »französische Tradition« an der Met so gut wie abgerissen und damit die Voraussetzung für eine idiomatische Einstudierung der entsprechenden Werke. Als Hohepriester in *Samson et Dalila* und als Kardinal in *La Juive* erhielt er Beifall nur sotto voce – aber seine Aufnahmen der Arien sind überwältigend. Bis 1938 sang Pinza während des Sommers am Teatro Colón (1925/26/27/28/31/38), wo er es auf 91 Aufführungen in 20 Opern brachte. Ebenso regelmäßig gastierte er in Italien und dort vor allem beim Maggio Musicale Fiorentino. »Der glänzende Baß von Ezio Pinza«, der »noch nie besser gesungen hat« (so Desmond Shawe-Taylor 1933 in *The Gramophone*), triumphierte 1933 in einer Aufführung von *I Puritani.* Gleich darauf glänzte er als Don Magnifico im Revival von Rossinis *La Cenerentola* mit Conchita Supervia. Zwischen 1930 und 1939 sang er in fünf Spielzeiten auch an der Covent Garden Opera 31 Aufführungen von 10 Opern mit durchweg überwältigenden Kritiken.

Schon 1921 hatte Pinza in Rom Pimen in *Boris Godunow* gesungen. Für ihn war das Werk das größte aller Operndramen, und es war jahrelang sein dringlichster Wunsch, die Titelpartie zu bekommen. In Italien versicherte er sich – wurde früher wirklich sorgloser Operntheater gemacht? – der Hilfe des Baritons Victor Andoga, eines italienischen Sängers russischer Herkunft, der an der Scala den Boris gesungen hatte. Er studierte mit ihm die riesige Partie und erlebte später an der Met noch Schaljapin (laut Alexander Kipnis der Baß, durch den allein man den Boris erleben und erfahren konnte!). 1930 hatte Pinza Boris in

Verona (in der Arena) gesungen, 1939 übernahm er ihn auch an der Met. Er hat die Partie dort 16mal gesungen; zweimal wurde er durch Alexander Kipnis ersetzt. Die eindringlichsten Aufführungen wurden von George Szell betreut (mit der Paolis als Schuisky, Tokatyan als Dimitri, Moscona als Pimen, Baccaloni als Warlaam, Thorborg als Marina und Warren als Rangoni). Es war eine Sensation, als Pinza auf Boris Mozarts Figaro folgen ließ – neben John Brownlee als Graf, Rethberg als Gräfin, Sayão als Susanna, Stevens als Cherubino, de Paolis als Basilio und unter Panizza. Später erklärte Pinza, daß der Figaro seine Lieblingsrolle gewesen sei, vor allem wenn er sie, wie ab 1942, unter Bruno Walter singen konnte, der bis 1944 an der Met dirigierte. Nachdem er die Met 1948 mit 56 Jahren verlassen hatte, begann Pinza eine zweite Karriere als Musical-Sänger: »South Pacific« von Rogers und Hammerstein brachte ihm einen der größten (und strapaziösesten) Erfolge seiner Laufbahn. An der Met hat Pinza rund 800 Aufführungen gesungen (mehr als Caruso, der es auf 627 brachte): 74 in *Aida*, 64 in *Don Giovanni*, 57 in *Faust*, 53 in *Barbiere*, 46 in *Figaro*, 44 in *La Bohème*, 35 in *Carmen*, 34 in *Boris Godunow* (als Boris und Pimen), 30 in *Lucia*, 24 in *Rigoletto*, 23 in *Forza*, 22 in *Norma* und 20 in *Die Zauberflöte.*

Wer Ezio Pinza nie gehört hat, weiß nichts von der dunklen, sonoren Pracht einer perfekt geführten italienischen Baß-Stimme: Trotz Schaljapin, trotz Pasero, trotz Kipnis besaß der Römer die reichste überhaupt. Sie strömte nicht nur dunkel-sonor dahin, sondern besaß eine schimmernd-schöne Klangqualität und, durch ihre metallische Beimengung, große Brillanz. Die bis zum Fis reichende Skala war vollkommen ausgeglichen, und die dynamischen Schattierungen gingen bis zu einem hauchfeinen, aber immer sonoren Pianissimo. Vor allem blieb die Stimme in jeder Lage und Dynamik leicht führbar. Pinza beherrschte die Stimme noch, als rund 2000 Aufführungen ihre Textur aufgerauht hatten – zu erleben in einem Recital mit dem Obertitel: »His Great Roles at the Metropolitan«, aufgenommen zwischen 1944 und 1947, also von einem Sänger zwischen 52 und 55 Jahren. Es sind gerade die auf Grund vokaler Nöte schwächeren Aufnahmen, die am meisten über einen Sänger verraten. Als Pinza 1946 «Il lacerato spirito« aus *Simon Boccanegra* und Philipps Monolog »Ella giammai m'amò« sang, mußte er das Tempo mancher Phrasen der Tragfähigkeit seiner Atemstütze anpassen; und doch ist zu erkennen, wie machtvoll die Stimme immer noch ist, wie ausdrucksvoll das Konzept des Legato, wie bewegend der Vortrag: Auch der Herbst des Sängerlebens kann goldene Tage haben. Aber wer Pinzas Stimme in voller Blüte und Pracht hören will, muß auf seine frühen akustischen Platten und seine elektrischen Aufnahmen seit 1925 (bis Mitte der dreißiger Jahre) zurückgreifen. Für HMV hat er zwischen 1923 und 1934, für Victor in den späten zwanziger Jahren gesungen, und dann und wann ist er auch »off the air« aufgenommen worden. Pinza war das, was die Angelsachsen einen »natural« nennen, ein Sänger mit einer von Natur aus gut plazierten Stimme und wundervollem Instinkt für einen vitalen, sinnlichen, erotischen Klang. Es war ein männlicher Klang mit der Ausstrahlung eines »Macho« (Conrad L. Osborne in *High Fidelity*). Pinza live, Escamillos Torero-Lied singend, bringt genau *den* Kerl auf die Bühne, der Carmens Instinkte zum Vibrieren bringen muß. Dennoch war Pinza eher ein lyrischer als ein dramatischer Sänger, mehr Vokalist als Expressionist. Seine Stimme reichte vom tiefen E bis zum Fis (oder Ges) und war, obwohl opulent produziert, sehr agil. Zwar konnte er die Arie des Tambour-Majors aus Thomas' *Le Caid* nicht so graziös singen wie der – allerdings stimmlich auch beträchtlich leichtere – Pol Plançon, aber er bewältigte diese schwierige Kehlkopf-Etüde nicht nur, sondern legte sie mit Brillanz hin. Was die dunkle Sonorität angeht, kam er an den Russen Sibiriakow und seinen Kollegen Kipnis heran, hinsichtlich Projektion und Brillanz wurde er allenfalls von Mardones überboten. Conrad L. Osborne hat ein eindringliches Vokalogramm gezeichnet: »Pinza befindet sich in allen Belangen in ihrer Klasse (Referenzen sind der Umfang von Sibiriakow und Kipnis, Mardones und de Angelis, die dynamische Flexibilität von Bohnen und Kipnis, die feinen Piano-Hochtöne Schaljapins und Plancons agile Virtuosität) und steht für sich durch zwei Fähigkeiten: die Vollständigkeit und Schönheit des Tons und die Reinheit des Legato. Es gibt keine andere Stimme mit dieser prismatischen Zusammenfassung von Farben, mit diesem superb definierten Vokal-Profil. Der Klang der Stimme verführt uns zu poetisch-metaphorischen Beschreibungen: ein diamanten-harter, flammender Stimmkern, eingefüllt in tiefen, nachtschwarzen Samt – doch diese Worte übertreiben und greifen doch zu kurz. Es ist eine süchtig machende Stimme von der Art, die für den Hörer zu einer Obsession werden kann.«

Der Mozart-Sänger Pinza ist von vielen Kritikern enthusiastisch beurteilt worden. Die Platten bestehen nicht ganz vor dem Ruhm. Zwar singt er Don Giovannis Serenade oder die Champagner-Arie, Figaros »Non più andrai« mit viel Verve und glänzender tonlicher Definition, aber dem Vortrag fehlt es an jenen Finessen, mit denen Santley, Battistini oder de Luca aufwarten können. In der Sarastro-Arie erlaubt er sich eine musikalisch problematische Phrasen-Unterbrechung (zwischen »Possenti« und »Numi«), aber die, so scheint es jedenfalls dem Verfasser, ist von der italienschen Prosodie diktiert. Auch die Spätaufnahmen der Katalog-Arie aus *Giovanni* und von Osmins »O, wie will ich triumphieren« (letztere auf italienisch) stecken voller Charme, Wortwitz und Tempo – leider aber auch voller trocken-rauher und bresthafter Töne vor allem in der Höhe, während die tiefe Lage immer noch reich, wenngleich nicht mehr so sonor und konzentriert ist. Als Pinza zum erstenmal Oroveso in *Norma* an der Met sang, fand Henderson stilistisch viel auszusetzen. Was nur? Pinza mit »Ah del tebbro« (in der ersten Aufnahme von 1923), mit »Cinta di fiori« aus *Puritani*, mit »Ite sul colle« aus *Norma*, mit Raimondos »Dalle stanze ove Lucia« aus Donizettis *Lucia* oder mit der Arie des Baldassare »Splendon più belle« aus Donizettis *La Favorita*: Das sind Lektionen in Legato-Kunst und Farben-Singen. Ebenso überragend ist er in den meisten seiner Verdi-Aufnahmen. Rezitativ und Arie des Silva »Che mai vegg'io . . . Infelice, e tuo credevi« trägt er mit strömendem Fluß und ausdrucksvoller Portamento-Bindung vor. Perfekt die Balance zwischen den präzise artikulierten Konsonanten und den klangvoll und expressiv gelauteten Vokalen. Durch ein feines, fast unmerkliches Vibrato wird der Vortrag belebt. Die hohen Töne werden, in gleichsam konischer Verjüngung der Skala nach oben, schlanker und fokussierter gesungen als die sonoren der tiefen Lage. Die Akzentuierung innerhalb einer Phrase geht nie auf Kosten des Legato, das seine Spannung bekommt durch das nur von Meistersingern beherrschte Timing. In der Kadenz wählt Pinza, anders als die buchstabentreuen Sänger (wie Siepi oder Ghiaurov), statt des tiefen das hohe Ges, aber er nimmt es durch ein Diminuendo ins Innen zurück. Pinzas meditatives Piano ist wiederum in den Arien aus *I Vespri Siciliani* und aus *Simon Boccanegra* zu hören. Der Klangreichtum im »Confutatis« aus dem Verdi-*Requiem* ist nie wieder erreicht worden – selbst von Pinza nicht in der Gesamtaufnahme unter Serafin, in welcher er weit besser ist als alle Sänger in den späteren Einspielungen. Ein Meer des Klangs überströmt den Hörer bei der (eigentlich faden) Kantilene aus *La Juive*, und das hohe Fis am Ende der Invokation aus *Robert le Diable* hat die Glut und Gewalt einer lodernden Flamme. Von Philipps Arie hat Pinza 1927 nur den letzten Teil ab »Dormirò sol nel manto mio regal« aufgenommen, genug aber, um in ihm einen der drei oder vier überragenden Interpreten dieser Partie zu ahnen. Steane vermißt den »private sorrow«, wie er ihn aus der Aufnahme Christoffs spürt, doch ist dies wohl weniger eine Frage des Ausdrucks als der vokalen Textur, die beim jungen Pinza unvergleichlich viel feiner, weicher und schöner war als bei der eher körnigen und pathetischen Stimme des Bulgaren. Kein italienischer Baß nach Pinza hat die von dem Römer gesetzten Standards auch nur annähernd erreicht.

Der Heifetz der Stimme: Alexander Kipnis

Der umfassendste Musiker unter allen Bässen, mit denen ich als Partner gearbeitet habe.
Gerald Moore über Alexander Kipnis

... [er besaß] die Fähigkeit, auf seiner Stimme zu spielen wie Rubinstein auf dem Klavier oder Heifetz auf der Geige.
... So vollkommen war seine Technik entwickelt, daß sich niemals Schwierigkeiten zwischen den Sänger und seine Vorstellung, wie die Musik klingen müßte, stellten.
Irving Kolodin über Alexander Kipnis

Das kleine Liedchen erklingt gleich zu Beginn der Oper. Es steht in g-Moll, was gar nicht passen will zu dem geträllerten Volksliedschluß: »Trallalera«. Diesen Refrain von Osmins »Wer ein Liebchen hat gefunden« hat Mozart nicht nur, wie Joachim Kaiser in seiner Studie über die Figuren in Mozarts Opern zeigt, raffiniert rhythmisiert (»Trallaléra ... Trallálera«), sondern von Mal zu Mal dissonanter harmonisiert. Das gibt dem zunächst so harmlos daherkommenden Singsang etwas bedrückend Doppeldeutiges. Osmins Lied auf das Liebchen, sehnsüchtig nach Wonnen und zugleich voller Angst vor der beschworenen Untreue, ist eine ambivalente erotische Phantasie – und die kann, wie man weiß, nur allzu schnell gefährlich aktiv werden. Das Liedchen, von Mozart für den nach zeitgenössischen Berichten phänomenalen Bassisten Karl Ludwig Fischer geschrieben, ist nur bei einer Stimme von größtem Umfang und einem Interpreten von shakespearehafter Ausdruckskraft gut aufgehoben – bei keinem jedenfalls besser als bei dem aus dem ukrainischen Shitomir stammenden Alexander Kipnis (1891–1978), der in der jüdischen Kantorentradition aufwuchs, in Berlin ausgebildet und, als Opfer der Zeitläufe, eine internationale Karriere zu machen gezwungen wurde. Anders als Pinza, der immer ein italienischer Baß blieb (auch wenn er französische Musik sang), war Kipnis ein umfassender Sänger und durchaus nicht, wie Scott andeutet, ein Wagner-Spezialist. Er sang Mozart und Wagner, Weber und Verdi, Lortzing und Rossini, Mussorgsky und Rachmaninow und dazu Lieder von Schubert, Schumann, Brahms, Wolf und Debussy, dies mit einer stimmlichen Souveränität, musikalischen Versatilität und darstellerischen Eindringlichkeit, die ihresgleichen suchen. John Steanes bewundernde Feststellung, daß Kipnis »ein Wunder unter den Sängern« war, ist schwerlich übertrieben.

Alexander Kipnis
(Foto: © Ullstein Bilderdienst)

Daß Kritiker, vor allem beim Singen, in *allen* Punkten vollkommen übereinstimmen, kommt, wie der amerikanische Kritiker und Gesangslehrer Will Crutchfield in einem Kommentar zu einer CD mit frühen Aufnahmen Kipnis' ausführte, seltener vor als eine totale Sonnenfinsternis. Doch ob es um die Partie des König Marke in Wagners *Tristan und Isolde* geht, um die Arie des Fiesco aus Verdis *Simon Boccanegra* mit ihren magischen Pianissimo-Nuancen, um die melancholische Beseelung eines Lieds wie »Kalinka« – Kipnis erhebt sich, um David Oistrachs Wort über Jascha Heifetz zu paraphrasieren, unter den Großen als der Einzige. Die Stimme war reich, klangvoll und farbig – es gibt keinen zweiten Baß mit einer so bewußt beherrschten Klangfarbenpalette. Trotz der satten, dunklen Farbe in der Tiefe war es kein wirklicher Basso profondo: Der tiefste Ton, den Kipnis in seinen Aufnahmen singt, war, worauf Crutchfield hinweist, das E, währernd der höher und kerniger klingende Pinza in Osmins »O wie will ich triumphieren« ein tiefes D ausführte. Der Klang der Stimme besaß neben körperlicher Fülle einen festen Kern, und die bis zum Fis reichende Höhe wurde nach Belieben in jedwedem Stärkegrad gebildet. Sein Fortissimo war, so Crutchfield, »grandios: nie tremolierend, niemals austrocknend, nie angestrengt oder gepreßt«. Anders: Kipnis konnte die Stimme gleichsam ausrollen lassen und dabei den Eindruck vermitteln, weitere Kraftreserven zu haben. Das zeigt sich etwa in seinen völlig unforcierten Aufnahmen aus Wagners *Meistersingern* (Ansprache des Sachs) und *Die Walküre* (Wotans Abschied), deren Fülle und weiche Sonorität einzigartig sind.

Kipnis stammte aus ärmlichen Verhältnissen, die sich für ihn erst besserten, als ein »Chasan« (Kantor) seine ungewöhnlich schöne Sopranstimme entdeckte und ihn in einen Chor aufnahm. Nach dem Stimmbruch, Kipnis war fünfzehn, spielte und sang er in kleinen Theatergruppen, deren Aufführungen jedoch alsbald vom Gouverneur unterbunden wurden. Durch die Vermittlung eines anderen Kantors konnte er zum Studium nach Warschau gehen. Seine Stunden bezahlte er von den kleinen Gagen, die er als Sänger in Synagogen verdiente. Bei der ersten besten Gelegenheit machte er sich, um dem Militärdienst in der russischen Armee zu entgehen, auf den Weg nach Berlin. Dort sang er in einer Synagoge und, wieder um sein Studium bezahlen zu können, in Operettentheatern. Sein erster Lehrer in Berlin war Oreste Marini, sein zweiter und entscheidender Ernst Grenzebach vom Klindworth-Czerwenka-Konservatorium. Kurz nach Kriegsausbruch wurde er als feindlicher Ausländer interniert. Nach dem Bericht von Igor Buketoff war der Lager-Kommandant der Bruder des Wiesbadener Intendanten. Der verschaffte Kipnis nach einem Probesingen einen Vertrag zunächst in Hamburg und dann in Wiesbaden (Debüt: 1915 als Eremit in *Freischütz*), wo er für sieben Jahre verpflichtet wurde. 1919 schloß Kipnis einen weiteren Vertrag mit der Charlottenburger Oper in Berlin, die später in Städtische Oper Berlin umbenannt wurde und der Staatsoper unter den Linden Konkurrenz machte. Er sang dort Colline in *Bohème*, Daland in *Holländer* (neben Schipper und Bettendorf), Kardinal in *Die Jüdin* (Enderlein und Giannini), Ramphis in *Aida* (Stückgold, Oehmann, Rode), Rocco in *Fidelio* (Wildbrunn, Oestvig, Schoene, Bender, Rode, unter Walter), Méphistophélès in *Faust*, Marke in *Tristan* (Wildbrunn, Onégin, Enderlein, Rode), den Doktor in Pfitzners *Der arme Heinrich,* Sarastro in *Zauberflöte* (Erb, Heidersbach), Hagen in *Götterdämmerung* (Larsen-Todsen, Onégin, Enderlein), Archibaldo in Montemezzis *L'Amore dei Tre Re* (Riavez, Jülich und Fischer), Philipp in *Don Carlo* (Onégin, Oehmann und Ludwig Hofmann). Als Toscanini 1928 mit dem Scala-Ensemble nach Berlin kam, reagierte Wilhelm Furtwängler – der lange nicht mehr in der Oper dirigiert hatte – mit einer *Tristan*-Aufführung mit Leider, Melchior, Onégin, Schorr und Kipnis. Durch Tietjens Einfluß wurde Kipnis an allen drei Berliner Opernhäusern eingesetzt, doch zu Beginn der dreißiger Jahre sang er wegen seiner zunehmenden Verpflichtungen in den USA immer seltener in Berlin.

Er hatte zum erstenmal schon 1923 mit einer deutschen Wagner-Truppe am Lexington-Theatre und dann am Manhattan Theatre gesungen. Doch standen die Wagner-Rollen, in denen Henderson ihn mit Edouard de Reszke verglichen hatte, eine Zeitlang nicht im Mittelpunkt des Met-Repertoires. Mary Garden, die ihn in *Die Meistersinger* hörte, empfahl ihn nach Chicago. Dort sang Kipnis in neun Spielzeiten (1923–1932) deutsche, italienische, französische und russische Partien. Er war regelmäßig Gast an der Covent Garden Opera (1927/29/33/34/35) und sang dort Marcel (*Les Huguenots*), Pogner, Gurnemanz, Ochs, Hunding, König Heinrich, Marke (in *Tristan* unter Furtwängler, mit Leider, Kalter, Melchior, Janssen) und Kontschak in *Fürst Igor*. Zwischen 1927 und 1933 war er in Bayreuth als Gurnemanz, Marke (unter Toscanini) und Landgraf zu hören. In den ersten Jahren nach der Machtergreifung gehörte er der Wiener Staatsoper an und gastierte im Sommer in Salzburg. Der »Anschluß« Österreichs zwang ihn zur Emigration, und 1940 gab er sein spätes – und unnötig verspätetes – Debüt an der Met, wo er bis 1946 sang: Ochs, Landgraf, Marke, Rocco, Sarastro, Hagen, Leporello, Gurnemanz, Nilakantha (*Lakmé*) und, in russicher Sprache wie vor ihm nur Schaljapin, Boris. In der Saison 1946/47 zog er sich nach 32 Jahren auf der Bühne, zurück. Für einige Jahre unterrichtete er an der New Yorker Juilliard School of Music.

Kipnis besaß eine der schönsten und ausdruckvollsten Baßstimmen, die auf Platten überhaupt zu hören sind. Ihr Umfang reichte vom tiefen D bis zum (baritonalen) Fis. Was die Farbe angeht, so hatte sie nicht den schwarzen Lackglanz und die vibrierende Intensität wie die von Ezio Pinza, sondern sie schillerte eher in verhangenen Farben. Kipnis war ein Sänger des Chiaroscuro und, stärker als der italienische Gesangslyriker, ein gestischer und intellektueller Sänger. Pinza sagte von sich, daß er kein großer Künstler sei, sondern »nur einen schönen Klang« mache. Kipnis zielte auf den charakteristischen Klang, ohne dabei die Schönheit der Tonbildung zu beeinträchtigen. Aber stärker als Pinza war er ein vokaler Akteur, dem das klangprunkende Pathos für Sarastro ebenso zur Verfügung stand wie die komisch-klangmalerische Gesangsmimik für Leporello oder für Lortzings »Fünftausend Taler«-Arie aus *Wildschütz* – ein Meisterstück klangmalerischen Buffo-Singens mit pointierter Diktion bei makellos reicher und klangvoller Tongebung, für den Verfasser die schönste Aufnahme einer Baß-Arie Lortzings. Kipnis' Stimme war so etwas wie plastisches Material für die Formung einer Figur. Als Osmin mischte er dem Klang der Stimme eine Dosis von sardonisch-boshafter Lebensklugheit und Liebesverdrossenheit bei. Als Bartolo im *Figaro* singt er, trotz deutscher Sprache, mit großer Geschmeidigkeit Gift und Galle heraus, und sein Leporello führt sich auf wie der zynische Voyeur, der sich an den Abenteuern eines Liebesräubers delektiert – eine geradezu bestürzende Interpretation. Modellhaft Legato, Phrasierung und Diktion in den beiden Arien des Sarastro, wenn auch der oktavierende Fall am Ende von »In diesen heil'gen Hallen« ein Tribut an den sängerischen Effekt ist. Eine eindringliche Demonstration gestischen Singens bei wiederum makelloser Tongebung bietet der Russe mit Basilios »Die Verleumdung« aus Rossinis *Barbiere*. Die deutsche Sprache, für die meisten ein unüberwindliches Hindernis, hemmt den Sänger nicht; vielmehr ergreift er die Gelegenheit, den Wortsinn und Hintersinn in farblichen »Deskriptionen« zu erfassen. Seine beste Aufnahme aus dem italienischen Repertoire – vielleicht seine beste überhaupt – ist »A te l'estremo addio – Il lacerato spirito« aus *Simon Boccanegra* (in zwei Aufnahmen von 1922 und 1931 vorliegend). Im Rezitativ hat jedes Wort eine geradezu szenische Bildhaftigkeit, und die Formung der Kantilene ist ein Wunder an Geschmeidigkeit, Tonschönheit und expressiver Eloquenz. »O tu Palermo« kommt dem nicht gleich, weil es der Phrasierung, vielleicht wegen des Dirigenten, an Spannung und an innerer Bewegtheit fehlt. Philipps Monolog aus *Don Carlo* hat er 1923 für Gramophon in deutscher, für Homocord in italienischer Sprache gesungen und 1930 für HMV in deutscher Sprache wiederholt. Die italienische Version ist, bedingt offenbar durch die Spielzeit der Platte, viel zu rasch, mit verhetzt-verhudeltem Orchesterspiel, und Kipnis hat nur für einige wenige Passagen (ab »Dormiro sol«) die notwendige Phrasierungszeit. Die (auch klanglich) beste, interessanteste und ungewöhnlichste Aufnahme ist die von 1930. Die ersten Phrasen singt er nicht verhangen-meditativ, sondern wütend-erregt, rasch: *Dieser* König *erkennt* seine Situation und beklagt sie bei der Wiederholung der Phrase: Er hält »nein« und »nie« mit verzweifelter Emphase. Meditativ klingt er erst ab »Es naht der Tag«. Machtvoll die Steigerung bei »Könnte doch die Krone mir die Kraft verleihen« mit histrionischer Gestik bei der Wiederholung (»Krone« erhält einen besonderen Wortakzent). Zuweilen beeinträchtigt der Versuch, dramatisch zu deklamieren, die Reinheit der Linie. Auch ist die Kadenz (auf »Augen«) nicht eben geschmeidig ausgeführt. Doch dies sind nur geringfügige Einwände gegen eine der ausdruckvollsten Aufnahmen dieses Monologs.

Die Wagner-Aufnahmen des Russen veranlaßten Steane zu der Feststellung, daß man durch sie erkennen könne, welch inferiore Klänge wir heute akzeptieren. Zu Recht berühmt ist Pogners Ansprache »Das schöne Fest«, obwohl Karl Ridderbusch hier ohne die geringsten Einschränkungen neben Kipnis bestehen kann, ja in der Höhe noch leichter singt. Überragend ist Kipnis in Wotans Abschied. Den Binnenteil ab »Der Augen leuchtendes Paar« hat er mit der Nuanciertheit eines Liedersängers gesungen, mit weicher Tongebung und verhangen-elegischem Klang: in der Tat ein Singen als Ausdruck innerer Gebärde und tiefer Betroffenheit.

Nach dem Bericht von Igor Kipnis (des Sohnes und Cembalisten) hat sein Vater die Auszüge aus »Boris Godunow (1945 mit dem Victor Symphony Orchestra und Chor unter Nicolai Berezowsky aufgenommen) zu seinen Lieblingsaufnahmen gerechnet. Doch vermitteln sie nur sehr wenig von dem »superb reichen und suggestiven Boris« (Irving Kolodin), den er noch im Dezember 1942 unter George Szell an der Met gesungen hatte. Nicht nur die Stimme zeigt Spuren des Verbrauchs, der Sänger greift auch – und dies ist fast immer ein kompensatorischer Vorgang – zu deklamatorischen Übertreibungen, die das Gemeinte *sagen* und nicht im Singen selber ausdrücken.

»Ein Bildhauer«, so erklärte Walter Legge in den dreißiger Jahren, »kann nur mit der Stimme eines Basses singen« – und so wählte er für Hugo Wolfs Michelangelo-Vertonungen den sprachsicheren Russen. »Wohl denk' ich oft«, »Alles endet, was entsteht« und »Fühlt meine Seele«, aber auch Goethes »Grenzen der Menschheit« und die Eichendorff-Lieder »Der Musikant«, »Der Soldat« und »Der Schreckenberger« gehören zu den Glanzstücken der berühmten Sammlung Legges für die *Hugo Wolf Society* (EMI RLS 759) – welcher Baß hätte die Ausdruckscharaktere dieser Lieder, die raschen Stimmungswechsel suggestiver (wenn auch manchmal schauspielerhaft) erfaßt als Kipnis? Gegen die Aufnahme von Schuberts »Heidenröslein« hat Steane begründete Einwände (Aspirierungen und zu großes Gewicht der Stimme) vorgebracht, aber den »Erlkönig« kann man schwerlich besser singen als Kipnis. Sein Meisterstück als Liedersänger hat er mit der Aufnahme von *Vier ernste Gesänge* von Johannes Brahms hinterlassen (1933 mit Gerald Moore). Kipnis hat erzählt, daß das Studium dieser Lieder für ihn »eine Obsession« wurde – und was man hören kann, ist mehr als Singen, nämlich eine musikalisch ausgesprochene Leiderfahrung.

IV. KAPITEL

Richard Wagner: Die menschliche Stimme ist die Grundlage aller Musik

Das innerste Wesen der menschlichen Gebärde

Die Kunstformen aller Nationen haben sich bestimmter ausgesprochen als die der Deutschen, in gewisser Hinsicht nämlich. Die Italiener und die Franzosen haben sich eine Operngestalt geformt, in der sie sich befriedigt hin und her bewegen. Nicht so der Deutsche. . . . Wie bei den andern es meist auf die Sinnlust einzelner Momente abgesehen ist, will er ein in sich abgeschlossenes Kunstwerk, wo alle Teile sich zum schönen Ganzen einen und runden.
Carl Maria von Weber im Jahre 1817 in der Dresdner ›Abendzeitung‹

Kein Zweig der musikalischen Ausbildung ist in Deutschland vernachlässigter und übler gepflegt, als der des Gesangs, namentlich des dramatischen Gesangs. Den Beweis liefert unwiderleglich die außerodentliche Seltenheit vorzüglicher und zu höheren Zwecken verwendbarer Sänger.
Richard Wagner, ›Von deutscher Gesangs-Kunst‹

Nenne mir ein Werk, eine Gesangsschule, die den rechten Weg weisen könnte, und ich will mich selbst auf die Schulbank setzen, um zu lernen, wie man deutsche Sänger erzieht.
Richard Wagner in einem Brief an Friedrich Schmitt

Was kann der Affekt hervorbringen, wenn er die organischen Fähigkeiten überschreitet?
Richard Wagner/Julius Hey

Die Melodie muß ganz von selbst aus der Rede entstehen.
Richard Wagner

Der höhere Zweck, zu dem Richard Wagner vorzügliche Sänger suchte, lag in seinem Festspiel, mit welchem er seine Vorstellung von musikalischer Theater-Kultur verwirklichen wollte. Die Grundlage einer solchen Kultur sah der Komponist des Gesamtkunstwerks in der Kultur der Darstellung. Als deren Vorbedingung wiederum erkannte er die Ausbildung eines deutschen Sing-Schauspielers, den er als »dramatischen Darsteller« bezeichnete. Da Wagner überzeugt war, daß sich das Modell des italienischen Gesangs auf die deutsche Sprache nicht übertragen ließ, plante er eine neue Entwicklung des Singens auf der Grundlage der deutschen Sprache. Wagner verwarf damit allerdings nicht die italienische Klangbildung, sondern nur den »langgedehnten Vokalismus«: »Der Charakter dieses [des deutschen] Gesanges wird sich daher als energisch sprechender Akzent zu erkennen geben.« Wagner machte allerdings keinen Unterschied zwischen gesungenen und deklamierten Passagen: »Meine Deklamation ist zugleich Gesang, und mein Gesang Deklamation.« Gesang und dramatischer Vortrag waren für Wagner nicht, wie heute Dirigenten, Regisseure und Kritiker in seltener und seltsamer Einmütigkeit anzunehmen scheinen, lediglich luxurierende Elemente der Opernkunst; sie waren für ihn die wesentlichen Grundlagen des musikdramatisschen Werks. Der Komponist zögerte nicht, die menschliche Stimme als »die Grundlage aller Musik« zu bezeichnen. Sie ist nicht nur *Teil* bei der szenisch-musikalischen Realisierung des Gesamtkunstwerks, sondern Bedingung der Möglichkeit.

Die Kunst des Singens liegt nicht zuletzt darin, daß die Anstrengung der Hervorbringung nicht zu spüren ist. Die Anstrengungen der Sänger werden erschwert durch die meisten Dirigenten: Sie sollten sich Gerald Moores Begleiter-Frage – »Bin ich zu laut?« – durchaus öfter stellen oder die Berichte des Heinrich Porges von den Bayreuther Proben des Jahres unter Anleitung des Komponisten studieren: »Bei den Proben des Nibelungenringes stellte es sich nämlich als eine Notwendigkeit heraus, an vielen Stellen die dynamischen Bezeichnungen der Tonstärke zu ermäßigen, öfter an die Stelle eines Fortissimo ein Forte, an die Stelle eines Forte ein Mezzoforte zu setzen. Dies geschah aus dem Grunde, um vor allem Wort und Ton des Sängers zu deutlichem Vernehmen gelangen zu lassen; denn wir sollten eben keinen Moment vergessen, daß wir einer dramatischen Aufführung beiwohnen, und nicht etwa ein Werk der rein symphonischen Kunst aufzunehmen haben. Für den Vortrag jener symphonischen Sätze, bei denen gleichzeitig der Darsteller durch das gesungene Wort wirken soll, gilt daher die Vorschrift, daß bei ihnen die Kraft der Tongebung nie den äußersten Grad erreichen darf. Dieses Verhältnis der Tonstärke des Orchesters zum Sänger kam im Verlauf der Proben öfter zur Sprache, und der Meister bediente sich wiederholt und mit Vorliebe des Vergleichs, daß das Orchester den Sänger stets so tragen soll, wie die bewegte See einen Nachen, diesen aber nie in die Gefahr des Umschlagens bringen oder gar verschlingen dürfe.«

Das Mißverständnis über den rechten Gesangsvortrag bei Wagner beginnt schon dort, wo von einem spezifischen Wagner-Gesang gesprochen wird. Es gibt nur eine einzige Grundlage für das Singen – ganz gleich, was gesungen wird –, nämlich korrekte Atmung, freie Tonemission ohne Anspannung zusätzlicher Muskeln, reine Aussprache der Vokale und klangvolle Formung der Konsonanten unter ganz besonderer Berücksichtigung der (vokalischen) Nasale und Liquide. Nur muß das technisch korrekte Singen in den Dienst von Wagners Vortragsabsichten gestellt werden. Auch wenn der Komponist keine systematische Gesangslehre verfaßt hat, so gibt es von ihm zahlreiche Anweisungen und Erläuterungen, die sich zu einer »Ästhetik des Wagner-Gesangs« zusammenfassen lassen. Einen großen Teil dieser Äußerungen hat Ferdinand Graf Sporck aus den *Gesammelten Schriften* für die *Bayreuther Blätter* unter dem Teil *Von deutscher Gesangskunst* zusammengefaßt. Von seinen Sängern oder, genauer, von seinen dramatischen Darstellern verlangte Wagner zunächst einmal bildungsfähiges Material für den »natürlichen Wortlaut« beim Vortrag. Dies zielt zum einen auf eine klare und saubere Aussprache (oder Artikulation), zum anderen auf die expressive Durchdringung des Ausgedrückten (oder Eloquenz). Diese Forderungen sind nicht anders als die von Tosi für den Belcanto. Erst wenn der Sänger mit vollkommener Technik musizieren kann, weiß er »mit dem, was Demosthenes unter Vortrag verstand, zu wirken« (Wagner). Nach Wagner muß die Melodie organisch aus der Rede entstehen und die »Worttonphrase« die Basis sein für die unendliche Worttonmelodie. In dieser wiederum sollte der vokalische Akzent – als lautliches Element – den Gefühlsgehalt der Phrase intensivieren, auch dies wiederum keine Abweichung von den Regeln des Belcanto. Der Unterschied zum italienischen Gesang liegt allein in der Abkehr vom Vokalismus – der Koloratur, dem Melisma – und in der sprachlichen Akzentuierung. Dazu Wagner: »Ist der italienische Gesang in deutschen Kehlen möglich, so kann dies doch nur auf Grund der zugleich angeeigneten italienischen Sprache möglich sein; denn keine andere Sprache, als eben diese, konnte bei der Ausbildung des Gesanges eine so sinnliche Lust am reinen Vokalismus, musikalisch bezeichnet am sogenannten solfeggio, aufkommen lassen und unterstützen.«

Die Akzentuierung des Wortes muß, im Sinne einer Worttonphrase, mit einem musikalischen Ton vorgenommen werden. Das ästhetische Postulat lautet: Die Melodie muß aus dem Vers entwickelt werden. Wagner wollte den »energisch sprechenden Akzent« innerhalb einer sorgsam gebundenen Phrase und einen Vortrag unter »einem einzigen wohlverteilten Atem«. Was er auf keinen Fall wollte, war das, was in der Sprache der Sänger »Konsonanten-Spuckerei« genannt wird. Es ging Wagner wohl um einen plastischen, nicht aber um einen staccatohaft zerhackten Vortrag, zwar um Textdeutlichkeit, nicht aber um die Unterbrechung des Melos. Warum sonst hätte er sich die unendliche Mühe machen müssen, das Melos einer poetischen Phrase zu suchen. In einem Brief an Franz Liszt – datiert vom 8. September 1850 – führt er aus, daß ein Sänger des Lohengrin nun jede Note korrekt im Tempo und nach ihrem Wert singen müsse, um den deklamatorischen Ausdruck zu finden. Daß er später zum Kunst- und – notabene! – zum Klang-Mittel des Stabreims und der alliterierenden Verknüpfungen griff, ist als sprachliches Zugeständnis an die Musik zu sehen. Er wollte die alliteriereden Verknüpfungen nicht verstanden wissen als

Anlaß für heftige Attacke, sondern gleichsam als Nachen für eine sanft-energisch dahingleitende Phrasierung. Im sechsten Kapitel des zweiten Teils seines ästhetischen Hauptwerks *Oper und Drama* führt Wagner im Zusammenhang von »Wortsprache und Tonsprache« aus: »Im *Stabreime* werden die verwandten Sprachwurzeln in der Weise zueinander gefügt, daß sie, wie sie sich dem sinnlichen Gehöre als ähnlich lautend darstellen, auch ähnliche Gegenstände zu einem Gesamtbilde von ihnen verbinden, in welchem sich das Gefühl zu einem Abschlusse über sie äußern will. Ihre sinnlich kenntliche Ähnlichkeit gewinnen sie entweder aus der Verwandtschaft der tönenden Laute, zumal wenn sie ohne konsonierenden Anlaut nach vorn offen stehen [in einer Fußnote gibt Wagner als Beispiel: ›Erb' und eigen‹, ›Immer und ewig‹]; oder aus der Gleichheit dieses Anlautes selbst, der sie eben als ein dem Gegenstande entsprechendes Besonderes charakterisiert [in der zweiten Fußnote: ›Roß und Reiter‹, ›Froh und Frei‹]; oder auch aus der Gleichheit des, die Wurzel nach hinten schließenden Ablautes [als Assonanz], sobald in diesem Ablaute die individualisierende Kraft liegt [in der dritten Fußnote: ›Hand und Mund‹, ›Recht und Pflicht‹].«

Im zweiten Kapitel des dritten Teils, *Wortvers und Stabreim*, erläutert Wagner die musikalische Adäquanz an die Sprache: »Der Dichter, der zu möglichst bestimmter Mitteilung einer Empfindung bereits die, nach Sprachakzenten geordnete, Reihe im musikalischen Takte sich kundgebender Wörter durch den konsonierenden Stabreim zum einen, dem Gefühle leichter mitteilbaren sinnlichen Verständnisse zu bringen suchte, wird dies Gefühlsverständnis nun immer vollkommener ermöglichen, wenn er die Vokale der akzentuierten Wurzelwörter, wie zuvor ihre Konsonanten, wiederum zu einem Reime verbindet, der ihr Verständnis dem Gefühle auf das Bestimmendste erschließt. Das Verständnis des Vokals begründet sich aber nicht auf seine oberflächliche Verwandtschaft mit einem gereimten anderen Wurzelvokale, sondern, *da alle Vokale unter sich urverwandt sind, auf die Aufdeckung dieser Urverwandtschaft* durch die volle Geltendmachung seines *Gefühlsinhaltes vermöge des musikalischen Tones*. Der Vokal ist selber nichts anderes, als der *verdichtete* Ton: seine besondere Kundgebung bestimmt sich durch seine Wendung nach der äußeren Oberfläche des Gefühlskörpers, der – wie wir sagten – dem Auge des Gehöres das abgespiegelte Bild des äußeren, auf den Gefühlskörper wirkenden, Gegenstandes darstellt; die Wirkung des Gegenstandes auf den Gefühlskörper selbst gibt der Vokal durch unmittelbare Äußerung des Gefühls auf dem ihm nächsten Wege kund, indem er seine, von außen empfangene, Individualität zu der Universalität des reinen Gefühlsvermögens ausdehnt, und dies geschieht im musikalischen Tone. Was den Vokal gebar und ihn zu besonderster Verdichtung zum Konsonanten nach außen bestimmte, zu dem kehrt er, von außen bereichert, als ein besonderer zurück, um sich in ihm, dem nun ebenfalls Bereicherten, aufzulösen:

dieser bereicherte, individuell gefestigte, zur Gefühlsuniversalität ausgedehnte Ton ist das erlösende Moment des dichtenden Gedankens, der in dieser Erlösung zum unmittelbaren *Gefühlsergusse* wird.« [Alle Hervorhebung von Wagner]

Die beiden Abschnitte sind eindringliche Erläuterungen von Wagners Wort-Ton-Melodie: Vor allem aber bringt der zweite Abschnitt die tiefsinnigste Erklärung des im Vokal sich offenbarenden Gefühlsgehaltes. Die Aufgabe des Sängers liegt darin, wie Wagner an Liszt schrieb, die Noten genau nach ihrem Wert zu singen; er muß die Konsonanten sauber artikulieren und vor allem den Gefühlsgehalt des Vokals ausdrücken: und zwar im musikalischen Ton. Dies aber ist ein nicht allein Wagnersches, sondern ein fundamentales Gesetz des Singens. Was Wagner nicht erlaubte, war einerseits das Hinweggleiten über unbequem zu singende Konsonanten, andererseits die Veränderung von Vokalen je nach Position (was durchaus in Aufnahmen berühmter Belcantisten zu hören ist; siehe im Kapitel über Fernando de Lucia den Hinweis auf die E-Enden).

William James Henderson führt in seinem Kapitel über »Wagner-Singing« ein Interview des Tenors Ernest van Dyck in der *Pall Mall Gazette* an, in welchem der Sänger die Meinung vertrat, daß in dialogischen Partien das Legato aufgegeben, der reine, flüssige, runde musikalische Ton geopfert und dafür die Konsonanten mit äußerster Energie gebildet werden müßten. Es war dies das Plädoyer für das damals in Bayreuth entstehende rohe, steife Textsprechen. Wagner selber hat gesagt, daß man sich unter Sprechgesang nicht einfach »ein gesteigertes Textsprechen« denken solle, »das den ungleichen Kampf mit dem Orchester zu bestehen« habe; vielmehr solle »vollendete Gesangskunst als das nur scheinbar untergeordnete Mittel zur Erreichung höchsten Kunstzweckes« gebraucht werden. Expressis verbis erklärt Wagner, daß der »Gesangswohlklang der italienischen Schule in seiner Bildung nicht aufgeopfert« werden dürfe. So banal es klingt: Wagner wollte italienische Stimmbildung mit deutscher Vortragskunst verschmelzen.

Der Dirigent und Pianist Edwin McArthur, der Wagner-Sängerinnen wie Jeritza und Flagstad einstudiert hat und mit Hildegard Behrens arbeitet, sagte über die große Wagner-Sängerin Johanna Gadski: »Ich entdeckte eine Belcanto-Technik in ihrem Singen. Dies ließ mich beklagen, daß so viele Wagner-Sänger damals wie heute nur Wert auf die Größe ihrer Stimme legen. Dies ist einfach eine völlig falsche Konzeption.«

Lilli Lehmann wiederum konnte Isolde und Brünnhilde einerseits und Königin der Nacht oder Traviata andererseits singen und vertrat die Ansicht, daß man Wagner nur gerecht weden könne, wenn man die Musik Mozarts vollkommen beherrsche. Frida Leider führte die lange Lebensdauer ihrer Stimme darauf zurück, daß sie in ihren frühen Tagen als Hochdramatische in der deutschen Provinz Mozart singen mußte. Erst die Spezialisierung hat – sieht man einmal von Ausnahmeerscheinungen wie Flagstad, Melchior, Schorr ab – zum Versagen der Spezialisten geführt. Ein im negativen Sinne erfolgreicher Propagandist war Julius Kniese, der unter der Ägide Cosimas die Bayreuther Stimmbildungsschule leitete. Er ignorierte, daß Wagner für sein Gesamtkunstwerk einen umfassenden *Gesangs*-Ausdruck – jenes Ineins von Wohl- und Wortlaut – visiert hatte. Vermutlich hat er nicht einmal gewußt, daß Wagner von Patti entzückt war und Battistinis Wolfram, den er 1881 gehört hatte, als die Erfüllung seiner Vorstellungen ansah. Heute sind die großen Vokal-Dokumente eines musikalischen Wagner-Stils den Dirigenten wie den Sängern weitgehend unbekannt: Als wäre es eine Schande, von großartigen Lösungen zu lernen. Man muß nur die Wolfram-Szenen von Battistini, die Lohengrin- oder Siegmund-Aufnahmen von Giuseppe Borgatti, Siegmund oder Siegfried von Jacques Urlus, Brünnhilde oder Isolde von Frida Leider, Erda von Schumann-Heink, Wotan oder Sachs von Friedrich Schorr, Pogner oder Wotan von Alexander Kipnis hören, um zu spüren, wie eine gesunde und musikalische Stimme klingt – und um zu merken, welch kranke Klänge hinzunehmen die meisten sich gewöhnt haben.

Es heißt, daß sich in den letzten Jahren mit einem neuen Sänger-Typus auch ein neuer, lyrischer Wagner-Stil durchgesetzt habe. Diese Behauptung ist nichts als ein Euphemismus. Lauritz Melchior sang den Siegmund, den Lohengrin, den *Götterdämmerungs*-Siegfried (etwa die Erinnerungs-Passagen in »Mime hieß ein mürrischer Zwerg«) trotz seiner voluminösen und ausladenden Stimme viel lyrischer als etwa Peter Hofmann oder René Kollo. Leider oder Flagstad hatten mehr Duftigkeit und Piano im Klang als Birgit Nilsson; Schorr und Kipnis, Schipper und Bockelmann musizierten gebundener, klangschöner, modulierter als Thomas Stewart oder Donald McIntryre. Zugleich besaßen sie für die Momente dramatischer Steigerungen – für die Wälse- und die Nothung-Rufe, das Hojotoho, Sachsens Ansprache – weitaus mehr Schallkraft und Intensität.

Die dramatische Qualität einer Stimme liegt nicht im Volumen, sondern in der Intensität der Schallkraft und in dem, was der Komponist mit dem – durchaus zweideutigen – Worte »Gefühlserguß« bezeichnete. Natürlich gibt es, wie Franziska Martienssen-Lohmann ausführte, geborene »dramatische Stimmanlagen« – Stimmen wie die von Birgit Nilsson, Eva Turner, Gertrude Grob-Prandl, Ebe Stignani, Lauritz Melchior, Titta Ruffo, Gian-Giacomo Guelfi oder Ernestine Schumann-Heink sind wirklich so etwas wie Wunder der Natur –, doch in der Regel muß eine dramatische Stimme entwickelt werden. Entscheidend dabei sind Attacke, Intensität und Schallkraft. Die Behauptung, daß man mit einer großen, voluminösen Stimme nicht leise und lyrisch singen könne, ist falsch; vielmehr ist nur eine Stimme mit einem tragenden, leuchtenden, duftigen Piano überhaupt zur konzentrierten Klangentladung – zur ekstatischen Phonation – in der Lage.

Noch einmal: Es heißt, daß die großen, dramatischen Stimmen nicht ins Konzept der modernen Wagner-Regie gepaßt hätten. Wieland Wagners Versuch der szenischen Entrümpelung habe eines neuen, lyrischen Sänger-Typus bedurft. Der Hinweis ist wenig überzeugend. Ist denn der Sänger, so ist zuerst zu fragen, nur ein Requisit auf der Bühne? Oder hat sich nicht das szenische Geschehen im Klang der Stimme, als innerer Vorgang, zu spiegeln? Und hat man je, so ist weiter zu fragen, im entrümpelten *Tristan* bei Birgit Nilsson über zuviel Stimme und zuwenig Lyrismus geklagt? Tatsächlich wird der neue Sänger-Typus nicht den Forderungen gerecht, die er – gäbe es jenes Konzept – zu erfüllen hätte. Wer singt denn tatsächlich lyrisch? Lyrisch ist schließlich so wenig ein Synonym für »leise« oder gar »klanglos«, wie »dramatisch« eines ist für »laut« oder »klangmächtig«. Lyrisch und dramatisch können nur, mit Wagner zu sprechen, die Gebärden des Singens sein. »Die Musik spricht das innerste Wesen der menschlichen Gebärde mit so unmittelbarer Verständlichkeit aus, daß sie, sobald wir ganz von der Musik erfüllt sind, sogar unser Gesicht für die intensivere Wahrnehmung der Gebärde depotenziert, so daß wir sie endlich verstehen, ohne sie zu sehen.«

Erfüllte Augenblicke: Wagner-Gesang von 1900–1950

Die menschliche Stimme ist die Grundlage aller Musik.
Richard Wagner

Bei den Wagner-Aufnahmen aus dem ersten Vierteljahrhundert sind perspektive Minderungen ganz besonderer Art zu beobachten: Zum einen ist es schwer, aus dem Gefüge eines Musikdramas schöne Einzelstellen herauszulösen, zum anderen bedeutet die Reduktion des Orchesterklangs eine Entstellung des musikalischen Gefüges. Erst seit der Einführung des elektrischen Aufnahmeverfahrens konnte das Werk Wagners für eine Bühne erlöst werden, von welcher der Komponist geträumt hatte: für die unsichtbare oder auch die Klangbühne. Ein Glücksfall, daß zu dieser Zeit einige der besten Wagner-Sänger des Jahrhunderts aktiv waren. Dennoch ist auf so manchen ihrer Vorgänger hinzuweisen. Es spricht für sich, daß sie keine Bayreuther Gewächse waren.

Klangwogen: Lillian Nordica

Schön hinsichtlich der klanglichen Qualität, der durchgehaltenen und fein schattierten Phrasierung und der Nobilität des Stils.
William James Henderson über Lillian Nordica als Isolde

Hinterlassen hat Lillian Nordica (1857–1914) lediglich eine Aufnahme von Isoldes Liebestod und, in fragmentarischer Form, Brünnhildes »Battle cry«, der offenbar im Trichter der American Columbia die Wirkung eines Taifuns besaß. Die Stimme muß, nach vielen Zeugnissen zu urteilen, von beträchtlichem Umfang, großem Volumen, enormer Schallkraft und Agilität gewesen sein. Davon zeugt eine zwar nicht makellose, technisch gleichwohl brillante Aufnahme von Leonoras »Tacea la notte« aus Verdis *Il Trovatore*. Sie dokumentiert die Änderungen, die für die große Theresa Tietjens komponiert und die von Herman Klein an Nordica weitergereicht worden waren. Leider ist die Arie, offenbar aus Zeitgründen, verkürzt worden. Der Übergang in die Cabaletta kommt überhastet. Aber die Phrasierung ist expansiv, die Agilität bei der Auszierung gleich zu Anfang erstaunlich für eine so ausladende Stimme.

Lillian Norton (so ihr eigentlicher Name) hatte am New England Conservatory zunächst bei John O'Neill studiert, 1878 in London mit einer Kapelle ihr Debüt gegeben und mit einem durchdringenden hohen C brilliert. Es hätte, so zitiert Chris Mankelow eine zeitgenössische Kritik, mit dem eines Trompeters wetteifern können. Sie setzte ihre Ausbildung in Mailand bei Sangiovanni fort und debütierte 1879 am Mailänder Teatro Manzoni als Elvira in *Don Giovanni*. Wenig später sang sie Violetta in Brescia. Mit Rollen wie Lucia, Ophélie, Philine, Marguérite und Gilda, dann Aida und Valentine reiste sie durch Europa und gastierte in Berlin, St. Petersburg, Paris, London. 1883 sang sie mit der Truppe des Colonel Mapleson – des Onkels von Lionel Mapleson – in New York und zog sich alsbald, nachdem sie den Amerikaner Frederick A. Gower geheiratet hatte, von der Bühne zurück. Nach dem Tod ihres Mannes nahm sie ihre Karriere wieder auf, sang von 1887 bis 1893 an der Covent Garden Opera und seit 1891 an der Met, wo sie als Leonora debütierte und bis 1909 blieb. 1894 sang sie in Bayreuth Elsa. Nach der Beschreibung von Herman Klein besaß sie »einen Sopran von hellem, reinem und angenehmem Timbre, bewunderungswürdig produziert [der Umfang reichte bis zum hohen Des]. Er ist von ausgeglichener Qualität und beträchtlicher Kraft vor allem im Kopfregister. Als Sängerin besitzt Mme. Nordica eine nicht geringe Agilität, darüber hinaus Charme und Reinheit des Ausdrucks.«

Die Agilität bewahrte sie auch noch, als sie sich, von Valentine ausgehend, ans dramatische Repertoire herantastete, weil sie das alte Repertoire dem neuen nicht opferte. Als sie 1894 Elsa sang, war sie an der Met immer noch Susanna in *Le Nozze di Figaro*. In derselben Saison übernahm sie auch, mit Jean de Reszke als Partner, Isolde. Einige Jahre später, am 22. Dezember 1901, schrieb Henderson in der *Times* über die goldene Ära des Wagner-Gesangs an der Metropolitan: »Vermutlich hat es nirgendwo auf der Welt so eindrucksvolle Aufführungen [von *Tristan und Isolde*] gegeben wie die, in denen die Damen Lehmann, Ternina, Nordica, Brema und Schumann-Heink gemeinsam mit den Gebrüdern de Reszke, Mr. Bispham oder Mr. van Rooy auftraten.«

Die Karriere der Sängerin wurde überschattet von vielen schweren persönlichen Enttäuschungen. Ihr zweiter Ehemann hielt sich, nachdem er vergebens Jean de Reszke zu übertreffen versucht hatte, an ihrem Geld schadlos, und auch der dritte, ein amerikanischer Banker namens George W. Young, brachte mit schlechten Spekulationen ihr Vermögen durch. Kurz bevor sie zum viertenmal heiraten wollte, strandete ihr Schiff, auf der Rückfahrt von Australien, an der Küste von Java. Sie wurde zwar gerettet, starb aber bald darauf in einem Hospital von Batavia.

Roberto Bauer listet zwar 34 Nordica-Titel – darunter sogar Schuberts »Erlkönig« – auf, aber nur 15 sind erhalten. Isoldes Liebestod rechtfertigt erst beim zweiten, dritten Hören den legendären Ruf der Sängerin in dieser Rolle. Zwar spricht Steane von einem »nutzlosen Memento«, offenbar wegen des überhetzten Tempos und der zuweilen inkonstanten Phrasierung, aber die lyrische Tonqualität der Sängerin und das mit einer fast schon italienischen Morbidezza getönte hohe Fis auf dem letzten Wort »Lust« lassen die Schönheit des Singens noch einmal aufscheinen. Das »Suicidio« aus *La Gioconda*, vier Jahre zuvor aufgenommen, läßt eine brillant strahlende Höhe über einer gut zentrierten Bruststimme hören. Mehr noch als diese Platte läßt »Ah rebeges« aus Ferenc Erkels *Hunyadi Laszlo* erahnen, daß »nicht einmal das größte Orchester mit seinen Klangwogen ihre Stimme ertränken konnte«. Es ist die Aufnahme einer superben Virtuosa mit einer alle Grenzen sprengenden Stimme. Nordica attackiert die hohen Noten mit Feuer, bildet perfekt klingende Staccati und singt überdies einen exellenten Triller. Die Eloquenz und Schönheit ihres Singens rettet Nichtigkeiten wie »From the Land of Sky Blue Water«, »Mighty Lak'a

Rose« oder »Annie Laurie« vor den Untiefen der Sentimentalität. Ein Jammer nur, daß fast alle Aufnahmen technisch beträchtlich unter dem damals erreichbaren Standard lagen.

Magnetismus: Olive Fremstad

> Sie besitzt großen Magnetismus, eine reiche und temperamentvolle Stimme, ein warmes und ausdrucksvolles Gesicht . . . und verfügt über einen fein ausgearbeiteten dramatischen Vortragsstil und hohe Intelligenz.
> *William James Henderson über Olive Fremstad*

Die Schwedin Olive Fremstad (1868–1951) aus Stockholm, aufgewachsen im norwegischen Teil der kleinen Stadt St. Peter in Minnesota bei sehr religiösen Eltern, erhielt als Kind Klavierstunden, kam 1893 nach Berlin und nahm Unterricht bei Lilli Lehmann. Sechs Jahre lang, von 1894 bis 1900, sang Fremstad an der Oper von Köln, wo sie als Azucena in *Trovatore* debütiert hatte. Sie übernahm zunächst die tiefen Wagner-Rollen wie Ortrud, Kundry und Venus, dehnte ihre reiche Stimme aber dann zur Höhe hin so aus, daß sie 1903 als Sieglinde an der Met debütieren konnte. In einer Kritik hieß es: »Ihre Stimme ist von ungewöhnlich schöner Qualität und von großem Umfang. Vor allem die tiefen Töne haben die reiche Färbung einer üppigen Altstimme. Ihre Freiheit und Flexibilität und das Volumen der Tonemission, die Nobilität und der Schwung der Phrasierung zeigen die große Künstlerin – eine Künstlerin, die Wesen und Bedeutung von Wagners Stil erfaßt.«

Henderson bewunderte vier Jahre später ihre »gründlich studierte und poetisch konzipierte Charakterisierung« der Isolde, aber sie sang auch weiterhin Carmen, die ihre beste Rolle während ihrer Zeit in München gewesen war, wo sie zwischen 1900 und 1903 zwischen sechzig und siebzig Rollen (!) gesungen hatte. Ihr Partner in *Carmen* war Caruso, neben dem sie 1907 auch, mit weniger Erfolg, Selika in *L'Africaine* sang. Wenige Tage später war sie die Salome der amerikanischen Erstaufführung von Strauss' Oper und, nach Krehbiel, »ein Wunder, eine verführerische Tigerin, bei der aus jeder Pose Verführung sprach.« Ihre erste Isolde sang sie am 1. Januar 1908 unter dem debütierenden Gustav Mahler. Bei Toscaninis erster New Yorker Wagner-Aufführung war sie Brünnhilde in *Die Götterdämmerung*; unter dem Italiener sang sie am 14. 11. 1910 im Revival von Glucks Oper eine »superbe Armida«. Am 23. 4. 1914 gab sie, nach

Lillian Nordica *Olive Fremstad*
(Fotos: © Rubini-Records, Hove, Sussex)

Differenzen mit Gatti-Casazza, ihre letzte Vorstellung an der Met, Elsa in *Lohengrin*; aber sie wußte wohl auch, daß sie sich mit den großen und schweren Rollen vollkommen verausgabt hatte und von ihrer einst so reichen und schönen Stimme nicht mehr viel geblieben war.

Doch als sie 1911 und 1912 ihre fünfzehn Aufnahmen machte, war die Stimme in gutem Zustand. Ihre weichere Mezzo-Färbung vertrug sich auch besser mit dem Trichter, vor den sich die Diva, wie Mary Watkins Cushing in ihrer Biographie der Fremstad berichtet, nur widerwillig hatte ziehen lassen. Cushings Bericht ist einmal mehr aufschlußreich: »Die ganze Sache war einfach unglaublich. Die Sängerin kleidete sich formell, trug Hut und Handschuhe. Sie stand vor einem Vorhang, aus dem ein Trichter mit einem großen Horn aus Zinn hervorschaute. Sie mußte in das Gerät hineinsingen und wurde immer wieder gemahnt, daß sie sich bei hohen Noten so rasch wie möglich zurücklehnen mußte, während sie bei tiefen direkt in den Trichter zu singen hatte. Wenn sie, in Momenten dramatischer Spannung, diesen Vorgang umkehrte, so klang das so, als stießen Katzen ihr Liebesgeschrei aus . . .«

Während der Aufnahmen sah sie plötzlich einen Tuba-Spieler in der Tür stehen und schrie, warum er, da sie pünktlich gewesen, so spät komme und verließ die Sitzung mit dem Schwur, nie wieder aufzunehmen, woran sie sich – leider,

leider – hielt. Ihre Aufnahmen haben eine wundervolle, nur in der Höhe leicht begrenzte, dafür um so reichere Stimme bewahrt. Sie singt »O don fatale« aus *Don Carlo* im großen Stil, aber – offenbar wegen der Spielzeit der Platte – überhetzt, was die Wirkung schmälert. »Dich teure Halle« aus Wagners *Tannhäuser*, exemplarisch phrasiert, ist ein glanzvolles Memento, »Du bist der Lenz« aus *Die Walküre* wirkt überdimensioniert, gesanglich aber vorzüglich. Brünnhildes »Hojotoho« singt sie mit großem Schwung, aber auch mit starken Portamenti, um den Phrasen Bindung zu geben. Es versteht sich fast von selbst, daß man bei ihr nicht, wie etwa bei Nilsson oder Varnay, auf einen makellos ausgeführten Triller warten muß. Vortrefflich die Szene der Tosca aus dem ersten Akt und das Gebet aus dem zweiten: perfekter Gesang ohne die Grobheiten der veristischen Schule. Wie viele Diven ihrer Epoche hat auch Fremstad Lieder wie »Long, long, ago«, »Annie Laurie«, Brahms' Wiegenlied und das thüringische Volkslied »Ach, wie ist's möglich dann« aufgenommen. Und hier, wo sie mit halber Stimme und ganzer Wärme und Innigkeit singen kann, ohne den Trichter mit der Schallkraft ihrer Stimme zu sprengen, durchzieht ein Klang orphischer Trauer ihren Vortrag. Sie singt die Lieder mit wundervollem Gefühl und größter Eloquenz. Steane sieht in Fremstad eine Künstlerin vom Rang der Callas, die wegen der noch unterentwickelten Aufnahmetechnik nicht zu ihrer Chance gekommen sei.

Schmerzlicher Ausdruck: Melanie Kurt

Es ist ein veritabler Sopran von wahrhaft schöner Klangqualität und großer Kraft. Sie nahm die höchsten Töne der Partie mit Sicherheit, ohne Mühe, ohne das geringste Zaudern. Ihre Information ist von ungewöhnlicher Akkuratheit. Ein besonders erfreulicher Aspekt ihrer Kunst, die sie in der gestrigen Tristan-Aufführung entfaltete, ist die Klarheit ihrer Diktion und die Exzellenz ihrer Deklamation, die sie auf das Geschickteste mit einem wirklichen Cantabile-Stil verschmilzt, mit einem feinen Gefühl für die Formung einer Phrase, für das Setzen des dramatischen Akzents, für schmerzlichen Ausdruck.

Richard Aldrich über Melanie Kurt nach ihrem Met-Debüt als Isolde, 1915

Es geht die Geschichte, daß Gatti-Casazza während einer Dinner-Party auf die Frage, wie er einmal Olive Fremstad zu ersetzen gedenke, ein Salzfäßchen auf das Tischtuch schüttete und mit dem Finger die Namensspur KURT zog. Gemeint war die von ihm schon zwei Jahre zuvor, 1912, verpflichtete Melanie Kurt (1880–1941), Schülerin von Fanny Müller und Marie Lehmann (Schwester von Lilli Lehmann), seit 1908 Mitglied der Berliner Hofoper. Sie war bekannt geworden durch Gastspiele als Elsa und Sieglinde an der Covent Garden Opera 1910. An der Met sang sie Isolde, Brünnhilde, Elisabeth, Kundry, Fricka und Leonore, aber auch Pamina und Amelia. Wenn sie auch nicht, wie Lehmann oder Nordica, eine vollständige Sängerin war, bot sie doch, so Henderson, »die Arbeit einer meisterhaften Künstlerin«. Die Schlachtrufe der Brünnhilde habe sie »genau wie geschrieben« gesungen. Nach dem Krieg und dem zeitweiligen Wagner-Bann kehrte sie nicht mehr in die USA zurück. Sie sang fortan in Berlin, Dresden, Wien und bei den Waldfestspielen von Zoppot. Dann gab sie, bis 1938, Gesangsunterricht, bevor sie vor den Nazis in die USA floh.

Kurt besaß eine prachtvoll timbrierte, dunkle, vibrierende, dramatische Stimme mit einer glanzvoll strahlenden Höhe, die manchmal, wie bei Lilli Lehmann, relativ eng und schwingungsarm gebildet wurde (eine typisch deutsche techni-

Melanie Kurt als Kundry mit Paul Hansen als Parsifal
(Foto: © Ullstein Bilderdienst)

sche Eigenheit). Scott rühmt »die gleiche Autorität des Ausdrucks, die große Manier und, die ungenaue Attacke bei hohen Tönen statt eines sauberen Portamento-Aufstiegs«. Die Stimme ruht auf dem Fundament eines reichen Brustregisters, das der gesamten Stimme Rundung, Intensität, Fülle und Farbe gibt. Die riesigen Sprünge von Sentas Ballade – vom Fis auf das hohe G – nimmt sie mit fast vergleichloser Verve, aber die lyrischen Passagen erfüllt sie dennoch mit reichem, weichem und reinem Ton und schwingender Linienbildung. Sieglinde-Sängerinnen mit lyrischen Stimmen – wie Lehmann, Reinhardt, Müller – haben die Erzählung vielleicht liedhafter, leiser-leuchtend gesungen, doch nicht so erregt dramatisch. Brünnhildes Todverkündung für Siegmund – den fabelhaften Jacques Urlus – singt sie mit einer tiefen, dunklen, pathetischen Schmerzgebärde und makelloser Tongebung. Mit »seraphischer Reinheit« (so Robin Holloway in *Opera on Record*) singt sie auch Isoldes Liebestod, leider wegen der Spielzeit der Platte zu rasch, so daß die Musik ihre sehrende Glut nicht ganz entfalten kann. In den Szenen der Kundry (»Ich sah das Kind« und »Seit Ewigkeiten harre ich deiner«) gibt sie ein brillantes Plädoyer für einen aus dem Gesang gestalteten Wagner-Vortrag. Als Amelia muß sie einige exponierte Passagen mit Anschleifungen singen, und da die hohen Töne nicht restlos frei ausschwingen, gibt es Schmerzmomente durch eine leicht scharfe Intonation. Und dennoch: Der Vortrag hat Spannung, Autorität, Dramatik. Eine wundervolle Stimme und eine zentrale Sängerin.

Wagner-Virtuosa: Johanna Gadski

> Ein Teil davon [i. e. ihres Kopfes] ist voller Spergiuras und Traditores zum Einsatz in italienischen Partien; der andere ist voll von Schmerzen, Toden, Ungeduld und Leis-Leisem für das deutsche Repertoire; ein weiterer hat Vögel, Liebe, Flüsse, Mai-Nächte für den mittleren Westen. Und noch einer ist voll von Tauscher.
> *Algernon St. John-Brenon über Johanna Gadski*

Mit dem letzten Satz seiner witzig-lapidaren Charakteristik der aus Anklam (bei Stettin) stammenden Johanna Gadski (1872–1932) spielte der irische Kritiker des New Yorker *Telegram* auf den Ehemann der Diva an, dessentwegen die Sängerin 1917 die Met verlassen mußte: Hans Tauscher, Leutnant der deutschen Armee, war Repräsentant der Firma Krupp in den Vereinigten Staaten. Als die USA 1917 Deutschland den Krieg erklärten, ging das Ehepaar nach einer inszenierten Kampagne in die Heimat zurück. Erst 1928 sang Gadski mit einer eigenen Operntruppe wieder in den USA. Mit den anderen Sätzen beschreibt John-Brenon die außerordentliche Vielseitigkeit der deutschen Sängerin, die sich auch in der Diskographie widerspiegelt. Sie hat, nach dem Bericht von Louis Migliorini, 27 Kunstlieder, 23 Auszüge aus Opern von Wagner, vierzehn Arien und Szenen aus Werken Verdis, sechs Mozart- und sieben weitere Opern-Titel aufgenommen, ferner vier religiöse Gesänge und ein partiotisches Lied. Auch wenn diese Aufnahmen kein einheitliches Bild ergeben, ist der Klang von Gadskis Stimme nach den Aufnahmen der typisch deutschen Soprane wie Balsam. Er ist voll, weich und leuchtend; die Technik zeugt von vorzüglicher Schulung.

Gadski studierte bei Madame Schröder-Chaloupka in Stettin. Sie hatte schon mit zehn Jahren ihr erstes Konzert gesungen und gab ihr Bühnendebüt als Agathe in *Freischütz* mit sechzehn Jahren (Höslinger gibt als Debüt-Partie die Undine Lortzings an, Preiser Co) an der Berliner Kroll-Oper. Bis 1893 sang sie regelmäßig in Berlin und an kleineren deutschen Bühnen. Als Mitglied der

Johanna Gadski
(Foto: © Rubini-Records, Hove, Sussex)

Damrosch Opera Company reiste sie zwischen 1895 und 1897 durch die USA. Sie debütierte am 1. März 1895 als Elsa in der Metropolitan Opera, aber »ihre hübsche kleine Stimme« erwies sich, so urteilte der Kritiker der *Times*, als »zu klein für das riesige Auditorium«. Außerdem bemängelte er gelegentliche Intonations-Unsicherheiten. Doch in wenigen Jahren entwickelte sie sich so glänzend, daß sie 1899 sowohl an die Covent Garden Opera als auch nach Bayreuth – als Eva – eingeladen wurde. Kurz vor der Jahres- und Jahrhundertwende sang sie dann ihre erste Vorstellung als Ensemble-Mitglied der Met: Senta in *Der fliegende Holländer*. Und danach bestritt die Sopranistin mit der »kleinen Stimme« in siebzehn Spielzeiten mehr Wagner-Aufführungen als Lilli Lehmann, Olive Fremstad, Margarete Matzenauer, Kirsten Flagstad oder Birgit Nilsson – ohne je ganz die Reputation etwa von Fremstad zu erreichen. Henderson sah in ihr nur eine »hart arbeitende Sopranistin«, was ungerecht ist und zugleich etwas von den Ansprüchen des Kritikers und wohl auch des Publikums verrät. 1903 sang sie ihre erste Brünnhilde (Sieglinde war Fremstad), und diesmal schrieb die »New York Times«: »Sie [die Stimme] war voll superber Kraft, voller Leben und impulsiver Energie ... Ihre Stimme schien voller, reicher, resonanter und besser unter Kontrolle als je zuvor.«

Während des dritten Aktes stürzte sie so schwer, daß sie das Bewußtsein verlor. »Erweckt« wurde sie durch die lauten Rufe des Souffleurs, so daß sie »War es so schmählich« singen konnte. Mit einem selbst durch Schminke nicht zu kaschierenden blauen Auge sang sie wenige Tage später Aida neben Caruso. Aufschlußreich ein Kommentar in der *Sun* (1. 12. 1903) über die mühelose Durchschlagskraft ihrer Stimme: »Miss Gadski erwies sich als eine dem Tenor ebenbürtige Partnerin. Ihre Stimme wurde mit gleichwertiger Finesse geführt und gewann mit dem Verlauf des Stückes an Kraft ... Sie wahrte stets einen echten Ton, und dies trotz ihrer lebhaften dramatischen Aktion, und selbst durch die schwellenden Chöre ging für ihre entzückten Hörer kein Ton verloren ...«

In den Jahren 1905 und 1906 sang sie bei den Münchner Opern-Festspielen, 1906 und 1910, auf Einladung von Lilli Lehmann, als Pamina und Elvira bei den Salzburger Mozart-Festspielen. Die für einen dramatischen Sopran in jedem Betracht ideale Fach- und Rollenverschmelzung von Mozart- und Wagner-Partien übergipfelte sie durch Koloratur-Partien wie Anna in Boieldieus *La Dame Blanche* und Marguérite in *Les Huguenots*. Wie hoch sie geschätzt wurde, zeigt nicht nur die große Zahl ihrer Einzelplatten, sondern auch das Dutzend Duett-Aufnahmen mit Caruso, Amato, Homer, Goritz und anderen. Nur Henderson war ihr nie gewogen, sprach ihr rückblickend »die kreative Imagination einer Interpretin« ab und sah »ihre Stimme als ihr einziges Talent« an.

Das ist schwer verständlich, zumal Henderson sich nicht auf die Liedaufnahmen bezieht, die nach Ansicht von Louis Migliorini am schlechtesten gelungen sind. Der Verfasser hat nur Schuberts »Erlkönig« gehört, und das ist wenn schon keine uneingeschränkt überragende, so doch eine ausdrucksvolle und vokal teilweise brillante Aufnahme. Die Stimme strömt flutend dahin, wird bei der Phrase »Du liebes Kind« sardonisch-girrend eingefärbt und tanzt förmlich durch »gar schöne Spiele spiel' ich mit dir«, singt den Aufschrei »Mein Vater« mit gellendem Angst-Ton, und nur zum Schluß geraten ein paar Töne flacher und farbärmer.

Eine gute Auswahl von Gadskis Aufnahmen – 87 veröffentlichte und 7 unveröffentlichten Platten – bringt Preiser CO. »Porgi amor« aus *Le Nozze di Figaro* singt sie mit leuchtendem, konzentriertem und versammeltem Ton, exzellent in der Phrasierung. Noch besser findet der Autor – anders als Migliorini – die (leider gekürzte) Aufnahme von »In qual eccessi o numi ... Mi tradi quell'alma ingrata« aus *Don Giovanni* mit superben Appoggiaturen und flüssiger Phrasierung. Welch eine Virtuosa sie war, verrät die Aufnahme der Ozean-Arie aus *Oberon*, besonders der zweite Teil mit seinen heiklen Koloraturen. Das hohe C allerdings macht ihr Mühe; es klingt flackernd und unsicher. Ihre Verdi-Aufnahmen sind durchweg superb, und obwohl das Tempo von »Mira d'acerbe« – des Duetts zwischen Leonora und Luna aus dem 4. Akt von *Il Trovatore* – wegen der Spielzeit der beiden Platten (Victor 89069/70) etwas zu schnell ist, befindet sich diese Aufnahme in einer Klasse für sich. Gadskis Partner ist, wie im Duett aus dem dritten *Aida*-Akt, der grandiose Pasquale Amato. Ihre Aida muß brillant gewesen sein. Sie gehört zu den wenigen Interpretinnen, die sowohl das dramatische »Ritorna vincitor« als auch das lyrisch-meditative »O patria mia« (beide Arien sind wegen der Spielzeit gekürzt) vorzüglich gesungen hat: Nur die auf das exponierte C führende Phrase bildet sie nicht so klangvoll und expansiv wie etwa Rethberg oder auch Caballé. Sehr expressiv das Duett mit Amneris (Louise Homer) aus dem zweiten Akt und überragend das Schlußduett mit Caruso als Partner, später nur von Martinelli (annähernd) erreicht und von Rosa Ponselle überboten. Nicht ganz auf diesem Niveau, gleichwohl eine sehr gute Platte ist »Ma dall'arido« aus *Ballo in Maschera*, ausdrucksvoll und schön phrasiert, beeinträchtigt allerdings durch ein nicht ganz beherrschtes Vibrato.

Dauerhaften Ruhm sichern ihr die Wagner-Aufnahmen – einige der besten aus der akustischen Ära. Sentas Ballade aus dem *Holländer* mit ihren gewaltigen Sprüngen singt sie überwältigend: nicht nur leicht und mühelos, sondern mit vibrierendem, jauchzendem Ton und edel-reiner Abtönung im Innenteil ab »Doch kann dem bleichen Manne« (auch diese Aufnahme nicht vollständig). Über ihre Isolde hat Henderson nicht nur reserviert, sondern geradezu feindlich geschrieben: Die Aufnahmen von »Dein Werk« und des Liebestods haften vielleicht nicht in der Erinnerung wie die Platten Fremstads oder Leiders, sind aber stimmlich und stimmdarstellerisch untadelig; das gilt vor allem für die Szene vor dem Liebesduett. »Euch Lüften« aus *Lohengrin* ist eine brillante Demonstration lyrisch-leuchtenden Singens mit großem, reichem Stimmklang bei geringer Dynamik. Gadski war eine der besten Wagner-Sängerinnen der Epoche, überragend offenbar als Brünnhilde, gut als Isolde und sehr gut in den Zwischenfachpartien. Sie beherrschte sowohl die verzierten als auch die dramatischen Partien Verdis, dazu etliche Mozart-Partien, die sie, anders als die typisch deutschen Soprane, sinnlich und mit bedeutender Ausdruckskraft sang.

Belcanto-Heldentenor: Jacques Urlus

> Im ersten Akt strahlte die gesunde Stimme in den Schmiedeliedern glänzend auf. Am zufriedenstellendsten aber war sein Singen in Piano- und Mezzoforte-Passagen; die Qualität seines Tones und seines Geschmacks waren besser als die der üblichen deutschen Tenöre, die man hier gehört hat ... Im Schlußakt entfaltete er die volle Kraft seiner Stimme und sang glorios.
>
> *Pitts Sanburn über Jacques Urlus als Siegfried an der Met im Jahre 1913*

Bei seinem Met-Debüt als Tristan, drei Tage vor der oben erwähnten Aufführung des *Siegfried* (am 12. Februar 1913), hatte der holländische Tenor Jacques Urlus (1867–1935) eines der größten Fiaskos in der Geschichte der Met verursacht. Nach einem Zeitungsbericht geschah folgendes: »Größte Hoffnungen hatte man in Herrn Urlus gesetzt, der Herrn [Carl] Burrian [seit 1906 erster Heldentenor der Met] ersetzen sollte ... Herr Toscanini hatte sich, wie es hieß, sehr erfreut über den neuen Sänger des Tristan ausgelassen, und als er im ersten Akt die Bühne betrat, schien er vielversprechend. Endlich einmal sah das Publikum in der Partie einen Mann, der die Illusion des guten Ritters unter einem schlechten Stern überzeugend erfüllte. Er hatte die Statur und die Würde für einen Tristan. Er wirkte wie ein Held. Mehr noch, in der ersten Szene hatte er auch die Stimme eines Helden.« Doch schon Mitte des Aktes war er hoffnungslos heiser, und an dessen Ende drehte er dem Publikum den Rücken zu und weinte. Ersatz war nicht zur Hand. Burrian war auf der Heimreise nach

Jacques Urlus als Siegfried
(Foto: © Rubini-Records, Hove, Sussex)

Europa, und der Italiener Edoardo Ferrari-Fontana ersetzte Burrian in Boston. Urlus machte weiter, aber Johanna Gadski mußte im Liebesduett – »eine glänzende Demonstration von Nerven in Todesgefahr« – einzelne seiner Phrasen singen. Akt III wurde als Pantomime aufgeführt. Der Niederländer rehabilitierte sich rasch, und wenig später wurde er, als Partner Fremstads, Jean de Reszkes würdiger Nachfolger als Tristan und zugleich der bedeutendste Vorgänger Lauritz Melchiors. Neben den schweren Wagner-Partien sang er Florestan, Tamino und selbst Don Ottavio – und dies unter der Ägide Gattis, der genau wußte, was eine verzierte Partie verlangt.

Urlus wurde im damals deutschen, heute belgischen Herckenrath nahe Aachen geboren. Seine Eltern waren mittellose Holländer, beide musikliebend, der Vater ein leidenschaftlicher Amateursänger. Urlus spielte Kornett, mußte aber mit fünfzehn Jahren eine Schmiedelehre beginnen. Er wurde Mitglied eines Chores, sang mit 17 Jahren schon den Solopart in Haydns *Die Jahreszeiten*. Wann immer er in einer Messe eine Solopartie zu übernehmen hatte, studierte er zu Hause mit einer Stimmgabel; ein Klavier hatte er nicht. Einem Offizier verdankte er die Gelegenheit zu einem Probesingen. Doch konnte er das Angebot, am Konservatorium von Brüssel zu studieren, nicht annehmen; es fehlte das Schulgeld. Erst nach seiner Militärzeit verdiente er ein wenig Geld mit Chorauftritten. Er war bereits 27 und verheiratet, als er am 20. September 1894 als Beppe in *Pagliacci* mit der Holländischen Nationaloper debütierte. 1898 stellte er sich Bayreuth vor. Er war offensichtlich zu gut, denn er wurde nicht eingesetzt. Die Rückreise führte ihn über Frankfurt; dort erhielt er ein Fünfjahresangebot mit einer Gage von 20 000 Mark. Urlus lehnte ab, weil ihm der erbetene Dreimonats-Urlaub für Gastspiele in Bayreuth – auf die er immer noch hoffte – nicht bewilligt wurde. Er sang zunächst weiter in Amsterdam, ging dann nach Berlin und wurde durch einen Agenten nach Leipzig vermittelt. Dort war er zwischen 1900 und 1914 der erste Tenor des Hauses. Schon bald erhielt er zahlreiche internationale Angebote. Das wichtigste kam von Willem Mengelberg, unter dem er in Bachs *Matthäus-Passion* sang (Evangelist). In Leipzig debütierte er als Siegmund und sang in den ersten elf Monaten Tristan, Siegfried, Raoul, Nureddin, Walther, Samson und Oberon. Später folgten die Hauptrollen in *Carmen, La Muette de Portici, Salome, Tannhäuser, Tiefland, Fidelio, Der arme Heinrich, Aida, Der fliegende Holländer, Pagliacci, Le Prophète, Die Rose vom Liebesgarten, Trovatore, Iphigenie auf Tauris, Otello, Parsifal, Meistersinger, Samson und Dalila, Rheingold, Siegfried* und *Götterdämmerung, Tristan und Isolde, Les Huguenots, Freischütz, Cavalleria, Joseph, Rienzi, La Navaraise, Faust, La Juive, L'Africaine, Oberon, Butterfly, Louise* u. a.

Nach dem Tod des Leipziger Intendanten Staegemann übernahm Nikisch die Leitung des Opernhauses und versagte hoffnungslos. Er überließ alle Engagements dem Urteil seiner Frau, und nach fünf Monaten befand sich das Haus in einer finanziellen Notlage. In einer der letzten Nikisch-Aufführungen des *Ring* war Urlus der Partner von Lilli Lehmann, deren Musikalität und Ernsthaftigkeit ihn tief beeindruckten. Durch Mottl, der als Gast in Leipzig dirigierte, erhielt er Angebote nach München. 1908 sang er in Berlin an der Kroll-Oper und machte in dieser Zeit Platten für The Gramophone Company. 1910 debütierte er als Tristan am Covent Garden, wo er bis 1914 regelmäßig sang. Ebenso regelmäßig sang er in Mengelbergs berühmten Aufführungen der *Matthäus-Passion*, der *Neunten Symphonie* von Beethoven und von Mahlers *Das Lied von der Erde*, dessen Tenorsoli er unvergleichlich bewältigt haben muß. In Bayreuth sang er 1911 und 1912 Siegmund. Erst als seine Gesundheit nachließ, zog er sich, fast 64jährig, zurück.

Urlus war, mit einem angelsächsischen Terminus, »a singer's singer«, kein schwergepanzter Heldentenor, wie er in Schmedes seine problematische und in Melchior seine ideale Verkörperung erlebte, sondern ein lyrisch-dramatischer Sänger mit einer dunkel-fundierten, aber strahlenden und exemplarisch gemischten Stimme (Knote ähnelt ihm, erreicht ihn aber technisch nicht). Nie spreizt der Ton aus, immer bleibt die Stimme, selbst bei sorgsamster Artikulation des Textes, gut führbar. Ganz außergewöhnlich die Fähigkeit, wie er in hoher und höchster Tessitura liegende und wegen instrumentaler Intervalle heikle Partien wie den Adolar in *Euryanthe* durch eine leichte Auflichtung der Stimme (stärkere Beimischung des Kopfklanges) zu singen versteht: Man muß nur die Anstrengungen des technisch versierten Nicolai Gedda in der Arie »Unter blühenden Mandelbäumen« und die Mattigkeit seiner Vokalgebung hören, um Urlus' Meisterschaft und Virtuosität zu würdigen. Nicht weniger vollkommen seine Wagner-Aufnahmen; sie gehören zu den feinsten, subtilsten, die je gemacht wurden, und stehen schwerlich hinter denen Melchiors zurück (des Dänen Dominanz liegt weniger im Sängerisch-Technischen als in der Urgewalt des Stimmlichen). Die einzige Schwäche liegt in den manchmal eng genommenen und leicht kehligen Spitzentönen, die nicht restlos frei schwingen und nicht das intensiv-kontrollierte Vibrato einer gut schallenden italienischen Stimme haben.

Mag sein, daß allein dieser eminente Sänger in diesem Repertoire eine Vorstellung von der Technik und vom Vortragsstil Hermann Winkelmanns und Jean de Reszkes vermittelt. Der Holländer war ein Belcanto-Heldentenor, skrupulös musikalisch in der Umsetzung von Ausdrucksgesten, elegant und eloquent in der Phrasierung und musikalisch sehr genau. Worin ihn Caruso und später auch Melchior übertrafen, war die im Klang spontan ausstrahlende Expressivität, nach Strauss »die Seele der Melodie«. Urlus war – und dies bezieht sich auf den psychischen und den physischen Vorgang des Singens – versammelter, ruhiger und in sich ruhender, beherrschter, distanzierter. Anders hätte er nicht vier Jahrzehnte lang mit gesunder Stimme singen können.

Urlus hat zwischen 1903 und 1924 rund 150 Aufnahmen gemacht. Unter den Platten, die dem Verfasser zugänglich waren, befindet sich keine einzige, die nicht hohen, ja höchsten Maßstäben genügte. Soll man es als Fehler werten, daß er in den beiden Szenen des Tamino – Bildnis- und Flöten-Arie – zuweilen die harten Konsonanten weich singt oder sogar ausläßt, um dem Vortrag mehr Bindung und Fluß zu geben? Überwältigend in den Aufnahmen ist die Geschmeidigkeit, mit welcher eine Stimme von heroischem Format diese Musik förmlich vitalisiert und aus Tamino einen wirklichen Helden macht. Leider fehlt in der Aufnahme der Florestan-Arie nicht nur die orchestrale Einleitung, sondern auch der finale Allegro-Abschnitt. Urlus schlägt »Gott« mit weicher, zugleich konzentrierter Attacke an, artikuliert den Text mit ausdrucksvoller Bewegtheit und singt mit bewegender Eindringlichkeit – es ist eine der wenigen unvergeßlichen Aufführungen des Stücks, erreicht nur von der (freilich sehr extravertierten) Interpretation Helge Roswaenges und der verinnerlichten Darstellung Julius Patzaks. Als Max im *Freischütz* erreicht er zwar nicht die liedhafte Leichtigkeit eines Richard Tauber, aber die Balance von Wort und Ton, von Expressivität und Kantabilität bereitet reinstes Vergnügen. Als Manrico singt er »Ah sì, ben mio« verhaltener, verinnerlichter als die meisten Italiener und dadurch ausdrucksvoller. Der Triller kommt mit feiner Ausschwingung. Otellos Tod dürfte die ausdrucksvollste Version in deutscher Sprache sein – Pathos ohne einen Hauch von falschem Sentiment.

Die Wagner-Aufnahmen sind jedem angehenden Sänger als Lehrmaterial zu empfehlen: Sie zeigen, wie Wagner gesungen, noch einmal: *gesungen* werden, wie ein Text in einem wohl gebildeten, reinen Ton zum Ausdruck gebracht werden kann. Voller, reicher Ton, schallende Attacke, Intensität der Deklamation sind, Urlus lehrt es, vereinbar mit Legato und Kantabilität, dazu mit gestisch-plastischem Agieren der Stimme.

Seine Platten überleben nicht nur als Dokumente, sondern – dies ist selten – als Aufführungen.

Mühelosigkeit und Intensität: Heinrich Knote

> Die Aufführung des *Siegfried* gestaltete sich zum Glanzpunkt des ganzen ersten Zyklus, nicht zum wenigsten dank der strahlenden Sieghaftigkeit Knotes. Man darf es nach dieser Leistung unbedenklich sagen, daß dieser Künstler derzeit der beste Jungsiegfried ist.
>
> *Kritik in ›Die Musik‹ über Heinrich Knote, 1903*

Als der Münchner Tenor Heinrich Knote (1870–1953) an der Metropolitan Opera den Manrico sang, soll er mit der Klanggewalt seiner phänomenal umfangreichen Stimme – sie reichte mühelos bis zum D, hatte selbst das Es in Reichweite und konnte bis auf das Bass-F hinunter – selbst Caruso in Angst und Schrecken versetzt haben. Sogar Henderson rühmte ihn als den besten *lyrischen* Tenor, der seit langer Zeit aus Deutschland importiert worden war. In der Tat war der Schüler des Kantors Emanuel Kirschner ein lyrischer Sänger mit großem Volumen, der langsam ins dramatische Fach hineingewachsen ist.

Knote debütierte am 30. Juni 1892 an der Münchner Oper in der Buffo-Rolle des Knappen Georg in Lortzings *Waffenschmied.* Er sang Pedrillo, Jaquino, Monostatos, dann Belmonte und Tamino, und erst als Intendant Ernst von Possart überall und erst spät in München nach einem Nachfolger für den alternden Heldentenor Heinrich Vogl suchte, fand man Knote. 1901 sang er mit großem Erfolg am eben eröffneten Prinzregententheater.

Im selben Jahr stellte er sich am Covent Garden vor, wo er aber erst 1903 volle Anerkennung fand. Am 3. Dezember 1904 debütierte er an der Met, doch Zentrum seines Wirkens war und blieb die Münchner Oper, an der er vier Jahrzehnte lang sang. Anders als Schmedes, dessen Stimme schon 1904 auf Platten abgesungen klingt (vermutlich ein Resultat forcierten und emotionalisierten Einsatzes), blieb Knotes Stimme lange Zeit sehr frisch. Noch 1923 nahm er an der Tournee der »German Opera Company Johanna Gadski« (vgl. das Kapitel über Gadski) in die USA teil, und noch einmal sechs Jahre später war er so gut und so gefragt, daß Odeon mit dem Immerjungen neun Wagner-Aufnahmen produzierte. 1930 folgten vier weitere, die John Steane zu den besten des Sängers rechnet.

Nach Schmedes ist schon der Klang von Knotes Stimme eine Labsal: eine schlanke, glänzend fokussierte, tenoral timbrierte und doch ungemein reso-

Heinrich Knote als Siegfried
(Foto: © Sammlung Robert Lebeck)

nante Stimme mit gutem Legato, bemerkenswerter Flexibilität und guter Verblendung der Register. Nur die hohen Töne nahm er manchmal etwas eng. Aber es gibt keinen anderen Tenor, der mit vergleichbarer Mühelosigkeit – und doch mit weißglühender Intensität – durch den Poco-allegro-Teil der Florestan-Arie zu jagen vermochte; jagen ist wörtlich gemeint, weil das Tempo – Spielzeit der Platte – überzogen ist und die feine Aufführung beeinträchtigt. Manricos »Ah, sì ben mio«, in deutscher Sprache gesungen (»Daß nur für mich dein Herz erbebt«), gehört zu den besten, weil eloquenten Interpretationen; Knote führt sogar den Triller aus, und nur das interpolierte hohe B klingt leicht überladen: Das Vibrato wird zu weit, der Ton spreizt gleichsam aus. Taminos Bildnis-Arie singt er mit schöner, versammelter Tongebung, aber in den schwierigen Phasen am Schluß unterbricht er den Fluß durch unnötiges Atemfassen. Er ist sehr gut als Tannhäuser und Lohengrin, ausdrucksvoll als Tristan in seinen Phantasien (»Wie sie selig«), lyrisch-kantabel als Walther mit einem feinen Abschwellen des F bei »Fanget an«, vibrierend brillant als Siegmund und superb als Siegfried im ersten Akt mit Schwert- und Schmiedelied. Selbst die Aufnahmen des fast 59jährigen halten den Standard, sind oft sogar imaginativ wie Siegfrieds Todesszene (»Brünnhilde! Heilige Braut«), die von keinem Tenor nach dem Krieg so stimmschön und ausdrucksvoll gesungen worden ist. In Bayreuth hat Heinrich Knote nie gesungen.

> Um zu erfahren, wie Wagner gesungen werden kann, mußte das Plattenpublikum auf die elektrische Aufnahmeepoche warten und auf die großen Zeiten von Leider, Melchior, Schorr und Flagstad – so wie es, um Wagner *vollständig* aufgeführt zu hören, auf die LP-Ära warten mußte, auf Solti, Kempe und Karajan.
> *John Steane, ›The Grand Tradition‹*

Pathos ohne Pose: Frida Leider

> Mit der Musik ist nun aber eine Allmacht gewonnen, gegen welche die Dichter jener so wundervoll suchenden, strebsamen Entwickelungsepoche mit ihren Arbeiten sich doch nur

wie Skizzenzeichner verhielten. Deshalb gehören sie mir aber so innig an: sie sind mein leibhaftiges Erbstück. Aber glücklich waren sie – glücklicher ohne die Musik! Der Begriff gibt kein Leiden; aber in der Musik wird aller Begriff Gefühl; das zehrt und brennt, bis es zur hellen Flamme kommt und das neue wunderbare Licht auflachen kann!
Richard Wagner an Mathilde Wesendonck, 20. 12. 1858

Kind! Dieser *Tristan* wird was Furchtbares! Dieser letzte Akt!!! – Ich fürchte, diese Oper wird verboten – falls durch schlechte Aufführungen nicht das Ganze parodiert wird: nur mittelmäßige Aufführungen können mich retten! Vollständig *gute* müssen die Leute verrückt machen – ich kann mir's nicht anders denken. So weit hat's noch mit mir kommen müssen!! O weh!
Richard Wagner an Mathilde Wesendonck, April 1859

Wagners Wort von der Wirkung des *Tristan* ist nur scheinbar maßlos; was sich in ihm ausdrückt, ist eine romantische Unendlichkeitsvorstellung von der idealen Liebe, die sich im Leiden – im Tod aus Liebe – erlöst (*Carmen* empfiehlt sich, wie man von Nietzsche weiß, als Medizin). Wenn je zwei Interpreten, so sind Frida Leider und Lauritz Melchior dem wahnsinnigen Schmerz der vollkommenen Aufführung nahegekommen – und dies trotz quälender Unvollkommenheiten der Platten von 1929, aus denen das Liebesduett zusammengestückelt werden mußte. Die Tempi sind erratisch, nicht verwunderlich angesichts der Tatsache, daß die Teile im Mai und September aufgenommen wurden. Zudem gibt es Striche. Und doch ist zu spüren, was hätte sein können: die vollkommene Aufführung, die zu Klang gewordene Ekstase. Wie sich die beiden Stimmen, die dunkel sonore, sordinierte Melchiors und die vibrierend intensive, leuchtend offene Leiders umschlingen und mischend verbinden, geht weit über bloßen Gesangsausdruck hinaus: Es ist klanggewordener Eros. Leider selber hat die von Albert Coates wahrhaft befeuerte Aufnahme als ihre beste bezeichnet und gleich darauf die Leonoren-Arie aus *Fidelio*, begleitet von Sir John Barbirolli, angeführt – erneut eine Platte, die Maßstäbe setzt. Die Einheit von heroischem Ausdruck und Innigkeit stellt sie selbstverständlicher, unangestrengter her als jede andere Interpretin der Rolle, Lotte Lehmann eingeschlossen. Eine an die Grenze der Singbarkeit gehende Phrase, das lange und bis zum hohen H aufsteigende Melisma, geht sie mit selbstsicherer Energie und mit dramatischem Feuer an. Wie kaum eine andere Sängerin des dramatischen Fachs macht sie Wirkung allein durch die Intensivierung eines lyrisch fundierten Klangs. Sie selbst hat in einem Interview gesagt: »Um die nötige Ausdauer für

Frida Leider
(Foto: © EMI Classics)

Wagner zu erhalten und zu bewahren, studierte ich alle Piano-Stellen sehr genau. Ich konnte daher Wagner ohne Gefahr interpretieren. Auch ist der Wohllaut des Pianosingens für den Zuhörer ein weit größeres Vergnügen, als wenn er den ganzen Abend ein Einheitsforte zu hören bekommt.« Solch ein Forte in Permanenz bekam die 1888 in Berlin geborene Frida Leider, die nach dem Studium bei Otto Schwarz 1915 in Halle als Venus im *Tannhäuser* debütiert hatte, in Hamburg von Thea Drill-Oldridge zu hören. Auf einer von ihr selbst kommentierten Schallplatte (Die Goldene Stimme – Electrola hat sie sich überaus kritisch gegen den rhetorisch-pathetischen Wagner-Stil gewandt, die italienische Schulung (Tonbildung) als einzige Grundlage auch für den Wagner-Gesang bezeichnet und als Vorbild Lilli Lehmann angeführt. Sie hat überdies das Glück gehabt – oder auch die Klugheit besessen –, sich nicht auf Wagner-Rollen spezialisieren zu müssen, obwohl Hamburgs Operndirektor Dr. Löwenfeld in ihr »die größte Isolde unserer Zeit« heranreifen sah. Neben den Wagner-Partien sang sie Aida, Donna Anna und seit 1924, an der Berliner Oper, auch Leonora in *Il Trovatore* und Tosca. 1928 debütierte sie in Bayreuth und Chicago, wo sie Isolde, Venus, Leonora, Rachel, Amelia, Kundry, Marschallin und Mona Lisa verkörperte. Am 16. Januar 1933 debütierte sie als Isolde an der Met. Henderson *hörte* eine durch

Gebrauch strapazierte Stimme und *bewunderte* dennoch »die Leidenschaftlichkeit, Vielfalt und Elastizität« ihres Singens und »die unbeschreibliche Magie von sängerischem Genie«. Sie verließ die Met, weil das Management Anny Konetzni verpflichtet hatte – daß als Nachfolgerin Kirsten Flagstad engagiert wurde, war damals noch keine Nachricht. 1938 zog sie sich von der Bühne zurück, weil ihr Mann Rudolf Deman, Konzertmeister der Berliner Oper, als Jude in die Schweiz emigrieren mußte. Dank der Initiative Michael Raucheisens begann sie während des Krieges, Liederabende zu singen. Ihr letztes Konzert gab sie am 16. Februar 1946 gemeinsam mit Margarete Klose im Berliner Admiralspalast. Sie beendete ihre Karriere als Opernregisseurin. Eine *Tristan*-Inszenierung, musikalisch betreut von Wilhelm Furtwängler, antizipierte mit ihren Lichteffekten die Bayreuther Arbeiten von Wieland Wagner. Frida Leider starb am 4. Juni 1975 in Berlin.

Wenn auch keine so vielseitige Virtuosa wie ihr Vorbild Lilli Lehmann, war Leider doch eine technisch mehr als nur versierte Hochdramatische. Die schwebenden Triller, Arpeggien und das hohe Des in »In Deines Kerkers tiefer Nacht« (»D'amor sull' ali rosee«) oder den Triller in Brünnhildes »Hojotoho« führt sie nicht nur sicher, sondern makellos aus. Armidas »Ah! sie la liberté« aus Glucks *Armide*, breit und machtvoll, zudem mit imperialer Tongebung und strömendem Fluß gesungen, die Worte auf kühnen Portamenti gebildet, gehört zu den Glanzstücken der Gluck-Diskographie. Für Donna Annas »Or sei chi l'onore« wagt sie das emphatische Pathos des großen Stils, die ausladende und feurige Tongebung, die ausdrucksvollen Portamenti und Akzente durch Appoggiaturen. Ihre Verdi-Aufnahmen werden durch die Eindeutschung nicht unidiomatisch: Das Duett aus dem vierten Akt des *Trovatore* mit dem jungen Schlusnus (»Mira d'acerbe«) singt sie mit Temperament, Feuer und musikalisch beispielhaft genau. Wenig bekannt ist ihre Aufnahme von Ebolis »O don fatale«. Unter den Mezzos hat allenfalls Ebe Stignani die As-Dur-Arie mit ihrer peinigenden Tessitura so unangestrengt bewältigt wie Leider, die das Effektstück zudem mit schmerzlicher Morbidezza einzufärben versteht – eine Sternstunde des Verdi-Gesangs. In der zweiten Aida-Arie singt sie das hohe C, eingebunden in die Phrase, mit schöner Diminuierung der großen Stimme, und ihr Ton hat, aufgrund des raschen, kontrollierten Vibratos, viel Vitalität. Im Theater muß sie, etwa im Concertato des zweiten Aktes, immense Wirkung gemacht haben.

Eine zentrale Sängerin ist sie durch ihre Wagner-Aufnahmen geworden. Ausgerechnet ihnen wirft John Steane vor, daß sie sich »nicht als Interpretationen« präsentieren, sondern als supreme vokale Leistungen. Leider bringe die Worte nicht zum Leben, sei aber »superb in Linie und Ton« und überwältige durch den »thrill« der Stimme. Zugleich schränkt Steane sein eigenes Verdikt ein durch den Hinweis, daß die Produktion einer dramatischen und klingenden Stimme schon ein Akt von Interpretation sei – und als solcher überwintere Brünnhildes

Schlußgesang als Beispiel großen Singens auf der Platte. Pace, John Steane: Aber Leiders Gesang bekommt durch das beherrschte Vibrato eine tonliche Intensität und Vitalität, die beispielsweise Flagstad nie zu vermitteln wußte. Nur wurde Leiders Stimme schon in den späten zwanziger Jahren kürzer; sie verlor an Höhe, und deshalb bildete die Sängerin kompensatorisch manche Silbe nur auf einem Vokal. Die hohen B's in der Erzählung der Isolde, von Kirsten Flagstad wie Helen Traubel mühelos gehalten, verkürzt sie. Offenbar war die Stimme von Flagstad das reichere, müheloser geführte und zuverlässigere Instrument, während Leider ihre Phrasen subtiler kolorierte und nuancierter deklamierte. Beredter, gebärdenreicher und spannender als von ihr ist Isoldes Erzählung auf Platten nicht gesungen worden. Brünnhildes Schlachtruf bringt sie mit erregender Schleuderkraft, aber ohne die geringste Verspanntheit zum Klingen. Ihr Partner in dem kurzen Abschnitt aus dem zweiten Akt ist Friedrich Schorr, der sich mit majestätischer Tongebung einführt und vor allem die Phrase »Reite zur Wal« reicher singt als alle Wotan-Interpreten. Mit Melchior hat sie schon früh »Du bist der Lenz« aufgenommen, mit expansiver Phrasierung und unvergleichlich leuchtender Intensität ihrer *jungen* Stimme. Auch hier entsteht diese Intensität aus Eloquenz: aus der Balance von Diktion und tonlichem Leuchten. Das Duett »Heil dir, Sonne ... Ewig war ich« (mit R. Laubenthal) wird von eben dieser Intensität durchglüht. Anders als Flagstad, die gewiß die reichere Stimme besaß, klingt Leider nie matronenhaft, sondern erregt und ekstatisch. (Ein matronenhafter Liebestod wäre ja auch wohl eine Contradictio in adiecto.) »Starke Scheite« und Kundrys Erzählung »Ich sah das Kind«, mit der Kraft szenischer Vergegenwärtigung gesungen, kommen der Vollkommenheit so nahe, wie eine Sängerin ihr nahekommen kann – und es fällt schwer, sich für die vokal reichere Platte von 1925 oder für die nuanciertere von 1931 zu entscheiden.

Besonders zu erwähnen ist ihre Aufnahme der Rezia-Arie aus Webers *Oberon*. Das Stück ist gesangstechnisch eine wunderliche Mischung von Opera seria-Bravour und quasi-Wagnerscher Deklamation. Nur wenige Sängerinnen haben das technisch extrem anspruchsvolle Stück zu singen gewagt: Anna Bahr-Mildenburg, Helene Wildbrunn, Lotte Lehmann, Eileen Farrell, Joan Sutherland, Birgit Nilsson. Das ad libitum notierte und von Bahr-Mildenburg oder von Eileen Farrell mit kühner Attacke genommene hohe B riskiert sie nicht; und doch ist die große Arie klanglich selten reicher gesungen und schöner schattiert worden als von Leider, die vor allem den virtuosen Schlußteil mit den emphatischen »Hüon«-Rufen erregende singt, mit jenem ekstatischen »Auswerfen« der Stimme, dessen nur die Großen fähig sind. Als Kommentar der schon erwähnten Platte aus der Reihe »Die Goldene Stimme« bezeichnet Klaus Laubrunn Frida Leiders Interpretation von Schumanns »Der Nußbaum« als eine der schönsten Liedaufnahmen überhaupt. Zwar ist es bewunderungswürdig, wie leicht

Leider ihre hochdramatische Stimme führt, doch ist die Wiedergabe recht eigentlich opernhaft eingefärbt. Wir hören schöne Phrasen, aber nicht die Nuancierung großen Liedgesangs, und wenn der Autor auch ein Faible für die guten alten Portamenti hat, so wirken Leiders Gleitfahrten in dieser Aufnahme ausgesprochen anachronistisch. Kein Zweifel aber, daß Leider vor allem als Wagner-Interpretin eine zentrale Sängerin des Jahrhunderts war, vielleicht gar die eindringlichste der letzten sechs Jahrzehnte.

Opernwunder: Lotte Lehmann

Nach der großen Leonoren-Arie war ich wie von Entsetzen gepackt: Das war eine so tief-menschliche, empfindsame, natürliche und mitreißende Szene, daß einem der Puls stokken mochte ... Grandioser und humaner, detaillierter und durchdachter ist diese Leistung als die der großen Lilli Lehmann.
Anna Bahr-Mildenburg über Lotte Lehmanns Leonore

Toscanini ... wollte ihr die Angst nehmen und versuchte, ihr eine Hilfestellung zu geben. Zunächst schlug er vor, das ganze Stück zu transponieren ... Nachdem wir die transponierte Arie gespielt hatten, war der Maestro ... der Ansicht, daß das Rezitativ in der tieferen Tonart zu kurz gekommen sei, besonders die Phrase ›Da leuchtet mir ein Farbenbogen‹, die in H-Dur ärmlich klang ... Um das abzustellen und Lotte doch zu helfen, schlug Toscanini vor, das Rezitativ in der originalen Tonhöhe zu belassen und nur die Arie nach Es-Dur zu transponieren.
Erich Leinsdorf über die Salzburger ›Fidelio‹-Aufführungen 1935

Ich bin keine exakte Künstlerin. Wenn ich auf die Bühne gehe, lebe ich die Musik, und nur das zählt für mich. Technik hat mich nie beschäftigt, denn ich bin ein Instinktwesen. Wenn ich eine falsche Note singe, was soll's? Für gewisse Perfektionisten ist dies nicht akzeptabel, aber nach meiner Ansicht zählt bei einem Künstler die Expression ... Ich habe stimm-

lich, ohne Zurückhaltung, immer aus dem vollen gesungen, und ich weiß genau, daß ich teuer dafür bezahlen muß.
Lotte Lehmann 1936 in einem Gespräch mit Lanfranco Rasponi

Isolde! Was für eine Rolle! Ich verfluche mein Schicksal, daß meine Stimme nicht dramatisch und mächtig genug war, um Isolde zu singen. Vielleicht hätte ich dabei die Stimme verloren, aber es wäre mir mein Leben wert gewesen.
Lotte Lehmann in einem Brief an John Coveney

In seinem Nachruf auf Lotte Lehmann (1888–1976) hat Walter Legge geschrieben, daß ihre Bedeutung für die Geschichte des Singens so groß sei wie die Malibrans und Pattis. Pattis Singen war eine Kunst-Kunst gewesen, Vokalismus per se ohne die Gefährdung der Technik durch die Interpretation. Bei Lehmann war es umgekehrt. Ihre Technik war keineswegs perfekt. Der Atem war kurz, die Attacke hart und zuweilen mit heftigem Glottis angesetzt, die Emission des Tons in der hohen Lage angespannt, die Bildung eines schwebenden Piano nur schwer möglich. Aber sie hat aus Mängeln Tugenden zu machen gewußt, technische Widerstände in espressive Momente verwandelt. *Was* singt Agathe? »Wie nahte mir der Schlummer, bevor ich ihn geseh'n«. *Wie* singt Lehmann: »Bevor ich – *ihn* gesehn'n«. Lehmann sang nicht Töne, sondern Gebärden, nicht Phrasen, sondern Empfindungen – mit einer Intensität und Eloquenz, die sie unter den zentralen Sängerinnen zu einer Ausnahmeerscheinung macht. Sie besaß, vor allem in ihrer Jugend, eine Stimme von sinnlicher Schönheit und zugleich innigster Wärme, und es ist die Verbindung von vollkommen gebildeten Tönen und ausdrucksvoll deklamierten Worten, die ihren Vortrag lebendig macht, dringlich, leidenschaftlich und unbedingt.

Lehmann kam aus der Mark Brandenburg, einem kleinen Flecken namens Perleberg. Sie studierte in Berlin bei verschiedenen Lehrerinnen, aber erst Mathilde Mallinger, Evchen der *Meistersinger*-Uraufführung, brachte sie auf den Weg. Später nahm sie Unterricht bei Alma Schadow, die auch Elisabeth Schumann ausgebildet hat. 1910 debütierte sie an der Hamburgischen Staatsoper als zweiter Knabe in *Zauberflöte*. Sie erhielt 150 Mark, für die sie ihre Kostüme ebenso kaufen mußte wie Schminke. Es folgten Nebenrollen, all die Damen und Pagen und Dienerinnen, die das Operntheater zu bieten hat. Unter Nikisch sang sie Gutrune und Freia. Vor einer Caruso-Aufführung von *Pagliacci* sang sie in Glucks *Orfeo* die Euridice. Der Tenor, der sie aus der Gasse hörte, rief: »Che bella, magnifica voce! Una voce italiana.« Seine Bitte, Lehmann neben ihm Micaëla in *Carmen* singen zu lassen, schlug das Direktorium aus. 1911 sollte sie in der Hamburger Erstaufführung von *Der Rosenkavalier* die Sophie singen, doch ging die Rolle an die längst schon etablierte – obwohl nur gleichaltrige – Elisabeth Schumann. Als später in Wien der *Rosenkavalier* – gekürzt – unter Robert Heger aufgenommen wurde, sang Lehmann die Marschallin und Schumann Sophie. Nach etlichen Proben-Querelen mit Otto Klemperer hatte sie als Elsa ihren ersten großen persönlichen Erfolg. (Der Dirigent gab seiner Tochter später den Namen Lotte.) 1914 sang sie am Londoner Drury Lane Sophie unter Beecham, neben Siems und Hempel als Marschallin und dem jungen Michael Bohnen. Sie wurde kaum bemerkt, zumal kurz zuvor auch Claire Dux in London gesungen hatte. Im November 1914 debütierte sie in Wien und erhielt sogleich ein Engagement in das Ensemble der Kurz, Gutheil-Schoder, Jeritza, der Slezak, Piccaver und Mayr. Zwei Jahre lang hatte sie es schwer, sich durchzusetzen. Dann konnte sie Gutheil-Schoder als Komponist in der revidierten Version von *Ariadne* ersetzen. Die Titelpartie sang Jeritza, neben der sie auch die Färbersfrau in *Die Frau ohne Schatten*, die Sieglinde in *Die Walküre* und den Komponisten in *Ariadne* sang. Zwischen den beiden Diven entbrannte eine bis zu tiefem Haß gehende Rivalität. Aber wenn sie gemeinsam sangen, war das, so Walter Legge, »Manna für die Abendkasse« und »Anlaß für bis zu Handgreiflichkeiten gehenden Streit unter den Fans«. Lehmann sang neben ihren »leichten« Wagner- und den Strauss-Rollen auch Marguérite, Manon und Charlotte von Massenet, Mimi, Tosca, Butterfly und sowohl die erste Wiener Suor Angelica als auch die erste Turandot. Dabei alternierte sie mit Maria Nemeth, die nach Lehmanns

Lotte Lehmann in ›Die toten Augen‹
(Foto: © EMI Classics)

Ansicht besser für die Rolle ausgerüstet war. Sie sang ferner Maddalena in *Chenier*, Desdemona, Tatiana, Pamina, Donna Elvira und *Figaro*-Gräfin, Myrtocle in *Die toten Augen* und Marietta in *Die tote Stadt.*

Fast hysterisch erwarteten die Wiener ihre erste *Fidelio*-Leonore, die sie auf Betreiben von Franz Schalk 1927 – zum 100. Todestag Beethovens – übernahm. Sie hat die Partie dann zehn Jahre lang in Salzburg, auch unter Toscanini, gesungen (der Italiener erlaubte ihr sogar eine Transposition der Arie von E nach Es). Legge bezeichnet ihre Darstellung als die größte Leistung nicht nur ihrer Karriere; keine andere Sängerin habe Lehmann in der Partie wieder erreicht: »Sie hielt eine unglaubliche Spannung durch, vom ersten gesprochenen Wort bis zu den letzten Akkorden der Oper, brachte jede Facette des Charakters zur Geltung – seine Nobilität und Zärtlichkeit, Mitleid und Kraft, Menschlichkeit, Angst und Mut, in der Schlußszene auch ›namenlose Freude‹ ... Daß fünf grausame Takte in der Arie von einigen anderen exakter vokalisiert worden sind, ist nebensächlich: Lehmann *war* Leonore.«

In den frühen dreißiger Jahren wollte sie auch Isolde singen. Schalk ermutigte sie, auch Bruno Walter, der ihr das Orchester leise zu halten versprach. Für Wiener Aufführungen unter Clemens Krauss waren schon Termine avisiert. Doch dann hörte sie auf den Rat von Slezak und Melchior, auf die Partie zu verzichten. International berühmt wurde sie 1924, als sie zum zweitenmal an die Covent Garden Opera kam – mit Sängern wie Leider, Ivogün, Ljungberg, Melchior, Reinhardt, Schumann und Schorr. Lehmann sang Marschallin in einem superben Ensemble mit Reinhardt, Schumann und Mayr unter Bruno Walter. So groß war der Erfolg – voran der Mayrs –, daß zwei Sondervorstellungen gegeben werden mußten. Binnen vierzehn Tagen bewältigte Lehmann fünfmal die Marschallin, zweimal Ariadne und einmal Sieglinde. Bis 1936 gastierte sie regelmäßig in London: in den vorerwähnten Partien und als Eva, Elsa, Elisabeth, Gutrune, *Figaro*-Gräfin, Leonore, Elvira, Desdemona und Rosalinde. Die meisten Aufführungen wurden von Walter und Beecham dirigiert.

Sie selbst hat ihre Mozart-Aufführungen sehr kritisch-skeptisch beurteilt – was die Platten bestätigen –, denn sie hatte zwar das »leidenschaftliche Gefühl«, nicht aber die »makellose Technik«, und beides, so wußte sie, braucht man für Mozart. Das letzte Jahrzehnt ihrer Laufbahn sang sie vorwiegend an der Met: Am 11. Januar 1934 debütierte sie als Sieglinde, am 23. Februar 1945 verabschiedete sie sich in einer von George Szell betreuten Aufführung des *Rosenkavalier*. Sie brauchte eine Zeitlang, um sich in New York durchzusetzen, weil sie, so die Annahme Legges, mit zu feinen vokalen und darstellerischen Nuancen operierte. Sie hatte großen Erfolg als Sieglinde und als Marschallin, fiel aber als Tosca durch – sie entsprach nicht den Vorstellungen, die von Jeritza geprägt worden waren. Auch Rethberg war, obwohl weniger musikalisch und ausdrucksvoll, eine harte Konkurrenz aufgrund ihrer besseren Stimme. Zudem wurde Lehmanns Abgesang in New York, wohin sie erst mit 46 Jahren gekommen war, überstrahlt vom vokalen Glanz der jungen Kirsten Flagstad. Sie beendete ihre Karriere mit Liederabenden. Mit Bruno Walter hat sie noch 1954 Schumanns *Dichterliebe* und *Frauenliebe und Leben* aufgenommen. Mitgeschnitten wurde auch ihr Abschiedskonzert in der New Yorker Town Hall am 16. Februar 1951. Danach blieb sie aktiv als Lehrerin in Santa Barbara.

Anders als Patti oder Melba, die mit einer sanft aufsteigenden Luftsäule die Stimmbänder zugleich fest und fein zum Schwingen brachten, begann Lehmann ihre Phrasen mit einem »atemlosen Enthusiasmus«. Sie gab sich aus, verströmte sich, sang mit so reichem und vollem Ton, daß sie die Depots mit jähen Luftzügen füllen mußte. Sie juchzte, jauchzte – und sie japste. Elisabeths Hallenarie sang sie mit so heftiger Erregtheit, so ekstatischer Phonation, daß sie die einzelnen Phrasen nicht mehr korrekt zu verbinden vermochte. Aber was ist schon Korrektheit, wenn die Grenzen der Darstellung überschritten werden, das Gesungene zu leben beginnt, wenn der Ton glüht, die Worte vor Seelenspannung vibrieren. Sie verstand es, Phrasen zu beleben und aus jedem Wort eine Geste, einen Blick, eine Gestalt entstehen zu lassen. Ihre Sieglinde neben dem Siegmund Lauritz Melchiors in der Aufnahme des ersten *Walküren*-Aktes unter Bruno Walter wäre, selbst wenn nicht gesungen, eine glänzende Rezitationsleistung. Singend aber evoziert Lehmann eine Gestalt: Sie formt sie im Klang. Ihre Erzählung (»Der Männer Sippe«) mit der unvergleichlich modulierten Phrase »Ein Fremder trat da herein«, mit dem Klangmalen des alliterierenden »Schächer ihm schenkten zur Frau« verwandelt einen Erinnerungsvorgang in lebendiges Drama. Der Ausruf »Du bist der Lenz« oder »Siegmund, so nenn' ich dich« steigert sie zum klanggewordenen Eros.

Eros. Lehmann war eine leidenschaftliche, eine passionierte Sängerin. Toscas Gebet oder Butterflys »Eines Tages sehen wir« zeigen, daß sie die Wonnen und Schrecken der Sehnsucht, der erotischen Passion kennt. Legge schreibt, daß er von ihr »nie einen jungfräulichen Klang gehört« habe. Selbst als Evchen ist sie ein Mädchen, das die Unschuld schon vor der ersten Umarmung verloren hat. Mit ihrem Vortrag von »Dich teure Halle« gibt sie so etwas wie das vokale Psychogramm einer erotischen Hysterikerin. Selbst Elsas Monolog aus *Lohengrin* schwebt nicht als lyrisches Gebet durch die Lüfte, sondern wird zur erregten Nachtmusik. Wie nur wenige, ganz wenige konnte sie mit der Stimme lachen oder auch nur lächeln. Frau Fluths »Nun eilt herbei« ist förmlich ein Kürstück des Singens in Klangfarben, in kecken, anmutigen Gesten und einer Artikulation, die den Wortsinn in der Schwebe hält. Wenn sie, als *Fledermaus*-Rosalinde, sich gegen alle Unterstellungen verwehrt (»Mein Herr, was dächten Sie von mir«), dann mit dem Charme der großen Sünderin, die man ob ihrer Leidenschaftlichkeit und Sinnlichkeit liebt. Auch ihre Turandot – stimmlich nicht restlos frei, die Aufschwünge fielen ihrer lyrischen Stimme nicht leicht – strahlt das Ineins von Kälte und Hitze aus (allerdings: die letzten Phrasen läßt sie aus). Auch für Rezias Arie aus *Oberon*, die einen Soprano d'agilità verlangt, war sie stimmlich nicht so gewappnet wie Flagstad oder Eileen Farrell (das der Sängerin ad libitum gesetzte B am Ende des Rezitativs singt sie nicht), aber die Spannung, die freudige Erregtheit der Arie erfaßt sie wiederum in einer Klanggestalt. In Desdemonas Szene erlaubt sie sich Affektivausbrüche – Aspirierungen und Schluchzer –, die bei jeder anderen larmoyant wirken würden. Bei Lehmann sind sie reinster Leidausdruck. Auch als Lied-Interpretin war sie, selbst in lyrischen Gesängen, eine dramatische Sängerin – kein Seraph wie Elisabeth Schumann. Sie läßt nicht die Musik selber sprechen – wie Schumann, wie Hüsch, wie Pears –, sondern spricht durch die Musik, doch dies ohne den quasi-didaktischen, vorführenden Gestus eines Fischer-Dieskau. Sie hat sich, gewiß, Kurioses geleistet wie eine Aufnahme der *Schönen Müllerin*, eine dem Zyklus nicht angemessene Geschlechtsumwandlung. Aber die Aufnahme der *Dichterliebe* mit Bruno Walter, aufgenommen im Spätherbst ihrer Laufbahn, bringt ein Kaleidoskop von in Klang sich spiegelnden Emotionen. Selbst schaurige Arrangements (etwa in Schuberts »Ständchen«) können den expressiven Vortrag nicht in die Sphäre der Sentimentalität abdrängen. Den »Doppelgänger« oder den »Erlkönig«, Beethovens »Kuß« oder die *Zigeunerlieder* von Brahms gestaltet sie mit einer Kraft der gestischen Verlebendigung, die einzigartig ist – nicht nur in ihrer Epoche. Über ihre Fehler, so hat Michael Scott geschrieben, müsse man nicht reden: Sie seien so offensichtlich wie die von Maria Callas. Doch beklage man sich ja auch nicht darüber, daß die Venus von Milo keine Arme habe.

Reichtum und Autorität: Kirsten Flagstad

> Die Stimme selber ist zugleich lieblich und machtvoll [puissant]. In ihrem tiefen Register ist sie bewegend warm und reich und expressiv, und gestern erinnerte sie wehmütige Wagnerianer an die unvergleichliche Magie der Olive [Fremstad], der Unsterblichen.
>
> *Lawrence Gilman nach dem Debüt Kirsten Flagstads an der Met am 2. Februar 1935*

An die Met kam gestern eine neue Sängerin, die einen unmittelbaren und unwiderstehlichen Eindruck beim Publikum hinterließ. Keine Sieglinde der letzten zehn Jahre [und dazu gehörten Maria Müller, Elisabeth Rethberg, Maria Jeritza, Florence Easton, Grete Stückgold, Gertrude Kappel, Elisabeth Ohms, Dorothee Manski und Göta Ljunberg] hat hier solchen Eindruck hinterlassen – durch Stimme, durch Bühnenpräsenz, Intelligenz und dramatische Wahrhaftigkeit.
Olin Downes in der ›Times‹ nach demselben Ereignis

Nach meiner Ansicht stand sie um Welten jenseits und über allen anderen Sängern, die ich je gehört habe. Ihre Stimme war einzigartig in ihrer Grandeur und Flexibilität. Nach einer heroischen Phrase konnte sie die nächste mit erschütternder Sanftheit bilden, so, als könnte der feinste Tonfaden jeden Moment reißen – was er nie tat.
Lanfranco Rasponi über Kirsten Flagstad

Ich war überwältigt vom Volumen dieses Instruments, von der Schönheit des Timbres.
Germaine Lubin über Kirsten Flagstad

Das lyrische Timbre ihrer Stimme verbarg deren große Kraft. Es war keine dunkle, dramatische Stimme, aber ihre Kraft war immens. Ich erinnere mich, wie ich eines Abends mit ihr hinter der Bühne herumscherzte, wobei jeder versuchte, lauter zu singen als die andere. Ich merkte, daß ich eine Spur oder so unter ihrem Volumen blieb. Nie zuvor hatte ich diese Empfindung kennengelernt.
Rosa Ponselle über Kirsten Flagstad

Der Dirigent und Sänger-Coach Edwin McArthur, der alle bedeutenden Wagner-Sänger zwischen 1925 und 1945 gehört, begleitet und trainiert hat, schrieb in *Flagstad, a Personal Memoir* über die Norwegerin Kirsten Flagstad (1895–1962), daß er nie zuvor eine so wenig glamouröse Primadonna erlebt habe wie die Wagner-Diva. Er bezeichnete sie als »plain« und unfähig, die Rolle der berühmten Frau zu spielen. Und wie sie, nach dem Bericht vieler Kritiker, als Darstellerin weniger auf eine dramatische Situation reagierte und sich von ihr entzünden ließ, sondern eine in sich selber ruhende Persönlichkeit ausdrückte, steckte in ihrem Singen ein Hauch von »dormancy« (Pleasants), von einem »Schlafzustand«. Auch Ponselle betonte, daß Flagstad trotz ihres überragenden sängerischen Könnens nie so fesselnd war wie Frida Leider oder Lotte Lehmann. Pleasants meint, daß sie erst durch die Ansprüche einiger der schwierigsten Partien – Sieglinde, Isolde, Brünnhilde, Kundry und Leonore – aus einer gewissen Lethargie gerissen worden sei. Die Schleusen für die Klangwogen, mit denen sie ein Wagner-Orchester oder auch, so noch einmal Pleasants, die Intensität eines Melchior überschwemmen und beantworten mußte, hat sie offenbar in den ersten zwei Jahrzehnten ihrer Karriere nicht geöffnet. Aber sie hat noch vier Jahrzehnte nach ihrem Debüt eine ihrer größten Aufnahmen gemacht: Isolde unter Furtwängler. Dies nicht nur mit den schönen Resten ihrer Stimme, sondern einem immer noch immens reichen Sopran. Walter Legge hat den Ruhm der Aufnahme – auch den Flagstads – allerdings ein wenig mit dem Hinweis vergiftet, daß Schwarzkopf einige hohe Töne für die Kollegin gesungen habe (welche, das müsse noch entdeckt werden).

Flagstad kam aus einer Musikerfamilie, spielte früh Klavier, sang Lieder von Schubert, bekam die ersten Gesangslektionen von ihrer Mutter und dann von Ellen Schytte-Jacobsen. Mit dreizehn hatte sie die Partie der Elsa studiert, mit vierzehn Aida: »Ich war mit einer schon plazierten Stimme geboren.« Sie war 18 Jahre alt, als sie Nuri in *Tiefland* sang, neben dem Pedro des großen Vilhelm Herold. Dann setzte sie in Stockholm ihre Studien bei Albert Westwang und Gillis Bratt (Lehrer von Ivar Andrésen und Joseph Hislop) fort. 1914 sang sie einige wenige Aufführungen, nach dem Krieg folgten *Bohème, Carmen, Ballo, Faust, Rodelinda, Pagliacci, Euryanthe*, durchweg in norwegischer Sprache. Sie hatte rund 75 Rollen gesungen und eine Bühnenerfahrung von zwei Jahrzehnten, als sie 1932 ihre erste Isolde sang. Der Marke der Aufführung, Alexander Kipnis, rühmte ihre Qualitäten und sorgte damit für das erste Bayreuther Engagement 1933. Sie sang Ortlinde und die dritte Norne. Ein Jahr später folgten Sieglinde und Gutrune. Ein Stimmen-Scout der Met hörte sie und arrangierte ein Probesingen vor Gatti-Casazza in St. Moritz, der Flagstad in einem kleinen Hotelzimmer hörte und gar nicht merkte – nicht merken konnte –, was für eine Stimme da bereitstand, die Nachfolge der eben abgetretenen Frida Leider anzutreten. Auf das erfolgreiche Debüt folgte wenig später »eine transzendental schöne und bewegende Verkörperung« (Gilman) der Isolde. Flagstad lernte in kürzester Zeit die erste und dritte Brünnhilde, dazu die Kundry, und galt alsbald als Rara avis in den Wagnerschen Wäldern. Sie teilte sich die Partie der Sieglinde mit Lehmann, Kappel, Müller, Rethberg und Traubel; Brünnhilde mit Kappel, Easton, Konetzni, Lawrence; Elisabeth mit Lehmann, Ljungberg, Jessner und Traubel; Kundry mit Kappel; Isolde mit Kappel, Konetzni und Easton – und behauptete länger als ein Jahrzehnt den ersten Platz, vielleicht eben wegen dieser Konkurrenz, die ihr keine »dormancy« erlaubte. Sie hatte zudem das Glück, in Melchior einen ebenbürtigen Partner zu finden – wenngleich der Däne zusammen mit Leider inspirierter und glutvoller gesungen hat. Flagstad-Melchior-Abende waren in den dreißiger Jahren die großen »box office draws« der Metropolitan Opera, für die Wagner gleichsam zur stärksten Säule im Repertoire geworden war (was sich durch die Zeitläufe ändern sollte).

Am 18. Mai 1936 debütierte Flagstad als Isolde (neben Melchior, Kalter, List und Janssen unter Reiner) an der Covent Garden Opera, ließ die Brünnhilden folgen, holte sich wenig später die Lorbeeren auch in Wien und bewältigte über 100 Aufführungen pro Jahr. Der Krieg unterbrach ihre Karriere. Seit 1941 lebte sie in Norwegen. Nach dem Krieg mußte sie, der Kollaboration mit den Nazis bezichtigt, eine schwere Zeit überstehen. 1947 sang sie ihr erstes Konzert in Cannes, ertrug mit leidender Gelassenheit einige unsägliche Kampagnen, ging wieder an die Covent Garden Opera (1948–1951), sang 1949 und 1950 in Salzburg die Leonore, 1952 an der Met Glucks Alceste und machte, ganz am Ende ihrer Karriere, einige Aufnahmen für EMI und Decca: John Culshaw berichtet in seinen Büchern (*Ring Resounding* und *Putting the Record Straight*), daß ihr Ruhm genutzt wurde, um die junge Langspielplatte zu »promoten«.

Handeln wir, »there has never been a perfect singer«, von ihren Grenzen, die Fehler zu nennen ein Fehler wäre. Es sind Grenzen der Darstellungs- und der Ausdruckskraft, zuweilen auch, vor allem in späteren Aufnahmen, die des »Einschwingens«: Sie attackiert nicht ins Zentrum des Tons, sondern geht ihn mit einem Scooping an. Das wiederum beeinträchtigt die Genauigkeit der sprachlichen Diktion und damit der musikalischen Artikulation. Folge ist ein gewisser Mangel an Prägnanz in der dramatischen Darstellung: Flagstad ist zwar nie kühl – dazu ist die Stimme zu reich –, aber kaum je passioniert und eloquent: Sieglindes »Der Männer Sippe« rezitiert sie wie einen Prosa-Text, während Lotte Lehmann die Szene mit allen Mitteln klangmalerischer Farbigkeit und sprachlicher Suggestivität *lebt.* (Flagstad wird der Satz zugeschrieben: So wie Lehmann sich mit Siegmund aufführe, dürfe sich eine Frau nur mit ihrem Ehemann benehmen.) Wenn je eine Sängerin, so hat Flagstad den Satz Stendhals widerlegt, daß jeder große Sänger ein Geschöpf der Nerven sei – sie konnte sich auf die Stimmbänder verlassen wie ein Athlet auf seine Muskeln.

John Steane hat in seinem Buch die Frage gestellt, ob Flagstad unter großen Dirigenten inspirierter gesungen habe als in ihren sonstigen Aufnahmen, oder ob dieser Eindruck nicht durch die Summe von Stärken entstehe wie bei der Aufnahme von *Tristan und Isolde* unter Wilhelm Furtwängler – seit dreißig Jahren als maßstäblich gerühmt. Überhören wir die Petits riens, die blasse Brangäne (Blanche Thebom) und den rauh-unsteten Marke (Josef Greindl) – es bleibt die in ihrer Geschlossenheit und ekstatischen Dramatik fesselndste Einspielung. Flagstad singt, vor allem in der tiefen und mittleren Lage, mit großer Wärme und spürbar engagiert, ist aber im ersten Akt nicht so furios und stürmisch wie Mödl unter von Karajan (Bayreuth, live 1952) oder Helena Braun (Knappertsbusch, live 1950). Die Norwegerin ist keine agierende Isolde und aus diesem Grunde ausdrucksvoller im zweiten und dritten Akt, wo sie Wirkung allein mit ihren reichen Mitteln machen kann. Eine Passage wie »Was hältst du von dem Knechte« singt sie ohne herausfordernde Attitüde, in die »Nacht der Liebe« hingegen sinkt sie mit hingebungsvoller Bereitschaft. In Ludwig Suthaus hat sie keinen strahlenden, keinen heroischen, aber einen sensibel-ausdrucksvollen Partner. Ihre Studio-Aufnahme des Liebesduetts mit Melchior wirkt, im Vergleich, nicht nur unbeteiligt und lethargisch, sondern auch auf Grund einer übermäßig trockenen Akustik fahl. Von größter Bedeutung ist hingegen der vollständige Mitschnitt des *Ring* vom März und April 1950 (4., 9., 22. März und 4. April) in Mailand unter Furtwängler mit Flagstad in den drei Brünnhilden-Rollen (Treptow als Siegmund, Svanholm als junger und Lorenz als später Siegfried) – nicht zu verwechseln mit der Furtwängler-Aufnahme (1953 in Rom aufgenommen), die von der EMI herausgebracht wurde (dort sang Mödl Brünnhilde).

Daß die Produktion mit beträchtlichen Fehlern, Schwächen und Unebenheiten daherkommt, muß erwähnt werden. Aber eben auch mit der Brünnhilde Flagstads – leider schon im Alter von 54 Jahren, in dem man die Strapazen einer langen Bühnenaufführung eher bekämpft als bewältigt. Der Kampf spielt sich in Passagen ab, in denen die Stimme in die Lage über dem System aufsteigen muß. Sie erklingen scharf, manchmal schrill, durchweg mit schlechter Attacke (jenem Scooping) und etlichen Tönen unter der notierten Höhe. Und doch, sie singt die Partie mit imponierender Autorität, berückend in vielen lyrischen Momenten und emphatisch in den heroischen: Es ist die Amplitude des vokalen Ausdrucks und der Klanggebärde, die den Rang der Wiedergabe bestimmt. In ihrer ersten Aufnahme von »Starke Scheite« (17. Oktober 1937 unter Eugene Ormandy) begnügt sie sich mit der reichen Klangentfaltung – im Vergleich zu ihr lodern Leider, Traubel oder Marjorie Lawrence mit dem verzehrenden Feuer, in dem Brünnhilde aufgeht. In einer späten unter Furtwängler vom März 1948 entfaltet sie die Gebärden dieses Gesangs, freilich nicht mit plastischer Artikulation.

Alle Sammler-Anstrengungen wert ist ein Live-Mitschnitt von Beethovens *Fidelio* unter Bodanzky aus der Met: Flagstad singt die Musik der Leonore mit einer überflutenden Wärme, Schorr als Pizarro brilliert mit der Musikalität und Energie seines dramatischen Singens, während der dickliche Ton René Maisons nicht so angenehm ist. Orchestral noch besser, vokal in einigen Partien schwächer ist eine von Bruno Walter betreute Aufnahme von 1941: zwei bedeutende Flagstad-Dokumente und der Beweis dafür, daß ihr Temperament vom Dirigenten geweckt werden mußte. Das ist Hans Knappertsbusch 1957, als er den ersten und dritten Akt der *Walküre* aufnahm, nicht gelungen: schwer zu begreifen, daß solch eine matronenhafte Sieglinde das Wälsungenblut zum Blühen gebracht haben soll. Immer aber überwältigt sie – und da muß man kein Material-

Fetischist sein – den Hörer durch den Reichtum des Klangs; und es ist durchaus nicht falsch zu sagen, daß ihre Stimme beim Altern nicht nur älter geworden ist, sondern auch reifer und üppiger.

Sie hat einige schätzenswerte Lieder-Platten mit Werken von Beethoven, Schubert, Sinding, Wagner und Strauss (*Vier letzte Lieder*) gemacht. Strauss hat offenbar Flagstad gebeten, die erste Aufführung der *Vier letzten Lieder* zu singen. Es existiert ein Mitschnitt vom 22. Mai 1950 aus der Royal Albert Hall unter Wilhelm Furtwängler. Es ist eine Aufnahme mit den Tücken der damaligen Technik, einem verwackelten Schlußakkord in »Beim Schlafengehen«, Dropouts in »Im Abendrot« (wo die Schlußtakte fehlen) und atmosphärischen Störungen, wie sie bei Radioübertragungen (Mittelwelle) auftreten. Dennoch ist dies eine Aufnahme hors catégorie, weil die Norwegerin diese Lieder in einem größeren Maßstab darstellt als jede andere Interpretin. Sie singt zum Beispiel »Frühling« schon gleich zu Beginn dank ihrer expansiven tiefen Lage ausdrucksvoller als alle anderen Interpretinnen. Daß sie das H vermeidet, ist erträglich – vielleicht sogar besser als die Transposition, die Schwarzkopf vornimmt. Geradezu berauschend die Unendlichkeit der Eröffnungsphrase im »Abendrot«, konzipiert als klangliches Komplement zum Orchesterklang der Einleitung. Furtwängler wählt fließende Tempi und gibt der Musik dadurch eine Dringlichkeit und Spannung, wie sie nicht wieder erreicht worden sind. Schwarzkopfs Alternative – und auch die ihres Dirigenten George Szell – heißt Sophistication und Nuancierung bis ins manieristische Detail. Erwähnenswert sind eine technisch versierte Aufnahme von Beethovens »Ah! Perfido!« unter Ormandy von 1937, eine gelöst-brillante von »Ozean, du Ungeheuer« und die *Wesendonck-Lieder* mit Gerald Moore am Flügel.

Der große Däne: Lauritz Melchior

> Melchiors Stimme ist ungewöhnlich robust und zeitweilig über alle Maßen schön, obwohl nach meinem Eindruck Kraft ihre wichtigste Qualität ist, nicht sinnliche Schönheit; er macht eine schöne Phrase durch die reine Qualität seiner Stimme nicht noch schöner ... Jeder, der Lotte Lehmann oder Maria Olszewska nur zwanzig Takte hat singen hören, weiß, wovon ich spreche – die Feinheit eines musikalischen Gedankens nicht einfach als Feststellung einer musikalischen

Tatsache, sondern als eine Tatsache, deren gedankliche Durchdringung den Sänger in Ekstase versetzt.
Ernest Newman 1926 über Melchior

Als Darsteller hat er sich zum nicht Wiedererkennen verändert ... Sein Tristan war nicht nur nobel; er hat eine seltsam spirituelle Qualität selbst in Augenblicken der Raserei.
Ernest Newman 1931 über Melchiors Tristan.

Heldentenöre werden *nicht* geboren – sie werden gemacht.
Lauritz Melchior

Je genauer er Wagner kennenlerne, so hat sein Biograph Ernest Newman über dem Studium der *Tristan*-Partitur gesagt, »desto überzeugter bin ich, daß er der größte Künstler-Geist ist, den die Erde je gesehen hat«. Der Monumentalität und Maßlosigkeit seiner theatralischen und musik-dramatischen Konzeption entsprechen Wagners Forderungen an die Sänger. Diese Forderungen sind mit jener Art von Bewältigung, die Newman als »Feststellung einer musikalischen Tatsache« bezeichnete, bei weitem nicht erfüllt – obwohl die meisten Wagner-Sänger weit entfernt sind von der Realisation der musikalischen und vokalen Tatsachen. Wagner trieb seine Sänger zwar nicht, wie oft Verdi, in die Ecke (der eigenen Stimme), sondern legte die Tessitura in den mittleren Stimmbereich. In dieser Lage müssen vor allem die Sänger der großen Partien – Wotan, Sachs, Gurnemanz, aber auch Waltraute – endlose deklamatorische Passagen singen und sich singend über große, heute notorisch zu laute Orchester hinwegsetzen. Der Sprechgesang ist das dazu denkbar untauglichste Mittel; er hat nur zu grob und grell deklamierenden und schrill schreienden Stimmen mit rauher Tongebung, unkontrolliertem Vibrato oder sogar heftigem Tremolo geführt, die einem wenn schon nicht den Komponisten, aber die Aufführungen seiner Werke verleiden können. Noch größer sind Wagners Ansprüche an die Ausdrucksfähigkeit seiner Interpreten. Der berühmte Brief an seinen Pariser Tannhäuser – Albert Niemann – vom 21. Februar 1861 ist nicht nur eine subtile sängerische Dramaturgie und Regieanweisung, sondern ein mit allen (auch erpresserischen) Mitteln der Seelenkunde untermauerter kategorischer Imperativ zur sängerischen, zur seelischen *Selbstaufopferung*. Mehr noch als jeder Hörer muß derjenige Interpret, der sich Wagners Ansprüche zu erfüllen vornimmt, verrückt werden: Momente wie »Amfortas, die Wunde« oder die Klagegesänge des Leidensmannes selber, Tristans Fieberekstasen und Sentas Seelenzustände, Tannhäusers Bekenntnisse und Brünnhildes Exaltationen verlangen, wie Frida Leider sagte, »übermenschliche« Kraft und Ausdrucksfähigkeit.

Wenn es je einen Sänger nach den Dimensionen von Wagners romantisch-maßloser, weil grenzüberschreitender Einbildungskraft gegeben hat, dann den aus Kopenhagen stammenden Lauritz Melchior (1890–1973). »Der große Däne«, wie Cosima Wagner ihn nannte, hat, mehr als selbst Caruso, die Grenzen ins Utopia versetzt: Definiert man den Begriff »Heldentenor« nach den von ihm gesetzten Maßstäben, so gibt es in diesem Jahrhundert keinen anderen Heldentenor. Nie zuvor hat es, schreibt Michael Scott, »solch eine machtvolle Tenorstimme gegeben, so dunkel timbriert und zugleich so brillant, und bis heute hat er keinen Nachfolger gefunden. Wenn wir seine Platten mit denen aller anderen Heldentenöre vergleichen, von richtigen und sogenannten, so bewältigt Melchior das, was sie nur teilweise und unter Aufbietung aller Geschicklichkeit schaffen, mit beiläufiger, fast unverschämter Leichtigkeit.«

Mit dem Hinweis auf ein Wunder der Natur – Francis Robinson, langjähriger Assistant Manager der Met und ein großer Connaisseur des Singens, verglich ihn mit den Niagara-Fällen – ist es jedoch nicht getan. Melchior (eigentlich Lebrecht Hommel) mag die dramatische Stimmanlage – ein physisches wie ein psychisches Talent – von Natur aus besessen haben, aber auch er mußte sich das Stehvermögen – in der Sängersprache: Stamina – erarbeiten. Er begann seine Ausbildung bei Paul Bang in Kopenhagen. Der Lehrer hielt ihn, durchaus nicht verwunderlich, für einen Bariton. Melchior debütierte am 2. April 1913 als Silvio in *Pagliacci*. Nach zwei Jahren mit kleineren Bariton-Rollen in *Carmen, Traviata, Freischütz, Parsifal, Tannhäuser* und *Rosenkavalier* sang er während eines Gastspiels in Schweden neben der amerikanischen Altistin Charles-Cahier den Luna, und sie, eine Schülerin von Jean de Reszke, hörte den tenoralen Stimmkern im dunklen Klangmantel seiner Stimme. Bei Vilhelm Herold (1865–1937, auf einigen seltenen G&T- und Pathé-Platten zu hören) begann er mit der Umschulung; doch nach seinem ersten Tannhäuser wurde er gleich wieder in die tiefere Lage versetzt.

Er ergriff die erstbeste Gelegenheit, nach London zu reisen und Sir Henry Wood vorzusingen. Der Schriftsteller Hugh Walpole, der ihn bei einem »Promenade Concert« hörte, trieb Geld für weitere Studien auf, die Melchior zu Victor Beigel in London, Ernst Grenzebach in Berlin, Anna Bahr-Mildenburg in Bayreuth und Hermine Kittel in München brachten. Bahr-Mildenburg führte ihn in Bayreuth ein, wo er 1924 – bei den ersten Festspielen nach dem Krieg – Siegmund und »den größten Parsifal« (Cosima Wagner) sang. Im selben Jahr sang er Siegmund in London. In Bayreuth arbeitete er weiter mit dem Tenor Erik Schmedes, dem Dirigenten Karl Muck und Cosima Wagner. 1926 kam er durch Artur Bodanzky an die Met und debütierte als Tannhäuser. Henderson schrieb mit milder Ironie, daß er von der Audienz beim Papst in besserer Verfassung wiederkam, als er den Sängerstreit auf der Wartburg verlassen hatte; er hörte nicht nur ein »distinkt baritonales Timbre«, sondern auch einen eingeengten, »gepreßten Klang« (»constricted sound«). Erst im letzten Akt seien »die Ecken der Stimme von Samt« abgedeckt worden. Sein Debüt ging unter im Rummel um das von Marion Talley, die schon fast vergessen war, als der Däne seinen ersten Tristan sang.

Es war der Beginn einer unvergleichlich brillanten und zugleich einmalig beständigen Karriere. In den Jahren zwischen 1926 und 1950, die er an der Met unter Vertrag war, sang er 498 Wagner-Aufführungen und einmal den Otello. Er hat nur dreimal abgesagt, in seinem gesamten Sängerleben nur vierzehnmal. Sein Repertoire war nicht schmal, aber eingegrenzt auf dramatische Rollen. Zwischen 1924 und 1952 hat er 13 Partien gesungen: Siegmund (183), Lohengrin (106), Parsifal (81), Tannhäuser (144), Siegfried (128), *Götterdämmerungs*-Siegfried (107), Radames (25), Otello (31), Canio (21), Florestan (9), Turiddu (5), Samson (3), Jean in *Le Prophète* (11). Zu diesen 854 Aufführungen kommen rund 1500 Konzerte.

Gegen den Vortrag Melchiors ist von anderen Sängern eingewandt worden, er sei nur ausladend laut gewesen. Ein absurder Vorwurf. Der Koloß aus Kopenhagen hat nicht nur durchweg lyrischer gesungen als, beispielsweise, Erik Schmedes, Ernest van Dyck, Carl Burrian und Max Lorenz, sondern auch als Franz Völker, Wolfgang Windgassen oder James King. Der zweite Vorwurf kommt von einigen Dirigenten, unter ihnen Georg Solti und Leonard Bernstein, die ihm Nachlässigkeiten vorgeworfen haben: die Nichtbeachtung von Notenwerten, das Voreilen, die ungenaue Ausführung von Triolen. Nun können sowohl Solti als auch Bernstein nur als ganz junge Dirigenten mit einem bereits über 50jährigen Melchior gearbeitet haben. Meistens haben sie *dann* Mängel Melchiors in Erinnerung gebracht, wenn der Däne gegen die Sänger ihrer eigenen Aufnahmen ausgespielt wurde. Diese Sänger aber waren selbst in ihren lichtesten und leuchtendsten Momenten um Klassen schwächer und schlechter als Melchior, dessen Nachen ohne Schwanken über die riesigsten Orchesterwogen glitt. Und was Melchiors Musikalität angeht: Sein Legato war so makellos wie das eines Belcanto-Sängers, seine Intonation sehr zuverlässig, die Beachtung der Notenwerte (jedenfalls in Studio-Aufnahmen) nicht nachlässig, und obwohl er eine riesige Stimme zu manövrieren hatte, führte er – etwas in *Lohengrin* – Ziernoten (Schleifen und Vorschläge) mit exemplarischer Leichtigkeit, ja mit Finesse aus. Selbst als er in den vierziger Jahren, als über 50jähriger, Konzerte mit Toscanini gab, war nur die Textur der Stimme dicker geworden, so daß die metallische Höhe nicht mehr ganz harmonisch mit dem Körper der Stimme verbunden war. Aber der Klang war intakt, die Beweglichkeit für die musikalische Darstellungsfähigkeit vorhanden. Wie finden sich die Kritiker dieser »Fehler« Melchiors, so sei rhetorisch gefragt, mit den flackrigen Aufnahmen eines

Max Lorenz, den tremolierten von Hans Hopf, den verschatteten von Ramon Vinay, den rissigen von Jon Vickers ab – nicht zu reden von den verquälten Versuchen von Steuermann-Tenören an Siegfried und Tristan?

Melchiors Stimme hat fast vier Jahrzehnte lang funktioniert, zwischen 1920 und 1945 (fast) vollkommen. Sie hatte kraftvolle, baritonale Resonanz und einen Ton von unvergleichlicher Leuchtkraft, Intensität und Vitalität. Wenn ein Sänger, so ist er dem »Einregister« (Franziska Martienssen-Lohmann) nahegekommen. Es gibt nicht einen einzigen schwächeren Ton in der Skala, selbst in der Bruchlage nicht; es gibt nicht einmal ungenügend (matt oder flach) gebildete Vokale an den Schaltstellen der Stimme. (Bei vielen Tenören werden, um nur ein Beispiel zu geben, in der Übergangslage helle und mittlere Vokale eingedunkelt, oder sie klingen flacher.) Melchior hatte so etwas wie einen inneren Sinn für Legato, für die Bindung und Formung einer Phrase, und immer ging bei ihm, der Forderung Wagners entsprechend, das Singen aus dem Sprechen hervor. Er brauchte nie, um Blochs Formel zu paraphrasieren, vom Schrei herunter, weil er nie auf den Schrei kam – selbst wenn er, wie bei der *Walküre*-Aufführung mit der debütierenden Astrid Varnay am 6. Dezember 1941, den ersten Akt durch endlos gehaltene Wälse-Rufe beträchtlich verlängerte. So abgesichert, rund und klingend war seine Tongebung, daß er selbst im unteren Viertel der Stimme ein resonantes Parlando singen konnte. Seine Stimme geriet nie ins Schlingern; sie wurde mit unerschütterlicher Sicherheit durch die Musik geführt.

Der erste Eindruck der Stimme ist ein Anschlag auf unsere Sinne. Die Wälse-Rufe und die den ersten Akt beendende Phrase Siegmunds (»So blühe denn, Wälsungenblut«), die Marcati im Schmiedelied des Siegfried, die Rasereien Tristans erklingen mit weißglühender Intensität. Man hört und erlebt die Musik im Klang, hat nie – wie sonst immer – den Eindruck eines unerfüllten Restes. Beim zweiten und genaueren Hören wird der Hörer noch reicher beschenkt. Melchior singt mit einem leuchtenden, besser vielleicht: tragenden und duftigen Piano. Lohengrins Abgang aus der Brautgemach-Szene (»Sie vor den König zu geleiten, schmückt Elsa, meine süße Frau; dort will ich Antwort ihr bereiten, daß sie des Gatten Art erschau«), mit gleichsam erstickender Stimme gesungen, oder Otellos verzweifeltes »den Spiegel meiner Wonne schlug man in Stücke« gehören zu den größten Augenblicken lyrischen Singens: die Passage aus dem *Lohengrin* korrekt *sprach*melodisch, die aus dem *Otello gesangs*melodisch behandelt. Phrasen wie »Nun weißt du, fragende Frau, warum ich Friedmund nicht heiße« aus *Walküre* mit den bewußten Stockungen bei den verschatteten Worten »nicht heiße« oder »O König, das kann ich dir nicht sagen« und »Wie sie selig« kann, wer sie je erlebt und erlitten hat, nicht vergessen. Melchiors Gesang schafft, jedenfalls für das Ohr eines mit Innervation begabten Hörers, Gestalten, die sich dem äußeren und inneren Sinne mitteilen.

Und so gut wie nie begnügt er sich nur mit einer Wiedergabe; er gibt immer eine Aufführung, stellt dar, drückt aus. In Siegfrieds Erzählung und Tod »Mime hieß ein mürrischer Zwerg« sieht man förmlich den erzählenden und den in der Erinnerung versunkenen (also nachlebenden) Siegfried so plastisch, wie man es auf der Bühne nie könnte. Mit betörendem Lyrismus singt Melchior »Brünnhilde, heilige Braut«, mit schneidender Energie »neu zu schweißen zum Schwert« oder »Wollt er den Tarnhelm gewinnen – Walter der Welt«; gegen das lyrischleise »Auf den Ästen saß es und sang« und »schlafend ein wonniges Weib« steht das erotische Fieber der Phrase »wie mich brünstig da umschlang der schönen Brünnhilde Arm«. Die jähe Intensivierung des Vortrags übersetzt in den Klang, daß hier Erzählung nicht erinnert, sondern Gegenwart schafft: den selbstvergessenen Moment, in dem allein Hagen Siegfried erschlagen kann. An dieser Stelle steht, als Szenenanweisung, daß Siegfried die nächste Phrase »mit glanzvollem Augenaufschlag« darzustellen habe: »Brünnhilde, heilige Braut.« Melchior versteht das richtig: Er *singt* den Augenaufschlag.

Mit der gleichen Gestaltenfülle evoziert Melchior die Träume und Rasereien Tristans im dritten Akt des Dramas – »die alte Weise« hat nie wehmütiger, nie schwermütiger, nie hoffnungsloser geklungen – und kein Kurwenal betroffener als Herbert Janssen. Oder die Romerzählung, die er dreimal aufgenommen hat: schon 1924 (vollständig) mit dramatischer Meisterschaft und Nuancierung. Eine Phrase wie »Da ekelte mich der holde Sang« muß er nicht, wie Wolfgang Windgassen, mit grell-gequetschter Tongebung ausspeien, weil er einen Gesangston mit allen Ausdruckswerten erzeugen konnte. Er war ein Meister des pathetischen Tons, des Ausdrucks von Leiden. Wenn er, in deutscher Sprache, Otellos »Dio, mi potevi« (»Gott, warum hast du gehäuft dieses Elend«) singt, hat der Vortrag eine Spannung, wie wir sie nur aus Giovanni Martinellis Aufnahme kennen. Das hohe As singt er sicherer und konzentrierter als der große Italiener (die beste Aufnahme von den beiden ist für den Verfasser diejenige, die er gerade hört). Um gleich bei den unerwarteten Schönheiten zu bleiben: Vascos »Land so wunderbar« beginnt er, wie nur Caruso vor ihm, mit entrückt hymnischem Ton und entfaltet das hohe B mit schier gleißender Intensität. Und wenn je ein deutsch singender Radames überzeugen konnte, dann der Däne mit dem Duett aus dem vierten Akt mit Amneris (Margarete Arndt-Ober).

Unverzichtbar sind, um wenigstens einen kursorischen Überblick zu geben, die Brautgemach-Szene mit Emmy Bettendorf und die spätere mit Flagstad, der erste *Walküren*-Akt unter Bruno Walter mit der Sieglinde Lotte Lehmann (in der Rolle so überragend wie Melchior in seiner) und die Szenen aus *Siegfried*. Die Musik des ersten Aktes war und ist für alle Tenöre – noch einmal: für alle – ein Kampf, und nur zwei, drei haben dabei ein Unentschieden erreicht. Nicht nur im Studio, auch in der Live-Aufnahme unter Artur Bodanzky mit Flagstad, Thorborg, Schorr und Laufkoetter (Met, 1937) ist Melchiors Stimme buchstäblich das Feuer, in dem Siegfrieds Schwert geschmiedet wird. Die Schleuderkraft der lallend-lautmalerischen Passagen (»Hoho! Hoho! hahei! hahei! . . . hahahei! hei! hei! . . . Heiaho!) läßt sich ebenso wenig beschreiben wie der jubelnde Sing-Schrei »Nothung, Nothung, neu und verjüngt«. Nach diesen Ausbrüchen innigster Lyrismus im Waldweben; ein im Klang ausgetragener Kampf zwischen dem Wanderer (Rudolf Bockelmann) und Siegfried; und schließlich das Liebesduett mit Florence Easton als dramatische Eruption in Form von ekstatischer Phonation: das innerste Wesen der Gebärde. Wie nur die größten Sänger gibt Melchior jeder Rolle, jeder Szene, jeder Phrase ihr eigenes Gesicht. Er war ein darstellender Sänger mit einem Höchstmaß an Phantasie und einer Palette an Farben, um seine Vorstellungen umzusetzen. Er wußte, daß es auch für die schweren Partien »viel Nachtigallenweis« gab, »auch roten, blauen und grünen Ton«.

Wagner-Tenöre im Schatten Melchiors

In den Jahrzehnten zwischen 1910 und 1940 *entwickelten* sich einige ganz vortreffliche Wagner-Tenöre. Sie wurden, um den Satz Melchiors aufzugreifen, *gemacht*. Die Voraussetzungen dazu wurden geschaffen durch die Bildung von festen Ensembles an den großen Theatern, deren Aufgabe es war, neben den neuen Werken – in Italien Puccini und der Verismo, in Deutschland Strauss – das *Repertoire* zu erschließen und zu pflegen. Alle großen Bühnen brauchten und besaßen *erste Sänger* für *alle großen Partien*; Sänger vor allem, die noch nicht den *einseitigen* Spezialisierungszwängen unterworfen waren und dadurch langsam in die großen Partien hineinwachsen konnten – wie beispielsweise die künstlerischen Biographien von Frida Leider und Kirsten Flagstad zeigen. So sangen etwa der Wiener Alexander Kirchner (1876–1948) oder der wundervolle lyrische Berliner Heldentenor Walter Kirchhoff (1879–1951) auch Rollen des italienischen Spinto-Fachs, der französischen Tragédie lyrique und selbst Operetten. Ein »gutes, expressives Instrument« (Michael Scott) mit einer metallischen Höhe besaß auch der aus Dessau stammende, langjährige Heldentenor der Hamburgischen Staatsoper Richard Schubert (1885–1958), wenn er auch kein so feiner Gesangskünstler war wie der lyrischere Johannes Sembach (1881–1944), der dem Dresdner Ensemble angehörte, aber auch zwischen 1914 und 1922 an der Met sehr erfolgreich war. Dort wie an der Londoner Covent Garden Opera wurde der aus Düsseldorf gebürtige Rudolf Laubenthal (1886–1971), ein Schüler

Lilli Lehmanns, vielleicht noch höher geschätzt, als Siegfried sogar »über Melchior gestellt« (so Harold Rosenthal in seiner Chronik der Covent Garden Opera). Ein herrlicher lyrischer Heldentenor war der Schwede Carl Martin Oehmann (1887–1967), der zwölf Jahre dem Ensemble der Berliner Staatsoper angehörte; ein Star der Wagner-Festspiele in Zoppot war und später Nicolai Gedda ausbildete. Unverzichtbar für den Sammler aber sind die Aufnahmen eines Sängers, der etwa als Lohengrin und Siegmund dem Ideal nahe kommt.

Gralsbote: Franz Völker

Er phrasierte sorgfältig, bewahrte einen feinen lyrischen Stil und eine stetige Stimme.
John Steane über Franz Völker

In seinem Aufsatz *Paradoxa und Pastorale bei Wagner* notierte Ernst Bloch: »Es bleibt unleidlich, will einer vom Schrei gar nicht herunter. Das ist falsch vom Sänger, eine Art schrille oder zackige Schlamperei ... Galt er (Wagner) erst als nicht singbar, so gilt er doch, nachdem sich dieser Unsinn längst gelegt hat, nicht als recht sangbar, das heißt jeder italienischen Singschule fremd. Die großen Soprane gellen hier gerne keifend und grell, die großen Tenöre trompeten gerne brünstig und dräuend. Rein gebildeter, deutlich abgetrennter Ton, wohlbereitetes Auf und Ab, Sinken und Steigen, das ist den Sängern Wagners selten an ihrer Wiege gesungen worden.«

Wenn einer, so hatte der aus Neu-Isenburg stammende Franz Völker (1899 bis 1965) kein »Pedal in Sang und Klang«. Er sang mit rein gebildetem, lyrisch-feinem, warm-getöntem Klang, gutem Legato und ausdrucksvoller Phrasierung, vor allem mit musikalischem Ton. Als Walther und Lohengrin dürfte er wenige seinesgleichen haben, und als Siegmund kommt er dem Ideal womöglich noch näher als selbst der große Lauritz Melchior. Völker war schon 26 Jahre alt, als er seine Sängerkarriere begann. Zwar hatte er als Kind und als junger Mann viel gesungen, aber entdeckt wurde er erst 1925 durch einen Wettbewerb des Frankfurter Rundfunks: Es waren die Hörer, die für ihn votierten. Clemens Krauss, damals Leiter der Frankfurter Oper, nahm sich des jungen Sängers an, der 1926 als Florestan debütierte. Bis 1935 sang Völker an der Frankfurter Oper. Schon 1931 wurde er auch Mitglied der Wiener Staatsoper (unter der Ägide von Clemens Krauss), 1935 der Berliner Staatsoper. 1931 sang er zum erstenmal bei den Salzburger Festspielen, wo er bis 1934 und 1939 als Ferrando, Florestan,

Max, Kaiser (*Frau ohne Schatten*) gastierte. In Bayreuth trat er zwischen 1933 und 1942 regelmäßig auf und wurde vor allem als Lohengrin geschätzt. 1952, nach dem Ende seiner Sänger-Karriere, übernahm er eine Professur an der Stuttgarter Musikhochschule.

Folgt man Giacomo Lauri-Volpis Vorstellung der *Voci Parallele*, so wäre Völker, stimmlich wie stilistisch, am ehesten mit Leo Slezak zu vergleichen. Wie der große Böhme bildete auch Völker den Übergang in die Höhe – nach dem italienischen Terminus: Passagio – mit ausgeprägt nasaler Resonanz. Die Vollhöhe bildete er schwingungsarm, allerdings nicht so gequetscht wie die meisten deutschen Tenöre. Die Stimme kam, wie die Aufnahme von Radames' »Holde Aida« zeigt, mit dem B an ihre Grenze: Der Ton wird eng und flach gebildet, reißt auch vorzeitig ab. Völker besaß nie die metallisch-strahlende, sichere Höhe Slezaks, schon gar nicht die Technik für die Registermischung, mit der Slezak so effektvoll umzugehen wußte. Auch Volumen und Durchschlagskraft waren deutlich geringer.

Völkers Singen zeichnete sich aus durch Natürlichkeit, Schlichtheit (welche oft bieder wirkte), Dezenz und eine Direktheit, der alle Posen fremd sind, aber auch alle kühnen vokalen Gesten fehlen. Völker bleibt selbst dann noch versam-

Franz Völker und Viorica Ursuleac in ›Die ägyptische Helena‹
(Foto: © EMI Classics)

melt, wenn die Figur, die er darzustellen hat, außer sich ist – Florestans Fieber-Ekstasen und Siegmunds Liebesglut werden im gesanglichen Ausdruck weniger erlebt als vornehm vermittelt. Es steckt ein Hauch von Tümlichkeit in seinem kultivierten, klangschönen Singen. Er bewältigt seine Aufgaben, aber er überwältigt den Hörer nicht durch die Eloquenz des Vortrags oder durch expressives Pathos. Die Arie des Eleazar aus Halévys *Die Jüdin* – in der es um nicht weniger geht als um die Opferung des eigenen Kindes – trägt er vor wie einen Botenbericht: neutral, kultiviert, unbeteiligt. Daß sein Otello so etwas wie Paroxysmen der Eifersucht durchlitten haben soll, ist ebensowenig zu spüren wie die erregte Angst Manricos um seine Mutter. Um in der Metaphorik zu bleiben: Vor dem »Land so wunderbar« schlägt Vasco-Völkers Herz so heftig wie das eines Touristen beim fünften Urlaub auf Mallorca. Auch am Hofe von Mantua macht er sich als Herzog keineswegs besonders elegant heraus.

Wirklich überzeugend und glaubwürdig ist Völker in den Wagner-Rollen, die mit lyrischem Duktus zu bewältigen sind: als Erik, Lohengrin, Walther, als Siegmund und auch als Tannhäuser. Überzeugend durch die Konzentriertheit der Tongebung, die Schönheit der Phrasierung, die Anmut lyrischen Singens. Völkers Lohengrin, 1936 unter Tietjen bei den Bayreuther Festspielen gesungen, gehört zu den erfüllten Momenten des Wagner-Gesangs. Die Phrasierung ist beredt und ausdrucksvoll, der Ton von unbeschreiblichem lyrischem Zauber. Exemplarisch die klangvolle, quasi-vokalische Bildung der Liquide und Nasale. Als einziger Sänger (vor Konya in der Gesamtaufnahme unter Leinsdorf) singt er die Übergangserzählung »Nun höret noch, wie ich zu euch gekommen«, die in so gut wie allen Aufführungen gestrichen wird (ob deshalb, weil der Sänger des Lohengrin sonst eine Dreiviertelstunde kontinuierlich zu singen hätte?). Es sei nicht verschwiegen, daß Völker sechs Jahre danach in einem Live-Mitschnitt aus Berlin unter Heger matt, rauh und völlig überstrapaziert in den dritten *Lohengrin*-Akt ging. Auch in Walthers Gesängen aus *Die Meistersinger* war Völker der Schnabel hold gewachsen: Er geht mühelos durch die strapaziös hohe Lage. Ebenso schätzenswert seine Aufnahmen aus *Walküre*: Wenn ein Sänger, so ist Völker als Siegmund dem großen Dänen Lauritz Melchior ebenbürtig, und man kann nur bedauern, daß er nur selten die Chance hatte, seine überragenden Talente in einem internationalen Ensemble zu entfalten.

Ein Fach für Riesen: Richard Wagners Heldenbaritone

> Wo ist die Grenze, die ehemals den Baß vom Bariton schied, wenn heute hunderte Sänger die grandiose Stimmleistung des Sachs oder Walkürenwotan bewältigen müssen, die bei unendlicher physischer Ausdauer das Durchhalten enormer hoher Lagen und dabei aufreibende Sprechakzente in tiefen Baßregionen fordern?... Die Frage der Stimmgattung ist hier nebensächlich ... Entscheidend ist die Struktur des Organs, der Gehalt an Kopfstimme, der die Möglichkeit des Durchhaltens der hohen Lage garantiert.
> *Otto Iro, ›Diagnostik und Pädagogik der Stimmbildung‹*

Die Voraussetung für Richard Wagners große Bariton-Partien – wenn es denn wirklich Bariton-Partien sind – liegt in einer »dramatischen Stimmanlage« (Franziska Martienssen-Lohmann). Sie liegt gleichermaßen in natürlichen vokalen Qualitäten, also einer Stimme mit bedeutendem Umfang und mächtigen Volumen, und in der Fähigkeit und Bereitschaft zur physischen wie seelischen Verausgabung. Partien wie Holländer, Wotan und Sachs verlangen satte, breitströmende, markige Stimmen mit bassigem Fundament und einer festen, aber unverkrampft gebildeten Höhe bei musterhafter *Durchmischung* von Brust- und Kopfstimme. Wer als Sachs die breite Sprechdeklamation der »Schusterstube« (Akt II) mit den gehämmerten Passagen des Schuster-Lieds (»Jerum, Jerum«) durchstehen und dann, gleich zu Beginn des dritten Aktes, die hohen lyrischen Passagen des Wahn-Monologes (etwa »dann aber kam Johannistag«) lyrisch-liedhaft vortragen will, muß neben brillanter Technik auch immenses Stehvermögen besitzen – zumal danach auch noch die gewaltige Schlußansprache folgt. Er muß – um es scheinbar paradox zu formulieren – die Fähigkeit besitzen, ein schweres Fortissimo auf ein *kleines Tonmaß* abzuspannen. Dies erfordert ein hochentwickeltes *Tongefühl*, das hervorzubringen nicht nur eine Frage der Stimmphysiologie ist, sondern sinnlich-geistige Kräfte erfordert.

Es geschieht öfter bei Wagner als auf jedem anderen Gebiet in der Oper, schrieb der führende englische Gesangskenner Desmond Shawe-Taylor, »daß ein ganz bestimmter Sänger über einen langen Zeitraum der ›einzige‹ Interpret einer Rolle, gar einer ganzen Gruppe von Rollen werden kann ...« Solch eine singuläre Stellung hat, wie Frida Leider, Lotte Lehmann, Kirsten Flagstad und Lauritz Melchior auch Friedrich Schorr innegehabt.

Meistersinger und Poet: Friedrich Schorr

Für allen Glanz mußten wir nur noch ein Jahr warten. Die *Walküre* von 1927, erneut unter Walter, zählt mit den Destinn-Tetrazzini-Zenatello-*Hugenotten* und der Destinn-Caruso-Gilly-*Aida* zu den drei oder vier überragenden Aufführungen meines Lebens. Hier ist die Besetzung: Melchior (Siegmund), Friedrich Schorr (Wotan), Frida Leider (Brünnhilde), Lotte Lehmann (Sieglinde) und Sigrid Onegin (Fricka). Ich möchte bezweifeln, daß es dergleichen schon einmal gegeben hat, selbst in den besten Bayreuther Tagen, als Materna, Alvary, Rosa Sucher, Schumann-Heink und Lilli Lehmann auf der Höhe ihrer Kräfte waren ...
Victor Gollancz in ›Journey Towards Music‹

In seiner Studie *Richard Wagner in Bayreuth* berichtet Hans Mayer im Abschnitt über »Festspielhaus und Staatskanzlei« über die »Arisierung« der Ensembles in den dreißiger Jahren. Deren Opfer wurde – unter manchen anderen – auch der Baßbariton Friedrich Schorr. Er, der Jude, war nach Hitlers Wahn nicht fähig, Hans Sachs zu singen und den Sinn der Schlußansprache zu erschließen. Nach 1939 konnten die jüdischen Künstler, die unter Siegfried Wagner, Winifred Wagner und Heinz Tietjen noch hatten auftreten können, auf dem Grünen Hügel nicht mehr eingesetzt werden.

Friedrich Schorr (1889–1953; das meist angegebene Geburtsjahr 1888 ist nach den Angaben von Schorrs jüngerem Bruder Eugen falsch) war der Sohn des jüdischen Kantors Mayer Schorr. 1892 war die Familie nach Wien gekommen, wo der Vater die Stelle des ersten Kantors an der Synagoge übernommen hatte. Er hatte eine erstklassige, hohe Baritonstimme und wurde immer wieder von Gustav Mahler aufgefordert, sich zum Heldentenor umschulen zu lassen – so wie es andere »Chasans« (Jadlowker, Mann) auch getan hatten. Auch die fünf Söhne des Kantors besaßen schöne Stimmen, doch sollten sie nach dem Willen der Eltern nicht in die profane Welt des Theaters gehen. Friedrich Schorr willigte ein, Jura zu studieren. Doch dann begann er gleichzeitig mit der Gesangsausbildung bei Adolf Robinson (Lehrer auch von Slezak). Er besaß das absolute Gehör und gute Talente als Pianist, so daß er später kaum je eines Korrepetitors bedurfte. Schon 1912 sang er seine ersten kleinen Rollen an der von Andreas Dippel geleiteten Chicago Opera. Doch als sein eigentliches Debüt sah er seinen Wotan an der Oper von Graz am 20. Juni 1912 an: Er war eben 23 Jahre alt. Nach vier Jahren in Graz ging Schorr für zwei Jahre an das Deutsche Theater in Prag. Danach wechselte er an die unter Leitung Otto Klemperers stehende Kölner Oper, wo er bis 1923 als erster Bariton unter Vertrag blieb. Er sang nicht nur Wagner-Partien, sondern auch Amonasro, Pizarro, Tonio und Michele in *Il Tabarro*. 1923 ging er nach Berlin und debütierte unter Fritz Stiedry in Walter Braunfels' *Prometheus*. Acht Jahre lang sang er, vor allem unter Erich Kleiber und Leo Blech, die großen Wagner-Partien an der Staatsoper. Mit der Deutschen Operngesellschaft (»German Opera Company«) reiste er 1923 in die USA. Gatti-Casazza engagierte den 34jährigen augenblicklich an die Met, wo er am 14. Februar 1924 unter Arthur Bodanzky als Wolfram debütierte (neben Jeritza, Taucher, Matzenauer) und, so Olin Downes in der *New York Times*, mit »unforcierter lyrischer Schönheit« sang. Nach seinem ersten Sachs schrieb Lawrence Gilman in der *New York Tribune*: »Schönheit wahrhaft im Überfluß – das brachte die gestrige Aufführung. Mr. Schorrs bemerkenswerter Sachs besaß zweifellos am meisten davon. Wir haben wenige feinere Sachs-Sänger erlebt ... (Er) besitzt eine Stimme von außergewöhnlicher Schönheit und singt wie ein Musiker ... Er ist der wirkliche Sachs aus Wagners Drama: ein Poet, ein Träumer, ein Mann des Kummers ... Es war eine wahrhaft große Aufführung, und Mr. Schorr wurde wieder und wieder vor den Vorhang gerufen, um die Anerkennung des Publikums entgegenzunehmen.«

Nach dieser Aufführung, bei der Delia Reinhardt während des Quintetts ohnmächtig wurde, blieb Schorr zwei Jahrzehnte lang an der Met. Er verabschiedete sich am 2 März 1943 als Wanderer in *Siegfried*. In Bayreuth war Schorr 1925/27/28/30/31 als Wotan und Wanderer, nie aber als Sachs zu hören, auch nicht als Wolfram oder als Amfortas. Nach dem Bericht von Anton Dermota (*Tausendundein Abend – Mein Sängerleben*) sollte Schorr den Sachs 1936 unter Toscanini in Salzburg singen, doch da er bei den Proben nur mit halber Stimme sang – was Toscanini nie tolerierte –, wurde er durch Hans Hermann Nissen ersetzt. Am Covent Garden debütierte Schorr am 5. Mai 1924 als Wotan in *Rheingold* unter Bruno Walter. Tags darauf gab er, wieder unter Walter, Wotan in *Walküre* (neben Kappel, Ljungberg und Urlus). 1925 sang er unter Walter am Covent Garden Orest in *Elektra*, erneut Wotan und schließlich, alternierend mit Emil Schipper, Holländer, dann unter Walter und Robert Heger Sachs (neben Lehmann, Mayr, Soot bzw. neben Schumann, List und Lussmann). Er kehrte erst 1930 an den Covent Garden zurück: für Sachs unter Walter (neben Lehmann und Laubenthal) und Holländer unter Heger (neben Andrésen, Laubenthal und Bella Fortner-Halbaerth). Durch den Einfluß der Nazis wurde er nach 1933 zur »deutschen Saison« des Covent Garden nicht mehr eingeladen, obwohl er, wie Shawe-Taylor in seinem im Motto zitierten Essay ausführte, nur in Rudolf Bockelmann einen ernsthaften Rivalen besaß. Dabei war Schorr es gewesen, der 1932 seine Kollegen Lehmann, Leider, Melchior und Janssen überredet hatte, für reduzierte Gagen in London zu singen; er selbst hatte auf seine Gage verzichtet. In einem Brief an Geoffrey Toye, den Manager des Hauses, deutete er den Einfluß »einer fremden künstlerischen Persönlichkeit«, möglicherweise den Heinz Tietjens, für diese Entscheidung an (zitiert in Harold Rosenthals Buch über die Covent Garden Opera).

Die Berliner Staatsoper hat mit Schorr viele ihrer bedeutendsten Wagner-Aufführungen erlebt: Er sang immer wieder Sachs (meist unter Blech und mit der, so Thomas Mann, »göttlichen« Delia Reinhardt als Evchen), Wotan (mit Reinhardt, Leider, Branzell, Soot), Telramund (mit der Ortrud seiner Frau Anna Scheffler-Schorr), Kurwenal (unter Furtwängler), aber auch Barak (unter Blech, mit Scheffler-Schorr oder Kemp als Färbersfrau), Sprecher in *Die Zauberflöte* (neben Tauber und Reinhardt, Gitta Alpar als Königin und Kipnis oder List als Sarastro), Don Fernando in *Fidelio* (unter Kleiber, neben Tauber!, Leider, Helgers, Schützendorf). Er sang in der Berliner Erstaufführung von Busonis *Doktor Faustus* (27. 10. 1927) unter Fritz Busch die Titelpartie; Leider war die Herzogin von Parma, Fritz Soot der Mephisto. Weil seine Stimme in der hohen Bariton-Lage nachzulassen begann, verzichtete er Ende der zwanziger Jahre auf die italienischen Partien. Eine seiner Glanzleistungen bot er als Marschners *Hans Heiling* (1929 an der Kroll-Oper). 1931 verließ er aus Protest gegen die »Gagen-Konvention« – durch welche die Abendgagen auf 650 Mark reduziert wurden – die Berliner Oper, zumal er auch die politische Zukunft ahnte.

In seinem Beitrag für den *Record Collector* zitiert Alfred Frankenstein einige Interview-Äußerungen Schorrs über seine Arbeitsweise und den Wagner-Gesang im allgemeinen: »Die Rolle des Hans Sachs, des wohlwollenden Schuster-Poeten, habe ich 170 Mal gesungen. Und doch studiere ich die Partitur stundenlang vor jeder neuen Aufführung. Immer noch finde ich jedes Mal etwas Neues, nicht nur in der Musik, sondern auch in dem Charakter ... Es ist gesagt worden, daß ich Wagner anders interpretiere als andere Künstler, daß ich ihn mehr singe als deklamiere. Tatsächlich vertrete ich die Überzeugung, daß Wagner aus der Melodie heraus interpretiert werden muß. Ich sehe keinen prinzipiellen Unterschied im melodischen Stil zwischen Verdi und Wagner ... Singen ist für mich die Bindung einer Phrase über einen längeren Zeit-Raum ... Wagner darf nicht für den falschen ›Sprechgesang‹ verantwortlich gemacht werden ... Wenn ich Wagner singe, versuche ich, die Phrasen zu binden, wie ich es auch bei Verdi tue. So verliert oder verletzt man seine Stimme auch nicht, wenn man nämlich Wagner auf die rechte Weise singt. Es hieß einmal, Wagner sei schädlich für die Stimme, und selbst heute gibt es noch Leute, die das glauben. Doch ist die deutsche Musik von der tonalen Ordnung abgewichen und hat bald mit dem Schreien und Lärmen begonnen. Aus diesem Grunde habe ich es abgelehnt, den

Friedrich Schorr
(Foto: © EMI Classics)

Wozzeck zu singen – mit blutendem Herzen, weil ich das Werk sehr bewundere. Doch verlangt es einen anderen Typ des dramatischen Darstellers, der meinem Stil und meiner Singweise entgegengesetzt ist.« Desmond Shawe-Taylor, der in langen Jahren für Englands führendes Musik-Magazin über »The Gramophone and the Voice« schrieb und Standards verteidigte, bezeichnete Schorr nicht nur als den größten Wagner-Bariton seiner Epoche, sondern als den größten in der Geschichte des Wagner-Gesangs. Der Brite beruft sich bei seinem Urteil auf die klassischen Maßstäbe: »die lyrische Schönheit des Singens«, die »Klarheit und Reinheit seines Cantabile-Stils« und den Verzicht auf den »Bayreuth bark«. Es sind die Tugenden, die schon Henderson rühmte an diesem »Heldenbariton, der lyrisch singen kann«.

Wenn ein Bariton überhaupt, so besaß Schorr die vollkommene Stimme für die großen Wagner-Partien. Es war ein dunkel timbrierter, samtig-weicher, mühelos fokussierter (und dadurch natürlich klingender) Baß-Bariton mit perfektem Registerausgleich bis zum hohen F (das in späteren Jahren nur noch mit Mühe erreicht wurde). Die Stimme besaß die im Piano sich offenbarende Resonanz und im Forte sich auslebende Schallkraft des großen, dramatischen

Sängers, der seine Mittel nie überforderte. Schorr verwandte die größte Mühe auf die Mühelosigkeit des Singens, auf eine stets wohlklingende Artikulation des Textes ohne heftige Akzente und die dicke Tunke der meisten Kollegen. Nie hört man von ihm eine sentimentalisierte Phrase, nie das heftige »Agieren« durch emphatische Akzente oder klangmalerische Effekte. Seine Stimme ist stets frei für den Ausdruck durch die Musik selber, bedarf weder der histrionischen Effekte noch der rhetorischen Verdoppelung des Gemeinten (das Mittel, mit dem Dietrich Fischer-Dieskau den vokal nicht erreichbaren Ausdruck fingiert). Die Stimme wird zur Höhe hin korrekt verschlankt, fester in den Fokus genommen und dadurch klanglich konzentriert – nie erlebt man die extrem weite Öffnung des Ansatzrohrs wie bei Bohnen, dadurch aber eine bessere und klanglich schönere Tonbildung. Bei Schorr werden selbst die etwas hohleren Töne seiner Spätaufnahmen korrekt gebildet, nämlich mit sauberer Attacke angeschlagen. Dank der korrekten Tonbildung bleibt der Text in jeder seiner Aufnahmen genau verstehbar. Mehr noch: Durch die Schönheit der Tonbildung gewann der Text seine Eloquenz, seine poetische Schönheit, seine dramatische Dringlichkeit. Man höre nur, wie er als Sachs »Jo-*han*-nis-nacht« singt und das hohe E über der schwebenden Begleitung von Flöte, Fagott und Oboe hält, wie er die Stimme mühelos um eine Oktave in die Tiefe fallen läßt und dann die Modulation singt: »Nun aber kam – Johannistag.« Oder wie er, zugleich wehmütig und mit leisem Selbstspott, die Phrase bildet: »Euch macht ihr's leicht – mir macht ihr's schwer«: Man hört zum ersten und zum einzigen Mal, wie diese Musik klingen kann und zugleich zum Ausdruck eines Geistigen wird.

Seine ersten Platten hat Schorr 1921/22 für die Deutsche Grammophon gemacht: 25 Titel mit Musik von Wagner, Weber, Mozart, Beethoven, Schubert, Wolf und Strauss. 1924 entstanden sechs Titel für Brunswick. Zwischen 1927 und 1929 folgten Platten für Electrola, alle mit dem Orchester der Berliner Staatsoper unter Leo Blech: Es sind die großen und bekannten Wagner-Aufnahmen Schorrs, teilweise mit Leider als Partnerin. Am 22. Mai 1928 wurden in der Berliner Staatsoper 31 Platten-Seiten während einer Aufführung der *Meistersinger* mitgeschnitten (mit Hutt als Stolzing, List als Pogner, Schützendorf als Beckmesser, Elfriede Marherr-Wagner als Eva, Dirigent: Blech). 1929 entstanden Aufnahmen für His Master's Voice in London: Lieder von Strauss und Schumann, Teile aus Bachs *Messe in h-Moll*, Szenen von Wagner, Weber, Beethoven u. a. (Eine vollständige Diskographie findet sich in Vol. XIX von *The Record Collector*.) Dank einiger stimmverliebter Nachfahren Robin Hoods kursieren viele Mitschnitte, auf denen Schorr als Pizarro (Met 1938), Sachs (Met 1939 unter Leinsdorf), *Rheingold*-Wotan (Met 1937 unter Bodanzky), Wanderer (Met 1937 unter Bodanzky), Wotan (Met 1940 unter Leinsdorf; San Francisco 1936 unter Reiner), Amfortas (1. und 3. Akt unter Bodanzky, 2. Akt unter

Leinsdorf) und als Kurwenal (1934 unter Bodanzky) zu hören ist. Am leichtesten zugänglich dürften derzeit die Platten der Firma Preiser sein. Sie enthalten Aufnahmen vorwiegend aus dem Jahrzehnt zwischen 1921 und 1932 und bieten einen umfassenden Überblick über die Arbeit des Sängers. Der Wagner-Sänger ist umfassend repräsentiert in der EMI-Kassette *Wagner on Record* mit Szenen aus *Holländer, Walküre, Götterdämmerung* und *Meistersinger*. Schwer erhältlich sind die beiden Electrola-Platten aus der Reihe *Unvergänglich-Unvergessen* mit Szenen aus *Siegfried*, dirigiert von Robert Heger und Albert Coates (mit Florence Easton, Lauritz Melchior und Heinrich Tessmer als Partnern). Die *Meistersinger*-Szenen finden sich auf einer alten COLH-Platte: Nr. 137.

In den Jahren vor dem Weltruhm hat Schorr ein vielfältiges Repertoire gesungen. Seine Aufnahmen ergeben darüber kein genaues Bild. Don Giovannis Serenade »Feinsliebchen, komm ans Fenster« leidet unter dem unsanglichen deutschen Text, auch wenn sich Schorr um wohllautende Kantabilität bemüht – doch bleibt der Vortrag ohne wirklich eloquente Eleganz. Wie versiert er als Techniker war, zeigt Schorr mit Szene und Arie des Lysiart aus Webers *Euryanthe*, wo er verzierte Passagen mühelos bewältigt. Pizarros »Ha, welch ein Augenblick« mußte er 1922 wie 1930 auf Grund der Spielzeiten in einem heftig überhetzen Tempo singen – und doch befinden sich beide Aufnahmen in einer Klasse für sich, weil der Sänger eine recht eigentlich unvokale Musik mit vollkommen musikalischen Tönen meistert und dennoch den Gestus der Musik – ihren Ausdruck von Gewalt – erfaßt. Auf deklamatorische Weise dramatisch zeigt sich Schorr im Monolog des Holländers »Die Frist ist um« (von 1929), wo er ein paar matte tiefe und ein paar hohe Noten durch leicht forcierte Betonungen überspielt, doch die schmerzliche Intensität des Ausdrucks, die Architektur der Phrasierung, die Nuancierung des Wortes sind unvergleichlich. Allerdings: In dieser Szene ist Schorr von Hans Hermann Nissen – der den Monolog 1928 und 1939 (auf Preiser LV) aufgenommen hat – erreicht und, was die mühelose Tonbildung in der Höhe angeht, sogar übertroffen worden. Die Szenen des Wolfram aus *Tannhäuser* haben lyrische (und höher liegende Baritone) wie Schlusnus und Janssen müheloser gesungen – und damit auch ausdrucksvoller; nur »Wie Todesahnung«, 1921 aufgenommen, hält allerhöchstes Niveau. Überragend seine Sachs-Szenen: Er hat 1921 den Flieder-Monolog gesungen und später, 1929, etliche Szenen im Studio aufgenommen: das Maß aller *Meistersinger*-Dinge. Einzigartig auch, trotz Nissen und Bockelmann, seine Aufnahme von Wotans »Abendlich strahlt« aus *Rheingold* oder sein Wotan in der kurzen Szene mit der Brünnhilde Frida Leiders aus dem zweiten *Walküre*-Akt: »Reite zur Wal« singt er mit schallender Intensität. »Wo ist Brünnhild', die Verbrecherin« (mit Leider) und »Leb wohl, du kühnes, herrliches Kind« bleiben unerreicht durch die Autorität und Intensität des Singens, die wundervollen

Kontraste zwischen lyrischem und dramatischem Ausdruck. Mit welcher Innigkeit artikuliert und singt Schorr den Abschnitt ab »Der Augen leuchtendes Paar«, wie schmerzlich klingt die halbe Stimme bei »so küßt er die Gottheit von dir«, wie mächtig der Ruf nach dem Feuergott und die Beschwörung »Wer meines Speeres Spitze fürchtet« – nie wird die Innigkeit innerlich, nie das Pathos pompös. Schorr war, wie Leider und Lehmann, Melchior und Kipnis, einer der ersten modernen Sänger, die den Vorstellungen Wagners – und damit dem Ideal des Wagner-Sängers – entsprachen. Er war ein Darsteller im Singen: ausdrucksvoller und eloquenter als die biedermännischen Baritone und Bässe der alten Hoftheater-Schulen, dazu ein sublimer Vokalist – ein Meistersinger und Poet dazu.

Wenn Schorrs Stimme Grenzen hatte, so lagen diese – was sich in seinen späten Aufnahmen einige Male zeigt – in der Höhe, bei Tönen über dem E. In dieser Lage taten sich Sänger wie Hans Hermann Nissen, Rudolf Bockelmann und Emil Schipper durchaus leichter; doch sang keiner mit solch sonorer Fülle und jenem schmerzlichen Pathos, welches »das innerste Wesen der menschlichen Gebärde« (Wagner) gleichsam in einer Klangskulptur aufscheinen läßt.

Schallkraft und Phrasierung: Rudolf Bockelmann

> ... sein [i. e.: Schorr] einziger Rivale war der wenig jüngere Rudolf Bockelmann, ein guter Sänger und Künstler. Doch Bockelmanns Berliner und Bayreuther Triumphe in den dreißiger Jahren wurden begünstigt durch den Weggang Schorrs, der als Jude nicht im Nazi-Deutschland bleiben konnte.
> *Desmond Shawe-Taylor in ›A Gallery of Great Singers‹*

Der Lehrerssohn Rudolf Bockelmann (1892–1958), geboren in Bodenteich in der Lüneburger Heide, sang als Knabe im Chor seines Gymnasiums in Celle. Nach dem Abitur begann er mit dem Studium der Philologie. Seine Stimme wurde im Universitätschor von Leipzig entdeckt. Doch bevor er mit dem Gesangsstudium begann, machte er das Staatsexamen, und er wäre vermutlich Lehrer geworden, hätten ihm nicht Nikisch wie Karl Scheidemantel zur Sängerlaufbahn geraten. Nach eben anderthalb Jahren Ausbildung bei Laßner wurde er als lyrischer Bariton an die Oper von Leipzig engagiert, wo er 1921 als Heerrufer debütierte. 1926 kam er als Heldenbariton an die Hamburgische

Staatsoper, 1928 zum erstenmal nach Bayreuth, wo er kontinuierlich bis 1942 sang. Zwischen 1932 und 1944 gehörte er zum Ensemble der Berliner Staatsoper, und zwischen 1929 und 1938 sang er wiederholt am Londoner Covent Garden. Als Sympathisant der Nazis übernahm er bereitwillig die Rollen, die vor ihm Schorr gesungen hatte. Nach dem Krieg hatte er Schwierigkeiten, seine Karriere neu zu beginnen; er arbeitete zwischen 1946 und 1954 als Gesangslehrer in Hamburg, seit 1955 in Dresden.

Bockelmann besaß eine kraftvoll-metallische, gut gebildete und schallkräftige Stimme von sehr guter Klangqualität. Er stand die Wagner-Partien, wie Mitschnitte von *Walküre* (Covent Garden unter Furtwängler, 1937) und der *Meistersinger* (Nürnberg, 1938 !!) zeigen, mit erstaunlicher Mühelosigkeit durch – Indiz für eine sichere Technik. Die Stimme besaß indessen nicht das samtig-weiche Timbre und die reich-sonore Klang- und Farbqualität wie die Schorrs. Auch war Bockelmanns Singen nicht ausdrucksvoll per se; es brauchte die affektive Geste oder auch den gefühlvollen Effekt. Nach Schorr war er der berühmteste Sachs. Die Schlußansprache bewältigte er beneidenswert mühelos, mit schöner Phrasierung und herrlich ausladender, schlank-metallischer Höhe. Aber sein Schusterlied schillerte nicht in den Wort- und Klangnuancen wie bei Schorr. Auch Wotans Abschied sang er stimmlich superb, mit feiner, lyrischer Abtönung im Innenteil, doch wieder ohne die schmerzlich-betroffene Innigkeit Schorrs. Selbst in der Aufnahme unter Furtwängler gibt es Anflüge von Sentimentalität. Sehr schön und poetisch die Live-Aufnahme des Flieder-Monologs von 1938 aus Nürnberg mit fast perfekter Balance von sprachlicher und musikalischer Artikulation, imponierend dazu in der mühelosen lyrischen Klangentfaltung. Bockelmann war sicher einer der besten in einer Reihe von guten deutschen Sängern der dreißiger Jahre, auch als Interpret von Loewe-Balladen ein sympathischer und geschmackvoller Musiker.

Götter-Bariton: Hans Hermann Nissen

> Wohl aber gab es Schwierigkeiten mit dem vorgesehenen Hans Sachs, dem Star-Bariton Friedrich Schorr ... Schorr umging das volle Aussingen seiner Partie, das Toscanini auch schon bei den Proben verlangte ... Als er schließlich auch bei der ersten Orchesterprobe bloß markierte, riß Toscanini die Geduld und forderte energisch einen Ersatz für Schorr. In der

Presse wurde Schorr als indisponiert gemeldet, und aus München traf ein neuer Mann ein: Hans Hermann Nissen, der sich bald als ein großartiger Sachs erwies.
Anton Dermota in ›Tausendundein Abend – Mein Sängerleben‹

In seiner Studie über *Die Krise der Gesangskunst* rechnet Wolf Rosenberg den aus Danzig gebürtigen Hans Hermann Nissen (1893–1980) den deklamatorischen Baritonen zu, während er Schorr, Schipper und Bockelmann als die kantabel singenden bezeichnet. Freilich, vergleicht man die Aufnahmen Nissens mit denen von Theo Adam, der Sachs und Holländer unter Karajan und Klemperer gesungen hat, oder mit denen von Norman Bailey, der beide Partien unter Sir Georg Solti aufgenommen hat, so erweist *er* sich als der *singende* Darsteller.

Nissen studierte in Berlin bei dem bekannten Lieder- und Konzertsänger Julius von Raatz-Brockmann, begann seine Laufbahn 1920 als Konzertsänger und debütierte 1924 als Kalif in *Der Barbier von Bagdad* an der Berliner Volksoper. Ein Jahr später erhielt er ein Engagement an die Münchner Staatsoper, an der er 42 Jahre lang sang, neben den Wagner-Rollen auch Kardinal

Hans Hermann Nissen
(Foto: © EMI Classics)

Borromeo in Pfitzners *Palestrina*, Barak in *Die Frau ohne Schatten*, Verdis König Philipp, Mozarts Graf Almaviva und Don Alfonso. 1928 sang er zum erstenmal an der Covent Garden Opera, 1936 und 1937 Sachs in Salzburg unter Toscanini. 1938 wurde er an die Met engagiert. Daß er nicht zum Nachfolger Schorrs wurde, lag, so Kolodin, am »Fehlen der letzten vokalen Fülle« für Wotan in *Walküre*. Doch in den leichteren Rollen – Wolfram, Telramund, Kurwenal und Wanderer – bewährte er sich als sensibler Künstler und geschickter Sänger.

Nissens Stimme war ein sehr kräftiger, gut gerundeter Bariton mit ausgeprägt metallischer Höhe und guter Klangqualität. Die Stimme war klanglich nicht so reich wie die Schorrs, nicht so natürlich und zugleich expressiv in der Qualität des Tons. Die Phrase »Johannisnacht – Dann aber kam Johannistag«, von Schorr mit innigster Beredtheit gesungen, wird von Nissen (nur) ausdrucksbewußt vorgetragen. Schorr ist subtil, Nissen allenfalls liebenswürdig-direkt, auch im Dialog mit Eva (Margarete Teschemacher) ein eher derber Gesell. In deklamatorischen Passagen liegt das Wort nicht auf dem Ton, sondern beeinträchtigt dessen Fülle und Rundung (bis hin zu winzigen Schwankungen der Intonation).

Vortrefflich aber bewährt Nissen sich in den großen dramatischen Monologen. Er hat zweimal des Holländers »Die Frist ist um« aufgenommen, 1929 für Homocord, zehn Jahre später für HMV. In der ersten Aufnahme singt er mit einer unglaublichen Mühelosigkeit der Höhenausladung, dank dieser Leichtigkeit auch mit großer Intensität. Die zweite Aufnahme ist insgesamt ausdrucksvoller, besser integriert, aber nicht mehr ganz so souverän in der Bewältigung der hoch liegenden dramatischen Phrasen. Ähnlich brillant ist Wotans Abschied gelungen: Nissen singt mit der Sicherheit und Autorität des »Götter-Baritons«, klangschön, wohlartikuliert und nobel, nicht aber mit dem schmerzlichen Pathos Schorrs. Er war schwerlich auch der umfassende Sänger-Darsteller des Sachs, wie es der Ältere gewesen war. Schorr hat alle großen Szenen des Sachs aufgenommen, Nissen die vollständige Rolle unter Toscanini gesungen. Der Mitschnitt leidet unter heftigen Verzerrungen in der Wiedergabe des Orchesters (Hörner und Holzbläser stehen unter Dauergeklirr, Forte-Passagen geraten zu unartikuliertem Klangbrei), und doch erhält man das plastische Bild einer lebendigen, pulsierenden und wohltuend dezenten Aufführung. Nissen als Sachs ist ganz vorzüglich, stimmlich souverän, klangvoll und ausdrucksvoll, aber als Darsteller nicht so eloquent wie Schorr.

Samt für Wagner: Herbert Janssen

... ein deutscher Sänger, der die italienische Qualität besitzt, den Lyrismus, den flüssigen und frischen Vokalismus.
Ted Hart über Herbert Janssen in ›The Record Collector‹

Der große Däne Lauritz Melchior intoniert »die alte Weise« – und Kurwenal jauchzt »Ha! Diese Stimme!«. Eine ähnliche Empfindung mag man als Hörer haben: Welche Stimme! Sie ist, vorab, reinste Expression, eingehüllt »in einen Mantel von Samt« (Steane), eine Stimme, die trotz weicher Textur von großer Kraft und Tragfähigkeit ist. Kurwenals mitleidiges »O Minnetrug! O Liebeszwang! Der Welt holdester Wahn, wie ist's um dich getan! Hier liegt er nun, der wonnige Mann, der wie keiner geliebt und geminnt« ist nie ausdrucks- und schmerzerfüllter gesungen worden als von dem Kölner Bariton Herbert Janssen (1895–1965). Hochinteressant ein Vergleich mit dem genau drei Jahrzehnte später geborenen Dietrich Fischer-Dieskau, der die Partie als 27jähriger in der einzigartigen Aufnahme unter Wilhelm Furtwängler gesungen hat. Sein Partner ist der im dritten Akt immens sich steigernde Ludwig Suthaus. Obwohl Furtwängler für die Ekstasen Tristans einen weitaus spannungsvolleren dramatischen Zusammenhang herstellt, ist Fischer-Dieskau nicht der das Leiden Tristans Erleidende oder Mitleidende, sondern eher ein Beobachter oder Zeuge. Janssen hingegen ist der Beteiligte, dem das, was er beobachtet, das Herz zerreißt – ohne daß dabei die Stimme in Stücke ginge wie bei so vielen Deklamatoren des Pathos.

Janssen wuchs in einer musikbegeisterten Familie auf, erhielt schon in jungen Jahren Gesangsstunden bei Madame Batz-Kalender und studierte schließlich bei Oskar Daniel in Berlin. 1922 absolvierte er ein Probesingen vor Max von Schillings, wurde an die Berliner Staatsoper engagiert und sang dort für sechzehn Spielzeiten. Er telegrafierte an seine Mutter »Engagiert. Berliner Staatsoper« und erhielt innerhalb weniger Stunden einen Flügel in sein Berliner Appartement geschickt. Es war ein Abbitte-Geschenk: Acht Jahre später, nach seinem Debüt in Bayreuth, erfuhr Janssen, daß seine Mutter einen Gesangslehrer, dem er vor den Stunden bei Daniels vorgesungen hatte, bestochen hatte, um dem Sohn die Sänger-Karriere auszureden. Er debütierte am 5. Mai 1922 als Herold in Schrekers *Schatzgräber* unter Leo Blech, sang dann Montano in *Otello*, den Offizier in *Ariadne*, Silvano in *Ballo*, Melot und Monterone, dazu kleine Partien in *Tiefland, Das Christelflein* und *Palestrina*, aber auch schon Silvio und Heerrufer (»ein feiner

Bariton, voller Charakter«). 1923/24 brachte Sharpless, Graf Luna und Wolfram, später eine zentrale Partie in seinem Repertoire, 1924/25 Renato, Jochanaan, Germont, Zar Peter und Graf in *Der ferne Klang*, 1925/26 Gunther, Kurwenal, Albert in *Werther*, Rangoni in *Boris* und Lothario in *Mignon*, 1926/27 Escamillo, Tonio, Valentin, Orest, Graf in *Figaro*, Amonasro, Amfortas und Carlo di Vargas. 1925 sang er zum erstenmal bei den Festspielen von Zoppot, 1926 an der Covent Garden Opera, wo er als »exzellenter Amfortas« debütierte und, wie seine Akte in Rosenthals Covent-Garden-Buch zeigt, größte Anerkennung fand. Ab 1930 sang er in sieben Bayreuther Festspielsommern. Bei seinem Debüt war er, alternierend mit Hüsch, Wolfram. 1931 folgte Amfortas (auch 1934/36/37), 1933 Gunther. 1938 ging er aus politischer Überzeugung ins Exil. Am 13. September desselben Jahres sang er Kurwenal in Buenos Aires, dann Wanderer, Sachs, Papageno, Falke, Amfortas, Telramund und Wolfram. 1939 debütierte er bei einem Met-Gastspiel in Philadelphia als Wanderer und übernahm »seine schöne, aber ziemlich leichte Stimme« (Kolodin) mit Partien wie Sachs und Wotan, die er besser nur »in kleineren Theatern gesungen hätte« (Kolodin).

Janssen hat bedauert, daß er im wesentlichen deutschen Partien hat singen müssen. Er liebte die italienischen Rollen, vor allem die Verdis, über alle Maßen und hat zu Beginn seiner Karriere nach eigenem Bericht ein ganzes Jahr hindurch »Il balen« aus *Trovatore* gesungen, bis jede Note unter perfekter Kontrolle war. Aufgenommen aber hat er nur »Wenn ich an Festestagen« aus *Rigoletto* mit Lotte Schöne, das Duett mit der Butterfly von M. Perras und ein paar *Otello*-Passagen mit Melchior. Dabei hatte er Germont, Jago, Luna, Renato, Amonasro, Carlo, Carlos in *Ernani* und Posa im Repertoire, auch den *Figaro*-Grafen, Sprecher und Papageno in *Zauberflöte*, Kothner, Silvio und Escamillo.

Die Zahl von Janssens Studio-Aufnahmen ist nicht groß: einige Arien von Lortzing, Gounod, die erwähnten Duette mit Schöne und Perras und vor allem die beiden Szenen des Wolfram. Die Partie hat er perfekt beherrscht. Als er mit der Rolle in Bayreuth debütierte, hörte Toscanini den Sänger beim ersten Vorsingen – und ersparte ihm sofort alle Proben vor der Generalprobe. Später setzte Toscanini Janssen in seiner Rundfunkübertragung von *Fidelio* ein. Zwar ist der Samtmantel, der einst die Stimme einhüllte und ihr Wärme gab, inzwischen reichlich abgescheuert, aber Janssen versöhnt durch seine markante Deklamation und verbale Nuanciertheit. Vierzehn Jahre vorher sang er unter Elmendorff in Bayreuth Wolfram (neben Müller, von Pilinszky und Andrésen) und ist durch Tonschönheit, Legato und völlig unforcierte Expressivität der Mittelpunkt der gekürzten Aufnahme – und sicher der beste Wolfram auf Platten überhaupt: Er bestätigt dies durch eine Met-Aufführung unter Szell von 1942 (mit der energischen Helen Traubel, dem nicht immer genauen, oft zu raschen, aber brillanten

Melchior, der guten Kerstin Thorborg und dem großartigen Alexander Kipnis). Die späte Aufnahme des dritten *Walküre*-Aktes unter Artur Rodzinski (1945, mit Traubel) hätte Janssen, bei aller Musikalität der Phrasierung, nicht singen sollen, weil die Stimme nicht ausreichend Stamina für die Partie besitzt, wodurch nicht nur die vollstimmigen Passagen unter-dynamisiert wirken, sondern auch die lyrischen an Klangreichtum einbüßen. Kurz zuvor hatte er auch Szenen aus *Parsifal* aufgenommen, dann Flieder- und Wahnmonolog aus *Meistersinger* (die Aufnahmen hat der Verfasser nicht hören können). Wichtiger sind die 12 Lieder von Hugo Wolf, die er, mit Coenraad van Bos, Michael Raucheisen und Gerald Moore am Flügel, für Walter Legges Wolf-Edition aufnahm, sodann 17 Lieder von Schubert, Schumann, Strauss, Brahms und Wolf mit Moore (Schuberts »Ständchen«) und Raucheisen. Sie sind zum größten Teil in den EMI-Anthologien (Hugo Wolf-Society, Schubert on Record, Schumann and Brahms on Record) wiederveröffentlicht worden und zählen zu den herrlichsten Dokumenten des Liedgesangs. Gewiß ist sein Singen nicht so gestaltenreich wie das Fischer-Dieskaus, nicht so »psychologisiert« in den Schattierungen des Wortes, aber es trägt, vor allem bei geringen dynamischen Graden, seine eigene und rein musikalische Expressivität in sich. Sie ist, nach Steane, generalisierter, für den Hörer jedoch auch objektivierender als das quasi dozierende Singen des Jünge-

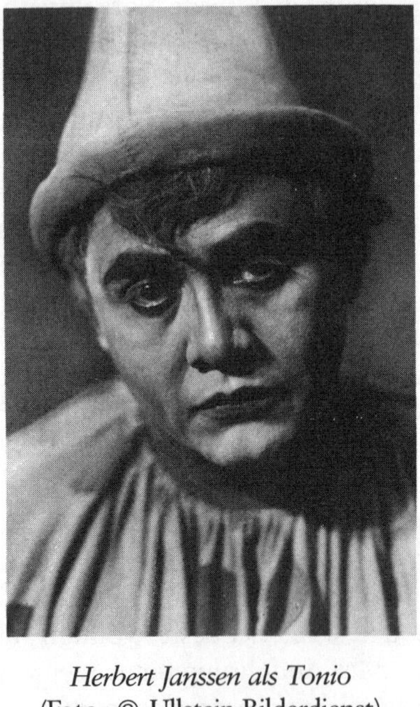

Herbert Janssen als Tonio
(Foto: © Ullstein Bilderdienst)

ren. In Schumanns »Lotosblume«, Strauss' »Traum durch die Dämmerung« oder Schuberts »Ständchen« erlebt man den feinen, konzentrierten Anschlag der Stimme und deren ausdrucksvolle Weichheit bei perfekt versammeltem Ton (was ein Hermann Prey oder ein Bernd Weikl in ihren besten Aufnahmen nicht annähernd erreicht haben). Es ist diese Kunst, die seinen Wagner-Aufnahmen zugute kam und zu den schönsten Wortton-Phrasen führte, die man sich erträumen kann – wenn er den Holländer singt (Covent Garden 1937 unter Fritz Reiner), so exzelliert er vor allem durch die feinen Nuancen des Singens. Den Monolog des ersten Aktes bewältigt er, mit »Wie aus der Ferne« aber überwältigt er den Hörer – durch sein Singen, das nur innere Gebärde ist und sich *ausdrückt* durch leise Sanftheit, Innigkeit, Wärme und Pathos.

Vulkanischer Expressionist: Michael Bohnen

Michael Bohnen, eine der größten Stimmen der Sängergeschichte, scheiterte vorzeitig an dem Problem Baß oder Bariton. Ein mächtig weites Ansatzrohr wurde forciert geöffnet, und diesen sich selbst gestellten ungeheuren Rahmen füllte Bohnen mit Stimme durch athletischen Kraftaufwand. In dem für solche gigantische Atemstütze erforderlichen Muskelkapital war Bohnen allerdings ein einsam thronender Kraftmagnat unter den deutschen Sängern. Man kennt die Fabel von seinem Boxtraining, hat ihn im Film schwere Menschen stemmen sehen. Und man glaubte ihm schließlich diese Athletikrekorde, wenn man ihn äußerlich betrachtete. Das Entscheidende aber war, *wie* Bohnen seine Muskelkraft in Anwendung brachte und durch Konzentration in der Bauchmuskelgruppe die gesamten Körperkräfte der Stemmstütze dienstbar machte. Bohnen sang buchstäblich mit dem ganzen Körper. Breit stemmten sich die muskelstrotzenden Beine gegen den Boden, und der herkulische Rücken straffte sich bis zum Nacken, wenn er zu einer seiner berühmten Bomben ansetzte. Das in offener Vokalisierung forciert geweitete Ansatzrohr gab nun diesen eruptiv strömenden Luftmassen ungehemmt den Weg zu breit ausladender Brustfunktion frei, und es hatte den Anschein, als ob der Vulkan

des Atems auch in der höchsten Lage eine Deckung nicht dulden, diese gebieterisch überrennen würde. Doch konnte Bohnen auf dem hohen Fis und G nicht annähernd so gewaltige Töne erzielen wie etwa auf Es oder E, die er noch vorherrschend mit Bruststimme füllte.
Otto Iro über Michael Bohnen

Guten Abend, Meister«, grüßt Evchen am späten Abend in der Johannisnacht den wachen Sachs und verwickelt ihn in einen Dialog, bei dem beide gleichsam uneigentlich sprechen; das eigentliche Gemeinte bleibt unausgesprochen und wird nur indirekt angedeutet:

Eva: Wie wißt Ihr denn, daß ich Braut?
Sachs: Ei, was! Das weiß die Stadt.
Eva: Ja! Weiß es die Stadt,
Freund Sachs gute Gewähr dann hat!
Ich dacht – er wüßt mehr.
Sachs: Was sollt ich wissen?
Eva: Ei, seht doch! Werd ich's ihm sagen müssen?
Ich bin wohl recht dumm?
Sachs: Das sag ich nicht.
Eva: Dann wärt Ihr wohl klug?
Sachs: Das weiß ich nicht.

Man hat die Stelle ein Dutzend Mal gehört und sie kaum je begriffen oder erlebt – und nie *erfahren*. Und dann hört man Lotte Lehmann und Michael Bohnen. Der singt die zuletzt zitierte Phrase nicht. Er lacht sie, lacht sie singend, lacht sie wissend, lacht sie verzweifelt. Das hat die Intensität des zweiten *Tristan*-Aktes und bleibt doch Komödie. Das ist, kurz gesagt, ein einzigartiges Beispiel für sängerische *Vergegenwärtigung*, für ein Agieren und Darstellen im Singen. So muß sich Wagner seinen Sänger als dramatischen Darsteller imaginiert haben.

Michael Bohnen (1887–1965) stammte aus Köln, war mit zwölf Jahren 1,82 Meter groß und wog 160 Pfund, was ihn zu einem erstklassigen Schwerathleten qualifizierte. Durch einen Jugendfreund, der eine Gesangsausbildung absolvierte, fand er Gefallen am Singen. Er erlernte »Auch ich war ein Jüngling« aus Lortzings *Der Waffenschmied* und sang am Konservatorium vor, erhielt einen Freiplatz und studierte bei Richard Schulz-Dornburg. 1910 debütierte er als *Freischütz*-Kaspar in Düsseldorf. Bei einer Aufführung des *Rosenkavalier* hörte ihn der Berliner Intendant Graf Hülsen und bot ihm einen Vertrag für das Hoftheater von Wiesbaden an, wo Bohnen zwischen 1912 und 1914 das seriöse Baßfach sang. Als 1914 Wagners *Parsifal* für Aufführungen außerhalb Bayreuths freigegeben wurde, sollte Bohnen Gurnemanz in Berlin studieren. Bei seiner Ankunft erfuhr er von Graf Hülsen, daß Paul Knüpfer erkrankt war, und wurde gefragt, ob er die Partie singen könnte. *Parsifal* wurde zwischen dem 5. und 25. Januar zwanzigmal (!) gespielt; es muß alternative Besetzungen gegeben haben, aber welche? Bohnen jedenfalls sang in der Premiere und wurde nach der Aufführung vom Kaiser zum Kammersänger ernannt. Im selben Sommer gab er sein Debüt an der Covent Garden Opera als König Heinrich. Am Drury Lane sang er unter Beecham Ochs (als Nachfolger Knüpfers, der vier Aufführungen vor Bohnen bestritt). In vier Aufführungen sang er Sarastro. Schon damals wurde er dank seiner darstellerischen Präsenz und Suggestivität mit Schaljapin verglichen – das Wort vom »deutschen Schaljapin« wurde später zum Etikett.

1914 wurde er, kurz nach seinem Debüt in Bayreuth (Daland), eingezogen. Nach einer schweren Ruhrerkrankung durfte er, vor allem auch auf Betreiben Hülsens, in die Heimat zurück. Er sang an der Hofoper, die 1918 eine Staatsoper wurde. Als Richard Strauss, der das Haus interimistisch geleitet hatte, vor bösen Intrigen nach Wien auswich, ging Bohnen mit. In den zwanziger und dreißiger Jahren widmete er sich weniger dem Singen als seiner Karriere als Filmschauspieler und Produzent: Er hatte sogar eine eigene Gesellschaft gegründet. Er drehte zunächst eine Reihe von Stummfilmen: *Herrin der Welt*, 1918/19; *Das Buch Esther*, 1919; *Ophyr, die Stadt der Vergangenheit; Präsident Barrade; Der Rosenkavalier; Santa Maria; Tiefland; Sajenko, der Sowjet; Münchhausen*. Dann folgten fünfzehn Tonfilme, darunter *Gold* und *Münchhausen* mit Hans Albers und *Mutterlied* mit Gigli, auch – um es euphemistisch zu sagen – patriotische Bekenntnisse wie *Achtung, Feind hört mit*.

1923 kam er an die Metropolitan Opera, wo er in Max von Schillings *Mona Lisa* debütierte. Er sang Gurnemanz, Wotan in *Rheingold* und *Walküre*, Wanderer in *Siegfried*, Amonasro, Hagen, Kaspar, Kezal, Ochs, Marke, Daland, Hunding, Tonio, König Heinrich, Sachs, Landgraf und Méphistophélès. Nicht nur ein umfangreiches Repertoire, sondern ein stimmlich überaus anspruchsvolles – ein zu anspruchsvolles, als daß es rein sängerisch von einem Sänger hätte bewältigt werden können. Und doch hat der vulkanische Darsteller für seine 174 Met-Aufführungen in 21 Rollen durchweg blendende Kritiken erhalten. Henderson rühmte seinen Kaspar als »eine magnetische Kraft, (dessen) dramatische Energie die gesamte Aufführung vitalisiert« und bestaunte an seinem Kezal »die erstaunliche Vielfalt« von Klängen, Gesten und Grimassen, die aus dem Porträt eine genialische Clownerie machten – selbst auf Platten ist das spürbar.

Lawrence Gilman bezeichnete ihn als den »größten Wagner-Interpreten des Jahrhunderts«, während Otto Iro (damals in dem quasi-sakralen Banne Wagners) Bohnens darstellerischen Realismus als Sakrileg wider die – aus heutiger Sicht – pompösen Posen Bayreuths mit äußerster Vehemenz verwarf. Aber es finden sich auch und gerade in den New Yorker Kritiken Hinweise auf histrionische Effekte, ja Mätzchen, die den Schluß erlauben, daß Bohnen »ein widersprüchliches Amalgam von Fast-Genie und Slapstick-Clown« (D. E. Prosser) sein konnte. Bei der Aufführung von *Pagliacci* führte er vor dem Prolog turnerische Tugenden vor: Er kam auf den Händen gehend auf die Bühne.

Nach einer Diskographie von Jürgen Schmidt – dem für die Preiser-Serie ein Denkmal gesetzt werden müßte – hat Bohnen für Favorite-Luxus-Record (1912–14), Pathé-Platten (1914), Deutsche Grammophon (1914), Odeon (1914), Deutsche Grammophon (1916–18), Odeon Acoustic (1917–18), Deutsche Grammophon (1922–23), Brunswick (1923–26), Deutsche Grammophon (1924–25) akustische Platten gemacht, für Odeon (1926), Parlophon (1926), Deutsche Grammophon (1926?), Brunswick (1926–29), Electrola (1928), Ultraphon (später Telefunken) (1930) und Electrola (1931) elektrische Platten – insgesamt 151. »Wundervoll, fabelhaft« – so heißt die letzte.

Fabelhaft und wunderlich – so wären sie zu charakterisieren. Aus seinen frühen Sängerjahren gibt es Platten eines erstaunlich guten Vokalisten, der, obzwar mit dünner Tonstruktur, selbst die tiefsten Phrasen des Sarastro sang und mühelos in die Bariton-Regionen aufsteigen konnte. Die Stimme war groß, fest, registertechnisch gut verblendet, ungemein farbig und von mächtiger Resonanz. Wie die Belcantisten führte er das Wort dem Ton zu und erreichte eine vorbildliche Balance von sprachlicher und musikalischer Artikulation. Als Kaspar im *Freischütz* oder als Pizarro füllt er, Text und Musik verschmelzend, den Klang mit Vitriol – suggestiver, fanatischer war das nie zu hören, vielleicht dann und wann genauer. In seinen italienischen Aufnahmen – Duette aus *Forza* und *Otello* mit Pattiera, Jagos Credo oder Scarpias »Flieg, Falke« – ist er auf rhetorisch-schauspielerhafte Weise imponierend und überzeugend, aber vokal uneben. Als Escamillo und als Mephisto setzte er, bis an die Grenzen der Stimme gehend, seine »Bomben«. Dabei schlug er die hohen Töne (Fis und G) mit äußerster Vehemenz an und ließ sich sogleich mit einem Glissando abstürzen – ein erratischer Effekt, ästhetisch problematisch, aber suggestiv in der Kühnheit der sängerischen Geste.

War es eine sängerische? Oder nicht so etwas wie eine realistische – besser: eine realistisch gemeinte – Infusion für eine vermeintlich in Agonie liegende Kunstform? Wenn Bohnen Wotans Abschied vorträgt, deklamiert er den Text mit einer Dringlichkeit, die kaschieren soll, daß das im Text Gemeinte uns eigentlich nichts mehr angeht. Bohnen läßt nicht die Musik für sich sprechen, sondern er spricht für die Musik. Er ist nicht Sänger *von*, sondern Kommentator *der* Musik. Stärker als bei jedem anderen außer Schaljapin wird in Bohnen ein durchaus moderner Widerspruch zwischen Sänger und Darsteller manifest (bei Fischer-Dieskau wird sich dies fortsetzen). Der Verfall des Singens in Deutschland, ästhetisch legitimiert durch die Berufung auf vielleicht mißverständliche, auf jeden Fall mißverstandene Postulate Wagners, mußte kompensiert werden durch die Forderung nach dem singenden Darsteller, der seine *eigentliche* Aufgabe – des darstellenden Singens – buchstäblich verdrängt. Es scheint, als ob Bohnens andere Karriere, die des Filmstars, mit dem Hinweis auf Streben nach Popularität, Erfolg und Geld nur unzureichend erklärt ist. Bohnen fand in dem neuen Medium das ihm gemäße Vehikel für sein Ausdruckswollen, das sich im Singen allein nicht erfüllen konnte. Weder wollte noch konnte er nur Sänger sein. Es steht dahin, ob er mit dem Versuch, mehr als ein Sänger zu sein, mehr als nur ein Sänger wurde.

V. KAPITEL

Deutsche Sänger von 1900 bis 1950

In jeder Aufführung muß das Werk neu geboren werden

Mahler war von Wagners Musik zutiefst beeindruckt, und er blieb es bis an sein Lebensende – nahezu ein Viertel der von ihm in Wien dirigierten Opernabende waren Wagner-Aufführungen.
Franz Willnauer, ›Gustav Mahler und die Wiener Oper‹

Mahler besaß als Operndirigent ein höchstes Maß an Stilgefühl; er trieb, im innigsten Zusammenhang mit der Szene, überhaupt Ausdruckskunst und Ausdruckskultur; war in einer Person Regisseur und Kapellmeister; Erklärer der Musik durch die Szene; Vorbild des Kapellmeisters, der den letzten, feinsten Zusammenhang zwischen Szene und Orchester, zwischen orchestralem Ausdruck und gesungenem Wort, zwischen Melos und Gebärde endgültig formt. War spiritus rector, Kraftquelle und Mittelpunkt, war das denkende Gehirn jeder Aufführung.
Ferdinand Pfohl, ›Festschrift zur Jahrhundertfeier des Hamburger Staatstheaters‹, 1927

In der Geschichte der Opern-Interpretation und -Rezeption ist die tiefreichende Wirkung Arturo Toscaninis unbestritten, während diejenige Gustav Mahlers kaum erwähnt wird. Der Hinweis Otto Klemperers, Mahler sei der bessere und ausdrucksvollere Dirigent gewesen, passiert gleichsam als Marginalie. Daß Mahler als Reformator der Oper weniger im Bewußtsein ist als der nur sieben Jahre später geborene Toscanini (1867–1957), mag zum einen daran liegen, daß er, und in den letzten beiden Jahrzenten zumal, als Komponist alle Aufmerksamkeit band, zum anderen daran, daß seine Tätigkeit als Dirigent und Opernchef nur literarisch dokumentiert ist. Seine Tätigkeit als Operndirigent endete zu dem Zeitpunkt, als die Toscaninis ihren ersten Höhepunkt erreichte, also in der Zeit des gleichzeitigen Wirkens an der New Yorker Metropolitan Opera. Wir haben also keine genaue Vorstellungen vom Dirigenten Gustav Mahler und eine vage von seiner Einwirkung auf die Sänger, die unter seiner Ägide an der Wiener Hofoper sangen: Anna Bahr-Mildenburg, Selma Kurz, Marie Gutheil-Schoder, Leo Slezak, Leopold Demuth, Friedrich Weidemann, Richard Mayr. Schwer vorstellbar, daß Selma Kurz ihre endlosen Triller hätte halten dürfen, wenn Mahler am Pult stand. Anders gesagt: In den Aufnahmen dieser Sänger ist der dirigentische Schlag weniger zu spüren als der Toscaninis in den Platten von Toti dal Monte, Aureliano Pertile oder Benvenuto Franci – die freilich drei Jahrzehnte später entstanden.

Dabei war der Einsatz Mahlers in Wien nicht weniger stark als der Toscaninis an der Mailänder Scala (in beiden Wirkungszeiten). Zwischen 1897 und 1907 hat Mahler, nach der Dokumentation Willnauers, an 639 Abenden am Pult gestanden und dabei 648 Aufführungen dirigiert. Zum Vergleich: Herbert von Karajan leitete zwischen September 1956 und Februar 1962 nur 168 Vorstellungen, was die Behauptung Walter Legges von der größeren Bedeutung Karajans für das Haus am Ring als absurd widerlegt – nicht nur im statistischen Sinne. Denn Mahler hat, wie Toscanini, unter dem dominierenden Einfluß des Wagnerschen Werks und der Konzeption der Oper als eines Gesamtwerks, eine neue Epoche der Opernkunst eingeleitet und das Festspiel in Permanenz visiert. Daß er in zehn Jahren 122 Premieren betreute, ist Zeugnis eines Kunstwillens, der das Ideal anstrebte. Mahlers Credo lautete: »In jeder Aufführung muß das Werk neu geboren werden.« Das war auch das Credo Wagners gewesen und entsprach dem Bekenntnis Toscaninis. Mahlers Repertoire war programmatisch. Mozart und Wagner standen im Mittelpunkt, Weber wurde neu entdeckt (bis hin zur Errettung der *Drei Pintos*), die deutsche Spieloper ebenso berücksichtigt wie die Nationaloper aus Rußland und der Tschechoslowakei, die Opéra comique und die Oper Verdis (die Mahler überwiegend seinen Kapellmeistern, u. a. Franz Schalk, überließ) und Puccinis. Mahler hat *Louise* nach Wien gebracht, *Jenufa* allerdings verkannt, für *Salome* vergeblich gekämpft. Richard Specht, der viele Aufführungen der Hofoper miterlebte, hat die Vorstellung, Mahler habe »die Kunst des Gesanges mißachtet«, als »insipide« bezeichnet. Außer Frage aber steht, daß er in den Sängern weniger Stars als Diener des Werks sah. Offen bleibt, welche Manieren er ihnen beigebracht hat. Denn in den einschlägigen Dokumentationen finden sich zwar viele Hinweise auf die Gestaltung des Spielplans, die Arbeit des Regisseurs und des Intendanten Mahler, die von den Bühnenbildern Alfred Rollers geprägte neue Szene, die lähmenden Kämpfe mit der Bürokratie (die später auch Schalk, Böhm, Karajan und Maazel durchzustehen hatten), kaum aber präzise Kritiken über die Sänger, wie wir sie aus London oder aus New York haben.

Warum dies? Es scheint, als hätten die Schriften Wagners die Dirigenten wie die Kritiker auf jene Wolken entführt, über denen nicht nur die Götter wohnen, sondern auch die hehren Ideen über das Musikdrama, über Empfindung, Ausdruck und Dramatik als wahre Ziele des Singens. In den Briefen Mahlers finden sich vereinzelte Hinweise über die »unmögliche« Kurz, den sorglosen und »schlampigen« Slezak oder die »entzückende« Förstel. Doch in der Literatur ist nichts von den Kämpfen zu lesen wie in den verschiedenen Biographien Toscaninis. Es scheint so, daß Wagners Werk nichts dringender brauchte als kongeniale Sänger, die Entwicklung dieser Sänger aber verhindert wurde durch die Idee des Gesamtkunstwerks, die dem Sänger nur noch eine dienende Funktion übertrug. Diese Idee des Gesamtkunstwerks haben Toscanini und Mahler gleichermaßen verfolgt, und beide haben sie, wie Verdi es formulierte, die Eitelkeit des Primadonnen-Rondos durch ein größeres Übel, die Tyrannis des Dirigenten, ersetzt. Nicht überraschend, daß viele Dirigenten sich teils auf Mahler (Klemperer, Walter), teils auf Toscanini (Votto, Gavazzeni, Gui, Szell, de Sabata, Giulini) berufen haben. Beide, der »Gott der südlichen Zonen« (Mahler über den Chefposten in Wien) und der italienische Fanatiker, teilten eine (musikalische) Weltanschauung: die Idee von der Oper als Gesamtkunstwerk. Damit wurde das Singen seines Ranges als Raison d'être der Oper enthoben. Mahler legte, wie viele Berichte und Lebenszeugnisse belegen, mehr Wert auf darstellerische Individualität als auf rein vokale Schönheit.

Nach Ansicht von Gianandrea Gavazzeni hat Arturo Toscanini im Musiktheater eine Art von »moralischer Anstalt« gesehen – wenn schon keine Weihestätte wie Wagner, so doch den Ort für ein Festspiel in Permanenz. Das gilt auch für Mahler und wohl auch für einige der führenden deutschen Dirigenten der zwanziger und dreißiger Jahre: für Ernst von Schuch, Franz Schalk und Fritz Busch in Dresden, für Otto Klemperer, Erich Kleiber, Leo Blech, Bruno Walter und Wilhelm Furtwängler in Berlin, die – neben Uraufführungen – zum ersten Mal für eine systematische Pflege des Repertoires sorgten. Ein Stichwort dafür ist die deutsche Verdi-Renaissance der zwanziger und dreißiger Jahre in Dresden und Berlin.

Sie alle konnten mit festen Ensembles arbeiten. Nicht, daß deren führende Sänger auf Gastspiele verzichtet hätten, aber die wenigsten dieser Sänger konnten, schon wegen der Reisemöglichkeiten nicht, *internationale Stars* im modernen Sinne werden, Spezialisten mit einem quasi-monopolistischen Anspruch auf ihre Paraderollen. *Stars erster Ordnung* wurden eher wohl jene Künstler, die in den dreißiger Jahren aus politischen Gründen Deutschland verließen oder das Land mieden – wie Lotte Lehmann, Frida Leider, Lauritz Melchior oder Friedrich Schorr.

Für das Singen hatte dies einschneidende Konsequenzen. Bis zu der von Carl Maria von Weber eingeleiteten und von Richard Wagner vollendeten Reform der Oper zu einem »auktorialen Gesamtkunstwerk« (Ulrich Schreiber in seinem *Opernführer für Fortgeschrittene*, Bd. II) und, parallel dazu, der Entwicklung von Nationalopern in Rußland oder Böhmen wurde die Gesangskunst fast ausschließlich durch Italien – und damit durch den Belcanto – dominiert. Bei der Beschäftigung mit dem Theaterpraktiker Richard Wagner, der seit jeher nicht soviel Aufmerksamkeit geschenkt wurde wie der ideengeschichtlichen Auseinandersetzung mit dem Ästhetiker und »Politiker«, zeigt sich, für wie ungeheuer wichtig der Komponist die Entwicklung einer *deutschen Gesangsschule* hielt. Daß dabei schon wenige Jahre nach seinem Tod im chauvinistischen Treibhaus Bayreuth der Akzent eher auf der *deutschen* Kunst lag als auf dem Regelwerk eines ausgefeilten *Meistergesangs* – ein Regelwerk, das Wagner selber in den *Meistersingern* in Davids Lehrstunde für Stolzing *auskomponiert* hatte –, ist nachgerade zu einer Binsenwahrheit geworden. Viele Sänger gaben, auch unter dem Einfluß von weniger vokal als instrumental konzipierten Partien (Richard Strauss!) die *technische* Basis der italienischen Schule, die gerade Wagner für unerläßlich hielt, auf.

Die Platten vieler Sänger, die unter der Ägide Mahlers in Wien sangen, zeigen noch, vor allem bei Mozart, Relikte der klassischen Technik und des italienischen Stils: den Gebrauch von Appoggiaturen, von Eingängen, von kadenziellen Freiheiten. Dies nimmt im Verlauf der Jahre mehr und mehr ab, bis sich in den zwanziger und dreißiger Jahren – von Ausnahmen abgesehen – ein Einheitsstil herausbildete, der zwischen Verdi und Puccini, Mozart und Strauss nur noch marginale Unterschiede der *technischen Nuancierung* erkennen läßt. Es ist – beschreibend und nicht bewertend gesagt – ein *provinzieller* Stil. Oder anders: ein Stil, in dem weniger der unendliche Formenreichtum des Singens im Vordergrund steht als vielmehr Unmittelbarkeit, Ausdruck, Persönlichkeit, Temperament – mithin die Elemente einer »modernen« realistischen Ästhetik.

Um diesen komplexen Zusammenhang, den hier detailliert ausführen unmöglich ist, zusammenzufassen: In den fünfziger Jahren des 19. Jahrhunderts rühmte der französische Schriftsteller Honoré de Balzac, ein Advokat Rossinis, die Koloratur als die *reinste* Ausdrucksform der Musik und registrierte voller Bedauern, daß die breite Masse die Musiker gezwungen habe, ihre Äußerungen »an Worte zu heften«, und fügte voller Resignation hinzu, daß diese *kommen mußte*, weil sie sonst von den Massen nicht mehr verstanden werden würden. Ein halbes Jahrhundert später galt die einst selbstverständliche sängerische Virtuosität als *Wirkung ohne Ursache*, als »bloße« oder »leere« Kehlfertigkeit; wurde das Wort »Schönsänger« zu einem »Schimpfwort«; galt es als Lob, wenn man einem Sänger bescheinigen konnte, daß man vor lauter Eindringlichkeit seiner Gestaltung gar nicht gemerkt habe, wie seine Stimme geklungen habe. Es ist symptomatisch, daß jene differenzierend-analytische Beschreibung der Gesangs*kunst*, wie wir sie in den Schriften vieler italienischer und angelsächsischer Autoren finden, im deutschen Sprachraum nie entwickelt wurde – eine Langzeitwirkung der nicht genau genug studierten Schriften Wagners.

Wie vertragen sich diese Ausführungen mit dem Ruhm der deutschen Ensembletheater? Mit den wehmütigen Erinnerungen daran, daß jedes dieser Theater die bedeutendsten Werke des Repertoires mit eigenen Kräften aufführen konnte? Daß es selbst für schwerste Rollen meist zwei oder sogar drei Fachvertreter gab? Es gibt da keinen Widerspruch. Eine längst nicht mehr zu überblickende Fülle von Aufnahmen – darunter viele Rundfunkmitschnitte – zeigt, daß es einen erstaunlichen Reichtum an eindrucksvollen Persönlichkeiten gab. Wie hoch sie, aus dem *historischen* Rückblick, als Gesangs-*Künstler* einzuschätzen sind, ist eine andere Frage, die auch deshalb nicht leicht zu beantworten ist, weil sich die Perspektiven verändert haben. Denkbar, daß – um nur wenige Beispiele zu geben – Tiana Lemnitz und Maria Cebotari, Helge Rosvaenge und Marcel Wittrisch, Heinrich Schlusnus und Willi Domgraf-Fassbaender unter anderen politischen, sozialen und ästhetischen Voraussetzungen ganz andere Sänger geworden wären. In diesem Sinne seien die folgenden Portraits ausgewählter Sänger, die vorwiegend im deutschen Sprachraum tätig waren, verstanden – und auch die Tatsache, daß die Auswahl sich auf einige exemplarische Interpreten beschränkt.

Sänger aus Gustav Mahlers Wiener Ensemble

Der endlose Triller: Selma Kurz

> Aber als dann der große Triller am Schluß [der Pagen-Arie in *Die Hugenotten*] kam, da entstand im ganzen Haus eine große Bewegung, wie sie seither nie mehr ein kleiner Page hervorgerufen hat. Die Kurz setzte ihren Triller pianissimo an und ließ ihn dann allmählich zu unerhörter, mächtiger Breite anschwellen ... Dabei diese beängstigende, diese atemberaubende Dauer des Trillers. Es gab Hörer, die meinten, daß ihre Lungen unmöglich auch nur Luft für einen Hauch noch enthalten können. Aber die Kurz ließ – woher? – immer noch mehr Kraft in den Ton strömen. Noch immer wollte sie nicht beginnen, den Triller abschwellen zu lassen, bis er wieder in einem Pianissimo aushaucht.
>
> *Julius Stern über eine Aufführung von ›Die Hugenotten‹ unter Gustav Mahler im Jahre 1902*

Das »Wunder des Kurz-Trillers« hat Berndt W. Wessling in seinem Buch über Mahler festgehalten: Die Sängerin sei »schließlich in der Lage (gewesen), ohne Zwischenatmung dreieinhalb Minuten lang auf dem hohen D zu trillern«. Das ist nicht einmal gut erfunden. Schon bei dem knapp eine halbe Minute langen Triller am Ende von »Vogel im Walde« (Grammophon, 1923) ist zu spüren, daß die Luft zum Schluß flatternd entweicht und den Ton nicht mehr trägt – er rieselt aus wie die letzten Körner einer Sanduhr. Selbst ein Triller von dreißig Sekunden aber ist unglaublich genug – wenn anders man ihn nicht als musikalisches Unding abtun sollte. Er versetzt jedenfalls jeden Hörer in den Zustand beklommener Atemlosigkeit.

Kurz ist wegen dieses delikat und perfekt ausgeführten Ornaments und ihrer rapiden Skalen – »wer keine schönen Skalen singen kann«, so ihr Verdikt, »kann überhaupt nicht singen« – berühmt geworden bei Sammlern, die sich am höheren Jux einer Kunstfertigkeit delektieren können, in der sich zwar nicht der Sinn, oft aber die Sinnlichkeit der Musik erfüllen kann. Aber die aus Galizien stammende Diva war alles andere als nur eine brillant-überflüssige Effekte produzierende Artistin. Sie besaß eine außergewöhnlich klangschöne, fein lasierte und wie helles Perlmutt changierende Stimme und eine persön-

Selma Kurz
(Foto: © Sammlung Robert Lebeck)

liche Manier, deren Anmut verzaubern und deren Selbstgefälligkeit verstören können.

Selma Kurz (1874–1933) wurde in Bielitz-Biala geboren, von dem Kantor Ignatz Goldmann entdeckt, in Wien zunächst von Joseph Gänsbacher als untalentiert abgewiesen und schließlich von Johann Ress ausgebildet. Ress blieb zeitlebens ein wichtiger Berater und energischer Kritiker seiner berühmten Schülerin. Eine längere Ausbildung bei Mathilde Marchesi und Jean de Reszke, von Dési Halban (Tochter und Biographin von Kurz) angedeutet, läßt sich nicht belegen, schon gar nicht aus den Aufnahmen der Sängerin ableiten. Ihren ersten Vertrag bekam sie von Hamburgs Impresario Pollini. Sie sagte zwar zu, trat aber das geplante Hamburger Engagement erst gar nicht an, sondern ging an die Frankfurter Oper, wo sie am 19. September 1886 als Elisabeth im *Tannhäuser* debütierte und wenige Tage später – aus der Kenntnis der Platten kaum vorstellbar – Carmen sang. Die in Dési Halbans Buch zitierten Kritiken aus der Frankfurter Zeit sind, weil sie auf das Singen, die Stimmbildung und die Technik nicht eingehen, irrelevant. Kurz blieb drei Jahre in Frankfurt und sang Rosalinde, Siebel (*Faust*), die Rose von Pontevedra (Josef Forster), Sandmännchen und Taumännchen, Servilia in *Titus*, die erste Dame in *Die Zauberflöte*, Cherubino, Jitka in *Dalibor*, Mignon, Siegrune in *Die Walküre*, Norne in *Die Götterdämmerung* und Agathe. Es spricht viel dafür, daß sie ihre Stimme auf artifizielle und für den Klang nicht gesunde Weise »geliftet« hat – vielleicht auf Veranlassung von Gustav Mahler, der sie nach Wien holte, wo sie 1899 als Mignon debütierte. Ihre erste Rolle während des festen Engagements war Sieglinde in *Walküre*. Sie blieb bis in die späten zwanziger Jahre an der Wiener Staatsoper, an der sie bald fast ausschließlich die hohen Rollen übernahm, deren Reduktion zu gleichsam spezialisierten »Koloratur«-Partien äußerst problematisch war (und ist). Eine bedeutende internationale Karriere hat sie nicht gemacht. 1904 debütierte sie als Gilda an der Covent Garden Opera, wo sie auch Elisabeth in *Tannhäuser*, Marguérite, Juliette und, im Jahre 1907, Lucia übernahm. Es heißt, daß die Queen der Royal Opera – Nellie Melba – weitere Engagements von Selma Kurz verhindert habe; wahrscheinlicher aber ist mangelndes Interesse des Theaters, das in Tetrazzini die Virtuosa in excelsis gefunden hatte. Nach New York kam sie erst im Jahre 1921 – zu einem Konzert in der Carnegie Hall, für das sie Beifall con sordino erhielt. Ihre letzten Aufführungen sang sie 1929 in Wien in *Ballo in Maschera*.

Wie die überwiegende Zahl der deutschen Sopranistinnen bildet Kurz einen schlanken, instrumental reinen, weißen und in der Höhe flötenhaft geraden Ton, der in der dreigestrichenen Region dynamisch reduziert wird zu einem fadenfeinen Gespinst. Aber schon früh machte sich eine Resonanzschwäche der Mittellage bemerkbar. Am 24. August 1899 schrieb Johann Ress an seine Schülerin (es war kurz nach ihrem Wiener Debüt als Mignon unter Mahler): »Die Ursache der Schwäche [in der Mittellage] ist, daß durch die Abspannung der Stimmbänder in dem tiefen Mittellagenregister das Stimmband nicht so energisch schließt, wie es sein sollte. Vor allem müssen Sie das Muskelgefühl des Stimmbandschlusses sich zum Bewußtsein bringen ... Wenn Sie einen Schwellton auf dem F bilden und dabei ihre Aufmerksamkeit auf den Kehlkopf während dem An- und Abschwellen lenken, so werden Sie bemerken, daß sich das Stimmband bei Forte fester schließt und beim Abschwellen des Tons mehr öffnet ... Auch beim Staccato-Singen wird das Stimmband zuerst vorher geschlossen und dann plötzlich geöffnet, und damit können Sie auch den Vorgang des starken Stimmbandschlusses sich deutlich zum Bewußtsein bringen. Bei den hohen Tönen, wo stärkere Spannung der Stimmbänder vorhanden ist, stellt sich der festere Schluß derselben leicht ein, jedoch bei Anfang jeden Registers, wo die Spannung nachläßt, ist der Schluß der Stimmbänder erschwert und daher das Schwächegefühl. Am bemerkenswertesten ist dies im Anfang des Mittelregisters d-e-f-g. Zieht der Sänger, um der Sache auszuweichen, das tiefe sogenannte Brustregister oft in den Bereich des Mittelregisters hinauf, so schwächt sich dieses immer mehr und mehr.«

Dies war nicht nur ein präziser Rat, sondern die Diagnose einer zeitlebens nicht behobenen Schwäche: Kurz hatte oft Mühe mit der genauen Intonation (sie attackierte scharf), mit der Bildung farbkräftiger Töne in der Mittellage und der korrekten Verblendung der Register. Die Stimme sprach offenbar nur dann sicher an, wenn die Spannung groß genug war. Nur neun Jahre später, am 7. April 1908, schrieb Ress an die wiederholt von Indispositionen geplagte Sängerin: »Mit großem Bedauern sah ich gestern, daß Sie wegen Heiserkeit die Vorstellung absagen mußten ... und möchte Sie hiermit auf die eigentliche Ursache, von welcher diese beständigen Indispositionen wahrscheinlich herrühren, aufmerksam machen. Mit kurzen Worten: Sie singen in einer Ihrer Stimme nicht zusagenden Stimmlage. Von Natur haben Sie einen tiefen Sopran, welcher nahe am hohen Mezzosopran liegt, und Sie singen jetzt beständig in der höchsten Sopranlage. Durch die gute Ausbildung Ihrer Stimme ist es Ihnen möglich, die höchsten Töne des Soprans zu erreichen, aber beständig in dieser hohen Stimmlage sich zu bewegen, strengt das Organ zu viel an. Man kann ein Gummiband, welches breit ist, recht wohl dehnen, aber es wird schlechter und verliert seine Elastizität. Ähnlich ist es bei der Stimme. Sie sind, wenn Sie in sehr hoher Lage singen müssen, gezwungen, mit höherer Klangfarbe, das heißt dünner zu singen, als Ihr Stimmkaliber ist.«

Diese vivisektorische Stimmanalyse zeigt, warum Kurz sich so oft in das (dünne) Piano flüchtete und auch ihre phantastisch agilen Fiorituren nur mit der halben Stimme zu bilden in der Lage war. Nie hört man von ihr die Feuerball-

Staccati der Sembrich oder die volltönende, energische Brillanz einer Tetrazzini. Auch eine Reihe von Ungenauigkeiten – gleitende Attacke, zu scharfe Intonation und gleichsam verwackelte Koloraturen – sind zurückzuführen auf die angestrengt-artifizielle Tonbildung und die Überspannung der Stimme in extremer Tessitura. Ganz auffällig, daß Kurz vor allem dann zu brillieren vermochte, wenn sie sich nicht dem Fluß des Rhythmus fügen mußte und den quasi mechanistischen Artefakt des Singens ausstellen konnte wie etwa in »Vogel im Walde« oder ähnlichen Stücken. Doch im Duett »Sieh meiner heißen Tränen Flut« aus Verdis *Troubadour*, 1923 mit Heinrich Schlusnus aufgenommen, fehlt es der Stimme nicht nur an Körper und Klang, Farbe und Resonanz, sondern auch an kontrollierter Beweglichkeit. Auch der Enthusiasmus für ihre schier orientalisch ornamentierte Aufnahme von Oscars »Saper vorreste« mit ihren Kadenzen, eingelegten Spitzentönen und Dauertrillern ist schwer begreifbar: Es ist, anders als bei Tetrazzini, kein Jeu d'esprit, sondern eine ausgefallene Pose.

Kurz ist am besten, wo sie mit leichter, leuchtender und pastellener Tongebung singen kann: In Susannas »Deh vieni« (obwohl der Ton voller sein könnte), als Gilda, als Königin der Nacht (mit zusätzlichen Trillern!), sogar als Elvira in *Ernani*, wenn man sich mit der allzu leichten Tongebung anfreunden kann. Das gilt auch für Elviras »Qui la voce« aus Bellinis *Puritani*, gesungen mit einer wenig modulationsreichen Kleinmädchen-Stimme, aber ohne die dunklen Schatten, die später Callas diesem Tonfall abgewinnen konnte. Rossinis Rosina verwandelte sie in eine Primadonna, bei deren Vortrag der Komponist – wie angeblich bei Patti – seine eigene Musik nicht wiedererkannt hätte. Aber die Verzierungen sind nur elaboriert-effektvoll, kaum aber eloquent, und es ist nur die persönliche Anmut, die einen Zauber ganz eigener Art zu wirken weiß. Auch Lucias Wahnsinns-Szene kommt über eine mechanistische Virtuosität nicht hinaus, so daß Scott die Manier ihres Singens als »unmusikalisch« verurteilt.

Virtuose und Clown: Leo Slezak

> Seine Stimme ist weniger robust und lyrischer in Volumen und Qualität [als die Tamagnos], aber er besitzt genau das, was dem italienischen Tenor fehlte – Finish des Stils und einen großen Umfang von vokalen Farben und Ausdrucksmöglichkeiten. Slezak kann uns erregen mit seiner wirklichen

hohen Tenornote und uns verzaubern mit einer wunderbar modulierten Phrase oder einer feinen Mezzavoce.
Reginald de Koven nach Leo Slezaks Otello-Debüt an der Met in ›World‹, 18. November 1909

Die Szenen der Eifersucht waren konzipiert und wurden ausgeführt mit der tigerhaften Erregtheit Salvinis ... Ältere Theaterbesucher werden sich an den ungeheuerlichen Moment erinnern, in dem Salvini [ein berühmter Schauspieler der Epoche] Jago auf die Knie zwingt. Herr Slezak fuhr gestern abend mit Geschwindigkeit eines Blitzes auf Herrn Scotti zu, zusammengekauert, zum Sprung ansetzend und landete buchstäblich über dem Bariton wie eine Lawine. Er schleppte ihn über die Bühne, und es gab laute Schreckens-Seufzer aus dem Publikum, als der kleinere Mann auf den Boden geschmettert wurde.
Der Kritiker des ›Evening Globe‹ nach derselben Aufführung am 18. November 1909

Die Geschichte des aus Mährisch-Schönberg stammenden Leo Slezak (1873–1946) ist von dem Sänger selber, gleich Rubinstein ein Virtuose der Lebenskunst, in ein Lebensmärchen verwandelt worden, in eine Geschichte von Wein, Weib und Gesang. Leo Slezak war ein Tenor, wie er im Buche eines Satirikers namens Leo Slezak steht. Seine Witzchen haben den Typus des bornierten Tenors lächerlich gemacht, zugleich aber das Cliché von der notorischen Dummheit des Tenors perpetuiert. Slezaks Popularität war so groß, daß er über 400 Platten gemacht hat, und am berühmtesten geworden sind diejenigen, die seinen Ruhm am wenigsten legitimieren. Dazu zählt ein großer Teil seiner sentimentalen Liedaufnahmen, auch seine späten elektrischen Opernplatten aus den zwanziger Jahren.

Slezak stammte aus ärmlichsten, kleinbürgerlichen Verhältnissen, arbeitete nach der Schulzeit mal als Gärtnerlehrling, mal als Schlossergeselle und sang in Brünn zuweilen im Opernchor mit. Der schon betagte Bariton Adolf Robinson, der als Tonio gastierte, hörte seine Stimme aus dem Chor heraus und lud ihn zu einem Vorsingen ein. Robinson, Schüler Lampertis und Lehrer von Joseph Schwarz, übernahm Slezaks Ausbildung. Nach seiner Militärzeit debütierte Slezak 1896 als Lohengrin in Brünn. Zwei Jahre später wurde er nach Berlin engagiert. Weil er sich dort nicht durchsetzen konnte, wechselte er nach Breslau. Dort heiratete er die Schauspielerin Elsa Wertheim, die durch ihr ausgleichendes Temperament und ihre Zielstrebigkeit für seine Entwicklung überaus wichtig wurde.

Der junge Leo Slezak
(Foto: © Ullstein Bilderdienst)

Im Jahre 1900 trat der riesenhafte Sänger – er war fast einen Meter und neunzig Zentimeter groß und von athletischer Gestalt – zum erstenmal am Covent Garden auf, wo er als Siegfried wenig Eindruck machte. Ein Jahr später debütierte er als Arnold Melchthal, Radames und Walther an der Wiener Staatsoper und wurde sofort von Mahler verpflichtet. Um die Gunst des Publikums rivalisierte er mit Erik Schmedes. Slezak sang, wie Jacques Urlus, gleichermaßen verzierte Mozart-Partien wie Belmonte, die Werke des jüngeren Wagner, die Spinto-Rollen Verdis und zahlreiche französische Partien wie Raoul, Assad (*Königin von Saba*), Faust, Des Grieux, nicht zuletzt Tannhäuser und Verdis Otello. Er blieb 33 Jahre an der Wiener Oper. Seine Gastspiele in Mailand, London und vor allem in New York, wo er selbst von Henderson mit Jean de Reszke verglichen wurde, waren Triumphe. Nach 1913 kehrte er nicht mehr an die Met zurück und konzentrierte sich vor allem auf die Bühnen im deutschsprachigen Raum. In den zwanziger Jahren, als seine stimmlichen Kräfte nachließen, begann er eine zweite Karriere. Alfred in *Die Fledermaus* bot er als komisch-boshafte Porträt-Studie eines eitel-alternden Tenors. Später trat er in Berlin als Ritter Blaubart und als Räuber Gasparone auf – ein Vorläufer Peter Ustinovs. Und in Tonfilmen spielte er in Episoden-Rollen den bramarbasierenden Alten, Schrulligen, Trottelgreis oder Weltmann. Fast genauso populär wie durch seine Platten wurde er durch vier Bücher im elegant-witzigen Wiener Feuilleton-Stil.

Die späten Slezak-Aufnahmen, wiederveröffentlicht auf DG/Heliodor, machen es schwer, Wirkung und Ruhm des Sängers in den beiden ersten Jahrzehnten des Jahrhunderts zu begreifen. Der junge Slezak besaß zwei außerordentliche Qualitäten: das Feuer und die Verve eines seiner Stimme sicheren jugendlichen Helden einerseits, Imagination und Ausdruckskraft andererseits. Er muß nach vielen zeitgenössischen Berichten den Manrico 1909 in New York mit einer geradezu fieberhaften Intensität, feiner Vortragskunst und mit triumphalen Spitzentönen gesungen haben. Henderson rühmte seinen »kraftvollen Otello« und seinen »schmelzenden« Tannhäuser, dessen Zerrissenheit er eindringlicher sang und darstellte als alle seine Kollegen – selbst Urlus' Porträt blieb blaß neben dem Slezaks.

Die Stimme selber war außerordentlich. Es war eine lyrisch-dramatische Tenorstimme von unverkennbarem, zuweilen leicht penetrantem Timbre. Sie war resonant, immer aber hell eingefärbt. Sie reichte in der Glanzzeit bis zum Cis, aber oft klangen die hohen Töne – typisch für viele Sänger deutscher Schulung – leicht gequetscht. Sie hatten nicht das Pulsieren eines gesunden Vibrato. Um so raffinierter des Sängers Mezzavoce in der hohen Lage, wo er gut zentrierte Kopftöne mit wundervoller Süße bilden konnte – ein berühmtes Beispiel ist Assads »Magische Töne« aus *Die Königin von Saba* (besser als die Aufnahmen Carusos und Geddas) mit einem fein gesponnenen hohen C. Das verrät beste Lamperti-Schule. Seine Technik war nicht vollständig. Verzierungen führte er eher nachlässig und nur approximativ aus. Seine Attacke war stärker geprägt von seinem sängerischen Temperament als der Beherrschtheit eines präzisen Anschlages. Spitzentöne im Forte tendierten zur dynamischen Überladung. Folge war ein Spreizen des Tons und ein Ausklingen mit einem hörbaren Stoß des Zwerchfells. Die Phrasierung wurde nicht immer von der Musik diktiert, sondern von den Notwendigkeiten des Atemfassens, zu dem er, vor allem nach der erheblichen Gewichtszunahme in späteren Jahren, öfter gezwungen war, als es der Linienbildung zuträglich war.

In der Preiser-Reihe Court Opera Classics (CO) sind unter den Nummern CO 309, 332, 409 und 422 frühe Gramophone-, G&T- und Odeon-Aufnahmen veröffentlicht worden, 67 Titel aus der Zeit zwischen 1905 und 1912 – ein umfassender Querschnitt durch das Repertoire des Sängers in seiner Glanzzeit. Sie sind nicht immer ausgefeilt in der Artikulation (vor allem die italienischen Titel) und der Phrasierung, aber auch nicht so schlecht, wie John Steane (»ohne interpretatorische Einsicht und ohne poetischen Sinn«) sie einstuft. Störend in vokal oft feinen Aufnahmen sind grobe Ausdrucks-Effekte (Otello, Aida) und provinzielle, sentimentale Gefühligkeiten, auch das Flackern des Tons unter dem (meist unnötigen) Atemdruck. Es fehlen die Finessen des Stils und die musikalische Sorgfalt, die alle Aufnahmen von Urlus auszeichnen. Von englischen Kritikern werden die Aufnahmen aus den späten zwanziger Jahren – ein Teil davon findet sich auf Preiser LV – mehr geschätzt als viele Frühaufnahmen. Erstaunlich in der Tat, daß der Klang der Stimme und vor allem die Mezzavoce so gut wie unversehrt sind. Doch ist die Phrasierung kurz und abgerissen, die Vokalbildung teilweise vage und nicht frei von jenen Verfärbungen, die auf eine manipulative Stimmbildung schließen lassen. Die Mezzavoce wird, vor allem bei Lohengrins Abschied, in exzessiver Weise eingesetzt; sie klingt nicht süß, sondern süßlich und leicht greinend. Als Otello führt er vor, wie ein Otello den Otello singt – das ist bewegend in einem doppelten Sinne, weil man als Hörer nicht nur mit Otello leidet, sondern auch mit seinem Sänger. Ähnlich die Liedaufnahmen: Sie schlittern, bei aller intentionalen Feinheit der Tongebung und allem Lyrismus des Ausdrucks, über die Grenzen der Süße in die Sphäre der Sentimentalität.

Baß-Gewalt: Wilhelm Hesch

> Dieser vollendete Künstler machte einige der feinsten Platten, die je von einem Baß veröffentlicht wurden, und vielleicht hat ihn nur der legendäre Pol Plançon hinsichtlich vokaler Qualität und Technik übertroffen.
> *Arthur E. Knight über Wilhelm Hesch*

Der älteste deutsche Bassist auf Platten war ein gebürtiger Tschechoslowake: Wilhelm (Vilem) Hesch (1860–1908). Er hatte sich als junger Sänger einer reisenden Theatergruppe angeschlossen, wurde vom Direktor des Prager Nationaltheaters, Schubert, engagiert und debütierte 1880 (?) als Plumkett in *Martha*. Nach diversen Gastspielen in Hamburg und Wien ging er 1895 an die Wiener Hofoper, an der er bis kurz vor seinem frühen Tod sang: Sarastro, Kardinal in *La Juive*, Leporello, Gremin, Kaspar, Figaro, Don Alfonso, Sachs, Wotan, Falstaff. Bauer listet nicht weniger als fast 90 Platten auf. Sie sind zwischen 1902 und 1908 entstanden, leiden unter den oft schon zitierten perspektivischen Minderungen – etwa in der Wiedergabe der ganz tiefen Frequenzen – und verlangen den guten Willen des ergänzenden Hörens. Aber es ist kaum herauszufinden, ob Osmins tiefes D bei »denn nun hab' ich Ruh von euch«

vom Sänger verwackelt wurde oder von der Aufnahmetechnik. Unverkennbar sind das gewaltige Volumen und die feste Tonqualität dieses echten Schwarzbasses, die Fülle der tiefen Töne und die mühelose Attacke der hohen. Störend ist die Anpassung der Phrasierung an die Bildung solcher Töne. In den Sarastro-Arien unterbricht Hesch die Linie, um die Stimme richtig plazieren zu können: Trotz imponierender Momente sind Form, Bindung und Fluß beeinträchtigt. Heschs Osmin muß eine martialisch-dramatische Figur gewesen sein. Sowohl die Arie über die »hergelauf'nen Laffen« als auch »O wie will ich triumphieren« singt er mit Verve und blendender Agilität, aber es gibt auch etliche Ausrutscher. Fulminant seine ungestüme Aufnahme von Kaspars »Hier im ird'schen Jammertal«, zugleich agil und mit gewaltiger Tonfülle (obwohl der Sänger im Badezimmer zu singen scheint). Pogners »Das schöne Fest« gehört – mit den Platten von Kipnis und Karl Ridderbusch – zu den besten Aufnahmen. Ein Glanzstück ist Marcels »Piff, paff« aus *Les Huguenots:* gesungen mit rundem, reichem, gewichtigem, aber nie schwerem Ton und dennoch erstaunlicher Geschmeidigkeit.

Wilhelm Hesch
(Foto: © Preiser Records)

Der brillante Komödiant: Richard Mayr

In seiner berühmtesten Partie war Mayr der beste Ochs, den New York erlebt hatte, obwohl er längst nicht mehr im Vollbesitz seiner bemerkenswerten Stimme war.
Irving Kolodin über Richard Mayr, 1927

Unter Leitung von Robert Heger wurden 1933 für HMV Auszüge aus Richards Strauss' *Der Rosenkavalier* aufgenommen. Es sollte das Ton-Denkmal eines berühmten Ensembles werden, in dem Lotte Lehmann (Marschallin), Elisabeth Schumann (Sophie), Maria Olszewska (Octavian) und der Bassist Richard Mayr (1877–1935) standen. Bei der Dresdner Uraufführung hatte Perron die Partie gesungen, aber es war Mayr, der mit dem Porträt des schäbigen Aristokraten eine epochale Aufführung bot – wie Caruso mit Canio, Schaljapin mit Boris, Leider mit Isolde oder Lehmann als Sieglinde. Als die Aufnahme entstand, war Mayr 56 Jahre alt, und er machte Wirkung weniger mit stimmlichen Mitteln – die schon in seinen besten Sängerjahren nicht exzeptionell gewesen waren – als mit einer ausgefuchsten Vis comica, mit prägnant-pointierter Diktion, mit einem von Lachen durchschossenen gestischen Gesangsausdruck, einer Art von mimischem Singen, das die vielen nur angedeuteten Noten vor allem der tiefen Lage überhören macht. Man hört gar nicht, daß man so viele Noten nicht hört, weil man im Bann eines suggestiven Darstellers steht. (Ähnlich ergeht es uns bei dem Franzosen Vanni Marcoux.)

Der gebürtige Salzburger hatte zunächst Medizin studiert, doch nachdem er 1898 einige erfolgreiche Konzerte gesungen hatte, ging er bei Johannes Ress (Lehrer auch von Selma Kurz) in die Schule. Binnen vierzehn Tagen übernahm er für eine Aufführung des Bozener Männergesangvereins den Baß-Part in Beethovens *Missa Solemnis*. Nach einer Wiener Aufführung von Dvořáks *Requiem* wurde er von Karl Prill an Cosima Wagner empfohlen, die ihn als Hagen nach Bayreuth engagierte. In der »Stilbildungsschule« studierte er unter Julius Kniese im Winter 1901/02 die Baß-Partien Wagners; im Sommer 1902 sang er Hagen – sein Bühnendebüt. Wenig später wurde er an die Wiener Hofoper, die den Bassisten Karl Grengg verloren hatte, engagiert. Mayr sang Don Silva (*Ernani*, neben Kurz, Slezak und Demuth), König Heinrich, St. Bris (*Les Huguenots*), Marcel, Landgraf, Fasolt, Hunding und Hagen, Marke, Pogner und Colline, insgesamt 16 Rollen in der ersten Saison. In 32 Jahren an der Wiener Oper hat er

Richard Mayr als Ochs
(Foto: © Ullstein Bilderdienst)

95 Rollen verkörpert. Seit 1906 hat er regelmäßig in Salzburg gesungen. 1924 trat er zum erstenmal in London auf, wo er erfolgreicher war als in New York seit 1927. Dort wurde er als bedeutender Darsteller und Künstler anerkannt, weniger als Vokalist, weil die Stimme in der Höhe ausbleichte und in der tiefen Lage hohl zu klingen begann.

In seinen jungen Jahren besaß Mayr eine gut und charakteristisch timbrierte hohe Baßstimme von mittlerem Volumen. Weder Tonqualität noch Farbspektrum waren reich. Die hohen Töne über dem D machten ihm Mühe; die F's des Figaro bildete er mit klanglich reduzierter, kopfiger Stimme, musikalisch geschickt, vokal unzureichend. Seine Aufnahme von »Wo die Stürme der Schlacht dich umtosen« (üblicherweise »Nun vergiß leises Fleh'n« resp. »Non più andrai«) ist ausdrucksvoll vorgetragen, aber nicht expressiv *gesungen* wie Sir Charles Santleys Version. Auch Leporellos Register-Arie ist ein rhetorisches Kabinettstück, kein sängerisches. Der Vortrag lebt von den Effekten eines Buffo-Sängers. Die Sarastro-Arien hätte er besser nicht aufgenommen; sie liegen außerhalb seiner Reichweite, spürbar auch in den ständigen Brüchen der Linie beim tastenden Erfassen der tiefen Töne. Mühe mit der hohen Lage hat er mit Wotans »Wache, Wala! Wala! Erwach'!« – erneut keine Partie für ihn. Wahrscheinlich geben Mayrs Aufnahmen nur einen matten Abglanz seiner Kunst: Es war eine weniger musikalisch-vokale als vielmehr die darstellerische Kunst eines brillanten Komödianten.

Deutsche Soprane

Holder Flötenton: Frieda Hempel

In Berlin wurde sie als Koloratursängerin favorisiert, in New York in lyrischen Rollen vorgezogen, in denen sie, was vokale Schönheit und Finessen des Stils angeht, wenige ihresgleichen hatte.
Henry T. Finck in ›My Adventures in the Golden Age of Music‹ über Frieda Hempel

Ich habe nie eine enttäuschende Platte von Frieda Hempel gehört.
Peter Hugh Reed in ›The Record Collector‹, Vol. x

Auch die in Leipzig geborene, von Selma Nicklass-Kempner ausgebildete Frieda Hempel (1885–1955) war eine typisch deutsche Sängerin. Sie besaß eine hohe, ungemein brillante, agile Stimme mit der Reichweite bis zum F in alto. In der tiefen Lage war die Stimme weniger gut genährt; sie klang zwar nicht flach, besaß aber weniger Resonanz und Tragkraft. In späteren Aufnahmen wurde die Höhenbildung von den Randschwingungen dominiert, so daß die Töne im dreigestrichenen Bereich steif und gerade, dadurch flötenhaft und farbarm klangen. Es ist also problematisch, sie als »Produkt der alten Belcanto-Schulung« (Peter Hugh Reed) zu bezeichnen. Auch ihre vor allem in frühen Odeon-Aufnahmen manifeste Neigung zu Nachtigallen-Effekten, zu selbstgenugsam-elaborierten Verzierungen zeugt weniger von der Spontaneität und Eloquenz klassischer Belcanto-Kunst als von einer zugleich phänomenalen und manieristischen Kunstfertigkeit, die durch Anmut und Süße einen durch und durch persönlichen Zauber gewinnt.

Des Kaisers »Lerche« hat, anders als Bosetti oder Francillo-Kauffmann, weit mehr als nur eine nationale Karriere gemacht. Nach der Ausbildung am berühmten Sternschen Konservatorium erhielt die Elevin durch Heinrich Conried, den

Manager der Met, ein Angebot, das sie auf Rat ihrer Lehrerin ausschlug. Nach einigen Gastspielen an der Berliner Hofoper – als Frau Fluth und als Marguérite in *Les Huguenots* – ging sie trotz glänzender Erfolge zum Lernen nach Schwerin, wo sie in drei Jahren rund zwanzig Partien studierte, darunter Gilda und Leonora in *Trovatore*, 1906 und 1908 sang sie in Bayreuth unter Hans Richter und Siegfried Wagner Woglinde. In München war sie beim Mozart-Festival zu hören, in Salzburg bei den ersten Mozart-Festspielen. 1907 wurde sie, nicht zuletzt auf Bestreben des Kaisers, an die Berliner Hofoper verpflichtet, wo sie bis 1912 – bis zur Verpflichtung an die Met – die großen Koloraturrollen sang: Marie in *Regimentstochter*, Lucia, Gilda, Rosina, Königin der Nacht, Konstanze. 1911 war sie die Marschallin der Berliner Premiere von *Der Rosenkavalier*. Bei ihrem Met-Debüt sang sie, so Krehbiel, Marguérite mit »dünnem und kaltem Ton« und »mehr Kraft und bessere Qualität in der hohen Lage als in der tiefen«. Sie bewies ihre Qualitäten wenig später, als sie Violetta mit »vollem körperhaften Ton ..., immenser Beweglichkeit und künstlerischer Achtsamkeit für den Text« (Henderson) darbot. Toscanini wählte sie für die Eva in *Meistersinger*, wo sie, wieder nach Henderson, durch »Frische, Fülle des Tons, die Leichtigkeit der Emission, die den Eindruck spontaner Tonbildung machten«, überzeugte. Weniger überzeugt war Henderson von ihrem Oscar (*Ballo*), dem er »Geist, persönlichen Charme, eine gewisse musikalische Qualität auf dem Niveau leicht-geläufiger Mittelmäßigkeit« zusprach. Um so enthusiastischer pries der Scharfzüngige sie nach dem Revival von Webers *Euryanthe* aufgrund ihres »lyrischen Singens« und ihrer Beherrschtheit. Aber obwohl sie Violetta, Gilda, Rosina, Susanna, Elvira, Königin der Nacht, Marschallin, Adina, Martha, Leila, Olympia und Oscar sang, erreichte sie nicht die Popularität einer Tetrazzini oder einer Galli-Curci, offenbar weil sie im italienischen Fach eher studiert als spontan wirkte. 1920 mußte Gatti die deutsche Diva offenbar auf dem Altar der öffentlichen Bewunderung für Galli-Curci opfern. Hempel begann eine zweite Karriere als Recital-Sängerin, die, was avant-garde war, Lieder von Schubert, Schumann, Brahms und Wolf in ihre Programme aufnahm, in denen allerdings die Primadonnen-Piècen, mit denen Hempel sich als Nachfolgerin von Jenny Lind darstellen wollte, nicht fehlten.

Hempel hat eine große Zahl von Aufnahmen hinterlassen. Ihre ersten entstanden 1906 in Berlin für Odeon, die letzten in den zwanziger Jahren für HMV, darunter Duett-Platten mit dem Tenor Hermann Jadlowker (Odeon, 1910 und 1911), dem Bariton Pasquale Amato, Ensembles mit Caruso. Peter Hugh Reeds Feststellung, daß er nie eine enttäuschende Hempel-Platte gehört habe, ist die eines enthusiastischen Sammlers. Sie hat die Wahrheit der Begeisterung, die durchaus oft geteilt werden kann, kaum aber dann, wenn man die Maßstäbe anhand der Platten von Sembrich, Melba oder Tetrazzini kritisch überprüft.

Hempel war vor allem als Mozart-Sängerin berühmt. Höslinger rühmt ihre Aufnahme von Cherubinos »Voi che sapete« als »unverwelkliches Beispiel idealer Mozart-Wiedergabe«. Das ist eine Hommage an den modernen, linearen, reinen Mozart-Stil mit instrumentaler Tongebung. Nur das (zeitweilig manierierte) Rubato-Spiel gibt dem Vortrag eine kokette, wohl auch leicht posierende Anmut. Das gleiche gilt für Susannas Rosenarie (deutsch gesungen), eine eher kalkuliert-kunstvolle als eine eloquente, expressive Interpretation. Die Arien der Königin der Nacht hat sie sowohl für Odeon als auch für HMV gesungen (die HMV-Platte bringt »Zum Leiden bin ich auserkoren« in italienischer Sprache); vor allem die frühen Aufnahmen zeichnen sich aus durch eine unglaublich leichte Brillanz. Die Staccati kommen mit feingeschliffenen Attacken, wie man sie selten von leichten Stimmen erleben kann. Weniger überzeugend die beiden Versionen von »Martern aller Arten«, die erste in deutscher, die zweite in italienischer Sprache. Bei aller Geläufigkeit fehlt es an Individualität und Intensität, trotz der fein abgemessenen Phrasierung an Ausdruck; das alternative hohe C (der zeittypische Schluß der hohen Soprane, auch von Lilli Lehmann gewählt) kommt zwar leicht, wird aber nicht sicher gehalten und – sozusagen ein durch ein Netz abgesicherter Trapezakt – mit verdünntem oder verschlanktem Ton gebildet.

Michael Scott hat ihre teilweise in deutscher Sprache gesungenen Aufnahmen des italienischen Fachs, die sie für Odeon gemacht hat, als »provinziell« bezeichnet, dies vor allem mit dem Hinweis auf die zuweilen maßlos aufwendigen Auszierungen. Manche Aufnahmen sind, wie Richard Fairman über die große Szene aus *I Puritani* schrieb, »voll mit Noten und leer an Sinn«; diese übertreibende Schärfe des Urteils sollte nur als Mittel der Veranschaulichung verstanden werden. Aber sowohl in Lucias »Il dolce suono« als auch in Violettas »'s ist seltsam« (Odeon 1908 und 1906) wartet Hempel mit musikalisch völlig unnötigen und dadurch – trotz aller Tonschönheit – wenig effektvollen Auszierungen auf. Sie haben eine etüdenhafte Bravour, die in der Cabaletta aus *Traviata* durch einen miserablen Pianisten um so aufgesetzter wirkt: Dem Vortrag fehlt es zwar nicht an Brillanz, dafür aber an Kohärenz. Auch Leonoras »Es glänzte schon das Sternenheer« mit der Cabaletta »Ein unstillbares Sehnen« ersetzt virtuose Glut durch eleganten Elan. Dieser Elan ist angemessen in Oscars »Saper vorreste« – eine Aufnahme mit viel Verve, wenn auch nicht vergleichbar mit der furiosen, kühnen Brillanz Tetrazzinis oder der ziselierten Kunstfertigkeit von Selma Kurz mit ihren endlosen Trillern. Hempels instrumentale Virtuosität kommt zu sich selbst in der Szene der Elvira aus Aubers *La Muette de Portici* mit einem zwar gertenschlanken, aber sicher gesungenen G in alto, während die typischen virtuosen Kür-Übungen wie »Ah! vous dirai-je, maman«, Prochs Variationen, die Arie der Mysoli aus *La Perle du Brésil*, dell'Acquas »La villanelle« oder Arditis »Il bacio« zwar attraktiv und auf instrumentale Weise virtuos gelingen, aber nicht die Spannung und temperamentvolle Bravour der großen italienischen Belcanto-Sängerinnen ausstrahlen. In Adams Variationen passiert so viel, daß man staunend erleben muß, daß fast nichts passiert: Man bewundert, ist aber nicht bewegt. Der Verfasser hält ein mit dem beschämten Gefühl von Hypokrisie. Hempel zählt, trotz einiger grundsätzlicher Einwände – die weniger der Sängerin gelten sollten als dem Geschmack der Zeit –, zu den besten Sängerinnen der Epoche.

Eine deutsche Melba: Claire Dux

Alle Dux-Aufnahmen können ohne jede Einschränkung empfohlen werden. Sie gehören zu den besten Sopran-Platten, die jemals gemacht wurden.
Leo Riemens über Claire Dux

Als Thomas Beecham 1913 die Londoner Erstaufführung des *Rosenkavalier* – dessen Uraufführung in Dresden er miterlebt hatte – vorbereitete, engagierte er mit Siems und von der Osten zwei der Dresdner Sänger. Für Sophie aber holte er die Sängerin der Berliner Premiere: die aus Posen gebürtige Claire Dux (1885–1967). Die Schülerin von Adolf Deppe und Teresa Arkel, die 1906 in Köln debütiert hatte und nach einem Berliner Gastspiel – als Mimi neben Caruso – 1911 an die Hofoper gekommen war, machte großen Eindruck. Beecham verpflichtete sie wieder für die Saison 1914 und setzte sie als Pamina in *Die Zauberflöte* ein. Auf Grund glänzender Kritiken fanden sich in einer der folgenden Vorstellungen Melba, Caruso und Destinn ein. Melba sagte nach der Aufführung: »Sie sind meine Nachfolgerin.« Ebenso erfolgreich war sie als Partnerin von Walter Kirchhoff in *Lohengrin*. Nach dem Krieg und einem Gastspiel an der Oper von Chicago sang sie vorwiegend in den USA, zeitweilig in Leo Blechs Reise-Truppe.

Dux war ein lyrischer Sopran mit einer vor allem in der Höhe weich, voll und brillant ansprechender Stimme, aber ihr Singen ist ohne das letzte Finish. Weil dem Klang der Körper der Bruststimme fehlt, wirkt sie in der Mittellage monoton, und bei verzierten Passagen reicht die technische Virtuosität nicht aus. Zwar singt sie den Schlußteil von »Nur zu flüchtig bist du entschwunden« (»Dove sono«) mit instrumentaler Sicherheit, aber den Triller läßt sie ebenso aus wie in Leonoras »In deines Kerkers tiefer Nacht«. Animierter und

Claire Dux
(Foto: © Ullstein Bilderdienst)

intensiver wirkt sie mit Joseph Schwarz in »Befreit, o welche Seligkeit« aus dem vierten Akt von *Trovatore*. Ihre Puccini-Aufnahmen zeichnen sich, trotz einer fast weißen, kindlichen Tongebung, durch elegische Anmut und rührende Verhaltenheit aus. Zu bezweifeln ist, ob sie mit der Killer-Partie der Butterfly auch auf der Bühne auf Dauer erfolgreich hätte sein können. Aber der große Klang der Stimme im Piano, die Reinheit des Tons (nicht immer der Intonation) und die fein ausgeformte Phrasierung machen schöne Wirkung.

Intensität und Klangfülle: Helene Wildbrunn

. . . unfehlbar musikalisch und erfreulich für das Ohr.
John Steane über Helene Wildbrunn

Die weich flutende, zugleich schallkräftige und gleichsam räumliche Höhe ist bei der Wienerin Helene Wildbrunn (1882–1972), Schülerin von Rosa Papier-Paumgartner, zu erleben. Die Stimme der Ex-Altistin hat den großen, reichen Ton in der wundervoll ansprechenden tiefen Lage und die durchdringende Intensität sowohl des dramatischen Akzents als auch der lodernden Spitzentöne. Im ersten Jahr ihrer Bühnentätigkeit am Dortmunder Stadttheater (1907) hatte Wildbrunn 23 Partien gesungen, darunter Amneris, Ortrud, Dalila, Azucena, Adriano, Fricka, Brangäne und eine Reihe von kleineren Spielrollen. In ihren sieben Dortmunder Jahren übernahm sie immer wieder dramatische Sopranpartien, nach Martha in *Tiefland* und Selika in *Afrikanerin* schließlich auch Brünnhilde. 1914 wechselte sie an die Stuttgarter Hofoper, wo sie Rezia, Amelia, Leonore, Brünnhilde in *Siegfried*, Valentine, Kundry, Marschallin und schließlich unter Max von Schillings die Isolde sang. 1918 ging sie an die Berliner Hofoper, an der sie sich durch Gastspiele (Selika, Isolde) empfohlen hatte. 1922 gastierte sie mit dem schon öfters erwähnten deutschen Ensemble in Südamerika, vor allem in Buenos Aires, wo sie Brünnhilde (unter Felix Weingartner), Kundry und Marschallin (italienisch unter Vincenzo Bellezza) sang. Diese Partien sang sie auch in Stockholm, London und Mailand. Doch bei ihrem Londoner Debüt (1927) zeigte die Stimme Spuren von »wear and tear«, Ankündigung des nahen Endes ihrer Karriere in den frühen dreißiger Jahren. Wildbrunn hat nicht viele, aber außerordentliche Platten hinterlassen. Schon durch ihre Klangfülle und Intensität kann uns die Stimme einen Schauer des Entzückens über den Rücken jagen. Brünnhildes »Hojotoho« schleudert sie als jauchzend-emphatische Klanggebärde heraus und bildet einen vorzüglichen Triller. Das Rezitativ von Leonores »Abscheulicher, wo eilst du hin« – die kontradiktorische Formulierung ist beabsichtigt – *singt* sie *sprechend*, mit feiner Balance von Wort und Ton und schwungkräftigen Konsonanten. Einige hohe Passagen, jene heiklen fünf Takte des aufsteigenden Melisma, machen ihr einige Mühe, was sich in der Verengung des Klangs zeigt, doch hat der Vortrag die Grandeur des erfühlten und erfüllten Pathos. Ganz wunderbar die Intensität des kontrollierten, leisen Singens und danach die leuchtende Entfaltung der Höhe. Bei Rezias Arie öffnet der Ruf »Ozean« einen riesigen Klangraum; sie bewältigt aber auch den virtuosen Teil der Arie mit guter Agilität. Anders als Kurt hatte sie die (Platten-)Zeit für eine expansive Phrasierung von Isoldes Liebestod – ein glänzendes Beispiel für versammeltes, klangschönes, lyrisches Singen mit einer großen, mächtigen Stimme. Ob man »Ewig war ich, ewig bin ich« (mit perfektem Triller) oder Brünnhildes »Starke Scheite« klanglich jemals sicherer, reicher, müheloser gehört hat als von Wildbrunn, steht dain. Giocondas Suicidio (gekürzt), Santuzzas Romanze und Toscas Gebet fehlt es vielleicht an der Farbe italienischen Temperaments, doch in vokaler Hinsicht sind die Aufnahmen – sieht man von der zuweilen etwas zu engen Höhe ab – schlechthin überwältigend. Eine grandiose und viel zuwenig geschätzte Sängerin.

Schöne Momente: Maria Müller

Während der zwanziger und der frühen dreißiger Jahre besaß die Metropolitan zwei Soprane, die frei über die Grenzen des deutschen und italienischen Faches wechselten und die leichteren Wagner-Partien Eva, Elsa und Elisabeth gegen Aida, Mimi, Cio-Cio-San und etliche Neuheiten eintauschten. Die eine war Elisabeth Rethberg, die andere Maria Müller, die 1925 in einer *Walküre* mit Bohnen ... debütierte.
Robert Tuggle über Maria Müller in ›The Golden Age of Opera‹

Als sie am 21. Januar 1924 an der Metropolitan Opera debütierte, sang die aus Theresienstadt gebürtige Maria Müller (1898–1958) »eine der zufriedenstellendsten Sieglinden, die die Met erlebt hat« (Henderson). Nach Kolodins Chronik war sie damals erst 23 Jahre alt – und wurde damit zu jung gemacht, während sie von Höslinger zu alt gemacht wird, der sie 1919 im Alter von 30 Jahren debütieren ließ. Gegen das zuweilen angegebene Geburtsjahr 1889 spricht nicht zuletzt die Aufnahme des ersten *Walküren*-Aktes unter Ferdinand Leitner von 1952 (mit Windgassen und Greindl).

Nach der Grundausbildung in Prag studierte Müller bei Bahr-Mildenburg und Schmedes in Wien. 1919 debütierte sie als Elsa in Linz. Über Brünn (1920/21) und das Deutsche Theater von Prag (1921/23) kam sie an die Münchner Staatsoper. Schon ein Jahr später ging sie an die Met, wo sie, so Henderson, noch 1934 eine der besten Sängerinnen der Elisabeth war, die »die Met je erlebt hat«. Sie sang ferner Elsa, Sieglinde, Octavian, Agathe und neben den schon erwähnten italienischen Partien auch Hauptrollen in Montemezzis *Giovanni Gallurese*, Alfanos *Madonna Imperia*, Pizzettis *Fra Gherardo* und Mussorgskys *Jahrmarkt von Sorotschinzy*. Seit 1926 sang sie auch an der Berliner Städtischen Oper. 1930 debütierte sie in Bayreuth als Elisabeth unter Toscanini. Bis Kriegsende war sie regelmäßig Gast auf dem Grünen Hügel, zwischen 1931 und 1934 auch bei den Salzburger Festspielen (Elvira, Eurydike und Rezia). Sie beendete ihre Laufbahn 1952.

Maria Müller hat vergleichsweise wenige Studioaufnahmen gemacht. Während der Bayreuther Festspiele von 1930 wurden größere Abschnitte aus *Tannhäuser* – leider nicht unter Toscanini, sondern unter dem hitzig dirigierenden Karl Elmendorff – aufgenommen. Müller singt die Hallenarie mit kühler, instrumentaler Linienführung und neutralem Ton, technisch sicher, aber nicht sehr ausdrucksvoll. Sie ist superb mit Franz Völker in der Brautgemach-Szene, vielleicht die schönste und lyrischste Aufnahme des Duetts, freilich ohne die Spannung und die Dramatik wie bei Bettendorf/Melchior. Eine Gesamtaufnahme aus den frühen vierziger Jahren unter Robert Heger zeigt Völker heiserüberstrapaziert und Müller ziemlich reif für die Partie. Im ersten Akt der *Walküre* von 1952 klingt die 54jährige nicht mehr frisch, hat aber immer noch schöne Momente. Schöne Momente – aber kein eindeutiges Klangbild: Dies wäre das unentschiedene Urteil über diese einst sehr be- und gerühmte Sängerin, deren Schallplattenerbe ausgesprochen lückenhaft ist.

Maria Müller als Elsa
(Foto: © Bildarchiv Preußischer Kulturbesitz)

Spezialisierung: Deutsche Koloratursängerinnen

Zaubrische Lyrik: Lotte Schöne

Obwohl sie aus Wien kam, war die vokale Methode von Lotte Schöne überraschenderweise frei und klanglich spontan. Sie unternahm nicht den Versuch, Tonmengen vorzutäuschen, wo keine waren. Ihre Stimme war von der Tiefe bis in die Höhe vollkommen entwickelt; sie war sicher fundiert auf der Bruststimme, denn sie war die Schülerin eines Garcia-Schülers.
Michael Scott über Lotte Schöne

Wie Selma Kurz war die aus Wien gebürtige Lotte Schöne (1891–1977) eine Schülerin von Johannes Ress (auch von Luise Ress und Maria Brossement). Sie debütierte vier Jahre nach ihrer Heirat und zwei Jahre nach der Geburt ihres ersten Kindes als Brautjungfer an der Wiener Volksoper (1915), an der sie in zwei Spielzeiten in dreißig Produktionen sang. Nach kleinen Partien in der ersten Saison sang sie 1916/17 bereits Urbain, Oscar, Gilda und Gänsemagd in *Königskinder*. Nachdem sie in Max Oberleithners *Der eiserne Heiland* im letzten Augenblick für eine Kollegin eingesprungen war, hielt sie der Komponist davon ab, nach Frankfurt zu wechseln. Er sorgte für ein Probesingen vor Hans Gregor von der Hofoper, wo Schöne am 16. September 1917 unter Franz Schalk als Papagena debütierte. Sie blieb dort bis zum 31. August 1926 und wechselte dann nach Berlin. In Wien sang sie Papagena, Urbain, Cherubino, Oscar, Barbarina, Ännchen, Marie in *Zar und Zimmermann*, Jano in *Jenufa* (neben Jeritza), Nuri und Olympia. 1919 hörte man sie zum erstenmal als Musetta, die sie in Wien 46mal sang. Unter Weingartner war sie in der Volksoper als Adele und, neben dem jungen Tauber, als Micaëla zu hören. 1921 sang sie zum erstenmal Zerbinetta, Marzelline und Sophie, 1922 übernahm sie mit Mimi, Rosina, Zerlina und Norina größere lyrische Rollen. Bei Salzburger Aufführungen von *Giovanni* und *Figaro* war sie als Zerlina und Cherubino zu hören. Nachdem Bruno Walter sie 1925 in Salzburg gehört hatte, holte er sie zunächst zu Gastspielen – Norina, Adele, Blondchen – an die Charlottenburger Oper, wo sie bis 1933 sang. Sie mußte vor den Nazis nach Paris fliehen. In Berlin teilte sie sich einige Rollen mit Maria Ivogün (auch eine Walter-Entdeckung), neben deren Konstanze sie Blondchen sang. 1926 war sie die erste Berliner Liù unter Walter (neben Salvatini und Oehmann), ein Jahr später kreierte sie die Rolle auch in London. Weitere Berliner Rollen waren Henriette in Halévys *L'Eclair*, Agnes in Pfitzners *Der arme Heinrich*, Micaëla, Mélisande unter Walter (mit Kipnis), Strawinskys *Le Rossignol*, Pamina, Cherubino, Zerbinetta, Mimi, Sophie, Adina und – immerhin 26mal – Butterfly. Im Revival von *Oberon* sang sie unter Bruno Walter in Salzburg die Titelpartie. Ein Jahr später folgte dort, in der berühmten *Giovanni*-Produktion, Zerlina neben Pinza und Giannini, wieder unter Walter. Wenig später erlitt sie einen schweren Nervenzusammenbruch. Erst ein knappes Jahr später konnte sie wieder unter Walter beim Maggio Musicale von Florenz Blondchen neben Perras singen. In Salzburg folgten Zerlina und Blondchen, in Paris unter Walter Marzelline in *Fidelio* neben Lehmann und 1937 neben Lubin. 1938 beendete sie ihre Bühnenlaufbahn.

Lotte Schönes Stimme war ein zaubrischer lyrischer Sopran von großer Flexibilität und federnder, lichter Brillanz. Die Stimme lag, wie bei nur wenigen deutschen Sängerinnen, perfekt auf dem Atem und drang dank exemplarischer Projektion selbst durch große Räume. Der Ton wurde nie forciert, so daß selbst in Butterflys »Eines Tages sehen wir« bei den gehaltenen Tönen nie Anspannung, geschweige denn Überforderung zu spüren ist. Lotte Schöne hat, nach der Diskographie von André Tubeuf, 79 Platten gemacht. Leider sind die frühen Vox- und Odeon-Aufnahmen von 1924, so weit ich sehen kann, nicht überspielt worden. Preiser LV bietet HMV-Platten aus der Zeit von 1927 bis 1930, dazu eine große Zahl ihrer Liedaufnahmen. Fast jede ihrer Aufnahmen verzaubert den Hörer. Hat es je wieder eine Despina gegeben, die »Schon ein Mädchen von fünfzehn Jahren« mit mehr Elan, rhythmischer Pointiertheit und kokettem Lächeln in der Stimme gesungen hat? Eine Frau Fluth, die mehr Witz und heitere Laune verströmt? Als Norina in *Don Pasquale* distanziert sie im Duett mit Malesta – von Domgraf-Fassbaender vielleicht nicht restlos idiomatisch, wohl aber mit unbändigem komischem Spieltemperament dargestellt – selbst die meisten italienischen Rivalinnen. Als Pamina kommt sie dem Ideal so nahe, wie es meist von Lemnitz gesagt wird – ihr Singen hat denselben Fluß, dieselben unendlich feinen Pianissimi, und es hat mehr innere Spannung. Als Oscar kann sie nicht die kühnen Verzierungen einer Tetrazzini ausspielen, auch nicht die Leichtigkeit einer Adele Kern. Sehr innig – manchmal zu inniglich – ihre Aufnahmen von Manons »Leb' wohl, mein liebes kleines Tischchen« und Gavotte, elegant-kokett Musettas Walzer, brillant Rosalindes »Mein Herr, was dächten Sie von mir?« mit feinen Trillern und fabelhaften Höhen-Pianissimi.

Bemerkenswert, daß sie selbst in der höchsten Lage die Worte dem Atem zuführen und dadurch perfekt artikulieren konnte. Die klassischen Portamenti und die süßesten Spitzentöne hört man in Liùs Arien aus *Turandot*, und als

Lotte Schöne als Liù
(Foto: © Kesting)

Butterfly zeigt sie den unforcierten Grenzübergang einer leichten lyrischen Stimme in dramatische Musik. Ihre Liedaufnahmen – Schuberts »Forelle«, »Liebesbotschaft«, »Die Post«, »Nacht und Träume«, Schumanns »Nußbaum«, »Mondnacht«, Brahms' »Wie Melodien«, »Ständchen« oder Wolfs »Ich hab in Penna«, »Elfenlied« – bergen allen Zauber des Lyrismus und jener Kunst, die Kunst verbirgt. Eine große, bedeutende und zentrale Sängerin, die nach Ansicht des Verfassers Elisabeth Schumann nicht nur ebenbürtig, sondern in vokaler Hinsicht sogar überlegen ist.

Raffinierte Arabesken: Maria Ivogün

Ein Probesingen auf der Bühne war angesetzt worden . . ., als ich mit Eifer nach jungen Talenten für München suchte. Eine Schülerin der bekannten Gesangslehrerin Amalie Schlemmer-Ambros erschien auf dem Theater, sehr jung und klein und zart aussehend, und als sie eine Koloraturarie und, irre ich nicht, die Erzählung der Mimi aus der ›Bohème‹ gesungen, wußte ich, daß ich eine künftige bedeutende Künstlerin gehört hatte, doch zugleich war ich gewiß, daß ›mir diese Blume nicht blühte‹, daß sie in einer Stunde mit einem Vertrag an die Wiener Oper Gregors Bureau verlassen würde. Mein vorzeitiger Kummer aber verwandelte sich in helle Freude, als sich Gregor nach ihrem Vorsingen zu mir umwandte und sein Urteil in den drastischen Worten ausdrückte: ›Das war nischt!‹ Ich eilte hinter die Bühne, hatte mit der schüchternen jungen Dame eine eingehende Unterredung, und nach einigen Tagen war Maria Ivogün, eine der genialsten Sängerinnen der Opernbühne, nach München engagiert, wo sie zu jenen Künstlern gehören sollte, denen jene Epoche ihren Glanz verdankte.

Bruno Walter in ›Thema und Variationen‹

In seinem Buch *Journey towards Music* schreibt Victor Gollancz, daß er in den zwanziger und dreißiger Jahren von seiner Begeisterung für Luisa Tetrazzini abgekommen sei; abgekommen unter dem Eindruck der in Budapest geborenen Maria Ivogün (eigentlich Kempner, 1891), die er als Zerbinetta an der Charlottenburger Oper unter Walter gehört hatte. Nicht weniger beeindruckte sie ihn als Konstanze in *Die Entführung aus dem Serail* am Covent Garden (mit Elisabeth Schumann und Paul Bender). Nach dem Studium und der von Bruno Walter geschilderten Episode ging Ivogün nach München, wo sie als Mimi debütierte (1. April 1913). Als während der Münchner Opernfestspiele die Sängerin der Königin der Nacht erkrankte, sprang Ivogün ein. Ihr Erfolg war triumphal. Unter der behutsamen Führung Bruno Walters, der sie nicht allzu oft und in den richtigen Partien einsetzte, entwickelte sie sich zu einem führenden Mitglied der Münchner Oper, an der sie bis 1925 sang: Nannetta *(Falstaff)*, Agnes (in Pfitzners *Der arme Heinrich*), Laura (in Korngolds *Der Ring des Polykrates*), Ighino (in Pfitzners *Palestrina*, Uraufführung), Oscar, Despina, Marie, Undine, Marzelline, Nachtigall (in Walter Braunfels' *Die Vögel* nach Aristophanes), Norina, Margiana, Zerbinetta, Rosina, Christelflein, Marguérite (in *Les Huguenots*), Gilda. Als Bruno Walter 1925 nach Berlin ging, folgte Ivogün ihm nach. Bis 1934 blieb sie Mitglied der Städtischen Oper, wo sie weitgehend dieselben Rollen sang. Darunter war auch Zerbinetta, eine Rolle, in der sie nach Ansicht des Komponisten keine Rivalin kannte. Höslingers Information, Ivogün habe 1916 in der revidierten Fassung von *Ariadne* die Zerbinetta der Wiener Aufführung gesungen, ist jedoch falsch. In Wien war Selma Kurz zu hören. Ivogün gab ihr Londoner Debüt (1924) als Zerbinetta, sang am Covent Garden auch Gilda und 1927 Konstanze. Eine lange geplante Verpflichtung an die Met kam nicht zustande, möglicherweise aufgrund einer Intervention von Galli-Curci. Ivogün sang in den USA Oper nur in Chicago (Rosina), ansonsten lediglich Konzerte. Auch hier sind Höslingers Angaben zu den Preiser-Platten zu korrigieren. Ihr Rückzug von der Bühne war ein vorzeitiger. Offensichtlich hatte sie in Berlin einige zu schwere Rollen – darunter Tatiana in *Eugen Onegin* – übernommen. Die Stimme war nicht mehr so beweglich, die Intonation unsicher geworden, der Klang hatte an Konsistenz verloren.

Ivogüns Stimme war zwar sehr schön, süß und glockenklar, nicht aber farbreich. In Verbindung mit der Anmut des Vortrags machte dies schönsten Effekt. Sie besaß einen kontrollierten Triller (modifizierbar in der Schwingungs-Höhe wie im Tempo) und federleichte, weich klingende Staccati. Indes ist es falsch, sie – wie Höslinger es tut – als »eine der eminentesten Gesangskünstlerinnen in [der] Geschichte der Belcantokunst« und »eine der größten Repräsentantinnen des Koloraturgesangs aller Epochen« zu bezeichnen. Gewiß ist sie brillant als Königin der Nacht, vor allem in der ersten Arie, während die Staccati der zweiten zwar makellos genau, aber ohne Verve kommen; aber ihre italienischen Arien serviert sie mit einem ebenso kunstvollen wie kuriosen Idiom. Rosinas »Frag' ich mein beklommnes Herz«, dreimal aufgenommen (1916, 1917,

Maria Ivogün als Adele
(Foto: © EMI Classics)

1925) verwandelt sie in eine zwar anmutig, nicht aber spontan gesungene Etüde – sie singt so wie bei der Lektion des zweiten Aktes, kehrt nirgends aber heraus, daß sie wie eine Viper sein kann. Die Masse der Auszierungen begräbt die Melodie. Gildas »Teurer Name«, Lucias »Die Kerzen leuchten«, Norinas »Auch ich versteh' die feine Kunst« und vollends Violettas »'s ist seltsam ... Von der Freude Blumenkränzen« wirken, bei aller Schönheit der Tongebung, aller Anmut der Manier, seltsam studiert. Auch sind die gebundenen Koloraturen nicht immer genau, schon gar nicht eine wirkliche »Kolorierung« der Linie. Der Attacke in der höchsten Lage fehlt es an Energie: In der zweiten Arie der Königin schleift sie viele Töne an, das F am Ende der Rosina-Arie ist ein unfokussierter Pfeifton, das Es am Ende der Violetta-Arie hat kaum Resonanz. Dennoch steckt in ihren besten Aufnahmen eine beträchtliche Spannung, und in keiner mehr als in Konstanzes Martern-Arie, die sie ebenfalls dreimal (1917, 1919, 1925) aufgenommen hat. Sie artikuliert plastisch, gibt dem Ton Intensität und singt mit rückhaltlosem Einsatz. Mirakulös das aus einem gehaltenen Triller auf dem G abspringende hohe C – der damals übliche Schluß der Arie. Zerbinettas Arie bleibt ein kaum je wieder erreichtes, geschweige denn überbotenes Glanzstück. Adeles »Mein Herr Marquis« aus *Die Fledermaus* oder Walzer von Strauß (»Geschichten aus dem Wiener Wald« oder »Frühlingsstimmen«) sind kleine Perlen anmutiger Bravour. Die Auszierungen wirken, anders als in den Arien Rossinis, Bellinis, Donizettis und Verdis, nicht aufgesetzt, sondern sind raffinierte Arabesken und auch rhythmisch gut integriert. Mehr noch: Es ist wirklicher Walzer-Tanz der Stimme mit wundervollen Verzögerungen und Beschleunigungen.

Dramatische Mezzos und Altistinnen

Pastose Klangfülle: Ottilie Metzger

Die Stimme ist dunkel und gewichtig, und doch hat der Ton Spitze und Brillanz.
Michael Scott über Ottilie Metzger

Nachdem die Entwicklung des Mezzo-Fachs durch Wagner und Verdi abgeschlossen war, verschwand die von unten aufgebaute, tiefdunkle Altstimme mit Extensionsfähigkeit und Agilität von der Bildfläche. Stimmen wie die von Alboni oder Ernestine Schumann-Heink hat es nach 1900 kaum mehr gegeben. Die in diesem Abschnitt behandelten Sängerinnen waren keine vollständigen Vokalistinnen, sondern Fach-Spezialistinnen. Kaum vorstellbar, die aus Frankfurt am Main gebürtige Ottilie Metzger (1878–1943), eine Schülerin von Selma Nicklaß-Kempner (Lehrerin von Frieda Hempel), in einer verzierten Partie von Rossini, Mozart oder Donizetti zu hören. Metzger hatte 1898 in Halle debütiert, zwischen 1900 und 1903 Erfahrungen in Köln gesammelt und war dann für zwölf Jahre an die Hamburgische Oper gegangen, wo sie dem dort führenden Heldenbariton begegnete, den sie später heiratete. Zwischen 1901 und 1904 und 1912 sang Metzger in Bayreuth (Flosshilde, Norne, Erda und Waltraute). 1910 löste sie in London Bahr-Mildenburg als Klytämnestra in *Elektra* ab. Ein Jahr später war sie Herodias in *Salome*, triumphierte aber auch in *Carmen*. 1915 ging sie für acht Spielzeiten an die Dresdner Oper. Mit der von Leo Blech betreuten German Opera Company gastierte sie 1922/23 in den USA und sang, neben von der Osten, Urlus und Kipnis, Brangäne in *Tristan*. 1935 mußt sie als Jüdin Deutschland verlassen. In ihrem Brüsseler Exil fiel sie den Nazis in die Hände und wurde nach Auschwitz deportiert, wo sie 1943 ermordet wurde.

Metzgers Stimme war ein klangreicher, pastoser Alt mit guter, zuweilen eng und steif gebildeter Höhe. Im sängerischen Gestus tritt uns Metzger leicht matronenhaft entgegen. Sie singt untadelig, mit schöner Linie und gut versammeltem Ton. Am ausdrucksvollsten ist sie in ruhiger und getragener Musik: In der Bitte an die Furien aus Glucks *Orfeo* (Wiener Fassung, 1762), in »Re dell'abisso« aus *Ballo* oder in Erdas »Weiche, Wotan«. Auch Erdas Musik aus *Siegfried* hat man selten besser, konzentrierter gesungen gehört. Nicht ganz so ausdrucksvoll ist sie in Dalilas »Printemps qui commence« – hier hat Schumann-Heink mit feiner moduliertem Ton gesungen. Scott weist zu Recht mit Nachdruck auf das Rheintöchter-Terzett »Wallala! Wallala! lalaleia« hin, das sie mit Josefine von Artner und Maria Knüpfer aufgenommen hat: Es ist ein höchstwertiges Beispiel für Ensemble-Singen mit feiner Klangabstimmung, die nur möglich ist durch die präzise tonliche Definition der Stimmen. Nichts von dem schrillen Gekeife vieler heutiger Bayreuther Aufführungen.

Kraft und Eloquenz: Margarete Arndt-Ober

... eine Sängerin von außergewöhnlicher Exzellenz und ungewöhnlicher dramatischer Begabung. Sie ist jung; ihre Stimme hat die Stärke und Frische der Jugend, und sie goß sie gestern üppig strömend aus. Sie hat die Fähigkeit, sie mit Lebendigkeit und Intensität zu färben. Es ist in der Tat eine Stimme von bemerkenswerter dramatischer Qualität, ein wahrer und unmittelbarer Reflex ihrer eigenen darstellerischen Ausdruckskraft... Ihre Ortrud war eine Verkörperung von haßerfüllter Bösartigkeit, ausgedrückt durch ein vielfältiges und geschicktes Spiel der Gesten, der Posen, des Gesichtsausdrucks. Ihre Anrufung der heidnischen Götter zu Beginn des zweiten Aktes war ein Moment überwältigender Kraft und Eloquenz und zeitigte einen Beifallssturm, und dies von einem Publikum, das eine Wagner-Aufführung gemeinhin nicht unterbricht.

Richard Aldrich in ›The Times‹ über das Debüt von Margarete Arndt-Ober als Ortrud an der Met

Tritt uns Ottilie Metzger im Klang als eine Mutter-Erda-Figur entgegen, gemessen, schwer und statisch, so ist die Berlinerin Margarete Ober (1885–1971), Schülerin von Benno Stolzenberg und ihres späteren Ehemannes Arthur Arndt, eine temperamentvoll-dramatische Akteurin, eine Sängerin, die im Klang agiert und Gestalt annimmt. Sie hatte 1906 in Frankfurt als Azucena debütiert und war schon ein Jahr später an die Berliner Hofoper gekommen, wo sie bis 1945 fast alle bedeutenden Partien des Alt- und des Mezzo-Fachs, darunter viele kleine Rollen, sang. An die Met war Ober vor allem für die Partie des Octavian verpflichtet worden: Sie sang alle Aufführungen von der amerikanischen Premiere 1913 bis in die Kriegsjahre und bis zur Aussetzung »deutscher« Aufführungen. Als der Krieg ausbrach, zerriß die patriotische Diva alle Bilder, die der berühmte russische Theater-Fotograf Herman Mishkin – der die schönsten Star-Aufnahmen der Epoche hinterlassen hat – von ihr gemacht hatte. An dem Abend, an dem Präsident Wilson dem Kongreß mitteilte, daß die USA in den Krieg gegen Deutschland eintreten würden, stimmten alle Sänger auf der Bühne »The Star-Spangled Banner« an. Ober fiel vor Erregung in Ohnmacht. Drei Abende später aber schleuderte sie den Fluch der Amneris nicht wider die Priester auf der Bühne, sondern ostentativ ins Publikum. Nach der Saison wurde ihr Vertrag aufgekündigt; den Prozeß, den sie anstrengte, verlor sie. Sie hatte an der Met einen großen Teil der Schumann-Heink-Rollen übernommen: die großen Wagner-Partien ebenso wie Laura in *Gioconda*, Amneris, Hexe in *Hänsel und Gretel*, Nancy in *Martha*, Katharina in Götz' *Der Widerspenstigen Zähmung*, Eglantine in *Euryanthe* und Azucena. Der Bruch mit der Met – sie hatte 50 000 Dollar Schadenersatz verlangt – war nicht mehr zu kitten; Ober mußte fortan in Europa singen, in Berlin und bei den Festspielen von Zoppot.

Margarete Ober besaß eine der schönsten, üppigsten Mezzo-Stimmen, die von der Schallplatte bewahrt sind. Die deutsche Technik mit einer relativ harten Attacke und einigen gleichsam getuteten Tönen in der hohen Lage sind nur kleine Mängel einer grundsätzlich hervorragenden Technik. Ober sang geschmeidig, mit gut auf dem Atem liegendem Ton und samtweichem Klang von oszillierender Farbigkeit. Es gibt keine zweite Aufnahme von Brangänes »Einsam wachend«, die mit einem so unendlich schmerzlichen, unirdischen Ton beginnt – einem Naturlaut von schockierender Intensität. Selbst die lyrisch-liedhafte Version von Kerstin Thorborg, die tiefdunkel-strömende von Emmi Leisner und die machtvolle von Margarete Klose kommt an diesen jenseitigen Gesang nicht heran. Als Virtuosa kann sie nicht bestehen neben Schumann-

Margarete Arndt-Ober
(Foto: © Ullstein Bilderdienst)

Heink oder den besten Italienerinnen: Sie vereinfacht in der »Canzone del velo« aus Verdis *Don Carlo* die Verzierungen am Ende der Stanzen; aber sie singt die langsamen Triller sehr klangschön, mit einem genauen Ausschwingen der Stimme. Auch die Konstrastierung des raschen und des langsamen Teils macht wundervollen Effekt. »O don fatale« singt sie, wie so viele, nicht im vorgeschriebenen As-Dur (einige Diven haben transponiert, teilweise bis F), sondern in G (Scott nimmt die Original-Tonart an), kadenziert aber zum Schluß auf das hohe H. Es ist eine superbe Aufnahme, breit und ausdrucksvoll phrasiert, mit größter Verve gesteigert. Mit Jadlowker hat sie »Non son tuo figlio« und das Duett »Già i sacerdoti adunansi« aufgenommen, beste Beispiele für ausdrucksvoll-musikalischen Verdi-Gesang deutscher Provenienz. Noch besser das *Aida*-Duett mit dem gewaltigen Lauritz Melchior. Eine zentrale Sängerin – vielleicht die beste deutsche Altistin nach Schumann-Heink.

Mezzo-Virtuosa: Sigrid Onegin

> Das Publikum wurde erregt durch Klänge, wie es sie seit den Tagen von Schumann-Heink nicht mehr erlebt hatte. Ihre Stimme entfaltete sich von der Rampe aus wie eine gewaltige Lawine, aber es war keine kalte Lawine, sondern eine warme, vollkehlige, glorios, überwältigend.
> *Henry T. Finck 1922 über die Brangäne von Sigrid Onegin*

Ihr Operndebüt in Stuttgart lag schon zehn Jahre zurück, als die in Stockholm geborene Sigrid Onegin (geboren 1889 als Sigrid Hoffmann; gest. 1943) zum erstenmal und, mit Blick auf ihren Ruhm, mit der Met verhandelte. Sie erhielt in Europa damals schon die höchsten Gagen. Dem Debüt gingen mancherlei Schwierigkeiten voraus. Onegin wollte die Partie der Carmen – ihre Stuttgarter Debüt-Rolle – nicht neu in französischer Sprache lernen, mochte auch die Ortrud nicht singen (oder riskieren?) und stellte sich schließlich als Amneris neben der gleichfalls debütierenden Rethberg und Martinelli vor. Ihr Erfolg war uneingeschränkt und setzte sich eine Woche später in einer *Tristan*-Aufführung neben Matzenauer fort, wozu ein Kritiker anmerkte: »Isolde sollte auf einer Violine und nicht auf einer Bratsche gesungen werden.«

Onegin war die Tochter eines polyglotten und musikbegeisterten Angestellten der französischen Botschaft in Stockholm. Ihre Mutter war die Tochter eines aus dem Rheinland stammenden Pastors. Einen Teil ihrer Kindheit verbrachte sie in Paris und, nachdem sich ihr Vater von der Familie getrennt hatte, in Wiesbaden. Schon in Paris hatte sie in einem Kinderchor gesungen. In Wiesbaden begann sie mit dem Studium, das sie mühsam durch Sekretariats- und Übersetzungs-Arbeiten finanzierte. Durch eine reichere Freundin wurde sie mit dem Gesangslehrer Eugen Robert Weiß bekannt, der sie an das Spangenberg-Konservatorium holte. Später setzte sie ihre Studien bei dem Cavaliere de Ranieri und Margarethe Siems fort. Den Wendepunkt ihres Lebens brachte die Begegnung mit einem jungen russischen Pianisten, dem Baron Eugen Borisowitch Lhwoff-Onegin, den sie später heiratete. Seine Mutter hatte mit Garcia studiert; er selber war eine Zeitlang in London an Manuel Garcias Schule Begleiter, auch von Clara Butt, gewesen und galt nicht nur als erstklassiger Pianist, sondern auch als vortrefflicher Stimmenkenner. Er übte mit ihr Lieder in mehreren Sprachen ein und sorgte nach dem Konzert auch für das Operndebüt. Der Start ihrer Karriere wurde durch den Krieg verzögert, zumal sie gezwungen war, ihren russischen Mann in einer Zweitwohnung permanent versteckt zu halten. Sie sang ständig in Stuttgart, ergriff aber die erste Gelegenheit, mit Lilli Lehmann zu studieren und ihren Triller zu entwickeln. Durch Siems erfuhr sie viel über die Bildung der höchsten Noten, vor allem den Kunstgriff, in die »entlastende

Sigrid Onegin
(Foto: © Süddeutscher Verlag)

Kopfstimme« zu wechseln – ein Mittel, mit einer tiefen Stimme höchste Töne zu bilden, zugleich aber auch der Ausweg, die Stimme nicht immer voll ausklingen zu lassen.

Als Baron Onegin durch einen anonymen Brief denunziert wurde, war sie als Sängerin längst prominent genug, um eine Amnestie zu erwirken. Doch ein Jahr nach dem Krieg, im November 1919, starb Baron Onegin nach langer Krankheit. Drei Jahre später heiratete sie den Arzt Fritz Penzoldt. Vor der Inflation flüchtete sie nach Amerika. Doch fühlte sie sich an der Met, wo die Italiener dominierten und intrigierten, nicht allzu wohl. Sie sang zunächst nur sechs Vorstellungen und gab ansonsten Konzerte. Die waren so erfolgreich, daß sie dreizehn Jahre lang immer wieder zu Tourneen in die USA ging. Sie hat dabei über 500 Lieder in dreizehn (!) Sprachen gesungen. Pitts Sanburn schrieb über sie: »Wenn ich Sigrid Onegin höre, kommen mir die Geschichten über Maria Malibran und Pauline Viardot, die legendären Töchter von Manuel Garcia, in Erinnerung; die Geschichten über Skalen von drei Oktaven Umfang und ihre Fähigkeit, jede Rolle zu singen . . . Madame Onegin ist einmalig insofern, als sie sowohl ein Contralto als auch ein Sopran zu sein scheint. Ihre erstaunliche Flexibilität (wer nach Melba und Tetrazzini hat einen solchen Triller gebildet?) bewältigt mühelos selbst die schwierigste verzierte Musik.« Onegin erkämpfte für das Altfach etliche Rollen zurück, die seinerzeit an Soprane vergeben wurden wie Carmen. Sie sang aber nur selten Sopran-Partien, wenn man von Lady Macbeth absieht. Als eine der ersten verstand sie es, neben den dramatischen Mezzo-Partien von Verdi, Wagner und Meyerbeer auch das verzierte Fach zu singen. Leider hat sie Musik von Rossini, anders als die Spanierin Conchita Supervia, nicht aufgenommen. Aber ihre Aufnahmen von Orsinis Trinklied aus *Lucrezia Borgia* oder von Arditis »Leggero invisibile« und vollends die von Chopins As-Dur-Impromptu – transformiert in ein brillantes Koloraturstück mit tollen Vocalisen – zeigen, daß sie eine Meisterin des verzierten Singens war. Steane schreibt, daß sie das Zierwerk des schnellen Teils so brillant wie ein Geigenvirtuose »spiele« und im langsamen Teil so etwas wie Casals-Arbeit leiste. Es gibt da federleichte Triller auf dem Soupçon eines Tons, mühelos angeschlagene B's, voll klingende tiefe G's und fabelhaft rasche Passagen. Und nie verliert die Stimme dabei an Klang, nie büßt der Ton seine Schönheit, seine Resonanz ein.

Was die tonliche Schönheit angeht, so übertrifft sie in Orsinis Trinklied selbst Schumann-Heink, die das Stück freilich kontrastreicher und vor allem noch animierter singt, dazu wohl auch besser in der Austarierung von rhythmischen und quasi-statischen Momenten. Onegin hat das Trinklied dreimal aufgenommen. Die Brunswick-Aufnahme ist mir unbekannt. Die Victor-Platte von 1928 ist brillant. Die Kadenzen sind fast ganz identisch mit den von Schumann-Heink gewählten. Onegin singt in der Höhe mit einem leichteren Ton, oft nur einem

»touch«. Das Finale des Stücks steigert sie zu einer furiosen Jagd – hat man das je besser gehört?

Auch sie hatte, Dacapo für Henderson, ihre Grenzen. Glucks Orpheus hat sie, so eine Formulierung von Desmond Shawe-Taylor, »marmoreal« gesungen. Nicht nur, wie ich finde, marmorhaft glatt und schön, sondern auch mit allzu großzügig bemessenen Portamenti, die dem Ton den auch bei Ober feststellbaren Tut-Klang geben. Bei den dramatischen Höhepunkten der Eboli-Arie (offenbar transponiert) läßt sie die Stimme in der Höhe nicht mit voller Resonanz erklingen, sondern gebraucht entlastende Kopftöne.

Sie war eine eminente Liedersängerin. Schuberts »Erlkönig« hat sie, ganz dramatische Sängerin, mit drei kontrastierenden Stimmen gesungen, das »Lied an den Frühling« mit schlanker und leichter Tongebung. Ihre Maxime war, daß »Ton Ausdruck und Ausdruck Ton« werden müsse; darin verbirgt sich das Postulat eines Singens, das das Wort dem Ton zuführt und das sich als Klanggestalt, nicht gestisch-rhetorisch, entfaltet. Freilich könnte man sich in den *Vier ernsten Gesängen* oder in der *Alt-Rhapsodie* von Brahms ein größeres Maß an deklamatorischer Intensität vorstellen. Problematisch ist auch ihre Neigung, immer dann zu atmen, wenn eine Phrase besondere Schwierigkeiten bietet. Doch da dies nicht eine Folge sängerischer Not war, sollte dies nur als Laxheit angesehen werden – mit Begleitern wie Moore, Raucheisen, Brendel oder Barenboim hätte sie vielleicht manch ein Lied konsequenter erarbeitet. Kein Zweifel also am überragenden Rang dieser fast vollständigen Sängerin und Virtuosin.

Die Ensembletheater in Berlin, Dresden, und München

Umfassende Musikerin: Elisabeth Rethberg

> Elisabeth strömte den schönsten Klang aus, den ich jemals von einer Stimme gehört habe. Sie war nicht nur die supreme Vokalistin; sie war auch eine supreme Künstlerin und ein bemerkenswerter Mensch.
> *Der Dirigent, Pianist und Coach Edwin McArthur über Elisabeth Rethberg*

Die größte lebende Sopranistin.
Arturo Toscanini nach einer Mailänder ›Aida‹-Aufführung im Jahre 1929 über Elisabeth Rethberg

Im Jahre 1922 reiste die in Schwarzenberg (Erzgebirge) geborene Elisabeth Rethberg (1894–1976), damals seit acht Jahren eine der führenden Sängerinnen der Dresdner Hofoper, nach New York. Gleich nach ihrer Ankunft wurde sie in eine *Aida*-Probe gebeten. Im Reisemantel sang sie »Ritorna vincitor« und wurde vom Orchester begeistert gefeiert. Als sie die Partie zwei Jahre später, am 11. November 1925, in der Metropolitan Opera sang, saß Edwin McArthur, später oftmals der Klavierbegleiter der Sängerin und lange Jahre Sänger-Coach an der Met, im Publikum. In einem Epitaph auf Rethberg schrieb er: »Ich erinnere mich gut daran, wie ich sie zum erstenmal erlebte. Sie sang die Aida, als ich in New York eben mit meinem Studium begonnen hatte. Es war am 11. November. Zwei andere Künstler waren im Ensemble – Giovanni Martinelli und Marion Telva. Ich konnte nicht glauben, daß solche Klänge aus menschlichen Kehlen kommen konnten.« Vom ersten Augenblick an gab es nicht den geringsten Zweifel an der überragenden Qualität der deutschen Sängerin, die sich selbst neben Ponselle an der Met behauptete und in einigen Partien – vor allem als Aida – als die erste Sängerin ihrer Epoche angesehen wurde. Sie war eine der wenigen deutschen Sängerinnen, die, so das Urteil der *Sun* (damit wohl das Hendersons), »selbst in einigen widerständigen Wagner-Strophen mit einer Grazie und Geschmeidigkeit sang, die man nur jenseits der Alpen vermutet. Aber unter dem Samt lag ein kräftiger, sicherer Ton-Körper.« Sie war nicht zuletzt die einzige deutsche Sängerin, die sich an der Met sowohl im deutschen wie im italienischen Repertoire nicht nur behauptete, sondern triumphierte. Lawrence Gilman attestierte ihr »die flüssige und einschmeichelnde Schönheit der Stimme« und fühlte sich »durch ihre Phrasierung nachdrücklich erinnert an den Meister eines Streichinstruments, so vollkommen richtig ist ihr Gespür für die Form und Balance und die musikalische Kontur, ihr delikater Instinkt für die Linie, für die Kadenz, die Proportion«.

Sie war, dank ihrer Ausbildung, eine umfassende Musikerin. Sie wurde unter dem Namen Elisabeth Sättler als Tochter eines Lehrers geboren, der Organist und Pianist war; ihre Mutter besaß eine gute Sopranstimme. Die Eltern pflegten des öfteren gemeinsam Konzerte zu geben. Elisabeth begann im Alter von fünf Jahren, Klavier zu spielen und mußte, wie sie später berichtete, buchstäblich vom Instrument weggezogen werden. Mit siebzehn Jahren sang sie ihr erstes öffentliches Konzert. Zur Aufnahme an das Dresdner Konservatorium spielte sie Beethovens Sonate in Es-Dur op. 81 a (*Les Adieux*). Zwei Jahre studierte sie Klavier und Gesang. 1915 debütierte sie als Arsena in *Der Zigeunerbaron* an der

Elisabeth Rethberg in ›Die versunkene Glocke‹
(Foto: © Ullstein Bilderdienst)

Dresdner Hofoper, an der damals u. a. Fritz Reiner und Kurt Striegler dirigierten. Schon 1919 urteilte der Dirigent Hermann Kutschbach, Rethberg sei »die beste weibliche Sängerin in Dresden«; seit Lilli Lehmann habe man keine so kultivierte Sängerin mit vergleichbar erlesenen musikalischen Qualitäten gehört. Er sagte ihr »eine internationale Karriere« voraus.

Schon kurze Zeit nach dem Debüt sang sie in *Zigeunerbaron* nicht mehr Arsena, sondern Saffi; ihre Aufnahme von »So elend und so treu« ist grandios und eine wahre Apotheose vokal brillanten und zugleich anmutig-leichten Operettengesangs. 1918 sang sie Konstanze »mit der wundervollsten Kraft und Virtuosität«, brillierte als Irene in *Rienzi*, war die Erfüllung für das »Lieb-Evchen« in den *Meistersingern* und verzauberte das Publikum als Mimi neben dem Rodolfo von Pattiera. 1920 sang sie ihre erste Aida. Strauss wollte sie unbedingt für die Wiener Uraufführung von *Die Frau ohne Schatten*, nachdem er sie in der Dresdner Aufführung von 1919 gehört hatte. Nikisch engagierte sie für das Leipziger Neujahrskonzert von 1920, bei dem sie Beethovens »Ah! Perfido« und eine Reihe von Wolf-Liedern sang. 1921 gab sie in Dresden nicht weniger als 23 Partien: Agathe, Aida, Anna (*Hans Heiling*), Butterfly, *Tannhäuser*-Elisabeth, Elsa, Euryanthe, Evchen, *Figaro*-Gräfin, Ilia, Ines (*Afrikanerin*), Kaiserin (*Frau ohne Schatten*), Konstanze, *Troubadour*-Leonora, Marie (*Verkaufte Braut*), Mimi, Micaëla, Nedda, Octavian, Pamina, Saffi, Sophie und Tosca. Nach dem Buch von Henschel/Friedrich (*Elisabeth Rethberg. Ihr Leben und Künstlertum*, 1928) hat sie in ihrer Dresdner Zeit, die bis 1927 währte, 106 Partien gesungen. In den Jahren 1923, 1926 und 1927 gastierte sie nach dem Ende der Met-Saison als erster dramatischer Sopran beim Ravinia-Festival (dem Sommer-Opernhaus in Ravinia-Park bei Chicago). Als Marguérite erinnerte sie an damals schon verklärte Diven wie Melba und Eames, als Elsa an Nordica. Sie exzellierte als Tosca und als Rachel (*La Juive*), als Santuzza (»Mascagni hat seine Melodien nie so schön gesungen gehört wie von Rethberg«) und als Amelia, nach Platten zu urteilen ihre beste Rolle, ferner als »vergleichslose Leonora«. Auch am Covent Garden wurde sie »als die beste Sopranistin seit vielen Jahren« bezeichnet. Von New York aus kam sie des öfteren nach Dresden zurück, wo »Rethberg-Wochen« gefeiert wurden. Bei den Salzburger Festspielen war sie als Konstanze, Donna Anna und *Figaro*-Gräfin zu hören, schließlich auch als Marschallin (1939). In ihrer letzten Met-Saison wagte sich die Sängerin, eigentlich ein lyrischer Sopran, an die Brünnhilde im *Siegfried* – und leistete sich damit, so Kolodin, »eine reductio ad absurdem bei dem lamentablen Versuch, die Partie zu singen«.

Rethberg hat an der Met zwischen 1922 und 1942 dreißig Rollen in 270 Aufführungen gesungen; hinzu kommen achtzig Abende während der Tourneen des Met-Ensembles. Aida hat sie 51mal gesungen, hinzu kommen: *Trouba-*

dour-Leonora (11), Desdemona (11), *Boccanegra*-Amelia (8), *Forza*-Leonora (3), Eva (22), Sieglinde (22), Elsa (17), Elisabeth (11), Brünnhilde (2), *Figaro*-Gräfin (13), Elvira (5), Pamina (2), Donna Anna (2), Cio-Cio-San (17), Mimi (5), Nedda (8), Selika (8), Maddeleine (7), Agathe (7), Rautendelein in *La Campana Sommera* (7), Rachel (5), Margiana (5), Iris (4), Santuzza (2), Marguérite (4), Sophie (3), Mathilde (2), Anna in *I Compagnezzi* (2), Marie in *Die verkaufte Braut* (2). 1929 erhielt sie auf Beschluß von 3000 Mitgliedern der »New York Guild of Vocal Teachers« eine Goldmedaille als »vollkommenste Gesangskünstlerin der Welt«.

Rethberg war, mit einem englischen Terminus, »a singer's singer«. Ihre Stimme, durchaus charakteristisch timbriert, besaß nicht die Wärme und das sinnliche Timbre einer Lehmann, einer Ponselle und einer Seinemeyer (die in Dresden Rethbergs Nachfolge antrat und die Verdi-Rollen übernahm). Es war eine klare, schlank geführte Stimme mit guter Klangzentrierung in der unteren Oktave und einer außergewöhnlichen, hellen Brillanz in der zweiten. Die Textur der Stimme war fein, gleichsam wie emailliert, der Klang von schimmernder Schönheit. Die schlanke und vergleichsweise farbarme Mittelstimme verrät, daß sie recht eigentlich ein lyrischer Sopran war. Mit den großen, dramatischen Partien hat sie sich offenbar übernommen. Ihre drei Aufnahmen von Aidas »O patria mia«, alle weithin geschätzt, lassen die Auswirkung von Belastung und Überbelastung erkennbar werden. In der Brunswick-Aufnahme von 1925, noch akustisch aufgenommen, wird die auf das hohe C führende Phrase auf einem einzigen Atem gesungen, das C selber ohne die geringste Anstrengung mit der halben Stimme gebildet. Der Ton glänzt wie ein silbriger Stern am nachtblauen Himmel. In den späteren Aufnahmen, immer noch in einer Klasse für sich, faßt sie vor dem B noch einmal Atem, um das C forte aussingen zu können. Aber weil der mit muskulärer Spannung gebildete Ton geringfügig flackert – so wie die Spitze einer Kerzenflamme bei einem leichten Lufthauch –, verliert er an Leuchtkraft, an Intensität. Nach John Steane, der sich auf einen Vortrag Martinellis im British Institute of Recorded Sound beruft, war das Forte-C ein Zugeständnis Rethbergs an den amerikanischen Publikumsgeschmack.

Wirklich nur ein Zugeständnis an das Tausend-Tier, von dessen Beifall die Sängerin allabendlich abhängig war? Der Verfasser mag dies nicht glauben. Nach aller Erfahrung gibt es zwar Nuancen und Finessen, die vom Publikum nicht bemerkt werden. Doch ein leuchtendes Piano-C gehört nicht dazu, ist vielmehr der stärkste Effekt, mit dem eine Sängerin aufwarten kann. In der Regel verrät ein Vokalist, der lauter wird, die Abnahme seiner stimmlichen Kräfte. Wer Rethberg at her best hören möchte, sollte zu den Aufnahmen aus der Mitte der zwanziger Jahre zurückgreifen: den Brunswick-Platten mit den Arien aus *Aida*, den HMV-Platten mit Agathes »Wie nahte mir der Schlummer«, Elisabeths »Dich teure Halle«, Elsas »Einsam in trüben Tagen«, Amelias »Ma dall'arido stelo« und »Morró, ma prima in grazia« (Victor 1929 und 1930) und die fast komplette Nil-Szene aus *Aida* mit Lauri-Volpi und de Luca. Hier ist die Stimme quell-klar, leuchtend wie ein Diamant, durchdringend wie eine Silbertrompete, die Phrasierung weitgespannt und ausdrucksvoll, die Balance von Wort und Ton musterhaft. Nur: Der Ton selber ist, bei aller Intensität und Schallkraft, nicht weich und auch nicht reich. In ihm liegt nicht, was Wagner als den vokalischen Gefühlsgehalt bezeichnete. John Steane hat dies mit einem der interessantesten Gedanken seines Buches gerechtfertigt: Beim Vergleich der Aufnahmen von »Morrò, ma prima in grazia« kommt er zu folgenden Ausführungen: »Destinn ist nicht subtil: Sie erfaßt die Situation in einer nur verallgemeinerten Weise, bringt kaum eine Schattierung und klingt, abgesehen von der gloriosen Höhe ihrer Stimme, unstet. Nilsson auf der anderen Seite plagt sich mit der Arie ab, pfropft Intensität durch einen zuweilen angesäuerten und dann farblosen Ton auf ... Callas zeigt sich von ihrer besten Seite: Die Individualität der Interpretin entspricht der Musik aufs vollkommenste, und ihre Stimme ist in guter Verfassung. Im Vergleich zu Rethberg liegt die Emotion gleichsam offen zutage. Wenn man zu der älteren Sängerin zurückgeht, so in der Erwartung, sie undramatisch zu erleben, vielleicht sogar uninteressant zu finden. Doch dem ist nicht so. Was Rethberg zeigt, ist, daß solche Musik, wenn mit wirklich musikalischem Gefühl und allen vokalen Mitteln gesungen, ihre eigene Emotion entfaltet. Letztlich behalten wir Rethbergs Aufnahme als die am höchsten zu schätzende in Erinnerung, weil sie ihren Ausdruck findet in reinster musikalischer Schönheit.«

Es ist dies, einmal mehr, ein Plädoyer für die Stimme als Stimme der Musik. Scott hingegen, der die Sängerin Rethberg hoch schätzt, sieht in ihr keine wirklich große Künstlerin, keine Individualität, hält sie für »korrekt«, vermißt aber »individuelle oder imaginative Nuancen, die den großen Künstler selbst vom besten Sänger absetzen«. In der Tat ist Rethberg sehr oft nur – nur? – die beste Sängerin, seltener die unvergeßliche Künstlerin. Vielleicht liegt es an der Reinheit, der Jungfräulichkeit der Tongebung. Vielleicht auch an einem technisch-virtuosen Defizit, das die Mozart-Aufnahmen der Sängerin beeinträchtigt. In Paminas »Ach, ich fühl's« (1922) geht die Stimme mühelos durch die hohe Tessitura mit ihren aufsteigenden Phrasen, aber die Koloratur auf »meinem Herzen« gerät eckig. »Deh vieni« aus *Figaro* singt sie mit berückender Tongebung, trotz der Appoggiaturen aber mit einer leicht leierischen Phrasierung. Hervorragend indes »Rend' il sereno al ciglio« aus Händels *Sosarme*, konzentriert und gespannt in der Phrasierung, unendlich fein in der dynamischen Ausstufung. Am Ende von Bizets »Pastorale« singt sie einen schönen Triller, doch wirkt das Stück in ihrer Wiedergabe wie eine triviale Pièce. Man muß es von Melba hören, die aus dem Triller auf das E steigt und ihre Stimme einfach leuchten läßt – so leuchten, daß aus der Schönheit reinsten Vokalismus' musikalische Schönheit wird.

Ganz und gar überzeugend sind Rethbergs Wagner-Aufnahmen. In Elisabeths Hallen-Arie, Elsas »Euch Lüften« und Sentas Ballade (1930 für HMV) hört man die feinste Mezzavoce, schier perfekte Sprung-Technik bei den riesigen Intervallen von Sentas Musik, eine ungemein klare Deklamation und flutende Tongebung selbst im Piano und Pianissimo. Die Aufnahmen aus *Butterfly*, *Tosca* und *Cavalleria* sind gut, aber nicht wirklich ausdrucksvoll oder dringlich wie die Lehmanns oder Seinemeyers. 1930 nahm Rethberg gemeinsam mit Lauri-Volpi und de Luca auf sechs Platten große Teile der Nil-Szena aus *Aida* auf. Im Duett mit dem Amonasro de Lucas – der seinen Part selbst in den heftig-deklamatorischen Passagen mit konzentriertem Ton singt – geht sie stärker als üblich aus sich heraus, ohne freilich mit so heftiger, gleichsam offener Expression zu singen wie Callas mit Gobbi. Superb ist das Duett mit Lauri-Volpi, der freilich seine hohen Töne ungebührlich streckt. Sehr schön Rethbergs Phrasierung und Tonbildung bei »al nostro amor si schiude« (in der tiefen Lage), noch feiner das schwebende hohe B am Ende von »Sotte il mio ciel«. Den Stretta-ähnlichen Schluß an »Ah! no! fuggiamo« kann man schwerlich passionierter und schwungvoller hören, und am Ende demonstriert Lauri-Volpi, wie die Ausrufe gegenüber dem Priester gesungen werden müssen. Daß er sie scharf intoniert – um eine winzige Schwebung zu hoch –, ist nach dem Eindruck des Verfassers ein beabsichtigter Effekt. Auf einer MDP-Platte (Collectors Limited Edition) ist Rethberg – mit Lauri-Volpi, Brownlee, Wettergren und Pinza – in der zweiten Szene aus dem zweiten Akt zu hören, und sie bestätigt, daß sie sich in dieser konzentrierten Musik durch glänzende Fokussierung mühelos über das Ensemble hinwegsetzen konnte; was nicht weniger für die anderen Solisten – vor allem für Lauri-Volpi – gilt.

Amelia in *Ballo* war vielleicht Rethbergs beste Rolle. Die Arie aus dem zweiten Akt (aufgenommen am 23. Dezember 1923) zählt zu den Sternstunden des Verdi-Gesangs. Zu erwähnen auch das folgende Liebesduett in einer Live-Aufnahme mit Jussi Björling trotz eines fast grotesk verpatzten Beginns mit rhythmisch falschen Einsätzen beider Sänger. Doch dann singen beide mit einer schier flammenden Erregtheit und doch mit (weitgehend) beherrschter Tongebung: Die Phrase »Ebben, sì, t'amo« und Riccardos »M'ami Amelia« haften lange in der Erinnerung, nicht zuletzt auf Grund der überwältigenden Klangpracht der Stimmen (im letzten Teil gibt es kleine Drop-outs durch den technisch nicht perfekten, klanglich aber guten Mitschnitt). Die MDP-Platte bringt schließlich das Finale von *Il Trovatore* mit Giovanni Martinelli in rhetorisch-dramatischer Höchstform (mit wild gerollten /r/ und emphatischen Akzenten, kühnen Portamenti und Glissandi). Rethberg bestätigt ihren Ruf als damals »konkurrenzlose Leonora«: Die auf das hohe As führende Andante-Phrase »Prima che d'altri vivere io voli tua morir« läßt sich schwerlich expressiver und schöner singen. Zu erwähnen sind, nicht zuletzt, einige Lied- und Operetten-Aufnahmen. Strauss' »Freundliche Vision« ist, wie Scott zutreffend schreibt, »eine Studie genuinen Piano-Singens«. Der Czárdas der Rosalinde hat zwar nicht den Charme und das Funkeln der Lehmann-Aufnahme, dafür aber das Plus der absolut mühelos, geradezu jubilierenden Bewältigung. Saffis Lied strömt einen schier girrenden Zauber aus, und Fiamettas Lied »Hab' ich nur deine Liebe« aus *Boccaccio* muß den empfindsamen Hörer erwidern lassen: »Rethberg hat sie.«

Stimme mit Träne: Meta Seinemeyer

Wir hatten in der unvergeßlichen, leider sehr jung verstorbenen Meta Seinemeyer eine hervorragende Vertreterin in der Leonore, wie überhaupt jener gefühlsbetonten, lyrisch-dramatischen Partien Verdis und kleinerer italienischer Komponisten. In Giordanos *Andrè Chenier* war sie eine rührende Madeleine. Ihre sehr an die Rethberg gemahnende Stimme hatte, wenn sie jener an Meisterschaft nicht ebenbürtig war, statt dessen eine unvergleichliche Beseelung, die man gerne die ›Träne in der Stimme‹ nennt.
Fritz Busch über Meta Seinemeyer

Es gibt – selten, ganz selten – Stimmen mit einem Unterton von Trauer, mit einem wahrhaft tragischen Klang. Es ist der Klang, der »in die Tiefen des Herzens« dringt und weniger ästhetisch erlebt als erlitten wird. Carusos Stimme war erfüllt von diesem »schluchzenden Leid«, in Joseph Schmidts Stimme war diese Träne, aus der Kathleen Ferriers kam dieser Schmerzenston. Durch ihn ist auch die Stimme der mit 34 Jahren (vermutlich an Leukämie) verstorbenen Berlinerin Meta Seinemeyer (1895–1929) unvergeßlich; sie war nicht nur charakteristisch und unverkennbar, sondern besaß das »Gnadengeschenk« (Martienssen-Lohmann) eines ebenso reichen wie schönen Timbres, jene üppige, satte und leuchtende Farbe, welche die Palette der größten Maler auszeichnet.

Die Tochter eines Berliner Polizeibeamten konnte nach einem Probesingen an der Berliner Staatsoper bei Nikolaus Rothmühl und Ernst Grenzebach studieren. 1918 erhielt sie ihren ersten Vertrag an der Charlottenburger Oper, wo sie in Offenbachs *Orpheus in der Unterwelt* debütierte. Sie sang sieben Spielzeiten in

Berlin. 1923 und 1924 reiste sie mit Hurok's German Opera Company in die USA. Bei der Eröffnungs-Aufführung in der Manhattan Opera sang sie am 23. Februar 1923 Eva in *Die Meistersinger* (neben Plaschke als Sachs, Kipnis als Pogner, Hutt als Walther) unter Leo Blech. Tags darauf war sie Elisabeth in *Tannhäuser* neben Schorr, Kipnis und Elsa Alsen. 1924 gastierte sie als Marguérite an der Dresdner Oper und wurde von Busch sofort als Nachfolgerin der an die Met abgewanderten Rethberg engagiert. Sie wurde zu einer der zentralen Sängerinnen des Hauses und war beteiligt an der von Dresden ausgehenden deutschen Verdi-Renaissance. Sie sang Leonora in Franz Werfels Neufassung von *Die Macht des Schicksals* in den Dresdner Erstaufführungen von *Manon Lescaut* und *André Chenier* (mit Pattiera). 1926 gastierte sie in Südamerika. Am 9. Mai 1929 stellte sie sich als Sieglinde an der Covent Garden Opera vor, wo sie auch Eva und Elsa sang. In London brach ihre Krankheit aus, und am 9. August starb sie – unmittelbar nach ihrer Heirat mit dem Dirigenten Frieder Weissmann – in Dresden.

Die vier großen Jahre von Seinemeyers Karriere fallen mit dem Beginn der elektrischen Aufnahmeära zusammen. Dies allein aber erklärt kaum die Zahl von über 70 Platten. Seinemeyer hatte sich in kürzester Zeit in die Herzen gesungen, was sich in den vielen von tiefer Betroffenheit zeugenden Nachrufen zahlreicher deutscher und internationaler Zeitungen spiegelt (teilweise zitiert in *The Record Collector*). Ihre Aufnahmen sind auf Preiser-Recitals wiederveröffentlicht worden. Als Walter Legge seine Frau Elisabeth Schwarzkopf zu einer »gazza ladra« erzog – sie sollte das Beste von den Besten lernen und daraus ihren eigenen Stil entwickeln –, verordnete er ihr »große Portionen von Meta Seinemeyer, um ihr zu demonstrieren, wie eine vom Wesen her deutsche Stimme einen brillant italienischen Klang produzieren kann«. Dies ist die Charakteristik einer Stimme, die voller Innigkeit war und zugleich brillant strahlte. Sie war ausgesprochen dunkel getönt, ungemein voluminös und dennoch glänzend zentriert. Die Register waren gut verblendet, die Höhe wurde schlank und konzentriert, ohne das bei vielen italienischen Sopranen der Epoche zu beobachtende Spreizen des Tons gebildet. In den weiten Bögen ab »Deh, non m'abbandonar« (in »Son giunta ... Madre, pietosa« aus *Forza*) geht sie mühelos in die Höhe, ohne vom Piano des Phrasenbeginns ins Forte zu fallen wie später Renata Tebaldi (die nicht die Spannung für das durchgehende Piano besitzt). Wie fast alle vom Volumen her großen Stimmen besaß auch ihre ein ausgeprägtes, jedoch beherrschtes Vibrato. Es gab ihrem Ton mehr Spannung und Emotion als dem Rethbergs. Der Verfasser hat die vor Intensität vibrierenden Seinemeyer-Aufnahmen stets den kühl-perfekten Rethbergs vorgezogen. Dies um so mehr, als im Klang von Seinemeyers Stimme der Umriß der porträtierten Figur suggestiver aufscheint. Es ist ein Klang, der, technisch gesprochen, aus einer gewaltigen

Meta Seinemeyer
(Foto: © Ullstein Bilderdienst)

Luftsäule geformt wird, ein Klang, der, ästhetisch gesehen, von genuinem Pathos erfüllt ist. In dieser Hinsicht ist Seinemeyer so einzigartig wie in Deutschland nur Lotte Lehmann und später Maria Callas, und wie man nie müde wird diese beiden Sängerinnen zu hören, kann man auch Seinemeyer-süchtig werden.

Einige Anmerkungen zu ihren einzelnen Platten. Als *Figaro*-Gräfin singt sie nicht so formvollendet wie Melba, auch nicht so aristokratisch wie Schwarzkopf, aber mit reichem Ton und einem sehr guten Triller, der auch im *Meistersinger*-Ensemble (mit Pilinszky) zu hören ist. Ihre Aufnahme von Agathes »Wie nahte mir der Schlummer« kommt der Vollendung so nahe, wie eine Sängerin der Vollendung nur nahekommen kann. Ihr Ton selber ist schon Gebet und romantischer Klangraum, der sich bei dem mit wirklicher Emphase gesungenen »Himmel, nimm des Dankes Zähren« öffnet. Die Rezitative werden nicht einfach vorgetragen: Aus ihnen spricht das Beben der Seele. Mag sein, daß Schwarzkopfs Aufnahme detaillierter, nuancierter und ausgefeilter ist, doch es ist eine *produzierte*, von einem raffinierten Kunstverstand synthetisierte Vollkommenheit, vielleicht auch eine des Studios: eben zweite Natur.

Seinemeyers zentrale Platten sind ihre Verdi-Aufnahmen. Es gibt ein bewegendes Misere aus dem *Troubadour* mit dem (akzeptablen) Tenor John Gläser.

Vokal großartig und sehr expressiv Amelias Szene aus dem zweiten Akt des *Maskenball* – auf einer Höhe mit Rethberg und Callas. Auf der gleichen Höhe auch die Szenen aus *Die Macht des Schicksals* (in italienischer Sprache). Allein in Maria Callas findet sie eine Konkurrentin bei der Aufnahme von Elisabettas »Tu che le vanità« aus *Don Carlo* (trotz einer schlechteren dramatischen Gliederung der großen, kontrastreichen Scena durch den Dirigenten). Lord Harewood spricht von der »einzigartigen tragischen Qualität« ihres Singens und weist vor allem auf die schmerzliche Färbung des Wortes »Francia«. Die (leider deutsch gesungene) Aufnahme von »Als Sieger kehre heim« – vielleicht die beste, die je eine deutsche Diva gemacht hat – offenbart erneut den schmerzlichen Klang ihrer Stimme und den italienischen Klanginstinkt der Sängerin. Der paarte sich freilich nicht nur mit einer nicht restlos idiomatischen Diktion, sondern auch mit einem schauspielerischen Gestus, der dem expressiven deutschen Theater der dreißiger Jahre entspricht. In der Auseinandersetzung mit Amonasro (mit Robert Burg) läßt sich Seinemeyer zu einer überemphatischen Deklamation verleiten. Im Concertato des zweiten Aktes – unter dem Titel »Bringt den Göttern Dank« – überstrahlt sie das Ensemble (Helene Jung, Max Hirzel, Ivar Andrésen, Willy Bader) mit frappierender Intensität – ihre Stimme durchschneidet selbst die größten Klangmassierungen. Die Aufnahme des Nil-Duetts leidet unter dem durch die Spielzeit der (zwei) Platten bedingten Tempo, auch durch die grobe Phrasierung Pattieras; Seinemeyer ist makellos. Auch das *Otello*-Duett (ein zweiter Platten-Take mit einem Ausschnitt ab »ich liebte dich um deines Mitleids willen«) leidet unter zu raschem Tempo, und doch gehört die Aufnahme zu den eindringlichsten überhaupt. Wieder kleine Einwände gegen das Italienisch beider Sänger. Aus Wagners Werken gibt es Isoldes Liebestod, der das sehrende Sich-Verzehren im Klang der Stimme ausdrückt. Sieglindes Erzählung »Der Männer Sippe« kommt fast an Lehmanns Ideal-Version heran, nur ihr Tenor-Partner Curt Taucher ist ein stimmlich greller Geselle. Hervorragend die Puccini-Titel: Manons »In quelle trine«, Toscas Gebet und vor allem die mühelos gesungenen Szenen der Cio-Cio-San. Besonders erwähnenswert das Kirschen-Duett mit Helene Jung, ein glänzendes Beispiel für betörend schöne Klangmischung. Die ist auch im Abendsegen aus *Hänsel und Gretel* zu hören – die Aufnahme ist den späteren mit Schwarzkopf–Seefried und Schwarzkopf–Grümmer durchaus ebenbürtig.

Weniger gelungen, ungeachtet des wundervollen Stimmklangs und der Stetigkeit des Singens, die Liedaufnahmen. »Gretchen am Spinnrad«, zudem orchesterbegleitet, ist allzu vordergründig in die Sphäre der Gefühligkeit gerückt, nicht zuletzt durch sinnlose Temporückungen. Zur Erklärung – nicht zur Entschuldigung – sei gesagt, daß Seinemeyer praktisch keine Lied-Erfahrungen sammeln und auch nicht mit einem Begleiter wie Michael Raucheisen arbeiten konnte.

Piano-Lemnitz

Ton, Wort und Gefühl sind untrennbar verbunden in der wundervoll expressiven und flexiblen vokalen Linie, die gleichermaßen die feinsten Inflektionen und Effekte größter Kraft erlaubt.

›London Times‹ am 2. Juni 1938 über Tiana Lemnitz' Sieglinde am Covent Garden unter Wilhelm Furtwängler

Nur wenige deutsche Sopranistinnen werden von den Sammlern, insonderheit den angelsächsischen, höher geschätzt als die im elsässischen Metz geborene Tiana Lemnitz (1897 geb.). Wegen ihrer weichen, schwebenden, zarten Pianissimi – nach Ansicht von Wolf-Rosenberg die »unvergleichlichsten«, die man überhaupt je (in der Paminen-Arie) gehört hat – erhielt sie unter den Fans den Namen »Piano-Lemnitz«. Folgt man den Kommentaren, so steht sie da als eines der wenigen deutschen Gesangswunder der zwanziger, dreißiger und frühen vierziger Jahre. Und wenn man hört, wie sie »Wie nahte mir der Schlummer« in ein klangliches Notturno verwandelte, wie magisch sie »wie schön die Nacht« als innige Gebärde und als seliges Naturgefühl ausdrückt, kann man wirklich erschauern. Aber auch Lemnitz widerlegt nicht den resignierten Satz von William James Henderson: daß es nie einen vollkommenen Sänger gegeben habe.

Tiana Lemnitz, das zehnte von elf Kindern eines Militärkapellmeisters und einer gesangsbegeisterten Mutter, erhielt ihren ersten Unterricht von der Stockhausen-Schülerin Olga Karpinski: »Tonstudien, Solfeggien, italienische Übungen, die auf Beweglichkeit hinwirken« (Lemnitz in ihrem *Musikalischen Selbstporträt* des Norddeutschen Rundfunks). Nach dem Krieg und der Ausweisung der Familie aus Metz studierte sie am Frankfurter Hochschen Konservatorium bei Anton Kohmann, der sich entsetzt zeigte ob ihrer ungenügenden Atemtechnik. Sie benötigte fast ein Jahr, »um die Zwerchfellatmung völlig beherrschen zu lernen«. Am 13. März 1921 gab sie ihr Bühnendebüt als Undine in Heilbronn. Doch ihr Lehrer entließ sie erst ins Engagement nach Aachen, als sie 25 Partien studiert hatte. Am 17. September 1922 sang sie Waltraute in *Die Walküre*. In ihren sechs Aachener Jahren wuchs sie von kleinen Partien in große, lyrisch-dramatische hinein: Nach Cherubino, *Figaro*-Gräfin, Pamina, Anna in *Hans Heiling*, Elisabeth, Martha sang sie Donna Anna, Jenufa, Octavian, Elsa, Aida, Eva, Dorabella, Malvina in *Der Vampir* (Marschner), Margarethe, Anna in *Die lustigen Weiber*, die Dame in *Cardillac*, Mimi, Oberon, Micaëla, Nanette in *Kleider machen Leute* (von Zemlinsky), Marie in *Die verkaufte Braut*, Najade und

Louise. Nach einigen Gastspielen nahm sie in Hannover einen Dreijahresvertrag an. 1930 gastierte sie als Agathe bei den Waldfestspielen in Zoppot. 1933 sang sie Elisabeth in *Tannhäuser* und in *Don Carlo* an der Dresdner Staatsoper. Der Lohn war ein Vertrag für 40 Gastabende. Am 4. Juni 1933 stellte sie sich als Eva an der Berliner Staatsoper vor, an der sie 23 Spielzeiten singen sollte. Am 9. September 1934 debütierte sie als Ensemble-Mitglied in einer *Aida*-Premiere unter Leo Blech mit Helge Rosvaenge als Partner. Im Dezember war sie die Elvira eines *Ernani*-Revivals mit Wittrisch, Janssen und Bohnen unter Blech. Sie sang in den Uraufführungen von Gräners *Der Prinz von Homburg* und von Künnekes *Die große Sünderin* (mit Rosvaenge). Als Berliner Kammersängerin (1937) begann sie mit dem Wechsel ins jugendlich-dramatische Fach: Sieglinde, Desdemona (unter Victor de Sabata, neben Völker und Prohaska) und Milada in *Dalibor*. Unter Herbert von Karajan sang sie in der vielgerühmten Gründgens-Inszenierung der *Zauberflöte*, die Pamina nahm sie im selben Jahr unter Thomas Beecham in einer Gesamtaufnahme auf. Eine Einladung an die Metropolitan Opera 1938 konnte sie wegen der politischen Entwicklung nicht annehmen. Sie war, wie aus Alan Jeffersons Beecham-Biographie hervorgeht, eine engagierte, zuweilen arrogante Parteigängerin der Nationalsozialisten. Nach dem Krieg sang sie weiter in Berlin, wo sie von 1952 bis 1954 auch das Opernstudio leitete (als Nachfolgerin von Frida Leider). 1957 nahm sie Abschied von der Oper.

Lemnitz hat, so die Platte Karriere und Erfolg spiegelt, eine langsame Entwicklung gehabt. Ihre ersten Aufnahmen entstanden 1934, also 12 Jahre nach Beginn ihrer Laufbahn. Doch dann hat sie siebzehn Platten für DG (Polydor), dreißig für His Master's Voice (Electrola) gemacht, hat in Beechams *Zauberflöte* und Ramins *Matthäus-Passion* gesungen und schließlich, im Jahre 1948, neunzehn Titel für HMV gesungen bzw. wiederholt. 1950 folgten Aufnahmen des *Rosenkavalier* (Octavian) und der *Meistersinger* unter Kempe, 1951 *Rosenkavalier*-Auszüge für DG, diesmal als Marschallin. Überdies existieren zahlreiche Rundfunk-Mitschnitte, darunter eine hochgeschätzte Aufnahme von Wagners *Wesendonck-Liedern*, von vielen als die beste angesehen.

Charakteristisch an der Stimme – namentlich an der (relativ) jungen – war der zarte, sanfte und selbst im Piano substanzvolle Klang. Sie war von feinster, glatter, gleichsam samtiger Textur, mit gut ausgeglichenen Registern und wundervoll gefluteter Höhe. Ihre Pamina wird nicht von einer menschlichen, sondern von einer Engelsstimme gesungen – gesungen, wie John Steane schreibt, mit einem schier entkörperlichten und doch luxurierend sinnlichen Ton. Aber dieser Ton ist, weil nicht korrekt gestützt und nicht von der Bruststimme klanglich genährt, zuweilen gefährlich zittrig. Und wenn ein Ton *zu* sehr zittert, wird er im eigentlichen Wortsinne un-harmonisch. Ist er zudem ungestützt, verliert er an Farbe, an Intensität, an Fluß. In den Mozart-Aufnahmen von 1938 –

Tiana Lemnitz
(Foto: © Decca/Polygram Klassik)

den Gräfinnen-Arien aus *Figaro* und auch in Paminens Musik – werden so viele dynamisch reduzierte und leicht flackernde Töne aneinandergereiht, daß aus der musikalischen Linie eine zitternde Kurve entsteht.

Buchstäblich ein anderes Klangbild in den Aufnahmen von 1934: Agathes erste Arie (ohne Schlußteil) und Kavatine singt sie schlechthin berückend. Sie verzaubert den Hörer durch die süße Sinnlichkeit des Klangs, wobei sie allerdings den Puls der Musik, ihre Erregung, sozusagen einschläfert. Besser, weil lebendiger und bewegter, ist die vokal nicht ganz so sichere Platte von 1938. Die hohen A's in der Kavatine der Agathe hat Elisabeth Schwarzkopf in ihre Aufnahme von 1959 noch kunstvoller »geflutet« als Lemnitz. In der Aufnahme von 1948 zeigt der Klang die Spuren des Gebrauchs. Von den Verdi-Aufnahmen überzeugen Desdemonas »Sie saß voll Leide« und »Ave Maria« und die »Amen risponda«-Phrase aus dem Liebesduett mehr als die beiden Arien aus *Troubadour*, wo sie zwar die Zierfiguren und Triller trefflich ausführt, aber der großen Linie nicht den Rahmen eines vollen Klangs zu geben vermag. Überhaupt fehlt, jedenfalls für den Geschmack des Verfassers, dem Vortrag von Tiana Lemnitz das Moment des dramatischen Schwunges, wie er bei Seinemeyer zu bewundern ist. Sie war wohl eher eine empfindsam-lyrische als spontan-dramatische

Sängerin. Dennoch geraten das Gebet der Elisabeth aus *Tannhäuser* oder die Szenen der Elsa nicht nur zu elegischen Klagegesängen: Lemnitz gibt ihnen durch feine Nuancen der Diktion und gut dosierte Farbschattierungen gestische Lebendigkeit. Grundsätzlich aber versuchte sie immer, den Ausdruck der Musik selber zu überlassen und nicht mit einer rhetorischen Gestik zu operieren.

Affektive Gebärden: Maria Cebotari

Diese Energie und Individualität sorgen auch für eine Aufnahme von Salomes Schlußgesang, die dank ihres gleichsam raffinierten Fanatismus wohl unübertroffen ist. Nur in ihren letzten Jahren wurde Cebotari überschattet durch den sensationellen Ruhm Ljuba Welitschs in dieser Rolle.
John Steane in ›The Grand Tradition‹

Sie war eine sensitive, bewegende Künstlerin, aber Herodes' Stieftochter war nicht richtig für sie. Das Instrument war zu fragil, und sie mußte forcieren.
Hildegard Ranczak über die Salome von Maria Cebotari in ›The Last Prima Donnas‹

Als Electrola vor zehn Jahren ein Album zur Erinnerung an Maria Cebotari (1910–1949) herausbrachte, stellte sie die Aufnahmen unter das Motto »Legende und Wirklichkeit«. Im Kommentar ging Sigurd Schimpf gegen die durch sentimentale Filme, eine herzbewegende Liebesgeschichte und den traurig-frühen Tod genährte Cebotari-Legende an und substituierte sie durch eine neue Legende, deren Protagonistin eine dramatische Koloratursängerin wenn schon nicht von der Klasse, so doch von der Art der Maria Callas war. Die nicht im Rhythmus gesungenen Koloraturen der Martern-Arie (1935 unter Heger, die unter Cebotaris Namen veröffentlichte Urania-Aufnahme von 1945 stammt von Elisabeth Schwarzkopf!), die unsichere Koloratur in »Non mi dir« oder die nicht durchgeformte Violetta-Arie aber zeugen von einem technischen Klassenunterschied. Dennoch ist die aus der bessarabischen Stadt Kischinew stammende Maria Cebotari eine interessante und fesselnde Sängerin.

Sie hatte schon als Kind Soli in den sonntäglichen Gottesdiensten gesungen und einige Jahre auf dem örtlichen Konservatorium studiert, als eine Truppe des Moskauer Künstlertheaters unter Alexander Wiruboff in Kischinew gastierte.

Sie wurde verpflichtet, Liedeinlagen in einer Aufführung von Tolstois *Der lebende Leichnam* zu singen. Wiruboff warb sie ab, heiratete sie und brachte sie 1929 nach Berlin, wo sie bei Professor Daniel studierte. Zwei Jahre später wurde sie von Fritz Busch an die Dresdner Oper engagiert, wo sie am 15. April 1931 als Mimi debütierte. Bruno Walter engagierte sie zu Gastspielen nach Salzburg. 1935 sang sie Aminta in der Uraufführung von Strauss' *Die schweigsame Frau* in Dresden, wo sie 1940 auch die Titelpartie bei der Uraufführung von Sutermeisters *Romeo und Julia* übernahm. 1936 und 1937 gastierte sie an der Covent Garden Opera; an ihrer Sophie kritisierte man »rather too much of a girlish tremor«. Als sie 1947 mit dem Ensemble der Wiener Staatsoper wiederkam, wurde ihre Donna Anna von der Elvira Elisabeth Schwarzkopfs »dramatisch und musikalisch ausgesungen«, und die Partie der Salome gehörte

Maria Cebotari
(Foto: © EMI Classics)

bereits Ljuba Welitsch mit ihrer »verführerischen, kraftvollen und doch kristallklaren Stimme«.

1935 wechselte Cebotari von Dresden nach Berlin an die Staatsoper, der sie bis zur Schließung kurz vor Kriegsende angehörte. Bei den Dreharbeiten zu dem Film *Starke Herzen* (1937) traf sie auf den Schauspieler Gustav Dießl. Seinetwegen ließ sie sich von Wiruboff scheiden. Sie drehte eine Reihe von Filmen – *Mutterliebe* mit Gigli (1938), *Melodie der Liebe*, ebenfalls mit dem Italiener (1939), *Premiere der Butterfly* (1940), *Drei Frauen um Verdi* (1941), *Maria Malibran* (1942) und *Flammen über Odessa* (1942) –, setzte aber ihre Arbeit an der Oper konsequent fort. 1948 starb Dießl. Maria Cebotari, schon Jahre zuvor an Leukämie erkrankt, starb ein Jahr später am 9. Juni 1949. Der Tod der beiden bot den Stoff zu sentimentalen, auch rohen Legenden, in welche auch die Kinder der Künstlerin einbezogen worden sind. Es war der britische Pianist Clifford Curzon, der Peter und Fritz Cebotari-Dießl adoptierte und sie der Sensationsgier entzog.

Cebotari gehörte, so Schimpf, zu den »zu allen Zeiten raren Sängerinnen, die Musik hörbar machen und nicht sich selbst«. Der Feststellung, daß sie der Musik nie »von außen her eine affektive Gebärde oktroyiert«, kann der Autor nicht ganz folgen. Die Stimme selber ist von einer solch affektiven Gebärde gleichsam durchzittert: Es ist eine brillante, scharf fokussierte, aber erregt und erregend tremulöse Stimme, die den porträtierten Figuren Pathos und selbst Tränen anträgt. Fast immer neigt die Stimme dazu, aus dem Fokus zu gehen und sich geringfügig zu spreizen. Zwingt die Sängerin sie zu tonlicher Versammlung, bekommt sie eine typisch slawische Brillanz, besonders deutlich zu hören in Mimis Arie und im Liebesduett mit Marcel Wittrisch, auch in dem funkelnd brillant gesungenen Walzer der Musetta mit seinen glitzernden – und das heißt auch nicht stetigen – Spitzentönen. In der Salome-Szene finden sich einige koloristische Finessen, die auf Welitsch vorausdeuten: etwa das girrend (und leicht nasal-verschattet) gesungene »Ich habe deinen Mund geküßt«. Es ist eine fanatisch-intensive Darstellung fast auf dem Niveau der Welitsch-Aufnahmen, doch hat die Bulgarin noch mehr schneidende Intensität des Klangs und einen noch reineren, klareren Ton. In Cebotaris Ton ist etwas von Sirren und Girren der Zigeuner-Geigen, und wenn sie Saffis »O habet acht« singt, so lodern die »Tschindra«-Rufe wie Flammen in dunkler Nacht – eine der schönsten Operettenplatten, die je gemacht wurden.

Die virtuose Kantorenstimme: Hermann Jadlowker

Wir können nicht wissen, wie Raaff ›Fuor del mar‹ aus Mozarts *Idomeneo* gesungen hat, aber es dürfte für ihn unmöglich gewesen sein, die Noten mit größerer Geschwindigkeit und Genauigkeit zu singen ... Man kommt beim Zuhören schier außer Atem; wie die Dame auf dem Hochseil, die hüpft und springt und mit der einen Hand balanciert und mit der anderen einen Kollegen hält, ist er wahrhaft verblüffend. Wie nur, wollen wir wissen, hat er das erreicht? Die Antwort ist einfach: durch Üben.
Michael Scott über Hermann Jadlowker

In *The Grand Tradition* hat John Steane den aus Riga gebürtigen Hermann Jadlowker (1877–1953) als Phänomen bezeichnet: als »Wagnerian coloratura tenor«. Als solcher wäre der Schüler des berühmten Chasan Baruch Leib Rosowski ein Sonderfall der Gesangsgeschichte. Tatsächlich aber hat Jadlowkers Ehrgeiz, Partien wie Tannhäuser, Parsifal, Florestan, Otello und Arnold Melchthal zu singen, seiner Stimme beträchtlichen Schaden zugefügt – was um so schlimmer ist, als die Aufnahmen aus diesen Werken durch die vielgerühmte technische Brillanz des vielleicht größten aller Tenor-Virtuosen kein ästherisches Surplus erhalten haben.

Der Kaufmannssohn erlernte als Kind das Geigespielen, sang im Chor der Synagoge von Riga und studierte auf Empfehlung des Dirigenten Knöffler vom Stadttheater Riga Gesang bei Josef Gänsbacher in Wien. Schon bald wurde Gustav Mahler auf den jungen Sänger aufmerksam und setzte ihn als Chorsänger bei Festaufführungen und Trauerfeiern ein (vgl. auch das Kapitel über Friedrich Schorr). 1897, nach vier Jahren Studium, debütierte er in Köln (als Gomez in *Das Nachtlager von Granada*). Er war erfolglos und sang fortan in Königsberg, Rostock und Stettin wieder ohne besonderen Erfolg: Offenbar war seine Stimme klein und klanglich unauffällig. In seiner Geburtsstadt fand er mehr Anerkennung, doch berühmt wurde er erst 1906 nach Gastspielen in Karlsruhe als George Brown in *La Dame Blanche* und Raoul in *Les Huguenots*. Jadlowker sang bis 1914 in Karlsuhe, gastierte aber in Köln, Budapest, Wien und in New York an der Metropolitan Opera, wo er neben Fremstadt und Homer als Lohengrin debütierte (11. Februar 1910). Er sang Max (erfolglos), Faust (erfolgreich), Turiddu, Canio und Pinkerton und behauptete sich als guter Haussänger – die Met hatte damals schließlich Caruso, McCormack, Slezak, Bonci und

Clément aufzubieten. Am 28. Dezember 1910 sang Jadlowker unter Alfred Hertz den Prinzen in der Uraufführung von Humperdincks *Die Königskinder*. 1911 riskierte er, unter Toscanini, an einem Abend die Aufführung von *Cavalleria* und *Pagliacci*. Drei Jahre später ging er an die Berliner Hofoper zurück – auf Wunsch von Kaiser Wilhelm II., der ihn besonders schätzte und ihn bald schon zum Preußischen Kammersänger ernannte. Jadlowker sang ein unglaubliches Repertoire: Almaviva und Florestan, Tamino und Manrico, Nureddin und Bacchus, Herzog und Don Carlo, Tannhäuser, Lohengrin, Parsifal und Otello.

Es überrascht nicht, daß er seine ohnehin begrenzten stimmlichen Ressourcen mit den schweren Partien überforderte. Schon 1919 war die Opernkarriere des Sängers zu Ende – er war eben 42 Jahre alt –, obwohl er in den zwanziger Jahren noch Operetten- und Konzertaufführungen sang. 1929 wurde er Chasan in Riga und übernahm die Leitung des Chors, in dem er als Kind gesungen hatte. Am Konservatorium wirkte er als Gesangslehrer. Diese Tätigkeit übte er auch in seinen letzten Lebensjahren in Jerusalem und Tel Aviv aus.

Jadlowker hat nach der Diskographie von Tom Kaufman und Dennis Brew (The Record Collector) 235 Aufnahmen hinterlassen; sie entstanden für Odeon (1907–1910, Titel 1–109), Victor (1912, Titel 110–116), Gramophone Company (1912–1914, Titel 117–200), Polydor (1914, Titel 201–223 und 1927, Titel 224–235). Die Aufnahmen spiegeln die unglaubliche sängerische Versatilität Jadlowkers, natürlich auch die Überforderung der Stimme. Schon in den frühesten Aufnahmen von 1907 und 1908 (auf CO 312) sind Klang und Timbre der Stimme alles andere als schön. Der Ton hat nicht die Wärme, den Schimmer, den Duft, die für den Belcantisten so essentiell sind wie die technische Agilität. Der Grund dafür ist die unzureichende Verblendung der Register. Jadlowkers Passaggio, der nahtlose Übergang in die Kopfstimme, war unvollkommen. Zudem fehlte dem Klang der Stimme bei allen Graden über dem Mezzoforte eine gewinnende Qualität. Er war guttural und gleichsam faserig. Die Vollhöhe wurde nur mit einem Kunstgriff erreicht: Der Sänger bildete sie ohne den festen Kern der Bruststimme im isolierten Kopf-Register. In der deutsch gesungenen Aufnahme von Fausts Kavatine wird das C durch diese klangliche Isolation nicht zu einer integrierten Zielnote der Kantilene, sondern zu einem ausgestellten Ton. Dies entwickelte sich später, wie in der Gramophone-Aufnahme von 1914 zu hören ist, zur schweren und chronischen Registerdivergenz: Hier ist das C ein unschöner Falsett-Ton. Für das dramatische Fach fehlte es der Stimme sowohl an natürlichem Volumen als auch an jener tonlichen Intensität, mit der sich eigentlich lyrische Stimmen (Beispiel: Sembach, Kirchner, Völker) durchzusetzen verstanden. Die Aufnahmen aus *Lohengrin*, *Parsifal*, *Aida* oder *Otello* haben nichts, was zu empfehlen wäre – selbst die Phrasierung ist einförmig und phantasielos, weil Jadlowker offenbar alle Anstrengungen auf die (forcierte)

Tonbildung verwenden mußte. Einmal mehr ein Beweis dafür, daß gutes, schönes und ausdrucksvolles Singen nur dann möglich ist, wenn der Sänger *innerhalb* seiner Mittel bleibt. Jener schmerzlich-expressive Ausdruck, der durch das Überschreiten der Mittel erkämpft wird, ist kein *musikalischer*, sondern ein sympathetischer, ein vom *Hörer* erlittener Ausdruck.

Aber es gab einen anderen Hermann Jadlowker: den Virtuosen in excelsis. Er war ein Meister des verzierten Gesangs, bildete schlechthin vollkommene Triller selbst in heikel-hohen Lagen und exzellierte mit kunstvollen Falsett-Tönen. Er führte nicht nur die Melismen und Koloraturketten in Ottavios »Il mio tesoro« und in Belmontes Baumeister-Arie rasch und geschmeidig aus, sondern jagte mit virtuoser Verve über die Hürden von Florestans großer Arie (selbst einen rhythmischen Fehler ausgleichend) oder des Schlußteils von »Meine Freunde« aus *Fra Diavolo*, wo er auch noch effektvolle Vorhaltenoten und Triller singt. Immer ist der Triller nicht Zutat, sondern Bestandteil der Linie oder emphatischer Beginn einer neuen Phrase wie z. B. im Trinklied des Hoffmann oder in »Fuor del mar«. Nicht seinesgleichen hat der Sänger im Canto di bravura, auf den er durch seine Ausbildung in einem Synagogen-Chor vorbereitet worden war. Nach den Ausführungen von Michael Scott kann man in Aufnahmen alter russischer Kantoren eine von leidbebender Expressivität erfüllte Verzierungskunst hören – liturgische Klagegesänge von archaischer Intensität, leidvolles Geheul, ekstatische Schmerzensmusik (deren Ton in Jadlowkers Aufnahme von Otellos Tod zu erleben, zu erleiden ist). Doch war dieses Singen nur expressiv, nicht aber in einem ästhetischen Sinne beherrscht und schön. Schön wurde es erst, als es in einer Formensprache gebändigt wurde – in der virtuosen Oper des späten 17. und des 18. Jahrhunderts. Es ist seltsam, daß Jadlowkers beste Platten aus dem verzierten Fach – »Fuor del mar«, »Ich baue ganz auf deine Stärke«, »Ecco ridente«, »Plus blanche« aus *Les Huguenots*, »O del mio dolce ardor«, »Il mio tesoro« – uns mehr erstaunen als entzücken, mehr Bewunderung *abnötigen* als Begeisterung entfachen. Man ruft spontan: ›Mein Gott, kann dieser Mann singen!‹ und denkt insgeheim: ›Warum singt er so?‹ Denkt so, weil – anders als bei Plançon, Patti oder de Lucia – die innere Notwendigkeit dieser artifiziellen Verzierungskunst nur sinnenfällig, nicht aber sinnfällig wird. Kein Mißverständnis: Jadlowker soll nicht als herzlos-virtuoser Techniker abgewertet werden (Einwände gegen die sängerische Technik kommen gewöhnlich von denen, die selber keine haben). Aber es fehlt diesen Aufnahmen an Eloquenz, an sinnlicher Energie, an Eros. Sie gleichen, es mag am trocken-spröden Klang der Stimme selber liegen, wunderlichen Etüden. Scott bringt die Einwände auf den Punkt mit der Feststellung, daß die Koloraturen und Triller zur Raison d'être des Singens werden. Almavivas »Ecco ridente« wird so – wie der Sänger selber – zu einem Unikum: Das Stück ist nie *kompletter*, nie virtuoser und effekt-voller gesungen worden als von Jadlowker, aber vom Charme, vom spielerischen Als-ob der Musik kommt wenig über und schafft das, was Berrsche die »rückwärtige Verbindung zum Menschlichen« nannte. Ähnlich steht es um die Aufnahmen aus dem italienischen Fach: Edgardos »Dies Herz« oder Nemorinos »Una furtiva« klingen wie Vortragsstücke, aber nicht wie Herzensergießungen oder Leidgesänge. Jadlowkers Virtuosität sichert wirkliche Brillanz vor allem in der Grande manière von Meyerbeers Musik: »Sous le beau ciel« und »Plus blanche« hat er vollständiger, müheloser, nuancierter gesungen als Slezak, Caruso, de Lucia und die großen Franzosen. Man höre nur, wie Jadlowker in »Plus blanche« eine kunstvolle Kadenz mit einem wundervollen Forte-Triller auf dem hohen Gis abschließt und danach noch, auf einem Atembogen, das finale A nimmt. Letztlich aber bleibt die Kunst dieses Sänger-Virtuosen eine vermittelte: Sie vollendet sich in größter Kunstfertigkeit.

Bravado: Helge Rosvaenge

> In vieler Hinsicht ein paradoxer Sänger. Grundsätzlich war er, obwohl weitgehend Autodidakt, ein Produkt deutscher Schulung und tendierte zu einem irgendwie deklamatorischen Stil. Wir erfahren mit einer gewissen Erleichterung, daß er früh in seiner Laufbahn die Aufnahmen Carusos studierte und dies als den wichtigsten Einfluß in seiner Laufbahn begriff ... Auch Rosvaenge besaß eine reiche, körperhafte Stimme mit besonderer Kraft und Resonanz in der tiefen Lage ... Doch damit endet die Ähnlichkeit zwischen dem Künstler und seinem Vorbild, denn die leicht fließende vokale Linie – Essenz der italienischen Schule – war für Rosvaenges sängerische Ausrüstung nicht charakteristisch.
> *George Jellinek über Helge Rosvaenge*

Aus der Sicht eines Theater-Praktikers war es der ideale Sänger. In seiner Glanzzeit bewältigte er über 200 Vorstellungen pro Jahr – und dies in vielen Städten dank der Freiflüge, die ihm die Deutsche Lufthansa einräumte. Später erklärte er, daß er, wäre nicht Krieg gewesen, sein eigenes Flugzeug besessen hätte, um seinen zahlreichen Verpflichtungen nachzukommen. Bei dieser Tour de force ist der Däne Helge Rosvaenge (1897–1972) keiner vokalen Hürde ausgewichen – selbst wenn sie sechs hohe C's und dazu das Des verlangte wie die Arie des Sobinin in Glinkas *Das Leben für den Zaren.* Und obwohl er stets aus dem Vollen gesungen und sich nie geschont hat, sind ihm und dem Publikum Stimmkrisen erspart geblieben: Der Däne hatte die ewige (vokale) Jugend gepachtet und konnte sich bei seinen Abschiedskonzerten mehr zumuten als viele Stars auf dem Zenit ihrer Karriere – was will man mehr?

Doch so einfach steht die (Kunst-)Sache mit dem dänischen Autodidakten nicht. Helge Rosvaenges diskographisches Erbe ist eindrucksvoll und zugleich problematisch. Wir haben, auf der einen Seite, eine bemerkenswert reiche, vom tiefen C bis zum hohen D sicher zentrierte, resonante und ungemein brillante Stimme mit Fülle, Körper und Kraft in der tiefen Lage, mit gleißender Helligkeit in der hohen; wir hören, auf der anderen Seite, einen Ritter Ungestüm, der den Galopp als Gangart bevorzugte und bei intimer, verhaltener Legato-Musik Tempo und Stimme nicht an der Kandare zu halten vermochte, dadurch nicht nur musikalisch ungenau sang, sondern heftig und hitzig phrasierte und die Musik zerhackte. Gewiß, er ist immer effektvoll. Wenn er Florestans Vision vom »himmlischen Reich« zu singen hat, so trifft er den Ausdruck der fieberhaften Erregtheit wahn-sinniger als jeder andere. Doch das Rezitativ wirkt auf den Verfasser, wie erregend der Klang der Stimme auch sein mag, spannungsarm, weil Rosvaenge wenig von der Angst, von der Verzweiflung Florestans vermit-

Helge Rosvaenge
(Foto: © Keystone)

telt: Er reiht nur Phrasen aneinander, wo Julius Patzak oder auch Jon Vickers die Empfindung von Leid in Klang-Gebärde umzusetzen verstehen. Allgemeiner: In Rosvaenges Singen steckt ein Moment des Überredenden und Überrumpelnden, dem man zunächst leicht erliegt, um mit fadem Nachgeschmack aus dem Rausch zu erwachen.

Rosvaenge wurde in Kopenhagen geboren (unter dem Namen Hansen), studierte am Polytechnikum seiner Geburtsstadt und wollte zunächst Chemiker werden. Durch einen Zahnarzt, der in seiner Jugend kurze Zeit bei Jean de Reszke studiert hatte, erhielt er seinen ersten Unterricht. Doch als er 1921 in Neustrelitz debütierte, war er so gut wie unausgebildet – er hatte seine Erfahrungen beim Zuhören und beim Studium von Schallplatten gesammelt. Von 1922 bis 1924 sang er im thüringischen Altenburg, dann bis 1926 in Basel und schließlich in Köln, wohin ihn Eugen Szenkar verpflichtet hatte. In der ersten Kölner *Turandot*-Aufführung – mit Elsa Förster in der Titelrolle und Josef Kalenberg als Kalaf – sang er noch Pang. Doch schon 1927 machte er Sensation als Chapelou in *Der Postillon von Lonjumeau.* Auf Einladung von Leo Blech, der zu oft auf den mit Operette und Film flirtenden Richard Tauber verzichten mußte, gastierte er am 3. Mai 1927 zum erstenmal an der Berliner Staatsoper: Er sang Alfredo (neben Gitta Alpar als Violetta) und erhielt sofort einen Vertrag, der ihn ab 1929 nach Berlin brachte. Dort trat er nicht nur an der Staatsoper auf, sondern auch an der Kroll-Oper und in Charlottenburg. 1931 sang er, neben Jeritza, in einem Revival von *Oberon*, 1932 in einer Neuinszenierung von *Die Hugenotten* und in der ersten Berliner Aufführung von *Die sizilianische Vesper* (neben Schlusnus, Konetzni, unter Erich Kleiber). Im selben Jahr gastierte er als *Rosenkavalier*-Sänger in Salzburg, als Belmonte (neben Ritter-Ciampi und Erna Berger), als Hüon, Da-Ud und als Tamino in *Zauberflöte.* Im Herbst 1932 debütierte er als Radames in Wien und sang wenig später auch Manrico, 1934 in Bayreuth Parsifal (neben Marta Fuchs, Janssen/Prohaska, Andrésen/von Manowarda und Robert Burg); 1936 wiederholte er die Partie unter Furtwängler. In dieser Zeit sang er durchschnittlich zwanzig Aufführungen pro Monat – und manchmal mehr. 1937 war er der Tenor Toscaninis in den Salzburger Aufführungen von *Fidelio*, Verdis *Requiem* und *Die Zauberflöte.* Ein Jahr später gastierte er als Florestan am Covent Garden (Rose Pauly, Irma Beilke, Ludwig Weber, Herbert Janssen, unter Thomas Beecham). 1940 übernahm er in der ersten Berliner Aufführung von *Das Leben für den Zaren* die Partie des Sobinin – ein Memento ist die Aufnahme der durchweg ausgelassenen Bravour-Arie »Brüder, folgt mir«, die später allein Nicolai Gedda zu singen vermochte.

Nach dem Krieg galt er zunächst als Kollaborateur, wurde für einige Monate in das Lager Krasnogorsk nahe Moskau gebracht, dann nach Schweden geschickt und von dort nach Dänemark, wo man dem »Deutschenfreund« die

Einreise verweigerte. Er war schon auf der Reise ins Exil nach Venezuela, als ihm die Gelegenheit zur Rückkehr gegeben wurde. Am 8. April 1948 gab er in Basel ein neues Debüt als Radames. Er wurde an das Theater an der Wien eingeladen und sang in der Saison 1948/49 nicht weniger als 102 Aufführungen. Im Juni 1949 kehrte er als Manrico nach Berlin zurück (die Staatsoper spielte damals im Admiralspalast), und im selben Jahr noch ging er mit einer eigenen Truppe und dem *Land des Lächelns* auf Tournee – Rosvaenge sang einen großen Teil der 60 Aufführungen. Bis 1958 sang er auch an der Wiener Staatsoper. Der Vertrag wurde beendet, weil er nicht, wie es Herbert von Karajans Repertoire-Politik mit dem Ziel des ubiquitären Einsatzes eines jeden Sängers erforderte, seine Partien in italienischer Sprache neu studieren wollte. Der 62jährige begnügte sich fortan mit Gastspielen – und die Mitschnitte verschiedener Erinnerungskonzerte zeigen, daß seine vokalen Batterien auch im hohen (Sänger-)Alter gut geladen waren. Er konnte es sich leisten, sein amerikanisches Debüt im Jahre 1963, also im Alter von 66 Jahren, zu geben. Der Verfasser erinnert sich einer Kölner Aufführung von *Cavalleria* und *Pagliacci* (entweder 1963 oder 1964), bei der Rosvaenge sowohl den Turiddu als auch den Canio sang (früher war er zudem der Sänger des Prologs).

Rosvaenges Repertoire auf Platten ist riesig, nicht zuletzt durch die große Zahl von Rundfunk-Mitschnitten. Den besten Überblick bekommt man durch die Edition von Preiser, die weitgehend chronologisch vorgeht. Interessante Ergänzungen bilden die (von Bellaphon edierten) Querschnitte aus *La Traviata* (mit Cebotari und Schlusnus), *Aida* (mit Teschemacher, Inger Karén, Georg Hann), *Aida* (Hilde Scheppan, Margarete Klose, Hans Hotter), *Macht des Schicksals* (Scheppan, Schlusnus, Hofmann), *Maskenball* (Scheppan, Schilp, Schmitt-Walter), *Don Carlos* (Lemnitz, Klose, Ahlersmeyer, Hann), *Der Troubadour* (Scheppan, Schilp, Schmitt-Walter), *Otello* (Reining, Reinmar) und *André Chenier* (Heidersbach, Domgraf-Fassbaender). Es sind hochinteressante Dokumente für den rhetorisch-flammenden, expressiv zugespitzten, oft auch überspitzten Verdi-Stil, der in den dreißiger Jahren um sich gegriffen hatte (in dieser Hinsicht gibt es erstaunliche Parallelen zwischen Rosvaenge und Pertile). Wer Rosvaenge zugleich konzentriert und at his best erleben möchte, sei auf das von Electrola edierte Album *Freunde, vernehmet die Geschichte* mit Aufnahmen aus der Zeit zwischen 1928 und 1944 verwiesen, zu ergänzen um ein Preiser-LV-Recital mit Arien, Szenen und Duetten aus *Das Leben für den Zaren, Boris Godunow, Die Zauberin* (Tschaikowsky), *Lohengrin, Aida* u. a.

Vor einzelnen Hinweisen einige generelle Anmerkungen. Auffällig ist Rosvaenges Neigung, in der hohen Lage Töne mit extrem starkem Vordersitz zu bilden. Das /e/ und das /i/ stechen förmlich in den Raum, eng gebildet, nadelscharf definiert und durchdringend wie ein Trompetenton. Einzelne Töne der

Vollhöhe wirken dadurch leicht isoliert, obwohl die Register generell korrekt verblendet sind. Die Stimmführung selber ist nicht geschmeidig, ein lückenloses Legato durch die forciert-emphatische Deklamation so gut wie unmöglich, obwohl der Atem expansive Phrasierung erlaubt. Die Technik des Sängers reichte nicht aus für verzierte Musik: Hüons »Von Jugend auf in dem Kampfgefild« überfordert die Koloraturtechnik Rosvaenges (Gedda und Domingo singen dies präziser), und dennoch ist der Däne in dieser herorischen Musik nie erreicht worden. Als störend empfindet der Verfasser die konsonantisch geprägte Wortartikulation mit der emphatischen Überbetonung der Halbvokale, der Nasale und Liquide: Rosvaenge singt nicht »Er ste*r*-be«, sondern »*sterrrr*-be«, macht aus »Won-ne« eine »Wonnnnn-nne«, hellt Vokale bis an die Grenze des Grellen auf, gibt sich weniger als Sänger denn als Tribun, der überzeugen, überreden, überrumpeln will. Es ist ein Gestus, den man aus der politischen Rede der dreißiger Jahre ebenso kennt wie aus den Filmen der Ufa: Es ist eine Pose, die nur durch das Temperament des Sängers echt wirkt und damit erträglich wird, nicht unbedingt musikalisch.

Hermann Schönegger hat im *fono forum* (Juli 1982) Rosvaenge gegen den Vorwurf, ein Schreihals gewesen zu sein, ebenso verteidigt wie gegen jene »Belcanto-Puristen, die selbst für einen Radames und Kalaf noch ihre Idole Tito Schipa und John McCormack als Maß nahmen«. Eine Apologie, die für das Maß der Begriffsverwirrung (und historischer Pauschalurteile) typisch ist. Ganz abgesehen davon, daß McCormack wie Schipa Kalaf nie gesungen haben (McCormack hat Radames nur auf Platte versucht), so braucht Rosvaenge nicht am Belcanto gemessen zu werden, um der Kritik Ansatzpunkte zu bieten. Es wäre müßig, seine individuelle, ja seltsame Technik zu kritisieren, mit der er fast ein halbes Jahrhundert durchgekommen ist. Aber seine Vortragsmanier, sein selbstgefälliges Ausstellen hoher Töne, sein naives Auftragen von Affekt-Gesten und Effekt-Figuren reduzieren seine Bedeutung auf die eines provinziellen Sängers – vielleicht des brillantesten, den das deutsche Operntheater überhaupt erlebt hat.

Beim Blick auf die Einzelaufnahmen findet man den Sänger nur zu oft zwischen den Stühlen sitzend. Er ist, unter Sir Thomas Beecham, ein sympathisch-heroischer Tamino (neben Berger, Lemnitz, Hüsch und Strienz), aber ein wenig flexibel singender, und die langen, auf das G führenden Phrasen der Arie machen ihm (nicht überraschend) mehr Probleme als das hohe D des Chapelou. Er ist derb und unrhythmisch in Ferrandos »Der Odem der Liebe«, verfehlt das liedhafte Cantabile von »Durch die Wälder, durch die Auen« (macht aber viel Effekt im Rezitativ und im Schlußabschnitt), verwandelt den Herzog von Mantua in der *Rigoletto*-Aufnahme unter Robert Heger (mit Schlusnus, Berger) in einen teutonischen Raubritter, trumpft als Manrico mit Stentor-Tönen auf, muß in allen kantablen Abschnitten passen und wirkt als Alfredo schlechthin deplaziert – nur die Cabaletta »O mio rimorso« nach der großen Arie entzündet er prächtig. Er ist am überzeugendsten in der großen Attacke, im wilden Ausbruch: in den Szenen aus *Die Macht des Schicksals* und vor allem aus *Otello*. Als einer der wenigen Sänger der Partie hat er die Energie für »Esultate« und die Rufe nach Rache und zugleich die Verhaltenheit für das Liebesduett (obwohl hier die Tonbildung verspannt ist), das er pianissimo beendet. Er hat nicht die Eleganz, schon gar nicht den elegischen Ton für das französische Repertoire: »Ewig will ich dir gehören« aus Aubers *Fra Diavolo* trompetet er wie ein Triumphlied – es läuft hinaus auf einen vokalen und rhetorischen Hochdruck. Natürlich ist die schiere Entfaltung der Stimme zuweilen faszinierend. Sobinins Arie und Chapelous Lied, das konzentrierte hohe B in der Radames-Romanze (Aufnahme von 1940), die Szene Marina–Dimitri aus *Boris* (mit Friedel Beckmann) oder Künnekes Lied vom Leben des Schrenk aus *Die große Sünderin* überfallen den Hörer mit unwiderstehlichem Reiz, dazu mit jener Energie, jenem Bravado, die einen Tenor zum Sänger des Volkes machen können. Bleibt zum Schluß eine Aufnahme, mit der Rosvaenge sich selber überboten hat. Es war Walter Legge, der den Sänger für die Hugo Wolf Society Hugo Wolfs »Feuerreiter« singen ließ: vier Minuten und 48 Sekunden, in denen Rosvaenges oft übermäßige Manier des emphatischen, grellen, zugespitzten Singens sich verwandelte in eine Klangstudie von beklemmender, von buchstäblich brennender Intensität.

Lyrische Tenöre

Dolce-Töne: Koloman von Pataky

> Er war am besten, wenn er italienisch und in lyrischen Partien sang, wo seine Stimme eine an Bonci gemahnende Süße besaß.
>
> *Leo Riemens über Koloman von Pataky*

In einer Zeit, in der Alfred Piccaver an der Wiener Staatsoper als Caruso redivivus gefeiert wurde und Trajan Grosavescu seine rasche – und rasch beendete – Karriere machte, vertrat der aus dem ungarischen Alsólendva gebürtige Koloman von Pataky (1896–1964) das lyrische Tenorfach. Er hatte nach kurzer und wenig systematischer Ausbildung 1922 als Herzog von Mantua in Budapest debütiert und war 1926 von Franz Schalk nach Wien geholt worden. Er debütierte als Herzog und Rodolfo, übernahm dann den Sänger in *Rosenkavalier* und gleich darauf den Alvaro in *Forza.* Dank einer sicheren Höhe sang er auch Chapelou in *Le Postillon de Lonjumeau.* Zu seinem Wiener Repertoire gehörten Da-Ud in der Erstaufführung von *Die ägyptische Helena,* die Tenor-Partien in Mozarts Opern bis auf Tamino, die Puccini-Partien, Faust, Riccardo, Raoul, Des Grieux in *Manon,* Assad in *La Reine de Saba,* Gabriele Adorno und selbst Radames, aber auch die verzierten Partien in *Barbiere, L'Elisir* und *Don Pasquale.* 1936 sang er in Salzburg unter Toscanini Florestan (neben Lotte Lehmann) und in Glyndebourne unter Fritz Busch Ottavio – der in der berühmten Gesamtaufnahme des *Giovanni* neben Souez, Helletsgruber, Brownlee und Baccaloni zu hören ist. 1937 gastierte er zum erstenmal am Teatro Colón in Buenos Aires als Fenton in *Falstaff* (unter Serafin) und als Florestan (unter

Koloman von Pataky
(Foto: © EMI Classics)

Kleiber, neben Anny Konetzni). 1939/40 übernahm er an der Mailändler Scala Hüon in Webers *Oberon* (unter Serafin). Nach einer Beinamputation mußte er in den vierziger Jahren seine Laufbahn beenden.

Pataky ist vor allem als Mozart-Tenor – als Belmonte, Ottavio, Tamino – bekannt geworden. Doch Ulrich Schreibers enthusiastisches Urteil über seine Mozart-Interpretationen, die »zu den besten unseres Jahrhunderts« gehören, vermag ich nicht zu teilen. Die helle, lyrische, in der Höhe gemischt gebildete Stimme hat zu wenig Körper, vor allem in der Tiefe zu wenig Resonanz. In Belmontes »Wenn der Freude Tränen fließen« ist das tiefe C auf »mir« nur ein körper- und klangloser Hauchlaut. Auch die Vollhöhe wird zaghaft, nach einem langsam ertasteten Einschwingvorgang, gebildet. Die Stimme hat allerdings, dies ihr schönstes Charakteristikum, viel Süße und, dank eines raschen Vibrato, große Brillanz zwischen E und B'. Sie kommt am besten zur Geltung in sentimentalischer und technisch einfacher Musik: Lyonels »Ach so fromm« oder Fentons »Horch, die Lerche singt im Hain« singt er sehr attraktiv. Für Almavivas »Sieh schon die Morgenröte« reicht die Koloraturtechnik des Sängers ebensowenig aus wie die sängerische Manier. Das gilt auch für Nemorinos »Una furtiva« und Alfredos »De' miei bollenti spiriti«: gute, attraktive, tonschön gesungene und ansprechend phrasierte Aufnahmen ohne wirkliche Finessen. »Hör ich die Stimme im Traum« ist unidiomatisch, nicht nur wegen der italienischen Sprache, und mit der Radames-Romanze hat sich der Ungar einfach zuviel zugemutet, aber er versöhnt mit einem schönen Dolce-Schluß auf dem B. Gut die Faust-Romanze mit dem geschickt gebildeten hohen C, nicht zaghaft, aber mit deutlicher Verschlankung angesetzt.

Finessen und Sentiment: Richard Tauber

Lieber Freund! Um Gottes willen, halte Deinen Sohn davon ab, Sänger zu werden! Was er besitzt, ist ein Zwirnsfaden, aber keine Stimme. Glaube mir, aus ihm wird niemals ein Sänger!
Der Bariton Leopold Demuth an Taubers Vater

In hundert Vorstellungen, die Richard Tauber singt, ist er immer ein anderer. Er erlebt seine Partie immer neu. Er ist nie ein Mechanikus, vielmehr einer der Seltenen, den das Serienspiel nicht abstumpft, den es – merkwürdig genug – vertieft

und verinnerlicht ... Wenn er das ›blaue Himmelbett‹ mit immer neuen, reizvollen Nuancen singt, überrascht es mich selbst immer. Überhaupt – wir sind Brüder ohne den Luxus der Blutsverwandtschaft ... Als Musiker – weit über dem Handwerk stehend, tiefgründig und von umfassendem Können. Als gottbegnadeter Sänger – die Stimme, die ich beim Komponieren höre. Als Mensch – ein lieber, prächtiger Kerl, treu wie Gold und zuverlässig wie Stahl.
Franz Lehár über Tauber

Jedes Tauber-Lied ein Zauber-Lied.
Irving Kolodin

Als Richard Tauber (1891–1949), Schüler des Frankfurter Gesanglehrers Karl Beines, in seinen Anfängerjahren in Chemnitz (1913) und Dresden sang, kursierte die Scherzfrage, was der Unterschied zwischen einem Taucher und einem Tauber sei. Die Antwort: Taucher hat ein C und ein H, Tauber hingegen bestenfalls ein B. Die Stimme des jungen Richard Tauber war ausgesprochen kurz in der Höhe, und dennoch ist er damit viel höher hinausgekommen als der höhensichere Curt Taucher. Damit ist nicht einmal der äußere Erfolg gemeint, den der Operetten- und Schallplatten-Star Richard Tauber – vom Schriftsteller und Satiriker Karl Kraus als »Schmalztenor« abgetan – seit den späten zwanziger und dreißiger Jahren hatte; der Publikumsliebling ist stets auch, welch seltener Fall, ein Sänger für die Connaisseurs gewesen. Michael Scott, ein Beckmesser von Graden, urteilte sogar: »Obwohl seine Stimme nicht in derselben Klasse war, ist Tauber als Nachfolger Carusos anzusehen. Wie jener, und anders als Gigli oder Martinelli, behauptete sich Tauber in der Oper, als Liedinterpret und als Sänger leichter Musik.« Taubers Stimme war ein leichter, biegsamer lyrischer Tenor mit beträchtlichem Volumen und dunklem, samtweichem Timbre. Die Stimme hatte nicht ausreichend Stamina für die Wagner-Partien, die Tauber gern gesungen hätte. Aber die Grenzen der Stimme begriff Tauber als Herausforderung an seine technische Geschicklichkeit. Er selbst hat gesagt, daß Carusos Facherweiterungen von lyrischen zu dramatischen Rollen seinen Weg vorzeichnete. Vor allem versuchte er, auf der Grundlage einer breit-strömenden Atemspannung jene dunkel-glühenden, markigen und doch vorn sitzenden Töne zu bilden, die Carusos Vortrag so einzigartig gemacht hatten. Dazu Scott: »Wie Caruso arbeitete Tauber mit einem Höchstmaß an Atemspannung, um dem Ton maximale Resonanz zu geben. Dabei versuchte er, den Ton vorn zu halten und klar zu bilden. Aber auch wenn er es sich einbildete, glich seine Lösung nicht der Carusos; sie war eine deutsche Übersetzung. Um zu vermeiden, daß die Stimme schwer wurde, und um sie frei zu halten von kehligen Einfärbungen, gebrauchte er, mehr als es nach den Regeln der reinen Tonbildung zuträglich war, eine ausgeprägte Nasenresonanz. Tauber attackierte den Ton aus der Hochstellung und gebrauchte zur Intensivierung ein wenig Vibrato. Dadurch konnte er sauber und ohne jenes Anschleifen oder Hochgleiten, das wir von vielen deutschen Tenören kennen, singen.«

Durch diese Technik verkürzte Tauber allerdings seine Stimme in der Höhe. Weil er abgedunkelte A's und B's mit voller Resonanz bildete, kappte er die Töne aus der tenoralen Stratosphäre – es sei, er ging mit der Kopfstimme an sie heran wie an das B der Blumenarie (das aber auch klanglich makellos in die aufsteigende Kantilene eingebettet ist) oder sogar an das hohe Des in »Schön wie die blaue Sommernacht« aus Lehárs *Giuditta* mit Jarmila Novotna als Partnerin. Doch die Attacca del petto war seine Sache nicht, wie in der Aufnahme von »O wie so trügerisch« zu hören. Seine Meisterschaft zeigt sich aber darin, daß ihn die Übersetzung nicht im geringsten bei der rhythmischen Pointierung der Canzone behindert. Er singt, wundervoll artikulierend, mit exemplarischer Linie und bildet die Haltenote – auf »jaaa, habt ihr gebaut« – mit einer an Caruso gemahnenden Intensität. Der Kadenz gibt er virtuose Verve, nur das abschließende B verrutscht: Es klingt nasal und gequetscht.

Richard Tauber hatte gleich nach seinem Debüt in Chemnitz, wo sein Vater Theaterchef war, durch den Intendanten der Dresdner Hofoper, Graf Seebach, einen Vertrag erhalten. Schon bald übernahm er Partien wie Don José, Pylades in *Iphigenie*, Leopold in *Die Jüdin*, Pedro in *Tiefland*, Turiddu, Belmonte, Ottavio, Tamino, Rodolfo, Pinkerton, Cavaradossi, Almaviva, Barinkay, Eisenstein, Bacchus, Lenski, Max und – wie hat er dies nur mit seiner kurzen Höhe bewältigt? – Tonio in *Die Regimentstochter*. Dank seiner gründlichen und umfassenden musikalischen Ausbildung – er war ein versierter Pianist, hatte Komposition studiert und dirigierte während seines Londoner Exils Beechams London Philharmonic Orchestra in 33 Konzerten – lernte er, wenn nötig, eine Partie binnen 48 Stunden.

1919 gab er seine ersten Gastspiele an der Wiener Staatsoper, an die er sich 1922, seinen Dresdner Kontrakt trotz einer hohen Konventionalstrafe brechend, fest band. Bis 1938, als ihm der Paß entzogen wurde, hatte er dort 230 Vorstellungen gesungen. An der Berliner Staatsoper, von Erich Kleiber geleitet, blieb er bis 1932 und sang vor allem das italienische Fach. In Dresden übernahm er 1926 bei der deutschen Premiere von *Turandot* – statt des indisponierten Curt Taucher – Kalaf. Den ariosen Gesang an Liù hat er kantabel und eloquent vorgetragen, in »Nessun dorma« tippt er das hohe H nur eben an – wie von Puccini vorgeschrieben. Daß er kein effektvoller Manrico war, versteht sich nach den bisherigen Ausführungen von selbst: Die Stretta überfordert sein Rüstzeug, aber das Duett mit der Mutter (gesungen von der vortrefflichen Sabine Kalter) zeigt sein schönes Legato. Erneut mit Kalter hat er das Duett aus dem vierten Akt von *Aida* aufgenommen, eine erstklassige deutsche Verdi-Interpretation ohne Zugeständnisse an die damals modischen Espressivo-Drücker. Die beiden Arien des Cavaradossi sind Dokumente überlegter Musikalität und überlegener Ausdruckskraft. »Wie sich die Bilder gleichen« ist bei ihm ein lebendiger, pulsierender und emphatischer Liebesgesang, die Sternen-Arie ein verhangener innerer Monolog – gebärdenhaftes Singen par excellence. Mit Rethberg hat er Duette aus *Madama Butterfly* und aus *Carmen* gesungen, mit einigen allzu gefühligen Effekten. Mit den beiden Aufnahmen der Blumen-Arie – akustisch ca. 1922 und elektrisch 1946 – kann sich der Verfasser nicht befreunden, trotz der wundervoll gebundenen Phrase »und ewig dir gehör ich an« mit dem hohen B im Piano. Um so schöner und ausdrucksvoller zwei Szenen des Hoffmann aus Offenbachs Oper. Wie wichtig das blitzartige Ansprechen der Stimme ist, macht seine rhythmische Formung von »Es war einmal am Hofe von Eisenack« (1928) deutlich. Die Stimme tanzt durch die Musik, schillert in vielen Farben und koloriert die sprachlichen Nuancierungen. Unnachahmlich das Bewegungs-Timing, die Rubato-Effekte. Die elegische Moll-Episode, als Hoffmann von der Erinnerung an die verlorenen Lieben eingeholt wird, gibt dem Sänger die Gele-

Richard Tauber und Vera Schwarz
(Foto: © EMI Classics)

genheit zu expansiver und glühender Phrasierung. Der gleiche Zauber in »Ha, wie in meiner Seel'«, lyrisches Singen ohne den leisesten Anflug von Gefühligkeit. Tauber bindet stets zwei Phrasen zusammen und nimmt im zweiten Vers die Stimme auf ein leuchtendes Piano zurück.

Abgesehen von Froh (*Das Rheingold*) hat Tauber keine Wagner-Rolle auf der Bühne gesungen, wohl aber mit einigen Platten den Weg gezeigt, wie Wagner gesungen werden könnte. »Am stillen Herd« und »Morgendlich leuchtend« kommen Offenbarungen gleich. Die erste Arie beginnt er mit entrückter Mezzavoce, auf dem Wort »hell« bildet er eine anmutige Schleife, und auch der Triller bereitet ihm nicht die geringste Mühe. In das Preislied gießt er die träumerische Erregung, über die Sachs zuvor gesprochen hat – keine andere Aufnahme hat diese Glut und verinnerlichte Spannung. Tauber hatte manchen Ausflug ins ästhetische Souterrain hinter sich, als er 1946 die Arie des Max aus dem *Freischütz* aufnahm – trotz der Versionen von Jacques Urlus, Franz Völker, Richard Schubert und Peter Anders die gesanglich vollkommenste und zugleich gestaltenreichste. Das liedhafte Cantabile von »Durch die Wälder, durch die Auen« zeugt von einer Kunst, die Kunst verbirgt. Bei der tiefen Tessitura singt Tauber mit einer Fülle und Resonanz wie kein anderer. Der Ruf des glänzenden Mozart-Sängers läßt sich nur durch wenige, zu wenige, Platten belegen. Aus der *Entführung* hat er nur, und nicht in bester Stimme, die »Konstanze«-Arie gesungen. Er klingt ungewohnt rauh, doch hat der Vortrag Leben. Die Bildnis-Arie hat er dreimal gesungen, mit vielen Tempo-Rückungen in der ersten von 1922, streng gebunden in der dritten von 1946 – am schönsten aber in der klanglich berückenden von 1938. Die erste Ottavio-Arie »Dalla sua pace« ist makellos (perfekt der Quintsprung in der ersten Phrase), aber in der vielgerühmten Aufnahme von »Il mio tesoro« gibt es Unstetigkeiten im langen Verbindungsmelisma zwischen den Strophen und eine nicht immer befriedigende Tongebung. Im Vergleich zu der klassisch-strengen, versammelten und makellos gebundenen Interpretation von John McCormack eine nicht restlos überzeugende Platte – an Tauber-Maßstäben gemessen.

In den ersten zehn Jahren seiner Karriere hat Tauber fast nur Oper gesungen. Von dem Wiener Impresario Wilhelm Karczag erhielt er 1922 die Offerte, Armand in *Frasquita* zu singen – für eine nach damaligen Maßstäben exorbitante Gage. Tauber war es, der die Operetten Lehárs, der seit *Die lustige Witwe* auf einen neuen Erfolg wartete, zum Erfolg führte. Mit Rücksicht auf den Tenor schrieb Lehár seine großen Gesangsoperetten, über deren Qualitäten – nach Ernst Bloch »ausgelassene Margarine« – hier nicht zu handeln ist. Als der Stein des Alltags immer härter wurde, sang Tauber »Schön ist die Welt«, »Gern hab' ich die Frau'n geküßt« oder »Dein ist mein ganzes Herz«; und sein Ruhm ging derart in die Gloriole über, daß es später über ihn hieß, er habe den Sou Chong

15 000mal gesungen: Er hätte vierzig Jahre lang allabendlich gestehen müssen, daß es niemanden etwas angeht, wie's da drin aussieht.

Nach Ansicht des Vefassers kann nur eine exemplarische Gesangskunst wie die Taubers die Amoretten Lehárs erträglich machen, den Kitsch vor der Unerträglichkeit bewahren. Ein Mittel war seine Verzierungstechnik und ein raffiniertes Spiel mit dynamischen Schattierungen. »Gern hab' ich die Frau'n geküßt« beginnt er mit der Mezzavoce, »hab'« leitet er mit einem zauberhaften Vorschlag ein, der beim zweitenmal ausgelassen wird. Kaum eine Aufnahme (vor allem von strophischen Gesängen) ohne eine Fülle von Variationen, von Vorschlägen, Mordenten und Messa die voce-Effekten: Darin lebt die Kunst des klassischen Belcanto besser fort als in vielen Platten italienischer Tenöre. Ein Glanzstück seiner riesigen und schwerlich übersehbaren Diskographie – es dürfte sich um mindestens 700 Aufnahmen handeln – sind zwei Szenen aus der *Fledermaus*. Mit Vera Schwarz hat er das Uhrenduett gesungen, gespielt, auf der Stimme getanzt. Er singt es mit einer federnden Leichtigkeit und spielt es – im Klang – mit dem rattenfängerischen Charme eines großen Schauspielers. Dann intoniert er, nie ward es süffiger gehört, »Brüderlein« und wechselt, er war eben ein Star der Stars, zum Eisenstein fürs zweite Finale im Chor mit Lotte Lehmann und Karin Branzell als Orlofsky – eine Platte für den Silvester-Abend auf der einsamen Insel.

Im englischen Exil hat Tauber neben den Operettenliedern (von vielen »Hits« gibt es englische Versionen) auch die Tenorlieder, Serenaden, Elegien und Schlager gesungen. Er ist dafür als Konjunktur-Sänger verurteilt worden, zumal er Schmacht- und Schmeicheleffekte zuhauf angewendet hat. Es sind Effekte, die heute nur noch bedingt ankommen – auch musikalische Moden altern. Wichtiger scheint, daß er die Elemente großen Singens auch und gerade in diesen Stücken beibehielt. Daß sein diskographisches Erbe nicht die einzigartige Geschlossenheit besitzt wie das Carusos, liegt nicht an Tauber selber, sondern an der Zeit, in der er sang. Tauber wuchs auf in einer Epoche, in welcher die Oper längst keine sakrosankte oder hermetische Kunstwelt mehr war. Es gab keinen kodifizierten Gesangsstil mehr, schon gar nicht eine verbindliche Technik, sondern eine Vielfalt von Stilrichtungen und Ausdrucksmöglichkeiten: den emphatischen Vortrag des Verismo, den deklamatorischen Bayreuther Stil, die Crooner vor dem Mikrophon, die rauchigen Jazz-Sänger, die Sänger der Seele und die der Verkaufstüchtigkeit. Erlaubt war, was gefiel, und öfter als die großen Vokalisten reüssierten die singenden Rattenfänger mit der modischen Manier oder Masche. Richard Tauber, Joseph Schmidt und Benjamino Gigli waren Exponenten eines Ruhms, der mehr über den Geschmack der Fans aussagt als über die Sänger selber. Zu den größten Leistungen Taubers gehört, daß er sich dennoch weitgehend an die alten Gesetzbücher des Gesangs hielt. Er war ein Zauberer, den man hört mit dem Gefühl: »Ha, wie in meiner Seel'«.

In die Tiefe des Herzens: Julius Patzak

Für viele Opernbesucher gibt es keinen anderen Florestan. Oder besser: Mit dem Erklingen dieser Musik sieht das Auge und hört das Ohr der Einbildungskraft diesen Julius Patzak. Die Partie ist untrennbar mit ihm verbunden.
John Steane in ›The Grand Tradition‹ über Julius Patzak

In den zwanziger und dreißiger Jahren besaß jedes deutschsprachige Opernhaus sein festes Ensemble. In dessen Reihen befanden sich – wie aus den letzten Abschnitten deutlich hervorgeht – mehrere Tenöre, auch die Vertreter für das schwere Fach. Joseph Keilberth erinnerte sich in den fünfziger Jahren, daß jedes mittlere und erst recht jedes große Haus seinen eigenen Tristan im Ensemble hatte, während »heute alles zusammenbricht, wenn Windgassen mal absagt«. Freilich ist es wenig hilfreich, die Jahrzehnte zwischen den Kriegen trotz all der guten Stimmen als goldenes Sänger-Zeitalter zu verklären. Unter den vielen guten, zuverlässigen Tenören der deutschen Stadt- und Staatstheater finden sich nur wenige wirklich überragende Vokalisten und charakteristische, unvergeßliche Sänger. Man hört all die Hutt, Hirzel, Kalenberg, Kullmann, selbst Pattiera, Rosvaenge und Wittrisch und behält in der Erinnerung das Bild tüchtiger Stimmbesitzer und den Eindruck eines zugleich temperamentvoll-hitzigen und veräußerlichten Ausdrucksstils, eines in vokalen Gesten visierten »Realismus«, der in emphatischer Zuspitzung von Details das Ganze der Musik meint erfassen zu können. Selbst so eminente Vokalisten wie Hermann Jadlowker und Richard Tauber waren manieristische oder, um es wertfreier zu sagen, spätzeitliche Sänger insofern, als sie die Elemente des Canto di bravura nur zitierten oder die klassischen Mittel mit individuellen Effekten überformten. Das gilt nicht weniger für den Wiener Julius Patzak (1898–1974), neben Richard Tauber der überragende lyrische Tenor des deutschen Sprachraums in den drei Jahrzehnten zwischen 1926 und 1955. Vielleicht besser: der außergewöhnlichste aller Tenöre. Er besaß eine kleine, leicht nasal getönte Stimme von ganz und gar unverkennbarem Timbre – nicht schön, aber ausdrucksvoll, sinnlich und schmerzlichschön getönt. Es war eine Stimme, die, wie es im *Fidelio* heißt, »in die Tiefe des Herzens« dringt. Es war zudem eine glänzend projizierte Stimme, die von der Musikalität der Phrasierung und der Intelligenz der Artikulation profitierte, nicht zuletzt von der Eleganz und dem Charme des Sängers.

Der Lehrersohn arbeitete nach seiner Militärzeit schon als Beamter im städtischen Wiener Jugendamt, als er am Konservatorium bei Mandyczewski, Schmidt, Wellesz und Marx Komposition und Dirigieren zu studieren begann. In der Wiener Urania dirigierte er Opernaufführungen, sang aber auch in Weinlokalen die einschlägigen Wienerlieder (die er bis zum Ende seiner Laufbahn im Repertoire behielt). Anfang 1926 übernahm er für den Wiener Schubert-Bund eine größere solistische Aufgabe und wurde wenig später an das Stadttheater von Reichenberg engagiert, wo er, ohne je eine Gesangsstunde erhalten zu haben, am 3. April 1926 als Radames debütierte. Von Brünn (1927/28) aus wurde er von Baron Franckenstein nach München engagiert, wo er bis 1945 unter Vertrag war und, so Karl Schumann in *Musica*, »vier Fünftel des Repertoires« übernahm. Er sang die lyrischen Mozart-Partien und die Charakter-Rollen in den Opern von Richard Strauss, die jugendlichen Helden von Wagner und Verdi; sang Loge, Mime, Herodes, Palestrina, die Operettenpartien von Johann Strauß und, in Konzerten, den Evangelisten, den Tenor-Part in Mahlers *Lied von der Erde* und ein umfassendes Lieder-Repertoire. Auf Einladung Otto Klemperers gastierte er in den frühen dreißiger Jahren in Berlin – 1929 in Bachs *Johannes-Passion*, 1930 in Verdis *Requiem*, 1932 in der *Matthäus-Passion*. Mit Michael Raucheisen, dem größten Begleiter der Epoche, gab er Liederabende. Als Ensemblesänger war er sich nicht zu schade, bei einer Aufführung von Wagners *Die Meistersinger* den Vogelsang zu singen (Walther war Fritz Krauß), um die Runde der Meister zu einer von Meistersingern zu machen. In seiner Münchner Zeit brachte es Patzak auf rund 1050 Aufführungen – die meisten unter der Ägide von Clemens Krauss, der als Wiener das Mahlersche Ensemble-Modell auf München zu übertragen versuchte.

Patzak wurde vor allem als singender Darsteller geschätzt. Er gehörte zu den wenigen Sängern, die vokale Intensität und sprachliche Prägnanz vollkommen zu verschmelzen verstanden. Darin war er den anderen Tenören des Hauses – unter ihnen befanden sich Peter Anders, Karl Ostertag, Günther Treptow, Alfons Fügel, Franz Klarwein, Torsten Ralf, Julius Pölzer, Lorenz Fehenberger und Horst Taubmann – deutlich überlegen. Nach dem Krieg gehörte Patzak zu den ersten Sängern der Salzburger Festspiele (wo er schon 1938/39/41 aufgetreten war) und sang Belmonte sowie Konzertaufführungen. Am 1. Januar 1946 wechselte er ins Ensemble der (zerstörten) Wiener Staatsoper, an der er zum erstenmal 1928 gesungen hatte. Er blieb dort bis 1960 im Ensemble. 1947 sang er in Salzburg Desmoulin in von Einems *Dantons Tod*, 1948 Florestan in *Fidelio* unter Furtwängler (neben Schlüter, Alsen, della Casa, Edelmann, Frantz, Schock); 1949 war Kirsten Flagstad die Sängerin der Leonore. Im selben Jahr sang er auch die Titelpartie in *Titus* und unter Bruno Walter den Tenorpart in Mahlers *Lied von der Erde* (neben Ferrier). Selbst als sich im Klang seiner Stimme – in kleinen Unsicherheiten bei der Attacke und der Erfassung des Tons – die Spuren langjährigen Singens zeigten, blieb er der meisterhafte vokale Darsteller. Er besaß das Gespür für die Farbe einer Phrase, für den Ausdruck eines Wortes, ohne beim Singen die Linie durch nicht-musikalische Akzente zu verdicken oder gar zu zerreißen. Zu sagen, daß er selbst dramatische Partien durchhielt, wäre eine schlechte Untertreibung. Als Florestan, den er 1947 auch beim Gastspiel des Wiener Ensembles in London (neben Konetzni, Schwarzkopf, Schöffler und Weber) sang, gerieten ihm die schwierigen Phrasen des Poco-allegro-Teils überwältigend, obwohl er sie sängerisch kaum noch bewältigen konnte – man verspürt sie einfach nicht als Schwierigkeiten. Doch als die Staatsoper 1955 wiedereröffnet wurde, sang Anton Dermota den Florestan. Patzak konzentrierte sich damals schon auf Konzerte und Liederabende. Nach seinem Abschied von der Wiener Oper (1960) übernahm Patzak eine Professur am Mozarteum in Salzburg (1962–1966).

Er hat während seiner Laufbahn über 1700 Opernaufführungen gesungen, dazu 500 Aufführungen von Oratorien und Messen, rund 800 Liederabende und 179 Radio-Konzerte (nach J. Dennis in »The Record Collector«). Patzak hat seine ersten Platten in der frühen elektrischen Ära gemacht und seine letzten in den ersten Tagen der Langspielplatte. Die Zahl seiner Aufnahmen ist riesig, nicht zuletzt dank vieler Mitschnitte aus den späten vierziger und den frühen fünfziger Jahren. Sie zeigen, daß er den musikalischen Klang der Stimme und die silbrige Timbrierung über mehr als ein Vierteljahrhundert hat bewahren können. Die Stimme wurde nicht so geschmeidig geführt wie die Taubers, war klanglich nicht so reich wie die Alfred Piccavers und technisch noch weniger versiert als die Patakys. Und doch war Patzak der ausdrucksvollste all dieser Sänger, weil er jedem Wort, jeder Phrase nicht nur Sinn gab, sondern sie mit Pathos erfüllte. Selbst wenn er die Koloraturen von Belmontes »Wenn der Freude Tränen fließen« gleichsam nur skizziert (teilweise mit Hilfe von Aspirierungen), ist er überzeugend: Die Koloratur gerät ihm zur stürmischen, dringlichen Geste. Bei seinem Tamino ist zu spüren, was er – »Ich fühl es« – empfindet, doch in der eher formelhaften und zugleich innigen, auch »kalmierenden« (Joachim Kaiser) Musik des Don Ottavio fehlt es ihm an virtuoser Souveränität, die sich in den Ausdruck strenger Form umsetzen könnte. Seine verschiedenen Aufnahmen der Florestan-Arie (und der gesamten Partie unter Hans Altmann und Wilhelm Furtwängler 1950 in Salzburg) sind so etwas wie erfüllte Augenblicke: Den Aufschrei des bitterverzweifelten Rezitativs, das tiefe Pathos der Arie und das Fieber des Schlußteils hat Patzak unvergeßlich dargestellt. Seine Aufnahmen mit italienischem Repertoire befinden sich nicht in dieser Klasse. Manche sind sehr ausdrucksvoll und wirken doch auf befremdliche Weise »verkehrt«. »Una furtiva« aus *L'Elisir* wird nicht von einem empfindsamen Bauernburschen gesungen, sondern von einem Italien-Touristen. Das gleiche gilt für seinen Herzog von

Mantua, seinen Alfredo, seinen Radames, seinen Riccardo, selbst wenn die Verve von »O sag', wenn ich fahre« und die Sensibilität der Arie aus dem dritten Akt von der Musikalität und Ausdruckskraft des Sängers zeugen. Dem Walther von Stolzing (»Am stillen Herd« und »Morgendlich leuchtend«) fehlt es, bei aller Musikalität des Vortrags, an dramatischer Verve: Beide Stücke sind nun einmal dramatische Musik und keine selbstgenügsam vokale. Um so eindringlicher ist Patzak in sentimentalischer Musik: »Flieh, o flieh« aus *Manon*, die Szenen des Hoffmann aus Offenbachs Oper oder Lenskis Arie singt er mit einer elegischen Einfärbung, deren nur wenige andere Sänger – unter ihnen war sein Wiener Kollege Anton Dermota – fähig waren. In den Szenen aus *Hoffmanns Erzählungen* – »Es war einmal am Hofe von Eisenack« und »Ha, wie in meiner Seel'« – geht diese elegische »Gestimmtheit« über in jene verzweifelte Ekstatik, die den Hörer betroffen, ja schauern macht.

Daß die leichte Musik nicht leicht ist und schon gar nicht leicht genommen werden darf, sollte eine Binsenwahrheit sein. Aber warum wird sie heute so schwerfällig verhunzt? Man muß Patzak hören, um einen richtigen Eisenstein in der *Fledermaus* zu erleben, einen Wiener Blasé bei seinem angestrengten Versuch in Munterkeit. Muß ihn hören in Operettenliedern wie »Sei nicht bös« (*Der*

Julius Patzak
(Foto: © Decca/Polygram Klassik)

Obersteiger), »Wie mein Ahnerl« (*Der Vogelhändler*) oder »Komm in die Gondel« (*Eine Nacht in Vendig*), um etwas vom Charme, von der Verführung des heiteren Volkstheaters zu erfahren – hier zeigt sich jene rare Kunst, die Kunst verbirgt.

Nach Ansicht des nicht genannten Kommentators einer Bellaphon-Liederplatte wurde der Opernsänger Patzak vom Oratorien- und Liedersänger Patzak übertroffen. »Jedem Schallplattensammler wird die beispielhafte Aufnahme der *Schönen Müllerin* ein Begriff sein, in der Patzaks gesangliche Eigenart mehr als in seinen Opernaufnahmen deutlich wird. Seine Fähigkeit, ohne dramatischen Stimmaufwand erschütternde Wirkungen zu erzielen, mit einer gläsernen, fast objektiven Tongebung dennoch intimste Gefühlsregungen zu vermitteln, sind in der Geschichte der Schallplatte bisher ohne Beispiel geblieben.«

Angesichts der Aufnahmen von Aksel Schiøtz, Dietrich Fischer-Dieskau, Peter Pears und Peter Schreier ist dies ein anfechtbares Urteil, dennoch aber ein aufschlußreiches und erhellendes. Als Schuberts Lieder einige Jahrzehnte nach dem Tod des Komponisten in einer gleichsam »dramatisierten« Form – mit emphatischer Deklamation, mit großen Ausbrüchen, mit expressiven Tempo-Rückungen – vorgetragen wurden, übte Schuberts Freund Leopold von Sonnleithner an dieser Praxis heftige Kritik. Schuberts Lieder, so schrieb der Zeitgenosse, würden selten von einem Betroffenen vorgetragen, dürften also nicht *dramatisch* dargestellt werden. Sie seien *lyrisch* konzipiert, verlangten also nach einer Darstellung aus dem Geist der Musik. Wie immer einseitig diese Perspektive auch sein mag, sie ist ernst zu nehmen in einer Zeit, die durch den übermächtigen Dietrich Fischer-Dieskau ein anderes (und durchaus einseitiges) Schubert-Bild vermittelt bekam. Patzak hat Schubert durchweg, die Müller-Lieder vor allem, mit einem Lyrismus gesungen, bei dem die Artikulation des Wortes den Fluß der Melodie trägt statt ihn zu unterbrechen. Selbst bei raschesten Tempi und nuancierter Diktion wahrt Patzak den melodischen Fluß und den lyrischen Ausdruck.

Deutsche Baritone

Stimme aus Samt: Joseph Schwarz

Die Erinnerung an Sammarco, meinen ersten Rigoletto, ist beinahe ausgelöscht worden durch den Eindruck, den jüngst Joseph Schwarz auf mich gemacht hat, dessen Brillanz in dieser Partie verglichen werden kann mit der Exzellenz Carusos als Herzog. Die Verbindung von Pathos und furioser Wut, und darin liegt das Geheimnis der Rolle, wurde von dieser kraftvollen Stimme mit größter Meisterschaft erreicht. Man mochte sein ›Cortigiani‹ für unübertrefflich halten, wäre da nicht auch noch das ›Sì, vendetta‹ gekommen.
Victor Gollancz in ›Journey to Music‹ über Joseph Schwarz

Es ist mehr als erstaunlich, daß der Ruhm des Verdi-Sängers Heinrich Schlusnus die Erinnerung an einen nur acht Jahre älteren Bariton fast völlig ausgelöscht hat: an den aus Riga stammenden Joseph Schwarz (1880–1926). Das mag *auch* daran liegen, daß der Sohn deutscher Juden nur akustische Aufnahmen (bis 1919) gemacht hat und an einem Nierenleiden starb, bevor er elektrische Platten machen konnte, vor allem aber daran, daß viele seiner Platten viele Jahre lang in Deutschland nicht erhältlich waren und auch nach dem Krieg zunächst lange Zeit nicht aufgelegt wurden.

Schwarz kam aus einer sehr armen Familie. Mit siebzehn zog er, wie so viele Juden, nach Berlin. Der Konzert-Bariton Alexander Heinemann erteilte ihm den ersten Unterricht. Dank der Unterstützung durch einen russischen Musikfreund konnte er am Konservatorium von Wien bei Josef Gänsbacher, dem Lehrer des Tenor-Virtuosen Hermann Jadlowker, studieren. Während der Ausbildung sangen Jadlowker und Schwarz in Choraufführungen. Sein Debüt gab Schwarz 1900 als Amonasro am Theater von Linz. Er gastierte in Riga und St. Petersburg, bevor er 1906 für vier Spielzeiten an die Wiener Volksoper verpflichtet wurde. Dort sang er Don Giovanni, Scarpia, Telramund, Holländer und bei Gastspielen an der Hofoper auch Lescaut, Damian (*Der Trompeter von Säckingen*), Jago, Amonasro, Renato und Valentin. 1909 verpflichtete Mahler ihn fest an die Hofoper, wo er bis 1915 unter Vertrag blieb. Schon in seiner ersten Saison war er als Luna, Renato, Tonio, Figaro, Amonasro, Wolfram, Wanderer, Gunther, Pizarro und Scarpia zu hören. Nach Gastspielen in Dresden und Berlin wurde er 1915 an die Berliner Hofoper verpflichtet, wo Bronsgeest unter Vertrag war und Schlusnus bald engagiert werden sollte (1917). Zu seinem Berliner Repertoire gehörten Amfortas, Rigoletto, Luna, Wolfram und Sebastiano. 1921 sang er seine ersten Opernaufführungen in den USA mit der Chicago Opera Company in San Francisco; er ersetzte Giacomo Rimini und Carlo Galeffi in *Rigoletto* mit Bonci als Herzog und Hempel als Gilda. Bei seinem Debüt als Rigoletto in Chicago waren Tito Schipa und Edith Mason seine Partner. Germont père sang er neben Galli-Curci und Schipa, Wolfram neben dem Tannhäuser von Richard Schubert, Tonio neben Muratore und Claire Dux. Er sang bis 1925 in Chicago und als Gast weiter in Berlin, Wien, Prag, Budapest und London, das ihn zum erstenmal 1925 erlebte, als seine Stimme nachzulassen begann.

Schwarz hat seine ersten Platten 1907 in Wien gemacht, zwei dunkelgrüne Zonophone-Platten. 1910/11 folgten 12 Platten für Pathé in Wien, vor allem Wanger- und Verdi-Aufnahmen. 1912 sang Schwarz 20 Titel für Parlophon, darunter Duette mit Hedwig Francillo-Kaufmann. Für Grammophon/Polydor nahm er seit 1916 rund 40 Titel auf. Höchst bedauerlich, daß er in den USA keine Platten für Columbia machte, als seine Stimme und seine Kunst auf dem Höhepunkt waren.

Dennoch bewahren seine vielen Aufnahmen die beste deutsche Baritonstimme des Jahrhunderts. Es war ein zugleich kraftvoller und konzentriert fokussierter, weich getönter und energisch vibrierender hoher Bariton von größtem Farbenreichtum und beträchtlichem Umfang. Er reichte vom D (im Baß-Schlüssel) bis zum hohen As und sprach bei jedem dynamischen Grad wundervoll an. Der Klang konnte durch ein rasches Vibrato oder durch perfekt kontrollierte Messa di voce – zu hören auf dem »*Ach*! Gott für mich nur erflehe ich« aus *Rigoletto* (italienisch: »Piangi, fanciulla«) – belebt, intensiviert, dramatisiert werden. Endfilaturen bildete er mit schwebenden Kopftönen (»O komm im Traum« von Liszt-Cornelius), wie man sie sonst nur von Battistini kennt. Dabei lag der Ton weich, rund und voll auf einer unerschöpflich strömenden Atemsäule. Dank dieser Atemtechnik und der korrekten Registermischung konnte er hoch liegende Phrasen mühelos bilden und mit einem wunderbaren Gespür für sängerisches Timing ausschwingen lassen.

Anders als die meisten deutschen Sänger setzte er nicht oft außer-musikalische Effekte ein. Der Ausdruck wurde aus der Musik entwickelt, aus farblichen Valeurs, aus dem, was Lauri-Volpi »misto« nennt – Klangmischung. Wie die besten Italiener belebte er die Linie durch behutsam interpolierte Vorschläge und Fiorituren: Perfekte Triolen im Duett aus *Rigoletto* (mit Claire Dux) oder, in Germonts »Di provenza«, erst die Hauptnote, dann die Verzierung und wieder die Hauptnote – so wie man es von Battistini hören kann. Die frühen Platten wie die Pathés sind dem Verfasser nicht bekannt.

Ein großer Teil der seit 1912 gemachten Aufnahmen ist auf Preiser-Platten zugänglich. Seltsam unidiomatisch – um die Einwände rasch zusammenzufassen – ist Herodes' »Vision fugitive«. In Wotans »Abendlich strahlt der Sonne Auge« ist die tiefe Lage schlecht integriert. Um so brillanter die mühelose Ausladung der Stimme im Arioso des Dämon (Rubinstein) und »O Menschenglück« aus Goldmarks »Wintermärchen« (zu finden in Scotts Anthologie, offenbar aber zu hoch überspielt). Leider ist die mit viel Schwung und glänzenden Spitzentönen gesungene Figaro-Kavatine arg gekürzt; es gibt zudem ein paar Abwürfe bei den Hürden des deutschen Textes. Die Parlophon-Platten holen die Stimme ungewöhnlich gut nach vorn: Man sieht den Sänger förmlich auf der Klangbühne stehen.

Die Grammophon-Platten zeigen den reiferen Künstler und den reichen Glanz der vollentwickelten Stimme. »Blick' ich umher« und »Wie Todesahnung« aus *Tannhäuser* gehören zu den besten Aufnahmen überhaupt und sind später nur von Herbert Janssen (dessen Stimme nicht so reich war) erreicht worden. In Dapertuttos »Leuchte heller Spiegel« krönt Schwarz die Zielnote mit einem fein

Joseph Schwarz
(Foto: © Ullstein Bilderdienst)

ausgeführten Vorschlag auf dem hohen Gis – ein ebenso berauschender Effekt wie das endlos gesponnene E am Ende. Die Grammophon-Aufnahme des Prologs zu *Pagliacci* mit dem tonlich perfekt definierten Lachen auf der abfallenden Orchesterlinie erreicht nicht die irisierende Klangschönheit der früheren Parlophone-Platte. Neluscos »Dir, o Königin, bin ich ergeben« ist ein grandioses Stück Singen, mit geradezu geschmetterten Marcati im Innenteil und einer fein getönten lyrischen Passage. Leider gibt Schwarz dem Zeitgeschmack nach und schluchzt die letzte Phrase »mein Herz« aus.

Bleiben die Verdi-Aufnahmen – und die zählen zu den besten auf Platten überhaupt, selbst wenn man auch hier dann und wann einen Schluchzer als Phrasenende akzeptieren muß (nie allerdings aus Atemnot, immer als Ausdrucksmittel). Die Szenen des Renato aus *Ballo* haben die Anmut der klassischen Schule und die Energie der neuen. Das Duett aus *Forza* mit Jadlowker leidet unter den angestrengten Tönen des Tenors in der hohen Bruchlage, aber Schwarz ist superb. Selbst wenn er in Jagos Credo zu einer übertriebenen Geste greift und die Phrase »ist es *vorüber*« mit einem aufsteigenden und dann stürzenden Glissando bildet – er bleibt auf dem Gesangston. Nur wenige Sänger des Jago haben das Stück so schillernd und zugleich schmetternd gesungen. Fast alle Aufnahmen aus *Rigoletto* bestätigen Gollancz' hohe Einschätzung, erneut trotz einiger Zugeständnisse an den vokalen Effekt wie das Hohe Piano-F bei »du schweigest« in der Invektive – aber es ist so schön, daß es sich selber rechtfertigt. »Pari siamo« profitiert vom weichen, irisierenden Schimmern seiner Samtstimme. Die Duette mit Francillo-Kaufmann habe ich nicht hören können, die mit Claire Dux sind ausgezeichnet (obwohl die Sängerin oft scharf intoniert und, wie viele deutsche Sopranistinnen, eng singt). Kein Zweifel aber, daß Schwarz neben Ruffo und Amato einer der besten Vertreter der Partie gewesen und geblieben ist. Bleibt noch, auf einige typische Sänger-Piecen hinzuweisen: »Caro mio ben«, das mit einem inneren Beben gesungene »Kol nidre« und »Die Ehre Gottes«, abgeschlossen mit einem hohen G, das dasteht in der Majestät einer vollkommenen antiken Säule.

Timbre und Klanginstinkt: Heinrich Schlusnus

Als der hierzulande wohl Populärste unter den Schubert-Apologeten jener Jahre muß Heinrich Schlusnus genannt werden, der vor allem über ein bestechend schönes Stimmmaterial verfügte. Nichtsdestoweniger dürften es Intonationsschwankungen und musikalische Ungenauigkeiten, die er sich nicht selten zuschulden kommen ließ, vor dem heutigen Anspruch schwer haben zu bestehen.
Dietrich Fischer-Dieskau in ›Auf den Spuren der Schubert-Lieder‹

Wenn Battistini einen Nachfolger hatte, dann war Schlusmus dieser Mann ... Zwar ist sein Singen nicht so erregend wie das Battistinis, aber es entschädigt dafür, weil es unmanieriert und unforciert ist.
John Steane in ›The Grand Tradition‹

Mit Heinrich-Schlusnus (1888–1952), dem im rheinischen Braubach geborenen Abkömmling masurischer Bauern, hat die Geschichte des neueren Liedgesangs begonnen. Schon drei Jahre nach seinem Hamburger Opern-Debüt (Heerrufer in *Lohengrin*, 1915) gab er im Berliner Blüthner-Saal das erste von weit über 2000 Recitals, die ihn in kaum mehr vorstellbarem Maße populär machten. Für diese Popularität hat die Frau des Sängers eine einfache, aber durchaus nicht banale Erklärung gefunden. Sein Liedgesang sei weniger von sängerischen Finessen als vom menschlichen Ausdruck, weniger von stilistischen Nuancierungen als von einer natürlichen Seelenaussprache geprägt gewesen.

In der Tat ist in Schlusnus' Aufnahmen, das gilt für Lied und Oper, der Ausdruck nicht artikulatorisch und deklamatorisch spezifiziert wie etwa bei Dietrich Fischer-Dieskau. Er kennt nicht die quasi-didaktischen Klangmalereien, nicht die emphatischen Wortakzentuierungen und Vibrato-Intensivierungen, kennt vor allem nicht das in Fischer-Dieskaus Vortrag stets angelegte Hinweisen auf das, was das Gesungene meint. Schuberts »Atlas«, bei Fischer-Dieskau ein Komplex wild gesteigerter und stimmlich nicht restlos bewältigter Ausdruckscharaktere, ist bei Schlusnus ein aus dem Geist des Lyrismus gesungenes und nur behutsam intensiviertes Lied. Nicht der Sänger macht auf Sinn, auf Bedeutungen aufmerksam, sondern er läßt die Musik für sich sprechen: Sinnfälligkeit durch Einfachheit und Schlichtheit. In der Unverstelltheit des Ausdrucks, die sich mit einem wundervollen Klanginstinkt verband, lag wohl auch die Wirkung des Sängers, der populär werden konnte, ohne singend ein Verkaufsgespräch mit seinem Publikum führen zu müssen, wie es später Hermann Prey tat.

Der Weg Schlusnus' war schwer. Er hatte mit der mittleren Reife die Schule verlassen und als Postangestellter arbeiten müssen, bevor er durch die Unterstützung des Frankfurter Mäzens Arthur von Weinberg mit dem Studium beginnen konnte. Bevor er sein erstes Engagement in Magdeburg antreten konnte, wurde er zum Kriegsdienst eingezogen. Er erlitt eine schwere Beinverletzung, die ihn später auf der Bühne beträchtlich behinderte. Nach seinem Hamburger Debüt kam er über Nürnberg (1915–1917) im Jahre 1918 an die Berliner Hofoper, für die er sich schon im Oktober 1916 als Luna in *Il Trovatore* empfohlen hatte. Trotz der großen Konkurrenz durch den eminenten Joseph Schwarz – in fast allen Belangen der bessere Sänger mit einer virtuoseren Technik und reicheren Mitteln – setzte Schlusnus sich beim Publikum durch und blieb 28 Jahre lang Mitglied des Hauses. Er war wesentlich beteiligt an der sogenannten deutschen Verdi-Renaissance, berühmt geworden ist eine Aufführung von *Die Sizilianische Vesper*, in der auch Helge Rosvaenge zu hören war. 1930 sang er Amfortas in Bayreuth.

Auf dem ersten Höhepunkt seiner Laufbahn unterzog sich Schlusnus einer stimmlichen Umschulung bei dem amerikanischen Pädagogen Louis Bachner, der auch Karin Branzell und Sigrid Onegin ausgebildet hat. Der Biograph des Sängers, Eckart von Naso, merkte an: »Jetzt erst schälte sich das gültige Timbre wie der Kern aus einer Nußschale heraus. Die Stimme erhielt eine mühelose und strahlende Höhe, die dem Sänger bis zu seinem letzten Konzert treu blieb.« Wie die Umschulung sich auf die Stimme ausgewirkt hat, ist schwer schlüssig zu ermitteln, da es aus der Zeit vor der Ausbildung durch Bachner kaum Aufnahmen gibt. Zumindest ist der Erfolg Bachners, nach den (leider nicht näher ausgeführten) Hinweisen durch Clemens Höslinger, nicht unumstritten. Auffällig ist jedenfalls die Resonanzarmut der Stimme in der tiefen Lage. Ein besonders krasses Beispiel, von John Steane angeführt, ist Richard Strauss' »Zueignung«, in der hohen Lage mit strahlender Gespanntheit gesungen, in der tiefen mit einem körperlosen Piano gehaucht. Auch in Wotans »Leb wohl, du kühnes, herrliches Kind« fehlt es der Stimme in der tiefen Lage an Körper. Um so müheloser, klangvoller und strahlender ist die Höhe der nicht eigentlich metallischen, sondern zugleich markigen und weich-samtigen Stimme.

Technisch wurde die Stimme gut und mit schöner Bindung geführt, aber der Vortrag hatte keine Brillanz. Verzierte oder rasch zu artikulierende Musik forderte Schlusnus bis an seine Grenzen und zuweilen, wie in Figaros »Largo al factotum«, auch über sie hinaus. Zwar formt er in der italienisch gesungenen Aufnahme einen feinen Triller auf »donneta«, aber die Parlando-Technik ist

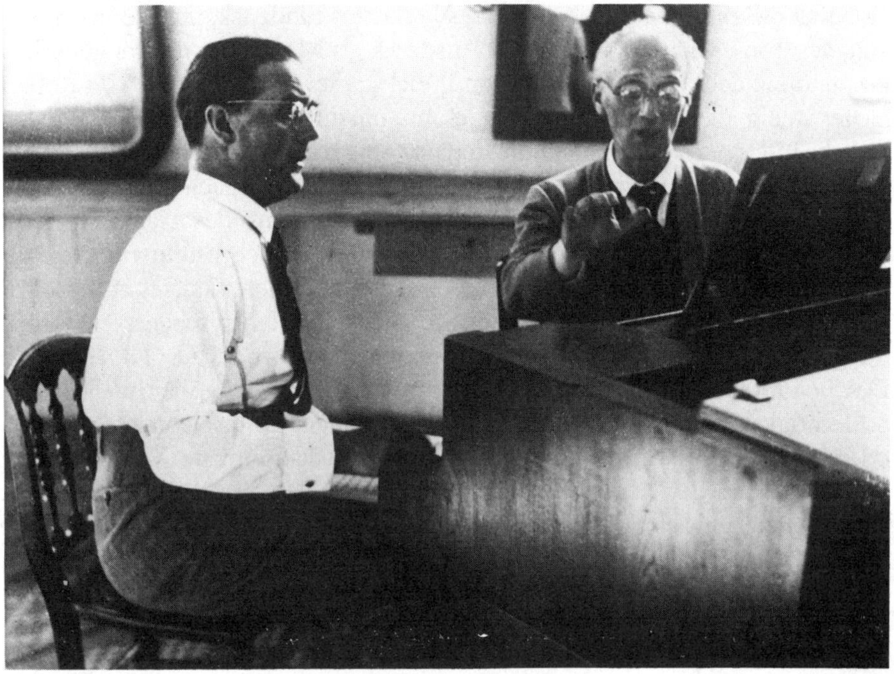

Heinrich Schlusnus
(Foto: © Ullstein Bilderdienst)

mäßig, was zur Behäbigkeit führt, und die silbische Artikulation überfordert ihn. Auch die Atemreserven reichen nicht für den Stretta-Teil. Andere deutsche Sänger wie Karl Schmitt-Walter oder Willy Domgraf-Fassbaender haben den Figaro besser, virtuoser und eleganter gesungen. Vor allem merkt man Schlusnus an, daß er nicht das ist, was er singt – er hat nicht die Farben, das Temperament, das Lachen für die Partie.

Aber sein Ruhm beruht ja nicht auf seinen Rossini- oder seinen Mozart-Aufnahmen – Erna Bergers zaubrischer Zerlina nähert er sich, superb singend, mit dem Charme eines Hofrats –, sondern auf seinen Verdi-Interpretationen. Allein Rigoletto hat er 147mal gesungen und 1944 unter Robert Heger – mit Erna Berger als Gilda, Helge Rosvaenge als Herzog und Josef Greindl als Sparafucile – vollständig aufgenommen. Mit seiner Einschätzung eines deutschen Battistini steht Steane offenbar nicht allein: Schlusnus hat als Verdi-Sänger vor allem in England eine hohe Reputation. Steane rühmt besonders die (in der Tat skrupulös genaue) Wiedergabe von »Pari siamo« aus *Rigoletto* (von 1922) wegen der ganz aus dem musikalischen Klang entwickelten Dramatik. »Italienisch« an dieser Aufnahme ist, nach des Verfassers Eindruck, nur die Versammlung des Tons, während Klang und Ausdruck als Mitteilung der sängerischen Empfindung denkbar unitalienisch sind. Viel stärker noch zeigt die von Robert Heger wenig idiomatisch dirigierte Gesamtaufnahme des *Rigoletto*, daß musikalische Interpretationen nicht nur altern (was sie ja nicht des Charmes beraubt), sondern veralten. Trotz aller Kantabilität, die eine der klanglichen Verströmung und nicht die eines perfekten Legato auf dem Portamento des Atems ist, erfaßt Schlusnus nur wenig vom Mimus der Musik, von ihrer Unmittelbarkeit. Er übersetzt sie in ein ausgesprochen bardenhaftes, zuweilen biederes Pathos. Vor allem fehlen ihm die klanggestischen Möglichkeiten einer schauspielerischen Verwandlung. Das beeinträchtigt auch seine Aufnahmen aus *La Forza del Destino* und *Otello* – den Ausdruck für pathologischen Haß oder intellektuelle Schlechtigkeit fand er nicht; er war nicht der Sänger ambivalenter Charaktere oder, beim Liedgesang, der differenzierten Ausdruckskontraste. Vor allem fehlt es ihm aber an der schmetternden Kraft, die Rigoletto und Carlo di Vargas einfach brauchen. Seine schönsten Verdi-Aufnahmen sind die Aufnahme aus *Die Sizilianische Vesper* und *Don Carlo*. Die Arie »In Glanz und Pracht regier' ich hier« singt er verhangen, düster-meditativ, mit eindringlicher Deklamation des Rezitativs auf dem Gesangston und suggestivem Con-sordino-Einsatz für die Arie. Auch beim Sotto-voce-Singen behält die Stimme ihren leuchtenden Klang. Nicht weniger eindringlich das schlichte Pathos für Posas Tod mit einem sauber ausgeführten Triller, aber auch hier zeigt sich, daß sein Legato auf dem natürlichen Klangfluß seines Singens fundiert war, nicht auf korrekter Bindung der Phrasen und lückenloser Übernahme der Tonstärken von Tonhöhe zu Tonhöhe. Dadurch wird seine Aufnahme der Spiegelarie, tonlich opulent, stark beeinträchtigt: Die Phrasierung richtet sich weniger nach der Musik als nach den Reserven im Atemdepot.

Schlusnus konnte seine Stimme bis ins relativ hohe Alter bewahren. Er war 63, als er 1951 Mahlers *Lieder eines fahrenden Gesellen* aufnahm, mit einer immer noch klangvollen und nicht gealterten Stimme: »Ich hab' ein glühend Messer« hat eine verhaltene Dramatik und Intensität, die länger im Gedächtnis nachklingt als viele der angestrengt-expressiven Aufnahmen, die vor den heutigen Ansprüchen bestehen.

Liedmeister: Gerhard Hüsch

Der Papageno ist jener glänzende Künstler Gerhard Hüsch – warm, liebenswert und doch unsentimental, die /r/ charakteristisch gerollt, seine Phrasierung und seine Diktion voller Gelöstheit und Expressivität.
Peter Branscombe über Gerhard Hüsch in Sir Thomas Beechams Aufnahme der ›Zauberflöte‹

In den dreißiger Jahren vollzog sich – in der Nachfolge von Heinrich Schlusnus – eine Emanzipation des Liedgesangs. Elisabeth Schumann, Lotte Lehmann, Elena Gerhardt, Maria Ivogün, Frida Leider, Karl Erb, Richard Tauber, Herbert Janssen, Alexander Kipnis, Karl Schmitt-Walter – dies sind nur einige wenige Namen in der stattlichen Liste, die man annähernd vollständig auf den Acanta-Alben findet, die dem Begleiter Michael Raucheisen – dem wichtigsten Spiritus rector für Liederabende und Rundfunkkonzerte – gewidmet sind. Es ist kein Zufall, daß in dieser Zeit von Walter Legge die Hugo Wolf Society gegründet und das Liedschaffen des Komponisten mit den besten Sängern der Zeit aufgenommen wurde.

Einer der bedeutendsten Liedersänger jener Jahre war der 1901 in Hannover geborene und von Hans Emge ausgebildete Gerhard Hüsch – einer der ersten, der sowohl Schuberts *Müllerin* als auch *Winterreise* vollständig auf Platten aufgenommen hat. Hüsch debütierte 1923 in Osnabrück als Liebenau in *Der Waffenschmied.* Nach Engagements in Bremen und Köln (1927–30) kam er an die Berliner Staatsoper, an der er 14 Spielzeiten sang. Er gastierte in Mailand, London (Dr. Falke und Papageno), Wien, Hamburg, Dresden und München. 1930 und 1931 sang er in Bayreuth Wolfram. Nachdem er 1932 in Berlin seinen ersten Liederabend gegeben hatte, konzentrierte er seine Karriere auf den Konzertsaal. 1937 erhielt er eine Professur an der Münchner Akademie und hielt fortan, nach dem Kriege weltweit, Meisterkurse ab.

In den dreißiger Jahren war Hüschs Stimme ein reicher, klangvoller lyrischer Bariton von glänzender klanglicher Konsistenz. Die Stimme reichte mühelos bis zum G, hingegen war die tiefe Lage nicht ganz so gut gefügt. Von der Farbe her war die Stimme reicher und dunkler als die Domgraf-Fassbaenders, erst recht als die Schmitt-Walters und Schellenbergs. Der amerikanische Kritiker David Hamilton hat sie mit einem französischen Horn verglichen, dort habe sie auch die bronzenen Farben der Posaune gehabt. Hüschs Artikulation war präzis und weit nach vorn gelegt, sein Vortrag sehr eloquent. Musterhaft die Verschmelzung von Wort und Ton: Er sang nicht, so Hamilton, »von Konsonanten unterbrochene Noten«, noch »sprach er Worte, die von definierten Tönen in der Mitte unterbrochen wurden«. Legato und dynamische Kontrolle waren exemplarisch.

Dadurch erweckt sein Singen den Eindruck von großer Natürlichkeit, Schlichtheit und Schönheit. Steane vermißte darin eine kommunikative Kraft und eine Vermittlungsenergie, die er bei Dietrich Fischer-Dieskau fand – ein Vergleich, der in den fünfziger und sechziger Jahren oft angestellt und durchweg für den Berliner Bariton entschieden wurde. Steane spricht Hüschs Aufnahme der *Winterreise* eine »pleasant seriousness« (*The Grand Tradition*) zu und erklärt, daß er, Hüsch hörend, vor dem inneren Ohr stets die »agonised colouring of other performances« gehört habe. Ähnlich haben sich viele Anhänger Fischer-Dieskaus geäußert.

Es ist nicht überraschend, daß Kritiker wie David Hamilton oder John Rockwell in der *New York Times* (4. Oktober 1981) feststellten, daß »viele Liedfreunde Hüsch gegenüber Fischer-Dieskau den Vorzug geben« und die Frage stellen, ob »die detaillierten, präzisen Inflektionen von Künstlern wie Elisabeth Schwarzkopf und Dietrich Fischer-Dieskau der Musik wirklich dienen oder nicht vielmehr extrem ich-bezogen sind«. Ob nicht all die »niceties of expression« kompensatorisch eingesetzt werden und entschädigen sollen für »an imbalanced technique«. Hier wird Hendersons Definition aufgegriffen, daß Singen die Interpretation eines Textes mit *musikalischen* Tönen ist und nicht ein gesteigertes – wie immer subtiles – Textsprechen.

Hüschs Singen ist immer direkt, aufrichtig, natürlich und expressiv in einem rein musikalischen Sinne. Es fehlt ihm nicht an Subtilität, aber seine Feinheiten sind der Linie untergeordnet. Vielleicht manchmal in *zu* ausgeprägter Form: Hüsch entgeht nicht immer der Gefahr, die Schönheit des Singens wie einen Weichzeichner über das Gesungene – über das im Lied Ausgedrückte – zu legen. Der Eindruck mag verstärkt werden durch die ständig zu stark angezogenen Tempi, die der vortreffliche Pianist Hanns-Udo Müller in den Schubert-Aufnahmen anschlagen muß – einmal mehr wegen der Spielzeiten der Platte. Oder steht es schon so, daß wir, verbildet durch die Manier der Nachgeborenen, mit schlichtem, beherrschten Singen nicht mehr zufrieden sind? Beim ersten Wiederhören fand der Verfasser seine verklärten Erinnerungen an Hüschs Schubert-Aufnahmen zunächst nicht bestätigt. Doch beim wiederholten Hören die alte Bewunderung für die nobel-reiche Tongebung im »Lied eines Schiffers an die Dioskuren«, für die innige Sanftheit in »Daß sie hier gewesen« – welche Tonschönheit beim Singen mit der halben Stimme! –, für die Energie und dramatische Phantasie beim Vortrag des »Erlkönig«. Noch mehr Bewunderung bei den Liedern von Beethoven, von Schumanns *Dichterliebe* und den Liedern von

Kilpinen – eine Hüsch-Spezialität – und nicht zuletzt den Pfitzner-Liedern (weit eindringlicher als Fischer-Dieskaus späte Orfeo-Platte).

Es sei eingeräumt, daß ein nur auf vokalen Parametern beruhender Vergleich zwischen Hüsch und Fischer-Dieskau nicht nur dem letzteren nicht gerecht wird, sondern eine entscheidende historische Entwicklung unterschlägt. Der später Geborene wird immer auch die Probleme des Spätgeborenen haben: Er wird vor der Notwendigkeit stehen, das musikalische Profil einer Epoche vom Bewußtseinsstand seiner Zeit her zu entwickeln. Es kann kein Zweifel daran bestehen, daß Fischer-Dieskau das harmonische, rhythmische und sprachliche »Profil« der *Winterreise* schärfer »definiert« hat als Hüsch, daß sein Singen bewußter und intellektueller ist. Zudem sind seine Aufnahmen durch große Begleiter pianistisch stärker ausgeformt, dies vor allem in der dissonantischen Energie, die sowohl Gerald Moore als auch Daniel Barenboim und Alfred Brendel ihm entgegensetzen konnten.

Nicht vergessen sei der Opernsänger Hüsch: Auf der Bühne hat er, soweit dem Verfasser bekannt, nur lyrische Partien übernommen. Partien wie Luna, Scarpia und Jago, deren Arien und Szenen er auf Platten vortrefflich gesungen hat, hat er auf der Bühne gemieden. Er ist brillant als Papageno – sowohl in Einzelaufnahmen unter Weißmann als auch in Beechams Gesamtaufnahme –, als Figaro und schlechthin überragend als Fluth im Duett »In einem Waschkorb« mit dem Falstaff von Eugen Fuchs (dirigiert durch Alexander von Zemlinsky). Es ist eines der größten Beispiele für eleganten, nuancierten deutschen Buffo-Gesang mit gestischer Diktion, feinen Vokalfärbungen und eminentem Brio – die Plapper-Passage ab »wir werden sicher heute glücklich sein« singen die beiden Sänger mit perfekter rhythmischer Kongruenz.

VI. KAPITEL

Ein internationaler Streifzug

Sänger aus Frankreich, England, Amerika und Osteuropa

Frankreich: Das Ideal des Schönen

> Zwei Dinge sind grundsätzlich zu beachten bei der Aussprache. Sie muß klar, sauber, distinkt, exakt sein. Will sagen: Für das Ohr darf es, was das ausgesprochene Wort angeht, keine Unsicherheit geben. Es muß ausdrucksvoll sein, das heißt: Es muß für die Vorstellungskraft den Gefühlsgehalt des ausgesprochenen Wortes evozieren. Was Klarheit, Sauberkeit, Exaktheit angeht, nimmt Aussprache die Bedeutung von Artikulation an. Deren Aufgabe liegt darin, die äußere Form des Wortes getreu wiederzugeben. Der Rest ist die Sache der Aussprache. Sie erfüllt das Wort mit dem Gedanken, mit dem Sentiment, der Leidenschaft. Mit einem Wort: Die Domäne der Artikulation ist die Form oder das intellektuelle Element. Artikulation sorgt für Reinheit, Aussprache für Eloquenz.
> *Charles Gounod*

Ein Blick auf die Besetzungen französischer Opern, die in der Ära der Langspielplatte aufgenommen wurden, müßte den Rückschluß zulassen, daß es nur noch wenige französische Sänger von Klasse gab. International durchgesetzt haben sich eigentlich nur Régine Crespin, Alain Vanzo, Gabriel Bacquier und José van Dam. Doch fielen zentrale französische Partien Sängern wie Victoria de los Angeles, Frederica von Stade, lleana Cotrubas, Agnes Baltsa, Jessye Norman, Nicolai Gedda, Alfredo Kraus und Jon Vickers zu, zudem Placido Domingo, José Carreras, Ruggero Raimondi und Sherrill Milnes.

Vor einem Jahrhundert dominierten viele französische Sänger – französisch von Geburt oder durch kulturelle Assimilation – auf den internationalen Bühnen. Viele und gerade die Besten wie die Gebrüder de Reszke, Charles Dalmorès, Lucien Muratore, Edmond Clément, Victor Maurel, Jean Lassalle, Maurice Renaud, Pol Plançon, Juste Nivette, Emma Calvé, Félia Litvinne und Jeanne Gerville-Réache waren genialische Eklektiker. Ausgebildet von Pauline Viardot-Garcia, Giovanni Sbriglia, Mathilde Marchesi, Novelli und anderen Exponenten des klassischen Singens – die allesamt eine Zeitlang in der Hauptstadt des 19. Jahrhunderts tätig waren –, verschmolzen sie die kontrollierte Tongebung des Belcanto mit den Finessen der französischen Diktion. Schon zur Jahrhundertwende aber brach, wie Michael Scott ausführt, die Grundlage der »französischen Schule« zusammen.

Der bedeutendste Exponent der französischen Tradition muß der gebürtige Pole Jean de Reszke gewesen sein, Carusos Vorgänger an der Metropolitan

Opera. Sein Singen muß ein einziger Triumph von Technik, Geschmack, Stil und Finessen gewesen sein – und weniger einer der Stimme allein. Jean de Reszke (1850–1925) hat keine Platten aufgenommen, und die wenigen Phrasen, die auf Zylinder-Mitschnitten aus der Met dokumentiert sind, lassen mehr ahnen als hören.

Lyrische Tragödin: Mary Garden

> Ich hatte nicht eine Stimme. Ich hatte zwanzig.
> *Mary Garden über ihre Stimme am 18. 1. 1954 in ›Herald Tribune‹*

> Durch eine Kunst, die von der anderer Opernsänger ganz verschieden ist, habe ich meinen Weg gefunden, und ich möchte nicht allein nach meinem Singen oder nach meinem Spiel und meiner Bühnenerscheinung beurteilt werden, sondern durch die Verbindung all dieser Dinge zu einer Kunst, die sich von der aller anderen unterscheidet.
> *Mary Garden*

Für die Amerikaner war die aus Schottland stammende und in Chicago aufgewachsene, aber in Paris von Trabadello und Lucien Fugère ausgebildete Mary Garden (1874–1967) »our Mary«. Sie sang in den besten Jahren ihrer Laufbahn in den Vereinigten Staaten, nachdem sie im Jahre 1900 an der Pariser Oper ein Debüt gegeben hatte, wie es sich jeder Anfänger nur erträumen kann. Die Studentin hatte auf Geheiß ihres Lehrers die Partie der Louise aus Charpentiers kurz zuvor, am 2. Februar 1900, in der Opéra Comique uraufgeführtem »roman musical« (Untertitel) studiert. Während einer Aufführung mußte sie im dritten Akt für die indisponierte Marthe Rioton, die Louise der Uraufführung, einspringen: Und mit »Depuis le jour« – oder auch seit: »Depuis le jour« – war sie in Paris berühmt. Es war nicht allein und nicht primär der Erfolg ihrer Stimme. Sie selbst erklärte: »Die Leute gehen, um Melba oder Caruso zu hören, aber sie kommen, um Garden zu sehen.«

In sechs Jahren an der Opéra Comique war sie an zahlreichen Uraufführungen beteiligt: Von Piernés *La Fille de Tabarin* (1901), Xavier Leroux' *La Reine Fiamette* (1903), Jules Massenets *Chérubin* (1905) und Erlangers *Aphrodite* (1906), vor allem aber von Claude Debussys *Pelléas et Mélisande* am 30. April 1902. Im Jahre 1907 suchte Oscar Hammerstein für seine Manhattan Opera und den

Mary Garden als Salome
(Foto: © Kesting)

neuerlichen Angriff auf den Konkurrenten Met nach einem Star, nach einem Sänger mit Ausstrahlung und Charisma. Er wählte Garden.

Garden sang zwischen Februar 1907 und Februar 1908 die amerikanischen Premieren von *Thaïs, Louise* und *Pelléas et Mélisande*. Richard Aldrich schrieb am 20. Februar 1908 in der *Now York Times* über ihre Mélisande: »Sie entfaltete darin eine neue Seite ihrer Kunst und ihrer dramatischen Persönlichkeit. Sie ist das träumerische, sehnsüchtige Mädchen, umherschweifend, unsicher, unglücklich; ihre Darstellung dieses schattenhaften und geheimnisvollen Charakters ist voller Schönheit und plastischer Anmut. Zeitweilig, wie in der Szene mit dem verwundeten Golaud oder in der, da er ihr Gewalt antut, erreicht sie Höhen tragischer Ausdruckskraft, die sie unter die größten lyrischen Darstellerinnen einreiht.«

Ein Jahr später sang sie in Massenets *Le Jongleur de Nôtre Dame* und Richard Strauss' *Salome*. Als Darling der Presse kündigte sie an, dafür eigens Tanzstunden zu nehmen, was Henderson bissig kommentierte: »*Salome* mit Mary Garden als Heroine ist ein Tanz mit Kommentar, denn um der Wahrheit willen muß gesagt werden, daß Miß Garden nicht eine einzige Phrase von Strauss singen kann. So weit und so gut, aber Salomes Worte müssen irgendwie ans Publikum gebracht werden. Miss Garden war am erfolgreichsten da, wo sie wohlüberlegt sprach.«

Kurz vor der Premiere von *Salome* kam es zum Eklat zwischen der Diva und dem Impresario, der zu ihrem Wechsel nach Chicago führte, wo sie fast zwei Jahrzehnte lang blieb. Als Hammerstein die Römerin Lina Cavalieri verpflichtete, bestand Garden auf dem französischen Repertoire als ihrem Besitz (»Ich werde sie mit Freuden hören, solange sie nur italienische Opern singt.«) Sobald aber Cavalieri als Thaïs angekündigt würde, drohte Garden, würde sie quittieren. Cavalieri wurde als Thaïs eingesetzt; Garden ging.

Auch wenn es der Diva hoch angerechnet wurde, die Marguérite in *Faust* zu »etwas anderem gemacht zu haben als zu einer singenden Puppe«, so gingen New Yorks Kritiker mit ihrer Gesangs-*Technik* gnadenlos zu Gericht: »Natürlich bestitzt sie nicht die Leichtigkeit, um die Juwelenarie zu singen. Ihr Singen war der Ausdruck des Bravado ihrer Natur, nicht viel mehr.«

Weniger hart urteilten die Kritiker in Chicago, an der sie in zwei Jahrzehnten vor allem das französische Repertoire populär machte. Dort verzieh man ihr den Umgang mit unbequemen hohen Noten: »Man kann nur eines mit hohen Noten, die einem nicht liegen, anstellen: Sie einfach auslassen.«

Der Kritiker Vincent Sheean hat Garden als unvergleichlich bezeichnet; nur Schaljapin und Maria Callas hätten mit ihren Rollen einen ähnlichen osmotischen Vorgang durchlebt wie die Schottin aus Aberdeen. Das klingt zugleich bewundernd und euphemistisch. Um so überraschender der Eindruck von der Stimme auf der Platte. Sicher, es ist keine Stimme in der Klasse der Melba, der Sembrich; aber es ist eine durchaus gut geschulte und ausdrucksvolle Stimme mit normalem Umfang (von C bis C). Als französisch singende Violetta (Aufnahme von 1911) kann sie zwar nicht mit der Brillanz einer Tetrazzini, auch nicht mit der Energie einer Melba aufwarten, aber sie braucht selbst bei »Sempre libera« nicht zu mogeln – nur die hohen D's behandelt sie nach dem zitierten Leitsatz: Laß sie aus. Um so schöner, expressiver singt sie »Ah! fors'è lui« mit fein gestufter Dynamik. Ihre eindringlichste Interpretation aber ist »L'Amour est une vertu rare«, das Arioso aus Massenets *Thaïs*, in der zweiten Aufnahme vom 17. Mai 1912. Die Linie ist perfekt, der Klang rein und doch expressiv, die Diktion makellos. Wie vollkommen diese Platte ist, erkennt man beim Vergleich mit Anna Moffo oder Beverly Sills, die das Stück 1974 und 1976 grotesk entstellt (Moffo) oder klanglich ausgebleicht (Sills) haben. »Depuis le jour« aus *Louise* ist ebenso ein klassisches Sammlerstück wie die Auszüge aus dem dritten Akte des *Pelléas* mit dem Komponisten am Klavier. Von ganz besonderem, süß-sentimentalen Zauber sind ihre Aufnahmen schottischer und irischer Lieder, die sie 1912 aufnahm: »John Anderson, my Jo«, »Comin' thro' the Rye«, »Blue bells of Scotland« and »Irish Love Song«.

Ihre letzte Aufführung – *Carmen* – sang Mary Garden im »Cincinnati Zoo« im Jahre 1935. Später gab sie noch einige Konzerte in Europa, und kurz vor ihrem Tod sang sie für die Krankenschwestern eines Hospitals, in dem sie einen Armbruch ausheilte. Über die letzte große Exponentin der französischen Tragédie lyrique schrieb Vincent Sheean in seinem Epitaph: »Garden hatte keine Schule und stand für keine Schule, und sie hatte auch nichts weiterzugeben. Sie war nur sie selbst.«

Eleganz: Ninon Vallin

> Unter den Sängern bemerkte ich eine zaghafte junge Dame, deren Stimme von dem Moment an, da ich sie hörte, den lebhaftesten Eindruck auf mich machte. Die außergewöhnliche Qualität der Stimme, ihre Reinheit, ihre Frische, ihr Timbre, ihre Farbe, ihre Flexibilität, ihr emotioneller Charakter und ihre Sicherheit und der Geschmack bei ihrem Gebrauch ließen keinen Zweifel. Wir befanden uns in Gesellschaft einer großen Künstlerin.
> *Albert Carré über Ninon Vallin*

Diese Episode begab sich im Februar 1912 im Salon der Sängerin Mme. Uvalde, die privat ihre Oper hatte aufführen lassen. Als der Intendant Carré Ninon Vallin (1886–1961) fragte, weshalb man sie nicht auf der Bühne erleben könne, bekannte die aus Montalieu-Vercien gebürtige Sängerin – die bei ihrem Schwager M. Mathieu am Konservatorium von Lyon studiert hatte –, daß sie derlei Karriere-Pläne nie gehabt habe. Erst nach Zureden des Chefs der Opéra Comique wagte Vallin dort am 12. Oktober 1912 ihr Debüt als Micaëla. Am 18. Dezember sang sie in der Uraufführung von Erlangers *La Sorcière.* 1913 übernahm sie Partien wie Mimi und Mignon und sang in Konzerten Musik von Debussy, mit dem sie am 21. März 1914 in der Salle Geveau die *Trois Poèmes de Stéphane Mallarmé* erstaufführte. Später hat sie auch mit Roussel, Reynaldo Hahn, Joaquin Nin und Louis Beydts gearbeitet. Weil sie an der Opéra Comique unterbeschäftigt war und ihr Mentor Albert Carré das Haus verlassen hatte, sang sie seit 1916 viel in Südamerika. Sie gastierte nur selten in Europa. In der Saison 1916/17 ersetzte sie Rosina Storchio an der Scala als Mignon. 1920 gab sie ihr Debüt als Thaïs an der Opéra, aber auch dies fesselte sie nicht enger an die französischen Bühnen. Wohl sang sie am 15. Juni 1924 die Erstaufführung von Roussels *Poèmes de Ronsard* – eines der zahlreichen Konzerte, die ihren Ruf als bedeutendste Interpretin von Mélodies festigten. 1926 sang sie wieder an der Opéra Comique, unter anderen Werken Fallas *La Vida breve*. Sie wurde als Mozart-Sängerin ebenso geschätzt wie als vielseitige Konzert-Interpretin. Zum Schluß ihrer Laufbahn in den frühen dreißiger Jahren gab sie populäre Konzerte in der Alhambra, einer großen Musikhalle; nach dem Rückzug von Bühne und Podium wirkte sie als Lehrerin in der Nähe von Lyon.

Vallin hat für Gramophone in Paris, Pathé, Odeon und Columbia aufgenommen – insgesamt rund 300 Titel. Darunter ist eine vollständige Aufnahme von Massenets *Werther* mit Georges Thill und Armand Narçon (unter Elie Cohen) und umfangreiche Auszüge aus *Louise*, wieder mit Thill als Tenor-Partner und dem Baß André Pernet; Charpentier selbst besorgte die Auswahl für die 16 Platten. Beide Aufnahmen sind von EMI-Frankreich wiederaufgelegt worden. Bei Rubini gab es eine Sammlung der Odeon-Titel aus der Zeit zwischen 1927 und 1932 (GV 509); im CBS-Album, den reichen Stunden der Opéra Comique gewidmet, Arien und Duette aus *Mignon*, im CBS-Album aus der Opéra Szenen aus *Faust*. Vallins Stimme war von ausgesprochen sympathischer, quellklarer Tonqualität und wurde mit hell-glänzendem Klang projiziert. Die Diktion zeichnete sich aus durch Genauigkeit und Plastizität. Auch in der Höhe gab es nicht die essigsauren Noten, die man von vielen französischen Sopranen kennt. Gleichwohl war der Klang der Stimme nicht reich und farblich variabel, dadurch die Ausdruckspalette vergleichsweise schmal. Es ist die rechte Stimme für die (technisch weniger anspruchsvolle) Musik der Jahrhundertwende: Salomés »Il est doux, il est bon« aus Massenets *Hérodiade* gibt sie mit süß-sentimentalischem Klang und delikaten dynamischen Stufungen. Ebenso sauber und klangschön Louises »Depuis le jour«, freilich ohne die auf dem Atem gefluteten Töne einer Nellie Melba. Die gefühlvolle Atmosphäre von Mignons »Connais tu le pays?« ist genau und ausdrucksvoll getroffen, aber man muß Patti hören, um die Momente des Stimmungshaften allein in der nuancierten Tongebung zu finden, die die Worte ausdrucksvoller illuminiert als die pointierende Diktion der Französin. Nicht recht befriedigend sind die Aufnahmen mit verzierter Musik: Die Brillanz der Juwelen-Arie, vor allem die überschäumende Triller-Geste des Beginns, wirkt in ihrer Wiedergabe zaghaft und deshalb im Ausdruck reduziert. Für Massenets bekannteste Partien – Manon und Charlotte in *Werther* – hat sie ein untrügliches Gespür und die Delikatesse einer Phrasierung, die die Wortnuancierung nie durch einen zu schweren Ton überlagert. Über die Aufnahme von *Werther* hat Lord Harewood sich enthusiastisch ausgelassen, vor allem über die ideale Ausführung des von Sentiment und gefühlvollen Gesten gefüllten

Konversations-Tons, der für *Manon* wie *Werther* charakteristisch ist. Diesem Ton können allein Interpreten gerecht werden, die die Sprache nicht von einer Laut-Umschrift ablesen. Vallins Singen verbindet hier einen feinen, diskreten Ton mit eienr literarisch verfeinerten Aussprache – selbst Victoria de los Angeles erreicht nicht diese Balance und Nuancierung. Italienische Aufnahmen Vallins – sie hat Arien aus *Norma, Don Pasquale, Mefistofele, Tosca* gesungen – habe ich nicht hören können.

Wagner-Diva: Germaine Lubin

> Isolde zu singen ist allen Kummer des Lebens wert.
> *Germaine Lubin, Félia Litvinne zitierend*
>
> Nie zuvor – und viele der Größten gingen durch meine Regiehände – hatte ich in wochenlanger Zusammenarbeit mit einer kongenialen Frau solche Höhen des Olymp ersteigen können! War Maria Müller eine eigenartige Begabung: man tippte sie an, und – alles war da, in Kopie, ohne Eigenschöpfung. Aber Germaine ...
> *Heinz Tietjen*
>
> Sie sind eine Verführerin!
> *Adolf Hitler zu Germaine Lubin nach einer Bayreuther ›Parsifal‹-Aufführung von 1938*

Lauritz Melchior sang 1937 an der Pariser Oper Parsifal und war von der Kundry der Aufführung – Germaine Lubin – derart beeindruckt, daß er sie dem Berliner Intendanten Heinz Tietjen empfahl. Die Französin erhielt eine Einladung an die Berliner Oper, debütierte dort am 20. Februar 1938 als Sieglinde, wurde nach der Aufführung durch Botschafter François Poncet mit Marschall Göring bekanntgemacht und erhielt von Tietjen sogleich das Angebot, in Bayreuth Kundry zu singen. Nach der Aufführung war sie die Tischdame Hitlers – eine belastende Tatsache im Tribunal, das nach dem Krieg gegen die Sängerin veranstaltet wurde, die 1939 als die größte aller Isolden gefeiert worden war. Sie berichtete später, daß sie eine neuerliche Einladung zum Festempfang mit Hitler (»ich wollte ihn nicht noch einmal sehen«) wegen Ermüdung abgesagt hatte, von ihm aber in ihrer Garderobe aufgesucht und mit dem Kompliment bedacht wurde, er habe eine solche Isolde in seinem Leben noch nie gesehen und gehört (der Dirigent der Aufführung war Victor de Sabata). Während des

Krieges sang sie, auch während der Besetzung von Paris, an der Opéra. Nach der Befreiung sah sie sich schweren Vorwürfen ausgesetzt, wobei das Politische und das Private vermengt wurden; es hieß gar, sie sei die Geliebte von Nazi-Oberen wie Ribbentrop und Admiral Dönitz gewesen, selbst von Hitler.

Germaine Lubin (1890–1979) stammte aus einer Arzt-Familie, spielte talentiert Klavier und studierte am Conservatoire, als ihr Professor, Monsieur de Martini, ihre Stimme entdeckte und bald bis zum D in alto aufbaute. Sie wurde allgemein als dramatische Sopranistin eingeschätzt, begann aber, weil sie sich als noch unfertige Sängerin und Darstellerin ansah, mit kleinen und leichten Rollen. Sie debütierte als Antonia an der Opéra Comique (13. November 1912), wo sie von dem umsichtigen Theaterchef Albert Carré energisch gefördert wurde. Für ihre außergewöhnlichen Talente spricht, daß Fauré schon während der Zeit am Conservatoire seine Lieder mit Lubin studierte. Zwei Jahre nach ihrem Debüt wechselte sie an die von Jacques Rouchés geleitete Opéra. Sie begann als Marguérite in *Faust* und übernahm dann lyrische Partien wie Juliette und Thaïs. In dieser Zeit holte sie sich den Rat von Félia Litvinne, die sie in ihrer Studienzeit als Alceste erlebt hatte (»sie nahm mir den Atem«). Mit ihr verbesserte sie ihre Diktion, entwickelte sie vor allem das klangvolle Tiefen-Fundament der Stimme und ihr Piano. Weitere Studien bei Jean de Reszke brachten ihr »wenig zusätzliche Kenntnisse«, aber Sommer-Kurse bei Lilli Lehmann (»sie war schrecklich anspruchsvoll und furchtbar streng«) halfen ihr entscheidend weiter; mit Lehmann studierte sie Donna Anna, die sie 1931 unter Bruno Walter in Salzburg sang. »Ich hielt mich an das Motto«, sagte sie gegenüber Rasponi, »zu der Besten zu gehen, die es in einer bestimmten Rolle gegeben hatte.« So wandte sie sich an Gutheil-Schoder, um Strauss' Oktavian zu studieren. Sie gab die Rolle zum ersten Mal in Monte Carlo unter Victor de Sabata neben Ritter-Ciampi, mit der sie in Paris unter Walter auch in *Don Giovanni* sang. Der zweite Schritt an der Pariser Opéra brachte jugendlich-dramatische Rollen auch des italienischen Fachs (Tosca, Aida), sodann die Hauptrollen in *Castor et Pollux, Pénélope, Salammbô, Légende de Saint Christophe* (d'Indy), schließlich dramatische Partien wie Sieglinde, Marina, Elsa, Eva, Elisabeth, Agathe, Alceste, Brünnhilde, Cassandre und endlich Isolde und Elektra (die sie wieder mit Gutheil-Schoder studierte), ihre größten Triumphe in Paris. 1931 folgten Kundry, 1933 Brünnhilde in *Götterdämmerung* und Leonore in *Fidelio*. Für Dukas studierte sie Ariane in *Blaubart*. Dann kamen die prekären Triumphe in Bayreuth, Berlin und Zürich, wo sie unter Furtwängler Sieglinde neben der Brünnhilde von Kirsten Flagstad sang. Am heftigsten verübelt wurde ihr, daß sie während des Krieges bei einem Paris-Gastspiel des Bayreuther Ensembles unter von Karajan Isolde sang. André Tubeuf schrieb über ihre Karriere: »Sie hatte alles gehabt: Stimme, Volumen,

Germaine Lubin
(Foto: © Kesting)

Pianissimi . . ., Fioritura (die Wiener Philharmoniker applaudierten nach ihrem ›Non mi dir‹ während der Probe in Salzburg), Leuchtkraft in ihrem tiefen, warmen Sopran; ihre Freundschaft mit Hofmannsthal, Valéry oder der intellektuellsten aller Sängerinnen, Claire Croiza, zeugen von ihrer erlesenen Kultur. Tietjen beschrieb die Originalität und Größe ihrer tragischen Kunst, Max Reinhardt aber spürte dahinter Witz und Humor auf und wollte mit ihr *Fledermaus* machen. Dazu die edle, strahlende Schönheit ihrer blauen Augen, ihrer feinen Züge.«

Lubin hat, dies ihr wichtigster Beitrag zum französischen Opern-Theater, die Wagner-Tradition von Félia Litvinne und Lucienne Bréval fortgesetzt (und nur in Régine Crespin eine Nachfolgerin gefunden). Leider gibt es von ihr nicht viele Aufnahmen, und Mitschnitte von ihrer Salzburger Donna Anna, ihrer Londoner Alceste oder ihrer Bayreuther Isolde sind auch noch nicht aufgetaucht. Die Odeon-Aufnahmen und die wenigen Pathé-Titel – zu hören auf Preiser – zeigen zwar sogleich eine Stimme allererster Klasse von heller Brillanz und konzentrierter Energie, aber das Mikrophon vergrößerte die für viele gallische Soprane typische kantige Schärfe. Sobald eine Aufnahme mehr »Raum« bekommt – Beispiel: die Erwachens-Szene der französischen Brünnhilde in *Sigurd* (»Salut! splendeur du jour«) –, merkt man, daß diese Schärfe im Theater für Leuchtkraft und Transport sorgte. Daß sie Elsas Traum, Elisabeths Hallen-Arie, Sieglindes Erzählung, Brünnhildes »Ewig war ich« und »Starke Scheite« in französischer Sprache singt, war gewiß keine Erleichterung. Die lyrischeren Stücke singt sie expressiv und leuchtend, doch in Brünnhildes Schlußgesang werden Grenzen der Stimme deutlich: Lubin hilft sich allzu häufig mit Portamenti durch hoch liegende Passagen. Wie schön ihr Ton sein kann, verrät Toscas »D'art et d'amour« mit feiner Mezzavoce in der klimaktischen Schlußphrase. Anders als Steane finde ich wenig Gefallen an ihrer Aufnahme von Schuberts »Erlkönig« – wenn ich den von einem Franzosen hören möchte, greife ich zu der faszinierend piktoralen Platte von Charles Panzéra.

Zwei dramatische Tenöre

Tönende Leuchtspuren: Léon Escalais

> Er sah genau aus wie der gestiefelte Kater und kann kaum sehr viel größer als 1,50 Meter gewesen sein. Aber es scheint so, als sei dieser kompakte Wuchs die Voraussetzung für eine derartige Stentorstimme. Escalais besaß die glorioseste Stimme, die je aus einer französischen Kehle kam. Sie besaß eine trompetenhafte Qualität von der Intensität und dem Volumen Tamagnos, aber sie war zweimal so breit und viel, viel schöner. Er konnte lyrisch singen, aber wenn er die Stimme öffnet, kriegen neue Hörer noch nach einem halben Jahrhundert Gänseschauer.
> *Leo Riemens über Léon Escalais*

Den Kopf einer Bulldogge und die Beine eines Basset-Hundes – das war eine zeitgenössische Beschreibung für den aus Cuxac-d'Aude stammenden Leonce-Antoine Escalais (1859–1941), der nach dem Studium am Konservatorium seiner Vaterstadt in Paris am Conservatoire bei Crosti und Obin auf sein Debüt an der Opéra vorbereitet wurde. Escalais sang, für einen Anfänger fast unbegreiflich riskant, Arnold in *Guillaume Tell* (am 12. Oktober 1883). Die Brillanz seiner hohen Töne machte Sensation; er wurde mit dem Heldentenor Villaret und vor allem mit Gilbert-Louis Deprez verglichen. Escalais sang die großen Partien von Meyerbeer, in Reyers *Sigurd* und in Halévys *Ja Juive* und

1890 in der Uraufführung von Veronge de la Nux' *Zaire* (mit Emma Eames und dem Bassisten Jean-François Delmas als Partnern). Schon 1888 war er an die Scala gekommen und hatte seine italienischen Confrères als Manrico in Schrekken versetzt. Nach einem Streit mit der Leitung der Opéra verließ er den Palais Garnier, sang in der französischen Provinz, in Italien und schließlich auch in den USA, aber nur am Französischen Opernhaus von New Orleans. 1896 heiratete er die Sopranistin Maria Lureau und eröffnete ein Sänger-Studio. Nachdem der Streit mit der Opéra beigelegt worden war, gab er 1908 dort, fast 50jährig, ein zweites Debüt. Die Stimme hatte immer noch all ihren Glanz, der ihn dazu verleitet hatte, in New Orleans die Stretta aus dem *Trovatore* fünfmal nacheinander zu singen: 15 hohe C's.

Nein mehr, tatsächlich seismische Schocks. Tenöre mit einem mühelosen, freien, im Ansatz sicheren, im Ausklang locker-beherrschten C sind rar. Kein Lauri-Volpi, kein O'Sullivan, kein Björling hat das C derart unangestrengt und gleichwohl fanalartig schmettern können wie der kleine Franzose. Aber »mit einer lauten Stimme im Hals« ist man, wie Nietzsche sarkastisch schrieb, »unfähig, feinere Dinge zu denken«. Escalais zählt sicher nicht zu den feinen Sängern: Scott, wie immer säuerlich, bezeichnet ihn gar als einen provinziellen Interpreten, der allerdings nicht rauh und ungehobelt (»crude«) gesungen habe. In den Jahren 1905 und 1906, mit 46 Jahren also und damit durchaus nicht in den guten Jahren eines Tenors, hat Escalais rund 30 Titel aufgenommen. In der französisch gesungenen Arie aus Verdis *Jérusalem* nimmt er in der Arie »Je veux entendre« die hohen Cis mit wilder Attacke: rasch, energisch, trompetenhaft. Aber die hohen Töne sind nicht, wie etwa bei dem Iren O'Sullivan, isoliert und angehängt, klingen auch nicht so komisch-großartig wie etwa bei dem Italiener Giuseppe Taccani. Escalais phrasiert gut, sein Legato ist vorbildlich, der Ton selber immer kontrolliert. Das brillanteste Zeugnis dafür ist seine Aufnahme der sogenannten »Sicilienne« aus Meyerbeers *Robert le Diable*. Der erste Teil des Stückes ist dramatisch: Die durch riesige Intervalle getrennten, marcatierten Noten schlägt der Franzose so leicht und sicher an wie der ihn begleitende Pianist. Mühelos singt er, vom C hinabgleitend, ein Ton für Ton genau markiertes Arpeggio, nicht minder mühelos bildet er den Triller, und nie werden die glänzenden, oft gleißenden Töne durch einen Schock des Zwerchfells ihrer klanglichen Reinheit beraubt. Superb die in der Höhe bis zum C gebildeten, geradezu gefluteten Töne der halben, aber die Resonanz wahrenden Stimme. Fast immer hat der Klang eine kopfige Beimischung, und oft werden die Sprünge in die vokale Stratosphäre abgefedert durch die »petite note inférieure« (Garcia). Im Septett aus *Les Huguenots* (unter Beteiligung von Magini-Coletti, Ferruccio Corradetti, Oreste Luppi) feuert Escalais, wie auch im Trio (mit Magini-Coletti und Luppi), tönende Leuchtspuren in die Höhe. Bei aller Brillanz kommt seine

Wiedergabe von »Asil héreditaire« aus *Guillaume Tell* nicht an die gleichermaßen glänzende, aber elegisch eingefärbte Aufnahme von Tamagno heran. Die französisch gesungenen Monologe aus dem *Otello* wirken ausdruckslos, während die Rachel-Arie aus *La Juive* den Sänger versammelt und auch von seiner lyrischen Seite zeigt. Hier entfaltet sich auch die Schönheit des Timbres, während der Sänger sonst oft die weich-flutende Tongebung der (angespannten) Brillanz zu opfern bereit ist, ohne daß diese Anspannung je der technischen Bewältigung eines Stückes im Wege steht.

Konzentrierte Emphase: Paul Franz

Paul Franz (1876–1950) studierte bei Louis Dalaquerrière und gab in Nantes als Lohengrin im Jahre 1907 ein so fulminantes Debüt, daß er schon ein Jahr danach in derselben Partie an der Opéra auftreten konnte. Seine Stimme, »groß und

Paul Franz
(Foto: © Rubini-Records, Hove, Sussex)

zugleich von berückender Feinheit«, eignete sich für lyrische Partien (Roméo und Faust) und behauptete sich in dramatischen (Sigurd, Samson, Radames, Tannhäuser, Siegmund), ohne daß Franz sich dabei erschöpft hätte wie Jean de Reszke, mit dem er in London des öfteren verglichen wurde. Rund ein Vierteljahrhundert sang er, ohne stimmliche Einbußen, die schweren Helden, das beste Indiz für eine erstklassige Technik. Scott bringt als Kommentator einer Rubini-Platte zahlreiche Belege dafür, daß der Franzose als Roméo neben der Juliette von Nellie Melba, als Radames neben der Aida von Emmy Destinn, als Julien neben der Louise von Marie-Louise Edvina, als Raoul neben Tetrazzini, Destinn und Marcoux am Covent Garden (zwischen 1910 und 1914) bestand. An der Pariser Oper übernahm er von dem Belgier Ernest von Dyck, der bei Felix Mottl in Karlsruhe mit dem Werk Wagners vertraut gemacht worden war und seit 1888 (Parsifal) in Bayreuth auftrat, die großen Wagner-Rollen: Walther, Tristan, Siegfried und Parsifal. 1921 sang er mit Fanny Heldy in der Uraufführung von Gabriel Duponts *Antar*, zwei Jahre später in der von Roussels *Padmâvati* – die Partie des Ratan-Sen hat in jüngerer Zeit nur Nicolai Gedda wieder gesungen. Bis spät in die dreißiger Jahre blieb Franz an der Opéra mit Partien wie Jean (*Hérodiade*), Eléazar (*La Juive*), Faust (*Faust* und *La Damnation de Faust*), Roderigue (*Le Cid*) und Jean (*Le Prophète*). 1938 nahm Franz Abschied mit einer Vorstellung für Studenten des Conservatoire, an dem er kurz zuvor eine Professur übernommen hatte.

Franz' Stimme leuchtete zwar nicht mit dem gleißenden Glanz wie die von Léon Escalais, zählt aber doch zu den klangschönsten und dazu bestgeführten Heldentenorstimmen des Jahrhunderts. Sie war voluminös, umfangreich (mühelos vom H bis zum C), bruchlos registriert und eminent durchschlagskräftig. Trotz einer musterhaft deutlichen Diktion überlagern die oben erwähnten Eigenheiten der französischen Sprache nicht den Klang. Dramatische Steigerungen verführten Franz nicht zu einer ausladenden, sondern eher zu einer konzentrierten Tongebung, zur Klangverdichtung und -konzentration. Hört man ihn, beispielsweise, in »Salut, tombeau« aus Gounods *Roméo et Juliette*, so gibt er der Phrase »O ma femme« lyrische Innigkeit, singt ansonsten aber mit konzentrierter Emphase aus: Dies ist das Klangbild eines romantischen Jünglings, das später nur Jussi Björling (live mit Bidu Sayão in der Met) wieder heraufzubeschwören vermochte, ohne Franz' feine Diktion zu erreichen. Mit allen Finessen der Diktion beginnt Franz auch die Blumenarie des Don José aus *Carmen*, aber das B auf »toi« singt er nicht, wie notiert, pianissimo, sondern forte; aber es ist nicht das sich spreizende Forte italienischer Tenöre, sondern ein helles, schlankes des Stimmkerns. Es hat, wenigstens, den Vorzug, nicht gellend zu klingen, einen Vorzug, der auch die Aufnahmen anderer Franzosen aus den lautstark verunstalteten Blumenarien heraushebt: die von Charles Dalmorès, David Devriès,

Fernand Ansseau und von Nicolai Gedda (der wohl als einziger José der Nachkriegszeit das technische Rüstzeug für alle Facetten der Rolle mitbrachte). Hochinteressant Franz' Radames-Romanze: Zwar ignoriert der Sänger die aufwärtigen Portamenti – was Scott konstatiert, aber nicht kritisiert –, aber die Phrasierung hat Fluß und Bindung, der heikle Aufstieg zum ersten B vollzieht sich ohne die geringste Mühe, und das Schluß-B singt Franz einmal mehr zwar forte, aber mit hellschlanker Fokussierung. Dann wiederholt er, auf dem tiefen B, die letzte Phrase »vicino al sol«, wie es später Richard Tucker in der Aufnahme unter Toscanini tat (dieser Kunstgriff soll auf Verdi selber zurückgehen, der sich während einer Aufführung davon überzeugte, wie schwer ein Pianissimo-B zu singen war). Obwohl in französischer Sprache gesungen, eine exemplarische Interpretation. Singulär sind die Soli des Samson aus Camille Saint-Saëns Oper: Wo der (wie eigentlich immer) eindrucksvoll-eindringliche Giovanni Martinelli alle Feuer der Stimme leuchten, aber auch flackern läßt, musiziert Franz mit konzentriert-versammelter Tongebung und expressiver Klangschattierung: »Arrêtez, o mes frères« bringt, endlich einmal, die »ganz bestialische Leidenschaft eines überkräftigen gottbegabten Helden zu dem verfluchtesten Luder, das die Erde trägt« (so Goethe an Zelter) zum Klingen, und das archaisierende Lamento »Vois ma misère« bebt, ohne je larmoyant zu werden, vor Pathos. Auf diese stimmliche und musikalische Höhe sind nur Charles Dalmorès, Fernand Ansseau und César Vezzani gelangt, während die Samson-Sänger nach dem Krieg entweder uninspiriert wirken wie James King – der die Partie bewältigt, den Hörer aber nie überwältigt – oder überemphatisch wie Placido Domingo. Auszüge aus *Die Walküre, Siegfried* und *Lohengrin* bestätigen das Niveau des Wagner-Sängers: Siegfrieds Schmiedelied erklingt endlich einmal auf dem Gesangston, ohne grobe Stößigkeiten vom Zwerchfell und mit resonanten Marcati. Lohengrins Gralserzählung beginnt, subtil deklamiert, als Erzählung und wird zum Schluß mit attackierender Energie, fast wütend, gesteigert, während der Abschied mit wundervoller Mezzavoce, mit groß-duftigem Klang bei halber Dynamik, vorgetragen wird. In der Ära der elektrischen Aufnahmetechnik hat Franz den französischen Siegfried, Sigurd von Reyer, aufgenommen. Dem überempfindlichen Ohr eines Michael Scott mag auffallen, daß die Stimme in der Mittellage nicht mehr ganz die Sonorität des jüngeren Sängers besitzt, dafür bringt die bessere Aufnahmetechnik nicht nur den Glanz, sondern auch den weichen Schimmer der brillanten Höhe um so besser zur Geltung.

Zwei lyrische Tenöre

Ziseleur des Singens: Edmond Clément

Edmond Clément verzauberte das Ohr durch die unendliche Vielfalt und die Signifikanz seiner Nuancen in der Traumerzählung aus *Manon.*
William James Henderson über Edmond Clément

Als am 16. November 1909 an der New Yorker Metropolitan Opera Massenets *Werther* als erste französische Oper im neuen Haus aufgeführt wurde, sang »in dem überragenden Ensemble« mit Geraldine Farrar als Charlotte, Alma Gluck als Sophie und Dinh Gilly als Albert der Franzose Edmond Clément die Titelpartie, und noch Jahre später erinnerte sich Henderson, als er über Maurel schrieb, an die stilistischen und vokalen Finessen des 1867 geborenen und 1928 gestorbenen Franzosen, der Lied und Invokation mit unendlicher Subtilität aufgenommen hat. In seinem *Werther*-Beitrag zu *Opera on Record* zitiert Lord Harewood den Tenor Guillaume Ibos, der die Partie bei der Uraufführung gesungen hatte.

Ibos tadelte an den Werther-Interpreten »zu viel Lärm, zu wenig Gefühl und nicht genügend Varietät an Nuancen«. Lord Harewood rühmt sodann die erste Gesamtaufnahme mit Ninon Vallin und Georges Thill (unter Cohen) von 1930 als die beste überhaupt. Thill singe »durch die gesamte Oper hindurch mit gloriosem Ton, der Versammlung und der Kontrolle eines wahrhaft großen Sängers«. Doch erreicht auch der fabelhafte Georges Thill nicht jene makellose Verbindung und Verschmelzung von Wort und Ton, von sauberer Formung und eloquenter Phrasierung wie der vielleicht beste lyrische Tenor, den Frankreich je hervorgebracht hat: Clément.

Clément war Schüler des Conservatoire, kam 1889 an der Opéra Comique in Gounods *Mireille* heraus, sang fünf Jahre später in der französischen Erstaufführung von Verdis *Falstaff* in Gegenwart des Komponisten (an der Met war er mit der Partie in der Saison 1909/10 erfolglos), 1895 in der Uraufführung von Godards *La Vivandière*, 1901 in der von Piernés *La Fille de Tabarin.* Trotz seines guten Stils als *Werther* fand das Publikum, inzwischen an die dramatische Phonation Carusos gewöhnt, keinen rechten Gefallen an dem französischen Sänger

Edmond Clément
(Foto: © Rubini-Records, Hove, Sussex)

mit dem schlanken, leichten, delikaten und doch tragfähigen und durchdringenden Tenor. Es war eine kleine, nicht sehr farbreiche, eher bläserhafte Stimme, trocken im Ton und nicht absolut sicher in der höchsten Lage, wo sich der Sänger des öfteren ins Falsett flüchtet. Aber die kleinen Mängel der Tonproduktion werden mehr als nur aufgewogen durch die Finessen – und den Charme – des Vortrags. Auf seine Weise ist der Franzose ein Pendant zu seinem fast gleichaltrigen italienischen Kollegen Fernando de Lucia: Wie dieser war er ein Ziseleur des Singens, ein Meister der delikaten Arabesken, der klanglichen Schattierungen und, wie alle großen Franzosen, der sorgfältig balancierten Diktion und Deklamation.

Mit Marcel Journet hat er die vielleicht feinste Aufnahme von »Au fond du temple saint« aus *Les Pêcheurs de Perles* (gekürzt) gemacht: Makellos phrasiert mit perfekt bemessenen Rubati, kunstvoller Verschmelzung des Stimmklangs und gut abgestimmter Phrasierung. Daß die Aufnahme von Jussi Björling und Robert Merrill den Hörer unmittelbarer packt, liegt an der unwiderstehlichen Verve des betörend klangschön singenden Schweden. 1905 war Clément der Sänger der 500. Aufführung von Massenets *Manon* in der Opéra Comique: Die Traumerzählung (zwei Versionen: 1911 mit Klavier, 1916 mit Orchester) ist, vor allem in der ersten Fassung, ein Exempel klangreichen Singens mit schwebender Mezzavoce, während »Ah, fuyez« die Grenzen der Stimme andeutet – nicht aber die des Stilisten. Es gilt dies, mutatis mutandis, für Roméos »Ah, lève-toi, soleil«. Anders als Scaremberg, Alvarez oder Dalmorès sucht er den hymnisch-romantischen Ton nicht im hellen Aufstrahlen der Stimme, sondern in der elegischen Anmut des Vortrags, wobei ihn das hohe B fast überfordert. Ganz in seinem Element ist er als Almaviva in Rossinis *Il Barbiere* – eine technisch feine, nicht immer idiomatische Aufnahme. Und man muß nur spätere französische Tenöre – oder Kollegen im französischen Fach – mit »Ah, quel plaisir« oder »Viens, gentille Dame« aus Boieldieus *La Dame Blanche* hören, um Cléments Sonderstellung zu begreifen.

Elégance et Clarté: Georges Thill

Eine außergewöhnliche und dauerhafte Popularität, die Kraft ewiger Jugend – die ihn natürlich auch zum Film brachte –, gesunder Humor und eine ausgesuchte Höflichkeit, einige Leidenschaften des Stars – wie zum Beispiel schöne Autos –, aber keine Launen, eine erstaunliche Langlebigkeit – dreißig Jahre in erster Reihe auf der Bühne –, eine exzeptionell phonogene Stimme – mehr als achtzig Platten, die bis heute modellhaft sind: Georges Thill hat es verstanden, einer der größten Tenöre des Jahrhunderts zu werden, ohne sich zu verbrauchen oder zu vergeuden.
Alain Duault in seiner Einleitung zum Textheft von ›Georges Thill – L'Opéra Francais‹

Den ersten nachdrücklichen Hinweis auf den in Paris geborenen Georges Thill (1897–1984) erhielt ich 1970 durch den französischen Flötisten Jean-Pierre Rampal. Als ich ihn fragte, warum ausgerechnet ein Schwede – Nicolai Gedda – der beste französische Tenor sein müsse, riet mir Rampal nach der ersten Zustimmung, die Platten Thills zu studieren – und ich habe noch den bewundernden Ausruf im Ohr: »Quel son, quelle phonation!« Es dauerte einige Zeit, seine vollständige Aufnahme des *Werther* mit Ninon Vallin, Ausschnitte aus *Carmen* und eine gekürzte Fassung von *Louise* aufzutreiben, daneben seine zahlreichen Aufnahmen aus italienischen Opern und aus Werken von Richard Wagner.

Inzwischen hat die französische EMI zum 80. Geburtstag des Sängers zwei umfängliche Anthologien herausgebracht, begleitet von wahren Hymnen auf den erfolgreichsten und populärsten französischen Tenor dieses Jahrhunderts, der nach der Chronik Kolodins an der Met ebensowenig erfolgreich war wie nach Rosenthals Bericht an der Covent Garden Opera. An der Met war er bei seinem Debüt 1931 ein »wenig beeindruckender Roméo«, nach dem Faust fragte Henderson, ob das Haus wohl schon einmal einen »weniger romantischen oder gewinnenden« Helden erlebt habe, und am Covent Garden geriet sein Don José »fast zu einem Desaster«. John Steane widmet Thill in seinem Buch ganze dreizehn Zeilen und einen für ihn positiven Vergleich mit Gedda hinsichtlich der Aufnahme von »Bannis la crainte« aus Glucks *Alceste.* Hingegen finden sich zahlreiche und überwiegend positive, oft begeisterte Beurteilungen in »Opera on Record.«

Diese Diskrepanz der Wirkung und des Erfolges läßt sich dadurch erklären, daß manche Stimmen so schlecht reisen wie gewisse Weine. Thills Singen ist geprägt von der Lautform der französischen Sprache, weniger freilich von der gefürchteten und klanglich unattraktiven »nasalité«, sondern von der Tonbildung »dans la masque« und einer offenen, hellen Höhe. Auffällig ist auch die »clarté de la diction«, seit jeher von den Franzosen als eine spezifische vokale Tugend angesehen. Man spürt, wie die bedeutende Pädagogin und Korrepetitorin Jeannine Reiss in einem Aufsatz über die Technik des französischen Singens (»C'est la méthode«) ausgeführt hat, daß man bei Thill stets ein »plaisir physique« der Ton-Emission wahrnehmen kann. Thill hatte zunächst am Conservatoire studiert, machte aber so geringe Fortschritte, daß er auf den Rat eines Kommilitonen nach Neapel ging, um bei Fernando de Lucia zu arbeiten. Zwischen Lehrer und Schüler stellte sich rasch eine freundschaftliche Beziehung her. Das Textheft zur EMI-Anthologie zeigt ein Photo mit einer überaus herzlichen Widmung »al mio carissimo« Georges Thill, dem als »presentante della mia scuola del bel canto« eine große Zukunft prognostiziert wird. Wie erfolgreich die technischen Anweisungen de Lucias für seinen Schüler auch gewesen sein mögen, stilistisch hat er ihn offenbar kaum beeinflußt. In einem Gespräch mit Angelo Pradier, ebenfalls Bestandteil des Kommentar-Heftes, deutete Thill an, daß er die spezifische Manier de Lucias für überlebt hielt. Thill wurde vielmehr ein ungemein strenger Sänger, der wenig von der Kunst der Auszierung hielt, selbst einfachste Veränderungen der Linie problematisch fand – insofern war er durchaus ein Zeitgenosse Toscaninis. Thill produzierte einen kompakten, kraftvollen Ton von erstaunlicher Festigkeit, artikulierte mit großer Klarheit; aber der Ton kommt relativ unmoduliert, und der Diktion fehlt es zeitweilig an Nuancierung. Jeannine Reiss schreibt in ihrem Aufsatz: »La coloration de la voix, pour qu'elle soit bonne, il faut qu'elle vienne de l'âme. La technique n'est pas tout; il faut qu'elle puisse répondre, mais c'est l'émotion qui induit la couleur.«

Nach dem Studium bei de Lucia (von 1921–1923) absolvierte Thill am 15. Januar 1924 ein Probesingen an der Opéra und debütierte sechs Wochen später, am 24. Februar, als Nicias in *Thaïs* (neben J. F. Delmas und G. Vix). Im August 1924 sang er in Bécon-les-Bruyères Gounods Faust, am 25. September wieder in der Opéra Herzog. Nach einer »Chronologie« von André Segond, die sämtliche (!) Aufführungen des Sängers bis zum letzten Konzert am 25. März 1956 an Pariser Théâtre du Chalet auflistet (inclusive der Dirigenten und Partner), sang er 1925 an der Opéra in Lullys *Le Triomphe de l'Amour*, Bruneaus *Le Jardin du Paradis*, in *Faust, Rigoletto, Thaïs, Hérodiade, Aida, Werther*, Blochs *Brocéliande* – insgesamt 45 Aufführungen. 1925 unterzeichnete er auch seinen ersten Plattenvertrag. 1926 brachte 82 Aufführungen vorwiegend an der Opéra; neue Opern waren *Paillasse, Alceste, Roméo et Juliette, Manon, Lohengrin, La Traviata* und *La Damnation de Faust*. 1927 sang er fast alle seiner 61 Aufführungen wieder an der Opéra, ebenfalls 1928 – abgesehen von einem Gastspiel als Samson in London und den alljährlichen Auftritten in Aix-les-Bains. Am 29. März hatte er zum ersten Mal Kalaf gesungen, den er an drei Abenden auch in der Arena von Verona, diesmal in italienischer Sprache (28., 29. und 31. Juli), gab. 1929 brachte Gastspiele in Monte Carlo (*Roméo et Juliette, Parsifal, Lohengrin*), an der Mailänder Scala (*Turandot*), in Buenos Aires (*Turandot, Andrea Chenier, I Pagliacci, Samson et Dalila, Faust, Carmen*) und Montevideo (*Carmen, Andrea Chenier*). Das Jahr 1930 begann er als Kalaf und Dick Johnson in der Scala, dann folgten Gastspiele in Monte Carlo und vierundzwanzig Aufführungen in Buenos Aires. Im März und April 1931 gab er, weit weniger erfolgreich, Gastspiele an der Met (Roméo, Radames, Faust), *Tosca*-Aufführungen in Baltimore und Cleveland neben Jeritza und Tibbett und einmal *Carmen* in Cleveland (mit Jeritza). Wesentlich glücklicher waren weitere Gastspiele in Buenos Aires, Montevideo und Rio de Janeiro. 1932 sang er noch einmal drei Aufführungen an der Met (Faust, Roméo und in *Lakmé*), zum Jahresende vier Abende in Wien (Samson, José und Canio). Bis 1940 konzentrierte Thill seine Tätigkeit auf den französischen Sprachraum, von den sommerlichen Gastspielen in Südamerika abgesehen. Während des Krieges und nach 1945 reduzierte er die Zahl seiner Auftritte in der Oper und sang immer mehr Konzerte, seit 1946 so gut wie ausschließlich Konzert und Oper nur im Rundfunk.

Thill hat seit 1925 ein umfangreiches Repertoire aufgenommen: französische, italienische und deutsche Oper, überdies »Mélodies« (das französische Äquivalent zu Canzonen oder Songs), »Hymnes et Chansons«, auch Operettenlieder.

Von seinen Wagner-Aufnahmen habe ich nur die Brautgemach-Szene aus *Lohengrin* (mit Marise Beaujon, live aus dem Théâtre des Champs-Élysées am 15. Dezember 1928), Stolzings Preislied, Siegmunds »Ein Schwert verhieß mir der Vater« und »Winterstürme« und die Schlußszene aus *Parsifal* gehört – vokal teilweise wundervoll balancierte, kraftvolle, gut phrasierte Aufnahmen, aber das, was Wagner »das innerste Wesen der menschlichen Gebärde« nennt, klingt beispielsweise aus der *Parsifal*-Szene nicht heraus. Sehr eindrucksvoll trotz aller klanglichen und idiomatischen Veränderungen sind die Arien aus *Rigoletto* und *La Traviata* gelungen, während Auszüge aus *Otello* – freilich spät, 1943, aufgenommen – allenfalls für die (französischen) Fans des Sängers ein Vergnügen sind. Interessanter sind die italienisch gesungenen Aufnahmen von Cheniers »Improvviso« und Kalafs »Nessun dorma«.

Das Vergnügen beginnt mit Thills Aufnahmen französischer Musik – und man wünschte sich den Sänger, pace Jon Vickers, in der Aufnahme von Berlioz' *Les Troyens.* Thill hat 1935 Aeneas' Szene »Inutiles regrets ... En un dernier naufrage« (allerdings drastisch gekürzt) aufgenommen. Cairns bemängelt zwar die »stiff manner«, aber wann hat man jemals eine so firme, dunkel-leuchtende und kraftvolle Stimme in dieser Musik gehört, wann eine so sicher ausschwingende Phrasierung, wann eine derartige Dringlichkeit der deklamatorischen Passagen: Bei »Lutter contre moi-même et contre toi, Didon« lodert die Stimme wie eine Fackel. Hört man die dreißig Jahre später entstandenen Auszüge mit Guy Chauvet (und Crespin als Dido und Cassandra), erkennt man den Verfall des französischen Singens: Chauvet produziert mächtige Töne, aber sein Singen ist ohne Ausdruck und Intensität, wirkt vielmehr naiv, fast tölpelhaft (was eine Hamburger Aufführung des Werks in einer Götz Friedrich-Inszenierung bestätigte). Sehr gut, aber nicht überragend die Szenen aus *Faust* mit Marthe Nespoulous und Marise Beaujon als Marguérite und Fred Bordon als Méphistophélès. Thills Faust hat schon im ersten Akt vom Saft der Jugend getrunken und singt mit einer leicht monotonen Brillanz; »Salut, demeure« ist gut, unsicher freilich bei der Attacke des hohen C, das erst nach ertastetem Beginn Klang und Fokus gewinnt. Weniger befreunden kann ich mich mit den Arien, Duetten und Szenen aus *Mireille und Roméo et Juliette*, weil hier alle dynamischen Nuancierungen und expressiven Kolorierungen fehlen – Thills Seele war, um das Bild von Jeannine Reiss aufzugreifen, nicht lyrisch gestimmt und gab dem Klang entsprechend keine lyrischen Nuancen. Um so brillanter und suggestiver ist er als Samson (seine Partnerin ist die vortreffliche Germaine Cernay) – »Vois ma misère« gehört sicher zu den besten Aufnahmen, die je gemacht wurden. Der lineare Stil seines Singens kommt bei Gluck exemplarisch zur Geltung: »Bannis la crainte« aus *Alceste* und »Unis de la plus tendre enfance« sind makellose Ausführungen, aber es erscheint mir übertrieben, sie sozusagen auf Kosten der

Interpretationen Geddas oder Simoneaus zu loben. Gewiß, da ist Radianz, ist ein klassisches Maß und eine wundervolle Versammlung in Thills Singen, aber es fehlt ein Hauch von Poesie.

Poesie und verbale Phantasie vermisse ich auch an Thills Werther. Wenn man Schipas elegisch-lyrische Interpretation dieser Musik im Ohr hat oder auch die subtilen Wort-Ton-Phrasen des großen Edmond Clément, so scheinen Verfeinerungen zumindest denkbar. Nicht ideal das Ensemble, mit dem Thill 1929 umfangreiche Auszüge aus *Carmen* gesungen hat (Raymonde Visconti als Carmen ist fade, Louis Guénot als Torero matt). Thill singt verhalten und ausdrucksvoll im Duett mit Micaëla, phrasiert die Blumenarie vorbildlich (nimmt allerdings das B im Forte) und entfaltet in der Schlußszene die vokale Energie eines Tenor héroique. Nicht befriedigend, weil von der Tessitura zu hoch, die Szene des Arnold aus *Guillaume Tell*, obwohl Thill auch hier mit klassischer Linie singt. Er war der Letzte einer großen Tradition – ein Tenor französischer Elégance und Clarté, der prägnanten Diktion und der gemessenen Phrasierung. Aber man muß Franzose sein, um die Egalität des Timbres auf praktisch allen Vokalen goutieren zu können. Ein zentraler Sänger, wohl auch der Abschluß der Epoche.

Französische Baritone: Die Klassizisten

Wer zwischen Stimme und Singen keinen Unterschied zu machen in der Lage – oder zu machen bereit – ist, wird an den Platten der bedeutenden französischen Baritonisten nicht so viel Gefallen finden wie an denen ihrer italienischen Kollegen. Kaum einer kommt an Battistinis Brillanz, an Magini-Colettis oder Amatos, geschweige denn Titta Ruffos Tonfülle und klangliche Intensität heran. In ihnen aber allein glänzende Stilisten zu sehen, wäre falsch. Lassalle, Renaud, Albers oder der später geborene Arthur Endrèze (1893–1976) besaßen schön timbrierte, technisch sicher plazierte Stimmen; nur waren sie nicht der kurz nach der Jahrhundertwende verlangten Klangausladung fähig, die Henderson »barbarisch« nannte.

Aristokrat: Maurice Renaud

Renauds Bariton war keine große Stimme. Selbst in seiner Glanzzeit bot sie keine goldenen Töne, keinen sinnlichen Glanz. Niemand pries sie, selbst in seinen besten Jahren nicht, für Glanz oder Weichheit der Textur. Er war der Sänger aufgrund von Intelligenz, Imagination und Wissen, aber auch dank der Grazie der Stimme und musikalischen Fleißes.
H. T. Parker über Maurice Renaud

Wo Renaud sitzt, ist der Kopf des Tisches.
Henry Krehbiel über Maurice Renaud

Zum internationalen Ruhm französischer Sänger hat zur Jahrhundertwende keiner mehr beigetragen als Maurice Renaud (1861–1933). Läßt sich der Ruhm seines Vorgängers Victor Maurel anhand von Platten nur schwer verifizieren, so rechtfertigen die Renauds den Ruhm des glänzenden singenden Darstellers und des sehr guten Vokalisten.

Renaud kam aus Bordeaux und studierte nur kurz an den Konservatorien von Paris und Brüssel, bevor er 1883 am Monnaie debütierte. In sieben Spielzeiten avancierte er zum ersten Bariton des Hauses, sang den ersten Beckmesser in französischer Sprache, kreierte Gunther in Ernest Reyers französischer Nibelungen-Oper *Sigurd* und wechselte 1890 an die Pariser Opéra (als Karnac in Lalos *Le Roi d'Ys*). Zwischen 1897 und 1911 gastierte er regelmäßig an der Covent Garden Opera (Don Giovanni, Wolfram, Escamillo, Valentin, Hamlet, Harés in de Laras *Messaline* und Heinrich VIII. in Saint-Saëns gleichnamiger Oper). Als Caruso am Covent Garden als Herzog debütierte, sang Renaud Rigoletto. 1904 kam er, von Hammerstein engagiert, nach New York, aber erst 1910 stellte er sich – als Rigoletto – an der Met vor. Seine Maxime – die er später an den algerischen Bariton Dinh Gilly am Conservatoire weitergab – lautete, das Publikum nie darauf warten zu lassen, welch guter Sänger er sei, sondern durch »personage« zu fesseln. Daß Henderson bei seinem Nachruf auf Renaud vor allem die Kunst des »operatic acting« betonte, verrät die besonderen Qualitäten dieses »aristokratischen Interpreten« (Henderson). Agieren war, vor allem, die Kunst des gestischen Singens. Renaud tat dies nie auf Kosten der Linie. Sein Legato war makellos, die Kunst des Farbensingens verriet ein hohes Maß an darstellerischer Phantasie und entschädigte durchaus für den eher trockenen, holzigen Klang. Unter seinen 50 Platten sind 29 Wiederholungen, aber die vorliegenden Titel reichen für ein scharf gezeichnetes Profil. Die Serenade des Giovanni singt er zwar mit samtiger Tongebung, aber irritierenden Freizügigkeiten. Mehr als ein Kuriosum sind die beiden

Wolfram-Szenen aus Wagners *Tannhäuser*, die Renaud zwar gleichsam parfümiert, aber mit wundervollem Legato singt: Der »Abendstern« strahlt hier wärmer und vor allem farbiger als in den meisten Aufführungen deutscher Sänger. Exemplarisch gelungen sind die Serenade und »Voici des roses« aus Berlioz' *La Damnation de Faust.* Die Stimme spricht blitzschnell an, das Legato strömt makellos dahin, die Diktion hat höchste Prägnanz, geht aber nie auf Kosten von Linie und Klang. »Vision fugitive« aus Massenets *Hérodiade* ist ein Schulbeispiel für Singen in Klangfarben und Intensität der Expression ohne den Einsatz von außermusikalischen Affekt-Gesten.

Klangausdruck: Arthur Endrèze

> Während des gesamten 19. Jahrhunderts unter italienischem Einfluß wurde vom Sänger französischer Opern erwartet, daß er Text und Musik in Balance hielt. Die musikalische Linie wurde in einem reinen Ton gehalten und mußte koloriert werden durch die Aussprache der unterschiedlichen Vokale und artikuliert durch die Konsonanten. Wie Gounod sagte: ›Artikulation schafft Klarheit, Aussprache sorgt für Eloquenz.‹
> *Michael Scott über Arthur Endrèze*

Vergleicht man die Aufnahmen des in Chicago geborenen, am französischen Konservatorium von Fontainebleau und dann bei Jean de Reszke ausgebildeten Arthur Endrèze (1893–1976) mit denen seiner Zeitgenossen Etienne Billot, Pierre Dupré, Julien Lafont oder Roger Bourdin, alle führende Sänger an der Pariser Opéra und der Opéra Comique, zeigt sich der gebürtige Amerikaner, zunächst von Reynaldo Hahn gefördert und seit 1928 (Opéra Comique) und 1929 (Opéra) in Paris zu Hause, als Bewahrer der Tradition. Bis zum Ende des Zweiten Weltkrieges sang Endrèze Partien wie Jago, Rigoletto, Germont, Sharpless, Scarpia, Valentin, Hérode, Hamlet und die Hauptrollen im aktuellen Repertoire der französischen Bühnen.

Schon der erste Titel einer Rubini-Sammlung ist wie ein Motto für seine subtile Kunst: »De l'art splendeur immortelle«. Die ersten, eloquent geformten Phrasen, dynamisch exemplarisch nuanciert, sind ein Triumph von Technik und Kunst über eine recht eigentlich durchschnittliche Stimme. Es ist ein Bariton ohne die pulsierende Vibranz italienischer Stimmen, kehlig eingefärbt in der tiefen Lage, doch in der sehr leicht gebildeten hohen Lage ausgesprochen klangschön und samtig. In seinem Kommentar zur Rubini-Platte weist Scott darauf hin, daß Endrèze insofern ein Produkt einer späteren Tradition ist, als er der Text-Artikulation leichte Dominanz über die Linie gibt: »Wir hören die Musik recht eigentlich durch die Worte.« Dennoch bekommt jede Silbe und jede verbale Pointierung so viel Klang-Ausdruck, daß der Vortrag auch als Singen per se eindringlich ist. Charakteristisch aber, daß Endrèze in der Invokation »Spectre infernale« suggestiver singt als im Trinklied, dem Verve und Exuberanz abgehen – vor allem wenn man an die fabelhafte Ruffo-Aufnahme denkt. Unvergleichlich aber das inwendige Singen des Monologs »Être ou ne pas être« mit feinster Mezzavoce bei ausgefeiltester Diktion. Der extravertierte Gestus von Escamillos Torero-Lied (im CBS-Album über die Opéra Comique) oder von Neluscos »Fille des Rois« liegt dem Sänger weniger. Er führt zwar den Marcato-Abschnitt der Meyerbeer-Arie technisch und musikalisch sicher aus, aber ohne vitalen Schwung. Reizvoll sind seine Aufnahmen von Liedern Reynaldo Hahns mit dem Komponisten am Flügel.

Maîtres de la mélodie: Pierre Bernac und Charles Panzéra

> Nach meiner Ansicht gibt es nichts mehr zu fürchten als den ›intelligenten‹ Sänger, der ein Gedicht mehr oder weniger nur spricht, und dies mehr oder weniger auf den Noten des Komponisten.
> *Pierre Bernac, ›The Interpretation of French Song‹*

Pierre Bernac, 1899 in Paris geboren, begann als Schauspieler und wurde 1923 durch den Komponisten und Dirigenten André Caplet zum Singen ermutigt. Er studierte mit Walter Straram und gab 1925 sein erstes Recital. 1926 führte er, obwohl noch im Studium bei Reinhold von Wahrlich, Poulencs *Chansons gaillardes* auf. Seit 1935 war seine Arbeit so eng mit der Poulencs verbunden wie die Peter Pears' mit der Brittens. In aller Welt haben der Komponist und der Sänger Konzerte gegeben. Zyklen wie *Cinq poèmes de Paul Eluard, Tel jour telle nuit, Calligrammes, La Fraîcheur et le Feu* und *Le Travail du peintre* schrieb Poulenc für Bernac, der zwischen 1940 und 1960 unter den französischen Sängern einen Platz einnahm wie zuvor die Altistinnen Claire Croiza und

Jane Bathori. Bei Bernac hört man, mit einem Begriff Michael Scotts zu sprechen, »die Musik durch die Worte«. Das Singen war, selbst wenn Bernac die Formung der Linie als erstes Gebot bezeichnete, aus der Nuancierung der Rede entwickelt – charakteristisch für die französische Tradition. Seine Studie über die Interpretation des französischen Liedes mit den Ausführungen über die fünfzehn Vokalfarben, Nasale, Halb-Vokale, die siebzehn Konsonanten und vor allem über die »liaison« ist gleichsam ein De-profundis sängerischer Rhetorik. Deren Beherrschung und Übernahme in sorgsames Musizieren macht den Rang des Sängers aus, auch wenn man sich zeitweilig des Eindrucks einer kalkulierten Affektation nicht erwehren kann. Die von Eric Hughes und Patrick Saul besorgte Diskographie – in Heft 18 von »Recorded Sound« (April 1965) – läuft hinaus auf eine Enzyklopädie des französischen Liedes: Jacques de la Presle, Francis Poulenc (umfassend), Chabrier, Ravel, Fauré, Auric, Milhaud, Gounod, Roussel, Chausson, Duparc, Debussy, Jolivet, Vellones, Beydts, Beers, Severac, Satie, Chaminade. Bernac hat aber auch, mit Robert Casadesus am Klavier, Schumanns *Dichterliebe* aufgenommen (mir nicht zugänglich).

Ein CBS-Album aus der Reihe der »Legendary Performances« faßt Aufnahmen vom Februar und März 1950 zusammen: Poulencs *Banalités, Chansons villageoises, Tu vois le feu du soir, Caligrammes, Main dominée par le cœur*, Ravels *Histoires naturelles*, Chabriers *L'Île heureuse* und *Villanelle des petits canards*, Debussys *Beau soir* und *Le Promenoir des deux amants* und Saties *Trois mélodies*. Über Adès war eine Drei-Platten-Sammlung mit Spätaufnahmen (1958 und 1960) von Liedern Poulencs erhältlich. Das erste Album ist bereits eine altmeisterliche Demonstration oder die Interpretation einer Interpretation, also nichts für das beiläufige Hören, das auf Sinnenzauber aus ist. Es sind Illuminationen, besorgt von einem singenden *Verstand* – und man muß vielleicht, um den Eigenwert dieses ausleuchtenden Interpretierens bewundern zu lernen, die Mélodies von Satie in der Aufnahme Jessye Normans hören, um die Grenzen einer Stimme zu erfassen. Bernacs Singen – selbst in den Altersaufnahmen mit den kargen Resten der Stimme – ist vokalisierte Geste und Ausdrucksgebärde. Technisch wunderbar, wie behutsam der Sänger in die Kopfstimme gleiten und den schier vom Körper gelösten Klang modellieren kann: Das haben später Souzay, der vortreffliche Bernard Kruysen und auch Nicolai Gedda nicht erreicht.

Was uns gehört …, ist seine Stimme, indem sie die Sprache spricht. Denn wenn ich wissen will, was die französische Sprache wirklich ist, so wende ich mich der Kunst Panzéras zu.
Roland Barthes über Charles Panzéra

Auch Charles Panzéra (1896–1976), geboren in Genf, ausgebildet am Pariser Conservatoire und dort 1919 ausgezeichnet mit dem »Prix d'excellence«, debütierte als Albert in *Werther* an der Opéra Comique und trat wenig später als einer der überragenden Interpreten von Debussys Pelléas hervor. Die Witwe des Komponisten sagte: »Welche Freude wäre es für den Meister gewesen, hätte er anwesend sein können.« Doch schon früh wandte er sich dem Liedgesang zu. Er war eben 26 Jahre alt, als Fauré ihm den kleinen Zyklus *L'Horizon chimérique* widmete, und es dauerte nicht lange, bis sich auch d'Indy, Ropartz, Roussel und Duparc der Fähigkeiten des Sängers versicherten. Nach einer Gala für Fauré 1922 in der Sorbonne engagierte La Voix de son Maître ihn für Liedaufnahmen; die ersten entstanden 1924 (der Bericht von Magdeleine Panzéra-Baillot, die den Sänger begleitete, über die Schwierigkeiten des Aufnehmens vor dem Trichter bestätigen die Ausführungen des Einleitungskapitels). Bis in die frühen fünfziger Jahre gab Panzéra Recitals in der Welt.

Panzéras Stimme hat mehr Samt und mehr Kern als die Bernacs. Sie ist zwar auch sehr hell, oft tenoral gefärbt – der Eindruck wird verstärkt durch die changierend eingemischte Kopfstimme –, gleichwohl maskulin und energisch. Zu hören ist dies in den Auszügen aus *La Damnation de Faust* (1933), wo er neben der zugleich sauber und hart-eng klingenden Mireille Berthon und José de Trevi den Méphistophélès singt. »Voici des roses« gibt er mit musterhaft modellierter Linie. Anders als Bernac treibt er die Konsonanten nicht in ein überscharfes Relief, sondern formt sie weicher und bindet sie dadurch beser in die Linie ein, der er durch präzise Vokalfarben Ausdruck und Emotion verleiht. EMI hat die Aufnahmen von Faurés La Bonne Chanson und Schumanns *Dichterliebe* (mit Alfred Cortot als Partner) wiederveröffentlicht. Références von Pathé Marconi bringt ein (kurios gemischtes) Allerlei von Liedern und Opernarien, darunter Schuberts »Wohin«, Schumanns »Der Nußbaum« und »In der Fremde«, drei Lieder aus de Fallas *Siete canciones*, Mélodies zahlreicher französischer Komponisten, »Il fait beau cette nuit« aus »Pelléas« (mit Yvonne Brothier) und Leporellos Register-Arie – letztere gesungen von einem Philosophen-Bruder des Alfonso aus *Così fan tutte*, zynisch-wissend und nicht derb-anspielungsreich. Daß Panzéra aus sich herausgehen und dramatisch *darstellen* konnte, verraten Schuberts »Atlas« und vor allem »Erlkönig« in der Orchesterfassung von Hector Berlioz. »Atlas« singt er mit energischer Spannung und kompakter, dabei schlanker Tongebung. Doch ist es die Goethe-Ballade, mit der Panzéra seine Kunst

Charles Panzéra
(Foto: © EMI Classics)

vokaler Dramaturgie verrät. Gibt es eine andere Aufnahme, die der Stimme des Erlkönigs soviel sirenhafte Süße, soviel Legato-Zauber, soviel dämonische Suggestion einhaucht? Oder die den Knaben verzweifelter schreien läßt (»Mon père«)? Die soviel Spannung hat durch das Sing-Tempo, erreicht durch eine sorgsam aufgebaute, mähliche Beschleunigung – und den Umschlag in Statik? Neben dieser Interpretation, eine der großen Liedplatten des Jahrhunderts, verblaßt die Orchester-Aufnahme Hermann Preys zu einem Zeugnis dramatischer Phantasielosigkeit.

»Aus meinen großen Schmerzen«, schrieb Heinrich Heine, »mach' ich die kleinen Lieder«. Den Ausdruck dieser Schmerzen hat Steane in Panzéras deutsch gesungener Aufnahme der *Dichterliebe* vermißt. Möglicherweise die Reaktion eines Briten, der den deutschen Text so ausgeformt hören und erleben möchte, wie man es von Fischer-Dieskau kennt. Ich finde die Aufnahme tief-empfunden und geradezu schmerzhaft-schön und völlig frei von der »Trunkenboldigkeit des Gefühls«, die Schumann von Nietzsche vorgeworfen wurde.

Roter Edelstein: Marcel Journet

Noch im Jahr 1933 hat der aus Grasse stammende Marcel Journet (1867 bis 1933) Platten gemacht, und noch immer strahlte seine Stimme, wie der amerikanische Kritiker Max de Schauensee einmal schrieb, »wie ein großer roter Edelstein«. Im Jahr 1931 hatte der Veteran neben dem Tenor César Vezzani den Méphistophélès in Gounods *Faust* gesungen und trotz seiner matter und trokkener gewordenen Stimme bewiesen, daß er der letzte französische Bassist von Rang war. Gewiß leistet er sich einige rhythmische Laxheiten, aber er singt noch immer mit genau zentriertem Ton und großer Geschmeidigkeit – ohne ärgerliche Spreizungen und Gleitnoten.

Wie Delmas und Gailhard studierte Journet am Conservatoire (bei Louis Obin Seneghetti). Mit 24 Jahren debütierte er am Theater von Bézières (Belgien). 1892 kam er an das Théâtre de la Monnaie in Brüssel, 1897 an die Covent Garden Opera, an der er sich trotz der Konkurrenz von Edouard de Reszke und Pol Plançon durchsetzte. Bis 1907 sang er an der Königlichen Oper, dann wieder in den Spielzeiten 1927 und 1928. Im Jahre 1900 wurde er an die Met verpflichtet. Obwohl er als zuverlässiger Musiker geschätzt war, wurde sein Ruhm zunächst von den beiden Vorgenannten, später von dem Schaljapins überschattet. Mit 41 Jahren kehrte er folglich nach Frankreich zurück – es wurde der Wendepunkt zu einer großen Karriere: Ein Vierteljahrhundert blieb er der Star der Opéra. Er sang nicht nur Wagners große Baß-Rollen (Gurnemanz, Hagen, Hunding, Pogner, Landgraf), sondern auch Sachs und selbst den Wotan. Er triumphierte als Méphistophélès und als Dosifei (in *Chowanschtschina*), als Scarpia, Tonio und Escamillo; nach dem Urteil des Produzenten Walter Legge war er der beste Torero überhaupt. Ab 1916 trat Journet auch an der Mailänder Scala auf. Ezio Pinza, Besitzer einer der reichsten und schönsten Baßstimmen, urteilte: »Ich habe nie wieder einen Sänger gehört, der von den hohen Tönen so mühelos zu den tiefen mit derselben Leichtigkeit und Sonorität gleitet wie Journet in seinen mittleren Jahren.«

Unter Toscanini und Panizza sang er an der Scala den Hans Sachs und Wanderer, schließlich Simon Mago in der Uraufführung von Boitos *Nerone*. Seine ersten Schallplatten nahm er im Jahre 1905 für Columbia auf, seine letzte 1933 für HMV/Pathé Frères. Neben der Gesamtaufnahme des *Faust* hat er auch eine vollständige Einspielung von *Roméo et Juliette* (neben Yvonne Gall und Agustarello Affre) gesungen. Bei Ensemble-Aufnahmen war er Partner von Caruso, Clément, Farrar, Ancona, Martinelli, Alda, Homer, Scotti, Eames, Dalmorès, Tetrazzini, Amato, Ansseau, Vezzani und Heldy. Der Sammler und Kritiker Eric Rees notierte: »Es hat vielleicht glanzvollere Bässe gegeben; aber schwerlich ein

Marcel Journet
(Foto: © Rubini-Records, Hove, Sussex)

anderer hat ein Platten-Erbe von so großer und beständiger Exzellenz hinterlassen. Was Kraft, Schönheit und Flexibilität angeht – die von Pinza in seinen Erinnerungen notierten Qualitäten –, dürfte Journet schwer zu überbieten sein.«

Der Stimme Journets hat das Altern wenig anhaben können, nur ist sie matter und grauer geworden. Seinen Méphistophélès sollte man aus der Kenntnis der frühen Platten hören, weil man dann den dunklen Glanz der Stimme spüren kann, der sich bis Mitte der zwanziger Jahre hielt und durch das elektrische Aufnahmeverfahren weit besser zur Geltung kam. Aber schon 1913, im Terzett aus *I Lombardi* mit Alda und Caruso, ist die orgelnde Pracht seiner Stimme nicht zu überhören: Journet sorgt mit seinem mühelos strömenden Singen für einen Klang-Kontrapunkt, über dem sich die hohen Stimmen emphatisch verströmen: eine Jahrhundertplatte. Trotz des zu raschen Tempos – Plattenlänge? – kommt er als König Philipp nahe an Plançon heran. Bei aller Energie singt er den Monolog geschmeidig und, wie alle Franzosen, sehr subtil. Überwältigend ist sein Hans Sachs; trotz der französischen Sprache singt er die Monologe (Wahn- und Flieder-Monolog) mit duftigem Ton und gestischer Prägnanz. Durch behutsame Beimischung der Kopfstimme hat die Höhe Leichtigkeit und Resonanz. Das Duett zwischen

José und Escamillo (»Je suis Escamillo«) in der Wiedergabe mit Fernand Ansseau bestätigt Legges Einschätzung: Das ist die ideale Escamillo-Stimme, mit sattem Baß-Fundament und mühelos strahlender Höhe, und dies im Jahre 1927 von einem 60jährigen! Vorzüglich auch Marcels »Piff, paff« aus *Les Huguenots* trotz nicht ganz resonanter tiefer Noten in der späteren His-Master's-Voice-Platte, überragend in der frühen Victor-Aufnahme – welche Agilität in den Laufpassagen! Die Schwertweihe singt er differenzierter als Delmas, aber es blieb eine saure Schlußnote stehen (das moderne Tape-slicing gab's noch nicht). Nicht überzeugend ist Journet mit der Serenade des Méphistophélès von Berlioz – alle drei Aufnahmen kommen nicht entfernt an die Plançons heran –, aber die »Evocation« (»Esprits de flammes«) ist meisterhaft in der perfekten Balance von Deklamation und Melos. Prachtvoll wieder das Klangfundament, das er im Duett aus *Les Pêcheurs de Perles* für den fein phrasierenden Edmond Clément ausbreitet. Als Dapertutto läßt er seine Stimme leuchten wie den Edelstein, dessen Magie er beschwört: »Scintille, diamant« – eine wundervolle und kaum je wieder erreichte Wiedergabe.

Sänger aus England und den USA

> Die klassischen Tugenden der alten italienischen Schule – ein reiner Ton und das flüssig auf dem Atem liegende Legato, die Meisterschaft des Portamento und der Messa di voce und all die anderen Kunstfertigkeiten und Feinheiten – sind in den Platten von Patti, Santley, Lloyd, Beddoe, Melba, Evan Williams und anderer besser bewahrt als, von einigen wenigen abgesehen, in denen französischer und italienischer Sänger.
> *Michael Scott, ›The Record of Singing‹*

Nach dem Wort von Michael Scott ist ein in einem Stall geborenes Kind kein Fohlen – eine lapidare Metapher dafür, daß Belcanto nicht eine Sache der Nationalität und Herkunft, sondern der künstlerischen Tradition und der Ausbildung ist. Die wichtigsten Exponenten des klassischen Singens – Pädagogen wie Vokalisten – prägten die Gesangskunst nicht nur in England (und später auch in den USA), sondern auch im vorrevolutionären Rußland und in Polen (obwohl einige bedeutende polnische Sänger sich nach dem »beau idéal« der Franzosen richteten). George Bernard Shaws *Music in London* – drei Bände über die Zeit zwischen 1890 bis 1894 – und die früheren Schriften unter seinem Pseudonym *Corno di Bassetto* (1888–1889) dokumentieren die ständige Präsenz der klassischen Gesangskunst auf der Insel. Die Sänger-Stammbäume im Anhang von Ernst Haefligers *Die Singstimme* zeigen darüber hinaus, daß einige der bedeutendsten englischen, australischen und amerikanischen Vokalisten aus den Schulen von Manuel Garcia d. J., Francesco Lamperti oder Mathilde Marchesi, die ihrerseits Schülerin von Manuel Garcia war, kamen. Und es kann kein Zweifel daran bestehen, daß durch die ständige Präsenz dieser Pädagogen und Vokalisten ein Standard gesetzt und ein Stil geprägt wurde.

Auf Schallplatten haben bemerkenswerte Zeugnisse von Belcanto-Kunst aus England überlebt. Nur sind die Platten von Lillian Nordica, Olive Fremstadt, Louise Homer, Louise Kirkby-Lunn und Clara Butt, von Edward Lloyd, Ben Davies, Tudor Davies, Evan Williams, Charles Santley, George Henschel, Harry Plunkett Greene, David Bispham, und von jüngeren wie Peter Dawson, Horace Stevens, Malcolm McEachern und anderen den meisten in Deutschland fast unbekannt geblieben.

Universalistin: Florence Easton

... vielleicht die versatilste Opernsängerin nach Lilli Lehmann.

Desmond Shawe-Taylor über Florence Easton in ›Grove's Dictionary of Music and Musicians‹

Sie hatte, wie Lilli Lehmann, nicht nur ein umfangreiches, sondern ein einschüchternd komplexes Repertoire. Sie sang lyrische und verzierte Rollen wie Pamina, Lauretta, Mimi, Fiordiligi, Sophie, Micaëla, Martha, Dulcinea, Marguérite, Regimentstochter, Marie, Waldvogel, Nedda, Desdemona, Gilda, Spinto-Partien wie Aida, Violetta, Fiora in Montemezzis *L'Amore dei Tre Re*, Santuzza, Selika, Cio-Cio-San, Minnie, Fedora, Gioconda, Margherita und Elena, Desdemona, Tosca, dramatische wie Rezia, Venus, Brünnhilde, Kundry, Sieglinde, Isolde, Turandot. Caruso sagte von ihr: »Ihr Kopf ist eine Musikbox. Sie hebt den Deckel, legt eine Platte heraus und die andere hinein. Nur so kann ein Sänger so viele Rollen behalten.«

Easton kam als Fünfjährige mit ihren Eltern nach Kanada. Mit acht Jahren lernte sie von ihrer Mutter, die in einer Methodisten-Kirche musizierte, das Orgelspielen. Nach dem Tod der Mutter kehrte sie nach England zurück und besuchte die Royal Academy of Music. Ein Jahr später wurde sie von ihrem Vater zum Gesangsstudium bei W. Elliot Haslam nach Paris geschickt. Haslam war in der englischen Chor-, speziell der Knabenchor-Tradition aufgewachsen, und durch diese Schulung brachte er Easton eine Stimmplazierung bei, die ihr ein sicheres, zeitweilig aber vorsichtig, auch zaghaft wirkendes Singen ermöglichte. Charakteristisch ist der klare und reine Ton, der eine sehr saubere Diktion ermöglichte. Nach dem Tod ihres Vaters und einem nur einjährigen Studium mußte sie nach England zurückkehren. Im Jahre 1903 schloß sie sich einer reisenden Operntruppe – Moody-Manners – an. Sie war für kleine Rollen und als Understudy von Fanny Moody engagiert. Sie debütierte in Newcastle als Hirte in *Tannhäuser*, kam als Stephano in *Roméo et Juliette* an die Covent Garden Opera und meldete, damals noch ein zierliches Persönchen, beim Prinzipal (Mr. Manners) den Ehrgeiz auf die großen Wagner-Partien an. Er verlachte sie – »*das* werden Sie nie singen« –, aber sie blieb beharrlich. 1904 heiratete sie den Tenor der Truppe, den Amerikaner Francis MacLennan, der José, Faust und Turiddu sang, aber Siegfried und Tristan sein wollte. Mit der Savage Opera Company ging das Paar 1904 in die Vereinigten Staaten, wo MacLennan Parsifal sang. Easton debütierte vermutlich im November 1905 als Gilda in Boston. Henry T. Parker schrieb: »Dann erschien Gilda, und es ging ein leises Raunen

Florence Easton als Eva
(Foto: © Archiv für Kunst und Geschichte, Berlin)

durch das Haus. Eine Figur und ein Gesicht mit allem Charme der Mädchenhaftigkeit; eine Stimme, die von reinster Durchsichtigkeit war und von weißer, jungfräulicher Farbe. Es war eine Stimme von mädchenhaftem Locken und von mädchenhafter Zärtlichkeit.«

Sie sang bald darauf Marguérite und Butterfly, wurde Mutter (1906) und ging, nachdem sie weder von der Met noch der Manhattan eine Offerte erhalten hatte, nach Berlin. Dort debütierte MacLennan am 5. Oktober 1907 als Turiddu und war so erfolgreich, daß er neben Farrar in *Butterfly* singen konnte. Easton kam erst durch die Launen der Berliner Diva zu ihrem Debüt. Man bot ihr die Marguérite an, sofern sie die Partie binnen einer Woche als Margarethe würde singen können. Am selben Abend, da sie das Angebot bekam, erfuhr sie, daß eine Aida für eine Aufführung vor dem Kaiser gesucht wurde. Sie studierte die Partie in zwei Tagen und sang sie ohne Probe. Sie erhielt einen Fünfjahresvertrag und hörte wenig später das Lob Karl Mucks, er würde ihr jede Partitur morgens um acht Uhr geben und ihr abends die Aufführung zutrauen. Sie bewährte sich als Primadonna und als disziplinierte Ensemble-Sängerin, die sich nicht zu schade war, Musetta oder den ersten Knaben in der *Zauberflöte*, Dyrade in *Ariadne* oderr Anna in *Die lustigen Weiber* zu übernehmen. 1909 gastierte sie zum erstenmal an der Covent Garden Opera und sang in der Uraufführung von Edwin Naylors *The Angelus* und dann in *Madama Butterfly*. Als erste Sängerin wagte sie es, in der Auftrittsmusik der Cio-Cio-San das hohe Des zu singen. Die *Times* berichtete über eine »Stimme von sehr angenehmer Qualität« und »viel Geschmack des Singens, wodurch das Pathos der Musik voll zur Geltung gebracht wurde«. Sie begann mit der Facherweiterung, sang Elsa und Elisabeth, Sieglinde und Gutrune und dann, nach dem Wechsel an die Hamburgische Oper, Valentine, Senta, Martha in *Evangelimann*, Grete in Schrekers *Der ferne Klang*, Goldmarks *Die Königin von Saba*, Desdemona, Salome, Minnie und Venus, dann Elektra mit der Denhof Opera Company in England und schließlich auch in Berlin mit Bahr-Mildenburg als Klytämnestra – ein interessanter Hinweis auf das Gewicht und die dramatische Qualität der Stimme.

Nach drei Hamburger Jahren gingen die MacLennans nach Chicago, wo Easton als Brünnhilde debütierte. In seinem Buch über *Forty Years of Opera in Chicago* schrieb Edward Moore über »die Sensation in Gestalt von Florence Easton« und über eine Aufführung, die »eine Offenbarung einer schönen Stimme und perfekt plazierten Tons« brachte. Als die USA 1917 in den Krieg eintraten, blieb das Ehepaar in den USA. Nachdem sie Serpina in der amerikanischen Premiere von *La Serva Padrona* gesungen hatte, erbat sie eine Audition an der Met. Obwohl sie beim C in der Nil-Arie aus *Aida* patzte, wurde sie – und nicht ihr gleichfalls vorsingender Gatte – verpflichtet. Sie übernahm zunächst die Rollen von Johanna Gadski, die das Haus verlassen hatte, und debütierte am 7. Dezember 1917 neben Paul Althouse (Turiddu) als Santuzza, überzeugte dabei durch »eine Aufführung von intelligenter, verfeinerter und musikalischer Klasse« und durch »Verzicht auf Forcieren«. Sie übernahm Ah-Yoe in Leonis *L'Oracolo*, sang in der amerikanischen Premiere von Liszts *Legende der Heiligen Elisabeth* und wurde, so Aldrich, dadurch der Star. Es folgte Lodoletta in der zweiten Aufführung von Mascagnis Oper (neben Caruso und Amato), und die *New York Times* hörte von einer Stimme, die schon Santuzza und Elektra gesungen hatte, »den Klang einer Lerche«. Als Leonora in *Trovatore* (bei Gastspielen in Pittsburgh) bildete sie »schön gerundete und klare Noten« in der höchsten Höhe, und als Lauretta in *Gianni Schicchi* war sie bei der Uraufführung von Puccinis *Trittico* der unbestrittene Star – trotz de Luca und Crimi. Sie sang, so *Musical America*, »mit Schönheit und Charme, mit solcher Grazie, solcher Süße, solcher Bescheidenheit, solcher Tonschönheit, daß sie das Haus überwältigte«.

Vielleicht waren es nicht zuletzt die von Easton bewahrten Standards, die zu der herben Bemerkung Hendersons über Ponselle führten: Daß sie eines Tages auch lernen werde, zu singen. In einer Kritik des *Brooklyn Eagle* stand nach einer Aufführung von Webers *Oberon*, bei der sich Ponselle und Easton als Rezia ablösten: »Obwohl Miss Easton die Partie zum erstenmal sang und trotz all der ungeheuerlichen Schwierigkeiten, mit denen Weber die Partie seiner Heroine gespickt hat, sang Miss Easton mit bemerkenswertem Fluß und voller Sicherheit. Im unvermeidlichen Vergleich mit ihrer Rollen-Vorgängerin konnte Miss Easton alle Qualitäten für sich verbuchen, die ins Reich des Künstlerischen gehören. Was Diktion, Stil, Phrasierung und histrionische Tugenden angeht, war sie Miss Ponselle überlegen. Nur was die natürlichen Stimm-Mittel angeht, kommt sie nicht ganz heran.«

Ponselle hat die Kollegin, die eine bedeutende Rivalin war, in ihrem Buch fünf- oder sechsmal erwähnt, aber kein Wort *über* sie gesagt. Die Amerikanerin war gewiß besser für das Box office, Easton für das Besetzungsbüro – sie sang die Titelrolle in John Hugos *The Temple Dancer*, Berthe, Tyl und Mütterliche Liebe in Wolfs *L'Oiseau bleu*, Nedda, Rezia, Butterfly, Margherita und Elena in *Mefistofele*, Rachel (erst mit Caruso, dann mit Martinelli), Kundry, Fiora, Aida, Isolde, Marschallin. Über ihre Strauss-Aufführung urteilte Krehbiel: »Florence Eastons Diktion und Aussprache waren tadellos. Sie ist eine Künstlerin, die den Kritiker stets erfreut, aber wieder und wieder bringt sie eine Fülle angenehmer Überraschungen. Ihre Vorgängerinnen, Mesdames Hempel und Kurt, schienen unnachahmlich als Marschallin. Miss Easton porträtierte den Charakter mit noch größerer Dignität als beide. Durch Stimme, Spiel und Aufrichtigkeit gewann sie ein großes Maß an Sympathie.«

Noch enthusiastischer waren die Reaktionen auf Mozarts Fiordiligi – in der ersten Aufführung des Werks an der Met –, die sie »mit Autorität und dem richtigen Gespür für Mozarts Stil« sang. Danach kamen Eva, Elisabeth in *Tannhäuser*, Madeleine (neben Gigli), Pilar in Laparras *La Habanera*, Dulcinée in *Don Quichotte* (neben Schaljapin), Brünnhilde in *Walküre* und *Siegfried*, Aefrida in Deems Taylors *The King's Henchman* neben Tibbett, Anita in Kreneks *Jonny spielt auf*, Turandot und Carmen.

Im Sommer 1927 besuchte Easton England, um Urlaub zu machen. Dennoch ging sie in die Oper und – »se non è vero, è ben trovato« – mußte singen. *Turandot* sollte am Covent Garden herausgebracht werden, aber die für die Titelpartie vorgesehene Sängerin – Scott nennt Raisa, Stratton Jeritza – konnte nicht kommen. Man engagierte Bianca Scacciati, die erste römische Turandot, die jedoch versagte. Colonel Blois soll Easton im Auditorium gesehen und gebeten haben, die Partie zu übernehmen. Herman Klein schrieb in *The Gramophone*: »In der zweiten (Aufführung) hatten wir unerwarteterweise einen Sopran mit einer besseren Stimme, als beide [Jeritza und Scacciati] sie haben, in Person von Florence Easton ... Ihr Erfolg in der neuen Oper wurde zu einem wahren Triumph ... Sie entfaltete eine viel bessere Stimme und eine reichere Kunst, als ich von der Florence Easton erlebt habe, die ich vor beinahe zwanzig Jahren in New York und London hörte. Jetzt ist mit leicht erklärlich, daß sie sich neben den Giganten der Met behauptet. Ich bewunderte vor allem ihre schönen hohen Töne.«

Easton sang bis Mitte der dreißiger Jahre, und als sie 1936 bei ihrem Abschied Walküre sang, wurde sie, so die *Times*, »fieberhaft begrüßt«. Das Blatt berichtete, daß sie den »battle cry« mit schallender Kraft sang und durch die Intensität des Vortrags das Publikum fesselte – und dies in der 34. Saison ihrer Karriere. Danach hat sie noch sieben weitere Jahre Konzerte und Liederabende gegeben. Eastons Diskographie – Teil von John Strattons ebenso sorgfältigem wie fesselndem Bericht (in *Record Collector*. Vol. 21) – umfaßt rund 100 Titel, darunter eine Reihe von Live-Aufnahmen. Sie sind derzeit kaum zugänglich: Eine Auswahl von Brunswick- und Vocalion-Titeln (aufgenommen zwischen 1921–1926 bzw. 1918–1920), dazu »Heil dir Sonne« aus *Siegfried* mit Melchior als Partner, zu finden in diversen Wagner-Sammlungen.

Eastons Sopran schmeichelt nicht durch den dunklen Reichtum des Klangs, die Üppigkeit der Farbe, das Changieren. Ihre Stimme besaß Leuchtkraft und, vor allem in der Höhe, eine helle Brillanz bei schlanker, fester Tongebung. Der Ton liegt weit vorn und sicher auf dem Atem. Die Register sind vortrefflich ausgeglichen und schön verblendet. Schon erwähnt wurde die Kühle und Distanziertheit in ihrem Singen – das Element des Knabenhaften. Es gibt kaum verzierte Musik von ihr auf Platten, doch in Marguérites Juwelen-Arie singt sie die virtuosen Passagen sehr sicher, wenn auch nicht mit Exuberanz. Steane hat Eastons Singen eine »imperturable placidity« bescheinigt, eine unerschütterliche Sanftheit, während Scott nicht nur von der »honesty« des Singens spricht, sondern von »Kühnheit und Spontaneität«. Vielleicht liegt die Wahrheit in der Mitte. Easton ist weder verhalten noch exuberant, sondern konzentriert-musikalisch. Musik wie Solveigs Lied, das indische Lied aus *Sadko* oder Gounods »O divine redeemer« singt sie mit versammeltem, konzentriertem und von innen glühendem Ton. So perfekt und sicher ist die Emission, daß man die Tragfähigkeit der Stimme ebenso spürt wie die durchdringende Intensität, die den Ton über das Orchester hinwegleuchten läßt. Noch in der späten Aufnahme von »Heil dir Sonne« (mit Melchior) klingt die Stimme glockig und die Diktion, dank perfekter Projektion der Stimme, klar und deutlich. Scott schreibt enthusiastisch über Laurettas »O mio babbino«. Die Interpretation ist nicht so artifiziell wie die ganz auf Ironie abgestellte von Elisabeth Schwarzkopf, sondern eine klassische balancierte, ideal im Klangcharakter. Eine wundervolle Künstlerin, die auf Langspielplatte unterrepräsentiert ist und eine vollständige Edition verdient hätte.

Getrübte Leuchtkraft: Florence Austral

Ob es nun an ihrer Krankheit lag oder, wie es mir wahrscheinlicher vorkommt, daß sie ihre Karriere mit Brünnhilde und Aida selbstmörderisch begann: Es ist schwer zu ermitteln, was den Schaden verursachte. Aber wie bei Callas, die sich zu Beginn ihrer Karriere auf Wagner einließ, mußte wohl auch sie den Preis für diese Kühnheit bezahlen. Man glaubt weithin, daß die meisten Sänger der Vergangenheit ihre Stimmen lange behielten und, wie Patti, Melba oder Battistini, eine dauerhafte Karriere hatten – aber das ist einfach nicht wahr. Eine große Zahl von Sängern war schon Mitte Dreißig am Ende.
Richard Bebb in seinem Kommentar zu Rubinis RDA 005 über Florence Austral

In seinen Annotationen über die Australierin Florence Austral (1884–1968) zitiert der englische Schauspieler und Sammler Richard Bebb eine Passage aus der Autobiographie von Lady Maud Warrender (*My First Sixty Years*). Lady Maud besuchte im Jahre 1929 in Begleitung Nellie Melbas die Covent Garden Opera. Albert Coates dirigierte, Austral sang Brünnhilde: »Während Australs Stimme über das Orchester drang, drehte sich Melba zu mir und sagte: ›Oh, Maudie, wie traurig! Diese Stimme ist dabei, dahinzugehen.‹« Lady Maud erzählte dies contra Melba, mit dem Eifersucht gegen die junge Sängerin unterstellenden Unterton. Unterstellen wir jedoch nur Hellhörigkeit – Melba war ja 1929 schon längst abgetreten und über den Zwang des Konkurrenzdenkens hinweg –, so ist zu fragen, *was* Melba gehört hat: Australs Karriere endete nämlich schon früh in den dreißiger Jahren. Bebbs Vermutung, daß sich die junge Sängerin, die schon mit 28 Jahren die schwersten dramatischen Partien gesungen hat, überfordert habe, ist gewiß nicht falsch. Doch heißt die Tatsache, daß man eine schwere Partie übernimmt, nicht, daß man wirklich dramatisch singt. Dramatisch ist nicht das Gewicht und das Volumen des Tons, sondern die Art des Vortrags und vor allem der Austral hat nach der Diskographie des *Record Collector* 102 Aufnahmen gemacht. Eine repräsentative Sammlung fand sich in einem Rubini-Album, wobei leider die hochdramatischen Wagner-Szenen aus *Götterdämmerung* und *Tristan und Isolde* fehlen (ich habe sie nicht hören können), von den Autoren der Beiträge in *Opera on Record* durchweg sehr gelobt. Die rund 20 Titel des Rubini-Albums zeigen eine klare, genau definierte Stimme von sehr fester Textur, ohne daß der Ton hart würde. Die tiefen Töne

Florence Austral als Brünnhilde
(Foto: © Rubini-Records, Hove, Sussex)

können zuweilen leicht brustig klingen, die ganz hohen tutend, aber insgesamt ist die Tongebung sicher und klangschön, die Phrasierung expansiv, der Klang bei allen dynamischen Grade sicher auf dem Atem fundiert. Ihre Intensität ist eine der Phonation, weniger der sprechenden Phrasierung. Sie hat nie die beißende Intensität Leiders und auch nicht deren koloristische Nuancen. Das Legato ist passabel, aber nicht wirklich flüssig. Die riesigen Intervalle der Senta-Ballade bewältigt sie, nach leichten Intonationstrübungen des Beginns, sehr sicher, aber ohne die Brillanz Rethbergs oder den klanglichen Reichtum Leiders.

Sie gehörte zu den wenigen Wagner-Sopranen mit einer tauglichen klassischen Technik: Sie hat nicht nur die Waldvogel-Musik aufgenommen, sondern in Konzerten auch die Violetta-Arie und Lucias Nachtwandelszene gesungen. Doch im »Inflammatus« aus Rossinis *Stabat Mater* überzeugt sie zwar durch den leuchtenden und majestätischen Ton, wird aber der aufsteigenden Triller-Kette nicht ganz gerecht, um so besser dafür den hohen C's. Eindrucksvoll das Schlußduett aus *Aida* mit dem energischer als sonst singenden Miguel Fleta – zum Schluß erlebt man ein Duell nach dem Leitsatz »everything you can do, I can do longer«. Mit Tudor Davies hat sie Duette aus *Cavalleria* (wohltuend beherrscht, dennoch dramatisch expressiv) und aus *Lohengrin* gesungen, letzteres ein wenig beeinträchtigt durch einige steif und schwingungsarm klingende Phrasen, insgesamt aber intensiv und vor allem lyrisch-klangschön. Höhepunkte sind »With verdure clad« aus Haydns *Die Schöpfung* und die voller Energie gesungene Rezia-Arie mit der alternativen hohen Note und akzeptabler Agilität im Schlußteil.

Die Exquisite: Maggie Teyte

L'Exquise Maggie Teyte
Jean de Reszke

In einem »personal appraisal« über die aus Wolverhampton gebürtige Maggie Teyte (eigentlich Tate, 1888–1976) berichtet der englische Schauspieler und Sammler Richard Bebb von seinem ersten Erlebnis mit der englischen Sängerin, die vor allem mit dem französischen Lied und ganz speziell mit Werken Debussys berühmt geworden ist. Er hörte Paladilhes Corneille-Vertonung »Psyché« und bemerkte an sich jene physiologische Ansteckung, die nur von Interpreten übertragen werden kann, die mediale Qualitäten haben. Es war nicht, so Bebb, sublime Kunst, sondern eine transzendierende persönliche Ausdrucksqualität, mit der Teyte ihre Hörer in Bann schlug,

Diesem Zauber, von dem viele Zeitgenossen schwärmten, ist John Steane nicht erlegen. Er hat im Detail-Vergleich – Teyte mit oder contra Crespin, Danco, Baker und Souzay – gezeigt, daß Souzay oder Crespin imaginativer, nuancierter und moderner singen konnten, und sei es deshalb, weil ihnen Teyte die Tür ins Land dieser Lieder geöffnet hat. Dazu hat beigetragen, daß Teyte viele Lieder, Mélodies und Opernszenen von Berlioz, Chausson, Ravel, Debussy, Fauré, Duparc, Godard, Hahn und Massenet erst nach 1940 aufgenommen hat – mit den *schönen* Resten ihrer Stimme. Zwar besaß ihr Ton noch mit über 50 Jahren lyrische Feinheit, aber nur noch wenig Körper und Rundung. Er hat eine fragile Schönheit, wie ein zartes Altersgesicht.

Teyte wurde eine französische Sängerin durch kulturelle Assimilation. Sie studierte bei Jean de Reszke, dem Grandseigneur unter den Tenören, in Paris, gab ihr Debüt unter Reynaldo Hahn in Mozart-Konzerten, an denen auch Lilli Lehmann, Edouard de Reszke und Mario Ancona beteiligt waren und wurde 1907 an die Opéra-Comique engagiert. Kurz zuvor hatte sie in Monte Carlo neben Renauds Giovanni Zerlina gesungen. An der Comique gab sie vor allem die leichten, lyrischen Rollen der französischen Oper: Manon, Louise, Mélisande (die sie mit Debussy studierte), Mignon und Juliette. Da sie zudem apart aussah, zierlich, rothaarig und hübsch war, besaß sie alle Attriute für eine Primadonna – wäre da nicht Marguérite Carré gewesen, die den Vorteil genoß, mit dem Direktor des Theaters verheiratet zu sein. Dennoch ließ Albert Carré Teyte bei einem Revival von *Pelléas et Mélisande* singen (1908). Zwischen 1910 und 1918 sang sie in England (zunächst für Beecham im His Majesty's Theatre als Cherubino und Blondchen), Frankreich und in den USA, wo sie 1911 in Philadelphia als Cherubino debütierte. Als der Capò einer Claque an sie herantrat und ihr für 500 Dollar den Erfolg der Aufführung zusicherte, spielte sie Interesse vor, ließ sich das Angebot im Hotel wiederholen – und bat dann versteckte Reporter als Zeugen herbei. Sie sorgte damit für mehr Wirbel, als eine Claque je hätte machen können. Sie sang für die Gesellschaften in Philadelphia, Chicago und Boston: Mimi, Massenets *Cendrillon* neben Mary Garden als Prinz, Desdemona neben dem Otello von Zenatello, Fiora in *L'Amore dei Tre Re.* An der Met blieb sie ohne Erfolg. Sie sang Anfang 1912 eine »süße und einfache Cendrillon« (Henderson), doch erst 1948 kam sie als Mélisande zurück – an die New York City Centre Opera. Ohnehin hatte sie schon nach dem Ersten Weltkrieg Schwierigkeiten mit ihrem Repertoire – offenbar war die sentimentalische Femme fragile der französischen Oper nicht mehr so en vogue

Maggie Teyte
(Foto: © Ullstein Bilderdienst)

wie die heißblütigen Schwestern der veristischen Oper. Da auch, wie Bebb ausführt, ihre Mozart-Partien nicht gefragt waren – Salzburg und Glyndebourne wurden erst in den dreißiger Jahren berühmt –, blieben ihr nur einige wenige Puccini-Rollen. Für die Partien der Virtuosa war sie weder geschult noch geeignet. So kommt es, daß sie nur einige französische Arien und zwei Szenen aus *Pelléas* aufgenommen hat, dafür ein umfängliches Liedrepertoire. Dies erst nach einem Bruch in ihrer Karriere Ende der zwanziger und zu Beginn der dreißiger Jahre, als sie nach dem Zusammenbruch der British National Opera Company (und dem Scheitern ihrer Ehe) den Anschluß verlor und erfolglos versuchte, ein Gesangsstudio zu eröffnen. Sie bekam keine Chance in den USA, wurde von Beecham nicht, trotz flehentlicher Bitten, als Salome eingesetzt, mußte sich für musikalische Komödien verdingen, versuchte sich selbst in Varieté-Veranstaltungen im Londoner Palladium.

Nach Richard Bebbs Bericht war es der New Yorker Sammler und Händler Joe Brogan, der 1935 an His Master's Voice herantrat mit dem Vorschlag, sie möge Lieder Debussys aufnehmen. Walter Legge, weitsichtig mit seiner Wolf Society, lehnte ab, aber Fred Gaisberg, damals noch Legges Vorgesetzter, entschied anders – für Aufnahmen, die zwanzig Jahre später bereits als *Great Recordings of the Century* ediert wurden. Gaisberg kam vor allem auf die Idee, Cortot als Begleiter zu verpflichten. 1936 entstanden sieben Platten, deren Erfolg weitere Aufnahmen nach sich zog. Teyte war es, die französische Mélodies bekannt und populär machte – durch jene perfekte Mischung von »Präzision und Lyrismus« (Pierre Bernac), die die Essenz französischen Singens ist. Nach dem Krieg erlebte die Sängerin einen schönen Nachsommer ihrer Karriere mit Aufführungen von Pelléas in New York als Höhepunkt. Ihr letztes Recital hat sie am 17. April 1955, am Tag ihres 67. Geburtstages, gegeben. Und noch mit siebzig Jahren hat sie für die BBC gesungen – Triumph eines Könnens und einer Technik, die sie bei de Reszke erlernt hatte.

In einem Essay *Maggie Teyte and French Song* schreibt Felix Aprahamian, daß die Sängerin nur drei Lieder von Dupard mit de Reszke und die Mélisande mit Debussy studiert hatte, als sie sich mit dem französischen Lied zu beschäftigen begann. 1932 studierte sie für ein Konzert unter Sir Henry Wood Ravels Liederzyklus *Shéhérazade*, den sie erst 1948 aufgenommen hat. Die Lieder Debussys erarbeitete sie mit Cortot. Erarbeitete – das heißt, daß die Noten geradezu übersät waren mit Hinweisen und Lautschriften für Vokalklänge, für die heiklen »Liaisons» zwischen Wörtern, mit dynamischen Vorschriften und sonstigen Nuancierungen – was nicht ausschließt, daß ihr zuweilen (selten genug) winzige Fehler der Aussprache unterlaufen, die man bei Bernac, Panzéra oder Souzay nicht erlebt. (Nach den ersten 31 Seiten von Pierre Bernacs *The*

Interpretation of French Song, New York 1976, muß man zu dem Schluß kommen, daß perfekte französische Diktion für einen Nicht-Franzosen unerreichbar ist.)

Teytes Vortrag ist, anders als der von Souzay, Kruysen oder Crespin, nicht sophisticated, aber subtil. Die späteren Sänger mögen, weil zur Aufnahmezeit jünger, expansiver phrasieren und Textnuancierung mit schärferen psychologischen Mitteln betreiben; Teyte lebt diese Lieder und evoziert sie im Klang. Richard Bebb hat hingewiesen auf den tiefen, sehrend-erotischen Ton im zweiten Lied aus den *Trois Chansons de Bilitis* und auf die gestillte und in Zärtlichkeit verwandelte Sinnlichkeit von Duparcs »Extase« – Teyte ist hier imaginativer selbst als Baker, erst recht als Ameling. Sie kann ihre Stimme gläsern-durchsichtig färben, aber auch mit perfekter Projektion lyrisch leuchten lassen, selbst wenn der Ton nicht mehr perfekt gestützt ist. André Gide hat einmal gesagt, daß die schönsten Dinge die vom Wahnsinn inspirierten und von der Vernunft geschriebenen sind – es ist diese Spannung, die ihren Vortrag belebt: Das Erlebte, Erfühlte, Erfahrene, Erlittene in einen Ausdruck verwandelt, der von Clarté regiert wird.

Mit einer silbernen Trompete: Eva Turner

Sie haben ganz recht, wenn Sie sagen, daß es heute vorwiegend die Wagner- und Strauss-Soprane sind, welche Turandot singen. So war es aber nicht immer. Denken Sie, unter vielen, nur an Rosa Raisa, die die Rolle kreierte, an Gina Cigna, Maria Nemeth, Anne Roselle, Germana di Giulio und Maria Pedrini, um nur einige zu nennen, die dem italienischen Fach gehörten. Caballé singt die Partie heute, aber bei all meiner enormen Bewunderung für sie – das ist sicher nichts für sie. Für die chinesische Prinzessin braucht man einen Biß in der Stimme, eine ganz besondere Weite der Stimme, und wenn man nicht die richtigen Stimmbänder hat, kann einen die Partie ausknocken. Ich habe über 200 Aufführungen gesungen und kann, glaube ich, aus Erfahrung sprechen.

Eva Turner im Gespräch mit Lanfranco Rasponi

Lanfranco Rasponi hat sein Buch über *The Last Prima Donnas* mit einem Kapitel über *The Huge Voices* begonnen – und neben der Italienerin Ebe Stignani, der Bulgarin Elena Nicolai und der Österreicherin Gertrude Grob-Prandl nennt er die englische Sopranistin Eva Turner (1892 geb.), die durch ihre Aufnahme der Turandot-Arie aus dem Jahre 1928 eine Legende geworden ist. Sie besaß eine Stimme, die ohne Registerbrüche vom A bis zum D in alto reichte, mit der Energie und Leuchtkraft einer silbernen Trompete strahlen konnte und sich mühelos über jedes große Orchester hinwegsetzte.

Sie wurde in Oldham geboren, erhielt den ersten Gesangsunterricht von ihrem Vater, hörte in Bristol fasziniert die Aufführungen der Carl Rosa Opera Company, studierte bei Dan Rootham (dem Lehrer von Clara Butt), wurde Mitglied des Opernchors bei Rosa, erbettelte sich kleine Partien wie den Pagen in *Tannhäuser*, die Priesterin in *Aida* und einen der Knaben in *Die Zauberflöte*. Auf Rat des ersten Tenors (E. C. Hedmondt) ließ sie sich von dem Baß Albert Richard Broad – der als glänzender Lehrer galt – ausbilden und für das nächste Vierteljahrhundert von ihm beraten. Sie durfte wenig später Partien wie Kate Pinkerton, Micaëla und Musetta singen und war 1920 der erste dramatische Sopran der Gesellschaft. Vom 22. November bis zum 18. Dezember 1920 sang sie am Covent-Garden Santuzza, Nedda, Musetta, Leonora in *Il Trovatore*, Butterfly, Antonia und Venus in *Tannhäuser*. 1921 sang sie Butterfly, Tosca, Aida, Nedda, Santuzza, Musetta, Antonia, Leonora, Venus, Elsa und in *Walküre* und *Siegfried* (vermutlich Brünnhilde). 1924 eröffnete sie die Covent-Garden-Saison als *Fidelio*-Leonore – das Werk war seit 1919 in London nicht mehr gespielt worden. Ettore Panizza, damals Toscaninis Assistent an der Scala, hörte sie als Butterfly und Leonora und empfahl sie Toscanini. In der *Times* wurde sie damals noch als eine unfertige Künstlerin beurteilt. An der Scala debütierte sie am 16. November 1924 als Freia in *Rheingold* unter Gui, danach sang sie unter Panizza die Sieglinde in *Walküre*. In beiden Aufführungen war Nazzareno de Angelis der Sänger des Wotan (»ich wußte bis dahin wirklich nicht, wie ein Basso klingen muß«). Nach der Scala-Saison gastierte sie in Deutschland. Im Herbst 1926 sang sie Aida in Genua und Gioconda in Triest, dann triumphierte sie als Aida und Turandot in Triest und Brescia (Ende 1926 und Januar 1927). Nach einer glänzenden Tournee durch Südamerika erinnerte man sich in England an die junge Sängerin. In die Annalen der Covent Garden Opera eingegangen ist der 5. Juni 1928, als sie zum erstenmal Turandot sang. Die *Times* notierte, daß die Stimme »eher ein superbes Instrument als ein menschliches Organ« war. Den Höhepunkt ihrer Karriere erreichte sie 1928/29 an der Oper von Chicago, wo sie als Aida debütierte und insgesamt zwanzig Aufführungen von *Walküre* (neben Leider, Kipnis, Olszewska und Lamont), *Ballo* und *Trovatore* (neben Cortis)

Eva Turner als Brünnhilde in Wagners ›Siegfried‹
(Foto: © Klaus Ulrich Spiegel)

sang. *Record Collector* zitiert den Kritiker Eugene Stinson, der über Turner schrieb: »Sie ist einzigartig als Exponentin der Tragödie durch die Medodie ... [sie ist] die größte Sängerin, die man in Chicago kennt. Reines Singen ist die Basis für ihren Anspruch auf größte Distinktion ... Ihre Phrasierung ist nicht ganz so vollkommen. Den verführerischen Phrasen, mit denen Aida ihren Geliebten zur Flucht verleiten will, fehlt es ein wenig an Süße und Charme ... Dennoch steht sie allein da in ihrer Größe.«

In Italien sang sie 1929 in der Scala Turandot (Kalaf war Merli) und am San Carlo Leonora in *Forza.* Es folgten Konzertreisen und Gastspiele, vor allem als Turandot. Alfano, der Puccinis letzte Oper vervollständigt hatte, äußerte mehrfach, daß Turner »die perfekte Turandot« sei. Zu ihrer vielleicht berühmtesten Aufführung wurde die in der »Coronation Season« der Covent Garden Opera mit Giovanni Martinelli als Partner (10. Mai 1937). In derselben Saison sang sie auch zum erstenmal Isolde (neben dem für Widdop einspringenden und deutsch singenden Gotthelf Pistor); sie bekam siebzehn Vorhänge. Im Februar 1940 ging ihre internationale Karriere zu Ende; Turner sang fortan vorwiegend in England und verabschiedete sich in der Saison 1947/48 als Turandot. Danach übernahm sie eine Professur in Oklahoma.

Turner hat nach der Diskographie von J. B. Richards (*The Record Collector*, Vol. xi) nur 30 Titel aufgenommen. Es existiert ein torsohafter Mitschnitt der *Turandot*-Aufführungen vom 30. April und vom 10. Mai 1937. Auf einer Platte der Reihe *Legendary Recordings* findet sich auch eine Studio-Aufnahme von »In questa reggia« aus dem Jahre 1928 als Ergänzung zum Live-Mitschnitt der Arie und der Rätselszene mit Martinelli, der auch mit den beiden Kalaf-Arien zu hören ist (die Platte enthält außerdem die Liù-Arien mit Licia Albanese aus der Aufführung und mit Maria Zamboni, die die Partie bei der Premiere unter Toscanini gesungen hatte).

Die erste Aufnahme der Arie (Col. D 1619) wurde offenbar wegen der trockenen Akustik nicht veröffentlicht, obwohl Turner brillant singt. Die zweite Aufnahme wurde in der Westminster Central Hall mit einem Orchester unter Stanford Robinson aufgenommen. Hier hat die Stimme den Raum, in dem sie sich entfalten und ihre durchdringende Intensität zeigen kann. Anders als in der ersten Version singt sie die Phrase »Gli enigmi sono tre, la morta è una« – nach Partitur erst von Turandot, dann von Kalaf, dann in Engführung von beiden zu singen – dreimal und schließt mit einem unglaublichen C in alto ab. Daß selbst sie dabei an ihre Grenzen ging, beweist die Tatsache, daß sie die letzte Phrase nicht mehr artikuliert, sondern als Vokalise bildet. Was wir hören, ist die vielleicht brillanteste Sopranstimme auf der Schallplatte überhaupt (die besten Spitzentöne von Destinn u. a. wurden durch die akustische Aufnahmetechnik »bedämpft«). Es ist, als würden gewaltige Tonmassen unter höchster Spannung durch ein eng gestelltes Ansatzrohr gejagt: Die hohen Töne leuchten mit einer kalten, gleißenden Intensität. Daß dies nicht etwa nur eine Studio-Leistung – und nicht die eines glückhaften Augenblicks – war, erweist die neun Jahre später gemachte Live-Aufnahme in der Covent Garden Opera, wo die klimaktischen Phrasen durch den mit phantastischer Energie singenden Martinelli noch emphatischer wirken. Geht man nahe an den Lautsprecher heran oder hört man die Stimme unter dem »Mikroskop« eines Kopfhörers, so kann man über die schier trompetenhafte Festigkeit des Tons und die Vibranz des Klangs nur staunen.

Turner hat im Gespräch mit Rasponi anklingen lassen, daß sie auf ihren Erfolg in der Puccini-Rolle zwar stolz war, ihre Aufführungen von *Walküre* und *Siegfried* aber tiefer erlebt habe. Es gibt einige weitere erstklassige Aufnahmen. Sehr gut ist Leonoras »D'amour sull'ali rosee« mit C und A im Pianissimo. Aber ihr Triller ist nicht, wie Steane schreibt, »precise and even«, sondern nur ein Schüttler. Zum Vergleich höre man Destinn, die auch die Kadenz sicherer und vituoser ausführt. Santuzzas »Voi lo sapete« singt Turner nicht italienisch-melodramatisch, sondern mit der unterdrückten Emphase, die typisch englisch ist und von Benjamin Britten – verwiesen sei auf das Kapitel über Janet Baker – zum geheimen Thema und Leid-Motiv von *The Rape of Lucretia* gemacht wurde. Sie beendet das Stück mit leidenschaftlichem Schrei auf »Io son dannata«. Auch die letzte Phrase der Tosca-Arie beendet sie, auf »così«, mit einem dicken Schluchzer – leider, denn die klimaktische Phrase singt sie ohne jeden Drücker und mit mirakulöser dramatischer Entfaltung. In der Aida-Arie aus dem dritten Akt ist die Stimme in der tiefen Lage nicht so reich und modulationsfähig wie die Ponselles oder Rethbergs. Brillant, wenn auch vielleicht zu laut ist die auf das C führende Phrase, problematisch auch das übertriebene Portamento, das vom mittleren C auf das finale A führt. Bedauerlich nur, daß diese Sängerin keine Wagner- und keine Gesamtaufnahmen hat machen können und auf der Platte generell schlecht repräsentiert ist.

Englische Tenöre

Sound an alarm: Dan Beddoe

Anders als Davies, der nach Beecham eine »Stimme von gemischter Lage« hatte, besaß Dan Beddoe (1863–1937) eine klar und hell, ja brillant schimmernde Tenorstimme. Der Waliser gewann mit 19 Jahren einen Wettbewerb in Eisteddfod und schloß sich einem Doppelquartett an, das eine Tournee in die USA unternahm. In Pittsburgh arbeitete er zehn Jahre lang in einem Stahlwerk und besserte seinen kargen Lohn als Kirchen-Solist auf. Im Jahre 1903 hörte Walter Damrosch den Briten bei einer Konzert-Aufführung der *Meistersinger* und stellte ihn alsbald im *Requiem* von Berlioz heraus. Ein Jahr später sang Beddoe, erneut konzertant, Parsifal, Beginn einer reichlich verspäteten, aber glänzenden Karriere. Noch 1934 war seine Stimme so frisch, daß er in New York den Tenor-Part in *Messiah* übernehmen konnte. Beddoe gehört in die klassische englische Oratorientradition. Er besaß eine nicht sonderlich voluminöse, aber hervorragend zentrierte Stimme von wundervoller Klangschönheit, Geschmeidigkeit und Flüssigkeit der Tonemission. Aus sein Legato profitierte von der behutsam-sanften Vokalisierung der Nasale und Liquide. Vor allem strahlte aus seinem Singen ein verhaltenes Leuchten, manchmal eine Glut, wie man sie selten spürt bei seinen Kollegen. Max' Arie aus dem *Freischütz* (ohne Rezitativ) singt er mit strömendem Cantabile, expressiven Appogiaturen, zunächst sehr verhalten, aber im dramatischen Innenteil mit großer dramatischer Energie und klug eingesetztem Vibrato, rasch und ausgeprägt, aber immer beherrscht und deshalb nie aufdringlich oder gar labil. Die Szene aus Mendelssohns *Eliah* – »If with all your hearts – Then shall the righteous« oder Graniers »Hosanna« werden von der dynamisch fein ausstufenden Stimme wahrhaft erleuchtet; die Stimme glüht noch im Pianissimo und besitzt bei den offenen Spitzentönen flammende Intensität. Selbst ein so eminenter Sänger wie Nicolai Gedda, der Obadjah ein halbes Jahrhundert später in der Gesamtaufnahme des Werks unter Frühbeck de Burgos gesungen hat, kommt, was Natürlichkeit des Vortrags, Mühelosigkeit bei der Bewältigung der hohen Tessitura und Genauigkeit der Dynamisierung angeht, nicht entfernt an den Waliser heran.

Kontrollierte Intensität: Evan Williams

Evan Williams (1867–1918), Abkömmling walisischer Einwanderer, arbeitete in einem Bergwerk, wurde bei einem Amateur-Wettbewerb entdeckt, sang eine Zeitlang in Kirchen und ging 1889 zum Studium bei Louise von Fielitsch nach Cleveland. Nach weiterem Unterricht in New York bei James Dennis Mehan debütierte Williams 1896 beim Festival von Worcester in Massachusetts. Dank seiner Zuverlässigkeit und ungewöhnlichen Lernfähigkeit wurde er einer der gefragtesten Konzertsänger der Vereinigten Staaten. 1902 versagte seine Stimme bei einer Aufführung des *Eliah*, Folge von Überbeanspruchung wie fehlerhafter Technik. Er zog sich eine Zeitlang zurück und arbeitete als Lehrer, und während des Musizierens mit seinen Schülern erholte sich seine Stimme. 1906 gab er wieder Konzerte, vier Jahre später war er berühmt. In Chicago sang er neben Ernestine Schumann-Heink den Samson in Camille Saint-Saëns Oper, in Cincinnati, unter Leopold Stokowski, in Berlioz' *Les Troyens*. Seine Technik war jetzt so sicher fundiert und seine Kraftreserve so groß, daß er 1912 in 27 Tagen 26 Konzerte singen konnte. Sechs Jahre später gab er sein letztes Konzert – unter schweren Schmerzen durch ein Geschwür, das nicht heilen wollte. Zwei Tage später, am 20. Mai 1918, wurde er mit einer Blutvergiftung in ein Hospital gebracht, am 24. Mai starb er, eben 50 Jahre alt.

»Sound an alarm« aus Georg Friedrich Händels *Judas Maccabäus* ist ein tenoraler Hürdenlauf: Der Titel der Arie will erfüllt sein, das hohe A soll leuchten, die Läufe müssen geschmeidig geformt werden. Der treffliche Ryland Davies, um einmal mehr den Vergleich zu einem modernen Sänger zu suchen, singt die Arie untadelig und leistet sich auch nicht, wie Evan Williams, die problematische Phrasierung mit dem Atemfassen nach »only« statt nach »brave« in der letzten Phrase. Aber der Amerikaner aus Mineral Ridge, Ohio, überzeugt nicht nur durch die Mühelosigkeit beim verzierten Singen, sondern auch und vor allem durch eine frappante Intensität und Leuchtkraft des Klangs.

Williams hat zwar einige Opernrollen, nie aber auf der Bühne gesungen. Seine Platten haben nicht eben »Charakterstücke« bewahrt, dafür aber meisterhaft versammeltes, strahlendes Singen. Die Stimme hat große Ähnlichkeit mit der Beddoes. Zwar hat sie nicht deren Charme und leises Leuchten, dafür mehr kompakte Kraft. Das große Crescendo in der Vasco-Arie aus *L'Africaine*, wegen der englischen Prosodie nicht gut zu phrasieren, singt er mit einer kontrollierten Intensität, die von wenigen erreicht und von noch wenigeren überboten wird. Die Register der Stimme sind vorbildlich verblendet, und die Extensionsfähigkeit in die Höhe ist bemerkenswert. In »Cujus animam« aus Rossinis *Stabat Mater* erreicht Williams mühelos das Des. Der Amerikaner war, wie viele Sänger in der Ära vor den dirigierenden Diktatoren, stilistisch kein Purist; er ging mit Notenwerten frei um und rechtfertige das selber mit »soul singing«. Trotz beträchtlicher rhytmischer Freizügigkeiten ist seine Aufnahme von »Comfort ye, my people ... Every valley shall be exalted« aus Händels *Messiah* eine hinrei-

Evan Williams
(Foto: © Rubini-Records, Hove, Sussex)

ßende Interpretation, expansiv phrasiert, flüssig und ausdrucksvoll vorgetragen, makellos in der Agilität. Man muß schon die strengere Aufnahme des dänischen Tenors Aksel Schiøtz hören, um Williams zu vergessen.

Heldentenorale Brillanz: Walter Widdop

Sound an alarm lockt zuweilen das Beste heraus, was ein Sänger zu bieten hat.
John Steane über Evan Williams, Walter Widdop und Tudor Davies

Zwei Jahrzehnte später als Williams, Beddoe und Hyde traten zwei erstklassige Tenöre hervor, die ihren Vorgängern stimmlich durchaus ebenbürig waren, aber schon nicht mehr mit der klassischen Geschmeidigkeit und Virtuosität sangen. Der erste war der in Norland, Yorkshire, geborene Walter Widdop (1892–1949). Er studierte seit seinem 18. Lebensjahr bei Arthur Hinchcliffe, gewann eine Reihe von Preisen uund fand bald die Protektion des Bassisten Norman Allin. Er debütierte als Mitglied der British National Opera Company am 5. Oktober 1923 als Radames in Leeds und erhielt wenig später für Samson enthusiastische Kritiken. Drei Monate später gab er sein Debüt als Siegfried am Covent Garden. Es endete nach dem zweiten Akt, weil Florence Austral nicht auf der Bühne erschien. An die beiden ersten *Siegfried*-Akte wurde einfach der erste der *Walküre* angehängt.

Schwerpunkte seines Repertoires waren – eine rare Kombination – die Werke von Georg Friedrich Händel und Richard Wagner. Desmond Shawe-Taylor hat seine Händel-Aufnahmen, vor allem von »Sound an alarm« (aus *Judas Maccabäus*) und »Thou shalt break them« (aus *Messiah*) als »sensationell« bezeichnet. Zwar hat Widdop nicht die Geschmeidigkeit und Eleganz seiner großen Kollegen, aber er singt mit guter Geläufigkeit und wundervoll strahlend in der Vollhöhe. Die Folge von hohen B's in Jephthas »Deeper and deeper ... Waft her, Angels«, tonlich exemplarisch definiert und mühelos strahlend, ist in der Tat sensationell. Ebenso imponierend seine Wagner-Aufnahmen: Lohengrins »Gralserzählung«, das Duett mit Göta Ljungberg, vor allem auch Szenen aus dem ersten Akt der *Walküre*, wo Widdop mit heldentenoraler Brillanz und schönstem Cantabile singt.

Englands bester Lyriker: Heddle Nash

Heddle Nash war vermutlich der beste lyrische Tenor Englands auf der Schallplatte.
John Steane

Die Sängerin Isobel Baillie (»Never sing louder than lovely«) hat erzählt, daß der junge Heddle Nash (1896–1961) unter dem Eindruck von Caruso-Platten an einem Gesangswettbewerb teilnahm und sogleich ein Stipendium an das Blackheath Conservatoire gewann. Nach dem Krieg begann er, in einem Marionetten-Theater zu singen, setzte dann, von einem Freund generös unterstützt, seine Ausbildung in Italien bei Giuseppe Borgatti fort, beobachtete ständig die von Toscanini betreuten Aufführungen in der Mailänder Scala und gab, nach England zurückgekehrt, sein Debüt als Herzog von Mantua am Old Vic im Jahre 1925. Er schloß sich der British National Opera Company an, gastierte am Covent Garden und dann beim Festival von Glyndebourne. Auch er sang sowohl (lyrische) Opernpartien als auch einen großen Teil des oratorischen Repertoires, wobei er besonders energisch für die Musik seiner englischen Zeitgenossen eintrat.

Nash war ein »Natural« mit einer wundervoll plazierten und technisch sicher geführten Stimme. Baillie erzählt, daß der junge Tenor während der Studienzeit in Italien für einen erkrankten Kollegen in Rossinis *Barbiere* einspringen mußte und sich als ein Meister des Canto fiorito erwies. Seine Aufnahmen der beiden Almaviva-Arien sind, vielleicht weil in englischer Sprache gesungen, allerdings kein nachträglicher Beweis für diese Behauptung: Nash bewältigt die Etüden-Anforderungen, die in den Stücken stecken, wirkt in der Rolle aber einfach déplacé.

Als Mozart-Sänger gibt er ein besseres Bild ab: Trotz flacher tiefer Töne ist »Dalla sua pace« gut gelungen, und als Ferrando in der wundervollen *Così*-Aufnahme Fritz Buschs (unleidlich nur das Klavier zu den Rezitativen) bleibt er unübertroffen – und erreicht wird er nur von einem weiteren Engländer, Richard Lewis, dem Kanadier Léopold Simoneau, nicht aber von Dermota, Alva, Kraus, Ryland Davis oder Peter Schreier. Trefflich auch die beiden Aufnahmen aus *Die Zauberflöte*; fein nuanciert, jedoch ohne die Verve wahrer Italianità in »Plume in the Summer Wind« (»La donna è mobile«), wozu beitragen mag, daß die meisten englischen Vokale abgedeckt sind, während die italienischen offen klingen. Sehr schön endlich der vierte Akt von Puccinis *La Bohème* unter Sir Thomas Beecham mit Lisa Perli (alias Dora Labbette), John Brownlee und Robert Easton.

Wohllaut als Selbstzweck: Alfred Piccaver

In einer Hinsicht ist seine Stimme einzig . . .: in der unvergleichlichen, samtigen Weichheit der Tonstruktur. Ja, sie ist zweifellos die weichste Stimme, die wir kennen.
Roland Teuchtler in ›Opernwelt‹ über Alfred Piccaver

Er hat in Wien am 27. September 1958 ein Staatsbegräbnis erhalten. Sein Sarg wurde zu den Klängen des langsamen Satzes von Beethovens *Erocia* vor die Wiener Staatsoper gefahren und auf einen Katafalk gehoben. Die Stadt nahm Abschied von der, so Lotte Lehmann, »schönsten Tenorstimme«, deren Klang, so Helge Rosvaenge, wie ein »Goldregen« auf die Hörer gefallen war: von der Alfred Piccavers (1883–1958). Ein Vierteljahrhundert lang hatte der in England geborene und in den USA aufgewachsene und ausgebildete Tenor zunächst an der Hofoper, dann an der Staatsoper gesungen und war so populär geworden wie Caruso in New York.

Im Jahre 1910 kam Battistini mit seiner Stagione nach Prag – ohne Tenor. Piccaver sang Alfredo und wurde daraufhin von der Truppe mit nach Wien genommen, wo er am 8. Juni 1910 debütierte (Herzog, neben Battistini, de Hidalgo und Arimondi). Nach Gastspielen in Berlin, Wien und Prag ging er 1912 an die Wiener Hofoper. Korngold schrieb nach einer *Rigoletto*-Aufführung, daß Piccaver von Caruso gelernt habe und mit guter italienischer Schulung singe. Am 28. März 1912 sang er in Prag in der dortigen Erstaufführung von Mahlers *Achter Symphonie* den Tenorpart. Als er Prag verließ, brachte das »Tagblatt« am 16. Juni 1912 eine exzellente – von Dennis zitierte – Würdigung des Sängers. Quintessenz: Die ungewöhnliche Schönheit der Stimme, die mühelose Leichtigkeit der Tonproduktion, die Farbgleichheit in allen Lagen, aber auch das begrenzte Tonvolumen für heroische Ausbrüche, die nicht wirkliche klare Diktion und die Grenzen der Höhe bei B und H. Piccaver müsse, damit beendete der kundige Kritiker seine Analyse, nicht nur sein Repertoire beträchtlich erweitern, sondern seine dramatische Darstellung über das Maß des rein Konventionellen verbessern – aber wer tut das *noch*, wenn er *schon* berühmt ist?

Er scheute offenbar auch das Risiko, an die Met zu gehen und sich dem Wettbewerb mit Caruso zu stellen. Zwar erhielt er eine Einladung von Gatti-Casazza und wurde für die Saison des Jahres 1914 angekündigt, aber den Vertrag unterschrieb er nie. Die Einladung wurde nicht wiederholt, selbst als die Met nach dem Tod Carusos einen weiteren erstklassigen Tenor hätte brauchen können. Doch gab es keinen Grund für ihn, Wien zu verlassen. Nach seinem Debüt als Ensemblemitglied – Herzog von Mantua neben Melitta Heim und George Baklanow – am 6. September 1912 blieb er 27 Jahre lang Mitglied des Hauses. Und auch seine Rolle im Wiener Café Society spielte er mit überwältigender Bravour. Er war, wie später die Größen des Berliner Lebens, Gast bei Sportveranstaltungen, bildete ein Fußballteam der Oper und war selber, weil längst zu schwer zum Laufen, Torwart. Sogar seine notorischen Absagen verärgerten seine Wiener nicht; sie waren viel zu besorgt um ihn.

Piccaver sang durchweg 50 Aufführungen in jeder Saison, neben Selma Kurz, Maria Jeritza, Maria Nemeth, Elisabeth Schumann, Helene Wildbrunn und Lotte Lehmann. In seinen ersten Jahren wurde er als Mozart-Sänger geschätzt, später konzentrierte er sich auf Verdi und Puccini, auch auf die Werke von Gounod, Massenet, Offenbach und Thomas. Er sang schließlich auch Florestan, Enzo, Vasco, Luigi (*Il Tabarro*), Andrea Chenier und Radames – Rollen, die ihn bis an seine Grenzen, und manchmal auch über sie hinaus, forderten. Puccini schätzte ihn sehr, angeblich sogar mehr als Caruso.

Piccaver gastierte oft in Berlin, sang 1923 und 1924 ohne großen Erfolg in Chicago und mit gutem in London (als Cavaradossi und Herzog). Seinen ersten Radames sang er 1926, seinen ersten Florestan 1927 zum 100. Todestag Beetho-

Alfred Piccaver
(Foto: © Preiser Records)

vens – neben Lotte Lehmann als Leonore. Es war einer der ersten Versuche, die beiden Partien mit großen lyrischen Stimmen zu besetzen. Zehn Jahre später verließ er, die Annektion Österreichs vorausahnend?, die Wiener Oper und ging in sein Geburtsland zurück.

Die Stimme Piccavers war nicht nur schön. Ihre Klangpracht, ihre samtige Weichheit, ihre strömende Fülle überfluteten die Hörer mit der »Fülle des Wohllauts« (Thomas Mann). Es war eine lyrische Stimme mit gutem Volumen, leicht nasaler Timbrierung und ebenso geschmeidiger wie beherrschter Tonemission. Was ihr wegen zu kehliger Tonbildung fehlte, war Brillanz. Andrew Porter hat das Singen Piccavers höchst treffend als »slack muscled« bezeichnet, als schlaff und lax. Die Tonbildung trennt, so Scott, die Worte vom Ton. Dadurch büßt der Vortrag an dramatischer Prägnanz ein. Piccavers Singen überläßt sich dem Klangrausch. Es ist recht eigentlich hedonistisch. Warum Puccini ihn über alle Maßen schätzte, ist verständlich. Es gibt in den Opern des Komponisten viele Momente, wo der sinnliche Klangrausch hinwegtragen muß über das katastrophale Geschehen. Wo die »Katastrophenhäuser«, als die Kurt Oppens seine Opern bezeichnet hat, den luxurierenden Anstrich des orchestralen und vokalen Sensualismus erhalten. Dabei wird das Wort als dramatischer Sinnträger förmlich eingehüllt in süße Smorzandi und Morendi – wie z. B. in Cavaradossis Sternenarie, die teilweise gegen die Prosodie komponiert ist.

Piccavers Tonbildung machte eine präzise, rasche Attacke mit sauberer Erfassung der Vokale schwer, teilweise unmöglich. Im Gegensatz zu Caruso – als dessen Nachfolger auch er gefeiert wurde – schlug er den Ton nicht fest an, sondern ertastete ihn, um ihn dann langsam zu crescendieren. Bei der Vokalbildung verschattete er den Ton, ein Effekt, der durch seine gleichsam verhangene Klanggebung verstärkt wurde. Fast alle Vokale bekamen so etwas wie eine Einfärbung hin zu A und E. In langsamer, gebundener, lyrischer und elegischer Musik war sein Singen berückend. Aber es fehlte an Lebendigkeit, an Illumination des Wortes durch den Klang, an gebärdenhafter Intensität.

Man muß, wie so oft, zu den Aufnahmen des jungen Sängers zurückgehen, um neben dem Reichtum etwas von den (letztlich unausgeschöpften) Möglichkeiten der Stimme zu erfahren. Die Odeon-Platten aus den Jahren zwischen 1912 und 1914 sind teilweise überwältigend, es sei, man stößt sich an der deutlichen, teilweise überdeutlichen Nachahmung Carusos: »Questa a quella« aus *Rigoletto* ist, bis hin zur Auszierungsnuance bei »se mi punge«, eine glänzende Kopie des Neapolitaners – aber eben eine Kopie. Berückend schön ist sein Legato in »Parmi veder le lagrime«, geradezu rauschhaft und ekstatisch »Ha, wie in meiner Seele« aus *Hoffmanns Erzählungen*. Auch Roméos »Ach gehe auf, mach' erbleichen die Sterne« (»Ah! lêve-toi, soleil«), Wilhelm Meisters Romanze aus *Mignon* und, vor allem, das »Ingemisco« aus Verdis *Requiem* sind glänzende Beispiele beherrschten, klangprächtigen lyrischen Singens und nobler Phrasierung. Zehn Jahre später – in den Platten für Grammophon seit 1924 – liegen Nebel auf der Stimme, und die Sonne seiner einst silbrig feinen, gemischten Hochtöne hat schwer durchkommen. Lyrische Stücke mit schmerzlicher Einfärbung wie Riccardos Arie aus dem letzten Akt von *Ballo* oder Alvaros Romanze sang er immer noch sehr ausdrucksvoll, Manricos Musik hingegen zu unkonturiert. Fulminant und klangprächtig die Szenen aus den Opern von Puccini, Mascagni (besonders das Brindisi von 1924) und Leoncavallo.

Eine große Gruppe von Aufnahmen – darunter etliche Duette mit Margit Angerer – entstand seit 1928 für Grammophon. Bemerkenswert Florestans Arie, sängerisch erstaunlich gut gemeistert, aber behandelt wie ein Konzertstück, zumal wenn man den hitzigen Rosvaenge und den unvergleichlichen Julius Patzak – hier ein singender Schmerzensmann – im Ohr hat. Sehr gelungen sind Gralserzählungen und Lohengrins Abschied, die gekürzte Brautgemachszene mit Angerer, Cheniers »Come un bel di« und noch einmal das »Ingemisco« aus Verdis *Requiem.*

Il mio tesoro: John McCormack

Ich bin der schlechteste Schauspieler der Welt . . . Es gibt nur einige wenige Rollen, die ich gern spiele. Die mir liebste ist Rodolfo in *La Bohème.* Er ist ein richtiger Kerl. Ich kann ihn singen und wirklich wie ein Mensch fühlen. Ich kann mit den Händen in den Taschen die Bühne rauf und runter laufen.
John McCormack

Der Ire John McCormack präsentiert, und darin ist er mit Alessandro Bonci zu vergleichen, die Linearität des Singens.
Giacomo Lauri-Volpi in ›Voci Parallele‹

Wenn ich an das Wort »Sänger«, herausgelöst aus allen zusätzlichen dramatischen Konnotationen, denke, an den Sänger im reinsten Wortsinne, sehe ich John McCormack auf dem Podium vor mir. John McCormack war wirklich der Sänger für die Leute; aber er war auch der Sänger für Sänger.
Max de Schauensee

Schwerlich ein zweiter Sänger hat so erfolgreich eine makellose Aussprache mit einer makellosen melodischen Linie verbunden wie McCormack.
Henry Pleasants in ›The Great Singers‹

Nach Ansicht von Henry Pleasants war der aus Athlone stammende Ire John McCormack (1884–1945) ein »primitive«: auftrumpfend extrovertiert, selbstgefällig, wehleidig, streitsüchtig, widerwillig gegen Lenkung und unverträglich bei Kritik. Aber er hatte auch die Ursprünglichkeit, die Selbstsicherheit und die Ausstrahlung des Volkstribunen, der mit seinen Hörern kommunizieren konnte wie schwerlich ein intellektueller Künstler. Er wahrte darüber hinaus Maßstäbe, die nur denjenigen nicht auffielen, die ihm seine Liebe zu einfachen Balladen verübelten. Es waren die Maßstäbe eines Meistersingers, der selbst beim Volkstümlichen nie tümlich wurde und, wie Henry Pleasants schrieb, minderwertige Metalle in Gold verwandelte wie der dem Trivalen auch nicht abholde Fritz Kreisler, der den Iren bei einer Reihe von Aufnahmen (seit 1914) begleitete. Er widmete, wie Pleasants schreibt, »dem einfachsten irischen Lied oder einer volkstümlichen Weise dieselbe Aufmerksamkeit hinsichtlich Linie, Ton, Phrase, Diktion und Intonation wie ›Oh, Sleep Why Dost Thou Leave Me‹ [aus Händels *Semele*, worin der Sänger eine verzierte, aufsteigende Linie auf dem Wort »wandering« auf einem einzigen, zwanzig Sekunden langen Atem singt – die Aufnahme ist ein legendäres Sammlerstück].«

»Diese Stimme klingt mir immer noch in den Ohren«, sagte McCormack in den dreißiger Jahren, »und die Erinnerung an sie wird nie verlöschen.« Es war die Stimme Carusos, die er im Jahre 1904 am Covent Garden gehört und die in ihm den Wunsch geweckt hatte, ein italienischer Tenor zu werden. Zwei Jahre zuvor hatte der aus einfachsten Verhältnissen stammende angehende Lehrer und enthusiastische Chorsänger beim Feis Ceoil, dem irischen Nationalfest, eine Medaille für sein Singen erhalten, nachdem er ein Jahr im Palestrina Choir der Pro-Cathedral in Dublin unter dem Organisten und Chorleiter Vincent O'Brien gelernt hatte. Ein Jahr später versuchte der Schriftsteller James Joyce, beim Feis Ceoil die Goldmedaille zu gewinnen – und scheiterte. Seine Bewunderung für McCormack verarbeitete er sprachspielerisch in seinem Spätwerk *Finnegan's Wake*: ». . . and cert no purer puer palestrine e'er chanted panangelical mid the clouds of Tu es Petrus, not Michaeleen Kelly, not Mara O'Mario« [Puer palestrine' ist ein Hinweis auf das Singen in dem von O'Brien geleiteten Chor; »panangelical« bezieht sich auf das »Panis angelicus« aus der Messe von César Franck; »Michaeleen Kelly« ist Michael Kelly, der in der Uraufführung von Mozarts *Le Nozze di Figaro* sang; »Mara O'Mario« sind zwei Sänger, Joseph O'Mara und der italienische Tenor Giovanni Matteo Maria, ein Halbgott seiner Epoche].

Schon im Jahre 1904 – und nicht, wie McCormacks Produzent Fred Gaisberg in seiner Erinnerung berichtet, erst 1905 – hat McCormack seine ersten Aufnahmen gemacht. Es waren Versuche eines bis dahin fast ungeschulten Natursängers, der ständig, um Ausdruck vorzutäuschen, Effektmittel wie Seufzer einsetzt und mit übertriebenen Portamenti arbeitet, weil er die Linie nicht ohne Gleitnoten zu binden verstand. Gaisberg war mit den Platten nicht zufrieden, berichtet aber erfreut darüber, daß der junge Ire die Einkünfte dazu nutzte, im Jahre 1905 nach Mailand zu gehen und bei Vincenzo Sabatini zu studieren. McCormack muß ein ungewöhnlich perzeptiver Schüler gewesen sein. In nur drei Monaten lernte er Italienisch und sowohl die Grundlagen des Repertoires als auch die der Aufführungstradition. Er debütierte am 13. Januar 1906 am Teatro Chiabrera von Savona (nahe Genua) als Fritz Kobus in Mascagnis *L'Amico Fritz*. Er hat später erzählt, daß er vor dem hohen B, das er zu singen hatte, panische Angst hatte und nur den Mund öffnete, ohne den Ton zu singen. Als er in Santa Croce sull'Arno den Faust sang, brach ihm in der Kavatine das hohe C. Er rannte verzweifelt von der Bühne. Dasselbe Mißgeschick hatte er, als er vor Gatti-Casazza an der Scala ein Probesingen absolvierte.

Ende 1906 ging McCormack aus Italien nach London zurück. Nach einigen Balladen-Konzerten (ab März 1907) und Opernaufführungen mit der »Dublin Amateur Operatic Society« kam er am 15. Oktober 1907 an die Covent Garden Opera. Er sang Turiddu, wenig später, neben Tetrazzini, Herzog und schließlich den Ottavio in *Don Giovanni* mit einem »Gespür für Phrasierung, das exquisit war« (*The Daily Telegraph*). Bis zum Ersten Weltkrieg, in dem das Haus zeitweilig schließen mußte, sang McCormack fünfzehn Rollen am Covent Garden: u. a. Roméo, Edgardo, Alfredo, Elvino, Gérald, Rodolfo, Cassio, Pinkerton, Faust (Gounod und Boito), Cavaradossi und Almaviva. Nellie Melba engagierte ihn für ihre Operntruppe, als sie 1911 in Australien gastierte.

Die alternde Diva hätte dies sicher nicht getan, wenn der Ire ihr die Gunst des Publikums hätte abspenstig machen können. Das verrät viel über Melba und manches über McCormack. Zwar ein eindrucksvoller und hingebungsvoller Sänger, war er kein zur Identifikation mit der Rolle fähiger Darsteller. Und da er eine eher leicht-schwebende als kraftvoll-voluminöse Stimme besaß, bestand auch nicht die Gefahr, daß er Melba hätte übersingen können. Im Gegenteil, die beiden schlanken, leichten und kontrollierten Stimmen mischten sich vollkommen. Um so unharmonischer ging es zwischen den beiden hinter der Bühne zu. Auf Empfehlung von Tetrazzini – »seine reiche, gottgegebene Stimme ging so gut mit der meinigen« – wurde McCormack 1909 von Oscar Hammerstein an die Manhattan Opera eingeladen. Obwohl erkältet, machte er als Alfredo einen vortrefflichen Eindruck mit seiner »beherrschten Mezzavoce, der Geschmeidigkeit des Legatos, der flüssigen Exekution, der Grazie der Phrasierung. Ein Italiener müßte sich an seiner klaren Aussprache erfreuen« (Pitts Sanburn im *New York Globe* am 11. 11. 1909). Nachdem er Edgardo und Tonio (*La Fille du Régiment*) gesungen hatte, war er ein Star, aber mit der gewaltigen Klangausladung Carusos – die er in einigen seiner Opernaufnahmen, vor allem in »Celesta Aida«, zu imitieren versuchte – konnte er nicht wetteifern. Am 29. November 1910 sang er neben Melba bei seinem Met-Debüt den Alfredo in *La Traviata*. Krehbiel rühmte in *The New York Tribune* seine »delikate Phrasierung«, die ihn freilich nach Hendersons Ansicht zu einem allzu »milden und zurückhaltenden Alfredo« machte.

Seinen Erfolg sicherten insbesonders die vielen in New York lebenden irischen Emigranten. Sie waren der (große) Kern seines Publikums, als er z. B. im New Yorker Hippodrome vor 7000 Hörern sang (1918). Schon bald nach seinem Debüt an der Met, wo er nur noch 1917/18 und 1918/19 einige wenige Puccini-Aufführungen sang, konzentrierte er sich auf seine Laufbahn als Konzert- und Liedersänger. Seine letzten Opernaufführungen gab er in Monte Carlo: 1921 als Tamino, 1923 als Almaviva, Pinkerton, Cavaradossi und Lyonel, dazu als Gritzko in der Uraufführung von Mussorgskys *La Foire de Sorotchintzi* (17. März 1923).

Über den Rückzug von der Opernbühne vor der Vollendung des 40. Lebensjahres ist viel spekuliert worden. Brian Fawcett-Johnston, Herausgeber und Kommentator einer umfassenden McCormack-Edition (Pearl GEMM mit 122 von insgesamt 816 McCormack-Aufnahmen), sieht die Ursache in dem Verlust der hohen Töne durch eine schwere Streptokokken-Tonsillitis, von der sich der Sänger lange nicht erholt habe.

Die Geschichte ist apokryph und wird etwa durch die vorzügliche, kritisch-analytische Biographie von Gordon T. Ledbetter (*The Great Irish Tenor*) nicht gedeckt. Ledbetter führt zahlreiche Belege dafür an, daß McCormack sich, nach eigenem Wort, »in der Oper nie zu Hause fühlte« und nie zu dem Charakter wurde, den er sang. Seine Stärke lag in dem, was – einer für viele – Henry Pleasants beschrieb als »seine typisch irische Fähigkeit, singend eine Geschichte zu erzählen«, sei's in der ersten, sei's in der dritten Person; aber wenn er eine Ballade sang, dann trug er sie vor – im Gegensatz zu seinem Altersgenossen Schaljapin, der sie lebte und agierte. Desmond Shawe-Taylor führte als zweiten Grund den riesigen – und vor allem auch ökonomischen – Erfolg des Konzertsängers McCormack an, der, wie Tauber oder Gigli, das Bad in der Menge genoß und sich einen extravaganten, ja maßlosen Lebensstil leistete. Er residierte in luxuriösen Landhäusern und Appartments in Irland, California (Connecticut), New York City und London, besaß zeitweilig ein Dutzend Rolls-Royces und trank in einem »Leben, so reich an Wein wie an Gesang« (Pleasants) nur Champagner. Er besaß, obwohl er nicht Geige spielte, eine Stradivari und eine Guarneri und gab ein Vermögen für Rennpferde aus.

Nach seinem Abschied von der Oper sang er zwischen 1922 und 1932 in England, Europa und in den USA. Dann konzentrierte er seine Tätigkeit bis 1942 auf England, und die letzten Jahre verbrachte er in Irland. Kaum eine seiner Platten wurde weniger als 100 000mal verkauft. Diese Popularität brachte ihn dann auch zum Film (*Song of My Heart,* 1929), wo er in sechs Wochen 500 000 Dollar verdiente. Als er für den 27. November 1938 sein Farewell ankündigte, sollen – so Fawcett-Johnston – 11 000 Menschen sich in der Londoner Royal Albert Hall gedrängt haben. Während des Krieges gab er Konzerte für das Rote Kreuz, die er 1943 wegen eines Emphysems einstellen mußte. Gleich nach dem Krieg wollte er noch einmal ins Studio der EMI, doch er starb zuvor an Lungenentzündung. Seine Witwe fand in einem Erinnerungsbuch, das auf seinem Schreibtisch lag, folgende Eintragung: »Ich durchlebe noch einmal die Tage und Abende meiner langen Laufbahn. Ich träume nachts von Opern und Konzerten, in denen ich einen Teil des Erfolges davontragen konnte. Nun habe ich, wie die alten irischen Spielmänner (›minstrels‹) meine Harfe aufgehängt, weil all meine Lieder gesungen sind.« In seinem Nachruf auf den Sänger, der in »McCormack Societies« überall in der Welt, in England und Irland, Amerika und Indien, Australien und Südafrika, verehrt wird, hat Ernest Newman geschrieben: »Von den Millionen, die den Gesang John McCormacks bewunderten, haben nur die wenigsten erkannt, welch großer Künstler er war und warum. Für die Menge war er ein unvergleichlicher Sänger einfacher Dinge, die er auf einfachste musikalische Weise ausdrückte, mit einer ganz besonderen Fähigkeit der klaren Aussprache und sauberen musikalischen Linienbildung ... Aber dieses Talent ... war nur Teil eines größeren Ganzen. Er war so perfekt in den kleinen Dingen, weil er mit den großen vertraut war ... Was er tat, war, daß er in den Vortrag einfacher Lieder eine Kunst einbrachte, die durch das sorgsamste Studium von Meisterstücken des Liederrepertoires von Händel über Mozart bis Wolf fundiert worden war ... Seine Kunst war das supreme Beispiel für eine Kunst verbergende Kunst; härteste Arbeit wurde deutlich nur in den Ergebnissen, während die Anstrengung der Maschinerie unbemerkt blieb ... Ich habe ihn nie, weder bei seinem öffentlichen noch seinem privaten Singen, bei einer geschmacklichen Entgleisung erlebt. Nie hat er einen Effekt um des Effektes willen gemacht. Er war ein Künstler von Adel ... mit einem Respekt vor der Kunst, der rar ist unter Tenören.«

Es ist auf die Schulung Sabatinis zurückzuführen, daß der Ire im ersten Drittel seiner Karriere als italienischer Tenor angesehen wurde. Seine Stimme war ein hoch liegender lyrischer Tenor mit einem leicht verhangenen und nasalen Timbre. Hätte er seine hohen Töne, so führt Michael Scott aus, so gebildet wie die englischen Tenöre der Balladen-Tradition (Coates, Beddoe oder Williams), wäre ihm der leichte Aufstieg bis zum D in alto möglich gewesen. Doch versuchte er, durch und durch schon ein eklektischer Sänger, Caruso zu imitieren und die hohen Töne offen zu singen, dazu mit beträchtlichem Atemdruck (zu hören bei dem heftig attackierten »egerti« in »Celeste Aida«). Damit verkürzte er die Stimme in der Höhe. Das A saß sicher, das B und das H bildete er, bildlich gesprochen, kleiner – auch wenn er etwa am Ende des Duetts aus *Les Pêcheurs de Perles* (mit dem rauh singenden Mario Sammarco) die beiden hohen B's so sicher anschlägt wie ein Pianist die Taste.

Als Herausgeber der McCormack-Edition (Pearl GEMM) merkt Brian Fawcett-Johnston an, daß alle Operntitel der Tonhöhe, wie sie von der Partitur angegeben werden, entsprechen. Er rechtfertigt dies mit dem Hinweis auf die Behauptung des Sängers, nie im Leben transponiert zu haben. Tatsächlich hat er »Spirto gentil«, »Salve! dimora«, »Che gelida manina« und auch »La donna è mobile« sowie das Rossini-Duett »Li marinari« um einen halben Ton transponiert. In As klingt die Faust-Cavatine, in C »La donna è mobile« überhell, die Stimme dünner und nasaler. Mittels einer Drehzahlfeinregulierung am Plattenspieler – für Sammler historischer Aufnahmen eigentlich eine Conditio sine qua non – läßt sich der leicht hysterische Höhenrausch von Fans, die ihr Idol aufwerten wollen, korrigieren. Durchaus zum Vorteil der Stimme, die nicht nur runder und entspannter, sondern auch viel distinkter und schöner klingt.

Nach Fawcett-Johnson hat McCormack im Jahre 1923, während seiner letzten Opernaufführungen in Monte Carlo, auf Einladung von Jean de Reszke den Schülern des großen Tenors Almavivas »Ecco ridente« vorgesungen. Der Pole habe den Iren daraufhin als den »Erlöser des Belcanto« gepriesen. McCormack hat, mit Sammarco, das Duett »Numero quindici« aufgenommen. Während der Bariton grob singt, geht McCormack leicht und sicher durch die Rouladen, aber er singt ohne Verve und Brillanz; mehr eine virtuose Darbietung als eine Aufführung. In »Li marinari« singt McCormack zwar keine C's – gibt es überhaupt eines von ihm auf Platten? –, aber die H's nimmt er mit rascher und leichter Attacke. Viel interessanter, ja fast ideal ist er als Donizetti-Interpret. Er phrasiert die langen Bögen mit einer weichen, aber nie weichlichen Tongebung, singt perfekt auf dem Atem und faßt die wundervoll genau artikulierten Worte in den Rahmen eines reichen und schönen Klangs. Bei »Spirto gentil« faßt er die ersten vier Phrasen unter einem Atem – von 17 Sekunden Dauer – zusammen. Er singt das Stück verhaltener als Caruso, hebt die Kontrast-Episode (»donna sleale in tanto amore«) nicht so emphatisch heraus und bildet den Übergang in die Reprise (auf »ohimè«) mit einem hauchfeinen Fil di voce bei aufsteigender Linie. Hier läßt sich studieren, wie McCormack seine Höhe bildete, nämlich mit sanft-behutsamer Verschlankung des Klangs. Wiederum anders als Caruso singt er die Schlußphrase ohne Tremolando, also ohne dramatische Intensivierung. Ähnlich fein geformt »Una furtiva lagrima«, mit schönen klanglichen Schattierungen, aber ohne Verve in der Kadenz und ohne dramatische Spannung beim Übergang auf »m'ama«; dennoch nach Caruso Version von 1904 eine der wenigen hervorragenden Interpretationen. Wäre da nicht eine nur mäßig geformte Kadenz in »Fra poco a me ricovero« aus *Lucia*, müßte die Aufnahme der Grabszene zu den besten gezählt werden. Die Stimme geht mühelos durch die hohe Tessitura, die Diktion ist kristallklar, die Phrasierung eloquent; dies vor allem in »Tu che a Dio«, wo McCormack mit perfektem Timing singt. Die Beschleunigungen und Verlangsamungen bei »o bell'alma innamorata« lehren, wie wirkungsvoll und expressiv der Gebrauch des Tempo rubato sein kann. Wieder die Verschlankung der Stimme beim Hinaufschalten in die Höhe. Die Szene aus *La Fille du Régiment* (nur in der französischen Version der Oper enthalten, aber hier italienisch gesungen) bringt perfekte Messa-di-voce-Phrasen bei sanft-süßer Linienbildung und so etwas wie einen Hundertstel-Sekunden-Riß in der Stimme bei dem ansonsten feinen Diminuendo auf dem B.

In »Celeste Aida«, ohne Rezitativ, hält sich der Ire sehr gut, auch wenn die Stimme eigentlich zu leicht ist. Was die Phrasierung, die Portamenti, die emphatische Aussprache der Liquide, die Tongebung angeht, so dringt ein Hauch Caruso aus dem Lautsprecher. »Questa o quella« bringt er mit viel Gusto und Charme; beides fehlt in »La donna è mobile«, auch die berühmte Kadenz des Angelo Masini. Als Herzog trägt er seiner Maddalena die Werbung (»Bella figlia dell'amore«) zärtlich vor, während Caruso, um im Bilde zu bleiben, mit der Stimme auf unwiderstehliche Weise zupackt. McCormack ist in der Aufnahme mit Lucrezia Bori freier als in der Version mit Melba. Mit Bori hat er auch eine modellhafte Aufnahme von »Parigi, o cara» aus *Traviata* gesungen, perfekt vor allem in der Klangverschmelzung der Stimmen, im vollkommen identischen Timing der Phrasen, im Mezzavoce-Anschlag hoher Noten. Auf demselben Niveau Alfredos »De' miei bollenti spiriti« mit dem lang gehaltenen »vivo« (ohne Bindung in die folgende Phrase wie z. B. bei Bergonzi). Für Rodolfos »Che gelida manina« fehlte es der Stimme an ausladender Kraft. Bei »millionario« vibriert sie, aber beim großen melodischen Aufschwung bewältigt McCormack die hohe Tessitura durch kluge Verschlankung des Klangs. Das H kommt, aber es strahlt nicht. Sehr schön wieder das – wie selten geschieht das? – zärtlich gesungene Duett »O soave fanciulla«, wirklich einmal konzipiert als Dialog. Bori allein singt am Ende das C (es bleibt nicht sicher zentriert). Exemplarisch die beiden Szenen des Faust aus Boitos Oper, »Giunto sul passo estremo« am Ende mit sanftem hohen As. Das Duett aus *La Gioconda* (mit Sammarco) ist die dramatischste Platte McCormacks, der das Wort »Infamia« nicht nur ausspricht, sondern seinen Sinn in Klang umsetzt. Fausts Kavatine ist ein feines Beispiel für konzentriertes lyrisches Singen. »Dal tempio limitar« wird beeinträchtigt durch die fast schon beleidigende klangliche Diskrepanz zwischen der seidigen Stimme McCormacks und der groben Sammarcos (Ancona wäre der ideale Partner gewesen). Um so besser gelingt »Mir par udir«, eine der wenigen sehr guten

Interpretationen der Arie. Eine Trouvaille die Arie aus *Lakmé* (»Vieno al contento«), wo die unirdische Reinheit der Stimme – die nie auf so fleischliche Weise sinnlich war wie die Carusos oder Giglis – jeden Anflug von Süßlichkeit vermeidet.

Als »collector's items« sind McCormacks Händel- und Mozart-Aufnahmen und seine Interpretationen klassischer Arien berühmt geworden – und keine wird öfter zitiert als Ottavios »Il mio tesoro«. Wer z. B. begreifen will, daß ein sicher zentriertes, gerundetes F' in einer Tenorstimme wichtiger ist als ein noch so schallendes C", höre McCormacks Haltenoten, angeschlagen mit der Resonanz einer Glocke und zugleich Ausgangspunkt für Koloraturen, die zugleich Ton für Ton definiert und verschmolzen sind. Die langen Melismen werden mühelos vom Atem getragen, der Klang hat Körper, und dieser hat eine federnd-athletische Energie. Die Skala ist vollkommen ausgeglichen, kein Ton fällt heraus. Für denjenigen, der die Aufnahme zum erstenmal hört, mag der Vortrag *zu* beherrscht, *zu* instrumental-kühl klingen; aber beim näheren Hören spürt man die Spannung im Timing der Linie, in den fast unmerklichen Rückungen, die die Linearität vor metrischer Monotonie bewahrt. McCormack übertrifft alle anderen Sänger in dieser Arie nicht zuletzt durch die Schnelligkeit beim Anschlag der in der Linie liegenden Töne in oder knapp über der Bruchlage. Sie werden von der Stimme so schnell gebildet wie von dem Gedanken, der sie antizipiert. Technisch ist das darauf zurückzuführen, daß McCormack offenbar jeden Ton dynamisch richtig anpackte und ohne muskuläre Korrektur plazieren konnte. Je weiter er in der Skala nach oben ging, desto feiner und schlanker formte er den Ton, und das gibt der Klanggestalt von »Il mio tesoro« eine Proportion, die nie wieder erreicht wurde. Diese Proportion hat die schon erwähnte aufsteigende Diminuendo-Phrase in »O sleep« aus *Semele* oder auch »Come, my beloved« – bekannter unter dem italienischen Titel »Care selve« – aus *Atalanta* mit dem schon bekannten sanften Oktav-Sprung auf das hohe A, auf dem McCormack vor allem in »arms« die halbvokalischen Konsonanten *klingend* singt. Was seinem klassischen Singen vielleicht ein wenig fehlt, ist Spontaneität, ist die Bereitschaft, die ornamentale Sprache des verzierten Gesangs mit Gusto zu sprechen. Man vermißt dies nicht, wenn man Lottis »Pur dicesti« durch McCormack kennenlernt, wohl aber, wenn man es schon von Patti im Ohr hat.

Es wird erzählt, daß McCormack Pattis Aufnahme nach einem Konzert der schon betagten Diva kaufte und dann sofort eine Odeon-Aufnahme machte, die »die Soprane eifersüchtig machen« sollte. Leider ist diese Aufnahme nie aufgetaucht, und die späte Version von 1932 braucht Patti nicht zu irritieren. McCormack bringt geschmackvolle Verzierungen an, singt mit subtilem »swing« und feinsten dynamischen Nuancen. Aber die Acciaccatura vor den Triolen gelingt nicht völlig mühelos. Hingegen ist der Triller vorzüglich, und auch die Gruppetti wurden exakt ausgeführt. Im Vergleich dazu ist Melba prosaisch. Patti aber behandelt die Verzierungen nicht als Zierat, sondern als Ausdrucksgestus, als die Kunst-*Natur* dieser Musik. McCormack gibt diese Musik meisterhaft wieder, Patti führt sie auf: Es ist der Unterschied von Kunsthandwerk und Kunst.

In die Pearl-Edition aufgenommen wurden zwanzig der 26 Titel, die McCormack zwischen 1914 und 1924 mit dem Geiger Fritz Kreisler aufgenommen hat. Daß eine Geige singen und eine Stimme klingen kann wie eine Geige – hier ist es zu hören. Es ist reinster Sinnenzauber, gewirkt durch höchsten Kunstverstand. Selbst überzuckerte Desserts wie die »Berceuse« von Jocelyn oder Schuberts »Ave Maria« und selbst Gounods berüchtigte Bach-Adaption unter demselben Titel werden durch vokale und instrumentale Magie zu zauberhaften Miniaturen. Besonders zu erwähnen sind die – in englischer Sprache – gesungenen Rachmaninow-Lieder. Das verhangen-elegische Timbre McCormacks schafft so etwas wie den vollkommenen Klangrahmen für den distinkten, artikulierten Vortrag. Hingegen kann der Verfasser den Enthusiasmus englischer Kritiker über die deutschen Liedaufnahmen nicht ganz teilen. Als störend empfinde ich allzu offen gebildete Vokale (vor allem das o) und die merkwürdig getönten Umlaute (eine »Schwäche«, die mich bei Peter Pears weniger irritiert). Überraschend, daß McCormack dem Melodiker Schubert weniger gerecht wurde als dem mit Stimmungs-, Klang- und Kontrastwechseln operierenden Hugo Wolf – den Schluß des »Ganymed« mit dem Anruf an den »alliebenden Vater« habe ich nie hymnisch-entrückter gehört als von McCormack. Es sind solche Phrasen, die sich in der Erinnerung eingraben wie die Gefühle ersten Liebesglückes oder Schmerzes. Die einen, wie Thomas Mann es beim ersten Hören des »Lohengrin« empfand, mit »den Schauern der Romantik« begnaden. McCormack hat viele solche Momente von sängerischer Magie gehabt. Elfentöne und elegisch-traurige Klänge. Man gewöhnt sich nicht an sie, weil Èman sie beim Hören immer wieder neu entdeckt. Der Ire gehört zu den wenigen Sängern, die den Hörer nicht ermüden, sondern ständig überraschen: Weil sein Singen lebt, selbst in der Reproduktion.

Voice of America: Lawrence Tibbett

Der große Schauspieler–Bariton
Harold Rosenthal über Lawrence Tibbett

Wir bereiteten das Revival von *Falstaff* für die Saison 1924/25 mit Scotti in der Titelrolle vor. Serafin sollte dirigieren. Die ganze Besetzung stand fest mit Ausnahme des Ford. Ich sagte Maestro Serafin: ›Ich habe zwei oder drei Kandidaten für die Rolle des Ford. Aber da ist ein junger Amerikaner, Tibbett, der vor Ehrgeiz brennt, über eine Reihe guter Qualitäten verfügt und eine ernsthafte Probe verdient.‹ Serafin akzeptierte Tibbett, nachdem er einige Tage persönlich mit ihm gearbeitet hatte ... Tibbett agierte und sang mit einem Selbstvertrauen und einer Sicherheit, die ... bewunderungswürdig waren. Bei der ersten Aufführung gewann das Publikum denselben Eindruck. Nach der ersten Szene des zweiten Aktes mit dem Monolog des Ford und dem großen Duett mit Falstaff bestand das Publikum lange Zeit darauf, daß Tibbett einen Vorhang für sich allein hätte. Endlich kam er auf die Bühne zurück, indes in Begleitung Scottis. Daraufhin wurde das Publikum widerspenstig und erregt und rief nach Tibbett und nur nach Tibbett. Die tumultöse Demonstration währte durch die vollständige kurze Pause, selbst als die Lichter verdunkelt worden waren und das Orchester vergeblich versucht hatte, die Aufführung fortzusetzen. Schließlich mußte Serafin jemand zu Tibbett hinter die Bühne schicken. Danach kam er heraus und erhielt eine Ovation, die viele Minuten dauerte.
Giulio Gatti-Casazza über Lawrence Tibbett in ›Memories of the Opera‹

Eine glanzvolle Erscheinung war der aus dem kalifornischen Bakersfield stammende Lawrence Tibbett (1896–1960). Der Sheriffsohn, ausgebildet von Joseph Dupuy und dann von Frank La Forge, avancierte nach einer strapaziösen Anfängerzeit als Schauspieler und Allzweck-Sänger zur »Voice of America« und war neben Rosa Ponselle der erste amerikanische Opernstar, dem globaler Ruhm zufiel. Bei seinem ersten Probesingen an der Met, das sein Lehrer La Forge 1923 arrangiert hatte, fiel er durch: Er sang Renatos »Eri tu« und patzte bei einer hohen Note. Durch Vermittlung von Frances Alda bei Gatti-Casazza bekam er die Chance einer zweiten Audition, verblüffte dabei durch die Kraft und Fülle seiner Stimme und erhielt einen Vertrag für die Saison 1923/24 mit einer Gage von 60 Dollar pro Woche. Am 24. November 1923 gab er sein Met-Debüt als Lavitzky in *Boris Godunow*. Sechs Tage später kam er durch die Erkrankung des Baritons Vincent Ballester an seine erste größere Rolle, Valentin in *Faust*. Dann sang er wieder Partien wie Marullo, Fléville, Morales, Heerrufer, Silvio und D'Obigny, bevor ihm Ballester zum zweitenmal den Gefallen erwies, krank zu werden und eine große Partie – in einer Premiere – abzusagen: Ford in *Falstaff*. Plötzlich hörte der *Musical Courier* die »ohne jede Frage beste Baritonstimme an der Met heute, die einzige, die jung und frisch ist«. In der folgenden Spielzeit sang er neben Bori und Didur in der Met-Premiere von Ravels *L'Heure Espagnole*. Dann folgten Neri in Giordanos *Le Cena delle Beffe* mit Alda und Gigli, Tonio, Wolfram, Mercutio. 1927 brachte Kothner, Melitone (mit schlechten Kritiken für beide Rollen), Valentin, Heerrufer, Neri, Ford, Silvio und Manfredo in *L'Amore dei Tre Re*, Dapertutto, Germont, Alfio und Telramund (die letzten drei Rollen während der Frühjahrstournee 1927). 1927/28 erhielt er seine ersten Einladungen von anderen Bühnen. Er sang Ford in San Francisco, dann wieder Neri und schließlich gut bezahlte Konzerte. 1928 folgten an der Met Tonio, Marcello, die Titelrolle von Křeneks *Jonny spielt auf* (vorher eine Michael-Bohnen-Partie) und seine bewährten Standard-Partien.

Dann ging Tibbett nach Hollywood und drehte für Metro-Goldwyn-Mayer *The Rogue Song*, der 1930 Premiere hatte und ihn von einem bekannten Opernsänger zu einer nationalen Berühmtheit machte. L. B. Mayer bot dem Sänger einen Filmvertrag an und argumentierte, daß er an der Met nur seine Zeit vergeude. Nach den Dreharbeiten (und vor der Film-Premiere) ging Tibbett zurück an die Met und sang im Revival von *La Fanciulla del West* (neben Jeritza und Martinelli). Er drehte neue Filme in Hollywood (*The New Moon* und *The Prodigal*), sang 1931 Colonel Ibbetson in Deems Taylors *Peter Ibbetson* und war so gut, daß das Werk intern »Peter Tibbettson« genannt wurde. Der vierte Film, *Cuban Love Song*, folgte im Sommer 1931. Seine sängerische Qualität litt nicht darunter. 1932 holte er sich als Germont père neben Bori und Tokatyan nur Lob. Eine Verletzung, die er sich bei seiner Aufführung von *Peter Ibbetson* zuzog, verzögerte die Aufführung von *Simon Boccanegra* – die amerikanische Premiere des Werks. Es war wieder einmal Serafin, der den Sänger als Coach betreute. Und es war der greise William James Henderson, der seine Darstellung mit dem Boris von Fedor Schaljapin verglich. So brillant war seine Leistung, daß man die von Maria Müller, von Giovanni Martinelli, von Ezio Pinza nur in Nebensätzen erwähnte.

Während einer Europa-Reise – es war seine Hochzeitsreise – traf Tibbett auf den Komponisten Eugene Grunberg, der soeben seine Oper *Emperor Jones*

Lawrence Tibbett als Escamillo
(Foto: © Kesting)

abschloß. Das auf einem Drama von O'Neill fußende Stück, keine Gesangsoper, sondern eine dramatische Etüde für Sprechstimme, wurde am 7. Januar 1933 an der Met uraufgeführt und geriet zu einem Triumph für den Sänger. Henderson war entsetzt über die Kruditäten und begeistert von Tibbett. Sein Kommentar, unübersetzbar: »Brutality incarnate and plasticity perfected.« Tibbett sang weitere acht Aufführungen und dazu jeweils zwei in Los Angeles und Chicago, wo zusätzlich *Pagliacci* auf dem Programm stand. Die von der Depression belastete Saison 1933/34 eröffnete er wieder als »Tibbettson«, die von 1934/35 (es war Gattis letzte) als Amonasro neben Rethberg, Olszewska, Martinelli und Pinza. Am 24. Januar 1935 sang er in der Uraufführung von Horatio Seymours *In the Pasha's Garden*, im März des Jahres seinen ersten Scarpia und im April, zu Ehren von Walter Damrosch, den Hans Sachs in einer Bühnen-Aufführung des dritten Aktes der *Meistersinger*. Er drehte weitere Filme, sang neben Ponselle in einer berühmten und off-the-air mitgeschnittenen Aufführung von *La Traviata* (1935), in der zunächst Bori Violetta gewesen war. 1936 sang er in Chicago und San Francisco Rigoletto, Tonio und Gianni Schicchi (der damals nicht ankam).

Henderson erwartete, daß Tibbett mit wachsender Rollenerfahrung ein überragender Rigoletto werden könne. 1936 drehte dieser nach *Metropolitan* seinen letzten Film *Under Your Spell* und spielte darin einen überarbeiteten Opernstar, der in die Einsamkeit geht und dorthin von einer tröstenden reichen Erbin verfolgt wird. Regie führte der junge Otto Preminger. Am 20. November 1936 sang er in Chicago Jago neben Rethberg und Martinelli. Am 22. Dezember 1937 wurde *Otello* zum erstenmal nach dem Ersten Weltkrieg wieder an der Met gespielt (Martinellis Rollenvorgänger war Leo Slezak gewesen). 1936/37 sang Tibbett an der Met neben Germont, Rigoletto, Tonio und Amonasro vor allem die vier Bariton-Rollen in *Hoffmann*. Im Frühjahr 1937 unternahm er eine Europa-Tournee. Er debütierte als Scarpia am Covent Garden (14. Mai 1937, neben Gina Cigna und Giovanni Martinelli) und erhielt mehr Anerkennung für sein Spiel als für sein Singen. Anders verhielt es sich nach seinem Amonasro und seinem Jago, wieder neben Martinelli und Eidé Norena. Ernest Newman vertrat die Ansicht, daß Tibbett eigentlich ein Baß sei. In Paris wurde er nach einer *Otello*-Aufführung (wieder mit Martinelli) als »einer der großen Tragiker der lyrischen Bühne« bewundert, während er in Wien nur als Bariton der Mittelklasse bezeichnet wurde.

Im Herbst 1939 wurde bekanntgegeben, daß Tibbett an einem mysteriösen Halsleiden erkrankt war. Monatelang konnte er nicht singen. Es entstanden wilde Spekulationen über ein exzessives Leben. Gegenüber Thomas R. Bullard, der Tibbetts Karriere für *The Record Collector* minuziös aufgezeichnet hat, sagte Virgil Thomson, die Erkrankung sei die Folge von Konzerten gewesen, die Tibbett trotz einer starken Erkältung gesungen habe. Andere Kritiker führten sie zurück auf zu schwere Rollen wie Jones und Scarpia. Zwar erholte Tibbett sich von der »spastischen Muskellähmung der Larynx« – so eine Diagnose, die später von *Newsweek* veröffentlicht wurde –, aber in den vierziger Jahren war er, aufs Ganze gesehen, nur noch ein Schatten seiner selbst – trotz einiger großer Aufführungen von *Simon Boccanegra*, in denen der junge Warren hervortrat, von *Rigoletto, Otello* und *Falstaff*. Es heißt, daß er Leonard Warren, der Ford singen sollte, durch John Brownlee ersetzen ließ, damit ihm der junge Kollege »nicht das antut, was ich Scotti angetan habe«. Jedenfalls zeigt Kolodins Chronik, daß die Aufführungen Tibbetts seit den frühen vierziger Jahren zusehends kritischere Beurteilungen zeitigten, vermutlich auch deshalb, weil jene Kritiker ihn in seiner Glanzzeit erlebt hatten. John Steane merkt zu einem Tibbett-Album (Pearl GEMM) an, daß einige Platten auch aus den vierziger Jahren eher *für* Tibbett sprächen und daß sein Jago, damals von Kritik nicht verschont, vielleicht der beste in der gesamten Werkgeschichte sei. In den letzten vier Spielzeiten an der Met sang Tibbett nur noch wenige Aufführungen durchweg mit »ermüdeter Stimme«, ein wiederkehrendes Wort in den Kritiken. In der letzten Saison 1949/50 brachte er es noch auf zwei *Tosca*-Aufführungen und auf vier in der amerikanischen Erstaufführung von *Chowanschtschina* (Prinz Iwan). Die *Tosca*-Aufführung vom 28. Februar 1950 war als Gala für den scheidenden General Manager Edward Johnson gedacht. Ursprünglich war Paul Schöffler für Scarpia vorgesehen gewesen. Da er am Vorabend als Hans Sachs hatte einspringen müssen, mußte er von Tibbett ersetzt werden. Dies mißfiel der Primadonna des Abends, Ljuba Welitsch, die die Aufführung nicht der Schönheit widmete, sondern einem Boxkampf gegen den ungewollten Scarpia. Der Abschied von der Met war keiner von der Bühne: Tibbett spielte fortan am Broadway in *The Mulatto*, später in *Rain* und *Peter Pan*. 1956 ersetzte er Ezio Pinza in *Fanny*. 1960 applaudierte er Leonard Warren nach dessen letztem Triumph in *Simon Boccanegra*, zwei Tage vor dem Tod seines Nachfolgers. Tibbett selber starb am 15. Juli 1960 an den Folgen eines Autounfalls.

Rosa Ponselle hat Tibbetts Stimme – es war ein reicher, dunkler Bariton mit einer guten Extension zur Höhe, aber Problemen bei hoher Tessitura – mit den Stimmen von Ruffo, Caruso und Schaljapin verglichen, den Stimmwundern der beiden Jahrzehnte nach der Jahrhundertwende. Ohne Frage war der Amerikaner ein einzigartig-charakteristischer Sänger und Darsteller, aber er war schwerlich ein »natural«. Seine Instrument war eine geformte, eine gebildete, eine kultivierte Stimme, denn der Ton selber hat nicht die blühende Wärme, die man bei Battistini, Amato oder auch Merrill bewundern kann, und was die Fülle und Kraft angeht, so haben Sänger wie Ruffo oder Warren die reicheren Natur-Mittel besessen. Indes übertrifft er die meisten Fachkollegen durch seine vokale Phantasie, die gestische Beweglichkeit, die Kraft der mimetischen Darstellung. Hört man ihn in der psalmodierenden Deklamationsmusik des Brutus Jones aus Gruenbergs *Emperor Jones* – Klagemusik mit chromatisch und auch glissandohaft fallenden Phrasen und explosiven Klageausrufen –, erlebt man ein vokales Modellieren des Klangs. Die Stimme vermochte zu funkeln und in der nächsten Sekunde tiefe, dunkle Schatten zu werfen. Tibbett, der keine Fremdsprachen sprach, mußte seine Partien – er hat 52 in 644 Aufführungen gesungen – phonetisch lernen. Er klingt zwar nicht immer idiomatisch, aber wohlstudiert.

Harold Rosenthals Wort vom großen »Schauspieler-Bariton« sollte nicht zu der Annahme verleiten, Tibbett habe sich außermusikalischer Ausdrucksmittel bedient – es sei denn, sie wären verlangt wie in Mussorgskys »Flohlied«, in dem er mit klangmalerischen Effekten ebenso agiert wie mit dem – tonlich fein definierten – Lachen. Aber gerade in den italienischen Charakterpartien – Germont père, Simone, Jago und Scarpia seien hier vor allen anderen genannt – verblüfft und verzaubert er durch die Schönheit seines Singens, durch seine generöse Linienbildung, durch die reiche Resonanz der Stimme – vor allem bei seinem phantastischen leise-sanften Singen – und durch den Verzicht auf jedwede deklamatorische Übertreibung. Und selbst wenn er in den letzten Phrasen der Germont-Arie »Di provenza« seine hohen Töne schier endlos hält, gehen sie nie aus der Form; sie bleiben sicher gestützt und dadurch schlank, runden den Vortrag einer Arie ab, die von den meisten Sängern als Leierkasten-Melodie abgeliefert wird. Tibbett nuanciert das Stück, nimmt im zweiten Vers die Dynamik jäh auf ein Pianissimo zurück, ohne daß dabei die Fülle des Tons reduziert würde, und verwandelt die Ziernoten in liebevolle Ausdrucksgesten. Man wünschte sich, Maria Callas hätte ein einziges Mal im zweiten Akt einen Partner wie Tibbett als Germont gehabt – der Amerikaner formt Klanggestalten, die zugleich schön und ausdrucksvoll sind, und das gleiche gilt für seine Partnerin Rosa Ponselle, die (fast) mit der gleichen tragischen Intensität singt wie später Callas in der Aufnahme unter Giulini. Vier Jahre nach der von Ettore Panizza spannungsvoll *und* flexibel (Rubato!) dirigierten *Traviata*-Aufnahme, die im Mai 1935 mitgeschnitten wurde, sang Tibbett in einer Aufführung von *Simon Boccanegra*, an der Rethberg, Martinelli, Warren und Pinza beteiligt waren: Wenigstens drei große Momente aus einer der großen Verdi-Aufführungen des Jahrhunderts sind erhalten (mit den typischen Drop outs solcher Mitschnitte). Ungeachtet des Streß einer Live-Aufführung singt Tibbett beherrscht, nuanciert und klangschön, oft mit einer phantastischen Resonanz. Steanes begeistertes Urteil über den Jago Tibbetts wird durch den Live-Mitschnitt aus der Met von 1941 – mit Stella Roman als Desdemona und Giovanni Martinelli in der Hauptrolle – glänzend bestätigt. Tibbett ist deutlich der beste Sänger des Ensembles, präzis im Trinklied, energisch im Credo, subtil in »Era la notte«.

Die Stimme in all ihrem Glanz, ihrem dunklen Reichtum hört man in den Einzelaufnahmen aus den zwanziger und den frühen dreißiger Jahren. »Largo al factotum« hat zwar wenig Humor und innere Leichtigkeit, wohl aber die vokale Beweglichkeit und einige brillant effektvolle Momente, freilich auch Künsteleien. Hingegen ist Renatos »Eri tu« eine exemplarische Interpretation in vokaler Hinsicht, nicht aber so expressiv wie die technisch nicht schlechteren Wiedergaben von Battistini, Stracciari und Amato. Das Torero-Lied des Escamillo, vokal brillant, leidet unter einer indifferenten Diktion. Prachtvoll und scharf-geschnitten die Szenen des Scarpia – »Tre sbirri«, 1929 im Studio gemacht, »Gia! mi dicon venal«, 1936 live aufgenommen – mit suggestiv-sinistrer Färbung der Stimme und einer Phrasierung, die riesige Bögen formt. Dieses ausschwingende Singen hören wir auch in Gérards »Nemico della patria« und in Tonios »Si può«, wundervoll durch die sanfte Phrasierung von »un nido di memorie« und das schallende As auf »voi«. Preiser LV bringt überdies vier Szenen aus Taylors *The King's Henchman*, Gruenbergs *Emperor Jones* und Hansons *Merry Mount*, aus Partien, die für Tibbett geschrieben oder von ihm zuerst aufgeführt wurden. RCA VICS 1340 und GEMM zeigen, daß er auch ein eindringlicher Lieder-, besser: Balladensänger war. Denn er blieb offenbar als Liedinterpret ein Dramatiker des Vortrags, wie Loewes »Edward« oder Schuberts »Erlkönig« und »Die Allmacht« (beide in englischer Sprache aufgenommen) zeigen. Selbst die tiefen Kolorierungen und Abtönungen der elegischen Phrasen von Tschaikowsky »None but the lonely heart« sind die eines singenden Darstellers, der zu den größten Vokalisten und Interpreten des 20. Jahrhunderts zählt.

Sänger aus Osteuropa

Nieder mit den Konventionen!
Motto der neuen russischen Komponisten-Schule

Wenn es um die Oper ging, so richtete sich ihre wütende Kampagne vor allem gegen die italienische Saison ... Die jungen Revolutionäre trafen freilich kaum auf Unterstützung durch das Publikum, das entweder gar nicht reagierte ... oder mit dem Ausdruck amüsierter Überlegenheit den Kampf [der Komponisten] gegen die gottgleichen Wesen beobachtete, die, wie man dachte, jenseits aller Kritik standen, all die Lucca, Patti, Rubini, Tamburini, Masini ... Wer konnte nur glauben, daß sie einmal entthront werden könnten. Man hielt

das alles für eine lächerliche Affaire. Und man hatte recht. Die Verehrung der Opernstars wurde in St. Petersburg so weit getrieben, und andernorts war es ähnlich, daß das Publikum zeitweilig überhaupt nicht daran interessiert war, was gespielt wurde, sondern nur an den Sängern selber. Für die Ohren des Publikums war der Klang, der aus den Kehlen dieser Damen und Herren strömte, pures Gold.
Oskar von Riesemann, ›Mussorgsky‹

Die kurzen Passagen aus Oskar von Riesemanns Buch über den Komponisten der russischen Nationaloper *Boris Godunow* (übersetzt aus einer englischen Übersetzung) geben einen interessanten Einblick in die Sozialgeschichte der russischen Oper, damit auch in die des Singens. Oper in Rußland – das war im 19. Jahrhundert zunächst ein Diletto des Feudalismus. Seit den Tagen der Giuditta Pasta und Pauline Viardot reisten die besten Sänger, sobald die kurzen Spielzeiten in Italien beendet waren, über Polen nach Rußland. Die Auserwählten gastierten an den Kaiserlichen Theatern in St. Petersburg und Moskau, vor allem aber in den Salons des Hochadels. Sie erhielten die höchsten Auszeichnungen vom Zaren, exorbitante Gagen und Geschenke von den Großfürsten. Gegen Ende des Jahrhunderts bildeten sich alljährlich Operntruppen, die, um Stars wie Battistini geschart, die Länder Osteuropas bereisten; auch Caruso hat, noch im Schatten des Bariton-Kollegen, eine solche Reise gemacht.

Es versteht sich von selbst, daß durch solche Kunsteinflüsse das russische Singen entscheidend mitgeformt worden ist. Schon im 18. Jahrhundert wurde unter der Regentschaft der Zarinnen Anne, Elisabeth und Katharina an den Hoftheatern überwiegend italienische Oper gespielt: von Galuppi, Araja, Traëtta, Paisiello und Cimarosa, die allesamt an russischen Theatern als Direktoren und Hofkomponisten engagiert waren. Selbst als Katharina ein Libretto schrieb, entstand nichts anderes als eine italienische Oper mit russischem Text. Immerhin ist Arajas *Cefal i Prokris* von 1755 insofern der erste große Versuch einer nationalen Oper, als sowohl das Libretto als auch die Sänger russisch waren: Elisaveta Belogradskaya und Gawril Martsinkewitsch gelten als die ersten russischen Opernstars. 1776 wurde in St. Petersburg das Kaiserliche Russische Theater – später Maryinsky – eröffnet, kurz darauf das Kaiserliche Theater in Moskau, das Bolschoi. Hier wurde 1776 Oper in russischer Sprache gegeben.

Vater der russischen Oper ist Michail Glinka, dessen *Ein Leben für den Zaren* (1836) zugleich die sängerischen und darstellerischen Kräfte von Osip Petrow (1807–1878) herausstellte. Der Sänger des Susanin in der Uraufführung am Maryinsky unternahm die größten Anstrengungen, sich als Musiker zu vervollkommnen, und legte zugleich alle Energie darein, als dramatischer Darsteller zu glänzen. Harold Byrnes hat in seinem Kommentar über »Singers of Imperial Russia« ausgeführt, daß in Petrows Arbeit eine Keimzelle nicht nur für die Arbeit späterer Sänger zu suchen ist, sondern auch eine Anregung für Komponisten, mit Partien wie Boris, Iwan dem Schrecklichen, Fürst Igor, Mazeppa bedeutende historische Gestalten und monumentale Charaktere zu Figuren der lyrischen Bühne zu machen. Vladimir Stassow, Kritiker und Feuerkopf für die »Jungrussen«, sah in Petrow einen der Gründerväter der russischen Oper, vor allem einen ästhetischen Erzieher der Nation, die allmählich dazu kam, die heimische Oper zunächst neben der italienischen zu akzeptieren und sie dann den Importen vorzuziehen. Petrow war, auch dies verrät seine Bedeutung, der erste Sänger des Warlaam, Ruslan, Leporello (in Dargomyschskys *Der steinerne Gast*) und Iwan. Auch seine Frau, Anna Worobiowa-Petrowa, war eine bedeutende Sängerin. Von Iwan Melnikow (1831–1906, keine Aufnahmen!) heißt es gar, daß sein Belcanto dem jedes italienischen Kollegen ebenbürtig gewesen sei. Melnikow war der Boris in der Uraufführung von Mussorgsky Oper und wurde von Tschaikowsky geschätzt, obwohl er als Eugen Onegin spät in seiner Karriere nicht erfolgreich war. Aber noch 1890 sang er die Hauptrolle bei der Uraufführung von Borodins *Fürst Igor*.

Bis zu dieser Zeit aber blieben die Kaiserlichen Theater geschmacklich fremdbestimmt. Es kostete den Tschechoslowaken Eduard Napravnik beträchtliche Mühen, 1874 am Maryinsky die erste Aufführung von *Boris Godunow* durchzusetzen. Das Leben in diesen Theatern muß eine bizarre Mélange aus Politik und Korruption, Autokraten-Allüren und Star-Launen, Luxus und Liebe gewesen sein. Oft verließen große Sänger die Kaiserlichen Theater und schlossen sich Operntruppen (Alexander Aksarin, Serge Zimin, Savva Mamontow) an, kehrten aber aus ökonomischen Gründen an die Kaiserlichen Theater zurück, die sich den Luxus von Produktionen leisten konnten, wie ihn später nur noch der Monumentalfilm erreichte.

Und eben auch den Luxus, alljährlich Stars wie Masini, Tamagno, Battistini, Sembrich, Caruso, Arnoldson und viele andere auftreten zu lassen. Die besten russischen Sänger der Jahrhundertwende waren entweder von vornherein italienisch geschult, oder sie versuchten, dem Vorbild der Gäste nachzueifern. Stilistische Assimilation zu einer Zeit, da der Belcanto selbst in seinem Ursprungsland von der Furie des Verschwindens bedroht war, führte notwendigerweise zu einem eklektischen Stil oder gar, bei minderen Talenten, zu provinzieller Imitation. Einige bedeutende russische Sänger waren, trotz aller Fähigkeiten, provinziell.

Bereits um 1900 gab es in jeder größeren Stadt einen Schallplatten-Laden, und es war ein russischer Händler (Rappaport), der die Idee einer De-Luxe-

Edition für Topstars hatte und vorschlug, die Platten durch ein rotes Etikett (Red Label) zu schmücken. 1901 erschienen die ersten Red-Label-Platten von Fedor Schaljapin, Medea Mei-Figner und Nicola Figner, die letzteren in Italien ausgebildete Sänger mit Wohnsitz in Rußland. Für Medea Mei hatte Tschaikowsky die Partie der Lisa in *Pique Dame* geschrieben.

Nach der russischen Oktoberrevolution waren die kulturellen Brücken zwischen Ost und West zerstört. Zwei, drei Jahrzehnte lang fand der einst übliche Austausch von Künstlern nicht mehr statt. Erst in den fünfziger Jahren wurden Aufnahmen der Melodia wieder zugänglich. Leider aber wurden die sowjetischen Kataloge nicht erschöpfend ausgewertet – was nicht allein ein Versäumnis der Vertragsfirmen war, sondern von der Interesselosigkeit der Käufer zeugt. Dadurch ist das Bild von den russischen Sängern (und denen Osteuropas ganz allgemein) unscharf. Der Name Schaljapin mag geläufig sein, aber seine Platten sind – jedenfalls hierzulande – kaum bekannt, und Namen wie Smirnow und Sobinow, Baklanow und Kozlowsky, Lemeschew und Sibiriakow, Neshdanowa und Koshetz wären in einem Opern-Quiz allemal gut für die nicht zu beantwortenden Fragen. Selbst von den Sängern der Nachkriegszeit sind nur relativ wenige regelmäßig im Westen aufgetreten. Aus diesem Grunde ist es schwer, über den Standard des Singens auch nur halbwegs zuverlässig zu urteilen. Conrad L. Osborne schrieb 1974 im Magazin *High Fidelity*, daß das Singen »kraftvoll und wuchtig« sei und daß man durchweg Aufnahmen mit einer gewissen »largeness of format, a weight and grandeur« erwarten könne. Zur vokalen Charakteristik erklärt Conrad L. Osborne, selber ein renommierter Gesangslehrer:

»Rußland hat immer für eine große Zahl von feinen tiefen Stimmen gesorgt, männliche wie weibliche ... Slawische Vokalmethoden sorgen dann für einen gewaltigen Sprung zu einer ganz besonderen Spezies von hohen Tenören und Sopranen. Die letzteren sind in grober Weise mit italienischen Sopranen (lyrisch und leggiero) zu vergleichen, obwohl sie immer eine gewisse Schärfe im Timbre haben.

Für die Tenöre aber gibt es kein Äquivalent im Westen. Die lyrischen haben ein dünnes Timbre von weißlicher Färbung in der Mittellage, aber helle Leuchtkraft oberhalb der Bruchlage. Die besten dieser Tenöre (wie Iwan Kozlowsky oder Sergei Lemeshew) haben eine superb Legato-Linie und präzise dynamische Kontrolle und können ein großes ästhetisches Vergnügen bereiten, obwohl ihre Stimmen im Westen wohl als ein wenig mager angesehen würden für führende Rollen, es sei die vom Leggiero-Typ.

Ein anständiger slawischer Tenor von dramatischem Zuschnitt ist so rar wie ein kompetenter Heldentenor. Er hat selten den dicken Klang des deutschen Typus und oft ein klares, erfreuliches Timbre unter dem Bruch-Bereich. Die hohe Lage aber zeigt die typischen Vibrato-Defizienzen ... Zwischen

Mezzo und hohen Sopran fällt der slawische Spinto, ein vokales Kaliber, mit dem die östlichen Länder überwiegend wenig Glück gehabt haben. Diese Soprane der mittleren Gewichtsklasse leiden durchweg unter einem harschen, gefesselten Timbre, das sehr durchdringend sein kann. Wenn sie älter werden, dringt ein Flackern in die Stimme, das zu einem wilden Oszillieren werden kann. Dies aber ist nicht ein nationaler Stimmtyp; sondern dies ist lausiges Singen.«

Die beste »Italienerin«: Salomea Kruszeniski

Unter den italienischen Sopranen jener Zeit gab es eine dramatische Sängerin, welche die Tugenden aller Schulen zu verbinden verstand. Es war, vielleicht ist dies signifikant, Salomea Kruszeniski.
John Steane, ›The Grand Tradition‹

Sie war es, die – »un bel di vedremo« – im Jahre 1904 die bei der Uraufführung gnadenlos ausgebuhte Butterfly in Brescia errettete, die die »interessanteste Salome« (Gatti-Casazza) verkörperte und entscheidend zur Einführung des deutschen Repertoires an der Scala beitrug: Salomea Kruszeniski oder Kruszelniski (1872–1952), geboren in einem Nest nahe Lemberg, ausgebildet von Valery Wysocki (dem Lehrer von Adamo Didur). Nach ihrem Debüt im Jahre 1892 kam sie 1896 zum erstenmal in ihre spätere Wahlheimat Italien, kehrte 1898 als Star ans St. Petersburger Maryinski-Theater zurück und sang neben Carusos Radames (seinem ersten überhaupt) und Battistinis Amonasro die Aida. 1901 gab sie am Costanzi Brünnhilde in *Die Walküre.* Als sie die Partie 1906 unter Toscanini in Buenos Aires wiederholte, erregte sie mit Brünnhildes Schlachtruf das Publikum derart, daß die Aufführung unterbrochen werden mußte. 1903 setzte sie sich in Neapel als Aida durch, 1906 debütierte sie an der Scala als Salome unter Toscanini, vier Tage nach der italienischen Erstaufführung mit Bellincioni unter Strauss, der wenig später Toscaninis Aufführung über seine eigene stellte. 1909 sang sie an der Scala, ihrer Stammbühne, die italienische Premiere von *Elektra.* In Buenos Aires wurde sie wie eine Halbgöttin bewundert; sie sang dort nicht nur die aktuellen italienischen Opern, sondern auch Wagner-Rollen. 1915 übernahm sie für den Komponisten Ildebrando Pizzetti, mit dem sie befreundet war, die

Salomea Kruszeniski
(Foto: © Rubini-Records, Hove, Sussex)

Uraufführung von *Fedra*. Ihre letzten Aufführungen sang die polnische Italienerin am San Carlo 1920 in *Loreley* und *Lohengrin*.

Die von Toscanini bewunderte und umworbene Sängerin – er erzählte später einem Freund, sie sei die einzige gewesen, die seinem Werben widerstanden habe – besaß eine außergewöhnlich klangschöne, gut geführte und sehr umfangreiche Stimme, die vom (freilich nicht sehr resonanten) A unter dem Schlüssel bis zum C in alto reichte. Sie setzt, wie fast alle ihre Zeitgenossinnen, ihr quickes Vibrato zur Intensivierung des Ausdrucks ein, aber der Klang bleibt meist gerundet und versammelt. Nur wenn die Sängerin zur Intensivierung des Ausdrucks dem Ton mehr Gewicht zu geben versucht, schleichen sich unsicher fokussierte Töne ein, vor allem in der tieferen Lage. Die Höhe schwingt dafür mühelos ein. Brünnhildes »Hojotoho« – leider italienisch gesungen – schleudert sie mühelos und konzentriert heraus und bildet exemplarische Triller, und bei »war es so schmählich« ist es nur »tanto triste«, daß sie es zu dem Text »Tanto fu triste« sang. Einziges Manko der Wagner-Aufnahmen ist ein zuweilen leichtes Ausdünnen des Tons. In »L'altra notte« aus *Mefistofele* sticht sie ihre italienischen Kolleginnen mühelos aus. Zwar singt sie das Stück mit ausgeprägtem Legato in die Nähe der Larmoyanz, aber nie überschreitet sie die Grenzen des guten Geschmacks. Und wie die Technik funktioniert! Der Triller klingt sauber, die Register werden gut verbunden, wenngleich nicht perfekt verblendet. Aidas »Ritorna vincitor«, nobel phrasiert und leidenschaftlich deklamiert, gehört zu den großen Momenten des Verdi-Gesangs auf der Platte. In der Szene unter dem Giftbaum aus Meyerbeers *L'Africaine* lädt sie die Skalen und Arpeggien zwar mit Expression auf, aber die technische Ausführung läßt dennoch keinen Wunsch offen. Butterflys »Un bel di« soll Rosina Storchio, nach dem Urteil Puccinis, erregter und erregender gesungen haben, doch die Mühelosigkeit der Polin ist bestechend. Ihre Stimme hat lange gehalten: Sie hat in den späten zwanziger Jahren einige elektrische Liederplatten aufgenommen. Eine der besten Sängerinnen der Epoche, einzigartig in der Verbindung von lyrischer Klangqualität und dramatischer Projektion.

Intensität und Leuchtkraft: Elena Ruszkowska

Die Stimme, wie wir sie in Leonoras ›La vergine degli angeli‹ aus *Forza del Destino* hören, ist ein brillanter lyrisch-dramatischer Sopran von feinerer Qualität als sowohl bei Kruszeniski wie bei Korolewicz-Wayda, und sie ist die phantasievollere und sensiblere Künstlerin.

Michael Scott über Elena Ruszkowska

Elena Zboinsky-Ruszkowska (1877–1948) wurde in dem damals österreichisch-ungarischen Lemberg geboren, ist aber wie Sembrich, Wayda und Kruszeniski eine polnische Sängerin und Schülerin von Valery Wysocki, der auch Adamo Didur und Josef Mann ausgebildet hat. Es war eine wesentlich italienische Schulung. Nach dem Studium in Lemberg debütierte sie 1899 in einem Konzert und 1900 am Miekjskim-Theater ihrer Geburtsstadt als Lady Harriet in *Martha*. Dort sang sie in den folgenden Jahren Partien in polnischen Opern, aber auch Santuzza, Eudoxia in *La Juive*, Senta und Elsa. 1902 debütierte sie in Warschau am Wielki und erhielt wegen ihres großen Erfolges weitere Einladungen in die Metropole. Dort setzte sie ihre Studien bei S. Woloski fort; nach Clifford Williams war diese Sorgfalt eines ständig kontrollierten Singens die Voraussetzung für ihre lange Karriere bis ins Jahr 1928. 1904 ging sie für weitere Studien und Konzerte nach Wien, wo sie 1905 Lisa in *Pique Dame* an der Hofoper sang. Sie ergänzte ihr Repertoire um Partien wie Sieglinde, Aida und, als exzeptionell gerühmt, Valentine. 1907 debütierte sie in *Götterdämmerung* an der Mailänder Scala, 1908 sang sie dort in sechzehn Aufführungen von Franchettis *Cristofero Colombo* und in fünf von *Mefistofele* (als Elena). Bis zum Ersten Weltkrieg gastierte sie regelmäßig in Italien, 1910 in Buenos Aires und Montevideo. 1914 ging sie nach Wien, später während des Krieges sang sie in Prag (Aida, Amelia, Valentine, Donna Anna, Rachel, Leonora in *Trovatore*, Senta, Elisabeth und Milada in *Dalibor*). 1919 kehrte sie in ihr Heimatland zurück und sang vorwiegend am Warschauer Wielki. In der letzten Periode ihrer Laufbahn wagte sie sich selbst an Leonore in *Fidelio*, Brünnhilde in *Siegfried* und *Götterdämmerung*, Marschallin und Isolde; letztere Partie sang sie bei der polnischen Premiere des Werkes. 1928 wurde sie Professorin am Konservatorium von Krakau.

Die Polin hat ihre ersten Platten 1904 in Warschau für Pathé gemacht, 1906 sechs für Edison, eine große Auswahl zwischen 1908 und 1910 für HMV in Mailand und schließlich einige elektrische für Odeon Parlophones 1927/28. Sie sind jede Sammler-Anstrengung wert. Denn die Stimme hat jenen Zauber, den

Elena Ruszkowska
(Foto: © Rubini-Records, Hove, Sussex)

man weiblicher polnischer Schönheit nachsagt. Es ist ein erstklassiger Lirico-spinto mit attraktivem Timbre, guter Registerverblendung und – trotz des ausgeprägten Vibratos – erstklassiger Emission. Vor allem in der hohen Lage zeichnet sich die Stimme durch Leuchtkraft und eine ganz und gar außergewöhnliche Intensität der Halbstimme aus. Nicht nur die von Scott gerühmte Aufnahme aus *Forza del Destino* ist so gut, wie man sich die besten Aufnahmen von Tebaldi oder Milanov vorstellt, sondern auch die umfänglichen Auszüge aus *Aida* zeigen eine brillante, im Piano makellos beherrschte, fein phrasierende Stimme. In »Là tra foreste« und im Schlußduett hat sie in Carlo Barrera einen nur durchschnittlichen Partner, doch ihr Singen, mit wundervollem Timing des Rubato und feiner Akzentuierung, ist meisterhaft. Auch in den beiden Duetten aus *Tosca* hätte sie statt eines Egidio Cunego den jungen Gigli als Partner verdient gehabt. »Vissi d'arte«, mit klagendem Tränenton gesungen, ist nicht nur vokal brillant, sondern auch charakteristisch. Wie sie mit virtuoser Musik zurechtkam, ist schwerer zu beurteilen. Die furchtbar schwierige Trillerkette, aufsteigend dazu, in »Inflammatus« aus Rossinis *Stabat Mater* singt sie nicht sicher – aber wem wäre das je gelungen? Sie beendet die Arie mit einem hohen C, das sie auch am Ende von »La vergine« einschaltet – kein Schluß für Puristen, wohl aber ein effektvoller und damals durchaus nicht wie heute als Fehlgriff verpönt. (Scott erwähnt, daß Rossini dieses C für Clara Novello in einer Aufführung unter Donizetti in Bergamo legitimierte.)

Anmut und Eleganz: Antonina Neshdanowa

Sie singt den Triller mit der Leichtigkeit Kurz', ohne daraus eine Handelsmarke zu machen, und wenn sie auch in der Ausführung nicht so makellos ist wie Melba, so kann kein Zweifel daran bestehen, daß sie eine warmherzige, vibrante Sängerin ist.
John W. Robertson über Antonina Neshdanowa in ›The Record Collector‹

Im Westen weit bekannter geworden ist die nahe Odessa geborene Antonina Neshdanowa (1873–1950), die anmutigste lyrische Sopranistin Rußlands in der vorrevolutionären Ära. Wie hoch sie eingeschätzt wurde und wie populär sie war, verrät die Zahl von 173 Platten, zum Teil nach der Revolution aufgenommen. Sie war, im Vergleich zu vielen russischen Sängerinnen ihrer Zeit, erst recht der folgenden Generationen, eine anmutig, elegant und mit süßem Ton singende Künstlerin, die sich auch im verzierten und Koloraturfach glänzend hervortat. Vor allem ihre Staccato-Technik war superb, und wie die besten Italienerinnen ihrer Zeit hat sie einen Instinkt für rhythmisch gut gegliedertes Rubato-Singen und den Gebrauch expressiver Portamenti.

Antonina Neshdanowa war die Tochter eines Lehrer-Ehepaars. Die Mutter soll, so berichtet sie, eine gute Sopranstimme, der Vater einen schönen Tenor gehabt haben. Ihre künstlerischen Talente zeigten sich schon früh. Sie hatte ein Flair für elegante Kostüme, war sehr geschickt im Schminken und zeigte bemerkenswerte tänzerische Talente. Sie selber sagt, daß dies vorteilhaft für das Singen war: als Schule der Bewegungs-Eleganz, der Leichtigkeit und des Charmes. In Odessa als Lehrerin arbeitend, hörte sie Galvany, Boronat, Tetrazzini, Anselmi, Masini, Battistini, d'Andrade, Scotti und Ruffo. Sie begann selber in Chören und unter Amateuren zu singen, wurde an Sophie G. Rubinstein (die Schwester des Pianisten) empfohlen und begann schließlich mit dem Studium am Konservatorium von Moskau. Nach weiteren Studien bei Umberto A. Mazetti, der von Bologna als Belcanto-Spezialist nach Moskau geholt worden war, sang sie am Bolschoi vor – eines der Teststücke war Lucias Arie aus dem ersten Akt – und erhielt ein Angebot ans Maryinsky. Um ihre weiteren Studien nicht zu gefährden, lehnte sie ab, machte ihr Examen am Bolschoi und sang dabei die Partie der Konstanze. Leonid Sobinow war anwesend und riet ihr, sich für das Bolschoi vorzubereiten. Ihr Debüt gab sie, eine erkrankte Diva ersetzend, als Antonida in Glinkas *Ein Leben für den Zaren* am 23. April 1902. Obwohl die Theaterleitung ihr zunächst nur einen einmaligen Auftritt versprochen hatte, erhielt sie sogleich einen Vertrag angeboten – wieder aber für das Maryinsky. Sie lehnte erneut ab und eroberte sich einen Bolschoi-Vertrag durch eine Aufführung von *Iwan Susanin*. Die Sommerpause bis zu ihrer ersten Saison (1902/03) nutzte sie für einen Italienbesuch. Als sie am 4. Oktober 1902 Gilda sang, verglich der Dirigent der Aufführung, I. K. Altani, den Klang ihrer Stimme mit dem einer Amati-Geige und ihr Singen mit dem Sembrichs. Am Bolschoi hat Neshdanowa insgesamt siebenunddreißig Partien gesungen, darunter Lakmé, Juliette, Gilda, Rosina, Tatiana, Lisa, Desdemona, Tosca, Elsa, Leila, Königin der Nacht, Frau Fluth, Königin in *Les Huguenots*, Ophélia, Zerlina in *Fra Diavolo*, Rimskys *Schneeflöckchen* und Marfa in *Zarenbraut*. Sie reiste regelmäßig nach Paris und London, um dort ihre großen Kolleginnen zu hören und zu studieren. 1910 hatte sich ihr Gehalt – anfangs 1200 Rubel – auf 20 000 Rubel gesteigert. Anders als viele Kolleginnen war sie an spektakulären Gastspielen wenig interessiert. Aber in Paris sang sie des öfteren, auch in *Rigoletto* neben Caruso und Ruffo; mit dem letzteren mußte sie »Lassù in cielo« dreimal wiederholen, und auch nach »Caro nome« wurde ein Dacapo verlangt. Später schlug sie selbst lukrative Angebote aus. Als während eines Italien-Urlaubs der Krieg ausbrach, kehrte sie sogleich in ihr Heimatland zurück und sang in Wohltätigkeitskonzerten und Hospitälern.

Nach der Revolution mußte sie vor einem völlig neuen Publikum singen, und es ist interessant, in ihren Erinnerungen zu lesen, daß die Triller und Staccati eines Stücks wie der Glöckchen-Arie das Publikum zu schallendem Gelächter provozierte. Allein Alabieffs »Die Nachtigall« wurde akzeptiert; folglich mußte sie ihr Repertoire umstellen. Sie wurde eine bekannte Konzertsängerin und setzte sich für die Lieder von Arensky, Rimsky, Glazunow und Skrjabin ein. Rachmaninow widmete ihr die »Vocalise«. 1927 sang sie am Bolschoi in Prokofieffs *Die Liebe zu den drei Orangen*. Wenig später wurde sie in den künstlerischen Beirat des Theaters gewählt. Weil ihre hohen Töne unsicherer wurden, gab sie die verzierten Partien auf, sang statt dessen lyrische Rollen und immer öfter in Konzerten. Am 23. April 1933 feierte sie mit einem großen Konzert ihr 30. Jubiläum am Bolschoi. Danach sang sie immer seltener in der Oper, dafür um so öfter in Konzerten u. a. mit Rachmaninow, der einer ihrer großen Bewunderer war. 1936 wurde sie Lehrerin am Stanislawsky-Studio der Moskauer Oper, 1944 Professorin am Konservatorium.

Unter den russischen Sängerinnen befand sich Neshdanowa – zusammen mit der superben Maria Kouznetsowa – in einer Klasse für sich. Die Stimme war agil, reichte bis zum F in alto und zeichnete sich aus durch feine, zarte Textur. Wenngleich schlank und zart, so hatte der Ton blühende Lebendigkeit und Puls.

Fehlt ihrem verzierten Singen bei aller Versiertheit Melbas Verve und Tetrazzinis kühne Brillanz, so hat es doch Eleganz und technische Sicherheit – und dies trotz einiger Lautbildungsprobleme in der russischen Sprache. Die Arie der Königin der Nacht – mit einem oktavierenden Höhenabschluß – hat viel Verve (aber auch einige Unsicherheiten bei den Triolen), Elviras »Mercè, diletti amiche« den rechten Schwung und schöne Verzierungen. Weil die Stimme korrekt auf dem Atem liegt, wird das Singen nicht durch die russische Sprache inhibiert. Störend ist zuweilen nur eine geringfügig harte Attacke. Mehr als wettgemacht wird dies durch ihren Triller, wirklich eine ausdrucksvoll-schöne Figur aus dem Arsenal ihrer Kunst. Am attraktivsten ist ihr Singen in lyrisch-elegischer Musik: Leilas Arie aus *Les Pêcheurs de Perles* ist ebenso eine Trouvaille wie das Duett »Par cet étroit sentier«, das sie mit Sobinow aufgenommen hat, mit jenem Rubato-Timing, dessen nur Sänger ersten Ranges fähig sind. Steanes Faible für die Königinnen-Arie »O beau pays de la Touraine« aus *Les Huguenots* mit der gut ausgeführten Vocalise des Innenteils und dem exzellenten Triller ist gut zu verstehen, wenngleich die Stimme mehr Farbe und Vibranz haben könnte. Aufnahmen aus *Das Leben für den Zaren, Schneeflöckchen* und *Zarenbraut* sind berückend vor allem in der bruchlosen Tongebung über alle Lagen – eine zauberhafte Sängerin, deren Stimme vor allem außergewöhnlich phonogen war, eine Rarität unter den Sopranen der akustischen Ära.

Brillanz mit Bitterwürze: Maria Kouznetsowa

> Die bei weitem versierteste und erfolgreichste russische Sopranistin ihrer Zeit war Maria Nikolaewna Kouznetsowa.
> *Michael Scott*

Wie nur ihre Zeitgenossinnen Mary Garden, Lina Cavalieri und Geraldine Farrar, die sie hinsichtlich stimmlicher Pracht und technischem Finish noch übertraf, war Maria Kouznetsowa (1880–1966) aus Odessa eine der glamourösen Diven in den beiden ersten Jahrzehnten dieses Jahrhunderts. Sie war bildschön, dunkelhaarig, stattlich und wohlgeformt, eine erstklassige Schauspielerin, eine versierte, vor allem sinnlich-verführerische Tänzerin und, last but not least, eine außerordentliche Sängerin. Ihr Vater, ein bei den Pariser Weltausstellungen von 1889 und 1900 erfolgreicher Maler, hatte sie als Kind in die Tanzschule des Choreographen Alexander Petrowsky in St. Petersburg geschickt. Später studierte sie bei dem Bariton Joachim Tartakow (in Scotts erster Anthologie mit einer Aufnahme aus *Der Dämon* von Rubinstein zu hören). Sie debütierte 1905 am Maryinsky als Marguérite in *Faust* und sang dann bis ins Revolutionsjahr an den beiden Kaiserlichen Hofopern. Neben russischen Opern wie *Schneeflöckchen, Legende der unsichtbaren Stadt Kitesh, Ruslan und Ludmilla, Ein Leben für den Zaren, Mazeppa, Pique Dame, Eugen Onegin, Francesca da Rimini* und *Der Dämon* war sie in *Roméo et Juliette, Manon, Thaïs, Lohengrin, Walküre, La Traviata, Carmen, La Bohème* und *Manon Lescaut* zu hören.

1908 kam sie zu einem Gastspiel an die Pariser Oper und machte als »belle importation« ebenso viel Eindruck wie mit ihrem Singen als Elsa, Marguérite, Juliette, Gwendoline in der Oper Chabriers, Aida, Salome und Fausta in der gleichnamigen Oper Massenets. Sie faszinierte die Franzosen durch die raffinierten erotischen Gesten einer charmanten Allumeuse und ihre tänzerischen Fähigkeiten, vor allem aber durch die feinen Kurven ihres wohlgeformten Körpers, die sie als Salome zeigte. 1909 gastierte sie erfolgreich als Marguérite in *Faust* (neben Affre) und als Mimi (neben Anselmi) in *La Bohème*, 1910 auch als Manon

Maria Kouznetsowa
(Foto: © Rubini-Records, Hove, Sussex)

Lescaut und Juliette. Im selben Jahr sang sie an der Opéra Comique Massenets Manon, später auch Tosca, Violetta und Butterfly. Zwischen 1912 und 1914 gastierte sie mit glänzenden Erfolgen in Monte Carlo (u. a. in der Uraufführung von Massenets *Roma* und von Gunsbourgs *Venise*). In der Saison 1914 sang sie dort Norma, Tosca, Aida, Bembergs Leila, Valentine und Cléopâtre in Massenets Oper. Später war sie auch als Carmen und Salome in Monte Carlo zu hören – und zu sehen. Michael Scott, dem ich in diesem biographischen Abriß folge, berichtet, daß sie seit 1913 vereinzelt auch Kritik wegen ihrer langsam in den Vordergrund rückenden Selbstgefälligkeit hinnehmen mußte. 1914 sang sie in der russischen Saison am Drury Lane in *Fürst Igor* neben Schaljapin. 1916 gab sie ihr einziges Gastspiel in den USA, als sie in Chicago die dortige Premiere von *Cléopâtre* bestritt. Sie war so sparsam kostümiert wie später Liz Taylor, so daß ein Kritiker anmerkte, man habe deutlich die Arbeit ihres Zwerchfells beobachten können. Ihr Auftritt beeindruckte auch Mary Garden, die sogleich die Rolle für sich beanspruchte – damals hatten Primadonnen noch ihren Thron, um den sie kämpften.

Sie ging nach St. Petersburg und floh wenige Jahre später, angeblich als Kabinen-Steward verkleidet, mit einem schwedischen Schiff ins Ausland. Sie ging nach Paris, gab Recitals mit russischer Musik und holte sich einen ihrer typischen Sing- und Tanzerfolge in Marc-Samuel Rousseaus *Taras Bulba*. Ein neuerliches Gastspiel in *La Bohème* an der Covent Garden Opera endete mit Querelen, weil sie sich mit Thomas Beecham über die Tempi zerstritt. Sie sang fortan in verschiedensten Opernaufführungen, auch in Operetten, drehte Stummfilme und kehrte als Carmen (neben Muratore) nach Monte Carlo zurück. 1929 bildete sie eine Operntrupppe aus russischen Emigranten, die in Paris, Madrid, Barcelona, Mailand und am Colón gastierte. Sie selber sang noch die Hauptrollen. Die Truppe war sehr erfolgreich, besuchte im Jahre 1936 Japan und hielt sich bis in die Kriegsjahre. Zum Schluß lebte sie zwar nicht ärmlich, aber bescheiden in einem alten Hotel, das im Krieg als Maison de passe diente; die Bewohnerinnen fanden es chic, daß eine einstige Diva unter ihnen lebte.

Einige der musikalisch besten (und technisch schlechtesten) Aufnahmen Kouznetsowas fanden sich auf Rubini-GV. Es sind die Titel, die sie für Pathé gemacht hat. Zudem existieren G&T-Platten aus dem Jahre 1905 und einige elektrische Odeons. Hätte sie damals für Victor oder Columbia aufnehmen können, so die Einschätzung Scotts, wäre ihre Stimme besser zu hören: ein reicher und brillanter lyrischer Sopran von reiner Tonqualität, dessen Ton ich aber, anders als Scott, nicht süß, sondern auf angenehme Weise bitter-würzig finde. Die Register sind fein abgestimmt, der Klang schlank und gut zentriert, bekommt in der Höhe durch das prononcierte, stets aber kontrollierte rasche Vibrato jenes Funkeln und Schimmern, durch das sich auch eine Stimme von nur mittlerem Volumen über ein großes Orchester hinwegsetzen kann. Unverkennbar ist, daß der Ton unter Druck – den sie in dramatischeren Rollen auf die Stimme ausüben mußte – an Rundung verlor und hart wurde, manchmal ein wenig harsch (ein Charakteristikum, das auf den Pathé-Platten verstärkt hörbar ist). Das führt zu heftigen Glottis-Attacken in Violettas Arie, so bei »Ah, quell'amor« (bzw. beim russischen Text für diese italienischen Worte): Sie macht damit zwar expressiven Effekt, beeinträchtigt aber die musikalische Wirkung, die sich für Momente veräußerlicht – schade um eine sonst fein abgemessene und wohl gesungene Interpretation, die weitere Grenzen in der Ausführung der verzierten Teile hat. Daß sie keine Virtuosa war, verrät der nur als Skizze ausgeführte Walzer der Juliette; vor allem die eloquente Geste des Beginns kommt gar nicht zur Geltung. Andere Aufnahmen aus dem französischen Fach zeichnen sich nicht nur aus durch den Charme und die Delikatesse, die man auch bei vielen Französinnen findet, sondern durch verhangen-elegischen Klangausdruck. Für mich erstaunlich, daß Alan Blyth in seiner sorgfältigen Diskographie von *Manon* Kouznetsowas »Adieu notre petite table« nicht erwähnt, eine der eloquentesten und bewegendsten Interpretationen dieses versteckt-erotischen inneren Monologs. Schwer einzuschätzen, ob die Russin die Partie der Esclarmonde – geschrieben für die Stratosphären-Stimme der Amerikanerin Sybil Sanderson – auf der Bühne hätte singen können. Die beiden Ausschnitte (»Comme il tient ma pensée« und »Regarde-les, ces yeux«) singt sie jedenfalls expressiver und mit feinerer Abtönung als Sutherland in ihrer Gesamtaufnahme. Eine große und zentrale Sängerin.

Drei russische Tenöre

Und was für bemerkenswerte Tenöre die Russen damals besaßen.
John Steane, ›The Grand Tradition‹

Am Ende des Satzes von John Steane steht ein imaginäres Ausrufungszeichen des Staunens. Wer die Aufnahmen mit den Kräften des Bolschoi-Theaters aus den sechziger und siebziger Jahren kennt, wird – was die Tenöre angeht – glänzende Stimmen ebenso vermissen wie feinere Gesangskunst. Es gehört schon ein hohes Maß an Unempfindlichkeit gegenüber einer flackrig-grellen, tremulösen Tongebung und tenoralem Auftrumpfen dazu, einige Aufnahmen von Wladimir Atlantow zu ertragen. Der von Osborne kritisch charakterisierte

Fall des dramatischen slawischen Tenors findet da seine heutzutage typische Verkörperung. Doch gab es in der Zeit zwischen 1890 und 1920 eine nicht unbeträchtliche Zahl eminenter Tenöre in Rußland und in den drei danach folgenden Jahrzehnten einige tüchtige Sänger. Aber kaum einer besaß – von einer charakteristischen Ausnahme abgesehen – jene runde, vibrierende, schallende und energisch attackierende Stimme, die durch Caruso zum Ideal kanonisiert wurde und bis auf den heutigen Tag den Geschmack geprägt hat. Charakteristisch für die meisten russischen Tenöre ist ein Timbre, das von den Angelsachsen als »plaintive« bezeichnet wird – als klagend, traurig, melancholisch, elegisch. Während bei uns Sonorität und üppige Klanggebung zum Ideal für Tenöre und Bässe wurden, liegen zwischen dem (schwarzen) russischen Baß und dem androgyn-hellen russischen Tenor Klangwelten, und man muß den durch Gewöhnung geformten Geschmack vergessen, um ein vorurteilsfreies Ohr zu haben oder, besser gesagt, zu *öffnen* für den zugleich seltsamen und süßbetörenden Reiz der hohen russischen Männerstimmen, von denen nicht wenige einen Platz in der »Hall of fame« verdienen.

Der Tenor-Lyriker: Leonid Sobinow

Wie bei Battistini und Anselmi war alles, was er im Theater tat, makellos; aber ich habe den Eindruck, daß das, was er der Platte überantwortete, nur und allein die Qualität seiner Stimme war – ein Tenor-Melba, wenn man will.
J. Dennis über Leonid Sobinow

Nach der Einschätzung John Steanes besaß der in Jaroslawl (Wolga) geborene Leonid Sobinow (1872–1934) die beste Stimme aller russischen Tenöre in der Ära, die auch die Carusos war. Es war ein heller, aber sanft getönter, ebenmäßig produzierter lyrischer Tenor von gutem Volumen und außergewöhnlich schöner, wenngleich geringfügig kehliger Tonqualität. Wenn ihm etwas vorzuwerfen ist, dann (so Michael Scott) die klangliche Armut der Ton-Palette, die sich fast nur der pastell-lichten Tönungen bedient. Es fehlt die »rein vokale Imagination« (Scott), die dem sängerischen Ausdruck Passion gibt – Sobinows Singen zielt statt dessen auf eine empfindsam ziselierte, ästhetischreine Form und auf die delikaten Effekte des Portamento und der Messa di voce.

Wie viele russische Sänger holte sich Sobinow seine ersten musikalischen

Erfahrungen in einem Chor, und es gibt Zeugnisse von Kollegen, die vom überwältigend schönen Timbre des Siebzehnjährigen berichten. Nach seiner Schulausbildung begann Sobinow zunächst an der Universität Moskau mit dem Studium der Rechtswissenschaften, das er auch abschloß. Doch sang er weiterhin im Studentenchor der Universität, tat sich solistisch hervor und wurde schließlich von P. H. Schostakowitsch, dem Leiter der Moskauer Philharmonischen Gesellschaft, entdeckt und zu einem ernsthaften Gesangsstudium ermutigt. Seit 1892 studierte Sobinow zusätzlich Gesang bei Professor Dodonow, einem ehemaligen Tenor. Schon bald sang er, unter dem Pseudonym Sobonni, seine ersten kleinen Aufführungen als Steuermann in *Holländer* und Harlekin in *Pagliacci* »mit einer Stimme von außergewöhnlicher Flexibilität und Eleganz, dazu mit einem einzigartigen silbrigen Timbre«.

1894 absolvierte er, soeben (zum erstenmal) verheiratet, sein Jura-Examen, arbeitete eine Zeitlang als Assistent eines Rechtsanwalts und setzte seine Ausbildung bie Dodonow fort. Doch weil sein Lehrer ihm nicht bei der Behebung eines ausgeprägten Vibratos helfen konnte, suchte er zusätzlich eine private Lehrerin (Alexandra Alexandrowna Santagano-Gortschakowa). Sie verbesserte seine Technik, so daß er schon bald erfolgreich in Konzerten auftreten konnte. Durch Initiative seiner Lehrerin kam er ans Bolschoi-Theater, wo er nach einem Probesingen am 24. April 1897 als Sinodal in Rubinsteins *Der Dämon* debütierte. Seine erste Arie mußte er wiederholen. Seine Stimme trug sicher in dem großen Haus, und die Kritiker rühmten seine Atemkontrolle, sein Legato und sein Cantabile. Am 1. September 1897 erhielt er einen Zweijahresvertrag an das Kaiserliche Hoftheater. Er sang in Glinkas *Ruslan und Ludmilla*, ein Jahr später in der Moskauer Erstaufführung von *Fürst Igor* (Partie des Wladimir), in *Faust* und *Eugen Onegin*. Es folgten Walther in *Tannhäuser*, Iontek in Moniuszkos *Halka*, Herzog von Mantua und einige Partien in kaum noch bekannten russischen Opern. Epoche in seinem Leben machte die Begegnung mit Schaljapin und die Arbeit mit Opern-Reformatoren wie Nemirowitsch-Dantschenko und Stanislawsky.

Seine Arbeit als Rechtsanwalt gab Sobinow erst 1899 auf, als er einen Vertrag erhielt, der ihm für zwei Spielzeiten jeweils 5000 Rubel sicherte und für die dritte 6000. Sieben Jahre blieb er an der Kaiserlichen Oper, sang – gerühmt wegen seiner »wundervollen Atemkontrolle ..., der schönen Mezzavoce und der Feinheit des Ausdrucks« – vor allem lyrische Partien. Zu den schon erwähnten kamen die Hauptrollen in *Roméo et Juliette, Rusalka, Mazeppa, Lakmé, La Traviata, Judith* (Serow), *Angelo* (Cui) und *Faust*. Im Sommer 1902 ging er nach Italien, um mit Cesare Rossi neue Rollen zu studieren; ein Jahr später wiederholte er diesen Bildungsurlaub und studierte unter Maestro Barbini (u. a. Werther und Lyonel). In der Saison 1904/05 debütierte er an der Scala als Ernesto in

Leonid Sobinow
(Foto: © Rubini-Records, Hove, Sussex)

Don Pasquale neben Storchio. Nach vierzehn Aufführungen übernahm er im Juni 1905 Fra Diavolo, nachdem er die Partie fast ein Jahr lang so studiert hatte, daß er selbst »alle Koloraturteile« sicher beherrschte. Später sang er an der Scala auch Alfredo, Fenton, des Grieux in *Manon* und Roméo.

1907 begann er mit dem Studium der Lohengrin-Partie – musikalisch mit Maestro Delli-Ponti, historisch-wissenschaftlich mit dem Belgier Morris Kufferath. Für das nächste Jahrzehnt sang er an den beiden Kaiserlichen Hofopern in Moskau und St. Petersburg. Am 3. November 1909 war er der Lohengrin einer Aufführung, bei der Arthur Nikisch dirigierte. Nach der Aufführung erklärte der Dirigent, noch nie einen so »göttlichen Lohengrin« gehört zu haben; sein Dirigieren sei »beeinträchtigt worden durch die Tränen, die mir kamen«. Nach der Revolution blieb Sobinow in Rußland und wurde am 9. März 1917 zum Direktor des Bolschoi-Theaters gewählt. Seine Auftritte auf Bühne und Podium setzte er fort. Er arbeitete zudem als Lehrer und wurde nach seinem Bühnenabschied 1933 Lehrer am Opernstudio Stanislawskys.

Sobinow hat für die Gramophone Company, für Gramophone & Typewriter und Pathé zwischen 1901 und 1910 rund achtzig Titel aufgenommen. Sie haben immer zu den hochgeschätzten Sammler-Platten gehört und sind auf diversen

LPs wiederveröffentlicht worden. Sobinow war kein Espressivo-Sänger, sondern begnügte sich mit einer relativ schmalen Ausdruckspalette. Dennis' Vergleich (»a tenor Melba«) deutet an, daß er Produzent makel- und müheloser Töne von großer Schönheit war, aber sein Singen hat nicht Melbas üppige Brillanz und ihr technisches Finish. Bewundernswert sind seine subtile Phrasierung, seine perfekte Emission und diverse Finessen des klassischen Belcanto, vor allem Messa di voce und das behutsame Ausspinnen an Phrasenenden. Man begreift Nikischs Enthusiasmus, wenn man Lohengrins Abschied mit Phrasierungs-Feinschliff und schier entrückter Tongebung hört. Gefärbt ist sein Singen von einem elegischen Unterton, den man in den wenigsten Interpretationen anderer Tenöre erleben kann. Dies gilt in noch viel stärkerem Maß für seine Aufnahmen aus russischen Opern (*Eugen Onegin, Schneeflöckchen, Mainacht, Dr. Dämon*). Lenskis Arie stattet er nicht, wie der leicht ostentative Dimitri Smirnow, mit langen Fermaten und Verzögerungen aus, sondern erfüllt sie mit dem Tonfall der Klage. Der von Dennis wie Scott erhobene Vorwurf, daß Sobinows Singen auf Dauer monoton sei, scheint mir nicht ganz gerecht: Wir hören den Sänger überwiegend mit lyrisch-meditativen Stücken, kaum je aber im Kontext einer dramatischen Szene, und was ihm an Exuberanz fehlen mag, ersetzt er durch die intim-leise Sprache des Lyrismus. Unter diesem Gesichtspunkt sind die Aufnahmen von Nadirs Romanze (transponiert) und vor allem des Duetts Leila–Nadir (mit Neshdanowa) von exemplarischer Ausdrucksqualität; Lord Harewood hält die Aufnahme des Duetts für die beste überhaupt.

Der Manierist: Dimitri Smirnow

Nicht begabt mit einem ausreichenden künstlerischen Intellekt, stellte er in jeder Partie vor allem die oberflächlichen Reize und Effekte heraus ... Sein Temperament war schal, sogar oberflächlich ... Sich in exzessiver Weise auf lange Fermaten, Diminuendi und Melismen verlassend, drang er nicht ins Herz einer Rolle vor, sondern glitt auf ihrer Oberfläche dahin ... Eine eigenartige Eigenschaft seiner Stimme war ein minimales, aber ständiges Tremolo. Es war auf kurzen Noten kaum wahrnehmbar, verdarb auf langen aber sein Singen.

Sergei Levik

> Was sein Singen angeht, so ging es voran mit einem toten, flachen, farblosen und ausdruckslosen Strom blasser Töne von Anfang bis Ende. Es gab nicht eine einzige von Passion erfüllte Note, nicht eine einzige Phrase voll lyrischer Poesie in der ganzen Darstellung.
> *William James Henderson über Dimitri Smirnow in ›The Sun‹ am 14. Januar 1911 nach einer Met-Aufführung von ›Roméo et Juliette‹*

Otto Kahn, der große Mäzen der Metropolitan Opera, hörte 1908 bei der Pariser Aufführung von *Boris Godunow* mit Schaljapin in der Titelpartie den aus Moskau gebürtigen Dimitri Smirnow (1881–1944). Durch Vermittlung des Pariser Impresario Gabriel Astruc bekam der Russe ein De-luxe-Engagement an die Met. Er reiste auf einem Luxus-Schiff erster Klasse mit seiner Frau nach New York und erhielt für jede Aufführung 965 Dollar. Damit war er nach Caruso und Slezak der am besten bezahlte Tenor. Er gab ein umjubeltes Debüt als Herzog in *Rigoletto* (neben Lipkowska und Amato), und nach der Oper tanzten Anna Pawlowa und Michail Mordkin ein Ballett-Divertissement. Es war nur die zweite Kritiker-Garde anwesend (die anderen waren beim Abschieds-Dinner für Humperdinck, dessen *Königskinder* eben uraufgeführt worden waren), und die bescheinigte dem Russen eine »Stimme von lyrischer Süße« und eine »bewunderungswürdige Phrasierung«. Man registrierte aber auch die Tendenz, seine Fähigkeiten – vor allem die Bildung endloser Phrasen – ohne Rücksicht auf die Notenwerte vorzuzeigen. Schon bei der zweiten Aufführung – Gounods *Roméo et Juliette* mit Farrar als Partnerin – schrieb Henderson seine vernichtende Kritik. In seiner zweiten Saison bewährte der Russe sich besser – aber nur noch in achtzehn der zunächst vorgesehenen fünfunddreißig Aufführungen. Damit war seine Met-Karriere schon beendet; eine Chance, sich auf heimischem Terrain russischer Musik zu behaupten, bekam er in New York nicht.

Smirnow hatte seine Karriere in der Truppe von Savva Mamontow begonnen, zunächst im Chor, dann in kleineren Rollen und schließlich, nach kurzem Studium bei Mme. Pawlowskaya, als Solist des Bolschoi. Sein Debüt gab er 1904 als Bayan in Glinkas *Ruslan*. Bei der Aufführung stellte sich Rachmaninow als Dirigent vor. Smirnow sang die Hauptrollen in *Halka, Rigoletto, Fürst Igor, Les Pêcheurs de Perles, La Traviata, Eugen Onegin, Lakmé, Francesco da Rimini* (Rachmaninow), *Die Zauberflöte, Sadko, Faust* und *Mainacht*. 1907 debütierte er als Lenski und Herzog in St. Petersburg, und zur gleichen Zeit begannen auch seine extensiven internationalen Gastspiele. Nach den enttäuschenden Auftritten an der Met gastierte er in Boston und mit Leopoldo Mugnones Truppe – zu der Galli-Curci, Anselmi, Zenatello, de Luca, Stracciari, Didur und Mardones

Dimitri Smirnow
(Foto: © Preiser Records)

gehörten – in Südamerika. Dort gefiel er besser als an der Met, deren Publikum sich an den dramatischen Stil und die Flamboyance Carusos gewöhnt hatte. In Europa gastierte er nach dem Pariser *Boris*-Gastspiel in Monte Carlo, Madrid, am Londoner Drury Lane (unter Beecham), vom Publikum wegen seiner brillanten Effekte und von Partnerinnen wie Litvinne als »prince charming« geschätzt. Nach dem Krieg reduzierte er die Zahl seiner Opernauftritte und gab mehr Konzerte. 1931 sang er im Pariser Théâtre des Champs Élysées in einer von Schaljapin überwachten *Boris*-Aufführung: seine Stimme war noch in einem bemerkenswert guten Zustand.

Auch Smirnows Stimme war eine charakteristisch-russische, schön und elegisch im Timbre, von gutem Umfang und sicher in der Verblendung der Register. Die Höhe bekam durch ein enges, rasches Vibrato Intensität und Brillanz, doch seine Neigung zur Überdehnung von Fermaten und Zielnoten führte zu dem von Levik beschriebenen Tremolo vor allem beim Ausklingen. Er muß die Galerie mit seinen Messa-di-voce-Effekten, seinen süßen Morendi entzückt haben, doch bekommen solche Stunts rhythmisch-pointierten Stücken wie »La donna è mobile« ziemlich schlecht. Beim ersten Hören ist er in Lenskis Arie virtuoser und effektvoller als Sobinow, doch auch hier neigt er zu einer leicht manierierten und – noch einmal Levik – oberflächlichen Ausformung der Phrasierung. John Stratton hat in seinem Beitrag über Smirnow in *The Record Collector* ausgeführt, daß die Stimme in den frühen Aufnahmen auf Grund der russischen Sprache eine weißliche Farbe habe und durch eine hohe Plazierung zuweilen leicht gequetscht klinge (Leviks Hinweis auf Harschheit!), während sie in späteren Aufnahmen – in französischer und italienischer Sprache – reicher, klangüppiger klinge. Stratton vermutet überdies, daß bei nicht wenigen seiner frühen Platten die Abspielgeschwindigkeit nicht korrekt sei; »properly pitched« klinge die Stimme, »sanft und weich in der mittleren Lage«, doch zeige sich eine leichte Kehligkeit beim Aufstieg in die Höhe. Die Vollhöhe hingegen sei exzellent. Hier vor allem führte Smirnow seinen größten Show-Effekt vor: das Verklingen der Note auf einem fadenfeinen Ton von sanfter Süße. Es gibt von ihm einige Exempla classica für perfekt auf dem Atem liegendes Mezzavoce-Singen: Die Arie aus *Der Jahrmarkt von Sorotschintzi* (von 1924), die Traumerzählung des Des Grieux oder Nadirs »Mi par d'udir« (1913) mit unbeschreiblich süßen B's und dem finalen H (auch er transportiert die Arie um einen halben Ton). In all diesen Aufnahmen steckt zugleich – wie auch bei Gigli – ein Anflug von kokettem Tenorismo. Der wird peinlich in Aufnahmen von »La donna è mobile« oder von »Donna non vidi mai« mit einem in die Höhe oktavierten Show-Schluß. Überragend die meisten seiner Aufnahmen aus russischen Opern: Die Szene in der Mönchszelle mit dem baß-gewaltigen Pimen von Konstantin Kaidanoff (1879–1952), das Duett mit Marina (Maria Davidowa), die Liebeserklärung an Olga aus *Eugen Onedin*, während Hermanns »Was ist das Leben?« aus *Pique Dame* und die berühmte Szene aus *Fürst Igor* vokal ebenso angestrengt klingen wie der Versuch, die Musik dramatisch zu agieren.

Ebenso effektvoll wie irritierend Interpretationen von »Una furtiva lagrima« und »Spirto gentil«. In Nemorinos Romanze formt er die Phrasen auf demonstrative Weise aus und legt sich – einmal mehr – einen neuen Schluß zurecht: natürlich einen hohen. Fernandos Arie singt er mit schöner und zugleich selbstgefälliger Phrasierung, aber ohne spürbare Mühe mit der hohen Tessitura: das C nimmt er mit energischer Spannung, aber ohne Carusos Brillanz. Deutlich überfordert zeigt er sich mit der großen Arie aus *Les Huguenots* – eine Hürde für fast jeden Tenor. Scotts Lob für seine Aufnahme von Lohengrins Gralserzählung (»so clear and so poetically uttered«) verstehe ich eher als Argument gegen die meisten deutschen Tenöre.

Smirnow war in mancher Beziehung ein »sensationeller« Sänger, der mit den Effekten aus einem reichen Arsenal an Mitteln überrumpeln konnte. Zugleich aber war sein Singen, und hiermit komme ich auf die Einleitung zu dem Kapitel über die russischen Sänger zurück, eklektisch oder, mit einem anderen Wort, demonstrativ. Es fehlt ihm, bei aller Eleganz und Virtuosität, eine der wichtigsten Tugenden: Spontaneität. Zwar klingt die Stimme auf Platten nicht, wie Henderson tadelte, flach und tot, aber es fehlt dem Singen an innerer Spannung, an Feuer und Passion. Es hat vokalen Thrill, nicht aber Eloquenz. Sobinow, obwohl durchaus nicht so spektakulär, bleibt dank der Versammlung und Natürlichkeit seines Singens der bessere Musiker.

Tenorissimo: Iwan Kozlowsky

Für die einen ist die saftige Süße des russischen Tenors ein exemplarisches Beispiel für Belcanto; für die anderen blockieren und devitalisieren eben diese Qualitäten viel von der Musik, die er singt.
Max Loppert über den Orpheus von Iwan Kozlowsky in ›Opera on Record‹

Iwan Kozlowsky (1900 geboren) hat im Verlauf einer langen Sänger-Karriere fast ausschließlich in der UdSSR gesungen: Nach seinem Debüt in Poltawa (1920) seit 1926 mehr als drei Jahrzehnte lang am Bolschoi. Er glänzte im russischen Repertoire und in Partien wie Orphée, Lohengrin, Werther, Des Grieux und die lyrischen italienischen Rollen. Kozlowsky besaß eine typisch russisch timbrierte, also weißlich gefärbte, klanglich aber attraktive Stimme, ausgezeichnet durch feine, schwebende und nicht ohne tenorale Selbstgefälligkeit gehaltene Kopftöne. Max Loppert trifft den Kern mit der Feststellung, daß viele seiner Aufnahmen weniger ein Rollen- als ein Selbstporträt des Sängers zeigen. Doch ist es ein ungemein gewinnendes Porträt, weil der Sänger als Alfredo (im Duett mit Neshdanowa) die graziösen Effekte des Belcanto wenn schon nicht spontan-eloquent ausführen, so doch elegant-raffiniert zitieren kann. Die *Traviata*-Gesamtaufnahme mit Schumskaja und Lisitsian habe ich nicht hören können, auch nicht die »Faust-Aufnahme mit Schumskaja, Lisitsian und Pirogow, die von Kenneth Furie in *Opera on Record* trotz einiger Bedenken gegen die Aufführung in russischer Sprache sehr empfohlen wird. Auch was die Aufnahme des *Werther* angeht, kann ich nur das begeisterte Lob Lord Harewoods auf den russischen Tenor zitieren: er identifizierte sich eindringlicher und suggestiver mit der Rolle als alle Tenöre seit dem Franzosen Charles Friant. Die hohe Einschätzung wird durch viele Einzelaufnahmen gestützt. In einer Gesamtaufnahme von Verdis *Rigoletto* ist Kozlowsky ein verspielt-anmutiger Herzog, federnd und elegant in der Ballata und in »La donna è mobile«, elegisch und zärtlich im Liebesduett mit der Gilda von Leokadija Maslennikowa. Höchst effektvoll seine Manier, Töne in der hohen Lage mit der halben Stimme anzusingen, zu halten und dann schallend zu intensivieren wie am Ende von »Ella mi fu rapita« mit einem eingelegten hohen H. Man mag das für selbstgefällig halten, doch die Wirkung ist frappierend, vor allem wenn es um das Ständchen des Harlekin aus *Pagliacci* geht. Schipa mag dies verhaltener und feiner gesungen haben, doch kenne ich keine gleichermaßen überrumpelnde Aufnahme. Als Lohengrin kommt der Russe nicht wie ein Landsknecht an Land, sondern – durch die Klanggestalt seines Singens – als mystischer Ritter. Die Aufnahme von Glucks *Orfeo ed Euridice* bestätigt Max Lopperts Urteil in seiner subtilen Diskographie des Werks: Kozlowsky kommt weniger als *musico* – als überirdische Stimme – auf die Bühne denn als *tenorissimo.* Kozlowsky hat zahlreiche Liedaufnahmen gemacht, darunter auch deutsche Lieder (Schumann). Erstaunlich subtil seine Interpretation von Benjamin Brittens Tenor-Serenade, die schönste Platte aber enthält eine Sammlung von Liedern Serge Rachmaninows. Sie wurde in den fünfziger Jahren gemacht, doch hört man der Stimme keinerlei Ermüdungserscheinungen an. Es sind lyrisch-expansive, leidenschaftlich klagende Liebeslieder mit einer nahezu italienischen Kantabilität – in Kozlowskys Wiedergabe eine der schönsten Liedplatten.

Bezwingende Klanglichkeit: Pavel Lisitsian

Hat es in den vergangenen dreißig Jahren eine erregendere Baritonstimme gegeben?
Alan Blyth über Pavel Lisitsian als Onegin

Sowohl Alan Blyth als auch John Steane haben in ihren *Opera-on-Record*-Beiträgen zu *Eugen Onegin* und *Pique Dame* Pavel Lisitsian als einen der besten Sänger der Epoche bezeichnet. Daß Steane diesen prachtvollen Bariton in *The Grand Tradition* nicht und erst später in *Opera on Record* erwähnt, mag zurückzuführen sein auf die diskographische Situation: Das große Lisitsian-Album der Melodia (M 10-35905-10) ist ebenso schwer zu beschaffen wie ein Recital, auf dem er Lieder singt – darunter, in deutscher Sprache!, Schuberts »Atlas« und »An die Musik« sowie Schumanns »Ich grolle nicht« und »Die bösen Lieder«, ferner, auf französisch, Lieder aus Ravels *Don Quichotte à Dulcinée.*

Diese Aufnahmen sind so gefragt, daß russische Sammler die wenigen auftauchenden Wiederveröffentlichungen aufkauften und gegen Platten aus dem Westen tauschten. Lisitsian (1911 in Wladikawkas geboren), sang mit neun Jahren in einem Kirchenchor, erhielt Cello-Unterricht, arbeitete in einem Industriewerk in Leningrad, begann 1932 mit dem Gesangsstudium, debütierte 1935 am Kleinen Operntheater von Leningrad, kam 1937 an das Theater von Eriwan und wurde 1940 endlich ans Bolschoi engagiert. 1960 gastierte er in den USA und sang unter anderem an der Met Amonasro.

Nach den Aufnahmen des Melodia-Albums mit Musik von Tschaikowsky, Rimsky, Verdi, Gounod, Leoncavallo – sie mögen, vom Klangbild und vom stimmlichen Zustand des Sängers her zu urteilen, um 1952–54 entstanden sein – besaß Lisitsian einen hohen, kräftigen lyrischen Bariton mit einem herben metallischen Kern, leicht körnig in seiner Textur, charakteristisch im Timbre und von einer opak-schönen Klanglichkeit. Mit Blick auf eine russische Gesamtaufnahme von *Aida* (mit Sokolowa, Nelepp und Iwan Petrow) vertritt Steane die Ansicht, daß er »auf Platten so klingt, als wäre er der beste Verdi-Bariton der Nachkriegsjahre gewesen«. In der Tat auffallend, wie phantastisch klangvoll Lisitsian Germonts Duett mit Violetta und die große Arie (mit Ziernoten) aus *Traviata*, das Duett mit Aida, Renatos Arien aus *Ballo* und den Prolog zu *Pagliacci* singt: Eine Demonstration, daß eine gut plazierte Stimme durch die Übersetzung eines italienischen Textes in eine nicht gleichermaßen sangliche Sprache nicht inhibiert werden muß. Selbst die raschen deklamatorischen Phrasen des Duetts Aida–Amonastro bildet er auf einem perfekt definierten Ton, und auch wenn man des Russischen nicht mächtig ist, spürt man die makellose Diktion bei perfektem stimmlichen Vordersitz. In der Höhe reicht die Stimme (Prolog) bis zum As, und Lisitsian muß nicht forcieren, um geradezu explosiv dramatisch zu singen. Die beiden Szenen des Onegin und vor allem die Arie des Yeletzky aus *Pique Dame* habe ich nie besser und klangschöner gehört. Da ist nicht nur die breite, expansive Phrasierung, sondern auch vokale Imagination im feinen Spiel von Licht und Schatten, von Farben und dynamischen Nuancierungen. In Gesamtaufnahmen ist Lisitsian in *Krieg und Frieden* als Napoleon und in *Sadko* zu hören.

Dramatische Imagination: Mark Reizen

Wie einige Bässe der alten Schule spielt er seine Stimme wie ein Cello.
John Steane in ›The Grand Tradition‹ über Mark Reizen

Mark Reizen (1895 in Zaitzewo bei Charkow geboren, 1992 verstorben) studierte in Charkow bei F. Bugamelli, debütierte dort 1921 als Pimen (nicht, wie Kutsch/Riemens angeben, als Boris), sang von 1925 bis 1930 am Kirow-Theater und seit 1930 am Bolschoi, wo er bis 1954 zu hören war. Seine Rollen waren Ruslan und Farlaf in Glinkas Oper *Ruslan und Ludmilla*, Dosifei in *Chowanschtschina*, Ivan der Schreckliche in *Das Mädchen von Pskow*, der Wikinger in *Sadko*, Susanin in *Ein Leben für den Zaren*, Salieri in Rimskys Oper über *Mozart und Salieri*, Holofernes in Serows *Judith*, Müller in *Rusalka*, Galitzky und Kontschak in *Fürst Igor* und natürlich Boris. 1930 war Reizen in Monte Carlo als Mefistofele und als Basilio zu hören. Seine Aufführungen waren, wie I. M. Yampolsky in *Grove's* schreibt, »musikalisch und dramatisch integriert und fein nuanciert«, und der dramatischen Ausdrucksqualität seines Spiels entsprach, wie bei Schaljapin, die Intensität der Masken-Kunst.

Reizens Platten gehören zu den Rara: Etliche Aufnahmen sind nur auf Piraten-Platten zu hören, so Szenen aus Boris von 1950, die in einer Aufnahme erscheinen, die 1975 von Melodia und dann auf Recital Records veröffentlicht wurde. Kurios, daß Reizens Boris-Szenen in die Aufnahme von Pigorow (unter Melik-Paschajew) einmontiert worden sind (ich beziehe mich hier auf David Hamiltons Beitrag für *Opera on Record*).

Reizen ist, wie Ghiaurov, ein singender Boris – doch ist sein Singen gestischer, prägnanter und nuancierter als das des Bulgaren. Die Verbindung von Artikulation und Phrasierung ist schlechthin exemplarisch, die Kolorierung ein Zeugnis einer überwältigenden dramatischen Imagination. Nach dem Urteil Hamiltons: »Es steckt keine oberflächliche Erregung in seiner Aufführung; die Kommunikation ist eine essentiell musikalische – und eine intensive.«

Ebenso lobend äußert sich Hamilton über die von Melik-Paschajew dirigierte Aufnahme von *Fürst Igor* mit Iwanow in der Titelpartie, Smolenskaja, Lemeschew als Wladimir, Pirogow als Galitzky und Reizen als Kontschak; Reizen trage den Preis davon für die beste Aufführung in vokaler Hinsicht. Die von John Steane in *The Grand Tradition* erwähnte Einzelplatte (CCCP 162666/7) von einem »der besten Sänger des Jahrhunderts« habe ich nicht hören können.

VII. KAPITEL

Das Wiener Ensemble – Bayreuth – Deutsche Skizzen

Herbert von Karajan und die Folgen

Wir zögerten die Veröffentlichung dieser *Lucia* hinaus, bis wir auch *Puritani* gemacht hatten: Angels erste Callas-Aufnahme mußte eine Offenbarung sein – der Sängerin wegen und für die Reputation der Firma bezüglich der Qualität. Das wollte erst noch aufgebaut sein.

Tito Gobbi erinnert mich jüngst daran, daß wir ihn die Musik aus dem ersten Akt [von *Tosca*] dreißigmal singen ließen und die Inflektionen und jede Silbe modifizierten, bevor wir zufrieden waren ... Allein für ›E avanti a lui tremava la tutta Roma‹ wurde sie [Maria Callas] von de Sabata eine halbe Stunde lang durch die Mühle gedreht – wohlverwandte Zeit.
Walter Legge, ›On and Off the Record‹

Die Erfindung der Langspielplatte, die 1949 auf dem Markt eingeführt wurde, zeitigte grundlegende Veränderungen bei der Schallplattenproduktion. Zum erstenmal war es möglich, Werke von größerem Umfang – Opern wie Symphonien – bruchlos aufzunehmen. Zwar waren auch schon in den Gründerzeiten der Platte Hauptwerke der Oper – seltener auch des symphonischen Repertoires – vollständig eingespielt worden, immer aber auf Schellackplatten. Dadurch waren die Produzenten gezwungen gewesen, innerhalb musikalischer Formverläufe nach Schnittstellen zu suchen, um ein Werk von zwei oder drei Stunden Länge zu »portionieren« für zwanzig oder dreißig Schellackplatten mit einer Spielzeit von jeweils vier Minuten. Innerhalb der einzelnen Takes waren Korrekturen, wie sie später durch die Technik des Bandschneidens möglich wurden, ausgeschlossen. Durch Tonband und Schneidetechnik wurde zum erstenmal mehr als die *Aufnahme* einer Oper möglich, nämlich die technische *Produktion* oder, anders gesagt, die konstruktive Montage von in sich perfektionierten Teilen: Damit aber eine Aufführung, in der sich das bei musikalischen Proben Visierte konkretisiert unter Ausschaltung aller Zufälligkeiten. In seinem Erinnerungsbuch hat Walter Legge, der in den fünfziger Jahren die besten Opernaufnahmen produziert hat, ausgeführt, daß es ihm um die Übertragung einer idealen Aufführung auf einen idealischen Hör-Platz vor der »Klang-Bühne« gegangen sei. Aus diesem Grunde machte er Schluß mit dem, was er als »bloßes Abfotografieren« bezeichnete und suchte nach einer spezifischen Schallplatten-Dramaturgie. Er ließ zum Beispiel Maria Callas beim ersten Auftritt Toscas den dreimal wiederholten Ruf »Mario« aus drei verschiedenen Logen der Scala singen, um klanglich spürbar, ja sichtbar zu machen, daß Tosca sich der

Kirche nähert, in der Mario malt. Diese Form von Klang-Dramaturgie, von akustischer Inszenierung, wurde wenige Jahre später – nach der Erfindung der Stereophonie – von dem britischen Produzenten John Culshaw bei der Produktion von Richard Wagners *Der Ring des Nibelungen* unter Georg Solti oder der Strauss-Opern *Salome* und *Elektra* unter demselben Dirigenten übergipfelt zu einer Art von musikalischem Hör-Spiel, bei dem das Mikrophon buchstäblich in die Textur der Musik hineinhorchte.

Der ökonomische Aufwand für derartige Produktionen erforderte, wie sich von selbst versteht, eine spezifische Künstlerpolitik. Die Stars gingen nicht mehr einfach ins Studio, um zwei oder vier Arien zu singen – obwohl Callas, Tebaldi, del Monaco, di Stefano, Gobbi und Christoff ihre ersten Solo-Aufnahmen noch nach diesem Muster produzierten –, sondern für große Recitals zum »build up« des Image und für Gesamtaufnahmen. Folglich war es für die Firmen unerläßlich, ihre Stars zu pflegen, ihre Reputation aufzubauen und exklusiv auszuwerten. Einer der geschicktesten Strategen dieser Politik war Walter Legge, der nicht nur Gespür hatte für die Qualitäten einzelner Künstler, sondern auch für die Formung eines Ensembles. Zudem besaß Legge ein untrügliches Qualitätsgefühl: Zum einen verstand er die Schallplatte im Sinne der Kunst als ein Dokument und im Sinne seiner Künstler als Dialog mit der Ewigkeit. Die von ihm betreuten Produktionen wie *Tristan* unter Furtwängler, *Tosca* unter de Sabata, *Così, Falstaff* und *Hänsel und Gretel* unter von Karajan setzen bis auf den heutigen Tag den Maßstab.

Es war mehr als ein Zufall, daß Walter Legge Mitte der sechziger Jahre das Handtuch warf und John Culshaw seinen Job quittierte, um Direktor der BBC zu werden. Denn die Produzenten wurden ersetzt durch Technokraten: Die *Musik*-Produktion wurde zu einer Musik-*Produktion*. Es wurden nicht länger die Besten aufgeboten, um das Beste zu realisieren – die Schallplatte diente mehr als je zuvor als geheimer Reklame-Agent der Stars. Selbst die großen Firmen waren nicht mehr in der Lage, den Aufnahme-Hunger der Karajan und Bernstein, Domingo und Caballé zu stillen. Der Spanier Placido Domingo hat, wie in dem ihm gewidmeten Kapitel dargestellt, dieselben Werke zwei-, drei- und selbst viermal für unterschiedliche Firmen aufgenommen, ohne daß dies musikalischen Sinn bekommen hätte durch unterschiedliche musikalische Konzeptionen. So ist aus dem Exklusiv-Prinzip der fünfziger Jahre (das vielleicht manche erträumte »Idealbesetzung« vereitelt hat) ein monopolistisches Star-Prinzip geworden, bei dem die Künstler nicht nur über ihre Produktivkraft verfügen, sondern auch die Produktionsverhältnisse beherrschen. Diese Musikpolitik hat ihre vollendete Ausprägung erfahren in der Arbeit eines Künstlers, dessen Einfluß größer und umfassender ist, als der all seiner Vorgänger war: Herbert von Karajan.

Denken Sie an meine Worte: Dieser Mann wird dem Musikleben im nächsten Vierteljahrhundert seinen Stempel aufdrücken.
Victor de Sabata zu Heinz Tietjen über Herbert von Karajan im Jahre 1939

Karajans technokratischer Zug ist nicht zu trennen von seiner gesellschaftlichen Funktion. Durch ihn greift die wirtschaftliche Monopolstruktur vollends auf die Musik über.
Theodor W. Adorno über von Karajan, 1968

Alles schien so leicht für ihn. Er dirigierte mit einer Hand, telefonierte mit dem Abhörraum und las in einem Motor-Magazin – gleichzeitig.
Hugh Bean, Konzertmeister des Philharmonia Orchestra

Politik hat Herbert von Karajan nie interessiert – um so mehr die Musikpolitik, deren größter Meister er einmal werden sollte.
Walter Legge

Im Oktober 1937 dirigierte der aus Salzburg gebürtige Herbert von Karajan, der seine kapellmeisterlichen Galeerenjahre in Ulm verbracht und dann als Musikchef in Aachen auf sich aufmerksam gemacht hatte, an der Berliner Staatsoper Richard Wagners *Tristan und Isolde.* Der Kritiker Edwin van der Nüll bezeichnete daraufhin den Dirigenten als ein »Wunder« – ein Leitmotiv aller künftigen Hagiographien über den Dirigenten. Nach dem Krieg trug der Heiligenschein des Wunders einige politische Kratzer, und wie verschiedene andere Künstler wurde auch Herbert von Karajan mit Auftrittsverbot belegt. Damals kam ein Mann, der sich selber später als »Hebamme der Musik« bezeichnete und für fast zwei Jahrzehnte lang als einflußreichster Manager des Schallplattengeschäfts der Dirigent des europäischen Musiklebens war, nach Wien: Walter Legge, künstlerischer Direktor der EMI, wollte die besten arrivierten Künstler und die hoffnungsvollsten Talente an seine Firma binden. Er engagierte Wilhelm Furtwängler, mit dem er Wagners *Tristan und Isolde* produzierte, und den jungen Guido Cantelli, Edwin Fischer und Dinu Lipatti, vor allem aber die Wiener Mozart-Sänger, später die Stars der Mailänder Scala und schließlich auch Nicolai Gedda und Dietrich Fischer-Dieskau. In seinem Erinnerungsbuch hat er sich vielsagend ausgeschwiegen über die Strategien, mit denen er das politisch motivierte Auftrittsverbot für Karajan unterlief. Es findet sich nur eine Eintragung: »Wir nahmen uns enorm viel Zeit, um seine erste Aufnahme aus ihm herauszuholen. Dann machte er Beethovens Achte, und dann begann es mit den großen Dingen.«

Das Kritiker-Wort vom »Wunder Karajan« und das Produzenten-Diktum vom Beginn der »großen Dinge«: Das sind gleichsam die Pole einer von Weltruhmesglanz besonnten Karriere – einer der »großartig fragwürdigsten, vieldeutigsten und faszinierendsten« Künstlerkarrieren des 20. Jahrhunderts. Mit der Metapher vom Wunder nämlich wird gleichsam eine Monstranz hochgehalten, der sich die Gläubigen nur in gebückter Haltung nähern sollen, und mit den »großen Dingen« die Fundierung der Karriere in den Medien angedeutet. Bei keinem anderen Dirigenten hat der technokratische Zug so tief sowohl in die Steuerung der äußeren Karriere als auch in das Musizieren hineingewirkt wie bei dem »omnifex maximus« des Musiklebens, und bei keinem anderen ist, bis in die Ikonographie der Plakate und Plattenhüllen, die alte romantische Aura des Kunstpriesters so sorgsam konserviert worden. Es ist dies aber eine Tendenz, die vorgeprägt ward im Bayreuth Richard Wagners, der nach dem Wort von Hans Mayer im Zeitalter des säkularisierten Götzendienstes am Künstler die Doppel-Existenz des Genies und des Großunternehmers lebte. Der Manager hat seine Unternehmungen – manche Notengeschäfte werden in Wirtschaftsberichten nicht durchleuchtet – hermetisch von der Öffentlichkeit abgeschirmt. Der Künstler hingegen stellt sich, nach dem Wagnerschen Schema von Pomp und Eigenlob, im Sinne seines narzißtischen Wunschbildes dar und gibt in Interviews Antworten, die er so exakt reproduziert wie hundertmal dirigierte Partituren. Auf seine Weise hat er Wagners anmaßenden Satz, sein Taktstock solle das Zepter sein, »das die Zeiten lehrt, welchen Gang sie zu nehmen haben«, erfüllt. Welcher Wandel in der sozialen Hierarchie. Das einstige Künstler-Schicksal der sozialen Abhängigkeit hat Herbert von Karajan umgekehrt. Er ist nicht nur, mit einem Wort Heinrich Heines, »famillionär« mit den Mächtigen – er ist einer von ihnen und hat es sich zeitlebens leisten können, diejenigen vor seinen Thron zu zitieren, die ihm diesen Thron übergeben haben: österreichische Bundeskanzler und Berliner Bürgermeister.

Zurück zum Beginn der großen Dinge. Im Nachkriegs-Wien ließ Walter Legge seinen damals 38jährigen Protégé zunächst Schallplatten aufnehmen. In London gründete er – auch dies eine strategische Idee – das Philharmonia Orchestra und ließ es »von dem wohl besten Orchester-Bildner, den es je gegeben hat« (Legge über von Karajan), zu einem Elite-Ensemble formen. Dessen Ruhm mehrte Legge, erneut ganz Stratege, durch eine Europa-Tournee unter dem 85jährigen Arturo Toscanini. Dann begann für Herbert von Karajan der Kampf um die Macht. In Salzburg, wo er 1948 in Zusammenarbeit mit Oscar Fritz Schuh *Die Hochzeit des Figaro* und *Orpheus und Eurydike* herausbrachte, bekam er vom Säbel des Furtwänglerschen Ruhms eine tiefe Narbe geschlagen. Der Alte traf sich mit dem verhaßten Jüngeren – den er nur »dieser Mann K.« nannte – zum Diner, sicherte ihm freundschaftliche Kollegialität zu und tags darauf dem Salzburger Festspielchef Egon Hilbert seine eigenen Auftritte nur, wenn man Karajan ausbooten würde. Folglich lernte »dieser Mann K.« auch das politische Taktieren. Er übernahm in Wien die Leitung der Symphoniker und machte aus Wiens zweitem Orchester ernsthafte Konkurrenz für die Philharmoniker. Er formte den Chor der Gesellschaft der Musikfreunde, gastierte in Luzern, machte aufsehenerregende Platten in London, debütierte als *Ring-* und *Meistersinger*-Dirigent auf dem Bayreuther Grünen Hügel, brachte seine Salzburger Aufführungen von *Figaro* und Glucks *Orfeo* nach Mailand und übernahm dort die Leitung der deutschen Sektion.

Aus Mailand exportierte er die populärste Nachtwandelszene der Oper nach Berlin und Wien. Legge hatte 1953 mit Maria Callas Donizettis damals eher wohl verachtete Oper *Lucia di Lammermoor* aufgenommen und ein paar der effektvollsten Koloraturkaskaden der Griechin per Band an den Dirigenten geschickt. Der entschloß sich sogleich, das Werk an der Scala zu dirigieren und zu inszenieren. Mit der Produktion ging er am 29. September 1955 nach Berlin und am 12. Juni 1956 auch nach Wien – und verwandelte das Haus in eine Arena taumelnden Jubels. Der Zeitpunkt war perfekt gewählt. Am 2. März hatte Karl Böhm nach nicht einmal vier Monaten im Amt des Staatsoperndirektors die Leitung des eben eröffneten Hauses mit der Begründung niedergelegt: »Ich habe keine Lust, meine internationale Karriere der Wiener Staatsoper zu opfern.« Zwei Tage nach dem Lucia-Callas-Karajan-Triumph war der Jüngere künstlerischer Leiter der Wiener Staatsoper – die Nachfolge Furtwänglers in Berlin hatte er, »mit tausend Freuden«, schon ein Jahr vorher, am 21. Februar 1955, angetreten. Es war die Zeit, in der er in eine imperiale Machtposition – die des »europäischen Generalmusikdirektors« – hineinwuchs. Später sollte John Culshaw über ihn schreiben: »Ohne es zu merken, hatte er die durch den Tod Hitlers entstandene Lücke in der Psyche jener vielen Deutschen gefüllt, die sich nach einem Führer sehnen.«

Als er im Jahre 1965 Mussorgskys *Boris Godunow* in Salzburg herausbrachte – in einer Aufführung, die weithin mit einer Cecil B. de Mille-Produktion verglichen wurde –, hatte er seine größte Vision: »Warum nicht hier?« Drei Stunden lang, so diktierte er später in sein biographisches Heldenlied aus der Feder von Ernst Häussermann, sei er »im strömenden Regen« umhergelaufen und habe, gut wagnerisch, die Idee der Osterfestspiele durchdacht und alsbald »ohne Kostenvorschuß von Bund und Land« eine Gesellschaft gegründet.

Das Wunder Karajan? Eher wohl, so Legge, »ein Meisterstück gerissener Planung, eine paramilitärische Operation in Organisation und Koordination.« Wotan hatte sich Walhall von zwei Riesen türmen lassen und ihnen dafür die Göttin Freia versprochen und mit gestohlenem Rheingold (woran ein Fluch hängt) entschädigt. Für sein Salzburger Walhall versicherte sich der

Maestro der Mäzene und Magnaten, die er in einem Fördererclub zusammenschloß. Und jeder erhielt beim Besuch der Festspiele neben den Eintrittsbillets eine handsignierte Kassette mit der jeweiligen Festspieloper. Diese wurde regelmäßig vor dem Festival produziert – für den Dirigenten und die Sänger gleichsam die (bezahlte) Probe vor der Gala. Bei der szenischen Einrichtung lag die musikalische Realisierung schon vor. Der Dirigent ließ die Sänger bei den Proben sogar nach der Lautsprechermusik agieren. Karajan war dadurch endgültig über die Funktion des Künstlers hinausgewachsen, war Produzent geworden: »Wenn ein Produkt stimmt«, so erklärte er, »stimmt auch die Kasse.« Noch einmal der Vergleich mit Wagner: Dessen Idee, das Kunstwerk und die Festspielstätte als Ort ihres Erscheinens zum Zentrum der Nation zu machen, entspricht im Wirken Karajans der Ehrgeiz des weltumfangenden TV-Konzerts.

All dies hätte hier nicht in extenso ausgeführt werden müssen, gäbe es nicht gravierende ästhetische Konsequenzen für das Operntheater. Es wird kaum mehr aus sich selber beurteilt, sondern nach technischen Parametern. Die Vorstellungen von einer guten oder gar idealen Opernaufführung sind längst an der technischen Ästhetik der Schallplatte orientiert, und für die Schallplatte kommen nur noch jene Künstler in Frage, die in aller Welt auf dem kulturellen Riesenrad mitfahren. Wie beim Film und in TV-Serials gibt es keinen sinnvollen Regionalismus mehr, keine sprachlichen oder nationalen kulturellen Identitäten, sondern nur noch standardisierte Produkte. Für diesen Prozeß der marktkonformen Internationalisierung hat Herbert von Karajan schon in den späten fünfziger Jahren die Weichen gestellt. Hatten seine Vorgänger Karl Böhm und, mehr noch, Josef Krips, die Entwicklung eines »Wiener Ensembles« verfolgt – vor allem für die Mozart- und Strauss-Pflege –, setzte Herbert von Karajan auf einen internationalistischen Star-Betrieb, einen »common market for the arts«. So mächtig war seine Wirkung, daß alle ihm folgten, und es ist durchaus kein Zufall, daß der englische Kritiker Peter Heyworth die Ägide Sir Georg Soltis an der Londoner Covent Garden Opera – bei aller Kritik im Detail – mit Blick auf die Tatsache lobte, daß der Ungar ein provinzielles Haus dem »gemeinsamen Markt« angegliedert habe. Der Ungar war dabei ganz dem Modell Karajans gefolgt. Karajan ging von der Idee aus, die Hauptwerke des Repertoires mit den besten verfügbaren Sängern einzustudieren, die sechs- oder achtmal nach dem sogenannten »Stagione«-Prinzip aufzuführen und dann zwischen den Bühnen auszutauschen. Auf diese Weise hat er *Lucia* mit Callas von Mailand nach Berlin und Wien gebracht, hat er Puccinis *La Bohème* in der Inszenierung Zeffirellis auf die Reise genommen, hat er seine Salzburger *Rheingold*-Inszenierung nach Amerika transferiert. Mit dem Konzept seines Oster-Festivals wurde die Technik moderner Opern-Produktion – und das schließt ästhetische und ökonomische

Erwägungen gleichermaßen ein – noch verfeinert. Herbert von Karajan besorgte die musikalische Einstudierung durch eine Schallplatten-Produktion, meist im Herbst und Winter vor dem jeweiligen Festival, und ging an die szenische Einstudierung mit Hilfe der fertig produzierten Musik. Doch werden auch die alten Meister und nicht nur die Zauberlehrlinge von den Geistern, die sie riefen, in Gefahr gebracht. Zwar kamen, wann immer Karajan rief, die Besten – aber die waren, weil inzwischen als Sterne vom karajanischen Himmel weltweit gefragt, oftmals längst nicht mehr so gut wie ihr eigener Ruf. Die nicht zuletzt durch Herbert von Karajan zu Stars gemachten Künstler gerieten in jenen Dauer-Streß, der, auch das klingt in vielen Interviews im Buch Lanfranco Rasponis an, auf Dauer ruinös ist.

Richtig eingesetzt, kann die moderne Technik – wie die Legge- und die Culshaw-Aufnahmen auf höchst unterschiedliche Weise gezeigt haben – Aufführungen ohne all die schlechten Zufälligkeiten der besten Repertoire-Aufführungen sichern. Sie ermöglicht die Konzentration auf die Musik als die wahre Sache der Oper. Der aber liegt mitnichten im festivalischen Ausstellungswert. Walter Legge hat in den fünfziger Jahren vor allem in Zusammenarbeit mit Herbert von Karajan zum erstenmal in der Geschichte der Schallplatte die akustische Inszenierung ernst genommen und damit Bausteine geliefert für eine – noch zu schreibende – Ästhetik der Schallplatte. Aus vielen Zeugnissen läßt sich die endlose Mühe lesen, die Legge auf seine Produktionen verwandte. Um für die Aufnahme von *Boris Godunow* einen geeigneten Tenor zu finden, reiste er durch ganz Europa – und fand in Stockholm den jungen Nicolai Gedda. Er bediente sich für seine Aufnahmen von Mozart-Opern des Wiener Ensembles, für die italienischer Werke der Scala-Sänger, die den Rahmen gaben für die großen Stars. In all seinen Produktionen harmonierten die Ensembles so gut wie ein perfekt eingespieltes Streichquartett. Hört man, um nur ein Beispiel zu geben, das intrikate vokale Doppelquartett aus Verdis *Falstaff*, so erlebt man ein Wunder orchestraler und vokaler Kammermusik. Und die Klang- und Farbmischungen, die er durch wohlüberlegte »Stimmen-Dramaturgie« mit Elisabeth Grümmer und Elisabeth Schwarzkopf erreicht, verrät ein Höchstmaß an musikalischer und klanglicher Imagination. Doch entsteht beim Hören kaum je der Eindruck, daß die Arbeit technisch »manipuliert« wäre. Im Gegenteil: Der konstruktive Einsatz der Technik läßt diese in der Musik aufgehen – und verschwinden. Da aber in allen musikalischen und technischen Bereichen dieselben Produktivkräfte am Werk sind, mußte die Auflösung der Ensembles als Folge des internationalisierten Betriebs die musikalische Produktion affizieren. Ebenso wichtig sollte die Emanzipation der Technik – der Stereophonie und der Digital-Aufnahme – werden. Waren die von Walter Legge betreuten Aufnahmen der fünfziger Jahre noch orientiert an einem akustischen Guck-Kasten-

Prinzip, gerieten schon Herbert von Karajans erste Stereo-Aufnahmen, die er Ende der fünfziger und zu Beginn der sechziger Jahre für Decca machte, zu üppigen technischen Inszenierungen. Das gilt für Verdis *Aida* und *Otello* (mit gigantischen Effekten aus Windmaschinen), für Bizets *Carmen* und Puccinis *Tosca*. Das Orchester hat hier längst nicht mehr nur eine Begleitfunktion, sondern wird in attackierenden Einsätzen, grell herausgestellten Bläsereinwürfen, machtvollen Klangballungen zur Hauptstimme gemacht. Es bekommt einen Eigenwert, den man als kulinarisch oder auch als imperialistisch bezeichnen kann. Diese Tendenz verstärkte sich in den siebziger Jahren immer mehr: Die Aufnahmen von Verdis *Otello, Don Carlo, Trovatore, Aida* und *Falstaff* werden auf gewalttätige Weise dominiert von einem unerhörten orchestralen »Blow up«. Dadurch schrumpfen die Stimmen zu Stimmchen. Im Autodafé des *Don Carlo* oder im ersten Akt von *Falstaff* (Trompetentriller bei Ziffer 15 oder im Più-mosso-Teil) zielt der Dirigent auf Überrumpelung, wie es Pop-Stars mittels elektronischer Verstärkung auch tun. In Kurt Blaukopfs Buch über *Musik im Wandel der Zeiten* findet sich der Hinweis, daß extreme Lautstärken dem Hörer die bewußte Kontrolle entziehen, und daß es zu vegetativ nicht mehr steuerbaren Rauschzuständen kommt.

Es ist schwer zu ermitteln, ob Herbert von Karajan seine lauten Effekte deshalb mit dem Orchester macht, weil er keine Sänger mit dramatischen Stimmen mehr hat, oder ob das laute Musizieren die Entwicklung dramatischer Stimmen verhindert. Jedenfalls herrscht in den späten Karajan-Aufnahmen – und dies gilt nicht allein für seine Opernaufnahmen – eine Raumklang-Dramaturgie, in der die Stimmen vollkommen überstrahlt werden. In den Einspielungen von *Tosca* oder *Turandot* werden die Stimmen, vor allem das Stimmchen von Katia Ricciarelli, vom Orchesterklang aufgesogen wie ein Tropfen in einem Schwamm. Die Tatsache, daß der Dirigent sich darauf einließ, die junge, lyrische italienische Sopranistin gegen das Geschmetter des zweiten *Tosca*-Aktes oder die Aufschwünge von »In questa reggia« ansingen zu lassen, verrät nicht etwa, daß er sich mit dem Unvermeidlichen – dem Mangel an dramatischen Stimmen – abgefunden hat, sondern Gleichgültigkeit gegenüber der dramatischen Funktion der Stimme für Stücke wie *Tosca* und *Turandot*, Diven-Opern par excellence. Sie verrät ferner das Einverständnis mit einer Künstler-Politik, bei der die Firmen radikal eine vom Können abgelöste Star-Politik durchsetzen. Wenn man aber niemanden hat, der Toscas Gebet und Turandots gleißenden Auftritt adäquat singen kann, muß man wohl das Orchester zur Diva und zum Divo der Oper machen. So dominiert in den vorerwähnten Aufnahmen ein orchestraler Monumentalismus, der mit dem Primat der Stimme endgültig bricht – und der den Riesenräumen entspricht, in denen der Dirigent seine monumentalen Inszenierungen bevorzugt ausstellt.

Theodor Adorno hat schon Ende der sechziger Jahre geschrieben: »Die gewiß legitime Forderung, daß der Sinngehalt durch eine möglichst gute Darstellung der hörbaren Musik herauskommt, konkretisiert Karajan damit, daß das Umsetzen der Notenwerte in der schönsten und harmonischsten Weise geschehen müsse. Gleichgültig ist ihm, daß dies harmonistische Ideal von der Musik bereits in großen Teilen der von ihm bewunderten, wiewohl auch gefürchteten Elektra gekündigt ward. Demgemäß handelt er als reproduzierender Künstler. Seine Art von Perfektion meint den sinnlichen Wohllaut, einen möglichst bruchlosen, balancierten, ausgeglichenen Klangspiegel. Aber die Werke selber verlangen, um ihres Wesentlichen, der kompositorischen Fiber willen, vielfach Verletzung einer solchen konventionellen Idee von Schönheit.« Wird aber ein solches Ideal über die von Kaiser erwähnten neuen Dispositionsformen medientechnisch verabsolutiert, droht, so Adorno, »eine Vertrustung des Musiklebens ... Der Übergang von dem zerstreuten und vielfach verstaubten Musikbetrieb alten Stils zum Weltmonopol ist unaufhaltsam, birgt aber in sich neue Stagnation: die wiederholende, technisch verbesserte, oftmals bloß aufgeschmückte Darbietung des vorhandenen Vorrats, des musikalischen Status quo insgesamt.«

Adorno schrieb dies, bevor Herbert von Karajan mit der Re-Produktion dessen begann, was er in den fünfziger und sechziger Jahren schon aufgenommen hatte. Der Dirigent begründete und rechtfertigte dies immer mit dem Hinweis auf die Fortschritte der Aufnahme-Technik. Kein Musiker hat emphatischer die Segen der Technik gepriesen. Er hatte kaum mit dem Philharmonia Orchestra die neun Symphonien von Beethoven aufgenommen, als er mit den Berliner Philharmonikern das stereophone Doppel produzierte. Zehn Jahre später wiederholte er die Aufnahme – und ließ alsbald, kaum daß die Digitaltechnik eingeführt worden war, eine weitere Reihe folgen – mit dem Kommentar: »Ich möchte mich einfrieren lassen, um das gesamte Repertoire noch einmal aufnehmen zu können.« Dies ist nichts anderes als Warenproduktion mit kosmetischer Aufbesserung. Mit Blick auf die Opernproduktion heißt dies nicht nur, daß Karajan – so Dale Harris im Magazin *High Fidelity* – »die Individualität der Sänger einer klanglichen Homogenität opfert, die rein orchestral konzipiert ist«; nein, diese Homogenität ist Folge einer Ästhetik, welche die Musik einem Einebnungsprozeß unterzieht – auf den Klang als den größten Nenner zur Aquisition von Hörer-Konsumenten. Damit hat sich die zu Beginn des Jahrhunderts erhobene Forderung – »alle Macht dem Taktstock« – auf unerwartete und fatale Weise erfüllt: Sie bedeutet virtuell das Ende des Singens.

Das Wiener Mozart-Ensemble

Mit dem Wort vom Wiener Mozart-Ensemble wird die Existenz eines verbindlichen vokalen *Stils* hypostasiert. Dessen Voraussetzungen hat der Dirigent Josef Krips auf die längst fraglos akzeptierte Formel gebracht, daß nur eine instrumental geführte Stimme eine Mozart-Stimme sei. Diese Formel gerinnt in zahllosen Kritiken von Mozart-Aufführungen zu Stereotypen: Daß nämlich Genauigkeit und Flexibilität, Eleganz und Noblesse Grundlagen des Mozart-Gesangs seien. Wirklich nur des Mozart-Gesangs? Braucht denn ein Sänger weniger Flexibilität für Händels Koloraturen, weniger Eleganz für Rossinis Fioritura, weniger Noblesse für Bellinis Kantilene? Es gibt hier eine erstaunliche Parallele zu der von Toscanini initiierten »Reinigung« des Verdi-Gesangs: Ein historisch bedingter Interpretations-Vorgang wird kanonisiert und, eine oder zwei Generationen später, zum verbindlichen Stil erklärt. Im Falle des Wiener Mozart-Stils wurde das verstärkt durch die Schallplatte. Die Wiener Aufnahmen unter Krips, Böhm, Erich Kleiber und von Karajan verdrängten die Erinnerung an die wenigen Busch- und Gui-Aufnahmen aus Glyndebourne, und die Platten von Mozart-Interpreten wie Sir Charles Santley, Mattia Battistini, Lilli Lehmann, Maurice Renaud oder Gabrielle Ritter-Ciampi sanken zurück in die unergründlichen Brunnentiefen der Vergangenheit. Wann immer sie hervorgeholt wurden, galten sie, sub spezie der späteren Aufnahmen, als »überholt«, als Zeugnisse eines antiquierten oder eitlen Stils – ein fast groteskes Mißverständnis und ein Indiz dafür, daß die Schallplatte weniger als *historische* Quelle benutzt, sondern als Trägerin eines lediglich erhofften musikalischen Fortschritts gewertet und mißverstanden wird.

Ist es ein Zufall, daß uns das Jahr 1985 nach dem Erfolg von Milos Formans *Amadeus*-Film nicht nur die übliche Schwemme an Mozart-Aufnahmen bescherte, sondern auch eine außergewöhnliche Anthologie mit Vokalaufnahmen aus fünf Jahrzehnten ab 1903: *Les Introuvables du Chant Mozartien* (EMI-Pathé)? Wenn auch durchaus nicht alle diese Aufnahmen wirklich »introuvables« sind – über vierzig Titel finden sich in den beiden Preiser-Serien LV und CO –, so finden sich unter den knapp einhundert Aufnahmen (auf sechs LPs) einige Raritäten. Die Anordnung der Anthologie macht das Easy Listening unmöglich. Sie bietet nämlich keine Abfolge von vokalen Highlights, sondern folgt einer Repertoire-Chronologie: Die erste Plattenseite ist *La Finta Gardiniera* gewidmet, die zweite dem *Idomeneo*, und dann gibt es jeweils eine Platte für *Die Entführung aus dem Serail, Le Nozze di Figaro, Don Giovanni, Così fan tutte* und *Die Zauberflöte.* Dabei folgen alte auf neue Aufnahmen und ermöglichen den historischen – und damit den stilistischen – Vergleich. Und der zeigt sehr bald, daß nicht nur ein Weg zu Mozart führt. Er kann sogar den Begriff *Stil* als eine schamanistische oder ideologische Vokabel entlarven.

Mozart war als Vokal-Komponist durchaus kein Neuerer und hat auch nicht, wie Wagner, eine neue Ausdrucks-Ästhetik visiert. Alfred Einstein hat in seiner Monographie im Abschnitt über »Das Vokale«, ausgeführt, daß Mozart selbst in seinen Messen und den übrigen geistlichen Werken auf die Stil- und Ausdrucksmittel der italienischen Opera seria zurückgreift. Mozarts Vorstellungen wurden zunächst einmal von der Kunst der Kastraten geprägt – was vielleicht deshalb nicht mehr klar ist, weil die Partien seiner Hauptwerke, die heute die sogenannten Repertoire-Säulen sind, schon nicht mehr für Kastraten geschrieben worden sind. Doch viele seiner Konzert-Arien und die hochvirtuosen Arien in seinen »Nebenwerken« waren Konzerte für Kehlkopf, bei denen »der Musiker im Dienste des Sängers stand« (Einstein). Der Sänger hatte die Aufgabe, bei allen Wiederholungen und Kadenzen auszuzieren – und nach diesem Schema formte Mozart *später* auch seine Instrumentalkonzerte. Mozart hat sich zeitlebens als Musiker durchaus in den Dienst des Sängers gestellt – und es sind seine schwierigsten und virtuosesten Stücke, die gleichsam Maßarbeiten für die Fertigkeiten der Primadonnen und der »primi uomini« waren. Gerade die Sopran-Partien in *Die Entführung aus dem Serail* und *Die Zauberflöte* mit ihren Höhenflügen um eine Terz oder gar Quart über das dreigestrichene C hinaus sind solche Maßarbeiten. In seinen Tenor-Partien gibt es keine solchen Extrem-Noten – das hohe C ist eine Errungenschaft des 19. Jahrhunderts –, doch liegt die Tessitura der Tenor-Rollen in den oben genannten Opern deutlich höher als etwa in den Opern Händels.

Mozarts Sänger waren zwar nicht durchweg Italiener, wohl aber italienisch ausgebildete Sänger. Catarina Cavalieri, die erste Constanze, war zwar trotz ihres italienischen Namens eine Deutsche, aber eine durch Tradition assimilierte Italienerin (und als Geliebte Salieris auch musikalisch an Italien gebunden). Mozart merkte in einer oft zitierten Notiz an: »Die aria von der konstanze habe ich ein wenig der geläufigen gurgel der Mad^{elle} Cavallieri aufgeopfert.« Das Opfer hat die Form einer »echte[n] Bravour-Aria mit ausschweifender Koloratur« (Einstein). Auch der grandiose Karl Ludwig Fischer, Osmin der Uraufführung, hatte durch Anton Raaff, Idomeneo der Uraufführung und rein italienisch geschult, eine italienische Ausbildung bekommen. Anders hätte er die reich verzierte Partie des Osmin mit ihren gewaltigen Sprüngen und Trillern gar nicht singen können. Auch der erste Belmonte, Valentin Adamberger, war nur durch Geburt ein Deutscher, dank seiner Ausbildung aber ein italienischer Sänger. Er hatte bei Giovanni Valesi (1735–1810) studiert, der über zweihundert Sänger herausgebracht hat – und auch Carl Maria von Weber unterrichtete, dessen frühe Opern durchaus Spuren des italienischen Vokalstils tragen (man denke an die verzierten Teile der Rezia-Arie).

Mozart folgt also, zusammenfassend gesagt, einer italienischen Vokal-Kultur – nicht anders als Händel vor ihm. Von der Schallplatte aber wurde zunächst nicht der italienische Mozart überliefert. Wenn die Pathé-Anthologie hinsichtlich der Sänger-Auswahl repräsentativ ist, so kamen die ersten Mozart-Sänger nicht aus der klassischen italienischen Gesangsschule, sondern aus der deutschen – das gilt selbst für eine Sängerin wie Lilli Lehmann, die zwar die klassischen Verzierungen (vor allem die Appoggiaturen) sang, aber mit einer Tonproduktion, die von der Entwicklung des deutschen Singens geprägt war.

Hier sind zwei historische Fakten einzufügen. Im 19. Jahrhundert wurden die Werke Mozarts vor allem in Deutschland – und sehr oft auch in deutscher Übersetzung – gespielt, während sie in Italien fast ganz von der Bildfläche verschwanden. An der Mailänder Scala hielt sich, nach einer großen Zahl von Mozart-Aufführungen in den beiden ersten Jahrzehnten des 19. Jahrhunderts, allein *Don Giovanni.* Aber erst als Toscanini nach 1898 in Mailand ein Repertoire-Theater bildete, wurden auch Werke wie *Le Nozze di Figaro* und *Die Zauberflöte* wieder gespielt: nach fast einem Jahrhundert. Die in Deutschland trainierten Sänger aber hatten sich in der zweiten Hälfte des 19. Jahrhunderts ganz neuen Anforderungen stellen müssen. Die Werke von Marschner, Weber, Beethoven und vor allem von Wagner verlangten größere Stimmen, die des dramatischen Akzents fähig waren und vor allem gegen die größer besetzten Orchester in großen Theatern ansingen konnten. Dadurch entwickelten sich, wie schon mehrfach ausgeführt, die spezialisierten Fächer. Deutsche Sänger mußten eine Technik entwicklen, um dem neuen instrumentalen Stil ihrer Komponisten folgen zu können, und sie mußten Stamina erwerben, um sich gegen einen symphonisch konzipierten Orchestersatz zu behaupten. Viele der ersten deutschen Schallplatten-Interpreten folgen nicht mehr dem klassischen Portare la voce, dem Singen auf dem Atem, sondern singen mit einer komprimierten, leicht gequetschten Tongebung – Lilli Lehmann ist das markanteste Beispiel. Aber auch die Mozart-Aufnahmen eines Leo Slezak zeigen diesen festen, harten Ton, der tolerabel ist dank der guten Beweglichkeit der Stimme. Eine Generation nach diesen Sängern wurde der deutsche Mozart-Stil mit seiner Linearität und engen, geraden Tonbildung, der sich an den großen Ensemble-Theatern in München, Berlin und Dresden entwickelt hatte, durch die politische Entwicklung internationalisiert.

Fritz Busch, von Nazis buchstäblich aus der Dresdner Oper getrieben, fand sein künstlerisches Asyl in Glyndebourne. Dort war, nach dem Modell kleiner italienischer Theater aus dem 18. Jahrhundert, ein Opernhaus gebaut worden, in dem rund zwei Jahrzehnte lang vor allem das Werk Mozarts und Rossinis gepflegt wurde. Busch setzte, wie Toscanini in Italien, auf Ensemble-Arbeit und auf minutiös geprobte Aufführungen. Wie der Italiener erreichte er eine bis dahin unerhörte Genauigkeit, und wie der Italiener schaffte er all das ab, was den Sänger als Virtuosen obsiegen ließ. Buschs Mozart ist in gewisser Weise mit dem Verdi Toscaninis verwandt: Er bringt ein gerades, purifiziertes Singen ohne Verzierungen und Appoggiaturen, geschweige denn Alterationen von Endnoten etc. Die Aufnahmen von *Don Giovanni, Così fan tutte* und *Le Nozze di Figaro* zeichnen sich aus durch die perfekte Organisation, durch musikalisches Brio, dramatische Spannung, glänzende Ensemble-Arbeit – kaum je aber durch die Finessen des Singens. Diese Praxis wurde nach dem Krieg von Krips, Böhm, Kleiber und Herbert von Karajan aufgenommen und mittels der Schallplatte durchgesetzt. Es spricht alles dafür, daß unsere Vorstellungen von vokaler Mozart-Interpretation endgültig geprägt worden ist durch die vielen Gesamtaufnahmen, die zwischen 1950 und 1960 entstanden. Es sind, wie aus *Opera on Record* hervorgeht, sieben Aufnahmen von *Le Nozze di Figaro* (unter von Karajan, Kleiber, Gui, Rosbaud, Böhm, Leinsdorf, Giulini), sechs von *Don Giovanni* (unter Moralt, Krips, Rosbaud, Fricsay, Leinsdorf und Giulini), drei von *Così fan tutte* (unter von Karajan, Böhm und Moralt), drei von *Die Zauberflöte* (unter von Karajan, Fricsay und Böhm) und drei von *Die Entführung* (unter Krips, Fricsay und Beecham), die diesem Ensemble-Modell folgten.

Erst mit der großen Historismus-Welle (nach Harnoncourt) wurden auch die Nebenwerke in großem Stil – und nach der neuen, historisch-kritischen Neuen Mozart-Ausgabe – aufgenommen: Wurden damit auch Sänger verlangt, die dem verzierten Singen oder gar dem Canto di bravura gerecht zu werden vermochten. Liest man einmal in den Fachzeitschriften nach, was in den fünfziger und sechziger Jahren über die damaligen Mozart-Aufnahmen geschrieben wurde, sucht man so gut wie vergeblich nach Diskussionen über den Mozart-Stil oder die Frage des Verzierens. Mozart mußte nur flexibel, nobel, elegant, ausdrucksvoll gesungen werden. Hinweise auf andere Formen des Mozart-Gesangs habe ich nur bei Wolf Rosenberg und Helmut Reinold gefunden – in Rückblicken auf die Platten von Patti und Santley, Battistini und de Luca, Lilli Lehmann und Hermann Jadlowker. Deren Aufnahmen werden nun in der Pathé-Anthologie direkt mit den Platten der später Geborenen kontrastiert – und das Ergebnis ist, wie dem Verfasser scheint, einmal mehr ein Zurück in die Zukunft. Besonders interessant ist die Begegnung mit Sängern, die vor 1870 geboren sind und dank ihrer Ausbildung und Lehrer näher an einem Mozart-Stil waren, der zu Mozarts Zeit Geltung hatte. Das gilt vor allem für den ältesten Sänger dieser Sammlung, den 1834 geborenen Briten Sir Charles Santley, der mit Figaros »Non più andrai« zu hören ist. Wir hören in der Aufnahme von 1903 einen 69jährigen, der mit perfekter tonlicher Versammlung und wundervoller tonlicher Rundung singt – ein Vergnügen in sich. Wichtiger aber als dieser rein vokale Aspekt ist der *Stil*. In der kurzen rezitativischen Passage führt der Brite jede mögliche Appoggiatur (obligatorisch bei jeder weiblichen Endung) aus. Nach der Fermate vor der Reprise legt Santley mit kühnem Schwung eine virtuose Kadenz hin, eine auch dramatisch überzeugende vokale Geste. Auch Mattia Battistini bringt im kurzen Rezitativ vor »La ci darem la mano« (mit Emilia Corsi) nicht nur Appoggiaturen an, sondern legt zudem, mit perfekter Messa di voce, eine hohe Note ein. Im Duett selber sorgt er für Abwechslung durch subtile Echo-Effekte. Wir finden Appoggiaturen auch in der Aufnahme desselben Duetts mit Farrar und Scotti, in Francesco d'Andrades Champagner-Arie und vor allem bei Lilli Lehmann, die aus jeder Appoggiatur ein dramatisches Statement macht. Wir finden sie in den Aufnahmen von Giovannis Serenade mit zwei französischen Sängern: von Victor Maurel und Maurice Renaud. Renauds Aufnahme – erst zwei Stanzen in französischer Sprache, dann eine Wiederholung in italienischer – verrät zum einen die vielgerühmte französische »l'amour de la parole«, zum anderen die klassische Kunst perfekter Vokalisierung. Nikolaus Harnoncourt sagte mir, daß er diese Aufnahmen sehr bewundere.

In der Generation der nach 1870 Geborenen ging die Tradition, von Ausnahmen abgesehen, verloren. Zwar hören wir gelegentlich Appoggiaturen wie bei Johanna Gadski in einer furiosen Aufnahme von Elviras »Mi tradì«, bei Louise Kirkby-Lunn in Vitellias »Non più di fiori«, bei Gabrielle Ritter-Ciampi im Rezitativ zu Fiordiligis Arie oder in Reynaldo Hahns Aufnahme von Ferrandos »Un'aura amorosa«, doch in der überwiegenden Zahl der späteren Aufnahmen folgen die Sänger dem Buchstaben der Partitur – nicht unbedingt deren Geist. Über die Meriten und die Mängel der nun folgenden Aufnahmen muß nicht mehr gehandelt werden. Daß viele italienische Sänger der Post-Verismo-Ära – genannt seien Gigli, Schipa, Borgioli, Galli-Curci, Favero, dal Monte, Stabile und viele andere – Mozart nicht anders als Puccini gesungen haben, sollte nicht zu dem Rückschluß führen, daß italienische Sänger und italienische Gesangskunst auf Mozart nicht passen. Diese Sänger haben durchweg auch die Musik von Rossini, Donizetti und Bellini stilistisch nicht mehr adäquat singen können. Auch unter den deutschen Sängern finden sich nur einige wenige Mozart-Interpreten von Rang: Maria Ivogün hatte sowohl die Technik als auch die Spontaneität für den Mozart-Gesang, Richard Tauber die Eleganz und technische Souveränität für das klassische Singen. An Meta Seinemeyer und Elisabeth Rethberg bewundert man die reiche, italienische Tongebung und makellose Linie, an Lotte Schöne das wundervoll schwebende Singen auf dem Atem. Aber die Aufnahmen von Tiana Lemnitz (tonlich blaß und flackrig), Helge Rosvaenge (gequetscht) und von vielen anderen sind schwerlich Zeugnisse für einen zugleich eleganten und expressiven Mozart-Gesang. Auch in den vielgerühmten Busch-Aufnahmen – die der Verfasser sehr schätzt – finden sich nur wenige große *vokale* Momente. Das mag nicht zuletzt daran liegen, daß etliche deutsche Sänger plötzlich italienisch singen mußten – beispielsweise für Willi Domgraf-Fassbaender eine sehr unangenehme Artikulationshürde. Dennoch waren diese Aufführungen und die an sie anschließenden Wiener Produktionen, auch die Berliner Aufnahmen unter Ferenc Fricsay, die von Hans Rosbaud und Aix-en-Provence und die internationalen Star-Produktionen der späten fünfziger und sechziger Jahre, die neue Grundlage für das heute geläufige Bild vom Mozart-Stil.

Gewiß haben viele dieser Aufnahmen die Atmosphäre einer Aufführung und die Konsistenz systematischer Ensemble-Arbeit. Aber sie haben den Ausdrucks-Radius von Mozarts Musik eher domestiziert. Und die besten Aufnahmen jener Zeit – Karajans *Così*, Giulinis *Figaro* und *Don Giovanni* – sind zielbewußt italianisierte Interpretationen mit internationalen Sängern wie Schwarzkopf, Sutherland, Merriman, Cossotto, Alva, Taddei, Wächter und Moffo. Der Verfasser steht nicht an zu sagen, daß die von Colin Davis betreuten Mozart-Aufnahmen mit Sängern (oder Gästen) der Covent Garden Opera das Gros der frühen Böhm-, Moralt- und Krips-Aufnahmen nicht nur aufwiegen, sondern in den Schatten stellen.

Es kommt hinzu, daß das Wiener Ensemble nicht lange Bestand hatte. Ein großer Teil der Sänger erlebte dort den Nachsommer der Laufbahn. Die Jungen aber strebten, angeleitet vom Omnifex maximus des europäischen Musiklebens, nach einer internationalen Karriere. Anders als Mahler oder Toscanini setzte Herbert von Karajan nicht auf Konzentration, sondern auf Expansion. Seine besten Aufnahmen verdanken ihre Qualität schon nicht mehr dem Niveau des Wiener Ensembles, sondern den Produktionsanstrengungen des genialischen Walter Legge, der die besten internationalen Kräfte zusammenholte, um Werke wie *Hänsel und Gretel, Falstaff, Der Rosenkavalier, Così fan tutte* aufzunehmen. Im folgenden gilt es also, die Legende vom »Wiener Ensemble« in der Einzelcharakteristik seiner Mitglieder zu verifizieren – der herausragenden Mitglieder.

Die Zeit ist ein sonderbar' Ding: Elisabeth Schwarzkopf

Nachdem sie in ihrem eigenen Repertoire gezeigt hatte, was sie mit einer Vielzahl von Arien aus Oper und Oratorium machen konnte, begann ich, mit ihr an einem sehr schwierigen Lied zu arbeiten, Hugo Wolfs »Wer rief dich denn?«, Takt

für Takt, Wort für Wort, Schattierung für Schattierung. Das Lied verlangt wechselnde Emotionen oft auf einer einzigen Silbe, einer Note gar: Es war der Beginn einer Arbeit, wie wir sie fortan und für die nächsten 29 Jahre betreiben sollten. Ich merkte nur zu rasch, daß ich in der Sängerin mit diesem unerbittlichen Perfektionismus einen ebenbürtigen Partner gefunden hatte. Nach eineinhalb Stunden sagte der neben mir sitzende Herbert von Karajan: ›Ich gehe jetzt. Kreuzige das Mädchen nicht. Ich habe dir schon vor Wochen gesagt, daß sie vielleicht die beste Sängerin Europas ist.‹
Walter Legge über Elisabeth Schwarzkopf

Als Elisabeth Schwarzkopf (1915 in Jarotschin bei Posen geboren) 1971 in Brüssel von der Opernbühne Abschied nahm, sang sie unter anderem den Monolog der Marschallin aus *Der Rosenkavalier*. Die Wahl war – wie wohl alles in der Laufbahn dieser Künstlerin – programmatisch:

Die Zeit im Grund, Quinquin, die Zeit,
die ändert doch nichts an den Sachen.
Die Zeit ist ein sonderbar Ding.
Wenn man so hinlebt, ist sie rein gar nichts.
Aber dann auf einmal, da spürt man nichts als sie.

In einem Alter, in dem die meisten Sänger die Zeit nur erleben, hatte sie die Zeit schon erfahren, wahrgenommen als etwas, was zu erfüllen ist. Sie hat die Zeit erfüllt in einem bewunderungswürdigen Arbeits- und Bewußtseinsprozeß. Durchaus typisch, daß Walter Legge die magische Wirkung, die von einer Sängerin ausstrahlte, als Genie bezeichnet und Genie als die Fähigkeit definierte, unausgesetzt Schmerzen auf sich nehmen zu können. Es gibt unendlich viele Bemerkungen der Sängerin, aus denen diese Erfahrung spricht: »Ich habe den Eindruck, als bröckele die Kunst des Singens allmählich und leider fast unbemerkt ab. Jahrhundertelang haben die Sänger beständig an ihrer Technik gearbeitet; sie addiert sich aus Hunderten von Details, die es mühsam zu erlernen gilt. Das kostet natürlich Zeit, die sich nicht jeder nimmt, zumal wenn schon auf halbem Wege bedeutende Verträge locken.«

Schwarzkopfs Karriere hat 1938 begonnen und bis 1977 gedauert – ihr letztes Konzert hat sie wenige Tage vor dem Tod ihres Mannes Walter Legge gegeben, der so etwas wie der Architekt ihrer sorgsam aufgebauten Laufbahn gewesen war. Dies nicht nur in jenem äußeren Sinne, welcher der Sängerin den von neidischen Anspielungen nicht freien Titel »Her Master's Voice« verschaffte, sondern auch in einem konstruktiven. In einem Aufsatz für *Opera News* (1975), nachgedruckt in den von Schwarzkopf edierten Memoiren Legges (*On and off*

Schwarzkopf als Marschallin
(Foto: © EMI-Classics)

the Record), hat der Produzent über die gemeinsame Arbeit und von einem ganz besonderen Dialog mit der Ewigkeit berichtet: »Zunächst machte ich mich daran, durch ausgewählte Aufnahmen ihre Vorstellungen von den klanglichen Möglichkeiten der menschlichen Stimme zu erweitern. Rosa Ponselles Timbre aus altem Portwein und dicker Sahne (›vintage port and thick cream timbre‹) in Verbindung mit edler Linie; die slawische Brillanz von Nina Koshetz; einige wenige Phrasen von Farrar, deren Insinuationen später gespiegelt wurden in Schwarzkopfs ›Im Chambre Séparée‹; ein Wort nur von Melba, ›Bada‹ in ›Donde lieta‹; etwas Rethberg und große Mengen von Meta Seinemeyer, um zu zeigen, daß auch deutsche Stimmen einen wesentlich italienischen Klang erzeugen können. Dazu Lehmanns allumfassende Ausdrucksfülle, Schumanns Charme und Leichtigkeit, McCormacks unglaublichen Oktavsprung in ›Care Selve‹, Frida Leiders dramatische Gespanntheit – all dies war Nektar und Ambrosia für Schwarzkopfs musikalischen Appetit. Auch Instrumentalisten: Fritz Kreisler wegen der dunklen Schönheit seines Tons, seiner Noblesse und seiner Eleganz, seiner Vitalität in Auftakten, seines Rubato und seiner lässigen Nonchalance; Schnabel wegen seines konzentrierten Denkens über lange musikalische Perioden hinweg; ... Aus der Analyse dessen, was wir am bewunderungswürdigsten in diesen diversen Vorbildern fanden, destillierten wir unsere eigene Synthese.« Dies ist ein recht eigentlich eklektisches Arbeits- und Denkprinzip und hat dazu geführt, daß man Schwarzkopf den Vorwurf des Manierismus gemacht hat.

Welch ärmlicher Vorwurf! Es war der in Fragen des sogenannten geistigen Eigentums souverän-bedenkenlose Bert Brecht, der in einer seiner Keuner-Parabeln nach einem Buch verlangte, das vor allem aus Zitaten bestehen solle – nach Goethes Motto, daß alles Gute schon einmal gedacht worden ist und es nur darauf ankomme, es *noch einmal* zu denken. Worauf es ankommt, ist, um es kontradiktorisch zu formulieren, die Originalität des Zitats. Und die Originalität liegt darin, daß mit ihm *eigene Gedanken* in Gang gesetzt werden. Schwarzkopf hat nicht andere *bestohlen* oder *imitiert*, sondern produktiv aufgenommen und individuell verwandelt. Dem Verfasser ist keine Aufnahme dieser »gazza ladra« (Legge) begegnet, die man als plagiatorisch bezeichnen müßte – aber es gibt ein halbes Dutzend Sopranistinnen, bei deren Aufnahmen der Elvira oder der Marschallin man einer alten Bekannten begegnet: Schwarzkopf.

Neben »Charakter« hat Schwarzkopf zwei andere Formanten des Ruhms genannt: Begabung und Glück. Die Begabung zeigte sich schon früh. Sie hatte mit sieben Jahren den ersten Klavierunterricht erhalten. Mit zehn begann sie, Bratsche und Orgel zu spielen, mit siebzehn kam sie in die Klasse der Altistin Lula Mysz-Gmeiner (1876–1948), ihrerseits Schülerin von Lilli Lehmann. Die bedeutende Liedersängerin wollte, ein oft zu beobachtender Systemzwang, auch aus der Schülerin eine Altistin machen, vielleicht aus der Erwägung, daß man damals im Liedfach eher in der tiefen Lage berühmt werden konnte. Der Berliner Pädagoge Egenoff korrigierte den Fehlgriff. 1938 debütierte Schwarzkopf als Blumenmädchen in *Parsifal* am Deutschen Opernhaus, Berlin. Im ersten Jahr studierte sie zwanzig kleine Partien. 1941 sang sie bereits Blondchen, Lauretta, Musetta, Oscar und Zerbinetta – ein Indiz dafür, daß sie eine sichere Höhe besessen haben muß. Dennoch hat sie sich in diesem Fach nicht ganz wohl gefühlt. Sie berichtete: »Ich sang seinerzeit die Zerbinetta am Deutschen Opernhaus von Berlin, ohne überhaupt eine Ahnung von Koloratur zu haben. Karl Schmitt-Walter dachte, an mir ginge ein Talent verloren, wenn ich nicht wirklich singen lernte. Ich sollte versuchen, ob mich die Ivogün als Schülerin akzeptierte. Ich mußte bei ihr völlig von vorne beginnen. Wir haben wirklich auf zwei Tönen angefangen; dort, wo sie den schönsten Klang entdeckte, hat sie den über die ganze Stimme ausgebaut.«

Aus dieser Studienzeit stammt eine Aufnahme der Martern-Arie, die sie wegen eines geringfügig zu hoch intonierten C's nicht freigeben wollte. Später erschien die Aufnahme unter dem Namen Maria Ceboratis auf einer Urania-Platte – es ist eine der brillantesten Interpretationen der heikel-schwierigen Arie auf Platten überhaupt. Durch das Studium bei Ivogün machte die junge Sängerin auch die Bekanntschaft mit dem Klavierbegleiter Michael Raucheisen, mit dem sie zahlreiche Liedprogramme studierte. Nach dem ersten Wiener Liederabend verpflichtete Karl Böhm sie 1942 an die Wiener Staatsoper, wo sie Rosina, Musetta und Zerbinetta sang. Dann mußte sie wegen einer schweren Erkrankung für zwei Jahre aussetzen. Gleich nach dem Krieg ging sie wieder in das Wiener Ensemble, das wesentlich von Josef Krips geformt wurde. Sie sang Mimi, Violetta, Nedda, Gilda, Konstanze, Pamina, Susanna, Marzelline, Liù und Sophie. Internationalen Ruhm holte sie sich rasch. 1947 gastierte das Ensemble der Wiener Oper in London, und daß diese Aufführungen als historisches Ereignis verstanden wurden, verrät Rosenthals Buch über die Covent Garden Opera: »So wie die Saison des Jahres 1924 in London die Stimmen von Lehmann, Leider und Schumann eingeführt hatte, brachte 1947 Elisabeth Schwarzkopf, Ljuba Welitsch und Irmgard Seefried – nicht zu reden von der jungen Hilde Güden und der jungen Sena Jurinac. Schwarzkopf und Güden hörte man in der Eröffnungsvorstellung des *Don Giovanni* vor einem vollbesetzten Hause. Es war das glänzendste Publikum seit den Tagen vor dem Krieg ... Schwarzkopfs Elvira etablierte sie sogleich als feine Musikerin und als geborene Opernsängerin. So eindringlich war ihre Elvira als dramatischer Charakter, daß Cebotaris Anna ... neben ihr vokal wie dramatisch verblaßte.«

Sie sang weiter Marzelline (»schwerlich besser zu singen«) und erwies sich ein Jahr später schon als »box-office attraction«, als sie Pamina, Sophie, Mimi, *Fidelio*-Leonore, Gilda (auf englisch, in 24 Stunden gelernt, nachdem Erna Berger erkrankt war), Susanna, Butterfly, Manon (»mit Charme und sehr musikalisch, aber nicht spezifisch gallisch«) und Violetta sang. Die Verdi-Partie gab sie in dem Moment auf, als sie Victoria de los Angeles gehört hatte. Sie erkannte, daß die Spanierin für diese Partie das war, was die Briten »a natural« nennen, und mochte nicht auf falschem Terrain konkurrieren.

Die Begabung hatte sich durchgesetzt, das Glück half weiter. In Wien traf Schwarzkopf nicht nur auf Legge, sondern auch auf Herbert von Karajan und Wilhelm Furtwängler. Unter dem ersten sang sie in Salzburg (1947) den Sopran-Part in Brahms' *Requiem*. Der Mitschnitt veranlaßte Furtwängler, sie für das *Requiem* nach Luzern zu engagieren. 1948 übernahm sie unter von Karajan die *Figaro*-Gräfin in Salzburg, 1951 debütierte sie unter demselben Dirigenten als Elvira an der Mailänder Scala und als Eva in Bayreuth. Unter Victor de Sabata und Herbert von Karajan sang sie an der Mailänder Scala die Mélisande, für Strawinsky die Uraufführung von *The Rake's Progress* (11. September 1951 in Venedig).

An der Scala hat Schwarzkopf bis 1963 alljährlich zwei bis drei Partien gesungen, »wohl die längste und erlesenste Karriere einer deutschen Sängerin an diesem Theater« (Legge). Im Jahre 1952 sang Schwarzkopf zum erstenmal die Marschallin – eine der Handvoll Partien, mit denen sie fortan ihre Karriere fundierte. Sie hatte die Rolle jahrelang mit Legge vorbereitet und für die Scala-Premiere mit Herbert von Karajan einen Monat lang täglich geprobt, »oft zehn oder zwölf Stunden am Tag« (Legge). Sie sang dann Mélisande, Elsa, Elisabeth, die Uraufführung von Orffs *Trionfi d'Afrodite*, Marguérite in *Faust*, Fiordiligi und hielt sich an einen Rat, den Legge ihr auf Grund einer Lehre Ruffos gab: Daß sich ein Sänger auf dem Höhepunkt des Ruhms darauf konzentrieren solle, einige wenige Partien »in jedem vokalen und dramatischen Detail« zu studieren, um »glücklich und ohne Angst vor Konkurrenz schlafen zu können«. Legge: »Für die Bühne begrenzte Schwarzkopf ihr Repertoire auf drei Mozart-Rollen – Fiordiligi, Donna Elvira und Gräfin Almaviva; zwei Strauss-Partien, die Marschallin und die Gräfin in *Capriccio*; und, weil sie gern Komödie spielt, Alice in *Falstaff*... Sie sehnte sich danach, Desdemona und Strauss' Ariadne zu singen, aber kein Theater mochte ihr drei Wochen Zeit für Proben und die Dirigenten geben, die wir haben wollten...«

Was die Theater in einer Zeit der singenden Zugvögel und der reiselustigen Star-Dirigenten nicht mehr bieten konnten – nämlich die *Zeit* für eine ädaquate Einstudierung –, ermöglichte Legge im Studio: die »Konzentration auf die Musik als die wahre Sache der Oper« (Adorno). Er begriff die Möglichkeit des Produzierens und des Schneidens nicht allein als Chance, Fehler auszumerzen, sondern ein Werk so genau und lebendig darzustellen, wie es nur die – im Alltag chimärische – Idealaufführung vermag. Er nahm mit Schwarzkopf nicht nur die oben erwähnten »Bühnen«-Rollen auf (in nach wie vor unübertroffenen Produktionen), sondern auch *Hänsel und Gretel, Ariadne, Der Barbier von Bagdad*, Carl Orffs *Die Kluge*, Auszüge aus *Arabella*, Waltons *Troilus und Cressida* (Schwarzkopf dediziert, aber wegen des englischen Textes nicht bei der Uraufführung von ihr gesungen) – und nicht zuletzt, vielleicht vor allem, Operetten: *Die Fledermaus* unter von Karajan, *Die lustige Witwe* unter Lovro von Matacic, *Das Land des Lächelns* und Auszüge aus *Wiener Blut* und *Eine Nacht in Venedig* unter Otto Ackermann, der ihr auch bei einem der herrlichsten Operetten-Recitals assistierte, das je gemacht wurde. Legges Ziel war, »das Beste auf die Platte zu bekommen, was die besten Künstler unter den besten Bedingungen erreichen können«.

Im Studio wurde sie – so die oft gnadenlose Kritikerin Claudia Cassidy aus Chicago, die viele und selbst große Künstler aus ihrer Stadt herausgeschrieben hat (wie Rafael Kubelik) – eine »Zauberin« der Detailarbeit. Sie hat mit den Wortnuancierungen eines subtilen Schauspielers und den feinen Farben eines großen Malers gesungen. So gefesselt und fasziniert ist man von dieser hochartifiziellen und im produktiven Sinne »manierierten« Kunst, daß man ganz erstaunt ist, wenn man – und gar nicht so selten – stimmliche Grenzen spürt, nicht sicher ausschwingende Triller oder scharfe Spitzentöne, nicht restlos freie Koloraturen oder kleine Register-Divergenzen.

Nicht überraschend, daß gerade einige ihrer Frühaufnahmen am deutlichsten die Spuren der schon erwähnten eklektischen Arbeit verraten. Man spürt den Gestaltungs-*Willen* in Effekten, die Ulrich Schreiber als dramatische »Detail-Affektationen« bezeichnet hat. »É strano« und »Addio del passato« aus *La Traviata*, die Arien der Mimi, der Liù und der Butterfly werden weniger dramatisch-identifikatorisch gesungen als artistisch vorgeführt. Dies zum einen aus einem vokalen Kalkül, das technische Hürden mit feinen Tricks überwindet, zum anderen aus der Haltung einer sensiblen Künstlerin, die mit einer raffinierten Wirkungs-Dramaturgie arbeitet. Dies ist besonders auffällig, wenn man die ersten Langspielplatten, die sie mit Legge gemacht hat, vergleicht mit frühen Live-Aufnahmen und ersten Arien aus einer Zeit, da der Einfluß Legges noch nicht so ausgeprägt war. Ein Mitschnitt der *Entführung* unter Moralt von 1945 bringt uns die Begegnung mit einer Stimme von jugendlichem Charme, großer Leichtigkeit und fast überraschender Energie. Sie bewältigt die hohe Lage der Martern-Arie, ist sicher in den Koloraturen und gibt der Figur heroische Entschiedenheit. Da auch Anton Dermota den Belmonte vorzüglich singt – technisch zwar nur akzeptabel, aber klanglich superb –, ist die Aufnahme sehr zu empfehlen, für Fans der Sängerin aber ein Muß. 1946 nahm sie unter von Karajan noch einmal die Martern-Arie auf, dieses Mal nuancierter in der gestischen Wortbehandlung und mit furios gesteigerter Energie. Es ist die nach oder mit Lehmann ausdrucksvollste und brillanteste Aufnahme der Arie auf Platten und völlig frei von den Affektationen, die sich in einem Mozart-Recital unter Pritchard von 1952 finden. Dort sang sie die Arien der Zerlina und der Donna Anna, der Gräfin und des Cherubino – und erlag dabei der Versuchung, Ausdrucks-Charaktere vorzuführen, gleichsam Lektionen charakterisierenden Singens zu geben und das Mittel der *Überzeichnung* zum Prinzip zu machen. Es ist eine Platte, bei der man die von Steane zitierten Klagen der Schwarzkopf-Gegner verstehen kann: »Can't-hear-the-music-for-the-interpretation«, aber wenn dies ein Fehler ist, so ist es der einer großen Tugend. Denn Schwarzkopf bleibt, selbst wenn die Farben bestimmter Vokale, in denen sich gleichsam der Affekt einer Phrase versammelt, über längere musikalische Perioden hinwegzieht, auf dem musikalischen Ton. Zugleich hat dieses Singen eine faszinierend-evokative Spannung. Es reagiert gleichsam auf die Seelenregungen des dargestellten Charakters wie eine Wünschelrute. Und dies ist, wie dem Verfasser scheint, bei einem Recital angemessener als die Ausdrucks-Nivellierung zugunsten der schönen Stimme wie etwa im Recital Kiri te Kanawas unter Sir Colin Davis.

Es ist durchaus typisch, daß diese Summierung von Ausdrucks-Extremen sowohl in den Einzelaufnahmen der fünfziger Jahre als auch in so gut wie allen Gesamtaufnahmen kaum noch zu spüren ist. Eine Platte mit Arien aus romantischen deutschen Opern ist ein höchstwertiges Beispiel für konzentriertes, versammeltes Singen. Steane hat in seinem Buch die Aufnahme der ersten Agathen-Arie detailliert mit den Wiedergaben von Austral, Seinemeyer, Jeritza und Nilsson verglichen und ist zu dem Ergebnis gekommen, daß Schwarzkopf mit der vielleicht am wenigsten kräftigen Stimme mehr »effect of strength« gibt als alle anderen.

Eine wundervolle Definition. Dramatik ist nicht allein eine Sache stimmlichen Volumens, sondern von Intensität – von Intensität der Phrasierung, der Phonation, der Wortnuancierung, der farblichen Beleuchtungen. Nimmt man als Ergänzung die zweite Arie »Und ob die Wolke sie verhülle« hinzu, speziell die Pianissmo-Phrasen »ewig rein und klar« mit den schier oszillierenden Färbungen des Diphthongs, so kann man nur feststellen, daß ein Pianissimo unendlich viel dramatischer sein kann als ein Forte. Wir finden hier nicht mehr, wie in der Mozart-Platte, Polarisierungen der Ausdrucksmittel, sondern eine konstruktive Einheit – nicht Natürlichkeit, wohl aber eine über das Bewußtsein konstruierte zweite Natur. Der nervös-intelligente Ausdrucks*willen* der Frühaufnahmen wich in den fünfziger Jahren einem sängerischen Konstruktivismus, der vor allem die Nuanciertheit der Liedersängerin der Gestaltung großer Partien dienstbar machte. Als Fiordiligi in den Aufnahmen unter von Karajan und Böhm, als Elvira unter Giulini, als Marschallin und Ariadne unter von Karajan, als *Capriccio*-Gräfin unter Sawallisch, als Rosalinde und als Hanna Glawari ist Schwarzkopf hors concours. Sie hat, die stärkste Waffe aus ihrem vokalen Rüstzeug verabsolutierend, einmal gesagt, daß sie recht eigentlich nur Farben singe. Farbe meint aber nicht nur spezifische Oberflächenreize, sondern zugleich das Gefühlsspektrum der Vokale. In Farben taucht sie die Erregtheit der Elvira-Arie »Ah! chi mi dice mai« wie die Entrücktheit der Agathen-Arie – die Farbe will bei ihr nicht den sinnlich-schönen, sondern immer den charakteristischen und damit auch den dramatisch-richtigen Ton. Daß dieser Ton auch von verführerischer, einlullender Wirkung sein kann, zeigt ein Stückchen aus Carl Orffs *Die Kluge* (überdies eine Aufnahme, die eine schöne Erinnerung an den prachtvollen Bariton von Marcel Cordes ist). Gemeint ist das Schlaflied für den König: »Schu-Schu«. Schwarzkopf macht aus dem Lautmaterial des Kinder- oder Schlaflieds einen schier sirenischen Klangzauber. Der dunkle, zugleich besänftigende und gurrende Vokal /u/ wirkt gleichsam wie ein Zauberstab, mit dem der König berührt und verwandelt wird. Dieser phantastische Klangreiz scheint sich noch zu steigern, wenn sie im Duett mit anderen guten Frauenstimmen singt. Hört man sie im Gebet aus *Hänsel und Gretel* (mit Seefried oder Grümmer) oder in den Ensembles aus *Rosenkavalier*, so ergeben sich Klangmischungen, die zum

Schönsten gehören, was man klanglich von Frauenstimmen überhaupt hören kann.

Schwarzkopf hat all diese Ausdrucksmittel in ihren Operetten-Aufnahmen auf eine geradezu genialische Weise extravertiert und den Figuren jene Eleganz gegeben, die man mit dem »Lubitsch-Touch« vergleichen könnte. Sie ist nie vordergründig, nie falsch pathetisch, sondern hebt die Dialoge in den Rang der Konversations-Komödie und singt die Melodien, als ginge es um Mozart. »Hab' in Paris mich noch nicht ganz so akklimatisiert« – ihr Auftritt als Hanna Glawari – zaubert nicht irgendein Operettenpüppchen auf die Klangbühne, sondern eine Femme fatale mit Federboa, einem Kleid von Fortuny und dem Esprit von George Bernard Shaw. »Lippen schweigen« zeigt, wie sie locken, »Vilja« flüstert, wie sie sehnen und lieben kann. Zudem spürt man, daß sie über das, was sie zu singen und sagen hat, lachen kann (oder muß): Sie bringt jene distanziert-ironische Note ins Spiel, die den Ausdruck in der Schwebe hält. Nie verfällt sie in die auftrumpfenden Effekte, die sich selbst erstklassige Operetten-Interpreten wie Tauber, Wittrisch, Anders, Schwarz nicht versagt haben. Wenn sie aus Zellers »Der Obersteiger« das entzückende Walzerliedchen »Sei nicht bös'« serviert – oder ist es nur entzückend, wenn *sie* es vorträgt –, weiß man nicht, ob es Operetten- oder Schwarzkopf-Zauber ist, der uns betört. Sie artikuliert den Text wie bei einem Lied von Wolf, formt die Bögen wie in der zweiten Gräfinnen-Arie aus dem *Figaro* (beim erstenmal eine Pause vor »Sei nicht bös'«, beim zweitenmal ein einziger Atembogen) und sublimiert die eigentlich banale Pointe des »Wer zuletzt lacht, lacht am besten« durch einen anmutigen, liebevollen Humor.

Welche Liedaufnahmen! Schwarzkopf hat, anders als ihr oftmaliger Partner Dietrich Fischer-Dieskau, nie den Versuch unternommen, enzyklopädische Sammlungen vorzulegen – wenn man einmal absieht von den Wolfschen Liederbüchern. Die Frauenlieder Schuberts zu singen – wie es Gundula Janowitz später tat –, hätte sie abgelehnt. Zum einen hat sie jedes einzelne Lied viel zu lange und intensiv studiert, als daß sie mit dem raschen Durchsingen (wie es bei den Gesamtaufnahmen üblich ist) zufrieden gewesen wäre, zum anderen hat sie, darin mit Legge übereinstimmend, stets abwechslungsreiche Programme vorgezogen. Natürlich gibt es auf Platten reine Schubert-, Schumann-, Mozart- und Wolf-Sammlungen, aber eine ebenso große Zahl von Recitals mit Liedern verschiedener Komponisten. Mozarts Lieder hat sie mit Walter Gieseking aufgenommen. Es ist eine subtil-manierierte Platte (Manier sei nicht als Negativum verstanden, sondern als Charakterisierung): Feinste Legato-Kultur in »Abendempfindung«, zugespitzte und fast grelle Effekte in »Die Alte«, kokette Effekte im Lied an den Frühling – ein radikaler Gegensatz zu Aufnahmen von Elly Ameling oder Helen Donath. Mit Edwin Fischer hat sie schon früh, 1952, eine der fesselndsten Schubert-Platten gemacht: mit einer Ausdruckshaltung, die Ulrich Schreiber definierte als bis zur »Exaltation« gehende »Rollenidentifikation«. Auffällig und charakteristisch an der Aufnahme dieser zwölf Lieder ist die Ausleuchtung des Textes durch farbliche Valeurs. Sie wechselt die Farben nicht nur innerhalb einer Phrase, sondern auf einem einzigen Wort, selbst auf einem einzigen Vokal und überzieht zugleich die Phrasen mit einem Schleier von Wehmut, der klanglich durch den schwebenden Obertonreichtum der Stimme ausgebreitet wird. Daraus ergibt sich ein irisierendes, manchmal auch irritierendes Wechselspiel von bis zur Hysterie erregten und statischen Momenten – wie etwa in »Gretchen am Spinnrad«. Die Formgebung eines gleichsam »absichtslosen« Geschehenlassens – wie von Ameling oder Janowitz praktiziert – ist ihre Sache nicht. Entsprechend gelingen ihr auch die »Rollenlieder« am eindringlichsten, das Spiel der Stimmungswechsel und selbst der gestischen Extravaganz, die eine Koloratur buchstäblich in ein Lachen umwandelt. Das Ineins von »Erregung und Erregtheit« (Ulrich Schreiber), gleichsam methodisiert durch die Belichtung oder gar die Überbelichtung des Details, macht Schwarzkopf zur faszinierendsten aller Wolf-Interpretinnen. Sie selbst hat über die Interpretation Wolfscher Lieder einmal gesagt: »Der Schlüssel zur Interpretation der Lieder ist bei Wolf der Text, aber der ist nur der Ausgangspunkt. Es bleibt der Einfühlungsgabe und der Erfahrung des Sängers überlassen, herauszufinden, wie Wolf den Text in Musik umgesetzt hat, und mit welchen musikalischen Mitteln er seine Bedeutung vertieft hat. Sobald dieser Punkt erreicht ist und die Hürden im Gesangstechnischen übersprungen sind, ist ein Sänger zum Vortrag von Wolf-Liedern gerüstet. Vor allem muß er in der Lage sein, rasch und vollständig von einer Stimmung in die andere hinüberzuwechseln. Es ist wichtig, daß der Sänger sich erlaubt, sozusagen die Tonart zu wechseln, um jede Atmosphäre so überzeugend zu vermitteln, daß das Publikum unwillkürlich mitgerissen wird, ohne sich bewußt zu werden, auf welche Weise das geschieht.«

Ulrich Schreiber hat die Ansicht vertreten, daß die jüngere Schwarzkopf ihre eigene Kunstfertigkeit der Vermittlung – das artistische »Gewußt, wie« – in ihren Aufnahmen nicht ganz hat aufgehen lassen können; erst später sei es ihr gelungen, die Kunstfertigkeit als selbstverständlich und damit als Natürlichkeit, im Sinn von zweiter Natur, erscheinen zu lassen. Als Beispiel führt er die Aufnahmen zweier anakreontischer Lieder – »Die Spröde« und »Die Bekehrte« – an. Die erste Interpretationshaltung zeige sich in einer von Furtwängler begleiteten Aufnahme (Mitschnitt von den Salzburger Festspielen von 1953), die zweite in einem von Gerald Moore begleiteten Recital. Schreiber: »Werden in der älteren Aufnahme noch die beiden Stimmungshaltungen, das idyllisch Schalkhafte und das archaisierend Elegische mit Ausschließlichkeit vorgetragen, mit einer rollenhaften Extremisierung, einer Manier der Detailaffektation, die als Ganzes ausgegeben wird (das übrigens hochkarätig), so fasziniert die neuere Aufnahme durch ihre Bündigkeit, durch das reduzierte und manchmal ganz beschnittene Vibrato, durch das bruchlose Ineins der interpretatorischen Parameter, durch Konzentration der eingesetzten Mittel und Konstanz des erzielten Ausdrucks.«

Mag allerdings sein, daß die von Schreiber konstatierte Entwicklung nicht so groß ist wie hypostasiert: Schwarzkopf hat bei Live-Auftritten immer die Komponenten des Gestischen, des Rollenspiels, der Verwandlung des Lieds in ein Dramolett stärker herausgehoben als in den Studio-Aufnahmen, die nach einer strikteren musikalischen Konzentration verlangen.

Schwarzkopf hat neben den Recitals mit Furtwängler und Moore (Goethe-Lieder) eine Reihe von Wolf-Liedern mit Geoffrey Parsons aufgenommen, vor allem aber auch das *Italienische* und das *Spanische Liederbuch* mit Dietrich Fischer-Dieskau als Vokal- und Gerald Moore als Klavierpartner. Es darf nicht verschwiegen werden, daß diese Aufnahmen keineswegs nur beifällig aufgenommen worden sind. Gottfried Kraus bemängelte an der Aufnahme des *Italienischen Liederbuchs* »dauernde Register- und Farbwechsel«, ferner »häßliche Vokalverfärbungen und unnatürlich steife Töne«. Kraus bevorzugte die ältere Aufnahme der Lieder mit Fischer-Dieskau und Irmgard Seefried. Auch der amerikanische Kritiker Kenneth Furie (»Hers is the kind of Wolf singing that drives me up the wall«) fühlte sich durch Schwarzkopf erinnert an »First Ladys Smile« – eine bitterböse Metapher für eine Fassade von Ausdruck, also für Maskerade. Es ist die Gefahr für manieriertes Singen schlechthin.

Doch wenn man die Ausdruckshaltungen von Dietrich Fischer-Dieskau und Elisabeth Schwarzkopf gerade in den Wolf-Liedern miteinander vergleicht, zeigt sich, daß der Bariton die Stimmungswechsel durch Wortakzentuierung, durch eine verbale Pointierung gestaltet, während Schwarzkopf dies durch Wechsel der Farben versucht. So jäh werden diese vollzogen, daß es dabei in der Tat zu den von Kraus bemängelten Verfärbungen kommt. Dies tritt in der Aufnahme der italienischen Lieder stärker hervor als in den spanischen. Aber auch hier gibt es Zuspitzungen, die man, je nach Geschmack, als intensiv oder exzessiv verstehen kann: etwa die nach außen gekehrte Gestik der Interjektion »ach!« in »In dem Schatten meiner Locken« oder der flackernde Ausdruck in »Klinge, klinge mein Pandero«. Dennoch entsteht dabei seltener als bei Fischer-Dieskau der Eindruck einer erzwungenen Expressivität, eher der eines ständigen Ringens um Ausdruck und Differenzierung. Dabei verwandeln sich Fehler in Ausdrucks-Tugenden. All diese Pros und Contras gelten auch für die Aufnahme von Mahlers *Wunderhorn-Liedern*, dic sie, wieder mit Fischer-Dieskau, unter George Szell aufnahm, mit dem sie 1966 zwei weitere Platten gemacht hat, die ebenso außerordentlich wie extravagant sind: Die erste brachte die *Vier letzten Lieder* und Einzellieder von Richard Strauss, die zweite Konzertarien von Mozart und noch einmal Lieder von Strauss. Es mag vokal opulentere Aufnahmen der *Vier letzten Lieder* geben – die junge Lisa della Casa sang sie mit einem hellerstrahlenden Ton und einer freier sich entfaltenden Höhe, Jessye Norman durchweg üppiger, Kiri te Kanawa brillanter –, doch sind diese Aufnahmen generalisierter. Schwarzkopf und Szell, der das Berliner Radio-Symphonie-Orchester zu subtilem Spiel bringt, verstehen sich auf den ambivalenten und hochgradig manieristischen Zauber dieser Spätkunst mit ihren zugleich naiven und konstruierten Sinnenreizen. Die letzte Phrase des letzten Liedes – »Ist dies etwa der Tod?« aus »Im Abendrot« – bringt so etwas wie die Versöhnung von Kitsch und Gefühl in reinster und zugleich raffiniertester Kunstfertigkeit. Es ist dies in exemplarischer Weise eine »camp«-Haltung, und nicht ohne Grund ist diese Platte eine Kultaufnahme geworden (was die Fans der Sängerin nicht abhalten sollte, die direktere Aufnahme unter Ackermann zum Vergleich zu studieren). Irritation, ja fast einen Schock, löste die Mozart-Strauss-Platte aus, weil der manieristische Zugriff auf Mozart vielen wie ein Sakrileg vorkam. Schreiber brachte das Problem mit aller Schärfe auf den Punkt: »Die Vokalverfärbungen der Schwarzkopf, die einen Vokal über das gesamte Klangspektrum ziehen, sind wohl noch nie so scheußlich gewesen wie hier, der Text, der – nach Lilli Lehmann – ebenso sinnvoll deklamiert werden muß wie die Musik sinnvoll zu singen ist, verflüchtigt sich in einem Eigenwert von Deklamation, der mit der Vermittlung eines Sinngefüges nur noch wenig zu tun hat, der nur noch in dialektischen Kehren des Zuhörers als solche Vermittlung aufgefaßt werden kann. Ferner werden alte Schwarzkopf-Manieren, wie brustig flackernde Tieftöne und abgedeckt duftige Spitzentöne, mit solcher Finesse angebracht, daß man nur noch Elisabeth Schwarzkopf hört.« Auf der anderen Seite setzte Schwarzkopf ihren Vortrag durch emphatische Appoggiaturen und durch heftige Farbwechsel unter Hochspannung und sorgte, trotz mancher quasi-phonetischer Probleme, dafür, daß »die Gewalt der Worte«, die Mozart von seinen Sängerinnen einklagte, spürbar (wenn schon nicht immer hörbar) wurde: Die Expressivität des Rezitativs des KV 505 (»Ch'io mi scordi di te?«) stellt die Konkurrenzaufnahmen (Berganza, Norman, Ameling, Baker) tief in den Schatten.

Schwarzkopfs Kunst ist eine höchst persönliche, eine vom Intellekt und von eklektischer Energie eingefärbte. Sie wird auf emphatische Weise geliebt und abgelehnt, dies aber auf eine andere Weise als Callas. Bei Callas gehorchte die Stimme, zumal in einigen Spätaufnahmen, nicht mehr dem Willen ihrer Trägerin; Schwarzkopf hingegen rechnet mit ihren Schwächen (wenn denn die Grenzen der Natur als Schwäche bezeichnet werden dürfen) und zieht sie ins artistische Kalkül. Sie ist, im Vergleich zu der empfindsam-verletzlichen und insofern auch »naiven« Sängerin Maria Callas, eine sentimentalische Interpretin.

Kühle Eleganz: Lisa della Casa

Dieses Gefühl, daß etwas zu vorsichtig und sanft ist, setzt ihren Mozart-Aufnahmen einige Grenzen. Ihre Elvira in *Don Giovanni* und die Gräfin in *Nozze di Figaro* lassen ein Moment von Autorität und dramatischer Projektion vermissen ..., und Donna Annas ›Non mi dir‹ ... könnte auch von irgendeinem anderen Charakter gesungen werden, sagen wir: von einer Susanna in nachdenklicher Stimmung.
John Steane über Lisa della Casa

Wir haben so große Namen wie Jeritza, Lotte Lehmann und Rysanek, die keine Mozart-, aber führende Strauss-Sängerinnen waren. [Für Strauss] braucht man keine fabelhafte Technik. Benötigt wird ein spezielles Instrument mit schneidender Intensität in der Höhe für *Elektra, Salome* und *Die Frau ohne Schatten.*
Lisa della Casa

Kühl« ist das Wort, mit dem die Autoren von *Opera on Record* die Mozart-Aufnahmen der 1919 in Burgdorf (Schweiz) geborenen Lisa della Casa belegen, während sie die Strauss-Aufnahmen als »loveable« bezeichnen. Keine zufällige, im Gegenteil eine charakteristische Unterscheidung, die über die Beschreibung einer Stimme weit hinausgeht. Mozarts Musik verlangt, anders als die Verfechter des instrumental-kühlen Stils meinen, eine italienisch geschulte Stimme mit der Kraft, der Energie und dem dramatischen Feuer für eine ekstatische Phonation, während Strauss das Singen, bei aller klanglichen Raffinesse, instrumentalisiert und damit auf einen kühlen Sinnenreiz reduziert: Seine sirenenhaften Kantilenen in höchster Höhe, oft als Duette oder gar als Terzett konzipiert, behandeln das Wort zeitweilig nur als Lautmasse und Klangmaterial, nehmen ihm seine Konkretheit und seine Emotion. Der Verfasser hat die von Strauss aufgegriffene Antithese von Ton und Wort – Thema von *Capriccio* – als eine vom Komponisten nicht aufgelöste empfunden. Vielmehr ist das Werk eine kunstvolle Dissonanz von Sprache und Musik, oft aufgelöst in das, was Virgil Thomson als »Schmierenschausteller-Brillanz« bezeichnete. Gerade als Vokal-Kompositionen sind die Strauss-Opern Meister-Machwerke und zeigen, eine »fürchterliche Tendenz zum Trivialen und Kitschigen«. Vielleicht daher der Hang zum Ausweichen in die Lustzonen des Pathologischen wie in *Salome* und *Elektra.*

Mozart und Strauss waren die beiden Pole im Repertoire der Schweizerin; und es ist typisch, daß die attraktive Sängerin mit der klangreichen und auf rätselhafte Weise schönen Stimme mit der spätzeitlichen Musik des letzteren erfolgreicher war. Verglichen mit Grümmer, die singend die Seele bewegte, reizte sie die Sinne.

Della Casa, Tochter eines Augenarztes, lernte bei Margaret Haeser und debütierte nach Kutsch/Riemens 1943 als Annina in *Der Rosenkavalier*. Es folgten Mimi, Königin der Nacht, Gilda, Nedda, Antonia, Marie in *Verkaufte Braut*, Butterfly, Cleopatra in *Giulio Cesare*, Donna Elvira und Donna Anna, Pamina, Ariadne und, obgleich Mezzo-Partien, Dorabella und Marguérite in Berlioz' *Faust*-Drama. Es waren Sophie und Zdenka, die sie bekannt machten. Auf Empfehlung von Maria Cebotari, die als Arabella in Zürich gastiert hatte, wurde sie 1947 nach Salzburg eingeladen, wo sie neben Maria Reining Zdenka sang. Sie erhielt einen Vertrag an die Wiener Staatsoper, wo sie als Nedda, Butterfly, Mimi und Gilda (»ich hatte keine Mühe mit dem hohen E«) begann. 1948 sang sie in Salzburg Marzelline unter Furtwängler. Karajan bot ihr die Partie der Venus an, die sie ablehnte. Er brauchte einige Zeit, um seinen Groll zu vergessen und holte sie dann 1952 als Marzelline und Sophie an die Scala (neben Mödl bzw. Schwarzkopf). Acht Jahre später sang sie unter seiner Leitung in Salzburg Marschallin. In Bayreuth hatte sie 1952 unter Knappertsbusch als Eva debütiert, aber sie mochte die »steife und prätentiöse Atmosphäre dieses Tempels« nicht und kehrte nicht zurück. Als sie 1953 an der Met als Elsa debütierte (unter Schippers), erhielt sie ein Telegramm eines Radio-Hörers! »ELSA ICH LIEBE DICH – LAURITZ MELCHIOR«.

Sie blieb, konsequent wie Grümmer, bei ihren Rollen, ließ sich allein von Mitropoulos zur Chrysothemis überreden, später in München auch zur Salome. Gräfin Almaviva, Elvira und Arabella hat sie jeweils 200mal gesungen, Ariadne, Fiordiligi, Pamina und Marschallin über 100mal, die *Capriccio*-Gräfin 70mal – es sind dies Aufführungen, nachdem ihr der Sprung in die große Karriere gelungen war. Sie hat freimütig bekannt, daß eine solche Karriere ausgesprochene Nachtseiten hatte – und zu denen zählte sie ihre 174 Aufführungen an der Met in fünfzehn Spielzeiten, weil sie auf Mozart und Strauss festgelegt wurde, selbst Saffi singen mußte (17mal) und Italienisches nur selten singen durfte.

Ebenso offen hat sie über den »Hexenkessel der Intrigen« – die Wiener Staatsoper – gesprochen und über den Niedergang der Ensemble-Arbeit: Daß Sänger ohne Probe auf die Bühne gehen und in einem ihnen fremden Ensemble singen, hat sie als »Unverschämtheit« gewertet (vgl. den Abschnitt über Karl Ridderbusch). Und als der internationale Betrieb mehr und mehr dem Prinzip folgte, »den Saft auszupressen und die Orange wegzuwerfen«, hat sie ihren

Lisa della Casa als Arabella
(Foto: © Decca/Polygram Klassik)

Mann 1973 gefragt, ob sie es sich leisten könne, aufzuhören. Nachdem er genickt hatte, sang sie abends in Wien Arabella und gab jedem Wort der Phrase »Dann fahr ich fort von euch auf Nimmerwiedersehen« besondere Bedeutung – »das war meine Art, auf Wiedersehen zu sagen«.

Della Casa gehört zu den Sängern dreier typischer Wiener Ensemble-Aufnahmen, ohne dabei selber eine tragende Säule zu sein: In Erich Kleibers prachtvoller Aufnahme von *Le Nozze di Figaro* singt sie die Gräfin und wacht dabei kaum je aus tiefer Versunkenheit auf. Fraglich, ob sie ganz und gar realisiert, weshalb ihr stürmischer Gemahl (Alfred Poell: unitalienisch, aber furios) zum Schluß auf die Knie fallen und »Perdona!« singen muß. Selbst dem attraktiven Don Giovanni Cesare Siepis ist es nicht gelungen, ihre Elvira wirklich zu wecken – und wenn sie Zerlina »Fuggi il traditor« rät, so merkt man nicht, daß sie dies aus Leiderfahrung singt. In Böhms erster *Cosí*-Aufnahme (1955) singt sie, von unzureichender Tiefe abgesehen, Fiordiligi kompetent, aber nicht eloquent, ohne damit viel Schaden anzurichten für die insgesamt wenig inspirierte Einspielung.

Ihre beste Aufnahme ist zweifellos Strauss' *Arabella* unter Georg Solti, der dem Werk mit allem Zuckerguß auch viel von seinem sentimentalen Sinnenreiz nimmt: Als Mandryka – George London in einer seiner eindringlichsten Rollen – müßte man das Versprechen »Und du sollst mein Gebieter sein« auf emanzipatorische Untertöne abhorchen. Aber das Gesicht ihrer Stimme gleicht jener Art von Schönheit, die Oscar Wilde zu der Metapher von der »rätsellosen Sphinx« greifen ließ. Es ist eine kühle, marmorne Schönheit, die selten Rührung zeigt. Es ist diese Abwesenheit von Betroffenheit, die ihre vokal berückend schöne Aufnahme der *Vier letzten Lieder* von Strauss neben den Interpretationen von Schwarzkopf und Norman nicht bestehen läßt.

Schöne Seele: Irmgard Seefried

Ich wußte gar nicht, daß mein Komponist so gut ist.
Richard Strauss 1944 nach einer ›Ariadne‹-Festaufführung mit Irmgard Seefried

Sie kann zwar mit halber Stimme, aber nie mit halber Seele singen.
Franz Fassbind über Irmgard Seefried

In einer frühen Miszelle hat Thomas Mann, sich auf Voltaire berufend, geschrieben, daß ein kleines Handicap durchaus von Nutzen sein könne; es zwinge zu erhöhten Anstrengungen im Leben. Dies entspricht Stendhals Feststellung – zitiert als Motto im Kapitel über Maria Callas –, daß es durchaus nicht immer die besten und ausgeglichensten Stimmen gewesen sind, die uns die tiefsten Kunsterfahrungen vermitteln konnten. Ein ähnlicher Gedanke war John Steanes Ausgangspunkt für seine Beurteilung der 1919 im bayerischen Köngetried geborenen Irmgard Seefried, deren Ruf in Wien gleichsam von einem Heiligenschein umgeben ist. Wenn je eine Sängerin »mit innerer Stimme« und »mit fast trunkener Feierlichkeit« (Anweisung im Nebentext) »Musik ist eine heilige Kunst« singen konnte, so war es der Seefried-Komponist in *Ariadne* – zu hören sowohl im Mitschnitt der Festaufführung von 1944 wie in der zehn Jahre später gemachten Aufnahme unter Herbert von Karajan (neben Schwarzkopf, Streich, Schock, Prey u. a.). Ihr Handicap allerdings war kein kleines: Ein erheblicher Mangel an technischem Finish, der vor allem ihre Mozart-Aufnahmen sehr beeinträchtigte. Zudem zeigten sich bei Seefried, die sich emotional immer stark verausgabte, früh schon Spuren von »wear and tear«. Die Stimme wurde blasser und rissiger in der Textur.

Seefried sang mit elf Jahren in einer Schulaufführung von *Hänsel und Gretel* die Partie der Gretel. Nach dem Unfalltod ihres Vaters mußte sie sich ihr Studium am Konservatorium von Augsburg bei Albert Mayer durch Singen in Kirchen und bei Feiern verdienen. Zu Beginn der Kriegszeit kam sie nach Aachen und studierte als Choristin Beethovens *Missa Solemnis* unter Herbert von Karajan ein. Sie fiel dem Dirigenten bei einer Aufführung von d'Alberts *Tiefland* auf, und er bot ihr die Sopranpartie in der *Missa* an, weil die vorgesehene Solistin

Irmgard Seefried als Susanne und Fischer-Dieskau als Almaviva
(Foto: © Keystone)

erkrankt war. 1943 debütierte sie als Eva (neben Lorenz) unter Böhm an der Wiener Staatsoper. Im Redoutensaal sang sie neben dem Figaro Paul Schöfflers ihre erste Susanna, nach dem Krieg im neuen Wiener Mozart-Ensemble Susanna, Zerlina, Pamina und Fiordiligi, »die im Ausgleich von gesanglicher, stilistischer Vollkommenheit und menschlicher Unmittelbarkeit bis heute ohne Nachfolge geblieben sind« – so der leicht verklärende Kommentar von Gottfried Kraus im *fono forum* (9/1974) zur vollständigen Diskographie der Sängerin.

In die Wiener Jahre fällt auch ihre erste intensive Beschäftigung mit dem Lied. Sie sang Lieder von Schubert, Schumann, Brahms, Wolf, Strauss und die von 1933 bis 1945 verfemten Hindemith und Bartók. Sie führte Hindemiths *Weihnachtsmotetten* auf, nahm Zyklen von Cornelius in ihre Programme auf, Lieder von Mussorgsky, studierte mit Bruno Walter die Lieder Mahlers und sang Duette mit Elisabeth Schwarzkopf. Seit 1946 gastierte sie in Salzburg, aber bei ihren Londoner Covent-Garden-Gastspielen war sie, weil sängerisch nicht perfekt, weniger erfolgreich als in Wien.

Einige Aufnahmen hat sie zu spät in ihrer Karriere gemacht: Das gilt vor allem für Fiordiligi in der *Così*-Aufnahme von 1962 unter Jochum, Zerlina in Fricsays *Don Giovanni* von 1958, Susanna in desselben Dirigenten *Nozze di Figaro* von 1960, vor allem auch für Agathe unter Jochum von 1959. Will man etwas von der seelischen Wirkung ihres Singens spüren, muß man die frühen Aufnahmen hören: Eine Salzburger *Figaro*-Aufführung unter Furtwängler (1953) und eine Scala-Aufführung unter Karajan (1954) zeigen, daß sie Cherubinos Musik konzentriert und versammelt singen konnte; in beiden Aufführungen hat sie mit Schwarzkopf eine Partnerin, die der Vollkommenheit so nahe kommt wie nur möglich. Mit Welitsch (uneben und sehr dramatisch) und Schwarzkopf bildet sie das Damen-Trio in Furtwänglers Salzburger *Giovanni*-Aufführung mit Tito Gobbi als nicht recht sicherem Sänger der Titelpartie; sie selbst ist superb. Ihre Fiordiligi unter Jochum offenbart alle technischen Mängel, auch die natürlichen Grenzen der Stimme in der hohen und tiefen Lage, aber als Pamina – unter Furtwängler in Salzburg 1949 und unter Karajan 1950 – sammelt sie Pluspunkte, nicht genug allerdings, um Sängerinnen wie Lemnitz vergessen zu machen. Den Octavian hat sie vorzüglich, allerdings in der falschen Aufnahme (unter Böhm, mit Schech, Streich, Fischer-Dieskau und Böhme) gesungen.

Den leisen und innigen Zauber ihres Singens haben ihre frühen Liedaufnahmen bewahrt: Mozart, Schubert, Brahms, Mussorgskys *Kinderstube*. Zauberhaft, wenngleich stilistisch befremdlich für Harnoncourt-Geschulte, ihre Monteverdi, Carissimi- und Dvořák-Duette mit Schwarzkopf, brillant die Rosenüberreichung und die *Hänsel-und-Gretel*-Duette mit derselben Sängerin. Wie im Fall von Rita Streich hat Polydor ein in Deutschland nicht veröffentlichtes Sechs-Platten-Album ediert, in dem sich – von den EMI-Aufnahmen abgesehen – die meisten erwähnten Aufnahmen finden. Es ist kein Album für Connaisseurs, sondern für Bewunderer, die den Klang einer schönen Stimme hören wollen und den einer schönen Seele heraushören können.

Liebe und Tod: Ljuba Welitsch

Licht wird alles, was ich fasse. Kohle alles was ich lasse.
Flamme bin ich sicherlich.
Friedrich Nietzsche

Die Beschreibung der von einer Stimme ausgelösten Empfindung – »Empfindung« war für Hegel die »dumpfe Region des Geistes« – ist im schlechten Sinne subjektiv; sie bescheinigt die Güte nicht der Stimme, sondern des eigenen Erlebnisses. Und doch gibt es Erlebnisse, die einen ästhetischen Schock auslösen und sich zu Erfahrungen verdichten: Wahrheitsmomente der Kunst. Was da entsteht, ist ein Ausdruck, der nichts mehr vermittelt, sondern Unmittelbarkeit ist, sogar Objektivation.

Kann man überhaupt Worte, Gedanken und Empfindungen wie die in den folgenden Versen ausgedrückten vermitteln? Oder singen? Oder darstellen?

Verbergt den Mond, verbergt die Sterne!
Es wird Schreckliches gescheh'n.
Ah! Ich habe deinen Mund geküßt, Jochanaan,
Ah! Ich habe ihn geküßt, deinen Mund,
es war ein bitterer Geschmack auf deinen Lippen.
Hat es nach Blut geschmeckt?
Nein! Doch schmeckte es vielleicht nach Liebe.
Sie sagen, daß die Liebe bitter schmecke.
Allein, was tut's? Was tut's?
Ich habe deinen Mund geküßt, Jochanaan.

Die Schlußszene der Salome aus Richard Strauss' Oper, mit der Ambiguität von Liebe und Tod spielend, ist die Musik gewordene Hysterie. Über das Debüt der Bulgarin Ljuba Welitsch (geboren 1913) an der New Yorker Metropolitan Opera am 4. Februar 1949 schrieb Emily Coleman in »Opera News«: »Malen Sie sich, so Sie dazu in der Lage sind, eine Zeit vor 34 Jahren aus, in der sie nicht einmal mit 100 Dollar ein Ticket für die alte Met bezahlen konnten. Als die schwangere Frau eines prominenten Magazin-Verlegers ohnmächtig wurde angesichts des emotionellen Anschlags durch die Aufführung, die sie erlebte. Als ein römisch-katholischer Bischof von Kritikern davon überzeugt werden mußte, daß das, was er auf der Bühne erlebt habe, *art* war und keine Orgie.«

Da war das Wort: Anschlag. Welitschs Schlußgesang ist, als Vibrieren der Sinne, ein Anschlag auf die Nerven des Hörers. Welitsch singt nicht, sie verwandelt sich in die Figur. Der Klang ihrer Stimme ist gleichzeitig rein und hitzig, klar und exquisit koloriert. »Ich habe deinen Mund geküßt« ist, mit dem gedunkelten /u/ und dem nasalierten /n/, ein süchtiger Orgasmus. In der ersten Aufnahme der Szene unter Lovrò von Matacic (1944) – eine zweite entstand 1949 unter Fritz Reiner, eine dritte 1955 unter Hans Müller-Kray – wählt sie für die klimaktische Phrase, auf der letzten Silbe von »Jochanaan«, statt des Gis das alternative hohe Dis – und dabei funkelt die schlank-sinnliche Stimme nicht nur wie ein Diamant, sondern sie verbrennt sich.

Was hier geschieht, ist mehr als Singen und etwas anderes als Singen: Hier drückt sich eine Leidenschaft aus, die sich im Tod erfüllt. Was Welitsch hinterlassen hat, ist nicht nur die ominöse »beste« Wiedergabe oder Darstellung dieser Szene – sondern die einzige überhaupt. Kennt man sie, so ist man für alle anderen Aufnahmen verloren – selbst so passionierte Sängerinnen wie Maria Cebotari, Christel Goltz und Hildegard Behrens wirken blaß oder krude neben der schönen Bulgarin.

Erinnern wir uns eines Leid-Motivs: Daß nämlich Emotion und Selbstaufgabe die ärgsten Feinde der Stimme sind. Welitsch hat ihre Stimme verbrannt wie die Flamme den Stoff, der sie nährt. Schon drei oder vier Jahre nach ihrem Debüt an der Met – dem seinerseits nur ein knappes Jahrzehnt auf den Bühnen von Graz (1937), Hamburg (ab 1940) und Wien (seit Kriegsende) vorausgegangen war – ließ ihre Stimme nach. Nach nur vier Spielzeiten verließ sie die Met. Die letzten Aufnahmen, die eine intakte, wenngleich versengte, Stimme zeigen, sind ein *Rondine*-Mitschnitt aus Wien und das schon erwähnte *Salome*-Finale unter Müller-Kray. Hat Ljuba Welitsch, die einen Polizisten heiratete und von ihm »für eine Jüngere verlassen wurde« und das führte, was man in einem Hollywood-Film wohl ein »Leben in Leidenschaft« nannte, in irgendeiner anderen Rolle oder Szene je wieder eine vergleichbare Intensität erreicht? Wenn, dann vielleicht als Donna Anna in einer Salzburger Aufführung unter Wilhelm Furtwängler von 1950. Der Mitschnitt dieser Aufführung ist, zunächst einmal, beeinträchtigt durch schwere klangliche Verzerrungen, wohl auch durch beträchtliche Tonhöhenschwankungen – die Folgen für den Klang der Stimmen, die Balance und Intonation des Orchesters verstehen sich von selbst. Was Welitsch angeht, so lassen sich eher Intonationen beschreiben als klangliche Realisationen. Unüberhörbar ist, daß sie zuweilen bis an die Grenze des Kollapses singt – von Furtwängler getrieben und sich selber treibend. Der lange Lauf in »Non mi dir« überfordert sie, und zeitweilig singt sie sich derart aus, daß sie nicht nur mitten in einer Phrase, sondern binnen eines Wortes nach Luft schnappen muß. Und dennoch, wenn eine Sängerin, so hat Welitsch erkennen machen, daß in Donna Anna ein Vulkan lodert.

Neben dem Wunder der Salome-Darstellung gibt es noch einige wundervolle Platten. Dazu rechne ich weniger Agathes »Wie nahte mir der Schlummer ... Leise, Leise«, wohl aber Amelias Arie aus *Ballo*, noch mehr Tatianas Briefszene in ihrer Mischung aus Empfindsamkeit und Leidenschaft (und silbrig leuchtenden Tönen), auch den leicht überhetzten Csárdás aus der *Fledermaus* trotz des nur eben angetippten Schlußtons, ganz sicher den vor Sinnlichkeit girrenden Musette-Walzer, wo statt des üblichen kleinen Hürchens eine Courtisane de marque auftritt. Sowohl das Duett aus dem ersten Akt – mit dem stimmlich brillanten, aber nicht geschmeidig-eleganten Richard Tucker – als auch »Vissi d'arte« deuten an, daß sie eine fast ideale Tosca war. Kaum empfehlenswert ist eine Platte mit Strauss' *Vier letzten Liedern* und weiteren Liedern von Strauss und Marx, während die beiden Melodram-Alben Gelegenheit geben, Welitsch in der Weißglut von Live-Aufführungen zu hören.

PS: Und dann gibt es noch eine Gesamtaufnahme von Strauss' *Die Fledermaus* unter Herbert von Karajan, und darin gibt es eine Sänger-Gala, und darin haucht Welitsch »Wien, Wien, nur du allein«. Sie hat da schon gar keine Stimme mehr – aber wie sie haucht!

Con amore: Sena Jurinac

> In der Jurinac erlebte man eine Naturbegabung, wie sie Gott nur ganz selten einmal verschenkt. Verschwenderisch hatte er eine frische junge Schönheit und einen Bühneninstinkt von naiver Untrüglichkeit hinzugefügt. Er gab Glyndebourne seinen strahlendsten Stern, er gewährte dem kritischsten, zumeist enttäuschten, nie befriedigten Dirigenten am Ausgang seines Lebens unendliche Freude.
>
> *Grete Busch in ›Fritz Busch, Dirigent‹ über Sena Jurinac*

Manche Partien sollte man nur oder kann man nur von bestimmten Interpreten – oft nur von einem – kennenlernen. Warum Mozarts Cherubino, nach Sören Kierkegaard, ein Don Giovanni gleichsam vor dem Verlust der Unschuld ist – die 1921 in Travník (Jugoslawien) geborene Sena Jurinac machte es spürbar und erfahrbar in der Gebärde eines Singens, das in seiner Eloquenz, Anmut und Wärme seinesgleichen sucht. Es erhielt seine Distinktion zudem durch eine ganz besondere Farbe: Es war das Rot eines dunklen, schweren Weines vor dem Licht einer Kerze. In ihrem Singen war auch die Farbe jener roten Glut, die Gefährdung bedeutet: Anders als die beherrschte Elisabeth Grümmer und die vorsichtige Elisabeth Schwarzkopf hat Jurinac Partien gesungen, die ihre stimmlichen Ressourcen allzu rasch erschöpft haben: etwa Butterfly und Leonore in *Fidelio*.

Die Tochter eines Militärarztes studierte bei Milka Kostrenčić, die auch Zinka Milanov ausgebildet hatte. 1941 debütierte sie in Zagreb. Mit 23 Jahren kam sie an die Wiener Staatsoper und debütierte als Cherubino – und es heißt, daß die älteren Opernbesucher noch heute mit der Erwartung in *Le Nozze di Figaro* gehen, eine neue »Sena« zu hören, um mit dem Fallen des Vorhangs auch die Hoffnungen fallen zu lassen. Sie mußte den Cherubino singen, weil die Wiener Staatsoper damals keine ideale Mezzo-Stimme hatte; und weil in ihrer Stimme die dunkle Farbe und das Changieren eines Hermaphrodite de la voix steckte, sang sie alsbald auch Octavian und Dorabella. Für die letztere Partie – von Mozart weitgehend im Zusammenklang mit den Holzbläsern gesetzt – brachte sie die passende instrumentale Stimmführung mit.

In ihrem ersten Wiener Jahr sang sie über 150 Aufführungen (»es war unverantwortlich von denen, die das Haus führten, aber ich hatte keine Möglichkeit, dies auch nur zu diskutieren«, sagte sie gegenüber Rasponi), vorwiegend von Mozart und Strauss. Sie blieb aber konsequent bei Komponist und Octavian, später bei der Marschallin, weil sie nie »die flutende hohe Lage besaß, um Ariadne, Arabella oder Gräfin in *Capriccio* gerecht werden zu können«. Sie betonte, auch dies ein Hinweis auf die des öfteren angesprochene Problematik des Strauss-Singens, die Gefahr, die Partie des Octavian mit zu viel Bruststimme zu singen: »Es hängt so unendlich viel davon ab, wie man sich einer Rolle nähert – es liegt am Temperament des Künstlers. Da ich von Anfang an zu viel davon hatte, mußte ich ganz besonders vorsichtig sein, meine Höhe zu schützen.«

Es ist, Dacapo für ein Leitmotiv seit Patti, wieder ein Hinweis, daß Temperament und Interpretation Feinde der Technik sind. In ihrem Mozart-Repertoire wechselte sie binnen weniger Jahre von Cherubino zur Gräfin, in *Idomeneo* von Ilia zu Elettra, in *Così* von Dorabella zu Fiordiligi. Letztere sang sie nur bei den Festivals von Glyndebourne und Edinburgh, weil man an der Wiener Staatsoper für diese Rolle auf Schwarzkopf, della Casa und Seefried zurückgreifen konnte. Auch die Partie der Pamina war in Wien so etwas wie ein Seefried-Besitz. Eine Reihe von kleinen und mittleren Wagner-Partien gehörten zu Beginn ihrer Karriere gleichsam zum Berufsalltag: Rheinmädchen, Norne, Gutrune, zeitweilig unter Furtwängler, dann Eva, Elsa und Elisabeth. Senta gab sie nach einem Versuch in Straßburg wieder auf – die immensen Sprünge waren nichts für ihre Stimme. Sieglinde hätte sie gern gesungen, aber – »es ist erstaunlich, wie eine Karriere abläuft und Wünsche unerfüllt bleiben« – sie wurde ihr niemals angeboten; es gehört wenig Vorstellungskraft dazu, sich diese Partie von ihr auf Lehmann-Niveau zu imaginieren.

Ihre internationale Karriere begann 1947 und 1948 in Salzburg. Zwischen 1949 und 1956 verbrachte sie den Festspielsommer in Glyndebourne (Ergebnis ist eine Reihe von Mozart-Produktionen auch auf der Platte), wo sie Elvira, Anna, Gräfin, Ilia, Komponist und Leonora in *Forza* sang. Es war Herbert von Karajan, der sie als Marina und Elisabetta in *Don Carlo* wieder nach Salzburg holte. Daß sie die Physique de rôle besaß, spielte keine geringe Rolle – aber nicht, wie heute so oft, die ausschlaggebende. Jurinac betonte, daß sie besonders gern mit von Karajan – »sein Schlag ist sehr klar, und er weiß genau, was er will« – gearbeitet hat; sie war sein Cherubino in Scala-Aufführungen von 1948 und 1953, die Gräfin 1960. An der Scala sang sie ferner Octavian, Suor Angelica und Butterfly.

Nie sparsam im Gebrauch und energischen Einsatz ihrer Stimme – ihre nicht allzu extensive Höhe sang sie mit einer rauschhaften Energie und ohne vorsichtige Verschlankung aus –, bekam sie die Folgen der Strapazen bald zu spüren. 1958 mußte sie sich Sängerknötchen von den Stimmbändern entfernen lassen. Es ist eine Operation, die der Stimme nicht selten etwas von ihrer Geschmeidigkeit nimmt. Später wechselte sie mehr und mehr in Spinto- oder jugendlich dramatische Rolle. Sie sang *Fidelio*-Leonore (1960/61), schließlich auch Tosca (1966) – vielleicht eine künstlerisch logische Entwicklung, sicher keine kluge Wahl mit Blick auf die zwar klangüppige, aber von ihrer Textur her allzu weiche Stimme. Man höre nur »Un bel di vedremo« mit jauchzend-ekstatischer Phonation, um zu spüren, wie sehr Jurinac beim Singen mehr als nur vokale Energien verbrannte.

An der Met hat Jurinac nie gesungen, obwohl Termine verabredet waren, unter anderem Vanessa, die sie schon studiert hatte. Sie sagte die Aufführungen wegen Krankheit ab, was der zuverlässig-zynische Rudolf Bing mit dem Satz kommentierte, Jurinac sei nur deshalb nicht an die Met gekommen, weil sie mal zu glücklich, mal zu unglücklich verliebt gewesen sei.

Viele Aufnahmen der Jugoslawin sind, einmal gehört, nicht so rasch vergessen. Die besten wie Maries »Endlich allein – wie fremd und tot ist alles umher«

oder das Duett »Mein lieber Schatz, nun aufgepaßt« mit dem inspiriert reagierenden Peter Anders gehören zu den erfüllten Augenblicken des Singens auf der Schallplatte: Jeder Ton ist Gebärde, jede Phrase die Illumination eines seelischen Zustandes. Makellos die Verbindung einer plastisch-genauen Diktion mit einem reichen, weichen und herzerwärmenden Ton. Eine Wiener *Jenufa*-Aufführung von 1972 unter Janos Kulka mit Jurinac in der Titelpartie (in *Opera on Record* sehr gerühmt) habe ich nicht hören können. Zu Jurinacs ersten Aufnahmen gehörte Cherubino unter Herbert von Karajan in einer Wiener Aufnahme mit dem fast grimmen Grafen von George London, dem verschmitzt konterkarierenden Erich Kunz als Figaro und Elisabeth Schwarzkopf als Gräfin (exemplarisch in den Arien bis auf die verzierte Passage am Ende von »Dove sono«). Karajan hetzt Jurinac in »Non so più« an die Grenze der Unartikulierbarkeit – und dennoch gibt sie der sinnlichen Schwärmerei eine Dringlichkeit wie keine andere Sängerin in den späteren Gesamtaufnahmen; allein von Stades Aufführung hat ähnlich heftigen Puls. Fünf Jahre später war Jurinac die Gräfin der von Vittorio Gui betreuten *Figaro*-Aufnahme aus Glyndebourne – keine große Aufführung insgesamt, aber eine gute mit dem trefflichen Sesto Bruscantini (von 1953 bis 1957 mit Jurinac verheiratet) und dem energischen, aber rauhen und

Sena Jurinac als Elisabetta
(Foto: © Kesting)

ungenauen Franco Calabrese als Grafen. Jurinac singt klanglich betörend, aber es ist ihre zweite Aufnahme unter Karl Böhm, ein Jahr später in Wien gemacht und mit Schöffler, Streich, Berry und Ludwig sehr ausgeglichen, vor allem charakteristisch besetzt, die sich der Erinnerung einprägt. William Mann hörte gleichsam eine »verdrückte Träne« in »Porgi amor« und »superbes Sostenuto« in »Dove sono« – es ist, in der Tat, ein berauschender Klangstrom, der wie Glut dahinfließt. Elivra hat sie in der nur durchschnittlichen Aufnahme unter Moralt gesungen – neben dem groben Giovanni von George London und dem eleganten Ottavio Leopold Simoneaus. Weniger bemerkenswert ist sie als Donna Anna unter Fricsay. Im Jahr der Aufnahme (1958) war sie nicht in bester Form (es war das Jahr der Knötchen-Operation), forciert in »Or sai« und nicht beherrscht in »Non mi dir«. Auszüge aus *Così* hat sie schon 1950 unter Fritz Busch gesungen – allein wegen ihrer Felsenarie lohnt die Platte. Jurinacs Singen ist die ideale Verbindung von vokalem Reichtum, tiefem Changieren der Farben (als Emotionen) und expressiver Energie. In Furtwänglers Aufnahme von *Fidelio* ist sie die Sängerin der Marzelline (ein Argument für die Aufnahme). Ihre Leonore (unter Knappertsbusch) habe ich nicht gehört. Überragend ist sie in einer weiteren ambivalent-erotischen Partie: als Octavian unter Erich Kleiber. »Wie du warst« ist ein Jauchzen sinnlicher Seligkeit, die Überreichung der silbernen Rose und das Schlußduett mit der wundervoll kontrastierenden Stimme der jungen »Sophie Güden« (Richard Strauss) reinster Sinnenzauber. In Einzelaufnahmen ist sie verschiedentlich mit Peter Anders zu hören, vor allem als Desdemona – und es ist ihretwegen, daß man das Duett wieder und wieder hören will. Auf Melodram finden sich Live-Aufnahmen aus den Rundfunk-Archiven: Unvergleichliche Aufnahmen von Maries »Endlich allein« und Tatianas »Und sei's mein Untergang«, elegisch eingefärbte Szenen aus Massenets *Manon* (1950 unter Schüchter) und Arien aus *Aida* und *Ballo*, gesungen mit verzehrender dramatischer Energie. Nur die leichte Überspannung der Höhe verrät, daß Amelia und Aida gefährliche Partien für Jurinac bedeutet hätten – und doch: Wie eindringlich wären zumindest Studio-Aufnahmen mit ihr geworden.

Sinnenzauber: Christa Ludwig

Gewiß es gibt den gewaltig-herrscherlichen Ausbruch und Aufschrei der Callas, den großen, königlichen Cantilenenbogen der Tebaldi, die unbeschreiblich reine Innigkeit der Berganza, Fischer-Dieskaus unbeirrbare, fast unheimliche Perfektion, die bezwingende Intelligenz von Frau Schwarzkopf, und vielleicht noch ein knappes Dutzend weiterer großer Stimmen auch heute und hier. Doch auf die Frage, wer denn nun am allerschönsten sänge im ganzen Lande ..., würde ich doch Christa Ludwig nennen.

Joachim Kaiser nach einem Liederabend von Christa Ludwig, am 25. April 1964 in der ›Süddeutschen Zeitung‹

Es gibt Momente des Singens, in denen der Hörer in sinnliche Glückszustände versetzt oder, Dacapo für Stendhal, »zu den Engeln geschickt« wird. Dieser Sinnenzauber wird ausgelöst vom puren Wohlklang der Stimme, vom rein gebildeten, schimmernden, seidig glänzenden und ohne die geringste Anspannung sich entfaltenden Ton, der im Forte jene vibrierende Intensität annehmen kann, die den Hörer trifft wie ein Schlag. Ich erinnere mich der ersten *Rosenkavalier*-Aufführung meines Lebens in Wien unter Karl Böhm und mit Christa Ludwig als Octavian: »Wie du warst, wie du bist, das ahnt niemand, das weiß keiner« erklang mit solch jauchzender Seligkeit, daß ich diesen Moment nach 30 Jahren noch wiedererleben kann. Die Pracht und Herrlichkeit einer klangüppigen, gesunden Stimme ist, daran muß wieder und wieder erinnert werden, kein bloßes Naturgeschenk, sondern Ergebnis langer Arbeit und eines ausgeprägten Klanginstinkts. Denn nur bei wenigen Ausnahmestimmen gewinnt der Hörer den Eindruck, daß alle Resonanzräume des Körpers mit Klang gesättigt werden und ein Ton entsteht, der die Kraft und Pracht einer klanglichen Skulptur annimmt.

Eine solche Stimme besaß die 1928 in Berlin geborene Christa Ludwig, Tochter des Tenors Anton Ludwig und der Altistin Eugenie Besalla. Sie wuchs in Aachen, wo ihr Vater Intendant geworden war, auf, wurde von ihrer Mutter ausgebildet und erhielt am Städtischen Konservatorium Unterricht im Klavier-, Cello- und Flötenspiel. 1946 bekam sie, nach ersten Konzerten in Gießen, ein Engagement an die Frankfurter Oper, an der sie als Orlofsky debütierte. Sie sang die kleinen Mezzo-Partien wie Kate Pinkerton, Marzelline in *Fidelio* und selbst Ulrica in *Ballo* (die tiefste von Verdis Mezzo-Partien). Nach sechs Jahren wechselte sie an das

Landestheater von Darmstadt und dann, nach einem weiteren Jahr in Hannover, an die Wiener Staatsoper. Bis dahin hatte sie Partien wie Carmen, Komponist in *Ariadne*, Eboli, Honeggers Antigone und Judith, Amneris, Rosina, Cenerentola, Dorabella, Marie, Cherubino, Waltraute, Ortrud, Fricka, Venus und Kundry gesungen. Nach drei Probesingen vor Karl Böhm – Azucena, Amneris – debütierte sie im Mai 1955 als Cherubino (Redoutensaal). Wenige Wochen später sang sie bei den Salzburger Festspielen den Komponisten in *Ariadne*. 1959 debütierte sie als Cherubino an der Met und übernahm dann Amneris, Octavian und Brangäne. Ein Jahr später folgte das Debüt an der Mailänder Scala.

Nachdem sie ihre ersten Mozart- und Strauss-Rollen an der Wiener Staatsoper gesungen hatte, wurde sie von ihrer Partnerin Elisabeth Schwarzkopf mit Walter Legge bekanntgemacht, der sie schon bald in bedeutenden Produktionen einsetzte – als Octavian, Dorabella, Elvira in *Don Giovanni* und als Leonore in *Fidelio*. Legge bestand sogar gegen den Willen Herbert von Karajans darauf, daß Ludwig Octavian neben der Marschallin von Elisabeth Schwarzkopf sang – der Dirigent war gegenüber einem »Neuling« überaus skeptisch gewesen. Zwanzig Jahre später, im August 1976, sagte Ludwig in *The Gramophone:* »Ich kann gar nicht sagen, wie traurig ich bin, daß er keine Platten mehr macht. Denn er war der einzige Produzent, der Sänger verstand und mit ihnen sprach. Er nahm sich Zeit.«

Ende der fünfziger Jahre wurde Ludwig zur führenden Mezzo-Sopranistin der Wiener Oper. In ihrem Repertoire waren die großen Mozart- und Strauss-Partien, aber auch Rossinis Rosina und Cenerentola, Verdis Eboli und Amneris, Georgette in Liebermanns *Die Schule der Frauen*, Glucks Iphigenie und 1964 nach dem Komponisten auch Ariadne. Es war wieder Walter Legge, der Ludwig – diesmal gegen den Widerstand Otto Klemperers – die Leonore in *Fidelio* singen ließ. Das Ergebnis war das eindringlichste Rollen-Porträt aller Gesamtaufnahmen. Dennoch war es wohl auch bei Ludwig ein Fehler, daß sie sich allzu oft an hochdramatische Sopran-Partien heranwagte. 1968 sang sie die Leonore auf der Bühne, 1970 Lady Macbeth neben dem in Wien debütierenden Sherrill Milnes. In Konzerten hat sie Isoldes Liebestod und Brünnhildes Schlußgesang gesungen. Daß ihre Stimme die Extensionsfähigkeit besaß, verrät auch eine Szene aus Bartóks *Herzog Blaubarts Burg*, wo sie in der fünften Szene bei der Öffnung der fünften Tür ein schallendes hohes C singt. Nicht weniger eindringlich die Hexenszene in *Hänsel und Gretel*. Und doch: Diese hohen Töne sind wenn schon nicht erkämpft, so doch keine selbstverständlichen Zuteilungen der Natur. Ludwig selber hat gesagt, daß sie als Lady Macbeth das hohe Des am Ende der Nachtwandelszene auslasse; zwar habe sie den Ton, doch sei dessen Einsatz mit Risiko verbunden. Wie das ausgehen kann, zeigte sich im August 1975, als Ludwig in einer Salzburger Aufführung von *Don Carlo* unter Herbert

Christa Ludwig als Leonore
(Foto: © EMI Classics)

von Karajan am Ende der Eboli-Arie patzte. Sie selber sagte, ihr sei, »der letzte Ton meiner großen Arie nicht gelungen«, aber die Tatsache, daß sie – dies zur Pathologie des Kunst- und Festspielbetriebs – nach brüllenden Buh-Rufen des Publikums abreiste und zur zweiten Vorstellung nicht mehr antrat, verrät die ungeheure Nervenbelastung gerade der Besten bei Aufgaben, die sie gestern noch sicher beherrschten. Trotz aller Belastungen aber stand Christa Ludwig 42 Jahre auf der Bühne und dem Podium, ein Indiz dafür, daß ihr Singen auf einer sicheren Technik fundiert war.

Ihr Repertoire ist, das spiegelt sich auch in der fast unübersehbar reichen Diskographie, riesig. Sie hat Partien von Mozart (Cherubino, Dorabella, Elvira, zweite Dame in *Zauberflöte*), Beethoven (Leonore), Wagner (Fricka, Ortrud, Brangäne, Kundry), Strauss (Octavian, Marschallin), Humperdinck (Hexe), Puccini (Kate Pikerton, Prinzessin in *Suor Angelica*), Bartók (Judith), selbst eine Belcanto-Partie wie Bellinis Adalgisa, Camille Saint-Saëns' Dalila aufgenommen, die Mezzo- bzw. Altpartien in Mozart-Messen – »Laudamus te« aus der *c-Moll Messe* mit opulentem Ton und barocker Pracht der Koloratur –, Händels *Messias,* Bachs *Matthäus-Passion,* zweimal Verdis *Requiem* (unter Giulini und von Karajan) und ein Dutzend Lieder-Recitals.

Ludwigs Mezzo, strahlend in der hohen Lage, klangüppig im Mezzo- und Altregister, sinnlich in der changierenden Pracht des Timbres, ist eine ausgesprochen erotische Stimme, ideal für den tastenden Eros des Cherubino (in der trefflichen Böhm-Aufnahme von 1956 neben der wunderbaren Sena Jurinac als Gräfin), für die erotische Hysterie der Donna Elvira (»Mi tradì« wurde für sie transponiert), für die Liebelei-Natur der Dorabella, für den androgyn-ambivalenten Sex des Octavian. Wie keine andere Sängerin versteht sie es, das fürchterliche Weib der Romantik – das böse-politische (Ortrud) und das bloß sinnlich-fleischliche (Venus) – in einem Singen darzustellen, das dämonischen Ausdruck nicht gleichsetzt mit keifender Grellheit. Im zweiten Akt des *Parsifal* unter Solti gelingt ihr eine ideale Aufführung, während es dem Dirigenten in der Aufnahme des *Tannhäuser* (Pariser Fassung mit der reich nachkomponierten Venus-Partie) nicht gelungen ist, sie zur korrekten Ausführung der vielen Gruppetti zu bringen; außerdem muß man ein Textbuch zur Hilfe nehmen, wenn man sie verstehen will, weil ihre Artikulation nicht sonderlich genau ist. Als Ortrud wagt sie sich nicht mit der gellenden Unbedingtheit einer Varnay an »Entweihte Götter« – die Partie verlangt recht eigentlich eine Brünnhilden-Stimme mit einem extra-reichen tiefen Register –, aber teuflisch-schöner als von ihr wurde noch keine Elsa verlockt, das Gebot »Nie sollst du mich befragen« zu übertreten.

Warum nähern sich Hänsel und Gretel dem Hexenhaus und dessen garstiger Bewohnerin? Ludwig macht es verständlich: Weil der Hokuspokus der Hexe, das girrende und lockende »Knusper, knusper knäuschen« eine so unwiderstehliche Magie ausstrahlt wie das Singen der Sirenen oder das Locken der Circe. Die von Kurt Eichhorn betreute Aufnahme mit einem zweitklassigen Orchester und einer völlig verschandelten Hauptrolle (Moffo als Hänsel) kann neben den Einspielungen unter von Karajan, Solti und Pritchard nicht bestehen und gehört doch wegen Ludwigs Auftritt – der die finstere Schönheit einer schwarzen Messe hat – in jede Diskographie (es sei, man begnügt sich mit der Szene, die Ariola-Eurodisc in das Porträt-Album integriert hat, das auch den Schlußgesang aus *Götterdämmerung*, Ariadnes Monolog und Szenen aus *Elektra* enthält). Hors catégorie sind die Gesamtaufnahmen des *Fidelio* unter Klemperer und des *Rosenkavalier* unter Herbert von Karajan, während sie als Marschallin unter Bernstein im Mittelpunkt einer erratischen, ekstatischen, sentimentalisierten Aufführung steht, die man unter den von Susan Sontag entwickelten Begriff »camp« stellen könnte (vgl. den Abschnitt über Magda Olivero). Sie beherrscht die Partie sicher und ausdrucksvoll, aber nicht so nuanciert wie Schwarzkopf.

Die Ergebnisse ihrer Exkurse ins italienische Fach lassen sich nicht eindeutig bewerten. Als Adalgisa in der zweiten *Norma*-Aufnahme mit Maria Callas ist sie vom Stimmtyp her ideal eingesetzt; sie klingt jugendlich, stürmisch, lebhaft. Aber in den verzierten Passagen, vor allem in Skalen, erreicht sie keineswegs eine korrekte Bindung, geschweige denn die gewünschte und eigentlich auch unabdingbare Flüssigkeit. In Wien hat sie mit großem Erfolg *La Cenerentola* gesungen. Eine Aufnahme davon gibt es nicht, wohl aber eine von Rosinas »Una voce«, leider in deutscher Sprache gesungen und prätentiös, dabei nicht sehr eloquent ausgeziert. Hingegen wirkt sie gemeinsam mit Elisabeth Schwarzkopf wahre Wunder des Zusammenklangs in Verdis *Requiem* in der Aufnahme unter Giulini. Im »Ricordare« mischen sich die Stimmen dergestalt, daß sich der Zauber des Timbres schier verdoppelt, und im »Agnus Dei« klingt Ludwigs Stimme »wie der dunklere Schatten« (Alan Blyth) von Schwarzkopfs Sopran – die Aufnahme ist insgesamt weit eindringlicher als die unter Herbert von Karajan, in der Ludwig wiederum den Altpart singt.

Nach Ansicht Stendhals sind es nicht die besten und ebenmäßigen Stimmen mit der perfekten Skala, von denen man den intensivsten Ausdruck und die feinsten Nuancen erwarten kann. Ludwig macht da keine Ausnahme. »Die letzten Finessen des Details«, schreibt John Steane, »und Phantasiereichtum der gesamten Konzeption« würden »knapp verfehlt«. Vielleicht ist dieses Defizit nur die Not einer großen Tugend, nämlich der wundervoll gebildeten und stets selbstsicher sich entfaltenden Stimme, und sicher ist es nur spürbar im Vergleich. Steane vergleicht Ludwig mit Janet Baker; ebenso gut wären die Aufnahmen von Brigitte Fassbaender heranzuziehen. Ludwig brilliert immer dort, wo es um dramatisch-evozierendes, stürmisch-virtuoses Singen geht. In den *Zigeunerliedern* von Brahms hat sie nicht ihresgleichen; in den dynamischen Steigerungen des Lieds »Von ewiger Liebe« entfaltet sie einen tonlichen Reichtum und eine stürmische Energie, die weder Baker noch Fassbaender zu Gebote stehen; wo es aber um Leichtigkeit der Tongebung (»Der Musensohn«, »Die Forelle«, »Vergebliches Ständchen«) geht, hat sie Schwierigkeiten, weil die Artikulation wegen des nicht allzu raschen Tonanschlags die Textgestalt verwischt. Sie kann auch nicht, wie Baker (und auch Fassbaender), einen Text dramatisch oder poetisch illuminieren: In Ravels *Chansons Madécasses* wird sie von Janet Baker in jeder Phrase übertroffen. Überragend hingegen ihre Aufnahmen von Wagners *Wesendonck-Liedern* unter Otto Klemperer und ihre diversen Brahms-Recitals (mit Moore, Parsons und Bernstein), sehr gut die Mahler-Aufnahmen unter demselben Dirigenten, wobei *Das Lied von der Erde* mit Fritz Wunderlich als Partner besonders hervorgehoben werden muß als die schlüssigste Interpretation des Werks überhaupt.

Elegie: Anton Dermota

Klage und Beschwörung sind bei Dermota immer miteinander vermittelt, Nachklang des Mythos von Orpheus. Das aber bedeutet nie Selbstgenuß in der Traurigkeit.
Ulrich Schreiber über Anton Dermota

Es ist eine einzigartige melancholische, verhangen elegische Tönung, die das Singen des 1910 in Kropa (Slowenien) geborenen und 1989 in Wien verstorben Anton Dermota weit hinausgeht über das der meisten lyrischen Tenöre der Nachkriegszeit. Er war alles andere als ein technisch fehlerloser Sänger: Die Koloraturen des Belmonte oder des Ottavio sang er zaghaft, lange Phrasen hatten nicht immer die rechte Stütze zum sanften Ausklingen, die Wortbehandlung war kein Muster an Genauigkeit. Und doch überwogen die Ausdruckstugenden die meisten technischen Fehler, und man muß schon Simoneau oder den Engländer Richard Lewis anführen oder später Fritz Wunderlich, um einen besseren Mozart-Tenor zu finden.

Dermota hatte am Konservatorium von Laibach Komposition und Orgelspiel, dann bei Elisabeth Rado in Wien Gesang studiert. 1934 sang er an der Oper von Klausenburg (Cluj), 1936 traf er auf Bruno Walter, mit dem er in Paris das Mozart-Requiem aufführte. Am 8. August 1936 sang er unter Toscanini den Zorn in der oft erwähnten Aufführung der *Meistersinger* (als Mitschnitt erhalten, technisch desolat). Am 1. September 1936 debütierte er als erster Geharnischter in der *Zaubeflöte* an der Wiener Staatsoper. Es folgten Steuermann in *Holländer*, Ruiz in *Trovatore* (neben Rosvaenge, später Björling), Seemann in *Tristan* und Borsa in *Rigoletto* (unter Bruno Walter). Bis zum Februar 1937 sang er Tebaldo in *Don Carlo* (unter Walter), Isepo in Ponchiellis *La Gioconda*, erster Gefangener in *Fidelio* unter Knappertsbusch neben dem Florestan von Max Lorenz. Dermota hat den Florestan am 5. November 1955 bei der Wiedereröffnung der Wiener Staatsoper unter Böhm gesungen. Seine erste große Partie war der Alfredo in *La Traviata* (1937 unter Krips) neben Jarmila Novotna und Alexander Svéd. Das »Morgenblatt« urteilte: »Der Zauber dieser Stimme beruht auf einer chromatisch aparten Timbrierung. Samtweich, dunkel legiert fließt dieser echt slawische Tenor wohlgeführt dahin ... Sein Gesang ist stets kunstvoll geformt, klug und überlegt phrasiert ...«

Statt des erkrankten Koloman von Pataky übernahm er im März 1937 die Evangelisten-Partie in Bachs *Matthäus-Passion* unter Knappertsbusch; er mußte seinen Part binnen acht Tagen lernen. Diese außerordentliche Leistung verschaffte ihm Respekt und Renommée. Er erhielt bedeutende Konzertangebote, sang bei einer Staatsopern-Premiere unter Bruno Walter Lenski (19. April 1937) und erhielt großen Beifall für seinen »leichten, feinen, gertenschlanken Tenor mit zarten, pastellhaften Klangfarben« (Heinrich Kralik, damals der führende Musikkritiker Wiens). Kralik sah in Dermota einen »Spieltenor«, der Sänger selber aber visierte »die Mozart-Partien sowie das italienische und französische Fach vom Des Grieux und Rudolf bis zum Cavaradossi und Don José als oberster Grenze«. (Dermota in seiner Autobiographie). Kralik hatte allen Grund, sein vorsichtiges Urteil zu revidieren; er erlebte noch Dermotas Florestan und Palestrina. 1937 sang Dermota in Salzburg unter Toscanini erneut Zorn, dazu den ersten Geharnischten in *Die Zauberflöte*, 1936 unter Walter den Seemann in *Tristan* (nicht aber Ottavio, wie Ulrich Schreiber in seinem Kommentar zum Acanta-Album sagt). Zunächst neben Josef Witt, dann neben Patzak gehörte er zum legendären Wiener *Palestrina*-Ensemble, das er später selber einmal anführen sollte. Am 28. Oktober 1937 folgte an der Staatsoper zum erstenmal Ottavio (neben Jerger in der Titelrolle, Ella Flesch als Anna, Luise Helletsgruber als Elvira). Am 25. Dezember 1937 exzellierte er als Sänger im *Rosenkavalier*. 1938 brachte die

Anton Dermota als Don Ottavio
(Foto: © Decca/Polygram Klassik)

Partie des Harun in Bizets *Djamileh* (nur zwei Aufführungen) – und wenig später die Katastrophe der Annektion. Walter, von Weingartner, Krips, Tauber, Kipnis, Anday, Schumann, Lehmann – sie alle verließen das Haus. Dermota sang als zweite Mozart-Partie Belmonte, dann, am 16. Mai 1938, Tamino unter Knappertsbusch, am 15. Juni 1938 die Uraufführung von Franz Schmidts *Buch mit sieben Siegeln*, schließlich seine ersten Platten für Telefunken, Ottavio in Salzburg unter Böhm als Nachfolger des Italieners Dino Borgioli, aber neben Pinza als Giovanni, Rethberg als Anna, Helletsgruber als Elvira. Nach wie vor jedoch übernahm Dermota kleine und kleinste Rollen, sei es den ersten Gefangenen im *Fidelio*, sei es Walther in *Tannhäuser*: »Eine kleine Rolle zu großer Wirkung bringen«, schreibt der Sänger in seinen Erinnerungen, »ist manchmal die größere Kunst.« So sang er Froh im *Rheingold*, Alfred in *Die Fledermaus* und Narraboth in *Salome* – ein Luxus, den sich nur ein Ensemble-Theater mit umfassender Rollen-Besetzung leisten kann. Später folgten Matteo in *Arabella*, Leukippos in *Daphne* und Flamand in *Capriccio*, schließlich auch David in *Meistersinger* – das Kabinettstück eines Meistersingers. 1939 sang er Pinkerton (neben Reining als Butterfly) und die Erstaufführung von *Friedenstag*. Unter dem an die Staatsoper gewechselten Karl Böhm gab er zahllose Mozart- und Strauss-Aufführungen. Am 13. März 1945 erlebte er den Brand des Hauses am Ring.

Ein halbes Jahr später, am 6. Oktober, sang er Jacquino in *Fidelio*, als im Theater an der Wien zum erstenmal wieder Oper gespielt wurde: bei der Premiere neben Willi Franter, dann neben Lorenz. Am 24. Oktober folgte Hoffmann unter Krips (mit Seefried in allen drei Frauenpartien, nach Dermota eine Überforderung ihrer schönen, lyrischen Stimme). Es bildete sich, vor allem unter der Ägide von Josef Krips, das noch heute oft gerühmte Mozart-Ensemble mit Seefried, Jurinac, Lipp, Alsen, Loose, Schöffler, Höngen, Kunz, Klein, Schwarzkopf, Welitsch. Seit dem 4. März 1946 Wiener Kammersänger, hat Dermota dem Wiener Haus noch zwei Jahrzehnte lang gedient und schließlich 1966 eine Professur übernommen – und noch im hohen Alter Liederabende gegeben. Sein Buch gibt Zeugnis darüber, wie viele Sänger er kommen und gehen hörte – darunter mit einer aufschlußreichen Passage über del Monaco, dessen schonungsloser Einsatz ihn zwar faszinierte, zugleich aber abstieß. Dermota registriert nüchtern, daß dieser Einsatz die »Herrlichkeit« der Stimme frühzeitig ruinierte. Er erlebte de Sabata, den Aufstieg des jungen von Karajan, den Ungarn Ferenc Fricsay und Ernest Ansermet. Noch am 26. Oktober 1977 hat er unter Horst Stein zu seinem 40. Staatsopernjubiläum Palestrina verkörpert.

Nach einer Aufstellung in seinem Erinnerungsbuch hat Dermota insgesamt 80 Opernpartien gesungen (darunter viele kleine zu großen machend), einige Operetten, ein umfangreiches Liedrepertoire und rund drei Dutzend Passionen, Oratorien und Messen. Er war Kammersänger, Ehrenprofessor, Träger der

Mozart-Medaille, der Nicolai-Medaille, der Reinhardt-Medaille und eines guten Dutzend weiterer Auszeichnungen. Die von Jürgen E. Schmidt besorgte Diskographie füllt knapp zehn zweispaltige Seiten in Dermotas Buch, dazu die Gesamtaufnahmen von Bachs Messe in h-Moll, Rossinis *Stabat Mater*, Wagners *Die Meistersinger von Nürnberg*, Strauß' *Die Fledermaus*, Mozarts *Die Zauberflöte*, Mahlers *Das Lied von der Erde* (unter Klemperer), Strauss' *Salome, Der Rosenkavalier*, Beethovens *Missa Solemnis*, Mozarts *Così fan tutte* und *Don Giovanni*, Haydns *Nelson-Messe* und *Die Schöpfung*, Strauss' *Arabella* und *Rosenkavalier*, Beethovens *Neunte* (zweimal), wieder Strauß' *Die Fledermaus*, Schmidts *Das Buch mit sieben Siegeln* und Mozarts *c-Moll-Messe*. Erste Solo-Aufnahmen hat Dermota 1939 für Telefunken gemacht (Arien aus *Manon, Tosca, Turandot*), dann 1943 Arien von Mozart, Verdi und Puccini, im April 1948 ein gemischtes Lieder-Recital mit Ivor Newton; auf seiner ersten LP (1950) sang er Arien von Mozart und Strauss unter Böhm und Lieder mit seiner Frau Hilde am Klavier. 1954 folgte ein Recital mit Arien aus *Liebestrank, Tosca, Onegin* mit Rother, dann Schumanns *Dichterliebe* und Einzellieder. Es gibt diverse Lieder-Recitals für Amadeo, Gallus (Jugoslawien), Preiser und Telefunken (darunter Schuberst *Winterreise*), ein Acanta-Album mit Berliner Rundfunkaufnahmen von 1944 und natürlich eine Reihe von Live-Mitschnitten: *Meistersinger* unter Toscanini, Mozart-*Requiem* unter Walter (Paris, 1937), Strauss' *Daphne* (mit Bampton, Svanholm, Weber), *Don Giovanni* unter Furtwängler (1950/53/54), *Fidelio* unter Böhm (Wien, 1955), *Otello* unter Furtwängler (Salzburg, 1951).

Mit seinem Hinweis auf »Klage und Beschwörung«, trifft Schreiber in das Zentrum von Dermotas Singen. Es hat nicht die Eleganz und Geschmeidigkeit seines kanadischen Zeitgenossen Simoneau, nicht die tonliche Fülle eines Tauber, nicht die Virtuosität eines McCormack oder eines Jadlowker. Vielmehr finden sich ungeglättete Laufpassagen in »Il mio tesoro«, Aspirierungen in »Un'aura amorosa«, gleichsam nasal verschattete Konsonanten vor allem im Bereich des Übergangs (F-Fis'), in Live-Aufnahmen sogar erhebliche Intonationsmängel wie in der ersten Ottavio-Arie (in der Furtwängler-Aufführung mit Gobbi als Giovanni); selbst in der zu Recht gerühmten Aufnahme des *Don Giovanni* unter Krips zeichnet sich sein Singen nicht eben durch technisches Finish aus. Immer aber hat sein Vortrag Präsenz und Passion: Die Gratwanderung zwischen Spiel und Leidenschaft in *Così* (unter Böhm, 1955) gelingt ihm vollkommen (nicht zu reden von der vokal brillanten frühen Aufnahme der großen Arie). Nicht ideal ist er in der *Zauberflöte* unter Herbert von Karajan, unsicher bei Verzierungen, allzu uneben in der Bildnis-Arie, sehr gut indes in »Wie stark ist nicht dem Zauberton«.

Sehr interessant, wenn auch stilistisch anfechtbar, sind seine frühen italienischen Aufnahmen, faszinierend aber seine französischen. Schreiber hat die

Traum-Erzählung des Des Grieux besonders herausgehoben, weil Dermota das Stück nicht mit der Mezzavoce vorträgt, sondern sotto voce nachträumt. Das Ständchen des Beppo in Leoncavallos *Pagliacci* verwandelt er, wie sonst nur Tito Schipa (auch die nasale Timbrierung ist ähnlich), in eine lyrische Vignette von elegischem Zauber – ein Meisterstück subtilsten Singens. Dermotas Singen kannte nicht das jubelnde Auftrumpfen, mit dem sich beispielsweise Fritz Wunderlich in Szene setzen konnte. Es hatte weniger Brillanz oder Oberflächenglanz als eine stille, verhaltene Intensität. Dies sind die idealen Voraussetzungen für Beethovens Florestan. Dermotas Leistung im Wiener Mitschnitt von 1955 ist wunderbar: Sein lyrischer Tenor hat nicht nur die Kraft und Energie für die Partie, sondern diese Energie verwandelt sich in einen bewegenden Klagegesang – wie man ihn von den Stimmbesitzern nie erlebt.

Wiener Baritone und Bässe

Unter den Baritonen und Bässen des Wiener Ensembles gab es nur zwei wirkliche Stars: den Bariton Eberhard Wächter, der als Graf in *Le Nozze di Figaro* und vor allem als Don Giovanni, aber auch als Wolfram und als Kurwenal bedeutende Erfolge hatte. Der 1929 gebürtige Wiener, der 1992 kurz nach seinem Amtsantritt als Direktor der Wiener Staatsoper starb, hatte eine feste, hohe Bariton-Stimme mit zuweilen tenoralem Klanggepräge. Es war keine unbedingt phonogene, wohl aber eine oftmals elegant eingesetzte Stimme – nur in sehr rascher Musik wie der sogenannten Champagner-Arie oder am Schluß der Grafen-Arie ließ Wächter sich dazu verleiten, übermäßig heftig zu singen und rhetorisch zu agieren. Glänzend gelungen sind die Rezitative mit dem fabelhaften Leporello von Giuseppe Taddei. Seinen Wagner-Aufnahmen – Wolfram unter Wolfgang Sawallisch und Kurwenal unter Karl Böhm – fehlen das feine Legato und die samtige Fülle, die etwa Herbert Janssen dieser Musik zu geben verstand. Ähnlich die »Diagnose« bei dem singenden Hals-Nasen-Ohren-Arzt Alfred Poell, der in Erich Kleibers *Figaro*-Aufnahme einen teutonisch-martialischen Grafen singt – dies aber mit großer dramaturgischer Suggestivität.

Wie in der Stimme Poells war in der von Paul Schöffler (1897–1977) wenig Samt. Als der gebürtige Dresdner 1950 unter Hans Knappertsbusch den Sachs aufnahm, hatte er schon mehr als ein Vierteljahrhundert auf der Bühne hinter sich. In den dreißiger und vierziger Jahren hatte er sowohl die zentralen Mozart-

Rollen (Graf, Giovanni, Figaro) als auch Verdi und Wagner gesungen – in Salzburg, Bayreuth, dann auch in Lodon und in New York, wo sein Singen als nicht idiomatisch bezeichnet wurde, obwohl man seiner Energie, seiner darstellerischen Intensität und seiner hohen Musikalität Bewunderung zollte.

Schöffler war einer jener Ensemble-*Stars*, die sich *jeder* Aufgabe stellen und unermüdlich lernen. Sein Repertoire war riesig. Die Stimme war nicht unbedingt klangschön, aber kernig, fast knorrig und charakteristisch, klanglich eine gleichsam finstere Stimme. Schöfflers Figaro (1938 unter Böhm) ist ein ruppig-aufbegehrender Bursche, sein Graf (1956 wieder unter Böhm) eine geradezu sinistre Figur. Glänzend das vokale Agieren mit den Mitteln der Wortschattierungen. Damit agiert er auch als Jago in der von Wilhelm Furtwängler dirigierten Aufführung von Verdis *Otello* (Salzburg 1951) mit Ramon Vinay in der Titelpartie. Trotz großer Mühe mit den vielen hohen Passagen der Rolle, etwa im Trinklied, und trotz seiner nicht idiomatischen Diktion des Italienischen ein eindringliches Portrait – wenn man sich mit dieser Art von *Übersetzung* befreunden kann.

»Bekannt bei jung und alt im ganzen Land« – das hat der 1909 geborene Wiener Erich Kunz in Hunderten von Aufführungen gesungen, und es mag geklungen haben, wie das Echo des Uraufführungssängers Emanuel Schikaneder. Der Schüler von Hans Duhan war ein volkstümlicher Sänger – und hat die Brechtsche Maxime beherzigt, daß das Volk nie tümlich ist, hat Figuren wie Beckmesser (auch in Bayreuth), Gianni Schicchi, Doktor Bartolo, Baculus und nicht zuletzt Operetten-Partien wie Falke und Zsupán mit leisem Witz und klang-mimischer Prägnanz *singend* dargestellt. Er hat sich stets an die Regel gehalten, innerhalb seiner vokalen Mittel zu singen – und genau das gibt seinen Portraits des Figaro wie des Leoporello eine beispielhafte Genauigkeit, klangliche Finesse und verbale Pointiertheit. Phantastisch seine Geläufigkeit und Verve, wenn er als Papageno »Klinge Glöckchen, klinge« oder die Plapper-Passage mit Papagena singt – das ist unerreicht geblieben wie sein Vortrag von Wiener Liedern.

Sein Nachfolger wurde der zwanzig Jahre später geborene Walter Berry, der seit 1950 an der Staatsoper und seit 1952 in Salzburg sang. Die Stimme war voluminöser und kerniger, besaß das Fundament eines Basso cantante. Dennoch erkämpfte sich der sehr ehrgeizige Künstler dramatische Partien wie den Pizarro und die Baß-Bariton-Rollen in *Hoffmanns Erzählungen*, mußte aber den Zugewinn an Expressivität bezahlen mit Verlust an jener Klangschönheit, deren Voraussetzung eben das beherrschte Singen (innerhalb der Klangreserven) ist. Die schöne, flexible Stimme Berrys ist in Otto Klemperers Aufnahme der *Matthäus-Passion* zu hören, die dramatisch-expressive Partie zeigt sein Wozzeck, die letztlich doch wohl überforderte sein Pizarro (unter Klemperer) und sein Caspar (unter Heger).

Was den wenigsten Tenören gelingt – der Wechsel von Mozart zu Wagner und umgekehrt –, war für den 1899 in Wien geborenen und 1974 in Wien verstorbenen Ludwig Weber eine Selbstverständlichkeit. Er sang auf der einen Seite Partien wie Hunding, Hagen, Marke und Gurnemanz, auf der anderen nicht nur Sarastro und Beethovens Rocco, sondern auch agile Partien wie Osmin und Kaspar, komische wie den *Rosenkavalier*-Ochs und tragisch-dämonische wie Boris. Weber wurde 1920 von Felix von Weingartner an die Wiener Volksoper engagiert. 1925 wechselte er für zwei Spielzeiten an die Oper von Wuppertal, ging dann von 1927 bis 1930 an die Düsseldorfer Oper, von dort bis 1933 nach Köln und dann bis zum Ende des Krieges, nach München. 1946 wurde er Mitglied der Wiener Staatsoper. Schon in den dreißiger Jahren hatte er in Mailand, Buenos Aires und vor allem in London – 1936/37/38/39/47/50/51 – gastiert, wo er besonders als »superb mephistophelischer Hagen« brillierte – so am 29. Mai 1936 in einer Aufführung unter Sir Thomas Beecham, die als Mitschnitt erhalten ist.

Auch Weber gehört zu den Sängern, die zu ihren ersten bedeutenden Aufnahmen erst kamen, als die stimmlichen Ressourcen erschöpft waren. Als er 1950 unter Herbert von Karajan Sarastro in *Die Zauberflöte* in einer Konzertaufführung sang, war seine Stimme nur noch ein rauher Schatten ihrer selbst – allein der Ausdruck von Autorität und die große Linie verraten, daß er einst ein erstklassiger Sarastro war. Die ein Jahr zuvor gemachten Studio-Aufnahmen von »Wer ein Liebchen« (unter Ackermann) und »O wie will ich triumphieren« (unter Felix Prohaska) hingegen haben Biß: Weber singt eloquent, pointiert in seiner Diktion und wundervoll martialisch. Ebenso energisch, ja geradezu mit gefletschten Zähnen, singt er die beiden Arien des Kaspar. Doch wenn man die reiche Resonanz, die sonore Posaunen-Wucht der Stimme erleben will, muß man die Ausschnitte aus *Götterdämmerung* (Wacht und Ruf und Mannenszene) hören, die er 14 Jahre später unter Furtwängler nur noch roh und rauh zu dröhnen wußte. Als Gurnemanz wird er, wiewohl reicher singend, durch die Eloquenz eines Hans Hotter überboten.

Von Neu-Bayreuth zur Wagner-Werkstatt

Als Richard Wagners Enkel Wieland nach dem zweiten Weltkrieg die Leitung der Bayreuther Festspiele übernahm und das Œuvre seines Großvaters – »hier gilt's der Kunst« – vor der politischen Diskussion bewahren wollte, nicht zuletzt durch die »Entrümpelung« der Szene, brauchte er, nach eigenem Wort, einen neuen Darstellertypus: Sänger mit leichteren, lyrischen Stimmen. Offenbar wurde der Wunsch mit dessen Verwirklichung gleichgesetzt, wurden vokal nicht befriedigende, oftmals sogar defizitäre Aufführungen als Erfüllung eines durchaus *sinnvollen Konzeptes* gewertet. Doch wenn Sänger mit großen, ausladenden Stimmen aufgeboten werden konnten – genannt seien etwa Martha Mödl, Astrid Varnay, Leonie Rysanek, Birgit Nilsson, Max Lorenz, Jon Vickers, Jean Cox, George London, Josef Greindl, Franz Crass, Karl Ridderbusch, Gottlob Frick –, war von jenem *vokalen* Konzept kaum je die Rede.

Maßstäbe ergeben sich aus dem Vergleich, bei dem es durchaus nicht um eine Bestenliste geht – nicht um das Ausspielen der Flagstad, Lehmann, Leider, Melchior und Schorr gegen die Sänger des neuen Bayreuth. Es geht um die technisch-musikalische Annäherung an Wagners Rollen und deren oft maßlose Herausforderungen. Diese legen sogar die einst von Otto Iro gestellte Frage nah, ob es in den Werken Wagners nicht mehr »Sünden gegen die Naturgesetze der Stimme« gibt als in den Werken anderer Komponisten – von den maßlosen Anschlägen *gegen* die Stimme abgesehen, die Richard Strauss zu verantworten hat.

Kein Zweifel, daß bei Händel, Mozart oder Rossini gerade die schwierigsten Partien Maßanfertigungen für Sänger waren, die den Komponisten genau bekannt waren – und bei der Konstanze oder der Anna sind es Anforderungen, die *heute* für fast alle Hochdramatischen aus dem Wagner-Fach *unerfüllbar* sind. Wagner aber schrieb für Sänger, die es noch nicht gab, und er hat vielleicht mehr erwartet, als überhaupt eingelöst werden *konnte*. Das gilt für das Durchhaltevermögen wie für die Fähigkeit, im deklamatorischen Gesang den Kampf mit einem Riesenorchester aufzunehmen – das zudem zum lauten Werkzeug rücksichtsloser Dirigierstars geworden ist.

Für viele Sänger, und insbesondere für die hochdramatischen Soprane und die Heldentenöre, war der Weg zu Wagner *auch* so etwas wie ein Opfergang, bei dem sie der klanglichen Qualitäten der Stimme verlustig gingen. Die meisten von ihnen waren nach einigen Jahren kaum mehr in der Lage, italienische oder französische Musik zu singen. Gerade der Zwang zur Spezialisierung also hat, wie paradox das klingen mag, die Spezialisierung erschwert. Lilli Lehmann wie Frida Leider haben betont, wie wichtig es *gerade* für die Hochdramatischen ist,

Mozart zu singen, um den Klang, das Cantabile, die Geschmeidigkeit der Stimme zu bewahren. Die moderne Arbeitsteilung und ein Starbetrieb mit Rollenmonopolisten haben die Wagner-Interpreten für Mozart verdorben und die Mozart-Sänger meist erst gar nicht mehr in die Nähe Wagners kommen lassen.

Daß dem Wagner-Interpreten eher als jedem anderen Sänger vokale Mängel nachgesehen werden, wenn er ein suggestiver Darsteller ist, scheint sich zwingend aus der Ästhetik des Musikdramas zu ergeben. Nicht nachdrücklich genug kann betont werden, daß Wagner selber immer wieder perfekt gebildete Stimmen, expressis verbis sogar den »italienischen Gesangswohllaut« verlangte. Als er 1875, während der Vorbereitungen der ersten Festspiele, immer wieder mit ungeschulten Naturstimmen konfrontiert wurde, rief er aus: »Fort also mit allem, was nach Schule schmeckt. Wozu auch? Handelt es sich doch lediglich um ausgiebige Lungenkraft und ein Stimmorgan, dem man alles zumuten durfte. Denn was man sich unter dem landläufig gewordenen ›Sprachgesang‹ vorstellte, bezog sich schließlich nur noch auf ein gesteigertes Textsprechen, das den ungleichen Kampf mit dem Orchester zu bestehen hatte. Daß bei diesem unsinnigen Verfahren unzählige schöne Stimmen zugrunde gingen, darf nicht Wunder nehmen. Das alles ging auf *mein* Konto.« Er sagte auch: »Die zur Darstellung (!) meines Nibelungenwerkes zu berufenden Sänger sind zum allergrößten Teile bei dem deutschen Operntheater gar nicht zu finden ...« Bei den *Siegfried*-Proben sagte er dem Tenor Georg Unger, dessen gaumige Tongebung ihn verdroß: »Hätten Sie doch Tichatcheks Stimmklang in seiner Jugend einmal gehört! Wie der Mensch eine vokale Linie ohne Unterbrechung herzustellen wußte! Zum Beispiel das Gebet im 5. Akt *Rienzi*: ›Mein Herr und Vater, o blicke herab, senke Dein Auge aus Deinen Höhen ...‹ ... wie er diese einfach melodische Linie ausführte, daß sie wie eine italienische Vokalise klang.«

Wie eine italienische Vokalise! Legato als Basis klingenden Sprachgesangs und nicht ungebundenen Sprechgesangs. Solch ein Singen, und nicht das »brünstige Gebrüll«, ist die erste und beste Brücke zu diesem Werk, vor allem für die unendlich vielen, die Wagner auf der imaginären (Klang-)Bühne, von welcher der Komponist am Ende seines Lebens träumte, kennenlernen wollte. Auf dieser Klangbühne kann die *darstellerische Intensität*, welche etwa Martha Mödl, Astrid Varnay, Gwyneth Jones, Hildegard Behrens oder George London nachgerühmt wird – und dies mit guten Gründen – nur *bedingt* zur Geltung kommen; doch werden mit dem Hinweis auf diese Intensität allenfalls Erinnerungen bei denen beschworen, die diese Künstler auf der Bühne *erlebt* haben. Nimmt man aber die Schallplatte ästhetisch ernst – als Dokument, als Konkretion eines *vergangenen Ereignisses* –, so ist es geradezu zwingend, die vokale Seite in den Mittelpunkt zu rücken. Daß diese nur, wie oft zu lesen, einen Bruchteil sängerischer Qualitäten spiegele, will mir nicht einleuchten. Gerade bei den großen Wagner-Interpreten spiegelt sich die Darstellung im Singen, selbst wenn eine Stimme vielleicht nicht unbedingt phonogen ist, wie es bei einigen der oben aufgeführten Künstler der Fall ist.

Daß George London ein vorzüglicher Darsteller des Holländer war, klingt in der Aufnahme von Antal Dorati durchaus an – trotz der Intonationsunsicherheit und des gelegentlichen Tremolo. Daß die stimmlich makellose *Darbietung* einer Rolle verblassen kann neben einer erfühlten und erfüllten Darstellung, wird ohrenfällig, wenn man die engelhaft brav singenden Gundula Janowitz mit der beseelten Elisabeth Grümmer vergleicht, deren Intensität allerdings nie auf Kosten feiner sanglicher Ausformung geht – und nichts zu tun hat mit dem verzweifelten Einsatz oder gar Ausquetschen der Stimme. Es ist ein Truismus, daß einer Partie wie der Ortrud oder der Kundry mit sanftem Wohllaut allein nicht beizukommen ist; daß die ekstatischen Ausbrüche bei *beherrschter Phonation* gerade darstellerisch überzeugender sind als das schrille Geschrei, hat etwa Christa Ludwig in diesen Partien demonstriert.

Nach diesen Kriterien ist die folgende kleine Auswahl an modernen Wagner-Interpreten getroffen: Es geht um Künstler, die den Komponisten *auf der Klangbühne* am überzeugendsten vertraten oder vertreten. Insofern sind selbst die *kritischen Einwände* gegenüber einigen dieser Künstler als Komplimente an ihre darstellerischen Fähigkeiten zu verstehen. Damit sollen Bedeutung und Leistung von dramatischen Sopranistinnen wie Helga Dernesch, Berit Lindholm, Gwyneth Jones und Jeannine Altmeyer, von Mezzos wie Dunja Vejzovic und Hanna Schwarz, von Bass-Baritonen wie Thomas Stewart, Donald McIntyre und Siegmund Nimsgern oder von Bässen wie Hermann Becht, Zoltan Kelemen, Hans Sotin und Matti Salminen nicht herabgesetzt werden.

Genuines Pathos: Martha Mödl

> Meine Auftritte in Wien 1950 als Lady Macbeth überzeugte immer mehr Leute, daß ich mich einigen hochdramatischen Partien zuwenden könnte, denn schon damals war diese Art von Instrument sehr rar. Abgesehen von der wundervollen Flagstad, deren Karriere sich dem Ende zuneigte, und der riesenstimmigen [Gertrude] Grob-Prandl gab es niemanden

– das Terrain war zu erobern. Es ging eine kurze Zeit vorbei, bis die gloriosen Talente Nilssons entdeckt wurden, aber selbst sie konnte nicht alle Angebote annehmen.
Martha Mödl im Gespräch mit Lanfranco Rasponi

Wie vor ihr Fremstad, Matzenauer, Wildbrunn und Fuchs wechselte die 1912 (Kutsch-Riemens) oder 1913 (E. Luther) geborene Martha Mödl vom Altfach in die dramatischen Sopranrollen. Und wenn auch ihre Aufnahmen – Leonore unter Furtwängler und Böhm bei der Wiedereröffnung der Wiener Staatsoper, der Römische Ring unter Furtwängler oder Kundry unter Knappertsbusch – in rein gesanglicher Beziehung nicht restlos überzeugen, versteht sie es wie keine andere Sängerin, diese Defizite als unwichtig erscheinen zu lassen.

Mödl begann ihr Gesangsstudium erst im Alter von 28 Jahren am Konservatorium von Nürnberg. Nachdem sie eine Zeitlang mit Otto Mueller in Mailand gearbeitet hatte, debütierte sie 1943 in Remscheid als Hänsel. Es folgten Mignon und Cherubino. Nach der kriegsbedingten Unterbrechung begann sie 1945 in Düsseldorf als Mezzosopran. 1949 begann ihre Wagner-Karriere, nachdem sie im westdeutschen Rundfunk unter Richard Kraus Kundry gesungen hatte. Dieselbe Partie sang sie am 7. April 1950 in Berlin. Zu dieser Zeit war sie an der Hamburgischen Staatsoper unter Vertrag. Am 24. März 1951 war sie bereits Furtwänglers Kundry in der Mailänder Scala (neben Hans Beirer, Otto Edelmann und Josef Greindl). Ihre erste Isolde sang sie im Dezember 1951 am Teatro Communale in Florenz und erst dann, 1952, in Bayreuth (unter von Karajan). Auch die Brünnhilde hat sie nicht, wie zuweilen zu lesen, zuerst in Bayreuth gesungen (1953), sondern schon im März 1952 und im März und April 1953 unter Knappertsbusch in Neapel. Doch dann wurde sie für Jahre eine Bayreuther Institution. Wieland Wagner übertrug den auf Schröder-Devrient gemünzten Satz – »Kundry! Brünnhilde! Isolde! Keine wie Du! – auf seine »unpathetische Hochdramatische«.

Eine seltsame Charakteristik. Denn wenn eine Sängerin, so besaß Mödl die Kraft zu genuinem Pathos-Ausdruck. Doch mag Wieland Wagner mit seiner Anmerkung die Darstellerin und weniger die Sängerin gemeint haben, die an fast allen großen Bühnen ihre Partien gesungen hat. Die Bayreuther Aufführungen seien stellvertretend genannt: Sie sang Brünnhilde im *Ring* (alternierend mit Varnay) von 1953 bis 1956, dann wieder 1958, Kundry von 1951 bis 1960, Isolde 1952, 1953 und 1962. In den sechziger Jahren wechselte sie, Folge einer nur allzu erklärlichen Erschöpfung, wieder ins Mezzo-Fach. 1966 sang sie in Bayreuth Waltraute. In den siebziger Jahren begann sie, Partien des sogenannten Charakterfachs zu singen oder besser: darzustellen. Denn es war immer die Kraft der

Martha Mödl
(Foto: © Decca/Polygram Klassik)

Darstellerin, die Mödl triumphieren ließ. Einhard Luther schreibt: »Die geradezu beklemmende Intensität ihrer Darstellung, die mit einer Geste, einem Schritt, einem Atemzug die Bühne beherrscht und erfüllt, ist in dieser Form von keiner ihrer Nachfolgerinnen, weder im Hochdramatischen noch im Charakterfach, erreicht worden. Die Tonaufnahmen der Mödl geben ihre dramatische Wirkungskraft deshalb nur in begrenztem Maße wieder. Denn die stimmliche Interpretation bedeutete für sie nur einen Teil der Darstellung . . .«

Die Platten bestätigen, daß Mödl eine Darstellerin um jeden (vokalen) Preis war. Die dunkle, leicht gutturale Stimme ist registertechnisch unausgeglichen, hat auch keine harmonische Rundung und in der Höhe weniger Leuchtkraft als eine bis zum Schrillen gehende Intensität. Selbst die Platten der frühen fünfziger Jahre (zusammengefaßt auf Preiser PR), die sie gleich nach dem Fachwechsel gemacht hat, sind nach vokalen Parametern unbefriedigend. Die Aufnahme von Isoldes »Mild und leise« ist überraschend neutral, die von »Starke Scheite« ein angestrengter Parforce-Ritt mit Abwürfen in der Höhe. In der Arie der Lady Macbeth gibt sie den Konsonanten eine irritierende Dominanz und singt etliche Passagen zu hauchig, dadurch farbarm und flach. Die Eboli-Arie und Habanera und Seguidilla aus *Carmen* sind provinziell.

Aber man hört, wie schon erwähnt, Mödl nicht, wenn man Lust auf vokale Genüsse hat, und sei also auch vor der Aufnahme der *Wesendonck-Lieder* gewarnt. Man muß sie als Leonore erleben, um pathetischen Leidensausdruck zu erfahren; als Brünnhilde wegen der Autorität von Diktion und Phrasierung – obwohl man immer wieder (aus Atemnot) zerrissene Phrasen, stößige Akzente und mit dem Zwerchfell-Schock abreißende Endnoten tolerieren muß. Daß sie im Mezzo-Fach besser aufgehoben war, beweist der Bayreuther *Parsifal* von 1951. Zwar muß man tonliche Unstetigkeiten in »Ich sah das Kind« akzeptieren, doch wann hat man je das Lachen der Kundry – mal »Klagegeheul, von größter Heftigkeit«, mal »gräßlicher Schrei«, mal »ekstatisches Lachen bis zu krampfhaften Wehgeschrei« – wirklich als Explosion von Wahnwitz erlebt? Holoway merkte in *Opera on Record* zu Recht an, daß in dieser Aufführung die Szene mit Klingsor (Hermann Uhde) wirklich als »Konfrontation« begriffen sei, nicht als Austausch von Dialog-Fetzen.

Assoluta des Wagner-Gesangs: Birgit Nilsson

Birgit Nilsson [ist] für mich das große *vokale* Phänomen nach dem Kriege.
Lord Harewood in ›Opera on Record‹.

Die Tatsache, daß Birgit Nilsson (geboren 1918) rund vier Jahrzehnte lang auf der Bühne gestanden und noch mit über 60 Jahren die schwersten dramatischen Partien von Wagner und Richard Strauss bewältigt hat, spricht für sich und scheint jede Kritik hinfällig zu machen. Dies um so mehr, als ihre Aufführungen an der Met oder bei den Bayreuther Festspielen geradezu hymnisch gefeiert worden sind. Dennoch hat Wolf Rosenberg in seiner Studie *Die Krise der Gesangskunst* die Schwedin mit ungewöhnlicher Vehemenz kritisiert. Er warf ihr vor, daß sie durch die künstliche Tiefstellung des Kehlkopfs zum Zweck der Voluminisierung der Stimme die farbliche Modulierbarkeit des Tons unmöglich gemacht habe; daß sie dadurch einen gauminen Ansatz erworben habe, dessen Folge langsames Einschwingen sei und vor allem eine heftige Verfärbung der Vokale zu einem gedeckten Einheitslaut. Englische Kritiker wie Alan Blyth, John Steane oder Lord Harewood haben sie hingegen als einzige Brünnhilde seit Flagstad bezeichnet, als unvergleichliche Isolde, als ideale Turandot. Als Korre-

Birgit Nilsson als Elektra
(Foto: © Decca/Polygram Klassik)

spondent von *Opera* hat Joseph Wechsberg aus Wien wahre Hymnen auf die Schwedin nach London geschickt. Nicht zuletzt hat ein Regisseur wie Wieland Wagner sein Neu-Bayreuth mit der Schwedin gebaut. Diese Divergenz der Urteile verrät deutlich, wie schwer heute ein Konsens über die Qualitäten eines Sängers zu erreichen ist. Deutet zumindest auch an, daß stärker denn je materiale Qualitäten über die Kunstfertigkeit des Singens gestellt werden – auch wenn durchweg das Gegenteil geschrieben wird. Das wird deutlich mit Blick auf das Repertoire, sofern die nur noch mit dem Blick auf den Star-Namen geplanten Besetzungen von Großproduktionen überhaupt noch etwas vom Repertoire einer Sängerin verraten. Frau Nilsson hat nicht nur Partien wie Elisabeth und Venus (in einer Aufnahme), Isolde, Brünnhilde, Salome, Färbersfrau und Elektra aufgenommen, sondern auch Amelia, Lady Macbeth und Aida, Minnie und Turandot, selbst Donna Anna und Rezia. Daß sie keine Virtuosa im klassischen Sinne ist, wie es Lehmann oder Nordica waren, wurde dabei einfach ignoriert: zum Schaden nicht nur einiger Aufnahmen, sondern auch für das Bild der Sängerin, die auf Platten nur selten den Eindruck bestätigt, den sie auf der Bühne gemacht hat. Dies kann durchaus auch am Volumen und der durchdringenden Intensität ihrer Stimme liegen.

Die Schwedin kommt von einem Bauernhof im südlichen Teil ihres Landes. Als Kind spielte sie auf einem geschenkten Kleinklavier, das den Umfang einer Oktave hatte. Sie lernte es rasch, Musik zu lesen, verblüffte durch das absolute Gehör, begann mit fünfzehn Jahren, in Kirchen zu singen, erhielt den ersten Unterricht, gewann bei einem Wettbewerb ein Stipendium für die Stockholmer Akademie und kam in die Klasse des schottischen Tenors Joseph Hislop. Dies erwies sich als schreckliche Erfahrung, weil der aus bescheidenen Verhältnissen stammende Schotte die Manieren eines Parvenüs an den Tag legte. Sie besaß damals eine sehr eng und steif gebildete Höhe und wurde nach ihrem eigenen Bericht (*Opera News*, 1980) von Hislop dazu angehalten, hohe Töne unter großem muskulärem Druck zu bilden. Die Folge waren flache Töne. Sie studierte fünf Jahre und wechselte dann zu einem Lehrer, der ihre Bruststimme entwickeln wollte, und alle Proteste – »es schmerzt« – führten nur dazu, daß sie wieder wechseln mußte. Erste Probesingen an der Königlichen Oper waren wenig erfolgreich; der Dirigent Leo Blech hielt sie für nicht sonderlich musikalisch. 1946 mußte sie in drei Tagen die Agathe lernen und bekam, weil nicht perfekt, Ärger mit Leo Blech. Sie sang drei Aufführungen, die »wie ein Alptraum waren«, und erhielt für ein Jahr keine weiteren Rollen. Als die für eine *Macbeth*-Premiere vorgesehene Sängerin ausfiel, erinnerte sich der Regisseur Hans Busch (Sohn des Dirigenten) der Opernschülerin. Fritz Busch vertraute dem Urteil seines Sohnes und engagierte Nilsson. Leo Blech war souverän genug, sein Urteil zu revidieren. Nilsson sang fortan auch unter seiner Leitung. 1949 übernahm sie zum erstenmal Brünnhilde, studierte vor allem aber das lyrische und jugendlich dramatische Fach: Senta, Leonore in *Fidelio*, Tosca und Marschallin. 1951 debütierte sie in Glyndebourne als Elettra in *Idomeneo.* 1953/54 stellte sie sich in Wien als Elsa vor, die sie im Sommer 1954 auch in Bayreuth sang. 1955 folgte bei den Münchner Opernfestspielen der erste *Ring* mit allen Brünnhilden, dazu Salome, und fortan behauptete sie unangefochten den Platz, den Flagstad innegehabt hatte. Sie ergänzte ihr Repertoire jedoch um Partien wie Turandot und die großen Verdi-Rollen. Sie erklärte: »Selbstverständlich wende ich in den einzelnen Partien ein jeweils verschiedenes Stimmtimbre auf. Die richtige Stimme und Farbe für eine Partie zu finden ist eine Sache, die man sorgfältig zu lernen hat ... Ich liebe es, Verdi zu singen, um meine Stimme flexibel zu halten.«

Der Mangel an großen dramatischen Sopranen führte freilich dazu, daß sie vor allem die Wagner- und Strauss-Partien angeboten bekam. Isolde, Debüt-Rolle an der Met (1959), hatte sie schon 1970 über 150mal gesungen, bevorzugt unter Karl Böhm, den sie als »den wundervollsten *Tristan*-Dirigenten, den ich je hatte«, bezeichnete; und es war Wieland Wagner, »der mich zu einer Wagnerianerin gemacht hat«. Es sei seine Bayreuther Produktion des Nachtstücks gewesen, die sie entscheidend vorangebracht habe: »Er bediente sich all *meiner* Empfindung, *meiner* natürlichen Bewegungen, so daß es *meine* Isolde wurde. Das war wunderbar, viel schöner als bei einem Regisseur, der immer schon mit dem perfekten Konzept ankommt.«

Im Laufe der Jahre ist die Sängerin das geworden, was die Amerikaner »shrewed« nennen: ausgefuchst, clever, nüchtern, abwägend. Sie hat Ortrud nicht gesungen, weil sie ungern »voll in der mittleren Lage« singt, hat aus dem gleichen Grunde Puccinis *Fanciulla* (die sie auf Platten gesungen hat) abgelehnt und Carmen mit einem selbstironischen Blick auf ihre statuarische Figur. Sie kennt ihre Schwächen und hat sich in einem Interview mit *Opera News* offen darüber ausgelassen. So hält sie sich nicht für eine gute Mozart-Sängerin und glaubt, daß andere besser in *Forza* sind; daß ihre Stimme zuweilen, weil »zu weit nach vorn plaziert, bei E, F und Fis abhebt«. Weil ein Monolith geworden, konnte sie es sich auch leisten, berühmten Dirigenten – darunter Herbert von Karajan – den Rücken zu kehren.

Nach einem Wiener Gastspiel von 1960 schrieb Joseph Wechsberg im Magazin *Opera:* »Sie war vokal grandios, die größte Brünnhilde meiner Erinnerung. Ich glaube nicht, daß es je eine Sängerin ihresgleichen gegeben hat. Vielleicht die Flagstad? Vielleicht Mildenburg?« Solche Erlebnisse und Eindrücke lassen sich schwer beweisen, bezeugen aber den ungeheuren Eindruck, den Nilsson durch die schiere Brillanz ihres Singens zu machen wußte. Und es gibt buchstäblich Hunderte derartig emphatischer Reaktionen auf die Aufführungen der Schwedin. Nun ist es, wie man aus vielen ähnlichen Beispielen weiß, nicht leicht, gerade die großen und in der Weite des Raums sich entfaltenden Stimmen adäquat zu reproduzieren. Nicht nur, daß sie sich dem Mikrophon und zwei Lautsprechern schlecht fügen, es werden auch im Theater unhörbare Probleme vergrößert. So hört man auf Platten nicht unbeträchtliche Unebenheiten der Emission, wie sie entstehen, wenn der Ton nicht auf dem Atem liegt, sondern mit Druck gebildet wird und nicht rasch einschwingt. Steane hat in diesem Zusammenhang auf die große Arie der Amelia aus *Ballo* hingewiesen. Nilsson bildet die klimaktische Phrase, die auf das *C* führt, nicht etwa mühelos, sondern mit dem Selbstgefühl einer Kraft, die kein Hindernis kennt. Aber im Klang der Cantilena ist wenig Wärme und schon gar keine passionierte Farbe, und die Phrasierung ist, verglichen mit der gleichsam architektonisch singenden Maria Callas, uneben und formlos. Anders als die großen Isolden und Brünnhilden – wie Lehmann, Destinn oder Nordica – zeigt sie sich Partien mit Ansprüchen an Verzierungstechnik kaum gewachsen. Ihre Donna Anna ist kaum mehr als eine Skizze, aber auch als Agathe oder als Lady Macbeth wirkt sie unbeholfen. Muß sie Töne in der Übergangslage attackieren, tendiert sie zum »Abheben«, zum scharfen Singen, was kurioserweise von einigen Bewunderern für eine Qualität gehalten worden ist. Überhaupt fehlt es der Stimme oft – keineswegs immer – an harmonischer Rundung und dadurch an klanglicher Wärme.

Was die berühmten Spitzentöne angeht, so klingen sie auf Platten – selbst wenn von der Tontechnik in größere Hallträume plaziert – eher schneidend als warm-leuchtend, und nach dem Eindruck des Verfassers haben sie auch nicht die Glut jener emphatischen Phonation, die wir etwa von der Turandot einer Eva Turner kennen. Bei Nilsson klingen sie eher überspannt und starr, dadurch gleichsam ent-humanisiert, fern auch von jeder Kantabilität. Das beeinträchtigt ihre *Fidelio*-Leonore unter Lorin Maazel ebenso wie ihre Verdi-Aufnahmen: Die hohen Hürden der Lady Macbeth-Partie bewältigt sie ebenso mühelos wie die Akt-Finales in *Aida*, aber sie schafft – von technischen Problemen bei den Koloraturen abgesehen – keinen Klang-Charakter, zumal auch ihre Diktion zu wünschen übrigläßt. Dem Lob Lord Harewoods für die Amelia (unter Solti) kann sich der Autor nicht anschließen – und dies nicht nur wegen einiger technischer und intonatorischer Ungenauigkeiten, die auch Harewood beanstandet, sondern wegen der klanglichen Charakteristik Noch ärger ist *Aida* unter Zubin Mehta, zumal auch Corelli den Radames mit all seinen grellen Manierismen ausstattet. Weit adäquater klingt sie als Turandot, die sie 1960 unter Leinsdorf (mit Björling als Partner) und 1965 unter Molinari-Pradelli (mit Corelli als Kalaf) aufgenommen hat. Aber auch hier hat der Ton nicht die leuchtende Intensität Turners, sondern eher eine sehnige Gespanntheit, und sowohl die Phrasierung als auch die Diktion sind nicht die einer subtilen Interpretin. Insofern ist Callas, obwohl stimmlich weit angestrengter, in der

Rolle viel imaginativer, und Sutherland singt sie einfach schöner. Als Alternative sei ein Mitschnitt des Werks unter Leopold Stokowski empfohlen: Die Schwächen treten nicht so stark hervor, dafür die Stärken der Klangentfaltung im Raum (die Klangqualität der Aufnahme ist akzeptabel, Corelli glänzend bei Stimme, aber die Chöre sind unter dem Opern-unerfahrenen Stokowski ausgesprochen wacklig).

Steane hat sich bewundernd über Nilssons Salome ausgelassen, jene mit allen Tricks akustischer Mise en scène produzierte Aufnahme, die zwei Dirigenten hatte: Solti für die Musik und Culshaw für den Klang. Steane hört »otherworldly sounds« und »marvels of pure singing«, wobei der Verfasser ihm nicht folgen kann. Anders als beim schlanken und wundervoll projizierten Singen Ljuba Welitschs verstehe ich bei Nilsson kein Wort (obwohl ich den Text auswendig kenne), sondern höre nur eine scharf durch das Orchester schneidende Stimme, die einige Male ausgesprochen flach klingt. Noch weniger befreunden kann ich mich mit dem gestikulierend singenden Gerhard Stolze als Herodes – eine jener »Charakterdarstellungen« mittels vokaler Denaturierung, denen ich am liebsten aus dem Wege gehe.

Wechseln wir also zu Nilssons Wagner-Aufnahmen: Sie ist die Brünnhilde des legendären Solti-*Rings*, auch hier aber mehr durch die Souveränität des Singens überzeugend als durch Individualität, Intensität und Ausdruckskraft. Diese Qualitäten deutet sie im Bayreuther Mitschnitt des *Ring* unter Karl Böhm schon eher an. At her best aber hören wir sie als Isolde unter Karl Böhm, wo sie engagiert singt, zuweilen mit schier rasender Heftigkeit, was für die gleißend-metallischen Härten entschädigt. Sie ist im ersten Akt ausdrucksvoller als Flagstad, vor allem wirklich prägnant in der sprachlichen Artikulation; daß sie den Liebestod eher »mil*t*« und wenig leise stirbt, ist ein Schönheitsfehler in einer eindringlichen Interpretation, die die Qualität einer wirklichen Aufführung hat. Bei ihrem Partner Wolfgang Windgassen muß man freilich in Kauf nehmen, daß er stimmliche Schwächen und Anstrengungen in Ausdruckswerte zu verwandeln versucht – was ja von manchen toleriert wird, vor allem von denen, die den Darsteller Windgassen in der Partie erlebt haben. Hinzuweisen ist auf *Tristan*-Szenen unter Hans Knappertsbusch, zu warnen ist vor der Aufnahme der *Wesendonck-Lieder* unter Davis, wo sie mit unklarem, schlecht gestütztem Ton und vager Intonation singt: Sie war nie eine Sängerin von Träumen, sondern eher von Schlachtrufen – und den gibt es auf der Rückseite. Es wäre Ignoranz, die Bedeutung der Schwedin durch ein Debunking zu schmälern. Doch entsprechen ihre Platten – dies mag ein persönlicher Eindruck sein – nicht ihrer Bedeutung im Opernleben. Wenn man sie hört, sieht man eine Statue auf die Klangbühne treten. Ihre (Klang-)Figuren sind, sieht man von der Isolde ab, nicht differenziert und nuanciert, sondern klangliche Abstraktionen.

Wagner und Strauss: Leonie Rysanek

Ich kenne keine Frauenstimme, die so leidenschaftlich lodern, die so feurig strahlen kann wie die Glutstimme der Rysanek.
Clemens Höslinger in ›Fono forum‹

Leonie Rysanek lebt in wilder Ehe mit den Noten.
Ulrich Schreiber

Im Frühjahr 1957 stand, unter der noch jungen Ägide Herbert von Karajans, an der Wiener Staatsoper Verdis *Otello* auf dem Programm. Der Dirigent war damals im Begriff, das Opernleben Europas auf dramatische Weise zu verändern. Er hatte das klassische Ensemble-Theater für überlebt und überholt erklärt und plante Produktionen mit Festspielniveau, die er durch ganz Europa und selbst an die Met schicken wollte. Zunächst dachte er an eine Achse zwischen Wien und Mailand: Er wollte Wiens Mozart-Sänger nach Italien schicken und im Austausch die besten italienischen Stars nach Wien holen. Mit einer *Lucia*-Aufführung – in der Titelpartie natürlich Maria Callas – hatte er auf dem Höhepunkt der Staatsopernkrise (verursacht durch die Demission Karl Böhms) seine Manager- und Starqualitäten demonstriert. Die *Otello*-Premiere geriet nicht, wie vorgesehen, zu einem Triumph für Mario del Monaco, sondern für Leonie Rysanek – und nachträglich zu einem Eklat. Nach der Aufführung erfuhr die 1926 in Wien geborene, von Alfred Jerger und ihrem späteren Mann Rudolf Großmann ausgebildete Sängerin, die schon 1951 in Bayreuth debütiert und von 1952 bis 1954 an der Bayerischen Staatsoper gesungen hatte, daß die Sängerin der Emilia eine höhere Gage erhalten hatte, ein typisches Beispiel für den Unfug des Gastierwesens mit der Einstufung der Stars nicht nach Leistung, sondern nach Namen. Da die Wiener Direktion Satisfaktion zu leisten nicht willens war, verließ die Sängerin die Staatsoper.

Gut ein Jahr später kam sie, nach ersten mäßigen Erfolgen in Chicago und San Francisco, zu ihrem Debüt in New York – und dies nur, weil sie sich als Diva in spe ebenso wie die Assoluta jener Jahre mit dem Management ihrer Opernhäuser überworfen hatte. Rysanek hatte ein Angebot, in Wien Tosca unter von Karajan zu singen, wegen des Honorars abgelehnt; und Maria Callas hatte an der Met abgesagt, weil sie nicht Lady Macbeth und eine Koloraturpartie singen wollte, was zu dem für sie ruinösen Krach mit Bing führte. Rysanek erhielt das Angebot, für Callas einzuspringen und wurde, kaum auf der Bühne, mit dem Ruf »Viva Callas« empfangen. Nach der Aufführung zog Bing die erfolgreiche

Debütantin auf die Bühne, und bei der anschließenden Party zerriß er demonstrativ ihren Vertrag, um ihr einen besser dotierten auszuschreiben. In den nächsten Spielzeiten sang sie Aida, Abigaille, Amelia und Lady Macbeth, dann 1962 Ariadne unter Böhm. 1966 hörte man sie als Chrysothemis, dann als Marschallin und endlich, schon im Lincoln Center, als Kaiserin in *Die Frau ohne Schatten*, eine Partie, die gleichsam ihre internationale Visitenkarte geworden ist. Ihre erste Salome sang sie 1971 bei den Münchner Opernfestspielen. Der Erfolg war tumultuös. Hans Göhl schrieb im *Münchner Merkur*: »Flammend, mit äußerster Vehemenz begann sie [den Schlußgesang], triumphal hielt sie durch: herrlich leuchtende, gleißende Höhe, Stimmprunk sondergleichen. Ich wüßte nicht, welche Sopranistin da mit der Rysanek konkurrieren könnte.«

Rysaneks Platten halten nicht ganz, was der Ruhm der Sängerin verspricht; sie sind zumindest so wechselhaft wie die Launen einer Diva. Irritierend ist nicht nur die gelegentliche Unstetigkeit und Hauchigkeit des Tons, der Mangel an »incisiveness and firm grip« (Steane), sondern auch die oft vage Attacke, die den Ton nicht in seinem harmonischen Kern faßt. Dadurch wirkt das Singen zeitweilig vagierend – so im Duett »Wie aus der Ferne längst vergang'ner Zeiten« aus Wagners *Holländer* (mit dem ebenfalls nicht gut disponierten Sigurd Björling). Auf der anderen Seite gibt es so vortreffliche Aufnahmen wie die des *Macbeth* unter Erich Leinsdorf, nicht nur eine erstklassig vokalisierte, sondern auch eine fesselnde und furios energische Aufnahme. Ganz erstaunlich, wie souverän sie die Cabaletta nach der Arie des ersten Akts bewältigt, wie sicher die Verbindung von Gruppetti und Trillern, wie schwungvoll und zugleich fahl das Trinklied, wie ekstatisch in der Phonation die Nachtwandelszene. Dies alles gelingt sicherer und selbstverständlicher als bei Cossotto oder Verrett, wenngleich nicht so glühend und kontrastreich wie bei Maria Callas, die für Rysanek, wie sie in einem Gespräch mit George Movshon in der *New York Times* (6. 2. 1977) sagte, das unerreichbare Vorbild geblieben ist. Nur wegen Callas, so erklärte Rysanek weiter, habe sie Medea und Gioconda studiert und damit zwei der wichtigsten Erfolge ihrer Laufbahn gehabt.

Rysanek war noch kein Weltstar, als sie 1957 unter Ferenc Fricsay Leonore in Beethovens *Fidelio* (mit Haefliger, Irmgard Seefried, Fischer-Dieskau) sang. Sie überzeugt den Hörer, so Lord Harewood, »durch eine selbstsichere hohe Lage«, weniger aber durch farbliche Valeurs, die Fischer-Dieskau vor allem in seiner ersten Arie und auch in der Auseinandersetzung mit Rocco zur Verfügung hat. Und obwohl die Stimme sich an den dramatischen Höhepunkten lodernd entfaltet, fehlt ihrem Singen die pathetische Eloquenz einer Mödl – offenbar kann man nicht beides haben. Drei Jahre nach dem *Fidelio* erschien 1960 Verdis *Otello* unter Tullio Serafin mit dem imponierenden Jon Vickers, dem stimmlich

Leonie Rysanek als Lady Macbeth
(Foto: ©Decca/Polygram Klassik)

nicht mehr frischen, aber suggestiven Tito Gobbi und Rysanek. Sie singt reich und üppig, aber nicht versammelt und konzentriert, zeitweilig intonatorisch ungenau. Als Sieglinde hört man sie besser in der Furtwängler-Aufnahme von 1954 neben dem trefflichen Ludwig Suthaus als in Böhms Bayreuther Mitschnitt, doch ist ihr Singen in beiden Aufnahmen kein Muster an Stetigkeit.

Die Aufnahme von *Cavalleria* (mit Schock und Metternich), der Querschnitt aus *Aida* (mit denselben Partnern) und Auszüge aus *Der Rosenkavalier* (mit Grümmer als Octavian und Köth als Sophie) sind allenfalls etwas für eingefleischte Fans. Selbst die aber dürften sich schwerlich für Strauss' *Ariadne auf Naxos* unter Leinsdorf begeistern – Rysanek singt angespannt und tremulös, Jurinac als Komponist weit unter Form, und Peerce als Bacchus ist nur noch ein Schatten seiner selbst. Die Energie ihres Singens zeigt sich in der Aufnahme von *Die Frau ohne Schatten* unter Böhm, auch in diversen Mitschnitten auf Melodram, die freilich auch die Intonationsunsicherheiten besonders kraß zeigen. Dennoch: Was Höslinger hervorhebt, die lodernde Leidenschaftlichkeit – man spürt sie in der Rezia-Arie (unter Rudolf Michel, 1950), der Hallen-Arie (unter Georg Solti, 1960), in Sentas Ballade (unter Michel, 1950), während die Szenen aus *Turandot* und *Macbeth* die von Rasponi angedeuteten Grenzen verraten, über die sich die Sängerin mit einer Bedingungslosigkeit hinweggesetzt hat, die für keine Stimme zuträglich ist. Eine große Sängerin , eine überragende Persönlichkeit.

Passion vor Stil: Hildegard Behrens

Ihre Stimme ist durchaus nicht schön – einige werden sie sogar als ausgesprochen häßlich bezeichnen –, und ihr Singen wird beeinträchtigt durch ihre Unfähigkeit, auch nur im entferntesten etwas anzudeuten, was an Legato erinnert. Dennoch hat ihr Sopran einen expressiven Ton, und sie weiß auch, wie sie das meiste daraus macht.
Peter G. Davis in ›New York Times‹ vom 25. März 1985 über Hildegard Behrens' Tosca in der Zeffirelli-Produktion der Met

Ich habe nie daran gedacht, mit meiner Stimme sparsam umzugehen.
Hildegard Behrens in einem Gespräch mit Willi Crutchfield in ›The New York Times Magazine‹ am 10. März 1985

Im Mai 1974 wurde an der Düsseldorfer Rheinoper Alban Bergs *Wozzeck* einstudiert. Am Tage der Hauptprobe erfuhr Hildegard Behrens (1946 geb.) von einem Tenor-Kollegen, daß Herbert von Karajan im Zuschauerraum sitze. Entgegen ihrer Absicht, zwei Tage vor der Premiere nicht auszusingen, packte sie ihre ganze Energie in die Schlußszene. Nach der Probe traf sie den Dirigenten, der sie nach ihrem Repertoire und ihren Wunschrollen fagte. Sie nannte unter anderen Salome, und von Karajan erklärte, daß er »zehn Jahre auf eine Salome gewartet« habe: »Vielleicht habe ich eine gefunden.« Wenig später ging sie zu Testaufnahmen nach Berlin und sang die Schlußszene. Im Sommer erarbeitete sie die Partie mit von Karajan in Salzburg. Dann nahm sie das Werk auf und stellte es schließlich 1977 auf der Bühne dar. Es war, wieder einmal, eine der schnellen Karrieren.

Die Arzttochter aus Varel hatte zunächst in Freiburg Jura studiert und erst im Alter von 26 Jahren zu singen begonnen. Nach diversen Versuchen mit unterschiedlichsten Lehrern kam sie zu Ines Leuwen am Freiburger Konservatorium.

Hildegard Behrens
(Foto: © Decca/Polygram Klassik)

1971 wurde sie am Opernstudio in Düsseldorf akzeptiert. Sie sang Comprimario-Rollen, bei einem Gastspiel in Osnabrück am 2. Februar 1971 aber schon die *Figaro*-Gräfin und wiederholte die Partie zwanzigmal in dieser Saison. Sie studierte Partien wie Agathe, Giorgetta, Elsa und Katia Kabanowa, die sie in Frankfurt auf der Bühne sang. In Düsseldorf folgte die *Wozzeck*-Marie, in Frankfurt sang sie Fiordiligi, Elisabeth in *Tannhäuser* und Rusalka, in Zürich *Fidelio*-Leonore. Mit dieser Partie gastierte sie an der Covent Garden Opera. An der Met debütierte sie 1976 als Giorgetta in *Il Tabarro*. Dort kam es, so Crutchfield, zu einer »außergewöhnlichen Reihe von *Fidelio*-Aufführungen« mit Jon Vickers, einer »feurigen, bizarren Elettra« in *Idomeneo* (mit Pavarotti in der Titelpartie), einer »herausfordernden (aber unebenen) Donna Anna und einer strahlend menschlichen Isolde«. 1983 sang sie in den *Ring*-Aufführungen Georg Soltis in Bayreuth Brünnhilde. In Düsseldorf hatte sie die Kaiserin in *Die Frau ohne Schatten* studiert, mit der sie 1980/81 unter von Dohnányi die Pariser Opernsaison eröffnete. Die Ariadne sang sie zum erstenmal 1979 – bei den Salzburger Festspielen unter Böhm. Woran die Frage anzuschließen ist, ob eine Sängerin derartig schwere Partien gleich unter dem Druck von Festival-Erwartungen singen sollte. Crutchfield zitiert einige positive Kritiken über die Bayreuther Brünnhilde. Der Verfasser hat die Aufführungen anders erlebt. Gewiß hat Behrens eine »starke, sympathische Bühnenpräsenz«, doch in stimmlicher Hinsicht war die Aufführung ein Ritt über den Bodensee. Das Singen war zwar dramatisch-suggestiv, aber angespannt und angestrengt, mit erheblichen Schwierigkeiten in der Verblendung der Register. Im zweiten Akt der *Walküre* wurde sie von Jeannine Altmeyer förmlich ausgesungen. Und später hat sie in New York, nach den Worten von Bernard Holland in *The Times*, »einen Triumph roher Passion über Stil« errungen. Als sie unter Solti Beethovens *Fidelio* sang, urteilte John Steane, die Aufnahme habe »drei schwarze Stellen in den drei großen Arien, und eine ist Behrens' ›Komme, Hoffnung‹ «. John Rockwell bezeichnete sie gar als »zweitklassige Sängerin mit einer erstklassigen Theater-Personality«. Diese Personality ist es, die ihr in diesen Tagen eines Musiktheaters, für das Singen offenbar nur noch eine Sekundär-Tugend zu sein scheint, Triumphe beschert, die freilich für die Entwicklung der Stimme Pyrrhus-Siege sind. Crutchfield zitiert einen Behrens-Bewunderer mit der Beobachtung, daß sie als Isolde vor dem hohen A des Fluchs »Tod uns beide« auf die Knie gefallen sei wie ein Quarterback im Football – und daß niemand diesen Moment vergessen könne.

Es ist dies eine *szenische* Erinnerung. Die akustische ist weniger eindringlich. Behrens macht in unkontrollierter Weise Gebrauch von der – zudem nicht sicher fokussierten – Bruststimme, die sie bis zum Fis oder sogar noch höher hinauftreibt. Folge ist eine auf Platten nicht nur spürbare, sondern ausgesprochen störende Register-Divergenz. Zudem erweist sich die Verbindung von Bruststimme und heftigem Akzent klanglich oftmals als ausgesprochen unglücklich. In der ersten Phrase der Leonoren-Arie »Abscheulicher« singt Behrens das /sch/ derart explosiv, daß es das Wort förmlich spaltet. Und bei der langen aufsteigenden, melismatischen Phrase denkt man gar nicht mehr daran, was die Liebe erreichen will, sondern fürchtet, daß die Stimme das H nicht erreichen wird. Auch als Agathe in der von Rafael Kubelik dirigierten *Freischütz*-Aufnahme kann sie nicht überzeugen. Die Interpretation wirkt studiert-synthetisch und ausdrucks-unsicher. Zwar wartet Behrens mit einigen schönen Spitzentönen auf, aber es fehlt sowohl an der beherrscht-ruhigen Stimmführung für den lyrischen ersten Teil der ersten und die zweite Arie als auch an der Flexibilität für »all meine Pulse schlagen«, wo zudem die Attacke unsicher ist. Nicht zu reden davon, daß Behrens schon die erste Phrase der ersten Arie ohne den richtigen Akzent – »wie nahte mir der Schlummer, bevor ich *ihn* geseh'n« – vorträgt; ein Vergleich mit den Aufnahmen von Lotte Lehmann, Elisabeth Schwarzkopf oder Elisabeth Grümmer ist lehrreich.

Unter Leonard Bernstein hat sie, mit Peter Hofmann als Partner, *Tristan und Isolde* aufgenommen. Dabei wurden im Abstand von einigen Monaten die Akte einzeln aufgeführt, wobei die Überlegung eine Rolle spielte, daß es heute keine

Sänger mehr gibt, die die ganze Oper durchstehen. Alan Blyth schrieb in *The Gramophone*, Behrens sei »einzigartig unter den heutigen Sopranen in der brennenden Intensität des emotionellen Reagierens auf die Worte und die Musik«. Dies ist eine treffende Beschreibung für die darstellerische Energie und für die Intensität, zugleich aber ein Euphemismus für die beträchtlichen vokalen Grenzen. Diese zeigen sich weniger bei dramatischen Höhepunkten und bei emphatischen Ausbrüchen als vielmehr in den Lyrismen des zweiten Aktes oder des Liebestods. Ein Beispiel: Von der Phrase »Ich bin's, ich bin's, süßester Freund!« aus dem dritten Akt versteht man kaum ein Wort, weil Ton und Wort nicht korrekt verbunden sind, sondern zu Affektklängen mutieren.

Restlos überfordert zeigt sie sich durch Berlioz' *Les Nuits d'Été* und Ravels *Shéhérazade* (unter Francis Travis). Für die Berlioz-Lieder fehlt ihr die Fülle des Tons wie der Reichtum der Farbpalette, und der Versuch der strengen Linearisierung unter Verzicht auf das Vibrato schlägt um in eine irritierende vokale Bleichheit.

Es ist schmerzlich, feststellen zu müssen, daß Behrens ihre beste Aufnahme mit ihrem Schallplatten-Debüt gemacht hat – als Salome unter Herbert von Karajan, dessen kammermusikalische Durchleuchtung der Partitur bei gleichzeitiger Schärfung der Reizharmonik eine Offenbarung ist. Behrens' Interpretation ist seinerzeit enthusiastisch (»a stunning achievement« ist das Urteil Jeffersons in *Opera on Record*) gelobt worden. Alfred Beaujean schrieb in *Hifi-Stereophonie:* »Das Ereignis der Aufnahme ist das Schallplattendebüt von Hildegard Behrens, hat es doch seit den besten Tagen von Christel Goltz ... eine derart überzeugende Salome ... nicht mehr gegeben. Das ist – im Gegensatz zu Gwyneth Jones – nicht nur gesanglich überlegen bewältigt und stimmlich souverän durchgestanden, sondern vor allem – im Gegensatz zu Caballé und Nilsson – musikalisch-psychologisch hochintelligent erfaßt. Der Ausdrucksradius dieser wandlungsfähigen, jugendlichen Stimme reicht vom lockeren Parlando über verführerische Mezzavoce-Künste und strömend-großbogig ausgesungene Lyrik zu wild hysterischem Ausbruch.«

Behrens' Salome ist eine eloquente Interpretation. Mit jeder Phrase (viele davon in einem fast gewisperten Tonfall vorgetragen) und Ausdrucksgeste kommandiert Behrens auf hypnotische Weise Aufmerksamkeit. Die Wortbehandlung ist ebenso spontan wie ausdrucksvoll und farbig. Trotz aller Frische aber deutet sich auch hier schon an, daß die Stimme auf dem Höhepunkt hoch liegender Phrasen bis an die Grenzen gefordert ist. Dies wird manifest in kleinen Intonationsunsicherheiten und vor allem darin, daß sie Worte ausläßt und die Höhepunkte nur noch vokalisiert. Schon in dieser Aufnahme dominiert der expressive Gestus über die klassische Einheit von vokaler Reinheit und artikulatorischer Expressivität.

Die stimmtechnischen Probleme sind auch in der neuen Aufnahme des *Ring* unter James Levine zu erkennen. Sie werden durch den bedingungslosen Einsatz der Sängerin nur bedingt wettgemacht. Der Stimme fehlt einfach die unerläßliche Mezzo-Grundlage, um dramatische Akzente gerade in der tiefen Lage (»Sieh, Brünnhilde bittet« oder das auf dem tiefen ›a‹ liegende »Zu Wotans Willen sprichst du«) zur Geltung zu bringen. In der großen Szene mit Sieglinde zu Beginn des dritten *Walküren*-Aktes wird sie von Jessye Norman förmlich ausgesungen.

Expression: Waltraud Meier

> ... einfach eine erstaunliche vokale Aufführung, die den mannigfaltigen Aspekten der Rolle so nahe kommt wie nur denkbar. Die verführerischen Töne und die lockende Phrasierung zu Beginn, die bewegend schlichte und doch innige Wiedergabe von ›Ich sah das Kind‹ und ganz besonders der stählerne Ausbruch von rasender Wut in dem Moment, da Kundry sich zurückgestoßen sieht. Die Stimme blühend gesund und aller koloristischen Nuancierungen fähig.
> *Opera News über die Kundry von Waltraud Meier (5/92)*

Als Daniel Barenboim im März 1989 Wagners *Parsifal* konzertant im Münchner Herkulessaal aufführt, beurteilte Joachim Kaiser die Darstellung der Kundry durch Waltraud Meier als überwältigend: »Und zwar nicht, weil sie jenen hochdramatischen Schrei, jenen Furor einsetzen kann, der einst die Kundry von Martha Mödl unvergeßlich machte, sondern weil sie mit wunderbar biegsam und rein geführter, dramatischer Stimmkunst ebenso die lodernde Leidenschaft wie die brütende Schicksalsapathie dieser aufregendsten aller Wagnerschen Frauenfiguren gestaltete.« In der Tat gehört dieses Portrait zu den eindringlichsten Darstellungen der Wagner-Bühne in den achtziger Jahren, und es spricht für sich, daß die 1956 in Würzburg geborene Sängerin die Partie unter Sir Reginald Goodall (nicht zu ihrer eigenen Zufriedenheit), James Levine (Bayreuth 1985) und unter Daniel Barenboim (1990) mit dem sehr klangschön und nuanciert singenden Siegfried Jerusalem aufgenommen hat.

Das sieht nach einer modernen Blitzkarriere aus. Doch hat die von Anton Theisen und Dietger Jacob (seit 1981 in Köln) ausgebildete Sängerin nach einem früh abgebrochenen Sprachenstudium zwischen Würzburg (1976–1978), Mannheim (1978–1980) und Dortmund (1980–1983) in festen Ensembles gearbeitet und die Ansprüche an die Stimme langsam gesteigert; hat zunächst Cherubino, Dorabella, Hänsel, Nicklausse gesungen, dann Waltraute und Fricka, schließlich Eboli, die für sie wohl sehr oder zu tief liegende Azucena und endlich Kundry und Venus. Fünf Jahre lang wurde sie in ihrer Entwicklung von dem Dirigenten Hans Wallat beobachtet und unterstützt.

Ihr Bayreuther Debüt (1983) zeitigte Einladungen aus aller Welt: Kundry in Hamburg und Wien, Brangäne in Wien, Fricka an der Met und die vielleicht doch zu einseitige Festlegung auf das schwere, dramatische Fach. Dies ist weniger ein »Fehler« der Sängerin, die offen eingesteht, daß sie an verzierter Musik – »Koloraturen fliegen mir nicht zu« – wenig Interesse hat, sondern einer jener Zwänge, die für den Betrieb symptomatisch und für die Entwicklung einer Stimme keineswegs hilfreich sind. Für ihre Wagner-*Aufführungen* hat Waltraud Meier seit zehn Jahren enthusiastische Kritiken bekommen, und die Bewunderung galt durchaus nicht nur einer nicht näher definierten »hochexpressiven Darstellung«. Karl Schumann etwa wies darauf hin, daß sie als Kundry »Passagen bewältigt, die gemeinhin ins Ungefähre gesungen werden« (*SZ*, 29. 7. 1985), und Will Crutchfield notierte in der *New York Times* (25. 10. 1988) über eine *Parsifal*-Aufführung mit René Kollo in der Titelpartie: »(Im Gegensatz zu Kollo) ist hier jemand, der wirklich *singt*, deren Ton emotionales Gewicht mit sich tragen und uns schauern machen kann, der die Musik bewältigt und aus ihr schöpft, statt einfach durch sie hindurchzugehen. Sie stellte eine harte, höhnische Kundry dar und griff zu entsprechend beißenden Tönen, doch in der Verführungsszene und dem ihr folgenden Umwerben Parsifals verstand sie es auch, gut-fokussierte Klänge zu bilden, selbst Einsätze in höchster Lage klangvoll zu singen.«

Ähnlich der Eindruck, wenn sie ihre dramatischen Partien auf der Klangbühne und damit nur für das Auge des Ohrs agiert – singend agiert. In ihren Wagner-Aufnahmen ist sie erstklassig: Sie singt sicher, souverän, engagiert und durchweg auch klanglich zufriedenstellend. Vor allem in Daniel Barenboims Aufnahme des *Parsifal* erweist sie sich als die überzeugendste Kundry seit Christa Ludwig (1972). Deren Stimme aber war doch reicher, harmonisch ausgeglichener, geschmeidiger und klangschöner. Wie die Ludwig unter Otto Klemperer (1965) hat Waltraud Meier unter Daniel Barneboim (1991) die Elvira in *Don Giovanni* gesungen – und sie hat technisch noch mehr Mühen als die Ältere, für die »Mi tradi« transponiert ward. Ihre Darstellung mag ein engagiertes Portrait sein, glaubwürdig im Sinne einer *realistischen* Konzeption, welche die Exaltation auch im Klang erleben will; doch nimmt dieser Klang Schärfen an, die nicht das Resultat des Kunst*wollens* sind, sondern von vokalen Problemen, die sich etwa in der nicht restlos ausgeglichenen Balance von Wort und Ton zeigen. Zu spüren ist dies auch in ihren Liedaufnahmen: In Gustav Mahler »Lied von der Erde« unter Daniel Barenboim neben dem wiederum sehr sicheren Siegfried Jerusalem singt sie weder so imaginativ noch so schön wie etwa Brigitte Fassbaender. Auch in den *Kindertotenliedern* Mahlers und den *Wesendonck*-Liedern Wagners (dazu zwei Orchesterlieder von Hugo Wolf) findet sie in Christa Ludwig und einigen anderen Interpreten harte Konkurrenz. Daß sie gleichwohl eine Ausnahmeerscheinung ist, steht außer Frage – sie gibt mit Wolfs »Wo find' ich Trost?« eine strahlende Antwort auf die Frage nach großen Sängern in unserer Zeit.

Wagner-Tenöre

»Was soll werden, wenn schwere, baritonale Heldentenöre à la Günther Treptow einmal die Bühne verlassen – Nachwuchs ist nirgends zu entdecken. Was soll mit Bayreuth, was überhaupt mit den Werken Richard Wagners geschehen, wenn es die geeigneten Vertreter nicht mehr geben wird?«
Kritik nach den Bayreuther Festspielen 1952

Diese von Harold Rosenthal zitierte (nicht identifizierte) Kritik ist in vielen, vielen Variationen geschrieben worden. Sie zieht sich, so scheint es, als Leidmotiv durch die gesamte Geschichte der Festspiele. Der voluminöse, durchschlagskräftige und klangschöne singende Wagner-Tenor war immer eine Rarität, und er war öfter wohl in London, Wien oder New York zu finden als in Bayreuth, wo sich zweimal ein nationalistischer Provinzialismus durchsetzte und damit ein Stil, den George Bernard Shaw als »the Bayreuth bark« bezeichnete, das Bayreuther Bellen. Der oben erwähnte Typus des schweren, zuweilen baritonalen Heldentenors, der durchaus nicht einhellig als stimmliches Ideal angesehen wird, war nur noch in den fünfziger Jahren in Bayreuth zu erleben: Bernd Aldenhoff, Günther Treptow, Hans Beirer, der Chilene Ramon Vinay, Hans Hopf und Max Lorenz. Ob es viele gibt, die ein unstillbares Sehnen nach dem Hören ihrer Aufnahmen verspüren, ist fraglich.

Espressivo-Emphase: Max Lorenz

Ein ernsthafter und musikalischer Künstler, besaß Lorenz eine harte, unangenehme Tonqualität, die sich in den beiden Dekaden, in denen er an der Met sang, nicht veränderte.
Irvinig Kolodin, ›The Story of the Metropolitan Opera‹

In seinem Kommentar zu einem Max-Lorenz-Album der EMI-Electrola hat Sigurd Schimpf den Düsseldorfer Sänger als den letzten brillanten Heldentenor deutscher Schule bezeichnet. Spezifikum sei die klangliche »Durchbildung« der Stimme, die so vollkommen gewesen sei wie bei einem lyrischen Tenor. Lorenz habe nicht nur »die strahlende Kraft seiner Stimme entfaltet«, sondern auch »die rührend stille Geste«. Tatsächlich kennt das Singen Lorenz' selbst im Piano kaum den lyrischen, den verinnerlichten Ausdruck. Vielmehr ist er auch hier auf emphatische Weise artikuliert und rhetorisch, nicht aber kantabel und klanglich moduliert wie etwa Melchior oder Urlus.

Max Lorenz (1901–1975) hatte sein Gesangsstudium in Köln bei Kammersänger Pauli begonnen, wechselte dann zu Ernst Grenzebach (Lehrer von Melchior und Schlusnus) nach Berlin, der vor allem auf dem Aufbau der Stimme auf der Basis des Piano bestand – getreu dem Lehrsatz, daß ein Forte klingen müsse wie ein entfaltetes Piano. 1926 beteiligte sich Lorenz an einem Wettsingen, das von einer großen Illustrierten ausgeschrieben worden war, und gewann den ersten Preis unter zweieinhalbtausend Mitstreitern. Er debütierte, von Busch an die Dresdner Oper engagiert, 1926 als Walther von der Vogelweide in *Tannhäuser*. Nachdem er Radames gesungen hatte, wurde er von Arthur Bodanzky an die Met eingeladen. In einem Selbstporträt des Norddeutschen Rundfunks hat Lorenz berichtet, daß er während der Überfahrt in die USA ein Telegramm erhalten habe, daß er als Antrittsrolle *Tannhäuser* singen sollte, den er noch nicht studiert hatte. Der mitreisende Richard Tauber habe dann die Partie mit ihm studiert. Eine apokryphe Anekdote: Denn aus Kolodins Chronik geht hervor, daß Lorenz am 12. November 1931 als Walther debütierte – und es ist auch zu lesen, daß seine vielen Aufführungen »nicht zu historischen Vergleichen einluden«. Nach 1931 erarbeitete Lorenz mit dem Berliner Intendanten und Dirigenten Heinz Tietjen die großen Wagner-Partien, die er in zehn Bayreuther Spielzeiten sang. Nach dem Krieg wurde er Mitglied der Wiener Staatsoper, an der er schon 1943 unter Furtwängler Tristan gesungen hatte. 1946 sang er die Partie unter Krips.

Max Lorenz als Stolzing
(Foto: © EMI Classics)

In Wien sang Lorenz vorwiegend in Wagner- und Strauss-Opern, aber noch 1953 übernahm der 52jährige in Salzburg die Hauptrolle in von Einems Kafka-Oper *Der Prozeß*. Eine genaue Statistik seiner Aufführungen findet sich in Hubert Hackenbergs und Walter Herrmanns *Die Wiener Staatsoper im Exil* 1945–1953.

Lorenz wird hierzulande weitaus höher eingeschätzt als im angelsächsischen Sprachraum. Steane findet nur wenige beiläufige Worte für ihn, und diese verraten Irritation über die unstete und zuweilen flackrige Tongebung und die dramatische Emphase des Vortrags. Dies beeinträchtigt sowohl die Wagner-Aufnahmen als auch die vergleichsweise wenigen Titel aus dem italienischen und französischen Fach. Es gibt eine erstaunlich gebundene und brillante Aufnahme der Alvaro-Arie aus *Forza*, eine äußerlich-emphatische und gesanglich akzeptable Radames-Romanze, ein mißlungenes Duett aus dem dritten Akt von *Aida* mit Else Gentner-Fischer voll rhythmischer Unsicherheiten und unfreiwillig komischer Espressivo-Drücker. Stilistisch unidiomatisch die Aufnahmen aus *Carmen, L'Africaine* und *La Juive*. Die Blumenarie besteht weniger aus gebundenen Phrasen als aus ejakulatorischen Einzeltönen – in der Phrase »Dein Bild ich sah« leistet sich der Sänger eine Vokaltrennung und Aspirierung. Auffällig in all den Aufnahmen ist die schlanke, helle Bildung der Höhe mit extremem Vordersitz der hellen Vokale. Das sicherte der Stimme enorme Durchschlagskraft, führte aber auch zu Härten der Tonbildung. Attacke (oder Anschlag) waren nicht gut: Hohe Töne wurden angespannt herausgepreßt, oft auf Kosten der Bindung und Phrasierung (Radames-Arie). Ausdruck und Akzente entwickelte er nicht aus der Linie, sondern aus sprachlicher Akzentuierung, wobei die Balance von Ton und Wort nicht gesichert ist. Die Vorherrschaft der Artikulation manifestiert sich vor allem in emphatisch gerollten Liquiden und schwingenden Nasalen. Für Connaisseurs wie Henderson waren dies Merkmale des provinziellen deutschen Stils.

Insofern steht Lorenz in der Bayreuther Tradition. Seine vielgerühmten Wagner-Aufnahmen zeugen von einem eindrucksvoll-engagierten, dramatischen, oft auch heftigen Espressivo-Willen, leiden aber unter den emphatischen rhetorischen Übertreibungen, mit denen sich der Sänger aus der Rolle begibt und, mit Wagners spöttischer Formulierung, unversehens auf dem Markte steht und schreit. Tannhäusers »Inbrunst im Herzen« beginnt ebenso ausdrucksheftig wie tonlich ungenau, und die Steigerungen des Schlusses werden in heftiges Über-Espessivo getrieben. Die lyrische Musik Lohengrins und Walthers ist seine Sache nicht, und als Tristan wirkt er (auf mich) weniger ekstatisch als angestrengt-erregt, vor allem in den Live-Ausschnitten mit Paula Buchner in der Acanta-Dokumentation. Ebenso zwiespältig sein Walther in Furtwänglers Live-Aufnahme von 1943 mit Jaro Prohaska, in der er nicht nur unflexibel, sondern auch ungenau und mit hartem Schnabel singt. Viel besser sind die Frühaufnahmen der drei Solo-Szenen von 1928 und 1930. Er war in erstaunlich guter Form, als er 1950 unter Furtwängler in der Scala Siegfried in *Götterdämmerung* (auf Cetra) sang, aber auch hier oft ungenau in Intonation und Rhythmus. Studio-Aufnahmen mit Szenen des jungen Siegfried zeigen ihn stimmlich auf der Höhe, doch findet die Brillanz seiner schmetternden Schmiede-Töne keine rechte Entsprechung in der Ausformung des Singens.

Darstellerische Energie: Ludwig Suthaus

Suthaus bedarf keiner Verteidigung. Es mag ihm Melchiors Magnetismus fehlen, vielleicht auch die ganz besondere Dringlichkeit Treptows in einigen Aspekten der Rolle [Tristan];

> und es ist auch leicht, Momente tieferer Erleuchtung oder größerer Schönheit bei diesen Sängern zu finden. Aber ihm ist die größte Darstellung der Rolle gelungen, und im dritten Akt steigert er sich auf die höchsten Höhen der Intensität ohne Anspannung, ohne Exzentrik, ohne Mogelei.
> *Robin Holloway über Ludwig Suthaus' Tristan in ›Opera on Record‹*

Der Kölner Ludwig Suthaus (1906–1971), seit 1943 in Bayreuth aktiv und einer der eindringlichsten Wagner-Darsteller, ist nur in wenigen Aufnahmen auf Platten vertreten. Er hatte nach dem Studium an der Kölner Musikhochschule am Stadttheater von Aachen als Walther debütiert (1928), war danach von 1932 bis 1941 in Stuttgart tätig, wurde 1941 Mitglied der Berliner Staatsoper, seit 1948 der Städtischen Oper. 1957 begann er mit Gastspielen an der Wiener Staatsoper. In London, wo er 1952/53 gastierte, mißfiel sein Tristan als »grob und ungeschickt«.

Auch auf Platten klingt sein dunkel-timbrierter Tenor nicht eben schmeichelhaft schön, aber Suthaus verstand es, mit seiner Stimme expressiv zu musizieren und poetische Wirkungen zu machen. Er hat unter Furtwängler *Die Walküre* und *Tristan* aufgenommen, ferner in der römischen *Ring*-Aufführung die beiden Siegfriede gesungen. Vor allem die *Tristan*-Einspielung – die ergänzt werden kann um Auszüge aus einer Berliner Aufführung im Admirals-Palast vom 3. Oktober 1947 unter Furtwängler, mit Frick, Schlüter, Prohaska und Klose als Partnern – gehört zu den schönsten Rechtfertigungen der Platte als Klangbühne. Anders als Holloway stellt der Autor den Tristan Melchiors über die Darstellungen aller anderen Sänger – und danach folgen Vickers und Suthaus, dem freilich die vokale Energie fehlt, auch wenn er manche Anstrengung unternimmt, dies durch darstellerische Energie auszugleichen. Erst dann folgt, mit einem herben Wort von Kenneth Furie, das »Trio der quetschenden Sänger«: Lorenz, Windgassen und Kollo, die nicht etwa in den vollstimmigen Passagen unbefriedigend singen, sondern in den leisen, lyrischen, verhaltenen, wo die Stimmen nicht schwingen und flach, unmusikalisch klingen. Zurück zu Suthaus: Hört man die emphatische Passage »Isolde naht«, so *hört* man rauh-bresthafte Töne und *spürt* die Erregung nur als Intention oder auch als Kampf mit den Grenzen der Stimme. In diesem Kampf liegt eine eigene Art von Intensität, zugleich aber eine peinigende Aufopferung der Stimme in der Rolle. Versöhnlich indes Momente wie »die alte Weise«, die Suthaus fein und verhalten singt.

Vokale Disposition: Wolfgang Windgassen

> Er hatte am Anfang seiner eigentlichen Karriere, deren Start mit der Wiederholung der Bayreuther Festspiele nach dem Zweiten Weltkrieg am 30. Juli 1951 anläßlich der Wieland-Wagner-Inszenierung des *Parsifal* weltweite Beachtung fand, einige Jahre lang gegen das festgefahrene Urteil anzusingen, daß Wagners Helden von einem schwergewichtigen Helden à la Melchior, Lorenz, Seider oder Suthaus gesungen werden müssen. Windgassens naturbedingte Entfettungskur der dickleibigen Wagner-Recken glich in der Tat einem langwierigen Erziehungsprozeß.
> *Claus-Dieter Schaumkell in seinem Nachruf*
> *auf Wolfgang Windgassen in ›Opernwelt‹*

Es gibt, so scheint es, eine offizielle Ansicht über Wolfgang Windgassen, in der das von Schaumkell vorgetragene Argument ad nauseam wiederholt wird, und eine inoffizielle, die den im obigen Zitat liegenden Euphemismus in eine nicht beschönigende Sprache überträgt. Diese wird vor allem von angelsächsischen Kritikern (Kenneth Furie, Conrad L. Osborne) und Sammlern gesprochen – und zwar ohne Verklärungen. Schaumkell hingegen schreibt (und drückt damit die Ansicht vieler deutscher Kollegen aus), daß Windgassen immer nur »ein Zwischenfachtenor (war), der kraft seiner Intelligenz und seiner eminenten Stimmbeherrschung auch strapaziöse Partien mühelos durchstehen konnte«. Höchst aufschlußreich dazu der Bericht von John Culshaw über seine längst schon legendäre *Ring*-Produktion. Georg Solti hatte sich auf einen in Culshaws Buch namentlich nicht genannten Tenor – längst identifiziert als Ernst Kozub – kapriziert, der als potentiell bester Heldentenor nach dem Krieg angesehen wurde, aber seine Partie weder vorbereitet hatte noch in der Lage war, sie so zu lernen, daß Solti hätte zufrieden sein können. Man bat den zuvor nicht berücksichtigten Windgassen, die Rolle zu übernehmen, der sich auch nicht zierte. Culshaw berichtet: »Wir erlebten dieselbe Musik, die wir in den vergangenen Tagen schon oft gehört hatten, unter demselben Dirigenten und mit demselben Wanderer; aber mit dem neuen Siegfried erwachte sie plötzlich zum Leben. Gewiß war Windgassens Stimme als solche nicht so wirkungs- und kraftvoll wie die unseres abgereisten Freundes, und sie war zudem schwerer aufzunehmen und in Balance zu halten. Aber hinter jedem Wort verbargen sich Erfahrung und Kenntnis, und der Konflikt zwischen Siegfried und dem Wanderer geriet zum erstenmal zu einer dramatischen Einheit. Es war unverkennbar, daß Windgassen für diese Aufnahme die Anstrengung seines Lebens auf sich nahm.«

Wolfgang Windgassen (1914–1974) wurde in Annemasse bei Genf als Sohn des Sängers Fritz Windgassen geboren. Er wuchs in Stuttgart auf, dessen Theater er bis zum Schluß – zuletzt als Operndirektor – die Treue hielt. Er wirkte schon während der Schulzeit als Statist am Theater mit, wurde 1932 technischer Volontär, zimmerte Kulissen und bemalte Prospekte und begann in dieser Zeit das Gesangsstudium bei Alfons Fischer an der Musikhochschule. 1939 wurde er nach Pforzheim engagiert, aber sein Debüt gab er nach Kriegsausbruch in Bordeaux – als Falke in *Die Fledermaus.* 1945 wurde er Mitglied des Württembergischen Staatstheaters. 1951 kam er nach Bayreuth, und wenn von einem Sänger, so muß von ihm gesagt werden, daß er den Festspielort geprägt hat. Wieland Wagner nannte ihn »mein Millimetersänger« oder redete seinen Tenor auch halb scherzhaft, halb bewundernd mit »mein Held« an. Mit einer Art von heldenhafter Anstrengung – oder auch mit beispielhafter Ökonomie – hat Windgassen seine Dienste auf die großen europäischen Bühnen verteilt. Er hat neben seinen Wagner-Rollen Otello und Hoffmann, Paris in *Die schöne Helena* und auch, auf Rat seines Vaters, wieder und wieder Tamino gesungen, auch Don José und Radames, natürlich Florestan. Nur ein Teil seines Repertoires ist durch die Platte dokumentiert – alle seine großen Wagner-Partien, daneben Florestan unter Furtwängler, Auszüge aus *Otello* und, als gewollter, nicht gelungener Scherz der Orlowsky in einer flügellahmen *Fledermaus* unter Böhm (mit Janowitz als temperamentloser Rosalinde).

Windgassens erste bedeutende Aufnahme war ein Mitschnitt des *Parsifal* bei den Bayreuther Festspielen von 1951 unter Hans Knappertsbusch. Er singt zuweilen rhyhmisch ein wenig lax, aber mit heller, klarer, klangschön-fokussierter Stimme. Aus dem Jahre 1953 stammen ein außerordentlicher Mitschnitt des *Lohengrin* mit Steber und Windgassen als hellem und Varnay/Uhde als dunklem Paar, dirigiert von Joseph Keilberth. Windgassens Lohengrin, vielleicht nicht so belcantesk wie der Völkers, ist fast ideal: ausdrucksvoll und innig in den lyrischen Szenen, energisch in den großen Auftritten – eine prachtvolle Leistung in einer ebenso guten Aufführung. Sowohl Steane als auch Lord Harewood haben Windgassens Florestan in der Aufnahme unter Furtwängler reserviert beurteilt, insonderheit den Mangel an Intensität im Poco-allegro-Teil der Arie bemängelt. Die Ursache liegt darin, daß die Stimme hier an ihre natürlichen Grenzen kommt und, von der raschen Musik überfordert, gequetscht wirkt. Sehr ausdrucksvoll aber das Rezitativ (leider ohne Appoggiatur auf »Wille«). Für den *Freischütz*-Max (Auszüge) fehlte es Windgassen an Kantabilität und tonlichem Reichtum, für *Otello* (Auszüge) an Rundung und vor allem an dramatischer Vibranz. Schaumkell hat Windgassens Tannhäuser als exemplarisch gerühmt, vor allem im Bayreuther Mitschnitt von 1962 unter Sawallisch. Gewiß ist die Emphase des Vortrags – man höre die Intensität in der Phrase »da ekelte mich der holde Sang« aus der Romerzählung – beeindruckend, zugleich aber

Wolfgang Windgassen als Siegfried in Wagners ›Götterdämmerung‹
(Foto: © Klaus Ulrich Spiegel)

stört der ständig gequetschte und klanglich nur selten harmonische Ton. Furie wie Steane beurteilen ihn ausgesprochen distanziert. Weit eindringlicher, weil gesanglich beherrschter ist die Rom-Erzählung in der Einzelaufnahme von 1953. Die Einschränkungen gelten noch stärker für die spätere Studio-Aufnahme unter Otto Gerdes, in der Nilsson sowohl Elisabeth als auch Venus völlig versingt und Fischer-Dieskau den Wolfram übermäßig manieriert darbietet. Was den Siegfried in den beiden letzten *Ring*-Abenden angeht, bedürfen die Ausführungen Culshaws kaum einer Ergänzung. Windgassen singt die »Arbeitslieder« des ersten *Siegfried*-Aktes mit leichter Beiläufigkeit, leider nicht mit beiläufiger Leichtigkeit, weil die Stimme nicht frei und klangreich genug ist, um den szenischen Vorgang auch als Klanggestalt zu erfassen. In »Mime hieß ein mürrischer Zwerg« findet er nicht, wie Melchior, die Klangkontraste für die Episoden der Erzählung, für die Verschmelzung von Geschehen und Vergegenwärtigung. Dennoch hat er viele suggestive Momente. Wie glänzend er seine Stimme zu konservieren verstand, verrät der Bayreuther Ring-Mitschnitt unter Karl Böhm, wo er vielfach spontaner singt als unter Solti. Unter Böhm hat er auch, wie im *Ring* mit Nilsson als Partnerin, Tristan gesungen. Holloway hat die Aufnahme respektvoll-kühl beurteilt – »sie gibt nicht viele Freude« – und über die Protagonisten gesagt, daß die Isolde von Birgit Nilsson »ungeminnt« bleibe, ein feines Wortspiel gegen die zwar involviert singende, aber nie schmelzende Isolde der Sängerin und zugleich eines gegen den Tenor, der sie nicht zum Schmelzen bringt. Windgassen verwandelt »O sink hernieder, Nacht der Liebe« in eine schier geflüsterte Traumerzählung und kann die Ekstasen des dritten Aktes nur in einen verbalen Ausdrucksgestus umsetzen, nicht in einen klanglichen. Man kann das Geschick seiner vokalen Disposition bewundern, doch ist seine Interpretation vokal defizient und reduziert.

Hinzuweisen ist auf eine ganze Reihe von Einzelaufnahmen (lange Zeit nicht im Katalog): Den ersten Akt der *Walküre* unter Ferdinand Leitner (mit Müller und Greindl), ein *Meistersinger*-Querschnitt unter Leitner mit Herrmann, Holm und Kupper, die Todverkündigung aus *Walküre* und das erste Duett aus *Siegfried* mit Astrid Varnay, das Liebesduett aus *Tristan* mit Martha Mödl und eine Recital-Platte unter Richard Kraus. Sie erinnern an die Stimme des jüngeren Sängers und die *musikalischen* Vorteile eines schlanken, gut fokussierten und harmonisch schwingenden Tons.

Abgesang: Wälse, Wälse, wo ist dein Schwert

Aus den Bayreuther Festspielen ist, folgt man einer Formel von Hermann Schreiber, unter der Ägide des weitsichtig planenden Wolfgang Wagner, eine »Werkstatt Bayreuth« geworden. Der zweite Wagner-Enkel betreibt mit bedeutendem Geschick die Politik des Möglichen: Da es nur wenige Sänger vom Rang einer Nilsson, eines Windgassen, einer Varnay gibt, *erprobt* er von Jahr zu Jahr junge Talente. Doch sind Zweifel angebracht, ob sich im Verlauf der letzten beiden Jahrzehnte ein wirklich herausragender Wagner-*Sänger* unter den Tenören herauskristallisiert hat. In den sechziger und siebziger waren drei Amerikaner – Jess Thomas, James King und Jean Cox – in Bayreuth zu erleben, tüchtige, stimmstarke und stets verläßliche Sänger, die indes auf der *Klang*bühne nicht restlos überzeugen. Sein Denkmal hat sich Jess Thomas als Lohengrin in der glänzenden Aufnahme unter Rudolf Kempe gesetzt, ohne aber an den jungen Windgassen oder Sandor Konya heranzukommen, dessen Gralsritter – bei seinem Debüt 1958 unter André Cluytens mit Leonie Rysanek und Astrid Varnay in glänzender Verfassung – »aus Glanz und Wonne« daherkam. Der Mitschnitt wurde von dem italienischen Label Myto veröffentlicht. James King besaß eine durchaus eindrucksvolle, metallisch feste, auch sehr strahlkräftige Stimme, doch erlebt man nur selten eindringliches, gebärdenhaft-bewegtes Singen. Die Stimme von Jean Cox – auf dessen Energie und robuste Sicherheit sich Dirigenten, wie Wolfgang Sawallisch mir sagte, immer verlassen konnten – ist wenig phonogen, wie etwa das angespannte Singen in einem Mitschnitt der *Meistersinger* unter Silvio Varviso zeigt.

Um die beiden deutschen Bayreuth-Tenöre hat es heftige Kontroversen gegeben – bis einer der beiden seinen schwer erklärlichen Ruhm als »Phantom der Oper« restverwertete. Komplizierter steht es im Fall René Kollo, der seit 1969 zunächst Partien wie Steuermann, Erik und Froh, dann Lohengrin (1971/72), Walther (1974) und seit 1975 Parsifal, Siegfried (nur in *Siegfried*) und Tristan gesungen hat, fortan mit diesen Partien gleichsam als singender Nomade von Opernhaus zu Opernhaus zog und *unbestreitbar* große Erfolge hatte – durchweg *auch* bei den meisten Kritikern. Als er 1992 in Berlin unter der Regie von Götz Friedrich den Tannhäuser sang, fand er, so Eckart Schwinger in der *Opernwelt*, nach mattem Beginn »in der Rom-Erzählung zu enormer Steigerungskraft, zu einer aufwühlend-bitteren, nachgerade schmerzhaften Expressivität als Sänger wie als Schauspieler«. Wolfgang Sandner bezeichnete ihn als einen »Heldentenor von geradezu furchteinflößender Strahlkraft, der sich nicht scheut, den Ausdruck über die Schönheit des Gesangs zu stellen« (*FAZ*, 18. 2. 1992). Über den Siegfried, den er am Covent Garden sang, schrieb Alan Blyth in *Opera*

(12/1990): »Wenn es hier nach dem Krieg einen besseren Sänger der Partie gegeben haben sollte, hätte ich ihn gern gehört.« Gleichermaßen enthusiastisch berichtete Joachim Kaiser über eine Münchner Aufführung von Benjamin Brittens *Peter Grimes:* »Für René Kollo ... wurde es ein großer Abend. Man merkte ihm an, wie fasziniert er die Möglichkeit ergriff, endlich einmal aus dem Schatten hehrer Wagner-Helden heraustreten zu dürfen und vorzuführen, wieviel darstellerische Kraft, wieviel realistischen Elan er besitzt. Und als es Kollo gelang, ein riesiges Chor-Tutti-Fortissimo mit seiner strahlenden Höhe zu durchstoßen, zu besiegen, da hätte auch der neidvollste Kollege zugeben müssen, daß René Kollo über immense Reserven verfügt.«

Anders ein Urteil von Will Crutchfield über eine Aufführung des *Parsifal* an der Met. »René Kollo ist die *am wenigsten unerfreuliche Alternative* unter den Vertretern des schweren Heldentenor-Fachs. Seine Stimme ist unschön, schwerfällig und neigt zum Tremolieren (wobble). In emphatischen Passagen neigt er zum Brüllen. Aber er kapituliert nicht unter deren Streß, und bei den großen Steigerungen hat sein Ton Körper und Saft. Weshalb er international gefragt ist, das ist leichter zu begreifen als wirklich Freude an seiner Arbeit zu finden.« (*New York Times*, 25. 10. 1988).

Crutchfields noch im Lobe sehr kritische Beurteilung erklärt auch, warum der Sänger in den Aufnahmen von Dirigenten wie Herbert von Karajan, Sir Georg Solti und Carlos Kleiber eingesetzt wurde – wie soll, wenn keine *Auswahl* da ist, ausgewählt werden. Wie sollen sich Maßstäbe für sängerische Kunst bilden, wenn der höchste Maßstab im Gelingen einiger klimaktischer Phrasen gesehen wird; wenn sich die kritische Beurteilung begnügt mit dem Verweis auf eine *darstellerische* Expressivität, bei der die Sing-*Anstrengung* zur Tugend verklärt wird. Der Gesang in der Oper ist, nach einer Definition von Theodor W. Adorno, »die Sprache der Leidenschaft« – aber er ist es in höchster Stilisierung und nicht als *realistische Imitation einer Empfindung*. René Kollo stellt nicht *singend* einen Charakter in seinen Empfindungen dar, sondern versteht das Singen als *realistischen Ausdruck*. Wann immer es in Partien wie Tannhäuser, Tristan oder Florestan um die »seelischen Höhepunkte« geht, um Schmerz und Leid, Fieber und Raserei, weicht Kollo wegen fehlender stimmlicher oder klanglicher Mittel vom Gesangston ab und ersetzt ihn durch eine heftige Deklamation, die als *Ausdrucksmittel* in die Ästhetik des naturalistischen Theaters passen mag und sogleich versagt, wenn der *Darsteller* Kollo allein auf der Klangbühne zu agieren hat.

Mit diesem Urteil stehe ich nicht allein. Auf die Gesangskunst spezialisierte Kritiker wie Desmond Shawe-Taylor, John Steane, Conrad L. Osborne, Will Crutchfield, Kenneth Furie, Harold Rosenthal, Ulrich Schreiber und Wolf Rosenberg haben die Aufnahmen René Kollos, um es ganz zurückhaltend zu formulieren, reserviert beurteilt. Sie alle beschreiben die Stimme als farbarm oder gar weiß, als wenig modulationsfähig und als steif bei der Bildung der meist langsam einschwingenden Höhe. Ein oft zu beobachtender Kardinalfehler ist das ständige Aspirieren – also das Ansingen des Tons mit dem stimm*losen* H. Der Vortrag ist oftmals spürbar engagiert und wirkt doch prosaisch: wie eine einstudierte Rezitation. Zurückzuführen ist dies auf einen schlecht entwickelten *Tonsinn*, auf den Mangel an expressiven Vokalfarben, an Phantasie. Das wird auch dann spürbar, wenn sich Kollo als singender Entertainer an Operettenliedern und Schlagern vergeht: Da ist nichts vom Raffinement eines Richard Tauber, nichts von der Brillanz eines Peter Anders, nichts vom einfachen Charme eines Rudolf Schock, nichts von der strahlenden Verve eines Fritz Wunderlich.

Um mit einer versöhnlichen Note zu enden: In den Aufnahmen des *Tannhäuser* unter Georg Solti und der *Meistersinger von Nürnberg* unter Herbert von Karajan hält sich René Kollo beachtlich gut.

Ein Sänger ist, wie Stendhal in seiner Rossini-Biographie schrieb, »ein Geschöpf der Nerven« – und die haben dem aus Bautzen stammenden Reiner Goldberg (geb. 1939) zuweilen böse mitgespielt. Sir Georg Solti wollte die »schönste jugendlich-dramatische Tenorstimme, die ich nach dem Kriege gehört habe«, 1983 zur Jahrhundertfeier von Wagners Tod in seinem Bayreuther *Ring* herausstellen. Goldberg wurde ein Opfer seiner Nerven und stieg aus. In der *Ring*-Aufnahme von James Levine zeigt sein Siegfried nichts mehr von den klanglichen Qualitäten, welche die Stimme besaß, bevor der Sänger international bekannt wurde.

In der gleichzeitig entstandenen *Ring*-Aufnahme unter Bernhard Haitink – die wie die Levines auf den Wotan von James Morris zurückgreifen muß – hat Siegfried Jerusalem (geb. 1940) die Partie des Siegfried, die er auch in Bayreuth singt, übernommen – und seine Stimme letztlich auch. Er *bewältigt* die Rolle mit musikalischem Geschick und mit sängerischer Ökonomie – doch er *überwältigt* nicht durch Brillanz in den Liedern des ersten *Siegfried*-Aktes oder durch Emphase in »Heil dir, Sonne«, zumal das Singen seiner Partnerin – Eva Marton – wegen der schrillen Tongebung Ohrenschmerzen verursacht.

Die Stimme Jerusalems, der vor seiner Sängerkarriere Orchester-Oboer war, ist die eines Zwischenfach-Tenors: Eine für Partien wie Tamino, Lohengrin, Hoffmann und die des mittleren Verdi. Sie hat ein charakteristisches, leicht bläserhaftes Timbre mit einer begrenzten Farbpalette und wenig Körper in der tiefen Lage. Der Anschlag funktioniert zwar nicht langsam, aber dennoch nicht kernhaft: Der Ton wird erst ertastet und dann entfaltet. Legato, Phrasierung und Diktion sind gut. Wie willkommen der junge Tenor in dieser Tenor-armen Zeit war, verrät die Vielzahl seiner Aufnahmen: Er hat in Paërs *Leonore*, Beethovens *Fidelio*, *Hoffmann*, *Evangelimann*, *Schwanda der Dudelsackpfeifer*, *Martha*, *Zau-*

berflöte, Die Schöpfung, verschiedenen Messen, in Janowskis *Ring*-Aufnahme (Siegmund), Lieder von Strauss und zwei Recitals gesungen. Als seine Recitals auf den Markt kamen, merkten englische Kritiker wie Alan Blyth und John B. Steane an, daß hier endlich ein deutscher Tenor gekommen sei, der nicht wie ein deutscher Tenor klinge, also nicht forciere, nicht mit »wobble« singe und schöne, lyrische Töne produziere. Zu Recht aber warfen sie dem Sänger vor, daß er insgesamt noch zu eintönig singe und zu wenig Charme habe.

Von den beiden Recitals ist das von Gabriel Chmura betreute für CBS dem Ariola-Album unter Heinz Wallberg vorzuziehen. Im ersteren singt er, fast ideal, Gralserzählung und Lohengrins Abschied mit feiner, lyrischer Tongebung. Die Partie des Walther bietet ihm, wie auch Bayreuther Erfahrungen zeigen, Probleme mit der Tessitura. Die beiden Hüon-Arien bewältigt er gut, die Bildnisarie mit schöner Bindung, aber wenig Farben und ohne vokale Imagination. Mißlungen, vor allem in der Dynamisierung, die Vasco-Arie aus *L'Africaine*. Auf der Ariola-Platte brilliert er mit Hüons »Von Jugend auf in dem Kampfgefild«; er singt Rienzis »Allmächt'ger Vater« mit feinem Legato, Parifals »Amfortas! – Die Wunde« mit genuinem Pathos, Pedros Erzählung aus *Tiefland* sehr lebendig und kontrastreich im Aufbau der Episoden. Blaß hingegen die Arien des Max und des Lyonel, des Fenton und des Paul aus *Die tote Stadt*. Jersualem ist mit weitem Abstand der beste der jüngeren Florestans – was der von Masur betreuten Aufnahme wegen schlechter vokaler Gesellschaft (Altmeyer, Adam) wenig nutzt, und er ist der beste Siegmund – was eine exzellente Aufnahme unter Janowski (mit Norman, Altmeyer) abrundet. Unter Wallberg singt er einen ganz vortrefflichen Hoffmann in einer stilistisch und philologoisch wenig überzeugenden Aufnahme, die trotz etlicher Schwächen die Qualität einer spannenden Aufführung hat. Sehr überzeugend auch sein Tamino in der von Haitink betreuten *Zauberflöte*, deren Ensemble ansonsten eher zweitklassig ist. Was im Moment noch aussteht, ist eine Durchdringung des Singens durch Momente von vokaler Phantasie, von gespannter und dadurch spannender Phrasierung, von Sing-Lust à la Wunderlich oder verhaltener Expression à la Schreier.

Dramatische Baritone

Singdarstellerische Autorität: Hans Hotter

Ganz am Ende des Aktes gibt es eine berühmte Passage für Wotan; sie beginnt mit ›Geh hin, Knecht‹ und endet mit den Worten ›Geh! Geh! – und bei diesem Befehl sinkt Hunding tot nieder. Seit ich Hotter auf der Bühne erlebt hatte, wußte ich, daß dies einer seiner größten Momente war: Die umfassende Dignität und Würde des zornigen Gottes, dessen Lieblingstochter seinem Gebot nicht willfahren hatte, kam mit einem Magnetismus oder einer hypnotischen Wirkung über die Rampe, die nur die größten Künstler ausstrahlen können.
John Culshaw über den Wotan von Hans Hotter in ›The Ring Resounding‹

Nun ist ›wobble‹ ein unfreundliches Wort, und öfter als es zu erwähnen, pflegen Kritiker dieses Phänomen zu verschweigen wie eine unheilbare Krankheit (man weiß von ihr und spricht nicht darüber), oder sie finden höfliche Umschreibungen und vermeiden das ärgerliche Wort. Aber die Existenz von Hotters ›wobble‹ wird allgemein zugegeben, so daß man dies in dezenter Form diskutieren kann.
John Steane über Hans Hotter

In seinem Rechenschaftsbericht über die Aufnahme des *Ring* hat John Culshaw berichtet, daß er von Hotters Schwäche – bedingt durch eine asthmatische Erkrankung – wußte, gleichwohl überzeugt war, daß dieser als »der Wotan einer Epoche« den Dialog mit der Ewigkeit zu führen hatte. Vielleicht gab es damals ja auch nur wenige, die ihm die Rolle hätten streitig machen können – wer schon? Doch mit Steane teilt der Verfasser etliche Zweifel am Singen dieses imponierenden Interpreten – sofern man unter Singen ein Gestalten in Wort-Ton-Phrasen versteht oder die Interpretation eines Textes mit musikalischen Tönen. Viele, zu viele Aufnahmen Hotters leiden nicht nur durch nasale Tongebung und die Unstetigkeit der Produktion, sondern werden dadurch entstellt. Steane betont mit Recht, daß Culshaws Votum *für* Hotter zwar verständlich ist, zugleich aber grundsätzlche Parameter unterminiert: Stetigkeit der Stimme ist nicht nur wünschenswert, sondern essentiell für den Gesangsvortrag.

Um so bewunderungswürdiger, daß Hotter dank seiner Ausdrucksintensität und künstlerischen Autorität die meisten vokalen Schwächen einfach vergessen machte. Noch der 75jährige war in der Lage, als Schigolch eine Münchner Festspielaufführung von Bergs *Lulu* im Juli 1985 zu dominieren.

Der 1909 in Offenbach am Main geborene Hotter hatte nach dem Studium bei dem Jean de Reszke-Schüler Matthäus Römer (Bayreuths Parsifal von 1909) 1930 als Sprecher in Mozarts *Zauberflöte* am Stadttheater von Troppau debütiert. Er war eben 22 Jahre alt, als er schon den Wanderer sang (»zum Glück fand ich Dirigenten, die meine Stimme davor bewahrten, mißbraucht zu werden«). In Troppau sang er Tonio und Wolfram, bevor er 1931 in Breslau in großen italienischen Parteien auftrat. 1932 ging er an das Deutsche Theater von Prag, und zu Weihnachten konnte er bereits seine 200. Aufführung verzeichnen. 1934 wechselte er an die Hamburgische Staatsoper, 1937 – als ausgereifter Sänger-Darsteller – an die Bayerische Staatsoper in München, wo er, geführt und unterstützt von Clemens Krauss und Hans Knappertsbusch, die Nachfolge von Hans Hermann Nissen antrat. Er sang die großen Wagner-Partien, aber auch Rollen von Verdi und Mozart. Als Graf Almaviva debütierte er 1942 in Salzburg, danach folgten der Sprecher in *Die Zauberflöte* und Jupiter in *Die Liebe der Danae*. Schon drei Jahre zuvor hatte er als Wanderer an der Mailänder Scala debütiert. Nach dem Krieg sang er 1946 in Salzburg Don Giovanni, ein Jahr darauf Mandryka. 1948 hörte man ihn im Colón als Kaspar, Kurwenal und Gunther, 1950 an der Met als »superben Holländer«. 1952 sang er in Bayreuth zum erstenmal Wotan – und behielt die Rolle für mehr als ein Jahrzehnt. Im *Parsifal* war er sowohl Amfortas (1953 und 1954) als auch Gurnemanz (1960 bis 66). Kurwenal sang er 1952 und 1957, Sachs 1956, Holländer 1955 und 1965.

Gleich nach Kriegsende war es Walter Legge (und seine Assistentin Joan Ingpen), der Hotter in sein Aufnahme-Ensemble holte – so für eine vielgerühmte Aufnahme der *Winterreise* für EMI. Kein Zweifel aber, daß Hotter in seiner besten Zeit keine guten Platten-Chancen hatte. Einige Aufnahmen wie den zweiten Akt der *Walküre* machte er, ohne die Partie zuvor auf der Bühne gesungen zu haben. Und während des Krieges bekam er (von DG) nur die Chance, Escamillos Lied, den Tonio-Prolog, den Flieder-Monolog des Sachs und Wotans Abschied zu singen (1942), dann Schuberts *Winterreise* und die Soli des Jago. Erhalten ist auch ein Auszug aus einer Radio-Aufführung von *Der fliegende Holländer* unter Clemens Krauss. Hinzu kommen diverse andere Rundfunkaufführungen, die auf ein BASF-Album übertragen worden sind. Er war stimmlich nicht mehr in guter Form, als er in den fünfziger Jahren in großen Produktionen mitwirkte – und doch in vielen Partien besser als die vokal Besseren. Vor allem deshalb, weil er in seinem eloquenten Singen Porträts malt, die aus dem Rahmen treten. Selbst wenn er stimmlich nicht gut beieinander ist wie in Böhms Aufnahme der *Zauberflöte*, hat sein Sprecher als Kontrahent von Fritz Wunderlichs Tamino Autoriät. Jagos Traumerzählung zeigt seine Kunst als Wortnuancierung und Schattierung, ist aber zutiefst unidiomatisch, während Falstaffs »Die Ehre! Gauner« (»L'onore! Ladri«) und »Ja, schon als Page« (»Quand' ero paagio«) die gestische Intensität seines Singens verraten. Seine Qualitäten als Wagner-Sänger zeigt keine Aufnahme besser als der Mitschnitt von *Der fliegende Holländer* (Rundfunkübertragungen von 1944) unter Krauss. Hotter hat *noch* eine stetige, raumfüllende und gut einschwingende Stimme und *schon* das Gespür für eine sorgsame Austarierung von Ton und Wort. Leider hat die Aufnahme eine schrille Sentra (Viorica Ursuleac), einen derben Erik (Karl Ostertag), dafür aber einen exzellenten und dramatisch präsenten Daland in Georg Hann. Weniger befreunden kann sich der Autor mit dem Duett »Wie aus der Ferne«, das Hotter 1957 mit Nilsson aufgenommen hat. Ein wie subtiler und zugleich mächtiger Sachs Hotter war, zeigt eine von Jochum dirigierte Aufnahme von 1949 aus dem Prinzregenten-Theater – auch wenn er im Schlußakt deutliche Ermüdungserscheinungen zeigt und sich in eine gedeckte nasale Tongebung rettet. Noch viel besser die Aufnahme der beiden Monologe (Acanta), die er mit der Nuanciertheit eines erstklassigen Liedersängers und den vokalen

Hans Hotter als Wotan
(Foto: © Decca/Polygram Klassik)

Reserven eines Heldenbaritons vorträgt. Über seine Meriten als Wotan in der Aufnahme unter Solti läßt sich nichts Besseres – und auch nichts stärker Kontradiktorisches – sagen, als es Culshaw und Steane getan haben; man hört den Endfünfziger mit einer Mischung aus Bewunderung und Trauer. In dialogisch-deklamatorischen Passagen singt er mit der Nuanciertheit und den Finessen eines Liedersängers, in den großen dramatischen Ausbrüchen überzeugt er durch seine Energie und seine Autorität, aber in den großen dynamischen Passagen gibt es verstörende Unsicherheiten und immer wieder »Wobbeln« der Stimme. Aber wer wünschte einen Thomas Stewart, einen Theo Adam (noch wackliger) oder einen McIntyre an seine Stelle?

»Über das Lied«, so hat Hans Hotter einmal gesagt, »bin ich recht eigentlich zum Singen gekommen.« Schon 1931 gab er seine ersten Liederabende, und noch während des Krieges und gleich danach hat Hotter (oft unter Obhut Legges) eine Reihe von Liedaufnahmen gemacht. Zu den berühmtesten gehören die Lieder der *Winterreise* und des *Schwanengesangs* von 1955 mit Gerald Moore am Flügel. Die notwendige Transposition, durchweg um eine Terz, zuweilen um eine Quarte, hüllt den Vortrag gleichsam in besonders dichtes Wintergrau. Darin treten Hotters vokale Gesten hervor wie gespenstische Bewegungen. Hotter hält seine mächtige Stimme zurück, und doch wirkt sein Singen nicht gefesselt. Es gewinnt in dramatischen Liedern wie »Der stürmische Morgen« oder »Mut« sogar eine ekstatische, heftig-wilde Ausdrucksdimension. Für die traurig-resignierten Lieder findet er einen ganz allein ihm gehörenden fahlen Ton (»Auf dem Flusse«, »Der Leiermann«). Weniger souverän ist die Ausführung verzierter Passagen (»Die Wetterfahne«). Im *Schwanengesang* endlich hat die Stimme jene Atlas-Kraft und Doppelgänger-Dämonie, die in Fischer-Dieskaus Aufnahme(n) inszeniert und vokal forciert wirken, auch wenn man einräumen muß, daß der Jüngere die lyrischen Lieder geschmeidiger, leichter und tonschöner singt. Erstaunlich auch ein Album mit Bachs Kantate »Ich habe genug«, Händel-Arien und Liedern von Wolf, Schubert und Brahms (u. a. *Vier ernste Gesänge*), wenngleich man Steanes Einwand akzeptieren muß, daß Hotters Ton vor allem beim leisen Singen nicht die Qualität hat, die wir bei Kipnis, Schorr oder Hüsch finden – er wird matter, grauer, hauchiger.

Bleicher Schmerzensmann: Hermann Uhde

Bei weitem der würdigste Erbe von Janssens besten Rollen. Er zeigt die beste Beherrschung des Legato in modernen Zeiten.
John Steane über Hermann Uhde

Er singt »Schweig-schweig« – und das Blut gefriert in den Adern: Sein Kaspar ist, wie sein Pizarro oder auch sein Holländer, eine überlebensgroße Figur. Drei, vier Aufnahmen reichen aus, um in dem aus Bremen gebürtigen Hermann Uhde (1914–1965) einen der großen Wagner-Sänger der letzten vier, fünf Jahrzehnte zu erkennen – und zu bedauern, daß er nur in den Bayreuther Mitschnitten von *Lohengrin, Parsifal* und *Der fliegende Holländer* und wenigen anderen Aufnahmen zu hören ist. Uhde erhielt seinen ersten Unterricht von seiner Mutter (die bei Karl Scheidemantel studiert hatte), studierte bei Philip Kraus in Bremen, debütierte dort 1936 als Titurel, wechselte 1938 nach Freiburg, kam

Hermann Uhde
(Foto: © Decca/Polygram Klassik)

1940 an die Staatsoper von München, 1943 an die Oper von Haag, 1947 an das Landestheater von Hannover, 1948 an die Hamburgische Staatsoper, 1950 an die Staatsoper von Wien, 1951 an die von München. 1949 sang er in Salzburg in der Uraufführung von Orffs *Antigonae* den Kreon. Zwischen 1951 und 1960 sah man ihn auf dem Grünen Hügel als Holländer, Telramund, Klingsor, Gunther und Wotan (in *Rheingold*). Von 1955 bis 1964 gastierte er an der Met. Am 19. Oktober 1965 brach er in Kopenhagen während einer Aufführung von Bentzons Oper *Faust* III tot zusammen. Uhdes zentrale Aufnahme ist, nach Einschätzung vieler Kritiker, der Holländer – aufgenommen 1955 bei den Bayreuther Festspielen unter der Leitung von Joseph Keilberth. Er hat nicht nur stimmliche Kraft, sondern Wucht in der mittleren Lage, eine solide tiefe Lage und eine akzeptable, aber angestrengte und forcierte Höhe. Wie kein anderer aber ist er vom Klang der Stimme her der bleiche Schmerzensmann, der vom Weltfluch Getriebene – eine glänzende Ausdrucksstudie bei solidem Singen. Die Aufnahme hat einen brillanten Daland in Ludwig Weber, einen vortrefflichen Steuermann in Traxel, einen trockenen Erik in Rudolf Lustig und eine schrille Senta in Astrid Varnay. Zwei Jahre zuvor war er der Telramund der Bayreuther *Lohengrin*-Aufnahme ebenfalls unter Keilberth, mit Steber, Windgassen und Varnay (voll furioser Verve) so gut besetzt, wie es nach dem Krieg nur möglich war. Seine ungeheure Präsenz als singender Darsteller ist zu spüren in den Live-Aufnahmen des Melodram-Albums 094. Es handelt sich um Mitschnitte aus Bayreuth wie aus der Met, dazu von Rundfunkaufnahmen der dreißiger Jahre, Philipps Monolog und Kaspars Trinklied, beide 1937 in der stimmlich besten Zeit dieses außerordentlichen Sängers (und Vokalisten) aufgenommen.

Prägnanz und Präsenz: George London

Er war einer jener seltenen Baß-Baritone, die ebenso Scarpia und Escamillo wie Mandryka in ›Arabella‹, Amonasro oder Mozarts Figaro und Graf sein können. Er wurde allen Stilen gerecht, sang Baritonrollen ebenso wie Baßpartien. Aber es war nicht die Stimme allein, die seine Stärke ausmachte, auch wenn er sie als das wichtigste Rüstzeug seines Handwerks ansah. Die schöne Linie war die Grundvoraussetzung für jegliches Singen, für jegliche Interpretation einer Rolle.
Carl H. Hiller in einem Nachruf auf George London in ›Opernwelt‹

In einem Nachruf, so lautet eine praktische journalistische Regel, müssen 51 Prozent positiv sein. Das wird in den meisten Nachrufen über Sänger beflissen überboten, auch in Hillers Kommentar über den kanadischen Baßbariton George London (1919 als Sohn eingewanderter russischer Juden in Montreal geboren und 1985 in NYC verstorben), von dem vertriebenen Mannheimer Dirigenten Richard Johann Lert ausgebildet und nach unsteten Tingeljahren in einem »Belcanto-Trio«, dem auch Mario Lanza angehörte, seit 1949 Mitglied der Wiener Oper, zwischen 1951 und 1964 in Bayreuth als »genialer Wagner-Sänger« (Kutsch/Riemens) gefeiert. Seit 1951 sang er auch an der Met, vor allem Partien wie Don Giovanni, Scarpia und Boris, den er 1960 auch am Moskauer Bolschoi-Theater verkörperte. London war erst 47 Jahre alt, als er wegen einer schweren Erkrankung seine Karriere beenden mußte.

Zurück zu Hillers Hymne, die sich erklärt aus vielen hingerissenen Kritiken, die London als Wagner-Sänger bekam. Der gutaussehende, sprachgewandte, hochintelligente und ausdrucksmächtige Kanadier muß wohl, das verraten viele Berichte über Bayreuther Aufführungen, die Erfüllung Wieland Wagnerscher Träume vom singenden Darsteller gewesen sein. Selbst auf Platten hat sein Singen dramatische Suggestivität und Effektivität. In Mephistos Lied von Modest Mussorgsky sieht man ein sardonisch grinsendes Gesicht, und wenn man auch das wild-grelle Gelächter als unnötigen Schaljapinismus abtun möchte, so ist kein Zweifel an der Eindringlichkeit dieser nicht-vokalen Geste. Ähnlich eindringlich der Monolog des Boris (unter der spannungs- und farblosen Leitung von Jean Morel), eine der besten modernen Versionen der Szene, wenn auch nicht so nuanciert wie die Christoffs. Hillers Feststellung aber, daß für London die schöne Linie die »Grundvoraussetzung« für das Singen gewesen sei, entbehrt der Grundlage. Vielmehr wirkt die mächtige Stimme wenig flüssig, oft sogar unstet und seltsam unfrei auf bestimmten Vokalen, so daß in der Musik Mozarts oder Verdis gerade die Linienbildung löchrig ist und die Texte seltsam skandiert klingen – so in »Pari siamo« oder im »Credo« (ebenfalls unter Morel), wo London in einer an Fischer-Dieskau gemahnenden Weise die Interpretation einer Interpretation vorführt. Sein erratisches Singen, mit expressionistischer Energie Klangblöcke türmend, triumphiert in der Musik aus *Emperor Jones* von Louis Gruenberg (uraufgeführt von Tibbett) – »Standin' in the need of prayer« gehört zu den überragenden Interpretationen des Sängers.

Weniger überzeugend ist ein hochgerühmtes Wagner-Recital unter Hans Knappertsbusch, obwohl die Begleitung des Dirigenten wundervoll flexibel, detailgenau und ausdrucksvoll ist. Doch schon in der ersten Phrase von »Die Frist ist um« singt London unstet, wenig später hat er mit Intonationsproblemen zu kämpfen, dann mit der Balance von sprachlicher Artikulation und Klanggestaltung. Zielnoten und Schwerpunkte werden emphatisch herausgehoben, aber nicht in ausgeformte Phraseneinheiten gebettet. Die *Holländer*-Gesamtaufnahme von 1961 unter Antal Dorati bessert den Eindruck nicht, und vergleicht man London mit Franz Crass, der 1961 in Bayreuth für London den Holländer sang, so schneidet der deutsche Baß erheblich besser ab. Londons Probleme treten in den Monologen des Sachs noch deutlicher hervor. Die Musik will auf dem Gesangston rezitiert und liedhaft nuanciert werden, wie Schorr und der junge Hans Hotter es demonstriert haben. Auch dem Wotan Londons fehlt es zwar nicht an Stimme, wohl aber an Subtilität, und als Amfortas kehrt er den Schmerzensausdruck derart ins Äußerliche, daß er lachrymos wirkt.

Nicht überraschend, daß einige seiner Live-Aufnahmen – bei denen sich die Stimme im Raum entfalten konnte – klanglich stetiger sind, das Singen zugleich geschmeidiger und beherrschter. Das gilt vor allem für die Mozart-, Wagner- und Verdi-Aufnahmen aus den frühen fünfziger Jahren (teilweise auf Melodram). Zugleich verraten diese Platten trotz aller gesangstechnischen Unzulänglichkeiten viel von der Autorität des Sängers, von seiner dramatischen Prägnanz und Präsenz.

Harmonischer Ton: Franz Crass

Franz Crass trat aus dem Chor auf die Bühne als Substitut für den erkrankten George London und entfaltete eine geborene Holländer-Stimme ...
William Mann über Franz Crass

Wie groß die *musikalische* Bedeutung eines gut versammelten, gerundeten, harmonischen Tons ist – als sinnlicher Träger des Geistigen –, mag man ermessen, wenn man nach Adams Holländer die Bayreuther Aufnahme unter Wolfgang Sawallisch hört, mit der Franz Crass, geboren 1928 in Wipperfürth nahe Köln, sich 1961 glänzend hervortat. Crass hatte schon mit 11 Jahren als zweiter Knabe in der *Zauberflöte* auf der Bühne gestanden, in Köln bei Professor Klemens Glettenberg studiert und 1954 in Krefeld debütiert. Zwei Jahre später ging er nach Hannover. 1960 wechselte er nach Köln, sang aber auch eine feste Zahl von Aufführungen in Hamburg, Berlin, München und Frankfurt. 1967 wechselte er nach München und verpflichtete sich für 40 Abende pro Saison.

Crass ist eigentlich ein Baß, eine deutsche Variante des italienischen Basso cantante mit einer sehr geschmeidigen und klangschönen Tongebung. In Wagner-Opern hat er sonst Partien wie Marke, König Heinrich und Pogner gesungen – der Holländer ist gleichsam die heldenbaritonale Ausnahme in seinem Repertoire. Und er hat sich in dieser Rolle selber übertroffen – so sehr ich den in der Höhe sichereren Josef Metternich bewundere, ziehe ich die klangreichere, farbigere Stimme Crass' in der Rolle entschieden vor. Er sang nie schlecht, aber in kaum einer Aufnahme noch einmal so gut. Als Commendatore in Klemperers *Don Giovanni* bleibt er ein wenig furchteinflößender steinerner Gast und dazu ein nicht immer sicher intonierender. Glänzend hingegen sein Sarastro unter Böhm, mit wundervollem dunklen Ton, guter Bindung und ohne jedwedes Pathos. Aufnahmen von »O tu Palermo« und Philipps »Ella giammai m'amò«, Teil einer schönen Recital-Platte, sind trotz aller stimmlichen Pracht und Resonanz kaum mehr als zaghafte Annäherungen an die Rolle.

Zwei bedeutende Bässe

Tiefschwarze Farbe: Gottlob Frick

Das hochaufgerichtete, massige Mannsbild, das durch seine ernste Miene und seine nachtschwarze Stimme wirkt wie ein Dämon aus einem mythologischen Wald oder wie ein von Alfred Kubin gezeichneter Elementargeist zwischen Hochwald und Wolfsschlucht.
Karl Schumann über Gottlob Frick

Der schwärzeste aller Bässe.
Wilhelm Furtwängler über Gottlob Frick

Ein Glück, daß viele Bässe erst im klassischen römischen Mannesalter von über vierzig Jahre die erste stimmliche Reife erlangen und noch im Herrgottsalter singen können. Sonst wäre auch für den schwäbischen Förstersohn Gottlob Frick, 1906 als 13. Kind seiner Eltern geboren, die Langspielplatte zu spät gekommen. Doch noch mit siebzig Jahren stand der Unermüdliche auf der Bühne und bestätigte seinen Ruf, der beste Nachfolger von Sängern wie Hesch und Knüpfer gewesen zu sein. Frick studierte am Stuttgarter Konservatorium und mußte seine Ausbildung durch Chorsingen im Württembergischen Staatsopernchor verdienen. Sieben Jahre lang bis 1934 war er Chorist, bevor er in Coburg als Daland debütierte. Über Freiburg und Königsberg kam er 1938 an die Dresdner Staatsoper, an der er gemeinsam mit Kurt Böhme bis in die frühen Nachkriegsjahre das Baßfach dominierte. Er sang an den Uraufführungen von Sutermeisters *Die Zauberinsel* (1942) und *Die Hochzeit des Jobs* von J. Haas (1944). Von 1950 bis 1953 sang er an der Städtischen Oper in Berlin, seit 1953 an den Staatsopern von München und Wien. In den Jahren 1951/57/67/71 gastierte er an der Covent Garden Opera. Auf dem Grünen Hügel hörte man ihn zwischen 1956 und 1964 – als Hagen von 1960 bis 1964, als Pogner 1957. Schon 1950 sollte er an der Met singen, doch gab er sein Debüt als Fafner erst im Dezember 1961. 1970 verabschiedete er sich als Hagen von der Münchner Staatsoper, seiner Stammbühne, sprang aber bereitwillig ein, wenn die viel Jüngeren nicht bei Stimme waren. Noch 1976 sang er in Stuttgart Falstaff in *Die lustigen Weiber von Windsor.*

Fricks Repertoire war so umfassend wie seine Zweieinhalb-Oktaven-Stimme, welcher der wortmächtige Karl Schumann – »die Kraft einer Tuba war in seine

Gottlob Frick in ›Rigoletto‹
(Foto: © EMI Classics)

Kehle gefahren« – wahre Hymnen gewidmet hat. »Hagens Mannenruf schien in seiner grimmigen Lustigkeit und seiner bedrohlichen Wildheit aus der Urzeit hereinzutönen: eine von Stierhörnern kontrapunktierte Fanfare.« Der Schwabe sang Osmin, Sarastro und Komtur (in seinen jungen Jahren auch Bartolo), Beethovens Rocco und Webers Kaspar, Rossinis Basilio mit wahrhaft »brüllenden Kanonen« in der Kehle, die buffonesken Partien Lortzings (Stadinger, van Bett, Baculus), Nicolais Falstaff, von Flotows Plumkett, Cornelius' Barbier von Bagdad, Verdis Zaccharia, Procida, Fiesco und Philipp (fast immer in deutscher Sprache), Tschaikowskys Gremin, Wagners Heinrich, Fafner, Pogner, Hunding, Daland, Marke, Gurnemanz und Landgraf – und er machte aus kleineren und Nebenrollen tragende Partien.

Eine der größten Leistungen Fricks auf Platten ist sein Osmin in der Aufnahme der *Entführung* unter Sir Thomas Beecham. Zwar singt er die Musik des Haremswächters nicht so geschmeidig und elegant wie Kurt Moll, aber sein Porträt hat insgesamt mehr Gesicht, mehr Verve, mehr zappelnd-aufgeregte Boshaftigkeit. Mit seinen Auftritten als Komtur in Giulinis Aufnahme des *Don Giovanni* macht er den Atem stocken: Man hört in der Tat die dröhnende Stimme einer überlebensgroßen Statue. Hingegen durchwandert seine Stimme in Klemperers Aufnahme der *Zauberflöte* tonliches Niemandsland – der damals 58jährige war zu diesem Zeitpunkt offenbar nicht in bester Form. Wie souverän er die Arien singen konnte, verraten die Aufnahmen unter Schüchter und Grüber von 1954. Rocco hat er unter Furtwängler und Klemperer gesungen, beide Male tadellos. Seine Verdi-Aufnahmen, darunter der Philipp-Monolog, sind zwar nicht idiomatisch, aber vokal imponierend. In einer Klasse für sich einige seiner Wagner-Aufnahmen: Daland in der Konwitschny-Aufnahme mit Fischer-Dieskau in der Titelpartie und der unsicheren Senta von Marianne Schech; Landgraf unter demselben Dirigenten, Hopf als Tannhäuser, Grümmer als Elisabeth, Fischer-Dieskau als Wolfram und Wunderlich als Walther; König Heinrich in den Aufnahmen unter Schüchter und, vor allem, unter Kempe; Pogner unter Kempe, mit Frantz als Sachs, Grümmer als Eva, Unger als David (superb) und Schock als Walther; Hunding unter Solti und unter Furtwängler (1953); endlich Hagens Ruf in der Aufnahme unter Konwitschny, auch noch in der späteren Solti-Aufnahme: Es liegt eine Kraft, Energie, Sicherheit und Zuversicht in diesem Singen, über die nur ein Meistersänger gebietet.

Freilich gibt es Grenzen. Frick produziert ungewöhnliche Fülle und tiefschwarze Farbe, aber sein Singen hat nicht die tonliche Variabilität, nicht die elegante Geschmeidigkeit, nicht die anrührende Sanftheit, die man bei Plançon, bei Pinza, bei Kipnis oder auch bei Kurt Moll erleben kann.

Klang-Konzentration: Karl Ridderbusch

Karl Ridderbusch bietet etwas ganz und gar Ungewöhnliches, einen hochzivilisierten Belcanto-Hagen. Sein Singen bereitet viel Vergnügen, es schallt mächtig vor allem in der Manneszene; aber er ist relativ schwach in der tiefen Lage und entfaltet wenig vom bösartigen Charakter dieser Figur.
Desmond Shawe-Taylor über Karl Ridderbusch

Weil Wagners Musik »so ungeheuer anspruchsvoll ist«, schreibt der amerikanische Kritiker Kenneth Furie, »bekommen wir so selten zu hören, wie schön sie ist.« Wie schön sie klingen kann, erlebe man, wenn man den aus Recklinghausen stammenden Karl Ridderbusch (geboren 1932) als Daland unter Karl Böhm oder als Pogner unter Herbert von Karajan hört (»es gibt keinen anderen Daland in der Klasse Ridderbuschs«). In der Tat besaß der Sänger – bevor er sich mit bis zu 200 Aufführungen pro Jahr hoffnungslos übernahm – die schönste, klangvollste und intensivste deutsche Baßstimme nach dem Krieg. Es war ein hoher Baß von ungewöhnlicher klanglicher Konzentration, nicht so üppig und dunkel-reich wie die Stimme Fricks, dafür geschmeidiger, harmonischer und tonschöner. Die Stimme konnte sanft und weich sein, behielt bei halber Dynamik Klang und Resonanz und nahm im Forte ausladende, sogar dröhnende Intensität an. Bei keinem anderen waren Wort und Ton so selbstverständlich verbunden wie bei Ridderbusch – erst Kurt Moll kam ihm in dieser Beziehung nahe (und übertraf Ridderbusch hinsichtlich der dunklen Farbe und des breiten Klangstroms).

Der in Duisburg aufgewachsene Karl Ridderbusch wurde bei einem Gesangswettbewerb entdeckt, den eine Zeitung anläßlich der Erstaufführung eines Films mit Rudolf Schock ausgeschrieben hatte. Schock votierte nicht nur für den jungen Bassisten, sondern unterstützte auch dessen Ausbildung bei Clemens Kaiser-Breme. Nach drei Jahren debütierte Ridderbusch in Münster (1961). Er sang Philipp, Stadinger und Komtur. 1963 wechselte er für zwei Spielzeiten nach Essen, ging 1965 an die Düsseldorfer Rheinoper und machte mit glänzenden Aufführungen von sich reden; Philipp, Sparafucile, Boris, Kezal, Hunding und – unvergeßlich – Seneca in Monteverdis *Die Krönung der Poppea.* 1966 debütierte er als Daland in Wien und an der Scala, 1967 als Fafner an der Met (unter von Karajan) und als König Heinrich in Bayreuth. Er avancierte rasch zu einem Favoriten von Karajans und sang in dessen Salzburger Festspielaufführungen des

Karl Ridderbusch
(Foto: © BMG Classics, München)

Ring, von Fidelio, Tristan und *Lohengrin.* 1972 sang er in Bayreuth Hans Sachs – vielleicht ein Schritt in die falsche Richtung, weil seit dieser Zeit seine stimmlichen Kräfte nachließen (es sei denn, die Ursache war die jahrelange Überstrapazierung). Obwohl er im *Meistersinger*-Mitschnitt vom Grünen Hügel unter Varviso für diejenigen, die ihn oft auf der Bühne erlebt haben (wie der Verfasser), bei weitem nicht in Bestform singt, ist er den meisten Kollegen, was Schönheit der Tongebung und Eloquenz der Phrasierung angeht, überlegen. Nur spürt man die Angestrengtheit, und das legt sich lähmend über das, was ein gesungenes Porträt sein sollte: Ridderbusch bleibt in einer vokal kompetenten Wiedergabe stecken – und doch ist das mehr, als man von den meisten Bayreuther Aufführungen sagen kann.

Besser, weitaus besser steht es um seine vielen anderen Wagner-Aufnahmen. Er hat Pogner und Marke, Fafner (*Rheingold* und *Siegfried*), Hagen und König Heinrich unter Karajan, Daland unter Böhm und Titurel unter Boulez aufgenommen. Hinzu kommen Gesamtaufnahmen von *Die lustigen Weiber, Der Barbier von Bagdad, Zar und Zimmermann* (als Soundtrack), Beethovens *Neunte* unter Ozawa, *Fidelio*-Rocco unter von Karajan und Einzelplatten. Ridderbusch singt durchweg glänzend – tonlich so konzentriert, schön und sicher, wie man es seit Kipnis oder Schorr von Wagner-Bässen oder Baßbaritonen nicht mehr erlebt hat. Er schafft es, aus Daland oder König Heinrich (unter Kubelik, nicht unter Karajan, wo er strapaziert klingt) den Star der Aufführung zu machen. Das gilt auch für Partien wie Pogner und Marke (dessen Musik Ridderbusch mit einer phänomenalen, innigen Intensität singt). Shawe-Taylors Einwand, daß die Klanggestalt der Stimme nicht zur Figur des Hagen passe, ist durchaus richtig – und doch zieht der Verfasser Ridderbuschs konzentriertes, schallkräftiges Singen bei perfekt versammeltem Ton (auf der Platte) dem rauhen Geröhre etlicher Kollegen (Böhme, Greindl) bei weitem vor. Was für ein Sachs Ridderbusch hätte werden können, verrät die Aufnahme des Wahnmonologs unte Hans Wallat – eine überwältigende Aufnahme in einem guten Eurodisc-Recital (Eurodisc 87 559 KR), das auch zwei Arien des van Bett aus *Zar und Zimmermann* und die des Baculus aus *Der Wildschütz* enthält, trefflich gesungen, aber ohne wirkliche Vis comica, die sich nur durch Arbeit an der Figur und eine größere Zahl von Aufführungen erreichen läßt (jedenfalls kein Vergleich mit Kipnis' Modellaufnahme). Eine seiner größten Leistungen bietet er als La Roche in der Aufnahme von Strauss' *Capriccio*. Die Phrasen über »elegische Romanzen« oder, im Monolog, »Ich streite für die Schönheit« haben buchstäblich Musik in der Stimme selber – großartig! Eine Tragödie allerdings der Raubbau, mit dem dieser reichbegabte Sänger seine Stimme seit Ende der siebziger Jahre verschleudert hat.

Deutsche Skizzen

Koloratur-Spezialistinnen

Zauberhaft glockiger Ton: Erna Berger

Perleas Versatilität offenbarte sich in einer feinen, dramatischen Aufführung von ›Rigoletto‹, in der Berger die reinste, musikalischste Gilda sang, die New York in Jahren gehört hatte. Warren war der vokal üppige Rigoletto.
Irving Kolodin über Erna Bergers Gilda am 4. Dezember 1949 an der Metropolitan Opera

Die Gilda der 1900 in Cossebaude bei Dresden (1990 gestorben) geborenen Erna Berger ist durch zwei Aufnahmen erhalten: 1944 sang sie die Partie unter Robert Heger neben dem nicht mehr ganz auf der Höhe seines Könnens stehenden Heinrich Schlusnus und dem gewohnt stürmischen Helge Rosvaenge, sechs Jahre später unter Rentao Cellini neben dem klangmächtigen Leonard Warren und dem wenig charmanten Jan Peerce. Die erste ist insgesamt eine typisch deutsche, will sagen schwerfällige Aufnahme: Schlusnus hat Mühe mit den dramatischen Passagen und singt kurzatmig, Rosvaenge setzt auf Forte-Wirkungen und treibt Mißbrauch mit larmoyanten Klängen, und Erna Berger bewegt sich wie ein niedliches Blondchen mit »Lolita-like tones« (Richard Osborne in *Opera on Record*) durch das Geschehen. Bei aller Schönheit des Timbres ist der Klang unergiebig, gläsern und spannungslos. Die zweite Aufnahme, diesmal in italienischer Sprache, ist besser: Berger versteht es hier, dem Klang ihrer fein lasierten Stimme jenen elegischen Unterton zu geben, der ideal zur Rolle paßt. Zu spüren ist, daß sie nicht mehr nur Noten singt, sondern um eine dramatische Aufführung bemüht ist.

Die junge Erna Berger hatte sich auf Rat von Elisabeth Rethberg einem Opernchor angeschlossen. 1923 begann sie mit der Ausbildung bei der Frau des Tenors Max Hirzel, 1925 wurde sie von Fritz Busch an die Dresdner Oper verpflichtet. Sie sang Ännchen, den ersten Knaben in *Die Zauberflöte*, den Hirten in *Tannhäuser*, Waldvogel in *Siegfried*. Über die Charlottenburger Oper kam sie 1934 an die Berliner Staatsoper, wo Furtwängler sie als Ännchen, Martha, Gilda (neben Schlusnus und Domgraf-Fassbaender), Norina, Leila, schließlich auch als Konstanze und Violetta einsetzte. Sie gastierte am Covent Garden und hatte besondere Erfolge als Sophie und als Königin der Nacht – auch wenn sie die dramatische Komponente der Partie nur anzudeuten verstand. Sie sang die Königin auch in der ersten Aufnahme des Werks unter Sir Thomas Beecham. Nach dem Krieg krönte sie ihre Karriere durch Gastspiele in London und an der Met. Sie war schon über fünfzig Jahre alt, als sie Partien des lyrischen und jugendlich-dramatischen Fachs zu singen begann, darunter Mimi und Butterfly. Nach ihrem Bühnenabschied 1954 gab sie kurze Zeit noch Liederabende und kümmerte sich um den Nachwuchs – Rita Streich gehört zu ihren Entdeckungen.

Bergers Stimme ist ein schön und charakteristisch timbrierter Koloratursopran mit ausgesprochen mädchenhaftem Klanggepräge. Das Volumen der Stimme ist klein. Die Projektion hingegen ist gut, reicht jedoch nicht aus für dramatische Partien. In dieser Beziehung darf man sie mit Sängerinnen wie Sembrich oder Tetrazzini nicht vergleichen: Sie bleibt in all ihren Aufnahmen immer süß-mädchenhaft. Selbst als Königin der Nacht kann sie Spannung nur durch die Intensität der Deklamation (in »Der Hölle Rache«) erzeugen, nicht

Erna Berger
(Foto: © EMI Classics)

durch tonliche Verve – und vor den F's braucht sie winzige Vorbereitungspausen. Als Konstanze – in Auszügen von 1944 neben Peter Anders, unter Robert Heger – singt sie kompetent und versiert-virtuos, aber durchaus nicht makellos und überdies mit einem Püppchen-Timbre, das der Partie ihre heroische Dimension nimmt. Immerhin versucht sie, dies durch einen Ausdruck auszugleichen, den Karla Höcker wie folgt beschrieben hat: »Obwohl die hohe Koloratur längst nicht mehr die Rolle spielt wie damals [gemeint ist Mozarts Zeit], begegnet man auch heute noch Stimmphänomenen, die über große Höhe und eine instrumentale Geläufigkeit und Eleganz verfügen; nur fehlt ihrem Gesang dann oft das Beste: Beseelung. Diese kostbare Mischung von Virtuosität und Anmut, Leichtigkeit und menschlicher Wärme besaß einst Maria Ivogün, und Erna Berger hat in mehr als einem Sinne ihre Erbschaft angetreten. Das Besondere ... ihres Gesanges läßt sich aus stimmlich-technischen Vorzügen allein nicht erklären.«

Seele und Süße – das sind die Qualitäten von Ausdruck und Timbre für mädchenhafte Partien wie Susanna, Zerlina, Ännchen oder auch Norina und Gilda, in denen Berger exzellierte. Ihre frühen Mozart-Aufnahmen haben diesen Zauber. Aber für dramatische Partien wie Konstanze oder Butterfly fehlte es ihrem Ton an Fülle und Rundung, und ihre Aufnahme der Violetta-Arie (1948 unter Johannes Schüler) in italienischer Sprache verkleinert die dramatischen Proportionen ins bloß Anmutig-Ornamentale. Ähnlich steht es um Aufnahmen aus dem verzierten Fach: Rosinas Arie aus *Il Barbiere* oder Norinas »Auch ich versteh' die feine Kunst« aus *Don Pasquale* sind Übersetzungen virtuoser Ausdruckskunst ins Elegant-Geläufige. Der Rundfunk-Mitschnitt einer *Ariadne*-Aufführung von 1935 unter Clemens Krauss – mit Ursuleac, Rosvaenge und Hammes – bestätigt den Ruf ihrer Zerbinetta kaum. Ihre Schülerin Rita Streich hat das fulminante Solo sicherer, schwungvoller und tonschöner gesungen.

Berger hat eine Reihe sehr schöner Liedaufnahmen, teilweise mit Michael Raucheisen, hinterlassen. Sicher war ihr Timbre zu hell für das »Zwielicht« aus Schumanns *Opus* 39, aber sie singt diesen Zyklus wie auch *Frauenliebe und -leben* mit einer derartigen Musikalität und schlichten Innigkeit, dazu mit so zauberhaft glockiger Tongebung, daß man die Grenzen der Stimme alsbald vergißt.

Rokoko-Figur: Rita Streich

> Sie ist eine sehr feine Sängerin, aber nur gelegentlich wechselt ihr Singen sein ›Gesicht‹, schreit das Herz, trübt irgend etwas die blasse Schönheit ihrer Kunst.
> *John Steane in ›The Grand Tradition‹ über Rita Streich*

In einem Porträt-Artikel des *Fono Forum* hat Karl Schumann die aus dem sibirischen Barnaul stammende Rita Streich (1920–1992), in Berlin ausgebildet von Willy Domgraf-Fassbaender, Maria Ivogün und Erna Berger, als »Rokokofigur auf modernem Grund« charakterisiert. Schumann schreibt: »Ähnlich wie ihre Lehrmeisterinnen Maria Ivogün und Erna Berger überspringt Rita Streich die Begrenztheit ihres Fachs, dringt auf der Opernbühne zu Charakterrollen vor, pflegt im Liedgesang jene heikle Randzone zwischen artistischem Glanz und lyrischem Gefühl und durchmißt mit ihren Schallplattenaufnahmen einen Bereich, der sich von der Operette und den süßeingängigen Koloraturparaden bis zu den Chansons der Moderne erstreckt. Gefühl, Klugheit und Sinn für Wirkungen greifen hier ineinander.«

Dies ist, abgesehen vom Hinweis auf die Charakterrollen (welche wurden denn für einen hohen Sopran geschrieben?), eine zutreffende Beschreibung der

Aufgaben, die Streich übernommen hat. Doch ist damit zur Charakteristik der Stimme selber ebenso wenig gesagt wie über die Ausdrucksmöglichkeiten der Sängerin. Zwar hat Streich, anders als frühere Koloratur-Diven, nicht nur das einschlägige Repertoire von Mozart, Rossini, Donizetti, Verdi, Meyerbeer, Bellini, Offenbach, Weber, Delibes, Strauss und Strauß gesungen, sondern auch Lieder von Schubert, Mozart, Schumann, Brahms und Milhaud, aber sie bleibt dabei durchweg eine »Rokokofigur«, anmutig, elegant und ein wenig monoton. Kaum je erlebt man, daß sie durch farbliche Valeurs, durch stimmlichen Ausdruck oder durch darstellerische Phantasie und Energie ein dramatisches Porträt schafft. Vielmehr muß die Rolle gleichsam in das Kostüm ihrer Stimme passen, damit wir eine Figur auf der Klangbühne erleben können.

Streich debütierte 1943 am Stadttheater von Aussig als Zerbinetta. 1946 kam sie an die Berliner Staatsoper, wo sie als Blondchen und als Olympia große Erfolge hatte – ihr kristallklares Timbre und ihre quecksilbrige Beweglichkeit erwiesen sich als ideale Qualitäten für Partien dieser Art. Von 1950 bis 1953 sang sie an der Städtischen Oper Berlin, dann wechselte sie an die Wiener Staatsoper. Seit 1954 gastierte sie in Salzburg, an der Mailänder Scala, an der Londoner Covent Garden Opera. In Furtwänglers letzten Opernaufführungen von Webers *Der Freischütz* sang sie das Ännchen, auch den Waldvogel in der RAI-Aufführung des *Ring*. 1955 sang sie in Aix-en-Provence Zerlina neben Stich-Randall, Merriman, Gedda und Panerai, dann Susanna neben Stich-Randall, Rehfuß, Lorengar und Panerai. Im Sommer 1956 gehörte sie wieder zum Salzburger *Don-Giovanni*-Ensemble unter Dimitri Mitropoulos (Siepi, Corena, Grümmer, della Casa, Simoneau). Sie sang Zerlina auch in Otto Klemperers Kölner Rundfunkproduktion neben London, Cunitz, Zadek und Simoneau. 1956 war sie einmal, statt Erika Köth, die Königin der Nacht in Salzburg unter Solti (neben Grümmer). An der Wiener Oper hat sie bis 1965 eine Fülle von Partien gesungen. Viele winzige Nebenrollen wie den ersten Engel in *Palestrina*, den Hirten in *Tannhäuser* oder die Papagena, die sie in Hauptrollen verwandelte, und zentrale Partien wie Blondchen, Despina, Zerlina, Königin der Nacht, Zerbinetta, Sophie, italienische Sängerin in *Capriccio*, Olympia und Adele.

Streich hat zahlreiche Platten gemacht – Gesamtaufnahmen von Opern, Arien, Oratorien, Konzertstücke, Lieder und Operetten. Ein umfassendes Dokumentationsalbum der DG, sechs Platten und das gesamte Repertoire der Sängerin umfassend, ist hierzulande kaum erhältlich. Ähnlich steht es um den Großteil ihrer Gesamtaufnahmen. Unter Fricsay hat sie neben der Konstanze von Maria Stader (zwar nicht heroisch, aber expressiv und musikalisch) Blondchen gesungen und mit reinstem Glockenklang ein zaubrisches Rokoko-Figürchen auf die Klangbühne gezaubert – die Rolle geht in der Stimme auf. Das gilt auch für den Amor in Glucks *Orfeo* (unter Rother), weniger für ihre allzu glatte, ausdrucksarme Susanna (unter Rosbaud) und kaum mehr für ihre Königin der Nacht (wieder unter Fricsay), deren Musik sie zwar genau und geläufig singt, aber ohne dramatische Spannung und Attacke. Leichte technische Fehler zeigen sich in einigen italienischen Aufnahmen, etwa in deutlichen Aspirierungen in Zerlinas Part von »La ci darem« aus *Don Giovanni*. Ihre Stimme paßt wieder genau auf die Rolle des Ännchen, die sie 1960 neben der nicht in bester Verfassung sich präsentierenden Irmgard Seefried gesungen hat – auch wenn diesem Autor der neckische Ton für den »Kettenhund« unbehaglich ist. Noch weniger kann ich mich mit den Aufnahmen aus italienischen Opern befreunden: Rosinas »Una voce«, Norinas »Quel guardi . . . So anch'io la virtù«, Oscars »Volta la terrea«, Gildas »Caro nome« oder Elenas »Mercè, dilette amiche« werden zu niedlichen Nettigkeiten verkleinert: durch eine instrumentale Geläufigkeit, die weit hinter der Verve wirklicher Virtuosität zurückbleibt. Verschlimmert wird all dies durch stillose Verzierungen und den Mangel an rhythmischem Relief: Beim Vergleich mit Ivogün oder Kurz, beide durchaus nicht ideal in den vorerwähnten Partien, wirkt Streich provinziell. Auch in der Pagenarie aus *Les Huguenots* singt sie nur sauber und süß, aber uncharakteristisch – Janine Micheau erreicht mit einer weniger guten, weil schärferen Stimme ungleich mehr. Viel besser singt Streich die unter mechanischem Zwang Koloraturen sprühende Puppe Olympia in Offenbachs *Hoffmanns Erzählungen* – es ist eine ihrer ersten Aufnahmen, 1946 unter Arthur Rother für den Berliner Rundfunk gemacht (neben Peter Anders in der Titelpartie) und eine dank perfekter Glockentöne von neutraler Ausdrucksqualität ideale Wiedergabe. Ebenso brillant ist ihre Zerbinetta neben der Primadonna von Elisabeth Schwarzkopf und dem wundervoll emphatischen Komponisten von Irmgard Seefried unter Herbert von Karajan – hier endlich gelingt ihr nicht nur eine makellose, sondern auch eine gestisch scharf gezeichnete Interpretation.

Was ihre Liedaufnahmen betrifft, so kann sich der Verfasser nur dem Urteil Steanes anschließen: Streich trägt vor, aber sie erzählt, von der »Forelle« oder vom »Heidenröslein« singend, keine Geschichten, findet keine Zwischentöne für »Auf dem Wasser zu singen« und kein Lächeln im Klang für »Seligkeit«, keine Farbwechsel für die Lieder von Hugo Wolf, kein Raffinement für die von Richard Strauss, keine klanglichen Valeurs für die von Schumann, nicht die dunkleren Farben für die von Brahms. Ihre Aufnahme von Konzentarien Mozarts – darunter »Ah se in ciel« KV 538, »Vado, ma dove? – o Dei!« KV 583, »Populi di Tessaglia« KV 316, »Vorrei spiegarvi« KV 418 und »Mia speranza adorata« KV 416 – mag 1960 als Bereicherung des Katalogs empfunden worden sein, doch haben Stich-Randall, Schwarzkopf, Janowitz, Mathis, Ameling, te Kanawa und Moser diese Musik ausdrucksvoller gesungen.

Fioritura ohne Expression: Erika Köth

Die Aufzeichnungen vermitteln ein fast vollständiges Bild vom Radius der edelsten deutschen Sopranstimme der Nachkriegszeit: Koloratur-Artistik, Mozart-Interpretation, lyrische Opernpartien, Operettenpartien und Bravourwalzer.
Karl Schumann in seinem Kommentar zum Album ›Erika Köth in ihren Lieblingsrollen‹

Die Konstanze, Erika Köth, war eine Blonde, die vom Ehrgeiz überfallen wird.
William Mann über die Konstanze von Erika Köth in ›Opera on Record‹

Die edelste deutsche Sopranstimme der Nachkriegszeit? Und wie steht es um Schwarzkopf, um Grümmer, um Janowitz, um Mathis? Um Sängerinnen, die allesamt klangschönere Stimmen besaßen und besitzen und in musikalischer Hinsicht, um es moderat zu formulieren, jeden Vergleich mit der in Darmstadt geborenen Erika Köth (1925–1989) aufnehmen, die gut ein Jahrzehnt lang eine dominierende Rolle an der Bayerischen Staatsoper gespielt hat. Köth hatte gleich nach dem Krieg mit dem Studium bei Else Blank begonnen, gewann 1947 einen vom Hessischen Rundfunk ausgeschriebenen Wettbewerb und debütierte 1948 als Philine in *Mignon* an der Oper von Kaiserslautern. Dort übernahm sie bald Partien wie Blondchen, Rosina und Königin der Nacht. Am Staatstheater in Karlsruhe erarbeitete sie sich ihr Repertoire: Oscar, Despina, Gilda, Marcelline, Lucia, Liu und Sophie. Im Herbst 1952 erhielt sie ein Angebot von der Bayerischen Staatsoper. Sie sang Anne Truelove in Strawinskys *The Rake's Progress* und entzündete auch nördlich der Alpen Begeisterung für Donizettis *Lucia di Lammermoor*, die sie 1956 unter Ferenc Fricsay sang. 1955 debütierte sie als Königin der Nacht in Salzburg (unter Solti), vier Jahre später sang sie die Partie unter George Szell. Das für 1959 geplante Debüt an der Met mußte sie wegen Erkrankung absagen. 1961 absolvierte sie eine Tournee durch die UdSSR, in Berlin sang sie bei der Wiedereröffnung der Deutschen Oper, mit der sie 1963 in Tokio gastierte. Neben ihren großen Partien sang sie am Münchner Cuvilliés-Theater Partien wie Rosina und Susanna (bei der Wiedereröffnung 1958) und italienische Sängerin in *Capriccio*.

Erika Köth
(Foto: © Ullstein Bilderdienst)

Köths Stimme ist ein Koloratursopran von großem Umfang, mittlerem Volumen und durchschnittlicher Tonqualität. Nur in der höchsten Lage bekommt die Stimme durch die Intensität der Fokussierung Brillanz, während die mittlere und die tiefe Lage durchaus nicht klangschön sind. Hier ist der Ton vielmehr wenn schon nicht unstet, so doch nicht rund und harmonisch, liegt auch nicht korrekt auf dem Atem: Ein Beispiel dafür ist der flackrige Beginn von »Gualtier Maldé – Teurer Name« aus Verdis *Rigoletto*, augenommen 1954 unter Arthur Grüber in der Glanzzeit der Sängerin. Diese war vorüber, als Köth einige ihrer wichtigsten Geamtaufnahmen machte: Als Konstanze ist sie die große Enttäuschung der von Eugen Jochum dirigierten *Entführung* mit dem überragenden Fritz Wunderlich als Belmonte. In den großen Arien singt sie mit rissig-eckigem Ton, problematisch-unsicherer Atemführung und ungenau in den Laufpassagen – kein Vergleich zu ihren früheren Aufnahmen, die sie genau zehn Jahre zuvor unter Wilhelm Schüchter gemacht hatte (hervorragend die »Traurigkeits«-Arie, sehr sicher und schwungvoll, wenn auch nicht pathetisch-heroisch die Martern-Arie). Desolat-dünn und zittrig klang sie als Ännchen in der rundum mißglückten *Freischütz*-Aufnahme unter Robert Heger (neben Nilsson, Gedda, Berry, Crass). In seinem Kommentar zum Porträt-Album der Electrola schreibt

Karl Schumann: »Die Königin der Nacht und die Konstanze, die beiden dramatischen Koloraturpartien, erfuhren einen neuen Akzent: Durch den Aufwand an Bravour, Spitzentönen, Intervallsprüngen und Verzierungen zog sich unverstellt weibliche Empfindung, ein Leidenszug, eine psychologisch differenzierende Auffassung. Mit der schönen Absichtslosigkeit, wie sie Erika Köth eigen ist, war die Vermenschlichung zweier Koloratur-Heroinen gelungen: die ›sternflammende Königin‹ zeigte Herz und Leidensfähigkeit, in der auf die Standhaftigkeit geprüften Konstanze lebte die Empfindsamkeit des späten Rokoko.«

Hier ist der Interpret der Interpretin eloquenter als diese selber. Köth fällt als Konstanze durchaus nicht in die heroische Tradition der Rolleninterpretation (Lehmann, Cebotari, Schwarzkopf, Moser), und auch als Königin der Nacht wartet sie nicht mit den Feuerball-Staccati auf, die Sembrich nachgerühmt wurden. Immerhin, der Salzburger Mitschnitt von 1959 unter George Szell zeigt sie in imponierender Form und voller Verve: Sie singt sogar korrekt alle Appoggiaturen. Sehr empfindsam der erste Teil der ersten Arie, energisch der zweite ab »Du wirst der Tochter Retter sein«, fulminant die Koloraturen und die glockenhaften Staccati (nur ein einziger winziger Hakler). Ebenso gut die zweite Arie, obgleich von Szell in einem atemberaubenden Tempo genommen: Man versteht jedes Wort und spürt vor allem, daß die Arie keine Etüde ist, sondern eruptive Ausdrucksmusik.

Die italienischen Aufnahmen überzeugen den Verfasser so wenig wie die von Rita Streich. Zwar singt Köth Lucia weitaus empfindsamer, mit mehr Gespür für Rubato und Timing der Phrasen – schließlich hat sie die Partie nicht weniger als 90mal allein in München gesungen und damit öfter als Callas in ihrer gesamten Laufbahn –, doch verwandelt sie die Fioritura nicht in Expression. Die Engführungen mit der Flöte geraten zu einer nur mechanisch-virtuosen, aber seltsam spannungslosen Bravourmusik, und dabei ist der Ton keineswegs immer sicher fokussiert oder brillant. Die Auszierungen am Schluß der Arie sind problematisch, weil »showy«.

Lyrische Soprane

Schöne Seele: Elisabeth Grümmer

> Wer immer Elisabeth Grümmer »Selig, wie die Sonne meines Glückes lachte«, die das Quintett aus den *Meistersingern* eröffnende Phrase, hat singen hören, oder »Einsam in trüben Tagen« und »Euch Lüften, die mein Klagen« in *Lohengrin*, kann nicht vergessen haben, wie die liebliche Stimme, zugleich ätherisch und vibrant, mühelos dahinströmte . . . Keine andere hat je wieder, so die Ansicht vieler Kritiker, eine so innige Spiritualität und eine so romantische Empfindsamkeit in dieser Musik zur Geltung gebracht.
> *Lanfranco Rasponi in ›The Last Prima Donnas‹*
> *über Elisabeth Grümmer*

Das »Gnadengeschenk des Timbres« ist, nach Franziska Martienssen-Lohmann, die exzeptionelle Qualität, die eine Stimme haben kann. Es gibt ihr Gesicht und Ausdruck. Es steckt keine Übertreibung in der Feststellung, daß Rollen wie Gräfin Almaviva, Fiordiligi, Donna Anna, Pamina, Agathe, Elsa, Eva, Elisabeth und Hänsel von der Stimme der 1911 in Alsace-Lorraine geborenen (1986 verstorbenen) Elisabeth Grümmer ihr Gesicht erhalten haben, zumindest was das deutsche Operntheater angeht. Alle konkret-sinnlichen Beschreibungen ihrer Stimme als rein und klar, als zart und fein greifen zu kurz: Sie war die Klang gewordene romantische Innigkeit und Empfindsamkeit, selbst wenn es zuweilen in der hohen Lage den Erdenrest kleiner klanglicher Sprödigkeiten gab. Reinheit und Klarheit der Stimme kann, wie bei Gundula Janowitz zu erleben, den Eindruck von Kühle und Temperamentlosigkeit hervorrufen. Grümmers Gesang hingegen ist voller Wärme und verhaltener Leidenschaftlichkeit, die sich nicht sinnlich lockend oder lodernd offenbaren, sondern empfindsam-beseelt. Grümmers Singen ist gleichsam das Bekenntnis einer schönen Seele – und wenn einen in einem Moment nervöser Schlaflosigkeit der Wunsch ankommen sollte, von einem Engel in den Schlaf gesungen zu werden, dann müßte er mit Grümmers Stimme Brahms' »Wiegenlied« (op. 49 Nr. 4) anstimmen.

Durch einen beruflichen Wechsel ihres Vaters kam Elisabeth Grümmer als Kind nach Meiningen. Sie lernte Klavierspielen, sang bei Amateurveranstaltungen, fiel dem Theaterdirektor der Stadt auf und erhielt von ihm das Angebot, als Schauspielerin ans Theater zu kommen. Ihr Vater mußte, da sie noch minderjährig war, den Vertrag unterschreiben. Sie war schon eine bekannte Schauspielerin, als, wie sie Rasponi erzählte, der Klang einer Geige ihr Leben veränderte. An einem Nachmittag hörte sie aus dem Konzertsaal ein paar musikalische Fetzen dringen. Sie schlich sich in den Saal, erlebte die Probe des Beethoven-Konzertes und fühlte sich »irgendwie verzaubert vom Klang, der aus dem Instrument des Solisten drang. Ich trank die Musik wie Nektar und erfuhr, daß der Geiger der Konzertmeister des Orchesters war. Er hieß Grümmer.«

Sie hieß schon bald ebenfalls Grümmer und fand sich in Aachen wieder, wo ihr Mann einen Posten als Kapellmeister angenommen hatte. Sie »gab dem Theater keinen Gedanken mehr«, fand mehr und mehr Spaß am Singen und nahm schließlich, ohne konkrete Karriere-Pläne, Unterricht, sang gelegentlich für Freunde und vor Gästen. Unter denen war irgendwann auch Herbert von Karajan. Der rief sie wenig später an und bat sie, für eine *Parsifal*-Aufführung ein Blumenmädchen, dessen Stimme ihm zu stachlig war, zu ersetzen. Sie sagte »ja« nicht aus Begeisterung, sondern aus Angst vor dem Nein (»schließlich gehörte mein Mann doch zu dem Theater«). Dann stürzte sie sich mit Feuereifer in die Proben und bekam alle Hilfe vom Dirigenten (»er hatte schon damals einen wundervollen und leichten Schlag«), der die Tatsache, daß sie seine Erwartungen erfüllte, nicht kommentierte, geschweige denn mit Komplimenten belohnte: »Das ist einfach nicht sein Stil.« Vielmehr lud er sie ein, die Gräfin im *Wildschütz* zu singen, Alice in *Falstaff* und Octavian in *Der Rosenkavalier*. Grümmer gegenüber Rasponi: »Ob Sie es glauben oder nicht. Den Octavian hat er mir angeboten nur wegen meiner Beine, weil er immer schon Wert darauf legte, daß die Erscheinung der Rolle entsprach.« Octavian wurde eine Parade-Rolle der Sängerin, bis sie später, der androgynen Partie entwachsen, die Rolle der Marschallin übernahm. Daß sie diese nicht hat aufnehmen können, mag, wie Kenner der Platten-Politik mutmaßen, daran liegen, daß es bei der EMI in London eine Sängerin gab, die Herrin ihres Herren war.

Der Kapellmeister Grümmer war vom Erfolg seiner Frau begeistert und förderte sie nach Kräften. Vor allem machte er ihr klar, daß die Karrieren vieler Sänger deshalb vorzeitig scheitern, weil sie nicht kontinuierlich weiterstudieren. Grümmer hat nicht nur zeitlebens »täglich vokalisiert, sondern ständig mit den besten erreichbaren Lehrern gearbeitet«. Sie erhielt ein Angebot vom Duisburger Stadttheater und nahm wegen der Nähe zu Aachen an. 1943 gastierte sie mit dem Duisburger Ensemble in Dresden. Dort erhielt sie ein Telegramm mit der Nachricht, daß ihr Haus vollkommen von Bomben zerstört worden war. Keine Nachricht über ihren Mann. Stunden später folgte ein zweites Telegramm. Man hatte den Körper ihres Mannes unter den Trümmern gefunden. In Dresden erfüllte sie ihre vertraglichen Verpflichtungen und sang schließlich in einer Aufführung des *Rosenkavalier*, die sie als »die entscheidende Aufführung meines

Elisabeth Grümmer in ›Capriccio‹
(Foto: © EMI Classics)

Lebens« in Erinnerung behielt. »Ich kann kaum erzählen, welch eine wundervolle Akustik das Theater hatte, welch unvergleichliche Marschallin Margarete Teschemacher war, wie zauberhaft Maria Cebotari als Sophie sang . . . Und Kurt Böhme war der beste Ochs, den es je gegeben hat.«

Als sie nach dem Krieg an die Städtische Oper Berlin engagiert wurde, war ihre Stimme, wie Freunde ihr sagten, weicher und inniger geworden, für sie »ohne Zweifel eine Folge der schrecklichen Erfahrungen, die ich hatte machen müssen«. Von 1946 bis 1971 gehörte sie dem Ensemble der Berliner Oper an. Noch mit sechzig sang sie, »meine Stimme war unversehrt«, ihre großen Rollen. Sie führte dies zurück auf ihre kontinuierliche Arbeit und darauf, daß sie nie gegen ihre »Lebensmaxime« verstoßen habe, nichts zu singen, »was meiner Stimme konträr war«. So hat sie es zum Beispiel beharrlich abgelehnt, die Rolle zu singen, die sie am liebsten gesungen hätte: Leonore. Ebenso hat sie ihren »Kalender nie überbucht«. Sie konzentrierte sich auf die Partien von Mozart (Gräfin, Fiordiligi, Donna Anna, Pamina, Elettra), Weber (Agathe), Wagner (Elsa, Eva, Elisabeth, Gutrune) und Strauss (Octavian, Marschallin) und den Liedgesang, sang allerdings auch Verdis Elisabetta und Alice, Wagners Gutrune und Freia und die *Capriccio*-Gräfin. Als Eva debütierte sie 1951 unter Thomas

Beecham an der Covent Garden Opera und sang dabei, so Rosenthal, »in der Lemnitz-Tradition«. Eine internationale Karriere hat sie freilich nie verfolgt, wohl aber an den meisten bedeutenden Bühnen (Scala, Paris, Met, Covent Garden, Teatro Colón) und vor allem bei den Salzburger und den Bayreuther Festspielen gastiert. Aus dem italienischen Fach hat sie – »meine Stimme hatte nicht den Biß für diese Heroinen« – nur Desdemona, Elisabetta und Alice gesungen, auch Mimi, nicht aber Butterfly.

Im Gespräch mit Rasponi hat sie sich entschieden für das Ensemble-Theater alter Prägung ausgesprochen. Eine Rolle singen zu können, so erklärte sie, bedeute nicht, daß man sich auch gut darzustellen in der Lage sei. Sie wandte sich gegen den zeittypischen Sänger-Wahn, partout immer nur die zentrale Partie einer Oper übernehmen zu wollen; sie selber habe bereitwillig Partien wie Marzelline und Micaëla übernommen und auf Sieglinde oder Brünnhilde verzichtet: »Ich hätte sie singen können, weil meine Stimme trotz ihrer Reinheit über das Orchester hinwegtrug, doch hatte ich nicht den heroischen Strahl für Wotans Tochter.« Sie hat sich selbst dem energischen Drängen Leo Blechs widersetzt, die Salome zu singen (»er hat ein Jahr lang nicht mehr mit mir gesprochen«). Die heutigen Dirigenten beschuldigte sie, Fehlbesetzungen ohne Rücksicht auf die Folgen für die Sänger in Kauf zu nehmen. Als Vorbilder sah sie Tiana Lemnitz an, Erna Berger als »eine der besten Technikerinnen, denen ich je begegnet bin«, Frida Leider, »die mich mehr bewegte als jede andere«, und Elisabeth Schwarzkopf, »bevor sie so manieriert wurde«. Schwarzkopfs Elvira bezeichnete sie als »eine der größten Darstellungen und Verkörperungen«, die die Opernbühne erlebt hat: »Sie *war* Elvira, das ist es ... Furtwängler, der uns dirigierte, war derselben Ansicht.« Bei den heutigen Sängern beobachtete sie »ständige Selbstzerstörung«. Deshalb versuchte sie ihren Schülern klarzumachen, daß man »Denken und Fühlen lernen muß – und daß Talent sich in der Stille formt«.

Die geringe Zahl von Grümmers Aufnahmen stellt den Plattenfirmen ein Armutszeugnis aus (vor allem wenn man sieht, was einige im Vergleich zweit- oder drittklassige Sängerinnen haben aufnehmen dürfen). Sie hat in Gesamtaufnahmen von *Der Freischütz, Tannhäuser, Die Meistersinger von Nürnberg, Lohengrin, Pique Dame* und *Hänsel und Gretel* mitgewirkt und einige Liederplatten gemacht. Glücklicherweise existieren Mitschnitte von Salzburger Mozart- und Weber-Aufführungen unter Furtwängler (*Don Giovanni* und *Freischütz*), eine Kölner Rundfunk-Aufnahme des *Freischütz* unter Erich Kleiber (den sie als Operndirigenten am höchsten schätzte) und *Meistersinger*-Auszüge aus der Londoner Aufführung unter Beecham. In Furtwänglers *Giovanni*-Aufführung von 1953 – neben Arié, Dermota, Schwarzkopf, Siepi, Berger und Berry – singt sie eine lyrisch gestimmte Donna Anna, sehr ausdrucksvoll und innig, nicht absolut sicher in der schwierigen Koloratur-Passage von »Non mi dir« – eine gute, keine ideale Aufführung. Daß sie eine ideale Gräfin Almaviva war, deutet eine (mäßig dirigierte) Querschnittplatte, die um 1960 entstanden sein dürfte, zumindest an. Die Aufnahme des *Freischütz* unter J. Keilberth hingegen ist Erfüllung, und es ist dem Verfasser ein Rätsel, weshalb das Gros der deutschen Kritiker die vierzehn Jahre später entstandene Einspielung unter Carlos Kleiber – der den Bonus des exzentrischen Genies besitzt – als Offenbarung gewertet hat. Während Kleiber der Gefahr ständiger Übertreibung erliegt (Blyth: »Kleiber's insistence on dotting every ›i‹ and crossing every ›t‹ tends to give his reading an inbred, sophisticated character foreign to Weber«), findet Keilberth mit den brillant spielenden Berliner Philharmonikern mit scheinbarer Absichtslosigkeit den Ton für die Oper: das Ineins von Empfindsamkeit und Unheimlichkeit. In keiner anderen Aufnahme ist die spannungsvolle Ungeheuerlichkeit der Wolfsschlucht suggestiver in eine Klanggestalt umgesetzt worden.

Während Kleiber eine ungerührte Agathe (Janowitz), ein mageres Mäxlein (Peter Schreier) im Ensemble hat, sind bei Keilberth alle Rollen so gut wie ideal besetzt. Das gilt nicht nur für den zuweilen zwar angestrengten (in der Höhe pressenden) Rudolf Schock, für die wendige und lebendige Lisa Otto als Ännchen (stimmlich überschlank, aber ausdrucksvoll), für den famosen Karl Kohn als Kaspar, sondern vor allem für die Agathe von Elisabeth Grümmer. Sie ist ideal in der Verschmelzung von Wort und Ton insofern, als sie der Empfindsamkeit des Textes die Innigkeit und Reinheit, vor allem die Emphase der Klanggestalt gibt. Ihr Singen ist Spiegel einer schönen und leidenden Seele.

Es ist ebenso bedauerlich wie erstaunlich, daß Steane bei der Einzelanalyse der Arie im Anhang seines Buches Grümmers Aufnahme nicht erwähnt, die Sängerin überhaupt nur beiläufig behandelt und den in der Tat zuweilen leicht hauchigen Ton kritisiert. Grümmer arbeitet nicht mit einer so subtilen – oder auch ausgetüftelten – Farbendramaturgie wie Schwarzkopf, doch ist ihr Singen von der sprachlichen Artikulation wie von der Phrasierung her nicht weniger eloquent.

Ebenso anrührend und bewegend ist sie in den drei lyrischen Wagner-Rollen ihres Repertoires: als Elisabeth unter Konwitschny, als Eva und als Elsa. Ich kann nur auf eine alte Metapher Richard Strauss' für das Singen Carusos zurückgreifen: Grümmer singt die Seele der Melodie. In der Brautgemachszene mit dem Amerikaner Jess Thomas – der zwar laut, aber nicht strahlend, leise, aber nicht lyrisch singen kann – ist allein *sie* es, die die Dringlichkeit des Erkennen-Wollens auszudrücken vermag. Selbst daß einige hohe Töne hauchig und angestrengt sind, mindert ihre Leistung nicht – neben ihr wirkt Janowitz kühl und neutral, Amara schrill, Kirschstein drittklassig, Tomowa-Sintow unidiomatisch und fehlbesetzt.

Zum schönsten Sopran- und Klangluxus der Plattengeschichte gehört die von Herbert von Karajan dirigierte Aufnahme von *Hänsel und Gretel*, superb musiziert vom damals einzigartigen Philharmonia Orchestra, ideal besetzt bis in die Nebenrollen (grandios Metternich als Besenbinder). Die Klangmischung von »Abends will ich schlafen geh'n« fällt zunächst als betörender Sinnenreiz aufs Ohr und verwandelt sich darin in magische Poesie. Aufnahmen der Gräfinnen-Arie und von Paminas g-Moll-Arie, von Mignons Romanze, Desdemonas Gebet und den Duetten Sophie-Octavian (mit Erika Köth) finden sich auf einer Porträtplatte der Electrola. Melodram bietet interessante Live-Aufnahmen aus *Così, Nozze di Figaro* (u. a. Briefduett mit Güden) und einer Berliner *Don-Giovanni*-Aufführung unter Fricsay von 1961, »Und ob die Wolke« aus Furtwänglers Salzburger Aufführung, eine *Meistersinger*-Szene mit Peter Anders unter Beecham und Lisas Arie aus *Pique Dame*, ferner eine Reihe von Liedern. Bewegend die 1958 mit Gerald Moore gemachte Schubert-Brahms-Platte. Sie endet mit der Liedzeile: »Schau im Traum's Paradies«.

Exsultate: Maria Stader

> Der Gesang muß die *natürliche* Sprache des Sängers sein. Der Zuhörer muß das Empfinden haben, als sei das menschliche Wesen, das da vor ihm singt, gar nicht in der Lage, sich anders auszudrücken als mit Gesang, als *singend*. Mein Ideal einer Opernaufführung ist es, den Eindruck zu haben, als befände ich mich im Sprechtheater.
>
> Stets muß der Ton, von oben her kommend, auf die vordere Schädeldecke konzentriert und schlank wie durch ein in die obere Gesichtshälfte eingelassenes Nadelöhr ins Freie projiziert werden.
> *Maria Stader in ›Nehmt meinen Dank‹*

So sympathisch die (Hilfs-)Vorstellung von der Konzentration des Tons auf die vordere Schädeldecke ist, so irritierend (für den Autor) die Projektion durch die Enge eines Nadelöhrs: Sie nämlich verursacht den hellen, farbarmen, leicht gequetschten und schwingungsarmen Ton, der Maria Staders (geboren 1911 in Budapest und von einem Schweizer Ehepaar adoptiert) Singen trotz aller Musikalität begrenzt. Begrenzt auf einen Ausdruck, den Steane als »pretty« bezeichnete, als hübsch oder anmutig. Maria Stader vertrat das asketische Ideal des instrumentalen Singens, das auf tonliche Reinheit und technische Geläufigkeit abzielte, nicht aber auf dramatische Eloquenz und tonliche Wärme.

Stader studierte seit 1933 bei Mathilde Baerbacher-Keller in St. Gallen, dann bei Hans Keller und eine Zeitlang auch bei Therese Behr-Schnabel (Frau des Pianisten). Sie gewann 1939 den ersten Preis bei einem Wettbewerb in Genf, sang 1940 Olympia in Zürich und machte nach dem Krieg eine bedeutende Karriere als Konzertsängerin. Während des Krieges hatte sie eine kurze Zeit Unterricht bei der italienischen Sopranistin Giannina Arangi Lombardi. In ihrer Autobiographie hat sie über den Beginn ihrer eigentlichen Karriere geschrieben: »Ich werde Mozart-Sängerin.« Sie arbeitete und musizierte mit Bernhard Paumgartner (»er erweiterte mein Mozartbild«), mit dem sie vor allem die großen Konzertarien studierte, mit Rolf Liebermann, Bruno Walter (Konzerte in Mailand zum 200. Geburtstag Mozarts), Richard Strauss und Dean Dixon. In den letzten Monaten des Jahres 1949 sang sie an der Covent Garden Opera die Königin der Nacht (neben Schwarzkopf, Murray Dickie und Norman Walker); größeren Erfolg hatte sie aber mit einem Liederabend in der Wigmore Hall. Sie sang in Beethovens Neunter Symphonie unter Furtwängler, der sich, so Stader, nicht satthören konnte an der Bildung der auf das H führenden Phrase »dein sanfter Flügel weilt«. Besonders eng wurde der künstlerische Kontakt zu Ferenc Fricsay, mit dem sie seit Dezember 1952 immer wieder gearbeitet hat und der sie in seinen Mozart-Aufnahmen einsetzte. Eine der ersten Rollen, die sie konzertant mit ihm sang, war Lucia.

Ihre Mozart-Aufnahmen spielen »on a small scale«. Die zarte, leichte und instrumental geführte Stimme ist in der Partie der Konstanze dramatisch-heroischen Ausdrucks nicht fähig, doch steckt in ihr, wie William Mann schreibt, »ein goldener Faden«, und es ist ihre musikalische Intensität, mit der sie deutlich macht, daß sie »a grander lady« ist als das Blondchen der blitzsauber singenden Rita Streich. Was bei diesem Singen auf der Strecke bleibt, ist die dramatische Expressivität der Partie. Wenig überzeugend finde ich sie als *Figaro*-Gräfin und als Pamina, weil sie beide Partien konzertant singt, statt sie dramatisch darzustellen. Unter Fricsay hat sie auch in einer Aufnahme von Verdis *Messa da Requiem* gesungen, eine vom Dirigenten her fesselnde Aufnahme, doch bei den Solisten bietet nur die viel zuwenig bekannte Oralia Dominguez eine adäquate Leistung. Maria Stader singt wie immer sauber, musikalisch und klangschön (wenn man denn ihre spezifische Tongebung schön zu finden willens ist), doch ist sie mit »Libera me« überfordert. Ähnlich schwer tut sie sich mit den expansiven Gesangsbögen von Beethovens *Missa Solemnis*, die sie 1955 unter Karl Böhm gesungen hat – in einer Aufnahme, die dem Charakter des »verfremdeten Meisterwerks« (Adorno über die *Missa*) nicht entfernt gerecht wird. Faßt man die Motette *Exsultate, jubilate* als brillantes Konzertstück auf, mag man Staders instrumental-geläufige Aufführung unter Fricsay – mit einer reichen Kadenz am Ende des ersten Teils – so hoch einstufen, wie es Ulrich Schreiber in seinem Klassikführer tat; auch hier aber ziehe ich die dramatischere Version Teresa Stich-Randalls vor. Stader brilliert in der dekorativen Form, wird aber dem Expressiven nicht gerecht.

Leichter Flötenton: Elly Ameling

Elly Amelings Lied-Vortrag ist nicht nach jedermanns Geschmack. Einige finden ihn unbeteiligt und prosaisch; sie ziehen einen emotional direkteren Vortrag und eine größere Betonung des Dramas im Wort vor. Live gehört, kommuniziert Ameling nicht über die Grenzen von Sorgfalt und Hingabe hinaus. Selbst in einem so intimen Auditorium wie der New Yorker Tully Hall klingt die Stimme – durchaus kein besonders auserlesenes Instrument – ein wenig unterernährt und monochrom. Aber auf Platten steht die Sache anders. Die Mikrophone konzentrieren sich auf ihre beträchtlichen Tugenden und bringen uns ihr so nahe wie in einem Salon.
D.S.H. in ›High Figelity‹

Als die 1934 in Rotterdam geborene holländische Sopranistin Elly Ameling, Schülerin von Jo Bollekamp und Jacoba Dresden-Dhont, 1956 Trägerin des Noordewier-Preises beim Wettbewerb von s'Hertogenbosch und 1958 erste Preisträgerin in Genf, dann weiter ausgebildet von Pierre Bernac in Paris, mit ihren Platten hervortrat – vor allem mit der Musik Bachs –, pries Karl Breh in der *HiFi-Stereophonie* »eine Offenbarung« und »eine ideale Bachstimme«, und die deutschen Kritiker stimmten unisono in den Jubel ein. Es war die Zeit, in der man sich anscheinend »an der natürlichen Mädchenhaftigkeit ihrer Stimme« (J. Dalalande in *HiFi-Stereophonie*) erfreute – vielleicht als eines Korrektivs zur manierierten Künstlichkeit einer Schwarzkopf, vielleicht auch als Labsal nach den heftigen und harschen Klängen vieler deutscher (Wagner-)Diven. Ameling wurde weithin für »natürliche Musikalität und gesangliches Ebenmaß« (*New York Times*), für die »Schlackenlosigkeit des Singens« und als »Vorzugsschülerin des Liedes« (Andrea Seebohm im *Wiener Express*) gelobt. Als John Steane vor fünfzehn Jahren mit seinem Überblick über *The Grand Traditon* zu Ende kam, schrieb er über die damals gerade aufstrebende Sängerin: »Wenn die holländische Sopranistin Elly Ameling singt, ist alles gut: Ein trüber Tag wird unversehens sonnig (ihr Händel und ihr Mozart sind ... ein Vergnügen, mit frischem, reinem Ton und nicht aspirierten Läufen).«

Inzwischen hat die holländische Lieder- und Konzertsängerin, die nur einige wenige Opernaufführungen bestritten hat – unter anderem sang sie 1973/74 in Amsterdam Ilia in *Idomeneo* –, eine riesige Zahl von Platten besungen: Lieder von Haydn, Mozart, Schubert, Schumann, Brahms, Strauss, Debussy, Ravel, Wolf, Fauré, Cornelius, Nin, Diepenbrock, Reger, Chausson, Hahn, Satie, Strawinsky, Kantaten von Bach und Händel, Arien von Händel, Haydn und Mozart, Passionen von Bach, Oratorien von Händel und Mendelssohn, Symphonien von Mahler. In dieser Zeit hat sich die Tonlage der Kritik nur wenig geändert. Ameling wird wegen ihrer Intonationsgenauigkeit, ihrer instrumentalen Stimmführung, der zugleich sorgfältigen und unaufdringlichen Textartikulation als vorbildlich bezeichnet. Aber es werden auch Grenzen des Ausdrucks aufgezeigt, der sängerischen Phantasie und musikalischen Eloquenz. Über eine Aufnahme von Sechs Liedern aus *Wilhelm Meister*, der Sechs alten Weisen von Gottfried Keller und der *Drei Suleika-Lieder* aus dem *West-östlichen Divan* von Hugo Wolf notierte Ulrich Schreiber in der *HiFi-Stereophonie* (8/83): »Wer die Metasprache dieser Gedichte sucht, wird sie bei Elly Ameling nicht mit Engelszungen verkündet finden.«

Diese Kritik am Fehlen einer expressiven Dimension klang auch schon in einer Rezension Ulrich Dibelius' über eine Mozart-Platte an: »Mozart schreibt in der bekannten dreiteiligen Motette *Exsultate, jubilate* ebenso ein vokales Solokonzert mit der Satzfolge schnell-langsam-schnell, wie etwa in der Arie KV 374 [»A questo seno deh vieni ...... Or che il cielo«] ein Konzertrondo ... Und in diesem Sinne singt Elly Ameling die Stücke auch instrumental; das heißt, sie geht mehr von der musikalischen Linie aus als von der Wortbedeutung, und dank der überlegten Art ihres Vortrags vermag sie dies anspruchsvolle interpretatorische Vorhaben auch durchzuhalten. Sie entwickelt Phrasen, Farben, musikalische Gesten, statt sich – wie üblich – an den vordergründigen Inhalt und Ausdruck des Textes zu klammern, um dadurch mit den erheblichen sängerischen und musikalischen Schwierigkeiten leichter fertig zu werden. Dieses gleichsam abstrahierende Verfahren, das gerade bei ursprünglich für Kastraten bestimmten Stücken, wie den beiden genannten, seine volle historische Berechtigung hat, geht in einem Fall, bei der Buffa-Arie KV 217 [›Voi avete un cor fedele‹] sogar so weit, daß die Ironie der Situation – eine Kammerzofe erteilt ihrem von der Herrschaft empfohlenen Liebhaber eine fröhliche Abfuhr, weil sie einen besseren in Reserve hat – kaum ganz zum Tragen kommt.«

So richtig die Beobachtung, so problematisch Dibelius' Begründung und, vor allem, Rechtfertigung des »instrumentalen« oder gar »abstrahierenden« Singens in dieser Musik. Es ist nämlich, trotz mancher Tugenden, mitnichten historisch berechtigt, sondern eher eine moderne Lösung für ein altes Ausdrucks-Problem. Alfred Einstein, auf dessen Mozart-Buch Dibelius sich indirekt bezieht, spricht von der Brillanz und »Zärtlichkeit« der Mozartschen Konzerte und hebt damit ab auf die ausgesprochen *vokale* – oder auch kantable – Formung der Solo-Stimme, die vor allem in langsamen Sätzen zum behutsamen Verzieren herausforderte. Die Kastraten haben durchaus nicht »abstrahierend«-instrumental musiziert, sondern die verzierte Formensprache expressiv erfüllen müssen. Zum wiederholten Male sei erinnert an Mozarts Mahnung, die »Gewalt der Worte« zur Geltung zu bringen. Das hat wenig zu tun mit Festklammern an den vordergründigen Inhalt und Ausdruck eines Textes. Es ging vielmehr um dramatisches Pathos in der Kirchenmusik und in der Opera seria und eloquente Gestik in der Opera buffa. Was Ameling mit ihrem sauberen, fein geformten und musikalisch korrekten, aber nicht dramatisch eloquenten Singen neutralisiert, ist eben die Dimension des Ausdrucks in einer scheinbar apollinischen Formensprache. Anders gesagt: Ihr Singen leistet nicht die Verbindung des Instrumentalen und des Affektiven; es begnügt sich mit sogenannter Natürlichkeit. Es ist ein Mozart-Singen von zwar serener Schönheit, aber auch eines der dramatischen Verkleinerung, weil der leichte, flötenhafte und weißliche Ton nur dynamische, kaum je aber farbliche Schattierungen und damit auch wenig expressive Nuancierungen erlaubt. Im Alleluja der Motette hören wir zwar makellos geformte Laufpassagen und das C in der Kadenz mit sicherem Anschlag und feinster Formung, doch spüren wir keine Emphase und keine jauchzende Exuberanz (wie etwa bei Stich-Randall) in der virtuosen Koloratur.

Ähnlich eine weitere Mozart-Platte unter dem holländischen Dirigenten Edo de Waart (Philips 6500 544) mit Opern- und Konzertarien. Am besten klingt die Stimme, am überzeugendsten ist der Ausdruck in lyrisch-getragener Musik: Susannas »Deh vieni, non tardar« oder Zerlinas »Batti, batti« singt Ameling mit exakter Artikulation bei sauberer Tongebung (mit den typischen Schwächen der leichten Stimme in tiefer Lage), behutsamer Dynamik, schwingender Phrasierung und schönen Piano-Tönen. Doch in den Arien des Cherubino fehlt so etwas wie erregter Puls, fehlt die in expressiver Vokalfärbung sich ausdrückende Exuberanz, fehlt auch jene Ausdrucksverve, die, beispielsweise, Elisabeth Söderström durch improvisierte Gesten verzierend entfaltet. Es fällt dem Verfasser schwer, Graham Sheffields Begeisterung für Amelings Interpretation von Fiordiligis »Come scoglio« zu folgen. Der englische Kritiker hört einen »real sense of horror« darüber, daß diese beiden Albanier es gewagt haben, in das Haus der beiden Schwestern einzudringen mit der Absicht, diese zu verführen. Dies würde voraussetzen, daß der Ausdruckscharakter dieser Arie streng pathetisch und ungebrochen wäre; er ist aber recht eigentlich ironisch-parodistisch, also *uneigentlich*, und es ist diese Dimension von Ausdrucks-Ambivalenz, die etwa von Schwarzkopf vollendet getroffen wird. Ameling leistet musikalisch-korrektes Singen, bewältigt die großen Sprünge sicher (wenn auch ohne Aplomb) und die Verzierungen sauber. Doch einen Ausdrucks-Charakter vermag ich nicht zu entdecken. Dies noch weniger in der grandiosen Konzert-Arie »Ch'io mi scordi di te?« KV 505. Alfred Einstein hat, vor allem mit Blick auf den *Dialog* zwischen Singstimme und Klavier, über die intime Beredtheit dieser Musik gehandelt, hat sie als Bekenntnismusik und subjektive »Klangrede« (so ein Terminus von Nikolaus Harnoncourt) interpretiert. Ameling trägt sie tonlich makellos, aber neutral vor. Nie durchglüht ein Beben der Seele den Vortrag, bekommen die Worte neben ihrer korrekten Form den Ausdruck von Betroffenheit.

Wie bei Mozart nimmt Ameling auch bei Schubert eine Gegenposition zu Elisabeth Schwarzkopf, Dietrich Fischer-Dieskau oder auch Janet Baker ein. Sie macht ihre helle, kristalline, mädchenhafte Stimme zum Instrument einer lyrischen Einfachheit, ja Oberflächigkeit, die sich im Aussingen selber genügt und nicht, wie Thrasybylos G. Georgiades in seinem Schubert-Buch formuliert, ihre Tugend im Anschmiegen an die Sprache findet. Vor allem die Mignon-Lieder (die sie mit Dalton Baldwin am Klavier aufgenommen hat) werden durch diesen quasi-naiven Zugriff verharmlost. Auch in Liedern wie den Gesängen Ellens, in »Gretchen am Spinnrade«, Suleikas Gesängen und selbst einer anakreontischen Miniatur wie »Liebe schwärmt auf allen Wegen« kann sie den von der Naturqualität der Stimme diktierten Ausdrucks-Radius nicht überspringen. Sie kann sich allenfalls in graphisch-feine Nuancierungen retten. Dieser Ansatz bewährt sich in lyrischen Rollen-Liedern ebenso wie in Schuberts Naturliedern, die Ameling mit großer musikalischer Differenzierung – oder auch mit graphischer Feinzeichnung – musiziert. Aber selbst in diesen Liedern ist der Vortrag nicht frei von einem Anflug von Biederkeit. Das gilt auch für ihren Vortrag einiger Mozart-Lieder (mit Jörg Demus am Klavier und Willi Rosenthal als Mandoline-Begleiter). Die frühen lyrischen Lieder singt Ameling mit schön versammeltem, feinem und leuchtendem, in der Höhe zuweilen leicht hauchigem Ton. In »Ridente la calma« führt sie die Appoggiaturen korrekt aus und verziert zudem die Reprise. Die spätere Aufnahme mit Dalton Baldwin und Benny Ludemann bringt kaum interpretatorische Abweichungen, doch hat Ameling in einer Reihe von frühen Liedern große Mühe mit der Bildung der Höhe, die eng, hauchig, zuweilen sogar gequetscht klingt.

Die Aufnahme von Schumanns Zyklus *Frauenliebe und -leben* hat Ulrich Schreiber in der *HiFi-Stereophonie* wegen der »musikalischen Differenzierung des Details« gelobt. Ameling nehme dadurch den Liedern ihre »direkte« Aussagekraft. Dies meint, daß Ameling sich der *Rolle* der Frau, die »den herrlichsten

Elly Ameling
(Foto: © EMI Classics)

von allen« und den »Ring an meinen Finger« gläubig besingt, gleichsam entzieht: »Und der Versprecher der Sängerin«, so Schreiber ironisch, »die aus dem ›seligsten Tod‹ nur einen ›seligen Tod‹ macht, entpuppt sich als unfreiwilliges Symptom ihres Darstellungswillens.« Formulieren wir es noch einmal mit einer für britische Sängerinnen zitierten Metapher: »Alle englischen Sängerinnen sind Jungfrauen.«

Was oben über die von Rudolf Jansen begleitete Wolf-Platte gesagt wurde, gilt weniger für die Aufnahme des *Italienischen Liederbuchs* mit Gérard Souzay und Dalton Baldwin bzw. die mit Tom Krause und Irwin Gage. Die meisten Lieder sind, wie David Hamilton in *High Fidelity* (1970) schrieb, »aufgebaut auf einem einzigen musikalischen Impuls« und einer vergleichsweise einfachen musikalischen Linie. Nach Hamilton zerreißt die von modernen Sängern – gemeint sein können nur Fischer-Dieskau und Schwarzkopf – präferierte Tendenz zu einem »Wort-Malen« die innere Kontinuität des im Melos sich entfaltenden Liedes: »Wenn ein Sänger ein Lied in verbaler Form ›verkaufen‹ muß«, so Hamilton, »stimmt etwas in der Natur der Kommunikation nicht.« Anders als Schwarzkopf und Fischer-Dieskau legen Ameling und Souzay nicht Details unter das Vergrößerungsglas der emphatischen Wortbehandlung und der kontrastreichen Kolorierung. Sie agieren die Lieder nicht, sondern singen sie mit unprätentiöser Genauigkeit. Die zweite Aufnahme mit Krause ist weitaus blasser, ohne Elan und beeinträchtigt durch weißen, fahlen Ton. Die Fähigkeit zur graphischen Feinzeichnung der Linie, einhergehend mit genauer Definition des Tons und sorgsamer Artikulation, macht Ameling zu einer vortrefflichen Sängerin französischer Mélodies. Mit Mady Mesplé, Michèle Command, Frederica von Stade und Gérard Souzay, alle begleitet von Baldwin, hat sie für EMI Lieder von Debussy aufgenommen, eine exemplarische Edition. Ebenso subtil in der Zeichnung ist eine Platte mit den »Ariettes oubliées« (die ich allerdings in der vokal reicheren Aufnahme mit von Stade vorziehe), doch fehlt es in Faurés »La bonne chanson« an klanglicher Fülle und tonlicher Üppigkeit.

Alle Qualitäten der Sängerin kommen in Kantaten von Bach und Händel ebenso zur Geltung wie in den Passionen und Oratorien. »I know that my Redeemer liveth« aus Händels *Messias* singt Ameling mit perfekten Auszierungen, großer Geschmeidigkeit bei der Bildung der Koloraturen und Triller und inniger Ausdrucksgebung (Aufnahme unter Neville Marriner). Einen guten Überblick über ihr Bach-Singen gibt eine Platte mit Sopran-Arien aus Weihnachts- und Osteroratorium und Matthäus-Passion, die sie unter Münchinger ebenso wie Haydns *Die Schöpfung* für Decca aufgenommen hat. Eine gute Ergänzung dazu ist ein Recital mit Vokalmusik von Händel (»Silete venti. Crudel tiranno amor« und »E pur così un giorno ... Piangerò la sorte mia«, mit dem English Chamber Orchestra unter Raymond Leppard), wo Ameling nicht nur mit ideal versammeltem Ton und fabelhafter Linienbildung singt, sondern in den deklamatorischen Passagen auch mit überraschender Energie.

Wann wird ein Sänger akzeptiert?, hat John Steane in der Rezension von Amelings Schubert-Platte mit Dalton Baldwin gefragt, akzeptiert im Pantheon der Großen (Lehmann, Schumann, Schwarzkopf, Baker). Zunächst sei die Holländerin als »tüchtig« (sound), dann als »vielversprechend« und endlich als »sehr gut« bewertet worden, nur habe letztlich ein Rest an »Individualität, Tiefe und Qualität gefehlt, an dem man die Großen erkenne«. Steane sprach jenem Schubert-Recital (Etcetera/Conifer ETC 1009) diese Qualitäten zu, doch war dieses Urteil wohl eher das Ergebnis des oft genannten »acquired taste« – der Gewöhnung an die Sängerin und an Grenzen, die sie nur in besten Momenten aufzuheben versteht. Eine sehr gute, tüchtige Sängerin also, aber keine der Großen.

Somnambule Schönheit: Gundula Janowitz

Über die Elsa von Gundula Janowitz habe ich zwei Meinungen . . .: Sie singt himmlisch, mit feinem, reinem und manchmal stählernem Ton; ihr gelingt es nicht im geringsten, an dem beteiligt zu wirken, worüber sie singt.
Charles Osborne in ›Opera on Record‹

Ihre Elsa ist eine der am schönsten gesungenen Wagner-Rollen auf Platten. Die Traum-Erzählung, in langsamem Tempo genommen, ist absolut fest und rein im Ton und behält – einzigartig, so weit ich mich erinnern kann – den Zustand von Trance.
John Steane über Gundula Janowitz in ›The Grand Tradition‹

Gundula Janowitz, 1937 in Berlin geboren, ist österreichisch-ungarischer Abstammung und wurde in Graz von Hubert Thöny ausgebildet. Entdeckt wurde sie 1959 bei einem Probesingen im Bayreuther Festspielhaus von Walter Legge, Wolfgang Sawallisch und Wieland Wagner, die sie als Blumenmädchen für die *Parsifal*-Aufführung von 1960 engagierten. Kaum von der kurzen Visite aus Bayreuth nach Graz heimgekehrt, erhielt sie einen Anruf von der Direktion der Wiener Staatsoper. Herbert von Karajan, durch Walter Legge informiert, hatte den Auftrag erteilt: »Da ist ein Mädchen in Graz. Janowitz. Treibt die mal auf.« Sie sang vor und wurde sogleich engagiert. Debütrolle: Barbarina in *Le Nozze di Figaro*, dann auch Stimme vom Himmel in *Don Carlo* – und in der Tat eine himmlische Stimme. Sie studierte die *Figaro*-Gräfin mit Karajan und später Donna Anna mit Josef Krips. 1963 debütierte sie als Pamina in Aix-en-Provence, und ein Jahr später brachte sie der Dirigent dieser Aufführung, John Pritchard, als Ilia nach Glyndebourne. Doch erst 1976 kam sie an die Covent Garden Opera (Donna Anna), neun Jahre nach ihrem Met-Debüt als Sieglinde unter Herbert von Karajan – das kein großer Erfolg war, weil ihre instrumental geführte, reine Stimme aufgrund des fehlenden Vibratos kühl, fast unpersönlich klingen kann. Überdies wird dadurch selbst die geringste Intonationstrübung hörbar, schlägt auch jede (Über-)Beanspruchung als Schärfe durch. Nicht wenige, und ganz besonders die Bewunderer der Sängerin, haben es als höchst problematisch angesehen, daß Janowitz Partien wie Amelia in *Simon Boccanegra*, Aida und Leonore in *Fidelio* übernommen hat – manche mit größter Energie erkämpfte Triumphe erweisen sich langfristig als Opfertaten.

Seit Beginn der siebziger Jahre ist Gundula Janowitz, die sich über den Opernbetrieb mit seiner rücksichtslosen Ausnutzung der Stimmen sehr kritisch geäußert hat, als Liedersängerin hervorgetreten. Als sie im Mai 1971 in München Lieder von Brahms und Debussy sang, schrieb Ivan Nagel in der *Süddeutschen Zeitung*: »Darüber [gemeint: dem Klavierspiel eines jämmerlich gefühligen Begleiters] aber sang die schönste Stimme, die heute zu hören ist. Gundula Janowitz fand nicht in allen Liedern zu Brahms; und das war vielleicht nicht einmal ganz die Schuld ihres Begleiters. Die makellos gerade geführte Stimme läßt im romantischen Lied gelegentlich vermissen, was man bei anderen Sängerinnen liebend gern vermißte: das Vibrato. Das betäubende Glück ihres Gleichmaßes schließt bisweilen eine gewisse Variabilität des Timbres aus. Gundula Janowitz singt so, daß die Engel bei ihr dazulernen könnten; aber Brahms-Lieder sind nun einmal, für Menschenstimmen geschrieben.«

Mit diesem in eine Liebeserklärung gewandeten Tadel ist weniger eine Schwäche als eine Eigenart der Stimme – und ihrer musikalischen Expressivität – beschrieben. Verglichen mit Callas, Ludwig, Schwarzkopf, Leider und Lemnitz, die sie gegenüber Alan Blyth (Londoner *Times*, 1973) als Vorbilder nannte, fehlt es ihrem Singen an Eloquenz, an dramatischer Energie und Dring-

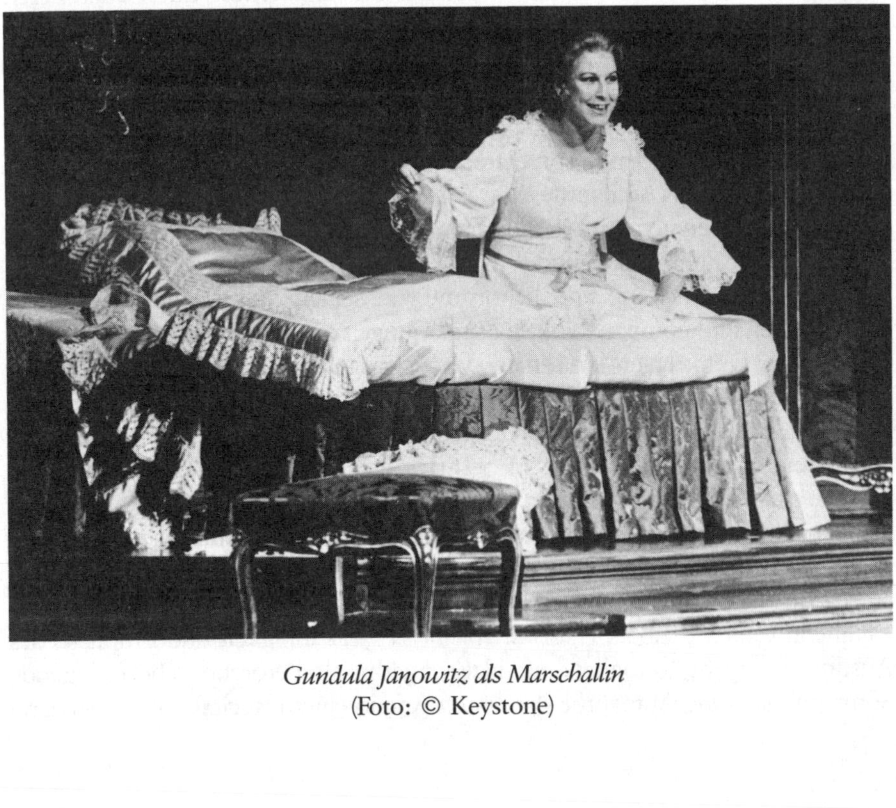

Gundula Janowitz als Marschallin
(Foto: © Keystone)

lichkeit. Ihr Timbre und ihre »makellos gerade geführte Stimme« scheinen den dramatischen Akzent nicht zu kennen und lösen alles in lyrischen Wohllaut auf. Euridices furiose Arie »Che fiero momento« mag alles haben – nur nicht das Feuer dramatischer Erregtheit. Versteht man die Gräfin Almaviva in *Le Nozze di Figaro* als eine Frau, die schon *vor* der Klage den Verlust der Liebe als gegeben ansieht, muß man das Konzept einer quasi-elegischen Einfärbung, ja klanglichen Nivellierung als berückend empfinden. Was fehlt – jedenfalls in den Arien –, ist das textliche Relief, die dramatische Spannung. In dieser Beziehung haben ihr Jessye Norman und vor allem Elisabeth Schwarzkopf einiges voraus. Die zweite große Mozart-Aufnahme – *Così fan tutte*, 1974 zur Feier von Karl Böhms 80. Geburtstag in Salzburg mitgeschnitten – hat den Verfasser beim Wiederhören enttäuscht. Die Rezitative sind lahm und lasch geraten. Janowitz gleitet unsicher durch die riesigen Intervalle ihrer Partie, und auch Fassbaender, Schreier und Prey bieten nicht mehr als durchschnittliche Routine-Aufführungen. Rechnet man beträchtliche Striche und störenden Bühnenlärm hinzu, fällt die Aufnahme neben den Studio-Produktionen unter von Karajan, Davis und Solti ebenso ab wie neben dem überragenden Mitschnitt unter Guido Cantelli (Schwarzkopf, Merriman, Alva, Panerai, Sciutti, Calabrese). Der Höhepunkt ihres Mozart-Repertoires ist die Aufnahme der *Zauberflöte* unter Klemperer. Die g-Moll-Arie wird bei ihr zum gesungenen Weltleid, und im Duett mit dem exemplarisch singenden Walter Berry als Papageno – »Bei Männern, welche Liebe fühlen« – erlebt man eine Feinabstimmung von Phrasierung und Dynamik, wie man es weder vorher noch später je (wieder) erlebt hat.

In einer vergleichenden Besprechung hat Gerhard Antoniacomi (*Fono Forum*) Leonard Bernsteins Aufnahme des *Fidelio* und vor allem die Leistung von Janowitz und Kollo geradezu enthusiastisch gelobt. Wie seltsam. Bernstein wählt langsame, zum Teil schleppende Tempi, emotionalisiert die Musik bis an die Schwelle der Larmoyanz und bekommt von seinen Solisten gerade bei den dramatischen Höhepunkten vokale Entgleisungen geboten. Kollo setzt das G auf »Gott, welch Dunkel hier« leise an und versucht dann ein Crescendo. Ein Trick zur Camouflage von Not: Der Ton wird nicht attackiert und rutscht so tief in die Kehle, daß man nur ein dumpfes Gurgeln hört. Ebenso schauerlich, ja geradezu enervierend ist Janowitz' hohes H bei »Töt erst sein *Weib*!«. Gerade weil die Stimme eigentlich so fein definiert ist und so silbrig in ihrem Schimmer, wirkt der Schrei nicht wie Menschenlaut, sondern wie Denaturierung, und die Forciertheit in der großen Arie mit dem gequälten Aufstieg aufs H zeigt weniger die Spannung einer expressiven Anstrengung als den Ausdruck der Überforderung. Auch als Agathe in Carlos Kleibers *Freischütz* bleibt sie, was Innigkeit und Emphase des Ausdrucks angeht, verhalten, oft blaß: Agathe als betörend schön singende Somnambule. Eine Aufnahme der ersten Arie in einem Recital unter Ferdinand

Leitner ist weit besser gelungen, natürlicher, jugendlicher und auf leise Weise bewegter. Der Mangel an Eloquenz beeinträchtigt auch die Aufnahmen von *Lohengrin* unter Kubelik und *Die Walküre* unter Herbert von Karajan. »Ein fremder Mann, ihn muß ich fragen« – man höre dies erst von Lotte Lehmann und dann von Janowitz, und man erkennt die Musik nicht wieder. Und in einigen Konzert-Arien von Mozart fällt es schwer, überhaupt so etwas wie einen dramatischen Sinn, geschweige denn »die Gewalt der Worte« zu erkennen. In »Bella mia fiamma« herrscht, wie Alfred Einstein schreibt, die Atmosphäre hocherregter Spannung – der »Held« der Arie ist ein Mann vor seinem Opfertod. Nichts, rein gar nichts davon wird in den sanften, schönen, kühlen Tönen einer »Perfektion ohne Passion« (Desmond Shawe-Taylor) spürbar.

Als Janowitz 1979 eine umfassende Anthologie mit Franz Schuberts *Frauenliedern* herausbrachte – begleitet von Irwin Gage als glänzendem Klavier-*Partner* –, erhielt sie in Deutschland fast einhelligen Beifall (und für die erste Platte auch den Deutschen Schallplattenpreis). An der Bedeutung der Edition selber und an der schlichten Schönheit des Singens zu mäkeln, wäre beckmesserisch. Janowitz verwandelt vor allem einige der lyrischen Rollenlieder und der stimmungshaft-lyrischen Gesänge (»Ellens erster Gesang«, »Du bist die Ruh'«, »Schwesterngruß«, »Der Fluß«) in zaubrische Kantilenen und selbst in Lieder ohne Worte – aber es ist schon ein vertrackter dialektischer Kunstgriff, wenn Gerhard R. Koch dieses Singen in der *Frankfurter Allgemeinen Zeitung* als »Textausdeutung jenseits der sprachlichen Verdeutlichung« beschreibt. Deklamation sichert Eloquenz, so hatte Charles Gounod gesagt, Artikulation sichert Verständlichkeit, Klarheit der Form und Textverständnis. Mehr noch als einige Schärfen der Stimme ist es der Mangel an Eloquenz und Artikuliertheit, der die Schubert-Interpretation Janowitz' gleichsam neutralisiert. Während Schwarzkopf in ihrem Recital mit Edwin Fischer mit jedem Vokal eine Empfindung in Klang umsetzt, aus jeder Kolorierung eine Geste macht, bleibt Janowitz wie unbeteiligt. Es gibt da viel zu bewundern, aber wenig zu lieben – und wer erfahren will, daß Liebe auf allen Wegen *schwärmt* und Treue *aufgesucht* sein will, muß dies von Schwarzkopf hören.

Professionalität: Anneliese Rothenberger

Eine Zeitlang war Anneliese Rothenberger (geb. 1924), dem Stimmtyp nach eine lyrische Sängerin – eher vom Soubretten-Typus – mit einer relativ kleinen, hellen Stimme, die bekannteste deutsche Sopranistin. Diese Zeit, seit Ende der sechziger Jahre, war schwerlich die beste ihrer Laufbahn, die 1947 an der Hamburgischen Staatsoper begonnen und sie nach Salzburg (1954), Wien (1956) und New York (1960) geführt hatte. Im ersten Jahrzehnt sang sie Papagena, Susanna, Sophie und Zdenka. Mitte der sechziger Jahre übernahm sie, populär geworden, Partien wie Konstanze (auch unter Krips auf Platte), Pamina (1972 unter Sawallisch auf Platte) und Fiordiligi (1969 unter Ozawa in Salzburg). Sie schaffte diese Rollen mit professioneller Sorgfalt, doch fehlt ihrem Singen Fülle, klangliche Variabilität, Verve, Leuchtkraft und jener virtuose Überschuß, der als Überfluß in die Gestaltung eingehen kann. So hat das Blondchen der von Krips dirigierten *Entführung* – es ist Lucia Popp – weit mehr Verve und Stimme als die Protagonistin.

Nützlichkeit und Eloquenz: Edith Mathis

Wie eine lyrische Sopranistin trotz moderatem Volumens mit vollem gerundeten Klang, silbrig in der hohen Lage und gesättigtem Ton im tiefen Register singen kann, hat die 1938 in Luzern geborene Edith Mathis in vorbildlicher Weise gezeigt. Als Mozart-Sängerin hat sie in Hamburg, Wien, Berlin, München, New York und bei den Salzburger Festspielen bedeutende Erfolge gehabt. Sie war keine dramatische Sängerin und hat stets innerhalb ihrer stimmlichen Mittel gesungen, was Überfluß – in der Klangform des leuchtenden und beseelten Piano – eher sichert als vokale Exaltation. Auf Schallplatten ist sie in sehr vielen Aufnahmen zu hören: Neben Cherubino (unter Suitner und später unter Böhm), Zerlina (unter Böhm) und Pamina (unter von Karajan) hat sie die Titelpartie von *Zaide*, Aminta in *Il Re Pastore* und Licenza in *Il Sogno di Scipione* gesungen, sodann Marzelline (unter Böhm), Ännchen (unter Carlos Kleiber), Luise in *Der junge Lord*, Ginevra in *Ariodante* unter Raymond Leppard, Marguérite in *La Damnation de Faust*, Vespina in Haydns *L'Infedeltà Delusa* und Clarissa in *Il Mondo della Luna.*

Sie behauptet sich in den Mozart- und Haydn-Opern durch vorbildliches Singen auf dem Atem, lyrisch-leichte und silbrig-leuchtenden Tongebung und gute, wenn auch nicht ausgesprochen virtuose Agilität. Grenzen zeigen sich, wo es um dramatische Verve und emphatische Phonation geht. Schon als Pamina unter von Karajan singt sie zu verhalten; Ginevra in Händels Oper verlangt mehr klanglichen Körper und mehr Prunk; Berlioz' Marguérite endlich mehr Kraft und Fülle bei den langen Sostenuto-Linien, mehr klangliches Changieren, mehr Entfaltung in der Höhe – sie klingt einfach zu sehr nach einem deutschen Gretchen und weniger nach einer pathetischen romantischen Tragödienfigur. Was hier spürbar wird, sind weniger Grenzen des Singens als der Stimme und eines verhaltenen Temperaments.

Riesig das Oratorien- und Konzertrepertoire der Sängerin: Sie hat Passionen von Bach, Kantaten von Alessandro Stradella, Bach und Telemann, Messen und Konzertarien von Mozart, Mendelssohns Sommernachtstraum-Musik, Mahlers Symphonien Nr. 4 und Nr. 8 aufgenommen, Volksliederbearbeitungen von Beethoven, Lieder von Mozart, Hugo Wolf (*Italienisches Liederbuch* mit Peter Schreier) und vor allem von Robert Schumann. Besonders die erste Schumann-Platte mit dem inspiriert-herausfordernden Begleiter Christoph Eschenbach ist eine Sternstunde eines gänzlich unmanierierten, innig-expressiven Singens: In wenigen Aufnahmen sind die Kontraste von *Frauenliebe und -leben* derart eindringlich und zugleich ohne Schmerzens-Pathos – dies das »sentimentalische« Moment der Aufnahme Kathleen Ferriers – gesungen worden. Mathis' Singen ist ausgezeichnet durch ein Höchstmaß an Natürlichkeit und Eloquenz. Die Balance von Wort und Ton ist schlechthin exemplarisch. Ebenso ideal ist die Aufnahme der 49 Volkslieder (erneut mit Peter Schreier), die in die Brahms-Edition der DG übernommen wurde.

Kalkül und Können: Lucia Popp

Sie sind ein Wundertier!
Elisabeth Schwarzkopf gegenüber Lucia Popp

Am 29. April 1963 sang die 1939 in Bratislawa geborene Lucia Popp, zunächst als Schauspielerin und dann von Anna Prosenč-Hruškova als Sängerin ausgebildet, an der Wiener Staatsoper vor, tagsdrauf unterschrieb sie ihren ersten Vertrag, debütierte alsbald in der Rolle der Barbarina in *Nozze di Figaro* im Redoutensaal, übernahm wenige Wochen später im Theater an der Wien die Königin der Nacht und erregte so viel Aufsehen, daß Walter Legge, damals noch künstlerischer Direktor der EMI, sie kurz nach ihrem Salzburger Debüt (erster Knabe in der *Zauberflöte*) in ein Studio des Österreichischen Rundfunks zum Vorsingen bat. Sie sang die beiden Arien der Königin der Nacht, erhielt das spontan-kumpelhafte Kompliment der ebenfalls anwesenden Elisabeth Schwarzkopf und war schon 1964 die »aufregende Königin der Nacht« (Peter Branscombe in *Opera on Record*) in der Aufnahme unter Otto Klemperer.

Lucia Popp hat eine exemplarische Karriere gemacht. Daß sie schon 1966 als Oscar in *Ballo* in London debütierte (es folgten Gilda, Despina, Ännchen, Sophie) und 1967 als Königin der Nacht in New York, hat sie nicht davon abhalten können, ständig in einem festen Ensemble zu arbeiten. Dies sicherte ihr nicht nur das systematische Studium neuer Partien, sondern auch deren Ausfeilung durch eine Vielzahl von Aufführungen. Sie ist im besten Sinne eine moderne Primadonna, weil sie sich nicht nur auf einige wenige Parade-Partien kapriziert, sondern ein außergewöhnlich reiches und umfangreiches Repertoire studiert hat. Die Zahl ihrer Gesamtaufnahmen ist Legion, und sie hat auch ihre charakteristisch timbrierte, gut geführte Stimme – für einen lyrischen Sopran relativ dunkel und zugleich brillant durch das für slawische Stimmen typische, bei ihr beherrschte Glitzern – in kleinen Nebenrollen eingesetzt. Sie sang Despina unter Klemperer und Blondchen unter Krips, Servilia unter Kertesz und Susanna unter Solti, Marzelline und Sophie unter Bernstein, Adele unter Carlos Kleiber und später auch die Rosalinde, Romilda in *Serse* unter Brian Priestman und Taumännchen unter Eichhorn (aber auch Gretel neben Fassbaender unter Solti), Bystrouška in *Das schlaue Füchslein* unter Sir Charles Mackerras und Anna in *Nabucco* unter Sinopoli. Inzwischen hat sie auch Pamina (unter Haitink), Daphne, die kluge Bauerntochter und eine große Zahl von technisch anspruchsvollen Partien in der Reihe von Mozarts Frühopern gesungen, eine

Reihe von oratorischen Werken, von Messen und Liedprogrammen. Darunter sind Schubert-Sammlungen, slawische Lieder und die *Vier letzten Lieder* von Richard Strauss. Sie gehört damit zu den auf der Platte am besten repräsentierten Sängerinnen der Nachkriegszeit, und wie wenige andere hat sie durchgehend hohe Standards gehalten. Und wenn sie im Gespräch mit einem unverhohlenen und selbstverständlichen Stolz sagt, daß sie »Dirigenten sammelt«, so heißt das auch, daß alle Großen – Klemperer, Bernstein, Solti, Sawallisch, Haitink, Kleiber, Pritchard und viele andere – immer wieder auf die musikalisch zuverlässige und stets tadellos vorbereitete Sängerin zurückgegriffen haben, die musikalisch wie dramatisch präsent ist, lebendig, subtil in der Interaktion eines musikalischen Ensembles.

Die stimmliche Entwicklung Lucia Popps ist bewunderungswürdig. Obwohl man sie zunächst am liebsten weltweit mit den effektvollen Koloratur-Rollen gehört hätte – sternflammende Königinnen sind eine rare Spezies –, hat sie die lyrischen und klanglichen Möglichkeiten ihrer Stimme systematisch entfaltet. Die Expansion dieses Repertoires selbst bis hin zur Agathe – deren erste Arie sie 1982 in einem Recital gesungen hat – verrät ein selten gewordenes artistisches Kalkül und technisches Können. Die Arie verlangt eigentlich eine Lirico-spinto-

Lucia Popp
(Foto: © Decca/Polygram Klassik)

Stimme, die mit leuchtendem Klang geführt werden muß, den Mittelteil der Arie energisch deklamieren kann und im Schlußteil im Klang auszudrücken hat, daß alle Pulse Agathes schlagen. Popp singt den Beginn mit wundervoll leichter, schwebender und leicht verschatteter Stimme, mit exemplarischer musikalischer Betonung von »*ihn* geseh'n«. Ganz behutsam die Steigerung bei »Ob Mond auf seinem Pfad wohl lacht«, glorios das ungemein heikle Fis auf »*schöne* Nacht«, mit dem perfekt gestützten Diminuendo bis zum Ende der Phrase. Wirklich leise und tonlich schön gerundet das Legato von »Leise, leise«, perfekt die Artikulation von »o wie hell die goldnen Sterne« mit kristallklarer Diktion. Dann der Kontrast mit dem Andante-Teil und endlich mit dem Agitato-Abschnitt, der in einem Vivace con fuoco mündet. Hier setzt Popp, technisch geschickt, mezzoforte ein, um die später folgenden hohen Phrasen – »*süß* entgegen ihm« führt auf das hohe A – entfalten zu können. Nur in den letzten dreizehn Takten gerät sie an eine Grenze: Das hohe H auf »entgegen« klingt, weil der Vokal /e/ nicht schlank und intensiv fokussiert ist, eine Spur strapaziert und überspannt.

Daß Lucia Popp den Wechsel zu den größeren Partien geschafft hat – es ist der schwierigste Wechsel in der Karriere einer lyrischen Sängerin, aber ein notwendiger, weil man irgendwann für Zdenka, Sophie, Susanna, Ännchen, Blondchen und ähnliche Partien nicht mehr den mädchenhaften Klang besitzt –, verriet auch ein von Leonard Slatkin betreutes Mozart-Recital, das 1983 erschien. Hier singt Popp neben Susanna (wundervoll), Aminta, Cherubino und Ilia auch die g-Moll-Arie der Konstanze, »Porgi amor« aus *Le Nozze di Figaro*, die Felsenarie der Fiordiligi mit ihren maßlosen Sprüngen vom tiefen A bis zum hohen C und den heiklen Triolen des finalen Più- allegro-Abschnitts, Elviras »In quali eccessi – Mi tradì quell' alma ingrata« mit den nicht minder schwierigen Laufpassagen und Donna Annas »Non mi dir bell' idol mio«. Gewiß ist nicht alles, ungeachtet der Sorgfalt des Singens und der technischen Sicherheit, ideal gelungen. Der Stimme fehlt es an jenem reichen und vollen Klang, der eine lange Linie ohne Druck mit Spannung füllt. Sobald Lucia Popp aber das Volumen vergrößern muß – unabdingbar für Elvira und Donna Anna –, kann aus dem erwähnten Glitzern ein quickes, leicht flackerndes Vibrato werden, das Unruhe in den Klang bringt. Zuweilen wünschte man sich auch eine noch energischere Formung der Rezitative. Doch sind dies fast schon beckmesserische Anmerkungen zu einem Singen von distinkter musikalischer und vokaler Eindringlichkeit. Popp ist dabei durchaus lebendiger, ausdrucksvoller und dramatischer als Gundula Janowitz, die Mozarts Musik oftmals mit einer gleichsam leidenschaftslosen Reinheit singt.

Der Musik Richard Strauss' – sie hat *Intermezzo* und *Daphne* aufgenommen – gibt sie luxurierende Klangschönheit. Auch hat sie selbst im Sprechgesang und in extrem rasch zu artikulierenden Passagen Musik in der Stimme, jene harmonische Klanglichkeit, ohne welche diese Musik so leblos und ausdrucksarm klingen kann. Nicht restlos gelungen erscheint dem Verfasser die Aufnahme der *Vier letzten Lieder* – dies vor allem wegen der großen, ja übermächtigen Konkurrenz durch Lisa della Casa, die in der hohen Lage klanglich reicher singt, durch Elisabeth Schwarzkopf und Jessye Norman, die durch Wortnuancierung und tonlichen Reichtum einfach kommunikativer sind. Auch für einige Schubert-Lieder, beispielsweise »Die junge Nonne«, fehlt der Stimme selber ein wenig Samt (oder klangliche Opulenz) – eine Qualität, die selbst durch größte Sorgfalt nicht restlos auszugleichen ist. Aber sängerische Größe liegt nicht zuletzt darin, wie Defizite der Natur durch Kunst*verstand* ausgeglichen oder gar überwunden werden. Wo immer Lucia Popp innerhalb ihrer Mittel singen kann, braucht sie keine Konkurrenz zu fürchten: Das Schlaflied für den König in Orffs *Die Kluge* – ein Kabinettstück instrumental-reinen und farblich nuancierten Singens. Der Weckgesang des Taumännchens in *Hänsel und Gretel* – quellfrische Klangschönheit. Die verzweifelt und mit leiser Wut erfüllte Trauer der Marie in *Die verkaufte Braut* – ein expressives Klanggemälde mit einer ungemein eloquenten Diktion. Das schlaue Füchslein in Janáčeks Oper unter Sir Charles Mackerras – eine Lektion differenzierter Artikulationskunst und dramatischer Deklamationskunst. Blondchen in *Die Entführung aus dem Serail* unter Krips oder Susanna in *Le Nozze di Figaro* unter Solti – lyrisch klangreiches Singen ohne die prekär-neckischen Anflüge des Soubretten-Tons, von dem sie auch die Adele in der *Fledermaus*-Aufnahme unter Kleiber freihält. Daß sie nichts an Flexibilität eingebüßt hat, beweist die Aufnahme von Mozarts *Il Sogno di Scipione* (1979). In diesen Azione teatrale singt sie Constanza, die Göttin der Beständigkeit – und demonstriert mit der großen, pathetisch-virtuosen Arie über den Felsen im Meer (»Biancheggia in mar lo scoglio«) expressiv-dramatischen Koloraturgesang in excelsis und ist dabei wortgenauer als Gruberova in der Rolle der Fortuna.

Ausdrucksenergie: Julia Varady

Wolfgang Sawallischs Julia Varady bietet anfänglich schönes und intelligentes Singen und wirkt plausibel jugendlich, wählt aber im Verlauf so oft ein hartes Brustregister, daß ihre Judith auf einmal wie eine alte Vettel wirkt.
David Murray in ›Opera on Record‹ über Julia Varady als Judith in ›Herzog Blaubarts Burg‹

Die aus dem siebenbürgischen Oradea (Großwardein) stammende Julia Varady (Jahrgang 1941), ausgebildet an der Musikschule von Cluj (Klausenburg) und von Arta Florescu am Konservatorium von Bukarest, hält in einer Zeit des hektischen Reisebetriebs an der Idee des Ensemble-Theaters fest. Sie konzentriert sich auf die Arbeit in Berlin und München. Ihr Berufsstart war nicht leicht. Ihre Lehrerin hielt ihre Stimme zunächst für einen Alt, so daß Varady in Cluj zunächst Alt- und Mezzo-Partien singen mußte, dazu auch dramatische Sopran-Rollen. Nach zehn Jahren, die für ihre Stimme sehr belastend gewesen waren, ging sie in den Westen, gewann in Italien einen Wettbewerb, gastierte als Violetta in Köln und wurde dann von Christoph von Dohnanyi, der sie mit Beethovens »Ah, perfido!« gehört hatte, an die Frankfurter Oper verpflichtet. Zur Probe hatte sie die Vitellia-Arien aus *Tito* gesungen. Sie merkte rasch, »daß es mit Mozart etwas Überdurchschnittliches werden könnte«, übernahm im Kölner Mozart-Zyklus unter John Pritchard Fiordiligi und Elvira und erhielt alsbald eine Einladung zum Vorsingen in München. Dort debütierte sie 1973 als Lady Macbeth. 1975 war sie die Elettra einer Festspielaufführung von *Idomeneo*. Dann begann sie mit dem Studium der großen Verdi-Rollen: Sie singt die beiden Leonoren in *Trovatore* und *Forza*, Elisabetta und Aida, die sie 1981 in Berlin unter Daniel Barenboim auch neben Luciano Pavarotti verkörperte. Auf Platten hat sie Santuzza (neben Pavarotti), Arabella, in *Lucio Silla, Die Fledermaus, Il Matrimonio Segreto, Hoffmanns Erzählungen, Lear, Don Giovanni* (unter Kubelik), *La Clemenza di Tito* (unter Böhm), *Idomeneo* und verschiedene konzertante Werke gesungen, darunter Meyerbeers an die venezianische Tradition anschließende Kantate *Gli Amori di Teolinda* für Sopran und Soloklarinette, ein hochvirtuoses Pastorale über die Sehnsucht und Liebe der Schäferin Teolinda zu dem Schäfer Armidore.

Die Stimme Varadys ist »grundsätzlich nicht aus Samt und Seide gemacht« (Pieper-Ziethen), sondern zeigt ein ausgeprägtes Vibrato und tonliche Pikanz.

Bei dem Versuch, dies im Sostenuto-Gesang und bei der Mezzavoce zu glätten, bildet Varady einen fahleren, weißen Ton. Die Register der Stimme sind nicht korrekt verblendet, zumal sich die Sängerin bemüht, mit der (zu offenen) Bruststimme dramatische Akzente zur Geltung zu bringen. In verzierter Musik überzeugt sie mehr durch die Verve als durch die Genauigkeit des Singens: In »Idol mio« und vor allem in »Placido è il mar« aus *Idomeneo* unterlaufen ihr diverse Ungenauigkeiten. Im Frisca-Teil des Csárdás aus der *Fledermaus* läßt sie sich vom irrwitzigen Tempo Carlos Kleibers führen und wirft dabei diverse Hürden ab – hier hört man in extremer Deutlichkeit nicht nur die Register-Divergenzen, sondern auch approximativ geformte Bravour-Passagen und gleichsam angejodelte Spitzentöne. Dennoch: Ihre Aufführung macht diese Schwächen wett durch die tollkühne Energie unbedingten Singens. Dabei geht Varady immer wieder, das zeigt auch die von Kubelik dirigierte Aufnahme von *Don Giovanni*, an die Grenzen der technischen und vor allem der vokalen Resourcen. In »Or sai chi l'onore« ist die Tongebung in der Höhe angespannt, zeitweilig bis an die Grenze des stimmlichen Umkippens forciert: Einzelne Töne muß sie ganz eng ansetzen und förmlich aus der Kehle quetschen, dies oft auch mit leichter Verzögerung des Anschlags. Damit aber wird der expressive Reichtum der musikalischen Formensprache verändert: Nicht das Singen selber ist ausdrucksvoll, sondern der Kampf gegen die Schwierigkeiten teilt sich als »expressiv« mit. Beim Hören solch einer erkämpften, ja ertrotzten Interpretation wünschte man sich eine Donna Anna mit der Agilität einer Sutherland, der schönen Tonbildung einer Margaret Price und einer Ausdrucksenergie Varadys. Daß Varady vor allem mit den virtuosen Anforderungen der Partie zu kämpfen hat, zeigt »Crudele ... Non mi dir«: Zaghaft und fahl gesungene Passagen im Rezitativ und unsichere Passagen im langen Melisma, das für die dramatischen Sängerinnen unserer Zeit offenbar eine unüberwindliche Hürde zu sein scheint. Restlos überzeugend ist sie als Kaiserin in Sir Georg Soltis Aufnahme von Strauss' *Die Frau ohne Schatten*; selbst Leonie Rysanek hat die Rolle nicht besser gesungen. Nicht weniger hinreißend ihre Vitellia in John Eliot Gardiners Einspielung von Mozarts letzter Seria: *La Clemenza di Tito*, eine der eindringlichsten Aufnahmen des Mozart-Jahres 1991.

Mit Partien wie Santuzza und Judith hat sich Varady auf Platten keinen Gefallen getan. Die Stimme ist einfach zu klein dimensioniert für Mascagnis leidenschaftliche und leidende Bäuerin und hat auch nicht die Kraft für Judiths große Ausbrüche, die durch die Transformation in heftiges Singen mit der Bruststimme einen melodramatischen Unterton bekommt, wobei Fischer-Dieskau seine Partnerin (und, seit 1977, seine Ehefrau) noch überbietet. Hors concours ist ihr Beitrag zu der Aufnahme von Aribert Reimanns *König Lear*, in der sie die lyrische Rolle – die der guten Tochter Cordelia – singt, vom

Komponisten als die vokal gerundetste Partie bezeichnet. Es ist ein eindrucksvolles, vokal konzipiertes Porträt in einem Werk, dem mit den herkömmlichen vokalen Parametern nur bedingt beizukommen ist – und die Leistung einer Ensemble-Sängerin, die jedes Theater braucht und von denen es nur noch wenige gibt.

Musico: Brigitte Fassbaender

Die beste Exponentin der Rolle, die man im letzten Jahrzehnt hat hören können. Ihre mühelose Technik und die gloriose Qualität der Stimme machten ihre Darstellung zur schönsten und eindringlichsten, die zu hören ich das Vergnügen hatte.
Greville Rothon in ›Opera‹ (1969)
über die Carmen von Brigitte Fassbaender

Hör Dir das mal an, das bin ich. Was meinst Du denn dazu?« – »Das lohnt sich, ein sehr schönes Material, komm nur, ich bilde Dich aus.« Dies sind zwei briefliche Zitate, geschrieben von Tochter und Vater, und sie stehen am Anfang einer sängerischen Laufbahn, die Fortleben bedeutet. Die Mezzosopranistin Brigitte Fassbaender, geboren 1939, hat es fertiggebracht, in ihrem Fach das zu sein, was ihr Vater, der Bariton Willi Domgraf-Fassbaender, vor einem halben Jahrhundert in dem seinigen war. Sie ist die führende deutsche Mezzosopranistin, singt Bach, Händel, Mozart, Verdi, Wagner, Strauss, Bizet, Massenet und ein umfangreiches, ständig sich erweiterndes Lied-Repertoire.

Wie groß und wichtig die Hilfe durch den Vater war, so schwer war auch die Belastung durch dessen großen Namen. Münchens damaliger Intendant Rudolf Hartmann lud Brigitte Fassbaender im Dezember 1960 zu einem Probesingen ein. Die Hochtalentierte erhielt sofort einen Vertrag und sang, meist siebenmal in der Woche, kleinste und kleine Rollen. Daß aber auch kleine Dinge entzücken können, läßt sich im Magazin *Opera* nachlesen. 1962 schrieb Greville Rothon über eine »vivacious, coquettish, richly sung Olga« in einer Aufführung von *Eugen Onegin*, und 1965 notierte Haraold Rosenthal über ihre Annina in *Rosenkavalier* hellhörig und weitsichtig: »Ihre Stimme – schön, jung, agil und groß – und ihre sehr positive Präsenz auf der Bühne zeichneten sie aus als jemand mit einer großen Zukunft – eine Art von deutscher Berganza oder Simionato.«

Ähnlich hatte Martha Mödl geurteilt, die 1963 in München in einer Aufführung von *Die Frau ohne Schatten* sang. Sie hörte von den ›Ungeborenen‹ hinter der Bühne »eine wunderschöne Mezzosopranstimme mit ausgezeichneter Technik« und fand, nach hinten gehend, »ein schönes Mädchen mit großen dunklen Augen«.

1967 sang Fassbaender in einer Rennert-Produktion Octavian in *Der Rosenkavalier*, der ihre berühmteste Rolle werden sollte. Sie hat ihn 1971 bei ihrem Debüt an der Covent Garden Opera gesungen, 1974 beim Debüt in der Met, 1976 beim ersten Auftreten an der Mailänder Scala, später in Tokio, Oslo, Paris, Wien, Hamburg. Sie betont, daß sich die Partie ihr erst in einer Einstudierung mit Otto Schenk 1972 in München »wirklich erschlossen« habe. Sie legt größten Wert darauf, nur »schauspielerisch interessante Rollen zu studieren«. Solch eine Arbeit ist unmöglich beim Verfolg einer Karriere im extensiven Sinne. Brigitte Fassbaender hat zwar überall dort gesungen, wo man der Reputation wegen gesungen haben muß – Carmen und Amneris in San Francisco, Azucena in Mailand, Mozart und Strauss überall in der Welt –, aber sie hat sich konsequent an den Rat ihres Vaters gehalten, auch kleinere Partien zu übernehmen und in einem festen Ensemble zu bleiben. Sie will sich »mit allen Stärken und Schwächen« einem Regisseur anvertrauen können – und sie hat, für Rennert, Schenk, Horres, Ponnelle und Friedrich arbeitend, die Idee des Musiktheaters gerechtfertigt; hat Mozarts Sesto in *Clemenza di Tito* mit dem »super-intensiven« Ponnelle erarbeitet; mit dem »eloquenten, assoziativen Kurt Horres« Charlotte in *Werther* (»meine Traumrolle«), mit Götz Friedrich Gräfin Geschwitz in *Lulu*, und sie träumt von Partien wie Tosca und Leonore, weil man im Leben »unerfüllbare Träume haben muß«. 1984 hat sie in Wien Klytämnestra gesungen, 1985 Herodias in Hamburg. Die Azucena hat sie unter Carlo Maria Giulini aufgenommen. Und da sie wirklich Arbeit in ihre Arbeit investiert, hat sie die Verdi-Partie wochenlang mit dem Korrepetitor Roberto Benaglio studiert.

Fassbaenders Stimme ist ein flexibler, samtener Mezzo mit einer reichen dynamischen Skala, vor allem großer Nuancierungsfähigkeit innerhalb der Mezzavoce. Das Timbre ist charakteristisch und erinnert den Verfasser ob der sinnlich-changierenden Klangqualität an die Definition des Hermaphrodite de la voix. Es ist gewiß kein Zufall, daß die ambivalente Rolle des Octavian eine Glanzpartie im Repertoire der Sängerin war (und ist). Die Register sind gut verbunden. Der Klang ist reich, die Agilität zuverlässig und die Intensität der Darstellung außerordentlich, weil Artikulation, Deklamation und musikalischer Ton in korrekter Balance gehalten werden. In einem Orfeo-Recital singt Fassbaender Musik aus *Giulio Cesare*, *Orfeo*, *La Clemenza di Tito*, *I Capuleti e i Montecchi*, *Jean d'Arc* (Tschaikowsky), *Carmen*, *Samson et Dalila*, *Werther* und *Götterdämmerung* – nicht nur ein bemerkenswerter vokaler Test, sondern auch eine stilistische Herausforderung. Sie obsiegt in jedem Betracht und stellt so manche Kollegin, die in den letzten Jahren öfter im Studio beschäftigt wurde, in den Schatten. So singt sie

Charlottes »Air des larmes« eloquenter, Dalilas »Printemps qui commence« klangsinnlicher und besser gebunden als die Russin Elena Obraztsowa, nicht zu reden von Nuancierungen des Klangs und der französischen Sprache. Auch Carmens Seguidilla bringt sie mit der rechten Mischung aus leichtem, lockeren Chanson-Ton und girrender Sinnlichkeit. Der Waltrauten-Erzählung »Höre mit Sinn, was ich dir sage« gibt sie den idealen Gesangston bei distinkter, liedhaft-feiner Artikulation – so muß sich Wagner die Wort-Ton-Phrase vorgestellt haben. Kurz, das Recital bestätigt Harold Rosenthals Prognose; nur ist aus Fassbaender keine deutsche Teresa Berganza geworden, sondern eher eine deutsche Janet Baker, auch wenn sie einige Lieder von Schumann, Brahms und vor allem von Mahler nicht, wie Ulrich Schreiber es formulierte, mit einem Klang »von jenseits des Grabes« zu singen versteht. Über die Aufnahme einiger Mahler-Lieder (»Starke Einbildungskraft«, »Hans und Grete«, »Wo die schönen Trompeten blasen« und die »Lieder eines fahrenden Gesellen«) urteilte Schreiber in der *HiFi-Stereophonie*: »In Mahlers ›Wo die schönen Trompeten blasen‹ schafft sie es nicht, den Wechsel von zwei Rollen und einem Erzähler im Ton nachzuvollziehen – auch fehlt ihr die Bakersche Messa di voce, mit der die Musik ihren Klang von jenseits des Grabes bekommt ... Und dennoch: was beim ersten Hören wie ein ungefiltertes Ausdruckssingen wirkt, hat seine Komponente des Verschweigens, des Geheimnisses. Das offenbart sich ... in den Gesellen-Liedern grandios. Im Verzicht auf eine Lage, die ihr bequeme Tonproduktion ermöglichen würde, wagt Brigitte Fassbaender hier alles – aber nimmt es auch wieder zurück. Wie hier auf jenem schmalen Grat musiziert wird, wo Musik unterhalb der Gefälligkeitsnorm einer allgemein akzeptierten Gefühlssprache bleibt und im Klagesang eines Individuums so etwas wie Weltleid evoziert, das macht diese Interpretation zu einem Ereignis.«

Schreiber handelt hier über ein Singen, wie es in einem von Brigitte Fassbaender oft gesungenen Brahms-Lied Klang wird: »Das gibt ein Musizieren/ so süß, so traurig bang/ als wie verlorner Liebe/ und ewiger Sehnsucht Sang«. Es ist ein hochernstes Singen voll romantischer Depression. Das aber geht ab ohne Elemente eines manierierten Personalstils, sondern mit jener (zweiten) Natürlichkeit, die Produkt einer objektivierenden Kunstanstrengung ist. Ebenso empfehlenswert wie die Mahler-Platte (ergänzt um Lieder von Liszt und, fabelhaft gesungen, die *Chants de Négresse* von Milhaud) ist eine Sammlung von »Zigeunerliedern« (Schumann, Brahms, Liszt, Dvorak, Tschaikowsky), auch wenn die Brahms-Lieder von Christa Ludwig – die einfach »mehr« Stimme hat und lange Phrasen sicherer durch den Atem abstützen kann – mehr Verve bekommen, vor allem durch eine noch distinktere Artikulation: Wenn es bei Fassbaenders Liedaufnahmen nämlich etwas zu bemängeln gibt, so ist es die nicht restlos klare, präzise Lautformung.

Brigitte Fassbaender
(Foto: © BMG Classics, München)

Was ihre Gesamtaufnahmen angeht, so ist auf Annius in *La Clemenza di Tito*, Ramiro in *Die Gärtnerin aus Liebe* (in der Aufnahme unter Leopold Hager), Hänsel in Georg Soltis Einspielung von Humperdincks Märchenoper, die Gräfin Geschwitz in Christoph von Dohnányis *Lulu* (mit der eindringlich agierenden, aber scharf singenden Anja Silja in der Titelpartie), Pfitzners *Palestrina* unter Kubelik (Partie: Silla) und Brangäne in *Tristan* (unter Carlos Kleiber) hinzuweisen – und ganz besonders auf den Orlofsky in *Die Fledermaus*, den sie (leider) unter Willi Boskovsky und unter André Preofa gesungen hat. So hinreißend blasé ist die Partie allenfalls noch von Christa Ludwig agiert worden. Wie Christa Ludwig hat sie Franz Schuberts *Winterreise* aufgenommen. Beide Sängerinnen zeigen nachdrücklich, daß dieser Zyklus durchaus nicht von einer Männerstimme gesungen werden muß – er muß nur einen *musico* finden, eine *Stimme der Musik*. Der Vergleich mit Christa Ludwig liegt nahe auch durch die Aufnahme von Mahlers *Das Lied von der Erde*. Ludwig und Wunderlich haben das Werk unter Otto Klemperer gesungen, Fassbaender und Francisco Araiza unter Carlo Maria Giulini, die letzteren auf einer beträchtlich kleineren vokalen Skala. Fassbaender hat nicht die Kraft des Atems, die große Phase »wie eine Silberbarke schwebt der Mond am blauen Himmelssee herauf« in einem einzigen Bogen und auf einem einzigen wohlverteilten Atem zu formen – und nicht nur das zeigt, daß sie für diese Musik nicht die richtige Sängerin ist, sondern auch der Mangel an profundem Alt-Klang. Muß gesagt werden, daß dies weniger Kritik an der Sängerin ist als der Hinweis auf jene Grenzen, die vermutlich jeder Sänger in seinem Leben dann und wann überschreitet?

Deutsche Tenöre der Nachkriegszeit

Mit Peter Anders, Walther Ludwig und Ernst Haefliger, deren Karrieren schon um 1940 begonnen hatten, dazu mit Josef Traxel und Rudolf Schock besaß das deutsche Operntheater der fünfziger Jahre einige vorzügliche lyrische Tenöre – und später folgte mit Fritz Wunderlich ein Ausnahmesänger. Peter Anders hat in den späten dreißiger Jahren einige schöne, lyrische, stilistisch indes provinzielle Mozart-Aufnahmen hinterlassen. In den frühen Nachkriegsjahren wechselte er ins Zwischenfach, sang seit 1949 den Florestan, dann auch Alvaro, Radames, Cavaradossi und schließlich im März 1950 den Otello, dazu für den Rundfunk zahlreiche Operettenaufnahmen. In den ersten Jahren der Langspielplatte vor seinem frühen Unfalltod 1954 bekam er nicht die Chance, eine seine großen Partien in einer Gesamtaufnahme zu singen.

Seine Stimme war nicht die eines *schweren* oder baritonal gefärbten Heldentenors. Sie war sehr hell, nicht voluminös und setzte sich durch dank der manchmal schneidenden Brillanz der relativ engen hohen Lage. Die nutzt er etwa im Poco-Allegro-Teil der Florestan-Arie mit großem Geschick und auch mit gutem Tonsinn; was allerdings fehlt, ist der bewegend-pathetische Ausdruck eines Julius Patzak oder Jon Vickers, ist auch das vokale Finish. Anders war ein stets zuverlässiger, sympathischer Sänger, kam aber nur selten über jene Gediegenheit hinaus, die zeittypisch war und sich beispielsweise auch im deutschen Film zeigte – beim Wiederhören stellt sich die Frage: Warum veralten Interpretationen? Nach einem Wiederhören der *Winterreise* muß ich allerdings mein früheres ablehnendes Urteil zumindest relativieren: Wenn der Aufnahme auch die expressiven Dimensionen der *großen* Interpretationen – des jungen Hans Hotter, von Peter Pears und Dietrich Fischer-Dieskau – fehlen, so zeichnet sie sich durch ihre lyrische Schlichtheit und musikalische Genauigkeit aus. Mit prächtigem stimmlichen Glanz aber singt Anders die sentimentalisch-auftrumpfenden Lieder von Richard Strauss.

Kumpel im Frack: Rudolf Schock

Weit populärer als Peter Anders wurde der Duisburger Rudolf Schock (1915 bis 1986), dem so etwas wie eine Übersetzung der sogenannten Italianità ins Deutsche gelang. Daß darin eine Übernahme, oder auch Imitation, von stilistischen Effekten des Verismo lag, steht auf einem anderen Blatt. Doch setzte sich Schock damit, nicht zuletzt dank seiner geschickten Nutzung der Massenmedien – Film und Funk, später auch Fernsehen – bei einem breiten Publikum durch. Der Sänger, der überzeugende Aufführungen in London (1948), Hamburg, Wien, beim Festival in Edinburgh, in Salzburg (1951 und 1956 als Idomeneo) und Bayreuth (1959 als Walther) gesungen hatte, wurde zu einem Sänger des Volkes, gleichsam zu einem Tenor-Double von Schauspielern wie Rudolf Prack oder Dieter Borsche.

Die italienische Träne, die viele in seiner Stimme rinnen sahen, war ein geschicktes Zitat. In technischer Hinsicht war die nicht sehr tragfähige und oft behaucht klingende Stimme nicht perfekt gebildet. Die Attacke ist oftmals angestrengt und rauh. Für expansive Phrasierung reichte das Legato nicht. In der Übergangslage wurden die Vokale zu weit geöffnet und forciert herausgepreßt,

Rudolf Schock als Barinkay
(Foto: © Keystone)

so daß Phrasen flach ausklangen oder stößig abrissen. In der hohen Lage streute Schock die Fisteltöne ein, allerdings nicht mit Taubers Raffinement. Und doch: Wenn es einen Tenor mit rattenfängerischem Instinkt für Effekte gab, dann war es dieser. Schock verstand es, eine bekannte Arie wie einen Schlager zu servieren – als Gefühlsstück. Als Max in *Freischütz* ist er in der Aufnahme unter Keilberth, die der Verfasser nach der exzentrischen, fast überdrehten Einspielung unter Carlos Kleiber (in den Hauptrollen zudem ausgesprochen unterbesetzt) doppelt schätzt, den meisten Rollen-Rivalen vorzuziehen: dem kleinstimmigen Richard Holm, dem kloßigen Hans Hopf, dem seltsam forcierten Nicolai Gedda, dem zaghaften und stimmlich verzagenden Peter Schreier, dem farblos singenden René Kollo. Es gibt eine Fülle von sympathischen, stilistisch und technisch allerdings kaum mehr als durchschnittlichen Einzelaufnahmen aus Opern Donizettis, Verdis und Puccinis – oft anrührende, zugleich provinzielle, eklektische Interpretationen. Unter Wilhelm Schüchter hat er einen in dramatischen Passagen angestrengten und dadurch kehligen Lohengrin gesungen, unter Rudolf Kempe einen lyrischen Walther ohne rechten Glanz im Preislied, aber mit Charme in »Fanget an« und einer wundervollen Partnerin als Evchen: Elisabeth Grümmer. Schocks Mittel reichten nicht für den Don José, den er neben Ludwig und Prey gesungen hat – eine zwar temperamentvolle, aber krude-unidiomatische Einspielung unter Horst Stein. Beachtlich ist er in der prachtvollen *Ariadne*-Aufnahme unter von Karajan mit Schwarzkopf, Seefried, Streich und einem superben Komiker-Quartett (Prey, Ollendorff, Krebs und Unger). Die Operettenaufnahmen des Sängers sind für diejenigen zu empfehlen, denen das Singen Geddas zu sophisticated ist.

Eindringliches Musizieren: Ernst Haefliger

Er ist ein Opernsänger, dessen Stimme in einer Verdi-Arie üppig strahlt, der die hohen Noten (etwa im *Stabat Mater* Rossinis) ohne grelles Forcieren singt und selbst die alten vokalen Schlachtrösser mit Charme darzubieten weiß. Er bringt Charme sogar in den Wagner-Gesang: Wie oft klingt der Steuermann im *Fliegenden Holländer* eng und unstetig, doch bei Haefliger erleben wir kraftvolles, lyrisches und schönes Singen ...

John Steane in ›The Grand Tradition‹ über Ernst Haefliger

Es ist aufschlußreich, den Florestan des 1919 in Davos geborenen Ernst Haefliger mit dem Anton Dermotas zu vergleichen. Beide Sänger sind, von ihren natürlichen Mitteln her, lyrische Tenöre, die dank guter Projektion und schlanker, versammelter, konzentrierter Tongebung über die Grenze des Fachs hinausgehen können. Unverkennbar aber, daß der Klang von Dermotas Stimme reicher und klangschöner ist, sich auf den aufsteigenden Phrasen leichter »ins himmlische Reich« bewegt. Haefliger bewältigt die Passage, aber nicht ohne Anstrengungen – aber diese Anstrengungen setzen sich durchaus nicht um in eine durch expressiven Widerstand erzeugte Spannung. Bei Dermota hören wir ein in Fieberphantasien ekstatisch sich entäußerndes Subjekt, bei Haefliger einen mit Vorsicht agierenden Sänger. Dieser Sänger allerdings hat ein weit komplexeres Repertoire gesungen als der Kollege aus Slowenien: Nicht nur große Teile des lyrischen Opern-Repertoires, dieselben Oratorien, Messen, Passionen und Kantaten, sondern vor allem auch Musik des 20. Jahrhunderts: Strawinskys *Oedipus Rex*, Janáčeks *Tagebuch eines Verschollenen*, Orffs *Antigone*, nicht zu reden vom Rand-Repertoire wie Kodalys *Psalmus Hungaricus* oder Dvoraks *Requiem*. Aber auch für Haefliger gilt, daß natürliche Grenzen der Stimme durch Musikalität, Einsatzwillen, Ehrgeiz, Fleiß und Energie versetzt werden. Anders: Man hört Haefliger nicht als *Stimme*, sondern als *Musiker*.

Haefligers Singen ist, wann immer es um ein Singen per se geht, um brillanten Vokalismus, im besten Falle kompetent, selten klanglich attraktiv. »Se bramate d'amar, chi vi sdegna« aus Händels *Xerxes* bringt energisch und schwungvoll gesungene Koloraturen, gebildet freilich mit einem dumpfen, halsigen Klang. Auch die Mozart-Aufnahmen zeigen Kompetenz und Solidität, aber keine Brillanz. »Dalla sua pace« entrát jener beseelten Klangschönheit, die sich in Ausdruck umsetzt: Schon die Übergangs-Noten rutschen Haefliger an eine Stelle, die es im Singen eigentlich nicht geben sollte, in die Kehle. Die weniger brillante und mehr auf Linie angelegte Partie des Ferrando in *Così*, aufgenommen 1962 unter Eugen Jochum (mit Seefried, Merriman, Prey und Fischer-Dieskau), liegt ihm besser, doch auch hier finden die Musikalität und Form des Singens wenig Entsprechung in der Klanggestalt. Insgesamt am besten wohl sein Tamino, wiewohl keine Konkurrenz für Fritz Wunderlich oder auch Siegfried Jerusalem. Seine italienischen Aufnahmen, etwa Auszüge aus *La Traviata* mit Maria Stader, zeigen ihn gleichsam sprachlos in einem fremden Land. Almavivas Musik aus *Il Barbiere* wird förmlich buchstabiert, nicht aber in ihrem Gestus erfaßt.

Eindringlicher ist Haefliger in deklamatorisch geprägter Musik. Gewiß läßt sich viel einwenden gegen eine Janáček-Aufnahme in deutscher Sprache, weil der Komponist den Sprach-Laut seiner Heimatsprache komponierte und jede

Übersetzung Verfremdung bedeutet. Dennoch ist die Aufnahme von *Tagebuch eines Verschollenen* – trotz immer wieder spürbarer Diskrepanzen zwischen Musik und sprachlichem Rhythmus – von bewegender Eindringlichkeit. Zweimal hat Haefliger Strawinskys *Oedipus Rex* aufgenommen (unter Ernest Ansermet und Ferenc Fricsay), beide Male eindringlich, unter Fricsay mit besseren Partnern.

Es ist der Lieder- und vor allem der Schubert-Sänger Ernst Haefliger, zu dem der Verfasser immer wieder zurückkehrt. Zweimal hat er *Die schöne Müllerin* (mit Jacqueline Bonneau und Jörg Ewald Dähler), sodann den *Schwanengesang* (mit Werba) und *Winterreise* (mit Dähler) aufgenommen. Haefliger singt die Zyklen mit höchster musikalischer Konzentration, unromantisch, streng und kammermusikalisch differenziert. Bei äußerst klarer Wortartikulation erlebt man bei ihm kaum je das Abfallen der Nebensilben (wie bei Fischer-Dieskau). Er versagt sich durchweg die (romantischen) Tempo-Rückungen, die Ritenuti und Ritardandi, die Pears einsetzt. Er wählt durchweg, vor allem in den späteren Aufnahmen mit Dähler wegen des trockener und kürzer klingenden Fortepianos, rasche Tempi und eine gleichsam scharf geschnittene Artikulation. Die Aufnahme des *Schwanengesangs* ist in einer Klasse für sich: Perfekt die rhythmische Genauigkeit in »Abschied«, die dynamische Balance im »Atlas«, das Legato in »Leise flehen meine Lieder«.

Ernst Haefliger als Palestrina
(Foto: © Kesting)

Zauberton: Fritz Wunderlich

Das erste Gefühl (fast peinlich, dies einzugestehen) war das der Enttäuschung. Waren diese Arien aus der *Zauberflöte* wirklich typisch für den Tenor, an den wir uns als an den idealen Tamino erinnern? Der Ton ist fein, die Phrasen sind lyrisch und unforciert, aber ›Dies Bildnis‹ hat wenig Imagination, und ›Wie stark ist nicht dein Zauberton‹ ist durchaus kein Modell für Anmut, dazu beeinträchtigt durch einen leichten, aber ständigen Gebrauch von Aspiraten. Dann die Donizetti-Arie [»Wohl drang aus ihrem Herzen«], verdorben durch eine dürftige Kadenz, ›Caro mio ben‹ durch mehr Aspirate, die *Rigoletto*-Solos ohne besondere Tugenden und erneut mit einer ärmlichen Kadenz. Dann, hört hin, ein neuer Start auf einer neuen Seite, und ich frage mich, ob auf all den sechs Platten nur mit ›Che gelida manina‹, die in den Spezialläden angeboten werden, eine einzige Aufnahme ist, die seine schlagen könnte.

John Steane in ›The Gramophone‹ über Fritz Wunderlich

Nein, Steanes Anmerkung soll kein Mäkeln einleiten; am Rang des 1930 geborenen und 1966 nach einem grotesken Unfall gestorbenen Fritz Wunderlich gibt es nichts zu deuten. Wohl aber am Mythos der Vollkommenheit – auch Wunderlich war kein ganz perfekter Sänger. Wohl aber ein wunderbarer, weil es schwerlich eine Aufnahme von ihm gibt, in welcher ungeformte Kadenzen oder Zierfiguren, Aspirationen oder Artikulationsmängel so deutlich hervorträten, daß sie den Eindruck eines schwungvoll-eloquenten, impetuosen, oft kühnen und brillanten Singens entscheidend beeinträchtigen könnten. Das gilt selbst für seine Interpretation der Almaviva in Rossinis *Der Barbier von Sevilla* (1965 unter Karl Böhm in Wien; auf Myto). Anders als Tenor-Virtuosen wie Jadlowker oder de Lucia kann er Koloraturen nicht ziselieren; er prescht einfach über sie hinweg.

Vielleicht läßt sich der Rang, läßt sich die Bedeutung Fritz Wunderlichs am besten daran messen, daß schon kurz nach seinem Tod junge lyrische Tenöre in seinem Namen annonciert und gehandelt wurden – selbst ein Peter Schreier wurde als zweiter Fritz Wunderlich angepriesen. Wie für nur wenige andere brauchte das lyrische Theater damals einen Nachfolger des Schwaben, der als Mozart-Sänger für die Festspiele in München und Salzburg, für die Bühnen in Stuttgart, Wien, London und vor allem für die Plattenfirmen unersetzlich war –

er hat in der Tat keinen gleichwertigen Nachfolger gefunden. Daß er zu einem Mythos gemacht und, nach dem alten Marktgesetz, entsprechend ausgebeutet wurde, steht auf einem anderen Blatt.

Die Zeugnisse dieser Karriere bieten keineswegs das Bild des Fertigen, des in sich Abgeschlossenen und Vollendeten. Selbst die besten Aufnahmen Wunderlichs – sein Tamino in der *Zauberflöte* unter Böhm, Mahlers *Das Lied von der Erde* unter Otto Klemperer, Teile des Tenorparts in Haydns *Die Schöpfung* unter Karajan – deuten auf einen noch nicht eingeholten Rest, auf unausgeschöpfte Möglichkeiten. Nicht, um zwei bedeutende Sänger gegeneinander auszuspielen: Es gibt schwerlich eine Aufnahme Wunderlichs, deren integrale musikalische, sprachliche und technische Perfektion an die besten Platten eines Nicolai Gedda heranreichte; andererseits gibt es kaum eine Gedda-Platte, die so viel Spaß am Singen, so viel ungestüme Verve, so viel Bereitschaft zu ekstatischer Phonation verrät.

Der Hinweis auf die nicht abgeschlossene Entwicklung Wunderlichs soll nicht als Kritik verstanden sein, sondern als Bewunderung. Es ist ja heute eher üblich, daß ein Weltberühmter die Qualitäten, die ihn berühmt gemacht haben, nicht mehr besitzt. Wunderlich aber schien in einem permanenten und ständig grenzüberschreitenden Höhenflug, und dies selbst dann, wenn der unendliche Streß einer heutigen Karriere leichte Schleier von Müdigkeit und Strapaziertheit auf die Stimme zu legen drohte. In einem Höhenflug vor allem insofern, als nicht die frühen Aufnahmen den Sänger at his best zeigen, sondern die späteren. Wunderlich hat die stilistischen Unsicherheiten seiner jungen Jahre, vor allem auch die sprachlichen Dialekteinfärbungen, sorgsam ausgemerzt – in der *Zauberflöte* unter Böhm hat die Bildnis-Arie Imagination, hat die Flötenarie Anmut, ist der Ton fast ganz frei von Behauchungen – ein Kardinalfehler früher Aufnahmen.

Fritz Wunderlich wurde 1930 im pfälzischen Kusel geboren, studierte in Freiburg im Breisgau bei Margarethe von Winterfeld, wurde von seinen Eltern – der Vater war Kapellmeister, die Mutter Geigerin – unterstützt und erhielt gleich nach seinem Examens-Tamino ein Engagement an das Württembergische Staatstheater in Stuttgart, dessen Intendant Schäfer den Sänger sorgsam lenkte. Er erhielt alsbald Einladungen nach München, Frankfurt und Salzburg, wo er 1959 als Henry in *Die schweigsame Frau* debütierte. 1960 wechselte er in das Ensemble der Bayerischen Staatsoper, an der er, trotz einer großen internationalen Karriere in Wien, Mailand, Stuttgart und London, regelmäßig sang. Wenige Tage vor seinem Tod – er stürzte in seinem Jagdhaus die Treppe herunter – stand er noch in Edinburgh als Tamino auf der Bühne, und ein letzter Salzburger Liederabend verrät, daß er dabei war, sich eine neue, eine intime Kunst des vokalen Gestaltens zu erschließen.

Fritz Wunderlich als Gottfried von Ried
in Werner Egks ›Die Verlobung in San Domingo‹
(Foto: © Bildarchiv Preußischer Kulturbesitz)

Es existieren aus der »mittleren« Zeit des Sängers – wenn man denn eine so kurze Karriere überhaupt unterteilen kann – zahlreiche Aufnahmen, überwiegend Einzeltitel, die er vor allem für Ariola-Eurodisc aufgenommen hat. Den interpretatorischen Ansatz könnte man als naiv bezeichnen. Zwar saß die Stimme sicher im Fokus und gut auf dem Atem, kam die Höhe leicht und frei, schimmerte das Timbre mit einer exquisit changierenden Silberfarbe; aber Nuancen in der Phrasierung, Legato, Wortformungen gab es noch nicht. Ob bei Puccini und Verdi, Mozart oder Thomas – Wunderlich vollzieht eher den generellen Gestus der Musik nach, als daß er sie genau sänge. Die Phrasierung hat wenig Relief, die Wortformung zeigt wenig sprachliche Phantasie und Lust an der phantasievollen Lautbildung. Bei guter Diktion, so schreibt Martienssen-Lohmann in *Der wissende Sänger*, seien die Laute Kaviar im Munde: Wunderlich aß damals noch derbe Hausmannskost.

Es steckte zudem ein kleiner Rest von heimatlichem Idiom in seiner Aussprache – wenn auch nicht so störend wie die »sächsische« Tönung im Singen Peter Schreiers. Wunderlich war nie, wie Fischer-Dieskau oder Nicolai Gedda, ein Artist der Artikulation. Doch schon in einigen seiner frühen Gesamtaufnahmen verbesserte er sich. Der unbekümmerte Nur-Sänger der frühen Recitals musizierte sorgfältiger, nutzte wohl auch den Rat bedeutender Dirigenten und verstand es überdies, die für eine Gesamtdarstellung notwendige Konzentration auf die Musik für sein Singen zu nutzen. Sein Steuermann und sein Walther von der Vogelweide in den von Konwitschny betreuten Wagner-Aufnahmen sind lyrische Lichtblicke. Nicht weniger gilt dies für den Andres in *Wozzeck* unter Böhm – eine brillante Demonstration, wie Bergs Musik *gesungen* werden kann – und seine Lortzing-Platten. Er ist brillant als Leukippos in einem von Karl Böhm dirigierten Mitschnitt von Strauss' *Daphne* und überwältigend als Jeník (Hans) in *Die verkaufte Braut* unter dem furios dirigierenden Rudolf Kempe – ein Jammer nur, daß Gottlob Frick, 1962 hoch in den Fünfzigern, nicht mehr bei bester Stimme ist und als Kezal monochrom, zeitweilig auch unflexibel und ungenau singt. Wunderlich stellt nicht nur das vokal brillante Porträt eines selbstsicheren jungen Burschen auf die Klangbühne, sondern er agiert mit der Stimme – sie lacht förmlich bei der Phrase »Ich seh es ein, doch sag ich nein«, sie grübelt bei »Es muß gelingen«. Eine Sternstunde sein »Trinklied vom Jammer der Erde« in Mahlers *Lied* unter Klemperer. Welch eine Mischung aus Feuer und Verhaltenheit, welche Melancholie noch in der triumphalen Glanzentfaltung (im Vergleich wirkt der Heldentenor James King matt, eng, angestrengt). Ist die Phrase »Dunkel ist das Leben, ist der Tod« je expressiver, zugleich sinnlicher und vergeistigter gesungen worden? Wunderlich hat nur zwei Mozart-Partien vollständig gesungen: Belmonte unter Jochum und Tamino unter Böhm. Nach wie vor gibt es Grenzen: Technische in der schwierigen Baumeister-Arie, wo die Koloraturen nicht perfekt gereiht sind, dazu winzige in der Lautformung. Aber diese Grenzen werden schon nicht mehr durch den Vergleich mit anderen Sängern gesetzt, sondern nur durch die Vorstellung vom Vollkommenen. Als Belmonte singt Wunderlich mit unwiderstehlicher, heroischer Emphase. Endlich einmal erscheint Belmonte nicht als anämisches Bürschchen mit Anima-candida-Timbre, sondern als der kühne Ritter auf der Suche nach der entführten Braut. Sein Herz klopft nicht nur ängstlich, sondern auch heftig, und in den vielen langen, gehaltenen Phrasen strahlt die Simmte brillant auf. Die Koloraturen der Baumeister-Arie – recht eigentlich ein formelhaftes Stück wie aus einer Seria, eine Hymne nicht auf individuelle Empfindung, sondern auf ein abstraktes Gefühl – verwandelt er durch die Energie des Zugriffs in einen lodernden Ausdrucksgesang. Als Tamino ist er der Prinz der Prinzen: Ausdrucksvoll in der Bildnis-Arie, gesteigert in der Flötenarie, hochdramatisch in der Szene mit dem Sprecher. Klimaktische Phrasen wie »höre« oder »führt mich ihr Ton zu ihr« bekommen von ihm eine dringliche Intensität wie von keinem anderen Tenor der Nachkriegszeit.

Wie immer man über inoffizielle Mitschnitte denken mag, für die Erinnerung an die Künstler sind sie oft unschätzbar. Das gilt etwa für den *Alcina*-Mitschnitt von 1959 unter Ferdinand Leitner, eine Produktion des Westdeutschen Rundfunks mit der jungen Sutherland, die hier besser und vor allem klarer (Vokale) singt als in der späteren Decca-Aufnahme. In der frühen Aufnahme singt Wunderlich die Partie des Ruggero, später Berganzas Rolle. Man kann dies aus Prinzip (und wegen der Transpositionen) ablehnen – Wunderlich rechtfertigt den Besetzungs-»Fehler« durch die Eleganz und Brillanz seines Singens. Wieder die rhetorische Frage, ob es in irgendeiner Aufnahme der jüngeren Händel-Renaissance einen lebendigeren, klangschöneren, vitaleren Tenorgesang gegeben hat? Oder man hört die Arie des Pylades aus dem zweiten Akt von Glucks *Iphigenie auf Tauris* und stellt sich vor, Wunderlich hätte Glucks Opern unter einem Dirigenten wie Rosbaud vollständig studieren und aufnehmen können – selbst der technische Fehler des aspirierenden Singens nimmt der Aufnahme von »Nur einen Wunsch« nichts von ihrer Lebendigkeit und Brillanz. Die Gluck-Arie findet sich in einem Heliodor-Doppelalbum, das vorwiegend Live-Aufnahmen Wunderlichs von 1962/63 enthält, Arien, Duette und Szenen von Händel, Gluck, Bellini, Rossini, Verdi, Puccini, Bizet, Lortzing, Kreuzer und Maillart. Xerxes' Arie »Finstere Furien« (Akt III, Nr. 27) singt Wunderlich mit einem schier waghalsigen Zugriff. Zwar gibt es ein paar kleine technische Mogeleien, zuweilen auch eine aus der Linie fallende Note, aber die in Zier-Figuren gelegte Expressivität macht Wunderlich zu einem Ausdrucks-Ereignis. Welch eine Vorstellung, daß Wunderlich den Almaviva in Rossinis Oper in italienischer Sprache und mit einem Dirigenten von Rang hätte studieren können. In dem Duett mit dem animierten, aber uneleganten Figaro Hermann Preys deutet er an, daß er der beste Nachkriegs-Almaviva hätte werden können, weil er nicht nur die Agilità besaß, sondern auch eine reiche Stimme und überdies das Gespür für den Charme der Musik. Allerdings darf man nicht auf die superbe Formung der Triolen wie bei Bonci und Corradetti hoffen.

Wunderlichs Tenor wäre eine Stimme für den Herzog von Mantua gewesen, weil sie mühelos in die höchste Lage aufsteigen konnte und einen wundervollen Kern von Silber besaß; für Alfredo, auf längere Sicht auch für Riccardo und Don Carlo, für Max und Florestan, Lohengrin und Parsifal. Auf seinen Platten finden sich sicher drei oder vier Dutzend Einzeltitel aus dem Rampen-Repertoire eines lyrischen Tenors – all das Einschlägige von Händel, Mozart, Donizetti, Bellini, Rossini, Verdi, Puccini, Massenet, Boieldieu, Nicolai und Mascagni. Dazu zahlreiche Operettenaufnahmen, die Wunderlich mit einem fast schon unverschämt-ungenierten Charme sang. Durch ihn erfährt man, wie »Als flotter Geist« zu singen ist oder auch »Das Lied vom Leben des Schrenk«, wenn man das nicht schon von Schmidt oder Rosvaenge gelernt hat. Aber auch hier ist sein Singen »Mit Würd' und Hoheit angetan« – um die große Tenor-Arie aus Haydns

Die Schöpfung zu zitieren, deren Aufnahme er nicht vollenden konnte. Wenn ein Sänger, so hat Wunderlich in dieser Arie den natürlichen Vortragsfluß des Dänen Aksel Schiøtz erreicht, diesen aber hinsichtlich Intensität und Resonanz überboten.

Anima candida: Peter Schreier

> Der hellhörige, kluge Peter Schreier ... hatte wohl längst von selbst festgestellt, was man hinter seinem Rücken tuschelte und ihm zuweilen durch die zeitungspapierene Blume sagte: daß seinen wohlgesetzten Tönen ein Schuß Sinnlichkeit fehle; daß er zumal den Damen, die ja bekanntlich nicht nur mit den Ohren hören, zuwenig biete; daß ihm die Dresdner Kreuzchor-Vergangenheit nachhänge und daß sein Anima-candida-Timbre nicht weit von dem eines edlen Vikars liege.
> *Karl Schumann über Peter Schreier in der ›Süddeutschen Zeitung‹*

Unter Verletzung einer alten journalistischen Regel – »no jokes with names« – sei gefragt: Hat je ein Sänger seinen Namen weniger verdient als der leise, zurückhaltende, stimmlich ephebenhafte Peter Schreier? Nach dem Tod Fritz Wunderlichs wurde dem fünf Jahre jüngeren, 1935 in Meißen geborenen Sänger die »Nachfolge« angetragen oder oktroyiert. Es spricht für die Einsicht und Ehrlichkeit Schreiers, daß er sich in derlei Rollen nicht gedrängt hat, daß er sich die Zeit nahm, in die großen Mozart-Rollen ohne Forcieren hineinzuwachsen, und es spricht für die Stetigkeit seiner Entwicklung, daß seine späteren Gesamtaufnahmen die früheren – und auch die Einzelaufnahmen – übertreffen, daß er es zudem verstanden hat, sowohl sein sächsisches Idiom abzuschleifen als auch sein vor einigen Jahren noch unidiomatisches Italienisch beträchtlich zu verbessern. In einem Kommentar zu einem Album, das Peter Schreiers Entwicklung vom Knabenalt zum lyrischen Tenor zusammenfaßt (ohne daß die Aufnahmedaten genannt würden, eine unverständliche Schludrigkeit), zitiert Werner Burkhardt den Sänger mit dem Satz, es sei »der falsche Ehrgeiz von Intendanten, aber auch von Sängern, so schnell wie möglich ›ein Fach höher‹ zu singen«. Schreier hat diesen Fehler ehern gemieden.

Der Kantorensohn wurde Alumnus im Dresdner Kreuzchor, sang zunächst Sopran und dann Alt, trat früh als Solist hervor und machte einige Alt-Aufnahmen – so das »Agnus Dei« aus der Messe in h-Moll, »Es ist vollbracht« aus der *Johannes-Passion*, »Es kostet viel, ein Christ zu sein« aus dem Chimelli-Gesangbuch und andere Titel. Nach dem Abitur arbeitete er als Stimmbildner für den Kreuzchor, bevor er mit dem Gesangsstudium bei Fritz Polster begann. Er setzte die Ausbildung an der Dresdner Musikhochschule fort, nahm dramatischen Unterricht, studierte Harmonielehre, Klavier und Chorleitung und verschaffte sich eine so umfassende Ausbildung, daß er auch als Dirigent arbeiten kann. Nach dem Studium ging er ins Dresdner Opernstudio, sang zunächst kleinste Nebenrollen, nach einem Jahr auch Paolino im *Il Matrimonio Segreto* und Belmonte. 1961 konnte er für einen erkrankten Kollegen in einer Berliner Funk-Produktion in *Così einspringen.* 1962 debütierte er an der Berliner Staatsoper (Belmonte), ein Jahr später war er deren erster lyrischer Tenor. 1964 gastierte er in Moskau, München, Montreux, Warschau, London und Turin. 1966 war er der junge Seemann im Bayreuther *Tristan*, 1967 stellte er sich in Salzburg als Tamino vor. Seit den siebziger Jahren ist er einer der Allgegenwärtigen an den großen Bühnen der Welt und bei den Festivals, wobei erstaunlich ist, daß er trotz einer eher zart und fein anmutenden Stimme ungewöhnlich viele Auftritte gut verkraftet.

Peter Schreier
(Foto: © S. Lauterwasser/DGG)

Peter Schreiers Stimme ist ein heller, obertonreicher lyrischer Tenor mit einem feinen, unverkennbaren Timbre. Auffallend die extreme Hellfärbung der im Vokaldreieck hoch liegenden Vokale, besonders des /i/. Dafür tendieren die dunklen Vokale, vor allem in der Umgebung der Nasale, zur Kehligkeit, zu einem winzigen Kloß. Technisch ist die Stimme gut durchgebildet. Die Aufnahme von Schuberts *Die schöne Müllerin* nach der neuen Schubertausgabe, auf die vom Komponisten mit Johann Michael Vogl erarbeitete Fassung zurückgehend, verlangt ein Höchstmaß an Verzierungen, Gruppetti und Appoggiaturen, die Schreier nicht nur genau, sondern mit wundervoller Eloquenz und einem sicheren Gespür für das Timing dieser Gesten bringt. Walther Dürr hat in seinem Kommentar zu dieser Ausgabe ausgeführt, daß es zu Schuberts Zeiten »wesentliche« und »unwesentliche« Manieren, das heißt Verzierungen gegeben habe. Jene seien vom Komponisten ausgeschrieben, diese dem Sänger überlassen worden (wie im Belcanto). Die freien Veränderungen wie Doppelschläge, Mordente, Tremoli, Arpeggien und Triller wurden eingesetzt, um, wie es in einer zeitgenössischen Quelle heißt, »Steifheit, Trockenheit und Reizlosigkeit« zu vermeiden. Entscheidend ist weniger das »ob« als das »wie« der verzierenden Veränderungen: Eine Verzierung soll wirklich Zier sein, soll vor allem in strophischen Liedern für Variation sorgen (die auch durch die Deklamation besorgt werden muß). Dürr kommt zu dem Ergebnis, daß Vogls Änderungen weitgehend »unwesentliche« sind, damit aber seine Fassung eine »Fälschung« sei. Sie finde ihren Sinn darin, einen individuellen musikalischen Impetus zu zeigen – ein phantasievolles Singen. Insofern ist Schreiers Interpretation eine grandiose Leistung, eine Demonstration sängerischen Ausdrucks- und Kompositionswillens – und eine technische Stilübung ersten Ranges dazu.

Weniger gut entwickelt ist eine andere, nicht minder wichtige technische Fähigkeit: das Kolorieren. Peter Schreiers Singen ist, verglichen mit dem eines Peter Pears, monochrom, fixiert auf eine keusche Korrektheit, die, wie ein amerikanischer Kritiker in *High Fidelity* (1971) schrieb, eine genaue Entsprechung ist zu dem Bild des blond-professoral-bebrillten Mannes. P. G. Davis schrieb dies über ein Recital mit »Belcanto Arias« (Marcello, Steffani, Scarlatti, Hasse, Monteverdi, Gasparini, Telemann, Galuppi), in dem Schreier zwar kompetent-korrekt, aber viel zu zaghaft singt und Verzierungen nur zögerlich anbringt. Vor allem fehlt in diesem Recital die Spannung einer imaginativen Phrasierung – er rezitiert diese Musik, lebt sie jedoch nicht im Singen aus. Daß er Bachs Musik auf der Grundlage genauester Kenntnis und jahrzehntelanger Vertrautheit singt, versteht sich für einen Ex-Kruzianer von selbst; aber er bietet mehr, nämlich eine expressive Energie, die von den wenigsten Bach-Interpreten aufgebracht wird. Wenn er im Kreuzigungs-Rezitativ der *Matthäus-Passion* »von der sechsten Stunde an ward eine Finsternis über das ganze Land« singt, gelingt ihm eine Transformation ins Orphische. Unterschiedlich gelungen sind seine Mozart-Aufnahmen. Vortrefflich der Belmonte unter Karl Böhm, gewiß nicht so stürmisch-heroisch wie der von Fritz Wunderlich (der ihn auch in Betreff vokaler Schönheit überbietet), aber die Baumeister-Arie musiziert er, worauf William Mann in *Opera on Record* hinweist, fehlerärmer als alle seine Rollenkollegen. An seinen italienischen Mozart-Aufnahmen stört das nicht restlos idiomatische und dadurch wenig flüssige Italienisch. Das gilt für seinen sehr genau und fein gesungenen Idamantes in Böhms *Idomeneo*-Aufnahme wie für seinen Ferrando in *Così*. Trefflich seine Aufnahme von »Fuor del mar« in der zweiten, langen und brillanten Version. In der Prager *Giovanni*-Aufnahme unter Böhm mit Fischer-Dieskau paßt er sich, unbeteiligt singend, dem blassen vokalen Ambiente an (Nilsson ungenau als Anna, Arroyo ausdrucksarm als Elvira, Fischer-Dieskau rauh). Besser singt er in der Salzburger Aufnahme unter Böhm neben dem Cowboy-Giovanni von Sherrill Milnes, aber mit einem guten Damen-Trio (Tomowa-Sintow, Zylis-Gara und Mathis). Sein Ferrando in der von Suitner betreuten *Così*-Aufnahme ist unbefriedigend und steifleinern – eine Ausdrucksgehemmtheit, die in Böhms Salzburger Live-Aufnahme durch allzu heftiges Chargieren nur scheinbar überwunden wird. Tamino hat er 1968 unter Suitner, 1972 unter Sawallisch und 1984 unter Sir Colin Davis gesungen, trefflich in allen drei Aufnahmen, wobei die unter Suitner insgesamt die schwächste und die unter Davis die ausdrucksreichste ist. Schreier singt zwar nicht immer so flüssig wie Wunderlich (oder auch Jerusalem), aber mit expressiver Beseelung und einer heroischen Energie, die man kaum von ihm hätte erwarten mögen. Die anstrengenden Phrasen bis auf das vibrierende As von »ewig« singt er mit heldentenoraler Verve. Die Antwort auf »die Weisheitslehre dieser Knaben« treibt er in eine fast heftige Deklamation (und einige kehlige Töne), aber die Wirkung ist eindrucksvoll, und auch in der Sprecher-Szene mit Theo Adam (sehr artikuliert, aber mit seinem typischen Waber-Vibrato und weißlicher Farbe) singt er exemplarisch. Hingegen hat er sich mit dem Max im *Freischütz* überfordern lassen – seine Anmerkung im Fachblatt *Opernwelt*, so eine Partie könne man als lyrischer Tenor auf der Platte bewältigen, ist falsch. Auch auf Platten ist zu hören, daß es der Stimme in der tiefen und mittleren Lage an Gewicht und Verve fehlt und die Höhe forciert wird. Richard Law hat in *Opera on Record* seinen David in Herbert von Karajans *Meistersinger*-Aufnahme kritisiert, die Lektion an Walter als »babyish« bezeichnet. Welch ein Mißverständnis. Schreier betreibt hier mit wundervoll-ironischer Wirkung ein »kleines Singen« – und führt damit vor, wie subtil-liedhaft man Wagner vortragen kann. Für den Verfasser ist diese Szene aus dem ersten Akt einer der größten Momente des Wagner-Gesangs auf der Platte, eine wahre Belcanto-Demonstration (er erinnert sich, daß der Dirigent Schreier nach den Dresdner Aufnahmen begeistert mit dem Satz entließ: »Wundervoll. So habe ich mir das erträumt.«).

Unter seinen Liederplatten fallen die Schumann-Aufnahmen ab, während er die Mozart-, Beethoven-, Schubert- und Weber-Lieder durchweg ausdrucksvoller singt als alle seine Tenor-Kollegen (ausgenommen die Aufnahmen der Zyklen von Peter Pears): wortgenau, fein nuanciert und mit durchweg schöner Kantabilität. Vergleicht man einmal in *Die schöne Müllerin* Fischer-Dieskaus deklamatorischen Gesang mit seinen stark fallenden Nebensilben mit Peter Schreiers schlichter Natürlichkeit, so ist diese viel kunstreicher als die hervorgekehrte Bewußtheit Fischer-Dieskaus, und auch in den Beethoven-Liedern hat er den Vorzug eines leichteren, anmutigeren Tons. Besonders gelungen sind Peter Schreiers Aufnahmen von Volksliedern, weil er sie, getreu der Brechtschen Maxime »das Volk ist nie tümelnd«, nicht an den Biedersinn verrät, sondern so ernst nimmt wie Schubert-Lieder.

Deutsche Baritone

Zwei deutsche Italiener: Josef Metternich und Marcel Cordes

Sängen sie heute, wären sie, besonders im italienischen Fach, Weltstars: der 1915 in Hermülheim bei Köln geborene Josef Metternich und der fünf Jahre jüngere Marcel Cordes, recte Kurt Schumacher. Zur Zeit gibt es, was das stimmliche Potential angeht, nur wenige, wenn überhaupt Baritone, die an diese beiden deutschen Ensemblestars heranreichen würden. Metternich, der als Dreißigjähriger an die Städtische Oper in Berlin kam und von Michael Bohnen, der das Haus als Intendant leitete, sehr gefördert wurde, begann dort mit Partien wie Rossinis Figaro, Luna, Amonasro, Simon Boccanegra, Jago, Alfio und Tonio. Georg Solti holte den Sänger an die Bayerische Staatsoper, an der er zwei Jahrzehnte lang sang. Durch Herbert von Karajan kam er 1953 in Wagner-Partien an die Scala, durch Rudolf Bing an die Met, wo er Renato in *Un Ballo in Maschera*, Luna in *Il Trovatore*, Amonasro in *Aida*, Tonio in *Pagliacci*, Kurwenal in *Tristan und Isolde* und Amfortas in *Parsifal* sang. Vielleicht hat nur die Konkurrenz mit dem übermächtigen Leonard Warren, dessen vokale Physiognomie sehr ähnlich ist, weitere Engagements verhindert – zum großen Nutzen der Bayerischen Staatsoper.

Metternichs Stimme war ein kompakter, körniger und kraftvoller Bariton mit tenoraler Höhe, die der Sänger mit einer Mischung aus Energie und Narzißmus ausstellte. Die tiefe Lage der Stimme war, wie die ansonsten brillante Aufnahme des *Holländer* zeigt, nicht gleichermaßen konzentriert (unter Fricsay, mit Annelies Kupper, Wolfgang Windgassen, Ernst Haefliger und Josef Greindl im Ensemble). Ebenso überzeugend singt er als Telramund in einer gekürzten Aufnahme des *Lohengrin* unter Schüchter mit Rudolf Schock, Maud Cunitz und der zwar gealterten, immer aber noch suggestiven Margarete Klose als Ortrud – insgesamt keine bedeutende, aber eine beachtliche Ensemble-Aufnahme. Metternichs »Dank König dir, daß du zu richten kamst« ist großartig – erst recht, wenn man die Bemühungen, besser: die Bemühtheiten von Rollennachfolgern wie Vinay, Dooley, Stewart oder Nimsgern erlebt.

Metternich war kein subtiler Sänger. Er bildete den Ton sehr offen, schlug ihn förmlich an den harten Gaumen und bildete so eine ungemein feste, metallisch konzentrierte Höhe, die freilich Reibelaute mitklingen läßt. Dies wird auf nicht immer angenehme Weise spürbar, wenn Metternich sotto voce zu singen versucht und den Ton nicht sicher fokussieren kann – etwa im lyrischen Endteil von Rigolettos »Feile Sklaven«. Nicht recht befriedigend ist die Neigung, dramatische Stücke mit einem heftigen Espressivo zu übersingen – wie das Credo aus *Otello*, wo beispielsweise das Wort »Gottheit« auf einem grell überakzentuierten /o/ gebildet wird. Auch in den Arien des Renato (»Oh nur du hast dies Herz mir entwendet«) oder des Don Carlo di Vargas (»Was ihr auch berget, Blätter des Schicksals«) überzeugt Metternich mehr durch energische Verve als durch geschmeidigen Vokalismus. Die Bildung des Tons unter Hochdruck erweist sich als geeigneter für gebundene Stücke (»Spiegelarie«, Valentins Gebet) als für rasch-bewegte und schnell zu akzentuierende Musik. Es war einmal mehr ein spezifischer Besetzungs-Glücksgriff von Walter Legge, Metternich als Besenbinder Peter in *Hänsel und Gretel* einzusetzen – die rauhe, knorrige Stimme ist die ideale Klanggestalt für die gleichsam holzschnittartige Figur und ihre polternd-derben Auftritte. Folgten wir dem Modell der »Voci Parallele«, so wäre Metternich am ehesten mit dem Amerikaner Leonard Warren zu vergleichen. Hier wie dort finden wir eine bedingungslose Energie des emphatischen Aussingens, eine Art von Stretta-Energie, die über den Mangel an Finish hinwegträgt.

Auch Marcel Cordes, der 1941 als Canio (!) in *Pagliacci* am Stadttheater im böhmischen Eger debütiert hatte, hat in den fünfziger Jahren, von Gastspielen an der Scala und in Brüssel abgesehen, vornehmlich an großen Deutschen Bühnen (Bayerische Staatsoper, Deutsche Oper am Rhein, Hamburgische Staatsoper) gesungen, und er war, nicht zuletzt wegen seiner feineren Halbstimme, der noch bessere Italiener-Bariton als Metternich, ohne daß er auf Schallplatten entsprechend eingesetzt worden wäre. Seine klangschöne und in der Höhe schier grenzenlose Stimme ist in zwei von Wolfgang Sawallisch dirigierten überragenden Orff-Aufnahmen zu hören: in den *Carmina Burana* und in *Die Kluge*. In einigen Querschnitten war er der Partner von Rudolf Schock – etwa als Silvio in *Bajazzo* und für *Hoffmanns Erzählungen*. Seine Aufnahme der sogenannten Spiegelarie ist eine wahre Tour de force. Ein zu wenig bekannter, vorzüglicher Sänger.

Der Monolith: Dietrich Fischer-Dieskau

> Ich habe meine eigenen Maßstäbe ... Die meisten Kritiker unterscheiden zuwenig zwischen den individuellen Gegebenheiten des Sängers und einer Gesangslehre.
> *Dietrich Fischer-Dieskau*

Aus diesen Sätzen spricht das Selbstbewußtsein des »bedeutendsten Sängers des Jahrhunderts«, als den Leonard Bernstein den Berliner Bariton Dietrich Fischer-Dieskau (geb. 1925) einmal bezeichnet hat. Zugleich spricht aus ihnen die apologetische Haltung eines vom Erfolg maßlos verwöhnten Künstlers, der auf die Existenz von Kritik ungläubig oder gar indigniert-gereizt reagiert. In ihnen klingt das Erstaunen darüber mit, daß sein Singen auch Irritationen ausgelöst hat, und dies nicht nur in den letzten Jahren, da Ehrgeiz und Eitelkeit über Vernunft und Einsicht obsiegt haben und den Sänger Rollen übernehmen ließen, denen er einfach nicht mehr gewachsen war. Kurwenal in der von Carlos Kleiber dirigierten Aufnahme von *Tristan und Isolde* war ein betrübliches Beispiel für ein verzweifelt angestrengtes, rauhes und grobes Singen – für eine fast schon verstörende Diskrepanz zwischen Ausdruckswollen und klanglicher Realisation. Doch nicht nur auf Grund schwächerer oder schwacher Aufnahmen – die Folge einer temporären Indisposition gewesen sein mögen – ist Fischer-Dieskau ein kontrovers beurteilter Sänger. Er hat auf der einen Seite glühende Parteigänger wie seinen englischen Biographen Kenneth Whitton, der ihn als »Meistersinger« porträtierte, auf der anderen erbitterte Gegner, die ihn gar als »horrible singer« ablehnen. Daß die Kontroverse zugespitzt scheint bis zur Unversöhnlichkeit der konträren Standpunkte, mag daran liegen, daß in Fischer-Dieskaus Vortrag grundsätzliche technische Elemente des Singens sistiert sind. Wie schwerlich ein zweiter entfernt sich der Berliner von der klassischen, der künstlichen Tonbildung der italienischen Schule (auch wenn er sich als Schüler eines Stockhausen-Schülers der Garcia-Schule zugehörig betrachtet) und folgt statt dessen jener »natürlichen« Stimmproduktion, welche der Sprache Klang zuführt – während es gelten würde, die Sprache in den Klang zu gießen. Diese Methode erwies sich in dem Moment als problematisch, als Fischer-Dieskau seine klangschöne und ausdrucksvolle lyrische Stimme in einer Musik einsetzte, für die sie einfach nicht geschaffen war – seien es nun die Opernpartien Wagners oder die Verdis und Puccinis. Es ist die nicht nur beträchtliche Uneinheitlichkeit, sondern der verstörende Niveauunterschied seiner Aufnahmen, die die Bildung eines wohl abgewogenen Urteils erschwert – nicht zu reden davon, daß sich der Sänger mit seinem Hinweis auf »eigene Maßstäbe« und »individuelle Gegebenheiten« gleichsam ein Schlupfloch zu schaffen versucht hat. Aber rechtfertigt der Hinweis auf spezielle »Gegebenheiten« das unversöhnte Nebeneinander des Grandiosen und des Grotesken, des Einfachen neben dem Manierierten, des Pathetischen neben dem Posenhaften? Man könnte den Sänger mit dem kontradiktorischen Begriff eines »unverkennbaren Proteus« charakterisieren.

Zur Erinnerung: Tullio Serafin hatte von drei Gesangswundern gesprochen – Caruso, Ruffo und Ponselle –, von unvergleichlichen Stimmen. Womöglich wichtiger waren jene Sänger, von denen Impulse ausgingen, welche die Gesangskunst entscheidend veränderten. Zu diesen gehörten Enrico Caruso und Fedor Schaljapin, der sowohl sein Fach als auch den singenden Darsteller emanzipierte, und endlich Maria Callas als die Begründerin der Belcanto-Renaissance.

Ohne jede Frage zählt auch Dietrich Fischer-Dieskau zu diesen Epochengestalten, zu jenen »wundervollen Sängern«, die Geschichte gemacht haben. Er hat eine Kunstform, die womöglich ebenso »unzeitgemäß« war wie der Belcanto, auf emphatische Weise zu aktualisieren verstanden: den Liedgesang. Natürlich hat es auch vor ihm großartige Liedersänger gegeben – nicht zuletzt Komponistensänger wie Maggie Teyte, Pierre Bernac oder Peter Pears –, doch wie schwerlich einem zweiten gelang es dem Berliner Bariton, insbesondere in der Frühzeit seiner Karriere, eine *Gleichzeitigkeit* herzustellen zwischen den verzweifelten Liedern Franz Schuberts, den Schmerzensgesängen Robert Schumanns, den Klageliedern Gustav Mahlers und den Empfindungen jener Zeit. Er gab vielen Hörern, was Joachim Fest als »Ahnungen des Endgültigen« (*FAZ*, 28. Mai 1985) beschrieb.

Wiederum wie keinem zweiten gelang es ihm, den *Sozialcharakter* des Sängers von jenem Ruch zu befreien, der fast allen Sängern anhaftet: keine wahren oder nur zweitklassige oder narzißtisch disponierte Musiker zu sein, Besitzer von Stimmen eben. Sein Kunst-*Ernst* wurde sogleich erkannt und selbst von denen hingenommen, die in der scheinbar *bürgerlichen* Feierlichkeit etwas Gestriges sahen. Diese Aura eines Kunstheiligen, die ins Klima der fünfziger Jahre paßte, konnte sich wohl in den sechziger Jahren nicht mehr halten. Sie vertrug sich weder mit den enzyklopädisch-dokumentarischen Anstrengungen des Sängers, *alle* seiner Stimme nur eben zugänglichen Lieder aufzunehmen, noch mit der Methode der Vermittlung und der Ausdruckshaltung des Sängers. Ulrich Schreiber hat – Roland Barthes zitierend: »Der Mythos wird nicht durch das Objekt seiner Botschaft definiert, sondern die Art und Weise, wie er diese ausspricht« – diese Methode und Ausdruckshaltung als den »Mythos von der gesungenen Totalkunst« kritisiert.

Mit seinem Hinweis auf »eigene Maßstäbe«, die aus jenen »individuellen Gegebenheiten« hervorgegangen sein mögen, rechtfertigt Dietrich Fischer-Dieskau, der sich kurz vor seinem 60. Geburtstag als dieser Zeit nicht zugehörig bezeichnete, eine Vermittlungsweise, die nach den Beobachtungen nicht nur einiger weniger Kritiker dem Wortsinne mehr Bedeutung beimißt als der Klanggestalt einer Phrase, eines Liedes, einer Arie. Will Crutchfield, der in dem amerikanischen Magazin *Opus* (1985) »Fischer-Dieskau at Sixty« eine liebevolle und zugleich grandios-apologetische Hommage schrieb, registrierte »Abkehr vom Klang, Wendung zum Rhetorischen, zum Rhythmus, zum Geschichtenerzählen« und hörte in den »zentralen künstlerischen Mitteilungen« des Sängers »den tiefen Zug von Trauer, von Anteilnahme, von Toleranz und passioniertem Humanismus«. Mit dieser Art von kritischer Rezeption mochte sich Conrad L. Osborne nicht abfinden. Er akzeptierte weder, daß die alten Regeln des Singens, denen zufolge die Worte dem Atem zuzufügen sind, aufgehoben werden, noch mochte er die neue Art des Singens als Grundlage einer künstlerischen oder expressiven Ausdrucksform gelten lassen. Fischer-Dieskau interpretiert Texte nämlich nicht mehr nur mit musikalischen Tönen (wie Henderson es verlangt hatte), sondern stützt viele seiner Interpretationen auf die Mittel der Deklamation und die einer raffiniert zugespitzten, zuweilen manieristischen Artikulation. Das Resultat ist ein Vortrag, der nicht einfach darstellt, sondern die Darstellung einer Darstellung bietet – was suggestiv sein kann, aber auch aufdringlich wirken mag. Aufdringlich in dem Augenblick, in dem die vokalen Mittel nicht reichen, dem sprachlichen Ausdrucksgestus Klang zu geben. In fast jeder Kritik über Fischer-Dieskau, die in den bisher drei Bänden von *Opera on Record* zu lesen ist, findet sich ein kritischer Hinweis auf sein »hectoring«, auf seine über-emphatischen Ausdruckszuspitzungen, deren Hilfe er immer dann braucht, wenn er für Affekte großer Posen und Klangfiguren bedarf, deren die Stimme nicht fähig ist.

Als Fischer-Dieskau in den späten vierziger und fünfziger Jahren hervortrat, besaß er einen Bariton von mittlerem Volumen und gutem Umfang. Das Klangspektrum der Stimme war reich und schön modulierbar. In der Höhe gab es irisierend-schöne, gemischte Kopftöne zu bewundern, freilich nicht die mit heftigem Anschlag gebildeten und vibrierenden Hochtöne guter italienischer Baritone. Auch in der tiefen Lage war die Stimme sicher gebildet, nicht eigentlich resonant, aber klangvoll. Die Skala war vorzüglich ausgeglichen. Außerordentlich war die dynamische »Führbarkeit« der Stimme vor allem bei geringen Lautstärkegraden: Fischer-Dieskaus Stimme wußte lyrische Phrasen förmlich zu liebkosen. Außerordentlich auch die Messa di voce: Fischer-Dieskau konnte einen Piano-Ton in fast jeder Lage bis zum Forte schwellen lassen. Sein Legato war potentiell sehr gut, wurde aber schon damals der artikulatorischen Nuancierung – und Übernuancierung – geopfert. Nur unter Atemdruck ging die Bindung verloren, vor allem bei rascher und verzierter Musik. Lückenlose Koloraturbindung war des Sängers Sache nie – ein Defizit in diversen Bachaufnahmen. Oder war es eine Frage der Zeit, die ihm vor und bei Aufnahmen zur Verfügung stand? Die Intonationssicherheit gehörte immer zu seinen bedeutenden Tugenden, und auch die Reinheit der Vokalbildung mitsamt der Umrahmung der Konsonanten war bemerkenswert. Die Tonbildung wirkte frei und leicht, mühelos und natürlich, aber nur bei lyrischer Musik, während dramatische und deklamatorische Musik den Sänger zum Forcieren brachte. In der Vollhöhe gab es ähnliche Schwächen, wenn die energische Attacke verlangt war. Osborne hörte dann eine »distorted resonance« – eine brüchige Klanggebung. Es war damals also eine typische Stimme für den Lied- und Konzertgesang, für Bach und frühromantisches Repertoire, für einige Mozart-Opern und für wenige russische und französische Partien. Osborne macht des weiteren darauf aufmerksam, daß Fischer-Dieskau wie kein anderer Bariton der überprüfbaren Gesangsgeschichte »head-register-dominant adjustments« in die Baritonlage brachte, also einen Klang erzeugte, der von außergewöhnlich heller, weicher und sanfter Textur war, ohne dabei »hauchig« zu werden, wie es die Mikrophon-Stimmen von Crooners sind. Dieses Singen in der Bariton-*Lage* mit einem ungewohnt hellen, sanften, sahnigen Klang machte in Liedern wie Schumanns »Mondnacht« schier überwältigenden Effekt, zumal dieser Klang sich paarte mit einer vergleichslosen artikulatorischen Virtuosität, durch die selbst rascheste Lieder in ein fein ziseliertes klangliches Relief geschnitten wurden.

Doch dann begann Fischer-Dieskau, seine Stimme im falschen Repertoire zu erproben: Sang beispielsweise Rigoletto und Falstaff, Wotan und Scarpia. Das zwang ihn zu jener Art von heroischen Anstrengungen, die auf die Beschädigung der Stimme und ihres Klangs hinauslaufen. Daß dies nicht sogleich und scharf kritisiert wurde, mag daran liegen, daß er kompensatorische Qualitäten anzubieten hatte: Feinheit der farblichen Nuancierung, der dramatischen Diktion, der verbalen Gestik. Anders: Ihm gelang es, eine interpretatorische Konzeption deutlich zu machen, welche die Defizite der technischen und klanglichen Realisation verdeckte. Geht er aus der von Rafael Kubelik dirigierten Aufnahme als ein Professor Dr. h. c. Rigoletto hervor, weil sein Singen nach vokalen Parametern halbwegs integriert bleibt, so gibt es in den Aufnahmen von *Falstaff* und vor allem von *Tosca* die Momente des Umschlags ins Unfreiwillig-Komische.

Doch was immer er anpackte, er wurde kein Außenseiter, sondern der erfolgreichste deutsche Sänger nicht nur der Nachkriegszeit. Wie umstritten viele seiner Interpretationen auch sein mögen, unbestritten ist der Berliner Bariton ein einzigartiges Vermittlungs-Genie. Das zeigt sich nicht zuletzt in der schier bestürzenden Breite seines Repertoires. Es gibt keinen anderen Sänger, der die dokumentarischen Möglichkeiten der Platte umfassender genutzt hätte als er. Seine Diskographie ist ein einschüchternder Katalog von Vokalmusik für Bariton. Der Opernsänger hat Bartóks Blaubart zweimal, Beethovens Pizarro und Fernando, Bergs Wozzeck und Dr. Schön, Berlioz' Méphistophélès, Busonis Faust, Händels Cesare, Henzes Mittenhofer, Hindemiths Mathis und Cardillac, Humperdincks Besenbinder, Mozarts Papageno (zweimal), Sprecher, Giovanni (zweimal), Graf Almaviva (dreimal) und Don Alfonso, Offenbachs Dapertutto-Mirakel-Coppelius-Lindorf, Pfitzners Borromeo, Puccinis Scarpia, Reimanns Lear, Strauss' Olivier, Grafen, Faninal, Orest, Mandryka, Barak, Musiklehrer und Jochanaan, Verdis Rigoletto, Germont, Renato, Posa, Macbeth, Jago und Falstaff, Wagners Kurwenal (zweimal), Holländer, Wolfram (zweimal), Telramund, Heerufer, Gunther, *Rheingold*-Wotan, Amfortas und Hans Sachs aufgenommen. Was das Lieder-Repertoire angeht, wäre die Liste der nicht aufgenommenen Lieder – sofern sie überhaupt von einer Baritonstimme gesungen werden können – vermutlich kürzer als die der aufgenommenen. Dies dürften wohl weit mehr als dreitausend Lieder sein. Allein die Mozart-, Beethoven-, Schubert-, Schumann-, Brahms-, Strauss- und Mahler-Aufnahmen sind mehr, als sich jeder andere hätte zumuten können. Hinzu kommen zahllose Liedplatten mit englischer, russischer, französischer Musik, Oratorien, Passionen, Messen, Kantaten. Es hat Zeiten gegeben, da man, wie Kenneth Whitton arglos-entlarvend schrieb, Jahr für Jahr unter den 100 besten Fischer-Dieskau-Platten wählen konnte.

Schon nach seinen ersten Auftritten vor nunmehr vier Jahrzehnten wurde der Sohn eines »kunstliebenden Oberstudiendirektors« als Offenbarung empfunden. Der junge Künstler, eben aus dem Krieg gekommen, sang mit einer Betroffenheit und Intensität, die seine Hörer verletzte wie Mahlers »glühend Messer«. Sein Singen war mehr als Singen: Es war Botschaft, Kunde von einer anderen, besseren Welt – und es dauerte nicht lange, da war aus der Offenbarung ein Offenbarender geworden, der, so die Feuilleton-Formel, als »Botschafter des deutschen Liedes« um die Welt reiste. Weder Heinrich Schlusnus noch Gerhard Hüsch, Willi Domgraf-Fassbaender oder Karl Erb hatten je die Breitenwirkung des Berliners erreicht, der alsbald auch als Belcanto-Bariton von Graden gefeiert wurde. Dies nachdem Fritz Busch gesagt hatte, daß er nicht erwartet hätte, in Berlin einen deutschen Belcanto-Sänger zu finden.

Die Wirkung Fischer-Dieskaus beruhte zum einen auf einer unverkennbartimbrierten und im Kopfklang überaus reizvollen Stimme, zum anderen auf einer Vortragsweise, der von den Anhängern des Sängers eine spezifische psychologische Tiefendimension zugesprochen wurde. Fischer-Dieskau, so eine Formel Friedrich Herzfelds für die Opinio communis, singe nicht nur, sondern wisse auch, was er singe – er leiste den »durchdachten Gesang«. Die Biographie des englischen Germanisten Kenneth Whitton – »Dietrich Fischer-Dieskau – Mastersinger« – ist eine Hymne auf den Cantor doctus. Whitton steht nicht einmal an, die hochartifiziellen und vokal durchaus problematischen Interpretationen einiger Verdi-Partien – Rigoletto, Macbeth, Germont, Jago und Falstaff – gegen die Tito Gobbis auszuspielen. Die Begründung lautet einmal mehr, daß Fischer-Dieskaus »Belcanto mehr, viel mehr ist als schöne Klänge und schönes Singen; hinter dem schönen Klang liegt der Sinn, das Gefühl nicht nur für die Schönheit der Musik, sondern auch der Sprache«.

Whitton leistet sich hier eine begriffliche Reductio ad absurdum. Wenn ein Sänger, so hat Fischer-Dieskau sich vom Belcanto entfernt – von einem Singen, das, Dacapo für Henderson, die »Interpretation eines Textes mit musikalischen Tönen« ist. Fischer-Dieskaus Verdi-Gesang ist weniger differenziert als manieriert. Die unbestreitbare musikalische Genauigkeit – der Sänger beachtet Vortragszeichen skrupulös – findet kaum je ihre Entsprechung in korrekter, klangvoller Tonbildung. Man braucht nur in das von Alberto Erede betreute Verdi-Recital von 1959 hineinzuhören, um zu merken, daß Fischer-Dieskau seine lyrische Stimme von mittlerem Volumen und begrenztem Umfang bis an die Grenzen fordert, zeitweilig auch überfordert. Und dies in einer Zeit, da er auf dem Höhepunkt seiner stimmlichen Mittel war. Da er weder über das klangreiche Fundament noch über die schmetternden Hochtöne des genuinen Verdi-Baritons verfügt, nimmt er Zuflucht zu Ausdrucksgesten und gesanglichen Mitteln, die über die »individuellen Gegebenheiten« – beim Wort genannt: über die vokalen Defizite – hinwegtragen. Bei der in die höchste Tessitura führenden Cantilena des Luna singt er nicht mit tragender und gut gestützter Stimme, sondern geht über in eine weich changierende und schön opalisierende, zugleich aber säuselnde Kopfstimme. In Rigolettos Invektive ersetzt er in den deklamatorischen Passagen eine plastische Tonbildung durch einen heftigen rhetorischen Gestus oder, weniger freundlich formuliert, durch ein brutales Bellen. Die Linienbildung ab »miei signori« ist unsicher und klanglich dürftig.

Wann immer er an seine Grenzen herankommt – man höre beispielsweise im Holländer-Monolog (aus der Gesamtaufnahme wie im Recital unter Kubelik) Phrasen wie »Ha, stolzer Ozean! In kurzer Frist sollst du mich wieder tragen« oder »Niemals der Tod!« –, kompensiert er die Probleme oder gar die Unfähigkeit zu konzentrierter Tonausladung durch seine heftige, oft überheftige Wortakzentuierung. Die verstärkt er, ein sehr seltsamer Effekt, durch den Einsatz des Vibrato (was man vom Schlagergesang kennt). Lyrische Wirkung »macht« er durch den Gebrauch seiner effektvollen Kopfstimme – wobei die opalisierenden Klangeffekte oft von Sentimentalität bedroht sind. Auffällig, daß seinem Singen die dynamische Mitte fehlt. Fischer-Dieskau pendelt, auch bei seinen Liedaufnahmen, zwischen Extremen der Lautstärke. Das mag der Behauptung, er habe eine lyrische Stimme von nur mittlerem Volumen, widersprechen. Doch sind seine Fortissimo-Ausbrüche klanglich nicht restlos gesichert; sie klingen nach forcierten Entladungen, weil die Emission keine strömende, sondern eine stößige ist. Wir erleben weniger einen ebenmäßigen Klangstrom als kataraktartige Ergüsse, das, was Henderson als »spasmodisches Singen« bezeichnete: Man muß nur, um ein Beispiel zu haben, den Schluß aus Almavivas großer Arie »Vedrò, mentre io sospiro« mit den stolpernden Koloraturen hören. Hier zeigen sich ohnedies erhebliche Grenzen, ja Mängel der sängerischen Technik. In verzierter Musik bewegt sich Fischer-Dieskau oftmals ungelenk: Die »Revenge«-Arie aus Händels *Alexander's Feast* (aufgenommen mit dem Münchner Kammerorchester unter Hans Stadlmair) singt er mit Koloraturen, deren sich ein Konservatoriums-Abgänger schämen müßte, in Serses »Ombra mai fu« deutet er den Triller auf »amabile« nicht einmal an. Um so öfter setzt er zur Bindung den stimmlosen Hauchlaut /h/ ein.

Da Dietrich Fischer-Dieskau diese Form der Tonbildung, der Kolorierung und der Emission gleichsam transzendiert durch die deutliche Ausformung der Sprachgewalt und eine latent didaktische Ausdrucks-Gestik (Darstellung einer Darstellung), sind seine vokalen Nöte als interpretatorische Tugenden gedeutet worden: als Offenbarungen eines Kunst-Priesters, dessen Feierlichkeit Fischer-Dieskau in seine Auftritte integrierte. Es hat wenig Sänger gegeben, die schon mit ihren Auftritten so viel Aufmerksamkeit förmlich befehlen konnten und zugleich eine Aura von Sakralstimmung zu entfalten wußten. Kein Zufall, daß die *New York Times* ihn bewundernd und doch auch spöttisch als »big white father« charakterisierte.

Diese individuelle und manieristische Methode ist von den zahlreichen Bewunderern Fischer-Dieskaus als geniale Psychologisierung des Singens gewertet worden. Mittel dieser spezifischen Psychologisierung ist, nehmen wir als Beispiel seine Interpretation der Papageno-Partie, zum einen die schier schauspielerische Nuancierung des Textes, zum anderen der Gestus und die Färbung des

Singens durch onomatopoetische Andeutungen. Vor allem die Spiel- und Naturlaute wie »heissa« und »hopsassa« singt Fischer-Dieskau so, wie manche Erwachsene mit Kindern sprechen: nämlich im Tonfall von Kindern. Das entbehrt durchaus nicht der Komik – aber es ist kaum die des leicht tumben Naturburschen, der zu charakterisieren ist. Was Fischer-Dieskau hier vorführt, ist die Demonstration einer Interpretation. Die Anmut einer zweiten Naivität steht ihm nicht zu Gebote.

Es ließe sich einwenden, daß es nicht recht billig sei, einen so intelligenten und bewußten Interpreten an einer Partie zu messen, die eher nach einem Nur-Sänger verlangt. Freilich, warum aber hat Fischer-Dieskau dann diese Rolle gesungen? Warum Rigoletto, warum Jago, warum Holländer, warum Sachs, die er nur darstellen, aber vom vokalen Gesichtspunkt aus kaum bewältigen kann? Die Antwort kann nur sein, daß er für sich eigene Maßstäbe gelten läßt, die keine Grenzen gelten lassen. Und wie leicht es fallen mag, die für ihn untypischen Rollen zu finden, so schwer ist es, die typischen zu benennen. Das macht ihn als Interpreten, als Musiker so ungemein schwierig und so ambivalent. Er hat jedoch an bedeutenden Opernhäusern und bei großen Festivals immer wieder Partien gesungen, die zwar seine Mittel im rein physiologischen Sinne überfordert haben, ihm aber große Erfolge einbrachten: Macbeth in Salzburg unter Sawallisch, *Rheingold*-Wotan unter Karajan in Salzburg, Falstaff unter Bernstein in Wien, Hans Sachs unter Eugen Jochum in Berlin. Die Mitschnitte oder die entsprechenden Plattenaufnahmen verraten, daß Fischer-Dieskau immer nur als Sänger an die Grenzen gelangt, stets dann nämlich, wenn die Ausdruckswirkung aus einem lückenlos gestuften Klang kommen soll. Sobald er aber mit seiner spezifischen Ausdrucksgestik darstellen und Intentionen vermitteln kann, gelingen ihm reizvolle Wirkungen, zumindest Reiz-Wirkungen. Selbst in seinen gewalttätigen Ausbrüchen, selbst in der oft häßlichen Sprezzatura des Tons steckt bei ihm Dringlichkeit. Was er betreibt, hat Ulrich Schreiber einmal als Totalisierung des Vortrags bezeichnet. Diese Totalisierung von Ausdrucks- im Gegensatz zu Gesangsmitteln ist die Bedingung der Möglichkeit dafür, musikimmanente oder gesangliche Grenzen – als die »individuellen Gegebenheiten« – hinter sich zu lassen.

Denn es liegt im Anspruch des Sängers, Grenzen nicht anzuerkennen – weder die von der Musik gesetzten noch die von den Mitteln der Stimme diktierten: der *totalisierte* Vortrag ist der einzige Maßstab. Partien wie Jago oder Falstaff, Holländer oder Amfortas werden von ihm weniger gesungen als in dramatischen Ausdrucksgesten vorgetragen, wobei die eigentlich musikalische Basis – der sicher fundierte Ton – aufgegeben wird. Vokal heikle Passagen überwindet Fischer-Dieskau nicht sängerisch, sondern durch die »Vermittlung« dessen, was er als den Sinn der Passage ansieht: Er trägt das Gemeinte vor. Das geschieht

Dietrich Fischer-Dieskau als Hans Sachs
(Foto: © Bildarchiv Preußischer Kulturbesitz/Kranichphoto)

besonders ausgeprägt in den Werken der neueren Opern-Literatur, die angeblich – der Verfasser hat da seine Zweifel – dem Ideal des sängerischen »Tons« gekündigt haben. Daß er gerade als Interpret der Werke von Strauss, Berg, Busoni, Hindemith, Henze und Reimann oder in hermetischen Stücken wie *Falstaff* oder *Gianni Schicchi* ganz besondere Erfolge verzeichnen konnte, liegt vor allem darin begründet, daß er die Partien weniger vom Gesangsausdruck erfaßte und in Klang-Gestalten zeichnete als rhetorisch-darstellerisch. Das ging einher mit einer ausgeprägt suggestiven Gestik bei der Bühnendarstellung: Totale Vermittlung eben.

Im Vorspann seines Buches *The Interpretation of French Song* hat der große französische Liedersänger Pierre Bernac geschrieben: »Nach meiner Ansicht ist nichts mehr zu fürchten als der vermeintlich ›intelligente‹ Sänger, der ein Gedicht mehr oder weniger *spricht*, und dies mehr oder weniger auf den Noten des Komponisten.« [Kursivierung des Autors.] Das muß nicht auf Fischer-Dieskau gemünzt sein, um ihn zu treffen – oder das, was er ausgelöst hat. Der Liedersänger Fischer-Dieskau ist, wie Werner Oehlmann einmal anmerkte, vom Bühnensänger nicht abzukoppeln. Im Gegenteil, nicht nur in der dramatischen Form der Ballade greift Fischer-Dieskau zu opernhaft-theatralischen Ausdrucksmitteln, sondern auch in den Strophenliedern von Franz Schubert. Die Einheit von Opern- und Liedersänger – wieder: die totale Vermittlung – ist das, was Fischer-Dieskau energisch visiert. In einem Gespräch mit dem Verfasser hat er jede Facheinteilung als etwas »Schulmeisterliches« angesehen, als etwas, »was von den Kunstwerken nicht gegeben ist«. Auch darin steckt wieder einmal Selbst-Apologie.

Überprüft man den Anspruch auf jene Einheit anhand der Wiedergabe von Schuberts Heine-Lied »Der Atlas« aus dem *Schwanengesang* (mit Gerald Moore), so wird dessen Zweckrationalismus evident. Fischer-Dieskau verläßt sich nicht auf den schmucklosen, lapidaren Duktus des Liedes, vertraut nicht auf Versammlung des Ausdrucks und Konzentration des Klangs, sondern er dramatisiert das Lied. Er singt mit schroffen dynamischen Kontrasten, heftigen Akzentuierungen (und so heftigeren Atemstößen) und einem gewalttätigen Ausdrucksgestus. Er läßt nicht nur ein leidend-beladenes Ich singen, sondern gibt diesem Ich zu sagen, wie *es* leidet. Um so überwältigender ist der Einsatz dieser dramatischen Mittel in Balladen wie »Erlkönig« oder in Robert Schumanns »Belsazar« mit dem fahlen, schauerlichen Schluß. Bei strophischen Liedern hingegen tendiert der Sänger dazu, die Nuancierung der Strophen durch dynamische Wechsel und farbliche Valeurs zu übertreiben. Singt er in Schuberts »Der Schiffer« die Phrase »ich peitsche die Wellen mit mächtigem Schlag« oder »das ächzende Schiff«, so untermalt er das Gemeinte – die »Mächtigkeit« des Schlags oder das »Ächzen« des Kahns – durch seinen professoral-didaktischen Tonfall. Er vertraut nicht dem Ausdruck der Musik, sondern verweist auf sein Verständnis des Verses – überläßt dem Hörer nicht das Hören und Erleben, sondern zwingt ihn zum Verstehen.

Diese Gestaltungs-Methode hat Ulrich Schreiber, der über Fischer-Dieskau mit Vitriol zu schreiben pflegt, als die des »Bänkelgesangs« bezeichnet, ein zwar harscher, aber in seiner Prägnanz durchaus nicht ungerechtfertigter Vorwurf. Selbst Wolf Eberhard von Lewinski kam nicht umhin zu beobachten, daß »der Sänger manchmal in Bedrängnis gerät, weil die Notenwerte, die er ja in etwa einhalten will, mit dem Ausdruck des Wortes, der Dramatik, die Kürze fordert, nicht übereingehen wollen«. Deutung der Dichtung zu Lasten des Liedes? – Fischer-Dieskau hätte allen Grund, sich solch vernichtendes Lob zu verbitten. Denn die Aufgabe des Liedinterpreten kann nur darin liegen, die in und durch Musik gedeutete Dichtung in Klanggestalten zum Sprechen zu bringen. Fischer-Dieskaus Suggestivität ist so groß, daß er seine Hörer auch und vor allem mit Ausdrucksgesten überredet, überrumpelt. Er zieht den Hörer in das Netz seiner totalen Vermittlung, die er als die Sprache des bewußten Sängers rechtfertigt.

Das ist ein gleichsam hermetischer Kreis, der sich kritischer Betrachtung entzieht – Fischer-Dieskau stellt sich und seinen Vortrag nur den Maßstäben, die er selber setzt und sanktioniert. In seinem Singen liegen Genialität und Gefährdung – auch die seiner Zeitgenossen und seiner Hörer – ungeschieden nebeneinander.

Im Schatten Fischer-Dieskaus

Im Schatten, den Dietrich Fischer-Dieskau warf, einen eigenen Weg zu finden, mag das größte Problem für den 1929 in Berlin geborenen Hermann Prey gewesen sein. Zu lösen war es gewiß nicht dadurch, daß der von seinen natürlichen stimmlichen Anlagen her reich Begabte den singenden Naturburschen herauskehrte. Anders als schlicht und scheinbar natürlich singende Künstler wie Gerhard Hüsch oder Karl Schmitt-Walter bediente sich Hermann Prey längst vernutzter biederer, sentimentaler, selbst schlagerhafter Effekte, die – weil längst verbraucht – nicht einmal manieriert sind, sondern auf Anbiederung hinauslaufen, auf ein Verkaufsgespräch mit dem Publikum, dem stereotype Gefühlsgesten als Kunst angeboten werden, obwohl sie längst das Moment des Schlager- und selbst Schnulzenhaften bergen. Dies manifestiert sich nicht zuletzt in einer Formung des Klangs, die vom Kunstlied nur noch den Abguß für die Fernsehunterhaltung übrigläßt.

Auch das Singen des 1942 in Wien geborenen und mit einer reichen Stimme begabten Bernd Weikl leidet unter einer problematischen Konzeption des Tons. Auch er agiert mit nasalen und verquetschten, bemüht-expressiven und naiv-klangmalerischen Effekten, die genau das verfehlen, was gemeint ist: Expression. Das zeigt sich am deutlichsten in seinen Aufnahmen mit italienischer Opernmusik: Der Reichtum der Stimme findet kaum je seine Entsprechung in der Klangform, in den Finessen der Phrasierung, in der Kunstfertigkeit vokaler Detailarbeit. Welche Möglichkeiten dieser Sänger hat, wird deutlich in der Mühelosigkeit, mit der er etwa in Bayreuth den Sachs gesungen hat. Doch dürfte es von ihm (noch?) keine Platte geben, die ihm den Platz in der »hall of fame« sichern würde.

Ohne die reichen vokalen Ressourcen Weikls zu besitzen, haben zwei junge Baritone – der in Duisburg geborene Olaf Bär und der von Dietrich Fischer-Dieskau geförderte Andreas Schmidt – mit vorzüglichen Liedaufnahmen und Opernaufnahmen, vor allem in Mozart-Ensembles, auf sich aufmerksam gemacht. Klar zu erkennen ist die Abkehr von den banalen, provinziellen Effekten, die sich bei Prey finden, und vielleicht noch bemerkenswerter, daß keiner der beiden Sänger den Versuch unternimmt, sich an Dietrich Fischer-Dieskau zu orientieren.

Virtuose und Klangdramaturg: Kurt Moll

Ich halte es für dumm, von einem Niedergang des Singens zu sprechen. Wollen wir einmal genau hinsehen. Nur in den letzten zwei oder drei Jahren konnten wir die Lulu von Teresa Stratas hören, den Komponisten von Tatiana Troyanos, Hildegard Behrens' Fidelio, Jon Vickers' Parsifal und Otello, Placido Domingos Otello und Des Grieux, Renata Scottos Butterfly und Adriana, Luciano Pavarottis *Bohème* und *Favorita*, Kurt Molls Osmin, José van Dams Wozzeck. Der Punkt ist, daß diese Aufführungen so groß – oder gar größer – sind wie die ihrer Vorgänger.

James Levine in einem Gespräch mit Robert Jacobson in ›Opera News‹, September 1980

Eine bemerkenswerte und eine bedenkenswerte Perspektive, bei der Levine freilich so gut wie alle dramatischen Partien ausläßt, die zu besetzen nicht zuletzt ihm selber die größten Sorgen bereitet (was er dem Verfasser in einem Gespräch bestätigte). Relevant für den jetzigen Zusammenhang ist der Hinweis auf Kurt Molls Osmin – eines der eindringlichsten Porträts und eine der größten Gesangsleistungen der LP-Ära. William Mann schrieb über Molls Beitrag in der Gesamtaufnahme unter Karl Böhm: »Molls strenge Vehemenz schließt Legato und saubere Projektion der Noten ein, hoher, mittlerer, tiefer. Er leistet sich keine Mätzchen für falsche Espressivo-Effekte: ein ehrlicher und bemerkenswert vollständiger Osmin.«

Ein berechtigtes Kompliment. Denn der Osmin fällt unter die Kategorie der »Sängermusik«. Der Partie ist mit noch so ausgepichtem theatralischen Mummenschanz nicht beizukommen. Sie verlangt einen Gesangsvirtuosen in excelsis, wie es »der herrliche Baß Ludwig Fischer« (Alfred Einstein) war, für den Mozart die Partie komponierte. Fischers Stimme muß, von der Partie auf den Sänger zurückgeschlossen, einen phantastischen Umfang besessen haben, darüber hinaus außerordentliche Agilität. In der Laffen-Arie beispielsweise muß Osmin einen Triller singen – nicht als Verzierung, sondern als insistente, grimme

Ausdrucksfigur. Moll erliegt nicht für einen einzigen Takt der Gefahr, den Text zu deklamieren, sondern er singt die Musik und fügt die Worte mit Leichtigkeit und Mühelosigkeit dem Ton zu. Deklamation und Artikulation, jene für Ausdruck und Eloquenz, diese für Klarheit und Prägnanz zuständig, werden in vollkommener Balance gehalten. Moll singt mit perfekten Wort-Ton-Phrasen und überträgt diese Singkunst auch auf den Vortrag Wagnerscher Musik. Die langen Monologe des Gurnemanz, die bei sorglosem Vortrag und sprachlicher (das heißt dramatischer) Sorglosigkeit und Phantasielosigkeit langweilig werden können, setzt er in Szenen um, dergestalt Erzählung in Handlung verwandelnd. Er singt für die Einbildungskraft, suggestiv, schön, expressiv.

Vor allem aber: Er *singt.* Singt mit makellos gerundetem, reichem, fein schattiertem und farblich oszillierendem Klang und läßt uns, wie Kipnis, spüren, welch krude Klänge zu akzeptieren wir gelernt oder uns gewöhnt haben. Selbst in den Arien des Kaspar greift er nicht zu pseudo-dämonischen Effekten, sondern arbeitet mit einer Klangfarbendramaturgie, die ausdrucksvoll-sprechender ist als jedes Agieren.

Kurt Moll wurde 1938 in Buir bei Köln geboren, begann seine musikalische Ausbildung als Cellist und nahm mit achtzehn Jahren seine ersten Gesangsstunden bei Emmi Müller in Krefeld. 1961 wurde er an das Stadttheater von Krefeld engagiert, wo er ein Jahr später den Sarastro sang. Drei Jahre danach ging er nach Mainz, ein Jahr darauf nach Wuppertal. Durch Paul Dessau, dessen Puntila er dort sang, erhielt er Einladungen nach Ostberlin. Seit 1968 gastierte Moll regelmäßig an der Hamburgischen Staatsoper und bei den Bayreuther Festspielen, seit 1969 in Salzburg, seit 1972 in Wien und Mailand, wo er, in einer Strehler-Inszenierung, als Osmin debütierte. 1976 kam er an die Metropolitan Opera.

Moll hat viele seiner großen Partien auf Platten gesungen: Osmin unter Böhm, Sarastro unter Sawallisch und Davis, Komtur und Bartolo unter Solti, Gurnemanz und Daland unter von Karajan, Hunding unter Janowski, Pogner unter Solti, Marchese in *Forza* unter Levine und Monterone in *Rigoletto* unter Giulini, nicht zu reden von oratorischer Musik. Als Raphael in Haydns *Schöpfung* – unter Bernstein und Levine – ist er in einer Klasse für sich. Die italienischen Partien singt er klanglich überwältigend reich, aber nicht restlos idiomatisch und ohne die typische Vibranz des italienischen Basso cantate, vielmehr mit einer breit-strömenden, weich-pastosen Klanggebung (was für den Komtur nicht ideal ist, für Monterone akzeptabel, für den Marchese optimal). Was Sarastro angeht, so ist es eine Geschmacksfrage, ob man die kernige Stimme von Franz Crass oder die tiefschwarze von Talvela vorzieht oder die weich-runde von Moll, der in der Rolle ideal ist (und insgesamt besser aufgehoben in der späteren Davis-Produktion). Unvergleichlich ist er als Daland, Gurnemanz und vor allem im Janowski-*Ring* als Hunding (endlich eine Aufnahme, deren erster Akt durchgehend gut *gesungen* wird).

Auf Recitals und in Querschnitten hat Moll Arien oder größere Szenen aus *Don Carlo* und *Faust* in deutscher Sprache gesungen. Hätte er diese Aufnahmen vor fünfzig oder mehr Jahren gemacht – die Platten gälten als Dokumente. Heute steckt in diesen Aufnahmen ein Zug des Anachronistischen: Man erwartet von den Stars Aufnahmen in der Originalsprache, und man erwartet Gesamtaufnahmen. Doch dürfte es schwer sein, unter deutschen Bässen einen ähnlich guten Belcanto-Philipp zu finden oder einen Mephisto, der sich so souverän freimacht von dem seit Schaljapin und Christoff offenbar unausrottbaren Chargieren.

Wie der große Alexander Kipnis hat Moll eine Reihe von Liedplatten gemacht, anders als Kipnis aber trifft er auf härteste Konkurrenz. Daß er nicht – noch nicht – recht bestehen kann, wenn er, beispielsweise, die *Winterreise* singt, liegt vor allem an seinem nicht kongenialen Partner Cord Garben, der nie über die Rolle des *Begleiters* hinauskommt. Dadurch wirkt die Interpretation eindimensional, ein wenig naiv (oder gefühlig) und spannungslos, obwohl Moll in vielen Liedern überzeugend singt – ein noch nicht abgeschlossenes Kapitel in der Karriere dieses grandiosen Sängers.

VIII. KAPITEL

Die Ära der Callas – Memento an die Metropolitan Opera

Die Ära der Maria Callas

In der ersten Dekade der Langspielplatte setzten die führenden Plattenfirmen – EMI, Decca und RCA – ihren ganzen Ehrgeiz darein, die Standardwerke des Repertoires mit »exklusiven« Starensembles aufzunehmen: Maria Callas, Giuseppe di Stefano, Richard Tucker und Tito Gobbi waren die Protagonisten in vielen Aufnahmen der EMI, Renata Tebaldi, Giulietta Simionato, Mario del Monaco und Ettore Bastianini für die Decca, Zinka Milanov, Jussi Björling, Richard Tucker, Leonard Warren und Robert Merrill für RCA. Als Fluch der Verträge ward *damals* angesehen, daß Wunschpaarungen – etwa Callas/Björling – nicht möglich wurden; ob die späteren Ad-hoc-Ensembles von Topstars bessere künstlerische Resultate gezeitigt haben, ist allerdings mehr als fraglich.

Die Assoluta und ihre Partner

Sie besitzt die außergewöhnliche Fähigkeit, sowohl Alt- als auch Sopranpartien singen zu können. Ich nehme an, daß ihre Stimme von der Grundqualität her ein Mezzosopran ist, und jeder Komponist, der für sie schreibt, sollte vor allem die Mezzo-Lage ausnutzen, aber auch ... Töne verlangen, die im peripheren Bereich dieser bemerkenswert reichen Stimme liegen. Viele Töne der letzten Kategorie sind nicht nur schön in sich selber, sondern können auch eine Art von Resonanz und magnetischer Vibration erzeugen, die, auf Grund der Verbindung von bisher unerklärlichen physikalischen Phänomenen, einen unmittelbaren und hypnotischen Effekt auf die Seele des Zuhörers ausüben ... Die Stimme war nicht aus identischem Metall geformt ... Die fundamentale Vielfalt des Klanges, von einer einzigen Stimme produziert, sorgte für den größten Reichtum des musikalischen Ausdrucks ... Eine große Zahl hervorragender Sänger der alten Schule hat dargetan, daß ein offensichtlicher Defekt zur Quelle unendlicher Schönheit werden kann ... Tatsächlich führt die Geschichte der Kunst zu der Annahme, daß es nicht die vollkommen reine, silbrige, auf jedem Ton ihres gesamten Umfangs präzise Stimme ist, welche die größten Leistungen ausdrucksvollen Singens ermöglicht. Eine Stimme, deren

> Timbre nicht verändert werden kann, bringt nicht jeden opaque-verhangenen Ton hervor, der so anrührend ist und zugleich so natürlich in Momenten heftiger Emotion oder des erbitterten Zorns.

> Das beste Singen entsteht, eine gute Stimme vorausgesetzt, durch das überlegte Spiel eines klugen Kopfes auf dem inneren Sinn der Musik.

Hinreißender und hingerissener als in dem ersten diesem Kapitel vorausgeschickten Motto sind Stimme, Vortrag und Wirkung von Maria Callas nie beschrieben worden. Doch der Autor dieser romantischen Hymne hat Callas nie gehört. Es war Stendhal – und er schrieb seine panegyrische Kritik in *La Vie de Rossini* über Giuditta Pasta. Und noch einmal sei seine Feststellung wiederholt, daß »ein großer Sänger ein Geschöpf der Nerven« ist (man kann seine Ausführungen auch als glänzende Antizipation von Giacomo Lauri-Volpis Beschreibung der *Voci parallele* ansehen). Auch der Autor des zweiten Mottos hat seine Maxime nicht aus dem Singen von Maria Callas hergeleitet: Ernest Newman schrieb den Satz, nachdem er Rosa Ponselle als Violetta in *La Traviata* gehört hatte.

Die vergleichslose Wirkung von Maria Callas (1923–1977) liegt in einer Ausdruckskraft, die den inneren Sinn der Musik zum Klingen und dadurch die Nerven ihrer Hörer zum Schwingen bringt. Sie kann nicht erfaßt werden durch die Beschreibung nur technischer Fertigkeiten und rein stimmlicher Tugenden. Die »Schönheit« ihres Singens liegt in der Unbedingtheit und Intensität des Ausdrucks von, wie der Regisseur Werner Schroeter in seinem eindringlichen Epitaph schrieb, »wenigen total vertretbaren Gefühle(n): Leben, Liebe, Freude, Haß, Eifersucht und Todesangst«.

Wenn Callas singt, dann scheint, wie bei allen kongenialen Aufführungen großer Musik, die Zeit stillzustehen, so daß die Erlebniszeit zur eigentlichen Zeit wird. Auch ihre Kunst ist eine, die Kunst verbirgt, aber nicht im Sinne der Überwindung oder Auflösung technischer Schwierigkeiten, sondern der im orphischen Mythos gedachten Beseelung und Erlösung. Wie die Pasta konnte sie die Unvollkommenheiten der Stimme zwar nicht unhörbar, wohl aber überhörbar und vergessen machen.

Als Callas 1960, da sie schon viel von ihrer Stimme verbrannt hatte, ihre zweite Studio-Aufnahme von Vincenzo Bellinis *Norma* machte, flatterten am Ende der Kavatine die hohen F's. Der Ton ruht nicht sicher auf der Luftsäule, sondern wird von den Turbulenzen eines Vibrato geschüttelt, das sich dem Tremolo nähert. Doch wie die »sublime Pasta« (Chopin), Bellinis erste Norma, fesselt sie den Hörer durch die Schönheit ihrer Diktion, die Eloquenz der Phrasierung, die Phantasie der Klangfärbungen, das Feuer der Empfindungen, die Kalibrierung der rhythmischen Abläufe.

Norma war die zentrale Rolle in Callas' Karriere. Sie hat die liebende, leidende, sanfte und grausame, empfindsame und rachsüchtige Druiden-Priesterin fast neunzigmal gesungen – bei einer Gesamtzahl von nur wenig über 500 Aufführungen in ihrer gesamten Karriere. Kein Zweifel, daß es ihr dabei um die Überwindung des eigentlich Unüberwindlichen ging. Norma ist nicht nur gesangstechnisch eine hybride Rolle, sondern eine bloß ästhetischer Vermittlung sich entziehende Figur. Was die Technik angeht, so verlangt sie, wie Andrew Porter ausführt, »Kraft und Eleganz für die langsame Kantilene, reine und flüssige Koloratur, Stamina, den zugleich zärtlichen und heftigen Ton, Energie und Intensität der sprachlichen Deklamation und ein Höchstmaß an Bühnenpräsenz«. Nach Ansicht des Dirigenten Richard Bonynge hat es eine *vollständige* Sängerin für die Norma nie gegeben: »Vermutlich wird es sie nie geben. Die Oper verlangt zuviel von einem einzigen Sopran – ein Höchstmaß an dramatischer Ausdrucksfähigkeit, übermenschliche emotionelle Kräfte, die größte Belcanto-Technik, eine reiche und erstklassige Stimme und noch vieles mehr.«

Solch eine Diva stand Toscanini, der *Norma* 1899 an der Scala herausbringen wollte, nicht zur Verfügung, so daß er die bis zur Generalprobe vorangetriebene Einstudierung mit der Sopranistin Ines de Frate absetzte. Später sagte er: »Haben Sie diese Oper je gehört? Ich habe sie nie so gehört, wie sie wirklich aufgeführt werden muß. Ich habe es versucht, sie herauszubringen. Aber es ist mir nicht gelungen.« Der Grund kann nur sein, daß es damals in Italien keinen dramatischen Soprano d'agilità gab.

Lilli Lehmann, vielleicht die technisch vollständigste Sängerin unserer Kenntnis, wagte sich an Norma erst heran, als sie Fidelio, Donna Anna und Isolde längst gesungen hatte, und bezeichnete Bellinis Heroine als die schwierigste Rolle überhaupt – eine Feststellung, die Callas wiederholte: zur ignoranten Belustigung nicht nur ihrer Kolleginnen, sondern auch sogenannter Experten. In einer heroischen Anstrengung hat Callas versucht, eine vollständige Norma zu sein, und wenn ihr dies auch nicht mit einer einzigen Aufführung gelingen konnte, so geben uns die mindestens sechs Aufnahmen und Mitschnitte und dazu diverse Konzertaufführungen von »Casta diva« eine konkrete Utopie vom Ideal. Von einem Rollen-Porträt, das so einzigartig ist wie Carusos Canio, Schaljapins Boris, Melchiors Tristan, Leiders Isolde, Laurene Oliviers Otello. Während wir aber bei Caruso oder Schaljapin von Ausschnitten auf ein Gesamtkonzept rückschließen müssen, läßt sich Callas' Auseinandersetzung mit der Bellini-Heroine genau verfolgen. Ihre erste Aufnahme von »Casta diva« stammt von 1949, die letzte aus einer Pariser Aufführung von 1965.

Die Aufführungen und Aufnahmen geben Zeugnis nicht nur vom Können einer unvergleichlichen Virtuosa, sondern vor allem von einer besessenen Kunst-*anstrengung*, die dieses Können buchstäblich aufzehrte. Callas war gerade dabei, sich in Italien einen Namen zu machen, als sie im November 1949 für die Cetra drei Arien aufnehmen konnte: »Qui la voce« aus *Puritani*, »Casta diva« und Isoldes Liebestod. Es war ein Programm, das sie im März in einem Konzert für die RAI gesungen hatte; nur Aidas »O patria mia« ließ sie aus, zum einen, weil ihr die mehr lyrisch-stimmungshafte als dramatische Arie nicht lag, zum anderen, weil sie mit dem exponierten C ihre liebe Mühe hatte, obwohl sie, vor allem in den ersten Jahren ihrer Karriere, das Es, das E und selbst das F in alto sicher *attackieren* konnte. Schwierigkeiten hatte sie dann, wenn sie Töne wie B, H und C aus einer lang-gebundenen Linie entwickeln und dann *halten* mußte; vielleicht eine Schwäche der Stütze?

Mit dem oben erwähnten Kontrastprogramm aus dramatischen und verzierten Arien präsentierte sich Callas als Assoluta, als Sängerin also, die Rollen aller Fächer gerecht werden kann. Nach dem Wort von John Ardoin hat sie die Kavantine der Norma »nicht nur gesungen, sondern in die Form einer Skulptur gegossen«. Die Melismen kräuseln sich wie die Wellen eines Teiches und leuchten wie unter Mondlicht in kühlen, graublauen Farben. Gleich an die in F-Dur gesungene Arie (die originale Tonart ist G und die von Joan Sutherland gewählte) schließt Callas die gekürzte Cabaletta an. Sie bewältigt sie makellos, aber noch ohne die Spannung, die sie in späteren Aufführungen durch subtilere rhythmische Gliederung erreichte.

Die erste vollständige Aufnahme ist ein Mitschnitt aus Mexico City, die wichtigste Station auf dem *Umweg* der Sängerin zum Ruhm. Sie hat dort 1950 und 1951 Norma, Aida, Violetta, Tosca, Elvira, Lucia, Leonora und Gilda gesungen – gesungen gleich einer »Wildkatze« (Callas gegenüber Walter Legge). So faucht sie, um im Bild zu bleiben, die ersten Phrasen Normas in der Aufführung vom 23. März 1950 mit einer dunkel-verhangenen Stimme. Dem Cantabile von »Casta diva« fehlt es an Fluß und Form, dem Klang an Luzidität, aber in den dramatischen Szenen des dritten und vierten Aktes (nach der konventionellen Einteilung der ursprünglich zweiaktigen Oper) setzte Callas ihre unnachahmlichen Akzente: in »Teneri, teneri figli«, »Deh! con te« und vor allem bei der ungeheuerlichen Phrase »Si, sovr'essi alzai la punta« (»Ja, ich hielt den Dolch über sie«).

Daß ein Auftritt als Norma selbst, nein gerade, eine Callas in Angst und Schrecken versetzen konnte, klingt aus dem Beginn ihrer ersten Londoner Aufführung (am 8. November 1952) heraus. Im ersten Vers von »Casta diva« schwingen nicht nur die Stimmbänder, sondern spürbar auch die Nerven. Auf die Aufschwünge zum hohen A hastet die Sängerin zu, den Fluß des Vortrags beschleunigend, und auch die Cabaletta ist rhythmisch nicht sicher kalibriert;

das abschließende C nimmt sie um einen halben Takt zu früh. Aber in den Szenen des dritten Aktes mit der immer noch bemerkenswerten Ebe Stignani (damals 47 Jahre alt und kurz vor dem Ende ihrer Laufbahn) und in der grandiosen Schlußszene »in mia man alfin sei tu« – mit Mirto Picchi als akzeptablem Tenor-Partner – erleuchtet sie die Musik mit einer brennend-verzehrenden Intensität.

Die beiden Studio-Aufnahmen von 1954 und 1960 unter Tullio Serafin – kongenial wie nur Toscaninis Einspielungen von *Otello* oder *Falstaff* und eine Bellini-Lektion für Dirigenten wie Riccardo Muti und James Levine – entsprechen dem januskopfigen Charakter der Titelheldin und vielleicht auch dem der Sängerin. Die erste Aufnahme ist, was die fast aggressive Intensität der Darstellung und die Energie der Bewältigung angeht, unübertroffen. Zugleich gibt es ergreifend ausdrucksvolle Akzente, Klangnuancierungen und Gebärden in den beiden letzten Akten. Vor allem die Finalszene mit der über Pollione triumphierenden Norma (»In mia man«) rechtfertigt Richard Wagners Bewunderung für die musik*dramatische* Konzeption des letzten Aktes. In der zweiten Aufnahme sind einige tremolierende Töne über dem System nicht zu überhören. Doch ist das leicht zu tolerieren, da man schon nach der wundervoll schattierten und vor Farben schier oszillierenden Wiedergabe von »Casta diva« unter der Hypnose der Musik und ihrer klanglichen Realisation steht. Und die Expressivität und Eloquenz von »Teneri, figli« oder der Reprise von »Mira, o Norma« (ab »Ah! perchè«) übersteigen, wie Ardoin schreibt, jedes Vergnügen an lediglich technischem Finish. Selbst als Callas alle ihre Acuti verbrannt hatte und sich wie in den Pariser Aufführungen vom Mai 1965 (zu *einem* Mitschnitt zusammengefaßt), mit Transpositionen helfen mußte, gab sie ein feiner gezeichnetes und subtiler ausgeleuchtetes Porträt als, beispielsweise, Beverly Sills. Die Amerikanerin hat, eine amüsante Note in der *Norma*-Rezeption, als einzige festgestellt, daß die Partie »nicht besonders schwer ist« und daß es in ihr Passagen gebe, die sie »zum Kichern« brachten – wozu sie mit ihrer Gesamtaufnahme die Hörer bringt.

Callas' Norma war nicht nur die Rehabilitierung einer von historischem Edelrost überzogenen Rolle, sondern ein Höhepunkt in der Renaissance der romantischen italienischen Belcanto-Musik. Daß die griechische Sängerin vor allem in den ersten vier, fünf Jahren ihrer Karriere – von 1947 bis 1951 – die Gewalt des Fremden ausstrahlte, ist zurückzuführen auf eine doppelte Exzessivität: auf die im romantischen Sinne transzendentale Virtuosität des Soprano d'agilità und die expressionistische Unbedingtheit ihres Ausdruckswillens. Callas hat ihre Rollen nicht einfach gesungen, sondern hat sie sich anverwandelt – und was für ihre Norma gilt, daß sie eine der epochalen theatralischen Darstellungen war, gilt nicht minder für ihre Verkörperung der Tosca, Lady Macbeth, Gilda, Traviata, Alceste, Amina, Elvira, Lucia.

Die ganze Welt des Unterschieds zwischen Callas und einer Nachfolgerin wie Caballé liegt darin, daß die Griechin keiner einzigen ihrer 47 Bühnenfiguren lediglich die Gala ihrer Stimme anzog. Darauf hat vor allem Rodolfo Celletti aufmerksam gemacht. Nachdem die Norma, so sagte er in einem von der RAI veranstalteten kritischen »Processo alla Callas« (etwa: »Callas vor Gericht«), »zwanzig Jahre lang so gesungen worden war, als handle es sich um *La Gioconda* oder *Cavalleria Rusticana*, begann Callas damit, sie neu singen zu lernen. Sie wollte mit einer Stimme singen, die mit der Oper konsonant war.«

Callas restituierte die Kunst des Singens »in der Maske« mit der Nutzung der Resonanzen in den vorderen Schädelräumen, die allein die leichte, rasche Ausführung verzierter Partien, insbesondere von chromatischen Passagen, Arpeggien und schwebenden Tönen der Mezzavoce, verstattete. Als sie in Rom Cherubinis Medea mit dieser Technik und archaischer Heftigkeit sang, wurde sie, so ungewohnt war die verzehrende Intensität ihres Ausdrucks, von dem Kritiker Guido Pannain scharf abgelehnt. Und da geschah etwas, was zum letztenmal im Zeitalter Wagners geschehen war, als Autoren wie Stendhal, Musset, Heine und Gautier zu den Panegyrikern großer Sängerinnen geworden waren: Mario Praz, Autor einer Studie über die schwarze Romantik, und Ettore Paratore, ein hochangesehener klassischer Philologe, verteidigten Callas' *Medea*-Interpretation, und wenig später schrieb René Leibowitz, bekannt eher durch seinen Einsatz für Schönberg und die Musik der Zweiten Wiener Schule, eine Huldigung der Callas in der von Jean Paul Sartre edierten Zeitschrift *Les Temps Modernes*. Es war die Huldigung auf eine Künstlerin, die, so Eugenio Gara, »eine Rolle bis in jede Nuance und jedes Detail illuminierte. Es war immer die Art der meisten Sänger, zu unterscheiden zwischen – ich verwendet jetzt einen Ausdruck aus der Typographie – Grotesk- und Antiqua-Schrift. Will sagen, sich zu verlassen auf eine gewisse Anzahl von Effekten in bestimmten Szenen: auf die unwiderstehliche Arie, die brillante hohe Note, die große Szene. In den Erinnerungen alter Impresarios wie Monaldi liest man von Tenören, die gleichsam den ganzen Abend in ihren ›Pantinen latschten‹, um dann, bei den Höhepunkten, mit den tollen Tönen und großen Effekten herauszukommen. Callas hat dieses Konzept aufgegeben zugunsten einer vollständig ausgearbeiteten dramatischen Konzeption – und dies mit allen Risiken. Auf Kosten der Produktion eines konstant schönen Tons im oberflächlichen Sinne des Wortes. Mit ihren eigenen Worten: ›Ich werde nicht die Partitur aus Bequemlichkeit meiner Stimme anpassen.‹«

Die Stimme ist entscheidend von der Sopranistin Elvira de Hidalgo geformt worden. Die am 2. Dezember 1923 in New York geborene Cecilia Sophia Anna Maria Kalogeropoulos war 1937 nach Athen gekommen. Am Konservatorium wurde sie, weil noch zu jung, abgewiesen. Sie nahm daraufhin das Studium bei

Maria Trivella an einer Musikschule in Athen auf. Schon mit fünfzehn Jahren sang sie in einer Schulaufführung Santuzza in *Cavalleria.* Nach zweijährigem Unterricht bei Trivella wurde sie auf Empfehlung von de Hidalgo doch am Konservatorium aufgenommen. Die Lehrerin schrieb später über ihren ersten Eindruck: »Schon die Idee, daß dieses Mädchen Sängerin werden wollte, wirkte unsagbar lächerlich. Sie war groß und fett und trug eine Brille mit dicken Gläsern. Ihr ganzes Auftreten wirkte häßlich. Sie steckte in einem zu weiten und formlosen Kleid und kaute, weil sie mit ihren Händen nichts anfangen konnte, auf den Nägeln. Doch dann sang sie die Ozean-Arie aus Webers *Oberon*, und ich hörte wilde Klangkaskaden, zwar nicht kontrolliert, aber voller Dramatik und Emotion. Ich lauschte mit geschlossenen Augen und malte mir aus, was für eine Freude es sein müßte, mit solchem Material zu arbeiten und es in eine vollkommene Form zu bringen.«

Fünf Jahre studierte Callas mit verzehrendem Lerneifer bei de Hidalgo, die für die von ihrer Mutter unter »Leistungsdruck« gesetzte Schülerin mehr als nur Lehrerin wurde, nämlich eine wirkliche Mutter, die dem von einem »riesigen Minderwertigkeitskomplex« (Walter Legge) geplagten Mädchen Liebe und Anerkennung zollte. Es war die spanische Ex-Diva, die ihren Zögling mit der Belcanto-Musik des 19. Jahrhunderts vertraut machte – zu einer Zeit, da an den Bühnen der Welt (von Italien abgesehen) allenfalls einmal *Lucia, Il Barbiere di Siviglia* und *Don Pasquale* gegeben wurden. All den Sängerinnen, die sich seit Mitte der fünfziger Jahre an die Werke von Cherubini, Spontini, Rossini, Donizetti und Meyerbeer wagten – Joan Sutherland, Teresa Berganza, Marilyn Horne, Renata Scotto, Leyla Gencer, Beverly Sills, Montserrat Caballé –, hat Callas den Weg gewiesen. Caballé erklärte: »Sie hat uns die Türen zu einer ›terra incognita‹ der Musik geöffnet. Es war eine fest verschlossene Tür, hinter der nicht nur große Musik im Schlafe lag, sondern auch die großen Ideen für die angemessene musikalische Interpretation. Sie hat uns, die wir ihr folgten, erst die Chance eröffnet, Dinge zu tun, die ohne sie nie möglich gewesen wären.«

Ohne die Triebkraft eines »shakespearehaft übermenschlichen Ehrgeizes« (Walter Legge) wäre Callas nicht weit gekommen. Schon bei ihren Versuchen, ein Engagement zu erhalten, traf sie auf Widerstand – wobei es nicht ganz leicht ist, zu ermitteln, ob sie selber noch unfertig war oder nur ihre Prüfer mit »Unerhörtem« konfrontierte. In der Callas-Literatur wird einhellig berichtet, daß sie 1946 bei einer Audition an der Met von Giovanni Martinelli, der ihre Technik als unsicher ansah, abgelehnt wurde. Hingegen habe Edward Johnson ihr eine Chance geben wollen: Leonore im *Fidelio* und Butterfly, was Callas abgelehnt habe. Später hörte Richard Tucker, daß Johnson während des Probesingens zu der Sängerin Louise Taylor (über die Callas vermittelt worden war) sagte: »Wenn Sie ihre Lehrerin sind, dann helfen Sie ihr, das obere und das untere

Register zusammenzubinden. Wenn Sie das Mädchen von diesen Fehlern befreien können, kommen Sie wieder. Dann will ich ihr noch eine Chance geben.«

Callas verfluchte, so Biograph Steven Linakis, den »Bastard Johnson« und war heilfroh, von Giovanni Zenatello ein Angebot für *La Gioconda* nach Verona zu bekommen – ohne zu wissen, daß sie nur die dritte Wahl war nach Zinka Milanov und Herva Nelli. Entgegen den meisten hagiographisch eingefärbten Berichten ging der größte Teil des Jubels nicht an die Gioconda der Callas, sondern an den Enzo von Richard Tucker und die Marguérite (*Faust*) von Renata Tebaldi. Tullio Serafin indes, als Architekt von Stimmen der mit weitem Abstand bedeutendste Dirigent dieses Jahrhunderts, erkannte die exzeptionelle Begabung. Unter ihm sang Callas zunächst Isolde und Brünnhilde und wagte dann, im Januar 1949, eines der kühnsten Abenteuer der Gesangsgeschichte. Während sie sich für Auftritte als Brünnhilde (*Walküre*) vorbereitete, bat Tullio Serafin sie, für die erkrankte Margherita Carosio als Elvira in *I Puritani* einzuspringen. Obwohl sie aus Bellinis Oper nicht mehr kannte als die große Arie (»Qui la voce«), übernahm sie binnen einer Woche die hochvirtuose Partie. Daß Serafin nicht Hazard gespielt hatte, läßt sich ex post beweisen durch den Mitschnitt einer *Nabucco*-Aufführung unter Vittorio Gui im Teatro San Carlo von Neapel. Die weibliche Hauptrolle, Abigaille, verlangt, nach der Formel von John Ardoin, »eine Isoldenstimme mit *Puritani*-Agilität«. Verdi verwendet nämlich in seinem ersten erfolgreichen Frühwerk noch die Formen und Figuren des Canto fiorito und verlangt zugleich eine stimmliche Attacke wie in *Trovatore*. Das Rezitativ »Ben io t'invenni, o fatal scritto« vor der großen Arie »Anch'io dischiuso un giorno«, von Julian Budden als das beste italienische Rezitativ seit Monteverdi bewertet, offenbart zum erstenmal Callas' Gespür für den Aufbau, die zeitliche Gliederung und das Pathos von musikalischer *Rede*; das von Holzbläsern begleitete, bellinihafte Andante singt sie mit lyrischer Feinheit und raffinierten farblichen Abtönungen; vor der Cabaletta führt sie den kurzen Dialog mit dem Priester mit, so die Partiturvorschrift, »Declamato«-Heftigkeit, und dann stürzt sie sich in die aufsteigenden Koloraturketten der Cabaletta. Die aufsteigenden Triller bis zum C''' singt sie mit einem Furioso, das Furcht und Schrecken auslösen kann. Noch wilder geht sie im Duett (mit dem Nabucco von Gino Bechi) im dritten Akt aus sich heraus. Sie agiert dort in der Tat gleich einer »Wildkatze«. Zunächst singt der Bariton eine klagende Melodie in f-Moll, auf die Abigaille mit einer Replik in Des-Dur antwortet. Dann verbinden sich die Stimmen (in der Tonart des Soprans) und enden mit einer vehementen Stretta. Warum auch immer: Bechi und Callas singen nicht miteinander, sondern gegeneinander – kein Duett, sondern ein Duell. Obwohl der Bariton von Natur aus eine gewaltige Raumstimme besaß – eine der gewaltigsten und best-fokussierten seit Titta

Ruffo – und ein hohes As mit schmetternder Wucht anschlagen kann, wird er von Callas ausgesungen: Ihr hohes Es''' sticht wie eine Leuchtspur in den Raum, und es ist die brennende Intensität des Tons, mit der sie sich über die Naturgewalt Bechis hinwegsetzt.

Warum aber verbrannte sie ihre hohen Töne und damit sich selber? Warum hat sie sich eingelassen auf jene permanente Grenzüberschreitung, die ein Nervenwesen wie ein Sänger einfach nicht lange Zeit überstehen *kann*? In einem seiner Bücher über die Callas zitiert John Ardoin die Metapher von der Kerze, die an beiden Enden angezündet wird:

> Meine Kerze brennt an beiden Enden
> und überdauert nicht die Nacht;
> doch sag' ich meinen Freunden, meinen Feinden,
> sie hat das schönste Licht gebracht.

In den Jahren des Aufstiegs zum Weltruhm – der erst 1951 mit der Aufführung von *I Vespri Siciliani* beim Maggio Musicale Fiorentino wirklich bestätigt wurde (ein Mitschnitt liegt vor) – übernahm Callas Partien aus drei Fachbereichen. Aus dem verzierten und lyrischen Fach sang sie Elvira, Lucia, Fiorilla (*Il Turco in Italia*) und Armida (die Partie verlangt das F'''), aus dem jugendlich dramatischen Tosca, Aida und die beiden Leonoren aus *Trovatore* und *Forza*, aus dem hochdramatischen Turandot, Kundry, Brünnhilde, Isolde, Lady Macbeth und Abigaille. Das hatte es seit Nordica und Lilli Lehmann nicht mehr gegeben, und entsprechend war die Wirkung. Selbst daß sich der Ruhm von ihr löste und einen prekären Automatismus von Nachrichten- und Skandalübermittlung auslöste, war nichts als das negative Komplement der magischen Callas-Aura. Callas wurde dämonisiert, weil sie sich, als Sängerin wie als Frau, dem ästhetischen Schönheitsideal so wenig fügte wie dem Bild der Kunst-Madonna. Sie war die Tigerin.

Sie hat einiges gesagt und getan, um dieser Vorstellung zu entsprechen. Auf den Unterschied zwischen ihr und der »Engelstimme« – lange Jahre ein Etikett für Tebaldi – angesprochen, erwiderte sie: »Mich hat ein anonymer Mechanikus gemacht, aber mein Instrument wird von Paganini gespielt. Sie wurde von Stradivari geschaffen und wird von einem Amateur gespielt.«

Schlimmer als die Anmaßung ist die Wahrheit dieser Worte. Callas machte sich weder damit noch mit ihren damals befremdenden Aufführungen beliebt. Als sie 1950 zum erstenmal an der Mailänder Scala sang, für Renata Tebaldi einspringend, hatte sie als Aida nicht einmal einen Achtungserfolg. Es war dies einer der Gründe, den schon erwähnten Umweg über Mexico City zu gehen. Sei es, daß das Temperament der Wildkatze noch nicht zu zähmen war, sei es, daß sie sich von den Auguren des eben wieder auflebenden Opernbetriebes beobachtet fühlte – Tatsache ist, daß sie sich in Südamerika so verausgabte, daß sie zwischen Juni und September 1950 pausieren mußte.

Ein leidvolles Leitmotiv in der Geschichte des Singens ist das frühe, das vorzeitige Verstummen gerade der besten und ausdrucksvollsten Stimmen. Verbraucht werden sie oft, aber nicht nur durch zu schwere Rollen, sondern sie vergehen vor allem durch ein inneres Verbrennen. Wie schon im Kapitel über Adelina Patti ausgeführt, gehört die emotionelle Identifizierung mit einer Rolle und ihren Affekten zu den größten Gefahren der Stimme: Sie kann den Liebestod sterben durch den Verbrauch aller Gefühle. Callas konnte wohl deshalb nur 500 Aufführungen in ihrem Leben singen, weil sie mit ihrer Stimme alle ihre Gefühle verbrauchte und sich nicht auf jene Sparsamkeit verstand, die das Kapital der Stimme unangetastet läßt. Mitschnitte der mexikanischen Aufführungen zeigen, daß sie sich damals – und das geht über eine kleine, handelsübliche Vorstellung von Ehrgeiz weit hinaus – singend verbrannte. Am 30. Mai 1950, unmittelbar also vor der dreimonatigen Zwangspause, bestritt sie eine Aufführung von Verdis *Aida*. Ihr Tenorpartner Kurt Baum verärgerte die anderen Protagonisten – Giulietta Simionato und Nicola Moscona – dadurch, daß er ungeniert auf seinen hohen Noten saß. Sie beschwerten sich beim Dirigenten. Callas erinnerte sich, daß der Manager des Theaters, Antonio Caraza-Campos, ihr eine alte Partitur mit einem Es''' für das Finale des zweiten Aktes gezeigt hatte. Sie ließ sich vom Dirigenten wie von den Kollegen Carte blanche geben und erteilte Baum die fällige Lektion mit einem fanalartigen, lodernden Spitzenton, der den Tenor förmlich schockierte. Daß sie mit dem Effekt auch sich selber in Szene setzen wollte, beweist das Dacapo des Höhenfluges im folgenden Jahr. In der Aufführung am 3. Juli 1951 war Mario del Monaco ihr Partner und, wie stets auch bei späteren gemeinsamen Auftritten, Rivale. Im Concertato des zweiten Aktes ist ein um sein Leben brüllender Löwe zu hören, dessen Stimme in den Klangmassen des Chors begraben zu werden droht – und dann durchdringt das Es des Soprans den Tumult, glühend und leuchtend wie eine weiße Flamme, die aber den Stoff, aus dem sie besteht, auflöst. Es gibt keine Stimme, die solch extreme Anspannung, die ja nicht allein eine bloß physische ist, schadlos übersteht.

Solche vom Publikum frenetisch umjubelten Ausbrüche von Energie wurden als Eskapaden mißverstanden und zu Bausteinen für jene Chronique scandaleuse gemacht, die zum Ruhm wie zum Ruin der Sängerin beigetragen haben. Wer auf dem Tiger reitet, kann nicht gefahrlos absteigen – und Callas wurde das Opfer dieser Gefahr. Stets hatte sie die von ihr gesetzten Maßstäbe nicht nur zu erfüllen, sondern zu übergipfeln: Ihr Singen mußte mit äußerstem Risiko verbunden sein. Aber wenn, in großer Gefahr, die Nerven flattern, dann flattert auch die Stimme, und bei Callas hat sie auch während ihrer Glanzzeiten zuweilen geflattert. Walter Legge, der von 1953 an die besten Callas-Gesamtaufnahmen und Recitals produziert hat, beschrieb die Stimme so: »Maria Callas besaß das sine qua non für eine große Karriere, nämlich das sofort wiedererkennbare Timbre. Die Stimme war voluminös und besaß in den besten Jahren einen Umfang von fast drei Oktaven, obwohl die höchste Höhe nicht immer abgesichert war und die Tiefe ... nicht die Kraft für gehaltene Noten besaß. Die Klangqualität war luxuriös, das technische Können phänomenal. Callas besaß tatsächlich drei Stimmen, die sie, ganz nach Belieben, einfärben konnte: Zunächst einen hohen Koloratursopran, weitreichend und agil, hell und brillant, aber auch, wenn sie wollte, verhangen und opaque. Selbst bei den intrikatesten Fiorituren hatte sie keinerlei musikalische oder technische Probleme zu überwinden. Ihre chromatischen Läufe, vor allem abfallende, glitten geschmeidig dahin, Staccati kamen mit unfehlbarer Akkuratesse selbst bei den schwierigsten Intervallen. Es dürfte keinen einzigen Takt in der Vokalmusik des 19. Jahrhunderts geben, der ihre Technik vor Probleme gestellt hätte ... Die Mitte der Stimme war dunkel und leicht verschattet. Es war ihre ausdrucksvollste Lage, in der sie das flüssigste Legato verströmen konnte. Hier produzierte sie einen ganz eigenen, ganz eigenartigen und höchst persönlichen Klang, manchmal so, als sänge sie in eine Flasche hinein. Die Ursache mag in der Bildung ihres harten Gaumens gelegen haben, der nicht wie ein romanischer Bogen gewölbt war, sondern wie ein spitz zulaufender gotischer. Ihr Brustkorb war für eine Frau ihrer Größe ungewöhnlich lang. Dies ermöglichte ihr, unterstützt durch phantastische Intercostal-Muskeln, die Bildung längster Phrasen auf einem einzigen Atem. Die Bruststimme setzte sie nur für dramatische Effekte ein. Sie trieb sie, wenn der Text dadurch erleuchtet oder die dramatische Wirkung verstärkt werden konnte, höher, als die meisten Kolleginnen es konnten. Ihre drei Stimmen konnte sie leider nur bei rascher Musik und ganz besonders bei abfallenden Skalen vollkommen verschmelzen. Doch verstand sie es bis 1960, dieses Manko zu verbergen.«

Legges schier vivisektorische Anmerkungen bedürfen einiger weniger Ergänzungen. Als »reiner Klang« (vgl. auch Cathy Berberian über Montserrat Caballé im Abschnitt über die Spanierin) war die Stimme keineswegs schön oder nur, wie später ausgeführt werden soll, in bestimmten Ausdrucksmomenten. Der Klang war, abgesehen vom Brustregister, eckig und scharf. Er konnte sauer oder bitter schmecken. Es fehlte ihm an Schimmer und samtiger Weichheit. Dafür war das Timbre von schneidender Intensität. Bei nur mittlerem Volumen besaß die Stimme außerordentliche Durchschlagskraft. Sie setzte sich, weil sie sich nicht leicht harmonisch mischte, mühelos über Chor und Orchester hinweg und trug, auf Grund guter Projektion, sehr weit. Beide Schaltstellen zwischen den Registern – G und A zwischen Brust- und Mittelstimme, F' und G' zwischen

Maria Callas
(Foto: © Luxardo, Mailand)

Mittel- und Kopfstimme – waren hakelig. Bei langen, gehaltenen Noten in der dreigestrichenen Ära machte sich zuweilen ein Tremolo bemerkbar. Daraus ergibt sich, daß Callas einige beträchtliche *natürliche* Defizite nur mit erheblichen *technischen* Anstrengungen auszugleichen vermochte. Callas restituierte nicht nur, wie schon beschrieben, die Kunst des Singens in der Maske – Voraussetzung für die von Legge beschriebene Virtuosität vor allem in agilen Passagen –, sondern sie riskierte bei der Attacke im dreigestrichenen Bereich einen Tonanschlag voller Vehemenz und mit größerer Tonfülle als die herkömmlichen Soprani leggieri. Ihre Acuti waren keine flötenhaften Pfeiftöne, sondern vibrierend-intensive und unverkennbar timbrierte. Sie wippte vor allem das Es''', oft von Garciás petite note inférieure ausgehend, mit einer federnden Energie in den Raum (Lucia, Traviata).

Nicht zuletzt gab sie dem Wort »Koloratur« seine wesentliche Bedeutung zurück: Färbung. Während der Soprano leggiero Koloraturen meist sehr rasch, weich und mit Glockenklang bildet, sang Callas auch die verzierten Passagen mit Gespanntheit und kühnen Färbungen, zudem mit jenem fabelhaften Zeitgefühl für die rhythmische Gliederung einer Phrase, für das man aus der Sprache des Sports das Wort »Bewegungsintelligenz« gebrauchen könnte. Der Beginn der Rosina-Arie aus Rossinis *Barbiere* – ich beziehe mich auf das von Tullio Serafin dirigierte EMI-Recital – ist zunächst einmal ein wundervolles Spiel von Geben und Nehmen, dazu ein Spiel der Farben. Zwar singt Callas im Mezzo-Schlüssel (E), aber sie ziert vor allem den Wiederholungsteil kühn und brillant aus. Und wieder das meisterhafte Timing, so als ob ein Turner bei der Kürübung anläuft und auf den Salto den doppelten und dann den dreifachen folgen läßt: Die Bewegung wird immer rascher, gespannter, kühner und folgt doch einem streng geordneten Zeitablauf. Eine besondere Finesse ist das kokett gesetzte »ma«, mit dem sich Rosina als Viper zu erkennen gibt. Im Gegensatz zu den brillanten, energisch definierten Koloraturen der Rosina konnte sie als Norma die Koloratur elegisch einfärben und dem Klang der Stimme einen pathetischen, ja tragischen Unterton geben. Die Kantilene von »Casta diva« oder lange, gehaltene Noten mit der halben Stimme erklangen mit einer geradezu unbeschreiblichen Innigkeit und Süße. Aber der »süße Ton« war nie der Selbstzweck des reinen Klangs, sondern Baustein eines dramatischen Konzepts. Was darstellerisches Singen heißt, zeigt sie im Duett Tosca–Cavaradossi aus dem ersten Akt, in seinem psychologisch meisterhaften Aufbau ein hochwertiges Beispiel für dramatisch-richtiges und schönes Singen. Vor dem Madonnenbild, das Cavaradossi gemalt hat, fragt Tosca, wer die blonde Frau auf dem Bilde sei. Cavaradossi (Giuseppe di Stefano) erwidert mit der falschen Beiläufigkeit des sich schuldig fühlenden Mannes, es sei die »Maddalena«. Im jähen Erkennen schreit Tosca, daß es die Attavanti ist. Cavaradossi muß sie beschwichtigen, und während sie noch sinnend und wieder mit unterdrücktem Tränenstrom »quegli occhi« (ach, die Augen) singt, stimmt er die wundervoll-strömenden Kantilene »Qual occhio al mondo« an. Tosca nimmt das auf mit der Phrase »O come la sai bene l'arte di farti amare« (»O, wie du dich auf die Kunst verstehst, zu schmeicheln«) – und das klingt plötzlich bei der Callas so berauscht – und berauschend schön – wie bei keiner anderen Sängerin. Aus einem unscheinbaren Augenblick macht sie einen großen Moment der Oper: Sie erfaßt in einer Klanggebärde gleichsam das wetterwendische Temperament der Tosca, ihre Sprung- und Wechselhaftigkeit zwischen Liebe und Haß, Vertrauen und Eifersucht.

In jeder ihrer Aufnahmen finden sich solch wahrhaft erleuchtete Details. Als Leonora in Verdis *Il Trovatore* – aufgenommen 1956 unter Herbert von Karajan, aber erarbeitet durch zahlreiche Proben und Aufführungen unter Tullio Serafin – macht sie als einzige Sängerin aller Gesamtaufnahmen aus den Trillern an den Phrasenenden von »D'amour sull'ali rosee« schwermütige Ausdrucksgesten – und selbst Milanov, eine glanzvolle Leonora, kann von Callas lernen, wie die Bögen der ersten Arie (»Tacea la notte«) geatmet werden können. Daß Aida vom Ansinnen ihres Vaters, Radames auszuhorchen – »Che mi consigli tu? No! no! giammai« –, entsetzt ist, setzt Callas entschiedener in Klang um als jede andere Sängerin. Was Amonasro ihr aber erpresserisch antut (»Non sei mia figlia! Dei Faraoni tu sei la schiava«), quält sie zu einem Weinen, das einen Stein erweichen müßte. Die Phrase »Non maledirmi ... non imprecarmi; Ancor tu figlia potrai chiamarmi, Della mia patria degna sarò« ist zu Klang gewordener Schmerz und brennt sich der Erinnerung ein, was nicht weniger für Tito Gobbis explosive Darstellung des Amonasro gilt.

Callas brauchte vier Jahre, um sich in Italien durchzusetzen. Nach der lauen Aufnahme an der Scala als Aida hatte sie geschworen, nur für eine Saison-Eröffnung zurückzukehren. Nachdem sie schon beim Maggio Musicale Fiorentino unter Erich Kleiber Elena in *I Vespri Siciliani* gesungen hatte (am 26. Mai 1951 mitgeschnitten), gab sie mit dieser Rolle im Dezember 1951 – in insgesamt sieben Aufführungen – ihr eigentliches Debüt an der Scala. Im Januar ließ sie neun (!) Aufführungen von *Norma* folgen. Am 7. Dezember 1952 sang sie, wieder zur Saisoneröffnung der Scala, unter Victor de Sabata die Lady in Verdis *Macbeth* – und der Mitschnitt verstärkt den sehnsüchtigen Wunsch nach der nie realisierten Gesamtaufnahme mit einem besseren Macbeth als Enzo Mascherini. Sie färbt die Stimme auf einen dunklen Ton von »Bronze« (Ardoin) ein, gebraucht – vor allem in »Ambizioso spirto« und »Vieni! t'affretta!« – das Fundament der dramatisch klingenden Bruststimme, bettet das C des Rezitativs rhythmisch sicher in die Phrase ein und singt die Arie mit brodelnder Erregung. »La luce langue«, den sinistren Monolog des zweiten Aktes, taucht sie in fahle Farben, und selbst das konventionell scheinende Brindisi nuanciert sie durch subtile dynamische Kontraste. Die Nachtwandelszene nimmt de Sabata raschnervöser als beispielsweise Abbado oder Muti, was Callas die Möglichkeit gibt, nicht eine mild-umnachtete Somnambule darzustellen, sondern eine manischbesessene und von Verfolgungsphantasien getriebene Hysterikerin. Callas' Vortrag ist mehr als Singen: Er übersetzt die Zustände der Figur in beklemmende Klänge, und selbst das auf einen Fil di voce gebildete hohe Des klingt nicht wie ein hoher Ton, sondern wie ein Echo aus den Höllen des Irrsinns. Nach diesen Aufführungen war Callas die Primadonna der Scala – und trieb damit Renata Tebaldi in die amerikanische Emigration.

Mit dem Aufstieg zum Weltruhm begann eine schier unbegreifliche Verwandlung. Walter Legge hat erzählt, daß er Callas als eine kurzsichtige, häßliche, dicke Frau in geschmackloser Kleidung, mit ungelenkem Seemannsgang und einem furchterregenden New Yorker Akzent kennengelernt hatte. Angetrieben von einem »übermenschlichen Minderwertigkeitskomplex« (Legge) begann sie – »Selbstvervollkommnung bei der Arbeit und allen Dingen des täglichen Lebens war eine Obsession für sie« –, sich buchstäblich neu zu formen. Sie hungerte mehr als ein Drittel ihres ursprünglichen Zwei-Zentner-Gewichts ab, was nicht nur für Energie und Disziplin spricht, sondern auch verrät, daß sie sich selber zu akzeptieren, vielleicht zu lieben begann. Daß sie sich, wie Legge weiter berichtet, notierte, welches Kleid und welche Handschuhe sie zu welcher Gelegenheit trug, ist nur ein äußerliches Indiz für die Leidenschaft, mit der sie ihre neue Rolle zu *leben* begann. Sie verwandelte sich, in einem durchaus ambivalenten Sinne, zu einer Kunst-Figur. Nicht zuletzt dadurch konnte sie das vollkommene Instrument werden für Regisseure wie Visconti und Zeffirelli, die mit ihr als Medium Figuren wie Violetta, Amina oder Lucia aus dem Halbschlaf der Opernwelt holten, und für Dirigenten wie Herbert von Karajan, Victor de Sabata, Leonard Bernstein, Carlo Maria Giulini und, ausdrücklich, Tullio Serafin.

Es war Walter Legge, der als erster erkannte, wie phonogen ihre Stimme war und wie produktiv ihre artistische Professionalität. In *Opera News* hat »die Hebamme der Musik«, als die Legge sich sah, über die Strategie berichtet, nach der Callas' Karriere gesteuert wurde. Im Februar, März und August 1953 holte Legge das Scala-Ensemble – Callas, di Stefano, Gobbi, Panerai, Rossi-Lemeni und so erstklassige Comprimarii wie Anna Maria Canali, Angelo Mercuriali, Franco Calabrese – ins Studio, um *Lucia di Lammermoor, I Puritani, Cavalleria* und *Tosca* aufzunehmen – die ersten drei Werke unter Serafin, Puccinis Oper unter Victor de Sabata. Sein Ziel war ein neuer Standard der Opern-Produktion auf der Schallplatte: Nicht einfaches »Abfotografieren«, sondern eine akustische Inszenierung. Gobbi mußte das »Te Deum« dreißigmal singen, bevor Legge und de Sabata zufrieden waren; und der Dirigent feilte eine halbe Stunde mit Callas für »E avanti a lui tremava tutta Roma« – jene halb gesprochene Phrase Toscas vor Scarpia, den sie soeben erstochen hat. Daß dabei, wie Legge schreibt, »Meilen von Tonbändern« verbraucht werden, verrät keineswegs künstlerische Manipulation, sondern, im Gegenteil, Konzentration. Denn das Resultat ist nicht eine gestückelte oder synthetische Aufnahme, sondern eine von berstender Dramatik.

Die Aufnahme von *Lucia* war noch nicht abgeschlossen, als Legge »die letzten drei Minuten von Akt II« auf einem Bandschnipsel an Karajan schickte. Der entschloß sich sogleich, das Werk selber zu inszenieren, und mit der Aufführung reiste er alsbald nach Berlin und Wien. Callas als Lucia sorgte in beiden Opernhäusern für ein Pandämonium, und es war nicht zuletzt dieser Erfolg, der Wien bestimmte, Herbert von Karajan zum Nachfolger des ausgeschiedenen Karl Böhm an der Staatsoper zu ernennen. Die von Serafin dirigierte Aufnahme von *Lucia* war Callas' erste Produktion mit Walter Legge für Angel, und wenn sie vielleicht nicht die (dramaturgische) Geschlossenheit der *Tosca*-Einspielung hat, so hält sie höchstes Niveau. Daran ändert nichts, daß Sutherland ein paar Ornamente und Kadenzen geläufiger exekutiert. Virtuosität liegt ja nicht nur in Flinkheit, erweist sich nicht durch ein paar gelenkige vokale Stunts. Sutherland kann zwar durch brillant-rasches Singen verblüffen, aber sie ist fade und ausdrucksarm in langsamen Cantilenen. Aus »Verranno a te« klingt, hat man einmal Callas' sehrenden Tonfall schmerzlicher Liebe im Ohr, bei der Australierin so etwas wie eine Matronen-Emotion. Die Koloratur-Girlanden und die Kadenz-Akrobatik zwischen Stimme und Flöte (oder Glasharmonika) von »Ardon gl'incensi« als *Ausdruck von Wahnsinn* hat uns erst Callas nahegebracht, nachdem durch vier Jahrzehnte hindurch die Rolle an die Glitzertöne der Soprani leggieri gefallen war. Man muß schon, wie John Steane, sehr genau (und vermutlich aufmerksam gemacht durch Callas) hinhören, um in Toti dal Montes Farbgebung für die Phrase »alfin son tua, alfin sei mia« so etwas wie eine Vorwegnahme zu sehen. Daß hier in einer Klanggebärde Schmerz hörbar wird, wie er – um ein Analagon zu finden – in den Pietà-Darstellungen der Renaissance sichtbar ist, ist eine Ausdrucksleistung nur der Callas. Selbst Kadenz und Cabaletta erlöst sie, durch eine subtile Kunst des Timings, von virtuoser Formelhaftigkeit.

Durch die Farben der Stimme, die Finessen der Diktion, die Formung der Linien hat Callas jeder Rolle ein ganz und gar unverkennbares Gesicht gegeben. Auch stimmlich hat Callas nie nur ein Kostüm getragen, sondern so etwas wie eine Osmose von Rollencharakter und Stimme vollzogen. Eine fast identisch abfallende chromatische Skala klang in *I Puritani* vollkommen anders als in *La Sonnambula*; Mimi und Butterfly bekamen Klang-Gesichter von unverkennbarem Gepräge. Violetta lachte und litt anders als Manon Lescaut. Von ihren 47 Rollen sind 34 auf Studio-Aufnahmen oder Mitschnitten zu hören, viele mehrfach: Aida, Traviata, Lucia, Norma, Tosca, Leonora (in *Il Trovatore*) Medea, Amelia und Elvira kann man drei-, vier- oder gar siebenmal (Lucia) hören. Mit der Beschreibung von Nuancen und Details hat John Ardoin über 200 Seiten, durchaus kurzweilige, gefüllt.

Als Coda des Callas-Kapitels eine Tour d'horizon durch die Aufnahmen, die bisher nicht erwähnt wurden. *I Puritani* von 1953 mit einer eindringlich-schmerzlichen Wiedergabe von »Qui la voce sua soave« ist die maßstäbliche Aufnahme des Werks geblieben – trotz Riccardo Mutis viel gelobter Aufnahme mit Caballé und Kraus, der allerdings durch die Eleganz und tonliche Konzentration seines Singens den als Arturo überforderten di Stefano aussticht. Ebenso maßstäblich ist die wiederum von Serafin dirigierte Aufnahme von *Cavalleria* mit einer nie roh keifenden, sondern subtil-pathetischen Santuzza. Die Aufnahmen von *Tosca* (1953) und *La Traviata* (1953 als letzte Verpflichtung für Cetra) zeigen, wie stark die musikalischen Qualitäten von den Produktionsbedingungen abhängig sind. Die Puccini-Oper erfährt eine geniale musikalische Mise en scène, während die Verdi-Oper sorg- und phantasielos heruntergespielt wird – mit einer guten Callas in schlechter vokaler Umgebung. Zum Glück existiert im EMI-Katalog eine von Franco Ghione nicht gerade inspiriert, aber ordentlich dirigierte Live-Aufnahme von 1958, bei der Callas in guter Form singt und in dem jungen Alfredo Kraus einen vortrefflichen Partner hat. Ein *Norma*-Mitschnitt unter Votto mit Corelli und Christoff ist ebenso dringlich zu empfehlen wie Cherubinis *Medea* in einer Scala-Produktion unter Leonard Bernstein. Die von Giulini dirigierte *Alceste* (Scala, 1954) gehört zu den Glanzaufnahmen der Sängerin und den Problemtaten des Dirigenten, der das Werk in böse amputierter Form auf die Bühne brachte. Callas' Nedda in *Pagliacci* ist superb – aber da das Werk die Oper des Tenors ist und dieser di Stefano heißt, hat die Aufnahme viel Konkurrenz. *La Forza del Destino* bleibt dank Callas (trotz tremolierter B's), Capecchi, Rossi-Lemeni und Richard Tucker (trotz unnötiger Schluchzer) ein Meisterstück des wohlabgestimmten und ausgefeilten Ensemble-Singens. Eine Kostbarkeit und Köstlichkeit ist Rossinis *Il Turco in Italia* mit Callas als brillanter Comédienne. Unübertrefflich das 1954 unter Serafin entstandene Puccini-Recital mit einer der wenigen triumphal bewältigten Aufnahmen von »In questa reggia« und ein zweites Recital mit dramatischen und verzierten Arien (ebenfalls unter Serafin).

Schlechthin überragend – selbst in der Callas-Diskographie – ist der Scala-Mitschnitt von Bellinis *La Sonnambula*. Die Stimme tanzt durch die Partitur mit der Grazie einer Ballerina, die Duette mit dem in Bestform singenden Cesare Valetti werden belebt durch Improvisations-Nuancen und schöne Verzierungen; »Ah! non credea«, dem zarten, umflorten Klang der »Kleinmädchenstimme« anvertraut, bekommt die Nuancen der Farbe, der Akzente, der Ornamente – Belcanto in excelsis. Für den zweiten Vers von » Ah! non giunge« hat der Dirigent des Abends, Leonard Bernstein, Auszierungen geschrieben, die in Paganinis Capricen passen würden. Ein paar Staccati gehen Callas daneben – aber die Verve und der jubelnde Überschwang dieses Finales sind unwiderstehlich.

Knapp drei Monate später, am 28. Mai 1955, sang sie unter Carlo Maria Giulini (und der Regie von Luchino Visconti) Violetta, wieder eines der so wenigen aus dem Rahmen tretenden Porträts. Zwar sind die C's in »Sempre libera« nicht sicher fokussiert, ist das Es am Ende des ersten Aktes eine Zitternote; doch das Duett mit Germont im zweiten Akt ist förmlich getränkt mit schluchzendem Leid (versteht sich, daß Callas dabei nie wirklich schluchzt). Hätte Verdi Callas gekannt, vielleicht hätte er den ursprünglichen Titel *La Maledizione* nicht in *Rigoletto* verwandelt, sondern in *Gilda* – Callas ist sängerisch wie dramatisch superb und hat in Tito Gobbi den besten aller Sänger-Väter. Die Scala-Aufführung von *Lucia* unter Herbert von Karajan ist bei einem Berliner Gastspiel (29. September 1955) mitgeschnitten worden und gehört in jede Sammlung. Könnte der Verfasser sich den alten Discophilen-Traum erfüllen und *Il Trovatore* besetzen, Callas wäre Leonora und würde umworben von Giovanni Martinelli oder Jussi Björling als Manrico und Riccardo Stracciari oder Giuseppe de Luca als Luna. *Un Ballo in Maschera* lohnt schon für eine einzige Callas-Phrase im Liebesduett: »Ebben, si, t'amo«. Und wenn man hört, wie ausdruckslos und ungeformt Tebaldi oder Caballé des Rezitativ vor der Arie des zweiten Aktes oder die Kadenz der Arie aus dem dritten Akt singen, begreift man das bei Callas Selbstverständliche als das Außergewöhnliche.

Ihre Rosina in *Il Barbiere di Siviglia*, von Alceo Galliera vital dirigiert, ist die beste Rossini-Interpretation seit Conchita Supervia, witziger, lebendiger, spannender als die im Vergleich etüdenhafte Darstellung durch Teresa Berganza. Callas hat für die Rolle, was Alexander Berrsche als »Register der Seele« bezeichnete: virtuosen Witz und sinnliche Anmut. Unverzichtbar wie diese Aufnahme ist auch die von Votto betreute Studio-Produktion von Bellinis *La Sonnambula*, obwohl der Dirigent nicht, wie Bernstein, mit kompositorischer Phantasie auf die Musik eingeht. In der Aufführung von Donizettis *Anna Bolena* (Scala, 17. April 1957) unter Gavazzeni sieht Lanfranco Rasponi Callas' »größtes Rollenporträt« – sie liefert überwältigende Argumente dafür, weil sie den auf Verdi vorausweisenden Musik-Dramatiker Donizetti rehabilitiert. Das große Duett im zweiten Akt zwischen Anna und Jane Seymour (Giulietta Simionato) bringt erneut dramatischen Belcanto von glühender Intensität. Die Aufnahmen von *Turandot* und *Manon Lescaut* wären allenfalls durch Jussi Björling in den männlichen Hauptrollen zu verbessern. Das schönste Zeugnis von 1958 ist das von Nicola Rescigno betreute Verdi-Recital mit Arien aus *Ernani* – in einem Take und trotz einiger Flackertöne superb gesungen –, *Nabucco, Macbeth* und *Don Carlo* – das beste Verdi-Recital der LP-Ära, und dies nicht nur, weil nicht eine einzige Szene – von wem immer in dieser Zeit – technisch so virtuos und souverän gesungen worden ist.

Entscheidend ist, daß Callas nie nur eine Arie singt, sondern eine Szene mit der Stimme illuminiert. Als Lady Macbeth entspricht ihre Darstellung auf phantasievolle Weise Verdis brieflich formulierten Vorstellungen. Anders als in der Scala-Aufführung unter de Sabata, in der sie Macbeth' Brief noch mit einem merkwürdig gezierten Pathos rezitiert hatte, liest sie ihn hier für *sich*, die Momente der Überraschung und der Bestürzung nur eben andeutend. Der Einsatz der Singstimme (»Ambizioso spirto!«), recht eigentlich ein Schrei des Affektes, gleicht der Öffnung eines Stauwehrs. Der Cavatina gibt sie trotz des zügigen Tempos durch energische Akzentuierung expressives Gewicht, und auch bei der Cabaletta vermeidet sie durch den Nachdruck der Phrasierung einen gedankenlosen Stretta-Schwung. So hat sie buchstäblich Zeit für Nuancen der Diktion und Farbgebung wie für die fahl-sprechende Phrase »Tu, notte, ne avvolgi«. Auch »La luce langue« und vor allem die Schlafwandelszene sind hochwertige Beispiele »deskriptiven Singens« (Ardoin). Im Klang der Stimme spiegeln sich die Gefühlszustände und Wahnvorstellungen der Lady wie im Gesicht eines in Nahaufnahme gezeigten großen Mimen. Es ist, als könnte die Stimme jeden Affekt, jeden Seelenzustand ausleuchten, jedem eine Farbe, ein Timbre, ein Flüstern, ein Schreien geben – und wenn man nach einer vergleichbaren sängerischen Gestaltenfülle in einer anderen Verdi-Aufnahme eines Soprans in diesem Jahrhundert sucht, so findet man sie nur in der Königin-Arie und -Szene aus *Don Carlo* – mit Maria Callas. Ardoin hat liebevoll-genau beschrieben, wie subtil Callas die in fünf Teile gegliederte Musik darstellt, mit welchen Klangnuancen sie die wechselnden Empfindungen der Königin ausdrückt, mit welch opalisierenden Farben sie leitmotivische Schlüsselworte wie »Francia« und »Fontainebleau« heraushebt. Vergleicht man die Aufnahme mit anderen, etwa denen von Tebaldi, Caballé, Bumbry, Weathers, Crespin oder Jones, so ist das interpretatorische Gefälle geradezu bestürzend.

Callas war immer Kämpferin. Die Aufführung von Cherubinis *Medea* in Dallas unter Nicola Resicgno (6. November 1958) hat die Hitze eines imaginären wütenden Kampfes, ausgefochten gegen Rudolf Bing von der Met, der sie, nach seiner Darstellung (und in denen hat »Rudi«, wie Lord Harewood einmal mokant sagte, »immer gewonnen, obwohl man doch nicht immer gewinnt«), soeben »gefeuert hatte«. Ardoin: »Jeder, der ihre Klänge aus Vitriol hörte, mußte merken, daß sie mindestens so heftig gegen Bing gerichtet waren wie gegen Jason.«

Die Aufnahme, mit dem glanzvollen Jon Vickers als Jason und der jungen Teresa Berganza, ist ein sine qua non jeder Callas-Sammlung – ebenbürtig den Aufnahmen von Lucia, Tosca, Norma und Sonnambula. Der Mitschnitt von

Pirata aus New York (konzertant) wird kompromittiert durch miserable Partner, die zweite Studio-Lucia kommt nicht an die erste Aufnahme und die Mitschnitte unter Karajan heran, während *La Gioconda* trotz eines verstörend schlechten Tenors ein Muß ist.

Callas blieb eine einzigartigen Sängerin auch mit nachlassender Stimme. Ihr erstes Recital mit französischen Arien unter Georges Prêtre ist eine Demonstration von Vielseitigkeit (Mezzo-Arien, dramatische Szenen, Koloraturstücke), von Eleganz und Grandeur des Ausdrucks und von stilistischer Meisterschaft. Der Verfasser hat, zum Vergleich, 30 Aufnahmen von Orpheus' Lamento gehört: von den komisch-pathetischen Interpretationen des Hofopern-Stils (Maria Gay, Marie Delna, Kirkby-Lunn) über die vokal glanzvollen, aber blassen Wiedergaben von Sigrid Onegin, Kirsten Flagstad, Ebe Stignani und Margarete Klose zu den fein abgemessenen von Teresa Berganza, Janet Baker, Nicolai Gedda, Tito Schipa und Leopold Simoneau. Aber daß der Ruf nach Euridice, wie Gluck gegenüber seinem (Wiener) Alt-Kastraten G. Guadagni sagt, ein Schrei ist über einen *erlittenen* Verlust, klingt nur aus der Aufnahme der mit einer längst nicht mehr gerundeten Stimme musizierenden Callas. Wie Odysseus müßte man sich anbinden lassen, um den Sirenen-Tönen ihrer Dalila nicht zu erliegen, und empfindungslos sein, um vom Klagegesang der Chimène (»Pleurez, mes yeux«) aus *Le Cid* nicht erschüttert zu werden. Wenn je die von Gounod verlangte Einheit von Diktion und Deklamation, feiner Wortnuancierung und Eloquenz des Vortrags nach dem Krieg wieder erreicht wurde, dann in dieser Aufführung. Es gibt ein Dutzend Mitschnitte von späten Konzertauftritten, die Callas – eine »Königin ohne Reich« (Biograph Pierre-Jean Remy) – in luxuriöser Zirkusatmosphäre bestritten hat. Bei diesen Rückzugsgefechten erklangen die Schönheiten der Musik zeitweilig nur noch im flackernden Licht einer brechenden Stimme. Selbst die aber zeigte, daß das gelungene Ganze wichtiger ist als der schöne Einzelton.

In einer Zeit, die ihre Gefühle und Empfindungen längst nicht mehr in das Pathos, den Ausdruck, die Sprache der Oper übersetzt, sind die klugen Sänger zu Eklektikern geworden und die weniger gescheiten zu Imitatoren. Carusos Schluchzer ist von Gigli, Fleta, Lanza, del Monaco und Domingo imitiert – und dadurch ruiniert – worden. Di Stefano hat die Rückstände der veristischen Gefühlsexplosionen als romantisches Feuer verhökert. Das ist nicht die Beerbung großen Singens, sondern Konkursverwaltung. Interpreten wie Schwarzkopf, Baker, Gedda oder Jessye Norman sind, im besten und konstruktiven Sinne, Eklektiker. Callas aber war autark. Sie imitiert nie, sie zitiert nicht einmal, sondern sie sucht in jeder Rolle mit einer emphatischen Energie nach der Möglichkeit, die Empfindungen zu aktualisieren. Ihr Singen zielt nicht, im Sinne der von Nietzsche verworfenen antiquarischen Historie, auf Konservierung in

Spiritus oder hinter Glas; es will, in einem monumentalen Sinne, beleben. Mit einer brennenden, verbrennenden Energie überwand sie die auch im Opern*betrieb* längst akzeptierte Arbeitsteilung. Sie sang nicht Partien, die bequem für ihre Stimme waren, sondern machte ihren Sopran zur Stimme der Musik. Richard Strauss hat einmal von Caruso gesagt, er singe »die Seele der Melodie«. Mutatis mutandis: Callas' Genie war das eines Ausdrucks-Phänomens. Und weil sie auch im technischen Sinne eine unvergleichliche Virtuosa war, können wir durch sie den Sinn des Satzes von Porpora begreifen: »Kunst beginnt, wo Technik endet.«

Der Weg zu ihrem Ziel war ein Kampf. Callas hat, wie ihre Biographin Arianna Stassinopoulos schreibt, »Paroxysmen von Haß« erzeugt – jenen Haß, in dem sich die Minderwertigkeitsgefühle derer austoben, die dem Überlebensgroßen begegnen. Zugleich war dieser Widerstand eine der wichtigsten Triebfedern für Maria Callas. Ihre Biographie läßt nur den Schluß zu, daß Talent, Mut, Arbeitsenergie und Empfindungskraft, aber auch ein Komplex von shakespearehaften Ausmaßen sich sublimiert haben zu einer Stimme als Instrument des Ausdrucks. Die Frau, die der Welt entgegentrat, war ein Genie von der Art, von der Nietzsche sagte, daß es ein Dämon sei und viele gute Säfte aussauge. Sie konnte im Alltag des Berufslebens, wie Produzenten und Manager berichteten, »sehr böse« sein. Die Künstler, die mit ihr haben arbeiten können, haben weniger den Dämon als das Genie erlebt. »Sie war nicht nur eine Sängerin«, sagte Toscaninis langjähriger Assistent Antonino Votto, »sondern eine umfassende Künstlerin.« Carlo Maria Giulini hat »keine Künstlerin gekannt, die an die Callas herangekommen wäre«. Leonard Bernstein bezeichnete sie als »die größte Künstlerin der Welt«, und Lucchino Visconti sagte: »Sie hat das für die Oper getan, was Verdi für die Oper getan hat.«

Technik und Kunstverstand waren Voraussetzungen, eine der schwierigsten Forderungen des Belcanto zu erfüllen: die nach Spontaneität. Callas' Interpretationen waren so gründlich erarbeitet, daß sie in den Aufführungen – wie die Mitschnitte zeigen – variieren, nuancieren, improvisieren konnte. Gewiß erweist Professionalität sich dadurch, daß ein Interpret das, was er erarbeitet hat, genau reproduzieren kann. Zugleich liegt darin die Beschränkung eines rein reproduktiven Künstlertums. Callas' Professionalität wurde vollendet durch produktive Inspiration. Ihre Aufführungen vermittelten den Eindruck, als sänge sie eine nur für sie geschriebene Musik zum erstenmal. Dadurch, nur dadurch haben sich die kritischen Maßstäbe derart zugespitzt, daß jede neue Aufnahme von *Traviata, Norma, Lucia, Sonnambula* gemessen wird an denen mit Callas. Sie gab jede Rolle ihren Klang, ihren Ausdruck, ihr Gesicht – und doch scheint aus jeder Rolle – ein schwer erklärliches Paradox! – ihre Individualität.

Als Arturo Toscanini 1908 an die Metropolitan Opera kam, schrieb William

James Henderson, daß sein Erscheinen ein Wendepunkt in der Geschiche der italienischen Oper sei. So wie Toscanini die Idee – es war eigentlich die Richard Wagners – einer Aufführung als Gesamtkunstwerk hatte, verfolgte Callas die einer vollständigen Aufführung. Nach ihrem Tod am 16. September 1977 haben Dirigenten und Sänger-Kollegen, Regisseure und Bühnenbildner, Theatermanager und Kritiker in aller Welt das Phänomen Callas bewundert, beschrieben, gewürdigt. Ein »einfacher Leser« des englischen Magazins *Opera* fühlte sich gezwungen, als »opera lover« von seinen Gefühlen zu sprechen: »Sie hat, mehr als jeder andere in der Zeit meines Lebens, der Oper Bedeutung gegeben.«

Der Partner: Giuseppe di Stefano

Es war ein wirkliches Erlebnis meines Beobachter-Jahres, als ich das Diminuendeo seines hohen C bei ›Salut, demeure‹ in *Faust* hörte. Solange ich lebe, werde ich die Schönheit dieses Tones nicht vergessen.
Rudolf Bing in ›5000 Abende in der Oper‹ über Giuseppe di Stefano

Leider war er mit seiner Stimme so verschwenderisch, wie er generös mit seiner Geldbörse umging. Seine Karriere hätte viel länger dauern können.
Giuletta Simionato über Giuseppe di Stefano

E non ho amato mai tanto la vita.
Giacomo Puccini, ›Tosca‹, Akt 3

Als Rudolf Bing nach dem unvergeßlichen *Erlebnis* seines Beobachterjahres die ernüchternden *Erfahrungen* eines langjährigen Opern-Managers hinter sich hatte, beschrieb er den Sizilianer Giuseppe di Stefano (geb. 1921) als einen der begnadetsten und zugleich launenhaftesten Sänger, mit dem er je zusammenarbeiten mußte. In jedem Betracht ein Heißsporn und ein Prasser, hat der Lieblingspartner von Maria Callas mit seinem vokalen Kapital immer nur Roulette gespielt, eine kurze Zeit hindurch viel gewonnen und dann jäh alles verloren. Seine Stimme wurde entdeckt, als er nach einem Gewinn beim Kartenspiel spontan zu singen begann. Den ersten Unterricht erteilte ihm der Tenor Adriano Storchio. Mit achtzehn Jahren ging er zu Luigi Montesanto nach

Mailand, wo er auch an Meisterkursen Mariano Stabiles teilnehmen konnte. Schon nach wenigen Wochen verhinderte der Ausbruch des Krieges eine systematische Ausbildung. Di Stefano sang in Unterhaltungs-Theatern und Flüchtlingslagern (unter dem Namen Nino Florio), setzte sich auf der Flucht vor den deutschen Truppen in die Schweiz ab, machte Aufnahmen für Radio Lausanne und nahm 1944 seine ersten Platten – Lieder wie »Santa Lucia, lontana« oder »Torna a Surriento« – auf. Eine Bewunderin bat ihn, für sie Platten aufzunehmen und zahlte ihm 50 Schweizer Franken für jeden Titel – in einer Zeit, da er fünf Franken in zehn Tagen verdiente. Nach dem Krieg setzte di Stefano für kurze Zeit sein Studium bei Montesanto fort, debütierte aber schon am 20. April 1946 als Des Grieux in Massenets *Manon* in Reggio Emilia (neben Mafalda Favero). 1947 nahm er seine ersten Platten in London auf und debütierte, wiederum als Des Grieux, an der Mailänder Scala. 1948 kam er an die Met. Aus seinen ersten Spielzeiten gibt es Mitschnitte von Gounods *Faust* und Rossinis *Il Barbiere di Siviglia.* 1951 und 1952 war er verschiedentlich Partner von Maria Callas in São Paulo und Mexico City, und ab 1953 nahm er mit der griechischen Sängerin *Lucia di Lammermoor, Tosca, Cavalleria, Pagliacci, Rigoletto, I Puritani, Il Trovatore, La Bohème* und *Un Ballo in Maschera* auf. Schon seit 1954 wagte di Stefano sich an Partien wie Radames, Alvaro, Don José, Canio und Turiddu, und bereits ein Jahr später hatten sich die Spuren von »wear and tear« in seine lyrische Stimme eingegraben, wohl auch die Folgen einer unzureichenden Technik bemerkbar gemacht. Ende der fünfziger Jahre war die Höhe unsicher und, wie Celleti formulierte, »rauh wie Bimsstein« geworden. Schon 1966 mußte di Stefano die Zinsen des Ruhms – nicht mehr die der Stimme – aus dem *Land des Lächelns* holen. 1973 brachte er Maria Callas dazu, mit ihm auf eine Konzert-Tournee zu gehen – nach Darstellung der Callas-Biographin Stassinopoulos ein Versuch, den Mythos der Diva für sein Konto auszunutzen. In einem Gespräch mit dem Verfasser hat di Stefano indes emphatisch betont, daß er Callas »auf die Bühne und damit ins Leben zurückholen« wollte. Der Sizilianer besaß als junger Sänger eine einschmeichelnd klangschöne, weich timbrierte und sinnliche Stimme, ganz gewiß den verführerisch-sinnlichsten Tenor seit der Zeit des jungen Gigli. Es war ein lyrischer Tenor mit großem Volumen und mittlerem Umfang. Die Vollhöhe war begrenzt. Di Stefano sang, beispielsweise, im ersten Akt von *Tosca,* ein schönes, volltönendes B, hatte mit dem H aber schon beträchtliche Mühe und bildete das C so rückwärtig, daß es nicht frei und strahlend, sondern eng und gaumig klang. Das hohe C, an das Bing sich verklärt erinnert, wird, wie der Mitschnitt der Aufführung von *Faust* aus der Met zeigt, in einen falsettgeprägten Kopfton zurückgenommen und rutscht zum H hin ab. In späteren Aufnahmen, etwa seit Mitte der fünfziger Jahre, klingt die Stimme heftig »überbrustet«, offenbar die Auswirkungen einer Technik, die eine saubere

Giuseppe di Stefano
(Foto: © Klaus Ulrich Spiegel)

und klangliche homogene Verbindung von Brust- und Kopfstimme nie erreichte. Di Stefano hat die hohe Lage, wie zum Beispiel in der heikel liegenden Phrase ab »Qual occhio al mondo« aus dem ersten Akt von *Tosca* oder in »La vita mi costasse«, vorwiegend mit der Bruststimme gesungen. Folge ist eine ständige Beanspruchung und Übermüdung des Stimmlippenmuskels, so daß er auf dem Höhepunkt der Phrase den Übergang von B auf As nur mit leichter Verkrampfung zu bilden in der Lage ist. Singen unter permanenter Hochspannung aber führt dazu, daß die Stimmlippen unter höchstem Atemdruck fest aneinander liegen. Die Vibration erforderte eine auf Dauer nicht durchzuhaltende muskuläre Energie.

Di Stefano hat sich, um Ermüdungen innerhalb bestimmter Phrasen entgegenzuwirken, in ein allzu offenes Singen hineingerettet, damit aber die Stimme restlos übermüdet, wie ganz deutlich in der zweiten *Tosca*-Aufnahme (unter von Karajan) mit Leontyne Price als Partnerin zu hören ist. Die Stimme hat nur noch ihr weich-samtiges Timbre bei stark beeinträchtigter Textur. Sie ist dicklich geworden, weil die Proportion von Brust- und Kopfstimme verlorengegangen ist; zudem hat der Klang seine Konzentration verloren, seine Leuchtkraft, seine Intensität. Die Stimme ist schon gleich jenseits des hohen Übergangs völlig stumpf (»La vita mi cost*asse*«) oder in Legato-Bindungen überspannt. Schon die frühen Platten, auf denen die Stimme klanglich völlig intakt ist, enthüllen zudem eine Reihe von technischen Mängeln. »Ed anche Beppe amò« aus Mascagnis *L'Amico Fritz* sang der 23jährige mit sinnlich-suggestiver Tongebung, reicher Klangentfaltung und gespannter, aber nicht verspannter Höhe, doch ohne beherrschte dynamische Stufungen und mit manchmal wackliger Intonation; daß der noch Unerfahrene nur von einem Klavier (einem temperierten Instrument) begleitet wurde, mag die Probleme verschärft haben. Für Nemorinos »Una furtiva lagrima« von 1944 fehlt ihm Agilität. Den Übergang von »M'ama« auf »Io vedo« überspringt er mit Kraft, aber ohne Eleganz; das Ornament wird nur skizziert, nicht fein gezeichnet. In der Kadenz wird offenbar, daß er seine technischen Studien nicht vollendet hat – wo soll da die Kunst anfangen?

Drei Jahre später, nach der Fortsetzung der Ausbildung, nahm er in London zum erstenmal unter professionellen Voraussetzungen auf. Alfredos »De' miei bollenti spiriti« erfüllt er, dies eine seiner großen Tugenden, mit Impulsivität und Verve. Wie kaum ein anderer Sänger konnte er Worte förmlich »abschmecken« und Phrasen mit der Stimme liebkosen. Doch sobald er eine längere Phrase mit größerer Dynamik und gebunden singen mußte – wie »qui presso a lei« –, macht sich die Tendenz zur Überspannung bemerkbar. Habituell ist bei ihm der Kardinalfehler der Aspirierung. Und bei der Schleife auf »passato« bewegt sich die Stimme durch ein tonliches Ungefähr. Eine Live-Aufnahme aus der Met bestätigt die Unfertigkeiten. Di Stefano tut sich in einer verzierten Partie –

Almaviva in *Il Barbiere* – nicht nur schwer; er scheitert. Nicht mit einer einzigen Phrase gelingt es ihm, Rossinis Musik lebendig zu machen. Er muß, lax gesagt, einen Parcours der S-Klasse reiten und leistet sich mehr Abwürfe als präzise Sprünge, gerät dadurch natürlich auch zwischen den Hürden aus dem Tritt. Zudem findet er nicht, um es paradoxal zu formulieren, den Ausdruck für eine Musik, die das Auszudrückende nur umspielt und in die Kunstsprache des Als-ob kleidet.

Seine besten Aufnahmen hat er 1953 neben Maria Callas gesungen: Cavaradossi in *Tosca*, eine fesselnde, spontane, engagierte Interpretation, stimmlich in vielen Momenten geradezu überrumpelnd effektvoll, auch wenn der Wechsel der vollen Stimme zu falsettgeprägten Mezzavoce-Tönen (etwa in der Sternen-Arie) nicht unproblematisch ist; Edgardo in *Lucia di Lammermoor*, ungewohnt kraftvoll und emphatisch, aber beherrscht im Ausdruck und sehr schön in der nuanciert-expressiven Diktion. Hingegen war er als Arturo in *I Puritani* schon auf Grund der extrem hohen Tessitura überfordert: Nicht nur, daß er unsicher und tastend durch die Intervalle gleitet, er singt auch auf einem heiseren Stimmkern. Nachdem er sich die Lirico-spinto-Partien zugemutet hatte, verlor die Stimme rasch Elastizität. Ein trauriges Beispiel für Selbstüberschätzung (oder auch gnadenlosen Verschleiß durch den Betrieb) ist die Aufnahme von *Il Trovatore* neben Callas (unter von Karajan). Gewiß hängt nicht alles an der Stretta und schon gar nicht an deren C (das ursprünglich nicht einmal notiert ist), aber das Stück gehört zu dieser Oper und das C zu einer schwer noch zu brechenden Tradition. Di Stefanos C bleibt beim erstenmal schier in der Kehle stecken, wird mit jener Anspannung herausgewürgt, daß man als Hörer fast ebenso leidet wie der Sänger; beim zweitenmal wird es um eine Schwebung zu tief gesungen, und der Vokalwechsel auf »all'armi« mißlingt; die letzte Silbe (». . . mi«) wird überhaupt nicht mehr vom Stimmkern erfaßt.

Selbst wenn man aber die C's als unnötig gewährten Rabatt anzieht, kann die Wiedergabe nicht befriedigen: Schon die erste Attacke auf »Di« ist unfokussiert, und auch der gehaltene Ton am Ende der Stanze ist völlig verquetscht. Steane nennt di Stefano »einen charaktervollen Sänger mit einer der besten Stimmen des Jahrhunderts«. Zugestanden, der Sizilianer hat, mehr als die meisten, Rollen wie Cavaradossi, Rodolfo, Pinkerton, in Grenzen auch Riccardo in *Ballo* Gesicht gegeben, hat sie mit Leben, Lächeln und schmerzlichem Ausdruck erfüllt; er hat viele Phrasen suggestiv, ausdrucksvoll, lebendig gesungen. Aber trotz des wundervollen Timbres, trotz einschmeichelnder Klänge, trotz der Magie eines singenden Erotikons – eine der besten Stimmen hatte di Stefano nur in nuce. Er hat seine Stimme schon so früh verbraucht, daß sie ihre mögliche Blüte gar nicht erreichen konnte. In fast jeder seiner Aufnahmen sind verquetschte Töne zu hören, verfärbte Vokale, Registerdivergenzen, Unausgeglichenheiten der Dynamik im Wechsel von der Vollstimme ins Falsett: Alles Flecken auf der Stimmqualität. Wenn der Lack der Stimme schon nach sieben oder acht Jahren stumpf wird und nach weiteren drei oder vier Jahren rostig, spricht das gegen den Vokalisten, vielleicht aber auch für den Verführer.

Der Gegenspieler: Tito Gobbi

The acting voice
Walter Legge über Tito Gobbi

Nur ein einziger Bariton hat, nach meiner Erfahrung, Ruffo erreicht – dies allerdings im Sinne einer ganz andersartigen, komplementären Darstellung, die weicher und menschlicher ist – und das ist Tito Gobbi.
Richard Osborne über Tito Gobbis Rigoletto

Es wird erstaunlich wirken, daß der aus Bassano del Grappa gebürtige Tito Gobbi (1913–1984) und Gino Bechi Altersgenossen sind. Bechi war ein Baritono con forza, der sich in der Klangentfaltung auslebt und mit vokalen Stunts brillierte, Gobbi ein differenziert darstellender Sänger, dessen Porträts – in 27 Gesamtaufnahmen – geformt sind aus vokalen und sprachlichen Nuancierungen, aus klanglicher Schönheit und charakteristischer Gestik, aus Autorität und Empfindsamkeit. Dabei war sein Bariton selber kein wirklich erstklassiges Instrument – wenn man die Stimmen von Battistini, Renaud, Ruffo, Amato, Stracciari zum Vergleich heranzieht –, sondern eine in der Höhe begrenzte (Töne über dem F wirken gleichsam gehupt) und im Piano nicht immer ausreichend gestützte Stimme. Bei kraftvoll ausladenden oder hoch liegenden Phrasen kompensierte Gobbi den Mangel an Volumen und Attacke durch einen gleichsam gehämmerten Tonanschlag, oft von der scharfen Seite des Tons. Er gebot nicht über die Agilität für Fiorituren und Koloraturen und behalf sich zuweilen mit Aspirierungen. Trotz der Grenzen der Stimme und einiger Mängel in der Technik – dem Künstler Gobbi waren kaum Grenzen gesetzt. Um nicht einer kritischen Widersprüchlichkeit geziehen zu werden: Gobbi hat kaum je, wie Fischer-Dieskau, seine Ausdrucksgesten, seine Effekte fingieren müssen. Seine Stimme war »echt«, nicht durch Töne des Kopfregisters »manipuliert« wie die des Deutschen, sein Singen fundiert in der Formung des Klangs, nicht in der

Nuancierung der sprachlichen Artikulation. Selbst wo Gobbi als Rigoletto, als Renato, als Amonasro, als Jago, als Scarpia mit der deklamatorischen Intensität eines Shakespeare-Darstellers operiert, sichert er dem Vortrag das klangliche Fundament. Aber wie Callas, wie Christoff versteht er es, mit der Stimme zu agieren und für die dramatische Einbildungskraft zu singen.

Gobbi wurde in Rom von dem Tenor Giulio Crimi ausgebildet, bei dem er, wie er in einem Interview mit Alan Blyth berichtete, fünfeinhalb Jahre studierte. 1936 gewann er einen internationalen Wettbewerb in Wien. Als sein offizielles Debüt gibt Gobbi eine *Traviata*-Aufführung am römischen Teatro Adriano unter Antonio Votto im Juni 1937 an. Bei der römischen Aufführung war Tullio Serafin im Auditorium, der den jungen Bariton an das Teatro Reale (heute Teatro dell'Opera) verpflichtete und mit ihm das Repertoire erarbeitete. Gobbis Erinnerungen bestätigen einmal mehr die Bedeutung Serafins für die Ausbildung einiger der größten Sänger: »Serafin war wunderbar zu mir. Ich war wie ein junger Gaul, der ausbrechen will, und er hielt mich unter Kontrolle. Sechs Jahre lang sang ich in Rom mit ihm große und kleine Partien ... Er war, wie wir Italiener sagen, ein wirklicher Maestro concertatore e direttore; ein unschätzbarer Ratgeber für junge Sänger und ein unfehlbarer Richter über Stimme und Charakter.«

Gobbi studierte mit Serafin Partien wie Posa, Ford, Rigoletto, Wozzeck und auch Simon Boccanegra, den er in der Saison 1941/42 für den erkrankten Benvenuto Franci übernahm. 1942 machte er auch seine ersten Aufnahmen für His Master's Voice. Die Aufführung des *Wozzeck* war die italienische Premiere des Werks. Ein Jahr nach Kriegsende sang er zum erstenmal Jago und wirkte in einer Reihe von Filmen mit – der erste war *Il Barbiere di Siviglia* mit Ferruccio Tagliavini und Italo Tajo; in einem späteren spielte Anna Magnani Tosca. Auf Einladung Serafins kehrte er 1947 an die Scala zurück und sang Méphistophélès in *La Damnation de Faust* – kaum seine Rolle, wenn man von einer lange Zeit nicht veröffentlichten Aufnahme des Flohliedes rückschließen kann. 1947 gastierte Gobbi in Stockholm, 1948 in San Francisco (*Barbiere* wieder mit Tagliavini und Tajo), 1950 am Covent Garden und an der Scala, vor allem aber bei den Salzburger Festspielen, wo er unter Furtwängler Don Giovanni sang (neben ihm: Ljuba Welitsch, Elisabeth Schwarzkopf, Irmgard Seefried, Anton Dermota und Erich Kunz). 1951 begann die heute schon legendäre Zusammenarbeit mit Maria Callas. 1955 stellte er sich in Chicago vor. 1965, da sich seine Karriere langsam dem Ende zuneigte, arbeitete er zum erstenmal als Regisseur: In Chicago und am Covent Garden inszenierte er *Simon Boccanegra*. Man greift nicht zu den Aufnahmen Gobbis, wenn man – beispielsweise im Prolog zu *Pagliacci* – ein schmetterndes As hören will (das er erst gar nicht versucht); oder eine stürmische Kadenz nach »Il balen«; oder ein wildes »Sì, vendetta«; oder eine lodernde

Stretta nach »Urna fatale«. Partien wie Luna und Don Carlo di Vargas hat er, offenbar wegen der heikel-hohen Tessitura, nie gesungen. Man greift zu Gobbi, um zu erleben, daß man mit Worten und Klängen kosen kann, verführen, hassen, drohen. Welch eine dämonische Süße und Suggestivität legt er, als Scarpia, in die Phrase »La povera mia cena fu interrotta«, welch geifernde Wut in »Come tu m'odi«, welch brüllende Bedrohlichkeit in seinen Auftritt »Un tal baccano in chiesa!«, welch grinsende Mokanz in »Tosca, mi fai dimenticare Iddio!« Kein anderer Bariton hat die Auseinandersetzung zwischen Amelia und Renato in *Ballo* oder die von Aida und Amonasro dramatisch-erregter gesungen als Gobbi: Bei seinen Ausbrüchen liegt wahrhaft *Schrei* im *Ton*. Und wenn einer, so hat er gezeigt, daß man zu Recht Simon Boccanegra als eine Boris-Partie für Baritone bezeichnet hat: Die Aufnahme unter Gabriele Santini ist, dank Gobbi (und auch Christoff), eines der größten gesungenen Porträts der Schallplattengeschichte, selbst wenn die Stimme nicht so reich ist wie die von Lawrence Tibbett oder auch die Piero Cappuccillis, der sich in der von Claudio Abbado dirigierten Aufnahme selber übertrifft.

Noch einmal ein Vergleich mit Bechi. Während dieser mit seinen frühen Gesamtaufnahmen und einigen 78er-Platten bekannt geworden ist, sind Gobbis frühe 78er nur ein prächtiges Präludium zu dem von seinen Gesamtdarstellungen geprägten Bild. Anders gesagt: Bechi war mit 40 Jahren fast am Ende seiner Karriere, Gobbi stand mit 40 erst am Anfang.

Wie verführerisch seine Stimme mit 30 oder 35 Jahren war, verraten seine frühen Platten. Einige davon sind superbe Beispiele zugleich schönen und ausdrucksvollen Singens. »Era la notte«, 1948 unter Alberto Erede aufgenommen, mit feinster Mezzavoce vorgetragen (erzwungen durch ein siebenfaches [!] *p* in der Partitur), erfüllt die Vorstellungen, die man sich macht, wenn man die Hymnen auf Victor Maurels Darbietung liest. Gobbi verwandelt das Stück, mit behutsamen Inflektionen singend, in eine Suggestion diabolique. Noch gestaltenreicher seine von Walter Süsskind begleitete Interpretation von Rigolettos »Pari siamo«: Der Klang ist düsterbrütend, »Io la lingua« kommt mit verzweifeltem Sarkasmus, »egli ha il pugnale« mit brutaler Wut. »Che ride« zeigt mit gestischer Deutlichkeit, wie verzweifelt ein Lachen sein kann. Das angstvollgedehnte »Quel vecchio maledivami« legt er auf ein fein gesponnenes Legato, vorbildlich anschwellend, akzentuierend auf dem /i/ von »maled*i*vami«: Es ist der Moment, in dem »la maledizione« (das Leitmotiv der Oper) gleichsam zum Trauma wird. Die Sechzehntel bei den akzentuierten Phrasen »O *uom*ini«, »o nat*ur*a« und »vil sceller*at*o« bildet er prägnant. Jedes Wort bekommt seine Inflektion, seine Farbe, seinen Ausdruck, jede Phrase ihre Spannung, jeder Ausruf seine Dringlichkeit. Kurz, der innere Monolog Rigolettos evoziert für den Hörer einen Traum, wie von der Phantasie des Hieronymus Bosch inspiriert.

Andere Frühaufnahmen zeigen, daß die Stimme klanglich betörend war und eine feine Resonanz hatt: Die frühe Aufnahme des Prologs zu *Pagliacci*, wo auch das As dem Sänger keine Angst macht; oder »Come due tizzi accesi« aus *L'Arlesiana* und »Zazà, piccola zingara« aus Leoncavallos Oper. Seine Aufnahme von »Largo al factotum«, 1948 unter Erede, ist berühmt und gilt als ein »collectors' item«. Richard Osborne hört im Singen Gobbis eine »silbrige Agilität« und spricht von »schöner Kolorisierung und ebenso schöner Pointierung des Textes«. Gewiß ist das Bravourstück nach dem Krieg nie besser gesungen worden, und doch habe ich den Eindruck eines artifiziellen vokalen Agierens. Gobbi hellt die Stimme derart auf, daß er sie, kurz vor der Coda, nicht immer restlos sicher und klangfest in den Fokus bekommt. Und was das Timing angeht, so ziehe ich in der Tat den uncharmanten, aber energischen und stürmischen Gino Bechi vor. Daß Gobbi schwerlich ein idealer Figaro war – wie ausgepicht er die Partie auch meistert –, zeigt die hervorragende Galliera-Aufnahme von 1957. In den Duetten »All'idea« und »Dunque io son«

Tito Gobbi als Falstaff
(Foto: © EMI Classics)

muß Gobbi die Laufpassagen und Koloraturen fingieren – er singt hier wie ein Crooner. Nicht besser steht es um seinen Belcore in der von Santini betreuten Aufnahme. Gobbi war kein komischer Komödiant, sondern ein wissender, also ein tragischer – was wiederum seine Aufnahmen von Gianni Schicchi und Falstaff bezeugen, genialische Porträts von makelloser musikalischer Genauigkeit und größter deklamatorischer Eindringlichkeit. Und beides hält er, anders als Fischer-Dieskau, in Balance. Wo der deutsche Bariton so etwas wie ein Interpretations-Kolleg über die Falstaff-Partie abhält und die Übertreibung als Mittel der Verdeutlichung ansieht – was eindringlich ist, aber nicht ausdrucksvoll, klug, aber unsinnlich –, modelliert Gobbi die Figur aus den Materialien des Klangs, auch wenn einige andere Sänger mehr Saft und Kraft für den dicken Ritter hatten, so etwa der sträflich vernachlässigte Giuseppe Taddei, der – dies kennzeichnet die Lage des zum Opernmarkt gewordenen Musiktheaters – von Herbert von Karajan als über 60jähriger wiederentdeckt werden mußte, weil die 40- und 50jährigen ausgesungener waren als er, der schon 1951 die Partie in einer Gesamtaufnahme gesungen hatte. Trotz des suggestiven, aber stimmlich nicht brillanten Giuseppe Valdengo unter Toscanini ist Gobbi der beste aller Jagos in den vollständigen Nachkriegsaufnahmen des *Otello*, dies weniger durch Energie im Credo oder im Schwurduett, sondern einmal mehr durch seine dramatischen Nuancierungen. Ebenso unübertrefflich war er als Rigoletto und als Renato – beide Male mit Callas als Partnerin –, seine besten Rollendarstellungen neben den unvergleichlichen des Amonasro, Falstaff, Gianni Schicchi, Scarpia und Simon Boccanegra.

Charaktersänger: Giuseppe Taddei

Giuseppe Taddei hat eine wirklich fette Falstaff-Stimme, seine Interpretation ist eine saftig-reife, wundervoll gesungen und vokal agiert.
Harold Rosenthal über Giuseppe Taddeis Falstaff

Italien hat der Welt Tito Gobbi überlassen – und Giuseppe Taddei für sich behalten. Wer kann glücklicher sein?

Der Verfasser erinnert sich einer Aufführung von Donizettis *L'Elisir d'Amore* an der Hamburgischen Staatsoper 1977 – einer hinreißenden Inszenierung von

Jean Pierre-Ponnelle mit Mirella Freni, Luciano Pavarotti und Bernd Weikl. Doch zum Mittelpunkt der Aufführung, zu ihrem komödiantischen Movens wurde ein 61jähriger Sänger: der 1916 geborene Genueser Giuseppe Taddei, der schon 1941 zwei kleine Nebenrollen in der Aufnahme von Giordanos *Andrea Chenier* mit Caniglia, Gigli und Bechi und noch 1980 unter Herbert von Karajan den Falstaff sang, in Salzburg wie auf der Platte – ohne daß man stimmliche Schwächen mit dem Hinweis auf das Alter des Sängers entschuldigen müßte. Dennoch: Taddei ist nie so bekannt geworden wie Tito Gobbi und hat auch fast immer hinter Bastianini, Panerai, Merrill, Cappuccilli und Milnes zurückstehen müssen, obwohl er die fünf Letztgenannten in Rollen wie Renato, Rigoletto, Jago, Falstaff, Scarpia und Figaro aussticht. Selbst sein brillanter Figaro in Giulinis Aufnahme von *Le Nozze di Figaro* und der phantastisch agierte Leporello unter demselben Dirigenten – wieder einmal ein Besetzungs-Glücksgriff von Walter Legge – haben Taddei nicht ins Rampenlicht gestellt.

Die Tatsache, daß Taddei schon 1936, mit knapp zwanzig Jahren, an der Römischen Oper als Heerrufer im *Lohengrin* debütierte, spricht für eine weitgehend autodidaktische Ausbildung. Durch den Krieg wurde der Sänger weit zurückgeworfen. 1945 setzte er seine Laufbahn in Österreich fort. An der Wiener Staatsoper sang er das italienische Fach: Figaro, Rigoletto, Amonasro und Scarpia. 1948 gastierte er als Mozarts Figaro unter Karajan bei den Salzburger Festspielen. Seit 1948 sang er ständig auch an der Scala. Zu Beginn der fünfziger Jahre gastierte er an allen großen italienischen Bühnen. Wie kein anderer setzte er sich über Fachgrenzen hinweg: Neben den üblichen Donizetti-, Verdi- und Puccini-Partien sang er auch Hans Sachs, Holländer, Telramund, Wanderer und Gunther. Gastspiele führten ihn an die Opern von London, Paris und Buenos Aires, nicht aber an die Met. Taddei besaß in seinen jungen Jahren eine Stimme von großem Volumen, aber von ausgeprägt weicher, samtiger Textur. Die markige Höhenausladung des Verdi-Baritons war seine Sache nicht, und es ist typisch, daß die Stimme seit Mitte der fünfziger Jahre an Festigkeit, an konzentriert-versammelter Tongebung verlor. Das Timbre war und ist erlesen und so charakteristisch, daß man die Stimme, hat man sie einmal gehört, so rasch nicht vergißt. Wie die Gobbis ist es eine »acting voice«: Scarpias Erscheinen in der Kirche, Rigolettos Zwiegesänge mit Gilda oder Figaros Agieren und Finassieren vermittelt er durch das fein changierende Klangfarbenspiel der Stimme, die durchaus mehr Körper und Saft hat als die Tito Gobbis.

Taddeis Diskographie ist kaum kleiner als die seines Kollegen, aber sie ist weniger geschlossen und distinkt. Seine besten Rollen hat er für die falschen Firmen gesungen, unter der Ägide durchschnittlicher Dirigenten und Produzenten. Die Gesamtaufnahmen von *Don Giovanni, Barbiere, Rigoletto, Otello* und

Falstaff – alle für Cetra gemacht – haben ihren Platz allenfalls in den Magazinen der Schallplatte gefunden, nicht in den Ausstellungsräumen. Das liegt vor allem an einer völlig unzureichenden Aufnahmetechnik, aber auch an den nicht gleichwertig besetzten Ensembles. Dabei ist der von A. Questa dirigierte, leider gekürzte *Rigoletto* mit Lina Pagliughi, Ferruccio Tagliavini und Taddei der am besten gesungene überhaupt, und auch die Aufnahme des *Barbiere di Siviglia* mit Simionato, Infantino, Taddei und Badioli gehört zu den besseren Aufnahmen des Werks. Jedenfalls ist Taddei als Figaro durchaus überzeugender als Gobbi, der nur das Kostüm der Rolle trägt, während Taddei sie lebt. Auch gesanglich bewältigt er sie virtuoser und, fast noch wichtiger, gestaltenreicher als der berühmtere Kollege. Im Duett mit Almaviva muß er die Koloraturen nicht fingieren, im Duett mit Rosina singt er seinen verzweifelten Spott über die Weiberlist – »Donne, donne, eterni dei« – mit genauer Fokussierung (was weder Gobbi gelingt noch Hermann Prey in der vielgerühmten, vokal aber eher durchschnittlichen Aufnahme unter Claudio Abbado).

Taddei konnte Aufmerksamkeit und Konzentration kommandieren: Wo er saß, war der Kopf des Tisches. Kein einziger Sänger der dem Verfasser bekannten *Rigoletto*-Aufnahmen hat den Auftritt des buckligen Narren – »in testa che avete Signor di Ceprano« – mit seiner zynisch-dreisten erotischen Implikation grell-genauer gesungen als Taddei, und die wenig später folgende und fast durchgehend auf dem C liegende Phrase mit dem schwierigen Wechsel von Vierteln und Achteln ist Zeugnis für brillante Technik und Attacke. Meisterhaft der Dialog mir Sparafucile (Giulio Neri), vor allem durch die kontrastreichen Farben der Stimmen. Als einer der wenigen ist Taddei auch in der Lage, die hohe Tessitura der Duette mit Gilda – »Deh non parlare«, »Veglia o donna« und »Piangi, fanciulla« – mit weicher, kontrollierter und perfekt zentrierter Mezzavoce zu singen. Mag Gobbi zuweilen in der Wortnuancierung prägnanter sein, sängerisch ist ihm Taddei ebenbürtig, wenn nicht gar überlegen. Daß er zuweilen Mühe mit schmetternden Hochtönen hat – womit Ruffo, Amato, Galeffi oder Bechi aufwarten konnten –, fällt nicht ins Gewicht.

Taddei zählt zu den wenigen jüngeren italienischen Mozart-Interpreten von Rang. 1959 setzte Walter Legge ihn als Figaro in der von Giulini betreuten Aufnahme von *Le Nozze di Figaro* – neben Schwarzkopf, Moffo, Cossotto, Wächter – ein. Er glänzte vor allem im Agieren mit der Stimme, in einem ungemein wendigen, ausdrucksvollen gestischen Singen. Die Prägnanz seiner Rezitative ist von keinem Bariton aller Gesamtaufnahmen wieder erreicht worden. Allenfalls in der Konsistenz der Klanggebung ist ihm der Belgier José van Dam überlegen, auch in der leichten Bewältigung der hohen F's in der ersten Arie.

In *Don Giovanni* hat Taddei sowohl die Titelpartie (unter Max Rudolf) als auch den Leporello (wieder unter Giulini) gesungen. Die Rudolf-Aufnahme ist wenig zu empfehlen – schade um das prachtvoll gesungene »La ci darem la mano« und die fulminant virtuose Wiedergabe des Champagner-Liedes. Hingegen ist Giulinis Einspielung ein Höhepunkt der Werk-Diskographie – zum einen wegen der Verve, der Lebendigkeit des Orchesterspiels, zum anderen wegen der exemplarischen Ensemble-Arbeit. Unter den Sängern exzellieren Joan Sutherland als die nach wie vor genaueste Donna Anna (freilich singt sie dramatisch allzu neutral), Elisabeth Schwarzkopf mit der schier manischen Fallstudie einer Hysterikerin und Taddei als sardonisch verschlagener Leporello: »Madamina« läßt sich schwerlich gestaltenreicher singen. Und wieder: Welch eine Prägnanz, welch mimische Ausdruckskraft in den Rezitativen! Dieselbe Prägnanz und Präzision zeichnet seine Wiedergabe des Dulcamara in Donizettis *L'Elisir d'Amore* aus – der einzige Lichtblick in der von Tullio Serafin betreuten Aufnahme mit der uncharmanten Rosana Carteri und dem leicht anämischen Luigi Alva. Weniger überzeugt Taddei den Verfasser mit Aufnahmen aus dem romantischen Belcanto-Repertoire. Aufnahmen aus *I Puritani, La Favorita, Linda di Chamounix* verraten Mängel der Agilität, der ebenmäßigen Koloratur-Bindung. Hingegen ist sein Macbeth erstklassig – nur ist Birgit Nilsson in der von Thomas Schippers glänzend dirigierten Aufnahme fehlbesetzt. Leider hat er in Cetras *Otello*-Aufnahme unter Capuana nicht die rechten Partner. Zwei Höhepunkte seiner Arbeit sind die Aufnahmen von *Pagliacci* und *Tosca* unter Herbert von Karajan. In beiden Einspielungen ist Taddeis Vortrag dominiert vom Deklamatorischen, vom Agieren der Stimme, die an klanglicher Versammlung verloren hat. Dennoch: Taddei singt immer noch so ausdrucksvoll, daß er sich als Scarpia (fast) neben Gobbi behaupten kann.

Hochinteressant ein Melodram-Album mit Szenen aus Wagner-Opern (natürlich alle italienisch gesungen): Wolframs Lied an den Abendstern, Sachsens Flieder- und Wahn-Monologe profitieren von der klangvoll-lyrischen Tongebung, die den meisten deutschen und amerikanischen Wagner-Baritonen abhanden gekommen ist. Freilich ist hier auch Taddeis Tongebung nicht immer restlos beherrscht. Aufnahmen aus den späten vierziger und den frühen fünfziger Jahren – Papagenos »Der Vogelfänger« und »Ein Mädchen oder Weibchen«, Carlos Arie aus *Ernani* oder Trinklied und Schwurduett (mit Hans Beirer) aus *Otello* – verraten, daß Taddeis Stimme ursprünglich vibrierende Intensität in der Höhe hatte, die später verlorenging. Kein Zweifel aber, daß der Sänger aus Genua zu wenig bekannt ist. Er war zwar kein so brillanter Vokalist wie Battistini, de Luca oder Danise, kein so überragender Sänger-Darsteller wie Tito Gobbi, dennoch aber ein zentraler Sänger.

Me voici: Boris Christoff

Schon seine ersten Platten wiesen ihn glanzvoll als den Nachfolger Schaljapins aus. Sie brachten uns einen Boris Godunow, der schon früh mit vollkommener Autorität sang, mit vergleichbarer Intensität und mit einer Stimme, die zugleich charakteristisch und schön, kraftvoll und gut geschult war.
John Steane in ›The Grand Tradition‹ über Boris Christoff

Als Giacomo Lauri-Volpi in seinem oft schon zitierten Buch die Geschichte des Singens im Spiegel von Analogien und Antinomien, von Affinitäten und Gegensätzen darstellte, hat er den Bulgaren Boris Christoff (geboren 1918 oder 1919, verstorben 1993) nicht mit dem aus einer ganz anderen und unterschiedlichen Tradition stammenden Fedor Schaljapin verglichen, sondern mit dem großen Polen Adamo Didur, der nicht nur eine Stimme von großer Klangschönheit, sondern auch von dröhnender Kraft besaß, dazu eine gestische Ausdruckskraft, die die porträtierte Figur – etwa den Basilio in Rossinis *Barbiere* – schier aus dem Rahmen treten läßt.

Solch eine Unmittelbarkeit prägt auch die Aufnahmen von Boris Christoff, dessen Erscheinung und Charakter – er ist ein Mann von großer, kraftvoll-athletischer Statur, mit markant ausgeprägten und dadurch bühnenwirksamen Zügen und hohem, oft arrogantem Selbstbewußtsein – gleichsam als gestische Komponenten und als Klangprägung aus seiner Stimme tönen. Christoff war nicht nur ein Sänger von Zaren, Fürsten und Königen, er war ein königlicher Sänger. Nach dem Zweiten Weltkrieg hat es keine zweite Baßstimme von so distinktem individuellem Timbre und markantem Klanggepräge gegeben. Sie ist, hat man sie einmal gehört, so rasch nicht vergessen; für den Kenner ist sie in jedem Ton wiederzuerkennen. Neben Maria Callas, die einige ihrer wichtigsten Aufführungen mit dem Bulgaren gesungen hat, gab es in den letzten dreißig Jahren schwerlich eine charakteristischer ausgeprägte Stimme. Michael Scott hat sie so beschrieben: »Seine Stimme ist ein nobler Baß. Der Klang ist dunkel und sonor, die Register sind schmiegsam verblendet über einen Umfang von mehr als zwei Oktaven vom Bass-E bis zum Fis über dem Schlüssel. Christoff hält sein Instrument vollkommen unter Kontrolle und singt mit einem großen Radius an Dynamik und vielen Nuancen.«

Nach Scott verbinden sich die natürlichen Qualitäten und die technischen Fertigkeiten mit »außerordentlicher Konzentration« und »höchster Intensität des Ausdrucks« (»utterance«) – wobei das von Scott gebrauchte Wort »utterance« den körperhaften Vorgang der Tonerzeugung, der Emission, der Klangverströmung deutlicher vermittelt als das eher abstrakte deutsche Wort »Ausdruck«. Diese Intensität der Klangerzeugung, zuweilen in wilde Entladungen übergehend, dürfte zurückzuführen sein auf Christoffs Ausbildung bei Riccardo Stracciari ab 1942. Von dem Italiener hat Christoff nicht nur die Sonorität der Tonbildung gelernt, sondern auch das Singen unter dem Atem. Lauri-Volpi hat zwar gesagt, daß Christoff sein Bestes in russischen Opern gebe, doch ist er von der Schulung her ein italienischer Sänger. Für italienische Ohren befremdlich mag allerdings ein Klang sein, der ungewohnt offen ist, eher markig und grobmaserig als geschmeidig und fein poliert. Christoffs Stimme ist nicht so rund und samtig weich wie die Pinzas, Paseros, oder de Angelis', sondern eher gefurcht und knorrig. Ihre Textur entspricht nicht schwarzem Samt, sondern grauem Schiefer. Sie hat auch dessen Schichtungen und feine Risse, dies vor allem bei emotionalisierten Ausbrüchen (wie in der Philipp-Arie) oder bei explosiven und hochgespannten Klangentladungen in der Höhe (Cabaletta des Silva in der großen Arie aus *Ernani*).

Christoff, Sohn eines bulgarischen Sprachlehrers und einer russischen Mutter, studierte zunächst Jura und wurde Richter. Mit einer prachtvollen Naturstimme begabt, sang er eine Zeitlang im Gussla-Chor, dessen Solist er schließlich wurde. Zum Krieg eingezogen, gründete er einen Regimentschor, der dem bulgarischen König so imponierte, daß er eine Einladung an den Hof aussprach. Christoff durfte vorsingen und trug ein altes Volkslied vor. Der König vermutete in dem jungen Sänger ein Mitglied der Oper. Als er erfuhr, daß er einen Amateur gehört hatte, erklärte er – »se non è vero, è ben trovato« –, daß Bulgarien viele Richter und wenige Sänger besitze. Christoff soll erwidert haben, daß man Singen nur in Italien lernen könne. Er erhielt alsbald ein Stipendium, ging nach Italien, blieb bis in die Zeit der Invasion, kehrte nach Bulgarien zurück und wechselte von dort zum Studium des deutschen Repertoires nach Salzburg. 1944 wurde er in einem Arbeitslager interniert. Nach dem Krieg ging er wieder nach Italien. Dort verhalf ihm der Kritiker und Musikwissenschaftler Raffaello de Rensis zu einem Konzert, zu dem er den Dirigenten Vittorio Gui einlud. Später hat Christoff die Tochter seines Mentors, Franca de Rensis, geheiratet. Die andere Tochter, Tilde, wurde die Frau Tito Gobbis, mit dem Christoff in den Aufnahmen von *Simon Boccanegra* und *Don Carlo* gesungen hat.

Gui engagierte Christoff für eine Aufführung von Haydns *Die Schöpfung*. Am 30. Dezember 1945 sang er in der römischen Accademia di Santa Cecilia Wotans Abschied. 1946 debütierte er am Teatro Adriano als Colline in *La Bohème* und mußte »Vecchia zimarra« wiederholen – dreimal! Als sein eigentliches Debüt sieht er selber eine *Parsifal*-Aufführung im Teatro la Fenice, Ende 1947, an. Nach einer von Gui betreuten Aufführung von Mussorgskys *Chowantschina* wurde er 1949 an die Londoner Covent Garden Opera für eine *Boris*-Inszenierung (Regie:

Peter Brook) eingeladen. Christoff, damals erst ein Star in spe, war von Bühnenbild und Regie so entsetzt, daß er abreisen wollte. Selbst Warnungen renommierter Kollegen, unter ihnen Herbert von Karajan, wollte er in den Wind schlagen. Erst die diplomatische Vermittlung von Sir David Webster hielt ihn in London. Er sang – und errang einen derartigen Erfolg, daß man ihn immer wieder nach England eingeladen hat. Von seinen 600 Boris-Aufführungen hat er allein 120 auf der Insel gesungen. Es war Walter Legge, der Christoff wenig später, 1952, für die erste Schallplattenaufnahme des Werks unter Issay Dobrowen, bei der auch Nicolai Gedda herausgestellt wurde, verpflichtete. Eigenia Zareska war die glänzend singende und agierende Marina. Eine Einladung an die Met konnte er nicht annehmen. In der Ära der von McCarthy angeheizten Kommunisten-Hatz erhielt er, obwohl nie Mitglied irgendeiner Partei, kein Visum. Was den Amerikanern entging, beschrieb Howard Taubman von der *New Yorker Times* 1951 nach einer Aufführung in Florenz: Er hörte »... einen singenden Schauspieler großen Ranges, eine imposante Figur von Mann mit einer Stimme von bemerkenswertem Umfang, reicher Farbe und großer Kraft.«

Er erlebte Christoff neben einem Sopran, von dem er prophezeite, daß »Amerika noch von ihr hören wird«. Unter Erich Kleiber hatten Callas und Christoff in Verdis *I Vespri Siciliani* gesungen. Auch weitere Einladungen an die Met führten zu keinem Resultat. Einmal lehnte Christoff es ab, ohne Probe in eine Aufführung von *Don Carlo* einzusteigen – was nur ein Manager als Marotte zu belachen sich entblöden kann. Denn auch und gerade als Philipp hatte Christoff nach dem Krieg Maßstäbe gesetzt, nach denen, so Scott, die Interpretation aller anderen Sänger zu messen sind. Das Angebot, an der Met Boris in englischer Sprache zu singen, lehnte er ab, weil er die Partie nicht in einer Sprache studieren wollte, die er nicht perfekt beherrschte, vielleicht auch für prosodisch ungeeignet hielt. Schließlich überwarf er sich auch noch bei Proben zu einer *Faust*-Aufführung mit dem Regisseur Peter Brook, so daß er sein New Yorker Debüt konzertant gab: Er sang Rossinis Mosè. Mitte der fünfziger Jahre hat er dann in San Francisco und Chicago in Aufführungen von *Don Carlo, Mefistofele, Fürst Igor, Boris, Forza, Nabucco* und *Barbiere* gesungen.

Für seine Rollen, insgesamt 120, hat er, wie er erklärte, viele Stimmen einsetzen können: »Ich singe meine 120 Rollen mit 40 Stimmen. Immer aber hört man meine Stimme heraus. Immer bin ich es, Boris Christoff, und stets ist es ein anderer Boris Christoff. Was den Boris angeht: In der ersten Szene bin ich der Zar aller Reußen. Entsprechend muß meine Stimme klingen, voller Kraft und Atem ... Im Gemach des Zaren klingt die Stimme zornig. Ich könnte einen Mann töten. Schleudere Schuisky zu Boden. In der Beratungsszene bin ich bereits ein toter Mann. Und wenn man fast schon tot ist, wie kann man dann mit der Stimme eines Lebenden singen? – Das Singen ist ein Metier, welches große

Boris Christoff
(Foto: © Fayer, Wien/DGG)

Geduld und großen Fleiß verlangt. Man darf nicht nachlässig sein. Viele Künstler sagen: ›Ich singe, stecke mein Geld ein und verschwinde.‹ Ich, ich habe nie für Geld gesungen. Und ich lehne heute Rollen ab, die mich nicht interessieren.«

Christoff war, schon als junger Sänger, selbstkritisch genug, die verlockendsten Angebote auszuschlagen. Herbert von Karajans Offerte, Don Giovanni zu singen, lehnte er wegen der Tessitura der Partie ab. Es scherte ihn nicht, daß er damit manche Chance verspielte (später hat er, welch ein Zufall, nie wieder unter Herbert von Karajan gesungen). Er hat es auch abgelehnt, die Wagner-Götter und Riesen zu singen, aus der Einsicht, daß dafür die Stimme eines schweren, dunklen Baritons verlangt ist: »Ich habe keine Partien gesungen, denen mein Stimmapparat nicht gewachsen ist.« 1964 mußte sich Christoff einer komplizierten Gehirn-Operation unterziehen. Wochenlang lag er auf Leben und Tod. Erst im Dezember 1965 konnte er wieder singen – Boris, in London, und in *Opera News* stand zu lesen: »Noch bevor er den ersten Laut sang, bannte er uns. Dann kam die Stimme. Trotz der eben überstandenen Operation war sie so sonor, so superb getönt wie früher, und sie wurde so musikalisch eingesetzt wie eh und je.« Dank Musikalität und Technik hat Christoff noch in einem Alter singen können, in dem nur die Künstler und die Klugen sich singend mitteilen können, und sei es mit den beaux restes.

Christoffs diskographisches Erbe ist groß und großartig. Und am großartigsten ist – trotz seines Boris, seines Philipp, seines Fiesco, seines Ramfis – die Aufnahme sämtlicher Lieder von Modest Mussorgsky (und die vieler anderer russischer Gesänge). Christoff hat die Lieder in den zweieinhalb Jahren zwischen März 1955 und September 1957 aufgenommen, vorwiegend mit Gerald Moore als Begleiter. »Flohlied« und die beiden Zyklen – *Lieder und Tänze des Todes* und *Kinderstube* – singt er in der Orchesterfassung. Vielmehr: Er stellt sie mit einer an Schaljapin erinnernden gestischen Gewalt, teilweise sogar mit Übertreibung, auf die Klangbühne. Das Dialogisieren von Kind und Amme verwandelt er in eine fulminante Mise en scène mit Ausdrucksmitteln, welche die rein vokalen weit unter sich lassen. Das Bizarr-Phantastische des Flohliedes verwandelt er in eine dunkel-dämonische Zeichnung, mit einer Kraft der vokalen Entfaltung, die ihresgleichen sucht. Christoff singt den größten Teil der Lieder als Dramatiker, der Gesten und Szenen akustisch inszeniert. Es sind immer große Gesten und pathetische Szenen, die wir wie in einer Großaufnahme, in einer Totale, erleben, dazu in einer irisierenden Fülle von Tönungen – mit einer deutlichen Dominanz der fahlen Farben. Dabei scheut er nicht vor grellen Übersteigerungen, vor rollenden/r/, Seufzern und Schluchzern, zurück. Ein Glück, daß das Album mit 63 Liedern von der EMI-Electrola in einer exzellenten Überspielung wieder zugänglich gemacht worden ist.

Nicht weniger interessant ein Doppelalbum mit den 78er-Platten Christoffs aus der Zeit zwischen 1949 und 1952, mit denen Christoff die imaginäre Bühne betrat. Er kam, metaphorisch, nicht von der Seite und setzte sich auch nicht an die Seite, sondern mit nachdrücklicher Präsenz in Szene. Als Leporello agiert er das Vorlesen des Registers mit einem sardonischen Grinsen und einem suggestiven klangmalerischen Instinkt, ohne Ton und Linie zu verletzen. Verdis Baß-Gestalten hüllt er, anders als durchschnittliche italienische Bässe, nicht einfach in den Samtmantel einer schönen Stimme. Der fanatische Patriot Procida, der racheerfüllte Silva in *Ernani*, der im Schmerz noch große und öffentliche Mann Philipp – jeder von ihnen hat im Klang sein eigenes Gesicht. »O tu Palermo« (zu hören auf einer Melodram-Platte) singt er mit sentimentalischem Pathos, Silvas »Infelice« mit drängender Bedrohlichkeit, die Cabaletta »L'offeso onor, signori« mit größter rhythmischer Konzentration und phantastischer Farbigkeit, vor allem bei der Phrase »Mai fa tremante il subito sdegno che mi divora«. Mit der von Herbert von Karajan dirigierten Aufnahme von »Ella giammai m'amò« aus *Don Carlo* kann ich mich nicht ganz befreunden. Christoff verfällt, vor allem am Schluß des Monologs, in die Haltung eines Rhetors, der die Tränen des Pathos fließen läßt. Er unterbricht die Phrase nach »per me«, schluchzt und haucht dann

»non ha«, schluchzt wieder – und erweckt den Eindruck, daß er dabei nach der Wirkung schielt.

In den späteren Gesamtaufnahmen verzichtet er darauf – und die dramatische und emotionelle Wirkung ist stärker. Zu spüren ist in diesen Gesamtaufnahmen des *Don Carlo* – die erste erschien 1954 unter Santini, die zweite 1961 unter demselben Dirigenten –, daß Christoffs Stimme kaum je so voll, reich und klangschön strömt wie die der besten Italiener. Pinza oder Pasero sangen einfach mit satteren, schöneren Farben. Christoff machte das wett durch Intensität und die Spannung einer zuweilen fiebrigen Phrasierung. In seinem Singen liegt eine Unbedingtheit, die man sonst nur noch bei Callas und Gobbi erleben konnte – und man kann nur bedauern, daß nicht die Griechin für die Elisabetta aufgehoben war, so klangvoll Antonietta Stella in der ersten Aufnahme auch singt. Ein grandioser Höhepunkt ist das zu einer vehementen Auseinandersetzung gesteigerte Duett zwischen Philipp und Inquisitor (Giulio Neri). Da treten sich zwei Polyphems entgegen, beide mit der drohenden Gestik der arrogant beanspruchten Macht. Wieder singt Neri den Kirchen-Patriarchen, wieder ist er grandios, wenn auch gleich stimmlich grauer als in der Aufnahme neben Rosse-Lemeni.

Zurück zu dem vorerwähnten EMI-Album. Wir hören eine fein phrasierte Arie aus *Eugen Onegin* mit sanftem, elegischem, nur in der tiefen Lage nicht sicher fundiertem Ton, eine in der Tradition Schaljapins grell agierte Arie des Galitzky aus *Fürst Igor* und eine ausdrucksvoll gesungene Ansprache des Kontschak an Igor. Warlaams Lied aus *Boris* ist vergleichsweise enttäuschend, ohne innere Komik und Agilität. Um so eindringlicher das versammelte Singen mit der Mezzavoce im Monolog Pimens, das konzentrierte Legato in »Die höchste Macht ist mein« und die melodramatische Energie in der Abschiedszene des Boris, wo heftiges Agieren und fein geformtes Singen in Balance sind. Zwar ist der Einfluß Schaljapins unverkennbar, doch überläßt sich Christoff nie dem bloßen Agieren. In der ersten Gesamtaufnahme des Werks unter Dobrowen ist sein Vortrag – das Wort »singen« wäre hier zu eindimensional – noch konzentrierter und eindringlicher. In der zweiten Aufnahme unter André Cluytens – insgesamt weicher, teilweise schlaffer dirigiert – singt Christoff erneut Pimen und Warlaam. Es war eine gleichermaßen imponierende Herausforderung und eine deprimierende Überforderung. In der Warlaam-Musik hört man, wie David Hamilton anmerkte, den Zaren aus den Kleidern des Mönches, während Christoff die Musik des Pimen gleichsam einebnen mußte, um überhaupt noch Klang- und Farbkontraste gegenüber der Titelfigur zu erreichen (Duma-Szene): Hier gerät der Versuch, vokalen Reichtum auszustellen, zu einer Reductio ad absurdum.

Christoffs Auftritte haben selbst auf der imaginären Bühne der Schallplatte ein Höchstmaß an Präsenz (er mag darin von Walter Legge gefördert und bestärkt worden sein). Dennoch will er mir in der Rolle des Méphistophélès vorkommen wie der Edelschurke im dämonischen Purpur-Kostüm aus einem Film von Cecil B. de Mille. Sein Singen hat zwar Wucht und Verve, aber wenig Linie – es zerfällt in fragmentarische Gesten. Wir hören nichts von der Eleganz eines Plançon, nichts von der farbigen Fülle Pinzas. Selbst Siepis Porträt ist, weil verhaltener und konzentrierter, zwingender als Christoffs Grand-Guignol-Bösewicht. Das gilt für beide Aufnahmen, die von 1954 und die von 1958. Der schauspielerische Zugriff auf die Rolle veräußerlicht sich – trotz großartiger und suggestiver Momente – zu einer übertriebenen Schauspielerei, die grundsätzlich im Vortrag Christoffs angelegt ist. Christoff ist von vielen Kritikern als der Nachfolger oder, wie es in den Feuilletons heißt, als der »legitime Erbe« Schaljapins bezeichnet worden. Der Vergleich ist zwar nicht recht zutreffend, aber verständlich: Auch Christoff ist ein im Singen agierender Sänger, ein mit übergroßen Gesten operierender Pantomime. Sein Singen ist nicht im Lyrischen fundiert, sondern im Dramatischen, in einer heftigen Expressivität. Sein Teufel im *Faust* ist nicht wie der Pol Plançons ein Gentleman, sondern eine Feuergeburt. Zwar kann er mit feiner Mezzavoce eine Kantilene ziehen oder, wie als Philipp in der großen Arie, den Klang des Cello mit der Sotto voce aufnehmen. Aber er setzt stärker auf gestische Extreme als auf feine klangliche Kontraste. »Vi ravviso« aus *La Sonnambula*, von Plançon opalisierend schön gesungen, formt er einwandfrei, aber sein Ton verströmt wenig(er) Zauber. Christoff spielt auf der imaginären Klangbühne und ruft seinen ebenso imaginären Hörern das zu, was Mephistopheles in Gounods Oper bei seinem Auftritt sagt: »Me voici«.

… bis zum Schrei: Renata Scotto

> Heute gibt es keinen Soprano leggiero mehr – und wenn doch, so habe ich ihn nicht gehört. Da war einmal Renata Scotto, die zauberhaft sang, doch jetzt, nach all ihren schweren Partien, schreit sie – oh Gott, wie sie schreit.
> *Lina Pagliughi über Renata Scotto*
>
> Wenn man hört, daß Freni und Scotto sich von lyrischen in dramatische Soprane verwandelt haben, spürt man die Ignoranz, die heute herrscht, leider auch unter den Kritikern. Diese exzellenten Sängerinnen singen dramatische Rollen, ja; aber ihre Stimmen sind nicht in diese Rollen hineingewachsen. Sie singen immer noch mit ihren lyrischen Stimmen und

geben, was sie oft nicht haben. – Ich tadle sie nicht persönlich – sie sind einfach Opfer des Systems.
Iris Adami-Corradetti über Renata Scotto und Mirella Freni

Haben Sie sie [i. e. Renata Scotto] in der neuen Aufnahme von *Nabucco* schreien hören? Sie findet Leute, die dafür bezahlen, daß sie schreit. So soll sie das Geld einstecken, solange es ihr noch bezahlt wird. Im Leben eines Sängers ist morgen nicht ein anderer Tag.
Augusta Oltrabella über Renata Scotto

Im Register von Lanfranco Rasponis Buch *The Last Prima Donnas* finden sich gut ein Dutzend Eintragungen über Renata Scotto – Äußerungen von Kolleginnen, die nicht länger mit dem scharfen Blick des Hasses auf die jüngere Kollegin blicken müssen. Der Tenor aller Anmerkungen liegt in der Frage, »was geht in den Köpfen der zaubrischen Mirella Freni und der einst so talentierten Renata Scotto vor« (Renata Tebaldi), daß sie *diese* Partien singen? Diese Partien – das sind im Fall der 1934 in Savona geborenen Renata Scotto Norma und Elena, Leonora und Amelia, Elisabetta und Gioconda, Lady Macbeth und Abigaille, Rollen, denen allein »dramatische Soprane Ehre widerfahren lassen können« (Tebaldi). Es wäre in der Tat falsch, nur die Sängerinnen für diese ruinösen Fehler verantwortlich zu machen. Der wahre Schuldige ist ein Opernbetrieb, der alle talentierten Sänger aus den Ensembles reißt, in denen sie wachsen und sich entwickeln können; der sie überdies in Rollen hineintreibt, denen sie nicht gewachsen sind und die jede Entwicklung unterbrechen, wenn nicht gar unmöglich machen. Soprane wie Ilva Ligabue und Marcella Pobbé, Gabriella Tucci und Renata Scotto, Mirella Freni und Katia Ricciarelli, Gundula Janowitz und Hildegard Behrens sind zu früh und zu oft dramatischen Partien ausgesetzt worden. Einige sind nach kurzer Karriere in der Versenkung verschwunden, die anderen singen nicht mehr – Dacapo für Henderson – innerhalb ihrer Mittel, sondern auf dem harten Stimmkern (Freni) oder scharf und forciert (Scotto, Behrens). Sie sind Opfer des Betriebes – vor allem von Regisseuren und Dirigenten, die, wie Lisa della Casa sagte, nach dem Motto verfahren: »Preß die Zitrone aus, und wirf sie dann einfach weg.« Was die Groteske verschärft: Nachdem Renata Scotto 1966 unter der Leitung von Sir John Barbirolli eine eindringliche und vokal fast makellose Aufnahme von Puccinis *Madama Butterfly* vorgelegt hatte – anfechtbar waren allein die leichten Spreizungen des Tons in der Höhe oder unter Forte-Druck –, wurde sie fast für ein Jahrzehnt von den großen Firmen links liegen gelassen. Decca beschäftigte entweder Tebaldi oder Sutherland, EMI Mirella Freni oder Montserrat Caballé. Erst Mitte der siebziger Jahre wurde Renata Scotto, geboren 1933, eine hochmusikalische, charakteristische und ausdrucksstarke Interpretin, »wiederentdeckt« – für ein Fach freilich, für das es kaum noch eine andere Sängerin gab. Insofern war sie, so grausam das klingen mag, nichts als eine Lückenbüßerin – und ihre Karriere ein Opfer.

Scotto konnte die oben erwähnten Partien längst nicht mehr aus dem Überfluß singen; sie mußte sie erkämpfen und vor allem die exponierten Töne über dem System der Stimme abtrotzen. Dadurch hat ihr Singen in den letzten Jahren eine entscheidende Qualität eingebüßt: die Einheit von Leichtigkeit und Natürlichkeit, die ihrerseits nicht nur Stimm- und Naturqualitäten sind, sondern Ausdruckswerte. Dafür ist sie gezwungen, dem Singen durch Ausdrucks-Anstrengung eine Intensität zu geben, die den Hörer auf eine manchmal qualvolle Weise fesselt. Dies freilich als ästhetisches Surplus gegenüber freiem, leichtem Singen zu feiern, zeugt vom Verlust kritischer Maßstäbe. Welch einen Start Scotto hatte! Sie war, Ende der fünfziger Jahre, ein wundervoller Soprano leggiero mit vortrefflicher Koloraturtechnik und ungewöhnlichem Farbreichtum. Sie studierte zunächst bei Emilio Ghirardini, gewann 1952 einen Gesangswettbewerb in Mailand – an dem sich über 1000 junge Sänger beteiligten – und durfte am Weihnachtsabend 1952 in ihrer Geburtsstadt Savona als Violetta debütieren. 1953 sang sie zum erstenmal Violetta in Mailand und erregte die Aufmerksamkeit von Mafalda Favero, mit der sie wenig später Butterfly studierte. Aber erst zwei Jahre später merkte sie, daß ihr erster Lehrer keineswegs der Richtige gewesen war. Es war der Tenor Alfredo Kraus, der ihr klarmachte, daß sie ihre Höhe nicht korrekt bildete. Da aber hatte sie ihr Debüt an der Mailänder Scala schon hinter sich: In der Saisoneröffnung 1954, als sie in *La Wally* die Knabenrolle des Walter unter Carlo Maria Giulini – im Ensemble neben Tebaldi, del Monaco und Tozzi – sang. Nach ersten Gastspielen im Ausland – in Kairo – traf sie 1956 am Teatro la Fenice auf Alfredo Kraus – Scotto: »der beste Tenore di grazia, den ich je gehört habe« –, der die Schwierigkeiten ihres Passaggio in die Höhe spürte und ihr Unterricht bei seiner Lehrerin, Mercedes Llopart, vermittelte. Die katalanische Sopranistin, die unter Toscanini die Marschallin an der Scala gesungen hatte (Aufnahmen habe ich auf LP nicht ausfindig machen können), verbot der jungen Scotto alle Butterflys und Neddas und begann mit systematischen Vokalisen. Scotto: »Mercedes Llopart lehrte mich, die Bedeutung des Belcanto zu erkennen, jederzeit die Stütze zu sichern und den Ton stetig zu halten; sie verbarg die Nahtstellen zwischen den Registern oder zeigte mir, wie man diese Übergänge singt, um Effekt zu machen.«

Mit Toscaninis einstigem Assistenten Antonino Votto – wurde früher wirklich sorgloser Oper gemacht? – studierte sie die Partie der Mimi »Phrase für Phrase«, auf Veranlassung Lloparts lernte sie Rollen wie Norina und Adina, mit Molinari-Pradelli wagte sie sich an Tschaikowskys *Pique Dame* und lernte, »daß in der Oper Darstellen und Singen nicht voneinander getrennt werden können«.

Sie sang Micaëla und Sophie, Pergolesis Serva Padrona und in Rossinis *Cambiale*, verzichtete auf Rat ihrer Lehrerin Llopart – »das ist zu dramatisch« – auf Puccinis Manon und sang statt dessen die von Jules Massenet. In ihrer ersten Plattenaufnahme wurde sie als Glauce neben der Medea von Maria Callas eingesetzt. Als 1957 das Ensemble des Teatro alla Scala in Edinburgh gastierte, wurde sie vom Management des Theaters gefragt, wen sie »covern« wolle. Sie bat darum, eine Callas-Partie zu studieren, ein »Juwel des Belcanto«: Bellinis Amina in *La Sonnambula.* Ein sogenannter Callas-Skandal verschaffte ihr die Chance ihres Lebens. Die Scala hatte mit dem Festival fünf Aufführungen von *La Sonnambula* vereinbart. Wegen des großen Erfolges erbat man in Edingburgh eine sechste Aufführung, die vom Management ohne Rücksprache mit Callas zugesagt wurde. Die Griechin hatte aber ein anderes Gastspiel vereinbart: Bei einer Party von Elsa Maxwell, die nur als Klatschmaul zu bezeichnen eigentlich ridikül ist. Bei ihrer Abreise, die natürlich zum Skandal aufgebauscht wurde, hatte Callas der Presse erklärt: »Ich überlasse die Rolle einer jungen Sängerin, die sich mit Ruhm bedecken wird.«

Scotto selber schrieb, daß der Abend des 3. September 1957 ihr Leben veränderte und sie zum Star machte; sie berichtete ferner von den herzlichen Komplimenten, die sie von Callas zu hören bekam. 1958 sang sie an der Scala in einer neuen Produktion von *L'Elisir d'Amore* neben die Stefano und Bastianini, sodann die Gretel in Humperdincks Märchenoper; 1959 folgte *Don Pasquale* unter Serafin, dann *La Bohème* neben Gianni Raimondi, der den in dieser Zeit schon nicht mehr recht zuverlässigen di Stefano ersetzte. Unter Gavazzeni nahm sie Verdis *Rigoletto* auf – neben Bastianini und Alfredo Kraus –, nach Ansicht des Verfassers eine sehr unterschätzte Aufnahme, wenngleich keine zentrale; darin singt Kraus einen exemplarischen Herzog. Dann folgten Donizettis *Lucia di Lammermoor* (wieder neben di Stefano und Bastianini) und, nach Aufführungen in ganz Italien, Verdis *La Traviata* neben Raimondi und Bastianini. Nur an der Scala sang sie Violetta nicht – Herbert von Karajan und Franco Zeffirelli brachten das Werk mit Mirella Freni heraus und erlebten ein mittleres Desaster (Scotto wurde mit der Erklärung abgespeist, sie habe nicht das Aussehen für Violetta). Trotz ihrer Erbitterung über den Scala-Chef Ghiringhelli ging Scotto mit dem Ensemble der Scala nach Moskau, wo sie Lucia sang. Ihr Erfolg wurde von Ghiringhelli so systematisch heruntergespielt, daß Giulietta Simionato den Impressario am 30. September 1964 im *Corriere Lombardo* der Quertreiberei und systematischer Intrigen bezichtigte. Erst drei Jahre später, nach Ghiringhellis Abschied von der Scala, sang Scotto wieder an der ersten Bühne ihres Landes. Einer der größten Erfolge war Bellinis *I Capuleti e i Montecchi* unter Claudio Abbado (mit Giacomo Aragall). Ihr Debüt an der Met gab sie 1965 als Butterfly, und dies wiederum fünf Jahr nach ihrem ersten Gastspiel an der Lyric

Opera von Chicago. Nach dem Met-Debüt am 13. Oktober 1965 schrieb ein Kritiker: »Es war Liebe auf den ersten Blick zwischen Miss Scotto und dem New Yorker Publikum.«

Nachdem sie einige Jahre lang das Standard-Repertoire gesungen hatte, bot Bing ihr wieder Butterfly, Lucia, Adina und Violetta an. Auf ihre Einwendung, daß sie neue Rollen und vor allem auch in einer neuen Produktion singen wolle, erwiderte er mit Manager-Kälte: »Es tut mir leid, Miss, aber Sie müssen warten, bis Sie an der Reihe sind.«

Scotto zog die Konsequenzen, sang die vertraglich abgesprochenen Produktionen und ging. Sie kam erst wieder, als sie zu einer neuen Produktion von *Vespri* eingeladen wurde und dies von einem neuen Management. Vor allem mit dem Dirigenten James Levine – »er ist der ideale Kollege und darüber hinaus auch ein Freund« – hat sie mehrfach zusammengearbeitet: In *Manon Lescaut, Macbeth, Francesca da Rimini* und *La Clemenza di Tito. Vespri* sang sie auch 1970 zur Saison-Eröffnung der Mailänder Scala – und wurde auf der Bühne begrüßt mit Rufen »Brava Callas« (die Griechin saß im Auditorium). Voller Wut sagte Scotto gegenüber Reportern, man möge doch »Callas holen und Vespri machen lassen, wenn sie singen kann«, was für neuerlichen Wind in den Blättern sorgte und für eine noch größere Animosität der Claque in den nächsten Aufführungen. Man lud sie ein, in der nächsten Spielzeit Donizettis Linda und Verdis Amelia in *Simon Boccanegra* zu singen. Während sich die Verhandlungen hinzogen, erfuhr Scottos Mann, daß Giorgio Strehler als Regisseur des *Simon Boccanegra* Freni verlangt hatte. Scotto kehrte nicht wieder an die Scala zurück: »Nicht wegen der Callas-Claque, sondern auf Grund des Mangels an Überlegung im Management.«

Als sie 1974 in San Francisco in einer neuen Produktion von *Madama Butterfly* sang, bekam sie eine neue Einladung von der Met für *Vespri* neben Domingo, Milnes und Plishka. Es war der Auftakt einer neuen Karriere (auch auf der Platte). In der Saison 1975/76 sang sie – in einer Aufführung – alle drei Frauenrollen von Puccinis *Trittico*, 1976/77 die Leonora in *Trovatore*, Berthe in *Le Prophète und Musetta*, 1977/78 Cileas Adriana Lecouvreur, 1978/79 Verdis Desdemona, Luisa und Elisabetta, 1979/80 La Gioconda und Manon Lescaut, 1981/82 Norma, 1982/83 Lady Macbeth und 1983/84 Zandonais Francesca da Rimini.

Sie hat in diesen Jahren an der Met manchen Sturm überstehen müssen. Vor einer *Norma*-Aufführung mußte sie in den *Daily News* lesen: »Renata Screecho takes over«, und erst Peter G. Davis rückte in der *New York Times* die Sache zurecht, als er sowohl die Stärken der Sängerin – Musikalität, Gespür für rhythmisches Timing, Sensitivität für das Kolorieren einer Phrase – als auch ihre Schwächen – forcierte hohe Töne, Spreizung des Tons unter Druck – beschrieb. Als John Steane seine Studie *The Grand Tradition* abschloß, rühmte er Renata

Scotto als eine Sängerin, die ohne die Manierismen von Maria Callas auskomme und ohne Registerbrüche, vor allem ohne »tonliche Unstetigkeit beim Singen unter Druck«, musiziere. Steane wertete Scottos Violetta als »the most generally satisfying of all« (Einspruch) und stufte auch ihre Gilda, Butterfly und Lucia hoch ein.

Als Lucia demonstriert sie eine gute verzierte Technik, sicher plazierte Töne bis zum Es in alto, aber der Triller ist ungelenk und die Tongebung nicht restlos frei, vor allem in den Noten über dem F". Verglichen mit Callas ist ihre Interpretation eine in Wasserfarben. Als Gilda überzeugt sie den Verfasser in der ersten Aufnahme unter Gavazzeni mehr als in der gekünstelten unter Kubelik, wo sie ständig eckig und scharf singt. Als Violetta unter Votto ist sie, mit dem kühlen Wort von Alan Jefferson in *Opera on Record* »plausible« – weit entfernt aber von der ingeniösen Verschmelzung von Virtuosität und Expression, wie man sie von Ponselle oder Callas (unter Giulini und Ghione) erlebt hat. Gerade die exuberante Auszierung der Kadenz und von »Sempre libera« wirkt, weil nicht sicher bewältigt, wie eine Reduktion. Octavio Roca, Co-Autor von Scottos Autobiographie *Scotto – More than a Diva*, schreibt in seiner hymnisch kommentierten Diskographie, daß die zweite *Traviata*-Aufnahme unter Riccardo Muti ihre »beste Verdi-Einspielung« sei, »vielleicht ihre beste Aufnahme überhaupt«. In Mutis straff und streng dirigierter (und strichloser) Aufnahme bietet Scotto ein durchaus kluges und nuancierter Porträt. Das manifestiert sich zunächst in den klanglichen und sprachlichen Nuancierungen in »Ah, fors è lui«, wo sie beide Verse singt und schon deshalb zu Differenzierungen gezwungen ist. Es zeigt sich ferner in ausdrucksvollen Kolorierungen expressiver Phrasen: »Morir«, »Díte alla giovine« und »Addio del passato« trägt sie mit der Intensität einer großen Tragödin vor. Es gibt freilich auch Defizite, und die liegen mitnichten darin, daß die hohen Töne sauer klingen; Muti hat seinen Sängern ohnehin die Töne in alto zu den Arienschlüssen untersagt – was durchaus ein Vorteil auch im vokalen Sinne sein kann. Ich kann mich jedoch nicht des Eindrucks erwehren, als wäre »Sempre libera« eine clevere Manipulation. Es klingt so, als ob die Sängerin – wie bei einer Probe – nur andeutet; als ob sie eben unter dem Atem singe und die Dynamik von der Aufnahme-Technik gesteuert werde. Diesem »Sempre libera« fehlt es an Lebendigkeit, an Klang, an Exuberanz, an Virtuosität: Die große Geste dieser Cabaletta wird reduziert zu einer zaghaften.

Wer die junge Scotto at her best hören will, stimmlich reich und gelöst-virtuos, sei auf ein Recital vom 3. Juni 1961 verwiesen, bei dem sie im Teatro Massimo von Catania Arien von Vincenzo Bellini sang (Fonit Cetra DOC 39): Elviras »Qui la voce« und Aminas »Prendi, l'anel ti dono« (mit dem akzeptablen Tenor Giuseppe Baratti) sowie »Ah, non credea« singt sie ausdrucksvoller als alle

Callas-Nachfolgerinnen, ja, sie kann sich hier *neben* Callas behaupten. Eine der schönsten Bellini-Platten überhaupt und als Recital weit eindringlicher zu empfehlen als die Ricordi-Platte mit Ausschnitten u. a. aus *Rigoletto* und *Lucia di Lammermoor.* Interessant wiederum Cetras PO 2077 wegen »Siccome un di« aus *I Pescatori di Perle* und Norinas »Quel guardo il cavalier« aus *Don Pasquale*, während »Come per sereno« aus *La Sonnambula* rhythmisch wie expressiv mißlungen ist und auch das Lesen des Briefes vor Violettas »Addio del passato« auf dem Sprechton mehr als problematisch.

Ende der fünfziger und in den frühen sechziger Jahren war Scottos Stimme ein lyrischer Sopran von sehr attraktiver Klangqualität und guter farblicher Modulierbarkeit. Ende der sechziger Jahre ist sie aber offenbar zu dem Entschluß gelangt, eine »Sänger-Darstellerin« zu werden. Dafür adaptierte sie, wie Andrew Porter in *High Fidelity* (September 1975) anmerkte, »eine Reihe unangemessener vokaler und darstellerischer Affektationen«. Diese beeinträchtigten »den natürlichen Fluß ihrer Phrasierung« (Porter). Schon ihre Aufnahme von *Madama Butterfly* unter Sir John Barbirolli zeigte, bei aller Eindringlichkeit der vokalen und expressiven Gestaltung, daß sie nur mit Anspannung, teilweise mit Forcierung durch dramatische Partien hindurchkommt. Die Folgen hat Andrew Porter mit einer Diagnose beschrieben, die nicht allein für Scotto gilt, sondern für eine Reihe von lyrischen Sopranen, die Spinto-Rollen singen: »Der Ton hat Kraft [force], aber es fehlt ihm an Gewicht und Fülle [weight].«

Bei solch einem gleichsam untermotorisierten Singen bewundert man zwar die Energie und, im Fall der Scotto, die verzehrende Intensität des Ausdrucks – der deutsche Kritiker Ulrich Schreiber bezeichnete sie in der *HiFi-Stereophonie* gelegentlich als »Scotto-Callas« oder als »Gesangstragödin à la Callas« –, aber zugleich leidet man unter der spürbaren Anstrengung, der zuweilen sogar qualvollen Tonproduktion der Sängerin. Dies Ineins von Spannung und Verspanntheit, von Ausdruck und Anstrengung ist auch in der von James Levine betreuten *Norma*-Aufnahme zu hören. Ulrich Schreiber bemängelte zwar, daß Scotto sich mit den »Fiorituren nicht leicht« tue, aber den Eingangsteil der Arie »so herrlich wie einst . . . Ponselle« singe und insgesamt die »Aufsässigkeit« der Partie zum Ausdruck bringe. Das ist zwar eine richtige Beschreibung der *generellen* Ausdruckscharakteristik, aber eine ungenaue der *spezifischen* sängerischen und musikalischen Mittel. Gewiß kann man suggestiv geformte und getönte Phrasen hören – etwa in »Teneri figli« oder »O rimembranza« –, aber kaum je ist sie noch in der Lage, lange Phrasen oder gar die ganze Cavatina und die langen Bögen von »Mira, o Norma« mit kontinuierlich gut oder schön geformtem Ton zu singen. Und wie steht es mit der Verblendung der Register? In den tiefen Phrasen des Rezitativs vor »Casta diva« fällt sie in eine von der übrigen Stimme abgekoppelte Bruststimme. Ebenso abgelöst sind nicht nur die forciert-lauten

Töne über dem F, sondern vor allem auch die schlecht gestützten Piano-Töne, die nicht auf dem Atem fluten, sondern unter dem Atem gesungen werden und dadurch flackern wie eine Kerze bei einem Luftzug. Die Repetitionen des hohen A in der Cavatina werden ohne Leichtigkeit vollzogen, und die noch höheren Töne spreizen sich bis zur Zerfaserung. Die Tatsache, daß Scottos Porträt der Norma intelligenter, musikalischer, dramatischer ist als das von Montserrat Caballé oder der schlicht überforderten Beverly Sills, macht es noch nicht zu einer großen oder *vollständigen* Darstellung.

Wie nebensächlich man (in einer doch wohl problematischen Verkennung der italienischen Opern-Grammatik) die Fähigkeit finden mag, verzierte Musik zu singen – Bellinis Musik spricht nun einmal in verzierten Formeln und Formen, und sie wird auf fatale Weise reduziert, wenn die expressive Formel-Sprache nicht aus vokalem Überfluß dargeboten wird. Wenn die Regel gilt, daß die Bewältigung der größten Schwierigkeiten die Voraussetzung für die Darstellung einer Rolle und, noch wichtiger, für die Schonung und Bewahrung der Stimme ist, so hat Scotto vor allem *sich* einen schweren Tort angetan, als sie unter Riccardo Muti Abigaille in *Nabucco* übernahm. Man kann die Energie ihres Einsatzes, die Intelligenz der dramatischen Gestaltung bewundern, aber man windet sich unter den schrill-geschrienen hohen Tönen und vielen häßlich-harschen Klängen. Scotto singt nicht innerhalb ihrer Mittel, sondern riskiert ständig den vokalen Kollaps. Um so überzeugender finde ich Scotto in James Levines Aufnahme von Verdis *Otello*. Zwar singt Margaret Price die Desdemona schöner und klangvoller, doch ist Scottos Vortrag dramatisch unendlich viel weiter gefächert, vor allem in der expressiven Färbung des Textes weitaus suggestiver – eine Qualität, mit der sie ihren Partner Placido Domingo geradezu deklassiert.

Scotto mag, faute de mieux, eine der herausragenden Verdi-Interpretinnen der siebziger Jahre gewesen sein, ihre eindringlichsten Porträts hat sie jedoch mit Puccini-Partien vorgelegt. Sie hat unter Lorin Maazel Puccinis *Trittico, Madama Butterfly* und *Le Villi* aufgenommen, unter James Levine *La Bohème* und *Tosca*, ferner aus dem sogenannten veristischen Repertoire *Adriana Lecouvreur, Cavalleria Rusticana* und *Andrea Chenier*, sodann unter Riccardo Muti *Pagliacci*. Ich finde sie als Mimi, weil stimmlich nicht mehr frisch genug, nicht überzeugend, als Nedda zugleich eindringlich und technisch überfordert, als Tosca allzu eklektisch in ihrer deutlichen Orientierung an Maria Callas, dazu stimmlich in weiten Teilen unerträglich forciert, als Butterfly hingegen außerordentlich, eigentlich sogar expressiver als in der Aufnahme unter Barbirolli. Zwar gibt es auch in dieser von Lorin Maazel mit beherrschter Intensität dirigierten Einspielung – eine Puccini-Sternstunde – die wackelnden und gespreizten hohen (Forte-)Töne, doch ebenso oft beherrschtes Piano-Singen und immer eine

Renata Scotto
(Foto: © Ullstein Bilderdienst)

bestechend expressive und mit tiefen Farben getönte Phrasierung. Signifikant, daß sie unter Barbirolli für die Eingangsmusik die hohe Alternative (D) wählt, unter Maazel die bequemere tiefe. Die von Levine betreute Aufnahme von *Cavalleria* gehört zu den besten des Katalogs: Domingos Turiddu schäumt vor Temperament wie der Wein im Becher, den er besingt, und Scotto bietet ein bewegendes Rollen-Porträt fast auf Callas-Höhen – und mit den üblichen Schwierigkeiten in den Ton-Höhen. Womöglich noch eindringlicher und von der Gesamtqualität konkurrenzlos ist die Aufnahme des *Trittico*, dies dank der weniger sensualistischen als gestisch-scharfen Interpretation der Orchesterparts. Scotto ist die eindringlichste, wenn auch nicht opulenteste Giorgetta (wie immer gibt es schrille und saure Noten) – und hat einen sehr charakteristischen, aber nicht italienisch-idiomatischen Partner in Ingvar Wixell; sie ist ferner die differenzierteste Suor Angelica (im Vergleich ist Tebaldi simpel-weinerlich, Sutherland ausdrucksarm) – und hat in der geradezu einschüchternden Marilyn Horne die ideale Partnerin als Zia Principessa. *Gianni Schicchi* hingegen ist wegen der absoluten Dominanz der Titelpartie in der Santini-Aufnahme von 1958 mit dem jüngeren Tito Gobbi vorzuziehen.

Scotto hat in den siebziger Jahren eine Reihe von Recitals gesungen und darin, des dramatischen Kontextes eines vollständigen Werks beraubt und nicht immer von den besten Dirigenten begleitet, nur bedingt überzeugt. Das Verismo-Programm, 1975 veröffentlicht und von Gavazzeni flexibel begleitet, ist insgesamt überzeugend, verrät aber die schon beschriebenen tonlichen Anspannungen, etwa in der schlecht gestützten Phrase »Flammen, perdonami«. Auch fehlt es ihr an Anmut für Dorettas Lied aus *La Rondine* und für Musettas Walzer. Die von Andrew Porter monierten rhythmischen Instabilitäten führe ich nicht auf musikalische, sondern auf technische Fehler zurück: Die Stimme schwingt für rasche Musik nicht schnell genug ein. Das fast gleichzeitig aufgenommene Verdi-Recital unter Gavazzeni offenbart die Grenzen der Virtuosa Scotto, etwa im registertechnisch überaus problematischen Rezitativ vor der Abigaille-Arie, auf der anderen Seite wiederum ein an Muzio oder Callas erinnerndes expressives Singen in Stücken wie in Violettas »Addio del passato« – allerdings mit einem völlig unkontrollierten hohen A am Schluß – oder »Arrigo, ah parli a un core« aus *I Vespri Siciliani*. Wie weit sie freilich von Callas entfernt bleibt, verrät der Bolero »Mercè, dilette amiche« aus *Vespri* – in ihrer Wiedergabe ein Ritt über den Bodensee. 1979 erschien ein Duett-Recital mit Placido Domingo mit vier Szenen aus Opern, die, von Massenets *Manon* einmal abgesehen, sonst kaum zu hören sind: Gounods *Roméo et Juliette, Fedora* und *I Rantzau* (Mascagni), ein wohltuend unorthodoxes Programm. Weniger wohltuend der von Domingo durchgehaltene emphatisch-expressive Vortragsstil, durch den die beiden französischen Duette sentimental eingedickt werden. Domingos Stimme, damals sehr dunkel und leicht quallig, wird unter äußerstem Druck geführt und produziert dunkle Klangwogen, nivelliert aber die Diktion und die Phrasierung. Im Duett aus *Fedora* ziehe ich das Singen Magda Oliveros wegen seiner intelligent-schluchzenden Intensität – es ist »camp-singing« – vor (del Monaco muß man überhören, was allerdings leichter gesagt als getan ist).

Scottos Karriere ist, anders hätte sie nicht so ausführlich kommentiert werden müssen, eine für den heutigen Opernbetrieb symptomatische. Sie hat sie diesem Betrieb – warum sonst wäre sie so spät ins Oberhaus der Interpreten gewählt worden – abtrotzen müssen. Auch wenn das schwere Opfer gekostet hat, so ist sie doch eine der zentralen italienischen Sängerinnen der Nachkriegszeit.

Engelsstimme: Renata Tebaldi

Ich kann nur lachen, wenn ich in den Berichten einiger Kritiker lese, daß die Met in meiner Zeit nur von Routine regiert wurde. Kann man von Routine sprechen, wenn innerhalb von zehn Tagen *Tosca* von Milanov, Nilsson und – alle Bescheidenheit sei vergessen! – von mir gesungen wurde? Wettbewerb ist das Beste, was es in unserer Profession geben kann. Für das Publikum ist es einfach interessanter, wenn in Repertoire-Werken unterschiedliche Sänger auftreten. Man mag *Bohème* mögen, aber will man wirklich immer dieselbe Mimi hören? Aber wer ist heute denn noch da? Wenn ich mich erinnere, wer vor dem Publikum war, als ich anfing, merke ich, wie wir gesunken sind. Denken Sie an Caniglia, Carosio, Favero, Nicolai, Barbieri, Stignani, Cigna, Pacetti, Bechi, Pasero, Andrea Mongelli, Tagliavini, um nur einige zu nennen. Später kamen Simionato, Milanov, Sutherland, del Monaco, di Stefano, Bastianini, Corelli, Siepi, Tucker, Warren – mein Gott! Da war jeden Tag Spannung. Sie alle waren superb. Ich werde nie über den Tod von Warren hinwegkommen, als ich mit ihm in *Forza* sang. Er war ein wundervoller Kollege, und welch eine Stimme! Heute singt dieselbe Gruppe überall, hetzt von Theater zu Theater, ohne Proben, ohne Verantwortung gegenüber dem Publikum, und verlangt immer höhere Gagen. Wie kann man um vier Uhr mit dem Flugzeug ankommen und abends um acht Uhr singen? Sie müssen Nerven aus Stahl haben. Ich bin damals vor dem Tag der Aufführung immer früh ins Bett gegangen, und mehr noch, ich habe nicht einmal am Telefon mit jemandem gesprochen.
Renata Tebaldi im Gespräch mit Lanfranco Rasponi

Im Jahr 1946 kehrte der greise Arturo Toscanini nach Italien zurück, das er siebzehn Jahre zuvor aus Protest gegen den Faschismus verlassen hatte. An der Mailänder Scala dirigierte er ein Festkonzert, zu dem er einige der bedeutendsten Sänger des Landes einlud – und eine Anfängerin, die erst zwei Jahre zuvor, am 23. Mai 1944, in Rovigo als Elena in *Mefistofele* debütiert hatte. Aus dem Konzert ist die Preghiera, das Gebet, aus Rossinis Mosè erhalten. Wir hören den großen Tancredi Pasero, den Tenor Giovanni Malipiero (den guten Edgardo der *Lucia*-Aufnahme mit Lina Pagliughi) und die 1922 in Pesaro geborene Renata

Renata Tebaldi als Desdemona
(Foto: © Decca/Polygram Klassik)

Tebaldi, eine Schülerin von Carmen Melis. In der Szene aus Mosè hat sie nur einen kleinen Abschnitt, den dritten Vers, zu singen. Es reicht aus, eine wundervoll weiche, flutende lyrische Stimme zu hören. Sie ist füllig, ohne voluminös-korpulent zu sein, weich timbriert und doch leuchtkräftig, vor allem betörend schön beim Gebrauch der Mezzavoce. Vier Jahre später sang sie wieder an der Scala und erneut unter Arturo Toscanini den Sopranpart in Verdis *Messa da Requiem*. Eine Cetra-Sammlung enthält das »Libera me« – und wenn auch die Klangqualität von vielen dieser Mitschnitte schlecht ist, so ist unverkennbar, daß wir eine Engelsstimme hören. Das hohe B am Ende des »Libera me« bildet sie, nach einer nicht ganz sicheren Attacke, mit wunderbarer Halbstimme und läßt es in perfekter Emission verströmen. 1951 nahm Tebaldi zwei Arien aus *Giovanna d'Arco* auf. Dabei wurde sie den virtuosen Ansprüchen des jungen Verdi mit einer erstaunlichen Agilità gerecht; und in sehr hoher Tessitura bildete sie endlose Sostenuto-Phrasen mit makellosem Legato.

Diese Aufnahmen entsprechen schwerlich dem Bild, das wir uns von Renata

Tebaldi zu machen gewohnt waren – von der sanften Engelsstimme, die ihre Antipodin in der furiosen Virtuosa Maria Callas fand; von der empfindsam-klangschön singenden Verismo-Diva, die mit dem Canto fiorito nicht zurechtkam, zumindest nicht so souverän wie die Griechin. Als Kommentator der Cetra-Sammlung hat Rodolfo Celletti die Ansicht vertreten, daß Tebaldi, hätte sie zwanzig Jahre später zu singen begonnen, in der Ära des wiederentdeckten Ziergesangs, eine andere Sängerin geworden wäre. So aber setzte sie die Tradition der Verismo-Diven fort – vor allem ihrer Lehrerin Carmen Melis, die einige der klangschönsten und beherrschtesten Aufnahmen des einschlägigen Repertoires gemacht hat, während Callas der anderen Tradition, dem Canto fiorito, und auch einer anderen Technik, dem Singen in der Maske, folgte.

Man kann diesen fundamentalen Unterschied beschreiben als den zwischen einem »natürlichen« Singen bei Tebaldi und einem »artifiziellen« bei Callas. Nur dürfen diese beiden Begriffe nicht als wertende verstanden werden. »Natürlich« meint – und hier folge ich John Strattons glanzvollem Essay »Operatic singing style and the gramophone« aus *Recorded Sound* (1966) – eine Annäherung des Singens an den Tonfall der *Sprechstimme*, also »die Verbindung von Klängen wie beim Sprechen«, dergestalt, daß »Silben und Noten verbunden werden«. Beim »artifiziellen« Singen wird hingegen die Stimme so gebildet, daß sie sich mit den Instrumenten vermischt und nicht nur Stimme ist. Nur in diesem Singen kann die technisch-artistische Balance – oder auch Kongruenz – zwischen dem Dekorativen und Dramatischen erreicht werden, jene zweite Natur (oder Kunstnatur), die sich turmhoch über jenen sängerischen Naturalismus erhebt, der durch einige Jahrzehnte hindurch aus einer stilisierten eine prosaische Kunst gemacht hatte. Anders und paradoxal gesagt: Gerade der Versuch, dramatische Expressivität durch sängerischen Naturalismus herzustellen, hat dem Singen jene nur durch artifizielle Künstlichkeit herstellbare »zweite Natur« genommen, die das wahre Wesen großen Singens ist. Wo immer Tebaldi bestimmte Formeln des klassischen Singens aufgriff – etwa die gefluteten Messa-di-voce-Effekte –, wirkte sie natürlicher als in den heftigen sprachlich-deklamatorischen Ausbrüchen, durch die sie, wie William Mann es einmal formulierte, nur wirkte wie eine »Fischfrau auf dem Wochenmarkt«. Callas' Rückwendung zur artifiziellen Formensprache des Belcanto war demnach ein »Zurück in die Zukunft«, Tebaldis Naturalismus ein Fort-Schritt in den Anachronismus überlebter Opern-Kunst.

Kurz vor ihrem Konzert-Debüt in der Scala hatte Tebaldi in Triest als Desdemona debütiert – neben Francesco Merli, der, obschon 59 Jahre alt, immer noch durch die Prägnanz der Darstellung und die Finessen seiner Diktion überzeugte. Danach hat Tebaldi mit den berühmtesten Otello-Interpreten dreier Jahrzehnte gesungen. Sie selber sagte: »Kein anderer Tenor besaß in dieser Rolle – wie auch in vielen anderen – den vokalen Glanz und die unwiderstehliche Kraft Mario del

Monacos. Was vielleicht ein wenig fehlte, war Menschlichkeit. Ramon Vinay war ein überragender Sänger-Darsteller, aber die Stimme war immer leicht verschattet. John Vickers Zugriff ist der intellektuellste, und es ist wunderbar, wie er plötzlich die delikatesten Phrasen singen kann. James McCracken ist formidabel auf seine Weise: stürmisch, passioniert, fast brutal.«

Die ersten Opernrollen an der Scala waren Margherita und Elena in *Mefistofele*, sodann Elsa in *Lohengrin* im Sommer 1946. Ein Jahr später sang sie im neueröffneten Haus Mimi und die *Meistersinger*-Eva. Als sie 1950 den Sopran-Part in Verdis *Messa* sang, verlangte Toscanini von ihr im »Te Deum« das E, das genau den Klangcharakter der Trompeten fortsetzen sollte. Toscanini erklärte, der Ton müsse so klingen, als fiele er vom Himmel, und aus diesem Grunde plazierte er Tebaldi über dem Chor. Wenig später kursierte das Wort, Toscanini habe Tebaldis Sopran eine »Engelsstimme« genannt – Tebaldi selber hat diese Legende widerrufen. Nach dem *Requiem* sang sie Verdis Aida – die Rolle, in der Maria Callas einmal erfolglos für Tebaldi einsprang. Beim Maggio Musicale Fiorentino sang sie in einem Revival von Rossinis *L'Assedio di Corinto*. Der Erfolg war so groß, daß die Aufführung auch in anderen Städten gegeben wurde – ein Ausschnitt aus einer Gala im San Carlo liegt ebenfalls vor. Über das spätere Scala-Revival mit Beverly Sills, für die alle Fiorituren restituiert wurden, hat Tebaldi sich eher spöttisch-distanziert geäußert. Warum, so hat sie ahnungslos gefragt, hat Rossini mit der Pariser Version – *Le Siège de Corinth* – all das übertriebene Zierwerk entfernt? 1950 gab sie ihre Debüts am Covent Garden und in San Francisco. An die Met kam sie erst 1955 als Desdemona. Danach verlagerte sie ihre Aktivitäten mehr und mehr nach Amerika, nach New York und Chicago, zumal Antonio Ghiringhelli an der Scala ganz auf Maria Callas setzte. Tebaldi sang dort nur in *Forza* 1955, *Tosca* 1959 und *Andrea Chenier* 1960. Selbst wenn der Primadonnen-Krieg zwischen der Griechin und der Italienerin vor allem auf dem Wunschdenken von schreibenden Indiskretins beruhte – die Polarisierung ergab sich auch aus der Sache. Tebaldi selber räumte ein: »Maria hat eine Ära geprägt – das kann ihr niemand nehmen. Sie bestand darauf, alles zu singen und tat es. Nun versucht eine jede das – und es klappt leider überhaupt nicht.«

In den sechziger Jahren entwickelte sich zwischen ihr und dem Auditorium der Met so etwas wie eine Love affair. Bis 1972 hat sie dort 250 Aufführungen gesungen: Aida, Leonora, Traviata, Tosca, Madeleine, Mimi, Mrs. Ford, Adriana, Manon Lescaut, Maria, Minnie, Desdemona, Butterfly. 1963 mußte sie – ihre Stimme war in schlechter Verfassung – eine Pause von einem Jahr einlegen. Sie arbeitete noch einmal an ihrer Technik und hatte weitere acht Karriere-Jahre. Die Mittellage blieb immer intakt, nur die Höhe büßte an Klangschönheit und beherrschter Emission ein. Aufnahmen wie Turandots »In questa reggia«, von Steane gerühmt (dem Verfasser schwer begreiflich), bringen eine unangenehme, angestrengte Sprezzatura des Tons und stößig abreißende Phrasenenden. Das Singen läuft hinaus auf die Vergewaltigung der Natur – hebt sich selber auf als künstlerischer Vorgang.

Das, was sich in einigen frühen Aufnahmen andeutete, ist Tebaldi nicht geworden: eine Virtuosa. In ihrem Repertoire fehlen alle Rollen von Bellini und Donizetti, und von Rossini hat sie, abgesehen von den frühen Aufführungen von *L'Assedio di Corinto*, nur Matilda in *Guglielmo Tell* gesungen. Ebenso fehlt das frühe Verdi-Repertoire. Zwei Rollen des mittleren Verdi – Violetta und Leonora – sind knapp akzeptabel geraten, wenn man nur die üblichen Maßstäbe anlegt. Damals aber wurden beide Partien auch von Callas gesungen – und hier fällt der Vergleich für die Italienerin alles andere als gut aus. Wo immer Passagenwerk oder gar Triller – die Tebaldi nicht einmal in Andeutungen sang – verlangt sind, scheitert sie. Sowohl in »D'amor sull'ali rosee« als auch in »Sempre libera« wirkt sie zaghaft und singt so, wie ein nervöser Klavierschüler das Examensstück vorträgt. Die Aufnahme von *Ballo in Maschera* (1970) kam für sie einfach zu spät; sie muß forcieren, kann die Rezitative nicht mehr formen und hohe Töne schon gar nicht mehr bilden. At her best hingegen hört man sie in *La Forza del Destino* – vor allem in der von Mitropoulos dirigierten Aufführung des Maggio Musicale Fiorentino von 1953 (mit del Monaco, Barbieri, Protti und Siepi), wo ihre lyrische Stimme mühelos bis zum hohen B flutet, während die Spitzentöne schon 1955 in der von Molinari-Pradelli betreuten Aufnahme forciert klingen, erste Andeutung der Höhenprobleme, die 1959 in einer Wiener *Aida*-Aufführung manifest wurden. Tebaldi patzte beim C der Nil-Arie und sang die Aida nicht wieder (gemunkelt wird, daß in der von Karajan betreuten Aufnahme das C von Simionato gesungen wurde).

Ähnlich die Probleme in der Aufnahme des *Don Carlo* unter Solti, wo die über dem System liegenden Noten erkämpft werden müssen. Es ist schade, daß sie ihre erste Aida – die sie in der ungalanten Gesellschaft eines Macho-Radames namens del Monaco sang – unter Herbert von Karajan nicht ganz wiederholen konnte. Sie kommt dramatisch bei weitem nicht an Callas oder Price heran und ist gesanglich unausgewogen. Überzeugend ist sie hingegen als Desdemona, in der ersten Aufnahme unter Erede ebenso wie in der zweiten unter von Karajan, der sogar del Monaco dann und wann zu ein paar zurückgenommenen-verinnerlichten Tönen zu bewegen vermochte. Der Schatten Callas' fällt auch über ihre Tosca, die nach Ansicht del Monacos die vokal souveränste ihrer Epoche war. Gewiß hat Tebaldi große und schöne Momente: die souveräne Phrasierung im Liebesduett, den flutenden Vortrag von »Vissi d'arte« mit einer wahren Leuchtrakete von B, das konzentrierte Singen in der Schlußszene. Aber alle Grandeur ist eine äußerliche, eine naturalistisch-theatralische. Wenn sie, von Scarpia in ihrer Eifersucht bestärkt, aus der Kirche eilt und singt »io piango«, so bricht sie in jenes Fischerweib-Schluchzen und Weinen aus, das reiner Mummenschanz ist. Callas hat an dieser Stelle die Tränen nur in der Tönung der Stimme. Wenn sie vor dem toten Scarpia sagt: »E avanti a lui tremava tutta Roma«, so klingt das aufgesetzt, während bei Callas im Klang der Stimme Verachtung und ungläubiges Entsetzen schwingen. Ähnlich das Bild bei *La Gioconda*: Tebaldi singt die Partie überwiegend klangvoll und schön, Callas hingegen entwickelt eine leidenschaftliche Gestalt. Und Tebaldi hilft es wenig, daß sie hier und dort mit einer reicheren und volleren Stimme singen kann. Am überzeugendsten ist Tebaldi, wenn sie in Puccinis Opern all die leidenden, mißbrauchten oder ausgenutzten Femmes fragiles zu singen hat – auch wenn ihre Stimme nichts Zart-Fragiles hat. Wie schön aber ihre Mimi, ihre Butterfly, ihre Manon vokalisiert sein mögen – in der reichen Entfaltung der Höhe hat sie nach dem Krieg nicht ihresgleichen –, Callas, de los Angeles, Scotto haben die Partien überzeugender »gelebt«, lebendiger, dramatischer, ausdrucksvoller: eben kunstvoller.

Hier halte ich ein mit dem beschämenden Gefühl der Hypokrisie. Man kann beim Porträt eines Sängers die Tugenden herausstellen (ohne Schwächen zu verschweigen), und man kann über Fehler beckmessern. John Steane hat, mit dem britischen Sense of fairness, Tebaldi als eine zentrale Sängerin bezeichnet, hat ihr vor allem die »schiere Schönheit des Klangs« und »Exzellenz der Technik« zugesprochen, überdies »Sensitivität, Schönheit, Würde und Wärme« des gesanglichen Ausdrucks. Es sei noch einmal betont, daß die Bildung eines beherrschten, schönen Tons, daß die Formung einer flutenden Phrase nicht nur ein technischer Vorgang, sondern bereits ein interpretatorischer Akt ist. Tebaldi hat, vor allem in den fünfziger Jahren, berückend schön gesungen. Aber man hört diese Aufnahmen, ohne daß sie sich in dem Gedächtnis einprägen wie das oft weniger schöne, aber ausdrucks- und charaktervollere Singen der Callas.

Cantare con forza: Mario del Monaco

Der Belcantismus [sic!] ist ganz allgemein für mich ein negatives Faktum, denn er ist Singen um seiner selbst willen, nicht präziser Ausdruck einer Persönlichkeit. Ja, manche Kritiker sagten: Er singt immer zu laut, er hat keine »halben« Töne,

aber ein Michelangelo war ja auch kein Miniaturmaler! Jeder hat seine Weise, Kunst auszudrücken, und meine war gigantisch wie die Michelangelos.
Mario del Monaco in einem Interview mit ›Opernwelt‹

Ein nachgereichtes Stück Renaissance, ein zum Theater ausgewichener Volkstribun à la Rienzi.
Karl Schumann in seinem Nachruf auf del Monaco

Mit einer lauten Stimme im Halse, so hat Friedrich Nietzsche in einem Aphorismus geschrieben, sei man unfähig, feinere Sachen zu denken. Dem Florentiner Mario del Monaco (1915–1982) galt der »Mißbrauch« des Piano- und Pianissimo-Singens nicht nur als »das Krebsgeschwür der Stimme«; er hat aus der Klangausladung einen Fetisch gemacht. Als er im Herbst 1950 in der Mailänder Scala neben der für Renata Tebaldi einspringenden Maria Callas in *Aida* Radames sang, notierte T. J. Walsh für *The Record Collector*: »Signor Mario del Monaco setzte den Standard des Abends. Sich erkennbar darauf vorbereitend, ließ er das lauteste und längste Schluß-B heraus, das ich je in dieser Arie gehört habe. Höchst bemerkenswert war seine Anstrengung, die Claque unter Kontrolle zu halten. Die sparte denn auch ihr Feuer auf, bis sie zum Schluß das Weiße in Signor del Monacos vor Anstrengung hervortretenden Augen sehen konnte.«

Der englische Kritiker fühlte sich durch den Klang der Stimme zuweilen an Giovanni Martinelli erinnert, freilich nicht an die stilistische Feinheit und die Aufrichtigkeit im Vortrag des Älteren. Del Monaco hat seinen Vortrag stets als Stil des veristischen Zeitalters verteidigt – verteidigt indes mit Argumenten, die jeder historischen Richtigkeit und selbst jeder physiologischen Triftigkeit entbehren. Seine Kritik am Belcanto richtete sich nicht nur gegen ein lediglich in seiner Vorstellung existierendes Klischee vom Belcanto, sondern sein vokaler »machismo« (Lord Harewood) lief auf nichts anderes hinaus als auf die Vergewaltigung der Stimme wie die der Musik. Del Monaco versuchte nicht nur, jeden Ton und jede Phrase mit maximalem Volumen und baritonal eingedunkeltem Timbre zu singen, sondern der völlig überspannten Stimme zusätzlich dramatische Akzente abzufordern, mit dem Ergebnis, daß Zielnoten und Phrasenenden mit heftigem Schock des Zwerchfells herausgestoßen, herausgegellt, herausgeblökt wurden.

Gewiß, eine schwere Heldentenorstimme kann schwerlich so flexibel und elegant auf dem Atem geführt werden wie die eines Tenore di grazia. Aber sie muß gleichwohl eine dynamische Skala haben, muß wenn schon keinen Triller so doch Vorschläge oder Gruppetti und vor allem reine Vokale bilden können. Zwar müssen Vokale untereinander ausgeglichen sein, doch hat ihr Grundcharakter erhalten zu bleiben. Bei del Monaco ist, vor allem in Live-Aufführungen und nach den Strapazen ständigen Forte-Singens, ein ausgesprochen schmutziges Vokalisieren zu beobachten. Besonders in der Höhe bringt er wegen der überweiten Öffnung des Ansatzrohrs kaum je rein vokalisierte /i/, /e/ oder /u/ zuwege, sondern erzeugt buchstäblich einen dunkel-trüben Klangstrom auf einen Mischvokal zwischen /o/ und /a/, roh und brustig gebildet, dazu versetzt mit den schäbigsten Schluchzern und Heulern aus dem akustischen Schauerkabinett des Verismo. Die Schlußphrase im Lamento des Canio hat del Monaco, Lautschrift kann den Klang nur annähernd wiedergeben, etwa so gesungen: »Ridi del duol che t'avvelena il cor – Riiiidihi del dol, che t'avväleno hhiil cohohaor.« Und darauf folgen gaumige Schluchzlaute ins Nachspiel hinein.

Wie der aus Riga stammende Bariton Joseph Schwarz legt er im Prolog zu *Pagliacci*, den er trotz unzureichender tiefer Lage oft in Recitals sang, unmittelbar vor der großen melodischen Aufschwung ein Lachen ein. Während Schwarz aber in einer abfallenden Skala genau dem Orchesterduktus folgt – das heißt also: das Lachen singt und damit artifiziell musikalisiert –, ist del Monacos Ausbruch kein vokaler, sondern ein unmotivierter Effekt aus dem Schmierentheater. Und wenn man zuschlechterletzt sein Heldenjammergeschrei in Otellos Lamento oder seine durch einen musikalischen Fleischwolf gedrehte Figaro-Kavatine erlitten hat, rätselt man über die Gründe für den Ruhm und die brillante Karriere des Sängers.

Es war die Karriere eines Autodidakten. Del Monacos Mutter, Floria Giachetti, war eine Cousine von Ada Giachetti, Carusos erster Frau. Del Monaco hat mehrfach erzählt, daß ihn der Unterricht bei einer Schülerin Alessandro Boncis fast um seine Stimme gebracht hätte. Erst durch das Studium bei Arturo Melocchi fand er zu seiner Stimme und zu seinem Stil, den er, Egomane in excelsis, mit dem Monumentalismus des Michelangelo verglich. 1936 gewann er ein Stipendium für fortgeschrittene Studenten und konnte seine Ausbildung in Rom fortsetzen. Dort hörte man in ihm wiederum einen lyrischen Tenor. Weil der Klang seiner Stimme dadurch in eine Zwangsjacke gesteckt wurde, ging er wieder zu Melocchi zurück. 1940 wurde er zum Militär eingezogen, konnte aber im selben Jahr in Cagli bei Pesaro als Turiddu in *Cavalleria* debütieren. Er wurde ans Mailänder Teatro Puccini eingeladen und sang Pinkerton, den er bald auch am Teatro Verdi in Florenz neben Toti dal Monte verkörperte. In Verona sang er neben Mercedes Capsir Alfredo in *Traviata*, in Florenz neben Lina Pagliughi Edgardo in *Lucia*. In Kairo sang er als Partner von Germana di Giulio in *Tosca* und *Fedora*. 1945 debütierte er an der Scala als Pinkerton (mit der Butterfly von Iris Adami Corradetti), 1946 als Radames in Verona, und 1950 sang er am Teatro Colón von Buenos Aires seinen ersten von insgesamt 427 Otellos. Als er 1950 in San Francisco Radames sang, wurde er von Bing gehört und zu einem Gastspiel

(Des Grieux) vor der eigentlichen Verpflichtung an die Met (1951/52) eingeladen. In seiner zweiten Met-Saison sang er 24mal Radames (insgesamt 70 Met-Aufführungen). Später folgten Alvaro, Manrico, Ernani und vor allem Otello. An der Scala hat er Aeneas in *Les Troyens* gesungen, Samson, Don José, Andrea Chenier (mit Callas), Cavaradossi, Dick Johnson, Canio und die schon erwähnten Verdi-Rollen. Die Met verließ er aus beleidigtem Stolz: 1962 war ihm die Saison-Eröffnung mit Otello versprochen worden. Statt dessen wurde *Ernani* gegeben – mit dem damals aufstrebenden Franco Corelli. 1963 hatte er einen schweren Autounfall und konnte fast ein Jahr nicht singen. Seine letzte Aufführung gab er 1975 in Palermo als Canio.

In den Bänden von *Opera on Record* finden sich rund drei Dutzend Eintragungen unter seinem Namen. Aber nicht ein einziges Mal wird er lobend erwähnt. Er gilt als »monoton«, »unerträglich laut«, als »macho« und wird »unausgesetzten Blökens« oder »brutalen Singens« bezichtigt. Schon in seinen ersten Platten aus den späten vierziger und den frühen fünfziger Jahren setzte er rücksichtslos auf Fortissimo-Wirkungen, und es ist ein Wunder, daß seine Stimme die ständige Überstützung und das Aufreißen zwecks Vergrößerung des Volumens ein volles Jahrzehnt durchhielt. In einem EMI-Album sind Aufnahmen aus der Zeit zwischen 1948 und 1952 zusammengefaßt. Zu Beginn der Vasco-Arie (»Mi batte il cor«) klopft das Herz so laut, als hörte man es unter einem Stethoskop. Das B der Blumenarie erklingt, und Martha entschwindet mit dreifachen Forte, Werther erwacht mit Urschrei, Radames' Romanze erklingt ohne Zärtlichkeit, und die Türken hat Otello offenbar mit den Wogen der Stimme ertränkt. Akzentuierte Töne hingegen sprechen nicht sauber an, weil sie verbrustet sind und keine Konzentration auf den Stimmkern erlauben, sondern dazu tendieren, aus dem Fokus zu gehen.

Dennoch gab es durchaus überrumpelnde Momente, wenn die Stimme sich in der mittleren Lage und unmittelbar über dem Bruch in langen Legato-Bögen entfalten konnte. Es war imponierend wie das Schwellen von Muskeln bei einem Body-Builder. Der vokale Exhibitionismus schlug bei großer Ausdrucksmusik leicht ins Pompös-Pathetische um: Otellos »Dio! mi potevi scagliar« (1951 unter Argeo Quadri) bringt zunächst schlechte Schmiere und zum Schluß (bei »Confessione«) martialisches Gebrülle. Seine ersten Gesamtaufnahmen hat er in den frühen fünfziger Jahren für Decca gemacht. 1952 schmetterte er sich unter Alberto Erede durch *Otello*, 1953 unter Ghione und Erede durch *Cavalleria* und *Bajazzo*. 1954 war er in der schlechtesten *Rigoletto*-Aufnahme (unter Erede) ein Herzog in Wildwest-Manier. 1956 folgte ein ähnlich konzipierter Manrico, dem das C in der Stretta nach gebellten Gruppetti aus dem Fokus rutscht und grell und verquetscht gerät.

Welch eine Erlösung, wenn man seinen Alvaro in *Forza* hört, vor allem in

Mario del Monaco
(Foto: © Decca/Polygram Klassik)

einer frühen Live-Aufnahme von Maggio Musicale Fiorentino von 1953 unter Dimitri Mitropoulos. Die Romanze singt er zwar nicht so nuanciert wie Bergonzi, Tucker, geschweige denn Caruso oder Martinelli, aber doch mit dem Versuch zu Nuancierungen und Schattierungen, zu klanglicher Bindung und gar, welch Wunder, Mezzavoce-Tönen (Cetra, Opera Live). Auch in den Aufnahmen von *Andrea Chenier, Tosca* (zweite Tebaldi-Aufnahme) und *Pagliacci* gibt es einige mit schöner Morbidezza eingefärbte Phrasen, immer wieder aber ruiniert durch unkontrolliert-heftige Ausbrüche, bei denen dem Sänger mit dem Temperament die Stimme buchstäblich aus den Zügeln ging. Als er 1960 unter Herbert von Karajan seinen zweiten Otello aufnahm – es sind darüber hinaus diverse Mitschnitte, so unter Fausto Cleva aus der Met, erhalten –, hatte die mächtige Stimme an Fundament, an Klang verloren. Die Tongebung ist nicht einfach heller, sondern künstlich aufgehellt, sogar leicht gequetscht. Unverkennbar ist die Bemühung um eine behutsamere, leisere Tongebung im Liebesduett, aber das As auf »Venere splende« ist ein nicht recht körperhaft erfaßter Piano-

Ton, wie man ihn oft von überspannten Stimmen hören kann, die ohne den Druck muskulärer Anspannung flach klingen. Überraschend, daß er die großen dramatischen Ausbrüche des zweiten Aktes (»Ora per sempre« und »Sì pel ciel«) nur mit viel Volumen, nicht aber mit jener Intensität singen kann, die durch das Orchester schneidet. Er produziert Volumen ohne Brillanz. Nach dem Eindruck des Verfassers entsprach die Durchschlagskraft der oft dunkel klingenden und unter Anspannung auch dumpf werdenden Stimme nicht dem übermäßig großen Volumen – sie trug nur in der Mittellage und bis zum eingestrichenen A weit, sicher und klingend in den Raum, während die Enden der Stimme – C und H' – entweder hauchig oder verspannt klangen. Auch interpretatorisch hatte sein Otello wenig Kontur: Nichts von der erschütternden Intensität Martinellis in »Dio! mi potevi«, nichts vom strengen Pathos und der deklamatorischen Prägnanz Tamagnos, dafür eine auf athletische Überrumpelung angelegte Heftigkeit des Singens, die allerdings nie die explosive Schallkraft Björlings (»Si pel ciel«) erreichte.

Voce Verdiana: Carlo Bergonzi

> Die beste Lösung für diese heiklen Passagen ist die Mischung von Brust- und Kopfstimme, mit ein wenig Übergewicht für die letztere. Das Ergebnis wird samtiger und geschmeidiger sein. Es ist ungeheuer schwierig, doch wenn man es einmal geschafft hat, klingt es besonders schön.
> *Carlo Bergonzi über die Wiedergabe von ›La donna è mobile‹*

> Mehr als jeder italienische Tenor auf Platten verbindet er Kraft, Schönheit, Intensität und Eleganz. Nicht so kraftvoll wie Caruso, nicht so schön wie Gigli, weniger intensiv als Martinelli und weniger elegant als Schipa, bietet er dennoch eine Summe all dieser Attribute.
> *John Steane in ›The Grand Tradition‹ über Carlo Bergonzi*

Schwerlich ein zweiter Tenor nach Giacomo Lauri-Volpi hat sich so systematisch und erfolgreich mit den Problemen der Stimmproduktion beschäftigt wie der 1924 in Vidalenza – gelegen in der Nähe von Bussetto wie von Verdis Landsitz Sant' Agata – geborene Carlo Bergonzi. Von seinen Lehrern, dem Bariton Edmondo Grandini und dem renommierten Pädagogen Ettore Campogalliani, wurde er für einen Bariton gehalten, und auch Tullio Serafin, der ihn

1947 während eines Probesingens in der Scala hörte, hatte keinerlei Zweifel an der Stimmgattung. Bergonzi debütierte 1948 in Varedo (nicht in Lecce, wie bei Kutsch/Riemens zu lesen) als Figaro, übernahm danach in Lecce die Baritonpartien in *L'Amico Fritz, L'Elisir d'Amore* und *Rigoletto.* Bis 1950 kamen Malatesta, Ashton (*Lucia*), Germont père und Rigoletto dazu. Das Glück über schöne Erfolge war ständig überschattet von der Angst vor den baritonalen Zielnoten F und Fis, die, offenbar mit zu brustiger Funktion gesungen, verspannt waren und, vor allem im Verlauf anstrengender Partien, immer saurer wurden. Bergonzi merkte, daß etwas mit seiner Stimmproduktion nicht in Ordnung war – und fand selber heraus, wo der Fehler lag. Beim Aufwärmen der Stimme im Teatro Goldoni von Leghorn, wo er den Sharpless sang, ließ er die Stimme, die beim Fis' zu brechen pflegte, aufs C" segeln.

Genau drei Monate nach diesem 12. Oktober 1950 sang der Tenor Carlo Bergonzi am 12. Januar 1951 in Bari den Andrea Chenier. Und noch heute bewältigt der fast 70jährige das Passaggio von der Brust- in die Kopfstimme mit einer Geschmeidigkeit, die einzigartig ist bei den Tenören der Nachkriegszeit. Dabei war der junge Bergonzi auch unmittelbar nach dem Stimmwechsel vor der Gefahr der Überbrustung keineswegs gefeit, wie seine wenigen Aufnahmen von 1951 beweisen. Von den Aufführungen der RAI zum 50. Todesjahr Verdis ist eine Aufnahme von *Simon Boccanegra* mit Bergonzi als Adorno erhalten, ferner Auszüge aus *I Due Foscari* und *Giovanna d'Arco.* Seine Stimme hatte damals ein starkes, fast flackerndes Vibrato, die Bruststimme wurde mit Heftigkeit in die Höhe gestemmt, die Linie auf Kosten wuchtiger Akzente unterbrochen: Wer nur den Bergonzi der späteren Verdi-Aufnahmen kennt, würde ihn vermutlich nicht einmal durch das Timbre wiedererkennen. Leider lassen sich über die Platte die entscheidenden Entwicklungsjahre Bergonzis nicht beschreiben. Denn nach den frühen Cetra-Aufnahmen, darunter Auszüge aus *Pagliacci,* geriet Bergonzi in den Schatten seiner damaligen Rivalen, die er nicht nur dank seiner Disziplin und Ökonomie, sondern auch durch eine zunehmend verfeinerte Technik überlebt hat. Merkwürdig, daß Bergonzi selbst hinter Gianni Poggi, Mario Filippeschi, Francesco Albanese und Giuseppe Campora zurücktreten mußte.

Erst ganz spät in den fünfziger Jahren, als del Monaco nur noch für die Schwergewichtsklasse und di Stefano meist für Absagen gut war, kam Bergonzi auf der Platte zum Zuge. An Stelle del Monacos sang er unter von Karajan Radames, und statt des zunächst vorgesehenen Jussi Björling übernahm er unter Solti den Riccardo in *Ballo* (1959 und 1961). Aber erst 1963, sieben Jahre nach seiner Verpflichtung an die Met (Debüt 1956 als Radames), kam er fest an die Scala, wo er von 1963 bis 1968 in *Aida, Mefistofele, Forza, Trovatore* und *Ballo* sang. An der Met hat er bis 1983 gesungen, in der Arena von Verona in sechzehn

Sommerspielzeiten über 100 Aufführungen bestritten und am Covent Garden vor allem in Verdi-Partien geglänzt.

Die Kontinuität der Karriere im äußeren Sinne spricht für eine klug gesteuerte stimmliche Entwicklung. Mit dem Gnadengeschenk des exquisiten Timbres oder der Naturgabe der überströmenden Klangproduktion war Bergonzi nicht bedacht worden. Selbst seiner fertigen Stimme fehlt es in der Vollhöhe an Metall und Durchschlagskraft, und daß er sich trotz begrenzter Mittel als Canio, Manrico oder Radames (den er einige hundertmal gesungen hat) glänzend behaupten konnte, weist ihn als Meistersänger aus. Sein Glanzstück hat er mit der Bewältigung des Passaggio geliefert. Nichts ist gefährlicher und schwieriger als die Korrektur einer kopf- oder falsettreichen Baritonstimme zur Tenorlage hin. Die Überspannung der von der Bruststimme geprägten Mittellage jenseits der Schaltstelle kann irreparable Schäden zeitigen, vor allem die Trennung von Brust- und Kopfstimme (Registerdivergenz). Das Ziel, die Verbindung der Vollschwingung (Brust) und der Randschwingung (Kopf), hat Bergonzi auf bewunderungswürdige Weise erreicht. Es gibt in Rodolfos »Che gelida manina« eine heikle Passage, bei der Gigli in eine falsettgeprägte Kopfstimme ausweicht und Giuseppe di Stefano mit verquetschter (weil zu hoch getriebener) Bruststimme operiert: »Talor dal mio forziere«. Bergonzi vermischt mit virtuosem Raffinement die Register und gleitet mit Leichtigkeit durch die unbequeme Tessitura. Nur da, wo der heftig-hochdramatische Akzent gefordert ist, reicht er nicht ganz an Tenöre wie Caruso, Martinelli, Lauri-Volpi oder Björling heran, die das Metall ihrer Stimmen vor allem durch die Verdichtung auf den Stimmkern heller und heißer zum Glühen bringen konnten.

Wer als Sänger mit höchster Wachsamkeit auf seine Grenzen schauen muß – wozu der lyrische Sänger im schweren Fach eigentlich ständig gezwungen ist –, kommt nicht um die Begrenzung der Ausdrucksskala herum. Bergonzi ist mit einer relativ engen Palette ausgekommen, und was er, der »langsame, aber sorgfältige Studierer« (Bergonzi über sich), einmal erarbeitet hat, hat er beibehalten. Seine Aufnahmen von Alfredos »De' miei bollenti spiriti« (in Gesamtaufnahmen unter Pritchard und Prêtre und in seiner Verdi-Anthologie unter Santi) unterscheiden sich, bei fast auf die Sekunde identischem Tempo!, nur durch Nuancen, die weniger von einem geänderten Konzept als von der vokalen Tagesform diktiert sind. So bindet er die Phrase »dell'universo immemore io vivo quasi in ciel« unter Pritchard auf einem Atem und muß unter Santi, der vier Sekunden schneller ist, zum Hilfsmittel des Fiato rubato (Atemzug ohne Unterbrechung der Phrase) greifen. Diese doppelte Konservierung – von Stimme wie Vortrag – ermöglichte Bergonzi eine phantastische Konstanz. In keiner seiner rund 25 Gesamtaufnahmen aus einem Repertoire von über 65 Rollen hat er eine schwache Leistung geboten.

Carlo Bergonzi als Riccardo
(Foto: © Decca/Polygram Klassik)

Allenfalls zeigen sich stilistische Grenzen. Als er 1977 mit dem Pianisten John Wustman ein Recital mit italienischen Liedern – Bellini, Verdi, Rossini, Denza, de Curtis, Donizetti u. a. – aufnahm, führte er in Bellinis »Vaga luna che inargenti« die Ziernoten so ungelenk aus, daß dem köstlichen Lied die Anmut der graziösen Form vorenthalten blieb. Auch ein Recital mit »Arien und Canzonen des italienischen Barock« mit Felix Lavilla am Klavier brachte nicht viel mehr als Skelette von Gesängen, die ihre Form und ihren Zauber aus der Applikation von Appoggiaturen, Trillern und Verzierungen bekommen. Um so erfreulicher ist die Begegnung mit dem Opernsänger und vor allem mit dem Verdi-Interpreten. Zweimal hat er es geschafft, aus *Lucia di Lammermoor* eine Oper des Tenors zu machen: 1966 neben Anna Moffo und 1970 neben Beverly Sills. Er gibt den Edgardo mit geschmeidiger Stimmführung und fein schattierter Phrasierung, oft sehr ausdrucksvollen Morbidezza-Abtönungen (Übergang von der Arie in die Schlußszene) und wundervollem Fluß.

Mit der gleichen Eleganz singt er auch die Partien des veristischen Repertoires: Enzo in *La Gioconda* und vor allem Turiddu und Canio in den Aufnahmen unter Herbert von Karajan, der beide Opern vom Ruch des Reißerischen befreit und ihnen dennoch nicht ihre theatralische Vollblütigkeit nimmt. Steane hat darauf aufmerksam gemacht, daß Bergonzi nicht Effekt macht durch die Ausladung der Stimme oder durch die Bomben roh geöffneter Vokale, sondern durch »rhythmische Pointierung«. Meisterhaft, wie Bergonzi sich in Turiddus Siziliana auf das sechsmal wiederholte A hinaufschraubt, wie er den Aufschwung auf »a ventitre ore« nimmt und, vor allem, wie er Canios Affektausbrüche zurücknimmt in einen beherrscht musikalischen Ausdruck.

Wenn seine Stimme aber die *eines* Komponisten geworden ist, dann ist es die Verdis. Und es spricht für sich, daß er schon jenseits der Fünfzig war, als er 31 Arien aus den Opern zwischen *Oberto* und *Falstaff* aufnahm und der gesamten Galerie von Verdi-Gestalten sängerisch souverän gerecht wurde. Die Leistung Bergonzis ist erst dann recht einzuschätzen, wenn man sich klarmacht, daß vor allem der junge Verdi einzelne Partien auf die Talente seiner Sänger zugeschnitten hat. Die Rollen in *Alzira, Il Corsaro* und *La Battaglia di Legnano*, geschrieben für Gaëtano Fraschini (»der Tenor der Flüche«), verlangen nach einer robust-dramatischen Stimme; die in *Oberto, Un Giorno di Regno, I Lombardi, I Due Foscari* und *Giovanna d'Arco* nach einer geschmeidig-lyrischen Donizetti-Stimme, die etwa in *Un Giorno di Regno* in einem aufsteigenden Arpeggio das D (natürlich mit Kopfstimme) erfassen und den Ton in eine elegische Sfumatura hüllen kann; in *Rigoletto* und *La Traviata* sind zugleich lyrische und akzentkräftige, umfangreiche und brillante Stimmen verlangt, während Manrico, Alvaro und Radames in einer, so Celletti, hybriden Weise sowohl nach Lyrismus als auch nach Dramatik verlangen. Beispiele: Im Finale des dritten Aktes von *Trovatore* folgt auf das Cantabile des Duettino und von »Ah, sì ben mio« der dramatische Akzent auf »suo figlio«. Dann muß der Sänger die heftigen Gruppetti von »Di quella pira« und das Attacca-C« bewältigen. Der Alvaro in *Forza* muß in der Phrase »Oh, tu che in seno agli angeli« im Piano vom C' (auf »che«) auf das as' (auf »seno«) gleiten, schon bald aber im Duett mit Carlo di Vargas mit äußerster Heftigkeit Akzente setzen. Für den Radames ist im Nilakt in der B-Dur-Phrase »il ciel de' nostri amori« ein Quartsprung auf das hohe B vorgeschrieben, das dolcissime gesungen und durch eine Corona hervorgehoben werden muß. Rollen wie Gabriele Adorno und Arrigo (*Vespri*) gehören zum Aufgabenbereich des Lirico-spinto, der Otello ins dramatische Fach. Erst der Fenton ist so etwas wie eine Erinnerung an den Tenore di grazia. Bergonzi hat nicht nur die Trias der mittleren Opern, *Ballo, Forza, Don Carlo, Macbeth* und *Aida* aufgenommen, sondern auch zahlreiche der Frühopern, und vielleicht hat er nie schöner und ausdrucksvoller gesungen als in *Attila* unter Lamberto Gardelli. Auch wenn seine Stimme nicht so klanggesättigt ist wie die Carusos, so phrasiert er die Kavatine des Foresto mit einer an den Neapolitaner erinnernden Geschmeidigkeit und Intensität: Vor allem »Ella in poter del barbaro« ist ein Meisterstück zugleich kantablen und akzentuierten Singens mit wundervoll kalibriertem Rubato auf »Io ti vedrei fra gli angeli«, und auch das Fil di voce auf »mio di« ist schlechthin meisterhaft. Daß er ein exzellenter Sänger des Herzogs ist – auch wenn ihm die Vollhöhe für das H in »La donna è mobile« und erst recht für »Possente amor« fehlt –, verrät die Anthologie eher als die Gesamtaufnahme unter der ledernen Leitung von Rafael Kubelik mit dem die Titelpartie fingierenden Dietrich Fischer-Dieskau. Für den Manrico (unter Serafin) fehlt es ihm an einigen Stellen an Squillo, während er als Alfredo alle Rollen-Kollegen klar übertrifft. Den Riccardo in der Aufnahme von *Ballo* unter Georg Solti hat er statt des zunächst vorgesehenen (und dann verstorbenen) Jussi Björling gesungen, und man muß zu einer Live-Aufnahme mit dem Schweden greifen, um einen besseren Rollen-Vertreter zu hören. Bergonzi hat die Eleganz und die Geschmeidigkeit für die Partie, die er zweimal aufgenommen hat (unter Solti neben der unidiomatischen Birgit Nilsson, unter Leinsdorf neben Leontyne Price), aber nicht immer die athletische Energie und Brillanz des Schweden. In dieser Beziehung sind ihm auch Tucker und Domingo als Alvaro überlegen, aber keiner singt die Partie so eloquent und gestaltenreich wie Bergonzi, der vor allem in der Romanze die Morendo-Phrase auf »... tal dell'immortal mio di« nach einem langen Melisma auf einem sauber zentrierten Fis' im Piano verklingen lassen kann.

Mit seinem Verdi-Recital hat Bergonzi in einem Alter, in dem die meisten Tenöre mit den rauhen Resten ihrer Stimme auskommen müssen, gezeigt, was durch kontinuierliche Arbeit an einer guten, aber nicht überragenden Stimme möglich ist. Szene für Szene und Arie für Arie erlebt man die Arbeit eines Klangarchitekten, der seine Vorstellungen in jedem Moment, vor allem in dem der Gefährdung durch zu großen Widerstand der musikalischen Materie, umsetzen kann. An seine Grenzen kommt kaum je der Musiker Carlo Bergonzi, wohl aber der Tenor. Es ist das alte Leitmotiv: Einen vollkommenen Sänger hat es nie gegeben.

Spanische Madonna: Victoria de los Angeles

Sie werden eine der größten Sängerinnen der Welt werden.
Benjamino Gigli 1947 zu Victoria de los Angeles

Es gibt definitiv ein Repertoire für die ›Falcon‹-Stimme. Falcon, die erste Valentine in *Les Huguenots* und Rachel in *La Juive*, verlor ihre Stimme nach nur sechs Jahren, aber sie zog dennoch die Spuren des Ruhms hinter sich her – ungeachtet der Tatsache, daß ihr schönes Instrument nicht über das B hinausreichte. Victoria de los Angeles, die Sopranrollen gesungen hat und immer mit den hohen Noten kämpfen mußte, ist nach meiner Ansicht eine typische Falcon-Stimme ... Sie kam durch einige Puccini-Rollen und durch Eva in *Meistersinger* wegen ihrer schönen mittleren Lage, aber sie wurde an der Met von der Martha hoffnungslos besiegt – von einer Rolle, in der einst so brillante lyrische Sängerinnen wie Christine Nilsson, Adelina Patti, Marcella Sembrich, Frieda Hempel und Frances Alda geglänzt hatten.
Lanfranco Rasponi über de los Angeles

Wenn die Kunst des Sängers darin liegt, scheinbar vertraute Musik durch Nuancen des Klangs, Inflektionen der Sprache, Energie oder Charme des Ausdrucks neu zu illuminieren – dann gehört die Spanierin Victoria de los Angeles, geboren 1923 in Barcelona unter dem Namen Victoria Lopez Garcia, ausgebildet am Balmes-Institut und am Konservatorium ihrer Heimatstadt, zu den größten Sängerinnen nicht nur der Nachkriegszeit. Waren Ponselle und Milanov die Diven der vokalen Opulenz, Maria Callas die des dramatischen Espressivo, Schwarzkopf die der noblen und intelligenten Manier, so fand die Spanierin den Ton – und die innigen Töne – für all das, was lyrisch und leise ist in der Musik. Ihr einzigartiges und unverkennbares Timbre lag in einem Mantel von Samt und entfaltete sich in einem Klang, der dem Ohr schmeichelte. Ihre Phrasierung war nicht nur gut, sondern zeichnete sich, wie die aller wirklichen großen Musiker, durch natürlich schwingende Bewegungsabläufe aus. Nie brauchte sie Ausdruck zu *machen*, weil sie die Musik selber sprechend zum Klingen brachte. Als Carmen konnte sie auf jeden Mummenschanz, auf jedes gewollte Agieren mit der Stimme verzichten und sang doch die lockendste, anmutigste Habanera.

Victoria de los Angeles gab 1944 ihr Debüt als Konzertsängerin. 1945 sang sie an der Oper von Barcelona die *Figaro*-Gräfin. Sie gewann den ersten Preis beim Musikwettbewerb von Genf, sang 1948 in London für den Rundfunk in Manuel de Fallas *La Vida Breve*, begann 1949 in Paris als Marguérite in *Faust* ihre internationale Karriere, debütierte 1950 in London am Covent Garden als Mimi und im selben Jahr an der Scala als Ariadne. 1951 gab sie ihr Met-Debüt wieder als Marguérite und sang dann zehn Jahre bis zu der fatalen *Martha*-Aufführung an diesem Institut. Es bedarf kaum der Erwähnung, daß sie an allen großen Bühnen und bei allen Festivals gesungen hat; besonders erwähnt sei nur ihre Mitwirkung an den Bayreuther *Tannhäuser*-Aufführungen 1961 und 1962, bei denen sie durch Musikalität und glänzende Projektion den Mangel an dramatischem Volumen und Höhenglanz wettmachte.

Noch einmal die Stimme: John Stratton, Autor zahlreicher Beiträge in *The Record Collector* und ein genauer Kenner nationaler Gesangsstile, hat die gerade und fast vibrato-lose Stimme der Victoria de los Angeles mit der eines Knaben-Alts verglichen und die Vermutung ausgesprochen, daß dies ein »Erbe« ist, das von den Falsettisten der Renaissance bis hin zu Garcia kultiviert worden ist. Die Stimme nimmt, weil wie geblasen produziert, fast nie das Vibrieren der Erregung an. Es ist eine Stimme für zärtliche Halbschatten und sanfte Andeutungen, die man in spanischer Musik kennenlernen sollte – zumal die Platten der wundervollen, aber viel expliziteren Conchita Supervia hierzulande kaum (mehr) bekannt sind.

De los Angeles hat für das spanische Lied geleistet, was Fischer-Dieskau für das deutsche Lied, Christoff für das russische, Bernac, Panzéra und Souzay für das französische getan haben. Sie hat nicht nur die folkloristisch eingefärbten Lieder von de Falla, Granados und Turina oder aus Zarzuelas gesungen, sondern auch die aus der Epoche der Gotik, der Renaissance und des Barock – die Cantigas des 13. und 14. Jahrhunderts, die Tonadillas des 18. Jahrhunderts und die eklektischen *Tonadillas* eines Granados. Lyrisch-verhaltene Lieder wie »El mirar de la maja« oder »La maja dolorosa« (aus den *Tonadillas* von Enrique Granados) singt sie mit aristokratischer Noblesse und einer fast schon schmerzlichen Innigkeit. In tänzerischen Gesängen musiziert sie nicht mit der Verve und Sinnlichkeit Conchita Supervias, wohl aber mit teilweise phantastischer vokaler Beweglichkeit in den Melismen und Fiorituren. »Canción de la Gitana« aus Chapis *La Chavala* oder Valverdes »Clavelitos« und das Arrangement »Adiós Granada« zeugen von einer souveränen sängerischen Virtuosität. Steane beklagt bei einigen populären Gesängen – etwa den *Siete canciones populares españolas* von Manuel de Falla, daß sie nicht »populär« genug sei. Sie strahle Charme aus, singe mit Delikatesse, oft auch mit einer gleichsam lächelnden Stimme, aber es fehle ihrem Vortrag an Feuer und Passion.

Das ist nicht falsch – richtig ist aber auch, daß man nicht von jedem Interpreten alles haben kann. Supervia hat die noble Beherrschtheit und aristokratische Eleganz ihrer Nachfolgerin nie besessen. De los Angeles war alles andere als nur eine Spezialistin für das spanische Lied. Sie hat ebenso italienische, französische und deutsche Lieder gesungen, vor allem einige eindrucksvolle Brahms-Aufnahmen gemacht: »Dein blaues Auge« und »Vergebliches Ständchen« singt sie unwiderstehlich, leider nur mit einer unnötig effekthascherischen Beschleunigung des letzten Verses im zweitgenannten Lied. Ihre Sensibilität und ihr Gespür für Farben offenbart sich noch eindringlicher in französischen Liedern: Faurés »Chanson d'amour« singt sie mit reichem und sinnlich schattiertem Klang, Hahns »Le Rossignol des Lilas« mit wundervollem Understatement und jenem Gespür für Zwischentöne, die das Sentimentalische nie durch das Süßliche gefährden.

Diese geschmackliche Sicherheit und die Noblesse der Liedinterpretin machen sie zu einer überragenden Interpretin französischer Opernmusik. Sie hat Carmen gesungen, Massenets Charlotte und Manon, Gounods Marguérite, Debussys Mélisande und Offenbachs Antonia. Ihre Interpretation der Carmen-Partie ist eine Lektion der Nuancierung und Sublimierung. Nie wirft sie sich in die Hüften. Die Habenera singt sie (noch) ganz selbstvergessen für sich, ohne

Victoria de los Angeles
(Foto: © EMI Classics)

Posen für die Zuschauer. Die Séguidille mit lockender, herausfordernder, aber nie ordinärer Gestik – und im Finale hält sie leise-kühl gegen den emphatisch im Singen agierenden Don José Nicolai Geddas in einer seiner besten Aufführungen auf der Platte. Anders als Beverly Sills – und dies liegt nicht nur an der gläsernen, spröden Stimme der Amerikanerin – ist sie eine authentische Manon. Ihr Timbre für das junge Mädchen ist echt, das der Amerikanerin fingiert. Vor allem gelingt es ihr, die Uneigentlichkeit der dargestellten Empfindungen auszudrücken, jene unterdrückte Sinnlichkeit, die der Musik Massenets ihre hysterische Note gibt. Die Szene in St. Sulpice, das sehrende »Adieu«, das Bekenntnis »Mon être tout entier, ma vie, mon amour« und »Ah! je sens une flamme« bekommen bei ihr jenen Ton unschuldiger Sinnlichkeit und Hysterie, den Sills verfehlt – es ist eine der überragenden Aufführungen der Spanierin, die in Pierre Monteux einen idealen Dirigenten hat.

Das kann man von Georges Prêtre als Dirigenten einer *Werther*-Aufnahme nicht sagen – er tendiert zu jener emphatischen Überdeutlichkeit, die das Gefühlsgespinst der Musik zerreißt. Wieder ist de los Angeles eine wundervolle Protagonistin, subtil und nuanciert, tonschön singend (abgesehen von einigen harten hohen Tönen) und delikat agierend. Nicolai Gedda als Werther singt »Un autre son époux« mit dem rechten Maß an Erregtheit und hysterischer erotischer Emphase, vielleicht aber zu forciert in den extremen dynamischen Wechseln zwischen laut und leise. Was in den französischen Aufnahmen von de los Angeles fehlt, ist die Fähigkeit zum brillanten Jeu d'esprit. Die Juwelen-Arie aus Gounods *Faust* hat kein Funkeln, keinen Glanz, kennt nicht jenen mit vokalen Mitteln erreichten Éclat de rire. Ihre Antonia in der ambitiösen Aufnahme von *Les Contes d'Hoffmann* unter André Cluytens – neben der kühlen Olympia von Gianna d'Angelo und der Karikatur-Kurtisane von Elisabeth Schwarzkopf – leidet unter vokalen Unsicherheiten. Man hat in der Tat den Eindruck, daß sich nicht nur Antonia, sondern auch Victoria bei hohen Tönen um ihr Leben singt.

Diese Schwäche bei der Extension der Stimme hat sie vom Verdi-Repertoire eigentlich ausgeschlossen. Sie ist, wie distinkt und ausgefeilt sie auch singt, die nonnenhafteste aller Violetta-Sängerinnen und muß um die Brillanz von »Sempre libera« kämpfen – was ein Widerspruch in sich ist. Auch ihre Amelia in *Simon Boccanegra* – neben dem überragenden Tito Gobbi – ist, bei aller Schönheit und Noblesse des Singens, eine allzu verhaltene Aufführung. Die große Szene der Desdemona hat sie anmutig und gelöst gesungen, mit behutsamsten emotionalen Affektgesten etwa in der Phrase »son mesta tanto, tanto«. Sie hat zweimal die Rosina in Rossinis *Barbiere* gesungen – anmutig und charmant unter Erede neben Gino Bechi, bewußter und fraulicher unter Vittorio Gui neben dem prachtvollen Sesto Bruscantini (diese Produktion aus Glyndebourne gewinnt bei jedem Hören, hat in Alva einen guten Almaviva und in Ian Wallace einen alerten Bartolo).

Sie war die ideale Sängerin für die Femmes fragiles einiger Puccini-Opern: Unter Beecham hat sie *La Bohème* aufgenommen, ferner *Suor Angelica* und zweimal *Madama Butterfly* unter Santini und Gavazzeni. Sie ist die anrührendste, zarteste Mimi, unendlich viel ausdrucksvoller und empfindsamer als Renata Tebaldi, vor allem durch die Eloquenz ihrer Phrasierung und die Nuancierungen der farblichen Valeurs. Auch als Suor Angelica ist sie konkurrenzlos geblieben – trotz Sutherland und Scotto. Von den beiden *Butterfly*-Aufnahmen ist die erste unter Gianandrea Gavazzeni – mit di Stefano in Bestform als Pinkerton und dem suggestiven Tito Gobbi – nicht nur frischer, sondern auch detaillierter als die zweite unter Santini mit dem kühl-brillanten Jussi Björling als Pinkerton. Sie ist die schönste, sanfteste Santuzza, die das Opfer des rohesten Tenor-Macho – Franco Corelli – wird, macht aber nur schwer glauben, daß sie einen noch so heißblütigen Canio um den Verstand bringen kann – obwohl sie neben Björling und Warren und mit Merrill berauschend schön singt.

Da sie alles, was sie singt, auf verzaubernde Weise illuminiert, sei nicht zuletzt auf ein Recital mit Musik von Händel und Mozart von 1959 mit dem London Symphony Orchestra unter Sir Adrian Boult und dem Goldsborough Orchestra unter Arnold Goldsborough hingewiesen. Sie singt Arien aus *Judas Maccabäus, Acis* und *Giulio Cesare* und *Joshua*, dazu die Mozart-Motette *Exsultate, jubilate* KV 165 und die große Konzertarie *Ch'io mi scordi di te* KV 505 (mit Gerald Moore am Klavier). Die Musik Händels singt sie mit einer unbeschreiblichen Fülle des Wohllauts, aber man muß »Tu virgine coronum«, den Mittelteil der Mozart-Motette, hören, um innigste Schönheit als Ausdruck zu erfahren – bewegender ist diese Musik auf Platten nicht gesungen worden. Sieht man von einem nicht genau definierten Lauf in der Arie und ein paar winzigen Anspannungen im »Alleluja« ab, so kommt die Wiedergabe der Vollkommenheit so nahe, wie man ihr überhaupt kommen kann. In der Konzert-Arie ist Schwarzkopf expressiver in der emphatischen Wortbehandlung – aber als Komplement ist die wundervoll vokalisierte Interpretation von Victoria de los Angeles mehr als willkommen. Sie ist »a singer's singer« – eine Interpretin und Vokalistin für die Freunde einer noblen und intimen Kunst, die mehr ist als Singen.

O soave fanciulla: Mirella Freni

Herausragende Persönlichkeiten werden immer seltener auf allen Gebieten, und diese Entwicklung hat vor dem lyrischen Theater nicht haltgemacht. Viel davon, so ist zu Recht beklagt worden, fällt in die Verantwortung der Regisseure und Dirigenten. Doch scheinen die jungen Leute von heute gar nicht mehr die Absicht zu haben, sich von anderen zu unterscheiden ... Einige von den besten Sängern unserer Zeit ragen nicht heraus – weder auf der Bühne noch sonst. Sie gehen durch Gefühle hindurch, wie es ihnen gezeigt wird, aber es geschieht nichts. Charakterisierung – so wichtig in der Oper – erlebt man nicht. Selbst ein so großer Star wie Freni ist auf der Bühne gesichtslos und sieht ergeben aus, selbst wenn sie von Emotionen und Passionen geschüttelt sein sollte. Kein Schauer geht durch das Publikum, wenn sie erscheint.
Lanfranco Rasponi in ›The Last Prima Donnas‹

Keine weiß auch nur, wie sie zu gehen hat. Ich halte daran fest, daß Butterfly nicht auf die Bühne kommen kann wie Nedda, und auch Aida erscheint anders als Santuzza ... Freni geht immer in der gleichen Art über die Bühne. Ich erinnere mich einer Aufführung von *I Puritani* in Rom, während der ein Freund mich fragte: ›Was sucht Freni eigentlich im Souffleurs-Kasten?‹ Ich erwiderte: ›Arturo, kein Zweifel. Der muß darin stecken.‹
Maria Carbone über Mirella Freni

Die aus Modena stammende Mirella Freni (geboren 1935), wie ihr Jugendfreund Luciano Pavarotti Schülerin von Maestro Campogalliani, sang in einem Wettbewerb, als ihr einer der Juroren erklärte: »Du mußt sehr vorsichtig sein. Du bist jung und darfst deine Stimme nicht forcieren. Wunderkinder bleiben nur zu oft Kinder.« Der weise Rat, an den sich auch Freni in den letzten zehn Jahren nicht mehr gehalten hat, kam von Benjamino Gigli. Nach dem Sieg im Wettbewerb gab Freni in Modena ihr Debüt als Micaëla. Nach der Geburt ihres Kindes 1956 wollte sie ihre Karriere abbrechen. Doch nach dem Sieg im Wettbewerb von Vercelli kam ihre Karriere rasch in Gang. Sie sang Mimi, gastierte an größeren italienischen Bühnen, kam 1960 als Zerlina nach Glyndebourne, 1961 als Nannetta an die Covent Garden Opera und machte 1963 an der

Scala als Mimi Sensation: In einer Zeffirelli/von Karajan-Produktion, die Theatergeschichte gemacht hat und knapp zwei Jahrzehnte lang gezeigt wurde – wobei die Mimi Mirella Frenis eine Konstante neben wechselnden Tenören (Raimondi/Pavarotti/Carreras) blieb. Selbst der Mißerfolg einer *La-Traviata*-Aufführung, wieder unter von Karajan an der Scala, hielt Freni nicht auf. 1965 debütierte sie an der Met (Mimi) und sang ein Jahrzehnt lang all die italienischen und französischen Rollen, in denen es, mit der leicht ironischen Formulierung Ulrich Schreibers, um »die Einheit von Jugendlichkeit, Natürlichkeit und Entsagung geht«.

Gesteuert durch Herbert von Karajan und eine Medien-Ästhetik, die auch von Heroinen die Jugendlichkeit des Aussehens und vor allem der Figur verlangt, begann sie in den siebziger Jahren, ihr Repertoire um Spinto-Rollen zu erweitern. In Salzburg sang sie zunächst Desdemona, dann auch Elisabetta und selbst Aida. Es war eine jener Grenzüberschreitungen, die von vielen Kennern, vor allem aber von älteren Kolleginnen, scharf kritisiert wurde. Vergleicht man die Auswirkungen der Spinto-Rollen auf Freni mit denen auf Scotto, so hat sich Freni deutlich besser aus der Affäre gezogen, zumindest was den heutigen Zustand der Stimme angeht. Aber auch wenn man von Freni selten scharfe und nie saure Töne zu hören bekommt wie von Scotto, so hat ihre Stimme doch den einstigen samtenen Schimmer verloren und ist auf eine nicht immer angenehme Weise metallisch-hart geworden.

Allerdings ist Scotto ihr als Interpretin deutlich überlegen. Sie verkörpert im Singen Gestalten, während Frenis Figuren daherkommen wie ein italienisches Blondchen aus dem Norden – eben wie Mirella Freni. Wahrscheinlich ist es dieser Mangel an Mut zur wilden Expression, der Frenis Stimme so lange verschont hat vom Verschleiß durch die Emotion. Andererseits ist es ihre Fähigkeit zu einem lyrischen Sensualismus, die sie zur idealen Karajan-Interpretin gemacht hat. Sie selber hat dazu in einem Interview mit Robert Jacobson gesagt: »Wir sind uns sehr nahe ... Mit uns ist das psychisch, fast telepathisch ... Jeder glaubt, daß er für mich etwas Besonderes tut, daß er das Orchester leiser macht oder so etwas, doch ist dies nicht wahr. Es gibt für *mich* nichts Besonderes in seinem Pianissimo. Er liebt grundsätzlich den schönen, ästhetischen Klang und die Linie – das ist typisch für ihn, und ich liebe das auch. Er mag mich aus eben diesem Grunde, weil wir auf die gleiche Weise Musik machen ... Mit anderen kann es leichter sein, weil Karajan *immer* das Pianissimo haben will, aber eines mit Spannung. Auch Legato mit Spannung. Dies ist schön, aber es ist härter, nicht leichter zu singen.«

In ihren jungen Jahren besaß Freni einen lyrischen Sopran von großer Klangschönheit, konzentrierter Emission und guter Tragfähigkeit bei mittlerem Volumen. Sie sang mit guter Linienbildung, makellosem Legato und sicherer Technik in nicht verzierten Partien. Wie Aufnahmen von *L'Elisir d'Amore* (neben Gedda, unter Molinari-Pradelli) oder von *La Traviata* zeigen, sind ihre Fiorituren und Triller allenfalls akzeptabel. Partien aber wie Elena in *Vespri* oder *Lucia* liegen außerhalb ihrer Reichweite, zumal die Grenze der Stimme offenbar beim C liegt.

Schon die erste Gesamtaufnahme Frenis war, nicht zuletzt wegen eines guten Ensembles und eines überragenden Dirigenten, ein großer Wurf: Sie sang unter Thomas Schippers mit Gedda, Sereni und Mazzoli als Partnern Mimi in *La Bohème.* Es ist keine hysterisch-hitzige Aufnahme wie die Toscaninis, keine so opulente wie die Beechams, keine so sensualistisch-luxurierende wie die Karajans, dafür eine fein detaillierte: ein musikalisches Kammerspiel. Freni singt schmelzend schön, mit einer so anrührend-jugendlichen Stimme, daß man von dieser Anmut nur ergriffen sein kann (Gedda ist ein subtiler, wirklich poetischer Partner). Zehn Jahre später hat Freni die Mimi noch einmal unter Herbert von Karajan gesungen, vielleicht nicht mehr ganz so frisch und jung im Klang, aber mit neuer Fülle und Wärme und einer phantastischen Extension der Phrasierung. In der großen Arie wie in den Gesängen des dritten Aktes entfaltet sich die Stimme in schier endlosen Bögen über den sehrenden Orchesterwogen. Als Liù singt sie in der von Alain Lombard betreuten *Turandot*-Aufnahme neben der fehlbesetzten Caballé – und erreicht bei weitem nicht die Liù der von Zubin Mehta dirigierten Einspielung mit der richtig besetzten Joan Sutherland in der Titelpartie – wieder Caballé. Und sowohl für *Tosca* als auch für *Butterfly* fehlen ihr die Kraft, die Energie und vor allem die vokale Physiognomie. Wobei man nicht einmal Callas, Price oder Tebaldi zum Vergleich heranziehen muß – auch Renata Scotto ist in diesen Partien eindringlicher.

Auch als Verdi-Interpretin kann Freni den Verfasser nicht restlos überzeugen. Als Violetta hat sie schöne, selten aber große Momente – zudem wenig Inspiration durch ihren Tenorpartner Franco Bonisolli (eine Art Rambo des Singens) oder Herausforderung durch den Bariton Sesto Bruscantini. Ihre eindringlichste Verdi-Aufnahme dürfte *Simon Boccanegra* unter Claudio Abbado sein – eine der großen Verdi-Interpretationen der letzten zwei Jahrzehnte. Bei drei Verdi-Aufnahmen unter Herbert von Karajan – *Don Carlo, Aida* und *Otello* – fühle ich mich irritiert: Zugleich überrannt und angeekelt von einem orchestralen Blow-up, das sich zur orgiastischen Explosion steigern kann. Das gilt noch am wenigsten für die *Aida*-Aufnahme, die zwar für die EMI, aber von der Decca-Technik produziert wurde. Aber selbst wenn hier die Stimmen kaum mehr vom Orchester getragen werden, sondern in dessen Klangwogen baden müssen, zeigt sich, daß Freni als Aida überfordert ist. So schön sie auch die lyrischen Passagen singt, sie kann die Akt-Finali nicht führen, hat im Duett mit Amneris und mit Amonasro zu kämpfen und bleibt unter der geforderten Intensität der Deklamation, und bei den klimaktischen Phrasen der Nil-Arie

Mirella Freni
(Foto: © Decca/Polygram Klassik)

kann ihr nicht einmal der Gottvater der Begleitkunst wirklich helfen. Im Fall des *Don Carlo* und des *Otello* erleben wir eine klangliche Realisation, die zahllose brillante Effekte nicht zum Ganzen eint. Die Aufführungen zwingen den Hörer in die Rolle des desinteressierten Bewunderers.

Dessen moderne Erscheinungsform ist der Festival-Besucher, für den diese Produktionen offenbar gemacht sind. Das, was Alfred Andersch einmal als den »Strahlungskern« von Kunst bezeichnet hat, bleibt ausgespart zugunsten des Ausstellungswertes: Das Freundschaftsduett – es erstickt im Geschmetter der Trompeten; das maurische Lied der Eboli – Vorwand für eine rhythmische Show des Orchesters; das Autodafé – Vorwand für orchestrale Breitwandeffekte; der Monolog der Elisabetta endlich – der subtil ästhetisierte Hürdenlauf einer lyrischen Stimme durch eine dramatische Szene. Freni singt die große und streng gegliederte Szene vor allem rhythmisch allzu spannungslos, schon gar nicht mit den klanglichen Kontrasten wie Maria Callas, deutlich besser aber als Renata Tebaldi. Was freilich stets zu kurz kommt, ist die Evokation des Dramas in der Behandlung des Textes. Das beeinträchtigt auch ihre Desdemona: Scotto ist deutlich lebendiger, dramatischer und näher an der von Verdi verlangten Parola scenica.

Auf was Freni sich eingelassen hat, als sie sich dem Betrieb opferte, verrät der Mitschnitt von Verdis *Ernani*, mit dem die Saison 1982/83 der Mailänder Scala unter Riccardo Muti eröffnet wurde. Die Produktion ist ein Dokument jenes grauen Mittelmaßes, das den Opern-Betrieb inzwischen schon bei sogenannten Gala-Premieren dirigiert. Nicolai Ghiaurov, dem Muti mit philologischen Begründungen die Cabaletta erspart, singt fahl und heiser, Renato Bruson wegen einer Indisposition am Rande des Kollapses, Placido Domingo mit verzweifelter, aber entschlossener Angestrengtheit, während Mirella Freni in der großen Arie vor allen Phrasenhöhepunkten das Tempo verlangsamt (was bei einem so rigiden Taktierer wie Muti doppelt störend auffällt) und in der tiefen Lage praktisch unhörbar bleibt. Man mag bei Leontyne Price, Sylvia Sass oder Anita Cerquetti etliche technische Defizienzen feststellen – aber sie hatten wenigstens die Stimmen für die Partie, während Freni für diese Rolle eine Fehlbesetzung ist. Potenzierung der Groteske: Dieser Mitschnitt ist ein *Zusammenschnitt* von Mitschnitten. Auch mit einer Reihe der französischen Aufnahmen Frenis kann der Verfasser wenig anfangen. In den meisten ist die Sängerin unidiomatisch und unspezifisch. Ich empfinde sie als fade in der Rolle der Micaëla (in Karajans Aufnahme mit Leontyne Price), als anämisch in der Partie der Marguérite neben dem stilistisch geradezu verfremdeten Faust von Franco Corelli, als eindimensional, oft sogar als völlig hilflos in der Partie der Mireille. Aus der versierten Vokalistin ist (noch?) nicht die fesselnde Interpretin geworden – und doch ist auch Mirella Freni durch die Solidität und Schönheit von Technik und Stimme eine zentrale Sängerin der Nachkriegszeit, wenngleich keine durch interpretatorische Imagination überzeugende Interpretin.

Mezzos und Altistinnen

Vielseitigkeit: Giulietta Simionato

> Es hat viele große Sänger gegeben, die ihre Spuren in die Geschichte der Oper eingegraben haben. Aus der Gruppe derer, die nach mir kamen, würde ich Simionato, nicht Callas, an die Spitze setzen. Man erzählt alles über das Singen von Callas; ja, aber wie? Mit drei Stimmen, und nur die Koloratur

war, für einige Jahre, beeindruckend. Aber Simionato sang alles und nur mit einer einzigen, wundervollen Stimme. Sie wurde ein leuchtender Stern nicht durch Publicity, sondern durch exzeptionelle Verdienste.
Gilda dalla Rizza über Giulietta Simionato

Ist eine kleine, weiße, feingeformte Marmorstatuette von Bernini schöner oder besser oder vollkommener als die Venus von Milo? Gilda dalla Rizzas Urteil zeigt den Scharfblick des Hasses, der die Fehler von Maria Callas vergrößert, während diejenigen von Giulietta Simionato liebevoll überhört werden, vor allem das unüberhörbare »Loch« zwischen der Bruststimme und dem Höhenregister. Es muß einen Grund haben, daß sich eine einzige von Maria Callas gesungene Arie der Erinnerung tiefer einprägt als vollständige Rollen der 1910 geborenen Mezzosopranistin, die auf Platten wohl nicht eine so dominante Rolle hat spielen können wie auf der Bühne. Sie gehört nicht zu den Sängerinnen, die mit dem Klang der Stimme malen können oder im Singen agieren, weil es ihr für das verzierte Fach an funkelnder Brillanz und im dramatischen an schmerzlichem Pathos fehlt. Immerhin sang sie sowohl verzierte als auch dramatische Partien mit einer Energie und Konstanz, die sie weit über die Konkurrenz hinausheben. Simionato wurde in Forli geboren, sang in der Schule mit den Nonnen, begann die Ausbildung in Rovigo mit einem lokalen Kapellmeister und entdeckte, daß »meine Stimme schon plaziert und auch die Agilität vorhanden war«. In Padua begann sie (zu Beginn der dreißiger Jahre) mit dem Studium bei Guido Palumbo. 1933 gewann sie einen Wettbewerb des Maggio Musicale Fiorentino, an dem sich 385 Sänger, darunter 18 Mezzos, beteiligten. 1935 sang sie in der Premiere von Pizzettis *Orseolò* in Florenz. 1936 erhielt sie einen Vertrag an die Scala, mußte selbst die kleinsten Rollen singen und war selig, als sie 1942 nach Beppe in *L'Amico Fritz*, Ciesca in *Schicchi*, Maddalena und Smaragdi in *Francesca da Rimini* zu einer Rolle wie Hänsel kam. Die Sängerin Marisa Morel, die nach dem Krieg eine kleine Operntruppe betreute, engagierte sie für größere Rollen, und Simionato mußte erst Erfolge in dieser Gesellschaft haben, um die Scala-Oberen auf sich aufmerksam zu machen. 1947 sang sie Dorabella an der Scala, dann Octavian in Trieste und schließlich Mignon in Genua.

So groß war der Erfolg mit dieser »Figur aus meiner eigenen Vergangenheit«, daß die Scala das Werk auf ihr Programm setzte. Simionatos Partner waren der junge Giuseppe di Stefano und Cesare Siepi. Nach der Aufführung erklärte Tullio Serafin: »Das ist nicht nur ein Fortschritt, sondern ein Salto nach vorn.« Er engagierte sie für Carmen (neben Lauri-Volpi), und dann wurde aus »dem Aschenputtel eine hart arbeitende Prinzessin« (Simionato), die an der Scala Charlotte, Jane Seymour in *Anna Bolena*, Isabella in *L'Italiana in Algeri*, Carmen,

Leonora, Ännchen im *Freischütz*, Donna Elvira in *Don Giovanni*, Valentine in *Les Huguenots*, Pirene in Manuel de Fallas *Atlántida*, Dido in Berlioz' Oper, Glucks Orfeo und *Ifigenia in Aulide*, Bellinis Romeo in *I Capuleti e i Montecchi* und Händels Giulio Cesare sang, natürlich auch die Koloraturalt-Partien in Rossinis *Tancredi, Barbiere* und *Semiramide* und die dramatischen Rollen in Verdis Opern. Hinzu kamen Marfa in *Chowantschina*, Dalila, die Prinzessin in *Adriana*, Adalgisa, Dorabella, Cherubino, Fenena in *Nabucco*, Neris in *Medea*, Santuzza, Fedora und Zanetto. Sie übernahm damit das gesamte Repertoire, das zuvor von Ebe Stignani, Elena Nicolai und Gianna Pederzini gesungen worden war, gastierte in der Karajan-Ära an der Wiener Staatsoper und in Salzburg und in den sechziger Jahren an allen bedeutenden Bühnen. Ihr US-Debüt gab sie 1954 in Chicago, an der Met sang sie zwischen 1959 und 1963, freilich nur in vier Rollen (plus Dalila bei den Gastspielen des Hauses). Sie hat sehr oft mit Maria Callas gesungen – so in *Norma* und, mit besonderem Erfolg, bei der Scala-Produktion von *Anna Bolena* in der Saison 1956/57 – und glänzend mit der Griechin harmoniert.

Simionato machte zu Beginn der fünfziger Jahre schon dadurch von sich reden, daß sie sowohl Rossinis verzierte Rollen als auch die dramatischen Verdis sang, wofür die Scala früher Supervia und Stignani eingesetzt hatte. Im verzierten Fach kann Simionato nicht ganz mit der perfekten, aber unterkühlten Agilità einer Teresa Berganza aufwarten, schon gar nicht mit der Eleganz und virtuosen Phantasie einer Marilyn Horne. Sie singt Rosina unter Fernando Previtali (Cetra, 1950) mit guter Agilität, aber auch mit behauchten Koloraturen und einem gleichsam vernebelten Ton. Simionato hat Angelinas »Nacqui all'affanno« aus *La Cenerentola* als den härtesten Test für einen Mezzo d'agilità bezeichnet. 1949 hat sie ihn in der von Mario Rossi dirigierten Cetra-Einspielung gut bestanden, ohne der Rolle jedoch den eleganten Charme und das verhaltene Pathos zu geben, das die Wiedergabe Teresa Berganzas ausstrahlt. In der Aufnahme von 1963 war sie aus dem Prinzessinnen-Alter heraus – und kommt bei den Koloraturen mächtig ins Japsen. Die Aspirierungen überschreiten die Toleranzgrenze beträchtlich, und die technischen Probleme werden nicht ausgeglichen durch Gusto und Verve. Auch als Isabella in *L'Italiana in Algeri* singt sie nicht mit den pointierten Wortnuancierungen, nicht mit dem tanzenden rhythmischen Schwung Supervias – nicht zu reden davon, daß die nicht nur gekürzte, sondern schier amputierte Partitur von Carlo Maria Giulini mit dem Charme eines britischen Bankbeamten serviert wird. Einige ihrer Verdi-Aufnahmen hat sie erst in der frühen Stereo-Ära gemacht – und das war um fünf oder sechs Jahre zu spät. Sie singt Azucena neben Tucci und Corelli, Ulrica neben Nilsson und Bergonzi, Amneris neben Tebaldi und Bergonzi mit imponierender Autorität und Energie, aber die in ihrer Jugend so reiche und schön modulierte tiefe Lage klingt hohl und flach. Zudem ähneln sich die Figuren durch den generalisierten Vortrag, der weniger auf Detaillierung und Nuancierung zielt als auf eine pauschale Grandeur.

Um wie viel lebendiger, ja furioser sie singen konnte, beweist ein *Carmen*-Mitschnitt unter Herbert von Karajan aus der Scala (von 1955) mit di Stefano und Roux als Partnern. Es ist keine Aufnahme für Puristen, sondern eine Übersetzung der Oper ins Italienische, teilweise ins Knallige. Aber Simionato und di Stefano sorgen für überschäumend temperamentvolle Aufführungen und sind beide glänzend bei Stimme. Das gilt auch für ihre diversen Aufnahmen von *Cavalleria Rusticana.* Die Cetra-Einspielung von 1952 wird leider durch die Aufnahmetechnik und blasse Partner, die Decca-Produktion durch Mario del Monacos Al-fresco-Stil beeinträchtigt, aber ein Scala-Mitschnitt von 1955 mit di Stefano und Guelfi (unter Votto) findet sie gesanglich wie stimmdarstellerisch in superber Form. Akzeptabel ist sie als Jane Seymour neben der Anna Bolena von Maria Callas (Live-Mitschnitt von 1956), enttäuschend als Leonora in *La Favorita* neben dem nie angenehmen Gianni Poggi, weil sie nur selten Ausdruck aus expressiv modulierter Cantilena entwickeln kann. Zwar kann kein Zweifel an der großen, ja überragenden Bedeutung Giulietta Simionatos

Giulietta Simionato in ›Medea‹
(Foto: © Decca/Polygramm Klassik)

bestehen, doch auf der Klangbühne der Schallplatte gewinnt sie nur selten scharfe Kontur.

Ganz anders die zehn Jahre jüngere Fedora Barbieri (1920) aus Triest, die von Federico Bugamelli und Luigi Toffolo ausgebildet und schließlich von Giulia Tess für die Bühne vorbereitet wurde. 1940 absolvierte sie ein Probesingen vor Tullio Serafin, Aureliano Pertile, Giulia Tess, Titta Ruffo und Mario Rossi. Serafin engagierte sie für die Partie der Fidalma in *Il Matrimonio Segreto*. Dann studierte er mit ihr Mrs. Meg und Cenerentola. Nach ihrer Heirat gab sie 1943 ihre Karriere für kurze Zeit auf. Doch 1945 gab sie ihr zweites Debüt als Azucena in *Il Trovatore*. Ein Jahr später sang sie Angelina an der Scala, 1947 kam sie an das Teatro Colón, 1950 an die Covent Garden und an die Metropolitan Opera, wo sie als Eboli debütierte. Sie sang in sieben Spielzeiten an der Met, dann noch einmal, freilich im Repertoire der komischen Alten, nach 1967 – in James Levines Aufnahme von *Il Barbiere di Siviglia* macht sie aus Bertas Arie mit fahler und spröder Stimme ein Glanzstück charakterisierenden Singens. Ihrer erinnern wird man sich freilich durch einige der eindringlichsten Gesamtaufnahmen aus den fünfziger Jahren. Sie hat neben Milanov und Björling und neben Callas und di Stefano bzw. neben Callas und Tucker Azucena und Amneris singend dargestellt. Vor allem in den Callas-Aufnahmen ist sie eine zwar nicht immer ganz stetig (Register-Divergenzen), aber fesselnd-intensiv singende Partnerin, während sie in den (früheren) RCA-Aufnahmen und noch mehr in der *Ballo*-Aufnahme neben Caniglia, Gigli und Bechi mit guten Stimmqualitäten überzeugt. Prachtvoll auch ihre Mrs. Quickly im rundherum perfekt abgestimmten *Falstaff*-Ensemble unter Herbert von Karajan. Die Stimme selber war keineswegs exzeptionell, aber der Vortrag voller Energie und vokaler und sprachlicher Phantasie.

In ihrem Begriffs-Lexikon *Der wissende Sänger* beklagte Franziska Martienssen-Lohmann das Verschwinden der tieftönigen Erda-Stimmen. Um so erstaunlicher, daß die Mexikanerin Oralia Dominguez (1927 geb.) auf Platten vergleichsweise selten eingesetzt worden ist. Die am Nationalkonservatorium von Mexico City ausgebildete Sängerin debütierte 1950 an der Oper ihrer Heimatstadt und kam 1953 nach Europa. Ihr erstes Recital gab sie in der Londoner Wigmore Hall. Nach ausgedehnten Konzertreisen debütierte sie im Winter 1953 an der Mailänder Scala in *Adriana Lecouvreur*. Es folgten Gastspiele in Brüssel, Neapel, Wien und Paris. Im Sommer 1954 nahm sie in Mailand unter Victor de Sabata Verdis *Requiem* auf (erratisch durch die extrem langsamen Tempi des Dirigenten). 1955 sang sie in der Uraufführung von Tippetts *A Midsummer Marriage*. Seit 1960 war sie Mitglied der Deutschen Oper am Rhein, gastierte aber oftmals in Wien,

London, Buenos Aires und bei den Salzburger Osterfestspielen als Erda in von Karajans *Ring*-Aufführung. Steane hat die Stimme der Mexikanerin als »sumptuous« beschrieben, pauschal auf Wagner hingewiesen und besonders auf die in der Tat wundervolle Wiedergabe von »Oblivio soave«, den Gesang der Amme Arnalta aus *L'Incoronazione* in Sir John Pritchards Aufnahme aus Glyndebourne. Noch eindringlicher finde ich ihr nie forciertes und doch strömendvolles Singen in Verdis *Requiem*: Die typischen Mezzo-Stimmen (Ludwig, Baltsa, Verrett) haben »Liber scriptus« nicht das Gewicht und das Pathos geben können wie Dominguez, deren Stimme sich in »Ricordare« musterhaft mit der jungen Elisabeth Schwarzkopf mischt. Hervorragend ist ihr »Voce di donna«-Solo in *La Gioconda*, und auch in Erich Leinsdorfs Aufnahme von *Il Tabarro* zeigt sie als »La Frugola« ihrer Qualitäten in einer Comprimaria-Rolle.

Härtetests: Fiorenza Cossotto

Sie kann vielleicht die Barbieri unserer Zeit werden, aber nicht die Simionato. Auf Platten ist sie bereits besser als beide.
John Steane in ›The Grand Tradition‹ über Fiorenza Cossotto

Was die vokale Brillanz, tonliche Festigkeit, Mühelosigkeit der Höhe und aggressive Exuberanz angeht, so werden sowohl Simionato als auch Barbieri von der 1935 geborenen Fiozenza Cossotto (ausgebildet von Paolo della Torre und Mercedes Llopart) durchaus in den Schatten gestellt, nicht aber in der Kraft des gestischen und charakterisierenden Singens. Wenn Amneris in falschschmeichlerischer Freundlichkeit Aida zu sich bittet und aushorcht und dann mit imperialer Geste die Herausforderung des Kampfes um Radames annimmt, so findet Barbieri dafür alle Gesten und Masken suggestiv-hintergründiger Darstellung, Cossotto nur die einer brillanten, aber äußerlichen Grandeur. Und erweist sie sich auch durchweg als eine musikalisch recht genaue Sängerin, so fehlen ihr doch zum einen das Gespür für die große Architektur einer Phrase und zum anderen der Sinn für die Bedeutung, die Nuancen eines Textes: Sie ist brillant, nicht eloquent, musikalisch, nicht musikantisch.

Cossotto kam 1955 als Elevin an die Mailänder Scala, sang 1957 in der Uraufführung von *Dialogues des Carmélites* die Schwester Mathilde, übernahm alsbald kleine und mittlere Rollen, so in Callas-Aufführungen (Arremide in

Ifigenia in Tauride, Teresa in *La Sonnambula*) und holt sich am 3. Januar 1962 als Leonora in *La Favorita* den ersten durchschlagenden Erfolg: Sie mußte Giulietta Simionato ersetzen und bereitete dem zunächst verärgerten Publikum die angenehme Enttäuschung einer besonders brillanten Aufführung. »Meine hohe Note am Ende des ersten Aktes«, so berichtete sie gegenüber Thomas P. Lanier in *Opera News*, »brachte das Haus in die Knie.« Schon vier Jahre vor dem Scala-Debüt hatte sie beim Festival von Wexford Jane (oder Giovanna) Seymour in *Anna Bolena* gesungen, 1959 als Neris neben Callas am Covent Garden und als Cherubino in *Le Nozze di Figaro* unter Giulini auf der Platte debütiert. 1960 riskierte die 25jährige in der Arena von Verona die Amneris, ein Jahr später Carmen und Azucena. 1962 debütierte sie als Leonora in *La Favorita* in Chicago und sang in der Scala in einer oft (und unnötig) erwähnten Aufführung (eher Verballhornung) von *Les Huguenots* den Pagen. Zur ersten Altistin der Scala avanciert, sang sie dort Ulrica, Amneris, Carmen, Azucena, Eboli, Favorita, Adalgisa, Rosina, Santuzza und Lady Macbeth.

Daß die extrem hoch liegenden Partien ihr stimmlich nur wenig Mühe machen, verrät auch ein 1978 in London gemachtes Recital mit dem Royal Philharmonic Orchestra unter Nello Santi, bei dem sie die Sopranarien aus *Nabucco, Il Corsaro, Ernani* und *Ballo* auf das Programm setzte – mit freilich zweifelhaften musikalisch-interpretatorischen Ergebnissen. Denn die Bewältigung hoher und höchster Töne mit einer schneidenden, zuweilen gar schmerzlich-gleißenden Brillanz bedeutet mitnichten Darstellung oder gar gebärdenhaften Ausdruck, und wenn sie in »Morrò, ma prima in grazia« versucht, die Härte aus dem Ton zu nehmen und weich zu singen, verliert die Stimme an Kern und der Ton an Definition – zu extrem ist die Anspannung des Singens. Doch ist dieses Recital wie auch die Aufnahme des *Macbeth* unter Riccardo Muti die einer nicht mehr ganz jungen Sängerin, die rund zwei Jahrzehnte wirkliche Härtetests auf sich genommen und erstaunlich gut überstanden hat. Die *Macbeth*-Aufnahme unter Riccardo Muti ging auf eine Theater-Produktion in Florenz zurück und erschien fast gleichzeitig mit der von Claudio Abbado dirigierten Aufnahme, deren Grundlage eine Scala-Aufführung unter Regie Giorgio Strehlers gewesen war. Bei Abbado sang die farbige Amerikanerin Shirley Verrett – vier Jahre älter als Cossotto – die Lady, genügend Gründe für einen Vergleich. Beide Aufnahmen greifen auf die zweite, die Pariser Fassung zurück – mit kleinen Unterschieden. Abbado interpoliert vor dem chorischen Finale die Schlachtfeld-Arie aus der ersten Fassung, Muti liefert diese und zwei weitere Arien in einem Anhang nach, darunter das furios-brillante »Trionfai! securi alfine«, aus dem in der zweiten Fassung das dunkle, inner-monologische »La luce langue« wurde – ein Stück, das Verdis Vorstellung von der Parola scenica viel näher kommt. Die Interpretation der Lady Mcbeth ist historisch belastet durch einen berühmten, oft zitierten Brief Verdis an seinen Librettisten Cammarano vom 23. November 1848. Darin habe Verdi, so wird verallgemeinernd zitiert, nicht eine schöne und perfekte, sondern eine rauhe, hohle Stimme verlangt.

Dies ist nicht falsch, aber auch nicht ganz richtig. Genau heißt es, zitiert nach einer neuen Übersetzung von Verdis Briefen durch Egon Wiszniewsky: »Ich weiß, daß Ihr im Begriff seid, den *Macbeth* einzustudieren, und da dies eine Oper ist, die mich mehr als alle anderen interessiert, so gestattet mir, daß ich Euch einige Worte dazu sage. Man hat der Tadolini die Partie der Lady Macbeth anvertraut, und ich bin überrascht, daß sie zugestimmt hat, diese Partie zu singen. Ihr wißt, wie ich die Tadolini schätze, und sie selbst weiß es auch; doch im allgemeinen Interesse halte ich es für notwendig, Euch einige Bemerkungen zu machen. Die Tadolini hat eine viel zu große Begabung, um diese Partie zu singen! Das wird Euch vielleicht absurd erscheinen!!! Die Tadolini hat eine schöne und gute Figur, und ich möchte die Lady Macbeth häßlich und böse. Die Tadolini singt vollkommen; ich möchte dagegen, daß die Lady nicht gut singt. Die Tadolini hat eine phantastische Stimme, klar, kräftig, rein; und ich möchte für die Lady eine rauhe, erstickte, dumpfe Stimme. Die Stimme der Tadolini hat etwas Engelhaftes; ich möchte, daß die Stimme der Lady etwas Teuflisches hat ... Man muß sie [die wesentlichen Nummern der Oper]

spielen und deklamieren
mit einer ganz dumpfen und verschleierten
Stimme; ohne das kann
keine Wirkung erzielt werden.
Das Orchester mit *Dämpfern.*«

Eindeutig? Jedenfalls sind mit dieser Briefstelle selbst Keifereien ästhetisch nobilitiert worden. Doch lassen die Studien von Julian Budden (*The Operas of Verdi*) wie von Andrew Porter und David Rosen (*Verdi's Macbeth – A Sourcebook*) mit ihren zahlreichen Verweisen auf Detail-Untersuchungen keinen Zweifel daran, daß Verdis Brief ein argumentum ad feminam war, ein provozierender Interpretationshinweis und keineswegs eine grundsätzliche ästhetische Maxime. Jonas Barish hat in seinem Essay »Madness, Hallucination and Sleepwalking« ausgeführt, daß Verdis Hinweis etwas wie Wunschdenken war – der Versuch, dem schönen Gesang dramatische Dringlichkeit einzureden. Ähnlich argumentiert Marilyn Feller Somville in ihrem Aufsatz über »Vocal Gesture in *Macbeth*«: Verdi habe zwar nicht nach dem buon oder bel cantante verlangt, sondern eben nach suggestiver »vocal gesture«, ohne dabei aber in schlechtes oder gar falsches Singen zu verfallen, per definitionem auch für Somville das gellende Singen unter Druck mit rohem Heraufpressen des Brustregisters in die Höhe: »Verdi hat diese gellende Technik nicht erfunden, auch wenn die Parteigänger des Belcanto dies behaupten.« Verdis Anmerkungen sind zu verstehen

Fiorenza Cossotto
(Foto: © Decca/Polygram Klassik)

als Warnung vor »narzißtischen Dispositionen« (Budden) einer italienischen Primadonna, nicht als Aufforderung zum schrillen Schreien. So müssen in der Cavatina »Vieni! t'afretta« die schwierigen Gruppetti mit den die Phrasen abschließenden Trillern nicht wie verzierte Musik gesungen werden, sondern als heftige Gesten und mit der energischen Klangqualität der Bruststimme – und dies bis zum As. Es ist eine Fast-Überforderung selbst für exzeptionelle Stimmen.

Es gehört zu den subtileren ästhetischen Erfahrungen, daß Untertreibung wirkungsvoller ist als Übertreibung. So hat der geniale Stift Gustave Dorés den Teufel als bildschönen Satan gezeichnet und die Schönheit in winzigen Nuancen vergiftet. Nach diesem Modell wäre die Lady zu singen, mit einer Schönheit, die frieren macht, mit einer Autorität, die Furcht einflößt, mit »vocal gestures« von ambivalenter Ausdruckskraft. Das hat Maria Callas vor allem in ihrem Verdi-Recital unter Rescigno exemplarisch vorgeführt – und beim Vergleich mit ihr können weder Shirley Verrett noch Fiorenza Cossotto bestehen. Gewiß hat Cossotto die Kraft und die Energie für den heftigen Einsatz der Bruststimme, die Kühnheit für die vehementen Ansprünge in die Höhe bis zum H (das berühmt-berüchtigte Des am Ende der Schlafwandelszene hingegen ist ein Tort für das Ohr), gewiß singt sie mit festem Ton und einer durchweg luziden Artikulation, formt sie die Gruppetti und Triller in der Cavatina mit erstaunlicher Brillanz, gelingt ihr eine fulminante Registrierung des heiklen Trinklieds mit seinen diffizilen Zierfiguren, die wiederum als ausdrucksvolle »vocal gestures« in ein Klangrelief getrieben werden müssen. Was fehlt, ist die dunkle, die dämonische Seite in der Brillanz und Schönheit des Singens. Shirley Verrett ist selten so sicher wie die Italienerin, beim Lesen des Briefes sogar schlecht-äußerlich, aber sie gestaltet die Partie, aufs Ganze gesehen, subtiler. Sie tut sich schwerer mit den brillanten Passagen wie mit dem Trinklied, hat auch nicht die düsteren Farben für »La luce langue«, dünnt das Des am Ende von »Una macchia« noch mehr aus als Cossotto, wechselt allzu oft die Vokalfarben (dunkel-gedeckt in der Mittellage, künstlich aufgehellt in der Höhe) – aber die Gesamtleistung ist eindrucksvoller, als diese Aufzählung von Schwächen oder Fehlern vermuten lassen könnte. Jedenfalls sei ergänzt, daß beide Aufnahmen zu den besten Verdi-Einspielungen der Nachkriegszeit gehören, wobei für mich die unter Abbado auf Grund ihrer konstruktiven Genauigkeit einen leichten Vorsprung vor der effektvoll-theatralischen Mutis besitzt.

Knapp zwanzig Jahre vor der *Macbeth*-Aufnahme hat Cossotto zum erstenmal an einer großen Produktion teilgenommen: *Le Nozze di Figaro* unter Giulini, schon mehrfach als eine zentrale Interpretation erwähnt. Cossotto ist ein Cherubino nicht nach Art der süßen Wiener Buben oder Mädels, sondern ein drahtig-nerviger Giovanni in spe. Man hat »Voi che sapete« von Jurinac, Ludwig, von Stade oder Berganza süßer gehört, aber »Non so più« erfüllt Cossotto mit atemloser – und atemberaubender – Hast. Rossinis Rosina habe ich nicht vollständig von Cossotto gehört – und eine Aufnahme von »Una voce«, ohne Lächeln in der Stimme und ohne den Biß der Viper bei »mà«, zudem mit schlecht gebundenen Koloraturen, hat auch nicht den Wunsch aufkommen lassen. Für das verzierte Fach fehlt das Funkeln in der Stimme. Akzeptabel ihre Adalgisa neben Suliotis – sie hat feine Momente am Ende des ersten Aktes, aber auch monoton laute bei schwierig-unbequemen Phrasen wie »Io l'obblai«, wo sie das hohe As nicht »con messa di voce assai lungo« bildet, sondern nur lang und laut (auf dieses Detail macht Andrew Porter in *Opera on Record* aufmerksam). Die zweite Aufnahme mit Caballé bringt keineswegs ein verfeinertes, sondern ein vergröbertes und generalisiertes Singen. Cossotto macht den Eindruck, als hätte sie sich auf ihr Gedächtnis verlassen und die schwierige Partie für die Aufnahme nicht neu studiert. Hingegen singt sie in ihrer zweiten Aufnahme von *Il Trovatore* unter Mehta – neben Price, Domingo, Milnes – nicht nur engagierter und inspirierter, sondern auch brillanter als in der ersten unter Serafin (neben Stella, Bergonzi und Bastianini). Phantastisch die Kadenz zur Arie im zweiten Akt mit einem mühelosen hohen C. Vortrefflich ihre Ulrica in der *Ballo*-Aufnahme unter Muti – es sei, man erwartet eine tiefere Stimme zur Beschwörung des »re di abisso«. Als Eboli in *Don Carlo* unter Santini – neben Stella, Christoff, Labò und Bastianini – singt sie bestechend genau, auch weich und moduliert. Das Maurische Lied mit seinem heiklen Trillern und Achtelketten ist ein Glanzstück differenzierten Singens, und »O don fatale« nimmt sie mit fulminanter Verve. Als Amneris – 1974 neben Caballé, Domingo und Cappuccilli unter Muti – setzt sie sich wie die eisumgürtete Prinzessin in Szene, was der sanften Aida Caballés im zweiten Akt schwer zu schaffen macht, aber für ein imposantes Finale sorgt. Welch ein Kontrast wieder, wenn man sie als Santuzza hört, sensibilisiert durch Herbert von Karajan, der der Musik alles Roh-Vulgäre nimmt und seine Sänger zu subtilem Singen animiert. »Voi lo sapete« hat man kaum je so verhalten-introvertiert gehört wie von Cossotto, und selbst in der Auseinandersetzung mit Turiddu und im Duett mit Alfio bleibt uns der handelsübliche Realismo alla siziliana erspart. Wiederum ein Kontrast ist das Verdi-Recital von 1979 und dem ambitiösen Versuch, in höhere Regionen aufzusteigen, bei dem die Sängerin böse abgestürzt ist – nicht jeder getroffene hohe Ton ist hörenswert.

Zwei wichtige Baritone

Naturalist: Piero Cappuccilli

Zum führenden italienischen Bariton nach Gobbi und Bastianini avancierte Ende der fünfziger Jahre der 1929 in Triest geborene und von Luciano Donaggio ausgebildete Piero Cappuccilli. Entdeckt worden war er von dem Kritiker und Komponisten Confalonieri (der auch Montarsolo gefördert hat), der dem jungen Bariton 1956 zu seinem Debüt als Tonio am Teatro Nuovo von Mailand verhalf. Schon 1959 engagierte Walter Legge ihn für Callas' zweite *Lucia*-Aufnahme. Neben der Lucia der sechziger Jahre – Joan Sutherland – gab er 1964 sein Debüt an der Scala, wo er bis 1980 in dreizehn Saison-Eröffnungen sang, was seinen Rang und seine Wertschätzung im heutigen Opernbetrieb hinlänglich kennzeichnet. Es versteht sich, daß er seit den sechziger Jahren zu den gefragtesten Gaststars in New York, London, Wien, Hamburg, München und Salzburg – hier in diversen Karajan-Produktionen – gehörte.

Seine Platten ergeben ein höchst disparates Bild. Wie so viele Stars unserer Zeit hat auch Cappuccilli an allzu vielen hurtig heruntergehudelten Produktionen – die den Ehrgeiz, eine Aufführung, eine Inszenierung für die Klangbühne zu erreichen, nie verspüren lassen – teilgenommen. Er hat dabei auch Rollen gesungen, die er besser nicht übernommen hätte: Sein Escamillo in einer ohnehin indiskutablen Aufnahme unter Lorin Maazel neben Anna Moffo, die sich am verführerisch-sinnlichsten auf dem Cover zeigt, und Franco Corelli, der sich musikalisch nach Sizilien verirrt hat, verfällt krudem Bellen; sein Luna unter Herbert von Karajan klingt übermäßig forciert und rauh, sein Renato unter Muti undifferenziert, sein Carlo di Vargas grob im Vergleich mit Bastianini, sein Amonasro blaß im Vergleich mit Tito Gobbi, und als Posa unter Karajan singt er zwar dank exzeptioneller Atemtechnik schier endlose Bögen, aber die Tonbildung ist nicht geschmeidig und viel zu offen. Zudem übersteigert er dramatische Phrasen – etwa den an den König gerichteten Vorwurf, am Hofe herrsche die Stille eines Grabhofes – zu einem unmusikalischen Schrei. Technisch: Cappuccilli hat eine problematische Konzeption des Tons, strebt mehr nach Volumen als nach Fluß, nach Wucht statt nach Tonschönheit. Im romantischen Belcanto-Repertoire ist diese Technik gänzlich unangemessen. Als Riccardo in *I Puritani* – neben Sutherland und Pavarotti – singt er ungefüge und grob, ohne die klassische Kantabilität und hoffnungslos unsicher in den verzierten Passagen.

Cappuccilli braucht offenbar er eine strenge Hand. Denn in einigen von Claudio Abbado und Carlo Maria Giulini betreuten Aufnahmen zeigt sich eine andere Physiognomie. Macbeth singt er unter Abbado so konzentriert, so lyrisch, so versammelt in der Tongebung, wie man es sich nur wünschen kann – differenzierter jedenfalls als Sherrill Milnes in der gleichzeitig veröffentlichten Aufnahme unter dem theatralischeren Riccardo Muti. Noch höher stelle ich die Aufnahme von *Simon Boccanegra*, wo Cappuccilli »mit einem Legato singt, das Battistinis würdig wäre, und einer Wortbewußtheit, die Fischer-Dieskau Ehre machen würde« (Lord Harewood). Weil er hier schlanker singt, wirkt die ausgesprochen körnige Stimme viel weicher und besser fokussiert. Auch in Carlo Maria Giulinis Aufnahme des *Rigoletto* überzeugt Cappuccilli – dessen Stimme geringfügig an Kraft und Kern verloren hat – vor allem in den lyrischen Duetten mit Gilda (»Piangi, fanciulla« ist besonders fein gelungen), während er in der Invektive oder in »Sì vendetta« bei einigen Sforzati der Stimme zuviel zumutet und sie über den *kontrollierten* Klang hinaustreibt. Überraschend, daß der angeblich so penible Giulini seinem Rigoletto das seit Victor Maurel interpolierte Es auf »un vindice avrai« erlaubt. Wenigstens singt er die Wiederholung von »all'onda« – wenn er den Sack mit dem vermeintlich toten Herzog ins Wasser werfen will – nicht mit der effektvollen Kadenzierung, sondern partiturgenau. Aufs Ganze gesehen aber kommt er an die großen Rigoletto-*Darsteller* nicht heran: nicht an Titta Ruffo, den Exponenten der dramatisch-sinistren Interpretation; nicht an Tito Gobbi mit seinen feinen Inflektionen; nicht an Leonard Warren und sein beherrschtes Pathos; nicht an Merrill und seine wundervolle Konzentration des Tons; nicht an Taddei und seine fein dosierten deklamatorischen Nuancen.

Was generell fehlt im Singen Cappuccillis, ist das Gesicht der jeweils porträtierten Figur. Der Sänger bleibt sich gleich, klingt in der einen Rolle wie in der anderen – von den beiden »gebrochenen« Figuren, Macbeth und Simon, abgesehen. Vielleicht ist er dafür nicht einmal zu tadeln. Längst nicht mehr in Ensembles gefordert, liefern die Stars von heute nur noch ihre Vorstellungen ab in den Vorstellungen, die sie geben – ohne darauf zu achten, ob das Rollenkonzept in die Aufführung paßt, in der sie singen. Jedenfalls verraten die mit größter Akribie produzierten Aufführungen von *Macbeth* und *Simon* – beiden gingen Strehler-Inszenierungen an der Scala voraus –, daß Cappuccilli in den meisten seiner Aufnahmen beträchtlich unter seinen großen Möglichkeiten geblieben ist.

Belcantist: Renato Bruson

> Mein Umfang reicht vom tiefen Ges bis zum hohen B, so daß ich in der Regel nicht viel Mühe habe. Aber ich lehne Partien ab, die viel Schreien verlangen – wie Amonasro oder Barnaba. Ich habe mich auch von Scarpia verabschiedet …
> Ich habe nicht viel Hoffnungen auf die Zukunft der Oper. Kein Zweifel, daß sie sehr, sehr krank ist – aber wie soll Abhilfe geschaffen werden … Ich bin ganz sicher, daß es viele glänzende Stimmen gibt, die nur gehört werden müssen, die Hilfe, Rat und Schutz brauchen. Alle größeren Theater brauchen dieselben Stimmen, die von einem Ende der Welt zum anderen hetzen. Es ist wie eine geschlossene Gesellschaft … Neulich hat einer eine Hauptrolle in Paris gesungen, am nächsten Tag an der Scala und danach in Rom. Soll das Kunst sein, Ernsthaftigkeit, Hingabe? … Das System ist einfach falsch.
> *Renato Bruson*

So falsch und pervers ist das System dieser geschlossenen Gesellschaft, daß ein Sänger vom Range des 1936 in Este geborenen Renato Bruson erst in einem Alter entdeckt wurde, in dem viele seiner Kollegen ihre oft beschworene große Zukunft schon hinter sich haben. Bruson, der schon als Kind seine Eltern verlor, studierte in Padua bei Elena Fava Cercati (Klavier, Theorie, Solfeggio, Harmonielehre und Gesang), gewann 1960 einen Wettbewerb in Spoleto

(Franco Bonisolli war der Sieger unter den Tenören) und debütierte dort im September 1961 als Luna. Trotz glänzender Kritiken bekam er in Rom kein Engagement. Vier Jahre lang fütterte ihn der Besitzer der Pension, in der er wohnte, durch – im Vertrauen auf die Zukunft seines Gastes. Dann konnte er in Spoleto für einen erkrankten Kollegen in *Ballo* einspringen. Auch danach passierte, so Bruson, »wieder nichts – nichts mit einem großen N«. Erst 1964 erhielt er ein Engagement in Palermo für Rossinis *La Cambiale di Matrimonio*. Daran schlossen sich Gastspiele in Luxemburg, Belgien und Holland an, die kaum mehr als seine Unkosten deckten. Der Intendant der Oper von Parma hörte ihn in Brüssel und fragte Bruson: »Wo haben Sie all die Zeit gesteckt?« Der Sänger erwiderte: »Das ist's, was ich *Sie* frage!« Als er 1967 in Parma die Saison als Don Carlo di Varga eröffnete, hörte ihn der legendäre Roberto Bauer (der alte Spion der Met in Italien) und bot ihm einen Vertrag an – einen jener üblen Verträge, der den Sänger zum Kanonenfutter für den Repertoirebetrieb der Met gemacht hätte. Bruson verließ New York nach einigen Vorstellungen, kämpfte sich durch Partien wie Telramund (1969 in Neapel) und machte sich in Italien langsam einen Namen. Schließlich wurde er an die Scala eingeladen, wo er neben Margherita Rinaldi und Alfredo Kraus – der ein enger Freund werden sollte – in Donizettis *Linda* debütierte. Auch an der Scala mußte er eine Zeitlang ungeliebte Rollen singen. Berühmt »über Nacht« wurde er 1978, als er Rodrigo in *Don Carlo* sang, in einer Aufführung unter Abbado neben Margaret Price, Placido Domingo, Elena Obraztsowa und Jewgenij Nesterenko. Kurios genug: Er konnte Rodrigo nur singen, weil Cappuccilli wegen eines Vertrages mit Karajan an einer TV-Übertragung der Oper nicht teilnehmen konnte – vielleicht hätte man noch lange gebraucht, um zu merken, daß er der bessere Stilist ist als der berühmtere Kollege.

Endlich konnte er sich die Angebote – »man hat so lange auf mich gewartet, sie können auch jetzt noch warten« – aussuchen und sich vor allem auf die Partien konzentrieren, die er bis ins Detail beherrschte. Dazu gehört namentlich Macbeth, den er in Berlin mit sensationellem Erfolg unter Giuseppe Sinopoli gesungen hat (die Aufnahme folgte), in London und in München unter Muti. Weitere »Spezialitäten« sind der Vater in *Luisa Miller*, Nabucco, Simon Boccanegra und ein verfeinerter Jago, endlich Falstaff, auch Don Carlo in *Ernani* und Alfonso in *La Favorita*.

Stärker als bei *jedem* anderen italienischen Bariton der Nachkriegszeit ist das Singen Brusons der Belcanto-Tradition, wie sie von Battistini, de Luca und Tagliabue vertreten wurde, verpflichtet. Die fein timbrierte Stimme ist weich und so modulationsfähig wie ein erstklassig gespieltes Cello. Es ist vielleicht keine dramatische, charakterisierende Stimme (wie Tibbett, Warren oder Gobbi sie besaßen), aber eine vom Tibre her sehr charakteristische – und erinnert sei an die des öfteren schon getroffene Feststellung, daß bereits die Formung einer solchen Stimme ein Interpretationsvorgang ist. Im Mitschnitt des *Don Carlo* – 1978, Teatro alla Scala – unter Claudio Abbado singt Bruson Szene und Tod des Posa mit einer so wundervollen Versammlung des Tons und so feinen Gradierungen der Dynamik, daß man ihn durchaus mit den zentralen Baritonen des Jahrhunderts vergleichen kann. Ihn zu hören, heißt begreifen, welch rauhe und häßliche Klänge zu akzeptieren wir gelernt haben.

Nach seinem Durchbruchs-Erfolg an der Scala wurde Bruson rasch in großen Produktionen eingesetzt: Er sang unter Lorin Maazel in *Luisa Miller*, unter Giulini in *Falstaff*, unter Muti in einem arg manipulierten Mitschnitt von *Ernani* (er selber war in der Premiere indisponiert), unter Gardelli in *Alzira*, unter Sinopoli in *Nabucco* und *Manon Lescaut*, unter Muti in *La Traviata* und bekam sogar, eine Rarität heutzutage und für einen Bariton zumal, ein Solo-Recital mit Donizetti-Arien zugebilligt. Es existieren zudem zwei Recitals mit Klavierbegleitung, die von Bongiovanni mitgeschnitten wurden, das erste von 1977, bei dem der Sänger in glänzender Form ist, das zweite von 1984, wo er teilweise strapazierter singt und in der Höhe – die er ohnehin nicht mühelos öffnen kann – einen Schlag in der Stimme hat. In der Posa-Szene ist er bei *jedem* Ton über dem E *unter* dem Ton.

Es ist durchaus möglich, daß wir in den vorerwähnten Gesamtaufnahmen nicht mehr all die Qualitäten erleben können, die Bruson bekannt und berühmt gemacht haben. Schon in der von Maazel sehr straff dirigierten Aufnahme von *Luisa Miller* (Harold Rosenthal sprach von einer »brutalisierten Partitur«) hat er große Mühe mit allen tiefen Tönen und den hohen über dem E (bei denen ihm, bildlich gesprochen, die Maske abgerissen wird). Ähnliche Probleme hat er in der Live-Aufnahme des *Falstaff* unter Giulini und in *Ernani.* Zwar singt er das berühmte Solo so gut wie jeder Nachkriegsbariton, doch wenn man zu de Luca oder zu Stracciari zurückgeht, erlebt man jene Konzentration des Tons, jene Ausladung des Klangs, die Erregung ausdrückt und den Hörer erregt.

Auch sein Macbeth ist eine Interpretation mit einer kleinen Skala an Ausdrucksmitteln: Subtil vokalisiert, selten aber so fesselnd wie die Interpretation von Leonard Warren, Giuseppe Taddei (trotz einer nicht mehr sicher fokussierten Stimme) oder Cappuccilli. Brusons Anlage der Partie ist eine strikt vokale (heute fast schon befremdlich), was indes nicht zu einer dramatischen Reduktion des Dramas führt, sondern zur Wiedergeburt des Dramas aus dem Geist der Musik. So überzeugend er als Macbeth ist, so schwer tut er sich mit Don Carlo in *Ernani*, den er zur Saisoneröffnung der Scala 1982/83 unter Muti – und hörbar unter Form – gesungen hat. Was auch für Domingo gilt, der in der Titelpartie nichts von der Verve eines echten Verdi-Tenors spüren läßt (Freni als Elvira ist eine fatale Fehl- oder Unterbesetzung der Partie). In bester Form ist Bruson in einem Donizetti-Recital (1981 von Cime aufgenommen, 1982 von Decca für die Reihe *Grandi Voci* übernommen) zu hören.

Italienische Bässe

Don: Cesare Siepi

Er ist zur Zeit fest wie ein Felsen, was sein berühmtester unmittelbarer Vorgänger, Cesare Siepi, in seinen Aufnahmen nie war. Siepi hatte eine gewaltige Stimme und war ein guter Darsteller. Ein mimischer Ausdruck ist Bestandteil seiner Interpretationen von Mozarts Figaro oder des Mephistopheles von Gounod und Boito. Aber selbst auf seinen 78ern klingt er unstet, und im Cantabile-Stil von Arien wie ›O tu Palermo‹ ist er ohne Grazie.
John Steane über Cesare Siepi (und Ruggero Raimondi)

Sein Don Giovanni gehört zu den herausragenden Musiktheater-Ereignissen dieses Jahrhunderts.
Ekkehard Pluta in ›Opernwelt‹ über Cesare Siepi

Für viele verbindet sich das Bild des Milanesen Cesare Siepi (geboren 1923) mit dem Don Giovannis. Herbert Grafs Salzburger Festpiel-Inszenierung in der Felsenreitschule (1953), in einem Film festgehalten, zeichnete Giovanni als romantischen Verführer und Anarchisten, den Siepi mit einer raubtierhaften Eleganz und Gefährlichkeit auf die Bühne stellte. Nicht zuletzt auf Grund dieses Rollenporträts ist Siepi des öfteren als Baßbariton bezeichnet worden. Pluta hingegen klassifiziert Siepi richtigerweise als Basso cantante und spricht ihm eine »schwarzsamtige Tiefe, füllige, weiche Mittellage und (eine) flexible, baritonal strahlende Höhe« zu. Dies ist nicht ganz zutreffend. Die Stimme des Autodidakten, der schon 1941 in Schio als Sparafucile debütiert hatte und gleich nach dem Krieg an die Scala engagiert worden war, ist zwar ein großes und mächtiges Instrument, aber kein perfekt ausgeglichenes. Nicht nur fehlt es seinem Vortrag von kantabel-strömenden Legato-Stücken wie »O tu Palermo«, »Tu sul labbro dei veggenti« (*Nabucco*) oder »Infelice! e tu credevi« an Eleganz und Durchformung; auch der Klang hat nicht die Festigkeit und Sonorität eines

Cesare Siepi als Filippo II in Verdis ›Don Carlo‹
(Foto: © Klaus Ulrich Spiegel)

Pinza oder die Farbigkeit eines Kipnis. Kein Zufall, daß ihm in den fünfziger und in den frühen sechziger Jahren der Bulgare Boris Christoff vorgezogen wurde, der nicht nur ausdrucksvoller gesungen hat, sondern auch mit größerer Innenspannung und feinerem Timing. Siepis große Karriere begann 1948, als er unter Toscanini in einem Gedächtniskonzert für Arrigo Boito sang. In Rom verkörperte er wenig später (neben Callas und Hans Beirer) Gurnemanz im *Parsifal*. 1950 debütierte er als König Philipp an der Metropolitan Opera, weil der zunächst vorgesehene Christoff kein Einreisevisum erhalten hatte. Seine nächsten Rollen waren Méphistophélès, Figaro, Colline, Basilio und Don Giovanni. An der Met hat Siepi 24 Jahre lang gesungen, vor allem die Verdi-Partien, aber auch in englischer Sprache Boris und Gurnemanz in *Parsifal*, letzteren in deutscher Sprache. In den siebziger Jahren sang Siepi vor allem an italienischen Bühnen.

Die eindringlichsten Aufnahmen Siepis sind die von zwei Mozart-Opern: 1955 sang er unter Erich Kleiber Figaro und unter Josef Krips Don Giovanni. Vor allem als Don Giovanni ist er in brillanter Form, exzellent im Cantabile der Serenade, voller Verve im Champagner-Lied, agil und feurig in den fabelhaft animiert gesungenen Rezitativen. Besonders die mit Leporello (Fernando Corena) sind exemplarisch. Leider sind weder Ottavio (Anton Dermota) noch die drei Damen (Danco zu leicht für Anna, della Casa zu kühl für Elvira, Güden zu lady-like für Zerlina) ideal besetzt. Besser ist das vokale Ambiente für seinen ungemein scharf gezeichneten, rebellischen Figaro, der »Se vuol ballare« förmlich mit geballter Faust vorträgt: Siepi ist der glänzende Protagonist in einer nach wie vor kaum erreichten Aufnahme.

In seinen Verdi-Aufnahmen hingegen befindet sich Siepi nicht immer in guter Gesellschaft. Als Sparafucile muß er im ersten Akt mit dem groben Rigoletto von Aldo Protti und im letzten mit dem noch gröberen Mario del Monaco singen. In *Forza* konnte er zweimal – unter Mitropoulos und unter Molinari-Pradelli – neben der vortrefflichen Renata Tebaldi singen. Vor allem die Live-Aufnahme unter dem griechischen Dirigenten ist erstklassig. In Verdis *Don Carlo* wurden ihm offenbar Sänger wie Nicola Rossi-Lemeni, später Boris Christoff und Nicolai Ghiaurov vorgezogen. Mag Christoffs expressionistisch zugespitztes Portrait auch effektvoller sein, so zeigen zwei Mitschnitte unter Frietz Stiedry (1950 aus der Met) und Antonino Votto (1956 vom Maggio Musicale Fiorentino), daß Siepi gleichsam ein Lordsiegelbewahrer der italienischen Tradition ist. Besonders erwähnenswert der Mitschnitt aus der Met wegen Jussi Björling in der Titelpartie. Exzellent auch sein Méphistophélès in Gounods *Faust* (1959) neben der an der Met debütierenden Elisabeth Söderström und Jussi Björling.

Interessante Szenen aus französischen Opern: aus Meyerbeers *Les Huguenots* und *Robert le Diable* sowie aus Halévys *La Juive* trotz kleiner vokaler Defizite: Die Cantilena in der Kardinalsarie hat weder strömenden Fluß noch das ideale dunkle Volumen. In der Höhe wirken die über das D und E gehenden Töne von der übrigen Stimme abgekoppelt – wenig von der dunklen Brillanz eines Mardones oder eines Pinza.

Ein Melodram-Album zeigt, daß Siepi früher in seinen Live-Aufführungen heftig agiert hat (auch vokal), was zwar recht effektvoll ist, aber wohl dazu diente, bestimmte vokale Probleme zu camouflieren. Sehr interessant aber die sehr beherrscht *gesungenen* Szenen aus einer *Faust*-Aufführung unter Pierre Monteux (1955 aus der Met) und aus *Boris* unter Fritz Stiedry (1954 aus der Met), wo Siepi auf alle Schaljapinismen verzichtet. Leider ist er als Boris tonlich nicht stetig: In der hohen Lage schüttelt ihn ein prononciertes Vibrato zeitweilig völlig vom Ton.

Basso nobile aus Bulgarien: Nicolai Ghiaurov

> Einige haben das Gefühl, daß es ihm nicht immer gelingt, die Spannung und Erregtheit seiner Bühnenaufführungen mit ins Studio zu bringen. Jedenfalls habe ich ihn im Theater als Künstler immer interessanter gefunden, wo seine großartige Präsenz und seine dramatische Ausdruckskraft, geschult durch seine frühe Arbeit als Schauspieler, dem Glanz seiner Stimme zusätzliche Tiefenschärfe geben und ihn in die Reihe der großen Sänger-Darsteller stellen.
> *Alan Blyth in ›Opera‹ über Nicolai Ghiaurov*

Als John Steane 1971 seinen Rückblick auf *The Grand Tradition* abschloß, sah er es als »pleasant und reassuring« an, den Schlußpunkt mit der Ausrufung eines neuen Goldenen Zeitalters zu setzen. Als einen bedeutenden Kronzeugen rief er den Bulgaren Nicolai Ghiaurov (geboren 1929) auf, den Boris und Philipp, Gremin und Zaccaria, Fiesco und Ramphis, Méphistophélès und Mefistofele der letzten 25 Jahre und einen Sänger mit einer »zentralen Stimme«. Ghiaurov ist durch künstlerische Assimilation ein italienischer Baß geworden, ein typischer Basso cantante mit einer sicher sitzenden tiefen Lage. Das Timbre der Stimme ist nicht so charakteristisch wie bei Christoff, der Klang aber reicher und flüssiger. In den letzten Jahren hat sich seine Angewohnheit verstärkt, die Stimme allzu offen zu produzieren und einen auf generalisierte Weise »majestätischen« Ton zu bilden. Dadurch hat die Stimme an klanglicher Konzentration auch die einstige Hülle von Samt verloren.

1956 gab er an der Oper von Sofia sein Debüt als Basilio. Ein Jahr später gastierte er als Pimen und Warlaam in Moskau, wo er auch seinen ersten Méphistophélès sang. Mit dieser Partie stellte er sich 1958 in Bologna vor. 1960 kam er an die Scala und sang neben dem Boris von Christoff den Warlaam. Dann übernahm er in fünf Aufführungen die Titelpartie. Aber erst fünf Jahre später wagte er sich in einer auf ihn abgestellten Produktion an die größte aller Baß-Rollen: in Salzburg unter Herbert von Karajan. In Italien sang er auch in *Chowantschina.* In den sechziger und siebziger Jahren hat er dann an allen großen Bühnen Europas und der USA gesungen: *Don Giovanni* in Salzburg unter Herbert von Karajan (1968/69), *Don Quichotte* in Paris (1974), König Philipp in Salzburg (1975), *Ernani* in Mailand (1982/83).

Ghiaurovs erste Rolle auf Platten war Basilio in *Il Barbiere di Siviglia,* von Silvio Varviso kompetent und routiniert dirigiert. Ghiaurov bringt für die Rolle zwar viel Stimme mit, aber wenig Vis comica und nichts von der latenten Gefährlichkeit des bösartigen Intriganten. Hat man den »colpo di canone« je dröhnender gehört – und hat einen dieses Dröhnen je gleichgültiger gelassen? Weithin bekannt wurde er durch die Aufnahme des Verdi-*Requiems* unter Carlo Maria Giulini – bis auf den heutigen Tag eine unerreichte, geschweige denn übertroffene Interpretation mit phantastischer Chor- und sehr guter Solisten-Arbeit. Im »Hostias« singt Ghiaurov, wie auch Nicolai Gedda, einen perfekten Triller. Aber schon hier deuten sich Grenzen an: Ghiaurov hat sich durchweg auf den satten, reichen Klang seiner Stimme verlassen, aber als Interpret nicht viel Profil gewonnen. Als er 1965 unter Georg Solti in einer glänzenden und viel beachteten Produktion den König Philipp sang, entfaltete er, wie Lord Harewood urteilte, die »nobelste Stimme aller Sänger, welche die Rolle in Gesamtaufnahmen gesungen haben, nur fehlt ihm eine bestimmte innere Qualität – ist es die Weltferne (apartness) des absoluten Herrschers?«

Das ist ein höflicher – und typisch britischer – Euphemismus für den Gesangsvortrag einer vokal überragenden Unpersönlichkeit. Ghiaurov ist überzeugend immer dann, wenn er seine voluminöse und klangschöne Stimme strömen lassen kann: die reichste Baßstimme der Nachkriegszeit. Aber er ist kein phantasievoller Darsteller. Seine Phrasierung ist oft eintönig und leierig gewesen und geblieben. Statt Phrasen zu formen und ihnen Innenspannung zu geben, singt er sie monoton auf Zielnoten zu, die er meist offen und dröhnend laut bildet. So wird in seiner ersten Gesamtaufnahme das Aufeinandertreffen mit dem Großinquisitor – gesungen von dem mächtigen Martti Talvela – zu einem einschüchternden Fortissimo-Duell. Gut zehn Jahre später aber wurde er in der Aufnahme unter von Karajan von Ruggero Raimondi, einem kraftvollen, aber klanglich zu hellen Großinquisitor, ausgesungen. Die einst so mächtige Stimme ist nicht mehr konzentriert, sondern klingt hohl und bresthaft – eine Folge seines meist überlauten und nicht gut fokussierten Singens. Eine Reihe von Beispielen dafür kann man in seinem von Claudio Abbado dirigierten Verdi-Recital von 1970 hören. Ghiaurov singt die Szenen des Zaccaria aus *Nabucco*, Banquos Arie aus *Macbeth*, Procidas Palermo-Arie aus *Vespri* und endlich Fiescos »Il lacerato spirito« aus *Simon Boccanegra*. Der Ton hat eine leicht körnige Textur bekommen, in der Höhe tendiert die Stimme zu übergroßer Sprezzatura – und musikalisch passiert wenig. Man muß nur Pinza oder Kipnis in der Fiesco-Arie hören, die subtile rhythmische Gliederung der Phrasen, die sanfte Kolorierung, die feine verbale Nuancierung, um des interpretatorischen und musikalischen Gefälles inne zu werden. John Steane hat in seinem Buch wahre Hymnen auf die Schönheit seines Singens – vor allem in Rollen wie Don Giovanni und Boris – angestimmt. Der Autor hört staunend einen imposanten Klang und gewaltige Ausladungen, zuweilen auch eine schöne Stimme, aber nur selten schönes Singen, selbst wenn Ghiaurov etliche technische Hürden mit erstaunlicher Souveränität meistert, etwa das heikle Arpeggio am Ende von Fiescos (ansonsten langweilig geleiertem) Solo. Ich empfinde Ghiaurovs Singen als spannungsarm, vermisse dramatisch-rhythmisches Timing. Es ist gleichförmig. Ghiaurov hat nur einen Ton für Zaccaria und Fiesco, Philipp und Ramphis, Boris und Don Quichotte – den der großen Stimme, selten, wenn je, den subtilen Singens.

Ein italienischer Schaljapin?

Der 1951 geborene Bologneser Ruggero Raimondi ist des öfteren – wie Helena Matheopoulos in ihrem Interviewbuch *Bravo* (London, 1989) berichtet – als »italienischer Schaljapin« bezeichnet worden. Zu verstehen ist dies nicht allein als Anerkennung seiner außerordentlichen darstellerischen Fähigkeiten, die er etwa in Joseph Loseys *Don-Giovanni*-Film entfaltet; vielmehr gibt es auch vokale Parallelen. Obwohl die Stimme die dunkle Farbe des Basses hat, besaß sie von Anbeginn an ihre besten klanglichen Qualitäten in der hohen Lage. Dadurch gelang es ihm 1968 in einer Aufnahme des *Rigoletto* (unter Francesco Molinari-Pradelli), den Monterone zum geheimen Helden des Werks zu machen. Er sang den Fluch – von Verdi ursprünglich als Titel des

Werks vorgesehen – mit gewaltiger Ausladung. Zwei Jahre später gab er in Carlo Maria Giulinis exemplarischer Aufnahme des *Don Carlo* den Filippo – vielleicht seine beste Aufnahme, allerdings keine Interpretation, welche an die ausdifferenzierten Portraits von Christoff, Siepi oder Rossi-Lemeni herankäme. Die Stimme klingt einfach zu jung, hat, um des Bildes willen, nicht die Falten eines *alten* Königs; den Mangel an grau-dunkler Farbe versucht Raimondi durch mächtige *Klangausladung* zu kompensieren und zeigt dabei keinen phantasiereichen Tonsinn.

Schon früh in den siebziger Jahren übernahm Raimondi zusehends auch die Rollen, die dem Fach des Baß-Baritons zugerechnet werden. Zwar sang er weiterhin, auch im Studio, Partien wie Fiesco, Großinquisitor, Padre Guardiano, Ramfis, Oroveso, Procida und Colline; zum Star aber wurde er mit Partien wie Don Giovanni, Escamillo, Scarpia, Graf in *Le Nozze di Figaro* und Boris Godunow. Wie Cesare Siepi war er – zumindest auf der Bühne – der Don Giovanni seiner Dekade; er hat die Partie über 350mal gesungen und unter Lorin Maazel auch aufgenommen. Auf der Klangbühne aber ziehe ich Sänger wie den überragenden englischen Bariton Thomas Allen und den Amerikaner Samuel Ramey vor, weil sie verhaltener und klanglich variabler singen als der Italiener, der meiner Ansicht nach eine problematische Tonkonzeption hat und zu offen, zu dröhnend und dadurch monoton singt – ein seltsamer Kontrast zum ausgesprochen lebendigen Spiel auf der Bühne, dessen gestische Prägnanz keine Entsprechung findet in der Klangphantasie.

Memento an die Metropolitan Opera

Außenseiterin: Eileen Farrell

Der beste dramatische Sopran vor dem Publikum.
Winthrop Sargeant in ›The New Yorker‹ über Eileen Farrell

Der beste dramatische Sopran vor dem Publikum, dazu ernannt in der Ära von Maria Callas, wurde in den frühen vierziger Jahren entdeckt, kam aber erst im Jahre 1960 zum Debüt an der Met in Glucks *Alceste.* Farrell sang danach auch in *Cavalleria* und *La Gioconda*, aber die große Bühnenkarriere hat die 1920 in Wilmantic geborene Sängerin, Schülerin von Merke Alcock und Eleanor

McLellan nicht gemacht – sei es aus einem Mangel an darstellerischem Temperament, sei es wegen ihrer füllig-statuarischen Erscheinung. Um so erfolgreicher war sie als Konzertsängerin, im Radio und als Leihgeberin ihrer Stimme im Film.

Nach ihrem Radio-Debüt für Columbia sang sie Konzerte unter Stokowski, Ormandy und Bruno Walter. 1947/48 unternahm sie ihre erste Tournee durch die USA, 1950/51 gab sie ihr Debüt-Konzert in der Carnegie Hall, wo sie auch in einer konzertanten Aufführung des *Wozzeck* unter Mitropoulos sang. Als MGM die traurige Geschichte der Marjorie Lawrence verfilmte, lieh sie ihre Stimme an Eleanor Parker für Musik aus *Butterfly, Carmen, Götterdämmerung, Figaro, Trovatore, Samson und Dalila* und diverse Songs. 1957 sang sie für die American Opera Society Rossinis *Otello*, ein Jahr später Cherubinis *Medea*, dann in Tampa, Florida Santuzza und Gioconda auf der Bühne. In San Francisco folgte Cherubinis Medée. Die Jahre an der Met waren nicht viel mehr als der Versuch, die Bühnenkarriere nachzuholen. Farrell war auf dem Podium sicherer als auf der Bühne und hat in denkwürdigen konzertanten Opernaufführungen gesungen – unter Münch, Bernstein, Stokowski.

Die meisten der nicht eben zahlreichen Aufnahmen Farrells, insgesamt sieben oder acht LPs, sind hors catégorie. Eine der wichtigsten ist, trotz mediokrer Begleitung des Columbia Symphony Orchestra unter Arnold Gamson, eine Highlight-Platte mit Arien und Szenen aus Cherubinis Musikdrama. Ihre hohen Noten sind sicherer plaziert als die von Maria Callas, der Klang der Stimme ist reich, warm und vor allem in der tiefen Lage von wunderbarer Fülle, die Diktion so subtil wie die einer Liedersängerin. Ebenso brillant sind zwei Arien aus Opern von Gluck: »Divinités du Styx« singt sie mit imperialer Grandeur, »Grands dieux, du destin« mit erstaunlich lichter Tongebung und beherrschtem Pathos. Ihre vielleicht beste Aufnahme hat sie in einem von Thomas Schippers betreuten Recital gesungen: Rezias Ozean-Arie. Sie attackiert nicht nur mühelos die optionale hohe Note (B), sondern evoziert schon im Ausruf »Ozean!« durch die Fülle des Klangs die ungeheure Weite des Raums. Und der Koloraturteil und die Hüon-Rufe dürften nie emphatischer auf die Platte gelangt sein. Vokal gut, aber weniger nuanciert ist sie in der großen Agathen-Arie. »Ecco l'orrido campo ... Ma dall'arido stelo« und das Liebesduett aus *Ballo* (mit dem emphatischen Richard Tucker) bringen wieder viel vokale Opulenz, aber auch manches Flakkern bei klimaktischen Phrasen. Blyth hat die beiden Aufnahmen von Brünnhildes »Immolation Scene« – die eine unter dem emphatischen Bernstein, die andere unter dem verhalten-kühlen Charles Münch – reserviert beurteilt. Gewiß wartet Farrell nicht mit den »psychologischen« Nuancierungen Varnays oder Mödls auf, aber sie quält den Hörer auch nicht mit den Keiftönen ihrer amerikanischen Kollegin. Gesanglich ist Farrell überwältigend, mit gewaltig-voluminösem und doch immer weich gebettetem Ton singend und lyrisch nuancierend.

Dem Ideal nahe kommt die Interpretation der *Wesendonck-Lieder* unter Bernstein – Rettung Wagners durch die Klanglichkeit des Belcanto. Durchaus beachtlich auch ein Recital mit Richard Tucker, auf dem Farrell Arien aus *Butterfly, Bohème, Turandot, Tosca* und *Aida* singt, dazu das Duett »Pur ti riveggo« aus *Aida*, dabei mit einer Phrasierung und einem Timing aufwartend, wie man es nur von den ganz Großen kennt. Daß in der *Turandot*-Arie Schärfen in einer klimatischen Phrase auftreten, ist nur ein kleines Manko. Die Aufnahme von *Maria Stuarda* (Partie der Elisabetta) im Jahre 1971 kam für Farrell offenbar zu spät.

Diven der Met

Pianissimo: Zinka Milanov

> Sie hatte das, was Ponselle fehlte, eine brillante Höhe.
> *Lanfranco Rasponi über Zinka Milanov*
>
> Sie werden merken, daß ein Sänger, der das Piano nicht mehr recht zu handhaben weiß, schon Probleme in der Höhe hat. Es ist ein sicheres Alarmzeichen.
> *Zinka Milanov im Gespräch mit Lanfranco Rasponi*
>
> Die Bruststimme ist gefährlich. Die Stimmbänder lassen nach, die Karriere ist zu kurz ... Es gibt einen großen Unterschied zwischen dem gedeckten Brustton und dem offenen Brustton – der offene ist schrecklich, weil die Stimme Ton um Ton zu fallen beginnt ... Wenn man mit offener Bruststimme singt, gerät man in böse Probleme, weil man dann vorzeitig altert.
> Mezzavoce ist wichtig, aber jeder will laut singen. Und in einer Arie wie ›D'amor sull'ali rosée‹ sollen nur die Stimmbänder arbeiten, und dort spielt sich auch das Agieren ab – nur in der Stimme ... Vokale Expression war der wichtigste Teil meines Singens ... Die Leute machen einen Fehler, die nur in der Aussprache vokale Expression suchen. Das ist es nicht! Farbe, Piano, Forte, die vokale Formung einer Phrase, all dies gehört zur Expression.
> *Zinka Milanov im Gespräch mit Robert Jacobson in ›Opera News‹*

Als die aus Zagreb gebürtige Jugoslawin Zinka Milanov (1906–1989) in den fünfziger Jahren mit Partnern wie Jussi Björling, Fedora Barbieri, Leonard Warren und Boris Christoff ihre ersten Gesamtaufnahmen machte (Mitschnitte existieren schon aus den dreißiger und vierziger Jahren), war sie nicht mehr jung. Sie hatte bereits eine Karriere von fünfundzwanzig Jahren hinter sich, als sie Leonora in *Il Trovatore* sang, von zweiunddreißig Jahren, als sie Leonora in *Forza* aufnahm. Es wäre eine ungebührliche Verkleinerung ihrer Leistungen, diese Aufnahmen als erstaunliche Dokumente einer reiferen Diva anzusehen oder von großen Momenten zu reden. Vor allem als Leonora in *Il Trovatore* und als *Aida* ist sie in vielen Belangen hors concours, vor allem bei den sanft gefluteten Spitzentönen. Es sind nicht nur weiche Töne der Mezzavoce, sondern schwebende Tonfontänen mit Körper und energischer Projektion. Nur Caballé hat in ihren besten Aufnahmen ähnlich feine Spitzentöne gesungen.

Will man aber den klanglichen Reichtum und den Sinnenreiz dieser einzigartigen Stimme kennenlernen, muß man die Aufnahme von Verdis *Messa da Requiem* unter Toscanini mit dem phänomenal gefluteten hohen C am Ende des »Libera me« oder den makellos ausgeführten *Pianissimo*-Intervallen hören; oder den Mitschnitt einer Met-Aufführung von *Ballo* unter Ettore Panizza mit Jussi Björling als Partner, wo sie mit dramatischer Energie agiert, mit Feinheit schattiert und blühend phrasiert. Die Szene auf der Richtstätte gerät zur vokal perfekten und dramatisch suggestiven Umsetzung eines hocherregten Seelenzustandes in eine Klanggestalt. Wenn sie zum Schluß die auf das hohe C führende Phrase singt, G-A-B im Forte, das C mit intensivierter Phonation, dann mit einem generösen Tenuto entfaltet und verklingend ausschwingend, erfährt man das innerste Wesen einer dramatischen Verdi-Phrase. Und welch eine Kadenz mit der sicheren Piano-Attacke des hohen B. Es ist ein Singen, das – sieht man einmal von Callas ab – von keiner Sängerin der Gesamtaufnahmen wieder erreicht worden ist; darunter sind Tebaldi, Stella, Price, Arroyo und Nilsson.

Zinka Milanov war fünfzehn Jahre alt, als ihr Vater, der eine ungewöhnlich schöne Baritonstimme hatte, sie bei einem bekannten Sänger vorsingen ließ. Der hörte eine fabelhafte Naturstimme mit perfektem Impostate, wie die richtige Plazierung einer Stimme genannt wird. Sie studierte bei Milka Ternina, der legendären ersten Tosca der Covent Garden Opera und der Met, die Henderson als eine der unvergleichlichen Isolden-Sängerinnen rühmte. Ternina ließ ihre Schülerin monatelang nur Skalen, Skalen und wieder Skalen ausführen. Milanov führte später die außergewöhnliche Elastizität ihrer Stimme auf diese Basis-Arbeit zurück. Ternina hielt ihre Schülerin davon ab, Wagner oder Strauss zu singen – sie hielt die Stimme für zu klar und samtig und wollte diese Textur nicht durch zu große Anspannung zerstört sehen. Die Lehrzeit endete in dem Moment, als Ternina ihre Schülerin ohrfeigte. Milanov, schon in jungen Jahren eigenwillig und später das Urbild der selbstsicheren, oft arroganten Diva, quittierte den Unterricht und begann bald darauf ihre Karriere. Sie debütierte 1927 als Leonora in *Trovatore* an der Oper von Zagreb. In einem Jahr studierte sie zehn Opern: *Manon Lescaut, Turandot, La Juive, Fidelio, Fanciulla, Libuše, L'Amore dei Tre Re* und Nationalopern. Sie sang ihre Partien in kroatischer Sprache.

Ihre erste Chance bekam sie, als sie in Dresden neben Tino Pattiera Aida singen konnte. Dies führte zu einem Engagement in Prag, wo man sie für das Wagner-Fach engagieren wollte. Ihr Bruder Bojdar Kunz (auch ihr Mädchenname) hielt sie davon ab. Im Jahre 1937 konnte sie in Wien in einer *Aida*-Aufführung einspringen. Dirigent war Bruno Walter, der sie an Toscanini empfahl, dem für die Salzburger Festspiele des Jahres 1938 eine Sängerin fehlte, die den Sopranpart in Verdis *Requiem* übernehmen konnte. Als sie nach Zagreb zurückkehrte, war sie selbstbewußt genug, erste Rollen zu verlangen, und als diese ihr vorenthalten wurden, kündigte sie ihren Vertrag.

Sie hatte das Glück, in Prag noch ein Probesingen vor Edward Johnson und Artur Bodanzky geben zu können, erhielt einen Vertrag an die Met und debütierte dort am 17. Dezember 1937 als Leonora in *Il Trovatore*. Sie hatte das doppelte Glück, daß Ponselle sich eben zurückgezogen hatte und Rethbergs Stimme sich in einer Krise befand. Denn bei ihren ersten Aufführungen gab es trotz der erkennbar brillanten Stimme Probleme. In Kolodins Buch über die Met ist zu lesen: »Die weiter ausgreifende Suche nach vokalen Talenten ungewöhnlicher Art (die gewöhnlichen gab es im Übermaß) führte zum erstenmal nach vielen Jahren auf den Balkan, woher die legendäre Ternina gekommen war, und sie brachte die imposante Person einer Zinka Milanov, die als Leonora in *Il Trovatore* am 17. Dezember debütierte. Daß sie von Toscanini ausgewählt worden war, in Salzburg Verdis *Requiem* zu singen, ließ auf ein größeres Talent hoffen, und dies wurde genährt durch die Klarheit und Leichtigkeit, mit der sie aufwartete. Doch war es nicht die Milanov der letzten Spielzeiten [Kolodins Buch wurde 1953 abgeschlossen], dic bei diesem Debüt gehört ward, denn ihre Unsicherheit (vor allem in Fragen der Intonation) sorgte für ein Wechselbad der Gefühle zwischen Vergnügen und Schmerz. Etwas später erkannte man, daß Milanov die meisten ihrer Rollen auf kroatisch gesungen hatte und die Schwierigkeiten mit der italienischen Sprache ihre Genauigkeit affizierten. Diejenigen, die am 2. Februar 1938 ihre Aida hörten, konnten schwerlich ahnen, daß es später einmal die beste werden sollte, auch wenn die strömende Linie und die vibrante Kraft viel versprachen.«

Ende 1940 sang sie eine »erratische, aber vielversprechende Gioconda«, Anfang 1941 eine »charakteristisch unebene Amelia« in *Ballo*; als Donna Anna am 7. März 1941 war sie »üppig in ›Non mi dir‹ und unzuverlässig in den anderen

Teilen der Partie«; am 9. Januar 1943 gehörte sie zu einem »Ensemble der allerersten Klasse«, das unter Bruno Walter *La Forza del Destino* aufführte«; am 28. November 1943 war sie als Aida einmal mehr »inkonsistent«; 1943 aber sang sie mehrfach eine »superbe Amelia«, während sie als Norma »in den Solo-Passagen nicht gefiel, wohl aber in den Duetten mit Castagna«; 1945 lieferte sie als Gioconda »erregenden Vokalismus« – und 1947 verließ sie die Met. *Ein* Grund war ihre Heirat mit General Lubomir Ilic, der sein Land in verschiedenen Ländern als Botschafter vertrat, der wichtigere aber, daß sie sich unterschätzt fand. Sie sang 1950 ihr Debüt an der Scala als Tosca und ließ sich erst von Bing an die Met zurückholen. In seinen Memoiren schreibt Bing, daß er beim erstenmal »eine Stimme von einer solchen Schönheit hörte, wie ich sie noch nie erlebt hatte«. Sie bekam endlich den Status zugebilligt, der ihr zukam – den einer Diva. Das entsprach ihrem Selbstwertgefühl.

Darüber gibt es kostbar-böse Anekdoten. Eine davon hat George Marek, zur Zeit etlicher Milanov-Aufnahmen Präsident der RCA, erzählt: »Als Künstlerin brauchen wir sie nicht zu diskutieren, denn ihre Stimme war eine der größten, die wir je hatten. Sie betrachtete ihre Stimme als etwas, das außerhalb ihres Körpers war, und hielt sie für die größte der Welt. Wir hatten eben eine Aufnahme in Rom beendet, als ich eine Party in Passetto gab. Ein Abendessen fand an meinem Geburtstag statt. Milanov saß zu meiner Rechten, und dann kamen Björling, Warren und andere. Sie alle sangen ›Happy Birthday‹. Danach wandte sie sich mir zu und sagte: ›Wie ist es, wenn *die* schönste Stimme der Welt für einen ›Happy Birthday‹ singt?«

Marek berichtet weiter von einer Aufnahmesitzung für *Madama Butterfly* mit Anna Moffo und Cesare Valletti. Milanov kam in den Aufnahmeraum, hörte zu, kritisierte und erwiderte auf die Frage, ob sie je Butterfly gesungen habe: »Nein, aber wenn ich es getan hätte, wär's die schönste der Welt geworden.« Francis Robinson, langjähriger Assistant Manager der Met, erinnert sich einer Aufnahmesitzung in Rom und eines abschließenden Abendessens, bei dem Mrs. Warren sagte, daß es der italienische Tenor sei, dem die Oper ihren schlechten Ruf verdanke. Schließlich sagte Giuseppe di Stefano: »Madam, ich habe Ihnen mit Geduld zugehört – ich bin Sizilianer.« Milanov prompt: »Noch schlimmer.« Über eine Mezzo-Sopranistin sagte sie, ihre Stimme sei wie ein Regenbogen – »eine unterschiedliche Farbe für jeden Ton«, und als ein langjähriger Kollege nach ihrem Abschied von der Met sagte, »Oh Zinka, ich könnte nie daran denken, mein Farewell zu geben«, parierte sie zynisch: »Nun, du solltest aber.«

Als sie ihr Farewell gab, hatte sie an der Met 421 Aufführungen gesungen, einschließlich 123 bei den Gastspielreisen des Hauses. Am häufigsten war sie als Aida aufgetreten – 78 Aufführungen –, während sie Elvira in *Ernani* nur achtmal sang. Insgesamt hat sie nur 13 Partien in ihrem Met-Repertoire gehabt (zum

Vergleich: Ponselle sang 22 Rollen, Rethberg brachte es auf 30, Leontyne Price auf 16). Bei der Auswahl folgte sie einer rigiden vokalen Ökonomie: Sie sang nur die Rollen, in denen sie ihre Talente ideal entfalten konnte und die ihrer Stimme nicht schadeten – soll man eine solche Entscheidung für ein langes Sängerleben und ein Mindestmaß an Ruhe in einem schrecklich unruhigen Leben auf den Nerven nicht wenigstens akzeptieren?

Gewiß, Milanovs Repertoire, soweit durch die Platte dokumentiert, ist nicht »interessant«. Sie hat 1952 Leonora in *Trovatore* aufgenommen, 1953 Santuzza in *Cavalleria*, 1954 Amelia in einem Querschnitt von *Ballo* und 1950 Leonora in einem Querschnitt von *Forza*, 1955 Aida, 1956 Tosca, 1958 Gioconda und 1959 Leonora in *Forza*, dazu einige Arien, unter denen das Lied an den Mond aus *Rusalka* wie ein exotischer Fremdkörper wirkt. Auf Mitschnitten ist sie als Aida, als Amelia, als Norma und im Verdi-*Requiem* zu hören. Aber diese Aufnahmen sind zentral als Dokumente eines Singens, wie es nur eine exzeptionelle *Stimme* bieten kann. Kann Callas eine Phrase durch dramatisches Genie illuminieren, so tut Milanov es durch einen vokalen Animalismus, der durch Kunstverstand, Technik und Stil nobilitiert ist. Als Leonora in *Trovatore* ist Callas in vielen Nuancen eloquenter und ausdrucksstärker, aber Milanov wird gleichsam zur Kunst-Natur der Rolle, weil ihre *Stimme* die Physique de rôle hat. Die Bögen der ersten Arie, die extreme Tessitura der zweiten aus dem vierten Akt, die schwebenden Pianissimi in der Sterbeszene kann man kaum schöner hören als von der Jugoslawin. Sie hat diese Leonora neben Barbieri, Warren und Björling gesungen – und wenn je der Satz Carusos, daß der *Troubadour* ganz einfach zu besetzen sei, nämlich »mit den vier besten Stimmen der Welt«, erfüllt wurde, so hier (bedauerlich nur, daß Renato Cellini dirigiert und überdies eine gekürzte Fassung). Sowohl der Met-Mitschnitt von *Ballo* mit dem überragenden Björling – mit weitem Abstand der beste Riccardo auf Platten, leider ohne die Arie aus dem letzten Akt – als auch der Querschnitt mit Peerce, Warren und Marian Anderson (in schlechter Form) gehören in jede Sammlung. Sehr enttäuschend ist die späte Aufnahme von *Forza* unter Previtali – nicht nur Milanov, auch di Stefano und Warren haben längst ihren Zenit überschritten; doch der Querschnitt mit Peerce und Warren (unter Cellini) ist ein Höhepunkt dramatischen Verdi-Singens im modernen Sinne (ohne die Rigidität der Toscanini-Aufführungen). Auch Aida hat Milanov im wohl besten aller Ensembles gesungen: Neben Björling als Radames, Warren als (leider ungelenkem) Amonasro, Barbieri als Amneris und Boris Christoff als Ramphis (dem besten seit Pinza). Milanov singt leuchtend in den lyrischen Passagen der Partie, exzelliert in der Nilarie und verzaubert in »Là tra foreste vergine« und »O terra addio«. Doch im turbulenten Finale des dritten Aktes gerät sie so an ihre Grenzen, daß sie eine ganze Passage überhaupt nicht mehr artikuliert, sondern einfach nur vokalisiert. Daraus läßt sich folgern – wie Steane es getan hat –, daß ihre Stimme Zeit zum Einschwingen braucht und ihre Wirkung vor allem mit den sanft gefluteten hohen Tönen macht, während ihr die dramatische Energie und die vehemente Attacke zu fehlen scheinen. Doch darf man wohl nicht von einer einzigen Aufnahme, schon gar nicht von einer aus dem Jahre 1955, auf die Möglichkeiten der Sängerin überhaupt schließen. Die Aufnahme von *Cavalleria*, wieder mit Björling, steht vokal keiner anderen nach, während die *Tosca*-Einspielung von 1956 unter Erich Leinsdorf (mit Björling/Warren) enttäuschend ist. Wer die vielgerühmte Gioconda Milanovs mit den magischen Pianissimo-Tönen, die Klanggesten der Liebe sind, hören will, sei auf den Met-Mitschnitt von 1939 verwiesen, wo die Phrase »Ah! come t'amo« mit dem Aufschwung auf das hohe B reinste vokale Magie ist (Partner ist Martinelli).

A Pearl of Great Price: Leontyne Price

> Offen zu bleiben für die Originalität eines anderen Künstlers ist, will mir scheinen, die unabdingbare Voraussetzung für eine positive Hörerfahrung. Ich überlasse Musikologen die fragwürdige Befriedigung, das Wunder einer Leontyne Price oder eines anderen großen Künstlers, die unser Leben besser gemacht haben, zu analysieren oder gar zu erklären. Es steckt in dieser Art von Literatur eine gewisse pharmazeutische Qualität, die, selbst wenn sie ekstatisch geschrieben, all die Magie der Spontaneität, die wirkliche Bewunderung und aufrichtige Generosität verwirkt.
> *Alexis Weissenberg in einer Hommage an Leontyne Price*

Fast alle, die Leontyne Price je gehört haben, ob Künstler oder Kritiker, haben von dem Rausch, von der seligen Entrücktheit berichtet, in die sie durch den Klang dieser Stimme versetzt worden sind. Einmal gehört, ist der zugleich rauchige und leuchtende, dunkle und sinnlich-zärtliche Klang so rasch nicht vergessen. An Verdis Leonoren oder Aida, an Puccinis Tosca oder Bizets Carmen zu denken, heißt vor dem inneren Ohr Leontyne Price zu hören und zu sehen. Leontyne Price ist nicht *eine* Stimme unter anderen, sondern eine einzigartige, eine unverkennbare, eine unvergeßliche Stimme oder, nach dem Wort des amerikanischen Kritikers und Juilliard-School-Lehrers Irving Kolodin, »a Pearl of great Price«. Sie ist einzigartig auch als Sozialcharakter: Als erste schwarze Sängerin hat sie es geschafft, eine Primadonna an der New Yorker Metropolitan Opera zu werden. Wer dies als etwas ihrer Karriere Äußerliches anzusehen geneigt ist, verschließt seine Augen vor der Sozialgeschichte der Musik, die auch im 20. Jahrhundert alles andere als konfliktfrei verlaufen ist.

Oberflächlich betrachtet, hat die 1927 in Laurel, Mississippi, geborene Leontyne Price das gemacht, was man landläufig eine große Karriere nennt. Nach ihrem Selbstgefühl aber ist die Amerikanerin lange Zeit nichts anderes gewesen als ein »black token« – ein Aushängeschild für die oft prätendierte, kaum je aber vollzogene Assimilation der Schwarzen in den USA. Noch 1973, zwölf Jahre nach ihrem Debüt an der Metropolitan Opera und zwanzig Jahre nach Beginn ihrer Karriere, erklärte sie gegenüber dem Journalisten Stephen E. Rubin in der *New York Times*, daß sie ihre Laufbahn nur vor dem Hintergrund des Kampfes um die bürgerlichen Gleichheitsrechte sehen könne. Als jemand, der das Pathos des Außenseiters im Herzen trug, hat sie nie vergessen können, daß sie gerade zu Beginn ihrer Karriere vor allem als *schwarze* Primadonna in die Schlagzeilen gekommen war und nicht einfach als erste Sängerin.

Man muß nur Rudolf Bings Erinnerungen an seine *5000 Nächte in der Oper* als Geschichts-Buch lesen, um von diesen Konflikten zu erfahren. Bing erinnert sich eines Ereignisses aus dem Jahre 1954, das indirekt in einem Zusammenhang steht mit der Laufbahn von Leontyne Price. Bei einer Party hatte Bing die Altistin Marian Anderson getroffen, seit den dreißiger Jahren eine amerikanische Zelebrität, von der Met aber beharrlich übersehen. Noch während des Dinners verpflichtete Bing die Sängerin für die Partie der Ulrica in Verdis *Un Ballo in Maschera*. Dazu Bing: »Der Aufsichtsrat der Metropolitan gehört nicht zu den vielen Organisationen, die mir gratulierten, als diese Nachricht bekannt wurde.«

Zwar war Marian Anderson, Ehrendoktorin der Howard University von Washington, gut genug gewesen, den siegreichen General Eisenhower bei seiner Rückkehr in die USA singend zu begrüßen, aber sie war eine Farbige – und Farbige hatten bis dahin noch nie an der Met gesungen. Für Leontyne Price aber war Marian Anderson seit langem eine Symbolfigur. Sie hatte Marian Anderson zum erstenmal im Jahre 1936, mit neun Jahren, gehört und das Ereignis nie vergessen – gerade für Außenseiter formt sich die Realität aus den Erinnerungen an besondere Erlebnisse. Als sie mit einem Stipendium an der New Yorker Juilliard School studierte, wurde ihre Stimme entdeckt und von Florence Page Kimball ausgebildet. Eines der entscheidenden Bildungserlebnisse war der erste Besuch der Metropolitan Opera, bei dem sie Ljuba Welitsch als Salome unter Fritz Reiner hörte. Leontyne Price war, wie der Pianist Van Cliburn berichtete, die Wunderschülerin der Musikschule und wurde oft in Studentenaufführungen eingesetzt. Im Jahre 1952 hörte der Komponist Virgil Thomson sie in einer Aufführung von Verdis *Falstaff* als Alice Ford und bot ihr eine Rolle für das Revival seiner Oper *Four Saints in three Acts* an. Wenig später wurde sie für eine Aufführung von George Gershwins *Porgy and Bess* verpflichtet. Diese Aufführung, zuerst 1952 in State Fair Auditorium von Dallas gezeigt, ging durch die USA, dann nach London und schließlich auf den europäischen Kontinent. Protagonisten waren John W. Bubbles, der schon 1935 Sportin' Life gesungen hatte, und der Bariton William Warfield, den Leontyne Price später heiratete (die Ehe wurde geschieden). Nach einer großen Zahl von Aufführungen merkte Price, daß ihre Karriere ins Getto steuerte. 1954 verließ sie die Truppe und entschloß sich, Konzertsängerin zu werden, zumal die Aussichten für schwarze Opernsänger nicht nur schlecht, sondern aussichtslos schienen. Genau in diese Zeit aber fiel das verspätete Met-Debüt von Marian Anderson, das zwar kein großer künstlerischer Erfolg mehr sein konnte – Anderson war 53 Jahre alt –, aber zumindest ein symbolischer. Später, nach ihrem Met-Debüt als Leonora in Verdis *Il Trovatore* neben dem gleichfalls debütierenden Franco Corelli, erklärte Price: »Als ich dort endlich singen konnte, war ich schier außer mir vor Freude. Ich hatte das Gefühl, endlich auch zu Hause anerkannt zu werden. Es gab einen weiteren wichtigen Gesichtspunkt. Ich weiß nicht, wie ich das ausdrücken soll, ohne eingebildet zu wirken. Aber ich war nun einmal die erste schwarze *Diva* in der Geschichte des Hauses. Das Verdienst dafür spreche ich Bing zu. Seiner Weitsicht allein ist es zu verdanken, daß er die Tür für schwarze Sänger geöffnet hat.«

Der Weg an die Met aber hatte über einen Umweg geführt. Nachdem Leontyne Price einige Aufführungen für die NBC TV Opera Company gesungen und ihr Debüt an der Oper von San Francisco gegeben hatte, ging sie nach Europa. Herbert von Karajan, der sie in der Carnegie Hall gehört hatte, verpflichtete sie an die Wiener Staatsoper, wo sie als Aida debütierte. Dieselbe Rolle sang sie auch an der Covent Garden Opera und an der Mailänder Scala. 1959 und 1961 nahm sie, von RCA gleich als möglicher Star erkannt, Verdis *Il Trovatore* (unter Arturo Basile) und *Aida* (unter Georg Solti) auf. Nach den Erfolgen in den Musikmetropolen Europas war das Engagement an die Met zwingend. Doch ist die Met-Karriere für sie nicht befriedigend verlaufen. Zwar wurde ihr in der Spielzeit 1961/62 die Opening night – Minnie in *La Fanciulla del West* – und 1966 die Eröffnung der neuen Met im Lincoln Centre – Samuel Barbers *Anthony and Cleopatra* – übertragen; doch weil die meisten der 118 Aufführungen, die sie zwischen 1961 und 1969 gesungen hat, zum Repertoire-Alltag gehörten, fühlte sie sich unter Wert eingesetzt. Sie setzte sich eine Zeitlang von der Met ab und konzentrierte sich auf Konzerte. Unter der Ägide von James Levine hat sie wieder häufiger an der Met gesungen. Vor allem in den großen

Verdi-Partien – als Leonora in *Forza* und als Aida – blieb sie unersetzlich bis zu ihrem Abschied 1986.

Leontyne Price hat Verdi und Mozart als »die besten Freunde meiner Stimme« bezeichnet. Das spiegelt sich in ihrem Schallplatten-Repertoire. Sie hat Gesamtaufnahmen von *Ernani, Il Trovatore* (unter Basile, Mehta und von Karajan), *Ballo in Maschera, La Forza del Destino* (unter Schippers und Levine), *Aida* (unter Solti und Leinsdorf) und des *Requiems* (unter Reiner und Solti) vorgelegt. Unter Erich Leinsdorf hat sie *Don Giovanni* (Elvira) und *Così fan tutte* (Fiordiligi) aufgenommen. Hinzu kommen zahlreiche Recital-Platten, auf denen sie die großen Arien der Violetta, Elisabetta, Desdemona, Donna Anna, Elettra, *Figaro*-Gräfin und Konzert-Arien von Mozart gesungen hat. An das klassische und romantische Repertoire des Belcanto hat sie sich allerdings nicht gewagt, obwohl sie die Begegnung mit Maria Callas in den fünfziger Jahren als eine der wichtigsten künstlerischen Erfahrungen ihres Lebens bezeichnet hat. Die Ursache dafür ist leicht auszumachen: Price hat nie die Technik besessen, um die vom Canto fiorito geprägten Partien zu singen. Mit gutem Grund gibt es auch keine *Traviata*-Aufnahme. Die Aufnahme der Arie aus dem ersten Akt zeigt, daß sie mit der Kadenz vor der Cabaletta und mit »Sempre libera« technisch überfordert war. Auch die Aufnahme von *Ernani* verrät einige der technischen Schwächen von Leontyne Price.

Sie liegen teilweise in der Stimme selber. Sie ist nicht über die ganze Skala hinweg ausgeglichen. Vor allem die ersten vier, fünf Töne der tiefen Skala (zwischen dem A und dem C bis D und E) klingen oftmals hauchig, klangarm und kernlos. Zwar sind auch die mittlere und hohe Lage dunkel getönt, aber sie haben Kern und eine Leuchtkraft von großer Intensität. Nach dem Eindruck des Verfassers stimmen die Relationen von Forte und Piano nicht ganz. Die Stimme hat immer einen gewissen Druck gebraucht, um sich klanglich entfalten zu können; sie hat also nicht frei und leicht auf dem Atem gelegen. Wann immer Frau Price lange Sostenuti und Cantabile-Abschnitte singen konnte, ging das gut; doch wenn sie die Stimme mit großem Klang durch rasche, bewegte und rhythmisch komplizierte Musik steuern mußte, wurden die Schwierigkeiten evident. So in der schon erwähnten Partie der Elvira aus *Ernani*. Den Andantino-Abschnitt von »Ernani involami« nimmt Thomas Schippers, der Dirigent der Aufnahme, relativ rasch, vielleicht um seiner Protagonisten die Bildung der Bögen zu erleichtern. Aber weil die Zielnoten nur mit Anspannung erreicht werden, zeigt sich auf ihnen ein nicht kontrolliertes Vibrato, das über das für die Stimme typische natürliche Vibrieren noch hinausgeht. Die Töne über dem System, gespannt gebildet, klingen gleichsam kantig und scharf. Durch die Spannung verliert der melodische Diktus seinen Schwung und Fluß. Nach dem bolero-haften chorischen Übergangsteil in die Cabaletta werden die technischen Schwierigkeiten noch größer. Die über anderthalb Oktaven gehenden Laufpassagen sind nicht gebunden, die Töne nicht wirklich gereiht. Der Triller endlich gerät zum Gurgeln. Aus dem Triller aber muß die Sängerin der Elvira auftaktig in die nächste Phrase übergehen. Price gerät zu nah an die Hürde heran und kann den Sprung nicht mehr abfedern: Das Timing geht verloren, die gesamte Phrase wird dadurch zerrissen. Es zeigt sich wieder, daß technische Defizite die Musik selber beschädigen. Denn wenn man erleben will, daß die von Verdi in dieser Cabaletta geschriebenen Ornamente nicht bloß Zierfiguren, sondern Ausdrucksgesten sind, muß man zurückgehen zur Aufnahme der in dieser Musik unvergleichlichen Rosa Ponselle.

Gleichwohl hat John Steane Leontyne Price als den besten Verdi-Sopran des Jahrhunderts bezeichnet – ein großes Wort, wenn man an Nordica, Destinn, Rethberg, Seinemeyer, Ponselle, Milanov und Callas denkt. Begründet ist dieses Urteil, nach Ansicht des Verfassers, nur mit Blick auf *Aida*, und selbst hier gibt es Einwände. Zwar singt Frau Price die letzten Phrasen von »Ritorna vincitor« ebenso expressiv wie flutend schön, zwar bildet sie in der Nilarie die auf das C steigende Phrase auf einem Atem und mit schön fokussiertem Ton, zwar glüht ihr Vortrag im Nil-Duett vor Erregtheit; aber was soll man von der aufgesetzten Deklamation im ersten Teil der ersten Arie mit den grotesken Vokalverfärbungen (aus »cohorte« wird »cohort*ää*«) halten, was von den unsicheren Staccati im Schlußduett? Was endlich von der lediglich äußerlichen Dramatisierung des Duetts Aida-Amonasro im 3. Akt, wo Callas und Gobbi ein Psycho-Kampf mit rein klanglichen Mitteln gelang? Nein, trotz einer reicheren Stimme war Price keineswegs eine bessere Interpretin der Aida als, beispielsweise, Zinka Milanov, die junge Tebaldi oder die junge Callas. Das gleiche gilt für die beiden Leonoren (*Trovatore* und *Forza*) und für Amelia. Gewiß hat man das Andantino von »Tacea la notte« kaum je besser gehört als von Price unter Basile, Mehta oder von Karajan (vor allem im Salzburger Mitschnitt vom 31. Juli 1962), doch reicht ihr sängerisches Arsenal für die Cabaletta mit ihren Elementen des Canto il bravura nur knapp aus. Zwar bildet sie in den frühen Aufnahmen die Staccati und Triller recht sorgsam, aber nicht mit freier und schöner Tongebung. Wenn sie einen Triller bildet, singt sie eine geschüttelte Note; wenn Callas ihn bildet, gerät er zur elegischen Klangfigur. Als Vokalistin ist die Amerikanerin der Griechin in der Scena der Amelia aus dem zweiten Akt von *Ballo* durchaus ebenbürtig. Doch wenn es zur Kadenz kommt, erlebt man Sänger aus zwei Welten. Die Conpassione-Passage und der abfallende Lento-Abschnitt wirken bei Price – es ist die Frage des Timing, der Phrasen-Architektur – formlos, während Maria Callas hier noch einmal die Dramatik der gesamten Arie versammelt: eben zur akustischen Szene macht. In ihrer ersten Aufnahme von *La Forza del Destino*, 1964 unter Thomas Schippers, ist Leontyne Price in Bestform zu hören, und so überragt sie wohl alle Sängerinnen der Partie nach dem Kriege. Nur Renata Tebaldi kommt, was Lyrismus, Fluß und Schönheit des Singens angeht, an sie heran, weniger in der Decca-Gesamtaufnahme unter dem routinierten Francesco Molinari-Pradelli als im Mitschnitt unter Dimitri Mitropoulos vom Maggio Musicale Fiorentino 1953, wo die Stimme selbst beim hohen B noch auf dem Atem liegt und weich schwingt. Selbst del Monaco hatte, »madre pietosa«, einen empfindsameren Abend – oder nahm er nur Rücksicht auf den Dirigenten? – und sang Alvaro ungewöhnlich verhalten und sensibel.

Kommen wir zum zweiten großen Freund von Frau Prices Stimme – zu Mozart – und vorab zur Diskussion einer festgefügten Ansicht: daß nämlich »nur eine instrumentale Stimme eine Mozart-Stimme« (Josef Krips) sei. Dies entspricht zwar dem Konzept des seit Richard Strauss gepflegten Wiener Mozart-Stils, aber sie ist problematisch und historisch sogar falsch. Mozart hat seine Musik zwar nicht für Italiener, aber für italienisch geschulte Sänger geschrieben – denn deutsche Sänger im Sinne einer deutschen oder gar einer instrumentalen Schule gab es zu seiner Zeit noch gar nicht. Ihm ging es also nicht um die instrumental-korrekte Ausführung seiner Musik – etwa der langen Koloraturkette in »Non mi dir« aus *Don Giovanni* –, sondern um expressive

Leontyne Price als Leonora
(Foto: © BMG Classics, München)

Spannung und musikalische Akzentuierung. Partien wie Donna Anna, Konstanze, Fiordiligi oder Elettra – reich an Verzierungen, an Trillern, an Melismen, an riesigen Sprüngen – können nur von großen, farbreichen, expansiven und extensionsfähigen Stimmen gesungen werden, von Sopranen, die auch die großen Belcanto-Partien bewältigen können. Als Herbert von Karajan die Amerikanerin in Salzburg die Donna Anna singen ließ, war das prinzipiell – was den Stimmcharakter angeht – eine richtige Entscheidung. Nur war Price Partien wie Anna und Fiordiligi technisch nicht restlos gewachsen: Durch sie wird Mozart buchstäblich von »la forza del destino« eingeholt, dem Schicksal des Singens. Auch in »Ch'io me scordi di te?«, der großen Konzert-Arie mit dem Obligato-Klavier, hat sie nur einige große Momente (etwa die expressive Klanggebung für die Phrase »come tentarlo?«), aber sie singt das Stück nicht als Seelen-Drama, sondern kämpft mit seinen Schwierigkeiten, etwa den Gruppetti, die zur Reprise des Rondo-Themas führen, oder auch mit einigen chromatischen Figuren. Man vergleiche die Aufnahme mit der gleichzeitigen von Elisabeth Schwarzkopf, die durch die sorgsame Beachtung der Appoggiaturen die von Mozart geforderte »Gewalt der Worte« auszudrücken weiß. Prices Mozart-Aufnahmen sind, in summa, kaum mehr als Skizzen. Sie haben schöne, lebendige Momente durch den Klang der Stimme und die suggestive Spontaneität des Ausdrucks, aber es fehlt ihnen an Finessen, an Form.

John Steane hat sich enthusiastisch über die Carmen von Leontyne Price ausgelassen – aber diese Carmen spielt die Hauptrolle nicht in einer Opéra comique, sondern in einer Tragédie lyrique. Schon vom zweiten Akt an läßt Herbert von Karajan die Musik vor Sinnlichkeit schluchzen, und im dritten gerät das Stück weniger zu einer fatalistischen Tragödie denn zu einem Melodrama, in das sich zufällig – in Gestalt Franco Corellis – ein Komödiant namens Canio oder auch, meinetwegen, ein Bauer mit Namen Turiddu verirrt hat. Price allerdings macht die Aufnahme hörenswert. Sie setzt ihre hauchige Stimme – das Timbre ist ideal für die Partie – mit der Leichtigkeit, der amüsierten Distanz der Chanson-interprète ein. Es ist ein Versuch, den später Teresa Berganza wiederholt hat, freilich mit weniger stimmlichen und sinnlichen Mitteln. Das Vibrato der Stimme klingt wie ein Beben der Sinne, und der Text wird in einer Weise artikuliert, daß man den Weibsteufel förmlich vor sich sieht. Ein Weib, von dem Merimée im Motto seiner Erzählung sagt, es sei nur in zwei Momenten angenehm: im Bett und auf der Bahre. Eine grandiose Darstellung.

Unter von Karajan hat Price im Jahre 1964 auch *Tosca* aufgenommen. Wie alle Puccini-Einspielungen des Dirigenten ist auch diese eine Orgie des Wohlklangs: der sensualistischen Oberflächenreize auf der einen Seite, der brutalisierten Effekte auf der anderen. Den Auftritt des Scarpia (»Un tal baccano in chiesa«) oder die Folterungsszene – Herbert von Karajan hat gesagt, er werde hier

Aggressions-Energien los, die so intensiv wären wie die, die zu einer Mordtat führen könnten – hat man in keiner Aufnahme exzessiver erlebt als hier. Price erreicht nicht die gestische Prägnanz einer Callas in den »Mario«-Rufen, nicht die grelle Eifersuchtswut bei »è l'Attavanti«, nicht die Seligkeit des Klangs bei »o come tu sai bene l'arte di farti amar«, nicht den Ton entsetzter Verachtung bei »quanto« (wenn sie Scarpia um den Preis für das Leben des Geliebten fragt); sie wirkt outriert bei »E avanti a lui tremava tutta Roma«; doch ist die Klangpracht ihres Singens, die Ausformung der großen Bögen, atemberaubend. Vor allem aber: Das Gesicht der Stimme ist genau so, wie man sich eine Tosca imaginieren mag, als schöne, stolze, sinnliche und zugleich naive, eifersüchtige Frau. Da Price aber, anders als Callas, keine Sängerin der mimischen Verwandlung war, wirkt sie als Butterfly (unter Leinsdorf, neben Tucker) keineswegs wie eine japanische »bimba«. Dafür hat sie natürlich die Kraft und die Höhe, »Un bel dì vedremo« und »Tù, tù, piccolo iddio« mit wirklicher Klangausladung zu singen – man hat nie den Eindruck, daß die Butterfly eine »Killer-Partie« ist.

Neben ihren zahlreichen Gesamtaufnahmen hat Price eine Reihe von Recitals – unter dem Serien-Titel »Leontyne Price – Prima donna« – vorgelegt. Sie erwecken den Eindruck, als wäre sie eine Assoluta (wenn man davon absieht, daß sie kaum verzierte Musik singt). Aber diese Platten bestätigen nur die schon vorgetragenen Einwände. Bei dramatischer Musik wie den Arien der Lady aus *Macbeth* fehlt es an expressiver Imagination; bei virtuoser wie dem Czardas der Rosalinde aus *Die Fledermaus* an Verve und Leichtigkeit; bei klassischer wie Händels »Care selve« oder Mozarts Arien an stilistischer Distinktion. Sie exzelliert in der Musik des Verismo und, sehr oft, auch in elegischer französischer Musik, freilich nicht in Berlioz' *Les Nuits d'Été* (unter Fritz Reiner), wo man nichts von der Suggestion der »L'île inconnue« verspürt. Die Begeisterung einiger deutscher Kritiker für ihre Strauss-Aufnahmen – so *Vier letzte Lieder* und Schlußgesang der Salome – kann der Verfasser nicht teilen. Die wenigen Wagner-Szenen (Sieglindes Liebeslied und Elisabeths Hallen-Arie) wären besser nie veröffentlicht worden.

Um so überraschender ist Schumanns Zyklus *Frauenliebe und -leben* gelungen. Price singt die Musik ohne gefühlvolle Drücker, ohne falsche Innerlichkeit – mit sorgfältiger Diktion, musikalischer Phrasierung und zwar verhaltener, aber reicher Tongebung, die nur bei geringen dynamischen Graden von einem übermäßigen Vibrato bedroht ist.

Unerfüllte Hoffnungen: Martina Arroyo

Die vollkommenste Interpretation der Rolle, die die Met seit Jahren erlebt hat.
Peter Davis über das Debüt Martina Arroyos als Elisabetta in ›Don Carlo‹ im Jahre 1966

Als John Steane Anfang der siebziger Jahre seine Studie über *The Grand Tradition* abschloß, hoffte er auf die Aida – »sie sollte dem Ideal nahekommen« – von Martina Arroyo. Einige Jahre später, im Dezember 1976, beklagte die 1937 in New York geborene Sopranistin, daß die Plattenbranche anderen die Aida anbiete, während sie, die die Partie überall in der Welt singe, immer noch warten müsse. Tatsächlich hat sie vergeblich darauf warten müssen, eine ihrer Glanzrollen aufnehmen zu können. Inzwischen haben Mirella Freni und Katia Ricciarelli die Partie zu singen versucht, während Arroyo nach einer zunächst glänzenden Karriere fast vergessen zu sein scheint.

Die Tochter eines Ingenieurs aus Harlem begann mit dem Gesangsstudium am Hunter College, kam in die Klasse von Joseph Turnau, dann von Marina Gurewich und beteiligte sich, inzwischen als Sozialpädagogin tätig, im Jahre 1958 an den »Auditions of the air« der Met. Sie gewann den Preis mit der gleichaltrigen Grace Bumbry, debütierte bei einer konzertanten Aufführung von Pizettis *Murder in the Cathedral*, sang wenig später die Stimme vom Himmel in *Don Carlo* an der Met und ging nach Europa. 1963 gastierte sie an der Zürcher Oper, dann – vor allem als Aida – in Berlin und Wien. 1965 konnte sie an der Met für Birgit Nilsson als Aida einspringen. Ein Jahr später übernahm sie Elisabetta in *Don Carlo*. Sie studierte Partien wie Selika, Vitellia, Valentine, Rezia, Elvira, Donna Anna, Elena, Senta und Elsa, dazu die lyrischen Puccini-Rollen, Rossinis *Stabat Mater* und Beethovens *Neunte*, das Verdi-*Requiem* und Händels *Samson*, Faurés *Requiem* und Stockhausens *Momente*.

Arroyos Diskographie ist zwar relativ weitgefächert, aber sie zeigt keine klare und individuelle Physiognomie. Arroyo hat in zwei großen Mozart-Aufnahmen mitgewirkt, ohne den Eindruck einer Mozart-Sängerin zu machen, obwohl sie als Elvira in der unausgewogenen Böhm-Aufnahme mit Fischer-Dieskau opulent und sicher singt; doch gelingt ihr kein prägnantes Rollen-Porträt. Auch als Donna Anna in der von Colin Davis nicht nur kompetent, sondern auch spannungsvoll dirigierten Aufnahme des *Don Giovanni* zeigt sie eher, daß sie eine Anna-Stimme hat, nicht, daß sie frei und sicher darüber verfügen kann. Die

Martina Arroyo
(Foto: © Kesting)

gefürchtete Koloratur-Passage von »Non mi dir« ist auch für sie (wie für Nilsson, die Anna neben Arroyos Elvira) ein unüberwindliches Hindernis: und in »Or sai chi l'onore« singt sie ohne Drive. Mangel an Flexibilität beeinträchtigt auch ihre ansonsten gute Arbeit in der von Riccardo Muti betreuten Aufnahme von *Ballo* – man höre nur die Architektur des Rezitativs zur Szene im zweiten Akt bei Callas und danach das tentative Tasten Arroyos. Ähnlich die Schwächen und Stärken in der von James Levine betreuten Aufnahme von *Vespri Siciliani* mit Domingo, Milnes und Raimondi. Den Bolero buchstabiert sie wie eine Etüde, singt ihn ohne Funkeln und ohne klangliche Nuancierung bei den Wechseln nach Dur. Aber auch in den anderen Passagen, etwa in der Romanze, singt sie zaghaft, und wenn man weiß, daß sie die Partie kurzfristig von der zunächst vorgesehenen Montserrat Caballé übernommen hat, werden diese Unsicherheiten erklärlich: Sie war mit der Rolle nicht ausreichend vertraut. Ihre beste Aufnahme hat sie schon früh in ihrer Karriere in der guten Gesellschaft von Carlo Bergonzi gemacht: Leonora in *La Forza del Destino*. Sie ist keine so dramatisch agierende Sängerin wie Callas, singt aber die Musik so differenziert und reich wie nur Ponselle. Sie bildet ein effektvolles Crescendo auf »Pace«, nimmt das hohe B in der Phrase »Invan la pace« mit feiner, weicher Attacke und füllt viele Phrasen auch mit jener Morbidezza, die man in pathetischer Musik erwarten kann. Sie singt zudem mit einer wundervollen Opulenz und Sicherheit der Phrasierung: »Madre, pietose vergine« kommt mit jenem meditativen Piano, das zu den schönsten Wirkungen des Singens gehört. Weniger gut ist sie in Verdis *Requiem* in der Aufnahme unter Bernstein, vor allem zu unstet in langen Sostenuto-Phrasen und den Höhenflügen des »Libera me«. Steanes Hoffnungen haben sich nicht erfüllt: Arroyos Entwicklung hat stagniert. Sie hat seither keine bedeutenden Aufnahmen mehr machen können.

Zwei große Mezzos

Marmorne Schönheit: Shirley Verrett

> Ich wünschte, daß Verrett auf den einfachsten gesunden Menschenverstand hörte. Sie ist, durch Leistung, der beste Mezzo in der Welt. Es müßte ihr verboten werden, Norma zu singen. Adalgisa würde ihr nichts tun, aber Norma wird sie ruinieren. Es ist der letzte Akt, der wirklich killt. Ich bewundere sie als Künstlerin, ihr Geschick, ihre natürliche Darstellungskraft, ihr liebliches, samtiges Timbre, ihre Agilität und Brillanz. Diese besonderen Qualitäten finden sich so selten in einer schönen jungen Frau, daß jemand das Gesetz erlassen und auf Einhaltung achten sollte.
> *Walter Legge über Shirley Verrett*

Die aus New Orleans gebürtige Shirley Verrett begann ihre Gesangsausbildung im Jahre 1955 bei Anna Fitziu und schloß sie ab bei Mme. Székely-Freschl an der Juilliard School. Nach verschiedenen kurzen Engagements an kleineren Bühnen, so an der New York City Opera, kam sie in der Saison 1959/60 an die Kölner Oper. Sie wurde bekannt durch eine *Carmen*-Aufführung beim Festival von Spoleto, gastierte 1963 mit dieser Partie in Moskau und Kiew, kam 1964 an die Mailänder Scala, 1966 an die Londoner Covent Garden Opera, wo sie Ulrica, Azucena, Amneris, Eboli und Orfeo sang. 1972 hörte man sie in San Francisco als Selika in Meyerbeers *L'Africaine*. Schon vier Jahre vorher hatte

Shirley Verrett
(Foto: © Ullstein Bilderdienst)

sie an der Met debütiert (Carmen), wo sie fünf Jahre später in *Les Troyens* sowohl Cassandra als auch Dido sang. 1975/76 eröffnete sie die Met-Saison als Neocle in *L'Assedio di Corinto* (neben Beverly Sills als Pamira) und übernahm Partien wie Adalgisa, Azucena und Rosina. Zu diesem Zeitpunkt hatte sie schon Lady Macbeth unter Abbado und Strehler in Mailand und Norma avisiert, die sie ebenso gesungen hat wie die *Fidelio*-Leonore.

Verretts Stimme ist ein heller, schlanker und leichter Mezzo mit einem angenehmen Timbre, nicht aber üppigem Volumen. Sie ist eher eine Sängerin für das verzierte und das romantische Belcanto-Fach als für die dramatischen Verdi-Rollen, obwohl sie Preziosilla (unter Schippers), Azucena (unter Leinsdorf) und besonders Eboli (unter Carlo Maria Giulini) nicht nur mit skrupulöser Genauigkeit, sondern auch mit eminenter Verve gesungen hat. Sie gibt das Maurische Lied mit jenem Surplus an Virtuosität, die Eloquenz sichert, und »O don fatale« hat, bei aller dramatischen Spannung und sorgsamen sprachlichen Nuancierung, Leichtigkeit. Obwohl Verrett über eine gute Agilità gebietet, fehlt dem Brindisi des Orsini in der Aufnahme von *Lucrezia Borgia* (neben Caballé und Kraus) ein wenig Champagner-Qualität. Das mag zum einen an ihren Schwierigkeiten mit Phrasen liegen, die eine substanzreiche tiefe Lage erfordern, zum anderen an einem Mangel an vokaler Phantasie, wie man sie aus den Aufnahmen von Schumann-Heink, Onegin und Horne kennt. Für Verrett spricht nur das schlankere Timbre. In glänzender Form ist sie in der Aufnahme von *Anna Bolena* neben Beverly Sills, auch wenn sich Divergenzen zeigen zwischen der hauchigen Mittellage und der brillanten Höhe. Als für Beverly Sills unter den Salutschüssen amerikanischer Publicity Rossinis *Le Siège de Corinth* (in italienischer Sprache) an der Met herausgebracht wurde, sang Shirley Verrett Néocle und war, wie auch auf der Platte, der eigentliche Star des Ensembles. Zwar hat sie nicht die tiefen Töne für die Kontra-Alt-Partie und wechselt immer wieder in die höhere Oktave der späteren Tenorfassung, die Rossini für Nourrits Sohn Adolphe geschrieben hat, zwar kann sie sich nicht mit der Agilität (und dem Umfang) einer Horne messen, doch musiziert sie mit schön plaziertem Ton, musikalischer Verve und großer Eloquenz. Sills singt in dieser Aufnahme wie immer agil und mit riskantem Zierwerk, aber mit dünnem Ton und spröder, farbloser Linie.

Ein Höhepunkt in Verretts Diskographie ist die Aufnahme von Glucks *Orfeo ed Euridice* in der Ricordi-Edition von 1889 (unter Renato Fasano), freilich ohne die den ersten Akt beschließende Bravour-Arie (deren Authentizität ungesichert ist). Es ist eine klassizistisch ausgewogene, gemessen musizierte Einspielung, in der Verrett mit einer marmornen Schönheit singt – man spürt, daß die Stimme 1965 in erster Blüte stand, hört indes auch die später deutlicher hervortretende Schwäche in der Mittellage der Stimme, die durch Druck überwunden werden muß. Um so leuchtender singt sie, ohne das Pathos der Partie zu verschenken, in der hohen Lage. Schätzenswert ist ein von Georges Prêtre dirigiertes Recital, wo sie die Bravour-Ariette »Amour, viens rendre à mon âme« nachholt, technisch sicher und souverän, doch nicht mit der Exuberanz Marilyn Hornes, dies wieder wegen der Mattigkeit der mittleren Lage. In diesem Pauline-Viardot-Recital ist eine schön geformte Aufnahme von Leonoras »O mio Fernando« (seltsamerweise in italienischer Sprache) zu hören, wieder mit kleinen klanglichen Einbrüchen in der Linie; eine sanft besungene »Lyre immortelle« aus *Sapho*; in feinster Modulierung und schönster Tonbildung die Romanze der Marguérite aus Berlioz' *La Damnation de Faust*; und eine vibrierend-sinnliche, aber »schlanke« Dalila ohne das dunkle Gurren vieler Altistinnen. Ein Programm mit spanischen Liedern von de Falla, Granados, Obradors und Turina hält den Vergleich mit de los Angeles und Supervia nicht aus.

Schwarze Venus mit Schäden: Grace Bumbry

Ins Sopranfach hinüberzuwechseln ist eine Sache, den Wechsel so zu meistern, wie ich es getan habe, ist eine andere. Ich habe nun meine Pianissimi, wie ich sie noch nie hatte, mit vollem runden Ton. Ich habe das erst im vergangenen Mai [des Jahres 1980] erreicht.
Grace Bumbry in einem Gespräch mit Stephen Rubin

Vielleicht muß man sich, um leben und arbeiten zu können, etwas vorlügen und die Lügen glauben, wenn man sie in gedruckter Form vor sich sieht. Vielleicht ist auch die Betonung von Schwierigkeiten insgeheim schon der Versuch einer Entschuldigung dafür, daß man diese Schwierigkeiten doch nicht hat bewältigen können: Grace Bumbry im Frühjahr und Herbst 1983 im Sopranfach, in einem von Stefan Soltesz dirigierten Recital für die kleine Münchner Firma Orfeo – und Grace Bumbry in großen, oft peinigenden Schwierigkeiten, einen Ton über dem System überhaupt genau in den Fokus zu bekommen. Die Stimme tremoliert zum Gotterbarmen, klingt heiser und wie von einem grauen Schleier überzogen. Sie folgt den Ausdrucksabsichten der Sängerin nur noch selten, so daß man mit dem ersten Wort einer Arie aus Massenets *Le Cid* rufen möchte: »Pleurez!«

Denn die Sängerin aus St. Louis, ausgebildet an der Music Academy of the West und Meisterschülerin von Lotte Lehmann, in den frühen sechziger Jahren als »schwarze Venus« (nach ihrer Bayreuther Vorstellung im Jahre 1961) in eine glänzende Karriere gestartet, 1963 an der Covent Garden Opera und in Chicago, 1964 als Lady Macbeth in Salzburg gefeiert, besaß eine Stimme von beträchtlicher Brillanz, ein Ausdruckstalent von großer Intensität und eine Technik mit betrüblichen Mängeln. Mängel, die man bei einer vielversprechenden Sängerin meint entschuldigen zu dürfen – als wenn je der Streß des Betriebs einmal eingeschliffene Fehler zu beseitigen erlaubt hätte. Aus dem Rückblick ist beispielsweise eine frühe Recital-Platte mit Liedern von Schubert und Schumann keineswegs eine Talent-Probe, sondern ein Stück manipulatives Build-up – eines jener Versprechen, das einzulösen nie möglich war.

Noch einmal: Man mag weinen über die spätere Vergeudung von unendlich viel Talent, wenn man Bumbry unter Georg Solti in der eindrucksvollen Einspielung von Verdis *Don Carlo* mit dem jungen Ghiaurov, der reifen Tebaldi, Carlo Bergonzi und Dietrich Fischer-Dieskau gehört hat. Sie ist eloquent und technisch gut im Maurischen Lied, überrumpelnd in »O don fatale«: eine furiose Projektion von Drama auf die Klangbühne. Auch als Amneris hat sie, in der ansonsten lärmenden und vokal grellen Aufnahme unter Mehta (mit Nilsson als Aida, Corelli als Radames und Sereni als Amonasro), fesselnde Momente, vor allem im Schlußakt. Und der Mitschnitt des *Tannhäuser* von den Bayreuther Festspielen des Jahres 1962 zeigt, daß sie auch vokal eine verführerische Venus war (unter Sawallisch, mit Silja, Windgassen, Wächter, Greindl). Hingegen tut sie sich als Orfeo in der von Vaclav Neumann dirigierten Gluck-Einspielung – für mich, pace Ulrich Schreiber, die langweiligste im Katalog – mehr als schwer sowohl mit dem Pathos als auch mit der noblen Bravour der Rolle.

Im Jahre 1970 brachte die EMI-Electrola eine *Carmen*-Aufnahme unter Frühbeck de Burgos heraus, die sich – unter Salutschüssen vor allem deutscher Kritiker – auf eine Dialogfassung stützte und die gute Absicht korrumpierte zum einen durch die schlechte sprachliche Vorbereitung der Sänger (Bumbry, Vikkers, Paskalis, Freni) und den um so peinlicheren Kontrast durch Sprecher für die Dialoge, mit deren Einsatz man sich regelmäßig von der Oper in ein Hörspiel versetzt fühlt. Bumbry in der Titelpartie ist langweilig, äußerlich in ihren Effekten, die keine »vocal gestures« sind, sondern schablonenhafte Posen, ganz abgesehen von der Grobheit und technischen Ungenauigkeit des Vortrags. In den leisen, feinen Nuancen einer de los Angeles stecken mehr Charme und Sinnlichkeit als in den Pin-up-Allüren der Amerikanerin. Im Jahre 1970 sang sie zum erstenmal Salome und bekam von dem englischen Kritiker William Mann eine »outstanding performance« bescheinigt, aber auch die Warnung zu lesen: »She shrieks in the upper register.« Daß sie »einige eindrucksvolle Phrasen herauswirft« (Mann), zeigt ein 1970 veröffentlichtes Recital mit Sopran-Arien und der geheimen Herausforderung an Maria Callas: Sie singt Medea (mit einem groben rhythmischen Fehler, auf den Lionel Salter hinweist), »Pace, pace« mit kriegerisch erregtem Ton, »Casta Diva« mit flackrig-unruhiger Fioritura (wahrlich kein sanftes Mondlicht auf dem See) und jener scharfkantigen Tongebung, welche auf Hakelstellen bei der Schaltung der Register schließen läßt. Die hohen Töne (A, B und H) klingen nicht nur scharf, sondern aufgerissen und gezackt, dazu unstet durch ein heftiges Tremolo – daß Steane »high notes fullbodied and unforced« hörte, muß auf eine Hörstunde milden Wohlwollens zurückzuführen sein.

Der Tenor des Nordens: Jussi Björling

> Was Italien und Schweden miteinander verbindet, vermag ich nicht zu sagen; aber von Jussi Björling erscheinen einige der brillantesten Aufnahmen aus dem Standard-Repertoire der Tenöre, die es in letzter Zeit zu bewundern gab ... Wer an einer freien, frischen, jugendlichen, kraftvollen und intelligent geführten Stimme Gefallen findet, darf sie sich nicht entgehen lassen.
> *Irving Kolodin 1937 über Jussi Björling*

Seine ersten Aufnahmen hat Jussi Björling (1911–1960) im Jahre 1920 gemacht, als er mit seinem Vater und seinen Brüdern – »The Björling Male Voice Quartet« – durch die USA reiste. Er befand sich noch in seiner Ausbildung bei John Forsell, zu dem er durch den Tenor Carl Martin Oehmann empfohlen worden war, als er am 4. September 1929 »För dig allén« aufnahm – die schwedische Version des schon von Caruso gesungenen Lieds »For you alone«. Am 28. Juli 1930 debütierte er als Lampenanzünder in *Manon Lescaut*, doch schon ein paar Wochen später stellte ihn die Stockholmer Hofoper als Don Ottavio heraus. Rund 70 Platten in den ersten fünf Jahren seiner Laufbahn sind ein Zeichen dafür, daß er zumindest eine lokale Berühmtheit wurde. Es spricht viel dafür, daß die ruhige Entwicklung an der Stockholmer Oper die Voraussetzung für die Langlebigkeit seiner Stimme schuf. Denn erst 1936 konnte Björling in einem internationalen Ensemble in Wien – und gleich unter Victor de Sabata – Radames singen. Ein Ausschnitt aus dem dritten Akt – »Pur ti riveggo« mit Maria Nemeth als Partnerin – liegt auf einem Mitschnitt vor. Björling singt mit schlanker, konzentrierter Tongebung und zugleich explosiver Schallkraft. 1937 sang er in Wien den Faust. 1938 debütierte er als Manrico an der Royal Opera Covent Garden und als Rodolfo an der Met, wo er, von einer vierjährigen Unterbrechung während des Krieges abgesehen, bis 1959 auftrat. Seine letzten Aufführungen bestritt er, wie Kolodin in seiner Chronik berichtet, in blendender stimmlicher Verfassung. Ein am 5. August 1960 mitgeschnittenes Konzert beweist, daß Björling wenige Wochen vor seinem Tod mit der Frische und Leichtigkeit eines jungen Sängers musizierte.

Die Stimme war von überragender Qualität. Sie besaß den Eigenreiz eines unverkennbaren, silbrigen Timbres und, bei mittlerem Volumen, große Schallkraft und eine wundervoll leicht ansprechende Höhe. Er konnte H, C und selbst das Cis ansatzlos attackieren: Die Töne kamen wie von einem Sprungbrett abgewippt. Die Skala war ebenmäßig, die Registerverblendung bruchlos. Vor allem das strahlende Mittelstimmregister mit dem kopfigen Klanggepräge war exemplarisch entwickelt. Weil Björling die Stimme in der Mittellage nicht übertourte, behielt sie auch in der tiefen Lage ihre Resonanz. Hingegen läßt sich bei vielen Tenören des Spinto- und des dramatischen Fachs die Beobachtung machen, daß durch das gewaltsame Hochtreiben der Bruststimme die Resonanz in der tiefen Lage geschwächt wird – Mario del Monaco oder Placido Domingo haben dort nur noch die dunkle, baritonale Farbe, ohne daß der Ton selber noch Körper besäße.

Björlings Stimme war kühl, ihr Klang beherrscht. Ihre Farbe hatte nicht das sonnige Blau des südlichen Himmels, sondern das kalte des Gletschers: Rodolfo Celletti spricht gar von »eisiger Reinheit«. Erst in den späten fünfziger Jahren bekam die feine Lasur der Stimme, vergleichbar der schimmernden Glätte einer Perle, kleine Risse. Sie wurde »körniger« und klang zeitweilig auch geringfügig verschattet – vielleicht eine Folge der dramatischen Partien, die Björling in den fünfziger Jahren zunehmend sang. Aber nie waren die tiefen Furchen von »wear and tear« erkennbar: von »Verschleiß und Tränen«.

Nicht die Tränen, wohl aber die Träne wird von manchen in des Schweden Stimme vermißt. Björlings Singen kennt nicht das emphatische Pathos Martinellis, nicht die flackernde Spannung Pertiles, nicht das ansteckende Lächeln Giglis; es ist von strenger Linearität, gebändigt im Ausdruck. John Steane lobte nicht nur, als er schrieb: »Man wendet sich Björling zu wegen seines Singens, nicht wegen seiner Charakterisierungskunst.«

Für einen *vollständigen* Sänger aber sind »Glanz der Stimme und Noblesse der Linienbildung« (nach Steane die hervorstechenden Tugenden des Schweden) nicht genug. Umfassend geschult wie de Lucia, Caruso, Bonci oder Urlus war Björling nicht. Er hat weder klassische noch verzierte Musik gesungen. Auch die lyrischen Belcanto-Partien von Bellini und Donizetti hat er gemieden. Nemorinos »Una furtiva lagrima« singt er keineswegs so, daß man diese Zurückhaltung bedauern würde. Er geht das Stück schon mit dem ersten Tonanschlag zu laut an, überzieht auf Grund unfertiger Messa di voce die dynamischen Grade, läßt die zaubrische Schleife am Ende der ersten Strophe (auf »vedo«) aus und macht nichts aus der Kadenz. Die Musik ist ihm spürbar fremd – es ist, auffälligerweise, die einzige vor 1840 komponierte Arie in seinem Repertoire, wenn man einmal von Don Ottavios »Il mio tesoro« absieht. Die Mozart-Arie hat er am 24. September 1955 bei einem Konzert in der Carnegie Hall gesungen; die Aufnahme hätte nie veröffentlicht werden sollen, es sei als Bestätigung dafür, daß es nie einen vollkommenen Sänger gegeben hat. Mozarts Musik ist dem Schweden, so scheint es, noch fremder als der Canto fiorito. Technisch gesehen:

Jussi Björling
(Foto: © BMG Classics, München)

Björling sang nicht nach klassischer (Garcia-)Technik auf dem Atem, sondern mit einer modernen Mischtechnik. Fremdheit führt zu stilistischer Indifferenz. Auf welchem Weg aber hätte der junge Björling zu einer authentischen Interpretationshaltung finden können? Er wuchs musikalisch in der Provinz auf. Seine bis 1935 gemachten Platten (HMV Schweden) sind kaum mehr als Etüden einer freilich außergewöhnlich klangschönen Stimme. Bei den meisten Platten handelt es sich um vokale »commercials«, nur wenige werden durch interpretatorischen »touch« nobilitiert. Die Kavatine des Romeo und des Herzogs »Questa o quella« (1930), die Cavaradossi-Arien, die Ballade des Herzogs und die Siciliana des Turiddu (1933) singt er mühelos, lockerer und technisch leichter als auf den späteren Platten. Offenbar hat Björling noch einmal studiert und sich auf Spinto-Partien vorbereitet. Drei Jahre später, am 4. Dezember 1936, entstanden die vier von Kolodin gerühmten Aufnahmen aus *Bohème, Tosca, Rigoletto* und *Aida*. Auch sie haben nicht das Feuer sogenannter Italianità (vor allem die italienische Diktion ist noch unidiomatisch), aber wundervolle Linienbildung und strahlenden, unverspannten Stimmklang, dazu sängerische Selbstsicherheit. Als Björling 1937 und 1938 Arien wie »Cielo e mar«, »Ch'ella mi creda«, »Mi batte il cor«, »Ingemisco« oder »Ah sì, ben mio« aufnahm, war alles da: musterhafte Phrasierung, brillante Klangentfaltung, Noblesse des Ausdrucks. Nur eines fehlte: Jene expressive Innigkeit, die die Aufnahmen Carusos durchglüht hatte.

Es fehlten auch die spontanen Affektgebärden des Neapolitaners, die emotionelle Betroffenheit, die berauschende Exuberanz. Doch woher hätte Björling, hätte ein Nachgeborener überhaupt, diese Unmittelbarkeit haben können? Anders als der Neapolitaner sang der Schwede kein zeitgenössisches, sondern ein historisches Repertoire. Caruso konnte den Canio auf der Bühne *leben* – nur das machte seine Aufführungen zu den großen Theater-Ereignissen seiner Epoche –, Björling ihn nur *vermitteln*. Dabei bedient er sich nicht der imitierten Gesten wie einige seiner italienischen Rivalen und Zeitgenossen (Gigli, Pertile, de Muro, Merli), sondern vertraute nur auf die Wirkung der konzentriert gesungenen Musik. Die erwähnten Stücke sind in seiner Interpretation klassizistische Gegenstücke zu den spontan-expressiven Wiedergaben Carusos. Canios Lamento gerät ihm nie larmoyant, bekommt aber durch Klangverdichtung ein Höchstmaß an Spannung. Manricos »Ah sì, ben mio« und das »Ingemisco« zeichnen sich aus durch wundervolle Kantabilität und durch erlesen-noble Klanggebung. Allerdings hat Björling keinen Triller. Wozu perfekte Attacke nützlich ist, demonstriert Björling mit Riccardos »Di tu se fedele« aus *Un Ballo in Maschera*. Den Innenteil (ab »sollecite esplora«) mit seinen Staccato-Achteln singt er mit tanzender Leichtigkeit und unglaublicher Stringendo-Verve, und selbst die kleinste Note ist klangvoll präsent. Und mag er auch in Cavardossis Sternen-Arie nicht mit so süß-sinnlichen Smorzandi aufwarten können wie etwa Gigli oder Tagliavini, so findet er doch den elegischen Schmerzenston für dieses Lamento.

Distanz und Beherrschtheit sind nicht Ausdruck von Kälte. Wer sich die anbiedernden Affekt-Gebärden – längst als Mittel des Schlagers, als Droge der musikalischen Rauschgifthändler auf dem Markt – versagt, beweist damit nicht zuletzt Geschmack (nach Hofmannsthal die Kunst, der Übertreibung entgegenzuwirken) und Kunstverstand. Nicht Björling spricht für die Musik, sondern er läßt sie für sich sprechen – und gibt damit etwa der des Roméo oder des Faust eine wundervolle, verhaltene Eleganz und romantische Emphase. Man muß schon in die Hoch-Zeit des französischen Singens zurückgehen, um einen so noblen und zugleich flammenden Roméo zu hören, wie Björling ihn am 1. Februar 1947 auf der Bühne der Met sang. Der Mitschnitt dieser Aufführung liegt ebenso vor wie eine des *Faust* von 1959, bei der Elisabeth Söderström an der Met debütierte (auf Myto).

Weil er ohne den Mummenschanz nicht-vokaler Mittel auskam, wurde er in den fünfziger Jahren zum idealen Interpreten der Oper in einer neuen Ära ihrer Geschichte – als sie ihren Ort auf der Langspielplatte fand. Zwar haben auch Gigli, Pertile oder Merli Gesamtaufnahmen gemacht, aber auf 78er-Platten.

Diese Aufnahmen waren nur »Wiedergaben«, nicht aber Produktionen in einem konstruktiven Sinne, die erst möglich wurden durch die Technik des Bandschnittes.

Zwischen 1952 und 1959 hat Björling auf Platten elf Rollen gesungen. Vor allem in den ersten sechs hat er eine wundervolle Balance von (theatralischer) Dramatik und Dezenz erreicht: Durch die Konzentration auf die Musik als »wahre Sache der Oper« (Adorno) entfaltet sich die Expressivität von *Il Trovatore, Pagliacci* oder *Aida* von selbst; sängerische Effekte werden obsolet. Björlings Manrico in *Il Trovatore* (1952) hat nicht nur die Grazie für »Deserto in terra« und die Eleganz für »Ah sì, ben mio«, das natürliche Cantabile für »Mal reggendo« und »Ai nostri monti«, sondern auch die energische Attacke für die dramatischen Kulminationsmomente. Wenn er sich Leonora gegenüber unmittelbar vor der Stretta als Sohn der Zigeunerin zu erkennen gibt, so singt er »suo figlio« mit blitzschnellem Anschlag, intensiviert ebenso rasch durch Vibrato und ein genau bemessenes abfallendes Glissando. Die Stretta singt er mit fulminantem Schwung, präzisen Gruppetti, großer Schallkraft und stets konzentrierter Tongebung. Seltsam nur ein kurzes »Loch« beim Vokalwechsel auf dem C bei »l'armi«. Erwähnt sei, daß Björling die Stretta, wie ein Met-Mitschnitt von 1941 zeigt, zumindest zeitweise transponiert hat.

Im Jahre 1953 sang er Turiddu und Canio in *Cavalleria* und *Pagliacci* erneut unter Renato Cellini. Er greift hier zu einer kraftvolleren, ausladenderen Tongebung, verzichtet aber auf alle histrionischen Effekte. Die Eleganz und Leichtigkeit in der Siziliana, die federnde Brillanz im Brindisi, die Legato-Bildung im »Addio alla madre«, die konzentrierte Emphase in Canios Lamento und vor allem in der Schlußszene von *Pagliacci* lassen den Schweden über alle Rollen-Rivalen nach dem Krieg obsiegen. Unvergleichlich ist er auch als Des Grieux in *Manon Lescaut* (1954) mit der fast kongenialen Licia Albanese als Partnerin. Wie passioniert er, ohne falschen Tränenton, singend zu agieren wußte, erlebt man in der Deportationsszene. Dieses gestörte Liebes-Duett – Manon und Des Grieux singen sich, getrennt durch die Menge der Gaffer, von fern zu – mit dem Ausbruch »Guardate, pazzo son« gehört zu den größten Momenten der Puccini-Interpretation (Benjamino Gigli veräußerlicht, schluchzend und weinend, den Ausdruck und veräußert damit das Gefühl zur Ware).

Björlings Radames lohnt eine Detail-Analyse seines gesangstechnischen Zugriffs auf dramatische Partien. Björling benötigte jene »Robustheit«, die ihm von vielen Kritikern abgesprochen wird, keineswegs, um sich in Spinto-Partien zu behaupten. Ich stehe nicht einmal an zu behaupten, daß er hochdramatische Akzente vehementer zu setzen vermochte als Mario del Monaco, Franco Corelli oder Jon Vickers. Der Akzent ist nämlich nicht eine Sache des Volumens, sondern der Klangverdichtung, des blitzartigen Anschlags bei gleichzeitiger

Verdichtung des Tons. So haben nur wenige Sänger das Rezitativ der Radames-Arie mit so viel Verve attackiert wie Björling. Die heikelste Phrase der Arie (»Egerti un trono vicino al sol, ah!«) – das B ist viel schwieriger zu erreichen als das letzte auf »sol« – bildet er fast ohne Anstrengung, und wenn er die Schlußnote auch nicht, wie vorgeschrieben, leise singt, ist der Ton so schlank fokussiert, daß er beherrscht und verhalten wirkt. Mit dem überragenden Boris Christoff – der aus dem Ramphis einen Protagonisten zu machen versteht – führt er im Gebet der Tempelszene (»Numi custode vindice«) die Kunst der klanglichen Kontrastierung vor, und den Chor überstrahlt er mit unglaublicher Energie. Auch wenn Zinka Milanov den (bewegten) Schluß des Duetts »Pur ti riveggo« einfach in einen Gesang ohne Worte verwandelt (sie bildet eine ganze Phrase auf einem Vokal), gehört die Szene zu den erregendsten Momenten des Verdi-Gesangs. Björling singt nicht nur mit vibrierender Intensität und schallender Ausladung, sondern bildet die Phrase »Il ciel de nostri amori« – wieder ein hohes B – auch mit duftigem Pianodolce.

Nur eine Stimme mit wirklichem Piano hat, nach Franziska Martienssen-Lohmann, ein gesund-schallendes Forte. Im letzten Härte-Test des 3. Aktes obsiegt Björling einmal mehr über alle Rivalen. Die Szene ab »Tu, Amonasro! Tu il Re?« bis hin zu der gleichsam gehämmerten Schluß-Phrase »Sacerdote, io resto a te« verlangt die Kraft und Energie des Tenore con forza. Die letzte Phrase liegt auf dem A, muß auf einem Atem und dreimal mit Akzentuierung gesungen werden. Maßstäbe ergeben sich aus dem Vergleich: Jon Vickers (unter Georg Solti) hat zwar eine Stimme mit größerem Volumen, muß aber, um das A überhaupt zu erreichen, die hellen Vokale eindunkeln zu einem indifferenten Einheitslaut. Carlo Bergonzi, der seine schmale Höhe geschickt mit seiner natürlichen Bariton-Stimme verschmolz, artikuliert die Phrase (unter Herbert von Karajan) zwar genauer und klangschöner, aber es fehlt ihm buchstäblich an athletischer Energie – die im Klang zur Gebärde werdende dramatische Erregtheit. Mario del Monaco rauscht die Phrase (unter Albert Erede wie im Live-Mitschnitt 1951 aus Mexico City unter de Fabritiis mit Callas als Aida) mit vollen Backen heraus – ein guter Wind hätte den Schrei von Mexico City nach New York wehen müssen. Aber er artikuliert nicht, sondern stößt nur einen brüllenden Löwenton aus. Placido Domingo attackiert zwar das hohe A (Referenz ist die Aufnahme unter Riccardo Muti) mit großer Energie, aber das auf das tiefe D abfallende Ende der Phrase (»a te«) mißlingt ihm – die Stimme kommt dort nicht in den Klangfokus; sie hat nur die dunkle Farbe, aber keine körperhafte Resonanz. Auffällig auch, daß Domingo die Stimme nicht in die Höhe federn kann, sondern mit einer langsamen Gleitbewegung einschwingt. Das aber macht die klangvolle Bildung kurzer Noten fast unmöglich; vor »io« wie »resto« muß er kurze Pausen einlegen.

Björling bringt nicht trotz, sondern dank seines schlank geführten, vom Kopf- und Mittelstimmklang geprägten Tenors die erforderliche Schleuderkraft auf. Bei ihm haben die Akzente die durchdringende Energie und versammelte Attacke von Trompetenstößen. Da er trotzdem locker und unverspannt singt, kann er auch das Ende der Phrase mit tragfähigem Ton singen. Natürlich wurde er dadurch nicht zu einem dramatischen Tenor. Kurz vor seinem Tod auf die Partie des Otello angesprochen, hat er gesagt, diese Rolle sei etwas für eine ältere Stimme. Immerhin hat er im Januar 1951 mit dem Bariton Robert Merrill das Duett »O mostruosa colpa – Sì pel ciel marmoreo giuro« aufgenommen: eine geradezu vulkanische Eruption von sängerischer Energie und Vehemenz. Jede Silbe wird von Björling mit größtem Nachdruck gesungen. In »Un sogno che rivela un *fatto*« (»ein Traum, der eine *Tat* enthüllt«) bekommt das Wort »fatto« durch die Energie der Attacke glühende Intensität. Der Ausbruch »Ah! Mille vite gli donasse Iddio!« und vor allem die Schreie nach Blut (»Ah, sangue! sangue! sangue!«), vom E über das Fis zum Gis aufsteigend und auf jeweils zwei Achteln notiert (dadurch im Deutschen auf »Blut, Blut, Blut« gar nicht singbar), kommen mit fanalartiger Erregtheit, aber auf einem sauberen, konzentrierten, nur durch ein rasches Vibrato intensivierten Gesangston. Im Duett steigt Björlings Stimme vor dem dunkel-vibrierenden klanglichen Kontrapunkt von Robert Merrill auf ein durchdringendes hohes A (»per la *morte*«) und sinkt dann, ganz mühelos, auf das tiefe Cis (»sterminator«) hinunter, wieder mit müheloser Resonanz. Der weithin als bedeutendster Nachkriegs-Otello angesehene Mario del Monaco – er hat die Partie 427mal gesungen – tut sich nicht nur schwer mit den »Sangue«-Schreien, bei denen ihm die Stimme aus dem Fokus rutscht und der Ton zum Schrei gerät, sondern kann wegen der Verspanntheit der Stimme auch das Cis nur hauchig singen. Auch Ramon Vinay (unter Toscanini und Furtwängler), Jon Vickers (unter Serafin und Karajan), James McCracken, Placido Domingo oder Carlo Cossutta können sich hier mit dem Schweden nicht messen, und selbst die furiose Wiedergabe durch Caruso oder Titta Ruffo brennt nicht mit einer heißeren Flamme.

Entscheidend für die Wirkung ist, darauf ist mit Nachdruck hinzuweisen, die wundervolle Klangmischung von Björlings Tenor und Robert Merrills zwar dunkel getöntem, aber vibrierendem Bariton. Die Stimmen mischen sich so vollkommen wegen ihres ausgeprägten Oberklangs, und nur wenige Sängerverbindungen in diesem Jahrhundert können sich mit dieser messen: Caruso mit seinen Partnern Mario Ancona, Antonio Scotti, Titta Ruffo, Pasquale Amato und Giuseppe de Luca; Giovanni Martinelli mit de Luca. Denn auch die Duette aus *La Forza del Destino, La Bohème, Don Carlo* und vor allem aus *Les Pêcheurs de Perles* haben Björling und Merrill berauschend schön gesungen.

Müßte der Verfasser sich für eine von den elf Opern mit Björling entscheiden, die Wahl fiele auf die im März 1956 von Sir Thomas Beecham dirigierte *Bohème*. Stärker noch als die klangsinnliche Einspielung unter Karajan markiert sie den äußersten Gegenpol zu der hitzig-erregten und »schnellen« Toscanini-Interpretation. Jedenfalls waren die Arien und das Duett am Ende des ersten Aktes nie expansiver in der Phrasierung zu hören als unter Sir Thomas – und kaum je besser gesungen. Zwar hat de los Angeles wegen ihrer kurzen Höhe gelegentlich Mühe – das C am Ende des ersten Aktes verliert sich in der Luft –, aber sie stellt eine Figur auf die Klangbühne und musiziert mit wundervollen Klangnuancen und großer musikalischer Eloquenz. Steane bewertet Björlings Rodolfo als »konventionell«: Dieser Poet kenne, anders als Gigli oder di Stefano, das Lächeln nicht. Nach des Verfassers Ansicht hat kein anderer die Musik des ersten Aktes leuchtender und zärtlicher, die des vierten Aktes verhalten-elegischer gesungen als der Schwede. Vor allem ist die Aufnahme insgesamt mit Robert Merrill, Lucine Amara, Giorgio Tozzi und Fernando Corena am gleichwertigsten besetzt.

Drei Monate später, im Juli 1956, entstand eine der schwächsten Gesamtaufnahmen: Verdis *Rigoletto*. Björling ersetzt Eleganz durch Energie, und er klingt strapaziert. Die Stimme wirkt ungewohnt grob und körnig. Auch in *Tosca* (1957), *Cavalleria* (1957), *Turandot* (1958) und *Madama Butterfly* (1959) erfüllt er nicht alle Erwartungen und schon gar nicht die Einstufung als »der wohl beste Puccini-Tenor des Jahrhunderts« (Hugo Thielen). Daß er das »Vittoria« im zweiten Akt von *Tosca* vehementer als di Stefano, »Nessun dorma« kraftvoller als Pavarotti und den Pinkerton opulenter als Carlo Bergonzi singt, zeigt seinen Rang, selbst wenn er die von ihm selber gesetzten Maßstäbe nicht mehr ganz erreicht.

Björling war kein Sänger, der die Affekte von Fans besetzte. Er war ein Musiker des Maßes. Aber die Brillanz und Schönheit der Stimme, die sich im »Cuius animam« aus Rossinis *Stabat Mater* oder im Operettenlied »Ich hab' kein Geld, bin vogelfrei« mühelos in die Stratosphären, aufs Des, schwingen konnte, vermochte den Melomanen, mit Stendhal zu reden, zu den Engeln zu schicken. Geschmacksbildend aber hat er nicht gewirkt: Gigli, di Stefano und del Monaco sind auf dem Markt erfolgreicher gewesen. Unter anderen historischen Voraussetzungen – in einer lebendigen Opern-Tradition – hätte der Schwede ein Sänger mit der Ausstrahlung eines Carusos werden können. Doch die Einheit von Kunst und Leben, von Caruso vielleicht zum letztenmal verwirklicht, war für ihn unerreichbar – ihm blieb nur die Anmut der durch Bewußtsein reproduzierten Natur.

Und manchmal mehr. 1939 hat der 28jährige Beethovens »Adelaide« gesungen, mit zaubrischen Abtönungen bei der vierzehnfachen Wiederholung der singenden Beschwörung des geliebten Namens, mit wundervollen Farb-Valeurs bei den Wechseln von B nach F, Des und Ges – ein erfüllter Moment des Singens.

Amerikas größter Tenor: Richard Tucker

Tucker hätte aus jeder Epoche herausgeragt wegen seiner konstanten Brillanz.
Sir Rudolf Bing über Richard Tucker

Keine Frage, daß er einer unserer großen Sänger war, mit einer fabelhaften Stimme, einer sensationell unerschöpflichen Energie und Hingabe und einem phantastischen technischen Know-how.
James Levine

Eine der phänomenalen Stimmen des Jahrhunderts. Es war immer eine neue Überraschung, wie frisch und jung seine Stimme klang.
Joan Sutherland

Ich habe es nie recht fassen können, wie phantastisch er seine stimmlichen Kräfte erhielt, wie sie sogar zu wachsen schienen.
Leontyne Price

Ich habe vor einigen Abenden Ihre Vorstellung *Pagliacci* besucht und war tief beeindruckt von der umfassenden Anstrengung, die Sie für die Rolle aufbringen ... und auch davon, wie das Publikum darauf reagierte.
Zugleich möchte ich Ihnen sagen, daß ich das Gefühl hatte, eine derartige Überanstrengung physischer Energie könnte mit einem Streß einhergehen, den auf sich zu nehmen nicht weise ist. Da ich seit Jahren mit Ihnen bekannt bin, nehme ich mir die Freiheit, Sie zu bitten, diese Überlegung anzustellen. Ich weiß, daß Sie nicht zu den Interpreten gehören, die sich bewußt zurückhalten, aber ich bin überzeugt, daß Ihre Aufrichtigkeit als Interpret dem Publikum auch dann mitteilt, wenn Sie sich nicht einer solchen Anstrengung aussetzen.
Der Kritiker Irving Kolodin in einem Brief an Richard Tucker in der Saison 1973/74

> Worte können nicht meine Dankbarkeit ausdrücken für Ihre aufrichtigen Sorgen, die Sie sich um mich machen. Gewiß schätze ich Ihre Anmerkungen, aber wie ich mich seit Jahren kenne, habe ich mich stets bis zum Äußersten ausgegeben … Ich kann nur sagen, daß ich mich künftig ein wenig mehr zurückhalten will als an dem Abend, an dem Sie mich gehört haben – und ich bin glücklich, daß Ihnen die Aufführung gefallen hat.
> *Richard Tuckers Antwort an Kolodin*

Als Rudolf Bing am 1. Juni 1950 den Posten des General Manager an der New Yorker Metropolitan Opera übernahm – als Nachfolger des einstigen Met-Tenors Edward Johnson –, hatte er sich bei seinen Vertragsverhandlungen mit vier Tenören auseinanderzusetzen. In der Reihenfolge ihrer Vertragszeit an der Met waren dies der Däne Lauritz Melchior, als Wagner-Tenor immer noch unersetzlich; der Schwede Jussi Björling, als italienischer Spinto ebenso wertvoll; Richard Tucker und Giuseppe di Stefano, der, so Björling, »der größte von uns hätte werden können«.

Tucker war vergleichsweise noch ein Unbekannter, sang ein bescheidenes und rein lyrisches Repertoire und hatte auch nicht die unwiderstehliche Ausstrahlung des glutvollen Sizilianers di Stefano. Dennoch gab Bing den ersten Vertrag an Tucker und begründete dies mit der »Angst, daß irgend jemand aus Europa diese bemerkenswert schöne Stimme hört und sie uns wegstiehlt«.

Neunzehn Jahre später, am 20. Mai 1969, gab der inzwischen 56jährige Richard Tucker (1913–1975) sein Debüt an der Mailänder Scala und sang Rodolfo in *Luisa Miller*. Luciano Pavarotti, bei dieser Aufführung im Auditorium, berichtete, daß das Publikum nach »Quando le sere« nicht einfach nur applaudierte, sondern »explodierte«. Pavarotti schreibt weiter in seinem Vorwort zur Biographie Richard Tuckers: »Was machte Tucker zu einem Phänomen? Zunächst und vor allem seine Stimme und seine Technik. Seine Stimme war nicht nur schön – schimmernd, silbrig und ungemein kraftvoll –, sondern auch unglaublich dauerhaft. Über drei Jahrzehnte lang blieb seine Stimme jugendlich und vibrierend, und seine Technik war so perfekt, wie man der Perfektion überhaupt nur nahekommen kann. Mit Hinsicht auf die Dauer seiner Karriere und den Umfang seines Repertoires wage ich zu sagen, daß nicht zehn Tenöre ihre Stimmen so lange frisch haben halten können.«

In der über einhundertjährigen Geschichte der Met haben Tausende von Stars erste Partien gesungen. Aber nur drei weibliche und drei männliche Sänger haben es geschafft, länger als drei Jahrzehnte unangefochten Hauptrollen zu singen. Unter den Sängern waren dies der Bariton Antonio Scotti, der Tenor Giovanni Martinelli und Richard Tucker.

Richard Tucker
(Foto: © Decca/Polygram Klassik)

Wenn dem Verfasser die ebenso unleidliche wie unvermeidliche Frage gestellt werden sollte, wer der »größte« italienische Tenor nach dem Kriege war, so fiele die Entscheidung nicht für del Monaco, nicht für di Stefano, nicht für Corelli, nicht für Pavarotti, nicht für Domingo aus, sondern für den Amerikaner, der in der unteren New Yorker East Side aufgewachsen ist und als Kantor begonnen hat (den nur zwei Jahre älteren Jussi Björling würde ich unter die Vorkriegstenöre einreihen). Das Votum für den Amerikaner läßt sich nicht allein begründen mit seiner Zuverlässigkeit durch drei Jahrzehnte hindurch, sondern vor allem mit der technischen Souveränität und der dramatischen Validität seines Singens. Gewiß hatte Tucker Manierismen und Marotten: Er konnte bis an die Grenzen des Erträglichen lachrymos sein, seinen Vortrag mit Schluchzern, mit heftigen Marcati und Sforzandi durchsetzen, Konsonanten dergestalt explodieren lassen, daß die Worte gespalten wurden, und er konnte mit einer generalisierten Emotion singen. Aber wie kein anderer kontrollierte er in jeder Lage, in jedem dynamischen Grad, bei jedem Tempo einen wundervoll kompakten, sicher gestützten, vibrierend intensiven und in der Höhe geradezu kolossal ausladenden Klang: Hat irgendein Tenor die Phrase »La vita mi costasse« im ersten Akt von *Tosca* sicherer, energischer und mit besserer Fokussierung gesungen als Tucker? Oder ein anderer die schwingenden Phrasen in »Sleale in segreto« aus *Forza* so Caruso-gleich musiziert wie Tucker? Oder des Herzogs »Possente amor« nach der großen Arie mit mehr Verve bei superber klanglicher Fülle?

Tucker hatte mit seiner Sänger-Karriere als Chazzan begonnen, als Kantor. In der Met hörte er einige große Tenöre: Lauri-Volpi, dessen Flair ihn entzückte; Giovanni Martinelli, den er als zu stählern und wenig angenehm empfand; Tito Schipa, dessen Technik er bewunderte, ohne sich für die allzu lyrische Stimme zu begeistern; und endlich Benjamino Gigli, den er wegen seines Klangs am meisten von allen schätzte. Nach Radio-Konzerten und Auftritten in Synagogen und Konzerten begann Tucker 1940, mit immerhin schon 27 Jahren, sein Studium bei dem amerikanischen Heldentenor Paul Althouse, der 1913 bei seinem Met-Debüt der erste amerikanische Dimitri in *Boris Godunow* und seit 1934 einer der Wagner-Tenöre des Hauses gewesen war. Althouses Pech war es, daß er in seinen jungen Jahren im Schatten Carusos und später Melchiors gestanden hatte. Althouse war ein Schüler von Percy Rector Stevens gewesen, der im angespannten Vortrag des Verismo die Ursachen für den Verfall der Gesangstechnik gesehen hatte. Wie Stevens betonte Althouse, daß man die Musik sowohl der Veristen als auch die Wagners durchaus *singen* könne. Sein Motto war: »Eine Blechbläser-Band kann eine Menge Lärm machen. Es geht darum zu wissen, wie man die Stimme mit der geringsten Anstrengung behandelt. Verbunden mit der richtigen Diktion, wird das den größten Effekt machen.«

Tucker, ein kluger Schüler eines weisen Lehrers, hat nie eine Obsession aus der Fülle des Klangs gemacht, was vielleicht nicht einfach war in den Zeiten eines Urlatore wie del Monaco. Althouse warnte seinen Schüler vor jedweder Imitation – vor allem der Nachahmung Carusos – und ganz besonders der Überforderung der Stimme. Tucker hat sich daran gehalten. So hat er zwar, unter Studio-Bedingungen im März und April 1949, Radames gesungen, aber auf der Bühne hat er ihn erst am 2. April 1965 gewagt. Auch Canio in *Pagliacci* war eine späte Rolle: die letzte der insgesamt dreißig, die er in 715 Aufführungen an der Met gesungen hat. Er verkörperte Canio zum erstenmal am 8. Januar 1969 (also mit 56 Jahren!), und als er 1972 Samson sang, war dies die *erste* Caruso-Imitation: Und es wurde, wie bei Caruso, die letzte Rolle des Sängers – auf Platten keine ganz überzeugende.

Tucker hat gegenüber dem Bariton Robert Merrill und einigen Kollegen berichtet, daß seine Kantorenstimme nur, und nicht einmal zuverlässig, bis zum B reichte, als er bei Althouse zu studieren begann. Auch sei der Klang der Stimme nicht so eben und flüssig gewesen wie später. Was er durch den Vortrag der liturgischen jüdischen Musik erworben hatte, war allerdings ein hohes Maß an Flexibilität. Althouse begann mit Belcanto-Stücken, mit Schubert-Liedern, mit Mozart-Arien. Tuckers Ehrgeiz wurde angestachelt durch das erfolgreiche Debüt seines Schwagers Jan Peerce (29. November 1941 als Alfredo). Nach verschiedenen Anläufen und Probesingen debütierte Tucker am 25. Januar 1945 als Enzo in *La Gioconda*. Nach dem Bericht der *Herald Tribune* nutzte er den Augenblick und »holte sich eine Ovation, wie sie sonst für Martinelli oder Melchior vorbehalten ist«, und in der Met-Chronik summierte Kolodin, daß das Haus mit ihm »die schönste Tenorstimme seit Gigli gewonnen« hatte.

Die Konkurrenz für den jungen Amerikaner war hart. An der Met sangen der eben aus Europa zurückgekehrte Jussi Björling und die aufsteigenden Ferruccio Tagliavini und Giuseppe di Stefano. Edward Johnson bot Tucker Alvaro an, aber auf Rat seines Lehrers hin schlug er die Offerte aus. Er sang weiter Enzo neben der jungen Milanov, dem brillanten jungen Leonard Warren und Altmeister Ezio Pinza, Alfredo in *La Traviata* neben dem an der Met debütierenden Robert Merrill und bei Gastspielen Edgardo, Herzog, Pinkerton und Rodolfo. 1946 kam Dimitri in *Boris* (neben Pinza) dazu. 1947 gab Tucker sein erstes Gastspiel im Ausland. Auf Einladung von Giovanni Zenatello sang er in der Arena von Verona Enzo in *Gioconda*. Es war die Aufführung, die Maria Callas bekannt machte.

Bis zu seiner festen Verpflichtung durch Bing sang Tucker in *Bohème, Tosca, Ballo* und *Rigoletto*. Spinto-Partien lehnte er, anders als di Stefano, beharrlich ab. Er übernahm Alfred in einer englischen *Fledermaus*-Produktion, Ferrando in *Così fan tutte* und wagte sich erst im November 1952 an den Alvaro in *Forza*. Er erhielt für seine fein geformte Wiedergabe weit mehr Beifall als der alternierend eingesetzte Mario del Monaco, der das Duett im Schlußakt in ein »shouting match« verwandelte. Tuckers Rang wird bestätigt durch die Verpflichtung für die Gesamtaufnahmen von *Forza* und *Aida* neben Maria Callas durch Walter Legge und Tullio Serafin – er war damals der beste Spinto der Welt. Die Dauer von Tuckers Karriere ist sicher auch darauf zurückzuführen, daß er nicht das Flugzeug-Leben vieler heutiger Stars führte. Zwar hat auch er an einigen europäischen Theatern gesungen – seine Debüts in Wien und London gab er 1958 –, doch Mittelpunkt seiner Arbeit blieb die Met. Dort übernahm er, nachdem Giuseppe Campora, Carlo Bergonzi, Eugenio Fernandi und Nicolai Gedda ihre Debüts gegeben hatten, allmählich die schwereren Verdi- und Puccini-Partien: Manrico, Radames, Riccardo, Kalaf und Dick Johnson. Sein letzter Wunsch erfüllte sich nicht: Um alles in der Welt wollte er Eléazar (*La Juive*) an der Met singen, aber sowohl Bing als auch sein Nachfolger Goeran Gentele hielten das Werk für nicht zugkräftig. Tucker sang die Rolle am Teatro Liceo in Barcelona. Dann versuchte er, Geld für eine Produktion zu beschaffen. Doch seine Uhr lief ab: Tucker starb am 8. Januar 1975.

Noch einmal zurück zur Stimme. Sie besaß ein ganz eigenartiges und unverkennbares Timbre, wie man es nur von jüdischen Kantoren kennt (Peerce hatte ein ähnliches Klanggepräge). Sie wirkte, vor allem seit Mitte der fünfziger Jahre, körnig in der Textur und ein wenig heiser im Klang, ohne dabei hauchig zu sein. Sie war stets vorzüglich fokussiert. Die Emission war nicht so flüssig wie bei den besten Italienern, aber die Linienführung war immer geschmeidig – wenn man einmal absieht von einer Neigung zu explosiven dramatischen Akzenten. Tuckers Vortrag war passioniert, ein Singen gleichsam auf dem Gefühlskern der Musik. Dabei überließ er sich, ähnlich Gigli, allzuoft dem Schluchzen für die Galerie. Er konnte, wie ein Mitschnitt von Rodolfos »Quando le sere« beweist, mit klangvoller Mezzavoce musizieren, aber generell war das Piano nicht seine bevorzugte dynamische Vorschrift. Selbst in der Linie setzte er das ein, was die Engländer »a catch in the voice« nennen, ein schluchzendes Ansaugen von Luft – wiederum bekannt von jüdischen Kantoren, aber auch aus den späten Verdi-Aufnahmen Carusos. Leider macht er von diesem zwar wirkungsvollen, aber auch aufdringlichen Effekt in den Aufnahmen von *Forza* und *Aida* (neben Callas) zu oft Gebrauch. In der zweiten Einspielung von *Forza* unter Thomas Schippers (neben Leontyne Price) nimmt er sich wohltuend zurück. Seine Stimme reicht in der Höhe sicher bis zum H, aber am Ende des Duetts aus *Ballo* (mit Eileen Farrell) oder in der Rodolfo-Arie (zweite Aufnahme von *La Bohème* neben Moffo) singt er auch ein prachtvolles C. Technisch war er ein erstaunlich guter Sänger – flexibler, eleganter, geläufiger als alle italienischen Fachkollegen. Als Manrico singt er die Triller in »Ah, sì ben mio«, und in ganz frühen Aufnahmen wie der von »Una furtiva lagrima« aus dem Jahre 1949 flutet er die Phrasen wie nur die besten Belcanto-Sänger vor ihm. Später hat sein Singen allerdings eine entscheidende Qualität eingebüßt: Anmut. Es ist nie »relaxed« und auch nur selten elegant, auch nie so klangsinnlich wie das von Zeitgenossen wie di Stefano oder Bergonzi. Überragend dafür seine Intonationssicherheit – nur in wenigen sehr späten Live-Aufnahmen (1973/74) habe ich ihn unter dem Ton gehört, und auch das nur in der extremen Vollhöhe, die ein über sechzigjähriger Tenor vielleicht doch nicht mehr so leicht bilden kann. Aber man erlebt bei ihm keine verschmierten Gruppetti, keine Aspirierungen bei Lauf- oder Koloraturpassagen, kein schlechtes Scooping (wie es für Corelli notorisch ist). Wie Martinelli bildete er Konsonanten, vor allem die Nasale und die Liquide, mit einer rollenden Überdeutlichkeit. Dies verstärkt den Eindruck dramatischer Heftigkeit.

Was ihm an Eleganz (vor allem der Tongebung) fehlte, machte er mehr als wett durch den Schwung der Phrasierung und der Linienbildung. Als Edgardo, als Herzog, als Manrico, als Radames oder Turiddu singt er oft mit einem berauschenden Fluß. Die Aufnahme von *Cavalleria* unter Cleva aus dem Jahre 1953 ist ein Beispiel: Tucker geht zwar verschwenderisch mit seinen histrionischen Effekten um, singt aber Trinklied, die Szene mit Alfio und von allem das »Addio« mit glühender Intensität. Aus demselben Jahr stammt eine Aufnahme von *Lucia*, schätzenswert weniger wegen Lily Pons in der Titelpartie, sondern wegen Tucker. In der ersten *Trovatore*-Aufnahme der jungen Leontyne Price war er ein zugleich eleganter und kraftvoller Manrico, ohne indes die Verve Björlings zu erreichen, schon gar nicht dessen anmutiges Cantabile. Als Alfredo in *La Traviata* neben der jungen Anna Moffo ist er gut – nicht so elegant wie Alfredo Kraus oder Carlo Bergonzi, aber weit besser als all die desolaten Alfredos der fünfziger und frühen sechziger Jahre (Francesco Albanese, Poggi, del Monte), in der Linienführung sicherer als di Stefano. Seine vielleicht beste Verdi-Rolle auf Platten ist Riccardo in *Ballo*, 1955 in der Met unter Mitropoulos mitgeschnitten, mit Milanov (nicht mehr in bester Form) und Metternich (fehlbesetzt) als Partner. Tucker hat die Linie für das Entrée und die große Arie, die Verve und die Leichtigkeit für »Di tu se fedele«, die Kraft und Brillanz für die emphatischen Steigerungen des Liebesduetts, wenn auch nicht die Geschmeidigkeit und Eleganz der Emission, die man etwa bei Bergonzi bewundern kann. Radames hat Tucker zweimal aufgenommen: 1949 unter Arturo Toscanini, dessen Einspielung unerreicht bleibt in ihrer subtilen Organisation der Triumphmusik, in der Spannung des Deklamatorischen – und trotz der unzureichenden Frauenstimmen in den Hauptrollen. Tucker singt mit versammelter Tongebung und brillanter Linienbildung. In der Romanze bringt er die inzwischen berühmte Alternative – mit der Wiederholung der letzten Phrase nach dem forte gesungenen B. Sechs Jahre später wiederholte er Radames unter Serafin neben Callas und dem als Amonastro unvergleichlichen Tito Gobbi. Sein Vortrag hat nichts an Energie, an rhythmischer Spannung verloren, ist aber überladen mit den oben beschriebenen histrionischen Effekten. Erst im Schlußduett nimmt er seine Stimme zurück, teilweise sogar in Falsett-ähnliche Töne. Als Canio finde ich ihn ebenso überragend wie als Turiddu: Was den Reichtum des Tons, die Intensität der Darstellung, das Pathos des Ausdrucks angeht, ist seine Darstellung reicher als die seiner italienischen Kollegen. Nur Bergonzi singt zeitweilig schöner und ohne die lästigen lachrymosen Effekte. Diese beeinträchtigen auch Tuckers Interpretationen zweier Puccini-Partien: des Rodolfo (neben Moffo und dem glänzenden Merrill) und des Pinkerton (neben Price).

Hingegen zeigt er sich in einem *Tosca*-Mitschnitt unter Mitropoulos neben Tebaldi und Warren in brillanter Form – es ist eine jener Repertoire-Aufführungen, in der jede Rolle gut bis perfekt besetzt ist und alles einfach »klappt«. Tucker singt den Cavaradossi so farbig, ausdrucksvoll und mühelos, daß man in den vielen Studio-Produktionen lange nach einem gleichermaßen souveränen Tenor suchen muß. Und im Abschied vom Leben nuanciert er die Smorzando-Phrasen mit einer Morbidezza, die man von ihm eigentlich gar nicht erwartet hätte. Hingegen läuft ein Mitschnitt von *Hoffmanns Erzählungen* unter Pierre Monteux (1955 aus der Met), was die Titelpartie angeht, auf eine Parodie hinaus – auf eine komische Großartigkeit.

Es gibt zwei bemerkenswerte Alben. CBS widmete dem Sänger eine Drei-Platten-Kassette, die neben seinen Bravour-Stücken (»Ingemisco«, »Parmi veder le lagrime« mit feiner Linienbildung und glänzend geformten Rezitativ, alles aber zu laut, »Celeste Aida«, »Quando le sere«, »E lucevan le stelle«, »Non piangere« und »Nessun dorma«, »Che gelida«, »Un dì all'azzurro spazio«, »Cielo è mar«, »Vesti la giubba«, »Je crois entendre encore«, transponiert, zu laut, aber gut geformt, »Blumenarie« mit Forte-B, »O Paradiso«, »O Souverain«, »Champs paternel«, »Rachel«) auch Giordanos »Caro mio ben«, Glucks »O del mio dolce ardor«, Rossinis »La Danza« und das anonyme »Tiritomba« enthält, vor allem aber auch die von ihm mit verzehrender Inbrunst gesungenen jüdischen Stücke wie »Kol Nidre« und sonstige »Cantorial Jewels«, die es auch auf Odyssee Y 35207 gibt.

Durch die »Historical Recording Enterprises« (HRE) waren vier Platten mit Live-Aufnahmen und raren Radio-Mitschnitten aus der Zeit von 1942 bis 1974 zugänglich. Sie zeigen, daß die Stimme bis Ende der sechziger Jahre völlig intakt geblieben ist, aber selbst die Aufnahmen von 1973 und 1974 verraten das Alter des Sängers nur durch die lockere Textur der Stimme, die allzu wuchtig gestaute Höhe und kleine Risse im Klang. Aber durch dieses Album können wir den ganz jungen Tucker hören, der mit wundervoller Frische und Leichtigkeit »La donna è mobile«, »Cielo e mar«, »Di tu se fedele«, das Liebesduett aus *Boris*, »Una furtiva lagrima«, »Parmi veder« und »Possente amor« singt. Dann den langsam sich entfaltenden Spinto in Szenen aus *Forza, La Gioconda, Fanciulla, Ballo* und *Lucia*. In den USA wird Tucker als der größte Sänger angesehen, den Amerika bisher hervorgebracht hat – trotz eines Tibbett, eines Peerce, eines Merrill, eines Warren –, bei uns ist er als zentraler Sänger noch zu entdecken.

Tragiker: Jon Vickers

> Großes dramatisches Singen ist, beinahe per definitionem, ein Singen, das von ebenso vielen Leuten nicht gemocht wie von anderen leidenschaftlich bewundert wird; die Eigenschaft, die den einen bis in die Seele rührt, fällt dem anderen auf die Nerven. Ich kann mir gut vorstellen, daß Vickers nicht der favorisierte Sänger jenes Typs von Opernbesucher ist, der im Singen eine höhere Form von Innendekoration sieht und in der Opfer die Apotheose des Belcanto.
> *David Cairns über Jon Vickers*

> Vickers oder Callas durch ihre Fehler zu definieren, heißt die Sache restlos zu verfehlen. Hätten sie beide ›korrekter‹ gesungen, sie wären nicht sie selbst gewesen. Ihre ›Fehler‹ sind so etwas wie ihre ›Fingerabdrücke‹ – Klänge und eine Manier der Darstellung, durch die sie sich als unverwechselbar identifizieren.
> *John Ardoin über Vickers (und Callas)*

Der kanadische Tenor Jon Vickers, 1926 im kanadischen Prince Albert (Saskatchewan) geboren, Schüler von George Lambert und Herman Geiger-Torel, ist ein Solitär unter den Sängern der Nachkriegszeit – zu messen nicht mit üblichen Maßstäben, schon gar nicht mit rein technischen oder gar vokalen. Einige seiner Rollenporträts – Beethovens Florestan, Wagners Tristan, Berlioz' Aeneas, Verdis Otello, Brittens Peter Grimes – zeichnen sich aus durch eine Intensität und ein Pathos, die alle vokalen Eigenwilligkeiten (von Fehler zu sprechen wäre ridikül) unwichtig machen. David Cairns hat die Wirkung dieses Singens wahrhaft mit Innervation beschrieben: »Er ist der am wenigsten schwülstige (ranting) oder posierende Tenor, der großartigste in seiner Würde und inneren Strenge. Man spürt, daß das, was aus ihm heraus bricht, nur ein Bruchteil ist von dem, was ihn bewegt und was ihm brodelt. Dieser Eindruck einer unter eiserner Kontrolle gehaltenen Turbulenz kann eine Spannung erzeugen, die heute in der Oper nicht ihresgleichen hat. Wenn Vickers einen introvertierten Charakter, der in Leidenschaft und Gewalt getrieben wird, spielt – Canio, Don José, Otello –, sitzt das ganze Haus wie am Rande eines Vulkans.«

Unorthodox wie sein Singen – mit Hendersons Kategorien durchaus nicht zu fassen – war auch Vickers' Karriere. Der Kanadier arbeitete zunächst als Kaufmann und sang nur als Amateur in Konzerten und Operetten-Aufführungen von Werken Gilberts und Sullivans. Nach einer Aufführung von *Naughty Marietta* (Victor Herbert) im Jahre 1949 riet ihm die Sopranistin Elsie Morrison, sich um ein Stipendium am Königlichen Konservatorium von Toronto zu bemühen. Er studierte bei Lambert, sang fünfzehn Rollen für die Canadian Broadcasting Corporation, ebenso oratorische Werke von Bach, Händel und Haydn. Ein denkwürdiges Dokument ist die Aufnahme von Händels *Messias* unter Sir Thomas Beecham, darin er »Comfort ye, my people – Every valley« mit einer frappierenden technischen Virtuosität sang; die Rouladen von »Every valley« bewältigt er nicht nur sicher, sondern mit virtuoser Brillanz. 1954 debütierte er mit der Canadian Opera Company als Herzog in *Rigoletto*. Er sang ferner Ferrando in *Così* und Alfred in *Die Fledermaus*, kam aber nicht recht voran. Eines Tages stand er neben Regina Resnik als Don José auf der Bühne und erwiderte auf die erstaunte Frage der Sängerin, wo er sich denn so lange versteckt habe, mit dem resignierten Satz, er sei nur ein kanadischer Tenor und wisse nicht, ob er nicht besser wieder auf einer Farm arbeiten solle. Resnik empfahl ihn nach Stratford, wo Vickers in Brittens *The Rape of Lucretia* sang. Daran schloß sich ein Probesingen an der Covent Garden Opera an. Es blieb zunächst erfolglos. Vickers hatte sich schon entschlossen, auf eine Sänger-Karriere zu verzichten. Aber kurz vor dem selbst gesetzten »Tag der Entscheidung« erhielt er ein Telegramm von Sir David Webster (dem Direktor der Covent Garden Opera) mit einem Vertragsangebot für drei Jahre. Am 27. April 1957 gab Vickers sein Debüt als Riccardo in *Ballo*, zwei Monate später sang er unter Colin Davis eine schon historische Aufführung von Berlioz' *Les Troyens*. 1958 debütierte er als Siegmund in Bayreuth und sang in Dallas neben Maria Callas in der berühmt-berüchtigten Aufführung von Cherubinis *Medée*. 1959 kam er an die Metropolitan Opera, und dann folgte die Weltkarriere: 1961 übernahm er die Tenorrollen in den Aufnahmen von *Otello* (unter Serafin), *Aida* (unter Solti), *Die Walküre* (unter Leinsdorf) und *Fidelio* (unter Klemperer). In Salzburg sang er unter seinem Lieblingsdirigenten Herbert von Karajan Don José, Siegmund, Tristan und Otello.

Wie Callas vermittelt auch Vickers' Singen weniger schöne Erlebnisse als schmerzliche Erfahrungen: Leid-Erfahrungen. Hat man ihn als José, als Aeneas, als Florestan, als Otello oder als Tristan gehört, so bewahrt die Erinnerung nicht

Jon Vickers und Mirella Freni in ›Otello‹
(Foto: © EMI Classics)

einzelne schöne Töne und Klänge, sondern ein Bild von größter Eindringlichkeit. In seinem Singen steckt eine Kraft der Evokation, ja der Beschwörung, die einzigartig ist und vokale Schwächen nebensächlich macht. Diese Mängel und Merkwürdigkeiten seien rasch behandelt und abgetan. Zunächst ist die vom Volumen her riesige Stimme, die selbst einen immensen Theaterraum wie das große Salzburger Festspielhaus so mühelos zu füllen vermag wie eine Gruppe von zwölf Celli, keine glänzende oder strahlende, sondern rauchige, wuchtige und breite Stimme, geprägt vom Klang der dunklen Vokale. Helle Vokale bildet Vickers vor allem in der Höhe mit leicht gepreßtem Vordersitz, wobei er oft zum Mittel des Crooning greift. In der Vollhöhe hat die Stimme wenig Strahl (»ring«), produziert sie »mehr Kraft als Glanz und Schimmer« (Steane), in einigen späten Aufnahmen sogar rissige und bresthafte Töne. In Herbert von Karajans Blow-up-*Otello* – die Berliner Philharmoniker sorgen für eine orchestrale Breitwand-Kulisse – verrutscht ihm im elften Takt des »Esultate« die berühmt-heikle Acciaccatura (auf dem H), kann er das Pianissimo-As auf »Vien, venere splende« nicht sauber fokussieren, kommt der Anschlag auf dem Gis des dritten »Sangue« nur mehr als naturalistischer Schrei (was expressiv wirkt, aber *falsch* ist), bricht ihm die Stimme bei der Anschuldigung, Desdemona sei eine schamlose Dirne.

Auch in der zehn Jahre früher produzierten Aufnahme von *Carmen* singt Vickers exponierte Töne von unten an oder flüchtet sich in ein expressives Säuseln, das in einem seltsamen Gegensatz steht zum Volumen der Vollstimme. Das B der Blumen-Arie ist kein genuin im Piano produziertes, sondern ein Falsett-Ton. Auch das B am Ende der Radames-Romanze muß er zum Mezzoforte anschwellen lassen, um es korrekt gestützt zu halten.

Die *Aida*-Aufnahme von 1961 und ein im selben Jahr produziertes Recital unter Tullio Serafin demonstrieren, daß der Kanadier seine Stimme nie korrekt produziert hat. Von Beginn an waren die Register nicht sauber verbunden, geschweige denn geschmeidig verblendet. Die Stimme wurde mit vollem Volumen in die Höhe getrieben, die wegen des Mangels an Kopfklang wenig Brillanz besitzt. Schon damals zeigte sich eine Neigung zu einer überdeutlichen rhetorischen Emphase – beispielsweise in den heftigen Deklamationsphrasen von Cheniers »Un di all'azzurro spazio«. Zugleich aber musizierte Vickers mit perfektem Legato *und* einer die Worte ins Relief treibenden Artikulation (dabei fällt die damals noch nicht restlos idiomatische italienische Aussprache besonders deutlich auf). Überragend sind seine beiden Arien aus *Pagliacci*. Die erste, das Lamento, singt Vickers sehr beherrscht, mit konzentrierter und ausladend breiter Phrasierung und einem unvergeßlichen Diminuendo bei »ridi del duol«.

Für Manricos »Ah! sì ben mio« fehlt dem Kanadier die Leichtigkeit, auch der Triller, aber die beiden Monologe des Otello kann man höchstens anders, nicht besser vortragen. Die Gesamtaufnahme des *Otello* unter Serafin stand und steht, seltsam genug, im Schatten der von Karajan, Barbirolli, Solti und Levine betreuten Einspielungen. Der Verfasser schätzt sie höher ein als alle später produzierten, auch wenn Leonie Rysanek als Desdemona nicht immer intonationssicher singt und Gobbis Stimme erste Verschleißerscheinungen zeigt. Vickers aber ist glänzend: Nicht weniger eindringlich als der vielgerühmte Ramon Vinay mit seiner wenig attraktiven, stets verschatteten Stimme, ebenso klangvoll (wenn auch nicht so brillant) wie del Monaco und so ausdrucksstark wie Giovanni Martinelli. Auch sein Radames ist »the real thing«: Eine selten anzutreffende Verbindung von Kraft und Brillanz auf der einen Seite und von Subtilität und Pathos auf der anderen. Geradezu magisch die Phrase »sovra una terra estrania« oder die Piano-Wendungen des Schlußduetts, auch wenn die Stimme nicht immer rasch genug einschwingt. Aber man hört Vickers wohl nicht, vom *Otello* abgesehen, wegen seiner italienischen Partien und mit der Hoffnung auf vokale Brillanz oder gar Stunts. Der Kanadier – »ich könnte mich nie als Entertainer begreifen« – braucht Partien, die Passionen sind und Passion verlangen: Florestan, Tristan, Parsifal im Moment der Leiderfahrung. Lord Harewood hat die Ansicht vertreten, daß Vickers' Stimme zu mächtig, zu gewichtig sei für den leidenden Florestan. Für meine *Empfindung* überragt er *alle* Sänger der LP-Ära –

von Patzak abgesehen – durch die expressive, ja schmerzliche Gewalt seines Pathos. Man kann lachrymose Effekte, eine überdeutliche Gestik und Rhetorik beanstanden, kann auf diverse technische Probleme hinweisen – aber daß Florestans Arie ein De profundis ist, eine verzweifelte Klage und dann eine ekstatische Phantasie, das hat kein anderer so intensiv ausgedrückt wie Vickers, wobei er unter Herbert von Karajan noch engagierter singt als unter Klemperer. Diese Intensität erreicht in der Aufnahme des *Tristan* die Dimension einer fast schon manischen, psychotischen Identifikation. Robin Holloway sagt zutreffend in *Opera on Record*: »Den wesentlichen Teil des vokalen Vergnügens sichern Karl Ridderbuschs Marke und Walter Berrys Kurwenal. Und, mit Nachdruck, nicht Jon Vickers, der gleichwohl die herausragende Besonderheit dieser Aufnahme ist und ihre Raison d'être. Dank Dringlichkeit und Intensität ist der dritte Akt konkurrenzlos. Er ist absolut authentisch und auf extreme Weise schmerzlich – das Rasen eines verwundeten Tieres, was Melchior sein könnte, wäre er nicht so ununterdrückbar gutgelaunt. Es kann nicht den geringsten Zweifel geben am Rang dieser Tour de force, aber es bleibt ein Extrem – etwas Einzigartiges, als ob die Geschichte dieses eine Mal wahr wäre. Ich kann keinen höheren Tribut zollen; aber ich möchte das nie wieder hören müssen.«

Er ist erneut der »inkarnierte tragische Held« (Carins), wenn er in Berlioz' *Les Troyens* unter Colin Davis Aeneas singt – eines der bedeutendsten Rollenporträts in einer Produktion, die allein die Erfindung der Schallplatte gerechtfertigt hätte. Wieder bereitet Vickers wenig vokale Genüsse – wer trompetenhafte Spitzentöne hören will, sei an den französischen Langweiler Guy Chauvet verwiesen –, aber er stürzt sich mit einer vulkanischen Energie in die Partie. Und mit seiner Grandeur entschädigt er sogar für seine manchmal nicht korrekte französische Aussprache, vor allem für die seltsamen Nasale. Er lebt und leidet die Rolle einmal mehr mit bestürzender Intensität. Vickers ist der tragische Held des Tenorfachs – auch wenn sich an seinem Singen die Geister scheiden.

Tenor-Machismo: Franco Corelli

EMI bot 1964 eine unausgeglichene Besetzung (für Verdis *Il Trovatore*) an, personifiziert in Franco Corelli, der brillante Spitzentöne mit Klängen mischte, die nie die Studio-Tür hätten passieren dürfen.

John Higgins in ›Opera on Record‹ über Franco Corellis Manrico

Welch eine Stimme! Und welch rüde Manieren!! Die mit extremem Scooping angesungenen und ebenso extrem dynamisierten, dazu grell-offenen Spitzentöne, die grotesken Lispel-Sprachfehler und vor allem die Überakzentuierungen, die weit über Tuckers Manierismen hinausgehen, die Sforzati, Wort- und Affekt-Explosionen haben ein Element des Marktschreierischen gehabt, von ebenso arrogantem wie aufdringlichem Tenorismo. Corellis Stimme kommt gleichsam mit einem purpurroten Mantel auf die Klangbühne und wirft sich in Pose.

Man höre die von Leopold Stokowski dirigierte *Turandot*-Aufführung der Met vom 4. März 1961. Kalafs Replik auf Turandot im zweiten Akt bringt Corelli mit einer emphatischen Überdeutlichkeit, die den ambivalenten Reiz primitiven Muskelspiels hat. Diesem Reiz ist, immerhin, John Steane durchaus erlegen. Der Brite hat in Corelli den aufregendsten Sänger nach Lauri-Volpi gesehen, sogar eine Ähnlichkeit hinsichtlich Timbre und Vibranz gehört (was ich nicht empfinde). Corelli hat zunächst einmal jenes ausgeprägte Vibrato, das einer Stimme im Raum Intensität geben und vor dem Mikrophon unangenehm flackrig wirken kann. Er hat *nicht* Lauri-Volpis Gespür für musikalisches Timing. Wenn der Ältere eine Fermate überdehnte oder seine Acuti endlos schallen ließ, dann waltete bei ihm gleichwohl eine innere Spannung, die ich bei Corelli sehr vermisse. Ebenso fehlt ein Gespür für dynamische Nuancierungen. In seinen frühen Cetra-Aufnahmen singt Corelli monoton im Forte oder gar Fortissimo, in späteren Gesamtaufnahmen wie der von Verdis *Il Trovatore* unter Thomas Schippers oder von *Andrea Chenier* wirken seine – zudem schlecht gestützten und dadurch substanzarmen – Pianissimi ausgesprochen gekünstelt.

Dennoch ist Franco Corelli, 1921 in Ancona geboren, in den USA, ein »Superstar« geworden. Der Autodidakt gewann 1950 einen Wettbewerb in Florenz und debütierte nach einem kurzen Abschlußstudium als Don José in Spoleto. Schon 1954 kam er an die Scala und sang neben der damaligen Prima donna del mondo, Maria Callas, nicht zuletzt weil er mit seiner Größe von 1,81 Meter und seinem guten Aussehen einen römischen Soldaten in *La Vestale* abgab, der auch Robert Taylor in *Quo vadis?* hätte ersetzen können. Nach Gastspielen an vielen großen italienischen Bühnen und an der Wiener Staatsoper gab Corelli 1961 sein Debüt an der Met in einer Aufführung von *Il Trovatore*, in der neben ihm Leontyne Price debütierte. Manrico sang er auch bei den Salzburger Festspielen unter Herbert von Karajan, erregend in den dramatischen Passagen seiner Partie, aber äußerlich in seinen Effekten und wenig elegant im Cantabile von »Mal reggendo« oder »Ah, si ben mio«. Auch die Aufführung an der Met, bei der Leontyne Price ihr New Yorker Debüt gab, liegt als Mitschnitt vor und zeigt, daß Corelli sein Publikum mißreißen konnte durch einen Macho-Magnetismus.

Joan Downs berichtet in dem von Herbert H. Breslin edierten Buch *The Tenors* über teils kindliche, teils kindische Ausbrüche von Eitelkeit, verletztem Stolz, Wut und Neid, von Kämpfen mit dem Bassisten Boris Christoff und Fermaten-Duellen mit Diven, von Prügeleien gar mit den Fans anderer Sänger: »Ich lebe auf meinen Nerven«, war die Erklärung des jähzornigen Sanguinikers – wir haben sie auch schon von Stendhal gehört. Corelli war, kein Zweifel, im Theater effektvoller als im Studio, wo die Eigenheiten der Stimme und sein Sprachfehler, das Lispeln, übermäßig vergrößert werden, auch seine kuriosen Scoopings. In rascher Musik, wenn er mit attackierender Verve und Schwungkraft singen muß, ist er ungelenk (Beispiele: »Questa o quella« oder »Di tu se fedele«). Zuweilen neigt er dann zu einer leicht »bellenden« (Andrew Porter) Tongebung wie in »Meco all'altar« aus *Norma* neben Callas (zweite Aufnahme), wo er besser als Filippeschi, aber nicht wirklich ausgefeilt singt. Ohne Finessen auch seine Arien-Aufnahmen aus *Rigoletto* und *Simon Boccanegra*, eine kuriose Mischung aus Vehemenz und Weinerlichkeit.

Als Alvaro läßt der Tenor sich weniger auf ein Duett als ein Duell mit Gian-Giacomo Guelfi ein. Das endet mit einem Unentschieden für die beiden Sänger und technischen K. O. für die Musik, weil alle Energie nicht für die Spannung

Franco Corelli
(Foto: © Decca/Polygram Klassik)

sorgt, die Martinelli/de Luca mit weniger Aufwand, aber mit gekonnten Akzenten erreichen. Den »thrill« (Steane) von Corellis Radames habe ich nie verspürt. Eine kleine Hymne über seine Darstellung des Faust hat Kenneth Furie in *Opera on Record* geschrieben. Gewiß hat Corelli als vollblütiger Tenore di forza die Kraft und Energie für die großen Ensembles, aber nichts von den Finessen eines Björling – und sein Französisch ist mit komisch noch milde beschrieben. Die Grenzen der Karikatur streift er als Don José in Herbert von Karajans erster *Carmen*-Aufnahme. Leieriger und larmoyanter ist die Partie nie auf die Platte gekommen. Ähnliches gilt für Werthers »Pourquoi me réveiller?« mit Spitzentönen, die Tote erwecken könnten. Alle Verismo-Klischees erfüllte er 1962 als Turiddu (neben der armen de los Angeles) und als Canio 1961 (neben Lucine Amara). Unerträglich selbstgefällig und manieriert singt er in der stilistisch heterogensten aller *Tosca*-Aufnahmen neben Birgit Nilsson und Dietrich Fischer-Dieskau unter Maazel, besser und imaginativer in *Turandot* neben Nilsson und Scotto. Corellis beste Partie war offenbar Giordanos Andrea Chenier. Schon in einem frühen Recital unter Franco Ferraris hat er eine erregend-dramatische Aufnahme von »Un dì all'azzurro spazio« gesungen – trotz einiger derber Effekte und musikalischer Ungenauigkeiten (Vokalisierung und Phrasierung). Auch in der Gesamtaufnahme unter Santini ist Corellis Singen nicht frei von Fehlern, und doch tritt da eine Art von Erroll Flynn auf die Bühne zwischen den Lautsprechern, ein kühner Poseur. Damit kommt er der Rolle weit näher als dem Raoul in *Les Huguenots* in einem Mitschnitt aus der Scala vom Juni 1962, der nicht nur mit Blick auf den Tenorpart eine Parodie des Werks darstellt, eine schier obszöne Verballhornung des Komponierten.

Tibbetts Erben: Amerikanische Baritone

Ausdruck als Ausbruch: Leonard Warren

> Platten können die Begeisterung, die (Irving) Kolodin und weite Teile des Publikums für ihn hegten, kaum erklären. Es gibt gewiß viel zu bewundern, und es ist ganz unverkennbar, daß er für die Gesellschaft [die Met] eine bedeutende Errun-

genschaft war mit seiner exzeptionell umfangreichen, kraftvollen Stimme, die resonant und von durchdringender Kraft war und sich mühelos in der hohen Tessitura von Verdis Bariton-Rollen behauptete ... Aber es gibt Limitationen, Passagen, in denen sich keine Spannung oder innere Erregung mitteilen. Dieses Gefühl stellt sich bei seinem Macbeth ein, der eine große Aufnahme hätte sein sollen. Aber in der letzten Szene ist er generell unstet ... sein vokales Agieren ist schwerlich imaginativ.
John Steane über Leonard Warren

Am 4. März 1960 stand an der New Yorker Met Verdis *La Forza del Destino* auf dem Programm. Zum erstenmal in dieser Saison sollte Renata Tebaldi wieder singen, und das versprach, mit Richard Tucker und Leonard Warren als Partnern, das beste denkbare Solisten-Trio jener Zeit. Tebaldi begann, nach Kolodins Met-Chronik, recht matt, steigerte sich aber in der Klosterszene. Die »Pace«-Arie bekam das Publikum nicht mehr zu hören. Nach dem Freundschaftsduett Alvaro–Don Carlo zögerte Leonard Warren, seine Arie zu beginnen. Dann sang er doch, kam bis zu »O gioia« vor der Stretta, stand plötzlich wie erstarrt auf der Bühne, ließ das Medaillon mit dem Porträt der Leonora aus der Hand gleiten und stürzte zu Boden und schlug erst mit dem Brustkorb, dann mit dem Kopf krachend auf. Das Publikum war entsetzt, zu echt war der Fall. Von der Seite schrie Tucker: »Lennie, Lennie!« Dann rannte er auf die Bühne und sah das Blut, das aus der gebrochenen Nase tropfte. Abwechselnd mit dem Stage Manager Osie Hawkins versuchte er, dem Leblosen durch Mund-zu-Mund-Beatmung zu helfen. Doch Dr. Adrian Zorgniotti, der Arzt der Met, konnte nur noch den Tod des Baritons diagnostizieren. Um 22.30 Uhr betrat Bing die Bühne und sagte: »Dies ist einer der traurigsten Momente in der Geschichte dieses großen Theaters. Darf ich Sie alle bitten, sich zu erheben. Ich bitte Sie um die ehrenvolle Erinnerung an einen unserer größten Künstler, der mitten in einer seiner größten Aufführungen gestorben ist. Ich bin Ihres Einverständnisses sicher, daß die Aufführung nicht fortgesetzt werden kann.«

Leonard Warren, geboren 1911 in New York unter dem Namen Leonard Warenoff, war 1935 in den Chor der Radio City Music Hall eingetreten, hatte dann bei Sidney Dietch und kurzfristig auch mit den Mitteln eines Met-Stipendiums in Italien bei Giuseppe Païs und Riccardo Picozzi studiert. Nach einem Meisterkus bei Giuseppe de Luca gewann er den Wettbewerb »Auditions of the Air« und gab am 13. Januar 1939 sein Met-Debüt als Paolo Albani in *Simon Boccanegra.* Knapp vier Monate später nahm er an einer Aufnahme des Quintetts »Plebe, Patrizi« teil – neben Tibbett, Martinelli, Pinza, Richard Nicholson und Rose Bampton. Zehn Jahre darauf löste er den legendären Lawrence Tibbett in der Rolle des Dogen ab (1950 nahm er mit Astrid Varnay das Duett aus dem ersten Akt der Oper auf), noch einmal zehn Jahre später, am 1. März 1960, errang er in dieser Rolle – die der italienische Boris genannt worden ist – auch als Darsteller einen seiner größten Bühnentriumphe.

Warren war, wie Tibbett vor und Merrill nach ihm, ein Sänger nur der Met. Er hat zwar in Chicago und San Francisco, gelegentlich in Südamerika und 1948 und 1953 an der Mailänder Scala gastiert, aber den Verlockungen einer Reise-Karriere ist er aus dem Wege gegangen. In den gut zwanzig Jahren an der Met hat er 622 Aufführungen gesungen, davon 376 in den Opern Verdis. Schon sein Einstand war bemerkenswert. In seiner ersten Saison sollte er neben dem Falstaff von Tibbett den Ford singen. Tibbett protestierte und erklärte dann: »Ich wollte nicht, daß er mir das antut, was ich Scotti angetan habe.« Warren hatte von Anfang an nicht nur eine reiche und phantastisch umfangreiche Stimme – er erreichte das C des Tenors und interpolierte als Macbeth in seiner großen Arie ein schallendes As –, sondern war auch von jenem verzehrenden Ehrgeiz getrieben, sich selber zu überbieten. Er war immer ein Sänger, der sich verausgabte – nicht nur im Sinne des kraftvollen Aussingens, sondern der dramatischen Entäußerung. Man höre

Leonard Warren als Simon Boccanegra
(Foto: © BMG Classics, München)

den jungen Sänger im Jahre 1945 mit der Arie des Rigoletto »Cortigiani«, speziell mit den Ausrufen »assassini«, und man erlebt eine Dringlichkeit und Verzweiflung des Ausdrucks, die Ausbruch sind: sich verzehrendes Singen.

Vom Klangcharakter her war die Stimme nicht schön, auch nicht so stetig und strömend wie die Merrills. Sie war rauh und körnig, besaß aber einen festen und in der Höhe metallischen Kern. Einem ähnlichen Klang-Charakter begegnen wir bei dem Amerikaner Sherrill Milnes, nur daß dessen Höhe tenoraler und weniger intonationsgenau ist. Durch diese rauh-rauchige Färbung hat die Stimme Warrens mehr Gesicht und Charakter als die des jüngeren Merrill (der zu Warrens Lebzeiten die Nummer zwei an der Met blieb), so wie die Stimme des Boris Christoff mehr Charakter, auch Furchen, hat als die von Nicolai Ghiaurov. Die Stimme war, wie der Darsteller auf der Bühne, nicht beweglich. Für Figaros »Largo al factotum« fehlten die vokale Agilität wie die seelische Leichtigkeit. Auch die heiklen ersten Phrasen des Rigoletto (siehe den Abschnitt über den Italiener Giuseppe Taddei) sang Warren nicht geschmeidig. Aber in den langen Kantilenen der Duette mit Gilda, in den dramatischen Ausbrüchen der Invektive, in der Energie des »Si, vendetta« (mit dem konventionellen Übergang vom Es auf »avrai« in die Stretta), im Cri du cœur auf »Ah, la maledizione« ist er schwerlich zu überbieten. In einem Mitschnitt vom 29. Dezember 1945 – mit Jussi Björling als Herzog – ist die ungeheure Vitalität und dramatische Passioniertheit noch stärker zu spüren. Noch höher schätzt der Verfasser seinen Luna in der von Renato Cellini betreuten Aufnahme des *Trovatore*. Wie bei keinem anderen Nachkriegsbariton liegt im Klang der Stimme jene sinistre und bedrohliche Färbung, die die Obsession des Luna suggeriert – ein dramatisch sinnvoller Kontrast zum hellen, offenen Timbre Jussi Björlings. Und wie kein anderer gleitet Warren ohne die geringste Anspannung durch die extrem hohe Tessitura von »Il balen«; jedenfalls käme Warren nach de Luca, Schwarz und Stracciari für die Idealbesetzung des Werks in Frage.

Aus zwei Verdi-Opern gibt es Ausschnitte mit Warren und Met-Kollegen. Unter dem Griechen Dimitri Mitropoulos sang er Renato in *Ballo* neben Peerce und Milanov, mit denselben Sängern Duette und Szenen aus *Forza* (unter Cellini): grandiose Demonstrationen beherrscht-dramatischen Singens mit rhythmisch-straffer, aber nie rigider Linienbildung. Interessanter als eine von der deutschen RCA veröffentlichte Erinnerungsplatte ist ein Victrola-Recital mit einigen sehr frühen Dokumenten: dem Prolog aus *Pagliacci* mit einem prächtigen hohen As, die Figaro-Cavatine mit einer Kadenz, in der Warren ebenfalls das As singt, und endlich Dapertuttos Spiegelarie mit einem phänomenalen Gis und einer Klangentfaltung, die ihresgleichen sucht, womit das Stück allerdings in die Arena überführt wird. Dort behauptet sich Warren als Torero durch den Aplomb seines Singens, erneut nicht durch stilistische Feinheit.

Was die Beurteilung Warrens angeht, komme ich zu einem anderen als dem idiosynkratisch eingefärbten Urteil John Steanes. Für mich hat der Amerikaner, gewiß kein so »angenehmer« Vokalist und kein so differenzierter Darsteller wie Gobbi, einen spezifischen Appeal, der zum einen auf der charakteristischen Tönung der Stimme beruht, zum anderen auf einer herben, männlichen Ausdrucksintensität, die vor allem in Partien wie Macbeth oder Scarpia zur Geltung kommt: ein zentraler Sänger.

Klanginstinkt: Robert Merrill

Alles in allem haben wir in ihm den Sänger nach dem Krieg, der am nächsten an die Kunst des Belcanto herankommt.
John Steane über Robert Merrill

Toscanini will Sie« – diese Nachricht erhielt der 1918 in New York geborene, von Samuel Margolis ausgebildete Robert Merrill (recte Morris Miller) kurz nach seinem Debüt an der Met im Jahre 1945 (als Germont père). Toscanini hatte den jungen Amerikaner in dessen Sendung *Serenade to America* mit der Arie »Di provenza« gehört und dem RCA-Manager Samuel Chotzinoff erklärt: »Das ist die Stimme, die ich haben will.« In seinem Buch *Between Acts* erzählt Merrill, wie der 79jährige Maestro in komischer Verzweiflung den jungen Bariton, der wie ein College-Abgänger aussah, für die Rolle des alten Germont trainierte. Dann wurde im Dezember 1946 Verdis *La Traviata* von der NBC coast to coast übertragen (beteiligt waren ferner Licia Albanese und Jan Peerce) – und die USA hatten neben Leonard Warren den zweiten Nachfolger des legendären Lawrence Tibbett.

Merrill hat keine orthodoxe Gesangskarriere gemacht, sich nicht durch langjährige Ensemble-Arbeit geschult und dann durch eine bedeutende Interpretation empfohlen. Die Oper lernte er lieben, als er eine Aufführung von *Il Trovatore* mit Elisabeth Rethberg, Giovanni Martinelli und dem Bariton Richard Bonelli hörte. Nach der Ausbildung gewann er Preise bei kleineren Wettbewerben, sang für diverse Radiostationen und fiel, offenbar unerfahren und unsicher, bei der ersten Audition an der Met durch (was auch Richard Tucker widerfuhr). Er hatte »Largo al factotum« gesungen und versucht, Titta Ruffo zu kopieren. 1944 bekam er in Newark die Gelegenheit, naben Martinelli in *Aida* zu singen.

Dem Tenor-Veteranen verdankte er sein nächstes Engagement. 1945 sang er ein zweites Mal an der Met vor und überzeugte den Dirigenten Wilfred Pelletier. Im Juni 1945 erhielt er seinen ersten Vertrag – 145 Dollar pro Woche –, den er bald, wütend über seinen Einsatz nur in kleinen Rollen, brach, um in einem Film zu singen. Bing, der das Haus übernommen hatte, feuerte ihn auf der Stelle. Der Impresario in seinen Memoiren: »Zu Anfang der Spielzeit 1951/52 gehörte Robert Merrill nicht zum Ensemble der Metropolitan. Ich hatte ihn suspendiert, weil er seine vertraglichen Vereinbarungen für die Frühjahrstournee nicht erfüllt hatte. Statt dessen war er nach Hollywood gegangen, um durch seine Mitwirkung in einem Film mit dem schönen Titel *Aaron Slick from Pumkin Crick* zur Bereicherung des nationalen Kulturguts beizutragen.«

Nach einer schriftlichen Entschuldigung kehrte Merrill zurück an die Met, an der er drei Jahrzehnte lang singen sollte. Seine Partnerschaft mit Sopranen wie Leontyne Price und Joan Sutherland, mit den Tenören Jussi Björling und Richard Tucker bescherte dem Haus viele seiner denkwürdigsten Abende nach dem Krieg. Merrill hat zwar auch in London, Mailand und Venedig gastiert, wie Tucker und Warren aber seine Tätigkeit auf die USA, vor allem auf die Met, konzentriert. Dort sang er Figaro, Malatesta, Enrico (in *Lucia*), Gérard, Valentin, Tonio, Alfio, Marcello, Lescaut, Michele, Grand Prêtre (in *Samson et Delila*), Amonasro, Renato, Rodrigo, Ford, Don Carlo, Jago, Rigoletto, Germont, Luna und wurde bewundert wegen der Generosität, nicht der Subtilität, seines Singens. Anders als Warren oder Tibbett hat er diesen Rollen nicht deren, sondern *sein* Gesicht gegeben, mehr Schönheit als Intensität und Interpretation – und dieser Verzicht auf »Interpretation« hat ihm seine lange Karriere gesichert.

Merrill war das, was die Amerikaner lax einen »natural« nennen. Seine Stimme ist ein lyrisch-dramatischer Bariton von großer Klangpracht. Die Textur der Stimme ist samtig weich (nichts von der sandigen oder körnigen Rauheit Warrens), die Register sind gut verbunden und sauber verblendet, und selbst in tenoralen Höhen nimmt Merrills Stimme nicht die helle, enge, tenorale Färbung an wie die Stimme etwa von Warren und Milnes. Das Timbre ist reich und schimmert in vielen Farben, ist aber nicht so charakteristisch wie das Gobbis, Warrens, Tibbetts, Stracciaris oder Ruffos. Es wäre jedoch ungerecht, diese *Interpreten* gegen den *Sänger* Merrill auszuspielen. Zum wiederholten Male sei betont, daß die Bildung einer perfekt beherrschten Stimme ein genuin-musikalischer Vorgang ist, und es sei ergänzt, daß die nur durch technische Perfektion ermöglichte *Generosität* des Singens musikalisch ebenso valide ist wie die über die natürlichen Stimmgrenzen hinaus erreichte *Expressivität.*

Daß Merrill ein zentraler Sänger war, ist eindrucksvoll dokumentiert. Es gibt Gesamtaufnahmen von *Barbiere, Rigoletto* (zweimal), *La Traviata* (dreimal), *Trovatore, Ballo, Forza, Aida, Falstaff, Lucia, La Bohème, Il Tabarro, Carmen,*

Pagliacci und *La Gioconda*. Das Repertoire verrät, daß Steanes Lob auf den Belcanto-Sänger Merrill einzuschränken ist. Der Amerikaner ist kein Interpret für verzierte Musik, auch nicht für das romantische Repertoire. Er erfüllt für den Belcanto allerdings eine wesentliche Forderung: reine Tonbildung und sauberes Legato. Er ist auch in der Lage, die gut gebundene Kantilene des Rodrigo aus *Don Carlo* mit einem Triller zu verzieren (der freilich mehr angedeutet als ausgeformt ist). Aber in Rossinis *Barbiere* bewegt er sich vokal durchaus nicht mit der geforderten Agilità, macht sogar den Fehler, den Mangel an vokaler Verve auszugleichen durch Mätzchen, die der Galerie in einem amerikanischen Theater gefallen mögen, stilistisch aber platt wirken: »Come one, guys, this is a comic opera, let's be funny!« Dabei singt er die Partie in Teilen erstaunlich sicher und sogar brillant, wenn es um vokale Entfaltung geht. Es gibt auch wenige Baritone, die Enricos »Cruda, funesta smania« kraftvoller, machtvoller entfaltet hätten: Milnes ist daneben eine halbe vokale Portion, Cappuccilli angestrengt und allzu offen in der Tonbildung, nie so perfekt fokussiert wie der Amerikaner.

Zentral im Repertoire des Amerikaners ist die Musik Verdis. Rigoletto hat er zum erstenmal 1957 unter Jonel Perlea neben dem ungewohnt derben Jussi Björling und der gewohnt kühlen Roberta Peters (mit weißen Pfeiftönen in alto) gesungen – keine bedeutende Interpretation des Werks, aber eine Aufnahme mit einigen brillanten sängerischen Szenen von Björlings Herzog und vor allem von Merrill, der die Partie bis in jede Nuance *singt* und doch zahllose Passagen lebendig darstellt: Man höre das erschreckt unter dem Atem gesungene Wort »un ladro« im Dialog mit sparafucile (sehr gut: Giorgio Tozzi); die Bitterkeit von »Io la lingua« und die lodernde Wut in »egli ha il pugnale«, die Morbidezza-Tönungen in »il pianto« von »Pari siamo«, das sanfte Legato-Singen in den Duetten mit der Tochter, die explosive Energie der Invektive und in »Si, vendetta«. Die lyrischen Passagen der Partie singt Merrill noch besser in der Aufnahme unter Georg Solti, die gleichzeitig mit der von Rafael Kubelik betreuten veröffentlicht wurde. Nach wie vor erscheint mir die Solti-Aufnahme mit Anna Moffo als Gilda (manchmal larmoyant, zuweilen auch schleppend, aber stimmlich noch frisch), dem superben Alfredo Kraus und David Ward die zentrale des Katalogs zu sein; daran hat auch die gute Giulini-Einspielung (die merkwürdig konzertant und unsicher in der Sängerbegleitung wirkt) nichts ändern können. Die von Schippers gut dirigierte Aufnahme von *Il Trovatore* hat Tucci, Simionato, Corelli und nur einen guten Sänger: Merrill. Hingegen sind die drei *Traviata*-Einspielungen, jede für sich, interessant. Die erste aus dem Jahre 1946, von Toscanini dirigiert, hat vom ersten Moment an Hitze und ein Tempo, das Licia Albanese schon im ersten Akt an *vokaler* Auszehrung sterben läßt. Merrill singt den Père Germont mit einem Ton come un scoglio und vortrefflicher Linie, jedoch ohne die Eleganz eines Battistini, eines Stracciari,

Robert Merrill
(Foto: © Decca/Polygram Klassik)

eines de Luca zu erreichen. Merrill ist durchaus ausdrucksvoller, freier und energischer in der Einspielung unter Previtali (mit der erstaunlich brillanten Anna Moffo und Richard Tucker) und in der von Pritchard dirigierten Aufnahme neben Joan Sutherland und Carlo Bergonzi (als Alfredo in einer Klasse für sich). Eine außergewöhnliche Aufnahme ist Toscaninis *Un Ballo in Maschera* mit dem trefflichen Jan Peerce und dem noch besseren Merrill (leider sind sowohl Amelia mit Herva Nelli als auch Ulrica mit Claramae Turner dürftig besetzt). Merrill gehört zu den wenigen Baritonen, die die schwierigen hohen Schlußphrasen »O dolcezze perdute« und »o speranze d'amor« – mit einem feinen gesponnenen F auf /o/ – legato und dolce singen, in der Tonqualität vergleichbar mit de Luca und Battistini. Das offenbart sich noch deutlicher in der entspannter dirigierten Aufnahme unter Erich Leinsdorf mit dem exzellenten Carlo Bergonzi und der guten Leontyne Price. Als Carlo di Vargas kommt Merrill, trotz der reicheren Mittel, nicht ganz an Ettore Bastianini heran, hat aber in Price/Verrett/Tozzi/Flagello das bessere Ensemble um sich. Amonasro behandelt Merrill allzu sehr als Sing-Rolle und bleibt dadurch vor allem im Duett mit Aida (3. Akt) deutlich hinter Gobbi/Callas, aber auch hinter de Luca/Rethberg zurück.

Restlos enttäuschend singt er in Herbert von Karajans Aufnahme von *Car-*

men mit Price und dem hysterisch agierenden Franco Corelli, und auch in Reiners Aufnahme mit Risë Stevens und Jan Peerce zeigt er sich nicht besser. In Lamberto Gardellis fader Aufnahme von *Pagliacci* mit dem roh-rauhen James McCracken rettet er den Beginn mit seinem exzellenten Prolog; hören aber muß man ihn als Silvio neben de los Angeles als Nedda in Renato Cellinis Aufnahme mit Jussi Björling als Canio (brillant gesungen und ohne Übertreibungen hochdramatisch agiert). Neben de los Angeles und Björling ist er auch in Sir Thomas Beechams *Bohème* zu erleben. Björling–Merrill – das war, vor allem, eine der überragenden Duett-Konstellationen des Jahrhunderts. Das Tempel-Duett aus *Les Pêcheurs de Perles* mit seinen seidigen Farbabstimmungen, das Schwurduett aus dem *Otello* mit seiner eruptiven Verve, die Freundschaftsduette aus *Forza* und *Don Carlo* sind nur von Caruso/de Luca/Amato/Ancona/Ruffo oder von Martinelli/de Luca gleichwertig gesungen worden.

Acúti e Sforzati: Sherrill Milnes

> Eine generöser gerundete und voluminösere Stimme hat man seit Jahren in Verdis Opern nicht mehr hören können.
> *John Steane in ›The Grand Tradition‹ über Sherrill Milnes*

Neben dem Italiener Piero Cappuccilli hat der Amerikaner Sherrill Milnes, geboren 1935 in Downers Grove, Illinois (nahe Chicago), in den siebziger Jahren das italienische Baritonfach dominiert. Der Sohn eines ehemaligen Pastors und einer Klavierlehrerin, als Instrumentalist mit Geige, Bratsche, Baß, Tuba, Klarinette und Klavier vertraut, eine Zeitlang Mitglied des Chors von Chicago, ausgebildet von Rosa Ponselle, Andrew White und Boris Goldovsky, begann seine Karriere bei der Goldovsky Company und sang über ein Dutzend Rollen in mehr als 300 Aufführungen. Nachdem er einige Male einen »great contest-loser« gespielt hatte, erhielt er 1964 einen Vertrag an der Met, an der er 1965 als Valentin in *Faust* debütierte. Er hatte bis dahin schon 35mal Scarpia und 38mal Rigoletto in der kleinen Goldovsky Company mit einem Orchester von 22 Musikern gesungen. Sein Met-Debüt am 22. Dezember 1965 gab er neben der ebenfalls debütierenden Montserrat Caballé. Sein Vertrag schloß mehrere »covers« ein – das Studium von Partien, die zunächst von einem anderen gesungen wurden. So sang er statt der geplanten fünf Aufführungen von drei

Opern achtzehn von sieben. Ohne seine gründliche musikalische Ausbildung hätte er die vielen neuen Partien gar nicht meistern können.

Seinen ersten bedeutenden Erfolg hatte er am 8. Februar 1968 in einer Aufführung von *Luisa Miller*: Nach Cavatina und Cabaletta am Ende des ersten Aktes, die neben »Il balen« aus *Trovatore* die größten Tessitura-Probleme aller Verdi-Opern bieten, erhielt er, so Thomas P. Lanier im *Opera*-Feature Nr. 121, »jene Art von Applaus, welche die Geburt eines neuen Stars ankündigt«. Er sang in neuen Produktionen von *Il Trovatore*, in Zeffirellis *Cavalleria* und *Pagliacci*, und als er sein »Si può« angestimmt hatte, war für Irving Kolodin mit Milnes auch die Erinnerung an Tibbett und Warren da. Es folgten *Otello, Vespri, Puritani, La Favorita, Thaïs* und *Don Carlo*. Er sprang für MacNeil als Rigoletto ein, sang in einer neuen Produktion von *La Traviata* und bekam drei Opening nights mit *Ernani* (1970/71), *Vespri* (1974/75) und *Otello* (1979/80). Karl Böhm, der ihn in einer Aufführung von *Luisa Miller* gehört hatte, lud ihn 1970 zu einer *Macbeth*-Inszenierung (Regie Otto Schenk) an die Wiener Oper ein, wo Milnes neben Christa Ludwig einen brillanten Erfolg hatte. In Mailand stellte er sich als Luna in *Trovatore* vor (unter Mehta), in London als Renato in *Ballo*. Eine spezifische Met-Tradition amerikanischer Baritone setzte er fort mit Aufführungen von

Sherrill Milnes
(Foto: © Decca/Polygram Klassik)

Simon Boccanegra – eine Oper, mit der schon Tibbett und Warren ihren Star-Status gefestigt hatten.

Milnes hat, gleich nach seinem ersten großen Erfolg mit *Luisa* an der Met, eine bedeutende Schallplatten-Karriere gemacht. Er hat Gesamtaufnahmen von *Barbiere, Lucia, Luisa Miller, Rigoletto, Trovatore, Traviata, Macbeth, Forza, Don Carlo, Aida, Otello, Carmen, Pagliacci, Bohème, Salome, Tosca, Thaïs, Adriana Lecouvreur, Il Tabarro, Guglielmo Tell, Vespri, Giovanna d'Arco, Gioconda, Fanciulla, Ballo, Andrea Chenier* und *Hamlet* gesungen. Wenn es richtig ist, daß Solo-Recitals weniger dem Ruhm der Musik dienen als vom Ruhm eines Stars zeugen, so beweisen vier oder fünf Sammelplatten, daß der Amerikaner ein Star ist. Ihm wurden selbst – *Amazing Grace* oder *The Church's One Foundation* – Stücke aus der Sphäre des Heiligen (und Scheinheiligen) abverlangt. Im bewußten Anschluß an die großen Duett-Kombinationen wie Caruso–Ruffo/de Luca/Ancona, Martinelli/de Luca und Björling/Merrill hat er eine Duett-Platte mit Placido Domingo gemacht, die von den meisten Kritikern glänzend bewertet wurde – nach meiner Auffassung zu gut.

Das auffälligste an Milnes' reicher und großer Stimme ist die Höhe, sind fast tenoral anmutende Acuti. Milnes macht sich ein Vergnügen daraus, am Ende von »Si, pel ciel« ein hohes A zu singen – wie der Tenor, und selbst das B liegt in seiner Reichweite. Der Verfasser ist sicher, daß Milnes durchaus ein dramatischer Tenor hätte werden können – so wie Zanelli, wie Vinay. Dabei konnte er mit 25 Jahren nur das G erreichen, und substanzvolle tiefe Töne, durchweg ein Problem für Baritone mit großer Höhenspannung, hat er erst spät zu bilden gelernt. In einer frühen Aufnahme von »Eri tu« ist das tiefe A nicht viel mehr als ein matter Hauch. Mattigkeit und Hauchigkeit beeinträchtigen auch sein Singen im Piano, wo die ohnehin leicht körnige und eher flache als gerundete Stimme auf irritierende Weise an Resonanz, an tonlicher Definition verliert. Als wolle er dies kompensieren, läßt Milnes Phrasen, die mit einem substanzreichen und meditativen Piano gesungen werden müßten, in einem Schluchzen laut explodieren – ein notorisches und lästiges Element seines Vortrags. Ebenso lästig ist eine Tendenz zum scharfen Singen, zu einer vielleicht nicht schlechten Intonation, aber einer nicht sicheren Erfassung des Tons in dessen Zentrum. Störend auch die klangliche Divergenz zwischen den einzelnen Registern und bei unterschiedlichen dynamischen Graden: Die Stimme klingt flach sowohl in der tiefen Lage als auch im Piano; sie braucht ein gewisses Maß an Druck zu ihrer Entfaltung. Ihr fehlt der markante Klangkern, so daß sie oft hauchig klingt, als ob unkontrolliert Luft entweiche. Auch die Attacke, der federnde und konzentrierte Anschlag, lassen zu wünschen übrig – man vergleiche nur die ersten Takte, die Rigoletto zu singen hat, mit der Aufnahme Taddeis (im Kapitel Taddeis sind die Details ausgeführt). Die Unsicherheiten der Attacke zeigen sich auch in unnatürlichen Vokal-Aufhellungen, teilweise auch Verfärbungen. Diese Schwächen der Attacke und der korrekten Vokalisierung verderben seine Aufnahme von Rossinis *Barbiere* unter Levine – die Wiedergabe ist unzureichend, durchsetzt mit Larmes dans la voix und derben vokalen Effekten. Wenig überzeugend erscheint er (mir) auch in Partien oder Szenen aus dem romantischen Repertoire: Die große Arie aus *Lucia* in der zweiten Sutherland-Aufnahme ist, verglichen mit den Aufnahmen Gobbis oder Merrills, blaß, gerade wegen der Heftigkeit. Die beeinträchtigt auch Milnes' Beitrag zur Aufnahme von Rossinis *Guillaume Tell* unter Riccardo Chailly (mit Pavarotti, Freni und Chiaurow). Die kadenzierende Phrase in »Sois immobile« singt er exzessiv aus, was der Situation – Tell versucht seinen Sohn vor dem Schuß zu beruhigen – wenig entspricht. Auch im großen Trio des zweiten Aktes hören wir ein Con-forza-Singen von einschüchternder Wucht, aber ohne Eleganz und Eloquenz. Auf seinen Recitals hat Milnes verschiedene Bariton-Arien aus Opern von Bellini und von Donizetti gesungen. Aber was soll man davon halten, daß er die Musik des Alphonse vollständig mit zwei Versen und Cabaletta, dazu in französischer Sprache, singt, aber in der Stretta statt »rien par moi n'est regretté« »viens« singt, was sicher nicht so auffällig ist wie das hohe B (!) in einem kadenzierenden Schluß – leider ist der Ton gequetscht, und nichts ist ärgerlicher als die Interpolation einer schlecht plazierten Effektnote. Vergleicht man diese krude Wiedergabe mit der unendlich fein geformten von Maurice Renaud, weiß man, was aus dem Belcanto geworden ist. Die gleiche Vergröberung in den Arien des don Carlo aus *Ernani*, wenn man Milnes mit Riccardo Stracciari oder Battistini vergleicht.

Milnes gilt, wie Dorle Soria in einem Feature für *Musical America* schrieb, »als der größte, wenigstens als einer der zwei oder drei größten Verdi-Baritone« unserer Zeit. Nur: Im Vergleich zu wem? In den siebziger und achtziger Jahren ist kein wirklich großer Verdi-Bariton hervorgetreten. Nehmen wir, als Beispiel, Milnes' Rigoletto unter Bonynge mit Sutherland und dem hier glänzenden Luciano Pavarotti. Viele exponierte Forte-Töne kommen um Schwebungen zu tief, zudem mit unsicherer Attacke: Phrasen wie »o uomini« im ersten Monolog, die der Invektive, der Aufschwung bei »difende l'onor«, die Überleitung ins Racheduett. Bei hohen Sotto-voce-Phrasen in den Duetten mit Gilda läuft die Stimme knirschend wie auf Sand; oft auch bedient er sich des Falsetts. Besser, klarer und fester singt er in den Aufnahmen von *La Traviata* (unter Prêtre) und *Il Trovatore* (unter Mehta, sehr gut). Enttäuschend ist er als Renato unter Bartoletti (neben Pavarotti und Tebaldi) – die Einspielung ist insgesamt schwach. Grob und oft rauh singt er auch unter James Levine in *Forza*; vor allem Piano- oder Sotto-voce-Phrasen klingen substanzlos und flach. Nicht anschließen kann ich mich dem hymnischen Lob Lord Harewoods für den Posa in Giulinis Aufnahme von *Don Carlos*. Milnes singt zwar sorgfältig, führt beispielsweise alle Triller aus, greift aber allzu oft zu lachrymosen Effekten. Immerhin aber gibt er hier eine wirkliche Aufführung. Ich vermisse aber die Einheit von Klang, Linie und Legato (bei Milnes fallen die Phrasen auseinander in gespannte und laxe Teile), die Genauigkeit der Vokalbildung (bei hohen Tönen ist generell eine künstliche Aufhellung zu beobachten, einhergehend mit diffuser Umfärbung der Vokale) und die Natürlichkeit des Ausdrucks. Milnes *macht* Ausdruck auf vordergründige Weise – durch heftige Sforzati, durch ein vokales Zähnefletschen oder auch schlechte Schluchzer. Kein einziger der amerikanischen Baritone, die in diesem Abschnitt behandelt wurden, bedient sich so oft des Tränentons.

Muß man eine Prachtstimme – die Milnes fraglos besitzt – unbedingt ex negativo beschreiben? Emphatisch: Ja! Nichts ist enttäuschender als die Vergeudung, als der Mißbrauch von Talent, als das easy going mit den natürlichen Mitteln. Milnes wirkt ungeschliffen. Mit einer der besten Stimmen erreicht er nicht mehr als die zweit- oder drittbesten Interpretationen. Als Vokalist kommt er an Sänger wie Battistini, Renaud, de Luca oder Merrill nicht heran, als singender Darsteller nicht an Ruffo, Amato, Gobbi, Stracciari, Tibbett oder Warren. Er ist manchmal gut, nie groß – und selbst wenn er manchmal involvierter und dramatischer wirkt als Merrill, so haben die Interpretationen des älteren die größere Validität der Expression.

IX. KAPITEL

Europäische Streifzüge

Auf dem Fundament der Tradition: Britische Sänger

Lyrismus: Margaret Price

> Ein großer Teil von Mozarts Vokalmusik, vor allem die vom Komponisten für die Kunstfertigkeit bestimmter Sänger geschriebene, stellt unsere zeitgenössischen Interpreten vor wirkliche Probleme ... Wie oft man eine Donna Anna gehört hat, welche die abschließenden verzierten Passagen von ›Non mi dir‹ mit wirklicher Leichtigkeit hat singen können, ist an einer Hand abzuzählen ... Wenn es in der letzten Generation eine Reihe von Sängerinnen gegeben hat, die mit den technischen Anforderungen von ›Martern aller Arten‹ fertig geworden sind, so liegt dies daran, daß man die Partie ... dem Typ des leichten, pfeifenden Soprano leggiero anvertraut hat und nicht einer Sängerin mit der tonlichen Fülle, die von der Musik verlangt wird ... Price ist insofern außergewöhnlich, als sie eine Stimme von beträchtlichem Volumen und zugleich die Leichtigkeit für die Verzierungen besitzt. Price segelt förmlich durch den Allegretto-Abschnitt von ›Non mi dir‹ und legt die Konstanze-Arie hin, ohne sich dabei schinden zu müssen.
> *Dale Harris über ein Mozart-Recital von Margaret Price*

Eine schöne Melodie schön zu singen«, so hat Margaret Price (geboren 1941 in Wales und weitgehend Autodidaktin) gesagt, »das bin ich.« Doch welchen Begriff hat die Waliserin von vokaler Schönheit? Price besitzt eine reiche, umfangreiche, expansionsfähige Stimme und eine gute, nach heutigen Begriffen sogar außergewöhnliche Technik, die mit Fiorituren und Trillern sicher fertig wird. Außergewöhnlich und irritierend ist allerdings die Klangbildung. Price singt zuweilen mit steifem, fast vibratolosem Ton und klingt dadurch, so ein angelsächsischer Terminus, »hooty« (heulend). Der Klang kommt auf den Hörer zu wie ein Sonnenstrahl durch sich lichtenden Nebel. Er kennt wenig koloristische Nuancen und gibt den Interpretationen der Sängerin ein emotionelles Gleichmaß, das die Gefahr der Monotonie in sich birgt. Price kann eine vor Spannung, vor Gefühl, vor Erregung bebende Melodie singen – es geht, wie Helmut Reinold schrieb, »etwas Ungerührtes und damit auch Unrührendes« von diesem Singen aus, dessen Schönheit oftmals ohne dramatische Spannung ist, weil die Sängerin der »Gewalt der Worte« (von Mozart verlangt) nicht gerecht wird. Der Eindruck wird verstärkt durch einen leidigen technischen Fehler: Hauchige Tonproduktion und die Aspirierung einzelner Töne, vor allem in langsamer Musik.

Price wurde in Blackwood geboren, besuchte die örtliche Grammar School und studierte Gesang und Klavier. Mit 15 Jahren absolvierte sie eine Audition vor Charles Kennedy Scott vom Trinity College, erhielt ein Stipendium, studierte bis zum 19. Lebensjahr, sang dann ihre ersten Recitals in Wales und erhielt einen Vertrag an die Welsh National Opera Company. Zu ihren ersten Rollen gehörte der Cherubino in Mozarts *Le Nozze di Figaro*, den sie als Unterstudy im Jahre 1963 für Teresa Berganza auch an der Covent Garden Opera sang. Dort traf sie auf den Dirigenten und Pianisten James Lockhart, mit dem sie Italienisch studierte und einige Liedplatten machte. Hatte sie bis dahin vorwiegend mit einer lyrischen Mezzo-Stimme gesungen, so wechselte sie jetzt ins Sopranfach. Sie sang vier Jahre lang im Schutz fester und solider Ensembles. Dann verpflichtete Otto Klemperer sie für die Aufnahme von *Le Nozze di Figaro* – und seither weiß man, daß Barbarina durchaus keine Nebenrolle sein muß. Klemperer wurde ihr Mentor, setzte sie am Covent Garden als Marzelline ebenso durch wie bei der EMI für die Fiordiligi in seiner Aufnahme von *Così*, bei der dem Werk jeder Anflug von Komik genommen wird – außer einem grimmen Humor. Price hält sich, trotz der lastend-schweren Tempi, grandios und singt in dieser Aufnahme energischer und intensiver als üblich. Nach den Mozart-Partien wechselte Price ins italienische Fach, sang Amelia in *Simon Boccanegra*, dann Desdemona, später auch Elisabetta und Aida (zum erstenmal 1981). Strauss' Marschallin studierte sie mit Carlos Kleiber ein, der sie auch dazu brachte, Isolde auf der Schallplatte zu übernehmen, und in beiden Fällen saß der Dirigent, darin ganz alte und klassische Schule, stundenlang am Klavier, um mit ihr jede Phrase zu studieren: »Er hielt bei fast jedem Wort an«, sagte Price gegenüber Helena Matheopoulos (in *The Gramophone*, 1983), »und sagte: ›Warum versuchen wir es nicht so. Es ist nur eine Idee, aber wir wollen es probieren.‹« Price sang die Partie ungewohnt lyrisch und mit der für sie typischen instrumentalen Tongebung, mit reiner Attacke und klanglichem Ebenmaß. Sie ist eine Belcanto-Isolde, nicht so emphatisch wie Linda Esther Gray unter Goodall (aber vokal weit sicherer), nicht so opulent wie Flagstad (aber klangschöner), nicht so detailerfahren wie Nilsson (aber tonschöner).

Unter Georg Solti hat Price eine ihrer großen Rollen – Mozarts Donna Anna – aufgenommen. Das Passagenwerk von »Non mi dir« bewältigt sie passabel, aber nicht so mühelos wie im Recital unter Lockhart. Doch macht sie einmal mehr den *ungerührten* Eindruck und durchaus nicht den, als ob sie von Giovanni angetastet worden wäre. Der Arie »Or sai chi l'onore« gibt sie wenig innere Erregtheit, keine Emphase; sie ist eben unpersönlich und darin nicht anders als Bernd Weikl, der zuweilen ein paar schöne Töne produziert, öfter aber verfärbte

Margaret Price
(Foto: © EMI Classics)

und kloßige, die ein erhebliches Defizit an klanglicher und klangdramatischer Phantasie verraten. Price erfüllt wieder ihr Ziel, schöne Melodien schön zu singen, ohne die Gewalt der Worte zum Ausdruck zu bringen. Weitaus besser kommt ihr elegisch eingefärbtes Timbre und ihre dunkle Klanggebung in der Partie der Pamina zur Geltung. »Ach, ich fühl's« erklingt mit dem rechten, weltverlorenen Ton, klanglich adäquat durch die vibrato-arme Manier der Sängerin, und die heiklen Intervalle bei »Die Wahrheit« sind kaum je so sicher und zugleich so dringlich gesungen worden. Dies ist übertragbar auf eine andere passive Frauengestalt: Desdemona in Verdis *Otello*, die Price unter Solti neben Cossutta gesungen hat, im dritten Akt mit erstaunlicher Expansion, im vierten mit einem fast schon weltentrückten Ton und einer mirakulösen Genauigkeit (das gerade und vibratoarme Singen würde jeden Intonationsfehler schmerzhaft deutlich machen). Erstklassige Vokalkunst bietet sie auch unter Leitung von Claudio Abbado in der sogenannten *Lulu-Symphonie*, mit makellosen Koloraturen und großer Tonschönheit in un-vokalen Passagen, aber wieder fehlt dem Vortrag dramatische Energie; die findet man bei der stimmlich weit weniger sicheren Anja Silja. Um so bewegender wieder »Ihr habt nun Traurigkeit« in Brahms' *Requiem* unter Wolfgang Sawallisch.

Trotz der oben gemachten Einwände ist die Platte mit Mozarts Konzertarien wegen der souveränen Bewältigung fast transzendentaler Schwierigkeiten unbedingt zu empfehlen – und sei es als Komplement zu den gestalterisch an die Grenze zur Überzeichnung getriebenen Interpretationen von Elisabeth Schwarzkopf und Teresa Stich-Randall. Die Extreme von »Vorrei spiegarvi, oh Dio ... Ah conte, partite«, mit Ausflügen in die dreigestrichene Lage, bewältigt Price mit phantastischer Brillanz. Ebenso wichtig eine Platte mit Opern-Arien, darunter eine endlich einmal groß konzipierte Martern-Arie aus der *Entführung* und »Non mi dir«. Ein Beispiel dafür, wie dramatisch Mozarts verzierte Musik klingen kann. Die Waliserin hat schon früh in ihrer Laufbahn viele Liedaufnahmen gemacht und gehört mit einem Dutzend Recitals zu den am besten repräsentierten Lied-Sopranen. Ihre ersten Aufnahmen hat sie mit dem Pianisten und Dirigenten James Lockhart vorgelegt: eine superbe, in ihrer gestischen Lebendigkeit überzeugende Aufnahme von Mussorgskys *Kinderstube*, freilich ohne die Suggestivität der Aufnahmen von Oda Slobodskaya oder Nina Dorliac; eine tonschöne, aber allzu verhaltene Schubert-Platte; eine Anthologie mit Liedern von Bellini, Donizetti, Verdi, Rossini, Schubert u. a., Schumanns *Frauenliebe und Leben*, Liszt-Lieder. Seit 1982 hat Price einige Aufnahmen für die Münchner Firma Orfeo gemacht. Den Auftakt bildete ein Schubert-Recital mit Wolfgang Sawallisch (und Hans Schöneberger, Klarinette, für *Der Hirt auf dem Felsen*), bei dem sie, so Ulrich Schreiber, »aus einer gewissen Kühle des Ansatzes ... so etwas wie eine geradezu hermetisch geschlossene Elegie wie die Romanze aus Rosamunde« entwickeln kann. Price wird in diesen Liedern wahrhaft zur Stimme der Musik und muß den Ausdruck nicht suchen: Er kommt, Dacapo für Henderson, aus musikalischen Tönen. Die langen Phrasen von »Auf dem Wasser zu singen« oder aus dem g-Moll-Abschnitt von »Der Hirt auf dem Felsen« sind kaum besser auf die Platte gelangt. Das Schumann-Recital wieder mit dem Chamisso-Zyklus leidet unter der zurückhaltenden Begleitung Lockharts, aber es gibt wundervolle Einzelmomente – etwa eine »Mondnacht« mit reinstem vokalen Silberlicht.

Stimme des Leids: Kathleen Ferrier

> Der bloße Wohllaut ihrer Stimme hatte mir beim ersten Hören das Herz wie kaum je ein Klang bewegt. Aber sie hatte nicht nur die Kehle, sondern eine Seele.
> *Bruno Walter über Kathleen Ferrier*

> Dieser richtige Klang lag darin, daß sie mit ihm bei einem heiteren Lied Lachen und Fröhlichkeit, bei einem traurigen Tränen und Bewegtheit auf die Gesichter zauberte.
> *Neville Cardus*

Per Ardua – so hat der australische Bariton Roy Henderson in einem von Sir Neville Cardus edierten Erinnerungsbuch an Kathleen Ferrier (1912–1953) die Arbeit mit der englischen Altistin beschrieben. Als er die Sängerin am 23. Dezember 1942 in einer Aufführung von Mendelssohns *Elias* zum erstenmal hörte, war er »nicht sonderlich beeindruckt«. Er fand zwar eine vokale Qualität »über dem Gewöhnlichen«, denn »obwohl der Klang zu dunkel, gab es einen musikalischen Fluß in ihrem Singen, der höchst angenehm war«. Wenige Wochen später bat sie ihn um Unterricht, und dann arbeiteten beide für fast neun Jahre im Studio: »Wir reisten Tausende von Meilen zusammen, und als Kollege, der gleichzeitig ihr Lehrer war, kann ich kaum die Faszination beschreiben, mit der ich ihre Entwicklung verfolgte.« Es dauerte nicht lange, und der Lehrer mußte »den Schock verkraften, den Namen der Schülerin größer gedruckt zu sehen als den eigenen«.

Kathleen Ferrier wurde in Higher Walton geboren, war in früher Jugend eine gute Pianistin, gewann 1931 sogar einen Wettbewerb und fiel als Sängerin auf, als sie während eines Gesangswettbewerbs, bei dem sie am Klavier assistierte, sagte: »I think I could make nicer noises than those.« Sie mußte dies beweisen, wurde zum Weitermachen ermutigt, nahm Unterricht bei Thomas Duerden, dem Organisten der St. John Parish Church, gewann 1939 einen von den *Cumberland News* ausgesetzten Preis und setzte das Studium fort bei einem der Juroren, Dr. J. E. Hutchinson, fand in Sir Malcolm Sargent, der sie immer wieder zu großen Konzerten einlud, ihren Mentor und endlich in Roy Henderson den Lehrer. Der Australier setzte alle Energie darein, die anfangs zu dunkle und dadurch zu monochrome Stimme aufzuhellen und ihr Sicherheit in der Lage über dem E zu geben. Henderson berichtete, daß die Stimme schon bei dem hohen E scharf wurde und beim F die absolute Grenze fand – und daß auch Ferrier jene sieben Jahre benötigte, »die es braucht, einen Sänger zu machen«. Berichtete ferner, daß er mit ihr die Grundlagen für eine solide Atemtechnik erarbeitete, vor allem eine kraftvolle Zwerchfellstütze. Henderson führt darauf zurück, daß sie später die langen Phrasen von Bachs »Have mercy, Lord« mit »prachtvoller Grandeur und Tonfülle« singen konnte. Nach Henderson besaß Ferrier phantastische Kopf-Hohlräume und eine ideale Knochenstruktur, so daß die Luftsäule in einen wundervoll resonanten Klang verwandelt wurde. Man hätte, so Henderson, einen Apfel in den Mund und bis in die Kehle werfen können: »Die Stimme strömte aus, weil es nichts gab, was sie hätte hindern oder aufhalten können.« Sicherte die organische Beschaffenheit das üppige Volumen, so brachte sie zugleich den Nachteil einer zu großen Entfernung von der Kehle zur Klangmaske. Dadurch war der Klang zunächst dunkel, was zu einer unklaren Diktion führte. Durch endloses Vokalisieren auf /e/ lichtete Henderson die Stimme auf, so daß sie bald eine strahlende Vollhöhe bis zum As bekam und auch Koloraturen leicht und flüssig singen konnte. Sie überwand sogar die Inhibition, nach einem Konsonanten deshalb zu spät auf dem Vokal »anzukommen«, weil das Öffnen und Schließen des Kiefers zu lang dauerte. Hendersons Lehrsatz: »Interpretation beruht auf vokaler Technik und Musikalität . . . Interpretation ohne vokale Technik kann eine Stimme in Stücke reißen, ohne Musikalität kann sie die größten Kunstwerke ruinieren.«

Ab 1944 nahm Kathleen Ferrier Platten auf. Ihre Stimme war inzwischen ausgeglichen und konzentriert. 1946 wirkte sie, trotz ihrer Hemmungen vor der Bühne, in Glyndebourne bei der Uraufführung von Brittens *The Rape of Lucretia* mit; ihre Partner waren der dänische Tenor Aksel Schiøtz und der Brite Peter Pears. Britten berichtete, daß bei den Proben das hohe A außerhalb ihrer

Kathleen Ferrier mit Sir John Barbirolli
(Foto: © Decca/Polygram Klassik)

Reichweite schien und er ein Fis substituieren mußte. Doch bei der Aufführung sang sie sich so in Erregung, daß sie das A vehement attackierte. Wenig später traf sie auf den Dirigenten Bruno Walter, der in seinen Erinnerungen – »der Raum schien heller zu werden durch den Charme ihrer Gegenwart« – geradezu ergriffen von ihr berichtete. Mit Walter, der schon mit Lotte Lehmann gearbeitet hatte, studierte sie einige Liederabende ein. 1947 sang sie unter Walter in Edinburgh Mahlers *Das Lied von der Erde*, unter Fritz Stiedry Glucks *Orfeo*, den sie 1953, unmittelbar vor ihrem Tod, zweimal an der Covent Garden Opera sang. Am Ende der zweiten Aufführung brach sie zusammen.

Den Zenit ihrer Laufbahn erreichte sie um 1950. Nach Wiener Bach-Aufführungen – *Magnificat, Messe in h-Moll* und *Matthäus-Passion* –, die sie selber als die besten ihres Lebens bezeichnete, erkrankte sie schwer. 1951 wurde sie operiert, 1952 stand sie, schwer gezeichnet, auf dem Podium und sang wieder unter Walter das *Lied von der Erde*. Diese Wiener Aufführung mit Julius Patzak hat entscheidend zur Rezeption des Werks, und des Komponisten, beigetragen.

Ferriers Kunst war eine weniger artistische als persönliche, die Projektion eines lyrisch-empfindsamen Ichs in die Musik, die sie sang. Es wird berichtet, daß sie 1947 bei einer Aufführung von Mahlers *Lied* so hinfortgetragen war, daß sie die beiden letzten Worte – »Ewig, ewig« – nicht mehr singen konnte. Sie war keine analytische, keine distanzierte Sängerin, sondern nach dem Terminus von Cardus eine »sympathetische«. Ihr Singen setzte den Gefühlswert der Musik frei, ohne daß sie selber gefühlig geworden wäre: Es war klingendes Pathos. Es war auch klanggewordene Freude und Seligkeit. Das letzte »ewig« im *Lied* konnte klingende Agonie sein, aber in *Frauenliebe und -leben* gab es, »Helft mir, ihr Schwestern«, geradezu jauchzende Momente seliger Identifikation, die selbst den Skeptiker hin- und fortreißen konnte: Bruno Walter sagte, man möge sich ihrer in einer lichten Dur-Tonart erinnern.

Man sollte aber auch Grenzen der Technik und der Interpretation wahrnehmen. In der *Orfeo*-Aufnahme von 1947 singt sie mit einer generalisierten Emotion, noch nicht restlos ausgeformten Deklamation und durchaus nicht geschmeidig. Eine vier Jahre später mitgeschnittene Aufführung aus Holland, mit einem desolaten Orchester, ist weitaus spannungsvoller und reicher schattiert. Interessant eine frühe, klavierbegleitete Platte mit Gerald Moore, die die Stimme in schöner Blüte zeigt. Ihre Händel-Aufnahmen wirken durch die reiche Fülle des Klangs, weniger durch die Spannung der Phrasierung oder die Formung der Linie – es ist, wie Steane schreibt, »plain singing« ohne Verzierungen, Läufe, Triller. Ihr Singen konnte bis zu einer solchen Identifikation mit dem Gesungenen gehen, daß die artistische Distanz verlorenging. Das gilt für das lastende Pathos in den *Vier ernsten Gesängen* von Brahms (arrangiert von Malcolm Sargent) ebenso wie für die gläubig-identifikatorische Ausdruckshaltung in Schumanns Zyklus *Frauenliebe und -leben* (es gibt zwei Aufnahmen, eine mit John Newmark, die andere von einem Liederabend mit Bruno Walter am Klavier). Wundervoll in ihrer schlichten Innigkeit sind die Aufnahmen von einigen Schubert-Liedern: »Die junge Nonne«, »Der Tod und das Mädchen« (mit feiner Nuancierung der Mädchen- und der Todesstimme), »Du liebst mich nicht«. Vielleicht noch eindringlicher Brahms' »Von ewiger Liebe« mit einer schier erregenden, majestätischen Klangausladung und die unvergleichlich expansiv phrasierte *Rhapsodie für eine Altstimme* unter Clemens Krauss mit der fahlen Färbung der Phrase »die Öde verschlang ihn« und mühelos bewältigten Dezimensprüngen.

Von tiefen Gefühlen: Janet Baker

> Ich denke, daß Singen eine Sache von Leben und Tod ist.
>
> Lieder zu singen heißt, ein Stück Musik unter ein Mikroskop zu legen. Die großen Linsen aus der Entfernung des Proszeniums – das ist eine andere Sache.
>
> Ich habe meine Stimme stets als Mittel zur musikalischen Kommunikation angesehen und nicht als eine Qualität, die mich von den anderen absetzt oder entfernt.
>
> [Fricka und Brangäne] lasse ich nicht wegen der Tessitura aus, sondern wegen des stimmlichen Gewichts; ich glaube, daß Verdi und Wagner eine andere Farbe brauchen als die, die mir zur Verfügung steht. Es geht nicht nur darum, in die Höhe oder in die Tiefe zu kommen.
>
> Die einzige Erfahrung, die ein Künstler machen kann, ist die menschliche Erfahrung – das haben wir alle gemeinsam.
>
> Ich liebe das Studio – in ein Mikrophon zu singen. Rundfunkübertragungen und Studioarbeit haben mir nie Probleme bereitet.
>
> *Janet Baker in diversen Interviews über sich und ihre Arbeit*

Erinnern wir uns der Definition des Begriffs »Pathos«: Es meint den Ausdruck des Leids. Pathetische Darstellung ist Ausdruck des feierlichen Ernstes und des tragischen Schmerzes. Im Zeitalter der neuen Sachlichkeit aber wurde das Pathos nicht nur von der Sprechbühne und aus dem Film verbannt, sondern auch in der politischen Rede als verdächtig angesehen. Seit langem jedenfalls gilt es als unzeitgemäß, sogar als unziemlich, sich, mit einem Wort Blochs über Schillers Dramen, »am großen und schönen Klang zu berauschen«. Franziska Martienssen-Lohmann hat jedoch in ihrem Buch *Der wissende Sänger* emphatisch für »das Klangliche des feierlichen Ernstes« und des »Pathos des tragischen Schmerzes« plädiert – für ein Singen, das übergehen kann in die Klanggestalt von Trauer. Es ist der Ton von Gustav Mahlers »Ich bin der Welt abhanden gekommen« mit dem Vers: »Ich leb' allein in meinem Himmel, in meinem Lieben, in meinem Lied.« Janet Baker hat einmal über die Musik Mahlers – und über sich – gesagt: »Er besitzt eine Traurigkeit. Ich selber bin keineswegs ein trauriger Mensch, aber ich finde, daß ich ein ernsthafter Mensch bin, und ich möchte über Dinge reden und Dinge ausdrücken, die tief empfunden sind. Mahler hat dies, wie mir scheint, zeit seines Lebens getan. Er spricht von bedeutenden Gefühlen ... Von diesen tiefen Gefühlen, nicht von Trivialitäten möchte ich singen.«

Dem Ruhm und dem äußerlichen Glanz, der Karriere und der damit verbundenen Hektik, hat sich Janet Baker nicht überlassen. Sie hat nie, anders als viele Weltberühmte, auf ihre Maßstäbe und ihren Geschmack verzichtet. Es gibt von ihr keine Aufnahmen von Operettenarien und Galanterie-Stückchen oder von jenen Scheinheiligkeiten, die als »sacred music« zu Festtagen angeboten werden.

Janet Baker
(Foto: © Sabine Toepffer/DGG)

Ihr Vortrag buhlt nicht um Kunden, sondern zwingt den Hörer zu Kontrasterfahrungen einer anderen, durchaus nicht immer schöneren Welt. Als sie Ende der sechziger und zu Beginn der siebziger Jahre an der Scottish Opera Dorabella und Dido in Berlioz' *Les Troyens* verkörpert hatte, wurde sie nach ihrem eigenen Bericht geradezu erpresserisch bedrängt, ihre Zurückhaltung vor der Oper aufzugeben, und wer den Musikbetrieb mit seinen wechselseitigen Abhängigkeiten und seinen Zwängen zu einer falschen Kollegialität kennt, weiß, wie schwer es ist, beim Nein zu bleiben – man braucht dazu nicht nur Charakterstärke, sondern auch eine unerschütterliche Position. So konnte Baker am 15. März 1977 in der Londoner *Times* sagen: »Ich wurde unter Druck gesetzt, ein internationaler Opernsänger zu werden. Einige europäische Häuser boten mir sogar, was die Auswahl der Rollen anging, Carte blanche. Doch war ich offenbar verdorben durch Glyndebourne und die Scottish Opera, wo man mir die Chance geboten hatte, ausgiebig zu proben und mit einer neuen Produktion zu wachsen. Der wahre und entscheidende Grund aber, keine Opern im Ausland zu singen, liegt darin, daß ich viele Kollegen gesehen habe, die, von Stadt zu Stadt jettend, ihre Stimmen ruiniert haben. Mir macht es Freude, allüberall in der Welt Liederabende zu geben und in Konzerten zu singen, aber ich mag nicht zu lange von zu Hause entfernt sein, weil ich die damit einhergehende Desorientierung nicht ertrage.«

In dieser Absage an die Betriebsamkeit verbirgt sich keineswegs eine tugendsame oder provinzielle Beschränktheit, sondern nur die klare Vorstellung vom Weg, den sie gehen wollte. Ein Irrweg war für Janet Baker das Opernrepertoire des 19. Jahrhunderts. Sie hat kaum Partien von Komponisten riskiert, welche die Alt- und die Mezzo-Stimme bis in die Vollhöhe des Soprans getrieben haben. Sie hat keine Partie von Verdi, keine von Wagner gesungen, auch auf die typische Sänger-Musik der italienischen Romantiker – von zwei Aufnahmen abgesehen: Bellinis *I Capuleti* und Donizettis *Maria Stuarda* – verzichtet. Damit scheint sie den zynischen Satz des Broadway-Produzenten, alle englischen Sängerinnen seien Jungfrauen, zu bestätigen. Doch muß eine Sängerin ja nicht, um in der Sprache zu bleiben, mit den Hüften wackeln, um Temperament und Sinnlichkeit nachzuweisen. In Brittens *The Rape of Lucretia* hat Janet Baker folgende Passage zu singen:

> How cruel men are ... They wake us from / The sleep of youth /
> Into the dream of passion / Then ride away / While we still yearn.

Baker erfüllt diesen Phrasen mit Beben, gibt ihnen ein inneres Glühen, das heftiger ist als das Locken so mancher Dalila oder das Girren mancher Carmen – Partien, in denen man sich Baker nicht imaginieren kann. Ohnehin war die Oper nur der zweite Schritt in der Laufbahn der Engländerin, die sich ihr »Ausdrucks-

Potential« (Baker) sehr langsam erarbeitet hat. Im Lauf der Jahre hat sie Purcells Dido, Lieder von Dowland, Arne, Boyce, Purcell und, als modernes Komplement, Vokalmusik von Britten, Williams und Quilter gesungen; die Passionen, Oratorien und Kantaten von Bach, Händel, Scarlatti, Haydn, Mendelssohn, Elgar, Williams und Tippett; Lieder mit deutlichem Schwerpunkt auf Schubert, Berlioz und Mahler, aber auch von Schumann, Mendelssohn, Liszt, Brahms, Duparc, Debussy und Fauré, schließlich Opern von Monteverdi, Cavalli, Händel, Gluck, Mozart, Berlioz, Donizetti, Massenet, Strauss, Britten und Walton.

Repertoire von diesem Umfang, von dieser Komplexität ist ein Spiegel von Musikalität, auch von Fleiß, von stimmlichen Möglichkeiten (und Grenzen), schließlich von Temperament. Weder in Stimme noch Auftreten hat Baker etwas von der theatralischen Flamboyance einer Grace Bumbry, einer Maria Callas, einer Ljuba Welitsch. Sie ist auch nicht, in einem sinnlichen Sinne, erregend. Benjamin Brittens Lucretia könnte man, in einem metaphorischen Sinne, als Vor- und Abbild der Sängerin verstehen: eine Frau, die keine Passionen weckt, sondern in der Passionen geweckt werden müssen. Insofern enthält das Bild von der englischen Jungfrau doch ein Körnchen Wahrheit.

Janet Baker wurde 1933 in York geboren, sang als Kind im Kirchenchor ihrer Heimatstadt Hatfield, erhielt Unterricht bei Ruth Railton und Helene Isepp, schloß sich 1955 den Ambrosian Singers an – »ich lernte dadurch, anderen zuzuhören« –, gewann 1956 den von der *Daily Mail* ausgeschriebenen Kathleen-Ferrier-Wettbewerb, setzte ihr Studium bei Meriel St. Clair fort, absolvierte einen Liedkursus bei Lotte Lehmann und holte sich 1956 und 1957 die ersten Bühnenerfahrungen in Werken von Smetana (*Das Geheimnis*) und Purcell (*Dido und Aeneas*). 1958 sang sie am Morley College den Gluckschen Orpheus. Als ein Jahr später die Produktion von *Dido und Aeneas* von Glyndebourne nach Bath gebracht wurde, übernahm sie die Rolle der Zauberin. Mit der »Händel Opera Society« brachte sie an der Sadler's Wells Opera Händels *Rodelinda* heraus, dann sang sie in Wexford in *La Gazza Ladra*. 1960 folgte Tippetts *The Midsummer Marriage* (Sosostris) für die BBC, 1961 Purcells Dido am Barber Institute von Birmingham, der eine Plattenproduktion des Werks unter Anthony Lewis folgte. Mit der English Opera Group sang sie diese Partie auch in Drottningholm und Aldebourgh. Mit der »Händel Opera Society« wiederum führte sie *Jephta* am Sadler's Wells Theater und in Liège auf. 1963 war sie Polly in einer Aufführung von Gays *The Beggar's Opera* in Edinburgh. Das Jahr 1964 brachte Händels Ariodante in Birmingham, Brittens Lucretia und Nancy (*Albert Herring*) bei einer Tour durch die UdSSR, 1965 Rameaus Phaedra in *Hippolyte et Aricie* in Birmingham und Oxford, 1966 Hermia in Brittens *A Midsummer Night's Dream* am Covent Garden, Händels Orlando, Berlioz' Cassandra im ersten Teil der *Troyens* in der Royal Albert Hall, erneut Brittens Lucretia und, in

New York, Händels Amastre in *Serse*. Die ersten Mozart-Partien – Sesto und Dorabella – sang sie 1967 für die BBC und die Scottish Opera. Weitere Stationen in Stichworten: 1968 sang sie Orpheus konzertant in San Francisco, Alcestis in Händels *Admeto* in Birmingham, Dejanira in Händels *Hercules* in Aldebourgh. 1969: Scottish Opera mit Dorabella und Dido von Berlioz, die sie anschließend am Covent Garden sang. 1970: Diana in *La Calisto* beim Festival von Glyndebourne. 1971: Kate in Brittens *Owen Wingrave* für die BBC, Octavian in *Der Rosenkavalier* für die Scottish Opera, *L'Incoronazione di Poppea* im Londoner Coliseum, Berlioz' Marguérite in *La Damnation* ebendort. 1972: Penelope in Monteverdis *Ulisse* beim Glyndebourne Festival und Dido an der Scottish Opera wie am Covent Garden. 1973 mit *Mary Stuart* die erste Donizetti-Oper. 1974: *La Clemenza di Tito* am Covent Garden, wiederholt in den Jahren 1975 und 1976. Die Vitellia aus Mozarts *La Clemenza di Tito* sang sie 1976 auch an der Mailänder Scala. Im selben Jahr gab sie am Covent Garden Waltons Cressida und nahm Bellinis *I Capuleti e i Montecchi* auf. 1977: Charlotte in *Werther* (Coliseum), Komponist in *Ariadne* an der Scottish Opera. 1978: *Idomeneo* an der Covent Garden Opera, Purcells Dido in Aix-en-Provence, Strawinskys *Oedipus Rex* konzertant in der Albert Hall. 1979: *Giulio Cesare* an der English National Opera mit einer Wiederholung 1980. 1981: Glucks *Alceste* am Covent Garden. 1982: *Mary Stuart* im Coliseum und Bühnenabschied mit Glucks *Orfeo ed Euridice* in Glyndebourne und in der Albert Hall – einschließlich der Aufnahme unter Raymond Leppard.

Diese (fast vollständige) Liste verrät außergewöhnliche Ökonomie. Janet Baker hat im Vierteljahrhundert ihrer Laufbahn Jahr für Jahr nur zwei, drei Rollen in einer kleinen Zahl von Aufführungen gesungen, die in einem Ensemble einstudiert waren und damit der Sängerin die Sicherheit gaben, keine unkalkulierbaren Risiken zu laufen.

Denn ihre Stimme war zwar ausdrucksvoll und, vor allem im Piano-Gesang, betörend klangschön, aber nicht kraftvoll. Sie hatte kein sehr großes Volumen – hohe Töne neigen zur Schärfe, die Janet Baker freilich mit unglaublichem Geschick in Ausdrucks-Laute umsetzt. Ein faszinierendes Beispiel dafür ist ihre Aufnahme von Glucks *Orfeo ed Euridice* unter Raymond Leppard in einer ebenso problematisch montierten wie musikalisch faszinierenden Version. Es ist ein Memento an ihren Bühnenabschied, und auch nach dem Anhören möchte man rufen: »Ach, wir haben sie verloren!« Zwar ist die Stimme nicht mehr ganz frisch, hohe Töne vor allem bei dynamischen Graden über dem Mezzoforte bekommen einen Schlag, das ohnehin fast fahl getönte Timbre – zu vergleichen mit den bleichen Braun-Farben Mantegnas – wird noch blasser; aber die Intensität des Ausdrucks, der Phonation wie der sprachlichen Artikulation, ist erregend und bestürzend zugleich. Im dritten Akt, als Orfeo von Euridice getrennt wird, stößt sie atemlose Entsetzensschreie (auf dem Gesangston) aus, und wenn sie nach dem großen *Lamento* vor Amor Selbstmord zu begehen droht, riskiert sie wahrhaft Erschreckendes: Sie oktaviert »Le dovute a' miei casi ultime furie« nach oben und verwandelt die Linie in einen schauerlichen Urlaut von Schmerz. Dabei empfindet man nicht als schmerzlich, daß der Ton unter höchster Anspannung gebildet wird, sondern man spürt, daß die Grenzen der Darstellung überwunden werden zu einem orphischen Klagelaut.

Doch liegt Bakers Wirkung, sieht man von solchen Momenten sich selbst verzehrender Intensität ab, nicht in der ekstatischen Phonation, sondern in einer behutsamen, verhaltenen Glut und Wut des Ausdrucks. Die Stimme hat nicht die Vibranz der voluminösen Opernstimme, ist aber so sauber fokussiert und gut plaziert, daß sie mühelos und weit trägt. Nur selten wird sie für dramatische Ausladungen geöffnet, vielmehr gerade, oft fast vibratolos geführt und hat dadurch zuweilen Probleme mit der Attacke. Um so stärker wirken Momente dramatischer Steigerungen, wie man sie in Szenen aus Berlioz' *Les Troyens* oder aus Monteverdis *L'Incoronazione* erleben kann. Wiederum aber liegt die Wirkung nicht in lodernder Exuberanz, sondern in der Intensität und kontrollierten Emphase, in der Bewußtheit der sprachlichen Gestaltung und der Eindringlichkeit der farblichen Modulationen. Die fallende Skala beim Fluch auf Nerone prägt sich als eine unvergeßliche Klanggestalt ein.

Janet Baker ist als die Nachfolgerin jener britischen Altistin bezeichnet und gefeiert worden, in deren Namen sie beim Wettbewerb der *Daily Mail* 1956 ausgezeichnet worden war: Kathleen Ferrier. Dabei beschränkt sich die Ähnlichkeit der beiden Sängerinnen und Stimmen auf jene schwer definierbare »orphische« Qualität. Die Stimmen aber sind so unterschiedlich wie der Vortragsstil. Baker verfügt bei weitem nicht über das klanggesättigte, pastose Alt-Register Ferriers. Hört man Kathleen Ferrier mit Robert Schumanns Zyklus über *Frauenliebe und -leben* oder die Altarie »He was despised« aus dem *Messias*, so erlebt man ein Singen persönlicher, ja subjektivistischer Identifikation, zuweilen auch einer manieristischen und sentimentalischen Klanggebung und überbordenden Emotionalität: Es ist erfühltes Singen. Anders Baker, die mit dem Schumann-Zyklus offenbar solche Gestaltungsprobleme hat, daß sie die Musik auf irritierende Weise zitathaft-distanziert vorträgt (stimmlich war sie in mäßiger Form). In einer Rundfunksendung des WDR hat Ulrich Schreiber ausgeführt, daß Baker Händels Arie um zwanzig Prozent schneller singe als Ferrier. Die Stoppuhr registriert zwar Unterschiede in den Außenteilen, doch singt Baker (oder dirigiert Sir Charles Mackerras) den Innenteil so langsam, daß die Arie zwölfeinhalb Minuten dauert – und das ist ein Längen-Rekord. Dennoch *wirkt* Bakers Vortrag straffer, konzentrierter, konziser. Das liegt zum einen daran, daß sie sich keine Tempo-Rückungen in der Phrasierung erlaubt, zum anderen an den sorgsamen Auszierungen. War Ferriers Singen ein expressiv-erfühltes, so ist das Bakers ein Vortrag stilistischer Erfüllung – was der romantisierend-üppigen Dirigierweise von Sir Adrian Boult für Ferrier und dem stilbewußten, historisierenden Musizieren von Sir Charles Mackerras entspricht.

Baker hat – Nicht-Exklusivität kann auch, künstlerische Sorgfalt des Interpreten vorausgesetzt, Vorteile bringen – ein beinahe enzyklopädisches Repertoire aufgenommen. Eine Auswahl zu treffen fällt schwer: Die Engländerin gehört zu den wenigen Interpretinnen, deren Platten fast immer lohnen. Gehen wir zunächst, historisch-chronologisch, durch das Opernrepertoire. Im Jahre 1970 erschien die von Raymond Leppard betreute Scarlatti-Monteverdi-Platte – historisch-kritisch gesehen ein Arrangements-Monstrum mit fallenden Kaskaden der Continuo-Instrumente und üppigem Streicher-Sound, für den Leppard die Verantwortung trug. Aber Baker singt, vor allem Poppeas Solo-Gesänge, mit einer verzehrenden Intensität, tonlich reicher als in vielen späteren Aufnahmen. Wenn es etwas zu bemängeln gibt, sind es Ungenauigkeiten der sprachlichen Artikulation, der Vokalfärbung und der Konsonantenbildung – es gibt deutliche Fehler bei der Unterscheidung von festem und weichem /g/. Auch wenn man Baker nicht als eine Virtuosa bezeichnen kann, ist sie technisch eminent versiert. Unter Leppard hat sie die Musik der Ariodante mit einer passionierten Verve gesungen, durch welche die barock-virtuose Formensprache jene Dringlichkeit gewinnt, die wir von einem Musikdrama erwarten – selbst die Verzierungen in den Dacapo-Teilen werden als Ausdrucksfiguren begreifbar. Daß die Wirkung der Musik von der Qualität des *Singens* abhängt, zeigt der Vergleich zwischen Baker und Edith Mathis, die die Ginevra kompetent, aber ohne jene Virtuosität singt, die Eloquenz erzeugt. Empfehlenswert ist das Händel-Recital Janet Bakers (Teil einer Baker-Edition bei Philips). Von den beiden Aufnahmen der Purcell-Oper *Dido and Aeneas* ist die erste unter Anthony Lewis, aufgenommen schon 1961, der zweiten unter Stuart Bedford von 1975 (nach der Edition Benjamin Brittens) weit vorzuziehen. In der ersten Aufnahme singt sie innig-konzentriert, sauber in der Linie, tonlich frisch und doch gespannt, während sie in der zweiten Einspielung angestrengt klingt und viel Vibrato in den Ton kriecht.

Bedauerlich, daß Janet Baker von Gluck nur *Orfeo* und ein Recital hat aufnehmen können (*Alceste*, die sie 1981 unter Mackerras am Covent Garden sang, wurde unverständlicherweise nicht aufgenommen). Leppards *Orfeo* gehört, nicht zuletzt wegen Baker, zu den zentralen und besten Gluck-Aufnahmen im Katalog (daneben ist Mutis Einspielung mit Agnes Baltsa zweitklassig). Für das Gluck-Recital haben einige deutsche Kritiker, so Ulrich Schreiber, der Sängerin viel kritischen Nachlaß gegeben. In der *Alceste*-Arie, mit gewohnter Expressivität gesungen, fehlt es in der tiefen Lage nicht nur an Spannung, sondern überhaupt an tonlicher Substanz und Ausdrucks-Farbe. Man hat das Stück von Olszewska, Farrell und Gorr überzeugender gehört. Nicht erwähnt wurde – ohne daß dies als Vorwurf verstanden sei –, daß sie »O, del mio dolce ardor«, »Spiagge amate«, »Le belle imagine« und »Di te scordarmi« aus *Paride ed Elena* transponierte und trotzdem in der tiefen Lage wie in der Vollhöhe verfärbt singt. Gleichwohl hat ihr Vortrag unvergleichliche Spannung. Auch die Arien aus *Armide* und *Iphigénie en Tauride* transponiert sie um einen halben bzw. um einen ganzen Ton, und trotz aller Intensität des Singens muß hier doch an die größere vokale Souveränität einer Christa Ludwig oder einer Rita Gorr erinnert werden. Es ist charakteristisch, daß Baker sich in einer Mozartschen Seria weitaus besser behauptet als in einer Buffa. Als Dorabella singt sie souverän und ernsthaft, freilich ohne sinnlich-verspielten Charme – sie klingt hier wie jene englische Jungfrau, der man rasches erotisches Laisser-faire nicht abnimmt. Hingegen findet sie durchaus den dramatisch-erregten Ton für Vitellia in *Clemenza di Tito*. Die beiden italienischen Opern des 19. Jahrhunderts – Bellinis *I Capuleti* und Donizettis *Mary Stuart* (englisch gesungen) – können hier ausgelassen werden: Die Bellini-Aufnahme ist eine Enttäuschung (auch durch Sills und Gedda), die Donizetti-Oper eher ein Hinweis auf den Rang der jungen Rosalind Plowright.

Die Berlioz-Interpretationen Janet Bakers sind von deutschen Kritikern ebenso enthusiastisch bewertet worden wie ihre Gluck-Aufnahmen. Leider hat sie ihre Marguérite in der desolaten, undifferenzierten Aufnahme unter Georges Prêtre singen müssen. Und das läuft darauf hinaus, daß eine (fast) ideale Marguérite, zu stimmschwach nur in den Ensembles, in die interpretatorische Provinz verschlagen wird. Nicht ganz gerecht auch, daß bei uns die Dido Janet Bakers auf Kosten von Josephine Veasey herausgestellt wurde. Baker ist, kein Zweifel, subtiler in der Artikulation des Textes und ausdrucksvoller in der Darstellung wechselnder Gefühlszustände. Aber die Expression bleibt gebändigt, partiell gefesselt durch den matt dirigierenden Alexander Gibson, während Veasey in Colin Davis den überragenden Berlioz-Interpreten als Partner hat. Dennoch gehört das Baker-Recital zu den wichtigsten Beiträgen der Berlioz-Diskographie. Das trifft auch für den Zyklus *Les Nuits d'Été* unter Sir John Barbirolli zu, den Baker mit großer Subtilität gesungen hat – freilich auf einer kleineren stimmlichen und expressiven Skala als Jessye Norman.

Unter den Liedaufnahmen Bakers sind ihre Mahler-Interpretationen überragend, weil sie das Komponierte (»er hat eine Traurigkeit«) durch die Einheit von orphisch-trauriger Klanggebung und beherrscht instrumentalisiertem Singen erfaßt: Das ist die modernere Variante von Kathleen Ferriers hochemotionalisiertem Singen unter Bruno Walter (*Kindertotenlieder*). Bakers Aufnahmen der Rückert-Lieder, der *Lieder eines fahrenden Gesellen*, das *Lied von der Erde* (trotz eines nicht guten Tenorpartners, James King) und der Lieder aus *Des Knaben Wunderhorn* (unter Wyn Morris) gehören in jede Sammlung. Als Ergänzung, vielleicht auch als Korrektiv zu Fischer-Dieskaus Schubert-Aufnahmen, ist eine umfängliche Anthologie Janet Bakers – mit Gerald Moore als Partner – zu empfehlen. Nicht befreunden kann sich der Verfasser mit dem von Daniel Barenboim begleiteten Schumann-Recital: Vor allem der Liederkreis wirkt manieriert und stimmlich forciert (Transpositionen der Nummern 2, 5 und 6 als Indiz). Um so herrlicher die Wärme, Innigkeit und Emphase, die sie Wagners *Wesendonck-Liedern* gibt: gebärdenhaftes, verinnerlichtes und gestisch-plastisches Singen vor der Klangfolie einer weichen orchestralen Üppigkeit (Sir Adrian Boult). Aber wir hören auch einige Schärfen in der Höhe.

Orpheus Britannicus: Peter Pears

> What then is love but mourning.
> *Liedtitel von Rosseter*
>
> Sich von der Extraversion der Opernkarriere abwendend, folgte Britten seinem mehr introvertierten Temperament und wurde, wie sein Freund Schostakowitsch, ein Begleiter und Kammermusiker ... Zweifellos lag einer der Gründe für diese Rolle in seiner Partnerschaft mit Peter Pears. Britten fand eine lebenslange Inspiration durch die Begegnung mit einem Sänger von solcher Sensibilität und musikalischen Intelligenz. Angefangen mit den Michelangelo-Sonetten von 1940, Pears dediziert, hat Britten nicht weniger als sieben Liederzyklen, fünf Canticles, zwölf Opernrollen und sieben Werke für Orchester und Stimme mit der Stimme Pears' vor dem inneren Ohr geschrieben. Nur drei größere Werke nach 1939 ... wurden für andere Sänger komponiert.
> *Colin Matthews im Kommentar zum Pears-Britten-Album mit Frühaufnahmen*

Der aus Farnham, Surrey, gebürtige Peter Pears (1910–1986) war schon über zwanzig, als er die Sängerlaufbahn einzuschlagen begann, und er war über dreißig, als er sängerisch auf den rechten Weg fand. Kaum vorstellbar für alle, die seine unverkennbar timbrierte, helle, partiell spröde und nicht immer stetige Stimme kennen, daß er noch 1943 an der Sadler's Wells Opera Partien wie Tamino, Alfredo, Rodolfo, Herzog, Almaviva, Ferrando und Vasek sang: »Ich war stimmlich für eine Partie wie Rodolfo nicht geeignet«, sagte Pears später, »aber wenn man jung ist, versucht man eben alles.«

Er hatte zuvor eine Menge versucht. Aus einer hochmusikalischen Familie kommend, lernte er in der Schule Klavier spielen und erarbeitete sich auf dem Klavier alle Musik, die er finden konnte. Im Schulorchester spielte er Fagott. Nachdem ihm ein Orgelstipendium an der Christ Church abgeschlagen worden war, entschloß er sich, Lehrer zu werden. Nach vier Jahren begann er mit der Geangsausbildung am Royal College of Music, wo er nach eigener Aussage – »ich war schon ein ganz guter Musiker« – nicht viel lernte. Er schloß sich dem Chor der BBC an, sang einige Aufführungen im College, nahm zusätzliche Stunden bei Dawson Freer (dem Lehrer von Joan Cross, mit der er Auszüge aus *Peter Grimes* aufnahm), wurde Mitglied der BBC Singers und sang Madrigal- und Chor-Musik zwischen Renaissance und Schoenberg, studierte 1936 mit Elena Gerhardt (»sie war ein Schatz, brachte mir aber technisch nicht allzuviel bei«) und traf im selben Jahr auf Benjamin Britten, mit dem er im Herbst 1937 sein erstes Konzert gab – ein Benefiz-Konzert für die Republikaner im Spani-

Peter Pears
(Foto: © Decca/Polygram Klassik)

schen Bürgerkrieg. Kurz zuvor hatte er mit Stuart Wilson die Partie des Evangelisten in Bachs Matthäus-Passion studiert. 1937 ging er mit den New English Singers in die USA, 1938 sang er im Opernchor von Glyndebourne unter Fritz Busch, bekam ab und zu eine kleine Rolle und erkannte, daß er als Opernsänger auf dem falschen Wege war. 1939 sang er in den USA die erste Aufführung von Brittens *Les Illuminations*, aber erst nach dem Krieg wurde er buchstäblich zur Stimme des Freundes und englischen Nationalkomponisten. Zeichen setzte er, als er, eingeladen von Joan Cross, bei der Wiedereröffnung des Sadler's Wells Peter Grimes sang (7. Juni 1945). Es folgten *The Rape of Lucretia* am 12. Juli 1946 in Glyndebourne, *Albert Herring* am 20. Juni 1947 ebendort, *Billy Budd* am 1. Dezember 1951 an der Covent Garden Opera, *Gloriana* am 8. Juni 1953 am Covent Garden (es war die Krönungsoper für die englische Königin), *The Turn of the Screw* am 14. September 1954 mit einem Gastspiel der English Opera Group in Venedig, *A Midsummer Night's Dream* am 11. Juni 1960 in Aldebourgh, *Curlew River* am 12. Juni 1964 in Aldebourgh, *The Burning Fiery Furnace* am 9. Juni 1966 in der Orford Church, *The Prodigal Son* am 10. Juni 1968 in Orford Church, *Owen Wingrave* am 16. Mai 1971 als Fernsehoper für die BBC, *Death in Venice* am 16. Juni 1973 bei Aldebourgh Festival. Diese Zusammenarbeit des Komponisten und des Sängers ist vielfach durch die Platte dokumentiert worden. An der Covent Garden Opera hat Pears nach dem Krieg auch Tamino, David, Vasek und Pandarus in Waltons *Troilus and Cressida* gesungen. Mit dem Komponisten teilte er die pragmatische Ansicht, die in der Formel Brittens hieß: »Wir Künstler dienen den Lebenden.«

Wie bereitwillig er den Lebenden – voran Britten, aber auch Walton, Williams, Richard Rodney Bennett – diente, so skeptisch äußerte er sich über »Klänge, die heute der menschlichen Stimme abverlangt werden und die das Singen ruinieren – wir müssen die Oper entwickeln und erweitern, aber nicht zerstören«. Dies pauschal als Rankünе eines etablierten Stars gegen die Zumutungen Neuer Musik anzusehen, geht an der Sache vorbei – sowohl an den Möglichkeiten als auch an der Belastbarkeit der Stimme, die, anders als ein Instrument, nicht vergrößert, nicht manipuliert, nicht denaturiert werden kann, ohne dabei irreparablen Schaden zu erleiden.

Pears hat gegenüber Blyth seine Aufnahmen von *Curlew River*, *Nocturne* und von Schuberts *Winterreise* als seine »favourite records« bezeichnet. Die Aufnahme der Winterreise wird viele beim ersten Hören irritieren – Elisabeth Schwarzkopf beispielsweise reagierte (»ein wenig stimmschöner könnt's wohl schon sein«) mit jenem Befremden, das John Steane in die Formel faßte: »Das ist ja alles ganz gut – solange man es nicht Singen nennt.« In der Tat produziert die Stimme nicht den gerundeten, harmonischen und reichen Klang eines vokalen »naturals«. Sie hat nicht viel Körper, ist nicht stetig, läßt die Spannung einer vibrierenden Resonanz vermissen, klingt vielmehr eng, leicht nasal, bei größerer Dynamik gepreßt, wird dominiert von der Klangfunktion des Kopfes, hat dadurch erst in der Höhe (und im Piano) Süße und Schmelz. Das Vibrato gibt dem Ton keine Intensität, sondern ist so weithubig und zugleich so langsam, daß das Singen statisch wirken kann – was verstärkt wird durch die Bildung fast linearer Töne, die gleichsam »entsinnlicht« klingen und, bezogen auf die Wirkung, die von Tippett erwähnten »emotionellen Belanglosigkeiten« erst gar nicht aufkommen lassen.

Der Klang Pears' ist nur schwer zu beschreiben: Er ist eng und angestrengt, fahl und greinend und doch bewegend und schmerzlich schön. Der Ton hat nie die den Kastraten nachgerühmte »glockenhafte Intensität«, schon gar nicht durchdringende Kraft und Sonorität. Ob die Stimme im Theater oder in großen Räumen tragfähig war, läßt sich anhand der Platten nicht entscheiden – vermutlich wirkte Pears durch die Intensität des Vortrags. Die wiederum wird wesentlich geprägt durch eine plastische Diktion, eine weit über Wortbewußtheit hinausgehende Suggestivität der Vermittlung. Anders als Dietrich Fischer-Dieskau aber versagt sich Pears jenes deklamatorische Singen, bei dem im pointillistisch nuancierten Ton das Gemeinte angedeutet wird oder mitschwingt. Während Fischer-Dieskau ein Lied in dramatische oder auch in dramatisierte Gesten zerlegt, erzeugt Pears lyrische Klang-Figuren, bei denen die Worte auf und in den Ton gebettet sind. In einer eindringlichen Analyse über den *Orpheus Britannicus* hat Ulrich Schreiber ausgeführt, daß Pears' Vortrag ideal ergänzt wird durch das über pures Begleiten hinausgehende Klavierspiel Brittens: Zum einen, so Schreiber, setzt Britten dem »linearen Legato« des Sängers ein »ständiges Rubato« entgegen, zum anderen verlegt er »das deklamatorische Element des Liedgesangs von der Stimme in die Begleitung« (die in der Tat ungemein gestisch ist, wie z. B. in der Klavier-Antwort auf »und als die Hähne krähten«), zum dritten spielt er oft non-legato, so daß Gesang und Klavierspiel in eine »kontradiktorische Einheit« gezwungen werden.

Stärker als jeder andere Sänger taucht Pears die *Winterreise* in graue Farben und in den Klang der Resignation. Selbst in den lyrischen Liedern wie »Frühlingstraum« oder »Die Post« bedeutet die Imagination von Glück nicht Hoffnung, sondern die Einsicht in die Unmöglichkeit der Erfüllung von Glück. Der Zyklus vollzieht sich als innerer Monolog von Schmerzen: Liebe als Leiderfahrung, »what then is love but mourning«. Manche Lieder – so »Wasserflut« oder »Irrlicht« und »Die Krähe« – erklingen wie psalmodierende Klagegesänge, wobei dem Sänger der Ton fast in der Kehle steckenbleibt. Dies wird nicht als technisches Defizit empfunden, sondern als Leidensausdruck. Schuberts Satz, daß er lustige Musik nicht kenne, verdeutlicht Pears unnachahmlich, wenn er den ersten Vers von »Auf dem Flusse« singt: »Der du so lustig rauschtest«.

»Lustig« – das ist wie Hohn angesichts des Bildes »liegst kalt und unbeweglich«. Und zum Schluß wagt Pears den Umschlag in den nicht geschrienen, wohl aber schreienden Ton: »Ob's unter seiner Rinde wohl auch so reißend schwillt?« Aber es ist nicht der deklamatorische, nicht der demonstrative Schrei des singenden Rhetors, sondern eine verzweifelte »Ecce homo«-Gebärde.

Hat man sich einmal an einige gutturale Konsonanten, an gelegentliche Vokalverfärbungen und den leicht oboenhaft greinenden Ton gewöhnt, wird man Momente einer Schönheit *erfahren*, die aus Verletzungen entsteht. »Das Irrlicht«, »Frühlingstraum«, »Täuschung« und vor allem »Der Wegweiser« mit der, so Thomas Mann im *Doktor Faustus*, herzzerreißenden Phrase »Habe ja doch nichts begangen / daß ich Menschen sollte scheu'n« haben die kaltschmerzliche Schönheit von Eisblumen (um ein anderes Leit- und Leidmotiv aus dem *Faustus* zu zitieren). Für diese Interpretation könnte man einmal mehr zum Begriff des orphischen Singens greifen: Trauerarbeit eines lyrisch sich aussingenden und klagenden Ichs.

Nicht weniger eindringlich sind die Aufnahmen der *Schönen Müllerin* und diverser Einzellieder – erfüllte Augenblicke eines Singens, das vokale und sprachliche Phantasie, Ernst und Empfindsamkeit einsetzt zu einem kompositorischen Musizieren, durch das das Lied neu erschaffen wird. Noch mit 69 Jahren hat Pears, begleitet von Murray Perahia, Schumanns *Liederkreis* nach Eichendorff geradezu »wunderselig« gesungen, sparsam und verhalten in seinen Ausdrucksmitteln, aber mit unendlich feinen sprachlichen und klanglichen Nuancierungen, auch wenn manche Klänge in das Zwielicht der Altersstimme geraten sind. Unvergeßlich ist dem Verfasser – der Sprung ist weit – die Evangelisten-Phrase »Und alsbald krähete der Hahn« aus der *Matthäus-Passion*, von Pears auf bestürzende Weise erlebnishaft-subjektiviert zu einem Ausdruck, der das Ungeheuerliche kaum auszusprechen wagt. Er singt die Phrase geradezu statisch, völlig vibratolos und läßt die Stimme bei »krähete« versagen – wenn es nicht gar so steht, daß sich die Stimme, weil Ausdruck und Erkenntnis selber geworden, dem Vermittelnden versagt. Wieder ein Sprung (der durchaus der Universalität des Sängers entspricht): 1966 hat Sir Peter unter Sir Georg Solti *Oedipus Rex* gesungen, nicht so passioniert wie der superbe George Shirley unter dem Komponisten (mit der glänzenden Shirley Verrett als Jokaste), sondern verhaltener, leiser, gebrechlicher: David Murray spricht zutreffend von einer »Lektion in Interpretation« *(Opera on Record)*. Dieses Vermittlungsprinzip geht allerdings in Purcells *Dido and Aeneas*, aufgenommen 1975 mit Janet Baker, nicht auf: Als Aeneas singt Pears mit angestrengter Jugendlichkeit. Um so eindringlicher ist Pears – allerdings auch fünfzehn Jahre jünger – als Acis neben der Galatea der jungen, exquisit singenden Joan Sutherland unter Boult. Er singt mit federnder rhythmischer Energie und einer verzaubernden Phrasierungs- und Artikulationseleganz.

Mit dem Wort vom »Orpheus Britannicus« hat Ulrich Schreiber die Bedeutung Pears' für die englische Vokalmusik auf die gültige Formel gebracht. Pears hat, begleitet von Britten wie von dem Lautenisten Julian Bream, englische Lieder von Dowland bis Britten, von Byrd bis Berkeley, von Morley bis Bridge aufgenommen. Suggestiver noch als Alfred Deller – dessen Stimme eine noch ausgeprägter androgyne Qualität besitzt – hat Pears die bekenntnishafte Subjektivität von Dowlands Liedern in Klangfiguren gegossen. Ein Jammer, daß die Plattenfirmen zu den Glanzzeiten Pears' noch keine vollständigen Werk-Editionen riskieren konnten oder mochten. Als Anthony Rooley mit dem »Consort of Musicke« die drei *Bookes of Songs* Dowlands (1597, 1600, 1603) aufnahm, standen mit dem Counter-Tenor John York Skinner und dem Tenor Martyn Hill zwar tüchtige, nicht aber suggestive Interpreten zur Verfügung. Man höre nur die emotionelle Intensität Pears' in »Sweet, stay awhile« – expressives und zugleich verhalten-versammeltes Singen von einzigartiger Qualität: dies als summarische Empfehlung für alle weiteren Platten mit vergleichbarem Repertoire.

Nicht weniger als dreimal hat Pears Benjamin Brittens siebenteiliges Nachtstück mit dem epilogischen Horn-Andante aufgenommen – die 1943 für ihn und Dennis Brain komponierte *Serenade für Tenor, Horn & Strings*. Die erste Aufnahme mit Brain ist ein Exemplum »kreativen und höchst originellen Singens« (Steane) und einer makellosen Klang-Verschmelzung mit dem berückend gespielten Solo-Instrument – man vergleiche nur Brains weiche und doch perfekt zentrierte Attacke mit dem ungefügeren Ton von Dale Clevenger, der den eng singenden Pears-Imitator Robert Tear begleitet. Vokal noch sicherer ist die dritte Aufnahme mit Barry Tuckwell als Hornisten und Britten als Dirigenten. Unverzichtbar eine EMI-Anthologie mit Frühaufnahmen von Britten und Pears: mit den sieben Michelangelo-Sonetten, den *Holy Sonnets of John Donne*, Volkslieder in Britten-Arrangements, *Old American Songs* von Copland und Liedern von Schubert, Grainger und Purcell. Trotz des suggestiven Jon Vickers kehrt der Autor zum Peter Grimes von Peter Pears zurück – zu einer gespenstischen Fallstudie eines Einsam-Neurotischen, dessen Gestalt man in der Stimme von Pears zu sehen meint. Auch in den anderen Opern ist Pears das perfekte Medium für die »gestische Plastizität« (Schreiber) von Brittens Tonsprache – wer sie kennenlernen will, wird sie über Pears allein kennenlernen können, den man nicht als Tenor bewundert, sondern als Stimme der Musik liebt.

Geschmeidigkeit und Resonanz: Thomas Allen

Thomas Allens Graf, an der Covent Garden Opera sehr bewundert, ist glänzend auf die Platte übertragen. Die durchdringende Intensität der Stimme ist ungemindert, die sexuelle Dimension klingt aus jedem Takt, vor allem in seinen Szenen mit Susanna aus dem letzten Akt. Er erfüllt seine Rezitative mit wirklicher Emotion und mit der herausfordernden Zuversicht eines Mannes, der Folgsamkeit selbst dann erwartet, wenn er die Grenzen des Anstandes überschreitet. Die Arie aus dem dritten Akt hat die Dämonie, die der Sänger auch als Giovanni ausstrahlt. Die Koloratur am Ende der Arie, ein Hindernis für so viele Sänger, stellt Allen vor keinerlei Probleme, er singt sie genau a tempo.

Alan Blyth in ›The Gramophone‹ über Thomas Allen

In den achtziger Jahren und zum 200. Todesjahr Mozarts sind Aufnahmen des *Don Giovanni* unter Georg Solti, Lorin Maazel, Bernard Haitink, Herbert von Karajan, Arnold Östman, Nikolaus Harnoncourt, Sir Neville Marriner und Daniel Barenboim erschienen. Die beiden ersten, aber auch die Herbert von Karajans und Barenboims waren die typischen großen Studioproduktionen, die unter Haitink das Ergebnis einer Einstudierung des Werks in Glyndebourne. In den beiden ersten sangen mit Bernd Weikl und Ruggero Raimondi zwei internationale Stars: Weikl gab eine Aufführung ohne vokale und sprachlich-dramatische Phantasie (Rezitative!), vokal beeinträchtigt durch jene outrierten Färbungen und quallig-gaumigen Töne, die den gemeinten Ausdruck fingieren. Raimondi sang mit der für ihn typischen, offenen und dröhnenden Tongebung, die feinere Nuancen der Phrasierung unmöglich macht. Der 1944 in Seaham Harbour geborene, an der Royal Academy of Music zwischen 1964 und 1968 ausgebildete, seit 1969 an der Welsh Opera, seit 1971 am Covent Garden tätige Thomas Allen kommt ohne allen vokalen Mummenschanz aus und vertraut auf den Ausdruck, der in reiner Linienbildung, Eleganz, Agilität und Farbreichtum des Singens liegt – in der Serenade liegt die Stimme mühelos auf dem Atem und produziert einen einschmeichelnden, verführerisch-sinnlichen Klang, in der Champagner-Arie attackiert sie selbst im rasanten Presto mit definiertem, festem und doch nie engem Ton; seit John Brownlee habe ich keinen souveräner singenden Giovanni gehört, trotz Siepi, Wächter oder Wixell, zumal der junge Engländer auch die Rezitative mit beispielhafter Geschmeidigkeit und expressiver Energie singt. Er bestätigte damit den überwältigenden Eindruck, den er schon als Almaviva in Sir Georg Soltis Aufnahme von *Le Nozze di Figaro* gemacht hatte.

Höchst aufschlußreich, seine vokale Darstellung mit dem deklamatorischen Porträt durch Dietrich Fischer-Dieskau zu vergleichen. Beim ersten Hören mag der deutsche Sänger das Porträt des arrogant-anmaßenden Herrenmenschen effektvoller in Szene und Gesten umsetzen: Er macht mehr, führt den erotischen Sybariten mit größerem Aufwand vor. Aber die Erregung von »Hai già vinta la causa! cosa sento!... Vedrò per man d'amore« wirkt auf mich wie die vor einem Spiegel gespielte Erregung oder wie die Parodie einer pompösen Barock-Arie (William Mann nennt ihn »ranting«, was zu übersetzen wäre mit »schwülstiges Lärmen«). In der Coda, eben 14 Takte für die Stimme, sind Atem und Agilität verlangt. Der deutsche Sänger macht sich des Kardinalfehlers schuldig, die Triolen aspiriert zu singen, als ha-ha-ha-ha und nicht als schnelle, gebundene Folge auf dem Vokal /a/, und auch den Triller auf dem E – zu bilden in der oberen Resonanz für den leichten Übergang auf das Fis – bringt er nicht zum Schwingen. Allen hält in diesen technisch schwierigen Phrasen exemplarische Balance und führt nach klassischer Regel die virtuose Formel als ausdrucksvolle Geste vor. Er macht weniger und erreicht mehr, weil er der Ausdruckskraft der Musik vertraut – eine brillante Interpretation. Und doch noch keine wirklich große: Was ihr noch fehlt, ist das letzte Quentchen an sinnlichem Charme und an gestischem Finish.

Auch in seiner zweiten Aufnahme des *Don Giovanni* unter Marriner bleibt er, wohl seinem Naturell und seiner Stimme entsprechend, ein höfisch-eleganter und verhalten fein singender Verführer; nur in den Rezitativen mit dem klanglich zu wenig kontrastierenden Leporello von Simone Alaimo zeigt ein energisches vokales Agieren, wie genau er die in aller Welt gesungene Rolle beherrscht. Unter Riccardo Muti hat er in einer auf kalte Weise dramatisierten Hochglanz-Aufnahme von *Le Nozze di Figaro* die Titelpartie übernommen – gegenüber dem von der Schallplatte viel zu lange vernachlässigten Jorma Hynninen und der großartig singenden Margaret Price. Wie immer singt Allen, von wenigen flachen Tönen in der tiefen Lage abgesehen, mit fabelhafter Resonanz und vollkommener Mühelosigkeit, etwa wenn es gilt, die »sì's« am Ende der ersten Arie wirklich glockenhaft-klingend anzuschlagen (*so* schafft das nur Samuel Ramey). Stilistisch hat Allen allerdings, wie auch ein Recital mit dem Scottish Chamber Orchestra unter Richard Armstrong zeigt, seine Wurzeln in den fünfziger Jahren. Er führt kaum je Appoggiaturen, geschweige denn Eingänge aus, und nicht selten erlaubt er sich bei verzierten (melismatischen) Passagen leichte Aspirierungen.

Allen besitzt nicht den typischen Italiener-Bariton mit der ausladenden Kraft für dramatische Verdi-Partien, doch hat die Stimme durchaus Kraft, Glanz und vibrierende Resonanz. Er demonstriert dies etwa in der Aufnahme von Leoncavallos *Pagliacci* unter Riccardo Muti: Daß *sein* Silvio eine Verlockung für Nedda (Renata Scotto) darstellt, ist schon beim ersten Anruf des herrlich gesungenen Liebesduetts zu erkennen. Prachtvoll auch sein Valentin in Gounods *Faust* und seine Darstellung des Oreste in John Eliot Gardiners überragender Aufnahme von Glucks *Iphigenie en Tauride* neben der vorzüglichen Diana Montague. Als Ned Keene in Brittens *Peter Grimes* (unter Davis) singt er weit sicherer als Geraint Evans. Eine hinreißende Leistung bietet Allen in der von Neville Marriner superb betreuten Aufnahme von Rossinis *Il Barbiere di Siviglia*. Zwar hat er nicht die opalisierenden Farben und das rhythmische Temperament eines Ruffo, eines Stracciari, eines Amato, aber neben den italienischen Nachkriegsbaritonen kann er sich durchaus behaupten – auch wenn er etwa von Bruscantini lernen könnte, wie man aus einem Dorf-Barbier einen Götter- und Amorboten macht. Auch hier fehlen die letzten Nuancen der Diktion, der Färbung, der phantasievollen Gestik, was auch für den Almaviva von Francisco Araiza gilt, der mit viel Energie, leider auch mit vielen Aspirierungen singt und nicht die Eleganz eines Rokoko-Kavaliers auszuspielen vermag (aber wer konnte das schon außer de Lucia?). Aber in den verzierten Passagen der Duette mit Almaviva und Rosina (Agnes Baltsa) ist er dem chargierenden Hermann Prey bei weitem vorzuziehen.

Aus dem französischen Sprachraum

Internationale Diva: Régine Crespin

Für die große Künstlerin spricht auch, daß sie völlig auf primär sinnlichen Reiz verzichtet: Ihrem Liedgesang haftet nichts attitüdenhaft Attraktives an, die Musik selbst kommt zur Sprache. Und das mit einer bedeutenden Sicherheit des Vortrags, auch im Technischen. Die decrescendierenden Oktav-Gänge etwa im Schumann-Zyklus [gemeint: Fünf Gedichte der Königin Maria Stuart] dürfte ihr niemand nachmachen, wie überhaupt der Übergang der Stimme in den Halbklang bewundernswert ist.
Ulrich Schreiber über ein Lieder-Recital von Régine Crespin

Die 1927 in Marseille geborene Régine Crespin, ausgebildet von Suzanne Cesbron-Viseur und Georges Jouatte in Paris, seit 1950 aktiv (Debüt als Elsa in Mulhouse), seit 1951 an der Pariser Opéra Comique (Debüt als Tosca) und an der Opéra (Debüt als Elsa) tätig, seit Ende der fünfziger Jahre ein internationaler Star, gilt – dies spiegelt sich in den kritischen Beurteilungen ihres Singens – als die bedeutendste Sopranistin Frankreichs nach dem Krieg. Ob sie freilich stilistisch eine typisch französische Sängerin ist – wie Calvé, Lubin, Gerville-Réache, Clement, Renaud oder Plançon –, darf bezweifelt werden. Sie hatte schon vom Repertoire der Opéra her wenig Gelegenheit, den gallischen Stil – Anmut, Leichtigkeit und Eleganz, pointierte Diktion und verfeinerte Deklamation anstelle voluminöser Tongebung, dramatischer Passioniertheit und virtuoser Verzierungskunst – zu verfolgen. Die Werke von Lully, Rameau, Gluck, Berlioz, Gounod, Massenet, Bruneau, Reyer, Hahn, Messager und anderen haben im Repertoire kaum noch eine Rolle gespielt; zudem hat Crespin, dies eine Folge der Internationalisierung des Opernbetriebs seit Mitte der fünfziger Jahre, ihre Partien in den Originalsprachen gesungen. Anders nämlich wären die Gastspiele in Wien und London, in Bayreuth und Berlin kaum möglich gewesen.

Crespin sang in London von 1960 bis 1964 Marschallin, Elsa, Tosca; 1959 in Glyndebourne Marschallin; von 1958 bis 1961 in Bayreuth Kundry, 1961 Sieglinde; sie war Herbert von Karajans Brünnhilde in der Salzburger *Walküre* von 1967 und debütierte 1962 an der Met als Marschallin. Zwar hat sie (zu) spät in einer Gesamtaufnahme von *Carmen* mitgewirkt, doch insgesamt sind französische Rollen in ihrem Repertoire (auf der Platte) kaum vertreten: Sie hat unter Prêtres Fragmente aus *Les Troyens* gesungen (Musik der Dido und der Cassandra), Dulcinée in der Gesamtaufnahme von *Don Quichotte* (neben Ghiaurov und dem superben Gabriel Bacquier), einige Mélodies von Jacques Offenbach und 1971 ein Album unter dem Titel »Prima Donna in Paris« vorgelegt – freilich weniger die Summe ihrer Arbeit als eine clevere Produktions-Idee, die »Idiomatisches« annoncieren wollte. Erstklassig ist ihre Aufnahme von Berlioz' *Les Nuits d'Été* (gekoppelt mit Ravels *Shéhérazade*) – vielleicht die eindringlichste Platte der Sängerin. Ihre großen Platten-Rollen aber sind Sieglinde unter Solti, Brünnhilde unter von Karajan, Marschallin unter Solti; ihre frühen Recitals waren der Musik Wagners (Elsas Traum und Klage, Sieglindes »Eine Waffe lass' mich dir weisen«, Kundrys »Ich sah das Kind«, *Wesendonk-Lieder*) oder italienischem Repertoire gewidmet.

Man braucht Zeit, schreibt Steane, um Geschmack am Singen Crespins zu finden. Die Französin hat nämlich nicht nur, wie die meisten gallischen Soprane, ein wenig Essig in der hohen Lage; ihre Stimme ist auch nicht schön im üblichen Sinne, nicht rein und frei in der Emission, nicht voll in der Klangentfaltung. Selbst die expressive Energie, mit der sie in ihrer Glanzzeit Giocondas große

Szene sang, mit behutsam eingesetztem, leicht gedecktem, unforciertem Brustregister, ist weniger eine der Klangentfaltung als der dramatischen Pointierung. Klangzauber verströmt die Stimme nur dann, wenn sie ins Piano oder Pianissimo zurückgenommen wird. Diese Rücknahme in die halbe Stimme wird als große Kunst- und Ausdrucksgeste vorgeführt, fast demonstriert. Der Effekt ist ebenso artifiziell wie sublim. Zu hören sind solche Momente in Leonoras »Tacea la notte«, in den Arien der Amelia, zumal der zweiten, die eine rare Intensität besitzt, in Elisabettas großer Szene und in Aidas »Ritorna vincitor«. Weniger glücklich die Arie der Lady Macbeth aus dem Schlußakt (das Des ist ausgelassen) und Ebolis »O don fatale«: Sie ist mit dieser dramatischen Musik überfordert.

Die Grenzen der Stimme, die vor allem in der freien Entfaltung der hohen Lage bei voller Dynamik liegen, zeigen die Wagner-Aufnahmen unter Sir Georg Solti (Sieglinde) und Herbert von Karajan (Brünnhilde). Crespin hat wundervolle Momente und modelliert einzelne Ausdrucksgebärden. Wegen der stimmlichen Grenzen fehlt der Interpretation jedoch das Fundament und damit die Sicherheit. Diese vokale Sicherheit findet man eher in einer frühen, von Georges Prêtre betreuten Wagner-Platte (u. a. mit den *Wesendonck-Liedern*); doch geht man von

Régine Crespin
(Foto: © Decca/Polygram Klassik)

den Gesamtaufnahmen zu diesen Szenen aus *Lohengrin, Walküre* und *Parsifal* zurück, mag man wiederum die Nuancierungen vermissen – allerdings nicht in der Szene der Kundry aus dem zweiten Akt. Crespin hatte die Partie in den Jahren vor der Aufnahme (1963) in Bayreuth unter Knappertsbusch gesungen und stellt die Szene, dies ist in jeder Phrase erkennbar, in einen dramatischen Kontext: Sie gibt Kundry eine Venus-Stimme.

Die Partie der Marschallin ist, in einem doppelten Sinne, eine Abschiedsrolle. Der Abschied von Jugend, von der Liebe als Leidenschaft findet eine mehr als äußerliche Entsprechung in der vokalen Faktur der Partie, die mit jugendlicher Sinnlichkeit allein nicht darstellbar ist. Wer die Partie singt, muß an der *eigenen* Stimme nicht nur erlebt, sondern erfahren haben, daß die Zeit ein sonderbar' Ding. Wie nur Schwarzkopf, aber auf andere Weise, hat Crespin das Flair für die Partie, die sie unter Solti (verblüffend langsam, selbst sentimental) aufgenommen hat. Vorab: Es ist bemerkenswert, daß sie den Text nicht nur korrekt artikuliert, sondern mit feinster Nuancierung ausformt; und dies ist nicht nur eine Studio-Leistung, sondern zeigt sich auch in einem Mitschnitt des Monologs unter Maazel (auf: »Régine Crespin: 30 ans sur scène«). Ihre Souveränität zeigt sich gleichermaßen in der subtil-raffinierten Anwendung der Mezzavoce für schier luxurierende Phrasen im Monolog oder zu Beginn des Schluß-Terzetts wie in der Eigenständigkeit bei der Behandlung des Konversations-Tons. Sie gerät nicht einmal in die Nähe der Versuchung, den Tonfall des Wienerischen – durch Lehmann und Schwarzkopf besetzt – zu imitieren. Sie ist die Grande Dame aus dem französischen Salon, deren Gesten eine fast mokante Allüre haben.

Der Winter 1968/69, in dem diese Aufnahme entstand, hat goldene Tage aus dem vokalen Herbst der Sängerin festgehalten. In der fünf Jahre später entstandenen *Carmen* unter Alain Lombard gibt Crespin nur die Demonstration einer Interpretation. Die Stimme, schon zehn Jahre zuvor unsicher bei Tönen über dem System, jetzt flackrig und oft hohl klingend, kann den Ausdrucks-Absichten nicht mehr folgen: Crespin deutet den beiläufig-leichten Tonfall der Chanson-Interprète an, arbeitet mit raffinierten koloristischen Effekten und ausdrucksvollem rhythmischen Geben und Nehmen. Aber das Singen ist angestrengt und klanglich unzureichend.

Wenn eine Aufnahme die Erklärung liefert, daß sie fast zwei Jahrzehnte hindurch Régine nationale war, so ist es die der Zyklen von Berlioz und Ravel, aufgenommen mit Ernest Ansermet. Sie ist vielleicht überschattet worden durch die vokalen Attraktivitäten, die in den Platten von Baker, Norman, von Stade und te Kanawa stecken; doch dürfte in keiner späteren Aufnahme die gespinsthaft feine Interaktion von Wort und Ton, von sprachlicher Deklamation und musikalischer Phrasierung genauer vollzogen worden sein. Steane hat herausgehört, daß eine »flattened or a soured note« (»eine verflachte oder angesäuerte Note«) eine gewollte Note ist – sie fällt auf die Reprise von »La fleur de ma vie est fermée« im vierten Lied, »L'Absence«; er hat weiter gezeigt, daß Crespin wie keine andere Sängerin den Beginn dieses Liedes, das wiederholte »Reviens, reviens ma bien aimée«, als Ruf singt, wobei das nach einer kleinen Pause wiederholte »reviens« wie ein zartes Echo klingt, bei dem man seiner eigenen Stimme nachlauscht. In »La Spectre de la Rose« gibt sie in der Phrase »et sur l'albâtre où je repose« (9/8-Takt) einen leichten Akzent auf »je«, dadurch nämlich, daß sie das vorhergehende Wort geringfügig dehnt – und schon hat die Phrase mehr Sinn und Leben als in den Aufnahmen von Steber, Price und Baker (die ich auf diese Nuance hin verglichen habe).

Noch einmal zurück zur Feststellung, daß Crespin zu genießen des Geschmacks der Gewöhnung bedarf. Auf diesen Geschmack ist der Verfasser lange nicht gekommen, und als ich für diesen Abschnitt das Album »30 ans sur scène« hörte, wollte ich nach dem Quartett, dem Quintett und der Arie der Fiordiligi (mit einem völlig verunstalteten Zier-Schluß) entnervt aufgeben. Doch dann plötzlich ein überirdisches »Amen« im Liebesduett aus *Otello* (mit José Luccioni, der den Schluß sehr ausdrucksvoll singt), eine grandiose Todesszene der Fedra aus Pizzettis Oper, eine schlechthin ideale Interpretation der Iphigénie (en Tauride), brennende Intensität in Ausschnitten aus *La Gioconda* (»E un anatema« mit Michèle Vilma und »Ecco il velen di Laura« mit Carlo Cossutta und Vilma). Daß die Stimme voll sein konnte und vor allem ein reiches Brustregister besaß, klingt aus Leonores »Abscheulicher« (unter Otto Klemperer), exemplarisch deklamiert und selbst im Schlußteil recht sicher. Hier zeigt sich auch, daß die Stimme vermutlich nicht recht phonogen war, daß sie zur Entfaltung Raum brauchte und nicht das Close up des Mikrophons. Und plötzlich war der Geschmack da – nicht an einer Stimme, die verzaubert, sondern an einer Kunst, die ins Herz trifft und an den Verstand appelliert.

Lyrischer Zauber: Léopold Simoneau

Léopold Simoneaus poetische Schönheit illuminiert die ganze Aufführung. Er ist kein feuriger Held, Gefühl bricht bei ihm nicht aus tiefer Brust. Doch so groß ist die Würde seiner Darbietung, so elegant die Formung seiner Phrasen, daß die Musik eine apollinische Nobilität gewinnt.
Max Loppert über den Orfeo von Léopold Simoneau

Der Franko-Kanadier Léopold Simoneau aus Montreal (geboren 1918), ausgebildet von Emile la Rochelle und seit 1945 bei Paul Althouse (Lehrer Tuckers) in New York, seit 1947 an der Pariser Opéra Comique, dann in Aix-en-Provence und Glyndebourne tätig, ist ein Sonderfall unter den Tenören der Jahre zwischen 1945 und 1960. Er ist der eleganteste französische Stilist seit Edmond Clément und zugleich einer der bedeutenden Mozart-Sänger der Nachkriegszeit – nach Steane sogar *der* überragende Mozart-Sänger nach McCormack (dem Urteil vermag ich nicht vorbehaltlos beizupflichten). Simoneau ist in den besten Jahren seiner Karriere Gast der Scala, der Grand Opéra, der Wiener und der Römischen Oper, der Salzburger Festspiele und einiger amerikanischer Bühnen gewesen – und der Protagonist einiger Aufnahmen, die unübertroffen geblieben sind.

Das gilt zunächst für die Aufnahme von *Orphée* unter Hans Rosbaud – eine der überragenden Gluck-Aufnahmen trotz der flackrigen, immer aber lebendigen Interpretation der Euridice-Partie durch die viel zuwenig bekannte Suzanne Danco. Anders als Gedda bewältigt der Kanadier die extreme Tessitura der Partie nicht, sondern muß im zweiten Akt transponieren. Aber mehr als bei jedem anderen Orpheus hat sein Singen nicht nur Poesie, sondern Magie – eine geradezu seraphische Schönheit. Unter Sir Thomas Beecham singt er einen heroisch-energischen und zugleich virtuos-eleganten Belmonte – mit Fricks prachtvollem Osmin der Mittelpunkt eines nicht idealen Ensembles mit durchschnittlichen Sopranistinnen. Ebenso unausgewogen ist das *Don Giovanni*-Ensemble unter Rudolf Moralt (London, Berry, Zadek), mit dem er Ottavio singen mußte. Seine unendlich fein nuancierte Wiedergabe von »Dalla su pace«, die gut geformte von »Il mio tesoro« und das expressive Singen von Sena Jurinac sind die Glanzpunkte der Aufnahme. In bester Gesellschaft singt er Ferrando in *Così fan tutte*: neben Schwarzkopf, Merriman, Bruscantini und Panerai unter Karajan. Es ist eine der großen Mozart-Aufnahmen des Jahrhunderts. Sie ist mehr als technisch perfekt, nämlich mirakulös in ihrer Lebendigkeit und Subtilität. Simoneau singt seinen Part nicht nur mit unbeschreiblicher tonlicher Süße, sondern einer schwingenden Phrasierungs-Eleganz, die selbst so gute Mozart-Sänger wie Anton Dermota und Nicolai Gedda nicht erreichen. Diese Eleganz wird in der Aufnahme der *Zauberflöte* (unter Böhm) gemindert durch die Schwierigkeiten des Sängers mit der deutschen Sprache. Das ist noch auffälliger in einer von George Szell dirigierten Salzburger Aufführung von 1959 mit einer partiell ausgezeichneten Besetzung (Köth als Königin, della Casa als Pamina). Es existieren schöne Aufnahmen von »Una furtiva lagrima«, »De' miei bollenti spiriti« und der Des-Grieux-Arien. Nicht hinter seinem Orphée zurück steht der Pylades in *Iphigénie en Tauride* (1952 unter Giulini). Wie Max Loppert bin ich der Ansicht, daß man durch Simoneau »Unis de la plus tendre enfance« als die schönste Arie erlebt, die Gluck geschrieben hat. Unter den französischen Aufnahmen braucht man Faust (die Partie ist zu schwer für den Sänger) nicht zu kennen, wohl aber den hinreißend eloquenten und poetischen Hoffmann in einer Aufnahme unter Pierre-Michel Le Conte, die das Flair der Opéra comique wahrt und in Heinz Rehfuß einen eindringlichen, aber stimmlich hageren Sänger der Schurkenrollen hat. Kennen muß man vor allem den Nadir in *Les Pêcheurs* unter Fournet – den mit Abstand besten auf der Platte trotz des superben Alfredo Kraus. »Je crois entendre« erklingt wirklich einmal wie ein Traumstück, mit entrückter Mezzavoce und feinstem Linien-Filigran, dabei tonschöner und natürlicher als bei Gedda, der die Arie in ein subtiles Bläser-Stück verwandelt. Bedauerlich nur, daß so wenige Aufnahmen dieses Sängers erhältlich sind – vor allem die Einzelplatten hätten längst ein Dakapo verdient.

Retter des Ideals: José van Dam

> Es ist durchaus nicht nötig, für ein großes Theater wie das im Lincoln Center eine voluminöse Stimme zu haben. Wichtig ist deren Konzentration. Für den größtmöglichen Klang soll man mit dem kleinstmöglichen Atem singen. Sie wissen doch: Aus einem Gewehr mit einem Neun-Millimeter-Lauf wird eine Neun-Millimeter-Kugel 1000 Meter weit fliegen. Schießt man aus demselben Lauf eine Sechs-Millimeter-Kugel, fällt sie schon nach 100 Metern zu Boden. Man hat nicht den richtigen Druck, und die Luft entweicht ohne jede Wirkung. So ist es auch beim Singen.
> *José van Dam*

Die sechs Figuren, die ihren Sänger in Ruggero Raimondi nicht gefunden haben (so der Titel einer Raimondi-Platte), sind bei dem Belgier José van Dam (geboren 1940) weit besser aufgehoben. Der Vergleich zwischen diesen beiden fast gleichaltrigen Interpreten ist interessant – als Lehrstück über den Aufbau einer Karriere, über die Entwicklung der vokalen Mittel und über die Bildung einer von Kunstverstand gesicherten sängerischen Ästhetik. Als der Belgier 1970 unter Herbert von Karajan Don Fernando in Beethovens *Fidelio* sang, war dies ein ordentliches, aber durchaus kein auffälliges Rollen-Debüt. Heute singt der Belgier das umfassendste Repertoire aller Baßbaritone: Figaro, Leporello und Don Giovanni, Paolo und König Philipp, Verdi-*Requiem* und

Attila, Escamillo und Méphistophélès, Holländer, Amfortas, Jochanaan, Golaud, Sarastro (nur auf Platte), Boris Godunow und Simon Boccanegra, Oratorien, Messen und Lieder. Und er weiß genau, was er will – und will nur das, was er kann: »Ich kann der Behauptung, daß Karajan Stimmen killt, einfach nicht zustimmen. Er kann eine Stimme nicht dadurch killen, daß er einen Sänger fragt: Können Sie das singen, und der Sänger das verneint. Wenn der Sänger sagt, daß er will, so ist das sein Problem, nicht das Karajans. Er fragte nach Figaro, Golaud, Amfortas, Jochanaan, und ich sagte okay. Er fragte nach Sarastro, und ich sagte, nicht auf der Bühne, und er sagte okay. Er fragte nach Telramund, ich sagte nein, er sagte wieder okay. Er fragte nach Pizarro, ich sagte nein, er akzeptierte. Auch ich habe ihn nach einigen Dingen gefragt, und er hat nein gesagt.«

Wie Raimondi ist auch van Dam ein internationaler Star geworden, der allenorts in luxuriösen festivalischen Veranstaltungen herausgestellt wird. Dies hat seine musikalische Sorgfalt nicht beeinträchtigt. Van Dam hat fast zur gleichen Zeit wie Raimondi ein Recital aufgenommen, aber anders als der Italiener gibt er jeder dargestellten Figur genaue Kontur, und dies trotz eines verhalteneren Vortrags. Jede Phrase ist bei ihm fein geformt, jeder Ton sicher gebildet und korrekt moduliert. Und nie gibt es die vulgäre Öffnung der Vokale

José van Dam
(Foto: © Ullstein Bilderdienst)

in der Höhe oder billige Sprezzaturen. Van Dam beginnt mit der französischen Version der Königs-Arie (»Elle ne m'aime pas«), singt sie mit perfekter Linienbildung und anrührend-fahlen Farben. Seine Diktion ist plastisch, wenn auch nicht so lebendig und gestisch wie bei dem Franzosen Vanni Marcoux, der den Monolog schauspielhafter versteht (ein Vorzug, der den Nachteil an stimmlicher Opulenz ausgleicht). In der Air des Ralph aus *La Jolie Fille de Perth* (Bizet) versucht van Dam erst gar nicht, so voluminös zu singen wie etwa Nicolai Ghiaurov, und auch in der Serenade des Méphistophélès aus Gounods Oper verzichtet er auf den akustischen Mummenschanz all der Schaljapin-Epigonen: Er singt das Stück langsam, verhalten, liedhaft-nuanciert. Ebenso läßt er in »Scintille diamant« aus Offenbachs Oper, in Es statt E gesungen, nur die Stimme funkeln und verzichtet auf krasse Dynamisierungen.

Der Teufel, wir wissen es, ist – vor allem auf dem Theater – teuflisch. Sänger, die den Teufel zu singen haben, geben sich meist alle Mühe, teuflisch zu klingen. Kaum einer wagt es, dem Mephisto oder dem Méphistophélès eine elegante, sarkastische, nuancierte Klanggestalt zu geben. Die meisten Interpreten von Gounods Teufel inszenieren dröhnendes Kasperle-Theater, die meisten Berlioz-Sänger versuchen sich in einer Art von sarkastischer Rhetorik. Fischer-Dieskau trägt »Voici des roses« mit übertriebenem Vibrato vor und stolpert mit einem fast peinlichen Ungeschick durch das Flohlied. Von allen Sängern der Partie – Marthial Singher, Michel Roux, Gabriel Bacquier, Jules Bastin, Donald McIntyre – erreicht keiner die Verbindung von Eleganz und Brillanz, von Schönheit und Dämonie wie José van Dam in der glänzenden Solti-Aufnahme mit dem phantastischen Chicago Symphony Orchestra. »Voici des roses« ist wie das Verströmen eines Parfüms, das einen langsam vergiftet – man muß schon zu Pol Plançon zurückgehen, um ähnlich superbes Legato-Singen zu hören. Was man bei Plançon nicht hört, ist das bei Solti berückend schön gespielte Englischhorn. Und mit welch irrlichterndem Funkeln singt van Dam seine Serenade, bei der so gut wie jeder andere Sänger nur mit halber oder fingierter Stimme singen kann, um überhaupt durchzukommen. Auf der anderen Seite hat der Belgier alle Verve und Energie für die Musik der Höllenfahrt im vierten Teil dieser Opéra imaginaire. Van Dams »berühmteste« Rolle ist eine, die eigentlich nur aus einer Arie und zwei kurzen Duetten besteht und meist miserabel gesungen worden ist: Bizets Escamillo. Van Dam hat die Partie geschmeidig und brillant für Alain Lombard, solide und gut für Solti, aber leicht angestrengt für Herbert von Karajan aufgenommen.

Ohne Einschränkungen überragend ist der Belgier als Sänger der Titelpartie in Herbert von Karajans Aufnahme von *Le Nozze di Figaro*: konzentriert, stimmlich wendig und zugleich solide »come scoglio«, musikalisch makellos genau und zugleich gestisch prägnant, ohne so gewollt humorvoll oder rebellisch zu sein wie Hermann Prey. Ähnlich genau und konzentriert, ohne jede outrierte Komik, singt van Dam den Leporello in der problematischen *Giovanni*-Aufnahme unter Maazel. In der *Zauberflöte* höre ich ihn lieber als Sprecher (unter Lombard) denn als Sarastro (unter Karajan), weil ihm das dunkle Timbre des Schwarzbasses fehlt – bewunderungswürdig nur, wie sauber er die Partie dennoch singt. In Riccardo Mutis mit fast rüdem Brio dirigierter Aufnahme von *Così fan tutte* – nach den Aufführungen und Mitschnitten unter von Karajan, Cantelli und Böhm reichlich rohe Mozart-Kost – singt er den philosophischen Misogyn mit dem oben beschriebenen satanischen Samt des Klangs. Er bietet die beste Sängerleistung der Aufnahme.

Ein Glanzpunkt seiner Diskographie ist die von Claudio Abbado betreute Aufnahme von Verdis *Simon Boccanegra.* Sein Paolo befindet sich in bester Gesellschaft. Nie habe ich Piero Cappuccilli genauer und klangschöner singen gehört, und auch Ghiaurov (Fiesco), Freni (Maria) und Carreras (Gabriele) bieten erstklassige Aufführungen. Ein weiterer Glanzpunkt: der *gesungene* Jochanaan neben Hildegard Behrens' exzellenter Salome unter Karajan – wieder eine Rolle, in der van Dam mit konzentriertem Singen mehr erreicht als Fischer-Dieskau mit seiner aufgetürmten Rhetorik. Noch ein Glanzpunkt: der Golaud in Herbert von Karajans manieristisch-raffinierter Aufnahme von Debussys *Pelléas et Mélisande.* Endlich die Glanzpunkte der Glanzpunkte: zwei Wagner-Partien, in denen er, wie man annehmen müßte, übermächtige Konkurrenz haben sollte. Unter Herbert von Karajan hat er Amfortas und Holländer gesungen. Den Holländer haben der junge Hans Hotter unter Krauss, Josef Metternich überragend unter Friscay, Uhde dramatisch und düster-brütend unter Knappertsbusch und Keilberth, Fischer-Dieskau eindringlich, aber unstet und flackernd unter Konwitschny, George London machtvoll, aber mit unsicherer Intonation unter Dorati, Franz Crass hervorragend genau und musikalisch unter Sawallisch, Theo Adam tremulös unter Klemperer, Thomas Stewart mit dürrer Stimme unter Böhm und Norman Bailey mit noch dürrerer Stimme unter Solti dargestellt. Van Dam *singt* die Partie tonschöner, versammelter und verhaltener als alle seine Kollegen – man muß schon zu Schorr zurückgehen, um die Partie ähnlich fein vokalisiert zu hören. Der Verlust an dem, was manche Kritiker als die »Geworfenheit« der Partie bezeichnen, ist leicht zu verschmerzen.

Das gilt, mutatis mutandis, für die Partie des Amfortas, die van Dam ohne die Emphase eines George London (1950 und 1962 in Bayreuth unter Knappertsbusch), reicher als Thomas Stewart (1970 in Bayreuth unter Boulez) und konzentrierter als Fischer-Dieskau singt. Er singt sie auf eine unvergleichliche Weise schmerzlich-schön, mit wundervoller Resonanz in leisen Passagen, mit konzentrierter Ausladung bei den Schmerzensausbrüchen.

Nicht zu vergessen: der Liedersänger José van Dam. Grandios *Don Quichotte à Dulcinée* und *Cinq Mélodies Populaires Grècques* mit dem BBC-Symphony Orchestra unter Pierre Boulez, nicht weniger gut die *Deux Mélodies Hébraiques, Chanson Hébraique*, die Don-Quichotte-Lieder, »Ronsard à son âme«, »Sainte«, »Les Grands Vents Venus d'Outre-Mer«, »Un Grand Sommeil Noir« und »Chanson Italien« in der Aufnahme unter Michel Plasson.

Vier große Skandinavier

Kunstvoll Naive: Elisabeth Söderström

> Weiblichkeit, ein Geschenk sowohl der Natur als auch eine Sache von Sophistication, macht sie zu einer guten Wahl für Debussys Mélisande.
> *John Steane über Elisabeth Söderström*

Schweden hat auch nach dem Krieg eine Reihe erstklassiger Soprane herausgebracht. Mag auch Birgit Nilsson, dank einer silbernen Trompete in der Kehle, am berühmtesten geworden sein, die musikalischste und vor allem vielseitigste Sängerin ist Elisabeth Söderström, die bis in den Nachsommer ihrer Karriere ihr Repertoire permanent erweitert hat. Sie hat Debussys Mélisande unter Boulez gesungen, Delius' Fennimore und Gerda in der gleichnamigen Oper, Jenufa, Katia und Emilia Marty in Sir Charles Mackerras Janáček-Serie, die Dame in Hindemiths *Cardillac*, die Hexe in *Hänsel und Gretel* unter Sir John Pritchard, Nerone in *Poppea* unter Harnoncourt, die *Figaro*-Gräfin unter Klemperer, Michal in Carl Nielsens *Saul und David*. Mit Vladimir Ashkenazy hat sie die Lieder von Peter Tschaikowsky, Sergej Rachmaninow und Jean Sibelius aufgenommen; hinzu kommen diverse Recitals. Daß sie dabei alles in der Originalsprache singt, versteht sich fast von selbst; daß sie aber jährlich, nach eigener Aussage (in *The New York Times*, 1979), zweihundertfünfzig Auftritte in Oper, Konzert und Fernsehen verkraftet, grenzt an ein Wunder und verrät eine sicher fundierte Technik.

Die hat sich die 1927 in Stockholm geborene Sängerin, Tochter eines schwedischen Vaters und einer russischen Mutter, an der Königlichen Musikakademie von Stockholm mit der russischen Pädagogin Andrejewa von Skilondz erarbeitet, einer führenden Koloratursängerin an der Kaiserlichen Hofoper von St. Petersburg, die 1909 in der Uraufführung von Rimskys *Der goldene Hahn* die Partie der Schemacha gesungen hatte. Die Lehrerin brachte ihr nicht nur die richtige Plazierung der Stimme bei, sondern bewahrte sie auch davor, die dramatischen Partien von Verdi und Wagner zu übernehmen. Ihr Lehr- und Leitsatz war, so Söderström, »das natürliche Timbre der Stimme zu bewahren«. Sie sollte »so bequem singen, wie ein Rolls-Royce auf einem Highway dahingleitet«.

Sie beherrscht neben ihrer Muttersprache auch Deutsch, Italienisch, Französisch und Russisch. Bis 1955 sang sie überwiegend in Schweden. Zwischen 1956 und 1961 bekam sie drei Kinder, schaffte es aber dennoch, eine internationale Karriere zu beginnen. 1955 hatte sie in Monte Carlo als Mélisande debütiert, in Salzburg als Ighino in Pfitzners *Palestrina*. In den Jahren 1957/59/61/63/64 sang sie in Glyndebourne. An die Met kam sie 1959 und gastierte dort in fünf Spielzeiten, verließ das Haus aber wegen der unzuträglichen Probenbedingungen. 1965 wurde sie in Schweden für ihre Darstellung der Emilia in Janáčeks *Die Sache Makropoulos* als beste Schauspielerin (!) des Jahres ausgezeichnet. Sie hat viel und bevorzugt mit Otto Klemperer, Carlo Maria Giulini und Hans Schmidt-Isserstedt gearbeitet, mit Hans Rosbaud und Hans Werner Henze neue Musik studiert und sich in der Zusammenarbeit mit Sir Charles Mackerras als überragende Interpretin der Musik Janáčeks erwiesen – und gezeigt, daß man diese vom mährischen Sprachklang geprägte Musik mit artikulatorischer Genauigkeit und dennoch sanglich vortragen kann.

Söderströms Stimme ist ein voluminöser Sopran mit charakteristischem, ausgesprochen »fraulichem« Timbre, registertechnisch gut ausgeglichen, nicht allzu expansiv in der Höhe und weich und sanft in seiner Textur. Ihr Vortrag ist hochmusikalisch, eloquent und stilistisch von einer selten anzutreffenden Kompetenz – sie ist in der Tat »a singer's singer«. Zwar keine Virtuosa im herkömmlichen Sinne, die in verzierter Musik exzelliert, versteht sie sich wie wenige andere auf die Kunst der spontanen Verzierung oder Auszierung. Täusche ich mich nicht, so ist sie die einzige Sängerin (jedenfalls in jüngerer Zeit), die Alcestes *Divinités du Styx* bei der Wiederholung verziert und Kadenzen anbringt. Dies gibt dem Vortrag eine majestätische Intensität und macht fast vergessen, daß die Stimme selber für diese Musik eigentlich zu sanft ist. Auf derselben Recital-Platte (EMI-Schweden) singt sie auch Cherubinos »Non so più cosa son« nicht nur mit feinen Verzierungen und einer kühnen Kadenz bei »che il suon dei vani accenti«, sondern mit einem atemberaubenden Tempo im Allegro-vivace-Teil. Bei der Ausführung verfällt sie nie in den Fehler, Staccato zu singen, sondern läßt jeden Ton und jede Silbe zu einer fein gebundenen Phrase einschwingen. Sie hat das Legato für die Takte 16 bis 21, den süßen Aufschwung für »desio« und die tonliche Vibranz für den hier emphatisch-sinnlichen Vokal /i/. Wundervoll die Intensivierung bei dem recht lang gehaltenen »venti«, ebenso fein das Piano bei

»che il suo« mit dem folgenden Crescendo bei »con se« und das volltönende G. Die Reprise setzt sie vor allem durch einen starken Tempowechsel ab und singt diesen melancholischen Teil behutsam unter der Stimme – es ist eine der eloquentesten und nuanciertesten Interpretationen, die man überhaupt von dieser Musik hören kann. Es grenzt an ein Ärgernis, daß Söderström nur eine einzige vollständige Mozart-Aufnahme gemacht hat. Unter Klemperer hat sie die Gräfin in *Le Nozze di Figaro* gesungen, vielleicht nicht mit dem Raffinement einer Schwarzkopf, dafür aber mit dem Ausdruck einer existenziellen Betroffenheit, dem man sich schwerlich entziehen kann. Das Rezitativ »E Susanna non vien« ist ein Meisterstück tragischen Pathos-Ausdrucks, und wenn es der Arie vielleicht an dem fehlt, was die Briten »poise« nennen, so liegt das sicher auch am extrem langsamen Tempo Klemperers, das in der zweiten Stanze das Hinübertragen in die Wiederholung von »Dove sono« unmöglich macht. Den Triller auf dem D (»di cangiar l'ingrato cor!«) führt sie sauber aus, und anders als die meisten Sängerinnen beachtet sie selbst in diesem virtuosen und ungemein schwierigen Schlußteil die dynamischen Wechsel – eine große Aufführung, nicht

Elisabeth Söderström mit Vladimir Ashkenazy
(Foto: © Decca/Polygram Klassik)

zuletzt auch in der reichen, oft kühnen Entfaltung der hier sehrend-schönen Stimme.

Obwohl sie von Natur aus sicher nicht die kristalline Stimme für Debussys Mélisande hat, nicht den *naiven Ton* anderer Rollen-Vertreterinnen (vor allem Irène Joachim oder Suzanne Danco), gestaltet sie die Partie mit einer aus phantasievollem Kunstverstand gezeugten Naivität: wieder eine Glanzleistung. Der Verfasser sieht sich, der tschechischen Sprache nicht mächtig, außerstande, über die Nuancen von Söderströms Janáček-Aufführungen zu urteilen. Folgt man den Aufführungen von *Jenufa, Katia* und *Die Sache Makropoulos* mit einem Libretto, lassen sich so gut wie keine Unterschiede des Sprachklangs zwischen Söderström und ihren tschechoslowakischen Kollegen feststellen. Spürbar ist allenfalls, daß die Stimme der bei den Aufnahmen über 50jährigen Sängerin ein wenig an tonlicher Frische verloren hat. Aber das wird mehr als ausgeglichen durch die darstellerische Projektion der Rollen. Vor allem: Wenn im Sprachklang sich alle emotionellen Zustände und Befindlichkeiten eines Menschen offenbaren – und davon ging der Komponist aus –, so klingt aus dem Singen Söderströms und ihrer durchweg exzellenten Partner (Wieslaw Ochman, Peter Dvorsky, Eva Randova, Nadezda Kniplova) ein ganzes Kaleidoskop von Empfindungen.

In den vergangenen Jahren hat die Schwedin, sieht man von den Janáček-Einspielungen ab, eine große Zahl von Liedaufnahmen gemacht. In Strauss' *Vier letzte Lieder* wird sie leider von einem drittklassigen Orchester (Welsh National Opera Orchestra unter Richard Armstrong) begleitet, das etliche Male und vor allem in »Beim Schlafengehen« zu laut und undifferenziert musiziert, wiederum aber nicht laut genug, um einige Risse in der Textur der Stimme zu überdecken. Ähnliche vokale Schwierigkeiten sind auch in der großen Szene der Gräfin aus *Capriccio* zu hören – Söderström hat sie auf der vorerwähnten schwedischen Platte sicherer und schöner gesungen. Ärgerlich auch Phrasierungs-Differenzen in »Im Abendrot«. Kurz, in diesen Liedern trifft die Schwedin auf die große Konkurrenz von Elisabeth Schwarzkopf und Jessye Norman. Hingegen sind ihre umfassenden Einspielungen der Lieder von Rachmaninow, Tschaikowsky und Sibelius – letztere aufgeteilt zwischen ihr und dem fabelhaften, mit schwarzem Bariton singenden Tom Krause – konkurrenzlos und durchaus mehr als Ehrenrettungen des Liedschaffens dieser Komponisten.

Aperite mihi portas justitiae: Aksel Schiøtz

Im Jahre 1947 sandte mir ein Freund die Aufnahme dreier Dowland-Lieder in der Interpretation von Aksel Schiøtz. Ich war so verzaubert von der sonst kaum je anzutreffenden Einheit aus Text und Musik, von der hohen Qualität und der vollkommenen Geschmeidigkeit der Stimme, von der Ungekünsteltheit (»artlessness«) seiner hohen Kunst, daß ich mich entschloß, fortan alle Platten des Aksel Schiøtz zu sammeln ... Dies ist Gesangskunst nach höchsten Maßstäben, die, jedenfalls für meine Ohren, von keinem lebenden Interpreten übertroffen wird.
Der Sammler Richard Dyer-Bennett über Aksel Schiøtz

Das Wort »einzigartig« ist mit Bedacht zu gebrauchen – einmal zu oft gebraucht, ist es schon verbraucht. Der Däne Aksel Schiøtz (1906–1975) verdient kein anderes. Einzigartig sind die wenigen Aufnahmen, die er hinterlassen hat, einzigartig ist die Willenskraft, mit der er sie sich erkämpfen mußte – es gibt, von Otto Klemperer abgesehen, keinen Musiker, der unnachgiebiger von der Macht des Schicksals heimgesucht wurde als der Däne. Nach dem Studium wurde Schiøtz zunächst Lehrer für Dänisch, Deutsch und Englisch. Unter dem Einfluß des Dirigenten Mogens Wöldike, Leiter des Palestrina-Chors, und ermuntert von Freunden, begann er mit dem Gesangsstudium bei Agnete Zacharias und Valdemar Lincke. Er hatte schon erste Aufnahmen gemacht, als er seine Ausbildung bei John Forsell, dem Lehrer Jussi Björlings, abschloß. Einen Tag nach seinem Debüt in Kopenhagen (Ferrando in *Così fan tutte*) wurde Dänemark von deutschen Truppen besetzt. Als glühender Patriot sang er, als Liedersänger, kein deutsches Lied mehr. Die »Stimme Dänemarks« wurde nach 1945 vom dänischen König geadelt. Gleich nach dem Krieg holte man ihn nach England. Er machte den größten Teil seiner rund hundert Aufnahmen und gehörte zu dem Ensemble, das Brittens *The Rape of Lucretia* uraufführte; er alternierte mit Peter Pears als »Chorstimme«. Das Jahr 1946 brachte einen furchtbaren Wendepunkt. Er litt unter Hörstörungen und Lähmungserscheinungen. Am 2. September 1946 stand er am Fenster seines Londoner Appartements und rief plötzlich seiner Frau zu: »Sieh nur, da fliegen zwei Flugzeuge völlig parallel ...« Gerd Schiøtz sah nur ein Flugzeug. Eine Untersuchung ergab einen Tumor am Gehörnerv. 1946 wurde er operiert, aber die rechte Gesichtshälfte blieb eine Zeitlang fast gelähmt. 1948 begann er wieder zu singen. So groß

Aksel Schiøtz
(Foto: © EMI Classics)

war sein Ruf, daß das erste von drei Recitals in der New Yorker Town Hall sofort ausverkauft war. Ein paar Jahre später wechselte Schiøtz ins Baritonfach. Dann wurde er Gesangsprofessor (und Autor eines schönen Buches *The Art of Singing*, das Fischer-Dieskau mit »sympathisch« unterbewertete). 1975 starb er an Leukämie.

Seine Stimme war ein flexibler lyrischer Tenor mit einem kräftigen, aber konzentrierten und engschwingenden Vibrato, baritonaler Einfärbung und feinem, süß-elegischem Klanggepräge. Es war wenig Metall in der kurzen Stimme; sie hatte statt des tenoralen Strahlens eine lyrisch-innige Leuchtkraft. Die natürliche Herbheit des Klangs, die gemessene Schwingungsart des Ausdrucks und die Klangspannung vor allem bei geringen dynamischen Graden prädestinierten ihn zum Bachinterpreten. Trotz der klaren Klanggebung und der instrumentalen Geläufigkeit verliert die Stimme nie an Wohlklang, Intensität, ja an Sinnlichkeit. Die Arie aus dem *Weihnachtsoratorium* – »Frohe Hirten, eilt, ach eilt« – singt Schiøtz mit einem leuchtenden, förmlich entzündeten Klang und einer gleichsam martellierten Intensität. Berühmt unter den Sammlern ist seine Aufnahme der großen Tenor-Arie aus Händels *Messias*: »Comfort ye, my people – Every valley shall be exalted« (von 1940). Er phrasiert das Rezitativ sehr frei und mit fein abgemessenem Rubato, welches vom Orchester präzis aufgenommen wird. Vom fünften Takt an bestimmt das Orchester das Metrum. Das dritte »comfort ye« steht wieder zum ad libitum des Sängers. Dann a tempo des Orchesters. Im neunten Takt des Sängers folgt wieder eine Rubato-Phrase (»and cry unto her«), deren letzte Viertel wieder ins a tempo überleiten. Die Wechsel von freiem Rhythmus und festem Metrum führen Sänger wie Dirigent exakt aus. Einzigartig, wie Schiøtz dem Aufschrei »The voice of him that crieth in the wilderness« ein tiefgefühltes Pathos gibt, ohne pompös oder oratorisch zu werden. Das Tempo der Arie ist, mit 96 Schlägen auf Viertel, exakt doppelt so schnell wie das des Rezitativs, die aus den Haltenoten sich entwickelnden Läufe singt er auf einem Atem und mit einer einzigartigen Agilität. Nur: Das Wort »Agilität« ist zu technisch. Es erfaßt weder die sich verströmende Intensität des Singens noch seine anmutige Leichtigkeit, und es gehört zu den vielen Ungerechtigkeiten bei der Verteilung des Ruhms, daß diese Platte nicht so berühmt geworden ist wie Carusos »Vesti la giubba«, McCormacks »Il mio tesoro« oder Callas' »Casta Diva«. Kaum weniger eindringlich sang Schiøtz »Mit Würd' und Hoheit« aus Haydns *Schöpfung* und Buxtehudes »Aperite mihi portas justitiae«, Lieder von Dowland oder, ein Juwel, Sverkels Romanze aus Hartmanns Märchenoper *Liden Kirsten (Kleiner Kirsten)*. Unbegreiflich auch, daß kaum je sein Name fällt, wenn von den großen Mozart-Tenören gesprochen wird. Zwar singt er Belmontes »Hier soll ich dich denn sehen« ein wenig verhemmt, aber das Ständchen des Pedrillo schöner als jeder andere. Wie nur Tauber führt er den Quintsprung in »Dalla sua pace« aus, und »Il mio tesoro« kommt nahe, sehr nahe an die Idealversion von McCormack heran.

»Considered by many to be the finest record yet issued of this Schubert song cycle« – das hat Gerald Moore über Schiøtz' Aufnahme von Schuberts *Die schöne Müllerin* geschrieben. Schiøtz' Kunst ist die, welche Kunst verbirgt. Sie kennt nicht die emphatische Deklamation und die schroffen dynamischen Kontraste Fischer-Dieskaus, sondern baut auf die Feinheit der dynamischen Kontraste und der farblichen Valeurs. Im elften Lied, »Mein!«, arbeitet der Sänger mit einer ständigen farblichen Differenzierung des Diphthongs »ei«. Wo Fischer-Dieskau vier Akzente in einer Phrase setzt und die Linie unruhig macht, begnügt sich der Däne mit nur zwei Betonungen. Ein Ereignis sind die dynamischen Stufungen vor allem im ersten der beiden Farbenlieder oder in »Des Baches Wiegenlied«. Schiøtz hat eine große Zahl von dänischen Liedern – auch Folklore und Unterhaltungsmusik – aufgenommen – mit der Kunstfertigkeit, mit der Patti und Melba ihre Balladen oder Tauber seine Wiener Schmankerln vorgetragen hat. Die Einzigartigen konnten nie unter ihr Niveau gehen.

Ecoutez l'histoire: Nicolai Gedda

So wie der Künstler, wo er rühren soll, nicht selber gerührt werden darf – soll er nicht die Herrschaft über seine Mittel im gegebenen Augenblicke einbüßen –, so darf auch der Zuschauer, will er die theatralische Wirkung kosten, diese niemals für die Wirklichkeit ansehen, soll nicht der künstlerische Genuß zur menschlichen Teilnahme herabsinken. Der Darsteller spiele, er erlebe nicht. Der Zuschauer bleibe ungläubig und dadurch ungehindert im geistigen Empfinden und Feinschmecken.

Ferruccio Busoni, ›Entwurf einer neuen Ästhetik der Tonkunst‹

Nachdem Nicolai Gedda, 1925 in Stockholm als Sohn eines russischen Kantors und einer Schwedin geboren, im April 1982 an einer konzertanten Aufführung von Peter Tschaikowskys *Iolanta* teilgenommen hatte – sicher der Beweis mille e tre für seine Vielseitigkeit –, schrieb Peter G. Davis im *New York Magazine:* »Eben da es scheint, daß seine Karriere zu Ende geht, kehrt Gedda zurück und verblüfft uns alle mit einer neuerlichen Demonstration hinreißender Vokalkunst. Das einschmeichelnd weiche Timbre seiner Stimme, die exquisit modulierten Mezzavoce-Effekte, die aristokratische Fleganz der Phrasierung – all das ist noch immer vorhanden.«

Der Architekt auch dieser langen Laufbahn war der englische Produzent Walter Legge, der den jungen Gedda 1952 in Stockholm traf und ihn gleich für die Aufnahme von *Boris Godunow* unter Issay Dobrowen verpflichtete, einen Anfänger, der soeben als Chapelou in Adams *Le Postillon de Lonjumeau* debütiert hatte. Die feinschimmernde, silbrig helle, fast androgyne Stimme des 27jährigen ist, unter anderem mit der Chapelou-Arie, auf einer schwedischen Odeon-Platte zu hören. Irving Kolodin beschrieb sie nach der *Boris*-Aufnahme von 1952: »Süß und von durchdringender Intensität, voll ausgebildet und auf dem Atem getragen ... Gedda artikuliert den russischen Text besser als jeder andere im Ensemble.«

Gedda war durch seine Eltern zweisprachig aufgewachsen, hatte durch die Tätigkeit seines Vaters an der Russisch-Orthodoxen Kirche in Leipzig auch Deutsch gelernt, mit fünf Jahren Klavierunterricht erhalten und schon früh in einem Quartett gesungen. Auf der Schule lernte er Latein und Englisch, später auch Italienisch, Französisch und Spanisch. Anders als viele Sänger, die nur die Lautschrift ihrer Partien lernen, beherrscht er die Sprachen bis in die feinsten

Nuancen der Diktion und Inflektionen des Klangs. So konnte er am 1. November 1957 mit dem (französischen) Faust an der Met debütieren, wenig später den (italienischen) Ottavio folgen lassen und am 15. Januar 1958 bei der Premiere von Samuel Barbers *Vanessa* nach Kolodins Met-Chronik seine amerikanischen Kollegen – darunter Eleanor Steber und Rosalind Elias – ausstechen. So gründlich und umfassend beschäftigte der Schwede sich mit Lautformung und Sprachklang, daß Kolodin feststellte: »Geddas Anstrengungen zielen auf die Lösung von Problemen; die der meisten Sänger auf deren Umgehung.«

Die Stimme Geddas war von Carl Martin Oehmann (der später auch Martti Talvela unterrichtete) entdeckt und eine Zeitlang ausgebildet worden. Durch den ersten Preis beim »Christine-Nilsson-Wettbewerb« konnte er die Anstellung bei einer Bank auf einen Halbtags-Job reduzieren. Am 8. April 1952 gab er sein Debüt, zwei Jahre später debütierte er an der Pariser Opéra in *Oberon,* was die Einladung zu den Aufnahmen von *Faust* und *Mireille* unter André Cluytens nach sich zog. Schon 1953 hat er unter Herbert von Karajan Ottavio an der Mailänder Scala gesungen, 1954 stellte er sich in Rom (Ottavio), Wien (Don José) und London vor. In London und Wien nahm er unter Otto Ackermann und Herbert von Karajan die großen, klassischen Wiener Operetten auf – durch ihn und Elisabeth Schwarzkopf eine Apotheose des leichten Genres, weil die Beteiligten es nicht leichtgenommen haben. Kolodin stand nicht an zu sagen, daß er Geddas Sou Chong noch mehr bewundere als den Orphée – er hat ihn in der Tat mit berückendem Charme gesungen. Neben Maria Callas nahm er *Il Turco in Italia* und *Madama Butterfly* (unter Karajan) auf – und schon bald wuchs sein Rollenzettel so rasch wie Leporellos Register. Doch war er bei der Rollenwahl und Ausführung nicht so wahllos wie der Don. Noch einmal Kolodin: »Die bloße Aufzählung der Rollen, die Gedda (nach den drei bereits aufgeführten) an der Met gesungen hat, qualifiziert ihn als einzigartig. Ihre Chronologie lautet (I, E und F stehen für italienisch, englisch und französisch): Sänger im *Rosenkavalier* (I), Hoffmann in *Les Contes d'Hoffmann* (F), Tamino in *Die Zauberflöte* (E), Lensky in *Eugen Onegin* (E), Des Grieux in *Manon* (F), Barinkay in *Der Zigeunerbaron* (E), Alfredo in *La Traviata* (I), Admetus in *Alceste* (E), Dimitri in *Boris Godunow* (E), Pinkerton in *Madama Buttefly* (I), Nemorino in *L'Elisir d'Amore* (I), Pelléas in *Pelléas et Mélisande* (F), Kodanal in *The Last Savage* (E), Herzog in *Rigoletto* (I), Don José in *Carmen* (F), Roméo in *Roméo et Juliette* (F), Edgardo in *Lucia di Lammermoor* (I), Rodolfo in *La Bohème* (I), Arrigo in *I Vespri Siciliani* (I) und Riccardo in *Un Ballo in Maschera* (I).«

Zu ergänzen sind zahlreiche andere Rollen, um die viele Tenöre auf Grund von deren Schwierigkeiten einen großen Bogen machen: 1955 etwa sang der Schwede den Gluckschen Orphée in der originalen Tenorfassung (Paris, 1774) und dazu, anders als der klanglich noch opulenter und zaubrischer singende und auch subtiler phrasierende Leopold Simoneau unter Hans Rosbaud, in der originalen Tonhöhe: Nur die Bravour-Ariette »L'espoir renaît« (Akt I, Nr. 14) ist ausgelassen. Ist Gedda vielleicht kein so persönlicher und bewegender Orphée wie sein kanadischer Kollege, so bewältigt er geradezu transzendentale Schwierigkeiten mit einer Anmut, Leichtigkeit und technischen Virtuosität, die ihresgleichen suchen.

Auch Rousseaus *Le Devin du Village* und Rameaus *Platée,* Cornelius' *Der Barbier von Bagdad* und Bizets *Les Pêcheurs de Perles,* Berlioz' *Benvenuto Cellini* und *La Damnation de Faust,* Tschaikowskys *Iolante, Eugen Onegin* und *Pique Dame,* Glinkas *Ein Leben für den Zaren* und die deutschen Spielopern gehören zum Repertoire Geddas, der mehr Raritäten im Angebot hat als, beispielsweise, Pavarotti Hauptrollen. Entscheidend dabei, daß Gedda nicht nur *eine* Stimme für seine vielen Rollen einsetzte, sondern fast immer zur Stimme der Musik wurde, die er sang – was nicht ausschließt, daß auch er schwächere Momente hatte oder sich dazu herließ, etliche musikalische »Untiefen zu durchwaten« (Ulrich Schreiber) wie die späteren Operetten-Produktionen, in den das Leichte als das Gefällige an- und damit hingerichtet wurde. Er hat zudem zu *lange* aufgenommen – noch in einer Zeit, da die Stimme ihre feine Perlmutt-Glätte verloren hatte und der Klang sauer geworden war.

Das muß differenziert werden. Wie ein Gesicht kann die Stimme mit einem unterschiedlichen Ausdruck altern. Sie kann durchaus eindrucksvolle Altersfalten bekommen. Die Stimme von Jon Vickers etwa, nie recht rein und in den Aufnahmen von *Carmen* (unter Frühbeck de Burgos), *Tristan* (unter von Karajan) oder vor allem von *Otello* (unter von Karajan) oft rissig und bresthaft, blieb zumindest ein ungemein *expressives* Instrument; die von Benjamino Gigli war, auch als der Klang einzutrocknen begann, resonatorisch intakt; die Stimme Mario del Monacos hingegen verlor ihre eherne Intensität und dunkle Bronzetönung und nahm durch künstliche Aufhellung eine grell-verquetschte Tönung an; die von Giuseppe di Stefano verlor durch zu viel »wear and tear« an Spannung (auch im erotischen Sinne) und wurde schlaff wie ein greises Baby-Gesicht.

Geddas Stimme war nie ein sinnlich-erotisches, sondern ein keusches Instrument. Ihr Zauber lag in ihrer Feinheit und Reinheit. Durch das Altern hat sie stärker gelitten als viele andere Stimmen, und dies wird durch den Röntgenblick des Mikrophons genauer diagnostiziert, als der Hörer im Konzertsaal oder Opernhaus es kann – im Raum klingt die Stimme konzentrierter und versammelter als bei einer direkten Aufnahme. Mit Rücksicht auf diese Tatsache hat etwa Birgit Nilsson nach 1975 keine (oder kaum noch) Platten gemacht. Die Stimme des jungen Gedda war schlank und licht, ihr Klang dominiert von den hell-glänzenden Acuti und auf Grund der Maskenresonanz geringfügig nasalen

Tönen der Mittelstimme, die oft nicht recht nach vorn kommen und auf dunklen Vokalen matt sind. Ihr Volumen war gering, die Durchschlagskraft nicht groß, die Tragfähigkeit hingegen gut, der Umfang außergewöhnlich. Gedda ist, weil nie forcierend, der Gefahr der Überbrustung und der Versteifung entgangen. Mit einer Mühelosigkeit (nicht Stimmkraft!), die an Leon Escalais erinnert, attackierte er in Glinkas *Das Leben für den Zaren* (Aufnahme unter Igor Markewitsch, 1957) als Sobinin die vielen hohen C's der Arie »Brüder, im Sturm«, und im Mittelteil sang er mit seiner exquisit changierenden Voix mixte sogar das Des (später hat er das, mit noch mehr Verve, in einem Recital unter Gika Zdrawkowitsch – seiner vielleicht besten Einzelplatte – wiederholt). Diese Voix mixte setzte er mit wundervollen, changierenden Farben für die a-Moll-Arie des Nadir »Je crois entendre encore« ein. Auch hier muß er nicht, wie Leonid Sobinow, Dimitri Smirnow, Enrico Caruso und Benjamino Gigli, nach As oder, wie viele andere, nach g-Moll transponieren – er kann die Stimme in der furchterregenden Tessitura mit den Bögen bis zum H strömen lassen und selbst das hohe C mit perfekt fokussierter Voix mixte pflücken wie eine reife Frucht.

Nicolai Gedda als Tamino
(Foto: © EMI Classics)

Die vielgerühmte Aufnahme Benjamino Giglis hingegen, gesungen mit einer honigsüßen Mezzavoce, macht Bizet zum sizilianischen Ehrenbürger. Den Enthusiasmus Lord Harewoods für diese Aufnahme wie für die Placido Domingos (unter Giulini) vermag der Verfasser nicht zu teilen. Wie imponierend es auch ist, daß Domingos Radames-Stimme die hohe Tessitura dieser für einen hellen französischen Tenor geschriebenen Musik bewältigt, so wirkt der Klang manipuliert und synthetisch wie ein Hollywood-Gesicht unter einem Weichzeichner.

Die Vokalpartien der französischen Komponisten des 19. Jahrhunderts – Gounod, Massenet, Meyerbeer, Bizet und Saint-Saëns – verlangen, entsprechend der französischen Opernästhetik, vom Interpreten die vollkommene Balance von Wort und Musik. Es gibt nicht die Dominanz des Vokalismus wie im Canto fiorito, aber die Linie muß mit einem perfekt-schönen Ton gebildet werden, belebt durch die Aussprache der Vokale und artikuliert durch die Konsonanten – erinnert sei an Gounods Formel, daß Artikulation für Form und Aussprache für Eloquenz sorgt. Flüssige Linienbildung setzt makellosen Registerwechsel voraus. Die Tongebung darf nicht durch die negativen Charakteristika der Sprache – Nasalität oder eng-eckige, säuerliche Klanggebung – affiziert werden. Schon Guillaume Ibos, der erste Sänger von Massenets Werther in Paris, schrieb in seinen »Souvenirs«: »Ich hörte Werther unzählige Male mit allen populären Interpreten. Ich kann nur mit allem Nachdruck feststellen, daß der Ausdruck des Gefühls ... vollkommen verfälscht worden ist und nicht dem entspricht, was Massenet stilistisch von seinen Interpreten erwartete. Zu leicht wird vergessen, daß das ganze Stück gewoben ist aus Gefühlen – intensiven, aber aus dem Innern kommenden Gefühlen. Aber meist wird zu viel Lärm gemacht, fehlt es an Empfindung, an der Vielfalt der Nuancen. Es gibt zu wenig Musik.«

In dieser ästhetischen Maxime steht die deutliche Absage an den emphatisch-rhetorischen Vortrag, mit dem etwa Franco Corelli den Roméo oder Placido Domingo und José Carreras den Werther zu Figuren des expressionistischen Theaters machen. Die Balance von Musik und Wort trifft Gedda besser und genauer als *alle* seine Confrères im französischen Fach. Seine Interpretation des Hoffmann erreicht, trotz einiger manieristischer Momente von Über-Studiertheit, die Verve von Raoul Jobin und die Eleganz von Léopold Simoneau. Als Don José (unter Sir Thomas Beecham, 1958/59) distanziert er del Monaco, Corelli, Vickers, McCracken, Gilbert Py, Domingo und Carreras, und auch als Faust, Werther oder Des Grieux (Massenet) hat er keine Konkurrenz – was für ihn und noch mehr gegen seine Rivalen spricht. Denn Gedda erreicht durchaus nicht in all diesen Rollen jenes Niveau, das seine kritische Akte – jedenfalls die in deutscher Sprache abgefaßte – vorspiegelt.

Gedda zeigt sich zwar fast immer als Meister der sprachlichen Nuancierung, zuweilen aber auf Kosten einer wirklich freien Tonemission. Wenn er, beispielsweise, Werthers »Pourquoi me reveiller?« singt, so liebkost er die Phrasen nicht so behutsam, wie es einst Tito Schipa tat, und die Emphase des Vortrags affiziert die Tongebung. Das gilt auch für Des Grieux' »Ah! fuyez, douce image« aus *Manon,* wo der Klang ungewohnt scharfe Kanten bekommt. Mehr als kompensiert wird dies durch den subtilen Vortrag der Traumerzählung. Nicht der Sänger singt, es singt aus ihm mit einem ganz behutsamen, innerlichen Klang. Und selbst wenn er in den beiden Massenet-Partien die dramatischen Höhepunkte emphatisch – zu emphatisch – heraushebt, ist er seinen Kollegen Domingo, Carreras und Kraus überlegen. Nicht anders sind die beiden Aufnahmen des *Faust* unter André Cluytens (1954 mono, 1959 stereo) eingeschätzt worden, vielleicht auch unter dem Eindruck der Aufnahmen unter Richard Bonynge mit dem unidiomatisch und exzessive Portamenti singenden Franco Corelli oder unter Alain Lombard mit Giacomo Aragall und Georges Prêtre mit Placido Domingo. Vergleicht man Gedda mit diesen Sängern, so hat man abzuwägen zwischen musikalischer Genauigkeit und feiner Diktion bei dem Schweden und der Fähigkeit der anderen, die Stimmen bei den Übergängen in die hohe Lage wirklich entfalten zu können. Doch erst mit Georges Thill, César Vezzani, John McCormack, Jussi Björling, dem Amerikaner Eugene Conley und dem Russen Iwan Kozlowsky hört man richtige Faust-Stimmen. Gedda hat vielleicht der Kavatine lyrisch gerecht werden können, doch für die Eröffnungsszene fehlte es ihm damals an deklamatorischer Kraft, und in den heikel-hoch liegenden dramatischen Passagen des Duell-Trios war er einfach überfordert: mit der Folge, daß die Stimme des öfteren ihr eigentliches Klangzentrum verliert. Dies ist auch in der zweiten *Carmen*-Aufnahme mit Maria Callas (unter Prêtre) zu erleben: »Te revoir, o Carmen!« singt Gedda so emphatisch und pathetisch, daß es den Ton förmlich schüttelt – was zwar ein Zeichen von Bewegtheit, keineswegs aber bewegend ist. Kein Zweifel aber, daß der Schwede nicht nur der beste Sänger des Sergeanten in allen Stereo-Aufnahmen ist, sondern auch den Vergleich mit Georges Thill, Affre, Jobin und anderen französischen Sängern aushält. Vor allem in der von Beecham mit unvergleichlich lapidarer Verve dirigierten Aufnahme ist er herausragend.

Einige wichtige Rollen des französischen Repertoires hat er spät aufgenommen, vielleicht zu spät. Das gilt vor allem für Berlioz' *La Damnation de Faust* unter Colin Davis mit dem zeitweise wenig inspiriert musizierenden London Symphony Orchestra. Es wird kaum in seiner Absicht gelegen haben, daß er zu Beginn tatsächlich wie ein ältlicher Professor vor dem l'elisir d'amore klingt. Aber im Duett singt er das Cis einmal mehr mit unvergleichlichen Voix mixte, und wenn auch Domingo »Nature immense« klanglich opulenter und erregender singt, ist Gedda der Musik Berlioz' in jedem Betracht näher. Was hätte sein *können*, deutet der Querschnitt von 1960 unter Cluytens mit Gérard Souzay als elegantem Teufelchen und Rita Gorr als sinnlichem Gretchen an.

Schon 1961 hatte der Schwede – »Gedda à Paris« – unter Prêtre zwei Szenen aus Berlioz' *Benvenuto Cellini* gesungen: »La gloire était ma seule idole« und »Sur les monts« (das zweite Stück im Mittelteil gekürzt), ideal in der Balance von Musik und Wort. Obwohl er die verschiedenen hellen und dunklen Nasallaute – etwa bei »mes sombres destins« oder »je chanterais gaiment. Ah, libre et tranquille«, letztere wunderbar in ihrer Bindung – so korrekt bildet wie ein Schauspieler der Académie, entsteht nie der Eindruck verquetschter Nasalität. In der Gesamtaufnahme unter Davis (1972) ist die Stimme nicht mehr ganz so frisch, doch eindringlicher und charakteristischer ist Gedda selten zu hören. Die Produktion gehört insgesamt zu den besten Opernaufnahmen nach dem Krieg – und Gedda ist der überragende Mittelpunkt des glänzend studierten Ensembles, feurig in den dramatischen Szenen, sensibel und elegisch in der weitgespannten lyrischen Kantilenen. Auch eines der seltenen akustischen Porträts, die auf der Klangbühne zu leben beginnen.

Es sind vor allem die kleinen Dinge, die an den Aufnahmen Geddas entzücken. Der Sänger des Hoffmann muß noch geboren werden, der die Ballade vom Kleinzack mit einer ähnlich ausgepichten Dramaturgie der Kontraste vorzutragen versteht. Die drei strophischen Abschnitte gestaltet er als Balladen-Erzähler von außen. So dramatisiert er vor seinen Zuhörern, den Studenten in Luthers Berliner Weinkeller, die Figur des buckligen Zwerges, klangmalerisch dessen Torkeln und Taumeln umsetzend: »flick flack« und »krick krack« werden zu Gebärden. Aber nach der zweiten Strophe verliert sich der Erzähler durch eine Gefühlsassoziation an das Erzählte. Er berichtet nicht länger *von* etwas, sondern wird eingeholt und erleidet träumend noch einmal die Schmerzen der Liebesaffäre.

Noch eindringlicher ist es, wenn man Nuancierung als Prozeß der sängerischen Entwicklung erlebt. Chapelous »Mes amis, écoutez l'histoire« hat der Schwede dreimal gesungen: 1952 in einer anmutigen Jugendaufnahme mit einem schönen, aber eher zarten hohen D; sodann im Recital unter Georges Prêtre und schließlich im Juni 1965, in deutscher Sprache für einen Querschnitt. Wichtiger als der Zuwachs an stimmlicher Kraft und Pracht ist die Ausfeilung des Vortrags. Gedda singt die balladeske Arie nicht um des hohen D willen, obwohl er so singt, daß viele Kollegen ihn ob dieses D beneiden müssen. Wichtiger ist eine unnachahmliche Kunst des gestischen Singens aus der Perspektive eines Erzählers, der im Klang einen Vorgang beschwört. Wenn der Erzähler in der dritten Strophe berichtet, der Postillon sei eines Abends hinweggeeilt und von einer Königin auf einer einsamen Insel zum König ernannt worden, so lacht der Vortragende über das Erzählte als Märchen – und er lacht mit dem Klang der Stimme.

Nach dem Krieg dürfte Gedda der einzige Tenor sein, der die Musik Gioacomo Meyerbeers idiomatisch und zugleich mit aristokratischer Eleganz und großer Bravour gesungen hat. Von Wagner mit dem Scharfblick des Hasses als »Wirkung ohne Ursache« diffamiert, hat die Musik des größten Vertreters der Grande manière hierzulande nie eine Chance für ihre Renaissance bekommen. Um sie adäquat zu hören, muß man zwei, drei Generationen zurückgehen zu den Platten von Ernestine Schumann-Heink, Hermann Jadlowker, Leo Slezak (der Raouls »Plus blanche« achtmal aufgenommen hat), Pol Plançon, Selma Kurz, Agustarello Affre und, last but not least, zu Margarete Teschemacher und Marcel Wittrisch, die das (leider stark gekürzte) Liebesduett grandios singen. Sie werden überboten von Gedda und Enriqueta Tarrès in der Live-Aufnahme unter Ernst Märzendorfer (Wien 1971), die der Studio-Produktion unter Bonynge ebenso vorzuziehen ist wie dem (gekürzten) Scala-Mitschnitt unter Gavazzeni von 1962 mit Franco Corelli, der den Raoul mit Radames oder Canio verwechselt, einer unter Form singenden Joan Sutherland, einer den Pagen grotesk verfehlenden Fiorenza Cossotto und einem blökenden Marcel (Nicolai Ghiaurov). Gedda singt Raoul meisterhaft, trotz nicht immer frischer Stimme mit exemplarischer Phrasierung und einer raffinierten Tongebung. Das changierende Spiel der Mezzavoce in der extremen Tessitura des Duetts verrät nicht nur technische Meisterschaft: Es hat den Glanz des Vollkommenen und macht es unverständlich, warum für die Gesamtaufnahme unter Bonynge der Grieche Anastasios Vrenios aufgeboten wurde – der in die Stiefel der Rolle paßt wie der Kater aus dem Märchen.

In einer weiteren Rolle der Grand opéra überragt Gedda seine Rivalen: als Arnold in Rossinis *Guillaume Tell*. Vor allem in dem von Alain Lombard dirigierten Querschnitt verbindet Gedda Eleganz und Eloquenz der Phrasierung mit einer fast auftrumpfenden Strahlkraft – es dürfte wenige vergleichbar ausgefeilte Aufnahmen von »Asil héreditaire« geben. Im Duett »Ah, Mathilde« wird er durch Ernest Blanc auf den – dies ist wörtlich gemeint – rauhen Boden der Wirklichkeit geholt. Obwohl er in der Gesamtaufnahme unter Lamberto Gardelli weniger frisch ist, sticht er, was sprachliche Nuancierung, musikalische Genauigkeit und wohlgegliederte Phrasierung angeht, nicht nur den groben Mario Filippeschi aus, sondern auch den zumindest in der Arie, im Duett und Terzett forcierenden Pavarotti.

Als Legge den jungen Gedda entdeckte, telegraphierte er an Herbert von Karajan wie an Scala-Chef Ghiringelli: »Habe soeben den größten Mozart-Sänger meines Lebens gehört. Name ist Nicolai Gedda.« Die Platten lösen das Lob nicht immer ein. Zwar kann Gedda makellos phrasieren und musikalische Bögen bilden, aber als Ottavio in Otto Klemperers Aufnahme von *Don Giovanni* singt er so exaltiert, daß er während der ersten Arie »Dalla sua pace«

ständig falsch intoniert, und auch »Il mio tesoro« hat wenig Fluß und Bindung; der Ton ist unstet, das Timing ausgesprochen ungelenk. In der von Hans Rosbaud betreuten Aufführung in Aix-en-Provence (1956) singt er technisch korrekt, klingt aber ziemlich desinteressiert. Als Tamino – wieder unter Klemperer – verzaubert er nicht, wie Fritz Wunderlich unter Böhm und auch Stuart Burrows unter Georg Solti, durch Verve, lyrische Intensität und jugendlich-strahlende Klangschönheit, beeindruckt indes durch ausgefeilte Phrasierung und makellose Diktion. Wie die Bildnis-Arie hätte *klingen* können, hat er im Recital unter Heinrich Bender gezeigt, leider mit problematischer Betonung des auftaktigen »Ich« statt der Betonung auf »fühl«.

Als einer der wenigen Tenöre beherrschte Gedda die Anwendung von Appoggiaturen, während seine Koloraturtechnik nicht immer zuverlässig ist. Sowohl in »Fuor del mar« (im Recital unter Hans Rosbaud in der schweren ersten, unter Schmidt-Isserstedt in der zweiten Version) als auch in Titos »Se all'impero« sind irritierend unsicher intonierte Laufpassagen zu hören – hier wird er von Léopold Simoneau, Stuart Burrows oder Werner Hollweg deutlich übertroffen. Auch als Belmonte überzeugt er in den Koloraturen nicht und läßt überdies »Ich baue ganz auf deine Stärke« ganz aus (Wunderlich, Schreier und Burrows haben das Teststück überzeugend gesungen), und als Ferrando unter Colin Davis klingt er so, wie ein Mozart-Tenor nie klingen darf: müde und gestreßt.

Möglich, daß die Tugenden des Mozart-Sängers Gedda im deutschen Repertoire besser zum Tragen, zum Klingen kommen. Den Versuch mit der Arie des Florestan – die am besten nicht von dramatischen, sondern lyrischen Tenören gesungen worden ist: von Patzak, Erb, Dermota – hat Gedda bestanden, ohne wirklich zu beeindrucken, geschweige denn zu rühren, gerade weil er zu rühren versucht. Das extravertierte Pathos führt zu einer unkonzentrierten Tongebung, und der Poco-allegro-Teil ist unsicher. Die instrumental konzipierten Hüon-Arien mit ihren unvokalischen Intervallen hat nicht einmal Rosvaenge so glänzend gesungen wie der Schwede, und ob im Nachkriegs-Bayreuth Gralserzählung und »Mein lieber Schwan« je so schön, so entrückt zu hören waren, ist unwahrscheinlich. Wobei nicht verschwiegen werden darf, daß Gedda den Lohengrin nur einmal in Stockholm auf der Bühne gesungen und dann als zu schwer für seine Stimme befunden hat.

Desmond Shawe-Taylor hat einmal gesagt, daß Gedda »nie wirklich schlecht singt«, aber in den meisten italienischen Opern hören wir ihn nicht at his best. Am überzeugendsten singt er in Verdis *Requiem* unter Carlo Maria Giulini – mit konzentrierter Tonentfaltung bei »Requiem aeternam«, wundervoll schlanker, konzentrierter und gebundener Tongebung im »Ingemisco« – ohne jedwede Aspirierungen, wo ein Gigli »ehehet latrohonem« singt – und flutender Mezzavoce im »Hostias«, wo er überdies einen herrlichen Triller auf »absolvisti« bildet.

Als Herzog und Alfredo überzeugt er den Verfasser ebensowenig wie als Nemorino: Er singt musikalisch, genau, sorgfältig, aber ohne Sonne im Klang und mit nur wenig Charme und Sinnlichkeit. Die Tenorpartie in *Il Barbiere di Siviglia* promoviert er gleichsam zum Professor Dr. Almaviva: Er führt die Fiorituren und Triller, Gruppetti und andere Ornamente vor wie Andenken hinter Glas. Sie wirken, auch durch die trockene und angestrengte Tongebung, wie erstarrt – ein Vergnügen nur für den, der Rossini als einen kompositorischen Mechanikus verachtet. Als kompetenter, indes nicht eleganter Belcantist bewährt sich Gedda in einem Duett-Recital mit Mirella Freni (Szenen aus *La Sonnambula, Lucia di Lammermoor, L'Elisir d'Amore*), während er die Schlußszene des Edgardo »Tombe degl'avi miei – Fra poco a me ricovero« so elegant wie eloquent und strahlend darbietet: eine Lektion für di Stefano, Domingo und Pavarotti.

Auf eigenes Terrain kommt Gedda wieder in der russischen Oper. Seit Leonid Sobinow (1910) ist die Arie des Lenski nicht so vollkommen gesungen worden wie von Gedda, mit verhangen elegischer Tongebung, sprechender Artikulation und einer unvergleichlich abgetönten Reprise. Das Recital unter Gika Zdrawkowitsch – mit der Wiederholung der Sobinin-Arie und der Szene »Der schlaue Jesuit hielt mich fest«, die im *Boris* unter Dobrowen ausgelassen worden war – ist vielleicht Geddas beste Einzelplatte. Wäre Glinkas »Brüder im Sturm« an dem Tage aufgenommen worden wie Meyerbeers »Sicilienne« aus *Robert le Diable* durch Escalais – die Aufnahme rechnete zu den berühmten Sammlerstücken.

Profondo: Martti Talvela

Beide Sänger studierten – und das haben sie gemein mit den meisten Sängern ihrer Generation – mit dem anerkannten Gesangspädagogen Luigi Ricci. Deshalb ist es nicht überraschend, daß diese Aufführungen mit einem beinahe italienischen Sinn für Linie, mit tonlicher Wärme und kristalliner (aber nie überzogener) Aussprache gesungen werden.
Bill Zakariasan in ›Musical America‹ (1985) über die Aufnahmen der ›Winterreise‹ mit Martti Talvela und Jorma Hynninen

Schon das Organ als solches ist in seiner Anlage, seinem Aufbau wirklich ungewöhnlich: Im schmalsten wie im breitesten Ansatz ... bewahrt die Stimme immer ihren dunklen, vollen Glanz.
Peter Mario Katona in ›FonoForum‹ über Martti Talvela

Martti Talvelas Boris ist kein dramatisch-lebendig realisierter Charakter; der finnische Baß scheint zufrieden mit der bloßen Emission des Tons – eines in der Tat imposanten Tons –, aber er singt nicht im vollsten Wortsinne.
David Hamilton in ›Opera on Record‹

Ein Interviewer, der den in Ostkarelien, Finnland, geborenen Martti Talvela (1935–1989) besuchte, kam sich vor wie die Liliputaner vor Gulliver. Talvela war ein riesenhafter Mann, und die Stimme entsprach dem. Wenn er in der Schlußszene von Mozarts *Don Giovanni* (Prager Aufnahme unter Karl Böhm mit Fischer-Dieskau in der Titelpartie) den Libertin – »Don Giovanni, a cenar teco m'invitasti, e son venuto« – heimsucht, so tritt die Stimme auf mit der überlebensgroßen Gewalt, die in suggestiven Aufführungen von der Statue ausgeht. Wenn er sich in Verdis *Rigoletto* als »un ladro« dem buckligen Narren nähert und schließlich, nachdem er Mord zum Kaufe angeboten, seinen Namen wiederholt – »Sparafucil mi nomino ... Borgognone ... Qui sempre a sera ... Sparafucil« –, gibt er seiner tiefschwarzen Stimme satanische Süße und läßt sie vom mittleren F auf ein endlos gehaltenes tiefes F fallen, und es wirkt wie der Einbruch schwärzester Finsternis. Wenn er in *Don Carlo* – »Son io dinanzi al Re?« – vor Philipp tritt (Aufnahme unter Georg Solti mit Nicolai Ghiaurov in der Titelpartie), hat dies in der bloßen Klanggestalt des Singens die finstere Bedrohlichkeit des politisch-religiösen Terrors.

Der Bauernsohn aus Hiitola, achtes von zehn Kindern, war schon in seinem ersten Berufsjahr als Lehrer, als er 1956 mit dem Gesangsstudium in Lahti begann. Nachdem er 1960 bei einem Liederwettbewerb den ersten Preis gewonnen hatte, bewarb er sich an der Oper von Helsinki. Er wurde abgewiesen und ging voller Enttäuschung nach Stockholm, wo er seine Ausbildung bei Carl Martin Oehmann (Lehrer von Jussi Björling und Nicolai Gedda) fortsetzte. Im Herbst 1961 debütierte er an der Königlichen Oper als Sparafucile und sang bald darauf auch Komtur. Nach einem Vorsingen holte Wieland Wagner den 27jährigen nach Bayreuth, wo er 1962 als Titurel debütierte. Gleichzeitig erhielt er einen Vertrag an die Deutsche Oper in Berlin, an der er vor allem als Seneca in Monteverdis *Poppea* und als Sarastro unter Böhm überzeugte. Ein Jahr später war er in der Scala-Produktion von *Don Carlo* Ghiaurovs Widersacher als Großinquisitor, wenig später auch in Rom unter Giulini. 1965 debütierte er als

König Heinrich in Wien, 1967 als Hunding in Salzburg (unter von Karajan), 1968 an der Met, wo er 1977 als Boris einen der größten Erfolge seiner Karriere hatte. Den Zaren hat er an die hundertmal in verschiedenen Sprachen gesungen und 1976/77 auch unter Jerzy Semkow in der Originalfassung aufgenommen. Talvela hat sich in verschiedenen Interviews überzeugt und überzeugend für das Ensemble-Theater ausgesprochen, hat die vergleichsweise geringe Zahl seiner Auftritte (55 pro Jahr) sorgsam auf wenige Bühnen (Berlin, Met, Salzburg, Bayreuth) verteilt, ab 1972 als künstlerischer Direktor das Festival von Savonlinna betreut und seit einigen Jahren einen großen Teil seiner Energie nicht auf das Singen, sondern die Betreuung eines großen Bauernhofes verwandt.

Talvelas Stimme ist ein echter Basso profondo mit leichter Extension bis zum hohen F. Die Textur der Stimme ist fein, weich und samtig, und dennoch kann Talvela mit dröhnender Wucht ausladen, ohne daß dabei der Ton aus dem Fokus geht. Hat auch die Stimme anscheinend keine Grenzen, so doch der Sänger und Darsteller. Das verrät vor allem die Aufnahme von *Boris Godunow*. Der Finne ist kein dramatisch-expressionistisch agierender Boris wie Schaljapin oder Christoff, sondern ein singender wie Reizen oder Ghiaurov. Es mag an den überaus langsamen Tempi und den Harmonisierungs-Tendenzen Jerzy Semkows liegen,

Martti Talvela
(Foto: © Decca/Polygram Klassik)

daß Talvelas Porträt »dramaturgisch verkleinert« (Ulrich Schreiber) und seltsam sanft wirkt. Talvela verläßt sich auf ein lyrisch rezitierendes Singen selbst dann, wenn er im zweiten Akt – Szene mit den Glocken – über den Gesangsausdruck hinausgehen müßte. Es ist, mit der euphemistischen Formulierung des *Gramophone*-Kritikers John Warrack, »eine etwas gesoftete, aber vollkommen valide« Boris-Interpretation: die einer überragenden vokalen Unpersönlichkeit.

Überzeugender zeigt sich der Finne – und dies ist nicht nur eine Sache der Stimme, sondern des Ausdrucks-Temperaments – in typischen Sing-Rollen und in Partien, die entweder Bonhomie verlangen wie Wagners Daland oder eine Art von wütender Heftigkeit wie Fasolt oder Hunding. Hier hat sein Singen nicht nur eine grandiose Opulenz, sondern auch Dringlichkeit. In noch höherem Maße gilt dies für seine Darstellung des Marke, den er – anders als die meisten – nicht sanft-resignativ darstellt, sondern heftig, aufbegehrend; man meint zu spüren, daß er für diese Rolle in strenge Regie (Wieland Wagner) genommen worden ist. Mit Franz Crass und Kurt Moll teilt er sich den Rang als der beste Sarastro der Gesamtaufnahmen; sein lyrisches Singen ist über die Maßen klangschön und doch nie falsch-pathetisch. In *Fidelio* hat kein Gesandter zum Schluß die frohe Botschaft des guten Königs klangreicher gesungen (unter Karl Böhm), und was den Sparafucile angeht, so muß man schon an Sänger wie Neri oder Pasero zurückdenken, um einen Vergleich zu finden. Den Baß-Part in Verdis *Requiem* unter Solti singt er in einem wenig kohärenten Ensemble (Joan Sutherland ist deplaziert, Horne wirkt unbeteiligt, Pavarotti bei aller Klangschönheit lachrymos) mit prachtvoller Sonorität, aber ohne die Vibranz italienischer Bässe wie Pinza (Talvela und Pavarotti singen im Hostias zudem Schleifen, wo Sutherland einen Triller bildet).

Schuberts *Winterreise* ist, sieht man von den notwendigen Transpositionen (durchweg um eine Terz) ab, musikalisch konzentriert und genau, flüssig und eloquent in der Ausführung und betörend schön in der klanglichen Realisation. Freilich darf man die expressive Intensität Fischer-Dieskaus (die bis zur Ausdrucksgewalt geht) ebensowenig erwarten wie die von jenseits des Grabes kommende orphische Betroffenheit Peter Pears'. Auch in Mussorgskys *Liedern und Tänzen des Todes* versucht Talvela nicht, wie Christoff, grelle Dramen en miniature zu entwerfen, sondern verläßt sich auf das Maß behutsam-expressiver Vokalisierung: seine Tugend und auch seine Grenze.

X. KAPITEL

... Vinceró oder: Internationaler Starbetrieb

Vom Ruhm und von der Berühmtheit

Nach einem hübschen Bonmot des Historikers Daniel Boorstin sind Stars wie Michael Jackson oder Luciano Pavarotti, Madonna oder Maria Callas für nichts so sehr berühmt wie für ihren Ruhm. Wenn über einige dieser »celebrities« von den Agenten der Kulturindustrie gesagt wird, sie seien »fast schon mythische Figuren«, so steckt in diesem ahnungslosen Lob eine bittere Wahrheit: daß es nicht mehr um den *Inhalt* geht, den Rang oder die Qualitäten der Künstler, sondern nur noch um deren Erscheinungsbild.

Die Absurditäten des Massenkultes zeigen sich längst auch im Musikleben und, besonders kraß, im Opernbetrieb. Damit sind nicht einmal, um den Titel eines kleinen Stückes von Igor Strawinsky zu paraphrasieren, die Zirkusauftritte singender Elefanten gemeint. Daß es bei den epidemisch zunehmenden Galakonzerten einiger Star-Tenöre nicht mehr um die Kunst, um die Oper, nicht einmal um einen höheren Jux der Kunst geht, sondern um die Reizung der Erwerbsdrüsen, dürfte gerade denen klar sein, die bei den Massenveranstaltungen für ihre Karten horrende Preise bezahlen, die sie, würden sie in einem Theater verlangt, als unverschämt bezeichnen würden.

Der Opernbetrieb hat sich den Stars vielfach bedingungslos ausgeliefert. Wenn der in Hamburg heißgeliebte Placido Domingo den Otello singt, reicht das bloße *Ereignis* aus, die Kartenpreise zu verdreifachen, ohne daß dies abträglich für die Nachfrage wäre; daß zur Vorbereitung nicht eine einzige Orchesterprobe anberaumt wird und die Aufführung den Ritt über den Bodensee als ein vergleichsweise harmloses Risiko erscheinen läßt, stört weder das Publikum, noch wird es von der Kritik auch nur erwähnt – was nicht heißt, daß es nicht registriert worden wäre. Bejubelt wird, daß der Mann mit dem »fast schon mythischen Ruf« einmal leibhaftig da ist – und daß man dabeisein kann. Gewiß ist an einem solchen Abend eine schönere Stimme als an den Opern-Alltagen zu hören, doch geht es längst nicht mehr um eine sängerische Kunst, die der Darstellung des Werks gilt. Singt nämlich ein Kurt Moll den Osmin so, als wäre Mozarts Uraufführungssänger Georg Ludwig Fischer auferstanden oder der liebe Gott selber Baß geworden, wird diese *Kunst*-Leistung nur von wenigen überhaupt erkannt und gewürdigt.

Die Konsequenzen zeigen sich überdeutlich in den Produktionen für die Klangbühne. Schon vor zwanzig Jahren hat der Kritiker Andrew Porter, damals zur Empörung des Betriebs, von »Fließbandproduktionen« gesprochen. Heute bekommen diese Produktionen ihr *Design* durch die Namen einiger weniger Stars, die Standardpartien drei- und viermal aufnehmen und überdies Rollen singen, welche sie nie auf der Bühne gesungen haben und singen werden oder gar, was noch viel schlimmer ist, ihnen in jeder Beziehung fremd sind – musikalisch, sprachlich, technisch. Keine Seltenheit, daß besonders gefragte Stars nur für einen oder zwei Tage im Studio sind, nicht alles aufnehmen können und die fehlenden Passagen synchronisieren, selbst bei Ensemble-Passagen.

Künstler und gerade Sänger neigen dazu, dem Publikum zu geben, was es verlangt, obwohl es ihre Aufgabe wäre, den Geschmack des Publikums zu prägen, zu bilden – ein Anspruch, den ein Dietrich Fischer-Dieskau mit bewunderungswürdigem Kunsternst immer erfüllt hat. Aus diesem Grunde ist es besonders wichtig, die künstlerischen Leistungen der Stars kritisch zu beleuchten. Sie allein sind es, die Maßstäbe setzen – und nur wenn man diese beschreibt, nimmt man ihre Arbeit ernst.

Glanz und Glätte: Montserrat Caballé

Man kennt heute, mit Ausnahme von Montserrat Caballé, das Piano-Singen nicht mehr. Sie ist die letzte Meisterin dieser verlorenen Kunst.
Maria Caniglia

Die größte lebende Sängerin heißt für mich Montserrat Caballé. Nicht nur das Instrument ist von superber Qualität, auch die Technik ist hervorragend. Von manchen wird sie kritisiert wegen ihres Mangels an Temperament – aber wissen diese Kritiker denn nicht, daß sie nicht so vollkommen wäre, wenn sie auch das hätte?
Giulietta Simionato

Ich finde, daß die Sänger von heute sich nicht nur auf den reinen Klang konzentrieren sollten, wie zum Beispiel einst Renata Tebaldi oder heute Montserrat Caballé. Schöne Stimmen, aber sie bedeuten nichts, weil die Sängerinnen eine fast kuhartige Mentalität haben ... Sie denken nicht darüber nach, was sie singen ... Wenn diesen Sängerinnen eines Tages die Stimmen versagen, dann sind sie nur noch arme, alte Kühe.
Cathy Berberian

Über den Rang eines Sängers oder einer Sängerin entscheiden nicht zuletzt ihre *schlechtesten* Platten. Als nach dem Tode von Maria Callas »unveröffentlichte Aufnahmen« veröffentlicht wurden, waren die meisten Hörer, auch und gerade die kritischen, bereit, das gelungene Ganze über den mißlungenen Einzelton zu stellen – ein seltener Triumph der Kunst-*Anstrengung* über das Versagen und Versiegen der Natur.

Die schlechtesten Platten der aus Barcelona stammenden Montserrat Caballé (geboren 1933) – ob das von Alexis Weissenberg begleitete Recital mit Liedern von Turina, Montsalvatge und vor allem von Richard Strauss oder zwei Wagner-Recitals mit Alain Lombard und mit Zubin Mehta als Dirigenten – können die bösen Bemerkungen Cathy Berberians über die »kuhähnliche Mentalität« der Caballé vom Verdacht befreien, hier handle es sich nur um den Neid der von der Natur Benachteiligten. Vielmehr macht die Kritik der armenisch-amerikanischen »Primadonna der Moderne« einmal mehr deutlich, daß es eine Differenz gibt zwischen klanglicher und musikalischer Schönheit. Die Katalanin verdankt ihren Ruhm vor allem der sinnlichen Schönheit ihrer Stimme – nicht der Brillanz der Technik, nicht dem Feuer des Temperaments, nicht der Individualität der Ausdruckskraft. Nicht daß ihre schauspielerischen Fähigkeiten begrenzt sind auf die Ausdruckskraft einer Statue, ist ihr in erster Linie vorzuwerfen; auch nicht, daß ihr Temperament nicht mit hoher Flamme brennt; wohl aber, daß ihrem Ausdruck kommunikative Kraft fehlt und sich alles, wie ein Kritiker in *High Fidelity* schrieb, verwandelt in »Träumerei, undifferenziert, himmlisch-heiter und unpersönlich«.

Nun sind reproduzierende Künstler geneigt, das zu geben, was das Publikum verlangt, zumal wenn sie damit so erfolgreich sind wie die Spanierin seit dem 19. April 1965, als sie in einer Aufführung von Donizettis *Lucrezia Borgia* mit der American Opera Society als Belcantistin hervorgetreten ist. Caballé hat dazu gesagt: »Mir war der Erfolg mit dieser Aufführung beinahe rätselhaft. Sein Nachteil liegt darin, daß mich seither keiner mehr für die Rollen von Mozart und Strauss, die ich über alles liebe, verpflichten will. Die Manager der Opernhäuser bieten mir Norma, Maria Stuarda und was sonst immer an, nicht aber Donna Anna. Wie glücklich war ich, daß ich die Salome aufnehmen konnte.« Damit beschreibt die Sängerin selber, daß das, was als ihre »Kunst« angeboten wird, auch eine Handelsware ist. Deren Erfolg wiederum sorgt dafür, daß sie auch mit dem handeln kann, was nicht angeboten werden sollte, wie die schon erwähnten Strauss- oder Wagner-Aufnahmen: Dies der Circulus vitiosus von Markt, Management und Manipulation.

Es spricht nicht für das Urteilsvermögen dieses Opern-Managements, daß die Fähigkeiten der Sängerin erst spät erkannt wurden. Caballé hatte nach dem Studium am Liceo von Barcelona – Klavier, Harmonielehre, Komposition und

Montserrat Caballé
(Foto: © Agence de Presse Bernand)

Gesang – beim alljährlichen Wettbewerb die Goldmedaille gewonnen. Bei verschiedenen Probesingen in Italien fiel sie durch. Nach ersten Bühnenerfahrungen mit Zarzuelas erhielt sie 1956 ihr erstes Engagement in Basel. Sie sang Mozart-Rollen und Salome, Renata in Prokofieffs *Der feurige Engel* und Martha in Eugen d'Alberts *Tiefland,* Lady Godiva in Rossellis Oper und Cleopatra in Händels *Julius Caesar* und gastierte an verschiedenen deutschen Bühnen, nicht aber an den führenden. Über diese Lehrzeit hat Caballé gesagt: »Es war ein ausgezeichnetes Training, denn man mußte schon in guter vokaler Verfassung sein, um an einem Abend Aida zu singen und am nächsten Pamina.«

Am Belcanto-Repertoire war Caballé, die vor ihren RCA-Aufnahmen schon zehn Platten in Spanien gemacht hatte, nicht interessiert. Sie wollte zu dem, was sie in der Provinz gelernt hatte, vor allem die großen Partien von Verdi und Puccini singen. Aber als Marilyn Horne 1965 die Aufführung von *Lucrezia Borgia* in New York absagte, weil sie ein Baby erwartete, erklärte sie sich bereit einzuspringen. Mit Carlo Felice Cillario, der sie schon bei der Aufnahme der Schlußszene von *Anna Bolena* begleitet hatte, studierte sie Lucrezia, die sie bald schon für die RCA aufnahm: als präsumptive Callas-Nachfolgerin. Im selben

Jahr sang sie in Glyndebourne die Gräfin in Mozarts *Le Nozze di Figaro* und die Marschallin im *Rosenkavalier*, und an der Met debütierte sie als Marguérite in Gounods *Faust*, ohne mit diesen Aufführungen Sensation zu machen. Dies gelang ihr erst, als sie durch Türen ging, die, wie sie selber sagte, Maria Callas geöffnet hatte. Caballé begann, sich auf die Vokalmusik Bellinis, Donizettis und des jungen Verdi zu konzentrieren.

Nach *Lucrezia Borgia* nahm sie – die Titelgebung der Platten war signifikant – »Rarities« von Verdi, Bellini und Rossini auf und dazu *La Traviata*: Nach Ansicht des Verfassers nicht nur ihre beste Gesamtaufnahme, sondern auch eines der wenigen überragenden Porträts dieser hybriden Rolle, die im ersten Akt ein hohes Maß an Agilität, im zweiten die Energie des Soprano spinto und im letzten des Pathos einer Duse verlangt. Caballé hat die Partie offenbar minuziös studiert: Die Ornamente des Brindisi sind perfekt in die Linie integriert, »Ah! fors' è lui« wird expansiv und ausdrucksvoll phrasiert, die Kadenz mit erstaunlichem Sinn für musikalische Architektur gesungen und »Sempre libera« mit müheloser Brillanz bewältigt. Nur die repetierten hohen C's tendieren dazu, scharf zu werden – eine Schwäche, die Caballé später durch eine gleichsam gesoftete Attacke zu kompensieren trachtete. Im zweiten Akt singt sie berückend schön und dennoch eloquent und ausdrucksvoll. Das gilt nicht nur für die strömenden Sostenuti in »Dite alle giovine« oder die wundervolle Klangfontäne bei dem heikel zu attackierenden Ausruf »Gran Dio« auf dem hohen G, sondern auch für die energisch-deklamatorischen Momente wie die rasche c-Moll Passage »Non sapete quale affetto vivo«. Im »Addio del passato« löst sie sich, im Bewußtsein eigener Mittel und Möglichkeiten, von der emphatischen, aber vom Verismo eingefärbten Vortragsweise, die seit Claudia Muzio zugleich Tradition und schlampiger Trick geworden war. Wie keine andere Violetta der LP-Ära realisiert sie Verdis Morendo-Vorschriften und die schwierige Produktion eines Fil di voce; nur den Binnenteil singt sie immer noch zu laut – es sei, er wirkt zu laut, weil die Stimme bei größerer Dynamik eine Tendenz zur klanglichen Verhärtung zeigt.

Wenig später legte Caballé ein Recital mit Arien des jungen Verdi vor, betreut von Anton Guadagno. Es zeichnete sich zunächst durch seine musikalische Sorgfalt aus: keine Kürzungen bei den Vor- oder Nachspielen, komplette Rezitative und Wiederholungen bei den Cabaletten, dazu szenische Vollständigkeit durch Chöre und Comprimarii. Mit dieser Platte bekam auch das Bild ihrer Stimme eindeutige Kontur. Sie besticht zunächst durch die reine und flüssige Tongebung vor allem bei leisen Tönen, dazu durch perfekt abgemessene Phrasierung. Seit der jungen Zinka Milanov hatte man zudem keine so ätherisch flutenden hohen Pianissimi mehr gehört wie von der Spanierin – in der Kadenz von »Tu al cui sguardo onnipossente« etwa nimmt sie ein hohes A mit mühelos-raschem Anschlag und singt es berückend süß. Im Rezitativ vor der Cavatina der

Lucrezia *(I due Foscari)* führt sie einen Zwei-Oktaven-Fall (vom H aus) sauber aus. Verzierten Passagen wird sie gerecht, ohne sie freilich mit wirklicher Brillanz auszuführen. Sowohl in der Cabaletta von »Non fu sogno« aus *I Lombardi* gibt es schrille hohe C's als auch ein scharfes Cis« am Ende des Rezitativs von »Ah! dagli scanni eterei« aus *Aroldo*. In der Szene aus *Alzira* sind, vor allem am Ende des Rezitativs, Intonations-Unsicherheiten zu spüren, die in der Cavatina – weite Bögen über einer wenig stützenden Begleitung – die Toleranzgrenze streifen. Unbefriedigend ist der Triller, der nicht korrekt ausschwingt und auch nicht in die Linie eingebunden wird, besonders kraß zu hören in der Arie »Grave a core innamorata« aus *Un Giorno di Regno*. Doch das sind fast schon zu kritische Einwände gegenüber der besten solistischen Verdi-Platte seit den großen Callas-Recitals aus den späten fünfziger Jahren.

Ebenso sorgfältig die wenig später produzierte Platte mit »Rossini Rarities«, für deren Auswahl und Edition der amerikanische Musikwissenschaftler Randolph Mickelson, ein Spezialist für die Aufführungspraxis des 18. und 19. Jahrhunderts, verantwortlich zeichnete. Er besorgte wohl die Auszierungen für die Arie der Armida »D'amore al dolce impero«, von Caballé ausgezeichnet bewältigt. Ganz vortrefflich auch Pamiras Arie aus *L'Assedio di Corinto* und Tancredis vollständiges »Di tanti palpiti« einschließlich des langen einleitenden Rezitativs, während die hohen C's im »Inflammatus et accensus« aus dem *Stabat Mater* nicht ausreichend Klang und Körper haben, um das Ensemble wirklich zu überstrahlen. Auch die nächsten Recitals – »Donizetti Rarities« und ein zweites Verdi-Recital mit Arien aus *Forza, Aida, Macbeth* und *Otello* – demonstrieren alle Tugenden der Sängerin: eine sehr konzentrierte Tongebung, schwebende Pianissimi, perfekte Messa di voce und ein immenser Umfang bei gut ausgeglichener Skala. Antonias Szene aus Donizettis *Belisario* – »Plauso! Voci di gioia« – singt sie betörend schön.

Auch im Verdi-Recital bezwingt sie mit Nuancen von betörendem Zauber, wobei das Wort betörend durchaus doppeldeutig gemeint ist. Nachdem sie den Beginn der »Pace«-Arie mit behutsamem Portamento gesungen hat, nimmt sie zum Schluß die Stütze zurück, plaziert die Stimme ganz hoch und springt, diesmal ohne die geringste Gleithilfe, auf das hohe B, das sie auf einem ätherischen Pianissimo hält. Es ist einfach überwältigend. Als Aida singt sie das grausam exponierte hohe C in der Nil-Arie – wo es kein Fingieren gibt – mit einem schier unglaublichen Pianissimo dolce, und dies nach durchgesungener Phrase. Der leise Ton leuchtet, und stets bleibt der Eindruck, daß Atemreserven im Depot bleiben, weil die Phrasen konzentriert ausschwingen und sauber »abgeschnitten« werden (ohne Schock vom Zwerchfell). Und doch bleibt ein unerfüllter Rest. Man merkt es dann, wenn man die bei aller Brillanz expressivere Aufnahme der jungen Elisabeth Rethberg (auf Brunswick) und vor allem die von Meta Seinemeyer hört, die nicht nur den vokalen Epikureer entzücken, sondern der Figur Leben und Feuer geben. Das schwelende, schweflige Feuer brennt auch nicht in Caballés Wiedergabe der Nachtwandelszene aus *Macbeth*. Man hört und fragt: Was singt sie eigentlich? Und antwortet: Ein perfektes hohes Des auf einem feinen Fil di voce. Wunderbar und wunderlich: Denn Verdi hatte, sein Brief ist tausendmal zitiert worden, nicht die schöne Stimme der Tedorini, sondern eine expressive, charakteristische im Sinn. Daß Caballé die »Salce«-Rufe und das »Cantiamo« in der Szene der Desdemona ätherisch schön singt, war zu erwarten; um so eindringlicher die intensive Attacke des hohen Ais bei »Ah, Emilia addio!« – eine vollkommene Übersetzung eines Schmerzensschreis in einen konzentrierten Klang mit dem winzigen »Klick« der Glottis-Attacke, die bei Caballé, typisch spanisch, des öfteren zu beobachten ist. Eine ihrer besten Leistungen bietet sie im Verdi-Requiem unter Sir John Barbirolli, der alle Tempo-Vorschriften bis an die Grenze der Larmoyanz unterbietet. Aber wenn Caballé das hohe B auf »Requiem aeternam« im Forte anspringt und dann auf pppp diminuiert, führt uns der Klang in die halkyonischen Gefilde eines als sinnlich imaginierten Paradieses. Fast zur gleichen Zeit nahm Caballé unter Carlo Maria Giulini die fünfaktige italienische Fassung von Verdis *Don Carlo* auf, mit Domingo, Milnes und Verrett (weniger Raimondi) exzellent besetzt. Wenn sie auch die große Arie nicht so kontrastreich, als Drama im Drama, aufbaut wie Maria Callas, ist ihr Vortrag nicht nur makellos, sondern auch eloquent. Was ihm fehlt, ist rhythmische Energie. Wenn der Ton das Skelett des Singens ist und der Rhythmus dessen Muskulatur, so bewegt sie sich mit schlaffen, trägen, lethargischen Bewegungen.

Es ist schwerlich ein plausibler Grund dafür zu finden, daß sie schon bald darauf ihren Vortragsstil einzuebnen begann. Ein von Charles Mackerras dirigiertes Puccini-Recital stellte sie unter das Ziel der Überfütterung mit Wohllaut: »Un bel di vedremo« drückt nichts von der sehnsüchtigen Erwartung Cio-Cio-Sans aus und schließt mit einem endlos gehaltenen B ab – und das hinein in eine Orchestermodulation. Sie singt nicht nur über den Wortsinn hinweg, sondern auch mit falscher Wortakzentuierung – als ob sie am Sinn des Gesungenen nicht im geringsten interessiert wäre. Sie bringt es glatt fertig, mitten in die Phrase »wir sehen weit entfernt am Horizont des Meeres« sozusagen einen Punkt zu machen: zwischen »sull'estremo, confin del mare«. Auf der anderen Seite bindet sie, gegen Puccinis Notierung, die klimaktische Phrase der Tosca-Arie in einem Bogen zusammen – was klanglich überwältigenden Effekt macht, aber dramaturgisch völlig verfehlt ist.

Mag sein, daß auch die Produktionsbedingungen der siebziger Jahre – ihr Nenner: »time is money« – dafür sorgten, daß viele ihrer Gesamtaufnahmen nicht mehr wurden als ein Flickenteppich schöner Einzeltöne. Zwar kann ein

Sänger ohne Können kein Star werden, aber als Star kann er eine Zeitlang ohne den vollen Einsatz seines Könnens auskommen. Er kann es sich leisten, ohne die angemessene Vorarbeit ins Studio zu gehen und für die Rolle nicht viel mehr aufzubieten als den großen Namen. Nach dem Bericht von Andrew Porter nahm Caballé im Sommer 1973 – inzwischen Weltstar und von mehreren Firmen umworben – für Decca *Turandot* (Liù), für EMI *Guillaume Tell* (Mathilde) und Verdis *Giovanna d'Arco* und für RCA Bellinis *Norma* auf; zugleich sang sie am Covent Garden Violetta und in der Festival Hall Caterina Cornaro. Unter solchen Produktions-Bedingungen entstehen eben nur Produkte. Porter führt in seiner vergleichenden *Norma*-Diskographie eine Reihe von »schönen« Einzelmomenten an – etwa das geschmeidig und zugleich mit reichem Klang gesungene Melisma bei »un prego ancor« in der Schlußszene –, die in einem merkwürdigen Gegensatz stehen zu den schlittrigen chromatischen Läufen in »Casta Diva«; verstörend aber ist die Gedankenlosigkeit, mit der entscheidende dramatische Phrasen und Akzente verspielt werden – aus Nachlässigkeit. Denn Norma läßt sich nicht leicht bewältigen, und schon gar nicht mit der Fülle des Wohllauts oder luxurierenden Pianissimi.

Aus dem, was Ulrich Schreiber harsch einen »fossilartigen künstlerischen Zustand« nannte, hat Caballé sich nicht mehr befreien können, auch nicht mit Salome unter Erich Leinsdorf. Zwar versucht sie nicht, der Partie nur mit schönen Tönen beizukommen, aber sie hat auch nicht, Folge eines schlecht fokussierten und zudem gewöhnlich klingenden Brustregisters, die rechten und schon gar nicht die tiefen Töne für diese Partie. Spätere Aufnahmen von *Un Ballo in Maschera* oder *Turandot* laufen auf den Versuch hinaus, die heiklen Rollen den (inzwischen begrenzteren) Mitteln der Stimme anzubequemen – die große Szene der Amelia aus dem zweiten Akt und Turandots »In questa reggia« geraten zum Ritt über den Bodensee. Und da sich in der einst so feinen Höhe mehr und mehr ein Schlag bemerkbar macht und die Koloraturgeläufigkeit nachläßt, gehören Aufnahmen wie *I Puritani* unter Riccardo Muti und *Il Turco in Italia* unter Riccardo Chailly schon zu den Abgesängen – im Vergleich zu den suggestiven Rollen-Porträts durch Maria Callas bietet Caballé dort nicht einmal eine Skizze.

Grenzen der Schönheit: Kiri Te Kanawa

Dies war immer eine von Dame Kiri Te Kanawas besten Rollen: Persönlich habe ich im Opernhaus nie eine bessere Gräfin gehört.
John Steane in ›The Gramophone‹, 1983, über Kiri Te Kanawa in Soltis ›Le Nozze di Figaro‹

Nach dem Bericht von John Steane beobachtete der Kritiker Bernard Levin düstere Kollegen-Gesichter, als Kiri Te Kanawa in der Covent Garden Opera »mit mirakulöser Schönheit« sang. Er kommentierte diese Empfindung von Unbehagen an reinster Schönheit mit dem Satz, daß diese Kritiker, wären sie bei der Speisung der Fünftausend anwesend gewesen, darüber geklagt hätten, daß das Brot nicht gebuttert war oder daß Sauce tartare zum Fisch fehlte. In der hübschen Pointe offenbart sich die Kontroverse um das Singen der 1944 geborenen Neuseeländerin und, seit 1982, Dame of the British Empire. Man spricht ihr, mit den Worten von Henry Pleasants, »the most distinguished voice« unter den Sopranen unserer Zeit zu und dramatische Ausdruckskraft ab. Man rühmt die Tonschönheit ihrer Stimme, den Reichtum des Klangs und die Sanftheit der Emission, und man tadelt den Mangel an Verve, die Gleichgültigkeit gegenüber der Diktion und ein gewisses Maß an vokaler Selbstgenügsamkeit. Es ist, kurz gesagt, der alte Streit zwischen Singen und Darstellen, der sich an dieser ganz außerordentlich begabten Sängerin entzündet. Immerhin hat er dazu geführt, daß ein italienischer Dirigent sie aus seiner Aufnahme von Puccinis *Manon Lescaut* hinauswarf und statt ihrer Mirella Freni engagierte. Sie sang sie später unter Riccardo Chailly – und man fragt sich, warum sich Des Grieux wegen einer so braven Kokotte deportieren läßt.

Ihren ersten Gesangsunterricht erhielt Te Kanawa von Schwester Mary Leo am St. Mary's College in Auckland. Zunächst galt sie als Mezzosopran, und erst am London Opera Centre entdeckte man die Möglichkeiten ihrer hohen Lage. Mit sechzehn Jahren verließ sie die Schule, um als Sekretärin zu arbeiten. Eine musikalische Karriere schien, vor allem aus ökonomischen Gründen, ausgeschlossen. Durch ihre Freundin Raewyn Blade, heute eine arrivierte Bühnen- und TV-Sängerin, kam sie dazu, sich an einer Amateur-Aufführung von *The Student Prince* zu beteiligen. Sie sang im Chor bei Aufführungen von *Annie get your Gun* und brachte es zunächst nicht weiter als bis zur Plattenverkäuferin. Ihr Gehalt besserte sie durch gelegentliche Konzerte auf, bei denen sie Titel wie

»Granada« oder »Summertime« vortrug. 1960 beteiligte sie sich zum erstenmal an einem Wettbewerb in Auckland. 1963 begann sich die Stimme endlich zu entfalten, und dies spornte den Ehrgeiz der von ihrer Lehrerin Mary Leo als phlegmatisch eingeschätzten Schülerin endlich an. Sie beteiligte sich an dem von Mobil Petroleum ausgesetzten Mobil Song Quest (1963) gemeinsam mit der Mezzosopranistin Malvina Major und kam bis in die Endrunde. 1965 ging sie nach Australien und nahm an Wettbewerben teil, die von der *Sydney Sun* und der *Melbourne Sun* ausgesetzt worden waren. Beim ersten Wettbewerb erhielt sie den zweiten Preis. Die Kritiker überzeugte sie auf Anhieb. Den zweiten Wettbewerb in Melbourne gewann sie mühelos. Mit einem Preisgeld von 560 Pfund, einem Stipendium von 1300 Pfund, einer Trophäe und dem Nellie Melba Cup verließ sie Australien, und mit einer Empfehlung ihrer Lehrerin ging sie im Frühjahr 1966 nach London, um am Opera Centre zu studieren.

Die Akklimatisierung fiel ihr schwer, und nicht wenige Lehrer waren erbittert über ihren Mangel an Arbeitsenergie. Nur June Megennis, die Assistentin Robertsons, erkannte die Talente der scheuen Schülerin. 1967 sang sie ein Konzert, über das Alan Blyth schrieb: »Den Opernstar des nächsten Jahrzehnts aufzuspüren ist so schwierig, wie den Sieger eines Pferderennens zu tippen –

Kiri Te Kanawa
(Foto: © Decca/Polygram Klassik)

und ebenso herausfordernd... Hätte ich mein Geld zu setzen, ich böte es auf die 23jährige, magnetische Sopranistin Kiri Te Kanawa aus Neuseeland... Miss Te Kanawa sang mit vollem, perfekt fokussiertem Ton als unglückliche Königin Dido in Purcells Oper. Sie machte deutlich, daß sie reif ist für jedes Opernhaus.« Bis 1966 hatte Te Kanawa vorwiegend Mezzo-Partien studiert. Als sie 1966 Richard Bonynge vorsang, riet er ihr, Sopran-Repertoire zu studieren. Im Jahre 1967 studierte sie Purcells Dido, eine Rolle, die meist von Mezzos gesungen wird, eigentlich aber für einen Sopran mit einem reichen tiefen Register gedacht ist. Sie sang die Rolle zunächst im französischen Caen (einem Ort in der Normandie), danach im Londoner Purcell Room. Wieder erhielt sie eine hymnische Kritik von Alan Blyth im *Daily Express* und, noch wichtiger, in *Opera*. Es ist vor allem dem Regisseur John Copley zu verdanken, daß sie nicht schon bei ihren ersten Covent-Garden-Auftritten aus dem Tritt kam. Denn sie war damals sorglos in ihrer Arbeit, kam unvorbereitet zu Proben und kannte ihre Texte nicht. Sie studierte die zweite Dame in *Die Zauberflöte* (1967), Szenen aus *Anna Bolena* (1968) und wurde von dem Agenten Basil Horsfield gehört (der u. a. Shirley Verrett, Stuart Burrows, George Shirley, Ryland Davies und Geraint Evans vertritt).

Horsfield ahnte »ein ungeheures Potential«. 1968 sang sie Idamantes für die Chelsea Opera Group – einer der Rollen-Kompromisse in den Post-coltello-Tagen. Wieder rühmte Andrew Porter den »frischen, freien und klaren Ton« ihrer Stimme, bemängelte aber auch Passivität in ihrem Singen. Es war das Ende ihrer Studenten- und Ausbildungszeit. 1969 fand sie eine neue Lehrerin; sie erhielt einen Vertrag als »junior principal« an der Covent Garden Opera und bekam die Chance, in einer spektakulären Produktion in der Royal Festival Hall zu singen: in einer Aufführung von Händels *Alcina* mit Joan Sutherland in der Titelpartie (die Australierin hatte die Rolle sieben Jahre zuvor am Covent Garden gesungen und in einer berühmten Aufnahme verewigt). Te Kanawa sollte die Travesti-Rolle des Oberto übernehmen, und sie behauptete sich darin so trefflich wie wenig später in *Fedora* mit Magda Olivero, del Monaco und Gobbi. Danach sang sie beim Camden Festival im Mai 1969 die Partie der Ellen in Rossinis *La Donna del Lago*, eine Colbran-Rolle, und hörte von den Kritikern wahre Hymnen.

Es war Manager Horsfield, der ihre darstellerischen Schwächen erkannte und eine neue Lehrerin suchte, während Te Kanawa vergebliche Anläufe unternahm, Verträge an der Sadler's Wells und der Royal Opera zu ersingen. Ein Grund für das Zaudern der Verantwortlichen war ihr Ruf, phlegmatisch und langsam beim Lernen zu sein. Bei den Vertrauten von Sir Georg Solit kam sie zunächst nicht an, wohl aber bei Colin Davis und Peter Hall, die einfach nicht glauben konnten, daß eine solche Stimme noch nicht herausgestellt worden war. Sie holten es nach – Te

Kanawa sang die Gräfin Almaviva in Mozarts *Le Nozze di Figaro* und erhielt einen Vertrag über drei Jahre und fünfzig Pfund pro Woche – ein Fünfzigstel von dem, was sie wenig später pro Abend verdienen sollte. Das aber verdient man nicht nur mit der Stimme, sondern auch mit dem, was man auf der Bühne darstellt.

Te Kanawa stellte damals wenig dar. Dank Horsfield aber kam sie mit der ungarischen Sopranistin Vera Rosza, die in den fünfziger Jahren an der Wiener Staatsoper gesungen hatte, zusammen. Sie war es, die die Stimme leichter und flexibler gemacht und die bis dahin unterentwickelten darstellerischen Talente entfaltet hat. Am 21. April 1971 debütierte Te Kanawa als eines der Blumenmädchen in *Parsifal* am Covent Garden. Philip Hope-Wallace und Desmond Shawe-Taylor schrieben enthusiastisch über den »reinen und perfekt fokussierten hohen Sopran« und die »gloriose Stimme« der Neuseeländerin. Dann endlich, am 1. Dezember 1971, trat sie als *Figaro*-Gräfin unter Colin Davis ins Licht der Sensation: Hymnen von den englischen Kritikern, voran von Andrew Porter und William Mann. Harold Rosenthals Befürchtung von »over-exposure« wurde hinfällig durch das kluge Management Horsfields, der seinen Zögling geschickt und gescheit einsetzte. 1972 sang Te Kanawa *Figaro*-Gräfin in San Francisco. Für die Scottish Opera studierte sie Desdemona, für Solti flog sie, kurz vor Weihnachten 1971, nach Wien und sang eines der Blumenmädchen in *Parsifal*. Im Februar 1972 führte sie mit John Pritchard Strauss' *Vier letzte Lieder* mit dem BBC Orchestra auf; sie hatte die Gesänge mit Vera Rosza studiert. 1978 hat sie die Lieder mit Andrew Davis aufgenommen, zwanzig Jahre später unter Solti. 1972/73 studierte sie Micaëla in *Carmen*, Amelia in *Ballo* und Donna Elvira in *Don Giovanni*. Es folgten Marguérite in Berlioz' *La Damnation de Faust* (unter Pritchard, neben Burrows). Desmond Shawe-Taylor schrieb: »Mr. Pritchard hat für diese Rolle unsere Covent-Garden-Gräfin, Kiri Te Kanawa, engagiert, die eine so reine, geschmeidige und schöne Sopranstimme besitzt, . . ., wie man sie heute nur hören kann. Obwohl noch Spuren künstlerischer und technischer Unreife in ihrer Arbeit zu entdecken sind, gibt es wenige Sängerinnen, deren Auftritten ich so entgegenfiebere; und ihre Marguérite, trotz eines gewissen Mangels an Vertrautheit mit dem französischen Idiom und der Sprache, war gewiß exquisit.«

Nach dem *Figaro*-Erfolg an der Covent Garden Opera war Te Kanawa international gemacht. Die Plattenfirmen kamen mit vielen Angeboten auf die Neuseeländerin zu. 1972 hatte sie nicht weniger als 101 Engagements. Darunter war auch Elvira in *Don Giovanni* unter Davis. Für die Aufführung war zunächst die Südafrikanerin Wendy Fine vorgesehen, aber für die der Aufführung vorausgehende (!) Platten-Produktion wählte Colin Davis die international mehr versprechende Te Kanawa, die die Rolle einige Jahre später noch einmal – und erheblich intensiver – unter Lorin Maazel sang. Die englischen Kritiker Hope-Wallace und Harold Rosenthal, mit Te Kanawas Stimme durch viele Aufführungen vertraut, beklagten, daß die Aufnahmen den klanglichen Reichtum der Stimme nicht recht eingefangen hätten: Ein Hinweis darauf, daß es auch heute perspektivische Minderungen einer Stimme durch die Mikrophone gibt. Rosenthal: »Kiri Te Kanawas Elvira ist vielversprechend, aber den Toningenieuren ist es anscheinend nicht ganz gelungen, die natürliche Schönheit der Stimme einzufangen. Ich spiele die Aufnahme nach ihren triumphalen Aufführungen an der Covent Garden Opera und muß sagen, daß ich mir wünschte, sie hätte die Partie im nächsten Sommer aufgenommen und nicht schon jetzt – vielleicht hätten wir die beste Elvira auf Platten.« Auf die Mozart-Oper folgte Micaëla in *Carmen* unter Sir Georg Solti, der seine Vorbehalte gegen die einst für unzuverlässig Eingeschätzte aufgegeben hatte. Ihre Partner waren Tatiana Troyanos, Placido Domingo und José van Dam. Mit dem letzteren holte sie sich die besten Kritiken für ihr Singen mit einem »lovely creamy tone« (Harold Rosenthal), aber darstellerisch überzeugte sie nicht. In Glyndebourne übernahm sie in einer Peter-Hall-Produktion die Gräfin Almaviva. An der Covent Garden Opera folgte Amelia in *Simon Boccanegra* neben Glossop und dem wieder genesenen Boris Christoff. Stanley Sadie kommentierte, daß ihr Singen »koloriert war von Liebe, Angst, Verzweiflung und all den Emotionen, von denen die Figur erfüllt ist«. Andrew Porter empfand »das seltene Vergnügen, ohne Einschränkungen loben zu können«, und Harold Rosenthal schrieb in *Opera* über »eine Offenbarung, Verdi-Singen auf dem höchsten Niveau«. Beim Revival des *Don Giovanni* im Jahre 1973 bestätigte sie die Kritik Rosenthals vom Vorjahr: Sie war in der Lage, die zunächst gut gesungene Rolle dramatisch zu erfüllen. Alan Blyth pries in *Opera* die »beste Elvira seit Schwarzkopf und Jurinac in ihren Glanzzeiten«. Ihr Debüt an der Met gab sie am 9. Februar 1978 – vier Wochen vor dem geplanten Termin. Sie mußte als Desdemona in *Otello* für Teresa Stratas einspringen, nachdem noch am Vorabend die Met bei der verängstigten Sängerin »Entwarnung« gegeben hatte. Am Morgen wurde sie eilig ins Lincoln Center gebeten. In aller Hast wurde die ganze Oper durchgeprobt, und es war der rollenerfahrene Jon Vickers, der sie »durchbrachte« (Te Kanawa). Sie erhielt vorzügliche Kritiken in der *New York Times* von Allen Hughes und in *Opera* von George Movshon, der die Aufführung im Radio verfolgt hatte und das »flüssige, natürlich-musikalische Singen« lobte. Es war weit mehr als das Standard-Lob für ein Talent, nämlich das Willkommen »für die schönste Sopranstimme seit der jungen Renata Tebaldi« (Alan Rich im *New York Magazine*).

Glänzend gelang das Debüt an der Pariser Opéra in einer August-Everding-Produktion von *Don Giovanni* neben Roger Soyer unter Solti am 7. März 1975, für das sie enthusiastisches Lob erhielt – ein Mitschnitt bestätigt dies aufs schönste. Es folgten sechs neue Rollen: Violetta, Arabella, Rosalinde, Mimi, Tatiana und Pamina, verteilt auf internationale Bühnen und Festivals und Star-

Dirigenten wie Solti, Böhm, von Karajan. Sie sang Tosca in Paris, Fiordiligi in New York (1982), war Claudio Abbados Solistin im Solo aus Mahlers *Vierter Symphonie* und in den *Vier letzten Liedern* von Strauss bei einer Tournee der Wiener Philharmoniker (1977) und nahm die Strauss-Lieder unter Andrew Davis auf – eine ihrer besten Aufnahmen, von Alan Blyth freilich als bloß »gutes Singen« gegenüber der »profunden Interpretation« durch Schwarzkopf deutlich abgewertet. Das hat sich in der neuen Aufnahme nicht geändert.

Zu bedenken sind hier die Produktionsbedingungen, unter denen heute selbst die Arrivierten arbeiten müssen. Zum einen wird heute unendlich viel mehr produziert als vor dreißig Jahren, zum anderen entstehen diese Produkte unter einem schrecklichen Zeitdruck – der apologetische Hinweis von Star-Dirigenten auf den hohen Standard des Orchesterspiels und die Versiertheit heutiger Sänger vergißt, daß eine inspirierte Interpretation so gut wie immer Ergebnis langer Vorbereitungszeit ist.

Te Kanawa hat allein in den späten siebziger und in den frühen achtziger Jahren Mozarts Elvira unter Maazel und Gräfin Almaviva unter Solti, Polly Peachum in *The Beggar's Opera*, Brahms' *Deutsches Requiem* unter Solti und Berlioz' *Les Nuits* unter Barenboim, Konzertarien von Mozart unter Fischer, Lieder von Strauss unter Andrew Davis, französische Gesänge unter Pritchard, Mozart-Arien unter Colin Davis, Arien von Verdi und Puccini unter Pritchard, *La Rondine* unter Maazel, Heiliges und Scheinheiliges unter Barry Rose, Folk Songs & Ballads (Melba-Titel) unter Douglas Gamey und Händels *Messias* aufgenommen, selbst als Maria in Bernsteins *West Side Story* »I feel pretty« gesungen. Viele gute Gelegenheiten zur Demonstration einer berückend schönen Stimme – aber zuviel Routine-Arbeit, als daß die Zeit geblieben wäre für profunde Interpretationen, für die einige wenige Tage im Studio kaum ausreichen. Insofern ist die Karriere dieser prachtvollen Stimme beispielhaft für unsere zeitlose Zeit.

Te Kanawas Stimme ist ein klangreicher, dunkel getönter lyrischer Sopran mit einer leuchtend-brillanten Höhe. Die Register sind gut verbunden. Das Legato ist vortrefflich, die Attacke sanft, aber nicht immer energisch genug. Dank guter Emission schwingen Phrasen schön aus, wobei sie dazu neigt, sie effektvoll zu verlängern. Wie Schwarzkopf – oder auch: die deutsche Sängerin kopierend – zieht sie zuweilen das Spektrum einzelner Vokale über die ganze Phrase hinweg, dies nicht zum Vorteil der Wortartikulation. Vor allem in der hohen und höchsten Lage weicht sie auf jenen bequemen Mischvokal aus, der viel /a/ und /e/ in sich hat. Zudem wird dieser Vokal in das Sfumato eines kleinen Hauchs eingehüllt – vielleicht angenehm für das Easy listening bestimmter Pop-Platten, aber kein dramatisches Ausdrucksmittel. Die Atemstütze bedürfte weiterer Entwicklung: In vielen Aufnahmen muß sie bei vollem Singen vorzeitig Atem fassen und zerreißt dadurch den Bogen einer Phrase. Ein krasses Beispiel ist »Deine Stürme gingen wild« in Richard Strauss' »Ruhe, meine Seele« – man vergleiche dies mit Jessye Normans unendlich viel klangreicherer Wiedergabe.

Der Vergleich mit Jessye Norman offenbart das größte Defizit der Neuseeländerin: Ihre Wortbehandlung ist passiv, so daß ihre Charakterisierungen selten eloquent sind. Hört man die von Daniel Barenboim betreute Berlioz-Platte, auf der Te Kanawa *Les Nuits d'Été* und Norman *Cléopatra* singt, wird der Unterschied zwischen sensualistisch-schönem Singen und wirklichem Agieren im Klang überdeutlich (und dabei singt Norman nicht minder beherrscht und, von einigen Höhenschärfen abgesehen, klangschön). Te Kanawa, die »Le Spectre de la rose« in D (statt in B) und »Sur le lagunes« in g-Moll (statt in f-Moll) singt und damit der ursprünglichen Klavierfassung entspricht, wirkt schon im ersten Lied überhastet, dies auch in »L' île inconnue«, weniger wegen des Tempos, das kaum je rascher ist als in der Baker-Aufnahme, sondern wegen ihrer weniger subtil geformten Diktion. Auch der Vergleich mit Frederica von Stade, diesmal in Ravels *Shéhérazade,* ist für Te Kanawa nicht vorteilhaft: Die Amerikanerin hat nicht nur die satteren Farben für »L'indifférent«, sondern auch mehr verbale Kontur, mehr klangliches Gesicht. Erst recht der Vergleich mit Janet Baker, beispielsweise in »Le manoir de Rosemonde« (Duparc), verrät den Mangel an dramatisch-expressivem Gespür in Te Kanawas Singen.

Hört man sie als Verdi- oder Puccini-Heroine, so überzeugt sie in lyrischen und elegischen Stücken wie in »Chi il bel sogno di Doretta« aus *La Rondine* oder in Leonoras »Timor di me ... D'amor sull'ali rosee« (obwohl die Triller nicht als Ausdrucksfiguren, sondern als Verzierungen gesungen werden), aber als Violetta wirkt sie zahm in der Kadenz vor »Sempre libera« und schwunglos in der Cabaletta. Die große Arie der Elisabetta aus *Don Carlo* singt sie mit einer überwältigenden Klangschönheit und vielen förmlich geliebkosten Phrasen, aber sie baut nicht wie Callas oder Seinemeyer eine dramatische Szene in Klanggestalten auf, hat auch nicht die pathetische Grandeur, die nur aus expressiver Wortbehandlung entstehen kann. Ähnlich das Gebet der Tosca, das sie wie in Pastell malt, ohne den dramatischen Zugriff beispielsweise einer Lotte Lehmann oder selbst einer Tebaldi. Trotz aller Einwände gibt es, um auf ihre von Steane gelobte *Figaro*-Gräfin zurückzukommen, in ihrem Singen viele, sehr viele »biei momenti«. Zwar mildert sie auch bei Mozart die Gewalt der Worte sanft ab, aber die beiden Arien singt sie unter Solti mit berückendem Legato und mirakulöser Tonschönheit, und ihr Triller schwingt durchaus sicherer und sauberer als Schwarzkopfs, deren Porträt freilich das interessantere ist. Befeuert von einem dramatischen Dirigenten, kann Te Kanawa durchaus aus sich herausgehen: Das beweisen die Elvira in der von Lorin Maazel dirigierten Aufnahme des *Don Giovanni* – offenbar eine Schwarzkopf-Kopie – ebenso wie das Mozart-Recital unter Colin Davis: Aria und Cavatina der Sandrina aus *La Finta Gardiniera* werden mit dramatischem Gusto musiziert und brennen mit einer unerwarteten Glut. Feine Nuancen bei »che vergogna« in »Per pietà« aus *Così*, dazu ein plastisch geformtes Rezitativ, aber auch verhuschte Laufpassagen und flache Töne im verzierten Schluß der Arie, der mehr Probenarbeit verlangt hätte. Restlos überzeugend wieder der Reichtum und die Klangschönheit der Stimme. Damit überzeugt sie auch in der prächtigen Decca-Anthologie mit Mozarts Konzert-Arien für Sopran. Hier fehlt es auch nicht an Ausdrucks-Temperament – die repetierte Phrase »Ah, crudele« aus »Ah, lo previdi« singt sie loderndfeurig –, aber erneut bleibt sie der Wortformung manche Nuance schuldig. Hört man alle fünf Arien nacheinander, so entsteht der Eindruck darstellerischer Monotonie nicht trotz, sondern wegen der nie getrübten Klangschönheit. Reinstes Vergnügen sind hingegen die beiden Platten mit den *Chants d'Auvergne* (Canteloube). Der betörende Sensualismus des Singens entspricht vollkommen dem sentimentalischen Charakter dieser kunstvoll gesetzten musikalischen Folklore, und es will dem Verfasser wie nostalgische Verklärung vorkommen, die Aufnahmen von Victoria de los Angeles gegen die der jüngeren Kollegin auszuspielen.

Schwarze Göttin: Jessye Norman

Was ich anzubieten habe, ist nicht nur Vokalismus – sondern eine singende, eine musizierende Stimme . . . Ich bin nicht die Heroine mit der durchdringenden, das hohe C herausgellenden Stimme. Wir sind mit einer Reihe von Rollen in eine prekäre Tradition hineingeraten. Sänger sind versucht, lauter zu singen, als es nötig wäre, und die Orchester spielen nicht mehr leise, wenn ein Pianissimo verlangt ist. Nur wenige Häuser haben die angemessene Größe für ein Opernhaus. Nach meiner Ansicht dürfte ein Opernhaus 1600 Plätze haben und nicht mehr. Wenn ich in einem Haus mit 3000 oder noch mehr Plätzen über ein Orchester von 70 bis 90 Musikern hinwegsingen muß, so läuft das darauf hinaus, daß man nicht mehr leise für sich singen kann. Wenn man dann auch noch einen Dirigenten hat, der ein Verdi-Pianissimo anders auslegt als andere Pianissimi, hat man schon eine Diskussion am Hals. Für mich gilt: Ein Pianissimo ist ein Pianissimo ist

ein Pianissimo. Und Himmel, wenn da ein Forte steht, sind die meisten zu laut. Meine Stimme ist nach meinem Eindruck nicht eben klein, aber ich bin nun einmal keine Trompete.
Jessye Norman

Als die aus Georgia stammende Jessye Norman, Jahrgang 1950, ausgebildet von Carolyn Grant, spezifisch geschult von Pierre Bernac, ihre erste Recital-Platte vorlegte – sie sang u. a. Wagners *Wesendonck-Lieder* –, sprach Ulrich Schreiber von einer Stimme, die »wie ein Naturereignis über den Musikmarkt kommen« werde. Genau dies ist *nicht* eingetreten. Die Amerikanerin, begabt mit einer der reichsten Stimmen überhaupt, hat eher eine intensive als eine extensive Karriere gemacht. Sie hat nicht die für einen dramatischen Sopran typischen Cavalli di battaglia wie Aida, Tosca oder Gioconda gesattelt, sondern ein ebenso weitgespanntes wie unorthodoxes Repertoire gesungen: Euryanthe von Weber und Pénélope von Fauré, Alceste von Gluck und Armida von Haydn, Medora (*Il Corsaro*) von Verdi und Giulietta (*Un Giorno di Regno*), Sieglinde von Wagner und Jokaste von Igor Strawinsky, Mozarts *Figaro*-Gräfin und Lieder von Schubert, Schumann, Mahler, Strauss, Schoenberg, Berlioz, Debussy, Ravel, Duparc und Satie, Spirituals und geistliche Gesänge. Anders als alle – wirklich:

Jessye Norman
(Foto: © Christian Steiner/DGG)

alle – Vokalisten von Rang setzt sie sich auch für neue Musik ein (was auf Platten auf Grund ökonomischer Hindernisse keinen Niederschlag findet), für Werke von Phil Glass und Pierre Boulez, und anders als die meisten legt sie Wert auf »die Architektur einer Karriere«.

Deren Stationen in Stichworten. Nach ihrer eigenen Erinnerung hat sie mit sechs Jahren zu singen begonnen. Ihr Vater chauffierte sie durch die Umgebung ihrer Geburtsstadt Augusta, wo sie in Kirchen und dörflichen Veranstaltungen musizierte. Mit zwölf Jahren hatte sie ein Kunsterlebnis, wie man es bei uns allenfalls noch durch die Literatur des 19. Jahrhunderts kennt. Sie hörte eine Rundfunkübertragung aus der Metropolitan Opera: »Ich hatte damals überhaupt keine Vorstellung von dem, was ich hörte. Doch fand ich alles faszinierend, und dies um so mehr, je besser ich mir Namen zu merken begann. Ich hatte eine alte Platte von Lily Pons gehört und war überrascht zu erfahren, daß ihre Stimme angeblich eine große Ähnlichkeit mit der einer neuen Sängerin aus Australien haben sollte. Ich fand das gar nicht, die Stimmen waren keineswegs miteinander zu vergleichen. Was mich an Sutherland begeisterte, war die Beweglichkeit einer Stimme von solcher Fülle und Farbe.« Wenig beeindruckt zeigte sie sich von einer *Bohème*-Aufnahme mit Licia Albanese, während sie *Porgy and Bess* und *Aida* mit Leontyne Price voller Enthusiasmus hörte. Seit 1961 studierte sie bei Carolyn Grant, zu der sie bis Ende der siebziger Jahre immer wieder zurückkehrte, weil sie neben Dirigenten und Repetitoren ein paar wirklich »unabhängige Ohren« brauchte, wohl auch eine Vertrauensbeziehung, die Liebe und Kritik einschloß. Carolyn Grant setzte nicht auf eine kodifizierte Methode der Stimm-Produktion, wohl aber auf ein seit drei Jahrhunderten nie angefochtenes Credo: Sie betonte die Bedeutung der Worte, der genauen Artikulation – so wie es einst auch Tosi getan hatte.

Vier Jahre lang studierte Norman bei Grant: Opern, Lieder, Chansons, und dies in verschiedenen Sprachen und Stilen, dazu im Sopran- und im Mezzo-Repertoire. Dann wechselte sie von der Howard University an die Universität von Michigan zu dem französischen Liedersänger Pierre Bernac, mit dem sie vor allem Lieder, speziell französische, studierte, was Niederschlag in ihrem Plattenrepertoire gefunden hat. Nach ihrer Ausbildung und ihrem Sieg beim Wettbewerb der ARD-Anstalten in München debütierte sie im Dezember 1969 an der Deutschen Oper in Berlin als Elisabeth im *Tannhäuser* und machte ihre erste Recital-Platte mit Liedern (u. a. *Wesendonck-Lieder* von Wagner). Sie sang die Dido-Klage, das »Porgi amor« der *Figaro*-Gräfin und Sieglindes »Du bist der Lenz« im Süddeutschen Rundfunk, nahm 1971 unter Colin Davis Mozarts *Figaro* (Partie der Gräfin) auf, sang unter Riccardo Muti beim Maggio Musicale Fiorentino Selika in *L'Africana*, 1972 in Berlin unter Claudio Abbado Aida. Mit dieser Partie debütierte sie auch an der Mailänder Scala, in der Hollywood Bowl und, konzertant, in Paris. Zwischen 1975 und 1980 hat sie alle Opernaufnahmen abgelehnt – nach der Vermutung Martin Mayers (in *Opera News*) aus Hemmung ob ihrer massig-statuarischen Erscheinung. Danach hat sie an der Met Cassandra und Dido in Berlioz' Oper und Strauss' Ariadne gesungen, in Paris Purcells Dido, in New York Strawinskys Jokaste: eine seltsam-außenseiterische Karriere ohne feste Bindung an ein Haus oder ein Ensemble (das es ohnehin nur noch im Sinne eines Aufführungsensembles gibt), aufgebaut allein auf der exzeptionellen Qualität ihrer Stimme und einem klugen Kalkül der eigenen Mittel.

Es ist absonderlich genug, in einer erzromantischen Oper wie *Euryanthe* eine amerikanische und eine englische Sängerin (Rita Hunter), einen schwedischen Adolar (Nicolai Gedda) und einen finnischen Lysiart (Tom Krause) zu finden. Und es ist verwunderlich und zeugt von einem grenzüberschreitenden Ehrgeiz, daß Jessye Norman sowohl das deutsche als auch das französische Repertoire sprachlich-idiomatisch sehr gut gemeistert hat. Normans Stimme – nach Hörensagen erheblichen Formschwankungen unterworfen – ist ein Solitär. Sie hat die dunkle Fülle und den Klangreichtum einer Mezzo-Stimme ohne Hauchigkeit der tiefen Töne und die Brillanz eines dramatischen Soprans. Erst in den letzten Jahren hat sie die Sicherheit in der Höhe (H und C) verloren, hat sich der Klang eingedunkelt, freilich ohne »Verfettung« des Tons. Das Timbre ist charakteristisch und reich an Farben. Die Register sind gut ausgeglichen und makellos verblendet. Die Technik ist, angesichts der Fülle der Stimme, außergewöhnlich: Die verzierte Musik der Armida aus Haydns Oper singt sie mit der technischen Souveränität einer Virtuosa. In einer Live-Aufnahme aus *L'Africana* – sie singt »Figlia del sol« – hören wir kühne Intervall-Sprünge und einen sehr schönen Triller. Geradezu überwältigend ist die Atemtechnik: Norman kann Phrasen zu schier endlosen Bögen wölben und in jeder Nuance sicher gestützt ausformen – gibt es eine Sängerin, die die *Vier letzten Lieder* von Richard Strauss derart generös entfaltet hat? Freilich kann die Stimme unter Belastung – sei es physischer oder psychischer Natur – in der Vollhöhe blaß und hauchig werden, wie etwa Mitschnitte aus *Aida* (die Aufführung ist nicht identifiziert, Berlin oder Mailand?) zeigen. In ihren besten Aufnahmen – genannt seien Lieder von Chausson, Berlioz' *Nuits*, Strauss' *Vier letzte Lieder*, Strawinskys *Oedipus Rex* (unter Colin Davis), Haydns *Armida* unter Dorati – hat die Stimme die tiefe Farbintensität eines Rubins und glühende Leuchtkraft.

Normans erste Opernaufnahme war Mozarts *Figaro*-Gräfin in der damals unterschätzten, dramatisch-geschärften und vokal gut ausbalancierten Aufnahme unter Colin Davis. Sie singt die Partie nicht so nuanciert und fein koloriert wie Schwarzkopf, aber mit berückender Tongebung und atemberaubender Expansion. Offenbar lag die Tessitura der Partie partiell zu hoch, so daß

Vibrato in einzelne Töne kriecht. Den virtuosen Schluß der zweiten Arie einschließlich des Trillers bewältigt sie mindestens so souverän wie Schwarzkopf. Es folgten Verdis *Un Giorno di Regno* und *Il Corsaro*. Held der zweiten Oper ist ein Byronesker Heros, ein stolz-einsamer Luzifer, der von einem empfindsamen Blumenmädchen geliebt wird. Diese Medora wird eingeführt mit einer strophisch geformten, pianissimo gehaltenen Romanze mit schwierigen Plazierungen in der tiefsten Lage der Sopranstimme. Die Begleitung beschränkt sich weitgehend auf Harfe, Solocello und Solobaß. Die zweite Strophe ist reich verziert und verlangt eine Extension von zwei Oktaven. Norman beweist, daß ihr Satz über das leise Singen – »ein Pianissimo ist ein Pianissimo ist ein Pianissimo« – kein Lippenbekenntnis ist: »Egli non riede ancora – Non so le tetre immagine« musiziert sie als innermonologisches Traumstück. Selbst in den Tönen über dem System überschreitet sie, zeitweilig auf Kosten der tonlichen Konzentration, nicht die Piano-Grade. Mit der Subtilität der geschulten Liedersängerin ging sie 1975 an eine der schwierigsten Rollen des deutschen Repertoires heran: Webers *Euryanthe*. Es ist eine hybride Partie, die immensen Umfang, sichere Attacke heikelster Intervalle und ein hohes Maß an Agilität verlangt. In der Höhe reicht die Partie bis zum Cis, und sie muß so vorgetragen werden, daß man, mit einer Metapher Thomas Manns zu reden, von »allen Schauern der Romantik« begnadet wird. Normans C-Dur-Kavatine mit der sanften, aber konzentrierten Attacke in der höchsten Lage ist ein Meisterstück lyrisch-expressiven Singens. Die fanalartigen Jubelrufe im dritten Akt – »Zu ihm, zu ihm! o weile nicht« – beben vor Emphase; es ist ein Singen, wie man es seit Lotte Lehmann nicht mehr gehört hat.

Doch stellt man sich mit so »esoterischem« Repertoire ebensowenig ins Licht der Sensation wie mit einer Haydn-Oper – obwohl Norman mit Haydns Armida bewies, daß sie eine Donna Anna von überragendem Rang hätte werden können. Diese *Armida* wurde 1783, zehn Jahre nach Glucks Opernreform, für Esterhazy aufgeführt. Haydn folgt dem alten (Vor-Gluckschen) Schema der Opera seria mit Secco-Rezitativen und virtuosen Dakapo-Arien. Doch was Haydns Zeitgenosse Johann Adam Hiller in seinen Lehren – »Anweisung zum musikalisch richtigen Gesange« (1774) und »Anweisung zum musikalisch-zierlichen Gesange« (1780) – festgeschrieben hatte, daß nämlich »wahre Empfindung wichtiger (ist) als bloße Kehlfertigkeit«, wird von Haydn erfüllt. Die Koloratur dient nicht sängerischer Virtuosität, sondern musikalischer Expression. Es ist aber wichtig zu wissen, daß der junge Haydn in seiner Koloraturtechnik Einflüsse seines Wiener Lehrers Nicola Porpora (vgl. das Kapitel über die Kastraten) aufgegriffen hat. So ist die Partie der Armida eine Herausforderung im doppelten Sinne: an die Virtuosa und an die Ausdruckssängerin, und sie ist gewiß technisch kaum weniger anspruchsvoll als Donna Anna. Norman hat diese Rolle nur für die Platte studieren können. Um so eindrucksvoller ihre Interpretation, die vokale Brillanz und expressive Imagination verbindet. Im Terzett des dritten Aktes (»Partirò ma pensa ingrato«) muß sich die Stimme in der dünnen Luft höchster Lagen (um C''') rasch bewegen, doch werden bei Norman solche Hürden nicht einmal als Hindernisse spürbar. Auch die Reizharmonik Arnold Schoenbergs oder die archaischen Deklamationen der Jokaste in Strawinskys *Oedipus Rex* ziehen die Stimme nicht vom konzentrierten, klangvollen Gesangston: Toves Gesänge oder Jokastes »Nonn' erubiscete, reges«, recht eigentlich nur phonetisches Material, werden bei Norman zu ausgeformten Klanggestalten.

Erinnern wir uns wieder, um der Gefahr des Überschwangs zu entgehen, daß es noch nie einen perfekten Sänger gegeben hat. Auch Jessye Norman hat Grenzen. Sie ist in vielen Stilen bewandert. Aber ob sie französische oder deutsche Lieder, englische oder italienische Oper singt: Sie betreibt so etwas wie vokale Assimilation. Wenn sie Poulencs »Tu vois le feu du soir« singt, einst von Pierre Bernac mit dem Komponisten am Klavier aufgenommen, trifft sie zwar das Idiom, artikuliert aber nicht so plastisch wie ihr Lehrer. Auch bei den Liedern von Chausson projiziert sie den Text nicht so distinkt wie, beispielsweise, der Franzose Gérard Souzay. Ähnlich steht es um *Trois Mélodies* von Erik Satie, Nonsense-Miniaturen, die den vokalen Effekt negieren und die Gestik des Chanson-Interprète verlangen. Man vergleiche Norman mit Bernac: Sie rezitiert, er agiert diese Gesänge. Wenn freilich klanglicher und farblicher Reichtum gefordert ist wie in Berlioz' *Sommernächten* oder in Ravels *Klingsor-Gedichten (Shéhérazade)*, ist Norman unübertrefflich: Vielleicht sprachlich nicht so nuanciert wie Régine Crespin unter Ernest Ansermet, aber reicher in der klanglichen und atmosphärischen Gestaltung, dazu souveräner in der vokalen Bewältigung. Ich stelle diese Wiedergabe über *alle* anderen (Crespin, Te Kanawa, Baker, Behrens und die Mischfassung unter Colin Davis). Womöglich noch eindringlicher offenbart sie sich als »Stimme der Musik« im Abschieds-Gesang aus Mahlers *Das Lied von der Erde* (unter Sir Colin Davis); nur wird die Aufnahme aus der Balance gebracht durch das exzentrische und forcierte Singen des (großen) kanadischen Tenors Jon Vickers. Nicht geringer ist mein Enthusiasmus für die frühen Mahler- und die späteren Strauss-Aufnahmen Normans: *Vier letzte Lieder,* »Morgen«, »Cäcilie«, »Wiegenlied«, »Ruhe, meine Seele«, »Meinem Kinde« und »Zueignung« kann man klanglich nicht reicher und farbiger, vielleicht – von Schwarzkopf – nuancierter in der Projektion des Textes hören.

Es bleibt eine Frage: Warum steht der Name Jessye Norman nicht für die erste dramatische Sopranistin unserer Zeit? Warum singt sie nicht Tosca, Aida, Brünnhilde und Isolde? Bis auf Aida hat sie keine dieser Partien auf der Bühne gesungen, und selbst die meisten ihrer Platten-Aufnahmen haben kein Äquivalent durch Bühnen-Verkörperungen. Der Verdacht liegt nahe, daß man in der Ära der TV-Übertragungen zwar große Stimmen erwartet, große Staturen aber ablehnt. Ein kolossaler Tristan oder eine korpulente Isolde gelten als Verletzung der szenischen Wahrscheinlichkeit; bei den Klanggestalten ist man weniger empfindlich. Folglich muß man Platten hören, um eine Nachfolgerin für die Sieglinde von Lotte Lehmann oder die Alceste von Kirsten Flagstad zu erleben: Jessye Norman.

In den sechs Jahren, die seit dem oben Geschriebenen vergangen sind, hat die Karriere dieser faszinierenden Sängerin eine Metamorphose durchlaufen: Jessye Norman ist ein Star geworden oder, mit einem modischen Wort, das kurioserweise als Kompliment verwendet wird, eine »Kultfigur«, deren Auftritte, selbst bei Liederabenden, zu Inszenierungen geworden sind. Ein Beispiel dafür war ein Salzburger Festspiel-Konzert unter Herbert von Karajan, bei dem sie mit kathedralenhaftem Klang Isoldes Liebestod sang und ebenso umjubelt wurde wie nach einem Liederabend im August 1986 mit James Levine, der – wie viele ihrer Konzerte – mitgeschnitten wurde, weil ein Norman-Konzert zu einem Ereignis geworden war. Dabei geriet durchaus nicht jede Platte zu einem Ereignis, wie beispielsweise ein Schubert-Recital mit dem Pianisten Philip Moll (auf Philips) zeigt. Zwar ist da immer noch der mächtige, expansive Klang in Liedern wie »Allmacht« und »Auflösung«, immer noch die dramatische Energie in »Erlkönig« mit tiefdunklen Klängen für die Stimme des Vaters; doch gibt es viele, allzu viele brüchige und aspirierte Phrasen, und bei Noten oberhalb des Systems wird der Ton dünner, oftmals hauchig und matt, das Vibrato hektisch-unsicher. »Der Zwerg«, bei einem früheren Recital vergleichsweise beherrscht gesungen, bietet viele unausgeformte Phrasen, vor allem wenn sie mit halber Stimme zu singen hat.

Daß die Zeit fast jede Stimme um ein oder zwei Töne nach unten transponiert, zeigen auch einige ihrer jüngeren Opernaufnahmen. Das gilt etwa für die Sieglinde in *Die Walküre* unter James Levine, doch das wird mehr als wettgemacht durch den unvergleichlichen klanglichen Reichtum der Stimme, dem der Sänger des Siegmund – Garry Lakes – so gut wie nichts entgegenzusetzen hat. Ärgerlich aber, daß sie – wie einige ihrer Kollegen – zu einer »Studio-Künstlerin« geworden ist und Partien aufnimmt, mit denen sie, nicht zuletzt wegen des Mangels an Theatererfahrung, wenig anfangen kann. Bizets Carmen unter Seiji Ozawa geriet zu einem prätentiösen Fiasko – zur Imitation einer Interpretation. Auch beim *Lohengrin* unter Sir Georg Solti mit dem kraß fehlbesetzten Placido Domingo in der Titelpartie ging es vor allem wohl um »Stars im Studio« – um die Attraktion großer Namen. Herausgekommen ist dabei ein synthetisiertes Produkt, deren zuweilen effektvolle Details sich nie zu einem Werk- oder Sinnzusammenhang fügen. Sollte es um den oft beschworenen Belcanto-Wagner gegangen sein, so ward *dieses Ziel* noch weiter verfehlt. Domingo, auf den deutschen Text erkennbar nur phonetisch vorbereitet und von ständigen Artikulationsproblemen geplagt, will kaum eine fein ausgeformte Wort-Ton-Phrase gelingen; selbst die alten italienischen Aufnahmen von Giuseppe Borgatti oder Fernando de Lucia erfassen mehr vom *musikalischen Sinn* dieser Musik als dieser Vortrag. Jessye Norman hat weniger sprachliche Probleme, singt aber oftmals unstet, zuweilen sogar verquollen. Ganz anders ihre Leonore in Beethovens *Fidelio* unter Bernard Haitink, der mit der Dresdner Staatskapelle eine wundervolle Aufführung bietet. Zwar hat die Stimme nicht mehr die ursprüngliche schimmernde Schönheit, doch seit Christa Ludwig – wohl doch die gesanglich beste Leonore der Nachkriegszeit – hat es kein eindringlicheres Porträt gegeben (nur in den Dialogen wirkt sie befangen). Reiner Goldberg als Florestan klingt in seiner großen Szene so, als habe er zwei *Jahrzehnte* im Kerker verbracht und versöhnt allenfalls durch eine generelle Intention, kommt aber nicht einmal an die *lyrischen* Interpreten (Ernst Haefliger, Julius Patzak, Anton Dermota) heran, geschweige denn an Jon Vickers. Daß Jessye Norman auch die Santuzza in Mascagnis *Cavalleria Rusticana* aufgenommen hat, fällt wohl auch eher in den Bereich des Star-Marketing – oder auch: daß es einen Abstieg in den Ruhm gibt.

Herausforderung: Cheryl Studer

Sie singt Salome und die Königin der Nacht, *Tannhäuser*-Elisabeth und Donna Anna, die Sieglinde und Lucia di Lammermoor, die Kaiserin in *Die Frau ohne Schatten* und Konstanze in *Die Entführung aus dem Serail*, Violetta und Elena in *I Vespri Siciliani*, Mathilde in *Guglielmo Tell* und Rosalinde in der *Fledermaus*, Margarethe in *Faust* und Gutrune in der *Götterdämmerung*, die Titelrolle in Rossinis *Semiramide* und die *Figaro*-Gräfin; singt Lieder von Schubert, Schumann, Wagner und Strauss, von Samuel Barber und Gustav Mahler; singt die Tove in Schoenbergs *Gurre-Lieder* (bei der Wiedereröffnung der Berliner Philharmonie im April 1992) und den Sopran-Part in Betthovens *Missa Solemnis* – und all dies in New York und Philadelphia, in Mailand und Wien, in London und München, in Salzburg und Sevilla.

Seit den Tagen von Lilli Lehmann und Florence Easton oder auch der jungen Maria Callas (die allerdings *nur* in italienischer Sprache sang) hat es keine Sopranistin mit einem so umfang- wie kontrastreichen Repertoire mehr gegeben wie Cheryl Studer, hinter deren Geburtsjahr (1957) im *Großen Sängerlexikon* von Kutsch-Riemens ein Fragezeichen steht. Ihre vielen Rollen hat sich die Amerikanerin allerdings nicht so systematisch und kontinuierlich erarbeiten können wie etwa Lilli Lehmann, die in wirklichen Repertoire-Theatern hat arbeiten können. Vielmehr steckt in der Vielseitigkeit der eminent begabten und stimmlich offenbar sehr belastbaren Sängerin eine *demonstrative* Note: die der Herausforderung. Sie *soll*, ganz gleich, ob sie es selber will, die moderne Assoluta sein, die das Repertoire der Callas und der Schwarzkopf singen kann und obendrein das von Koloraturspezialistinnen, Konzert- und Liedersängerinnen. Beim Auftakt dieser in der Tat sensationellen Karriere kam es, wie so oft bei Auftakten, zu wackligen Einsätzen. 1978 hatte die aus Midland, Michigan, gebürtige Sopranistin die National Auditions der Met gewonnen. Doch blieb sie bei etlichen Probesingen in den USA erfolglos. Es war für sie »eine Sache des Überlebens«, in Wien an einem Liedkurs bei Erik Werba teilzunehmen. Unter den Lehrern war auch Hans Hotter, der das Potential der Stimme erkannte, und dank seiner Ermutigung sang sie an der Bayerischen Staatsoper vor (Gilda, Marguerite und Pamina), erhielt einen Vertrag und wurde alsbald in kleineren Wagner-Rollen eingesetzt: als Helmwige, dritte Norn, Freia und Blumenmädchen. Zu ihren frühen Plattenaufnahmen gehört die Ortlinde in *Die Walküre* (unter Marek Janowski). 1985 wurde sie von Wolfgang Wagner, drei Wochen vor Probenbeginn, nach Bayreuth eingeladen. Er brauchte eine Sängerin für die Elisabeth im *Tannhäuser*. Obwohl sie »nicht eine Note der Partie kannte«, sagte sie zu, hatte einen Riesenerfolg und fand sich alsbald »in einer Schublade« – der des Wagner-Soprans.

Aus der wurde sie 1987 von Riccardo Muti befreit, nachdem sie in Mailand in eine Aufführung von Verdis *Requiem* eingesprungen war (der Mitschnitt wurde von EMI veröffentlicht). Unmittelbar nach der Aufführung sagte er: »Sie sind ein Verdi-Sopran, warum singen Sie nur all diese deutschen Rollen?« Er engagierte sie für Aufführungen von Verdis *Attila* und für die Saisoneröffnungen mit Rossinis *Guglielmo Tell* und Verdis *I Vespri Siciliani*. Ihr Debüt an der Met gab sie 1988 als Micaela in *Carmen*, im Frühjahr 1989 sang sie an der Wiener Staatsoper die Chrysothemis in Strauss' *Elektra* unter Claudio Abbado, 1990 in Salzburg die Elettra in Mozarts *Idomeneo*, in Bayreuth die Elsa und in Wien die Donna Anna. Mit einem Wort, sie wurde zur Diva für alle: die Dirigierstars (Muti, Sinopoli, Abbado, Levine, Giulini, Mehta, Bernstein), die Opernhäuser, die Plattenfirmen, ist aber vorsichtig genug, die Zahl ihrer Auftritte auf vierzig bis fünfundvierzig zu beschränken.

Seit zehn Jahren verzichtet Cheryl Studer auf die Arbeit mit einem Gesangslehrer oder Korrepetitor. Sie verläßt sich darauf, daß sie »einen guten Fokus hat, die Stimme in der Maske sitzt«, und führt jeden Tag die Vaccai-Übungen aus. Ihre Stimme bezeichnet sie selber als »dramatischen Koloratur-Sopran, der gut

Cheryl Studer
(Foto: © Jörg Reichardt/DGG)

trägt, ohne so dramatisch zu sein wie der von Birgit Nilsson oder das Volumen von Leonie Rysanek zu besitzen«. In der Tat ist die Stimme klangreicher als die vieler Sängerinnen, die in den letzten zwanzig Jahren Partien wie Konstanze, Donna Anna oder auch Violetta gesungen haben; doch rechtfertigt dies nicht unbedingt die Qualifizierung als *dramatisch*. Sie ist agil, ausladungsfähig und umfangreich, vom Ausdruckstemperament her aber eher verhalten. Die Qualität des Timbres ist gut, aber es ist kein ausgesprochen charakteristisches Timbre – ihm fehlt das klangliche Gesicht, mit dem man Figuren wie Elsa, Elisabeth, Violetta oder Lucia verbinden würde.

Die Arbeit ihrer Rollenvorgängerinnen, sagte sie in einem Interview, interessiere sie wenig. Dies ist ebenso befremdlich wie die Tatsache, daß sie, anders als beispielsweise Rosa Ponselle oder Maria Callas, ohne den Rat und die Führung eines großen Dirigenten auskommen muß. Daß daraus stilistische Unsicherheiten – eine Inkongruenz von Technik und Repertoire – resultieren, ist in ihren Aufnahmen durchweg zu spüren, auch der Mangel an Theatererfahrung. Über ihre Darstellungen der Kaiserin in *Die Frau ohne Schatten* unter Wolfgang Sawallisch und die Elisabeth in *Tannhäuser* unter Giuseppe Sinopoli schrieb Thor Eckert Jr. in *Musical America,* sie habe einen »Schulmädchenzugang« zu diesen Rollen, und ihr Singen sei »die perfekte menschliche Imitation eines Synthesizers«; immerhin räumte der Kritiker ein, die Stimme besitze leichte, effektvolle hohe Töne, eine attraktive Mittellage und eine passable Tiefe.

Dies ist ein bitter-hartes, aber nicht unbegründetes Urteil, und ein ähnliches fällt Thomas Voigt mit Blick auf die in einem Kühlhaus aufgenommene *Salome* unter dem hochmanierierten Giuseppe Sinopoli, in der Leonie Rysanek (als Herodias) aus einem weit entfernten Abseits singen mußte. Sängerisch erweist sich Cheryl Studer als die souveränste Interpretin der Titelpartie seit langem, und der Straussschen Vorstellung von einer Fünfzehnjährigen mit einer Isoldenstimme kommt sie näher als die meisten. An Klanggebung und Diktion gibt es wenig auszusetzen, und doch fehlt gestalterische Spannung: Das Porträt besitzt keine Konturen, wirkt neutral wie eine Computergraphik oder auch: wie ein *kosmetisches Gesicht.* Das mag an Aufnahmebedingungen gelegen haben, deren Zwänge nichts anderes sind als *Vergewaltigungen* der Künstler, die oftmals nur noch Montageteilchen liefern können, aus denen lediglich ein Homunculus erzeugt werden kann. Im Fall der *Salome* wurde dem ein widersinniger, geradezu monströser orchestraler Blow-up übergestülpt.

Ähnliche Irritationen bei Aufnahmen mit italienischer Musik, etwa einem Recital, mit dem offenbar das Signal gegeben werden sollte, daß Cheryl Studer künftig das Repertoire der Callas singen wolle. Unter Gabriele Ferro hat sie mit dem Münchner Rundfunkorchester Arien aus *La Sonnambula, La Traviata, Il Trovatore, Norma, Lucia di Lammermoor, Lucrezia Borgia, Il Barbiere di Siviglia* und *Semiramide* aufgenommen. Die Arien aus *La Traviata, Lucia* und *Semiramide* beschließt sie mit einem hohen Es, die aus dem *Barbiere* mit einem E. Damit folgt sie aber *nicht*, wie oft zu lesen ist, den Praktiken des Belcanto oder der oft wegen ihrer Eitelkeit angegriffenen Primadonnen aus den ersten Jahrzehnten dieses Jahrhunderts. Bei Rossini gibt es kaum je eine Fermate auf einer hohen Note am Ende der Arie oder Cabaletta – wohl aber Kadenzen am Ende des *langsamen* Teils einer Arie mit hohen Noten im raschen Koloratur-Durchgang. Erst in Verdis Zeiten begannen die Sänger damit, am Ende einer Cabaletta einen hohen Ton zu *halten* – das berühmteste Beispiel ist das hohe C am Ende der Stretta aus *Il Trovatore*. Doch waren es, wie Schallplatten zeigen, nur ganz *wenige* Sängerinnen und Sänger, welche das Tenor-C oder das Sopran-Es (oder E) zur Norm machten – jene, bei denen sie wirklich saßen. Will Crutchfield hat »Sempre libera« von Melba, Sembrich, Bori, Tetrazzini, Lilli Lehmann, Farrar, Ponselle, Galli-Curci, Caniglia, Steber, Kirsten, Albanese und Sayao gehört – und zwei Sängerinnen gefunden, die das Es interpolieren. Nach 1960 aber fand er unter zwölf Sängerinnen – Te Kanawa, Scotto, Tomowa-Sintow, Stratas, Sills, Freni, Cotrubas, Sutherland, Lorengar, Moffo, Caballé – nur zwei, die es *nicht* gesungen haben. Doch nur bei Luisa Tetrazzini und bei Joan Sutherland funkelte dieses hohe Es wie der schönste Edelstein im vokalen Diadem.

Als William James Henderson den Änderungen, die Luisa Tetrazzini in der Violetta-Arie vornahm, mit dem Satz zustimmte, daß diese »Ausführung die Aufführung« rechtfertigte, wiederholte er nur, was Verdi akzeptiert hatte: »Hohe Noten dürfen sein, wenn sie *gut* sind, und als Komponist argumentiere ich nicht *gegen* die Wünsche des Publikums.«

Wer hohe Töne rigide verbietet, stellt sich wohl in die Ecke der Pedanten. Doch wird die *Bedeutung* einer Endnote sicher nicht größer, wenn eine Sängerin, so Crutchfield, verbissen-angestrengt die Frequenz der Vibrationen erhöht. Ein Ton, der wie das grelle Pfeifen eines Flötenkessels klingt, verfehlt genau *die* Wirkung, derentwillen er gesungen wird. Cheryl Studer setzt sich, völlig unnötigerweise, dem Zwang aus, Töne anzubieten, die sie zwar erreicht, die aber *über* dem sicher *klingenden* Ende ihrer Skala liegen. Diese Töne haben sowenig Form und Rundung, wie die Skalen am Ende der Arie *vor* »Sempre libera« Finish haben; die Rosina-Arie beschließt sie gar mit einem dünnen, weißen, gleichsam anämischen Ton, den sie realiter vermutlich nie riskieren würde. Was die *anderen* Elemente des Ziergesangs angeht, die Fioritura, so trägt sie diese technisch sicher vor – wie ein gut gelerntes Referat. Sie verfügt über einen ansprechenden Triller, kann eine Phrase Con Espansione singen, vermag den Ton dynamisch zu variieren und eine Messa di Voce auszuführen; sie hat also eigentlich *alle Mittel*, und doch fehlt das Entscheidende: Spannung und Eloquenz.

Nur ein Fehler der Sängerin? Ein Defizit an Temperament? Die Sängerin hat mir berichtet, daß sie das Recital unter größtem Zeitdruck machen mußte und jene Arbeit am Detail, die etwa einer Callas unter einem Studioregisseur wie Walter Legge selbstverständlich zugestanden wurde, unmöglich war. Das Orchester besaß nicht einmal die Noten der Cabaletta, die auf »Casta diva« folgt. Was Wunder, daß nicht viel mehr herausgekommen ist als, so Max Loppert in *Opera*, »eine Reihe von technisch-virtuosen Sangesübungen«. Der musikalisch-expressive Sinn der Verzierungen wird kaum je deutlich, und damit verschwinden auch die stilistischen Unterschiede zwischen Formensprache der Komponisten – beispielsweise daß bei Rossini die Verbrämung ein essentielles Formelement ist, während die Fioritura bei Bellini oder bei Verdi nur der Nuancierung der Linie gilt.

Wenn aber ein Recital eine sängerische *Visitenkarte* sein soll, und worin sonst läge der Sinn, ist es schlechthin unverständlich, daß diese Karte in der Werkhalle für Geschäftsdrucksachen hergestellt wurde. Daß sie weit mehr erreichen kann, zeigt ein Mozart-Recital unter Sir Neville Marriner, auch wenn hier nicht alles so makellos ist, wie es – geht man vom Potential dieser großartigen Stimme aus – sein *könnte*. Um positiv zu beginnen: Sie singt etwa »Oh smania – D'Oreste, d'Aiace« aus *Idomeoneo* mit *innerer* Spannung, »Come scoglio« aus *Così fan tutte* mit jenem pathetischen Überschwang, der dem barock-rhetorischen Gestus dieser Musik angemessen ist. Die hohen ›F's‹ der Königin der Nacht klingen zwar wiederum nach Studio-Tönen; dennoch ist es erfreulich, diese Musik einmal von einer Stimme mit dunklerem Klanggepräge zu hören. Erstaunlich aber, daß etliche Töne in der tiefen Lage – die tiefen ›B's‹ und ›A's‹ in »Come scoglio« und in »Non più di fiori« matt und flach klingen – die dynamischen Unterschiede zwischen der tiefen und hohen Lage in einer Phrase wie »La Tempesta« sind ausgesprochen irritierend; daß es anders und weit besser, auch eloquenter geht, zeigt die exzellente (und nicht so hoch gehandelte) Carol Vaness in einem ähnlichen Recital unter Leopold Hager.

Studers erste Mozart-Gesamtaufnahmen, die Donna Anna in *Don Giovanni* unter Riccardo Muti und die Konstanze in *Die Entführung aus dem Serail* unter Bruno Weil, zeigen einmal mehr die außergewöhnlichen Qualitäten der Stimme – und lassen wiederum ahnen, daß es noch nicht ausgeschöpfte Möglichkeiten gibt.

Grenzgang: Agnes Baltsa

> Ich habe so viele Mezzos angetroffen, denen es schlecht ergangen ist, weil sie ins Sopranfach gewechselt sind. Deshalb bleibe ich, was ich bin. Ich glaube, daß es viel eindrucksvoller ist, wenn ich als Mezzo ein C singe, als jeden Abend darum zu kämpfen, weil es dasein muß. Außerdem ist es nach meiner Meinung nicht nur die Tessitura, die eine Stimme definiert, sondern auch die Farbe. Ich bin ein Mezzo, bin das, was die Franzosen Falcon nennen.
>
> Ich glaube, daß es in jedem Sänger einen einzigen, reinen und kleinen Ton gibt, welcher der wahre Ton der Stimme ist, und was immer man tut und wie man auch seine Stimme auf diesem Ton aufbaut, man muß zu ihm zurückkehren können, sonst ist es aus.
>
> *Agnes Baltsa in einem Gespräch mit Thomas P. Lanier in ›Opera News‹, 1980*

In die Salzburger Produktion von Giuseppe Verdis *Don Carlo*, aus der Christa Ludwig nach einem verpatzten Ton am Ende von »O don fatale« ausgestiegen war, holte Herbert von Karajan eine junge Griechin, die inzwischen als »führender dramatischer Mezzo« (Alan Blyth) gilt: Agnes Baltsa, die 1944 auf der kleinen Insel Levkas an der Westküste der griechischen Halbinsel geboren wurde. Sie studierte am Konservatorium von Athen, erhielt mit neunzehn Jahren ihr Diplom, gewann 1964 den Georges-Enescu-Wettbewerb in Bukarest und konnte mit einem Callas-Stipendium an der Universität von München ihr Studium fortsetzen. Weil sie wußte, daß sie viele Partien in deutscher Sprache würde singen müssen, nahm sie auch systematischen Sprachunterricht: »Jede Sprache hat schließlich ihre eigene Farbe.«

Ihr Debüt gab sie 1968 als Cherubino in Frankfurt, wo Christoph von Dohnányi ein bemerkenswertes Ensemble (zu dem auch Cotrubas gehörte) gebildet hatte. In den beiden ersten Jahren ihrer Laufbahn sang sie Octavian, Orfeo, Hänsel, den Gymnasiasten in *Lulu*, Cherubino und Niklausse in *Hoffmann*, aber auch verzierte Partien wie Rosina und Cenerentola. Als jüngster Octavian in der Geschichte des Hauses debütierte sie 1970 an der Wiener Staatsoper, die – trotz aller Verpflichtungen nach Berlin, Hamburg, München, Italien und in die USA – ein Zentrum ihrer Arbeit geblieben ist. 1971 gab sie in Houston als Carmen ihr US-Debüt. Die Partie hat sie 1982 mit Ponnelle in Zürich neu erarbeitet und dann auch 1984 und 1985 bei den Salzburger Festspielen unter Herbert von Karajan in einer Inszenierung gesungen, deren szenische Qualität mit nicht nur mildem Spott übergossen worden ist. In Wien übernahm sie den Komponisten in *Ariadne*, in Berlin Dorabella, die sie 1983 unter Riccardo Muti auch in Salzburg gesungen hat. Sie sang noch vorwiegend Mozart-Rollen und verzierte Partien, als Herbert von Karajan sie einlud, Herodias in *Salome* in Salzburg zu singen. Er wollte eine junge Königin, die eine (erotische) Rivalin für Salome sein konnte. 1983 übernahm sie unter Karajan den Octavian (auch für die Platte), den sie im Dezember 1984 in London auch unter Sir Georg Solti zum 25. Jubiläum des Dirigenten am Königlichen Opernhaus sang.

Trotz der dramatischen Partien, die sie gesungen hat (oder die ihr oktroyiert wurden), kehrt Baltsa immer wieder zu ihrem »Ton« zurück und singt Dorabella, Cenerentola oder Cherubino, vor allem weil sie für diese leichten und kurzen Partien ihre Stimme gleichsam auf die schlanke Jugendform trimmen muß. Baltsas Stimme ist ein fester, schlanker, gleichsam sehniger Mezzo mit einem Umfang von zwei Oktaven bis zum hohen B (mit H und C in der Reichweite), angenehmem, aber nicht sinnlich-verführerischem Timbre. Die Sängerin ist das typische Produkt einer internationalen Ausbildung, Entwicklung und Karriere: Sie ist in allen Stilen bewandert, aber in keinem wirklich zu Hause. Wie die meisten internationalen Stars singt sie in sogenannten Galas überall auf der Welt

Agnes Baltsa als Carmen
(Foto: © EMI Classics)

und hat kaum die Chance, Rollen-Porträts kontinuierlich zu entwickeln. Obwohl sie beispielsweise Octavian zehn Jahre lang gesungen hat, ist das, was sie der (Schallplatten-)Ewigkeit anvertraut hat, eine Enttäuschung – zugestanden, eine Enttäuschung auf hohem Niveau. Sobald sie mit voller Stimme aussingen und lange Sostenuto-Phrasen bilden muß wie gleich zu Beginn, *klingt* sie prächtig. Sie hat auch das dramatische Gespür für Octavians Erregung vor dem Erscheinen des Ochs von Lerchenau, hat Sinn für die groteske Komödie des dritten Aktes. Aber ihre Diktion ist nicht nur unidiomatisch, sondern fast ein Desaster. Die Vokale erhalten nicht die Farben der Emotion, und vor allem die Endsilben bekommen keine rechte Lautform. Überall dort, wo die weiten Passagen musikalischer Prosa mit Klang belebt werden müßten, bleibt sie – vor allem im Vergleich mit Jurinac oder Ludwig – blaß.

Als Carmen kann sie mit einer jugendlichen, gespannten, nervigen Stimme aufwarten, doch ergibt die Summe der (teils extremen) Effekte kein geformtes Porträt: Sie findet nicht den Ton (schon gar nicht den der Opéra comique) für die Rolle, sondern eklektische Gesten. Als Amneris und als Eboli gefällt sie durch den frischen, nervigen Klang, die Sorgfalt des Singens, die feine Formung der Koloraturen im Maurischen Lied der Eboli – aber mit dem Ende von »O don fatale« und in der Gerichtsszene aus *Aida* entfernt sie sich gefährlich weit von dem, was sie den »kleinen Ton« der Stimme genannt hat: Sie bewältigt die Partien durch jene ungeheure Energie, die junge Sänger über ihr eigentliches Leistungsvermögen hinausgehen läßt. Doch führt dies zu einer angespannten Tongebung, aus der man schon das künftige Unheil kommen hört: Es ist die Gefahr, in die dramatisch begabte Sänger – die aus sich herauszugehen allzu bereit sind – oft geraten.

Manifest wird diese Spannung auch in einem von Orfeo produzierten Recital mit dem Münchner Rundfunkorchester unter Heinz Wallberg. Der erste Eindruck: eine feste, resonante, in der Höhe auch leuchtende und gut funktionierende Stimme mit viel Durchschlagskraft und akzeptabler Agilität, selbst wenn die Tendenz zum Aspirieren von Laufpassagen in den Arien aus *La Clemenza di Tito, Il Barbiere* und *La Cenerentola* problematisch ist. Der zweite Eindruck ist weniger positiv: Warum kommen die einzelnen Stücke nicht zum Leben? Sicher liegt dies auch daran, daß Baltsa keinen Dirigenten hatte wie Callas und schon gar keinen Produzenten wie Legge, der mehr aus Sängern und Stimmen herausholen konnte, als die Sänger selber ahnten. Es ist fast ein Kuriosum, daß Baltsa dort, wo sie ihre dramatische Energie benutzt und fast strapaziert – wie als Santuzza – hinreißend singt, während sie in Leonoras »O mio Fernando« aus *La Favorita* weder die Linie noch die reiche Fülle der tiefen Lage hat, um eine fein modulierte Melodie expressiv zu erfüllen. Trotz der Neigung zu Aspirierungen singt Baltsa am überzeugendsten in den verzierten Stücken, auch wenn ihr hier der Spaß an den virtuosen Jeux d'esprit – bei Horne immer vorhanden – fehlt. Gegenüber der Einzelaufnahme ist »Una voce« in der Gesamteinspielung des *Barbiere* unter Neville Marriner lebendiger und dramatischer gelungen, und in den Ensembles singt Baltsa mit überrumpelnder Verve – eine vorzügliche Leistung »moderner« Rossini-Interpretation, zu der vor allem auch Thomas Allan als brillanter Figaro, Robert Lloyd als stimmächtiger Basilio und Francisco Araiza als Almaviva beitragen, wenn man denn bei dem Tenor die schlechte Manier, Koloraturen fast grundsätzlich durch Behauchungen zu *Lachkoloraturen* zu entstellen, hinnehmen mag. Tonschön und flexibel ihre Isabella in Rossinis *L'Italiana in Algeri* in der mit großer Präzision dirigierten Aufnahme unter Claudio Abbado, doch ein Rossini-Recital vom Mai 1990 unter Ion Marin ist kaum mehr als ein Abgesang, vor allem im Vergleich zu den Platten der jungen Cecilia Bartoli. Die fallenden Skalen sitzen nicht mehr, und noch irritierender ist der Kontrast zwischen den scharf gewordenen hohen Tönen und den matt-hauchigen im Brustregister.

Wie fast alle Mezzo-Elviras kommt auch sie – in Herbert von Karajans Blow-up-*Don Giovanni* – in »Mi tradì quell'alma ingrata« an ihre Grenzen; wohl auch wegen des zugespitzten Tempos hastet sie unsicher durch ihre Koloraturpassagen. Wieder ein Beispiel für eine Studio- und Star- und Fehlbesetzung. Anna wie Elvira waren Mozartsche Maßarbeiten für hohe, agile Stimmen – die Anna Tomowa-Sintow, die immerhin einen Teil ihrer Appoggiaturen ausführt, wie auch Baltsa *nicht* besitzen. Allein Zerlina liegt in der Tessitura eines Mezzo, und hier bietet der Dirigent eine Soubretten-Stimme auf, deren Trägerin wiederum ein Star ist: Kathleen Battle. Welchen Preis das Singen zu schwerer oder zu hoher Rollen kostet, ist in der Aufnahme von *Le Nozze di Figaro* unter Neville Marriner zu hören: Keiner der beiden Cherubin-Arien gibt sie den süßen Zauber ungestümer Jugendlichkeit. Für die Venus in *Tannhäuser*, die sie unter Giuseppe Sinopoli neben dem wiederum wenig idiomatischen Placido Domingo in der Titelpartie aufgenommen hat, bringt sie Intensität und vokale Energie mit, aber nicht den reichen Klang einer Christa Ludwig oder einer Waltraud Meier. Erneut eine Studio-Star-Produktion, die weit hinter frühere Aufnahmen des Werks zurückfällt.

Marathon-Mann der Oper: Placido Domingo

Das ist ein Rekord, glaube ich. *Macbeth* in Mailand, *Louise* in London, *Meistersinger* in Berlin, *Traviata* in München, ferner *Le Cid, L'Amore dei Tre Re, Forza, Gianni Schicchi* und *Chenier*. Noch in diesem Jahr kommen *Samson, Elisir, Fanciulla, Rigoletto, Faust* sowie, zum zweitenmal schon, *Hoffmann, Tabarro* und *Manon Lescaut* an die Reihe.
Placido Domingo am 26. März 1977 in einem Interview mit ›Opera News‹

Vom Januar bis August 1976 hat der spanisch-mexikanische Tenor Placido Domingo, damals eben 34, neun vollständige Opernaufnahmen produziert – und das ganz lapidar als Rekord bewertet. Wer Rekorde jagt, gerät in einen Teufelskreis: Er setzt sich dem Zwang aus, die selbstgesetzten Marken ständig zu überbieten. »Der König der Oper« – so eine Schlagzeile im *Newsweek*-Magazin, das Pavarotti schon als »Opera's Golden Tenor« gefeiert hatte – müßte im *Guiness Book of Records* geführt werden als der Marathon-Mann des Plattenstudios. Seit Ende der sechziger Jahre hat er – so der Stand Ende 1985 – rund 50 Gesamtaufnahmen gemacht. Viele Opern hat er zwei- oder sogar dreimal aufgenommen – *La Traviata* (2), *Un Ballo in Maschera* (2), *Don Carlo*

(2), *Aida* (3), *Messa da Requiem* (3), *Carmen* (3), *Les Contes d'Hoffmann* (2), *Tosca* (2), *Il Tabarro* (2), *Manon Lescaut* (2). Domingo hat aber nicht nur die Standard-Rollen des italienischen Fachs – neben fast allen Verdi- und Puccini-Opern auch Werke von Mascagni, Leoncavallo, Giordano, Cilea, Zandonai, Donizetti und Bellini – auf Bühne und Platte gesungen, sondern auch Lohengrin (Bühne und Platte), Stolzing und Hüon (Platte), dazu aus dem französischen Fach Faust von Berlioz wie Gounod, Aeneas, Werther, Samson und Cid. Erstaunlicher noch als der Umfang seines Repertoires – auf der Bühne über 80 Partien – ist die Mühelosigkeit des Fachwechsels: Es dürfte wenige Tenöre in den letzten acht Jahrzehnten gegeben haben, die gleichzeitig Nemorino und Otello, Werther und Samson, Herzog und Aeneas im Repertoire hielten – a good record, indeed. Fast unbegreiflich, daß Domingo mit bald 4000 Aufführungen ebenfalls gut ist für das Buch der Rekorde. Er hat es auf sich genommen, morgens in London im Plattenstudio und abends auf Salzburgs Festspielbühne zu singen und im Tempo der Concorde von Auftritt zu Auftritt zu eilen – nicht zuletzt zu den Gastspielen im Café Society, wo es den Numero uno Luciano Pavarotti einzuholen galt. Natürlich gibt es auch, »Dein ist mein ganzes Herz« oder »Hallo, Miss Piggy«, die Zugeständnisse an den Markt, auf dem der Opernsänger nur mit Galanterieware »Perhaps Love« erwecken kann. Er hat »Christmas Albums«, Tango Collections und Broadway-Hits gesungen und in den USA nacheinander drei PR-Leute ge- und verbraucht, ohne des Publikums Darling zu werden, wie es der italienische Rivale durch die raffinierte Reklame von Herbert Breslin geschafft hat.

Domingo, Jahrgang 1941, ist ein Sänger-Sohn. Seine Eltern waren Zarzuela-Sänger und traten überall in Spanien und Südamerika auf. Mit einer von dem Komponisten Morenja Torroba gegründeten Truppe gingen sie 1949 nach Südamerika. Domingo spielte Klavier, ging schon als Kind auf die Bühne, kam mit sechzehn auf das Konservatorium von Mexico City, begann als Bariton in Zarzuelas und studierte Gesang bei Carlo Morelli, dem Bruder von Renato Zanelli. Nach Anfängerjahren an der Oper von Mexico City wechselte er zur Israel National Opera. Den entscheidenden Schritt nach vorn machte er 1966, als er an der New York City Opera in Ginasteras *Don Rodrigo* sang. Zwei Jahre später sprang er kurzfristig für Franco Corelli als Maurizio (*Adriana Lecouvreur*) an der Met ein – Auftakt für eine der steilsten Karrieren nach dem Krieg.

Domingo besitzt eine samtweiche, warm timbrierte Stimme von unitalienischem Klanggepräge. Sie ist nicht so hell und schlank wie die typisch italienischen Stimmen von Bonci, Martinelli, Gigli, Lauri-Volpi oder Pertile, sondern von einem dunklen, schwarz-roten Ton, nicht frei zudem von kehligen Einfärbungen. Das beeinträchtigt seine Diktion: Sie bringt das Wort nicht auf die Lippen, sondern klingt so, als hätte der Sänger zuweilen eine heiße Kartoffel im

Mund. Als »Voci parallele« kommen, darauf hat auch Steane hingewiesen, Renato Zanelli, Antonio Cortis oder auch Ramon Vinay in den Sinn. Zur Höhe hin ist Domingos Stimme deutlich begrenzt: Zwar hat er als Manrico (unter Zubin Mehta, 1969) strahlend über den Chor hinweg »all'armi« gerufen, doch gehört das C nur an Sonntagen zu seinem Rüstzeug. Aber selbst in besten Momenten kann er es nicht con attacca nehmen, sondern nur auf dem Bogen einer aufsteigenden Kantilene. Selbst dann klingt es – wie in »Che gelida manina« oder »Salut demeure« – forciert oder klanglich abgelöst von der Stimme. Geradezu kurios das C in »Il mio rimorso«, der Cabaletta nach Alfredos »De miei bollenti spiriti« in *Traviata.* Der Verfasser verwettet alle Domingo-Platten für seine Annahme, daß es isoliert aufgenommen und dann – allzu direkt und dicht – angeschnitten worden ist; ich halte es nicht einmal für ausgeschlossen, daß der Ton durch eine Manipulation mit der Geschwindigkeit um eine Spur angehoben worden ist – er klingt zu hell für Domingos Stimme. Die kurze Höhe ist der Tribut für den technisch zumindest problematischen Versuch, die Fülle und Rundung des Bruststimmenklangs über den Bruch hinaus in die Höhe zu treiben. Domingo gelingt diese strapaziöse Art der Stimmproduktion durch die Stützung der Stimme vom Zwerchfell her. Er singt mit gewaltigem, gestautem Atemdruck und breitströmender Emission. Dadurch hat seine Stimme in den letzten Jahren eine heroische Brillanz angenommen – in der Lage vom Ende der ersten Oktave bis zum B'. Die tiefe Lage der Stimme ist hingegen matt und resonanzarm. Da er den Klang gleichsam mit Pathos und Tränen würzt, wirkt sein Vortrag – und sei es auf generalisierte Weise – leidenschaftlich, sinnlich und effektvoll. Carusos Schluchzer ist so etwas wie eine Konstante im Vortrag des Spaniers, der beispielsweise das Nachspiel der Canio-Arie mit Schluchzen und Weinen meint füllen zu müssen.

In meinen frühen Sammler-Jahren fand ich eine Cetra-Platte des Tenors Galliano Masini mit der Szene »Mia madre, mia vecchia madre« aus Umberto Giordanos *Fedora.* Sie folgt der Ästhetik einer Anti-Ästhetik – als »aria d'urlo« (Arie mit Geheul). Beim ersten Hören von Masinis antikischem Heldenjammergeschrei – da scheinen alle Santuzzas dieser Welt den Tod Turiddus zu bejammern – spürte ich jenes Gefühl von Scham, mit dem man auf eine ästhetisch verfehlte oder obszöne Darbietung reagiert. Um so erstaunter war ich, als Domingo im Magazin *High Fidelity* diese Aufnahme – »die unglaublichste dramatische Interpretation durch einen Tenor, die ich je gehört habe« – als seine Lieblingsplatte bezeichnete.

Das ist ein Bekenntnis – eine programmatische Erklärung für den Vortragsstil des Verismo, für eine Gefühlskunst, die auf den Hörer im Sinne einer »physiologischen Ansteckung« wirken soll. Der Sänger will nicht beherrscht singen, noch weniger so wirken, sondern will aufgehen sowohl in der Darstellung als auch im

Dargestellten. So effektvoll dieses Singen bei großen Klangentfaltungen, weitgespannten Kantilenen, emphatischen Zielnoten ist, so problematisch ist es für die Führung der Stimme bei halber Dynamik (Mezzavoce), auf kurzen Notenwerten bei rascher, insonderheit silbischer Artikulation und schnellen Vokalwechseln – worauf schon im Abschnitt über Jussi Björling und den Vortrag des dritten Akt-Finales aus *Aida* hingewiesen wurde. Domingos Stimme rutscht nicht nur bei der Bildung hoher Töne (oft auch am Ende langer Sostenuto-Phrasen) an den weichen Gaumen, was zu gurgelnden Tönen führt, sondern kommt auch mit distinkt zu artikulierenden Passagen nicht gut zurecht. Nur der Material-Fetischist kann dem Sänger vorwerfen, daß er als Herzog (unter Carlo Maria Giulini, 1982) »Possente amor« nicht mit einem D abschließt oder daß sein H am Ende von »La donna è mobile« nicht so leicht angeschlagen wird wie von Pavarotti, Kraus oder Borgioli; und nur ein Ignorant kann die Forderung aufstellen, daß er »Parmi veder le lagrime« so schwebend singen soll wie Schipa oder Tagliavini.

Doch gibt es Details, die, wenn nicht realisiert, dem Rollenporträt die Feinzeichnung nehmen. Zu Beginn des *Rigoletto*, während der Ballszene und vor der

Placido Domingo und Julia Migenes im ›Carmen‹-Film
(Foto: © BMG Classics, München)

Ballata, steht das kurze Duettino zwischen dem Herzog und Borsa: »Della mia bella incognita borghese / Toccare il fin dell'avventura io voglio.« Die fünf Takte haben es in sich. Sie liegen zwischen dem G und dem Es, kurze Notenwerte, Viertel und Achtel, lebendiger Rhythmus, 66 Viertelschläge. Domingo hat wieder die heiße Kartoffel im Mund – die Lautformung ist lasch, die Phrase – die ja ein Selbstporträt des Duca gleichsam in der Nußschale ist – erreicht den Hörer kaum (Björling singt dies bei weitem genauer, gestischer und sinnvoller). Auch in »Di tu se fedele« aus *Un Ballo in Maschera* (unter Muti wie unter Abbado) oder in »Tra voi belle« aus *Manon Lescaut* bringt er nicht genügend Leichtigkeit auf: Im ersten Stück laufen die Staccato-Achtel wie auf Sand (während sie bei Björling wie von Tartan abschnellen), im zweiten rutscht die Stimme bei der Fermate auf »aspetta« aus dem Klangzentrum und wird gaumig.

Das war nicht immer so. In einem seiner ersten Recitals hat der Spanier die Arie des Don Ottavio – »Il mio tesoro« – mit erstaunlicher technischer Sicherheit gesungen: Auf einem Atem die langen Phrasen, sicher zentriert die heiklen F's, ohne Aspirierungen die Koloraturen und mit ausreichend Reserven für das Rallentando. Anders als seine italienischen Confrères schmückt er Manricos »Ah sì, ben mio« mit einem guten Triller, und dasselbe tut er in der ersten Szene des *Don Carlo* (GA unter Carlo Maria Giulini in der fünfaktigen italienischen Fassung von 1886. Aufnahme von 1970). Zum glanzvollen Gelingen dieser Aufnahme trägt Domingo wesentlich bei. Mit schönerer, schlankerer Tongebung hat er wohl nie wieder gesungen, subtiler nie wieder phrasiert. Doch mit dem Aufstieg zum Tenorissimo, der sich zeitweilig für vier Firmen im Plattenstudio tummelte, war der Sänger offenbar gezwungen, so etwas wie einen stilistischen Einheits-Zugriff zu entwickeln. An zuviel Süßspeisen kann man sich den Magen verderben, mit einem Übermaß an Portwein (ein Leitmotiv angelsächsischer Kritiker für den ›roten‹ Klang von Domingos Stimme) einen Kater holen. Besonders deutlich wird diese Uniformität in Alben wie »Domingo!«, »Bravissimo, Domingo!« oder »Domingo Portrait«, die aus Gesamtaufnahmen zusammengestellt sind.

Es ist kaum mehr als ein bemühter Euphemismus, wenn Alan Blyth in *The Gramophone* schreibt: »Wenn die Interpretationen unter einer gewissen Einförmigkeit leiden, so ist eine Zeit anzuklagen, die einen Sänger zu so vielen Aufnahmen nötigt.« Nicht anders Edward Greenfield in demselben Magazin: »Allzuoft erlebt man in diesen Exzerpten eine ziemlich generalisierte Aufführung, gesungen mit vollem Forte und wenigen Schattierungen unter der Dynamik der Mezzavoce. Unter den Ausschnitten aus den Verdi-Opern hebt sich nur die Fontainebleau-Szene aus Don Carlo vorteilhaft ab.«

Kritik daran, daß Domingo »die Flut seines glänzenden Klangs kaum noch modifizieren kann« (*High Fidelity*), wird seit Jahren so oft geäußert wie die an seinen nicht idiomatischen Aufführungen vor allem im französischen Fach. Sein Hochdruck-Singen – das gilt für die technische Produktion der Stimme ebenso wie für die Dramatisierung der Musik durch den Klang – ist mit einer adäquaten französischen Diktion unvereinbar. Sein Don José kommt in den Kleidern des Canio daher, und Faust führt sich wie ein überemphatischer Radames ein – wieder ist ein Vergleich mit Björling oder auch Gedda sehr erhellend. Ob Domingo Cid oder Werther singt, José oder Samson – fast immer sind die Aufführungen beeinträchtigt durch forcierte Tongebung. Gerade die Demonstration der Kraft, die alles bewältigt, zeigt, wie oft Domingo in einem ermüdeten stimmlichen Zustand singt, und gerade weil er ein so superbes Instrument besitzt, ist der unerfüllte Rest so schmerzlich.

Es ist auffällig, wie selten Domingo sich mit den Belcanto-Partien von Rossini (dessen Otello, einst Donzellis Partie, ideal für ihn liegen müßte), Donizetti und Bellini auseinandersetzt. Offenbar verträgt sich sein Ideal einer kompakten, dunklen Tongebung nicht mit der hohen Tessitura des Arnoldo, Arturo, Elvino und der dramatischen Tenor-Partien in *Maria Stuarda* oder *Poliuto*. 1973 hat er unter Carlo Felice Cillario Pollione in *Norma*, neben Caballé, gesungen (dabei soll ihn ein Hubschrauber von der Walthamstow Hall zum Heathrow Airport gebracht haben, weil er Verpflichtungen auf dem Kontinent erfüllen mußte). Erstaunlich genug, daß er in der Partie alle Rivalen bei weitem aussticht – wenn es nicht noch erstaunlicher wäre, daß diese Rolle zuvor mit Sängern wie Giovanni Breviario (neben Cigna), Mario Filippeschi und Franco Corelli (neben Callas), Mario del Monaco (neben Elena Suliotis), John Alexander (neben Sutherland) besetzt worden ist, die meisten von ihnen aus der Liga der vokalen Gewichtheber. Man muß »Meco all'altar« von Lauri-Volpi hören, um eine rechte Vorstellung von einer fein-schattierten und kolorierten, zugleich heroisch geformten Bellini-Kantilene zu bekommen. Die Musik des Nemorino bewältigt der Spanier (unter Sir John Pritchard) musikalisch zwar recht genau, aber er wirkt in der Partie so übergewichtig wie, beispielsweise, in *Traviata* unter James Levine – ohnehin eine der schlimmsten Spätfolgen von Toscaninitis. Anders als Caruso, der »Una furtiva« (1911) und das Duett »Venti scudi« (1919 mit Giuseppe de Luca) trotz großen Volumens leicht und elegant gesungen hat, läßt Domingo seine Stimme sozusagen mit voller Registratur orgeln.

Domingo hat gut ein Dutzend Verdi-Partien in mehr als dreißig Gesamtaufnahmen übernommen. Über seinen Alvaro in *Forza* hat Lord Harewood – langjähriger Leiter der English National Opera und ein Connaisseur von Graden – geschrieben, daß Domingo der einzige Tenor nach Caruso sei, der den Hörern eine körperliche Erregung (»visceral excitement«) verschaffen könne. Ähnlich enthusiastisch sind die Rezensenten in den von Alan Blyth edierten Bänden *Opera on Record*. John Higgins qualifiziert Domingos Manrico als »unübertroffen, ein Muster an Frische, Charme, Reinheit des Tons und makelloser Musikalität«; »alles, was man sich von einem Alfredo wünschen kann«, schreibt Alan Jefferson über die Aufnahme von *La Traviata* unter Carlos Kleiber; in *Simon Boccanegra* ist er, so wieder Lord Harewood, »der feinste Adorno auf der Platte«; auch seinem Riccardo gibt der Lord, trotz Schwächen des Tenors in den leichteren Passagen, »die Palme«, und eine bessere Interpretation als die der Titelpartie in *Don Carlo* hält er »für schwer vorstellbar«; Steane allerdings zeigt sich vergleichsweise reserviert gegenüber den beiden ersten *Aida*-Aufnahmen (unter Leinsdorf 1970 und Muti 1974): »Die Herren singen mit feinen Stimmen und indifferentem Stil«; und auch Alan Blyth bemängelte an Domingos »superb musikalischem Otello« die »Indifferenz der Artikulation«. Sein abschließendes Urteil, »Domingos Otello gleicht seinem José oder Chenier«, ist eigentlich vernichtend.

Prima vista hat Domingo, trotz einiger Einwände, eine sehr gute kritische Akte. Fast immer überwältigt er seine Hörer, auch die kritischen, mit der Opulenz der Stimme. Und doch hinterlassen fast alle seine Aufnahmen, sieht man einmal von *Don Carlo, Trovatore* und *Gianna d'Arco* (unter James Levine, 1973) ab, Gefühle des Unbehagens. Denn es bleibt immer wieder der Eindruck eines Defizits; bleibt der Eindruck, daß, sorgfältigere Arbeit am Detail und mehr Zeit für die Produktion, mehr Ruhe für die Stimme und mehr Zusammenarbeit mit einem guten Repetitor vorausgesetzt, ein besseres Resultat erreichbar gewesen wäre. Ein Sänger mit derart reichen stimmlichen Mitteln und musikalischen Möglichkeiten müßte mehr anstreben als viele und doch vereinzelte große Momente, nämlich ein Rollenporträt von feinster Differenziertheit – so wie es der Otello von Giovanni Martinelli war, der Manrico, Riccardo oder Don Carlo von Jussi Björling, Norma oder Tosca von Maria Callas, die Marschallin oder die Elvira von Elisabeth Schwarzkopf, die Carmen von Conchita Supervia, der Rigoletto von Titta Ruffo.

Nehmen wir Otello: Domingo bewältigt die Partie sicherer, klangschöner und flexibler als der expressive, aber zu verschattet singende Ramon Vinay (unter Toscanini und Furtwängler!), als der selten vom Schrei herunterkommende Mario del Monaco, als der flackrig-unstet klingende James McCracken und als der nur mit einer zweitklassigen Stimme begabte Carlo Cossutta. Aber es gibt keine Nuance, kein Detail, keine interpretatorische Einsicht, keine vokale Attacke, die in der Erinnerung haften würde wie, beispielsweise, die fanalartig gebildete Acciaccatura Tamagnos oder Zenatellos in »Esultate«, wie das glühende Pathos Carusos in »Ora per sempre addio«; wie die vehementen »sangue«-Schreie Carusos oder, vor allem, Björlings; wie die wahrhaft herzbewegende Voce soffocata (erstickte Stimme, von Verdi in der Partitur vorgeschrieben) Giovanni Martinellis im Monolog »Dio mi potevi«. Martinelli macht durch eine zugleich verzweifelte Klanggebung und eine aristokratische Phrasierung die tragische Fallhöhe Otellos deutlich, während Domingo äußerlich und rhetorisch bleibt, ja nicht einmal der Gefahr der Lächerlichkeit entgeht – falsches Pathos ist immer von diesem Umschlag bedroht. Und wie unendlich weit bleibt er unter der klaren, klagenden, gleichsam monteverdihaft archaischen Diktion Tamagnos in der Sterbeszene.

Es ließe sich mehr einklagen. Kein Sänger hat die wundervolle Einheit von lyrischer Linie, Verzierungen und attackierender Verve Martinellis in »Come rugiada crespite« aus Verdis *Ernani* je wieder erreicht; aber Carlo Bergonzi hat die Musik wenigstens musikalisch genau und geformt gesungen. Domingo singt mit einer erstklassigen Stimme, aber es fällt schwer, Szenen oder gar Partien zu finden, wo er die Besten erreicht. In *Aida* ist er, so Steane, am besten im Nil-Duett – aber die Palme geht an Rethberg/Lauri-Volpi oder an Björling/Milanov.

Wie sich – auch bei Puccini – die Bilder gleichen. Über seinen Cavaradossi (zuerst neben Leontyne Price unter Zubin Mehta 1973, dann neben Renata Scotto unter James Levine 1981), wiederum üppig und glanzvoll vokalisiert, urteilte Edward Greenfield: »Er bietet eine eindrucksvolle Wiedergabe, wenn schon nicht unbedingt in den Arien, doch ist sie merkwürdig unspezifisch im Detail, als ob Cavaradossi für ihn nicht ein besonderer Charakter ist, sondern eben nur ein weiterer Held mit guten Melodien fürs Singen.«

Auch seinem Rodolfo in Puccinis *La Bohème* (unter Solti, 1974) fehlen die Nuancierungen, wie man sie von Gedda oder Pavarotti erlebt hat; so auch seinem Pinkerton in *Madama Butterfly*, Luigi in *Il Tabarro* oder Rinuccio in *Gianni Schicchi*, während er unter Herbert von Karajan Puccinis chinesischen Schwanengesang nicht nur wegen der nicht besetzten Titelpartie zur Oper des Tenors umwandelte: Sein Kalaf hat Energie, Spannung, Verve und prachtvolle stimmliche Ausladung.

Wieder also eine Antinomie. Domingos reiche, bronzene Stimme macht bei Puccini einerseits größten Effekt, andererseits aber bleiben die Figuren indifferent – vom Gefühl überwältigte Nicht-Charaktere. Damit aber verfestigt der Sänger eine im Werk des Komponisten liegende Antinomie, auf die Kurt Oppens in einer Studie über Puccinis Opern als romantische Konsumkunst hingewiesen hat. In allen Opern Puccinis vollzieht sich die Katastrophe – die selten frei ist von Trivialität, Alltäglichkeit oder Banalität – unter der Maske des Wohlklangs. Nicht aber, wie bei Verdi, im Sinne einer sinnlichen Idealisierung (wie Thomas Mann im *Zauberberg* das *Aida*-Finale kennzeichnete), sondern eines Ausverkaufs »an die Instinkte« (Heinrich Mann). In »E lucevan le stelle« läuft die Musik nicht nur gegen den Text, sie verwandelt die Katastrophe in einen beseligend-süßen Schmerz. Idealistisch wäre eine heroische Konzeption der Szene als erfüllter Augenblick; Cavaradossi aber singt, wie Ulrich Schreiber mit einem subtilen Wortspiel formulierte, von einem »erfühlten Augenblick« – und Domingo ist der perfekte Erfüllungsgehilfe einer solchen (beschönigenden) Ästhetik.

In seinem Aufsatz *Der Virtuose und der Künstler* hat Richard Wagner geschrieben:

»Auch die menschliche Stimme ist nur ein Instrument; es ist selten und wird teuer bezahlt. Wie dieses Werkzeug beschaffen, das beachtet zunächst die Neugierde des Publikums, und dann frägt sie, wie mit ihm gespielt werde: was es spielt, ist den allermeisten ganz gleichgültig.«

Seit einigen Jahren spielt es auch Wagner – nicht nur auf der Platte, sondern auch auf der Bühne. Parsifal etwa hat Domingo in New York, Mailand und Wien aufgeführt und unter James Levine aufgenommen (zum Zeitpunkt des Schreibens noch unveröffentlicht). Unter Giuseppe Sinopoli hat der Spanier den Tannhäuser gesungen, unter Sir Georg Solti den Lohengrin. Es finden sich in diesen Aufnahmen durchaus klangschöne Momente. In vielen technischen Belangen singt Domingo den Tannhäuser sauberer, den Lohengrin klangvoller als René Kollo, der dennoch in beiden Partien echter und überzeugender agiert. Dennoch wird es, irgendwann, einen Tristan geben und sicher auch, da der Figaro in Rossinis Oper schon aufgenommen ist, auch einen Don Giovanni – denn eine Stimme wie die Domingos ist selten und wird teuer bezahlt.

Das singende Erotikon: Luciano Pavarotti

> Seine Interpretation des Tonio, eine der besten Tenor-Aufführungen auf der Schallplatte überhaupt, vereint die Finessen und Qualitäten eines reifen Sängers mit der blühenden Stimme eines jungen Mannes in der Form seines Lebens. Das Solo »Ah, mes amis, quel jour de fête« ist eine Tour de force. Vor sechzig Jahren aufgenommen, wäre die Aufnahme ein klassisches Sammlerstück geworden. Nur bei Leon Escalais findet sich eine vergleichbare Brillanz hoher Noten und ein solches Maß an sängerischer Phantasie. Unermüdlich die Sprünge auf das hohe C, nie als bloße Effekte dargeboten, sondern als Ausdruck der Freude an dem Fest, das da besungen wird.
>
> *John Steane, ›The Grand Tradition‹*

Wißt ihr nicht«, schrieb der Komponist Hector Berlioz, »daß der Tenor kein Wesen von dieser Welt ist, sondern eine Welt in sich selber?« Der französische Außenseiter schrieb dies Mitte des 19. Jahrhunderts; schrieb es in einer Zeit, die von der Romantik geprägt war; in einem Zeitalter der intellektuellen, der poetischen, der empfindsamen Grenzüberschreitungen; in einer Epoche, die Sänger von ihren Empfindungen und Träumen künden ließ und in dem Sänger wirklich noch eine Welt in sich selber sein konnten. Romantik ist verkommen zur Befriedigung von Bedürfnissen nach romantischen Empfindungen, und auch die Sänger sind keine Welt mehr in sich, sondern eher wohl Spezialisten in einer außenseiterischen »Branche«. Primadonnen sind keine Königinnen mehr, und es gibt wohl auch keine Staatsmänner, die sich wie einst Spaniens König durch den Gesang Farinellis von ihrer Melancholie kurieren lassen. Der schöne Gesang hat viel von seinem Zauber verloren in unserer schönen neuen Welt. Für die aber ist die Rolle, die Luciano Pavarotti seit Jahren spielt, durchaus typisch: Der Italiener aus Modena, 1935 geboren, gilt als »Opera's Golden Tenor« (so in der Titelgeschichte des amerikanischen Nachrichtenmagazins *Time*) oder auch als »The Biggest Box Office Voice of the World«. Als Big P. hat er die Grenzen der Opernwelt verlassen. Er plaudert mit Johnny Carsson in der »Tonight Show«, preist Kredit-Karten und Pelze an und serviert zum Auftakt eines Tennis-Turniers ein paar Bälle, die vom Wimbledon-Sieger John McEnroe retourniert werden; er hat unter dem Titel *My own story* einen Lebens- und Arbeitsbericht geschrieben und sich mit großem Erfolg in der Sänger-Filmkomödie *Yes, Giorgio* blamiert; er besetzt zu Weihnachten mit Canzonen und Schnulzen Spitzenplätze in den amerikanischen Charts – »O Holy Night« erreichte eine Auflage von rund 700 000 Platten – und ist damit nichts anderes als ein Unternehmen.

Den Übergang von einer guten Sängerlaufbahn in eine vom Weltruhmesglanz besonnte Karriere besorgte eine Aufführung von Donizettis *La Fille du Régiment* 1972 an der Met. Die Salve der hohen C's wurden Salutschüsse zur Inthronisierung eines sogenannten Superstars – und das Publikum erlag dem, was Ernst Bloch den »Magnetismus eines singenden Erotikons« nannte. Dessen Stimme zeichnete sich aus durch ihren sehr festen, klaren und ausgesprochen tenoralen Klang, der Vortrag durch die Genauigkeit der Diktion und große Eloquenz. In der Höhe hatte die Stimme jenen Strahl, den die Italiener squillante nennen, zeitweilig aber eine Tendenz zur Verengung auf Grund hoher Atemspannung. Die extreme Stauung macht ein wirkliches Verströmen, das Singen auf dem Atem, kaum möglich. Das beeinträchtigt, heute mehr als früher, die Mezzavoce des Sängers. In der Bruchlage, bei F, Fis und G, kann Pavarotti nicht leise-kernhaft anschlagen, und auch das Filar di suono ist seine Sache nicht.

Dennoch ist er immer wieder mit den Vokalisten des Goldenen Zeitalters verglichen worden, obwohl er verzierten Partien ausgewichen ist und nur einige wenige Opern von Bellini und Donizetti gesungen hat. Tatsächlich schließt er weder an einen »Rokoko«-Virtuosen wie Fernando de Lucia noch an einen lyrischen Tenore di grazia wie Tito Schipa an. Folgt man Giacomo Lauri-Volpis Modell der »Voci Parallele«, so scheinen eher wohl Giovanni Martinelli, Benjamino Gigli, Jussi Björling und Lauri-Volpi Vorbilder für Pavarotti gewesen zu sein – er ist das, wie Elisabeth Schwarzkopf, eine Gazza ladra. Als er in den frühen siebziger Jahren mit dem Manrico aus dem lyrischen Fach herausging, studierte er ein Jahr lang alle Gesamtaufnahmen.

Zu unterstellen, ihm sei es dabei um die Imitation von Vorbildern gegangen, griffe zu kurz. Er wollte vielmehr herausfinden, was die einzelnen Kollegen mit ihren Stimmen in dieser Partie anstellen und wie sie spezifische Probleme lösen. Es dauerte nicht lange, und er hatte seine »Favoriten auf Jussi Björling« zurückgeführt – offenbar wegen des ähnlichen Stimmcharakters. Stärker noch klingt aber Martinelli nach. Das Rezitativ vor »Ah sì, ben mio«, vor allem die Phrase »Ah presagio funesto« und »Amor, sublime amore, in tale istante to favelli al core«

Luciano Pavarotti als Nemorino
(Foto: © Decca/Polygram Klassik)

versucht er, mit der gleichsam kalligraphischen Definiertheit Martinellis und dessen noblem Pathos zu singen. In »Ah sì, ben mio«, elegant phrasiert, läßt er wie fast alle Italiener den Triller aus und substituiert dafür eine Schleife – ein schlechter Ersatz. In der Stretta bildet er die Gruppetti auf den Phrasenenden (»pira«) sehr genau und markant, aber anders als Björling hat er nicht die Verve und Schallkraft für das Stück. Darüber kann auch das lang gehaltene C nicht hinwegtäuschen. Es wird eng und klingt sauer: ist der Ton einer Voce fissata. Dies gilt nicht nur für die Gesamtaufnahme (1975), sondern auch für das Recital unter Leone Magiera (1970), wo Pavarotti dreizehn Sekunden auf dem C von »all'armi« sitzt. Auch die Stretta des Arnoldo (»Corriam! Voliam!«) aus Rossinis *Guglielmo Tell* schloß er mit einem Zwölf-Sekunden-C ab. Aber die exponierten Spitzentöne täuschen nicht darüber hinweg, daß Pavarotti mit beiden Partien in einer zu schweren Gewichtsklasse antritt. Vor allem die Tessitura des Arnoldo zwingt ihn zu einem allzu angespannten, zeitweilig auch verspannten Singen. Der Sprung auf das Gis in »O muto asil p*ia*nto«, einst von Tamagno – allerdings in einer Transposition – mit einem poetischen Piano dolce bewältigt, ist unsicher; selbst der fast immer gespannt singende Giovanni Martinelli singt hier mit besserer Zentrierung und reicherem Klang.

Vielleicht ist Pavarotti zu früh aus dem lyrischen Fach herausgegangen. Der von Ettore Campogalliani ausgebildete Sänger debütierte, nachdem er einen Wettbewerb in Reggio Emilia gewonnen hatte, dort am Stadttheater als Rodolfo (29. April 1961). Ein Mitschnitt läßt eine schöne, lyrische und vor allem in der Höhe leichte Stimme hören und einen fast ebenso lauten Maestro suggeritore, der dem unsicheren Debütanten unentwegt helfen muß. Mit nur drei Partien – neben Rodolfo Alfredo und Herzog – bestritt Pavarotti seine erste und zweite Saison. 1963 debütierte er als Herzog in Wien und als Rodolfo in London, wo er den hochgespannten Erwartungen, die der zunächst aufgebotene Giuseppe di Stefano nicht hatte erfüllen können, entsprach. Buchenswert aus dem Jahr 1964 ist der Idamante in Mozarts *Idomeneo* (dem Pavarotti 1983 an der Met die Titelrolle folgen ließ). 1965 debütierte er, wieder als Rodolfo, an der Mailänder Scala. Wenig später absolvierte er mit einer Operntruppe um Richard Bonynge und Joan Sutherland eine Tournee durch Australien und kam durch die Diva und ihren Mann – einen Belcanto-Spezialisten – mit dem älteren Repertoire in Berührung. 1968 debütierte er an der Met (Rodolfo). Die rasche Karriere ging einher mit einer rigorosen Einschränkung des Repertoires. Zwischen 1961 und 1968 ist Pavarotti mit zwölf Partien ausgekommen, und danach sind nur sechs oder sieben hinzugekommen.

Partien wie Arnoldo oder Chenier blieben der Platte vorbehalten – ein Indiz dafür, daß die Facherweiterung, anders als bei Björling, eine Fachüberschreitung ist. Für diese Ökonomie – im doppelten Sinne – gibt es durchaus Argumente.

Titta Ruffo hat einst jungen Sängern den Rat gegeben, sich auf dem Höhepunkt eisern auf die wenigen Rollen zu konzentrieren, die sie perfekt beherrschen – bei jedem »Kampf« mit schwierigen Passagen in einer nicht beherrschten Rolle trüge die Stimme Narben davon. Für die Validität dieser Ansicht gibt es prominente Belege. Maria Callas hat in den Jahren des Weltruhms nicht einmal ein Viertel der Rollen aus ihren frühen Jahren (1947–1953) gesungen, und auch Elisabeth Schwarzkopf hat ihre Stellung mit fünf oder sechs Mozart- und Strauss-Partien gehalten oder behauptet.

Pavarotti aber mußte nicht einmal das Fundament eines umfassenden Repertoires bauen. Als er, ein guter lyrischer Tenor und wundervoller Darsteller von massenwirksamem Tenorismo, 1976 an der Met Arturo in Bellinis *I Puritani* sang – die Rolle des legendären Giovanni Battista Rubini –, reichte dies aus für eine seitenlange Titelgeschichte in *Newsweek* über »The Great Pavarotti«. Sie geriet zum Hollywood-Drehbuch über einen singenden Sonny-Boy von drei Zentnern Gewicht, mit der Joie de vivre eines Casanova, der Freß- und Sauflust eines John Falstaff, der Liebenswürdigkeit eines Fremdenführers und dem Ego eines Tenors. Um die Ersteigung des C und des Des wurde ein Theater inszeniert wie um ein Fußballspiel, und es ist durchaus typisch, daß Pavarotti sich wie ein Goalgetter gerierte. In der Schlußszene soll Rubini auf Grund eines Lesefehlers versehentlich ein hohes F gesungen haben: einen Ton, der eine Quarte über dem C" liegt; einen eigentlich unerreichbaren Ton (wenn man von einem Fa del petto ausgeht); einen Ton, den Nicolai Gedda aber kurz zuvor (unter Julius Rudel, 1973) gesungen hatte. Gedda hatte ihn mit einer klassischen Voix mixte genommen, mit der Kopf- und nicht der Fistelstimme. Pavarotti hingegen hilft sich mit dem Schmuggelmanöver des einfach eunuchal klingenden Fisteltons.

Gravierender sind allerdings andere Defizite beim Vortrag des romantischen Belcanto-Repertoires, aus dem Pavarotti eine Spezialität gemacht hat, wenn man absieht von den verzierten Partien, die er nicht singt – nicht singen kann, weil er nicht auf dem Atem, sondern mit gestautem Atem musiziert. Koloraturketten wie in der Kadenz von »Una furtiva lagrima« oder von »La donna è mobile« bringen, bildlich gesprochen, keine aneinandergereihten Perlen, sondern flache Pailletten. Aber auch schwebende Sustenuti wie bei »Prendi, l'anel ti dono« (mit Sutherland als Amina) singt Pavarotti zwar mit gutem Legato und feiner Diktion, aber die Klanggebung ist unfrei. »A te o cara« (Recital unter Magiera wie Gesamtaufnahme) bewältigt er, einschließlich des Cis, aber wiederum nur mit größter Anspannung; von der Eleganz, der Süße und Zärtlichkeit dieser zaubrischen Melodie bleibt wenig übrig, wenn man Pavarotti an Bonci oder an Lauri-Volpi mißt. Der Sänger hat seine größten Schwierigkeiten immer dann, wenn er lyrische Musik mit konzentrierter Mezzavoce singen muß – vor allem dann, wenn er in der Bruchlage attackieren muß wie bei »Una furtiva lagrima«, »Cielo è mar« oder »O paradiso«. Dann klingt die Stimme matt und flach. Die Verbindung von versammelter Tongebung, strömendem Legato und leisem Leuchten, von Caruso beispielsweise in »Spirto gentil« exemplarisch bewerkstelligt, hat Pavarotti nie erreicht. Sowohl in *La Favorita* als auch in *Lucia di Lammermoor* folgt er eher der Strategie der Überwältigung als der Kunst der Verzauberung durch Finessen der Phrasierung oder der klanglichen Kolorierung. Ernestos Ständchen aus *Don Pasquale* – von de Lucia, Caruso, Schipa oder Cesare Valletti als fein ziselierte Vignette dargeboten – schmettert er so laut, als müsse er eine Schwerhörige ans Fenster locken.

In seinen Verdi-Aufnahmen – *Luisa Miller* (1975), *Rigoletto* (1972 und 1989), *Il Trovatore* (1975), *La Traviata* (1981), *Macbeth* (1970) und *Un Ballo in Maschera* (1970 und 1985), *Aida* (1986) und *Otello* (1991) – ist er vor allem in den drei aus den frühen siebziger Jahren überzeugend. Macduff singt er mit energischem Ausdruck, ohne Carusos Ineins von strömender Kantilene und tragischem Pathos zu erreichen, Riccardo mit jugendlichem Feuer, ohne aber »E scherzo od è follia« oder »Di tu se fedele« als gesungene Gebärden lebendig machen zu können wie Bonci oder Caruso. Das Liebesduett aus *Ballo* leidet unter der klanglichen Inkongruenz zwischen ihm und Renata Tebaldi. Sehr gut ist sein Herzog unter Bonynge und inmitten eines ordentlichen, in den Nebenrollen exzellenten Ensembles (Martti Talvela gibt einen nachtschwarzen und höllisch-düsteren Sparafucile). Wie sonst nur Alfredo Kraus – unter Gavazzeni 1960 der eleganteste aller Herzog-Sänger nach dem Krieg – hat Pavarotti die ideale, weil extensionsfähige Stimme für den Casanova von Mantua. In »Possente amor«, der meist ausgelassenen Cabaletta nach »Parmi veder le lagrime«, nimmt er selbst das D mit feinem Ansprung. Auch wenn Caruso die Ballata, Schipa die große Arie aus dem zweiten Akt und wieder Caruso das holde Mädchen schöner ge- und besungen haben – Pavarotti bietet ein glänzend geformtes Rollenporträt. Das hat er auch in seiner zweiten Aufnahme, stimmlich nicht mehr so leicht, bestätigt. Hingegen zeigen sich in der zweiten Aufnahme von *Ballo* deutliche vokale Probleme: besonders das Nachstoßen eines dumpfen Lautes am Ende gehaltener Phrasen und hoher Töne, dazu seltsame Vokalverfärbungen.

Schlechtin überragend, auch und gerade sing-*darstellerisch*, setzt Pavarotti sich als Rodolfo unter Karajan in Szene. Es ist eines der raren vokalen Porträts, das die Figur sichtbar macht. In keiner anderen Aufnahme – von *La Fille du Régiment* abgesehen – hat er freier und gelöster gesungen, in keiner mit einer reicheren Farbpalette. Die Wechsel von Parlando- und Arioso-Passagen, von Konversationston und Klangentfaltung gelingen ihm bestechend souverän. Er gestaltet die Partie so detailliert und eloquent wie Gedda, so charmant-verführerisch wie Gigli (der leider in Akt III und IV larmoyant wird) und stimmlich fast so opulent wie Björling. Schade nur, daß er am Ende von »O soave fanciulla« auf das hohe C geht. Wie instinktiv er der Ebbe und Flut von Puccinis Melos – zumal unter einem guten Dirigenten – zu folgen weiß, beweist auch die von Zubin Mehta betreute Aufnahme von *Turandot* (1973). Vor allem »Non piangere Liù« musiziert er mit anrührender Innigkeit, und sowohl in der Rätselszene als auch in »Nessun dorma« kann er sich, zeitweilig mit leichter Forcierung, halten – wenn auch nicht so durchsetzen wie der athletische (aber musikalisch uninteressante) Franco Corelli oder der unvergleichliche Björling, der – trotz angerauhter Stimme – aus der großen Arie eine wundervoll schattierte Hymne macht.

Trotz aller sängerischen Sorgfalt (Diktion und Phrasierung) leidet die Einspielung von *La Traviata* mit Joan Sutherland unter Richard Bonynge unter beträchtlichen vokalen Abnutzungserscheinungen, die in den dramatischen Partien wie Turiddu, Canio, Enzo, bei Boitos Faust und der Sammlung von »Verismo-Arien« teilweise kraß hervortreten. Enttäuschend ist nicht nur das verkrampfte und verspannte Singen vor allem in der hohen Lage, sondern auch die fingierte und exaltierte Dramatisierung. Beim Turiddu oder Canio muß man nicht Caruso, Martinelli oder Björling im Ohr haben; auch Carlo Bergonzi singt jede Phrase mit besserer Formung: süßer und feiner die Siziliana, emphatischer das Duett mit Santuzza, akzentuierter das Trinklied, nobler das »Addio alla Madre«, ausdrucksvoller Canios »Un tal gioco« oder »Vesti la giubba«. Pavarotti, stimmlich überfordert, greift zu den Umgangsformen einer das Publikum umbuhlenden »Sänger-Kurtisane« (Jerzy Grotowski). Wie mit den Bellini- und Donizetti-Partien stellt er sich auch mit klassischen Liedern und Arien oder mit Gesängen von Tosti oder auch aus Neapel dem Vergleich mit den Interpreten des Goldenen Zeitalters. »Care selve« aus Händels *Atalanta* ist, weil von vielen Mezzos und Tenören aufgenommen, ein rechtes Test-Stück, mit dem, beispielsweise, Benjamino Gigli viel von seiner Reputation verspielte. Pavarotti bewältigt die Musik mit Geschmack, aber nicht mit idealer Stimmführung. Der vertrackte Oktavsprung auf das hohe A gleicht einem stockenden Klimmzug, und ein freier Tonstrom entsteht nie – anders als etwa bei dem überragenden John McCormack oder auch bei Richard Conrad, der das Stück in der Anthologie *The Age of Bel Canto* mit einer Tenorino-Stimme vorbildlich gesungen hat.

In Rossinis *La Danza* gelingen Pavarotti zwar die Ansprünge auf das hohe A, aber der Wiedergabe fehlt es insgesamt an Verve und Tonfülle in fast jedem Einzelton. Für die Lieder Bellinis – »Ma rendi pur contento«, »Dolente imagine«, »Malinconia«, »Ninfa gentile«, »Vanne, o rosa fortunata« und »Bella nice« – hat er nicht genügend Nuancierungsmöglichkeiten im sängerischen Rüstzeug; er singt sie, vor allem dynamisch, zu eintönig ab. Monotonie der Lautstärke beraubt auch die zaubrischen neapolitanischen Gassenhauer ihres volkstümlichen, aber nie tümelnden Charmes. In »O surdato 'nnammurato« knallt er ein, zudem scheppemdes, hohes C heraus, in »A vucchella« klingt er wie ein Crooner (seine Mezzavoce ist klanglos), und in »Marechiare« führt er sich auf, als müsse er, wie ein englischer Kritiker spöttisch urteilte, »eine Nuß mit dem Vorschlaghammer knacken«. Schon Steane, anno 1970 auf die *Grand Tradition* zurückblickend, deutete an, daß der eben aufstrebende Pavarotti zu stagnieren drohte, und sprach die Hoffnung auf die Entwicklung zu einem Tenore spinto aus. Es wäre beckmesserisch, von einem Scheitern Pavarottis auf diesem Wege zu reden, so wie es problematisch wäre, von einem leichten und erfolgreichen Weg zu sprechen. Wenn man mit Big P. »une heure de fête« erleben will, muß man zeitlich zurückgehen zu jener Donizetti-Aufnahme, mit der seine Karriere so strahlend begann: »Ah, mes amis, quel jour de fête«.

Zum Abschied vom Chicago Symphony Orchestra hat Sir Georg Solti in der Stadt des Orchesters und in New York zweimal konzertant Verdis *Otello* aufgeführt, und aus diesen *vier* Aufführungen ist *eine* Live-Aufnahme geworden. Daß Pavarotti die Titelpartie übernahm, wurde von vielen als Wagnis empfunden. Das viel größere Wagnis lag darin, daß Solti die Partie des Jago an Leo Nucci gab, der der Partie darstellerisch wie sängerisch alles schuldig blieb. Die Besetzung des Otello mit einer ausgeprägt tenoralen Stimme hingegen ist *richtig* (obwohl dies nicht der Grund für die Besetzung mit Pavarotti war). Daß Otello, mehr als jede andere Figur unter Verdis Tenören, ein *gebrochener* Held ist, vielleicht sogar die Negation des mit der Tenorstimme assoziierten heldischen Typus, läßt mitnichten den Rückschluß zu, er müsse mit einer baritonalen Stimme singen. Warum hätte sich Verdi bei der Uraufführung, vor der die berühmtesten Sänger um die Titelpartien buhlten, einen Tenor ausgesucht, der nach seiner Herkunft, wie Giorgio Guarlerzi in einem brillanten Essay in *Opera* ausgeführt hat, ein »contraltino« war – Francesco Tamagno? Selbst dessen Spätaufnahmen zeigen neben den strahlenden, aber immer sehr schlanken Spitzentönen eine ausgesprochen *weiche* Tonbildung und ein Ausschwingen des Tons mit dynamischer Nuancierung. Erst während des Verismo fiel die Partie an die dunklen, deklamierenden Stimmen. Der erste bedeutende »baritenore« war Renato Zanelli, zum berühmtesten aber wurde Ramon Vinay, dessen Ruhm vor allem auf der Aufführung unter Toscanini gründet. Aber schon in den vierziger Jahren hatte sich Giacomo Lauri-Volpi an der Mailänder Scala bemüht, der Partie »die Dignität der klassischen Tenortradition Tamagnos« zurückzugeben – ohne Erfolg. Vollends baritonisiert wurde der Otello durch Mario del Monaco – als vokales Phänomen allerdings ein Sonderfall, wie der expressionistische Otello von Jon Vickers eine Ausnahme war. Seit 1975 hatte Domingo den Otello mit inzwischen 200 Aufführungen in Besitz genommen, ohne die ideale Stimme zu haben (Gualerzi akzeptiert ihn »als guten Otello trotz technischer Mängel«).

Pavarotti ist Domingo in vielen Belangen überlegen: In der Konzentration, mit welcher er das »Esultate« singt, der Feinheit der Artikulation im Liebesduett mit Kiri Te Kanawa (exzellent in Akt IV) und dem noblen Pathos im Monolog »Dio, mi potevi«, den Domingo weder in seinen beiden Aufnahmen (unter Levine und Maazel) noch in seinen Aufführungen angemessen gesungen hat: bei der psalmodierenden, dreimal repetierten As-Es-Phrase weicht er, emphatisch deklamierend, nicht nur von der Tonhöhc ab, er weicht auch aus in die weinerliche »maniera verista«. Dennoch ist Pavarottis Aufführung insgesamt eine interessante und faszinierende Skizze in einer durch die weitere Besetzung zwiespältigen Aufnahme.

Belcanto-Grandseigneur: Alfredo Kraus

Der beste Tenore di grazia, mit dem ich gesungen habe.
Renata Scotto über Alfredo Kraus

In einem Interview mit der Zeitschrift *Opernwelt* hat Alfredo Kraus (geboren 1927) seine Abneigung gegenüber der Studio-Arbeit bekannt – dies zu einem Zeitpunkt, da er in zwei Aufnahmen des *Rigoletto* (unter Gavazzeni und Solti), von *Lucrezia Borgia, Così fan tutte* unter Böhm und *Falstaff* unter Solti, dazu in einer spanischen Einspielung von *Les Pecheurs de Perles* zu hören war. Die Tatsache, daß er in den letzten Jahren – da er im Nachsommer seiner Karriere steht – in Aufnahmen von *Don Pasquale, I Puritani, Rigoletto* (unter J. Rudel), *Lucia di Lammermoor, Roméo et Juliette* und *La Jolie Fille de Perth* gesungen hat, läßt freilich den Schluß zu, daß er von den Plattenfirmen erst spät wirklich »entdeckt« worden ist. Eine Rolle mag dabei spielen, daß sein Stil des beherrschten und schlanken Singens in den sechziger Jahren nicht dem damaligen Ideal des vollkehligen Vokalisierens entsprach. Wie auch immer: Der neben Nicolai Gedda beste lyrische Tenor der Nachkriegszeit ist auf Platten nicht kontinuierlich zur Geltung gekommen. Ein Grund dafür ist die kühle Klangqualität der Stimme. Es ist keine weiße, aber eine sehr hell getönte Stimme ohne die Möglichkeiten expressiver Morbidezza-Tönungen, wie wir sie von Schipa oder Tagliavini kennen, auch ohne den klanglichen Mantel aus Samt oder Seide.

Beide Kollegen übertrifft Kraus aber durch die Mühelosigkeit, mit der er in die Höhe aufzusteigen vermag. Kraus hat nicht nur das C, sondern singt mühelos auch Cis und Des (auf der Klaviatur derselbe Ton, nicht aber in der Plazierung des Sängers), selbst das D, und erreicht an guten Tagen sogar das Es, und dies ohne fingierende Tricks. Er ist damit einer der wenigen Tenöre, die mit den hybriden Höhenpartien wie Arturo in *Puritani*, Edgardo in *Lucia* und Herzog in *Rigoletto* ohne Transpositionen oder Auslassungen fertig werden, und dies noch im Alter, das die meisten Tenöre um eine Terz nach unten transponiert. Der schlanke Grandseigneur sieht mit Mitte Sechzig wie ein Endvierziger aus und klingt wie ein Enddreißiger.

Dies ist, wie immer, das Resultat von kluger Einsicht in die eigenen Möglichkeiten. Kraus hat früh gelernt, das schwierigste Wort des Musikbetriebs auszusprechen: »No!« Er hat nein gesagt, wenn man ihn für Puccini-Partien wie Rodolfo und Cavaradossi gewinnen wollte (in *Tosca* hat er nur einmal, 1956 in Kairo, gesungen, weil die Verpflichtung wichtig für seine Karriere war). Kraus' Maxime: »Ein Sänger ist wie ein Boxer oder ein Gewichtheber. Wenn man versucht, mehr zu heben, als man tragen kann, wird man zusammenbrechen, oder wenn man mit jemandem kämpft, der schwerer ist, wird man verlieren. Ein Sänger kann nur eine Partie tragen, die so schwer wie seine Stimme ist.«

Alfredo Kraus
(Foto: © Kesting)

Mit Nachdruck hat Kraus betont, daß schon eine Oper wie *La Bohème* – die er spät unter Levine aufgenommen hat – nichts für eine leichte Stimme ist: »Alles liegt in der Mitte der Stimme, und das Orchester ist dick.« In einem Interview mit John Ardoin hat Kraus gesagt, daß er in seinem ganzen Sänger-Leben neben der einen *Tosca*-Aufführung nur eine *Bohème* und zweimal *Butterfly* gesungen hat. Den Riccardo in *Ballo* hat er sich für »the very end of my career« aufgespart und sich immer auf den Standpunkt zurückgezogen, lieber einer der besten in einem eng eingegrenzten Repertoire zu sein als einer jener Helden, die sich unversehens nur als Hasardeure erweisen. Dem italienischen Kritiker Rodolfo Celletti hat er erklärt, daß »die Bühne den Künstler formt und den Sänger ruiniert«.

Dies entspricht nicht dem Ehrgeiz all jener Opern-Produzenten, die die Stimmen ohne Rücksicht auf die Folgen schreien und leiden lassen für längst lächerliche naturalistische Effekte. Aber Kraus unterscheidet sich, so Celletti, »mental und physisch« von allen südländischen Tenören unserer Zeit. Kraus ist ein eleganter, ja ein stilisierter Sänger. Celletti: »Die Charaktere, die er gemeinhin porträtiert, entsprechen nicht nur seiner Stimme, sondern auch seiner eleganten Erscheinung, zudem seinen stilisierten Bewegungen auf der Bühne, seiner Phrasierung, die subtil, überaus musikalisch und vollkommen frei ist von heiserer Emphase und Effekten. Man kann sich nur schwer vorstellen, daß Kraus eine Figur verkörpert, die nicht üppige Kostüme trägt und deren Sprache nicht nobel ist, in einem gewissen Sinne sogar idealisiert, denn die geschmeidige Sanftheit seines Singens, die Eleganz seiner Phrasierung und seine gute Bühnenerscheinung machen Kraus zum einzigen Grandseigneur-Tenor unserer Zeit.«

Kraus' erste Aufnahmen galten *einem* Werk: 1960 sang er den Herzog unter Gavazzeni, 1963 unter Georg Solti – und beide Male sang er ihn besser, vor allem vollständiger als alle seine Rivalen. Nur Pavarotti erreichte seine Leichtigkeit, Eleganz und sinnliche Ausstrahlung, nicht zuletzt auch das D in »Possente amor« nach der großen Arie aus dem zweiten Akt. Diese singt Kraus zwar nicht mit der schwebenden, honigsüßen Tongebung eines Schipa, aber makellos in Phrasierung und Akzentuierung. Allerdings könnten die Gruppetti geschmeidiger gebildet sein, auch der Tonanschlag in der Passaggio-Lage sanfter und konzentrierter. Das Timing der Arie ist sehr schön, flexibel auch durch Gavazzeni. »Possente amor« schließt er mit einem D in alto ab, das man gehört haben muß, um daran zu glauben. Hingegen fehlt »La donna è mobile« bei aller Eleganz ein Moment sinnlicher Klangschönheit, und die »bella figlia« ist auch schon erotisierender besungen worden. Unter Soltis stürmischer Hand singt er den Duca nicht nur feuriger, sondern auch feiner. So sind etwa die Gruppetti in »Ella mi fu rapita« besser in die Linie eingebunden. Auch ist die Stimme sicherer im Anschlag und in der Akzentuierung, auch im Ausschwingen der Phrasen, die wirklich Dolcezza haben. »Possente amor« bekommt mehr Drive und Spannung als unter Gavazzeni, vor allem durch die energischere Phrasierung der Laufpassagen, und das D strahlt noch trompetenhafter als zuvor. Unter Solti unternimmt Kraus auch den Versuch, bei der Wiederholung von »La donna è mobile« – beim Abgang hinten von der Bühne, wobei Rigoletto plötzlich merkt, daß nicht der Gemeinte in den Sack gesteckt worden ist – das hohe H mit einem Diminuendo zu bilden.

1964 war Kraus der Ferrando einer *Così*-Aufnahme unter Karl Böhm – neben Schwarzkopf, Ludwig und Taddei. Steane hat sich über die kühle Wiedergabe von »Un aura amorosa« beklagt, dafür ist »Tradito, schernito« ein Meisterstück lebendig-gestischen Singens. Gewiß hat Kraus nicht die schmelzende Süße Simoneaus, nicht die verhangen-elegische Tönung Dermotas, aber er übertrifft den letzteren durch die Konsistenz, die Genauigkeit und Sicherheit seines Singens. Zwei Jahre nach *Così fan tutte* nahm Kraus unter Perlea Donizettis *Lucrezia Borgia* auf – und erwies sich als Star einer Aufführung, deren Star eigentlich Montserrat Caballé hätte sein sollen. Wir hören von ihm schlechthin ideales Donizetti-Singen: wundervoll-flüssige Kantilene, feine Phrasierung, prägnante Artikulation und exemplarisch beherrschte Tongebung. 1970 sang Kraus für seine eigene Plattenfirma (Carillon) seine beste Aufnahme: Bizets *Les Pêcheurs de Perles* unter Carlo Felice Cillario, neben Adriana Maliponte, Sesto Bruscantini und Campo. Nach dem als Nadir unübertrefflichen Léopold Simoneau und noch vor Nicolai Gedda ist Kraus der beste Nadir. Er singt, wie Lord Harewood notierte, »mit langer, expressiver Linie«, konzentrierter, versammelter Tongebung und müheloser Höhe – in der Kadenz der Arie legt er, ohne daß dies ostentativ wirkte, ein C in alto ein. Das berühmte Duett singt er, mit dem vortrefflichen Sesto Bruscantini als Partner, fein abgestimmt in Klang, Phrasierung und rhythmischem Timing.

Ende der siebziger Jahre wurde Kraus, jahrelang von den großen Firmen schlicht ignoriert, in großen Produktionen eingesetzt. In einer eher durchschnittlichen Produktion von Verdis *Rigoletto* mit einer altjüngferlichen Gilda (Beverly Sills) und einem routinierten Rigoletto sang er zum dritten Male den Herzog (der auch auf diversen Live-Aufnahmen verewigt ist), freilich nicht mehr so elegant wie unter Solti. Die Tongebung ist angespannter, die Attacke mühsamer, das D reißt früher ab. In Riccardo Mutis vortrefflicher Aufnahme von *I Puritani* übertrifft er als Arturo alle Rollen-Rivalen der LP-Ära. Di Stefano, Callas' Partner, gebot nicht über die Grazie für die Partie, Duval neben Sutherland blieb blaß, Nicolai Gedda sang mit viel Eleganz und wenig Sonne im Ton, und Luciano Pavarotti spannte allzusehr die Muskeln an. Auch Kraus bringt die zaubrischen Kantilenen nur zum Klingen, nicht aber zum Schwingen, zeichnet sich aber durch mehr rhythmische Flexibilität und vokale Phantasie aus. Caballé hat große

Momente, doch ist die Stimme in der Höhe hart und beeinträchtigt durch einen »Schlag« in gehaltenen Noten. Auch in der von Rescigno dirigierten Aufnahme von *Lucia di Lammermoor* (neben Gruberova) erweist sich Kraus als der beste Stilist für das romantische Belcanto-Repertoire.

Kurios genug, daß die großen Firmen den Spanier kein einziges Recital haben aufnehmen lassen, während Pavarotti, Domingo und Carreras selbst Schlager und Schnulzen aufnehmen konnten. Zum Glück besitzt Kraus seine eigene Firma (Carillon) und damit die Möglichkeiten, sich den Dialog mit der Ewigkeit zu sichern. Drei Recitals – erhältlich über Bongiovanni – müssen mit Nachdruck empfohlen werden als die besten Belcanto-Aufnahmen seit Schipa, Lauri-Volpi, Bonci und Anselmi. Um den Begriff nicht zu mißbrauchen: Kraus exzelliert auf diesen Platten nicht im Canto fiorito, nicht in einer Koloratur- und Verzierungskunst à la Jadlowker oder de Lucia (oder auch Richard Conrad), sondern im romantischen Belcanto-Repertoire. Aus dem klassischen singt er nur Ottavios »Il mio tesoro« und die beiden Arien des Almaviva aus *Il Barbiere*, singt sie rein technisch deutlich besser als beispielsweise Schipa, strahlt gleichwohl nicht dessen melancholischen Charme aus. Kraus ist auf bewunderungswürdige Weise sicher, korrekt, manchmal sogar brillant; und doch ist sein Singen mehr Vortrag als Verlebendigung (wobei der Bezugspunkt für Rossini Fernando de Lucia ist).

Dies sind die einzigen winzigen Einschränkungen gegenüber drei mirakulösen Platten, aus denen, als Appetitmacher, »Il piccol legno« aus Guglielmo Tell empfohlen sei, des Fischers Lied, in dem sich Kraus' Kehle auf magische Weise in eine silberne Trompete verwandelt und Spitzentöne produziert, für die jeder andere Tenor seiner Heiligen Kerzen anzünden würde. Und wenn man »O muto asil« hört, makellos in der Linienbildung, sicher bei den großen Sprüngen, zaubrisch in den Tönungen der Kantilene und phänomenal in der Höhenattacke mit einem interpolierten Es in alto (dal petto gesungen!), kann man sich nur grämen darüber, daß in den beiden Gesamtaufnahmen des Werks unter Gardelli und Chailly nicht der potentiell beste Arnoldo eingesetzt wurde. Auch eine zweite Platte ist ein »Sesam öffne dich« zu Juwelen und Perlen des Tenorgesangs. »O qual soave vision« vor »Bianca al par« aus *Gli Ugonotti* erklingt wirklich einmal »soave« und evoziert die Eleganz und Finessen nicht *eines*, sondern *des* Goldenen Zeitalters (auch hier wieder Acuti von unbeschreiblicher Leichtigkeit und Brillanz). Unerwartet gut und klangschön ist Kraus' Attacke in »Una furtiva«, »Com'è gentil«, »Mi par udir«, »O Paradiso«, wo er auch Passaggio-Noten konzentriert anschlägt. »A te o cara« singt er auf diesem Recital (das leider nicht datiert ist, aber wohl Mitte der siebziger Jahre entstanden sein dürfte) klangschöner, leichter und schwingender als unter Muti (minimale Einwände gegen zwei, drei stößig abreißende Töne). Noch einmal zurück zu John Steanes Einwand:

Das Singen des Spaniers wirke kühl, die Stimme sei nicht schmelzend. Sie hat in der Tat nicht die Honigsüße eines Gigli, eines Schipa, eines Tagliavini, liegt nicht so sanft auf dem Atem, leuchtet nicht mit warmem Licht, sondern mit gleißender Brillanz. Kraus ist weniger ein sinnlich-verführerischer, sondern ein aristokratisch-eleganter Tenor – in jedem Fall ein zentraler Sänger unserer Zeit und, wie Scotto zu Recht schrieb, der beste Tenor di grazia seit Jahrzehnten.

Ambizioso Spirito: José Carreras

José Carreras erste Solo-Platte weckt Hoffnungen auf wundervolle Dinge. Der bloße Klang der Stimme, fest, voll, elastisch und sinnlich, ist einfach unwiderstehlich. Das Ebenmaß der Skala über einen Umfang von anderthalb Oktaven von der Basis des Systems bis zum hohen H (er scheint kein C zu haben) ist ein Vergnügen in sich.
Dale Harris in ›High Fidelity‹

Auf der Bühne ist José Carreras ein feiner Kalaf, obwohl es Momente gibt, in denen man nicht um seinen Kopf fürchtet, sondern um seine Stimme.
John Steane in ›The Gramophone and the Voice‹

Nach einer der ersten Aufnahmen des spanischen Tenors José Carreras, geboren 1946 in Barcelona, schrieb ich in der *HiFi-Stereophonie*, daß der Spanier klinge »wie Giuseppe di Stefano an Sonntagen«. Eine klangvollere und samtig-schönere lyrische Tenorstimme von solch reinem Volumen und feiner Textur war lange nicht mehr zu hören gewesen. Daß es ihm in erster Linie um die Produktion und die Entfaltung eines sinnlich-suggestiven Klangs geht, hat der Spanier in einem Interview mit Alan Blyth (*The Gramophone*, 1977) bekannt: »Wenn ich eine Rolle lernen oder auch nur hören will, wie ich sie singen soll, kann ich mich an fast jeden der großen Tenöre halten – Caruso, Björling, Gigli, Bergonzi, Gedda –, aber wenn es mir nicht um Technik geht und ich nur schieres Vergnügen haben will, muß ich di Stefano lauschen. Er singt mit jener außergewöhnlichen Spontaneität. Ich weiß wohl, daß diese oder jene Note nicht korrekt plaziert wird, aber der reine Spaß am Singen ist immer vorhanden. Er hatte eine kurze Karriere, aber für zehn Jahre war er wundervoll.«

Im überaus kritischen Lob John Steanes für Carreras' Kalaf in der Wiener Live-

Aufnahme von Puccinis *Turandot* mit Eva Marton unter Lorin Maazel – wie der *Ernani*-Mitschnitt Mutis mit Domingo die Montage mehrerer Aufführungen – klingt an, daß Carreras, wie di Stefano, den besten Abschnitt seiner Karriere nach einem Jahrzehnt hinter sich haben könnte. Folge jener für den heutigen Betrieb rücksichtslosen Überforderung, der gerade die besten Talente ausgesetzt werden. Als Blyth den jungen Spanier zwei oder drei Jahre nach seinem Durchbruch befragte, sagte Carreras: »Ich kann es nicht ablehnen, Don Carlo für Karajan zu singen, und ich kann es auch nicht ablehnen, *Lucia* mit Caballé zu singen.«

Er erklärte damit, weshalb er im Sommer 1976 – Fluch des Flugzeugverkehrs – ständig zwischen London und Salzburg pendelte: Hier war er an der Festspielaufführung unter Herbert von Karajan beteiligt, dort sang er im Studio Edgardo neben der spanischen Kollegin, die viel für ihn getan hatte. Daß ein Diener zweier Herren sozusagen keine Ruh' bei Tag und Nacht findet, tat er ab mit der Bemerkung, daß »Carlos eigentlich ein junger Mann ist und die Stimme nicht zu schwer klingen sollte«. Nun sind auch Radames oder Siegfried nicht eben altersschwache Herren und können nur von jungen – was heißt: jung *klingenden* – Stimmen gesungen werden, auf keinen Fall aber von lyrischen. Carreras allerdings, auf das prachtvolle Volumen seiner Stimme vertrauend, hat nicht nur sehr früh Carlos, sondern auch unter Herbert von Karajan – konnte er ablehnen? – Radames gesungen, auf der Bühne wie auf der Platte. Sodann Partien wie Manrico, Riccardo, Cavaradossi, Kalaf und Don José, die teils nach einer sehr gefestigten, teils nach einer ausgesprochen höhensicheren Stimme verlangen. Die Anspannung ist keineswegs nur in der Wiener *Turandot*-Aufführung zu spüren, sondern auch in der Aufnahme des Verdi-*Requiems*, wo Carreras nach dem übermäßig dynamisierten hohen B des »Ingemisco« – der Ton entfaltet sich mit einer Sprezzatura, durch die er lediglich dicker wird, aber an Konzentration und Fokus verliert – in eine falsettähnliche Registrierung umschalten muß, um die Phrase überhaupt zu Ende zu bringen.

Das Problem liegt offenbar in der Konzeption des Gesangstons selber. Carreras strebt, darin di Stefano ähnlich und Sängern wie Björling und Bergonzi entgegengesetzt, nicht nach einer leicht verschlankten, tonlich konzentrierten und hell-leuchtenden Höhe, sondern er treibt und preßt die Bruststimme mit vollem Atemdruck in die Höhe. Technisch betrachtet: Ihm gelingt zwar eine Verbindung der Register, aber nicht die Vermischung von Brust- und Kopffunktion. Nach der Diagnostik Otto Iros findet sich der rätselhafte Fall, daß »eine Stimme absolut unverdorben (ist), der Registerausgleich glatt, der Vollton hindernislos in ein spannungsfreies Falsett decrescendierbar, eine leichte Mezzavoce bis an die oberste Grenze zur Verfügung (steht)«, aber jeder Versuch mißlingt, die Höhe mit Kraft zu bilden. In fast allen Aufnahmen Carreras' läßt sich, wie von Harris in *High Fidelity* beschrieben, der volle und sinnliche

Gesangston genießen; sobald die Stimme aber in die Vollhöhe aufsteigen muß, wird der Klang dick und dumpf. Zudem kann das vollmundige Singen con forza e passione auf die Dauer ausgesprochen enervierend werden. Dies ist mitnichten nur eine musikalisch-ästhetische, sondern auch eine physiologische Empfindung: Die übermäßige Anspannung des Singens im Forte zeitigt beim Hörer eine gleichsam sympathetisch schmerzhafte Sensation. Wohl finden sich im Chor der Kritiker viele Stimmen, die dem Spanier vorwerfen, daß er »nicht willens sei, unter einem Mezzoforte zu singen« (Blyth), kaum je aber wird darauf hingewiesen, daß er gar nicht mehr anders kann und daß die Überbetonung der Brustfunktion längst zu klanglichen Divergenzen geführt hat: Hier die reiche Vollstimme, dort ein zwar klingendes, aber klanglich schlecht mit der eigentlichen Stimme verbundenes Falsett. Anders gesagt: Die Proportionen der Stimme sind, was die Dynamisierung angeht, nicht mehr in Ordnung; die Vibrationen beginnen sich zu lockern, die klangliche Reinheit geht verloren und mit ihr das sinnliche Schimmern, das zunächst die beste Waffe des Sängers gewesen ist. Es ist gerade das Fehlen des Piano und der Halbstimme, die seinem Forte den Klangkern nimmt.

José Carreras
(Foto: © DG/Steiner)

Carreras hat am Konservatorium von Barcelona bei Jaime Francesco Puig studiert. 1970 debütierte er als Flavio am Teatro Liceo seiner Heimatstadt. Gemeinhin werden Flavios nicht zur Kenntnis genommen, aber Montserrat Caballé, die Norma der Aufführung, erkannte sogleich, daß der Tenor in der kleinen Nebenrolle besser sang als der Sänger des Pollione. Ein Jahr später hörte man Carreras in London neben Caballé und Verrett in einer konzertanten Aufführung von Donizettis *Maria Stuarda.* Caballé setzte sich weiter dafür ein, daß Carreras neben ihr in Barcelona die Partie des Gennaro in *Lucrezia Borgia* singen konnte. 1974 debütierte der 28jährige Tenor als Alfredo an der Covent Garden Opera, ein Jahr später sang er dort Nemorino. Ebenfalls 1974 war er in Wien in der legendären Karajan/Zeffirelli-Produktion von *La Bohème* nach di Stefano und Gianni Raimondi der dritte Rodolfo. Es war eine der Aufführungen, mit denen Herbert von Karajan – »Ritorna vincitor!« – den »Kniefall der Republik« *(Der Spiegel)* erzwang und an die Wiener Staatsoper zurückkehrte, die er einige Jahre zuvor (»mit Wien bin ich fertig«) verlassen hatte. Der Verfasser hat die Aufführung von *La Bohème* und Carreras wahrhaft berauschendes Singen erlebt. 1975 sang er unter von Karajan beim Osterfestival das Verdi-*Requiem*, 1976 und 1977 Carlo, 1979 Radames während der Sommer-Festspiele mit Mirella Freni in der Titelpartie der Aida. Ende der siebziger Jahre wagte er sich auch an Partien wie Alvaro, Enzo und Eléazar. Die erste ist eine dramatische Spinto-Partie, die zweite verlangt heftigste dramatische Akzente, die dritte nach dem dunklen Fundament und dramatisch-voller Tongebung – und alle drei entsprechen nicht dem Stimmtypus des Spaniers, der nur den relativ dunklen Klang besitzt, nicht aber den dramatisch-festen oder gar harten Stimmkern. 1984 sang er in Salzburg unter von Karajan Don José. Wie immer bei Karajan entstanden zur Vorbereitung die entsprechenden Gesamtaufnahmen, wie denn auch aus Londoner Aufführungen unter Sir Colin Davis diverse Aufnahmen *(Ballo, Trovatore, La Bohème* und *Tosca)* hervorgingen. Auch eine Berliner *Tosca*-Aufführung, konzertant in der Philharmonie, fand den Weg ins Plattenstudio.

Die Aufnahme mit Katia Ricciarelli in der Titelpartie und Ruggero Raimondi als Scarpia ist in doppelter Hinsicht interessant: zum einen als Dokument der Schallplatten-Ästhetik von 1980, zum anderen, was hier speziell interessiert, als Zeugnis der sängerischen Entwicklung Carreras'. Dabei ist die individuelle Entwicklung nicht abzulösen von allgemeinen Produktionsbedingungen und der etablierten »technischen Ästhetik«, durch die an die Stimme spezifische Anforderungen gestellt werden. Schon ein »close-up miking« kann ein Vibrato, das im Theater sehr effektvoll ist, unangenehm vergrößern, wie denn auch ein »beat in the voice« vor allem unter großem Atemdruck durch die Nahaufnahme per Mikrophon verstärkt werden kann: Womit bereits einige Probleme sowohl von José Carreras als auch von Katia Ricciarelli angedeutet sind.

Dabei sind beide durchaus nicht die Protagonisten der Aufnahme – denn das ist die Aufnahme selber, die schier filmisch-breitwandhafte Entfaltung des Klangs, der mal in die Nähe eines süß-suggestiven Sounds, mal in die brutitistischer Exzesse getrieben wird. Die schwelgerischen Phrasen des Liebesduetts oder der Sternen-Arie, der piktorial-illustrative Beginn des dritten Aktes und die schmachtende Lyrik der Sternen-Arie erklingen als sinnlich-luxurierende Nervenmusik, während die Folterszene durch die schneidende Intensität der Berliner Blechbläser geradezu klanglich brutalisiert wird. Dagegen ist nicht leicht anzusingen, und in der Tat werden die Sänger – dies ungewöhnlich für die italienische Oper – reduziert auf Stimmen in einem Stimmengefüge. Ricciarelli hat keine Tosca-Stimme, und Carreras ist nur ein Schatten seiner selbst – wenn man dieses Selbst in der früheren Aufnahme unter Sir Colin Davis als verwirklicht ansieht. In der großen Phrase »Qual occhio al mondo« gerät er in ärgste Nöte – die Tessitura macht ihm ebenso zu schaffen wie die Atemstütze –, in »La vita mi costasse« ist das hohe H dumpf, bei den »Vittoria«-Rufen zieht ein heftiger Schlag durch die gehaltenen Noten. Vor allem aber kann die Stimme trotz aller Tonausladung nicht ankommen gegen das selbstgenügsame orchestrale Blow-up: Sie wird gleichsam durch orchestrale Dynamik erstickt.

Ich stehe nicht an, dies als eine quasi-barbarische Ästhetik zu empfinden, weil sie die Stimme als Ausdrucks-Trägerin vergewaltigt. Selbst wenn man *Tosca* mit einem angelsächsischen Terminus als »an opera opera« bezeichnet – als einen Reißer in extremis –, so wird das Werk durch diesen Zugriff zu einem brutalen Comic gemacht. Liest man dann auch noch, daß Carreras unmittelbar nach einem Rückflug aus Japan ins Studio gegangen ist, bleibt nur noch Resignation über die Verirrungen von Kunst-Produktion. Und woher mag Carreras gekommen sein, als er das Recital mit Arien aus *I Vespri, Rigoletto, Ernani, Attila, L'Elisir, Roberto Devereux, Guglielmo Tell* und dem *Stabat Mater* aufnahm, das 1982 veröffentlicht wurde. Er singt mit einem ermüdenden, weil ermüdeten Dauer-Forte, produziert alle Töne über dem System mit heftigem Druck und dadurch mit einem störenden Schlag, und auch in der Mittellage klingt die einst samtige Stimme so rauh wie, um im Bilde zu bleiben, Sackleinen. Es gibt ein paar gute, lyrisch-leise Momente in den Donizetti-Arien – »Una furtiva« ist akzeptabel gelungen, aber ohne Belcanto-Finessen wie ziselierte Verzierungen und feine Messa-di-voce-Effekte –, aber »O muto asil« (ohne Cabaletta) oder Ernanis »Come ruggiada« entraten der Spannung und des Squillo, wie man es von Tamagno, Martinelli oder Pavarotti kennt.

Welch eine Entwicklung in nur fünf oder sechs Jahren, die seit Erscheinen der ersten Aufnahmen verstrichen sind. In seinem ersten Recital, betreut von Roberto Benzi und in der Mischung von bekannten und unbekannten Arien geschickt zusammengestellt, hatte Carreras seine Stimme so selbstsicher ausgestellt, wie ein Sänger dies in den Jahren des vokalen Überflusses nur kann. Zwar zeigte er auch damals schon eine ungenierte Vorliebe für wie mit breitem Pinsel gezogene Linien, für dynamische Al-fresco-Effekte, zwar verwechselte er dramatischen Ausdruck mit formelhaften Emotions-Gesten, aber man fühlte sich erwärmt von einer Sonne mit golden-leuchtenden Tönen. Carreras glänzte mit eben diesen Fähigkeiten in der Gesamtaufnahme von Rossinis *Elisabetta, Regina d'Inghilterra*, glänzte als Edgardo neben Montserrat Caballé als Lucia und überzeugte auch als Macduff in der *Macbeth*-Aufnahme unter Riccardo Muti. Geradezu verblüffend die Agilität, mit der er Rossinis *Otello* – neben von Stade at her best – sang.

Doch dann kamen die schweren, dramatischen Rollen. Daß er die Partie des Radames in der Aufnahme gut, teilweise glänzend bewältigte – in den Duetten des dritten und vierten Aktes hat er, etwa bei der wundervollen Piano-Bildung des hohen B in »nostri amori« im Nil-Duett, große Momente –, heißt nicht, daß seine Stimme solche Partien auf Dauer verkraften kann. Die Folgen von Gebrauch als Verbrauch werden meist erst später hörbar – etwa im Verdi-*Requiem* oder in *Carmen*. Auch Bizets Oper ist wieder eine Produktion, die sich in einem spezifischen Aufnahme-Luxus erfüllt, nämlich in der Inszenierung eines pathetischen Melodrams, das sich zu einem grellen Schrei zuspitzt: Wenn Agnes Baltsa, eine stimmlich schlanksehnige Carmen, Don José den Ring vor die Füße wirft und ihr »Tiens!« herausgellt. Von Karajan, der 1963 Bizets Oper mit den nachkomponierten Rezitativen aufgenommen hatte, folgte 1984 der von Oeser besorgten Fassung mit extensiven (von Sprechern ausgeführten) Dialogen; wieder aber gibt er keine Opéra comique mit einem fatalistischen Schluß, sondern einen schluchzenden Reißer mit langsam-lastenden Tempi und einer Sinnlichkeit à la *Samson et Dalila*: Himbeercrème in Des. Während Baltsa die Titelpartie sehr nervig-sinnlich, mit gleichsam gespannter Stimme singt (und in der Séguidille vor der Reprise ein Sopran-A einlegt), verfällt Carreras in ein tränenfeuchtes Singen. Das B am Ende der Blumen-Arie nimmt er Pianissimo, aber mit einem nicht korrekt fokussierten Falsett-Ton. In der Schlußszene endlich ergeht er sich in pathetisch-lachrymosen Effekten – eine unidiomatische Interpretation in einer Aufführung, die *Carmen* zu einer opulenten Festspieloper macht.

Seit diesen Anmerkungen zur *Carmen*-Aufnahme ist ein Jahr vergangen, und das Erscheinen eines Recitals mit französischen Arien, dirigentisch betreut von Jacques Delacôte, und einer Aufnahme von *L'Elisir d'Amore* unter Claudio Scimone gibt die Möglichkeit einer kritischen Revision. Gäbe es sie nur! Die auf dem EMI-Recital aufgestellte Behauptung, Carreras sei »unter den führenden lyrischen Tenören unserer Tage der lyrischste«, könne aber auch »mit einer beachtlichen dramatischen Kraft« singen und sei »somit prädestiniert für das hier vorgestellte französische Repertoire«, erweist sich schon nach wenigen Takten der *Faust*-Arie »Salut, demeure chaste et pure« als Reklame-Lüge. Da ist nichts von der feinen Linienbildung der großen Franzosen, von der Balance aus Artikulation und Phrasierung. Statt dessen singt Carreras, stärker als je zuvor, mit offenem, breitem Klang und kann nicht verhindern, daß das unter extremen Druck erpreßte C plötzlich reißt und aus dem Zentrum der Stimme geht. Kaum eine Silbe oder ein Wort – geschweige denn eine Phrase –, die durch sorgsame Bildung der Konsonanten Form und Relief bekämen: Das Singen ist allein auf einem dunkel-getönten, offenen Vokalisieren fundiert, damit stilistisch völlig verfehlt. Auf dynamische Nuancierungen wartet man vergebens. Carreras singt ständig mit breitem Ton und unter dynamischem Hochdruck, und wenn er, wie in der Blumen-Arie oder in Vascos »Pays merveilleux – O Paradis« eine weiche Attacke oder ein Piano versucht, muß er fingieren – also im Falsett singen. Zudem reißen lange, gehaltene Phrasen mit einem heftigen Stoß vom Zwerchfell her ab – Indiz für überstautes Singen. Es versteht sich fast von selbst, daß dadurch das Klangbild insgesamt leidet: Weil die Stimme nicht mehr recht führbar ist und durch schwierige Intervalle mit allerlei Gleittricks lanciert werden muß, wirkt die Tonbildung rauh und grob, zu offen und partiell heiser.

Der jugendliche Stimmklang ist selbst durch ein »l'elisir d'amore« nicht zurückzugewinnen. Vor einigen Jahren hat Carreras an der Covent Garden Donizettis Nemorino gesungen, und Harold Rosenthal bedauerte damals, daß in der Schallplatten-Produktion unter John Pritchard Placido Domingo statt Carreras eingesetzt wurde. 1985 holte Carreras die Rolle – eigentlich ideal für seine Stimme – unter Claudio Scimone nach. Seine Partnerin ist Katia Ricciarelli, für Belcore ist Leo Nucci, für den Quacksalber Domenico Trimarchi (ausgezeichnet als Bartolo unter Neville Marriner neben Baltsa und Araiza) aufgeboten. Die Aufnahme ist, mit Blick auf die vokalen Standards, nicht nur eine Enttäuschung, sondern ein Desaster. Ricciarelli singt mit fahlem, resonanzlosem und in der Höhe gequetschtem Ton und bewegt sich bei Koloraturpassagen (schon gleich zu Beginn nach der Tristan-Erzählung) wie auf Glatteis, wobei sie von Leo Nucci noch unterboten wird. Der Bariton singt unter solchem Druck, daß er jede verzierte Passage nur durch Aspirierungen bewerkstelligen kann (Beispiel: »cede a Marte, Dio guerriero, fin la madre dell'Amor«). Carreras wirkt wie ein aufs Land verschlagener Patient aus einer Lungenheilanstalt, der seine Bronchitis noch nicht ausgeheilt hat. Er hat keine Sonne im Ton, keine Anmut für »Quanto è bella«, keine agile Brillanz für die raschen Parlando-Passagen, keine Linie für »Una furtiva«, kein Finish für die verzierten Passagen der Kadenz. »Una furtiva lagrima« verlangt perfekte Attacke in der heiklen Bruchlage, sichere Stützung der Halbstimme, perfektes Messa di voce für die Entfaltung des Innenteils – all das, was Carreras nicht mehr zu Gebote steht.

Schon 1986 versuchte der Catalane in den Spuren Pavarottis ins musikalische

Souterrain abzusteigen. Doch kam er damals in München, Hamburg und Düsseldorf mit seinen Galas beim Publikum noch nicht an; Preise von 100 Mark galten seinerzeit noch als maßlos. Doch als er im Herbst 1988 in der Kölner Philharmonie erneut gastierte, war das Konzert – bei Preisen bis zu 180 Mark – ausverkauft. Nicht *wie* er sang, wurde bejubelt, sondern *daß* er überhaupt wieder singen konnte. Denn seine Erkrankung an Leukämie, diagnostiziert im Juni 1987 während der Verfilmung von Puccinis *La Bohème*, schien die Karriere des Sängers fast schon beendet zu haben.

Die Leidensgeschichte wurde an die große Glocke der Schlagzeilen (»Die schmale Gestalt, die den Tod besiegt hat«, »Carreras singt das Lied vom Leben«) gehängt, so daß, wie Klaus Umbach im »Spiegel« schrieb, ein »Todgeweihter im PR-Galopp durch die Regenbogenpresse wieder im gelobten Land der Umsatz-Rekorde« Fuß fassen konnte – »vielleicht die empörendste Geschichte zum Thema Musikbetrieb. ... Wo eine Messe tönt und von schwerer Krankheit tränenschwanger die Reklame-Rede ist, da steht natürlich auch wieder der gute Onkel Benefiz vor der Tür: Carreras hat eine Stiftung zum Kampf gegen Leukämie gegründet, sicher ein ehrenwertes Unternehmen, das jedes Scherflein verdient, aber eben auch mal wieder glänzend fürs feine Mäntelchen taugt, unter dem das Gemisch von Geschäft und Caritas versteckt wird.«

Daß beim Ausverkauf die Preise steigen, widerspricht eigentlich den Usancen des Marktes. Wenn aber das Publikum bei der Warenkunde überfordert ist und nicht erkennt, wie billig die teuren Sonderangebote sind, so ist dies mit einer von Somerset Maugham formulierten Einsicht zu erklären: »Menschenkenner haben immer gewußt, daß man den Leuten eine teure Sache leichter verkaufen kann als eine billige.« Die Überreizung der Erwerbsdrüsen führte schließlich im Juli 1990 während der Fußballweltmeisterschaft in Rom zu jenem Konzert, bei dem Placido Domingo und Luciano Pavarotti den Wiederauferstandenen zum Dritten im Bunde der *Tenorissimi* machten.

Kulturkritische Klagen über die epidemisch zunehmenden Galas von Berühmtheiten, die längst nicht mehr über das Können gebieten, das sie berühmt gemacht hat, sind obsolet – schon immer haben sich Stars gerade ihren Abgesang vergolden lassen. José Carreras, der die Zahl seiner Auftritte in der Oper und seiner Konzerte stark hat reduzieren müssen, ist gleich nach seiner Genesung wieder ins Plattenstudio gegangen. In seiner ersten Aufnahme hat er unter Michael Tilson Thomas seinen dritten Cavaradossi in *Tosca* gesungen, neben Eva Marton in der Titelpartie. Wer nicht schon nach dem angestrengt-forcierten Duett des ersten oder spätestens nach den gequälten »Vittoria«-Rufen des zweiten Aktes aufgibt, kann in der Sternen-Arie einige schöne *Smorzandi* hören, wie sie im Studio möglich sind. Schon vor seiner Erkrankung wäre Carreras in der Titelpartie von Camille Saint-Saëns *Samson et Dalila* überfordert gewesen.

Das zeigt sich etwa in der von Riccardo Chailly dirigierten Aufnahme von *Manon Lescaut* mit Kiri Te Kanawa in der Titelpartie. Sie entstand im Mai und Juni 1987 und zeigt, daß von der einst berückend schönen Stimme – nach Ansicht Pavarottis besaß Carreras »das schönste Timbre aller Tenöre nach dem Krieg« – wenig geblieben war. Thor Eckert urteilte in »Musical America«, Carreras wickle die Noten in »Schrei-Töne ein, statt sie wirklich zu singen«.

In der von Colin Davis dirigierten Aufnahme der Oper von Saint-Saëns endlich klingt seine Stimme matt, oft geradezu hohl und wird mit verzweifelter Anstrengung in die Höhe getrieben – eine Passage wie »Vois ma misère« kann man in der Tat nur voller Mitleid hören. Wenig überzeugend auch Agnes Baltsa, deren schlanke Stimme einfach nicht jenen Sinnenreiz ausstrahlt, dessentwegen der Titelheld ein ganzes Volk verrät. Da auch in den Nebenrollen – Simon Estes als Abimélech und Paata Burchuladze als Alter Hebräer – dürftig und vor allem unidiomatisch gesungen wird, stellt sich einmal mehr die Frage nach dem Sinn solcher Produktionen.

Auch Recitals mit Liedern, die des großen Stimmaufwandes nicht bedürfen, bieten wenig Anlaß zur Freude. Mit dem Pianisten Martin Katz hat Carreras Lieder italienischer Opern-Komponisten – Bellini, Donizetti, Rossini und Verdi – aufgenommen. Kaum auch nur eine einzige Phrase mit einer ebenmäßigen Tonbildung; jede gehaltene Note schon in der oberen Mittellage wird von einem Schlag durchdrungen. Nicht viel besser ein Recital mit dem *Siete Canciones populares* von Manuel de Falla und acht Romanzen von Giuseppe Verdi in der Instrumentierung von Luciano Berio. Auch hier korrumpiert Carreras den Ton durch ein Kraft-Singen, dem die klanglichen Reserven fehlen.

Jedermanns Wotan: James Morris

> Obwohl die Stimme keine Ähnlichkeit mit dem Timbre Friedrich Schorrs aufweist, teilt Morris mit ihm die Überzeugung, daß es – bei Wagner wie Verdi – die erste Aufgabe eines Sängers ist, wirklich zu singen.
> *John Steane in ›Assortment of Voices‹*

Daß mehr »südlicher Belcanto« (Ernst Bloch) in der Musik Wagners zum Klingen gebracht werden muß, gehört zu den Selbstverständlichkeiten, die beharrlich ignoriert werden. Als der 1947 in Baltimore geborene, von Rosa

Ponselle und Frank Valentino (einem früheren Met-Bariton) ausgebildete Baß-Bariton James Morris an der Met zum erstenmal den Marke in *Tristan und Isolde* zu singen hatte – Aufgabe eines Haus- und Ensemble-Sängers –, sollte er bei der Einstudierung plötzlich all jene Regeln vergessen, die er bei seinen Lehrern erlernt hatte, und er war überzeugt, Wagner müsse mit starken Wortakzenten und überdeutlicher Aussprache deklamiert werden. In seiner Irritation wandte er sich an Hans Hotter. Nach zwei Wotan-Phrasen hielt sich Hotter, so berichtete Morris in *Opera* (10/1988), die Ohren zu und rief: »Nein! Belcanto. Sing wie ein Italiener.«

Daran hat er sich konsequent gehalten. Als er 1988 in München unter Wolfgang Sawallisch Wotan und Wanderer sang, klang er, wie Hugh Canning in *Opera* berichtete, »am Ende seiner drei Abende so frisch wie in seiner ersten *Rheingold*-Szene – »ganz anders als seine Kollegen Hildegard Behrens, René Kollo und Ekkehard Wlaschiha. Morris ist ein großgewachsener, mächtiger Mann, aber er singt mit einem jugendlichen und lyrischen, dazu mühelos gebildeten Klang.« Daß er, wie vor sechs Jahrzehnten Friedrich Schorr oder vor vier Jahrzehnten Hans Hotter, als der *einzige* Wotan angesehen wird, zeigt sich daran, daß er die Partie in den *Ring*-Aufnahmen unter Bernard Haitink und James Levine gesungen hat. Wie sehr dies auch für seinen Rang spricht, so bedauerlich ist das für so eminente Wotan-Sänger wie den in Bayreuth sehr überzeugenden Briten John Tomlinson oder den stimmgewaltigen Amerikaner Robert Hale.

Morris hatte, wie sein Landsmann Samuel Ramey, das Glück, nicht zu früh entdeckt worden zu sein. Er konnte, schon weit in seinen Dreißigern, mit einer intakten Stimme in seine Karriere gehen. Seinen ersten bedeutenden Erfolg hatte er 1975, als er die Bitte, einen erkrankten Kollegen als Commendatore in *Don Giovanni* zu ersetzen, unter der Voraussetzung erfüllte, die Sänger der Titelpartie – Sherrill Milnes und Roger Soyer – zu »covern«. Eine Erkrankung des Franzosen brachte ihm prompt die große Chance, die er, exzellent vorbereitet, nutzte. Er würde diese Partie gern auf die Platte retten, doch hat er bisher kein Angebot bekommen – auch nicht für andere Parade-Rollen wie Scarpia, Filippo und Méphistophélès, die ihrerseits gleichsam monopolisiert sind. Dafür hat er mit dem Amonasro in *Aida* (unter Levine) eine Partie bekommen, deren Tessitura zu hoch ist. Exzellent ist er als Miracle in *Les Contes d'Hoffmann* unter Seiji Ozawa, doch anders als an der Met wird der Bösewicht mit den vier Erscheinungsformen nicht von ihm allein, sondern von vier Sängern gesungen.

Bis in die achtziger Jahre sang Morris vorwiegend italienische Partien von Mozart bis Verdi – darunter den Guglielmo in Riccardo Mutis vielgerühmter Aufführung von *Così fan tutte*. Erst 1985 übernahm er, in San Francisco, den Wotan und fand Gefallen an der Musik Wagners, die ihm früher – auch wegen eines eingefleischten Mißverständnisses mit Blick auf die vokale Konzeption –

gleichgültig gewesen war. Danach folgte, an der Met wie in München, der Holländer.

In beiden *Ring*-Aufnahmen überzeugt Morris durch sein tonschönes, stetiges, sonores, ausgeglichenes Singen, durch feine Dynamisierungen und gute Artikulation. *Sängerisch* gibt es in *allen* Gesamtaufnahmen (Furtwängler, Solti, Karajan, Janowski, Boulez) keinen auch nur annähernd vergleichbaren Rollenvertreter, und daß Hans Hotter gegenüber Morris gesagt hat (oder gesagt haben soll), er hätte sich »solch eine Stimme« gewünscht, spricht für sich. Endlos diskutieren läßt sich über verbale Nuancierungen, die sich sowohl bei Hans Hotter wie bei Theo Adam finden; doch sind das, auf der Klangbühne, schwerlich Kompensationen für das weniger gute Singen. Nachdrücklich hingewiesen sei auf ein Recital, das Morris unter Rald Weikert (für EMI) gemacht hat. Vermißt man in Arien aus *Simon Boccanegra, Macbeth, Ernani, I Vespro Siciliani* und *Don Carlo* – gesungen mit strömendem Legato, feiner Dynamik und außerordentlicher Tonschönheit – die Ausdrucksnuancen darstellenden Singens, die sich nicht nur bei Kipnis oder Christoff finden, sondern eben auch bei Pinza und Siepi, so grandios sind seine Aufnahmen des Holländer-Monologs und von Wotans Abschied – das ist auf Platten *nie* besser gesungen worden.

Liebst du um Schönheit: Thomas Hampson

> Was ich einfach verlange, ist die Zeit, mich zu entwickeln, und dieses Recht wird heute vielen jungen Leuten nicht zugestanden.
> *Thomas Hampson*

Sein Repertoire bestätigt die Selbstcharakteristik, die der 1955 in Indianapolis geborene Thomas Hampson von sich gegeben hat: Er sei »a borderline workaholic«. Die Qualität seiner Aufnahmen, daß für ihn »das Talent nicht einfach ein Glück ist, sondern eine Verpflichtung«. Den Verdacht, daß dies klug einstudierte Sentenzen sein könnten, vergißt man sogleich, wenn man seine Aufnahme von *Wunderhorn-Liedern* verschiedener Komponisten (Brahms, Mahler, Strauss, Schönberg und Zemlinsky) hört oder seine bis ins letzte ausgefeilten Interpretationen von Gesängen Mahlers (*Lieder eines fahrenden Gesellen, Kindertoten-* und *Rückert-Lieder*), die er unter Leonard Bernstein gesungen hat. Obwohl er mit Rollen des lyrischen Fachs – insonderheit mit seinen Mozart-Rollen – bequem auf der Umlaufbahn der Stars bleiben könnte, arbeitet er mit einer an Dietrich Fischer-Dieskau erinnernden Energie am Repertoire, dies auch aus der Überzeugung, daß er gerade als Schallplatten-Interpret der Reduktion entgegenwirken muß. So ist er nicht nur *Figaro*-Graf und Guglielmo (unter James Levine), als Don Giovanni und Don Alfonso (unter Harnoncourt), als Valentin in *Faust* (unter Alain Lombard) zu hören, sondern auch in Schuberts *Fierrabras* und Delius' *A Village Romeo and Juliet*, in Cole Porters *Kiss me, Kate* und in Irving Berlins *Annie Get Your Gun*, in Kantaten von Bach und Händel (unter Harnoncourt), in Monteverdis *Marienvesper* und Orffs *Carmina Burana*, in *Der Schauspieldirektor* und in Salieris *Prima la Musica*, mit Liedern von Schubert und Schumann, Rossini und Meyerbeer, mit Songs von Cole Porter und mit Weihnachtsliedern, bei denen er einen Satz Artur Rubinsteins beherzigt: »Es gibt keine Grenze zwischen Süße und Sentimentalität, aber man darf sie nicht überschreiten.«

Das Tempo seiner Karriere ist, da die Nachfrage nach guten Sängern weit größer ist als das Angebot und die Suche nach Künstlern mit Starqualitäten verzweifelt, nicht erstaunlich. Erstaunlicher, daß er, der Amerikaner, die Suche nach »celebrities« als das schlimmste Übel des heutigen Kunstbetriebs ansieht. Hampson, zunächst Schüler einer von Lotte Lehmann Geschulten und dann des wunderbaren französischen Baritons Martial Singher, beteiligte sich 1980 an den Met-Auditions, lehnte aber ein Vertragsangebot ab. Um Repertoires zu lernen, ging er nach Europa, bekam ein Engagement in Düsseldorf, sang sich drei Jahre lang durch kleine Rollen, wurde aber auch als Guglielmo, Figaro (Rossini), Belcore und Harlekin (Strauss) herausgestellt. 1984 begann er unter Nikolaus Harnoncourt, dessen »musikalisches Wissen und künstlerisches Ethos« ihm Vorbild sind, und Jean-Pierre Ponnelle mit der Arbeit am Zürcher Mozart-Zyklus. Als Wohnsitz wählte er Wien. Schon auf der High-School war er durch eine Professorin an die deutsche Lyrik herangeführt worden – auch durch die Liedaufnahmen Dietrich Fischer-Dieskaus. Als Elisabeth Schwarzkopf ihn in San Francisco hörte, wo er Pierrots Tanzlied aus *Die tote Stadt* sang, lud sie ihn zu Meisterkursen ein, und sie verstand es auch, ihn vor dem Zugriff des gierigen Betriebs abzuschirmen. 1984 sorgte sie dafür, daß er ein Debüt als Liedersänger in der Londoner Wigmore Hall geben konnte. Spätestens seit Ende der achtziger Jahre gehört er, nach Aufführungen in Wien, an der Met und vielen anderen großen Bühnen, zur Sängerprominenz. Als er zum Rossini-Jahr an der Met Rossinis Figaro sang, schrieb Martin Mayer in *Opera* (Mai 1992), daß er nie einen besser singenden und agierenden Figaro erlebt habe.

Bisher hat er mit großer Konsequenz nicht nur jedwede Fachüberschreitung, sondern selbst Facherweiterungen vermieden. Er mutet seiner lyrischen Stim-

Thomas Hampson
(Foto: © Fayer, Wien/DGG)

me – Einfluß der Schwarzkopf? – etwa die Partien des mittleren Verdi nicht zu. Er begründet dies unter anderem damit, daß sie heute nicht mehr so gesungen werden, wie sie einst von Giuseppe de Luca – »mein Opernvorbild« – gesungen wurden: schlank und leicht, elegant und fein. Da heute »Singmaschinen« erwartet würden, seien viele Lehrer auf »manische Weise« damit beschäftigt, jungen Sängern »gewaltiges Volumen« anzutrainieren. Doch gehe es nicht »um Stimmtimbre, Stimmgröße und Stimmumfang und gewaltige Klänge«; vielmehr »ist die Stimme ein Medium, um Worte, Gedanken und Emotionen im Klang auszudrücken«. Zum Studium gehört – wieder die Frage: Einfluß der Schwarzkopf? – die systematische Beschäftigung mit großen Interpreten. »Heinrich Schlusnus und Gerhard Hüsch – welch einen Tonsinn sie besaßen!«

Doch erwecken seine Aufnahmen nicht den Eindruck, daß er ein naiver Eklektiker wäre. Eher wohl hat die Beschäftigung mit den vorerwähnten Sängern seine Klangvorstellungen und seinen Tonsinn geschult, ihn sowohl vor dem deklamatorischen Singen als auch vor außermusikalischen Effekten bewahrt. Das gilt vorab für die Formung der Stimme als Teil musikalischer Interpretation. Es ist ein lyrischer Bariton mit einem sicheren Klangfundament, bedeutender Kraft (»Ich hab' ein glühend' Messer« singt er mit erstaunlicher und doch kontrollierter Entfaltung), einer leichten, hellen Höhe und guter Klangqualität. Das Timbre ist angenehm, aber nicht so charakteristisch wie das des jungen Dietrich Fischer-Dieskau. Ausgeprägt die Fähigkeit, mit feinen dynamischen Nuancen zu arbeiten, vor allem mit dem Wechsel von Halb- und Vollstimme, bei der Hampson offenbar sorgsam auf die dynamische Kontrolle achtet. Selbst lange Phrasen läßt er sauber und kontrolliert ausklingen, so daß man als Hörer den Eindruck hat, daß noch Atemreserven im Depot sind. Diktion und Artikulation sind, das zeigen die Liedaufnahmen wie die fein ausgefeilten Rezitative in den Aufnahmen von *Le Nozze di Figaro* und *Don Giovanni*, überaus sorgfältig. Den Don Giovanni singt er, nach dem Urteil von Alan Blyth, so pointiert wie John Brownlee unter Fritz Busch und mit der Verve Eberhard Wächters (unter Giulini), aber mit einer besseren Stimme, die in der Serenade sotto voce mit perfektem Legato geführt wird, aber vom rasenden Tempo der Champagner-Arie überfordert wird: Da werden die kurzen Noten *nicht* mehr sicher mit Klang gesättigt (was *nicht* des Sängers Fehler!).

Es ist das Los der Nachgeborenen, an den Großen oder den Größten gemessen zu werden. Das widerfährt Hampson mit jeder Schubert-, Schumann- oder Mahler-Aufnahme – und stets wird Dietrich Fischer-Dieskau angeführt, sei es mit seinen Mahler-Aufnahmen unter Wilhelm Furtwängler oder seinen besten Schubert- und Schumann-Recitals. Bei diesem Vergleich steht der Ältere als der »Allumfassende« da – und der Jüngere als der Interpret, der erst auf dem Weg ist.

Aber wie viele sind wirklich auf einem *solchen* Weg? Es hat den Anschein, daß Hampson sich das Recht erkämpft – Einfluß der Schwarzkopf? – auf die Zeit, die er braucht, um zu reifen.

XI. Kapitel

Zurück in die Zukunft

Das Neue im Alten

Torniamo all'Antico – e sarà un progresso.
Giuseppe Verdi

Als der Musikkritiker Paul Bekker Intendant in Kassel wurde, machte er den Vorschlag, an dem Opernhaus ein Schild mit der Aufschrift »Museum« anzubringen. Daraus und aus seinem Programm, das »Neue im Alten« zu suchen, spricht die Einsicht, daß er die Oper als eine historisch vollendete Kunstform ansah. Theodor W. Adorno folgerte daraus, daß die Oper einen anderen Ort zum Überwintern brauchen werde: die Langspielplatte. Seit den fünfziger Jahren sind Hunderte und aber Hunderte von Werken, die nur selten oder gar nicht aufgeführt werden, für die imaginäre Bühne eingespielt worden. Ohne den Einsatz von Maria Callas wären die Werke von Gluck, Cherubini und Spontini oder die der romantischen Belcanto-Komponisten schwerlich wieder aktuell geworden; durch die Arbeit von Nikolaus Harnoncourt – und in seinem Gefolge die etlicher englischer Dirigenten – wurden die Opern von Monteverdi, Cavalli, Händel und Vivaldi wiederentdeckt. Inzwischen finden sich die Hauptwerke von Lully, Rameau, Grétry und Gluck, von Monteverdi, Cavalli, Cesti, Stradella, Vivaldi und Bononcini, die Frühwerke Mozarts und die Nebenwerke der italienischen Romantiker im Katalog. Auch sind alle Früh-Opern Verdis aufgenommen worden.

Gewiß mag es handfeste ökonomische Gründe für diese »Renaissance« der Alten Musik und all dieser Raritäten geben. Die sogenannten Säulen des Repertoires allein können den Betrieb nicht mehr tragen. Das Neue *mußte* im Alten gefunden werden: in einer Art von emphatischer Aktualisierung von Historie. Wie Toscaninis heroischer Kampf um ein Repertoire-Theater auf Festspielniveau ist Nikolaus Harnoncourts Anstrengung, Alte Musik als dramatische »Klangrede« wiederzubeleben, ein Aufbäumen gegen die Furie des Verschwindens. Das hat natürlich Auswirkungen auf das Singen gehabt. Vor zwanzig Jahren wären die Werke der oben genannten Komponisten kaum aufführbar gewesen. Noch 1966 schrieb Henry Pleasants in eine Studie *The Great Singers*, daß die typische »Sängermusik« noch zu entdecken sei. Acht Jahre später wies John Steane in *The Grand Tradition* darauf hin, daß man in den fünfziger Jahren zwar mit adäquaten Aufführungen der Opern Mozarts, Webers, Wagners, Verdis und Puccinis rechnen konnte, aber erst Mitte der sechziger Jahre habe es Interpreten für die verzierte Musik gegeben: Sutherland, Berganza, Horne, Richard Conrad, Joseph Rouleau und einige wenige andere.

Heute finden sich in aller Welt, zumal in den USA und in England, aber auch in Deutschland und Frankreich, Spezialisten für das Randrepertoire, während die Opern von Mozart, Weber, Wagner, Verdi, Puccini und Strauss wegen des Mangels an großen, dramatischen Stimmen nur noch aufzuführen sind, wenn Gaststars eingeflogen werden: Grotesk, daß kein einziges deutsches Opernhaus mehr in der Lage wäre, Werke wie *Don Giovanni, Euryanthe, Ring des Nibelungen, Tristan und Isolde, Don Carlo, Aida, Otello* oder *Turandot* allein mit Kräften des Hauses zu besetzen. Auf der Schallplatte spiegelt sich diese Situation: Es sind stets dieselben Interpreten, die stets dieselben Werke aufnehmen.

Um so erfreulicher, daß sich Steanes Prognose – »Let the florid music praise« – zu erfüllen scheint. Ob in der riesigen Zahl der englischen Händel-Aufnahmen oder in Vivaldis *Orlando Furioso* mit Marilyn Horne, ob in den Aufnahmen der zahlreichen Counter-Tenöre oder den Stil-Übungen der Schola Cantorum Basiliensis, den Rossini-Aufnahmen unter Gabriele Ferro oder Claudio Scimone – der lange bespöttelte Canto fiorito findet wieder Interesse und Gefallen. Es ist selbstverständlich geworden, daß der vortreffliche englische Tenor Keith Lewis in der Aufnahme des *Messias* seine große Arie »Comfort ye – Every valley« eloquent ausziert; daß die Sopranistin Yvonne Kelly in der Aufnahme von *Die Entführung aus dem Serail* die Martern-Arie mit rhetorisch reicher Klangrede vorträgt: Mit all den kunstvollen Formeln aus der Grammatik des barocken Ziergesangs, die dem Stück seine kunstvolle Expressivität geben. Claudio Abbados Aufnahme von *Il Viaggio a Reims* zeigt, daß selbst Opern zu besetzen sind, die nach vier koloraturgewandten Sopranistinnen und nach drei Tenören, dazu nach zwei agilen Bässen verlangen. In den letzten Jahren sind zudem auch jene Opern Gioachino Rossinis aufgenommen worden, die dem Typus der Seria oder Semiseria angehören, und viele dieser Aufnahmen sind vorzüglich gelungen. Zeigt der Mitschnitt der Aufführung von *Armida*, daß vor vierzig Jahren allein Maria Callas der *dramatischen* Koloratur Rossinis gewachsen war, sind in der neuen Aufnahme neben Cecilia Gasdia in der Titelpartie vier (!) treffliche Tenöre mit einem Umfang von mehr als zweieinhalb Oktaven zu erleben: Chris Merritt (ein »baritenore« mit einem Umfang vom tiefen G bis zum E), William Matteuzzi, Bruce Ford und Charles Workman. Hier zeigt sich, daß sich viele Künstler auf die lange Zeit diffamierte *Sängermusik* eingestellt haben, weil es für sie reizvolle Aufgaben gibt.

Eine noch nicht aufgehobene Schwierigkeit, so scheint dem Verfasser, liegt darin, daß sich sängerische Phantasie und Eloquenz nicht restlos entfalten können, solange der Primat des Taktstocks kategorial verteidigt wird. Die Rossini-Aufführungen von Claudio Abbado und die Bellini-Interpretationen von Riccardo Muti (um nur zwei Beispiele zu nennen) hemmen den vokalen Ausdruck und spannen das Singen ein in »a grid of bar lines« (Andrew Porter).

Erinnern wir uns eines Satzes Stendhals: daß nämlich kein Komponist eine Arie so exakt ausschreiben kann, wie sie durch improvisatorische sängerische Phantasie zum Leben gebracht werden kann. Was das Singen Pattis, de Lucias, Boncis, Tetrazzinis oder Plançons so reich und so eloquent macht – die Möglichkeit spontaner Auszierung –, wird heutigen Sängern nur gelegentlich zugestanden. Kein Zweifel aber, daß die lange Zeit »tote Sprache« des Ziergesangs wiederbelebt worden ist und viele Sänger ihre Grammatik erlernt haben – jetzt ist es an der Zeit, daß sie sie wieder sprechen dürfen.

Die Zuordnung eines Stimm-Typus oder Stimm-»Charakters« zu bestimmten Rollen folgt einer Konvention, die weitgehend an einem psychologischen Realismus-Begriff orientiert ist. So identifiziert man die Tenorstimme mit dem jugendlichen Liebhaber, die des Baritons mit dem reifen Mann, die des Basses mit dem alten Mann, dem König, Priester oder Roué. Nach diesem Realismus-Begriff würde es heute als absurd angesehen werden, wenn beispielsweise das Ständchen des Harlekin aus *Pagliacci* von einer Frauenstimme gesungen werden würde – wie es in den ersten Aufführungen des Werks oftmals geschah. Warum? Im zweiten Bild des realistischen Dramas (»heut kündet der Dichter aus dem Leben schaurige Wahrheit«, heißt es im Prolog) wird ein Spiel im Spiel aufgeführt – eine Commedia dell'arte, deren komisches Thema das Drama ist, das im »wirklichen Leben« blutig endet (»La commedia è finita«). Die in diesem Spiel auftretenden Figuren sind keine Charaktere, sondern Typen, und es wird mit dem Ständchen keine konkrete Person angesungen, sondern die Liebe selber. Dies aber war nach alter Tradition die Aufgabe eines Musico, in dessen Singen der Unterschied des *Geschlechts* aufgehoben ist. Das war früher der Kastrat, später der Hermaphrodite de la voix, der Mezzo oder Alt.

Wir brauchen nur wenige Jahrzehnte weiter zurückzugehen in die Aufführungsgeschichte, um eine Fülle ähnlicher Beispiele – übrigens auch auf der Schauspielbühne – zu finden. Der deutsche Contralto Schönberger spezialisierte sich zu Beginn des 19. Jahrhunderts auf die Tenor-Rollen Mozarts: Tamino, Belmonte und Tito. Maria Malibran sang die Titelpartie in Rossinis *Otello*. Marietta Alboni übernahm die Partie des Carlo in Verdis *Ernani*. Als Marilyn Horne dies 1981 in einem Konzert mit Joan Sutherland und Luciano Pavarotti im New Yorker Lincoln Center wiederholte und im Finale des vierten Aktes das große Terzett »Solingo, errante misero« sang (als Carlo), wurde dies als Anachronismus belächelt. Doch Richard Bonynge wußte, was er tat. Man konnte endlich einmal auch die tiefen, dunklen Bruststimmen-Töne hören, die den großen Altistinnen des frühen 19. Jahrhunderts – Colbran, Marcolini, Pisaroni, Manna, Belloc und anderen – nachgerühmt wurden.

Die großen Altistinnen kamen zum Rang der Primadonna, als die Kastraten um 1800 die Bühne verließen und durch eine technisch gleichwertige und klanglich ähnliche Stimme ersetzt werden mußten. Komponisten wie Paër, Mayr oder Weigl schrieben ihre Hauptrollen für den Contralto. In Italien traten in der frühen Romantik Sängerinnen wie Louise Dugazon und Celeste Coltellini hervor, die in elegischen und sentimentalischen Partien den Reiz der dunkleren Frauenstimme entfalteten. Aber es war Gioachino Rossini, der die Möglichkeiten des Contralto als Stimme des Belcanto entfaltete. Er verlangte jedoch nicht nur reiche, samtige Tonqualität in der tiefen Lage, sondern Höhenflüge bis zum D oder E in alto, vor allem in den Kadenzen seiner Opern. Verlangte ferner geschmeidige Emission, feine Linienbildung und makellose Ausführung von Laufpassagen, Fiorituren und vor allem von Trillern. Einige heroische Gestalten seiner Opern wie Tancredi, Sigismondo, Eduardo in *Matilda di Shabran*, Arbace in *Semiramide*, Malcolm in *La Donna del Lago* und Ottone in *Adelaide di Borgogna* waren Alt-Partien. Alt-Partien waren auch Isabella in *L'Italiana in Algeri* und Ninetta in *La Gazza Ladre*, letztere eine sogenannte Ingénue-Rolle. Auch Semiramide, Elisabetta und Zelmira, geschrieben für Colbran, waren Alt-Partien. Dabei unterschied Rossini noch deutlich zwischen Contralto und Mezzosoprano. Für den letzteren schrieb er etwa Rosina in *Barbiere* und Cenerentola.

Die Ära des Contralto ging mit der Blüte der romantischen Oper zu Ende. Die sanften Mädchen und engelhaften Wesen, die Weber (Euryanthe, Agathe), Donizetti (Lucia) oder Verdi in den Mittelpunkt ihrer Oper und erotischer Konflikte stellten, wurden von nun an mit dem hellen, lichten, klaren Timbre der Sopranstimme identifiziert. Noch die Heldin in Marschners *Der Vampyr* von 1822 und die Heroinen in den frühen Opern Meyerbeers in seiner italienischen Zeit wurden hingegen für Mezzos geschrieben. Zunächst wehrten sich die Mezzos gegen die Wachablösung. Zwischen 1825 und 1845 erkämpften sich Sängerinnen wie Malibran, Ungher und Pasta, obwohl Mezzos, die hohe Lage und sangen Sopranpartien wie Anna Bolena, Maria Stuarda, Maria di Rudenz und Parisana in Donizettis Opern, Bellinis Norma und Beatrice. Doch mit der Dramatisierung des Singens, bei der der klassische Belcanto zurückgedrängt und der heftige Ausbruch verlangt wurde, verlor der Contralto an Boden.

Nachtigall: Joan Sutherland

Was sagen Sie zu der Kritik, die gegen Ihre Diktion vorgebracht worden ist?

Oh, ich denke, daß ich absolut korrekt singe. Ich kann jede Note, jedes Wort hören, das ich singe. Ich arbeite wirklich daran. Ich sage Ihnen nachdrücklich – das ist eine stratosphärische Region, in der kein Sänger sehr klar aussprechen kann. Tut mir leid: Beim Volumen meiner Koloratur und in der Tessitura vieler dieser Stücke kann man einfach nicht klar artikulieren.

Joan Sutherland im Gespräch mit Robert Jacobson

Wie war das mit Patti und den Nachtigallen? Warum soll man von einer Nachtigall mehr und anderes erwarten, als Nachtigall zu sein? Vielleicht hätte man von der Australierin Joan Sutherland nie mehr erwartet, hätte sie nicht 1952 beim Debüt von Maria Callas am Covent Garden die Clotilde in Norma gesungen und nicht sieben Jahre später, am 17. Februar 1959, die Partie der Lucia di Lammermoor von Callas übernommen. Anders: Als die Karriere der Koloratursängerin Maria Callas zu Ende ging, übernahm die 1926 in der Nähe von Sydney geborene Joan Sutherland nicht nur Partien wie Norma, Elvira und Amina, Lucia und Traviata, sondern eine Vielzahl verzierter Partien, die man seit Jahren allenfalls bei sporadischen Revivals gehört hatte. Was sie *auch* übernehmen sollte, war das Image der Belcanto Regina. Die Sängerin, die Mitte der fünfziger Jahre schon im Fach des lyrisch-dramatischen Soprans zu Hause schien, sang seit 1957 Alcina, Gilda, Donna Anna, Lucia, Rodelinda, Violetta, Elvira, Amina, Beatrice, Königin der Nacht, Marghérite de Valois, Norma, Marguérite, Donizettis Marie, Lakmé. Sie selbst berichtet in ihrer Autobiographie *La Stupenda*: »Richard [Bonynge] hatte, lange bevor ich selber einwilligte, beschlossen, daß ich ein Koloratursopran war. Ich hatte kein absolutes Gehör, und wenn ich meinte, ein hohes C zu singen, war es in Wirklichkeit das E darüber. Und dann merkte ich, daß ich bis zum F kam. Ich war völlig überrascht.«

Joan Sutherland hatte ihren ersten Gesangsunterricht in Australien bei dem Ehepaar John und Aida Dickens erhalten. Im Jahre 1950 gewann sie den »Sun Aria Competition«. Das Vortragsstück war Aidas »Ritorna vincitor«. Wenig später erhielt sie den »Mobil Quest Award«. Ihre professionelle Laufbahn begann sie als Konzert- und Oratoriensängerin. Mit dem bei den Wettbewerben gewonnenen Preisgeld ging sie nach England. In der Saison 1952/1953 debütierte

Joan Sutherland als Donna Anna
(Foto: © Decca/Polygram Klassik)

sie als Erste Dame in Mozarts *Zauberflöte* am Covent Garden. Danach sang sie die Priesterin in *Aida*, Clotilda, Amelia, Mozarts Figaro-Gräfin, Lady Rich in Brittens *Gloriana*, Helmwige, Bizets Frasquita, Aida und Agathe, schließlich die drei Frauenrollen in Offenbachs *Hoffmann*. Im Januar 1955 kreierte sie die extrem schwierige Partie der Jennifer in Brittens *The Midsummer Marriage*. Nach Aufführungen von *Alcina* (1957), Gilda und Donna Anna stellte sie sich mit der schon erwähnten *Lucia*-Gala ins Licht der Sensation. 1960 eröffnete sie das Edinburgh Festival als Elvira in Bellinis *I Puritani*, und als sie wenig später in Venedig Händels Alcina sang, schwärmten die Italiener: »E stupenda.«

Im Jahre 1961 debütierte sie als Beatrice an der Scala, 1962 sang sie am Covent Garden die Königin der Nacht, an der Scala Rossinis Semiramide. Für ihr Met-Debüt wählte sie Lucia. Der Abend des 26. November 1961 endete in Frenesie: Nach der Wahnsinnsarie, deren erster Teil schon mit fünf Minuten Beifall belohnt wurde, tobte das Publikum zwölf Minuten lang; erst dann konnte Richard Tucker Edgardos Schlußszene singen. Im Buch über Sutherland werden einige Kritiken zitiert: »Es gibt andere aus dieser Generation mit größeren Stimmen; Milanov, Tebaldi oder Nilsson können mehr Volumen produzieren. Es gibt andere, die vielleicht einen lieblicheren Klang haben, etwa Los Angeles oder Price. Callas ist ihr zweifellos an Temperament überlegen. Aber es gibt keine, die diese Verbindung von Technik, stimmlicher Sicherheit, Klarheit und Finesse beherrscht wie Miss Sutherland« (Harold C. Schonberg in der *New York Times*).

Natürlich wurde Sutherland keine Ensemble-Sängerin, sondern ein Zugvogel. Sie gastierte in Star-Produktionen, oder sie ging mit ihrer eigenen Operntruppe auf Reisen, um Star-Produktionen vorzuführen (einer ihrer Protegés war Luciano Pavarotti, mit dem sie später einige ihrer Gesamt- und Zweitaufnahmen gemacht hat). Vor allem setzte sie sich nicht dem Diktat oder auch der Diktatur von Dirigenten und Regisseuren aus. Sie vertraute sich im wesentlichen nur ihrem Ehemann Richard Bonynge an, der gewiß ein profunder Kenner des Belcanto ist, kaum aber eine musikalische Autorität wie de Sabata oder Serafin. Sutherland erklärte: »Ich glaube, die größten Gefahren für einen Sänger heute sind die übergroßen Orchester und die uneinfühlsamen, selbstherrlichen Dirigenten, die die Kunst des Gesanges weder verstehen noch lieben. Hatten Malibran oder Rubini je gegen ein Orchester von hundert Spielern anzusingen? Natürlich nicht! Heute erwartet man von uns, daß wir dieselben Opern wie diese Leute singen, aber mit zwei- oder dreimal so großer Dynamik aus dem Graben. Wenn wir uns beklagen, so wird uns spöttisch erklärt, wir benähmen uns wie Primadonnen.«

Sutherland hat nichts anderes getan, als sich die alten Primadonnen-Rechte und -Möglichkeiten zurückzuholen – es war die Voraussetzung für das, was wir heute auf Platten hören können. Es gibt unendlich viel zu hören, und dies aus einem Zeitraum von mehr als 25 Jahren. Ihre erste Platte hat Sutherland wohl 1958 gemacht – die Bach-Kantate »Herz und Mund und Leben« –, 1959 folgten für »Grandi Voci« Arien von Bononcini, Paisiello, Piccinni, Shield und anderen Komponisten des 18. Jahrhunderts, eine Aufnahme von Beethovens *Neunter* unter Ernest Ansermet und ein von Nello Santi dirigiertes Donizetti-Verdi-Recital. 1960 nahm sie Händels *Acis und Galatea* auf und präsentierte auf zwei Platten *The Art of the Prima Donna*, 1961 folgten die Donna Anna unter Giulini, ihre erste *Lucia* unter Pritchard, Händels *Messias* unter Boult, 1962 die erste Gilda, Händels *Alcina* und live Meyerbeers *Les Huguenots*, 1963 *La Sonnambula*, Wagners *Siegfried*, Verdis *La Traviata* unter Pritchard und ein kühn gemischtes Recital mit Arien von Weber, Massenet, Meyerbeer, Leoncavallo, Verdi, Rossini, Bellini und allerlei Kürstücken. 1964 folgte das Album *The Age of Belcanto* (mit Horne und Richard Conrad als Partnern), Auszüge aus Händels *Giulio Cesare* und Bellinis *Norma*. 1966: Rossinis *Semiramide*, Bellinis *Beatrice di Tenda*, Songs von Noël Coward, Auszüge aus Grauns *Montezuma* und Bononcinis *Griselda*. 1967: Operettenlieder, Gounods *Faust*, Donizettis *La Fille du Régiment*, Verdis *Messa*, Delibes *Lakmé*. 1968: Russische Koloraturstücke und die zweite Einspielung des *Don Giovanni*. 1969: die zweite *Messias*-Aufnahme unter Richard Bonynge und *Les Huguenots*, dazu ein Album mit französischen Arien. 1970: Donizettis *L'Elisir d'amore*. 1971: die zweite *Rigoletto*- und die zweite *Lucia*-Aufnahme, beide unter Bonynge, beide mit Pavarotti als Partner. 1972: *Les Contes d'Hoffmann*. 1973: *Turandot* unter Zubin Mehta. 1975: Bellinis *I Puritani*. 1976: Massenets *Esclarmonde*. 1977: Leonis *L'Oracolo* und Verdis *Il Trovatore*, ferner Opernduette mit Pavarotti. 1978: *Die lustige Witwe*. 1979: Donizettis *Maria Stuarda* und *Lucrezia Borgia*, ferner Puccinis *Suor Angelica*. 1980: Massenets *Le Roi de Lahore*, Wagner- und Mozart-Arien. 1981: Verdis *La Traviata*, Gays *Beggar's Opera* und ein Recital aus dem Lincoln Center und »Serate Musicale« – ein Recital, das in ihrem Haus aufgenommen wurde. 1982: *La Sonnambula*. 1983: Verdis *I Masnadieri*. Alle Aufnahmen finden sich im Katalog der Decca.

Unmöglich, dieses Repertoire im Detail zu kommentieren, auch unnötig, dies zu tun. Denn die Porträt-Galerie Sutherlands ist physiognomisch bei weitem nicht so reich wie die von Maria Callas, und es gibt schon gar nicht Porträts, bei denen die dargestellten Figuren aus dem Rahmen treten. Sutherlands Darstellungen gleichen, bei aller Brillanz und Virtuosität des Singens, sanften Pastellbildern. Sie sind leicht verschwommen in den Konturen. Sie ist, selbst wenn ihre Töne in der vokalen Stratosphäre leuchten wie Sterne, eine Weichzeichnerin. Der Ton der kräftigen, sicher plazierten Stimme wirkt fast immer verhangen, die Artikulation indifferent. Ihr Singen läuft, tendenziell, auf die Umformung eines

Textes in eine Vocalise zu. Expressive Färbungen werden nicht aus dem Einzel-Vokal entwickelt, der dann in den Rahmen der Konsonanten käme, sondern wie ein Schleier über die gesamte Phrase geworfen. Das ergibt einen wehmütigen Klangeffekt, ein Singen wie mit Trauerrand, verstärkt zudem durch die Tendenz zum Scooping, dem gleitenden Verbinden der Intervalle, und durch die Einheitsfärbung der Vokale, die sämtlich dem /a/ angenähert werden.

Sutherlands Singen ist eklektisch, aber nicht in einem so produktiven Sinne wie bei Schwarzkopf. Bei elaborierten Trillern fühlt man sich an Melba erinnert, und wenn sie in ihrer zweiten Aufnahme von Verdis *La Traviata* am Ende von »Sempre libera« etliche Staccato-C's abschießt (wenn ich recht gezählt habe, sind es dreizehn), so ist dies eine Tetrazzini-Imitation. Auf der Haben-Seite der australischen Primadonna steht eine phantastische Agilität im Passagenwerk, eine vortreffliche Triller- und Staccato-Technik und eine mühelose Attacke in der dreigestrichenen Region. Ihre Auszierungskunst in strophischen Stücken ist exemplarisch – auch wenn man darüber streiten kann, ob die Abschlüsse in alto korrekt sind; vermutlich haben die romantischen Primadonnen ihre Hochnoten im Verlauf der Kadenzen mehr angetippt als lang ausgesungen, nicht zum Abschluß (nur hat man sich heute an die finalen dreigestrichenen Es und E's gewöhnt). Ungewöhnlich auch der Reichtum des Klangs, der rund und rein und flutend ist. Ungewöhnlich auch die Akribie der Aufführungen: Sie sind genauer als die fast aller Primadonnen der Goldenen Zeitalter.

Wie alle großen Sänger hat auch Sutherland das charakteristische, das unverkennbare Timbre. Anders jedoch als Melba, Tetrazzini, Ponselle, Leider, Callas, Lehmann oder Ferrier nutzt sie ihre Mittel nicht für die Evokation einer Gestalt. Sutherland singt immer Sutherland. Berauschend schön und zugleich irritierend – weil es der Gesang einer überragenden Unpersönlichkeit ist: eben eines begnadeten Naturwesens, das wir Nachtigall nennen.

Die größte Sängerin der Welt: Marilyn Horne

Wieviel wir auch über den Belcanto wissen, wir wissen wenig. Fragen wie die der Ornamentation oder des Gebrauchs von hohen Noten oder des Einsatzes der Bruststimme bleiben umstritten. Marilyn Horne ist von allen Seiten kritisiert worden. Getadelt ob des ›vulgären‹ Gebrauchs der

Bruststimme, erwidert sie: ›Das ist vollkommen falsch. Die anderen Damen gebrauchen sie vulgär – sie schalten sie heftig ein. Ich singe sie richtig, und sie ist besser mit der übrigen Stimme verbunden als vor fünfzehn Jahren.‹ Der übermäßigen Ornamentation bezichtigt, wird sie wütend: ›Ach wie gern würde ich mich hinsetzen und diesen Kritikern, die eine Ahnung von dem zu haben glauben, was sie schreiben, zeigen, welche Beispiele für Verzierungen es gab. Sänge ich Rossini so, wie er seine Musik selber gehört hat, würde man mich auf einer Rakete aus der Stadt schießen. Ich habe mir alle Ornamente angesehen, die Pasta für Tancredi gesungen hat, und ich habe sie hinausgeworfen. Für die wenigen, die ich noch gebraucht habe, wurde ich der Über-Ornamentation bezichtigt. Dabei habe ich nur ein Zehntel von dem gebraucht, was sie gesungen hat! Die sind Show-pieces für Star-Sänger.‹
Marilyn Horne im Gespräch mit Robert Jacobson

Daß einer Sängerin, die vor allem »the most perfect deliverer of tones that ever trod the stage« ist (so Henderson über Patti), hierzulande Bewunderung gezollt würde, ist fast undenkbar. Singen per se wird vom überwiegenden Teil der Kritik nicht nur diffamiert, sondern wahrscheinlich nicht einmal in seiner Qualität wahrgenommen. Es gilt offenbar höchstens als besserer Jux der Kunst, vielleicht als Jeu d'esprit. Der Rezensent in Deutschland wäre zu suchen, der wie einst Stendhal bekennt, sich von solchem Gesang zu den Engeln geschickt zu fühlen. Anders die Angelsachsen. Sie fühlen sich nicht als die Hierodulen eines – zudem mißverstandenen – Wagnerschen Kunstpriestertums, das zwar nicht die Händler, wohl aber die Sänger aus dem Tempel der Oper zu vertreiben versuchte. Robert Jacobson etwa schrieb über die 1934 geborene Marilyn Horne: »Die Sache ist ganz einfach. Marilyn Horne ist ganz gewiß die größte Sängerin der Welt – sofern die Rede geht vom Singen an sich, darüber also, wie alle Regeln aus der Grammatik des Belcanto anzuwenden sind. Da gibt es an ihrer Sonderstellung nichts zu deuteln. Nur Joan Sutherland, mit der sie des öfteren zusammen musiziert, kann ihr auf diesem Terrain das Wasser reichen.«

Ähnlich urteilt John Steane in seiner großen Studie: »Die Partnerschaft von Horne und Sutherland ist die brillanteste in der Geschichte der Schallplatte. Dank der Schönheit der Stimmen, ihres Umfangs, ihrer Ebenmäßigkeit bei der Ausführung von Skalen, ihrer Agilität und Disziplin bedeutet die Aufnahme von *Semiramide* die Vollendung der Tradition – und nicht nur eine späte oder verspätete Rechtfertigung.« All dies ist mitnichten nur eine Rechtfertigung von sängerischer Kunstfertigkeit. Agilität und Triller-Technik, Legato und dynami-

Marilyn Horne als Isabella
(Foto: © Decca/Polygram Klassik)

sche Variabilität, Umfang und Farbe sind nichts dem Singen Äußerliches, sondern deren konstituierende Elemente. Dennoch sind Sutherland wie Horne einer schon von Wagner angeprangerten »Sünde« bezichtigt worden, daß sie nämlich die Mittel des Singens zum Zweck gemacht hätten. Maria Callas soll sich ähnlich geäußert haben, als sie Sutherland vorwarf, ihre Arbeit um hundert Jahre zurückgeworfen zu haben. (Das ließe sich freilich auch mit den Worten Tosis sagen oder fragen: Was macht Sutherland mit den Worten?)

Die Griechin hatte in den frühen fünfziger Jahren den Canto fiorito durch ein dramatisch-gestisches Singen als Ausdruckskunst rehabilitiert und damit eine Tür aufgestoßen, durch die hindurch Joan Sutherland, Monserrat Caballé, Beverly Sills, Marilyn Horne und viele andere die Terra incognita des verzierten Stils betreten konnten. Es war wie ein Pendelschlag: Hatte Callas in der älteren Vokalmusik das Neue gesucht, so wurde jetzt die Grammatik der älteren Vokalmusik gleichsam restauriert – ein Vorgang, der sich, man denke an die Arbeit von Nikolaus Harnoncourt, von Charles Mackerras, von Christopher Hogwood und anderen, auch in der Instrumentalmusik abspielte. Callas war in den fünfziger Jahren eine Einzelerscheinung. Zwar gab es einige leichte Soprane (Pagliughi, Carteri, Carosio) und Tenöre (Monti, Alva, Valletti) für das verzierte Fach, doch im Repertoire selbst der italienischen Bühnen spielten Händel, Vivaldi, Mercadante, Bellini, Rossini und Donizetti kaum eine Rolle. Es gab, nach der Beobachtung Steanes, einige gute Sänger für Mozart, Weber und Wagner, für Verdi, Puccini und Mascagni, kaum aber Gesangs-Virtuosen. Das spiegelt sich in den Gesamtaufnahmen von Maria Callas, die im Belcanto-Repertoire kaum je adäquate Partner fand.

Erst als Callas abging, begann eine systematische, vielleicht auch antiquarisch-historische Auseinandersetzung mit dem verzierten Stil. Es war vor allem Richard Bonynge, der mit Sutherland, Horne, Richard Conrad, Joseph Rouleau und John Serge *The Age of Bel Canto* beschwor und *Souvenirs of a Golden Era* – so zwei Platten-Editionen mit den erwähnten Sängern – anbot. Er studierte mit seinen Sängern alte Partituren, Kadenzen- und Skizzenbücher, dazu Kritiken und Aufführungsberichte und sorgte für Aufführungen, die man als restaurativ und geschmäcklerisch bezeichnen mag, deren stilistische Genauigkeit und Brillanz aber unverkennbar sind. Hört man beispielsweise Marilyn Horne mit dem Solo »Superbo di mi stesso« aus Giovanni Battista Lampugnanis *Meraspe*, das gespickt ist mit Arpeggien, Passagen, Trillern und Vorschlägen, wird man nicht nur Zeuge einer geradezu transzendentalen Virtuosität, sondern man spürt auch die expressive Intensität all dieser vokalen Formeln: Die formale Virtuosität schlägt um in einen Ausdruck, der ohne affektive Gestik auskommt und sich rein musikalisch entfaltet. Ursprünglich wurde diese Musik für den Kastraten Angelo Maria Montecelli geschrieben.

Wie aber wird eine Amerikanerin zur Belcanto-Diva? Marilyn Horne erhielt ihre erste Ausbildung durch ihren ehrgeizigen Vater. In Kalifornien erhielt sie Unterricht von William Vennard und absolvierte die erste Praxis im Chor von Roger Wagner. Sie sang zunächst hohe Sopran-Parts, fühlte sich dadurch aber ständig erschöpft. Bei einem Probesingen in Los Angeles mußte sie kurzfristig eine Szene aus Rossinis *La Cenerentola* studieren. Dabei entdeckte sie, daß es so etwas wie den Koloratur-Mezzo gibt. Mitte der fünfziger Jahre lernte sie den farbigen Dirigenten Henry Lewis kennen, ging mit ihm nach Europa und verbrachte ihre »Galeerenjahre« in Gelsenkirchen. Erst 1960 begann sie mit dem Wechsel ins Mezzo-Fach – es ist einfach unverständlich, daß man sie je für einen Sopran hat halten können. Horne selber hat gesagt: »Es ist ein ewiges Rätsel, was die Stimme leisten kann. Mezzos haben Tage, an denen sie denken, daß sie alles singen können. Und zu Hause klappt auch alles. Dann muß man auf die Bühne und die Töne produzieren, und plötzlich wird es, nach langen Proben und bei den Aufführungen, schwierig. Das ist der springende Punkt. Es gibt aber auch bestimmte Dinge, die man zu Hause tut, weil sie gut für die Stimme sind. Dazu gehört, so verrückt es klingt, zuweilen in der hohen Lage voll auszusingen. Man kann nämlich zu vorsichtig sein und immer mit zu kleiner Stimme singen. Es ist wie mit einem Auto, wie mit einem Mercedes oder einem Jaguar auf einem gut ausgebauten Highway. Diese Wagen besitzen perfekt abgestimmte Motoren, die man eine Zeitlang ausfahren muß.«

Die Belastbarkeit ihres Motors wurde von ihrem Partner und Ehemann Henry Lewis getestet. Er riet ihr, in die Mezzo-Lage zu wechseln, und obwohl sie noch 1960 in den USA die *Wozzeck*-Marie sang, trainierte sie schon für das neue Fach. 1963 sang sie in Vancouver neben Sutherland Adalgisa in Norma, wenig später Arsace in einer New Yorker Aufführung von *Semiramide*. Damit hatte sie endlich Boden unter den Füßen. Programmatisch schon eine ihrer ersten Aufnahmen: The Age of Bel Canto. Dann folgte ein Souvenir of a Golden Era, für das sie nicht nur Rosina, Romeo, Rossinis Desdemona, Semiramis und Fidès sang, sondern auch Fidelio-Leonore, Sapho und Azucena – für diese unterschiedlichen Rollen müßte heute jedes Theater drei oder vier Sängerinnen aufbieten. Es kann aber nicht unterschlagen werden, daß Horne in der Leonoren-Arie gefährlich nahe an ihre Grenzen geht: Zwar singt sie die verzierten Teile musikalisch genau, aber doch ohne rechte Spannung, und das am Ende des langen Melisma stehende H ist ein ertrotzter, kein entfalteter Ton. Sie war klug genug, derlei Experimente – sie hat in Konzerten die Hallen-Arie aus *Tannhäuser*, Brünnhildes Schlußgesang und ähnlich Hochdramatisches gesungen – alsbald aufzugeben, weil sie die F's und G's und A's nicht mit voller Stimme singen mag. Sie merkte auch, daß sie mit Eboli (1966) und mit Amneris (1979, Salzburg unter Karajan) auf falsches Terrain gegangen war: Sie will sich nicht durch eine Rolle kämpfen müssen und den Hörer unter der dabei spürbaren Anstrengung leiden lassen.

Das verrät, daß sie auch von ihrer Psyche her keine Sängerin ist, die sich beim Singen verbrennt wie Maria Callas. Als wissende Sängerin will sie ihre Rollen nicht spielen, sondern vor allem mit ihnen spielen. Ihr Ziel ist ein Musizieren mit den Reserven des technischen Könnens, das immer größer sein muß als die höchste Anforderung einer Partie. Sie ist, nicht zuletzt, eine Virtuosa docta und hat die Aufführungspraxis ebenso studiert wie die Zeugnisse der Diven von einst: »Alles, was wir über das frühe 19. Jahrhundert zu wissen meinen, stützt sich auf Annahmen, allenfalls auf Analogie-Schlüsse. Ich bin so unsicher, was ich von der Stimme Pauline Viardots halten soll. Sie selber nannte sich einen Kontraalt; die Fidès in *Le Prophète* hat Meyerbeer für sie geschrieben. Aber ich habe die Partitur von Gounods *Sapho* in die Hände bekommen und frage mich, wieso die Partie so unheimlich hoch liegt. Wie konnte sie sie nur singen? [Ob das mit der tieferen Stimmung des 19. Jahrhunderts zu tun hat?] War sie doch ein Sopran? Oder hat sie alles transponieren müssen? Wohlan, die Dinge waren damals völlig anders, die Sänger haben sich kein Fachetikett angehängt. Und wenn, so haben sie sich Altistinnen genannt . . . Aber vermutlich gab es Löcher in ihren Stimmen. Sie haben offenbar ihre tiefen Bruststimmen sehr weit nach oben getrieben und haben dann jäh in die Kopfstimme geschaltet. Wenn wir heute Sänger mit derlei Stimmlöchern hören, setzt es sogleich Kritik: Man verlangt ausgeglichene Stimmen.«

Ende der siebziger Jahre begann Horne, sich auf die großen Rossini-Rollen in *Barbiere, Italiana, Cenerentola, L'Assedio di Corinto* (bei ihrem Scala-Debüt hat sie ihre Co-Debütantin Beverly Sills ziemlich an die Wand gesungen), *La Donna del Lago, Tancredi* und *Semiramide* zu konzentrieren. Letztere Oper hat sie überall in Europa mit Montserrat Caballé gesungen, oft auch konzertant. Bei diesen Aufführungen wurde man, nicht zuletzt, auf Samuel Ramey und Francisco Araiza aufmerksam. Die Rossini-Stiftung in Pesaro hat sie für ihre Aufführungen mit dem Teresa-Belloc-Preis – benannt nach der besten *Tancredi*-Sängerin um 1810 – ausgezeichnet. Inzwischen hat sie sogar Arie agiunte aufgenommen, wie seinerzeit die Display- oder Show-Stücke der großen Diven genannt wurden. Die Platte zeugt von einer sängerischen Virtuosität, die über mechanistische Versiertheit weit hinausgeht; sie ist kompositorisch produktiv. Es wird berichtet, daß sie derlei Stücke bei einem Konzert in der Carnegie Hall sang und zwei Profis in fassungsloses Staunen versetzte: In der Pause standen Beverly Sills und Birgit Nilsson zusammen und schüttelten ungläubig ihre Köpfe.

Aber auch Horne ist – Dakapo für Henderson – keine vollkommene Sängerin. Die Grenzen ihres Singens liegen in dem, was man Problemlosigkeits-Probleme nennen könnte. Sie ist brillant, virtuos, (fast) makellos, zauberhaft –

und doch fehlt ihrem Vortrag zeitweilig jene spirituelle Ausdrucksintensität, die das Singen von Maria Callas, Elisabeth Schwarzkopf und Janet Baker auszeichnet, oder einst das von Schumann-Heink oder auch von Sigrid Onegin. Es hat den Zauber des vollkommenen und sich selbst genügenden Spiels, weniger den der orphischen Betroffenheit. Wenn sie unter Georg Solti in einer textlich problematischen und dennoch dramatisch suggestiven Aufnahme Glucks Orfeo singt, so fehlt es ihren Schreien nach *Euridice* gleich zu Beginn der Oper an Pathos-Entsetzen, und auch die Reprise von »Che farò?« ist nur – nur? – autoritativ-beherrschend, nicht aber brennend gesungen. Freilich legt sie die Bravour-Ariette am Ende des ersten Aktes – kein gesichertes Gluck-Stück – mit einem virtuosen Furor hin, daß man die Aufnahme allein deswegen besitzen sollte. Gäbe es dieses Stück von Schumann-Heink, Fabbri oder Onegin – es wäre wieder eines jener Sammler-Stücke, mit denen man die Überlegenheit einstiger Goldener Zeitalter belegen würde.

Hornes Können ist auch das überzeugendste Argument für Vivaldis *Orlando Furioso*, erschienen im Herbst 1978 in einer Aufnahme unter Claudio Scimone. John Freeman urteilte in *Opera News*: ». . . ein vielfarbiger, endlos gestützter und beherrschter Klangstrom. Sie interpretiert die Rolle mit Feuer und Autorität. Eine Arie, wie ihr ›Sorge l'irato nembo‹, hervorgebracht wie von einer Kanone abgeschossen, verrät besser als ein Dutzend Lehrbücher, was es auf sich hat mit dem Hochbarock.«

Gleichermaßen überwältigend ein Recital mit Arien aus Opern von Georg Friedrich Händel, ebenfalls mit den Solisti Veneti unter Claudio Scimone aufgenommen. Mag sein, daß Händel, wie Rossini bei Velluti, irritiert gewesen wäre wegen des überbordenden Reichtums an Abbellimenti. Doch nach dem 224-Sekunden-Feuerwerk von »Or la tromba« aus *Rinaldo* folgt der expressive Sostenuto-Gesang von »Cara sposa« mit seinen wundervoll gefärbten Mezzavoce-Tönen. Horne ist hier der gewiß trefflichen Carolyn Watkinson in der von Jean-Claude Malgoire betreuten Gesamtaufnahme deutlich überlegen, vor allem in der eloquenten Auszierung der Reprise. Die Platte ist ein sängerisches Feuerwerk – ich kenne kein brillanteres in der Geschichte der Schallplatte. Weit weniger überzeugend finde ich sie als Rosina in der von Riccardo Chailly betreuten Aufnahme von Rossinis *Barbiere.* Natürlich ist sie auch hier eine versierte Vokalistin, aber Passagenwerk, vor allem fallendes, singt sie angestrengt. Zudem gibt sie der Figur, vergleicht man sie mit de los Angeles oder Callas, mit der jungen Berganza oder der jungen Simionato, wenig Gesicht. Und es gibt nichts und niemanden in dieser Einspielung, der die Aufführung retten könnte.

Um so wichtiger ihr Beitrag in der *Norma*-Aufnahme mit Joan Sutherland, von Richard Bonynge idiosynkratisch-detailverliebt, aber doch kompetent dirigiert. Die Arie aus der fünften Szene des ersten Aktes »Sgombra è la sacra selva ... Deh! proteggimi dio!« beginnt sie elegisch, vielleicht sogar zu verhalten, doch im Verlauf der Oper geht sie mit einer fast schon Verdischen Intensität aus sich heraus. Der technische Standard des Singens ist überwältigend, selbst wenn der Ton das Ohr mehr verzaubert als erregt. »Mira, o Norma« ist superb, auch wenn mir die bewölkte oder abgedunkelte Tongebung von Joan Sutherland, deren Folge eine gleichsam zerkaute Diktion ist, problematisch erscheint. In den Engführungen der Stimmen erleben wir eine Virtuosität, die nach dem Krieg ihresgleichen sucht. Übergipfelt wird dies noch durch die Aufnahme von *Semiramide* – vielleicht das supreme Beispiel für artistischen Canto fiorito nach dem Kriege. Steane vergleicht diese Aufnahme mit einem Scala-Mitschnitt, in dem Simionato als Arsace zu hören ist – ein Vergleich, bei dem die Amerikanerin geradezu triumphal gewinnt.

Winzige, ganz winzige Einschränkungen bei Stücken, die zugleich Jeu d'esprit und kühne Gesten sind. Horne singt Arditis »Leggero invisibile« oder Donizettis »Il segreto per esser felici« aus *Lucrezia Borgia* perfekt und meisterhaft, und doch fehlt es ein wenig an jenem Charme, an jener lächelnden Eleganz, die den Vortrag einer Schumann-Heink auszeichnete. Winzige, ganz winzige Einschränkungen auch bei Stücken, die nach Sentiment und tiefem Pathos verlangen. Den Aufnahmen von »Ah! mon fils« oder der *Kindertoten-Lieder* Mahlers fehlt das Lamentose des Klangs, jene tiefe Betroffenheit, die aus den Aufnahmen von Schumann-Heink, von Kathleen Ferrier, Dietrich Fischer-Dieskau oder Janet Baker dringt. Größere Einschränkungen endlich in einem Repertoire, das nicht nur tonliche Konzentration, sondern ekstatische Phonation verlangt: Verdis Azucena, die sie 1975 in einer Aufnahme des *Trovatore* neben Sutherland und Pavarotti sang, zählt zu den Aufnahmen, die sie besser nicht gemacht hätte. Hingegen fesselt sie mich als Carmen in einer von Leonard Bernstein angestrengt-expressiv dirigierten Aufnahme mit dem heftigsten aller Don Josés (James McCracken). Sehr empfehlenswert auch die von Almeida betreute Einspielung von *Mignon* mit dem unterschätzten und unterbeschäftigten Alain Vanzo und der trefflichen Ruth Welting als Philine, superb in der Polonaise mit ihren funkelnden Koloraturen und dem freien rhythmischen Timing. Last but not least Hornes Lied- und Konzertplatten: Fallas *El amor brujo* und Ravels *Shéhérazade*, Mahlers *Kindertotenlieder* und Wagners *Wesendonck-Lieder* und die Rossini-Platte mit der Kantate *Giovanna d'Arco* und einer Reihe von Liedern.

Perlen von der Märchenfee: Teresa Berganza

Die maßlosen Schwierigkeiten der Mezzokoloratur-Partie [der Angelina in *La Cenerentola*] sind für sie wie ein Kinderspiel. Keine Sutherland bringt schnellere, genauere, ausgeglichenere Zweiunddreißigstel-Vokalisen heute zustande; aber was die Berganza allen Primadonnen der Koloratur voraus hat, ist Selbstverständlichkeit. Je schwieriger die technische Aufgabe wird, um so ruhiger, sanfter, voller wird der Ton, um so klarer und anrührender ihre Musikalität. Die Märchenparodie wird da minutenlang immer wieder in Märchen zurückgewandelt; denn aus ihrem Mund fallen (wie sonst nur bei Grimm und Perrault), so oft sie ihn aufmacht, fertige Perlenschnüre.
Ivan Nagel in der ›Süddeutschen Zeitung‹ nach einer ›Cenerentola‹-Aufführung beim Maggio Musicale Fiorentino.

Als Callas am Ende ihrer großen Karriere – es war kurz nach dem fatalen Streit mit Rudolf Bing an der Met – in Dallas Medea sang, riß sie den in den USA debütierenden spanischen Mezzo-Sopran Teresa Berganza, geboren 1935 in Madrid, ausgebildet von Lolo Rodriguez Aragon (einem Schüler von Elisabeth Schumann), zu einer glänzenden Leistung mit. Kein Zweifel auch, daß Callas' Einsatz für die verzierte Musik des frühen 19. Jahrhunderts ein Fundament wurde für den »Trend«, den John Steane mit dem Satz begrüßte: »Let the florid music praise.« Ohne Spezialistin zu werden, hat Berganza aus der verzierten Musik Rossinis und aus den Liedern Spaniens eine Spezialität gemacht. Und sie hat mehr als drei Jahrzehnte ihre Karriere und ihre Fähigkeiten abgesichert durch, so Karl Schumann, ein »vokales Ästhetentum«, das der Stimme zwar nicht Interpretation verbietet, aber deren Exzesse. Berganza ist eine Sängerin für Sänger und für jene Connaisseurs, welche die Überwindung der materiellen Schwierigkeiten beim Singen als musikalische und interpretatorische Leistung verstehen und bewundern. Über ihre Rossini-Aufnahmen mit dem London Symphony Orchestra unter Alexander Gibson schrieb Harold Rosenthal: »Nicht eine Note ist schlecht plaziert oder verschmiert.« So sicher und souverän wirkt ihre Technik, daß – so der Eindruck von Karl Schumann – »ihr selbst mit einem Wickel um den Hals kein Malheur zustoßen kann«.

Teresa Berganza gewann während ihres Studiums in Madrid diverse Preise und gab schon vor ihrem Examen erste Konzerte und Liederabende. 1957 sang sie ihr Operndebüt als Dorabella in Aix-en-Provence, wo sie später auch Cherubino und Purcells Dido gesungen hat. 1958 stellte sie sich in Glyndebourne als Cherubino vor, ein Jahr später folgte Angelina in *La Cenerentola*. Danach begann die große Karriere mit Gastspielen in den USA, an der Covent Garden Opera, bei den Salzburger Festspielen, an der Scala, beim Maggio Musicale Fiorentino, folgten Preise und Auszeichnungen, darunter eine Goldmedaille als beste Rossini-Sängerin. Aber sie ist nie von Termin zu Termin gehetzt, sondern hat ihr »Reisejahr«, wie sie einmal gegenüber Klaus Geitel sagte, auf sechs Monate beschränkt und selbst auf der Schallplatte nicht den falschen Ehrgeiz entwickelt, zu hoch hinaus zu wollen. Als sie unter Claudio Abbado Carmen sang – in Glyndebourne wie auf der Platte –, hatte ihre Stimme die Rolle gleichsam amalgamiert. Daß ihr im Finale zwar nicht Pathos fehlt, wohl aber expressive Grandeur oder vokale Sehnigkeit, verrät keineswegs eine Anbequemung der Rolle an die Stimme. Berganza ist eine leichte, eine Ballerina-Carmen, die die Habanera lockend, leicht und mit einem kapriziösen Lachen in der Stimme singt, für die Séguidille alle rhythmische Verve aufbringt und für die Karten-Arie einen düster-schimmernden Ton und eine geradezu genau geformte Linie mit fast vibratolosem Todes-Ton. Anders als Ulrich Schreiber vermisse ich auch nicht ein in vokalen Gesten sich ausdrückendes libertines sexuelles Selbstbewußtsein – muß denn Carmens Singen immer vor Sinnlichkeit vibrieren?

Dennoch liegt in Schreibers Kritik ein Hinweis auf die Grenzen der Sängerin und des vokalen Ästhetizismus. Berganza ist keine Musikerin des furiosen Ausdrucks. Ihre Stimme hat wohl den Eigenreiz eines unverkennbaren, weichen, samtigen Timbres, doch ist ihr Singen nicht unbedingt plastisch oder gestisch wie etwa bei ihrer spanischen Vorgängerin Conchita Supervia. Sie besingt »Che puro ciel che chiaro sol!« aus *Orfeo* mit einem wundervoll sonnigen, warmen, sinnlichen Ton, aber in den Schreien um Euridice fehlt das Lamentose, so daß aus der Klage ein zutrauliches Gebet wird. Wenn eine Stimme ein Gesicht hat, so sieht man bei Berganza (fast) immer lächelnd-entspannte Züge mit nur gelegentlich funkelnden Jett-Augen und nur ganz selten erregten Furchen auf der Stirn. Die dramatische Geste Verdis, das Pathos der Wagnerschen Gebärde, die veristische Wort-Pointierung oder gar der naturalistische Schrei gehören nicht zu ihrer vokalen Ausrüstung.

Berganza ist eine Aquarellistin, und wenn sie einmal mit Öl malt, dann in pastellenen Farben. Sie hat auf das große Repertoire des 19. Jahrhunderts verzichtet – sich damit nicht zuletzt den Kampf gegen große und hoch dynamisierte Orchester erspart – und vor allem Musik von Caccini, Monteverdi, Cavalli, Strozzi, Scarlatti, Händel, Pergolesi, Gluck, Mozart und Rossini, dazu Lieder gesungen. Selbst Octavian hat sie stets zurückgewiesen, weil sie weiß, daß ihre

Stimme ein sensibles Instrument ist – ein Instrument, mit dem weniger die Einheit von Dramatik und Ausdruck als die von Klang und Ausdruck erreicht werden kann. Selbst wenn sie die »Divinitées du Styx« anruft, bleibt sie beherrscht und die Stimme sanft – da ist weder Metall im Klang noch die lodernde Emphase einer Eileen Farrell oder Jessye Norman, nicht zu reden von der grandiosen Rita Gorr. Dafür singt sie Fiordiligis »Come scoglio« mit dem empörten Stolz der Spanierin, der das Unmögliche zugemutet oder auch nur zugetraut wird – was vielleicht den pathetisch-parodischen Charakter des Stücks nicht ganz trifft, aber gesanglich unwiderstehlich ist. Berganzas erste bedeutende Aufnahme galt einer Oper, deren Ausgrabung ein Fest des Canto fiorito war: Händels *Alcina.* 1959 hatte Ferdinand Leitner die Oper mit der jungen Joan Sutherland im Kölner Sender aufgeführt, drei Jahre später dirigierte Richard Bonynge eine Studio-Produktion mit der zur »Stupenda« Arrivierten.

In Köln war die Partie des Ruggiero mit einem Tenor besetzt – ein Stilbruch, der durch Fritz Wunderlichs superbes Singen zum vokalen Triumph wurde –, in der späteren Version sang Berganza die schwierige Kastraten-(Carestini-)Partie,

Teresa Berganza
(Foto: © Decca/Polygram Klassik)

mit frappanter Verve in den Allegro-Stücken (wie »Va cercando«) und mit subtil modulierter Linie in den expressiven Arien wie »Verdi prati«. Ihre Stimme klingt so fein und samtig wie ein perfekt gespielte Bratsche. Die musikalische Beherrschtheit und das Maß, die der Musik Händels angemessen sind, erweisen sich bei Rossini als Ausdrucksgrenze. Berganza hat als Rosina, als Angelina oder als Isabella Problemlosigkeits-Probleme. Was ihr fehlt, ist ein Glitzern im Ton, Pikanterie in der sprachlichen Nuancierung, Verve in der rhythmischen Gliederung. Oder auch das sinnliche Feuer einer entzündbaren jungen Frau – das also, was Conchita Supervia, Marilyn Horne oder auch die fabelhafte russische Mezzo-Sopranistin Zara Doluchanova versprühen. Als Rosina überzeugt sie vielleicht den Freund vokaler Etüden, schwerlich den komödiantischer Verve.

Sie ist in der Abbado-Aufnahme – ein perfekt poliertes Studio-Produkt ohne Charme – besser aufgehoben als in der disparaten Einspielung unter Varviso mit dem groben Figaro von Manuel Ausensi (nur Benellis Almaviva hat mehr Fleisch auf den Rippen und mehr Sonne im Ton als der Luigi Alvas). Als Cenerentola ist sie hingegen konkurrenzlos, technisch flüssiger, sicherer und tonlich schöner als Simionato, während ihr Partner Luigi Alva nur geläufig, nicht tonlich überzeugend singt und die beiden Bässe – Renato Capecchi und Paolo Montarsolo – den Akzent auf jene Art von »Charakterisierung« legen, die musikalisch wenig angenehm aufs Ohr fällt. Gleichwohl ist die Abbado-Aufnahme erste Wahl. Schwieriger ist die Wahl bei *L'Italiana*. Berganzas Isabella hat nichts von der Vehemenz und vokalen Vibranz der unvergleichlichen Conchita Supervia. Sie musiziert mit einer madonnenhaften Sensitivität in der Kavatine »Per lui che te adoro« (dies in ihrem Recital unter Gibson als auch in der spannungslosen Gesamtaufnahme unter Varviso), aber in »Cruda sorte! Amor tiranno« oder in »Pensa alla patria« geht Geläufigkeit über in das Gleichmaß und den Gleichmut einer technischen Sicherheit, die sowohl die Komik als auch das Pathos der Musik neutralisiert. Berganza singt Noten, während Supervia eine musikalische Aktion in vokale Gesten umsetzt – dies vor allem in den Duetten mit dem prächtigen Baßbariton Carlo Scattola.

Anders gesagt: Selbst bei großen technischen Schwierigkeiten kann man sicher sein, daß Berganza nichts passiert, aber wenn man von Rossinis Rosina oder Isabella Capricen, Launen, Lockungen erwartet, kann man ebenso sicher sein, daß dramatisch-darstellerisch wenig passiert – außer wundervollem Singen. Das ist ganz sicher viel, zuweilen aber nicht genug. Hervorragend und spontan sind einige ihrer vielen Mozart-Aufnahmen. In István Kertesz *La Clemenza di Tito* singt sie den Sesto und ist in einer guten Besetzung die Beste, obwohl auch Maria Casula als Vitellia eine glänzende Leistung bietet. Als Cherubino erbringt sie zweimal nicht nur eine untadelige Leistung, sondern gibt der Figur im Klang von »Voi che sapete« und in der Atemlosigkeit von »Non so più« eine unwiderstehlich süße Anmut, allerdings weicher in den Konturen und der Zeichnung als Cossotto. Auch die Besetzung der Zerlina mit einer dunklen und sinnlichen Stimme geht auf: Berganza ist ein Lichtblick in der erratischen Aufnahme Lorin Maazels (die dem Film Loseys zugrunde liegt). Kaum übersehbar ist die Fülle der Platten mit *Canciones Espagnolas*, die Berganza mit ihrem Mann Felix Lavilla oder auch mit dem Gitarristen Narciso Yepes gemacht hat: Mit altspanischen Weisen, volkstümlichen Gesängen und Liedern von de Falla, Granados, Sor, Soler. Hinzu kommen Konzertarien von Mozart – wo sie des Komponisten Gebot, die »Gewalt der Worte« nicht zu vergessen, nicht allzu streng nimmt –, Kantaten von Haydn und frühe Belcanto-Literatur in überaus klangschönen, aber nicht phantasievoll-eloquenten Interpretationen. Eine Platte mit italienischen Barock-Arien z. B. (mit dem Pianisten Ricardo Requejo) von Caldara, Cavalli, Carissimi, Pergolesi, Scarlatti und Vivaldi zeigt sie glänzend bei Stimme, zeitweilig ungewohnt vibrant, doch ihr Zierwerk bringt bei aller Perfektion kein Jeu d'esprit, und auch ihre Kantilene ist eher elegisch als expressiv. Lebendiger, pulsierender sind ihre Aufnahmen spanischer Musik. Dort wirft die Stimme Licht und Schatten, bekommt der Rhythmus Verve, wagt sie die feurig-dramatischen Dunkeltöne der Bruststimme neben magisch-süßen Pianissimi auf dem Hauch eines Tons. Berganza ist eine dezente Virtuosa – und eine der großen Vokalistinnen der Nachkriegszeit.

Koloratur-Baß: Samuel Ramey

> Als Rosa Ponselle die Opernbühne betrat, wurde sie als Caruso in Röcken genannt. Vor einigen Spielzeiten wäre es nicht weniger ausgefallen gewesen, Samuel Ramey als eine Diva in Hosen zu bezeichnen, als den nachgeborenen Gegenspieler für Maria Callas und Joan Sutherland.
> *Matthew Gurewitsch in Opus über Samuel Ramey*

Am 21. Januar 1984 sang Samuel Ramey an der New Yorker Metropolitan Opera als Sarazenen-General Argante in seiner Antrittsarie »Sibillar gli angui d'Aletto« (zu hören auf Philips) dreizehnmal das hohe Fis, und danach bewältigte er seinen verzierten Part mit einer technischen Brillanz, die das Publikum eigentlich nur von Marilyn Horne erwartet hatte, die die Titelpartie beim Revival von Händels *Rinaldo* verkörperte. Nicht ihr, der Königin des

Samuel Ramey als Mosè
(Foto: © Agence de Presse Bernand)

Canto fiorito, fiel der größte Triumph des Abends zu, sondern dem an der Met debütierenden Baß.

In einem Feature von *Musical America* zitierte Dorle J. Soria eine Kritik aus den *New York Daily News*, in der es hieß: »Er ist ein Sänger, der einfach alles kann.« Ein halbes Jahrhundert zuvor hatte William James Henderson, nach dessen Ansicht es *nie* einen vollkommenen Sänger gegeben hat, Pol Plançon als den »makellosesten Vokalisten, der je eine Bühne betrat«, bezeichnet. Sollte es also, rund acht Jahrzehnte nach dem Franzosen, wieder solch einen exzeptionellen Sänger geben? Einen Virtuosen, der, wie der Franzose, aus der Arie des Tambour-Majors aus Ambroise Thomas *Le Caid* ein vokales Kleinod zu machen versteht? Die Arie von Thomas findet sich auch in einem Recital unter dem Dirigenten Julius Rudel. Daß der gerade in verzierter Musik brillierende Ramey in einer Art von imaginärem Wettbewerb die Rolle des Herausforderers spielen will oder soll, scheint evident. Doch während Plancon aus dem Selbstporträt des soldatischen Salonlöwen eine finessenreiche Kürübung macht, bietet Ramey sie als perfekt bewältigtes Pflichtstück, ohne aber der Figur Gesicht und Leben zu geben.

Für den am 28. März 1942 in Kansas geborenen Baß (Kutsch/Riemens geben 1940 als Geburtsjahr an) kam das Debüt an der Met reichlich verspätet. Schon 1977 hatte er an der New York City Opera, deren Leiterin Beverly Sills ebenfalls von der Met lange Zeit ignoriert worden war, die Nachfolge von Norman Treigle angetreten. Spätestens seit 1980, da er in Aix-en-Provence die mit Koloraturen gespickte Partie des Assur in Gioachino Rossinis *Semiramide* neben Montserrat Caballé und Marilyn Horne gesungen und damit an die Baß-Virtuosen aus der Ära des Komponisten – voran Filippo Galli – erinnert hatte, galt Ramey als ein Vokalist mit singulären Fähigkeiten. Er hatte an der Mailänder Scala, der Wiener Staatsoper und der Royal Opera Covent Garden gesungen und 1983 mit Rossinis *Mosè* die Saison in Paris eröffnet. Mit so glänzendem Erfolg, daß ihm sogleich für 1985 ein Revival von Giacomo Meyerbeers *Robert le Diable* zugesagt wurde. Bei der Eröffnung der Scala-Saison 1992/93 gab Ramey seinen ersten Filippo in *Don Carlo*, und sein erster Boris Godunow folgt 1993 in Genf. Mit einem Wort, der Opernbetrieb hat, nach langer Zeit, wieder einen Superstar und, vom Fach her gesehen, einen sehr ungewöhnlichen: einen *virtuosen* Baß.

Das spiegelt sich in der Tätigkeit des Sängers für die Schallplatte. Anders als selbst die besten seiner Fachkollegen ist Ramey an den meisten Produktionen nicht nur als Comprimario beteiligt; vielmehr wurden sie seinetwegen gemacht oder auf ihn zugeschnitten. Das gilt für Rossinis *Maometto Secondo* ebenso wie für Mozarts *Don Giovanni* und *Le Nozze di Figaro*, für Arrigo Boitos *Mefistofele* wie für Verdis *Attila* und die Koloraturpartien in Rossinis Opern *(La Gazza*

Ladra, Il Viaggio a Reims, Il Turco in Italia, L'Italiana in Algeri, Il Barbieri di Siviglia). Allein seine Starqualitäten – nicht die stimmlichen – können eine Erklärung dafür sein, daß er in Sir Neville Marriners Aufnahme der *Zauberflöte* als Sarastro und unter Giuseppe Sinopoli als Scarpia in *Tosca* eingesetzt wurde, obwohl ihm als Basso cantante das tiefe Fundament (vom F hinunter zum D) fehlt und die Tessitura des Scarpia sehr hoch ist – ein Problem, das auch Ruggero Raimondi zu schaffen gemacht hat. In einem Zeitraum von nicht einmal zehn Jahren hat der Amerikaner in bald drei Dutzend Opernaufnahmen mitgewirkt und ein halbes Dutzend Solo-Recitals vorgelegt, nicht zu reden von seiner Beteiligung an zahlreichen oratorischen Werken.

Rameys Stimme ist ein glänzendes Instrument: ein sonorer Basso cantante mit feinem, festem, konsistentem Ton, der nur selten über sein natürliches Volumen hinaus vergrößert wird und doch, dank seiner Konzentration, kraftvoll wirkt. Der Umfang der Stimme reicht vom tiefen Es bis zum hohen G – auch wenn es den tiefen Tönen an dem Gewicht und der Farbe fehlt, die zur Stimme eines Basso Profondo gehören. Was die Klangqualität angeht, reicht Ramey an Plancons makellose Tonschönheit nicht ganz heran. Doch hat der Franzose in einer Zeit gesungen, in der von einem Sänger die feine Formung des Tons erwartet wurde und nicht das dröhnende Ausladen. In *unserer Zeit* ist Ramey ein Ausnahmesänger, weil seine Stimme über den Umfang von zweieinhalb Oktaven perfekt verbunden ist. Selbst wenn er in die baritonalen Regionen aufsteigt, ist so gut wie nie ein Spreizen des Tons zu erleben. Er bildet Fis oder selbst das G ohne »wobble« und klangvoll-fest und läßt diese Töne sauber ausklingen, ohne jenes Nachstoßen von Luft, das die Anstrengung verrät. Das sichert seinem Vortrag immer eine klare melodische Kontur, ohne daß seine Bindung mit der Plancons zu vergleichen wäre. Das Legato des Älteren ist nicht nur flüssiger, sondern sichert der Phrasierung durch stilvolle Portamenti mehr Eloquenz – doch welcher Dirigent *erlaubt* heute einem Sänger die klassischen Portamenti?

Als Ausnahmeerscheinung unter den Sängern *dieses Jahrhunderts* – in das Plancon eben nicht gehört – erweist sich Ramey durch seine phantastische Agilität. Er verfügt über einen sauberen Triller und führt seine reiche, kraftvolle Stimme, ohne dabei den Klang reduzieren zu müssen, mit frappierender Mühelosigkeit selbst durch rascheste Laufpassagen in Musik von Händel oder Rossini, ohne daß dieses Passagenwerk bloß *etüdenhaft* wirken würde. Die Bühne verwandelt der hochgewachsene, schlanke Sänger, wie Matthew Gurewitsch schrieb, in »an arena for blood sport – like Callas«. Er bewege sich mit der gefährlich-glanzvollen Eleganz eines Panthers, trage historische Kostüme mit Eleganz und zeige seinen muskulösen Athletenkörper mit der Selbstsicherheit eines Action-Stars.

Was ihm fehlt (vielleicht: noch fehlt), hat John Steane, den ich nur *stellvertretend* zitiere, auf eine einfache Formel gebracht: Ihm fehle das Geschick, seiner Stimme Charakter zu geben; seine Ausdrucksmöglichkeiten seien begrenzt. Da ich, formelhaft gesprochen, das vermeintlich nur *schöne* und technisch perfekte gegenüber dem *ausdrucksvollen* Singen verteidigt habe, bedarf das einer Erläuterung. Was hier eingeklagt wird, sind nicht die *histrionischen Gesten*, nicht die veristischen Affektausbrüche. Zum expressiven Singen gehören drei Elemente: vokales Agieren, musikalische Formung und Seelenausdruck. Das vokale Agieren zielt auf emphatische Wortbetonungen und die Färbungen des Tons. Die musikalische Formung verlangt dynamische Flexibilität mit Messa di voce, markanten Akzentuierungen und Chiaroscuro-Wirkungen, nuancierte Intonation und rhythmische Formung (vor allem Rubato), um das Wechselspiel von Spannung und Entspannung zur Geltung zu bringen. Kaum zu definieren ist Seelenausdruck, allenfalls zu beschreiben mit poetischen Bildern.

Es ist, wie es in *Fidelio* heißt, ein Klang, der in die Tiefe des Herzens dringt. Der Tränenton, der aus Carusos »O figli, o figli miei« dringt. Die Trauer im Singen von Kathleen Ferrier. Martha Mödls Herzensschrei »Töt erst sein Weib«. Jon Vickers beim Anruf »Gott, welch Dunkel hier« oder »Amfortas, die Wunde«. Callas, über Pollione – »In mia man« – triumphierend.

Was das vokale Agieren angeht, so begnügt sich Ramey durchweg mit den Wortakzentuierungen, aber es fehlt ihm die Palette für die Wortfärbungen. Wenn er das Ständchen des Méphistophélès aus Gounods *Faust* singt, fehlen dem Ton die spöttischen, sardonischen Farben. Als Leporello – er hat die Arie in einem Recital und die gesamte Partie unter Riccardo Muti gesungen – verwandelt er die Register-Arie, mit wundervollem Elan singend, in eine Art von buchhalterischer Statistik. Wie wohltuend es auch ist, in diesem Charakterstück einmal *nicht* mit klangmalerischen Mätzchen behelligt zu werden, so irritierend ist die Reduktion auf eine Art von Computer-Schnellausdruck.

Bei der musikalischen Formung geht es oftmals, durchaus nicht immer, ohne dynamische Nuancierungen ab. Meist singt Ramey, mit sonorer Fülle, zwischen Mezzaforte und Forte, und was den Spannungsaufbau durch das Rubato angeht, kann er sich mit den Meistern dieses Kunstgriffes – Battistini, de Lucia, Caruso, Ponselle, Callas oder in seinem Fach Pinza – nicht messen. Das zeigt sich, wenn man ihn etwa in Rodolfos »Vi ravviso« aus *La Sonnambula* hört und mit einem Belcanto-Stilisten wie Plancon vergleicht. Oder in Arien aus Verdis *Simon Boccanegra* oder *Les Vêpres Siciliennes* gegenüber Alexander Kipnis und Ezio Pinza, deren *Tonsinn* und *Phrasierungskunst* für mehr musikalisches Espressivo sorgen. Dazu gehört ganz besonders der Gebrauch des Portamento mit den daraus sich ergebenden dynamischen Stufungen innerhalb einer Phrase.

Daß endlich im Klang seiner Stimme eine schöne oder häßliche oder verzweifelte Seele zum Ausdruckslaut geworden wäre, ist bisher, soweit ich selber gehört (oder in Kritiken gelesen) habe, unbemerkt geblieben. So erweist sich denn der dank seiner Stimme virtuell ideale Don Giovanni in der Aufnahme unter von Karajan als eine durchweg imponierend singende *Unpersönlichkeit*, von der wir nie hören, was sie zu den von Leporello aufgelisteten 2065 Abenteuern getrieben haben mag. Das Element des Gioccosen, das in der Aufnahme unter Carlo Maria Giulini von Eberhard Wächter und dem unnachahmlichen Giuseppe Taddei durch vokales Agieren ausgespielt, fehlt hier vollkommen, auch wenn Ramey etwa die Champagner-Arie so singt, wie sie gesungen werden muß: Die Stimme füllt selbst im Presto jede *Silbe* mit Klang, ohne Druck, ohne affektierte Betonungen. Was fehlt, ist die dramatische (dialogische) Interaktion, sind Finessen der Diktion, der emotionalen Färbungen. Die Aufnahme gefriert zu einer Opera-seria-Formalität – und diese Erstarrung in artifizieller Sterilität kritisierte Joachim Kaiser auch nach der Aufführung des Werks in Salzburg.

Doch wäre es ungerecht, diesen Ausnahmesänger mit den Ohren eines sauer gestimmten Merkers zu hören. In seinem riesigen Repertoire – mit Musik von Bach, Händel, Haydn, Mozart, Rossini, Donizetti, Offenbach, Meyerbeer, Massenet, Verdi, Puccini, Strawinsky, Bartók u. a. – erweist Samuel Ramey sich immer als kompetenter, zuverlässiger Sänger, in vielen Aufnahmen als brillanter Virtuose. Dem Hinweis von Matthew Gurewitsch verdanke ich die Aufmerksamkeit für die Aufnahmen von Bach-Kantaten unter Raymond Leppard und der h-Moll-Messe unter Marriner: Hier sind Rameys Legato, seine Sicherheit in Melismen und die Nuancierungen der Dynamik schlechthin atemberaubend.

In der *Rigoletto*-Aufnahme unter Julius Rudel füllt er die Flüche des Monterone mit jener Gewalt, die das Erschrecken Rigolettos begreiflich macht, und als Sparafucile wirkt sein *leiser* nächtlicher Auftritt um so bedrohlicher – hier werden Comprimarii zu Protagonisten. Und wie wenig er mit dem Giovanni als Figur, die aus dem Ancien Régime kommt, anfangen kann, so exzellent agiert er als Figaro, als Figur eine realistische Konzeption, in der Aufnahme unter Sir Georg Solti: Er singt die Partie bei perfekter *Ausführung* nicht nur mühelos, sondern mit Verve und wundervoller Eloquenz, mit prägnanter Artikulation und unvergleichlicher Tonschönheit. Auf dem gleichen überragenden Niveau seine Porträts des Nick Shadow in Igor Strawinskys *The Rake's Progress* (unter Riccardo Chailly) und des Blaubart in Béla Bartóks Oper (unter Adam Fischer). Ramey widerlegt hier das Vorurteil, daß das Englische oder das Ungarische keine *sanglichen* Sprachen seien – wer singen kann, kann es in jeder Sprache, wenn er seine Partie nur präzise vorbereitet hat und nicht in schwierigen Passagen mogeln muß – was so oft geschieht, wenn die sogenannten Superstars im Studio prima vista Partien singen, die sie noch nie auf der Bühne gesungen haben, singen werden oder können.

Den Ruhm eines solchen Superstars hat sich Samuel Ramey im verzierten Fach, in Rollen von Händel und Rossini, gesichert, und man kann nur bedauern, daß es vor einem Vierteljahrhundert, da Joan Sutherland und Marilyn Horne unter Richard Bonynge in *Semiramide* brillierten, für die Partie des Assur noch keinen Koloratur-Baß mit den Qualitäten des Amerikaners gab. Ramey hat neben der Horne in *L'Italiana in Algeri* und in *Il Barbiere di Siviglia* gesungen, neben Montserrat Caballé in *Il Turco in Italia*, in den ersten Aufnahmen von *La Donna del Lago, Otello* und schließlich in *Il Viaggio a Reims*. Da für dieses »Gran pezzo concertate«, entstanden 1825 zur Krönung Karls X. von Frankreich, vierzehn (!) Virtuosen aufgeboten werden müssen, kam das Stück nie ins Repertoire und galt schließlich, bis auf fünf Nummern, die Rossini in *Le Comte Ory* wiederverwandte, als verloren. In den siebziger Jahren wurde die Oper für die neue Rossini-Ausgabe rekonstruiert und 1984 in Pesaro unter Claudio Abbado mit triumphalem Erfolg wiederaufgeführt. Als Lord Sidney ist Ramey der Glanzpunkt in einem exzellenten Ensemble, dessen Mitglieder – Cecilia Gasdia, Lella Cuberli, Lucia Valentini Terrani, Katia Ricciarelli, Edoardo Gimenez, William Matteuzzi, Francisco Araiza, Ruggero Raimondi, Enzo Dara – den hohen Standard des heutigen Rossini-Gesangs demonstrieren.

Allein für Ramey wurde *Maometto Secondo* aufgenommen – und hier demonstriert er eine sängerische Virtuosität, die, tönte sie aus dem tiefen Brunnen der Vergangenheit, als Beweis eines jener goldenen Zeitalter angesehen werden würde, die es nur in der Erinnerung gibt. In der Cavatine »Sorgete: e in sì bel giorno« wie im Duett mit Anna – von June Anderson, einer weiteren hochbegabten Virtuosa – kann Ramey »alle Schleusen des Ziergesangs« (U. Schreiber) öffnen. Mit wie strömendem Legato er zu singen und wie fein er die Cantilena zu färben versteht, zeigt er in der Arie »All'invito generoso«. Leider ist diese vokale Differenzierung (noch) die Ausnahme, weil es Ramey wie den meisten seiner Kollegen – was Thomas Hampson beklagte – um die Fülle des Klangs geht, nicht um die Finessen.

Finem lauda

Nach wie vor werden die Werke der Belcanto-Ära mit einem einzigen und vernichtenden Wort ästhetisch disqualifiziert: *Sängermusik*. Die Kritik richtet sich gegen eine Diskrepanz, gegen den ungeheuren Aufwand virtuoser Mittel für ein Minimum an Wirkung und Ausdruck. Das, was Heinrich Heine noch zugleich bewundernd und spöttisch als »revolutionärische Koloraturen« bezeichnete (aus denen er in der Tat Widerstand gegen die Fremdherrschaft heraushörte), waren für Richard Wagner nur noch »amüsante Gaukeleien«. Solange aber Rossini allein aus der Perspektive einer späteren Ästhetik, etwa der des Musikdramas, beurteilt wird, muß man, wie Dietmar Holland in seinem *Opernführer* (mit Attila Csampai) zu dem Schluß kommen, bei Rossini laufe die Musik oberhalb des Textes ab.

Für Rossini lag der Ausdruck aber weniger in der *realistischen* Wiedergabe einer Empfindung, sondern in der Schönheit und Eleganz der Ausführung. Insofern unterscheidet sich Rossinis *Konzeption des gesanglichen Ausdrucks* völlig von der späterer Komponisten, die im Namen der Wahrscheinlichkeit, der Wahrheit oder des Realismus die grundsätzlich unaufhebbare Paradoxie der Oper – die darin liegt, daß sich die Sprache der Leidenschaft eines nicht realistischen Ausdrucksmittels, des Singens, bedient – aufzuheben. Insofern wäre der Verurteilung der Koloratur als »welscher Tand« – mit der, bezogen auf Sänger, die Kritik an »eitler« oder »leerer« Kehlfertigkeit – eine Ausführung von Honoré de Balzac entgegenzuhalten: »Die Koloratur ist die höchste Ausdrucksform der Musik, sie ist die Arabeske, die das schönste Gemach in der ganzen Wohnung ziert. . . . Geladen mit der Kraft, die tausend schlummernden Möglichkeiten in unserer Seele zu erwecken, schwingt sie sich auf und durchschwebt den Raum, überall die luftigen Samen hinsäend, die, aufgesogen vom Gehör, im Grunde des Herzens Blüten treiben. . . . Es ist beklagenswert, daß die vulgäre Masse die Musiker gezwungen hat, die Äußerungen ihrer Kunst an Worte zu heften, an Fakten und Äußerlichkeiten. Aber leider ist es richtig: Sie würden sonst von der Masse nicht verstanden werden. Die Koloratur ist daher das einzige, was den Freunden der absoluten Musik, den Liebhabern fleckenlos reiner Kunst, noch geblieben ist.«

Als der mit Gioachino Rossini befreundete Honoré de Balzac diese Apotheose auf den verzierten Gesang schrieb, war der Stern des Komponisten längst im Sinken, auch wenn er noch nicht lediglich als »Verfertiger amüsanter Gaukeleien« (Wagner) galt. Erst nachdem das »Gift des Musikdramas« (Strawinsky) nicht nur in die Venen selbst eines Giganten wie Verdi eingedrungen war, sondern sich auch in den *Vorurteilen* der Musikkritik abgelagert hatte, galt der

Komponist des *Barbiere di Siviglia* und von weiteren 38 fast unbekannten Opern lediglich als Drei-Sterne-Koch für Gourmets, die sich am liebsten nach Nachtigallenzungen und Pfauenhirn delektieren.

Das gilt nicht nur für Deutschland. Unter der Ägide Toscaninis kam es im dritten Jahrzehnt dieses Jahrhunderts an der Scala di Milano zu sechzehn Aufführungen des *Barbiere* und zu sechs von *Guglielmo Tell.* Sie wurden *nicht* von Toscanini dirigiert. In den zwei Jahrzehnten zwischen 1930 und 1950 wurden neben dem *Barbiere* nur *La Cenerentola* (7) und *L'Italiana in Algeri* (5) gespielt. Der Grund sei, so heißt es, die Skepsis Toscaninis gegenüber der Rossini-Tradition gewesen.

Das würde voraussetzen, daß es Ende des 19. und zu Beginn des 20. Jahrhunderts eine Rossini-Tradition – und dazu eine korrumpierte – gab. Dem aber ist nicht so. Toscanini hat, nach der Biographie von Harvey Sachs, 117 Opern von 53 Komponisten dirigiert. Darunter waren nur, *früh* in seiner Laufbahn, zwei Opern Rossinis: *Barbiere* und *Tell.* Die meisten anderen waren zum einen längst nicht mehr im Repertoire, zum anderen war Toscanini an ihnen nicht interessiert. Der Dirigent sah sich als Zeitgenosse der Zukunft und setzte sich für Wagner und Verdi ein, für Mussorgsky und Debussy und zudem, wenn auch skeptisch, für die Veristen – und wenn er ein *Ziel* hatte, dann war es die *Oper als Festspiel*, als Gesamtkunstwerk im Repertoire-Theater.

Nicht anders, was Rossini angeht, das Bild an der Met. Zwischen 1883 und 1952 wurden dort über achtzig Aufführungen des *Barbiere* gegeben, 23 des *Tell* und vier von *L'Italiana.* Das Publikum interessierte sich für Wagner, Verdi und die Veristen, nicht für die kunstvolle Formel- und Formensprache des Belcanto. Es spricht für sich, daß in den ersten drei Jahrzehnten der Schallplatte – abgesehen vom *Barbiere* – keine einzige vor 1830 geschriebene Oper aufgenommen wurde, und nachdem die letzten Vertreter der »alten Schule« – Patti, Melba, Tetrazzini, de Lucia, Battistini e tutti quanti – gestorben waren, fanden sich nur noch wenige Sänger, die dem verzierten Stil überhaupt gewachsen waren. Es gab, nach Guerrina Fabbri, kaum mehr eine Alt-Virtuosa, nach de Lucia und Bonci kaum mehr einen koloratursicheren Tenor – von den Baritonen und Bässen nicht zu reden. Giorgio Gualerzi hat in dem Rossini gewidmeten Heft von *Opera* (März 1992) über die Aufführungsgeschichte Rossinis in diesem Jahrhundert berichtet und gezeigt, daß die meisten und durchweg zaghaften Versuche mit einem »mezzo desastro« endeten – weil sich, vor Gianna Pederzini, nur selten ein Mezzo fand, der die sogenannten »Colbran-Opern« Rossinis – für seine spätere Frau Isabella Colbran hat Rossini acht Partien geschrieben – singen konnte. Abgesehen von den Aufführungen, die auf die magnetische Conchita Supervia zugeschnitten gewesen waren.

Die Spanierin war ein Bindeglied zwischen dem ausgehenden 19. Jahrhundert und der Rossini-Renaissance der letzten drei Jahrzehnte, deren erste Impulse von Gianna Pederzini und Giulietta Simionato ausgingen – und von Maria Callas, die zwar keine typische Rossini-Interpretin war, aber durch die Aufführungen von *Armida, Il Turco in Italia* und *Il Barbiere di Siviglia* zur Rehabilitierung des Komponisten und des Canto fiorito wesentlich beitrug – eben weil sie einen *generellen Impuls* für die Renaissance des verzierten Singens gab.

Maria Callas und all die Sängerinnen, denen sie die Tür aufstieß zu der »terra incognita« (Montserrat Caballé) des verzierten Singens – darunter Joan Sutherland, Teresa Berganza und Marilyn Horne –, fanden in den fünfziger und sechziger Jahren, von wenigen Ausnahmen abgesehen, nur wenige kongeniale Partner unter den Tenören, Baritonen und Bässen. Zu diesen Ausnahmen gehören die Tenöre Cesare Valletti und, wegen seiner mangelhaften Koloraturtechnik (Aspirierung) mit Einschränkung, Luigi Alva, der wundervolle Bariton Sesto Bruscantini und, wieder mit Einschränkung, der (allzuoft chargierende) Baß Fernando Corena, die sich allerdings nur in Rossinis Opera buffa behaupteten. Als aber Maria Callas 1952 in Florenz Armida sang, konnten die fünf (!) Tenor-Partien nicht adäquat besetzt werden, und noch 1965 fanden Joan Sutherland und Marilyn Horne in der Aufnahme von *Semiramide* keinen adäquaten Tenor- und Baß-Partner, weil die meisten Sänger während ihrer Ausbildung mit den entsprechenden Herausforderungen gar nicht konfrontiert worden waren – und sängerischer Stil liegt nun einmal in der Assimilation der Technik an das Repertoire. Bei seinem Überblick über die »Voce Rossiniane« hat Giorgio Gualerzi gezeigt, daß es in den letzten zwei Jahrzehnten wieder zu einer solchen Symbiose gekommen ist. Selbst die hochvirtuosen Seria-Opern Rossinis lassen sich heute besser besetzen als die Werke des Standard-Repertoires, bei denen die Bühnen wie die Plattenfirmen auf einige wenige der sogenannten Superstars angewiesen sind, welche die in sie gesetzten Erwartungen nicht erfüllen – weil sie nicht mehr zu erfüllen sind. Während alternde Stars wie Placido Domingo und Luciano Pavarotti ein Rückzugsgefecht für Verdi und Puccini ausfechten, findet Rossini neue Vorkämpfer. Zu nennen sind Sopranistinnen wie Lella Cuberli, Luciana Serra, June Anderson, Cecilia Gasdia, Margherita Rinaldi; Mezzos wie Agnes Baltsa, Lucia Valentini-Terrani, Martine Dupuy, Della Jones, Frederica von Stade und, als Sonderfall einer Hochbegabung, Cecilia Bartoli; Tenöre wie David Kuebler, David Rendall, Raoul Giménez, William Matteuzzi und vor allem Chris Merritt (ein »bari-tenore« mit einer Extension vom tiefen A bis zum hohen E) und der durch seine phantastische Virtuosität an Jadlowker erinnernde Rockwell Blake. Enzo Dara hat den Basso buffo parlante von den Faxen (der Fernando Corena und Paolo Montarsolo) erlöst und geht singend an Partien wie Bartolo oder Don Pasquale heran. Simone Alaimo schließt an

Bruscantini als Buffo nobile an, und mit Alessandro Corbelli und Michele Pertusi gibt es große Talente für die leichteren lyrischen Rollen.
Der Erfolg dieser Sänger zeigt, daß es vielleicht doch eine neue Wertschätzung für ein Singen gibt, bei dem weniger die athletische Exhibition der Stimme im Vordergrund steht als die Finessen einer differenzierten Formensprache. Das gilt für die Vokalmusik des 17. und 18. Jahrhunderts überhaupt: für Sängermusik. Wie anders wäre der Erfolg jener Sänger zu verstehen, die uns vielleicht eine Ahnung vermitteln können von dem in der Literatur beschriebenen Zauber, den die Kastraten ausgeübt haben: die Counter-Tenöre. Als der Brite Alfred Deller vor einem halben Jahrhundert mit, wie es damals spöttisch hieß, »dieser Art des Singens« begann, bedurfte es noch eines außergewöhnlichen Mutes. Seit sich historische Aufführungspraktiken durchgesetzt haben, ist der Counter-Tenor eine Selbstverständlichkeit geworden – und er findet seine faszinierendste Verwirklichung in einem Sänger aus Berlin.

Als Jochen Kowalski Mitte der achtziger Jahre in Opern von Mussorgsky (Feodor im *Boris*), Händel *(Giustino, Belsazar* und *Julius Cäsar)* und Gluck *(Orfeo ed Euridice)* hervortrat, sorgte er in zweifacher Hinsicht für Aufmerksamkeit. Sein Singen vermittelte, so Ulrich Schreiber, »etwas von jener Faszination, die im Settecento die Kastraten ausübten«. Die Faszination eines Singens also von höchster Künstlichkeit und Kunstfertigkeit, das – jedenfalls für die Ästhetik der Barock-Oper – den Eindruck höchster Natürlichkeit erweckte. Gemeint ist damit: den einer idealischen Natürlichkeit.

Die Wirkung des 1954 geborenen Counter-Tenors – der Lage nach ein Altus mit einem Umfang von f-f« – ist deshalb stärker als die seiner falsettierenden (nach Schreiber: »krähenden«) englischen Kollegen, weil der Klang seiner Stimme durch ein pulsierendes Vibrato vitaler und sinnlicher wirkt und etwas vom Zauber einer Ära evoziert, deren Kunst endgültig verklungen schien. Anders: Kowalski gehört zu den Sängern, die uns einen vollkommen anderen Begriff vom Singen gegeben haben. Der Gesang in der Oper, so heißt es bei Adorno, sei die Sprache der Leidenschaft. Aber diese Leidenschaft äußert sich nicht affektiv-unmittelbar, sondern in einer Klangform von höchster Künstlichkeit.

»Mag er sein, wie er will«, so sagte Georg Friedrich Händel gegenüber dem italienischen Komponisten Antonio Lotti über den Sopran-Kastraten Senesino, »er kann singen wie sonst niemand in seinem Fach. Seine Kehle ist das vollkommenste Instrument der Welt. Darauf will ich meine besten Noten spielen.«

»Für mein Ohr«, so schrieb der Komponist Sir Michael Tippett über die Stimme des Counter-Tenors (Alfred Deller), »hat sie einen besonderen Klang, weil keine emotionellen Nebensächlichkeiten uns ... ablenken; es gibt keinen vergleichbaren Klang in der Musik, und wenige andere Klänge sind in der gleichen Weise wahrhaft musikalisch.« Als Deller von Tippett in dessen Bearbeitungen von Purcells Oden und später Benjamin Britten als Oberon in der Uraufführung von *A Midsummer Night's Dream* eingesetzt wurde, entstanden heftige Kontroversen, und es bedurfte eines »außergewöhnlichen moralischen Mutes« (Deller), sich mit seiner Art des Singens zu behaupten.

Der Grund dafür liegt auf der Hand. Der feine, hell lasierte Klang des Counter-Tenors – insonderheit der falsettierenden englischen Sänger – wirkte auf die meisten Hörer eben *nicht* rein, sondern ambivalent. Es ist ein Klang von jener sexuellen Ambiguität, mit der später vor allem die androgynen Popstars gespielt und gelockt haben; man mag darin eine Art von Infusion aus »schwarzen Kulturen« sehen, in denen Liebesgesänge überwiegend mit dem Falsett gesungen wurden (in Otto Premingers *Carmen Jones* singt der Sergeant die Blumenarie fast ganz im Falsett!). Im Opern- und Liedgesang hatte man diesen Klang vor Deller (oder auch vor Russell Oberlin) länger als ein Jahrhundert nicht mehr gehört; selbst die (falsettigen) Pianissimi, die ein Fernando de Lucia, der größte italienische Tenor der Ära vor Caruso, sang, wurden als »weibisch« empfunden – und damit unausgesprochen in Verbindung gebracht mit der Gesangsweise von Opernliebhabern, die nur *quasi-erotico* singen konnten: mit den Kastraten.

Anders gesagt: Seit der romantischen Oper mit ihren psychologisch-realistisch motivierten Libretti gibt es so etwas wie eine geschlechtsspezifische Ästhetik der Stimmfächer. Danach soll der bloße *Klang* der Stimme eine gleichsam imitative Expression seelischer Vorgänge leisten, was sich im Verismo entäußert zum *naturalistischen Affektausdruck*. Im klassischen *Belcanto* hingegen, verstanden als vokale Formensprache der Oper zwischen Lotti und Händel bis hin zum Rossini seiner frühen neapolitanischen Opern, zielte der Gesang nicht auf Unmittelbarkeit, nicht auf jene emotionelle Exaltation, die in der Trivialästhetik als »realistisch« oder »wahrhaftig« bezeichnet wird.

Für Rossini etwa war die Musik eine ideale Kunst, weil sie, im Gegensatz zur bildenden Kunst, ohne Imitation auskomme. In einem Brief an Filippo Filippi schrieb Rossini am 16. August 1868: »Gewiß werden Sie bemerkt haben, daß ich in der Betrachtung über die italienische Musik, die ich Ihnen mit Blick auf junge Komponisten gab, mit Vorbedacht das Wort ›Imitation‹ vermieden und nur Melodie und Rhythmus erwähnt habe. An meiner Überzeugung, daß die italienische Musik (insbesondere die Vokalmusik) einzig ›ideal und expressiv‹, aber nie ›imitativ‹ sei, wie es gewisse materialistische Denker wahrhaben möchten, werde ich zu jeder Zeit unumstößlich festhalten. Erlauben Sie mir noch hinzuzufügen, daß sich die Regungen des Herzens zwar ausdrücken, nicht aber ›nachahmen‹ lassen. ... Die Musik ist eine erhabene Kunst, gerade weil sie sich in Ermangelung der Mittel, die Wirklichkeit nachzuahmen, über die Natur in eine ideale Welt erhebt. ... Merkt euch, daß Ausdruck in der Musik nicht dasselbe ist wie in der Malerei, daß es nicht darum geht, die äußeren Anzeichen seelischer Vorgänge möglichst wahrheitsgetreu darzustellen, sondern darum, diese Anzeichen bei dem hervorzurufen, der zuhört. ... Versucht der Musiker auf Schritt und Tritt, dem Sinn der Worte zu folgen, wird er eine Musik komponieren, die nicht aus sich selbst heraus expressiv, sondern arm und gewöhnlich ist ...«

Was Rossini postuliert, das sind Sänger, deren höchstes Ziel es ist, einzig und allein Stimme der Musik zu sein. Sind wohl auch Stimmen von jenem ambivalenten (androgynen) Charakter, in deren Klang das männliche und weibliche Element des Singens zur Einheit wird. Orpheus ist nicht nur Mann und Liebhaber, sondern – als *musico* – ein idealischer Sänger.

Diskographie

Die folgende Übersicht bietet eine Zusammenstellung von Aufnahmen der in diesem Buch behandelten Sängerinnen und Sänger – jener, denen ein eigener Abschnitt gewidmet ist (auch nur die übrigen im Text erwähnten Namen zu berücksichtigen, hätte den Rahmen des Buchs gesprengt). Sie bemüht sich um umfassende Überblicke. Dennoch kann sie nicht den Anspruch auf Vollständigkeit erheben. Das ist angesichts der diskographischen Umstände auch gar nicht anders möglich. Mehrere Faktoren sind dafür bestimmend:

Schon immer orientierten sich die großen Herstellerfirmen bei ihrer Kataloggestaltung am Maßstab der Marktgängigkeit – oder was dafür gehalten wird. Aufnahmen, die nicht sofort nach der Erstveröffentlichung befriedigenden Absatz erzielen, werden rasch wieder gestrichen. So ist es möglich, daß etwa das Portrait-Recital eines international renommierten Baritons, der in Operngesamtaufnahmen erfolgreich herausgestellt wurde, kaum 12 Monate nach Erscheinen nicht mehr im Lieferkatalog zu finden ist. Andererseits behaupten sich Recitalplatten minderrangiger Sänger, die etwa von der Tenormisere im Wagnerfach profitieren und mit Schlagerliedern aus Funk und Fernsehen populär sind, oft viele Jahre lang im Angebot. Das verzerrt natürlich den Überblick, mehr noch die Heranbildung von Maßstäben. Doch das ist offenbar das Gesetz des Marktes.

Andererseits scheint der Trend zu ständiger Neuproduktion von Aufnahmen immer derselben Standardwerke des Repertoires einen Reduzierungszwang, den Willen zum Platzschaffen, auszulösen. So finden sich Einspielungen von künstlerischem Wert bald nach Erscheinen weniger wichtiger, aber »aktueller« (also mit Gegenwartsstars besetzter und in jeweils neuester Technik produzierter) Alternativen nicht mehr im Angebot. Dafür sind sie vielleicht im Katalog der einen oder anderen Schwesterfirma oder Auslandstochter zu finden. Und umgekehrt. Oder auch wieder nicht.

Auf diese Weise entsteht und verbleibt am Markt nicht das, was man ein Standard-Repertoire nach Wert- oder Auswahlkriterien oder wenigstens ein verläßliches Permanenzangebot nennen könnte. Der ernsthafte Interessent ist wie der akribische Sammler auf Spezialhandlungen, Versandanbieter, Antiquariate verwiesen.

Noch betrüblicher ist die Situation im Bereich der *historischen* Aufnahmen (worunter in diesem Kontext die Tondokumente von der Jahrhundertwende über die LP hinaus bis zur Einführung der CD verstanden werden müssen). Zwar sind die allerberühmtesten Sängerstars des Jahrhunderts wie auch ihre regional besonders medienpopulären Kollegen mit einer Fülle von Wiederveröffentlichungen ihrer Einzelaufnahmen in Recitals und mit Gesamteinspielungen präsent: An CD-Titeln von Caruso, Gigli, Tauber, Callas, di Stefano, Schock, Wunderlich, Prey und anderen ist kein Mangel. Die Auswahl wird sogar noch dadurch erschwert, daß viele Aufnahmen in wechselnden Kombinationen und Kopplungen auf unterschiedlichen Labels angeboten werden.

Doch um das Gros unersetzlicher Tondokumente, namentlich aus der Frühzeit der Tonaufzeichnung, ist es derzeit schlecht bestellt. Obwohl in der zweiten, der »Entfaltungsphase« der CD-Einführung ein höchst erfreulicher Trend zur Dokumentation des historischen Bestands auch der Gesangskunst eingesetzt hat, bleiben Hunderte großer und größter Sänger, vor allem aus dem ersten Jahrhundertviertel, dabei bisher unberücksichtigt.

Dafür ist nicht zuletzt das Verschwinden einiger wichtiger LP-Editionsreihen vom Weltmarkt ursächlich. Eine Reihe verdienstvoller und in ihrer Programmtreue erfreulich zuverlässiger Labels existiert nicht mehr. Besonders bedauerlich ist der anscheinend endgültige Ausfall von Recital-Reihen wie *Rubini GV, Rococo/Cantilena* und *OASI*, kaum weniger die Einstellung von Produktionen des »Grauen Markts« mit ihren technisch meist unzureichenden, aber dokumentarisch und informatorisch wichtigen oder aufschlußreichen Live-Mitschnitten denkwürdiger Opern- und Konzertaufführungen. *EJS, MRF, UORC, Raritas* und andere scheinen nicht mehr zu existieren. Immerhin: Ein Teil ihrer Titel gelangt Schritt für Schritt zu neuen Editionen, zum Beispiel *Myto, Memories/Nuova Era, Arkadia, AS, Legato/HRE, Eklipse*, und in den Katalog der veröffentlichungsfreudigen *Melodram*. Die Ergebnisse sind in Klang und Präsentation oft sogar attraktiver.

Nicht hoch genug zu preisen sind Repertoire-Bemühungen der Editionen *Pearl, Nimbus/Prima Voce, Preiser* und neuerdings auch wieder *Club 99*. Ihnen ist die schrittweise Sicherung historischer Sänger-Tondokumente auf CD schon jetzt zu danken. Ein weites Feld an Nachholbedarf liegt freilich noch brach.

Aus all dem sind die Vorgaben für eine diskographische Auflistung zu folgern, selbst wenn sie auf die naturgemäß knappe Auswahl Jürgen Kestings für dieses Buch reduziert bleibt:

Eine Reihe von Sängerinnen und Sängern ist mit einer kaum mehr überschaubaren Fülle von Produktionen zu berücksichtigen, andere lassen sich kaum oder gar nicht in den aktuellen Katalogen und Versandlisten aufspüren.

Die Übersicht listet deshalb in einigen Fällen vorrangig die technisch einwandfreien Studio-Aufnahmen auf und führt Live-Mitschnitte gleichsam ergänzend an – wenn Rollenportraits berücksichtigt werden müssen, die nicht im Studio aufgezeichnet wurden, oder wenn besonders wichtige, eindrucksvolle bzw. informative Aufführungen nicht übergangen werden sollten.

Andere Künstler – insbesondere der frühen Aufnahmeära – mußten mit Verweisen auf frühere, heute nur mehr antiquarisch erreichbare Platten aufgenommen werden, weil sie sonst überhaupt nicht aktuell nachweisbar wären. Darum ist eine Reihe von Titeln genannt, die man heute wohl nicht mehr oder nur unter Schwierigkeiten beschaffen kann. Diese Hinweise sollen durchaus als dringliche Appelle an Industrie und Handel verstanden werden.

Eine abschließende Feststellung gilt Rühmenswertem: Mehr noch als in der LP-Ära scheint sich die Veröffentlichungsform der *Anthologie*, also der Sammlung von Einzeltiteln in Kompendien mit dem Nutzen von Gesamtübersichten, auf der CD zu etablieren. Eine Reihe fabelhafter Editionen steht bereits zur Verfügung – teils als Wiederveröffentlichung, teils als CD-Erstausgabe. In ihnen sind nahezu sämtliche großen oder wichtigen Namen aus dem Gesamtbestand des tönenden Sänger-Erbes zu finden – also auch und gerade jene, deren Recitals so schmerzlich vermißt werden müssen. Wer sich also ernsthaft für die Kunst und Geschichte des Gesangs interessiert, wer Studien und Vergleiche anstellen, Maßstäbe entwickeln, sein Urteil schärfen oder ganz einfach in die faszinierende Materie einsteigen will, der findet hier fast unerschöpfliches Material. Vor allem der Einsteiger ist nicht schlecht beraten, den Ausgangspunkt für eine Sammlung von diesen Quellen her zu suchen.

Deshalb werden am Beginn der Diskographie die wichtigsten Sänger-Anthologien benannt. Auch jene, deren Wieder-Veröffentlichung auf CD noch bevorsteht oder jedenfalls dringend zu erhoffen ist.

Die dann folgenden Sängerinnen und Sänger sind, im Gegensatz zum Buchtext, der schnellen Auffindbarkeit wegen alphabetisch geordnet. In der Regel werden erst die Opern-, dann die Konzertstück-Gesamtaufnahmen angeführt – jeweils mit Rolle oder Part, dem Dirigenten und dem oder den Label(s), auf dem/denen sie zu finden sind oder waren. Wenn eine wichtige Aufnahme schon sehr lange nicht mehr im Handel greifbar ist, wird vermerkt: *zuletzt bei ...*

Danach folgen in der Regel die Recital-Editionen mit Angaben zu den Werken oder Komponisten, die darauf vertreten sind. Unter *Recital* bzw. *Portrait-Recital* (und anderen ähnlichen Benennungen) werden CDs/LPs verstanden, auf denen ein Sänger verschiedene Einzelstücke unterschiedlicher Komponisten oder aus unterschiedlichen Werken darbietet.

Zu beachten ist, daß die jeweils angegebenen Labels, vor allem solche mit Live-Aufnahmen, wechseln können, in jüngster Vergangenheit gewechselt haben oder nicht die einzigen Labels sein müssen. Deshalb wird auch auf die Angabe der ständig und von Land zu Land wechselnden Bestellnummern verzichtet. Und der Leser muß darauf gefaßt sein, daß bei Abfassung der Diskographie noch aktuelle Hinweise auf Produzentenlabels zum Zeitpunkt des Lesens oder Nachschlagens bereits wieder gewechselt haben könnten. Dieser Markt ist eben unübersichtlich, unzuverlässig, unterschiedlich strukturiert. Im Zweifel hilft die Rückfrage bei guten Spezialhändlern, die die gesuchte Aufnahme ggf. über Importdienste von anderen Märkten beschaffen. Hierbei wie für die mühselig-selige Obsession des Sammelns schlechthin gilt: Erfahrung aufbauen, Instinkt entwickeln, dranbleiben – und die richtigen Zeitpunkte nicht verpassen.

Anthologien

The Record of Singing – Vol.I/II/III/IV

Die wohl wichtigste, weil umfassendste und bestkommentierte Sammlung historischer Sängeraufnahmen. Mit Tondokumenten mehrerer hundert Sängerinnen und Sänger aller Kulturkreise und Aufnahmenphasen. Von den frühesten Aufnahmen bis zur Einführung der Langspielplatte. Vom einzigen auf Tonträger hörbaren Kastraten Alessandro Moreschi bis zu den Erstaufnahmen Fischer-Dieskaus. Engagiert, kompetent und kritisch kommentiert von Michael Scott (Vol.I+II) und Keith Hardwick (Vol.III+IV) – *EMI*

*

Drei Sammlungen der französischen *EMI*-Tochter *Pathé* mit zum Vergleich konfrontierten Tondokumenten zur Interpretationsgeschichte jeweils eines bedeutenden Opernkomponisten:
Les Introuvables du Chant Mozartien – EMI Pathé
Les Introuvables du Chant Verdien – EMI Pathé
Les Introuvables du Chant Wagnerien – EMI Pathé
Das englische Pendant zur letztgenannten Sammlung – mit Überschneidungen, aber wichtigen Alternativ-Aufnahmen:
Wagner on Record – EMI
Obwohl (oder weil?) in der Zusammenstellung ein wenig von der nationalen Backlist der Herausgeber-Firmen dominiert, bieten diese Sammlungen einen guten Überblick über Interpretastionsstile und Stimmen berühmter Vertreter des jeweiligen Fachs. Sie liefern damit wichtige Beiträge zu Kenntnis und Verständnis des Mozart-, Verdi- und Wagnergesangs in der ersten Hälfte unseres Jahrhunderts.

*

Eine geradezu lexikalisch umfassende und informative Sammlung mit den wichtigsten internationalen Sängerstars des Opernhauses Covent Garden London – sämtlich in Überspielungen von Original-Schellacks. Ein Kompendium großen Gesangs vom Ende des 19. bis zur Mitte des 20. Jahrhunderts:
Covent Garden on Record – a History – Vol.1–4 – Pearl

*

Das italienische Gegenstück: Die Dokumentation bedeutender Stars und Gäste des Genueser Opernhauses. Praktisch ein Abbild der italienischen Gesangsszene zwischen 1890 und 1950. Mit zahlreichen sehr raren, doch unersetzlichen Tondokumenten:
Un Secolo di Voci al Teatro Carlo Felice di Genova – Vol.1–4 – Memories/Nuova Era

*

Die große Dokumentation wichtiger Protagonisten der Mailänder Scala 1870–1950. Dargeboten in Einzelaufnahmen (wie bei den vorgenannten Sammlungen), aber auch in frühen Gesamteinspielungen, vorzugsweise von Verdi-Opern und des Verdi-Requiems:
Teatro alla Scala – 12 CD in einer Box – *Rodolphe*

*

Die derzeit beste und umfassendste Präsentation vieler wichtiger Vertreter der Gesangskunst in Rußland – teilweise mit Aufnahmen, die in Deutschland zu allen Zeiten nur schwer zu beschaffen waren:
Singers of Imperial Russia Vol.1–4 – Pearl

*

Dokumentationen zur Sängergeschichte jeweils eines international bedeutenden Opernhauses, zumeist vorläufig noch auf LPs:
MET – 100 Singers 100 Years – RCA

Von der Hofoper zur Staatsoper – Große Stimmen der Wiener Oper – Preiser LV
Les très riches heures de L'Opéra de Paris – CBS/Sony
Les très riches heures de L'Opéra Comique – CBS/Sony
Stars of the Hungarian Opera Vol.1–4 – Große Sänger der Nationaloper Budapest – *Hungaroton*
Röster fran Stockholmsoperan under 100 ar (100 Jahre Kgl.Oper Stockholm) – *EMI Schweden*
Gwiazde Polskiej Opery 1900–1939 (Große Stimmen der polnischen Oper) – *Muza*

*

Eine Sammlung früher und frühester Sängeraufnahmen aus Italien, Frankreich, England, Deutschland, Österreich, USA in guten CD-Überspielungen – unverzichtbar wegen einer Fülle von Raritäten und anderswo nicht mehr auffindbaren Takes:

The Harold Wayne Collection Vol.1–14 (Die Reihe mit Einzel-CDs wird fortgesetzt) – *Symposium*

Die Collection wird ideal ergänzt durch weitere *Symposium*-Einzel-CDs gleicher Konzeption, die sich bestimmten Aufnahmeschwerpunkten widmen (z.B. *The Chicago Opera* oder *Léon Escalais*).

*

Zwei unverzichtbare Anthologien zur Geschichte des Wagner-Gesangs (vorläufig leider nur auf LP):
Sänger auf dem grünen Hügel
Protagonisten der Bayreuther Festspiele (mit teilweise sehr frühen und raren Tondokumenten) – *EMI*
Richard Wagner – Sein Werk in historischen Tondokumenten
Eine besonders umfangreiche Sammlung von Aufnahmen sehr vieler, vor allem deutscher Sänger aus der elektrischen Aufnahmezeit und von Rundfunkaufnahmen – *Acanta*

*

Drei fabelhafte Sammlungen zur Dokumentation des Liedgesangs im Wandel der Schallplattengeschichte:

Schubert Lieder on Record – z.T. sehr rare, sonst kaum auffindbare Aufnahmen (1900 und 1950) – *EMI*
Schumann & Brahms Lieder on Record – wie oben – *EMI*
The Hugo Wolf Society – Die legendäre, von Walter Legge betreute Sammlung aus den 30er Jahren – *EMI*

Jede dieser Zusammenstellungen bringt hochbedeutende, teilweise unerreichte Liedinterpretationen des Jahrhunderts. Sinnvoll konfrontiert und ausführlich kommentiert. Wie *The Record of Singing* eine Großtat der Schallplatten-Industrie.

Kaum weniger wichtig die große *Acanta*-Anthologie von Liedaufnahmen des Reichssenders Berlin 1940–44 unter Leitung und Mitwirkung des bedeutenden Liedpianisten Michael Raucheisen – kurz *Raucheisen-Edition* genannt. Sie versammelt nahezu alle wichtigen Sänger des damaligen Berliner Musiklebens in Liedaufnahmen von Komponisten des 19. Jahrhunderts, von Beethoven bis Wolf, schließt jedoch im Gegensatz zu praktisch allen anderen Liedveröffentlichungen des Plattenmarkts Raritäten und Trouvaillen (Weber, Marschner, Nicolai, Cornelius u.a.) ein und spart auch das Liedschaffen von Liszt, Reger, Pfitzner nicht aus. Alle in jeweils einem Komponisten gewidmeten LP-Kassetten mit Interpretationen mehrerer oder vieler Sänger. Nur die fälligen großen Kassetten mit Schubert- (bisher nur die Zyklen) und Schumann-Interpretationen fehlten noch, als das Projekt vor der Umstellung des Markts auf CD zu einem vorläufigen Ende gekommen schien. Die Rechte liegen jetzt bei dem Hersteller *Pilz*. Auf baldige CD-Wiederveröffentlichung ist zu hoffen.

*

Weitere vergleichbare, wenngleich nicht so umfassende Anthologien auf LP sind wohl nur noch in Antiquariaten auffindbar: Bolschoi-Theater Moskau *(Ariola)*, Staatsoper Berlin *(Merian)*, Staatsoper Dresden *(Merian)*, Die Meister der tschechischen Oper *(Merian)*, The San Carlo Opera *(ANNA Records)*

ALLEN, THOMAS

Aeneas in *Dido and Aeneas* (Purcell) unter Raymond Leppard – *Philips*
Conte Almaviva in *Le Nozze di Figaro* (Mozart) unter Georg Solti – *Decca*
Figaro in *Le Nozze di Figaro* (Mozart) unter Riccardo Muti – *EMI*
Titelrolle in *Don Giovanni* unter Bernard Haitink *(EMI)* und unter Neville Marriner *(Philips)*
Guglielmo in *Così fan tutte* (Mozart) unter Neville Marriner – *Philips*
Oracle in *Idomeneo* (Mozart) unter Colin Davis – *Philips*
Oreste in *Iphigénie en Tauride* (Gluck) unter John Eliot Gardiner *(Philips)* und unter Riccardo Muti *(Sony)*
Figaro in *Il Barbiere di Siviglia* (Rossini) unter Neville Marriner – *Philips*
Claudio in *Béatrice et Bénédict* (Berlioz) unter Colin Davis – *Philips*
Valentin in *Faust* (Gounod) unter Georges Prêtre – *EMI*
Titelrolle in *Hamlet* (Thomas) / live 1980 Buxton unter Antony Hose – *zuletzt auf MRF*
Silvio in *I Pagliacci* (Leoncavallo) unter Riccardo Muti – *EMI*
Albert in *Werther* (Massenet) unter Colin Davis – *Philips*
Titelrolle in *Eugen Onegin* (Tschaikowsky) unter James Levine – *DG*
Förster in *Das schlaue Füchslein* (Janácek) unter Simon Rattle – *EMI*
Ned Keene in *Peter Grimes* (Britten) unter Colin Davis – *Philips*
Balstrode in *Peter Grimes* (Britten) unter Bernard Haitink – *EMI*
Wagner in *Mefistofele* (Boito) unter Julius Rudel – *EMI*

Titelpartie in *Elijah* (Mendelssohn) unter Neville Marriner – *Philips*
Baritonsolo in *Ein Deutsches Requiem* (Brahms) (+ M.Price / Wolfgang Sawallisch) – *Orfeo*
Baritonsolo in *Das klagende Lied* (Mahler) unter Giuseppe Sinopoli – *DG*
Solo in *Sinfonie Nr.8* (Mahler) unter Giuseppe Sinopoli – *DG*
Baritonpart in *Carmina Burana* (Orff) unter André Previn – *EMI*
Baritonpart in *War Requiem* (Britten) unter Simon Rattle – *EMI*
Soli in *Belshazzar's Feast & Henry V* (Walton) unter Leonard Slatkin – *RCA*

Mozart-Arien unter Richard Armstrong – *EMI*
Englische Konzertlieder (+ Geoffrey Parsons,*p*) – *Virgin*
Schubert: *Winterreise D.911* (+ Roger Vignoles,*p*) – *Virgin*
Schubert-Lieder *Schubert Lied-Edition Vol.16* (+ Graham Johnson,*p*) – *Hyperion*
34 Lieder aus *Italienisches Liederbuch* (Wolf) (+ Ileana Cotrubas / Geoffrey Parsons,*p*) – *Chandos*
Lieder nach Mörike & Goethe (Wolf) (+ Geoffrey Parsons,*p*) – *Virgin*

AMATO, PASQUALE

Portrait-Recital(s) – CD/LPs
(Rossini, Bellini, Donizetti, Verdi, Ponchielli, Meyerbeer, Mascagni, Leoncavallo, Catalani, Franchetti, Puccini, Giordano, Gomez, Wagner u.a.) – *Preiser CO*
Arien-Recital (Verdi, Ponchielli, Leoncavallo, Wagner, de Curtis) – *Bongiovanni*
Einzeltrack-Neupressungen (u.a. Duette mit Mafalda Salvatini) auf 78 RPM – *Symposium*
Weitere Recitals bei *RCA, Rubini, Rococo* nur mehr in Antiquariaten. Einzeltitel in den Caruso-Editionen und Anthologien

AMELING, ELLY

Mozart-Recital (Opern- und Konzertarien unter Edo de Waart) – *Philips*
Mozart-Lieder (+ Jörg Demus,*p*) – *EMI*
Schubert-Lieder (+ Dalton Baldwin & Rudolf Jansen,*p*) – *Philips* (4CD)
Schubert-Lieder (+ Jörg Demus,*p*) – *harmonia mundi*
Schubert-Lieder *Schubert Lied-Edition Vol.7* (+ Graham Johnson,*p*) – *Hyperion*
Schumann-Lieder (+ Jörg Demus,*p*) – *harmonia mundi*
Lieder von Schubert & Schumann (+ H.Deinzer,*cl* & Jörg Demus,*p*) – *Harmonia Mundi*
Lieder von Johannes Brahms (+ Rudolf Jansen,*p*) – *Hyperion*
Lieder von Hugo Wolf (+ Rudolf Jansen,*p*) – *Etcetera*
Italienisches Liederbuch (Wolf) (+ Tom Krause / Irwin Gage,*p*) – *Globe*
Ravel: *Shéhérazade* / Debussy: *La demoiselle elue* / Duparc: *Chanson triste* (+ Janice Taylor, San Francisco SO, Edo de Waart) – *Philips*

Fauré: *La Bonne Chanson* / Debussy: *Chansons de Billitis* & *Ariettes oubliées* (+ Dalton Baldwin,*p*) – *zuletzt auf CBS/Sony*

Sopranarien in *Matthäus-Passion* (Bach) unter Karl Münchinger – *Decca*
Sopransoli in *Oster-Oratorium* (Bach) unter Karl Münchinger – *Decca*
Sopransoli in *Weltliche Kantaten* (Bach) (+ S.Nimsgern/ Collegium aureum) – *harmonia mundi*
Sopranpartie in *Weihnachtsoratorium* (Bach) unter Eugen Jochum – *Philips*
Sopransoli in *Kantaten* & *Magnificat* (Bach) unter Ernest Ansermet – *Decca*
Sopranpartie in *Messiah* (Händel) unter Neville Marriner – *Decca*
Sopransoli in *Juditha triumphans* (Vivaldi) unter Vittorio Negri – *Philips*
Angelica in *Orlando Paladino* (Haydn) unter Antal Dorati – *Philips*
Gabriel in *Die Schöpfung* (Haydn) unter Karl Münchinger – *Decca*
Sopransoli in *Messe op.86* (Beethoven) unter Carlo Maria Giulini – *EMI*
Sopranpartien in *Elias* (Mendelssohn) unter Wolfgang Sawallisch – *Philips*
Sopranpart in *Requiem op.48* (Fauré) unter Jean Fournet – *Philips*
Sopransolo in *Peer Gynt op.23* (Grieg) unter Neville Marriner – *Philips*

Auf Flügeln des Gesanges – Lieder-Recital (+ Rudolf Jansen,*p*) – *Philips*
Das Idealbild einer Sängerin
(Lieder, Arien, Motetten von Bach, Händel, Mozart, Schubert Wolf) – *zuletzt bei Philips*

ARANGI-LOMBARDI, GIANNINA

Titelrolle in *Aida* (Verdi) unter Lorenzo Molajoli (Milano 1930) – *Bongiovanni*
Titelrolle in *La Gioconda* (Ponchielli) unter Lorenzo Molajoli (Milano 1931) – *EMI Italiana*
Santuzza in *Cavalleria Rusticana* (Mascagni) unter Lorenzo Molajoli (Milano 1929/30) – *Preiser + Legato*

Portrait-Recital(s) – CD/LPs
(Rossini, Bellini, Donizetti, Verdi, Ponchielli, Mascagni, Puccini) – *Preiser LV*

ARNDT-OBER, MARGARETE

Portrait-Recital (Wagner, Meyerbeer, Verdi) – *Preiser CO*

ARROYO, MARTINA

Donna Elvira in *Don Giovanni* (Mozart) unter Karl Böhm – *DG*
Valentine in *Les Huguenots* (Meyerbeer) unter Richard Bonynge – *Decca*

Amelia in *Un Ballo in Maschera* (Verdi) unter Riccardo Muti - *EMI*
Leonora in *La Forza del Destino* (Verdi) unter Lamberto Gardelli - *EMI*
Elena in *I Vespri Siciliani* (Verdi) unter James Levine - *RCA*
Elena in *I Vespri Siciliani* (Verdi) / live 1970 Buenos Aires unter Francesco Molinari-Pradelli - *GDS*
Titelrolle in *Aida* (Verdi) / live 1972 München unter Claudio Abbado - *Foyer*

Sopransolo in *Missa solemnis* (Beethoven) unter Carlo Maria Giulini - *Arkadia*
Sopranpart in *Stabat Mater* (Rossini) unter Thomas Schippers - *CBS/Sony*
Sopranpart in *Messa da Requiem* (Verdi) unter Leonard Bernstein - *CBS/Sony*
Sopransolo in *Sinfonie Nr.8* (Mahler) unter Rafael Kubelik - *DG*

Portrait-Recital (Verdi, Ponchielli, Mascagni, Puccini, Giordano) - *Ariola*

AUSTRAL, FLORENCE

Brünnhilde in Ausschnitten aus *Rheingold & Die Walküre* (Wagner) / 1926–1928 unter Albert Coates (u.a.+ Ljungberg, Widdop, Schorr) - *Claremont* (2CD)
Brünnhilde in Ausschnitten aus *Götterdämmerung* (Wagner) / 1926–28 unter Albert Coates (u.a. + Widdop, Andresen, Ljungberg, Offers) - *Claremont* (2CD)
Portrait-Recital
(Händel, Haydn, Weber, Mendelssohn, Spohr, Rossini, Verdi, Wagner, Brahms, Ponchielli, Puccini, Balfe, Moore, Sullivan) 2LP – *zuletzt auf Rubini* (Wiederveröffentlichung ist dringlich)
Einzelaufnahmen in *Wagner on Record und The Record of Singing (EMI)*

BAKER, JANET

Dido in *Dido and Aeneas* (Purcell) unter Antony Lewis und unter Stuart Bedford – *beide bei Decca*
Diana in *La Calisto* (Cavalli) unter Raymond Leppard - *Decca*
Titelrolle in *Ariodante* (Händel) unter Raymond Leppard - *Philips*
Titelrolle in *Julius Cesar* (Giulio Cesare) (Händel) unter Charles Mackeras - *EMI*
Phèdre in *Hyppolyte et Aricie* (Rameau) unter Antony Lewis - *Decca*
Orfeo in *Orfeo ed Euridice* (Gluck) unter Raymond Leppard - *ERATO*
Dorabella in *Così fan tutte* (Mozart) unter Colin Davis - *Philips*
Vitellia in *La Clemenza di Tito* (Mozart) unter Colin Davis - *Philips*
Romeo in *I Capuleti e i Montecchi* (Bellini) unter Giuseppe Patané - *EMI*
Elisabetta in *Maria Stuarda* (Donizetti) / engl. / live 1982 ENO unter Charles Mackeras - *EMI*
Marguerite in *La Damnation de Faust* (Berlioz) unter Georges Prêtre - *EMI*
Kate in *Owen Wingrave* (Britten) unter Benjamin Britten - *Decca*

Titelrolle in *The Rape of Lucretia* (Britten) unter Benjamin Britten – *Decca*
Cressida in *Troilus and Cressida* (Walton) unter Lawrence Foster – *EMI*

Altarien in *Matthäus-Passion* (Bach) unter Otto Klemperer *(EMI)* und Karl Richter *(DG)*
Altsoli in *Messe h-moll* (Bach) unter Otto Klemperer *(EMI)* und Neville Marriner *(Philips)*
Altpart in *Messiah* (Händel) unter Charles Mackeras – *EMI*
Altpartie in *Judas Maccabäus* (Händel) unter Charles Mackeras – *DG*
Altsoli in *Missa solemnis & Messe op.86* (Beethoven) unter Carlo Maria Giulini – *EMI*
Altpart in *Requiem KV 626* unter Daniel Barenboim – *EMI*
Altpartie in *Elias* (Mendelssohn) unter Rafael Frühbeck de Burgos – *EMI*
Brahms: *Alt-Rhapsodie* / Wagner: *Wesendonck-Lieder* / R.Strauss: Orchesterlieder – *zuletzt bei EMI*
Brahms: *Alt-Rhapsodie* & *Vier Gesänge op.17* / Mendelssohn: *Infelice op.94* (+ City of London Sinfonia/ Richard Hickox) – *Virgin*
Berlioz: *Les Nuits d'Eté* unter John Barbirolli – *EMI*
Berlioz: *Herminie* und *Cléopatre* unter Colin Davis – *Philips*
Mahler: *Lieder eines fahrenden Gesellen, Kindertotenlieder* & *Rückert-Lieder* unter John Barbirolli – *EMI*
Altsolo in *Sinfonie Nr.2* (Mahler) unter Leonard Bernstein – *Sony*
Altpartie in *Das Lied von der Erde* (Mahler) (+ James King/ Concertgebouw Orkest/ B.Haitink) – *Philips*
Altpart in *Spring Symphony op.44* (Britten) unter André Previn – *EMI*

Janet Baker singt Monteverdi & Scarlatti – *EMI*
Bach-Recital (aus Oratorien & Kantaten) unter Neville Marriner – *EMI*
Händel-Recital (Kantaten und Arien) unter Raymond Leppard – *Philips*
Gluck-Recital unter Raymond Leppard – *Philips*
Franz.Liederzyklen (Ravel, Chausson, Delage) (+ Melos-Ensemble) – *Decca*
Ausgewählte Schubert-Lieder (+ Gerald Moore,*p*) – *zuletzt auf EMI* (2LP)
Schubert-Lieder *(Schubert Lied-Edition Vol.1)* (+ Graham Johnson,*p*) – *Hyperion*
Schubert: *Duette, Terzette, Quartette* (2CD) (+ Ameling, Laubenthal, Schreier, F-Dieskau / Gerald Moore,*p* – *DG*
Lieder von Schubert, Schumann & Brahms (+ Martin Isepp,*p*) – *Saga*
Anthology of English Song – *Saga*

Eine Reihe von noch nicht auf CD übertragenen Recitals Janet Bakers gehört zum Besten, was das Schallplatten-Repertoire an Lied- bzw. Konzertgesang bietet. Wiederveröffentlichung wäre sehr zu wünschen. Insbesondere sind zu nennen:
Schubert-Recital (+ Geoffrey Parsons,p), Schumann-Recital (+ Daniel Barenboim,p), Brahms-Recital (+ André Previn,p), French Song Recital (+ Gerald Moore,p), Berlioz-Recital (unter Gibson & Prêtre) – alle auf *EMI*, Mozart-Recital (unter Leppard) auf *ERATO.*

BALTSA, AGNES

Orfeo in *Orfeo ed Euridice* (Gluck) unter Riccardo Muti – *EMI*
Farnace in *Mitridate, Re di Ponto* (Mozart) unter Leopold Hager – *Orfeo*
Cherubino in *Le Nozze di Figaro* (Mozart) unter Neville Marriner – *Philips*
Donna Elvira in *Don Giovanni* (Mozart) unter Herbert von Karajan – *DG*
Dorabella in *Così fan tutte* (Mozart) unter Riccardo Muti – *EMI*
Elettra in *Idomeneo* (Mozart) unter John Pritchard – *DG*
2. Dame in *Die Zauberflöte* (Mozart) unter Herbert von Karajan – *DG*
Rosina in *Il Barbiere di Siviglia* (Rossini) unter Neville Marriner – *Philips*
Angelina in *La Cenerentola* (Rossini) unter Neville Marriner – *Philips*
Isabella in *L'Italiana in Algeri* (Rossini) unter Claudio Abbado – *DG*
Romeo in *I Capuleti e i Montecchi* (Bellini) unter Riccardo Muti – *EMI*
Elisabetta in *Maria Stuarda* (Donizetti) unter Giuseppe Patané – *Philips*
Serafina in *Il Campanello* (Donizetti) unter Gary Bertini – *Sony*
Fenena in *Nabucco* (Verdi) unter Giuseppe Sinopoli – *DG*
Preziosilla in *La Forza del Destino* (Verdi) unter Giuseppe Sinopoli – *DG*
Eboli in *Don Carlo* (Verdi) unter Herbert von Karajan – *EMI*
Amneris in *Aida* (Verdi) unter Herbert von Karajan – *EMI*
Venus in *Tannhäuser* (Wagner) unter Giuseppe Sinopoli – *DG*
Bianca in *Il Giuramento* (Mercadante) / live 1979 Wien unter Gerd Albrecht – *zuletzt bei Melodram*
Laura in *La Gioconda* (Ponchielli) unter Bruno Bartoletti – *Decca*
Titelrolle in *Carmen* (Bizet) unter Herbert von Karajan – *DG*
Dalila in *Samson et Dalila* (Saint-Saëns) unter Colin Davis – *Philips*
Titelrolle in *Therese* (Massenet) unter Gerd Albrecht – *Schwann*
Herodias in *Salome* (R.Strauss) unter Herbert von Karajan – *EMI*
Octavian in *Der Rosenkavalier* (R.Strauss) unter Herbert von Karajan – *DG*
Komponist in *Ariadne auf Naxos* (R.Strauss) unter James Levine – *DG*
Orlofsky in *Die Fledermaus* unter Placido Domingo – *EMI*

Altpart in *Requiem KV 626* (Mozart) unter Herbert von Karajan – *DG*
Altpart in *Missa solemnis* (Beethoven) unter Herbert von Karajan – *EMI*
Altsolo in *Sinfonie Nr.9* (Beethoven) unter Herbert von Karajan – *DG*
Altpart in *Stabat Mater* (Rossini) unter Riccardo Muti – *EMI*
Altsolo in *Te Deum* (Bruckner) unter Herbert von Karajan – *DG*
Altsolo in *Sinfonie Nr.9* (Mahler) unter Leonard Bernstein – *DG*
Mahler: *Kindertotenlieder* & Altsolo in *Sinfonie Nr.3* unter Lorin Maazel – *Sony*

Portrait-Recital (Rossini, Mozart, Mercadante, Donizetti, Verdi, Mascagni) – *Orfeo*
Opern-Ausschnitte (Bizet, Verdi, Wagner, Strauss) – *DG*
Arien aus Opern von Gioachino Rossini – *Sony*
Lieder meiner Heimat (Griechische Folklore) – *DG*

BARBIERI, FEDORA

Dejanira in *Heracle* (Händel) / live 1958 Scala Milano unter Lovro von Matacic – *GDS*
Orfeo in *Orfeo ed Euridice* (Gluck) / live 1951 Scala Milano unter Wilhelm Furtwängler – *zuletzt bei FONIT Cetra*
Neris in *Medea* (Cherubini) / live 1953 Scala Milano unter Leonard Bernstein – *Melodram*
Berta in *Il Barbiere di Siviglia* (Rossini) unter James Levine – *EMI*
Zaida in *Don Sebastiano* (Donizetti) / live 1955 Firenze unter Carlo Maria Giulini – *zuletzt bei Melodram*
Leonora in *La Favorita* (Donizetti) unter Angelo Questa – *FONIT Cetra*
Pierotto in *Linda di Chamounix* (Donizetti) unter Tullio Serafin – *zuletzt auf Philips*
Azucena in *Il Trovatore* (Verdi) unter Renato Cellini *(RCA)* und Herbert von Karajan *(EMI)*
Ulrica in *Un Ballo in Maschera* (Verdi) unter Tullio Serafin und Antonino Votto – *beide bei EMI*
Preziosilla in *La Forza del Destino* (Verdi) / live 1953 Firenze unter Dimitri Mitropoulos – *Melodram*
Eboli in *Don Carlo* (Verdi) / live 1950 Met NYC unter Fritz Stiedry – *Myto*
Eboli in *Don Carlo* (Verdi) / live 1958 Covent Garden London unter Carlo Maria Giulini – *Replica*
Eboli in *Don Carlo* (Verdi) / live 1956 Rom unter Antonino Votto – *Melodram*
Amneris in *Aida* (Verdi) unter Jonel Perlea *(RCA)* und unter Tullio Serafin *(EMI)*
Mrs. Quickly in *Falstaff* (Verdi) unter Herbert von Karajan – *EMI*
Laura in *La Gioconda* (Ponchielli) unter Antonino Votto – *FONIT Cetra*
Principessa in *Suor Angelica* (Puccini) unter Tullio Serafin – *EMI*
Mama Lucia in *Cavalleria Rusticana* (Mascagni) unter Georges Prêtre – *Philips*
Margherita in *Genoveva* (Schumann) / it./ RAI 1961 unter Vittorio Gui – *Melodram*
Zahlreiche Live-Mitschnitte, insbesondere der großen Verdi-Partien, auf verschiedenen Labels
Altpart in *Requiem KV 626* (Mozart) unter Guido Cantelli – *AS*

Portrait-Recital – 2CD
(Live-Mitschnitte: Gluck, Rossini, Verdi, Bizet, Mascagni) – *GDS*

BATTISTINI, MATTIA

King of Baritones
Gesamtausgabe aller veröffentlichten Aufnahmen (7LP-Kassette) – *EMI*
Battistini Vol.1: La Gloria d'Italia
Battistini Vol.2: Il Re dei Baritoni
Arien und Lieder Vol.1&2 (Überspielungen von Original-Schellacks) – *Pearl* (je 1CD)

Portrait-Recital
(Tschaikowsky, Verdi, Flotow, Donizetti, Herold, Berlioz, Massenet, Thomas, Nougues) – *Nimbus/Prima Voce*
Arien und Lieder – CD/LPs
(Mozart, Flotow, Donizetti, Herold, Berlioz, Verdi, Thomas, Cocchi) – *Preiser CO*
Einzelaufnahmen in *The Great Baritones – Memories* (2CD)

BEDDOE, DAN

Eine repräsentative Sammlung von Dan Beddoes Aufnahmen war auf *Rubini GV* veröffentlicht. Das Label ist vom Markt verschwunden. Bemühung bei Antiquariaten und Versendern schwierig, aber lohnend. Derzeit nur Einzeltitel in den genannten *Anthologien.* Wiederveröffentlichung eines Recitals – ggf. bei *Pearl* – ist zu erhoffen.

BEHRENS, HILDEGARD

Leonore in *Fidelio* (Beethoven) unter Georg Solti – *Decca*
Agathe in *Der Freischütz* (Weber) unter Rafael Kubelik – *Decca*
Isolde in *Tristan und Isolde* (Wagner) unter Leonard Bernstein – *Philips*
Brünnhilde-Partien im *Ring des Nibelungen* (Wagner) unter James Levine – *DG*
Titelrolle in *Salome* (R.Strauss) unter Herbert von Karajan – *EMI*
Titelrolle in *Elektra* (R.Strauss) unter Seiji Ozawa – *Philips*
Färbersfrau in *Die Frau ohne Schatten* (R.Strauss) unter Georg Solti – *Decca*
Marie in *Wozzeck* (Berg) unter Claudio Abbado – *DG*

Brünnhilde-Partien im *Ring des Nibelungen* (Wagner) unter Wolfgang Sawallisch – *EMI-Video*

Lieder-Recital
(Bach, Mozart, Schubert, Schumann, Brahms, Zumsteg, R.Strauss, Wolf, Elgar, Berg) (+ David Syrus,*p*) – *EMI*
Lieder von Franz Liszt (+ Cord Garben,*p*) – *DG*
Orchesterlieder von Berlioz und Ravel – *Decca*

BERGANZA, TERESA

Ruggiero in *Alcina* (Händel) unter Richard Bonynge – *Decca*
Donna Giacinta in *La Finta Semplice* (Mozart) unter Leopold Hager – *Orfeo*
Sesto in *La Clemenza di Tito* (Mozart) unter Istvan Kertesz *(Decca)* und unter Karl Böhm *(DG)*
Zerlina in *Don Giovanni* (Mozart) unter Lorin Maazel – *CBS/Sony*
Cherubino in *Le Nozze di Figaro* (Mozart) unter Otto Klemperer – *EMI*

Dorabella in *Così fan tutte* (Mozart) unter Georg Solti – *Decca*
Dorabella in *Così fan tutte* (Mozart) / live 1957 Aix unter Hans Rosbaud – *Melodram*
Neris in *Medea* (Cherubini) / live 1958 Dallas unter Nicola Rescigno – *Melodram*
Rosina in *Il Barbiere di Siviglia* (Rossini) unter Silvio Varviso *(Decca)* und unter Claudio Abbado *(DG)*
Angelina in *La Cenerentola* (Rossini) unter Silvio Varviso *(Decca)* und unter Claudio Abbado *(DG)*
Titelrolle in *Carmen* (Bizet) unter Claudio Abbado – *DG*
Titelrolle in *La Périchole* (Offenbach) unter Michel Plasson – *EMI*
Suzuki in *Madama Butterfly* (Puccini) unter Giuseppe Sinopoli – *DG*
Dulcinée in *Don Quichotte* (Massenet) unter Michel Plasson – *EMI*
Salud in *La Vida Breve* (de Falla) unter Garcia Navarro – *DG*

Mezzo-Part in *Pulcinella* (Strawinsky) unter Claudio Abbado – *DG*
Sopransoli in *Gloria & Magnificat* (Vivaldi) unter Riccardo Muti – *EMI*
El amor brujo (de Falla) unter Ernest Ansermet *(Aurora)* und Seiji Ozawa *(DG)*

Arien-Recital (Gluck, Pergolesi, Händel, Cherubini, Rossini) – *Decca*
Recital (Ausschnitte aus Gesamteinspielungen) (Bizet, Rossini, Pergolesi, Mozart, de Falla) – *DG*
Lieder-Recital (Villa-Lobos, Braga, Guastavino) + J.A.A-Parejo,*p*) – *Claves*
Italienische und spanische Lieder
(Cherubini, Cesti, Pergolesi, Scarlatti, Lavilla, Turina, Granados) (+ Felix Lavilla,*p*) – *Decca*
Solokantaten (Monteverdi, Vivaldi, Haydn, Rossini) – *Claves*
Mozart-Konzertarien (+ Wiener KO / György Fischer) – *Decca*
Opernszenen und Arien (Gluck, Rossini, Mozart) – *Decca*

Musiche Veneziane – Arien, Arietten, Kantaten
(Strozzi, Sances, Molinaro, Monteverdi, Milanuzzi, Fontei, Miniscalchi, Palestrina, Rore, Lamoretti) – *Claves*
Canciones Espanolas (Granados, Turini, Guridi, Toldra) (+ J.A. A-Parejo,*p*) – *Claves*
Canciones Espanolas (+ Felix Lavilla,*p* & Narciso Yepes,*g*) – *DG*
Zarzuela-Arien (Serrano, Barbieri, Soutullo, Gimenez) – *Perfil*
Spanische und italienische Lieder (Cherubini, Cesti, Turina, Lavilla u.a.) (+ Felix Lavilla,*p*) – *Decca*
Lieder von Fernando Sor & José Moreno – *zuletzt bei Philips*

BERGER, ERNA

Königin der Nacht in *Die Zauberflöte* (Mozart) unter Thomas Beecham (1937 Berlin) – *EMI, Melodram, Nimbus/Prima Voce, Pearl*
Zerlina in *Don Giovanni* (Mozart) / live 1954 Salzburg unter Wilhelm Furtwängler – *Foyer*

Eurydike in *Orpheus und Eurydike* (Gluck) unter Artur Rother – *Acanta*
Hirt in *Tannhäuser* (Wagner) unter Karl Elmendorff (Bayreuth 1930) – *Pearl*
Titelrolle in *Martha* (Flotow) unter Johannes Schüler – *Acanta*
Antonia in *Hoffmanns Erzählungen* (Offenbach) unter Artur Rother – *Acanta*
Gilda in *Rigoletto* (Verdi) (ital.) unter Jonel Perlea – *RCA*
Gilda in *Rigoletto* (Verdi) (dt.) unter Robert Heger (1944 Berlin) – *Acanta* + *Preiser*
Sophie in *Der Rosenkavalier* (R.Strauss) / Rosenüberreichung / live 1952 unter Erich Kleiber – *Orfeo*
Zerbinetta in *Ariadne auf Naxos* (R.Strauss) unter Clemens Krauss (1935 Stuttgart) – *Acanta*
Sopransolo in *Sinfonie Nr.9* (Beethoven) / live 1937 London unter Wilhelm Furtwängler – *zuletzt bei EMI*

Portrait – *Opernarien und Operettenlieder* (Aufnahmen aus 27 Jahren) (Mozart, Rossini, Nicolai, Smetana, Verdi, Puccini, J.Strauß, Stolz) – *EMI*
Recital – Frühe Aufnahmen (Grieg, Mozart, Bizet, Nicolai, Puccini, Rossini, Verdi, Auber, J.Strauß, R.Strauss, Weber) – *Preiser*
Liedaufnahmen (frühe 40er Jahre) (+ Michael Raucheisen,*p*) – *Pilz* (3CD)
Liederabende Berlin 1950/51 (+ Michael Raucheisen & Günther Weissenborn,*p*) – *KOCH* (3CD)
Weitere Liedaufnahmen in der *Raucheisen-Edition* bei *Acanta*

BERGONZI, CARLO

Nemorino in *L'Elisir d'amore* (Donizetti) / live 1967 Firenze unter Gianandrea Gavazzeni – *Memories*
Edgardo in *Lucia di Lammermoor* (Donizetti) unter Georges Prêtre *(RCA)* und unter Thomas Schippers *(EMI)*
Pollione in *Norma* (Bellini) / live 1970 Met NYC unter Richard Bonynge – *Frequenz* + *Memories*
Riccardo in *Oberto* (Verdi) unter Lamberto Gardelli – *Orfeo*
Foresto in *Attila* (Verdi) unter Lamberto Gardelli – *Philips*
Carlo in *I Masnadieri* (Verdi) unter Lamberto Gardelli – *Philips*
Jacopo in *I Due Foscari* (Verdi) unter Carlo Maria Giulini – *FONIT Cetra*
Jacopo in *I Due Foscari* (Verdi) / live Venedig 1980 unter Daniel Oren – *HRE*
Carlo VII in *Giovanna d'Arco* (Verdi) unter Alfredo Simonetto – *Melodram* + *Foyer*
Titelrolle in *Ernani* (Verdi) unter Thomas Schippers – *RCA*
Rodolfo in *Luisa Miller* (Verdi) unter Fausto Cleva – *RCA*
Macduff in *Macbeth* (Verdi) unter Erich Leinsdorf – *RCA*
Duca in *Rigoletto* (Verdi) unter Rafael Kubelik – *DG*
Manrico in *Il Trovatore* (Verdi) unter Tullio Serafin – *DG*
Manrico in *Il Trovatore* (Verdi) / live 1964 Moskau unter G.Gavazzeni – *Frequenz*

Alfredo in *La Traviata* (Verdi) unter John Pritchard *(Decca)* und unter Georges Prêtre *(RCA)*

Riccardo in *Un Ballo in Maschera* (Verdi) unter Georg Solti *(Decca)* und unter Erich Leinsdorf *(RCA)*

Alvaro in *La Forza del Destino* (Verdi) unter Lamberto Gardelli – *EMI*

Gabriele Adorno in *Simone Boccanegra* (Verdi) unter Francesco Molinari-Pradelli – *FONIT Cetra*

Gabriele Adorno in *Simone Boccanegra* (Verdi) / live 1960 Met NYC unter Dimitri Mitropoulos – *Stradivarius*

Titelrolle in *Don Carlo* (Verdi) unter Georg Solti – *Decca*

Radames in *Aida* (Verdi) unter Herbert von Karajan – *Decca*

Enzo in *La Gioconda* (Ponchielli) unter Lamberto Gardelli – *Decca*

Faust in *Mefistofele* (Boito) / live 1966 NYC unter Lamberto Gardelli – *Legato*

Titelrolle in *Edgar* (Puccini) unter Eve Queler – *CBS/Sony*

Des Grieux in *Manon Lescaut* (Puccini) / live 1960 Met NYC unter Fausto Cleva – *Bongiovanni GAO*

Rodolfo in *La Bohème* (Puccini) unter Tullio Serafin – *Decca*

Cavaradossi in *Tosca* (Puccini) unter Georges Prêtre – *EMI*

Pinkerton in *Madama Butterfly* (Puccini) unter John Barbirolli *(EMI)* und unter Tullio Serafin *(Decca)*

Turiddu in *Cavalleria Rusticana* (Mascagni) unter Herbert von Karajan – *DG*

Canio in *I Pagliacci* (Leoncavallo) unter Herbert von Karajan – *DG*

Titelrolle in *Andrea Chénier* (Giordano) / live 1970 Covent Garden London unter Anton Guadagno – *Myto*

Maurizio in *Adriana Lecouvreur* (Cilea) unter Richard Bonynge – *Decca*

Titelrolle in *Werther* (Massenet) / live 1969 San Carlo Napoli unter Oliviero de Fabritiis – *Melodram + Nuova Era*

Zahlreiche Live-Mitschnitte der wichtigsten obigen Opernpartien auf verschiedenen Labels

Tenorpart in *Messa da Requiem* (Verdi) unter Bruno Walter *(AS)* und unter Herbert von Karajan *(Foyer)*

Portrait – Live-Mitschnitte (2CD)
(Bellini, Donizetti, Meyerbeer, Verdi, Puccini, Massenet, Flotow) – *Nuova Era*

32 Verdi-Arien – Ein Zeugnis großer Gesangskunst und stilsicherer Verdi-Interpretation – *Philips* (3CD)

Opern-Recital (Verdi, Meyerbeer, Giordano, Cilea, Puccini) – *Decca*

Canzone (Lieder von Bellini, Donizetti, Rossini) (+ Vincenzo Scalera,*p*) – *Capriccio*

Carlo Bergonzi in concerto – Lieder & Arien live
(Verdi, Boito, de Curtis, Chopin, Cilea, Tosti, Lalo, Tirindelli) (+ Vincenzo Scalera,*p*) – *Bongiovanni*

Songs & Arias of the Italian Baroque (+ Felix Lavilla,*p*) – *Ensayo/PYE*

Canzone Napoletane (+ KO Madrid / Enrico Pessina) – *Ensayo/Chistopherus*

Opernduette mit Dietrich Fischer-Dieskau (Verdi, Puccini, Ponchielli, Bizet) (+) – *Orfeo*
Romanzen von Francesco Paolo Tosti unter Edoardo Müller – *Orfeo*

BERNAC, PIERRE

Liederzyklen und Einzellieder von Poulenc, Ravel, Chabrier, Debussy, Satie – *CBS/Sony* (bislang nur LP)
Poulenc: Umfassende Sammlung des Liedschaffens – *Adès* (3LP)
Poulenc: *Mélodies* (+ Francis Poulenc,*p*) – *EMI Pathé*
Lieder von Ravel & Poulenc (+ Francis Poulenc,*p*) – *ML*
Zahlreiche Liedsammlungen französischer Komponisten auf dem französischen Markt

BJÖRLING, JUSSI

Duca in *Rigoletto* (Verdi) unter Jonel Perlea – *RCA*
Duca in *Rigoletto* (Verdi) / Met live 1945 unter Cesare Sodero – *Melodram*
Manrico in *Il Trovatore* (Verdi) unter Renato Cellini – *RCA*
Manrico in *Il Trovatore* (Verdi) / live 1939 C.G.London unter Vittorio Gui – *Legato*
Manrico in *Il Trovatore* (Verdi) / live 1941 Met NYC unter Ferruccio Calusio – *AS Disc*
Alfredo in *La Traviata* (Verdi) / live 1939 Stockholm unter Herbert Sandberg – *Legato*
Riccardo in *Un Ballo in Maschera* (Verdi) / live 1940 Met NYC unter Ettore Panizza – *Myto*
Riccardo in *Un Ballo in Maschera* (Verdi) / Szenenfolge live 1950 New Orleans unter Walter Herbert – *Legato*
Titelrolle in *Don Carlo* (Verdi) / live 1950 Met NYC unter Fritz Stiedry – *Myto*
Radames in *Aida* (Verdi) unter Jonel Perlea – *RCA*
Titelrolle in *Faust* (Gounod) / live 1950 Met NYC unter Fausto Cleva – *Myto*
Titelrolle in *Faust* (Gounod) / live 1959 Met NYC unter Jean Morel – *Myto*
Roméo in *Roméo et Juliette* (Gounod) / live 1947 Met unter Emil Cooper – *Myto*
Des Grieux in *Manon Lescaut* (Puccini) unter Jonel Perlea – *RCA*
Des Grieux in *Manon Lescaut* (Puccini) / live 1956 Met NYC unter Dimitri Mitropoulos – *Melodram*
Rodolfo in *La Bohème* (Puccini) unter Thomas Beecham – *EMI*
Cavaradossi in *Tosca* (Puccini) unter Erich Leinsdorf – *RCA*
Pinkerton in *Madama Butterfly* (Puccini) unter Gabriele Santini – *EMI*
Kalaf in *Turandot* (Puccini) unter Erich Leinsdorf – *RCA*
Turiddu in *Cavalleria Rusticana* (Mascagni) unter Renato Cellini *(RCA)* und unter Alberto Erede *(Decca)*
Turiddu in *Cavalleria Rusticana* (Mascagni) / live 1954 Stockholm unter Kurt Bendix – *Legato*
Canio in *I Pagliacci* (Leoncavallo) unter Renato Cellini – *RCA*
Canio in *I Pagliacci* (Leoncavallo) / live 1954 Stockholm unter Lamberto Gardelli – *Legato*

Tenorsolo in *Missa solemnis* (Beethoven) unter Arturo Toscanini – *Music + Arts*
Tenorsolo in *Messa da Requiem* (Verdi) unter Arturo Toscanini (*AT + Melodram)* und Fritz Reiner *(RCA)*
Der Tenor des Nordens – Frühaufnahmen
(Donizetti, Verdi, Puccini, Leoncavallo, Giordano, Cilea, Meyerbeer, Gounod, Massenet, Flotow, Rossini) – *EMI*
Portrait-Recital
(Verdi, Puccini, Borodin, Leoncavallo, Atterberg, Mascagni, R-Korssakoff, Meyerbeer, Rossini, Laparra) – *Nimbus/Prima Voce*

Opernarien und Lieder – Spätere Aufnahmen
(Ponchielli, Puccini, Giordano, Verdi, Lehar, Cilea) – *Decca*
Opernduette (+ Albanese, Milanov, Tebaldi & die legendären Duettaufnahmen mit R.Merrill) – *RCA*
Jussi Björling – The Swedish Caruso (2CD)
Arien & Lieder, teilw. Live-Mischnitte, Raritäten – *Legato*
Live-Recordings 1929–1960 – *Legato*
Rare & Alternative Recordings – *Bluebell*
Early Swedish Recordings 2CD (Arien, Lieder, Operette, Songs) – *Gala*
The Magnificent Björling (Oper, Operette, Romanzen & Canzonen) – *Pickwick*
Jussi Björling at Canegie Hall – Konzertmitschnitte (+ Frederick Schauwecker,*p*) – *RCA*
Jussi Björling in Atlanta – Konzertmitschnitt 1959 (+ Frederick Schauwecker,*p*) – *Myto*
Jussi Björling live – Holland 1939 + Norwegen 1954 – *Bluebell*
Auszüge aus *Rigoletto & Il Trovatore* (Verdi) – Mitschnitte aus Kopenhagen – *Bluebell*

Zahlreiche weitere CD-Ausgaben mit schwedischen Aufnahmen, Konzert-Mitschnitten und Raritäten auf Bluebell

BOCKELMANN, RUDOLF

Portrait-Recital – Arien & Balladen (Wagner, Bizet, Leoncavallo, Loewe) – *Preiser LV*
Wotan in *Die Walküre* (Wagner) 3.Aufzug / live 1937 Covent Garden London unter Wilhelm Furtwängler (+ *Rudolf Bockelmann singt Wagner*) – *Myto + Acanta*
Hans Sachs in *Die Meistersinger von Nürnberg* (Wagner) / Szenen / live Nürnberg 1938 unter Wilhelm Furtwängler – *zuletzt bei UORC (Ausschnitte bei Acanta)*
Einzelaufnahmen (Szenen, Monologe, Ensembles) in den *Wagner-Anthologien*
Liedaufnahmen in der *Raucheisen-Edition*

BOHNEN, MICHAEL

Portrait-Recital(s) – CD/LPs
(Mozart, Beethoven, Weber, Rossini, Wagner, Meyerbeer, Halévy, Verdi, Gounod, Thomas, Bizet, Smetana, Leoncavallo, Puccini, Cornelius, v.Schillings / Loewe-Balladen u.a.) – *Preiser CO + LV*
Kalif in *Abu Hassan* (Weber) (1942/ + E.Schwarzkopf, Erich Witte) unter Leopold Ludwig – *Forlane*
Titelrolle in *Casanova* (P.Lincke) / Film-Soundtrack – *Koch*

BONCI, ALESSANDRO

Portrait-Recital (2CD)
(Thomas, Boito, Verdi, Puccini, Bellini, Donizetti, Gluck, Bizet, Moart, Rossini, Meyerbeer, Giordano, Gounod, Leoncavallo u.a.) – *Bongiovanni*
Recital Opernarien & Duette
(Bellini, Donizetti, Boito, Flotow, Gounod, Bizet, Leoncavallo, Puccini, Giordano) – *Preiser CO*

BORI, LUCREZIA

Portrait-Recital
(Mozart, Thomas, Gounod, Delibes, Donizetti, Bizet, Verdi, Puccini, Arditi, R-Korssakoff, Granados, Valverde) – *Pearl*
Recital Opernarien & Duette – 2LP
(Verdi, Puccini, Thomas, Charpentier, Glasunow, J.Strauss, Padilla, Weatherley / Virtuosenstücke) – *Preiser LV*
Live-Mitschnitte & Broadcasts
(Rossini, Donizetti, Thomas, Leoncavallo, Puccini, Massenet, Debussy / Folksongs) – *MDP Collectors Edition*
Einzelaufnahmen von Duetten in Recitals von John McCormac, Giuseppe de Luca, Miguel Fleta

BRUSON, RENATO

Enrico in *L'Isola disabitata* (Haydn) unter Antal Dorati – *Philips*
Titelrolle in *Don Giovanni* (Mozart) unter Neeme Järvi – *Chandos*
Enrico in *Lucia di Lammermor* (Donizetti) unter Nicola Rescigno – *EMI*
Lusignano in *Caterina Cornaro* (Donizetti) unter Carlo Felice Cillario – *Myto*
Antonio in *Linda di Chamounix* (Donizetti) unter Gianandrea Gavazzeni – *Foyer*
Titelrolle in *Belisario* (Donizetti) / live 1970 Bergamo unter A. Comozzo – *Arkadia*

Severo in *Poliuto* (Donizetti) unter Jan Latham-König – *Nuova Era*
Severe in *Les Martyrs* (Donizetti) / live 1978 Venezia unter Gianluigi Gelmetti – *zuletzt auf Voce*
Titelrolle in *Nabucco* (Verdi) / live 1979 Verona unter Bruno Rigacci – *HRE*
Carlo in *Ernani* (Verdi) unter Riccardo Muti – *EMI*
Titelrolle in *Macbeth* (Verdi) unter Giuseppe Sinopoli *(Philips)* und unter Gustav Kuhn *(KOCH)*
Gusmano in *Alzira* (Verdi) unter Lamberto Gardelli – *Orfeo*
Seid in *Il Corsaro* (Verdi) / live 1971 Venezia unter Jésus Lopez-Cobos – *GDS*
Francesco in *I due Foscari* (Verdi) unter Maurizio Arena – *Nuova Era*
Francesco in *I due Foscari* (Verdi) / live 1980 Venezia unter Daniel Oren – *HRE*
Francesco Moor in *I Masnadieri* (Verdi) / live 1972 Rom unter Daniel Oren – *Bongiovanni GAO*
Titelrolle in *Rigoletto* (Verdi) unter Giuseppe Sinopoli – *Philips*
Conte di Luna in *Il Trovatore* (Verdi) unter Roberto Paternostro – *Sine Qua Non*
Giorgio Germont in *La Traviata* (Verdi) unter Riccardo Muti *(EMI)* und unter Roberto Paternostro *(Capriccio)*
Miller in *Luisa Miller* (Verdi) unter Lorin Maazel – *DG*
Renato in *Un Ballo in Maschera* (Verdi) unter Claudio Abbado *(DG)* und unter Georg Solti *(Decca)*
Titelrolle in *Simone Boccanegra* (Verdi) unter Roberto Paternostro – *Capriccio*
Don Carlo in *La Forza del Destino* (Verdi) unter Giuseppe Sinopoli – *DG*
Jago in *Otello* (Verdi) unter Gustav Kuhn – *KOCH*
Titelrolle in *Falstaff* (Verdi) unter Carlo Maria Giulini – *DG*
Escamillo in *Carmen* (Bizet) / live 1971 Venezia unter Peter Maag – *Myto*
Grand-Prêtre in *Samson und Dalila* (Saint-Saëns) unter Daniel Barenboim – *DG*
Lescaut in *Manon Lescaut* (Puccini) unter Giuseppe Sinopoli – *DG*
Scarpia in *Tosca* (Puccini) unter Riccardo Muti – *EMI*
Alfio in *Cavalleria Rusticana* (Mascagni) unter Georges Prêtre – *Philips*
Lorenzo di Medici in *I Medici* (Leoncavallo) unter Marcello Viotti – *KOCH*
Titelrolle in *Cristoforo Colombo* (Franchetti) unter Marcello Viotti – *KOCH*
Gérard in *Andrea Chénier* (Giordano) unter Marcello Viotti – *Capriccio*
Zahlreiche Live-Mitschnitte, vor allem aus dem Belcanto- und Verdi-Repertoire des Sängers

Bariton-Part in *Requiem* (Donizetti) unter Gerhard Fackler – *Decca*

Recital: Arien aus Opern von Gaetano Donizetti – *Ars Nova/Decca*
Live-Konzert Ferrara 1977 (+ Raffaella Vignudelli,*p*) – *Bongiovanni*
Live-Konzert Bologna 1984 (+ Edelmiro Arnaltes,*p*) – *Bongiovanni*
Bellini & Donizetti Recital (+ Lucia Aliberti) – *Capriccio*
Mozart- Recital (+ Sona Ghazarian, Giuseppe Sabatini) – *Capriccio*
Live-Konzert Tokio / Ital.Opernszenen & -arien (+ Lucia Aliberti, Peter Dvorsky) – *Capriccio*

Lieder-Recital / live 1980 London (+ Craig Sheppard,*p*) – *Chandos*

Liederabend Renato Bruson
(Giordani, Caccini, Scarlatti, Monteverdi, Gluck, Martini, Liszt, Ravel, Respighi, Grieg) (+ Andreas Juffinger,*p & org*) – *KOCH*

Liederabend / live 1988 Berlin (+ Marcus Creed,*p*) – *Capriccio*

Arie Antiche (Altitalienische Arien) (+ RIAS Sinfonietta / Roberto Paternostro) – *Acanta*

Lieder von Francesco Paolo Tosti (+ Solisti Aquilani/ Antonellini) – *Bongiovanni*

Francesco Paolo Tosti: Sämtliche *d'Annunzio*-Vertonungen (+ Roberto Cognazzo,*p*) – *Nuova Era* (2CD)

Mitschnitte aus der Anfangsphase seiner Karriere zeigen den Sänger in glänzender stimmlicher und sängerischer Verfassung als Interpret von Belcanto-Werken, vor allem Bellinis und Donizettis (Beatrice di Tenda, Maria di Rohan, Fausta, La Favorita u.a.). Sie waren auf Labels des »Grauen Markts« verfügbar. Wiederveröffentlichungen wären willkommen.

BUMBRY, GRACE

Poppea in *L'Incoronazione di Poppea* (Monteverdi) / Ausschnitte live 1967 Scala Milano unter Bruno Maderna – *Myto*

Orfeo in *Orfeo ed Euidice* (Gluck) unter Vaclav Neumann – *EMI*

Titelrolle in *Carmen* (Bizet) unter Rafael Frühbeck de Burgos – *EMI*

Titelrolle in *Carmen* (Bizet) / live 1966 Salzburg unter H. von Karajan – *Arkadia*

Abigaille in *Nabucco* (Verdi) / live 1979 Paris unter Nello Santi – *zuletzt bei LR*

Lady Macbeth in *Macbeth* (Verdi) / live Salzburg 1964 unter Wolfgang Sawallisch – *Orfeo + Nuova Era*

Eboli in *Don Carlo* (Verdi) unter Georg Solti – *Decca*

Amneris in *Aida* (Verdi) unter Zubin Mehta *(EMI)* und unter Erich Leinsdorf *(RCA)*

Venus in *Tannhäuser* (Wagner) / live Bayreuth 1961 unter Wolfgang Sawallisch – *Myto*

Venus in *Tannhäuser* (Wagner) / live Bayreuth 1962 unter Wolfgang Sawallisch – *Philips*

Santuzza in *Cavalleria Rusticana* (Mascagni) / live 1971 Met NYC unter Leonard Bernstein – *Melodram*

Cimène in *Le Cid* (Massenet) unter Eve Queler – *CBS/Sony*

Titelrolle in *Jenufa* (Janácek) / it. / live 1974 Scala Milano unter Jerzy Semkow – *zuletzt bei LR*

Altsolo in *Sinfonie Nr.9* (Beethoven) / live 1963 Bayreuth unter Karl Böhm – *Melodram*

Altpart in *Messiah* (Händel) unter Adrian Boult – *Decca*

Berühmte Arien (Sopran-Recital)
(Verdi, Cilea, Catalani, Massenet, Ponchielli, Charpentier, Gounod, Cherubini, Gluck) – *Orfeo*

Recitals aus der glanzvollen frühen Mezzo-Karriere der Sängerin sind derzeit sämtlich gestrichen:
Große Arien der internationalen Oper
(Gluck, Verdi, Gounod, Bizet, Saint-Saëns, Mascagni, Tschaikowsky) – *zuletzt bei DG*
Italienische Arien (Mezzo-Recital) – *zuletzt bei EMI*
Lieder von Schubert und Schumann (+ Geoffrey Parsons,*p*) – *zuletzt bei EMI*
Lieder-Recital (+ Erik Werba,*p*) – *zuletzt bei DG*

CABALLÉ, MONTSERRAT

Iphigénie in *Iphigénie en Tauride* (Gluck) / live 1961 Lissabon unter Antonio de Almeida – *Accord*
Donna Elvira in *Don Giovanni* (Mozart) / live 1960 StO Wien unter Michael Gielen – *Legato*
Fiordilligi in *Così fan tutte* (Mozart) unter Colin Davis – *Philips*
Titelrolle in *Elisabetta Regina d'Inghilterra* (Rossini) unter Gianfranco Masini – *Philips*
Elena in *La Donna del Lago* (Rossini) unter Piero Bellugi – *Foyer*
Mathilde in *Guillaume Tell* (Rossini) unter Lamberto Gardelli – *EMI*
Titelrolle in *Semiramide* (Rossini) / live 1980 Aix unter Jésus Lopez-Cobos – *HRE*
Bianca in *Bianca e Faliero* (Rossini) / live 1986 Pesaro unter Donato Renzetti – *Legato*
Titelrolle in *Ermione* (Rossini) / live 1987 Pesaro unter Gustav Kuhn – *Legato*
Fiorilla in *Il Turco in Italia* (Rossini) unter Riccardo Chailly – *CBS/Sony*
Titelrolle in *Norma* (Bellini) unter Carlo Felice Cillario – *RCA*
Titelrolle in *Norma* (Bellini) / live 1972 Scala Milano unter Gianandrea Gavazzeni – *G.O.P.*
Adalgisa in *Norma* (Bellini) unter Richard Bonynge – *Decca*
Imogene in *Il Pirata* (Bellini) unter Gianandrea Gavazzeni – *EMI*
Imogene in *Il Pirata* (Bellini) / live 1967 Firenze unter Franco Capuana – *Melodram*
Elvira in *I Puritani* (Bellini) unter Riccardo Muti – *EMI*
Titelrolle in *Lucia di Lammermoor* (Donizetti) unter Jésus Lopez-Cobos – *Philips*
Titelrolle in *Lucrezia Borgia* (Donizetti) unter Jonel Perlea – *RCA*
Titelrolle in *Lucrezia Borgia* (Donizetti) / live 1965 Carnegie Hall NYC unter Jonel Perlea – *Legato*
Titelrolle in *Lucrezia Borgia* (Donizetti) / live 1970 Scala Milano unter Ettore Gracis – *Myto*
Titelrolle in *Gemma di Vergy* (Donizetti) unter Eve Queler – *CBS/Sony*
Titelrolle in *Caterina Cornaro* (Donizetti) / live 1972 London unter Carlo Felice Cillario – *Foyer*
Titelrolle in *Maria Stuarda* (Donizetti) / live 1971 Scala Milano unter Carlo Felice Cillario – *Myto*
Titelrolle in *Maria Stuarda* (Donizetti) / live 1972 ORTF Paris unter Nello Santi – *Memories*
Elisabetta in *Roberto Devereux* (Donizetti) / live 1977 unter Julius Rudel – *Legato*

Titelrolle in *Parisina d'Este* (Donizetti) unter Eve Queler – *Legato*
Titelrolle in *Agnese di Hohenstaufen* (Spontini) / live 1970 Firenze unter Riccardo Muti – *Melodram*
Elvira in *Ernani* (Verdi) unter Gianandrea Gavazzeni – *Nuova Era*
Mina in *Aroldo* (Verdi) unter Eve Queler – *CBS/Sony*
Gulnara in *Il Corsaro* (Verdi) unter Lamberto Gardelli – *Philips*
Titelrolle in *Giovanna d'Arco* (Verdi) unter James Levine – *EMI*
Amalia in *I Masnadieri* (Verdi) unter Lamberto Gardelli – *Philips*
Titelrolle in *Luisa Miller* (Verdi) unter Peter Maag – *Decca*
Titelrolle in *Luisa Miller* (Verdi) / live 1968 Met NYC unter Thomas Schippers – *Memories*
Leonora in *Il Trovatore* (Verdi) / live 1968 Firenze unter Thomas Schippers – *Nuova Era*
Violetta in *La Traviata* (Verdi) unter Georges Prêtre – *RCA*
Amelia in *Un Ballo in Maschera* (Verdi) unter Colin Davis – *Philips*
Elena in *I Vespri Siciliani* (Verdi) / live 1974 NYC unter Eve Queler – *Legato*
Leonora in *La Forza del Destino* (Verdi) / live 1978 Scala Milano unter Giuseppe Patané – *zuletzt auf Giri*
Elisabetta in *Don Carlo* (Verdi) unter Carlo Maria Giulini – *EMI*
Titelrolle in *Aida* (Verdi) unter Riccardo Muti – *EMI*
Titelrolle in *La Gioconda* (Ponchielli) unter Bruno Bartoletti – *Decca*
Titelrolle in *La Gioconda* (Ponchielli) / live 1979 Genova unter Jésus Lopez-Cobos – *Legato*
Neris in *Mefistofele* (Boito) unter Oliviero de Fabritiis – *Decca*
Titelrolle in *Manon Lescaut* (Puccini) unter Bruno Bartoletti – *EMI*
Mimi in *La Bohème* (Puccini) unter Georg Solti – *RCA*
Titelrolle in *Tosca* (Puccini) unter Colin Davis – *Philips*
Titelrolle in *Madama Butterfly* (Puccini) unter Armondo Gatto – *Decca*
Liù in *Turandot* (Puccini) unter Richard Bonynge – *Decca*
Titelrolle in *Turandot* (Puccini) unter Alain Lombard – *EMI*
Santuzza in *Cavalleria Rusticana* (Mascagni) unter Riccardo Muti – *EMI*
Nedda in *I Pagliacci* (Leoncavallo) unter Nello Santi – *RCA*
Maddalena in *Andrea Chénier* (Giordano) unter Riccardo Chailly – *Decca*
Titelrolle in *Adriana Lecouvreur* (Cilea) / live 1976 Scala Milano unter Gianfranco Masini – *Legato*
Titelrolle in *Armida* (Dvorák) / live 1962 Bremen unter George A. Albrecht – *Foyer*
Titelrolle in *Salome* (R.Strauss) unter Erich Leinsdorf – *RCA*

Eine Reihe von Belcanto-Rollen und weitere Opernpartien des universellen Repertoires der Künstlerin lagen als Live- bzw. Raub-Mitschnitte des »Grauen Markts« auf LP vor – darunter sogar Marschallin im *Rosenkavalier* und Sieglinde in *Walküre*. Man darf die Wiederveröffentlichung auf CD erwarten.

Sopranpartie in *Messa da Requiem* (Verdi) unter John Barbirolli – *EMI*
Sopranpart in *Sinfonie Nr.3 & Dybbuk* (Bernstein) unter Leonard Bernstein – *DG*

Eternal Caballé – Lieder und Arien
(Cano, Serrat, Donizetti, Massenet, Puccini, Rossini, Lloyd-Webber, Verdi, Charpentier, Bellini, Saint-Saëns, Cilea u.a.) – *RCA* (2CD)
Verdi – Donizetti – Bellini (= die berühmten *Rarities*-Recitals) – *RCA* (2CD)
Arien von Bellini, Donizetti, Verdi – *EMI* (2CD)
Caballé – Finest Performances I & II – Opera Society
Puccini-Recital (unter Charles Mackerras) – *EMI*
Richard Strauss: *Salome*-Schlußgesang + *Orchesterlieder* unter Leonard Bernstein) – *DG*
Montserrat Caballé & Shirley Verrett – Opernduette und -szenen
(Rossini, Donizetti, Bellini, Verdi, Offenbach, Puccini, Ponchielli) – *RCA*
Arien & Duette (aus Gesamtaufnahmen) (+ Baltsa, Pavarotti, Milnes) – *Decca*
Montserrat Caballé & Franco Corelli (Arien und Duette) – *Legato*
Montserrat Caballé & José Carreras – Arien, Duette, Lieder
(Rodgers, Rossini, Bellini, Giordano, Donizetti, Schobert, Verdi, Wagner, Puccini, Ribas, Brahms) – *Sony*

Eine Reihe von Recitals ist derzeit nicht mehr im Handel. Zum Beispiel: Verdi-Arien *zuletzt auf EMI*, Wagner-Arien und -Szenen *zuletzt auf ERATO und CBS/Sony* Puccini-Arien *zuletzt auf DG*, Verismo-Arien *zuletzt auf Acanta* und Französische Arien *zuletzt auf EMI*

CALLAS, MARIA

Ihrer zentralen Bedeutung entsprechend, sind nach dem Tod der Künstlerin nicht nur alle »offiziellen« Einspielungen bei *EMI* und *FONIT Cetra* in immer neuen Zusammenstellungen veröffentlicht worden; auch der »Graue Markt« (Live- und Raubaufnahmen auf sog. Private-Labels oder bei kleinen Editionen) lebte zu nicht geringem Teil von Ausgrabungen annähernd sämtlicher Mitschnitte der Bühnen- und Konzertauftritte, gleich welcher Wiedergabequalität. Inzwischen hat sich eine Reihe gleichsam »seriöser« Herstellermarken etabliert, die diesen Aufnahmen in Klangrestauration und Präsentation angemessene Gestalt gegeben haben. Die Ergebnisse sind unschätzbar – nicht nur für den Sammlerfan, sondern auch für die archivarische Bewahrung eines der wichtigtsen Teile dokumentierter Gesangsgeschichte.

Die Diskographie der Callas ist damit nahezu komplett verfügbar. Von einigen schmerzlichen Versäumnissen abgesehen (*Entführung, Don Carlo, Butterfly, Wagner-Partien,* die nicht mitgeschnitten worden waren) macht sie jede Phase der italienischen und der Weltkarriere in Tondokumenten nachvollziehbar. Diese sind auch sämtlich gut beschaffbar, wenngleich die Katalogbestände wegen Mehrfachveröffentlichungen auf unterschiedlichen Labels und wechselnden Kopplungen – insbesondere der Live-Mitschnitte – ein wenig unübersichtlich sind.

Die folgende Übersicht konzentriert sich auf die technisch einwandfreien Studioaufnahmen und listet im Anschluß eine Reihe von editorisch gut betreuten Live-Mitschnitten auf. Dabei hat die Ergänzung durch Rollenportraits Vorrang, die nicht im Studio aufgezeichnet wurden oder deren Live-Mitschnitte als unverzichtbar gelten können.

Eine datierte Übersicht sämtlicher Studio-Einspielungen bei *EMI* und *FONIT Cetra* sowie aller Mitschnitte von Opern- und Konzertauftritten findet sich im Anhang von Jürgen Kestings Callas-Monographie. Eine detaillierte, liebevoll-kompetente Rezension aller Callas-Tondokumente bietet John Ardoins berühmtes Buch *The Callas Legacy* (dt.: *Maria Callas und ihr Vermächtnis*, Noack-Hübner-Verlag).

Die Studio-Gesamtaufnahmen von Opernpartien der Callas:

Titelrolle in *Medea* (Cherubini) unter Tullio Serafin – *EMI*
Rosina in *Il Barbiere di Siviglia* (Rossini) unter Alceo Galliera – *EMI*
Fiorilla in *Il Turco in Italia* (Rossini) unter Gianandrea Gavazzeni – *EMI*
Titelrolle in *Norma* (Bellini) zweimal unter Tullio Serafin – *beide bei EMI*
Amina in *La Sonnambula* (Bellini) unter Antonino Votto – *EMI*
Elvira in *I Puritani* (Bellini) unter Tullio Serafin – *EMI*
Titelrolle in *Lucia di Lammermoor* (Donizetti) zweimal unter Tullio Serafin – *beide bei EMI*
Gilda in *Rigoletto* (Verdi) unter Tullio Serafin – *EMI*
Titelrolle in *La Traviata* (Verdi) unter Gabriele Santini – *FONIT Cetra*
Leonora in *Il Trovatore* (Verdi) unter Herbert von Karajan – *EMI*
Amelia in *Un Ballo in Maschera* (Verdi) unter Antonino Votto – *EMI*
Leonora in *La Forza del Destino* (Verdi) unter Tullio Serafin – *EMI*
Titelrolle in *Aida* (Verdi) unter Tullio Serafin – *EMI*
Titelrolle in *La Gioconda* (Ponchielli) zweimal unter Antonino Votto bei *FONIT Cetra* und *EMI*
Titelrolle in *Carmen* (Bizet) unter Georges Prêtre – *EMI*
Titelrolle in *Manon Lescaut* (Puccini) unter Tullio Serafin – *EMI*
Mimi in *La Bohème* (Puccini) unter Antonino Votto – *EMI*
Titelrolle in *Tosca* (Puccini) unter Victor de Sabata und unter Georges Prêtre – *beide bei EMI*
Cio-Cio-San in *Madama Butterfly* (Puccini) unter Herbert von Karajan – *EMI*
Titelrolle in *Turandot* (Puccini) unter Tullio Serafin – *EMI*
Santuzza in *Cavalleria Rusticana* (Mascagni) unter Tullio Serafin – *EMI*
Nedda in *I Pagliacci* (Leoncavallo) unter Tullio Serafin – *EMI*

Eine Auswahl aus den bis Herbst 1993 am deutschen Markt erhältlichen Live-Mitschnitten von Opernauftritten:

Ifigenia in *Ifigenia in Tauride* (Gluck) / live 1957 Scala Milano unter Nino Sanzogno – *Melodram*
Titelrolle in *Alceste* (Gluck) / live 1954 Scala Milano unter Carlo Maria Giulini – *Melodram*

Titelrolle in *Medea* (Cherubini) / live 1953 Scala Milano unter Leonard Bernstein – *Melodram*
Titelrolle in *Medea* (Cherubini) / live 1958 Dallas unter Nicola Rescigno – *Melodram*
Giulia in *La Vestale* (Spontini) / live 1954 Scala Milano unter Antonino Votto – *Melodram*
Titelrolle in *Armida* (Rossini) + Rossini-Arien / live 1952 Firenze unter Tullio Serafin – *Melodram*
Rosina in *Il Barbiere di Siviglia* (Rossini) / live 1956 Scala Milano unter Carlo Maria Giulini – *Melodram*
Titelrolle in *Norma* (Bellini) / live 1950 Mexico unter Guido Picco – *Melodram*
Titelrolle in *Norma* (Bellini) / live 1952 C.G. London unter Vittorio Gui – *Melodram*
Titelrolle in *Norma* (Bellini) / live 1955 Scala Milano unter Antonino Votto – *Arkadia*
Amina in *La Sonnambula* (Bellini) / live 1955 Scala Milano unter Leonard Bernstein – *Myto*
Amina in *La Sonnambula* (Bellini) / live 1957 Köln unter Antonino Votto – *Melodram*
Elvira in *I Puritani* (Bellini) / live 1952 Mexico unter Guido Picco – *Melodram*
Imogene in *Il Pirata* (Bellini) / live 1959 NYC unter Nicola Rescigno – *Melodram*
Titelrolle in *Anna Bolena* (Donizetti) / live 1957 Scala Milano unter Gianandrea Gavazzeni – *Melodram*
Titelrolle in *Lucia di Lammermoor* (Donizetti) / live 1955 Berlin unter Herbert von Karajan – *Melodram*
Titelrolle in *Lucia di Lammermoor* (Donizetti) / RAI Rom 1957 unter Tullio Serafin – *Melodram*
Paolina in *Poliuto* (Donizetti) / live 1960 Scala Milano unter Antonino Votto – *Virtuoso* + *Melodram*
Abigaille in *Nabucco* (Verdi) / live 1949 Napoli unter Vittorio Gui – *Melodram*
Lady Macbeth in *Macbeth* (Verdi) / live 1952 Scala Milano unter Victor de Sabata – *Arkadia*
Gilda in *Rigoletto* (Verdi) / live 1952 Mexico unter Umberto Mugnai – *Melodram*
Leonora in *Il Trovatore* (Verdi) / live 1951 Napoli (+ Lauri-Volpi) unter Tullio Serafin – *Melodram*
Titelrolle in *La Traviata* (Verdi) / live 1955 Scala Milano unter Carlo Maria Giulini – *EMI, Arkadia, Foyer*
Titelrolle in *La Traviata* (Verdi) / live 1958 London unter Nicola Rescigno – *Melodram* + *Verona*
Amelia in *Un Ballo in Maschera* (Verdi) / live 1957 Scala Milano unter Gianandrea Gavazzeni – *Arkadia*
Titelrolle in *Aida* (Verdi) / live 1951 Mexico unter Oliviero de Fabritiis – *Melodram*
Elena in *I Vespri Siciliani* (Verdi) / live 1951 Firenze unter Erich Kleiber – *Melodram*
Kundry in *Parsifal* (Wagner) / it. / RAI Rom 1950 unter Vittorio Gui – *Melodram*
Titelrolle in *Tosca* (Puccini) / live 1952 Mexico unter Guido Picco – *Melodram*
Titelrolle in *Tosca* (Puccini) / live 1964 London unter Carlo Felice Cillario – *Melodram*
Maddalena in *Andrea Chénier* (Giordano) / live 1955 Scala Milano unter Antonino Votto – *Melodram*
Fast alle Partien sind in weiteren alternativen Live-Mitschnitten bei verschiedenen Labels zu finden

Den besten Einstieg in die Kunst und das Darstellungsspektrum der Callas bieten zwei 4CD-Boxen, zusammengestellt und kommentiert von Jürgen Kesting:
Maria Callas – Frühe Aufnahmen 1949–1954 – EMI
Maria Callas – Aufnahmen 1954–1961 – EMI

Ein repräsentativer Querschnitt durch die Live-Mitschnitte der Künstlerin:
Maria Callas – Il Canto Assoluta – Rodolphe (4CD)

Die große Sammlung sämtlicher EMI-Recitals:
Maria Callas – Recitals 1954–1969 – EMI (7CD)
(Insgesamt 11 Recitals, die in teilweise unterschiedlichen Kopplungen ursprünglich auf LP veröffentlicht waren. Alle Recitals sind auch auf Einzel-CDs erhältlich)

Noch eine EMI-Zusammenstellung (Portrait aus Einzelaufnahmen):
Maria Callas – Die Stimme des Jahrhunderts – EMI (3CD)

Für jene, die alles von Callas besitzen wollen – eine Sammlung unveröffentlicht gebliebener Takes, zumeist Spätaufnahmen:
Maria Callas – Unbekannte Aufnahmen – EMI

Zahlreiche Zusammenstellungen von offiziellen Aufnahmen und Raub-Mitschnitten aus allen Phasen der Callas-Karriere sind unter verschiedenen großen und kleinen Labels auf dem Markt. Als interessant können gelten:

Maria Callas singt Wahnsinnsszenen – EMI
Maria Callas – *The Incomparable – EMI*
Arie celebri (Frühaufnahmen) – *FONIT Cetra* (2CD)
Un mito Una carriera (Früh- und Live-Aufnahmen) – *Foyer* (2CD)
Maria Callas – *Rarities* (Interviews, Proben-Mitschnitte, Duette mit di Stefano) – *Verona*
The Live Concertos Vol.1+2 (Konzertmitschnitte 1950–56) – *G.O.P.* (je 2CD)
Maria Callas & Giuseppe di Stefano (Arien und Duette) – *EMI*
Maria Callas in Concert – The Rarest Material
(Eine Auswahl von John Ardoin: Norma, Vestale, Ernani, Don Carlo, Mefistofele, Tosca, Le Cid, Proch-Variationen / 1951–1961) – *Legato*

EMMA CALVÉ

Sämtliche Aufnahmen
(Bizet, Massenet, Mascagni, David, Gounod, Lisle, Foster, Martini, Yradier, Hoffmann, Bellini, Lully, Beethoven, Mozart, Offenbach, Godard, Hahn, Lara, Thomas, Bland, Rosa, Traditionals) – *Pearl* (2CD)
Arien & Lieder – *Music Memoria*
Einzelaufnahmen in *The Era of Adelina Patti – Nimbus/Prima Voce*

CAPPUCCILLI, PIERO

Masetto in *Don Giovanni* (Mozart) unter Carlo Maria Giulini – *EMI*
Antonio in *Le Nozze di Figaro* (Mozart) unter Carlo Maria Giulini – *EMI*
Figaro in *Il Barbiere di Siviglia* (Rossini) unter Giacomo Zani – *Supraphon*
Figaro in *Il Barbiere di Siviglia* (Rossini) / live 1968 Napoli unter Nino Sanzogno – *HRE + G.O.P.*
Ernesto in *Il Pirata* (Bellini) unter Gianandrea Gavazzeni – *EMI*
Riccardo in *I Puritani* (Bellini) unter Richard Bonynge – *Decca*
Enrico Ashton in *Lucia di Lammermoor* (Donizetti) unter Tullio Serafin und Thomas Schippers – *beide bei EMI*
Nottingham in *Roberto Devereux* (Donizetti) / live 1964 Napoli unter Mario Rossi – *Arkadia*
Titelrolle in *Nabucco* (Verdi) unter Giuseppe Sinopoli – *DG*
Ezio in *Attila* (Verdi) / live Wien 1980 unter Giuseppe Sinopoli – *HRE*
Francesco in *I due Foscari* (Verdi) unter Lamberto Gardelli – *Philips*
Francesco Moor in *I Masnadieri* (Verdi) unter Lamberto Gardelli – *Philips*
Titelrolle in *Macbeth* (Verdi) unter Claudio Abbado *(DG)* und unter Lamberto Gardelli *(Hungaroton)*
Titelrolle in *Rigoletto* unter Carlo Maria Giulini – *DG*
Luna in *Il Trovatore* (Verdi) unter Herbert von Karajan – *EMI*
Luna in *Il Trovatore* (Verdi) / live 1964 Moskau unter G.Gavazzeni – *Frequenz*
Renato in *Un Ballo in Maschera* (Verdi) unter Riccardo Muti – *EMI*
Carlo di Vargas in *La Forza del Destino* (Verdi) unter Lamberto Gardelli – *EMI*
Carlo di Vargas in *La Forza del Destino* (Verdi) / live 1978 Scala Milano unter Giuseppe Patané – *Legato*
Monforte in *I Vespri Siciliani* (Verdi) / live 1970 Scala Milano unter Gianandrea Gavazzeni – *Myto*
Titelrolle in *Simone Boccanegra* (Verdi) unter Claudio Abbado – *DG*
Titelrolle in *Simone Boccanegra* (Verdi) / live 1972 StO Wien unter Claudio Abbado – *Foyer*
Rodrigo in *Don Carlo* (Verdi) unter Herbert von Karajan – *EMI*
Amonasro in *Aida* (Verdi) unter Riccardo Muti und unter Herbert von Karajan – *beide bei EMI*
Jago in *Otello* (Verdi) / live 1976 Scala Milano unter Carlos Kleiber – *zuletzt bei BWS*
Barnaba in *La Gioconda* (Ponchielli) unter Antonino Votto – *EMI*
Escamillo in *Carmen* unter Lorin Maazel – *Ariola*
Alfio in *Cavalleria Rusticana* (Mascagni) unter Gianandrea Gavazzeni – *Decca*
Barone Ermanno in *Loreley* (Catalani) / live 1968 Scala Milano unter Gianandrea Gavazzeni – *Nuova Era*
Gellner in *La Wally* (Catalani) unter Fausto Cleva – *Decca*
Viele Live-Mitschnitte, vor allem von Verdi-Partien, auf verschiedenen Labels

Sängerportrait – Live-Mitschnitte
(Rossini, Donizetti, Bellini, Verdi, Catalani) – *Memories* (2CD)
Arien & Szenen aus Opern von Verdi, Gounod, Puccini, Bizet – *Melodram* (2CD)
Arien von Rossini, Donizetti, Bellini, Verdi, Giordano, Puccini – *Melodram*
Cappuccilli in concert (live 1984 Modena / Arien & Lieder) (+ Leone Magiera, *p*) – *Bongiovanni*

CARRERAS, JOSÉ

Leicester in *Elisabetta Regina d'Inghilterra* (Rossini) unter Gianfranco Masini – *Philips*
Titelrolle in *Otello* (Rossini) unter Jésus Lopez-Cobos – *Philips*
Gerardo in *Caterina Cornaro* (Donizetti) / live 1972 London unter Carlo Felice Cillario – *Foyer*
Nemorino in *L'Elisir d'amore* (Donizetti) unter Claudio Scimone – *Philips*
Edgardo in *Lucia di Lammermoor* (Donizetti) unter Jésus Lopez-Cobos – *Philips*
Leicester in *Maria Stuarda* (Donizetti) / live 1972 ORTF Paris unter Nello Santi – *Memories*
Titelrolle in *Roberto Devereux* (Donizetti) / live 1977 unter Julius Rudel – *Legato*
Titelrolle in *Poliuto* (Donizetti) unter Oleg Caetani – *Sony*
Eléazar in *La Juive* (Halévy) unter Antonio de Almeida – *Philips*
Oronte in *Jérusalem* (Verdi) / live 1975 Rom unter Gianandrea Gavazzeni – *Legato*
Oronte in *I Lombardi* (Verdi) unter Lamberto Gardelli – *Legato + Foyer*
Arrigo in *La Battaglia di Legnano* (Verdi) unter Lamberto Gardelli – *Philips*
Jacopo in *I due Foscari* (Verdi) unter Lamberto Gardelli – *Philips*
Corrado in *Il Corsaro* (Verdi) unter Lamberto Gardelli – *Philips*
Titelrolle in *Stiffelio* (Verdi) unter Lamberto Gardelli – *Philips*
Macduff in *Macbeth* (Verdi) unter Riccardo Muti – *EMI*
Manrico in *Il Trovatore* (Verdi) unter Colin Davis – *Philips*
Riccardo in *Un Ballo in Maschera* (Verdi) unter Colin Davis – *Philips*
Gabriele Adorno in *Simone Boccanegra* (Verdi) unter Claudio Abbado – *DG*
Alvaro in *La Forza del Destino* (Verdi) unter Giuseppe Sinopoli – *DG*
Titelrolle in *Don Carlo* (Verdi) unter Herbert von Karajan – *EMI*
Radames in *Aida* (Verdi) unter Herbert von Karajan – *EMI*
Don José in *Carmen* (Bizet) unter Herbert von Karajan – *DG*
Piquillo in *La Périchole* (Offenbach) unter Michel Plasson – *EMI*
Samson in *Samson et Dalila* (Saint-Saëns) unter Colin Davis – *Philips*
Enzo in *La Gioconda* (Ponchielli) / live 1979 Genova unter Jésus Lopez-Cobos – *Legato*
Rodolfo in *La Bohème* (Puccini) unter Colin Davis *(Philips)* und unter James Conlon *(ERATO)*
Cavaradossi in *Tosca* (Puccini) unter Colin Davis *(Philips)* und unter Herbert von Karajan *(DG)*

Pinkerton in *Madama Butterfly* unter Giuseppe Sinopoli – *DG*
Kalaf in *Turandot* (Puccini) unter Lorin Maazel *(CBS/Sony)* und unter Alain Lombard *(EMI)*
Turiddu in *Cavalleria Rusticana* (Mascagni) unter Riccardo Muti – *EMI*
Canio in *I Pagliacci* (Leoncavallo) unter Riccardo Muti – *EMI*
Titelrolle in *Andrea Chénier* (Giordano) unter Giuseppe Patané – *Sony*
Loris in *Fedora* (Giordano) unter Giuseppe Patané – *Sony*
Nicias in *Thais* (Massenet) unter Julius Rudel – *RCA*
Titelrolle in *Werther* (Massenet) unter Colin Davis – *Philips*
Sänger in *Der Rosenkavalier* (R.Strauss) unter Edo de Waart – *Philips*
Paco in *La Vida breve* (de Falla) unter Garcia Navarro – *DG*
Azael in *L'Enfant prodigue* (Debussy) unter Gary Bertini – *Orfeo*

Tenorpart in *Messa di Requiem* (Verdi) unter Herbert von Karajan und unter Claudio Abbado – *beide DG*
Tenorpart in *Messa di Gloria* (Puccini) unter Claudio Scimone – *ERATO*
Tenorpart in *Missa criolla* (Ramirez) unter José Luis Ocejo – *Philips*

Die Recital- und Portrait-Veröffentlichungen mit Carreras sind Legion. Die Mehrzahl bietet kunterbunte Zusammenstellungen aus Oper, Folklore, Zarzuela, Musical, Pop, Sakralkitsch.

Eine Auswahl, die sich vertreten läßt:
Arien-Recital
(Puccini, Leoncavallo, Ponchielli, Mascagni, Mercadante, Giordano, Gomes, Cilea, Bellini) – *Philips*
Verdi-Arien (vor allem aus Frühwerken) – *Philips*
Arien aus französischen Opern – *EMI*
Opern-Recital (vor allem Auszüge aus Gesamteinspielungen) – *EMI*
Lieder von Bellini, Donizetti, Rossini, Verdi (+ Martin Katz,*p*) – *Sony*
Lieder von Schubert, Liszt, Wagner (+ Ronald Schneider,*p*) – *Acanta*
Romanzen von Verdi & Canciones von de Falla (Arr. L.Berio) – *Philips*
Lieder italienischer Opernkomponisten (Rossini, Bellini, Donizetti, Verdi) (+ Martin Katz,*p*) – *Sony*
Zarzuela-Arien – *Philips*
Romanzen von Francesco Paolo Tosti – *Philips*
Liebesduette aus Opern von Donizetti, Verdi, Puccini (+ Katia Ricciarelli) – *Philips*
José Carreras – His First American Recital – live 1975
(Rossini, Bellini, Verdi, Puccini, Giordano, Fauré, de Falla, Alvarez, Tosti) – *Legato*

CARUSO, ENRICO

Caruso-Edition
Sämtliche Aufnahmen 1900–1921
(Überspielung von Original-Schellacks) – *Pearl* (4 × 3CD) Dies ist die empfehlenswerteste, weil sorgfältigste und originalgetreueste Ausgabe.
The Complete Caruso – Alle RCA-Aufnahmen
Mehr als 250 Takes – digitaltechnisch bearbeitet – *RCA* (12CD)

Empfehlenswerte Auswahlen:
Frühe Aufnahmen 1902–1904 – *EMI*
21 berühmte Arien
(Leoncavallo, Puccini, Verdi, Meyerbeer, Halévy, Giordano, Donizetti, Bizet, Ponchielli,Gounod, Händel, Flotow) – *RCA*
Caruso sings Verdi – *RCA*
Caruso sings Verismo Arias – *RCA*
Portrait-Recital
(Massenet, Puccini, Donizetti, Verdi, Meyerbeer, Leoncavallo, Goldmark, Gomes, Halévy) –
Nimbus/Prima Voce
Enrico Caruso in Ensemble
(+ Scotti, Farrar, Sembrich, Journet, Gadski, Alda, Homer, Amato, Hempel) –
Nimbus/Prima Voce
Enrico Caruso singt Duette
(+ Scotti, Farrar, Homer, Amato, Alda, Gadski, Ruffo) – *Nimbus/Prima Voce*
Enrico Caruso in Song
(Rossini, Händel, Ciompi, Niedermeyer, Billi, Alvarez, di Capua, Cottrau, Pennino u.a.) – *Nimbus/Prima Voce*

CEBOTARI, MARIA

Susanna in *Figaros Hochzeit* (Mozart) / 1937 Wien unter Karl Böhm – *Preiser*
Titelrolle in *Luise Miller* (Verdi) / 1943 Dresden unter Karl Elmendorff – *Preiser*
Salome-Finale & *Duettszene aus Feuersnot* (R.Strauss) (+ Karl Schmitt-Walter) – *zuletzt auf DG/Heliodor*
Violetta in *La Traviata* (Verdi) / dt./ Ausschnitte + Rosvaenge & Schlusnus – *Acanta*
Titelrolle in *Ariadne auf Naxos* (R.Strauss) /
Finale live 1947 Covent Garden London (+ Karl Friedrich) unter Thomas Beecham – *zuletzt auf RCA*
Lucille in *Dantons Tod* (von Einem) / UA 1947 Salzburg unter Ferenc Fricsay – *Stradivarius*

Sopransolo in *Sinfonie Nr.2 »Auferstehung«* (Mahler) unter Bruno Walter – *Nuova Era*

Portrait-Recital
(Mozart, Nicolai, Gounod, Puccini, R.Strauss, J.Strauß) – *Preiser*
Maria Cebotari – Legende und Wirklichkeit (2LP)
(Mozart, Nicolai, Gounod, Verdi, Puccini, Leoncavallo, R.Strauss, J.Strauß, Lieder) – *zuletzt bei EMI*

CHRISTOFF, BORIS

Titelrolle in *Mosè* (Rossini) / live 1971 Rom unter Bruno Bartoletti – *GDS*
Don Geronimo in *Il Matrimonio segreto* (Cimarosa) / Auschnitte / live 1949 Milano – *Melodram*
Oroveso in *Norma* (Bellini) / live 1953 Triest unter Antonino Votto – *Melodram*
Silva in *Ernani* (Verdi) / live 1968 Rom unter Gianandrea Gavazzeni – *Nuova Era*
Titelrolle in *Attila* (Verdi) / live 1962 Berlin unter Bruno Bartoletti – *Melodram*
Massimiliano in *I Masnadieri* (Verdi) / live 1972 Rom unter Daniel Oren – *Bongiovanni GAO*
Padre Guardiano in *La Forza del Destino* (Verdi) / live 1958 Napoli unter Francesco Molinari-Pradelli – *Melodram*
Filippo II in *Don Carlo* (Verdi) unter Gabriele Santini – *EMI* und *DG*
Filippo II in *Don Carlo* (Verdi) / live 1958 Covent Garden London unter Carlo Maria Giulini – *Replica*
Filippo II in *Don Carlo* (Verdi) / live 1960 Chicago unter Antonino Votto – *Stradivarius*
Jacopo Fiesco in Simone Boccanegra (Verdi) unter Gabriele Santini – *EMI*
Procida in *I Vespri Siciliani* (Verdi) / live 1951 Firenze unter Erich Kleiber – *FONIT Cetra*
Procida in *I Vespri Siciliani* (Verdi) / live 1955 Torino unter Mario Rossi – *Claque*
Ramfis in *Aida* (Verdi) unter Jonel Perlea – *RCA*
Méphistophéles in *Faust* (Gounod) zweimal unter André Cluytens – *EMI*
Pogner in *I Maestri cantori (Meistersinger* it.) / RAI 1962 unter Lovro von Matacic – *Melodram*
Gurnemanz in *Parsifal* (Wagner) / ital. / live 1950 Rom unter Vittorio Gui – *Foyer*
Gurnemanz in *Parsifal* (Wagner) / dt. / live 1960 Scala Milano unter André Ckuytens – *Melodram*
Titelrolle in *Mefistofele* (Boito) unter Vittorio Gui – *EMI*
Titelrolle, Pimen und Warlaam in *Boris Godunow* (Mussorgsky)
unter Issay Dobrowen und unter André Cluytens – *beide bei EMI*
Titelrolle in *Ivan Sussanin* (Ein Leben für den Zaren) (Glinka) unter Igor Markevitch – *EMI*
Galitzky und Kontchak in *Fürst Igor* (Borodin) unter Jerzy Semkow – *EMI*
Il Cieco in *Iris* (Mascagni) unter Gianandrea Gavazzeni – *FONIT Cetra + MM*
Titelrolle in *Don Quichotte* (Massenet) unter Alfredo Simonetto – *Melodram*
Bertramo in *Roberto il Diavolo* (Meyerbeer) / live 1968 Firenze unter Nino Sanzogno – *Melodram*
Saul in *Saul und David* (Nielsen) unter Jascha Horenstein – *Unicorn*

Kochubei in *Mazeppa* (Tschaikowsky) unter Jonel Perlea – *FONIT Cetra*
Titelrolle in *Ivan der Schreckliche* (Rimsky-Korssakoff) / it. / RAI 1969 unter Thomas Schippers – *G.O.P.*

Baßpart in *La Betulia liberata* (Mozart) unter Mario Rossi – *Nuova Era*
Baßsolo in Messa di Requiem (Verdi) unter Tullio Serafin – *EMI*

Opern-Portrait *Zaren und Könige* (Gluck, Verdi, Mussorgsky, Borodin) – *EMI*
Live-Recital
(Verdi, Boito, Puccini, Saint-Saëns, Beethoven, Wagner, Borodin, Mussorgsky) – *Melodram*
Sängerportrait (Mitschnitte 1951–1980: Mozart, Bellini, Verdi, Meyerbeer, Glinka, Mussorgsky) – *Legato*
Live-Recital (Monteverdi, Rameau, Gluck, Mozart, Beethoven, Verdi) – *Forlane*
Mélodies Russes
(Lieder von Glinka, Borodin, Balakirew, R-Korssakoff, Tschaikowsky, Cui, Rachmaninow) – *EMI Pathé* (5CD)
Modest Mussorgsky – Sämtliche Lieder
(Zyklen mit ORTF-Orch./Tzipine – Einzellieder mit Alexandre Labinsky,*p*) – *EMI*
Russische Volkslieder – *DG*

CLÉMENT, EDMOND

Bisherige Portrait-LPs:
Sängerportrait
(Meyerbeer, Gounod, Bizet, Massenet, Lalo, Boito u.a.) – *Discophilia*
Arien, Duette & Lieder (u.a. + Marcel Journet)
(Rossini, Gounod, Boieldieu, Delibes, Massenet, Mascagni, Bemberg, Martini, Hahn u.a.) – *Scala*

Beide Labels sind vom Markt verschwunden, die Platten nur mehr in Archiven und Antiquariaten zu finden. Einzelaufnahmen in den Anthologien. Man wartet dringend auf eine CD mit der Neuveröffentlichung von Aufnahmen dieses bedeutenden französischen Tenor-Stilisten.

CORDES, MARCEL

König in *Die Kluge* (Orff) unter Wolfgang Sawallisch – *EMI*
Baritonpart in *Carmina Burana* (Orff) unter Wolfgang Sawallisch – *EMI*
Silvio in *Der Bajazzo* (Leoncavallo) unter Horst Stein – *EMI*
Wolfram in *Tannhäuser* (Wagner) / live 1956 Napoli unter Karl Böhm – *Melodram*

Kunrad in *Feuersnot* (R.Strauss) / live 1958 München unter Rudolf Kempe – *Melodram*
Mandryka-Szenen aus *Arabella* (R.Strauss) in *Portrait Trude Eipperle – Bayer Records*
Kruschina in *Die verkaufte Braut* (Smetana) unter Rudolf Kempe – *EMI*
Posa in *Don Carlos* (Verdi) / Szenenfolge dt. / unter Heinrich Hollreiser – *Ariola*
Kaspar in *Die Zaubergeige* (Egk) / Szenenfolge unter Werner Egk – *DG*
René in *Ein Maskenball* (Verdi) / Ausschnitte unter Horst Stein – *EMI*
Dapertutto + Mirakel in *Hoffmanns Erzählungen* (Offenbach) / Ausschnitte unter Berislav Klobucar – *EMI*
Peter I. in *Zar und Zimmermann* (Lortzing) / Ausschnitte unter Berislav Klobucar – *EMI*
Marcel in *La Bohème* (Puccini) / Ausschnitte unter Berislav Klobucar – *EMI*
Graf Homonay in *Der Zigeunerbaron* (J.Strauß) / Ausschnitte unter Werner Schmidt-Boelcke – *Laserlight*
Petrucchio in *Der Widerspenstigen Zähmung* (H.Goetz) unter Joseph Keilberth – *Melodram*

Eine Wiederveröffentlichung von EMI-Einspielungen (Einzeltakes / Opernquerschnitte) und Rundfunkaufnahmen dieses prachtvollen Baritons – mindestens auf einer Recital-CD – ist sehr zu wünschen.

CORELLI, FRANCO

Pollione in *Norma* (Bellini) unter Tullio Serafin – *EMI*
Pollione in *Norma* (Bellini) / live 1953 Triest unter Antonio Votto – *Melodram*
Licinio in *La Vestale* (Spontini) / live 1954 Scala Milano unter Antonino Votto – *Melodram*
Titelrolle in *Poliuto* (Donizetti) / live 1960 Scala di Milano unter Antonino Votto – *Virtuoso*
Titelrolle in *Ernani* (Verdi) / live 1965 Met NYC unter Thomas Schippers – *G.O.P. + Memories*
Arrigo in *La Battaglia di Legnano* (Verdi) / live 1961 Scala Milano unter Gianandrea Gavazzeni – *Foyer + Myto*
Manrico in *Il Trovatore* (Verdi) unter Thomas Schippers – *EMI*
Manrico in *Il Trovatore* (Verdi) / live 1962 Salzburg unter Herbert von Karajan – *Melodram + Arkadia*
Alvaro in *La Forza del Destino* (Verdi) / live 1958 Napoli unter Francesco Molinari-Pradelli – *Melodram*
Titelrolle in *Don Carlo* (Verdi) / live Wien 1970 unter Horst Stein – *Melodram*
Radames in *Aida* (Verdi) unter Angelo Questa *(FONIT Cetra)* und unter Zubin Mehta *(EMI)*
Raoul in *Gli Ughenotti* (Les Huguenots) (Meyerbeer) / live 1962 Scala Milano unter G.Gavazzeni – *Melodram*
Licinio in *La Vestale* (Spontini) / live 1954 Scala Milano unter Antonino Votto – *Melodram*

Enrico in *Agnese di Hohenstaufen* (Spontini) / live 1954 Firenze unter Vittorio Gui – *FONIT Cetra*
Titelrolle in *Faust* (Gounod) unter Richard Bonynge – *Decca*
Roméo in *Roméo et Juliette* (Gounod) unter Alain Lombard – *EMI*
Don José in *Carmen* (Bizet) unter Herbert von Karajan – *RCA*
Don José in *Carmen* (Bizet) / live 1959 Palermo unter Pierre Dervaux – *Stradivarius*
Rudolfo in *La Bohème* (Puccini) / live 1965 Met NYC unter Fausto Cleva – *Bongiovanni GAO*
Cavaradossi in *Tosca* (Puccini) unter Lorin Maazel – *Decca*
Dick Johnson in *La Fanciulla del West* (Puccini) / live 1956 Scala Milano unter Antonino Votto – *Foyer*
Dick Johnson in *La Fanciulla del West* (Puccini) / live 1964 Philadelphia unter Anton Guadagno – *Melodram*
Kalaf in *Turandot* (Puccini) unter Francesco Molinari-Pradelli – *EMI*
Turiddu in *Cavalleria Rusticana* (Mascagni) unter Gabriele Santini – *EMI*
Canio in *I Pagliacci* (Leoncavallo) unter Lovro von Matacic – *EMI*
Titelrolle in *Andrea Chénier* (Giordano) unter Gabriele Santini – *EMI*
Titelrolle in *Andrea Chénier* (Giordano) / live 1960 Wien unter Lovro von Matacic – *Melodram*
Maurizio in *Adriana Lecouvreur* (Cilea) / live 1959 Napoli unter Mario Rossi – *Melodram*
Illo (Hylus) in *Heracle* (Händel) / live 1958 Milano unter Lovro von Matacic – *GDS*

EMI-Studioaufnahmen
(Giordano, Donizetti, Puccini, Cilea, Meyerbeer, Ponchilli) – *EMI*
Portrait-Recital (Live-Mitschnitte)
(Leoncavallo, Massenet, Bizet, Puccini, Bellini, Giordano, Cilea, Donizetti, Verdi, Meyerbeer, Ponchielli, Mascagni) – *Legato*
The Golden Years – Arien, Lieder und Duette (live) – *Legato*
Arien-Recital
(Bizet, Meyerbeer, Massenet, Donizetti, Verdi, Giordano, Cilea, Puccini) – *Melodram*
Franco Corelli & Renata Tebaldi – Arien und Duette (Verdi, Ponchielli, Puccini, Cilea) – *Decca*
Montserrat Caballé & Franco Corelli (Arien und Duette) – *Legato*
Franco Corelli in Parma (Norma, Tosca, Rigoletto / live 1961–1971) – *Myto*
Neapolitanische Lieder – *EMI*

COSSOTTO, FIORENZA

Diane in *Iphigénie en Tauride* (Gluck) / live 1957 Scala Milano unter Nino Sanzogno – *Melodram*
Cherubino in *Le Nozze di Figaro* (Mozart) unter Carlo Maria Giulini – *EMI*
Neris in *Medea* (Cherubini) unter Lamberto Gardelli – *Decca*

Neris in *Medea* (Cherubini) / live 1959 Covent Garden London unter Nicola Rescigno – *Foyer*

Titelrolle in *Tancredi* (Rossini) unter Gabriele Ferro – *Nouva Era*

Adalgisa in *Norma* (Bellini) unter Carlo Felice Cillario *(RCA)* und unter Silvio Varviso *(Decca)*

Adalgisa in *Norma* (Bellini) / live 1972 Scala Milano unter Gianandrea Gavazzeni – *G.O.P.*

Romeo in *I Capuleti e i Montecchi* (Bellini) / RAI 1957 unter Lorin Maazel – *Melodram*

Leonora in *La Favorita* (Donizetti) / live 1971 Tokio unter Oliviero de Fabritiis – *Foyer*

Urbano in *Gli Ughenotti* (Meyerbeer) / live 1962 Scala Milano unter Gianandrea Gavazzeni – *Melodram*

Statira in *Olimpia* (Spontini) / live 1966 Scala Milano unter Francesco Molinari-Pradelli – *Melodram*

Marchesa in *Un Giorno di Regno* (Verdi) unter Lamberto Gardelli – *Philips*

Lady Macbeth in *Macbeth* (Verdi) unter Riccardo Muti – *EMI*

Maddalena in *Rigoletto* (Verdi) unter Gianandrea Gavazzeni *(Nuova Era)* und Rafael Kubelik *(DG)*

Azucena in *Il Trovatore* (Verdi) unter Tullio Serafin *(DG)* und unter Zubin Mehta *(RCA)*

Ulrica in *Un Ballo in Maschera* (Verdi) unter Riccardo Muti – *EMI*

Preziosilla in *La Forza del Destino* (Verdi) unter James Levine – *RCA*

Eboli in *Don Carlo* (Verdi) unter Gabriele Santini – *DG*

Amneris in *Aida* (Verdi) unter Riccardo Muti – *EMI*

Amneris in *Aida* (Verdi) / live München 1972 unter Claudio Abbado – *Foyer*

Titelrolle in *Carmen* (Bizet) / live 1971 Venezia unter Peter Maag – *Myto*

Santuzza in *Cavalleria Rusticana* (Mascagni) unter Herbert von Karajan – *DG*

Laura in *La Gioconda* (Ponchielli) unter Antonino Votto – *EMI*

Suzuki in *Madama Butterfly* (Puccini) unter Tullio Serafin – *Decca*

Principessa in *Suor Angelica* (Puccini) unter Bruno Bartoletti – *RCA*

Marfa in *Chowanschtschina* (Mussorgsky) it. / live 1974 Scala Milano unter Bogo Leskovich – *zuletzt auf HRE*

Bersi in *Andrea Chénier* (Giordano) / live 1957 Scala Milano unter Gianandrea Gavazzeni – *Melodram*

Viele Live-Mitschnitte von Aufführungen dieser und anderer Werke auf verschiedenen Labels

Altpartie in *Messa da Requiem* (Verdi) unter John Barbirolli *(EMI)* und unter Herbert von Karajan *(Verona)*

Verdi-Arien (*Nabucco, Ernani, Corsaro, Ballo, Don Carlo*) (+ RoyalPhO / Nello Santi) – *FONIT Cetra*

Portrait-Recital
(Cherubini, Rossini, Bellini, Donizetti, Verdi, Ponchielli, Mascagni, Cilea) – *zuletzt auf Everest*

CRASS, FRANZ

Tolomeo in *Julius Caesar* (Händel) unter Karl Richter – *DG*
Don Fernando in *Fidelio* (Beethoven) unter Otto Klemperer *(EMI)*
Don Fernando in *Fidelio* (Beethoven) / live 1960 Scala Milano unter Herbert von Karajan – *(zuletzt HRE)*
Rocco in *Fidelio* (Beethoven) unter Karl Böhm – *DG*
Commendatore in *Don Giovanni* (Mozart) unter Otto Klemperer – *EMI*
Sarastro in *Die Zauberflöte* (Mozart) unter Karl Böhm – *DG*
Sprecher in *Die Zauberflöte* (Mozart) unter Otto Klemperer – *EMI*
Eremit in *Der Freischütz* (Weber) unter Carlos Kleiber – *DG*
Don Basilio in *Der Barbier von Sevilla* (Rossini) unter Otmar Suitner – *EMI*
Bijou in *Der Postillon von Lonjumeau* (Adam) / Ausschnitte unter Fritz Lehan – *EMI*
Titelrolle in *Der fliegende Holländer* (Wagner) / live 1961 Bayreuth unter Wolfgang Sawallisch – *Philips*
Titelrolle in *Der fliegende Holländer* (Wagner) / live Scala Milano unter Wolfgang Sawallisch – *Memories*
Biterolf in *Tannhäuser* (Wagner) / live 1962 Bayreuth unter Wolfgang Sawallisch – *Philips*
König Heinrich in *Lohengrin* (Wagner) / live 1962 Bayreuth unter Wolfgang Sawallisch – *Philips*
Pogner in *Die Meistersinger von Nürnberg* (Wagner) unter Rafael Kubelik – *Myto*
Gurnemanz in *Parsifal* (Wagner) / live 1970 Bayreuth unter Pierre Boulez – *DG*
Friedrich Engel in *Der Evangelimann* (Kienzl) / Ausschnitte unter Robert Heger – *EMI*
Petrus in *Der Mond* (Orff) unter Kurt Eichhorn – *Ariola*
Tiresias in *Oedipus Rex* (Strawinsky) / live 1967 unter Claudio Abbado – *Memories*

Christus in *Johannes-Passion* (Bach) unter Wolfgang Gönnenwein – *EMI*
Baß-Arien in *Johannes-Passion* (Bach) unter Eugen Jochum – *Philips*
Baß-Arien in *Matthäus-Passion* (Bach) unter Eugen Jochum – *Philips*
Baßpart in *Weihnachts-Oratorium* (Bach) unter Karl Richter – *DG Archiv*
Baßpart in *Messe h-moll* (Bach) unter Otto Klemperer – *EMI*
Baßpartien in Kantaten *BWV 131, 137,190* (Bach) unter Hans Thamm – *EMI*
Baßpart in *Missa c-moll KV 427* (Mozart) unter Karl Forster – *EMI*
Baßpart in *Cäcilienmesse* (Gounod) unter J.C.Hartemann – *EMI*
Baßsolo in *Sinfonie Nr.8* (Mahler) unter Rafael Kubelik – *DG*

Portrait-Recital (deutschsprachig) – *zuletzt bei EMI*

CRESPIN, RÉGINE

Titelrolle in *Carmen* (Bizet) unter Alain Lombard – *ERATO*
Sieglinde in *Die Walküre* (Wagner) unter Georg Solti – *Decca*
Brünnhilde in *Die Walküre* (Wagner) unter Herbert von Karajan – *DG*

Kundry in *Parsifal* (Wagner) / live 1958 Bayreuth unter Hans Knappertsbusch – *Melodram*
Marschallin in *Der Rosenkavalier* (R.Strauss) unter Georg Solti – *Decca*
Metella in *La Vie Parisienne* (Offenbach) unter Michel Plasson – *EMI*
Titelrolle in *La Périchole* (Offenbach) unter Alain Lombard – *EMI*
Titelrolle in *La Grande-Duchesse de Gerolstein* (Offenbach) unter Michel Plasson – *EMI*
Marguerite in *La Damnation de Faust* (Berlioz) unter Pierre Monteux – *zuletzt BWS*
Cassandre & Didon in *Les Troyens* (Berlioz) / Ausschnitte unter Georges Prêtre – *EMI*
Dulcinea in *Don Quichotte* (Massenet) unter Kazmierz Kord – *Decca*
Titelrolle in *Pénélope* (Fauré) unter D.E.Inghelbrecht - *zuletzt auf Discoreale*
Madame Lidoine in *Les Dialogues des Carmelites* (Poulenc) unter Pierre Dervaux – *EMI*

Régine Crespin sur Scene – Live-Mitschnitte (Pizzetti, Gluck, Massenet, Ponchielli, Wagner, Beethoven, R.Strauss, Verdi, Bizet) – *Rodolphe*
Berlioz: Les Nuits d'Eté / Ravel: Shehérazade / Debussy: Chansons de Bilits / Poulenc: Sieben Lieder (+ Orch. de la Suisse Romande, E.Ansermet / John Wustman,*p*) – *Decca*
Airs d'Opéra (Rossini, Verdi, Wagner, Berlioz) – *EMI*
Primadonna in Paris – Arien-Recital – *zuletzt bei Decca*
Régine Crespin chante Offenbach – *zuletzt bei EMI*
Lieder-Recital Live NYC 1967 (Wolf, Debussy, Milhaud, Rosenthal, Berlioz, Poulenc) – *Melodram*

DAM, JOSÉ VAN

Ismenor in *Dardanus* (Rameau) unter Raymond Leppard – *ERATO*
Agamemnon in *Iphigénie en Aulide* (Gluck) unter John Eliot Gardiner – *ERATO*
Leporello in *Don Giovanni* (Mozart) unter Lorin Maazel *CBS/Sony*
Figaro in *Le Nozze di Figaro* (Mozart) unter Herbert von Karajan – *Decca*
Don Alfonso in *Cosí fan tutte* (Mozart) unter Riccardo Muti *(EMI)* und unter Neville Marriner *(Philips)*
Sarastro in *Die Zauberflöte* (Mozart) unter Herbert von Karajan – *DG*
Sprecher in *Die Zauberflöte* (Mozart) unter Alain Lombard – *ERATO*
Don Fernando in *Fidelio* (Beethoven) unter Herbert von Karajan – *EMI*
Titelrolle in *Simone Boccanegra* (Verdi) unter Sylvain Cambreling – *Ricercar*
Paolo in *Simone Boccanegra* (Verdi) unter Claudio Abbado – *DG*
Un Frate in *Don Carlo* (Verdi) unter Herbert von Karajan – *EMI*
Il Re in *Aida* (Verdi) unter Herbert von Karajan – *EMI*
Lodovico in *Otello* (Verdi) unter Herbert von Karajan – *EMI*
Titelrolle in *Der fliegende Holländer* (Wagner) unter Herbert von Karajan – *EMI*
Amfortas in *Parsifal* (Wagner) unter Herbert von Karajan *(DG)* und Daniel Barenboim *(Teldec)*

Méphistophéles in *La Damnation de Faust* (Berlioz) unter Georg Solti – *Decca*
Escamillo in *Carmen* (Bizet) unter Alain Lombard *(ERATO)*, Georg Solti *(Decca)* und H. von Karajan *(DG)*
Le Duc in *La Jolie Fille de Perth* (Bizet) unter Georges Prêtre – *EMI*
Méphistophéles in *Faust* (Gounod) unter Michel Plasson – *EMI*
Frére Laurent in *Roméo et Juliette* (Gounod) unter Michel Plasson – *EMI*
Ourrias in *Mireille* (Gounod) unter Michel Plasson – *EMI*
Bösewichter in *Les Contes d'Hoffmann* (Offenbach) unter Sylvain Cambreling – *EMI*
Comte Des Grieux in *Manon* (Massenet) unter Michel Plasson – *EMI*
Titelrolle in *Don Quichotte* (Massenet) unter Michel Plasson – *EMI*
Le Père in *Louise* (Charpentier) unter Julius Rudel – *EMI*
Golaud in *Pelléas et Mélisande* (Debussy) unter Herbert von Karajan *(EMI)* und unter Claudio Abbado *(DG)*
Ramiro in *L'heure espagnole* (Ravel) unter Lorin Maazel – *DG*
Eumée in *Pénélope* (Fauré) unter Charles Dutoit – *ERATO*
Titelrolle in *Oedipe* (Enesco) unter Lawrence Foster – *EMI*
Jochanaan in *Salome* (R.Strauss) unter Herbert von Karajan – *EMI*

Raphael & Adam in *Die Schöpfung* (Haydn) unter Herbert von Karajan – *DG*
Baßpart in *Requiem KV 626* (Mozart) unter Herbert von Karajan – *DG*
Baßpart in *Messa di Requiem* (Verdi) unter Herbert von Karajan *(DG)* und unter Georg Solti *(RCA)*
Baßpart in *Missa solemnis* (Beethoven) zweimal unter Herbert von Karajan – *EMI* und *DG*
Baßsolo in *Sinfonie Nr.9* (Beethoven) unter Herbert von Karajan – *DG*
Baritonsolo in *Ein Deutsches Requiem* (Brahms) unter Herbert von Karajan – *DG*
Baßpart in *Te Deum* (Bruckner) unter Herbert von Karajan – *DG*
Baritonsolo in *Requiem op.48* (Fauré) unter Michel Plasson – *EMI*
Baßpart in *Sinfonie Nr.8* (Mahler) unter Leonard Bernstein – *DG*

Große Italienische Arien (Rossini, Donizetti, Verdi, Puccini, Boito, Loncavallo, Giordano) – *Forlane*
Mozart-Arien (Opern + Konzertarien KV 513 & 541) unter Jean-Pierre Wallez – *Forlane*
Richard Wagner: Szenen und Monologe unter Jean-Claude Casadesus – *Forlane*
Winterreise D.911 (Schubert) (+ Dalton Baldwin,*p*) – *Forlane*
Schwanengesang D.957 (Schubert) (+ Valerij Afanassiev,*p*) – *Forlane*
Kerner-Lieder op.35 & *Dichterliebe op.48* (Schumann) (+ Dalton Baldwin,*p*) – *Forlane*
Französische Lieder (Berlioz, Ibert, Fauré, Poulenc, Ropartz) (+Jean-Philippe Collard,*p*) – *EMI*
Kintertotenlieder, *Rückert-Lieder*, Ausschnitte *Des Knaben Wunderhorn* (Mahler) unter J.C. Casadesus – *Forlane*

DE LUCA, GIUSEPPE

Portrait-Recital
(Verdi, Rossini, Donizetti, Bellini, Puccini, Diaz, Ponchielli, Wolf-Ferrari) – *Nimbus/ Prima Voce*
Recital(s): Arien, Szenen, Duette – CD/LPs
(Mozart, Rossini, Bellini, Donizetti, Verdi, Gounod, Meyerbeer, Diaz, Massenet u.a.) – *Preiser CO + LV*
Frühe Aufnahmen
(Mozart, Donizetti, Thomas, Massenet, Cilea) in *The Harold Wayne Collection Vol.11* – *Symposiuum*
Einzelaufnahmen von Duetten
in den Portrait-Recitals von Lucrezia Bori, Enrico Caruso, Giovanni Martinelli, Benjamino Gigli

DE LUCIA, FERNANDO

Portrait-Recital (2CD)
(Massenet, Giordano, Mascagni, Bizet, Thomas, Gounod, Rossini, Verdi, Wagner, Bellini, Costa, Barthlmy) –
Bongiovanni
Conte Almaviva in *Il Barbiere di Siviglia* (Rossini) / gekürzte Version (Almaviva-Partie nahezu komplett)
1918 Milano unter Salvatore Sassano – *Legato*
Conzone Napoletane (2CD)
63 Romanzen und Canzonen (Fonotipia 1911 / Phonotype 1917–1921 / Gramophon 1909) – *Pearl/Opal*
Recital-CD in Vorbereitung bei *Pearl*

DEL MONACO, MARIO

Pollione in *Norma* (Bellini) / live 1955 Rom unter Tullio Serafin – *Melodram*
Pollione in *Norma* (Bellini) unter Silvio Varviso – *Decca*
Titelrolle in *Ernani* (Verdi) / live 1956 Met NYC unter Dimitri Mitropoulos – *Foyer*
Titelrolle in *Ernani* (Verdi) / live 1957 Firenze unter Dimitri Mitropoulos – *Melodram*
Titelrolle in *Stiffelio* (Verdi) / live 1972 Napoli unter Oliviero de Fabritiis – *Legato*
Duca in *Rigoletto* (Verdi) unter Alberto Erede – *Decca*
Manrico in *Il Trovatore* (Verdi) unter Alberto Erede – *Decca*
Alvaro in *La Forza del Destino* (Verdi) unter Francesco Molinari-Pradelli – *Decca*
Alvaro in *La Forza del Destino* (Verdi) / live 1953 Firenze unter Dimitri Mitropoulos – *Melodram*
Radames in *Aida* (Verdi) unter Alberto Erede – *Decca*

Radames in *Aida* (Verdi) / live 1951 Mexico unter Oliviero de Fabritiis – *FONIT Cetra*
Titelrolle in *Otello* (Verdi) unter Alberto Erede und unter Herbert von Karajan – *Decca*
Titelrolle in *Otello* (Verdi) / live 1954 Scala Milano unter Antonino Votto – *FONIT Cetra*
Don José in *Carmen* (Bizet) unter Thomas Schippers – Decca
Don José in *Carmen* (Bizet) / live 1957 Met NYC unter Dimitri Mitropoulos – *FONIT Cetra*
Don José in *Carmen* (Bizet) / live 1959 Bolschoi Moskau unter A.Melik-Pashajew – *Melodia*
Faust in *Mefistofele* (Boito) unter Tullio Serafin – *Decca*
Samson in *Samson et Dalila* (Saint-Saëns) / live 1959 Napoli unter Fr.Molinari-Pradelli – *Melodram*
Enzo in *La Gioconda* (Ponchielli) unter Gianandrea Gavazzeni – *Decca*
Turiddu in *Cavalleria Rusticana* (Mascagni)
unter Franco Ghione, unter Tullio Serafin und unter Silvio Varviso – *Decca*
Canio in *I Pagliacci* (Leoncavallo) unter Alberto Erede und unter Francesco Molinari-Pradelli – *Decca*
Des Grieux in *Manon Lescaut* (Puccini) unter Francesco Molinari-Pradelli – *Decca*
Cavaradossi in *Tosca* (Puccini) unter Francesco Molinari-Pradelli – *Decca*
Dick Johnson in *La Fanciulla del West* (Puccini) unter Franco Capuana – *Decca*
Luigi in *Il Tabarro* (Puccini) unter Lamberto Gardelli – *Decca*
Kalaf in *Turandot* (Puccini) unter Alberto Erede – *Decca*
Hagenbach in *La Wally* (Catalani) unter Fausto Cleva – *Decca*
Maurizio in *Adriana Lecouvreur* (Cilea) unter Franco Capuana – *Decca*
Titelrolle in *Andrea Chénier* (Giordano) unter Gianandrea Gavazzeni – *Decca*
Titelrolle in *Andrea Chénier* (Giordano) / live 1954 Met NYC unter Fausto Cleva – *Nuova Era*
Titelrolle in *Andrea Chénier* (Giordano) / live 1955 Scala Milano unter Antonino Votto – *Rodolphe + Melodram*
Loris in *Fedora* (Giordano) unter Lamberto Gardelli – *Decca*
Paolo in *Francesca da Rimini* (Zandonai) / Ausschnitte mit Magda Olivero – *Decca*

Arien-Recital (Die frühen Einzeltitel)
(Verdi, Giordano, Puccini, Wagner, Mascagni, Massenet, Meyerbeer, Bizet, Leoncavallo, Cilea) – *EMI*
Portrait (Verdi, Meyerbeer, Ponchielli, Leoncavallo, Puccini, Giordano / Canzonen) – *Decca*
Verismo-Arien (Leoncavallo, Giordano, Ponchielli, Zandonai, Catalani, Boito, Cilea, Mascagni) – *Decca*
Live-Portrait (2CD)
(Bellini, Verdi, Bizet, Puccini, Leoncavallo, Giordano) – *Nuova Era*
Arien & Lieder (zumeist live)
(Meyerbeer, Verdi, Leoncavallo, Halévy, Puccini, de Curtis, Gastaldon, di Capua) – *Bongiovanni GAO*
Mario del Monaco in Concert (Opernarien live) – *Virtuoso*

Für Fans: Eine *12CD-Edition Mario del Monaco* mit dem Gesamtrepertoire, das der Tenor für *Decca* aufgenommen hat, bei *Decca.* Weitere Live-Recitals auf *Foyer, Suite* und *GDS*

DELLA CASA, LISA

Contessa in *Le Nozze di Figaro* (Mozart) unter Erich Kleiber (*Decca)* und unter Erich Leinsdorf *(RCA)*
Donna Elvira in *Don Giovanni* (Mozart) unter Josef Krips – *Decca*
Donna Elvira in *Don Giovanni* (Mozart) / live 1956 Salzburg unter Dimitri Mitropoulos – *Arkadia*
Fiordilligi in *Così fan tutte* (Mozart) unter Karl Böhm – *Decca*
Pamina in *Die Zauberflöte* (Mozart) / live 1959 Salzburg unter George Szell – *Melodram*
Marzelline in *Fidelio* (Beethoven) / live 1948 Salzburg unter Wilhelm Furtwängler – *Melodram*
Euridice in *Orfeo ed Euridice* (Gluck) unter Pierre Monteux – *RCA*
Eva in *Die Meistersinger von Nürnberg* (Wagner) / live Bayreuth 1952 unter Hans Knappertsbusch – *Melodram*
Chrysothemis in *Elektra* (R.Strauss) / live 1957 Salzburg unter Dimitri Mitropoulos – *Nuova Era*
Octavian in *Der Rosenkavalier* (R.Strauss) / live Met NYC unter Thomas Schippers – *Claque*
Marschallin in *Der Rosenkavalier* (R.Strauss) / live 1960 Salzburg unter Herbert von Karajan – *Arkadia*
Titelrolle in *Ariadne auf Naxos* (R.Strauss) / live 1954 Wien unter Karl Böhm – *Melodram*
Zdenka in *Arabella* (R.Strauss) / live 1947 Salzburg unter Karl Böhm – *Melodram*
Titelrolle in *Arabella* (R.Strauss) unter Georg Solti *(Decca)* und unter Joseph Keilberth *(DG)*
Gräfin in *Capriccio* (R.Strauss) unter Robert Heger / live 1960 München – *Melodram*
Titelrolle in *Tosca* (Puccini) / Ausschnitte dt. unter Berislav Klobucar – *EMI*
Szenen aus *Der Zarewitsch* (Lehár) (+ Helge Rosvaenge /THO Zürich / Victor Reinshagen) – *Relief*

Sopransolo in *Requiem KV 626* (Mozart) / RAI 1956 unter Bruno Walter – *Nuova Era*

Vier letzte Lieder & Ausschnitte aus *Arabella, Ariadne, Capriccio* (R.Strauss) – *Decca*
Arien & Szenen aus Opern live (Beethoven, Mozart, Puccini, Wagner) – *Melodram* (2CD)
Lieder-Recital (+ Michio Kobayashi,*p*) (Brahms, Wolf, Mahler, Dvorák, R.Strauss) – *Relief*
Lieder von Richard Strauss (+ Arpad Sándor,*p*) – *Ariola*
Sängerportrait (Arien von Händel, Mozart, R.Strauss / Lieder von R.Strauss) – *Decca*

DE LOS ANGELES, VICTORIA

Dido in *Dido and Aeneas* (Purcell) unter John Barbirolli – *EMI*
Angelica in *Orlando furioso* (Vivaldi) unter Claudio Scimone – *ERATO*
Rosina in *Il Barbiere di Siviglia* (Rossini) unter Tullio Serafin und unter Vittorio Gui – *beide bei EMI*
Contessa in *Le Nozze di Figaro* (Mozart) / live 1952 Met NYC unter Fritz Reiner – *AS*
Violetta in *La Traviata* (Verdi) unter Tullio Serafin – *EMI*
Amelia in *Simone Boccanegra* (Verdi) unter Gabriele Santini – *EMI*
Desdemona in *Otello* (Verdi) / live 1958 Met NYC unter Fausto Cleva – *Melodram*
Elisabeth in *Tannhäuser* (Wagner) / live 1961 Bayreuth unter Wolfgang Sawallisch – *Melodram*
Titelrolle in *Carmen* (Bizet) unter Thomas Beecham – *EMI*
Marguerite in *Faust* (Gounod) zweimal unter André Cluytens – *beide bei EMI*
Antonia in *Les Contes d'Hoffmann* (Offenbach) unter André Cluytens – *EMI*
Mimi in *La Bohème* (Puccini) unter Thomas Beecham – *EMI*
Mimi in *La Bohème* (Puccini) / live Met NYC unter Francesco Molinari-Pradelli – *GDS*
Titelrolle in *Madama Butterfly* (Puccini) unter Gianandrea Gavazzeni und Gabriele Santini – *beide bei EMI*
Titelrolle in *Suor Angelica* (Puccini) unter Tullio Serafin – *EMI*
Lauretta in *Gianni Schicchi* (Puccini) unter Gabriele Santini – *EMI*
Santuzza in *Cavalleria Rusticana* (Mascagni) unter Gabriele Santini – *EMI*
Nedda in *I Pagliacci* (Leoncavallo) unter Renato Cellini – *RCA*
Titelrolle in *Manon* (Massenet) unter Pierre Monteux – *EMI*
Charlotte in *Werther* (Massenet) unter Georges Prêtre – *EMI*
Mélisande in *Pelléas et Mélisande* (Debussy) unter André Cluytens – *EMI*
Salud in *La Vida breve* (de Falla) unter Ernesto Halffter und unter Rafael Frühbeck de Burgos – *beide bei EMI*

El Amor brujo (de Falla) unter Carlo Maria Guilini und Rafael Frühbeck de Burgos – *beide bei EMI*
Bacchianas Brasileiras No.2, 5, 9 (Villa-Lobos) unter Heitor Villa-Lobos – *EMI*
Canteloube: *Chants de l'Auvergne – zuletzt bei EMI*

Drei wichtige Zusammenstellungen – jetzt auf CD:
Portrait-Recital – *Opernarien*
(Rossini, Mozart, Gounod, Massenet, Verdi, Wagner, Mascagni, Catalani, Puccini, Massenet) – *EMI*
Spanish Songs
(de Falla, Granados, Turina u.a.) (+ Gerald Moore,*p* / Philh.Orch./ A.Fistoulari & W.Susskind – *EMI*
Portrait-Recital (Live-Aufnahmen 1948–65) – *Melodram* (2CD)

3LP-Kassette: *The Incomparable Victoria del los Angeles – zuletzt bei EMI*
Auf Flügeln des Gesanges
(Orchesterlieder von Mendelssohn, Brahms, Grieg, Dvorak, Martini, Hahn u.a.) – *EMI*
Andalusische Lieder unter Giuseppe Morelli – *zuletzt bei EMI*

Zahlreiche LP-Recitals mit Liedaufnahmen, Spanischen Gesängen, Zarzuela-Ausschnitten gab es in vielfacher Zusammenstellung auf verschiedenen EMI-Labels. Wiederveröffentlichungen erscheinen wichtiger als die auf CD vorhandenen Mitschnitte später Konzertauftritte.

DERMOTA, ANTON

Don Ottavio in *Don Giovanni* (Mozart) unter Josef Krips – *Decca*
Don Ottavio in *Don Giovanni* (Mozart) / live 1950, 1953 und 1954 Salzburg unter Wilhelm Furtwängler – *BWS, Foyer* und *Melodram*
Don Ottavio in *Don Giovanni* (Mozart) / NDR 1951 unter Leopold Ludwig – *Melodram*
Ferrando in *Così fan tutte* (Mozart) unter Karl Böhm – *Decca*
Belmonte in *Die Entführung aus dem Serail* (Mozart) unter Ferenc Fricsay – *Movimento Musica*
Belmonte in *Die Entführung aus dem Serail* (Mozart) / ORF 1945 unter Rudolf Moralt – *Melodram*
Belmonte in *Die Entführung aus dem Serail* (Mozart) / live 1954 Aix unter Hans Rosbaud – *Melodram*
Tamino in *Die Zauberflöte* (Mozart) unter Herbert von Karajan – *EMI*
Tamino in *Die Zauberflöte* (Mozart) / live 1951 Salzburg unter Wilhelm Furtwängler – *Melodram*
Tamino in *Die Zauberflöte* (Mozart) / live 1958 Buenos Aires unter Thomas Beecham – *Melodram*
Jacquino in *Fidelio* (Beethoven) / live 1950 Salzburg unter Wilhelm Furtwängler – *Verona*
Florestan in *Fidelio* (Beethoven) / live 1955 StO Wien unter Karl Böhm – *Melodram*
Florestan in *Leonore* (Beethoven) / ORF 1960 unter Ferdinand Leitner – *Memories*
Cassio in *Otello* (Verdi) / live 1951 Salzburg unter Wilhelm Furtwängler – *Foyer*
Claudio in *Das Liebesverbot* (Wagner) / ORF 1962 unter Robert Heger – *Melodram*
Hirt in *Tristan und Isolde* (Wagner) unter Carlos Kleiber – *DG*
David in *Die Meistersinger von Nürnberg* (Wagner) unter Hans Knapperstbusch – *Decca*
Roger in *Die Schwalbe* (Puccini) / ORF 1956 unter Meinhard von Zallinger – *Melodram*
Des Grieux in *Manon* (Massenet) / dt. / unter Wilhelm Schüchter – *Myto*
Lensky in *Eugen Onegin* (Tschaikowsky) / live 1961 StO Wien unter Lovro von Matacic – *Melodram*
Alfred in *Die Fledermaus* (J.Strauß) unter Clemens Krauss und unter Otto Ackermann – *Decca* und *EMI*

Naraboth in *Salome* (R.Strauss) unter Clemens Krauss – *Decca*
Sänger in *Der Rosenkavalier* (R.Strauss) unter Erich Kleiber – *Decca*
Matteo in *Arabella* (R.Strauss) unter Georg Solti – *Decca*
Leukippos in Daphne (R.Strauss) / live 1948 Buenos Aires unter Erich Kleiber – *zuletzt bei BWS*

Evangelist in *Matthäus-Passion* (Bach) unter Wilhelm Furtwängler – *Virtuoso*
Tenorpart in *Requiem KV 626* (Mozart) / RAI 1956 unter Bruno Walter – *Nuova Era*
Tenorpart in *Requiem KV 626* (Mozart) unter Herbert von Karajan – *DG*
Tenorsolo in *Sinfonie Nr.9* (Beethoven) unter Wilhelm Furtwängler *(DG + Rodolphe)* und Karl Böhm *(Philips)*
Tenorpart in *Das Buch mit den sieben Siegeln* (Franz Schmidt) / live 1959 Salzburg unter Dimitri Mitropoulos – *Melodram*
Portrait-Recital (2CD) (Smetana, Mozart, Puccini, Beethoven) – *Melodram*
Sängerportrait (Frühe Aufnahmen) – zuletzt auf *Bellaphon-Acanta* (2LP)
Arien-Recital (Mozart, Donizetti, Tschaikowsky, Puccini, Weber, Beethoven) – *Preiser*
Liederabend Anton Dermota
(Schumann:Dichterliebe, Mozart, Beethoven, Schubert, Brahms, Wolf, R.Strauss) (+ Hilda Dermota,*p*) – *Preiser*
Die schöne Müllerin D.795 (Schubert) (+ Hilda Dermota,*p*) – *Preiser*
Winterreise D.911 (Schubert) (+ Hilda Dermota,*p*) – *Preiser*
Lieder von Richard Strauss / 1942+43 Wien – 2 × 1CD (+ H. Konetzni, Piltti, Reining, Poell / Richard Strauss,*p*) – *Preiser*
Mozart-Arien unter Artur Rother – *zuletzt bei Teldec*
The Artistry of Anton Dermota (Arien & Lieder/ frühe Aufnahmen) – *zuletzt auf Everest*

Opern-Mitschnitte aus der Wiener Staatsoper waren auf Labels des »Grauen Markts« verfügbar. (Wichtig etwa: Flamand in *Capriccio*, Titelrollen in *Dalibor* und *Palestrina*). Wiederveröffentlichung ist wünschenswert.

DI STEFANO, GIUSEPPE

Nerone in *L'Incoronazione di Poppea* (Monteverdi) / Ausschnitte live 1967 Scala Milano unter Bruno Maderna – *Myto*
Conte Almaviva in *Il Barbiere di Siviglia* (Rossini) / live 1949 Mexico unter Renato Cellini und live 1950 Met NYC unter Alberto Erede – *beide bei GDS*
Arturo in *I Puritani* (Bellini) unter Tullio Serafin – *EMI*
Arturo in *I Puritani* (Bellini) / live 1952 Mexico unter Guido Picco – *Melodram*
Fernando in *La Favorita* (Donizetti) / live 1950 Mexico unter Renato Cellini – *Legato*
Nemorino in *L'Elisir d'amore* (Donizetti) unter Francesco Molinari-Pradelli – *Decca*
Edgardo in *Lucia di Lammermoor* (Donizetti) unter Tullio Serafin *(EMI)* und Nino Sanzogno *(DG/Nuova Era)*

Edgardo in *Lucia di Lammermoor* (Donizetti) / live 1952 Mexico unter Guido Picco – *Melodram*
Edgardo in *Lucia di Lammermoor* (Donizetti) / live 1954 Milano unter Herbert von Karajan – *FONIT Cetra*
Edgardo in *Lucia di Lammermoor* (Donizetti) / live 1955 Berlin unter Herbert von Karajan – *EMI + Rodolphe*
Rodolfo in *Luisa Miller* (Verdi) / live 1963 Palermo unter Nino Sanzogno – *GDS*
Duca in *Rigoletto* (Verdi) unter Tullio Serafin – *EMI*
Duca in *Rigoletto* (Verdi) / live 1952 Mexico unter Umberto Mugnai – *Melodram*
Manrico in *Il Trovatore* (Verdi) unter Herbert von Karajan – *EMI*
Alfredo in *La Traviata* (Verdi) unter Tullio Serafin – *EMI*
Alfredo in *La Traviata* (Verdi) / live 1952 Mexico unter Umberto Mugnai – *Melodram*
Alfredo in *La Traviata* (Verdi) / live 1952 Scala Milano unter Carlo Maria Giulini – *EMI* und *Foyer*
Riccardo in *Un Ballo in Maschera* (Verdi) unter Antonino Votto – *EMI*
Riccardo in *Un Ballo in Maschera* (Verdi) / live 1957 Scala Milano unter Gianandrea Gavazzeni – *Melodram*
Alvaro in *La Forza del Destino* (Verdi) unter Fernando Previtali – *RCA*
Alvaro in *La Forza del Destino* (Verdi) / live 1960 Wien unter Dimitri Mitropoulos – *Melodram*
Radames in *Aida* (Verdi) / live 1956 Scala Milano unter Antonino Votto – *zuletzt bei UORC*
Fenton in *Falstaff* (Verdi) / live 1949 Met NYC unter Fritz Reiner – *zuletzt auf EJS*
Enzo in *La Gioconda* (Ponchielli) unter Fernando Previtali – *RCA*
Titelrolle in *Faust* (Gounod) / live 1949 Met NYC unter Wilfred Pelletier – *GDS*
Titelrolle in *Rienzi* (Wagner) / live unter Hermann Scherchen – *zuletzt auf Rococo*
Don José in *Carmen* (Bizet) / live 1955 Scala Milano unter Herbert von Karajan – *Arkadia*
Des Grieux in *Manon Lescaut* (Puccini) unter Tullio Serafin – *EMI*
Des Grieux in *Manon Lescaut* (Puccini) / live 1957 Napoli unter Vincenzo Bellezza – *GDS*
Rodolfo in *La Bohème* (Puccini) unter Antonino Votto – *EMI*
Rodolfo in *La Bohème* (Puccini) / live 1951 Met NYC unter Fausto Cleva – *Melodram*
Cavaradossi in *Tosca* (Puccini) unter Victor de Sabata *(EMI)* und unter Herbert von Karajan *(Decca)*
Pinkerton in *Madama Butterfly* (Puccini) unter Gianandrea Gavazzeni – *EMI*
Rinuccio in *Gianni Schicchi* (Puccini) / live 1949 Met NYC unter Giuseppe Antonicelli – *Melodram*
Kalaf in *Turandot* (Puccini) / live 1958 Scala Milano unter Antonino Votto – *Melodram*
Kalaf in *Turandot* (Puccini) / live 1961 Wien unter Francesco Molinari-Pradelli – *Legato*
Turiddu in *Cavalleria Rusticana* (Mascagni) unter Tullio Serafin – *EMI*
Osaka in *Iris* (Mascagni) / live 1956 Rom unter Gianandrea Gavazzeni – *FONIT Cetra + MM*
Canio in *I Pagliacci* (Leoncavallo) unter Tullio Serafin – *EMI*
Loris in *Fedora* (Giordano) / live 1961 Napoli unter Arturo Basile – *zuletzt auf HRE*

Loris in *Fedora* (Giordano) / live 1969 Lucca unter M. Annovazzi – *GDS + G.O.P.*
Des Grieux in *Manon* (Massenet) / live 1948 Mexico unter Renato Cellini – *Legato*
Des Grieux in *Manon* (Massenet) / Ausschnitte live 1947 Scala Milano unter Antonio Guarnieri – *Myto*
Titelrolle in *Werther* (Massenet) / live 1948 Mexico unter Renato Cellini – *Legato*
Weitere Live-Mitschnitte von Aufführungen der obigen Werke auf diversen Labels

Tenorpart in *Messa da Requiem* (Verdi) unter Arturo Toscanini *(RCA)* und unter Victor de Sabata *(EMI)*

The Young di Stefano – Frühe EMI-Aufnahmen – *EMI* (2LP)
Portrait-Recital (Thomas, Bizet, Massenet, Verdi,Puccini, Cilea) – *EMI*
The Glory of Italy – 2CD
(Bellini, Donizetti, Bizet, Flotow, Gounod, Giordano, Mascagni, Massenet, Petri, Verdi, Ponchielli, Puccini & Canzonen) – *Legato*
Live-Mitschnitte – 2CD
(Rossini, Donizetti, Bellini, Verdi, Thomas, Puccini) – *Memories*
Giuseppe di Stefano in Chicago – Live-Mitschnitte 1950 – *Myto*
Weitere Arien-Recitals auf GDS, Gala und Suite.
Zwei *EMI*-CDs mit frühen Aufnahmen italienischer Cazonen und Romanzen:
Giuseppe di Stefano – O sole mio – EMI
Giuseppe di Stefano – Funiculi, Funicula – EMI

DOMINGO, PLACIDO

Figaro in *Il Barbiere di Siviglia* (Rossini) unter Claudio Abbado – *DG*
Pollione in *Norma* (Bellini) unter Carlo Felice Cillario – *RCA*
Nemorino in *L'Elisir d'amore* (Donizetti) unter John Pritchard – *CBS/Sony*
Edgardo in *Lucia di Lammermoor* (Donizetti) unter Ion Marin – *DG*
Titelrolle in *Roberto Devereux* (Donizetti) / live 1972 NYC Opera unter Julius Rudel – *Melodram*
Hüon in *Oberon* (Weber) unter Rafael Kubelik – *DG*
Ismaele in *Nabucco* (Verdi) unter Giuseppe Sinopoli – *DG*
Oronte in *I Lombardi* (Verdi) unter Lamberto Gardelli – *Philips*
Titelrolle in *Ernani* (Verdi) unter Riccardo Muti – *EMI*
Carlo VII in *Giovanna d'Arco* (Verdi) unter James Levine – *EMI*
Rodolfo in *Luisa Miller* (Verdi) unter Lorin Maazel *(DG)* und unter James Levine *(Sony)*
Macduff in *Macbeth* (Verdi) unter Claudio Abbado – *DG*
Duca in *Rigoletto* (Verdi) unter Carlo Maria Giulini – *DG*
Alfredo in *La Traviata* unter Carlos Kleiber – *DG*
Manrico in *Il Trovatore* unter *Zubin Mehta (RCA)* und unter Carlo Maria Giulini *(DG)*

Riccardo in *Un Ballo in Maschera* (Verdi) unter Claudio Abbado *(DG)* und unter Riccardo Muti *(EMI)*
Alvaro in *La Forza del Destino* unter James Levine *(RCA)* und unter Riccardo Muti *(EMI)*
Arrigo in *I Vespri Siciliani* (Verdi) unter James Levine – *RCA*
Gabriele Adorno in *Simone Boccanegra* (Verdi) unter Gianandrea Gavazzeni – *RCA*
Titelrolle in *Don Carlo* (Verdi) unter Carlo Maria Giulini – *EMI*
Titelrolle in *Don Carlos* (Verdi) / Frz.Orig. / unter Claudio Abbado – *DG*
Radames in *Aida* (Verdi) unter Erich Leinsdorf *(RCA)*, Claudio Abbado *(DG)*, Riccardo Muti *(EMI)* und James Levine *(Sony)*
Radames in *Aida* (Verdi) / live 1972 München unter Claudio Abbado – *Myto + Foyer*
Titelrolle in *Otello* (Verdi) unter James Levine *(RCA)* und unter Lorin Maazel *(EMI)*
Titelrolle in *Lohengrin* (Wagner) unter Georg Solti – *Decca*
Titelrolle in *Tannhäuser* (Wagner) unter Giuseppe Sinopoli – *DG*
Stolzing in *Die Meistersinger von Nürnberg* (Wagner) unter Eugen Jochum – *DG*
Vasco da Gama in *L'Africaine* (Meyerbeer) / live 1972 San Francisco unter Jean Perrison – *Legato*
Titelrolle in *Faust* (Gounod) unter Georges Prêtre – *EMI*
Titelrolle in *Les Contes d'Hoffmann* (Offenbach) unter Richard Bonynge *(Decca)* und unter Seiji Ozawa *(DG)*
Faust in *Mefistofele* (Boito) unter Giuseppe Patané – *Sony*
Roberto in *Le Villi* (Puccini) unter Lorin Maazel – *CBS/Sony*
Des Grieux in *Manon Lescaut* (Puccini) unter Bruno Bartoletti *(EMI)* und unter Giuseppe Sinopoli *(DG)*
Rodolfo in *La Bohème* (Puccini) unter Georg Solti – *RCA*
Cavaradossi in *Tosca* (Puccini) unter Zubin Mehta *(RCA), James Levine (EMI)* und Giuseppe Sinopoli *(DG)*
Pinkerton in *Madama Butterfly* (Puccini) unter Lorin Maazel – *CBS/Sony*
Dick Johnson in *La Fanciulla del West* unter Zubin Mehta *(DG)* und unter Lorin Maazel *(Sony)*
Luigi in *Il Tabarro* unter Erich Leinsdorf *(RCA)* und unter Lorin Maazel *(CBS/Sony)*
Rinuccio in *Gianni Schicchi* (Puccini) unter Lorin Maazel – *CBS/Sony*
Ruggero in *La Rondine* (Puccini) unter Lorin Maazel – *CBS/Sony*
Kalaf in *Turandot* unter Herbert von Karajan – *DG*
Turiddu in *Cavalleria Rusticana* (Mascagni) unter James Levine *(RCA)* und unter Georges Prêtre *(Philips)*
Osaka in *Iris* (Mascagni) unter Giuseppe Patané – *Hungaroton*
Canio in *I Pagliacci* (Leoncavallo) unter Nello Santi *(RCA)* und unter Georges Prêtre *(Philips)*
Samson in *Samson et Dalila* unter Daniel Barenboim *(DG)* und unter Myung-Whun Chung *(EMI)*
Julien in *Louise* (Charpentier) unter Georges Prêtre – *CBS/Sony*
Titelrolle in *Andrea Chénier* (Giordano) unter James Levine – *RCA*
Maurizio in *Adriana Lecouvreur* (Cilea) unter James levine – *CBS/Sony*
Titelrolle in *Werther* (Massenet) unter Daniel Barenboim – *DG*

Titelrolle in *Le Cid* (Massenet) unter Eve Queler – *CBS/Sony*
Araquil in *La Navarraise* (Massenet) unter Henry Lewis – *RCA*
Sänger in *Der Rosenkavalier* (R.Strauss) unter Leonard Bernstein – *CBS/Sony*
Avito in *L'Amore dei tre Re* (Montemezzi) unter Nello Santi – *RCA*
Paolo in *Francesca da Rimini* (Zandonai) / live 1973 NYC unter Eve Queler – *Legato*
Zahlreiche Live-Mitschnitte von obigen Partien auf diversen Labels

Tenorpart in *Messa da Requiem* (Verdi) unter John Barbirolli *(EMI)*, Leonard Bernstein *(CBS/Sony)* und Claudio Abbado *(DG)*
Tenorpart in *Missa solemnis* (Beethoven) unter James Levine – *DG*
Tenorsolo in *Sinfonie Nr.9* (Beethoven) unter Karl Böhm – *DG*

Das erste und immer noch wichtigste Domingo-Recital:
Große Tenorarien (Händel, Mozart, Donizetti, Halévy, Verdi, Wagner, Tschaikowsky, Puccini, Mascagni) (+ Royal Philharmonic Orchestra/ Edward Downes) – *RCA*
Derzeit in: *The Placido Domingo Album (RCA)* (2CD)
Operngala (+ Los Angeles Philharmonic/ Carlo Maria Giulini) – *DG*
Arien aus italienischen Opern (= das 2. Recital aus Domingos Frühzeit / + DOB Berlin/ Nello Santi) – *Teldec*
Mozart-Arien (Münchner Rundfunkorchester/ Eugene Kohn) – *EMI*
Roman Heros
(Händel, Bellini, Spontini, Wagner, Berlioz, Verdi, Puccini, Mascagni) – *EMI*
Wien, du Stadt meiner Träume (Operettenlieder) (+ EChO / Julius Rudel) – *EMI*
Romanzas de Zarzuelas – *EMI*
Domingo live (Mitschnitte von Opernauftritten 1967/68 & 1967–69) – *Delos* (je 1CD)
Portrait-Recital (Oper, Songs, Romanzen, Tangos) – *DG* (3CD)
Placido Domingo Vol. 1 & 2 (Live-Mitschnitte) – *Suite* (je 1 CD)
Opernduette mit Sherrill Milnes – *RCA*
Renata Scotto & Placido Domingo (Opernszenen und -duette) – *RCA*
Arien und Duette von Giuseppe Verdi (+ Katia Ricciarelli) – *RCA*
The Unknown Puccini (Gesänge, Lieder, Hymnen) (+ Julius Rudel,*p*) – *CBS/Sony*

Viele Live-Mitschnitte von Aufführungen der obigen Werke, ferner zahlreiche Sammlungen mit Ausschnitten aus Gesamtaufnahmen, Liebesliedern, Broadway- und Popsongs, Tangos, Sakralkitsch etc. auf diversen Labels.

DUX, CLAIRE

Portrait-Recital
(Mozart, Raff, Verdi, Gounod, Thomas, Bizet, Puccini, Humperdinck) – *Preiser LV*

EASTON, FLORENCE

Die diskographische Situation zu dieser goßen Sängerin ist derzeit beschämend schlecht.

Zuletzt waren greifbar:
Portrait-Recital auf *Rubini GV*
Rare Aufnahmen (+ Wagner-Szenen mit Arthur Carron) auf *Rococo*
Späte Liedaufnahmen (teilw. Live-Mitschnitte) auf *UORC*

Alle drei Labels sind nicht mehr auf dem Markt. Man muß auf CD-Wiederveröffentlichungen bei einer der rührigen Editionen in England (*Pearl, Nimbus*) hoffen.
Einzeltitel in den genannten Anthologien

ENDRÈZE, ARTHUR

Ein informatives Portrait-Recital lag bei *Rubini GV* vor. Es dürfte nur noch über Antiquariate zu beschaffen sein.

Einzelaufnahmen finden sich in der Anthologie *Opéra Paris (CBS/Sony)*, ebenfalls noch nicht auf CD überspielt und nur schwer zu finden.

Bestes derzeitiges Endrèze-Portrait auf CD: In einer französisch gesungenen Gesamtaufnahme der *Cavalleria Rusticana* (Mascagni), 1933 Paris, gibt der Bariton einen ungewohnt eleganten Alfio (+ Germaine Cernay, Gaston Micheletti / D: Gustave Cloëz, François Ruhlman, Henri Defosse). Im Anschluß ein kleines Endrèze-Recital (französisch gesungene Monologe und Arien aus: *Giullaume Tell, Faust, La fovorite, Tannhäuser, Othello, Le Roi de Lahore, Hérodiade, Messaline*) – *Music Memoria*

ESCALAIS, LÉON

Die wichtigsten Aufnahmen Escalais' waren auf OASI (2LP) erhältlich. Das Label ist vom Markt verschwunden. Teil-Wiederveröffentlichung auf CD:

Léon Escalais – *The Harold Wayne Collection Vol.14*
(Rossini, Meyerbeer, Halévy, Verdi, Massenet, Flégier, Granier, Saint-Saëns, Reyer, Rupès) – *Symposium*
Portrait-Recital
(Rossini, Meyerbeer, Halévy, Verdi, Saint-Saëns / + Magini-Coletti, Corradetti, Luppi) – *Preiser CO*

FARRELL, EILEEN

Titelrolle in *Medea* (Cherubini) / Szenenfolge unter Arnold Gamson – *CBS/Sony*
Leonora in *La Forza del Destino* (Verdi) / live 1965 Met NYC unter Anton Guadagno – *Legato*
Titelrolle in *La Gioconda* (Ponchielli) / live 1962 Met NYC unter Fausto Cleva – *zuletzt auf Estro Armonico*
Elisabetta in *Maria Stuarda* (Donizetti) unter Aldo Ceccato – *EMI*
Santuzza in *Cavalleria Rusticana* / live 1964 USA unter Nello Santi – *zuletzt auf Teatro Dischi*
Marie in *Wozzeck* (Berg) unter Dimitri Mitropoulos – *CBS/Sony (zeitweise bei Philips)*

Richard Wagner: *Isoldes Liebestod* & *Götterdämmerung*-Finale unter Charles Münch – *RCA*
Richard Wagner: *Siegfried*-Finale (+ Set Svanholm) & *Wesendonck-Lieder* unter Erich Leinsdorf – *RCA*
Richard Wagner: *Götterdämmerung*-Finale & *Wesendonck-Lieder* unter Leonard Bernstein – *CBS/Sony*
Sopranpart in *Messiah* (Händel) unter Eugene Ormandy – *CBS/Sony*
Sopransoli in *Missa Solemnis op.123* (Beethoven) unter Leonard Bernstein – *CBS/Sony*
Sopransolo in *Sinfonie Nr.9* (Beethoven) unter Arturo Toscanini – *RCA*

Sängerportrait
(Beethoven: *Ah perfido!* / Arien aus *Freischütz, Alceste, Trovatore, Simone Boccanegra, Un Ballo in Maschera* / Amerikanische Songs) – *CBS/Sony*
Opern-Recital
(Gluck, Weber, Verdi, Ponchielli, Tschaikowsky, Massenet, Debussy, Barber) unter Thomas Schippers – *EMI*
Arien & Duette von Verdi und Puccini (+ Richard Tucker) – *CBS/Sony*
Die Recitals lagen bisher nur auf LP vor. Überspielung auf CD ist angekündigt.

I Gotta Right to Sing the Blues (+ Luther Henderson Orchestra) – *Sony*

FASSBAENDER, BRIGITTE

Ramiro in *La finta Giardiniera* (Mozart) unter Leopold Hager – *DG*
Dorabella in *Così fan tutte* (Mozart) unter Karl Böhm – *DG*
Fanarce in *Mitridate Re di Ponto* (Mozart) / live 1970 Salzburg unter Leopold Hager – *Memories*
Sesto in *La Clemenza di Tito* (Mozart) / live München unter Reynald Giovaninetti – *Privatpressung (»Titus«)*
Annio in *La Clemenza di Tito* (Mozart) unter István Kertész – *Decca*
Maddalena in *Rigoletto* (Verdi) unter Giuseppe Sinopoli – *Philips*

Azucena in *Il Trovatore* (Verdi) unter Carlo Maria Giulini – *DG*
Brangäne in *Tristan und Isolde* (Wagner) unter Carlos Kleiber – *DG*
Magdalene in *Die Meistersinger von Nürnberg* (Wagner) unter Rafael Kubelik – *Myto*
Nancy in *Martha* (Flotow) unter Robert Heger – *EMI*
Marguerite in *La Damnation de Faust* (Berlioz) unter Lamberto Gardelli – *Orfeo*
Silla in *Palestrina* (Pfitzner) unter Rafael Kubelik – *DG*
Herodias in *Salome* (R.Strauss) unter Zubin Mehta – *Sony*
Klythämnestra in *Elektra* (R.Strauss) unter Claudio Abbado – *VHS-Video*
Octavian in *Der Rosenkavalier* (R.Strauss) unter Carlos Kleiber – *VHS-Video*
Orlofsky in *Die Fledermaus* (J.Strauß) unter Willi Boskovsky *(EMI)* und unter André Previn *(Philips)*
Hänsel in *Hänsel und Gretel* (Humperdinck) unter Georg Solti – *Decca*
Gräfin Geschwitz in *Lulu* (Berg) unter Christoph von Dohnanyi – *Decca*

Berühmte Arien
(Händel, Gluck, Mozart, Bellini, Tschaikowsky, Bizet, Saint-Saëns, Massenet, Wagner) – *Orfeo*

Schubert-Lieder *(Schubert Lied-Edition Vol.11)* (+ Graham Johnson,*p*) – *Hyperion*
Schubert-Lieder (+ Aribert Reimann,*p*) – *EMI*
Schubert Lieder (+ Cord Garben,*p*) – *Sony*
Winterreise D.911 (Schubert) (+ Aribert Reimann,*p*) – *EMI*
Schwanengesang D.957 (Schubert) + Ausgewählte Schubert-Lieder (+ Aribert Reimann,*p*) – *DG*
Frauenliebe und -leben op.42 / Liederkreis op.24 / Heine-Lieder (Schumann) (+ Irwin Gage,*p*) – *DG*
Lieder von Schumann und Brahms (+ Erik Werba,*p*) – *zuletzt auf EMI*
Lieder von Mendelssohn und Wolf (+ Erik Werba,*p*) – *zuletzt auf EMI*
Zigeunerlieder (Schumann, Brahms, Tschaikowsky, Dvorák, Liszt) (+ Karl Engel, *p*) – *zuletzt auf EMI*
Lieder von Franz Liszt und Richard Strauss (+ Irwin Gage,*p*) – *DG*
Lieder-Recital (Berg, Ogermann, Mahler) (+ John Wustmann,*p*) – *Acanta*
Franz Liszt: 18 Lieder (+ Jean-Yves Thibaudet,*p*) – *Decca*
Hugo Wolf: *Mörike-Lieder* (+ Jean-Yves Thibaud,*p*) – *DG*
Romantische Duette (Mendelssohn, Rubinstein, Liszt, Cornelius, Schumann, Brahms) (+ H. Komatsu, Kurt Moll / Cord Garben,*p*) – *Harmonia Mundi France*

Altpartie in *Weihnachts-Oratorium* (Bach) unter Eugen Jochum – *Philips*
Altsolo in Sinfonie Nr.9 (Beethoven) unter Rudolf Kempe/*EMI* und Rafael Kubelik/*Orfeo*
Altpartien in *Messen & Geistl.Chorwerke* (Schubert) unter Wolfgang Sawallisch – *EMI*
Alt-Rhapsodie (Brahms) (+ Chorwerke von Brahms) (+ Tschech.Philharmonie/ Giuseppe Sinopoli) – *DG*

Altsoli in *Liebeslieder-Walzer op.52+65* (Brahms) (+ Karl Engel + Wolfgang Sawallisch,*p*) – *DG*
Altpartie in *Das Lied von der Erde* (Mahler) (+ Francisco Araiza,*t*/ Berliner Philh./ C.M.Giulini) – *DG*
Altpartie in Klavierfassung von *Das Lied von der Erde* (Mahler) (+ Thomas Moser,*t*/ Cyprien Katsaris,*p*) – *Teldec*
Altsolo in *Das klagende Lied* (Mahler) unter Riccardo Chailly – *Decca*
Altsolo in *Sinfonie Nr.2* (Mahler) (+ Philharmonia Orch./ Giuseppe Sinopoli) – *DG*
Altsolo in *Sinfonie Nr.8* (Mahler) unter Lorin Maazel – *Sony*
Waldtaube in *Gurre-Lieder* (Schönberg) unter Riccardo Chailly – *Decca*

FERRIER, KATHLEEN

Kathleen Ferrier Edition
10CD im Schuber mit ausführlichen Erläuterungen in Begleitheften bringen einen Großteil der tönenden Hinterlassenschaft der Künstlerin – Decca
daraus Einzel-CDs:
Vol.1:
Orfeo in *Orfeo ed Euridice* (Gluck) (+ Southern Symphony Orch./Fritz Stiedry)
Vol.2:
Bach-Arien & Ausschnitte aus *Matthäus-Passion* (Bach)
Vol.3:
Arien von Bach, Händel, Pergolesi, Gluck
Vol.4:
Lieder von Schumann, Schubert, Brahms (+ Benjamin Britten,*p*)
Vol.5:
Brahms: Vier ernste Gesänge / Chausson: Poème de l'amour / British Songs
Vol.6:
Arien & Lieder von Purcell, Bach, Händel, Wolf & Folksongs
Vol.7:
Bach: Auszüge aus Messe h-moll, Matthäus-Passion, Johannes-Passion
Händel: Auszüge aus Oratorien (+ London Symphony Orchestra/ Adrian Boult)
Vol.8:
British Songs (+ Phyllis Spurr & John Newmark,*p*)
Vol.9:
Lieder von Schubert, Schumann, Brahms (+ Bruno Walter,*p*)
Vol.10:
Mahler: Rückert-Lieder / Brahms: Alt-Rhapsodie & Vier ernste Gesänge (+ Wiener Philh./ Bruno Walter)

Titelrolle in *Orfeo ed Euridice* (Gluck) (Netherlands Opera/ Charles Buck) – *Verona*
Altpartie in *Matthäus-Passion* (Bach) unter Herbert von Karajan – *Verona* und *Foyer*
Altsolo in *Messe h-moll* (Bach) unter Herbert von Karajan – *Verona* und *Foyer*

Altpartie in *Das Lied von der Erde* (Mahler) (+ Julius Patzak,*t*/ Wiener Philh./ Bruno Walter) – *Decca*

Mahler: *Kindertotenlieder*
(+ Arien & Lieder von Händel, Purcell, Green, Mendelssohn) (+ Wiener Philh./ Bruno Walter) – *Decca*

Altsolo in *Sinfonie Nr.2* (Mahler) (+ Concertgebouw Orkest/ Otto Klemperer) – *Decca*

Bach: Auszüge aus *Matthäus-Passion* (Bach) / Mahler: Ausschnitte *Des Knaben Wunderhorn* (+ Wiener Symph./H.v.Karajan – Concertgebouw Orkest/ O.Klemperer) – *Verona*

Englische Lieder
(Stanford, Parry, V-Williams, Bridge, Warlock, Britten, Ferguson, Wordsworth, Rubbra) – *Decca*

Kathleen Ferrier sings Traditionals (+ Phyllis Spurr,*p*) – *Decca*

FISCHER-DIESKAU, DIETRICH

Fischer-Dieskau hat unter allen Sängern des Jahrhunderts das mit Abstand umfangreichste Oeuvre an Tonaufnahmen hinterlassen. Seine Diskographie umfaßt ein ganzes Taschenbuch. Eine komplette Übersicht ist hier nicht möglich. Auch deshalb nicht, weil die Schallplattenindustrie stets nur einen Teil wichtiger Titel in den aktuellen Katalogen führt. Gerade die frühen Aufnahmen sind aber (wie bei fast allen Sängern) zugleich die empfehlens- und sammelnswertesten.

Die folgende Auflistung strebt deshalb nur bei den Opern-Gesamtaufnahmen detaillierte Übersicht an – und faßt im Anschluß vor allem Editionen zusammen, die ihrer dokumentarisch-archivarischen Bedeutung wegen in die Schallplattengeschiche eingehen dürften – und darum als unverzichtbar gelten können.

Titelrolle in *Julius Cäsar* (Händel) unter Karl Richter – *DG*

Titelrolle in *Saul* (Händel) unter Nikolaus Harnoncourt – *Teldec*

Agamemnon in *Iphigenie in Aulis* (Gluck) unter Artur Rother *(Melodram)* und unter Kurt Eichhorn *(Ariola)*

Thoas in *Iphigénie en Tauride* (Gluck) unter Lamberto Gardelli – *Orfeo*

Orpheus in *Orpheus und Eurydike* (Gluck) unter Ferenc Fricsay – *DG*

Orfeo in *Orfeo ed Euridice* (Gluck) unter Karl Richter – *DG*

Conte Almaviva in *Le Nozze di Figaro* (Mozart) unter Ferenc Fricsay und unter Karl Böhm – *beide bei DG*

Conte Almaviva in *Le Nozze di Figaro* (Mozart) unter Daniel Barenboim – *EMI*

Conte Almaviva in *Le Nozze di Figaro* (Mozart) / live 1957 Salzburg unter Karl Böhm – *Orfeo + GDS*

Titelrolle in *Don Giovanni* (Mozart) unter Ferenc Fricsay und unter Karl Böhm – *beide bei DG*

Don Alfonso in *Così fan tutte* (Mozart) unter Eugen Jochum – *DG*

Papageno in *Die Zauberflöte* (Mozart) unter Ferenc Fricsay und unter Karl Böhm – *beide bei DG*
Sprecher in *Die Zauberflöte* (Mozart) unter Georg Solti – *Decca*
Geronimo in *Il Matrimonio segreto* (Cimarosa) unter Daniel Barenboim – *DG*
Don Pizarro in *Fidelio* (Beethoven) unter Ferenc Fricsay – *DG*
Don Fernando in *Fidelio* (Beethoven) unter Leonard Bernstein – *DG*
Troila in *Alfonso und Estrella* (Schubert) unter Otmar Suitner – *EMI*
Dorfrichter in *Der vierjährige Posten* (Schubert) unter Heinz Wallberg – *EMI*
Franz Spiess in *Die Zwillingsbrüder* (Schubert) unter Wolfgang Sawallisch – *EMI*
Schulmeister in *Die beiden Pädagogen* (Mendelssohn) unter Heinz Wallberg – *EMI*
Kauz in *Die Heimkehr aus der Fremde* (Mendelssohn) unter Heinz Wallberg – *EMI*
Siegfried in *Genoveva* (Schumann) unter Kurt Masur – *EMI*
Tristan d'Acunha in Jessonda (Spohr) unter Gerd Albrecht – *Orfeo*
Titelrolle in *Guglielmo Tell* (Rossini) unter Mario Rossi – *Foyer + CLAQUE*
Antigone in *Olympie* (Spontini) unter Gerd Albrecht – *Orfeo*
Titelrolle in *Der fliegende Holländer* (Wagner) unter Franz Konwitschny – *EMI*
Wolfram in *Tannhäuser* (Wagner) unter Franz Konwitschny *(EMI)* und unter Otto Gerdes *(DG)*
Wolfram in *Tannhäuser* (Wagner) / live Berlin 1949 unter Leopold Ludwig – *Melodram*
Wolfram in *Tannhäuser* (Wagner) / live Bayreuth 1954 unter Joseph Keilberth – *Melodram*
Wolfram in *Tannhäuser* (Wagner) / live Bayreuth 1961 unter Wolfgang Sawallisch – *Myto*
Heerrufer in *Lohengrin* (Wagner) unter Georg Solti – *Decca*
Heerrufer in *Lohengrin* (Wagner) / live Bayreuth 1954 unter Eugen Jochum – *FONIT Cetra*
Telramund in *Lohengrin* (Wagner) unter Rudolf Kempe – *EMI*
Kurwenal in *Tristan und Isolde* (Wagner) unter Wilhelm Furtwängler *(EMI)* und unter Carlos Kleiber *(DG)*
Hans Sachs in *Die Meistersinger von Nürnberg* (Wagner) unter Eugen Jochum – *DG*
Fritz Kothner in *Die Meistersinger von Nürnberg* (Wagner) / live 1956 Bayreuth unter André Cluytens – *Melodram*
Wotan in *Rheingold* (Wagner) unter Herbert von Karajan – *DG* und *Memories*
Gunther in *Götterdämmerung* (Wagner) unter Georg Solti – *Decca*
Amfortas in *Parsifal* (Wagner) unter *Georg Solti – Decca*
Amfortas in *Parsifal* (Wagner) / live Bayreuth 1956 unter Hans Knappertsbusch – *Melodram*
Somarone in *Béatrice et Bénédict* (Berlioz) unter Daniel Barenboim – *DG*
Vier Bösewichter in *Hoffmanns Erzählungen* (Offenbach) unter Heinz Wallberg – *EMI*
Titelrolle in *Macbeth* (Verdi) unter Lamberto Gardelli – *Decca*
Titelrolle in *Macbeth* (Verdi) / live Salzburg 1964 unter Wolfgang Sawallisch – *Orfeo*
Titelrolle in *Rigoletto* (Verdi) unter Rafael Kubelik – *DG*
Giorgio Germont in *La Traviata* (Verdi) unter Lorin Maazel – *Decca*
René in *Ein Maskenball* (Verdi) / WDR 1951 unter Fritz Busch – *Fritz Busch-Gesellschaft*
Rodrigo in *Don Carlo* (Verdi) unter Georg Solti – *Decca*
Jago in *Otello* (Verdi) unter John Barbirolli – *EMI*
Titelrolle in *Falstaff* (Verdi) unter Leonard Bernstein – *CBS/Sony*

Dr.Falke in *Die Fledermaus* (J.Strauß) unter Willi Boskovsky – *EMI*
Graf Homonay in *Der Zigeunerbaron* (J.Strauß) unter Willi Boskovsky – *EMI*
Marcel in *La Bohème* (Puccini) / dt./ unter Alberto Erede – *DG*
Scarpia in *Tosca* (Puccini) unter Lorin Maazel – *Decca*
Titelrolle in *Gianni Schicchi* / dt. / unter Alberto Erede – *WDR-Pressestelle*
Tio Lukas in *Der Corregidor* (Wolf) unter Gerd Albrecht – *Orfeo*
Peter in *Hänsel und Gretel* (Humperdinck) unter Kurt Eichhorn – *Ariola*
Titelrolle in *Eugen Onegin* (Tschaikowsky) / live 1961 StO Wien unter Lovro von Matacic – *Melodram*
Jochanaan in *Salome* (R.Strauss) unter Karl Böhm – *DG*
Jochanaan in *Salome* (R.Strauss) / live 1971 München unter Ferdinand Leitner – *Melodram*
Orest in *Elektra* (R.Strauss) unter Karl Böhm – *DG*
Faninal in *Der Rosenkavalier* (R.Strauss) unter Karl Böhm – *DG*
Musiklehrer in *Ariadne auf Naxos* (R.Strauss) unter Karl Böhm *(DG)* und unter Kurt Masur *(Philips)*
Barak in *Die Frau ohne Schatten* (R.Strauss) / live 1964 München unter Joseph Keilberth – *DG*
Mandryka in *Arabella* (R.Strauss) / live 1963 München unter Joseph Keilberth – *DG*
Mandryka in *Arabella* (R.Strauss) unter Wolfgang Sawallisch – *EMI*
Storch in *Intermezzo* R.Strauss) unter Wolfgang Sawallisch – *EMI*
Olivier in *Capriccio* (R.Strauss) unter Wolfgang Sawallisch – *EMI*
Graf in *Capriccio* (R.Strauss) unter Karl Böhm – *DG*
Siméon in *L'Enfant Prodigue* (Debussy) unter Gary Bertini – *Orfeo*
Borromeo in *Palestrina* (Pfitzner) unter Rafael Kubelik – *DG*
Titelrolle in *Wozzeck* (Berg) unter Karl Böhm – DG
Dr.Schön in *Lulu* (Berg) unter Karl Böhm – DG
Blaubart in *Herzog Blaubarts Burg* (Bartók) dt. unter Ferenc Fricsay – *DG*
Blaubart in *Herzog Blaubarts Burg* (Bartók) orig. unter Wolfgang Sawallisch – *DG*
Titelrolle in *Mathis der Maler* (Hindemith) unter Rafael Kubelik – *EMI*
Titelrolle in *Cardillac* (Hindemith) unter Joseph Keilberth – *DG*
Titelrolle in *Doktor Faust* (Busoni) unter Ferdinand Leitner – *DG*
Mittenhofer in *Elegie für junge Liebende* (Henze) unter Hans Werner Henze – *DG*
Titelrolle in *Lear* (Reimann) unter Gerd Albrecht – *DG* + mehrere Opernquerschnitte in deutscher Sprache bei *EMI* und *DG*

Christus in *Johannes-Passion* (Bach) unter Karl Forster *(EMI)* und unter Helmuth Rilling *(CBS/Sony)*
Baß-Arien in *Matthäus-Passion* (Bach) unter Karl Richter – *DG Archiv*
Christus in *Matthäus-Passion* (Bach) unter Wilhelm Furtwängler *(Virtuoso)*, Otto Klemperer *(EMI)*, Herbert von Karajan *(DG)* und Karl Richter *(DG)*
Baßpartie in *Messe h-moll* (Bach) unter Karl Richter – *DG Archiv*
Baßpartie im *Weihnachts-Oratorium* (Bach) unter Kurt Thomas *(EMI)* und unter Philip Ledger *(EMI)*

Kantaten *Ich will den Kreuzstab* & *Ich habe genug* (Bach) unter Karl Ristenpart *(DGA/Heliodor* 1. und beste Aufnahme), Karl Richter *(DGA)*, Rudolf Baumgartner *(DG)* und Helmuth Rilling *(Disco Center)*

Kaffee-Kantate & *Bauern-Kantate* (Bach) unter Karl Forster *(EMI)* und unter Neville Marriner *(Philips)* + zahlreiche Bach-Oratorien und -Kantaten bei *DG* und *DGA* (u.a. in *Die Bach-Ausgabe I & II)*

Baßpartie in *Judas Maccabaeus* (Händel) unter Ferenc Fricsay – *Melodram*

Baßpartie in *Die Schöpfung* (Haydn) unter Herbert von Karajan *(DG)* und unter Neville Marriner *(Philips)*

Baßpartie in *Die Jahreszeiten* (Haydn) unter Neville Marriner – *Philips*

Baßsoli in *Messe C-Dur KV 317* (Mozart) unter Eugen Jochum

und in *Requiem KV 626* (Mozart) unter Daniel Barenboim – *beide bei EMI*

Baßsolo in *Sinfonie Nr.9* (Beethoven) (+ Berliner Philharmoniker/ Ferenc Fricsay) – *DG*

Titelpartie in *Elias* (Mendelssohn) unter Rafael Frühbeck de Burgos – *EMI*

Titelpartie in *Saul* (Mendelssohn) unter Rafael Frühbeck de Burgos – *EMI*

Soli in *Szenen aus Goethes Faust* (Schumann) unter Benjamin Britten *(Decca)* und unter Bernhard Klee *(EMI)*

Baritonsolo in *Ein Deutsches Requiem* (Brahms) unter Rudolf Kempe *(EMI)*, Otto Klemperer *(EMI)* und Daniel Barenboim *(DG)*

Méphistophéles in *La Damnation de Faust* (Berlioz) unter Daniel Barenboim – *DG*

Baritonsolo in *Requiem op.48* (Fauré) unter André Cluytens und Daniel Barenboim – *beide bei EMI*

Bariton(= Alt)-Solo in *Das Lied von der Erde* (Mahler) unter Paul Kletzki *(EMI)* und Leonard Bernstein *(Decca)*

Kindertotenlieder (Mahler) unter Rudolf Kempe *(EMI)* und Karl Böhm *(DG)*

Lieder eines fahrenden Gesellen (Mahler) unter Wilhelm Furtwängler *(EMI)* und unter Rafael Kubelik *(DG)*

Lieder eines fahrenden Gesellen / Lieder aus Des Knaben Wunderhorn / Lieder aus der Jugendzeit (Mahler) (+ Leonard Bernstein,*p*) – *Sony*

Rückert-Lieder (Mahler) unter Karl Böhm – *DG*

Lieder aus *Des Knaben Wunderhorn* (Mahler) (+ Elisabeth Schwarzkopf / LSO / George Szell) – *EMI*

Baritonsolo in *Carmina Burana* (Orff) unter Eugen Jochum – *DG*

Baritonsolo in *War Requiem* (Britten) unter Benjamin Britten – *Decca*

Barock-Kantaten Vol. I und II (Händel, Telemann, Bach, Rameau, Rosenmüller, Clérambault) – *zuletzt bei EMI*

Oratorien, Kantaten, Orchesterlieder von Barber, Blacher, Britten, Fortner, Hartmann, Henze, Hiller, Lothar, Martin, Matthus, Orff, Poulenc, Purcell, Rameau, Ravel, Reimann, Rheinberger, Rossini, Schoeck, Schubert, Stölzel, Strawinsky, Telemann, Zemlinsky *(meist bei DG)*

Portrait-Recital – Arien und Lieder
(Mozart, Wagner, Mahler, Beethoven, Brahms, Schubert, Schumann, Wolf, R.Strauss) – *DG*

Portrait-Recital (Haydn, Mozart, Schumann, Verdi, Wagner, Puccini, Mahler, Britten) – *Decca*
Verdi-Arien (Berliner Philh./Alberto Erede) – *EMI*
Arien aus italienischen und französischen Opern (+ RSO Berlin/ Ferenc Fricsay) – *zuletzt bei DG*
Arien von Haydn und Mozart (+ Wiener Haydn-Orchester / Reinhard Peters) – *zuletzt bei Decca*
Händel-Arien (Münchner Kammerorchester/ Hans Stadelmair) – *DG*

Haydn – Lieder und Canzonetten (+ Gerald Moore,*p*) – zuletzt auf *EMI*
Mozart – Ausgewählte Lieder (+ Daniel Barenboim,*p*) – *EMI*
Beethoven – Lieder Vol. I und II – Erstaufnahmen (+ Hertha Klust,*p*) – *EMI*
Beethoven – *An die ferne Geliebte* & Ausgewählte Lieder (+ Jörg Demus,*p*) – *DG*

Franz Schubert – Lieder Vol.I-III – insgesamt 389 Lieder – 22CD
Einzellieder – Winterreise – Die schöne Müllerin – Schwanengesang (+ Gerald Moore,*p*) – *DG* (auch in Teilen erhältlich)
Ausgewählte Schubert-Lieder (Frühe Aufnahmen) (+ Gerald Moore,*p*) – *EMI*
Winterreise – Die schöne Müllerin – Schwanengesang (EMI-Erstaufnahmen 1951–1955) (+ Gerald Moore,*p*) – *zuletzt bei EMI*
Winterreise D.911 (Schubert) – Erstaufnahme 1948 Berlin (+ Klaus Billing,*p*) – *Verona*
Schwanengesang D.957 (Schubert) & Ausgewählte Schubert-Lieder Erstaufnahme 1948 Berlin (+ Klaus Billing,*p*) – *Verona* und *Melodram*
Schubert-Liederabend 1977 (+ Svjatoslav Richter,*p*) – *DG*

Felix Mendelssohn-Bartholdy – Ausgewählte Lieder (+ Wolfgang Sawallisch,*p*) – *EMI*

Robert Schumann – Lied-Edition (Gesamtausgabe) – 9CD (+ Edith Mathis, Julia Varady, Peter Schreier / Christoph Eschenbach,*p*) – *DG*
Dichterliebe op.48 nach Heinrich Heine (Schumann) – Erstaufnahme (+ Jörg Demus,*p*) – *zuletzt bei DG*
Liederkreis op.35 nach Justinus Kerner (Schumann) – Erstaufnahme (+ Günter Weißenborn,*p*) – *zuletzt bei DG*
Liederkreis op.39 nach Eichendorff (Schumann) – Erstaufnahme (+ Gerald Moore,*p*) – *zuletzt auf EMI*

Johannes Brahms – Lied-Edition – 6CD (+ Gerald Moore, Daniel Barenboim & Wolfgang Sawallisch,*p*) – *EMI*
Brahms – Lied-Edition (Gesamtausgabe) – 8CD (+ Jessye Norman / Daniel Barenboim,*p*) – *DG*
Brahms – *Von ewiger Liebe* – (Lieder) Erstaufnahmen (+ Karl Engel,*p*) – *zuletzt bei EMI*
Johannes Brahms-Liederabend (+ Jörg Demus,*p*) – *zuletzt bei DG*
Vier ernste Gesänge (Brahms) – Erstaufnahme 1949 (+ Hertha Klust,*p*) – *zuletzt bei DG*
Die schöne Magelone (Brahms) (+ Svjatoslav Richter,*p*) – *EMI*

Hugo Wolf – Lied-Edition (+ Daniel Barenboim,*p*) – *DG*
44 Mörike-Lieder (Wolf) – Erstaufnahmen (+ Gerald Moore,*p*) – *EMI* (2CD)
Eichendorff-Lieder (Wolf) – Erstaufnahme (+ Gerald Moore,*p*) – *zuletzt bei EMI*
Italienisches Liederbuch (Wolf) (+ Irmgard Seefried / Erik Werba,*p*) – *Orfeo*
Italienisches Liederbuch (Wolf) (+ Elisabeth Schwarzkopf / Gerald Moore,*p*) – *EMI*
Spanisches Liederbuch (Wolf) (+ Elisabeth Schwarzkopf / Gerald Moore,*p*) – *DG* (2CD)

Karl Friedrich Zelter – Lieder (+ Aribert Reimann,*p*) – *Orfeo*
Johann Friedrich Reichard – Lieder (+ Maria Graf,*hp*) – *Orfeo*
Louis Spohr – Lieder (+ Julia Varady / Hartmut Höll,*p*) – *Orfeo*
Carl Loewe – Balladen – Erstaufnahme (+ Gerald Moore,*p*) – *EMI*
Carl Loewe – Lieder und Balladen (+ Jörg Demus,*p*) – *DG*
Giacomo Meyerbeer – Mélodies (+ Karl Engel,*p*) – *DG*
Franz Liszt – Lieder (+ Daniel Barenboim,*p*) – *DG*
Edvard Grieg – Lieder (+ Aribert Reimann,*p*) – *EMI*
Peter Tschaikowsky – Lieder (+ Aribert Reimann,*p*) – *Philips*
Gustav Mahler – Lieder und Gesänge (+ Leonard Bernstein,*p*) – *CBS/Sony*
Hans Pfitzner – Ausgewählte Lieder (+ Karl Engel, Aribert Reimann, Hermann Reutter,*p*) – *EMI*
Hans Pfitzner – Orchesterlieder (+ SOBR/ Wolfgang Sawallisch) – *EMI*
Max Reger – Ausgewählte Lieder (Günter Weißenborn,*p*) – *zuletzt auf* DG
Max Reger – Orchesterlieder (+ Philh. Orch. Hamburg/ Gerd Albrecht) – *Orfeo*

Richard Strauss – *Das Liedschaffen* – Sämtliche Klavierlieder (+ Gerald Moore,*p*) – *EMI*
Ravel: Chansons Madécasses / Mélodies populaires / Don Quichotte à Dilciniée – Erstaufnahmen 1959 (+ Irmgard Poppen,*vc* / Aurèle Nicolet,*fl* / Karl Engel,*p*) – *zuletzt auf* DG
Arnold Schönberg: 15 Lieder – Alban Berg: 18 Lieder (+ Aribert Remann,*p*) – *EMI*
Charles Ives – Songs (+ Michael Ponti,*p*) – *zuletzt bei DG*
Paul Hindemith – Lieder (+ Aribert Reimann,*p*) – *Orfeo*
D.Schostakowitch: *Michelangelo-Sonette & Lebyadkin-Lieder* (+ RSO Berlin / Vl.Askenazy,*p & Ltg.*) – *Decca*

Goethe-Lieder (Reichard, Zelter, A.A.v.Preußen, Senkendorff, Neefe, Kreutzer, Arnim, Wagner) (+ Jörg Demus,*p*) – *zuletzt bei DG*
Lieder der späten Romantik (Mahler, R.Strauss, Pfitzner) (+ Karl Engel,*p*) – *zuletzt bei DG*
Stilwandlungen des Klavierlieds
(Schumannianer, Neudeutsche, Jahrhundertwende, Aufbruch ins 20.Jhdt., Neue Wiener Schule) (+ Aribert Reimann & Hermann Reutter,*p*) – *zuletzt bei EMI*
Schottische Lieder und Volkslieder (Haydn-Beethoven-Weber)
(Karl Engel,*p* / H.Heller,*vl* / Irmgard Poppen,*vc* / Aurèle Nicolet,*fl*) – *zuletzt bei EMI*
Lieder der Neuen Wiener Schule (Schönberg-Berg-Webern) (+ Aribert Reimann,*p*) – *zuletzt bei DG*

Liederabende bei den Salzburger Festspielen 1957–1965 (Kassette oder Einzel-CDs) Beethoven, Schubert, Schumann, Brahms, Wolf (+ Gerald Moore,*p*) – *Orfeo*

Dietrich Fischer-Dieskau – Live Salzburg 1962–1964

Schubert, Brahms, Busoni, Pfitzner, R.Strauss, Mahler (+ Gerald Moore,*p*) – *EMI* (3CD)

Eichendorff-Lieder – Liederabend Salzburg 4.8.1975

Mendelssohn, Schumann, Pfitzner, Walter, Schwarz-Schilling, Wolf (+ Wolfgang Sawallisch,*p*) – *Orfeo*

Lieder der Romantik mit konzertierenden Instrumenten (Neukomm, Kreutzer, Donizetti, Reissiger, Kraussold, Berlioz, Herrmann, Gounod, Lloyd, Sjögren, Wolf) (+ Dieter Klöcker,*cl* / Klaus Wallendorf, *hn* / Hartmut Höll,*p*) – *Orfeo*

FLAGSTAD, KIRSTEN

Dido in *Dido and Aeneas* unter Geraint Jones – *EMI*

Titelrolle in *Alceste* (Gluck) unter Geraint Jones – *Decca*

Leonore in *Fidelio* (Beethoven) / live 1938 Met NYC unter Artur Bodanzky – *Music+Arts*

Leonore in *Fidelio* (Beethoven) / live 1950 Salzburg unter Wilhelm Furtwängler – *Verona*

Leonore in *Fidelio* (Beethoven) / live 1941 Met NYC unter Bruno Walter – *Nuova Era*

Senta in *Der fliegende Holländer* (Wagner) / Ausschnitte live 1937 C.G. London unter Fritz Reiner – *Legato*

Elisabeth in *Tannhäuser* (Wagner) / live 1936 Met NYC unter Artur Bodanzky – *zuletzt auf EJS*

Isolde in *Tristan und Isolde* (Wagner) unter Wilhelm Furtwängler – *EMI*

Isolde in *Tristan und Isolde* (Wagner) unter Thomas Beecham – *EMI*

Isolde in *Tristan und Isolde* (Wagner) / live 1936 Covent Garden London unter Fritz Reiner – *zuletzt bei BWS*

Isolde in *Tristan und Isolde* (Wagner) / live 1937 Covent Garden London unter Thomas Beecham – *Melodram*

Isolde in *Tristan und Isolde* (Wagner) / live 1941 Met NYC unter Erich Leinsdorf – *Music+Arts*

Isolde in *Tristan und Isolde* (Wagner) / Ausschnitte live 1948 B.Aires unter Erich Kleiber – *Melodram*

Brünnhilde-Partien in *Der Ring des Nibelungen* (Wagner) / live 1950 Scala Milano unter Wilhelm Furtwängler – *FONIT Cetra*

Isolde in *Tristan und Isolde* (Wagner) 2.Aufzug (r.1937 / + Melchior, Meisle, List / Fritz Reiner) – *Legato*

Brünnhilde in *Die Walküre* (Wagner) 2.Aufzug (r.1936 / + Lehmann, Melchior, Schorr / Fritz Reiner) – *Legato*

Fricka in *Rheingold* (Wagner) unter Georg Solti – *Decca*

Sieglinde in *Die Walküre* (Wagner) – 1.Aufzug unter Hans Knappertsbusch – *Decca*

Siegfried-Finale (Wagner) & *Götterdämmerung*-Finale (+ Set Svanholm)
unter George Sebastian/Wilhelm Furtwängler – *EMI*

Kundry in *Parsifal* (Wagner) 2.Aufzug / live 1951 C.G. London unter Karl Rankl – *Legato*

Portrait-Recital
(Beethoven, Wagner, Grieg, Harum, Lie, Backer-Grondahl) (+ Lauritz Melchior) – *Nimbus/Prima Voce*
Kirsten Flagstadt singt Wagner (EMI-Aufnahmen)
Wesendonck-Lieder (+ Gerald Moore,*p*) / Ausschnitte Tannhäuser, Tristan, Siegfried, Götterdämmerung – *EMI*
Kirsten Flagstadt singt Wagner (RCA-Aufnahmen) Ausschnitte Lohengrin, Tristan, Walküre, Götterdämmerung, Parsifal – *RCA*
R.Strauss: *Vier letzte Lieder* / UA live 1949 London unter Wilhelm Furtwängler – *Melodram*
10 Lieder von Edvard Grieg / *Wesendonck-Lieder* (Wagner) (+ BBC-SO/M.Sargent) / Isoldes Liebestod – *AS*
Norwegische Lieder (+ Gerald Moore,*p* / Philh.Orch./W.Susskind) – *EMI*
Kirsten Flagstad *Live-Recital* (2CD)
Wesendonck-Lieder / Ausschnitte Tristan & *Götterdämmerung* (Wagner) / *Letzte Lieder* (R.Strauss) / Ausschnitte *Alceste* (Gluck) – *Melodram*
Abschiedskonzert – Live 33.3.1955 Carnegie Hall NYC – *Music+Arts*

FRANZ, PAUL

Portrait-Recital
(Bizet, Gounod, Saint-Saëns, Massenet, Reyer, Verdi, Wagner) – *Club 99*

Weitere Recitals mit teilweisen Inhalts-Überschneidungen gab es bei *Rubini GV* und *Rococo*. Beide sind vom Plattenmarkt verschwunden. Wiederveröffentlichungen unter neuen Labels sind sehr zu erhoffen.

FREMSTAD, OLIVE

Die Aufnahmen der Sängerin waren auch in der Hochblüte der LP-Überspielungen äußerst rar. Recital-Veröffentlichungen auf dem deutschen Markt gab es nicht. Einzige verfügbare Sammlung war bisher (und ist beim Spezial-Versandhandel bzw. -Import ggf. *noch* erhältlich):

Opernausschnitte (Wagner, Verdi, Thomas, Bizet, Puccini) – *Rococo*

Einzelaufnahmen in den Anthologien (*Covent Garden, MET* und *The Record of Singing*)

FRENI, MIRELLA

Oberto in *Alcina* (Händel) unter Richard Bonynge – *Decca*
Romilda in *Serse* (Xerxes) (Händel) / live 1962 Piccola Scala Milano unter Piero Bellugi – *Melodram*
Titelrolle in *La Cecchina* (Piccini) / RAI 1969 unter Franco Caracciolo – *Claque*
Susanna in *Le Nozze di Figaro* (Mozart) unter Colin Davis – *Philips*
Zerlina in *Don Giovanni* (Mozart) unter Otto Klemperer *(EMI)* und Colin Davis *(Philips)*
Zerlina in *Don Giovanni* (Mozart) / live 1962 C.G.London unter Georg Solti – *GDS*
Zerlina in *Don Giovanni* (Mozart) / live 1969 Salzburg unter Herbert von Karajan – *Memories + Arkadia*
Matilde in *Guglielmo Tell* (Rossini) unter Riccardo Chailly – *Decca*
Titelrolle in *Beatrice di Tenda* (Belini) / live 1976 unter Maurizio Arena – *Legato*
Adina in *L'Elisir d'amore* (Donizetti) unter Francesco Molinari-Pradelli – *EMI*
Norina in *Don Pasquale* (Donizetti) unter Riccardo Muti – *EMI*
Marie in *La Figlia del Reggimento* (Donizetti) / live 1969 unter Nino Sanzogno – *Nuova Era + G.O.P.*
Elvira in *Ernani* (Verdi) unter Riccardo Muti – *EMI*
Titelrolle in *La Traviata* (Verdi) unter Lamberto Gardelli – *Acanta*
Titelrolle in *La Traviata* (Verdi) / live 1964 Scala Milano unter H.von Karajan – *Arkadia*
Leonora in *La Forza del Destino* (Verdi) unter Riccardo Muti – *EMI*
Amelia in *Simone Boccanegra* (Verdi) unter Claudio Abbado – *DG*
Elisabetta in *Don Carlo* (Verdi) unter Herbert von Karajan – *EMI*
Titelrolle in *Aida* (Verdi) unter Herbert von Karajan – *EMI*
Desdemona in *Otello* (Verdi) unter Herbert von Karajan – *EMI*
Nannetta in *Falstaff* (Verdi) unter Georg Solti – *Decca*
Nannetta in *Falstaff* (Verdi) / live 1963 Den Haag unter Carlo Maria Giulini – *Verona*
Marguerite in *Faust* (Gounod) unter Georges Prêtre – *EMI*
Marguerite in *Faust* (Gounod) / live 1967 Scala Milano unter Georges Prêtre – *G.O.P.*
Juliette in *Roméo et Juliette* (Gounod) unter Alain Lombard – *EMI*
Titelrolle in *Mireille* (Gounod) unter Michel Plasson – *EMI*
Micaela in *Carmen* (Bizet) unter R.Frühbeck de Burgos *(EMI)*, Herbert von Karajan *(RCA)* und *Seiji Ozawa (Philips)*
Micaela in *Carmen* (Bizet) / live 1959 Palermo unter Pierre Dervaux – *Stradivarius*
Titelrolle in *Manon Lescaut* (Puccini) unter Giuseppe Sinopoli *(DG)* und unter James Levine *(Decca)*
Mimi in *La Bohème* (Puccini) unter Thomas Schippers *(EMI)* und Herbert von Karajan *(Decca)*
Mimi in *La Bohème* (Puccini) / live 1963 StO Wien unter Herbert von Karajan – *Melodram*
Titelrolle in *Tosca* (Puccini) unter Nicola Rescigno *(Decca)* und unter Giuseppe Sinopoli *(DG)*

Titelrolle in *Madama Butterfly* (Puccini) unter Herbert von Karajan *(Decca)* und unter Giuseppe Sinopoli *(DG)*
Liù in *Turandot* (Puccini) unter Alain Lombard – *EMI*
Suzel in *L'Amico Fritz* (Mascagni) unter Gianandrea Gavazzeni – *EMI*
Nedda in *I Pagliacci* (Leoncavallo) unter Giuseppe Patané – *Decca*
Titelrolle in *Manon* (Massenet) / live 1969 Scala Milano unter Peter Maag – *Legato*
Tatjana in *Eugen Onegin* (Tschaikowsky) unter James Levine – *DG*
Lisa in *Pique Dame* (Tschaikowsky) unter Seiji Ozawa – *RCA*
Sopranpart in *Messa da Requiem* (Verdi) unter Herbert von Karajan – *DG*
Zahlreiche Live-Mitschnitte von Aufführungen obiger Werke auf verschiedenen Labels

Sopranpart in *Petite messe solennelle* (Rossini) unter Romano Gandolfi – *Decca*
Sopranpart in *Messa da Requiem* (Verdi) unter Herbert von Karajan – *DG*

Opernarien (Mozart, Bellini, Verdi, Bizet, Puccini, Massenet, Cilea, Charpentier) – *EMI*
Arien-Recital (Verdi: Aida, Ballo, Don Carlo, Otello / Puccini: M.Lescaut, Bohème, Butterfly, Turandot) unter Giuseppe Sinopoli – *DG*
Recital Verismo-Arien (Orch. Teatro La Fenice Venezia / Roberto Abbado) – *Decca*
Portrait-Recital – 2CD
(Scarlatti, Mozart, Bellini, Donizetti, Verdi, Gounod, Puccini, Massenet) – *Memories*
Mirella Freni – A Celebration – Live-Mitschnitte – 2CD
(Mozart, Piccini, Bellini, Verdi, Gounod, Bizet, Mascagni, Puccini, Cilea, Tschaikowsky + R.Strauss: *Vier letzte Lieder*) – *Legato*
Arien-Recital (Händel, Rossini, Verdi, Leoncavallo, Puccini) – *Decca*
Mirella Freni – Portrait (Frühe Aufnahmen: Bellini, Verdi, Bizet, Mascagni, Puccini) – *Ariola*
Mirella Freni & Renata Scotto – Duette (Mozart, Rossini, Bellini, Mercadante) – *Decca*

FRICK, GOTTLOB

Il Commendatore in *Don Giovanni* (Mozart) unter Carlo Maria Giulini – *EMI*
Masetto in *Don Giovanni* (Mozart) unter Carl Elmendorff – *Acanta*
Osmin in *Die Entführung aus dem Serail* (Mozart) unter Thomas Beecham und Josef Krips – *beide bei EMI*
Sarastro in *Die Zauberflöte* (Mozart) unter Otto Klemperer – *EMI*
Sarastro in *Die Zauberflöte* (Mozart) / live 1962 Wien unter Herbert von Karajan – *Myto*
Rocco in *Fidelio* (Beethoven) unter Wilhelm Furtwängler *(EMI)*, Ferenc Fricsay *(DG)* und Otto Klemperer *(EMI)*
Rocco in *Fidelio* (Beethoven) / live 1961 C.G.London unter Otto Klemperer – *Nota Blue Musica*
Kaspar in *Der Freischütz* (Weber) unter Lovro von Matacic – *Ariola*
Eremit in *Der Freischütz* (Weber) unter Joseph Keilberth – *EMI*

Falstaff in *Die lustigen Weiber von Windsor* (Nicolai) unter Robert Heger – *EMI*
van Bett in *Zar und Zimmermann* (Lortzing) unter Robert Heger – *EMI*
Hans in *Undine* (Lortzing) unter Robert Heger – *EMI*
Philipp II in *Don Carlos* (Verdi) / Szenen dt. / unter Heinrich Hollreiser – *Ariola*
Daland in *Der fliegende Holländer* (Wagner) unter Franz Konwitschny – *EMI*
Landgraf in *Tannhäuser* (Wagner) unter Franz Konwitschny – *EMI*
König Heinrich in *Lohengrin* (Wagner) unter Wilhelm Schüchter und unter Rudolf Kempe – *beide bei EMI*
Marke in *Tristan und Isolde* (Wagner) unter W.Furtwängler *(FONIT Cetra)* und Franz Konwitschny *(Melodram)*
Pogner in *Die Meistersinger von Nürnberg* (Wagner) unter Rudolf Kempe – *EMI*
Fafner in *Rheingold* (Wagner) unter Wilhelm Furtwängler – *EMI*
Hunding in *Die Walküre* (Wagner) unter W.Furtwängler *(zweimal bei EMI)* und unter Georg Solti *(Decca)*
Hunding und Hagen im *Ring des Nibelungen* (Wagner) / live 1960 Bayreuth unter Rudolf Kempe – *Melodram*
Hagen in *Götterdämmerung* (Wagner) unter Georg Solti – *Decca*
Gurnemanz in *Parsifal* (Wagner) unter Georg Solti – *Decca*
Abul Hassan in *Der Barbier von Bagdad* (Cornelius) unter Heinrich Hollreiser – *Melodram*
Kezal in *Die verkaufte Braut* (Smetana) unter Rudolf Kempe – *EMI*
Fürst Gremin in *Eugen Onegin* (Tschaikowsky) unter Wilhelm Schüchter – *Ariola*
Hortensio in Der Widerspenstigen Zähmung (H.Goetz) unter Karl Elmendorff – *Acanta*
Papst Pius in *Palestrina* (Pfitzner) / live 1964 StO Wien unter Robert Heger – *Myto*
Bauer in *Die Kluge* (Orff) unter Wolfgang Sawallisch *(EMI)* und Kurt Eichhorn *(Ariola)*

Raphael + Adam in *Die Schöpfung* (Haydn) unter Karl Forster *(EMI)* und unter Eugen Jochum *(Philips)*

Portrait – 3CD
(Mozart, Haydn, Lortzing, Nicolai, Verdi, Wagner, Smetana, Tschaikowsky, Orff u.a.) – *EMI*
Opernarien (Mozart, Lortzing, Nicolai, Verdi, Wagner u.a.) – *EMI*
Opernquerschnitte in deutscher Sprache bei *EMI* und *Ariola*

GADSKI, JOHANNA

Arien & Lieder (Mozart, Schubert, Rossini, Verdi, Wagner, Mascagni, Thuille, Wilhelm) – *Preiser CO*

Arien & Lieder
(Mozart, Schubert, Wagner, Verdi, Mascagni, R.Strauss u.a.) – *Club 99* (CD-Überspielung liegt vor)

GALLI-CURCI, AMELITA

Portrait-Recitals
Amelita Galli Curci Vol. I & II (Überspielungen von Original-Schellacks) – *Pearl*
Vol.I: *Gramophone Recordings* (Mozart, Bellini, Donizetti, Verdi, Auber, Meyerbeer, Massenet u.a.)
Vol.II.: *Arias and Songs* (Scarlatti, Giordani, Rossini, Bellini, Verdi, Gounod, Thomas, Grieg, Bishop)
Portrait-Recital (Digitaltechnisch bearbeitete Übertragungen)
(Rossini, Bellini, Donizetti, Auber, Meyerbeer, Verdi, Gounod, Thomas) – *Nimbus/ Prima Voce*
Portrait-Recital (Scarlatti, Rossini, Bellini, Meyerbeer, Verdi, Gounod,Thomas, Grétry) – *Preiser LV*

Die fabelhaften *Rubini GV*-Sammlungen sind leider vom Markt verschwunden und allenfalls noch bei Antiquariaten und Versendern erhältlich.
Einzelaufnahmen in Tito Schipa Recitals und in den Anthologien

GARDEN, MARY

Auch diese große Sängerin war auf dem deutschen Plattenmarkt immer nur mit Recital-Importen oder kurzlebigen Veröffentlichungen bei kleinen Labels vertreten. Das wichtigste unter diesen:

Sängerportrait Mary Garden – Arien, Lieder, Folklore
(Bizet, Charpentier, Alfano, Gretchaninov, Harrison, Burns, Scott, Rogers, Cadman, Debussy, Szulk) – *Discophilia*
Ein weiteres Portrait auf *Everest/Scala* dürfte vergriffen sein.
Einzelaufnahmen in der CD-Reihe *The Harold Wayne Collection Vol.7*, in den Sammlungen *Opera in Chigago* und *The Yale Collection* bei *Symposium* – ferner in den Anthologien

GEDDA, NICOLAI

Orphée in *Orphée et Euridice* (Gluck) unter Louis de Froment – *EMI Pathé*
Admete in *Alceste* (Gluck) unter Serge Baudo – *Orfeo*
Nuradin in *Der betrogene Kadi* (Gluck) unter Otmar Suitner – *EMI*
Mercure in *Platée* (Rameau) unter Hans Rosbaud – *EMI Pathé*
Colin in *Le Devin du Village* (J.J.Rousseau) unter Louis Froment – *EMI*
Orfeo in *Orfeo ed Euridice* (Hadyn) / live 1967 Wien unter Richard Bonynge – *Myto*
Don Ottavio in *Don Giovanni* (Mozart) unter Hans Rosbaud *(EMI Pathé)* und unter Otto Klemperer *(EMI)*

Ferrando in *Così fan tutte* (Mozart) unter Colin Davis – *Philips*
Belmonte in *Die Entführung aus dem Serail* (Mozart) unter Josef Krips – *EMI*
Titelrolle in *Idomeneo* (Mozart) unter Hans Schmidt-Isserstedt – *EMI*
Vogelsang in *Der Schauspieldirektor* (Mozart) unter Eberhard Schoener – *EMI*
Tamino in *Die Zauberflöte* (Mozart) unter Otto Klemperer – *EMI*
Tamino in *Il Flauto Magico* (Mozart) / RAI 1953 unter Herbert von Karajan – *Myto*
Tamino in *Die Zauberflöte* (Mozart) / live 1962 Wien unter Herbert von Karajan – *Myto*
Anton in *Die Zwillingsbrüder* (Schubert) unter Wolfgang Sawallisch – *EMI*
Max in *Der Freischütz* (Weber) unter Robert Heger – *EMI*
Adolar in *Euryanthe* (Weber) unter Marek Janowski – *EMI*
Conte Almaviva in *Il Barbiere di Siviglia* (Rossini) unter James Levine – *EMI*
Don Narciso in *Il Turco in Italia* (Rossini) unter Gianandrea Gavazzeni – *EMI*
Arnold in *Guillaume Tell* (Rossini) unter Lamberto Gardelli – *EMI*
Elvino in *La Sonnambula* (Bellini) / live 1963 Met NYC unter Silvio Varviso – *Melodram*
Arturo in *I Puritani* (Bellini) unter Julius Rudel – *EMI*
Tebaldo in *I Capuleti e i Montecchi* (Bellini) unter Giuseppe Patané – *EMI*
Nemorino in *L'Elisir d'amore* (Donizetti) unter Francesco Molinari-Pradelli – *EMI*
Duca in *Rigoletto* (Verdi) unter Francesco Molinari-Pradelli – *EMI*
Alfredo in *La Traviata* (Verdi) unter Aldo Ceccato – *EMI*
Lyonel in *Martha* (Flotow) unter Robert Heger – *EMI*
Ringstetten in *Undine* (Lortzing) unter Robert Heger – *EMI*
Chateauneuf in *Zar und Zimmermann* (Lortzing) unter Robert Heger – *EMI*
Rheintal in *Die Opernprobe* (Lortzing) unter Otmar Suitner – *EMI*
Nurredin in *Der Barbier von Bagdad* (Cornelius) unter Erich Leinsdorf – *EMI*
Raoul in *Les Huguenots* (Meyerbeer) / live 1971 Wien unter Ernst Märzendorfer – *Myto*
Jean in *Le Prophète* (Meyerbeer) / RAI 1970 unter Henry Lewis – *Foyer + Myto*
George Brown in *La Dame blanche* (Boieldieu) unter Jean Fournet – *Melodram*
Titelrolle in *Faust* (Gounod) / zweimal unter André Cluytens – *beide bei EMI*
Vincent in *Mireille* (Gounod) unter André Cluytens – *EMI*
Titelrolle in *Benvenuto Cellini* (Berlioz) unter Colin Davis – *Philips*
Faust in *La Damnation de Faust* (Berlioz) unter Georges Prêtre *(EMI)*, Colin Davis *(Philips)* und Lamberto Gardelli *(Orfeo)*
Aeneas in *Les Troyens* (Berlioz) / RAI-Produktion / unter Georges Prêtre – *Melodram*
Titelrolle in *Benvenuto Cellini* (Berlioz) unter Colin Davis – *Philips*
Don José in *Carmen* (Bizet) unter Thomas Beecham und unter Georges Prêtre – *beide bei EMI*
Nadir in *Les Pêcheurs de Perle* (Bizet) unter Pierre Dervaux – *EMI*
Hoffmann in *Les Contes d'Hoffmann* (Offenbach) unter André Cluytens – *EMI*
Bogdan in *Iwan Sussanin* (Glinka) unter Igor Markevitch – *EMI*
Dimitri in *Boris Godunow* (Mussorgsky) unter Issay Dobrowen *(EMI)*, unter Jerzy Semkow *(EMI)* und Mstislaw Rostropowitsch *(ERATO)*
Lensky in *Eugen Onegin* (Tschaikowsky) unter Emil Tshakarov – *Sony*
Rodolfo in *La Bohème* (Puccini) unter Thomas Schippers – *EMI*
Pinkerton in *Madama Butterfly* (Puccini) unter Herbert von Karajan – *EMI*

Des Grieux in *Manon* (Massenet) unter Julius Rudel – *EMI*
Titelrolle in *Werther* (Massenet) unter Georges Prêtre – *EMI*
Nicias in *Thais* (Massenet) unter Lorin Maazel – *EMI*
Le Prince in *Cenrillon* (Massenet) unter Julius Rudel – *CBS/Sony*
Julien in *Louise* (Charpentier) unter Julius Rudel – *EMI*
Sänger in *Der Rosenkavalier* (R.Strauss) unter Herbert von Karajan – *EMI*
Matteo in *Arabella* (R.Strauss) / Szenen unter Lovro von Matacic – *EMI*
Flamand in *Capriccio* (R.Strauss) unter Wolfgang Sawallisch – *EMI*
Titelpartie in *Palestrina* (Pfitzner) unter Rafael Kubelik – *DG*
Schwertrichter in *Das Wunder der Heliane* (Korngold) unter John Mauceri – *Decca*
Kuragin in *Krieg und Frieden* (Prokofieff) unter Mstislaw Rostropowitsch – *ERATO*
Sergej in *Lady Macbeth von Minsk* (Schostakowitsch) unter Mstislaw Rostropowitsch – *EMI*
Titelpartie in *Oedipus Rex* (Strawinsky) unter Esa-Pekka Salonen – *Sony*
Anatol in *Vanessa* (Barber) unter Dimitri Mitropoulos – *RCA*

Eisenstein in *Die Fledermaus* (J.Strauß) unter Herbert von Karajan und Willi Boskovsky – *beide bei EMI*
Barinkay in *Der Zigeunerbaron* (J.Strauß) unter Otto Ackermann und Franz Allers – *beide bei EMI*
Herzog in *Eine Nacht in Venedig* (J.Strauß) unter Otto Ackermann und Franz Allers – *beide bei EMI*
Graf Balduin in *Wiener Blut* (J.Strauß) unter Otto Ackermann und Willi Boskovsky – *beide bei EMI*
Danilo in *Die lustige Witwe* (Lehár) unter Otto Ackermann und Lovro von Matacic – *beide bei EMI*
Sou-Chong in *Das Land des Lächelns* (Lehár) unter Otto Ackermann und Willy Mathes – *beide bei EMI*
Zahlreiche weitere Operetten-Gesamtaufnahmen und Opernquerschnitte bei *EMI*

Tenorpart in *Messiah* (Händel) unter Otto Klemperer – *EMI*
Tenor-Arien in *Matthäus-Passion* (Bach) unter Otto Klemperer – *EMI*
Evangelist & Tenor-Arien in *Matthäus-Passion* (Bach) unter Wolfgang Gönnenwein – *EMI*
Tenorpart in *Messe h-moll* (Bach) unter Herbert von Karajan und Otto Klemperer – *beide bei EMI*
Tenorpart in *Elias* (Mendelssohn) unter Rafael Frühbeck de Burgos – *EMI*
Tenorpart in *»Krönungsmesse« KV 317* & *Vesperae KV 339* (Mozart) unter Eugen Jochum – *EMI*
Tenorpart in *Requiem KV 626* (Mozart) unter Daniel Barenboim – *EMI*
Tenorpart in *Missa solemnis* (Beethoven) unter Herbert von Karajan – *EMI (live auf Melodram)*
Tenorsolo in *Sinfonie Nr.9* (Beethoven) unter André Cluytens und unter Rudolf Kempe – *beide bei EMI*

Tenorsolo in *Grande Messe des Morts* (Berlioz) / live 1957 NYC unter Dimitri Mitropoulos – *Arkadia*
Tenorpart in *Glagolitische Messe* (Janácek) unter Leonard Bernstein – *CBS/Sony*

Sängerportrait – 4LP
(Deutsche, italienische, französische und russische Oper – darunter die frühesten Aufnahmen)
Wiederveröffentlichung auf CD ist zu erwarten – *EMI*

Diverse Arien- und Lied-Recitals warten auf CD-Überspielung. Wichtig vor allem:
Gedda à Paris (Arien aus französischen Opern) unter Georges Prêtre – *EMI*
Bach-Solokantaten unter Hans-Martin Linde / Scola Cantorum Basiliensis – *EMI*
Mozart-Arien unter André Cluytens – *EMI*
Russische Opernarien unter Mira Zdravkovitch – *EMI*
Deutsche Opernarien unter Heinrich Bender – *EMI*
Nicolai Gedda singt Franz Lehár (= die einzige Sammlung, die neben Tauber bestehen kann) – *EMI*

Die schöne Müllerin D.795 (Schubert) (+ Jan Eyron,*p*) – *EMI*
Beethoven-Lieder (+ Jan Eyron,*p*) – *EMI*
Rachmaninow-Lieder (+ Alexis Weissenberg,*p*) – *EMI*
L'Art de la Mélodie (+ Aldo Ciccolini,*p*) – *EMI*
Lieder der Welt
(Veracini, Pratella, Casella, Carnevali, Respighi, Turina, Rachmaninow, R.Strauss u.a.) (+ Gerald Moore,*p*) – *EMI*

Derzeit im deutschen Handel:
Arien-Recital (Adam, Auber, Berlioz, Meyerbeer, Gounod, Lalo, Wagner, Flotow, Goldmark, Donizetti, Ponchielli, Cilea, Weber, Tschaikowsky) – *EMI*
Lied-Recital – *Lieder der Opernmeister*
(Bellini, Donizetti, Bizet, Wagner, Gounod, Rossini, Verdi, Massenet, Leoncavallo) (+ Jan Eyron,*p*) – *Bluebell*
Goethe-Lieder (Mozart, Beethoven, Schubert, Wolf, Mussorgsky, Tschaikowsky, Thomas, Massenet, Boito) (+ Eva Patani,*p*) – *Bluebell*
Russische Lieder und Romanzen (+ Russ.Akad.Orch. / Nekrasov) – *Olympia*
Operetten-Lieder (J.Strauß, Offenbach, Millöcker, Lehár, Kalman) – *EMI*
Lied-Recitals mit Kompositionen skandinavischer Komponisten auf mehreren *Bluebell*-CDs/LPs

GHIAUROV, NICOLAI

Seneca in *L'Incoronazione di Poppea* (Monteverdi) / live 1978 Paris unter Julius Rudel – *zuletzt bei LR*

Creonte in *Medea* (Cherubini) / live 1961 Scala Milano unter Thomas Schippers – *Arkadia*
Titelrolle in *Don Giovanni* (Mozart) unter Otto Klemperer – *EMI*
Titelrolle in *Don Giovanni* (Mozart) / live 1969 und 1970 Salzburg unter H.von Karajan – *beide bei Arkadia*
Titelrolle in *Don Giovanni* (Mozart) / RAI 1970 unter Carlo Maria Giulini – *Arkadia*
Don Basilio in *Il Barbiere di Siviglia* (Rossini) unter Silvio Varviso – *Decca*
Titelrolle in *Mosè* (Rossini) / live 1968 Rom unter Wolfgang Sawallisch – *Rodolphe*
Gualtiero Fürst in *Guglielmo Tell* (Rossini) unter Riccardo Chailly – *Decca*
Conte Rodolfo in *La Sonnambula* (Bellini) unter Richard Bonynge – *Decca*
Giorgio in *I Puritani* (Bellini) unter Richard Bonynge – *Decca*
Raimondo in *Lucia di Lammermoor* (Donizetti) unter Richard Bonynge – *Decca*
Enrico VIII in *Anna Bolena* (Donizetti) unter Silvio Varviso – *Decca*
Baldassare in *La Favorita* (Donizetti) unter Richard Bonynge – *Decca*
Zaccaria in *Nabucco* (Verdi) unter Riccardo Muti – *EMI*
Zaccaria in *Nabucco* (Verdi) / live 1966 Scala Milano unter Gianandrea Gavazzeni – *Foyer*
Silva in *Ernani* (Verdi) unter Riccardo Muti – *EMI*
Titelrolle in *Attila* (Verdi) / live 1972 Firenze unter Riccardo Muti – *Foyer*
Banquo in *Macbeth* (Verdi) unter Lamberto Gardelli *(Decca)* und unter Claudio Abbado *(DG)*
Sparafucile in *Rigoletto* (Verdi) unter Carlo Maria Giulini *(DG)* und unter Riccardo Chailly *(Decca)*
Ferrando in *Il Trovatore* (Verdi) unter Richard Bonynge – *Decca*
Filippo II in *Don Carlo* (Verdi) unter Georg Solti (Decca) und unter H.von Karajan *(EMI)*
Filippo II in *Don Carlo* (Verdi) / live 1979 StO Wien unter Horst Stein – *Melodram*
Grand Inquisiteur in *Don Carlos* (Verdi) / frz. Orig. / unter Claudio Abbado – *DG*
Fiesco in *Simone Boccanegra* (Verdi) unter Claudio Abbado – *DG*
Ramfis in *Aida* (Verdi) unter Riccardo Muti *(EMI)* und unter Claudio Abbado *(DG)*
Marcello in *Gli Ugenotti* (Meyerbeer) / live 1962 Scala Milano unter Gianandrea Gavazzeni – *Melodram*
Méphistophéles in *Faust* (Gounod) unter Georges Prêtre – *EMI*
Méphistophéles in *Faust* (Gounod) / live 1973 Chicago unter Paul Ethuin – *Legato*
Alvise in *La Gioconda* (Ponchielli) unter Lamberto Gardelli und unter Bruno Bartoletti – *beide bei Decca*
Titelrolle in *Mefistofele* (Boito) unter Oliviero de Fabritiis – *Decca*
Titelrolle in *Mefistofele* (Boito) / live 1966 NYC unter Lamberto Gardelli – *Legato*
Colline in *La Bohème* (Puccini) unter Herbert von Karajan – *Decca*
Timur in *Turandot* (Puccini) unter Zubin Mehta – *Decca*
Indra in *Le Roi de Lahore* (Massenet) unter Richard Bonynge – *Decca*
Titelrolle in *Don Quichotte* (Massenet) unter Kazimierz Kord – *Decca*
Titelrolle in *Boris Godunow* (Mussorgsky) unter Herbert von Karajan *(EMI)* und Emil Tshakarov *(Sony)*
Titelrolle in *Boris Godunow* (Mussorgsky) / live 1964 Salzburg unter Herbert von Karajan – *Arkadia*
Titelrolle in *Fürst Igor* (Borodin) unter Emil Tshakarov – *Sony*

Fürst Gremin in *Eugen Onegin* (Tschaikowsky) unter Georg Solti *(Decca)* und unter James Levine *(DG)*
Zahlreiche-Live-Mitschnitte von Aufführungen obiger Werke auf verschiedenen Labels

Baßpart in *Messa da Requiem* (Verdi) unter Garlo Maria Giulini *(EMI)*, Claudi Abbado *(DG)* und Herbert von Karajan *(DG)*
Baßpart in *Roméo et Juliette op.17* (Berlioz) unter Lorin Maazel – *Decca*

Ein Opernportrait (Bellini, Bizet, Borodin, Gounod, Meyerbeer, Mussorgsky, Tschaikowsky, Verdi) – *Decca*
Sängerportrait – Live-Mitschnitte – 2CD (Mozart, Rossini, Verdi, Gounod, Mussorgsky) – *Memories*
Russische Lieder und Romanzen (+ Elena Ghiaurov,*p*) – *Decca*

GIGLI, BENJAMINO

Nemorino in *L'Elisir d'amore* (Donizetti) / live 1953 Napoli unter Gianandrea Gavazzeni – *ECR*
Alfredo in *La Traviata* (Verdi) / live C.G.London 1939 unter Vittorio Gui – *Eklipse*
Riccardo in *Un Ballo in Maschera* (Verdi) unter Tullio Serafin - *EMI*
Alvaro in *La Forza del Destino* (Verdi) / Ausschnitte live 1951 Rio de Janeiro unter Antonino Votto – *Legato*
Radames in *Aida* (Verdi) unter Tullio Serafin – *EMI*
Radames in *Aida* (Verdi) / live 1939 C.G.London unter Thomas Beecham – *Eklipse*
Don José in *Carmen* (Bizet) unter Vincenzo Bellezza – *EMI Italiana*
Des Grieux in *Manon Lescaut* (Puccini) / Ausschnitte Milano 1950 unter Alfredo Simonetto – *Melodram*
Rodolfo in *La Bohème* (Puccini) unter Umberto Berrettoni – *EMI*
Cavaradossi in *Tosca* (Puccini) unter Oliviero de Fabritiis – *EMI*
Pnkerton in *Madama Butterfly* (Puccini) unter Oliviero de Fabritiis – *EMI*
Turiddu in *Cavalleria Rusticana* (Mascagni) unter Pietro Mascagni – *EMI*
Titelrolle in *L'Amico Fritz* (Mascagni) / live 1953 Napoli unter Gianandrea Gavazzeni – *Eklipse*
Canio in *I Pagliacci* (Leoncavallo) unter Franco Ghione – *EMI*
Titelrolle in *Andrea Chénier* (Giordano) – *EMI*

Tenorpart in *Messa da Requiem* unter Tullio Serafin – *EMI*

Die empfehlenswerteste Gigli-Edition:
Acoustic Recordings - Überspielung von Original Schellacks – (2CD) (Die frühen Aufnahmen aus Milano, Camden und New York) – *Pearl*
Electric Recordings I – Überspielung von Original Schellacks (Verdi, Ponchielli, Bizet, Thomas, Puccini u.a. + Giuseppe de Luca) – *Pearl*

Electric Recordings II – Überspielung von Original Schellacks
(Donizetti – vor allem Ausschnitte aus »Lucia« / Verdi, Bizet, R-Korssakoff, Lieder) – *Pearl*

Aus der Fülle der am Markt verfügbaren Recitals und Sammlungen:
Arien und Duette (HMV-Aufnahmen) – *EMI*
Arien-Recital (Donizetti, Verdi, Gounod, Bizet, Leoncavallo, Mascagni, Puccini, Giordano u.a.) – *EMI*
Arien-Recital (Donizetti, Gounod, Verdi, Ponchielli, Gounod, Bizet u.a.) – *RCA*
Belcanto-Italiano
(Donizetti, Verdi, Boito, Puccini, Flotow, Bizet, Gounod, Mascagni, Leoncavallo, Giordano / Sacralgesänge & Lieder) – *EMI* (2LP)
O sole mio
(Lieder, Romanzen, Canciones, Schlager) – *EMI* (2CD)

GOBBI, TITO

Titelrolle in *Don Giovanni* (Mozart) / live 1950 Salzburg unter Wilhelm Furtwängler – *Laudis*
Figaro in *Il Barbiere di Siviglia* (Rossini) unter Alceo Galliera – *EMI*
Belcore in *L'Elisir d'amore* (Donizetti) unter Gabriele Santini – *EMI*
Enrico in *Lucia di Lammermoor* (Donizetti) unter Tullio Serafin – *EMI*
Titelrolle in *Nabucco* (Verdi) unter Lamberto Gardelli – *Decca*
Titelrolle in *Rigoletto* (Verdi) unter Tullio Serafin – *EMI*
Titelrolle in *Rigoletto* (Verdi) / Ausschnitte live 1947 Rom unter Ferdinando Previtali – *Melodram*
Giorgio Germont in *La Traviata* (Verdi) unter Tullio Serafin – *EMI*
Renato in *Un Ballo in Maschera* (Verdi) unter Antonino Votto – *EMI*
Titelrolle in *Simone Boccanegra* (Verdi) unter Gabriele Santini – *EMI*
Rodrigo in *Don Carlo* (Verdi) unter Gabriele Santini – *EMI*
Rodrigo in *Don Carlo* (Verdi) / live 1958 C.G.London unter Carlo Maria Giulini – *Replica*
Amonasro in *Aida* (Verdi) unter Tullio Serafin – *EMI*
Jago in *Otello* (Verdi) unter Tullio Serafin – *RCA*
Titelrolle in *Falstaff* (Verdi) unter Herbert von Karajan – *EMI*
(in gleicher Besetzung auch als Live-Mitschnitt 1957 Salzburg bei *Arkadia*)
Titelrolle in *Falstaff* (Verdi) / live 1958 Scala Milano unter Tullio Serafin – *HRE*
Alfio in *Cavalleria Rusticana* (Mascagni) unter Silvio Varviso – *Decca*
Tonio in *I Pagliacci* (Leoncavallo) unter Tullio Serafin und unter Lovro von Matacic – *beide bei EMI*
Erzähler in *Le Villi* (Puccini) unter Lorin Maazel – *CBS/Sony*
Marcello in *La Bohème* (Puccini) unter Antonino Votto – *DG*
Marcello in *La Bohème* (Puccini) / live 1951 Rom unter Gabriele Santini – *Bongiovanni*
Scarpia in *Tosca* (Puccini) unter Victor de Sabata und unter Georges Prêtre – *beide bei EMI*

Sharpless in *Madama Butterfly* (Puccini) unter Gianandrea Gavazzeni – *EMI*
Jack Rance in *La Fanciulla del West* (Puccini) / live 1956 Scala Milano unter Antonino Votto – *HRE*
Michele in *Il Tabarro* (Puccini) unter Vincenzo Bellezza – *EMI*
Titelrolle in *Gianni Schicchi* (Puccini) unter Gabriele Santini *(EMI)* und unter Lorin Maazel *(CBS/Sony)*
De Sirieux in *Adriana Lecouvreur* (Cilea) unter Lamberto Gardelli – *Decca*
Cim-Fen in *L'Oracolo* (Franco Leoni) unter Richard Bonynge – *Decca*
Live-Mitschnitte von Aufführungen der wichtigsten Partien in den obigen Werken auf verschiedenen Labels

Sängerportrait – Live-Aufnahmen 1950–1964 – 2CD
(Arien und Szenen aus Werken von Mozart, Verdi, Leoncavallo, Puccini) – *Memories*
Arien-Recital (Rossini, Donizetti, Verdi, Leoncavallo, Giordano, Cilea, Wolf-Ferrari) – *EMI*
Portrait: Arien und Lieder
(Mozart, Rossini, Verdi, Puccini, Leoncavallo, Valente, Tosti, Denza, Cottrau, di Capua u.a.) – *Testament*
The Art of Tito Gobbi (Opernausschnitte, Romanzen, Lieder / Frühaufnahmen) – *EMI* (3LP)

GRÜMMER, ELISABETH

Donna Anna in Don Giovanni (Mozart) / live 1954 Salzburg unter Wilhelm Furtwängler – *FONIT Cetra*
Donna Anna in Don Giovanni (Mozart) / live 1956 Salzburg unter Dimitri Mitropoulos – *Arkadia*
Elettra in *Idomeneo* (Mozart) / live 1961 Salzburg unter Ferenc Fricsay – *Melodram*
Pamina in *Die Zauberflöte* (Mozart) / HR Ffm. 1955 unter Georg Solti – *Melodram*
Agathe in *Der Freischütz* (Weber) unter Joseph Keilberth – *EMI*
Agathe in *Der Freischütz* (Weber) / live 1954 Salzburg unter Wilhelm Furtwängler – *FONIT Cetra*
Elsa in *Lohengrin* (Wagner) unter Rudolf Kempe – *EMI*
Elisabeth in *Tannhäuser* (Wagner) unter Franz Konwitschny – *EMI*
Eva in *Die Meistersinger von Nürnberg* (Wagner) unter Rudolf Kempe – *EMI*
Gutrune in *Götterdämmerung* (Wagner) / RAI 1953 unter Wilhelm Furtwängler – *EMI*
Freia und Gutrune im *Ring des Nibelungen* (Wagner) / live 1957 Bayreuth unter Hans Knappertsbusch – *Foyer*
Freia und Gutrune im *Ring des Nibelungen* (Wagner) / live 1958 Bayreuth unter H.Knappertsbusch – *Arkadia*
Hänsel in *Hänsel und Gretel* (Humperdinck) unter Herbert von Karajan – *EMI*
Oktavian in *Der Rosenkavalier* (R.Strauss) / Rosenüberreichung / 1952 München unter Erich Kleiber – *Orfeo*

Oktavian in *Der Rosenkavalier* (R.Strauss) / Ausschnitte unter Wilhelm Schüchter – *EMI*

Sopran-Arien in *Johannes-Passion* (Bach) unter Karl Forster – *EMI*
Gabriel und Eva in *Die Schöpfung* (Haydn) unter Karl Forster – *EMI*
Sopransolo in *Ein Deutsches Requiem* (Brahms) unter Rudolf Kempe – *EMI*

Portrait-Recital – 2LP
(Bach, Haydn, Mozart, Schubert, Weber, Gounod, Thomas, Wagner, Brahms, Verdi, Grieg, R.Strauss) – *EMI*
Sängerportrait – Live- und Rundfunk-Aufnahmen – 2LP
(Mozart, Weber, Wagner, Tschaikowsky, Offenbach, Schubert, Schumann, Wolf) – *Melodram*
Lied-Recital (Schubert & Brahms) (+ Gerald Moore,*p*) – *EMI*
Liederabend live 1958 (Mozart, Schubert, Mendelssohn, Brahms, Wolf) – *Melodram*

HAEFLIGER, ERNST

Roberto in *Griselda* (A.Scarlatti) / NDR 1960 unter Bruno Maderna – *Arkadia*
Florestan in *Fidelio* (Beethoven) unter Ferenc Fricsay – *DG*
Belmonte in *Die Entführung aus dem Serail* (Mozart) unter Ferenc Fricsay – *DG*
Don Ottavio in *Don Giovanni* (Mozart) unter Ferenc Fricsay – *DG*
Ferrando in *Così fan tutte* (Mozart) unter Eugen Jochum – *DG*
Idamante in *Idomeneo* (Mozart) / live 1961 Salzburg unter Ferenc Fricsay – *Melodram*
Tamino in *Die Zauberflöte* (Mozart) unter Ferenc Fricsay – *DG*
Steuermann in *Der fliegende Holländer* (Wagner) unter Ferenc Fricsay – *DG*
Pelléas in *Pelléas et Mélisande* (Debussy) / RAI 1954 unter Herbert von Karajan – *HUNT*
Titelpartie in *Oedipus Rex* (Strawinsky) unter Ernest Ansermet *(Decca)* und unter Ferenc Fricsay *(DG)*
Tiresias in *Antigonae* (Orff) unter Ferdinand Leitner – *DG*
Opernquerschnitte in deutscher Sprache bei *DG*

Evangelist in *Matthäus-Passion* (Bach) unter Karl Richter *(DG)* und unter Eugen Jochum *(Philips)*
Evangelist in *Johannes-Passion* (Bach) unter Karl Richter *(DG)* und unter Eugen Jochum *(Philips)*
Tenorsolo in *Messe h-moll* (Bach) unter Karl Richter – *DG*
Tenorsoli in *Magnificat* & div. *Kantaten* (Bach) unter Karl Richter – *DG*
Tenorsolo in *Sinfonie Nr.9* (Beethoven) unter Herbert von Karajan *(EMI)* und Ferenc Fricsay *(DG)*
Tenorsolo in *Te Deum* (Bruckner) / live 1952 Perugia unter Herbert von Karajan – *Arkadia*
Tenorpart in *Das Lied von der Erde* (Mahler) (+ Mildred Miller / NYPH / Bruno Walter) – *CBS/Sony*

Tenorpart in *Das klagende Lied* (Mahler) unter Pierre Boulez – *CBS/Sony*
Tagebuch eines Verschollenen (Janácek) unter Rafael Kubelik – *DG*
Tenorsolo in *Psalmus Hungaricus* (Bartók) unter Ferenc Fricsay – *DG*

Die schöne Müllerin D.795 (Schubert) / + Jaqueline Bonneau,*p (DG)* und + Erik Werba,*p (Sony)*
Die schöne Müllerin & Winterreise (Schubert) (+ Jörg Ewald Dähler,*p*) – *Claves*
Schwanengesang (Schubert) (+ Erik Werba,*p*) – *DG*
Lieder von Franz Schubert (+ Jörg Ewald Dähler,*hcl*) – *Claves*
Liedsammlung *Hommage à Ernst Haefliger*
(Beethoven, Schubert, Schumann, Brahms, Wolf, Schoeck) – *Claves*

Ernst Haefliger – *Ein Sängerportrait* (Bach, Händel, Beethoven, Mozart, Rossini, Verdi) – *DG*
Mozart-Arien (+ EChO / Jörg Ewald Dähler) – *Claves*

HAMPSON, THOMAS

Conte Almaviva in *Le Nozze di Figaro* (Mozart) unter James Levine – *DG*
Titelrolle in *Don Giovanni* (Mozart) unter Nicolaus Harnoncourt – *Teldec*
Guglielmo in *Così fan tutte* (Mozart) unter James Levine – *DG*
Don Alfonso in Così fan tutte (Mozart) unter Nikolaus Harnoncourt – *Teldec*
Sprecher in *Die Zauberflöte* (Mozart) unter Nikolaus Harnoncourt – *Teldec*
Vogelsang in *Der Schauspieldirektor* (Mozart) unter Nikolaus Harnoncourt – *Teldec*
Poeta in *Prima la musica* (Salieri) unter Nikolaus Harnoncourt – *Teldec*
Roland in *Fierrabras* (Schubert) unter Claudio Abbado – *DG*
Figaro in *Il Barbiere di Siviglia* (Rossini) unter Gianluigi Gelmetti – *EMI*
Gunther in *Götterdämmerung* (Wagner) unter Bernard Haitink – *EMI*
Valentin in *Faust* (Gounod) unter Michel Plasson – *EMI*
Titelrolle in *Hamlet* (Thomas) unter Antonio de Almeida – *EMI*
Marcello in *La Bohème* (Puccini) unter Leonard Bernstein – *DG*
Titelrolle in *Eugen Onegin* (Tschaikowsky) unter Charles Mackerras – *EMI*
Dark Fiddler in *A Village Romeo and Julia* (Delius) unter Charles Mackeras – *Decca/argo*

Fred/Petrucchio in *Kiss Me Kate* (Porter) unter John McGlinn – *EMI*
Frank in *Annie Get Your Gun* (Berlin) unter John McGlinn – *EMI*
Gabey in *On the Town* (Bernstein) unter Michael Tilson Thomas – *DG*

Baritonsoli in *Marienvesper* (Monteverdi) unter Nikolaus Harnoncourt – *Teldec*
Zahlreiche Kantanten in *Das Kantatenwerk* (Bach) – *Teldec*
Arien & Duette aus Kantaten (Bach) unter Nikolaus Harnoncourt – *Teldec*
Kantate *Apollo e Dafne* (Händel) unter Nikolaus Harnoncourt – *Teldec*
Baßpart in *Krönungsmesse KV 626* (Mozart) unter Nikolaus Harnoncourt – *Teldec*

Titelpartie in *Paulus* (Mendelssohn) unter Michel Corboz – *ERATO*
Baritonpart in *Die erste Walpurgisnacht* (Mendelssohn) unter Nikolaus Harnoncourt – *Teldec*
Baritonpart in *Ein Deutsches Requiem* (Brahms) unter Daniel Barenboim – *Teldec*
Mahler: *Lieder eines fahrenden Gesellen, Kindertotenlieder, Rückert-Lieder* (+ WPhO / L.Bernstein) – *DG*

Lieder von Rossini & Meyerbeer (+ Geoffrey Parsons,*p*) – *EMI*
Schubert-Lieder (*Schubert Lied-Edition Vol.14*) (+ Graham Johnson,*p*) – *Hyperion*
Schumann-Lieder (+ Geoffrey Parsons,*p*) – *Teldec*
Samuel Barber: Lieder (+ Ch.Studer, Browning / Emerson Quartett) – *DG*
Des Knaben Wunderhorn (Gedicht-Vertonungen zahlreicher Komponisten) (+ Geoffrey Parsons,*p*) – *Teldec*
Stephen Foster Album (+ Fiddle Fever Band) – *EMI*
Night And Day – Songs von Cole Porter (+ LSO / John McGlinn) – *EMI*
The Jerome Kern Treasury (+ LSO / John Glinn) – *EMI*
Weitere Recitals mit Liedern amerikanischer Komponisten bei *Teldec* und *EMI*

HEMPEL, FRIEDA

Portrait-Recital
(Mozart, Rossini, Donizetti, Meyerbeer, Verdi, Gounod, Offenbach, Lortzing) – *Nimbus/Prima Voce*
Portrait-Recital(s)
(Mozart, Schubert, Bellini, Donizetti, Verdi, Meyerbeer, Flotow, Wagner, Brahms, R.Strauss, Grieg, Arditi, dell'Aqua, David, Benedict u.a.) – *Preiser CO*
Frieda Hempel & Hermann Jadlowker
Duettaufnahmen (Donizetti, Meyerbeer, Verdi, Gounod, Bizet, Puccini) – *Preiser CO*

HESCH, VILEM (WILHELM)

Portrait-Recital(s)
(Mozart, Weber, Meyerbeer, Halévy, Flotow, Wagner u.a.) – *Preiser CO*

HORNE, MARILYN

Titelrolle in *Orlando furioso* (Vivaldi) unter Claudio Scimone – *ERATO*
Titelrolle in *Rinaldo* (Händel) unter John Fisher – *Nuova Era*
Juno in *Semele* (Händel) unter John Nelson – *DG*
Szenen aus *Giulio Cesare* (Händler) (+ J. Sutherland / Richard Bonynge) – *Decca*
Orfeo in *Orfeo ed Euridice* (Gluck) unter Georg Solti – *Decca*

Zerlina in *Don Giovanni* (Mozart) unter Richard Bonynge – *Decca*
Rosina in *Il Barbiere di Siviglia* (Rossini) unter Riccardo Chailly – *CBS/Sony*
Isabella in *L'Italiana in Algeri* (Rossini) unter Claudio Scimone – *ERATO*
Isabella in *L'Italiana in Algeri* (Rossini) / live 1968 RAI unter Carlo Franci – *Rodolphe*
Titelrolle in *Tancredi* (Rossini) unter Ralf Weikert – *CBS/Sony*
Arsace in *Semiramide* (Rossini) unter Richard Bonynge – *Decca*
Arsace in *Semiramide* (Rossini) / live 1980 Aix unter Jésus Lopez-Cobos – *HRE*
Neocle in *L'Assedio di Corinto* (Rossini) unter Thomas Schippers – *Legato, Melodram, AS*
Falliero in *Bianca e Falliero* (Rossini) / live Pesaro 1986 unter Donato Renzetti – *Legato*
Andromaca in *Ermione* (Rossini) / live 1987 Pesaro unter Gustav Kuhn – *Legato*
Adalgisa in *Norma* (Bellini) unter Richard Bonynge – *Decca*
Adalgisa in *Norma* (Bellini) / live 1970 Met NYC unter Richard Bonynge – *Frequenz + Memories*
Orsini in *Lucrezia Borgia* (Donizetti) unter Richard Bonynge – *Decca*
Giovanna in *Anna Bolena* (Donizetti) unter Silvio Varviso – *Decca*
Fidès in *Le Prophète* (Meyerbeer) unter Henry Lewis – *CBS/Sony*
Fidès in *Le Prophète* (Meyerbeer) / live 1970 Torino unter Henry Lewis – *Myto*
Azucena in *Il Trovatore* (Verdi) unter Richard Bonynge – *Decca*
Mrs.Quickly in *Falstaff* (Verdi) unter Colin Davis – *RCA*
Laura in *La Gioconda* (Ponchielli) unter Lamberto Gardelli – *Decca*
Titelrolle in *Mignon* (Thomas) unter Antonio de Almeida – *CBS/Sony*
Titelrolle in *Carmen* (Bizet) unter Leonard Bernstein – *DG*
Dido in *Les Troyens* (Berlioz) / RAI-Produktion/ unter Georges Prêtre – *Melodram*
Nedda in *I Pagliacci* (Leoncavallo) / live 1962 unter Oliviero de Fabritiis – *Melodram*
Musetta in *La Bohème* (Puccini) / live Met NYC 1962 unter Francesco Molinari-Pradelli – *GDS*
La Principessa in *Suor Angelica* (Puccini) unter Lorin Maazel – *CBS/Sony*
Anita in *La Navarraise* (Massenet) unter Henry Lewis – *RCA*
Titelrolle in *Padmavati* (Roussel) unter Michel Plasson – *EMI*
Live-Mitschnitte von Aufführungen vor allem des Belcanto-Repertoires auf verschiedenen Labels
Altsolo in *Sinfonie Nr.9* (Beethoven) unter Hans Schmidt-Isserstedt – *Decca*
Altpart in *Messa da Requiem* (Verdi) unter Georg Solti – *Decca*
Wagner: *Wesendonck-Lieder* / Mahler: *Kindertotenlieder & Lieder eines fahrenden Gesellen* (+ Henry Lewis / Zubin Mehta) – *Decca*
Altsolo in *Sinfonie Nr.2* (Mahler) unter Claudio Abbado – *DG*
Shéhérazade (Ravel) (+ NYPh / Leonard Bernstein) – *CBS/Sony*
El amor brujo (de Falla) (+ NYPH / Leonard Bernstein) – *CBS/Sony*

Sängerportrait (Rossini, Bellini, Donizetti) – *Decca*
Portrait-Recital (Bellini, Verdi, Berlioz, Wagner, Massenet, R.Strauss, Berg) – *Legato*
Marilyn Horne sings Rossini (Frühe Aufnahmen unter Henry Lewis) – *Decca*
Opernausschnitte live (Händel, Rossini, Bellini, Donizetti, Meyerbeer, Berlioz, Verdi) – *Memories*

Marilyn Horne live (Arien & Kantaten von Bach, Händel, Rossini) – *Bongiovanni*
Marilyn Horne & Joan Sutherland: Duettszenen aus *Norma* (Bellini) + *Semiramide* (Rossini) – *Decca*
Rossini: Arie alternative (Nachkomponierte und substitutive Arien) – *Sony*
Kantate *Giovanna d'Arco* & Lieder (Rossini) – *CBS/Sony*
Rossini: Songs, Mélodies, Lieder (+ Martin Katz,*p*) – *RCA*
Arien aus Händel-Opern unter Claudio Scimone – *ERATO*
Arien aus französischen Opern unter Henry Lewis – *Decca*
Arien aus französischen Opern unter Lawrence Foster – *ERATO*
Marilyn Horne Rarities – Live-Mitschnitte 1966–79 *(Capuleti, Damnation, Walküre, Cendrillon, Aida, Rosenkavalier)* – *Legato*

LP-Album *Souvenir of a Golden Era* (Malibran & Viardot-Repertoire) – *zuletzt bei Decca*
LP-Album *The Age of Belcanto* (+ Joan Sutherland + Richard Conrad / Richard Bonynge) – *zuletzt bei Decca*

HOTTER, HANS

Sprecher in *Die Zauberflöte* (Mozart) unter Karl Böhm – *DG*
Sprecher in *Die Zauberflöte* (Mozart) / live 1959 Salzburg unter George Szell – *DG*
Don Pizarro in *Fidelio* (Beethoven) / live 1960 Scala Milano unter Herbert von Karajan – *HRE*
Don Pizarro in *Fidelio* (Beethoven) / live Covent Garden London unter Otto Klemperer – *Music+Arts*
Titelrolle in *Der fliegende Holländer* (Wagner) unter Clemens Krauss *(Acanta)*, Wilhelm Schüchter *(Melodram)* und Fritz Reiner *(zuletzt bei Raritas)*
Kurwenal in *Tristan und Isolde* (Wagner) / live Bayreuth 1952 unter Herbert von Karajan – *Hunt*
Kurwenal in *Tristan und Isolde* (Wagner) / Ausschnitte live 1948 B.Aires unter Erich Kleiber – *Melodram*
Sachs in *Die Meistersinger von Nürnberg* (Wagner) / live 1949 München unter Eugen Jochum – *Melodram*
Pogner in *Die Meistersinger von Nürnberg* (Wagner) / live 1963 München unter Joseph Keilberth – *Ariola*
Pogner in *Die Meistersinger von Nürnberg* (Wagner) / live 1958 Bayreuth unter André Cluytens – *Melodram*
Wotan in *Die Walküre* (Wagner) / 2.Aufzug (+ Lehmann, Fuchs, Melchior / Bruno Walter) – *EMI*
Wotan/Wanderer in *Die Walküre* und *Siegfried* (Wagner) unter Georg Solti – *Decca*
Wotan/Wanderer im *Ring des Nibelungen* (Wagner) / live 1953 Bayreuth unter Clemens Krauss – *Foyer*
Wotan/Wanderer im *Ring des Nibelungen* (Wagner) / live 1957 Bayreuth unter Hans Knappertsbusch – *Foyer*

Wotan/Wanderer im *Ring des Nibelungen* (Wagner) / live 1958 Bayreuth unter Hans Knappertsbusch – *Arcadia*
Gurnemanz in *Parsifal* (Wagner) / live 1962 Bayreuth unter Hans Knapperstsbusch – *Philips*
Gurnemanz in *Parsifal* (Wagner) / live 1961 Wien unter Herbert von Karajan – *Philips*
Gurnemanz in *Parsifal* (Wagner) / live 1964 Bayreuth unter Hans Knapperstsbusch – *Hunt*
Titurel in *Parsifal* (Wagner) unter Georg Solti – *Decca*
Amonasro in *Aida* (Verdi) / Ausschnitte dt. / unter Argeo Quadri – *DG*
Titelrolle in *Falstaff* (Verdi) / dt. 1939 / unter Hans Weisbach – *Preiser*
Méphistophéles in *La Damnation de Faust* (Berlioz) unter Wilhelm Furtwängler – *FONIT Cetra*
Jochanaan in *Salome* (R.Strauss) / live 1951 München unter Joseph Keilberth – *Melodram*
Orest in *Elektra* (R.Strauss) unter Richard Kraus – *Melodram*
Geisterbote in *Die Frau ohne Schatten* (R.Strauss) unter Joseph Keilberth – *DG*
Mandryka in *Arabella* (R.Strauss) / live 1947 Salzburg unter Karl Böhm – *Melodram*
Sir Morosus in *Die schweigsame Frau* (R.Strauss) / live 1959 Salzburg unter Karl Böhm – *Melodram*
Olivier in *Capriccio* (R.Stauss) / Szenen UA 1940 unter Clemens Krauss – *Acanta*
La Roche in *Capriccio* (R.Strauss) unter Wolfgang Sawallisch – *EMI*
Schigolch in *Lulu* (Berg) unter Christoph von Dohnanyi – *Decca*
Petrus in *Der Mond* (Orff) unter Wolfgang Sawallisch – *EMI*

Bach: *Kantate BWV 82* / Brahms: *Vier ernste Gesänge & 10 Lieder* (+ Gerald Moore,*p* / PhilhOrch / Antony Bernard) – *EMI*
Baßsolo in *Sinfonie Nr.9* (Beethoven) unter Otto Klemperer – *EMI*
Baritonsolo in *Ein Deutsches Requiem* (Brahms (+ E.Schwarzkopf / WPhO / Karajan) – *EMI*

Die Winterreise D.911 (Schubert) (+ Michael Raucheisen,*p*) – *DG*
Die Winterreise D.911 (Schubert) (+ Gerald Moore,*p*) – *EMI*
Hans Hotter singt Lieder
(Haydn, Beethoven, Schubert, Weber, Nicolai, Schumann, Brahms, Liszt, Wolf) (+ Michael Raucheisen,*p*) – *Acanta*
Liederabend Hans Hotter (Schubert, Brahms, Loewe, Wolf) (+ Michael Raucheisen,*p*) – *Acanta*
Lieder von Brahms & Wolf (+ Gerald Moore,*p*) – *EMI*
Lieder von Richard Strauss (+ Walter Klien,*p*) – *Preiser*
Schumann: *Dichterliebe op.48 & Lieder* (+ Hans Altmann,*p*) – *Preiser*
Sängerportrait (Rundfunkaufnahmen 40er Jahre) – *Acanta*
Liedsammlung – 2LP (Schubert, Loewe, Brahms, Wolf, R.Strauss) (+ Geoffrey Parsons,*p*) – *Decca*
Viele Liedaufnahmen in der *Raucheisen-Edition* – *Acanta*

HÜSCH, GERHARD

Arien-Recital
(Mozart, Lortzing, Nicolai, Wagner, Verdi, Gounod, Thomas, Giordano, Humperdinck, Gumbert) - *Preiser LV*
Lied-Aufnahmen – 2CD
(Beethoven, Schubert, Schumann, Brahms, R.Strauss, Kilpinen, Pfitzner) – *Preiser LV*
Winterreise D.911 (Schubert) (1933 / + Hans Udo Müller,*p*) – *Pearl*
Die schöne Müllerin D.795 & Lieder (Schubert) (+ Hans Udo Müller,*p*) – *Pearl*

Papageno in *Die Zauberflöte* (Mozart) unter Thomas Beecham – *EMI, Nimbus/Prima Voce, Melodram, Pearl*
Christus in *Matthäus-Passion* (Bach) unter Günter Ramin – *EMI + Calig*

IVOGÜN, MARIA

Portrait-Recital
(Schubert, Rossini, Donizetti, Verdi, Meyerbeer, Nicolai, J.Strauß, Kreisler) – *Nimbus/Prima Voce*
Portrait-Recital(s) – CD/LPs
(Händel, Mozart, Schubert, Rossini, Bellini, Donizetti, Meyerbeer, Verdi, Nicolai, Cornelius, Bizet, Puccini, Massenet, J.Strauß, David, Bishop, Kreisler, Arditi, Chopin u.a.) – *Preiser LV*

JADLOWKER, HERMANN

Portrait-Recital(s) – CD/LPs
(Mozart, Beethoven, Rossini, Donizetti, Flotow, Wagner, Verdi, Auber, Meyerbeer, Offenbach, Gounod, Thomas, Ponchielli, Leoncavallo, Puccini, Humperdinck) – *Preiser CO*
Frieda Hempel & Hermann Jadlowker
Duettaufnahmen (Donizetti, Meyerbeer, Verdi, Gounod, Bizet, Puccini) – *Preiser CO + Club 99*

Weitere Recitals gab es bei *Rubini GV* und *Scala*. Beide wohl nur mehr bei Schallplatten-antiquariaten erhältlich. Neuausgaben auf CD bei anderen Labels dürften nicht lange auf sich warten lassen.

JANOWITZ, GUNDULA

Euridice in *Orfeo ed Euridice* (Gluck) unter Karl Richter – *DG*
Contessa in *Le Nozze di Figaro* (Mozart) unter Karl Böhm – *DG*
Donna Anna in *Don Giovanni* (Mozart) unter Carlo Maria Giulini / 1970 RAI – *Arkadia*

Donna Anna in *Don Giovanni* (Mozart) / live 1970 Salzburg unter H. von Karajan – *Arkadia*
Fiordiligi in *Così fan tutte* (Mozart) unter Karl Böhm – *DG*
Ilia in *Idomeneo* (Mozart) / live 1964 Glyndebourne unter John Pritchard – *Butterfly*
Pamina in *Die Zauberflöte* (Mozart) unter Otto Klemperer – *EMI*
Leonore in *Fidelio* (Beethoven) unter Leonard Bernstein – *DG*
Agathe in *Der Freischütz* (Weber) unter Carlos Kleiber – *DG*
Elsa in *Lohengrin* (Wagner) unter Rafael Kubelik – *DG*
Eva in *Die Meistersinger von Nürnberg* (Wagner) unter Rafael Kubelik – *Myto*
Sieglinde in *Die Walküre* (Wagner) unter Herbert von Karajan – *DG*
Gutrune in *Götterdämmerung* (Wagner) unter Herbert von Karajan – *DG*
Sieglinde & Gutrune im *Ring des Nibelungen* (Wagner) / live 1967 Salzburg unter H. von Karajan – *Memories*
Amelia in *Simone Boccanegra* (Verdi) / live 1971 München unter Claudio Abbado – *Memories*
Elisabetta in *Don Carlo* (Verdi) / 1970 live StO Wien unter Horst Stein – *Melodram*
Rosalinde in *Die Fledermaus* (J.Strauss) unter Karl Böhm – *Decca*
Titelrolle in *Ariadne auf Naxos* (R.Strauss) unter Rudolf Kempe – *EMI*
Titelrolle in *Arabella* (R.Strauss) unter Georg Solti – *VHS-Video*
Gräfin in *Capriccio* (R.Strauss) unter Karl Böhm – *DG*
Opernquerschnitte bei *DG*

Sopransoli in *Matthäus-Passion* (Bach) unter Herbert von Karajan – *DG*
Sopransolo in *Messe h-moll* (Bach) unter Herbert von Karajan – *DG*
Sopranpart in *Weihnachts-Oratorium* (Bach) unter Karl Richter – *DG*
Hanne in *Die Jahreszeiten* (Haydn) unter Karl Böhm *(DG)* und unter Herbert von Karajan *(EMI)*
Gabriel in *Die Schöpfung* (Haydn) unter Herbert von Karajan – *DG*
Sopranpart in *Missa solemnis* (Beethoven) unter Herbert von Karajan – *DG*
Sopransolo in *Sinfonie Nr.9* (Beethoven) unter Herbert von Karajan – *DG*
Sopransolo in *Sinfonie Nr.9* (Beethoven) / live 1963 Bayreuth unter Karl Böhm – *Melodram*
Sopranpart in *Ein Deutsches Requiem* (Brahms) unter Herbert von Karajan *(DG)* und Bernard Haitink *(Philips)*
Sopranpart in *Ein Deutsches Requiem* (Brahms) / live 1969 Cleveland unter George Szell – *Melodram*
Sopranpart in *Paulus* (Mendelssohn) unter Kurt Masur – *Philips*
R.Strauss: *Vier letzte Lieder* unter H. von Karajan *(DG)* und live 1969 Rom unter Sergiu Celibidache *(Arkadia)*
Tove in *Gurre-Lieder* (Schönberg) / live 1969 Wien unter Piere Boulez – *Arkadia*

Mozart: *Konzertarien* (+ Wiener Sinfoniker / Wilfried Boettcher – *DG*
Schubert-Lieder (+ Irwin Gage,*p*) – *DG*
Schubert-Lieder (+ Charles Spencer,*p*) – *Nuova Era*

Das Marienleben op.27 (Hindemith) (Liederzyklus / + Irwin Gage,*p*) – *Jecklin*
Arien von Wagner & Weber unter Ferdinand Leitner – *zuletzt bei DG*

JANSSEN, HERBERT

Don Pizarro in *Fidelio* (Beethoven) unter Arturo Toscanini – *RCA*
Don Pizarro in *Fidelio* (Beethoven) / live 1941 Met NYC unter Bruno Walter – *Nuova Era*
Titelrolle in *Der fliegende Holländer* (Wagner) / Ausschnitte live 1937 C.G.London unter Fritz Reiner – *Legato*
Wolfram in *Tannhäuser* (Wagner) / live 1930 Bayreuth unter Karl Elmendorff – *EMI* + *Pearl*
Wolfram in *Tannhäuser* (Wagner) / live 1942 Met NYC unter George Szell – *AS*
Kurwenal in *Tristan und Isolde* (Wagner) / live 1936 C.G.London unter Fritz Reiner – *zuletzt auf EJS*
Kothner in *Die Meistersinger von Nürnberg* (Wagner) / live 1939 Met NYC unter E.Leinsdorf – *zuletzt bei BWS*
Wotan in *Die Walküre* (Wagner) 3.Aufzug mit Helen Traubel unter Artur Rodzinski – *CBS/Sony + AS*
Gunther in *Götterdämmerung* (1929) & Kurwenal in *Tristan und Isolde* (1936) (Wagner) / Szenen – *Legato*
Gunther in *Götterdämmerung* (Wagner) in den *Ring*-Ausschnitten mit Frida Leider bei *Pearl*
Jochanaan in *Salome* (R.Strauss) / live 1949 Met NYC unter Fritz Reiner – *Melodram*

Portrait-Recital (vornehmlich Arien aus Deutschen Opern) – *Preiser LV*
Ausschnitte aus *Ring* und anderen Wagner-Werken in *Lauritz Melchior Edition, Frida Leider* (Ring-Szenen) und in den *Wagner-Anthologien*
Tristan-Szenen mit Lauritz Melchior & Helen Traubel unter Artur Rodzinski – *CBS/Sony*

Christuspartie in *Matthäus-Passion* (Bach) / live 1948 NYC unter Bruno Walter – *AS*
Wolf-Lieder in der Anthologie *The Hugo Wolf Society* (Unverzichtbare Dokumente von Janssens Kunst)
Liedaufnahmen verschiedener Komponisten bei *EMI* harren der Wiederveröffentlichung

JOURNET, MARCEL

Portrait Recital(s) – CD/LPs
(Rossini, Verdi, Gounod, Berlioz, Bizet, Wagner, Massenet, Charpentier u.a.) – *Preiser LV*
Frühe Aufnahmen & *Faust*-Ausschnitte – *Club 99*
Duett- & Ensemble-Aufnahmen in den *Caruso-Editionen* bzw. *-Recitals* bei *Pearl, RCA, Nimbus*
Méphistophéles in *Faust* (Gounod) / 1931 Pathé Paris unter H.Busser – *Pearl*

JURINAC, SENA

Titelrolle in *Iphigenie auf Tauris* (Gluck) unter Rafael Kubelik – *Myto*
Euridice in *Orfeo ed Euridice* (Gluck) / live 1959 Salzburg unter H. von Karajan – *Arkadia* + *Orfeo*
Cherubino in *Le Nozze di Figaro* (Mozart) unter Herbert von Karajan – *EMI*
Contessa in *Le Nozze di Figaro* (Mozart) unter Karl Böhm – *Philips*
Donna Anna in *Don Giovanni* (Mozart) unter Ferenc Fricsay – *DG*
Donna Elvira in *Don Giovanni* (Mozart) unter Rudolf Moralt – *Philips*
Donna Elvira in *Don Giovanni* (Mozart) / live 1962 C.G.London unter Carlo Maria Giulini – *GDS*
Donna Elvira in *Don Giovanni* (Mozart) / Ausschnitte live 1962 München unter Joseph Keilberth – *Orfeo*
Fiordilligi in *Così fan tutte* (Mozart) / Ausschnitte Glyndebourne unter Fritz Busch – *EMI*
Ilia in *Idomeneo* (Mozart) unter John Pritchard – *EMI*
Giannina in *Giannina e Bernardone* (Cimarosa) / RAI 1953 unter Alfredo Simonetto – *Melodram*
Marzelline in *Fidelio* (Beethoven) unter Wilhelm Furtwängler – *EMI*
Marzelline in *Fidelio* (Beethoven) / live 1957 Salzburg unter Herbert von Karajan – *Melodram*
Leonore in *Fidelio* (Beethoven) unter Hans Knappertsbusch – *MCA*
Leonore in *Fidelio* (Beethoven) / live 1961 C.G.London unter Otto Klemperer – *Nota Blue Musica*
Elisabeth in *Tannhäuser* (Wagner) / live 1967 Scala Milano unter Wolfgang Sawallisch – *Melodram*
Freia in *Rheingold* (Wagner) / *Ring*-GA RAI 1953 unter Wilhelm Furtwängler – *EMI*
Elisabetta in *Don Carlo* (Verdi) / live 1958 Salzburg unter Herbert von Karajan – *Arkadia*
Elisabetta in *Don Carlo* (Verdi) / live 1960 StO Wien unter Nello Santi – *Melodram*
Titelrolle in *Manon* (Massenet) / dt. / unter Wilhelm Schüchter – *Myto*
Margiana in *Der Barbier von Bagdad* (Cornelius) unter Heinrich Hollreiser – *Melodram*
Octavian in *Der Rosenkavalier* (R.Strauss) unter Erich Kleiber – *Decca*
Octavian in *Der Rosenkavalier* (R.Strauss) / live 1960 & 1964 Salzburg unter H. von Karajan – *beide Arkadia*
Komponist in *Ariadne auf Naxos* (R.Strauss) unter Erich Leinsdorf – *RCA*
Marina in *Boris Godunow* (Mussorgsky) / live 1964 Salzburg unter H. von Karajan – *Arkadia*
Tatjana in *Eugen Onegin* (Tschaikowsky) unter Wilhelm Schüchter – *Ariola*
Tatjana in *Eugen Onegin* (Tschaikowsky) / live 1961 StO Wien unter Lovro von Matacic – *Melodram*
Ighino in *Palestrina* (Pfitzner) / live 1964 StO Wien unter Robert Heger – *Myto*

Sängerportrait – Live-Mitschnitte (Mozart, Weber, Mussorgsky, Puccini) – *Melodram*
Portrait-Recital (Arien von Mozart, Smetana, Tschaikowsky/ R.Strauss: *Vier letzte Lieder*) – *EMI*

Live- und Rundfunkaufnahmen – 2LP
(Mozart, Verdi, Puccini, Offenbach, Massenet, Smetana, Tschaikowsky) – *Melodram*
Sena Jurinac – Ein Opernabend (Mozart, Beethoven, Smetana, Puccini) – *EMI* (LP)

KIPNIS, ALEXANDER

Leporello in *Don Giovanni* (Mozart) / live 1942 Met NYC unter Bruno Walter – *Memories*
Sarastro in *Die Zauberflöte* (Mozart) / live 1937 Salzburg unter Arturo Toscanini – *Melodram*
Rocco in *Fidelio* (Beethoven) / live 1941 Met NYC unter Bruno Walter – *Nuova Era*
Daland in *Der fliegende Holländer* (Wagner) / live 1936 Buenos Aires unter Fritz Busch – *Pearl*
Landgraf in *Tannhäuser* (Wagner) / live 1942 Met NYC unter George Szell – *AS*
König Heinrich in *Lohengrin* (Wagner) / live 1936 Buenos Aires unter Fritz Busch – *Melodram*
Marke in *Tristan und Isolde* (Wagner) / live 1941 Met NYC unter Erich Leinsdorf – *Music+Arts*
Hunding in *Die Walküre* (Wagner) / live 1941 Met NYC unter Erich Leinsdorf – *Myto*
Titelrolle in *Boris Godunow* (Mussorgsky) / Szenen 1943 unter Fritz Reiner – *AS*
Arkel in *Pelléas et Mélisande* (Debussy) / live 1945 Met NYC unter Emil Cooper – *zuletzt auf UORC*

Baßpart in *Missa solemnis* (Beethoven) / NBC 1940 unter Arturo Toscanini – *Music+Arts und Melodram*

The Best of Alexander Kipnis
(Akustische Aufnahmen u.a. / Arien & Lieder: Mozart, Halévy, Wagner, Gounod, Brahms, Wolf) – *Pearl*
Portrait-Recital – CD/LPs
(Mozart, Rossini, Weber, Flotow, Lortzing, Nicolai, Gounod, Verdi, Wagner, R.Strauss / Lieder) – *Preiser LV*
Russisches Recital
(*Boris Godunow* + Arien von Dargomischsky, Borodin, Tschaikowsky, R-Korssakoff, Rachmaninow) – *RCA*
Lied-Recital – 2CD (30 Brahms-Lieder / 14 Wolf-Lieder) (u.a. + Gerald Moore,*p*) – *Preiser LV*
Lied-Sammlung – 2CD (Schubert, Schumann, Brahms, Wolf, R.Strauss) – *Music+Arts*

KNOTE, HEINRICH

Portrait-Recital
(Akustische Aufnahmen 1906–1910: Mozart, Beethoven, Flotow, Verdi, Wagner) – *Preiser CO* (LP)
Portrait-Recital
(Elektrische Aufnahmen 1929–30: Wagner-Szenen) – *Preiser LV* (LP)
Überspielungen auf CD werden dringend erwartet.

KÖTH, ERIKA

Genius in *Orpheus und Eurydike* (Gluck) / Ausschnitte unter Horst Stein – *EMI*
Zerlina in *Don Giovanni* (Mozart) / Ausschnitte unter Hans Zanotelli – *EMI*
Königin der Nacht in *Die Zauberflöte* (Mozart) / live 1959 Salzburg unter George Szell – *Melodram*
Konstanze in *Die Entführung aus dem Serail* (Mozart) unter Eugen Jochum – *DG*
Titelrolle in *Lucia di Lammermoor* (Donizetti) / dt. Ausschnitte unter Wilhelm Schüchter – *EMI*
Marie in *Zar und Zimmermann* (Lortzing) unter Robert Heger – *EMI*
Waldvogel in *Siegfried* (Wagner) / live Bayreuth 1967 unter Karl Böhm – *Philips*
Adele in *Die Fledermaus* (J.Strauß) unter Herbert von Karajan – *Decca*
Arsena in *Der Zigeunerbaron* (J.Strauß) unter Otto Ackermann – *EMI*
Franziska in *Wiener Blut* (J.Strauß) unter Otto Ackermann – *EMI*
Valencienne in *Die lustige Witwe* (Lehár) / Ausschnitte unter Willy Mathes – *EMI*

Motette *Exsultate jubilate KV 165* (+ BPhO / Berislav Klobcar) – *EMI*

Portrait-Recital (Mozart, Weber, Donizetti, Verdi, Gounod, R.Strauss, Lehár / Lieder) – *EMI*
Zur Erinnerung (Sängerportrait: Mozart, Beethoven, Donizetti, Verdi u.a.) – *Ariola*

Diverse Recitals mit Arien, Duetten, Ensembles, ferner Opern- und Operettenquerschnitte und Liedprogramme lagen bei *EMI* auf LP vor.

KOUZNETSOVA, MARIA

Ein repräsentatives Recital war bei *Rubini GV* verfügbar. Da das Label nicht mehr existiert, ist es allenfalls noch in Antiquariaten und bei Spezialversendern erhältlich. *Melodija*-LPs sind ebenfalls kaum mehr zu finden.

Einzelaufnahmen in den Anthologien *Singers of Imperial Russia*, *The Harold Wayne Collection* und *The Record of Singing*
Recital-Veröffentlichung auf CD ist sehr zu erhoffen.

KOZLOWSKY, IWAN

Kozlowsky ghört zu den am besten auf Schallplatten präsentierten Sängern Rußlands in der elektrischen Aufnahme-Ära und auf LPs. Bei *Melodija* (UdSSR) sind zahlreiche Opern-Gesamtaufnahmen und Arien- bzw. Liedsammlungen erschienen. Die meisten waren und sind nur schwer, heute allenfalls über Spezial-Importeure und osteuropäische Versender, zu beschaffen.

Bis zur hoffentlich baldigen Wiederveröffentlichung können zwei Portrait-CDs die möglicherweise lange Wartezeit überbrücken:

Ivan Kozlowsky Recital I
(Rossini, Verdi, Puccini, Leoncavallo, Moniuszko, Wagner) – *Myto*
Ivan Kozlowsky Recital II
(Arien aus französischen Opern) – *Myto*
Interessante Einzelaufnahmen in *Tenors of the Bolshoi* – *Pearl*

KRAUS, ALFREDO

Ferrando in *Così fan tutte* (Mozart) unter Karl Böhm – *EMI*
Don Ottavio in *Don Giovanni* (Mozart) / live 1969 Salzburg unter Herbert von Karajan – *Arkadia*
Don Ottavio in *Don Giovanni* (Mozart) / live 1970 Rom unter Carlo Maria Giulini – *Arkadia*
Titelrolle in *Ali Baba* (Cherubini) / RAI 1962 unter Nino Sanzogno – *Nuova Era*
Conte Almaviva in *Il Barbiere di Siviglia* (Rossini) / live 1968 Napoli unter Nino Sanzogno – *HRE + G.O.P.*
Elvino in *La Sonnambula* (Bellini) / live 1961 Venezia unter Nello Santi – *Bongiovanni GAO*
Arturo in *I Puritani* (Bellini) unter Riccardo Muti – *EMI*
Nemorino in *L'Elisir d'amore* (Donizetti) / live 1968 Met NYC unter Fausto Cleva – *G.O.P.*
Ernesto in *Don Pasquale* (Donizetti) unter Sarah Caldwell – *EMI*
Ernesto in *Don Pasquale* (Donizetti) / live Napoli unter Alberto Erede – *Verona*
Tonio in *La Fille du Régiment* (Donizetti) unter Michel Plasson – *EMI*
Tonio in *La Fille du Régiment* (Donizetti) / live Met NYC 1972 unter Richard Bonynge – *Myto*
Fernando in *La Favorita* (Donizetti) / live 1971 Tokio unter Oliviero de Fabritiis – *Foyer*
Carlo in *Linda di Chamounix* (Donizetti) / live 1972 Scala Milano unter Gianandrea Gavazzeni – *Foyer*
Edgardo in *Lucia di Lammermoor* (Donizetti) unter Nicola Rescigno – *EMI*
Gennaro in *Lucrezia Borgia* (Donizetti) unter Jonel Perlea – *RCA*
Duca in *Rigoletto* (Verdi) unter Gianandrea Gavazzeni (*Ricordi/DG*), Georg Solti *(RCA)* und Julius Rudel *(EMI)*

Alfredo in La Traviata (Verdi) unter Franco Ghione und unter Riccardo Muti – *beide bei EMI*
Fenton in *Falstaff* (Verdi) unter Georg Solti – *Decca*
Titelrolle in *Faust* (Gounod) / live 1967 Scala Milano unter Georges Prêtre – *Melodram*
Titelrolle in *Faust* (Gounod) / live 1973 Chicago unter Paul Ethuin – *Legato*
Roméo in *Roméo et Juliette* (Gounod) unter Michel Plasson – *EMI*
Gérald in *Lakmé* (Delibes) / live 1980 USA unter Nicola Rescigno – *HRE*
Henry in *La jolie Fille de Perth* (Bizet) unter Georges Prêtre – *EMI*
Nadir in *Les Pêcheurs de Perles* (Bizet) unter Carlo Felice Cillario – *Bongiovanni*
Nadir in *I Pescatori di Perle* (Bizet) / it. / live 1960 RAI Milano unter A. La Rosa Parodi – *Movimento Musica*
Des Grieux in *Manon* (Massenet) unter Michel Plasson – *EMI*
Titelrolle in *Werther* (Massenet) unter Michel Plasson – *EMI*
Rodolfo in *La Bohème* (Puccini) unter James Levine – *EMI*
Weitere Live-Mitschnitte von Aufführungen obiger Werke auf verschiedenen Labels

L'Arte di Alfredo Kraus
(Mozart, Rossini, Donizetti, Verdi, Ponchielli, Gounod, Bizet, Cilea u.a.) (Madrid SO / M.Cordone) – *Bongiovanni*
Sängerportrait – 2CD
(Live-Aufnahmen aus Opern von Mozart, Cherubini, Rossini, Bellini, Donizetti, Verdi, Bizet, Massenet, Cilea) – *Memories*
Alfredo Kraus – Arie da Opere
(Mozart, Rossini, Verdi, Flotow, Puccini, Mascagni, Massenet) (Madrid SO / M.Cordone) – *Bongiovanni*
Opernarien (Mozart, Rossini, Verdi, Flotow, Mascagni, Puccini, Massenet) (Madrid SO / F.Patané) – *Bongiovanni*
Arien-Recital (Mozart, Bellini, Donizetti, Verdi, Gounod, Bizet, Puccini, Massenet) – *EMI*
Ah! Non mi ridestar
(Live-Mitschnitte aus Opern von Mozart, Cherubini, Rossini, Donizetti, Verdi, Bizet, Massenet, Cilea) – *Foyer*
Conzoni Spagnole
(Romanzen von Picot, Ponce, Grever, Wayne, Lecuona, Hernandez, Moya, Otero, Utrera) – *Bongiovanni*
Granada – Populäre spanische Lieder – *Bongiovanni*
Una Lezione di Canto (Gesangs-Meisterklasse Rom 25.3.1990 + Massenet: *Manon* Ausschnitte) – *Bongiovanni*
Arie Antiche (Scarlatti, Giordani, Händel, Pergolesi, Tenaglia, Gluck, Hasse, Rosa, Niedermeyer) – *Nimbus*
Lieder-Recital (Lieder von Donizetti, Verdi, Liszt, Mascagni, Respighi) (+ E.Arnaltes,*p*) – *Capriccio*
Non t'amo più (Romanzen von Francesco Paolo Tosti) (+ Edelmiro Arnaltes,*p*) – *Amadeo*

Rêve d'amour (Mélodies von Liszt, Bizet, Fauré, Massenet, Duparc) (+ Edelmiro Arnaltes,*p*) – *Amadeo*

KRUSZENISKI, SALOMEA

Am besten war die Sängerin auf einem *Rubini GV*-Recital präsentiert. Es dürfte nur noch schwer zu beschaffen sein. Bei englischen Importeuren ist eine weitere Sammlung gelegentlich noch greifbar:

Portrait-Recital (Verdi, Meyerbeer, Wagner, Boito, Puccini, Catalani, Cilea, Quaranta u.a.) – *Rococo*

Einzelaufnahmen in den genannten Anthologien

KURT, MELANIE

Portrait-Recital
(Wagner, Verdi, Mascagni / + Jaques Urlus, Ottilie Metzger, Karl Jörn) – *Preiser CO*
Senta in Szenen aus *Der fliegende Holländer* (Wagner) (+ Friedrich Schorr) – *Veritas USA*
Einzelaufnahmen in Recitals *Jaques Urlus* und *Friedrich Schorr* bei *Preiser*

KURZ, SELMA

Portrait-Recital
(Mozart, Donizetti, Verdi, Meyerbeer, Gounod Bizet, Delibes, Puccini,Arditi, J.Strauß) – *Preiser CO*
Sängerportrait – 2LP
(Händel, Mozart, Rossini, Bellini, Verdi, Gounod, Thomas, Puccini, Goldmark, Taubert, Fontenay, Reger, Kreisler, Toselli, Arditi) – *OPAL/Pearl* (CD in Vorbereitung)
Arien und Lieder
(Händel, Mozart, Bellini,Verdi, Meyerbeer, David, Rubinstein, Puccini, R.Strauss, Reger, dell'Aqua, Fontenay) – *Club 99*

LAURI-VOLPI, GIACOMO

Raoul in *Gli Ughenotti* (Meyerbeer) unter Tullio Serafin – *Arkadia*
Rodolfo in *Luisa Miller* (Verdi) unter Mario Rossi – *FONIT Cetra*
Duca in *Rigoletto* (Verdi) / Ausschnitte live 1947 Rom unter Ferdinando Previtali – *Melodram*
Manrico in *Il Trovatore* (Verdi) unter Fernando Previtali – *FONIT Cetra*
Manrico in *Il Trovatore* (Verdi) / live 1951 Napoli unter Tullio Serafin – *Melodram*

Rodolfo in *La Bohème* (Puccini) unter Alberto Paoletti – *Bongiovanni*
Rodolfo in *La Bohème* (Puccini) / live 1951 Napoli unter Gabriele Santini – *Bongiovanni GAO*
Dick Johnson in *La Fanciulla del West* (Puccini) / live 1952 Rom unter O. de Fabritiis – *Teatro dell'Opera*

Portrait-Recital(s) – CD/LPs
(Bellini, Donizetti, Verdi, Meyerbeer, Ponchielli, Boito, Bizet, Gounod, Offenbach, Mascagni, Leoncavallo, Puccini, Gomez, Giordano u.a. / Lieder) – *Preiser LV*
Opernarien (Überschneidungen zu Preiser / Exzellentes Klagbild) – *Nimbus/Prima Voce*
Opernarien & -szenen (Victor-Aufnahmen 1920 / *Aida* 3.Akt + Rethberg, de Luca) – *Pearl*
Sängerportrait – 2CD
(Opernarien und -szenen / Beispiele aus allen Phasen der Karriere inkl. Cetra-Spätaufnahmen) – *Memories*
Portrait-Recital (Überspielungen von Original-Schellacks)
(Bellini, Meyerbeer, Verdi, Gounod, Offenbach, Gomez, Ponchielli, Mascagni, Giordano, Cilea) – *Pearl*

LEHMANN, LILLI

Sämtliche Aufnahmen 1906–07
(Händel, Mozart, Beethoven, Schubert, Bellini, Verdi, Meyerbeer, Wagner, Gounod, Schumann, Grieg, J.B.Faure, Bayly, Bungert, Trad.) – *Preiser* CO (2LP / CD-Überspielung dürfte folgen)
Einzelaufnahmen in *The Era of Adelina Patti (Nimbus/Prima Voce)* und in den genannten Anthologien

LEHMANN, LOTTE

Elsa in *Lohengrin* (Wagner) / live 1936 Met NYC unter Artur Bodanzky – *Melodram*
Sieglinde in *Die Walküre* (Wagner) / 1.+2.Aufzug (+ Melchior, Hotter, Fuchs, List / Bruno Walter) – *EMI* (1.Aufzug getrennt lieferbar)
Sieglinde in *Die Walküre* (Wagner) in den *Ring*-Ausschnitten mit Leider und Schorr bei *Pearl*
Sieglinde in *Die Walküre* (Wagner) / 2.Aufzug 1936 live (+ Flagstad, Melchior, Schorr / Fritz Reiner) – *Legato*
Sieglinde in *Die Walküre* (Wagner) / live 1936 Met NYC unter Erich Leinsdorf – *zuletzt auf EJS*
Marschallin in *Der Rosenkavalier* (R.Strauss) (gekürzte Schallplattenversion / 1933) (+ Richard Mayr, Maria Olszewska / WPhO / Robert Heger) – *Pearl*

Marschallin in *Der Rosenkavalier* (R.Strauss) / 3.Akt / live 1945 Met NYC unter Georges Sebastian – *Eklipse*

Portrait-Recitals: *Lotte Lehmann – Vol. I & II* – Überspielung von Original-Schellacks – *Pearl*
Vol.I: Oper, Operette, Lieder (+ Richard Tauber & Jan Kiepura)
Vol.II: Wagner, R.Strauss, Offenbach, Giordano, Lehár u.a.

The Young Lotte Lehmann – Sämtliche Aufnahmen 1914–1925 – *Pearl*
Opernarien (Beethoven, Weber, Nicolai, Wagner, R.Strauss, Korngold, J.Strauß, Lehár) – *EMI*
Frauenliebe und -leben op.42 & *Dichterliebe op.48* (+ Bruno Walter,*p*) – *CBS/Sony*
Sängerportrait (Liedaufnahmen 1935–1949 USA) – *RCA*
Lieder und Walzer aus Wien (+ Paul Ulanowsky,*p* & Col.SO/ Bruno Walter) – *CBS/Sony*
Duette von Robert Schumann (+ Lauritz Melchior) in *Portrait Lauritz Melchior* – *RCA*
The Complete 1941 Radio Recital Cycle
(Lieder von Mozart, Beethoven, Schubert, Mendelssohn, Brahms, Wagner, Wolf, R. Strauss / Weihnachtslieder) – *Eklipse*

LEIDER, FRIDA

The Art of Frida Leider – Sämtliche Einzelaufnahmen 1921–1926 (3CD)
(Arien, Duette, Lieder: Mozart, Beethoven, Weber, Wagner, Verdi, Puccini, R.Strauss) – *Preiser LV*
Arien-Recital (Gluck, Mozart, Beethoven, Wagner) – *Preiser LV*
Szenen aus *Tristan, Götterdämmerung, Parsifal* (Wagner) (+ Melchior, Janssen, Schirp, v.Stosch / Blech, Furtwängler, Barbirolli) – *Pearl*
Brünnhilde in *Die Walküre* (Wagner) / Szenen (+ Ljungberg, Leisner, Schorr / Blech, Barbirolli) – *Pearl*
Brünnhilde in *Götterdämmerung* (Wagner) / Szenen (+ Melchior, Janssen / Blech, Furtwängler) – *Pearl*
Frida Leider singt Wagner – Ausschnitte live aus *Tristan* und *Götterdämmerung*
(+ Melchior, Thorborg, Weber, Janssen / Blech, Barbirolli, Beecham, Coates) – *Legato*
Portrait-Doppelalbum (2LP) mit den wichtigsten Arien-Aufnahmen – *EMI*

LEMNITZ, TIANA

Pamina in *Die Zauberflöte* (Mozart) unter Thomas Beecham – *EMI, Nimbus* und *Pearl*
Eva in *Die Meistersinger von Nürnberg* (Wagner) unter Rudolf Kempe – *Urania* (Rechte bei Berlin Classics)
Marschallin in *Der Rosenkavalier* (R.Strauss) / Szenen (+ Trötschel, v.Milinkovic) – *DG*

Portrait-Recital(s) – CD/LPs
(Gluck, Mozart, Wagner, Weber, Verdi, R.Strauss u.a. / Lieder von Schubert, Brahms, Wolf, Rasch /
Wagner: *Wesendonck-Lieder*) – *Preiser LV*
Deutsche und italienische Opernarien – 2LP
(Gluck, Mozart, Weber, Verdi, R.Strauss, Wagner / + Klose, Hüsch, Ralf) – *EMI*
Wagner: *Wesendonck-Lieder* (+ Staatskapelle Berlin / Robert Heger) – *Acanta*

LISITSIAN, PAVEL

Obwohl in Gesamtaufnahmen und Recitals der staatlichen *Melodija*-Produktion (UdSSR) umfassend repräsentiert, war Lisitsian in Westeuropa stets ein Geheimtip der Kenner und Sammler. Kein »westliches« Label – auch nicht der Hauptlizenzträger *Ariola/Eurodisc* – bot irgendeine Aufnahme dieses zentralen Sängers an. Die Situation ist nun wenigstens durch eine Veröffentlichung verbessert worden:

Portrait-Recital – Italienische und russische Opernarien
(Trovatore, Ballo in Maschera, Traviata, Pagliacci, Zazà, Nero, Eugen Onegin, Mezappa, Zauberin, Pique Dame, Sadko, Archak II) – *Preiser LV*

Eine 4LP-Kassette von *Melodija*, u.a. mit den berühmten Traviata-Szenen, ist gelegentlich noch bei Spezial-Importeuren und osteuropäischen Versendern erhältlich.

LONDON, GEORGE

Conte Almaviva in *Le Nozze di Figaro* (Mozart) unter Herbert von Karajan – *EMI*
Conte Almaviva in *Le Nozze di Figaro* (Mozart) unter Erich Leinsdorf – *RCA*
Titelrolle in *Don Giovanni* (Mozart) unter Rudolf Moralt – *Philips*
Titelrolle in *Don Giovanni* (Mozart) / WDR 1955 unter Otto Klemperer – *Melodram*
Titelrolle in *Don Giovanni* (Mozart) / Ausschnitte 1962 München unter Joseph Keilberth – *Orfeo*
Sprecher in *Die Zauberflöte* (Mozart) unter Herbert von Karajan – *EMI*
Amonasro in *Aida* (Verdi) / live 1955 StO Wien unter Rafael Kubelik – *Melodram*
Titelrolle in *Der fliegende Holländer* (Wagner) unter Antal Dorati – *Decca*
Titelrolle in *Der fliegende Holländer* (Wagner) / live 1956 Bayreuth unter Joseph Keilberth – *Myto*
Wolfram in *Tannhäuser* (Wagner) / live 1955 Met NYC unter Rudolf Kempe – *Melodram*
Wotan in *Rheingold* (Wagner) unter Georg Solti – *Decca*
Wotan in *Die Walküre* (Wagner) unter Erich Leinsdorf – *RCA*
Amfortas in *Parsifal* (Wagner) / live 1951 Bayreuth unter Hans Knapperstsbusch – *Teldec*
Amfortas in *Parsifal* (Wagner) / live 1954 Met NYC unter Fritz Stiedry – *Melodram*
Amfortas in *Parsifal* (Wagner) / live 1962 Bayreuth unter Hans Knapperstsbusch – *Philips*

Weitere *Parsifal*-Mitschnitte aus Bayreuth bei *Melodram*
Bösewichter in *Les Contes d'Hoffmann* (Offenbach) / Rai 1959 unter Lee Schaenen – *Melodram*
Miracle & Coppelius in *Les Contes d'Hoffmann* (Offenbach) unter André Cluytens – *EMI*
Scarpia in *Tosca* (Puccini) unter Francesco Molinari-Pradelli – *Decca*
Dr.Falke in *Die Fledermaus* (J.Strauß) unter Oscar Danon – *RCA*
Titelrolle in *Boris Godunow* (Mussorgsky) unter Alexander Melik-Paschajew – *CBS/Sony*
Titelrolle in *Eugen Onegin* (Tschaikowsky) / live 1957 Met NYC unter D.Mitropoulos – *G.O.P.*
Golaud in *Pelléas et Mélisande* (Debussy) unter Ernest Ansermet – *Decca*
Mandryka in *Arabella* (R.Strauss) unter Georg Solti – *Decca*

Wagner-Monologe (*Holländer, Meistersinger, Walküre*) (+ WPhO / Hans Kanppertsbusch) – *Decca*

Baßsolo in *Sinfonie Nr.9* (Beethoven) / live 1963 Bayreuth unter Karl Böhm – *Melodram*
Vier ernste Gesänge op.121 (Brahms) (+ Leo Taubman,*p*) – *CBS/Sony*
Baritonpart in *Ein Deutsches Requiem* (Brahms) (+ Irmgard Seefried / NYPhO / Bruno Walter) – *CBS/Sony*
Baßpartie in *Messa da Requiem* (Verdi) unter Eugene Ormandy – *CBS/Sony*
Mahler: *Kindertotenlieder* / WDR 1955 unter Otto Klemperer – *Arkadia*
Baritonpart in *A Requiem for those we Love* (Hindemith) (+ NYPh./ Paul Hindemith) – *CBS/Sony*

Arien aus *Le Nozze di Figaro* (Mozart) unter Bruno Walter – *CBS/Sony*
Zwei Recital LPs: *(Rigoletto, Otello, Falstaff, Meistersinger, Rheingold, Walküre, Faust, Mefistofele, Dämon, Thais, Emperor Jones*) – *CBS/Sony* (CD-Neuausgabe wünschenswert)
George London im Theater an der Wien – Aufnahmen 1951–1955 – 2LP (Mozart, Verdi, Gounod, Offenbach, Mussorgsky, Borodin, Tschaikowsky / + Liedzyklen von Schubert, Ibert, Mussorgsky) – *Amadeo/Preiser*
Live- und Rundfunkaufnahmen – 2LP (Mendelssohn, Mozart, Wagner, Verdi, Gounod, Offenbach, Puccini, Borodin, Tschaikowsky) – *Melodram*

LORENZ, MAX

Titelrolle in *Rienzi* (Wagner) / Szenen unter Johannes Schüler – *Acanta*
Erik in *Der fliegende Holländer* (Wagner) / Ausschnitte live 1937 C.G. London unter Fritz Reiner – *Legato*
Titelrolle in *Tannhäuser* (Wagner) / Szenen unter Robert Heger – *Acanta*

Titelrolle in *Tannhäuser* (Wagner) / live 1950 Napoli unter Karl Böhm – *HRE*
Tristan in *Tristan und Isolde* (Wagner) unter Hans Schmidt-Isserstedt – *Melodram*
Tristan in *Tristan und Isolde* (Wagner) 1942 unter Robert Heger – *Acanta*
Tristan in *Tristan und Isolde* (Wagner) / live 1951 Scala Milano unter Victor de Sabata – *Nuova Era*
Stolzing in *Die Meistersinger von Nürnberg* (Wagner) / live 1943 Bayreuth unter W. Furtwängler – *EMI*
Siegmund in *Die Walküre* (Wagner) 1.Aufzug unter Karl Elmendorff – *Preiser*
Siegmund in *Die Walküre* (Wagner) / live 1954 Bayreuth unter Joseph Keilberth – *Melodram*
Siegfried in *Götterdämmerung* (Wagner) / live 1950 Scala Milano unter W.Furtwängler – *FONIT Cetra*
Siegfried in *Götterdämmerung* (Wagner) / live 1952 Bayreuth unter Joseph Keilberth – *Melodram*
Titelrolle in *Othello* (Verdi) / Ausschnitte / dt. / unter Karl Böhm – *Myto*
Herodes in *Salome* (R.Strauss) / live 1951 München unter Joseph Keilberth – *Melodram*
Aegyst in *Elektra* (R.Strauss) / live 1957 Salzburg unter Dimitri Mitropoulos – *Nouva Era*
Bacchus in *Ariadne auf Naxos* (R.Strauss) / live 1944 StO Wien unter Karl Böhm – *Amadeo (auch DG)*
Titelrolle in *Palestrina* (Pfitzner) / Ausschnitte live 1955 Salzburg unter Rudolf Kempe – *Myto*
Podestà in *Penelope* (Liebermann) / UA live 1954 Salzburg unter George Szell – *Orfeo*

Portrait-Recital(s) – CD/LPs
(Wagner, Meyerbeer, Halévy, Verdi, Bizet, Leoncavallo) – *Preiser LV*
Sängerportrait (Wagner, Verdi, Meyerbeer, Leoncavallo) – *Myto*

LUBIN, GERMAINE

Portrait-Recital – LP
(vornehmlich Arien und Szenen aus Wagner-Opern + Weber, Gounod, Puccini, Reyer) – *Preiser LV*
Portrait-Recital – CD
(Wagner, Bach, Schubert, Schumann, Reyer, Chopin, Puccini) – *Club 99*
Einzelaufnahmen in *Les Introuvables de Chant Wagnerien* und anderen Anthologien

LUDWIG, CHRISTA

Ottavia in *L'Incoronazione di Poppea* (Monteverdi) / live 1978 Paris unter Julius Rudel – *zuletzt bei LR*
Cornelia in *Julius Caesar* (Händel) / BR 1966 unter Ferdinand Leitner – *Melodram*

Cherubino in *Le Nozze di Figaro* (Mozart) unter Karl Böhm – *Philips*
Cherubino in *Le Nozze di Figaro* (Mozart) / live 1957 Salzburg unter Karl Böhm – *Orfeo + GDS*
Donna Elvira in *Don Giovanni* (Mozart) unter Otto Klemperer – *EMI*
Dorabella in *Così fan tutte* (Mozart) zweimal unter Karl Böhm – *Decca* und *EMI* (auch live aus Salzburg 1960 unter Böhm – *Melodram*)
Zweite Dame in *Die Zauberflöte* (Mozart) unter Otto Klemperer – *EMI*
Leonore in *Fidelio* (Beethoven) unter Otto Klemperer – *EMI*
Adalgisa in *Norma* (Bellini) unter Tullio Serafin – *EMI*
Titelrolle in *Iphigenie in Aulis* (Gluck) / live 1962 Salzburg unter Karl Böhm – *Melodram*
Adriano in *Rienzi* (Wagner) / live 1960 Wien unter Josef Krips – *Melodram*
Ortrud in *Lohengrin* (Wagner) unter Rudolf Kempe – *EMI*
Venus in *Tannhäuser* (Wagner) unter Georg Solti – *Decca*
Venus in *Tannhäuser* (Wagner) / live 1963 StO Wien unter Herbert von Karajan – *Melodram*
Brangäne in *Tristan und Isolde* (Wagner) unter Karl Böhm – *DG*
Brangäne in *Tristan und Isolde* (Wagner) unter Herbert von Karajan – *EMI*
Magdalene in *Die Meistersinger von Nürnberg* (Wagner) unter Eugen Jochum – *DG*
Fricka und Waltraute im *Ring des Nibelungen* (Wagner) unter Georg Solti – *Decca*
Waltraute in *Götterdämmerung* (Wagner) unter Herbert von Karajan – *DG*
Fricka in *Rheingold* und *Die Walküre* (Wagner) unter James Levine – *DG*
Kundry in *Parsifal* (Wagner) unter Georg Solti – *Decca*
Ulrica in *Un Ballo in Maschera* (Verdi) unter Georg Solti – *Decca*
Lady Macbeth in *Macbeth* (Verdi) / live 1970 StO Wien unter Karl Böhm – *Foyer*
Mrs.Quickly in *Falstaff* (Verdi) unter Herbert von Karajan – *Philips*
Titelrolle in *Carmen* (Bizet) unter Horst Stein – *EMI*
La Mère in *Les Contes d'Hoffmann* (Offenbach) unter Seiji Ozawa – *DG*
Dalila in *Samson et Dalila* (Saint-Saëns) unter Giuseppe Patané – *Ariola*
Orlofsky in *Die Fledermaus* (J.Strauß) unter Otto Ackermann – *EMI*
Knusperhexe in *Hänsel und Gretel* (Humperdinck) unter Kurt Eichhorn – *Ariola*
Gertrud in *Hänsel und Gretel* (Humperdinck) unter John Pitchard – *CBS/Sony*
Suzuki in *Madama Butterfly* (Puccini) unter Herbert von Karajan – *Decca*
Principessa in *Suor Angelica* (Puccini) unter Richard Bonynge – *Decca*
Madelon in *Andrea Chénier* (Giordano) unter Riccardo Chailly – *Decca*
Klythämnestra in *Elektra* (R.Strauss) unter Seiji Ozawa – *Philips*
Octavian in *Der Rosenkavalier* (R.Strauss) unter Herbert von Karajan – *EMI*
Marschallin in *Der Rosenkavalier* (R.Strauss) unter Leonard Bernstein – *CBS/Sony*
Färbersfrau in *Die Frau ohne Schatten* (R.Strauss) / live 1964 StO Wien unter Herbert von Karajan – *Arkadia*
Clairon in *Capriccio* (R.Strauss) unter Wolfgang Sawallisch – *EMI*
Silla in *Palestrina* / live 1964 StO Wien unter Robert Heger – *Myto*
Judith in *Herzog Blaubarts Burg* (Bartók) unter István Kertész – *Decca*
Zahlreiche Live-Mitschnitte von Opern-Auftritten (meist Beethoven, Mozart, R.Strauss) bei *Melodram* und anderen Labels

Altpartie in *Matthäus-Passion* (Bach) unter Otto Klemperer *(EMI)* und Herbert von Karajan *(DG)*
Altpartie in *Johannes-Passion* (Bach) unter Karl Forster – *EMI*
Altsolo in *Messe h-moll* (Bach) unter Herbert von Karajan – *DG*
Eva in *Die Schöpfung* (Haydn) unter Herbert von Karajan – *DG*
Altsolo in *Requiem KV 626* (Mozart) unter Carlo Maria Giulini – *EMI*
Altsolo in *Missa Solemnis* (Beethoven) unter Herbert von Karajan – *EMI (live bei Melodram)*
Altpart in *Roméo et Juliette* (Berlioz) unter Lorin Maazel – *Decca*
Altsolo in *Messe Nr.3* (Bruckner) unter Karl Forster – *EMI*

Wagner: *Wesendonck-Lieder* / Brahms: *Altrhapsodie* / Mahler: *Orchesterlieder* unter Otto Klemperer – *EMI*
Das Lied von der Erde (Mahler) (+ Fritz Wunderlich & PhilhOrch/Otto Klemperer) – *EMI*
Das Lied von der Erde (Mahler) (+ René Kollo & IsraelPhOrch/Leonard Bernstein) – *CBS/Sony*
Das Lied von der Erde (Mahler) (+ Waldemar Kmentt & WienSO/Carlos Kleiber) – *Nuova Era*
Des Knaben Wunderhorn (Mahler) (+ Walter Berry & NYPhO/Leonard Bernstein) – *CBS/Sony*
Des Knaben Wunderhorn (Mahler) (+ Walter Berry & Leonard Bernstein,*p*) – *CBS/Sony*
Kindertotenlieder & *Lieder eines fahrenden Gesellen* & 5 *Orchesterlieder* (Mahler) (+ LondonPhO/ Adrian Boult & Otto Klemperer) – *EMI*
Altsoli in *Sinfonien Nr.2 & Nr.3* (Mahler) unter Leonard Bernstein – *DG*

Die maßstäbliche, unverzichtbare Sammlung wichtiger *EMI*-Konzert- und Liedaufnahmen:
Les Introuvables de Christa Ludwig (4CD)
Arien, Lieder & Konzertstücke von Händel, Bach, Schubert, Schumann, Brahms, Wolf, R.Strauss, Mahler, Reger, Rossini, Saint-Saëns, Ravel, Rachmaninow) – *EMI Pathé*

Schubert-Lieder (+ Irwin Gage,*p*) (2CD) – *DG*
Schubert-Lieder (+ Geoffrey Parsons,*p*) – *EMI*
Winterreise D.911 (Schubert) (+ James Levine,*p*) – *DG*
Italienisches Liederbuch (Hugo Wolf) (+ Dietrich Fischer-Dieskau & Daniel Barenboim,*p*) – *DG*
Abschiedskonzert Salzburg 1993 (Schumann, Brahms, Mahler, R.Strauss) (+ Charles Spencer,*p*) – *RCA*
Sängerportrait (Ausschnitte u.a. aus *Barbiere* und *Götterdämmerung*) – *Decca*
Szenen aus *Elektra, Rosenkavalier, Frau ohne Schatten* (R.Strauss) (+ Walter Berry / H. Hollreiser) – *RCA*
Christa Ludwig singt Verdi live – 2CD – Eboli in *Don Carlo* (StO Wien / B.Klobucar) & Amneris in *Aida* (Met NYC / F.Cleva) – *Melodram*

MARTINELLI, GIOVANNI

Pollione in *Norma* (Bellini) / live 1937 Met NYC unter Ettore Panizza – *AS*
Riccardo in *Un Ballo in Maschera* (Verdi) / live ca.1940 Met NYC unter Ettore Panizza – *Eklipse*
Gabriele Adorno in *Simone Boccanegra* (Verdi) / live 1939 Met NYC unter Ettore Panizza – *Melodram*
Radames in *Aida* (Verdi) / live 1943 Met NYC unter Wilfred Pelletier – *Melodram*
Titelrolle in *Otello* (Verdi) / live 1938 Met NYC unter Ettore Panizza – *Music+Arts*
Titelrolle in *Otello* (Verdi) / live 1941 Met NYC unter Ettore Panizza – *Pearl*
Eléazar in *La Juive* (Halévy) / live 1936 San Francisco unter Gaetano Merola – *Legato*
Enzo in *La Gioconda* (Ponchielli) / live 1939 Met NYC unter Ettore Panizza – *Myto*
Canio in *I Pagliacci* (Leoncavallo) / live 1934 Met NYC unter Vincenzo Bellezza – *Eklipse*
Canio in *I Pagliacci* (Leoncavallo) / live 1941 Met NYC unter Ferruccio Calusio – *Eklipse*
Kalaf in *Turandot* (Puccini) / Szenen live 1937 C.G.London unter John Barbirolli – *EMI*

Zwei hochwichtige CD-Veröffentlichungen (von Original-Schellacks):
Martinelli I
(Ausschnitte aus *Il Trovatore* und *Aida* / + Ponselle, Homer, de Luca, Pinza, Milanov, Stracciari) – *Pearl*
Martinelli II
(Arien, Duette & Trios aus Opern /Ausschnitte aus *La Forza del Destino* / + Ponselle, de Luca, Pinza, Journet, Mardones) – *Pearl*

Zwei nicht minder informative Recital-CDs (digitaltechnisch bearbeitet):
Giovanni Martinelli Vol.1
(Rossini, Verdi, Mascagni, Leoncavallo, Giordano, Tschaikowsky) – *Nimbus/Prima Voce*
Giovanni Martinelli Vol.2
(Rossini, Meyerbeer, Verdi, Ponchielli, Bizet, Mascagni, Leoncavallo, Puccini, Massenet) – *Nimbus/Prima Voce*

Portrait-Recital(s) – CD/LPs
(Glänzende Zusammenfassung bedeutender Einzelaufnahmen aus der akustischen und der elektrischen Aufnahmeperiode) – *Preiser LV*
Martinelli & Tibbett (Szenen aus *Otello* und *Simone Boccanegra*) – *Pearl*

MATHIS, EDITH

Ginevra in *Ariodante* Händel) unter Raymond Leppard – *Philips*
Vespina in *L'Infedelta delusa* (Haydn) unter Antal Dorati – *Philips*
Clarice in *Il Mondo della Luna* (Haydn) unter Antal Dorati – *Philips*
Bastienne in *Bastien und Bastienne* (Mozart) unter Leopold Hager – *DG*

Hyacinthus in *Apollo et Hyacinthus* (Mozart) unter Leopold Hager – *DG*
Titelrolle in *Zaide* (Mozart) unter Bernhard Klee – *Philips*
Silvia in *Ascanio in Alba* (Mozart) unter Leopold Hager – *DG*
Cinna in *Lucio Silla* (Mozart) unter Leopold Hager – *DG*
Amintas in *Il Re Pastore* (Mozart) unter Leopold Hager – *DG*
Licenza in *Il Sogno di Scipione* (Mozart) unter Leopold Hager – *DG*
Susanna in *Le Nozze di Figaro* (Mozart) unter Karl Böhm – *DG*
Zerlina in *Don Giovanni* (Mozart) unter Rafael Kubelik – *Ariola*
Zerlina in *Don Giovanni* (Mozart) / live 1977 Salzburg unter Karl Böhm – *DG*
Servilia in *La Clemenza di Tito* (Mozart) unter Karl Böhm – *DG*
Ilia in *Idomeneo* (Mozart) unter Karl Böhm – *DG*
Pamina in *Die Zauberflöte* (Mozart) unter Herbert von Karajan – *DG*
Marzelline in *Fidelio* (Beethoven) unter Karl Böhm – *DG*
Olivia in *Die Freunde von Salamanca* (Schubert) unter Theodor Guschlbauer – *DG*
Ännchen in *Der Freischütz* (Weber) unter Carlos Kleiber – *DG*
Baronin Freimann in *Der Wildschütz* (Lortzing) unter Bernhard Klee – *DG*
Jungfer Anna in *Die lustigen Weiber von Windsor* (Nicolai) unter Robert Heger – *EMI*
Frau Fluth in *Die lustigen Weiber von Windsor* (Nicolai) unter Bernhard Klee – *DG*
Luise in *Der junge Lord* (Henze) unter Christoph von Dohnanyi – *DG*

Sopranpart in *Matthäus-Passion* (Bach) unter Karl Richter – *DG*
Kantaten BWV 51 (Jauchzet Gott)/ BWV 93/ BWV 140 (Bach) unter Karl Richter – *DG*
Zahlreiche weitere Aufnahen von Bach-Kantaten unter Karl Richter bei *DG* und *DGA*
Sopranpart in *Der Messias* (Händel/Mozart) unter Charles Mackerras – *DG*
Hanne in *Die Jahreszeiten* (Haydn) unter Neville Marriner – *Philips*
Sopranpartien in *Die Schöpfung* (Haydn) unter Herbert von Karajan *(DG)* und Neville Marriner *(Philips)*
Sopransolo in *Missa c-moll KV 427* (Mozart) unter Wolfgang Gönnenwein – *EMI*
Sopransolo in *Requiem KV 626* (Mozart) unter R.Frühbeck de Burgos *(EMI)* und Karl Böhm *(DG)*
Sopransolo in *Ein Sommernachtstraum op.21+61* (Mendelssohn) unter Rafael Kubelik – *DG*
Sopransolo in *Sinfonie Nr.2* (Mendelssohn) unter Herbert von Karajan – *DG*
Sopransoli in *Szenen aus Goethes Faust* (Schumann) unter Pierre Boulez – *Memories*
Sopranpart in *Roméo et Juliette* (Berlioz) unter Seiji Ozawa – *DG*
Bruckner: *Geistliche Chorwerke (Messen, Motetten, Te Deum, Psalm)* unter Eugen Jochum – *DG*
Sopranpart in *Stabat Mater op.58* (Dvorák) unter Rafael Kubelik – *DG*
Sopransolo in *Sinfonie Nr.4* (Mahler) unter Herbert von Karajan – *DG*
Sopransolo in *Sinfonie Nr.8* (Mahler) unter Rafael Kubelik – *DG*

Händel: *Deutsche Arien* (Barock-Ensemble / Walter Thoene) – *EMI*
Haydn: *Arien* zu Opern und aus Kantaten (+ KO Lausanne / Armin Jordan) – *Philips*

Mozart: Konzertarien (+ Mozarteum Orch. / Leopold Hager) – *DG*
Mozart: *Sämtliche Lieder* (+ Hermann Prey / Bernhard Klee,*p*) – *DG*
Brahms: *Deutsche Volkslieder* (+ Peter Schreier / Karl Engel,*p*) – *DG*
Wolf: *Italienisches Liederbuch* (+ Peter Schreier / Karl Engel,*p*) – *DG*
Liebeslieder-Walzer op.52, op.65 & Quartette op.64 (Brahms) (+ Fassbaender, Schreier, F-Dieskau / K.Engel & W.Sawallisch,*p*) – *DG*

MAYR, RICHARD

Portrait-Recital(s)
(Haydn, Mozart, Beethoven, Mendelssohn, Weber, Marschner, Rossini, Bellini, Halévy, Auber, Flotow, Wagner, Berlioz, Cornelius, Puccini, Tschaikowsky, Massenet, d'Albert, Goldmark, Fischer) – *Preiser LV*
Ochs auf Lerchenau in *Der Rosenkavalier* (R.Strauss) (gekürzte Schallplattenversion / 1933) (+ Lotte Lehmann, Maria Olszewska / WPhO / Robert Heger) – *Pearl*
Baßsolo in *Sinfonie Nr.9* (Beethoven) (1935 / WPhO / Felix Weingartner) – *Pearl*
Wagner-Einzelaufnahmen in der Anthologie *Sänger auf dem grünen Hügel*

MCCORMACK, JOHN

McCormack-Edition in Einzel-CDs (von Original-Schellacks) / Bisher erschienen:
McCormack I
(Italienische Oper: Rossini, Donizetti, Verdi, Ponchielli, Boito) – *Pearl*
McCormack II
(Irish Song: 22 berühmte Stücke, u.a. *The Garden where the Praties Grow, The green Isle of Erin, Kathleen Mavourneen, Danny Boy*) – *Pearl*
McCormack III
(Liedaufnahmen: Lotti, Schubert, Mendelssohn, Brahms, Wolf, Fauré, Elgar, Parry) – *Pearl*
McCormack IV
(American Song: 23 Tracks, u.a. *Sonny Boy, Silver Threads, Little Pal, Star Spangled Banner*) – *Pearl*
McCormack V
(Christian Celebration: 23 Tracks / Favourite Hymns, Carols & Sacred Music) – *Pearl*

Count John McCormack – 2CD
Frühe Aufnahmen 1904–1906 (Edison, G&T, Edison Bell, Sterling, Pathé) – *OPAL (Pearl)*
Arien-Recital
(Händel, Mozart, Donizetti, Verdi, Gounod, Bizet, Delibes, Ponchielli, Boito u.a.) – *Nimbus/Prima Voce*

Arien und Lieder
(Händel, Mozart, Donizetti, Verdi, Bizet, Wolf, Rachmaninow, Foster / Traditionals) – *Memories*
John McCormack & Fritz Kreisler (Liedaufnahmen / alle 22 publizierten Tracks) – *Pearl*

MEIER, WALTRAUD

Donna Elvira in *Don Giovanni* (Mozart) unter Daniel Barenboim – *Teldec*
Venus in *Tannhäuser* (Wagner) / Ausschnitte unter Marek Janowski – *Teldec*
Venus in *Tannhäuser* (Wagner) unter Bernard Haitink – *EMI*
Fricka in *Die Walküre* (Wagner) unter Bernard Haitink – *EMI*
Kundry in *Parsifal* (Wagner) unter Daniel Barenboim – *Teldec*
Kundry in *Parsifal* (Wagner) unter James Levine – *Philips*
Dalila in *Samson et Dalila* (Saint-Saëns) unter Myung-Whun Chung – *EMI*

Altsolo in *Missa solemnis* (Beethoven) unter Jeffrey Tate – *EMI*
Altsolo in *Sinfonie Nr.8* (Mahler) unter Giuseppe Sinopoli – *DG*
Altpart in *Das Lied von der Erde* (Mahler) (+ Siegfried Jerusalem / ChicSO / Daniel Barenboim) – *Teldec*
Altpartie in *Das klagende Lied* (Mahler) unter Giuseppe Sinopoli – *DG*
Wagner: *Wesendonck-Lieder* / Mahler: *Kindertotenlieder* / Wolf: *3 Lieder* (+ OPar / D.Barenboim) – *Teldec*

MELBA, NELLIE

Portrait-Recital (r. 1907–1926 / Überspielungen von Original-Schellacks)
(Händel, Mozart, Lotti, Mendelssohn, Donizetti, Verdi, Thomas, Lalo, Dvorák, Puccini / Traditionals) – *Pearl*

Un Ange est venu – Nellie Melba in französischen Opern und Liedern
(Gounod, Bizet, Thomas, Charpentier, Lalo, Massenet, Hue, Duparc, Chausson, Szulc, Hahn, Debussy, Bemberg) – *Pearl*
Opernarien & Lieder
(Il Re pastore, Faust, Hamlet, Louise, Don César, Rigoletto, Traviata, Otello, La Bohème, Le Roi d'Ys / Arditi, Dvorák, Hahn u.a.) – RCA
Dame Nellie Melba – Finest Performances – Opera Society
Farewell Performance 1926 (Live aus Covent Garden)
(Szenen aus *Otello* und *La Bohème* / Reden von Melba und Lord Stanley / + 1901 Recordings) – *Eklipse*

Ein LP-Sammlung sämtlicher *London Recordings* (HMV-Aufnahmen) lag bei *EMI* vor. CD-Veröffentlichung erwünscht.
Einzelaufnahmen in *The Era of Adelina Patti – Nimbus/Prima Voce*

MELCHIOR, LAURITZ

Titelrolle in *Lohengrin* (Wagner) / live 1936 Met NYC unter Artur Bodanzky – *Melodram*
Titelrolle in *Lohengrin* (Wagner) / live 1943 Met NYC unter Erich Leinsdorf – *Myto*
Titelrolle in *Tannhäuser* (Wagner) / live 1942 Met NYC unter George Szell – *AS*
Tristan in *Tristan und Isolde* (Wagner) unter Thomas Beecham – *EMI*
Tristan in *Tristan und Isolde* (Wagner) / live 1936 C. G. London unter Fritz Reiner – *zuletzt BWS*
Tristan in *Tristan und Isolde* (Wagner) / live 1937 C. G. London unter Thomas Beecham – *Melodram*
Tristan in *Tristan und Isolde* (Wagner) / live 1941 Met NYC unter Erich Leinsdorf – *Music+Arts*
Tristan in *Tristan und Isolde* (Wagner) / 2.Aufzug live 1937 Met NYC (+ Flagstad, Meisle, List / Fritz Reiner) – *Legato*
Siegmund in *Die Walküre* (Wagner) 1.+2.Aufzug (+ Lehmann, Fuchs, Hotter, List unter Bruno Walter) – *EMI*
(1.Aufzug auch einzeln erhältlich)
Siegmund in *Die Walküre* (Wagner) 2.Aufzug / live 1936 Met NYC (+ Flagstad, Lehmann, Schorr / Fritz Reiner) – *Legato*
Siegmund in *Die Walküre* (Wagner) / live 1941 Met NYC unter Erich Leinsdorf – *Myto*
Titelrolle in *Siegfried* (Wagner) / live 1937 Met NYC unter Artur Bodanzky – *Music+Arts*

Weitere Live-Mitschnitte von Wagner-Aufführungen der Met NYC auf *Melodram* und anderen Labels

Szenen aus *Tristan* und *Götterdämmerung* (Wagner) 1929 + 1936 (+ Leider, Thorborg, Weber, Janssen / Beecham, Coates, Blech) – *Legato*
Szenen aus *Tristan und Isolde* (Wagner) unter Artur Rodzinski (+ Traubel, Janssen) – *CBS/Sony*
Wagner-Studioaufnahmen 1938–1944 USA – *RCA*

Lauritz Melchior Anthologie
Vol.1:
Bariton-Aufnahmen 1913–1915 / Tenor-Aufnahmen 1920–1921) – *Danacord* (2CD)
Vol.2:
Polydor- + Parlophone-Aufnahmen (Wagner, Verdi, Meyerbeer, Hagemann, Klenau, R.strauss, Trunk, Weingartner) – *Danacord* (2CD)
Vol.3:
Electrola- + HMV-Aufnahmen (Wagner, Meyerbeer, Verdi, Leoncavallo) – *Danacord* (2CD)
Vol.4:
Die Walküre (Wagner), 1.&2.Aufzug (1935–1938) unter Bruno Walter + B.Seidler-Winkler (+ Lotte Lehmann, List, Fuchs, Hotter) – *Danacord* (2CD)

Vol.5:
Szenen aus *Siegfried* (Wagner) 1927–1932 unter Robert Heger + Albert Coates (+ Tessmer, Schorr, Reiss, Habich, Schipper, Olszewska, Bockelmann, Easton) / *Die Walküre* (Wagner), 1.Aufzug (Dän.Rundfunk 1960!) (+ Larsen, Wedel / Jensen) – *Danacord* (3CD)
Vol.6:
Titelrolle in *Lohengrin* (Wagner) / live 1950 Met NYC unter Fritz Stiedry – *Danacord* (3CD)

Lauritz Melchior singt Wagner
(Wichtige Einzelaufnahmen aus *Rienzi, Tannhäuser, Lohengrin, Die Walküre, Siegfried, Götterdämmerung, Tristan und Isolde, Meistersinger*) – *EMI*
Portrait-Recital (Wagner, Verdi, Meyerbeer, Leoncavallo) / digitaltechnisch bearbeitet – *Nimbus/Prima Voce*
Portrait-Recital (Wagner, Verdi, Weingartner) / von Original-Schellacks – *Pearl*
Parlophone-Aufnahmen (Wagner, Verdi, Leoncavallo) / von Original-Schellacks – *Pearl*
RCA-Aufnahmen (Wagner-Szenen + Schumann-Lieder / + Lotte Lehmann & Kirsten Flagstad) – *RCA*
Lauritz Melchior Portrait: Große Opernaufnahmen (darin Ausschnitte *Otello & Aida*) (2CD) – *Memories*

MERRILL, ROBERT

Figaro in *Il Barbiere di Siviglia* (Rossini) unter Erich Leinsdorf – *RCA*
Enrico in *Lucia di Lammermoor* (Donizetti) unter John Pritchard – *Decca*
Titelrolle in *Rigoletto* (Verdi) unter Jonel Perlea und unter Georg Solti – *beide bei RCA*
Conte di Luna in *Il Trovatore* (Verdi) unter Thomas Schippers – *EMI*
Giorgio Germont in *La Traviata* (Verdi) unter Arturo Toscanini, Fernando Previtali *(beide bei RCA)* und John Pritchard *(Decca)*
Renato in *Un Ballo in Maschera* (Verdi) unter Arturo Toscanini und Erich Leinsdorf – *beide bei RCA*
Don Carlos in *La Forza del Destino* (Verdi) unter Thomas Schippers – *RCA*
Rodrigo in *Don Carlo* (Verdi) / live 1950 Met NYC unter Fritz Stiedry – *Myto*
Rodrigo in *Don Carlo* (Verdi) / live 1959 Met NYC unter Fausto Cleva – *Melodram*
Amonasro in Aida (Verdi) unter Georg Solti – *RCA*
Amonasro in Aida (Verdi) / live 1950 Met NYC unter Emil Cooper – *Melodram*
Ford in *Falstaff* (Verdi) unter Georg Solti – *Decca*
Valentin in *Faust* (Gounod) / live 1959 Met NYC unter Jean Morel – *Myto*
Escamillo in *Carmen* (Bizet) unter Fritz Reiner und unter Herbert von Karajan – *beide bei RCA*
Barnaba in *La Gioconda* (Ponchielli) unter Lamberto Gardelli – *Decca*
Alfio in *Cavalleria Rusticana* (Mascagni) unter Renato Cellini – *RCA*
Silvio in *I Pagliacci* (Leoncavallo) unter Renato Cellini – *RCA*

Tonio in *I Pagliacci* (Leoncavallo) unter Lamberto Gardelli – *Decca*
Tonio in *I Pagliacci* (Leoncavallo)/ 1957 Met NYC unter Fausto Cleva – *Melodram*
Lescaut in *Manon Lescaut* (Puccini) unter Jonel Perlea – *RCA*
Marcello in *La Bohème* (Puccini) unter Thomas Beecham und unter Erich Leinsdorf – *beide bei RCA*
Michele in *Il Tabarro* (Puccini) unter Lamberto Gardelli – *Decca*
Live-Mitschnitte von Aufführungen der obigen Werke auf verschiedenen Labels

America's Greatest Baritone – Arien & Songs
(Mozart, Rossini, Donizetti, Verdi, Gounod, Thomas, Wagner, Leoncavallo, Herbert, Kern, Rodgers, Spoliansky) – *Legato*
Duette mit Jussi Björling – *RCA* (im Björling-Portrait)
Arien-Recital (Italienische und französische Oper) (+ Orch.Oper Rom / V.Bellezza & J.Perlea) – *RCA* (LP)
Opernarien, Musicals & Songs (Rundfunkaufnahmen) – *zuletzt auf VOCE*
The Artistry of Robert Merrill (Broadway Songs) – *zuletzt auf Everest*
Sängerportrait – LP-Doppelalbum (Einzelaufnahmen und GA-Ausschnitte) – *Decca*

METTERNICH, JOSEF

Titelrolle in *Der fliegende Holländer* (Wagner) unter Ferenc Fricsay – *DG*
Telramund in *Lohengrin* (Wagner) unter Wilhelm Schüchter – *EMI*
Donner in *Rheingold* (Wagner) / Szenenfolge unter Rudolf Kempe – *EMI*
Renato in *Un Ballo in Maschera* (Verdi) / live 1955 Met NYC unter Dimitri Mitropoulos – *FONIT Cetra*
Don Carlos in *Die Macht des Schicksals* (Verdi) unter Hans Schmidt-Isserstedt – *Ariola*
Amonasro in *Aida* (Verdi) / live 1951 Hamburg unter Hans Schmidt-Isserstedt – *FONIT Cetra*
Scarpia in *Tosca* (Puccini) unter Wilhelm Schüchter – *Ariola*
Scarpia in *Tosca* (Puccini) / BR 1953 unter Richard Kraus – *Melodram*
Tonio in *Der Bajazzo* (Leoncavallo) unter Horst Stein – *EMI*
Jochanaan in *Salome* (R.Strauss) unter Rudolf Moralt – Philips
Barak in *Die Frau ohne Schatten* (R.Strauss) / live 1954 München unter Rudolf Kempe – *Melodram*
Mandryka in *Arabella* (R.Strauss) / Szenenfolge unter Lovro von Matacic – *EMI*
Peter in *Hänsel und Gretel* (Humperdinck) unter Herbert von Karajan – *EMI*

Portrait-Recital – Electrola-Aufnahmen
(Rossini, Mozart, Verdi, Puccini, Mascagni, Leoncavallo, Bizet, Offenbach, Wagner, Pressel, Millöcker, Lincke, Kollo) – *EMI*
Opernarien – DG-Aufnahmen
(Rossini, Verdi, Marschner, Meyerbeer, Bizet, Tschaikowsky, Borodin, Ponchielli, Giordano, Puccini, Verdi) – *Preiser*

Opernquerschnitte: *Lucia di Lammermoor* (Donizetti), *Rigoletto* (Verdi), *Ein Maskenball* (Verdi), *Der Troubadour* (Verdi), *Tosca* (Puccini) u.a. (teilw. schon auf CD) bei *EMI*

METZGER, OTTILIE

Portrait-Recital
(Gluck, Wagner, Meyerbeer, Verdi, Maillart, Bizet, Ponchielli, Saint-Saëns) – *Preiser CO* (bisher nur LP)
Zwei Takes unter den ersten Aufnahmen aus Bayreuth 1908 in der Sammlung *Sänger auf dem grünen Hügel*

MILANOV, ZINKA

Titelrolle in *Norma* (Bellini) / live 1955 Met NYC unter Fausto Cleva – *Melodram*
Elvira in *Ernani* (Verdi) / live 1956 Met NYC unter Dimitri Mitropoulos – *Foyer*
Gilda in *Rigoletto* (Verdi) 4.Akt / live NYC (+ Boito & Verdi-Ausschnitte) unter Arturo Toscanini – *RCA*
Leonora in *Il Trovatore* (Verdi) unter Renato Cellini – *RCA*
Leonora in *Il Trovatore* (Verdi) / live 1956 Met NYC unter Fausto Cleva – *Melodram*
Amelia in *Un Ballo in Maschera* (Verdi) / live 1940 Met NYC unter Ettore Panizza – *Myto*
Amelia in *Un Ballo in Maschera* (Verdi) / live 1943 Met NYC unter Bruno Walter – *AS*
Amelia in *Un Ballo in Maschera* (Verdi) / live 1955 Met NYC unter Dimitri Mitropoulos – *FONIT Cetra*
Amelia in *Un Ballo in Maschera* (Verdi) / Ausschnitte unter Dimitri Mitropoulos – *RCA*
Leonora in *La Forza del Destino* (Verdi) unter Fernando Previtali – *RCA*
Leonora in *La Forza del Destino* (Verdi) / live 1956 Met NYC unter Fritz Stiedry – *Melodram*
Amelia in *Simone Boccanegra* (Verdi) / live 1960 Met NYC unter Dimitri Mitropoulos – *Strachivarius*
Titelrolle in *Aida* (Verdi) unter Jonel Perlea – *RCA*
Titelrolle in *Aida* (Verdi) / live 1943 Met NYC unter Wilfred Pelletier – *Melodram*
Titelrolle in *La Gioconda* (Ponchielli) unter Fernando Previtali – *RCA*
Titelrolle in *La Gioconda* (Ponchielli) / live 1939 Met NYC unter Ettore Panizza – *Myto*
Titelrolle in *La Gioconda* (Ponchielli) / Kompl.Partie in Ausschnitte live 1953 New Orleans unter W. Herbert – *Legato*
Santuzza in *Cavalleria Rusticana* (Mascagni) unter Renato Cellini – *RCA*
Santuzza in *Cavalleria Rusticana* (Mascagni) / live 1957 Met NYC unter Fausto Cleva – *Melodram*
Titelrolle in *Tosca* (Puccini) unter Erich Leinsdorf – *RCA*
Maddalena in *Andrea Chénier* (Giordano) / live 1954 Met NYC unter Fausto Cleva – *Nuova Era*
Weitere Live-Mitschnitte von Aufführungen obiger Werke auf verschiedenen Labels

Sopranpart in *Missa solemnis* (Beethoven) unter Arturo Toscanini – *Music+Arts* und *Melodram*
Sopranpart in *Messa da Requiem* (Verdi unter Arturo Toscanini – *AT* und *Melodram*

Sängerportrait: *In Memoriam Zinka Milanov* (Aufnahmen 1938–1966) – 2CD (Mozart, Verdi, Ponchielli, Puccini, Mascagni, R.Strauss / Kroatische Lieder / Interview-Ausschnitte) – *Legato*
Arien, Szenen & Lieder (Bellini, Verdi, Ponchielli, Mascagni, Puccini, Dvorák, R.Strauss, Kunc, Hagemann) – *RCA*

MILNES, SHERRILL

Titelrolle in *Don Giovanni* (Mozart) / live 1977 Salzburg unter Karl Böhm – *DG*
Guglielmo in *Così fan tutte* (Mozart9 unter Erich Leinsdorf – *RCA*
Figaro in *Il Barbiere di Siviglia* (Rossini) unter James Levine – *EMI*
Titelrolle in *Guglielmo Tell* (Rossini) unter Riccardo Chailly – *Decca*
Enrico in *Lucia di Lammermoor* (Donizetti) unter Richard Bonynge – *Decca*
Titelrolle in *Nabucco* (Verdi) / live 1979 Met NYC unter Nello Santi – *zuletzt auf LR*
Giacomo in *Giovanna d'Arco* (Verdi) unter James Levine – *EMI*
Ezio in *Attila* (Verdi) unter Lamberto Gardelli – *Philips*
Miller in *Luisa Miller* (Verdi) unter Peter Maag – *Decca*
Titelrolle in *Macbeth* (Verdi) unter Riccardo Muti – *EMI*
Titelrolle in *Macbeth* (Verdi) / live 1970 StO Wien unter Karl Böhm – *Legato*
Titelrolle in *Rigoletto* (Verdi) unter Richard Bonynge *(Decca)* und unter Julius Rudel *(EMI)*
Conte di Luna in *Il Trovatore* (Verdi) unter Zubin Mehta – *RCA*
Giorgio Germont in *La Traviata* (Verdi) unter Georges Prêtre *(RCA)* und unter Carlos Kleiber *(DG)*
Renato in *Un Ballo in Maschera* (Verdi) unter Bruno Bartoletti – *Decca*
Don Carlos in *La Forza del Destino* (Verdi) unter James Levine – *RCA*
Monforte in *I Vespri Siciliani* (Verdi) unter James Levine – *RCA*
Rodrigo in *Don Carlo* (Verdi) unter Carlo Maria Giulini – *EMI*
Amonasro in *Aida* (Verdi) unter Erich Leinsdorf – *RCA*
Jago in *Otello* (Verdi) unter James Levine – *RCA*
Titelrolle in *Hamlet* (Thomas) unter Richard Bonynge – *Decca*
Escamillo in *Carmen* (Bizet) unter Claudio Abbado – *DG*
Tonio in *I Pagliacci* (Leoncavallo) unter Nello Santi – *RCA*
Marcello in La Bohème (Puccini) unter Georg Solti – *RCA*
Scarpia in *Tosca* (Puccini) unter Nicola Rescigno – *Decca*
Jack Rance in *La Fanciulla del West* (Puccini) unter Zubin Mehta – *DG*
Michele in *Il Tabarro* (Puccini) unter Erich Leinsdorf – *RCA*
Michonet in *Adriana Lecouvreur* (Cilea) unter James Levine – *CBS/Sony*

Athanael in *Thais* (Massenet) unter Lorin Maazel – *EMI*
Scindia in *Le Roi de Lahore* (Massenet) unter Richard Bonynge – *Decca*
Garrido in *La Navarraise* (Massenet) unter Henry Lewis – *RCA*
Jochanaan in *Salome* (R.Strauss) unter Erich Leinsdorf – *RCA*

Baritonpart in *Requiem op.48* (Fauré) unter Charles Dutoit – *Decca*

Drei Recitals, bisher nur auf LP:
Große Bariton-Arien unter Anton Guadagno *(RCA)*, Sängerportrait unter Nello Santi *(RCA)*, Szenen aus italienischen Opern unter Silvio Varviso *(Decca)*

MÖDL, MARTHA

Leonore in *Fidelio* (Beethoven) unter Wilhelm Furtwängler – *EMI*
Leonore in *Fidelio* (Beethoven) / live 1955 StO Wien unter Karl Böhm – *Frequenz*
Isolde in *Tristan und Isolde* (Wagner) / live Bayreuth 1952 unter Herbert von Karajan – *Melodram + Hunt*
Brünnhilde in *Die Walküre* (Wagner) unter Wilhelm Furtwängler – *EMI*
Brünnhilde-Partien im *Ring des Nibelungen* (Wagner) / RAI 1953 unter Wilhelm Furtwängler – *EMI*
Brünnhilde-Partien im *Ring des Nibelungen* (Wagner) / live 1953 Bayreuth unter Joseph Keilberth – *Melodram*
Sieglinde in *Die Walküre* (Wagner) / live 1954 Bayreuth unter Joseph Keilberth – *Melodram*
Gutrune in *Götterdämmerung* (Wagner) / live 1952 Bayreuth unter Joseph Keilberth – *Melodram*
Waltraute in *Götterdämmerung* (Wagner) / live 1967 Bayreuth unter Karl Böhm – *Philips*
Kundry in *Parsifal* (Wagner) / live Bayreuth 1951 unter Hans Knapperstsbusch – *Teldec*
Kundry in *Parsifal* (Wagner) / live Bayreuth 1953 unter Clemens Krauss – *Melodram*
Ulrica in *Ein Maskenball* (Verdi) / WDR 1951 unter Fritz Busch – *Fritz-Busch-Gesellschaft*
Preziosilla in *Die Macht des Schicksals* (Verdi) unter Hans Schmidt-Isserstedt – *Ariola*
Klythämnestra in *Elektra* (R.Strauss) unter Dimitri Mitropoulos – *FONIT Cetra*
Klythämnestra in *Elektra* (R.Strauss) / live 1964 Salzburg unter Herbert von Karajan – *Orfeo + Melodram*
Amme in *Die Frau ohne Schatten* (R.Strauss) unter Joseph Keilberth – *DG*
Gräfin in *Pique Dame* (Tschaikowsky) unter Seiji Ozawa – *RCA*
Jocaste in *Oedipus Rex* (Strawinsky) unter Igor Strawinsky – *CBS/Sony*

Arien und Szenen (Verdi, Bizet, Wagner) (OrchStädtOper Berlin / H.Löwlein & A.Rother) – *Preiser*
Live- und Rundfunkaufnahmen – 2LP
(Purcell, Händel, Gluck, Verdi, Mussorgsky, R-Korssakoff, Humperdinck, d'Albert, Orff, R.Strauss / Wagner & Brahms: Lieder) – *Melodram*

MOLL, KURT

Colas in *Bastien und Bastienne* (Mozart) unter Eberhard Schöner - *EMI*
Buff in *Der Schauspieldirektor* (Mozart) unter Karl Böhm - *DG*
Osmin in *Die Entführung aus dem Serail* (Mozart) unter Karl Böhm - *DG*
Dott. Bartolo in *Le Nozze di Figaro* (Mozart) unter Georg Solti - *Decca*
Il Commendatore in *Don Giovanni* (Mozart) unter Georg Solti - *Decca*
Sarastro in *Die Zauberflöte* unter Alain Lombard *(ERATO)*, Wolfgang Sawallisch *(EMI)* und Colin Davis *(Philips)*
Graf in *Die Verschworenen* (Schubert) unter Heinz Wallberg - *EMI*
Schütze in *Die Zwillingsbrüder* (Schubert) unter Wolfgang Sawallisch - *EMI*
Eremit in *Der Freischütz* (Weber) unter Rafael Kubelik *(Decca)* und unter Colin Davis *(Philips)*
Kalif in *Abu Hassan* (Weber) unter Wolfgang Sawallisch - *EMI*
Don Pinto in *Die drei Pintos* (Weber/Mahler) unter Gary Bertini - *RCA*
Dandau in *Jessonda* (Spohr) unter Gerd Albrecht - *Orfeo*
Monterone in *Rigoletto* (Verdi) unter Carlo Maria Giulini - *DG*
Marchese in *La Forza del Destino* (Verdi) unter James Levine - *RCA*
Philipp II in *Don Carlos* (Verdi) / dt. / Ausschnitte unter Giuseppe Patané - *EMI*
Lodovico in *Otello* (Verdi) unter Georg Solti - *Decca*
Crespel in *Hoffmanns Erzählungen* (Offenbach) unter Heinz Wallberg - *EMI*
Falstaff in *Die lustigen Weiber von Windsor* (Nicolai) unter Bernhard Klee - *DG*
Gernot in *Die Feen* (Wagner) unter Wolfgang Sawallisch - *Orfeo*
Daland in *Der fliegende Holländer* (Wagner) unter Herbert von Karajan - *EMI*
Landgraf in *Tannhäuser* (Wagner) unter Bernard Haitink - *EMI*
Marke in *Tristan und Isolde* (Wagner) unter Carlos Kleiber - *DG*
Pogner in *Die Meistersinger von Nürnberg* (Wagner) unter Georg Solti *(Decca)* und unter Wolfgang Sawallisch *(EMI)*
Fafner und Hunding im *Ring des Nibelungen* (Wagner) unter *James Levine DG*
Hunding in *Die Walküre* (Wagner) unter Marek Janowski - *Ariola*
Gurnemanz in *Parsifal* (Wagner) unter Herbert von Karajan - *DG*
Friedrich Engel in *Der Evangelimann* (Kienzl) unter Lothar Zagrosek - *EMI*
Soldat in *Salome* (R.Strauss) unter Karl Böhm - *DG*
Pfleger in *Elektra* (R.Strauss) unter Wolfgang Sawallisch - *EMI*
Ochs auf Lerchenau in *Der Rosenkavalier* (R.Strauss) unter Herbert von Karajan - *DG*
Kammersänger in *Intermezzo* (R.Strauss) unter Wolfgang Sawallisch - *EMI*
Penaios in *Daphne* (R.Strauss) unter Bernard Haitink - *EMI*
Tommaso in *Tiefland* (d'Albert) unter Marek Janowski - *RCA*
Quasimodo in *Notre Dame* (F.Schmidt) unter Christoph Prick - *Capriccio*

Baß-Arien in *Johannes-Passion* (Bach) unter Wolfgang Gönnenwein - *EMI*
Baßsoli in *Te Deum & Magnificat* (Charpentier) unter Neville Marriner - *EMI*
Raphael in *Die Schöpfung* (Haydn) unter Leonard Bernstein und unter James Levine - *beide bei DG*

Baßsolo in *Missa Sanctae Ceciliae* (Haydn) unter Rafael Kubelik – *Orfeo*
Baßsolo in *Große Messe KV 427* (Mozart) unter James Levine – *DG*
Baßpart in *Missa solemnis* (Beethoven) unter Leonard Bernstein und unter James Levine – *beide bei DG*
Baßsolo in *Sinfonie Nr.9* (Beethoven) unter Leonard Bernstein – *DG*
Baßpart in *Große Messe f-moll* (Bruckner) unter Colin Davis – *Philips*

Berühmte Baß-Arien (Mozart, Lortzing, Weber, Wagner, Cornelius, Beethoven) – *Orfeo*
Schubert: Lieder für Baß (+ Cord Garben,*p*) – *Orfeo*
Winterreise D.911 (+ Cord Garben,*p*) – *Orfeo*
Brahms: Ausgewählte Lieder (u.a. *Vier ernste Gesänge*) (+ Cord Garben,*p*) – *Acanta*
Carl Loewe: Balladen (+ Cord Garben,*p*) – *Harmonia Mundi*
Romantische Duette (Mendelssohn, Rubinstein, Liszt, Cornelius, Schumann, Brahms) (+ B.Fassbaender, H.Komatsu / Cord Garben,*p*) – *Harmonia Mundi France*
Kurt Moll – Ein Portrait
(Orchesterlieder: Haydn, Schubert, Loewe, Wolf, R.Strauss) (+ RPhO NDR Hannover / Cord Garben) – *Continuum*

MORRIS, JAMES

Guglielmo in *Così fan tutte* (Mozart) unter Riccardo Muti – *EMI*
Cecil in *Maria Stuarda* (Donizetti) unter Richard Bonynge – *Decca*
Ernesto in *Parisina d'Este* (Donizetti) unter Eve Queler – *Legato*
Amonasro in *Aida* (Verdi) unter James Levine – *Sony*
Wotan & Wanderer im *Ring des Nibelungen* unter James Levine – *DG*
Wotan & Wanderer im *Ring des Nibelungen* unter Bernard Haitink – *EMI*
Miracle in *Les Contes d'Hoffmann* (Offenbach) unter Seiji Ozawa – *DG*
Claudius in *Hamlet* (Thomas) unter Richard Bonynge – *Decca*
Timour in *Le Roi de Lahore* (Massenet) unter Richard Bonynge – *Decca*

Raphael in *Die Schöpfung* (Haydn) unter Georg Solti – *Decca*
Baßpart in *Requiem KV 626* (Mozart) unter Riccardo Muti – *EMI*
Baßsolo in *Sinfonie Nr.9* (Beethoven) unter Riccardo Muti – *EMI*

Baßpartie in *Roméo et Juliette* (Berlioz) unter James Levine – *DG*

Opern-Recital (Arien und Monologe von Verdi & Wagner) – *EMI*

MÜLLER, MARIA

Elsa in *Lohengrin* (Wagner) 1941 Berlin unter Robert Heger – *Preiser*
Elisabeth in *Tannhäuser* (Wagner) 1930 Bayreuth unter Karl Elmendorff – *Pearl*
Eva in *Die Meistersinger von Nürnberg* (Wagner) 1943 Bayreuth unter W.Furtwängler – *EMI*

Elsa in *Lohengrin* & Sieglinde in *Die Walküre* (Wagner) / Szenen 1936 Bayreuth unter Heinz Tietjen – *Teldec*
Sieglinde in *Die Walküre* (Wagner) / live 1951 Berlin unter Ferenc Fricsay – *Myto*

Portrait-Recital (Wagner: Opernszenen + *Wesendonck-Lieder* / Lieder von Brahms & Reger) – *Preiser LV*
Einzelaufnahmen in den *Wagner-Anthologien* und in der *Raucheisen-Edition*

MUZIO, CLAUDIA

Zwei CD-Veröffentlichungen geben ein ausgezeichnetes Bild der Sängerin:
Portrait-Recital (Bellini, Verdi, Boito, Puccini, Mascagni, Delibes, Cilea, Refice) – *Nimbus/ Prima Voce*
Edison Recordings 1920–1925 – Arien & Lieder – 2CD
(Bachelet, Bellini, Bizet, Boito, Catalani, Chopin, Cilea, Gomez, Verdi u.a.) – *Legato*

Titelrolle in *Tosca* (Puccini) / 1.Akt / live 1932 San Francisco unter Gaetano Merola – *zuletzt auf EJS*

Wichtige Duett-Aufnahmen in Portrait-Recitals *Francesco Merli* bei *Preiser LV*

Einzelaufnahmen in den genannten Anthologien. Die späten Columbia-Aufnahmen in einer LP-Kassette von *EMI.*

NASH, HEDDLE

Ferrando in *Così fan tutte* (Mozart) / 1935 Glyndebourne unter Fritz Busch – *Pearl*
Basilio in *Le Nozze di Figaro* (Mozart) / 1934 Glyndebourne unter Fritz Busch – *Pearl*

Heddle Nash I (Arien und Lieder 1926–1931)
(Händel, Mozart, Rossini, Donizetti, Meyerbeer, Verdi, Gounod, Thomas, Puccini, Leoncavallo / Balfe, Wallace, Sullivan, Carey) – *Pearl*
Heddle Nash II
(Szenen aus *Faust* und *La Bohème* unter Thomas Beecham / Arien & Operettenlieder / Traditionals) – *Pearl*

NESHDANOWA, ANTONINA

Portrait-Recital (Arien & Duette aus russischen, französischen & italienischen Opern / Encores) – *Pearl*

Portrait-Recital
(Mozart, Bellini, Verdi, Meyerbeer, Auber, Thomas, Delibes, Glinka, Puccini, Arensky, R-Korssakoff, Alabieff, Goldmark) – *Preiser CO*
Arien-Recital (Mozart, Wagner, Verdi, Meyerbeer, Flotow, Bizet, Glinka, Napravnik, Rubinstein, Goldmark u.a.) – *Club 99*
Unverzichtbare, teils sehr rare Einzeltitel in *Singers of Imperial Russia* – *Pearl*
Duett-Aufnahmen auf Recitals von *Sobinow* und *Smirnow* und in den Anthologien.

NILSSON, BIRGIT

Donna Anna in *Don Giovanni* (Mozart) unter Karl Böhm *(DG)* und unter Erich Leinsdorf *(Decca/RCA)*
Leonore in *Fidelio* (Beethoven) unter Lorin Maazel – *Decca*
Leonore in *Fidelio* (Beethoven) / 1955 WDR unter Erich Kleiber – *zuletzt bei Cetra*
Leonore in *Fidelio* (Beethoven) / live 1960 Scala Milano unter Herbert von Karajan – *HRE*
Agathe in *Der Freischütz* (Weber) unter Robert Heger – *EMI*
Rezia in *Oberon* (Weber) unter Rafael Kubelik – *DG*
Elisabeth & Venus in *Tannhäuser* (Wagner) unter Otto Gerdes – *DG*
Venus in *Tannhäuser* (Wagner) / live 1956 Napoli unter Karl Böhm – *Melodram*
Elsa in *Lohengrin* (Wagner) / live 1954 Bayreuth unter Eugen Jochum – *Melodram*
Isolde in *Tristan und Isolde* (Wagner) unter Georg Solti *(Decca)* und unter Karl Böhm – *(DG/Philips)*
Isolde in *Tristan und Isolde* (Wagner) / live 1957 Bayreuth unter Wolfgang Sawallisch – *Melodram*
Isolde in *Tristan und Isolde* (Wagner) / live 1957 Firenze unter Artur Rodzinski – *FONIT Cetra (Replica)*
Isolde in *Tristan und Isolde* (Wagner) / live 1973 Orange unter Karl Böhm – *Rodolphe*
Sieglinde in *Die Walküre* (Wagner) / live 1957 Bayreuth unter Hans Knappertsbusch – *Foyer*
Brünnhilde in *Die Walküre* (Wagner) unter Erich Leinsdorf – *RCA*
Brünnhilde in *Götterdämmerung* (Wagner) / live 1955 München unter Hans Knappertsbusch – *Melodram*
Brünnhilde-Partien im *Ring des Nibelungen* (Wagner) unter Georg Solti – *Decca*
Brünnhilde in *Siegfried & Götterdämmerung* (Wagner) / live 1960 Bayreuth unter Rudolf Kempe – *Melodram*
Brünnhilde-Partien im *Ring des Nibelungen* (Wagner) / live 1967 Bayreuth unter Karl Böhm – *Philips*
Lady Macbeth in *Macbeth* (Verdi) unter Thomas Schippers – *Decca*
Amelia in *Un Ballo in Maschera* (Verdi) unter Georg Solti – *Decca*
Titelrolle in *Aida* (Verdi) unter Zubin Mehta – *EMI*
Titelrolle in *Tosca* (Puccini) unter Lorin Maazel – *Decca*
Minnie in *La Fanciulla del West* (Puccini) unter Lovro von Matacic – *EMI*

Titelrolle in *Turandot* (Puccini) unter Erich Leinsdorf *(RCA)* und Francesco Molinari-Pradelli *(EMI)*
Titelrolle in *Turandot* (Puccini) / live 1961 Met NYC unter Leopold Stokowski – *Datum*
Titelrolle in *Turandot* (Puccini) / live 1961 StO Wien unter Francesco Molinari-Pradelli – *Legato + GDS*
Titelrolle in *Salome* (R.Strauss) unter Georg Solti – *Decca*
Titelrolle in *Elektra* (R.Strauss) unter Georg Solti – *Decca*
Titelrolle in *Elektra* (R.Strauss) / live 1965 StO Wien unter Karl Böhm – *Legato*
Färbersfrau in *Die Frau ohne Schatten* (R.Strauss) unter Karl Böhm – *DG*

Portrait-CD (Beethoven: *Ah Perfido!* / Ausschnitte: *Don Giovanni, Oberon, Tannhäuser*) – *DG*
Sängerportrait (Mozart, Beethoven, Weber, Wagner) (PhilhOrch / Heinz Wallberg) – *EMI*
Wagner: Szenen aus *Holländer & Walküre* (+ Hans Hotter) – *EMI*
Wagner: Szenen aus *Die Walküre & Parsifal* (+ H.Brilioth, N.Bailey / Covent Garden / L.Segerstam) – *Philips*
Live-Aufnahmen 1954–1969 – 2CD
Szenen, Arien, Lieder von Wagner, Puccini, Schubert, R.Strauss – *Memories*
Lieder-Recital (R.Strauss & Sibelius) (+ Janos Solymon,*p*) – *BIS*
Birgit Nilsson live in Stockholm
R.Strauss: *Vier letzte Lieder* / Orchesterlieder von Sibelius, Grieg, R.Strauss, Frumerie, Rangström, Melartin, Siecynski) (+ Geoffrey Parsons,*p* /RSO Stockholm / Leif Segerstam) – *Bluebell*

NISSEN, HANS HERMANN

Hans Sachs in *Die Meistersinger von Nürnberg* (Wagner) / live 1937 Salzburg unter Arturo Toscanini – *Melodram*
Hans Sachs in *Die Meistersinger von Nürnberg* (Wagner) / 3.Aufzug 1938 Dresden unter Karl Böhm – *EMI*

Portrait-Recitals I & II
(*Oper*: Marschner, Meyerbeer, Gounod, vor allem Wagner / *Lied*: Loewe, Schumann, Wolf, Pfitzner) – *Preiser LV* (bisher nur LP)

NORDICA, LILLIAN

Die Aufnahmen der Sängerin waren auch in der Hochblüte der LP-Überspielungen äußerst rar. Recital-Veröffentlichungen auf dem deutschen Markt gab es nicht. Einzige verfügbare Sammlung war bisher (und ist beim Spezial-Versandhandel bzw. -Import ggf. noch erhältlich:

Opernausschnitte (Wagner, Verdi, Ponchielli, Thomas, Erkel, R.Strauss, Debussy, Stange) – *Rococo*
Einzelaufnahmen in den Anthologien (*MET* und *Record of Singing*) und in *The Era of Adelina Patti* – *Nimbus/Prima Voce*

NORMAN, JESSYE

Dido in *Dido and Aeneas* (Purcell) unter Raymond Leppard – *Philips*
Titelrolle in *Alceste* (Gluck) unter Serge Baudo – *Orfeo*
Titelrolle in *Armida* (Haydn) unter Antal Dorati – *Philips*
Rosina in *La vera Costanza* (Haydn) unter Antal Dorati – *Philips*
Arminda in *Die Gärtnerin aus Liebe* (Mozart) unter Hans Schmidt-Isserstedt – *Philips*
Contessa in *Le Nozze di Figaro* (Mozart) unter Colin Davis – *Philips*
Idamante in *Idomeneo* (Mozart) / RAI Rom unter Colin Davis – *Myto*
Leonore in *Fidelio* (Beethoven) unter Bernard Haitink – *Philips*
Titelrolle in *Euryanthe* (Weber) unter Marek Janowski – *EMI*
Medora in *Il Corsaro* (Verdi) unter Lamberto Gardelli – *Philips*
Titelrolle in *Aida* (Verdi) / live 1973 ORTF Paris unter Nino Sanzogno – *Memories*
Selica in *L'Africaine* (Meyerbeer) / live 1971 Firenze unter Riccardo Muti – *Memories*
Giulietta in *Les Contes d'Hoffmann* (Offenbach) unter Sylvain Cambreling – *EMI*
Antonia in *Les Contes d'Hoffmann* (Offenbach) unter Jeffrey Tate – *Philips*
Titelrolle in *La Belle Hélène* (Offenbach) unter Michel Plasson – *EMI*
Elsa in *Lohengrin* (Wagner) unter Georg Solti – *Decca*
Sieglinde in *Die Walküre* (Wagner) unter Marek Janowski *(Ariola)* und unter James Levine *(DG)*
Titelrolle in *Carmen* (Bizet) unter Seiji Ozawa – *Philips*
Titelrolle in *Pénélope* (Fauré) unter Charles Dutoit – *ERATO*
Lia in *L'Enfant prodigue* (Debussy) unter Gary Bertini – *Orfeo*

R.Wagner: Szenen aus *Holländer, Tannhäuser, Tristan, Götterdämmerung* (+ LPhO / K.Tennstedt) – *EMI*
Mezzo-Part in *Missa solemnis* (Beethoven) unter James Levine – *DG*
Sopransolo in *Sinfonie Nr.9* (Beethoven) unter Georg Solti *(Decca)* und unter Karl Böhm *(DG)*
Altrhapsodie op.53 (Brahms) unter Riccardo Muti – *Philips*
Sopransolo in *Te Deum* (Bruckner) unter Daniel Barenboim – *DG*
Wagner: *Wesendonck-Lieder & Isoldes Liebestod* (+ LSO / Colin Davis) – *Philips*
Berlioz: *La Mort de Cléopatre* (Berlioz) (+ Orchestre de Paris / Daniel Barenboim) – *DG*
R.Strauss: *Vier letzte Lieder* & *Orchesterlieder* (+ GewHsOrch Leipzig / Kurt Masur) – *Philips*
E.Chausson: *Poème de l'amour / Chanson perpétuelle / Mélodies* (+ OPh M-Carlo / Armin Jordan) – *ERATO*

Mezzo-Part in *Sinfonie Nr.2* (Mahler) unter Lorin Maazel – *Sony*
Alt-Part in *Sinfonie Nr.3* (Mahler) unter Claudio Abbado – *DG*
Mezzo-Part in *Das Lied von der Erde* (Mahler) (+ Jon Vickers / LSO / Colin Davis) – *Philips*
Kindertotenlieder (Mahler) unter Seiji Ozawa – *Philips*
Lieder eines fahrenden Gesellen (Mahler) unter Bernard Haitink – *Philips*
Waldtaube in *Gurre-Lieder* (Schönberg) unter Seiji Ozawa – *Philips*
Schönberg: *Erwartung* & *Brettl-Lieder* (Metropolitan Opera Orch. / James Levine) – *Philips*
Der Wein (Berg) unter Pierre Boulez – *CBS/Sony*

Schubert- & Mahler-Lieder (+ Irwin Gage,*p*) – *Philips*
Schumann: *Frauenliebe und -leben op.42* & *Liederkreis op.39* (+ Irwin Gage,*p*) – *Philips*
Brahms-Lieder (+ Daniel Barenboim,*p*) – *DG*
Brahms-Lieder (+ Geoffrey Parsons,*p* / Ulrich von Wrochem,*vla*) – *Philips*
R.Strauss-Lieder (+ Geoffrey Parsons,*p*) – *Philips*
Le Chemin de l'amour (Lieder von Duparc, Ravel, Poulenc, Satie) (+ Dalton Baldwin,*p*) – *Philips*
Recital live aus Hohenems (Händel, Schubert, Schumann, Brahms, R.Strauss) (+ Geoffrey Parsons,*p*) – *Philips*
Salzburg Recital (Beethoven, Wolf, Debussy) (+ James Levine,*p*) – *Philips*
The Jessye Norman Collection (Querschnitt durch das Repertoire) – *Philips* 2CD
European Tour (Händel, Haydn, R.Strauss, Mahler, Berg) (+ Geoffrey Parsons,*p*) – *Philips*
Negro Spirituals (+ Dalton Baldwin,*p* / Ambrosian Singers) – *Philips*
Weitere Recitals mit Broadway-Songs, Geistlichen Liedern, Spirituals, Unterhaltung – *alle bei Philips*

OLIVERO, MAGDA

Titelrolle in *Medea* (Cherubini) / live 1967 Dallas unter Nicola Rescigno – *Music+Arts*
Titelrolle in *Medea* (Cherubini) / live 1971 Mantova unter Nicola Rescigno – *Myto*
Titelrolle in *Iris* (Mascagni) / live 1963 Amsterdam unter Fulvio Vernizzi –*G.O.P.*
Titelrolle in *Iris* (Mascagni) / 1956 RAI unter Angelo Questa – *FONIT Cetra*
Titelrolle in *Manon Lescaut* (Puccini) / live 1972 Caracas unter Michelangelo Veltri – *Rodolphe*
Titelrolle in *Manon Lescaut* (Puccini) / live 1971 Verona unter Nello Santi – *Foyer (Ausschnitte Myto)*
Titelrolle in *Tosca* (Puccini) / live 1957 RAI unter Emilio Tieri – *zuletzt bei Movimento Musica*
Cio-Cio-San in *Madama Butterfly* (Puccini) / live 1961 unter Nicola Rescigno – *G.O.P.*
Minnie in *La Fanciulla del West* (Puccini) / live 1965 unter Arturo Basile – *Nuova Era*

Minnie in *La Fanciulla del West* (Puccini) / live 1971 Padova unter Oliviero de Fabritiis – *Myto*
Liù in *Turandot* (Puccini) / 1938 unter Franco Ghione – *EMI + FONIT Cetra*
Titelrolle in *La Wally* (Catalani) / live 1972 Bergamo unter Ferruccio Scaglia – *Foyer*
Titelrolle in *Fedora* (Giordano) unter Lamberto Gardelli – *Decca*
Titelrolle in *Fedora* (Giordano) / live 1968 Dallas unter Nicola Rescingno – *Music+Arts*
Titelrolle in *Fedora* (Giordano) / live 1969 Lucca unter M.Annovazzi – *GDS + G.O.P.*
Titelrolle in *Adriana Lecouvreur* (Cilea) / live 1959 Napoli unter Mario Rossi – *Melodram*
Titelrolle in *Adriana Lecouvreur* (Cilea) / live 1973 unter Alfredo Silipigni – *Legato*
Katiusha in *Risurrezione* (Alfano) / live 1971 unter Elio Boncompagni – *Legato*
Maria in *Mazeppa* (Tschaikowsky) / live 1954 Firenze unter Jonel Perlea – *Melodram*
Charlotte in *Werther* (Massenet) / live 1963 Napoli unter Mario Rossi – *Melodram*
Küsterin in *Jenufa* Janáceck) / it. / live 1974 Scala Milano unter Jerzy Semkow – *zuletzt bei LR*

Opera Arias and Scenes (Live-Aufnahmen 1967/68 aus Amsterdam) – 2CD (Verdi: *Traviata*, Puccini: *Bohème*, Giordano: *Fedora*, Zandonai: *Francesca da Rimini*) – *Verona*
Magda Olivero in Recital (Liederabend Dallas 1977) (+ Ivan Davis,*p*) + Live-Ausschnitte aus *I Capuleti* (Bellini) und *Tosca* (Puccini), *Manon* (Massenet) – *Legato*
Magda Olivero – 50 Ans de Carrière – Live-Mitschnitte von Opernausschnitten 1938–1973 (das umfassendste Olivero-Portrait) – *Rodolphe*
Frühe Cetra- und RAI-Aufnahmen (Verdi, Boito, Catalani, Puccini, Cilea) – *FONIT Cetra* (bisher nur LP)

ONEGIN, SIGRID

Portrait-Recital(s) – Oper, Oratorium und Lied – CD/LPs (Bach, Gluck, Caccini, Lotti, Mozart, Donizetti, Verdi, Meyerbeer, Bizet, Saint-Saëns, Chopin, Arditi, Schubert, Mendelssohn, Loewe, Liszt, Schumann, Brahms, Wagner, Kienzl, Rubinstein) – *Preiser LV*

PANZÉRA, CHARLES

Mélodies et Airs – 2LP (Berlioz, Caplet, Chausson, Debussy, Duparc, Gounod, de Falla, Fauré, Hahn, Lully, Milhaud, Mozart, Ravel, Saint-Saëns, Schubert, Schumann, Séverac) (+ Madelaine Panzéra & Piero Coppola,*p*) – *EMI Références*
Dichterliebe op.48 (Schumann) (+ Alfred Cortot,*p*) & Lieder von Fauré und Duparc – *Pearl*
Méphistophéles in *La Damnation de Faust* (Berlioz) / Ausschnitte unter Piero Coppola – *Club 99*

PATAKY, KOLOMAN VON

Don Ottavio in *Don Giovanni* (Mozart) / 1936 Glyndebourne unter Fritz Busch – *Pearl* und *EMI*
Evangelist in *Matthäus-Passion* (Bach) / live 1935 Gewandhaus Leipzig unter Hans Weisbach – *Preiser*
Portrait-Recital(s)
(Mozart, Rossini, Auber, Adam, Meyerbeer, Flotow, Nicolai, Verdi, Gounod, Bizet, Liszt, Offenbach, J.Strauß, Mascagni, Puccini, Massenet, R.Strauss) – *Preiser LV*

PATTI, ADELINA

Sämtliche Aufnahmen – 1905/06 Craig-y-Nos (Wales)
(Bach, Mozart, Lotti, Bellini, Gounod, Thomas, Arditi, Tosti, Moore, Patti, Bishop, Foster, Yradier u.a.) – *Pearl*

PATZAK, JULIUS

Florestan in *Fidelio* (Beethoven) / live 1948 Salzburg unter Wilhelm Furtwängler – *Arkadia*
Florestan in *Fidelio* (Beethoven) / live 1950 Salzburg unter Wilhelm Furtwängler – *Melodram*
Mime im *Ring des Nibelungen* (Wagner) / RAI 1953 unter Wilhelm Furtwängler – *EMI*
Herodes in *Salome* (R.Strauss) unter Clemens Krauss – *Decca*
Eisenstein in *Die Fledermaus* (J.Strauß) unter Clemens Kraus – *Decca*
Barinkay in *Der Zigeunerbaron* (J.Strauß) unter Clemens Kraus – *Decca*
Matteo in *Arabella* (R.Strauss) / live 1947 Salzburg unter Karl Böhm – *Melodram*
Titelrolle in *Palestrina* (Pfitzner) / live 1952 München unter Robert Heger – *Melodram*
Desmoulins in *Dantons Tod* (von Einem) / UA 1947 Salzburg unter Ferenc Fricsay – *Stradivarius*

Uriel in *Die Schöpfung* (Haydn) unter Clemens Krauss – *Preiser*
Lukas in *Die Jahreszeiten* (Haydn) unter Clemens Krauss – *Preiser*
Tenorpart in *Missa solemnis* (Beethoven) unter Clemens Krauss – *Decca*
Tenorsolo in *Sinfonie Nr.9* (Beethoven) unter Wilhelm Furtwängler – *FONIT Cetra*
Liebeslieder-Walzer op.52 (Brahms) (Ges. + Seefried, Ferrier, Günter / Clifford Curzon,*p*) – *Decca*
Tenorpart in *Das Lied von der Erde* (Mahler) (+ Kathleen Ferrier / WPhO / Bruno Walter) – *Decca*

Sängerportrait (Donizetti, Verdi, Puccini, Massenet, Nicolai, Flotow, J.Strauß, Millöcker u.a./ *darunter als »Irrläufer« ein Franz-Völker-Titel*) – *Pearl*

Portrait-Recital
(Mozart, Flotow, Verdi, Smetana, Tschaikowsky, Offenbach, Massenet, Kienzl, Schubert, Brahms) – *Preiser LV*
Arien aus *Fidelio & Hoffmanns Erzählungen* (+ Otto Edelmann-Programm) – *Decca* (LP)

Die schöne Müllerin D.795 (Schubert) (+ Michael Raucheisen,*p*) – *Acanta* + *Preiser*
Winterreise D.911 (Schubert) (+ Jörg Demus,*p*) – *Preiser*

Julius Patzak – *Liederabend Vol. 1 & 2* – *Acanta*:
Vol.1: Schubert & R.Strauss (+ Michael Raucheisen,*p* / OrchStOWien / Richard Strauss & Clemens Krauss) –
Vol.2: Schubert, Mozart, Brahms, R.Strauss, Wolf) (+ Michael Raucheisen,*p*)

Krämerspiegel (Liederzyklus nach Alfred Kerr) (R.Strauss) (+ Walter Klien,*p*) – *Preiser*
Reisebuch aus den österreichischen Alpen op.82 (Liederzyklus) (Ernst Krenek) (+ Heinrich Schmidt,*p*) – *Preiser*

Zahlreiche weitere Liedaufnahmen diverser Komponisten bei *Preiser* und in der *Raucheisen-Edition*

PAVAROTTI, LUCIANO

Titelrolle in *Idomeneo* (Mozart) unter John Pritchard – *Decca*
Idamante in *Idomeneo* (Mozart) / live 1964 Glyndebourne unter John Pritchard – *Butterfly*
Arnoldo in *Guglielmo Tell* (Rossini) unter Riccardo Chailly – *Decca*
Orombello in *Beatrice di Tenda* (Bellini) unter Richard Bonynge – *Decca*
Pollione in *Norma* (Bellini) unter Richard Bonynge – *Decca*
Elvino in *La Sonnambula* (Bellini) unter Richard Bonynge – *Decca*
Arturo in *I Puritani* (Bellini) unter Richard Bonynge – *Decca*
Tebaldo in *I Capuleti e i Montecchi* (Bellini) / live 1969 Scala Milano unter Claudio Abbado – *Butterfly*
Nemorino in *L'Elisir d'amore* (Donizetti) unter Richard Bonynge *(Decca)* und James Levine *(DG)*
Fernando in *La Favorita* Donizetti) unter Richard Bonynge – *Decca*
Edgardo in *Lucia di Lammermoor* (Donizetti) unter Richard Bonynge – *Decca*
Edgardo in *Lucia di Lammermoor* (Donizetti) / RAI 1969 unter Francesco Molinari-Pradelli – *Verona*
Leicester in *Maria Stuarda* (Donizetti) unter Richard Bonynge – *Decca*
Tonio in *La Fille du Régiment* (Donizetti) unter Richard Bonynge – *Decca*
Oronte in *I Lombardi* (Verdi) / live 1969 RAI unter Gianandrea Gavazzeni – *Memories*
Rodolfo in *Luisa Miller* (Verdi) unter Peter Maag – *Decca*
Macduff in *Macbeth* (Verdi) unter Lamberto Gardelli – *Decca*

Duca in *Rigoletto* (Verdi) unter Richard Bonynge und unter Riccardo Chailly – *beide bei Decca*
Manrico in *Il Trovatore* (Verdi) unter Richard Bonynge – *Decca*
Alfredo in *La Traviata* (Verdi) unter Richard Bonynge *(Decca)* und unter James Levine *(DG)*
Riccardo in *Un Ballo in Maschera* (Verdi) unter Bruno Bartoletti und unter Georg Solti – *beide bei Decca*
Radames in *Aida* (Verdi) unter Lorin Maazel – *Decca*
Titelrolle in *Otello* (Verdi) unter Georg Solti – *Decca*
Enzo in *La Gioconda* (Ponchielli) unter Bruno Bartoletti – *Decca*
Canio in *I Pagliacci* (Leoncavallo) unter Giuseppe Patané – *Decca*
Turiddu in *Cavalleria Rusticana* (Mascagni) unter Gianandrea Gavazzeni – *Decca*
Fritz Kobus in *L'Amico Fritz* (Mascagni) unter Gianandrea Gavazzeni – *EMI*
Des Grieux in *Manon Lescaut* (Puccini) unter James Levine – *Decca*
Rodolfo in *La Bohème* (Puccini) unter Herbert von Karajan – *Decca*
Pinkerton in *Madama Butterfly* (Puccini) unter Herbert von Karajan – *Decca*
Cavaradossi in *Tosca* (Puccini) unter Nicola Rescigno – *Decca*
Kalaf in *Turandot* (Puccini) unter Zubin Mehta – *Decca*
Titelrolle in *Andrea Chénier* (Giordano) unter Riccardo Chailly – *Decca*
Des Grieux in *Manon* (Massenet) / live 1969 Scala Milano unter Peter Maag – *Legato*
Sänger in *Der Rosenkavalier* (R.Strauss) unter Georg Solti – *Decca*
Zahlreiche Live-Mitschnitte der wichtigsten Rollen des Pavarotti-Repertoires (vor allem Belcanto-Opern, Verdi, Puccini) auf verschiedenen Labels

Tenorpart in *Petite Messe solennelle* (Rossini) unter Romano Gandolfi – *Decca*
Tenorpart in *Stabat Mater* (Rossini) unter Carlo Maria Giulini *(Verona + Butterfly)*, Wolfgang Sawallisch *(Foyer)* und Istvan Kertesz *(Decca)*
Tenorpart in *Messa da Requiem* (Verdi) unter Georg Solti (*Decca*), Herbert von Karajan (*Verona*) und Riccardo Muti *(EMI)* (+ weitere Live-Mitschnitte)
Tenorpart in *Réquiem* (Berlioz) unter James Levine – *DG*

Bemerkenswert wegen vor allem früher Einzelaufnahmen, die den Sänger in Bestverfassung zeigen: *Tenorarien Vol.1&2* (Breites italienisches Opern-Repertoire) – *Decca* (je 1CD)

Donizetti-Arien – *Decca*
Verdi-Arien – Decca
Verismo-Arien (Puccini, Mascagni, Leoncavallo, Giordano, Cilea, Boito) – *Decca*
Unbekannte Verdi-Arien (+ Orch.Teatro alla Scala Milano / Claudio Abbado) – *CBS/Sony*
Joan Sutherland & Luciano Pavarotti (Opernduette: Bellini, Donizetti, Verdi) – *Decca*
Mirella Freni & Luciano Pavarotti (Arien und Duette live) – *Decca*
Katia Ricciarelli & Luciano Pavarotti (Arien und Duette live) – *Decca*
Primo Tenore (Rossini, Bellini, Donizetti, Verdi, Ponchielli, Boito) – *Decca*
Pavaroti in concert (Bononcini, Scarlatti, Rossini, Bellini, Respighi, Tosti) – *Decca*

Live from Lincoln Center (+ Joan Sutherland & Marilyn Horne / NYC Opera Orch./ Richard Bonynge) – *Decca*

Pavarotti Live at Carnegie Hall (Lied- und Arienprogramm / + John Wustman,*p*) – *Decca*

Gala-Konzert Royal Albert Hall (darin: Auszug aus Berlioz/*Les Troyens*) (+ RPhO / K.H.Adler) – *Decca*

Zahlreiche Recital-CDs mit Romanzen & Canzonen, Populären Liedern, Schlagern, Live-Konzerten

PEARS, PETER

Phoebus, Shepherd, Attendant in *The Fairy Queen* (Purcell) unter Benjamin Britten – *Decca*

Aeneas in *Dido and Aeneas* (Purcell) unter Stuart Bedford – *Decca*

Acis in *Acis and Galatea* (Händel) unter Adrian Boult – *Decca*

Titelrolle in *Oedipus Rex* (Strawinsky) unter Igor Strawinsky *(CBS/Sony)* und unter Georg Solti *(Decca)*

Titelrolle in *Albert Herring* (Britten) unter Benjamin Britten – *Decca*

Captain Mere in *Billy Budd* (Britten) unter Benjamin Britten – *Decca*

Nebuchadnezar in *The Burning Fiery Furnace* (Britten) unter Benjamin Britten – *Decca*

Madwoman in *Curlew River* (Britten) unter Benjamin Britten – *Decca*

Aschenbach in *Death in Venice* (Britten) unter Stuart Bedford – *Decca*

Clem in *The Little Sweep* (Britten) unter Benjamin Britten – *Decca*

Lysander in *A Midsummer Night's Dream* (Britten) unter Benjamin Britten – *Decca*

Narrator in *Owen Wingrave* (Britten) unter Benjamin Britten – *Decca*

Titelrolle in *Peter Grimes* (Britten) unter Benjamin Britten – *Decca*

Tempter in *The Prodigal Son* (Britten) unter Benjamin Britten – *Decca*

Male Chorus in *The Rape of Lucretia* (Britten) unter Benjamin Britten – *Decca*

Quint in *The Turn of the Screw* (Britten) unter Benjamin Britten – *Decca*

Tenorpart in *Matthäus-Passion* (Schütz) unter Roger Norrington – *Decca*

Evangelist in *Matthäus-Passion* (Bach) unter Otto Klemperer *(EMI)* und Karl Münchinger *(Decca)*

Tenorpart in *Weihnachtsoratorium* (Bach) unter Karl Münchinger – *Decca*

Tenorsoli in *Italienische Kantaten* (Händel) unter Raymond leppard – *Decca*

Tenorparts in *Szenen aus Goethes Faust* (Schumann) unter Benjamin Britten – Decca

Tenorpart in *The Dream of Gerontius* (Elgar) unter Adrian Boult – *London*

Britten: *Serenade op.31, Michelangelo-Sonetts op.22 & Winter Words op.52* (+ Dennis Brain,*hn*, B.Britten,*p* / Boyd Neel Strings / Benjamin Britten) – *Decca*

Tenorsolo in *War Requiem* (Britten) unter Benjamin Britten – *Decca*

The Early Recordings – HMV-Aufnahmen 1942–1950
(Purcell, Schubert, Grainger, Britten, Copland) (+ Benjamin Britten,p + Zorian Qu.) – *EMI*

Sängerportrait Arien, Hymnen, Lieder
(Purcell, Schütz, Bach, Händel, Haydn, Schubert, Britten) (+ B.Britten,*p*, B.Tuckwell,*hn* / LSO / Benjamin Britten) – *Decca*
Die Winterreise D.911 (Schubert) (+ Benjamin Britten,*p*) – *Decca*
Die schöne Müllerin D.795 + 3 Lieder (Schubert) (+ Benjamin Britten,*p*) – *Decca*
Schumann: *Liederkreis op.39 / Lieder op.10 / Gedichte op.90* (+ Murray Perahia,*p*) – *CBS/ Sony*
Britten: *Blake-Songs op.74 & Donne-Sonnets op.35* (+ D.Fischer-Dieskau/ B.Britten,*p*) – *Decca*
Folksongs (+ Benjamin Britten,*p*) – *Decca*
Gitarrenlieder (Britten, Walton, Seiber, Fricker) (+ Julian Bream,*g*) – *RCA*
Elizabethan Lute Songs (+ Julian Bream,*g*) – *RCA*
Zahlreiche Liedaufnahmen englischer Komponisten, Traditionals, Folkssongs etc., meist mit B.Britten, bei der englischen *Decca*

PERTILE, AURELIANO

Manrico in *Il Trovatore* (Verdi) / HMV 1930 unter Carlo Sabajno – *EMI*
Radames in *Aida* (Verdi) / HMV 1928 unter Carlo Sabajno – *EMI*
Don José in *Carmen* (Bizet) / HMV 1933 unter Lorenzo Molajoli – *EMI*

Portrait-Recital(s) – CD/LPs
(Rossini, Bellini, Donizetti, Verdi, Wagner, Flotow, Bizet, Ponchielli, Boito, Mascagni, Leoncavallo, Puccini, Giordano, Cilea, Rotoli, Tosti u.a.) – *Preiser LV*
Il Tenore di Toscanini
(Donizetti, Verdi, Meyerbeer, Wagner, Boito, Mascagni, Leoncavallo, Puccini, Giordano, Cilea / Canzoni) – *Music Memoria*
Frühaufnahmen (Acoustics) bei *Bongiovanni*

PICCAVER, ALFRED

Portrait-Recital(s) – CD/LPs
(Akustische Aufnahmen: Donizetti, Verdi, Gounod, Thomas, Offenbach, Bizet, Leoncavallo, Puccini, Massenet) – *Preiser CO + LV*
Arien und Szenen (Elektrische Aufnahmen)
(Beethoven, Verdi, Wagner, Meyerbeer, Flotow, Ponchielli, Mascagni, Leoncavallo, Massenet, Puccini, Giordano) – *Preiser LV* (2LP)
Alfred Piccaver & Margit Angerer
(Arien & Duette: Meyerbeer, Verdi, Wagner, Ponchielli, Gounod, Massenet) – *Pearl* (CD)
Selected Odeon Recordings – 1912–1920 – *Belcanto Club* (The Record Collector / England)
Song Recital – 1932–1941 – *Ace of Clubs* (Decca England)

PINZA, EZIO

Figaro in *Le Nozze di Figaro* (Mozart) / live 1937 Salzburg unter Bruno Walter – *Melodram*
Figaro in *Le Nozze di Figaro* (Mozart) / live 1944 Met NYC unter Bruno Walter – *AS*
Titelrolle in *Don Giovanni* (Mozart) / live 1937 Salzburg unter Bruno Walter – *Legato* + *Melodram*
Titelrolle in *Don Giovanni* (Mozart) / live 1942 Met NYC unter Bruno Walter – *Memories*
Sarastro in *Die Zauberflöte* (Mozart) /engl./ live 1942 Met NYC unter Bruno Walter – *zuletzt bei UORC*
Don Basilio in *Il Barbiere di Siviglia* (Rossini) / live 1938 Met NYC unter Gennaro Papi – *zuletzt bei UORC*
Oroveso in *Norma* (Bellini) / live 1937 Met NYC unter Ettore Panizza – *AS*
Raimondo in *Lucia di Lammermoor* (Donizetti) / live 1937 Met NYC unter Gennaro Papi – *zuletzt bei UORC*
Padre Guardiano in *La Forza del Destino* (Verdi) / live 1943 Met NYC unter Bruno Walter – *AS*
Fiesco in *Simone Boccanegra* (Verdi) / live 1941 Met NYC unter Ettore Panizza – *Melodram*
Nilakhanta in *Lakmé* (Delibes) / live 1940 Met NYC unter Wilfred Pelletier – *zuletzt bei Discophilia*
Méphistophéles in *Faust* (Gounod) / live 1943 Met NYC unter Thomas Beecham – *AS*
Escamillo in *Carmen* (Bizet) / live 1936 Met NYC unter Louis Hasselmans – *Eklipse*
Titelrolle in *Boris Godunow* (Mussorgsky) / live Met 1946 unter Emil Cooper – *Melodram*
Le Père in *Louise* (Charpentier) / live 1943 Met NYC unter Thomas Beecham – *zuletzt bei EJS*
Golaud in *Pelléas et Mélisande* (Debussy) / live 1934 Met NYC unter Louis Hasselmans – *zuletzt bei UORC*
Archibaldo in *L'Amore dei tre Re* (Montemezzi) / live 1941 Met NYC unter Italo Montemezzi – *Eklipse*

Baßsolo in *Sinfonie Nr.9* (Beethoven) unter Arturo Toscanini – *Relief*
Baßsolo in *Messa da Requiem* (Verdi) unter Carlo Sabajno *(Pearl)* und unter Tullio Serafin *(EMI)*

Die beste Pinza-Sammlung:
The Golden Years of Ezio Pinza
(= Die wichtigsten Einzelaufnahmen der akustischen und frühen elektrischen Aufnahme-Ära) – *Pearl*
Early Italian Songs & Mozart
(Arien und Duette / r.1940 + Elisabeth Rethberg) – *Pearl*

Arien & Lieder
(Mozart, Bellini, Donizetti, Verdi, Meyerbeer, Halévy, Thomas, Gounod, Puccini u.a.) – *Preiser LV*
Opernarien (Rossini, Bellini, Donizetti, Halévy, Gounod, Verdi, Meyerbeer, Boito, Thomas) – *EMI*
Opernarien (Rossini, Bellini, Donizetti, Halévy, Gounod, Thomas, Verdi, Boito, Meyerbeer) – *EMI*
Sängerportrait – Studio- und Live-Aufnahmen – 2CD
(Mozart, Rossini, Bellini, Donizetti, Verdi, Meyerbeer, Halévy, Thomas, Gounod, Boito, Puccini) – *Memories*
Arien-Recital (wie oben + Händel, Paisiello, Mussorgsky, Tosti) – *Memoir Classics*
Live-Aufnahmen 1937–1950 (Opernausschnitte Salzburg & Met NYC) – *Melodram* (2CD)

PLANÇON, POL

Portrait-Recital (von Original-Schellacks)
(Haydn, Mozart, Rossini Bellini, Verdi, Meyerbeer, Adam, Flotow, Thomas, Gounod, Berlioz, Godard, Massenet, Flégier, Fauré, Schumann – inkl. *Le Tambour-Major* 1903+1907) – *Pearl*
5 rare Einzeltitel in *The Harold Wayne Collection Vol.8* – *Symposium*
Einzelaufnahmen in *The Era of Adelina Patti* – *Nimbus/Prima Voce*

Die große Sammlung fast aller Einzeltitel auf vier *Rubini*-LPs ist leider nur noch bei Antiquariaten zu bekommen. Trotz der guten Übersicht, die das *Pearl*-Recital bietet: Wiederveröffentlichungen sind unabdingbar.

PONSELLE, ROSA

Titelrolle in *Carmen* (Bizet) / live 1936 Met NYC unter Louis Hasselmans – *Eklipse*
Titelrolle in *La Traviata* (Verdi) / live 1934 Met NYC unter Ettore Panizza – *Pearl*

Die wichtigste Ponselle-Sammlung:
Rosa Ponselle – The Columbia Recordings – 2CD
(Rossini, Bellini, Verdi, Halévy, Wagner, Offenbach, Ponchielli, Puccini, Mascagni, Leoncavallo, di Capua, Tosti, Lohr, Herbert, Foster, Novello, Manna-Zucca, Vanderpool, Wallace) – *Pearl*
Arien und Lieder Vol.1+2 – je 1CD
(Bellini, Spontini, Verdi, Ponchielli, de Curtis, Capua, Arensky, R-Korssakov, Jacobs) – *Nimbus/Prima Voce*
Portrait-Recital (Bellini, Spontini, Meyerbeer, Verdi, Ponchielli, R-Korssakoff, Bach-Gounod) – *RCA*

Diskographisch hochwichtige Verdi-Szenen *(Trovatore & Forza)* in den Martinelli-Cds bei *Pearl*
When I Have Sung My Songs – 2CD
(Opernarien, Lieder, Songs / live 1934–53, aus Opernaufführungen und Privatkonzerten) – *Legato*
Weitere Recitals auf LP lagen vor bei *CBS* (heute *Sony*), *RCA* und *EMI*. Die wichtigsten Titel sind auf den obigen CDs zu finden.

POPP, LUCIA

Eurydike in *Orpheus* (Monteverdi/Orff) unter Kurt Eichhorn – *RCA*
Romilda in *Serse* (Xerxes) (Händel) unter Brian Priestman – *zuletzt bei Westminster*
Marzelline in *Fidelio* (Beethoven) unter Leonard Bernstein – *DG*
Elisa in *Il Re Pastore* (Mozart) unter Denis Vaughan – *RCA*
Constanza in *Il Sogno di Scipione* (Mozart) unter Leopold Hager – *DG*
Susanna in *Le Nozze di Figaro* (Mozart) unter Georg Solti – *Decca*
Contessa in *Le Nozze di Figaro* (Mozart) unter Neville Marriner – *Philips*
Zerlina in *Don Giovanni* (Mozart) unter Georg Solti – *Decca*
Despina in *Così fan tutte* (Mozart) unter Otto Klemperer – *EMI*
Blonde in *Die Entführung aus dem Serail* (Mozart) unter Josef Krips – *EMI*
Servilia in *La Clemenza di Tito* (Mozart) unter Istvan Kertesz *(Decca)* und unter Colin Davis *(Philips)*
Ilia in *Idomeneo* (Mozart) unter John Pritchard – *Decca*
Königin der Nacht in *Die Zauberflöte* (Mozart) unter Otto Klemperer – *EMI*
Pamina in *Die Zauberflöte* (Mozart) unter Bernard Haitink – *EMI*
Clarissa in *Die drei Pintos* (Weber/Mahler) unter Gary Bertini – *RCA*
Adina in *L'Elisir d'amore* (Donizetti) unter Heinz Wallberg – *Ariola*
Norina in *Don Pasquale* (Donizetti) unter Heinz Wallberg – *Ariola*
Titelrolle in *Martha* (Flotow) unter Heinz Wallberg – *Ariola*
Marie in *Zar und Zimmermann* (Lortzing) unter Heinz Wallberg – *Acanta*
Elisabeth in *Tannhäuser* (Wagner) unter Bernard Haitink – *EMI*
Blumenmädchen in *Parsifal* (Wagner) unter Georg Solti – *Decca*
Anna in *Nabucco* (Verdi) unter Giuseppe Sinopoli – *DG*
Titelrolle in *Djamileh* (Bizet) unter Lamberto Gardelli – *Orfeo*
Nedda in *I Pagliacci* (Leoncavallo) unter Giuseppe Patané – *Ariola*
Mimi in *La Bohème* (Leoncavallo) unter Heinz Wallberg – *Orfeo*
Mimi in *La Bohème* (Puccini) unter Stefan Soltesz – *EMI*
Titelrolle in *Suor Angelica* (Puccini) unter Giuseppe Patané – *Ariola*
Adele in *Die Fledermaus* (J.Strauss) unter Carlos Kleiber – *DG*
Rosalinde in *Die Fledermaus* (J.Strauß) unter Placido Domingo – *EMI*
Taumänchen in *Hänsel und Gretel* (Humperdinck) unter Kurt Eichhorn – *Ariola*
Gretel in *Hänsel und Gretel* (Humperdinck) unter Georg Solti – *Decca*
Anita in *La Navarraise* (Massenet) unter Antonio de Almeida – *CBS/Sony*

Sophie in *Der Rosenkavalier* (R.Strauss) unter Leonard Bernstein – *CBS/Sony*
Christine in *Intermezzo* (R.Strauss) unter Wolfgang Sawallisch – *EMI*
Titelrolle in *Daphne* (R.Strauss) unter Bernard Haitink – *EMI*
Dorotka in *Schwanda der Dudelsackpfeifer* (Weinberger) unter Heinz Wallberg – *CBS*
Titelrolle in *Das schlaue Füchslein* (Janácek) unter Charles Mackerras – *Decca*
Yvonne in *Johnny spielt auf* (Krenek) unter Heinrich Hollreiser – *Amadeo*
Titelrolle in *Die Kluge* (Orff) unter Kurt Eichhorn – *Ariola*

Sopranarien in *Matthäus-Passion* (Bach) unter Peter Schreier – *Philips*
Sopranpart in *Der Messias* (Händel) unter Neville Marriner – *EMI*
Gabriel in *Die Schöpfung* (Haydn) unter Leonard Bernstein – *DG*
Sopranpart in *Theresienmesse* (Haydn) unter Leonard Bernstein – *CBS/Sony*
Sopranpart in *Missa Sanctae Caeciliae* (Haydn) unter Rafael Kubelik – *Orfeo*
Sopransoli in Messen & Geistliche Werke (Schubert) unter Wolfgang Sawallisch – *EMI*
Sopranpart in *Missa solemnis* (Beethoven) unter Georg Solti – *Decca*
Sopranpart in *Requiem op.48* (Fauré) unter Colin Davis – *Philips*
Sopranparts in *Lieder aus des Knaben Wunderhorn* (Mahler) unter Leonard Bernstein – *DG*
Sopransolo in *Sinfonie Nr.8* (Mahler) unter Georg Solti – *Decca*
Sopranpart in *Carmina Burana* (Orff) unter Rafael Frühbeck de Burgos – *EMI*

Gesangspart in *Peer Gynt op.23* (Grieg) (+ Academy St.Martin / Neville Marriner) – *EMI*
Lieder aus *Des Knaben Wunderhorn* (Mahler) (+ Bernd Weikl / LPhO / Klaus Tennstedt) – *EMI*
Vier letzte Lieder (R.Strauss / + Wagner-Programm) (+ LPhO / Klaus Tennstedt) – *EMI*

Schubert-Lieder *(Schubert-Edition Vol.17)* (+ Graham Johnson,*p*) – *Hyperion*
Schubert-Lieder (+ Irwin Gage,*p*) – *EMI*
Richard-Strauss-Lieder (+ Wolfgang Sawallisch,*p*) – *EMI*
Lieder von Brahms & Mahler (+ Geoffrey Parsons,*p*) – *Acanta*
Lieder von Dvorák, Prokofieff, Kodály, Janácek (+ Geoffrey Parsons,*p*) – *Acanta*
Jugendstil-Lieder (Berg, Pfitzner, Schönberg, Schreker, R.Strauss) (+ Irwin Gage,*p*) – *RCA*

Arien von Mozart & Händel (+ EChO / György Fischer) – *EMI*
Opernarien von Mozart (+ MüRdfkOrch / Leonard Slatkin) – *EMI*
Slawische Opernarien (+ MüRdfkOrch / Stefan Soltesz) – *EMI*
Sängerportrait
(Mozart, Weber, Goetz, Verdi, Puccini, Massenet, Charpentier, Smetana, Dvorák) (+ MüRdfkOrch / Kurt Eichhorn) – *Acanta*

Szenen aus Opern von R.Strauss (+ Alan Titus / Bamberger Symphoniker / Horst Stein) – *Ariola*

Wiener Operettenarien (+ Academy of St.Martin-in-the-Fields / Neville Marriner) – *EMI*

PRICE, LEONTYNE

Donna Anna in *Don Giovanni* (Mozart) / live 1960 Salzburg unter Herbert von Karajan – *Verona*

Donna Elvira in *Don Giovanni* (Mozart) unter Erich Leinsdorf – *Decca/RCA*

Fiordilligi in *Così fan tutte* (Mozart) unter Erich Leinsdorf – *RCA*

Elvira in *Ernani* (Verdi) unter Thomas Schippers – *RCA* (auch in zwei Live-Mitschnitten aus der Met unter Schippers: *MM, Memories* und *Verona*)

Leonora in *Il Trovatore* (Verdi) unter Arturo Basile, Zubin Mehta *(beide bei RCA)* und H.von Karajan *(EMI)*

Leonora in *Il Trovatore* (Verdi) / live 1962 Salzburg unter Herbert von Karajan – *Melodram + Arkadia*

Amelia in *Un Ballo in Maschera* (Verdi) unter Erich Leinsdorf – *RCA*

Leonora in *La Forza del Destino* (Verdi) unter Thomas Schippers und unter James Levine – *beide bei RCA*

Titelrolle in *Aida* (Verdi) unter Georg Solti und unter Erich Leinsdorf – *beide bei RCA*

Titelrolle in *Carmen* (Bizet) unter Herbert von Karajan – *RCA*

Titelrolle in *Tosca* (Puccini) / live 1962 Met NYC unter Kurt Adler – *Myto*

Titelrolle in *Tosca* (Puccini) unter Herbert von Karajan – *Decca*

Titelrolle in *Tosca* (Puccini) unter Zubin Mehta – *RCA*

Cio-Cio-San in *Madama Butterfly* (Puccini) unter Erich Leinsdorf – *RCA*

Giorgetta in *Il Tabarro* (Puccini) unter Erich Leinsdorf – *RCA*

Liù in *Turandot* (Puccini) / live StO Wien unter Fr.Molinari-Pradelli – *Legato*

Titelrolle in *Ariadne auf Naxos* (R.Strauss) unter Georg Solti – *Decca*

Zahlreiche Live-Mitschnitte von Aufführungen obiger Werke auf verschiedenen Labels

Sopranpart in *Messa da Requiem* (Verdi) unter Fritz Reiner *(RCA)* und Herbert von Karajan *(zweimal: je 1 auf Foyer und Verona)*

Sängerportrait – Live-Aufnahmen 1960–1967 – 2CD
(Arien und Szenen aus Opern von Mozart, Verdi, Puccini) – *Memories*

Verdi-Heroinen *(Ernani, Macbeth, Trovatore, Traviata, Ballo, Forza, Otello)* – *RCA*

Puccini-Heroinen *(Villi, Edgar, Bohème, Tosca, Butterfly, Fanciulla, Schicchi, Rondine, Turandot)* – *RCA*

Richard Strauss *(Guntram, Salome, Rosenkavalier, Ariadne, Frau ohne Schatten, Helena)* – *RCA*

Leontyne Price – The Prima Donna Collection – 4CD
(Barber, Bellini, Berlioz, Bizet, Boito, Britten, Charpentier, Cilea, Debussy, Dvorák, Flotow, Giordano, Gluck, Händel, Korngold, Leoncavallo, Massenet, Meyerbeer,

Mozart, Offenbach, Poulenc, Puccini, Purcell, J.Strauss, Wagner, Weber, Zandonai) – *RCA*

Right as the Rain (Lieder von Arlen, Bock, Rodgers, Burnett u.a.) – *RCA*

Interessante Liedaufnahmen bei RCA (deutsches Liedrepertoire / u.a. Schumann: *Frauenliebe und -leben*) sind leider nicht mehr im Handel. Wiederveröffentlichung erwünscht.

PRICE, MARGARET

Contessa in *Le Nozze di Figaro* (Mozart) unter Riccardo Muti – *EMI*
Barbarina in *Le Nozze di Figaro* (Mozart) unter Otto Klemperer – *EMI*
Donna Anna in *Don Giovanni* (Mozart) unter Georg Solti – *Decca*
Fiordilligi in *Così fan tutte* (Mozart) unter Otto Klemperer – *EMI*
Pamina in *Die Zauberflöte* (Mozart) unter Colin Davis – *Philips*
Amelia in *Un Ballo in Maschera* (Verdi) unter Georg Solti – *Decca*
Desdemona in *Otello* (Verdi) unter Georg Solti – *Decca*
Isolde in *Tristan und Isolde* (Wagner) unter Carlos Kleiber – *DG*
Liù in *Turandot* (Puccini) unter Roberto Abbado – *Ariola*

Sopranpart in *Messiah* (Händel) unter Colin Davis – *Philips*
Sopranpart in *Ein Deutsches Requiem* (Brahms) (+ Thomas Allen / Wolfgang Sawallisch) – *Orfeo*
Mozart – Opernarien (+ London Philh. Orch. / James Lockhart) – *RCA*
Mozart – Konzertarien (+ London Philh. Orch. / James Lockhart) – *RCA*
Schubert-Lieder *(Schubert Lied-Edition Vol.15)* (+ Graham Johnson,*p*) – *Hyperion*
Schubert-Lieder (+ Wolfgang Sawallisch,*p*) – *Orfeo*
Schumann-Lieder (+ James Lockhart,*p*) – *Orfeo*
Brahms-Lieder (+ James Lockhard,*p*) – *Orfeo*
Französische und spanische Lieder (Debussy, Duparc, Granados, Rval, Rodrigo, Obradors) (+ James Lockhart,*p*) – *Orfeo*
Sopransolo in *Streichquartett Nr.3* (Arnold Schönberg) (+ La Salle Quartett) – *DG*
Alban Berg: *Lulu-Suite & Altenberg-Lieder* (+ LSO / Claudio Abbado) – *DG*

RAIMONDI, RUGGERO

Titelrolle in *Don Giovanni* (Mozart) unter Lorin Maazel – *CBS/Sony*
Conte Alamaviva in *Le Nozze di Figaro* (Mozart) unter Neville Marriner – *Philips*
Don Basilio in *Il Barbiere di Siviglia* (Rossini) unter James Levine *(EMI)* und unter Claudio Abbado *(DG)*
Mustafa in *L'Italiana in Algeri* (Rossini) unter Claudio Abbado – *DG*
Don Magnifico in *La Cenerentola* (Rossini) unter Neville Marriner – *Philips*

Don Profondo in *Il Viaggio a Reims* (Rossini) / zweimal unter Claudio Abbado – je 1 bei *DG* und *Sony*
Titelrolle in *Mosè in Egitto* (Rossini) unter Claudio Scimone – *Philips*
Oroveso in *Norma* (Bellini) unter Carlo Felice Cillario – *RCA*
Goffredo in *Il Pirata* (Bellini) unter Gianandrea Gavazzeni – *EMI*
Zaccaria in *Nabucco* (Verdi) / live 1979 Paris unter Nello Santi – *zuletzt bei LR*
Pagano in *I Lombardi* (Verdi) unter Lamberto Gardelli – *Philips*
Silva in *Ernani* (Verdi) / live 1968 Bilbao unter Manno Wolf-Ferrari – *GDS*
Silva in *Ernani* (Verdi) / live 1972 Verona unter Oliviero de Fabritiis – *Bongiovanni GAO*
Massimiliano in *I Masnadieri* (Verdi) unter Lamberto Gardelli – *Philips*
Titelrolle in *Attila* (Verdi) unter Lamberto Gardelli – *Philips*
Banquo in *Macbeth* (Verdi) unter Riccardo Muti – *EMI*
Ferrando in *Il Trovatore* (Verdi) unter Herbert von Karajan – *EMI*
Samuel in *Un Ballo in Maschera* (Verdi) unter Claudio Abbado – *DG*
Padre Guardiano in *La Forza del Destino* (Verdi) unter Lamberto Gardelli – *EMI*
Procida in *I Vespri Siciliani* (Verdi) unter James Levine – *RCA*
Procida in *I Vespri Siciliani* (Verdi) / live 1970 Scala Milano unter Gianandrea Gavazzeni – *Myto*
Fiesco in *Simone Boccanegra* (Verdi) unter Gianandrea Gavazzeni – *RCA*
Filippo II in *Don Carlo* (Verdi) unter Carlo Maria Giulini – *EMI*
Philippe II in *Don Carlos* (Verdi) / frz.Orig./ unter Claudio Abbado – *DG*
Il Grande Inquisitore in *Don Carlo* (Verdi) unter Herbert von Karajan – *EMI*
Ramfis in *Aida* (Verdi) unter Erich Leinsdorf *(RCA)* und unter Herbert von Karajan *(EMI)*
Il Re in *Aida* (Verdi) unter Claudio Abbado – *DG*
Méphistophéles in *Faust* (Gounod) / live 1969 unter Danilo Belardinelli – *GDS*
Escamillo in *Carmen* (Bizet) unter Lorin Maazel – *ERATO*
Colline in *La Bohème* (Puccini) unter Georg Solti – *RCA*
Scarpia in *Tosca* (Puccini) unter Herbert von Karajan – *DG*
Timur in *Turandot* (Puccini) unter Herbert von Karajan – *DG*
Titelrolle in *Boris Godunow* (Mussorgsky) unter Mstislaw Rostropowitsch – *ERATO*
Arkel in *Pelléas et Mélisande* (Debussy) unter Herbert von Karajan – *EMI*
Viele Live-Mitschnitte, vor allem der Verdi-Partien, auf verschiedenen Labels

Baßpart in *Stabat Mater* (Rossini) unter Carlo Maria Giulini – *DG*
Baßpart in *Petite Messe solennelle* (Rossini) unter Romano Gandolfi – *Decca*
Baßpart in *Messa da Requiem* (Verdi) unter Leonard Bernstein *(CBS/Sony)*, John Barbirolli *(EMI)* und Claudio Abbado *(DG)*

Arien von Rossini & Verdi *(Barbiere, Trovatore, Forza, Don Carlo, Aida) – EMI*
Six Personnages en quête de Chanteur
(Opernszenen von Mozart, Verdi, Bizet, Berlioz, Mussorgsky, Massenet) – *ERATO*
Italienische Romanzen (Tosti, Rotoli, Brogi, Denza) (+ I Solisti Veneti / Claudio Scimone) – *ERATO*

RAISA, ROSA

Portrait-Recital – Aufnahmen 1916–1929
(Arien aus Opern von Mozart und Verdi / Lieder von Fauré und Yradier / Traditionals) – *Club 99*

Das wichtigere Portrait-Recital war bei *Rubini GV* erschienen. Es dürfte nur noch bei Antiquariaten zu beschaffen sein. Eine Recital-CD ist überfällig.

RAMEY, SAMUEL

Cadmus in *Semele* (Händel) unter John Nelson – *DG*
King in *Ariodante* (Händel) unter Raymond Leppard – *Philips*
Idreno in *Armida* (Haydn) unter Antal Dorati – *Philips*
Figaro in *Le Nozze di Figaro* (Mozart) unter Georg Solti – *Decca*
Titelrolle in *Don Giovanni* (Mozart) unter Herbert von Karajan – *DG*
Leporello in *Don Giovanni* (Mozart) unter Riccardo Muti – *EMI*
Sarastro in *Die Zauberflöte* (Mozart) unter Neville Marriner – *Philips*
Don Basilio in *Il Barbiere di Siviglia* (Rossini) unter Riccardo Chailly *(Sony)* und Gianluigi Gelmetti *(EMI)*
Gaudenzio in *Il Signor Bruschino* (Rossini) unter Ion Marin – *DG*
Mustafa in *L'Italiana in Algeri* (Rossini) unter Claudio Scimone – *ERATO*
Il Podestà in *La Gazza Ladra* (Rossini) unter Gianluigi Gelmetti – *Sony*
Selim in *Il Turco in Italia* (Rossini) unter Riccardo Chailly – *CBS/Sony*
Douglas in *La Donna del Lago* unter Maurizio Pollini – *CBS/Sony*
Lord Sidney in *Il Viaggio a Reims* (Rossini) zweimal unter Claudio Abbado – je 1 *bei DG* und *Sony*
Titelrolle in *Maometto II* (Rossini) unter Claudio Scimone – *Philips*
Elmiro in *Otello* (Rossini) unter Jésus Lopez-Cobos – *Philips*
Assur in *Semiramide* (Rossini) / live 1980 Aix unter Jésus Lopez-Cobos – *Legato*
Oroveso in *Norma* (Bellini) unter Richard Bonynge – *Decca*
Raimondo in *Lucia di Lammermoor* (Donizetti) unter Jésus Lopez-Cobos *(Philips)* und Ion Marin *(DG)*
Enrico VIII in *Anna Bolena* (Donizetti) unter Richard Bonynge – *Decca*
Massimiliano in *I Masnadieri* (Verdi) unter Richard Bonynge – *Decca*
Titelrolle in *Attila* (Verdi) unter Riccardo Muti – *EMI*
Banquo in *Macbeth* (Verdi) unter Riccardo Chailly – *Decca*
Sparafucile in *Rigoletto* (Verdi) unter Julius Rudel – *EMI*
Il Grande Inquisitore in *Don Carlo* (Verdi) unter James Levine – *Sony*
Ramfis in *Aida* (Verdi) unter James Levine – *Sony*
Bertram in *Robert le Diable* (Meyerbeer) / live 1986 Paris unter Thomas Fulton – *zuletzt bei LR*
Bösewichter in *Les Contes d'Hoffmann* (Offenbach) unter Jeffrey Tate – *Philips*
Titelrolle in *Mefistofele* (Boito) unter Giuseppe Patané – *Sony*

Angelotti in *Tosca* (Puccini) unter Colin Davis – *Philips*
Scarpia in *Tosca* (Puccini) unter Giuseppe Sinopoli – *DG*
Le Poète in *Chérubin* (Massenet) unter Pnchas Steinberg – *RCA*
Nick Shadow in *The Rake's Progress* (Strawinsky) unter Riccardo Chailly – *Decca*
Hauptpartie in *Kismet* (Wright/Forrest) unter Paul Gemignani – *Sony*

Bariton- & Baßpart in *Messe h-moll* (Bach) unter Neville Marriner – *Philips*
Kantaten BWV 80 & 140 (Bach) unter Raymond Leppard – *Philips*
Baßpartie in *Messiah* (Händel) unter Andrew Davis – *EMI*
Baßsolo in *Sinfonie Nr.9* (Beethoven) unter Neville Marriner – *Philips*
Baßpart in *Messa di Gloria* (Rossini) unter Neville Marriner – *Philips*
Baßsolo in *Te Deum* (Bruckner) unter Daniel Barenboim – *DG*
Baßpart in *Messa da Requiem* (Verdi) unter Riccardo Muti – *EMI*

Portrait-Recital
(Händel, Mozart, Rossini, Bellini, Verdi, Boito, Montemezzi) (+ Philh.Orch. / Donato Renzetti – *Philips*
Opernarien (Rossini, Donizetti, Verdi, Meyerbeer, Berlioz) (+ MüRdfkOrch/ Jaques Delacote) – *EMI*
Französische Opernarien
(Rossini, Meyerbeer, Gounod, Thomas, Bizet, Offenbach, Meyerbeer) (+ LPhO / Julius Rudel) – *Philips*
French Opera Arias
(Rossini, Meyerbeer, Gounod, Thomas, Offenbach, Bizet, Massenet) (+ LoPhilhOrch / Julius Rudel) – *Philips*
Alle voci della gloria – Arien und Szenen aus Rossini-Opern (+ WelshNatOp / Gabriele Ferro) – *Teldec*
Lieder von Ives & Copland (+ Warren Jones,*p*) – *Decca*
Songs of Rodgers & Hammerstein (+ National Philh.Orch / Peter Matz) – *EMI*

REIZEN, MARK

Der großartige russische Bassist ist auf *Melodija* (UdSSR) in vielen Gesamteinspielungen russischer Opern, dazu mit Arien-Recitals und Liedplatten vertreten. Die Beschaffung ist derzeit nicht einfach. Man muß osteuropäische Versender einschalten – oder in Antiquariaten suchen. Verdienstvoll wieder einmal *Preiser Records*. Dort findet sich eine repräsentative schöne Arien-CD:

Portrait-Recital
(Opernausschnitte: Glinka, Dargomischsky, Mussorgsky, Rubinstein, Borodin, Tschaikowsky, R-Korssakoff, Rachmaninow) – *Preiser LV*

Weitere CD-Veröffentlichungen, vor allem aus dem italienischen Repertoire, herzlich erbeten.

RENAUD, MAURICE

Portrait-Recitals waren bei *Rubini GV* und *Rococo* verfügbar. Beide sind nicht mehr im offiziellen Handel und deshalb nur noch in Antiquariaten zu finden. Eine Neuauflage der Aufnahmen dieses repräsentativen Golden Age-Baritons ist dringlich.

Einzelaufnahmen in *Historic Baritones – The French School – Symposium*
Einzelaufnahmen in *The Era of Adelina Patti – Nimbus/Prima Voce* und in den genannten Anthologien

RETHBERG, ELISABETH

Donna Anna in *Don Giovanni* (Mozart) / live 1937 Salzburg unter Bruno Walter – *Melodram*
Eva in *Die Meistersinger von Nürnberg* (Wagner) / live 1936 Met NYC unter Artur Bodanzky – *Music+Arts*
Amelia in *Simone Boccanegra* (Verdi) / live 1941 Met NYC unter Ettore Panizza – *Melodram*
Desdemona in *Otello* (Verdi) / live 1938 Met NYC unter Ettore Panizza – *Music+Arts*
Santuzza in *Cavalleria Rusticana* (Mascagni) / live 1937 Met NYC unter Gennaro Papi – *zuletzt bei EJS*

Portrait-Recital(s) (vor allem frühe deutsche Aufnahmen) – CD/LPs (Händel, Mozart, Weber, Wagner, Verdi, Meyerbeer, Gounod, Bizet, Smetana, Mascagni, Puccini, Giordano, Pataky, J.Strauß u.a.) – *Preiser LV*
Sängerportrait (Italienisches Repertoire / US-Aufnahmen 30er Jahre) – *RCA*

RIDDERBUSCH, KARL

Wächter der Toten in *Orpheus* (Monteverdi/Orff) unter Kurt Eichhorn – *Ariola*
Rocco in *Fidelio* (Beethoven) unter Herbert von Karajan – *EMI*
Rocco in *Leonore* (Beethoven) unter Herbert Blomstedt – *DG*
Falstaff in *Die lustigen Weiber von Windsor* (Nicolai) unter Rafael Kubelik – *Decca*
Plumkett in *Martha* (Flotow) unter Heinz Wallberg – *Ariola*
van Bett in *Zar und Zimmermann* (Lortzing) unter Heinz Wallberg – *Ariola*
Kühleborn in *Undine* (E.Th.A.Hoffmann) unter Roland Bader – *KOCH*
Kaspar in *Der Freischütz* (Weber) / live 1971 StO Wien unter Karl Böhm – *Arkadia*
Banquo in *Macbeth* (Verdi) / live 1970 StO Wien unter Karl Böhm – *Legato*
Daland in *Der fliegende Holländer* (Wagner) / live 1971 Bayreuth unter Karl Böhm – *DG*
Daland in *Der fliegende Holländer* (Wagner) / live Scala Milano unter Wolfgang Sawallisch – *Memories*

König Heinrich in *Lohengrin* (Wagner) unter Rafael Kubelik *(DG)* und unter Herbert von Karajan *(EMI)*
Marke in *Tristan und Isolde* (Wagner) unter Herbert von Karajan – *EMI*
Pogner in *Die Meistersinger von Nürnberg* (Wagner) unter Herbert von Karajan – *EMI*
Hans Sachs in *Die Meistersinger von Nürnberg* (Wagner) / live 1974 Bayreuth unter Silvio Varviso – *Philips*
Fafner in *Rheingold* und *Siegfried* (Wagner) unter Herbert von Karajan – *DG*
Hagen in *Götterdämmerung* (Wagner) unter Herbert von Karajan – *DG*
Titurel in *Parsifal* (Wagner) / live Bayreuth 1970 unter Pierre Boulez – *DG*
Abul Hassan in *Der Barbier von Bagdad* (Cornelius) unter Heinrich Hollreiser – *Ariola*
Holzhacker in *Die Königskinder* (Humperdinck) unter Heinz Wallberg – *EMI*
Papst Pius & Madruscht in *Palestrina* (Pfitzner) unter Rafael Kubelik – *DG*
La Roche in *Capriccio* (R.Strauss) unter Karl Böhm – *DG*

Baßsolo in *Messe h-moll* (Bach) unter Herbert von Karajan – *DG*
Baßsolo in *Requiem KV 626* (Mozart) unter Karl Böhm – *DG*
Baßsoli in *Geistliche Chorwerke* (Bruckner) unter Eugen Jochum – *DG*

Die große Stimme (Szenen und Arien aus deutschen Opern) (Beethoven, Mozart, Wagner, Nicolai, Lortzing, Cornelius) (+ MüRdfkOrch / Hans Wallat) – *Ariola*
Carl Loewe: *Balladen* (+ Richard Trimborn, *p*) – DG

ROSVAENGE, HELGE

Tamino in *Die Zauberflöte* (Mozart) unter Thomas Beecham – *EMI, Pearl, Nimbus/ Prima Voce*
Tamino in *Die Zauberflöte* (Mozart) / live 1937 Salzburg unter Arturo Toscanini – *Melodram*
Herzog in *Rigoletto* (Verdi) / dt./ unter Robert Heger – *Preiser*
Alfredo in *La Traviata* (Verdi) / dt./ Szenen unter Artur Rother – *Acanta*
Arrigo in *Die sizilianische Vesper* (Verdi) / HR 1951 unter Kurt Schröder – *Myto*
Radames in *Aida* (Verdi) / dt./ Große Szenenfolge / 1938 Stgt. unter Joseph Keilberth – *Acanta*
Titelrolle in *Faust* (Margarethe) (Gounod) unter Joseph Keilberth – *Preiser*
Canio in *Der Bajazzo* (Leoncavallo) / dt. / unter Artur Rother – *Preiser*
Szenenfolgen bzw. Querschnitte in deutscher Sprache aus *Troubadour, Maskenball, Don Carlos, Othello* (Verdi), *La Bohème & Tosca* (Puccini), Andrea Chénier (Giordano) u.a. – *Acanta*
Macky Messer in *Die Dreigroschenoper* (Weill) unter F.Charles Adler – *Amadeo*

Tenorpart in *Messa da Requiem* (Verdi) unter Joseph Keilberth – *Preiser*
Tenorpart in *Messa da Requiem* (Verdi) / live 1938 unter Arturo Toscanini – *Melodram*

Portrait-Recital – Frühe Aufnahmen (Mozart, Beethoven, Weber, Boieldieu, Verdi, Puccini, Bizet) – *Pearl*

Portrait-Recital(s) – CD/LPs:

Die gesamte Rosvaenge-Edition umfaßte 7+1LPs. Teilüberspielung auf 2 × 2CDs (Mozart, Beethoven, Weber, Flotow, Adam, Auber, Boieldieu, Donizetti, Verdi, Gounod, Bizet, Mascagni, Puccini, Massenet, Glinka, Mussorgsky u.v.m./ Operetten-Arien) – *Preiser LV*

Auszüge daraus auf 1CD:

Auber, Adam, Weber, Beethoven, Bizet, Verdi, Leoncavallo, Glinka, Puccini, R.Strauss, Wille) – *Preiser LV*

Verdi & Puccini *(Troubadour, Maskenball, Vesper, Aida, Butterfly, Tosca, Turandot)* – *Preiser LV*

Helge Rosvaenge in concert – Live-Mitschnitt Wien 1959 (Mozart, Beethoven, Weber, R.Strauss, Mascagni, Verdi, Bizet, Leoncavallo, Puccini) – *Preiser*

Hugo-Wolf-Lieder bei *Acanta*, Liedaufnahmen in der *Raucheisen-Edition*

ROTHENBERGER, ANNELIESE

Fatime in *Der betrogene Kadi* (Gluck) unter Otmar Suitner – *EMI*

Euridice in *Orfeo ed Euridice* (Gluck) unter Vaclav Neumann – *EMI*

Susanna in *Die Hochzeit des Figaro* (Mozart) unter Otmar Suitner – *EMI*

Zerlina in *Don Giovanni* (Mozart) / Ausschnitte 1962 München unter Joseph Keilberth – *Orfeo*

Konstanze in *Die Entführung aus dem Serail* (Mozart) unter Josef Krips – *EMI*

Ilia in *Idomeneo* (Mozart) unter Hans Schmidt-Isserstedt – *EMI*

Pamina in *Die Zauberflöte* (Mozart) unter Wolfgang Sawallisch – *EMI*

Titelrolle in *Martha* (Flotow) unter Robert Heger – *EMI*

Baronin Freimann in *Der Wildschütz* (Lortzing) unter Robert Heger – *EMI*

Titelrolle in *Undine* (Lortzing) unter Robert Heger – *EMI*

Oscar in *Un Ballo in Maschera* (Verdi) / live Met NYC unter Nello Santi – *Memories*

Musetta in *La Bohème* (Puccini) / live 1965 Met NYC unter Fausto Cleva – *Bongiovanni GAO*

Gretel in *Hänsel und Gretel* (Humperdinck) unter André Cluytens – *EMI*

Sophie in *Der Rosenkavalier* (R.Strauss) / live 1964 Salzburg unter Herbert von Karajan – *Arkadia*

Zdenka in *Arabella* (R.Strauss) unter Joseph Keilberth – *DG*

Rosalinde in *Die Fledermaus* (J.Strauß) unter Willi Boskovsky – *EMI*

Telemachos in *Penelope* (Liebermann) / UA live 1954 Salzburg unter George Szell – *Orfeo*

Zahlreiche Operetten-Gesamtaufnahmen und Opernquerschnitte bei *EMI*

Portrait-Recital (3CD)
Oper und Operette (Gluck, Mozart, Donizetti, Weber, Verdi, Lortzing, Flotow, Bizet, Smetana, Puccini, R.Strauss, Dvorak, Leoncavallo, J.Strauß, Sullivan, Heuberger, Lehár) – *EMI*
Anneliese Rothenberger Recital
(Lieder & Arien: Mozart, Gounod, Chopin, Schubert, Schumann, R-Korssakoff, Zuccalmaglio) – *Laserlight*

RUFFO, TITTA

Titta Ruffo Edition
Die grandiose Sammlung aller Victor-Aufnahmen 1912–1929 jetzt auf 3CD (Arien, Monologe, Lieder, Duette, dazu 2 Sprechplatten: Das Kompendium einer großen Stimme und Persönlichkeit) – *Preiser LV*
Sängerportrait
(Rossini, Donizetti, Verdi, Meyerbeer, Thomas, Ponchielli, Puccini, Massenet) – *Nimbus/Prima Voce*
Frühaufnahmen (Arien & Duette, darunter die unübertrefflichen *Barbiere*-Titel von 1906/08) – *Preiser* CO

RUSS, GIANNINA

Portrait-Recital
(Acoustics 1905–1914: Bellini, Meyerbeer, Verdi, Wagner, Puccini) – *Preiser* CO

RUSZKOWSKA, ELENA

Das bisher einzige Portrait-Recital bei *Rubini GV* war schon während der LP-Ära eine kaum beschaffbare Rarität. Bis zur höchst wünschenswerten, aber so bald kaum zu erwartenden Herausgabe von Überspielungen auf CD sind Gesangsfreunde auf Einzelaufnahmen angewiesen:
in *Gwiazdy Polskiej Opery* (Sammlung von Stimmen des Warschauer Opernhauses) – *Muza* und in den genannten Anthologien

RYSANEK, LEONIE

Titelrolle in *Medea* (Cherubini) / live 1972 StO Wien unter Horst Stein – *Melodram*
Leonore in *Fidelio* (Beethoven) unter Ferenc Fricsay – *DG*
Senta in *Der fliegende Holländer* (Wagner) unter Antal Dorati – *Decca*
Senta in *Der fliegende Holländer* (Wagner) / live 1959 Bayreuth unter Wolfgang Sawallisch – *Melodram*

Senta in *Der fliegende Holländer* (Wagner) / live Scala Milano unter Wolfgang Sawallisch – *Memories*
Elisabeth in *Tannhäuser* (Wagner) / live 1956 Napoli unter Karl Böhm – *Melodram*
Elsa in *Lohengrin* (Wagner) / live 1958 Bayreuth unter André Cluytens – *Myto*
Sieglinde in *Die Walküre* (Wagner) / 3.Aufzug / live 1951 Bayreuth unter Herbert von Karajan – *EMI*
Sieglinde in *Die Walküre* (Wagner) / live 1958 Bayreuth unter Hans Knappertsbusch – *Arkadia*
Sieglinde in *Die Walküre* (Wagner) / live 1967 Bayreuth unter Karl Böhm – *Philips*
Gutrune in *Götterdämmerung* (Wagner) / live 1955 München unter Hans Knappertsbusch – *Melodram*
Abigaille in *Nabucco* (Verdi) / live 1960 Met NYC unter Thomas Schippers – *Melodram*
Lady Macbeth in *Macbeth* (Verdi) unter Erich Leinsdorf – *RCA*
Amelia in *Un Ballo in Maschera* (Verdi) / live 1962 Met NYC unter Nello Santi – *Memories*
Elisabetta in *Don Carlo* (Verdi) / live 1959 Met NYC unter Fausto Cleva – *Melodram*
Titelrolle in *Aida* (Verdi) /dt./ live 1955 StO Wien unter Rafael Kubelik – *Myto*
Desdemona in *Otello* (Verdi) unter Tullio Serafin – *RCA*
Milada in *Dalibor* (Smetana) / live 1969 StO Wien unter Josef Krips – *Myto*
Titelrolle in *Tosca* (Puccini) / dt./ BR 1953 unter Richard Kraus – *Melodram*
Titelrolle in *Tosca* (Puccini) / live 1969 San Francisco unter Francesco Molinari-Pradelli – *Melodram*
Titelrolle in *Salome* (R.Strauss) / live 1971 München unter Ferdinand Leitner – *Melodram*
Herodias in *Salome* (R.Strauss) unter Giuseppe Sinopoli – *DG*
Titelrolle in *Elektra* (R.Strauss) unter Karl Böhm – *VHS-Video*
Chrysothemis in *Elektra* (R.Strauss) unter Christoph Perick (= Prick) – *Rodolphe*
Chrysothemis in *Elektra* (R.Strauss) / WDR 1955 unter Richard Kraus – *Melodram*
Chrysothemis in *Elektra* (R.Strauss) / Finale / 1955 München unter Karl Böhm – *Melodram*
Chrysothemis in *Elektra* (R.Strauss) / live 1965 StO Wien unter Karl Böhm – *Legato*
Marschallin in *Der Rosenkavalier* (R.Strauss) / Ausschnitte live 1969 unter Karl Böhm – *Melodram*
Marschallin in *Der Rosenkavalier* (R.Strauss) / Ausschnitte unter Wilhelm Schüchter – *EMI*
Titelrolle in *Ariadne auf Naxos* (R.Strauss) unter Erich Leinsdorf – *Melodram*
Titelrolle in *Ariadne auf Naxos* (R.Strauss) / live 1967 StO Wien unter Karl Böhm – *Melodram*
Kaiserin in *Die Frau ohne Schatten* (R.Strauss) zweimal unter Karl Böhm – je 1 bei *Decca* und *DG*
Kaiserin in *Die Frau ohne Schatten* (R.Strauss) / live 1956 München unter Joseph Keilberth – *Melodram*
Kaiserin in *Die Frau ohne Schatten* (R.Strauss) / live 1964 StO Wien unter H.von Karajan – *Arkadia + HUNT*
Titelrolle in *Die Ägyptische Helena* (R.Strauss) / live 1956 München unter Joseph Keilberth – *Melodram*

Küsterin in *Jenufa* (Janácek) unter Eve Queler – *BIS*
Opernquerschnitte in deutscher Sprache *(Aida, Cavalleria, Rosenkavalier)* gab es bei *EMI*. Eine Reihe wichtiger, vor allem später Rysanek-Partien liegen noch in Rundfunkarchiven: Rezia, Elisabeth, Ortrud, Kundry, Gioconda u.a.

Sopranpart in *Messa da Requiem* (Verdi) / live 1958 Chicago unter Fritz Reiner – *Melodram*

Leonie Rysanek sings Richard Strauss
(Live-Mitschnitte aus *Salome, Elektra, Rosenkavalier, Ariadne, Agyptische Helena*) – *HRE*
Portrait-Recital – *35 ans sur scène* – 2LP
(Live-Mitschnitte aus Opern von Beethoven, Weber, Wagner, Verdi, Puccini, R.Strauss) – *Rodolphe*
Sopranarien aus italienischen Opern – (Verdi, Puccini, Mascagni, Giordano) – *RCA*
Live- und Rundfunkaufnahmen (vor allem aus der Frühzeit der Karriere) – *Melodram* (2LP)

SCHALJAPIN, FEDOR

Portrait-Recital (Überspielungen von Original-Schellacks):
Auszüge aus *Boris Godunow* (Mussorgsky) + Mozart, Rossini, Bellini, Verdi, Gounod, Boito, Glinka, Serov, Archangelsky, Massenet – *Pearl*

Portrait-Recital – 2CD
(Mussorgsky, Rubinstein, Brahms, Malashkin, Verdi, R-Korssakoff, Borodin, Gounod, Glinka, Mozart, Puccini, Boito, Tschaikowsky u.a.) – *Nimbus/Prima Voce*

Russische Opernarien
(Mussorgsky, Glinka, Dargomyschsky, Rubinstein, Borodin, Rimsky-Korssakoff, Rachmaninow) – *EMI*

Arien-Recital (Mozart, Rossini, Gounod, Boito, Massenet, Mussorgsky) – *Music Memoria*
Sängerportrait mit den wichtigsten Soloaufnahmen – *Preiser CO*
Lied-Recital Beethoven, Schubert, Schumann, Glinka, R-Korssakoff / Russ. Volkslieder) – *Preiser LV*
Russische Lieder und Arien – *Pearl* (2CD)
Russische Lieder – *Pearl*
Live-Mitschnitt von Szenen aus *Boris Godunow* in der Sammlung *Covent Garden* – *Pearl*

SCHIØTZ, AKSEL

Arien aus Opern und Oratorien (Bach, Buxtehude, Händel, Mozart u.a.) – *EMI*
Die schöne Müllerin D.795 (Schubert) (+ Gerald Moore,*p*) – *EMI*
Lieder von Carl Nielsen (+ Gerald Moore,*p*) – *EMI*
Eine Schiømtz-Sammlung mit 6LP bei der dänischen *EMI Odeon*). Dort auch Grieg-Lieder, Mittelalterliche Lieder und Balladen, Unterhaltungsmusik u.a.

SCHIPA, TITO

Ernesto in *Don Pasquale* (Donizetti) / 1932 Milano unter Carlo Sabajno – *EMI*
Paolino in *Il Matrimono segreto* (Cimarosa) / Ausschnitte /live 1949 Milano – *Melodram*
Des Grieux in *Manon* (Massenet) / 3.Akt live 1938 Met NYC unter Gaetano Merola – *Melodram*
Titelrolle in *Werther* (Massenet) / Ausschnitte live 1948+1950 Rom unter Vincenzo Bellezza und Oliviero de Fabritiis – *Teatro dell'Opera*

Tito Schipa Vol.1&2: Die wichtigsten Aufnahmen in Überspielungen von Original-Schellacks
Vol.1:
Arien von Händel, Rossini, Donizetti, Verdi, Flotow, Delibes, Thomas, Leoncavallo / Lieder von Liszt, Padilla, Arona, Martini, Barthelmy – *Pearl*
Vol.2:
Arien und Lieder von Pergolesi, Mozart, Bellini, Donizetti, Verdi, Puccini, Thomas, Massenet, Donaudy, Costa, Huarte, Nutile – *Pearl*

Rare Recordings – 1918–1957 – 2CD
(Rundfunkaufnahmen, Zweit-Takes, Aufnahmen aus Russland, Unbekanntes Material: Arien, Lieder, Traditionals, Canciones, Tangos etc.) – *Pearl*
Sängerportrait (Digitaltechnisch bearbeitete Aufnahmen):
(Schubert, Scarlatti, Händel, Donizetti, Flotow, Bixio, Palacios, Ruiz, di Capua, Tosti, Barthelmy, Schipa, Vento, Cilea, Massenet) – *Nimbus/Prima Voce*
Portrait-Recital
(Händel, Mozart, Rossini, Bellini, Donizetti, Verdi, Leoncavallo, Massenet, Cilea / Lieder) – *RCA*
Opernarien (Gluck, Händel, Bellini, Donizetti, Verdi, Ponchielli, Mascagni, Puccini, Massenet) – *EMI*
Sängerportrait (Eine umfassende Sammlung der besten Aufnahmen) – 3CD – *Nuova Era*
Portrait-Recital(s) – CD/LPs
(Händel, Mozart, Rossini, Donizetti, Bellini, Verdi, Flotow, Thomas, Massenet, Delibes, Leoncavallo, Puccini, Cilea, Liszt, Schipa / zahlreiche italienische, spanische und südamerikanische Lieder) – *Preiser LV*

SCHLUSNUS, HEINRICH

Titelrolle in *Rigoletto* (Verdi) / dt. / unter Robert Heger – *Preiser*
Georges Germont in *La Traviata* (Verdi) / Szenen dt. (+ Cebotari, Rosvaenge) – *Acanta*
Monfort in *Die sizilianische Vesper* (Verdi) / HR 1951 unter Kurt Schröder – *Myto*
Wolfram in *Tannhäuser* (Wagner) / HR 1949 unter Kurt Schröder – *zuletzt bei DG*

Opernquerschnitte in deutscher Sprache, vor allem aus dem italienischen Repertoire des Sängers – *Acanta*

Mahler: *Lieder eines fahrenden Gesellen* (+ HRSO / Winfried Zillig) – *zuletzt bei DG*

Recital(s) – CD/LPs
(Marschner, Lortzing, Wagner, Verdi, Bizet, Borodin, Tschaikowsky, Leoncavallo) – *Preiser LV*
Liederalbum – Vol.1+2 (2 × 2CD)
(Beethoven, Schubert, Mendelssohn, Schumann, Brahms, Wolf, R.Strauss, Wetzel, Graener) (+ Franz Rupp,*p*) – *Preiser LV*

SCHOCK, RUDOLF

Titelrolle in *Idomeneo* (Mozart) / live 1956 Salzburg unter Karl Böhm – *Movimento Musica*
Jacquino in *Fidelio* (Beethoven) unter Wilhelm Furtwängler – *EMI*
Max in *Der Freischütz* (Weber) unter Joseph Keilberth – *EMI*
Zephoris in *Wenn ich König wär* (Adam) unter Ernst Märzendorfer – *Ariola*
Nemorino in *Der Liebestrank* (Donizetti) unter Ernst Märzendorfer – *Ariola*
Erik in *Der fliegende Holländer* (Wagner) unter Franz Konwitschny – *EMI*
Titelrolle in *Lohengrin* (Wagner) unter Wilhelm Schüchter *(EMI)* und Lovro von Matacic *(Ariola)*
Seemann in *Tristan und Isolde* (Wagner) unter Wilhelm Furtwängler – *EMI*
Stolzing in *Die Meistersinger von Nürnberg* (Wagner) unter Rudolf Kempe – *EMI*
Stolzing in *Die Meistersinger von Nürnberg* (Wagner) / live 1959 Bayreuth unter Erich Leinsdorf – *Melodram*
Froh in *Rheingold* (Wagner) / Szenen unter Rudolf Kempe – *EMI*
Alvaro in *Die Macht des Schicksals* (Verdi) unter H.Schmidt-Isserstedt – *Ariola*
Titelrolle in *Fra Diavolo* (Auber) unter Wilhelm Schüchter – *Ariola*
Don José in *Carmen* (Bizet) / dt. / unter Horst Stein – *EMI*
Cavaradossi in *Tosca* (Puccini) unter Wilhelm Schüchter – *Ariola*
Turiddu in Cavalleria Rusticana (Mascagni) / dt./ unter Heinrich Hollreise – *Ariola*
Canio in *Der Bajazzo* (Leoncavallo) unter Horst Stein – *EMI*
Nurredin in *Der Barbier von Bagdad* (Cornelius) unter Heinrich Hollreiser – *Melodram*
Lensky in *Eugen Onegin* (Tschaikowsky) unter Wilhelm Schüchter – *Ariola*

Hermann in *Pique Dame* (Tschaikowsky) unter Artur Rother – *Ariola*
Eisenstein in *Die Fledermaus* (J.Strauß) unter Robert Stolz – *Ariola*
Bacchus in *Ariadne auf Naxos* (R.Strauss) unter Herbert von Karajan – *EMI*
Bacchus in *Ariadne auf Naxos* (R.Strauss) / live 1954 Salzburg unter Karl Böhm – *Melodram*
Pedro in *Tiefland* (d'Albert) unter Hans Zanotelli – *Ariola*
Ercole in *Penelope* (Liebermann) / UA live 1954 Salzburg unter George Szell – *Orfeo*

Portrait (Electrola-Aufnahmen / 50er Jahre) – 3CD
(Mozart, Weber, Donizetti, Meyerbeer, Adam, Gounod, Bizet, Verdi, Puccini, Giordano, Lortzing, Wagner, Tschaikowsky, R-Korssakoff, Goldmark u.a.) – *EMI*
Opern-Arien (Mozart, Weber, Adam, Offenbach, Gounod, Bizet, Verdi, Wagner, Lortzing, Puccini, Mascagni, Tschaikowsky) – *EMI*
Operetten-Lieder (J.Strauß, Millöcker, Lehár, Kalman, O.Straus, Künecke / Lieder) – *EMI*
Rudolf Schock Edition Vol.1–3
Rundfunkaufnahmen 1946–1955 (Vol.1: Oper / Vol.2.: Operette / Vol.3: Volkslied) – *Acanta*
Rudolf Schock – Die frühen Jahre – Acanta
Zahlreiche Operetten und Opernquerschnitte bei *EMI* und *Ariola*

SCHÖNE, LOTTE

Portrait-Recital
(Mozart, Donizetti, Verdi, Nicolai, J.Strauß, Massenet, Puccini) – *Preiser LV*
Lied-Recital (Schubert, Schumann, Brahms, Wolf) – *Preiser-LV*
Lotte Schöne & Richard Tauber in Operetta
(Suppé, J.Strauß, Millöcker, Zeller, Nessler, Lehár, Kalman, Berté) – *Nimbus/Prima Voce*

SCHORR, FRIEDRICH

Don Pizarro in *Fidelio* (Beethoven) / live 1938 Met NYC unter Artur Bodanzky – *Music+Arts*
Telramund in *Lohengrin* (Wagner) / live 1936 Met NYC unter Artur Bodanzky – *Melodram*
Hans Sachs in *Die Meistersinger von Nürnberg* (Wagner) / Ausschnitte 1927+31 Berlin unter Leo Blech – *Pearl*
Hans Sachs in *Die Meistersinger von Nürnberg* (Wagner) / live 1939 Met NYC unter Artur Bodanzky – *Music+Arts*
Hans Sachs in Monologen, Szenen & Ensembles aus *Die Meistersinger von Nürnberg* (Wagner) / Sammlung von Einzelaufnahmen (+ Ljungberg, Schumann, Laubenthal, Melchior u.a.) – *EMI*

Wotan in *Rheingold* (Wagner) / live 1938 Met NYC unter Artur Bodanzky – *zuletzt bei EJS*
Wotan in *Die Walküre* (Wagner) / live 1940 Met NYC unter Erich Leinsdorf – *zuletzt bei EJS*
Wotan in *Die Walküre* (Wagner) / live 1941 Met NYC unter Erich Leinsdorf – *Myto*
Wanderer in *Siegfried* (Wagner) / live 1937 Met NYC unter Artur Bodanzky – *Music+Arts*
Szenen aus *Holländer & Meistersinger* (1929+1927) – *Pearl* (Überschneidungen zu *EMI*)
Wagner: Szenen aus *Der fliegende Holländer* (Wagner) (1923–25 / + Melanie Kurt) – *Veritas USA*

Portrait-Recital(s) – CD/LPs
(vor allem Wagner / + Haydn, Mozart, Beethoven, Weber, Mendelssohn, Lortzing, Meyerbeer, Schubert, Schumann, Wolf, R.Strauss) – *Preiser LV*
Sängerportrait – Arien & Lieder
(Haydn, Mozart, Beethoven, Schubert, Weber, Mendelssohn, Wagner, Wolf, R.Strauss) – *Pearl*

SCHREIER, PETER

Sesto in *Giulio Cesare* (Händel) unter Karl Richter – *DG*
Bastien in *Bastien und Bastienne* (Mozart) unter Helmut Koch – *DG*
Gomaz in *Zaide* (Mozart) unter Bernhard Klee – *Philips*
Alessandro in *Il Re Pastore* (Mozart) unter leopold Hager – *DG*
Scipione in *Il Sogno di Scipione* (Mozart) unter Leopold Hager – *DG*
Alceste in *Ascanio in Alba* (Mozart) unter Leopold Hager – *DG*
Titelrolle in *Lucio Silla* (Mozart) unter Leopold Hager – *DG*
Vogelsang in *Der Schauspieldirektor* (Mozart) unter Karl Böhm – *DG*
Belmonte in *Entführung aus dem Serail* (Mozart) unter Karl Böhm *(DG)* und Nikolaus Harnoncourt *(Teldec)*
Basilio in *Die Hochzeit des Figaro* (Mozart) unter Otmar Suitner – *EMI*
Don Ottavio in *Don Giovanni* (Mozart) zweimal unter Karl Böhm – *beide bei DG*
Ferrando in *Così fan tutte* (Mozart) unter Otmar Suitner (Ariola) und unter Karl Böhm *(DG)*
Tito in *La Clemenza di Tito* (Mozart) unter Karl Böhm – *DG*
Idamante in *Idomeneo* (Mozart) unter Karl Böhm – *DG*
Arbace in *Idomeneo* (Mozart) unter Hans Schmidt-Isserstedt – *EMI*
Tamino in *Die Zauberflöte* (Mozart) unter Otmar Suitner *(Ariola)*, unter Wolfgang Sawallisch *(EMI)* und unter Colin Davis *(Philips)*
Jacquino in *Fidelio* (Beethoven) unter Karl Böhm – *DG*
Alfonso in *Alfonso und Estrella* (Schubert) unter Otmar Suitner – *EMI*
Duval in *Der vierjährige Posten* (Schubert) unter Heinz Wallberg – *EMI*
Hermann in *Die Heimkehr aus der Fremde* (Mendelssohn) unter Heinz Wallberg – *EMI*
Max in *Der Freischütz* (Weber) unter Carlos Kleiber – *DG*

Titelrolle in *Abu Hassan* (Weber) unter Heinz Rögner – *Ariola*
Graf Almaviva in *Der Barbier von Sevilla* (Rossini) unter Otmar Suitner – *EMI*
Fenton in *Die lustigen Weiber von Windsor* (Nicolai) unter Bernhard Klee – *DG*
Golo in *Genoveva* (Schumann) unter Kurt Masur – *EMI*
Peter Iwanov in *Zar und Zimmermann* (Lortzing) unter Robert Heger – *EMI*
Baron Kronthal in *Der Wildschütz* (Lortzing) unter Bernhard Klee – *DG*
Veit in *Undine* (Lortzing) unter Robert Heger – *EMI*
Baroncelli in *Rienzi* (Wagner) unter Heinrich Hollreiser – *EMI*
Seemann & Hirt in *Tristan und Isolde* (Wagner) unter Karl Böhm – *DG/Philips*
David in *Die Meistersinger von Nürnberg* (Wagner) unter Herbert von Karajan – *EMI*
Loge in *Rheingold* (Wagner) unter Marek Janowski – *Ariola*
Mime in *Siegfried* (Wagner) unter Marek Janowski – *Ariola*
Knusperhexe in *Hänsel und Gretel* (Humperdinck) unter Otmar Suitner – *Teldec*
Mozart in *Mozart und Salieri* (Rimsky-Korssakoff) unter Marek Janowski – *EMI*
Trott in *Die Abreise* (d'Albert) unter Janos Kulka – *EMI*
Titelrolle in *Palestrina* (Pfitzner) unter Otmar Suitner – *Berlin Classics*
Leukippos in *Daphne* (R.Strauss) unter Bernard Haitink – *EMI*
Flamand in *Capriccio* (R.Strauss) unter Karl Böhm – *DG*
Franz I in *Karl V* (Krenek) unter Gerd Albrecht – *Philips/Amadeo*

Evangelist in *Matthäus-Passion* (Bach) unter Karl Richter und unter Herbert von Karajan – *beide bei DG*
Evangelist in *Johannes-Passion* (Bach) unter Peter Schreier – *Philips*
Tenorpart in *Messe h-moll* (Bach) unter Peter Schreier – *Philips*
Evangelist in *Weihnachts-Oratorium* (Bach) unter Peter Schreier – *Philips*
Kantaten BWV 26, 80 & 116 (Bach) unter Karl Richter – *DG*
Kantaten BWV 93 & 129 (Bach) unter Karl Richter – *DG*
Zahlreiche weitere Einspielungen von *Bach-Kantaten* unter Karl Richter bei *DG und DGA*
Geistliche Lieder aus *Schimellis Gesangbuch* (Bach) – Orgelfassg.*(DG)* / Continuo-Fassg. *(Philips)*
Titelpartie in *Jephta* (Händel) unter Helmut Koch – *Ariola*
Tenorpart in *Der Messias* (Händel/Mozart) unter Charles Mackerras – *DG*
Lukas in *Die Jahreszeiten* (Haydn) unter Herbert Kegel *(Ariola)* und Karl Böhm *(DG)*
Uriel in *Die Schöpfung* (Haydn) unter Helmut Koch *(Ariola)* und Gustav Kuhn *(EMI)*
Tenorsolo in *Messe c-moll KV 427* (Mozart) unter Herbert von Karajan – *DG*
Tenorsolo in *Requiem KV 626* (Mozart) unter Wolfgang Gönnenwein – *EMI*
Tenorsolo in *Sinfonie Nr.9* (Beethoven) unter Herbert von Karajan – *DG*
Tenorsoli in *Die großen Messen* (Schubert) unter Wolfgang Sawallisch – *Philips*
Tenorpart in *Elias* (Mendelssohn) unter Wolfgang Sawallisch – *DG*

Portrait Peter Schreier – Arien und Lieder
(Bach, Telemann, Haydn, Mozart, Weber, Rossini, Franck, Nörminger, Othmayr) – *Ariola*

Mozart-Arien (aus frühen Mozart-Opern) (+ Staatskapelle Dresden / Otmar Suitner) – *Teldec*
Mozart-Arien
(Entführung, Tito, Don Giovanni, Così, Idomeneo, Zauberflöte) (+ StKap Dresden / Peter Schreier) – *Philips*
Mozart-Konzertarien (in der EMI-Edition) unter Herbert Blomstedt – *EMI*
Peter Schreier singt Bach (aus Oratorien und Kantaten) (+ Bach Collegium Stgt./ Helmuth Rilling) – *Hänssler*
Portrait-Recital – Arien und Lieder (Mozart, Weber, Schubert, Schumann, Lehár / Volkslieder) – *DG*
Lieder der Reformationszeit (+ Capella Fidiciana) – *Lunar*
Kursächsische Kirchenmusik (Ariosti, Fux, Heinichen, Scarlatti, Zelenka) – *Capriccio*
Mozart-Lieder (+ Andras Schiff,*p*) – *Decca*
Schubert-Lieder (+ Andras Schiff,*p*) – *Decca*
Schubert: *Winterreise D.911* (+ Svjatoslav Richter,*p*) – *Philips*
Tenorparts in *Duette, Terzette, Quartette* (Schubert) (+ Ameling, Baker, F-Dieskau / Gerald Moore,*p*) – *DG*
Schumann: *Dichterliebe op.48* / Brahms: *Volkslieder* / Prokofieff: *Kinderlieder* (+ Wolfgang Sawallisch,*p*) – *Philips*
Brahms: *Liebeslieder-Walzer op.52/65* & *Quartette*
(+ Mathis, Fassbaender, F-Dieskau / K.Engel & W.Sawallisch,*p*) – *DG*
Wolf: *Italienisches Liederbuch* (+ Edith Mathis / Karl Engel,*p*) – *DG*
Gitarrenlieder ((Dowland, Bach, Schütz, Schubert, von Einem) (+ Konrad Ragossnig,*g*) – *Capriccio*
Gitarrenlieder
(Mozart, Haydn, Beethoven, Mendelssohn, Weber, Spohr, Schubert, Brahms) (+ K.Ragossnig,*g*) – *Novalis*
Du bist die Welt für mich (Operettenarien & Liebeslieder) – *Magna*

Zahlreiche Lied-Recitals (Beethoven, Schubert, Mendelssohn, Schumann, Brahms u.a.) z.T. von der ehem. DDR-Marke *Eterna* – übernommen von *DG*, *Teldec* und *Ariola* – waren lange nicht mehr im Katalog, erscheinen nun jedoch zumindest teilweise wieder auf dem neuen Label *Berlin Classics*. Darunter sind besonders wichtig: Beethoven-Liededition *(Teldec)*, Mendelssohn-Lieder *(DG)*, Schuberts *Schöne Müllerin* in vier Aufnahmen (u.a. mit Gitarre), unter diesen vor allem die Version mit den Verzierungen nach Vogl *(Bärenreiter)*, Schuberts *Schwanengesang (DG)*, Weber-Lieder mit Gitarre *(DG)*.

SCHUMANN-HEINK, ERNESTINE

Portrait-Recital
(Händel, Mozart, Schubert, Donizetti, Meyerbeer, Wagner, Brahms, Millöcker, Arditi, Becker, Boehm u.a./ Traditionals) – *Nimbus/Prima Voce*

SCHWARZ, JOSEPH

Portrait-Recital(S) – CD/LPs
(Händel, Giordani, Beethoven, Rossini, Mendelssohn, Verdi, Meyerbeer, Marschner, Lortzing, Liszt, Gounod, Bizet, Offenbach, Leoncavallo, Massenet, R.Strauss, Rubinstein, Lewandowsky, Campana) – *Preiser LV*

SCHWARZKOPF, ELISABETH

Belinda in *Dido and Aeneas* (Purcell) unter Geraint Jones – *EMI*
Iole in *Erakle* (Hercules) (Händel) / live 1958 unter Lovro von Matacic – *GDS*
Konstanze in *Die Entführung aus dem Serail* (Mozart) / 1945 Wien unter Rudolf Moralt – *Melodram*
Contessa in *Le Nozze di Figaro* (Mozart) unter H.von Karajan und unter Carlo Maria Giulini – *beide bei EMI*
Contessa in *Le Nozze di Figaro* (Mozart) / live 1957 Salzburg unter Karl Böhm – *Orfeo + GDS*
Donna Elvira in *Don Giovanni* (Mozart) unter Carlo Maria Giulini – *EMI*
Donna Elvira in *Don Giovanni* (Mozart) / live 1950 Salzburg unter Wilhelm Furtwängler – *Verona*
Fiordiligi in *Così fan tutte* (Mozart) unter Herbert von Karajan und unter Karl Böhm – *beide bei EMI*
Pamina in *Il Flauto Magico* (Mozart) / RAI 1953 unter Herbert von Karajan – *Myto*
1. Dame in *Die Zauberflöte* (Mozart) unter Otto Klemperer – *EMI*
Marzelline in *Fidelio* (Beethoven) / live Salzburg 1950 unter Wilhelm Furtwängler – *Arkadia*
Fatima in *Abu Hassan* (Weber) / 1942 unter Leopold Ludwig – *Forlane*
Eva in *Die Meistersinger von Nürnberg* (Wagner) / live 1951 Bayreuth unter Herbert von Karajan – *EMI*
Alice in *Falstaff* (Verdi) unter Herbert von Karajan – *EMI*
Marguerite in *La Damnation de Faust* (Berlioz) unter Wilhelm Furtwängler – *FONIT Cetra*
Giulietta in *Les Contes d'Hoffmann* (Offenbach) unter André Cluytens – *EMI*
Margiana in *Der Barbier von Bagdad* (Cornelius) unter Erich Leinsdorf – *EMI*
Gretel in *Hänsel und Gretel* (Humperdinck) unter Herbert von Karajan – *EMI*
Liù in *Turandot* (Puccini) unter Tullio Serafin – *EMI*
Marschallin in *Der Rosenkavalier* (R.Strauss) unter Herbert von Karajan – *EMI*
Titelrolle in *Ariadne auf Naxos* (R.Strauss) unter Herbert von Karajan – *EMI*
Titelrolle in *Arabella* (R.Strauss) / Szenen unter Lovro von Matacic – *EMI*
Gräfin in *Capriccio* (R.Strauss) unter Wolfgang Sawallisch – *EMI*
Mélisande in *Pelléas et Mélisande* (Debussy) / RAI 1954 unter Herbert von Karajan – *HUNT*
Titelrolle in *Die Kluge* (Orff) unter Wolfgang Sawallisch – *EMI*

Rosalinde in *Die Fledermaus* (J.Strauß) unter Otto Ackermann und Herbert von Karajan – *beide bei EMI*
Saffi in *Der Zigeunerbaron* (J.Strauß) unter Otto Ackermann – *EMI*
Annina in *Eine Nacht in Venedig* (J.Strauß) unter Otto Ackermann – *EMI*
Gabriele in *Wiener Blut* (J.Strauß) unter Otto Ackermann – *EMI*
Hanna Glawary in *Die lustige Witwe* (Lehár) unter Otto Ackermann und Lovro von Matacic – *beide bei EMI*
Lisa in *Das Land des Lächelns* (Lehár) unter Otto Ackermann – *EMI*
Weitere Live-Mitschnitte, vor allem von Mozart- & Strauss-Partien und Konzertauftritten, auf verschiedenen Labels

Sopranarien in *Matthäus-Passion* (Bach) unter Otto Klemperer *(EMI)* und Herbert von Karajan *(Verona)*
Sopransoli in *Messe h-moll* (Bach) zweimal unter Herbert von Karajan – je 1 bei *EMI* und *Verona*
Sopranpart in *Messiah* (Händel) unter Otto Klemperer – *EMI*
Sopranpart in *Missa Solemnis* (Beethoven) unter Herbert von Karajan – *EMI*
Sopransolo in *Sinfonie Nr.9* (Beethoven) unter Wilhelm Furtwängler und Herbert von Karajan – *beide bei EMI*
Sopranpart in *Ein Deutsches Requiem* (Brahms) (+ D.Fischer-Dieskau / Otto Klemperer) – *EMI*
Sopransoli in den *Sinfonien Nr.2 & Nr.3* (Mahler) unter Otto Klemperer – *beide bei EMI*
Sopranpart in *Messa da Requiem* (Verdi) unter Victor de Sabata und unter Carlo Maria Giulini – *beide bei EMI*
Richard Strauss: *Vier letzte Lieder* unter Otto Ackermann und unter George Szell – *beide bei EMI*

Elisabeth Schwarzkopf Edition – 5CD
(Hugo Wolf Lieder / Unveröffentlichte Aufnahmen / Encores / Lieder von Schubert, Schumann & R.Strauss / Opernarien) – *EMI*
Kantaten und Konzert-Arien (Bach, Händel, Mozart, Beethoven) – *EMI*
Lieder von Schubert, Schumann & R.Strauss (+ Gerald Moore & Geoffrey Parsons,*p*) – *EMI*
Arien und Szenen (Mozart, Verdi, Puccini, R.Strauss, Humperdinck, Lehár) – *EMI*
Encores (Bach, Gluck, Beethoven, Loewe, Brahms, Tschaikowsky, Wolf-Ferrari, Debussy, Martini, Arne, J.Strauß u.a.) – *EMI*
Arien aus Mozart-Opern unter John Pritchard – *EMI*
Mozart: Lieder & Konzertarien (+ Walter Gieseking & Alfred Brendel,*p* / LSO / George Szell) – *EMI*
Romantische Opernarien (Weber, Wagner, Smetana, Tschaikowsky) – *EMI*
Mozart-Lieder (+ Walter Gieseking,*p*) – *EMI*
Schubert-Lieder (+ Edwin Fischer,*p*) – *EMI*
Hugo Wolf: Lieder (Liederabend Salzburg / + W.Furtwängler,*p*) – *EMI*
Hugo Wolf: *Spanisches Liederbuch* (+ D.Fischer-Dieskau / Gerald Moore,*p*) – *DG*

Gustav Mahler: *Wunderhorn-Lieder* (+ D.Fischer Dieskau / George Szell) – *EMI*
Viele Liedplatten mit gemischtem Repertoire (+ Gerald Moore & Geoffrey Parsons,*p*) bei *EMI*
Recital Carnegie Hall NYC 1956
(Gluck, Mozart, Schubert, Wolf, R.Strauss) (+ George Reeves,*p*) – *EMI*
Elisabeth Schwarzkopf live 29.6.1969
(Lieder von Mozart, Schubert, Schumann, Liszt, Wolf, Chopin, R.Strauss) (+ Aldo Ciccolini,*p*) – *Arkadia*
Unveröffentlichte Aufnahmen (Kantaten, Arien, Lieder, Orchesterlieder) – *EMI*
Weihnachtslieder (+ Ambrosian Singers / Philh.Orch / Charles Mackeras) – *EMI*
Operetten-Lieder unter Otto Ackermann – *EMI* (Ein Fund für Gourmets!)
Elisabeth Schwarzkopf – The Early Years – EMI (4LP)
Elisabeth Schwarzkopf Album (Früheste Aufnahmen 1943/44) (+ Michael Raucheisen,*p*) – *Acanta* (2LP)
Italienische Live-Mitschnitte 1952–1961 (Bach-Kantaten und Mozart-Opern) – *Melodram*

SCOTTI, ANTONIO

Portrait-Recital (von Original-Schellacks)
(Mozart, Bellini, Donizetti, Verdi, Gounod, Offenbach, Puccini, Massenet, Paladilhe, Traditionals / + Marcella Sembrich) – *Pearl*

SCOTTO, RENATA

Glauce in *Medea* (Cherubini) unter Tullio Serafin – *EMI*
Fanny in *La Cambiale di Matrimonio* (Rossini) unter Renato Fasano – *Ricordi*
Giulietta in *I Capuleti e i Montecchi* (Bellini) / live 1968 Scala Milano unter Claudio Abbado – *Butterfly*
Aminta in *La Sonnambula* (Bellini) / live 1961 unter Nello Santi – *Bongiovanni GAO*
Titelrolle in *Norma* (Bellini) unter James Levine – *CBS/Sony*
Alaide in *La Straniera* (Bellini) / live 1968 Palermo unter Nino Sanzogno – *Verona*
Titelrolle in *Lucia di Lammermoor* (Donizetti) unter Nino Sanogno – *DG (Ricordi)*
Titelrolle in *Lucia di Lammermoor* (Donizetti) / live 1967 Tokio unter Bruno Bartoletti – *Opera*
Titelrolle in *Lucia di Lammermoor* (Donizetti) / RAI 1969 Francesco Molinari-Pradelli – *Verona*
Norina in *Don Pasquale* (Donizetti) / live 1967 Firenze unter Bruno Rigacci – *G.O.P.*
Adina in *L'Elisir d'amore* (Donizetti) / live 1968 unter Francesco Molinari-Pradelli – *HRE*
Abigaille in *Nabucco* (Verdi) unter Riccardo Muti – *EMI*
Giselda in *I Lombardi* (Verdi) / live 1969 RAI unter Gianandrea Gavazzeni – *Memories*
Gilda in *Rigoletto* (Verdi) unter Gianandrea Gavazzeni *(Ricordi)*, Rafael Kubelik *(DG)* und James Levine *(EMI)*

Titelrolle in *La Traviata* (Verdi) unter Antonino Votto *(DG)* und unter Riccardo Muti *(EMI)*
Elena in *I Vespri Siciliani* (Verdi) / live 1970 Scala Milano unter Gianandrea Gavazzeni – *Myto*
Desdemona in *Otello* (Verdi) unter James Levine – *RCA*
Berthe in *Le Prophète* (Meyerbeer) / zweimal unter Henry Lewis – *je 1 bei CBS/Sony* und *Myto*
Isabella in *Roberto il Diavolo* (Meyerbeer) / 1968 Firenze unter Nino Sanzogno – *Melodram*
Marguerite in *Faust* (Gounod) / live 1973 Chicago unter Paul Ethuin – *Legato*
Bauci in *Filemone e Bauci* (Gounod) / RAI 1961 unter Nino Sanzogno – *Foyer*
Santuzza in *Cavalleria Rusticana* (Mascagni) unter James Levine – *RCA*
Nedda in *I Pagliacci* (Leoncavallo) unter Riccardo Muti – *EMI*
Anna in *Le Villi* (Puccini) unter Lorin Maazel – *CBS/Sony*
Fidelia in *Edgar* (Puccini) unter Eve Queler – *CBS/Sony*
Mimi in *La Bohème* (Puccini) unter Antonino Votto *(DG)* und unter James Levine *(EMI)*
Titelrolle in *Tosca* (Puccini) unter James Levine – *EMI*
Cio-Cio-San in *Madama Butterfly* (Puccini) unter John Barbirolli *(EMI)* und unter Lorin Maazel *(CBS/Sony)*
Giorgetta in *Il Tabarro* (Puccini) unter Lorin Maazel – *CBS/Sony*
Titelrolle in *Suor Angelica* (Puccini) unter Lorin Maazel – *CBS/Sony*
Liù in *Turandot* (Puccini) unter Francesco Molinari-Pradelli – *EMI*
Walter in *La Wally* (Catalani) / live 1953 Scala Milano unter Carlo Maria Giulini – *G.O.P.*
Maddalena in *Andrea Chénier* (Giordano) unter James Levine – *CBS/Sony*
Titelrolle in *Adriana Lecouvreur* (Cilea) unter James Levine – *CBS/Sony*
Zahlreiche Live-Mitschnitte von Belcanto-Opern, Verdi und Veristen auf verschiedenen Labels

Sopranpart in *Messa da Requiem* (Verdi) unter Riccardo Muti – *EMI*

Live-Aufnahmen 1965–1970 – 2CD
(Arien und Szenen aus Opern von Bellini, Donizetti, Verdi) – *Memories*
Verdi-Arien (Ernani, Masnadieri, Macbeth, Ballo, Don Carlo, Aida) (Budap.SO / Th.Fulton) – *Hungaroton*
Französische Arien (Berlioz, Bizet, Thomas, Offenbach, Massenet) – *Hungaroton*
Arien-Recital (Gluck, Rossini, Donizetti, Meyerbeer, Spontini, Wagner, Tschaikowski) – *Hungaroton*
Mirella Freni & Renata Scotto – Duette (Mozart, Rossini, Bellini, Mercadante) – *Decca*
Renata Scotto & Placido Domingo (Opernszenen und -duette) – *RCA*
Giuseppe Verdi: *Sämtliche Lieder* (+ Paolo Washington / Vincenzo Scalera, *p*) – *Nuova Era*

Bisher nur auf LP: Frühe Aufnahmen *(FONIT-Cetra)*, Verdi-Arien *(CBS/Sony)*, Verismo-Arien *(CBS/Sony)*, The Art of Belcanto *(LR)*

SEEFRIED, IRMGARD

Susanna in *Le Nozze di Figaro* (Mozart) unter Herbert von Karajan *(EMI)* und unter Ferenc Fricsay *(DG)*
Susanna in *Le Nozze di Figaro* (Mozart) / live 1953 Salzburg unter Wilhelm Furtwängler – *zuletzt bei Cetra*
Susanna in *Le Nozze di Figaro* (Mozart) / live 1957 Salzburg unter Karl Böhm – *Orfeo + GDS*
Zerlina in *Don Giovanni* (Mozart) unter Ferenc Fricsay – *DG*
Zerlina in *Don Giovanni* (Mozart) / live 1950 Salzburg unter Wilhelm Furtwängler – *Laudis*
Fiordiligi in *Così fan tutte* (Mozart) unter Eugen Jochum – *DG*
Pamina in *Die Zauberflöte* (Mozart) unter Herbert von Karajan – *EMI*
Pamina in *Die Zauberflöte* (Mozart) / live 1951 Salzburg unter Wilhelm Furtwängler – *Arkadia*
Marzelline in *Fidelio* (Beethoven) unter Karl Böhm (Acanta) und unter Ferenc Fricsay *(DG)*
Marzelline in *Fidelio* (Beethoven) / live 1955 StO Wien unter Karl Böhm – *Melodram*
Agathe in *Der Freischütz* (Weber) unter Eugen Jochum – *DG*
Eva in *Die Meistersinger von Nürnberg* (Wagner) / live 1955 StO Wien unter Fritz Reiner – *Melodram*
Hänsel in *Hänsel und Gretel* (Humperdinck) unter André Cluytens – *EMI*
Octavian in *Der Rosenkavalier* (R.Strauss) unter Karl Böhm – *DG*
Komponist in *Ariadne auf Naxos* (R.Strauss) unter Karl Böhm *(DG/Amadeo)* und Herbert von Karajan *(EMI)*

Sopranarien in *Matthäus-Passion* (Bach) unter Herbert von Karajan – *Foyer + Verona*
Gabriel & Eva in *Die Schöpfung* (Haydn) unter Eugen Jochum – *DG*
Sopransolo in *Requiem KV 626* (Mozart) unter Bruno Walter – *CBS/Sony*
Sopransolo in *Sinfonie Nr.9* (Beethoven) unter Wilhelm Furtwängler – *DG*
Sopranpart in *Ein Deutsches Requiem* (Brahms) (+ George London / NYPhO / Bruno Walter) – *CBS/Sony*
Sopranpart in *Liebeslieder-Walzer op.52* (Brahms) (+ Ferrier, Patzak, Günter / Clifford Durzon,*p*) – *Decca*
Sopransolo in *Cäcilien-Messe* (Gounod) unter Igor Markevitch – DG
Portrait-Recital: *Lieder* – 2CD
(Mozart, Schubert, Schumann, Brahms, Wolf, R.Strauss, Mussorgsky, Bartók) (+ Erik Werba,*p*) – *DG*
Portrait-Recital: *Arien* – 2CD
(Händel, Mozart, Beethoven, Weber, Lortzing, Bizet, Thomas, R.Strauss, Respighi) – *DG*
Live-Aufnahmen 1948–1955
(aus Brahms: *Ein Deutsches Requiem* / Mozart: *Exsultate* / *Don Giovanni, Nozze, Zauberflöte*) – GDS

Goethe-Lieder (Mozart, Beethoven, Schubert, Schumann, Wolf) (Erik Werba,*p*) – *Orfeo*
Elisabeth Schwarzkopf & Irmgard Seefried singen Duette
(Monteverdi, Carissimi, Humperdinck, Dvorak, R.Strauss u.a.) – *EMI*

SEINEMEYER, META

Portrait-Recital(s) – CD/LPs
(Mozart, Verdi, Wagner, Gounod, Liszt, Ponchielli, Humperdinck, Puccini, Giordano, R-Korssakoff, R.Strauss, Schubert, Rubinstein, Weingartner) – *Preiser LV*
Die umfassende Edition auf 5LP bei *Preiser* verdient komplett auf CD wiederveröffentlicht zu werden.

SIEPI, CESARE

Figaro in *Le Nozze di Figaro* (Mozart) unter Erich Kleiber – *Decca*
Figaro in *Le Nozze di Figaro* (Mozart) / live 1952 Met NYC unter Fritz Reiner – *AS*
Titelrolle in *Don Giovanni* (Mozart) unter Josef Krips *(Decca)* und unter Erich Leinsdorf *(RCA/Decca)*
Titelrolle in *Don Giovanni* (Mozart) / live 1953 & 1954 Salzburg unter Wilhelm Furtwängler – *bei EMI und Foyer (u.a.)*
Titelrolle in *Don Giovanni* (Mozart) / live 1956 Salzburg unter Dimitri Mitropoulos – *Arkadia*
Don Basilio in *Il Barbiere di Siviglia* (Rossini) unter Alberto Erede – *Decca*
Don Basilio in *Il Barbiere di Siviglia* (Rossini) / live 1949 Mexico unter Renato Cellini – *GDS*
Conte Rodolfo in *La Sonnambula* (Bellini) unter Franco Capuana – *FONIT Cetra*
Oroveso in *Norma* (Bellini) / live 1954 Met NYC unter Fausto Cleva – *Melodram*
Oroveso in *Norma* (Bellini) / live 1970 Met NYC unter Richard Bonynge – *Frequenz + Memories*
Raimondo in *Lucia di Lammermoor* (Donizetti) unter John Pritchard – *Decca*
Baldassarre in *La Favorita* (Donizetti) / live 1950 Mexico unter Renato Cellini – *Legato*
Zaccaria in *Nabucco* (Verdi) / live 1960 Met NYC unter Thomas Schippers – *Melodram*
Silva in *Ernani* (Verdi) / live 1956 Met NYC unter Dimitri Mitropoulos – *Foyer*
Silva in *Ernani* (Verdi) / live 1965 Met NYC unter Thomas Schippers – *G.O.P. + Memories*
Sparafucile in *Rigoletto* (Verdi) unter Alberto Erede und Nino Sanzogno – *beide bei Decca*
Padre Guardiano in *La Forza del Destino* (Verdi) unter Francesco Molinari-Pradelli – *Decca*
Padre Guardiano in *La Forza del Destino* (Verdi) / live 1953 Firenze unter Dimitri Mitropoulos – *Melodram*
Padre Guardiano in *La Forza del Destino* (Verdi) / live 1956 Met NYC unter Fritz Stiedry – *Melodram*

Filippo II in *Don Carlo* (Verdi) / live 1950 Met NYC unter Fritz Stiedry – *Myto*
Filippo II in *Don Carlo* (Verdi) / live 1958 Salzburg unter Herbert von Karajan – *Arkadia*
Kardinal Brogni in *La Juive* (Halévy) / live 1981 Wien unter Gerd Albrecht – *HRE*
Méphistophéles in *Faust* (Gounod) unter Fausto Cleva – *CBS/Sony*
Méphistophéles in *Faust* (Gounod) / live 1950 Met NYC unter Fausto Cleva – *Myto*
Méphistophéles in *Faust* (Gounod) / live 1959 Met NYC unter Jean Morel – *Myto*
Alvise in *La Gioconda* (Ponchielli) unter Gianandrea Gavazzeni – *Decca*
Titelrolle in *Mefistofele* (Boito) unter Tullio Serafin – *Decca*
Titelrolle in *Mefistofele* (Boito) / live 1958 Scala Milano unter Antonino Votto – *Melodram*
Colline in *La Bohème* (Puccini) unter Gabriele Santini *(FONIT Cetra)* und unter Tullio Serafin *(Decca)*
Dosifej in *Chowanschtschina* (Mussorgsky) / live 1974 Scala Milano unter Bogo Leskovich – *HRE*
Lothario in *Mignon* (Thomas) / live 1948 Mexico unter Renato Cellini – *Bongiovanni GAO*
Archibaldo in *L'Amore dei tre Re* (Montemezzi) unter Nello Santi – *RCA*

Baßsolo in *Requiem KV 626* (Mozart) unter Bruno Walter *(Nuova Era)* und Guido Cantelli *(AS)*
Baßpartie in *Messa da Requiem* (Verdi) unter Arturo Toscanini *(RCA)* und unter Victor de Sabata *(EMI)*

Sängerportrait (Live-Mitschnitte) – 2CD
(Mozart, Rossini, Bellini, Halévy, Schumann, Verdi, Gounod, Gomez, Boti, Ravel) – *Memories*
Portrait-Recital
(*Don Carlo, Nabucco, Ernani, Salvador Rosa, S.Boccanegra, Huguenots, Robert le Diable, La Juive*) – *Decca*
Recital – Frühe Aufnahmen
(*Nabucco, Ernani, Don Carlo, Vespri, Sonnambula, L'Italiana, Barbiere, Mefistofele*) – *FONIT Cetra*
Italienische Romanzen und Canzonen – *FONIT Cetra*
Bei *London* (Decca USA) gab es eine LP mit Broadway-Songs, vornehmlich von Cole Porter: Ein prachtvolles Exempel für sinnlich-virilen Baßgesang in der Pinza-Nachfolge.

SIMIONATO, GIULIETTA

Orfeo in *Orfeo ed Euridice* (Gluck) / live 1959 Salzburg unter Herbert von Karajan – *Memories + Orfeo*
Curazio in *Gli Orazi e i Curiazi* (Cimarosa) / RAI 1952 unter Carlo Maria Giulini – *Melodram*

Fidalma in *Il Matrimonio segreto* (Cimarosa) unter Manno Wolf-Ferrari – *FONIT Cetra*
Neris in *Medea* (Cherubini) / live 1961 Scala Milano unter Thomas Schippers – Arkadia
Rosina in *Il Barbiere di Siviglia* (Rossini) unter Fernando Previtali *(FONIT Cetra)* und Alberto Erede *(Decca)*
Angelina in *La Cenerentola* (Rossini) unter Mario Rossi *(FONIT Cetra)* und Oliviero de Fabritiis *(Decca)*
Isabella in *L'Italiana in Algeri* (Rossini) unter *Carlo Maria Giulini – EMI*
Arsace in *Semiramide* (Rossini) / live 1962 Scala Milano unter Gabriele Santini – *Arkadia*
Adalgisa in *Norma* (Bellini) / live 1950 Mexico unter Guido Picco – *Melodram*
Adalgisa in *Norma* (Bellini) / live 1955 Scala Milano unter Antonino Votto – *Arkadia*
Romeo in *I Capuleti e i Montecchi* (Bellini) / live 1958 NYC unter Arnold Gamson – *Melodram*
Giovanna in *Anna Bolena* (Donizetti) / live 1957 Scala Milano unter Gianandrea Gavazzeni – *Melodram + Arkadia*
Giovanna in *Anna Bolena* (Donizetti) / 1958 unter Gianandrea Gavazzeni – *Memories*
Leonora in *La Favorita* (Donizetti) unter Alberto Erede – *Decca*
Leonora in *La Favorita* (Donizetti) / live 1950 Mexico unter Renato Cellini – *Legato*
Valentine in *Gli Ughenotti* (Meyerbeer) / live 1962 Scala Milano unter Gianandrea Gavazzeni – *Melodram*
Maddalena in *Rigoletto* (Verdi) unter Alberto Erede – *Decca*
Azucena in *Il Trovatore* (Verdi) unter Aberto Erede – *Decca*
Azucena in *Il Trovatore* (Verdi) / live 1950 Mexico unter Guido Picco – *Melodram*
Azucena in *Il Trovatore* (Verdi) / live 1962 Salzburg unter Herbert von Karajan – *Melodram + Arkadia*
Ulrica in *Un Ballo in Maschera* (Verdi) unter Georg Solti – *Decca*
Preziosilla in *La Forza del Destino* (Verdi) unter Francesco Molinari-Pradelli – *Decca* (+ mehrere Live-Mitschnitte in dieser Partie)
Eboli in *Don Carlo* (Verdi) / live 1958 Salzburg unter Herbert von Karajan – *Arkadia*
Amneris in *Aida* (Verdi) unter Herbert von Karajan – *Decca*
Amneris in *Aida* (Verdi) / live 1950 Mexico unter Guido Picco – *Melodram*
Mrs.Quickly in *Falstaff* (Verdi) unter Georg Solti – *Decca*
Titelrolle in *Carmen* (Bizet) / live 1955 Scala Milano unter Herbert von Karajan – *Arkadia*
Titelrolle in *Carmen* (Bizet) / live 1959 Palermo unter Pierre Dervaux – *Stradivarius*
Titelrolle in *Mignon* (Thomas) / Ausschnitte live 1949 Mexico unter Renato Cellini – *Bongiovanni GAO*
Laura in *La Gioconda* (Ponchielli) unter Gianandrea Gavazzeni – *Decca*
Principessa in *Suor Angelica* (Puccini) unter Lamberto Gardelli – *Decca*
Santuzza in *Cavalleria Rusticana* (Mascagni) unter Arturo Basile *(FONIT Cetra)* und Tullio Serafin *(Decca)*
Santuzza in *Cavalleria Rusticana* (Mascagni) / live 1963 Scala Milano unter Gianandrea Gavazzeni – *Arkadia*
Mama Lucia in *Cavalleria Rusticana* (Mascagni) unter Pietro Mascagni – *EMI*
Charlotte in *Werther* (Massenet) / live 1948 Mexico unter Renato Cellini – *Legato*
Principessa in *Adriana Lecouvreur* (Cilea) unter Franco Capuana – *Decca*

Principessa in *Adriana Lecouvreur* (Cilea) / live 1959 Napoli unter Mario Rossi – *Melodram*
Isabella in *Atlántida* (de Falla) / UA 1962 Milano unter Thomas Schippers – *Memories*
Weitere Live-Mitschnitte der wichtigsten Partien auf verschiedenen Labels

Live-Aufnahmen 1956–1963 – 2CD
(Arien & Szenen aus Opern von Gluck, Rossini, Donizetti, Meyerbeer, Verdi) – *Memories*
Sängerportrait (Italienische & französische Arien / Belcanto und Verismo) – *zuletzt bei London (Decca USA)*
Sammlung Live-Mitschnitte und Rundfunkaufnahmen (2LP) – *zuletzt bei Melodram*

SIMONEAU, LÉOPOLD

Orpheus in *Orpheus et Eurydice* (Gluck) unter Hans Rosbaud – *Philips*
Pylade in *Iphigénie en Tauride* (Gluck) unter Carlo Maria Giulini – *EMI Pathé*
Don Ottavio in *Don Giovanni* (Mozart) unter Rudolf Moralt – *Philips*
Don Ottavio in *Don Giovanni* (Mozart) / live 1956 Salzburg unter Dimitri Mitropoulos – *Arkadia*
Ferrando in *Così fan tutte* (Mozart) unter Herbert von Karajan – *EMI*
Belmonte in *Die Entführung aus dem Serail* (Mozart) unter Thomas Beecham – *EMI*
Idamante in *Idomeneo* (Mozart) unter John Pritchard – *EMI*
Tamino in *Die Zauberflöte* (Mozart) unter Karl Böhm – *Decca*
Tamino in *Die Zauberflöte* (Mozart) / live 1959 Salzburg unter George Szell – *Melodram*
Don José in *Carmen* (Bizet) unter Pierre-Michel Le Conte – *zuletzt bei Concert Hall*
Nadir in *Les Pêcheurs de Perles* (Bizet) unter Jean Fournet – *Philips*
Hoffmann in *Les Contes d'Hoffmann* (Offenbach) unter Pierre-Michel Le Conte (*zuletzt bei Epic*) und unter Lee Schaenen (*Melodram*)

Tenorpart in *Requiem KV 626* (Mozart) unter Bruno Walter – *CBS/Sony*

Arien-Recital (Donizetti, Verdi, Flotow, Mehul, Thomas, Massenet) (RSO Berlin / Paul Strauss) – *DG*
Léopold Simoneau & Pierette Alarie – Mozart: Arien & Duette – *Pearl* (LP)

SLEZAK, LEO

Portrait-Recital(s) – 2CD/LPs
(Mozart, Rossini, Weber, Auber, Boieldieu, Halévy, Meyerbeer, Gounod, Goldmark, Bizet, Delibes, Wagner, Verdi, Ponchielli, Leoncavallo, Puccini, Massenet) – *Preiser CO*
daraus Arien-Recital 1CD – *Preiser CO*

Liederalbum (Schubert, Loewe, Schumann, Brahms, Hildach, Wolf, R.Strauss) (+ Heinrich Schacker & Michael Raucheisen,*p*) – *Preiser LV*

Besonders attraktive Frühaufnahmen und erste US-Cylinder-Takes gab es auf OASI. Die LP dürfte inzwischen zur weltweit gesuchten Rarität geworden sein. Wiederveröffentlichung wäre willkommen.

SMIRNOW, DIMITRI

Portrait-Recital
(Gounod, Bizet, R-Korssakoff, Tschaikowsky, Boito, Rubinstein, Borodin, Rachmaninow, Napravnik, Puccini, Leoncavallo, Mascagni) – *Preiser CO*

Arien-Recital (Rossini, Donizetti, Verdi, Boito, Bizet, Mascagni, Leoncavallo, Puccini, Massenet) – *Club 99*

Weitere Recitals gab es bei *Rubini GV*, wohl nur noch bei Antiquariten erhältlich.

Wichtige Einzelaufnahmen in der Anthologie *Singers of Imperial Russia – Pearl*

SOBINOW, LEONID

Portrait-Recital
(Wagner, Bizet, Tschaikowsky, R-Korssakoff, Gretchaninoff, Moniuszko, Arensky, Dargomischsky, Rubinstein, Tschaikowsky) – *Preiser CO*

Wichtige Einzelaufnahmen in der Anthologie *Singers of Imperial Russia – Pearl*

SÖDERSTRÖM, ELISABETH

Nerone in *L'Incoronazione di Poppea* (Monteverdi) unter Nikolaus Harnoncourt – *Teldec*

Contessa in *Le Nozze di Figaro* (Mozart) unter Otto Klemperer – *EMI*

Leonore in *Fidelio* (Beethoven) / live 1978 Glyndebourne unter Bernard Haitink – *VHS-Video*

Marguerite in *Faust* (Gounod) / live 1959 Met NYC unter Jean Morel – *Myto*

Knusperhexe in *Hänsel und Gretel* (Humperdinck) unter John Pritchard – *CBS/Sony*

Michal in *Saul und David* (Nielsen) unter Jascha Horenstein – *EMI*

Titelrolle in *Jenufa* (Janácek) unter Charles Mackerras – *Decca*

Titelrolle in *Katja Kabanova* (Janácek) unter Charles Mackerras – *Decca*

Emilia in *Die Sache Makropoulos* (Janácek) unter Charles Mackerras – *Decca*

Octavian in *Der Rosenkavalier* (R.Strauss) / Ausschnitte unter Silvio Varviso – *Decca*

Mélisande in *Pelléas et Mélisande* (Debussy) unter Pierre Boulez – *CBS/Sony*

Titelrollen in *Fennimore and Gerda* (Delius) unter Meredith Davies – *EMI*

Dame in *Cardillac* (Hindemith) unter Joseph Keilberth – *DG*

Sopranpart in *Missa solemnis* (Beethoven) unter Otto Klemperer – *EMI*
Sopransolo in *Missa Glagolytica* (Janácek) unter Charles Mackerras – *Supraphon*
Sopranpart in Das klagende Lied (Mahler) unter Pierre Boulez – *CBS/Sony*
Sopranpart in *War Requiem* (Britten) unter Simon Rattle – *EMI*
Sopransolo in *Sinfonie Nr.15* (Schostakowitsch) unter Bernard Haitink – *Decca*

Portrait-Recital
(Gluck, Mozart, Rangström, Tschaikowsky, Debussy, R.Strauss) – *EMI*

Schubert: *Goethe-Lieder* (+ Paul Badura-Skoda,*p*) – *Astrée/Auvidis*
Tschaikowsky: 28 Lieder (+ Vladimir Ashkenazy,*p*) – *Decca*
Rachmaninow: Lieder (+ Vladimir Ashkenazy,*p*) – *Decca*
Sibelius: Lieder (+ Vladimir Ashkenazy,*p*) – *Decca*
Schwedische Lieder
(Almquist, Sjögren, Drachmann, Peterson-Berger, Stenhammar, Rangström, Lindblad, Josephson u.a.) – *Swedish Society Discofil*

SPANI, HINA

Portrait-Recital – 2CD
(Caccini, Scarlatti, Pergolesi, Verdi, Wagner, Gounod, Mascagni, Leoncavallo, Catalani, Puccini, Massenet, Obradors, Buchardo, Granados, Nin, Paradies, Ugarte, Brahms, Dvorák, Ciampi, Tirindelli) – *Club 99*
Arien-Recital
(Verdi, Gounod, Leoncavallo, Puccini, Catalani, Massenet, Buchardo, Ugarte) – *Preiser LV*
Sängerportrait *The Art of Hina Spani* – *EMI* (2LP)

STIGNANI, EBE

Adalgisa in *Norma* (Bellini) / RAI 1937 unter Vittorio Gui *(FONIT Cetra)* und unter Tullio Serafin *(EMI)*
Adalgisa in *Norma* (Bellini) / live 1952 C.G.London unter Vittorio Gui – *Verona*
Adalgisa in *Norma* (Bellini) / live 1955 Rom unter Tullio Serafin – *Virtuoso*
Fidalma in *Il Matrimonio segreto* (Cimarosa) unter Nino Sanzogno – *EMI*
La Gran Vestale in *La Vestale* (Spontini) / live 1954 Scala Milano unter Antonino Votto – *Melodram*
Preziosilla in *La Forza del Destino* (Verdi) unter Gino Marinuzzi – *FONIT Cetra*
Eboli in *Don Carlo* (Verdi) unter Fernando Previtali – *FONIT Cetra*
Amneris in *Aida* (Verdi) unter Tullio Serafin *(EMI)* und unter Alberto Erede *(Decca)*
Laura in *La Gioconda* (Ponchielli) / 1931 unter Lorenzo Molajoli – *EMI Italiana*
Titelrolle in *Carmen* (Bizet) / it./ unter Vincenzo Bellezza – *EMI Italiana*

Mezzo-Part in *Requiem KV 626* (Mozart) unter Victor de Sabata – *FONIT Cetra*
Mezzo-Part in *Messa da Requiem* (Verdi) unter Tullio Serafin – *EMI*

Arien-Recital
(Gluck, Rossini, Bellini, Donizetti, Verdi, Mascagni, Thomas, Saint-Saëns) – *Preiser LV*
Ein weiteres Arien-Recital mit Cetra/RAI-Aufnahmen (u.a. Normas *Casta diva*) – *FONIT Cetra* (bisher nur LP)
The Legendary Ebe Stignani – 1938–1960
(Frühe Aufnahmen / Rundfunkaufnahmen / Live-Mitschnitte) – *LR* (2LP)

STREICH, RITA

Amor in *Orpheus und Eurydike* (Gluck) unter Artur Rother *(Acanta)* und unter Ferenc Fricsay *(DG)*
Bastienne in *Bastien und Bastienne* (Mozart) unter Christoph Stepp – *DG*
Blonde in *Die Entführung aus dem Serail* (Mozart) unter Ferenc Fricsay – *DG*
Susanna in *Le Nozze di Figaro* (Mozart) unter Karl Böhm – *Philips*
Zerlina in *Don Giovanni* (Mozart) / WDR 1955 unter Otto Klemperer – *zuletzt bei BWS*
Zerlina in *Don Giovanni* (Mozart) / live 1956 Salzburg unter Dimitri Mitropoulos – *Arkadia*
Königin der Nacht in *Die Zauberflöte* (Mozart) unter Ferenc Fricsay – *DG*
Königin der Nacht in *Die Zauberflöte* (Mozart) / live 1958 Buenos Aires unter Thomas Beecham – *Melodram*
Regina della Notte in *Il Flauto Magico* (Mozart) / RAI 1953 unter Herbert von Karajan – *Myto*
Ännchen in *Der Freischütz* (Weber) unter Erich Kleiber (WDR 1955 / *Arkadia*) und unter Eugen Jochum *(DG)*
Ännchen in *Der Freischütz* (Weber) / live 1954 Salzburg unter Wilhelm Furtwängler – *Hunt*
Titelpartie in *Undine* (E.Th.A. Hoffmann) / BR-Produktion unter Jan Koetsier – *Memories*
Waldvogel in *Siegfried* (Wagner) / live 1953 Bayreuth unter Clemens Krauss – *Foyer*
Olympia in *Hoffmanns Erzählungen* (Offenbach) unter Artur Rother – *Acanta*
Musette in *La Bohème* (Puccini) / dt./ unter Alberto Erede – *DG*
Gretel in *Hänsel und Gretel* (Humperdinck) unter Fritz Lehmann – *DG*
Adele in *Die Fledermaus* (J.Strauß) unter Herbert von Karajan – *EMI*
Zerbinetta in *Ariadne auf Naxos* (R.Strauss) unter Herbert von Karajan – *EMI*
Zerbinetta in *Ariadne auf Naxos* (R.Strauss) / live 1954 Salzburg unter Karl Böhm – *Melodram*
Sopranpart in *Der Stern von Betlehem* (Rheinberger) (+ F-Dieskau / Robert Heger) – *Caris*
Operetten-Gesamtaufnahmen von *Der Zigeunerbaron* (J.Strauß), *Eine Nacht in Venedig* (J.Strauß), *Der Bettelstudent* (Millöcker) und *Der Zarewitsch* (Lehár) – *alle bei EMI*

Portrait: *Mozart-Arien*
Entführung, Zauberflöte, Il Re Pastore, / Konzertarien KV 294, 316, 383, 416, 418, 419, 538, 583 – *DG*
Portrait: *Arien & Walzer* – 2CD
(Mozart, Bellini, Donizetti, Verdi, Bizet, Offenbach, Delibes, Puccini, Massenet, J.Strauß, R-Korssakoff) – *DG*
Portrait: *Lieder* – 2CD
(Mozart, Schubert, Schumann, Brahms, Wolf, R.Strauss, Milhaud) (+ E.Werba & G.Weissenborn,*p*) – *DG*

The Art of Rita Streich
Unter diesem Titel erschien bei der japanischen *DG* eine 10CD-Sammlung mit sämtlichen Einspielungen der Künstlerin. Über jpc-Import in Deutschland erhältlich.

STUDER, CHERYL

Konstanze in *Die Entführung aus dem Serail* unter Bruno Weil – *Sony*
Donna Anna in *Don Giovanni* (Mozart) unter Riccardo Muti – *EMI*
Königin der Nacht in *Die Zauberflöte* (Mozart) unter Neville Marriner – *Philips*
Florida in *Fierrabras* (Schubert) unter Claudio Abbado – *DG*
Madama Cortese in *Il Viaggio a Reims* (Rossini) unter Claudio Abbado – *Sony*
Matilde in *Guglielmo Tell* (Rossini) unter Riccardo Muti – *Philips*
Titelrolle in *Lucia di Lammermoor* (Donizetti) unter Ion Marin – *DG*
Elisabeth in *Tannhäuser* (Wagner) unter Giuseppe Sinopoli – *DG*
Elsa in *Lohengrin* (Wagner) unter Peter Schneider – *Philips*
Eva in *Die Meistersinger von Nürnberg* (Wagner) unter Wolfgang Sawallisch – *EMI*
Sieglinde in *Die Walküre* (Wagner) unter Bernard Haitink – *EMI*
Gutrune in *Götterdämmerung* (Wagner) unter James Levine – *DG*
Odabella in *Attila* (Verdi) unter Riccardo Muti – *EMI*
Titelrolle in *La Traviata* (Verdi) unter James Levine – *DG*
Elena in *I Vespri Siciliani* (Verdi) unter Riccardo Muti – *Philips*
Desdemona in *Otello* (Verdi) unter Myung-Whun Chung – *DG*
Marguerite in *Faust* (Gounod) unter Michel Plasson – *EMI*
Giulietta in *Les Contes d'Hoffmann* (Offenbach) unter Jeffrey Tate – *Philips*
Titelrolle in *Salome* (R.Strauss) unter Giuseppe Sinopoli – *DG*
Chrysothemis in *Elektra* (R.Strauss) unter Wolfgang Sawallisch – *EMI*
Kaiserin in *Die Frau ohne Schatten* (R.Strauss) unter Wolfgang Sawallisch – *EMI*

Sopranpart in *Missa solemnis* (Beethoven) unter James Levine – *DG*
Sopransolo in *Sinfonie Nr.9* (Beethoven) unter Riccardo Muti – *EMI*
Sopransolo in *Messa da Requiem* (Donizetti) unter Miguel Gomez-Martinez – *Orfeo*
Sopranpart in *Ein Deutsches Requiem* (Brahms) unter Claudio Abbado – *DG*

Sopranpart in *Messa da Requiem* (Verdi) unter Riccardo Muti – *EMI*
Sopransolo in *Sinfonie Nr.8* (Mahler) unter Giuseppe Sinopoli – *DG*
Sopranpart in *Das klagende Lied* (Mahler) unter Giuseppe Sinopoli – *DG*
Sopranpart in *Sinfonie Nr.8* (Mahler) unter Giuseppe Sinopoli – *DG*

Mozart-Arien unter Neville Marriner – *Philips*
Arien aus Belcanto-Opern (Rossini, Bellini, Donizetti, Verdi) unter Gabriele Ferro – *EMI*
Schubert-Lieder (+ Irwin Gage,*p*) – *DG*
Cheryl Studer in Salzburg (Liedprogramm live: Schubert, Debussy, R.Strauss / + Irwin Gage,*p*) – *DG*
Ave Maria – Geistliche Arien
(Bach, Händel Mozart, Schubert, Mendelssohn, Gounod, Bruch, Fauré, Bernstein) – *DG*

SUPERVIA, CONCHITA

Conchita Supervia – 2CD-Sammlung mit den wichtigsten Opern- und Liedeinspielungen – *Nimbus/Prima Voce*
Supervia I (Paisiello, Delibes, Lehár, Albeniz, Granados, Turina, Nin, de Falla u.a.) – *Pearl*
Supervia II: The Unknown Conchita Supervia
(Rare Takes: Franz. Oper / Zarzuela-Arien / Italienische, französische, spanische, catalanische Lieder) – *Pearl*
Portrait-Recital (Mozart, Rossini, Bizet, Saint-Saëns, Humperdinck, R.Strauss) – *Preiser LV*
Opernarien (Bizet: *Carmen* / Rossini: *Barbiere, Cenerentola, Italiana*) – *EMI*
Einzelaufnahmen und *Carmen*-Ausschnitte in den Anthologien, vor allem *L'Opéra Comique*

SUTHAUS, LUDWIG

Jason in *Medea* (Cherubini) / Szenen live 1958 Berlin unter Vittorio Gui – *Melodram*
Tristan in *Tristan und Isolde* (Wagner) unter Wilhelm Furtwängler – *EMI*
Tristan in *Tristan und Isolde* (Wagner) / Ausschnitte live 1948 Berlin unter Wilhelm Furtwängler – *FONIT Cetra*
Tristan in *Tristan und Isolde* (Wagner) / live 1950 Leipzig unter Franz Konwitschny – *Melodram*
Titelrolle in *Tannhäuser* (Wagner) / live 1949 Berlin unter Leopold Ludwig – *Melodram*
Stolzing in *Die Meistersinger von Nürnberg* (Wagner) / live 1942 Bayreuth unter Hermann Abendroth – *Preiser*
Loge in *Rheingold* (Wagner) / live 1957 Bayreuth unter Hans Knappertsbusch – *Foyer*
Siegmund in *Die Walküre* (Wagner) unter Wilhelm Furtwängler – *EMI*

Siegmund in *Die Walküre* (Wagner) / live 1951 Berlin unter Ferenc Fricsay – *Myto*
Siegfried-Partien im *Ring des Nibelungen* (Wagner) / live 1953 RAI Rom unter Wilhelm Furtwängler – *EMI*
Siegfried in *Götterdämmerung* (Wagner) / 3.Aufzug / live 1952 Rom unter W.Furtwängler – *FONIT Cetra*
Finale aus *Die Meistersinger von Nürnberg* (Wagner) / 1943 Berlin unter R.Heger (+ Jaro Prohaska) – *Acanta*

Liederabend Moskau 1955 (Schubert, Schumann, Brahms, R.Strauss) (+ Gustav Grossmann,*p*) – *Melodija*

SUTHERLAND, JOAN

Titelrolle in *Alcina* (Händel) unter Richard Bonynge – *Decca*
Titelrolle in *Alcina* (Händel) / live WDR 1959 unter Ferdinand Leitner – *Melodram*
Galatea in *Acis and Galatea* (Händel) unter Adrian Boult – *Decca*
Titelrolle in *Athalia* (Händel) unter Christopher Hogwood – *Decca*
Titelrolle in *Rodelinda* (Händel) unter Richard Bonynge – *Decca*
Szenen aus *Giulio Cesare* (Händel) (+ M.Horne / Richard Bonynge) – *Decca*
Lucy in *The Beggars Opera* (Pepusch) unter Richard Bonynge – *Decca*
Euridice in *Orfeo e Euridice* (Haydn) / live Edinburgh 1967 unter Richard Bonynge – *Myto*
Donna Anna in *Don Giovanni* (Mozart) unter Carlo Maria Giulini *(EMI)* und Richard Bonynge *(Decca)*
Titelrolle in *Semiramide* (Rossini) unter Richard Bonynge – *Decca*
Titelrolle in *Semiramide* (Rossini) / live 1962 Scala Milano unter Gabriele Santini – *FONIT Cetra*
Titelrolle in *Semiramide* (Rossini) / live RAI Rom unter Richard Bonynge – *Memories*
Titelrolle in *Beatrice di Tenda* (Bellini) unter Richard Bonynge – *Decca*
Amina in *La Sonnambula* (Bellini) zweimal unter Richard Bonynge – *beide bei Decca*
Amina in *La Sonnambula* (Bellini) / live 1963 Met NYC unter Silvio Varviso – *Melodram*
Titelrolle in *Norma* (Bellini) zweimal unter Richard Bonynge – *beide bei Decca*
Titelrolle in *Norma* (Bellini) / live 1970 Met NYC unter Richard Bonynge – *Frequenz + Memories*
Clotilde in *Norma* (Bellini) / live 1952 C.G.London unter Vottorio Gui – *Verona*
Elvira in *I Puritani* (Bellini) zweimal unter Richard Bonynge – *beide bei Decca*
Elvira in *I Puritani* (Bellini) / live 1961 Palermo unter Tullio Serafin – *Melodram*
Adina in *L'Elisir dámore* (Donizetti) unter Richard Bonynge – *Decca*
Titelrolle in *Lucia di Lammermoor* (Donizetti) unter John Pritchard und Richard Bonynge – *beide bei Decca*
Titelrolle in *Lucia di Lammermoor* (Donizetti) / live 1961 Met NYC unter Silvio Varviso – *Melodram*
Titelrolle in *Lucrezia Borgia* (Donizetti) unter Richard Bonynge – *Decca*

Titelrolle in *Anna Bolena* (Donizetti) unter Richard Bonynge – *Decca*
Marie in *La Fille du Régiment* (Donizetti) unter Richard Bonynge – *Decca*
Marie in *La Fille du Régiment* (Donizetti) / live 1972 Met NYC unter Richard Bonynge – *Foyer*
Titelrolle in *Emilia di Liverpool* (Donizetti) / Ausschnitte live 1957 Liverpool unter John Pritchard – *Decca*
Amalia in *I Masnadieri* (Verdi) unter Richard Bonynge – *Decca*
Gilda in *Rigoletto* (Verdi) zweimal unter Richard Bonynge – *beide bei Decca*
Titelrolle in *La Traviata* (Verdi) unter John Pritchard und Richard Bonynge – *beide bei Decca*
Leonora in *Il Trovatore* (Verdi) unter Richard Bonynge – *Decca*
Marguerite in *Les Huguenots* (Meyerbeer) unter Richard Bonynge – *Decca*
Margherita in *Gli Ughenotti* (Meyerbeer) / live 1962 Scala Milano unter Gianandrea Gavazzeni – *Melodram*
Marguerite in *Faust* (Gounod) unter Richard Bonynge – *Decca*
Titelrolle in *Lakmé* (Delibes) unter Richard Bonynge – *Decca*
Ophelia in *Hamlet* (Thomas) unter Richard Bonynge – *Decca*
Olympia, Giulietta, Antonia in *Les Contes d'Hoffmann* (Offenbach) unter Richard Bonynge – *Decca*
Micaela in *Carmen* (Bizet) unter Thomas Schippers – *Decca*
Waldvogel in *Siegfried* (Wagner) unter Georg Solti – *Decca*
Titelrolle in *Suor Angelica* (Puccini) unter Richard Bonynge – *Decca*
Titelrolle in *Turandot* (Puccini) unter Zubin Mehta – *Decca*
Titelrolle in *Esclarmonde* (Massenet) unter Richard Bonynge – *Decca*
Sita in *Le Roi de Lahore* (Massenet) unter Richard Bonynge – *Decca*
Titelrolle in *Adriana Lecouvreur* (Cilea) unter Richard Bonynge – *Decca*
Ah-Joe in *L'oracolo* (Leoni) unter Richard Bonynge – *Decca*
Hanna Glawary in *Die lustige Witwe* (Lehár) / engl./ Ausschnitte unter Richard Bonynge – *Decca*
Zahlreiche Live-Mitschnitte, vor allem von Belcanto-Opern, auf verschiedenen Labels

Sopranpart in *Messiah* (Hänel) unter Adrian Boult und Richard Bonynge – *beide bei Decca*
Sopransolo in *Sinfonie Nr.9* (Beethoven) unter Hans Schmidt-Isserstedt – *Decca*
Sopranpart in *Messa da Requiem* (Verdi) unter Georg Solti – *Decca*

Portrait-Recital (Bellini, Donizetti, Verdi) – *Decca*
Dame Joan Sutherland – Sängerportrait
(Händel, Mozart, Rossini, Bellini, Donizetti, Verdi, Offenbach, Gounod) – *Decca*
Command Performance (Rossini, Bellini, Weber, Meyerbeer, Verdi, Leoncavallo) – *Decca*
Primadonna Assoluta (Bellini, Donizetti, Verdi, Gounod, offenbach, Delibes u.a.) – *Decca*
Tribute to Jenny Lind (Mozart, Rossini, Bellini, Donizetti) – *Decca*
Romantic French Arias (Auber, Offenbach, Meyerbeer, Bizet u.a.) – *Decca*
Operetta Gala (Offenbach, Millöcker, Zeller, Lehár u.a.) – Decca

The Age of Belcanto (+ Marilyn Horne) *(= Teile der berühmten LP-Kassette gleichen Titels) – Decca*
Home Sweet Home (Romantische englische Balladen & Lieder) – *Decca*
Joan Sutherland & Luciano Pavarotti (Opern-Duette) – *Decca*
Joan Sutherland & Marilyn Horne: Duettszenen aus *Norma* (Bellini) und *Semiramide* (Rossini) – *Decca*

TADDEI, GIUSEPPE

Figaro in *Le Nozze di Figaro* (Mozart) unter Carlo Maria Giulini – *EMI*
Titelrolle in *Don Giovanni* (Mozart) unter Max Rudolf – *FONIT Cetra*
Leporello in *Don Giovanni* (Mozart) unter Carlo Maria Giulini – *EMI*
Guglielmo in *Così fan tutte* (Mozart) unter Karl Böhm – *EMI*
Papageno in *Il Flauto Magico* (Mozart) / RAI 1953 unter Herbert von Karajan – *Myto*
Figaro in *Il Barbiere di Siviglia* (Rossini) unter Fernando Previtali – *FONIT Cetra*
Faraone in *Mosè in Egitto* (Rossini) unter Tullio Serafin – *Philips*
Titelrolle in *Guglielmo Tell* (Rossini) unter Mario Rossi – *FONIT Cetra*
Belcore in *L'Elisir d'amore* (Donizetti) / live 1953 Napoli unter Gianandrea Gavazzeni – *Eklipse*
Dulcamara in *L'Elisir d'amore* (Donizetti) unter Tullio Serafin – *EMI*
Titelrolle in *Belisario* (Donizetti) / live 1969 Venezia unter Gianandrea Gavazzeni – *Melodram + Arkadia*
Antonio in *Linda di Chamounix* (Donizetti) unter Tullio Serafin – *Philips*
Antonio in *Linda di Chamounix* (Donizetti) / RAI 1953 unter Alfredo Simonetto – *Myto*
Barone di Kelbar in *Un Giorno di Regno* (Verdi) unter Alfredo Simonetto – *FONIT Cetra*
Carlo in *Ernani* (Verdi) unter Fernando Previtali – *FONIT Cetra*
Carlo in *Ernani* (Verdi) / live Bilbao 1969 unter Manno Wolf-Ferrari – *GDS*
Titelrolle in *Macbeth* (Verdi) unter Thomas Schippers – *Decca*
Titelrolle in *Rigoletto* (Verdi) unter Angelo Questa – *FONIT Cetra*
Giorgio Germont in *La Traviata* (Verdi) / live 1951 Mexico unter Oliviero de Fabritiis – *HRE*
Amonasro in *Aida* (Verdi) / live 1951 Mexico unter Oliviero de Fabritiis – *Melodram*
Titelrolle in *Falstaff* (Verdi) unter Mario Rossi *(FONIT Cetra)* und Herbert von Karajan *(Philips)*
Sachs in *I Maestri Cantori* (Wagner) / RAI 1962 unter Lovro von Matacic – *Melodram*
Nevers in *Gli Ughenotti* (Meyerbeer) / RAI 1956 unter Tullio Serafin – *Arkadia*
Escamillo in *Carmen* (Bizet) / live 1958 Buenos Aires unter Thomas Beecham – *Melodram*
Zurga in *I Pescatori die Perle* (Bizet) / RAI 1960 unter Armando La Rosa Parodi – *Melodram*
Grand-Prêtre in *Samson et Dalila* (Saint-Saëns) / live 1958 Mexico unter Thomas Beecham – *Melodram*
Titelrolle in *Il Principe Igor* (Borodin) RAI 1964 unter A. La Rosa Parodi – *Melodram*
Tonio in *I Pagliacci* (Leoncavallo) unter Herbert von Karajan – *DG*

Marcello in *La Bohème* (Puccini) unter Gabriele Santini – *FONIT Cetra*
Shaunard in *La Bohème* (Puccini) / live 1963 StO Wien unter Herbert von Karajan – *Melodram*
Scarpia in *Tosca* (Puccini) unter Tullio Serafin *(Philips)* und Herbert von Karajan *(Decca)*
Sharpless in *Madama Butterfly* (Puccini) unter Angelo Questa – *FONIT Cetra*
Titelrolle in *Gianni Schicchi* (Puccini) unter Alfredo Simonetto – *Preiser*
Live-Mitschnitte, vor allem von Auftritten aus der Spätzeit der Karriere, bei verschiedenen Labels

Domenico Cimarosa: Kantate *Il Meastro di Capella* (+ RAI-SO / Mario Fighera) – *FONIT Cetra*

Recital (Bellini, Donizetti, Verdi, Giordano, Cilea / 10 Neapolitanische Lieder) – *Preiser*
Live-Mitschnitte Staatsoper Wien 1974–1986 (Mozart, Rossini, Donizetti, Verdi, Puccini) – *Acanta*
Frühe Cetra-Aufnahmen (Mozart, Rossini, Verdi, Meyerbeer, Puccini, Giordano, Massenet) – *Cetra* (LP)
Sängerportrait (Live-Mitschnitte und Rundfunkaufnahmen) – 2LP (Mozart, Rossini, Verdi, Wagner, Meyerbeer, Borodin, Massenet) – *Melodram*

TALVELA, MARTTI

Il Commendatore in *Don Giovanni* (Mozart) unter Karl Böhm – *DG*
Osmin in *Die Entführung aus dem Serail* (Mozart) unter Georg Solti – *Decca*
Sarastro in *Die Zauberflöte* (Mozart) unter Georg Solti *(Decca)* und unter James Levine *(RCA)*
Don Fernando in *Fidelio* (Beethoven) unter Karl Böhm – *DG*
Daland in *Der fliegende Holländer* (Wagner) unter Otto Klemperer *(EMI)* und unter Georg Solti *(Decca)*
Landgraf in *Tannhäuser* (Wagner) / live 1967 Scala Milano unter Wolfgang Sawallisch – *Melodram*
Marke in *Tristan und Isolde* (Wagner) unter Karl Böhm – *DG/Philips*
Fasolt in *Rheingold* (Wagner) unter Herbert von Karajan – *DG*
Hunding in *Die Walküre* (Wagner) unter Herbert von Karajan – *DG*
Titurel in *Parsifal* (Wagner) / live 1962 Bayreuth unter Hans Knappertsbusch – *Philips*
Sparafucile in *Rigoletto* (Verdi) unter Richard Bonynge – *Decca*
Il Grande Inquisitore in *Don Carlo* (Verdi) unter Georg Solti – *Decca*
Titelrolle in *Boris Godunow* (Mussorgsky) unter Jerzy Semkow – *EMI*
Jaakko in *Die letzten Versuchungen* (Kokkonen) unter Ulf Söderblom – *DG/Finlandia*

Simon in *Die Jahreszeiten* (Haydn) unter Karl Böhm – *DG*
Baßsolo in *Sinfonie Nr.9* (Beethoven) unter Hans Schmidt-Isserstedt und unter Georg Solti – *beide bei Decca*

Baßpart in *Messa da Requiem* (Verdi) unter Georg Solti – *Decca*
Baßsolo in *Sinfonie Nr.8* (Mahler) unter Georg Solti – *Decca*

Schubert: *Winterreise D.911* (+ Ralf Gothoni,*p*) – *Decca*
Lieder von Toivo Kuula & Finnish Folk Songs (+ Instr.Ensemble) – *Finlandia*
Finnische Volkslieder (+ Pertti Eerola,*p*) – *Finlandia*

TAMAGNO, FRANCESCO

The Complete Recordings – 1903–04 (+ 3 unveröffentlichte Takes)
(*Otello, Guglielmo Tell, Il Profeta, Il Trovatore, Sansone e Dalila, Hérodiade, Andrea Chénier* / gesprochene Zueignung) – *OPAL/Pearl*

TAUBER, RICHARD

Hans in *Die verkaufte Braut* (Smetana) / live 1939 London unter Thomas Beecham – *Legato*

Portrait-Recital
(Oper & Operette: Mozart, Smetana, Leoncavallo, Puccini, J.Strauß, Lehár, Tauber, Lincke / Lieder: Schubert, Liszt, Schumann) – *EMI*
Opernarien (Mozart, Méhul, Offenbach, Thomas, Wagner, Smetana, Tschaikowsky, Puccini, Korngold) – *EMI*
The Vocal Prime of Richard Tauber
(Die frühen Operntitel, teilweise noch akustische Aufnahmen) – *Pearl*
Tauber in Opera & Operetta (Elektrische Aufnahmen) – *Pearl*
Richard Tauber: Lieder
(Ausschnitte aus Schubert: *Winterreise D.911* / Schumann: *Dichterliebe op.48* & weitere Lieder) – *Pearl*
Tauber – The Acoustic Lieder (Liedaufnahen aus der akustischen Aufnahmeära) – *Pearl*
Tauber sings Schubert with Orchestra (Orchester-Arrangements von Schubert-Liedern) – *Pearl*
Light Music of the 20s & 30s (Unterhaltungs- und Schlagerlieder) – *Pearl*
The Singing Dream (Taubers eigene Operette & Operettenlieder div. Komponisten) – *Pearl*
Old Chelsea (Taubers andere eigene Operette / Gesamtaufnahme) – *Eklipse*
Tauber in Concert – 2CD
(Carnegie Hall NYC 1937 / BBC 1945+46 / *Don Giovanni* Covent Garden London 1947) – *Eklipse*
Ein Star unter Sternen (Oper, Operette, Lied, Unterhaltung) – *EMI* (2LP)

Lotte Schöne & Richard Tauber in Operetta
(Suppé, J.Strauß, Millöcker, Zeller, Nessler, Lehár, Kalman, Berté) – *Nimbus/Prima Voce*

Drei preiswerte Tauber-Sammlungen (je 2CD) bei *Verona*:
Vol.1: Popular Songs, Shows, Movies / Vol.2: Opera Arias and Scenes / Vol.3: Tauber sings Operettas

TEBALDI, RENATA

Pamira in *L'Assedio di Corinto* (Rossini) / 1950 Napoli unter Gabriele Santini – *HRE*
Titelrolle in *Giovanna d'Arco* (Verdi) unter Alfredo Simonetto – *Melodram + Foyer*
Titelrolle in *La Traviata* (Verdi) unter Francesco Molinari-Pradelli – *Decca*
Titelrolle in *La Traviata* (Verdi) / live 1957 Met NYC unter Fausto Cleva – *Melodram*
Leonora in *Il Trovatore* (Verdi) unter Alberto Erede – *Decca*
Amelia in *Un Ballo in Maschera* (Verdi) unter Bruno Bartoleti – *Decca*
Leonora in *La Forza del Destino* (Verdi) unter Francesco Molinari-Pradelli – *Decca*
Leonora in *La Forza del Destino* (Verdi) / live 1953 Firenze unter Dimitri Mitropoulos – *Melodram + Foyer*
Leonora in *La Forza del Destino* (Verdi) / live 1958 Napoli unter Francesco Molinari-Pradelli – *Melodram*
Elisabetta in *Don Carlo* (Verdi) unter Georg Solti – *Decca*
Titelrolle in *Aida* (Verdi) unter Alberto Erede und unter Herbert von Karajan – *beide bei Decca*
Desdemona in *Otello* (Verdi) unter Alberto Erede und unter Herbert von Karajan – *beide bei Decca*
Alice in *Falstaff* (Verdi) / live 1951 Scala Milano unter Victor de Sabata – *Memories*
Elisabetta in *Tannhäuser* (Wagner) / it./ live 1950 Napoli unter Karl Böhm – *Legato*
Elsa in *Lohengrin* (Wagner) / it./ live 1951 Napoli unter Gabriele Santini – *HRE*
Amazily in *Hernando Cortez* (Spontini) / live 1950 Napoli unter Gabriele Santini – *HRE*
Titelrolle in *La Gioconda* (Ponchielli) unter Lamberto Gardelli – *Decca*
Margherita in *Mefistofele* (Verdi) unter Tullio Serafin – *Decca*
Margherita in *Mefistofele* (Boito) / live 1965 RAI unter Nino Sanzogno – *G.O.P.*
Titelrolle in *Giovanna d'Arco* (Verdi) unter Alfredo Simonetto – *Melodram*
Santuzza in *Cavalleria Rusticana* (Mascagni) unter Alberto Erede – *Decca*
Titelrolle in *Manon Lescaut* (Puccini) unter Francesco Molinari-Pradelli – *Decca*
Mimi in *La Bohème* (Puccini) unter Alberto Erede und unter Tullio Serafin – *beide bei Decca*
Mimi in *La Bohème* (Puccini) / live 1950 Napoli unter Gabriele Santini – *zuletzt bei CLS*
Mimi in *La Bohème* (Puccini) / live 1969 Met NYC unter Anton Guadagno – *Legato*
Titelrolle in *Tosca* (Puccini) unter Alberto Erede und Francesco Molinari-Pradelli – *beide bei Decca*
Titelrolle in *Tosca* (Puccini) / live 1955 Met NYC unter Francesco Molinari-Pradelli – *Legato*

Titelrolle in *Tosca* (Puccini) / live 1956 Met NYC unter Dimitri Mitropoulos – *FONIT Cetra*
Cio-Cio-San in *Madama Butterfly* (Puccini) unter Alberto Erede und unter Tullio Serafin – *beide bei Decca*
Giorgetta in *Il Tabarro* (Puccini) unter Lamberto Gardelli – *Decca*
Titelrolle in *Suor Angelica* (Puccini) unter Lamberto Gardelli – *Decca*
Lauretta in *Gianni Schicchi* (Puccini) unter Lamberto Gardelli – *Decca*
Liù in *Turandot* (Puccini) unter Alberto Erede *(Decca)* und unter Erich Leinsdorf *(RCA)*
Titelrolle in *La Wally* (Catalani) unter Fausto Cleva – *Decca*
Titelrolle in *La Wally* (Catalani) / RAI 1960 unter Arturo Basile – *FONIT Cetra*
Maddalena in *Andrea Chénier* (Giordano) unter Gianandrea Gavazzeni – *Decca*
Maddalena in *Andrea Chénier* (Giordano) / live 1949 Scala Milano unter Victor de Sabata – *Myto*
Maddalena in *Andrea Chénier* (Giordano) / live 1960 StO Wien unter Lovro von Matacic – *Melodram*
Titelrolle in *Fedora* (Giordano) / live 1961 Napoli unter Arturo Basile – *Legato*
Titelrolle in *Adriana Lecouvreur* (Cilea) unter Franco Capuana – *Decca*

Sopransolo in *Requiem KV 626* (Mozart) unter Guido Cantelli – *AS*
Sopranpart in *Messa da Requiem* (Verdi) unter Victor de Sabata – *Memories*
Concerto Reinaugurazione Scala Milano 1946
(Ausschnitte aus Rossini: *Mosè & Stabat Mater* / Arturo Toscanini) – *Legato*

La Tebaldi – Sängerportrait – 2CD
(Arien aus den wichtigsten Opern von Verdi, Puccini, Mascagni, Catalani, Cilea, Boito) – *Decca*
The Early Recordings (Frühe Einzelaufnahmen in & Verdi: *Aida*, 3.Akt + del Monaco, Stignani, Protti) – *Decca*
Opern-Arien (Verdi, Boito, Puccini, Catalani, Giordano, Cilea) – *Decca*
The Young Tebaldi – 78 rpm Recordings 1949–1952 (Mozart, Verdi, Puccini) – *Palladio*
Renata Tebaldi & Franco Corelli – Arien und Duette (Verdi, Ponchielli, Puccini, Cilea, Zandonai) – *Decca*
Canzoni Italiane (Gluck, Scarlatti, Cimara, Pergolesi, Rossini, Donizetti, Ricci, Mercadante, Ponchielli, Mascagni, Tosti, Zandonai) – *Decca*
Renata Tebaldi – A Portrait of the Artist – Live-Mitschnitte 1949–1958
(Traviata, Otello, Mefistofele, Manon Lescaut, Bohème, Butterfly, Mefistofele, Wally, Chénier, Louise) – *Legato*
Tebaldi sings Wagner (Tannhäuser & Lohengrin / live 1950–54) – *Legato*

Eine hochinteressante Sammlung von frühen Live-Mitschnitten in einem später nicht mehr gepflegten Repertoire (Barock-, Belcanto- und Wagner-Opern) erschien bei *FONIT Cetra*. Bisher nur LP.

TE KANAWA, KIRI

Polly in *The Beggars Opera* (Pepusch) unter Richard Bonynge – *Decca*
Contessa in *Le Nozze di Figaro* (Mozart) unter Georg Solti *(Decca)* und James Levine *(DG)*
Donna Elvira in *Don Giovanni* (Mozart) unter Colin Davis *(Philips)* und unter Lorin Maazel *(CBS/Sony)*
Fiordilligi in *Così fan tutte* (Mozart) unter Alain Lombard *(ERATO)* und James Levine *DG*
Pamina in *Die Zauberflöte* (Mozart) unter Alain Lombard *(ERATO)* und Neville Marriner *(Philips)*
Titelrolle in *La Traviata* (Verdi) unter Zubin Mehta – *Sony*
Amelia in *Simone Boccanegra* (Verdi) unter Georg Solti – *Decca*
Elisabeth in *Tannhäuser* (Wagner) / Ausschnitte unter Marek Janowski – *Teldec*
Waldvogel in *Siegfried* (Wagner) unter Bernard Haitink – *EMI*
Blumenmädchen in *Parsifal* (Wagner) unter Georg Solti – *Decca*
Marguerite in *Faust* (Gounod) unter Colin Davis – *Philips*
Micaela in *Carmen* (Bizet) unter Georg Solti – *Decca*
Titelrolle in *Manon Lescaut* (Puccini) unter Riccardo Chailly – *Decca*
Titelrolle in *Tosca* (Puccini) unter Georg Solti – *Decca*
Magda in *La Rondine* (Puccini) unter Lorin Maazel – *CBS/Sony*
Sandmännchen in *Hänsel und Gretel* (Humperdinck) unter John Pritchard – *CBS/Sony*
Tatjana in *Eugen Onegin* (Tschaikowsky) unter Charles Mackerras – *EMI*
Marschallin in *Der Rosenkavalier* (R.Strauss) unter Bernard Haitink – *EMI*
Titelrolle in *Arabella* (R.Strauss) unter Jeffrey Tate – *Decca*
Rosalinde in *Die Fledermaus* (J.Strauß) unter André Previn – *Philips*

Sopranarien in *Matthäus-Passion* (Bach) unter Georg Solti – *Decca*
Sopranpart in *Messiah* (Händel) (+ Chicago SO / Georg Solti) – *Decca*
Sopranpart in *Messe c-moll KV 427* (Mozart) unter Raymond Leppard – *EMI*
Sopransolo in *Sinfonie Nr.9* (Beethoven) unter Eugen Jochum – *EMI*
Sopransolo in *Sinfonie Nr.2* (Mahler) unter Seiji Ozawa – *Philips*
Sopransolo in *Sinfonie Nr.4* (Mahler) unter Georg Solti – *Philips*
R.Strauss: *Vier letzte Lieder & Orchesterlieder* unter Andrew Davis *(CBS/Sony)* und Georg Solti) *(Decca)*
Sopranpart in *Requiem op.48* (Fauré) unter Charles Dutoit – *Decca*
Canteloube: *Chants d'Auvergne – Vol.1&2* (+ English Chamber Orchestra / Jeffrey Tate) – *Decca*
Sopransolo in *Liverpool Oratorio* (McCartney) unter Carl Davis – *EMI*

Mozart: *Opernarien* (+ LSO / Colin Davis) – *Philips*
Mozart: *Opern- & Konzertarien* (+ EChO / Jeffrey Tate) – *Philips*
Mozart: *Konzertarien* (Wiener KO / György Fischer) – *Decca*

Mozart: *Geistliche Musik* (Kantaten, Motetten, Chorwerke) (+ LSO / Colin Davis) – *Philips*
Italienische Opernarien
(Verdi, Puccini, Cilea, Giordano, Leoncavallo, Boito) (+ LSO / Myung-Wun Chung) – *EMI*
Französische Opernarien
(Gluck, Berlioz, Offenbach, Bizet, Verdi, Massenet, Charpentier, Debussy) (+ CG-Orch / Jeffrey Tate) – *EMI*
Arien von Verdi & Puccini (+ LSO / John Pritchard) – *CBS/Sony*

Sängerportrait Kiri Te Kanawa (Geistliche Musik, Arien, Lieder)
(Händel, Gay, Mozart, Bizet, Puccini, Brahms, Villa-Lobos, Canteloube) – *Decca*
Kiri Te Kanawa – Die frühen Jahre
(Arien, Populäre Lieder, Maori-Volkslieder) – *Decca*

Lied-Recital (Purcell, Liszt, Ravel, Rachmaninow, Granados, Obradors) (+ Roger Vignoles,*p*) – *Decca*
Lied-Recital (Schubert, Schumann, Wolf, Duparc, Walton) (+ Richard Amner,*p*) – *CBS/Sony*

Kiri sings Gershwin (+ New Princess Th.Orch. / John McGlinn) – *EMI*
Folk Songs & Ballads (Medici Qu. / National PhO / Gamley) – *EMI*
Blue Skies (Musical- und Broadway-Songs) – *Decca*
Kiri Sidetracks – Jazz-Album (+ André Previn Trio) – *Philips*

TETRAZZINI, LUISA

Complete Known Recordings 1903–1922 – 5CD
(96 Aufnahmen, darunter 13 bisher unveröffentlichte Tracks) – *Pearl*
London Recordings – 3CD
(Arien & Lieder von Mozart, Rossini, Bellini, Donizetti, Verdi, Gounod, Thomas, Delibes, Meyerbeer, Bizez, J.Strauß, Benedict, Tosti, Grieg, David u.a.) – *EMI*
Portrait-Recital (Rossini, Bellini, Donizetti, Verdi, Delibes) – *Nimbus/Prima Voce*

TEYTE, MAGGIE

Arien und Lieder live
(Mozart, Giordani, Offenbach, Messager, Puccini, Tschaikowsy, Debussy, Massenet, Hageman, Russell) – *Pearl*
Debussy: Mélodies (*Fêtes Galantes / Chansons de Billitis / Le Promenoir / Proses lyriques* u.a.) (+ Alfred Cortot & Gerald Moore,*p*) – *EMI Références*

THILL, GEORGES

Titelrolle in *Werther* (Massenet) / 1930 Paris unter Elie Cohen – *EMI Pathé*
Julien in *Louise* (Charpentier) / 1935 Paris unter Eugène Bigot – *EMI Pathé*
Don José in *Carmen* (Bizet) unter Elie Cohen – *EMI Pathé + Music Memoria*

Die exemplarische Sammlung aller wichtigen Thill-Einzelaufnahmen – ein Kompendium stilsicheren französischen Tenorgesangs:
Grand Airs d'Opéras – 6CD
(Gluck, Mozart, Rossini, Cherubini, Méhul, Meyerbeer, Berlioz, Delibes, Bizet, Bruneau, Messager, Rabaud, Gounod, Saint-Saëns, Reyer, Massenet, Verdi, Wagner, Puccini, Giordano, Flotow, J.Strauß u.a.) – *EMI Pathé*

Recital Arien & Lieder
(Bach, Verdi, Bizet, Wagner, Berlioz, R-Korssakoff, Massenet, Puccini / Lieder von Fauré) – *Pearl*
Roi des Ténors Français
(Gluck, Cherubini, Gounod, Wagner, Verdi, Meyerbeer, Delibes, Rabaud, Reyer, Massenet) – *Music Memoria*
Chansons & Mélodies
(Messager, R-Korssakoff, Coates, Ivain, Massenet, J.Strauß, Lehár u.a.) – *Music Memoria*

TIBBETT, LAWRENCE

Titelrolle in *Rigoletto* (Verdi) / live 1939 Met NYC unter Gennaro Papi – *Myto*
Giorgio Germont in *La Traviata* (Verdi) / live 1935 Met NYC unter Ettore Panizza – *Pearl*
Giorgio Germont in *La Traviata* (Verdi) / live 1941 Met NYC unter Ettore Panizza – *Myto*
Carlos in *La Forza del Destino* (Verdi) / live 1943 Met NYC unter Bruno Walter – *AS*
Titelrolle in *Simone Boccanegra* (Verdi) / live 1941 Met NYC unter Ettore Panizza – *Melodram*
Jago in *Otello* (Verdi) / live 1938 Met NYC unter Ettore Panizza – *Music+Arts*
Jago in *Otello* (Verdi) / live 1941 Met NYC unter Ettore Panizza – *Pearl*
Tonio in *I Pagliacci* (Leoncavallo) / live 1941 unter Gennaro Papi – *Eklipse*

Portrait-Recital – 2CD
(Verdi, Gounod, Wagner, Puccini, Leoncavallo, Giordano, Massenet, Gruenberg, Taylor, Lehár) – *Pearl*
Arien-Recital (Rossini, Verdi, Gounod, Bizet, Puccini, Wagner, Gruenberg, Gershwin) – *RCA*

Arien-Recital (Rossini, Verdi, Wagner, Gounod, Bizet, Leoncavallo, Puccini) – *Nimbus/ Prima Voce*
The Best of Lawrence Tibbett
(Loewe, Bizet, Foster, Moore, Offenbach, Lehmann, Callcott, Goetze, Dvorák, Mussorgsky, Tschaikowsky, Gershwin) – *Pearl*
The Emperor Tibbett
(Otello, S.Boccanegra, Tosca, Pagliacci, Faust, Chénier, Tannhäuser, Rigoletto, Ballo, Emp.Jones u.a.) – Pearl
Lawrence Tibbett at his Magnificent Best – Live-Mitschnitte 30er Jahre
(Martha, Meistersinger, Walküre, Trovatore, Traviata, Falstaff, Hérodiade, Contes, Roméo et Juliette, Carmen, Pagliacci, Tabarro, Chénier) – Legato
From Broadway to Hollywood
(*Porgy and Bess, Emperor Jones, Merry Mount, Rogue Song, Prodigal* / Ballads) – *Nimbus/Prima Voce*

TOMOWA-SINTOW, ANNA

Contessa in *Le Nozze di Figaro* (Mozart) unter Herbert von Karajan – *DG*
Donna Anna in *Don Giovanni* (Mozart) unter Herbert von Karajan – *DG*
Donna Anna in *Don Giovanni* (Mozart) / live 1977 Salzburg unter Karl Böhm – *DG*
Emmy in *Der Vampyr* (Marschner) / BR 1971 unter Fritz Rieger – *zuletzt bei Voce*
Elsa in *Lohengrin* (Wagner) unter Herbert von Karajan – *EMI*
Marschallin in *Der Rosenkavalier* (R.Strauss) unter Herbert von Karajan – *DG*
Titelrolle in *Ariadne auf Naxos* (R.Strauss) unter James Levine – *DG*
Heliane in *Das Wunder der Heliane* (Korngold) unter John Mauceri – *Decca*
Sibylle in *De temporum fine comoedia* (Orff) unter Herbert von Karajan – *DG*

Sopransolo in *Requiem KV 626* (Mozart) unter Herbert von Karajan – *DG*
Sopranpart in *Missa solemnis* (Beethoven) unter Herbert von Karajan – *DG*
Sopransolo in *Sinfonie Nr.9* (Beethoven) unter Herbert von Karajan – *DG*
Sopranpart in *Ein Deutsches Requiem* (Brahms) unter Herbert von Karajan – *DG*
Sopransolo in *Te Deum* (Bruckner) unter Herbert von Karajan – *DG*
Sopranpart in *Messa da Requiem* (Verdi) unter Herbert von Karajan – *DG*
R.Strauss: *Vier letze Lieder* unter Herbert von Karajan – *DG*

Berühmte Arien
(Mozart, Weber, Verdi, Wagner, R.Strauss, Puccini, Giordnao, Cilea) (+ MüRdflOrch / Peter Sommer) – *Orfeo*
Verdi-Arien *(Nabucco, Ernani, Traviata, Forza, Aida, Otello)* (Staatl.Philh.Sofia / Rouslan Raichev) – *Forlane*

TUCKER, RICHARD

Ferrando in *Così fan tutte* (Mozart) unter Fritz Stiedry – *CBS/Sony*

Tamino in *Die Zauberflöte* (Mozart) / Ausschnitte / live 1950 Met NYC unter Fritz Stiedry – *Melodram*

Edgardo in *Lucia di Lammermoor* (Donizetti) / live 1961 Met NYC unter Silvio Varviso – *Melodram*

Rodolfo in *Luisa Miller* (Verdi) / live 1968 Met NYC unter Thomas Schippers – *Memories*

Duca in *Rigoletto* (Verdi) unter Francesco Molinari-Pradelli – *Philips*

Duca in *Rigoletto* (Verdi) / live 1956 Met NYC unter Fausto Cleva – *zuletzt bei Replica*

Manrico in *Il Trovatore* (Verdi) unter Arturo Basile – *RCA*

Manrico in *Il Trovatore* (Verdi) / live 1968 Firenze unter Thomas Schippers – *Nouva Era*

Alfredo in *La Traviata* (Verdi) unter Fernando Previtali – *RCA*

Riccardo in *Un Ballo in Maschera* (Verdi) / live 1955 Met NYC unter Dimitri Mitropoulos – *Foyer*

Alvaro in *La Forza del Destino* (Verdi) unter Tullio Serafin *(EMI)* und Thomas Schippers *(RCA)*

Alvaro in *La Forza del Destino* (Verdi) / live 1956 Met NYC unter Fritz Stiedry – *Melodram*

Gabriele Adorno in *Simone Boccanegra* (Verdi) / live 1950 Met NYC unter Fritz Stiedry – *Melodram*

Titelrolle in *Don Carlo* (Verdi) / live 1955 Met NYC unter Kurt Adler – *zuletzt bei Estro Armonico*

Radames in *Aida* (Verdi) unter Arturo Toscanini *(RCA)* und unter Tullio Serafin *(EMI)*

Eléazar in *La Juive* (Halévy) / live 1973 Rom unter Anton Guadagno – *Legato*

Eléazar in *La Juive* (Halévy) / Ausschnitte unter Antonio de Almeida – *RCA*

Titelrolle in *Faust* (Gounod) / live 1954 New Orleans unter Walter Herbert – *Legato*

Don José in *Carmen* (Bizet) / live 1952 Met NYC unter Fritz Reiner – *zuletzt bei Teatro Dischi*

Hoffmann in *Les Contes d'Hoffmann* (Offenbach) / live 1955 Met NYC unter Pierre Monteux – *Melodram*

Enzo in *La Gioconda* (Ponchielli) / 1966 Met NYC unter Bruno Bartoletti – *HRE + GDS*

Turiddu in *Cavalleria Rusticana* (Mascagni) unter Fausto Cleva – *CBS/Sony*

Turiddu in *Cavalleria Rusticana* (Mascagni) / live 1957 Met NYC unter Fausto Cleva – *Melodram*

Canio in *I Pagliacci* (Leoncavallo) unter Fausto Cleva – *CBS/Sony*

Canio in *I Pagliacci* (Leoncavallo) / live 1971 Firenze unter Riccardo Muti – *Foyer*

Des Grieux in *Manon Lescaut* (Puccini) / live 1969 Rom unter Thomas Schippers – *Teatro dell'Opera*

Des Grieux in *Manon Lescaut* (Puccini) / live 1972 Caracas unter Michelangelo Veltri – *HRE*

Rodolfo in *La Bohème* (Puccini) unter Giuseppe Antonicelli *(CBS/Sony)* und Erich Leinsdorf *(RCA)*

Cavaradossi in *Tosca* (Puccini) / live 1956 Met NYC unter Dimitri Mitropoulos – *FONIT Cetra + HRE*
Cavaradossi in *Tosca* (Puccini) / live 1965 Met NYC unter Fausto Cleva – *HRE*
Pinkerton in *Madama Butterfly* (Puccini) unter Max Rudolf – *CBS/Sony*
Lensky in *Eugen Onegin* (Tschaikowsky) / live 1957 Met NYC unter Dimitri Mitropoulos – *zuletzt auf G.O.P.*
Tielrolle in *Andrea Chénier* (Giordano) / live 1957 Met NYC unter Fausto Cleva – *zuletzt bei HRE*
Alfred in *Die Fledermaus* (J.Strauß) / engl./ unter Eugene Ormandy – *CBS/Sony*

Tenorpart in *Messa da Requiem* (Verdi) unter Guido Cantelli *(AS)* und unter Eugene Ormandy *(CBS/Sony)*

Sängerportrait (Live-Mitschnitte aus Opern)
(Luisa Miller, Trovatore, Forza, Ballo, Don Carlo, Aida, Lucia, Gioconda,M.Lescaut) – Memories
Sängerportrait (Liveaufnahmen 1950–1972)
(Händel, Verdi, Meyerbeer, Ponchielli, Mascagni, Puccini, Giordano, d'Hardelot, Lehár) – *Legato*
Richard Tucker in Recital
(Peri, Händel, Méhul, Verdi, Meyerbeer, Donizetti, Bizet, Torelli, Durante, Fourdrain, Rabey, Mascagni, Leoncavallo, Puccini, Cilea, Falvo, Nutile / Jüd.Gesänge) – *Legato*
Tucker & Tebaldi Recital – Große Opernszenen live – *Legato*
Verdi-Arien unter Nello Santi – *RCA* (LP)
Sängerportrait *Richard Tucker in Memoriam*
(Studioaufnahmen: Ital. & franz. Oper, Jiddische Lieder, Broadway-Songs) – *CBS/ Sony* (3LP)
Live- und Rundfunkaufnahmen (vor allem aus der Frühzeit) – *HRE* (4LP)

TURNER, EVA

Opera Arias & Songs
(Verdi, Wagner, Grieg, Ponchielli, Mascagni, Puccini, Tosti, Ronald, del Riego, d'Hardelot) – *EMI*
Titelrolle in *Turandot* (Puccini) / Szenen live 1937 C.G.London unter John Barbirolli – *EMI*

UHDE, HERMANN

Don Pizarro in *Fidelio* (Beethoven) / live 1960 Met NYC unter Karl Böhm – *Melodram*
Titelrolle in *Der fliegende Holländer* (Wagner) / live 1955 Bayreuth unter Joseph Keilberth – *Decca*

Titelrolle in *Der fliegende Holländer* (Wagner) / live 1955 Bayreuth unter Hans Knappertsbusch – *Melodram*
Telramund in *Lohengrin* (Wagner) / live 1953 Bayreuth unter Joseph Keilberth – *Decca*
Telramund in *Lohengrin* (Wagner) / live 1954 Bayreuth unter Eugen Jochum – *Melodram*
Wotan in *Rheingold* (Wagner) / live 1952 Bayreuth unter Joseph Keilberth – *Melodram*
Donner in *Rheingold* (Wagner) / live 1953 Bayreuth unter Clemens Krauss – *Foyer*
Rheingold-Wotan & Wanderer im *Ring des Nibelungen* (Wagner) / live 1960 Bayreuth unter Rudolf Kempe – *Melodram*
Gunther in *Götterdämmerung* (Wagner) / live Bayreuth 1952 unter Joseph Keilberth – *Melodram*
Gunther in *Götterdämmerung* (Wagner) / live Bayreuth 1953 unter Clemens Krauss – *Foyer*
Gunther in *Götterdämmerung* (Wagner) / live Bayreuth 1957 unter Hans Knappertsbusch – *Foyer*
Klingsor in *Parsifal* (Wagner) / live 1951 Bayreuth unter Hans Knappertsbusch – *Teldec*
Klingsor in *Parsifal* (Wagner) / live 1953 Bayreuth unter Clemens Krauss – *Melodram*
Il Grande Inquisitore in *Don Carlo* (Verdi) / live 1959 Met NYC unter Fausto Cleva – *Melodram*
Altair in *Die Ägyptische Helena* (R.Strauss) / live 1956 München unter Joseph Keilberth – *Melodram*
Kaspar in *Der Freischütz* (Weber) / Ausschnitte (+ Schlemm, Streich, Windgassen) – *zuletzt bei DG*
Sebastiano in *Tiefland* (d'Albert) / Ausschnitte (+ Kupper, Windgassen, Böhme) – *zuletzt bei DG*
Creon in *Oedipus Rex* (Strawinsky) / live 1958 Venezia unter Igor Strawinsky – *Arkadia*
Creon in *Antigone* (Orff) / UA live 1954 Salzburg unter Ferenc Fricsay – *Stradivarius*
Creon in *Antigone* (Orff) / Ausschnitte (+ Goltz, Greindl, R-Majdan / H.Hollreiser) – *zuletzt bei Philips*

Sängerportrait (Live- und Rundfunkaufnahmen)
(Händel, Beethoven, Schubert, Weber, Wagner, Verdi, R.Strauss, Berg, Orff) – *Melodram* (2LP)

URLUS, JACQUES

Portrait-Recital(s) – CD/LPs
(Viel Wagner – und Mozart, Beethoven, Weber, Halévy, Meyerbeer, Verdi, Gounod, Bizet, Leoncavallo, d'Albert) – *Preiser CO*

VALLIN, NINON

Charlotte in *Werther* (Massenet) / 1930 Paris unter Elie Cohen – *EMI Pathé*
Titelrolle in *Louise* (Charpentier) / 1935 Paris unter Eugène Bigot – *EMI Pathé*

La Princesse du Chant
(Fauré, Hahn, de Falla, Granados, Nin, Laserna, Grospierre, Thomas, Gounod, Bizet, Chabrier, Massenet, Leroux, Bemberg, Chausson, Charpentier, Puccini, Wolf-Ferrari, Debussy) – *EMI* (LP)
Ninon Vallin in Opera & Mélodie
(Bizet, Lalo, Massenet, Charpentier, Debussy, Offenbach / Bemberg, Chabrier, Duparc, Fauré, Debussy, Balakirev) – *Pearl*
Portrait-Recital (Opernarien und -szenen: *Norma, Mefistofele, Lohengrin, Mignon, Carmen, Hérodiade, Manon, Butterfly, Louise, Madame Angot, Contes*) – *Preiser LV*

VARADY, JULIA

Cecilio in *Lucio Silla* (Mozart) unter Leopold Hager – *DG*
Contessa in *Le Nozze di Figaro* (Mozart) unter Rafael Kubelik – *Ariola*
Donna Anna in *Don Giovanni* (Mozart) unter Rafael Kubelik – *Ariola*
Vitellia in *La Clemenza di Tito* (Mozart) unter Karl Böhm und unter John Eliot Gardiner – *beide bei DG*
Elettra in *Idomeneo* (Mozart) unter Karl Böhm – *DG*
Lisetta in *Il Matrimonio segreto* (Cimarosa) unter Daniel Barenboim – *DG*
Titelrolle in *Jessonda* (Spohr) unter Gerd Albrecht – *Orfeo*
Rachel in *La Juive* (Halévy) unter Antonio de Almeida – *Philips*
Titelrolle in *Olympie* (Spontini) unter Gerd Albrecht – *Orfeo*
Antonia in *Hoffmanns Erzählungen* (Offenbach) unter Heinz Wallberg – *EMI*
Santuzza in *Cavalleria Rusticana* (Mascagni) unter Gianandrea Gavazzeni – *Decca*
Diemut in *Feuersnot* (R.Strauss) unter Heinz Fricke – *Acanta*
Komponist in *Ariadne auf Naxos* (R.Strauss) unter Kurt Masur – *Philips*
Titelrolle in *Arabella* (R.Strauss) unter Wolfgang Sawallisch – *EMI/Orfeo*
Judith in *Herzog Blaubarts Burg* (Bartók) unter Wolfgang Sawallisch – *DG*
Cordelia in *Lear* (Reimann) / UA live 1978 München unter Gerd Albrecht – *DG*
Rosalinde in *Die Fledermaus* (J.Strauß) unter Carlos Kleiber – *DG*
Saffi in *Der Zigeunerbaron* (J.Strauß) unter Willi Boskowsky – *EMI*

Sopransolo in *Sinfonie Nr.9* (Beethoven) unter Carlo Maria Giulini – *DG*
Sopranpart in *Lyrische Sinfonie* (Zemlinsky) unter Lorin Maazel – *DG*
Meyerbeer: Kantate *Gli amori di Teolinda* (+ RSO Berlin / Gerd Albrecht) – *Orfeo*
Lieder von Mozart & Strauss (+ Elena Bashkirova,*p*) – *Orfeo*
Louis Spohr: *Lieder* (+ F-Dieskau / H.Schöneberger,*cl* / D.Sitkovestky,*vl* / H.Höll,*p*) – *Orfeo*
Gaspare Spontini: *Lieder* (+ F-Dieskau / Harmut Höll,*p*) – *Orfeo*
Peter Tschaikowsky: *Lieder* (+ Aribert Reimann,*p*) – *Orfeo*

VERRETT, SHIRLEY

Orfeo in *Orfeo ed Euridice* (Gluck) unter Renato Fasano – *RCA*
Adalgisa in *Norma* (Bellini) unter James Levine – *EMI*
Neocle in *L'Assedio di Corinto* (Rossini) unter Thomas Schippers – *EMI*
Senaide in *Mosè* (Rossini) / live 1968 Rom unter Wolfgang Sawallisch – *Rodolphe*
Giovanna Seymour in *Anna Bolena* (Donizetti) unter Julius Rudel – *EMI*
Elisabetta in *Maria Stuarda* (Donizetti) / live 1971 Scala Milano unter Carlo Felice Cillario – *Myto*
Elisabetta in *Maria Stuarda* (Donizetti) / live 1967 Firenze unter Francesco Molinari-Pradelli – *G.O.P. + Memories*
Selika in *L'Africaine* (Meyerbeer) / live 1972 San Francisco unter Jean Perisson – *Legato*
Federica in *Luisa Miller* (Verdi) unter Fausto Cleva – *RCA*
Lady Macbeth in *Macbeth* (Verdi) unter Claudio Abbado *(DG)* und Riccardo Chailly *(Decca)*
Ulrica in *Un Ballo in Maschera* (Verdi) unter Erich Leinsdorf – *RCA*
Preziosilla in *La Forza del Destino* (Verdi) unter Thomas Schippers – *RCA*
Eboli in *Don Carlo* (Verdi) unter Carlo Maria Giulini – *EMI*
Eboli in *Don Carlo* (Verdi) / live 1970 StO Wien unter Horst Stein – *Melodram*
Titelrolle in *Carmen* (Bizet) / live 1967 Paris unter Georges Prêtre – *Forlane*
Dalila in *Samson et Dalila* (Saint Saëns) / live 1970 Scala Milano unter Georges Prêtre – *Foyer*
Cassandra in *Les Troyens* (Berlioz) / RAI 1969 unter Georges Prêtre – *Melodram*

Altpart in *Messa da Requiem* (Verdi) unter Claudio Abbado – *DG*
El amor brujo (de Falla) (+ Philadelphia Orch. / L.Stokowski) – *CBS/Sony*

Verrett in Opera
(Gluck, Donizetti, Berlioz, Gounod, Saint-Saëns, Massenet) (RCA Italiana Orch./ Georges Prêtre) – *RCA*
Montserrat Caballé & Shirley Verrett – Große Opern-Duette
(Rossini, Bellini, Donizetti, Offenbach, Verdi) – *RCA*

VICKERS, JON

Nerone in *L'Incoronazione di Poppea* (Monteverdi) / live 1978 Paris unter Julius Rudel – *zuletzt bei LR*
Florestan in *Fidelio* (Beethoven) unter Otto Klemperer und unter Herbert von Karajan – *beide bei EMI* (unter beiden Dirigenten auch in Live-Aufnahmen)
Giasone in *Medea* (Cherubini) / live 1958 Dallas unter Nicola Rescigno – *Melodram* (unter demselben Dirigenten aus demselben Jahr auf demselben Label ein Live-Mitschnitt aus London)

Giasone in *Medea* (Cherubini) / live 1959 Scala Milano unter Thomas Schippers – *Arkadia*
Titelrolle in *Don Carlo* (Verdi) / live 1958 C.G. London unter Carlo Maria Giulini – *Replica*
Radames in *Aida* (Verdi) unter Georg Solti – *RCA*
Radames in *Aida* (Verdi) / live 1968 C.G.London unter Edward Downes – *Melodram*
Titelrolle in *Otello* (Verdi) unter Tullio Serafin *(RCA)* und unter Herbert von Karajan *(EMI)*
Tristan in *Tristan und Isolde* (Wagner) unter Herbert von Karajan – *EMI*
Tristan in *Tristan und Isolde* (Wagner) / live 1973 Orange unter Karl Böhm – *Rodolphe*
Siegmund in *Die Walküre* (Wagner) unter Erich Leinsdorf *(RCA)* und unter Herbert von Karajan *(DG)*
Siegmund im *Ring des Nibelungen* (Wagner) / live 1958 Bayreuth unter Hans Knappertsbusch – *Arkadia*
Siegmund im *Ring des Nibelungen* (Wagner) / live 1969 Salzburg unter Herbert von Karajan – *Memories*
Titelrolle in *Parsifal* (Wagner) / live 1964 Bayreuth unter Hans Knappertsbusch – *Arkadia*
Aeneas in *Les Troyens* (Berlioz) unter Colin Davis – *Philips*
Don José in *Carmen* (Bizet) unter Rafael Frühbeck de Burgos – *EMI*
Samson in *Samson et Dalila* (Saint-Saëns) unter Georges Prêtre – *EMI*
Titelrolle in *Peter Grimes* (Britten) unter Colin Davis – *Philips*

Live-Aufnahmen der zentralen Rollen auf verschiedenen Labels. Es existieren Rundfunkmitschnitte einiger interessanter Rollenportraits aus der Met, die noch nicht am »Grauen Markt« erschienen sind. Zum Beispiel: Don Carlo, Alvaro, Tannhäuser, sogar Wenzel in *The Bartered Bride* (Die verkaufte Braut).

Tenorpart in *Messiah* (Händel) unter Thomas Beecham – *RCA*
Tenorpart in *Das Lied von der Erde* (Mahler) (+ Jessye Norman / LSO / Colin Davis) – *Philips*
Tenorpart in *The Dream of Gerontius* (Elgar) / RAI 1967 unter John Barbirolli – *Arkadia*

Das legendäre Recital des jungen Vickers mit untypischem italienischem Repertoire:
Jon Vickers – Italian Arias (bisher nur LP)
(Verdi, Flotow, Ponchielli, Leoncavallo, Puccini, Giordano, Cilea)
(+ OrchOpernhRom / Tullio Serafin) – *RCA*
Live-Aufnahmen 1961–70 – 2CD
(Arien und Szenen aus Opern von Cherubini, Beethoven, Wagner, Verdi, Bizet) – *Memories*

Früheste kanadische und USA-Rundfunkaufnahmen gab es auf *UORC*. In Kanada ist außerdem eine Einspielung von Schuberts *Winterreise D.911* erschienen.

VÖLKER, FRANZ

Titelpartie in *Lohengrin* (Wagner) / 1941 Berlin unter Robert Heger – *Preiser*
Wagner: Szenen aus *Lohengrin* / live Bayreuth 1936 unter Heinz Tietjen – *Teldec*
Siegmund in *Die Walküre* (Wagner) / 1.Aufzug, 2.Teil bis Ende / live 1947 München unter Georg Solti – *Orfeo*

Portrait-Recitals (2Einzel-CDs)
(Mozart, Beethoven, Weber, Meyerbeer, Halévy, Wagner, Verdi, Smetana, Leoncavallo, d'Albert) – *Preiser LV*
Bei *Preiser* auch die ursprüngliche Völker-Edition mit 3LP.
Eine Arien-LP (Oper & Operette) *zuletzt bei DG/Heliodor.*

WARREN, LEONARD

Carlo in *Ernani* (Verdi) / live 1956 Met NYC unter Dimitri Mitropoulos – *Foyer*
Titelrolle in *Macbeth* (Verdi) unter Erich Leinsdorf – *RCA*
Titelrolle in *Rigoletto* (Verdi) unter Renato Cellini – *RCA*
Titelrolle in *Rigoletto* (Verdi) / live 1945 Met NYC unter Cesare Sodero – *Melodram*
Titelrolle in *Rigoletto* (Verdi) / live 1956 Met NYC unter Fausto Cleva – *Replica*
Titelrolle in *Rigoletto* (Verdi) / 4.Akt live 1943 NYC unter Arturo Toscanini – *Melodram*
Conte di Luna in *Il Trovatore* (Verdi) unter Renato Cellini und unter Arturo Basile – *beide bei RCA*
Conte di Luna in *Il Trovatore* (Verdi) / live 1950 Mexico unter Guido Picco – *Melodram*
Conte di Luna in *Il Trovatore* (Verdi) / live 1956 Met NYC unter Fausto Cleva – *Melodram*
Giorgio Germont in *La Traviata* (Verdi) unter Pierre Monteux – *RCA*
Giorgio Germont in *La Traviata* (Verdi) / live 1957 Met NYC unter Fausto Cleva – *Melodram*
Renato in *Un Ballo in Maschera* (Verdi) / Ausschnitte unter Dimitri Mitropoulos – *RCA*
Renato in *Un Ballo in Maschera* (Verdi) / live 1944 Met NYC unter Bruno Walter – *AS*
Don Carlo in *La Forza del Destino* (Verdi) unter Fernando Previtali – *RCA*
Titelrolle in *Simone Boccanegra* (Verdi) / live 1950 Met NYC unter Fritz Stiedry – *Melodram*
Paolo in *Simone Boccanegra* (Verdi) / live 1939 Met NYC unter Ettore Panizza – *Melodram*
Amonasro in *Aida* (Verdi) unter Jonel Perlea – *RCA*
Jago in *Otello* (Verdi) / live 1946 Met NYC unter George Szell – *GDS*
Jago in *Otello* (Verdi) / live 1948 Met NYC unter Fritz Busch – *Melodram*
Titelrolle in *Falstaff* (Verdi) / live 1949 unter Fritz Reiner – *zuletzt bei EJS*
Heerrufer in *Lohengrin* (Wagner) / live 1943 Met NYC unter Erich Leinsdorf – *Myto*
Valentin in *Faust* (Gounod) / live 1949 Met NYC unter Wilfred Pelletier – *GDS*
Barnaba in *La Gioconda* (Ponchielli) unter Fernando Previtali – *RCA*
Tonio in *I Pagliacci* (Leoncavallo) unter Renato Cellini – *RCA*

Scarpia in *Tosca* (Puccini) unter Erich Leinsdorf – *RCA*
Scarpia in *Tosca* (Puccini) / live 1956 Met NYC unter Dimitri Mitropoulos – *FONIT Cetra*
Carlo Gérard in *Andrea Chénier* (Giordano) / live 1954 Met NYC unter Fausto Cleva – *Nuova Era*
Rangoni in *Boris Godunow* (Mussorgsky) / live 1941 Met NYC unter George Szell – *zuletzt bei UORC*
Viele Live-Mitschnitte von Met-Aufführungen der obigen Werke auf verschiedenen Labels

Live Radio Broadcasts
(Arien von Rossini, Verdi, Ponchielli, Giordano) – *Legato*
On Tour in Russia 1958
(Konzertmitschnitte: Bach, Händel, Beethoven, Caccini, Bizet, Gounod, Verdi, Leoncavallo, Giordano, Indy, Fauré, Ravel, Tosti) (+ Willard Sektberg,*p*) – *RCA*
Live-Aufnahmen 1945–1959 – 2CD
(Arien und Songs von Rossini, Verdi, Gounod, Bizet, Giordano / Romberg, Speaks, Scott u.a.) – *Memories*
Recital mit frühen Aufnahmen aus italienischen und französischen Opern – *zuletz bei RCA*

WELITSCH, LJUBA

Donna Anna in *Don Giovanni* (Mozart) / live 1950 Salzburg unter Wilhelm Furtwängler – *Foyer*
Amelia in *Un Ballo in Maschera* (Verdi) / live 1949 Edinburgh unter Vittorio Gui – *Melodram*
Titelrolle in *Aida* (Verdi) / live 1950 Met NYC unter Emil Cooper – *Melodram*
Magda in *Die Schwalbe* (Puccini) / ORF 1955 unter Meinhard von Zallinger – *Melodram*
Titelrolle in *Salome* (R.Strauss) / live 1949 Met NYC unter Fritz Reiner – *Melodram*
Chrysothemis in *Elektra* (R.Strauss) / BBC 1947 unter Thomas Beecham – *Melodram*

Sängerportrait (Rundfunk- und Live-Aufnahmen) – 2CD
(Mozart, Weber, Verdi, Smetana, Dvorak, Puccini, R.Strauss / Schubert, Schumann, Brahms) – *Melodram*
Recital-Platten von *EMI* und *CBS* leider seit langem nicht mehr in den Katalogen

WIDDOP, WALTER

Loge & Siegmund in Ausschnitten aus *Rheingold & Die Walküre* (Wagner) /
1926–1928 unter Albert Coates (u.a. + Ljungberg, Widdopp, Schorr) – *Claremont* (2CD)
Siegfried in Ausschnitten aus *Götterdämmerung* (Wagner) / 1926–28 unter Albert Coates (u.a. + Widdopp, Andresen, Ljungberg, Offers) – *Claremont* (2CD)
Aegysth in *Elektra* (R.Strauss) / BBC 1947 unter Thomas Beecham – *Melodram*

Portrait-Recital (Bach, Händel, Mendelssohn, Wagner u.a.) – *Pearl* (bisher nur LP)

Einzelaufnahmen in *Wagner on Record* und *The Record of Singing*. Eine Arien-LP mit Inhaltsüberschneidungen zu *Pearl* gab es bei *EMI Golden Voices*.

WILDBRUNN, HELENE

Portrait-Recital (bisher nur LP)
(Wagner – und Mozart, Beethoven, Weber, Verdi, Ponchielli, Mascagni, Puccini) – *Preiser LV*

WILLIAMS, EVAN

Eine repräsentative Sammlung von Evan Williams' Aufnahmen war auf *Rubini GV* veröffentlicht. Das Label ist vom Markt verschwunden. Derzeit nur Einzeltitel in den genannten *Anthologien*. Wiederveröffentlichung eines Recitals – ggf. bei *Pearl* – ist zu erhoffen.

WINDGASSEN, WOLFGANG

Florestan in *Fidelio* (Beethoven) unter Wilhelm Furtwängler – *EMI*
Erik in *Der fliegende Holländer* (Wagner) unter Ferenc Fricsay – *DG*
Erik in *Der fliegende Holländer* (Wagner) / live 1955 unter Hans Knappertsbusch – *Melodram*
Titelrolle in *Tannhäuser* (Wagner) unter Otto Gerdes – *DG*
Titelrolle in *Tannhäuser* (Wagner) / live 1961 Bayreuth unter Wolfgang Sawallisch – *Myto*
Titelrolle in *Tannhäuser* (Wagner) / live 1962 Bayreuth unter Wolfgang Sawallisch – *Philips*
Titelrolle in *Lohengrin* (Wagner) / live 1953 Bayreuth unter Joseph Keilberth – *Decca*
Titelrolle in *Lohengrin* (Wagner) / live 1960 Bayreuth unter Lorin Maazel – *Melodram*
Tristan in *Tristan und Isolde* (Wagner) unter Karl Böhm – *Philips/DG*
Tristan in *Tristan und Isolde* (Wagner) / live 1957 Firenze unter Artur Rodzinski – *FONIT Cetra*
Tristan in *Tristan und Isolde* (Wagner) / live 1957 Bayreuth unter Wolfgang Sawallisch – *Melodram*
Stolzing in *Die Meistersinger von Nürnberg* (Wagner) / live 1960 Bayreuth unter Hans Knappertsbusch – *Melodram*
Froh in *Rheingold* (Wagner) / live 1951 Bayreuth unter Herbert von Karajan – *Melodram*
Loge in *Rheingold* (Wagner) / RAI 1953 unter Wilhelm Furtwängler – *EMI*
Loge in *Rheingold* (Wagner) / live 1967 Bayreuth unter Karl Böhm – *Philips*
Siegmund in *Die Walküre* (Wagner) / RAI 1953 unter Wilhelm Furtwängler – *EMI*
Siegfried-Partien im *Ring des Nibelungen* (Wagner) / live 1953 Bayreuth unter Clemens Krauss – *Foyer*

Siegfried-Partien im *Ring des Nibelungen* (Wagner) / live 1957 Bayreuth unter Hans Knappertsbusch – *Foyer*
Siegfried-Partien im *Ring des Nibelungen* (Wagner) / live 1958 Bayreuth unter Hans Knappertsbusch – *Arkadia*
Siegfried-Partien im *Ring des Nibelungen* (Wagner) / live 1967 Bayreuth unter Karl Böhm – *Philips*
Titelrolle in *Parsifal* (Wagner) / live 1951 Bayreuth unter Hans Knappertsbusch – *Teldec*
Aegyst in *Elektra* (R.Strauss) / live 1965 Wien unter Karl Böhm – *HRE/Legato*
Szenen aus *Tristan und Isolde* (Wagner) mit Varnay, Töpper, Borg (+ Wesendonck-Lieder / A.Varnay) – *DG*
Szenen aus *Walküre, Siegfried, Götterdämmerung* (Wagner) mit Astrid Varnay – *DG*
Szenen aus *Guntram* (R.Strauss) / SDR 1958 unter Alfons Rischner – *Melodram*
Opernquerschnitte (u.a. *Freischütz, Tannhäuser, Otello, Tiefland*) bei *DG*
Sängerportrait (Live-Mitschnitte) – 2CD
(Beethoven: *Fidelio* und Ausuzüge aus Wagner-Aufführungen) – *Memories*
Wolfgang Windgassen singt Wagner – bisher nur LP
(Rienzi, Tannhäuser, Lohengrin, Tristan, Siegfried, Götterdämmerung, Parsifal) – *DG*

WUNDERLICH, FRITZ

Apollo in *L'Orfeo* (Monteverdi) unter August Wenzinger – *DG*
Ruggiero in *Alcina* (Händel) WDR 1959 unter Ferdinand Leitner – *Melodram*
Sextus in *Julius Caesar* (Händel) / BR 1966 unter Ferdinand Leitner – *Melodram*
Titelrolle in *Xerxes* (Händel) unter Rafael Kubelik – *Verona*
Pylades in *Iphigenie auf Tauris* (Gluck) / BR 1965 unter Rafael Kubelik – *Myto*
Belmonte in *Die Entführung aus dem Serail* (Mozart) unter Eugen Jochum – *DG*
Don Ottavio in *Don Giovanni* (Mozart) / live 1960 Wien unter Herbert von Karajan – *Verona*
Tamino in *Die Zauberflöte* (Mozart) unter Karl Böhm – *DG*
Eginhard in *Fierrabras* (Schubert) / live 1959 Basel unter Hans Müller-Krey – *Myto*
Eginhard in *Fierrabras* (Schubert) / r. live 1959 Bern unter Hans Müller-Krey – *Myto*
Graf Alamaviva in *Der Barbier von Sevilla* (Rossini) / live 1966 StO Wien unter Karl Böhm – *Myto*
Baron Kronthal in *Der Wildschütz* (Lortzing) unter Robert Heger – *EMI*
Chateauneuf in *Zar und Zimmermann* (Lortzing) unter Robert Heger – *EMI*
Fenton in *Die lustigen Weiber von Windsor* (Nicolai) unter Robert Heger – *EMI*
Alfredo in *La Traviata* (Verdi) / live 1965 StO München unter Antonino Votto – *zuletzt bei HRE*
Steuermann in *Der fliegende Holländer* (Wagner) unter Franz Konwitschny – *EMI*
Walther in *Tannhäuser* (Wagner) unter Franz Konwitschny – *EMI*
Hans in *Die verkaufte Braut* (Smetana) unter Rudolf Kempe – *EMI*

Jüngling in *Die Frau ohne Schatten* (R.Strauss) / live 1964 StO Wien unter Herbert von Karajan – *Arkadia*
Henry Morosus in *Die schweigsame Frau* (R.Strauss) / live 1959 Salzburg unter Karl Böhm – *Melodram*
Leukippos in *Daphne* (R.Strauss) unter Karl Böhm – *DG*
Titelrolle in *Palestrina* (Pfitzner) / live 1964 StO Wien unter Robert Heger – *Myto*
Andres in *Wozzeck* (Berg) unter Karl Böhm – *DG*

Viele deutschsprachige Opernquerschnitte (deutsches und italienisches Fach) und Operetten-Ausschnitte bei *EMI*

Tenorarien in *Matthäus-Passion* (Bach) unter Karl Münchinger – *Decca*
Tenorarien in *Johannes-Passion* (Bach) unter Karl Forster – *EMI*
Titelpartie in *Judas Maccabaeus* (Händel) / live 1963 München Rafael Kubelik – *Melodram*
Uriel in *Die Schöpfung* (Haydn) unter Herbert von Karajan – *DG* (auch live bei *Arkadia*)
Tenorpart in *Requiem KV 626* (Mozart) / live 1963 Wien unter Herbert von Karajan – *Arkadia*
Tenorpart in *Requiem KV 626* (Mozart) / live 1960 Salzburg unter Herbert von Karajan – *Melodram*
Tenorpart in *Missa solemnis* (Beethoven) / live 1966 Wien unter Herbert von Karajan – *Arkadia*
Tenorpart in *Das Lied von der Erde* (Mahler) (+ Christa Ludwig) unter Otto Klemperer – *EMI*
Tenorpart in *Messa da Requiem* (Verdi) / live 1960 Stuttgart unter Hans Müller-Kray – *Myto*

Die schöne Müllerin D.795 & 3 Lieder (Schubert) (+ Hubert Giesen,*p*) – *DG*
Lieder von Beethoven, Schubert, Schumann (+ Hubert Giesen,*p*) – *DG*
Beethoven: *An die ferne Geliebte op.98* / Haydn: *Schottische Lieder* / R.Strauss: *Orchesterlieder* – *DG*
Schumann: *Dichterliebe op.48* / Beethoven: *4 Lieder* / Schubert: *9 Lieder* (+ Hubert Giesen,*p*) – *DG*
Fritz Wunderlich – Last Concert (Mitschnitt des letzten öffentlichen Konzerts in Edinburgh 1966) (Beethoven, Schubert, Schumann) (+ Hubert Giesen,*p*) – *Myto*

Fritz Wunderlich zum 25. Todestag – 5CD
(Sängerportrait aus Oper, Operette, Lied, Oratorium, Unterhaltung) – *DG*
Große Stimmen: Fritz Wunderlich (BR-Aufnahmen / Oper, Lieder, Schlager) – *DG*
Fritz Wunderlich – Der große deutsche Tenor – 3CD/LP
(Mozart, Flotow, Nicolai, Smetana, Donizetti, Verdi, Wagner, Puccini, Lehár, Kalman u.a.) – *EMI*
Auszüge daraus (Arien-Recital) – *EMI*

Sängerportrait (Oper, Operette, Lieder, Schlager / vor allem Frühaufnahmen) – *Ariola*
Eine Stimme, eine Legende (Operetten-Melodien) – *Acanta*
Arien-Recital (Oper, Oratorium & Lied in frühen SDR-Aufnahmen) – *Acanta*

Preiswerte Sammlung von Live-Aufnahmen (Oper, Oratorium, Lied / darunter interessante Frühaufnahmen des SDR und des Buchgemeinschafts-Labels *Opera*) – *Verona* (2CD)

ZENATELLO, GIOVANNI

Portrait-Recital – CD/LPs
(Verdi, Meyerbeer, Gounod, Bizet, Saint-Saëns, Boito, Ponchielli, Mascagni, Leoncavallo, Puccini, Giordano) – *Preiser CO + LV*
Opern-Recital mit frühen Acoustics bei *Club 99*

Höchst wichtige Aufnahmen, vor allem aus der frühen Aufnahmezeit, fanden sich auf LPs von *Rubini GV*. Sie dürften wohl nur noch bei Antiquariaten zu bekommen sein. Wiederveröffentlichung auf CD darf von *Pearl* oder *Nimbus* erhofft werden.

Register der Sänger

Die kursivgesetzten Ziffern verweisen auf ausführliche Einzeldarstellungen des jeweiligen Sängers.

Adam, Theo 290, 574, 635, 843, 929
Adamberger, Valentin 497
Adams, Suzanne 5, 34
Affre, Agustarello 856, 858
Agostonelli, Adelina 160
Agujari, Lucrezia 70
Alaimo, Simone 964
Albanese, Francesco 716
Albanese, Licia 777, 802, 892
Albani, Emma 24
Alboni, Marietta 19, 92, 333, 937
Alda, Frances 418 f., 453
Aldenhoff, Bernd 558
Alexander, John 903
Allen, Thomas 751, *832 ff.*, 897
Alsen, Elsa 347
Althouse, Paul 424, 784 f.
Altmeyer, Jeannine 540, 554
Alva, Luigi 54, 440, 954, 964
Amara, Lucine 597, 780
Amato, Pasquale 53, 61, 81, 95, 101, 106, *111 ff.*, 116, 118, 134, 216, 248, 320, 418, 457, 779, 808
Ameling, Elly 509, 590, *600–605*
Ancona, Mario 21, 37, 60, 81, 106, 138, 162, 418, 429, 779, 806
Anday, Rosette 533
Anders, Peter 370, 373, 524, 569, 586, 598, 622 f.
Anderson, Marian 759
Anderson, June 961, 964
Angerer, Margit 444
Anitua, Fanny 181
Anselmi, Giuseppe 21, 52, 83, 196, 478, 917
Ansseau, Fernand 403 f., 418, 420
Anthony, Grace 208
Aragall, Giacomo 856
Araiza, Francisco 621, 897, 948, 961
Arangi-Lombardi, Giannina *166 ff.*, 599
Arimondi, Vittorio 75
Arndt-Ober, Margarethe 134, 334 f.
Arnoldson, Sigrid 148, 461
Arroyo, Martina 754, *766 ff.*
Artner, Josefine von 333
Atlanow, Wladimir 473
Ancona, Mario 109
Austral, Florence 171, *427 f.*, 439

Baccaloni, Salvatore 365
Bacquier, Gabriel 391, 835, 842
Badini, Ernesto 181
Bahr-Mildenburg, Anna 260, 273, 303, 325, 424
Bailey, Norman 843
Baillie, Isobel 440
Baker, Janet 435, 530, 603, *818–826*, 830, 837 f., 880, 949 f.
Baklanow, George 442, 462
Baldwin, Dalton 604 f.
Baltsa, Agnes 177, 391, *894 ff.*, 924, 964
Bampton, Rose 798
Bär, Olaf 648
Barbacini, Paolo 54
Barbieri, Fedora 734, 754, *757*
Barrera, Carlo 467
Barrientos, Maria 155 f.
Bartoli, Cecilia 897, 964
Basiola, Mario 210
Bassi, Amedeo 138
Bastianini, Ettore 116, 118, 655, 686
Bastin, Jules 842
Bathori, Jane 415
Battistini, Mattia 7, 9, 18, 50, *57–62*, *75*, *106*, 115 f., 135 ff., 149, 177, 210 f., 219, 223, 238, 383, 441, 457, 460 f., 496, 499 f., 688, 741, 743, 802, 807 f., 963
Battle, Kathleen 897
Baum, Kurt 149, 664
Beaujon, Marise 410

Bechi, Gino 105, 118, 187, 681, 683, 724, 734
Becht, Hermann 540
Beddoe, Dan *436, 438* f.
Behrens, Hildegard 31, 237, *552 ff.*, 696, 843, 928
Beirer, Hans 558
Bellincioni, Gemma 51, 70, 75, 111, 135, 138, 174, 463
Belogradskaya, Elisaveta 460
Benelli, Ugo 54
Berbié, Jane 177
Berganza, Teresa 10, 177, 180, 182, 661, 673, 732, 739, 764, 935, *951–955, 964*
Berger, Erna 383, *584 ff.*, 596
Bergonzi, Carlo 118, 206, *715–720, 732, 767*, 771, 778, 780, 786 ff., 803, 904, 912, 920
Bernac, Pierre *414 f.*, 431, 600, 639, 646, 887
Berry, Walter 536, 608, 793
Berthon, Mireille 416
Besalla, Eugenie 526
Besanzoni, Gabriella 211
Bettendorf, Emmy 276, 326
Bettoni, Vincenzo 179, 181
Betz, Franz 27
Billot, Etienne 413
Bispham, David 29, 44, 241, 421
Björling, Jussi 345, 401, 406, 715, 720, 725, 734, 747, 754, 757, *773–780*, 782, 784, 787, 796, 799, 801 f., 804, 856, 900, 902, 904, 907 ff., 920
Blade, Raewyn 875
Blake, Rockwell 964
Bockelmann, Rudolf 238, 283, *288 ff.*
Bohnen, Michael 44, 187, 263, *295–299, 351*
Bonci, Alessandro 7, 83 f., *86–90, 112, 185*, 214 f., 356, 379, 774, 899, 910, 917
Bonelli, Richard 800
Bordon, Fred 410
Borgatti, Giuseppe 83, 112, 238, 889
Borgioli, Armando 217
Borgioli, Dino 54, 83, 181
Bori, Lucrezia 117, *142–147, 155, 163, 175*, 186, 450, 454, 456
Bos, Coenraad van 294
Bosetti, Hermine 319
Bourdin, Roger 413
Brandt, Marianne 45
Branzell, Karin 371, 382
Braslau, Sophie 45
Braun, Helena 269
Bréval, Lucienne 399
Breviario, Giovanni 903
Broad, Albert Richard 433
Brownlee, John 38, 222, 345, 365, 440, 457, 832, 931
Bruscantini, Sesto 524, 724, 839, 917, 964 f.
Bruson, Renato 114, 730, *742 ff.*
Bubbles, John W. 760
Bumbry, Grace 41, 101, 766, *771 f.*, 821
Burchuladze, Paata 927
Burke, Tom 199
Burrian, Carl 251, 274
Burrows, Stuart 859
Burzio, Eugenia 86, 112, 140, 162
Butt, Clara 45, 103, 337, 421

Caballé, Montserrat 10, 101, 167, 487, 660 f., 671 f., 696, 702, 728, 739 f., 754, 767, 804, *868–874, 903, 917, 921*, 923, 946, 948, 957, 961
Calabrese, Franco 525, 669
Callas, Maria 10, 39 f., 55, 69 f., 85, 91, 99 ff., 118, 149, 153, 158, 162, 165, 173, 175 ff., 181, 199, 209, 213, 244, 266, 311, 344, 348 f., 353, 394, 458, 487, 492, 512, 529, 547, *656–676, 680, 685*, 689, 698, 700, 702, 704, 707, 709 ff., 721, 729, 731 ff., 738, 762, 767, 772, 788, 790, 794, 821, 850, 852, 856, 867, 869, 871, 874, 890 f., 904, 909, 917, 936, 939, 941 ff., 946, 948 f., 951, 964
Calvé, Emma 5, 18, 73, *90–94, 391, 835*
Campora, Giuseppe 716, 786
Canali, Anna Maria 669
Caniglia, Maria 166, 686, 734
Capecchi, Renato 954
Cappuccilli, Piero 61,

114, 118, 683, 686, *740 ff.*, 804, 843
Capsir, Mercedes 148, 712
Caracciolo, Juanita 160
Carbone, Maria 160
Carelli, Emma 210
Carosio, Margherita 187, 662
Carreras, José 391, 843, 855 f., 917, *919–927*
Caruso, Enrico 4 f., 7 ff., 12 f., 40, 44, 50, 52, *71–83*, *85* f., 89, 95, 99, 104 f., 108, 110, 112 f., 115, 117 ff., 122, 124, 127, 142 f., 146, 149, 155, 169 ff., 177, 185, 191, 193, 197 f., 200, 202, 204, 207 f., 212, 215, 217, 242, 248 f., 253, 273, 276, 317, 320, 322, 345 f., 356, 359, 367, 371, 405, 412, 418 f., 422, 441 ff., 445, 447–451, 457, 460 f., 478, 597, 639, 657, 714, 774, 776, 784, 850, 854, 900, 903, 910, 959, 966
Casini, Lelio 103
Casula, Maria 954
Catalani, Angelica 70
Cavalieri, Lina 394, 470, 497
Cebotari, Maria 187, 307, *353 ff.*, 504, 514, 595
Cecchi, Pietro 36
Cerquetti, Anita 100, 730
Cervi Caroli, Ersilde 160
Chamlee, Mario 198, 204
Chenier, Andrea 207
Christian, Ellen 36
Christoff, Boris 63, 488, 651, *689–695*, *733*, 747 ff., 754, 757, 795, 799, 862 f., 879, 929
Cigna, Gina 166, 168, 173, 184
Clément, Edmond 357, 391, *405 f.*, 411, 418, 420, 835, 839
Command, Michèle 605
Conley, Eugene 856
Conried, Heinrich 86
Conrad, Richard 912, 935
Corbelli, Alessandro 964
Cordes, Marcel 637
Corelli, Franco 56, 77, 118, 207, 671, 713, 725, 730, 741, 777, 782, *793 ff.*, 804, 855 f., 858, 899, 903
Corena, Fernando 55, 780, 964
Corradetti, Ferruccio 117
Corradetti, Iris Adami 160
Cortis, Antonio 899
Cossotto, Fiorenza 136, 550, *735–740*, *858*
Cotrubas, Ileana 41, 391, 892
Cox, Jean 567
Crass, Franz *578 f.*, 650, 843, 863
Crespin, Régine 391, 432, *834–838*, *887*
Crimi, Giulio 198, 204, 682
Croiza, Claire 399, 414
Cuberli, Lella 961, 964
Cunego, Egidio 467
Cunitz, Maud 588
dalla Rizza, Gilda 160, 186, 194, 211, 731
Dalmorès, Charles 391, 403 f., 418
dal Monte, Toti 134, 171, 211, 304, 712
Dam, José van 391, 687, *840 ff.*, 879
Danco, Suzanne 839, 847
d'Andrade, Francesco 468
D'Angelo, Louis 218, 224
Danise, Giuseppe 171, 217, 688
Dara, Enzo 961, 964
David, Giacomo 69
David, Giovanni 69
Davies, Ben 421
Davies, Tudor 421, 428
Davis, Ryland 440
Dawson, Peter 421
de Angelis, Nazzareno 217, 433
de Cisneros, Eleonora 138
de Frate, Ines 11
de Hidalgo, Elvira 148, 660 f.
della Casa, Lisa *513 ff.*, 523, 615
Delmas, Jean-Francois 418, 420
del Monaco, Mario 48, 56, 77, 81, 118, 149, 173, 487, 533, 549, 664, 708 f., *711 ff.*, 716, 733, 747, 774, 777 f., 784 ff., 792, 853, 855, 877, 903
de los Angeles, Victoria 100, 146, 180, 391, 710, *721–725*, *770*, *804*, *882*, 941

de Luca, Giuseppe 103, 106, *114–118, 136* f., 146, 158, 193, 202, 216, 223, 344, 478, 499, 688, 743 f., 779, 797, 803, 808, 930
de Lucia, Fernando 5, 8 f., 17, 36 f., *50–56, 60,* 69, 75, 81, 90, 92, 197, 214 f., 237, 406, 408, 627, 774, 889, 907, 910, 963
de Lussan, Zelie 29
de Muro, Bernado 178, 186
Demuth, Leopold 303
de Negri, Giovanni 83
Deprez, Gilbert-Louis 400
de Reszke, Edouard 21, 28, 44, 221, 391, 418, 429
de Reszke, Jean 21, 23, 28, 32, 36, 44, 52, 75, 93, 210, 241, 253, 273, 309, 313, 361, 391 f., 398, 449, 572
Dermota, Anton 440, 507, *531–535, 625, 839,* 859
Dernisch, Helga 540
Destinn, Emmy 113, 134, 322, 403, 435, 762
de Trevi, José 416
Devries, David 403
Didur, Adamo 95, 116, 220, 454, 466, 478, 689
di Giulio, Germana 712
di Murska, Ilma 24
di Stefano, Giuseppe 54 f., 77, 488, 671, *676–680, 698,* 716 f., 731, 733 f., 780, 782, 784 f., 787, 853, 860, 917, 920
di Vargas, Carlo 719
Doluchanova, Zara 177, 954
Domgraf-Fassbaender, Willi 117, 307, 328, 383, 500, 587, 618, 643
Domingo, Placido 55, 73, 77, 81, 86, 206, 391, 488, 699, 702 ff., 720, 730, 739 f., 743 f., 767, 774, 778, 806, 855 f., 860, 867, 879, *898–906, 913, 917, 919,* 925 f., 954
Dominguez, Oralia 599, 734 f.
Donath, Helen 509
Donzelli, Domenico 70
Dorliac, Nina 814
Dupré, Pierre 413
Duprez, Gilbert-Louis 70, 83
Dupuy, Martine 964
Dux, Claire 263, *322 f.,* 378
Dyck, Ernest von 29, 237, 274, 403

Eames, Emma 6, 8, 21, 94, 342, 418
Easton, Florence 163, 171, 268, *422–426, 440*
Ederle, Nino 181
Edvina, Marie-Louise 162, 403
Elmo, Cloë 182
Endrèze, Arthur 181, *413 f.*
Erb, Karl 385, 643, 859
Erschow, Iwan 124
Escalais, Lèonce-Antoine *400 f.,* 403
Estes, Simon 927
Evans, Sir Geraint 55
Ewing, Maria 177

Fabbri, Guerrina 45, 181
Farneti, Maria 160
Farrar, Geraldine 405, 418, 470, 478, 500
Farrell, Eileen 187, 260, 266, *751 ff.,* 953
Fassbaender, Brigitte 608, *618 ff.*
Favero, Mafalda 174
Fehenberger, Lorenz 373
Fernandi, Eugenio 786
Ferrari-Fontana, Edoardo 143, 162, 251
Ferraris, Ines Maria 178
Ferrier, Kathleen 346, 611, *814 ff.,* 823, 825, 943, 950, 959
Figner, Nicolai 462
Filippeschi, Mario 716, 903
Fischer, Edwin 509
Fischer, Emil 28
Fischer, Karl Ludwig 225, 497
Fischer, Ludwig 649
Fischer-Dieskau, Dietrich 61, 266, 286, 292, 294, 298, 376, 381, 386 f., 417, 489, 509, 511, 550, 566, 574, 577, 581, 603 f., 622, 629, 635 f., *638–648, 685,* 720, 722, 741, 771, 796, 826, 829, 833, 843, 849 f., 863, 868, 929 ff., 950
Flagstad, Kirsten 237 f., 248, 259 f., 265, *267–271, 276* f., 281, 373, 543, 546, 888
Fleischer, Editha 217

Fleta, Miguel 81, 199, 211, 428
Ford, Bruce 936
Formichi, Cesare 216
Förster, Elsa 361
Franci, Benvenuto 52, 118, 201, *216, 304*
Francillo-Kaufmann, Hedwig 319, 378
Frantz, Ferdinand 581
Franz, Paul 163, *402 ff.*
Fremstad, Olive 97, *242 ff.*, 248, 250, 421
Freni, Mirella 686, 696, *726–730, 843, 860*
Frick, Gottlob 562, *579 ff.*, 582, 630
Fügel, Alfons 373
Fursch-Madi, Emmy 97

Gadski, Johanna 101, 113, 237, *246–250, 424*, 500
Gailhard, Pedro 418
Galetti, Carlo 134, 210 f., 216, 378
Galli-Curci, Amelita 39, 88, 148, *153–158, 197* f., 320, 331, 378, 478
Galvany, Maria 107, 148
Garden, Mary 163, 228, *392 ff.*, 430, 470, 472
Gasdia, Cecilia 936, 961, 964
Gayarré, Juan 51
Gedda, Nicolai 49, 253, 361, 391, 403, 407 f., 411, 415, 437, 489, 493, 588, 624, 628 f., 691, 724, 749, 785, 839 f., *851–860, 902, 910, 914*, 917
Gencer, Leyla 661
Gentner-Fischer, Else 560
Gerhardt, Elena 385
Gerster, Etelka 24
Gerville-Réache, Jeanne 391, 835
Ghiaurov, Nicolai 730, *748 ff.*, 771, 799, 835, 843
Giannini, Dusolina 186, 200
Gigli, Benjamino 70, 81, 83, 108, 118, 143, 163, *185–193, 198–202, 204*, 210 f., 215, 217, 219, 297, 367, 371, 447, 451, 467, 717, 726, 734, 780, 784, 854 f., 907, 912
Gilibert, Charles 29, 37, 88
Gilly, Dinh 210, 405, 412
Giménez, Raoul 964
Giminez, Edoardo 961
Giorgini, Aristodemo 83, 215
Gläser, John 348
Gluck, Alma 405
Gobbi, Tito 106, 114, 118, 345, 488, 518, 551, 643, 668, 672, *681–684*, 688, 704, 724 f., 741, 762, 788, 792, 800, 808, 877
Goldmann-Rössler, Charlotte 42
Goldberg, Reiner 889
Goritz, Otto 248
Gorr, Rita 825, 857, 953
Granforte, Apollo 216
Grandini, Edmondo 715
Grau, Maurice 28
Gray, Linda Esther 812
Greene, Harry Plunkett 421
Greindl, Josef 383
Grengg, Karl 317
Grisi, Giuditta 19
Grob-Prandl, Gertrude 238, 433
Grümmer, Elisabeth 493, 540, 554, 581, *593–597*
Güden, Hilde 505
Guelfi, Gian-Giacomo 105, 118, 238, 733, 795
Guerrini, Virginia 139
Gutheil-Schoder, Marie 263, 303

Haefliger, Ernst 622, *624 ff.*
Hahn, Reynaldo 395, 413
Hammes, Karl 587
Hampson, Thomas *929 ff.*, 961
Harold, Orville 198
Heim, Melitta 442
Heinemann, Alexander 377
Helbig, Hedwig 31
Heldy, Fanny 403, 418
Helletsgruber, Luise 365
Hempel, Frieda 95, 113, 116, 142, 148, 155 f., 263, *319 ff.*, 378
Henschel, George 421
Herold, Vilhelm 268, 273
Hesch, Wilhelm *315 f.*, 579
Hill, Martyn 831
Hirzel, Max 585
Hislop, Joseph 545
Hofmann, Peter 238, 554

Hollweg, Werner 859
Holm, Richard 624
Homer, Louise 9, 248, 418
Hopf, Hans 275, 558
Horne, Marilyn 10, 177, 182, 661, 703, 770, 870, 936 f., *944–950, 954* f., 957, 961
Hotter, Hans 537, *571 ff.*, 578, 622, 843, 927 ff.
Huguet, Josefina 148
Hüsch, Gerhard 293, *385 ff.*, 574, 643, 648, 931
Hynninen, Jorma 833, 860

Ibos, Guillaume 855
Infantino, Luigi 54
Inghilleri, Giovanni 216
Ivogün, Maria 148, 264, 327, *330 f.*, 385, 500, 505, 586 f., 589

Jadlowker, Hermann 54, 197, 320, 336, *356 ff.*, 372, 377, 380, 499, 627, 858, 964
Janowitz, Gundula 509, 540, 590, 593, 597, *606 ff.*, 614, 696
Janssen, Herbert 276, 284, *292 ff.*, 351, 379, 385
Jeritza, Maria 163, 237, 263 f., 361, 409, 442
Jerusalem, Siegfried 556, 558, 569, 625
Jessner, Irene 268
Jobin, Raoul 855 f.
Johnson, Edward 140, 204, 782, 785
Jones, Gwyneth 540
Jones, Della 964
Journet, Marcel 29, 37, 88, 206, 406, 418 ff.
Jurinac, Sena 505, *521–525, 551, 739*

Kaidanoff, Konstantin 480
Kalenberg, Josef 361
Kalisch, Paul 27
Kalter, Sabine 369
Kappel, Gertrude 268
Kaschmann, Giuseppe 106
Kastorsky, Wladimir 119
Kelemen, Zoltan 540
Kellog, Clara Louise 21
Kelly, Michael 445
Kelly, Yvonne 936
Kiepura, Jan 187
King, James 274, 567, 630
Kipnis, Alexander 222 f., *225–230, 238, 268, 316,* 333, 347, 385, 533, 574, 651, 750, 929
Kirchhoff, Walter 277, 322
Kirchner, Alexander 277
Kirkby-Lunn, Louise 421, 500
Kirschstein, Leonore 597
Klarwein, Franz 373
Klose, Margarete 562
Knappertsbusch, Hans 270
Knote, Heinrich *254 ff.*
Knüpfer, Paul 297, 580
Knüpfer, Maria 333
Kollo, René 238, 557, 562, 567 ff., 624, 905, 928
Konetzni, Hilde 268
Konya, Sandor 567
Koshetz, Nina 462
Köth, Erika 588, *590 ff.*
Kouznetsowa, Maria *470 ff.*
Kowalski, Jochen 965
Kozlowsky, Iwan 462, *481 f.*, 856
Kozub, Ernst 563
Kraus, Alfredo 391, 440, 671, 787, 840, 856, 900, 910, *914 ff.*
Krause, Tom 847, 885
Kruszeniski, Salomea *463, 466*
Kruysen, Bernard 415, 432
Kuebler, David 964
Kunz, Erich 524, 536
Kurt, Melanie *244 f.*
Kurz, Selma 94, 148, 263, 303, *307–311, 321,* 330, 442, 589, 858

Labia, Maria 160
Labó, Flaviano 739
Lafont, Julien 413
Lakes, Garry 888
Lanza, Mario 73, 81, 577
Lassalle, Jean 36, 391
Laubenthal, Rudolf 277
Laufkoetter, Karl 277
Lauri-Volpi, Giacomo 53, 89, 97, 118, 144, 153, 161, 164, 199, 202, 204, *209–216, 219* f., 279, 344 f., 378, 401, 715, 784, 899, 903, 907, 910, 913
Lawrence, Marjorie 268, 270
Lazzari, Virgilio 210
Lehmann, Lilli *25–32,* 97, 237, 242, 245, 248, 252, 258 f., 278, 337, 342, 398, 422, 429, 496,

498 ff., 504, 512, 538, 657, 662, 890
Lehmann, Lotte 85, 257, *261–266, 276, 281, 296,* 305, 317, 348, 371, 385, 441, 554, 821, 888, 930
Leider, Frida 140, 164, 227, 238, 250, *257–261,* 264, 267, 270, 272, 277, 281, 284, 287, 305, 317, 385, 538, 596, 608, 657, 943
Leisner, Emmi 335
Lemeschew, Sergei 462, 484
Lemnitz, Tiana 307, *305 ff.*, 500, 596
Lewis, Richard 440, 531
Lewis, Keith 936
Ligabue, Ilva 696
Lind, Jenny 19, 320
Lindholm, Berit 540
Lisitsian, Pavel *482 f.*
Litvinne, Félia 391, 399
Ljungberg, Göta 44, 264, 268, 439
Llopart, Mercedes 697
Lloyd, Edward 421
Lloyd, Robert 897
London, George 516, 540, *576 ff.*, 588, 843
Lorenz, Max 274 f., *559 ff.*
Lubin, Germaine 328, *397 ff.*, 835
Lucca, Pauline 27
Ludikar, Pavel 218
Ludwig, Anton 526
Ludwig, Christa *526–530, 557, 620* f., 739, 825, 889, 894
Ludwig, Walther 622
Lustig, Rudolf 576
MacLennan, Francis 422 f.
MacNeil, Cornell 57
Major, Malvina 876
Malas, Spiro 55
Malibran, Maria 937, 941
Malipiero, Giovanni 705
Mallinger, Mathilde 262
Mann, Josef 198, 466
Mantelli, Eugenia 45
Marchesi, Mathilde 309, 391, 421
Marcoux, Vanni 842
Mardones, José *217,* 220, 478
Martienssen-Lohmann, Franziska 147, 238, 593, 734, 819
Martinelli, Giovanni 49, 89, 95, 102, 113, 115, 118, 134 f., 162, 164, 170, 186, 198 f., *202–208, 215, 221, 249,* 276, 340, 345, 367, 404, 418, 434 f., 454, 456, 458, 661, 711, 714 f., 782, 784, 787, 792, 797, 800, 899, 904, 907, 909, 923
Marton, Eva 926
Martsinkewitsch, Gawril 460
Mascherini, Enzo 668
Masini, Angelo 51, 122, 461
Masini, Galliano 900
Maslennikowa, Leokadija 482
Mason, Edith 378
Materna, Amalie 97
Mathis, Edith 590, *610*
Matteo, Mario Giovanni 445
Matteuzzi, William 936, 961, 964
Matzenauer, Margarethe 45, 95, 248
Maurel, Victor 8, 32, 34, 46, 92, 95, 106, 135, 208, 391, 500, 741
Mayr, Richard 263 f., 303, *317 ff.*
Mazzoleni, Ester 114, 139, 159
McCormack, John 41, 90, 146, 196 f., 356, 363, 370, *444–452, 839, 850,* 856, 912
McCracken, James 86, 708, 855
McEachern, Malcolm 421
McIntyre, Donald 238, 540, 574, 842
Mei-Figner, Medea 462
Meier, Waltraud 556 ff., 897
Melba, Nellie 6 ff., *32–42,* 62, 84, 88, 93, 103, 110, 145 f., 149, 152, 157, 162, 265, 309, 320, 322, 342, 344, 348, 403, 427, 446, 450, 470, 850, 943
Melchior, Lauritz 44, 227, 238, 252 f., 257, 260, 264 f., 268, *271–277, 278, 281, 284,* 292 ff., 305, 326, 336, 397, 426, 657, 782, 784
Melis, Carmen 160
Melnikow, Iwan 461
Mercuriali, Angelo 669
Merli, Francesco 118, 207
Merrill, Robert 60, 116, 406, 457, 686, 725, 779, 785, 789, 798, *800–804,* 808

Merriman, Nan 588, 839
Merritt, Chris 936, 964
Mesplé, Mady 605
Metternich, Josef 579, *636 f.*, 843
Metzger, Otilie *332 f.*
Micheau, Jeanine 589
Micheletti, Gaston 181
Milanov, Zinka 41, 100, 102, 173, 522, 662, 721, 734, *753–758, 762, 778,* 785, 787, 799, 941
Milnes, Sherrill 391, 527, 635, 686, 699, 739, 741, 767, 799, *804–808,* 928
Mödl, Martha 269, *541 ff.*, 556, 566, 618, 959
Moffo, Anna 394, 718, 741, 787, 802
Molinari, Enrico 118
Moll, Kurt 581, *649 ff.*, 863, 867
Montarsolo, Paolo 954
Monti, Nicola 54
Moore, Gerald 826
Moore, Grace 187
Moreschi, Alessandro 4
Morris, James *927 ff.*
Morrison, Elsie 790
Moscona, Nicola 664
Moser, Edda 590
Müller, Maria 246, *325 f.*, 454
Muratore, Lucien 178, 391
Muzio, Claudia *161–166, 169, 174 f.*, 871
Mysz-Gmeiner, Lula 504

Narçon, Armand 396
Nash, Heddle 196, *440*
Nelli, Herva 662
Nemeth, Maria 263
Neri, Giulio 694
Neshdanowa, Antonina 462, *468 f.*
Nespoulous, Marthe 410
Nesterenko, Jewgenij 743
Nicholson, Richard 797
Nicolai, Elena 433, 732
Nicolini, Ernest 20 f.
Niemann, Albert 27, 272
Nilsson, Birgit 101, 152, 238 f., 244, 248, 260, *543–548, 796, 844,* 847, 891, 948
Nilsson, Christine 24
Nimsgern, Siegmund 540
Nin, Joaquin 395
Nissen, Hans Hermann 287 f., *290 f.*, 572
Nivette, Juste 391
Nordica, Lillian 6, 29, 31, 44, 97, *240 f.*, 342, 421, 663
Norena, Eidé 456
Norman, Jessye 391, 415, 516, 556, 608, 615, 825, 837, 889, *883–889, 953*
Novotna, Jarmila 187, 368, 531
Nozzari, Andrea 69
Nucci, Leo 913, 925

Obraztsowa, Elena 743
Oehmann, Carl Martin 278, 773
Olitzka, Rosa 29, 45
Olivero, Magda *173 ff.*, 704, 877
Olszewska, Maria 317, 456
Oltrabella, Augusta 160
O'Mara, Joseph 445
Onégin, Sigrid 45, 227, *336 ff.*, 382, 770
Osten, Eva von der 333
Ostertag, Karl 373
O'Sullivan, John 164, 401
Otto, Lisa 597

Pacini, Giuseppe 115, 148
Pagliughi, Lina 148, 687, 712
Panerai, Rolando 126, 588, 839
Panzéra, Charles 400, *416 f.*, 431, 722
Paoli, Antonio 83
Pareto, Graziella 83
Parsi-Pettinella, Armida 113
Pasero, Tancredi 63, 217, 222, 705
Pasta, Giuditta 23, 70, 460
Pataky, Koloman von *364 ff.*, 531
Patti, Adelina 8 f., *18–24, 26, 34, 40, 50,* 60, 62, 92, 135, 149, 157, 238, 265, 499, 522, 850, 939, 963
Pattiera, Tino 754
Patzak, Julius 254, 361, *372–376, 532, 622, 817,* 859
Pavarotti, Luciano 9, 49, 55, 190, 616, 686, 726, 782, 807, 853, 860, 863, 867, 898 f., 906–913,

916 f., 923, 925 f., 937, 950, 964
Pears, Peter 376, 414, 622, 626, 639, 816, *826–831, 863*
Pederzini, Gianna 964
Peerce, Jan 551, 585, 757, 789, 799, 804
Perli, Lisa 440
Pernet, André 396
Persiani, Fanny 70
Pertile, Aureliano 118, 134, 164, 171, *198 ff.*, 202, 207, 304, 734, 899
Pertusi, Michele 965
Peters, Roberta 802
Piccaver, Alfred 263, 364, 374, *441 ff.*
Picchi, Mirto 659
Pini-Corsi, Antonio 21, 137
Pinkert, Regina 3, 86, 90
Pinza, Ezio 63 f., 101, 134, 169, 191, 195, *217–224, 226, 345, 418*, 454, 456, 458, 581, 670, 695, 750, 785, 797, 863, 929
Pirogow, Alexander 481, 484
Plançon, Pol 5, 28, 32, *62 ff.*, 90, 93, 126, 220, 223, 391, 418 f., 581, 835, 842, 858, 958 f.
Plishka, Paul 699
Pobbé, Marcella 696
Poell, Alfred 515, 535
Poggi, Gianni 716, 733
Poli, Afro 197
Poli-Randaccio, Tina 160
Pölzer, Julius 373
Pons, Lily 39, 70, 121, 148, 187, 884
Ponselle, Rosa 69, *95–103, 163, 169, 171* f., 183, 202, 205, 208, 211, 217, 220 f., 249, 340, 343, 424 f., 436, 453, 457 f., 639, 656, 721, 762, 804, 891, 927, 943
Popp, Lucia 117, 610, *612 ff.*
Prêtre, Georges 856
Prey, Hermann 382, 608, 624, 631, 648 f., 843
Price, Leontyne 100, 172, 730, *758–765, 787*, 794, 801, 803, 884
Price, Margaret 617, 702, 743, *811 f.*, 833
Prohaska, Jaro 561 f.
Protti, Aldo 747
Py, Gilbert 855

Quilico, Louis 61

Raaff, Anton 497
Raatz-Brockmann, Julius von 290
Raimondi, Gianni 698
Raimondi, Ruggero 391, *750 F., 832, 840* f., 922, 958, 961
Raisa, Rosa 163 f., 166, *169 ff.*, 425
Ralf, Torsten 373
Ramey, Samuel 65, 751, 948, *955–961*
Rasa, Lina Bruna 160
Raucheisen, Michael 294, 385, 587
Rehfuß, Heinz 840
Reinhardt, Delia 246, 264
Reining, Maria 514
Reizen, Mark *484, 862*
Renaud, Maurice 5, 106, 391, *412 f.*, 496, 500, 808, 835
Rendall, David 964
Resnik, Regina 790
Rethberg, Elisabeth 118, 191, 217, 222, 264, 268, *339–346, 349, 369, 436*, 456, 500, 585, 762, 800, 872
Ricciarelli, Katia 494, 696, 925, 961
Ridderbusch, Karl 229, 316, *582 ff.*, 793
Rimini, Giacomo 172, 378
Rinaldi, Margherita 964
Ritter-Ciampi, Gabrielle 398, 496, 500
Robinson, Adolf 312
Roman, Stella 458
Ronconi, Giorgio 70
Rooy, Anton van 241
Rossi-Lemeni, Nicola 669, 692, 747
Rosvaenge, Helge 54, 253, 307, 351, *359–364*, 382 f., 441, 444, 500, 587, 631
Rosza, Anna 197, 200
Rothenberger, Anneliese *610*
Rothier, Léon 134, 218
Rouleau, Joseph 935
Roux, Michel 733, 842
Rubini, Giovanni-Battista 69, 83, 89, 941
Ruffo, Titta 70, 76, 81, 99, *103–108, 111, 113*, 115, 155, 169, 191, 217, 221, 238, 639, 663, 734, 741, 800, 808, 907
Russ, Giannina *138 f.*
Ruszkowska, Elena 160, *466 f.*

Rysanek, Leonie *549 ff.*, 567, 617, 792, 891

Salazar, Manuel 198
Salignac, Thomas 29
Salminen, Matti 540
Salvatini, Mafalda 160
Sammarco, Mario 41, 115, 149, 450
Sanderson, Sybil 473
Santley, Charles 223, 421, 496, 499
Saraceni, Adelaide 197
Sass, Sylvia 100, 730
Sayao, Bidu 222, 892
Sbriglia, Giovanni 391
Scacciati, Bianca 160, 168, 425
Scattola, Carlo 181
Schaljapin, Fedor 70, 91, *119–127, 181, 199*, 220 ff., 228, 298, 394, 418, 447, 454, 457, 462, 472, 478, 651, 657, 689, 862
Schech, Marianne 581
Schikaneder, Emanuel 536
Schiøtz, Aksel 196, 376, 439, 816, *848 ff.*
Schipa, Tito 54 f., 83, 155, 158, 162, 178, 186, *193–197, 202, 363, 378*, 482, 535, 784, 856, 907, 910, 916 ff.
Schipper, Emil 238, 283, 288, 290
Schlusnus, Heinrich 287, 307, 311, 377 f., *381 ff.*, 585, 643, 931
Schlüter, Erna 562
Schmedes, Erik 273 f., 313, 325
Schmidt, Andreas 648
Schmidt, Joseph 187, 346, 371
Schmitt-Walter, Karl 383, 385, 648
Schock, Rudolf 569, 581, 597, *623 f.*, 637 f.
Schöffler, Paul 457, 518, 535
Schöne, Lotte 117, 293, *327 ff.*, 500
Schorr, Friedrich 227, 238, 260, 264, 270, 277, *282–288, 291, 305, 347*, 574, 578, 928
Schreier, Peter 376, 440, 608, 624, 629, *632–636*
Schröder-Devrient, Wilhelmine 70
Schubert, Richard 277, 370
Schumann, Elisabeth 140, 262, 264, 266, 317, 329, 385, 442, 533
Schumann-Heink, Ernestine *42–46, 238*, 241, 333, 335 f., 338, 437, 770, 858, 949 f.
Schumskaja, Elisaweta 481
Schwarz, Hanna 540
Schwarz, Joseph 117, 312, 323, *377 ff.*, 382, 712
Schwarzkopf, Elisabeth 271, 347 f., 352, 354, 426, 493, *502–512, 516*, 518, 523 f., 527, 554, 590, 596 f., 603 f., 608 f., 615, 624, 688, 721, 724 f., 735, 764, 814, 837, 839, 847, 852, 880 f., 885 ff., 890, 904, 909, 930, 949
Schwarz, Vera 371
Scotti, Antonio 5, *109 f.*, 115 ff., 163, 207, 418, 500, 779, 782, 798
Scotto, Renata 160, 661, *695–704, 710, 725, 727*, 729, 796
Scuderi, Sara 160
Seefried, Irmgard 505, 511, *516 ff.*, 523, 589 f., 624
Seinemeyer, Meta 101, 343, *346 ff.*, 500, 762, 872
Sembach, Johannes 277
Sembrich, Marcella 6, 28, 37, 88, 112, 117, 145, 157, 311, 320, 461, 466, 469, 591
Serra, Luciana 964
Shirley, George 830
Sibiriakow, Lew 119, 126, 223, 462
Siems, Margarethe 263, 337
Siepi, Cesare 515, 731, *745 f.*, 929
Silja, Anja 813
Sills, Beverly 117, 394, 661, 702, 708, 718, 724, 946, 948, 957
Simionato, Giulietta 664, *731 ff.*, 735 f., 868, 964
Simoneau, Léopold 411, 440, 525, 531, 588, *838 f.*, 853, 855, 859, 917
Singher, Martial 64, 842, 930
Skinner, John York 831
Slezak, Leo 263 f., 279, 303, *312 ff.*, 356, 359, 478, 498, 858
Sloboskaya, Oda 814

Smirnow, Dimitri 197, 462, *478 ff.*, 854
Sobinow, Leonid 196, 462, 468, 470, *474 ff.*, 479, 481, 854, 859
Söderström, Elisabeth 747, 776, *844 ff.*
Sontag, Henriette 19, 70
Souez, Ina 365
Souzay, Gérard 64, 415, 431 f., 604 f., 722, 857, 887
Soyer, Roger 928
Spani, Hina *140 ff.*
Stader, Maria 588, *598 ff.*
Stade, Frederica von 177, 391, 605, 739, 837, 924, 964
Stagno, Roberto 51
Steber, Eleanor 838, 892
Stella, Antonietta 739, 754
Stevens, Horace 222
Stevens, Risë 804
Stewart, Thomas 238, 540, 574, 843
Stich-Randall, Teresa 588, 600, 814
Stignani, Ebe 168, *182 ff.*, 238, 259, 433, 659, 732
Stolze, Gerhard 548
Storchio, Rosina 155, 162, 219, 395, 476
Stracciari, Riccardo 101, 116, 216, 478, 690, 744, 802, 807 f.
Stratas, Teresa 879, 892
Streich, Rita 518, 585, *587 ff.*, 592, 599, 624
Studer, Cheryl *889–893*
Supervia, Conchita *176–182*, *338*, 722f., 732, *770*, 952, 954, 963
Suthaus, Ludwig 270, 562
Sutherland, Joan 10, 71, 100, 139, 145, 152, 174, 260, 548, 617, 631, 661, 688, 725, 740, 803, 807, 830, 858, 884, 904, 907, 910, 917, 935, *939–943*, 946 f., 949 f., 961, 964
Svéd, Alexander 531
Swarthout, Gladys 187

Taccani, Giuseppe 118, 401
Taddei, Giuseppe 535, *685 ff.*, 744, 806, 960
Tagliabue, Carlo 118, 217
Tagliavini, Ferruccio 197, 687, 743, 785
Talley, Marion 274
Talvela, Martti 651, 749, *860 ff.*
Tamagno, Francesco 5 f., 8, 32, *46–50*, *70*, *83*, 136, 149, 461, 715, 913, 923
Tarrès, Enriqueta 858
Tartakow, Joachim 471
Tauber, Richard 70, 187, 254, 361, *366–371*, *385*, 447, 500, 523, 559, 569, 624, 850
Taubmann, Horst 373
Taucher, Curt 349, 367 f.
Taylor, Louise 661
Tebaldi, Renata 146, 173, 183, 488, 662 f., 669, 672, 696, *705–710*, *725*, 732, 747, 754, 762, *771*, 788, *797*, 868, 879, 941
Te Kanawa, Kiri 507, 590, 837, *875–881*, *913*, 926
Telva, Marion 340
Ternina, Milka 52, 241
Teschemacher, Margarete 595, 858
Tess, Giulia 734
Tetrazzini, Luisa 38 f., 75, 94, 145, *148–152*, 157, 311, 320 f., 330, 394, 403, 418, 446, 470, 943, 963
Teyte, Maggie *429 ff.*, 639
Thebom, Blanche 45
Thill, Georges 396, 405, *407–411*, *856*
Thomas, Jess 567, 597
Thorborg, Kerstin 277, 294, 335
Tibbett, Lawrence 114, 207, 409, *453–459*, *683*, 789, 797 f., 800 f., 808
Tichatschek, Joseph 83
Tietjens, Therese 240
Tokatyan, Armand 454
Tomowa-Sintow, Anna 597, 892
Tozzi, Giorgio 780
Traubel, Helen 260, 268, 270, 293
Traxel, Josef 576, 622
Treptow, Günther 373, 558
Trimarchi, Domenico 925
Troyanos, Tatiana 879
Tucci, Gabriella 696, 732
Tucker; Richard 118, 404, 521, 661 f., *714*, 720, 734, *781–784*, *797*, 801, 941
Turner, Eva 169, 204, 209, 238, *432 ff.*, 547

Uhde, Hermann *572 f.*, 843
Unger, Georg 581
Urlus, Jacques 238, 246, *250 ff.*, 313, 333, 370, 774
Ursuleac, Victoria 587

Valdengo, Giuseppe 685
Valentini-Terrani, Lucia 177, 961, 964
Valletti, Cesare 54 f., 197, 754, 910, 964
Vallin, Ninon *395 ff.*, 405, 407
Vaness, Carol 893
Vanzo, Alain 391
Varady, Julia *616 f.*
Varesi, Felice 106, 536
Varnay, Astrid 566 f., 576, 798
Vejzovic, Dunja 540
Verrett, Shirley 45, 550, 736, *738 ff.*, *768 ff.*, 921
Vezzani, César 404, 418, 856
Viardot-Garcia, Pauline 391, 460
Vickers, Jon 86, 275, 361, 391, 550, 553, 622, 673, 708, 777, *789–793*, 853, 855, 879, 887, 913, 959
Viglione-Borghese, Domenico 217
Vignas, Francesco 83, 178
Vinay, Ramon 275, 536, 558, 708, 792, 899, 913
Vogl, Heinrich 255
Völker, Franz 274, *278 ff.*, 370

Wächter, Eberhard 535, 687, 931, 960
Warfield, William 760, 832
Warren, Leonard 457 f., 585, 725, 741, 744, 754, 757, 785, 788, *797 ff.*, 808
Watkinson, Carolyn 949
Weathers, Felicia 673
Weber, Ludwig 537, 576
Weidemann, Friedrich 303
Weikl, Bernd 117, 648, 686, 812, 832
Welitsch, Ljuba 457, 505, *519 ff.*, 548, 759, 821
Wettergren, Gertrud 345
Widdop, Walter *439*
Wildbrunn, Helene 260, *323 f.*, 442
Williams, Evan 421, *437 ff.*
Windgassen, Wolfgang 274, 276, 548, *563 ff.*, 576
Winkelmann, Hermann 253
Witt, Josef 532
Wittrisch, Marcel 307, 351, 355, 858
Wixell, Ingvar 832
Wlaschiha, Ekkehard 928
Workman, Charles 936
Worobiowa-Petrowa, Anna 461
Wunderlich, Fritz 531, 535, 569, 573, 581, 591, 621 f., 625, *627–632*, 635, 859, 953

Zamboni, Maria 190, 435
Zanelli, Renato 899, 913
Zareska, Eigenia 691
Zenatello, Giovanni *84 ff.*, 111, 478